U0840535

山西年鉴

2009

方志出版社

图书在版编目（CIP）数据

山西年鉴. 2009/《山西年鉴》编纂委员会编. —北京：方志出版社，2010.10

ISBN 978－7－80238－860－4

Ⅰ.①山…　Ⅱ.①山…　Ⅲ.①山西省—2009—年鉴　Ⅳ.①Z522.5

中国版本图书馆 CIP 数据核字（2010）第 175361 号

山西年鉴（2009）

编　　者：《山西年鉴》编纂委员会
责任编辑：周　全

出 版 者：方 志 出 版 社
（北京市建国门内大街 5 号中国社会科学院科研大楼 12 层）
邮编　100732
网址：http：//www.fzph.org
发　　行：方志出版社发行部
（010）85195814　85196281
经　　销：新华书店总店北京发行所
法律顾问：北京市大禹律师事务所
印　　刷：山西省史志印刷厂

开　　本：889mm×1194mm　1/16
印　　张：36.75
字　　数：1636.6 千字
版　　次：2010 年 10 月第 1 版　2010 年 10 月第 1 次印刷
印　　数：0001—3500 册

ISBN 978—7—80238—860—4/K·501　定价：280.00 元

《山西年鉴》编纂委员会

主任委员　王　君
副主任委员　李小鹏
委　　员　李茂盛　王清宪　郑建国
　　　　　赵群虎　刘益龄　郑小豹
　　　　　张晓光

《山西年鉴》编辑部

电话：(0351)5681326
5681327
5681328

主　　编　李茂盛
副 主 编　赵群虎　郭建平(执行)
编　　辑　张燕铭　宋向阳　石德亮
特约编辑　郭诚文　张明芳
责任校对　王贵梅　刘　良　王撰花
　　　　　孙　帆　张　洁　张明芳
美术设计　敬鹏涛

《山西年鉴》各地级市工作站

太 原 市　戎晓波　刘　莎　张艳民
电话：(0351)4030621
大 同 市　要子瑾　侯长发　梁新宇
电话：(0352)6023778
朔 州 市　吴夺魁　李艳春　姚泰成
电话：(0349)2022248
阳 泉 市　任佟苏　王　丽　王秋生
电话：(0353)2293539
长 治 市　王连成　马书岐　阎国风
电话：(0355)2022332
晋 城 市　秦海轩　李雪萍　周晋霞
电话：(0356)2198706
忻 州 市　王喜才　黄培业　贾淑梅
电话：(0350)3026726
晋 中 市　王俊山　李新文　刘改英
电话：(0354)2023443
吕 梁 市　王月明　高俊梅　苏俊旗
电话：(0358)8223887
临 汾 市　张　瑕　李艳洁　鞠豫霞
电话：(0357)2028176
运 城 市　宁雪瑞　武建华　石少青
电话：(0359)2660328

2008北京奥运火炬

在山西传递

北京奥组委圣火使者杨国庆将火炬交给省委书记张宝顺

2008年 6月26日，北京奥运会火炬在太原市传递，省委书记、省人大常委会主任张宝顺将火炬交给第一棒火炬手谭晶

北京奥运火炬手全国劳模申纪兰

山西蹦床选手穆勇峰在大同点燃圣火盆

2008年6月26日，山西省体育局局长苏亚君在太原传递火炬

山西运动员在2008北京奥运会上的风采

北京奥运会特设武术比赛，袁晓超获男子长拳金牌

李翔宇参加北京奥运会田径比赛

崔磊参加北京奥运会手球比赛

崔亮在北京奥运会手球比赛中

薛瑞鹏参加北京奥运会游泳比赛

梁磊参加北京奥运会摔跤比赛

常永祥参加北京奥运会男子摔跤比赛

董栋获得北京奥运会男子蹦床铜牌

刘青参加北京奥运会田径比赛

编辑说明

《山西年鉴》是山西省人民政府组织编纂的大型史册性文献，是省内唯一的综合性年鉴，公开发行，每年一本，全面记载山西省各个领域的新思路、新举措、新进展、新成就和新经验，为国内外读者了解山西、认识山西、研究山西、建设山西提供服务。

本版年鉴的记事上限为2008年1月1日，下限为2008年12月31日。文献栏目选载2009年的内容，意在记录人大、政府、政协、两院等工作报告中回顾2009年部分，增强所载资料的时效性。

本版年鉴继续采用分类编排法，框架和内容在保持相对稳定的基础上作了适当调整。彩色专版突出介绍2008北京奥运会火炬在山西传递及山西运动员在北京奥运会上的风采。在类目和条目之间增设了分目，便于读者查阅。概况、政治、监督、经济管理、贸易、科学技术、社会科学、建设环保、社会生活、市县简介、附录等栏目中，也增设了一些内容。

年鉴稿件均由各级政府和省直各有关单位提供，主要统计数字，均经省统计局审核。

本版年鉴创办以来，组稿、编辑、印刷、出版、发行等工作，得到了社会各界的大力支持，不少领导人亲自过问年鉴工作，着实令人感奋。

希望读者和各界朋友读后不吝赐教，以便我们不断改进工作，把《山西年鉴》越办越好，为经济建设、政治建设、文化建设、社会建设作出更大贡献。

目　　录

文　　献

大　事　记

概　　况

政　　治

人　民　武　装

法　　制

监　　督

经　济　管　理

工　　业

农　林　水　利

贸　　易

财政·金融

建设·环保

交通·邮电

科学技术

社　会　科　学

教　　育

新闻·出版·文物

卫生 · 体育 · 文化

旅　游　业

社　会　生　活

人 物

市 县 简 介

附　　录

MAJOR CONTENTS

DOCUMENTS

CHRONICLE OF EVENTS

GENERAL SITUATION

POLITICS

PEOPLE'S MILITARY

LEGAL SYSTEM

SUPERVISION

MANAGEMENT OF ECONOMY

INDUSTRY

AGRICULTURE、FORESTRY AND WATER CONSERVANCY

TRADE

FINANCE AND BANKING

CONSTRUCTION AND ENVIRONMENTAL PROTECTION

COMMUNICATION、POST AND TELECOMMUNICATION

SCIENCE AND TECHNOLOGY

SOCIAL SCIENCE

EDUCATION

PRESS、PUBLICATIONS AND HISTORICAL RELICS

HYGIENE、PHYSICAL AND CULTURE

TOURISM

SOCIAL LIFE

ANNALS OF PERSONAGE

BRIEF INTRODUCTION OF PREFEC TURES CITIES AND COUNTIES

入选本版年鉴彩图专辑单位名录

（单位名称后的数字为彩图页码）

文　　献

政府工作报告

——2009年1月11日在山西省第十一届人民代表大会第二次会议上

——山西省代省长　王　君

各位代表：

现在，我代表省人民政府向大会作报告，请予审议，并请省政协委员和其他列席会议的人员提出意见。

一、2008年工作回顾

2008年，是我省发展进程中很不寻常、很不平凡的一年。一年来，在中共山西省委的领导下，我们认真贯彻落实党的十七大和十七届三中全会精神，深入贯彻落实科学发展观，团结依靠全省人民，攻坚克难，扎实工作，经济社会总体上呈现出平稳较快发展、健康协调推进的良好局面。

（一）经济保持较快增长，质量效益稳步提高。

面对复杂多变的经济形势和国际金融危机的冲击，我们认真贯彻落实中央的宏观调控政策，针对我省实际，果断地采取措施，及时解决经济运行中的突出问题，保持了全省经济的平稳较快发展。预计全省生产总值完成7000亿元，比上年增长10%（下同）。全社会固定资产投资完成3700亿元，增长26%；社会消费品零售总额实现2300亿元，增长21%；进出口总额达到142亿美元，增长23%。居民消费价格总水平上涨7%。财政总收入完成1518亿元，增长26%；其中，一般预算收入完成748亿元，增长25%。城镇居民人均可支配收入达到13000元，增长12%；农民人均纯收入达到4050元，增长11%。

（二）重点领域工作得到加强，各项工作协调发展。

各项强农惠农政策全面落实，农业综合生产能力明显提高，粮食安全保障能力进一步增强。全年粮食总产量达到102亿公斤，是历史上第6个突破百亿公斤的年份。新农村建设扎实推进，新增农村沼气用户16万户。转移农村劳动力32万人。解决了农村200万人的饮水安全问题。扶贫开发扎实推进，一大批"两区"开发项目投产见效，贫困人口减少25万。结构调整有效推进，出台了《关于加快服务业发展的实施意见》，全省服务业快速发展；实施煤炭资源整合和企业重组，加强对非法违法开采行为的打击。节能减排和生态建设力度加大，大力淘汰落后产能，实施各类循环经济试点，深入推进"蓝天碧水"工程和造林绿化工程，启动实施汾河流域生态环境治理修复与保护工程，万元生产总值综合能耗以及化学需氧量、二氧化硫排放量可全部完成预期目标；11个重点城市空气质量二级以上天数累计实现3679天，增加317天。基础设施得到改善，应急水源工程建设积极推进；新建改扩建一批铁路、高速公路、国省干线公路、农村公路；太原国际机场新航站楼投入使用。改革开放不断深化，国企改革稳步推进，集体林权制度改革正式启动；组团参加了第三届中部博览会，成功举办了第二届"煤炭博览会"，利用外资达到27亿美元。

与此同时，认真贯彻落实胡锦涛总书记等中央领导去年视察我省时的重要讲话精神，全力以赴支援南方地区抗击雨雪冰冻灾害，千方百计确保全国迎峰度夏煤炭供应，发挥了能源基地的重要作用。通过捐款捐物、交纳特殊党费、派出支援队、对口支援等方式，与灾区人民同呼吸、共命运、心连心，众志成城抗击四川汶川特大地震灾害，彰显了三晋儿女一方有难、八方支援、无私奉献的传统美德。识大体，顾大局，积极配合做好奥运安保工作，发挥了首都护城河的作用，为办好奥运会这一民族百年盛事作出了应有的贡献！

（三）安全生产工作力度不断加大，安全生产制度体系进一步健全。

高度重视安全生产工作，尤其是深刻汲取"9·8"襄汾溃坝等重特大事故教训，以煤矿、非煤矿山和尾矿库、危险化学品及道路交通等行业和领域为重点，全面开展安全隐患大排查和安全专项整治行动。着眼于构建长效机制，提出建立十项安全生产制度，已经制定出台了安全生产委员会会议制度、厅（局）际联席会议制度、部门联合执法制度、隐患排查治理制度、事故约谈制度、事故和隐患举报制度、重大危险源监控制度、专项督查制度。煤焦领域反腐败制度和行政问责制度正在研究制定中。企业安全生产主体责任和政府安全监管主体责任得到强化。严格事故问责和查处，一些事故责任人受到严肃处理。煤炭生产百万吨死亡率为0.47，比上年下降37%。治超工作取得明显成效，全省车辆超限超载率由治超前的13%下降到0.2%。

（四）社会事业全面发展，民生继续得到改善。

“五大惠民工程”积极推进。农村义务教育全面实行了“两免一补”，城市义务教育阶段学生免除学杂费，新建改扩建500所中小学校。新型农村合作医疗制度全面推行，县乡村三级医疗卫生机构基础设施达标率逐步提高。5500名残疾人得到康复救助。城镇新增就业、城镇登记失业率完成预定目标。社会保险综合覆盖率达到80%。经济适用住房、廉租住房、国有重点煤矿和城市居民棚户区改造共开工建设900万平方米，100个地质灾害村治理、3000户农村困难群众住房试点、2400户残疾人危房改造任务全面完成。各级财政补贴资金8亿多元，确保城市居民供热不涨价。千方百计保证农村群众冬季用煤。全省最低工资、企业离退休人员待遇、失业救济金、城乡低保补助、“五保户”供养财政补助和部分优抚对象的抚恤标准进一步提高。省科技馆、省图书馆、山西大剧院、太原铁路南站和太原美术馆开工建设。我省运动健儿在北京奥运会、残奥会和农运会取得好成绩。深入开展国防教育，国防后备力量和双拥工作进一步加强，军地“双服务”活动深入开展。民族、宗教、外事、参事、史志、对台工作不断发展，人防、气象、地震、测绘、文物、档案工作得到加强，老龄、残疾人、慈善救助和红十字会等其他社会事业都取得了新的成绩。

（五）民主法制建设扎实推进，精神文明建设得到加强。

各级政府自觉接受人民代表大会及其常委会的监督，接受人民政协的民主监督。全年共办理人大代表建议和政协提案1237件，向省人大常委会提请审议地方性法规9件，制定政府规章9件。依法治省有效推进，公民法制观念逐步增强。群团组织进一步发挥作用。基层民主有序扩大。全面落实政府系统党风廉政建设责任制。煤焦领域反腐败斗争取得初步进展。监察、审计工作力度加大，信访工作得到加强。哲学社会科学、新闻出版、广播影视和文学艺术进一步繁荣，人民文化生活更加丰富多彩。广泛开展“迎奥运、讲文明、树新风”和纪念改革开放30周年主题活动，人民群众昂扬向上的精神风貌得到充分展现。

在这里，我向大会郑重报告，2008年全省主要的经济社会发展指标如期完成！省人民政府向全省人民承诺的十件实事全部兑现！

在肯定成绩的同时，我们也清醒地认识到，我省经济社会发展中还存在不少矛盾和问题，主要是：经济结构不够合理，发展方式比较粗放；节能减排任务艰巨，生态环境比较脆弱；安全生产形势严峻，安全工作压力很大；基础设施欠账较多，公共服务体系亟须加强；农业基础薄弱，农民增收难度较大；影响发展的体制机制障碍依然存在，改革开放的力度还需进一步加大；经济社会发展“一条腿长、一条腿短”的现象还比较突出，涉及群众切身利益的问题有待进一步解决；政府职能转变滞后，行政效率偏低；有些地方、部门和少数工作人员还存在严重的官僚主义、形式主义，奢侈浪费、腐败现象时有发生，等等。对此，我们必须高度重视，采取有效措施，认真加以解决。

各位代表，回顾过去的一年，我们面对多方面的困难和挑战，取得这样的成绩，确实来之不易。这是全省上下坚决贯彻落实中央的各项工作部署，深入贯彻落实科学发展观的结果；是中共山西省委科学决策、正确领导的结果；是省人大依法监督，省政协民主监督和大力支持的结果；是全省人民勤奋努力、扎实工作的结果；也是社会各界鼎力支持、关心帮助的结果。在此，我代表省人民政府，向全省人民，向驻晋部队广大指战员、武警官兵和公安干警，向各民主党派、人民团体，向中央驻晋单位，向所有关心支持山西发展进步的海内外各界朋友，表示崇高的敬意和衷心的感谢！

二、2009年工作总体部署

2009年是新中国成立60周年，是全面贯彻落实党的十七大、十七届三中全会精神的重要一年，是深入贯彻落实科学发展观、应对国际金融危机、保持经济平稳较快发展的关键一年。做好今年工作，意义重大。

今年，我们面临的经济形势非常严峻、非常复杂。美国的次贷危机迅速演变成上世纪大萧条以来最严重的国际金融危机。受国际金融危机的冲击，国内经济增长速度放缓，企业经营困难的状况，正从沿海向内地、从中小企业向大企业、从出口行业向其他行业扩散。受此影响，我省经济增长速度明显放慢，煤炭、原材料等主要工业品销售不旺、价格下跌、库存增加，企业利润减少、甚至出现亏损，部分中小企业停产半停产，下岗失业人员增多，全社会投资增速明显回落，发展后劲不足。这些当前经济运行中的问题与长期形成的深层次矛盾相互交织，使经济形势更加错综复杂。

但是，我们更要看到，严峻、复杂的经济形势，有利于我省经济结构的调整和发展方式的转变，有利于引进国际先进技术和重要设备，有利于更好地承接沿海地区产业梯度转移。

特别是，我省拥有丰富的矿产资源、文化旅游资源和较好的产业基础，具有明显的区位优势、生产要素成本较低的比较优势和欠发达地区的后发优势，正处于重要的发展战略机遇期，工业化、城镇化快速发展，经济发展的回旋余地和发展潜力较大；经过多年尤其是近几年的发展，积累了较为坚实的物质基础，使我们具有较强的抵御风险能力。更重要的是，国家实施积极的财政政策和适度宽松的货币政策，全省广大干部群众人心思变、人心思上，是我们有效应对当前复杂、严峻的经济形势，推动全省经济社会发展的最大机遇和力量源泉。目前，挑战与机遇并存，困难与希望同在。只要我们坚定信心，抢抓机遇，积极应对，就一定能够化危机为转机、变被动为主动，就一定能够克服重重困难，就一定能够保持我省经济平稳较快发展！

今年政府工作的基本思路是：全面贯彻党的十七大和十七届三中全会精神，深入贯彻落实科学发展观，按照保增长、扩内需、调结构、重民生的要求，围绕转型发展、安全发展、和谐发展，加大基础设施建设力度，加快经济结构调整和发展方式转变，做好“三农”工作，抓好安全生产，加强资源节约和环境保护，加快社会事业发展，深化改革开放，维护社会稳定，加强民主法制和精神文明建设，促进经济社会平稳较快发展。

2009年全省经济社会发展的主要预期目标是：地区生产总值增长8%左右；全社会固定资产投资增长24%；社会消费品零售总额增长15%；居民消费价格涨幅控制在4%以内；财

政总收入和一般预算收入分别增长8%；城镇居民人均可支配收入和农民人均纯收入分别增长9%。这些目标是导向性的，也是可以根据形势发展变化进行调整的。

约束性指标是：万元生产总值综合能耗下降5.6%；化学需氧量、二氧化硫排放量分别下降3.6%和2.6%；城镇新增就业人数40万人，城镇登记失业率控制在4.6%以内。

今年将重点抓好以下八个方面的工作：

（一）加大基础设施为重点的各领域投资，努力保持经济平稳较快发展。

保持经济平稳较快发展，是今年经济工作的首要任务。我们要在积极扩大消费需求、努力增加出口的同时，以基础设施建设为抓手，加大十大领域的投资力度，最大限度地发挥好投资对经济的拉动作用。

今明两年，全省在国家鼓励支持的领域项目总投资约6500亿元，由此带动全社会固定资产投资1万亿元。主要包括：铁路投资2000亿元，新建改造铁路3000公里；公路投资2500亿元，建设里程4.8万公里（其中，高速公路投资2000亿元，新开工3000公里）；机场投资50亿元，新建、改扩建和异地搬迁六个机场；电力投资1000亿元，建设电源点项目25个、装机容量2000万千瓦，电网9000公里；农村公共事业发展投资500亿元；节能减排、生态建设、企业技术改造和产业结构调整投资500亿元；保障性住房建设投资500亿元；大型现代化矿井建设投资500亿元；水利投资170亿元。

铁路方面，开工建设大同—太原—运城—西安高速铁路、中南部铁路大通道、太原枢纽西南环线等十条新线，改造扩建邯长复线、侯西复线、大包线等十条旧线。到2012年，我省铁路营运总里程将由现在的3000多公里增加到5300公里。公路方面，开工建设灵丘—山阴—平鲁、五台山—忻州—保德、平定—太原（阳曲）—佳县、长治—临汾—吉县等27条高速公路。到2010年，全省高速公路总里程将由现在的1965公里增加到3000公里；2015年，从省会城市到各设区市、各设区市到各县（市、区）全部通高速公路，高速公路出省口由目前的10个增加到30个。同时新建改建一批国省干线、旅游公路、煤运通道和农村公路。机场方面，新建吕梁机场、五台山机场、临汾机场，改扩建大同机场、运城机场，异地搬迁长治机场。通过五年的努力，在全省形成纵贯南北、横跨东西、运力充足的铁路网；形成三纵、十一横、十一环的高速公路网，形成高速公路、干线公路、县乡公路、通村公路互连互通的公路网；形成布局合理、辐射全国、高效便捷的航空网；形成覆盖全省、立体交叉、功能完善的现代化交通网络体系。届时，全省实现人便其行、货畅其流，全省工业化、城市化、现代化将驶入真正的快车道！

电力方面，开工建设霍州电厂、轩岗电厂、河曲电厂二期等一批大型坑口电站，长治热电厂、晋城热电厂、临汾河西热电厂等一批热电联产项目，右玉、山阴、柳林等一批煤矸石电源点项目。加快改造城网、完善农网，提高省内电网运行质量；加快跨省电网建设，提高晋电外送能力。

与此同时，要加快推进引黄北干工程、35项应急水源和农田水利工程建设；加快推进汾河流域和其他重点流域、区域等生态环境建设；继续推进"省城十大建筑"等公共设施建设；加快推进集中供热、污水垃圾处理等城市基础设施建设；积极推进廉租房建设、棚户区改造、沉陷区治理等保障性住房建设；加大企业自主创新和结构调整力度。

各位代表，加强基础设施建设，扩大各领域投资，关系到今年我省的经济发展速度，关系到增强山西的长远发展后劲，也关系到我省的对外形象，尤其是铁路、公路、机场、水利等项目建设是功在当代、利在千秋的德政工程、惠民工程、经济腾飞工程。全省上下要齐努力，务求打胜这一仗！

（二）切实做好"三农"工作，努力促进农业稳定增产、农民持续增收。

目前，"三农"工作已进入新的发展阶段。要认真贯彻党的十七届三中全会、中央农村工作会议和省委九届六次全会精神，加快农村经济社会发展。

进一步强化惠农政策。要实行最严格的耕地保护制度，确保我省耕地面积、基本农田面积不少于国家规定标准。要进一步完善农业补贴政策，提高补贴标准，扩大补贴范围。实行玉米、小麦等农作物最低收购保护价，深入推进粮食安全战略。要增加对"三农"的投入，确保各级财政对农业投入的增长幅度高于经常性收入的增长幅度，落实好新增教育、文化、卫生等支出主要用于农村的政策，大幅度提高土地出让金、耕地占用税新增收入用于农业的比例，逐步提高煤炭可持续发展基金用于"三农"的比例。完善支农资金整合协调制度，提高支农资金使用效益。

大力发展现代农业。要加大农业基础设施建设力度。继续抓好耕地综合生产能力建设工程，以中低产田改造为重点，大规模开展土地整理，确保今年完成200万亩建设任务。充分发挥引黄南干效益，加快推进引黄北干建设，继续抓好应急水源工程建设、水库除险加固、大型灌区改造、水保淤地坝工程建设和中小河流治理。积极推进农业机械化进程，今年完成扶持农户购买5万台农机具任务。要进一步深化农业结构调整。用抓工业的理念、思路和办法谋划农业发展。以农民增收为目标，因地制宜，发展高产、优质、高效、生态、安全、特色产业。启动运城、晋中、大同现代农业示范区建设。加快雁门关生态畜牧经济区、东西两山干果杂粮经济区、中南部无公害果菜经济区建设，实施玉米丰产、高效园艺、规模养殖、农产品加工"四大工程"。大力培育发展农业产业化龙头企业，完善"公司＋基地（专业合作社）＋农户"的模式，带动发展农产品加工。要完善农业科技推广体系，强化动物疫病防控体系建设，加快建立农业标准化和农产品质量安全体系，切实加强质量安全监管。加强重大灾害性天气的监测预警。继续实施"万村千乡市场工程"和"新网工程"，推进大型农产品批发市场、粮食物流体系和"放心粮油工程"建设，加快构建新型农村流通体系。启动实施"金农工程"，整合农业信息网络资源，大力推进农村广电网、电信网、互联网"三网融合"，为农业生产提供全方位、多层次的信息服务。

扎实推进社会主义新农村建设。坚持工业反哺农业、城市支持农村的方针，坚持统筹城乡经济社会发展的基本方略，推进城乡发展规划、产业布局、基础设施建设、公共服务一体化。加快编制完成全省新农村建设规划，并在巩固和完善已有的试点村、重点推进村各项工作的基础上，今年继续安排2000个新农村建设重点推进村。完善以煤补农政策，推进机关、企业结对帮建新农村工作。加大扶贫开发力度，继续实施"两区”开发战略，扎实推进移民搬迁、整村推进、产业开发、劳动力转移和教育扶贫五大工程，尤其是要把教育扶贫作为一项重要工作来抓，对考入大中专学校、高中和职业技术学校的农村困难家庭学生，通过扶贫助学使他们完成学业、提高致富本领，从而带动更多的人脱贫致富。

各位代表，“三农”工作始终是各项工作的重中之重。我们要带着对农民兄弟的深厚感情做好“三农”工作、办好农村的事情，决心用两年时间，实现“五个全覆盖”，即具备条件的建制村通水泥（油）路全覆盖，中小学校舍安全改造全覆盖，县乡村三级卫生服务体系特别是村级卫生室全覆盖，村通广播电视全覆盖，农村安全饮水全覆盖，使全省农村的面貌有一个新的变化，让广大农民共享改革发展成果！

（三）加快经济结构调整，努力构建现代产业体系。

按照巩固加强第一产业，优化提升第二产业，大力发展第三产业的思路，在全面加强第一产业的同时，突出抓好工业结构的调整和服务业的发展。

加快推进工业结构调整。走新型工业化道路，以信息化带动工业化，以工业化促进信息化。重点推进“四个一批”的工作：要下决心淘汰关闭一批落后产能。在巩固已有成果的基础上，继续打好小煤矿整顿关闭攻坚战，用两年时间将矿井总数压减到1500座之内；淘汰600万吨小钢铁、52万千瓦小火电机组、100万吨小水泥、10万吨小电石、5万吨小铁合金等落后产能，为优势企业和新兴产业的发展，腾出更大的市场空间和资源环境空间。要下本钱改造提升一批传统产业。用高新技术和先进适用技术改造提升传统产业，提高产业档次。煤炭工业，要积极推进现有矿井的机械化升级改造和安全技术改造，切实提高现代化水平。焦炭工业，要积极推广和发展化产回收及深加工，加大污染治理的力度，新上焦炉要具备世界先进水平。冶金工业，要抓好不锈钢技术改造和深加工，大力发展异型钢、优质合金钢和特种钢。电力工业，要走煤电一体化的产业发展路子，电源点建设要大力发展大容量、高参数、高效率、低排放机组，电网建设要采用高压、特高压输电技术。要下气力培育发展一批新兴产业。大力发展新型装备制造业、现代煤化工、新型材料工业、特色食品工业等新兴产业和高新技术产业，推动支柱产业多元化。新型装备制造业，要以现有企业为依托，大力发展铁路装备制造业、煤矿采掘洗选装备制造业、非煤矿山挖掘装载制造业和重型载重装备制造业。现代煤化工，要继续围绕“肥、醇、炔、苯、油”五条线，发展相关产品，拉长产业链，增加附加值。加快天然气管道建设，开工建设一批煤层气抽采集输等项目。新型材料工业，要鼓励发展以煤矸石、粉煤灰、工业废渣为原料的新型水泥和新型墙体材料，积极发展钕铁硼材料、纳米材料、耐火材料、高岭土材料、高性能陶瓷和纤维材料及其下游产品。特色食品工业，要依托传统制造业的优势和特色农畜资源优势，加大对粮食、肉制品等加工转化的力度，积极发展酿酒、食醋、乳品、干鲜果蔬和小杂粮加工业。与此同时，要积极发展医药、轻工等产业。要下工夫做大做强一批优势企业。以大企业、工业园区为平台，加大企业联合重组的力度，提高产业集中度，增强企业的综合实力。打造一批主营业务突出、规模效益明显、核心竞争力强的大企业和企业集团。太钢集团要发挥龙头企业的带动作用，联合重组相关企业，发展成规模技术效益全球一流的特大型钢铁联合体。太重集团等企业要在振兴装备制造业方面发挥示范带头作用，走出一条新的发展路子。煤炭行业要围绕大集团、大基地建设，抓好一批大型现代化矿井建设，加快对小煤矿的重组改造步伐。要支持省内五大煤炭集团打造成国内领先、世界一流的煤炭企业，切实做好煤炭这篇文章。要以铝镁合金及深加工、机车汽车零部件、优质铸锻件、耐火材料、日用陶瓷、玻璃器皿等产品为重点，加快发展特色产业集群；以大型焦化循环经济工业园、特色煤化工工业园和资源型城市转产工业园为重点，建设一批有特色、有影响的工业园区。与此同时，实施中小企业成长工程，支持中小企业走“专、精、特、新”的路子，实现与大企业协作配套、共同发展。要大力实施工业品牌战略，着力培育具有自主知识产权的优势名牌产品。

大力发展服务业。积极提升商贸流通、酒店餐饮、家政社区等生活性服务业；大力发展交通运输、现代金融、科技、商务、信息等生产性服务业；突出抓好文化旅游、现代物流、服务贸易和农村服务业。全面启动实施服务业“1+10”工程，以重点项目带动全省的服务业发展。尤其要进一步完善支持服务业发展的政策措施。在市场准入上，进一步降低服务业准入门槛。在资金支持上，加大重点服务业发展资金的投入。在税费征收上，落实已出台的各项优惠政策。在价格政策上，对鼓励类服务业实行水价、气价、电价与工业同价政策。在要素供给上，土地、信贷要向鼓励类服务业倾斜。通过项目带动、政策支持等措施，不断提高服务业在整个经济中的比重。

进一步调整所有制结构。按照“两个毫不动摇”的要求，在继续巩固和发展公有制经济的同时，重点鼓励、支持和引导非公有制经济发展，拓展非公有制经济的发展空间。凡是法律法规没有明令禁止进入的领域，都要向社会资本开放；凡是向外资开放的领域，都要向内资开放；鼓励民间资本以独资、参股、特许经营、BOT等多种形式参与大型基础设施建设，参与金融机构投资和经营；特别是要支持民营企业家投资发展高新技术产业、服务业等新兴产业。

积极调整城乡和区域结构。坚持高起点规划、高质量建设、高水平管理、高效率服务，全面加强城市规划建设管理服务，完善城市功能，提高城市档次，充分发挥省会城市、各地级市对经济发展的影响力、带动力和对区域经济的辐射力。大力推进特色城镇化进程，发挥小城镇承接城市、带动农村的桥梁纽带作用，提高小城镇特别是县城和中心镇基础设施的承载能力，促进大中小城市和小城镇协调发展。按照分类指导的原则，大力发展县域经济。加快推进省图书馆、省科技馆、省体育中心、山西大剧院、山西大医院、太原煤炭交易中心、太原机场、太原铁路南站、太原博物馆、太原美术馆等“省城十大建筑”项目建设，力争三年内全部建成投入运营。

与此同时，要把帮助企业渡过难关作为今年的一项重要工作，及时分析企业生产经营形势，出台支持企业发展的相关政策，采取促进产销衔接、减轻税费负担、推动银企合作、提供贷款贴息等多种措施，切实帮助企业解决实际问题，促进企业健康发展，推动经济平稳较快增长。

各位代表，我省作为资源型经济特征明显的省份，经济结构不合理的问题严重影响和制约着全省经济的可持续发展和长远发展，经济结构调整的任务很重。但我们坚信，只要全省上下认识一致，坚定不移、锲而不舍地抓下去，结构调整的目标一定会实现。一个传统产业新型化、新兴产业规模化、支柱产业多元化的现代产业体系一定会形成；一个以煤炭、焦炭、电力、冶金行业为基础，新型装备制造业、现代煤化工、新型材料工业、特色食品工业多元发展的新型能源和工业基地，一定会以崭新的面貌展现在全省人民和全国人民的面前！

（四）全力扭转安全生产被动局面，努力实现安全生产形势明显好转。

安全生产事关人民群众生命财产安全，事关经济社会发展全局。要全面贯彻安全第一、预防为主、综合治理的方针，牢固确立“抓经济发展是政绩，抓安全生产也是政绩”的理念，标本兼治，综合治理，推动我省安全生产形势的明显好转。

强化安全生产和安全监管的主体责任。企业法定代表人是企业安全生产第一责任人，要加大安全生产投入，改善安全生产条件，健全安全生产规章制度，加强安全生产管理，强化基层基础工作。杜绝违章指挥、违章作业和违反劳动纪律现象，规范煤矿等各行业的招工用工管理，依法实行强制性的安全培训，严格全员持证上岗制度。各级政府的主要负责人是本地区安全监管工作的第一责任人，对安全工作必须亲自抓、负总责；分管安全的负责同志要协助主要领导抓好安全生产工作；其他副职要抓好各自分管行业领域的安全工作。政府各职能部门既要各司其职，抓好各自分管范围内的安全工作；又要密切配合，形成抓安全生产的强大合力。重点产煤市县和非煤矿山市县，要落实好市长助理、县长助理协助分管安全的领导抓好安全工作的责任；国有煤矿，要落实好通风区长兼矿长助理的规定，强化对安全工作的组织领导。

扎实开展安全生产专项整治。全面开展包括生产安全、交通安全、防火安全、校舍安全、水库安全、食品药品安全、特种设备安全在内的各行业和领域的安全专项整治，做到不留死角、不留盲区、不留问题。对无证或证照不全的企业，要坚决予以关闭和取缔；对证照齐全，但安全隐患多、安全没有保证的企业，要一律停产整顿，什么时间整顿好，什么时间恢复生产，并对验收工作实行谁验收、谁签字、谁负责；对证照齐全，具备安全生产条件的企业，要加强日常监管。治理整顿以及日常监管工作，要敢于动真、敢于碰硬。要严格事故责任追究和行政问责，按照“四不放过”的原则，严肃对待事故和事故隐患；要加大对事故隐患事前排查责任的追究和问责力度，对不能全面履行安全生产监督管理职责、对非法违法生产打击不力、安全生产防范措施落实不到位、安全隐患排查治理不彻底的地区、部门和企业，对其主要负责人要视同发生安全生产事故进行严肃处理。要重点抓好煤矿、非煤矿山、尾矿库、易燃易爆物品、道路交通、公共娱乐场所及学校等行业、领域和单位的安全工作。要做好防震减灾工作。要规范和整顿市场秩序，加强市场监管，确保食品药品等产品质量安全。继续坚持依法治理、源头治理、责任倒查的方法，加强道路治超工作。

完善落实安全生产各项规章制度。完善落实好已有的安全生产委员会会议制度、厅（局）际联席会议制度、联合执法制度、隐患排查治理制度、事故约谈制度、事故和隐患举报制度、重大危险源监控制度、专项督查制度，抓紧出台煤焦领域反腐败制度、行政问责制度，用制度管人，用制度管事。实现安全生产监督管理的常态化、制度化。

各位代表，人的生命最为宝贵，人民群众利益高于一切。我们决不能以牺牲人民生命、损害群众利益为代价，来换取一时的经济增长、谋求一域的经济发展。我们决不要带血的GDP。要以对人民群众高度负责的精神，把安全生产作为一项政治任务切实抓紧抓好，坚决杜绝重特大事故的发生，并力求减少一般性的事故，切实扭转安全生产被动局面，全力保护人民群众的生命财产安全！

（五）加大节能减排的力度，努力推动生态环境改善。

节能减排是建设资源节约型、环境友好型社会的重要内容。要按照事前防范、事中控制、事后处置的要求，全过程监管、全方位推进节能减排，促进经济社会可持续发展。

强化落实节能减排政策措施。要加快淘汰落后产能，严格控制“两高一资”等传统产业的能耗，严格执行新上项目的能评和环评制度。对污染严重的区域、流域、行业和企业实施整顿和限批。要进一步加强能源计量管理，完善节能减排标准体系建设。鼓励开发和使用节能降耗、保护环境的新技术、新工艺、新设备，大力推行清洁生产。建立健全资源开采和生态环境治理恢复补偿机制，完善节能减排指标考核体系，实行严格的奖惩制度和一票否决制度。

加强重点行业领域的节能减排工作。

要狠抓工业领域的节能，大力推进六大高耗能行业、千家高耗能企业节能技术改造。积极推进建筑节能，倡导全社会节能，加大市政公共设施节能。严格控制传统行业重点企业的污染排放量，实施污染排放重点整治。焦化企业脱硫除尘效率要达到98％以上，污水处理综合排放达到一级标准；火电企业脱硫效率要达到95％以上，污水实现零排放；煤炭企业要建成矿井水处理设施，实现矿井水闭路循环不外排；钢铁企业污染物排放指标、化工企业废水处理都要达到一级清洁生产标准。

大力实施生态环境修复治理。深入推进“蓝天碧水”工程，大力实施重点城市、区域的环境综合治理，加快大运高速公路清洁走廊建设。不断提高11个重点城市的污水处理率、生活垃圾无害化处理率、集中供热率和烟尘控制覆盖率。两年内，各市、县全部建成污水处理厂并正常运营。要实施饮用水源地和地下水保护工程。认真落实全省生态功能区划，全面启动生态省试点建设，大力推进汾河流域、太原西山地区和大同、阳泉等10个地级市的生态环境治理修复重点工程。深入推进造林绿化工程，加强森林资源保护，不断提高全省森林覆盖率。通过几年的努力，使我省的生态环境状况明显改善。

大力发展循环经济。发展循环经济是推进节能减排的重要措施。要以实施循环经济试点省为契机，从企业、园区、社区和城市四个方面入手，以工业百强企业和非工业百户污染较重的单位为重点，发展循环经济，塑造我省传统产业的新形象。积极开发新能源和可再生能源，努力实现资源的永续利用。

各位代表，能耗过高、污染严重、生态脆弱是我省经济社会发展的薄弱环节和制约因素。我们要站在促进经济社会可持续发展的高度，站在事关广大人民群众身体健康的高度，综合运用经济、法律、科技、行政以及舆论监督等手段，切实抓好节能减排、资源节约和环境保护工作，通过全省上下的努力，使我们的家园天更蓝、地更绿、水更清、空气更洁净，人与自然的关系更和谐，为人民群众生产生活创造良好的生态环境！

（六）加快社会事业发展，努力改善和保障民生。

加快社会事业发展是实现经济社会又好又快发展的重要内容，改善民生是我们工作的出发点和落脚点。在新的一年里，要全面推进各项社会事业发展，加强社会管理，继续深入推进“五大惠民工程”。

优先发展教育。统筹各级各类教育协调发展。以农村为重点，进一步落实义务教育的各项政策措施，实施中小学校舍安全工程，加强教师队伍建设，强化教育经费保障，促进义务教育均衡发展。重视发展特殊教育。以就业为导向，以培养实用技能人才为目标，大力扶持发展中等职业教育（技工教育）特别是农村职业教育，努力使义务教育阶段后没能进入高中学习的孩子能学到一技之长。要进一步加大高等教育工作力度，增加高等学校数量，扩大高等教育规模，提高高等教育的办学质量、办学水平，使我省莘莘学子有更多的机会享受高等教育，为经济社会发展培养更多的高素质人才！

积极扩大就业。采取更加有力的措施，稳定就业、扩大就业，确保全省城镇新增就业人数和转移农村劳动力目标的实现。大力发展劳动密集型产业和服务业，更多地开发和提供公益性就业岗位，充分发挥政府投资和重大项目带动就业的作用。加大对创业的支持力度，放宽市场准入条件，开辟创业“绿色通道”，健全就业服务体系。鼓励支持高校毕业生、失业人员、返乡农民工自主创业、自谋职业。加强职业技能培训，为下岗失业人员和农民工免费提供各类职业技能培训和转岗培训，增强就业能力。帮助“4050”等就业困难人员就业，保证新出现的“零就业家庭”尽快实现动态消零。加强失业预警，稳定现有就业岗位。引导企业履行社会责任，防止出现拖欠职工特别是农民工工资，避免出现大规模的集中裁员现象。鼓励和支持遇到困难的企业采取在岗培训、轮班工作、协商减薪等办法，尽量做到不裁员。

大力发展医疗卫生事业。加快推进县乡村三级医疗卫生机构建设，努力在两年内实现“村覆盖、乡达标、县提高”的目标，即村村都有卫生室，乡镇卫生院按标准实现达标，县级医院提高服务质量。城市所有社区都要建立卫生服务中心（站）。基层医疗卫生机构都要配备基本的医疗设备，有专业的医护人员，力争做到小病不出村（社区）、中病不出乡（镇）、大病不出县（市、区）。积极鼓励大医院与基层卫生机构“联姻”结对，通过大医院的“名医”下基层指导等方式，进一步提高基层医疗水平。坚持公共医疗卫生的公益性质，推进医药卫生体制改革，构建人人享有基本医疗卫生服务的全民健康体系。稳定低生育水平，提高人口素质。

不断健全覆盖城乡的社会保障体系。

完善城镇企业职工基本养老保险省级统筹制度，不断提高企业退休人员基本养老金水平；稳步推进事业单位养老保险制度改革试点工作；开展新型农村社会养老保险试点；制定农民工参加养老保险的相关配套措施。继续扩大城镇居民基本医疗保险试点范围，逐步提高农村合作医疗财政补助标准和筹资水平。继续扩大工伤保险覆盖面。按照“先保后征”的原则，建立被征地农民社会保障资金预存款制度，做到应保尽保。提高城乡最低生活保障标准、扩大覆盖面，进一步完善农村“五保”人员的供养及灾害救助制度。落实好军烈属和伤残退伍军人等优抚政策。发展以扶老、助残、救孤、赈灾等为重点的社会福利和慈善事业。做好老龄和红十字会工作。

加快推进保障性住房建设。进一步优化住房供应结构，加快廉租房、经济适用房建设，继续推进棚户区改造和沉陷区治理。今明两年，全省解决25万户城市低收入家庭的住房困难问题；完成11万户国有重点煤矿棚户区改造任务；完成8万户城市居民棚户区改造任务。今年启动省属重点非煤矿山的棚户区改造。继续实施农村危房改造，加大力度解决农村困难群众的住房问题。

加强社会管理、维护社会稳定。完善社会管理体制，加强社会组织建设和管理。健全社会治安防控体系，加强社会治安综合治理，深入开展“平安三晋”创建活动。严密防范和依法打击违法犯罪活动，确保人民安居乐业。健全利益协调机制、诉求表达机制、矛盾排查调处机制和权益保障机制，坚决纠正在土地征用、房屋拆迁、企业改制、环境保护和资源整合过程中损害群众利益的行为。贯彻调解优先原则，妥善处理人民内部矛盾，把矛盾纠纷化解在萌芽状态。建立健全突发事件应急管理体制，强化监测预警机制，完善社会动员机制，有效应对各类突发事件。加强社区建设，完善基层服务和管理网络。加强信访史志工作。维护妇女、儿童、残疾人和社会弱势群体的合法权益。加强国家安全工作。落实好党的民族宗教政策，加强侨务、对台、外事等工作。支持军队建设，做好双拥工作和国防教育，加强民兵预备役建设，深化“双服务”活动，发展人民防空事业。

（七）深化改革开放、加大科技创新，努力增强发展的动力和活力。

继续深化改革。一是抓好新一轮政府机构改革。按照国家统一部署，坚持精简、统一、效能的原则，推进机构改革。今年上半年完成省级政府机构改革，下半年完成市县两级政府机构改革，并稳步推进乡镇机构改革试点工作。二是做好事业单位分类改革试点工作，两年内完成省直事业单位改革任务。三是深化农村改革。按照依法自愿有偿的原则，有序地进行土地承包经营权流转，发展多种形式的适度规模经营。有条件的地方可以发展专业大户、农民专业合作社等规模经营主体。四是积极推进集体林权制度改革。明晰产权，放活经营权，落实处置权，保障收益权，形成集体林业良性发展机制。今年完成晋城市和垣曲等1市17个县（区）试点工作。五是深化企业改革。推进国有企业产权改革，完善法人治理结构，建立现代企业制度。加强企业内部管理，转换企业经营机制，完善激励约束机制。健全国有资产监管体系，确保国有资产保值增值。推进集体企业改革，大力发展集体经济、合作经济。六是积极推进财税和价格改革。推进增值税转型改革，实施成品油价税费改革。加强收入征管，挖掘增收潜力。完善转移支付制度，深化部门预算改革，优化财政支出结构，扩大省直管县试点范围，推动公共服务均等化。进一步做好煤炭工业可持续发展试点工作。全面实行各类矿产资源有偿取得制度，完善资源性产品价格形成机制。七是大力推进投融资体制机制改革。要在进一步简化投资审批管理程序的同时，积极创新投融资方式，采取“政府投资、市场融资、调动民资、招商引资”等办法，多渠道筹集资金。积极争取国家投资，尤其要创新抵押贷款方式，创优信用环境，增加担保资本金，完善信用担保体系，扩大银行融资。要充分发挥资本市场的作用，提高直接融资的比重。鼓励企业通过新股发行、整体上市、借壳上市、增发、配股等途径筹集资金。支持优质中小企业在中小企业板上市。支持企业债券融资。要创新组织方式，积极调动民资。鼓励民营企业家进行战略投资和风险投资。有序推进贷款公司、村镇银行、农村资金互助社等新型农村金融机构试点工作，积极扩大小额贷款公司试点。

进一步扩大开放。要强化对外开放工作的领导，充分调动地方、部门、企业和社会组织等方面的积极性。充分发挥各类开发区、园区的作用，充分利用友好省州（城市）的渠道，积极承接产业梯度转移。大力推进区域经济合作，主动融入环渤海经济圈，接受京津地区的辐射，形成产业互动。要落实好与上海、江苏、湖南、湖北、山东、河北等地的经济合作协议，深化双方合作。充分发挥中央驻晋单位在促进地方经济发展中的作用。要进一步解放思想，确立"不求所有、但求所在"，"不求所在、但求所得"的观念，着力优化对外开放的环境，在全社会营造安商、亲商、富商的浓厚氛围。要完善我省对外开放的产业、财税等相关政策，进一步扩大对外开放的领域。要创新招商引资的方式方法，发挥市场机制的作用，以商招商、以企招商，并注重招商引资的质量和效果。要积极转变外贸增长方式，实行以质取胜和多元化战略，优化进出口结构，努力提高外向经济水平。

强化科技创新和人才对经济发展的支撑作用。加大科技投入，整合科技资源，建设一批重大科技基础设施和产业技术研发试验设施，启动一批重大科技专项和重点项目，促进科技成果产业化。推进科技创新体系建设，依托大型骨干企业、行业技术中心和高等院校、科研院所，发展以企业为主体、以技术为纽带、产学研相结合的技术联盟，努力攻克我省传统支柱产业和发展潜力大的新兴产业的共性关键技术，推动产业结构优化升级，促进我省经济由资源依赖型向创新驱动型转变。大力培养一批具有自主创新能力的高层次领军人才和中青年高级专家，积极引进海内外高端人才。实施公务员轮训培训工程，提高公务员素质和能力。创优人才培养选拔使用机制，形成人尽其才、人才辈出的良好环境。

（八）加强民主法制和精神文明建设，努力保障经济社会又好又快发展。

大力发展社会主义民主法制。要认真执行人大及其常委会的决议决定，依法向人大及其常委会报告工作，自觉接受人大的法律监督和政协的民主监督，广泛听取各民主党派、工商联、无党派人士的意见和建议，高度重视并认真办理人大代表建议和政协提案，虚心接受代表和委员的批评、建议和意见。积极支持人民法院、检察院依法履行职责，充分发挥工会、共青团、妇联等群团组织的作用。加强基层民主，扩大政务公开、村务公开和厂务公开的范围和内容，保障人民群众的知情权、参与权、表达权、监督权。加快推进依法治省进程。深入开展"五五"普法教育，努力增强公民的法制观念。搞好法律援助。加强政府立法工作，严格依法行政。

扎实推进文化强省战略。加快推进文化体制改革，大力发展文化事业和文化产业。构建覆盖城乡的公共文化服务体系，到2010年实现全省乡镇文化站、村级多功能文化活动室全面达标。制定文化产业发展规划，完善文化产业发展扶持政策，加大创意策划力度，挖掘文化资源，实施重大项目带动战略。打造具有地方特色、国际影响的文化艺术精品。加强文化遗产保护。大力发展新闻出版、广播影视、文学艺术事业，丰富人民群众的精神文化生活。广泛开展全民健身活动，努力提高竞技体育水平。要加强社会主义核心价值体系建设，积极开展群众性精神文明创建活动。大力弘扬"节俭勤奋、明礼诚信、精于管理、勇于开拓"的晋商精神，大力弘扬"不怕牺牲、不畏艰险、敢于胜利、无私奉献"的太行精神和吕梁精神，并不断赋予新的时代内涵，进一步展示当代山西人民的新形象！

今年要在全面完成以上各项目标任务的基础上，着力为人民群众再办好以下十件实事：一是维护、加固和改造中小学校舍400万平方米。二是实现县乡卫生机构达标率80%，80%的村建成卫生室。三是城镇居民基本医疗保险覆盖230万人，农村社会养老保险试点覆盖300万人，110万农村特困群众纳入低保范围，14万农村"五保"对象实现应保尽保。四是解决好14万重点优抚对象的就医问题，实施3万名残疾人康复救助。五是帮助4万名城镇就业困难人员实现就业，培训农民100万人，转移农村富余劳动力30万人。六是建设村通水泥（油）路1.5万公里。七是解决好农村200万人口的饮水安全问题。八是发展连锁农家店和新农村便民店2000家、放心粮油店1000家。九是确保11个重点城市空气质量二级以上天数稳定在3000天以上，争取40个县（市）达到大气污染综合指数二级标准。十是解决40万户农村困难群众、棚户区居民、城市低收入群体的住房问题。

各位代表，2009年我们面临着严峻的挑战，经济外部条件十分困难。越是在困难的时候，各级政府越要关注民情、化解民忧、改善民生，特别是要高度重视困难群众的生产生活，帮助他们解决实际困难和问题，实实在在地为人民群众办实事，让人民群众得实惠！

三、切实加强政府自身建设

做好2009年的工作，必须加强政府自身建设。要善于把党和国家的方针政策与我省的实际紧密结合起来，创造性地开展工作；要正确地分析和判断形势，全面把握社情民意，有效破解发展难题；要按照为民、务实、清廉的要求，切实抓好政风建设。

（一）进一步转变政府职能，做到全面高效服务。按照"政企分开、政资分开、政事分开"的要求，深化行政管理体制改革，切实把政府职能转到经济调节、市场监管、社会管理和公共服务上来。要进一步改进管理经济的方式和方法，不断强化按照市场经济规律管理经济的意识和水平，提高运用经济手段、法律手段和必要的行政手段调节经济运行的素质和能力。要按照公开透明的办事原则和建设阳光政府的要求，进一步推行政务公开。要按照建设服务型政府的要求，深化行政审批制度改革，进一步推行行政许可统一、联合、集中办理，减少审批环节，缩短审批时限，降低行政成本，提高行政效率，做到全面高效服务。

（二）进一步推行科学民主决策，做到决策的科学化、民主化。要按照科学发展观的要求，牢固确立科学决策、民主决策的理念，健全群众参与、专家咨询和政府决策相结合的决策机制，提高科学决策、民主决策的本领和驾驭市场经济的能

山西省人民代表大会常务委员会工作报告

——2009年1月13日在山西省第十一届人民代表大会第二次会议上

省人大常委会常务副主任　杨安和

各位代表：

我受省人民代表大会常务委员会的委托，向大会报告工作，请予审议。

过去一年的主要工作

2008年是极其不平凡的一年，也是本届人大常委会履行职权的第一年。在中共山西省委的领导下，常委会坚持以邓小平理论和“三个代表”重要思想为指导，深入贯彻落实科学发展观，紧紧围绕我省经济社会发展战略和工作大局，以人为本、突出重点、求实创新，切实行使宪法和法律赋予的各项职权，立法、监督等各项工作取得新进展，实现了本届人大工作的良好开局，为加快我省科学发展步伐，扎实推进和谐山西建设，作出了积极贡献。

一、把握经济社会发展全局，稳步推进立法工作

按照党的十七大提出的坚持科学立法、民主立法，完善中国特色社会主义法律体系的要求，本届常委会继续把立法工作摆在重要位置。一年来，新制定地方性法规6件、修改4件，审查和批准太原、大同两市地方性法规10件。立法工作适应我省经济社会发展的急需，在继续做好经济立法的同时，着重加强社会领域的立法，为推进我省全面协调可持续发展提供法制保障。

近年来，职务犯罪案件时有发生，对党的形象和经济社会危害极其严重。为适应我省反腐败斗争的需要，从源头上预防职务犯罪，常委会制定了《山西省预防职务犯罪工作条例》，就职务犯罪界定、预防重点对象和领域、预防工作机制等作了明

（接第7页）

力。对事关经济社会发展全局的决策事项，要深入调查研究，广泛征求意见；对专业性、技术性较强的决策事项，要认真组织专家论证和决策评估；对涉及人民群众切身利益的决策事项，要积极推行公示、听证等制度，听取群众意见，接受群众监督。要推行决策的后评估制度，对不按规定和法定程序决策造成失误、导致重大损失的，要严肃追究相关决策者的责任，并做到严格考核、奖罚分明。

（三）进一步规范政府行为，做到依法行政。要全面落实《行政许可法》和《全面推进依法行政实施纲要》，大力推进法治政府建设。各级政府要牢固树立依法行政的观念，严格按照法定权限和程序行使权力，认真负责地履行职责，切实保护人民群众的合法权益，做到有权必有责、用权受监督、侵权要赔偿、违法要追究。要认真执行《行政复议法》，对符合法律规定的行政复议申请，必须依法受理。要严格执行行政执法责任制和执法过错追究制，加强和改进行政执法行为，切实做到严格执法、公正执法和文明执法，把建设法治政府要求的各项规定落到实处。

（四）进一步加强政风建设，做到为民务实清廉。各级政府及其工作人员要自觉地遵守政治纪律，始终做到政治上的清醒和坚定，在政治上、思想上、行动上与以胡锦涛同志为总书记的党中央保持高度一致。要牢固树立以人为本、执政为民的理念，始终保持同人民群众的血肉联系。坚持做到权为民所用、情为民所系、利为民所谋，满腔热情地为广大人民群众办好事、办实事、解难事。要解放思想，勇于创新，切实转变工作作风，深入基层、深入群众，及时了解和掌握经济社会发展中的矛盾和问题，不断地研究新情况，解决新问题，取得新成效。要树立正确的政绩观，既要切实做好当前的工作，又要扎扎实实地做好打基础、利长远的事情，做出经得起历史、人民和实践检验的业绩。要大力弘扬艰苦奋斗、勤俭节约的优良作风，反对官僚主义和形式主义，反对享乐主义和奢靡之风，反对弄虚作假和虚报浮夸，反对铺张浪费，减少不必要的开支。要旗帜鲜明地反腐败，坚持标本兼治、综合治理、惩防并举、注重预防的方针，扎实推进惩治和预防腐败体系建设，继续深入开展煤焦领域反腐败专项斗争，认真落实党风廉政建设责任制，严格执行中央、中纪委和省委关于廉洁自律的各项规定，自觉接受人民群众及各个方面的监督，在人民群众中树立良好的形象，做人民满意的公仆。

各位代表，今年经济社会发展的形势非常严峻、任务非常繁重。但任何挑战都改变不了三晋儿女创造美好生活的坚定信念，任何困难都阻挡不住山西人民加快改革发展的坚定步伐！让我们紧密地团结在以胡锦涛同志为总书记的党中央周围，在中共山西省委的领导下，深入贯彻落实科学发展观，以只争朝夕、奋发有为的精神状态，以求真务实、真抓实干的工作作风，同心同德、齐心协力，奋力拼搏、勇往直前，推动全省经济社会转型发展、安全发展、和谐发展，真正实现科学发展，以优异的成绩迎接新中国成立60周年！

确规定。特别是将煤炭、电力等能源开发和安全生产、生态环境保护等列入重点领域，突出了我省预防职务犯罪工作的地方特色。条例实施前，常委会召开新闻发布会，全省检察、监察、审计等机关7000多人在主会场和分会场参加了会议。各地还大张旗鼓地开展了学习宣传月活动，对于强化国家工作人员廉洁自律意识，营造预防职务犯罪的社会氛围，起到重要推动作用。

我省是一个高耗能省份，建筑耗能约占社会总耗能的30%。国家要求我省在“十一五”期间完成460万平方米既有居住建筑节能改造任务，新建建筑应全面执行节能设计标准。常委会制定的《山西省民用建筑节能条例》，对于依法规范民用建筑节能管理、推进建筑领域的节能降耗和节能减排，具有重要意义。

近年来，国内外高致病性禽流感、口蹄疫等重大疫情频发，甚至局部蔓延，对消费者生命安全和社会稳定构成严重威胁。常委会高度重视食品安全问题，制定了《山西省畜禽屠宰管理条例》，进一步强化行政执法主体责任，规范畜禽产品产销秩序，保证畜禽产品质量，保障人民群众消费安全。

当今社会，计算机信息系统广泛应用于各个领域，与人民群众的生产、生活息息相关，依法加强对信息网络的管理非常迫切。常委会制定的《山西省计算机信息系统安全保护条例》，为打击网络违法犯罪，维护国家安全和社会公共秩序，提供了重要法律依据。

为了进一步普及、加强和规范国防教育，增强全民国防观念，常委会制定了《山西省实施〈中华人民共和国国防教育法〉办法》；为了增强地面建筑抗震能力，提高城市总体防护功能，保障战时人民群众生命财产安全，制定了《山西省人民防空工程建设条例》。

常委会还依据中央政策和国家法律，结合我省出现的一些新的情况和问题，及时对我省土地管理法实施办法、人口和计划生育条例、测绘管理条例、丹河流域水污染防治条例等4件法规进行了修改。近年来我省发生的一些矿山事故，由于测绘图纸与实际不符，给抢险工作造成了严重困难。修改后的测绘管理条例，进一步规范矿山测量活动，对于准确界定矿界，及时发现和遏制企业超层、越界开采，科学有效开展矿山救护等，具有重要作用。常委会在全面修订人口和计划生育条例时，突出以人为本，在综合治理出生缺陷、提高出生人口素质、提高计划生育奖励标准、加大对高收入者违法生育的处罚力度等方面作了新的规定，为依法推进我省人口和计划生育事业健康发展提供支持。

在做好年度立法工作的同时，常委会在广泛征求意见、充分协调论证、科学分析预测的基础上，制定了省十一届人大及其常委会五年立法规划。立法规划共安排一类立法项目56件，二类立法项目27件。本届人大如期实现这个立法规划，必将进一步推进依法治省进程，为全面建设小康社会提供引导、支持和保障。

在立法工作中，常委会坚持发扬民主，走群众路线，努力做到立法决策的民主化、科学化。制定每项法规，都要组织人员深入基层，深入群众，通过召开座谈会、论证会等多种形式，广泛听取人大代表和社会各方面意见，扩大人民群众对立法工作的有序参与。在制定五年立法规划时，常委会向省人大代表发函和通过报纸、网络公开向社会征集立法项目，共征求回立法建议项目137件，列入五年立法规划24件，占到规划项目总数的29%。每次审议法规草案，组成人员都以认真负责的态度反复推敲，使法规更臻完善。去年12月份，在学习实践科学发展观活动中，常委会主任会议制定了《关于深入贯彻科学发展观，进一步推进科学立法、民主立法，提高立法质量的意见》，对法规起草、调研、听证、论证、建立专家咨询库等作了规定，推动了立法工作的规范、创新与改进。

二、围绕关系发展和改善民生的突出问题，认真履行监督职能

一年来，常委会开展了3项执法检查，听取和审议省人民政府、省高级人民法院、省人民检察院14项专项工作报告，有力地推动法律法规有效实施，支持和督促“一府两院”依法行使职权，着力促进发展，保障和改善民生。

加强对计划和预算执行情况的监督。常委会在深入调研的基础上，听取和审议了省政府关于计划、预算执行情况的报告和审计工作报告，审议了我省“十一五”经济社会发展规划中期评估及指标体系调整的报告。组成人员在充分肯定政府工作成绩的同时，指出受全球金融危机影响，经济形势发生了重大变化，不确定因素显著增多，要根据山西资源型经济结构的特点，化困难为机遇，拿出强有力措施积极应对。对审计查出的问题要采取措施，逐一整改。省政府向常委会会议报告了整改情况。通过整改，省政府及有关部门制定相关管理制度和办法32项，补征预算内外收入4.58亿元，下达应拨未拨财政资金1.96亿元，追还被挤占挪用资金和调整账目279.61万元。

加强对重大事项的监督。去年，省委作出推进农业现代化的重大战略部署，省政府将其列为“四大攻坚”任务之一。常委会听取和审议了关于全省现代农业发展情况报告，要求政府进一步抓好各项支农惠农政策和重点工程项目落实，抓好动物防疫和农产品质量安全工作，进一步完善土地流转、金融支农等现代农业的规划和政策措施，促进农民增收、农业稳定发展。宗教工作事关改革发展稳定大局，也是近年来国际国内关注的热点。我省是国家宗教工作重点省份之一，160多万信教群众分布全省。常委会听取和审议了关于全省宗教工作情况报告，认真分析我省宗教工作面临的形势和存在的主要问题，就解决好重点和难点问题向政府提出意见和建议。体育事业关系国民素质、民族兴衰，在构建社会主义和谐社会中承担着不可替代的作用。抓住北京举办奥运会的历史机遇，常委会听取和审议了关于全省体育工作情况的报告，要求政府进一步深化体育改革，多渠道、多层次大力加强体育设施建设，扎实开展全民健身活动，努力推进我省体育事业健康发展。

加强对关系人民群众切身利益问题的监督。受国际、国内多种因素影响，去年上半年，我省同全国一样，物价出现较大幅度上涨，社会各界高度关注。常委会及时听取和审议了关于全省加强市场调控、保持物价基本稳定情况的报告，要求政府继续准确分析、掌握市场物价形势，加强市场监管，坚决打击囤积居奇、哄抬物价、扰乱市场秩序的不法行为，全力维护物价稳定，保障人民群众正常生产生活。推进劳动保障各项事业的健康发展，是构建和谐山西的重要着力点。常委会听取和审议了关于全省促进就业、建设和谐劳动关系工作情况的报告，指出城乡社会保障发展不平衡、公共服务能力严重不足等问题

依然存在，就业再就业形势依然严峻，维护劳动者合法权益任务艰巨。要求政府针对性地研究解决。保障城市低收入家庭的住房基本需求，是改善民生的重要方面。常委会听取和审议了关于建立和完善城镇住房保障体系、推进经济适用房和廉租房建设情况的报告，要求政府进一步加大对廉租房建设的投入，增加经济适用住房供应量；进一步强化住房公积金监管，有效提高公积金制度覆盖率和个贷率，努力让更多的低收入家庭“住有所居”。

加强对法律法规实施情况的监督。环境保护始终是常委会监督工作的重点。省十届人大常委会作出了关于加强五台山风景名胜区保护和关于加强汾河、沁河、桑干河源区保护的两个决定。去年，常委会听取和审议了省政府关于这两个决定实施情况的报告，并对两个决定实施情况进行了检查。继续开展了“三晋环保行”活动，深入全省38个县（市、区）的120个污染点检查采访，向省政府及有关部门提出48个具体环境问题和整改建议，要求逐项落实并向省人大常委会反馈，督促解决了一批危害群众生命健康的突出环境问题。水资源严重缺乏是制约我省发展的“瓶颈”。为了促进《中华人民共和国水法》和《山西省水资源管理条例》的贯彻实施，常委会组织了“一法一条例”执法检查，就检查发现的水利基础设施建设滞后、水环境问题仍然突出、现行的水资源管理体制不合理等问题，向省政府提出意见和整改建议。常委会还开展了《中华人民共和国刑事诉讼法》实施情况的执法检查。检查组分赴全省11个市，共评查案卷2900余件，召开座谈会150余次，调查了解和征求意见2000余人，就一些执法机关存在的法律文书不规范、程序审核不严格、公检法司协调机制不完善、专业人才缺乏等问题，向公检法司机关提出明确的整改要求。此外，各专委、工委还开展了10项执法调研，推动了法律法规的贯彻实施。

加强司法监督和信访工作。公正司法事关社会公平正义、和谐稳定。常委会加强对司法工作的监督，听取和审议了省高级人民法院关于全省行政审判工作情况的报告、省人民检察院关于全省预防职务犯罪工作情况的报告。常委会把人民群众来信来访工作作为构建社会主义和谐社会的基础来抓。一年来，共接待和受理人民群众来信来访4120人（件、次）。按照“分别受理、综合分析、统一交办、定期反馈、严格督查”的要求，及时梳理信访反映的突出问题，对典型案件和共性问题依法进行跟踪督办，推动“一府两院”启动相关工作程序，纠正了一批处置不当或久拖不决的案件，化解了社会矛盾，维护了法律尊严。

三、抓住可持续发展的关键环节，认真行使重大事项决定权

我省是能源资源大省。伴随着国民经济快速发展和世界性能源资源紧张加剧，我省能源资源的枯竭化速度加快，生态环境与经济社会发展之间的矛盾趋于尖锐。近年来，国家高度重视循环经济发展，将我省列为循环经济和煤炭工业可持续发展试点省。省委、省政府抓住这一战略机遇，加快了发展循环经济的步伐。为了更好地贯彻省委决策，动员全省人民统一思想，齐心协力走出一条能源资源省份发展循环经济的新路，常委会组织相关部门进行了广泛、深入的调查研究和反复论证，提请常委会会议审议通过了《关于加快发展循环经济的决定》，就加快发展循环经济的重要性和紧迫性、指导思想和基本原则、重点内容和基本要求、政策机制、技术开发和标准体系建设、组织领导和监督管理等作了规定。《决定》实施后，常委会组织开展了广泛的宣传活动，省政府及其相关部门积极采取措施贯彻落实，有力地推动了循环经济的发展。

常委会坚持党管干部和人大依法行使任免权的统一，充分发扬民主，严格依法办事，认真行使人事任免权。一年来，共任免、决定任免和批准任免国家机关工作人员126人（次），为山西的发展提供了有力的组织保证。

四、着眼于为代表履职提供保障，不断改进代表工作

充分发挥代表作用是做好人大工作的基础和保证。一年来，常委会继续加强和改进代表工作，积极支持代表依法履行职权。

一是开展履职培训。在2007年底对省人大代表普遍进行初任培训的基础上，去年，将省人大代表编为37个活动小组，对代表小组召集人进行了培训，制定了全年活动计划，指导部分小组建立了代表小组活动室。组织我省选出的全国人大代表参加了全国人大举办的履职培训。二是加强与代表的联系。进一步完善常委会组成人员分工联系代表制度，坚持为代表订购寄送报刊资料，组织代表列席常委会会议，邀请代表参加常委会组织的执法检查、调研等活动，及时向代表通报常委会和省“一府两院”重要工作和重大活动情况，切实保障代表知情知政。三是认真组织闭会期间代表活动。组织我省选出的全国人大代表就安全生产、电力供应、资源型城市转型发展等进行了视察和专题调研。组织部分省人大代表对城乡清洁工程和省法、检两院工作进行了视察和专题调研。委托各设区的市组织省人大代表进行了专题调研，撰写调研报告36篇。代表们以高度责任感积极参加视察、调研，并随时就发现的问题向“一府两院”提出意见和建议。如在四川汶川大地震发生后，有的代表及时就我省立即进行一次校舍安全大检查、立即停止使用预制板结构新建校舍等向省政府提出建议，省长、分管副省长作出重要批示，推动政府相关部门举一反三、消除校舍安全隐患。四是认真办理代表议案、建议。省十一届人大一次会议期间共收到代表议案9件7案，建议699件。会后，常委会和省政府分别召开交办会，向69个承办单位统一交办，督促有关单位努力提高办理质量。常委会选择7件作为重点办理的建议，分别由副省长领办，承办单位分级负责，常委会领导和有关委员会对口督办，增强了办理效果。如代表“关于增加投入，加快发展我省高等教育的建议”，由分管教育的副省长领办，教育厅、财政厅承办。常委会专门组织“高等教育改革发展专题调研组”，深入高校、金融机构等单位进行调研，形成近三万字的《山西省高等教育发展改革专题调研报告》，提出解决我省高等教育发展问题的近、中、远期措施建议，得到了省委、省政府的高度重视，从今年开始，已采取措施，逐步落实。五是加强制度建设。建立了代表履职登记制度，制定和完善了省人大代表议案的提出和处理办法、代表活动经费管理使用办法等，进一步为代表履职提供制度保障。去年11月份，召开了全省人大代表工作座谈会，全面、系统地总结代表工作经验，明确新任务新要求，促进了代表工作的有效开展。

五、致力于打好基础开好局，努力加强自身建设

去年是为本届人大五年工作奠定基础的重要一年。换届后，常委会把打好基础开好局作为一件大事来抓。一是从去年

4月初开始，历时两个月，在机关开展了进一步加强作风建设专项活动，整顿了机关纪律，制定、修订各类工作制度260余件，促进了机关工作有序、高效运行。二是针对本届常委会组成人员中新同志比较多的情况，及时开展了组成人员履职专题培训，并在常委会会议期间举办了5次法制讲座或专题讲座，促进大家增强政治意识、大局意识、责任意识，掌握人大工作必备知识，很快转换角色，全身心投入人大工作。三是按照中央的部署和省委的要求，常委会机关开展了学习实践活动，组织机关党员干部深入学习科学发展观，学习胡锦涛总书记、吴邦国委员长关于加强人大工作重要讲话，坚持用党的最新理论成果武装头脑。对于各方面提出的6个方面150多条意见建议，逐条落实，认真整改，着力解决常委会工作中不符合、不适应科学发展的突出问题。通过以上工作，人大全面贯彻落实科学发展观的指导思想更为明确，围绕全省工作大局定位和谋划人大工作的思路更为清晰，常委会组成人员代表人民依法履职的政治责任感进一步增强，机关各项工作的推动更为有力。

一年来，省人大各专门委员会和常委会各工作机构、办事机构围绕常委会工作中心，认真做好前期调研、具体实施和跟踪督查工作，加强理论研究与宣传工作，加强与外国议会的友好往来，使常委会的工作得以拓展和深化。在迎奥运、支援四川抗震救灾以及扶贫济困等活动中，机关党员干部职工展示了高度社会责任感和良好的精神风貌。机关精神文明建设取得新成果，连续三年被评为“省直机关文明和谐单位标兵”。

常委会进一步加强与各级人大的联系，通过邀请列席会议，召开各种专题性座谈会、研讨会、交流会，互相交流情况、沟通信息、研究工作。一年来，各级人大对于省人大常委会的立法、执法检查、调研、代表活动等各项工作积极支持与配合，形成合力，共同推进全省人大工作整体发展。

各位代表！常委会一年来工作成绩的取得，是省委正确领导的结果，是全体代表和常委会组成人员共同努力的结果，也是全省各级人大、“一府两院”及各方面大力支持与配合的结果。在此，我谨代表省人大常委会，向大家表示衷心的感谢！

在肯定成绩的同时，我们也清醒地看到常委会工作中还存在一些差距和不足，主要是：科学立法、民主立法的机制需要完善，立法质量有待进一步提高；监督工作重点需要进一步突出，实效有待增强；联系代表的途径需要拓宽，代表依法履职的保障机制需要进一步完善；常委会的自身建设也需进一步加强。对这些差距和不足，我们要在今后工作中认真研究、努力改进。

今后一年的主要任务

2009年是新中国成立60周年，也是地方人大设立常委会30周年。做好今年的工作，对于积极应对国际金融危机的严重冲击，维护我省改革发展稳定的大好局面，彰显人民代表大会制度的优势和功效，具有十分重大的意义。在新的一年里，常委会工作的总体要求是：在中共山西省委的领导下，坚持以邓小平理论和“三个代表”重要思想为指导，全面贯彻落实科学发展观，坚持党的领导、人民当家做主和依法治国的有机统一，关注民生，服务大局，紧紧围绕保持经济平稳较快发展这一首要任务，进一步发挥代表作用、提高立法质量、增强监督实效，全面、科学、依法履行好宪法和法律赋予的各项职权，为扎实推进我省经济社会转型发展、安全发展、和谐发展，作出新的更大贡献。

贯彻这个总体要求，必须把握好三点：一是进一步以科学发展观统领人大工作。要致力于研究影响我省科学发展的突出问题与薄弱环节，努力找准人大工作与全省大局的结合部和着力点，使人大工作与全省发展目标同向、工作同步。二是坚持以人为本、履职为民。这是人大工作能够取得实效、得到人民群众支持和拥护的根本所在。人大是代表人民的国家权力机关，要时时事事贴近群众，了解群众的所思、所想、所盼，促进解决群众最关心、最直接、最现实的利益问题，促进党的各项惠民政策得以落实，促进社会和谐稳定、人民安居乐业。三是继续解放思想，不断创新人大工作。要通过深入学习实践科学发展观，切实解决人大工作中不符合、不适应科学发展的突出问题，与时俱进，使人大工作更加符合客观规律，顺应时代要求。

按照这个总体要求，今年要着重抓好以下工作。

一、继续推进立法工作，努力提高立法质量

立法工作要更加自觉地回应我省经济社会发展提出的新课题，着力促进科学发展和维护人民群众的合法权益。今年常委会安排审议14件立法项目。一是新制定气象灾害防治条例、农业综合开发条例、未成年人保护条例、劳动合同条例、城乡规划条例、监督法实施办法及代表建议、批评和意见的提出和处理办法等7件法规。二是修改城市供水和节约用水条例、社会治安综合治理条例、义务教育法实施办法、信访条例等4件法规和废止3件法规。要积极推进民主立法、科学立法。着力改进法规草案起草工作，逐步建立开放的、多元的法规草案起草机制。进一步走群众路线，选择一些与群众利益密切相关、社会关注度较高的法规草案，通过新闻媒体向社会全文公布，广泛征求各方面特别是基层群众的意见。对涉及法律关系复杂、专业性较强的法规草案，充分发挥听证会、论证会和专家咨询库的作用，使人大立法与社会公众之间形成沟通和互动，更好地体现人民意志，调整好社会关系，维护公平正义。

二、突出重点加强监督，切实增强监督实效

今年常委会安排2项执法检查，听取和审议省“一府两院”13项专项工作报告。监督工作围绕以下五个重点进行：一是宏观经济调控。由于全球性金融危机影响与自身的结构性矛盾相互交织，今年是我省经济发展较为困难的一年。常委会要密切关注我省经济运行的走势，深入调查研究，通过听取和审议预算执行情况、计划执行情况、审计工作等报告，加强对保证重点支出情况、扩大内需投资使用情况、宏观调控措施、涉及改善民生的政策实施情况的监督，支持政府坚定信心、应对挑战，保持经济平稳较快发展。二是“三农”工作。今年是落实中央关于推进农村发展决定的第一年，也是我省大力推进“三农”工作的攻坚年。常委会安排听取和审议关于贯彻党的十七届三中全会精神、推进全省农村改革发展情况的报告，确保党的农村政策措施落到实处。三是科教兴省和促进社会和谐。常委会安排听取和审议全省科技工作、职业教育工作、侨务外事工作、实施妇女儿童发展规划纲要情况等报告，充分发挥这些方面在推动科学发展、构建和谐社会中的积极作用。三年一次的村民委员会换届选举工作结束后，听取和审议关于我省第八届村民委员会换届选举情况的报告，关注基层民主政治建设，关注广大农村地区的发展和稳定。四是环境保护。环境保护对我省科学发展至关重要。今年，常委会安排对《中华人民共和国环境影响评价法》的执法检查，继续开展“三晋环保行”活动，听取和审议关于2008年环保目标责任制履行情况的报告，进一步推动环保工作。五是司法公正。常委会安排《中华人民共和国行政诉讼法》的执法检查，听取关于全省司法行政工作情况的报告，督促司法机关公正司法。同时，继续加强信访工作。对人民群众信访反映的合理诉求，及时转交和督促有关部门依法处理。对信访中反映的有关社情民意和突出问题，作为常委会实施监督的重要信息来源，提高常委会监督工作的针对性。

常委会要着力跟踪问效，加大监督力度。把听取专项工作报告与执法检查结合起来，把初次监督与跟踪监督结合起来，对执法检查和调研中发现的突出问题、组成人员的审议意见要及时转交“一府两院”办理，并将办理和整改情况向常委会报告。常委会要采取多种方式将监督工作情况向省人大代表通报和向社会公布，增强公开性和透明度，接受人大代表和广大群众对常委会工作的监督。

三、适时决定重大事项，依法进行人事任免

讨论、决定重大事项，依法进行人事任免，是人大常委会代表人民行使的两项重要职权。要总结经验，积极探索，进一步规范常委会决策的范围和程序，着力完善决策的信息和智力支持系统，紧紧抓住事关全省改革开放和经济社会发展中的重大问题，适时作出决议决定，把省委的重大决策通过法定程序转化为地方国家权力机关的意志，转化为全省人民的共同行动。要坚持党管干部的原则，充分发扬民主，严格依法办事，把党管干部与人大常委会依法任免干部有机统一起来。从全省改革发展稳定的大局出发，以对人民事业高度负责的精神，投好常委会组成人员神圣的一票。同时，要加强对代表大会选举和常委会任命人员的监督，增强他们的责任感、使命感和公仆意识，真正做到有权必有责、用权受监督、违法要追究，确保人民赋予的权力始终用来为人民服务，确保权力的正确行使。

四、加强改进代表工作，保障代表依法履职

代表工作是常委会工作的基础和活力源泉。常委会要进一步畅通人大代表反映人民群众愿望和要求的渠道，使不同利益主体的诉求在国家权力机关得到充分表达和有效整合。要继续密切与代表的联系，采取召开代表座谈会，向代表寄发公开信、征求意见函等形式，及时向代表通报常委会和省“一府两院”重要工作情况，保障代表的知情权和意见表达权，广泛征求对常委会工作的意见和建议；增加邀请列席常委会会议和参加常委会有关活动的代表人数，发挥代表在立法和监督工作中的作用；加大代表议案和建议、批评、意见督办力度，推动办理工作从“答复型”向“落实型”转变；推进代表小组规范化建设，做好代表视察、调研的选题引导和活动安排，支持代表开展持证视察和调研，努力提高代表闭会期间活动实效；在初任培训的基础上，继续做好代表专题培训工作，加强代表同原选举单位的联系，不断增强代表执行职务的意识和能力；完善和创新人大代表履职的组织保障机制，更好地为代表执行职务提供服务。

五、不断加强自身建设，提高依法履职水平

做好新形势下的人大工作，必须坚持不懈地抓好自身建设。要巩固和深化学习实践科学发展观活动的成果，坚持不懈地抓好政治理论、人大业务、现代科技等方面知识的学习，不断提高思想政治素质和依法履职的水平。进一步解放思想，转变思维方式和行为方式，不断推动工作创新。牢固树立党的观念、群众观念、民主观念、法制观念，树立“为民、务实、清廉”的作风，弘扬求真务实精神，深入开展调查研究，体恤民情，反映民意，使常委会真正成为同人民群众保持密切联系的代表机关，切实为人民掌握和行使好国家权力。继续推进学习型、效能型、创新型、服务型、和谐型机关建设，为人大及其常委会更好地履行职责、发挥效能提供保障。进一步加强与各级人大之间的联系，认真总结人大工作经验，积极为本届内省委人大工作会议的召开做好准备。

1979年，县级以上地方人大设立常委会，是国家政权建设的一项重大改革，也是人民代表大会制度的一个重要发展。我省各级人大常委会设立以来，积极探索、开拓创新、扎实工作，为加强社会主义民主法制建设，推进全面建设小康社会进程，做出了重大贡献。我们要以纪念地方人大设立常委会30周年为契机，大力宣传人民代表大会制度建设新成就和人大工作新进展，使人民代表大会制度更加深入人心，努力开创人民代表大会制度建设和人大工作新局面。

各位代表！

新的一年，全省人民对我们寄予殷切期望，我们肩负的责任重大而光荣。让我们紧密团结在以胡锦涛同志为总书记的党中央周围，以科学发展观为统领，在中共山西省委的领导下，紧紧依靠全省人民，解放思想、开拓创新、不辱使命、奋发有为，把人大工作提高到一个新的水平，以优异的成绩向新中国成立60周年献礼！

山西省高级人民法院工作报告

——2009年1月13日在山西省第十一届人民代表大会第二次会议上

山西省高级人民法院院长　左世忠

各位代表：

现在，我代表山西省高级人民法院向大会作工作报告，请予审议，并请省政协委员和各位列席会议的同志提出意见。

2008年，是我国历史上极不平凡的一年。一年来，全省各级人民法院全面贯彻落实党的十七大精神，以科学发展观统揽法院工作全局，努力推进“三案、四化、五新”工程，较好地完成了各项工作任务，为促进我省经济社会又好又快发展做出了积极贡献。全年共受理各类案件173983件，办结153887件，审限内结案率为99.6%，收结案数分别比上年上升10.18%和9.91%。

一、全面发挥审判职能作用，为建设新基地新山西提供有力司法保障

为了更好地服务于全省工作大局，省高院制定下发了《关于深入贯彻落实科学发展观，为建设新基地新山西提供有力司法保障的指导意见》，要求各级法院找准定位、明确职责、发挥作用。

（一）主动服务第一要务，切实维护经济社会发展大局

全省法院坚持把服务我省转型、跨越、崛起发展战略作为审判工作的重点。围绕经济结构调整，依法审理企业改制改组，以及与资本、产权、技术、土地和劳动力等要素市场发展密切相关的各类案件4212件，推动了产业结构优化升级。围绕推进科技创新和知识产权保护，审理专利、商标、著作权、不正当竞争等知识产权案件214件，促进了创新型社会建设。围绕国家宏观调控和应对金融危机，审理借贷、票据、期货和因金融危机引发的纠纷案件18055件，标的金额26.85亿元，确保了我省金融安全。围绕社会主义新农村建设，审理农村土地承包、土地征用等涉农案件759件，促进了农村稳定和农业经济发展。围绕资源整合和环境保护工作，审理非法采矿、破坏性采矿犯罪案件192件和盗伐林木犯罪案件137件，审理涉及自然资源、环境保护的民事、行政案件和行政非诉执行案件777件，推进了生态文明建设。

积极参与社会主义市场经济秩序的专项整治活动，依法惩治各类经济领域犯罪。共审结金融诈骗、制售假冒伪劣产品、偷税漏税、非法经营、商业贿赂等犯罪案件415件，判处罪犯664人。依法严惩经济活动中的职务犯罪，判处贪污贿赂和滥用职权、徇私舞弊等犯罪案件1096件1344人。

（二）积极参与和谐山西建设，切实维护社会稳定和国家安全

全省法院按照省委“平安三晋”建设的工作部署，深入开展打击涉枪涉爆、“两抢一盗”、黄赌毒等专项整治斗争，为北京奥运会的成功举办营造了和谐稳定的社会环境。共依法判处黑恶势力、杀人、抢劫、爆炸等暴力犯罪案件6017件10249人，判处抢夺、盗窃、诈骗等多发性犯罪案件5690件9445人，判处涉枪涉爆犯罪案件655件1320人、毒品犯罪案件704件986人，切实保障人民群众生命财产安全，使群众安全感得到提升。依法审结重大责任事故和重大劳动安全责任事故犯罪案件96件188人，有效配合了省政府生产安全秩序专项整治工作的开展。坚持正确贯彻宽严相济的刑事政策和“打防并举、重在防范”的方针，积极参与社会治安综合治理，对8712名罪行较轻的初犯、偶犯和未成年人罪犯依法判处缓刑、管制或拘役并辅以社区矫正，对正在服刑、改造较好的8383名罪犯依法办理了减刑、假释，通过教育、感化、挽救措施，促进了社会和谐发展。

针对当前人民内部矛盾凸显、处理难度加大的情况，坚持“能调则调、当判则判、调判结合、案结事了”的审判原则，将调解置于审判活动的全过程，力争使大多数纠纷做到案结事了。全省法院在去年受理民事案件数量同比上升7.9%的情况下，普通民事一审案件调解、撤诉率达到46.92%，同比上升了3.4个百分点；通过协调方式处理行政纠纷227起，占到审结全部行政案件的19.64%；促使当事人自动履行、和解执行案件14160件，占全部执结案件的50.53%，较好地实现了法律效果与社会效果的有机统一。

（三）始终做到关注民生保障民生，切实维护人民群众根本利益

全省法院坚持以人为本、司法为民，把解决人民群众最关心、最直接、最现实的利益问题，作为审判工作的着力点与切入点。全年共审结婚姻家庭、相邻关系、民间借贷等普通民事案件38169件，并注重了对老人、妇女、儿童、残疾人、军人家属等特殊群体合法权益的保障。审结劳动合同、劳动争议等民事案件2906件，以及涉及劳动保护、最低生活保障的行政案件106件，保障了劳动者的正当权益。审结人身伤害、医疗纠纷、交通事故等民事损害赔偿案件7319件，以及涉及城市规划、城镇房屋拆迁的行政案件199件和国家赔偿案件30件，确保人民群众合法诉求的实现，共同维护和谐稳定大局，共同分享改革发展成果，促进了我省“五大惠民工程”的实施。

各级法院始终不渝地把解决执行难问题作为政治使命，对执行难实行综合治理。去年11月以来，按照中政委的统一

部署，在党委领导和人大监督下，动员并联合各有关部门，采取责任查究、网上公示、限制出境、限制信贷等一系列联动执行措施，以集中清理执行积案活动为突破口，打响了解决执行难的攻坚战。全省法院全年共执结各类案件28022件，标的金额77.54亿元。

为切实畅通诉讼渠道，保障人民群众依法行使申诉权，省高院充实申诉接待人员、改革内部工作机制、扩建改造信访大厅、完善信访接待设施，初步适应了工作需求。围绕奥运安保工作，全省法院集中开展了排查化解重信重访“百日攻坚”活动，在较短时间内认真办结了中央交办的重点信访案件。依法对诉讼费实行减、缓、免，涉及1921案1658.72万元。各基层法院、人民法庭从减轻群众诉累出发，适用简易程序审理民商事案件33411件，巡回审判、就地审结案件16971件。

二、努力强化审判监督与管理，促进法院工作科学发展

按照建设公正高效权威的社会主义司法制度的目标要求，全省法院以改革创新为动力，加强和完善司法管理，努力推动审判工作的规范化和法院管理制度化。

（一）进一步落实“三案”要求，提高办案质量。全省法院制定相关办案规则，要求把刑事案件办成“铁案”、疑难复杂案件办成“精品案”、多数案件办成“和谐案”。省高院根据审判、执行工作中出现的新情况，组织各级法院就有关法律适用问题深入开展调研活动，对一些带有普遍性的问题及时出台指导意见、发布典型案例、进行专项检查，努力保证裁判标准的统一，力争使矛盾解决在一审、解决在基层。

（二）进一步加强审级监督，确保裁判公正。省高院和各中级法院认真履行审判监督职责，去年以来，共审结刑事、民事、行政二审案件9572件，其中二审改判的2154件，占全部一审案件的2.12%。各级法院还依照新民诉法的要求，积极推进再审制度的改革，确保了有正当申诉理由的案件都能够纳入再审范围，并坚持依法纠错的原则，对确有错误的267案作出改判。

（三）进一步完善科学管理，强化审判质效评估。全省法院继续强化以审限监督为核心的审判流程管理制度，对办案全过程进行跟踪管理，促使审判活动依法、规范、高效运行。省高院制定出台了《关于对全省各中院审判质量效率考核的实施方案（试行）》和《关于对各中级法院案件质效考评的办法（试行）》，用18项量化指标对各中院定期评查、定期通报。

三、深入开展“两个活动”，全面加强法院自身建设

全省法院紧紧抓住学习贯彻党的十七大精神这条主线，深入开展了学习胡锦涛总书记重要讲话的“大学习、大讨论”活动和学习实践科学发展观活动，在法官队伍职业化和法院建设现代化方面迈出了新的步伐。

思想政治建设有了新成效。广大干警坚持用马克思主义中国化的最新成果武装头脑，进一步增强了高举中国特色社会主义伟大旗帜、学习实践科学发展观的自觉性，进一步强化了为大局服务、为人民司法的政治信念。各级法院领导带头大兴调研之风，深入实际认真倾听基层意见和群众呼声，积极解决人民群众反映强烈的问题。按照民主、竞争、公开的选人用人机制，协助党委对8个中院院长作了新任或交流；合理整合现有人才资源，优秀年轻同志脱颖而出；法官遴选工作制度化，上级法院继续从下级法院选调优秀法官；经批准新设书记员管理处，使法官、书记员、司法警察、司法行政人员的分类管理不断完善。

司法能力建设有了新提高。积极倡导学习型法院建设，努力提升干警的法律素养。大力推进法院文化建设，组织形式多样的学术研究、理论研讨、中外司法合作交流、庭审观摩、案件评查、裁判文书评比、精品案例评选等活动，引导法官认真钻研业务；举办丰富多彩的文艺汇演、书画摄影展等文体活动，培养法官健康的文化品位和生活情趣，营造了团结进取、昂扬向上的工作氛围。

反腐倡廉建设有了新进展。建立具有山西法院特色的廉政教育基地，深入进行先进典型教育和警示教育。广泛开展了廉政读书活动、以廉政教育为主要内容的谈心活动和“廉洁法院”“廉洁法庭”“廉洁法官”“廉洁家庭”的创建活动，有效增强了广大法官的拒腐防变能力。进一步强化对审判权力运行的监督制约，对发现的影响公正效率、损害法院形象的苗头及时纠正，对违法违纪行为严肃处理。

基层基础建设有了新突破。按照最高人民法院《关于进一步做好2008年人民法庭工作的通知》要求，采取措施，强化基层工作监督指导，全面加强人民法庭的正规化建设。去年，全省新建成审判法庭和人民法庭185个，113个基层人民法院建成了计算机局域网，基层法院发挥前沿阵地作用的保障条件进一步优化。

四、坚持党的领导，自觉接受人大及其常委会的监督

全省各级法院始终把法院工作置于党的绝对领导之下，自觉把法院工作融入党和国家的工作大局。牢固树立宪法意识和自觉接受人大监督意识，去年省高院向省人大常委会专题报告了行政审判工作情况，积极配合省人大开展了刑事诉讼法的执法大检查活动。认真做好人大代表建议、来信的办理工作，进一步加强了与人大代表的联络。邀请5553人次的人民陪审员参与了5036件案件的审理，密切法院与人民群众的联系，促进了司法民主。认真接受检察机关法律监督、政协民主监督和社会舆论监督，使全省法院工作在全面有效的监督下健康发展。

今年是新中国成立60周年，是推进“十一五”规划顺利实施、全面应对国际金融危机、实现经济社会平稳较快发展的关键一年。全省法院总的工作思路是：继续深入学习实践科学发展观，坚持以“三个至上”为指导思想，以队伍建设为重点，以司法改革为动力，以基层建设为基础，以落实“三案、四化、五新”为着力点，进一步推进审判执行工作，为我省转型发展、安全发展、和谐发展提供更加公正、高效、权威的司法保障。

（一）坚持深入学习实践科学发展观，确保法院工作的正确方向。要继续深入开展“大学习、大讨论”活动和学习实践科学发展观活动，认真落实各项整改措施，着力解决思想认识、审判工作和队伍建设中存在的不适应不符合科学发展观的突出问题，进一步牢固树立“三个至上”的司法理念，自觉运用科学发展观谋划和推动法院工作，坚定不移地做中国特色社会主义事业的建设者和捍卫者。

山西省人民检察院工作报告

——2009年1月13日在山西省第十一届人民代表大会第二次会议上

山西省人民检察院检察长　柯汉民

各位代表：

2008年，全省检察机关坚持和发扬30年来检察工作改革发展的宝贵经验，认真学习贯彻党的十七大精神，以科学发展观为统领，积极落实“五抓”工作思路，不断强化法律监督职能，各项检察工作在新的历史起点上取得了新的成绩，为维护全省社会和谐稳定，促进经济社会又好又快发展做出了积极贡献。

一、以奥运安保为重点，全力维护社会和谐稳定

2008年，全省充分发挥检察职能，严厉打击各种刑事犯罪，积极化解社会矛盾，为确保北京奥运会安全顺利举办和全省社会大局稳定提供了有力司法保障。严厉打击严重危害社会治安的刑事犯罪，共批准逮捕各类刑事犯罪嫌疑人25356人，提起公诉31295人。严厉打击黑恶势力犯罪、严重暴力犯罪和“两抢一盗”等多发性侵财犯罪；继续深化“打黑除恶”专项斗争，深挖黑恶势力“保护伞”，共批准逮捕以上重点犯罪案件嫌疑人14595人，提起公诉16936人。依法打击破坏社会主义市场经济秩序犯罪，共批准逮捕金融诈骗、偷税骗税、侵犯知识产权等破坏社会主义市场经济秩序犯罪嫌疑人671人，提起公诉766人。认真贯彻宽严相济刑事政策，最大限度地减少不和谐因素，全年共对3045人作出了不批准逮捕决定，对1060人作出了不起诉决定。依法妥善处理涉检信访问题，及时解决群众合理诉求，共受理群众来信5515件，接待群众来访2910人次；受理刑事申诉案件250件；办理国家赔偿案件23件，支付赔偿金33.5万元，返还扣押财产223.4万元。认真做好涉检重信重访案件排查化解工作，共办理涉检重信重访重点案件11件，已息诉10件；省检察院领导包案处理重信重访案件17件，已息诉13件；对14件涉检信访案件进行了责任倒查，其中有1人被追究刑事责任。北京奥运会期间，我省未发生非正常涉检信访案件。

二、以推进反腐倡廉建设为目标，依法查办和预防职务犯罪

全省检察机关认真贯彻党的十七大关于加强反腐倡廉建设的新要求和省委反腐败工作的总体部署，进一步加大查办和预防职务犯罪工作力度。一年来，共查办各类职务犯罪案件

(接第14页)

（二）坚持为大局服务为人民司法，确保审判职能作用的充分发挥。要主动有效地为我省的转型发展、安全发展、和谐发展提供法律服务，特别要加大对我省扩大内需、保障民生等重点工程、重点项目建设的保障力度。要依法稳妥处理好因金融危机引发的金融纠纷、企业破产倒闭、劳动争议以及合同不能履行、执行不能等案件，认真审理推进农村改革发展中出现的涉农案件，保障经济平稳较快发展。要进一步贯彻宽严相济的刑事政策和调解优先、调判结合的原则，在继续严厉打击危害国家安全、严重影响群众安全感的犯罪活动的同时，尽可能妥善处理好各种刑事、民事、行政和执行案件，促进社会和谐稳定。要切实重民生、排民忧、解民难，建立司法为民长效机制，认真解决好关系人民群众切身利益的执行难和涉诉信访等问题。

（三）坚持解放思想开拓创新，确保司法改革顺利推进。要按照中央确定的优化司法职能配置、落实宽严相济刑事政策、加强政法队伍建设、完善司法保障机制的四项改革内容，认真解决法院工作中不适应经济社会发展和人民群众日益增长的司法需求的问题，认真解决制约司法公正和效率的体制性、机制性、保障性障碍，不断健全完善依法接受人大监督、政协民主监督、新闻媒体舆论监督与社会监督的有效途径，努力以人民群众看得见、听得懂、信得过、能接受的方式开展审判工作，体现社会主义司法制度的优越性。

（四）坚持把队伍建设置于突出位置，确保司法公信力不断提高。按照严格公正文明司法的要求，继续在队伍的思想政治建设、司法能力建设、工作作风建设、反腐倡廉建设上下工夫，努力造就一支党和人民放心、满意的人民法院队伍。要按照最高法院“五个严禁”的要求，进一步加强对法官业内行为和业外活动的监督，特别是加大对重点岗位和重点人员的监督力度，坚决防止权力失控、行为失范、工作失序，做到司法廉洁公正。

（五）坚持抓基层打基础，确保基层单位真正成为化解矛盾、维护稳定的重要防线。要着力解决基层法院队伍人员短缺、经费保障不足和队伍不稳定的问题，提高基层司法能力，改善基层司法环境，调动基层法官积极性，努力实现基层司法水平的进一步提高。

1349件1553人。查办职务犯罪大要案工作实现新突破，查办县处级以上干部职务犯罪要案87人，其中厅级干部5人。查办群众反映强烈的职务犯罪取得新进展，共查办煤焦领域职务犯罪案件199件220人；查办发生在新农村建设领域的职务犯罪案件195件215人；查办危害能源资源和生态环境渎职犯罪案件193件202人；查办教育、医疗卫生、社会保障、房地产等领域的商业贿赂案件122件129人；查办司法人员职务犯罪208人。查办重大安全生产事故中的滥用职权、玩忽职守等职务犯罪案件195件203人。职务犯罪预防工作取得新进步，全省检察机关积极开展法制教育、警示教育活动；对重点工程项目的招标投标、材料采购、施工验收等重要环节进行了全程监督；在省人大常委会的统一安排部署下，省检察院积极开展预防职务犯罪立法调研、论证工作，省十一届人大常委会第四次会议审议通过了《山西省预防职务犯罪工作条例》，使我省预防职务犯罪工作步入法制化轨道。

执法水平和办案质量有了新提高。全省检察机关认真学习贯彻修改后的《律师法》，努力改进办案方式方法，进一步规范执法行为；加强侦查一体化机制建设，提高突破案件的能力；深化人民监督员制度试点工作，人民监督员共对257件“三类案件”进行了监督；健全完善案件质量考核评价机制，努力实现办案数量、质量、效果的有机统一；加强办案工作区建设，严格落实办案安全的有关制度。全年共决定起诉各类职务犯罪案件1097件1325人，起诉率为89.8%；法院已作出有罪判决1100人，有罪判决率为98.9%。全年未发生办案安全责任事故。

三、以促进司法公正为目的，加大诉讼监督工作力度

加强对刑事诉讼活动的监督，共监督纠正侦查机关应当立案而不立案的案件1234件，不应当立案而立案的案件195件；对侦查活动中的违法行为提出书面纠正意见和检察建议4234件；依法纠正漏捕625人；依法决定追诉895人。在刑事审判监督中，共对219件认为确有错误的刑事判决、裁定提出了抗诉。加强对死刑二审案件的法律监督，提高办案质量，促进了死刑的依法正确适用。加强对民事审判和行政诉讼活动的监督，对认为确有错误的民事行政判决、裁定提出抗诉310件，提出再审检察建议117件。加强对刑罚执行和监管活动的监督，依法监督纠正违法减刑、假释、保外就医23人；依法监督纠正监外执行罪犯脱管、漏管339人；依法监督纠正超期羁押6人；查办刑罚执行和监管活动中的职务犯罪29件30人，办理劳教人员犯罪及服刑人员又犯罪案件63件73人。

四、以严格、公正、文明执法为方向，全面加强检察队伍建设

省检察院以“三大建设”（思想政治建设、业务能力建设、纪律作风建设）为抓手，引领各级检察机关全面落实队伍建设的各项措施，全省检察队伍的整体素质有了新的提高。

大力加强思想政治建设。全省检察机关深入开展大学习、大讨论活动，使广大检察人员进一步坚定了中国特色社会主义的政治信念，强化了大局意识和责任意识。省检察院开展了深入学习实践科学发展观活动，进一步增强了检察人员贯彻落实科学发展观的自觉性和坚定性，进一步强化“立检为公，执法为民”的观念，为服务经济社会科学发展和实现检察工作科学发展奠定了坚实的思想基础。

大力加强领导班子建设，进一步完善了对市、分院检察长和领导班子及其成员的年度考核办法；组织了对市、分院检察长及领导班子的述职述廉和测评考核；积极开展巡视工作，加强了对各级院领导班子和领导干部的管理和监督。

大力加强队伍专业化建设，全省检察机关共有1121人取得了本科学历，95人取得了研究生学历；有290人通过了国家司法考试；7640余人次接受了业务培训。

大力加强纪律作风建设，扎实推进全省检察机关惩治和预防腐败体系建设，制定了2008—2012年惩治和预防腐败工作实施方案、《山西省检察机关工作纪律十条规定》；推行了廉政提醒谈话制度；积极开展了检务督察工作；严明检察纪律，共查处检察人员违法违纪案件15件15人。

大力加强检察文化建设。积极开展创建文明和谐单位、争创先进检察院、评选“十大杰出检察官”等争先创优活动以及纪念检察机关恢复重建30周年等活动，激励广大检察人员立足本职岗位建功立业，创造一流成绩。全省检察机关共有46个先进集体、10名先进个人受到最高人民检察院和国家有关部门的表彰；13个检察院被评为省级文明和谐单位。全省检察机关全力支援四川地震灾区的灾后重建工作，共向地震灾区捐款710余万元。

大力加强基层基础建设。进一步完善了领导干部联系基层检察院制度、基层检察院规范化建设分类考核办法，积极探索基层检察院业务、队伍和信息化相结合的管理机制，并开展了试点工作。狠抓经费保障工作，87%的县级检察院落实了公用经费保障标准。着力提高科技装备水平，为基层检察院配备了一批高科技办公办案设备。

五、自觉接受各级人大及其常委会的监督，不断加强和改进检察工作

全省检察机关不断增强接受人大监督的意识，认真贯彻《各级人民代表大会常务委员会监督法》，自觉地把检察工作置于人大及其常委会的监督之下。2008年，全省检察机关共向各级人大常委会报告工作280余次，召开人大代表座谈会210余次，邀请人大代表视察工作130余次。对各级人大及其常委会转交办的530件案件，全部列为督办案件，严格落实承办部门和责任人，及时反馈办理结果，目前已全部办结。同时，进一步完善接受政协民主监督的形式，建立健全向各级政协通报检察工作制度，认真办理政协委员提案。深化检务公开制度，主动接受新闻舆论和社会各界的监督，进一步落实人民群众对检察工作的知情权、监督权。

各位代表，一年来全省检察工作取得了一定成绩，但还存在一些问题和不足。一是检察工作中还存在与科学发展观的要求不符合、不适应的问题，以科学发展观指导和推动检察工作科学发展的能力还需要进一步加强。二是法律监督工作与党和人民群众的需求还有差距。不善监督、监督不力的问题依然存在，工作的力度还需进一步加大。三是检察队伍整体素质与新形势新任务的要求还不适应。检察队伍的知识、专业、年龄结构不尽合理，队伍的管理机制还不够健全，检察人员违法违纪的问题仍有发生。四是检务保障工作还比较薄弱。基层检察院经费紧缺，基建债务负担较重，在一定程度上制约了检察工作的正常开展。对于这些问题，我们将采取措施，努力加以解决。

各位代表，2009年全省检察工作的指导思想和主要任务

关于2008年国民经济和社会发展计划执行情况与2009年国民经济和社会发展计划草案的报告（摘要）

2009年1月11日在山西省第十一届人民代表大会第二次会议上

山西省发展和改革委员会主任　李宝卿

各位代表：

受省人民政府的委托，我向大会报告2008年国民经济和社会发展计划执行情况，以及2009年国民经济和社会发展计划草案，请予审议，并请省政协委员和其他列席人员提出意见。

一、2008年全省经济和社会发展计划执行情况

（一）全省生产总值、财政收入、城乡居民收入三大指标均保持两位数增长。全年预计，全省生产总值增长10%。财政总收入增长26%，其中，一般预算收入增长25%。全省城

（接第16页）

是：高举中国特色社会主义伟大旗帜，全面贯彻党的十七大和十七届三中全会精神，坚持以邓小平理论和“三个代表”重要思想为指导，深入贯彻落实科学发展观，紧紧围绕全省工作大局，认真实践“强化法律监督，维护公平正义”的检察工作主题，坚持“五抓”工作思路，深入推进“三大建设”，突出重点，统筹兼顾，努力实现服务大局有新成效，业务工作有新发展，队伍素质有新提升，改革创新有新突破，检务保障有新加强，为新基地新山西建设创造和谐稳定的社会环境和公正高效的司法环境。具体从以下五个方面加强和改进工作：

一是更加全面深入地贯彻落实科学发展观。扎实推进深入学习实践科学发展观活动，切实转变不符合科学发展观要求的思想观念，不断增强贯彻落实科学发展观的自觉性和坚定性。切实提高贯彻落实科学发展观的能力和水平，努力在检察工作服务经济社会科学发展上形成新思路、取得新成效。坚持把科学发展观作为检察工作的重要指导方针，进一步解决影响检察工作科学发展的突出问题，努力开创全省检察工作新局面。

二是更加积极主动地为全省工作大局服务。牢牢把握确保经济平稳较快发展的首要任务，努力适应我省实现转型发展、安全发展、和谐发展对检察工作提出的新要求，不断开拓服务大局的新途径、新方法，认真研究制定检察机关服务大局的具体措施，把服务大局的成效作为检验检察工作成绩的重要标准。要充分发挥检察职能，找准检察工作服务大局的着力点和结合点，为促进我省经济平稳较快发展做出贡献。

三是更加扎实有效地履行法律监督职责。坚持“严打”方针，严厉打击严重刑事犯罪和破坏社会主义市场经济秩序犯罪；依法打击侵害农民利益、危害农业生产、影响农村稳定的犯罪活动；认真贯彻宽严相济刑事政策，进一步加强涉检信访工作，努力维护社会和谐稳定。以查办大案要案为重点，突出查办重大工程建设和项目资金使用中的职务犯罪、涉农职务犯罪特别是农村土地流转过程中的职务犯罪、煤焦领域和重大安全生产事故中的职务犯罪，以及教育、就业、食品安全、社会保障、征地拆迁、移民补偿等民生领域的职务犯罪，积极推进反腐倡廉建设。全面加强对诉讼活动的法律监督，严肃惩治执法不严、司法不公背后的职务犯罪，努力维护司法公正。

四是更加积极稳妥地推进检察体制和工作机制改革。认真学习贯彻中央转发的关于深化司法体制和工作机制改革若干问题的意见，从满足人民群众的司法需求出发，以解决影响司法公正的突出问题为重点，深入分析制约检察工作发展的体制和机制障碍，不断探索和建立检察机关自觉接受人大监督的新机制，研究检察工作接受民主监督、社会监督的有效途径，进一步整合完善内部监督制约机制，积极推进符合检察工作特点、符合司法工作规律、符合人民利益和愿望的检察制度建设。

五是更加坚定不移地加强检察队伍和基层基础建设。要把开展深入学习实践科学发展观活动，与大学习、大讨论活动和深化社会主义法治理念教育紧密结合起来，加强检察队伍的思想政治建设；以提高领导水平和法律监督能力为核心，加强领导班子建设；以开展大规模教育培训为抓手，加速检察队伍专业化建设；坚持从严治检，对检察队伍特别是领导干部严格要求、严格管理、严格监督、严格纪律；围绕加强基础工作、提高基本素质、落实基本保障，着力推进基层检察院建设，进一步夯实检察工作科学发展、健康发展、持续发展的基础。

各位代表，在新的一年里，全省检察机关将高举中国特色社会主义伟大旗帜，深入贯彻落实科学发展观，在省委和最高人民检察院的领导下，认真贯彻落实本次会议精神，解放思想，开拓创新，求真务实，为促进我省转型发展、安全发展、和谐发展，为服务和保障新基地新山西建设作出新的更大的贡献！

镇居民人均可支配收入增长12％；农民人均纯收入增长11％。

（二）投资、消费、进出口“三驾马车”增幅更加趋于协调。预计全年全社会固定资产投资增长26％；社会消费品零售总额增长21％；进出口总额增长23％。

（三）强化支农惠农，推进农业结构调整和新农村建设。继续加大对农业和新农村建设的政策支持和投入，粮食总产达到102亿公斤；优势农产品示范基地建设加快，龙头企业带动辐射能力提高。张峰水库、横泉水库枢纽工程完工，应急水源工程有22个项目批复立项和开工建设。2000个新农村建设重点推进村建设进展顺利。25万农村贫困人口实现脱贫。

（四）投资结构趋向优化，重点工程建设进展顺利。1—11月份，农业、服务业投资增幅分别高于城镇固定资产投资10.3个和15.7个百分点，所占比重上升0.13个和4.75个百分点。工业六大高耗能行业投资增幅低于城镇固定资产投资10.5个百分点，所占比重下降2.8个百分点。太原机场改扩建工程建成运营，山西漳山、同煤塔山等发电企业新建电力项目已有604万千瓦机组投入生产，山西电网500千伏改造项目部分发电机组和电网达到投运条件，潞安煤基合成油示范项目试车出油，岢瓦铁路竣工，晋济高速公路全线贯通，山西地质博物馆等项目正按计划推进。

（五）节能减排、循环经济、生态建设取得成效。全面落实《山西省节能减排综合性工作方案》，重点耗能行业万元增加值能耗均呈现下降趋势；实施《山西省加快推进社会领域节能工作实施方案》，社会领域能耗增速明显减缓；继续加大落后产能淘汰力度，在重点县（市）和区域开展了工业污染源集中整治行动。全年万元生产总值综合能耗以及二氧化硫、化学需氧量排放量削减指标均可如期完成，全省空气质量明显好于上年。编制了《山西省循环经济总体规划》，将作为全国循环经济试点示范规划报国家审批。省人大出台《关于加快发展循环经济的决定》，《山西省循环经济促进条例》进入立法程序；汾河流域生态环境治理修复与保护工程启动实施并初见成效，太原西山地区综合整治工程启动，一市一个生态环境综合治理重点工程前期工作正抓紧推进。

（六）体制改革进一步深化，对外开放迈出新步伐。煤炭工业可持续发展政策措施试点工作扎实推进，政策效应进一步显现。出台《山西省2008—2010年深化经济体制改革的指导意见》。国企改革继续推进，“三个一批”推进落实取得重要进展。省政府批准实施《山西省固定资产投资管理流程图》，进一步规范了各级各部门在投资管理中的职能权限。资本市场全年直接融资209亿元，并引导带动银行贷款400亿元。机电、高新技术产品出口大幅增长。外资投向结构趋于优化。与德国北威州等友好省州（县）的互利合作继续深化。与冀、鲁、鄂、湘等省和华能公司、国家开发投资公司等企业集团签署了经济战略框架协议。

（七）改善民生力度加大，社会保障步伐加快。500所城镇以上中小学校建设工程和农村初中校舍改造工程进展顺利。支持高校改善办学条件。成立了山西老区职业技术学院等高职院校。中职招生规模扩大。县乡村三级医疗卫生机构基础设施达标率继续提高。115个涉农县（市、区）新型农村合作医疗制度全部覆盖。经济适用房、廉租住房建设以及国有重点煤矿和城市居民棚户区改造共开工建设900万平方米。3000户农村困难群众住房试点任务全面完成。解决了200万农村人口饮水安全问题。城镇新增就业46.1万人。对口支援四川茂县地震灾后恢复重建进展顺利。

（八）争取国家支持取得新成绩。全年共争取国家投资70.36亿元，其中：中央年度预算规模中争取到47.27亿元；争取中央扩大内需新增投资25.2亿元，已到位23.09亿元并全部下达。

在取得重要发展成就的同时，我们也清醒地认识到，受国际金融危机影响，当前全省经济运行出现了不少新的困难和问题，经济增长明显放缓，投资增长速度回落，企业生产经营困难，就业压力骤然加剧，安全生产形势严峻。这些困难和问题，与长期存在的产业结构畸重、支柱产业单一、增长方式粗放、资源环境趋紧以及民生社会事业滞后矛盾相互交织，2009年可能是进入新世纪以来我省经济发展最困难的一年。

二、2009年全省经济社会发展总体安排和主要任务

2009年全省发展和改革工作的总体要求是，以科学发展观为指导，全面贯彻党的十七大、十七届三中全会和中央经济工作会议精神，按照省委九届六次全会和全省经济工作会议的部署，坚持转型发展、安全发展、和谐发展，积极应对国际金融危机带来的严峻挑战，善于把握逆境中蕴涵的难得机遇，把保持经济平稳较快发展作为宏观调控的首要任务，立足扩大投资保增长，着力扩大消费促增长，推进结构调整节能减排循环经济和生态建设促转型，加快以改善民生为重点的社会建设促和谐，深化改革开放增强经济社会发展动力和活力，推动全省经济平稳较快发展和社会全面进步。

2009年全省经济社会发展主要指标预期目标是：全省生产总值增长8％左右；工业增加值增长8％；全社会固定资产投资增长24％；社会消费品零售总额增长15％；财政总收入、一般预算收入均增长8％；城镇居民人均可支配收入、农民人均纯收入均增长9％；居民消费价格总水平涨幅控制在4％以内。万元生产总值综合能耗下降5.6％；二氧化硫、化学需氧量排放量分别下降2.6％和3.6％；城镇新增就业人数40万人，城镇登记失业率控制在4.6％以内；亿元生产总值安全生产事故死亡人数等安全生产指标严格控制在国家核定的控制目标之内。

（一）把扩大内需作为根本途径，努力实现经济平稳较快增长

在优化结构的前提下扩大投资规模。把扩大投资作为保增长的首要任务，把投资重点放在改善基础设施条件、优化产业结构、支持“三农”和新农村建设、加快发展民生社会事业、加强生态建设和环境保护上，加快推进项目建设，最大限度形成工程项目建设实物工作量。整合各级煤炭可持续发展基金的投向，加快项目资金下达进度，引导和带动企业、信贷资金投入，促进一批项目尽快建成投产形成新的生产力。多渠道筹措建设资金，确保重点领域项目建设资金需求。继续控制“两高”行业盲目扩张，严禁新上党政机关办公楼等楼堂馆所项目。

着力扩大消费需求。鼓励支持劳动密集型产业和服务业加快发展；建立落实职工工资正常增长和支付保障机制，提高城乡居民最低生活保障标准；进一步完善房地产调控政策，增加经济适用房、廉租房、普通商品房供应，引导促进住房消费；完善城乡市场新型流通网络，促进“工业品下乡、农产品进城”的

双向流转和双向消费；完善城市社区便民服务设施，努力提供消费便利。

（二）统筹城乡发展，进一步加大扶持“三农”力度

抓好耕地综合生产能力建设，推进应急水源、病险水库除险加固、大中型灌溉改造工程建设，加快农村沼气等民生工程建设。进一步探索完善农业补贴制度，完善农副产品收购价格保护政策。优化区域农业产业布局，推进特色现代农业示范项目和优势农产品示范基地建设。扶持农业产业化龙头企业发展壮大，加快构建新型农业社会化服务体系、农业科技推广体系、农业减灾防灾体系、农产品质量安全检验检测体系和动物防疫体系。加快建立以工补农、以煤补农、以矿帮村、以城带乡的长效机制。继续大力推进新农村建设和“两区”产业扶贫开发。

（三）抓住机遇推进结构调整，努力提升产业水平和可持续发展能力

抓紧制定实施传统支柱产业振兴规划，抓住机遇促进结构调整，大力推进淘汰落后、资源整合和兼并重组，鼓励支持骨干企业、重组企业加快技术改造，继续控制产能总量，提高行业准入门槛，严把项目审批关口，新上项目必须与淘汰落后产能挂钩，与产业技术升级挂钩，促进煤炭、焦炭、电力、冶金等产业持续平稳健康发展。进一步健全落实扶持政策体系，大力推进装备制造、现代煤化工、新材料、轻工、纺织、医药、高新技术产业发展壮大。完善落实服务业扶持政策，抓紧推进一批省市两级服务业“1＋10”重点项目建设。积极引导鼓励房地产投资和住房消费。加快中小企业服务体系建设，引导金融机构、调动民间资金支持中小企业发展，创新中小企业融资担保机制和信贷风险补偿机制。

（四）加快推进节能减排循环经济和生态建设，努力转变发展方式

全年淘汰600万吨小钢铁、100万吨小水泥、15万吨小电石及小铁合金、52万千瓦小火电机组等落后产能。以高耗能行业的节能改造为重点，继续实施工业领域重大节能工程；统筹加快推进其他领域重大节能工程。贯彻省人大《关于加快发展循环经济的决定》，实施《山西省循环经济总体规划》，推进循环经济发展，建立健全促进循环经济发展的法律法规体系。加快生态建设和重点区域生态环境综合治理，大力推进实施“2＋10”生态环境综合治理重点工程，着力推动实施黄土高原综合治理工程。继续实施林业生态和造林绿化工程。

（五）健全完善和落实安全机制，努力实现安全发展

健全安全防范预警机制和安全生产长效机制，落实安全生产10项制度。加快重点行业领域安全生产能力建设，加强安全生产监测、排查和治理，坚决遏制重特大事故发生。加强食品、医药等重点行业质量监管技术支撑保障体系建设。高度重视粮食安全，推进“放心粮油”工程建设。

（六）大力推进以改善民生为重点的社会事业建设，努力促进和谐发展

以农村教育为重点，推进义务教育均衡发展；继续实施中小学校舍安全工程、农村校舍改造工程；完善普通高校家庭经济困难学生资助政策体系；加强高等教育、中等职业教育基础能力建设，加快实施特殊教育学校建设工程。加强就业服务体系建设，扶持大学生、失业人员、返乡农民工等重点群体创业就业，完善面向困难群众的就业援助制度。加强县乡村三级医疗卫生服务体系和城市社区卫生服务机构建设。扩大城乡养老保险和医疗保险覆盖范围，逐步建立农村居民最低生活保障制度。加快廉租房、经济适用住房、棚户区改造、沉陷区治理等安居住房保障工程建设。在中心城市陆续启动建设一批重点文化体育设施项目，推进县级文化馆、图书馆、乡镇综合文化站、村级文化室建设。继续加强广播影视、新闻出版、文物保护、计划生育、妇幼保健、未成年人救助、残疾人帮扶等各项社会事业发展。做好对口支援四川茂县地震灾后恢复重建工作。

（七）加强人才队伍建设，增强科技创新能力

加快推进人才管理制度改革，完善人才政策体系，建立以政府投入为基础的多元化人才开发投入机制，发挥好产业和项目对人才的吸附效应。重点围绕传统产业升级、新兴产业培育、能源资源节约、生态环境保护、循环经济发展等领域，推进科技创新。支持国家级和省级工程技术研究中心、实验室科技创新项目建设。

（八）深化改革开放，增强经济社会发展活力和动力

推进投资体制改革，进一步简化投资审批程序，建立落实重大项目公众征询制度；大力发展资本市场；规范设立创业投资政府引导基金，推动设立创业投资、产业投资等股权投资基金；加快小额贷款公司等新型农村金融服务机构的发展。协调推进国有企业改革、财税和价格体制改革、农村改革、医疗卫生体制改革、集体林权制度改革、行政管理体制改革、事业单位分类改革试点等。优化对外开放环境，优化招商引资结构，更加注重招商选资。优化出口商品结构，鼓励支持特色农产品、资源深加工、机械制成品、高新技术产品出口。加快劳务、设备以及有实力企业“走出去”步伐。加强省际间、区域间经济合作，继续深化与国外友好省州的经贸合作和交流。

（九）扎实做好煤炭工业可持续发展政策措施试点工作

进一步征好、管好、用好煤炭工业可持续发展基金，尽快建成一批符合要求的重点项目；继续完善各项政策措施，扎实推进试点工作；进一步规范落实市县两级留成基金安排使用制度；加强督查，规范政策执行，确保各级试点工作协调推进取得预期成效。认真总结评估试点工作进展情况和效果，为试点政策在全国推广做好准备。

（十）继续争取国家支持　加强项目前期和储备，积极组织申报一批重大基础设施和重大产业布局项目争取国家核准；围绕国家扩大内需促进经济增长的重点投资领域，完善相关工作，争取国家项目和资金扶持；深入研究资源型城市（地区）转型发展、晋陕豫黄河金三角区域协调发展等重大课题，努力争取国家政策支持。

各位代表，过去的一年全省经济社会发展取得了显著成就。当前，我们面临着保增长、保民生、促转型、促和谐的艰巨任务。让我们在省委、省人大、省政府、省政协的正确领导和监督支持下，进一步贯彻落实科学发展观，增强信心，锐意进取，求真务实，开拓创新，依法行政，提高效率，努力完成2009年的各项目标任务，促进经济平稳较快增长，推动全省转型发展、安全发展、和谐发展，以优异的成绩迎接新中国成立60周年！

关于2008年全省和省本级预算执行情况与2009年全省和省本级预算草案的报告（摘要）

——2009年1月11日在山西省第十一届人民代表大会第二次会议上

山西省财政厅厅长　郑建国

各位代表：

受省人民政府委托，我向大会提出2008年全省和省本级预算执行情况与2009年全省和省本级预算草案的报告，请予审议，并请省政协委员和各位列席人员提出意见。

一、2008年全省和省本级预算执行情况

（一）全省和省本级预算变动情况

2008年全省一般预算收入为685.55亿元，与备案预算一致；因中央专项拨款及其他补助增加320.71亿元，各级用当年超收及上年净结余安排支出59.75亿元，全省一般预算支出由1153.42亿元变动为1533.88亿元。省本级一般预算收入为177.87亿元，与备案预算一致；因中央专项拨款及其他补助增加320.71亿元，用上年净结余安排支出10.37亿元，对各市专款及转移支付补助增加相应减少省级支出220.5亿元，省本级一般预算支出由278.92亿元变动为389.5亿元。

（二）全省和省本级预算执行情况

2008年全省一般预算收入完成747.88亿元，为预算的109.1%，增收150亿元，增长25.1%；一般预算支出执行1313.08亿元，为变动预算的85.6%，增支263.16亿元，增长25.1%。省本级一般预算收入完成197.5亿元，为预算的111%，增长24.6%；一般预算支出执行328.2亿元，为变动预算的84.3%，增支55.32亿元，增长20.3%。初步汇总2008年全省和省本级预算执行情况，全省可实现当年收支平衡，省本级略有结余，部分市县可消化一部分赤字。2008年全省政府性基金收入完成401.13亿元，为预算的122.2%，增长21.7%；基金支出执行364.7亿元，为预算的64.9%，增长65.1%。省本级政府性基金收入完成220.59亿元，为预算的124.2%，增长26.2%；支出执行163.91亿元，为预算的65.3%，增长65.8%。

2008年全省财政执行取得了比预期要好的成绩，全省各级财税部门为此也做了大量卓有成效的工作。

1.着力提升财政宏观调控水平，以促进经济发展方式转变为重点，积极推进全省经济又好又快发展

支持节能减排和淘汰落后产能，筹集资金16.4亿元，推动45项节能重点项目和重点工程建设，支持215户企业淘汰落后产能。进一步推进生态环境治理，下达资金28.3亿元，支持实施兴水战略和造林绿化工程，加快城镇污水处理设施配套管网和三河三湖污染防治项目建设。支持实施汾河流域生态保护治理修复工程。着力支持科技创新，新增省创业风险投资引导基金1亿元，自主创新专项资金规模成倍增加。推动服务业加快发展，调整提高营业税起征点。安排资金3.4亿元，重点支持景区基础设施改造和旅游环境整治。深化国有企业改革，下达资金10.4亿元支持15户省属国有企业关闭破产，在全国率先建立困难企业职工医疗保险制度。加大中小企业信用担保工作力度。各级财政新增担保资金投入7.65亿元，全省政策性担保机构达到65个，共为企业新增贷款担保50亿元。

2.着力增强公共服务保障能力，以支持五大惠民工程建设为重点，积极推进和谐山西建设

支持各级各类教育均衡发展。全面启动实施中小学校舍安全工程。提高农村中小学公用经费标准，全部免除城市义务教育阶段学生学杂费，农村中小学现代远程教育工程实现全覆盖。全省农村义务教育“普九”债务清理核实工作进展顺利。认真落实大中专贫困生资助政策。支持重点学科及强校工程建设。

支持建立城乡群众普遍受益的社会保障体系。2008年4次提高城市低保标准，3次提高农村低保标准。支持启动新型农村养老保险制度。全省增加供热财政补贴8亿多元，确保城市居民供热不涨价。筹措资金20多亿元，帮助国有企业彻底解决历史拖欠工资问题。

支持提升医疗卫生事业发展水平。新型农村合作医疗制度实现全覆盖。城镇居民医疗保险试点城市由2007年的2个扩大到2008年的7个。支持城乡公共卫生服务体系建设。

支持解决困难群众住房困难和住房安全问题。筹措住房租赁补贴资金1.5亿元，对13万廉租住户给予财政补贴。支持我省率先开展解决农村困难群众住房问题试点和完成2400户残疾人危房改造任务。下达资金16.8亿元，大力支持采煤沉陷区治理和煤矿棚户区、城市棚户区改造及农村地质灾害防治。

支持劳动者创业就业。继续认真落实培训补贴、小额贷款担保、税收优惠等就业、再就业扶持政策，全省新增就业岗位45.8万个，实现创业促就业10.4万人。建立健全就业援助制度，帮助16.8万下岗失业人员实现了就业再就业。

支持文体事业发展繁荣。大力支持农民体育健身工程和农村文化站建设，推进实施“村村通广播电视”和农村无线覆盖工程。推动艺术团体改革和艺术精品创作。支持山西博物院、太行八路军纪念馆等6家博物馆和纪念馆向公众免费开放。

3. 着力加大强农惠农工作力度，以促进农业增产、农民增收为重点，积极推进城乡统筹发展

2008年全省财政投入支农资金109.58亿元，比2007年增长30.3%，进一步推进了城乡统筹发展。省本级在年初预算的基础上又增加投入15.05亿元，全力支持农业和粮食生产。下达补贴资金32亿元，粮食直补、良种补贴、农资综合直补、农机具购置补贴、养殖业保险保费补贴等惠农政策全部落实到位。下达资金23.5亿元，支持全省43个县近300万亩玉米耕地能力建设，积极推动雁门关生态畜牧经济区加快发展。对“两区”196个农业产业化项目实施财政补助，支持改造中低产田和生态综合治理面积100万亩。拨付资金7.5亿元，支持全省2000个新农村重点推进村建设。完成村村通水泥（油）路近2万公里，新增农村沼气用户16万户，解决了200万人的饮水安全问题，发展连锁农家店2000家。支农资金整合省级试点县由24个扩大到35个。下达资金6.4亿元，扎实推进扶贫攻坚，完成移民搬迁5万人，新转移农村劳动力32万人，全省44.6万农村库区移民生活困难问题得到妥善解决。

4. 着力深化各项财政改革，以完善财政体制机制为重点，积极推进公共财政体系建设

全面实施新的企业所得税法及其实施条例。继续在太原、大同、阳泉、长治四市实施增值税转型试点。着力完善省以下财政体制。继续推进“省直管县”和“乡财县管乡用”改革试点。继续深化预算管理体制改革。进一步加强法治财政建设。

5. 着力加强财政管理，以提高财政资金使用效益为重点，积极推进财政管理科学化、精细化

预算安排优先保证了农业、教育、科技等法定支出按规定比例增长，预算编制不断细化。严格控制一般性支出增长。继续加大对教育、社保、三农等民生支出的监督检查和绩效考评力度。加大对会计造假等扰乱经济秩序行为的打击力度。

二、2009年全省和省本级预算草案

2009年全省和省本级预算草案为：全省一般预算收入804.03亿元，比上年完成数增长8%；全省一般预算支出1254.79亿元，比2008年向省人大常委会备案预算同口径增长16.6%（剔除预计的中央专项转移支付后同口径比较，下同），与当年地方可用财力一致。全省一般预算支出的主要项目安排情况是：一般公共服务213.73亿元，增长12.2%；公共安全76.85亿元，增长16%；教育266.78亿元，增长19.7%；科学技术17.7亿元，增长19%；社会保障和就业207.16亿元，增长18.2%；医疗卫生62.54亿元，增长17.6%；环境保护52.98亿元，增长17.3%；城乡社区事务62.5亿元，增长16.5%；农林水事务103.64亿元，增长19.1%；采掘电力信息等事务18.1亿元，增长15.7%；粮油物资储备等管理事务16.39亿元，增长15.3%；其他支出91.04亿元，增长5.1%；预备费13.5亿元，增长14.5%。

省本级一般预算收入197.12亿元，比上年完成数同口径增长7%。省本级一般预算支出286.43亿元，比2008年向省人大常委会备案预算同口径增长13.6%。省本级主要支出项目安排情况是：一般公共服务安排54.09亿元，增长8.5%；公共安全安排14.54亿元，增长5.6%；教育安排34.02亿元，增长29.5%；科学技术安排5.24亿元，同口径增长15.3%；社会保障和就业安排49.74亿元，同口径增长20.7%；医疗卫生安排14.06亿元，同口径增长16.9%；农林水事务安排42.57亿元，同口径增长28.1%。

2009年全省政府性基金收入安排316.23亿元，其中：煤炭可持续发展基金收入安排160亿元；基金支出安排313.23亿元。省本级政府性基金收入安排152.38亿元，其中：煤炭可持续发展基金收入安排102亿元；基金支出安排151.38亿元。

三、深入贯彻落实科学发展观，开拓进取，扎实工作，确保2009年全省财政预算任务圆满完成

（一）紧紧围绕支持经济发展这个目标，进一步加强和改善财政宏观调控职能，全力确保我省经济平稳较快增长

认真落实积极的财政政策。大力争取中央政策资金支持，加大地方政府投资力度，吸引带动社会投资，支持我省确定的六大领域基础设施和民生工程建设。充分发挥财税政策调节功能，全面推进增值税转型改革。落实各项收入分配政策，大力支持提高居民收入特别是农民和城乡低收入群体收入。

大力支持产业结构调整。围绕我省确立的工业结构调整“四个一批”的总体思路，着力加大节能减排投入，着力推动科技创新和科技成果转化，着力用好产业发展资金，着力用足企业重组政策。支持发展第三产业，认真落实促进服务业发展的各项税费优惠政策。

着力促进中小企业加快发展。进一步完善中小企业信用担保体系，建立政策性担保机构资本金扩充和风险准备金拨付机制，促进担保机构增强担保实力。加大对中小企业财税政策支持力度。

积极帮助困难企业克服困难、渡过难关。在确保社会保险制度平稳运行的前提下，允许困难企业在一定期限内缓缴社会保险费和基金收费，阶段性降低城镇职工基本医疗保险、失业保险、工伤保险、生育保险费率，扩大失业保险金和就业资金使用范围。

扎实推进生态环境治理和循环经济发展。深入推进蓝天碧水工程、造林绿化工程和“十一五”环保规划，重点支持汾河流域、太原西山地区和大同、阳泉等城市的生态环境治理修复工程。积极推进工业百强企业和非工业百户污染较重的企业发展循环经济。

（二）紧紧围绕和谐山西建设这个大局，进一步提升财政公共服务保障能力，建立健全保障和改善民生的长效机制。

2009年，全省财政继续加大民生投入力度，其中省本级预算中五大惠民工程项目资金安排47.63亿元，增加13.4亿元，增长39.2%。

支持教育优先发展均衡发展。继续完善和落实城乡义务教育阶段各项政策。全面实施城乡中小学校舍安全工程。支持职业教育发展，继续推进实施我省高校强校工程和重点学科建设。

支持稳定就业扩大就业。积极完善社会保险补贴、创业培训补贴、小额贷款贴息、税费减免等财税优惠政策。强化困难群体的就业援助机制。支持完善公共就业服务体系。努力建立就业再就业的长效机制。

支持发展医疗卫生事业。继续扩大城镇居民基本医疗保险范围。巩固和完善新型农村合作医疗制度和城乡医疗救助体系。健全完善优抚对象医疗保障制度。支持基层医疗卫生服务机构标准化达标建设。

支持完善社会保障体系。进一步扩大社会保障覆盖范围，提高保障水平。企业职工基本养老保险要实现省级统筹，积极开展新型农村社会养老保险改革试点，抓紧研究农民工养老保险办法。

支持加快保障性住房建设。加大对城市廉租住房和经济适用房建设支持力度，支持国有重点煤矿棚户区改造和城市棚户区改造，进一步扩大农村困难群众危房改造试点。

支持维护公共安全。建立健全政法经费保障长效机制。认真贯彻落实省政府关于安全生产的八项制度。保障产品质量和食品药品安全监管工作经费。

支持公益性文体事业发展。加大公益文化事业投入，积极支持“两区”基层文化站、农民体育健身、文化信息资源共享、农家书屋等重点工程。鼓励舞台艺术精品创作。

（三）紧紧围绕城乡统筹发展这个重点，进一步落实好各项强农惠农政策，大力推进农业发展、农民增收。

继续加大财政支农投入力度。认真落实省委《贯彻落实〈中共中央关于推进农村改革发展若干重大问题的决定〉的实施意见》，各级财政对农业投入增长幅度高于经常性收入增长幅度。

积极发展现代农业。重点支持产粮大县粮食生产能力建设和大型粮食龙头企业发展。加大中低产田改造力度，稳步提高粮食综合生产能力。发展现代科技农业。大力扶持农业产业化龙头企业加快发展。加快建立新型农业社会化服务体系。

支持发展农村公共事业。落实好新增教育、文化、卫生等支出主要用于农村的政策，重点支持两年内“五个全覆盖”。支持普及推广沼气，推进实施“万村千乡”市场工程，方便农民群众生产生活。

认真落实各项涉农补贴政策。进一步完善涉农补贴机制，稳步提高补贴标准，扩大补贴范围。完善与农业生产资料价格上涨挂钩的农资综合补贴动态调整机制。

（四）紧紧围绕壮大财政实力这个根本，进一步狠抓增收节支、深化财政改革，积极夯实财政发展基础。

严格依法治税，狠抓收入征管，确保各项收入应收尽收。坚持厉行节约，硬化预算约束，严格控制一般性支出。深化各项改革，规范财政管理，提升科学化、精细化管理水平。加强财政法规制度建设。严格会计监管，严肃财经纪律。

各位代表：2009年我省财政经济形势十分严峻，改革与发展的任务十分繁重。让我们在省委、省政府的正确领导下，在省人大的监督支持下，深入贯彻落实科学发展观，努力完成2009年财政预算任务，为推进我省转型发展、安全发展、和谐发展作出新的贡献！

大　事　记

2008年山西省大事记

1月

1日

山西省政府向社会公布了山西省依法实施的73项行政许可和非行政许可年检项目。这是山西省首次对全省行政许可和非行政许可项目进行清理，是推进行政审批制度改革，优化政务环境的重要举措。

2日

中共山西省委书记、省人大常委会主任张宝顺在运城市垣曲县慰问受灾群众，要求各级党委、政府和领导干部，完善和落实好救助灾区群众的各项措施，有效保障群众基本生活，帮助恢复生产。

同日

中共山西省委副书记、代省长孟学农主持召开座谈会，征求党外人士对即将提请省十一届人大一次会议审议的《政府工作报告》的意见和建议。

3日

山西省2008年首场采矿权拍卖会开槌。115家企业和个人激烈角逐，起拍价合计1.196亿元的6宗采矿权全部成交，成交额3.498亿元。

4日

省商务厅发布统计公报，2007年山西省进出口总值136.11亿美元，增长56.82%；按经营单位（自营）统计，全省进出口总值102.83亿美元，增长74.86%。其中出口58.09亿美元，增长53.99%，进口44.74亿美元，增长112.23%。山西省自营进出口总值首次突破百亿美元大关。增幅继续位居全国首位，在全国排名也由20位前移至17位。

同日

据财政厅数据，2007年山西省财政总收入达到1200亿元，扣除煤炭资源探矿权、采矿权等“两权”收入，同比增长30.5%。

4日～5日

中共山西省委副书记、代省长孟学农在大同市调研，强调要以发展服务业为突破口，以发展先进制造业和医药产业、农产品加工业为重点方向，以规划中的转产园区为载体，坚定不移、坚持不懈加快推进产业中心转移和城市转型。

4日～6日

山西省政协九届二十七次常委会议在太原召开。会议审议通过了政协第十届山西省委员会委员名额的决定；协商通过了政协第十届山西省委员会委员名单；通过了政协第九届山西省委员会常务委员会工作报告；通过了政协第九届山西省委员会常务委员会提案工作情况的报告，并推举报告人；审议通过了政协第十届山西省委员会第一次会议日程（草案）；审议通过了政协第十届山西省委员会第一次会议列席人员范围与名额。

5日～6日

“和谐发展与山西环保高层论坛”在太原举行。并向评选出的“十大环保杰出人物”、“十大环保创新人物”及优秀论文获奖代表颁奖。

6日

在山西福建商会成立8周年庆典活动上获悉，2000年以来，闽籍企业家在晋新增工业企业总投资165亿元，为山西经济高速发展注入了强劲动力。

同日

为充分调动山西省奶牛养殖户保护后备奶牛积极性，省财政厅对符合补贴条件的6万多头后备奶牛下达了优质后备奶牛补贴资金3035万元。每头一次性可获补贴500元。

8日

中共山西省委副书记、代省长孟学农主持召开省政府第118次常务会议，研究通过《关于省属国有关闭破产企业退休人员和国有特困企业职工基本医疗保险的暂行办法》《山西省公路养路费征收管理规定（修订草案）》《关于废止和修改部分政府规章的决定（草案）》，研究并原则通过《现代物流“十一五”发展规划》和《机构编制管理规定》。

同日

2007年度国家技术发明奖获奖项目揭晓，山西省主持完成及参与的5项科研成果分获国家技术发明二等奖、国家科技进步二等奖、国家自然科学二等奖。

10日

山西省十届人大常委会第二十五次会议在太原召开。第一次全体会议听取了省十一届人大一次会议筹备情况的报告和省十届人大常委会代表资格审查委员会关于山西省第十一届人民代表大会代表资格的审查报告。第二次全体会议表决通过了省十届人大常委会代表资格审查委员会关于山西省第十一届人民代表大会代表资格的审查报告和省人大常委会向省十一届人大一次会议所作的工作报告，表决通过了省十一届人大一次会议议程（草案），主席团和秘书长名单（草案）、议案审查委员会组成人员名单（草案）和列席人名单。

同日

山西省妇女创业就业推进会暨第二届山西十大杰出女企业家表彰大会在太原召开。“省十大杰出女企业家”和“省十佳巾帼企业带头人”和104名省优秀女企业家受表彰。

10 日～11 日

山西省军区召开党委九届十三次全体（扩大）会议，传达学习军委、北京军区党委扩大会议精神，总结2007年工作，部署2008年工作任务。

11 日

山西省妇联九届六次协委（扩大）会在太原召开，会议传达了全国妇联九届五次执委会议精神，总结了全省妇联2007年的工作，部署了2008年的任务。

14 日～21 日

中国人民政治协商会议第十届山西省委员会在太原召开。按照日程安排，大会通过了政协第十届山西省委员会第一次会议政治决议；通过关于政协第九届山西省委员会常务委员会工作报告的决议；通过关于政协第九届山西省委员会常务委员会提案工作情况报告的决议。选举出省政协十届委员会主席、副主席、秘书长和常务委员。金银焕当选新一届省政协主席。

15 日～20 日

在香港九龙湾国际展贸中心举办的第三届香港国际武术比赛及国际健身气功展示会上，山西省陵川县的靳何英、郭建伟母子二人获5枚金牌。

16 日～23 日

山西省第十一届人民代表大会第一次会议在太原召开。大会认真贯彻党的十七大精神和省九次党代表大会精神，认真总结过去五年工作并提出了山西省2008年各项主要工作任务和措施。会议听取审议了省人民政府工作报告，省人大常委会工作报告，省高级人民法院工作报告和省人民检察院工作报告，审议了计划、预算书面报告，并对这六项报告作出了相应的决议。大会选举张宝顺担任山西省第十一届人大常委会主任，选举孟学农为山西省省长。同时选举产生省人大常委会副主任、副省长和省法院院长、省检察院检察长。

17 日

2007年山西省农业生产再获丰收，全省粮食总产103.71亿公斤，成为山西省第五个突破百亿公斤的年份，农民人均纯收入预计可达3605.2元，较2006年增加424.3元，增幅达13.3%。

18 日

武警山西总队党委二届九次全体（扩大）会议召开。会议学习贯彻军委扩大会议、全国政法工作会议和武警部队党委扩大会议精神，安排部署今后工作，并表彰先进单位和个人。

同日

山西省政府常务会议原则通过了《山西省现代物流“十一五”发展规划》。规划提出争取到2010年，全省物流成本占GDP的比重由目前的28%下降到23%，物流业增加值达到1500亿元。

20 日

山西省城中村党风廉政建设工作研讨会在太原召开。山西省委党委、省纪委书记金道铭出席并讲话。会议总结交流了全省各地好的做法和经验，分析研究城中村党风廉政建设面临的新情况、新任务，明确思路、强化措施，扎实开展城中村党风廉政建设工作。

同日

汾西县永安镇蔚家岭一处非法采煤窝点发生爆炸事故，20人遇难。

23 日

科技部、国资委、中华全国总会联合下发了《关于确定第二批创新型试点企业的通知》，太原钢铁（集团）有限公司成为国家选定的184家创新型试点企业之一。

24 日

山西省党风廉政建设干部大会在太原召开。会议传达中共纪委十七届二次全会精神，省委书记、省人大常委会主任张宝顺，省委副书记、省长孟学农出席会议并作重要讲话。

24 日～25 日

中共山西省第九届纪律检查委员会第三次全体会议在太原举行。会议认真传达学习了胡锦涛总书记的重要讲话和中纪委二次全会精神，总结了2007年全省党风廉政建设和反腐败工作，部署了2008年反腐倡廉建设任务。会议还审议通过了省纪委常委会提请全省审议的工作报告和会议决议。

27 日

山西省政法工作会议在太原召开。会议认真贯彻学习党的十七大、全国政法工作会议和胡锦涛总书记的重要讲话精神。总结2007年的工作，部署2008年和今后一个时期全省的政法工作。

30 日

山西省纪念薄一波诞辰100周年座谈会在太原举行。中共山西省委书记、省人大常委会主任张宝顺出席并讲话。高度评价了薄一波同志光辉战斗的一生。指出薄老是山西人民的骄傲，他所建立的历史功勋和对家乡的热情关怀与大力支持山西人民永远铭记在心。

31 日

中共中央总书记胡锦涛到山西考察工作，深入大同煤矿集团、大秦线湖东车站进行考察并发表重要讲话。胡锦涛总书记着眼全国发展大局，阐明了救援南方冰雪灾害的紧迫性，对搞好煤炭生产和电煤运输提出有力举措和明确要求。

2月

1 日

山西省政协十届二次会议在太原召开。山西省委副书记、省政协主席金银焕在讲话中强调要按照2008年政协工作的重点部署开展工作，把握团结和民主两大主题，忠实履行政治协商、民主监督、参政议政职能。

2 日

中共山西省委九届四次全体会议在太原举行。全会审议讨论并表决通过省委常委会提名的部分市委、市政府正职拟任人选和推荐人员。

3 日

山西省人民政府发出《关于在全省开展电煤保安全保生产保发运活动的紧急通知》，要求各地各部门、各煤炭生产、运销企业精心组织好煤炭生产和运输，在关键时刻发挥好国家能源基地的重要作用。

6日

中共山西省委书记、省人大常委会主任张宝顺到太原市社会(儿童)福利院、看望孤残儿童和工作人员。强调要积极发展社会福利事业，促进孤残儿童健康成长。

7日

山西国际电力华光发电有限责任公司柳电二期工程4号机组顺利完成168小时试运行，正式投入商业运营。机组投产后，标志着我国首例大容量发电项目EPC总承包工程全部建成投产。

15日

由山西省承办的“奥运之光”灯会全国巡展在西安启动。该灯会是由北京奥组委授权的极具民族传统特色的奥运文化活动之一，同时也是山西省奥运旅游推广年系列活动的重要内容之一。

同日

中共山西省委召开农村工作会议，学习贯彻《中共中央、国务院关于切实加强农业基础建设促进农业发展农民增收的若干意见》和中央农村工作会议精神，总结2007年“三农”工作，讨论山西省委贯彻中央文件的实施意见，对当前和今后一个时期新农村建设进行安排部署。会上还对全省25个增加农民收入先进市、县(市、区)，10个扶贫开发工作先进县，45个新农村建设工作先进集体进行了表彰。

18日

山西省统计局，国家统计局山西调查总队联合发布山西省国民经济运行情况，2007年全省完成生产总值5696.2亿元，全省全年财政收1200亿元，增速在全国和中部均进入第一阵营。

同日

中共山西省委在太原召开议军会议。传达中央军委、北京军区党委（扩大）会议精神，听取省军区去年工作情况和2008年工作安排，研究山西省国防后备力量建设有关情况。

同日

中共山西省委副书记、省长孟学农主持召开省政府第一次常务会议，研究进一步改进政府工作作风，加强自身建设和山西省生态功能区划等问题。

19日

应国家开发银行邀请，美国前副总统、美国博龙公司全球投资董事长奎尔先生一行到山西省访问，省长孟学农在太原会见了奎尔先生，双方进行了友好会谈。

20日

山西祁县民间石刻艺人袁晋生等4人刻制的4米石刻连环画——《三国演义》荣获上海大世界吉尼斯之最，成为目前最多的石刻连环画。

同日

我国“十大文化旅游胜地”评选结果揭晓。山西五台山入围“中国十大佛教文化旅游胜地”，山西解州关帝庙入围“中国道教十大文化旅游胜地”。

23日

山西省宣传思想工作会议在太原召开。会议提出，着眼于推动社会主义文化大发展大繁荣，加快建设文化强省和新基地新山西，在整体推进、全面提升宣传思想工作的同时，要着力抓好六项重点工程，即抓好理论武装工程、社会主义核心价值体系建设工程、文明和谐创建工程、文化惠民工程、文化产生发展工程、山西形象提升工程。会议对2006－2007年度文明和谐创建先进集体和个人进行表彰。

同日

山西省高等学校党的建设工作会议在并召开。会议传达了全国高校党建工作会议精神，并结合山西省高等教育发展的实际，对高校党的建设工作作了统一安排部署。

24日

山西省环保局在太原市召开新闻发布会，公布了2008年第一批重大环境违法案件及全省2008年重点区域集中整治工作进展情况。

28日

山西省政府召开会议，表彰全省在电煤保安全、保生产、保发运活动中做出突出贡献的先进单位和集体。大同煤矿集团有限公司等7个单位被授予“突出贡献单位”荣誉称号，大同煤矿集团有限公司塔山矿等50个单位被授予“先进集体”荣誉称号。

3月

3日

出席十一届全国人大一次会议的山西代表团在北京举行全体会议，推选张宝顺为山西代表团团长，孟学农、杨安和、申联彬、杜玉林、胡苏平为代表团副团长。

4日

全国政协委员、山西省委副书记金银焕等山西省22位全国政协委员联名提出，建议国家加大对非法采矿、破坏性开采矿产资源的打击力度，确保矿产资源科学、合法、有序开发。

5日

出席十一届全国人大一次会议的山西代表团举行全团会议，审议温家宝总理作的政府工作报告。

同日

山西省第二届道德模范评选活动颁奖典礼在山西电视台大演播厅举行。以“道德楷模、魅力人生”为主题的“山西省第二届十大系列公德人物评选活动”开展近一年来，社会各界共计推荐候选对象1557人，投递有效选票374万张，最终评出10个系列、100名公德人物模范。

7日

《山西日报》报道：全国人大代表、省委书记、省人大常委会主任张宝顺在京接受记者采访时畅谈山西又好又快发展的思路和途径，指出要“去污增绿，让绿色成为山西产业结构、增长方式，消费模式的主色调，让建设生态文明成为全省人民的共同行动”。

同日

山西省电力公司支援湖南灾区电网恢复重建圆满结束。此次电网恢复重建历时37天共投入抢险车辆119台，向湖南运送变压器、水泥电杆等救灾物资142节车皮，电力系统2000多名突击队员，累计组塔46基，拆除旧塔19基，架设光缆13.6公里，完成500千伏船星线和220千伏城烟线高压输电线路的抢修任务。

8日

中共中央政治局常委、中央政法委书记周永康到人民大会堂山西厅，与山西代表团一起审议政府工作报告和计划预算报告。

9日

《山西日报》报道：2007年山西省农村沼气建设数量、速度均实现跨越式发展，沼气用户累计达到42.9万户，建设进度、技术人员培训，配套体系建设等名列全国第一。

同日

投资6500万元扩建年产2亿块蒸压粉煤灰标砖生产线的开工建设，太原钢铁集团公司拉开了91项节能减排、技改升级工程项目开工的序幕。涉及节能减排的项目共45个，投资额达29.7亿元。

10日

出席十一届全国人大一次会议的山西代表团，在审议肖扬作的最高人民法院工作报告和贾春旺作的最高人民检察院工作报告的全国会议上，向中外媒体开放，56家媒体86位中外记者听取了审议的全过程，并就各自感兴趣的问题向代表们进行了提问。

12日

参加十一届全国人大一次会议的山西省代表肩负全省人民重托认真履行职责，积极建言献策，共向大会提交议案和建议171件。

同日

参加全国政协十一届一次会议的山西省政协委员，积极为全国经济社会发展、改善民生建言献策，共提交提案110份，社情民意24份。

14日

《山西日报》报道：从省卫生厅获悉，山西省扩大免疫规划相关实施方案业已出台，甲肝、流脑等15种可以通过接种疫苗有效预防的传染病，纳入免疫规划范围，成为全省今后一段时间疾病防控的重中之重。

同日

山西省统计局、山西省人口抽样调查办公室发布《2007年山西省人口变动情况抽样调查主要数据公报》。全省2007年底总人口为3392.58万人，比上年增加18.03万人，增长率为0.53%。

15日

山西省第二次全国农业普查领导小组办公室、山西省统计局发布《山西省第二次农业普查主要数据公报》。

16日

为纪念我国实行改革开放30周年，山西省决定组织编纂《山西改革发展30年》大型图书。全书约800余万字，编纂工作已正式启动。

16日

共青团山西省委代表会议召开，选举产生了全省出席共青团十六次全国代表大会的代表。

18日

北京奥组委将于3月—9月举办奥运重大文艺演出活动，山西省创作演出的五台精品大戏入选奥运文艺演出展演。

19日

太原南中环桥建设全面开工。该桥东起平阳路临高新技术开发区，西至晋祠路接长风新区，设计为双向八车道的城市一级快速路，全长1698.38米，宽53米。预计工期为两年，建成后可有效沟通滨河东西路、龙城大街等周边主干道，加强南部区域的东西联系。

21日

太原经济技术开发区深入贯彻落实科学发展观，在新兴产业规模化，发展循环经济解决“三农”问题等方面取得新突破。主要经济指标增速连续五年在54个国家级开发区中名列第一，综合实力排位前移了10位。

同日

在2008年全国跳水冠军赛中，山西省运动员王亮、周昕以449.72分的成绩夺得冠军。

同日

山西省政府召开第三次常务会议研究通过兴县资源型经济综合开发示范基地和中南部铁路出海通道建设规划。

22日

2007年度山西名牌农产品揭晓，“沁州黄”小米、“三泰”核桃、“檀山皇”小米、“维之王”山楂等20个农产品品牌入选，涉及杂粮、干鲜水果、肉蛋副食等多个品种。

24日

山西省政府召开全省农村地质灾害治理工程工作会议，总结2007年工程实施情况，安排部署2008年的工作任务。

25日

政协第十届山西省委员会举行第四次主席会议，讨论通过省政协常委会2008年主要工作责任制（计划大纲）。还讨论通过省政协各委员会组成人员名单等。

26日～27日

山西省23位非公经济人士先后到晋绥革命老区兴县和太行革命老区武乡开展奉献社会、回报老区光彩事业“两区行”，共同捐资1000万元分别在兴县和武乡建立了500万元“光彩助学基金”，资助家庭困难的建国前老党员、老八路和军烈属后代子女上学。

27日

2008年全民义务植树活动暨春季造林绿化现场推动会在介休举行。会议要求各级各部门广泛发动、精心部署，打好打胜春季植树造林战役，确保全年造林绿化400万亩以上。

30日

山西省政府召开第四次常务会议。审议并原则通过《山西省企业技术中心管理办法（草案）》和《山西省测绘成果管理办法（修订草案）》等规章，并确定山西省非农民地占用税预征标准。

同日

富士康“助医、助残、助学”捐资仪式在太原举行。富士康总裁郭台铭先生再次向山西省社会公益事业捐资2100万元。

31 日

中国（太原）镁及镁合金产业高端论坛在太原举行。本次论坛共邀请了国家有关部委和中科院领导、两院相关院士、专家学者等 200 余人。

3 月 31 日～4 月 2 日

山西省十一届人大常委会第一次会议在太原召开。会议表决通过了省人大常委会代表资格审查委员会组成人员名单；关于任命省人大常委会副秘书长，工作机构主任、副主任，局长、副局长名单；关于决定任命省政府秘书长，组成部门厅长、委员会主任名单；关于批准《太原市崛围山景区建设和管理办法》的决定；关于批准《大同市农村公路养护管理条例》的决定。

4 月

1 日

为调动和保护农民种粮积极性，促进农业和粮食生产发展，山西省出台十项措施进一步加大对“三农”的支持力度，增加财政支农资金，调整基本建设投资，对发展农业和粮食生产发出了更加明确、更加直接、更加有力的信号。

同日

经省文化厅推荐、申报、专家评审、社会公示和复审，山西省 27 位国家级非物质文化遗产传承人名单敲定。

同日

《山西日报》报道：一部揭示独特世界历史事件的《二战后侵华的军“山西残留”——历史真实与档案征引》由山西省档案馆编著完成，将由山西人民出版社出版。

2 日

中国传统节日论坛暨首届中国清明（寒食）文化节在绵山开幕。

同日

《山西省检察机关工作纪律十条规定》正式实施。标志着全省检察机关将采取一系列措施，从队伍内部严肃纪律，提高工作效能，改变执法作风。

3 日

“我们的节日·清明节主题活动”启动仪式暨首届全国清明节美术、书法、摄影、民间艺术作品展开展式在太原举行。来自全国各地 70 余件书画，百余件非物质文化遗产保护传承作品和民间手工艺品、民俗风情彩画、清明节民俗祭祀品等，尽显中国优秀传统文化的博大精深。

同日

山西省政府召开第一次全体（扩大）会议，会议讨论通过了《省政府工作规则》。

3 日～4 日

全国政协副主席、中国文联主席孙家正莅晋考察。

4 日

第 18 届中国·洪洞大槐树寻根祭祖大典在洪洞大槐树寻根祭祖园隆重举行。海外寻根华人、全国各地大槐树移民后裔代表及社会各界人士聚首古槐遗址，虔诚拜祭祖先，共话同根亲情，共谋未来发展。

5 日

第 12 届中国东西部合作与投资贸易洽谈会在西安曲江国际会展中心开幕，山西省 15 个项目签约，投资总额 12.08 亿元，合同金额 5.15 亿元。

6 日

由中国外交官协会组织的斯洛文尼亚等 8 国驻华大使、公使及夫人将对山西省进行为期 4 天的考察访问。

6 日～8 日

中共中央政治局委员、国务院副总理回良玉在山西考察农业和春耕生产。

7 日

山西省总工会第十一届三次全委（扩大）会在太原召开，会议回顾总结 2007 年全省工会工作，研究确定 2008 年全省工会工作的主要任务。

同日

2008 年山西省旅游纪检监察暨行风建设工作会议在晋中召开。会议总结了 2007 年旅游纪检监察暨行风建设和评议工作情况，部署了 2008 年工作任务，并对大同市旅游局等 8 个单位进行表彰。

9 日

山西省调整产业结构的又一重大战略项目潞安集团高纯度多晶硅项目奠基仪式在长治屯留康庄工业园举行。

10 日

首批《国家珍贵古籍名录》及全国古籍重点保护单位由国务院批准公布。山西省博物院和山西省图书馆同时入选。

10 日～11 日

纪检监察机关案件监督管理工作会议在太原召开。中共中央书记处书记、中央纪委副书记何勇出席会议并讲话。

10 日～15 日

中共中央书记处书记、中央纪委副书记何勇在山西省太原、晋中、长治、晋城等地的企业、农村、纪检监察机关进行调研。详细了解山西省国有企业改革、新农村建设、农村基层党风廉政建设和纪检监察工作。

11 日

由晋绥解放区烈士陵园编纂，中央文献出版社出版的《晋绥风云人物》一书近日面世。全书共分三卷，分别为《党政人物卷》《军事人物卷》《名人英烈卷》，全书 100 万字，1200 余幅历史图片。为我国民政系统首部比较全面、完整、系统收编革命战争时期的地方人物志书。

同日

九三学社山西省委八届二次全委（扩大）会议在忻州召开。会议审议并通过了 2007 年度工作报告，补选了九三学社省委第八届委员会委员。部署了 2008 年工作任务。

12 日

在国家科技技术奖励大会上，山西师范大学教授、博士生导师张献明参与完成的《配合物控制合成与晶体工程方法基础研究》项目获得 2007 年度自然科学二等奖。

12 日

科技部“十一五”支撑计划重点项目课题——“食管癌等高发疾患防治研究”课题在山西中医学院正式启动。该课题设计利用 4 年时间，在全省 9 个示范基地推广应用 20 项农村适宜卫生技术项目，可望为农民节省医疗费用 4 亿余元。

同日

国家发改委在对运城、临汾、陕西渭南和河南三门峡进行调研后，与三省四市相关负责人在运城齐聚，共同确定了晋陕豫黄河“金三角”区域建设协调发展综合试验方案。

13 日

民进山西省委举行会议纪念中共中央发布“五一口号”60 周年，重温老一辈民进会员与中国共产党风雨同舟、亲密合作的历史。

14 日

山西省政府召开第五次常务会议，研究省重点工程项目名单，原则通过《山西省煤炭产量监控系统管理规定（草案）》。

17 日

山西省政府召开全省发展服务业电视电话会议，就全面加快发展服务业进行安排部署。山西省委副书记、省长孟学农强调要全力打好发展服务业这一攻坚战，努力实现今后三年服务业比重每年提高 1 个百分点的奋斗目标。

18 日

“2004—2006 年度赵树理文学奖”颁奖大会暨山西省作家协会五届五次全委会在太原召开。

20 日

经过中科院山西煤化所四代人 28 年研发，具有我国自主知识产权和专利技术的首台煤制油汽化炉成功出厂。推广使用后，将会最终实现煤炭气化技术的完全国产化。

同日

中共山西省委副书记、省长孟学农主持召开汾河流域生态保护治理修复工作专题会议，研究并原则通过了《汾河流域生态保护修复工作实施方案》。

21 日

山西省政府召开第六次常务会，回顾总结全省一季度经济运行情况和经济工作，分析当前形势，研究部署下阶段工作。

25 日

中部论坛武汉会议召开。中共山西省委书记张宝顺、省长孟学农等出席论坛。张宝顺代表山西作题为《坚持科学发展促进合作共赢》的发言。

同日

山西省财政厅下达 2008 年新型农村合作医疗补助资金 4.13 亿元，按新的筹质标准确保了省级财政补助资金及时、足额下达。全省 115 个涉农县（市、区）已实现了 100%全覆盖的任务目标，参加合作医疗的农村居民 2090 万人。

26 日

在清洁能源技术开发研讨会暨项目签约仪式上，山西省乡镇煤炭运销集团与香港中港印能源集团结为战略合作伙伴，决定在太原成立氢能源研发中心，建设氢能源商业化试点、示范基地。合作开以煤炭为原料制作有机氢能源。

同日

第三届中国中部投资贸易博览会在武汉开幕。山西省由省长孟学农任团长的代表团参会，并以“全面宣传山西，推介招商项目，承接产业转移，促进中部发展”为主题，以投资洽谈旅游推介为主要内容，旨在抓住国际国内产业梯次转移等重大历史机遇，实现各省产业互补，共同发展。截至 27 日下午共签约项目 272 个。

29 日

召开五一表彰大会，表彰全省在改革开放和现代化建设作出突出贡献的 1176 个先进集体和先进个人。

30 日

总装机容量位居全国第二的山西兰花大宁发电有限公司 33 兆瓦煤层气发电项目在晋城奠基，该项目投产后，发电量将达到 27 亿度，单机装机容量将达到每小时 40004 瓦，位居世界第一。

同日

山西省委、省政府召开专题会议，研究部署铁路建设。会议最终形成大同——太原——运城——西安快速运输通道。中南部出海通道、太原西南环线铁路等工程。

5 月

4 日

纪念五四运动 89 周年暨中国共青团成立 86 周年大会在太原召开，会议表彰一批全省各条战线上涌现出来的先进单位和个人。山西国民师范旧址革命活动纪念馆等 28 个单位被首批命名为省级“青少年社会主义核心价值体系教育基地”。

同日

《山西日报》报道：2007 年太钢不断夯实质量管理基础，强化质量控制，实施多种形式的质量改进活动。产品实物质量的持续改善和质量管理精细化水平进一步提升，实现创效 6.37 亿元。

4 日～6 日

中共中央政治局委员、国务院副总理张德江到山西省大同、太原等地考察。

5 日

《山西日报》报道：从山西检验检疫部门获悉：第一季度全省核桃仁出口 1515 吨，同比增长 141.2%，货值增长了 159.1%。主要出口到英国、德国、日本、新加坡等 20 余个国家和地区。

6 日

全国煤炭安全性生产座谈会在太原召开。中共中央政治局委员、国务院副总理张德江在会上强调，要充分认识做好煤矿安全生产的极端重要性，深入贯彻落实科学发展观，坚持实施安全发展战略，坚持标本兼治、重在治本，完善政治，健全制度，强化管理、落实责任，务必实现煤矿安全事故和死亡人数大幅度降低，努力实现全国煤矿安全生产形势稳定好转。

7 日

《山西日报》报道：太钢日前开发生产出国内第一块超级奥氏体不锈钢 904L 热轧中板，填补了国家空白。904L 是一种高铬、镍、钼含量并超低碳的超级奥氏体不锈钢，具有非常良好的耐腐蚀性能。

同日

据山西省商务厅数据，一季度山西省进出口总值完成42.69亿美元，同比增长39.99%，其中出口28.47亿美元，增长58.88%；进口14.22亿美元，增长13.06%。

同日

山西省政府召开第七次常务会议，讨论并原则通过有关部门关于2007年度全省经济社会发展考核评价结果的汇报，讨论并原则通过《山西省实施〈中华人民共和国国防教育法〉办法（草案）》《山西省实施（中华人民共和国土地管理法）办法（修正案）》。

8日～11日

中央组织部常务副部长沈跃跃率中组部调查组到山西省就组织工作服务科学发展及加强地方领导班子思想政治建设等问题进行调研。

9日

从山西省文物局获悉，由国家文物局组织的我国首次博物馆分级评选日前结束。山西博物院、中国煤炭博物馆和八路军太行纪念馆入选国家一级博物馆。

同日

由国家发改委会同财政部、国土资源部、环境保护部等有关部委组成的协调小组，就在山西省煤炭工业可持续发展政策措施试点工作开展情况调研中发现的问题与省政府举行交换意见座谈会。

10日

据统计，山西省2008年春季完成造林面积118726公顷，其中国家重点工程54694公顷，省级造林绿化工程32683公顷，民营造林、经济林等31349公顷。全省林业投资力度继续增加，预计全省林业投资全年将超过50亿元。

12日

山西省委、省政府召开电视电话会议，传达贯彻中央政治局委员、国务院副总理张德江考察山西重要讲话精神。就加强全省安全生产和社会稳定进行部署。

同日

四川省汶川县发生7.8级地震。地震发生后，山西对支援抗震救灾工作高度重视，行动迅速，先后，派出了医疗救援、卫生防疫，公安消防，矿山救护、应急通信保障等救援队伍，并组织捐物，捐款、献血等多种方式支援灾区。

14日～16日

山西省十一届人大常委会召开第二次会议。会议决定免去薛延忠的副省长职务，决定任命申联彬副省长。会议表决通过了关于修改《山西省测绘管理条例》《山西省实施〈中华人民共和国土地管理法〉办法》的决定，表决通过了《山西省人民防空工程建设条例》。

16日

第四届中国（深圳）国际文化产业博览交易会在深圳开幕。山西组成500多人的参展观摩团，共有7个类型110个项目参加，参赛项目突出三晋文化特色，成为本届文博会上的一个亮点。到17日，招商引资签约项目26个，引资总金额近204亿元。

19日

在北京首届兰筹公司年会发布的“2008年中国兰筹公司百强榜”上，山西兰花科创股份公司榜上有名，并入选“中国兰筹煤炭企业十强”。

20日

第十一届中国北京国际科技产业博览会在北京开幕。山西省参展面积248平方米。共有6大类60余个项目参展。本届科博会上，山西省27个项目签约，项目总金额近10亿元。

同日

山西省政府召开第9次常务会议，审议通过《山西省地震应急救援规定（草案）和节能统计监测考核评价实施方案》等。

21日

中共山西省委书记、省人大常委会主任张宝顺在榆次、左权、和顺、昔阳、寿阳等地农村调研，强调各级党委、政府要按照科学发展观的要求站在新的历史起点上，着力解决“三农”工作面临的突出矛盾和问题，加快推进农业现代化。

同日

山西全省行政监察工作会议在太原举行。全面部署全省行政监察任务。

23日

山西省政府召开动员大会，全面启动，加快推进汾河流域生态环境治理修复与保护工程。工程将实行整体规划，突出重点、逐级推进、分期实施。工程分为近期、中期和远期三个阶段。近期将实施“十大”建筑工程和28个项目，总投资106.02亿元。

24日

由山西省委宣传部、中央电视台文艺中心影视部等联合制作的40集大型电视连续剧《走西口》在晋中市榆次老城开机。

26日

山西省政府召第十次常务会议，审议并原则通过《山西省道路货物运输源头治理超限超载暂行办法（草案）》《山西省治理车辆非法超限超载工作责任倒查与追究暂行办法（草案）》讨论并通过省政府《关于促进畜牧业持续健康发展的意见》。

28日

2008国际自行车联盟BMX小轮车世界锦标赛在太原开幕。这是北京奥运会前中国举办的重要赛事，是山西省、太原市有史以来举办的规格最高，参赛人数多、选手实力强，影响最大的国际单项体育赛事。

6月

2日

中共山西省委常委、常务副省长申联彬在省国土资源厅主持召开省非煤矿山资源整合和有偿使用工作领导小组会议。

4日

山西省政府出台《山西省固定资产管理流程图》，用工作流程图的形式把投资管理相关部门的职能连接起来，标示出来并公之于众。这是山西省实行政务公开，深化投资体制改革，加强政府效能建设的重大创新。

同日

中共山西省委副书记、省长孟学农在晋中市就集体林权制度改革有关问题进行专题调研。指出集体林权制度改革是农村家庭承包经营责任制从耕地向林地的拓展和延伸。是在农村全面铺开的又一次大的改革。

4日～5日

国家质检总局总长、党组书记李长江到山西省调研。指出在今后的工作中质检和检验检疫系统要围绕灾后重建，把工作重点转移到重建产品质量的监管上，确保产品质量和食品安全。

6日

山西省省长孟学农会见了中国石油天然气集团公司副总经理廖永远一行。廖永远表示将进一步加强与山西在天然气、煤层气等领域的交流合作。

7日

中共山西省委副书记薛延忠会见了以梁尚勇为团长的台湾台北市山西省同乡会返乡参观团一行。

同日

中共山西省委书记、省人大常委会主任张宝顺会见了中国五矿集团公司党组书记、总裁周中枢一行。副省长陈川平参加会见。

6日～9日

德国前总理格哈特·施罗德到山西进行友好访问。访问期间，他多次重申“不论过去、现在还是将来，德中人民的友谊永远不会变”。施罗德先生非常关注世界能源安全与环境保护问题，并有很多真知灼见，指出德国的专业技术和成功经验也可以为山西应对能源环保问题提供帮助，在煤炭开采和应用领域双方有巨大的合作潜力。陪同访问的，有中国人民外交学会理事、前驻德大使卢秋田先生。在晋期间，省领导张宝顺、孟学农、申联彬、张建民分别会见客人或陪同访问。

10日

山西省省长孟学农主持召开省政府第十一次常务会议，讨论并原则通过《在省级机关开展厉行节约活动的通知》《关于促进资源型城市可持续发展的实施意见》和山西省《关于开展清理化解农村义务教育“普九”债务试点工作的意见》。

11日～13日

山西省政协召开十届二次常委会议。会议通过了《关于进一步加强环境保护和节能减排工作，努力促进山西科学发展的建议》。还通过了《山西省政协委员履行职责管理办法》（试行）。省政协主席金银焕就发挥人民政协优势，紧紧围绕环境保护和节能减排献计出力提出了要求。

12日

山西省十一届人大常委会举行第三次会议，决定任命李小鹏为山西省副省长。

13日

《山西日报》报道：1月—5月全省煤炭生产累计完成2.5亿吨，其中煤炭铁路外运完成1.7亿吨。1月—4月重点电煤合同实现率99.86%。山西省生产矿井核定生产能力复产比例已达92%，有力地保障了国家和省内需求。

13日

孝义市安信煤业有限公司主井底发生炸药爆炸事故，28名矿工遇难，6人被困井下，事故发生后温家宝总理、张德江副总理作出重要指示，要抓紧组织抢救工作，查明事故原因，依法依规处理。

14日

《山西日报》报道：山西省中国驰名商标达到29件，数量5年增长6倍。山西省著名商标达到591件，数量5年翻了两番多。

同日

国务院公布了《第二批国家级非物质文化遗产名录和第一批国家级非物质文化扩展项目名录》。山西省申报的95个文本，69个保护单位入选，申报成功率达72.6%，位居全国第一。

14日～17日

国家工商总局党组书记、局长周伯华到山西省调研，先后深入大同、忻州、太原、晋中等地考察基层工商所建设情况，观看了市场，出席了第二届山西品牌节暨“品牌战略与区域经济发展”王长论坛。

16日

山西省省长孟学农主持召开省政府第十二次常务会议，研究并原则通过《山西省人民政府关于开展集体林权制度改革的意见》，审议并原则通过《山西省民用建筑节能条例》《山西省畜禽屠宰管理条例》和《山西省信息系统安全保护条例》。

18日

中共山西省委召开专题会议，研究部署做好北京奥运火炬接力山西境内传递工作。

19日

由中宣部、中组部、解放军总政治部、中共四川省委联合组织的抗震救灾英模事迹报告团抵晋，将向山西人民讲述他们在抗震救灾中的亲身经历和真切感受。

19日～21日

在北京展览馆举行的2008北京国际旅游博览会上，富有浓郁宋辽建筑特色的山西展台设计博得了国内外旅游参展商和北京市民的满堂喝彩，并获得唯一一个国内展台最佳创意奖。这是“赛在北京，游在山西”奥运旅游宣传的重要活动之一。

23日

山西省四城市火炬传递时间线路确定。分别是6月25日在运城、平遥，6月26日在太原，6月27日在大同。

30日

中共山西省委组织部决定，对全省在参加四川省汶川县抗震救灾工作中表现特别突出的15个先进基层党组织和31名优秀共产党员进行通报表彰，要求全省各级党组织和广大党员以先进为榜样，大力弘扬伟大的抗震救灾精神，坚定、自觉地站在抗震救灾、灾后重建以及支援灾区工作的前列，尽职尽责做好本职工作。

7月

1日～3日

中共山西省委书记、省人大常委会主任张宝顺深入忻州市、朔州市的部分县（市、区）进行调研。

4日

山西省举行应对多种安全威胁军警民联合实兵演习。演习以“屏护首都，稳定山西、支持奥运”为主题，着眼深入扎实做好军事斗争准备，有效应对奥运安保、反恐维稳和自然灾害等。北京军区司令员、国防动员委员会主任房峰辉，北京军区参谋长张宝书莅临指导。山西省委、省人大、省政府、省政协，省军区领导张宝顺、孟学农、薛延忠、金银焕、方文平、申联彬等现场观摩。

7日

中共山西省委副书记、省长孟学农就太原西山地区综合整治工作进行调研。

8日

山西省纪律检查委员会发出《关于大力弘扬艰苦奋斗勤俭节约精神，坚决制止各种铺张浪费行为的通知》，具体提出11项措施，要求精减会议和文件，严禁公款旅游、大操大办婚丧嫁娶，严格控制纪念活动和公车购置更新，并一律暂停审批党政机关办公楼等建设项目。

8日～10日

中共山西省委副书记、省长孟学农就缓解电力紧张、农业和农村发展问题在运城市进行调研。

11日

中共山西省委、山西省人民政府召开电话会议，贯彻落实中央《建立健全惩治和预防腐败体系2008－2012年工作规划》出台山西省《建立健全惩治和预防腐败体系2008－2012年实施办法》。及集中开展煤焦领域反腐败专项斗争的意见，引深反腐倡廉建设。

同日

山西省国税收入2008年上半年超过五百亿元。一月份和三月份两个单月创下历史新纪录，分别达到109亿元和102亿元；山西省地税收入上半年接近300亿元，相当于2007年前十个月的收入总量。

13日

《山西日报》报道：为了保障北京奥运会空气质量，经过环保部门的不懈努力国家要求山西省在奥运会前完成的40项大气污染治理项目已全部完成。

14日

山西省长孟学农主持召开省政府第14次常务会议，研究通过《山西省中小学校舍安全工程实施意见》、《关于建设用地审批事项的情况汇报》，审议并原则通过《山西省竞技体育人才培养和退役安置办法（草案）》。

15日

《山西日报》报道：山西省上半年财政总收入完成879.4亿元，占年度计划的62.8%，比2007年同期增长42.5%，增收262.2亿元。

16日

中共山西省纪律检查委员会、中共山西省委组织部、中共山西省委宣传部联合发出《关于开展向王海潮同志学习活动的决定》。

18日

第八届全国县域经济基本竞争力与科学发展评价报告揭晓，山西省的河津、孝义两市再次入选全国县域经济百强县市。

19日～20日

山西省政府召开上半年经济社会发展形势分析会议，总结上半年全省经济社会发展情况，分析当前面临的形势，安排部署下半年工作。

20日

中共山西省委书记，省人大常委会主任张宝顺会见了全国妇联主席、中国关工委主任顾秀莲一行。

21日

山西省省长孟学农主持召开省政府第十五次常务会议，研究部署深化打击非法违法开采煤炭专项行动。会议强调，要以改革创新和强化管理为重点，标本兼治，多管齐下、综合治理，既要针对当前，毫不松懈、绝不手软地抓好专项整治行动，坚决遏制非法违法采煤严重势头，消除安全生产事故隐患，又要立足长远，以改革破解难题，加大体制改革力度，创新管理制度办法，建立长效机制，确保煤炭安全生产形势的稳定好转。

同日

《山西日报》报道：经过五十多天的艰苦奋战，山西省援助四川地震灾区过渡安置房建设提前25天完成任务。共建成过渡安置房37308套，面积69.43万平方米，可解决11万受灾群众的住房问题。

25日

山西汇镪磁性材料制作有限公司自主研发的“烧结钕铁硼永磁体的回火工艺”在美国获得发明专利权，成功打破长期被外国人垄断而形成的国际贸易壁垒，拿到国内第一张直接进入美国市场“准入证”。

同日

中共山西省委书记、省人大常委会主任张宝顺会见了国务院安委会副主任、国家安全监管总局局长王君和国家煤矿安监局副局长王树鹤一行。向客人介绍了山西开展“百日督查”行动以来的工作情况。

26日

中国农工民主党山西省委员会在太原举行成立20周年纪念大会。

28日～29日

中共中央政治局常委、国务院副总理李克强到山西考察工作，先后到大同、太原等地深入工矿企业、走访居民家庭，着重就煤炭电力生产供应和能源节约工作进入深入调研。

31日

山西省第十一届人民代表大会常务委员会第四次会议召开。会议听取了省财政厅厅长所作的《关于2007年省本级财政决算和2008年上半年全省预算执行情况的报告》。会议结合省审计厅厅长所作的《关于2007年省本级预算执行和其他财政收支的审计工作报告》，对2007年省本级财政决算（草案）和财政决算报告进行了审议，同意省人大财政经济委员会提出的《关于2007年省本级财政决算（草案）的审查报告》，决定批准2007年省本级财政决算。

在这次会议上还通过了《山西省预防职务犯罪工作条例》、《山西省实施〈中华人民共和国国防教育法〉办法》。

8月

1日

山西省政府与中国华能集团公司签署参与山西省中小学校舍安全工程协议。从2008年开始，中国华能集团公司将分3年出资5000万元，重点用于支持山西省革命老区、贫困地区和华能公司投资项目所在地等中小学的校舍安全工程建设，2008年将投入1000万元。

4日

山西省政府召开第16次常务会议，讨论并原则通过《关于解决农村困难群众住房问题的意见》，研究山西省对口支援恢复重建工作。

5日

《山西日报》报道：山西省万名科技人员直接服务农户，带动农民37万人。据统计，实施科技入户以来，全省已有11000多名农业技术人员实现与农户面对面，占到全省农业科技人员的35%；科技示范户科技入户率达到90%以上。

6日

据山西省统计局最新统计资料，2008年1月至6月全省社会固定资产投资完成1141.9亿元，同比增长26.8%，增幅比2007年同期回升1.9个百分点。其中，第三产业投资完成467.7亿元，同比增长46.1%；新兴支柱产业投资完成179.3亿元，同比增长47.9%；改建和技术改造项目投资完成268.2亿元，同比增长49.6%；“三农”投资完成101.4亿元，同比增长33.4%。

2日～6日

国务院扶贫办主任范小建一行在山西省太原、忻州、吕梁、晋中等地就整村推进、移民搬迁、产业扶贫和小额信贷等扶贫开发工作进行实地考察和调研指导。

6日

中共山西省委召开常委会议研究部署省城“十大建筑”建设工程。山西大医院、山西省图书馆、山西省科技馆、山西体育中心、山西大剧院、中国（太原）煤炭交易中心、太原铁路新站、太原国际机场新航站和太原博物馆、太原美术馆是省委、省政府和太原市委、市政府在“十一五”期间建设的“十大建筑”。太原国际机场新航站已经竣工。

7日

山西省最大的人工湿地在泽州开建，该湿地面积1339亩，投资7398万元，建成后原劣Ⅴ类水质将达到Ⅲ类标准。

12日

全国煤炭标准化技术委员会煤层气工作组在晋城市成立。该工作组主要负责煤层气领域国家标准的制定、修订工作，有助于进一步规范和促进我国煤层气资源的勘探、开发、利用。

11日～12日

联合国教科文组织执行局主席亚伊在五台山考察申遗工作准备情况。

13日

山西省参与2010年上海世博会组委会第一次工作会议在太原召开。

14日

全省政府网站建设工作会议在太原召开。

14日～15日

国家文物局局长单霁翔在五台山考察指导申遗工作。

17日

《山西日报》报道：7月份太重集团起重机分公司共生产300吨以上非标准大型起重机32台，不仅刷新了企业生产纪录，而且创造了国际同类起重机生产的新速度。

同日

在公布的第八届全国县域经济基本竞争力评价中，柳林县位列全国中部百强县（市）65位，比2007年前移23位。同时，该县在2007年全省119个县（市、区）经济社会发展指数考核评价中名列第9位。

18日

山西省政府召开第17次常务会议，听取2007年省本级财政预算和其他财政收支审计结果报告，讨论并原则通过《山西省人口和计划生育条例（修订草案）》。

21日

大型新编历史京剧《走西口》入围新一轮国家舞台艺术精品工程，这是继话剧《立秋》、舞剧《一把酸枣》之后，山西省文化强省重点剧目的又一成果。

22日

由中国贸易促进会山西省分会、山西省工业经济联合会联合主办的第三届山西酒饮食品博览会在太原开幕。

同日

我国第一座县级解放战争支前纪念馆在阳曲县店子底落成，成为太原市一个新的党员教育基地。

23日

著名地质专家李江海在五台山考察时，发现一个23亿年前，体重达450厘米（直径）×500厘米（高度）的球状碳酸盐岩石，并确定是迄今为止国内已知规模最大的叠层石。

8月～9月

在北京举办的第29届奥运会上，山西运动员常永祥夺得男子古典式摔跤银牌，董栋获得男子蹦床铜牌，袁晓超夺得男子长拳金牌。在北京2008年残奥会上，山西运动员张应斌获得一枚男子标枪银牌，李小东夺得盲人柔道60公斤级铜牌。

9月

1日

“2008中国·太原晋商文化艺术周”开幕。

3日

中共山西省委副书记、省长孟学农赴平顺西沟村看望一至十一届全国人大代表申纪兰，希望全省各级党员干部以申纪兰为楷模，弘扬西沟精神，开拓科学发展新路。

4日

经国家人力资源和社会保障部批准，山西省医疗单位中第一个博士后科研工作站落户山西医科大学第二附属医院。

5日

《山西日报》报道：经山西省考古专家的发掘和分析，确定定襄青石遗址包括了仰韶晚期、龙山时期等新石器时代和夏时期、东周时期的文化遗存，还有极少数汉代墓葬。该遗址的发现对认识滹沱河流域及周边地区古文化面貌具有重要意义。

6日

“环境与灾害监测预报小卫星星座”A、B两颗卫星11时25分在太原卫星发射中心发射升空。卫星投入使用后，将实现灾害与环境的快速监测和预报，对我国防灾减灾起到不可替代的作用。

同日

四川茂县来晋举办招商引资暨招才引智推介会，当天签署意向及协议金额达19.45亿元。

8日

山西省临汾市新塔矿业有限公司尾矿库在襄汾县陶寺乡云合村乱石滩自然村发生溃坝事故。造成死亡254人伤35人。党中央、国务院高度重视，胡锦涛总书记、温家宝总理作出重要指示，要求采取一切有效措施全力组织抢险救援和伤员救治，认真负责地做好善后工作，彻底查明事故原因，依法追究责任，深刻吸取教训，切实加强安全生产管理工作。

9日

山西——湖北经济社会发展情况交流会在太原举行。湖北省委书记、省人大常委会主任罗清泉，山西省委书记、省人大常委会主任张宝顺分别介绍了湖北、山西经济社会发展情况，就进一步推进两省交流合作、共同促进中部崛起进行了深入探讨，提出了一系列务实举措。会后两省政府签订了《关于加强经济技术合作的框架协议》。

11日～12日

山西省政协在晋中召开十届三次常委会议。会议原则通过了《关于统筹城乡发展，加快农村劳动力转移，增加农民收入的建议》。

14日

中共山西省委召开全省领导干部会议，中共中央政治局委员、中央书记处书记、中央组织部部长李源潮出席会议并作重要讲话。会议宣布中央关于山西省政府领导调整的决定，王君任山西省委委员、常委、副书记，提名为山西省省长候选人。同日，山西省第十一届人大常委会第五次会议决定，任命王君为山西省副省长，代理山西省省长。

15日

采用我国自主知识产权技术建设的山西潞安煤基合成油示范项目气化炉成功点火，这标志着国内第一个煤炭间接液化示范工厂的工艺装置已经进入实质性操作阶段。

16日～18日

第二届中国(太原)国际煤炭与能源新产品博览会在太原召开。博览会以“推进国家以煤炭为基础的能源发展战略的贯彻实施；促进国际煤炭与能源新产业交流合作；实现国际煤炭与能源新产业科工贸互利共赢；引领我国煤炭与能源新产业的发展方向”为宗旨，以“促进能源科技交流合作，推动经济社会和谐发展”为主题。内容包括：煤炭与能源新产业新产品、新技术展示，交易订货，投资贸易洽谈，“21世纪煤炭·能源·环境·和谐发展”主题论坛和“煤炭新产业与资本化”“洁净能源创新发展”两个专题论坛，以及山西省与兄弟省市区及中央企业签订经济战略合作协议。

17日

山西省政府发出关于对全省安全生产重大隐患进行挂牌督办的通知。

18日

公安部追认为救战友牺牲的吕梁消防战士白佳鑫为革命烈士。白佳鑫生前为吕梁消防支队离石中队战士。入伍以来，先后参与灭火救援任务200余次，并荣获三等功。吕梁市追授其“吕梁忠诚卫士”荣誉称号，吕梁市消防支队追认其为中国共产党党员。

19日

由中国企业联合会和中国企业家协会评选的2008中国企业500强、中国制造业企业500强排行榜揭晓，太钢名列第46位和17位，比2007年第68位和25位有较大幅度进步。在进入2008中国企业500强的全部钢铁企业中，太钢名列第4位，排在前三位的依次是宝钢、沙钢、首钢。

19日

2008中国平遥摄影大展在平遥县衙旧址开幕。本届摄影大展以“奥运·大爱”为主题，突出了“抗震救灾精神”，以及世界各国人民对和平、友爱的不懈追求。来自世界42个国家和地区2200多名摄影家的作品共2万余幅，国际摄影界的各种艺术流派竞相登场，是历年参展作品最多、最丰富的一届。

25日

山西省十一届人大常委会第六次会议闭幕。会议表决通过了《山西省计算机信息系统安全保护条例》《山西省民用建筑节能条例》；表决通过了《山西省人大常委会关于加快发展循环经济的决定》，表决通过了关于批准《太原市公园条例》的决定，关于批准《大同市饮用水水源保护条例》的决定。会议还表决通过了人事任免名单，并颁发了任命书。

26日～28日

欧盟—中国山西地区企业合作项目洽谈对接会在太原召开。重点在机械装备制造、煤化工、新材料和资源综合利用四个行业展开。

10月

1日～2日

中共中央政治局委员、国务院副总理张德江到山西检查安全生产工作。

5日

从省引黄工程管理局获悉，万家寨引黄入晋工程北干线可行性研究报告日前获得国家批准，即将转入开工准备阶段。北干线设计引水量每年5.6亿立方米。

6日

十一黄金周，全省25个重点旅游景区累计接待游客319.03万人次，同比增长9.09%，累计实现门票收入9344.42万元，同比增长8.97%。

7日

由国家安全监管总局副局长、国家安全生产应急救援指挥中心主任王德学为组长的国务院娄烦尖山铁矿“8·1”事故调查组成立。发生在娄烦尖山铁矿的排土场垮塌事故认定为“特别重大”，遇难失踪者共计45人，初步确认是一起重大责任事故。

7日～9日

全国人大常委会原副委员长蒋正华到山西就文化旅游产业进行调研。

10日

山西省首届百家信用企业评选活动启动，山西信用企业网也同时开通，此次评选活动旨在提升山西省企业诚信度和市场竞争力，推动信用山西建设。

11日

中国共产党优秀党员、全国政协委员、山西省政协主席金银焕同志于2008年10月11日赴忻州调研结束返回太原途中突遇车祸因公殉职。

12日

由太原锅炉集团与清华大学共同研发，太原锅炉集团设计制造的世界首台TG—150/9.8—M节能型循环流化床锅炉，通过了包括中国工程院院士在内的国家权威专家鉴定。

同日

第十届中国国际高新技术成果交易会山西代表团签约仪式在深圳会展中心举行。山西省共有十一个项目签约，签约金额26亿元。

13日

《山西日报》报道：在大同操场平城遗址再次发现两座高规格的北魏建筑遗址和北魏粮窖遗址，经专家断定，这就是北魏皇宫所在地。

15日

太原市正式启动国家历史文化名城申报工作，成立了由规划、文物、建管等30余家单位组成的申报领导组，并与中国城市规划设计研究院签订了《太原市历史文化名城保护规划》编制委托协议。

16日

《山西日报》报道：山西全省国税收入1月—9月全省累计入库827.14亿元，同期增长42.76%，增收247.23亿元，增幅居全国第一。

同日

国家人口计生委主任李斌一行就深入学习实践科学发展观，统筹解决人口问题在山西进行专题调研，并就“十一五”期间山西人口规划实施情况进行中期评估与督查。

23日

三晋文化研究会在太原举行“纪念改革开放30周年座谈会”。

23日～25日

中共山西省委副书记、代省长王君深入运城市闻喜、夏县、永济、临猗、盐湖等地调研。

24日

山西省城镇协会在太原成立。

24日

第六届全国农民运动会山西代表团出征仪式在太原举行。全省共有155人参会，包括田径、男女篮球、健身秧歌、民兵军事三项等12支队伍，参加10个大项87个小项的角逐。

27日

《山西日报》报道：2008年前3季度，山西省外贸进出口总值达117.6亿美元，同比增长40.6%，比全国平均增速154个百分点，进出口总值居中部6省第4位，居全国第17位。

同日

山西省政府召开第21次常务会议，审定《“十一五”时期地区经济社会发展考核评价工作方案（试行）修订意见》，讨论《山西省农业综合开发条例（草案）》和《山西省未成年人保护条例（修订草案）》。

31日

第四批国家级龙头企业名单近日公布，山西省江福科技发展有限公司等9家企业榜上有名。至此，全省国家级龙头企业总数达23家。

11月

4日

山西省扶贫开发工作现场会在平顺县召开。会议就推进“两区”开发、整村推进、扶贫移民和劳动力转移培训四项重点工作进行研究。

5日

山西省高级人民法院、省人民检察院、省公安厅、省监察厅、省国土资源厅等5部门举行首次联席会议。标志着山西省打击无证非法采矿联席会议正式启动。

6日

山西省政府残疾人工作委员会召开全体会议，学习贯彻中央七号文件精神和国务院残工委第三次会议精神，对山西省的残疾人工作进行研究部署。

12日

在“全省冬小麦安全越冬气象服务及病虫害综合防治新闻发布会”上，山西省植保植检总站介绍，自10月中旬至今，各麦区地下虫害发生普遍，程度为近10年最重的一年。全省发生虫害面积54694公顷。主要发生在运城市的闻喜、万荣、芮城、夏县，临汾市的襄汾、曲沃等地麦田。

16 日

中国重点城市商业经济学会第十六次协作会在太原召开。会议就“商业巨变30年”进行总结和交流。

17 日

中国·山西第三届银企合作洽谈会在太原召开，18家银行与35家企业在会上进行了11.5亿元贷款的项目签字。

19 日

2008年北京奥运会火炬接力山西省传递总结表彰大会在太原召开。50个先进集体和200名先进个人获奖。

21 日

中共山西省委召开市委书记市长座谈会，就全面贯彻落实科学发展观，推动转型发展、安全发展、和谐发展，听取各市市委书记、市长的意见和建议。

25 日

由山西省工业经济联合会、山西日报社、山西经济日报社联合组织评选的2007年度山西省工业企业30强出炉。太钢以987.97亿元主营业务收入和421分的综合评价得分高居榜首，连续六届排名第一。2007年列入山西工业经济30强的企业仍以煤炭、焦化、冶金、电力企业为主，装备制造主营业务总收入仅占4%左右，轻工业已无企业进入30强。

27 日

中国少年先锋队山西省第五次代表大会在太原召开。来自全省的380名代表参会。会议的主题是：总结山西省第四届少代会以来全省少先队工作，制定规划今后一个时期全省少先队发展蓝图，听取和审议第四届少工委所作的工作报告，选举产生新一届山西省少先队工作委员会。

同日

在“全省加快病险水库除险加固和应急除险工作电视电话会”上获悉，目前山西省有100座病险水库列入中央除险加固工程规划。12月15日前，全省将有59座病险水库开始加固除险。预计2009年，全省至少要有50座病险水库完工。

28 日

为维护新闻队伍形象，增强新闻媒体公信力，中共山西省委在太原召开规范新闻采访秩序“百日整治”活动电视电话会议。

28 日～30 日

中共山西省委副书记、代省长王君在晋城市、长治市调研。

12 月

1 日

从省林业厅获悉，山西省再获国家1.62亿林业投资，用于天保工程、太行山绿化，三北防护林三大工程建设，其中封山育林57万亩，人工造林130万亩。

同日

山西省“十佳百优”农民工和关爱农民工模范单位表彰大会在太原召开，会上授予“全省十佳农民工”山西省五一劳动奖章；授予太原市建一公司等50个单位“关爱农民工用人单位”称号，省劳动保障监察总队等51个单位“农民工工作先进单位”称号。

3 日

在“2008年创新型城市论坛”发布的《中国城市创新评价报告》中，太原市入选“中国城市综合创新能力50强”。

同日

全国第一个跨省煤层气输气管道工程在沁水开工。这是落实国家提出的煤气“一体化开发”、实行“先抽气后采煤”降低煤矿安全事故的方针，缓解河南地区天然气供不应求的有效举措。

6 日

山西省与铁道部在北京签署《铁道部、山西省人民政府关于加快推进山西铁路建设有关问题的会议纪要》。2010年前将新开工铁路建设2000多公里，到2012年全省铁路营运里程将达到5300公里，路网密度将达到全国平均水平的2倍。

9 日

《改革开放与当代山西历史发展》学术研讨会在太原召开。

同日

在2008年度中华慈善大会上，太原钢铁集团公司被民政部授予2008年度“中华慈善奖”。这是山西省企业首次得此奖项。

10 日

《山西日报》报道：山西省4000余家企业获得国际市场准入资格。

12 日

山西省伊斯兰教第四次代表大会在太原举行。会议选举产生了由45人组成的省伊协第四届委员会和新的一届领导机构。

13 日～15 日

山西省基督教第六次代表大会在太原召开。会议审议通过了《关于山西省基督教三自爱国运动会第五届、山西省基督教协会第三届常务委员会工作报告》；通过关于《山西省基督教三自爱国运动委员会章程》修改的决议；通过《山西省基督教第六次代表会议决议》；选举产生了山西省基督教三自爱国运动委员会第六届、山西省基督教协会第四届委员会的领导班子。

15 日

山西省召开纪念党的纪律检察机关恢复重建30周年大会。

16 日

2009－2010年山西省电力公司确定投资210亿元实施城市和农村电网建设与改造。

17 日

军民合用五台山机场座谈会暨签字仪式在北京举行。五台山机场的建设，将打开空中走廊，实现立体交通，从而做大做强山西“龙头”旅游产业。

19 日

围绕全省转型发展、安全发展、和谐发展目标，省政府对实施两年来的地区经济社会发展考核评价体系进行了修改和完善。市级指标由5方面44项，调整为3方面39项；县级指标由5方面35项，调整为3方面32项。

19日～20日

全省经济工作会议在太原召开。会议全面贯彻落实党的十七届三中全会精神和中央经济工作会议精神，总结2008年经济工作，分析当前形势和任务，安排2009年经济工作。

23日

山西省纪念改革开放和30周年大会在太原举行。

同日

国内第一个具有自主知识产权的潞安16万吨煤基合成油示范项目正式出油。2009－2012年将完成首个产业化工厂建设，生产能力达到300万吨/年。

同日

太原市政府与中国北车集团在北京签署共建铁路装备制造工业园项目战略框架协议。铁路装备制造工业园总投资180亿元。建成达产后，预计实现年销售收入500亿元，利税80亿元，将成为太原乃至山西省的重大调产项目和新的经济增长点。

25日

经过认真评选，山西省农村改革发展30年功勋人物出炉。省农村工作领导组举行颁奖晚会，对获奖的42位功勋人物予以表彰。

同日

山西省交通厅重新调整山西省高速公路网规划。“十一五”末实现3000公里目标不变；到2020年达到6160公里。路网布局由“人字骨架、九横九环”调整为“人字骨架、两纵十一横十二环”。

26日

山西省政府召开第26次常务会议，听取2008年全省财政收支、固定资产投资计划执行情况，研究2009年财政收支和固定资产投资计划。

27日

山西省交通厅与开发银行山西省分行等五大银行战略合作暨首批贷款签约仪式在太原举行。五大银行协议贷款1750亿元支持山西省公路建设。

28日

山西省第一座高标准现代化大型铁路客运车站——太原南铁路客运站开工奠基仪式在太原北营火车站附近举行。

31日

在人民网举办的“改革开放30周年30个最受关注景区”的系列评选中，五台山风景名胜区再次榜上有名，位列第17位。（王撰花　孙　帆）

概　　况

自然人文地理

【位置　面积】　位置　山西省是我国内陆省份之一。地处太行山与黄河北干流峡谷之间，位于我国三大阶梯状地形上第二阶梯中部的前缘地带，巍然屹立在华北大平原西侧。北界长城与内蒙古自治区接壤，西隔黄河与陕西省相望，南抵黄河与河南省为邻，东及东南依太行山与河北、河南两省毗连。处在我国东部沿海经济发达地区和西北内陆经济发展欠发达的中间地区，是首都北京的西部屏障。省境轮廓大体呈南北向的平行四边形。介于北纬34°34′48″～40°43′30″、东经110°14′42″～114°33′17″。南北长682公里，东西宽385公里。

面积　山西省域总面积15.6579万平方公里，约占全国总土地面积的1.64%。　（张明芳）

【地质】　从大地构造上讲，山西位于中朝准地台近中央部位，称山西断隆。北抵内蒙古地轴中部，南连秦岭褶皱系，西接鄂尔多斯台坳，东以太行山大断裂为界同华北地坳分开。山西断隆的中轴上，叠加有“S”型汾渭地堑系。

山西境内地层发育较全，除上奥陶系上统、志留系、泥盆系、石炭系下统和中统缺失外，其余时代地层均有分布；尤其前寒武系和上古生界地层，在中国北方具有一定的代表性。

岩浆岩类型多，分布较广泛，以侵入岩为主，特别是中生代侵入岩反映出多期次特点，与许多内生矿产的形成有关。并有全国罕见的碱性岩类。　（连碧鹏）

【地貌】　山西是中国黄土高原的一部分，除了若干岩石裸露的峰峦，绝大部分地貌为黄土覆盖，或称山西高原。高原内起伏不平，地貌类型复杂，山多川少，山地丘陵占80%还多，平原台地略近20%。全省最高点为五台山北台顶（叶斗峰），海拔3058米；最低点在垣曲县西阳河入黄河河口处，海拔仅180米。境内大部分地区为海拔1000米以上，在华北地区显隆起的形貌。在隆起的高原中部，为一连串断陷盆地。以贯通南北的同蒲铁路为中轴，由北向南贯串大同盆地、忻定盆地、太原盆地、临汾盆地和运城盆地共五大盆地。另有长治盆地在山西东南部的沁潞高原区，旧称上党盆地。

一系列的盆地将山西斜分为东西两部分，东部、东南部是恒山、五台山、太行山、太岳山和中条山为主体的山地高原区；西部是吕梁山、云中山、芦芽山等山脉及相连的黄土高原区。

七大山脉：

太行山脉　北接系舟山与五台山，南接晋城市南端，长约350公里，宽约40公里～50公里，最高海拔为2000米以上，盘亘于山西与河北、河南三省的交界地带，是三省的天然分界线。太行山脉被许多河流横切割断，形成许多著名的山口和关隘。苏东坡诗称“太行由来天下脊”。

恒山山脉　跨有大同、朔州、忻州三地市，是桑干河与滹沱河上游的分水岭，也是大同盆地与忻定盆地的界山。西南则与云中山相接，向东则延展至河北境内。恒山主体长约200公里，宽约20公里，海拔约1700米～2400米，最高峰为代县境内的馒头山，海拔2426米。恒山号称108峰，气势雄伟，被尊为中国五岳中的北岳，又名元岳、阴岳、紫岳。恒山主峰在浑源县，海拔2016米，山腰建有北岳庙，主峰西侧的磨峪口有凭险而筑的悬空寺，是北魏时所建。

五台山脉　在山西省东北部，又称华北之脊，跨繁峙、代县、原平、定襄、五台、忻州、盂县等县市，北瞻恒山，南望系舟山，东接太行山，呈东北—西南走向，长约130公里，宽约30公里～50公里。五台山以五峰得名，中为翠岩峰，西为挂月峰，东为望海峰，南为锦绣峰，北为叶斗峰。海拔在2400米～3058米之间。五台山是中国著名的四大佛教圣地之一。因其气候高爽，夏无炎暑，又称清凉山。

系舟山脉　位于忻定盆地南侧，呈北东方向延伸，东北与五台山相接，东与太行山连为一体，向西至峪子口与云中山相接，东西绵延80公里，向南深入阳曲县东部和盂县北部。在大地构造上它组成沁水向斜煤盆地的北部边缘。山顶海拔2000米左右，山脊线靠近忻定盆地一侧。北坡陡峭，沟谷短促；南坡缓慢斜，岗峦起伏。较高山峰大都分布于忻州、定襄南部与阳曲、盂县交界的山脊线上，主要有柳林尖山（2102米）、读书山（1898米）、天翅垴（2023米）、南坪梁（2022米）、小五台山（1986米）等。系舟山为滹沱河与汾河的分水岭；石岭关与峪子口为两个山口，成为忻定盆地通往太原盆地的重要通道。

太岳山脉　也称霍山，位于山西中南部，山势缓和，东接沁潞高原，北邻太原盆地，南接临汾盆地，北起介休县的绵山，南达浍河连着中条山。主峰海拔2348米，

北岳恒山悬空寺
张明芳摄影

山脉长约80公里，宽约20公里～50公里，是汾河与漳河、沁河的分水岭。太岳山森林茂密，为山西主要林区之一，古代这里享有“中州重镇、帝都屏障”之称。

中条山脉　位于山西西南部，东起垣曲县的舜王坪(历山)，西至永济市的首阳山，北接太岳山，南抵黄河岸，呈东北—西南走向，长约170公里，宽约10公里～30公里，海拔为1200米～1900米。山体东段较宽阔，顶部平坦，如高山草原；中段呈阶梯状；西段则山势挺拔，以海拔1825米的雪苍山最高。

吕梁山脉　位于山西中西部，由北而南包括管涔山、芦芽山、云中山、关帝山、紫荆山、五鹿山、天高山、龙门山等，向南探入陕西省境内，大体呈东北—西南走向。在山西境内长约400公里，宽约40公里～120公里。此段山脉山势高峻，又分东西两列，东为云中山，西为管涔山和芦芽山，两列之间有静乐盆地。芦芽山是山西最好的林区；中段关帝山山高林密，也是林区；南段山势渐低，吕梁山末端的龙门山，近东西走向，被黄河穿切，有举世闻名的壶口瀑布及峡谷。

六大盆地：

大同盆地　位于山西北部，长约220公里，宽约20公里～40公里，面积约5000平方公里。是山西最大的盆地。包括大同市、朔州市的平原部分。盆地内东部有30多座火山丘。大部分系洪积、冲积和湖积物。

忻定盆地　北有恒山，西有云中山，东接五台山，东南面为系舟山。长约70公里，宽约10公里～25公里，面积约2157平方公里。冲积层分布广，地势较平坦。

太原盆地　北起石岭关，南至韩信岭，东西两侧与山地相接，为全省最大的冲积平原之一。盆地中部系汾河冲积平原，汾河于此有文峪河、潇河等支流，农业灌溉便利。

临汾盆地　北起韩信岭，由侯马折向西，至黄河岸。长约160公里，宽约20公里～25公里，面积约5000平方公里。沿山前断裂带有大型岩溶泉水流出，水源丰富，便于工农业用水。

运城盆地　又称涑水盆地。北依峨嵋岭，西至黄河岸，东部、南部接中条山，面积约3000平方公里。南部有盐池、硝池、伍姓湖等。盆地内多河湖相堆积，涑水河已断流，形成700平方公里的闭流区，是山西唯一的内流区域。大部分地区土壤肥沃，气候温暖，为全省无霜期最长的地区，宜于农业，是中华古文化的摇篮。

长治盆地　又称上党盆地，位于山西东南沁潞高原中部，直接老顶山，北西南多起伏的丘陵，面积约1000平方公里。

六大盆地之外，尚有不少山间黄土小盆地平原，均为主要农耕区，如灵丘、五台、盂县、寿阳、武乡、襄垣、黎城、晋城、阳城、垣曲、静乐、娄烦等县。

整个山西大致可分为三大高原即晋西黄土高原、晋西北高原和晋东南的沁潞高原。

三大高原：

晋西黄土高原。

北起偏关，南至乡宁；东起吕梁山西坡，西抵黄河。境内除少数孤立的石质山地外，大都是黄土覆盖的丘陵沟壑，地面异常破碎，是水土流失严重的地区之一。

晋西北高原。

分布于晋西北左云、右玉、平鲁等县(区)，地面呈波状起伏，上覆薄层黄土，以缓坡丘陵为主。

沁潞高原。

北起盂县、寿阳，南至晋城，构造上属沁水向斜盆地，现隆起为高原，除局部断陷成为盆地外，经流水分割多成为低山或丘陵。丘陵表面大都有黄土覆盖，但因黄土厚度较小，下切亦较浅，不像晋西那样破碎。

山西的常态地貌为山地、盆地、平原、丘陵、高原，而非常态地貌则为黄土地貌和火山地貌。

黄土地貌有黄土沟(谷)，主要形态为黄土塬、黄土梁、黄土峁。

火山地貌分为火山锥与火山群、熔岩垄冈，主要分布在大同盆地东部，是中国也是世界上著名的火山群。（张明芳）

【气候概况】　2008年，山西省年降水量与常年相比略偏少，其季节发布呈：春季偏多，夏季偏少，秋季接近常年；年平均气温接近常年略偏高，已连续12年高于常年值；全省年日照时数普遍偏少，四季中春季光照条件较好，夏季和冬季日照偏少明显。

2008年，山西省主要气象灾害及极端气候事件有干旱、暴雨洪涝、连阴雨雪、大风、冰雹、雷击和低温冻害等，其中干旱和暴雨、大风、冰雹造成的损失较为严重。低温雨雪冰冻相对于南方而言损失较小，但在一定程度上给山西工农业生产及人民生活也造成了相当的损失。

气候特点：

降水　年平均降水量为428.5毫米，较常年值偏少1成，较最多的1964年少286毫米，较2007年偏少98.3毫米，为近10年来第三少降水年。从历年降水量变化来看，2008年降水量与1991年较为接近。从降水量地域分布变化看，全省年降水量介于302.5毫米～684.5毫米之间；忻州市大部、晋城市南部、运城市东部年降水量较多，在500毫米以上；大同市的中北部、晋中市大部、吕梁市中东部、长治市中北部、临汾市中南部以及运城市西部地区降水量较少，在400毫米以下。与常年相比，大同市东南部和忻州市东北部降水量偏多3成左右，晋中市南部、长治市中部、临汾市的南部和运城市的西部降水量偏少3成左右；其余大部分地区年降水量接近常年。

气温　当年平均气温为9.8℃，较常年值偏高0.4℃，已连续12年年平均气温高于常年值，较2007年偏低0.9℃，从全省年平均气温历年变化来看，2008年与1961年相似，与1978年、1987年、1990年和2003年四年比较接近。从年平均气温空间分布看，气温由北向南逐渐升高，且中部盆地高于同纬度东西两侧山区。北部的大同市、朔州市、忻州市大部分地区年平均气温较低，基本在9℃以下，右玉最低为4.2℃；运城市以及临汾盆地气温较高，在13℃～14.9℃之间，永济最高为14.9℃；其余大部分地区平均气温基本都在9～13℃之间。与常年相比，全省大部分地区年平均气温接近常年略偏高。

日照　日照时数北部多于南部。北部大部、晋城市日照时数在2400～2900小时之间；太原市南部、吕梁市、晋中市、长治市大部、临汾市北部日照时数在2200～2400小时之间；临汾盆地日照时数在2200小时以下；与常年均值相比，全省大部分地区日照时数较常年偏少，在统计的108个县(市)中，22个县(市)偏少300小时以上；46个县市偏少100～300小时；8个县(市)日照时数较常年偏多100小时以上。（李国英）

【自然资源】　山西矿产资源丰富，开采历史悠久，早有煤乡之名声闻中外。全省74%的县区有煤炭资源。山西是中国最大的能源重化工基地。截至2008年底，全省已发现118种矿产，其中探明储量并列入

《山西省矿产储量表》的63种，潜在价值13.6万亿元，居全国第三位。保有储量居全国第一位的有煤、铝土矿、耐火黏土等5种，居全国前十位的矿产有34种。煤、铝土矿、铜、铁、耐火土、石灰岩、石膏是山西占优势的资源。

山西矿产资源有五个特点：一是分布既广泛又集中；二是总量居全国前列，但矿产配套程度尚欠缺；三是类型较全而富矿少；四是共伴生矿多，可一矿多用；五是开采条件差异性大。

煤是山西传统的优势矿产，储量大，煤种全，品质优良，广泛分布于大同、宁武、西山、霍西、河东和沁水六大煤田及浑源、五台、垣曲、平陆四个煤产地。分布范围达94个县市，含煤面积6.19万平方公里，占全省面积的1/3以上。预测总储量8710亿吨，居全国第三；已探明储量2688.16亿吨，占全国已探明储量的1/3，居全国第一。全省煤矿约3600多个，2008年生产原煤6.5亿多吨。中国商品外运煤，70%出自山西，全国21个省、市、自治区靠山西供煤，焦炭所占比重尤大，在世界上有卓著声誉。近年又探明山西尚有约10万亿立方米的煤层气储量，相当于100亿立方米石油。山西矿产优势目前已改变单靠挖煤卖煤的老路，新的煤业开发有煤炭液化以代石油；煤炭掺水制水煤浆，水污染，费用低，可代重油，前景看好。

铁，也是山西传统的优势资源，类型多、分布广、储量丰。保有储量约38.4亿吨，居全国第四位。主要集中于五台山区、吕梁山区、太行山区、塔儿山并二峰山（襄汾、曲沃、浮山）一带及古交市、交城县一带。矿床类型主要有变质沉积矿床、沉积矿床、接触交代型矿床、热液型矿床。

铜，为山西主矿产之一。保有储量346.68万吨，累计探明储量近400万吨，富铜矿有51万吨，主要集中分布在中条山区，占全省储量的96%，他处有零星分布。

铝土矿极为丰富，仅次于煤。1985年探明储量的矿床有37个。保有总储量10亿吨，占全国总储量的38%，居首位，广泛分布于山西中部与中南部。

此外金属矿产资源尚有锌、铝、金、钴、银、锗、镓，多与他类矿产共生。

非金属矿产资源有68种，已探明的39种，其中用作冶金辅料的有熔剂石灰岩、白云岩、耐火黏土、硅石、铁矾土；用作化工原料的有硫铁矿、磷矿、电石灰岩、岩盐、芒硝、镁盐；用作建材原料的有石膏、白云母、钾长石、瓷土、石墨、珍珠岩、沸石、膨润土、水晶、高岭石等；还有石棉、水晶、蛭石、大理石、浮石、冰洲石、水泥黏土、砖瓦黏土等，种类繁多，不一而足。

滹沱河流入定襄境内　　张明芳摄影

山西的植物资源，境内南部、东部是以次生落叶灌木丛和落叶阔叶林为主的夏绿阔叶混交林地区，其中松树、栎树等树种占优势，灌木丛中沙棘、虎榛子、黄蔷薇、黄栌、红酸刺、连翘、酸枣占相当面积，果树有柿、枳椇（拐枣）、苹果、梨、红花果、桃、核桃、红枣等，农作物以棉花、冬小麦、谷子、玉米为大宗。

中部以落叶灌木丛和针叶林为主，其次为夏绿阔叶林，其中多松树、杉树等针叶林，灌木丛以柔毛绣线菊、胡枝子、榛子、黄蔷薇、沙棘、虎榛子为主，草本植物次之，山地草甸上多蒿草、豹子花。果树以梨、枣、核桃居多，还有葡萄、红花果、桃、杏等。农作物以杂粮为主，亦有冬小麦、棉花。

北部多灌木丛和半干旱草原，长芒草、角蒿、兴安胡子、狗尾草是优势植物，其余有沙棘、虎榛子、黄蔷薇等。果树有红花果、苹果、核桃、枣等，农作物以马铃薯、胡麻、莜麦为主，此外有春麦、谷子等。

植物中的森林资源在境内较贫乏，在全国居后位。森林总面积据2005年统计为206.3万公顷，人均不到670平方米，为全国人均森林面积的一半左右。森林中的天然林主要分布于五台山、吕梁山、太行山、太岳山、中条山脉主脊之两侧，河流上游的偏僻山地亦有分布。山西的森林树种杂、林相差、质量不高，唯有管涔山林区的云杉林质量优良，每0.067公顷（亩）蓄积为11.70立方米，但在全省而言数量有限。山西有管涔山、五台山、关帝山、太行山、太岳山、吕梁山、中条山等林区，但全省造林任务仍很艰巨。

牧草资源中在20公顷以上的草地约371.1万公顷，占全省总面积的23.7%，草地植物种类繁多，可供饲用的牧草植物有500余种，其中优良者百余种。

山西野生经济植物资源丰富，达千种以上，其中树木400多种，药用植物900多种，颜料植物50多种，油脂植物70多种，芳香油植物40多种，淀粉与糖类植物50多种。野生蔬菜植物中食用菌约有80多种，五台山的台蘑，管涔山、关帝山的银盘蘑，中条、吕梁、太岳、太行山区的猴头、黑木耳均闻名国内外，此外各种蕨类、水芥、人车前、蒌蒿、马苋菜，营养价值均高。野生果树多达130种，如山葡萄、毛葡萄、山杏、山桃、黄刺玫、野山楂、杜梨、木梨、山荆子、草莓、酸枣、五味子、野核桃、榛子等，遍布全省的沙棘，是目前受青睐的上等保健品，猕猴桃则为上等果品。

野生动物资源种类不少，数量较大。国家级保护动物有29种，占全国总数144种的1/5。一类保护动物有虎、梅花鹿、黑鹳、白鹳、朱鹮、褐马鸡、丹顶鹤共7种；属二类的有林麝、原麝、猞猁、兔狲、金钱豹、猕猴、金猫、大天鹅、小天鹅、鸳鸯、虎头海雕、白冠长尾雉、穿山甲、大鲵、马鹿共15种；属三类的有石貂、青羊、金雕、玉带海雕、白尾海雕、卷尾鸨鹕、大鸨、大壁虎共9种。目前建立有芦芽山自然保护区（位于管涔山区）和庞泉沟自然保护区（关帝山区），此外尚有历山、蟒河、五鹿山、五台山、恒山、老顶山等6个自然保护区。

2008年全省总人口3410.64万人。人均土地资源0.57公顷，其中人均耕地约0.118公顷。就土地利用构成情况看，农业耕地约占34%，林业用地占10%，高山草场占13%，宜林牧荒地占38%，其他为5%。耕地有3/4分布于山区和丘陵区。由于干旱缺水、水土流失、耕作粗放，土地资源的利用质量不高，后备耕地资源有限，严重制约了生产力的发展。

山西的水资源紧缺，人均仅580立方米，相当于全国人均水资源的21.5%，为全国倒数第二位。水资源年均142亿立方米，其中河川径流114亿立方米，集中于7～9月，年季变化大，丰水年为枯水年的2.5倍左右。2005年地下水总量为72.56亿立方米。山西西部水量甚少，6大盆地亦少，严重制约着社会经济发展。

山西的河流有两大水系，即黄河水系与海河水系。汾河、沁河、涑水河、三川河、昕水河五条属前者，桑干河、滹沱河、漳河三条属后者。

汾河是省内最大的河流，发源于宁武县管涔山雷鸣寺泉，在河津县禹门口附近汇入黄河，长695公里，流域面积39471平方公里。年均水量为33.6亿立方米。

沁河，发源于沁源县西北的太岳山，向南流，切穿太行山于五龙口入河南，汇入黄河，境内长326公里，流域面积9315平方公里。年水量6.16亿立方米。

三川河，由北川河、南川河、东川河汇合而称三川河。主流北川河发源于方山县东北的赤野岭，注入黄河。河长168公里，流域面积4161平方公里，年水量2.81亿立方米。

昕水河，发源于蒲县摩天岭，注入黄河，长174公里，流域面积4326平方公里，年水量1.71亿立方米。

涑水河，发源于绛县陈家峪，东南入伍姓湖后注入黄河，长195公里，流域面积5569平方公里，年水量6.16亿立方米。

桑干河，上游是发源于宁武县管涔山的恢河与发源于左云截口山的源子河，在朔州马邑村汇合而称桑干河，流经大同盆地，在阳高县马营以东流入河北省。境内河长252公里，流域面积15464平方公里，年水量12.1亿立方米。

滹沱河，发源于繁峙县东北的泰戏山，流入忻定盆地，受阻于忻州金山折向东，穿太行山流入河北省子牙河，入海河。境内河长330公里，流域面积14284平方公里，年水量19亿立方米。

清徐葡萄园

张明芳摄影

漳河，分清漳河与浊漳河两支。清漳河有东西两源，在左权汇合，流至黎城的下清泉，入河北省；浊漳有三源，流至平顺县，入河南。

山西的泉水不少，多供给河川径流，流量大于0.01立方米/秒的泉水计有256个，大于1立方米/秒的大泉24个。较大的泉水有朔州神头泉、平定娘子关泉、霍县郭庄泉、临汾龙子祠泉。

山西水少且利用率不高，目前实际利用率为20%左右，地下水超采已成为严重问题。（张明芳）

【名特产品】 山西名牌产品和土特产品甚多。有一首民众编写的歌谣唱道："平遥的牛肉太谷的饼，清徐的葡萄甜盈盈，稷山的枣儿肥又红，榆次的西瓜爱煞人；大同皮袄白圪洞洞，太谷定坤丹顶有名，阳泉煤无烟火焰红，平定的沙锅亮晶晶；蒲州的柿子甜又红，沁州黄小米香喷喷，杏花村汾酒竹叶青，闻喜的煮饼赛点心；太原老陈醋酸淋淋，清和元头脑暖人心，六味斋酱肉味道美，认一力蒸饺鲜又嫩……"大体上对山西主要的名特产品进行了夸赞，但遗漏亦不少。

特产：清徐葡萄、崞县（今原平市）黄梨、晋城红果、垣曲猴头、晋祠大米、汾阳核桃、稷山板枣、晋南红柿、大同黄花（金针菜）、五台山香蘑、沁州黄小米、平定砂货、阳城"梅花"牌蚕丝、高平丝绸、长治"玫玉"牌香皂、并州剪刀、太原"蝴蝶"牌鞋油。

工艺美术品：大同铜火锅，侯马蝴蝶杯，五台段砚（又称台砚）、澄泥砚、仿古铁艺，河津、阳城、太原三地之琉璃，云冈艺术瓷，平遥推光漆器，新绛云雕漆器，稷山螺钿，山西剪纸（北以广灵、南以浮山为代表），晋南木版年画，太原玉雕、晋祠仿宋侍女塑，怀仁黑釉瓷。

药材药品：党参、恒山黄芪、岢岚五加皮、太谷龟龄集和定坤丹、侯马男宝和安宫牛黄丸、榆社阿胶、新绛梅花点舌丹、平遥山药。

名酒：汾阳杏花村汾酒与竹叶青、长治潞酒、祁县六曲香酒、新绛"汾雁香"酒、蒲州桑落酒、隰县玉屏酒、垣曲菖蒲酒、清徐白葡萄酒。

传统加工食品：核桃仁罐头、猕猴桃罐头、山西老陈醋、临猗酱玉瓜和山楂饮料。

名菜肴：过油肉、芙蓉鸡片、拔丝山药、糖醋鲤鱼、锅烧全鸭、什锦火锅、"宝塔披霞"肉饼、美人鱼翅卷、葱烧海参。

糕点：太谷饼、什锦点心、"油柿子"与双糖油食、晋式提江月饼、郭杜林月饼、晋阳一窝酥、介休灌馅糖、"八珍"饼干、闻喜煮饼、怀仁"闪塌嘴"。

风味小吃：太原"头脑"、银瓶烧麦、葱花脂油饼、黄米油糕、晋北莜面饽饽、鸡蛋醪糟、荞面灌肠。

晋阳面食：刀削面、拨面（剔尖）、拨烂子、擦尖、沾片子、猫耳朵、"龙须"拉面、晋中砂子饼、子推蒸饼、永济石子饼。

（张明芳）

【旅游线路】 第一线：太原—祁县—平遥—灵石—霍州—洪洞—壶口。

此线始发站为太原。太原的著名景点有晋祠、天龙山石窟、龙山道教石窟、崇善寺、双塔寺、傅山书法碑林公园。

第二站是祁县。祁县有东观镇乔家大院和渠家大院。乔家大院是著名导演张艺谋拍摄名片《大红灯笼高高挂》的地方。此外附近太谷县有曹家大院（三多堂），晋中市榆次区有常家大院。

第三站是平遥古城。平遥古城是联合国批准的世界历史文化遗产，是国内为数不多的保存完整的古代县城之一。除古城墙外，城中有日昇昌票号旧址、国内孔庙中唯一宋代建筑的大成殿、元代所建之清虚观、明清镖局旧址及古民居。平遥桥头村有双林寺，郝洞村有镇国寺。相邻平遥的介休县是著名的绵山游览区，山水名寺均佳。

第四站是灵石，灵石有王家大院，号为华夏第一宅。与前述祁县乔家、渠家，太谷曹家，榆次常家并称山西五大院。接着是霍州。霍州有霍山旅游区，霍山又名霍太山，是著名的中华五大镇山之一的中镇。霍州市有国内仅存的古代州署衙门等景点。

第五站是洪洞。洪洞有广胜寺及寺内飞虹塔及苏三监狱（国内唯一保存完整的明代县衙监狱）。洪洞古槐公园有中华民族寻根祭祖之所在古大槐树处。洪洞县南邻尧都临汾市，临汾号为花果城，著名景点有尧庙、尧陵与平阳鼓楼、古戏台等。临汾南襄汾县有著名的丁村博物馆。

终点为吉县壶口，即著名的吉县黄河壶口瀑布，瀑布旁有神龟峰与镇河石牛，周边有东岳庙，邻县隰县有凤凰山之小西天景区。

第二线：太原—忻州—五台山—恒山—大同。

太原北70公里即忻州。忻州市政府所在忻府区有金元文化活动家元好问之祠堂、野史亭及元墓，有奇村、顿村两处温泉度假村，有禹王洞，均系旅游胜地。忻州邻近的定襄县有西河头村地道战遗址，河边村有阎锡山旧居（河边民俗馆），五台县有徐向前元帅故居。宁武县有管涔山旅游区。

第二站为五台县之五台山，中华五大佛教名山之首，寺院丛林，中外闻名，其著名景点有五个台顶及显通寺、塔院寺、菩萨顶、圆照寺、罗睺寺、万佛阁、碧山寺、南山寺、龙泉寺、金阁寺等名寺，为佛教文化之集大成所在。

第三站为应县，应县有号称天下第一塔的佛宫寺释迦塔，俗称木塔，及辽代一条街。

接着，应县东北的浑源县有“人天北柱”之恒山，系中华五岳之北岳。现存恒山悬空寺，系明清两代建筑，依山立寺，形势雄伟。附近有北岳庙，位于恒山主峰天峰岭南之石壁。

终点为大同。大同乃北魏前期都城，名平城，乃塞北军事重镇。大同名胜首推云冈石窟，始建于北魏。现存洞窑53个，石雕造像51000多躯，系中国最大的石窟群之一。另有上下华严寺，位于城内西南。九龙壁在城区东街路南，善化寺在南城区，观音堂在佛字湾附近，均系旅游必到之处。大同有博物馆，对大同历史文化有形象而详细的介绍。大同旅游区内的景点还有司马金龙墓、火山群、天镇慈云寺、灵丘觉山寺、山阴广武城及永安寺、广灵水神堂、阳高方林寺等多处。

其他旅游名胜有：

吕梁地区汾阳县之酒都杏花村，方山县北武当山，交城石壁玄中寺，交城卦山，交城方山县交界之庞泉沟自然保护区，文水之则天圣母庙，文水之刘胡兰纪念馆。

运城地区之西侯渡与匼河文化遗址、解州关帝庙，芮城永乐宫、永济普救寺及蒲津黄河铁牛、鹳雀楼，芮城大禹渡，夏县司马光墓，永济万固寺，稷山青龙寺，永济五老峰，万荣秋风楼、飞云楼、后土庙，闻喜裴氏祠堂，新绛绛守居园池，平陆地窨院等等，难以尽举。

历史文化名城代县，古迹名胜颇多，县东北20公里处有杨忠武祠，俗称杨家祠堂，是祭奠北宋抗辽名将杨业一家的祠堂。县城之北20公里勾洼山脊有塞上雄关雁门关，史称“三关冲要无双地，九塞尊崇第一关”。代县城内有边靖楼、阿育王塔，城西有赵杲观等。

阳泉娘子关城。此地名胜以娘子关、平定冠山、盂县藏山、娘子关瀑布最负盛名。

上党旧郡长治市。此地有老顶山一带中华始祖炎帝纪念地，已辟为国家级森林公园，名寺有金灯寺、七宝塔、法兴寺、仙堂寺、圣寿寺、原起寺、观音堂和黄崖洞（八路军兵工厂）。

塞上古城朔州市。此地名寺有崇福寺，创建于唐初，由尉迟敬德奉敕造。景点有安太堡露天煤矿、平朔度假村。

上党煤都晋城市。市南有青莲寺，东有玉皇庙。境内有历山自然保护区、蟒河自然保护区、陵川红叶等太行风景区，阳城县有清代名臣陈廷敬居所皇城相府、析城山著名风景区。（张明芳）

【人口】 （一）人口总量保持低速增长。2008年，全省人口总量继续保持低速增长，仍呈现人口低出生、低死亡、低增长的特征。到2008年底，全省常住人口3410.64万人，全年出生人口38.51万人，人口出生率为11.32‰，低于全国12.14‰的水平；死亡人口20.44万人，死亡率为6.01‰，低于全国7.06‰的水平。与2007年相比，人口出生率和死亡率，分别上升0.01和0.03个千分点；人口自然增长率为5.31‰，高于全国5.08‰的水平，比上年下降了0.02个千分点，全省人口低生育水平更趋于稳定。

（二）城镇化水平逐步提高。2008年，山西省城镇人口达到1538.58万人，比2007年增加44.83万人；乡村人口1872.06万人，减少22.77万人；全省人口城镇化率上升到45.11%，比“十五”期末的2005年提高了3个百分点，比2007年提高了1.08个百分点，全省城镇化水平呈现继续提高的走势。

（三）人口老龄化进程加快。2008年，全省0—14岁人口为625.85万人，占常住人口的18.35%；15—59岁人口为2382.33万人，占69.85%；60岁及以上人口为402.46万人，占11.8%，其中65岁以上人口为269.44万人，占7.9%。与2007年相比较，全省0—14岁人口比重下降了1.29个百分点，15—59岁人口比重上升0.37个百分点；60岁以上人口比重上升了0.93个百分点，65岁及以上人口比重上升0.56个百分点，全省老年人口逐年增加，人口老龄化进程不断加快。

（王天定）

【民族】 山西省是全国少数民族杂居散居的省份之一，除汉族外，还有回族、满族、蒙古族、壮族、朝鲜族、苗族、藏族等45个少数民族。汉族是山西的主体民族，占全省总人口的99.69%。其他少数民族人口为10.39万人，占总人口的0.31%。其中回族7万多人，满族1.3万人，蒙古族3000多人，其他少数民族人口是近几十年内因工作、婚姻等关系迁入山西各地的，且成分较多，人数较少。其特点有二：一是居住分散，称大杂居、小聚居，遍布全省118个县（市、区），有58个回族聚居村和50个回族相对聚居的城市街道居委会；二是城市人口多，占全省少数民族总人口的80%左右，主要分布在太原、长治、大同、阳泉、晋城、榆次、临汾、运城等城市。（李玉应）

【宗教】 山西省境内有佛教、道教、伊斯兰教、天主教和基督教五大宗教。全省11个地（市），118个县（市、区）几乎都有信教群众，总人数占全省总人口的1.2%。全省性的爱国宗教组织有6个：即山西省佛教协会、山西省伊斯兰教协会、山西省天主教爱国会、山西省天主教教务委员会、山西省基督教三自爱国运动委员会、山西省基督教协会。 （李玉应）

【省会】 太原是山西省省会，始建于春秋晋定公十五年（公元前497年），称为晋阳邑，战国初期为赵国都城。秦代太原郡为全国三十六郡之一，西汉又称并州，为全国十三州之一，也是太原又称并州的渊源。十六国时期的前赵、后燕、前燕、前秦及南北朝时期的北齐，都以太原为国都。隋朝时，晋阳在全国是仅次于长安、洛阳的第三大城市。唐王朝发祥于晋阳，封晋阳为北都，与京都长安、东都洛阳并称"三都"。五代十国时期，后唐、后晋、后汉、北汉亦以太原为国都。在2000多年的历史中，太原一直是中国北方的军事重镇，史载有"控山带河，踞天下之肩背"的盛誉，郭沫若先生也有"远望太原气势雄"的诗句。到清代，太原已发展成为中国北方重要的商业、手工业城市。民国时期，太原即为省辖市。

太原位于华北地区黄河流域中部，西、北、东三面环山，黄河的重要支流汾河，横贯全市，流经境内约1000公里。市区东有太行山阻隔，西有吕梁山屏障，坐落在两山间的河谷平原上。属北温带大陆性气候，冬无严寒，夏无酷暑，昼夜温差较大，无霜期较长，日照充足。

太原地处内陆，民风朴实、人杰地灵。历代名人辈出，如：战国名将廉颇，唐代宰相狄仁杰，文学家白行简和他的哥哥大诗人白居易，诗人王翰、王昌龄、王之涣，宋代名将呼延赞、杨延昭，书画家米芾，《三国演义》作者罗贯中等籍贯均是并州。市区名胜古迹有晋祠圣母殿、天龙山石窟、龙山道教道场、崇善寺、纯阳宫、白云寺及唐太宗李世民手撰"贞观宝翰"《晋祠铭并序》碑文等。全市有国家级重点文物20处，省级重点文物20处，旅游景点30多处。

太原是全国特大城市之一。面积6988平方公里。现辖1市、6区、3县，全市共有52个街道办事处，52个乡、镇，1022个村民委员会。全市总人口为347.14万人。

太原是新中国成立初期的工业基地，经过50多年的建设，已形成了以能源、冶金、机械、化工为支柱，纺织、轻工、医药、电子、食品、建材、精密仪器等门类较齐全的工业体系，加之科研机构和大专院校集中及商业物资供应中心的优势，国民经济实现了快速、协调、健康发展。2008年，全市国内生产总值达到1468.09亿元，比2007年增长8.1%，第二产业增加值比2007年增长3%，第三产业增加值比2007年增长13.3%，增长速度高于全国和全省平均水平。 （张明芳）

【建置沿革】 山西省简称晋。这是因为在先秦春秋时代，今山西的大部分地区为当时晋国所有。战国初（前476年），韩、赵、魏三家分晋，史称"三晋"，今也用"三晋"称山西省。后来，秦、汉、唐、宋几代都曾在今山西境内置郡、道、路，称为河东，所以也有人称山西为"河东"。明代，在山西置行中书省，习称山西行省，这是山西省名的开始。又因山西在太行山之西，古时也称"山右"。

先秦建置：在4000多年前的传说时代，据说古帝王尧都平阳（今山西临汾市）、舜都蒲坂（今山西永济市）、禹都安邑（今山西夏县），三代之都均在今山西境内。更往前推，传说的炎帝、黄帝也都活动在今山西境内。山西是中华民族最重要的发祥地之一。

山西南部是夏人的聚居、活动地区，禹都安邑后，是为夏代。夏代经历时间为公元前2070年前后至公元前1600年前后，有近500年的历史。

公元前1600年前后，商汤伐夏，建立了商王朝。商朝统治着广大的中原地区，包括山西南部，属商王分封的下属诸侯方国，有唐（今翼城）、箕（今太谷东）、缶（今永济北）、郻（今芮城）、虞（今平陆）、基方（今隰县、蒲县间）、亘方（今垣曲）、黎（今长治南）、谇方（今河津）等。山西北中部有土方（今大同市、朔州市北部）、辔方（今吕梁地区、晋中地区西部）等。此外，还有燕京戎（今晋中地区内）、西落鬼戎（今吕梁地区内）、余无戎（今屯留北）等。

武王灭商，建国号为周（公元前1046～公元前771年）。周初分封诸侯，建七十一国。山西境内主要是晋国。周成王诵十年（前1031年），封其弟叔虞于唐（今翼城、曲沃间）。叔虞卒，其子燮父改国名为晋。晋国存在约近600年。山西境内的诸侯国，还有霍（今霍州市）、魏（今芮城）、耿（今河津）、贾（今临汾）、郇（今临猗）、虞（今平陆）、赵（今洪洞）等，先后均被晋国吞并。春秋初，晋国较小，到晋文公称霸中原，其领地已占有今山西大部，并有了郡县建置。《左传》载晋国有县五十多个，如瓜衍（今孝义市）、邬（今介休东北）、祁、平陵（今文水东北）、梗阳（今清徐）、涂水（今晋中市西南）、马首（今寿阳）、盂（今阳曲大盂）、铜鞮（今沁县）、杨氏（今洪洞）、平阳（今临汾市）、箕（太谷）等。

战国之初，三家分晋，三家在今山西的领地，赵国有云中（今长城北）、雁门（今右玉南）、太原、代（今广灵及河北蔚县）、上党（今长子西）诸郡，领有皋狼（今方山）、蔺（今柳林）、中阳、离石、祁、梗阳、晋阳（今太原市）、榆次（今晋中市）、狼孟（今阳曲）、阏与（今和顺）、仇由（今盂县）、阳邑（今太谷）、中都（今平遥）、平舒（今广灵）等地。魏国有魏（今芮城）、蒲坂（今永济市）、命瓜（今临猗令狐）、汾阴（今万荣荣河）、安邑（今夏县）、垣（今垣曲）、曲沃、绛（今襄汾汾城）、北屈（今吉县）、蒲阳（今隰县）、平周（今介休）、潞（今黎城）、泫氏（今高平）、高都（今晋城）、百邑（今沁源）等地及上党郡。韩国有涅（今武乡）、铜鞮、端氏（今沁水）、濩泽（今阳城）、高梁（今临汾市东北）、陉城（今曲沃东）、皮牢（今翼城）、平阳等地。

秦朝统一中国，改分封制为郡县制，共设36郡。在山西境内设5郡21县，分别是：河东郡治安邑，辖有安邑、蒲坂、左邑（今闻喜）、北屈、平阳、皮氏（今河津）6县；太原郡治晋阳，辖有晋阳、界休（今介休）、邬、兹氏（今汾阳西南）、离石、榆次、霍人（今繁峙东）7县；雁门郡治善无（今右玉南），辖有善无、马邑（今朔州市）、平城（今大同市）3县；代郡治代县（今河北蔚县），辖有班氏（今大同市西南）、延陵（今天镇，后废）2县；上党郡治长子，辖有长子、铜鞮、壶关3县。

汉朝沿袭秦郡县，同时又分封宗亲功臣，形成郡国并存制，当时有郡国103个、县1314个，山西境内有6郡98县：河东郡，辖24县；太原郡，辖21县；上党郡，辖14县；代郡，辖18县，在山西者11县；

雁门郡，辖14县；西河郡，辖36县，在山西者14县。至东汉时，全国13州郡，山西境内共3州、1司隶、7郡、1国、81县。3州为并州、幽州、冀州；7郡为太原、上党、雁门、代、河东、定襄、西河；1国为常山国；山西西南部属司隶部，北部为羌人所据有。

三国时期，山西属魏国，西南部属司州，有平阳、河东2郡；东南部、中部、北部属并州，有雁门、新兴、太原、西河、乐平、上党6郡；桑干河以北为鲜卑族占有。

西晋时，山西西南部属司州，辖平阳（有永安、临汾等12县）、河北（有安邑、猗氏等9县）2郡；北中部与东南部属并州，辖太原国（有中都、祁等13县）、上党郡（有潞、武乡等10县）、西河国（有中阳、离石等4县）、乐平郡（有上艾、寿阳等5县）、雁门郡（有平城、马邑等8县）、新兴郡（有定襄、云中等5县）；东北部的平舒县（今广灵），属幽州的代郡。

西晋灭亡前后的十六国时期，山西先后为汉与前赵（今山西南部、中部）、后赵（今山西南部）、前燕（今山西中南、西南）、前秦（今山西中南）、代（今山西西北）所占有。淝水之战后，山西中南部先后为西燕、后燕、后秦、夏占有。至北魏太延五年(439)，山西全境为北魏统一，在山西置有恒州（辖代、高柳、灵拓、繁峙、善无5郡），肆州（辖永安、秀容、雁门3郡），并州（辖太原、乡、上党、乐平、襄垣5郡），汾州（辖西河、吐京、五城、定阳、中阳5郡），晋州（辖平阳、北绛、永安、北五城、冀氏、南绛、义宁7郡），秦州（辖河东、北乡2郡），陕州（辖河北郡，在山西者有大阳、南安邑、北安邑、河北4县），共9州35郡。

南北朝时期，北魏分为西魏、东魏。东魏领有山西大部，西魏仅占有西南3郡。后北齐、北周分别取代东西魏。北齐在山西置有恒、朔、肆、并、西汾、南朔、戎、南汾、晋、建、东雍等12州，共24郡；北周在山西置有勋、晋、郡、虞4州，共4郡。

隋初取消郡，而在重要的诸州设总管府。在山西设总管府的州有并（晋阳）、代（雁门）、隰（隰州）、朔（鄯阳）等州，继而废总管府，改州为郡。在山西省14郡，即长平郡，辖6县；上党郡，辖9县（另有涉县，在河北省境）；河东郡，辖10县；绛郡，辖8县；文城郡，辖4县；龙泉郡，辖5县；西河郡，辖6县；离石郡，辖5县；雁门郡，辖5县；马邑郡，辖4县；定襄郡，辖1县；楼烦郡，辖3县；太原郡，辖15县；临汾郡，辖7县。

唐初先行州（郡）县二级建制，后演变为道统州（府）、州（府）统县的三级制。山西基本属河东道，辖2府19州110县，其中3州8县不在今山西境内，实有16州105县。二府为太原府，辖13县；河中府，辖13县。16州为晋、绛、慈、隰、汾、辽、岚、宪、石、忻、代、云、朔、潞、泽。

五代初，山西中北部为晋所据，后唐同光后，山西全境为后唐所据，继为后晋所代，又继为后汉所代。五代后期，山西中北部为北汉所据，西南部为后周所据。

宋初沿唐制，实行道、州、县三级行政管理。宋太宗时，改为路、州、县三级。山西大部分属河东路，惟西南部属永兴军路。路之下在州之外，尚有同级的府、军、监，再以下是县。其时河东路治所设在太原，辖3府、14州、8军、82县。3府为太原府（治阳曲）、隆德府（治上党）、平阳府（治临汾）。14州有11州在今山西境，即绛（治正平），辖6县；泽州（治晋城），辖6县；代州（治雁门），辖4县；忻州（治秀容），辖2县；汾州（治西河），辖5县；辽州（治辽山），辖4县；宪州（治静乐），辖1县；岚州（治宜芳），辖3县；石州（治离石），辖3县；隰州（治隰川），辖6县；慈州（治吉乡），辖1县。八军为庆祚军、威胜军、平定军、岢岚军、宁化军、火山军、保德军、晋宁军，或不辖县，或辖二至四县。永兴军路在山西境内有1府、1州、10县，府即河中府，治河东，辖7县；1州即解州，治解州，辖3县。

辽国兴起于中国北方后，占有今山西北部，在大同置西京道，在山西有1府3州15县。即大同府、蔚州、应州、朔州，各有所辖之县。

北宋末期，金国灭辽，继而灭北宋。金遂在今山西境内由西京路、河东北路、河东南路管理。下辖府、州、县三级。

元朝统一中国后实行行省制，中央为中书省；各地设行中书省，省下有路、府（州）、县。当时山西境内有冀宁、晋宁、大同三路，属中书省，三路下有州（府）县。另有上都路，辖山西境内的灵丘、广灵2县。

明朝行政区划是省、府（州）、县三级制，明初设山西行中书省，辖有5府（太原、平阳、汾州、潞安、大同）、3直隶州、77县。

清承明制，山西省辖9府、10直隶州、6散州、85县。9府为太原、汾州、潞安、泽州、平阳、蒲州、大同、宁武、朔平。10直隶州为平定、沁州、辽州、绛州、解州、霍州、隰州、忻州、代州、保德州，各有属县。

中华民国成立后，仍承清制，山西为全国23省之一。民国2年(1913)改为省、县二级制，同年绥远脱离山西，为特别区；同时省内又设道，为省、道、县三级制。山西分雁门、冀宁、河东三道，共辖105县。冀宁道（治阳曲），辖44县，大约相当于今晋中大部地区；雁门道（治大同），辖26县，相当于今雁北和忻州地区大部；河东道（治运城），辖35县，相当于今晋南临汾、运城地区及晋中地区少数县。民国16年（1927），又撤销道一级政区。

2008年山西省行政区划表

全　　省	11个地级市；119个县(市、区)，包括23个市辖区，11个县级市，85个县；1196个乡镇，包括563个镇，633个乡；201个街道	
太原市 1市6区3县	小店区、迎泽区、杏花岭区、尖草坪区、万柏林区、晋源区、清徐县、阳曲县、娄烦县、古交市	21镇、31乡、 52街道
大同市 4区7县	城区、矿区、南郊区、新荣区、阳高县、天镇县、广灵县、灵丘县、浑源县、左云县、大同县	33镇、66乡、 40街道

续表

阳泉市 3区2县	城区、矿区、郊区、平定县、盂县	20镇、12乡、 12街道
长治市 1市2区10县	城区、郊区、长治县、襄垣县、屯留县、平顺县、黎城县、壶关县、长子县、武乡县、沁县、沁源县、潞城市	68镇、64乡、 14街道
晋城市 1市1区4县	城区、沁水县、阳城县、陵川县、泽州县、高平市	48镇、26乡、 10街道
朔州市 2区4县	城区、平鲁区、山阴县、应县、右玉县、怀仁县	18镇、51乡、 4街道
晋中市 1市1区9县	榆次区、榆社县、左权县、和顺县、昔阳县、寿阳县、太谷县、祁县、平遥县、灵石县、介休市	59镇、59乡、 17街道
运城市 2市1区10县	盐湖区、临猗县、万荣县、闻喜县、稷山县、新绛县、绛县、垣曲县、夏县、平陆县、芮城县、永济市、河津市	81镇、55乡、 13街道
忻州市 1市1区12县	忻府区、定襄县、五台县、代县、繁峙县、宁武县、静乐县、神池县、五寨县、岢岚县、河曲县、保德县、偏关县、原平市	59镇、126乡、 6街道
临汾市 2市1区14县	尧都区、曲沃县、翼城县、襄汾县、洪洞县、古县、安泽县、浮山县、吉县、乡宁县、大宁县、隰县、永和县、蒲县、汾西县、侯马市、霍州市	75镇、76乡、 20街道
吕梁市 2市1区10县	离石区、文水县、交城县、兴县、临县、柳林县、石楼县、岚县、方山县、中阳县、交口县、孝义市、汾阳市	81镇、67乡、 13街道

抗日战争初期，山西依地理形势，将105县划为7个行政区：第一区，治五台；第二区，治岢岚；第三区，治沁县；第四区，治兴县；第五区，治长治；第六区，治汾西；第七区，治运城。各有所属县。

民国26年（1937），日军占领太原，山西省政府迁往晋西南。

民国27年（1938），山西原7个行政区，调整为9个，次年，又调为4个；民国29年（1940）后，分全省为18个行政区，各区所辖县多属抗日根据地，不少县也不完全如旧，有的区甚至是虚设。民国34年（1945）抗战胜利后，全省105县有36县为解放区。次年，又解放晋南、晋东南、晋北各主要县，原省政府仅据有晋中铁路沿线各县。民国38年（1949）随着太原解放，全省归于统一。

新中国成立初，全省设1市、7专区、92县、8市辖区、2工矿区。1952年底，调整为6专区、4地级市、103县、13市辖区、1镇。1958年"大跃进"期间，省内若干县市多有撤并调整，从1960年至1966年，全省行政区划趋于稳定，分为5专区、4地级市、96县、10市辖区。大致情况为：太原市，辖5区2县；大同市，辖3区；阳泉市，辖2区；长治市，由晋东南专区代管；雁北专区，辖13县，专署驻大同市；忻县专区，辖16县，专署驻忻县；晋中专区，辖20县，专署驻榆次县；晋东南专区，辖16县，专署驻长治市，晋南专区，辖29县，专署驻临汾县。

"文化大革命"期间，行政区亦时有变更；"文化大革命"后至1995年底，全省划为5个地区、6个地级市、14个县级市、86个县、18个市辖区、1个县辖区、519个镇、1399个乡、155个街道办事处。合计11个地（市）、118个县（市、区）、1907个乡（镇）。5市为：太原市，代管古交市，辖5区3县；大同市，辖4区7县；朔州市，辖2区4县；阳泉市，辖3区2县；长治市，辖2区10县；晋城市，辖2区3县；忻州地区，辖2区12县；晋中地区，辖2市9县；吕梁地区，辖1市12县；临汾地区，辖3市14县；运城地区，辖3市10县。

进入21世纪，随着改革开放撤乡并镇、撤地设市工作的开展，山西行政区划又有新的变化，详见1985～2008年《山西年鉴·概况·行政区划》。　（张明芳）

国民经济和社会发展

【2008年经济运行情况及特点】 1.主要经济指标总体保持增长

人均GDP首次突破两万元大关。克服诸多不利因素对经济发展的影响，全省经济持续增长，经济实力进一步增强。初步核算，全年全省完成生产总值6938.7亿元，按可比价格计算，比上年增长8.3%。其中，第一产业增加值302.5亿元，增长2.5%；第二产业增加值4265.8亿元，增长7.4%；第三产业增加值2370.5亿元，增长10.6%。按预计人口数计算，人均GDP可达20300元，首次突破两万元大关，按国家统计局核定的2008年平均汇率计算，人均超过2900美元。

农业生产能力明显提高。粮食总产达102.6亿公斤，成为山西省历史上第6个突破百亿公斤的高产年。农作物总播种面积继续扩增，达5590万亩，同比增加110万亩，增长2%，是持续恢复增长的第5个年头。肉、禽蛋产量继续增加。全年猪牛羊肉总产量54.7万吨，增长2.8%；禽蛋产量达61.6万吨，增长30.2%。

工业经济在困境中保持一定增长。在面临诸多困难和挑战的情况下，全年实现全部工业增加值3919.8亿元，同比增长8.3%；规模以上工业增加值3509.6亿元，同比增长6.5%。

固定资产投资较快增长。全年全社会固定资产投资完成3635.1亿元，增长24.2%。其中，城镇投资3298.5亿元，增长23.7%；农村投资336.6亿元，增长28.8%。

消费品市场保持旺盛。全年实现社会消费品零售总额2356.5亿元，增长23.1%，增幅同比提高4.5个百分点。其中，城市零售额增长速度为23.1%，增幅同比加快4.1个百分点；农村增速为23.2%，同比加快5.3个百分点，实现了城乡协调同步增长。

对外贸易保持增长。全年海关进出口总额143.9亿美元，增长24.4%。其中出口92.4亿美元，增长41.5%；进口51.5亿美元，增长2.1%。全年新增外商投资企业77个，实际利用外商直接投资27.3亿美元，增长21%。

2. 经济结构调整和发展方式转变有效推进

三次产业发展协调性趋好。在第二产业增速同比回落的同时，第一产业增速同比加快2.7个百分点，第三产业增速近年来首次超过全省GDP增速和第二产业增速。

投资结构优化特征更为明显。全年全社会固定资产投资中，第一、第三产业投资增速分别高出全社会固定资产投资增速8.9和10.1个百分点。第二产业投资比重下降3.6个百分点，第一、第三产业分别上升0.2和3.4个百分点，三次产业投资比例关系由上年的2.9∶55.2∶41.9演变为3.1∶51.6∶45.3。以改建和技术改造项目为主的内涵效益型投资增速比新建、扩建项目为主的外延扩张型增速快8.7个百分点，占全社会投资比重比上年上升1.3个百分点。

社会消费品零售额增速高位运行，消费、投资拉动经济增长的协调性增强。全年各月社会消费品零售额除2月、11月外，其余各月增幅均超过20%，其中5～8月每月增幅均在25%以上。全年社会消费品零售总额增速与全社会固定资产投资增速差由上年的7.5个百分点缩小为1.1个百分点，消费、投资拉动经济的关系进一步改善。

能耗进一步下降。2008年前三季度万元GDP能耗下降5.6%，降幅高于上年全年降幅1.08个百分点，与年初预定目标持平。进入四季度，虽然经济增速同时也有回落，但从1～11月规模以上耗能重点工业企业能耗增速看，能耗下降速度快于增加值的下降速度。1～11月，规模以上工业企业能源消费量和全省电力消费量两项重点监测指标增速均明显放缓，全年万元GDP能耗下降5.6%的预期目标有望完成。

3. 经济运行质量和效益稳步提高

财政收入、企业利润较快增长。全年全省累计完成财政总收入1518.0亿元，增长26.5%；一般预算收入完成747.9亿元，增长25.1%；1—11月，规模以上工业实现利润总额641亿元，增长38.4%。

财政支出、金融保障能力持续增强。全年一般预算支出1313.1亿元，增长25.9%，比上年加快11.6个百分点。12月末，金融机构各项存款余额12827.6亿元，比年初增加2721.2亿元，同比多增1264.3亿元；各项贷款余额6041.9亿元，比年初增加738.3亿元，同比多增102.8亿元。

物价涨幅明显放缓。居民消费价格指数与工业品出厂价格指数同比涨幅分别从4月和9月起连续回落，12月份分别上涨1.5%和8.6%，分别比今年以来单月最高涨幅回落8.8和24.1个百分点。全年居民消费价格比上年上涨7.2%，涨幅比上年提高2.6个百分点；工业品出厂价格比上年上涨22.4%，涨幅比上年提高15个百分点；原材料、燃料、动力购进价格上涨18.3%，涨幅比上年提高13个百分点。

4. 民生继续有效改善

财政支出保障民生力度加大。在全年全省一般预算支出中，医疗卫生支出增长37.3%，教育支出增长30.7%，环境保护支出增长46.4%，社会保障和就业支出增长19.3%。

就业形势保持向好。全年全省城镇新增就业46.1万人，城镇登记失业率3.2%，控制在了4%的目标范围之内。

城乡居民收入保持较快增长。全年城镇居民人均可支配收入13119.1元，比上年增长13.4%；农村居民人均纯收入4097.2元，比上年增长11.8%。

（杨锦耀　董晓玲　段永丽）

【2008年经济运行中出现的问题】 在全省经济总体保持增长的同时，受宏观经济环境的重大影响与自身的结构性矛盾相互交织，全省经济形势变化之急，远远超出了人们的预期，特别是进入四季度以后，工业经济增长速度出现快速、深度下滑，投资增速明显放缓，等等，影响到全省经济整体回落。

1. 主要经济指标增速逐渐放缓，工业下滑幅度尤为明显

经济总量增速回落。一季度、上半年、前三季度GDP增速分别为12.5%、12.6%和11.6%，分别比上年同期回落2.1、1.5、2个百分点，全年增速回落幅度达到6.1个百分点；

投资增速连续回落。城镇固定资产投资增速从9月份起出现回落势头，1—9、1—10、1—11月分别比上月累计增速回落0.2、0.5和0.6个百分点，全年全社会固定资产投资增速和城镇固定资产投资增速分别比上年回落1.9和2.0个百分点。

工业增速连续3个月负增长。规模以上工业增速从6月份起持续回落，10月起连续3个月出现负增长。其中，11月份当月增速为－24.5%，居全国倒数第一；12月份在上年低水平的基础上（2007年12月份由于受临汾矿难的影响，全省规模以上工业当月增速为12.8%，比11月份的增速急速下滑了13.6个百分点，成为全年的最低增速）继续下降，增速为－19.2%。全年工业经济增速仅为6.5%，同比回落14.5个百分点，为2000年以来同期最低增速。工业经济的大幅滑落，拖累了全省经济增长。

财政收入增速、进出口增速连续2个月负增长。财政总收入增速10月份起急转直下，由9月份的31.3%下滑为5.3%，11月份为－24.1%，12月份再度下滑为－36.1%，全年财政总收入和一般预算收入增速分别同比回落4.0和6.3个百分点；进出口增速11、12月份分别为－18.4%和－45.4%，全年进出口总额、出口额、进口额增速分别比上年回落50.2、16.3和100.4个百分点。

2. 投资规模差距加大，支撑增长的后劲和活力减弱

近年来，山西省固定资产投资无论是总量还是增速在全国一直处于中下游水平，特别是在中部六省中一直处于末位。2008年，发展的差距进一步拉大，全省全社会投资增速由2007年高于全国1.3个

百分点变为低于全国1.3个百分点，与安徽、江西中部省份的差距分别扩大到了13.8和13.0个百分点。这中间还有两个问题需要关注。一是非国有投资特别是民间投资增速回落幅度较大。全年全省城镇固定资产投资中，非国有投资同比增长15.8%，增幅同比回落16.3个百分点。其中民间投资增长16.9%，增幅同比回落12.5个百分点。二是新开工项目计划总投资下降。全年城镇固定资产投资中，新开工项目计划总投资同比下降23.8%，而同期全国新开工项目增长1.7%，中部省份平均增长20.0%。特别是缺乏结构调整优化发展的战略性项目，亿元以上新开工投资项目同比减少108个，投资总规模下降46.8%。投资是拉动和支持全省经济稳定增长的最重要因素之一，加大项目推动是应对发展困局的关键措施。

3.企业经营困难加大，近半数企业处于停产状态，企业家信心指数跌入低位

从8月份开始，全省工业企业经营状况急转直下。1～11月全省亏损企业亏损额达到121.2亿元，同比增长2.42倍。截至12月末，全省规模以上工业企业中，零产值企业数达到1771户，占到企业总数的39.2%。企业家对宏观经济感受的信心指数呈现逐季回落态势，特别是进入10月份后，山西企业家信心指数在二、三季度环比下降1.18和8.56点的基础上，四季度又一举大幅回落36.86点，比上年同期回落41.13点，跌入了自2000年以来企业家信心的最低位。

4.工业主导产品价格深度下跌，支柱产业效益下滑

8月份煤、焦市场在创历史最高价位后，形势迅速逆转，价格直线回落，市场需求锐减。冶金行业市场价格持续走低，10月后价格再次暴跌。煤炭价格更是经历了过山车似的猛涨与骤降，秦皇岛港山西优混煤平仓价由1月的525元～535元直线上涨至7月的910元～940元，11月又跌至500元～510元。焦炭价格11月跌至1200元/吨～1300元/吨（含税车板价），比7月份3000元/吨的最高价跌去了近六成。

主导行业生产与效益相互影响更趋明显。1～11月份，煤、焦、冶、电四大支柱行业利润同比增速比前三季度回落了32.6个百分点；煤炭、冶金行业利润增速分别回落34.1、38.0个百分点；电力行业净亏损34.4亿，成为全省亏损的“重灾区”。　（杨锦耀　董晓玲　段永丽）

机构设置和领导人名单

中共山西省委员会

书　记　张宝顺

副书记　金银焕※　薛延忠※

常　委　张宝顺　王　君※
金银焕（女）※　薛延忠※
申联彬　任泽民　申维辰
杜玉林　金道铭　梁　滨※
李小鹏※　胡苏平（女）※
方文平　高建民　李政文

委　员　（按姓氏笔画为序）
马景龙　丰立祥　王　君※
王大高　王凤祥　王守祯
王国正　王清宪　王淑珍（女）
王雅安　牛仁亮　方文平
左世忠　申维辰　申联彬
田喜荣　白　云（女）　令政策
朱先奇　任泽民　刘　巩
刘银才　刘维佳　安焕晓（女）
杜玉林　杜创业　杜善学
李天太　李小鹏※　李东福
李永宏　李旺明　李政文
李高山　李悦娥（女）　李雁红
李潭生　杨　波　宋广义
宋北杉※　张　健
张九萍（女）　张兵生　张茂才
张宝顺　张建民　张建欣（女）
张崇慧　陈川平　金银焕（女）
金道铭（满）　郑建国
孟学农※　郝志远
胡苏平（女）　洪发科　袁升德
耿怀英　聂春玉　夏振贵
高卫东　高健民　高彦斌
郭良孝　郭春贵　郭海亮
梁　滨※　梁志祥　董洪运
谢　海　靳善忠　潘军峰
薛延忠

候补委员　（按得票多少为序）
王茂林　王抒祥　毛金明
张高宏　王树新　刘随生※
侯晋川　李良森　韩和平
廉毅敏　张义平　李平社
孟原生

秘书长　申联彬※　高建民※

常务副秘书长　吕德功※　姜新文※

副秘书长　李旺明　姜新文※
李平社　王铁选
刘传旺※　黄进明
张克强※　阎根生※
张瑞鹏　王进喜
李　理※　吴保安※

省委工作部门

省委组织部

部　长　任泽民
常务副部长　刘维佳※
副部长　王树林※　张　凯※
邢燕芬（女）※　朱先奇
张高宏※　陈跃钢※
张　葆（女）※

省委宣传部

部　长　高建民※　胡苏平（女）※
常务副部长　王清宪※　杨　波※
副部长　杨　波※　王建武※　张明亮※
李福明※　李海渊※　杜学文※

省委统战部

部　长　李政文
常务副部长　王大高
副部长　边根棠　马天荣　薛永辉※
王建新※　郭海刚※

省委政法委员会

书　记　杜玉林
常务副书记　高彦斌
副书记　边晋南
省综治办主任　武先龙
省综治办副主任　秦文峰

省委政策研究室

主　任　李旺明
副主任　霍甫安　董　忠※　陈永奇
王利波※

省委老干部局

局　长　李仁和
副局长　刘仰良　郭世卿　郑兰珍

省机构编制委员会办公室

主　任　何令祚
副主任　王学泽　陈仲英（女）
郭晋明※

省直机关工委

书　记　刘　巩
副书记　阎登山※　陈跃钢※
贾明建　郭康锋※
冯进成
省直纪工委书记　卫建友

省高校工委

书　记　李东福

副书记　贾坚毅　畅日宝　陈学东

省高校纪工委书记　史富泉

省国资委党委

书　记　靳善忠（兼）

副书记　张崇慧　郭玉才（常务）

王靖凯　渠性轩（兼纪委书记）

省国防科技工业党委

书　记　刘银才

副书记　武永刚　冯鲁生

田国仁（兼纪委书记）

安雅文※

省委巡视组

组　长　刘焕升　段志全　白纯洲

副组长　林富强　常宝童　沈庆华

省委、省政府信访局

局　长　王铁选※　阎根生※

副局长　郭慧民　李月虎　梁雨润

郭真喜※　张福祥※

省委台湾工作办

（省政府台湾事务办公室）

主　任　黄进明

副主任　梁淑娟（女）※　刘可宏※

徐爽志※

省接待办

主　任　李　理

副主任　史虹光　韩道亮

省委机要局

局　长　任兔平

副局长　杨　忠　李东强※

省委保密办公室（省国家保密局）

主　任（局　长）　李国华

副主任（副局长）　张　华　王鹤平

省史志研究院

院　长　樊吉厚※

副院长　张铁锁　李茂盛　郭维明

山西省委党校（山西行政学院）

校　长　金银焕※　薛延忠※

院　长　薛延忠※　申联彬※

常务副校长（副院长）　李高山

副校长（副院长）　刘生义　高健生

王联辉　郭成文

山西日报报业集团

社　长　袁升德

总编辑　章勇思※　王建武※

副社长　章勇思（常务）※　王建武※

李蜀昌　张　宁　冯爱民

副总编辑　翁小绵（常务）　兰炎平

胡　果　杨小宁

中共山西省纪律检查委员会

书　记　金道铭（满）

常务副书记　李谭生※　刘　巩※

副书记　李潭生※　李正印　杨森林

张晓亚

常　委　金道铭（满）　李潭生

刘　巩※　李正印

杨森林　张晓亚　王水成※

弓　跃　邢顺喜　贾毓杰

荀志坚　张秀萍（女）

委　员　（按姓氏笔画为序）

弓　跃　卫建友　王　琦

王水成　王正喜　王虎胜

王铁选　王满春　石正民

卢晓中　史富泉

冯改朵（女）　邢顺喜

刘　巩※　刘传旺

刘向东　李正印　李永林

李连琪　李建功　李建刚

李福龙　李潭生※

杨文章　杨有才　杨森林

辛旭光　张　润　张文科

张秀萍（女）　张明亮

张晓亚　张继庆　林玉平

岳盛林　金道铭（满）

荀志坚　贾毓杰　高　璋

高国顺　高建国　曹燎原

康有全　梁凤书　渠性轩

山西省人大常委会

主　任　张宝顺

副主任　纪馨芳※　薛　军※

范堆相※　杨安和

杜五安※　王　昕（女）※

姚新章※　张　铭※

靳善忠※　谢克昌

赵劲夫※　李玉臻※

安焕晓※　郭海亮※

王雅安※

秘书长　朱　明

委　员　（按姓氏笔画为序）

马大华※　马　友※　马　骏※

王大高※　王凤祥※　王树林※

王重一※　王晓林※　王纪仁※

王铁锁　王娟玲（女）

王锚深※　牛三平（女）※

牛西午※　朱玉兰（女）※

亢官文※　孔繁珠※　石金鸣※

石浒泷※　卢　捷　申存良※

申桂英（女）※　田　凯※

邢德川※　邢燕芬（女）※

成继东※　吕德功※　朱晓喜※

刘　巩※　刘作舟※　刘润与※

刘维佳※　刘滇生※

许晓琳（女）　苏高文※

孙水生※　远勤山※　杜复新※

李生海※　李生海　李志强※

李珍富※　李　淳※　李　鹏※

李中元※　李留澜※

李悦娥（女）※　杨季春※

杨静波※　杨怀恩※　杨竞赛※

宋秉文※　何　涛※　宋新柱※

张九萍（女）※　张云溥※

张陆绪※　张　诚※　张复明※

张怀文　张　凯　张建豪※

陈隆宇※　郝　凡　贺　锐※

秦瑞杰※　聂海舟※　原崇信※

袁　进※　高志俊※　高彦斌※

曹振声※　崔　伟※　阎逸民※

梁豫秦（女）※　郭　明※

郭贵仁※　郭勇义※　韩怡卓

韩裕峰※　程玉英（女）

程步云※　谢　红（女）※

谢洪涛　谢碧玲（女）※

傅建荣※　解金瑞※　熊诗波※

樊吉厚※　魏　凯※　魏留庆※

魏德卿※　魏　武（女　回族）※

省人大常委会各工作机构

常委会副秘书长　何　涛　李中元

赵建平　王立业

李正伦※　邬敬文※

省人大法制委员会

主任委员　张　诚

副主任委员　李　鹏　秦瑞杰　邓永明

省人大内务司法委员会

主任委员　杨季春

副主任委员　聂海舟　宋秉文　李中元※

省人大财政经济委员会

主任委员　原崇信

副主任委员　魏德卿　王纪仁　孔繁珠

张绍瑞　赵建平　邬敬文※

杨建国※

省人大教育科学文化卫生工作委员会

主　任　魏　凯※

副主任　张开增※　魏留庆※　郭有勤※

李俊峰※　樊吉厚※　安志辉

冯　睿※

省人大农村工作委员会

主　任　阎逸民※　吕德功※
副主任　曹振声※　李英明※　杨文宪※
牛西午※　李正伦※　曹晋芳
汤俊权※

省人大城乡建设环境保护工作委员会

主　任　李　淳※　王晓林※
副主任　马　骏※　侯殿龙※　高志俊※
李生茂

省人大人事代表工作委员会

主　任　杨静波※　张　凯※
副主任　申桂英（女）※　郑根堂※
邢燕芬※　杨竞赛
霍晓琴（女）

省人大民族宗教侨务外事工作委员会

主　任　张云溥※　张怀文※
副主任　杨金泉※　杨建国※
李荣先（女）　李　洪※

省人大研究室

主　任　何　涛
副主任　张作峰　吴临芳　蔡汾湘※

省人大信访局

局　长　王联英
副局长　张拯瑜

山西省人民检察院

检察长　崔　伟※　柯汉民※
常务副检察长　王满春※
副检察长　崔　伟※　梁　权※　文晓平
荣　彰　李　勃※　曹改莲

山西省高级人民法院

院　长　李玉臻※　左世忠※
常务副院长　左世忠※　梁　权※
副院长　王满春　刘冀民　李建忠※
吴秋霞※　王文娅※

山西省人民政府

省　长　孟学农※　王　君※
副省长　薛延忠※　梁　滨※　靳善忠※
李小鹏※　牛仁亮※　张少琴※
胡苏平
秘书长　张建民※　王清宪※
副秘书长　李顺通※　张　保※　李建功
郭慧民　巨宪华　韩和平※
崔永柱※　罗清宇　王洪岐※
段建国※　崔国红※　王　成※
孙跃进※　王　纯※

政府组成部门

省发展和改革委员会

主　任　令政策※　李宝卿※
副主任　李宝卿※　王新义（兼）※
兰光东　李福龙　王　赋
李永平　段进存　程泽业※
王晓胜※　刘　锋※

省经济委员会

主　任　洪发科※
副主任　王守祯※　郭树峰　申瑞涛※
王克建　陈官虎　潘贤掌※

省教育厅（省高校工委）

厅　长　李东福※
副厅长　刘惠民　贾坚毅　张卓玉
王李金

省科学技术厅

厅　长　廉毅敏※
副厅长　秦作栋　郭春林　常建忠

省公安厅

厅　长　杜玉林※
常务副厅长　李连琪
副厅长　李富林　廉兴有　成振林
燕和平　苏　浩　饶国清※

省国家安全厅

厅　长　王凤祥※　李　洪※
副厅长　李　洪※　李玉生　常俊茂
李顺元

省监察厅

厅　长　王俊忠※　杨森林※
副主任　黄福莲（女）※　邢顺喜※
刘蓉华（女）　贾毓杰※
张效彪※

省民政厅

厅　长　马景龙※
副厅长　何耀光　何子义
王卫东（女）　许富昌

省司法厅

厅　长　张高宏※　王水成※
副厅长　樊计宽　王华善　李满胜
刘占中　冯　征※

省财政厅

厅　长　郑建国※
副厅长　张秋明※　石常明　王　亚※
胡双明　潘贤掌※

省人事厅

厅　长　邢燕芬（女）※　张高宏※
副厅长　王学泽　李天星※　王云龙
李建刚

省劳动和社会保障厅

厅　长　张　健※
副厅长　白秀平※　杨培岳　王建文

省国土资源厅

厅　长　张怀文※　杜创业※
副厅长　康有全　高　博　王晓立
牛来有

省建设厅

厅　长　王茂设※　王国正※
副厅长　李俊明※　张立光　任在刚
闫晨曦※

省交通厅

厅　长　王晓林※
副厅长　张　润　王志民　张志川

省水利厅

厅　长　潘军峰※
副厅长　裴　群　张　健　孙廷容
郭正义※

省农业厅（省委农村工作领导组办公室）

厅　长　孙连珠※
副厅长　刘二仁※　董希德　左义河
关建勋　王立伟※　雷郭堂

省林业厅

厅　长　杜创业※　耿怀英※
副厅长　霍转业　闫根生※　马双柱
周　洪　吉久昌※

省商务厅

厅　长　王淑珍（女）※
副厅长　李晋峰　史贵章　乔亮生
杨来栓　高文平
刘　进※

省文化厅

厅　长　杨　波※　张明亮※
副厅长　赵晋蓉　张建军　贾新田

省卫生厅

厅　长　李俊峰※　高国顺※
副厅长　郝光亮※　韩　敬※　李书凯
王　峻　刘　星※

省人口和计划生育委员会

主　任　安焕晓（女）※　杨增武※
副主任　梁明虎　王祥瑞　杨建勇
梅志强

省审计厅

厅　长　郝志远※
副厅长　郝素珍（女）　高爱平
姚宪华

省政府国有资产监督管理委员会

主　任　张崇慧
副主任　王晓勇　任福耀　李宝文
朱成基　崔联会　李东洪※

省外事（侨务）办公室
主　任　韩和平※
副主任　贾雪峰　张志仁　武绍忠※
　　　　田亦军※

省政府直属机构

省地方税务局
局　长　卢晓忠
副局长　张跃建　刘建光　张澎涌
省工商行政管理局
局　长　王虎胜
副局长　石清礼　马联社　薛维栋
省质量技术监督局
局　长　王正喜
副局长　刘　军　盛佃清　武　强
省环境保护局
局　长　刘向东
副局长　李广信※　刘四龙
　　　　关存先（兼总工程师）※
　　　　张广勇※
省广播电视局
局　长　梁志祥
副局长　董育中　朱世林※　梁丽山
　　　　刘英魁※
省新闻出版（版权）局
局　长　李锐锋
副局长　张明旺　梁宝印　王吉敏
省体育局
局　长　苏亚君※
副局长　苏亚君※　杨凤楼　李振生
　　　　郝晓峰　李世杰※
省统计局
局　长　杨文章
副局长　翟振新　卢建明　赵占明※
省食品药品监督管理局
局　长　高国顺※
副局长　李书凯※　杨恩健　武树和
　　　　任晋斌　赵光国　谢　红
省安全生产监督管理局
局　长　巩安库※　张根虎※
副局长　刘晋英（女）　苏保生
　　　　唐　晋　张根虎※　杜建荣※
省旅游局
局　长　籍振芳
副局长　李太阳　王炳武　王文保※
省宗教事务局（民族事务委员会）
局　长　边根棠※
副局长　郝中树　刘志敏※　卫望军
省国防科工办
主　任　刘银才
副主任　张　葆（女）※　王　成※
　　　　王少雄※　温国贵
省文物管理局
局　长　施联秀
副局长　高　可　刘正辉　宁立新
省粮食局
局　长　高志信※　姚高宽※
副局长　牛银虎　张　文　吕苛青
省中小企业局
局　长　周明定
副局长　潘中赋　陈晓东　赵志杰
　　　　王怀荣
省政府机关事务管理局
局　长　任云峰
副主任　谢德才※　王东春　孙富忠※

省政府厅局管理机构

省政府法制办公室
主　任　李建功※　崔国红※
副主任　王卫星　刘钢柱
省政府研究室
主　任　张　保※
副主任　陈永奇※　王　纯※　张小杰
省政府参事室（文史馆）
主　任　冉金刚
副主任　张志斌
省物价局
局　长　李福龙
副局长　张存登　庞金龙
省煤炭工业局
局　长　王守祯
副局长　王文全　牛建民　武建森
　　　　胡万升※
省监狱管理局
局　长　冯　征
副局长　李扁屯　句轶旺※　王　伟
省公安厅交管局（省交警总队）
局　长　宋建华※　边智慧※
副局长　李新生　刘　敏　张顺喜
　　　　王丕谟※
省公路局
局　长　戴　飞
副局长　蒋　品　陈运生
　　　　胡志勇　惠高峰

直属事业单位

省地质矿产勘查开发局
局　长　安俊生
副局长　翁金明　李日彪　韩晋生
省档案局（省档案馆）
局（馆）长　卫克光※
副局（馆）长　张彦杰（女）　王保国
　　　　　　邢利民
省测绘局
局　长　朱来有※
副局长　陈　睿　于建刚
省农机局（省农业机械发展中心）
局长（主任）　王立伟
副局长（副主任）　戴建功※　姚建忠※
　　　　　　　　许继光※
省农业科学院
院　长　牛西午※　刘慧民※
副院长　刘惠民※　薛春生※　陈明昌
　　　　聂安全　乔雄梧
省社会科学院
院　长　李留澜
副院长　董继斌※　张晓瑜（女）※
　　　　贾桂梓（女）　潘　云※
　　　　孙丽萍（女）※　孟艾芳※
省政府发展研究中心
主　任　孟原生※　张复明※
副主任　张复明※　李劲民※　王亦兵※
中国（太原）煤炭交易中心
主　任　郭文奇※

其他机构

省人民防空办公室
主　任　常高才
副主任　孙　群　刘　涛　张　铭※
省万家寨引黄工程总公司（管理局）
经理（局长）　王新义※　管二栓※
副经理（副局长）　卫亚林　朱春耀
　　　　　　　　张俊杰　樊安顺
　　　　　　　　贾伟智
山西煤田地质局
局　长　郭文奇※
副局长　潘增武※　郑全发※　黄芩丽※
煤炭工业太原设计研究院
院　长　李宏达
副院长　马建华　耿建平　李树庭
省民航机场集团公司（管理局）
总经理（局长）　李战志
副总经理（副局长）　郝孝义　马　升
　　　　　　　　　段同良　赵庆斌
山西煤炭基本建设局
局　长　赵国源
副局长　王振海
中国煤炭博物院
馆　长　康明章

副馆长　张奎元　陈胜军

红十字会

副会长　冯晋生

省扶贫办

主　任　刘昆明

副主任　吕占川　郎作仕　王汉有

省招生考试管理中心

主　任　赵　晶

副主任　张亚平　张启发　张金文※

省投资咨询和发展规划院

院　长　南寒松

副院长　刘付槐

山西社会主义学院

院　长　聂向庭

副院长　王宝生（常务）　李祥熙
　　　　王解峰

省机械设备成套局

局　长　（空）

副局长　高保旺　段治强　王拥军※

省城镇集体工业联合社

主　任　李荣钢

副主任　姚海平

山西博物院

院　长　石金鸣

山西省省级政府采购中心

主　任　赵建新

副主任　王跃进　穆恩科※

山西老年大学

专职副校长　覃建平

省交通征费稽查局

局　长　张晋鹏

省高速公路管理局

局　长　董新品

省交通运输管理局

局　长　李华中

省水资源管理委员会办公室

主　任　张江汀

山西省省管国有企业监事会

主　席　李成业　赵子传　王孟传
　　　　陈建鹰　王义堂　马　平

直属地方金融类企业监事会

主　席　高向新

驻外办事处

省政府驻北京办事处

主　任　崔永柱※

副主任　高永光　李金贵※　张建平

省政府驻上海办事处

主　任　曹美玲（女）

副主任　刘喜光　周爱民

省政府驻天津办事处

主　任　赵茂华

副主任　郜勇智

省政府驻广州办事处

主　任　李　刚

副主任　朱义和※　田月生

省政府驻南京办事处

主　任　李希远

副主任　雷向忠

省政府驻沈阳办事处

主　任　田　凯

副主任　冯　晋（女）　邢建国

大专院校

山西大学

校　长　郭贵春

副校长　刘滇生　贾锁堂　刘维奇
　　　　行　龙　梁吉业※　杨　军※

太原理工大学

校　长　谢克昌

副校长　马福昌（常务）　侯晋川
　　　　郭敏秦　郝建功　路振光
　　　　许并社　胡柏彦　吕　明

山西财经大学

校　长　原梅生

副校长　樊而俊※　郭泽光　赵国浩
　　　　刘中朝　张兔元※

山西医科大学

校　长　郭　政

副校长　段志光　张　飞　郑建伟
　　　　程牛亮　刘　强　孙安乐

山西农业大学

校　长　董常生

副校长　岳文斌　崔克勇　王俊东
　　　　赵春明

山西师范大学

校　长　武海顺

副校长　常乃军　卫建国　原战勇※
　　　　闫桂琴※

山西中医学院

院　长　周　然

副院长　张俊龙（常务）　冯前进
　　　　李华荣

长治医学院

院　长　王庸晋

副院长　冯向先　赵中夫　陈忠义

山西广播电视大学

校　长　（空）

副校长　傅月晟　张耀斌　王瑞芬（女）

中北大学

校　长　张文栋

副校长　肖忠良　齐存田※　吴俊清※
　　　　刘有智　韩　焱　张惠选※
　　　　杨述平※　沈兴全※

太原科技大学

院　长　郭勇义

副院长　李永堂　曾建潮　董　峰
　　　　徐格宁　黄庆学

太原师范学院

院　长　王尚义

副院长　张瑞君　王川龙　王亦农※
　　　　张喜明　张虎芳（女）※
　　　　齐利平　王卫平※

太原工业学院

院　长　吴俊清

副院长　仇志余※　张翠梅（女）※

忻州师范学院

院　长　李思殿

副院长　王志连　贾志清※　冯天仓
　　　　郭丕斌

山西大同大学

校　长　王守义

副校长　马存根　刘守国※　郭　永
　　　　石云龙　赵富玺　冯　锋

运城学院

院　长　姚纪欢

副院长　安建平　梁晋才　王卓民
　　　　张凤琴（女）

山西经济管理干部学院

院　长　（空）

副院长　王克勤　席宝山※
　　　　张改娥（女）　秦长江

山西煤炭管理干部学院

院　长　刘发威

副院长　李　进　武冬生　王凤岗

广播电影电视管理干部学院（广播影视职业学院）

院　长　郝本廉

副院长　王建国　王新塘　吴建庭

山西医科大学汾阳学院

院　长　闫肖卿

晋中学院

院　长　孙建中

副院长　吴生彦　邓　明　杨高才
　　　　郭贤成

长治学院

校　长　李忠康

副校长　茹文明　张国泰　武有祯※

吕梁高等专科学校

校　长　闫保平

山西省财政税务专科学校
校　长　申长平
副校长　赵丽生　周巧红（女）
阳泉煤炭专科学校
校　长　霍世平
太原大学
校　长　姜根龙※　任玉平（女）※
山西职工医学院
院　长　于明江
副院长　宋有春　黄跃春　杨建堂　杨优帅
山西警官高等专科学校
校　长　张子荣
副校长　张　琨　张庆华　胡小平
山西省政法管理干部学院
院　长　谭恩惠
副院长　李亚尼　肖峰昌
山西青年管理干部学院
院　长　田建安
副院长　王俊刚
山西省委党校省直分校（山西行政学院省直分院）
校（院）长　冯进成
副校（院）长　赵　凯　韩晋乐（女）　徐建国
太原电力高等专科学校
校　长　李　忱
山西建筑工程职业技术学院
院　长　于世伟※
副院长　杨力彬※　范文昭
山西生物应用职业技术学院
院　长　周晓明
副院长　尹士优　胡尔雅
山西艺术职业学院
院　长　李　力
副院长　张俊伟　王建军
山西交通职业技术学院
院　长　王赛勇※
副院长　安正明　钟建民
山西工程职业技术学院
院　长　刘　勇
山西林业职业技术学院
院　长　马宗兆
副院长　段振基
山西水利职业技术学院
院　长　解爱国
副院长　王连生　张龙改　仝玉才　景国栋
山西综合职业技术学院
院　长　丁怀民

山西旅游职业学院
院　长　郑子全
副院长　赵贤松　何乔锁　王碧波
山西管理职业学院
院　长　杨勇翔
副院长　马联合　闫建辉　王震强※
山西体育职业学院
院　长　朱天燕※
副院长　沈广晋
山西警官职业学院
院　长　阎绪安
副院长　景周管　郝俊安
山西国际商务职业学院
院　长　郝永新
副院长　刘德奇
山西戏剧职业学院
院　长　赵银邦※
副院长　阎志忠※
山西财贸职业技术学院
院　长　牛白琳※
山西金融职业学院
院　长　杜明汉※
山西煤炭职业技术学院
院　长　曹允伟※
副院长　李俊双※　王晓鸣※　祁茂荣※
吕梁市教育学院
院　长　白荣欣
长治市教育学院
院　长　任鸿志※
阳泉市教育学院
院　长　郝玉文※
长治职业技术学院
院　长　郭建华
晋城职业技术学院
院　长　王维平
忻州职业技术学院
院　长　晋原平
晋中职业技术学院
院　长　程太生
运城农业职业技术学院
院　长　吴立春※

政协山西省委员会

主　席　刘泽民※　金银焕※
副主席　薛荣哲※　吴锦文※　聂向庭※　张正明※　边鸣涛※　吕日周※　阎爱英（女）　郭良孝※　韩儒英　吴博威※　周　然　李雁红※　李潭生※　令政策※　卫小春※　刘滇生※
秘书长　闫沁生
常　委（以姓氏笔画为序）
卫小春※　卫克兴※　马天荣※
马彦和※　马德和※　王　宁※
王万杰※　王永安※
王芷芳（女）※　王经文※
王云亭※　王文娅（女）※
王全龙※　王怀荣※
王建国（省政协）※
王建国（省工商联）
王贵平　王俊忠
王艳梅（女）　王晓立※
王爱萍（女）　王继伟※
王维卿（女）※　王照光（女）※
王新义※　牛建业※　亢官文※
邓永武※　田　畛※
申瑞涛（女）※　石盛奎※
白世镇（回族）　白秀平※
冯亚琴（女，蒙古族）※
冯建新※　宁立新※　边根棠※
来玉龙※　邢德川※　邢国民※
巩玉生※　巩安库※　成继东※
成锡峰　毕怀恕※　曲成毅※
任存孝※　庄金洲※　刘玉平※
刘占中　刘继东※　刘兆林※
刘继华（女）※　刘蓉华（女）※
刘增民※　刘俊谦※　关存先
许并社※　孙连珠※　苏亚君※
杨左卿（女）※　杨志刚※
杨社堂　杨林花（女）※
杨临生※　杨俊和※　杨森林※
李才旺※　李光明※　李守臧※
李枝荣※　李京陆※　李武章※
李思温※　李章宏※
李廷赫（朝鲜族）※　李连琪※
李瑞丰※　李德志※　来玉龙※
吴晋安※　宋德晋※　张　恒※
张　政　张一萍※　张吉兆※
张泽宇※　张建豪※　张效洲※
张文栋※　张汉伟※　张　吉※
张并生　张俊生※　张李锁※
张烈珍（女）※　陈喜旺※
苗元礼※　武金贵※
范小玲（女）　范明远
金春子（女）※　周汉昌※
周远宁※　周新玉※　郑仰林※
郝建秀※　侯秀娟（女）※
赵文斌※　赵玉泉※　赵命柱※
赵政民※　赵震寰※　姚俊良※
姚发兴※　姚建民　姚宪华
姚锦城※　秦作栋　根　通

贾和平※　贾鸿鸣※　柴瑞霭
徐永华※　徐改清（女）
高淑平（女）※　高凤平※
高文变※　高英武※　高　健※
高新文※　郭国太※　郭勇飞
郭新志（女）※　郭勇飞※
郭　辉※　郭慧民※　梅志强※
曹文龙※　曹改莲（女）※
曹慧斌※　章勇思※　阎全鲁※
阎美珍（女）　阎润德※
梁文海　梁宪英（女）※
谌长瑞　葛旭元　董育中※
焦惠生※　鲁连成※　靳道元
蔡中祜※　裴玉林※　薄应贤※
慕福明※　薛维梁※　薛靛民※
霍成福※　霍　成※　魏　峰※
魏　武（女）※　籍振芳※

副秘书长　杨临生　杨左卿（女）
安双全　阎润德　程银销
马　伟※　刘文秀※

省政协工作机构

省政协提案委员会
主　任　赵命柱※　王俊忠※
副主任　周振义※　刘玉德※　薛　山※
焦惠生

省政协经济和人口资源环境委员会
主　任　张泽宇※　巩安库※
副主任　张鸿顺※　纪友伟※　姜玉麟※
孙桂芳※　吴晋安　刘道友
刘文秀　李润玺※

省政协农村委员会
主　任　李枝荣※　刘俊谦※
副主任　王福水※　王银娥※　冯国发※
卫克兴※　吴潭龙　杨　菲※

省政协教科文卫体委员会
主　任　毕怀恕※　杨左卿※
副主任　王春元※　温泽先※
王建国※

省政协社会法制委员会
主　任　郭国太※　徐改清※
副主任　周日贵※　郭建华※　阎默彧
傅银瑜（女）

省政协民族和宗教委员会
主　任　根　通
副主任　周新玉※　李金鳌※　王茂全※
李廷赫※　白晓军
杨　菲（女）※

省政协文史资料委员会
主　任　赵政民※　阎润德※
副主任　李才旺※　吴建昌※　董晓阳※
丁　杰　杨　菲（女）※

省政协学习宣传委员会
主　任　赵文斌※　章思勇※
副主任　罗山荣※　张成德※　成葆德※
郭玉玺

省政协港澳台侨和外事委员会
主　任　贾鸿鸣※　王新义※
副主任　张有陞※　田惠爱※　崔永柱※
赵茂林　王阳华（女）※

省政协调研室
主　任　杨临生
副主任　王建华　马　伟※

民主党派与工商联

中国国民党革命委员会
山西省委员会
主任委员　谢克昌
副主任委员　王照光（女）　谌长瑞
吴菊仙　陈隆宇　刘占中
杨俊和　郭原林

中国民主同盟山西省委员会
主任委员　张　平
副主任委员　亢官文　傅建荣　王全龙
史海涌　梅志强　卢准炜
赵恒寿　卢　莉（女）

中国民主建国会山西省委员会
主任委员　张少琴
副主任委员　王　宁　成继东　姚宪华
刘蓉华（女）　薛维梁

中国民主促进会山西省委员会
主任委员　卫小春
副主任委员　张建豪　张　政　成锡锋
陈维毅　任建国　高新文

中国农工民主党山西省委员会
主任委员　周　然
副主任委员　郭新志（女）
王爱萍（女）
李思进　张李锁
牛三平　武金贵

九三学社山西省委员会
主任委员　刘滇生
副主任委员　王毓钟　姚二云　杨社堂
张并生　李青山　张文旺

山西省工商业联合会
会　长　韩儒英※
副会长　马天荣※　樊秀清　王建华
郎宝山　赵淑芊※

群众团体

山西省总工会
主　席　姚新章※　郭海亮※
常务副主席　徐改清（女）※　高凤平※
副主席　郭争荣※　高凤平※　王光旺
梁若洁　梁克昌※

中国共产主义青年团山西省委员会
书　记　刘润民※
副书记　刘润民※　高　键
雷健坤（女）　安　华

山西省妇女联合会
主　席　李悦娥（女）※
副主席　张烈珍（女）　郑　红（女）
顾青圻（女）　韩　红（女）※

山西省科学技术协会
主　席　侯晋川※
副主席　韩裕峰　关原成　郭振德
卫小春　王德贵

山西省文学艺术界联合会
主　席　李才旺
副主席　宋新柱（常务）　高国俊

中国作家协会山西省分会
主　席　张　平
副主席　李福明（常务）

山西省归国华侨联合会
主　席　周运宁※　许并社※
副主席　陈端度（兼）　李冠瑶（女）
刘越泽（女）

山西省残疾人联合会
理事长　郭贵仁
副理事长　张玉洁（女）※　郝保平
郭新志（女）　温万一※

中国国际贸易促进会山西省分会
（中国国际商会山西商会）
会　长　刘致远
副会长　陈铁鹰　靳成福

省供销合作社联合社
主　任　王俊辰
副主任　韩　迅※　齐玉梅（女）
李亚明　王义升
监事会主任　齐润阁

省台湾同胞联谊会
会　长　梁宪英（女）

省社会科学联合会
党组书记　侯秀娟

中国人民解放军山西省军区

司令员　方文平

政治委员　李国辉　张少华
副司令员　何永才
副政治委员　谢玉久　刁建业
参谋长　姬亚夫
副参谋长　朱　健　蒋世欣
政治部主任　谢玉久（兼）　黄献军
政治部副主任　张瑞祥
后勤部部长　马彦和
后勤部副部长　谢新宁　林保江
于舰钢

山西武警总队领导和总队各部门正职领导

总队长　叶景亮
第一政治委员　杜玉林（省委常委、省公安厅长兼）
政治委员　宋广义※　刘建华※
副总队长　吕明录　郭洛泰
杨建国　张承聘
副政治委员　刘德友
参谋长　郭洛泰
政治部主任　詹海观
后勤部部长　周旭光

注：姓名后加※为本年度调职
单位名后加※者为本年度撤销

政　　治

党委工作

【概述】 2008年，中共山西省委在党中央、国务院的正确领导下，全面贯彻党的十七大和十七届三中、四中全会精神，高举中国特色社会主义伟大旗帜，以邓小平理论和"三个代表"重要思想为指导，深入贯彻落实科学发展观，认真贯彻胡锦涛总书记等中央领导同志视察山西重要指示精神，团结带领全省干部群众，解放思想，开拓进取，扎实开展深入学习实践科学发展观活动，着力推进转型发展、安全发展、和谐发展，全面推进经济、政治、文化、社会建设以及生态文明建设，切实加强党的建设，各项工作取得新进展新成效。全省地区生产总值完成7055.8亿元，同比增长8.1%；财政总收入1518亿元，同比增长26.5%，其中一般预算收入748亿元，同比增长25%；全社会固定资产投资完成3635.1亿元，同比增长24.2%。社会消费品零售总额实现2356.5亿元，同比增长23.1%。城镇居民人均可支配收入13119元，同比增长13.4%；农民人均纯收入4097元，同比增长11.8%。

一、扎实开展学习实践活动，健全完善体制机制，积极探索具有山西特点的科学发展之路

按照中央的统一部署，紧密联系国内外经济形势和省情实际，紧紧围绕"党员干部受教育、科学发展上水平、人民群众得实惠"的目标要求，在中央指导检查组的指导帮助下，扎实开展深入学习实践科学发展观活动。找准影响和制约科学发展的突出问题，深刻汲取重特大安全生产事故的教训，把转型发展、安全发展、和谐发展作为学习实践活动的主题和载体，强调转型发展是基础，安全发展是前提，和谐发展是根本，明确了山西实现科学发展的战略重点和重要抓手，在全省上下形成广泛共识，为开创全省科学发展新局面明确了方向。从2008年10月召开动员大会以来，先后召开四次领导小组会议，有序推进各个阶段各个环节的工作。认真学习中央规定的必读篇目，认真学习十七届三中全会精神、中央经济工作会议精神和胡锦涛总书记在纪念党的十一届三中全会召开30周年大会上的讲话等一系列重要讲话精神，认真学习《向中央政治局通报中央政治局常委参加深入学习实践科学发展观活动专题民主生活会情况的报告》，举办6次省委中心组专题学习，开通全国首家学习实践科学发展观活动在线学习网。通过召开理论研讨会、开展解放思想讨论、组织专题论坛等形式，引导广大干部群众深刻领会科学发展观的科学内涵、精神实质和根本要求，着力转变不适应不符合科学发展观的观念和做法。围绕"三个发展"确定13个调研课题，省委常委、副省长分别牵头调研，形成了一批调研成果。组织开好民主生活会，省委主要领导对常委的发言提纲逐一审阅把关，常委之间进行了坦诚的谈心，省委常委结合各方面的意见和建议，重点查找了在贯彻落实科学发展观方面存在的6个突出问题，深刻剖析存在问题的原因特别是主观原因，开诚布公进行批评与自我批评，提出了进一步贯彻落实科学发展观的思路和措施，明确了省委常委会自身建设的努力方向。把边学边改、边查边改、边整边改贯穿于学习实践活动全过程，把整改落实与贯彻中央决策部署、做好扩大内需各项工作有机结合起来。制定进一步改进作风、严肃纪律的《若干规定》，从8个方面规范领导干部从政行为。共解决影响和制约科学发展的突出问题500个，解决有效应对国际金融危机、促进经济平稳较快发展方面的突出问题219个，解决保障和改善民生、确保社会稳定方面的突出问题363个，解决机关自身建设和干部作风方面的突出问题367个。坚持贯彻群众路线，省委召开10次座谈会，省委常委召开多次座谈会，向各方面人士和基层干部群众当面征求意见。发放省委常委会和常委个人征求意见表2848张，并通过网络征求网民意见。将省委常委会分析检查报告印发有关方面和基层党员干部，开展"千人评议"。深入开展"进万户门、解万家难、暖万人心"活动，积极解决困难群众生产生活问题。

着眼于建立促进科学发展的体制机制，特别是"三个发展"的推进和保障机制，对政策措施、规章制度进行清理，废止369项、修改完善1074项，根据工作需要新制定出台604项。重点研究制定保障"三个发展"的10个方面的体制机制，每项机制均由省委常委、副省长牵头抓落实。建立了经济社会发展综合考核指标体系、领导干部综合考评办法与构建和谐社会考评方案，建立健全安全生产制度体系，初步形成符合科学发展观和正确政绩观的四位一体的考核评价体系。全省党员干部在事关科学发展的重大问题上形成了共识，理清了思路，推动科学发展、促进社会和谐的能力不断增强，团结向上、干事创业的氛围更加浓厚。

二、推动发展由资源依赖型向创新驱动型转变，促进经济又好又快发展

协调推进新型工业化、特色城镇化和农业现代化，相继出台加快发展服务业、推动节能减排、发展循环经济、推进新农村建设和贯彻落实中央关于推进农村改革发展若干重大问题决定的《实施意见》等一系列政策措施，经济增长的协调性和可持续性进一步增强。

（一）深入推进经济结构调整，促进现代产业体系建设。积极推进煤炭企业重组整合、机械化升级改造，一批高产高效矿井投产。以太原为中心的不锈钢和镁铝合金基地正在形成。晋东南到湖北荆门国家第一条特高压输电线路投入试运行。开工建设一批焦炉煤气、煤层气、煤矸石、风能和生物能发电项目，新增装机容量695万千瓦，总装机容量达到3871.6万千瓦，同比增长3.6%。加快发展煤化工产业，煤基合成油开发取得重大进展，潞安集团16万吨煤制油项目试产成功。焦炉煤气的化工合成利用实现明显突破，24个煤化工重点项目建成投产，百万吨级化肥企业达到4个、销售收入30亿元以上的化工企业达到3个。以多晶硅、钕铁硼磁性材料等为重点的新型材料产业取得新进

展。汽车制造及零部件产业取得新突破。煤机成套设备生产能力得到提升。整合资源打造全国轨道交通装备产业化基地。出台《关于加快服务业发展的实施意见》，对服务业的18个领域218个示范项目予以重点支持。第三产业增加值完成2370.5亿元，同比增长10.6%，首次超过第二产业增速，特别是抓住北京奥运会契机大力发展旅游业，旅游总收入同比增长27.1%。全社会固定资产投资同比增长26%，外延扩张型投资比重下降，内涵效益型投资比重上升。

（二）以节能减排和生态环境建设为重点，加快转变发展方式。完善节能减排和生态环境建设机制，制定执行新上项目能耗、环保标准。万元GDP综合能耗以及化学需氧量、二氧化硫排放量分别下降7.39%、4.12%、5.65%，完成预期目标。全省9208家重点工业污染源中有90%建成环保设施，省控1015家重点工业污染源全面完成治理任务，在全国率先完成燃煤电厂烟气脱硫任务。11个重点城市空气质量二级以上天数累计实现3679天，比上年增加317天，为历史最好水平。新增造林面积450万亩。钢铁、焦炭、电力等行业淘汰一批落后产能。城镇集中供热率、绿化覆盖率等指标进一步提高，建筑节能和城市生活COD减排深入推进。出台《关于加快循环经济发展的决定》，制定《山西省循环经济发展促进条例》，重点推进全省工业产值排序前100位和100户污染较重的非工业企业发展循环经济，积极探索不同行业、领域、区域循环经济发展模式。完成了《煤炭工业循环经济推进计划》编制工作，煤炭企业循环经济园区建设成效明显，在重点行业和重点企业加快发展循环经济，积极探索不同行业、领域、区域循环经济发展模式。启动汾河流域生态环境治理修复与保护工程和太原西山地区综合整治工程。

（三）加快社会主义新农村建设与特色城镇化进程，推动城乡区域协调发展。召开省委九届六次全会，对贯彻党的十七届三中全会精神、推进农村改革发展作出全面部署。落实强农惠农政策措施，推动以工补农、以城带乡长效机制建设，以煤补农呈多样化推进。大幅增加“三农”投入，各项涉农补贴政策全面落实。加强基本农田保护，严守土地“红线”，全年粮食总产量达到102.8亿公斤，是历史上第6个突破百亿公斤的年份。大力发展现代农业，探索发展多种形式的农业适度规模经营，优势农产品集中度进一步提高。着力提高农业的组织化程度，农民专业合作社发展到8800多个，农业产业化龙头企业总数发展到近4000个。引导支持各类金融组织到农村发展业务，累计投放支农贷款1000多亿元。建立重大动物疫病防控工作责任制，开展“保质量、保安全、助奥运农产品质量安全保障行动”，加强农业综合执法体系建设。积极应对三鹿奶粉事件影响，保护和促进奶业健康发展。新确定2000个新农村建设重点推进村，新增农村沼气用户16万户，达到59.4万户。完成农村劳动力转移引导性培训65万人，转移农村劳动力32万人。探索发展多种形式的农业适度规模经营，全省土地流转面积135.4万亩。出台集体林权制度改革意见，在1市17县开展试点工作。推进开发式扶贫，一大批“两区”开发项目投产见效，贫困人口减少25万，新解决25万贫困人口脱贫和200万农村人口饮水安全问题。

推进大中小城市和小城镇协调发展。《太原经济圈》、《介孝汾城镇组群规划》纲要和专题编制完成，阳泉城乡一体化规划和长治“1+5”（市区及周边五个县市区）城镇群及生态环境保护等规划正在编制之中；完成县域村镇体系规划30个、镇总体规划70个、乡规划80个、新农村建设规划800个。制定《创建宜居城市考核评比标准（试行）》，深入开展“宜居城市”创建活动，继续加强“园林城市”创建工作，大力开展“城乡清洁工程”，资源型工矿城镇转型加快推进，涌现出一批人居环境良好的城镇。基础设施建设取得新成效。11个设区市绿化覆盖率达到35.27%，22个设市城市污水处理率达到65.3%，城市生活垃圾无害化处理率达到45.2%，城市集中供热普及率达到70.2%。太原飞机场改扩建项目在北京奥运会前竣工并投入使用。山西大医院、山西科技馆等一批重点工程开工建设。高速公路通车里程达到1965公里。石太高速客运铁路专线进入调试阶段，太原至银川铁路等重点工程加紧建设。建制村通水泥（油）路率达到87%以上。加大治超力度，道路运输和交通通行秩序明显好转。万家寨引黄北干线工程获得国家批准，控制性工程全面开工；龙华河水库枢纽、坪上引水、夹马口北扩等20个应急水源工程陆续开工建设。

（四）推进改革开放和自主创新，增强发展的动力和活力。制定出台《2008—2010年深化经济体制改革的指导意见》，安排13个方面的改革任务。煤炭工业可持续发展政策措施试点工作深入推进。非煤资源有偿使用改革进入实质性阶段。稳步推进资源型产品价格形成机制改革。国有企业改革深入推进，实现利润和营业收入均排全国第二。非公有制经济实现新发展，所占比重进一步提高。落实支持企业创新的财税、金融、消费和政府采购政策，培育发展创业风险投资。深化科技管理体制改革，优化科技资源配置，促进科技成果向现实生产力转化。成功举办第二届中国（太原）国际煤炭与能源新产业博览会，协议引资154亿美元，比首届增长7%；贸易成交量849.8亿元人民币，增长2.6倍。全年新增外商投资企业77个，进出口总额达到142亿美元，增长23%；实际利用外资27.2亿美元，增长21%。继续深化与德国北威州等国外友好省州（县）的互利合作。重视省际经贸合作，与冀、鲁、鄂、湘及华能公司、国家开发投资公司签署经济战略框架协议。开发区建设扎实推进。

（五）积极应对经济环境的复杂变化，强力保持经济平稳较快发展。随着国际金融危机的影响逐步显现，我们认真落实中央作出的扩大内需、促进经济平稳较快发展的决策部署，坚持强信心、稳增长、促转型、保民生，坚持把拉动经济增长与优化经济结构结合起来，及时出台两年投资6500亿元的重点工程和项目建设规划，包括新建10条铁路、27条高速公路、3个机场、一批大型坑口电站和生态环保、保障性住房、沉陷区治理等工程。与铁道部签订铁路建设会议纪要，启动新中国成立以来山西最大规模铁路建设工程，涉及投资2000亿元；与山东省签订协议，启动“晋电入鲁”工程和出海铁路大通道工程。出台帮助企业渡过难关、促进城乡居民就业的一系列政策措施，有力带动全省经济增长。

三、牢固树立全国一盘棋思想，积极服务全国改革发展大局

（一）举全省之力为抗击雨雪冰冻灾害提供支持。坚决贯彻党中央、国务院的部署特别是胡锦涛总书记视察山西重要讲话精神，为国家分忧、为灾区解难，组织各重点煤矿放弃春节休息，增加煤炭生产，严格执行国家发改委电煤价格临时干预措施，开辟公路煤炭运输“绿色通道”，

加大电煤外运销量。支援南方抗击雨雪冰冻灾害斗争期间，日均发煤2.1万车以上，比国家要求多3017车。全年外运煤5.31亿吨，外送电485.6亿千瓦时。

（二）积极做好支援抗震救灾工作。全省接收捐款近10亿元，物资折款2.2亿元；150.2万名党员交纳“特殊党费”4.65亿元；向灾区派出各类专业救援队伍55支、1926人；运送9000余名川籍农民工及时返乡，接收救治灾区伤员198名；建设援川过渡安置房3.72万套。中央确定山西对口支援四川茂县后，省委主要领导赴茂县调研，迅速成立对口支援工作领导组，制定对口支援方案，帮助茂县制定恢复重建总体规划和灾民住宅、交通道路等建设规划，明确援建工作时间表和责任单位，启动农村住房、交通、教育、卫生、广播电视和市政基础设施等6类21个援建项目，投入资金6.4亿元。坚持把优先解决受灾群众基本生活问题放在第一位，向茂县拨付2000万元应急救灾资金；调集专业队伍赶赴茂县清除路障、保通公路；抽调50名医务人员和卫生防疫人员赶赴茂县帮助工作，并形成轮换机制；在省内征集1900余个就业岗位安置茂县劳动力；对灾区农民自建房给予适当补助；派出青年服务队开展支学助教活动；选拔委派熟悉交通、水利工作的干部到茂县挂职工作。

（三）切实当好北京奥运“护城河”。圆满完成奥运火炬在晋传递任务。健全治安防控体系，深入开展平安创建活动，加大对重点地区和治安突出问题的整治力度。深入开展县（市、区）委书记大接访活动，把大量矛盾纠纷化解在基层和萌芽状态，实现奥运期间非正常进京零上访。坚决打击敌对势力、民族分裂势力、宗教极端势力、暴力恐怖势力和“法轮功”等邪教组织的捣乱破坏活动。扎实推进民爆等危险物品专项整治工作。健全反恐怖应急指挥体系，全面落实各项反恐怖防范控制措施，组织专门力量加强北京奥运会备降机场太原机场的安全守护，加强对向北京供电供水单位和设施的巡护守卫，加强对重点单位、要害部位、敏感区域的安全保卫，加强对重点旅游景区的安全管理，加强对消防、交通和安全生产的管理。在重点单位、重要部位落实守卫看护力量23074人。对全省设区的城市主要街道、公共复杂场所、重点区域加强武装巡逻。重视做好舆论引导工作，加强对突发公共事件新闻报道的管理，加大对舆情动态的掌控力度，先后封堵有害公众短信110余万条，处置网上违法信息2万余条，努力为奥运会营造良好氛围。开展“环境集中整治百日行动”，奥运期间全省环境空气质量创历史最好水平。

四、发展社会主义民主政治，加快依法治省进程

（一）坚持和完善人民代表大会制度，促进人大工作创新发展。支持和保证各级人大及其常委会依法履行职能，充分发挥地方国家权力机关作用。支持省人大加强制度建设，做好立法、评议、人事任免等工作。认真办理代表议案和建议，重点议案和建议由省领导领办。支持人大代表在闭会期间开展活动，组织部分全国人大代表和省人大代表就安全生产、资源型城市转型、开发区建设和高校改革发展等进行专题调研。支持人大综合运用听取和审议专项工作报告、执法检查等形式，加强对关系改革发展稳定大局和群众切身利益的重大问题的监督。

（二）坚持和完善中国共产党领导的多党合作和政治协商制度，加强统一战线建设。支持和保证人民政协履行政治协商、民主监督、参政议政职能，加强和改进政协提案、委员视察和专题调研等工作，高时效高质量办理人大代表议案建议和政协委员提案1290件。坚持和完善重大问题协商于决策之前和决策之中，规范协商内容、范围和形式。全年组织民主协商会、座谈会和情况通报会10次，就全省经济社会发展形势、干部选拔任用、学习实践科学发展观活动等重大事项进行通报和协商。以纪念中共“五一口号”发布60周年为契机，协助各民主党派省委和省工商联搞好新老交替、政治交接。进一步加强民族、宗教、侨务、对台和新社会阶层人士工作。

（三）切实加强基层民主建设。健全党组织领导下的村民自治机制，深化村务公开和民主管理，完善民主决策和监督机制。高度重视和精心组织第八届村民委员会换届选举工作。推进城市居民自治工作，改善社区工作条件。完善企事业单位民主管理，健全职工代表大会制度，推进厂务公开。乡镇综合改革深入推进，社会管理职能得到加强。支持工会、共青团、妇联等人民团体依照法律和章程独立自主开展工作。

（四）依法治省取得新进展。以“法治山西”和“平安三晋”为抓手，加强地方立法工作。加大对司法活动的监督和保障力度。根据中央部署，推进司法体制和工作机制改革。推进依法治省进程。强化社会治安综合治理，社会治安大局保持稳定。依法行政水平得到新提高。“五五”普法工作扎实推进，全社会法治化管理水平不断提高。积极开展法律援助工作，有17.8万名群众受到法律援助。司法体制和工作机制改革扎实推进，基层基础工作和司法队伍建设进一步加强。

（五）积极支持国防和驻晋部队建设。“联动——2008”等重大军事活动圆满成功，深入开展双拥共建工作和“双服务”活动，民兵预备役工作全面加强，国防动员能力有了新提高，国防建设与经济建设协调发展。

五、加强宣传思想工作，加快文化强省建设步伐

坚持把建设文化强省作为推进转型跨越崛起的重要途径和强大动力，部署实施思想文化建设“六项重点工程”，为经济社会发展提供思想保证、舆论支持、精神动力和文化条件。

（一）牢牢把握意识形态领域的领导权和主动权。着力建设社会主义核心价值体系，巩固马克思主义在意识形态领域的指导地位。大力弘扬抗震救灾精神、奥运精神和航天精神，深入进行社会主义荣辱观教育，推动行业文化建设。广泛深入开展文明和谐创建活动。举办全省道德楷模评比表彰。加强爱国主义教育基地建设，山西博物院等一批博物馆、纪念馆向社会免费开放。

（二）强化新闻宣传工作。致力于对内凝聚力量、对外提升形象，围绕纪念改革开放30周年开展宣传教育活动，精心组织抗震救灾、奥运火炬传递等大型宣传报道，弘扬了民族精神和时代精神。加强对外宣传工作，全国首家电视孔子学院在拉美地区落地播出。加大了网络宣传和管理力度。完善新闻发布制度和突发公共事件新闻报道机制，加强舆情分析研判，对突发事件的应急反应能力、对敏感问题和热点问题的引导能力进一步增强。

（三）繁荣文化事业、发展文化产业。广泛开展“迎奥运、讲文明、树新风”活动。推出一批文化艺术精品。成功举办以“奥运·大爱”为主题的平遥国际摄影大展。市县两级公共文化设施建设呈现良好势头，开工建设乡镇文化站492个，“农村

流动书库”正式启动。文物保护工作进一步加强，一批项目和传承人被列为第二批国家非物质文化遗产保护名录。深入开展“三下乡”、“四进社区”等文化服务活动，文化惠民工程取得新进展。改革创新文化管理体制和运行机制。制定《山西省文化产业发展规划纲要》，推动文化产业与旅游、信息产业联动发展，加快建设文化产业基地和特色文化产业群，一批重点文化产业项目进展顺利。

（四）加强公共文化服务体系建设。山西省图书馆新馆、山西大剧院等重点文化设施建设进展顺利。市县两级公共文化设施建设呈现良好势头。农村标准化文化室建设深入实施。农村电影放映工程、农家书屋工程、广播电视“村村通”、文化信息资源共享工程取得新进展，完成中央广播电视节目无线覆盖工程。组织开展“三下乡”、“四进社区”等文化服务活动。

六、着力改善民生，加快和谐山西建设步伐

坚持科学发展与社会和谐的内在统一，全面实施“五大惠民工程”，全年医疗卫生、教育、社会保障和就业支出分别增长37.3%、30.7%、19.3%，有效保障和改善了民生，让人民群众共享改革发展成果。

（一）扎实推进就业和社会保障工作。出台《山西省实施创业就业工程的意见》，扶持困难企业职工再就业，建立零就业家庭动态援助长效机制，引导大学毕业生面向基层就业和自主创业。全年城镇新增就业46.1万人，下岗失业人员实现再就业16.9万人，创业就业10.4万人，城镇登记失业率低于4%的年度控制目标。狠抓劳动用工监管，企业劳动合同签订率达到95%以上，劳动关系总体和谐稳定。最低工资标准进一步提高，农民工工资支付监管机制得到强化。扩大社会保障覆盖面，养老、医疗、失业三项社会保险综合覆盖率提高到81.2%。连续4年调整基本养老金。非公有制经济单位参保扩面工作加快推进。积极探索农民个人、集体、政府三方负担筹资的新型农村社会养老保险制度试点，农村社会养老保险范围继续扩大。覆盖城乡的社会救助体系基本建立，4次提高城乡低保群众保障标准和补助水平，受益群众200多万人。建立生活必需品价格与有关群体相应补贴联动机制。将企业离退休人员冬季取暖补贴由每人每年80元调整为700元。加大财政补贴力度，筹集8.4亿元资金用于供热补贴和热电联产集中供热，实现冬季供热价格不上涨。对农村义务教育阶段冬季取暖给予补助。同时，自然灾害救助成效显明，救灾社会动员系统基本形成，福利事业单位人员供养标准进一步提高。完善住房保障体系，加强和改进房地产市场调控，健全财税、土地和信贷政策，规范市场秩序，强化价格监管。调整住房供应结构，增加中低价位、中小户型普通商品住房供应，扎实推进经济适用房、廉租房、煤矿沉陷区治理和棚户区改造工程，竣工382.31万平方米、56392套，开工建设900万平方米、130065套，100个地质灾害村治理、3000户农村困难户住房试点、2400户残疾人危房改造任务全面完成。全省城镇人均住房建筑面积达到28平方米，农村人均面积达到25.96平方米。

（二）加快发展教育、卫生、体育等社会事业。推行农村义务教育经费保障新机制，在城市全面落实义务教育阶段“两免一补”政策。扎实推进农村义务教育阶段学校标准化建设。部署用3年时间，对中小学危房和存在安全隐患的校舍进行维修改造和改扩建。集中力量建设一批国家和省级示范性中等职业学校和实训基地。高等教育办学水平和质量进一步提高。新型农村合作医疗参合率达到90.4%。城市社区卫生服务机构发展到698个，覆盖城市人口790余万。乡村卫生院所改造更新力度进一步加大，改造新建80所乡镇卫生院，为部分乡村卫生院配备基本医疗设备，农村三级卫生网络逐步健全，县乡村三级机构总体达标率为70.1%。公共卫生和疾病预防控制体系不断完善，传染病疫情检测报告和预警网络直报覆盖率达100%，疾控机构向医疗机构、农村和社区卫生机构派驻传染病防控监督员到位率达96%。整顿和规范药品市场秩序，确保公众用药安全有效。全省有1/2的城市、1/3的县城达到省级卫生城市、卫生县城的标准。人口和计划生育工作进一步加强。我省运动员在北京奥运会上勇于拼搏，实现在奥运史上单项成绩奖牌“零”的突破。

（三）加强安全生产工作。深刻吸取“9·8”襄汾尾矿库溃坝事故的沉痛教训，把安全发展提升到战略高度，全力扭转安全生产被动局面。建立健全安全生产10项制度，开展安全生产专项整治，强化企业安全生产主体责任和政府安全监管主体责任，为11个市和87个重点产煤县和非煤矿山重点县选配专家型市县长助理，严格事故问责和查处，对842名安全生产事故责任人实施问责。煤炭生产百万吨死亡率0.47，比上年下降37%，为历史最好水平。治超工作取得明显成效，全省车辆超限超载率由13%下降到0.2%。

七、以改革创新精神全面加强党的建设，各级党组织的创造力、凝聚力、战斗力明显增强

（一）建设高素质的领导班子和党员干部队伍。严格执行民主集中制，完善领导班子工作机制和运行方式。省委全委会对市厅级党政正职领导干部任用实行票决制，制定《中共山西省委对党政正职领导干部任用实行全体会议票决制暂行办法》，将全委会票决范围扩大到省委、省政府工作部门正职拟任人选和推荐人选，努力提高选人用人的科学性、准确性和公正性。探索建立市县党政正职科学考评体系，研究制定科学考评党政领导干部民意调查和民主测评制度，加强对领导干部的日常教育、管理和监督，完善领导干部学习考核、干部谈话、巡视评价、报告重要事项、考核评价结果运用、考核评价责任追究和心理素质测评等方面的规定，形成较为完整的干部科学考评体系。选派57名县级党政正职到东部发达地区挂职锻炼。深化干部人事制度改革，选人用人公信度进一步提高。面向全国公开选拔28名副厅级干部，公开选拔20名优秀乡镇党委书记到省直机关任职。对172名省管干部进行交流任职。选派部分省管年轻后备干部到信访部门挂职，从省直机关选派119名优秀年轻干部到县（市、区）挂职。结合人大、政协换届，培养使用一批高素质党外代表人士。实施人才强省战略，统筹抓好以高层次人才和高技能人才为重点的人才队伍建设，加快引进我省急需的人才。加强干部选任工作监督。中央组织部首次全国组织工作满意度民意调查结果显示，我省组织工作总体评价、组工干部形象评价、干部选拔任用工作评价、防止和纠正用人不正之风工作评价等四项指标均高于全国平均分值。

（二）切实加强基层党组织建设。深入开展农村党组织“三级联创”活动。加强村级班子建设，圆满完成第八届村民委员会换届选举，74.6%的村实现了书记、主任“一肩挑”，80%以上的村“两委”干部实行了交叉任职，新当选村主任中党员占

到83%，村干部职数减少30%以上。选聘1万名优秀大学毕业生到村任职，全省70%以上的村配备了大学生干部，三年累计选聘优秀大学生村干部近2万名。从优秀村干部和大学生村干部中考录1200名乡镇公务员和县乡事业单位工作人员。认真做好国有企业党建工作，推动在非公有制经济组织、社会中介组织等“两新”组织中组建党组织。重视城市社区党建工作，推进学校、科研院所等基层党组织建设。重视流动人口以及外来务工人员较多的农村党组织建设。开展党员干部现代远程教育，扎实推进农村干部“素质提升工程”。建立健全城乡一体党员动态管理机制，新发展党员69495名，2907名流动党员纳入党员经常性教育管理服务体系。建立覆盖城乡的党员联系和服务群众网络，设立党员服务中心1657个、党员服务站5921个、党员服务点30701个。在基层党组织和党员中深入开展创先争优活动。以关心帮扶老党员、困难党员和农村基层干部为重点，推动党内激励、关怀、帮扶长效机制建设。

（三）积极推进党内民主建设。制定出台党代表任期制《实施办法》。尊重党员主体地位，落实党员权利保障条例，拓宽党员参与党内事务渠道，探索扩大党内基层民主多种实现形式，逐步扩大基层党组织领导班子直接选举范围。推进党务公开，健全党内情况通报、情况反映、重大决策征求意见、党务信息发布等制度。

（四）加强作风建设和反腐倡廉建设。深入开展党风党纪、廉洁从政和艰苦奋斗教育，建立健全干部联系点和下访制度，精简会议和文件。出台《建立健全惩治和预防腐败体系2008—2012年实施办法》，将惩防体系建设纳入巡视工作范围、干部综合评价体系和党风廉政建设责任制。加强对党的路线方针政策特别是科学发展观贯彻落实情况的监督检查，组织开展执法监察项目656项，查处行政效能投诉案件875件。深入开展警示教育，加强廉政文化建设。深入推进农村基层党风廉政建设，切实纠正损害群众利益的不正之风。加强国有企业反腐倡廉工作。引深治理商业贿赂工作。煤焦领域反腐败专项斗争取得阶段性成效，收缴各类违规违纪违法资金82亿元，在建立健全惩治和预防煤焦领域腐败现象长效机制方面取得重要进展。坚决查处权钱交易和官商勾结、官煤勾结等违纪违法行为，保持惩治腐败高压态势。全省各级纪检监察机关立查案件6575件，处分党员干部7419人，其中市厅级干部10人，县处级干部232人，挽回经济损失1.38亿元。完善纪检监察派驻机构统一管理，将巡视工作延伸到县（市、区）一级。深入推进农村党风廉政建设。对落实党风廉政建设责任制不力的1829人、治超不力的639人进行了责任追究。出台《山西省预防职务犯罪工作条例》。重视信访举报工作，开通“12388”专用举报电话。探索建立行政审批电子监察系统。

（省委办公厅综合处）

·组织工作·

【干部工作】 建立完善干部科学考评体系。2008年各级党委和组织部门，按照科学发展观的要求，积极探索建立了市、县党政正职科学考评体系，使地区的科学考评与干部业绩的考评紧密挂钩，形成了促进科学发展的用人导向。这一考评体系，主要从考核评价市县经济社会发展情况、政治建设和党的工作情况、党政主要领导干部个人表现情况等方面入手，设置了经济社会发展、政治建设和党的工作考核指标体系、民主测评评价体系、民意调查评价体系4个方面60多项考评指标。考评办法采取分项考核、量化评分、综合评价的方式，最终对市县党政主要领导干部进行综合评分和排序，作为干部日常考核工作的重要依据。市、县党政正职科学考评体系，与已经建立的百分制量化考核办法、领导干部心理素质测评办法共同形成了一个较为完整的干部科学考评体系。

同时，在深入调研的基础上，针对山西科学发展提出的新任务新要求，进一步建立完善体现科学发展观要求的干部考核评价体系的思路及措施，实现“五个转变”，即在考评内容上实现由单方面考评到全面综合考评的转变；在考评形式上实现由静态固定考评模式到动态多样考评形式的转变；在考评工作重点上由重任职前考评到任职考察与平时考核相结合转变；在考评方法上实现由封闭神秘方式向民主公开方式的转变；在考评工作环节上实现由偏重考评过程到兼顾结果运用的转变。抓住开展学习实践科学发展观活动的有利时机，针对存在的突出问题，着重从制度和机制层面入手，在巩固完善已有制度成果的基础上，建立和完善干部平时考核制度、民意调查制度、民主测评制度、干部学习考核制度、谈话制度、巡视评价干部制度、领导干部重要事项报告制度、考评结果运用制度、考评责任追究制度、干部心理素质测评制度等10个方面的相关配套制度。

构建竞争性选人用人机制。一是进一步健全全委会票决领导干部制度。对12名市级党政正职（5名市委书记、7名市长）进行了全委会票决。认真总结对市级党政正职任用实行全委会票决的经验，将全委会票决的范围扩大到省直党委、政府工作部门正职（含省级领导担任正职部门的常务副职）的拟任人选和推荐人选，扩大了干部工作中的民主。二是建立“一报告两评议”制度。各市、县（市、区）委在党委常委会向全委会报告工作时，就本年度干部选拔任用工作情况，加强基层党组织建设、发挥基层党组织作用、服务新农村建设的情况作出专题报告，并在全委会委员中对干部选拔任用工作和抓基层党建工作进行民主评议，部分市还对当年新提拔的党政主要领导干部进行民主测评。三是继续推行公开选拔工作。面向全国公开选拔了28名副厅级领导干部和企业领导人员。整个公选工作从4月22日着手启动，经过公告、报名、资格审查、笔试、面试、确定考察对象、组织考察、讨论决定、任前公示等环节，到7月11日公示结束，历时两个多月。通过公选，28位学历高、素质好、能力强的优秀年轻干部走上领导岗位。同时，指导和推动全省各级党委积极面向社会公开选拔领导干部，加大基层干部的选拔力度，逐步建立起了竞争性选人用人机制。为切实加强煤矿和非煤矿山安全生产，为全省11个省辖市、87个重点产煤县（市、区）和非煤矿山重点县（市、区）各配备市、（县、市）长助理职数1名，协助分管安全生产的副市长、副县（市、区）长做好本行政区域煤矿和非煤矿山安全生产工作。四是加大了干部交流力度。集中对市一级公安局长进行了大范围的交流使用，交流干部占到新老市公安局长的64.2%，其中省公安厅和市公安局之间交流4名，跨市交流的市公安局长6名。同时，加大了对纪委、组织、法检等重要岗位干部的交流力度，使干部队伍结构得到优化。

构建基层一线党政干部选拔培养链。一是突破壁垒，精心选拔优秀基层干部到各级党政机关。面向全省开展了优秀村干部中考录1200名乡镇公务员和事业单位工作人员。打破常规，首次面向全省选拔30名优秀乡镇（街道）党委书记到省直机关任副处长，任职单位涉及省委组织部、省委宣传部、省委政法委、省委政研室、省发展和改革委员会、省经济委员会、省教育厅等28个省直部门单位。二是导向向下，选派优秀年轻干部到基层培养锻炼。大规模开展选派优秀年轻干部到县（市、区）挂职锻炼工作。从报名的900多名省直机关干部中认真遴选出119名综合素质较高、具有发展潜力和培养前途的优秀年轻干部到全省119个县（市、区）挂职。同时，选派57名县（市、区）党政正职到沿海挂职，选派10名省管年轻后备干部到信访部门挂职，选派2名优秀年轻干部到地震灾区挂职。在前两年工作的基础上，继续选聘了1万名大学毕业生到村任职，三年累计选聘大学生“村官”2万多名，基本实现了一村一名大学生“村官”目标，为社会主义新农村建设注入了新的生机和活力，为党的事业发展培养储备了一大批后备人才。三是政策保障，逐步形成了来自基层一线的干部选拔培养链。对从基层一线选拔的干部和选拔到基层的干部，各级党委根据其不同的经历和特点，因才施用，充分发挥他们的长处，做到人岗相适。各级组织部门实行全程跟踪管理，建立台账，每年进行一次跟踪考察。对干部配偶、子女就业、上学以及住房等问题予以优先照顾安排，积极解决选拔干部的后顾之忧。各地建立了挂职干部学习帮带制度、工作报告制度、考核反馈制度、自律监督制度，全面促进下派挂职干部发挥作用、锻炼成长。与此同时，制订和完善“党政领导班子建设规划”、“党政后备干部队伍建设规划”、“进一步深化干部人事制度改革规划”等，使之成为党的事业培养锻炼干部的长远之举，逐步形成从基层一线选拔培养干部的长效机制。

（李焱平）

【干部教育培训】 围绕中心，坚持用科学发展观武装党员干部。2008年，全省各级党校充分发挥主阵地、主渠道作用，以科学发展观、党的十七大精神和十七届三中全会精神为重点，对各级各类干部进行了普遍轮训。省、市、县三级共培训115万人，其中党政干部19万人，企业经营管理人员16万人，县处级以上干部15000人。深入学习实践科学发展观活动开展后，结合学习实践活动全面加强党员干部教育培训。开通了山西省党员干部学习实践科学发展观活动在线学习网，为广大干部提供6000多小时的学习课件，刊登要闻、简报、言论、体会、图片等近5000条，设立了在线互动专栏，请领导和专家为广大网友在线答疑。通过学习培训，进一步深化了广大党员干部对科学发展观的理解和把握，贯彻科学发展观的自觉性和坚定性明显增强。同时，结合新增万名大学生村干部实际，通过采取集中轮训、分片授课等形式，加强对大学生村干部进行思想政治培训、能力素质培训、形势任务培训和警示教育，对1万余名大学生村干部进行了一次不少于5天的任前集中培训。结合中央和国家部委制定的培训计划，共为中组部和中央部委选调干部295人次，分别参加了118期培训班。

创新模式，增强干部教育培训的针对性和实效性。推进资源整合，逐步实现与国家级培训机构共建共享。开发高等院校培训资源，与省内外15所高校建立了稳定的合作关系。进一步加大主体班次改革力度，确立了以学员为主体、以需求为导向的开放培训理念，实行“双向开放”（培训内容、方式、机构向干部开放；培训项目向各类培训机构和实践基地开放），合理安排培训内容，提高了培训的针对性和实效性。探索开展了形式多样的培训模式，进一步加大了自助式、订单式培训力度，加大了案例教学、情景模拟教学、体验式教学比重。建立了主体班次延伸培训制度，把培训需求与院校特长有机结合，将部分课程放到国家级培训机构进行。制定了《关于加强干部学习培训管理和考核的规定》，强化对接受教育培训干部的管理考核。

科学规划，加大对干部教育的宏观管理力度。结合山西实际，制定出台了《山西省科学发展干部培训计划（2008—2012年）》，明确提出今后五年山西新一轮大规模培训干部工作计划。各地各部门也结合实际情况，制定了2008至2012年干部教育培训工作规划。以《干部教育培训工作条例（试行）》为指导，进一步完善干部教育培训工作制度，坚持干部培训计划审批和统一调训等项制度，加强对干部教育培训工作的管理、监督和考核。

（李焱平）

【人才工作】 科学规范指导全省人才工作。2008年，各级党委和组织部门，进一步加强人才强省的战略规划，全面开展了“人才工作体制机制创新热点难点问题研究”和“创新人才工作机制”、“服务‘三个发展’”课题调研活动。坚持工作部门与专家顾问相结合，坚持部门与科研院校相结合，坚持学习借鉴国外省外先进理念与山西经济社会发展需求相结合，全面开展《山西省人才发展规划纲要（2009～2020）》编制工作。积极着手编制《山西省人才发展战略规划蓝皮书》，作为规划的成果向全社会发布。

积极组织高级专家投身一线服务经济社会发展。围绕省委、省政府中心工作，开展了“省委联系千名、市（厅）级党委（党组）联系万名高级专家”的工作。动员组织省里联系的826名高级专家组成省级专家服务团，直接投入到调整产业结构、推进发展服务业、循环经济、节能减排、新农村建设等经济社会发展的主战线、克难攻坚的主战场，为山西经济社会又好又快发展注入强劲动力。省政府有关职能部门拿出131个重要项目和课题与专家服务团进行对接，目前已解决了50多个技术难题，近100名中央驻晋单位的专家把本系统中的科研成果运用到山西的关键项目；还有近200名高等院校的专家承担了攻坚的研究课题，取得了一批生产和技术成果。同时，全省11个市和省直各部门、各单位党委也全面完成了联系1万名高级专家的任务，使联系高级专家工作向基层延伸，为基层服务，从而使山西初步形成了“省、市、县”三级党委联系高级专家和优秀人才的新工作格局。

广泛吸引各方人才参与建设。继续举办“清华大学博士山西服务月”活动，清华大学63名博士生与山西9个市、6个省直部门所属的31个单位，在节能减排、保护环境等41个项目上开展为期6周的服务，在促进经济发展和科技进步中做出新成绩。省委、省政府继续在太原举办招才引智活动，共拿出13028个岗位来留住和用好本地高层次人才。（李焱平）

【基层党组织建设】 充分发挥各级党组织的战斗堡垒作用和广大党员的先锋模范作用，在抗冰救灾、抗震救灾中做出贡献。2008年，面对重大自然灾害，全省组织部门按照中央的部署和省委的要求，以高度的政治责任感和紧迫感，积极动员和组织全省各级党组织和广大党员干部全力支援抗冰救灾、抗震救灾，为打赢抗冰救灾、抗震救灾硬仗提供了坚强的组织保证。特别是在四川汶川特大地震灾害发生后，全省各级组织部门按照中央组织部的要求，坚持自觉自愿的原则，不定额度，不搞摊派，认真做好接收“特殊党费”工作。全省150.2万名党员踊跃交纳“特殊党费”4.65亿元。同时，认真做好评比表彰抗震救灾先进基层党组织和优秀共产党员工作，宣传抗震救灾先进基层党组织、优秀共产党员的先进事迹，弘扬伟大的抗震救灾精神。

围绕社会主义新农村建设，进一步加强农村基层党组织建设。以全省第八届村民委员会换届选举为契机，进一步加强农村“两委”班子建设。从省、市、县、乡选派35000多名干部深入基层一线指导换届工作。各级党委切实加强党对农村换届工作的领导，发扬民主，依法办事，有序推进换届工作。截至12月21日，全省有17106个农村依法完成换届选举，占应换届村的60.66％。一大批政治素质好、群众信得过，有知识、有文化、带头致富和带动群众致富能力强、热心为群众服务、办事公道、群众公认的人才进入村委会领导班子。同上届同期比较，村“两委”班子成员中党员、低年龄、高学历、团支部书记、妇女干部比例明显提高，结构进一步优化；村“两委”成员交叉任职、村党支部书记与村委会主任“一人兼”比例都有不同程度的提高。特别是各级党委出台鼓励措施，积极引导大学生村干部参与换届选举工作，全省共有1200多名大学生村干部通过选举进入或者连续进入村“两委”班子，其中当选村委会主任的有30人，为基层党组织建设增添了新的活力。与此同时，通过合理设定村干部职数、推行交叉任职、合并行政村、调整村级组织设置等措施，精减了村干部职数，减少了村级财务支出。

着力加强国有企业、“两新”组织以及学校、科研院所等领域的基层党组织建设。指导和督促国有企业党组织搞好换届选举工作，太钢集团、同煤集团、潞安集团等98个国有企业进行了换届选举。继续落实国有企业领导人员“双向进入、交叉任职”的工作机制，截至2008年6月底，省、市、县三级直接管理的168家大中型公司制企业中，党委书记和董事长一人兼的占53％，党委成员进入董事会和监事会的占71.1％，保证了企业党组织有效参与重大问题决策，充分发挥政治核心作用。重点抓好规模以上非公有制企业党组织的组建工作，全省规模以上非公有制企业党组织已经实现了100％的组建率。对包括律师行业在内的新社会组织党建工作进行了安排部署。全省依法登记的新社会组织共有2250多个，从业人员28700多名，其中建立党组织的有3340个，党员有3540多名。全省398家律师事务所，有53家建立了党支部，占总数的13.3％；全省3160名律师中，有党员945名，占律师总数的29.8％。

积极探索建立城乡党的基层组织互帮互助机制。借鉴外省经验和做法，结合山西实际，制定了《关于加快构建城乡统筹基层党建新格局的意见》。按照中组部的部署要求，选择了8个经济社会发展状况良好、党建工作基础扎实的城区，按照地域相近、工作互补的原则，分别与8个经济社会发展比较落后、党建工作基础相对薄弱的乡镇开展互帮互助、结对共建活动，推动城乡党的基层组织协调发展。以关心帮扶老党员、困难党员和农村基层干部为重点，推动党内激励、关怀、帮扶机制建设。

加强以民主集中制为主要内容的党组织制度建设。认真做好各级领导班子民主生活会的安排部署和指导检查工作。积极推进党代会常任制试点工作，在已有3个县区试点的基础上，根据城市、城郊、农村等不同类型又选择了9个县（市、区）进一步扩大党代会常任制试点范围。广泛征求意见，制定出台了《山西省关于党的代表大会常任制试点工作方案》、《中共山西省委关于〈中国共产党全国代表大会和地方各级代表大会代表任期制暂行条例〉的实施办法》。（李焱平）

【党员教育管理工作】 在教育培训上探索新方法。为适应“大规模”的党员教育数量与“大幅度”的党员培训质量要求，在全省实现了网络全覆盖。2008年，全省远程教育网共储备了9000多小时的在线资源，建立起了稳定的农村远程教育网络操作员队伍。据统计，全省远程教育网开通以来，已累计培训农村党员干部和群众2500万多人次，其中党的十七大精神的学习培训500万多人次，使培训工作做到了政治理论与经济知识相结合、形势任务与实用技能相结合、组织规定与自主选择相结合、分类办班和因村施教相结合、集中培训与经常教育相结合，增强了党员培训的针对性和实效性。

在发展党员上形成新机制。各级党组织在严格执行发展党员预审制、公示制、票决制、责任追究制等制度的同时，积极探索，大胆创新，推行以群众推荐为基础的发展党员工作新机制，促进了发展党员工作的民主化和规范化。与此同时，各级党组织加大在农村、高校以及非公有制企业中发展党员的工作力度，坚持向生产工作一线倾斜，向35岁以下青年倾斜，向高知识群体和人才队伍倾斜，突出发展重点，不断改善党员队伍结构和分布。据党内年报统计，全年新发展党员6.94万多名，其中发展生产、工作一线党员4.5万多名，占发展党员总数的64.77％；发展高中以上文化程度党员5.96万名，占发展党员总数的85.76％；发展35岁以下青年党员5.21万多名，占发展党员总数的75.01％；发展妇女党员2.45万多名，占发展党员总数的35.27％，党员队伍结构进一步改善，分布更加趋于合理。

在管理模式上取得新进展。积极探索建立城乡一体化的党员动态管理机制。将外来的2.9万多名（100％）流动党员及时编入基层组织，纳入党员经常性教育管理服务体系。在此基础上，运用“持证”、“入库”、“上网”等方式，切实加强流动党员教育管理工作。“持证”就是确保流动党员持证流动。全省3.95万多名流出党员领取了《流动党员活动证》，占流出党员总数的95％。“入库”就是在基层党委建立流动党员管理数据库，每季度修改、充实一次，确保准确地掌握流动党员的情况。全省基层党委共建立流动党员基本信息库2284个。“上网”就是在网上开辟流动党员教育管理的阵地。在加强管理服务的同时，全省各级党组织逐步建立起了城乡党的基层组织互帮互助机制和党内激励、关怀、帮扶机制。

在服务群众上实现新要求。建立覆盖城乡的党员联系和服务群众网络。全省共设立党员服务中心1657个、党员服务站5921个、党员服务点30701个，搭建党员联系和服务群众的有效平台。在农村、城市街道社区普遍开展了党员“联户扶贫”、“公开承诺”和无职党员“设岗定责”等主题实践活动。在党政机关、事业单位中开展了“联企帮困”活动，全省有3766个机关、事业单位党组织与2817个困难企业结对帮扶，党员与困难群众结成帮扶对子42.5万个，帮助困难群众46万多名。

（李焱平）

【组织部门自身建设】 理论武装与思想

教育并重，在增强党性观念、发挥表率作用方面取得新进步。2008年，各级组织部门以十七大和十七届三中全会精神及党章、中国特色社会主义理论体系特别是科学发展观为主要内容，通过中心组学习、个人自学、交流研讨、播放专题电教片、举办专题讲座、参加党校跟班培训和省外培训等形式，有针对性地开展学习研讨，不断加强党性教育。全省各级组织部门选派干部参与先进性教育、学习实践科学发展观活动、市县领导班子换届等各项中心工作，培养大局意识和全局观念。省委组织部研究制定了《关于年轻干部到省委组织部工作锻炼的暂行办法》，每年从基层组织人事部门抽选一批年轻干部到部机关进行为期一年的工作锻炼。

广泛听取意见与切实整改相结合，在解决突出问题、提高组织工作满意度方面取得新成效。全省组织系统紧密联系本地本部门工作实际，集中开展了“改革创新大讨论”，深入进行思想发动，认真研究分析解决组织系统影响改革创新的突出问题，不断增强组工干部服务科学发展、锐意改革创新、争做带头表率的意识，提升组织工作的整体水平。坚持“开门搞活动”，各级组织部门普遍通过召开座谈会、登门走访、问卷调查、网上信箱、公布热线电话等多种形式广开言路，广泛听取下级组织部门、工作对象、干部群众和社会各界的意见建议。省委组织部先后2次委托有关部门进行组织工作群众满意度调查，面向社会发放调查问卷5000余份。深入学习实践科学发展观活动开展后，省委组织部组织开展了“创新组织工作，服务‘三个发展’”专题调研活动，由部领导围绕8个重点课题赴各市、县（市、区）进行调研，广泛听取社会各界对组织工作的意见，认真查找组织工作服务科学发展存在的突出问题，深刻分析原因，提出思路和对策，为进一步建立完善组织工作服务科学发展的体制机制奠定了基础。

从严管理与竞争激励相结合，在严肃纪律、健全制度中巩固组工干部新形象。省委组织部坚持从严治部、从严律已，从严带队伍，制定了《中共山西省委组织部工作规则》、《部机关工作人员记录工作日志办法》等制度规定，制定并严格执行部机关工作人员外出执行公务规定、部机关工作人员保密守则等纪律要求。各市、县组织部门也纷纷建立健全工作运行、内部管理、纪律约束等制度，形成了“按规矩办事、用制度管人”的良好局面。与此同时，组织部门通过推进机关干部人事制度改革，建立激励组工干部锐意创新、积极进取的良性机制。省委组织部采取“竞争择优，末位淘汰”的方法，考录了14名机关工作人员；拿出3个副处长岗位，面向全省优秀乡镇党委书记进行考录。各市、县组织部门也普遍开展了岗位练兵、交流轮岗、竞争上岗、挂职锻炼等工作。

（李焱平）

·宣传思想工作·

2008年，全省宣传思想文化战线高举旗帜、围绕大局、服务人民、改革创新，在省委、省政府的领导下，认真贯彻落实全国和全省宣传思想工作会议精神，按照年初确定的“一条主线、两个契机、六项重点工程、九个方面工作”的总体布局，即以紧紧围绕兴起学习宣传党的十七大精神的热潮，推动文化大发展大繁荣为主线；

抓住纪念改革开放30周年、迎接奥运会两大契机；

突出理论武装工程、核心价值体系建设工程、文明和谐创建工程、文化惠民工程、文化产业发展工程、山西形象提升工程等六大工程；九方面工作：

1. 以统一思想凝聚力量为着眼点，进一步把学习宣传贯彻党的十七大精神引向深入；

2. 以巩固共同思想基础为目标，大力开展中国特色社会主义理论体系宣传普及活动；

3. 以建设社会主义核心价值体系为根本，不断增强社会主义意识形态的吸引力和凝聚力；

4. 以服务全省大局为主要任务，进一步形成又好又快发展的浓厚舆论氛围；

5. 以加强思想首先建设和深化文明和谐创建为途径，努力提高公民素质培育文明风尚；

6. 以构建比较完备的公共文化服务体系为抓手，切实保障人民群众的文化权益；

7. 以增强文化发展实力为宗旨；推动文化产业健康快速发展；

8. 以“奥运大运”为主题，开展“建设新山西、展示新形象”对外宣传系列活动；

9. 以转变作风提高素质为重点，加强队伍建设。

牢牢把握正确导向，着眼于对内凝聚力量，对外提升形象，发挥了重要作用，取得了明显成效。

一是用科学发展观指导实践的自觉性进一步提高。大力宣传党的十七大精神和十七届三中全会精神。推动深入学习实践科学发展观活动，组织开展“继续解放思想，推动科学发展”大讨论。制定《关于进一步加强和改进党委（党组）中心组学习的实施意见》，各级党委中心组在深化理论学习、解决实际问题、提高工作成效上出现了新面貌。召开理论工作会议，制定社科规划，表彰第五次社会科学优秀研究成果。围绕纪念改革开放30周年，举办理论研讨活动。围绕推动转型发展、安全发展、和谐发展开展研究，《科学发展观在山西的实践系列丛书》等受到好评。

二是积极向上的社会舆论进一步形成。坚持团结、稳定、鼓劲，正面宣传为主，不断强化主流舆论。精心组织重大战役宣传。特别是集中力量组织抗击低温雨雪冰冻灾害、抗震救灾、奥运火炬传递和奥运会、残奥会的宣传报道。围绕山西发展大局，宣传我省在调整经济结构、改善民生、节能减排、环境治理、安全生产、治超限超，以及宣传文化建设“六项重点工程”等方面取得的成效。推动各市和省直各委、办、厅、局新闻发言人队伍建设，建立重要政务信息新闻发布制度，妥善处置突发事件的新闻宣传。加强和完善新闻宣传管理，组织开展“新闻管理规范年”和规范新闻采访秩序“百日整治”活动，整治互联网低俗之风，较好地把握了舆论导向。

三是奋发向上的精神动力进一步增强。开展社会主义核心价值体系理论研究、舆论宣传、社会实践、文化推进活动，开展“迎奥运、讲文明、树新风”主题活动和奥运志愿者服务活动，深化群众性文明和谐创建，推进大学生和未成年人思想道德建设，评选表彰十大系列公德人物，推动廉政文化、行业文化、安全文化建设和“扫黄打非”专项整治系列活动，加强爱国主义教育基地建设，长治市等一批单位进入全国文明创建先进行列，太原市等一批未成年人思想道德建设典型受到中央文明委的表彰。

四是文化事业进一步繁荣。全省文化基础设施建设进展顺利。广播电视“村村通”工程、文化信息资源共享工程、乡镇文化站建设工程、农村电影放映工程、农家书屋工程持续推进。“三下乡”（文化、科技、卫生）、“四进社区”（科教、文体、卫生、法律）活动深受群众欢迎。文化产品的创作生产保持了良好态势。专题片《精彩山西》《西口在望》、电视剧《走西口》《黑金地的女人》、报告文学《晋人援蜀记》等影响广泛，《喜耕田的故事》续集、《李双良》《天地民心》等已摄制完成。京剧《晋德裕》（原名《走西口》）进入国家舞台艺术精品工程预选名单，一批艺术精品和优秀图书、优秀人才获奖。启动《三晋文库》的策划出版工作。重点文物和非物质文化遗产保护工作稳步推进。

五是文化产业发展步伐进一步加快。召开全省文化体制改革推进工作会议，开展全省优秀文化企业评选活动。组织起草《山西省文化产业发展规划纲要（2008—2015）》等重要文件。山西出版传媒产业园区、山西日报报业集团印报基地建设进展顺利。太原高新区动漫产业基地、瓦窑文化创意产业园的建设也将进入实施阶段。广灵剪纸产业园被文化部命名为国家文化产业示范基地。组织参加了第四届中国（深圳）国际文化产业博览交易会等活动。

六是新基地新山西的良好形象进一步确立。组织了中部六省（山西省、河南省、湖北省、湖南省、安徽省、江西省）新闻媒体巡回采访活动、中部博览会新闻宣传报道、第三届网络媒体山西行等重大对外宣传活动。加强对外文化交流，黄河电视台北美卫视在拉美地区落地播出，电视孔子学院试播。以“奥运·大爱”为主题的2008平遥国际摄影大展、“我们的节日·清明节”、“中国画·画中国——走进山西”等主题活动成功举办。组织开展我省迎奥运对外宣传工作和文化活动，产生了积极的影响。实施迎奥运“采访线工程”。一批文化产品和活动在奥运期间赴京展演，受到广泛好评。　（刘剑锋）

·信访工作·

2008年，山西省信访局紧紧围绕转型发展、安全发展、和谐发展，将“迎奥运、促和谐、保稳定”作为工作主线，切实在理顺体制机制，完善制度办法，强化工作责任，狠抓任务落实上下功夫、求突破，实现了“两降一退一好转”的工作目标，即进京非正常上访和到省委、省政府机关门口的无序上访明显下降，进京非正常上访在全国的位次明显后退，信访秩序明显好转。全年，受理群众来信来访51163件（人）次，同比下降了30.4%。其中，来信12782件，同比下降了13.2%；接待来访9268批次、38381人次，同比分别下降了42%和34.7%。其中，个体访8019批次、11300人次，同比批次和人次分别下降了43.9%和57.8%；集体访1249批次、27081人次，同比批次和人次分别下降了26%和15.2%。

在全省组织开展了县（市、区）委书记大接访活动，各市、县按照中央和省委的要求，坚持每周接待一次，认真做好公示、接访、包案、落实四个环节，有些市将接访活动上扩展到市级领导，下延伸到乡级领导，加大了领导接访的力度，提高了接访效果。2008年全年县级领导干部接待来访群众27513批次、100638人次，解决信访事项18452件。

开展了省、市、县三级机关干部下访督导活动，省市县三级共派出1715个工作组、16000多名机关干部下访督导，共协调解决信访突出问题995件，督办重点信访事项2406件，确保了县（市、区）委书记大接访活动的顺利开展。

开展了重信重访专项治理活动，向各市和省直单位交办了1644件重信重访案件，96.3%案件已办结；70%的重信重访人员息诉罢访。全省共处理信访突出问题3000余件，省、市、县三级领导包案解决857件。省信访局协调解决了跨地区、跨部门、跨行业的“三跨”案件86件，使12000余人稳定在当地。

注重矛盾纠纷排查化解工作。近年来，省信访局着力完善省、市、县、乡、村五级工作网络，深入开展矛盾纠纷排查化解活动，把大量矛盾纠纷化解在初始阶段、解决在当地基层。特别是奥运会期间，全省排查出重点问题和隐患12000多起，化解了大量不稳定不和谐因素，有效防范了大规模赴省进京聚集上访和群体性事件的发生。

信访工作机制进一步完善。省联席会议着眼于建立完善信访工作的长效机制，在认真总结经验的基础上，从源头预防、解决问题、劝返接回、工作考核、责任追究等方面，制定出台了《信访源头预防和评估工作制度》、《矛盾纠纷排查化解工作制度》等九项长效工作机制。省公检法司、信访等五家单位联合出台了《依法处置信访活动中违法犯罪行为的意见》，进一步促进了信访工作和信访秩序的规范。各地各有关部门也立足自身实际，探索建立了许多符合实际、行之有效的制度办法，有力推进了全省信访工作的经常化、制度化、规范化和法制化进程。

赴省进京非正常上访得到有效控制，特别是后半年，派驻了驻京工作组，进京非正常上访明显下降，实现了省委提出的奥运会期间进京非正常“零上访”的目标，为确保全省社会和谐稳定、确保北京“奥运会”、“残奥会”成功举办做出积极贡献，受到中央联席会议、国家信访局、中央督导组的肯定和表扬。省信访局被省委、省政府评选为“保障奥运会残运会先进单位”。　（山西省委省政府信访局）

纪检·监察

【惩防体系建设工作】　2008年，省委、省政府把贯彻落实中央《建立健全惩治和预防腐败体系2008－2012年工作规划》作为贯彻党的十七大精神、加强反腐倡廉建设的重要政治任务，深入学习宣传，认真组织实施，并紧密结合实际出台了《山西省建立健全惩治和预防腐败体系2008—2012年实施办法》；7月11日，省委、省政府召开电视电话会议，对贯彻落实中央《工作规划》和山西《实施办法》作出专门部署。针对重点领域、重点部位暴露出的突出问题，省委决定以集中开展煤焦领域反腐败专项斗争、加强农村党风廉政建设为重点，全面推进惩防体系建设。省纪委监察厅充实惩治和预防腐败体系建设领导机构和办事力量，加强组织领导；全面分解工作任务，将省直各部门、单位承担的165项任务细化分解到44个牵头单位和57个协办单位，将省纪委监察厅牵头和协办的142项任务分解到机关各厅室，确保责任落实；组织三次大规模的纪检监察系统领导干部学习贯彻《工作规划》培训班，切实提高了各级纪检监察干部推进惩防体系建设的能力；将惩防体系建设纳入巡视工作范围、干部综合评价体系和党风廉政建设责任制考核内容，为惩防体系建设任务的落实提供了保证机制。各市和省直部门、单位切实担负起领导惩防体系建设的政治责任，结合落实《工作规划》的新任务，及时成立领导机构，制定工作方案，作出具体部署，坚持与本地区经济社会发展总体规划和本部门业务工作一起部署落实、一起检查考核，推动了惩防体系建设的不断深入。全省各市、各部门、各企事业单位普遍制定了具体实施办法，加强领导，明确责任，细化措施，扎实推进相关工作的落实。各级纪检监察机关积极发挥组织协调作用，切实加强监督检查，全省惩防体系建设在教育、制度、监督、改革、纠风、惩治各方面整体推进，不断取得新成效。（牛彦方）

【执法监察工作】 2008年，全省纪检监察机关结合山西实际，围绕省委、省政府“四大攻坚”、“四大支撑”和“五大惠民工程”的实施，紧紧围绕推进依法行政，重点抓了对《环境保护法》、《安全生产法》、《矿产资源法》、《土地管理法》和《招标投标法》贯彻落实情况的监督检查，确保这些重要法律法规的贯彻执行。2008年共组织开展执法监察项目656项，协助建章立制904项，提出监察建议1621条，立查案件1709件，处理有关责任人员2278人，挽回和避免经济损失1.59亿元。针对安全责任事故易发多发的状况，在全省深入开展对安全生产法律法规执行情况的监督检查，开展尾矿库等安全生产专项监督检查工作，依法追究有关人员的责任。特别是配合国务院调查组严肃调查处理了襄汾县新塔矿业有限公司“9·8”特别重大溃坝事故和娄烦太原钢铁集团尖山铁矿“8·1”排土场垮塌事故，深挖隐藏在事故背后的腐败问题；深入调查了汾阳市私挖滥采问题，对相关的5名责任人员进行了处分，在全力扭转安全生产被动局面上发挥出应有作用。对省政府挂牌督办的45项安全生产重大项目进行了跟踪检查和严肃查处。重点开展了对价格调控和节能减排政策执行情况的监督检查，集中开展了环境保护、国土资源管理以及侵害农民利益等方面的专项监督检查。省纪委、省监察厅召开新闻发布会向社会公布了这一情况，收到了良好的政治和社会效果。围绕完善工程建设项目招标投标监督机制，进一步加强对工程建设领域重点环节的执法监察。加强对土地调控政策落实情况和矿产资源开发秩序的执法监察，促进经济社会又好又快发展。进一步加大整顿和规范市场经济秩序的专项执法监察力度，促进和谐山西建设。“5.12”汶川大地震以后，大力加强抗震救灾资金物资专项监管工作，严肃党纪政纪，及时向社会公开资金物资的募集、调度和使用情况，确保救灾款物真正用于灾区和受灾群众。（牛彦方）

【行政效能监察工作】 2008年，各级纪检监察机关紧紧围绕党的十七大提出的加快行政管理体制改革、建设服务型政府的要求，积极开展行政效能监察工作，促进行政机关转变职能、理顺关系、优化结构、提高效能。全年共查处行政效能投诉案件875件，责任追究1635人。会同省直有关部门对淘汰落后产能、住房建设、城乡规划、住房公积金、生态建设和地区经济社会发展考核评价数据质量等方面进行专项监察，对“两区”开发项目、沪洽会、港洽会、珠洽会和煤博会等重大签约项目的落实及建成达效情况进行跟踪监察，对省政府承诺的十件实事落实情况进行监督检查，有效地服务和保障了新基地新山西建设。开展了对抗击南方雨雪冰冻灾害和抗震救灾资金物资管理使用情况的监督检查。围绕“平安奥运”，认真开展矛盾纠纷排查化解和重信重访专项治理，实现了奥运期间零集体访的目标。12月，成立了山西省扩大内需、促进经济增长政策落实工作领导组，针对应对国际金融危机，重点对中央扩大内需、促进经济增长政策措施执行情况，对新增项目资金安排和使用状况进行监督检查，取得了积极成效。围绕“进一步改进机关作风，转变政府职能，提高行政效率”的要求，对省直42个厅局、11个市政府办公厅和158个市直、县直机关工作作风、工作纪律、工作效率情况进行了明察暗访。并对有关工作人员态度冷硬、办事推诿拖拉、敷衍塞责、无故脱岗、不作为、慢作为等影响机关效能的行为分别予以告诫、诫勉谈话、组织处理等处理，并追究了相关领导人员的管理责任，有效遏制了政府机关“懒散慢”的不良习气，对维护工作纪律、树立良好风气、创优发展环境发挥了积极作用。（牛彦方）

【反腐倡廉宣传教育工作】 2008年，全省纪检监察宣传教育部门开展了“学习贯彻十七大精神、推动反腐倡廉建设”理论研讨暨征文活动等，大力宣传党的十七大关于加强反腐倡廉建设的新要求，把学习贯彻党的十七大精神引向深入。结合学习贯彻党的十七大精神，坚持以领导干部为重点，深入开展理想信念、党风党纪、廉洁从政和艰苦奋斗教育，深入开展社会主义核心价值体系教育，深入开展严肃政治纪律教育。在全省党风廉政建设干部大会上，结合王月喜、苗元礼、宋建平三起典型案件，对全省党政领导干部进行了深入的廉政警示教育。大力选树勤政廉政典型，以加强作风建设为重点，深入总结、宣传推广右玉精神。省纪委监察厅在掌握当地实际情况，充分研究论证的基础上，形成了《中共山西省纪委关于“学习右玉精神、改进工作作风”的决定》，并于9月1～2日在右玉县召开了全省纪检监察系统学习宣传“右玉精神”现场会，使党员干部受到深刻的示范教育。圆满完成了中央纪委部署的全国学习贯彻《工作规划》知识答题活动的任务。全省应参加答题活动的党员干部参与率达99.8%；应参加答题活动的省级干部参与率达100%；应参加答题活动的厅级干部参与率达99.5%，山西在此项活动中获优秀组织奖，并在全国学习贯彻《工作规划》知识答题活动总结座谈会上作了经验交流。命名了八路军太行纪念馆、中共太原支部历史纪念馆等廉政教育基地，加强了廉政教育载体建设。举办了全省第七届反腐倡廉“好新闻奖”和“优秀栏目奖”评选活动，编印了《山西省第七届反腐倡廉好新闻作品集》，创编了《山西宣教信息》网络版，组织开展了全省“焦煤杯”反腐倡廉书画展活动，都收到了良好效果。（牛彦方）

【领导干部廉洁自律工作】 2008年，全省纪检监察机关坚决维护党的政治纪律，加强领导机关和领导干部作风建设。会同省委组织部制定了《关于领导干部进一步改进工作作风严肃工作纪律的若干规定》。深入治理领导干部违规收受财物问题，查处违纪人员28人，收缴现金430万元。对领导干部及其子女和身边工作人员经商办企业问题进行了专项治理，督促578名领导干部进行申报。进一步规范津贴补贴工作。认真开展“小金库”专项治理，清理547个，涉及金额2042.5万元，处理违纪干部37名。积极推行公务卡制度改革、专项清理小灵通捆绑办公电话和治理公款出国境等多种措施，进一步规范党政机关领导干部及国有企业事业单位领导人员职务消费行为。认真总结党风廉政建设责任制实施10年来的经验，推动了责任制的有效落实。认真落实党内监督各项制度，促进领导干部正确行使权力。全年纪委负责人同下级党政主要领导谈话3858人次，领导干部任前廉政谈话

5914人次，对发现的苗头性问题对领导干部诫勉谈话1161人次，进行函询1439人次。进一步重视和加强巡视工作，巡视的监督作用得到有效发挥。积极推进党务公开。认真实施《政府信息公开条例》，政务公开、厂务公开、村务公开和公共企事业单位办事公开逐步深入。围绕国有资产的保值增值，认真抓好国有企业领导人员廉洁从业工作。开展了党委委员、纪委委员提出罢免或撤换要求试点工作。进一步加大工作失职的问责力度，对负有责任的党政领导干部进行了严肃追究。起草了《山西省行政问责办法》，全省对安全生产事故负有责任的842人进行了严肃问责，比去年增长40.8%。对落实党风廉政建设责任制不力的1829人、治超不力的639人进行了责任追究。积极配合国务院调查组对襄汾“9·8”特别重大溃坝事故和娄烦“8·1”排土场垮塌事故进行调查处理。对打击私挖滥采不力的汾阳原市长，对治超不力的山阴县原县长，对酗酒滋事的垣曲县原县委书记，依纪依法给予党纪政纪处分。对不认真履行环保职责的有关市县主要负责人进行了诫勉谈话，推动了环保突出问题的解决。（牛彦方）

【煤焦领域反腐败专项斗争】 结合山西作为煤焦大省的省情实际，针对2007年调研和群众反映的煤焦资源审批、生产、销售、运输、安全监管等环节存在的官煤勾结、以权谋私、钱权交易问题，从2008年7月开始，省委、省政府决定集中开展煤焦领域反腐败专项斗争。省纪委监察厅认真贯彻《关于集中开展煤焦领域反腐败专项斗争的意见》，及时成立领导组和工作机构，制订工作方案和任务分解意见，全面启动各项工作。在工作思路上，把开展专项斗争与推进煤炭资源整合、企业重组、实施“十关闭、十整顿”紧密结合起来，“三管齐下”，综合治理；把专项斗争与扭转全省安全生产形势的被动局面结合起来，力求为全省转型发展、安全发展、和谐发展创造良好环境。在工作重点上，集中开展“六项清理整治”；同时结合新形势、新任务，将非煤矿山领域反腐败工作及时纳入全省煤焦领域反腐败专项斗争，对非煤矿山领域存在的“七个方面”的违规、违纪、违法问题进行清理整治。在工作推进上，深入摸查底数，加强分类指导，开展监督检查，严肃查处已经暴露出来的典型案件，有针对性地加强教育、挽救大多数犯错误干部。自查自纠阶段，单位申报880件，涉及资金39.39亿元，已清缴22.42亿元；个人申报2461件，涉及2922人、涉及资金2435万元，已清缴1234万元。受理群众信访举报970件，初核违纪线索258件，立案查处211件。清缴2003年－2007年度的违规违纪违法资金83.8亿元，其中省煤焦办清缴6.2亿元。同时，严肃查处了27件涉及违规审批、违规收缴资源价款、企业改制等方面的典型案件。“9.8”襄汾溃坝事故发生后，对非煤矿山领域“七个方面”的突出问题也进行了集中整治。以煤矿证照审批制度改革为重点，起草了《关于推进煤矿证照审批制度改革的实施意见》，对23项审批项目实施网上并联审批和电子监察。省委这一决策以及取得的初步成效，得到了全省广大人民群众的普遍认同，也得到了中央纪委监察部和中央有关部门的充分肯定。

（牛彦方）

【案件查办工作】 2008年，全省各级纪检监察机关继续保持惩治腐败的强劲势头，查办案件工作取得新进展。全年共受理群众举报19084件（次），初核线索6319件，立查案件6575件。处分党员7419人，其中市厅级10人，县处级232人，乡科级1492人。通过查办案件为国家挽回经济损失1.38亿元。严肃查处了省国防工办原副主任王少雄收受贿赂案、山西北方晋东科贸有限公司原董事长单利亚收受贿赂案、阳煤集团原负责人严重违纪案、省水利厅副厅长孙庭荣严重违纪案、中铝能源国有资产严重流失案等重大案件。积极配合国务院调查组、中央纪委调查组，深入调查了“9·8”襄汾尾矿库溃坝事故背后的腐败问题。继续深入开展治理商业贿赂工作，立查案件222件，结案148件，涉及金额1207万元。重视信访举报工作，开通了“12388”专用举报电话。承办了全国纪检监察案件监督管理工作会议，山西在大会上交流了经验。工作中，注重适应反腐败形势的发展变化开展案件查办，立查案件中党政机关案件数量减少，而社会团体、企业、农村以及作为执法部门的审判、检察机关等非党政机关案件数量增多。注重了查办案件的综合效果，充分发挥查办案件的警示教育功能、建章立制功能和防范监督功能，实现了政治、社会和法纪效果的统一。注重了案件监督管理工作，探索建立了管理协调机制、督促办理机制、监督检查机制以及案情分析及案件剖析制度等一整套行之有效的制度、办法，确保了依纪依法文明办案，提高了执纪执法水平。（牛彦方）

【农村党风廉政建设】 2008年，全省纪检监察机关继续深入推进农村党风廉政建设，促进了农村改革发展稳定。在前两年取得工作积极成果的基础上，全省农廉工作抓巩固、抓深入、抓提升。着眼于构建农村党风廉政建设的长效机制，认真落实“县委是关键、乡镇是基础、农民群众是主体”的要求，强化分类指导，更加突出地以狠抓城中村、资源村、矛盾突出村为重点，取得了新的成效。先后出台了《关于加强城中村党风廉政建设工作的指导意见》和《关于加强矿产资源型农村党风廉政建设工作的指导意见》，积极推进中央6大类和省28类制度的有效落实。进一步健全了农村集体资金、资产、资源管理制度，全面推进政务公开、村务公开、党务公开以及民主决策和监督，认真落实农村综合改革等4个方面36类制度，为农村发展提供制度保障。加强财务管理，普遍推行村级会计委托代理服务制。24540个村设立了村级监督组织。全省共开展对党的农村政策落实情况专项检查2406次，发现和纠正违纪违规问题786件，涉及违纪金额1.92亿元。解决了一批农民群众反映强烈的突出问题。查处农村党员干部违纪违法案件1147件，党政纪处分1116人。制定了《关于农村党风廉政建设的工作考核办法》。山西农廉工作多次得到中央纪委、监察部领导同志的肯定，两次在全国大会上介绍经验。总体上看，全省各地农廉工作在抓厚实、抓提升的基础上不断抓创新、抓突破，认识进一步提高，组织领导进一步强化，工作思路进一步清晰，工作目标进一步明确，重点工作正在逐步深入，全省农村基层党风廉政建设工作取得了新的成效。

（牛彦方）

【治理和纠正损害群众利益不正之风工作】 2008年，各级纪检监察机关以着力解决损害群众利益的突出问题为重点，更加关注民生问题，更加关注群众利益，更加关注弱势群体，切实纠正损害群众利益的不正之风，促进了社会和谐稳定。深化“四项治理”，继续加强对教育、医疗卫生、涉农负担、治理公路“三乱”政策落实情况的监督检查。检查清理教育乱收费金额505万元，已清退464万元。全省332家二级以上公立医疗机构全部实行了药品网上集中招标采购，金额达34亿元。查处损害农民利益的案件644件，责任追究186人，减轻农民负担3399万元。配合有关部门治理车辆超限超载取得积极成果，全省超限超载率由治超前的7%—11%下降到0.2%，高速公路杜绝了55吨以上的非法超限超载车辆；交通事故与去年同期相比下降19.5%，伤亡人数减少1261人；货运价格合理回升，与治超前相比，煤炭及制品短途运价提升53.6%，长途运价提升44%；道路畅通率明显提高，客车正点率由治超前的60%上升到91%；全省干线公路危桥与去年同期相比减少109座，同比下降66%，路面损毁减少259公里，同比下降63%；全省有300多名干部因治超不力受到处分。社保基金、住房公积金和扶贫救灾专项资金管理使用逐步规范。评比达标表彰项目和节庆活动大幅度减少。行业协会、市场中介组织的服务和收费行为进一步规范。政风行风评议工作进一步深入，人民群众参与度和社会满意度不断提升。（牛彦方）

【从源头上预防和治理腐败工作】 2008年，全省纪检监察机关和有关职能部门积极探索反腐败源头治理工作的多种有效途径，开拓创新，扎实工作，取得了较为明显的成效。在行政审批制度改革方面，认真清理行政审批项目，实行动态管理。以煤矿“证照”审批制度改革为重点，起草了《关于推进煤矿证照审批制度改革的实施意见》。行政审批电子监察系统取得积极进展，召开了省直46个部门推进网上行政审批建立电子监察系统会议，对山西依法审批的721项审批项目进行了流程梳理。在深化政务公开方面，积极推进省直机关政务公开，下发了《政务公开工作要点》，对涉及群众切身利益的重大事项实行网上公示制，省直各部门编制了政府信息公开指南和公开目录。对省直28个部门录用252名国家公务员的面试工作进行了全程监督。在财政体制改革方面，组织开展了全省政府采购工作自查和重点检查，部门预算和国库集中支付制度的实行范围逐步扩大，“收支两条线”的规定得到进一步落实，省级预算单位推行了公务卡制度。在推进金融体制改革方面，对全省政府类贷款的187个项目进行了自查和重点检查。认真开展领导干部经济责任制审计工作。工程建设项目招标投标监督机制、经营性土地、工业用地和探矿权、采矿权招标拍卖挂牌出让等制度进一步完善，对国有产权交易的监管得到加强。颁布施行了《山西省预防职务犯罪工作条例》，进一步推进了从源头上预防职务犯罪等腐败现象，使预防职务犯罪工作走上法制化轨道。（牛彦方）

【纪检监察机关自身建设】 2008年，省委和各级党委党组进一步加强对纪检监察机关的领导，在许多方面给予积极支持。按照中央纪委、省委、省政府和省纪委常委会的安排，根据金道铭的倡导和要求，全省纪检监察机关把开展深入学习实践科学发展观活动作为一项重要政治任务，作为纪检监察机关全面履行工作职责、加强自身建设、提高干部素质的重要机遇，认真制订工作方案，积极组织动员，扎实做好各阶段和环节的“规定动作”，还将学习实践活动与中央纪委部署的“做党的忠诚卫士、当群众贴心人”主题实践活动紧密结合起来，以反腐蚀反诱惑为重点，以建设“学习型、责任型、廉洁型”机关为载体，认真学习有关书籍文件，深入查找思想工作等方面与科学发展观要求不适应不符合的问题，提出整改措施，推动了纪检监察干部队伍素质的整体提升。认真贯彻党的十七大关于“大规模培训干部”的要求，着眼于全面提高纪检监察干部政治素质和业务能力，先后举办省、市、县、乡四级纪检监察干部培训班50余期，直接培训各级纪检监察干部11000余人次，进一步提高了干部队伍的素质。全年培训教育的规模之大、力度之强，是我省纪检监察系统近年来所没有过的。其中包括全省纪检监察系统领导干部学习十七大精神专题研修班，省、市、县三级纪检监察机关的近300名领导干部参加的北戴河纪检监察综合业务培训班，以全省监察部门领导干部为主体的“学习实践科学发展观、贯彻落实惩防体系《工作规划》”培训班和六期共1100余人参加的乡镇纪委书记培训班。市县两级培训农村基层党员、干部75000余人。为了优化班子结构，增强工作活力，切实加强纪检监察机关领导班子和干部队伍建设，对市纪委书记和双派驻机构纪检组长进行了较大规模的交流调整，涉及35名省管干部。深入推进派驻机构统一管理，进一步发挥了监督作用，并完善了相关管理制度和考评办法。全省各级纪委认真举办了纪念党的纪律检查机关恢复重建30周年系列活动。（牛彦方）

【山西省监察委员会更名为山西省监察厅】 2008年1月，省纪委监委发出《山西省监察委员会更名公告》，自公告发布之日起，山西省监察委员会更名为山西省监察厅，仍与中共山西省纪律检查委员会合署办公。更名后，杨森林任山西省监察厅长。各市、县（市、区）监察委员会更名为监察局，与同级纪律检查委员会机关合署办公。其他均不变（晋办发〔2007〕30号）。（牛彦方）

【全省党风廉政建设干部大会暨省纪委九届三次全体会议】 2008年1月24日至25日，全省党风廉政建设干部大会、省纪委九届三次全体会议在太原举行。会议的主要任务是：全面贯彻党的十七大精神，高举中国特色社会主义伟大旗帜，坚持以邓小平理论和“三个代表”重要思想为指导，深入贯彻科学发展观，认真落实胡锦涛总书记重要讲话精神及十七届中央纪委二次全会和省委九届三次全会部署的任务，总结2007年全省党风廉政建设和反腐败工作，部署2008年反腐倡廉建设任务，动员和号召全省各级党委、政府和纪检监察机关，从提高党的执政能力、保持和发展党的先进性战略高度，统一思想，加强领导，加大力度，狠抓落实，把我省党风廉政建设和反腐败工作进一步引向深入，为全省经济社会发展提供坚强有力的政治保证。会议的主要议程是：1月24日上午，召开全省党风廉政建设干部大会、省纪委九届三次全会第一次会议，传达学习胡锦涛总书记的重要讲话和贺国强同志的工作报告；通报山西查处的三起典型腐败案件；省委书记张宝顺、省委副书记、省长孟学农分别作了重要讲话。1月24日下午，召开省纪委九届三次全会第二次会议，听取省委常委、省纪委书记金道铭代表省纪委常委会所作的题为《全面贯彻党的十七大精神，深入推进反腐倡廉建设》的工作报告，并分组讨论。1月25日上午，继续分组讨论。1月25日下午，召开省纪委九届三次全会第三次会议，审议通过金道铭代表省纪委常委会所做的工作报告和全会决议草案，会议闭幕。出席和列席大会的有：省委、省人大、省政府、省政协的班子成员；省纪委委员；各市市委书记、市长；省委各部委、省直各委办厅（局）主要负责人；省监察厅班子成员；各县（市、区）纪委书记；省委巡视组副厅级以上干部；省纪委各派驻纪检组组长、监察室主任；省管国有大型企业纪委书记；各大院校纪委书记；中直机关驻晋单位纪委书记；省纪委副厅级检查员、副秘书长、机关各厅（室）及所属事业单位主任；省纪委和太原市纪委机关干部，共计800余人。中央纪委六室主任耿欣秋等参加了大会。（牛彦方）

【全省农村基层党风廉政建设工作会】2008年3月28日至29日，全省农村基层党风廉政建设工作会议在晋城召开。会议的主要任务是：深入贯彻党的十七大精神，贯彻中央纪委和省委、省政府关于加强农村基层党风廉政建设工作的新部署和新要求，回顾总结去年全省农村基层党风廉政建设工作，安排部署2008年工作，表彰先进集体和个人，交流各地工作做法和经验。3月28日，中央书记处书记、中央纪委副书记何勇致信全省农村基层党风廉政建设工作会议，对全省的农廉工作作出了重要指示。会议对各市的工作和做法进行了交流，参观了晋城市城区的1个社区和泽州县的1个乡镇、4个村，表彰了"双十双百"农廉工作先进集体和个人。会上，宣读了何勇的致信和省委书记张宝顺、省长孟学农的批示，省委常委、省纪委书记金道铭，省委常委、副省长梁滨作了重要讲话，省纪委副书记、省监察厅厅长杨森林在全面总结2007年工作的基础上，对2008年的工作作了具体的安排部署。中央纪委党风廉政建设室副主任宋大军同志、中央纪委党风廉政建设室三处刘洪仓同志参加了会议。出席会议的有：省纪委、省监察厅有关厅室负责人，各市农村基层党风廉政建设联席会议召集人或领导组组长，各市纪委书记、分管农村工作的副市长，各市纪委分管副书记、农廉办主任，省农村基层党风廉政建设联席会议组成人员和成员单位联络员，省农廉工作督导组组长，省农廉办主任、副主任，受表彰的农村基层党风廉政建设先进集体和先进个人代表等；列席会议的有：晋城市纪委常委、室主任，各县（区）委书记、县纪委书记、部分乡镇书记、村支部书记，共计170余人。（牛彦方）

【中央书记处书记、中央纪委副书记何勇到山西调研】2008年4月11日至15日，中央书记处书记、中央纪委副书记何勇在张宝顺、金道铭等的陪同下，在太原考察了247厂、743厂、太重集团；看望了省纪委机关干部；与纪检监察干部进行了座谈，听取了省纪委和部分基层纪委同志的工作汇报。在长治市参观了武乡县王家峪八路军总部旧址、砖壁八路军总部旧址、八路军太行纪念馆并慰问了老八路；考察了屯留县潞安煤基合成油项目、长治清华机械厂并慰问了困难职工；专程赴平顺县西沟村看望全国著名劳动模范申纪兰同志，参观了西沟廉政教育基地，慰问了贫困群众；在市纪委看望了纪检监察干部。在晋城市考察了阳城县岳庄村农村基层党风廉政建设情况和皇城村新农村建设情况。在视察和座谈过程中，何勇对山西的经济社会发展和党风廉政建设工作给予充分肯定。他指出，山西省委、省政府坚决贯彻执行中央各项方针政策和决策部署，始终与中央保持高度一致，经济社会发展取得了明显成效。特别是从山西的实际出发，提出了努力建设国家新型能源和工业基地，构建充满活力、富裕文明、和谐稳定、山川秀美新山西的目标，进一步明确了资源型欠发达省份走科学发展之路的具体途径。山西是革命老区，是能源基地。无论是在革命战争年代，还是和平建设时期和改革开放的新形势下，都为全国做出了伟大贡献。山西省委、省政府对党风廉政建设和反腐败斗争高度重视，反腐倡廉建设取得了很大的成绩。全省纪检监察工作的指导思想是十分明确的，在许多方面创造了好经验，既体现中央要求，又符合山西实际。并对今后山西的反腐倡廉建设提出了明确要求。（牛彦方）

【全国纪检监察案件监督管理工作会议】2008年4月10日至11日，全国纪检监察案件监督管理工作会议在太原召开，这是省纪委自成立以来召开的第一次最高规格的大型会议。会议的主要任务是：贯彻落实党的十七大和中央纪委第十七届二次全会精神，总结交流2004年以来全国纪检监察机关开展案件监督管理工作的典型经验和好的做法，表彰先进集体和个人，讨论修改《中国共产党纪律检查机关案件监督管理工作条例（试行）》（征求意见稿），安排部署今后一个时期的案件监督和管理工作。中央书记处书记、中央纪委副书记何勇亲临会议并作了重要讲话，他强调，要深入学习贯彻党的十七大和第十七届中央纪委第二次全会精神，高举中国特色社会主义伟大旗帜，以邓小平理论和"三个代表"重要思想为指导，深入贯彻落实科学发展观，大力弘扬改革创新精神，全面履行案件监督管理职能，努力提高纪检监察机关依纪依法查办案件的能力和水平，推动党风廉政建设和反腐败斗争深入开展。中央纪委副书记干以胜作了题为《全面贯彻党的十七大精神，努力开创案件监督管理工作新局面》的工作报告，认真总结了党的十六大以来全国案件监督管理工作，安排部署了当前和今后一个时期的工作任务。北京市、山西省等十个省市交流了工作经验。会议表彰了案件监督管理工作先进单位和个人。对干以胜同志所作的工作报告和《中国共产党纪律检查机关案件监督管理工作条例（试行）》（征求意见稿）进行了认真讨论。会议由干以胜同志主持，山西省的领导同志张宝顺、孟学农、金银焕、申联彬、申维辰、金道铭以及全国31个省区市和中央纪委派驻中直机关、中央纪委有关厅室的领导共计130余人参加了会议。（牛彦方）

【全省行政监察工作会议】2008年5月21日，全省行政监察工作会议在太原召开。这次会议是山西省监察机关由监察委员会更名为监察厅（局）和省政府换届之后召开的一次重要会议。会议的主要任务是：认真学习贯彻党的十七大精神，高举中国特色社会主义伟大旗帜，以邓小平理论和"三个代表"重要思想为指导，深入贯彻落实科学发展观，认真贯彻中央、国务院和中央纪委、监察部以及省委、省政府、省纪委关于加强反腐倡廉建设的一系列指示精神和工作部署，对山西去年以来的行政监察工作进行总结，对今后一段时间的行政监察工作作出安排。会议的主要内容是：省纪委副书记、省监察厅厅长杨森林作了题为《围绕政府中心工作，加大行政监察力度，为促进我省科学发展社会和谐提供有力保证》的工作报告；省监察厅副厅长黄福莲传达了全国纠风工作会议精神；省委常委、省政府常务副省长申联彬，省委常委、省纪委书记金道铭分别作了重要讲话。会议还讨论了拟以省委、省政府两办下发的《关于进一步加强和改进行政监察工作的意见》（征求意见稿）。受马馼部长和王伟副部长委派，监察部监察综合室副主任刘鸿炜莅临会议进行指导。省监察厅班子全体成员、省政府副秘书长李建功、省纪委常委荀志坚、省纪委常委、秘书长贾毓杰出席了会议。各市监察局长和职能室主任，省直部分厅局有关负责人，省直、省高校、省国资委、省国防工业办监察室主任，省监察厅各派驻监察室、省直各部门内设监察室主任，省纪委、监察厅机关各厅（室）及事业单位主任等共计180余人参加了会议。

（牛彦方）

【省纪委监察厅领导干部会议】 6月20日，省纪委、监察厅召开领导干部会议，省委常委、省纪委书记金道铭出席会议并讲话。省委组织部副部长朱先奇宣读《关于刘巩、李潭生同志任免职务的通知》（晋组干字〔2008〕215号）。刘巩任省纪委委员、常委、常务副书记；免去李潭生省纪委常务副书记、常委、委员职务。委厅领导、机关室主任以上干部参加会议。

（牛彦方）

【全省纪检监察系统领导干部学习贯彻《工作规划》培训班】 为深入学习贯彻中央《建立健全惩治和预防腐败体系2008—2012年工作规划》和山西省委《实施办法》，经省纪委常委会研究决定，金道铭同志大力倡导、亲自组织，山西省纪委、省监察厅于7月14日～23日，在中央纪委监察部北戴河培训中心举办了一期全省纪检监察系统领导干部学习贯彻《工作规划》培训班，训期10天。培训班的基本情况是：7月15日上午举办开班仪式，省纪委常务副书记刘巩做了动员讲话。培训期间，省委常委、省纪委书记金道铭、省纪委副书记李正印、中央纪委案件审理室副部长级主任刘建华、中央纪委第六纪检监察室主任耿欣秋、中央纪委法规室主任耿文清、中央纪委宣教室正局级副主任李本刚、清华大学覃征教授、中央党校杨秋宝教授、中国人民公安大学他玫瑾教授、中国政法大学薛刚凌教授、教育部艺术教育委员会副主任周荫昌教授为全体学员做了11场专题辅导报告。在此基础上，进行了分组讨论和大会交流，两位市纪委书记、两位纪检组长、一位高校纪委书记、一位企业纪委书记、一位县纪委书记在大会上交流了学习体会和工作思考。7月23日下午举办了结业仪式，省委常委、省纪委书记金道铭出席，并给优秀学员和优秀经验获奖单位颁奖。省纪委常务副书记刘巩做了总结讲话。省纪委常委、省监察厅副厅长，省委巡视组组长，各市纪委书记、各市纪委分管惩防体系工作的负责人，省直纪工委书记、省高校纪工委书记、省国资委纪委书记、省国防工业纪委书记，省纪委各派驻纪检组长，省直各部门内设纪检组长，省纪委直接联系单位纪委书记，省管高等院校纪委书记，部分省管国有企业纪委书记，部分省国防工业企业纪委书记，各县纪委书记，省纪委监察厅副厅级检查员、各厅室、各事业单位主任，共计280余人参加了培训。（牛彦方）

【全省纪检监察系统学习宣传“右玉精神”现场会】 2008年9月1日～2日，全省纪检监察系统学习宣传“右玉精神”现场会在右玉县召开。会议的主要内容是：总结推广“右玉精神”，安排部署全省“学习右玉精神，加强领导干部作风建设”的活动，激励广大党员干部、人民群众尤其是领导干部牢固树立科学发展观，以优良的作风推进我省经济社会又好又快发展。省委常委、省纪委书记金道铭大力倡导、积极组织并出席会议作了重要讲话。参加会议的有省纪委监察厅领导，机关各厅（室）及直属各事业单位主任；各市、县（区、市）纪委书记，各市纪委宣教室主任；省直、省高校纪工委书记，省国资委、省国防工业纪委书记；省纪委各派驻纪检组组长以及省委组织部、省委宣传部有关负责人，共计300余人。中央纪委宣教室副主任、惩防体系建设办公室副主任杨小平，办公厅副局级检查员张永伦，六室副局级检查员周福生，以及唐波、王健到会指导。会上，田喜荣代表朔州市委作了弘扬“右玉精神”、推进各项工作的情况介绍，陈小洪代表右玉县介绍了经验，右玉县的干部群众代表作了典型发言，张晓亚宣读了省纪委经过认真研究、长时间准备作出的《关于学习“右玉精神”，切实加强领导干部作风建设的决定》。杨小平作了重要讲话。会议期间，与会同志还对南山森林公园、苍头河生态走廊、辛堡梁生态景区等绿化工程进行了考察学习。

（牛彦方）

【各市纪委书记座谈会】 2008年9月26日，各市纪委书记座谈会在晋中召开。省委常委、纪委书记金道铭出席会议并做重要讲话。会议分两个阶段进行。第一阶段为案件查办经验交流；第二阶段为座谈阶段，主要是围绕当前反腐倡廉建设面临的新情况新问题进行。会议传达了党中央、国务院和省委、省政府的有关指示精神，传达了胡锦涛总书记、温家宝总理关于学习实践科学发展观等最新指示精神，传达了张宝顺、王君同志关于加强安全生产、扭转安全生产被动局面的最新部署要求，认真分析了当前形势和反腐倡廉建设面临的新情况新问题，14位市、县纪委的同志从不同的角度进行了发言，总结交流了查办案件工作经验和有效做法，深入研究了纪检监察工作如何更好地适应形势和任务发展需要、如何更好地发挥职能作用、如何进一步加大案件查处力度等重要问题，进一步明确了当前的工作的总体思路和主要任务。参加会议的有省纪委常委、监察厅副厅长，各市纪委书记、分管案件工作的副书记、办公厅（室）主任、案管室主任，榆次区、灵石县纪委书记；省纪委有关厅（室）主任，共计70余人。

（牛彦方）

【山西省纪念党的纪律检查机关恢复重建30周年大会、理论研讨会】 2008年12月15日上午，山西省纪念党的纪律检查机关恢复重建30周年大会在太原隆重召开，总结党的纪律检查机关恢复重建30年来取得的历史成就和积累成功经验，探讨进一步深入推进反腐倡廉建设的理论和实践规律。省委书记、省人大常委会主任张宝顺，省委常委、省纪委书记金道铭出席会议并讲话。省委副书记薛延忠主持会议。原省委常委、省纪委书记冯芝茂、省委组织部常务副部长刘维佳、太原市委副书记、纪委书记李永林三位同志作了大会发言。出席会议的省领导有申联彬、任泽民、高建民、杨安和、李潭生及原省级领导张邦应、白陞同志。省纪委常委、监察厅副厅长，在并的省纪委委员，部分从省纪委领导岗位上退下来的副厅级以上老同志，各市纪委书记、监察局局长，省直、省高校纪工委，省国资委、省国防工业纪委书记；省纪委派驻纪检组组长，省直各部门内设纪检组组长（纪委书记），省纪委直接联系单位的纪委书记；部分在并的本科院校、省属国有企业、省国防系统企事业纪委书记，省纪委、监察厅机关党员干部代表，中直驻晋单位纪检组长（纪委书记），特邀部分省直部门有关负责和专家学者共计200余人参加了会议。

同日下午，山西省纪念党的纪律检查机关恢复重建30周年理论研讨会在太原举行。省委常委、省纪委书记金道铭出席会议。省纪委常务副书记刘巩主持会议并讲话。会上，省史志院副院长张铁锁、太原理工大学党委书记姚芝楼、晋中市委副书记、纪委书记张文科、省委党校省之分校副校长赵凯、山西医科大学纪委书记顾昭明、山西煤炭运销总公司纪委书记张泽田、孝义市委副书记、纪委书记郭保平7位同志从不同侧面、不同角度，回顾历史，总结经验，并结合当前形势对进一步搞好全省反腐倡廉建设提出意见和建议。研讨会上还表彰了全省反腐倡廉理论研究和重点课题调研活动优秀组织单位和优秀论文。省纪委常委、监察厅副厅长，各市纪委书记、监察局局长，省直、省高校纪工委，省国资委、省国防工业纪委书记，省纪委派驻纪检组组长，特邀部分省直部门有关负责同志和专家学者以及省纪委机关部分厅室负责同志共计100余人参加了会议。（牛彦方）

【学习实践科学发展观活动】 按照中央精神和省委要求，省纪委监察厅机关作为第一批深入学习实践科学发展观活动单位，在省委第五指导检查组的具体指导帮助下，从2008年9月开始，经过6个月的工作，圆满完成了学习实践活动的各项任务。委厅机关的学习实践活动分三个阶段16个环节依次展开。第一阶段，即“学习提高、调查研究”阶段，包括活动开始前的准备工作，从2008年9月下旬开始到12月1日结束，历时两个多月，着重抓了调查摸底、制订方案和思想发动、学习培训、专题调研、解放思想讨论6个环节。第二阶段，即“分析检查阶段”，从2008年12月2日开始到12月31日结束，历时一个月，着重抓了召开专题民主生活会、形成领导班子分析检查报告、通报分析检查情况、组织群众评议4个环节。第三阶段，即“整改落实阶段”，包括活动结束时的总结工作，从2009年1月9日开始到3月2日结束，历时两个月，着重抓了制定整改落实方案、集中解决问题、创新体制机制和满意度测评、形成总结报告、召开总结大会6个环节。在开展学习实践活动的整个过程中，委厅机关25个党支部，284名党员，特别是146名副处级以上党员领导干部，在省纪委常委会的高度重视和坚强领导下，严格按照中央和省委的安排部署，按照委厅机关学习实践活动《实施方案》的具体安排，紧紧围绕“党员干部受教育、科学发展上水平、人民群众得实惠”的总要求，切实遵循坚持解放思想、突出实践特色、贯彻群众路线、正面教育为主、注重改革创新的原则，坚持以领导班子和党员领导干部为重点，坚持与履行职责、推动工作相结合，精心组织，周密部署，高标准、严要求，圆满地完成了各项任务，基本达到了预期目的，取得了明显成效。（牛彦方）

省人大及其常委会工作

【山西省第十一届人民代表大会第一次会议】 2008年1月15日～1月23日在太原召开，应出席会议代表550人，实出席会议代表546人。本次会议议程共十二项：一、听取和审议山西省代省长孟学农关于政府工作的报告；二、审议省人民政府关于山西省2007年国民经济和社会发展计划执行情况与2008年国民经济和社会发展计划草案的报告；批准山西省2007年国民经济和社会发展计划执行情况的报告及2008年国民经济和社会发展计划；三、审议省人民政府关于山西省2007年全省和省本级预算执行情况及2008年全省和省本级预算草案的报告；审查山西省2007年全省和省本级预算执行情况及2008年全省和省本级预算草案；批准山西省2007年全省和省本级预算执行情况的报告及2008年全省和省本级预算；四、听取和审议山西省人民代表大会常务委员会常务副主任纪馨芳关于山西省人民代表大会常务委员会报告；五、听取和审议山西省高级人民法院院长左世忠关于山西省高级人民法院工作报告；六、听取和审议山西省人民检察院检察长柯汉民关于山西省人民检察院工作报告；七、选举山西省第十一届人民代表大会常务委员会主任、副主任、秘书长、委员；八、选举山西省省长、副省长；九、选举山西省高级人民法院院长和山西省人民检察院检察长；十、选举山西省出席第十一届全国人民代表大会代表；十一、通过山西省第十一届人民代表大会各专门委员会主任委员、副主任委员、委员名单；十二、其他。山西省第十一届人民代表大会第一次会议期间，共收到代表10人以上联名提出的议事原案26件。其中，要求省人大常委会制定、修改地方性法规的18件，属于省人民政府职权范围内的7件，其他方面的1件。议案审查委员会根据《全国人民代表大会议案处理办法》的精神，依照地方组织法、代表法以及《山西省人民代表大会议事规则》的有关规定，对代表提出的议事原案逐件进行了认真审查，分别交省人大常委会和省人大有关专门委员会审议办理。本次会议共提出建议、批评和意见699件，交由省人民政府及其组成部门和高级人民法院办理。本次会议选举张宝顺为山西省第十一届人民代表大会常务委员会主任，杨安和、靳善忠、谢克昌、安焕晓、郭海亮、王雅安为山西省第十一届人民代表大会常务委员会副主任，朱明为山西省第十一届人民代表大会常务委员会秘书长。选举孟学农为山西省省长薛延忠、梁滨、牛仁亮、胡苏平（女）、陈川平、张建民、张平为山西省副省长。选举左世忠为山西省高级人民法院院长。选举柯汉民为山西省人民检察院检察长。选出山西省第十一届人民代表大会常务委员会委员55人。选出山西省出席第十一届全国人民代表大会代表69人。参加本次会议的列席人员373人；旁听人员145人。在山西省第十一届人民代表大会第一次会议闭幕式上，省委书记、第十一届省人大常委会主任张宝顺做了题为“三晋崛起正当时”的重要讲话。

（秦　钟　王　磊　贾小燕）

【山西省十届人大常委会第三十五次会议】 2008年1月10日在省城太原举行。本次常委会会议的议程是：一、听取关于山西省第十一届人民代表大会第一次会议筹备情况的报告；二、听取和审议山西省第十届人民代表大会代表资格审查委员会关于山西省第十一届人民代表大会代表资格的审查报告；三、审议和通过山西省第十届人民代表大会常务委员会向山西省第十一届人民代表大会第一次会议所作的工作报告稿；四、审议和通过关于山西省第十一届人民代表大会第一次会议议程（草案）；五、审议和通过关于山西省第十一届人民代表大会第一次会议主席团和秘书长名单（草案）；六、审议和通过关于山西省第十一届人民代表大会第一次会议议案审查委员会组成人员名单（草案）；七、决定山西省第十一届人民代表大会第一次会议列席人员；八、其他事项。

会议听取了省人大常委会常务副主任纪馨芳作的关于省十一届人大一次会议筹备情况的报告；省人大常委会副主任王昕作的关于山西省第十一届人民代表大会代表资格的审查报告。审议了省十一届人大一次会议议程（草案）；省十届人大常委会关于山西省第十一届人民代表大会代表资格的审查报告；山西省第十一届人民代表大会第一次会议主席团和秘书长名单(草案)；山西省第十一届人民代表大会第一次会议议案审查委员会组成人员名单(草案)；山西省第十一届人民代表大会第一次会议列席人员名单；省十届人大常委会向山西省第十一届人民代表大会第一次会议所作的工作报告稿。山西省人民政府关于落实《对山西省人口与计划生育条例执行情况报告的审议意见》整改情况的报告；山西省人大常委会教育科学文化卫生工作委员会对《省人民政府关于落实对山西省人口与计划生育条例执行情况报告的审议意见整改情况的报告》的研究意见。

会议表决通过了省十届人大常委会代表资格审查委员会关于省十一届人民代表大会代表资格的审查报告；省十届人大常委会向省十一届人民代表大会第一次会议所作的工作报告稿；会议还表决通过了省十一届人民代表大会第一次会议议程(草案)；省十一届人民代表大会第一次会议主席团和秘书长名单(草案)；省十一届人民代表大会第一次会议议案审查委员会组成人员名单(草案)；省十一届人民代表大会第一次会议列席人员名单(草案)。

本次常委会会议应出席人员63人，实出席55人。省人大常委会主任张宝顺，常务副主任纪馨芳，副主任薛军、范堆相、杨安和、杜五安、王昕（女）、姚新章、张铭、谢克昌、赵劲夫、李玉臻，秘书长朱明，委员43出席会议。

列席本次常委会会议的有：省委常委、副省长梁滨，省高级人民法院院长左世忠，省人民检察院代检察长柯汉民；原省九届人大常委会副主任武正国、彭致圭、白陞，省人大常委会副秘书长，省人大各专门委员会、省人大常委会各工作机构负责人，设区的市人大常委会的负责人；有关新闻单位的负责人。

（秦　钟　王　磊　贾小燕）

【山西省十一届人大常委会第一次会议】 2008年3月31日～4月2日在省城太原举行。本次常委会会议的议程是：一、审议山西省人民代表大会常务委员会主任会议关于提请通过山西省第十一届人民代表大会常务委员会代表资格审查委员会组成人员人选的议案；二、审议山西省人民代表大会常务委员会主任会议关于提请任命山西省人民代表大会常务委员会副秘书长，工作机构主任、副主任，局长、副局长人选的议案；三、审议山西省省长孟学农关于提请决定任命山西省人民政府秘书长、组成部门厅长、委员会主任人选的议案；四、审议山西省人民政府关于提请审议《山西省人防工程建设条例(草案)》的议案；五、审议和批准《太原市崛嵋山景区建设和管理办法》；六、审议和批准《大同市农村公路养护管理条例》；七、其他事项。

会议听取了省人大常委会副主任安焕晓作的关于提请通过山西省人大常委会代表资格审查委员会组成人员人选议案的说明；省人民防空办公室主任常高才作的关于《山西省人民防空工程建设条例(草案)》的说明；审议《山西省人民防空工程建设条例(草案)》；《太原市崛嵋山景区建设和管理办法》及批准决定(草案)和省人大法制委员会对该办法审议结果的报告；《大同市农村公路养护管理条例》及批准决定和省人大法制委员会对该条例审议结果的报告。会议听取了省人大常委会副主任安焕晓作的关于提名何涛等二十五人任职议案的说明；省长孟学农作的关于提名王清宪等二十五人任职议案的说明；被提请任命的省政府组成部门负责人人选作供职发言。

会议表决通过了山西省人民代表大会常务委员会关于批准《太原市崛嵋山景区建设和管理办法》的决定、关于批准《大同市农村公路养护管理条例》的决定；表决通过了山西省第十一届人民代表大会常务委员会代表资格审查委员会组成人员名单及人事任命名单。

本次常委会会议应出席人员63人，实出席62人，省人大常委会主任张宝顺，常务副主任杨安和，副主任靳善忠、谢克昌、安焕晓、郭海亮、王雅安，秘书长朱明，委员54人出席会议。

列席本次常委会会议的有：省委副书记、省长孟学农，省委常委、常务副省长薛延忠，副省长胡苏平、陈川平、张建民，省高级人民法院院长左世忠，省人民检察院检察长柯汉民；原省人大常委会主任卢功勋，原省十届人大常委会副主杜五安、王昕、曹馨仪、张铭；省人大常委会副秘书长，省人大各专门委员会、省人大常委会各工作机构负责人，省委组织部门的负责人，省政府有关部门的负责人；设区的市人大常委会的负责人；有关新闻单位的负责人。

本次常委会会议举行法制讲座，省人大常委会副主任靳善忠主持。中国法学会副会长周成奎主讲了《人民代表大会制度的基本理论》。

（秦　钟　王　磊　贾小燕）

【山西省十一届人大常委会第二次会议】 2008年5月14日～5月16日在省城太原举行。本次常委会会议的议程是：一、审议山西省人民代表大会常务委员会主任会议关于提请审议《山西省预防职务犯罪工作条例（草案)》的议案；二、审议山西省人民代表大会常务委员会主任会议关于提请审议《关于修改〈山西省测绘管理条例〉的决定（草案)》的议案；三、审议省人民政府关于提请审议《山西省实施〈中华人民共和国土地管理法〉办法(修正案)》（草案）的议案；四、审议省人民政府关于提请审议《山西省实施〈中华人民共和国国防教育法〉办法(草案)》的议案；五、审议《山西省人民防空工程建设条例（草案)》；六、听取和审议省人民政府关于“一山三河”(五台山、汾河、沁河、桑干河）保护决定实施情况的报告；七、听取和审议省人民政府关于全省促进就业建设和谐劳动关系工作情况的报告；八、听取和审议省人民政府关于全省体育工作情况的报告；九、人事任免及其他事项。

会议听取了省人大内务司法委员会主任委员李顺通作的关于《山西省预防职务犯罪工作条例（草案)》的说明；省人大常委会委员、城乡建设环境保护工作委员会副主任高志峻作的关于修改《山西省测绘管理条例》的决定（草案）的说明；省国土资源厅厅长杜创业作的关于《山西省实施〈中华人民共和国土地管理法〉办法（修正案)》(草案)的说明；省人大常委会农村工作委员会副主任李正伦作的关于《山西省实施〈中华人民共和国土地管理法〉办法（修正案)》（草案）研究意见的报告省军区政治部副主任、省国防教育委员会办公室主任张瑞祥作的关于《山西省实施〈中华人民共和国国防教育法〉办法（草案)》的说明；省人大法制委员会副主任委员邓永明作的关于《山西省人民防空工程建设条例（草案)》审议结果的报告。审议了关于修改《山西省测绘管理条例》的决定（草案)；《山西省实施〈中华人民共和国土地管理法〉办法（修正案)》(草案)和省人大常委会农村工作委员会对该修正案草案研究意见的报告；山西省人民防空工程建设条例（草案）和省人大法制委员会对该条例草案审议结果的报告；《山西省预防职务犯罪工作条例（草案）》；《山西省实施〈中华人民共和国国防教育法〉办法（草案）》。会议听取了省长孟学农作的关于被提请任免人员议案的说明及被提请任命人员的供职发言；副省长牛仁亮作的关于“一山三河”保护决定实施情况的报告；省劳动和社会保障厅厅长张健作的关于全省促进就业建设和谐劳动关系工作情况的报告；省体育局局长苏亚君作的关于全省体育工作情况的报告。审议关于“一山三河”保护决定实施情况的报告及人事任免名单（草案）。审议了关于全省促进就业建设和谐劳动关系工作情况的报告和全省体育工作情况的报告。

会议表决通过了山西省人民代表大会常务委员会关于修改《山西省测绘管理条例》的决定；关于修改《山西省实施〈中华人民共和国土地管理法〉办法》的决定；表决通过了《山西省人民防空工程建设条例》及人事任免名单。决定任命申联彬为山西省副省长；决定免去薛延忠的山西省副省长职务。

本次常委会会议应出席人员63人，实出席58人，省人大常委会主任张宝顺，常务副主任杨安和，副主任靳善忠、安焕晓、郭海亮、王雅安，秘书长朱明，委员51人出席会议。

列席本次常委会会议的有：省长孟学农，副省长牛仁亮、胡苏平、陈川平、张建民，省高级人民法院院长左世忠，省人民检察院检察长柯汉民；原省人大常委会主任卢功勋，原省十届人大常委会副主任杜五安、王昕、张铭、李玉臻；省人大常委会副秘书长，省人大各专门委员会、省人大常委会各工作机构负责人，省委组织部门的负责人，省政府有关部门的负责人；设区的市人大常委会的负责人；部分全国人大代表，省人大代表，有关新闻单位的负责人。

（秦　钟　王　磊　贾小燕）

【山西省十一届人大常委会第三次会议】 2008年6月12日在省城太原举行。本次常委会会议的议程是：审议山西省人民政府关于提名李小鹏等二人任免职务的议案。

会议听取了省长孟学农作的关于提名李小鹏等二人任免职务议案的说明，被提请任命人员作供职发言。

决定任命李小鹏为山西省副省长；决定免去梁滨的山西省副省长职务。

本次常委会会议应出席人员63人，实出席59人，省人大常委会主任张宝顺，常务副主任杨安和，副主任靳善忠、谢克昌，安焕晓、郭海亮、王雅安，秘书长朱明，委员51人出席会议。

列席本次常委会会议的有：省长孟学农，副省长申联彬，省高级人民法院院长左世忠，省人民检察院检察长柯汉民；原省十届人大常委会副主王昕、张铭、赵劲夫、李玉臻；省人大常委会副秘书长，省人大各专门委员会、省人大常委会各工作机构负责人，省委组织部门的负责人，省政府有关部门的负责人；设区的市人大常委会的负责人；有关新闻单位的负责人。

（秦　钟　王　磊　贾小燕）

【山西省十一届人大常委会第四次会议】 2008年7月28日在省城太原举行。本次常委会会议的议程是：一、审议山西省人民政府关于提请审议《山西省计算机信息系统安全保护条例（草案）》的议案；二、审议山西省人民政府关于提请审议《山西省畜禽屠宰管理条例（草案）》的议案；三、审议山西省人民政府关于提请审议《山西省民用建筑节能条例（草案）》的议案；四、审议《山西省实施〈中华人民共和国国防教育法〉办法（草案）》；五、审议《山西省预防职务犯罪工作条例（草案）》；六、审议和批准《大同市养犬管理规定》；七、审议和批准《大同市城市房地产交易管理条例》；八、听取和审议山西省人民政府关于全省加强市场调控、保持物价基本稳定情况的报告；九、听取和审议山西省人民政府关于2008年上半年国民经济和社会发展计划执行情况的报告；十、听取和审议山西省人民政府关于2007年省本级财政决算及2008年上半年财政预算执行情况的报告；十一、听取和审议山西省人大财政经济委员会关于2007年省本级财政决算的审查报告；十二、听取和审议山西省人民政府关于2007年省本级预算执行情况及其他财政收支的审计工作报告；十三、审议山西省人民代表大会常务委员会关于批准2007年省本级财政决算的决议（草案）；十四、人事任免及其他事项。

会议听取了省公安厅副厅长燕和平作的关于《山西省计算机信息系统安全保护条例（草案）》的说明；省人大内务司法委员会主任委员李顺通作的关于《山西省计算机信息系统安全保护条例（草案）》审议意见的报告；省商务厅厅长王淑珍作的关于《山西省畜禽屠宰管理条例（草案）》的说明；省人大财政经济委员会副主任委员杜复新作的关于《山西省畜禽屠宰管理条例（草案）》审议意见的报告；省建设厅厅长王国正作的关于《山西省民用建筑节能条例（草案）》的说明；省人大常委会委员、城建环保工作委员会主任王晓林作的关于《山西省民用建筑节能条例（草案）》研究意见的报告；省人大法制委员会副主任委员邓永明作的关于《山西省实施〈中华人民共和国国防教育法〉办法（草案）》审议结果的报告；省人大法制委员会副主任委员王晓明作的关于《山西省预防职务犯罪工作条例（草案）》审议结果的报告。审议了《山西省实施〈中华人民共和国国防教育法〉办法（草案）》和省人大法制委员会对该办法草案审议结果的报告；《山西省预防职务犯罪工作条例（草案）》和省人大法制委员会对该条例草案审议结果的报告。审议了《山西省计算机信息系统安全保护条例（草案）》和省人大内司委对该条例草案审议意见的报告；《山西省畜禽屠宰管理条例（草案）》和省人大财经委对该条例草案审议意见的报告；《山西省民用建筑节能条例（草案）》和省人大城建环保工委对该条例草案研究意见的报告；《大同市养犬管理规定》及批准决定（草案）和省人大法制委员会对该规定审议结果的报告；《大同市城市房地产交易管理条例》及批准决定（草案）和省人大法制委员会对该条例审议结果的报告。审议了《山西省实施〈中华人民共和国国防教育法〉办法（草案）》和《山西省预防职务犯罪工作条例（草案）》。会议听取了副省长牛仁亮作的关于全省加强市场调控、保持物价基本稳定情况的报告；省发展和改革委员会主任李宝卿作的关于2008年上半年国民经济和社会发展计划执行情况的报告；省财政厅厅长郑建国作的关于2007年省本级财政决算及2008年上半年财政预算执行情况的报告；省人大财政经济委员会主任委员赵建平作的关于2007年省本级财政决算的审查报告；省审计厅厅长郝志远作的关于2007年省本级预算执行情况及其他财政收支的审计工作报告。审议了关于全省加强市场调控、保持物价基本稳定情况的报告。关于2008年上半年国民经济和社会发展计划执行情况的报告；关于2007年省本级财政决算及2008年上半年财政预算执行情况的报告及批准决定（草案）和省人大财经委关于2007年省本级财政决算的审查报告。审议了人事任免名单（草案）及关于2007年省本级预算执行情况及其他财政收支的审计工作报告。

会议表决通过了《山西省实施〈中华人民共和国国防教育法〉办法》、《山西省预防职务犯罪工作条例》；决定批准2007年省本级财政决算，表决通过了山西省人民代表大会常务委员会关于批准《大同市养犬管理规定》的决定，关于批准《大同市城市房地产交易管理条例》的决定，表决通过了人事任免名单。

本次常委会会议应出席人员63人，实出席61人，省人大常委会常务副主任杨安和，副主任靳善忠、谢克昌、安焕晓、郭海亮、王雅安，秘书长朱明，委员54人出席了会议。

列席本次常委会会议的有：副省长李小鹏、牛仁亮、张平，省高级人民法院院长左世忠，省人民检察院检察长柯汉民；原省人大常委会主任王庭栋，原省十届人大常委会副主任范堆相、杜五安、曹馨仪、张铭、李玉臻；省人大常委会副秘书长，省人大各专门委员会、省人大常委会各工作机构负责人，省政府有关部门的负责人；设区的市人大常委会的负责人；部分全国人大代表，省人大代表，有关新闻单位的负责人。

本次常委会会议举办法制讲座，省人大常委会副主任安焕晓主持。全国人大常委会委员、中国科协副主席、省人大常委会副主任、中国工程院院士谢克昌主讲了《循环经济与可持续发展》。

（秦　钟　王　磊　贾小燕）

【山西省十一届人大常委会第五次会议】 2008年9月14日在省城太原举行。本次常委会会议的议程是：一、审议山西省人民代表大会常务委员会主任会议关于提名王君等任免职务的议案；二、审议山西省人民代表大会常务委员会关于接受孟学农辞去山西省省长职务请求的决定（草案）。

会议听取了省人大常委会副主任安焕晓作的关于提名王君等任免职务议案的说明，王君同志向常委会组成人员作了供职发言。审议了山西省人民代表大会常务委员会关于接受孟学农辞去山西省省长职务请求的决定（草案）及人事任免名单（草案）和山西省人民代表大会常务委员会关于王君代理山西省省长的决定（草案）。

会议表决通过了山西省人民代表大会常务委员会关于接受孟学农辞去山西省省长职务请求的决定，决定任命王君为山西省副省长，决定免去张建民的山西省副省长职务，表决通过了山西省人民代表大会常务委员会关于王君代理山西省省长的决定。

本次常委会会议应出席人员63人，实出席58人，省人大常委会主任张宝顺，常务副主任杨安和，副主任靳善忠、谢克昌、安焕晓、郭海亮、王雅安，秘书长朱明，委员50人出席了会议。

列席本次常委会会议的有：中组部副部长张纪南，省委副书记王君，省委常委、组织部长任泽民；副省长张平，省高级人民法院院长左世忠，省人民检察院副检察长荣彰；省人大常委会副秘书长，省人大各专门委员会、省人大常委会各工作机构负责人，省委组织部门的负责人，省政府有关部门的负责人；有关新闻单位的负责人。（秦　钟　王　磊　贾小燕）

【山西省十一届人大常委会第六次会议】 2008年9月22日～9月25日在省城太原举行。本次常委会会议的议程是：一、审议山西省人民代表大会常务委员会主任会议关于提请审议《山西省丹河流域水污染防治条例（修订草案）》的议案；二、审议山西省人民代表大会常务委员会主任会议关于提请审议《山西省人民代表大会常务委员会关于加快循环经济发展的决定（草案）》的议案；三、审议山西省人民政府关于提请审议《山西省人口与计划生育条例（修订草案）》的议案；四、审议《山西省计算机信息系统安全保护条例（草案）》；五、审议《山西省畜禽屠宰管理条例（草案）》；六、审议《山西省民用建筑节能条例（草案）》；七、审议和批准《太原市公园条例》；八、审议和批准《大同市饮用水水源保护条例》；九、听取和审议山西省人民代表大会常务委员会执法检查组关于检查《中华人民共和国刑事诉讼法》实施情况的报告；十、听取和审议山西省人民政府关于全省现代农业发展工作情况的报告；十一、听取和审议山西省人民政府关于全省建立完善城镇住房保障体系、推进经济适用住房与廉租住房建设情况的报告；十二、听取和审议山西省人民政府关于全省宗教工作情况的报告；十三、人事任免及其他事项。

会议听取了省人大常委会城建环保工委副主任李生茂作的关于《山西省丹河流域水污染防治条例（修订草案）》的说明；省人口和计划生育委员会主任杨增武作的关于《山西省人口与计划生育条例（修订草案）》的说明；省人大常委会委员、教科文卫工作委员会主任王树林作的关于《山西省人口与计划生育条例（修订草案）》研究意见的报告；省人大法制委员会副主任委员邓永明作的关于《山西省计算机信息系统安全保护条例（草案）》审议结果的报告；省人大常委会委员、法制委员会主任委员王凤祥作的关于《山西省畜禽屠宰管理条例（草案）》审议结果的报告；省人大法制委员会副主任委员王晓明作的关于《山西省民用建筑节能条例（草案）》审议结果的报告；省人大财政经济委员会主任委员赵建平作的山西省人民代表大会常务委员会关于加快循环经济发展的决定（草案）起草情况的说明。审议了《山西省计算机信息系统安全保护条例（草案）》和省人大法制委员会对该条例草案审议结果的报告；山西省人民代表大会常务委员会关于加快循环经济发展的决定（草案）；《山西省畜禽屠宰管理条例（草案）》和省人大法制委员会对该条例草案审议结果的报告；《山西省民用建筑节能条例（草案）》和省人大法制委员会对该条例草案审议结果的报告。审议《山西省丹河流域水污染防治条例（修订草案）》；《山西省人口与计划生育条例（修订草案）》和省人大常委会教科文卫工作委员会对该条例修订草案研究意见的报告；《太原市公园条例》及批准决定（草案）和省人大法制委员会对该条例审议结果的报告；《大同市饮用水水源保护条例》及批准决定（草案）和省人大法制委员会对该条例审议结果的报告。《山西省计算机信息系统安全保护条例（草案）》；《山西省畜禽屠宰管理条例（草案）》；《山西省民用建筑节能条例（草案）》；山西省人民代表大会常务委员会关于加快循环经济发展的决定（草案）。听取了省人大常委会副主任安焕晓作的关于人事任免情况的说明；省人大常委会副主任王雅安作的关于检查《中华人民共和国刑事诉讼法》实施情况的报告；省农业厅厅长孙连珠作的关于全省现代农业发展工作情况的报告；省建设厅厅长王国正作的关于全省建立完善城镇住房保障体系、推进经济适用住房与廉租住房建设情况的报告；省宗教事务局局长边根堂作的关于全省宗教工作情况的报告。审议山西省人大常委会执法检查组关于检查《中华人民共和国刑事诉讼法》实施情况的报告。审议关于全省现代农业发展工作情况的报告和关于全省建立完善城镇住房保障体系、推进经济适用住房与廉租住房建设情况的报告。

会议表决通过了《山西省计算机信息系统安全保护条例》、《山西省畜禽屠宰管理条例》、《山西省民用建筑节能条例》，表决通过了山西省人民代表大会常务委员会关于加快循环经济发展的决定，表决通过了山西省人民代表大会常务委员会关于批准《太原市公园条例》的决定、关于批准《大同市饮用水水源保护条例》的决定，表决通过了人事任免名单。

本次常委会会议应出席人员63人，实出席61人，省人大常委会主任张宝顺，常务副主任杨安和，副主任靳善忠、谢克昌、安焕晓、郭海亮、王雅安，秘书长朱明，委员53人出席了会议。

列席本次常委会会议的有：副省长李小鹏、胡苏平、张平，省高级人民法院院长左世忠，省人民检察院检察长柯汉民；原省人大常委会主任卢功勋，原省十届人大常委会副主任范堆相、杜五安、张铭、李玉臻；省人大常委会副秘书长，省人大各专门委员会、省人大常委会各工作机构负责人，省政府有关部门的负责人；设区的市人大常委会的负责人；部分全国人大代表，省人大代表，有关新闻单位的负责人；部分院校和社会团体旁听了本次会议。

本次常委会会议举办法制讲座，省人大常委会副主任郭海亮主持。中国社科院学部委员、世界宗教研究所所长，中国宗教协会会长，全国人大常委会委员卓新平主讲了《世界宗教与文明："软实力"的对话与较量》。审议人事任免名单（草案）和关于全省宗教工作情况的报告。之后举行第三次全体会议，省人大常委会常务副主任杨安和主持。

（秦　钟　王　磊　贾小燕）

【山西省十一届人大常委会第七次会议】 2008年11月24日～11月28日在省城太原举行。本次常委会会议的议程是：一、审议山西省人民代表大会常务委员会主任会议关于提请审议《山西省人民代表大会常务委员会关于召开山西省第十一届人民代表大会第二次会议的决定（草案）》的议案；二、审议山西省人民政府关于提请审议《山西省农业综合开发条例（草案）》的议案；三、审议山西省人民政府关于提请审议《山西省未成年人保护条例（草案）》的议案；四、审议《山西省丹河流域水污染防治条例（修订草案）》；五、审议《山西省人口和计划生育条例（修订草案）》；六、审议和批准《太原市旅游条例》；七、审议和批准《太原市绿色转型促进条例》；八、审议和批准《大同市建筑节能条例》；九、审议和批准《恒山风景名胜区保护条例》；十、听取和审议山西省人大常委会执法检查组关于检查《中华人民共和国水法》和《山西省水资源管理条例》实施情况的报告；十一、听取和审议山西省人大常委会执法检查组关于检查《关于加强汾河、沁河、桑干河源区保护的决定》实施情况的报告；十二、听取和审议山西省人民政府关于2007年省本级预算执行审计查出问题的整改工作报告；十三、听取和审议山西省人民政府关于山西省"十一五"经济社会发展规划中期评估及指标体系调整的报告；审查和批准山西省人民政府关于山西省"十一五"经济社会发展规划指标体系调整的议案；十四、听取和审议山西省高级人民法院关于全省行政审判工作情况的报告；十五、听取和审议山西省人民检察院关于全省预防职务犯罪工作情况的报告；十六、审议山西省人大法制委员会关于省十一届人大一次会议主席团交付的代表议案审议结果的报告；十七、审议山西省人大内务司法委员会关于省十一届人大一次会议主席团交付的代表议案审议结果的报告；十八、审议山西省人大常委会人事代表工作委员会关于省十一届人大一次会议主席团交付的代表议案办理情况的报告；十九、审议山西省人民政府办公厅关于省十一届人大一次会议代表建议、批评和意见办理情况的报告；二十、审议山西省高级人民法院关于省十一届人大一次会议代表建议、批评和意见办理情况的报告；二十一、人事任免及其他事项。

会议听取了省财政厅厅长郑建国作的关于《山西省农业综合开发条例（草案）》的说明；省人大财政经济委员会副主任委员杨建国作的关于《山西省农业综合开发条例（草案）》审议意见的报告；省未成年人保护委员会副主任、共青团山西省委书记刘润民作的关于《山西省未成年人保护条例（草案）》的说明；省人大常委会人事代表工作委员会副主任霍晓琴作的关于《山西省未成年人保护条例（草案）》研究意见的报告；省人大法制委员会副主任委员王晓明作的关于《山西省丹河流域水污染防治条例(修订草案)》审议结果的报告；省人大法制委员会副主任委员邓永明作的关于《山西省人口和计划生育条例（修订草案）》审议结果的报告。听取了关于被提请任免人员的情况介绍。审议《山西省丹河流域水污染防治条例（修订草案）》和省人大法制委员会对该条例修订草案审议结果的报告；《山西省人口和计划生育条例(修订草案)》和省人大法制委员会对该条例修订草案审议结果的报告；山西省人民代表大会常务委员会关于召开山西省第十一届人民代表大会第二次会议的决定(草案)；《太原市旅游条例》及批准决定（草案）和省人大法制委员会对该条例审议结果的报告；《太原市绿色转型促进条例》及批准决定（草案）和省人大法制委员会对该条例审议结果的报告。审议《山西省农业综合开发条例（草案）》和省人大财政经济委员会对该条例草案审议意见的报告；《山西省未成年人保护条例(草案)》和省人大常委会妇女儿童工作领导组对该条例草案研究意见的报告；《大同市建筑节能条例》及批准决定（草案）和省人大法制委员会对该条例审议结果的报告；《恒山风景名胜区保护条例》及批准决定（草案）和省人大法制委员会对该条例审议结果的报告。听取了省人大常委会副主任郭海亮作的关于检查《中华人民共和国水法》和《山西省水资源管理条例》实施情况的报告；省人大常委会委员、城乡建设环境保护工作委员会主任王晓林作的关于检查《关于加强汾河、沁河、桑干河源区保护的决定》实施情况的报告；副省长李小鹏作的关于2007年省本级预算执行审计查出问题的整改工作报告；省发展和改革委员会主任李宝卿作的关于山西省"十一五"经济社会发展规划中期评估及指标体系调整的报告；省人大财政经济委员会主任委员赵建平作的关于山西省"十一五"经济社会发展规划指标体系调整的审议意见；省高级人民法院和省人民检察院关于被提请任免人员的情况说明；被提请任命人员向常委会组成人员作供职发言。审议了《山西省丹河流域水污染防治条例(修订草案)》；《山西省人口和计划生育条例（修订草案）》；山西省人民代表大会常务委员会关于召开山西省第十一届人民代表大会第二次会议的决定(草案)。审议省人大常委会执法检查组关于检查《中华人民共和国水法》和《山西省水资源管理条例》实施情况的报告；

关于检查《关于加强汾河、沁河、桑干河源区保护的决定》实施情况的报告及人事任免名单（草案）。审议关于2007年省本级预算执行审计查出问题的整改工作报告；关于山西省“十一五”经济社会发展规划中期评估及指标体系调整的报告；省人大财政经济委员会关于山西省“十一五”经济社会发展规划指标体系调整的审议意见和关于山西省“十一五”经济社会发展指标体系调整的决议(草案)。听取了省高级人民法院院长左世忠作的关于全省行政审判工作情况的报告；省人民检察院检察长柯汉民作的关于全省预防职务犯罪工作情况的报告。审议省高级人民法院关于全省行政审判工作情况的报告；省人大法制委员会关于省十一届人大一次会议主席团交付的代表议案审议结果的报告；省人大内务司法委员会关于省十一届人大一次会议主席团交付的代表议案审议结果的报告；省人大常委会人事代表工作委员会关于省十一届人大一次会议主席团交付的代表议案办理情况的报告。审议省人民检察院关于全省预防职务犯罪工作情况的报告；省人民政府办公厅关于省十一届人大一次会议代表建议、批评和意见办理情况的报告；省高级人民法院关于省十一届人大一次会议代表建议、批评和意见办理情况的报告。

会议表决通过了《山西省丹河流域水污染防治条例》、《山西省人口和计划生育条例》；通过了山西省人民代表大会常委会关于召开山西省第十一届人民代表大会第二次会议的决定，关于批准《太原市旅游条例》的决定、关于批准《太原市绿色转型促进条例》的决定、关于批准《大同市建筑节能条例》的决定、关于批准《恒山风景名胜区保护条例》的决定；通过了省人大法制委员会关于省十一届人大一次会议主席团交付的代表议案审议结果的报告；省人大内务司法委员会关于省十一届人大一次会议主席团交付的代表议案审议结果的报告；省人大常委会人事代表工作委员会关于省十一届人大一次会议主席团交付的代表议案办理情况的报告；通过了人事任免名单。

本次常委会会议应出席人员63人，实出席60人，省人大常委会主任张宝顺，常务副主任杨安和，副主任靳善忠、谢克昌、郭海亮、王雅安，秘书长朱明，委员53人出席了会议。

列席本次常委会会议的有：副省长李小鹏、牛仁亮、陈川平、张平，省高级人民法院院长左世忠，省人民检察院检察长柯汉民；原省人大常委会主任王庭栋、卢功勋，原省人大常委会副主任范堆相、杜五安、张铭、曹馨仪、赵劲夫、李玉臻；省人大常委会副秘书长，省人大各专门委员会、省人大常委会各工作机构负责人，省政府有关部门的负责人；设区的市人大常委会的负责人；部分全国人大代表，省人大代表，有关新闻单位的负责人；部分院校和社会团体负责人旁听了本次会议。

本次常委会会议举办法制讲座，省人大常委会副主任郭海亮主持。全国人大机关党组成员、财经委员会委员、办公厅研究室主任尹中卿主讲了《以科学发展观为统领、做好新时期人大工作》。

（秦　钟　王　磊　贯小燕）

政府工作

【“三农”工作全面加强】　2008年，全面落实各项强农惠农政策，继续加大对农业和农村基础设施、新农村建设的政策支持和投入，农业农村经济持续稳定发展。农业综合生产能力得到提高。全年粮食总产量达到102.8亿公斤，是连续三年、历史上第6个突破百亿公斤的年份。农村公共事业加快发展。新增农村沼气用户16万户。转移农村劳动力32万人。解决了农村200万人的饮水安全问题。扶贫开发扎实推进。实施移民搬迁扶贫、整村推进、劳动力转移、产业开发四大重点工程，着力推动“两区”（晋西北、太行山革命老区）产业开发项目达产达效，全年减少贫困人口25万人。（冯翠红）

【工业结构调整加快推进】　2008年，传统产业进一步改造提升。煤炭行业，实施了一批大型高产高效矿井改扩建、中小矿井规模化改造项目，全省各类煤矿单井规模超过30万吨。各大煤炭企业集团整合重组地方煤矿186座，淘汰了一批落后小煤矿，产业集中度明显提高，国有重点煤矿和地方骨干煤矿的产量占到全省煤炭生产总量的60%以上。焦化行业，发展大机焦，加大了化产回收和深加工的开发力度，推广先进环保炼焦技术，焦化产业结构得到升级优化。电力行业，重点建设了一批符合节约资源和循环经济要求的电厂，全省总装机容量达到3635万千瓦。冶金行业，围绕不锈钢、钢种结构优化、氧化铝及铝镁合金深加工，重点推进了一批重大调产项目。与此同时，加大对新兴产业培育扶持力度。装备制造业，已成为山西省第五大支柱产业，30多种产品在国内具有较大的市场占有率。煤化工，围绕“肥、醇、炔、苯、油”五条特色发展主线，产业规模进一步扩大。新型材料，镁合金、新型建筑材料、耐火材料、陶瓷材料、钕铁硼材料等产业已形成规模。食品工业，形成了酒、醋、乳、肉、干鲜果蔬和小杂粮加工等门类较全的产业体系。全年工业增加值完成3509.6亿元，同比增长6.5%。

（冯翠红）

【服务业快速发展】　2008年，出台了《关于加快服务业发展的实施意见》，进一步明确了服务业重点发展的行业和领域，从政策层面出台和完善了一系列引导、鼓励、支持、调控的办法和措施。通过调整和完善产业政策、放宽市场准入、落实税收优惠政策、深化服务领域改革、加大服务业投资力度、完善价格收费政策、鼓励工业企业向服务领域发展、培育发展领军企业等政策措施，有力地促进了全省服务业的发展，服务业增幅多年来首次超过全省生产总值增幅。（冯翠红）

【基础设施得到改善】　2008年，在全省兴水战略确定的35项应急水源工程中开工建设22项，完工2项。100座水库列入全国病险水库除险加固规划。新建改扩建一批铁路。新开工1000公里高速公路，完成国省干线建设改造1498公里，完成县乡公路改造4678公里、通村水泥（油）路18300公里、87.8%的建制村通了水泥（油）路，全长1000公里的沿黄扶贫旅游公路基本贯通。太原国际机场新航站楼投入使用。省科技馆、省图书馆、山西大剧院、太原铁路南站和太原美术馆开工建设。（冯翠红）

【节能减排和生态建设取得进展】　2008年，实施工业“七大节能工程”和“双百家企业”节能工程，重点耗能行业万元增加值能耗得到下降。制定了《山西省循环经济发展总体规划》，实施各类循环经济试点，促进了资源综合利用。加大钢铁、焦炭、电力、水泥、铁合金等行业的落后产能淘汰力度，工业污染源得到集中整治。全省万元生产总值综合能耗下降7.39%，化学需氧量、二氧化硫排放量分别下降4.12%、5.65%，全部超额完成年度任务。11个重点城市空气质量二级以上天数累计实现3679天，比上年增加317天。深入推进"蓝天碧水"工程和造林绿化工程，全省新增造林面积450万亩，通道等绿化7818公里。启动实施汾河流域生态环境治理修复与保护工程，沿汾保护区污染源关停整治、干流河道治理、林草植被建设、水资源合理配置等重点工作有序推进。（冯翠红）

【改革开放不断深化】 2008年，国企改革稳步推进，落实"三个一批"（发展壮大一批、转制搞活一批、关闭破产一批）取得重要进展。煤炭工业可持续发展政策措施试点工作扎实推进，制定出台了《关于开展集体林权制度改革的意见》，全省1市17县林改试点工作正式铺开。组团参加了第三届中部博览会，成功举办了第二届"煤炭博览会"。与河北、山东、湖北、湖南等省和华能、国家开发投资公司等企业集团签署了经济合作协议。招商引资的质量和规模进一步提高，全年利用外资达到27亿美元。（冯翠红）

【安全生产工作力度加大】 2008年，以煤矿、非煤矿山和尾矿库、危险化学品及道路交通等行业和领域为重点，全面开展安全隐患大排查和安全专项整治行动。全省煤炭生产百万吨死亡率为0.47，比上年下降37%。着眼于构建长效机制，提出建立10项安全生产制度。年内出台了安全生产委员会会议制度、厅（局）际联席会议制度、部门联合执法制度、隐患排查治理制度、事故约谈制度、事故和隐患举报制度、重大危险源监控制度、专项督查制度等八项制度。企业安全生产主体责任和政府安全监管主体责任得到强化。严格事故问责和查处，一些事故责任人受到严肃处理。治超工作取得明显成效，全省车辆超限超载率由治超前的13%下降到0.2%。（冯翠红）

【民生社会事业全面发展】 2008年，"五大惠民工程"（教育协调发展、创业就业、医疗健康、社会保障及住房安居工程）积极推进。农村义务教育全面实行了"两免一补"（免除学费、杂费，对贫困学生补助课本费和寄宿费），城市义务教育阶段学生免除学杂费，新建改扩建500所中小学校。新型农村合作医疗制度全面推行，全省115个涉农县（市、区）2089万农村居民参加了"新农合"，参合率90.4%；县乡村三级医疗卫生机构基础设施达标率逐步提高。5500名残疾人得到康复救助。城镇新增就业、城镇登记失业率完成预定目标。社会保险综合覆盖率达到80%。经济适用住房、廉租住房、国有重点煤矿和城市居民棚户区改造共开工建设900万平方米，100个地质灾害村治理、3000户农村困难群众住房试点、2400户残疾人危房改造任务全面完成。各级财政补贴资金8亿多元，确保城市居民供热不涨价。千方百计保证农村群众冬季用煤。省最低工资、企业离退休人员待遇、失业救济金、城乡低保补助、"五保户"供养财政补助和部分优抚对象的抚恤标准进一步提高。（冯翠红）

【民主法制建设和依法治省扎实推进】 2008年，各级政府自觉接受人民代表大会及其常委会的监督，接受人民政协的民主监督。全年共办理人大代表建议和政协提案1237件，向省人大常委会提请审议地方性法规9件，制定政府规章9件。严格执行《中华人民共和国行政许可法》，推进依法行政。加快行政审批制度改革，推动行政权力公开透明运行。积极开展行政效能监察工作，建立了政务督察机制。加大行政问责力度，积极推行以行政首长为重点的行政问责制，严肃追究行政不作为、乱作为的过错责任，提高了行政效能。深入开展煤焦领域反腐败专项斗争，发现了一批突出问题，排查了一批案件线索，收缴了违规违纪违法资金83.8亿元。（冯翠红）

【服从服务全国大局作出重要贡献】 2008年，认真贯彻落实胡锦涛总书记等中央领导去年视察山西时的重要讲话精神，全力以赴支援南方地区抗击雨雪冰冻灾害，千方百计确保全国迎峰度夏煤炭供应，发挥了能源基地的重要作用。全年山西煤炭产量6.7亿吨，占全国煤炭产量的四分之一，外调量5.3亿吨，占全国省际间净调出量的80%。通过捐款捐物、交纳特殊党费、派出支援队、对口支援等方式，与灾区人民同呼吸、共命运、心连心，众志成城抗击四川汶川特大地震灾害，彰显了三晋儿女一方有难、八方支援、无私奉献的传统美德。识大体，顾大局，积极配合做好奥运安保工作，发挥了首都护城河的作用，为办好奥运会这一民族百年盛事作出了应有的贡献。（冯翠红）

·重要会议·

【省政府第一次全体（扩大）会议】 4月3日下午，新一届省政府召开第一次全体（扩大）会议，会议讨论通过了《省政府工作规则》。省长孟学农主持会议并讲话。他强调，各级政府及各部门要认真贯彻落实党的十七大和全国"两会"精神，以强烈的责任感、使命感和只争朝夕、时不我待的紧迫感，狠抓落实，创造出不辜负时代，不辜负人民的业绩。

孟学农要求，必须加快推进行政管理体制改革，切实加强政府自身建设，努力建设服务政府、责任政府、法治政府、廉洁政府。一是转变职能、优化服务。要着力把政府主要职能转变到经济调节、市场监管、社会管理、公共服务上来，加快推进政企分开、政资分开、政事分开、政府与市场中介组织分开。二是解放思想，勇于创新。坚持用十七大精神统一思想、指导实践，切实把思想解放的成果转变为实现科学发展、和谐发展的工作思路和具体措施。三是依法行政、民主行政。严格按照宪法和法律办事，强化有权必有责、用权受监督、侵权要赔偿的观念。要自觉接受人大的监督、政协的民主监督、新闻舆论监督和群众监督，确保人民赋予的权力真正用来为人民谋利益。要坚持民主科学决策，增强行政工作的公开性和透明度。四是团结协作、顾全大局。各级政府及各部门要自觉增强大局意识、责任意识和团结意识，坚决反对政府权力部门化、部门权力个人化的不正常现象。五是以人为本，一心为民。始终与人民群众同甘苦、共命运、心连心。六是艰苦奋斗，廉洁奉公。要堂堂正正做人，老老实实做事，清清白白从政。要大力倡导调查研究之风、求真务实之风，反对官僚主义、形式主义，坚决不搞华而不实、劳民伤财的形象工程、政绩工程。

省委常委、常务副省长薛延忠，省委常委、政法委书记、省公安厅长杜玉林，省委常委、副省长梁滨，副省长牛仁亮、胡苏平、陈川平、张建民、张平，省政府秘书长王清宪等省政府组成人员出席会议，省政府其他机构单位和中央部属驻晋机构单位负责人列席会议。（冯翠红）

【全省发展服务业电视电话会议】 4月17日上午，省政府召开全省发展服务业电视电话会议，就全面加快发展服务业进行安排部署。省委副书记、省长孟学农出席会议并讲话。

孟学农在全面分析发展服务业的重大意义和面临形势后指出，要进一步明确发展服务业的思路和方向。统筹发展各类服务业。重点发展、做大做强文化旅游业和现代物流业。各相关部门要全力以赴推出一批影响大、带动力强、具有示范效应的重大服务业项目，带动全省服务业快速发展。

孟学农强调，要综合运用各项政策措施促进服务业发展。建立公开、平等、规范的服务业准入制度，推进服务业全方位对内对外开放。要对服务业现有的行政许可项目进行彻底清理，对制约服务业发展的不合理规定坚决予以取消。要建设和完善重要旅游景点与支线机场、高速公路、干线公路的便捷通道，使任何一个重要景点到最近机场或省辖市实现“一小时通达”。

孟学农要求，要加强组织领导，把发展服务业的各项任务进行层层分解，并将其纳入各市县、各部门的目标管理之中；要明确工作责任，切实抓紧落实，调整和完善产业政策、放宽市场准入、落实税收优惠政策、制定城乡规划政策、完善价格收费政策；要加大对服务业发展的投资力度、吸引利用外资、适当增加土地供应、技术创新、人才引进和培养；要加大信贷支持力度，各行业都要大力培育发展领军企业，鼓励服务企业产品创新；要加强考核评价，研究制定符合我省服务业发展实际的统计指标体系，提高服务业在44项指标考核体系中的权重。

孟学农强调，各级政府各部门要从深入贯彻落实科学发展观、加快我省科学发展、和谐发展的高度出发，全力打好发展服务业这一攻坚战，努力实现今后三年服务业比重每年提高1个百分点的奋斗目标，促进全省经济社会又好又快发展。

（冯翠红）

【汾河流域生态保护治理修复工作会议】 4月18日上午，省委副书记、省长孟学农主持召开汾河流域生态保护治理修复工作专题会议，研究并原则通过了《汾河流域生态保护治理修复工作实施方案》。

孟学农指出，汾河流域生态保护治理修复工程是惠及三晋人民、荫被子孙后代的惠民工程，各级政府、各部门一定要从贯彻落实科学发展观的高度深刻认识工程重大意义，牢固树立只有良好的生态效益和社会效益才能带来持久的经济效益观念，努力找准经济社会发展和保护生态环境的平衡点，明确目标，群策群力，稳步扎实推进这项宏大工程。

会议强调，推进汾河流域生态保护治理修复工作，还要把工程措施和政策措施很好地结合起来，加快建立完善有利于汾河流域治理的政策法规体系。要加大汾河沿线的排污监督检查力度，把治汾工作纳入领导班子和领导干部综合考评内容，实行严格的问责制和责任制，确保汾河沿岸市县的工业和生活污水全面达标排放。

省委常委、常务副省长薛延忠，省委常委、副省长梁滨，副省长牛仁亮参加会议。

（冯翠红）

【全省造林绿化现场会】 6月19日至20日，省政府在长治市召开造林绿化现场会议。国家林业局局长贾治邦和省委副书记、省长孟学农出席会议并作重要讲话。副省长胡苏平主持会议。会议总结了“十一五”以来山西造林绿化取得的成绩，分析当前林业发展面临的形势和任务，对造林绿化先进县、先进单位进行了表彰。

孟学农强调，各级党委、政府及广大干部必须把转变经济发展方式、建设生态文明作为破解经济社会深层次矛盾和问题、加快科学发展的根本选择。要深入推进“身边增绿”造林绿化工程，推动全省造林绿化、生态建设再上新台阶，努力构建绿色和谐人居环境，使天更蓝、地更绿、水更清、空气更洁净，人与自然更加和谐。

会议提出未来三年全省造林绿化工作的总体思路和要求是：以科学发展观为指导，深入推进造林绿化，扎实开展生态修复，启动实施汾河干流植被建设和湿地保护项目，继续实施国家和省造林绿化重点工程，积极稳妥开展集体林权制度改革，切实加强生态建设成果保护与管理，每年完成造林400万亩以上，到2010年森林覆盖率达到18%以上。（冯翠红）

【迎峰度夏奥运保电专题会】 7月3日上午，省政府召开迎峰度夏奥运保电专题会，研究加强煤炭生产供应组织协调，全力做好迎峰度夏奥运保电工作。省委副书记、省长孟学农强调，保证电煤有效供应及电力企业平稳运行，事关全省乃至全国经济社会发展的大局，事关灾后重建和奥运会的成功举办。为确保迎峰度夏和奥运成功举办，各级各部门及各有关企业要按照省委、省政府“保奥运、保救灾、保安全、保发展、保民生”的总体要求，在确保安全的前提下，科学组织，均衡生产，采取得力措施，加强统筹安排，切实保障全国和省内重点电煤供应，为迎峰度夏、抗震救灾、灾后重建、办好奥运和经济社会又好又快发展做出应有贡献。

省委常委、常务副省长申联彬，省委常委、副省长李小鹏、副省长牛仁亮、陈川平参加会议。（冯翠红）

【全省上半年经济运行分析会议】 7月19日到20日，省政府召开上半年经济社会发展形势分析会议，总结上半年全省经济社会发展情况，分析当前面临的形势，安排部署下半年工作。省委副书记、省长孟学农出席并作重要讲话。

会议指出，2008年以来，在省委的正确领导下，全省上下全面贯彻党的十七大精神，深入贯彻落实科学发展观，坚持走出“四条路子”、实现“三个跨越”的总体思路，重点实施“四大攻坚”，着力强化“四大支撑”，深入推进“五大惠民工程”，经济社会呈现出平稳较快发展、协调推进的良好态势。在保持经济社会平稳较快发展的同时，我省全力做好支援南方抗击冰雪灾害、四川抗震救灾和恢复重建、奥运保电等重点工作，为全国经济社会发展大局做出了积极贡献。

会议认真分析了山西经济社会发展面临的形势，进一步明确了今后工作的对策、措施和重点，提出下半年要重点抓好八个方面的工作。一是创新政策措施，大力发展服务业。二是加快发展循环经济，大力改造提升传统产业。三是推进节能减排，建设生态文明。四是继续抓好“三农”工作，扎实推进社会主义新农村建设。五是优化投资结构，加快基础设施、重点工程和重点领域建设和发展。六是以改善民生为总抓手，推进和谐山西建设。七是深化改革开放，增添发展活力。八是抓好煤电生产运销衔接，加强物价监控。

省委常委、常务副省长申联彬，省委常委、政法委书记、省公安厅厅长杜玉林，省委常委、副省长李小鹏，副省长牛仁亮、胡苏平、陈川平、张建民、张平出席会议。各市和省直部门主要负责人参加会议。

（冯翠红）

【贯彻落实全国安全生产电视电话会议精神会议】 9月26日上午，省政府召开贯彻落实全国安全生产电视电话会议精神会议，省委副书记、代省长王君出席会议并作重要讲话。他强调，要认真学习贯彻落实胡锦涛总书记、温家宝总理等中央领导近期关于加强安全生产工作的重要讲话精神和全国安全生产电视电话会议精神，进一步增强抓好安全生产的使命感、责任感和紧迫感，全面强化安全生产工作，尽快实现我省安全生产形势的明显好转。

王君要求，要深刻汲取“9·8”襄汾溃坝等重特大事故教训，清醒认识当前安全生产的形势，进一步研究、细化和落实安全生产的各项措施。当前，一是要对本地、本部门、本单位的安全生产状况进行全面的普查，摸清情况，做到心中有数。二是要在全面掌握情况的基础上，制定切实有效的办法和措施，分地区、分行业、有重点、有针对性地进行综合治理。三是加大力度开展安全生产专项督查，对非法违法生产经营的，坚决关闭取缔；对安全没有保证的，一律停产整顿；对符合条件正常生产的，加强监管监察。四是要按照“四不放过”的原则，彻底查清事故原因和责任，严肃处理相关责任人员。五是要继续抓好省政府有关煤炭行业“十关闭十整顿”和资源整合，以及其他领域安全生产工作措施的落实，努力完成各项目标任务。

王君要求，要结合山西的实际，建立健全安全生产工作的长效机制。一是安全生产委员会会议制度。二是厅（局）际联席会议制度。三是联合执法制度。四是隐患排查治理制度。五是事故约谈制度。六是事故、隐患举报制度。七是重大危险源监控制度。八是煤焦领域反腐败专项斗争。九是重点专项督查制度。十是要强化行政问责制度。始终保持安全生产的高压态势，对安全生产工作一刻也不能放松，做到警钟长鸣、常抓不懈。

王君强调，要切实加强领导、强化责任。各级行政一把手是安全生产的第一责任人，要对本地的安全生产工作亲自抓，分管领导要全力抓，其他班子成员要配合抓。各级监管职能部门要分兵把口，落实责任，认真履行好各自的职责。要切实加强基层基础工作，切实转变工作作风，确保安全生产的各项措施落到实处，实现安全生产形势的明显好转。

申联彬主持会议并对贯彻落实会议精神提出要求，副省长陈川平出席会议，各市市长、分管副市长，省有关部门负责人，省五大煤炭集团负责人参加了会议。

（冯翠红）

【省政府第二次全体（扩大）会议】 10月15日下午，省委副书记、代省长王君主持召开省政府第二次全体（扩大）会议，总结分析今年以来经济社会发展工作，研究部署当前和今后一段时间重点工作。

会议指出，2008年以来，全省上下认真贯彻落实党中央、国务院各项工作部署，在省委的领导下，全省经济社会发展取得较大成绩，经济保持平稳较快发展，主要经济指标完成较好，重点工作、重大项目进展顺利，城乡居民收入增长较快，各项社会事业不断发展，特别是全省广大干部群众的思想观念和精神面貌发生了新的变化。但同时也要清醒地看到，发展中还面临着不少困难和问题，尤其是安全生产形势十分严峻。各级各部门一定要认清形势，咬定年初确定的目标不动摇，全面完成今年的各项工作任务。

会议要求，在学习实践科学发展观活动中，要紧紧围绕党员干部受教育、科学发展上水平、人民群众得实惠的总体要求，把深入学习与深化实践紧密结合起来，着力转变不适应、不符合科学发展观要求的思想观念，着力解决影响和制约科学发展的突出问题，着力构建有利于科学发展的体制机制，推动全省经济社会实现转型发展、安全发展、和谐发展，加快建设新基地、新山西进程。

会议要求，各级各部门要牢固树立安全发展的理念，高度重视并切实抓好安全生产工作，以遏制和杜绝重特大事故为目标，认真落实安全生产责任制，狠抓重点行业、重点领域的安全生产，尽快扭转安全生产被动局面。要高度重视并切实抓好民生问题。加大工作力度，加强工作指导，确保全年各项目标任务圆满完成。

会议强调，要始终保持政治上的清醒与坚定，自觉与以胡锦涛同志为总书记的党中央保持高度一致，全面贯彻落实科学发展观，切实加强政府自身建设。要加强学习，进一步提高履职能力；要深入调查研究，了解下情、实情、民情；要求真务实、真抓实干；要进一步转变政府职能，提高政府的公信力和执行力。以新的形象、新的面貌、新的作风做出新的业绩。

省委常委、常务副省长申联彬，省委常委、政法委书记、省公安厅厅长杜玉林，省委常委、副省长李小鹏，副省长牛仁亮、胡苏平、陈川平出席会议。（冯翠红）

【全省经济工作会议】 全省经济工作会议于12月19日至20日在太原召开。会议总结了2008年的经济工作，分析当前形势和任务，安排部署了2009年的经济工作。省委书记张宝顺，省委副书记、代省长王君作重要讲话。

会议认为，2008年，在党中央、国务院的正确领导下，全省上下深入贯彻落实科学发展观，按照走出“四条路子”、实现“三个跨越”的思路，围绕由资源依赖型向创新驱动型转变，着力推进新型工业化、特色城镇化和农业现代化，着力推进“五大惠民工程”，全省呈现经济保持增长、结构趋于优化、效益稳步提高、民生继续改善的基本态势。千方百计为国家提供能源服务，举全省之力搞好抗震救灾和对口支援工作，同心同德为办好“绿色奥运”“平安奥运”作出了应有贡献。省委作出转型发展、安全发展、和谐发展的重大决策，进一步明确了全省科学发展的主攻方向。

会议强调，宏观经济环境的重大影响与自身的结构性矛盾相互交织，全省经济出现多年来少有的大幅度下滑。要把思想和行动统一到科学发展观的要求上来，统一到中央对国内外经济形势的分析判断上来，统一到中央决策部署上来，牢牢掌握经济工作的主动权。2009年经济工作的总体要求是：全面贯彻党的十七大和十七届三中全会精神，以邓小平理论和“三个代表”重要思想为指导，深入贯彻落实科学发展观，按照中央经济工作会议的部署，着眼于实现转型发展、安全发展、和谐发展，紧紧围绕保持经济平稳较快发展这一首要任务，在扩大内需、增加投资、创新创业、节能减排、城乡统筹、抓好“三农”、改善民生、改革开放等方面取得新进展，推动经济结构优化，加快发展方式转变，增强发展活力和动力，保持社会和谐稳定，实现经济社会又好又快发展。

会议指出，2009年经济社会发展要重点抓好八项工作：一是认真贯彻落实国家积极的财政政策和适度宽松的货币政策，努力保持经济平稳较快发展。二是以基础设施建设为抓手，全面扩大各领域投资。三是加快经济结构调整和发展方式转变，努力构建现代产业体系。四是认真做好“三农”工作，着力促进农村改革发展加大扶贫开发力度，五是全力扭转安全生产被动局面，实现安全生产形势明显好转。六是加强资源节约和环境保护，增强可持续发展能力。七是加快以改善民生为重点的社会事业发展，努力建设和谐山西。八是深化改革开放，不断增强发展的动力和活力。

省委、省人大常委会、省政府、省政协的领导出席会议，各市市委书记、市长以及发改委、经委、财政局主要负责同志，省直各部门和省人大、省政协各工作机构、专门委员会主要负责人，部分企业主要负责人参加了会议。（冯翠红）

·外事侨务工作·

【外事交往】 2008年共接待了来自23个国家和地区的126个团组，共计900余人。其中，安排省领导会见和出席70余批次，接待德国前总理施罗德、美国前副总统奎尔、乌克兰最高法院院长、新加坡慈援组织理事会顾问共4个副总理以上级别团组，接待美国怀俄明州州长、日本国会议员、联合国教科文组织执行局主席、哈萨克斯坦反经济与腐败犯罪署署长等共22批次副部级以上团组，接待瑞典SKF集团、美国国际集团等20批次跨国公司高管，完成了礼宾接待任务。

（张晋丽）

【出国（境）管理】 1.进一步规范党政干部因公出国（境）管理工作。2008年共办理了省部级领导的出访报批和对外联络工作6批（后因抗震救灾等原因，部分领导主动中止出访工作），厅局级及以下人员2495人次的出访审批、办证工作。2.规范因公护照颁发及收缴管理工作。共注销、销毁失效证照11249本，收回护照5236本，追缴公务护照701本、公务普通护照642本，清查出丢失护照8本，注销有效未交回护照16本，因公护照收缴率达到100%，圆满地完成了因公护照清查收缴工作。3.扎实开展制止公款出国（境）旅游工作。同省纪检委、省委组织部等9个单位联合下发了《开展“落实两办规定”制止公款出国（境）旅游专项工作的实施意见》，并根据统一部署，积极配合，严格审批各类因公出国（境）团组，狠刹利用公费出国（境）旅游等不正之风，全年共制止无实质性出访团组12批72人，为国家节约经费约288万元。2008年累计办理出国、赴港澳2695人次，比2007年同期减少4186人次，全省因公出访费用比2007年同期减少约167，440元。

（张晋丽）

【侨务工作】 2008年，组织举办了首届山西籍海外华侨华人社团及海外侨胞重点人士联谊会，邀请海外侨胞重点人士60余人参加了联谊会，建立了联系，取得了较好的效果；积极对外联系，拓宽国外渠道。全年接待了来自美国、加拿大、德国、荷兰、罗马尼亚、阿根廷等国的海外华侨华人及港澳同胞200余人；加大引资力度，发展公益事业。积极引进侨资301万元；贯彻侨法及其实施办法，维护侨胞权益。深入各市调查了解，倾听意见和建议，协调解决归侨侨眷住房、上学等生活问题。

（张晋丽）

【外事侨务大事记】 1.省外办于2008年3月4日在晋祠宾馆召开2008年全省外事侨务工作会议。各市外办主任、外事旅游局局长，省直各有关委、办、厅、局外事处处长，有关院校、大中型企业外事处处长、新闻记者及省外办机关各处室、直属单位负责人近80人参加了会议。

2.4月5日～8日，应省外事办邀请，苏丹、以色列、摩洛哥、斯洛文尼亚、孟加拉、新加坡、越南、韩国等八国驻华使节及夫人对我省进行友好访问。4月7日，省委常委、副省长梁滨在太原会见代表团一行。省外办主任韩和平，副主任贾雪峰参加会见并陪同访问。

3.5月19日14时28分，省外办举行向四川汶川大地震遇难同胞的致哀仪式。5月21日，山西旅外乡亲和广大归侨侨眷积极响应省侨办、侨联号召，踊跃向地震灾区献爱心，捐款达25万元。5月22日，省外办全体党员以交纳“特殊党费”形式向灾区献爱心，共交纳“特殊党费”100710元。

4.6月7日，省委书记、省人大常委会主任张宝顺，省委副书记、省长孟学农分别在太原会见了德国前总理格哈特·施罗德先生。中国人民外交学会理事、前驻德大使卢秋田，副省长张建民，省外办主任韩和平，副主任贾雪峰参加会见。6月8日，省委常委、常务副省长申联彬，德国前总理格哈特·施罗德先生，中国人民外交学会理事、前驻德大使卢秋田，省外办主任韩和平，副主任贾雪峰在武乡县出席中德合作轻量化设计与镁开发项目签约仪式。6月8日，省委常委、常务副省长申联彬，德国前总理格哈特·施罗德先生，中国人民外交学会理事、前驻德大使卢秋田，省外办主任韩和平，副主任贾雪峰在晋城出席宋庆龄基金会——博宥基金援建沁水县希望小学、乡村卫生院（所）仪式。6月8日，省委常委、常务副省长申联彬在晋城市会见了德国前总理格哈特·施罗德。中国人民外交学会理事、前驻德大使卢秋田，省外办主任韩和平参加会见。

5.6月29日，省委常委、副省长李小鹏到省外办调研。他要求全省外事（侨务）系统要认真落实各项措施，细化目标、任务和工作责任，全面提高山西外事服务的水平和质量，努力营造良好的对外开放环境，特别是要为推进省政府提出的“赛在北京，游在山西”提供更加积极的外事服务与管理。

6.7月14日，全省扩大对外开放专题研讨班在省委党校开班。来自全省外事系统第一线的60余名学员，将参加为期5天的培训研讨。省委常委、副省长李小鹏出席并讲话。

7.9月16日，第二届中国（太原）国际煤炭与能源新产业博览会开幕。全国政协副主席、科技部部长万钢宣布开幕，省委书记、省人大常委会主任、第二届煤炭博览会组委会名誉主任张宝顺，商务部副部长、第二届煤炭博览会组委会副主任高虎城分别致辞。第九届、第十届全国人大常委会副委员长成思危，中共中央统战部副部长、全国工商联党组书记、第一副主席全哲洙，湖北省省长李鸿忠出席开幕式。省委副书记、代省长、第二届煤炭博览会组委会主任王君主持开幕式。德国前国防部长鲁道夫·沙尔平，日本经济产业省大臣政务官松村祥史，德国北威州经济部能源环保和矿山部部长盖斯纳，美国西弗吉尼亚州州长助理孙庆云，美国怀俄明州地质调查局总地质师罗纳德，美国能源部原化石能部部长助理罗伯特，以及美国GE、罗克佳华、3M、日本双日、日本小松、德国西门子、法国施耐德、瑞典ABB、英国BP、壳牌、富士康集团、欧罗福国际集团、液化空气中国投资有限公司、南非沙索、世界银行、德意志银行、香港嘉里集团等企业的负责人出席了开幕式。省领导薛延忠、金银焕、申联彬、任泽民、申维辰、金道铭、李小鹏、方文平、高建民、李政文、杨安和、谢克昌、安焕晓、胡苏平、张平、卫小春等出席了开幕式。

8.9月19日，以“奥运·大爱”为主

题的2008中国平遥国际摄影大展在原平遥县衙开幕。省委常委、宣传部长、大展组委会主任高建民致开展辞。副省长张平主持开展仪式。省政协常务副主席郭良孝，文化部党组成员、直属机关党委书记常克仁，中国摄影家协会副秘书长、分党组副书记王郑生，国务院新闻办公室副局长郭利群，河北省政协副主席武四海，来自台湾的亲民党副主席张昭雄，美国博雅珊当代艺术中心创始人、艺术主持人博雅珊，国家有关部委、兄弟省市的领导，来自国内及美国、法国、意大利、日本、韩国等40个国家和地区的摄影家、策展人、摄影爱好者与省、市、县有关领导，省外办主任韩和平，副主任张志仁及当地各界群众出席了开展仪式。

9.9月20日，首届山西籍海外华侨华人社团及海外侨胞重点人士联谊会在太原举行，来自美国、加拿大、法国等18个国家和地区的山西华侨华人组织的代表参加会议。省委常委、副省长李小鹏出席联谊会并讲话。省侨办主任韩和平致词，省侨办副主任贾雪锋主持会议，省侨办副主任张志仁、武绍忠、田亦军参加会议。

10.10月17日下午，省外事侨务办公室召开深入学习实践科学发展观活动动员大会，12月5日，省外办召开深入学习实践科学发展观活动转段大会，省政府副秘书长、省外侨办党组书记、主任、学习实践活动领导小组组长韩和平作大会动员报告。

11.10月30日，省委常委、副省长李小鹏在太原出席第7届中日地方交流促进研讨会并致辞，日本自治体国际化协会常务理事堀村隆彦，日本驻华大使馆公使道上尚史，省外办主任韩和平，副主任贾雪峰、田亦军、武绍忠等出席。本次研讨会主题为“加强环保合作，促进地方交流，构筑中日实质性互惠关系”。

12.11月25日，省政府副秘书长、省外办党组书记、主任韩和平，党组成员、副主任张志仁，武绍忠，田亦军，纪检组长高玉厚率办机关有关人员到太原市开展落实科学发展观调研。

13.11月25日，省外办召开深入实践科学发展观活动转段大会，学习实践活动由学习提高、调查研究阶段转入到分析检查、找准问题阶段。党组书记、主任韩和平总结了省外办学习实践活动第一阶段工作，对开展第二阶段工作进行了部署。

14.12月28日，省外办举行纪念改革开放30周年暨省外办成立50周年专场音乐会。省政协原副主席吴慧琴，省外办副主任贾雪峰、张志仁、武绍忠、田亦军，纪检组长高玉厚出席。12月30日，山西省外事系统举行纪念改革开放30周年暨山西外事办成立50周年座谈会，全省外事工作代表和曾在外事战线工作的老同志欢聚一堂，共同回顾山西外事的风雨历程，祝贺外事工作半个世纪的骄人业绩。省委常委，副省长李小鹏发来贺信，省政协副主席李潭生出席并讲话。省政府副秘书长，省外办党组书记、主任韩和平发表讲话。省外办党组成员、副主任贾雪峰主持座谈会。省外办原领导王金贵、严平、王善、关朴、田锡钊，省外办党组成员、副主任张志仁、武绍忠、田亦军，办党组成员、纪检组长高玉厚及省直相关单位负责人和办机关全体人员出席座谈会。

（张晋丽）

·人事工作·

【推进公务员法实施】 2008年，省人事厅坚持以深入实施公务员法为依托，全面加强公务员队伍建设。重点解决了超职数配备领导干部、机关接收大中专毕业生以及超编问题处理等公务员登记中的遗留问题。采取分类指导、区别对待、综合分析的方式，组织省直机关部分人员进行了过渡考试。严肃认真地进行事业单位参照公务员法管理审批，坚持从严控制、稳慎推进，严格把握参照标准和条件，完成了省直33个参照管理单位1096人的定岗、考核过渡、组织登记等工作和9个市178个单位3149人的审批，县以下机关参照管理工作现已全面展开。（秦绍璇）

【启动公务员素质提升工程】 2008年，省人事厅研究制定《山西省公务员培训规定（试行）实施意见》，稳步推进公共管理核心内容全员培训，全省11万名公务员参加了培训。以提升应急管理理念和应对突发事件能力为目标，在全国率先开展了行政机关公务员《突发事件应对法》学习培训。坚持凡进必训、凡提必训，组织开展了近4000人次的公务员初任培训和省直单位2006年以来新提拔的200多名正副处级干部参加的任职培训，采取“分级负责”的方式开展专门业务培训，先后举办了环保系统业务骨干、新任人事局长培训班和依法行政专题培训等，公务员“四类培训”（初任培训、任职培训、专门业务培训、更新知识培训），逐步走向规范化、制度化。通过多层次、多形式、多渠道的培训教育，全省公务员队伍依法办事、依法行政、服务群众、促进和谐的意识和能力得到明显提高。（秦绍璇）

【健全完善考录制度】 2008年，省人事厅首次采用省、市、县行政机关公务员“三级联考”的方式，为全省9个市、35个县（市、区）和18个省直机关部门公开招录了1049名公务员。在考录中加大省、市机关录用具有基层工作经历人员的比例，放宽学历、户口等条件限制，进一步拓宽了先人视野，更好地体现了“公开、公平、公正”的原则。（秦绍璇）

【加强高层次人才培训选拔】 一是认真开展2008年度享受国务院政府特殊津贴专家和新世纪学术技术带头人“333”人才工程省级人选的选拔和推荐工作，选拔享受政府特殊津贴人选70名，批准“333”人才工程省级人选78名。二是深入实施专业技术人员“5862”知识更新工程，积极开展各类继续教育活动，参加国家级高研班35期，组织行业、系统的学术会议、研讨会、论证会，培训各类专业技术人员72000余人次，组织78名“333”人才工程省级人选参加了“高层次专业技术人才创新能力培训班”，在全国继续教育工程教育协会年会上作了《突出重点，稳步推进加快实施我省专业技术人才知识更新步伐》的经验介绍。三是细化专业技术资格评价标准，改进人才评价工作，下发了《关于做好2008年度全省专业技术职称工作的通知》和工程、农业等23个系列的高中级任职资格评审安排意见，组织卫生，职称英语等43类（次）23万人参加的职称、职（执）业资格考试，全年累计完成54项国家政策性考试和100余项社会化考试。四是完善了高层次人才数据库，建立联系制度，及时了解和满足专业技术人员的需求，组织开展了形式多样的专业技术人才服务“三个发展”活动。

（秦绍璇）

【加强创新创业载体建设】 积极做好博士后站点的建站工作，阳煤、晋煤、山大二院等3个新增博士后工作站建站申报获国家批准，在站博士后达到54人，有力促进了人才、科技和经济的紧密结合。积极协调争取，不断加大人才资金投入，建立多元化的人才开发资金投入机制。对省农科院、卫生厅、建设厅等省直部门的11个人才项目进行了考察了解，申请并落实省财政人才专项资金288万元，作为引进人才的科研启动经费。组织完成了国家、省两级留学回国人员科技活动择优资助经费的申报工作，其中省级23个项目，资助经费123万元。7个国家级项目获批，每项可获得2万元～15万元不等的资助。 （秦绍璇）

【协调推进各类人才培训开发】 贯彻党的十七届三中全会精神，扎实抓好农村实用人才培训开发。围绕新农村建设，指导市县，特别是县级人事部门把农村实用人才开发作为一项主业来抓。从省级农村拔尖实用人才和在乡镇以下基层单位工作并做出突出的优秀大学生中，自下而上选拔推荐3名农村实用人才参加“全国农村优秀人才”评选。加强技能人才队伍建设，组织开展了18个行业、40余个工种、3万余人次的机关事业单位技术工人等级和考核工作，技能人才队伍的整体素质得到有效提升。与民政部门联合举办了首次“社会工作师”资格考试，将社会工作人才纳入到专业技术人才的范畴中来。 （秦绍璇）

【举办2008年省人才智力交流大会】 省人事厅从推进经济社会协调发展和能源基地全面转型对优秀人才智力的需求出发，认真总结招才引智工作实践，研究创新引才机制，探索更加灵活、务实、高效的引才方式，以“激活人才智力，强化主体作用，促进交流互助，服务经济建设”为主题，于6月28日至29日，以省政府名义成功举办2008年山西省人才智力交流大会。邀请包括百千万人才工程国家级人选、国务院特殊津贴专家在内的省内100名高层次专家，精心筛选了100个优秀引智成果，开展了“百名专家智力服务”和“百个引智项目洽谈对接”，专家服务项目签订协议64项，引智推广项目60个。大会入场人数共计24000余人，当场签定协议533个，其中硕士216人，本科236人。此外，省直行政机关公务员招考现场咨询和报名19000余人，大学生“三支一扶”报名登记492人。截至年底，大会签约意向及协议共落实2908人，其中高级职称4人，博士11人，硕士400人，本科1299人。 （秦绍璇）

【组织“2008年清华大学博士山西服务月”活动】 为把清华大学的人才优势与我省的产业能源优势相结合，省人事厅围绕推进“四大攻坚”、实施“五大惠民工程”积极开展项目征集对接，做好服务月活动前期准备工作。从6月30日起，65名清华大学博士生深入全省9个市、6个省直部门共31个单位（包括国有大型企业、经济开发区、科研院所、医疗卫生以及民营企业等）进行了为期6周的社会服务和实践锻炼，涉及环境保护、节能减排、循环经济、新材料、信息技术、农产品开发、医疗卫生、教育管理等多个行业和领域，共参与课题研究和项目攻关65余个，提供咨询和合理化建议30余条，举办各种人才技术讲座、培训班79场次、5000多人次，产生了良好的人才效益、经济效益和社会效益，受到对接单位和当地群众的普遍欢迎。 （秦绍璇）

【扎实引进国外智力工作】 坚持“以我为主，按需引进，突出重点，讲求实效”的方针，积极拓宽引智领域，推广引智成果，扎实开展引进国外智力工作。认真做好全省出国（境）培训归口管理工作，实施“一村一品”和“千村引智示范”工程，组织引智推广项目83项，申报国家级引智示范推广基地1个，认真落实引进国外技术和管理人才项目，引入的俄罗斯盐渍地改良、日本鼠害防治等先进技术，具有广阔推广前景。山西引进的以色列整形美容专家莫瑞斯·托帕兹博士被称为汶川地震救灾现场的“白求恩”，在社会广泛参与的“改革开放三十年中国最有影响的海外专家”评选中，与贝聿铭、李政道、杨振宁等15名海外专家一道获此殊荣，5名外国专家获“山西省外国专家友谊奖”。 （秦绍璇）

【完善事业单位人事管理体制】 着眼于进一步规范事业单位进入机制，指导省直机关部门和各市人事局开展新进人员公开招聘工作，与省劳动和社会保障厅共同组织市、县劳动监察执法人员招聘工作，全省下达招聘计划10000余名，全部实行公开招聘。在积极探索的基础上，研究制定了《山西省事业单位公开招聘人员暂行办法》，经省政府常务会议审议通过，《办法》于2009年1月1日起正式实行。稳步推行事业单位人员聘用制度，指导各市、各部门规范聘用行为。积极推进岗位设置管理工作，研究制定了《山西省事业单位岗位设置管理实施办法》，经省政府常务会讨论通过，由省人事厅与省委组织部联合印发实施。 （秦绍璇）

【做好高校毕业生就业工作】 继续组织高校毕业生“三支一扶”工作，公开招录选拔300名高校毕业生到“两区”开展为期两年的支农、支医、支教和扶贫工作，组织开展慰问调研工作，了解“三支一扶”大学生的工作情况，帮助他们解决工作和生活中的困难。协助组织部门做好优秀大学生到村任职工作，积极提供人事关系接转、人事档案管理等人事代理服务。会同省劳动和社会保障厅在全省范围内组织开展了以“就业起步，我们共同努力”为主题的高校毕业生就业服务月活动，引导高校毕业生面向农村和基层就业，期间全省各类服务机构登记求职的毕业生12.4万人，举办专场招聘会229场次，提供就业岗位8190个，进场求职24804人次，实现就业7805人。 （秦绍璇）

【学习实践科学发展观】 围绕省委“实现转型发展、安全发展、和谐发展”的主题，厅党组研究确定把“贯彻科学人才观、大力开发人才资源、创新人才机制、构建和谐人事关系，服务三个发展”作为全厅学习实践活动的载体，强化理论学习，深入调查研究，分析查找问题，明确发展思路，学习实践活动氛围浓厚、成效明显。活动期间，厅党组围绕人事人才工作如服务全省“三个发展”，确定了涉及人才资源开发、公务员制度改革、政府绩效评估和公务员分类分级考核、事业单位人事制度改革、职称制度改革、招才引智、人事公共服务等七个重点调研课题，并由厅领导带队深入11个市和35个基层单位开展了广泛深入的调研活动，形成了一批有情况、有问题、有分析、有对策建议的专题调研报告。为找准不适应、不符合科学发展观的问题，我们坚持开门纳谏，先后组织召开了部分市（县、区）人事局长，省党代会代表、人大代表、政协委员、人事特邀监督员，省直单位部分专家以及厅内部分干部职工等不同层次和形式的座谈会，广泛向社会征求意见建议。研究制定了《中共省人事厅党组学习实践科学发展观活动整改落实方案》，明确了整改责任，整改时限和整改要求。形成了《山西省人事厅党组贯彻落实科学发展观情况分析检查报告》。《报告》总结了党的十六以来我省人事人才工作取得的成绩和经验，找准了我们在贯彻落实科学发展观方面存在的突出问题，理清了当前和今后一个时期全省人事人才工作科学发展的主要思路和措施，以及领导班子加强自身建设等方面的努力方向。经统计，对厅党组分析检查报告满意的占98.5%，基本满意的占1.5%，满意率和基本满意率达100%。

（秦绍璇）

【纪念改革开放30周年座谈会】 12月31日，省人事厅组织全省人事系统召开座谈会，纪念改革开放30周年，全面回顾30年来我省人事人才发展历程，系统总结30年来探索实践的宝贵经验，深刻分析当前和今后一个时期人事人才工作面临的形势和任务，努力做到在与时俱进中确立新观念、在创新变革中提高新境界、在理清思路上实现新突破，在新的起点上开创新局面。座谈会对于我们准确把握人事人才工作改革发展规律，进一步弘扬改革创新精神，进一步坚定推进改革的决心和信心，推动人事人才工作开创新局面，再上新台阶奠定了坚实的基础。

（秦绍璇）

·档案管理·

【《二战后侵华日军"山西残留"——历史真实与档案征引》出版】 山西省档案馆编著的《二战后侵华日军"山西残留"——历史真实与档案征引》由山西人民出版社出版发行。二战后发生在中国山西的侵华日军"残留"事件，是一件十分独特的历史事件。其实质是日本军国主义死硬分子在日本投降以后，怙恶不悛，以参加阎锡山反革命军队为掩护，积极进行保存日军实力，妄图复活日本军国主义再次侵略中国的阴谋活动。山西省档案馆保存着记录日军"残留"及其历史结局的档案材料。为了真实反映这一重大历史事件，山西省档案馆组成了以孔繁芝为组长的课题研究组，课题被山西省哲学社会科学规划办公室列为"十五"期间研究项目。课题组通过对1000余卷原始档案仔细筛选，并走访"残留"活动亲历者，查考大量国内外相关资料，严谨梳理考证，完成了220万字的3卷本《残留》。《残留》在历史研究与档案史料汇编方面均有创新，受到专家学者的好评。它既是对日军"山西残留"原始档案的首次系统公布，为中日关系史和第二次世界大战史的研究，提供了弥足珍贵的资料；又把历史研究和档案研究融为一体，以翔实的事实材料和原始记录为基础，撰写了《二战后侵华日军"山西残留"概述》，揭示时间的开端、过程和结局，时间的场境、背景和人物以及纷繁复杂的历史表象和表象背后的历史真实；同时，一、二卷后附录相关的历史材料，链接相关历史，曲直史料兼收，便于读者了解真实而具体的历史现象。该书被有关机构鉴定为山西省哲学社会科学研究项目一级成果。

（省档案局）

【山西省有关档案工作集体和个人受到全国表彰】 1月16日，全国档案工作暨表彰先进会议在北京召开。受人事部、国家档案局表彰，太原市档案局（馆）、临汾市档案局（馆）荣获全国档案系统先进集体称号；霍州市档案局（馆）局（馆）长李国忠，荣获全国档案系统先进工作者称号。受国家档案局、中央档案馆表彰，山西省人民检察院档案室、山西省晋中市水利局档案室、山西省霍州煤电集团有限责任公司档案馆，荣获全国档案工作优秀集体称号；中共山西省直机关工作委员会档案室主任王丽萍、山西省大同煤矿集团有限公司档案处处长史润堂，获全国优秀档案工作者称号。

（省档案局）

【全国档案编研出版工作指导委员会在并召开座谈会议】 3月18日，由全国档案编研出版工作指导委员会召开的全国"城市解放"系列丛书出版座谈会在太原召开，国家档案局副局长、中央档案馆副馆长李明华，山西省档案局局长卫克兴出席，来自全国各省和计划单列市、省会城市的60余名代表参加了会议。由太原市档案局编辑、中国档案出版社出版的《太原解放》是全国"城市解放"档案系列丛书的第一个完成项目，因此，太原市档案局在座谈会上进行了经验介绍。与会代表就"城市解放"系列丛书的材料收集、成果形式、宣传推介等问题展开充分讨论。

（省档案局）

【忻府区档案馆收集整理民生档案】 忻州市忻府区档案馆为了推进民生档案信息的社会共享，构建和谐家庭，注重民生档案的收集和建设。一方面加强民生领域档案建设，即围绕社会保障、新型农村合作医疗、城市拆迁、土地征用等重大民生问题开展档案服务工作和监督指导；另一方面积极征集、收集有价值的民生档案进馆。3月，他们深入到秀容文化大院整理荣誉证、书画、剪纸等档案资料时，征集回一批20世纪50～60年代的民生档案进馆。其中有50年代的社员证、分粮单据、商品购买证、火车票、购烟证，有1961年的金银收据、交售卡等档案50余件。

（省档案局）

【忻州市档案局探讨照片档案征集管理】 新中国成立以来，各条战线各个行业在各个历史时期形成了大量珍贵的新闻照片档案。由于对新闻照片的归属、管理没有统一的档案管理，导致许多珍贵照片保存在个人手中，新闻部门尤其突出。这对于历史的记录、保管都是极大的破坏。忻州市档案局为解决此问题，在4月23日主持召开了由《忻州日报》社、《山西画报》驻忻州记者站、市数码影像协会、市运管处、科技局等单位和知名摄影家、摄影记者参加的照片档案座谈会，就规范和加强照片档案管理工作进行探讨交流。市档案馆提出经过三年努力，使馆藏历史照片达到10万幅以上，成为全市数量最多、保管最安全的历史照片管理和利用中心。有关领导要求各新闻部门和新闻摄影工作者进一步增强照片档案归档意识，将照片档案的形成、利用、管理和归档放在同等重要的位置予以重视；档案部门要建立健全照片档案管理和利用制度，实现照片档案的有效利用和照片档案资源的社会共享。座谈会上，一些摄影工作者向市档案馆捐赠了他们的照片档案和摄影集。

（省档案局）

【各级国家档案馆推进政府信息公开工作】 《中华人民共和国政府信息公开条例》于2008年5月1日起施行。《条例》第三章第十六条规定："各级人民政府应当在国家档案馆、公共图书馆设置政府信息查阅场所，并配备相应的设施、设备，为公民、法人或者其他组织获取政府信息提供便利"；"行政机关应当及时向国家档案馆、公共图书馆提供主动公开的政府信息"。为做好山西省各级国家档案馆施行《条例》的工作，省档案局认真履行法律赋予档案部门的职能，围绕政府信息公开工作，抓住责任落实、建立制度、统筹协调、强化指导等环节，扎实高效推进政府信息公开工作。到5月初，省档案馆已接收省级机关64个单位的各类政府信息9723件（册），电子文档报送率达85%，有效地拓展了档案馆的服务功能，开辟了人民群众了解政府信息的新途径。各市、县档案馆政府信息公开工作进展顺利。

（省档案局）

【全省档案干部职工捐款支援抗震救灾】 5·12四川汶川大地震后，山西省档案局干部职工以实际行动支援抗震救灾工作。职工们纷纷自发前去献血支援灾区；125名党员交纳特殊党费105750元，非党同志也不甘落后，捐款1960元，全局职工通过省档案局集中的捐款累计117210元。太原、临汾、晋中、运城的市县档案局干部职工，也纷纷为灾区捐款，仅霍州市档案局捐款即达10100元，充分体现了档案工作者情系灾区拳拳之心。

（省档案局）

【全省档案编研工作研讨会召开】 2008年5月，山西省档案学会召开全省档案编研工作研讨会。这次会议的主题有两个：一是新形势下如何更好地开展档案编研工作，二是讨论晋商档案的征集与研究开发。来自全省的23名档案工作者参加了会议。期间，山西省档案局局长卫克兴结合全省档案工作实践，对编研工作做了指导性发言。他指出：档案编研工作要求实，要与历史研究结合，同时更要筛选好的历史素材，开阔思路，服务现实。省档案局副巡视员王玉声、编研处副处长赵永强为与会者举行了专题讲座。这次会议还专邀安徽省黄山市档案局刘文开局长就徽商档案的征集、研究和开发，做了经验介绍和交流。他们的工作思路和方法，对于山西档案编研工作，特别是对晋商档案的征集和研究开发，具有直接的借鉴意义。值得指出的是，这次编研工作研讨会是近十多年来全省首次召开的编研工作专题会议，受到档案编研工作者的普遍肯定。

（省档案局）

【省档案学会举办“整合各类民生档案资源，建立适应民生需求的档案资源体系”研讨会】 2008年8月28—8月29日在太原举办了“整合各类民生档案资源，建立适应民生需求的档案资源体系”研讨会。研讨会的主要议题：一是如何对现有馆（室）藏档案资源进行科学的整合，建立适应民生需求的档案资源体系；二是档案工作如何更好地服务民生、改善民生。来自机关、企业、事业、科技事业等单位的135名论文作者参加了研讨会。为了开好这次研讨会，根据大家的要求，省档案学会围绕中心议题于2008年4月拟写11个参考题目供大家参考。截至2008年8月20日共征集论文135篇，并装订成册。与会者人手一册，保证了书面交流的使用。经专家全部审阅后，从不同论文选题中选出辛慧芳、姜国英等20名作者在大会上发言，他们从理论与实践的结合上阐述了建立适应民生需求的档案资源体系的重要性和档案工作服务民生、改善民生的必要性。省档案学会名誉理事长卫克兴做了建立两个体系的发言，受到了与会同志的欢迎。最后由省档案学会上届理事会理事长林清澄就参会论文做了点评，并对学术论文的写作做了简要介绍，受到与会同志的好评。

（省档案局）

【交城著名中药店药丸秘方县档案馆保存】 开业于清代嘉庆9年的交城卫生馆，有三百多年的历史。“卫生馆”省内外共有7座，总号设在太原，其他分号是北京、忻州、交城、太谷、方山等处各一座。药店名“卫生馆”为傅山先生亲笔书写，是历史上有名的中药店。1956年交城卫生馆实行公私合营，1958年与交城药材公司合并，成为县药材公司的门市部，开始经营中、西两药。今年95岁的孙立诚先生16岁进入交城卫生馆学徒，工作直至退休。老先生耳闻目睹并亲身经历了新中国成立前后交城商界、医药界数十年的沧桑变革，在中药材质量的鉴别、中成药的加工技艺上有极高的造诣。1985年国家中医药管理局授予其“祖国传统医药老药工”称号。2008年，孙立诚老先生将他几十年来一直珍贵保存的卫生馆药丸秘方（复印件）118页献给县档案馆保存，填补了县档案馆此类卫生档案资料的空白，也为祖国传统医药知识财富的薪火相传作出贡献。

（省档案局）

【山西省第七次档案学优秀成果评选揭晓】 为表彰对档案学理论研究做出显著成绩的档案学会会员，鼓励档案工作者开展理论研究的积极性，根据《山西省档案学会章程》规定，上半年以来，山西省档案学会在全省范围内开展第七次档案学优秀成果评奖活动。在申报的108项研究成果中，共评选出79项档案学优秀成果。其中，论文类77项：一等奖6项，二等奖28项，三等奖33项；编研类2项：一、二等奖各1项。

（省档案局）

【忻州市举办大型档案展览】 9月18日，由忻州市委、市政府主办，市档案局（馆）承办的“《档案见证历史》图片展”和“忻州档案珍品展”在忻州市体育广场和市艺术馆开展。图片展由51块展板，近400幅照片组成，以新中国成立以来历次重大历史事件为线索，展示了忻州地区建立人民政权、社会主义制度和探索社会主义道路的历史，其中有许多鲜为人知的档案史料和历史图片。珍品展荟萃了包括市档案馆在内的全市15个国家综合档案馆的馆藏珍品近300件，是忻州地区档案珍品的首次集中亮相。这些档案珍品全部是原件，有的甚至是孤本。两个展览在当地引起很大反响，观众普遍认为这是档案部门为社会奉献的一道“文化大餐”，档案走向阳光、走向群众，档案工作也由封闭走向了开放，由服务少数人变成了服务老百姓。档案部门也认识到，只有把本职工作和普通群众的文化要求结合起来，才能得到社会各界的认可，档案工作才能引起社会各界的普遍关注和重视。

（省档案局）

【交城县接收非物质文化遗产项目档案】 近年来交城县共有47项非物质文化遗产列入县级以上非物质文化遗产代表名录，其中2项列入国家级非物质文化遗产代表名录，3项列入省市级非物质文化遗产代表名录。为做好非物质文化遗产项目档案收集保护工作，县档案局将接收非物质文化遗产档案进馆作为档案资源建设和非物质文化遗产保护的重要工作予以落实。2008年9月，县档案馆将交城县非物质文化遗产保护领导组办公室、交城县文化馆2007年申报的国家级非物质文化遗产“交城滩羊皮”鞣制技艺、交城琉璃咯嘣制作技艺和2008年申报的山西省省级非物质文化遗产民间文学——交城“鸠鸽二仙”传说、民俗庙会——卦山庙会、交城卫生馆“五香调料面”等非物质文化遗产项目档案接收进馆。非物质文化遗产项目档案主要包括申报文字材料、电子文本和录音相片（含文字说明）等。

（省档案局）

【山西省高校档案学术研讨会召开】 2008年10月9日至12日，山西省高校档案学术研讨会在长治医学院召开，来自省内42所高校分管档案工作的校领导、档案人员80余人参加了会议。会议围绕“学习贯彻《高等学校档案管理办法》，促进高等学校档案工作的科学发展”主题，进行了研讨交流。与会代表普遍认为：《办法》的出台，是国家为规范高校档案工作，提高档案管理水平，有效保护和利用档案而发布的一部重要教育行政法规，是指导新时期新阶段高校档案工作科学发展的规范性文件；它的发布必将为加快推进现代大学管理制度建设、深化高校档案工作内涵建设、提高档案服务高等教育与经济社会发展的能力和水平起到有力的推动作用。省教育厅、省档案局有关人员到会指导。（省档案局）

【省档案局首次面向社会公开招考录取公务员】 山西省档案局（馆）是山西省政府直属正厅级事业单位，参照公务员管理，负责对全省档案工作实行统筹规划、宏观管理及业务指导，负责收集、整理、保管省委、省政府以及省直机关档案资料，对社会提供利用。根据工作需要，经省人事厅批准，2008年面向社会公开招考工作人员（参照公务员法管理）7名。依照《山西省国家行政机关2008年考试录用公务员实施方案》，经过资格审查、笔试、面试、体检、考核、录用审批各个环节，最终录用计算机应用及网络管理人员2名、档案管理人员2名、档案管理与开发利用人员3名。这次面向社会公开招考工作人员，是山西档案人事制度的重大改革，取得良好效果和反映。（省档案局）

·参事工作·

【开展调查研究工作】 1月7日，省政府参事薄生荣等参加了对《政府工作报告》（征求意见稿）的讨论和修改，提出了自己的修改意见和建议，得到了省长和有关部门的认可。

3月5日至13日，省政府参事薄生荣、郭宝玉等一行5人，应中共晋城市委的邀请，就“科学发展的晋城”进行专题调研，为在新的起点上实现晋城经济社会又好又快发展建言献策。

7月22日至7月29日，省政府参事杨勇在赴朔州市平鲁区、右玉县等地就新型农村合作医疗、“三农”问题、“两区”开发建设情况进行了调研。所写的调研报告上报省委、省政府等部门和有关领导。山西日报报业集团主办的《发展导报》等媒体进行了跟踪报道。

7月30日，王亦农参事为配合国务院参事吴宗鑫一行关于煤层气开发情况的调研，整理撰写了《关于阳煤集团煤层气开发利用的专题报告》。

10月7日至9日，室（馆）主任冉金刚、副主任张志斌，省政府参事薄生荣、曹履冰与农工党山西省委的领导和专家联合，一同赴万家寨等地就引黄工程中水资源保护问题进行考察调研。

10月23日，省政府参事杨勇在、陈鸿章、刘景雯、侯耀华等一行7人，到省地震局就5·12汶川大地震后山西省防震减灾情况进行专题调研。《山西日报》等新闻媒体进行了报道。

11月17日至24日，薄生荣参事等一行3人，赴临汾市就“进一步解放思想，推动临汾科学发展”进行了调研。

12月10日至13日，省政府参事杨勇在、陈鸿章等一行，围绕如何落实省政府关于煤矿安全生产的相关政策、措施，探讨消除我省煤矿重特大事故隐患中存在的问题，前往省煤炭工业局、大同市政府、同煤集团及相关单位进行了专题调研。《山西日报》专栏进行了宣传报道。为此，他们撰写了《防范煤矿发生重特大事故若干举措》的建议。（王合龙）

【参事积极建言献策】 韩俊文参事，针对山西白猪是近来育成的新品种，其抗病力强，遗传稳定，饲养成本低，优势非常明显，有望成为山西省养猪生产的当家母本，建议优先资助转化推广山西白猪项目，撰写了《关于以产业化开发的方式，推广育种成果的建议》。并就汽车“高效大功率无级变速传动”一直是世界范围尚未根本解决的难题，积极推荐整理了《把未来可能成长为世界500强企业的世界首创汽车核心零部件产业引入山西的建言》。

郭宝玉参事针对山西煤层气资源极为丰富，有着分布集中，埋藏浅，可采性好，甲烷含量高等特点，具备大规模开发的资源优势，撰写了《关于合理开发和利用煤层气资源，加快我省煤层气产业发展》的建议；11月18日，他还撰写了《把山西有色金属工业列为我省“十二五”支柱产业发展的几点建议》。

杨晓国参事撰写了《关于我省文化产业发展中先秦史研究专业人才及基本队伍建设的建议》和《关于太原市西山整体环境整治中旅游交通规划的建议》。他还参与了全省11个市的旅游调研工作、高级专家“四大攻坚”服务团、省政协有关旅游调研方面的座谈会，担任了乌金山国家森林公园旅游总体规划的顾问、12集电视主题片《赛在北京·游在山西》的策划，参加了《十一五山西省旅游交通规划》的评审，对岚县和左云、右玉三县旅游产业发展进行了实地考察调研，参加了“左云边塞文化论坛”会议。

薄生荣参事，把对2008年下半年全省经济形势的认识，撰写成《集中力量解决好经济运行中存在的突出问题》；针对国际金融危机，山西明年经济工作如何面对，撰写了《对山西省2009年经济工作的若干认识和建议》；他还就扩大内需，促进增长，撰写了《非常之时，当有非常之策》的建议。

郭芳华参事完成了《山西省特色果品红枣发展规划报告》、《山西省特色干果核桃发展规划报告》，参与了《山西省农业功能区规划》，撰写了《山西省商品性农产品生产能力专题研究报告》、《山西省耕地占用及补偿性情况专题调查报告》。

王振民参事致力山西省节能减排工作，担任评委，先后评审了太原市、大同市、阳泉市、晋中市、晋城市、长治市、吕梁市、朔州市的节能减排，共评审出46个经济效益显著的节能减排项目。自己获国家发明专利的微机控制自动调压装置，继续在全省推广使用。（王合龙）

·文史研究工作·

【开展各项文化活动】 四川汶川发生大地震以后，文史馆员李夜冰、杨吉魁、王如何、王木兰、黄克毅、吴德文、袁旭临、王建华、邓明阁等书画馆员积极参加全省各界举办的抗震救灾名家公益书画笔会和捐赠活动。挥毫表达手足情，创作书画献爱心。

王宝库馆员的专著《法眼看山西》，由山西人民出版社出版发行；他参加中央文史馆与湖南文史馆联合主办的湖湘文化研讨会，所写论文《介子推与屈原忠孝行为的文化意义及晋楚文化之比较》，视角独特，观点新颖，受人注目。

李夜冰馆员的国画作品参加了杏花奖优秀美术作品展、中国画山西名家作品展、全国文史馆迎奥运书画展、迎奥运山西名家作品展、笔墨中华情海峡两岸书画展、山西民居山水画邀请展等展出。参加了《人民代表报》创刊20周年书画名家笔会、迎接国庆60周年暨国务院参事室成立60周年“杏林雅集”笔会、“湖湘情”笔会。画作《古城平遥夜色》入选《神州圣火传递图》并印成邮票。9月14日，中央书画频道“品说”栏目以“因艺术而年轻

山西省工商行政管理局

2009年，是山西省工商系统积极应对金融危机、全力服务经济发展展现新水平的一年，是认真落实新的“三定”方案、依法履行市场监管职责迈开新步伐的一年，是全面加强学习培训、努力建设高素质干部队伍取得新成果的一年，是围绕发展大局、奋发有为工作受到各级党委、政府高度重视和充分肯定的一年。

一年来，山西省工商系统紧紧围绕转型发展、安全发展、和谐发展的决策部署，出台实施了《关于发挥工商职能作用，促进创业就业的实施意见》27条，非公经济保持快速增长态势；扎实推进了“品牌兴省”战略，7件商标被认定为中国驰名商标，是认定最多的一年；扎实推进了“五农工程”，农民专业经济合作组织户数位居全国第一；扎实推进了“信用山西”建设，信用体系建设的成果应用取得突破性进展，省局荣获“中国信用共建特别贡献奖”；坚决贯彻了省政府煤炭资源整合的决策部署，全力以赴，高效服务，多次受到省政府主要领导和省政府煤矿整合领导组及办公室的肯定与好评；深入开展了“万名工商干部进十万家企业”帮扶大行动，帮助企业解决实际困难6047件，帮助企业融资 391亿元；以流通环节食品安全整治为重点，全面加强了市场监管，为应对金融危机营造了良好的市场环境；强化了消费者权益保护工作，为促进消费和维护稳定做出了积极贡献；推进了“三个创新”，加强“五项建设”，班子队伍建设取得新成效。山西省委、省政府授予省工商局“依法行政十佳单位”称号、授予运城市工商局“公正执法十佳单位”称号、授予晋中市工商局“法制宣传教育十佳单位称号”。

2009年12月28日，山西省副省长张建欣出席了山西省工商行政管理局与中国邮储银行山西省分行联合开展的“认定信用商户、创建信用市场”活动启动仪式

2009年1月19日，国家工商总局副局长付双建在山西视察，充分肯定了山西省工商局的工作

2009年6月3日，第三届山西品牌节暨中国驰名商标、山西省著名商标新闻发布会在晋祠宾馆召开。截至当年底，山西拥有45件驰名商标

2009年6月13日，山西省工商行政管理系统行风建设电视电话会议在太原召开，副省长张建欣出席会议

阳泉煤业（集团）有限责任公司

阳泉煤业（集团）有限责任公司的前身为阳泉矿务局，成立于1950年1月，1997年12月改制为国有独资公司，是国家规划的13个煤炭生产基地之一。经过60年的发展，特别是上世纪90年代后期以来的转型发展，目前已经成为一个以煤炭和煤炭化工为主导产业，铝电、建筑地产、机械电气、服务贸易四大辅助产业共同发展的煤基多元化企业集团。2009年实现营业收入496亿元，企业资产840亿元，位列中国企业500强128位。

团结奋进的阳煤集团领导班子

目前，阳煤集团主要产业格局是：煤炭产业现有生产和在建煤矿45家，职工63000人，分属总部机关和晋东、寿阳、晋北、晋南四个区域公司分区监管，煤炭产能5720万吨，在建煤矿规模6000万吨；煤炭化工产业生产和在建企业12家，化工商品产能728万吨，在建产能规模270万吨，煤层气抽采规模13.5亿立方米，利用3.1亿立方米，企业分布在山西、河北、山东三个省区；其他四个辅助产业职工43000人，其中铝电产业铝矿产能80万吨，氧化铝产能40万吨，电解铝产能22.5万吨，电力装机650兆瓦，在建氧化铝产能60万吨；机械电气和配套企业4家，拥有采煤机、掘进机、乳化液泵、运输设备、高低压电气设备、变频器、永磁电机等7个系列产品，生产企业集中在总部地区；建筑、矿建、化建和建材地产开发企业5家，拥有大型煤矿、大型工业项目建筑安装以及民用建筑总承包资质、房地产开发商资质，配套120万吨水泥、1亿块粉煤灰砖和部分门窗、水泥构件生产加工能力；贸易服务业主要有煤矿勘探设计、岩土爆破服务、宾馆旅游中心、物资贸易和中小企业集团等9家企业。

阳煤集团公司总部

氧化铝生产工地

新型化工企业——阳煤集团氯碱公司

阳煤集团新元煤业公司洗煤厂

现代化新型矿区

2008年以来，集团公司新任领导班子以2013年五年“亿吨千亿”规模为目标，确立并实施以基数增长、资本回报、授权经营三大制度为核心的经营业绩考核制度和突出主业、强煤强化，放活辅业、多元发展的发展战略，通过加大上市公司回购和招商引资融资平台，推进兼并收购和新建项目两轮驱动策略，企业迅速进入了跨越发展轨道。截至2009年底，集团拥有的煤矿公司数量从2007年的14处增加到45处，拥有的煤炭资源从60亿吨扩大到 130 亿吨，煤矿产能和在建规模从5000万吨扩大到1亿吨以上，煤炭产量从3300万吨增加到5000万吨以上；煤炭化工企业数量从1个增加到12个，从业人数从3500人增加到23000人，化工产品从6种增加到58种，商品产能从30万吨增加到691万吨，销售收入从28亿元增加到115亿元；铝电公司的铝土矿从无到有，产量扩大到 80 万吨，40万吨氧化铝顺利达产，25万吨电解铝产能已经形成，二期60万吨氧化铝开工建设，配套电解铝和铝型材项目并购正在进行中；机械电气产业生产销售规模从 5 亿元增加到20亿元，开发了采煤机、掘进机、重型刮板机、大型皮带机、乳化液泵、永磁电机、变频器、煤矿高低压变压器等多种产品的整机制造；贸易服务业成立了宾馆旅游中心、国际贸易公司、物资经销公司、国际旅行社等四家公司并把业务扩展到北京、香港等地，实现了年度营业利润超亿元。随着产业快速发展，企业就业人数从2007年的不足10万人增加到2009年的13万人，基本上解决了矿区子弟就业问题；销售收入从2007年的226亿元增加到2009年的496亿元；实现利润从2007年的5.4亿元增加到2009年的15亿元；上交税金从2007年的29亿元增加到2009年的62亿元；生产销售规模和利税实现了两年翻番的目标。

技术先进的现代化综采

回顾成绩，令人鼓舞，催人奋进；展望未来，蓝图美好，重任在肩。“十二五”期间，阳煤集团将继续深入贯彻科学发展观和省委三个发展的战略思想，牢固树立“安全第一、奋力赶超、开疆拓土、跨越发展”的指导思想，以转变增长方式为主线，大力推进煤炭和煤化工产业结构调整、循环工业园区建设，不断增强企业综合实力和可持续发展能力，推动企业煤炭产能达到1.3亿吨以上，煤化工产品达到 300 万吨左右，煤炭加工转化量达到4000万吨，销售规模突破2000亿元，力争进入中国企业100强和中国煤炭工业 10 强行列，为建设主业突出、实力雄厚、核心竞争力强，具有持续发展能力的现代化特大型企业集团而奋斗。

阳煤集团竭诚欢迎国内外朋友携手合作，共创辉煌。

正元化工

赵石平先进事迹

集团公司总经理赵石平到一线给坚守岗位的干部职工拜年

2009年是阳煤集团抵御经济危机冲击，经营业绩再创历史辉煌的一年。一年来，在铝业、化工、电力等非煤产业遭受重创情况下，阳煤集团以科学发展观为指引，全面落实保增长措施，取得了丰硕成果，保持了跨越发展态势，营业总实现收入496亿元，利润实现14.7亿元。这些成绩的取得离不开阳煤集团总经理赵石平扎扎实实、兢兢业业、锐意进取的精神；离不开他恪尽职守，与公司班子成员一起准确把握煤炭市场发展走势的长远眼光；离不开他坚持用战略思想指导企业发展，审时度势、抢抓机遇，提出并实施了一系列重大战略发展的胆略。

——煤炭产业乘势而进硕果累累。2009年，赵石平同志统筹规划，科学部署，使公司商品煤产量大幅上升，达到了4346万吨。他争取铁路运力、调整市场结构取得历史性突破，外运总量完成3942万吨，铁路增量连续两年超过400万吨，位居全国各大煤炭企业前列。在他的带领下，二矿成为首个千万吨矿，寺家庄矿一次采全高工艺获得成功。赵石平同志抢抓全省煤炭资源配置、整合机遇，强力推进煤矿重组工作，煤矿的数量从年初的17个增长到目前的44个，新增产能3000万吨，新增储量达到25亿吨。集团公司煤炭产能和基建规模达到1.15亿吨以上，为35年形成亿吨级煤炭基地奠定了坚实基础。

——化工产业逆势而上后劲十足。煤化工是阳煤集团发展的又一引擎，赵石平同志内强管理、外拓市场，使全年主要化工产品销量达到374万吨。在他的引领下，正元集团、齐鲁一化在市场窘迫的情况下实现利润1.25亿元，三维集团力扭前9个月连续亏损局面，全年实现利润3000万元；阳煤化工投资公司成功组建，引进资金8亿元，为化工企业整体上市做好了充分准备；继续实施并购重组，增资控股正元集团，绝对控股齐鲁一化，成功收购山东恒通化工，新增销售收入17亿元；榆次、昔阳、和顺、沧州等化工基地相继开工建设。

——辅助产业择机而动顺势发展。赵石平同志积极推动阳煤集团产业多元化发展。在他的带领下，铝电产业苦练内功、蓄势而动，电解铝、氧化铝成功复产，电解铝一期技改恢复建设，取得80万吨/年铝土矿探矿权。贸易服务产业异军突起，国际贸易和物资经销公司实现利润过亿元，墨玉宾馆、药林会议中心酒店档次再上台阶。机械电气业紧跟煤炭主业发展步伐，华越公司规模和效益同步增长；华鑫公司坚持科技创新，永磁电机、变频控制彰显自主研发能力；奥伦公司分层皮带打入国际市场。建筑建材地产业面对外部市场低迷严重困境，稳固内部市场，提升素质，消化库存，在收入下降情况下利润同比增长4900万元。

——安全管理基础不断夯实。赵石平同志扎实推进煤矿安全生产专项整治，效果明显：瓦斯治理三年规划正式启动；职工干部队伍教育培训不断深化，现场质量标准化建设取得了长足进步，干部下井考核和现场管理骨干“在先、在后、在位、作为”要求全面落实。安全是企业永恒的主题，赵石平同志认真贯彻落实“安全第一，预防为主”的方针，设立非煤行业安全专员，建立安全专员管理制度；提前对43人进行矿长资格培训，对180人进行安全资格培训，保证了兼并煤矿“六长”人员及时到位。正是由于他的严格要求、正确指导，2009年阳煤集团全年百万吨死亡率0.09，新景、平舒等12个煤矿实现安全生产。

——管理体制转换继续深入。在继续深入贯彻落实完善基数增长、资本回报和授权经营制度前提下，赵石平同志大力推行“双精”管理，努力在提高效率和降低成本上下功夫，使公司全年可控成本比上年度降低15%以上，吨煤成本降低10%。他积极实施煤矿管理体制改革，组建四个区域公司，实行了煤矿安全生产建设分区域监管，全面推行矿管矿模式，以大带小，保证了煤矿数量急剧膨胀后加强管理的需要；积极推动财务改革，阳煤集团财务公司挂牌开业，为企业集团化运作搭建了全新的融资和资金管理平台；不断加速煤炭运销管理体制改革，煤炭销售公司组建运行；成立宾馆旅游管理中心，服务业发展步入发展快车道。

阳煤集团总经理赵石平在三维集团调研

山西潞安矿业（集团）公司

山西潞安矿业（集团）公司是一个以煤炭为主业的国有大型能化企业，拥有468亿元资产、29个子公司、5.5万名职工，9428名党员。集团党委下设40个党委(总支)、432个党支部。近年来，集团党委适应现代企业制度需要，对企业党建工作实行绩效管理，走出了一条政治优势彰显、职能作用突出、创新活力增强的国有企业党建工作之路，有力地促进了企业的改革和发展。潞安集团的有益探索，为国有企业如何搞好党建工作提供了新思路。

2009年3月19日，中央党建工作调研组专程到潞安集团调研党建工作

基本做法

潞安集团党委，开展党建工作绩效管理已有近10年时间，经历了由探索到完善、由零星到系统、由试点到推行的过程。2000年原潞安矿务局通过公司制改革成立潞安集团后，集团党委为使党建工作适应新的领导体制，更加贴近实际、讲求效率、注重效果，提出党建工作要树立和强化管理理念、绩效理念和评价理念，由此试行党建工作绩效管理。经逐步探索，形成了覆盖全面、上下对接、操作简便、运转有序的党建工作绩效管理方案。

潞安集团公司精神文明建设表彰会

一是明确绩效管理内容。围绕抓班子、带队伍、创环境、促发展四个方面加以细化分解，形成包括26个一级指标、27个二级指标，共133项具体内容的体系。其中，“抓班子”包括企业党政领导班子思想建设、组织建设、作风建设、制度建设、反腐倡廉建设和创新能力发挥、民主管理建设、开展主题活动等；“带队伍”包括干部队伍建设、党员队伍建设、职工队伍建设等；“创环境”包括创和谐环境、改革发展环境、文化环境、生活质量环境等；“促发展”包括参与重大问题决策，提出合理化建议、组织党员创先争优、破解改革发展难题、维护职工利益、促进生产经营指标完成等。对每项内容，提出明确的工作标准，并根据权重确定标准分值。133项内容的总分值为1000分。

二是规范绩效管理流程。年初，集团党委所属党组织及其工作部门根据上级部署，结合企业目标和自身任务，制定党建工作年度计划书。在此基础上分解细化，逐月制定月度任务书，并结合党员岗位特点形成岗位责任书，凡党组织的工作和党员参与的活动都严格按计划执行。每月底，党组织和党员对照月度任务书、岗位责任书，自下而上进行自我评价和组织评价，集团党委年终对基层党委进行全面评价。凡组织评价中提出的问题和建议，都制定整改措施，明确整改时限和责任人，对整改不力的组织和个人进行问责。

三是注重绩效管理导向。把绩效评价作为绩效管理的“牛鼻子”。对党组织的评价，用每项具体任务的完成情况与预设的工作目标和标准分值相对照，圆满完成的按标准分值计分，未完成的不计分，完成一般的酌情扣分。对富有成效的创新性工作，组织专门评审，按原创、突破、带动三个等级给予一定奖励分，奖励分最高不超过150分。常规内容评价得分

2009年5月13日，山西省省委书记张宝顺在潞安指导工作

2009年6月29日，山西省省长王君到潞安集团调研

2007年1月22日，山西省常委、省纪委书记金道铭在潞安调研

中企联中企协在潞安召开现场会

2009年10月28日，山西省委常委、省委秘书长高建民在潞安调研党建工作

加上奖励得分，即为评价综合得分。根据综合得分，按照优秀、良好、一般、较差四个等级排出名次。对党员的评价，以岗位责任书的完成情况为主要依据，参照党内活动表现和业余表现进行综合计分。绩效评价结果的运用，就党组织来说：一方面作为领导班子及其成员年度考核和任免奖惩的重要依据，集团党委每年评选先进基层党组织和“四好班子”，都视绩效评价综合得分为“硬杠子”；另一方面直接与领导人员的年薪挂钩，绩效评价属于优秀等级得分为前5名的，给相关领导人员按年薪的20%－30%予以奖励，绩效评价为较差等级并得分为后5名的，扣除相关领导人员年薪的20%－30%。就党员来说，则同时与薪酬、评定员工等级、评选各类先进直接挂钩。

四是保证绩效管理运转。集团党委成立绩效管理委员会，下设办公室和四个评价组，办公室负责业务指导和日常管理，四个评价组分别负责抓班子、带队伍、创环境、促发展四个方面的信息采集和评价。各基层单位党委设立相应机构，明确专人指导检查。在集团党委和党员之间，形成了“两级负责、分层运行”的绩效管理组织保障体系。

主要成效

潞安集团党委通过探索和实践党建工作绩效管理，充分发挥了党组织的政治核心作用，有效地把党的政治优势转化为企业的竞争优势和发展优势。(一)推动了现代企业制度的运行和完善。潞安集团党委通过细化和量化党建工作职责，进一步明晰了企业党组织和职工思想、行为、精神状态的系统管理，进一步集聚了实现企业目标的智慧和力量；通过把破解企业改革发展难题、促进企业生产经营目标实现的情况纳入党建工作绩效管理范围，促进了企业党建工作与企业生产经营的有机结合，有效避免了企业党政工作“自身循环”、“两张皮”现象。党政之间的权责明确，党建工作的科学管理，对于现代企业制度的运行和完善起到了重要的推动作用。集团董事长说：有了党建工

2009年9月6日省委组织部部长汤涛就组织工作在潞安调研

作的绩效管理，企业党的工作更实了，自己抓改革、抓发展的精力更集中了，整个领导班子的合力更强了。(二)实现了企业党建工作的拓展和提升。潞安集团党委通过开展党建工作绩效管理，建立了包括目标要求、具体内容、评价标准、操作程序等在内的一整套党建工作体系，实现了企业党组织对全面履行职能过程的有效控制，大大浓厚了党建工作氛围，拓展了党建工作平台，提高了党建工作水平。具体来说，企业党组织以抓班子、带队伍、创环境、促发展为主要任务，突破了传统意义上党组织自身建设的内容，使企业党建工作的视野更宽了、措施更实了；对党建工作的考核评价由定性为主改为定量为主，由多凭印象变为重看绩效，增强了党建工作的管理意识和标准意识，促进了党建工作规范化、制度化；随着党建工作在企业整个工作布局中地位和作用的提升，基层党组织和党员的荣誉感、责任感、归属感不断增强，企业党建工作的动力更加充足。(三)促进了企业改革的持续和健康发展。潞安集团党委通过开展党建工作绩效管理，推动各级领导人员瞄准一流、高标奋进、自觉提高战略决策能力、经营管理能力、开拓创新能力和应对复杂局面的能力；促使广大党员加强学习、勇挑重担，努力提高政治和业务素质，在工作和生活中积极发挥先锋模范作用；激励广大职工爱岗敬业，勤奋工作，高质量，高效率地完成生产经营任务。所有这些，汇聚成强大的合力，推动潞安集团改革的不断深化和发展的持续跨越。企业完成公司制改革以来，煤炭产量、销售收入、实现利润、人均工资分别增长2.7倍、23倍、100倍和3倍，在全国企业500强中的排位上升350位。同时，企业安全生产连续10年获国家殊荣，自主创新技术成果获国家科技进步二等奖，先后两次获全国“五一”劳动奖状。

2009年6月19日省委组织部、省国资委召开省属企业推广潞安党建工作经验交流会，并作出了在省属企业中学习推广潞安党建工作经验的决定

2009年8月17日，潞安集团党委书记王安民参加全国国有企业党的建设工作会议并作经验介绍

几点启示

第一，在现代企业制度管理条件下，企业党组织发挥政治核心作用，既是党对国有企业领导的政治需要，也是企业改革发展的内在要求，必须作为一条重要原则加以坚持。建立现代企业制度是我国国有企业改革的方向。这种现代企业制度应该是中国特色的现代企业制度。潞安集团党委的实践启示我们，党的政治优势是企业发展的独特优势，通过充分发挥企业党组织政治核心作用，来体现党对企业的领导和党组织对企业发展的价值，建立和完善现代企业制度才会有牢固的根基和坚强的

2009年8月13日，潞安集团总经理李晋平出席潞安集团与中石油华北油田公司合作协议签字仪式

保证。越是加快企业的改革和发展，越是需要加强和改进党对企业的领导，越是需要提高企业党建工作水平。

第二，加强和改进国有企业党建工作，应当从发挥主观能动性入手，促使企业党政负责人自觉树立共谋与协作意识，不断强化寻求工作“契合点”的责任。国有企业党组织与公司法人治理机构有着共同的利益和价值目标，这就是推动企业发展，实现国有资本保值增值，充分履行国有企业的经济责任、政治责任和社会责任。因此，无论生产经营目标的实现，还是党建工作的加强，都需要企业党政合力、相互支持。潞安集团党委开展的党建工作绩效管理，思路谋划于党委书记，工作靠党委一班人推动，董事长、总经理不仅是直接的参与者，而且是最有力的支持者。正是有了这种契合，党建工作绩效管理这一牵动和影响企业全局的创新实践才得以不断深化、顺利实施，产生显著效果。事实说明，国有企业党建工作的成效，关键不是取决于企业的发展水平和物质条件，而是取决于企业领导班子特别是党政主要负责人的认识水平和工作水平。那种只有企业效益好党建工作才能搞好的认识，是片面的。

2007年10月，潞安集团社区被世界卫生组织确定为全球第124个国际安全社区

第三，国有企业党建工作不应局限在党组织自身建设上，而应在企业生产经营和企业文化建设的紧密结合中扩大视野、拓展平台、创新作为。国有企业党建工作，主体是党组织和党员，对象却不只是党组织和党员。潞安集团党委开展党建工作绩效管理，一个鲜明特点就是视野开阔、涵盖广泛。不仅党组织自身建设的内容和要求得到全面体现，企业思想政治工作、企业文化建设的内容和要求也得到充分体现。所有纳入绩效管理的工作，都不是游离于企业生产经营之外，而是与生产经营紧密结合，贯穿于生产经营全过程，最终用企业发展成效为检验。这说明，企业党建工作平台是宽的、作为空间是大的，关键在于要适应形势任务的变化，紧跟企业改革发展的节奏，来调整党建工作思路，充实党建工作内容，在与企业生产经营和企业文化建设的全面对接和同频共振中创新党建工作作为。

第四，投入与产出是企业生产经营必须把握的重要关系，也是企业党建工作需要重视和研究的重要关系。企业党建工作促进企业改革发展的过程，是精神变物质与物质变精神相结合、相统一的过程。随着企业改革的深入，减少管理层资助、整合管理机构、精减管理人员，是企业降低成本、提高效率的有效途径之一。但有些企业在这方面出现盲目化、简单化现象，致使党的工作机构大量减少或与行政机构合并，党务政工干部老化、待遇较低，党务工作岗位缺乏吸引力。其问题的实质，在于不重视党建工作的基本投入，甚至认为党建工作可有可无。潞安集团党委开展党建工作绩效管理，一个基本前提和一项重要评价内容，就是党的工作机构健全，党务政工干部得力，党政岗位同职同酬，党建工作必要经费有保障。他们在实践中感到，党建工作是企业最有效率的投入之一，其投资回报虽然有些暂时是无形的，但最终是丰厚的、持久的。正是他们把这笔投入产出账算得清楚，企业上下对党建工作一片叫好、倾力支持。实践说明，适当的人力、物力、财力支撑，是做好企业党建工作的重要条件，也是企业必不可少的投入。只要在企业党建工作中强化效益意识和效率观念，正确把握投入方向，合理使用成本，追求最佳效益，就能够形成企业党建工作投入与产出的良好循环。

2006年8月，中煤政研会在潞安集团召开党委书记研讨会，决定在全国煤炭企业推广潞安社区建设经验

潞安集团95%以上的基层队组推进了企业文化6S管理，图为潞安集团王庄矿综采二队在举行6S管理启动仪式

平鲁区人民政府

平鲁区委书记、区长　李俊

朔州市平鲁区地处晋陕蒙三省五县金三角，北接内蒙古，西邻忻州市的偏关、神池，南依朔城区，东靠山阴县，东北连右玉。全区国土总面积2314平方公里，总人口20万，辖 2镇11乡352个行政村。

近年来，平鲁区以科学发展观为统领，紧紧围绕建设“平安富裕和谐”新平鲁的思路，立足于建设全市核心工业区、城乡一体化示范区、可持续发展试验区、和谐共建样板区四大中心任务，加速推进新型工业化、特色城镇化、农业现代化进程，初步走出一条内陆山区、资源型经济区科学发展之路，推进了全区经济社会的安全发展、转型发展、和谐发展、全面发展、跨越发展，各项重大工作走在全省前列，得到国家有关部委，省委、省政府，市委、市政府的充分肯定，先后荣获“全国推进义务教育均衡发展工作先进地区”、“全省新农村建设先进区”、“全市人口计生工作责任制考核综合先进区”等荣誉称号。中央电视台、新华网、人民网、新华月报、人民代表报、山西电视台、山西日报、山西经济日报等多家新闻媒体聚焦平鲁，大力宣传平鲁的做法经验。

当前平鲁科学发展的帷幕已经拉开，框架正在形成，优势逐步显现。今后将紧紧围绕建设平安富裕和谐新平鲁的宏伟目标，谋发展之势，鼓实干之劲，聚和谐之力，力争在短时期内把平鲁打造成朔州“两宜”城镇的典范，和谐发展的楷模。

区委书记、区长李俊指导旧城改造工作

新建的区人民医院

后安煤矿一角

农民喜领医保金

平鲁区屯军沟移民新村

李林中学

北坪移民新村

下水头寄宿制小学

旧城改造新建居民住宅小区

凤凰城镇北固山旅游区

文昌塔

阳虎风力发电建设项目

中共寿阳县委 寿阳县人民政府

总投资53亿元的山西华圆９０万吨／年煤层气经甲醇制二甲醚项目，投产后可形成70万吨生产能力，年均销售收入31亿元，销售税金7亿元，利润10亿元，提供就业岗位2000余个。

寿阳县位于山西省东部，太行山西麓，全县国土面积2110平方公里，辖7镇7乡、206个行政村，总人口22万。寿阳资源丰富，是国家级“粮食生产先进县”、“无公害蔬菜生产示范基地县”和“重点产煤县”。寿阳历史悠久，春秋时期为马首邑，西晋太康年间建县，至今已有2000多年历史，是清三代帝王师祁寯藻、革命烈士尹灵芝故里和“中国寿星文化之乡”。寿阳交通便利，石太铁路、石太高速客运、太旧高速公路、307国道横贯全境，素有“金三角”之称。

县委书记黄耀春、县长郝鹏鸿陪同省委书记、省人大常委会主任张宝顺在寿阳视察农业和城建工作

近年来，寿阳县大力实施“开放兴县、工业强县、民营富县、文化名县、生态立县”五大战略，着力推进“特色农业产业化、煤炭产业规模化、非煤产业集群化、三产服务体系化、城镇建设功能化”五大工程，全力建设“优势农产品生产加工基地、新型能源和工业基地、休闲避暑胜地”三大基地，主要经济指标高速增长，实现了经济社会的跨越发展。

2009年，是寿阳历史上具有里程碑意义的一年。面对国际金融危机的深层冲击，县委、政府全力以赴保增长，千方百计保民生，加大力度保稳定，转变作风抓落实，全县经济社会继续保持增长提速、效益提升、后劲增强、民生改善、跨越发展的良好态势。

综合实力跃上新台阶。全县生产总值完成52.3亿元,同比增长11.3%；规模以上工业增加值完成27.1亿元,同比增长15.7%；固定资产投资完成32.3亿元,同比增长38.5%；社会消费品零售总额完成12.5亿元，同比增长23.8%；财政总收入完成15.1亿元，同比增长56.4%，其中：一般预算收入完成49399万元,同比增长38.7%；城镇居民人均可支配收入完成14974元，同比增长16%；农民人均纯收入完成5140元，同比增长10.5%。八项主要经济指标提前一年完成“十一五”规划目标，在全市目标责任制综合考核中排名第一，提前一年站在了“十二五”发展的起点上。

项目建设取得新突破。坚持将项目建设作为经济增长的重要支撑点，抢抓项目、上大项目，全县58个重点项目完成投资32.1亿元。共争取到中央、省、市扩大内需项目39项、1.1亿资金，争取银行贷款融资2.46亿元，开工建设强伟纸业、雨润集团两大项目。煤炭企业兼并重组稳妥推进，全县地方22座煤矿整合保留为12座，产能由原来的882万吨提升到1200万吨，单井平均生产规模由整合前的40多万吨提升到了100万吨，全年生产原煤1462万吨，煤炭产业规模化、集团化实现了做大做强。

城市建设掀开新篇章。坚持把城乡基础设施建设作为最大的民生工程来摆位，集中财力11.7亿元，完成了“十大民心工程”；大手笔、强力度推进城市改造建设，完成了1531户的拆迁任务，拆迁面积近30万平方米，为县城改造发展拓展了新空间；引进建设城市集中供气工程；完成了县城控制性规划编制，为今年的城市建设描绘了宏伟蓝图。

县委、县政府实施城乡统筹发展战略，县财政投资5500万元，着力扶持产业发展、新农村建设、设施农业和城乡环境综合整治。全县新发展温室大棚188亩，建成冷库总容量6240方，有力带动了蔬菜种植结构的调整。农村土地流转7542户，流转面积6.17万亩，规模化、集约化成为农业发展的新趋向。投资1.7亿元，开工改造农村公路5条100公里，今年要初步建成东西联通、南北循环高水准的公路网络。

行政中心及市民广场

中央电视台《艺苑风景线》栏目组偕谭晶、闫维文、戴玉强等明星，为2009中国·寿阳福寿文化旅游节暨十大民心工程竣工献上了一台创意独特的大型庆典晚会，将新寿阳新形象带给了全国观众

年产原煤300万吨开元煤炭有限责任公司

人民生活有了新提高。“十件实事”和“五个全覆盖”任务全部落实，民生保障水平不断提高。争取全国首批新型农村养老保险试点县，使全县农民实现了老有所养；在全市率先推行了普及高中阶段教育工作；启动了寿星文化旅游区建设，并举办了以“游帝师故里，品福寿文化”为主题的首届福寿文化旅游节，人民群众的物质精神文化生活更加丰富多彩。

和谐社会建设取得新成效。全县安全生产形势持续向好，重点领域安全无事故，县政府被评为全省安全生产先进单位。全县信访总量明显下降，被省委、省政府表彰为“国庆安保工作先进集体”。率先在全市启动了依法行政与行政审判工作良性互动交流机制，社会治安状况进一步好转，被中央综合治理委员会授予“全国平安建设先进县”称号，成为晋中市第一个国家级平安县。

明年是“十一五”规划的最后一年，是坚定不移把赶超发展推向新阶段的关键一年，也是全县推进转型发展的重要一年。结合当前经济和社会发展形势，寿阳县经济工作的总体思路是：全面贯彻党的十七届四中全会精神和中央、省、市经济会议工作部署，深入实践科学发展观，按照“加快转型发展、谋求更大跨越、跻身第一梯队”的目标定位，将“加速赶超、城乡统筹、民生改善”的总体要求贯穿始终，重点在产业支撑、基础建设、社会进步、环境优化四方面着力，促进经济社会的全面发展。

2009年8月21日，中国山西寿阳第九届蔬菜节在上海市隆重举行，有效实现了基地与市场的全面对接，正式拉开“寿绿”蔬菜向2010年上海世博会专供菜进军的序幕

“三代帝师”祁氏故居旅游区，总规划面积4500亩，总投资约2.5亿元，集观光纪念、娱乐体验、休闲度假、会议修学等功能于一体，是寿阳旅游文化的重要组成部分

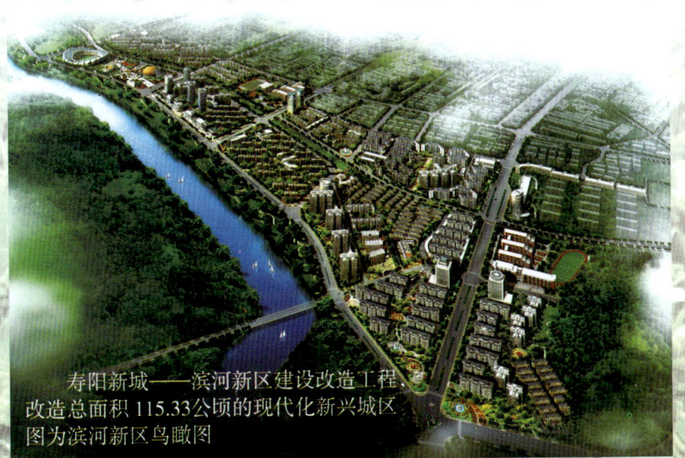

寿阳新城——滨河新区建设改造工程，改造总面积115.33公顷的现代化新兴城区。图为滨河新区鸟瞰图

集中供热一期工程启动，供热面积达到81.3万平方米。图为集中供热低压配电室

中共平顺县委 平顺县人民政府

平顺县地处晋冀豫三省交界，全县总面积1550平方公里，辖5镇7乡262个行政村，总人口只有17万,是国家扶贫开发重点县，是全国著名劳模、一至十一届全国人大代表申纪兰的家乡。近年来，平顺县按照科学发展观的要求，科学谋划发展思路，积极创新工作举措，不仅使经济社会各项事业在较短时间内取得了较好发展，而且为全县的长远发展打开了空间，奠定了基础。

省委书记张宝顺在平顺视察

一、深化县情认识，科学谋划跨越发展崭新篇章

山大沟深、石多土少、气候反差大、立地条件差是平顺最鲜明的特点。平顺历届县委、县政府的领导和一代又一代平顺人民都为摆脱贫困、走向富裕进行了艰辛探索和不懈奋斗。站在新的历史起点，为了把平顺的事业继续推向前进，在科学发展观的指引下，通过“广开言路听民意”和“深入基层大调研”，站在科学发展观的高度重新审视平顺，平顺县新一届县委、政府认为：平顺劣势中孕育着优势，困难中蕴藏着潜力。从立县条件看，虽然平顺山大沟深，石厚土薄，交通不便，但山清水秀、景色优美，自然景观、人文景观星罗棋布、交相辉映，空气好、污染少，是天然的“氧吧”。从经济基础看，虽然平顺目前还比较穷，但山上的生态特别好，山中的矿产资源很丰富，山下的农副土特产品品种多、品质优。只要能大力改善路、水、电等基础环境，就能把这种资源优势变成经济优势，进而转化为平顺的后发优势。从发展现状看，虽然平顺发展步子还不大、面临的困难还很多，但在长期与贫困决战的进程中，也铸就了自力更生、艰苦奋斗、自强不息、与时俱进的纪兰精神。这是平顺过去发展的不竭动力，更是今后发展的活力源泉。只要依托山水搞旅游，围绕旅游建生态、抓调产、办工业、搞城建、活三产，并通过振兴教育、做强文化、关注民生，就一定能使平顺逐步摆脱贫困，走向富裕。因此，在准确把握县情的基础上，平顺县确立了“弘扬纪兰精神，走特色路，打绿色牌，实施‘双五’战略，主攻‘五大’目标”的治县方略。实施“双五”战略就是增强创新、忧患、责任、民本、公仆五种意识，抓住旅游兴商、山地兴林、绿色兴农、矿业兴工、特色兴城五个重点。主攻“五大”目标是按照科学发展观的要求，遵循平顺发展的阶段性特征和县

县委书记陈鹏飞（左二）深入田间地头指导农业调产

县长吴小华（左二）在矿井下检查安全生产工作

域自然地理条件制定的长远奋斗目标，就是主攻全国旅游大县、全国生态强县、上党地区绿色农产品名县、欠发达地区新型工业特色县、太行山区最具魅力和发展潜力县“五大”目标。

四大班子领导对县城建设进行实地规划

二、加快绿色转型，推进经济社会可持续发展

在科学发展观的引领下，经过全县上下的共同努力，平顺面貌发生翻天覆地的变化，经济社会各项事业取得喜人成绩。

（一）产业转型步伐加快。一是旅游产业开发有了新突破。成功申报太行水乡、天脊山两个国家4A级景区，先后获得中国最具发展潜力旅游名县、中国最具特色旅游胜地、中国优秀生态旅游县等殊荣，拥有了全国爱国主义教育基地等十个国字号金字招牌；引进了山东塔山、长治振东等 8 家民营企业，投资20多亿元对旅游和旅游相关产业进行集中开发。二是生态建设有了新突破。三年以年均造林5万亩的速度完成荒山造林 1 5 万亩，通道绿化 305公里，建成园林村 81 个，森林覆盖率达到 41.6%，被评为全国造林绿化模范县、全省造林绿化先进县、中国绿色名县。三是农业产业化有了新突破。扶优扶强大红袍花椒、纪兰饮料、双喜小杂粮等六大龙头企业，建成花椒芽菜、潞党参、马铃薯、旱地西红柿四大园区，新认证国家级绿色有机农产品19个，被评为全省新农村建设先进县和全国扶贫开发先进县。

红色西沟

（二）基础设施明显改善。截至 2009 年底，全县共修通水泥（油）路 681公里，在全市率先完成村村通全覆盖工程，路网密度跃居全市第一。事关平顺长远发展的长青二级公路郭和苗庄段全线贯通，实现沙砾路通车；长平高速公路全线开工；潞林线改造工程已经动工；中南铁路已经开工。共完成各类提水工程 276 处，解决了343个自然村5.34万人、6000余头大牲畜的饮水难和饮水不安全问题。投资2.4亿元的阳高22万伏变电站建成投入使用。

（三）社会事业不断进步。人居环境显著改善。近年来，平顺按照“彰显人本理念，打造山城特色”的指导思想，把山搬进城中，把城建在山上，重点实施了“两园、两路、两河”、“三校、三场、三个中心”等50余项城建工程，2009年全县二级以上天数达到 355 天，空气质量名列全省第八，先后获得国家卫生城、省级园林城、全省城乡环境卫生清洁工程先进县等多项殊荣。教育事业优先发展。从县城到乡村，新建各类学校25所，改扩建学校68所，筹资近 3 亿元，高标准建成了一中、二中教学楼及机关幼儿园，高考成绩连年攀升。群众文化日益繁荣，连续举办了三届群众文化展示活动、校园文化展示活动和 200余场消夏晚会，在全县 85%的行政村建起了文化站和农家书屋，县、乡、村、户四级文化网络正在形成。医疗保障有效改善，新建县医院住院楼和 103 个村级卫生室，新型农村合作医疗参合率达到91.59%，各类补偿金及时足额发放。2009年，平顺县的经济社会发展水平在全省 119 个县（市、区）中排名第57位，经济社会发展指数在全省排名第40位，分别比2006年的93位和103位前移了 36 位和63位。先后有习近平、周铁农、罗富和等党和国家领导人及一大批省部级领导走进平顺，考察指导工作，并对平顺坚持科学发展取得的成绩给予高度评价。

山西省电力公司

——记山西省十佳总会计师刁金

刁金，男，1962年12月出生，籍贯河南，回族，大学本科学历，中共党员，高级会计师，1981年7月参加工作，历任河南平顶山姚孟电厂财务科主管会计、副科长、副处长，信阳华豫发电有限责任公司总会计师，华中电力集团公司审计局主任，国电公司华中审计部二处处长，华中电网有限公司审计部副主任、主任，华中电网公司副总会计师等职，2008年11月至今，任山西省电力公司总会计师兼山西省电力会计学会会长。

山西省电力公司总会计师兼山西省电力会计学会会长 刁金

强化预算管控，提高资源优化配置能力。采取灵活审慎的财务策略，强化预算管控，按照年度预控目标，科学编制财务预算，合理调整投资规模，优化投资结构，全力保障山西骨干电网、智能电网建设等重点投入。

规范会计政策执行，大力推进标准化建设。统一了公司系统会计科目，全面疏理了公司财务流程，制定实施了公司会计政策指引和ERP上线单位会计核算管理办法。结合生产经营实际和推行状态检修等需求，采用作业成本法和动因分析法，细分成本项目，规范列支渠道，公司所属11类、1900个设备检修子项目的标准定额消耗基本完善，其他运维成本标准同时得到细化，基本形成符合省公司管理实际、全省统一的标准成本体系。

深化资金集中管理，降本增效取得成绩。加大资金集中力度，实施集团账户直接划拨资金，母公司资金归集率达到98%。积极创新融资方式，推行资金集中支付，节约利息支出近6000万元。加强经济调度，推进发电权交易，优化购电结构，购电成本较预算下降6.82亿元。积极推动规划、设计、招标、采购、建设、运营全过程的投资优化和成本控制，工程造价进一步降低。不断优化成本支出结构，严格控制一般性支出和非生产经营性支出，公司系统管理费用同比降低1.61亿元，降低率9.19%。

扎实推进财务集约化、信息化建设，实现管理手段新跨越。制订了山西省电力公司财务集约化管理实施细则，上报了财务机构、会计主体、人员及岗位设置调整建议方案，明确了财务集约化管理工作目标和实施步骤，为全面实施财务集约化管理奠定了坚实基础。财务管控模块的上线运行，基本实现了按任意层级、任意时间、任意会计主体等不同需求自动生成报表、实时抽取财务数据、统一发布政策标准、在线稽核、在线审批经济业务等重要功能。同时，以系统上线为契机，全面开展资产清查，进一步摸清了资产底数，确保了上线资产的“账、卡、物”相一致。

刁金在基层指导工作

刁金在基层调研

刁金在基层检查指导工作

——李夜冰”为题，播放了李夜冰馆员的专题节目。在赈灾中参加捐赠书画活动10余次。

吴德文馆员在《艺术收藏与投资》杂志上发表水彩画8幅，参加山西省名人联合会赴潞安和平顺慰问团的系列笔会，参加山西省迎奥运大型书画展，分别参加省政协、太原理工大学以及晋中市纪念改革开放30周年书画展，参加国务院参事室、中央文史馆纪念新中国成立60周年暨国务院参事室成立60周年大型笔会，多次参加赈灾笔会，捐赠国画十余幅。

王木兰馆员参加全省迎奥运书画展，参加省清明节和谐中华书画展，参加省政协纪念改革开放30周年笔会，赴潞安集团访问，共有8幅作品进行抗震救灾的捐赠。

杨吉魁馆员的作品参加了山西花鸟画名家邀请展、山西当代书画名家作品邀请展、在武汉的首届中国重阳书画展等展出。参加了山西书画名家赈灾募捐笔会、山西著名书画家救灾义卖笔会以及中央文史馆迎奥运暨赈灾捐献活动。

邓明阁馆员，积极参加社会文化活动，应邀参加了日本书道展、广西全国名家书法篆刻特邀展、全国名家梅兰竹菊书画展、黄河流域九省老干部书画迎奥运展、全省名家迎奥运书画展以及抗震救灾书画展等共28次。

王建华馆员的作品，参加了山西省名家展、杏花杯山西书画名家邀请展、太原市书画名家展、山西当代书画名家作品邀请展、中国现代书画名家展、晋商诗书画展，还参加了在北京举办的世界书画艺术家交流展。

王如何馆员应邀参加广东佛山“石景宜刘紫英伉俪艺术馆海峡两岸书画家研讨会”，在福建泉州市艺墨堂文化传播中心举办个人画展五天，在青海西宁“水墨夏都全国中国画名家邀请展”上有五幅作品送展，国画《迎春街舞》入选中国奥组委举办的美术大会，参与“山西民居中国画展”。

（王合龙）

【《中国地域文化通览·山西卷》编撰工作开启】 按照中央文史研究馆的统一部署和安排，从2008年开始，各地文史研究馆要组织人员编撰大型全国型丛书《中国地域文化通览》的各分卷。此书是传承和普及中华文化，促进社会主义文化大发展、大繁荣的有力举措，是文史馆系统今后几年的一项重要工作。山西文化底蕴深厚，正致力于文化强省的建设，《中国地域文化通览·山西卷》的编撰具有重要意义。

为编好《山西卷》的工作，黄克毅、王宝库两位馆员后半年已经做了大量的前期工作，为完成这项工作做了充分准备。

根据中央文史馆的文件要求，并经过认真研究，室（馆）已上报中央馆，拟定山西分卷由王宝库馆员担任主编。

（王合龙）

政协工作

·全体委员会议·

【省政协十届一次会议】 2008年1月14日至21日，中国人民政治协商会议第十届山西省委员会第一次会议在太原举行。会议的主要议程有：听取和审议九届省政协主席刘泽民代表政协第九届山西省委员会常务委员会所作的工作报告；听取和审议九届省政协副主席张正明代表政协第九届山西省委员会常务委员会所作的《中国人民政治协商会议第九届山西省委员会常务委员会提案工作情况的报告》；列席山西省第十一届人民代表大会第一次会议，听取和讨论政府工作报告及其他有关报告。会议选举金银焕为十届省政协主席，郭良孝、韩儒英、周然、李雁红、李潭生、令政策、卫小春、刘滇生为十届省政协副主席，阎沁生为十届省政协秘书长。选举产生了政协第十届山西省委员会常务委员会；审议通过了政协第十届山西省委员会第一次会议的各项决议，通过了提案审查情况的报告。金银焕作闭幕讲话。557名委员出席了本次会议。

省委、省人大、省政府、省军区、省高级人民法院、省人民检察院、省武警总队的领导，曾担任过正省级职务的老领导，省政协历届副主席出席了开、闭幕会。驻晋十届全国政协委员，省委、省政府有关副秘书长；省政协办公厅巡视员、副巡视员，调研室副主任和各专门委员会专职副主任，省委统战部副巡视员，各县（市、区）政协主席；省高校工委、省国资委、省国防科工委统战部部长、本科院校党委统战部部长；省政府参事、文史馆员等列席了本次会议。九届省政协常务副主席薛荣哲和九届省政协副主席吕日周分别主持了开、闭幕会。

会议就山西省经济、政治、文化、社会生活中的重要问题和人民群众普遍关注的问题，进行了协商讨论。委员们高度关注经济结构调整和发展方式转变问题，建议要从煤炭经济大省、文化旅游大省、绿色转型大省的实际出发，发展循环经济，加快推进新型工业化、特色城镇化和农业现代化的步伐；高度关注“三农”问题，建议要更加注重统筹城乡发展，扎实推进新农村建设和“两区”开发，构建以工补农、以城带乡的长效机制；高度关注安全生产问题，强调要严厉打击私挖乱采等非法行为，加强资源整合，寻求治本之策；高度关注民生问题，提出要把提高城乡居民收入作为衡量经济社会发展的重要指标，把改善民生作为和谐山西建设的重要内容，确保广大群众共享改革发展的成果。委员们还就深化国有企业改革、促进非公有制经济发展、大力发展服务业、实施节能减排、加强生态文明建设、扩大对外开放、转变政府职能、改进干部作风、提高政府的公信力和执行力等问题，进行了广泛讨论，提出了意见和建议。

会议认为，政协第九届山西省委员会任期的五年，是我国改革开放和全面建设小康社会取得辉煌成就的五年，也是我国民主政治建设取得重大进展的五年。五年来，中共中央把人民政协工作纳入了中国特色社会主义事业总体布局，提出了一系列新的重大理论观点，做出了一系列重要战略部署，为人民政协事业发展提供了坚强有力的政治保证。在中共中央的高度重视和中共山西省委的正确领导下，九届省政协高举中国特色社会主义的伟大旗帜，坚持围绕中心、服务大局的工作方针，牢牢把握团结、民主两大主题，积极履行政治协商、民主监督、参政议政职能，充分发挥协调关系、汇聚力量、建言献策、服务大局的作用，为促进山西经济建设、政治建设、文化建设、社会建设作出了重要贡献。五年来，参加人民政协的各党派团体、各族各界人士团结合作的共同思想政治基础进一步巩固，人民政协在山西省政治生活中的重要作用进一步发挥，为促进经济社会发展服务的能力进一步提高，各方面的协调配合更加紧密，社会影响进一步扩大。

会议强调，2008年是全面贯彻落实中共十七大作出的战略部署的第一年，也是十届省政协工作的开局之年。新一届省政协要认真学习贯彻中共十七大精神，主动接受党的领导，坚持走中国特色社会主义道路，用中国特色社会主义理论体系武装广大委员，指导实践，推动工作；把握团结和民主两大主题，进一步营造和谐氛围，为构建和谐山西作出新贡献；忠实履行政治协商、民主监督、参政议政职能，把政治协商纳入决策程序，完善民主监督机制，提高参政议政实效；按照“四位一体”格局，加强政协自身建设；坚持与时俱进，不断创新，在继承中发展，发展中进步，开创新局面，创造新业绩。

会议号召，人民政协的各参加单位、各级组织和广大委员，高举中国特色社会主义伟大旗帜，要更加紧密地团结在以胡锦涛同志为总书记的党中央周围，在中共山西省委的坚强领导下，坚定信心，振奋精神，开拓进取，扎实工作，为加快新基地新山西建设步伐、夺取全面建设小康社会新胜利而努力奋斗！（周志清）

·常务委员会议·

【九届二十七次常委会议】 2008年1月4日至6日在太原举行。应出席常委会组成人员103名，实出席93名。省政协主席刘泽民主持开幕会并在闭幕会上作总结讲话。常务副主席薛荣哲，副主席吴锦文、聂向庭、张正明、边鸣涛、吕日周、阎爱英、韩儒英、吴博威、周然，秘书长阎沁生出席。省委常委、统战部长李政文，全国政协提案委员会副主任郑社奎，副省长胡苏平，省高院院长左世忠等应邀出席会议。李政文作了关于《政协第十届山西省委员会委员建议名单》的说明；胡苏平作了关于《政府工作报告（征求意见稿）》的说明；薛荣哲作了关于《政协第九届山西省委员会常务委员会工作报告（讨论稿）》的说明；张正明作了关于《政协第九届山西省委员会常务委员会提案工作报告（讨论稿）》的说明；阎沁生就会议讨论政府工作报告的意见建议情况进行了综合汇报。会议审议通过了政协第十届山西省委员会委员名额的决定；协商通过了政协第十届山西省委员会委员名单；通过了政协第九届山西省委员会常务委员会工作报告；通过了政协第九届山西省委员会常务委员会提案工作情况的报告，并推举报告人；审议通过了政协第十届山西省委员会第一次会议日程；审议通过了政协第十届山西省委员会第一次会议列席人员范围与名额。（周志清）

【十届一次常委会议】 2008年1月21日下午，省政协十届一次常委会议在太原举行。应出席常委会组成人员107名，实出席93名。省委副书记、省政协主席金银焕主持会议。省政协副主席郭良孝、韩儒英、周然、李雁红、李潭生、令政策、卫小春、刘滇生，秘书长阎沁生出席。

会议通过政协第十届山西省委员会常务委员会2008年工作要点和有关人事任命决定。

《政协第十届山西省委员会常务委员会2008年工作要点》主要内容包括六个方面23个要点：一是大力加强政治理论学习；二是认真履行基本职能；三是做好提案、信息、视察等经常性工作；四是加强政协理论研究和宣传工作；五是努力形成工作合力；六是加强人民政协的自身建设。

原省政协领导薛荣哲、吴锦文、聂向庭、张正明、边鸣涛、吕日周、阎爱英、吴博威列席会议。（周志清）

【十届二次常委会议】 2008年6月11日至13日在太原举行。应出席常委会组成人员107名，实出席91名。省政协主席金银焕主持开幕会议并在闭幕会上作了重要讲话。省委副书记薛延忠出席会议，听取大会发言并作重要讲话。全国政协委员、全国政协人口资源环境委员会副主任刘泽民应邀出席会议。省政协副主席周然、李雁红、令政策、卫小春、刘滇生等出席会议。

副省长牛仁亮通报了我省环境保护和节能减排工作的有关情况，听取了大会发言并讲话。省政协常务副主席郭良孝就《关于进一步加强环境保护和节能减排工作，努力促进山西科学发展的建议（讨论稿）》作了说明。常委们围绕会议主题，进行了认真讨论。秘书长阎沁生通报了讨论情况。会议审议通过了《关于进一步加强环境保护和节能减排工作，努力促进山西科学发展的建议》，通过了《山西省政协委员履行职责管理办法（试行）》和人事事项。

金银焕指出，实施节能减排、加强环境保护，是贯彻落实科学发展观、建设和谐社会的重大举措，是实现经济又好又快发展的一项紧迫任务。一是要充分认识节能减排对我省的重要性和紧迫性。全省上下应当达成共识，从长远利益、根本利益出发，站在建设生态文明和对子孙后代负责的高度，下定决心，排除万难，抓紧抓好这项当前的迫切任务和长远的重大战略；二是要着力在重点领域、关键环节和根本途径上取得新进展。要把优化产业结构、大力发展现代服务业作为工作的主攻方向，逐步提高我省低能耗、低排放产业在国民经济中的比重，实现单位能耗和污染物排放的根本下降和经济方式的历史性转变。与此同时，要认真抓好污水处理、水源地保护、环保基础设施建设和植树造林等工作；三是要采取综合措施打好节能减排攻坚战和持久战。政协委员要自觉按照科学发展观的要求，充分发挥自身的特点和优势，继续围绕这一议题，采取不同方式，建真言、献良策、出实招。要进一步加强与社会各方面的合作。注重与党政部门、党派团体、大专院校、科研院所的协作配合，围绕环境保护和节能减排中具有战略性、全局性、前瞻性的问题选好题目，找好角度，加强调查研究，深化调研成果，使我们的意见建议既有针对性又有可操作性。要进一步加大监督力度。加强对当前环境保护、节能减排工作的民主监督，协助党委政府进一步做好这项工作，引导和推动全社会树立生态文明的观念，营造更加有利于环境保护和节能减排的良好社会氛围。

会议期间还听取了国务院发展研究中心社会发展部主任周宏春博士作的《循环经济与节能减排》专题报告，听取了省政协常委、体育局局长苏亚君关于我省“迎奥运”工作进展情况的通报。

省政协原领导郭裕怀、薛荣哲、吴锦文、聂向庭、张正明、边鸣涛、吕日周、阎爱英、吴博威，部分驻晋全国政协委员、各市政协主席、省政协厅级干部列席会议。省委办公厅、省政府办公厅、省发改委、省经委、省建设厅、省环保局等有关部门负责同志列席会议并听取讨论和发言。

（周志清）

【十届三次常委会议】 2008年9月10日至12日在晋中市举行。应出席常委会组成人员107名，实出席83名。省政协主席金银焕出席会议并作重要讲话。全国政协委员、全国政协人口资源环境委员会副主任刘泽民应邀出席会议。省政协常务副主席郭良孝，副主席韩儒英、周然、李潭生、令政策、卫小春、刘滇生等出席会议。

省政协常委、省农业厅厅长孙连珠通

报了全省统筹城乡发展，加快农村劳动力转移，增加农民收入的有关情况。省政协副主席李雁红就《关于统筹城乡发展，加快农村劳动力转移，增加农民收入的建议（讨论稿）》作了说明。常委们围绕会议主题积极建言献策。秘书长阎沁生通报了讨论情况。会议并通过了有关人事事项。

金银焕强调，统筹城乡发展，加快农村劳动力转移，增加农民收入是今年我省的重点工程之一。要增加农民收入，就要统筹城乡经济社会发展，把扩大农民就业，加快农村劳动力转移摆在更加突出的位置。一是要认清形势，正视困难。主要是“三个扩大、两个加剧、五大困难”，即城乡居民收入绝对差距扩大，实现城乡协调发展存在困难；全省农民人均收入水平与全国农民人均收入水平差距扩大，实现增收赶超存在困难；全省农民之间收入差距扩大，实现整体增收存在困难；市场价格波动加剧，实现农民持续稳定增收存在困难；生产要素流动加剧，实现农业持续发展、农民稳定增收存在困难。二是要提高认识，找准途径。农村劳动力有序转移有利于农民持续增收、有利于农业长期增效、有利于加快城乡一体化进程，有利于提高农民素质。从农村工作的当前实际和长远发展看，富裕农民就必须减少农民，加快农村劳动力有序转移是促进农民增收的主要途径，是解决农民增收问题的根本办法。三是要改革创新，全力推动。要深化体制机制改革，发挥好政府的主导作用；要优化农业结构，推进产业化经营，发挥好农业产业化的助推作用；大力发展中小企业，发挥好非农产业的吸纳作用；加快农村城镇化进程，发挥好城镇化的带动作用；加强针对性职业培训，发挥好职业教育的支撑和提升作用；改善创业环境，发挥好农民工返乡创业的示范作用。

会议期间还邀请北京大学经济研究中心主任周其仁教授作了关于《尊重客观规律，协调城乡发展》的专题报告。

省政协原领导郭裕怀、薛荣哲、吴锦文、聂向庭、张正明、边鸣涛、阎爱英、吴博威，部分驻晋全国政协委员、各市政协主席、省政协厅级干部列席会议。省委办公厅、省政府办公厅、省教育厅、省财政厅、省劳动和社会保障厅、省农业厅、省中小企业局、省扶贫开发领导组办公室、省农业信用联社等有关部门负责同志列席了会议。（周志清）

【十届四次常委会议】 2008年12月1日至2日在太原举行。应出席常委会组成人员107名，实出席91名。省政协常务副主席郭良孝在闭幕会上作了重要讲话。全国政协委员、全国政协人口资源环境委员会副主任刘泽民应邀出席会议。省政协副主席韩儒英、周然、李雁红、李潭生、令政策、卫小春、刘滇生等出席会议。

省委常委、副省长李小鹏通报了全省旅游文化产业发展的有关情况；省政协副主席令政策作了《关于促进我省旅游文化产业发展的建议（讨论稿）》说明。常委们围绕会议主题，进行了分组讨论和大会发言。秘书长阎沁生通报了讨论情况。会议通过了《关于促进我省旅游文化产业发展的建议》。

郭良孝指出，深入开展学习实践科学发展观活动，用马克思主义中国化最新成果统一思想、武装头脑、指导实践、推动工作，是当前省政协的首要政治任务。各级政协组织要弘扬人民政协重视学习的优良传统，把思想理论建设摆在政协各项建设的首要位置，组织和推动政协委员把学习实践科学发展观的活动不断引向深入。使广大委员准确把握科学发展观的重大意义、科学内涵、精神实质和根本要求，进一步增强贯彻落实科学发展观的自觉性和坚定性。政协委员和政协机关中的中共党员，要带头学习实践科学发展观，做忠实执行科学发展观的模范，要围绕实现我省“三个发展”的重大问题深入调查研究，积极建言献策。郭良孝强调，作为旅游资源大省和文化资源大省，山西发展旅游文化产业的条件得天独厚，机遇前所未有，需求十分迫切。发展旅游文化产业，可以增加就业，扩大内需，拉动消费，对于解决省内经济发展和资源环境生态之间的尖锐矛盾，对于全省应对当前金融危机冲击与谋划长远产业发展布局意义重大。大力发展旅游文化产业，是全省应对金融危机，实现“三个发展”的重要抓手和必由之路，做强旅游文化产业，应创新管理体制机制、投融资体系、旅游文化建设机制，在促进旅游产业和文化产业相互融合、相得益彰、共同繁荣上下功夫。

会议期间还邀请中国旅游研究院学术委员会主任、中国旅游文化资源开发促进会副会长、中央民族大学博士生导师魏小安教授作了山西旅游发展探讨的专题报告。

省政协原领导郭裕怀、薛荣哲、吴锦文、聂向庭、张正明、边鸣涛、吕日周、阎爱英、吴博威，各市政协主席、省政协副秘书长、各专委会负责同志，省委办公厅、省政府办公厅、省发改委、省财政厅、省建设厅、省交通厅、省林业厅、省文化厅、省地税局、省广电局、省旅游局、省文物局等有关部门负责同志列席会议并听取了发言。（周志清）

·其他会议·

【省城各界人士迎春茶话会】 2008年2月1日上午，省城各界人士迎春茶话会在太原举行。省委书记、省人大常委会主任张宝顺讲话，充分肯定了各级政协组织和统战部门的工作，充分肯定了各民主党派、工商联和无党派人士，各人民团体、社会各族各界人士，为推进全省经济社会又好又快发展作出的积极贡献。省人大常委会委员、九三学社山西省委副主委姚二云代表各民主党派和无党派人士发言，省人大常委会委员、省妇联主席李悦娥代表各人民团体发言。省委副书记、省长孟学农，省委常委、常务副省长薛延忠出席。省委副书记、省政协主席金银焕主持。省委、省人大、省政府、省政协、省军区、省高级人民法院、省人民检察院、省武警总队的领导，在并十届全国政协委员、十届省政协常委，省各民主党派、工商联、人民团体负责人及无党派人士，省政协、省委统战部厅局级干部及离退休老干部，省政府参事、文史馆员等应邀出席茶话会并观看了精彩的文艺节目。（周志清）

【驻晋全国政协委员座谈会】 2008年2月27日上午，省政协召开驻晋全国政协委员座谈会，省委副书记、省政协主席金银焕主持会议并讲话，副省长胡苏平通报了我省经济社会发展情况，省直有关厅局的负责同志提出了一些需要国家帮助我省重点解决的问题。省政协原主席刘泽民，省委常委、统战部长李政文，副省长胡苏平、张平，省政协副主席韩儒英、周然、卫小春、刘滇生，秘书长阎沁生及部分驻晋全国政协委员出席会议。

（周志清）

【中国的政党制度与人民政协专题报告会】 2008年4月18日上午，省政协举办《中国的政党制度与人民政协专题报告会》，中国社会主义学院郑宪教授就人民政协在我国政治体制中的地位、我国政党制度与人民政协、人民政协工作的创新等专题作了深入浅出的阐述。常务副主席郭良孝主持会议，副主席李潭生、刘滇生、周然，秘书长阎沁生出席会议。部分在并省政协常委，省政协机关在职、离退休干部，民主党派机关干部聆听了讲座。

（周志清）

【城乡居民基本生活保障专题议政会】 2008年8月1日上午，十届省政协就城乡居民基本生活保障举行专题议政会，这是十届省政协举办的首次专题议政会。省政府副秘书长李建功通报了全省城乡居民基本生活保障落实情况，8名省政协委员就农村养老保险、农民工法律援助、农村五保户供养、特殊群体社会保障体系的建立、困难职工群体社会保障、城乡居民医疗保险、社会保险工作等一系列人民群众生活的问题发表建议和意见。省政协主席金银焕主持会议，省委常委、常务副省长申联彬，副省长胡苏平，省政协常务副主席郭良孝，副主席周然、李雁红，秘书长阎沁生出席会议。省政府有关部门的负责同志到会听取委员意见和建议。部分省政协常委、委员以及机关副厅以上干部参加会议。（周志清）

【省政协中心组举行专题学习省委关于《山西省建立健全惩治和预防腐败体系2008～2012年实施办法》会议】 2008年8月28日，省政协中心组举行会议，专题学习省委关于《山西省建立健全惩治和预防腐败体系2008—2012年实施办法》。省政协主席金银焕主持并讲话。常务副主席郭良孝，副主席周然、李雁红、李潭生、卫小春、刘滇生，秘书长阎沁生参加学习并发言。副秘书长，调研室，各专委会负责人参加了学习。（周志清）

【省政协社情民意信息工作座谈会】 2008年9月12日，省政协社情民意信息工作座谈会在晋中举行。省政协主席金银焕讲话。常务副主席郭良孝主持会议。副主席韩儒英、周然、刘滇生，秘书长阎沁生出席会议。阳泉、朔州、吕梁、大同、晋中、民进省委、民革省委、九三学社省委、省政协教科文卫体委员会、社会法制委员会的负责同志和全国政协委员梁丽萍等纷纷发言，提出了加强和改进社情民意信息工作的意见和建议。（周志清）

【学习实践科学发展观活动动员大会】 2008年10月21日，省政协召开深入学习实践科学发展观活动动员大会。常务副主席郭良孝作动员讲话，副主席李潭生、令政策，秘书长阎沁生出席会议，副主席李雁红主持。会议要求省政协党组和机关各级党组织、广大党员，特别是党员领导干部，一定要深刻认识开展深入学习实践科学发展观活动的重要意义，把思想和行动统一到中央和省委的决策部署上来；要准确把握学习实践活动的指导思想、目标要求和基本原则；要精心组织、统筹兼顾，扎扎实实地把这次活动组织好。

（周志清）

【学习实践科学发展观专题讲座报告会】 2008年11月11日下午，省政协邀请省政府发展研究中心副主任、省政府决策咨询委员会办公室主任张复明作《山西转型发展：背景、难点和路径选择》专题辅导。张复明紧密结合山西经济社会发展的历史背景和现实环境，对我省转型发展中存在的难点作了剖析，深刻阐述了山西转型发展可能突破的路径，具有很强的针对性和指导性。省政协常务副主席郭良孝、副主席韩儒英出席。（周志清）

【省政协中心组举行“继续解放思想促进科学发展”专题学习会议】 2008年11月21日，省政协中心组举行“继续解放思想促进科学发展”专题学习。常务副主席郭良孝主持会议，副主席韩儒英、李雁红、李潭生、刘滇生，秘书长阎沁生出席。省委学习实践科学发展观活动指导检查组负责人一同学习并检查学习情况。省政协副秘书长，各专委会负责人，各处室负责人参加学习。（周志清）

【人民政协理论与实践研讨会】 2008年12月3日，省政协举行纪念改革开放30周年人民政协理论与实践研讨会。共收到论文297篇。不少论文理论性强，涉及面广，涵盖了人民政协的性质、地位和作用等多个方面，对人民政协理论和实际工作中的难点和热点进行了有益探索，取得了一批研究成果，为不断开创我省政协事业新局面提供了理论支持和决策依据。省政协办公厅为10位一等奖获得者、20位二等奖获得者、30位三等奖获得者及优秀奖和优秀组织奖获得者颁奖。省政协副主席李潭生出席并讲话，机关全体干部出席了研讨会。（周志清）

【省政协召开省政协与各民主党派、工商联秘书长联席会议】 2008年12月18日下午，省政协秘书长阎沁生主持召开省政协与各民主党派、工商联秘书长联席会议，通报省政协全年主要工作情况。省政协副秘书长，省民革、省民盟、省民建、省民进、省农工、省九三学社及省工商联的秘书长或办公室主任出席会议，并就全年主要工作进行了交流。（周志清）

【学习实践科学发展观活动第二阶段总结暨第三阶段动员大会】 2008年12月31日上午，省政协召开学习实践科学发展观活动第二阶段总结暨第三阶段动员大会。常务副主席郭良孝代表省政协党组作动员报告。副主席李雁红、李潭生、令政策，秘书长阎沁生，省委第四指导检查组组长王树林参加。（周志清）

·重要活动·

【驻晋全国政协委员视察太原铁路局】 2008年2月22日上午，省委副书记、省政协主席金银焕，原省政协主席刘泽民，省委常委、统战部长李政文，省政协副主席韩儒英、周然、卫小春、刘滇生及部分驻晋全国政协委员视察太原铁路局，了解山西铁路发展情况，并就有关铁路建设的提案或建议征求了太原铁路局负责人意见。（周志清）

【全国政协副主席、中国文联主席孙家正莅晋考察】 2008年4月3日—4日，全国政协副主席、中国文联主席孙家正一行到晋考察。在晋期间，孙家正考察了太原钢铁集团有限公司和省博物院、清明节发源地绵山风景区和灵石王家大院，出席了“我们的节日·清明节主题活动”，观看了《绿色的缅怀》主题文艺晚会，还与十届省政协领导班子进行了座谈，听金银焕介绍了十届省政协的情况。省政协主席金银焕，常务副主席郭良孝，副主席韩儒英、周然、李潭生、卫小春、刘滇生陪同考察或参加座谈。（周志清）

【全国政协副主席、民进中央常务副主席罗富和一行莅晋视察调研】 2008年4月24日至26日，全国政协副主席、民进中央常务副主席罗富和一行到晋视察指导，先后到中共山西省委统战部、民进山西省委，对信息化管理、网站建设、办公条件进行了实地视察，并与领导班子和机关成员进行座谈。还视察了省农科院、太原市中心医院和晋祠博物馆。中共山西省委副书记、省政协主席金银焕在晋祠宾馆看望了罗富和一行。省政协副主席、民进山西省委主委卫小春参加会见并陪同视察。（周志清）

【省政协机关干部职工为四川汶川地震灾区捐款】 2008年5月14日下午，省政协机关广大党员和干部职工，认真贯彻落实中央和省委、省政府关于帮助受灾地区群众渡过难关的号召，纷纷捐款捐物，把一片深情厚谊送到灾区。省政协主席金银焕，常务副主席郭良孝，副主席韩儒英、周然，秘书长阎沁生等省领导带头捐款，因公外出的李雁红、李潭生、令政策、卫小春、刘滇生等省领导委托机关人员代为捐款。2008年5月22日下午，根据中央组织部《关于做好部分党员交纳“特殊党费”用于支援抗震救灾工作的通知》精神，省政协机关广大党员郑重向党组织交纳了自己的“特殊党费”，进一步支援灾区的抗震救灾工作。省政协主席金银焕，副主席李潭生、令政策，秘书长阎沁生和机关全体党员干部一起，郑重地向党组织交纳了自己的“特殊党费”，常务副主席郭良孝，副主席李雁红因公外出，委托工作人员代为交纳，省政协老领导郭裕怀、吴慧琴、赵凤翔、吕日周、阎爱英等也分别交纳了“特殊党费”。当天下午，省政协机关党员交纳“特殊党费”27万余元。（周志清）

【省政协主席金银焕在临汾调研】 5月18日～21日，省政协主席金银焕在临汾市侯马、襄汾、古县、汾西等市县，深入到政协机关、工厂企业、农村乡镇、城市社区、学校和旅游景区，就政协工作、发展现代服务业、城市建设和文化旅游产业等工作进行调研。（周志清）

【全国政协风景名胜区宗教活动场所管理情况专题调研组在山西调研】 2008年7月8日，由全国政协民族和宗教委员会副主任仲兆隆率领的风景名胜区宗教活动场所管理情况专题调研组一行开始在山西调研。省政协主席金银焕亲切会见全国政协专题调研组一行。副主席李潭生、卫小春，秘书长阎沁生一同参加了会见。（周志清）

【全国政协副主席、台盟中央主席林文漪率团莅晋视察】 2008年7月9日～15日，以全国政协副主席、台盟中央主席林文漪为团长的全国政协委员视察团就山西省文化体制改革工作进行视察。省领导张宝顺、薛延忠、金银焕、申维辰、高建民、张平、韩儒英、周然、令政策、卫小春、刘滇生，省政协秘书长阎沁生先后陪同视察、座谈和会见。（周志清）

【徐匡迪莅晋出席“十一五”国家科技支撑计划项目启动会议】 2008年8月17日至19日，十届全国政协副主席、中国工程院院长徐匡迪莅晋，出席“十一五”国家科技支撑计划项目“高品质特殊钢技术开发”项目启动会议。省委书记张宝顺，省长孟学农，省政协主席金银焕，全国政协人口资源环境委员会副主任刘泽民，副省长李小鹏、陈川平会见徐匡迪。省政协副主席韩儒英全程陪同。（周志清）

【省政协主席金银焕赴大同、朔州两市调研】 2008年8月18日～22日，省政协主席金银焕赴大同、朔州两市就统筹城乡发展，加快农村劳动力转移，促进农民增收等进行调研。秘书长阎沁生随同在朔州市调研。（周志清）

【纪念改革开放30周年书画名家笔会】 2008年11月17日上午，省政协举行纪念改革开放30周年书画名家笔会，这是省政协举行纪念改革开放30周年系列活动之一。书画家李夜冰、吴德文、陆贤能、王木兰、乔亚丁、任晓军、赵国柱、董耀章、韩清波、乔建堂等创作了一幅幅精美的书画作品，记述改革开放30年来我国各项事业所取得的巨大成就，抒发我省人民对党的热爱和对党的改革开放英明决策的赞美，表达三晋儿女支持改革，投身改革，实现转型发展、安全发展、和谐发展，建设美好家园的信心和豪情。省政协副主席李潭生出席并致辞。（周志清）

【纪念改革开放30周年书画摄影展】 2008年12月1日上午，由省政协主办，省政协办公厅、省政协学习宣传委员会承办，阳泉煤业（集团）公司协办的纪念改革开放30周年书画摄影展开展。这是省政协为纪念改革开放30周年而举办的系列活动之一。展出的书画和摄影作品，多为政协委员和政协工作者的佳作。全国政协人口资源环境委员会副主任刘泽民，省政协常务副主席郭良孝，副主席韩儒英、周然、李雁红、令政策、卫小春、刘滇生，部分省政协老领导及省政协常委出席了开展仪式。副主席李潭生讲话，秘书长阎沁生主持仪式。（周志清）

民主党派与工商联

·中国国民党革命委员会山西省委员会·

【思想建设】 2008年，中国国民党革命委员会山西省委员会（以下简称民革省委）以科学发展观为指导，坚定不移地接受中国共产党领导，在政治上与中共中央保持一致。开展学习教育活动的过程中，省委始终要求把学习教育活动与加强参政党建设、履行参政党职能相结合，用学习教育活动成果推进民革事业发展，用民革事业发展体现坚持中国特色政治发展道路的坚定信念。为此，省委新一届主委班子召开会议，成立了领导小组并下设办公室，以确保学习教育活动的全面开展。同时，省委还积极参与由中共山西省委统战部倡导、各民主党派共同主办的“深化政治交接，继承优良传统”学习教育活动系列讲座。省人大原副主任、省委原主委李蓼源作了首讲，产生了良好的效应。

省委机关采用多种形式开展学习教育活动。6月15日，参观西柏坡爱国主义教育基地。7月5日，参观平型关抗战遗址，缅怀革命先烈，以继承革命传统。8月22日至23日，省委举办了以深化政治交接、继承优良传统为主题的全省书画作品展。9月4日，省委还举办了“民革——我的精神家园”演讲比赛，黄建宏夺得了这次演讲比赛第一名并代表山西参加了在北京举行的“我的精神家园——纪念民革成立60周年”演讲比赛表演赛，获得最佳技巧奖。10月28日至11月3日，在中央社会主义学院举办了干部培训班，各市委会主委、副主委、秘书长，省直各总支主委以及省委机关干部40多人参加了培训学习。培训期间，全体学员参观了北京中山堂，缅怀孙中山先生。通过开展教育活动，使广大党员更加坚定了接受中国共产党的领导、坚持走中国特色社会主义政治发展道路的信念。（王明德）

【组织建设】 截至2008年底，民革省委共发展新党员311人，其中大专以上学历293人，中上层人士160人，来自大中城市272人，党员总数为3073人。

地方及基层组织建设不断推进。按照民革省委组织发展五年规划的安排，在中共山西省委统战部及地方统战部的关心和支持下，顺利成立了民革吕梁市筹备委员会、民革朔州市筹备委员会和民革省直农大支部。各地市还对41个基层支部进行了换届和调整，表彰优秀党员374人，走访党员所在单位500余次，节日慰问党员800余人。

后备干部队伍建设进一步加强。换届以来，省委向各级党委推荐民革党员干部近百人，各地市推荐党员51人，一些后备干部得到了安排和调整，如谢碧玲、刘美、辛琰、张湘君和刘国义等。

省委各项培训工作取得了新成果。省委组织各市、省直总支主要领导及省委机关全体工作人员在中央社院进行培训，组织省直总支、支部17名主委参加中共山西省委统战部主办的培训班；各地市也举办基层骨干培训达258人次，对提高后备干部的政治把握能力和参政议政水平起到了积极作用。新党员培训步入正轨，省委对145名在并新党员进行了培训；各地市举办新党员培训共16次，各类讲座、竞赛等70余次，使新党员对民革党史和参政党地位有了深刻地理解和认识。党籍管理培训深入市委，省委与辽宁省民革联合举办民革组织工作软件培训班，为实现党籍动态管理迈出了重要一步。此项推广工作及时有效，受到了民革中央的表扬。

同时，各级组织机关建设大见成效，主要标志是制度化建设、标准化管理、作风建设和创建文明和谐单位等。

省委制度建设有了新内容。2008年，在中共山西省委统战部的要求和帮助下，修订和制订了各项规章制度，正在完善并在条件成熟时编印《民革山西省委员会制度建设文件汇编》，以探索省级民革组织制度建设的成功经验；同时，又以民革太原市委为试点，编印《民革太原市委员会制度建设文件汇编》，在全省各市级组织推广交流。

省委标准化管理取得了新成就。主要标志是建成了达到山西省一级标准的档案室，这在山西统战系统来说尚属首例。档案室的建立，标志着省委实行标准化管理取得了新进展。

省委作风建设形成了新氛围。为了贯彻落实省直机关维护社会稳定工作会议精神，借奥运东风，省委对机关全体干部职工进行了爱国主义、社会主义核心价值体系教育，狠抓作风建设，提高工作效能。省委要求机关处级以上领导干部要真正树立公仆意识、大局意识、团结意识和工作意识，树立高尚的工作风范，真正起到了表率作用。

省委文明和谐单位创建成功。省委机关积极开展创建活动，于11月12日被正式命名为“2008年度省直文明和谐单位”，又于12月10日在省直机关文明和谐创建工作表彰会议上获得荣誉证书并挂牌。民革太原市委2007年获文明和谐单位标兵称号，2008年获太原市创建学习型机关先进集体。 （王明德）

【参政议政】 2008年，民革省委以科学发展观为指导，把促进科学发展作为参政议政的第一要务，十分注重参政能力建设，以建设山西、发展山西为己任，紧紧围绕全面建设小康社会、构建社会主义和谐社会，围绕我省社会主义新农村建设等重大问题，积极履行参政议政、民主监督职能，为促进山西经济、政治、文化和社会建设做了大量的工作。民革十一届中央委员会的七个专门委员会中，就有山西的6位同志，是继北京、上海之后在中央专委会中人数最多的省份，反映了中央对山西的信任与支持。各级组织以参政党的高度责任感，勇于创新、锐意进取，不断拓展新空间、探索新途径、研究新方法，通过深入调查研究，分析判断更加合理，意见建议更加到位，建言献策更加科学，使参政议政、社情民意的工作质量明显提高，参政能力建设也取得了新成果。各级组织高度重视“三农”问题，特别是换届以来，民革中央和省委就“农村环境污染与环境保护”课题共同开展调查研究活动，省委还专门召开了参政议政工作会议，展示了省委和各市委会的调研成果，并交流了工作经验，取得良好效果。会后，省委编辑出版了《农村环境污染与保护现状调研报告汇编》一书。各级组织通过积极参加山西统一战线“实施凝聚力工程”、开展“强素质、树形象”和“献良策、比贡献”活动，参政议政的整体优势和工作水平都有了明显提高。

省委紧紧围绕国家大政方针和中共山西省委、省政府关于本省社会经济战略部署以及同人民生活息息相关等重大问题发表意见、提出建议。例如省委和临汾市委联合提出的《关于修复乡宁县华灵庙抗日纪念碑的建议》，受到民革中央、省委统战部和中共临汾市委、市政府的高度重视，中共临汾市委邀请并经省委统战部同意后，周铁农主席为华灵庙纪念碑题写了“华灵庙二十四抗日壮士永垂不朽”的碑名，省委今年又提出《关于将华灵庙纪念碑作为爱国主义教育基地的建议》，受到中共临汾市委宣传部和乡宁县委的重视，并付诸实施，受到海内外友人的一致赞扬；省委在山西省政协十届一次会议上，《关于提升自主创新能力，增强企业核心竞争力》、《关于黄河水资源污染防治与控制的再建议》、《解决好资金投入问题，是新农村建设的关键》等提案，均引起高度重视，受到相关部门的好评。在省委统战部实施凝聚力工程，开展“献良策、比贡献”活动中，全省民革组织共呈报先进事迹23篇，先进个人70多位。其中，民革大同市委杨素卿副主委撰写的题为《政协委员和民主党派成员对三鹿奶粉事件的反映》的社情民意被全国政协采纳；朔州支部撰写的《关于加强奶产业的安全管理的建议》，具有前瞻性，引起山阴县古城奶业集团的重视，减少了企业因“三鹿事件”所受的冲击，受到省委统战部的高度赞扬；在山西省政协十届一次会议上，省委会提交的《耕地“内部侵蚀”现象应引起全社会关注》的提案受到了山西省政府国土资源厅的高度重视。为此，该厅展开了土地执法百日行动，共查处“以租代征”土地违法案件1284件，收回土地100公顷，拆除建筑物110万平方米，以作为落实民革山西省委的这项提案、狠刹乱占滥用农用地之风的具体举措。《人民政协报》、《团结报》对此都进行了详细报道。省委会调研部撰写的题为《四川震后重建应注意的几个问题》的社情民意，也受到了省政协的表扬。 （王明德）

【社会服务】 2008年，民革省委参加山西统一战线“实施凝聚力工程”，开展“智力兴晋”活动，同时贯彻民革全国社会服务工作会议精神，面向基层、面向农村、面向贫困地区，开展建言献策、扶贫攻坚、扶贫助教、医疗服务、法律咨询、送温暖献爱心、安排就业与再就业等活动，各级组织直接或间接投入的扶贫款达50余万元，累计投入110余万元，发放各种宣传资料2万余份，义诊3万余人次。2008年2月，省委妇委会和机关社会服务部到朔州市社会福利院，为那里的孤儿捐赠图书和现金1万多元，以表达对他们的关怀和爱心。2008年春，民革太原市委向阳曲县洛阴村捐赠建设沼气池资金3.2万元。民革朔州支部也帮助平鲁区高石庄乡的5个品学兼优的贫困大学生完成学业，捐款1.5万元。一年多来，民革党员共安排下岗职工、待业青年2万多人。

南方地区遭受历史罕见的冰雪灾害、四川汶川特大地震灾害期间，全省民革各级组织积极响应党的号召，发扬中华民族“一方有难，八方支援”的优良传统，努力开展献爱心活动。共捐款捐物折价510多万元。其中，李虎全筹集款项300多万元，委托当地政府在都江堰新建一所中学，另捐救灾物资10多万元，他与邓勇志、晁国智等三人被评为“民革全国抗震救灾先进个人”。刘太平出资50万元经中国书协捐赠给受冰雪灾害的灾区人民，又筹资80万元经中国美术创作院捐给四川地震灾区建希望小学。在这次抗震救灾过程中，涌现出一批先进集体和先进个人，展现了新时期民革党员的风貌，增强了民革组织的凝聚力，这里面有周岱这样的老领导、老党员，也有吴建光这样的新党员。

民革大同市委与民革北京市西城区委合作促成北京大学第一医院与大同市第五医院建立了服务协作关系，北大第一医院院长刘玉存亲自带领10名专家教授等到大同讲学、交流经验，并为患者服务，受到了当地政府的好评。刘太平与全国政协合作投资完成价值1580万元的《近代国画名家》大型画集，及其参与和主办其他笔会、展览等为传承中华民族传统文化做出重要贡献。广大党员立足本职，进一步增强服务山西经济社会发展的责任感、使命感，发挥专业特长和优势，为建设山西、发展山西、维护社会和谐稳定，作出了突出贡献。（王明德）

【祖国统一工作】 2008年，全省民革各级组织和广大党员，坚持贯彻“和平统一、一国两制”基本方针和现阶段发展两岸关系、推进祖国和平统一进程的八项主张以及胡锦涛同志就新形势下发展两岸关系提出的对台工作的四点意见，在总结以往工作经验的基础上，积极探讨祖国统一工作新思路，并从实际出发，继续加强两岸交流交往工作，取得了良好效果。如省委会接待了原第二战区副司令长官、平型关战役前期总指挥杨爱源上将之子杨日生夫妇一行；省委会、忻州市委会、定襄县支部和五台县支部共同接待了旅美华侨、原国民政府行政院院长阎锡山的侄女阎志美女士，陪同参观了阎锡山故居和她为家乡捐资建起的“爱乡图书馆”；省委接待了中国国民党台北市委委员、台湾阎锡山纪念馆理事邓治平先生。省人大原副主任、省委原主委李蓼源和民革老党员刘正慧，多年来一直与台湾山西同乡会保持着紧密联系，通过书信往来等途径加强联系和沟通，给在台的山西老乡介绍大陆国情、省情和市情以及改革开放的成果，做了大量工作。吴菊仙副主委经过多方努力，牵线搭桥，与台湾企业家联系，泰顺兴业（山西）食品有限公司董事长张典惠决定在夏县投资建厂，预计明年7月投产。

民革大同市委主委刘美会见了台湾南开技术学院董事长、成思危的胞妹成嘉玲女士；民革临汾市委主委谢碧玲接待了台湾及时雨慈善总会黄女士，时值汶川大地震，黄女士还为灾区捐款5万元；民革省直三支部主委华荣带领部分党员到台属陈艳梅家看望了台胞刘鸣盛夫妇；民革朔州市支部多次接待台胞叶朝钦、赵美玲夫妇，该夫妇从2007年6月至今，多次为平鲁区儿童福利院捐款捐物，并想方设法为该院的孤儿寻求就业门路，2008年再次为病残孤儿杜银华捐助手术费1万元；民革党员侯银梅在台亲属黄炳煊回并探亲，游览了晋祠、五台山、云冈石窟、壶口瀑布后对山西留下了深刻印象，对祖国大陆30年的巨变深感欣慰。这些事实表明，两岸人民是一家人，这是任何时候、任何人都无法改变的！

各级组织还特别重视台情研究和涉台参政议政工作，也取得了成绩。另外，在2008年10月26日成立的“山西欧美同学会·山西留学人员联谊会”中，民革党员有6位，主委谢克昌担任名誉会长之一，郭原林为副会长，为省民革更好地开展海外联谊工作提供了更加便利的条件。（王明德）

·中国民主同盟山西省委员会·

【学习教育活动】 2008年，民盟山西省委坚持“自觉、自主、自为”的方针，紧扣时代脉搏，适应社会发展需要，以科学发展观为指导，以提高领导班子和骨干队伍的整体水平为重点，精心组织，认真实施，扎实推进，开展了丰富多彩、形式多样、富有成效的学习教育活动，达到了预期目的，取得了良好效果。

政治交接不只是组织上的新老交替，更涵盖着思想、观念、作风等方面的传承和发扬。为此，民盟省委以纪念中共“五一口号”发布60周年、改革开放30周年为契机，进一步丰富政治交接主题学习教育活动的内涵，创新学习教育方法，通过总结经验，自我剖析，查找不足，在巩固已有成果的基础上，积极探索活动的长效机制，确保盟的事业可持续发展。民盟太原市委在中央统战部举办的“全国各民主党派政治交接学习教育活动经验交流会”和民盟中央举办的“民盟政治交接主题学习教育活动经验交流会”上，分别作了大会发言，得到与会同志的一致好评。各地盟组织先后召开座谈会、学习会和经验总结交流会，组织盟员参观传统教育基地和革命遗址，发起征文活动，利用盟讯、网站等宣传媒介，不断扩大影响力。（徐佩雄）

【参政议政工作】 2008年，民盟省委领导多次参加中共山西省委、省政府和有关部门举行的协商会、座谈会和情况通报会，先后就政府职能转变、教育、“三农”、生态环境和资源保护、公共医疗卫生等重大问题提出建议和意见。各地民盟的负责人通过与当地中共党委、政府的协商活动，就经济和社会发展重要问题发表意见，坦诚建议，促进决策的科学化、民主化。

在山西省政协十届一次会议上，民盟省委提交了2篇大会发言和11件提案。其中，《关于稳定生猪生产，加大对畜牧业的政策扶持的建议》，受到相关单位和媒体的高度重视；《关于开展山西省地方煤矿采煤沉陷区综合治理的建议》，因对我省地质灾害治理工作具有很高的参考价值和指导意义，被山西省国土资源厅采纳；《关于计生、卫生部门资源整合，优势互补，加强乡级计划生育服务站建设的建议》，引起了卫生和计生部门极大关注，目前正着手进行协商解决；民盟界别省政协委员提出的多个提案，被省政协列入重点督办提案，受到社会广泛关注。各地盟组织利用人大、政协等渠道，切实履行职能，对创新体制机制，谋划地方经济社会发展做出了积极的贡献。盟员中各级人大代表、政协委员、担任特约工作的同志，认真履行民主监督和行风评议职能，为改进工作、加强民主政治建设做了大量卓有成效的工作。

精心选题，扎实开展调研。5月，民盟省委组织环保、种植养殖、林业、化工、水土保持等方面的专家，赴安泽县进行了考察和调研，就环境保护、产业发展、新农村建设等方面，提出了富有建设性的建议。参加民盟中央关于“城市建设中的文化特色问题”课题的联合调研，撰写了《城市文化及太原城市文化的基本定位的思考》、《旧城改造中应重视文化遗产的保护》等调研报告；组织有关专家就环渤海区域经济社会的合作与发展进行调研，向民盟华北五省市盟务工作会议提交并宣读了《全方位开放，高起点融合，营造京津冀晋蒙区经济发展共赢新格局》的调研报告；组织部分民盟界别省政协委员到太原市万柏林区，就流动人口计划生育情况进行视察，向省政协提交了《完善管理，突出服务，加强流动人口计划生育工作的建议》的视察报告。

民盟省委准确把握新形势下的历史方位，深入调查研究，认真做好反映社情民意工作，许多信息以其发现问题的敏锐性、涉及问题的重要性、提出建议的针对性受到有关部门的重视。据统计，一年来向有关部门报送信息672条，被民盟中央、省政协和省统战部采用63条。其中，《关于改进扶贫工作方式的建议》受到了国家领导人的重视，回良玉副总理作了亲笔批示；《恢复补贴，增加储备，稳定棉花生产》被全国政协作为重要建议采纳；《举一反三，关于我省中小学校舍安全的建议》被省政府采纳，孟学农省长、张平副省长作出重要批示，目前全省中小学校舍正在进行大规模的改造。（徐佩雄）

【开展社会服务】 2008年，民盟省委发扬“做好事，做实事”的传统，围绕统一战线实施“凝聚力工程”九大工程，结合山西老区多、贫困人口多、经济发展相对落后的实际，采取咨询答疑、专题报告、实地指导等形式，竭力为农技人员、专业户和农民群众服务，得到了广泛的社会认可与称道。

民盟中央倡议的“农村教育烛光行动”实施以来，各级盟组织根据实际情况，因地制宜、因时制宜地开展活动，努力搭建教育扶贫新平台。据统计，全省盟组织一年来共开展农村教育师资培训、法律援助和“三下乡”活动累计达147次，发放农技资料6300余份，捐赠图书4510册，捐赠教学与文化用品160多套，培训农技人员和农民群众3400人次，向2800多名农民提供义诊等医疗服务，向贫困生捐款累计达364700余元，不少盟组织还与当地农村学校确立了助学与师资培训联系点。

各专门委员会创新工作方式，多层面、多视角开展活动。经济委员会李文杰等人出资30万元，援建了陵川县潞城镇寄宿学校；科技委员会与民盟晋中市委组成专家服务组，深入榆次区张庆乡怀仁村，为村民义务看病，提供农业、法律、科技咨询；农村工作委员会组织专家赴省重点养殖基地祁县，举办了“健康养牛”讲座；教育委员会召开座谈会，就“择校生”、“公参民”、教育公平、农村义务教育等问题进行了深入探讨；法制委员会针对省政法工作的新形势和新任务召开座谈会，提出了有价值的建议；文化委员会与山西省政协教科文卫体委员会、山西省名人联合会、山西省电影家协会等，共同举办了“春之约”朗诵音乐会；妇女委员会组织有关人员，到省女子监狱开展帮教活动；老龄委员会邀请曲成毅教授为中老年盟员讲授了“大脑保健与老年痴呆症防治知识”，并为老同志做了听力、神经反应功能等方面的测试。这些活动，进一步拓展了社会服务工作领域，提升了盟组织参与社会实践的能力和水平。

在关爱社会、奉献爱心方面，组织太原民盟艺术团到山西省未成年犯管教所进行帮教活动，向该所捐赠了3000多元的图书，并向14名被关押的四川地震灾区的服刑人员赠送了慰问品。

5月12日，四川汶川发生特大地震，震惊世界，万众悲恸。面对这场突如其来的灾害，全省6500余名盟员，情系同胞，守望相助，积极投身于抗震救灾，先后向灾区捐款人民币220余万元，帮助当地人民恢复生产、重建家园，从中体现的美德、精神和人道主义情怀，为盟的社会形象增添了新的光彩。（徐佩雄）

【组织建设】 2008年，民盟的组织发展工作健康有序，盟员发展数量稳步增长，在职盟员比例呈逐年上升的趋势；教育、文化、科技为主的重点界别保持在较高的比例。全省现有盟员6567人，当年已发展盟员237人。新发展盟员的学历、层次进一步提高；盟员结构不断改善，经济、法律等新社会阶层人士比例均有提高。2008年，完成了民盟长治市委，山西医科大学委员会和中科院山西煤化所、省环保局、冶勘三局、省京剧院等支部的换届工作，民盟太原科技大学支部的改建工作、届满省直组织的换届工作正在积极准备之中。完成了全国政协委员和常委人选的推荐工作，完成了市级政协委员、常委、副主席人选的推荐工作，完成了省妇联第十次代表大会代表的推荐工作。召开了全省组织工作会议，传达民盟中央组织工作会议精神，并对今后一个时期组织工作进行部署，有力地推动了全省的组织发展、后备干部队伍建设和基层建设工作。

（徐佩雄）

·中国民主建国会山西省委员会·

【思想建设】 2008年，民建山西省委坚持把思想建设作为自身建设的核心，引导基层组织和会员充分认识我国的大好形势，正确对待发展中存在的困难和问题，不断增强政治意识、大局意识、合作意识。一是加强政治理论学习。认真落实领导班子中心组学习制度和每周学习制度，通过集中学习、以会代训、主题报告等形式，有计划地组织基层组织及会员学习中共十七大精神、民建中央九大精神及中共中央两个“五号”文件精神，学习科学发展观和多党合作理论。二是加强集中培训。除积极组织参加民建中央、省委统战部组织的培训及考察学习外，结合实际举办了基层骨干会员、新会员培训、政治交接学习教育活动报告会及班子成员谈心会、讨论会等活动，集中学习了会章、会史和会的优良传统等，增强了自觉接受中国共产党领导、坚持走中国特色社会主义政治发展道路的信念，主题教育活动取得了丰硕的成果。三是加强传统教育。紧紧抓住中共中央“五一口号”发布60周年、改革开放30周年契机，丰富学习形式，先后组织开展了奥运演讲赛、科学发展观知识竞赛、政治交接学习教育活动征文及赴延安、西柏坡、武乡等红色革命圣地缅怀先烈等系列活动。

（张云鹏）

【组织建设】 2008年，民建山西省委坚持把组织建设作为自身建设的基础性工作来抓，认真实施“人才强会”战略，提高基层组织的整体活力。一是抓入口，把好发展会员关。按照“基层组织要遵循发展与巩固相结合的原则”，以建立高素质队伍为目标，积极慎重地发展会员，改善会员结构，不断提高会员队伍整体素质。发展前经过接触谈心、史料学习、会友活动、单位考察等程序，把思想素质、业务素质、文化素质好的优秀人才积极发展到会内。2008年，新发展会员206名，为该会注入了新鲜血液，增强了组织活力，保持了自身的界别特色和优势。二是抓骨干，加强后备干部队伍建设。率先建立了民建山西省人才信息库，先后选派两批会内优秀干部参加山西省各民主党派领导班子成员培训和山西省优秀党外青年干部培训，选派省直13个基层支部主任参加了省委统战部举办的基层支部主任培训，积极推荐优秀人才参加了政府实职的公开招聘，保持与省委组织部、统战部及各市党委的密切联系。会员在各级政府机关和司法机关担任副处级以上职务的19人。三是抓活动，强化基层组织建设。在加大对基层组织经常性指导的同时，注重发挥基层组织的主观能动性，支持基层组织开展“献良策、比贡献”、“强素质、树形象”、“智力兴晋”活动及体验“一日军旅”生活等丰富多彩的活动。特别是在深入开展政治交接学习教育活动中，领导班子成员多次深入基层支部参加组织生活，走访慰问新老会员和贫困会员，并推行“互帮互带”活动，从而增强了组织的凝聚力和活动实效。同时，还结合实际对原有基层组织进行了整合，调整了部分基层组织负责人，完善了组织活动、理论学习、调研议政等工作制度，安排部署了基层组织的专项活动经费，激发了基层组织的活力。（张云鹏）

【参政议政】 积极参加中共山西省委、省政府召开的政治协商会、情况通报会、征求意见会、工作座谈会、人代会和政协会等，参与重大决策、重要问题的协商讨论并积极建言献策，提出了许多分析透彻、可操作性强的意见和建议。在这次应对金融危机过程中，省委会充分发挥该会经济界别的特点，发动会员，深入调研，完成了《能源重工业基地如何应对金融危机》的调研报告。同时，通过建立严格的考核责任制、组织开展提案工作培训等形式，有效激发基层组织及广大会员参政议政热情，提案征集数量和质量稳步提高。在省政协十届二次会议上，以省委会名义提交的提案20件，其中2篇团体提案获优秀提案奖，1篇获二等奖；提交大会发言5篇，省政协委员个人提交提案91件，7件提案得到省委、省政府主要领导批示；《关于解决中小企业融资难问题的建议》、《应进一步加快发展风险投资事业》等3件被省有关部门重视和采纳。

（张云鹏）

【反映社情民意】 2008年，民建山西省委将社情民意工作作为一项主要工作来抓，要求会领导带头写，并不断加强信息员队伍建设，先后对150余名骨干力量进行了培训。特别是还组建了覆盖全省各级组织的“信息工作网”，进一步拓宽了信息来源，大幅提升了信息采集量。同时，健全完善了信息激励机制，每年对社情民意先进集体和先进个人进行表彰，全方位调动会员的积极性，并畅通信息反映渠道，让每位会员把更多更广泛了解到的社会关注问题，进行认真梳理，形成有份量的社情民意上报有关部门，服务党委和政府科学决策。其中《关于建设项目征地拆迁过程中若干问题的建议》、《关于加强保护农民环境权的建议》、《亟待解决大学生再就业问题》等受到省政府有关领导批示和亲自督办。继2007年荣获省政协系统信息工作先进单位二等奖后，2008年再获此项殊荣，同时又被民建中央评为社情民意信息工作先进单位。（张云鹏）

【社会服务】 新农村建设成为品牌。结合“智力兴晋”活动的开展，我们面向农村引进扶贫项目，据不完全统计，民建各级组织在全省共转移农村劳动力、安置就业500余名，投入扶贫资金累计达100多万元。省委会组织会内力量帮助静乐县制定十一五规划和全县经济中长期发展规划，扶助康家会中学60名贫困学生，捐款6.2万元。各地组织也积极开展扶贫助学，组织医疗卫生、农林科技、工商法律咨询专家下乡活动，共捐款捐物价值100多万元，咨询人员达400人次。民建太原市委会致力于新农村建设，把小店区东蒲村作为其新农村建设服务点，建成“民建太原市委科技示范基地”，积极推广无公害蔬菜生产等科技扶贫项目，帮助农民致富。

扶贫助困成效明显。在民建中央实施的“春雨计划”、“甘泉计划”等扶贫项目行动中，民建省委及早动员部署，组织企业家会员参加民建中央“中华思源工程扶贫基金会”新闻发布会，7名会员企业家捐款70万元，实现了该会为“中华思源工程扶贫基金会”捐款零的突破。阳泉市委会与广东省民建组织民营企业家开展了关于国企改制、非公经济等方面的“三联系”活动，并初步签订了协作框架协议。

赈灾救灾积极踊跃。在抗击冰雪、抗震救灾活动中，该会在第一时间内组织各基层组织、全体会员和机关干部向灾区捐款捐物。据不完全统计，全省会员通过各种渠道共向灾区捐款达1100多万元，向会中央“中华思源工程扶贫基金会”捐资10万元，其中7名会员企业家捐款达100万元以上。民建山西省委在全省各民主党派中向地震灾区捐款名列第一。

（张云鹏）

·中国民主促进会山西省委员会·

【概述】 2008年1月14日～21日和1月16日～23日分别召开政协山西省第十届一次会议和山西省十一届人大一次会议，山西民进会员36人出席“两会”，政协委员25人，人大代表11人。民进山西省委主委卫小春当选省政协副主席，副主委张政、成锡锋，副主委兼秘书长高新文，常委魏峰和会员冯雅琴当选省政协常委。民进山西省委副主委张建豪当选十一届省人大常委，民进晋城市委主委、晋城市副市长李章宏当选为十一届全国人大代表。民进山西省委向政协大会提交党派提案22件。卫小春主委代表民进山西省委作了《关于加强我省农村文化建设的几点建议》大会发言。4月12日，民进山西省六届二次全委会议在太原召开，民进晋城市委主委、全国人大代表李章宏传达全国“两会”精神，李政文部长代表中共山西省委统战部作了重要讲话，卫小春代表民进山西省六届常委会向第二次全委会作了工作报告。4月13日上午，民进山西省委参政议政工作会议在太原召开，卫小春主委作了题为《切实加强参政议政能力建设，开创我会参政议政工作新局面》的主题报告，报告总结了民进山西省委近年来的参政议政工作，并对今后一段时期的参政议政工作提出了具体要求，会议下发了《民进山西省委关于印发〈民进山西省委参政议政工作条例〉的通知》和《民进山西省委关于进一步加强参政议政能力建设的意见》，会议对2007年度参政议政工作先进具体和先进个人进行了表彰。4月13日下午，民进山西省委纪念中共中央发布“五一口号”60周年大会在太原召开，卫小春主委作了重要讲话，民进山西省委原副主委杨伯豫作了纪念中共中央发布“五一口号”60周年的主题报告。4月24日，民进中央常务副主席、全国政协副主席罗富和视察了民进山西省委机关，并召开座谈会。卫小春主委代表民进山西省委向罗富和副主席汇报了山西民进基本情况和近年来各方面工作开展情况。王大高副部长代表中共山西省委统战部就近年来山西民进所取得的成绩向罗富和副主席作了介绍。罗富和副主席作了重要讲话，对山西民进近年来的工作给予充分肯定，对中共山西省委统战部对民进工作的支持表示感谢。10月20日，山西民进艺术团成立大会在太原召开，来自全省民进的50余名文艺界会员代表出席了会议。全国人大常委、民进中央副主席朱永新，社会服务部部长刘志奇应邀出席大会，中共山西省委统战部常务副部长王大高，省各民主党派、省文化厅、省歌舞剧院、省京剧院、省晋剧院、省曲艺团、太原市歌舞剧院、西山煤电文工团等领导到会祝贺。朱永新副主席在会上作了重要讲话。10月21日，山西民进经济界会员联谊会成立大会在太原召开，来自全省民进的46位经济界会员代表出席了会议。全国人大常委、民进中央副主席朱永新，社会服务部部长刘志奇应邀出席大会。中共山西省委统战部副部长郭海刚，省各民主党派及工商联的领导到会祝贺。朱永新副主席在会上作了重要讲话。11月1日，民进山西省委在民主党派大楼九层会议厅举办学习中共十七届三中全会精神报告会，特别邀请临汾市政协副主席、民进临汾市委主委方熔作辅导报告。

（周　戈）

【**思想建设**】　2008年，民进山西省委按照民进中央和省委统战部的工作部署及《民进山西省委开展政治交接学习教育活动的实施方案》确定的目标，精心组织安排，开展了内容丰富、形式多样、富有成效的学习教育活动，民进山西省委将自身建设、参政议政、社会服务等各项工作与政治交接学习教育活动紧密结合起来，突出坚持走中国特色社会主义政治发展道路这一主题。民进山西省委与省委统战部、兄弟党派省委共同举办了六期政治交接学习教育活动系列讲座，其中两期分别由民进中央副主席王佐书和民进山西省委原主委张正明做专题辅导报告。民进山西省委结合纪念中共发布“五一口号”60周年、改革开放30周年活动和省委统战部开展的“凝聚力工程”活动，进一步丰富政治交接学习教育和中国特色社会主义主题教育活动的内涵。开展了纪念“五一口号”征文活动，收到征文五十多篇。在全会开展“改革开放30年与山西民进”征文活动，收到征文60多篇。配合省政协开展了“改革开放30年亲历记”征文活动，有七位会员文章被选入征文选集。在2009年2月中共山西省委统战部隆重举行“凝聚力工程”总结表彰大会上，全省十个市级民进组织和16位先进个人受到了表彰。民进山西省委还通过山西民进网站、《工作简报》、《会刊》等途径做好宣传、引导工作，山西民进网站配合不同时期开展的主题教育学习活动和国家重大活动，开办了各种专题专栏，如“政治交接学习教育活动专栏”、“山西民进与灾区人民心连心专栏”、“奥运专栏”。　（周　戈）

【**组织建设**】　2008年，民进山西省委以政治交接为主线，积极巩固“政治交接学习教育活动”的成果，不断开拓组织建设工作新局面。民进山西省委对加强领导班子建设作了专门部署，要求各级领导班子以政治交接学习教育活动为主线，以制度建设和作风建设为重点，扎实推进工作的开展。民进山西省委有计划地安排各级领导班子成员和骨干会员参加各类培训学习。全省各级领导班子成员分别参加了中央统战部组织的新任省级组织副主委、新任中央委员培训班，参加了中央社会主义学院、省委统战部组织的民主党派优秀青年干部培训班，任职培训班。截至2008年底，全省会员中担任全国人大代表1人，担任全国政协委员1人；担任省人大代表11人（其中省人大常委1人），担任省政协委员25人（其中省政协常委5人）；市、县级人大代表55人（其中市县人大常委8人），市、县级政协委员381人（其中市县政协常委72人）。任政府及司法部门实职的副市长3人，副县区局处长6人，另有60余人受聘担任各级政府和有关部门的特约行风监督员、督导员、审计员等职务。2008年9月，成立了民进山西省直属中北大学支部。截至2008年底，全省共有11个市级组织，5个县级组织，154个基层组织，全省共有会员3693名。

（周　戈）

【**参政议政**】　2008年4月，民进山西省委召开了全省参政议政工作会议，出台了《民进山西省委关于加强参政议政能力建设的意见》《民进山西省委参政议政工作条例》，对参政议政工作先进集体和个人进行了表彰，推动了全省参政议政工作的开展。民进山西省委在精心选题基础上，开展了形式多样的调查研究。由民进山西省委领导带队，组织民进界别的省人大代表、省政协委员和民进会员专家，于2008年5月和6月，分别赴运城市、朔州市就进一步做大做强关公文化和失地农民社会保障情况进行调研。形成关公文化系列提案4件，其中“建议将关帝庙纳入到晋商文化旅游线路中”的提案被《山西商报》登载。在民进中央面向全会的中央参政议政课题立项中，根据“公开、公平、择优的原则”，民进山西省委提交的《关于失地农民社会保障立法建议》课题入选，课题入选后，经过多次认真深入的调研，完成了《关于制定“失地农民社会保险条例”的立法建议》的调研报告，被民进中央列为全国十大重点课题，并作为全国两会团体提案。在政协山西省十届一次会议上，民进山西省委提交党派提案22件，大会发言一篇。《山西民进信息》向民进中央、省政协和有关方面报送300多期。中央领导批示1件；全国政协采用4件；民进中央采用29件；省政协《社情民意》采用14件。民进山西省委获省政协“2008年度政协信息工作二等奖”。（周　戈）

【**社会服务**】　2008年年初，我国南方大部分地区遭遇了罕见的低温、雨雪、冰冻灾害，五月，四川汶川又遭受了特大地震灾害。民进山西省委积极组织广大会员以捐款捐物、义卖、创作等不同方式帮助灾区人民，累计捐款捐物170多万元。在“为了灾区的孩子们”的活动中，全省会员捐献会员特殊会费近32万元，捐义卖书画作品30幅。山西民进网站专门制作了专题栏目，及时对会员表现出的与灾区人民同呼吸、共患难的先进事迹予以报道和宣传。民进山西省委在晋祠和天龙山继续开展古树、名树保护工作，并于2008年4月至5月对太原地区的古树现状进行调研，向有关方面提出了加强古树保护的建议；同时积极开展新农药示范和推广工作，在临汾地区推广使用新农药收到良好效果。民进山西省委还组织了民进山西省委林业支部专家赴阳泉进行林业咨询服务工作；继续配合和支持民进阳泉市委开展的“以农村中小学为基地，大力加强农村文化建设”的试点工作；多次组织会内教育专家和优秀教师开展送教下乡培训服务活动等。（周 戈）

·中国农工民主党山西省委员会·

【思想建设】 围绕大事要事开展学习教育。①2008年4月、7月和11月，农工党山西省委分别召开五届五次、六次、七次常委会议，组织传达学习中共十七大、农工党十四大精神，学习全国和省“两会”精神，学习贯彻科学发展观和中共十七届三中全会精神；②开展政治交接主题教育活动的第三、第四阶段，省委和太原市委、阳泉市委被农工党中央评为政治交接学习教育活动先进组织。③同6个民主党派省委联合举办“深化政治交接，继承优良传统”系列讲座，现任（五届）省委专职副主委张李锁主持第三次讲座，上届（四届）省委专职副主委许晓琳主讲第四次讲座；④邀请农工党中央政治交接主题教育活动宣讲团到山西宣讲；⑤2008年7月，在晋祠宾馆举办了农工党山西省委成立20周年系列纪念活动；⑥9月，举办“农工党山西省委学习贯彻科学发展观专题讲座”，邀请山西省科协副主席关原成和九三学社山西省委研究室主任郝燕主讲；⑦参与“山西省统一战线凝聚力工程”的三大活动。6项集体成果和2项个人成果获“献良策比贡献”活动优秀成果奖，9件提案稿被收入《凝聚力工程在山西》系列丛书《建言集》中。7个组织、10名党员、8项参政议政成果被中共省委、省政府授予山西统一战线“凝聚力工程”相关荣誉称号。其中，农工党太原市委、农工党山西中医学院委员会荣获“凝聚力工程”奖；农工党大同市委、阳泉市委荣获“献良策、比贡献”活动先进集体；农工党长治市委荣获“强素质、树形象”先进集体；陈改玲、焦艳军、赵立宗、王象礼、冯玫、刘俊明等6名党员被评为“强素质、树形象”先进个人。（胡小龙）

【组织建设】 领导班子建设。在深入开展政治交接主题学习教育活动的同时，省委在常委中对主委班子进行了问卷调查。调查结果显示，认为主委班子政治信念非常坚定的占到100%；领导作风、廉洁自律等12个方面，认为主委班子做得很好和比较好的占到98.2%。

组织发展工作。2008年度，全省共吸收新党员168人。其中，高级职称38人，中级职称97人；博士2人，硕士8人。党员的年龄、知识结构均有所改善。

后备干部队伍建设。2008年加强了对骨干党员和后备干部的培训力度。后备干部中，1人参加农工党中央举办的中青年党员培训班；27人参加了中央统战部、中共省委统战部相关培训班；53人参加了市级培训班，通过培训，后备干部的政治素质、业务素质均明显提高。

党员新任实职情况。2008年，郭俊岗当选大同市政协副主席、解军担任山西医科大学国际交流与合作处处长、王胜利担任高平市副市长。

基层组织建设年。2008年是中央确定的基层组织建设年。山西省主要实施了“三个工程”。一是实施基础工程，优化基层组织设置，选好配强基层组织班子成员；二是实施素质工程，举办了“基层组织建设培训班”，收效明显；三是实施示范工程。发掘优秀基层组织，充分发挥先进典型的示范带动作用。

组织工作制度化、规范化、程序化。2008年，结合实际，制订了《进一步规范党费收缴、使用、管理的规定》，新编写《党员手册》。（胡小龙）

【参政议政】 2008年，1人当选第十一届全国人大代表，1人担任全国政协第十一届委员会委员；6人当选山西省第十一届人民代表大会代，李思进、牛三平担任常委。21人担任政协第十届山西省委员会委员，周然、王爱萍、张李锁、武金贵担任常委。省以上的政治安排人数共计28人（次），达历史新高。

2008年，省委主要领导19次参加中共省委、省政府召开的党外人士座谈会、协商会和征求意见会，参与重大决策的讨论、经济建设和社会发展重大问题的协商、《政府工作报告》的修改工作以及省委常委班子开展学习实践科学发展观活动征求意见的活动。

2008年，省委联合省政府参事室共同组成调研组对我省饮用水安全、水资源保护利用进行了专题调研。另，配合农工党中央完成了我省3县9镇27村农村三级医疗卫生服务网和农村饮用水安全全方面的两套调查表。

2008年全省两会上，共计提交提案、议案和建议案96件。4件提案被列为山西省重点提案。其中，以省委名义提交的《关于统筹解决太旧高速公路频繁严重拥堵问题的建议》的提案列入2008年省政府、省政协10件重点提案，由省领导督办；1份调研报告促成省政府出台《关于开展新型农村社会养老保险试点工作的指导意见》，由此，山西省在全国率先启动了以公共财政承担基础养老金为显著特征的新型农村社会养老保险工作。该建议被农工党中央《信息专报》采用，《山西日报》作了专题报道，新华网、新浪网等近30家国内知名网络媒体作了转载，在全国引起了较大反响。

2008年共收到各级组织和信息员报送信息338篇，报送102篇；被采用29篇。其中：省政协采用15篇；农工党中央采用11篇；全国政协采用3篇。1篇信息专报得到3位省领导的批示。省委、太原市委、大同市委和长治市委被农工党中央评为社情民意和信息先进省、市级组织；6人被评为先进个人。省委还被山西省政协评为2008年度社情民意和信息先进单位。（胡小龙）

【社会服务工作】 省委根据农工党中央统一部署，于2008年10月在省城太原组织开展了首届“中国环境与健康宣传周”活动，12月，组织全省市委会开展了第20届“国际科学与和平周”活动。

2008年，组织党员赴昔阳、和顺等地开展扶贫义诊，累计为2万余人提供了医疗诊治咨询服务，免费发放药品累计10万元。协调中国初级卫生保健基金会向山西省捐赠的6776万元医疗设备及药品的落实，全年落实2120万元。

2008年，农工党员李旭东出资25万元在山西中医学院设立“东恒助学基金”；农工党员马卫军出资15万元在山西中医学院设立“马卫军助学金”。

在全省“凝聚力工程”活动中，农工党忻州市委、省人民医院总支荣获“智力兴晋”服务活动先进集体，郭新志、郭润利、贾虎子、马卫军等4名党员荣获“智力兴晋”服务活动先进个人称号。

（胡小龙）

【奥运会和重要纪念日的相关活动】 ①6月27日，主委周然，企业家王辉和忻州市委副主委高志伟三位农工党员作为奥运火炬手参加了奥运会火炬在大同市的传递。②8月6日，参与由中共省委统战部牵头，与兄弟党派省委在省城天一宫共同主办的“省城各民主党派迎奥运演唱会”，省委和农工党阳泉市委分获“表演奖”。③8月17日，农工党省委的山西前进书画院和省内兄弟党派组织书画家在省城天一宫举办“山西省民主党派庆奥运书画笔会”。④组织了纪念“五一口号”发布60周年和纪念改革开放30周年征文活动，表彰14位作者和大同、阳泉两个市委会。⑤专职副主委张李锁结合农工党政治信念的形成背景和农工党与中国共产党合作的历史，制作了《中国农工民主党浴血奋斗的光辉历史》和《继承和发扬老一辈农工党人政治信念坚持走中国特色社会主义政治发展道路》两个幻灯片作为党员学习材料。（胡小龙）

·九三学社·

【参政议政】 2008年3月3日～14日，中国人民政治协商会议第十一届全国委员会第一次会议在北京召开，九三学社中央委员会常委、全国政协委员、山西省政协副主席、九三学社山西省委主委刘滇生出席会议并提交了《要把节能环保绿色家居建设作为一项基本国策予以大力推进》、《在法制政府的建设中应首先建立在有效的过错追究制》、《关于提请财政部“以加强省部共建地方高校为先导建立健全中西部高等教育保障机制”的建议》、《关于支持山西昔阳——河北内丘运煤通道公路项目建设的建议》、《关于加快建设山西保灵高速公路的建议》等提案。

2008年3月5日～18日，第十一届全国人民代表大会第一次会议在北京召开，全国人大代表、九三学社山西省委副主委李青山出席会议并提交了《关于理顺我国食品安全监管体制的建议》议案。

2008年4月18日，由中央社会主义学院理论教研部、参政党教研室主任郑宪教授作的《中国政党制度与人民政协》的专题报告会在山西省政协会议厅举行；九三学社山西省委主要刘滇生、秘书长曾俊英出席了报告会。

2008年4月23日，九三学社山西省委主委刘滇生、副主委姚二云出席了由中共山西省委召集的纪念中共中央发布“五一口号”60周年座谈会并在会上发言：重温了各民主党派与无党派人士积极响应“五一口号”，与中国共产党亲密合作的光辉历程，表达了在中国共产党领导下，坚定不移地走中国特色社会主义政治发展道路的信念和决心。

2008年4月16日、4月22日两天，九三学社山西省委秘书长曾俊英参加了中国人民政治协商会议山西省委员会组织的调研；分别到山西人才市场、山西毕业生就业指导中心、山西省职业介绍服务中心等就业市场参观、调研和座谈。

2008年5月6日，九三学社山西省委副主委王敏钟、姚二云参加了由中共山西省委统战部在山西晋城召开的全省民主党派“凝聚力工程”现场会暨民主党派工作会议。

2008年6月27日，九三学社山西省委社员曾俊英、阎义勇、关毅、马青红等被山西省政风行风评议领导组聘为省政风行风监督员，履行全省政风行风监督职责。

2008年11月18日，山西省政府领导特邀九三学社山西省社员苏亚杰出席《全省经济结构调整座谈会》和《资源节约和环境保护问题座谈会》；苏亚杰提出的《关于组织焦化行业战略防御问题》、《关于组织钢铁行业战略研究问题》、《关于太钢袁家村铁矿资源合理利用问题》的建议受到省长、副省长及各部、委、厅、局负责人的高度重视。

2008年12月8日，九三学社山西省委副主委姚二云应邀出席了中共山西省委统战部召开的“深入学习实践科学发展观活动部领导班子（扩大）民主生活会”。

2008年12月9日，九三学社山西省委刘波、吴博威、刘滇生、姚二云、杨社堂出席了由中共山西省委统战部召开的山西统一战线纪念改革开放30周年座谈会；九三学社山西省委主委刘滇生代表各民主党派在会上发言。（刘中玉）

【科技服务】 2008年7月25日～31日，九三学社山西省委副主委王毓钟、李青山、九三学社山西医科大学委员会副主委、山西医科大学药学院副院长高建平教授应九三学社云南省委邀请赴云南省楚雄彝族自治州进行“关于彝药开发”的调研、咨询服务；李青山发表了关于医药开发产业政策、保护民族医药的发展方向等意见；王毓钟、高建平从各个层面叙述己见。

2008年8月29日～31日，九三学社山西省委副主委王毓钟、张并生、秘书长曾俊英、研究室主任郝燕、办公室主任赵克峰；九三学社山西省委医卫委员会副主任、医科大学委员会副主委、山医二院心胸外科主任马捷教授；九三学社山西省委委员、医卫委员会副主任、省人民医院消化科主任王俊平教授；省人民医院妇产科副主任、主任医师刘萍教授；九三学社山西省委常委、社忻州市委主委陈金荣、副主委张爱萍等赴山西代县开展医疗技术扶贫活动，为全县六镇五乡的卫生院和有关医院分别做了医疗科普讲座：马捷教授在太钢峨口铁矿医院和四个乡镇卫生院作了《心胸微创技术的普及与尖端手段》讲座，介绍了山大二院微创心脏手术的先进医院技术；对心脏手术创伤机制的尖端研究作了一次科技普及；张并生作了口腔疾病治疗知识讲座；刘萍和王俊平分别作了《功能性子宫出血与激素水平》和《胰腺炎的诊断与治疗》讲座。（刘中玉）

【九三学社建社50周年庆典】 2008年10月23日，九三学社山西省建社50周年庆祝大会在太原召开。九三学社中央委员会副主席马大龙，中共山西省委常委、省委统战部部长李政文，山西省人大常委会副主任安焕晓，山西省副省长、民盟山西省委主委张平，山西省政协常务副主席郭良孝、副主席令政策；原省政协副主席姚奠中、刘波、徐大毅、吴博威；九三学社中央副秘书长、宣传部部长赵勇，中共山西省委统战部副部长王大高，省政府有关厅局、各民主党派省委领导、各高校党委统战部部长等应邀出席大会；山西省政协副主席、九三学社山西省委主委刘滇生、副主委王毓钟、姚二云、杨社堂、张并生、张文旺及全省500余名社员代表出席了大会。马大龙代表九三学社中央委员会为大会胜利召开热烈祝贺；李政文代表中共山西省委致辞；张平代表各民主党派省委和省工商联致贺词。刘滇生代表九三省委讲了话。山西省九三学社组织于1956年开始筹备，1958年10月正式成立九三学社太原分社，所属支社基层组织3个，共有社员66名；至2008年发展到所属10个市级组织、直属9个高校组织和12个省直基层组织，全省共有社员2500名。

大会表彰了成绩突出的4个先进市组织，39个先进基层组织；121名优秀社

员，19名荣誉社员及16名荣誉社务工作者。社员们自编自演的文艺节目将大会的喜庆热烈气氛推向高潮。 （刘中玉）

【九三学社与阳泉签订科技合作协议】 2008年12月1日，“九阳合作”签字仪式在山西省阳泉市宾馆举行；九三学社山西省委主委刘滇生、阳泉市市长白云分别在《九三学社山西省委员会和阳泉市人民政府科技合作协议书》上签字。原九三学社山西省委主委吴博威、现副主委王毓钟、张并生，九三学社专家李瑞丰、张慧霞、高建平、王梦亮、刘维仲、林勤保，阳泉市副市长李体柱、市委统战部部长杨永生，阳泉市政协副主席、九三学社阳泉市委主委李天祥及阳泉市发改委、经委、科技局、财政局、农业局、环保局、科协、各县、区领导等出席了签字仪式。 （刘中玉）

【抗震救灾】 2008年2月15日，山西各民主党派省委机关在党派大楼九层会议厅开展“向南方灾区人民献爱心”捐款活动，九三学社山西省委七届委员会主委吴博威带领机关全体员工捐款2350元。

2008年5月12日四川震灾发生后，九三学社山西省社员们弘扬一方有难、八方支援的中华民族传统美德，迅速行动起来，以各种方式支援灾区，累计共捐款60多万元人民币；其中社省委名誉主席姚奠中，社省委主委刘滇生和社员王凤歧、杨勇、张晓峰、韩君涛、张红健、武志英、王砚云等9人分别捐款1万元以上。

2008年6月13日，九三学社山西省委领导代表全省社员热烈欢迎参加山西省抗震卫生防疫与监督队圆满完成任务归来，请九三学社山西省委社会与法制委员会副主任郭丽霸讲述赴川救灾亲身经历。 （刘中玉）

·山西省工商业联合会·

【概述】 2008年，是十届山西省工商联的开局之年。在省委的正确领导下，在全国工商联和省委统战部的指导帮助下，认真贯彻中共十七大、十七届三中全会和省委九届六次全会、全省经济工作会议精神，始终坚持以科学发展观为统领，围绕中心，服务大局，履行职能，发挥作用，推动非公有制经济健康发展和非公经济人士健康成长，各项工作在历届的基础上迈出了新的步伐。

一、加强学习教育，坚持用中国特色社会主义理论体系统一思想、指导实践

（一）深入开展学习实践科学发展观活动。在全面学习中共十七大精神的基础上，按照中共山西省委的部署，该会成立专门领导机构，制定《实施方案》，扎实、有序、有效地开展科学发展观学习实践活动，号召非公经济人士和广大会员当好推动转型发展、安全发展、和谐发展的促进者、实践者和宣传者，要求非公经济人士、广大会员和机关中的中共党员带头学习实践科学发展观，做忠实执行科学发展观的模范、全力推动科学发展的模范。结合自身实际，确定了“服务科学发展，促进‘两个健康’，为建设新基地新山西做出新贡献”的主题和载体，坚持继续解放思想，突出实践特色，认真查找了影响服务科学发展和制约科学发展的突出问题，提出了整改方案，制定了整改措施。通过学习实践活动，大家进一步加深了对科学发展观的科学内涵和精神实质的理解，进一步提高了对省委学习实践活动确定的主题和载体的认识，进一步增强了贯彻落实科学发展观的自觉性和坚定性，进一步理清了工作思路，明确了方向，推动了工作。

（二）广泛开展中国特色社会主义主题教育活动。按照全国工商联的要求，在全省工商联系统安排部署了“中国特色社会主义主题教育”活动，编辑了16万字的学习资料汇编，印刷800册下发省联执委和市县工商联。全省工商联组织结合学习实践科学发展观和隆重纪念改革开放30周年，采取多种形式，开展主题学习教育活动，取得明显成效。黄孟复主席在全国工商联十届二次执委会工作报告中，对山西的经验给予了充分肯定。

（三）隆重举办纪念改革开放30周年系列活动。改革开放确立了非公有制经济的重要地位，改革开放带来了非公有制经济的快速发展，改革开放催生了非公有制经济人士的成长，改革开放使工商联事业不断发展壮大。省工商联认真组织、精心部署，先后组织了“纪念改革开放30年征文活动”，编印了征文选，并举办了“纪念改革开放30周年座谈会”。全省各级工商联和会员企业通过不同形式广泛宣传改革开放的伟大成就和非公经济的重大贡献，太原、阳泉和闻喜等市县分别举办了大型文艺晚会和纪念座谈会。通过一系列纪念活动，抒发了非公有制经济人士对改革开放国策的赞美，讴歌了非公有制经济发展的成就，更加坚定了非公有制经济人士坚持中国共产党的正确领导、走中国特色社会主义道路，继续推进非公有制经济健康发展和社会主义现代化事业的信念。

（四）开展非公有制经济人士思想政治工作大调研。按照全国工商联的安排部署，省工商联参加了全国工商联关于加强和改进非公有制经济人士思想政治工作的大调研活动，在重点市县工商联和会员企业的配合下，总结了全省各地和企业的典型经验，完成了调研报告，引起中央统战部和全国工商联的高度重视。9月16日至17日，中央统战部副部长、全国工商联党组书记全哲洙同志在山西主持召开由全国10省市统战部、工商联领导参加的全国非公有制经济人士思想政治工作会议文件征求意见座谈会，对山西开展以“新晋商树立新形象”为主题的非公经济人士思想政治工作系列活动给予充分肯定，并视察安泰集团等会员企业和太原汽配商会，看望了省联机关工作人员。

二、认真履行职责，为促进非公有制经济平稳较快发展贡献力量

（一）帮助非公有制企业积极应对金融危机。2008年11月，面对金融危机的冲击和影响，省工商联迅速组成调研组，由驻会领导带队，分4路深入市县和非公企业调查了解情况，研究应对危机、化解风险、走出困境的对策，向省委、省政府上报了《关于当前我省非公有制企业面临困境的调查报告》，被省主要领导称为“在第一时间深入非公企业调查了解情况的部门”。并与省委统战部共同组织了省城16家银行负责人和非公企业负责人参加的银企座谈会，及时帮助困难企业疏通融资渠道。

（二）为非公有制经济平稳健康发展积极建言献策。驻会领导和机关人员深入基层、深入非公企业调查研究，指导工作，利用省委、省政府的民主协商会、征求意见座谈会和省政协会议等各种参政议政平台，积极反映非公企业的诉求，就推动非公有制经济平稳健康发展积极建言献策。在省“两会”上，担任人大代表、政协委员的非公经济人士和会务干部，积极撰写议案提案，踊跃发言，受到多位省领导的好评。在省政协十届二次常委会议上，省工商联作了《关于民营企业节能减排的几点建议》的大会发言；在省政协十届二次全委会议上，作《增强信心，应对挑战，支持帮助非公有制企业实现转型发

展》的大会发言，并向省政府报送了《建立加快非公有制经济转型发展的推进机制的意见》，呼吁在当前金融危机影响下，各级党委政府和有关部门要在科学发展观指导下，鼓励支持非公企业科学发展、平稳发展、健康发展。引起省委、省政府主要领导和有关部门高度重视。2008年，省工商联还承担了全国工商联在4个省进行的“民营企业贯彻落实科学发展观”调研课题和全国上规模民营企业调研、全国第八次私营企业问卷调查任务，全年形成了《山西省民营经济发展报告》等12个专题调研报告，共10万余字。并将近5年来较为优秀的18件提案、政协大会发言和调研报告整理报送入选《建言集》，其中4件获优秀成果奖。这些调研成果得到了社会好评，成为社会全面了解全省民营经济和商会发展情况的重要窗口。

（三）积极开展社会服务，为非公有制企业办实事、解难题。一年来，先后与省劳动和社会保障厅、教育厅、总工会共同组织了第四届“民营企业招聘周”；与渤海银行太原分行签订了战略合作协议并组织召开了银企座谈会；组织了《劳动合同法》实施情况调查问卷和调查意见反馈；加强了与省人大、省政府法制办和有关厅局的联系；与院校和律师事务所合作，探索会员企业风险防范和危机管理工作机制。按照“走出去、请进来”的原则，加强与兄弟省市区工商联和异地商会的交往，组织会员企业参加了“环洽会”、津洽会和“西博会”等商贸活动，参加了在武汉召开的异地晋商会工作研讨会，接待并协助陕西、海南、重庆等省市工商联来晋进行的经贸考察交流活动。这些活动的开展，为非公有制企业开阔视野、解决难题，拓展市场提供了帮助。

三、实施“凝聚力工程”，积极引导非公有制经济人士承担责任、奉献社会

（一）精心组织“光彩事业‘两区行’”和“万企联万户”活动。2008年3月，省工商联和省委统战部共同组织担任省工商联（总商会）副主席（副会长）的30位非公经济代表人士，赴晋绥革命老区的兴县和太行革命老区的武乡县走访慰问。企业家们捐资1060万元，在两县分别建立了500万元的“光彩助学基金”，为八路军纪念馆和晋绥革命纪念馆各捐赠30万元，还与60位新中国成立前参加革命的老党员、老红军、老八路结成了帮扶对子，开展为期三年的“一带二帮扶”活动。这次光彩事业“两区行”示范活动，在全省上下产生了广泛的影响，受到社会各界普遍好评，同时对非公经济人士是一次精神震撼和灵魂的洗礼，对非公经济人士自我教育、奉献社会起到了示范作用。省委常委、统战部李政文部长评价这是一次“感恩之行、奉献之行、示范之行、发展之行”。3月28日，省委书记、省人大常委会主任张宝顺亲切接见了参加光彩事业“两区行”活动的企业家，他指出，“光彩事业‘两区行’活动为老区人民做了实实在在的事情，增进了与老区人民的感情，增强了企业家的社会责任感”。“示范之行”取得圆满成功之后，我会于8月28日又启动了“新晋商万企联万户感恩行动”。各地积极响应，长治、吕梁等市和太原市尖草坪等县区工商联立即组织结对帮扶。海鑫集团董事会决定，今后10年，每年拿出120万元帮扶200户“三老”家庭，让共和国的功臣们共享改革发展成果。

（二）积极引导非公有制企业在应对金融危机中承担社会责任。受国际金融危机的影响，山西不少非公有制企业遭遇严重困难。面对严峻挑战，及时号召非公有制企业与全省人民共克时艰。担任省联副主席、副会长的企业家在“保稳定、保民生、保发展”中率先主动承担社会责任，安泰、海鑫、阳光、美锦等企业做出了不裁员的决定，华宇集团联合59家企业发出了“不裁员、不减薪、送温暖”的倡议，美锦集团等会员企业舍小家为大家，在承受巨额亏损的情况下坚持生产，为太原等城市供应煤气。树立了“责任晋商、信誉晋商”的良好形象。

（三）积极动员组织民营企业支援抗震救灾和灾后重建。“5·12”汶川大地震发生后，省工商联在第一时间向全省工商联和会员企业下发了《关于向四川地震灾区捐款捐物的通知》。全省各级工商联和会员企业，发扬“一方有难，八方支援”的精神，以高度的社会责任感，通过多种渠道、多种方式全力投身抗震救灾，为灾区人民献爱心，为国家分忧解难。5月15日，省工商联在机关组织了“让我们携手为抗震救灾共献爱心”的大型募捐活动，省工商联副主席和执常委企业，直属商会、异地商会纷纷前来参加捐赠活动，56家会员单位向全省民营企业发出了《让我们积极投身支援四川抗震救灾斗争中来》的倡议书。全省非公有制企业和非公有制经济人士捐赠款物共计3.4亿元，其中捐赠1000万元以上的8家，100万元以上的51家。50万元以上的31家，30万元以上的46家，10万元以上的77家。省工商联副主席韩长安专程赴灾区考察，用专列接收1200名灾区师生到长治市长安慈善学校过渡性复课并承担3年所有费用；省工商联常委李安平在地震发生后的第二天即赴灾区参加救灾，并包专机运送1000多万元急救药品捐赠救灾前线，成为山西志愿者第一人。由此，韩长安荣获“全国抗震救灾模范”称号。安泰、振东、海鑫、潞宝、金业5家会员企业和陈忠孝、孙宏原、张亚平、赵明、刘眉寿5名非公经济人士分别荣获全国工商联抗震救灾先进集体和先进个人。在全省抗震救灾工作表彰大会上，省工商联被授予“特殊贡献奖”，20家会员企业被授予先进集体。在省政府表彰的“爱心捐助奖”中，该会获得“爱心捐助组织奖”，安泰、海鑫、潞宝和振东获得“爱心捐助功勋奖”，大土河焦化公司、东辉集团和金业集团古交公司获得“爱心成就奖”，远鑫实业公司等20家会员企业获得“爱心贡献奖”。该会作为支援灾后重建工作领导组成员单位，积极组织会员企业参加对口援建项目考察对接工作，并将30个援建项目整理汇编下发。目前，已有安泰焦化、中德型材等援建项目落实四川。

（四）开展“新晋商、新形象”活动。围绕“新晋商树立新形象”的主题，开展了“大宣传、大评比、大表彰”活动，全年在中央级、省级和境外媒体发表相关稿件74篇（条），其中由《中华工商时报》记者采写的“一个商帮的复苏与重塑”，翔实报道了我省开展“新晋商、新形象”活动的情况。这一活动入选“2008年全国工商联十大亮点工作”。省委、省政府授予49名非公经济人士为“山西省非公有制经济人士优秀中国特色社会主义事业建设者”。全省工商联系统24个先进组织、6名机关工作者和75名非公经济人士、5家会员企业受到省“凝聚力工程”领导组的隆重表彰。

四、注重自身建设，不断增强工商联的凝聚力

（一）加强对市、县工商联工作的指导。年初，该会召开了全省工商联工作暨省工商联十届二次执委会议，将参会范围扩大到县级工商联，会议对全省各级工商联加强自身建设进行了工作部署。省委常委、统战部部长李政文出席会议并作了重

要讲话。这次会议，进一步明确了全省各级工商联的工作思路，坚定了信心，增添了干劲，有力地推动了工商联组织上下联动，受到全国工商联的高度关注和市县工商联的欢迎。按照全国工商联的部署，省工商联开展了对县级工商联组织建设情况的大调研，会领导先后深入11个市70多个县（区）进行调研指导，帮助他们开展工作，激发和调动他们服务全省经济发展、服务非公企业、服务社会的积极性。全国工商联党组副书记、副主席宋北杉到晋调研时，对山西近年来狠抓县级工商联组织建设，对孝义市工商联、太原市汽配商会等县级工商联和基层商会的工作经验给予充分肯定。

（二）积极发展发展壮大会员队伍。按照“积极发展、确保质量、优化结构、加强服务、规范管理”的原则，努力吸引更多的非公企业和非公经济人士加入到工商联组织中来。截至2008年12月底，全省会员发展到74458个，当年新发展2074个。

（三）表彰先进，激发工作活力。省工商联联合省人事厅在全省工商联系统开展了评比表彰先进活动，与省总工会共同组织开展了山西省第二届“关爱员工，实现双赢”活动先进单位和先进个人评选表彰活动。在省工商联十届三次执委（扩大）会议上，对运城市工商业联合会等16个市县工商联组织和李晓平等25名个人分别表彰为“全省工商联系统先进集体”和“全省工商联系统先进工作者”；对山西鼎盛天桥国际投资有限公司董事长李德志等25名非公有制经济人士、山西鼎盛天桥国际投资有限公司租赁部副经理张强等25名民营企业员工、太原六味斋实业有限公司等30家民营企业和太原市工商联、太原市总工会等45家市、县级工商联、总工会，太原市工商联副主席乔瑞生、大同市总工会副主席李安军等45名机关工作者，分别表彰为“关爱员工优秀民营企业家”、“热爱企业优秀员工”、“双爱双评先进企业”、“组织开展‘关爱员工，实现双赢’活动先进单位”和“组织开展‘关爱员工，实现双赢’活动先进个人”。在2008年全国工商联和人力资源和社会保障部联合开展的评选表彰活动中，长治市工商联获得“先进集体”称号，孝义市工商联党组书记、常务副主席苏连英荣获“先进工作者”称号；太原、运城2个市级和长治、高平、代县、昔阳4个县级工商联被全国工商联授予系统先进集体，临汾市工商联主席宣为民等6名机关工作者被全国工商联授予系统先进个人。韩长安、丰新兰、王国瑞荣获“全国关爱员工优秀民营企业家”称号。

（四）开展“强素质、树形象”和“献良策、比贡献”活动，不断加强机关建设。在会党组的直接领导下，从4月份开始，机关组织开展了为期三个月的“讲学习、讲团结、讲正气，树立大局意识、责任意识、奉献意识”为主要内容的“强素质、树形象”学习教育活动，机关形成了想干事，愿干事，干成事的良好氛围，学习风气进一步浓厚，工作作风进一步改进。同时积极创造良好的工作环境，更新了车辆，添置了办公设施。机关蝉联省直机关“文明和谐单位”。（冯学亮）

群众团体

·山西省总工会·

【概述】 2008年是我国经济社会发展极不平凡的一年，也是山西省工会工作创新发展极不平凡的一年。主要体现为：一是理论武装工程取得新成效。深入开展了学习贯彻党的十七大和中国工会十五大精神系列教育活动，举办学习报告会150余场，举办学习培训班1235个（期），并组织上百万职工参加了学习党的十七大精神知识竞赛活动。省总建立了全体机关干部集体学习制度，举办了7期专题讲座，邀请在全国、全省有影响的著名专家作报告。二是建功立业工程拓展新领域。以创建“工人先锋号”活动为载体，广泛开展“当好主力军、建功‘十一五’、和谐奔小康”竞赛活动。制订了《山西省先进集体和先进个人评选规范》。组织职工积极投身支援南方部分地区抗击雨雪冰冻灾害和支援四川抗震救灾、恢复重建工作。围绕应对国际金融危机，深入开展“咱们工人有力量、咱们工会有作为”系列主题活动。三是职工素质工程取得新进展。全省企事业单位参加各种教育培训的职工达120万人次，其中，参加创造学培训的50万名，参加新技术、新知识培训的70万名。全省有4715个企业开展了岗位练兵技术比武活动，参加活动的职工115万人。全省职工创新技术1950项，创新工艺1834项，创新产品1527项，创新操作法680项，创新成果获国家级奖的52项，获省级奖的210项。建立“职工书屋”359个，其中全国“职工书屋”示范点35个，自建点324个。四是劳动关系和谐工程迈出新步伐。省委、省政府两办下发了《关于进一步推进创建劳动关系和谐企业活动的意见》，制定了创建劳动关系和谐企业活动三年规划。国有、集体及其控股企业厂务公开民主管理工作继续规范、巩固，200人以上的非公有制企业职代会和厂务公开的建制率分别达到89.3%和66.2%。全省共签订集体合同13287份，覆盖企业24799个、覆盖职工3523225人，同比分别增长了15%、70%和22%；全省签订劳动安全专项集体合同1609份，覆盖企业2893个，覆盖职工269645人（其中农民工167849人）；签订女职工权益专项集体合同4726份，覆盖女职工400917人。区域性、行业性集体合同和工资集体协商工作实现新突破。全省共签订区域性、行业性集体合同805份，覆盖企业12983个，覆盖职工555515人；签订区域性、行业性工资专项集体合同696份，覆盖企业11580个，覆盖职工429209人。全省有劳动争议调解组织11205个，有专兼职调解员37900人，有兼职劳动争议仲裁员219人。全省建立基层工会劳动保护监督检查委员会11万个，配备劳动保护小组检查员10万名，在煤矿企业特聘群众安全监督员11748名。五是帮扶工程实现新突破。全省建成五星级县级帮扶中心53家，四星级38家。各级工会困难职工帮扶中心积极开展就业扶助、生活救助、法律援助等工作，全年帮助就业14646人，培训创业带头人135名。职工大病医疗互助活动实现扩面升级，全省已在太原、阳泉、朔州、晋城、长治、大同、临汾、晋中8个市推开，参加职工人数达到146.98万人，筹集互助金6994.21万元，一年间补助大病职工6594人、2503.3万元。“金秋助学”活动力度进一步加大，全省工会系统共筹资2714.95万元，帮助14916名困难职工和困难农民工子女入学，比2007年增加1275人，人均资助标准由2007年的1367元提高到了1614元。2008年“两节”送温暖活动活动成效显著，全省工会共筹资1.143亿元，走访慰问困难企业2821家、困难职工36.96万名，基本实现了送温暖活动的全覆盖。“两节”期间，全省各级工会共走访慰问农民工23040人，帮助87981名农民工平安返乡，通过“岁末情暖农民工讨薪行动”，帮助6505名农民工追讨欠薪1162.7万元。广泛开展关爱农民工平安度夏活动，走访慰问农民工13.8万人，受到农民工的欢迎。六是夯基工程实现新发展。全省外企建会达466个。新发展农民工会员49万人，全省累计发展农民工会员已达170万人。截至年底，全省新发展会员56万人，会员总数达到683万人；基层工会委员会达到56022个，覆盖法人单位129880个。省总本级经费收入达到1.3亿元。省总积极调整工会经费支出结构，向各市总及时拨付了困难职工帮扶中心建设资金1190万元，为1406个乡镇（街道）工会、666个基层工会联合会（联合基层工会）下拨组织建设资金1036万元，下拨贫困县工会困难补助金2330万元。七是人才兴会工程出现新气象。全省通过直接选举产生的工会主席达到4285人，通过公开招聘、上级选派等形式，招聘工会工作者1296名。全年共培训工会干部3858名。八是实力强会工程迈上新台阶。山西工人报2009年度的发行量达到70048份，比上年增长35.5%；对基层工会的覆盖面达到73.7%，比2007年扩大了1倍。（宋海兵）

【省总工会十一届三次全委（扩大）会议】 4月7日至8日，省总工会十一届三次全委(扩大)会议在省职工活动中心召开。这次会议的主要任务是：认真学习贯彻党的十七大精神，围绕省委和全总的工作部署，回顾总结2007年全省工会工作，研究确定2008年全省工会工作的主要任务；替补省总十一届委员会委员、经审委员，选举省总常委、主席。会议选举省人大常委会副主任郭海亮为省总工会主席。省委副书记、省政协主席金银焕就如何做好今后工会工作作重要讲话，省总工会主席姚新章对近年来我省工会工作进行了回顾总结。省总常务副主席徐改清作工作报告。省总副主席郭争荣主持会议。省总副主席高凤平、王兴旺、梁若洁，省总纪检组长王珍出席。省总经审会主任安娜作经审工作报告。会议还对全省职工职业道德建设“双十佳”，全省“创建学习型组织、争做知识型职工”标兵单位、班组和个人进行了表彰，并授予省五一劳动奖状、奖章，同时为五星级困难职工帮扶中心以及省级五星级职代会、省级四星级职代会授牌匾。省总工会十一届委员会委员、经审委员；拟进行两委委员替补的同志；不是两委委员的各市、县（市、区）和产业工会主席，省总各部门、各直属事业单位负责人等近300人参加会议。（宋海兵）

【全力以赴支援灾区抗震救灾】 “5·12”地震灾害发生后，省总工会多次发出通知，要求各级工会和广大工会干部立即行动起来，以实际行动抗震救灾。全省各级工会组织和广大职工群众发扬“一方有难、八方支援”的精神，迅速行动、踊跃参与、奉献爱心，积极开展为抗震救灾捐款捐物活动。一是切实增强政治意识、大局意识、责任意识，把支援灾区抗震救灾作为当前工会工作的首要任务。汶川地震发生后，省总工会充分发挥工会组织优势，想灾区之所想，急灾区之所急，帮灾区之所需，全力以赴、深入扎实地做好抗震救灾工作。省总工会在地震发生第二天就紧急向灾区捐款20多万元，发去了慰问信。同时，部署动员全省各级工会开展抗震救灾工作，下发紧急通知，要求各级工会把思想和行动统一到中央、省委省政府的部署和要求上来，积极投身抗震救灾工作，并倡导全省各级工会向灾区捐款。许多市和企业工会纷纷向灾区工会捐款，其中潞安集团通过全国总工会向灾区捐款100万元。大同市总工会向灾区捐款80多万元。截至5月21日上午12点，山西省各级工会组织已经向灾区捐款4462万元。二是在工会会员和劳动模范中开展“重建家园、再献爱心”大行动。5月21日，省总工会发出号召，在广大工会会员中开展“重建家园、再献爱心”大行动，进一步发动广大会员和劳动模范踊跃参与，为灾区职工群众再献一份爱心、再作一份奉献。首先组织了煤炭系统劳动模范、工会会员为地震灾区带头捐款。24名煤炭系统劳动模范现场捐款131万元，10家煤炭企业工会负责人代表会员捐款640万元，短短半个小时，为灾区捐款771万元。这其中民营煤炭企业的劳动模范8人捐款59万元。（宋海兵）

【做好灾区在晋农民工安抚慰问工作】 协助政府和有关部门，紧急行动起来，及时把温暖送给来自地震灾区的农民工兄弟，切实做好他们的安抚、慰问和稳定工作。一是认真安排部署，及早做好在晋川籍农民工工作。汶川特大地震灾害发生后，一些在晋务工的四川籍农民工急于了解家人的安危和家庭的受灾状况，返乡心切。针对这一情况，省总及时做好有关工作。5月13日下午3时，省总工会接到来电反映：在园宝铸造有限公司务工的四川籍农民工强烈要求返乡看望亲人。该公司位于太原市小店区北格镇代家堡村。得知这一情况后，省总工会立即要求小店区工会妥善解决。当天下午，经过区、镇工会与企业协商，160名家在四川北川、德阳、绵竹的农民工将由企业发放路费，联系车辆，尽快回到家乡。5月16日省人大常委会副主任、省总工会主席郭海亮进一步批示要求“认真落实全国总工会主席王兆国批示精神，各级工会要及时协助政府和有关部门解决要求返乡的农民工的实际困难，并做好思想工作，切实维护社会稳定。”5月16日，省总工会紧急下发《关于协助有关部门做好因地震要求返乡农民工有关工作的通知》。对家庭成员不幸罹难、财产遭受严重损失、急切要求返乡的农民工，工会督促用人单位足额发放工资，设法提供交通便利，协调帮助他们适

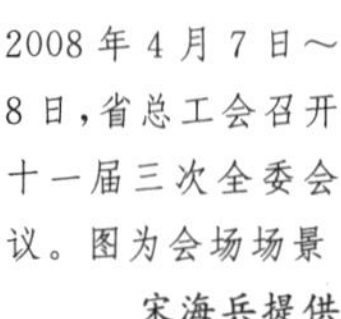
2008年4月7日～8日，省总工会召开十一届三次全委会议。图为会场场景
宋海兵提供

时返乡。二是摸清灾区务工人员底数，有针对性地开展安抚慰问。工会组织深入到灾区农民工当中，详细了解在当地务工、家中受灾的农民工的人数、受灾情况和当前思想状况，稳定农民工情绪，千方百计帮助他们尽早与家人取得联系，解决他们的实际困难，把党和政府的温暖送到这些远离家乡、牵挂家人的农民工身边。山西建工集团现有四川籍农民工10000余名，其中有3300余名家庭受到地震灾害影响，大部分依然坚守在工作岗位。从5月14日开始，建工集团公司工会就对四川籍农民工进行普遍的走访慰问，及时解决他们的生产生活难题，消除引发他们不安情绪的因素，确保了四川籍农民工的生活所需和思想稳定。建工集团所属的太原市坞城新村住宅楼工地和金港工地，集中了来自四川广元、绵阳等地的近300名农民工，地震中家乡的房屋都遭到不同程度的损毁。建工集团工会了解情况后，及时送去了价值1万余元的猪肉、大米、白面、食用油和各种蔬菜。5月21日，省人大常委会副主任、省总工会主席郭海亮，省总常务副主席高凤平，省总其他领导郭争荣、梁若洁等来到山西建筑工程总公司正在施工建设的山西省应用化学研究所职工住宅楼工地，亲切看望正在辛勤工作的四川籍农民工，送去30000万元慰问金和米、面、油等慰问品。省电力公司为急盼回乡探望的四川籍农民工提供路费资助，协调所在施工队统一组织，安排他们顺利返乡，并把近万封慰问信分别送到了近4700名四川籍农民工的手中，寄给他们远在家乡的亲人，送去组织的真情关爱。山西汽运集团晋龙捷泰运输贸易有限公司、太原市并州运业有限公司接到太原运管局紧急运送四川灾区农民工返乡的命令后，迅速启动应急预案，组织调派31辆豪华大巴运送

省总工会主席郭海亮与农民工共进午餐　宋海兵提供

1500名四川民工返乡。公司领导和员工还纷纷倾囊相助为民工垫付燃油、过路等费用，等等。全省各市工会普遍开展关心关爱四川灾区农民工活动。运城等市工会还特别要求对从灾区接来的农民工受伤亲属，工会要及时与本地民政、卫生、红十字会、医院联系，提供医疗救助；对于从灾区来投亲的农民工家属、子女，工会要主动与民政、教育、用人单位联系，妥善解决住宿、吃饭和子女就学问题。寿阳县共有530余名四川籍农民工分别在7家煤矿务工。地震发生后，寿阳县总工会干部兵分七路，第一时间赶赴各煤矿，召开座谈会，慰问安抚农民工，同时，督促企业为农民工办实事，开通联系家乡的免费电话。（宋海兵）

【维护职工队伍和社会稳定】 认真贯彻省委和全总关于维护稳定工作的一系列指示精神，充分发挥工会的政治优势，致力维护全省职工队伍稳定和社会稳定，做了大量扎实细致的工作。一是深入开展职工队伍稳定情况大排查活动。全省工会开展了“贯彻实施《中华人民共和国劳动合同法》企业劳动用工状况大排查”。对企业劳动关系状况、职工生产生活状况，特别是对困难职工群体、农民工、离退休职工、国有改制企业职工队伍状况和职工群体性事件等进行排查。对排查发现的问题及去年以来全省发生的职工群体性事件，建立台账、录入数据库，责成专人跟踪解决。同时，就反映出来的突发问题，及时向省委、全总作了报告。二是进一步畅通信息渠道，建立快速、灵敏的信息预警机制。省总下发文件，在全省工会系统建立“维稳”信息日报告制度，实行省、市、县三级网络一体联动。省、市、县、乡、村五级工会组织全部设立工会信息员，每天坚持收集职工队伍稳定方面的有关情况，并建立了与当地“维稳办”的直接互联通道，实现“维稳”信息共享。“维稳”信息实行逐级报告制度，每日下午5点前，各市总工会、各省级产业工会将当日情况报告省总工会，并坚持“零报告”。省总将重大群体性事件情况、影响职工队伍稳定的突出问题和苗头性、倾向性问题，以《山西工运信息》（内刊）的形式向省委、省人大、省政府、省政协主要领导报送。《民生问题成为当前影响职工队伍稳定的重点》的调研信息，金道铭作了批示，称这样的信息既能看清楚问题，又带有思考性，是办好信息的努力方向。通过进一步加强工会信息工作，提升了排查调处各种矛盾纠纷、预防处置群体性事件的水平，使发现得早、控制得住、化解得了、处置得好成为现实可能。三是密切联系职工群众，切实增强工会组织的吸引力和凝聚力。4月份，省总决定，把2008年5月作为全省工会“深入基层月”，对全省劳动模范、困难职工和会员群众进行一次大走访、大调研活动。省总主席、副主席和常委全部联系市，省人大常委会副主任、省总主席郭海亮带头深入长治市，下企业、进工厂、访劳模、看职工。省总65名处级干部每人联系一个县总工会，实行包保制度，深入各县开展了调查走访活动。各市、县总工会广泛开展了“迎奥运、反渗透、维稳定、做贡献”系列活动，用“积极向上、和谐稳定”的正面舆论引导职工，用真切的关爱、真诚的帮助凝聚职工，促进了职工队伍团结，维护了职工队伍稳定。（宋海兵）

【山西省创建劳动关系和谐企业潞安现场会】 9月3日在潞安矿业（集团）有限公司召开。会议总结过去两年来我省创建劳动关系和谐企业工作，对潞安集团等103家模范劳动关系和谐企业和长治市创建活动领导组办公室等16个创建活动优秀组织单位进行了隆重表彰，交流、推广潞安集团等先进单位的经验，安排部署下一阶段的工作。省委副书记薛延忠出席会议并作重要讲话，郭海亮主持会议。全总集体合同部部长张建国讲话。省总常务副主席、省劳动关系协调委员会副主任高凤平代表省三方，对全省创建劳动关系和谐企业情况进行了阶段性总结，并对下一

步工作作了安排。省企业联合会/企业家协会常务副会长、省劳动关系协调委员会副主任刘洪远宣读《关于表彰山西省模范劳动关系和谐企业和创建活动优秀组织单位的决定》。省委副秘书长张克强，省劳动和社会保障厅、省总工会、省企业联合会和长治市的有关领导出席了会议。会议下发了省委办公厅、省政府办公厅《关于进一步推进创建劳动关系和谐企业活动的意见》。与会人员还参观了潞安集团漳村煤矿，现场感受了潞安集团的创建活动。（宋海兵）

【山西省女职工职业技能大赛】 由山西省总工会、山西省劳动和社会保障厅、山西省妇联、山西省卫生厅联合举办的山西省女职工职业技能大赛从6月初开始，历时近3个月，经过基层初赛、各市和部分产业选拔赛、全省决赛三个阶段，于8月25日至27日进行了总决赛。经过来自全省15支代表队的103名选手的激烈角逐，决出了煤质化验、矿灯管理、护理技术、纺织细纱四个工种和专业的选手获奖名次和团体奖项名次。28日晚8时，以“女职工风采”命名的大赛颁奖晚会在山西电视台大演播厅隆重举行。这次大赛有三个特点：一是领导重视，广泛参与。全省有35万名女职工参加了各单位组织的技术比武活动，其中有近3万名女职工参加了女职工职业技能选拔赛。二是参赛队员热情高涨，苦练技能。参加本次大赛总决赛的103名选手来自全省11个市、4个产业。她们中最大的48岁，最小的23岁，她们都是本市、本行业、本工种的技术尖子，是出类拔萃的优秀女职工。三是组织严密，多方配合。省总工会、省劳动和社会保障厅、省妇联、省卫生厅作为本次大赛的主办单位，分别做了大量的组织协调工作。（宋海兵）

省总工会坚持集体劳动制度

宋海兵提供

【学习宣传贯彻中国工会十五大精神】 中国工会十五大胜利闭幕后，省总立刻组织进行了深入学习传达宣传贯彻。一是加强领导，统一部署。省总及时召开了学习传达贯彻会议，对学习传达宣传贯彻会议精神特别是胡锦涛总书记重要讲话精神作出安排，编印了中国工会十五大精神传达提纲。制定了《关于做好中国工会十五大宣传报道的实施方案》。二是深入基层，宣讲调研。从10月24日开始，省总领导班子成员和64名处级干部深入各自联系的市、县（区）总工会，深入企业和职工群众，宣讲十五大精神，同时结合学习实践活动，围绕8个专题进行调查研究。召开了60多次由基层工会干部和企业职工参加的宣讲会议，把大会精神传达到了基层。三是深化学习，分级培训。省总举办了学习贯彻十五大精神专题讲座，邀请了中国劳动关系学院教授进行了学习辅导。为工会干部发放了十五大精神辅导读本，在新闻媒体开辟了学习宣传专栏。组织省总机关干部撰写学习心得和理论文章，围绕“建设一个什么样的工会、怎样建设工会，发挥工会什么样的作用、怎样发挥作用，工会如何用好党政赋予的资源和手段”进行了大讨论。集中师资力量，编写十五大精神培训教材和学习资料，在省总干校培训教师骨干，现在已经培训100多人，对各级工会干部进行分层、分批培训。四是上下联动，形成热潮。根据省总统一安排部署，全省各级工会制订了学习计划，认真组织实施，开展了丰富多彩、形式多样的宣传活动，掀起了学习宣传贯彻活动热潮。吕梁市总工会召集各县（市、区）分管工会的县委领导参加召开学习十五大精神会议，会上吕梁市委对各级党委加强工会工作领导提出具体要求，为工会开展工作创造了良好的氛围。各级工会以学习宣传贯彻活动为契机，主动争取党政对工会的领导和支持，鼓舞广大工会干部的斗志，进一步增强做好工会工作的责任感和事业心，把智慧和力量凝聚到十五大的目标任务上来。（宋海兵）

【全省县级困难职工帮扶中心星级建设】 4月，省总决定拨出1190万元基础建设费，支持全省119个县高标准建设困难职工帮扶中心；6月，省总出台《山西省县级工会困难职工帮扶中心星级建设实施办法（试行）》；7月，出台《全省加强省市县帮扶中心建设意见》。这三项措施有力地推动了各县帮扶中心的建设，在短短半年时间里就取得可喜的效果。一是帮扶工作组织体系已经建成。全省验收的100个县工会，全部成立以县委县政府分管领导任组长、党政有关部门参加的帮扶工作领导组。绝大多数县还在乡镇成立困难职工帮扶站，在村、街道、社区、企业设立困难职工帮扶联络员。二是场地建设取得突破性进展。有48个县是新选地址，重新建设，有52个县是在原基础上进行扩建，且面积都不少于50平方米，有34个县都达到了100平方米以上。三是帮扶队伍迅速扩大。通过申请编制、内部调配、外部聘请等，各县总工会都按不少于3人的要求配齐了帮扶中心工作人员。有36个县通过申请编制增加人员97名，有58个县内部调剂人员179名，有68个县外部聘请181名，有33个县还对乡镇帮扶工作站和村、社区帮扶联络员发放一定数额的工作补助。四是帮扶资金明显增加。有16个县帮扶资金存量都在50万元以上。五是管理水平跃上一个新水准。各项工作流程、资金使用情况、需要公开公示的内容以及规章制度都健全完善。各县工会都配备了专职的计算机操作人员，将困难职工档案录入困难职工帮扶管理软件。六是职能发挥充分，帮扶效果明显。到三季度末，共生活救助32141人次、1095.23万元；医疗救助2371人次、885.59万元；资助子女上学11196人、1896.7万元；职业介绍12814人次、使用资金41.2万元；就业培训10908人次，使用资金104.4万元；政策咨询4137人次；法律援助633人次、10.5万元；创业贷款428人、1695万

元。到年底，有38个县达到四星，53个县达到五星。（宋海兵）

【省委常委会研究部署工会、共青团、妇联工作】 12月30日下午，省委常委会听取了省总工会、团省委、省妇联的工作汇报，对新形势下进一步加强全省工会、共青团、妇联工作进行研究部署。省委书记张宝顺主持会议。会议认为，2008年我省各级工会、共青团和妇联组织，在各级党组织的领导下，以科学发展观为指导，围绕中心、服务大局，结合各自工作特点，创造性地开展工作，组织动员所联系的群众，积极投身全省经济、政治、文化、社会建设和生态文明建设，各项工作都取得了新进展新成效，工人阶级的主力军作用、团员青年的先锋作用、妇女的“半边天”作用得到充分发挥，为推进全省转型发展、安全发展、和谐发展作出了积极贡献。同时，以开展深入学习实践科学发展观活动为契机，自身建设得到全面加强。会议指出，新形势新任务对工会、共青团、妇联工作提出新的要求，全省各级工会、共青团和妇联组织要认真贯彻全国工会十五大、共青团十六大、妇女十大精神，按照省委九届六次全会和全省经济工作会议的部署，团结带领所联系的群众，深入贯彻落实科学发展观，紧紧围绕实现转型发展、安全发展、和谐发展的目标，继续开拓创新、努力工作，努力做到组织更加巩固、工作更加活跃、凝聚力进一步增强、作用更加突出，为新基地新山西建设发挥更大的作用，作出更大的贡献。会议强调，受世界金融危机和宏观经济形势的影响，省内经济发展面临一些新的情况和困难，保持经济平稳较快发展任务艰巨。各级工会、共青团和妇联组织要切实增强大局意识、使命意识、忧患意识，把各方面的群众充分发动起来，把全省人民的智慧和力量凝聚起来，加快经济结构调整，切实转变经济发展方式，为确保全省经济平稳较快发展奋发努力；要把促进就业创业放在更加突出的位置，千方百计稳定和扩大就业，增加群众收入，改善群众生活；要加大对困难群体的帮扶力度，多办利民、惠民的实事，维护群众的合法权益，促进社会和谐稳定。会议强调，工会、共青团和妇联是党和政府联系广大群众的桥梁和纽带，在改革开放和现代化建设中具有独特的不可替代的重要作用。全省各级党委、政府要进一步加强对工青妇工作的领导和支持力度，支持他们依照法律和各自章程开展工作，帮助他们解决工作推进中面临的困难和问题，加大改善工作条件的力度，为开创全省工会、共青团、妇联工作新局面营造良好环境、提供有力保障。（宋海兵）

【山西省人民政府关于实施创业就业工程的意见】 为了贯彻落实党的十七大精神，全面实施省委、省人民政府提出的“五大惠民工程”，建立充满活力的以创业促进就业的机制，推进和谐山西建设，山西省人民政府以（晋政发〔2008〕22号）文件就实施创业就业工程提出意见。《意见》共分5个方面22条。分别从提高思想认识，明确目标任务；优化创业环境，鼓励自主创业；加强创业培训，提升创业能力；强化政府责任，落实扶持政策；健全服务体系，搞好创业服务；加强组织领导，完善考核体系等作出规定。就完善创业培训补贴政策，《意见》规定，对有创业意愿人员进行创业培训，培训合格率达到80%以上、领取营业执照的人数达到培训合格人数20%以上的，按参加创业培训实际人数给予创业培训机构一次性补贴。补贴标准由原1000元/人提高到1500元/人（本意见下发前已出台高于此标准的市，仍按原标准执行）。创业培训补贴分两个阶段支付：创业培训结束后、培训合格率达到80%以上的，预付补贴资金的60%；半年内领取营业执照的人数达到培训合格人数20%以上的，支付剩余的40%。就小额担保贷款，《意见》规定，小额担保贷款额度每人最高放宽到5万元，贷款期限不超过2年。到期确需延长的，可展期1次。对利用小额担保贷款创业成功、带动3人以上就业且按期还贷的，可再次申请贷款，贷款最高可达10万元。对于符合申请小额担保贷款的创业型小企业，吸纳人员超过当年职工总数的30%以上的，参照每人不超过5万元的额度，贷款最高可达200万元。对支持创业的税费减免政策，《意见》规定，按照现行的税收优惠政策规定，对商贸企业、服务型企业（除广告业、房屋中介、典当、桑拿、按摩、氧吧外），劳动就业服务企业中的加工型企业和街道社区具有加工性质的小型企业实体，在国家规定的期限和限额内，在其新增加的岗位中，当年新招用持《再就业优惠证》人员，与其签订1年以上期限劳动合同并依法缴纳社会保险费的，按实际招用人数予以定额（定额标准为每人每年4800元）依次扣减营业税、城市维护建设税、教育费附加和个人所得税优惠。（宋海兵）

【山西省人民政府关于加强企业工资宏观调控促进职工工资收入合理增长的意见】

为加强企业工资宏观调控，健全企业工资分配机制，促进职工工资收入合理增长，以山西省人民政府晋政发（2008）31号文件提出意见。《意见》共分5个方面，对加强工资分配宏观调控，引导企业工资合理增长；调整最低工资标准，提高低收入职工工资水平；健全工资支付保障机制，确保按时足额支付职工工资；健全工资支付保障机制，确保按时足额支付职工工资等作出规定。《意见》规定，要全面推行工资集体协商制度，通过工会组织或职工代表与企业代表平等协商，依法确定企业的工资分配制度、职工工资水平和调整幅度、劳动定额标准和计件单价等事项，形成企业工资协商确定机制，着力促进职工工资增长。工会、企业联合会（企业家协会）要注重培育企业工资集体协商工作人员队伍，加强对企业工资集体协商工作的支持和推动。《意见》规定，强化企业工资指导线的作用，引导和督促企业合理安排工资增长幅度。全省各类企业应当根据政府发布的工资指导线，结合本企业经济效益情况，通过工资集体协商，按年度制订本企业工资指导线实施方案，向全体职工公示并报对该企业行使劳动管理权的劳动保障部门备案。生产经营正常、经济效益增长的企业，应围绕基准线安排工资增长；经济效益增长较快、工资支付能力较强的企业可在基准线和上线区间内安排工资增长（垄断企业工资增长幅度原则上不得突破基准线）；经济效益和支付能力一般的企业可按下线安排工资增长。企业确因生产经营困难、不能按照工资指导线范围安排职工工资增长的，可低于工资指导线下线（含零增长或负增长）确定工资水平，但要依法经过必要的民主程序协商确定，且企业支付给提供正常劳动的职工的工资不得低于当地最低工资标准。省劳动保障部门要在每年上半年以上年企业货币平均工资为基数，颁布本年度企业工资指导线。《意见》规定，将职工工资增长状况作为国有及国有控股企业经营者业绩考核的基本内容。职工平均工资不增长的，企业经营者及领导班子成员薪酬不能增长；职工工资增幅没有达到工资指导线实施方案要求的，企业经营者及领导班

子成员薪酬要按同比例扣减；企业职工平均工资不增长的，原则上不支持其评先评模。（宋海兵）

【榆社县总工会加强困难职工帮扶中心建设】 县困难职工帮扶中心不断拓展帮扶范围，认真履行职责，不断增强工会组织的吸引力和凝聚力，在维护全县职工队伍稳定，推进社会和谐发展中努力发挥了作用。一是加强领导，健全网络。为了加强对困难职工帮扶工作的领导，切实发挥好帮扶和维权平台作用，县委专门成立了有县委连书记担任组长、有关部门领导参加的县困难职工帮扶领导组，县总工会做到主席亲自抓，分管主席全力抓，在工会组建了困难职工帮扶中心工作机构，县编委以（榆编发〔2005〕10号）确定帮扶中心为股级单位，核定编制全额事业人员4名，编发了法人资格证。领导组进行了任务分解，各乡镇、系统及单位也成立了工作站，设立了联络员，构筑起横向到边，纵向到底的帮扶工作网络。同时设立了财务专户，配备了专门财务人员加强资金的使用和管理，而且从2006年起县财政每年将帮扶资金列入预算10万元。二是硬件设施一步到位。为了进一步加强困难职工帮扶中心建设，我们召开了主席办公会，确定帮扶中心做到：有场地、有人员、有牌子、有工作内容，从组织上、机构上、人员上、素质上保证了工作的落实，专门编发了会议纪要，作了预算。除在办公大楼三楼设立帮扶中心办公室外、在院内办起了58平方米的帮扶大厅，做到标识醒目、设施一流、方便接待。专门开通了热线电话（6622226）联网、配置了电脑3台和复印机、传真机等信息化办公设备，按照省五星级验收标准，加强了帮扶中心的规范化建设。三是加强队伍建设，不断提高帮扶水平。帮扶工作千头万绪，帮扶对象千差万别，我们在配齐档案微机管理、财务、信访接待、困难救助和法律援助等5名工作人员和聘请1名律师后，结合实际把加强学习培训作为一项重要工作来抓，每周一组织全体工作人员围绕政策、业务等知识进行学习，从思想上、业务上提高工作能力和服务水平。四是建立完善制度，规范管理。结合工作实际，建立健全了信访接待、就业帮扶、法律援助、生活救助等工作制度和程序，建立健全了困难职工档案并全部实行微机动态管理；建立了来访困难职工信息登记和统计制度；建立了与民政、劳动等有关部门的帮扶工作联动协调机制；建立了与系统、乡镇帮扶工作协调制度等，逐步形成帮扶和维权经常化、制度化、社会化、规范化的工作机制。共信访接待了25批涉及职工249人，为66人次提供法律援助；培训、职介、帮助再就业663人，其中与农广校联合组织200名农民工进行了化工专业培训，与职介中心联合对52名下岗职工进行了岗前业务培训，全部安排就业。出资8万余元资助了62名困难职工子女上大学，建立了帮扶联系卡和助学档案；建立了困难职工联系卡和医疗、购物、洗衣证卡优惠服务制度。慰问救助了困难职工1230人次；医疗救助了160名困难职工；送清凉、送健康慰问农民工2000余人次。共有135个单位9517名职工参加了这项活动，分别达到94.4%和75.4%。（宋海兵）

【潞安集团工会三项配套机制推进劳动关系和谐企业创建活动】 一是评审机制。每年组织一次评选，让各单位申报。根据申报情况，创建活动领导组办公室组成考察组到申报企业，采取听汇报、看材料、召开座谈会、发调查问卷等形式进行实地考察，合格后进入综合评审程序。集团公司创建活动领导组再根据办公室的意见，进行综合评审，对初步确定的入选单位，在集团公司范围内进行为期一周的公示。公示无异议的单位，授予“潞安集团劳动关系和谐单位”，颁发奖牌和证书，并在新闻媒体公布。二是奖惩机制。把创建活动纳入企业精神文明建设、劳动模范等整体评价中，并规定只有成为“潞安集团劳动关系和谐单位”的个人和集体，方可推荐参加集团公司文明和谐个人、文明和谐班组、文明和谐单位、文明和谐处室、文明和谐家庭的评比；未达到劳动关系和谐标准的单位，取消个人和集体参与文明和谐的评比资格。我们专门设置一些加分项目和否决项目，比如，获得市、省及国家级荣誉称号的单位，可依照本单位实际情况享受集团创建活动领导组专门出台的一系列相关优惠政策；井下单位发生一人次死亡以上事故，地面单位发生一人次重伤以上事故，进行一票否决。三是转化机制。我们划分了一般性、原创性、突破性、带动性四个级别，分别确定不同的分值，进行百分制量化评价。其中，85分到90分为一般性，90分到95分为原创性，95分到100分为突破性，100分以上为带动性。第一次评价，根据分值授予相对应等级的荣誉。这个基础上，坚持不搞“终身制”，而是每年对创建活动情况进行一次评价，被命名的单位工作滑坡或有违规情形发生时，自动从原等级下调，并取消荣誉称号，收回奖牌和证书；工作有创新、有突破、有进步的单位，从原等级上调，并获得相应的荣誉。达到一定标准后，推荐申报上级组织的评比。去年，潞安集团所属45个单位中，达到带动性标准的有15个，达到突破性标准的有25个，分别上转6个、11个；121个科队达标率为97.3%；553个班组达标率为96.1%；16300名党员干部优秀达标率为98.4%。潞安集团被国家劳动和社会保障部、中华全国总工会、全国企业联合会和企业家协会联合表彰为首批“全国模范劳动关系和谐企业”。（宋海兵）

【山西焦煤霍州煤电白龙矿工会坚持“时事日历”助推工会工作】 山西焦煤霍州煤电集团白龙煤矿工会在工作实践中创立并长年坚持的《时事日历》，把工会每天所做的工作一一详细记录下来，作为回顾总结、寻找差距、改正提高和评比奖励的档案依据，同时，通过这种潜移默化的形式，在平日里的一点一滴中培养工会干部一丝不苟严谨认真的工作作风；又借助其潜在的展示对比功能，在工作中对工会干部产生激励作用。该矿工会主席房文斌到任后，看到工会工作头绪繁多，大家每天忙忙碌碌，十分辛苦，而忙过之后往往又说不清干了些什么，回顾总结、寻找差距、检查评比时没有实打实的令人信服的依据，多数时候是凭印象，于是他萌发了记“工作台账”的想法。这个想法一提出，立即得到大家的赞同。大家你一言我一语，积极献策。集中大家的智慧，最后给这个“工作台账”确定了一个名称，叫做《时事日历》，意思是向日历一样，一天翻一页，把每天所做的事情，意义记在“日历”上，每到月末，便汇成一册，装订保存起来。到年终，又把全年的《时事日历》汇集在一起，装订成册。这样，一年365天，工会做了哪些工作，谁干了些什么、成绩大小，一翻“日历”便一目了然。到年底，该矿工会推行《时事日历》已经有6个年头了，这里的工会干部们说，他们的《时事日历》收到了预期的效果，除了为回顾总结，寻找不足，及时调整工作思路提供了准确依据外，还使工会干部在点滴中逐渐养成了一丝不苟、严谨认真的工作作风。此外，

《时事日历》还是一个展示平台，谁干干多少，上面记得一清二楚。由于工作上谁也不甘落后，这就在无形中对每个人都起到了潜在的激励作用。近年来，该矿的工会干部已经养成了工作积极向上、奋力拼搏、一丝不苟、认真严谨的良好作风，从而推动工会工作不断迈上新台阶。

（宋海兵）

【中铁三局在工程建设中发挥工会组织作用】 中铁三局沈阳地铁工程项目部工会围绕项目施工生产，深入开展“奉献十一五、立功在沈阳”建功立业劳动竞赛和“安康杯”竞赛活动，有效地调动了参建职民工的积极性，为安全、优质、高效地完成沈阳地铁施工任务作出了贡献。项目部工会被中国中铁股份公司工会命名为“模范职工之家”称号。一是推动项目掀起施工生产高潮。先后三次组织了“大干100天、优质高效干好地铁工程”的劳动竞赛活动。在开展安全教育的同时，在地铁施工现场的关键岗位设立了4个安全生产监督检查岗，建立了安全生产责任制，充分发挥工会安全生产监督检查员的作用，发现隐患，及时纠正。每年的5、6月间，即全国“安全生产活动月”开展之际，都要开展各种教育活动，同时还要通过测评答卷分析，找出各岗位职工安全素质与岗位要求所具有的安全素质之间的差距，开展有针对性的共性问题培训和个性问题指导，填补了职工安全生产和技能方面的不足，提高了参建职民工的技术业务素质。二是加强工会劳动保护工作。注重强化职工群众的劳动保护和自我防护意识，宣传贯彻《劳动保护用品管理规定》，建立劳动保护用品管理制度，形成全项目上下共同重视劳动保护工作的氛围。认真监督检查“劳动保护用品的发放和使用制度”的执行情况，既检查项目是否教育职民工按照劳动保护用品使用规定和防护要求正确使用，又检查项目在劳动保护用品的购买、保管、发放、使用、报废等方面制度的执行情况，对存在的问题提出了整改要求。结合项目OUSMS18000职业健康安全管理体系的贯标要求，组织开展职工代表巡视和开展职工群众对劳动保护用品发放标准、职业健康目前状况的满意度征求意见活动，促进项目不断改进劳动保护工作。在组织查找有毒有害危险源的基础上，对项目上的特殊工种如开山、电焊工、混凝土工等定期组织体检，对项目的参建职工平均每年也要体检一次。三是广泛开展以“工地生活、工地文化、工地卫生”为主要内容的建设模范职工之家活动。工会积极配合行政，建立了生产区、办公区和生活区，认真抓好员工宿舍的合理布局，建立了卫生值日制度和定期检查制度。工会组织办起了图书阅览室，建立了职工业校，购置了图书、电视机、音响和KLOK设施等，建立起了集就餐、学习、娱乐于一体的多功能室，为员工提供了学习娱乐的场所。工会积极配合行政，在员工生活区建立统一的员工宿舍的基础上，设立了专人清扫、定期清理宿舍区和厕所责任制，还建立了员工医用小药箱。认真抓好协作队伍人员的“三工建设”工作。对所有进场的农民工全部建立个人档案，组织农民工开展安全生产和劳动纪律教育培训，定期地对农民工驻地、食堂等进行检查督促，严格管理。（宋海兵）

【太原市总工会深入实施建功立业工程】

着眼于推动太原经济社会又好又快发展，在全市深入实施建功立业工程，广泛动员各行各业职工群众开展以“创品牌、降能耗、增效益、保安全、提素质、创一流”为主要内容的“当好主力军，建功‘十一五’，和谐促发展”立功竞赛活动。一是围绕发展循环经济、建设节约型社会，开展“我为节能减排作贡献”活动；二是围绕建设现代宜居城市目标，开展“我为城乡清洁工程做贡献”立功竞赛活动；三是围绕建设创新型城市目标，开展创建“工人先锋号”活动。我市援川建房突击队、医疗救援队和卫生防疫队急灾区所急、想灾区所想，不怕疲劳，忘我工作，出色完成援川任务，被全总授予“抗震救灾、重建家园‘工人先锋号’”荣誉称号。全市已有7个集体获“全国工人先锋号”称号，10个集体获“山西省工人先锋号”称号，100个集体获“太原市工人先锋号”称号。组织召开了全市首届“五一”表彰大会，对165个先进集体和408名先进个人进行了表彰。由市总推荐的1个班组和3名个人分别获得“全国五一劳动奖状”和“全国五一劳动奖章”；12个集体和30名个人分别获得“山西省五一劳动奖状”和“山西省五一劳动奖章”。（宋海兵）

·共青团山西省委员会·

【青少年思想政治教育】 1.2008年，共青团山西省委启动实施了“青年马克思主义者培养工程”。出台《山西省“青年马克思主义者培养工程”实施办法》，组建了山西青年马克思主义者培养工程导师队伍，建立了青年马克思主义者培养对象“种子库”。重点培训了各行各业青年骨干和青年典型在内的2000余名青年马克思主义者培养对象。

2.各级团组织抓住“五四”青年节、“六一”儿童节、北京奥运、抗震救灾、改革开放30周年、团的十六大召开等契机，深入开展“我与祖国共奋进，我与山西同发展”、“民族精神代代传”、“手拉手”等主题实践教育活动。进一步激发广大青少年投身中国特色社会主义建设事业的责任感和使命感。40多万大中专学生踊跃投身社会实践，百万农村青年踊跃投身“青春建功新农村行动”，百万青少年踊跃投身“保护母亲河行动”，百万青工踊跃投身“青年文明号”、“青年突击队”、“青年安全示范岗”创建活动。特别是广受关注的80后、90后青年在抗震救灾、服务北京奥运等重大事件中，彰显了可贵的爱国情怀、社会责任和公民意识。

3.加强团属网站的建设和管理，打造具有鲜明共青团特色、体现时代精神、为青年所喜爱的青少年门户网站，逐步完善共青团工作网络体系。运用博客、QQ群、网络论坛等新的传媒形式对青少年开展教育引导，扩大思想教育的影响，使现代传媒成为教育引导青少年的有效阵地。

（高元琼）

【青少年服务山西经济社会发展作用】

1.不断深化“青春建功新农村”行动。全省各级团组织围绕“生产发展、生活宽裕、乡风文明、村容整洁、管理民主”的要求，团结带领广大团员青年积极促进农村经济，改善农村环境，弘扬农村风尚，推动农村民主，服务青年增收，不断推进新农村建设步伐。一是广泛开展科技下乡活动，通过农业科技推广，一批农村青年实现了科技致富；二是深入挖掘农村青年人才资源，通过选树农村青年典型，为农村经济社会发展提供人才支撑；三是大力弘扬良好社会风尚，通过开展乡村青年文化节、乡村青年歌手大赛、乡村青年才艺展示大赛等群众性精神文明创建活动，引导农村青年倡树文明新风；四是配合农村沼气池的普及，引导农村青年带头使用推广清洁能源技术，改变日常生活中的不良习惯，以自己的实际行动建设绿色家园；五是配合全省第八届村委换届，引导青年树立正确的民主观念，在村级民主选举、民主决策、民主管理和民主监督中建言献策、发挥作用。

2. 继续推进“保护母亲河行动”。响应省委省政府举全省之力推进汾河流域生态环境治理修复与保护工程的号召，组织开展了以“唱响青春主旋律激情奉献母亲河”为主题的保护母亲河行动。百万青年在沿汾河6市40个县投身捡拾垃圾，河道监护、数据收集、现场实测、照片拍摄、走访当地百姓等行之有效、形式多样的生态环境治理与保护宣传活动。在全社会持续掀起珍爱母亲河、保护母亲河的热潮，为汾河生态修复工程的顺利推进营造了良好的社会氛围。

3. 全面实施青年创新创效活动。通过“青年创新能手评选”等活动，广大青工不断强化创新意识，努力提升自主创新能力，积极投身节能减排行动，在推进原始创新、集成创新和消化吸收再创新中以优异的创新成果促进全省转型发展。通过“青年职业技能大赛”，进一步提高了一线岗位青工的技能水平，为生产一线造就了结构合理、技术精湛、作风过硬的青工队伍。通过“青年安全生产示范岗”创建活动，有效动员和组织广大青工投身安全生产管理，强化了青工安全生产意识，提高了青工安全生产技能和处理突发事故的能力，在为企业带来良好的人才效益、经济效益、社会效益的同时，也有力推动了全省的安全发展。（高元琼）

【服务青少年成长成才成效】 1. 服务青年就业创业。各级团组织初步建立了青年创业就业服务体系。一是筹资300多万元，建成了总面积3000余平方米、涵盖就业导航、信息提供、技能培训、专家指导、项目评估、资金支持等六大功能的“山西青年创业基地”，注册1亿元资金成立的“山西青年创业投资担保公司”，能够有效破解青年创业融资难、担保难的资金“瓶颈”。基本实现了“青年创业需要什么，基地就可以提供什么”的总体功能；二是“共青团劳务输出大篷车”通过组织化宣传、基地化培训、规模化输出、一体化服务的模式，在6市9个县区举办了劳务输出洽谈会，实现农村青年转移就业2万余人；三是“大学生就业直通车”开展专场招聘洽谈会10多场，为大学毕业生提供了涉及商贸、工矿企业、机械制造、教育、网络典型、医药、服务等行业领域的就业岗位800多个，并以此为载体，服务高校毕业生有效就业。

2. 服务青少年维权。各级团组织始终围绕青少年最关心最直接最现实的利益问题，竭诚维护青少年的合法权益。一是完成了《山西省未成年人保护条例（草案）》的调研修订论证，通过了省人大常委会一审；二是推动省级12355青少年综合服务平台的正常运转，初步形成了“前台受理、后台处理、中枢管理”的运行机制，建立了包括1000余名法律工作者和心理咨询专家等志愿服务人才库，并与30多个职能部门和社会团体实现了青少年维权协调联动；三是联合国家统计局山西省调查总队，开展了全省青少年生存发展状况抽样调查，编制完成《山西青少年生存发展状况白皮书》，为进一步做好青少年工作掌握了第一手资料；四是继续实施“为了明天——预防青少年违法犯罪工程”，通过未成年人普法宣传教育、“未成年人维权关爱月”和青少年维权超市进社区、进农村、进学校、进企业巡回服务等活动。五是团省委对《山西省创建优秀“青少年维权岗”管理办法、考核标准、单位负责人培训制度》进行了重新修订，建立了淘汰机制、奖励机制和规范创建程序，实行逐级创建、稳步创建的管理模式，形成了“有效推动工作、维护青年权益、预防违法犯罪、构建法制文明”的青少年维权岗创建体系。“青少年维权岗”活动在综治办、法院、检察院、教育、公安、民政、司法、劳动和社会保障、建设、广电、工商、新闻出版、质监、总工会等14个系统和行业全面展开，并于8月授予晋中市祁县综治办等22个单位为山西省优秀“青少年维权岗称号”。

3. 服务困难青少年群体。适时拓展“希望工程”资助项目，帮助困难青少年自强、自立。在原有援建希望小学、“圆梦行动”资助贫困大学新生、“健康希望工程”和“大学生自强基金”等项目的基础上，推出“壮苗行动”、“名目行动”等新的资助项目，切切实实为困难青少年排忧解难，让他们体会到党的关怀和社会的温暖。

4. 服务青年对外交流。坚持青年外事工作为党政外交服务、为全省经济建设服务、为青年工作服务的基本方针和“和平友好、独立自主、平等互助、互相学习”的对外交往原则，努力推动与国外青年组织和青年在高科技、能源、交通、建筑装饰、传媒、教育等宽领域、高层次的交流合作。先后派遣各界优秀青年赴海外学习交流78人次，接待友好来访62人次，扩大了青年的国际化视野，促进了青年整体素质提升。（高元琼）

【加强团的自身建设措施】 1. 加强基层组织建设。2008年完成省、市、县三级少工委集中换届。团省委筹集资金1000多万支持和推动基层组织建设和基层工作，为全省119个县（市、区）和1396个乡镇（街道）两级团委赠送《山西共青团》杂志和《山西青年报》，配备电脑、数码照相机等；选派省市两级团干部基层蹲点调研、指导，积极推动大学生村官兼任村团支部书记，目前已有一半以上的大学生村官兼任村团支部书记；以世界500强企业富士康公司成立团委和小店区青年自组织探索建团为标志，非公经济和“两新”组织团建工作迈出了可喜的步伐。

2. 加强团干部队伍建设。扎实开展团干部教育培训工作，促进团干部综合素质提高。在省委党校举办了全省市、县、乡1600余名团干部参加的“学习贯彻科学发展观”专题培训班。由团省委书记班子带队，组织机关各部长、各团市委书记近30人赴安徽、湖南、江西等中部三省学习考察。拓宽渠道，进一步深化干部挂职交流计划。选派3名团干部赴四川灾区进行为期半年的挂职，选派机关团干部到基层指导，接受来自基层的20名团干部到团省委机关交流挂职，进一步促进了全省团干部的互动交流。

3. 加强团的外围组织和团属事业建设。青联组织把握各界青年的特点，进一步增强了团结带领凝聚青年的能力，学联组织主动适应素质教育和学校教育管理的新要求，不断完善各项工作制度。青企协、青乡企协采取灵活有效的方式对青年企业家进行服务，将更多的优秀青年经济管理人才凝聚在团组织周围，更好的参与经济建设。全面履行“全团带队”职责，不断强化少先队工作和辅导员队伍建设，促进少年队工作呈现喜人面貌。深化团属企事业单位的改革，推动体制机制转换，团属事业得到稳定健康发展。（高元琼）

【抗震救灾和北京奥运彰显山西青年风采】 1. 服务抗雪救灾。年初我国南方部分省市雨雪冰冻灾害发生后，团省委一方面迅速筹集70万元，以特殊团费的形式支持湖南、湖北、贵州、广西、江西、安徽等7个兄弟省市，献上了山西青年的爱心。另一方面，组织全省煤炭、运输、电力系统青年突击队、青年文明号、青年志愿者加班加点、突击生产，支援抗灾。

2. 服务抗震救灾。汶川地震发生后，全省各级团组织组织广大青少年和青联组织为抗震救灾捐款捐物3500余万元；各高校团组织对川籍学生的具体情况进行摸底了解，对家庭受灾严重的学生进行及时慰问和相应救助；对灾区来晋治疗的少年儿童分别进行了慰问；组织相关人员赴灾区进行实地调研，接收四川茂县312名小学生来晋完成过渡期学习；先后分四次组织青年志愿者、心理学者、大学生志愿者等7支服务队奔赴灾区开展医疗救护、卫生防疫、紧急救援、心理疏导等救援服务和支教、支农、支医等灾后重建服务。5月31日上午，由团省委、省教育厅、省妇联、省少工委共同主办的“让世界充满爱”庆“六一”主题集会，在太原市迎泽区双西小学举行。省委书记、省人大常委会主任张宝顺、省委副书记薛延忠、省政协主席金银焕、省委常委、太原市委书记申维辰、省人大常务副主任杨安和、省政协常务副主席郭良孝等省领导及团省委书记刘润民、团省委副书记高键、安华、任忠及省教育厅、省妇联、省少工委、省体育局、省关工委等单位有关负责人出席活动。团省委、省少工委、省青基会向灾区少年儿童捐赠904万元，为灾区少年儿童送了一份特殊节日礼物。

3. 服务北京奥运会和残奥会。严格按照团中央和奥组委关于志愿者《选拔确认工作实施意见》的要求，在万余名报名者中选出100名志愿者赴北京参与了奥运会和残奥会的志愿服务。服务中，广大志愿者不仅大力弘扬“奉献、友爱、互助、进步”的志愿精神，按照奥组委的要求在各自的岗位上用自己真挚的笑容、出色的服务、友善的行为为“有特色、高水平”的奥运会贡献了自己的力量，而且用实际行动展示了新时期山西青年良好的精神风貌。 （高元琼）

【学习实践科学发展观活动取得实效】 按照省委的统一部署和要求，团省委在深入学习实践科学发展观活动中，以“活跃基层，服务青年，改进作风”为主题，坚持一手抓学习提高、一手抓工作推动，切实做到了“两不误、两促进”。一是通过广泛动员、专题辅导、分别座谈、青年辩论会、“解放思想，青年争先”主题青年论坛等一系列富有青年机关特色的活动，积极引导广大党员干部对科学发展观真学、真懂、真用。二是在广泛征求意见的基础上，团省委党组准确把握形势，客观面对问题，确定了十个调研课题，由书记班子成员牵头，相关部门牵头深入基层和青年开展调研，形成能够反映青年实际的调研报告。三是召开书记班子民主生活会，认真查找工作中存在的问题，深入分析问题存在的原因，进一步明确了今后工作思路。通过学习实践活动，切实达到了“理清发展思路，突出实践特色，解决实际问题，推动科学发展”的预期目标。 （高元琼）

【12355青少年服务台网络建设稳步推进】 12355青少年公共服务平台是在12355服务热线的基础上建立的一个服务青少年权益的网络平台，在满足咨询服务工作的基础上，还不断拓宽服务内容和工作领域。通过组织律师、心理、教育等专家，先后深入我省30所中小学校，开展了青春期教育、心理健康辅导、网瘾戒除、交通安全等讲座、论坛，为青少年提供法律援助、心理疏导、应急救助和困难帮扶等服务，协调解决校园伤害、青年就业、离婚抚养、学习压力和早恋等问题。2008年，共为未成年人提供各类服务10000余人次，受理各类侵害未成年人合法权益的案件700余起，解决个案405起。服务台运行以来，得到了党、政、团领导的高度重视和充分肯定，省委副书记薛延忠、团中央书记处书记贺军科、省司法厅厅长王水成等先后参观并给予指导。

（高元琼）

【铁路安全自护教育工作】 2008年4月15日，团省委联合太原铁路局精心策划了中小学生“知路、爱路、护路，共建平安铁路”知识宣传及有奖答题活动，精心编写并印制了8万余份《“知路、爱路、护路，共建平安铁路”知识宣传及答题竞赛试卷》，由2000余名铁路安全校外辅导员深入到对应学校组织学生开展答题竞赛活动。同时，《小学生杂志》将铁路安全知识和答题竞赛试卷刊印在第5期上，有效扩大了活动的覆盖面和影响力。据统计，全省重点铁路沿线的700余所学校的86万余名中小学生通过开主题班会、模拟演示、专题讲座等形式踊跃参与竞赛活动，在确保铁路安全运行的同时，也推动了我省中小学生安全自护知识教育活动的开展。 （高元琼）

【“青春红丝带”防治艾滋病宣传教育活动】 2008年团省委在太原市尖草坪区汇丰街办兴华苑和万柏林区南韩街道康乐苑两个社区全面启动了社区闲散青少年预防艾滋病宣传干预项目。重点针对社区内的闲散青少年，通过举办专题讲座、同伴教育、入户宣传、骑行宣传等形式开展防治艾滋病的宣传活动。组织专家、学者及防艾工作者在两个社区举办了防治艾滋病专题讲座5场，培训青少年及志愿者、工作人员300余人，招募同伴教育志愿者150余人，开展艾滋病防治节目表演、游戏等同伴教育活动10场，张贴各类宣传海报100余张，制作黑板报宣传栏15块，发放宣传材料2000余份、安全套1200余个，辐射人群达3000余人，起到了良好的宣传效果。 （高元琼）

【开展“青少年远离毒品”行动】 2008年团省委专门印发了《关于开展社区戒毒和社区康复试点工作的方案》，为社区配备了戒毒专职工作人员，并开展了一系列宣传教育活动。6月份，联合省戒毒委员会办公室、省教育厅、省美术家协会举办了山西省“依法禁毒、构建和谐”禁毒主题宣传设计大赛，共收到海报、FLASH（动漫）作品150件，共评出一等奖1名、二等奖3名、三等奖5名、优秀奖20名、优秀组织奖3名。一年来，聘请禁毒专业人员和禁毒志愿者深入30多个学校、企业、社区开展禁毒知识竞赛30余场、制作宣传栏53个、散发宣传品10000余份，帮助约8万青少年了解了毒品知识，保证了青少年的健康成长。 （高元琼）

【净化青少年健康成长环境】 一是不断净化荧屏、声频和出版物市场。团省委联合省“扫黄打非”办公室共出动检查人员4150员，检查出版物市场275个、店铺摊点1074个、印刷复制企业455家，处罚店铺摊点121个、印刷企业12家，取缔关闭店铺摊点17个。协助广电部门，加大对各频道播出节目的监听监看力度，定期刊发监听、监看周报、通报，坚决禁播不利于未成年人身心健康的公益广告和低俗节目。二是重点监督、整顿、净化网络文化市场。通过招募志愿者组建专兼职结合的“安全放心网吧”监督员队伍，加强了对黑网吧和网吧接待未成年人的监管；联合文化、工商、公安等部门加强对非法网吧、网上传播污秽色情信息和违法网站的打击和整治，破获网上非法出版、网上传播有害信息案件5起。同时注重正面教育引导，邀请全国著名心理专家在太原举行了“青少年网迷戒除网瘾交流活动”，举办了“网络与家庭教育”报告会，取得了积极的教育效果。此外，还通过调研、立法等方式专门研究并制定规范网络文化市场的法律法规。（高元琮）

【“山西共青团劳务输出大篷车”活动】 为了有效服务全省新农村建设，团省委加大了在春秋两季的活动力度。2008年，“山西共青团劳务输出大篷车”在广灵县、尧都区、襄汾县、岢岚县、五寨县、临县，举办了劳务输出现场洽谈会6场，培训农村青年3000余名，其中2400余名城乡青年与招聘单位达成了用工意向。“山西共青团劳务输出大篷车”活动自2004年4月启动以来，已在全省10个市，31个区县成功举办现场洽谈会34场，覆盖400余个乡镇，两万名农村青年通过“山西共青团劳务输出大篷车”直接找到了工作。年初，山西青年报出专版对“大篷车”品牌活动进行了报道，《中国青年报》也就大篷车活动进行了多次报道，“山西共青团劳务输出大篷车”现已成为深受广大农村青年欢迎的外出务工服务品牌，得到了团中央和省委省政府的充分肯定。

（高元琮）

【开展保护母亲河行动】 2008年，团省委围绕省委省政府关于汾河清水复流生态修复工程的决策部署，坚持“政府主导、共青团协同、青年参与”的原则，主动对接水利等职能部门的工作项目，共同召开“山西省保护母亲河行动——百万青年投身汾河生态修复工程动员大会”，开展了“唱响青春主旋律激情奉献母亲河”为主题的系列宣传实践活动。组织发动青少年开展了行之有效、形式多样的宣传实践活动，在全社会掀起了珍爱母亲河、保护母亲河的热潮，为汾河生态修复与保护工程的顺利推进做出了积极的贡献。在第七个保护母亲河日，在滨河体育中心举办2008保护母亲河大型宣传实践活动。还联合农、林、水、环保等部门依托汾河沿线6市27个县，广泛整合社会资源，组织青年文明号、青企协和青少年绿色志愿者组建了志愿者宣传队、志愿者突击队、生态监护队，开展了全流域的植绿护绿和污染监督行动。积极协调山西电视台、太原电视台、山西日报和山西青年报等多家媒体开展了“千里汾河清水复流”专题采风、采访活动，构建了绿色和谐的保护母亲河良好氛围。（高元琮）

【山西青年乡镇（民营）企业家协会建设】 2008年，山西省青年乡镇（民营）企业家协会紧紧围绕党政工作大局，始终立足于服务党的“三农”工作大局，在会员发展、主题活动、自身建设方面做了积极探索，为山西社会主义新农村建设培养了一大批“有文化、懂技术、会经营”的新型青年人才。为了培养、选树、宣传省内优秀青年乡镇（民营）企业家，有效地发挥其典型示范、榜样带动作用，协会于2008年下发了《关于开展第五届“山西省优秀（明星）青年民营企业家”评选活动的通知》，并进行了认真细致的评选，产生了10名“山西省明星青年民营企业家”和100名“山西省优秀青年民营企业家”，充分发挥协会发现人才、培养人才、举荐人才的重要作用。春节前后，组织协会会员及企业开展了“真情助困进万家活动”，到太原市阳曲县慰问了10户贫困户，带去了彩电、衣物、慰问金等生活用品。

（高元琮）

·山西省青年联合会·

【概述】 1.开展主题宣教活动，加强青年思想建设

2008年，山西省青年联合会组织召开“两会”精神学习座谈会，邀请参加全国两会的山西代表和各界青年代表开展座谈，配合学习实践科学发展观活动，举办了以“解放思想、青年先锋”为主题的青年论坛活动。在《山西青联》杂志开辟专栏，邀请专家、青联委员、青年代表围绕科学发展观、改革开放30年撰写文章、发表见解、开展讨论，受到大家的欢迎。奥运会前后，以“讲文明、树新风，和谐迎奥运”为主题，以青联委员为骨干，积极倡导全民健身和文明奥运的良好风气。

2.加强青年人才工作，拓宽优秀青年成长发展平台

积极推荐优秀青年代表参与省政协、山西欧美同学会山西留学人员联谊会、全省新社会阶层人士代表联系会等工作，反映青年呼声、表达青年意愿，为山西发展建言献策。完成了山西省科技工作者协会换届工作，召开了第四届会员代表大会，吸纳来自全省各地区各领域400多名优秀青年科技工作者，为进一步推进省青年科技工作打下了人才基础。启动了第八届“山西省十大杰出青年”评选活动，挖掘选树一批在全省经济社会发展中作出贡献、具有良好社会影响和示范作用的青年典型。山西推荐的省青联常委、总政治部歌舞团青年歌唱家谭晶荣获第19届“中国十大杰出青年”称号。

3.发挥组织优势，服务经济社会发展

以省青联常委陈德伟牵头，建立720万元健康希望工程德伟爱心基金，连续三年为国家级贫困县临县近万名小学住宿生每人每天提供一颗鸡蛋。联合山西电力公司启动了省级保护母亲河工程——“山西省电力公司青年林”项目，积极支持生态环境建设。在积极支持四川地震灾区第一时间，省青联委员通过山西省青少年发展基金会捐款3238697.5元，捐助物资价值590多万元。省青联九届四次常委会期间，又特别举办了抗震救灾慈善晚会，再次为四川灾区筹集捐款及物资632.82万元。10月29号，羌历新年，组织委员为330名在山西学习的茂县羌族学生送去了价值15万元人民币的冬季物资和学习用具，青联志愿者艺术团还与孩子们开展联欢，共同欢度羌历新年。

4.延伸交流合作平台，青少年友好交流全面活跃

组织了山西青年人才香港高级培训班赴港学习考察，接待了“香港东华三院山西交流团”等访问团，就山西社会服务、历史文化等项目进行了专题考察。友好交流互访达到近200人次。对日交流的形式和内容不断丰富，2008年是山西省青联与本巢市建立青少年友好交流关系24周年，我方与日方进一步完善了交流计划，机制进一步完善。开展了“迎奥运中国山西省青年联合会·日本国本巢市青少年书画展”作品征集活动，共选送50多幅作品赴日参展。7月，派遣第一次山西省学生友好交流访日团26人赴日进行访问，两国青少年开展了丰富多彩的联谊交流活动。全年组织22名青少年参加全国各类外事交流活动10批次赴日本、韩国、德国等国家和我国香港地区进行学习访问，自行组织4个青少年考察交流团150余人次赴日本、韩国、英国、阿联酋等国家地区，开展了经贸考察、社会项目合作、青

少年语言培训、青少年艺术交流等多方面交流合作，进一步拓展了和海外青少年组织的友好交流领域。

5. 切实加强自身建设，组织凝聚力影响力进一步增强

召开九届四次常委（扩大）会议，青联各项建设稳步推进。工交企业界别举办了“创业点燃人生——中国青年新生态创业计划暨山西青年创业论坛”，对推动山西青年创业发展、引导青年创业成才等话题进行了深入的探讨。农水林木界别开展了“节水节能行”活动，组织委员赴清徐县实地参观县域节水节能系统工作和企业煤焦污水处理系统，为节水节能、生态环境建设建言献策。经济管理、金融界分别组织开展了题为“金融危机与山西经济发展”的青年论坛，邀请专家对当前金融危机与山西经济发展等问题与青联委员、青年学生进行交流。（高元琮）

【引领带动农村青年自主创业和返乡创业】 2008年，组织外出农民工返乡创业、自主创业是推进新农村建设的有效形式，团省委按照“工业反哺农业、城市支持农村”这一方针，通过对“农村创业致富带头人”、“农村青年经纪人”的表彰宣传，培养选树了一批以农村青年科技兴农带头人、青年产业化带头人、青年工商业带头人为代表的农村青年能人，辐射带动更多农村青年创业致富。还组织团内培训机构、青年乡镇（民营）企业家协会企业、涉农院校及科研院所，对具有一定技术基础和发展潜力的农村青年及致富项目给予了帮扶；通过有效服务，凝聚和培养了一批农村青年专业合作社、专业协会、市场中介组织等专业合作组织，提升了农村青年创业致富的组织化程度；动员各级青联委员、青年文明号、青年企业家、青年科技工作者、青年志愿者等力量，以“反哺故土”、“回报家乡”为主题，开展了结对帮扶活动，帮助农村青年增收致富，服务农村社会事业发展。（高元琮）

·山西省学生联合会·

【概述】 1. 2008年，山西省学生联合会根据全国共青团学校工作会议精神，按照团省委的总体工作部署，以高度的政治责任感，加强各级团学组织工作力度，切实做好维护高校学生稳定工作。“3·14”藏独势力打砸抢暴力事件发生后，学生情绪有所波动，团省委党组高度重视，团省委书记刘润民对各高校团组织和团干部提出四点要求：一要提高责任意识，认识当前国际国内形势，密切关注诸多因素对学生的影响，主动深入到学生中去，发挥学生骨干的积极作用，努力确保信息渠道畅通，全面及时地掌握学生思想动态；二要时刻关注特殊群体和社会热点事件，加强预防，积极应对，提高处理突发事件的能力；三要全面提高自身素质和处理问题的本领，想方设法、竭尽全力协调解决困扰学生学习生活的困难和矛盾；四要站在全局的高度，从全省发展稳定的大局出发，扎实做好学生的思想政治教育工作，切实为学生成长成才发挥重要作用。4月13日，团省委、省学联召集省城各类大中专院校的学生会主席、社团联合会负责人就充分发挥学生会和社团联合会的作用，切实维护学生稳定和思想教育引导工作进行研究安排部署。会议要求学生会和社联负责同学们：一要做一名好学的学生，掌握科学的学习方法，锻炼培养学习能力，树立正确的人生观、价值观，为步入社会打下牢固坚实的基础；二要将服务学生放在工作的第一位，服务学生思想、学习、生活，特别要服务好贫困生这一特殊学生群体；三要充当好桥梁纽带作用，及时了解学生诉求，做好上传下达，当好党、团的好助手；四要增强政治责任感，用主流的思想去影响同学，以自身行动为同学做好表率；五要提高政治敏锐性，关注学生思想动态，勇担重任，引导同学正确对待思想问题，维护校园的稳定，维护社会的稳定，服务国家建设和发展大局。团省委适时成立学生思想稳定工作督导组，保证了各高校学生稳定工作信息，确保了奥运年期间学生的思想稳定。

2. 以抗震救灾英雄事迹为题材，加强大学生爱国主义教育。在四川5·12地震后，省学联要求高校团委组织青年学生收听收看抗震救灾的相关报道和专题节目，通过电视、报纸、广播、网络等媒体宣传党委、政府和社会各界支援抗震救灾的情况和感人事迹，强烈感受在抗震救灾中充分表现出来的团结关爱、万众一心、众志成城的民族精神，增强学生爱国主义热情和民族自豪感。

3. 以改革开放30周年为契机，增强青年学生使命感责任感。学联利用宣传改革开放30年为契机，依托大中学生业余党校、业余团校，在全省大中学校中通过专家讲座、报告会、论坛等形式广泛宣传我国改革开放三十年来日新月异的变化。使广大青年学生对邓小平理论、“三个代表”重要思想、科学发展观、社会主义荣辱观、构建社会主义和谐社会的精神实质和科学内涵有了更加深入的了解。联合省委宣传部、省文联举办了“纪念改革开放30周年”校园歌手大赛，与省职业技术教育学会联合举办了“纪念改革开放30周年”知识竞赛，增强了青年学生作为祖国建设者和接班人的使命感和责任感。

4. 以青年马克思主义者培养工程为载体，不断创新骨干培养工作。今年，学联制订了《山西省“青年马克思主义者培养工程”学生骨干培养的实施办法》，组建立了山西青年马克思主义者培养工程导师队伍，建立了青年马克思主义者培养对象“种子库”。各高校也纷纷行动，制订了青年马克思主义者培养计划。青年马克思主义培养工程已成为山西各高校大学生思想政治教育和骨干培养的重要内容。

（高元琮）

【志愿者服务活动】 1. “保护母亲河”志愿服务行动。2008年，山西集中组织了近200余支志愿服务队赴汾河流域6市40个县区446个乡镇参与“护汾行动”。通过开展基础调查，宣传教育以及生态监护等实践，大力宣传保护母亲河的重要意义，形成全社会关心支持保护母亲河行动和环保工作的良好氛围。《山西日报》以“保护母亲河从我做起”为题开辟专版、中国青年报头版头条发表了“2008年保护母亲河行动在滨河启动”的活动报道，新华网以“保护母亲河——山西百万青年服务汾河生态治理”专题报道，山西电视台《记者调查》、山西人民广播电台和《山西青年报》等媒体也对社会实践活动进行了广泛的宣传。

2. “大学生灾区服务团”赴川灾后服务行动。根据团中央“大学生灾区服务团”统一部署，重点组织太原理工大学、中北大学、山西医科大学、山西省中医学院4支志愿服务队分别赴四川雅安市和都江堰市有针对性的参与灾区服务。通过开展支医、支教、心理疏导、防疫知识宣传等工作，为灾区重建助一臂之力。

3. 大学生统计调查社会实践活动。集中组织全省118名学生干部组成统计调查社会实践队，协助统计部门对全省118个县区的二百余名县领导进行了民意调查。这是我省第一次大规模的进行统

计调查实践活动，这次实践活动让大学生直接参与到政治建设中，充分体现了政治性和时代性。 （高元琼）

【大中学生课外活动异彩纷呈】 1. 大学生创业计划竞赛成绩有新突破。2008 年 6 月，联合省教育厅、省科技厅、省科协举办全省第三届大学生创业计划竞赛。大赛组委会共收到来自高校的 376 件作品，初选入围全国作品 16 件，其中 9 件获得铜奖，4 所高校团委获得全国优秀组织奖。成为历年来参评作品最多、入围作品最多、获奖作品、获奖学校最多的一届，实现了我省在全国大学生创业计划大赛上的历史性突破。

2. 第二届“未来杯”全国中学生创意设计竞赛成绩突出。12 月 8 日，“未来杯”全国中学生创意设计竞赛终审决赛落下帷幕，我省选送的作品中，山大附中傅嘉宁的作品《盲人触摸电路系统》获得一等奖，十二中苏洋的作品《USB 助手》获得二等奖，五中巨里、裴晨星的作品《楼梯辅助发电系统》、永济职业中专学校杨静的作品《保护环境》获得三等奖，6 名同学的作品获得优秀奖。

3. 喜获第五届中国青少年科技创新奖。中北大学硕士研究生刘权兴同学以出色的研究成果获得第五届青少年科技创新奖。该同学 2 次参加数学建模竞赛，获得全国二等奖和国际二等奖，先后参加国家自然科学基金 2 项，山西省自然科学基金和教育部新世纪人才资助计划项目各 1 项，发表科技论文 16 篇，SCI 论文 15 篇。

4. 校园歌手大赛覆盖广影响大。5 月，第四届“动感地带”杯校园歌手大赛颁奖晚会在太原举行。本次校园歌手大赛于 2007 年 12 月拉开序幕，历时 5 个月，覆盖全省 11 个市 40 多所高校，比赛共分成 12 个赛区举行，1000 余名学生报名参加。大学生校园歌手大赛已经成为山西大学生校园文化的一个品牌活动，成为大学校园的音乐盛会。

5. 举办全省职业院校知识竞赛。12 月 11 日，省学联与山西省职业技术教育学会联合举办了“纪念改革开放三十周年”知识竞赛。全省各职业院校派代表参加了本次比赛。这是省学联第一次举办职业类院校范围内的竞赛，是我们进一步贯彻党的十七大精神，深化职业教育领域教育改革，促进职业院校大学生思想教育工作的一次有益尝试。 （高元琼）

【“三支一扶”晋西北志愿者服务工作顺利开展】 为贯彻落实中央八部委联合下发的《关于组织高校毕业生到农村基层从事支教、支农、支医和扶贫工作》和省委、省政府下发的《山西省引导和鼓励高校毕业生面向基层就业的实施意见》文件精神，2008 年，省学联选拔 291 名优秀大学生，深入山西 32 个县进行为期两年的支教、支农、支医和扶贫工作以及服务青年中心、基层检察院两项专项行动。通过多方努力，志愿者的工作生活条件得到了更好的保障，工资大幅提高，有力地增强了志愿者扎根基层、服务人民的信心、决心和热情。 （高元琼）

【“服务灾区学生顺利完成学业计划”取得成功】 根据山西与茂县的对口支援计划，2008 年 8 月 7 日，团省委从四川茂县接来 310 名学生（其中大部分是羌族）、20 名茂县教师。开始为期 3 年的学习、工作和生活。山西省大众传媒学校和大同希望学校，分别资助 200 名和 110 名学生。8 月 8 日上午，团省委、省教育厅等省有关部门为茂县师生举行开学典礼。省委副书记薛延忠出席开学典礼并为茂县飞虹乡小学、洼底乡小学揭牌。晚上，团省委领导和 300 余名茂县学生共同观看了奥运会。10 月 28 日，省城少先队员和他们共同联欢，度过了羌历新年。 （高元琼）

·山西省少先队工作委员会·

【概述】 2008 年，山西省少先队工作委员会以邓小平理论和“三个代表”重要思想为指导，认真学习贯彻党的十七大和省第九次党代会精神，全面贯彻落实科学发展观和构建社会主义和谐社会的重大战略思想，按照第五次全国少代会、全国少工委五届四次全委会和共青团山西省第十三次代表大会的要求，以思想道德教育为首要任务，以省、市、县三级少工委换届为推进措施，以体验教育为基本途径，深入贯彻落实《中共中央国务院关于进一步加强和改进未成年人思想道德建设的若干意见》，不断开拓少先队工作新领域，极大地增强了服务基层少先队和广大少年儿童健康成长的能力，努力推进了全省少先队基层组织的全面活跃。

2008 年，山西省少工委在团省委的坚强领导和统一部署下，顺利推进了山西历史上第一次省、市、县三级少工委集中换届工作。少工委是少先队工作体系的核心，是确保少先队工作健康开展的重要组织基础。以 11 月 28 日少先队山西省第五次代表大会胜利闭幕为标志，山西省少工委省、市、县三级换届工作完成，全省 11 个市、119 县区全部进行了换届。

省少工委高度重视实施《少先队辅导员工作纲要（试行）》的现实意义。3 月，在省少工委召开的四届六次全委会上，明确了少先队工作的主要任务就是：贯彻落实全国少工委杭州会议精神，在提高《纲要》普及率的基础上，使更多的辅导员认识、学习和理解《纲要》，提高《纲要》的使用率，引导辅导员自觉按照《纲要》的要求制定年度工作计划，规范少先队品牌活动。重点围绕《纲要》的普及、培训、实施、监督考核等四个环节做好工作。在《纲要》的普及环节，要求各级少工委结合实际，通过下发文件、印发单行本等方式，在少先队大、中队辅导员中大力普及《纲要》文本。在《纲要》的培训环节，5 月份，省少工委举办了全省少先队辅导员培训班，邀请少先队资深教育专家，对来自全省 100 余名基层岗位的辅导员和少先队工作者进行了《纲要》解读专题培训，使广大少先队工作者从中开阔了思路，增长了技能。在《纲要》的实施环节，省少工委继续做好联系点制度的落实推进工作，要求各级少工委都要实行联系点工作责任人制，制定详细的联系点工作实施方案和《纲要》推进细则。在《纲要》的考核评比环节，省少工委按照下发的《关于开展市级少工委进行年度考核的通知》（晋少发〔2006〕5 号）要求，组织人员采取考核评比、交叉互检等方式，进行《纲要》实施情况年度考核。

2008 年，山西省少工委对团中央等八部委《关于进一步加强少先队工作的意见》精神落实工作，进行了及时转发，重点强调和部署。结合省委办公厅下发的《关于加强山西省少先队工作的意见》，进一步做好《意见》的层层细化和落实。各市、县（区）少工委要根据各自地区的实际情况，牵头出台本级的针对性强、可操作性好的实施意见和加强少先队工作的具体措施。同时每个市、县（区）要明确今年重点落实的 3—5 个重点目标和标准，向上级少工委上报备案。省少工委将通过定期汇报、随机抽查等方式对各市少工委此项工作做好督导，并在年底进行考核。 （高元琼）

【加强自身建设】 1. 少先队基层组织建设工作。一是建立健全了基层少先队组织，城市学校建队率达到了100%，农村学校达到90%。二是学校少先队坚持实行小干部轮换制、竞选制，并设立符合本校特点的多种小干部服务岗位，城市学校达到70%，农村学校达到50%。三是抓住全省团委今年进行“四级换届”的有利契机，依照“配好、管好、提高”的原则，落实各市、县（区）少工委主任、总辅导员的配备。

2. 辅导员队伍建设工作。一是配齐配强了少先队辅导员队伍，城市学校专兼职大队辅导员配备率达到了100%，中队辅导员配备率100%，农村学校辅导员配备率达到了70%。二是全省各级少先队组织聘请了一大批“五老”和具有专业知识的志愿辅导员，正在为少先队活动提供专业或专题帮助。基本上做到了每个学校至少有一名志愿辅导员。三是继续开展了光荣感与责任感教育，提高了辅导员队伍爱岗敬业的工作责任感。四是加强了辅导员的培训工作，全年各级少工委共组织各类培训学习80余场，全省参训辅导员达到5000余人次。

3. 农村和社区少先队工作。全年省少工委按照“有组织、有阵地、有活动、有队伍、有机制”的基本标准健全乡镇中心校少先队大队，以此带动了区域内少先队工作。一是配合全国农村少先队工作现场推进会，省少工委开展了农村少先队工作大调研，了解当前农村少先队工作的现状，查找问题，明确症结，总结经验，理清思路，增强做好农村少先队工作的主动性、针对性和实效性。二是围绕“服务新农村建设，培养新农村建设者”的工作目标，继续深化“服务新农村—红领巾关爱行动”、“城乡少年儿童手拉手”、“争当科技小能手”、“争当文明小使者”等富有农村特色的品牌活动，让广大农村少先队员充分感受到少先队活动的快乐，增强少先队组织的影响力。三是督导各级少工委把工作重心下移，把政策、精力、经费更多地向农村倾斜，把农村少先队工作纳入检查、考核基层的重要内容。善于挖掘和调动社会各方面资源，唤起社会各界对农村少先队工作的关注和支持，为农村少先队工作创造有利条件。

2008年，为全面掌握基层少先队工作的基本情况，对少先队工作中存在的突出问题和薄弱环节加以解决，省少工委积极倡议各级少先队工作者沉下身子，注重调研。鼓励少先队辅导员深入学习和研究少年儿童教育理论，把理论研究和实际工作有机结合，形成“在实践中抓科研、在科研中促实践”的理论研究氛围，为推动少先队事业发展提供理论支撑。另外，省少工委督促有条件的市、县尽快恢复和成立少先队工作学会，广泛吸收各方面的专家学者和少先队工作者参与学会工作。通过进一步完善学会的组织管理、理论研究制度，使各级少先队工作学会在规范化、制度化的轨道上健康发展。同时省少工委积极参加全国少工委“全队调研奖”的评选工作和少先队“十一五课题研究”，发挥好各级少先队工作学会课题拟订、培训指导、信息交流、成果评选推广的作用，争取形成一批具有指导意义的研究成果，有效指导和促进少先队工作发展。

（高元琮）

【“民族精神代代传”】 此项活动作为少先队历年来的重点活动，省少工委高度重视，抓住当地实际情况及当前形势，努力推陈出新，创造新的工作结合点和发力点。在年初下发的《关于组织开展2008年“民族精神代代传”活动的通知》中，明确了全年活动的方针：即“围绕一个契机，立足两大领域，抓住三项结合”（围绕2008年北京奥运会召开的契机，立足校园文化建设和课外实践活动这两个领域，与“雏鹰争章”活动、与“我与祖国共奋进”主题教育活动、与开展“红领巾小社团”活动相结合）。（高元琮）

【“手拉手”活动】 2008年1月24日下午，省少工委主办的“服务青少年月，真情助困进万家——山西省少先队城乡‘手拉手’在行动”启动仪式在太原市杏花岭区杨家峪小学举行了启动仪式。仪式上，省少工委向杨家峪小学捐赠了330套课外读物，及价值3000元的学习用具，并为常年来默默无闻、辛勤工作的辅导员老师们带去了米、面、油等生活必需品和年货。为杨家峪小学的师生们送去了文化，送去了少先队组织及全社会对他们的关爱。同时还组织太原市新建路第二小学与小返乡小学结为手拉手联谊校，签订“手拉手”协议，两校的孩子互赠新年贺卡和礼物。新建路第二小学为杏花岭区小返乡小学援建了一间少先队队室，捐赠了1000余册科普读物及课辅教材。以此为标志，“红领巾手拉手送温暖”活动迅速在全省掀起高潮。3月16日上午，山西省少先队创建“手拉手红领巾书屋”活动启动仪式在省军区社区举行。团省委副书记安华、省军区等领导出席了启动仪式并为“手拉手红领巾书屋”揭牌。仪式上，省少工委整合社会各界资源，筹集价值2万余元的图书3000册，并定制三组书架，为省军区社区创建了一间“手拉手”红领巾书屋。

（高元琮）

【“平安行动”】 2008年1月，省少工委联合省未保委、太原铁路公安局等单位联合开展了“知路、爱路、护路，共建平安铁路”宣传教育活动，涵盖太原铁路局管内铁路沿线2.5公里范围内的1954所学校的70.14万名中小学生及其家长。活动通过发出公开信、推荐铁路安全校外辅导员、课堂讲解、主题队会、护路知识有奖答题、主题征文等生动有效的方式，增强了铁路沿线中小学生爱路、护路的社会责任感和中小学生的铁路安全自护意识和能力。同时通过多种形式的宣传教育活动，使少先队员积极成为爱路护路的小宣传员、安全员、信息员，影响辐射到家庭，周围人群，真正实现“教育一个孩子，带动一个家庭，确保一线平安”的目标。

（高元琮）

【“少年军校”活动】 2008年，省少年军校在解放军、武警部队和公安部门的积极参与和热情支持下，活动内容不断丰富，活动方式不断创新，活动阵地不断增加，学员队伍不断壮大，少年军校工作健康有序的发展。按照全国少工委的要求，5月15日，省少工委联合团省委、省教育厅等七部门下发了《关于成立中国少年军校山西省总校的通知》。各市积极行动，广大少年儿童通过“少年军校”活动，体验紧张而艰苦的军营生活，学习基本的国防知识和军事技能，进一步养成了艰苦奋斗、勤奋学习、献身祖国的良好品质。

（高元琮）

【迎奥运系列主题活动和少年儿童体育锻炼活动】 围绕2008年北京举行第29届奥运会的重大时机，按照“迎接奥运、展示风采、快乐成长”的理念，山西省少工委以“奥运在我身边，我与奥运同行”活动为主要载体，5月11日，举办了“迎奥运”趣味体育大赛暨“阳光体育运动”启动仪式，在全省广泛开展了迎奥运主题活动和少年儿童群众性体育锻炼活动。7月26日，在太原理工大学体育场举办了《阳光伙伴》第三季活动北部赛区的比赛，来自山西、黑龙江、内蒙古、宁夏4省的13所小学代表队将在这里展开激烈的角逐。省少工委与团省委、省教育厅联合举办了“福娃祝奥运”书画创作大赛、与团省委联合举办了“小学生杯—弘扬奥运精神，共建和谐社会”活动，与省委宣传部、省教育厅、团省委联合举办了“青春寄语奥运——网通杯山西省青少年网络、短信作品大赛”，引导广大少年儿童宣传奥运理念，弘扬体育精神，提高健康素质，在参与中成长进步，以实际行动为“绿色奥运、人文奥运、科技奥运”贡献自己的力量。

（高元琼）

·山西省妇女联合会·

【概述】 2008年，围绕党和政府的工作大局，省妇联积极发挥组织妇女、引导妇女、服务妇女和维护妇女儿童合法权益的作用，团结带领全省妇女在山西的转型发展、和谐发展和安全发展方面彰显优势，争作贡献。

1. 统筹推进城乡妇女发展

一是促进城乡妇女创业就业。针对转型过程中妇女在就业创业方面存在的困难和问题，先后召开了全省妇女创业就业工作推进会、全省妇女参与新农村建设临汾现场会以及第二届十大杰出女企业家表彰大会，总结推广先进经验，培养选树突出典型；组织10万余人参加了农村妇女实用技术培训、下岗失业妇女再就业技能培训、城乡妇女创业培训、女大学生村官培训等不同类型的培训，提高妇女整体素质，奠定创业就业基础；联手各种基金会、公益协会、慈善团体、就业服务中心等，争取玫琳凯、香港回归扶贫基金、大地之爱母亲项目和德家项目等，发起专为下岗失业女工推出的巾帼春风行动等，约5万多名妇女直接受益；动员组织三八红旗手（集体）、巾帼建功标兵、巾帼文明岗、女知识分子、女企业家等5大群体力量，促成全省首批2000多家单位的岗村结对和企村结对，帮助联手双方在科技、项目、资金和信息等方面实现互惠双赢。

二是在帮助无业妇女就业创业的同时使在业妇女立业敬业。一年来，巾帼文明岗创建活动进一步突出了转型发展、安全发展、和谐发展的新主题，向新的行业和领域不断拓展，截至2008年年底，全省共创建省级以上巾帼文明岗756个。通过各级妇联牵线搭桥，城乡联手，岗村结对，村企合作，受益妇女的层面持续扩容。

2. 依法履行妇联维权职能

一是建立和完善维权机制，有效推进源头参与。加强与各民主党派、妇女团体、人大女代表、政协女委员之间的联系，开辟更多的渠道为山西的振兴和发展建言献策，让妇女意愿上升为国家意志。一年来，省妇联先后参与制定和修改的法律法规有未成年人保护法、就业促进法、禁毒法。

二是加强维权宣传倡导，提高妇女法律素养。2008年，省妇联两次举办《山西省实施〈中华人民共和国妇女权益保障法〉办法》大型广场宣传活动和三晋妇女网上学法律活动，加快了妇联系统五五普法规划的实施步伐。

三是加强维权信访服务，贯彻和谐接访理念。充分发挥信访作为第一信息源和第二研究室的作用，加强社会舆情的汇集与分析，为广大妇女儿童特别是其中更为弱势的群体如失地失业妇女、进城务工妇女、特困妇女、老龄妇女、留守流动儿童等提供法律援助。省妇联年内接访的516宗案件，结案率达98%，而且结案后无一例闹访、缠访或越级上访。

四是协助政府加大实施妇女儿童发展纲要和规划的力度。省妇联和省妇儿工委组织了专题调研，举办了县长培训，召开了实施两纲两规创建工作推进会和省妇女儿童十一五规划监测指标专家评审会，向社会发布了上一年度的山西省妇女儿童事业发展监测统计公报。

3. 巩固妇女团结奋斗的思想基础

一是在营造良好的舆论氛围上做文章。围绕纪念改革开放30周年、北京首次举办奥运会、神舟七号载人航天飞船成功发射等重要契机，广泛开展女性改革新闻人物评选，迎奥运、讲文明、树新风，创平安家庭、护奥运平安等活动，组织力量编写改革开放30年妇女工作综述、召开省城妇女纪念改革开放30周年座谈会，回顾总结30年妇女运动历程，与大众传媒联合开辟专题专栏，拓展社会主义核心价值体系的传播渠道。

二是在深化文明和谐家庭创建上下功夫。用文明和谐家庭创建统领绿色家庭、平安家庭、学习型家庭、节约型家庭、廉政之家等各类特色家庭建设工作，开展以讲文明、讲卫生、讲科学、树新风为内容的文明新风进万家、节能减排进万家等和谐实践活动。以巾帼文化队、女子宣讲队、农村文化大院等为载体，引导妇女参与政府推行的生态文明建设，发动农村妇女参与人居和谐工程，开展巾帼生态庭院创建活动等。

三是在典型选树和宣传上造声势。2008年，全省又有一批在社会公德、职业道德、家庭美德和个人品德方面表现突出的妇女先进典型跨入了三八红旗手、巾帼文明岗和巾帼建功标兵的行列。

4. 为社会运行提供建设性服务

一是送岗位、送政策、送信息。组织各类招聘会、为下岗失业妇女、女大学生、近郊农村妇女提供就业服务。二是送法律、送知识、送健康。在省妇儿工委、省妇联和省卫生厅等联合组织开展的妇女儿童维权健康宣传月、关爱妇女健康、促进家庭幸福医疗援助行动中，省城3000余名环卫女工接受了免费体检，16个国家级贫困县新增为“降消”项目县，10个市52个贫困县实施了出生缺陷防治项目，10万余名妇女接受了妇科和乳腺检查，13万人参加了妇女儿童法律健康知识百题竞答活动，并且对女农民工等集中的单位进行了法律宣传、健康卡发放等工作。三是献爱心。省妇联与恒源祥集团有限公司联合实施“恒爱行动”三年来，共募集到衣物14000多件，资金136万多元，收到爱心妈妈为孤残儿童编织的毛衣近万件，近万名孤残儿童与爱心妈妈之间通过此项活动建立了长期联系。在抗击雨雪冰冻灾害和汶川地震灾害中，全省各级妇联组织各界妇女捐款4000多万元，其中妇联干部职工带头捐款66.41万元；招募爱心妈妈，报名人数接近5000；在慰问地震灾区来晋住院治疗的妇女和在晋女农民工的同时，省妇联和长治市妇联还组织1000多名爱心妈妈为长安慈善学校来自地震灾区的1200多名学生量身编织了毛衣。

（郭蕴藻）

【组织建设和干部队伍建设】 一是抓基层，强基础。抓住全省第八届村委会换届契机，省妇联会同省民政厅联合下发了《关于加强妇女参与全省第八届村委会换届工作的通知》，要求各级妇联在换届中做好宣传、培训和组织工作，确保村委会女性参政参选比例。在各级党政领导的重视支持下和各级妇联的积极配合下，7513名优秀女性进入了村委会，其中70%以上为村妇代会主任，比上届提高了41.28个百分点。

二是抓队伍，提素质。2008年，省妇联加快建立“党建带妇建”工作机制，一方面大力推进社区和新经济组织中的妇联组织建设，另一方面牵头成立了省妇女研究会、省女知识分子协会，完善了妇女研究网络，并围绕新形势下妇女发展出现的新问题、妇女工作的难点热点问题深入调研，形成了一批高质量的调研报告。目前，全省共建立社区妇联组织1041个，机关事业单位妇委会4797个，乡镇妇联和村妇代会的组建率分别达到100%和96.8%。各级妇联团体会员为200多个，女职工委员会已达到19400个，以女性为主体的地区性协会、联谊会不断涌现。随着党的妇女群众工作日趋活跃，党的执政基础更加牢固。通过层层举办培训班，加强理论学习，开展对外交流，强化实践锻炼，各级妇联干部更加知识化和年轻化，妇联组织也逐步跨入优秀妇女人才密集区。

三是抓作风，重实效。按照中央和省委的要求和部署，作为首批开展此项活动的单位之一，省妇联通过成立机构、学习讨论、调查研究、征求意见、整改落实等步骤，结合自身实际，形成了坚持把发展作为妇女工作第一要务、坚持以人为本的妇女工作理念、坚持全面协调可持续发展的妇女工作思路和坚持统筹兼顾的妇女工作方式四条共识，从经济、政治、文化、社会建设和妇联自身建设五个方面对近年来妇联贯彻落实科学发展观的基本做法和主要绩效进行了总结，对存在的问题和原因分别从思想认识、工作作风、工作能力和工作机制四个方面进行了查找，提出了妇联工作科学发展的三个系列的措施，推动了各项工作的开展。省妇联荣获全国农村妇女双学双比活动先进集体、全国妇联抗震救灾先进集体、山西省直文明和谐单位标兵、山西省农民工工作先进单位等荣誉，连续13年保持了“山西省定点扶贫工作先进单位”称号。（郭蕴藻）

【山西省成立女知识分子协会和妇女研究会】 1月25日，山西省女知识分子协会、山西省妇女研究会成立大会在太原举行。两会会员及社会各界代表近200人参会。副省长胡苏平致信表示祝贺。省妇联主席李悦娥、副主席郑红、顾青圻以及省社科联、省民间组织管理局等部门的有关负责人出席会议。会议通报了两会的章程草案和会费管理办法草案，以及两会的理事、常务理事、会长、常务副会长、会长、秘书长和副秘书长建议人选，聘请了两会顾问和名誉会长。省妇女研究会会长由省妇联主席李悦娥兼任，省女知识分子协会由太原电力高专党委书记柴建芳兼任，李悦娥发表讲话。（郭蕴藻）

【省城妇女庆三八迎奥运健身活动展示大会】 3月7日，由省妇联和太原市妇联联合举办的省城妇女庆三八迎奥运健身活动展示大会在山西大学文体中心举行。省城各界妇女代表、省直及太原市有关部门领导共2000余人参加。省人大常委会副主任安焕晓、省政协副主席李雁红应邀出席。大会由太原市妇联主席康树芬主持，安焕晓副主任和省妇联张烈珍副主席先后讲话。省城各行各业400余名妇女以健身操、武术、舞蹈等多种形式集中展示了全省妇女科学健身的丰硕成果和喜迎奥运的欢快心情。（郭蕴藻）

【山西国贫县实现“降消”项目全覆盖】 3月14日，省妇儿工委、省卫生厅在太原召开由16个新增的降消项目县分管县长、卫生局长、妇儿办主任和妇幼院（站长）参加的项目启动会，对他们进行了实施该项目的业务培训。省卫生厅副厅长韩敬和省妇儿工委办主任张晋叶出席会议并讲话。以此为标志，由卫生部、国务院妇儿工委和财政部共同组织实施的降低孕产妇死亡率和消除新生儿破伤风的降消项目已在全省国贫县实现了项目全覆盖。（郭蕴藻）

【山西省妇女参与新农村建设工作现场会】 9月11日，山西省妇女参与新农村建设工作现场经验交流会在临汾召开。省、市、县、区妇联负责人及新农村建设中涌现出的先进妇女典型代表近300人参加了会议。全国妇联党组书记、副主席、书记处第一书记黄晴宜出席会议并讲话。全国妇联书记处书记甄砚、省委副秘书长王进喜等应邀出席。大会由副主席郑红主持。会议总结了全省各级妇联在组织动员妇女参与新农村建设中取得的成绩和经验，研究部署了今后一段时期的工作。

会上，申纪兰被授予省巾帼绿化功臣荣誉称号。省十大农民女状元、十大女经纪人和100名巾帼科技致富带头人受到表彰。临汾、吕梁、长治和临猗县妇联作了交流发言。

其间，与会代表还参观了曲沃、侯马和尧都等地的新农村建设示范点。

（郭蕴藻）

【省城妇女纪念改革开放30周年座谈会】 12月25日，省妇联在省妇儿发展中心召开省城妇女纪念改革开放30周年座谈会。省城各界妇女代表、省妇联处级以上干部、部分离退休老干部等参加。副省长胡苏平应邀出席座谈会并讲话。省妇联主席李悦娥主持会议并讲话。省食品药品监督管理局副局长谢宏、省残联副理事长、省脑瘫康复医院院长郭新志、省社科院副院长贾桂梓、女农民工代表、太原市五一劳动奖章获得者、迎泽区毛毛美容院创办人毛书红、全国人大代表、山西新华化工有限责任公司输送带公司车间主任沈建军、省卫生厅妇委会主任刘双兰、太重煤机太矿集团公司润液公司刘胡兰小组组长张清平、省统计局社科处文宇宏、山西大学国家大学生文化素质教育基地主任梁丽萍等先后发言。（郭蕴藻）

人 民 武 装

中国人民解放军山西省军区

【深入学习实践科学发展观活动】 2008年，党中央、中央军委作出开展深入学习实践科学发展观活动部署后，省军区党委高度重视，坚持从思想发动抓起，迅即成立领导小组，科学筹划，严密组织，保持了大事大抓的强劲态势。省军区党委机关作为首批展开单位，坚持高起点筹划，高标准落实，按照规定要求，扎实抓好每一个环节步骤。着力抓好学习培训，原原本本学习规定书目，采取授课辅导、参观学习、体会交流等措施，深化理论学习。围绕“在新的历史起点上推动省军区部队建设科学发展”的主题，开展深入调研，认真分析检查存在的薄弱环节和问题。坚持常委带头，领导机关每人撰写一份有质量的分析调研报告。在广泛征求基层、机关、老干部和党代表等各个层次意见建议的基础上，梳理汇总了7个方面、32条重难点问题，为抓好整改提供了依据。注重未学先改、边学边改，着力解决部队反映强烈的突出问题。在干部使用管理、廉洁征兵、大项经费开支等方面，采取了一些有针对性的措施，取得明显成效，党委狠抓廉洁征兵的做法被北京军区推广肯定。 （王海海）

【开展“讲党性、重品行、作表率”主题教育活动】 2008年2月15日至25日，根据北京军区党委部署安排，省军区党委机关集中开展了“讲党性、重品行、作表率”主题教育活动。教育活动紧密联系加强自身建设、领导和指导部队全面建设、做好军事斗争准备的实际，采取思想发动、理论学习、警示教育、典型引导和检查分析等步骤进行，着力解决在党性观念、品行操守、表率作用等方面存在的突出问题。整个教育活动准备充分、安排科学、领导带头、组织严密、方法灵活、氛围浓厚、效果显著，达到了预期目的，使大家普遍受到了一次先进思想的熏陶、人生观价值观的洗礼，锤炼了党性，升华了品行，改进了作风，进一步坚定了高举旗帜、听党指挥的政治信念，激发了提高素质、履行使命的内在动力，振奋了敬业奉献、奋发进取的精神状态，增强了遵规守纪、廉洁从政的自律意识，取得了较好效果。 （王海海）

【召开党管武装工作述职会议】 2008年11月21日下午，省军区组织召开山西省党管武装工作述职会议。会议坚持以党的十七大精神为指导，回顾分析山西省党管武装工作形势，集中研究了深入贯彻落实科学发展观，在新的历史起点上加强和改进党管武装工作，为推动全省国防后备力量建设又好又快发展提供坚强组织领导保证问题。11个市市长、市国防动员委员会主任进行大会述职。省委副书记薛延忠宣读了山西省委、省政府、省军区表彰党管武装工作先进个人的通报。省军区司令员方文平代表省军区党委总结了一年来全省党管武装工作，对下一步抓好党管武装工作作了部署安排。省委书记张宝顺围绕加强党管武装，推动国防后备力量又好又快发展，作了重要讲话。省军区政委张少华主持会议，并就强化责任意识、提高落实质量、推动创新发展等内容提出了明确要求。 （王海海）

【开展“坚定中国特色社会主义信念，有效履行我军历史使命”主题教育活动】 根据北京军区年度工作安排，2008年1至5月份，在全区下发了开展“坚定中国特色社会主义信念，有效履行我军历史使命”主题教育活动的意见。为配合搞好主题教育活动，编印下发《政工情况》，刊载了省军区主题教育部署会议要点和预备役高炮旅、晋城军分区试点经验，结合师旅级单位党委民主生活会，抓了全区教育的展开实施。指导全区开设主题教育板报、墙报、媒体专栏1000多个，制作编印学习资料、光盘30余种。通过各种形式的宣传，使全区广大官兵进一步提高了参加主题教育的积极性和自觉性，深化了主题教育的影响面和覆盖面，广大官兵紧密结合自身实际，高标准做好本职工作，国防后备力量建设取得新成效。 （王海海）

【《山西省实施〈中华人民共和国国防教育法〉办法》正式颁布施行】 2008年7月31日，《山西省实施〈中华人民共和国国防教育法〉办法》（以下简称《办法》）由山西省第十一届人民代表大会常务委员会第四次会议审议通过。自2008年9月1日起施行。1995年9月21日山西省第八届人民代表大会常务委员会第十七次会议通过的《山西省国防教育条例》同时废止。该《办法》共分26条，明确规定普及和加强国防教育是全社会的共同责任。要求全体公民接受普及教育，国家机关的领导人员、青少年、民兵、预备役人员接受重点教育。确定每年8月为全省国防教育宣传月，在国防教育宣传月和国家设的全民国防教育日，应当集中开展国防教育宣传活动。县级以上人民政府领导本行政区域内的国防教育工作，设立国防教育委员会及办公室，并履行相应职责。高等学校、高级中学以及小学和初级中学，都应对学生进行国防教育。党政机关、社会团体、企业、事业单位、基层群众性自治组织亦应结合实际，组织开展国防教育工作。省和设区的市的广播电台、电视台、报刊、政府网站应开设节目或栏目，宣传国防教育。支持、鼓励社会组织和个人开展国防教育工作。经省人民政府批准设立的国防教育基地，应向社会免费开放。《办法》还对国防教育教材、教员、考核评比和奖惩办法作了具体规定。 （王海海）

【组织驻晋部队火炬手参加太原火炬传递】 2008年，根据北京奥运会火炬传递山西省组委会通知，组织协调驻晋部队火炬手于6月24日按时报到并参加了25日组织的培训，26日顺利进行了火炬传递，展现出良好的精神风貌，圆满完成了任务。协调新华社、《解放军报》、《山西日报》、山西电视台及山西广播电台对火炬传递活动进行了报道。以此次火炬传递为契机，进一步开展深度宣传报道，教育激发广大官兵和人民群众的爱国热情和民族自豪感，取得了很好的教育效果。

（王海海）

【召开全省军民共建计划生育座谈会】 2008年9月25日，召开全省军民共建人口和计划生育工作座谈会。省军区计划生育领导小组组长、政委张少华接见了与会代表。全省军民共建领导小组组长、省军区副政委谢玉久和省人口计生委杨增武主任出席会议并讲话。全军、北京军区计生业务部门领导应邀到会指导。各师旅级单位分管计生工作领导、各市人口计生委负责人参加了会议。会议分析了共建工作形势，传达了有关文件精神，观看了太原和大同“三联”机制建设试点专题片，推广了太原市人口计生委、预备役83师、忻州军分区、阳城县人武部等9个单位的经验做法。（王海海）

【深入开展“双服务”活动】 2008年3月6日，召开了由省市县三级军地领导、地方成员单位和驻晋部队团以上单位领导共计2600多人参加的电视电话会议。会上，省委常委、省军区司令员方文平总结了全区开展“双服务”活动的基本经验，安排部署了今后的工作任务，省政府常务副省长薛延忠就深入开展“双服务”（“双服务”：为全面建设小康社会服务、为军队现代化建设服务）活动作了重要讲话。会后，又以省委、省政府办公厅、省军区政治部名义联合下发了两位领导的讲话，就深入开展“双服务”活动需要重点把握的几个问题进行了明确。根据开展“双服务”活动的部署安排，省军区机关三部和各师旅级单位扎实展开了援建希望小学工作；协调地方林业部门确定省军区机关义务植树基地，各师旅级单位同步展开了造林绿化工作；对各级帮建的新农村示范点进行了重新规划和确定，并认真抓好各项工作的具体落实。省军区出资3万元为山阴县103岁老八路梁昌俊老人修建了住房。全区官兵和老干部共向南方雨雪冰冻灾区、四川汶川地震灾区捐款413万元。到年底，全区各单位如期完成了年初确定的“双服务”活动目标和任务，受到地方党委和广大群众普遍好评。（王海海）

【召开全省民兵预备役部队参加新农村建设现场观摩暨总结交流会】 会议于2008年10月21日至22日在长治召开，总政群工办干事巴谋国，北京军区副政委黄建国带领机关二级部领导，省委副书记薛延忠，省军区司令员方文平、政委张少华、副政委谢玉久、政治部主任黄献军和其他领导人，省市县军地与会代表，新闻单位记者共计160余人参加。会议以“深化‘双服务’、开展‘四帮建’”（“双服务”：为全面建设小康社会服务、为军队现代化建设服务。“四帮建”：帮建好队伍，培育带头人；帮建好项目，拓宽致富路；帮建好风尚，营造新环境；帮建好样板，带动大发展）为主题，总结回顾了全省民兵预备役部队参加新农村建设的基本形势，推广了经验、表彰了先进，明确了工作任务和目标，对民兵预备役部队参加新农村建设进行了再动员再部署。北京军区副政委黄建国对这次会议给予了充分的肯定，并在会上作了重要讲话。北京军区党委转发了山西省军区组织发动民兵预备役部队参加和支援新农村建设的经验。

（王海海）

【推广忻州市“双带双促”经验】 7月7日，忻州市召开了复退军人“双带双促”（带头建设家乡，促进经济发展；带头维护稳定，促进社会和谐）活动经验交流暨总结表彰会议，省军区政治部组织各军分区、预备役师旅的政治部主任现场观摩了会议，向全区推广他们的经验做法。近年来，忻州市着眼破解部分复退军人上访问题，围绕发挥复退军人作用，稳定复退军人思想，在全市复退军人中广泛开展了“双带双促”活动，有力地促进了忻州市的经济发展和社会稳定。省军区政治部及时指导忻州军分区对近年来开展“双带双促”活动的经验进行总结，把他们的经验向全区推广并上报北京军区政治部。

（王海海）

【建立全省涉军维权工作机制】 2008年初，省军区政治部与省委政法委、省高院等12个部门，联合颁发《山西省维护国防利益和军人军属合法权益法律保障工作若干规定（试行）》，文件从组织机构、工作职责、工作制度、经费保障等方面对涉军维权工作作出全面规范，标志着全省涉军维权工作长效机制的建立。按照文件要求，省、市、县三级都要建立“一组、一室、一庭、一站”的涉军维权机构，全省共成立维权领导小组141个，办公室141个，涉军案件合议庭131个，涉军法律援助站115个，维权维权协调小组近2万个。省委政法委、省高院和省军区政治部对该项工作高度重视。3月24日，全省维护国防利益和军人军属合法权益工作座谈会在省军区召开。会议由省军区政治部副主任、省涉军维权工作领导小组办公室主任张瑞祥主持，省委政法委副书记、省涉军维权工作领导小组组长边晋南到会并讲话，省军区副政治委员、省涉军维权工作领导小组副组长谢玉久作了工作总结。省委政法委、省高级人民法院、省人民检察院、省公安厅等12个部门有关领导30余人参加了会议。会议总结了2001年以来全省涉军维权工作情况，认真分析了当前涉军维权工作面临的突出问题，提出了加强和改进涉军维权工作的具体举措。这次会议的召开，促进了《山西省维护国防利益和军人军属合法权益法律保障工作若干规定（试行）》文件精神的落实，标志着涉军维权组织领导的进一步加强和办事机构的进一步健全完善，标志着涉军维权机制开始运行。（王海海）

【成立山西省国防生训练和实践锻炼基地】 2008年7月14日，山西省国防生训练和实践锻炼基地在某机械化步兵旅挂牌成立。标志着国防生教育培养工作迈上了制度化、规范化、基地化建设的新台阶。年初，省军区选培办根据总参军训部、总政宣传部下发的《普通高等学校国防生军政训练计划》，按照北京军区《全军北京地区国防生训练和实践锻炼组织实施办法》的有关要求，有效整合和充分利用驻地部队的训练设施和教育资源，开展国防生集中军事训练和当兵实践锻炼，为打牢国防生军事素质基础，提高第一任职能力。首批526名国防生在选培办和承训部队的统一组织下，完成了为期25天的暑期集中强化训练和当兵实践锻炼，军事素质得到提高。（王海海）

【启动驻晋部队人员申领发放居民身份证工作】 2008年4月，公安部和解放军四总部联合下发文件（公通字〔2008〕19号）后，与省军区司令部会同省公安厅于6月10日联合成立以政治部主任黄献军为组长，副参谋长蒋世欣、公安厅副厅长廉兴有为副组长，公安厅治安管理总队总队长李澍田、省军区军务动员处处长荆俊明、干部处处长李洪为组员的山西省军队发放居民身份证工作领导小组。领导小组下设办公室，李洪兼任办公室主任。领导小组下发实施方案（晋公通字〔2008〕76号），部署展开工作，确定在太原市尖草坪区公安分局和预备役通信团进行了先期试点。（王海海）

【举行山西省党政军应对多种安全威胁联合军事演习】 2008年5—7月份，着眼提高应对多种安全威胁、完成多样化任务的能力，完善党政军一体、军警民联动机制，省军区组织了以“屏护首都、稳定山西、支援奥运”为主题的党政军联合指挥演练和军警民联合实兵演习。省党政军主要领导和国动委成员单位参加了党政军联合指挥演练，通过专题辅导、对策研讨、想定作业、现场观摩，深入分析了山西省可能面临的多种安全威胁，出台了《山西省军地联合应对多种安全威胁指挥流程》，构建了山西省应对多种安全威胁总体预案体系。军警民联合实兵演习，设置了战略威慑、抢险救援、反恐维稳和城市防空4个课题29个科目，参演兵力6000余人、动用车辆装备1200余台，突出练指挥、练协同、练保障、练战法，切实提高了军地联合指挥、联合行动、联合保障和联合抢险救灾的实战能力。北京军区司令员房峰辉亲临指导，检阅部队，给予充分肯定。（王海海）

【处置日本遗弃化学武器】 2008年4月27日至4月30日，中日专家组一行42人，在太原市杏花岭区中涧河乡牛驼村对4月6日发现的227枚废旧弹药进行了紧急处置。5月8日至5月15日，总部日遗化武工作组和日方专家共计79人，在太原市阳曲县民兵训练基地，对4月份紧急处置的227枚日遗化武进行了鉴别包装，最终鉴定化学弹149枚，不明弹78枚，并对包装过程中产生的污染物进行了处理。作业期间，省军区司令员方文平、副司令员何永才、参谋长姬亚夫专程到现场看望了中日作业人员。（王海海）

【迎接北京军区战役训练考核】 2008年11月份，迎接了军区战役训练考核，省军区首长机关从基础抓起，采取共同内容集中训，专业内容分开训，综合演练连贯训的形式，高标准完成了应对首都地区多种安全威胁山西地区防卫行动编组演练和想定作业，深入研究了山西地区防卫行动的作战指导、行动样式、力量运用、指挥协同和综合保障等问题，首长机关体能考核全部合格，检验了省军区首长机关战役理论素养、作战指挥能力和谋划指挥水平。（王海海）

【完成从普通高等学校直接招收士官任务】 2008年是全国普遍开展招收士官工作的第一年，针对招收人数多、要求高、难度大的特点，省军区专门召开会议进行安排部署，并按照总部明确的时间节点，制定下发《从普通高等学校毕业生中直接招收士官工作实施计划》，将工作细分为五个阶段，明确了各个阶段的任务要求和完成时限，并重点做好兵役登记、审查把关、落实政策等三个方面的工作，圆满完成了士官的招收任务，专业率高达97%，列全国第二位、华北战区第一位，国防部征兵办公室转发了省军区的做法。（王海海）

【组织全省县级国防动员委员会领导集训】 为进一步增强县级国防动员委员会领导人的政策理论和业务素质，2008年7月10日至11日在省军区教导大队组织了全省县（市、区）国防动员委员会领导260多人参加的集训。集训以党的十七大精神和军委胡主席关于加强国防动员建设的重要指示为指导，以国防动员应对多种安全威胁为主题，围绕国防动员建设面临的形势任务、应对措施、法规政策、专业知识等重难点问题进行了学习研究。通过集训，大家对国防动员建设抓什么、怎么抓和抓到什么标准的问题有了更加清晰的认识，对国家安全战略和发展形势有了更加全面的了解，对国防动员的基本理论、基本任务、基本要求有了更加深刻的理解，对国防动员工作的组织与实施有了更加系统的把握，进一步增强了做好应对多种安全威胁国防动员准备的责任感和使命感。（王海海）

【参加首届全国国防动员建设年度人物评选】 2008年中，根据国家国防动员委员会、北京军区国防动员委员会关于组织首届全国国防动员建设年度人物评选的通知精神，积极开展评选推荐工作。年底，首届全国国防动员建设年度人物评选揭晓，山西省吕梁市市长、市国动委主任董洪运等来自全国国防动员系统的10名先进个人当选“2008年全国国防动员建设年度人物”。2009年1月15日，国务院、中央军委在北京人民大会堂举行首届全国国防动员建设年度人物颁奖仪式，中央军委委员、国务委员兼国防部长梁光烈，国务委员兼国务院秘书长马凯出席并讲话。山西省吕梁市市长、市国动委主任董洪运参加颁奖仪式并代表全体获奖人员发言。（王海海）

【民兵预备役部队支援奥运安保】 奥运会火炬在山西境内传递期间，省军区高度重视，主动配合，坚持“就近用兵、重点用兵、灵活用兵、成建制用兵、快速用兵”的原则，出动民兵协助公安、武警执行火炬传递路线的外围封控和警戒任务，确保了奥运火炬在境内顺利传递。奥运会期间，在重点地区、重点目标和重点地段周边执行巡逻执勤任务，确保了辖区社会安全稳定。同时，加大了对各级首长机关、民兵武器装备仓库、油料仓库、被装仓库等重点目标和小散远单位的警戒巡逻力度，严格落实各项安全防范措施，深入细致进行安全隐患排查，切实把事故隐患消灭在萌芽状态，确保了部队自身高度稳定。（王海海）

【民兵预备役部队参加抢险救援】 2008年，省军区先后组织民兵预备役部队40余次，出动兵力3万余人次，动用车辆1000余台次，参加了17起森林火灾扑救，6起矿难事故救援、2起失事飞机搜救、1起抗洪抢险行动、9起反恐维稳行动。全力抗击雨雪冰冻灾害，动员民兵预备役人员加紧电煤生产、开展保交护路和出省运输，确保了能源充足供应，北京军区首长对省军区做法给予充分肯定；全力支援抗震救灾，组织民兵电力抢修、矿山救援、医疗救护等队伍深入灾区全力进行救援，尤其是大同预备役工兵团接到跨区支援抗震救灾预先号令，迅速组织收拢集结，及时展开临战训练，军地投入1400余万元购置了工程装备器材，3天内完成各项准备；在襄汾“9·8”尾矿库溃坝事故救援中，省军区首长高度重视，反应迅速、决心果断、靠前指挥，参战民兵预备役人员不畏艰险、连续作战，发挥了突击队和生力军作用。中共中央政治局委员、国务院副总理张德江在襄汾县视察期间，亲切接见了参加尾矿库溃坝事故救援的官兵，对民兵预备役部队做出的贡献，给予充分肯定。（王海海）

【组织高校军事教师培训】 2008年4月17日至20日，省军区司令部会同省教育厅联合举办了全省第四期高校军事教师培训，全省有36所高校95名军事教师参加。培训按照理论辅导、专题授课、示范教学、研究探讨的步骤，按照新修订的《教学大纲》要求，紧贴高校教学实际，聘请国防大学6名专家教授围绕国际战略环境、大国关系与热点问题、中国古代军事思想、新军事变革与国防现代化和信息化战争等内容进行示范辅导教学。通过培训，使参训人员不仅熟悉了解了大纲规定的教学内容，而且提高了军事理论水平和教学能力，进一步拓宽了军事教师的知识面，提高了他们的军事素质。

（王海海）

【省军区业余演出队为兵民服务】 2008年1月份，省军区组织业余演出队深入晋煤、阳煤、同煤、西山煤电、潞安集团等煤电企业，进行慰问演出，激励广大企业民兵积极生产，多产煤、产好煤，努力为灾区人民做贡献。4月21日、22日业余演出队专门赴京，在战友文工团礼堂为北京军区首长、参加军区师以上干部理论读书班的代表及军区司、政、联、装直属队官兵进行汇报演出，《战友报》、中央电视台军事频道和《解放军报》、《山西文化》等媒体相继作了报道。7月30日，代表省委、省政府、省军区为省城进行的庆八一晚会汇报演出了《使命颂》，省党、政、军领导和各界群众均给予了高度评价。之后，又以精心编排的节目《军营赞歌》参加北京军区第十一届“多彩的军营”文艺会演，取得较好成绩。北京军区战役训练考核组、俄罗斯西伯利亚边防局局长古里罗夫中将一行观看后给予较高的评价，树立了省军区部队的良好形象，展示了直属队官兵的优良素质、优良品格、优良作风。

（王海海）

【完成新式服装发放工作】 2008年6月份，为军官、文职干部增发1套春秋常服和标志服饰，为士兵换发新式夏常服、春秋常服和标志服饰23个品种4万余件套，举行了“山西省军区士兵07式服装换发仪式”，由省军区直属队官兵组成“春秋常服、(长袖）夏常服、(短袖）夏常服、07式女士兵服装”等四个展示方队，对新式服装着装时机、穿着要求和标志服饰的佩带方法作了进一步明确，确保了官兵对07式军服的正确穿着。冬季，为军官、文职干部换发了新式冬装及配套服装13个品种、3万余件套。基本实现了“及时到位、准确发放、人人适体”三个“百分之百”目标。

（王海海）

【省军区作战指挥中心建成使用】 按照省军区党委首长指示，通过积极协调，科学管理，精心施工，总建筑面积21536平方米，集办公、训练、会议、指挥为一体的作战指挥中心全部竣工，年底组织了隆重热烈的人住仪式。

（王海海）

中国人民武装警察部队山西省总队

【思想政治建设扎实有效】 2008年，中国人民武装警察部队山西省总队（简称山西总队），

坚持把学习贯彻党的十七大精神作为第一位重大政治任务，为部队建设提供了可靠的政治保证和强大的精神动力。围绕解决“知、信、行”三个基本问题，系统学习中国特色社会主义理论体系；坚持把理解掌握党的十七大基本思想、基本观点、基本要求作为主线，扎实开展“坚定理想信念，忠实履行使命，永远做党和人民忠诚卫士”主题教育；针对南方雨雪冰冻、汶川地震、奥运安保以及藏区重大群体性事件等形势，及时组织部队进行“认清严峻形势、强化忧患意识，忠实履行使命”为主要内容的形势任务教育，广泛开展以“为奥运喝彩，为祖国争光”、“纪念改革开放三十周年”为主题的系列活动，广大官兵高举旗帜、听党指挥的政治信念更加坚定，报效祖国、服务人民的政治热忱明显高涨。围绕落实经常性基础性政治工作，召开“依托信息网络提升经常性工作落实质量”现场观摩会，并加大检查督导力度，经常性基础性政治工作质量明显提升。认真抓了总部《经常性思想工作实施意见》、《政治环境建设规范》和《仪式教育规定》的贯彻落实，在长治、晋城支队召开了规范营区政治环境建设现场会，营造了浓厚的政治氛围。扎实开展思想教育活动，加强警示教育和心理法律咨询服务，部队和谐稳定，内外关系融洽，涌现出任建军、巴雅尔等一大批忠诚使命、无私奉献的先进典型。

（安润斌　吴　鹏）

【执勤处突的各项任务完成】 2008年，省武警总队精心部署、严密组织奥运安保工作，制定完善预案，理顺协同机制，落实战备要求，积极搞好应急演练，组织两级首长机关深入一线督导，高标准完成了奥运火炬传递安保和涉奥目标的守卫任务。着眼任务需要，以新大纲试训论证为契机，抓好新兵教育训练，分类指导首长机关、执勤分队、机动分队训练，加大训练投入和配套设施建设，开展比武竞赛活动，有效提高了部队的执勤能力。争取专项经费购置反恐装备，参加联合反恐演习、反劫机联合实战演练和组织直属支队室内推演，开展人装结合训练，进一步检验和提高了部队遂行多样化任务能力。扎实开展执勤等级评定，深化勤务分类指导和隐患治理，开展监狱、铁路、储备系统联合检查鉴定，特别是完成了吕梁“6·13”矿难、太原“8·1”泥石流、襄汾“9·8”特大溃坝事故救援抢险等急难险重任务，多次受到总部首长批示表扬和地方党委政府赞誉。总队司令部被全军表彰为新大纲编修先进单位，被总部评为全面建设先进司令部。

（安润斌　吴　鹏）

【部队正规化建设和安全稳定工作】 2008年，山西总队认真贯彻依法从严治军方针，坚持在正规秩序、严格管理、加强养成和防范重大安全问题上下功夫、求实效。扎实开展“条令学习月”、“安全条例宣教月”和“我为奥运做贡献、我为祖国添光彩”专项整治活动，组织从严治警观摩培训，开展条令知识竞赛、专题辅导，强化官兵条令法规意识。积极运用网络和多媒体手段，深入部队检查督导，定期讲评通报，加大经常性管理力度，严格规范部队日常管理和官兵作风养成，提高了正规化建设水平。认真贯彻落实军委指示和总部安全发展网上研讨会精神，开展《安全条例》宣传教育活动，分专题、多层次组织安全隐患排查治理，集中研究解决勤务安全、人员管理、枪弹管控、季节性事故预防等倾向性问题，消除安全隐患310余个。注重做好奥运会期间部队封闭式管理，严格落实总队《奥运会期间十条特别规定》，加强了奥运安保、部队遂行重大任务和补选退等时期的针对性管理，有效防范了重大安全问题，实现了纪律严明、秩序正规、内部和谐、安全稳定的目标。

（安润斌　吴　鹏）

【基层建设稳固扎实协调发展】 2008年，山西总队引导各级以质量建设、能力建设和规范化建设为着力点，在经常性基础性工作落实上聚焦用力，促进了基层建

设持续发展、稳步推进。分两批集中组织大、中队主官进行理论和《纲要》培训，着力研究解决经常性基础性工作落实中存在的突出问题，提高了基层主官按纲抓建的实际能力。认真贯彻落实武警党委深入抓好党委（支部）班子考察帮建工作《实施意见》，指导各单位对基层党支部普遍帮建。结合奥运安保，两级党委机关成立联合工作组，以“帮建支部、帮带干部”为主要任务，营以上干部深入到中队和小散远直单位蹲点指导，促进了基层整体建设水平提升，重点帮建的6个支队32个中队普遍有了明显进步，12个中队跨入先进行列。狠抓《军人委员会工作条例》的学习贯彻，基层两个群众组织职能作用进一步明显。（安润斌　吴　鹏）

【资产管理改革和建设“节约型后勤”效益显著】　2008年山西总队认真筹备、成功承办了武警部队资产管理工作会议暨第五期后勤部长集训班，全力推行资产管理与预算管理相结合办法，充分展示了试点工作成果和总队官兵精神风貌。进一步规范了战备计划、物资储备、应急保障演练等各项建设标准，完善了战备通用物资“虚拟储存”体系，指导部（分）队完成了总部赋予的新大纲试训任务，遂行较大规模的后勤保障任务12起。加速推进基层配套建设，基层中队完成了建设任务，基本配套率达到95%，完全配套率达到90%。积极开展创建“节约型后勤”活动，全年节减开支300余万元，直属支队被四总部评为全军资源节约工作先进单位，总队在全军资源节约工作座谈会上介绍了经验。扎实开展了车辆安全教育、管理、整治活动，突出抓了驾驶员岗位练兵比武，总队运输油料处被全军评为“军交运输训练先进单位”。（安润斌　吴　鹏）

【各级党委班子建设得到新的加强】　根据党中央、中央军委和武警部队的统一部署，率先在总队党委机关精心筹划、组织实施深入学习实践科学发展观活动，前期学习调研、解放思想讨论、专题民主生活会等环节的工作扎实有效，取得明显成果，受到总部首长的充分肯定并转发了总队党委开好民主生活会的经验做法。扎实开展“讲党性、重品行、作表率”学习教育活动，狠抓党委机关党课教育落实，着力解决党委班子风气建设方面存在的突出问题，增强了党员干部的党员意识、使命意识和党性观念，两级党委班子的凝聚力感召力有了新的增强。狠抓民主集中制贯彻质量的提高，持之以恒地抓好基本理论的理解掌握，有针对性地组织专题研讨，不间断地搞好指导帮带，进一步提高了各级党委班子科学民主依法决策水平。严密组织党委班子考察帮建，对15个支队级党委班子进行了调整配备，班子平均年龄下降了3.1岁，优化了班子结构，增强了建设活力。贯彻武警部队纪检工作会议精神，深入开展“读书思廉”活动，规范领导干部用权行为，加大对敏感事务的监督力度，纠治不良风气，推进了党风廉政建设健康发展。（安润斌　吴　鹏）

【总队召开党委二届九次全体（扩大）会议】　2008年1月15日上午，武警山西省总队党委召开二届九次全体（扩大）会议，省委书记张宝顺、省长孟学农、省委常委、政法委书记、公安厅厅长、山西总队第一政治委员杜玉林出席会议并作了重要讲话，党委书记宋广义代表党委常委会作了工作报告，党委副书记叶景亮主持会议并讲话。总队党委常委、委员，机关部门副职领导，各处（室）处长（主任）及各支队级单位部门领导，组织股（科）长共136人参加了会议。

（安润斌　吴　鹏）

【武警部队政委喻林祥率工作组到总队调研指导】　2008年4月23日至28日，武警部队政委喻林祥率工作组围绕部队风气建设和支队以上党委书记队伍建设等问题，到山西总队进行调研指导。期间，喻政委和工作组的同志听取了总队党委工作汇报，与班子成员和部门领导进行逐个交谈，与部分支队党委书记进行了座谈。在总队长叶景亮、政委宋广义的陪同下，轻车简从，辗转数千公里，深入阳泉、晋中、大同支队等单位，亲切看望和慰问了基层一线的官兵。对山西总队近年党来党委班子和部队全面建设给予高度评价。

（安润斌　吴　鹏）

【武警部队司令员吴双战一行莅临山西总队视察工作】　2008年5月12日，武警部队司令员吴双战、副司令员何映华及其随行人员在山西总队总队长叶景亮、政委宋广义的陪同下，莅临山西省太原市支队娄烦县中队和古交市中队视察工作。视察期间，首长听取了太原市支队支队长侯斌、政委郑秋申关于支队全面建设的汇报后，深入到中队勤务值班室、食堂和宿舍，检查了中队执勤设施，仔细询问了中队各项工作开展情况，详细了解了中队执勤情况和“四个基本”建设情况以及当地的人文环境、经济发展等情况。

（安润斌　吴　鹏）

【总队全体党员交纳“特殊党费”支援抗震救灾】　2008年5月27日下午，总队组织全体党员以交纳“特殊党费”的形式表达对在地震灾害中遇难同胞的深切哀思、对幸存者的深切关怀。总队首长带头交纳“特殊党费”。总队党委对这次交纳“特殊党费”活动高度重视，要求各级党委机关充分认清组织党员交纳“特殊党费”支援灾区的重大意义，切实把这一活动作为在党组织和党员干部中开展我党我军优良传统教育的生动教材，作为践行“讲党性、重品行、作表率”要求的实际行动，作为一项政治任务，迅速作出部署，精心组织。

（安润斌　吴　鹏）

【总队召开党委二届十次全体（扩大）会议】　2008年7月8日，总队召开党委二届十次全体（扩大）会议。总队全体党委委员出席了会议，机关处长（主任）、直附属单位主官列席了会议。会议传达学习了武警部队党委书记座谈会议精神，总结回顾上半年工作形势，明确下半年工作重点和工作指导上需要把握的问题，研究进一步加强党委书记队伍建设的问题。

总队党委副书记叶景亮代表总队党委常委会向全会作了题为《凝神聚力，狠抓落实，确保年度工作任务圆满完成》的报告。党委书记刘建华作了题为《积极适应形势任务需要，大力加强书记队伍建设，切实肩负起统班子带部队的重任》的重要讲话。会后，与会同志分组对工作报告和讲话进行了认真的审议和讨论。

（安润斌　吴　鹏）

【总队完成反劫机联合演练】　2008年7月31日上午，山西总队组织直属支队、太原支队参加了山西省“平安武宿—2008”反劫机联合实战演练。通过实兵参战，实时拉动，实地操作，进一步检验和完善了反劫机应急指挥机制和反劫机预案，锻炼和提高了特种分队处置劫机事件的能力和水平。

此次反劫机演练是以《国家处置劫机事件应急预案》和《山西省处置劫机事件应急预案》为依据，由省处置劫机事件领导小组牵头，省民航机场管理局主办，太原市处置劫机事件领导小组协办，武警山西总队承担主要科目演练和演练导调任务，太原市处置劫机事件领导小组成员单

位共计10个单位参加了反劫机联合演练。（安润斌　吴　鹏）

【总部副司令员息中朝到山西总队大同支队检查指导工作】 2008年8月21日，武警部队副司令员息中朝在总队长叶景亮、政委刘建华陪同下莅临大同支队检查指导工作。息副司令员亲切接见了全体机关干部，认真听取了支队党委的工作汇报，深入大同县中队、支队教导队建设工地检查工作看望官兵，并与机关干部和基层官兵合影。息副司令员客观评价了近年来总队在党委班子建设、部队发展、中心任务完成等方面取得的成绩，并充分肯定了奥运安保所做的积极工作。

（安润斌　吴　鹏）

【总部副司令员何映华一行到晋中支队视察工作】 2008年9月4日，武警部队副司令员何映华、后勤部部长王俊杰带领工作组在总队长叶景亮、政委刘建华、副总队长吕明录、后勤部部长周旭光的陪同下，专程来到晋中支队视察工作，并对武警部队资产管理工作会议暨后勤部长集训观摩现场的有关准备工作提出了具体要求。（安润斌　吴　鹏）

【完成中央领导视察“9·8”灾害事故现场警卫勤务】 2008年9月8日，山西襄汾县陶寺乡云合村塔儿山矿发生尾矿库溃坝事故。山西总队临汾支队、运城支队担负灾害事故现场警戒、抢险救灾和机动备勤任务。9月10日至11日，国务委员兼秘书长马凯视察山西襄汾县“9·8”灾害事故现场，山西总队临汾支队担负事故现场路线和场地警卫勤务。期间，参战官兵要发扬不怕苦、不怕累和连续作战优良作风，听从指挥、服务人民，以良好形象展示武警部队形象。（安润斌　吴　鹏）

【武警部队资产管理工作会议暨后勤部长集训在山西总队召开】 2008年9月13日至17日，武警部队资产管理工作会议暨后勤部长集训在山西总队召开。会议由武警部队后勤部副部长周锁海主持，司令员吴双战、副司令员何映华等领导出席会议，280余名与会代表参加了会议。会议进一步明确了推进后勤建设创新发展的基本方向，理清了推进资产管理改革的基本思路，把握了提高遂行多样化任务后勤保障能力的基本要求。与会代表纷纷表示，在下一步工作中一定要深入贯彻落实科学发展观，始终坚持把保中心、保生活作为保障的重点，把基层作为保障的重心，扎扎实实抓好会议精神的落实，不断提高部队遂行多样化任务后勤保障能力，努力实现“保障有力”的总要求。

（安润斌　吴　鹏）

【武警部队司令员吴双战视察山西总队】 2008年9月13日下午至17日上午，出席武警部队资产管理工作会议暨后勤部长集训的司令员吴双战一行先后深入山西总队阳泉支队、晋中支队、直属支队、忻州支队、大同支队、训练基地和后勤基地检查指导工作。吴司令员率工作组在总队长叶景亮、政委刘建华的陪同下，不顾劳顿，深入基层中队、偏远哨所看望并慰问一线执勤官兵。视察期间，对部队经常性执勤、节日战备、文化生活和“四配套”建设情况进行了全面检查指导。吴司令员实地察看了中队勤务值班室、兵器室和训练场所，详细询问部队建设中存在的问题和遇到的困难，还与目标单位进行座谈，了解“三共”活动的开展情况。

（安润斌　吴　鹏）

【2008年警卫勤务】 4月3日至4日，全国政协副主席孙家正到晋视察，总队担负了首长住地临时警卫勤务。

4月6日至8日，国务院副总理回良玉一行16人到山西视察，总队担负了首长临时住地警卫任务。

4月10日至15日，中央书记处书记、中纪委副书记何勇一行9人到山西太原、长治、晋城市视察，总队担负了首长住地临时警卫勤务。

4月24日至26日，全国政协副主席罗富和一行4人到晋视察，担负了首长住地临时警卫勤务。9月15日至16日，全国人大常委会原副委员长成思危和全国政协副主席、科技部部长万钢一行到山西省太原市参加“第二届中国煤炭与能源新产业博览会”，总队担负了首长住地警卫任务。

9月13日至14日，中央政治局常委、中央书记处书记、国家副主席习近平，中央政治局委员、中央书记处书记、中组部部长李源潮，国务委员、国务院秘书长马凯一行28人到山西视察工作，山西总队担负了专机守卫、首长住地警卫和机动备勤任务。

9月24日至27日，原最高人民检察院检察长韩杼滨一行6人到山西参加法制论坛，总队前指和太原支队担负了首长住地临时警卫勤务。

2008年10月7日至9日，原全国人大常委会副委员长蒋正华一行到山西省太原市出席“第三届晋资源文化旅游周开幕式”，总队前指和太原支队担负了首长住地警卫任务。

6月6日至9日，德国前总理施罗德一行9人到晋参观访问，总队前指和太原支队、晋城支队、长治支队担负了代表团住地、参观现场临时警卫勤务。

（安润斌　吴　鹏）

法　　制

法制建设

·省人大的立法工作·

【《中华人民共和国刑事诉讼法》实施情况的检查】 为促进《中华人民共和国刑事诉讼法》(以下简称《刑诉法》)在本省的贯彻实施，省人大常委会决定2008年开展刑诉法的执法检查，按照《刑诉法》的要求，经过精心组织和具体落实，检查工作进展顺利，达到预期目的。7月初，向各市下发了具体的检查方案和工作规程，明确了检查内容、重点、组织、方法，为这项工作在全省开展做出了具体要求。8月6日，开展了刑诉法的专题法律讲座，并进行了检查前的动员。8月11日召开“一府两院”贯彻实施刑诉法情况汇报会，省政府分管副省长、省法院院长左世忠、省检察院检察长柯汉民参加了会议，并向执法检查组分别作了汇报。8月12～26日，执法检查组分为三个组行动，对全省11个市的情况进行了检查。从8月27日开始，针对省公检法司四个部门，分门别类汇总了贯彻执行刑诉法的情况。9月1日、2日检查组又分赴省公检法司机关进行了意见反馈。在20多天的检查期间中，检查组共评查案卷2923件；召开各类座谈会议150余次；共调查了解和征求意见近2000人。听取了省“一府两院”的汇报，听取了全省11个市政府和各市公检法司机关的汇报共30余次；对省公安厅、全省11个市公安局和30余个县（市、区）公安局已办结案件的部分卷宗进行了阅卷评查，共评查案卷726件，检查了11个市公安局、部分派出所及市、县两级看守所的硬件设施建设情况；对省检察院、11个市检察院和24个县（市、区）检察院已办结案件的部分卷宗进行了阅卷评查，共评查案卷758件，还实地检查了11个市检察院和部分基层院办案、办公情况；对省法院、11个市和22个县（市、区）法院已办结案件的部分卷宗进行了阅卷评查，共评查案卷850件，召开各种形式的座谈会30余次，检查了11个市中级法院、部分基层法院刑事案件审理的硬件设施建设等情况；对省司法厅、11个市司法局、35个县（区）司法局进行了检查，对省监狱管理局、晋中监狱、山西女子监狱进行了检查，走访律师事务所18个，查阅律师代理案卷500余卷，查阅保外就医案卷69卷、假释报批卷8卷、相关台账、簿册12本。从检查的情况看，刑诉法在全省的实施情况总体是好的，有以下几个特点：1. 认真学习培训，广泛宣传教育。《刑诉法》实施以来，全省各级公检法司机关把学习宣传刑诉法作为规范执法行为、提高执法水平的重要途径，认真开展刑诉法学习培训和宣传教育活动，内强素质、外树形象，为贯彻刑诉法营造了良好的氛围，办案能力和执法水平得到较大提高。2. 健全完善制度，推动公正执法。为促进《刑诉法》正确贯彻实施，全省各级公检法司机关突出刑诉法的实施重点，坚持程序实体并重，通过建立、健全和完善各项制度，细化法律规定，规范执法行为，强化责任落实，推动严格、文明、公正执法。3. 强化监督指导，执法水平提高。全省公安机关通过聘请监督员，开展案件审核、案件评查等活动，加大执法监督力度，自觉接受外部监督，执法的准确性进一步提高，执法水平进一步提高。4. 加大科技投入，促进公正执法。全省公安机关全面实施科技强警战略，完善和整合了一批警务技术项目，以高科技武装队伍，以现代化手段提升打击、防控能力，提高了公安工作的科技含量，提高了公安机关侦查能力，较好地适应了新时期侦查工作的新要求。全省检察机关不断加强执法保障工作，大力开展“两房”建设和科技装备建设，绝大多数建成了符合标准的办案用房和专业技术用房，实行了讯问职务犯罪嫌疑人全程同步录音录像制度，加强了对自身执法办案活动的监督制约，有力地保障了办案的严肃性、合法性、公正性。全省部分法院系统推行了电脑“随机排期开庭”措施，部分用计算机随机确定审判人员，避免办案中人情、关系的困扰。5. 坚持宽严相济，促进社会和谐。全省各级公检法司机关在坚持依法办案、严厉打击严重刑事犯罪的同时，灵活运用宽严相济的刑事政策，对轻微刑事犯罪区别对待，从宽处理。在有效维护社会稳定的同时，积极化解社会矛盾，最大限度地增加和谐因素，最大限度地减少不和谐因素。另外，提出了整改的建议和要求：1. 要进一步提高对贯彻落实刑诉法重要性的认识，采取有效措施，转变执法理念，提高依法办案的自觉性，切实维护法律尊严，切实维护公平正义和社会和谐。2. 要进一步健全完善各项制度，强化内部监督制约，细化执法责任，规范执法行为，严格掌握标准，将《刑诉法》的规定扎扎实实落实到每一个工作环节。3. 要积极探索新形势下有效进行工作衔接配合的好办法，建立公检法司机关相互协调配合的工作机制，既相互监督制约，又相互支持配合。从而做到坚持正确导向，统一执法尺度，严格依法办事，实现法律效果与社会效果的相一致。4. 进一步提高队伍素质，优化队伍结构，建设一支严格、公正、文明的政法队伍，不断适应新的要求。5. 对这次检查当中反映出的问题，全省各级公检法司机关要召开专门会议进行再分析、再研究，明确责任，指定专人，制定办法，定出措施，逐一落实，立查立改。从主观方面查找原因，改正不足，从而进一步提高执法水平，推动刑诉法在全省更好地贯彻实施。

（杨义成　秦　钟　王　磊）

【《中华人民共和国水法》和《山西省水资源管理条例》实施情况的执法检查】 按照《山西省人大常委会关于开展〈中华人民共和国水法〉和〈山西省水资源管理条例〉执法检查的通知》(以下简称“一法一例”)，全省各市人大常委会对“一法一例”的执行情况进行了认真检查。在此基础上，省人大常委会执法检查组10月20～30日，以忻州、太原、运城3个市为重点，深入五台、小店、河津等11个县（市、区），对“一法一例”实施情况进行了检查。在听取各级政府及水行政主管部门汇报的同时，检查组与相关部门和企事业单位负责人进行了座谈，并实地考察了坪上水库、清徐示范节水园区、太兴集团工业节水及污水回用工程等28个单位和项目。

一、实施“一法一例”的主要成绩。“一法一例”实施以来，全省各级政府及水行政主管部门，坚持以科学发展观为指导，坚持依法行政，依法治水，依法管水，依法推进本省水资源的开发、利用、节约和保护，强化了水资源的科学管理，加快了水利建设与发展进程，为实现全省水资源的可持续利用，推进山西经济社会的转型发展、安全发展、和谐发展，发挥了积极的作用。①落实水资源管理制度，水资源管理步入规范化。“一法一例”实施以来，全省从加强水资源权属管理入手，重点强化了取水许可和水资源论证工作。②节水措施得到落实，节水工作成效显著。③建立地下水资源监控网络，使地下水资源得到有效保护。④水利工程建设取得突破，水利基础设施得到加强。⑤解决农村饮水安全，民生工程受到普遍赞誉。⑥加强执法队伍建设，加大法制宣传和执法力度，全省水资源管理秩序趋于好转。

二、依法实施水资源管理，目前还面临许多不利因素，存在一些问题。主要表现在：一是水利基础设施建设整体上还不适应经济与社会发展要求。缺少骨干调蓄工程，不利于水资源合理配置；水利建设资金投入不足，市、县配套建设资金很难到位，有些水利工程老化失修，配套建设比较缓慢，有效灌溉率低，难以充分发挥工程效益；工程防洪标准低，中小型水库大多处于非病即险的状态，安全隐患多而大；养护资金严重不足，造血功能低，工程可持续运营十分困难。有的市中小型灌区各种设施实际配套不足40%，干渠防渗率仅为28%，灌溉水利用系数仅为0.43，灌区范围内实际灌溉面积不足有效灌溉面积的2/3。二是水环境问题仍较为突出。三是尚未形成水资源统一监管的有效机制。四是全社会的水法制意识还比较薄弱。

三、几点建议：①依法加强水资源统一监管。②加强节约用水工作，加大治污力度。③继续加大水利投入，加快水利基础设施建设步伐。④坚持水资源可持续利用，强化水资源的节约保护。⑤进一步加强“一法一例”的学习宣传工作，不断提高执法水平，推进水利法制化进程。

（杨义成　秦　钟　王　磊）

【《关于加强汾河、沁河、桑干河源区保护的决定》实施情况执法检查】　为促进省人大常委会《关于加强汾河、沁河、桑干河源区保护的决定》（以下简称三河源区保护决定）的贯彻实施，按照《监督法》的要求，结合开展三晋环保行活动，9月上旬，由省人大常委会组织开展了三河源区保护决定实施情况的执法检查。

一、执法检查的主要内容是以三河源区保护决定的贯彻实施情况为主，同时对相关的国家《水污染防治法》、《环境影响评价法》、《山西省汾河流域水污染防治条例》、《山西省重点工业污染监督条例》等有关法律法规的贯彻实施情况进行了检查。为配合执法检查，同时启动了以“关爱水源，保护生态”为主题的三晋环保行活动。执法检查组于9月2日听取了省政府及农业厅、水利厅、建设厅、扶贫办等有关部门落实三河源区保护决定的情况汇报会，用10天的时间深入三河源区所涉及的忻州市、长治市、太原市以及朔州市的有关县市听取汇报，进行实地检查，并多次召开由人大代表、企业代表、社会公众参加的座谈会。三晋环保行记者团配合执法检查，与执法检查组有分有合，先后深入全省38个县（市、区）的120多个污染点源对三河流域的水污染防治情况进行了采访报道和舆论监督。这次执法检查由于主题明确，重点突出，方法灵活机动，较好地掌握了三河源区保护决定实施的基本情况，对于检查中发现的一些问题，检查组及时向当地政府进行了反馈，并提出了整改意见和建议。执法检查活动在全省产生了积极影响，有关政府领导反映，此次执法检查加深了他们对三河源区保护决定的认识和理解，这对督促政府及有关部门依法施政，推进三河源区乃至全省的流域生态文明建设产生了良好的法律效应。

二、决定实施的进展和成效。一是各级政府重视，源区保护初步走上法制化轨道。二是狠抓源区生态建设，水源得到了涵养。三是强化污染治理，三河水质得到保护。四是实施综合整治，河道环境得到了改善。

三、决定实施中存在的主要问题及成因。一是认识有待提高，工作力度急需加强。二是规划未完成，生态补偿机制急需建立。三是历史欠账多，基础设施建设急需加快。四是监管不到位，环境违法现象时有发生。五是垃圾沿河倒，农村面源污染问题突出。

四、落实三河源区保护决定的几点建议。一是加快制定源区规划，加大规划环评力度。二是加大财政资金投入，加快城乡基础设施建设。三是加大环保执法力度，有效推进节能减排。四是控制农村面源污染，扎实推进新农村建设。执法检查组建议，将常委会组成人员对此次执法检查报告的审议意见连同三晋环保行记者团在采访中发现的45个环境问题，一并交省政府研究督促整改。

（杨成义　秦　钟　王　磊）

·法规选登·

山西省实施《中华人民共和国土地管理法》办法

（山西省人民代表大会常务委员会关于修改《山西省实施〈中华人民共和国土地管理法〉办法》的决定已由山西省第十一届人民代表大会常务委员会第二次会议于2008年5月16日通过，现予公布，自公布之日起施行）

第一章　总　　则

第一条　为实施《中华人民共和国土地管理法》（以下简称《土地管理法》），结合本省实际，制定本办法。

第二条　全省的土地依法划分为国有土地和农民集体所有的土地。

任何单位和个人不得侵占、买卖或者以其他形式非法转让土地。土地使用权可以依法转让。

国家为了公共利益的需要，可以依法对土地实行征收或者征用并给予补偿。

国有土地依法实行有偿使用制度，但国家在法律规定范围内划拨的除外。

第三条　全省必须贯彻十分珍惜、合理利用土地和切实保护耕地的基本国策。

各级人民政府必须严格执行土地管理法律、法规，加强土地资源、资产管理，坚决制止非法占用土地的行为。

第四条　严格实行土地用途管制制度。用地单位和个人必须按照土地利用总体规划确定的用途使用土地。

第五条　省人民政府土地行政主管部门负责全省土地的统一管理和监督工作。设区的市、县级人民政府土地行政主管部门负责本行政区域内的土地的统一管理和监督工作。

第六条　对保护和开发土地资源、合理利用土地、进行有关的科学研究等方面成绩显著以及检举揭发土地违法行为有功的单位和个人，由县级以上人民政府或者土地行政主管部门给予奖励。

第二章　土地的所有权和使用权

第七条　农民集体所有的土地依法承包经营或者依法用于非农业建设的，土地承包者、使用者应当向土地所在地的县级人民政府土地行政主管部门提出土地登记申请，由县级人民政府登记造册，核发《集体土地使用证》，确认使用权。

单位和个人依法使用国有土地的，应当向土地所在地的县级以上人民政府土地行政主管部门提出土地登记申请，由县级以上人民政府登记造册，核发《国有土地使用证》，确认使用权。其中，国家和省直属的机关、事业单位使用的国有土地的登记、发证，由省人民政府土地行政主管部门负责。

第八条　依法改变土地所有权、使用权的，依法转让地上建筑物、构筑物等附着物权属导致土地使用权转移的，依法改变土地用途的，必须自改变之日起30日内向土地所在地的县级以上人民政府土地行政主管部门提出申请，由原土地登记机关依法进行土地变更登记，更换土地证书。土地权属的变更，自变更登记之日起生效。

第九条　有下列情形之一的，由原土地登记机关注销土地登记：

（一）依照《土地管理法》有关规定，收回土地使用权的；

（二）因自然灾害造成土地灭失的；

（三）登记申请人在申请登记时，采取欺骗手段骗取登记的。

第十条　依照国家规定实行土地权属证书检验制度。

城市、建制镇及独立工矿区的国有土地使用权人应当按照县级以上人民政府土地行政主管部门公告的期限和要求到原土地权属登记机关申请土地使用证书检验，由原土地权属登记机关依照规定进行检验。

第三章　土地利用总体规划

第十一条　省人民政府编制的土地利用总体规划，应当确保本省行政区域内耕地总量不减少。

各级人民政府编制的土地利用总体规划中的建设用地总量，不得超过上一级土地利用总体规划确定的控制指标，耕地保有量不得低于上一级土地利用总体规划确定的控制指标。

第十二条　县、乡级土地利用总体规划应当根据土地用途划分土地利用区。

土地利用区分为基本农田保护区、一般农田区、林业用地区、牧业用地区、城市建设用地区、村庄和集镇建设用地区、独立工矿用地区、自然与人文景观保护区、土地开垦区、禁止开垦区、土地整理区等。

乡（镇）土地利用总体规划确定的每一块土地的用途，由乡（镇）人民政府在该地块所在的乡（镇）、村予以公告。

第十三条　土地利用总体规划实行分级审批制度。

省土地利用总体规划，由省人民政府组织本级土地行政主管部门和其他有关部门编制，按照规定报国务院审批。

太原市、大同市的土地利用总体规划，由太原市、大同市人民政府组织编制，经省人民政府审查同意后，按照规定报国务院审批；其他设区的市的土地利用总体规划，由该市人民政府组织编制，报省人民政府审批。

县级土地利用总体规划，由该级人民政府组织编制，经设区的市人民政府审查同意后，报省人民政府审批。

乡级土地利用总体规划，由县级人民政府土地行政主管部门会同乡级人民政府编制，经县级人民政府审查同意后，报设区的市人民政府审批，并报省人民政府土地行政主管部门备案。

第十四条　各级人民政府应当加强土地利用计划管理，实行建设用地总量控制。

土地利用年度计划包括农用地转用计划指标、耕地保有量计划指标和土地开发整理计划指标等。

土地利用年度计划一经批准下达，必须严格执行。没有农用地转用计划指标或者超过农用地转用计划指标的，不得批准新增建设用地。

未严格执行建设占用耕地补偿制度或者没有完成土地开发整理计划指标的，核减下一年度的农用地转用计划指标。

节约的农用地转用计划指标，经核准后，可结转下一年度继续使用。

第十五条　各级人民政府每年应当将上年度耕地被占用和新开垦耕地等土地利用年度计划执行情况列为国民经济和社会发展计划执行情况的内容，向同级人民代表大会报告。

第四章　耕地保护

第十六条　各级人民政府应当严格控制非农业建设项目占用耕地。建设项目选址、设计时应当尽可能利用荒地，不占或者少占耕地。确需占用耕地的，必须依据批准的补充耕地方案，按下列规定开垦与所占耕地数量和质量相当的耕地：

（一）在土地利用总体规划确定的城市建设用地规模范围内，为实施城市规划占用耕地的，由市、县人民政府负责开垦耕地；

（二）在土地利用总体规划确定的村庄、集镇建设用地规模范围内，为实施村庄、集镇规划占用耕地的，由乡（镇）人民政府组织用地的农村集体经济组织或者村民委员会负责开垦耕地；

（三）除第（一）、（二）项以外的能源、交通、水利、矿山、军事设施等建设项目占用耕地的，由建设单位负责开垦耕地。

新开垦的耕地由省人民政府土地行政主管部门会同省农业行政主管部门组织验收。

没有条件开垦耕地或者开垦的耕地经验收不符合要求的，必须按照该耕地被占用前三年平均年产值的8～12倍向被占用土地所在地的市、县人民政府缴纳耕地开垦费，由市、县人民政府组织开垦。

第十七条　各级人民政府应当建立基本农田保护制度，根据上级下达的基本农田保护指标，划定本行政区域内的基本农田保护区。

各级人民政府应当对基本农田保护实行目标管理，建立领导任期目标责任制，并由上级人民政府定期进行检查。

第十八条　已经批准的非农业建设占用耕地，自批准之日起一年以上两年以内未动工建设的，按照出让或划拨土地价款的20%向该土地所在地的市、县人民政府缴纳土地闲置费；连续两年未使用的，由原批准用地的人民政府依法无偿收回用地单位的土地使用权；该幅土地原为农民集体所有的，应当交由原农村集体经济组织恢复耕种。

第十九条　单位和个人依法一次性开发未确定土地使用权的国有荒山、荒地、荒滩600公顷以下100公顷以上的报省人民政府批准；100公顷以下20公顷以上的报设区的市人民政府批准；20公顷以下的报县级人民政府批准。

任何单位和个人不得私自与农村集体经济组织签订用地协议开发土地。

第二十条　因挖损、塌陷、压占等造成土地破坏的，用地单位和个人应当按照下列规定负责复垦：

（一）编制复垦规划、拟定复垦方案，并报县级以上人民政府土地行政主管部门批准；

（二）按照批准的复垦方案进行复垦。

复垦完工后，须报经批准复垦设计方案的土地行政主管部门验收。

第二十一条　有复垦义务的单位和个人，没有条件复垦或者复垦不符合要求的，应当按照每平方米10元以上20元以下的标准向县级以上人民政府土地行政主管部门缴纳土地复垦费，专项用于土地复垦。复垦的土地应当优先用于农业。

第二十二条　任何单位或者个人对土地造成破坏的，除负责土地复垦外，还应当向遭受损失的单位或者个人支付土地损失补偿费和地面附着物损失补偿费。土地损失补偿费标准，参照本办法征地补偿费的规定办理，地面附着物损失补偿费由双方商定。

第五章 建设用地

第二十三条 城市和村庄、集镇建设，确需占用农用地的，应当符合土地利用总体规划和土地利用年度计划中确定的农用地转用指标及城市规划和村庄、集镇规划。

单独选址的建设项目确需占用农用地的，除具备前款规定的条件外，还必须符合下列条件：

（一）单独选址的建设项目必须是国务院批准的能源、交通、水利、矿山等项目和省人民政府批准的道路、管线工程和大型基础设施项目；

（二）项目选址确实无法避开农用地的。

第二十四条 建设占用土地，涉及农用地转为建设用地的，应当办理农用地转用审批手续。

省人民政府批准的道路、管线工程和大型基础设施建设项目、国务院批准的建设项目占用土地，涉及农用地转为建设用地的，按照规定报国务院审批。

城市（含建制镇）建设，在土地利用总体规划确定的用地规模范围内，为实施该规划而将农用地转为建设用地的，除太原市、大同市按照土地利用年度计划分批次报国务院审批外，其他城市均由省人民政府审批。

村庄、集镇建设，在土地利用总体规划确定的用地规模范围内，为实施该规划而将农用地转为建设用地的，由设区的市人民政府按照土地利用年度计划分批次审批。

第二十五条 建设项目使用城镇建设用地区内的国有现有建设用地和土地利用总体规划确定的国有未利用土地，应当按照下列权限办理审批手续：

（一）建设项目占用土地五公顷以上的，由省人民政府批准；

（二）建设项目占用土地一公顷以上五公顷以下的，由设区的市人民政府或者地区行政公署批准，报省人民政府备案；

（三）建设项目占用土地一公顷以下的，由县级人民政府批准，报省人民政府备案。

第二十六条 征收土地按下列程序办理：

（一）市、县人民政府土地行政主管部门根据土地利用总体规划、土地利用年度计划、国民经济和社会发展计划、国务院批准的重点建设项目用地需求，拟定土地征收方案，经本级人民政府同意后，逐级上报有批准权的人民政府批准；

（二）征收土地方案经依法批准后，由被征收土地所在地的市、县人民政府组织实施，并将批准征地的机关、批准文号、征收土地的用途、范围、面积以及征地补偿标准、农业人员安置办法和办理征地补偿期限等在被征收土地所在地的乡（镇）、村予以公告。被征收土地的权利人应当在公告规定的期限内，持土地证书到公告指定的人民政府土地行政主管部门办理征地补偿登记；

（三）市、县人民政府土地行政主管部门根据经批准的征收土地方案，会同有关部门拟订具体征地补偿、安置方案，并在被征收土地所在地的乡（镇）、村予以公告，听取被征收土地的农村集体经济组织和农民的意见。征地补偿、安置补助方案，报市、县人民政府批准后，由市、县人民政府土地行政主管部门组织实施。对补偿标准有争议的，由县级以上地方人民政府协调；协调不成的，由批准征收土地的人民政府裁决。征地补偿、安置争议不影响征地方案的实施；

（四）用地单位自征地补偿、安置方案批准之日起三个月内全额支付征收土地的各项费用。

第二十七条 征收土地，用地单位按照下列标准支付土地补偿费：

（一）征收基本农田（园地、鱼塘、藕塘视同基本农田）的，按照该耕地被征收前三年平均年产值的八至十倍补偿；

（二）征收基本农田以外的耕地的，按照该耕地被征收前三年平均年产值的六至九倍补偿；

（三）征收牧场、草地的，按照该土地被征收前三年平均年产值的七倍补偿；

（四）征收林地的，按照有关规定补偿；

（五）征收宅基地的，按照邻近耕地的补偿标准补偿；

（六）征收空闲地、荒山、荒地、荒滩的，按照该土地被征收前三年全村耕地平均年产值的三至六倍补偿；

（七）征收集体打谷场、晒场等生产用地，按照原土地类别补偿标准补偿。

第二十八条 征收土地，用地单位按下列标准支付安置补助费：

（一）征收基本农田（园地、鱼塘、藕塘视同基本农田）的，按照该耕地被征收前三年平均年产值的五至六倍补助；

（二）征收基本农田以外的耕地的，按照该耕地被征收前三年平均年产值的四至五倍补助；

（三）征收牧场、草地的，可按该土地被征收前三年平均年产值的五倍补助；

（四）征收林地的，按有关规定补助。

前款规定的被征收耕地的安置补助费，每公顷最高不得超过被征收前三年平均年产值的十五倍。

征收宅基地、空闲地、荒山、荒地、荒滩、打谷场的，不给安置补助费。

第二十九条 耕地被征收前三年平均年产值，按照下列办法计算：

（一）被征地者向村民委员会申报该耕地前三年种植情况；

（二）被征地所在地的乡（镇）人民政府、村民委员会对被征地者申报的种植情况在被征地村进行公布，听取农民群众的意见；

（三）乡（镇）人民政府、村民委员会根据农民群众的意见对申报情况进行核实；

（四）被征地所在地的县级以上人民政府土地行政主管部门根据核实的种植情况、同级统计部门的同期统计报表和同期作物价格计算该耕地被征收前三年的产量、产值和前三年的平均年产值。

其他土地被征收前三年平均年产值的计算办法参照前款规定办理。

第三十条 依照本办法第二十七条、第二十八条的规定，支付土地补偿费和安置补助费，尚不能使需要安置的农民保持原有生活水平的，经省人民政府批准，可以增加安置补助费。但是，土地补偿费和安置补助费的总和不得超过土地被征收前三年平均年产值的三十倍。县级以上人民政府应当将因征地而导致失去土地的农民，纳入城乡就业体系，并建立社会保障制度；对不具备生产生活条件的，可以采取异地移民等方式安置。被征地农民就业培训和社会保障的具体办法由省人民政府制定。

第三十一条 征收土地，用地单位按照下列标准支付被征收土地上的附着物和青苗等的补偿费：

（一）建筑物、构筑物等附着物，可按照有关规定给予折价补偿，也可给予同等数量和质量的附着物；

（二）青苗按照不超过一季作物的产值计算；

（三）对有条件移栽的树木，付给移栽的人工费和树苗损失费。不能移栽的，按照有关规定作价补偿；

（四）鱼、藕和牧草等，按照有关规定作价补偿。

征地补偿方案公告后，突击栽种的树木和突击抢建的附着物不予补偿。

非法占用的土地上的建筑物和其他设施，不予补偿。

第三十二条 县级以上人民政府应当加强地产市场的管理，建立土地收购、储备制度，调控土地供应总量，以土地供给引导用地需求。

第三十三条 国有土地使用权的出让，应当通过招标、拍卖的方式。但是，国务院和省人民政府规定可以以协议方式出让的除外。

第三十四条 以划拨方式取得土地使用权的，转让房地产时，应当向县级以上人民政府土地行政主管部门提出申请，按本办法第二十五条规定的权限，报经批准。准予转让的，受让方应当办理土地使用权出让手续，缴纳出让金，有批准权的人民政府按照国务院规定可以不办理土地使用权出让手续的，转让方应当将转让房地产所获收益中的土地收益上缴国家。

以划拨方式取得土地使用权的，房地产需要抵押时，必须由有资格认证的土地评估机构进行评估，确认地价。抵押人与抵押权人签订合同后，按规定办理抵押登记。抵押权人实现抵押权时，应当从拍卖抵押的房地产所得的价款中缴纳相当于应缴纳土地使用权出让金的款额后，方可优先受偿。

以划拨方式取得的土地使用权的单位，确需改变批准的土地用途从事生产经营的，应当向县级以上人民政府土地行政主管部门提出申请，报有批准权的人民政府批准。准予改变的，应当按照规定依法办理土地使用权出让手续，缴纳土地使用权出让金，进行土地使用权变更登记。

第三十五条 已购公有住房和经济适用住房入市涉及土地使用权交易的，必须将其中的土地收益依法缴予县级以上人民政府土地行政主管部门，由土地行政主管部门上缴国家财政。

第三十六条 国有土地使用权作价出资或者作价入股的管理办法和企业改制中国有土地资产处置办法，由省人民政府制定。

第三十七条 乡（镇）村公共设施、公益事业建设，需要使用农民集体所有土地的，应当经乡（镇）人民政府审核，向县级人民政府土地行政主管部门提出申请，经县级人民政府同意，报设区的市人民政府批准。

农村集体经济组织使用乡（镇）土地利用总体规划确定的建设用地兴办企业或者与其他单位、个人以土地使用权入股、联营等形式共同举办企业的，必须符合土地利用总体规划，严格限制在土地利用总体规划确定的城市、村庄和集镇建设用地范围内；使用本集体经济组织农民集体所有的土地，必须有土地利用年度计划指标，持有关批准文件，向县级人民政府土地行政主管部门提出申请，经县级人民政府同意，报设区的市人民政府批准。

农村村民建住宅，使用本集体经济组织农民集体所有的土地，经乡（镇）人民政府审核，由县级以上人民政府批准。

城镇规划区内的集体建设用地，应当符合土地利用总体规划和城市规划。

以上各类用地涉及占用农用地的，应当依照本办法规定办理农用地转用审批手续。

第三十八条 符合下列条件之一的，可以申请使用宅基地：

（一）具有农村户口的村民无宅基地的；

（二）具有农村户口的村民确已分户，现有宅基地低于分户标准的；

（三）集体经济组织招聘的技术人员在本村落户的；

（四）回原籍经批准落户需要建住宅而无宅基地的；

（五）因公共利益需要，原宅基地收回后无宅基地的。

农村村民出卖、出租住房后，再申请宅基地的，不予批准。

第三十九条 农村村民宅基地以户为单位计算，一户只能拥有一处宅基地。超过一处的，应当退出。

农村村民宅基地的面积标准如下：

（一）平原地区人均耕地在0.067公顷以下的，每户住宅用地不得超过133平方米；

（二）人均耕地在0.067公顷以上，在平川地上建住宅的，每户用地不得超过200平方米；在山坡薄地上建住宅的，可适当放宽，但最多不得超过266平方米。

第四十条 国务院批准的能源、交通、水利、矿山等建设项目和省人民政府批准的道路、管线工程、大型基础设施建设项目，应当使用土地利用总体规划确定的城市、村庄和集镇建设用地规模范围内的土地，确需使用土地利用总体规划确定的城市、村庄和集镇建设用地规模范围以外的土地的，必须严格控制。

被批准的重点建设项目取得土地使用权后，用地单位应当提高土地利用率，不得闲置土地。

第四十一条 从事农、林、牧、渔业生产经营活动的单位和个人需要占用土地建设永久性建筑物、构筑物的，应当依法办理建设用地审批手续。

第六章 监督检查

第四十二条 土地行政主管部门对违反土地管理法律、法规的行为，进行监督检查，依法查处土地违法案件。

第四十三条 土地行政主管部门应当加强和完善土地监督检查机构，配备合格的专（兼）职人员和必要的办案设备。

土地管理监督检查人员必须熟悉土地管理法律、法规，忠于职守，秉公执法。

第四十四条 土地行政主管部门对拒不停止正在进行的土地违法行为的，可以申请人民法院强行制止。

第四十五条 土地行政主管部门对土地违法行为进行监督检查时，公安、法院、监察、计划、银行、工商、审计、税务等有关部门应当予以协助。

有关单位和个人对土地行政主管部门依法进行的监督检查应当支持与配合，并提供工作方便，不得拒绝与阻碍土地管理监督检查人员依法执行职务。

第七章 法律责任

第四十六条 违反本办法有关规定，有下列情形之一的，由县级以上人民政府土地行政主管部门依照《土地管理法》第七十三条规定予以处罚；处以罚款的，罚款额为非法所得的百分之五以上百分之五十以下：

（一）未办理土地使用权出让手续和未缴纳土地使用权出让金，擅自转让划拨的国有土地使用权的；

（二）地上建筑物、其他附着物作为不动产买卖、转让时，其占用范围内划拨的国有土地，未依法办理土地使用权出让手续（国务院决定可以不办理的除外）和未缴纳土地使用权出让金的；

（三）擅自以划拨的国有土地使用权易房、易物、作价入股或者作为合作、联营条件与其他单位、个人联合建设或者从事经营活动的；

（四）违反法定条件，擅自转让以出让方式取得的土地使用权的；

（五）法律、法规规定的其他非法转让土地的行为。

第四十七条 违反本办法有关规定，有下列情形之一的，由县级以上人民政府土地行政主管部门依照《土地管理法》第七十六条、第七十七条规定予以处罚；处以罚款的，非法占用基本农田的，罚款额为每平方米十元以上三十元以下；非法占用基本农田以外的土地的，罚款额为每平方米五元以上三十元以下：

（一）未经批准，擅自占用土地的；

（二）超过批准用地的数量，多占土地的；

（三）擅自改变批准用地位置或者四至范围使用土地的；

（四）超过本办法规定的宅基地面积标准，多占土地的；

（五）采取隐瞒原有建设用地面积、虚报户籍人口数量等各种欺骗手段骗取批准而非法占用土地的；

（六）法律、法规规定的其他非法占用土地的行为。

第四十八条 违反本办法有关规定，有下列情形之一的，其批准文件无效，对非法批准征收、使用土地的直接负责的主管人员和其他直接责任人员，依法给予行政处分；构成犯罪的，依法追究刑事责任：

（一）无权批准征收、使用土地的单位或者个人非法批准占用土地的；

（二）超越批准权限非法批准占用土地的；

（三）不按照土地利用总体规划确定的用途批准用地的；

（四）违反法定程序批准占用、征收土地的；

（五）与用地单位串通，隐瞒真实情况批准用地的；

（六）法律、法规规定的其他非法批准用地的行为。

对非法批准、使用的土地应当收回，有关当事人拒不归还的，以非法占用土地论处。

非法批准征收、使用土地，对当事人造成损失的，依法应当承担赔偿责任。

第四十九条 擅自划拨应当有偿使用的国有土地的，其批准划拨的文件无效，对非法批准用地的直接负责的主管人员和其他直接责任人员，依法给予行政处分；构成犯罪的，依法追究刑事责任。

第五十条 连续两年未完成基本农田保护目标管理责任指标和耕地保有量计划指标的人民政府，由上级主管机关或者行政监察机关对其主要负责人给予行政处分。

第五十一条 违反本办法有关规定，擅自改变原批准建设用地用途从事生产经营的，由县级以上人民政府土地行政主管部门责令限期办理土地使用权出让手续，缴纳土地使用权出让金；逾期不办理的，责令限期交还土地，可以并处每平方米10元以上30元以下的罚款。

第五十二条 违反本办法有关规定，已购公有住房和经济适用住房入市涉及土地使用权交易，未将土地收益缴予县级以上人民政府土地行政主管部门的，由土地行政主管部门责令限期缴纳。

第五十三条 依照《土地管理法》第七十四条规定处以罚款的，罚款额为耕地开垦费的一倍以上二倍以下。

第五十四条 违反本办法有关规定，拒不履行土地复垦义务的，由县级以上人民政府土地行政主管部门责令限期改正；逾期不改正的，责令缴纳复垦费，专项用于土地复垦，可以处以土地复垦费一倍以上二倍以下的罚款。

第五十五条 本办法规定的应缴纳的土地有偿使用费或者其他费用，必须在规定的期限内缴纳，逾期不缴纳的，从滞纳之日起，每日加收欠缴额1‰至3‰的滞纳金。拒不缴纳的，由土地行政主管部门申请人民法院强制执行。

第五十六条 违反本办法有关规定，不按时申请土地权属证书检验的，由县级以上人民政府土地行政主管部门责令限期申请检验；检验不合格的，由县级以上人民政府土地行政主管部门责令限期改正，逾期不改正的，报经原颁发证书的人民政府批准，公告其证书无效。

第五十七条 违反本办法有关规定，拒绝和阻碍土地管理监督检查人员执行职务的，由公安机关依照治安管理处罚条例的有关规定予以处罚；构成犯罪的，依法追究刑事责任。

第五十八条 土地行政主管部门工作人员玩忽职守、滥用职权、徇私舞弊，构成犯罪的，依法追究刑事责任；尚不构成犯罪的，依法给予行政处分。

第八章 附 则

第五十九条 本办法自公布之日起施行。1987年1月11日山西省第六届人民代表大会常务委员会第二十二次会议通过的《山西省土地管理实施办法》同时废止。

山西省预防职务犯罪工作条例

（2008年7月31日山西省第十一届人民代表大会常务委员会第四次会议通过）

第一章 总 则

第一条 为了规范预防职务犯罪工作，促进国家工作人员依法履行职务，根据有关法律、行政法规的规定，结合本省实际，制定本条例。

第二条 本省行政区域内的预防职务犯罪工作适用本条例。

第三条 本条例所称职务犯罪，是指国家工作人员的贪污贿赂犯罪，国家机关工作人员的渎职犯罪和利用职权实施的侵犯公民人身权利、民主权利的犯罪，以及国家机关工作人员利用职权实施的其他犯罪。

本条例所称国家工作人员，是指国家机关中从事公务的人员，国有公司、企业、事业单位、人民团体中从事公务的人员，国家机关、国有公司、企业、事业单位委派到非国有公司、企业、事业单位、社会团体中从事公务的人员以及其他依照法律规定从事公务的人员。

第四条 预防职务犯罪工作应当贯彻标本兼治、综合治理、惩防并举、注重预防的方针，坚持教育、制度、监督并重的原则，实行内部预防、专门预防、社会预防相结合。

第五条 省、设区的市、县（市、区）应当建立预防职务犯罪工作领导协调机制，定期召开联席会议，研究解决预防职务犯罪工作中的重大问题。同级检察机关负责日常工作。

第六条 预防职务犯罪工作实行国家机关、国有公司、企业、事业单位、人民团体及有关单位各负其责、相互配合，公民和社会各界共同参与的工作机制。**第七条** 预防职务犯罪工作实行领导责任制，并列入政风行风评议和各单位年度目标责任制考核的内容。

国家机关、国有公司、企业、事业单位、人民团体的主要负责人为本单位预防职务犯罪工作第一责任人，其他负责人按其分工负直接领导责任。

国家机关、国有公司、企业、事业单位、人民团体负责监察工作的机构或者部门具体负责本单位的预防职务犯罪工作。

第八条 检察机关、监察机关和审计机关对预防职务犯罪工作依法履行指导、监督职责。

第九条 对在预防职务犯罪工作中做出突出贡献的单位和个人应当予以表彰。

第二章 重点与职责

第十条 预防职务犯罪工作的重点对象是担任领导职务的国家工作人员和重要领域、关键环节以及易发、多发职务犯罪岗位的国家工作人员。

第十一条 预防职务犯罪工作的重点是：

（一）国家工作人员的招聘、录用和选拔任用；

（二）司法机关的司法活动；

（三）行政审批和行政执法活动；

（四）财政资金和其他资金的管理使用及国有公司、企业、事业单位的财务管理；

（五）国有企业重组、改制、上市和破产等活动；

（六）银行、保险、证券等金融机构的经营管理活动；

（七）煤炭、电力等能源资源开发和生态环境保护活动；

（八）公共投资项目的规划和建设、政府采购、土地使用权出让、产权交易、招标投标等活动；

（九）医药采购、教育招生、劳动就业、安全生产、食品药品监管等涉及人民群众直接利益的活动。

第十二条 国家机关、国有公司、企业、事业单位、人民团体及有关单位应当履行下列职责：

（一）制定预防职务犯罪工作方案，建立和完善工作机制，对隶属单位的预防职务犯罪工作进行指导、监督；

（二）开展预防职务犯罪教育、培训、宣传活动；

（三）实行转任、轮岗、回避、经济责任审计、领导干部个人重大事项报告等制度；

（四）实行公务公开制度；

（五）发现职务犯罪隐患，及时采取预防措施；

（六）预防职务犯罪的其他职责。

第十三条 检察机关履行下列指导、监督职责：

（一）建立健全预防职务犯罪工作联系机制，指导、监督、检查有关单位制定、落实预防职务犯罪工作计划；

（二）对本行政区域内的重大经济活动和执法活动进行监督；

（三）开展预防职务犯罪法制宣传和警示教育，提供法律咨询；

（四）针对职务犯罪发生的原因、特点和规律进行预防调查，提出预防对策和检察建议；

（五）收集、分析、处理职务犯罪信息，受理行贿犯罪档案查询；

（六）预防职务犯罪的其他职责。

第十四条 监察机关履行下列指导、监督职责：

（一）检查行政监察对象依法履行职责的情况；

（二）提出廉政制度和措施的建议；

（三）对本行政区域内的重大改革措施开展廉政风险评估；

（四）收集、分析有关职务犯罪的信息，提出预防对策，建立预警机制；

（五）调查处理行政违纪案件，开展警示教育；

（六）预防职务犯罪的其他职责。

第十五条 审计机关履行下列指导、监督职责：

（一）依法对国家机关预算执行情况和决算及其他财政收支情况，对政府投资和以政府投资为主的建设项目预算执行情况和决算，对国有公司、企业、事业单位、人民团体的财务收支情况进行审计；

（二）依法对国家机关和属于审计监督对象的其他单位的主要负责人进行经济责任审计；

（三）开展财经法制宣传和教育；

（四）指导、监督内部审计工作；

（五）针对职务犯罪隐患提出预防对策和审计建议；

（六）预防职务犯罪的其他职责。

第三章 预防措施

第十六条 国家机关应当采取下列措施预防职务犯罪：

（一）建立健全市场准入退出制度，促进信用体系建设；

（二）公开办事程序，公开投诉渠道，公开工作纪律；

（三）推进电子政务建设，建立健全网上审批、网上招标、网上招生等技术系统；

（四）完善行政执法责任制和执法过错责任追究制；

（五）其他预防职务犯罪措施。

第十七条 国有资产监督管理机构应当指导和促进企业健全现代企业制度，完善公司法人治理结构，建立健全法律风险防范机制，防止国有资产流失，维护职工合法权益。

第十八条 建设、金融、医药卫生、教育和政府采购等领域在公开招标时，招标单位应当对投标单位进行行贿犯罪档案查询。

第十九条 国家机关、国有公司、企业、事业单位、人民团体应当结合本单位的实际和特点，开展以预防职务犯罪为主要内容的廉政文化建设，并采取专题学习、法制讲座、警示教育活动等多种形式，对本单位的国家工作人员定期开展理想信念、作风、纪律和廉洁从政教育。

第二十条 司法行政机关应当将预防职务犯罪列入法制宣传教育的内容。

第二十一条 培训国家工作人员的机构应当将预防职务犯罪教育列入培训内容。

第二十二条 文化、广播、电影电视、新闻出版等部门应当按照各自的职责，面向社会公众，开展预防职务犯罪宣传教育。

鼓励和引导利用信息网络及其他方式开展预防职务犯罪宣传教育。

第二十三条 国家工作人员应当自觉接受预防职务犯罪教育和监督。担任领导职务的国家工作人员应当将预防职务犯罪工作情况列入年度述职述廉报告，接受评议和考核。

第四章 监督与保障

第二十四条 县级以上人民代表大会常务委员会应当采取听取工作报告、执法检查等形式，对预防职务犯罪工作进行监督。

检察机关、监察机关、审计机关应当定期向同级人民代表大会常务委员会报告开展预防职务犯罪工作的情况。

第二十五条 检察机关、监察机关、审计机关开展预防职务犯罪工作，可以采取下列措施：

（一）要求有关单位和人员如实、及时地提供与预防职务犯罪事项有关的文件、资料、财务账目，进行查阅或者复制；

（二）要求有关单位和人员就预防职务犯罪事项所涉及的问题做出解释和说明；

（三）责令有关单位和人员停止违反法律、法规和行政纪律的行为；

（四）建议有关机关对有违反法律、法规或者严重违反行政纪律嫌疑的人员暂停其执行职务。

第二十六条 检察机关、审判机关、监察机关、审计机关在依法行使职权时，发现有关单位制度不健全，管理不规范的，有权提出检察建议、司法建议、监察建议、审计建议，对重大事项应当向被建议单位的主管机关通报。

被建议单位收到检察建议、司法建议、监察建议、审计建议，应当在30日内采用书面形式向提出建议机关报告整改情况。

第二十七条 新闻媒体对预防职务犯罪工作依法进行舆论监督。

第二十八条 任何单位和个人有权对预防职务犯罪工作提出意见、建议，进行监督。有关单位应当依法及时处理。

任何单位和个人对有关单位及其国家工作人员的违法违纪行为，有权进行举报。有关单位应当依法及时受理，并为举报人保密。

任何单位和个人不得打击报复提出意见、建议或者进行举报的单位和个人。

第二十九条 县级以上人民政府应当为预防职务犯罪工作提供必要的经费保障。

第三十条 国家机关、国有公司、企业、事业单位、人民团体发生重大职务犯罪案件的，当年不得被评为文明和谐单位。

第五章 法律责任

第三十一条 有下列行为之一的，由主管部门或者监察机关责令限期改正，对单位予以通报批评；对负有直接责任的主管人员和其他直接责任人员给予处分；构成犯罪的，依法追究刑事责任：

（一）提供虚假材料和情况或者隐瞒有关材料和情况的；

（二）无正当理由拒绝就预防职务犯罪事项所涉及的问题做出解释和说明的；

（三）无正当理由拒绝提供有关文件、资料、财务账目和其他有关材料的；

（四）无正当理由不报告有关情况或者拒不采纳检察机关、审判机关、监察机关、审计机关建议的。

第三十二条 违反本条例规定，对举报人进行打击报复或者不为举报人保密的，依法给予处分；构成犯罪的，依法追究刑事责任。

第三十三条 检察机关、监察机关、审计机关的工作人员违反本条例规定，滥用职权、玩忽职守，构成犯罪的，依法追究刑事责任；尚不构成犯罪的，依法给予处分。

第六章 附　　则

第三十四条 本条例自2008年10月1日起施行。

山西省人口和计划生育条例

（1999年4月6日山西省第九届人民代表大会第二次会议通过；根据2002年9月28日山西省第九届人民代表大会常务委员会第三十一次会议关于修改《山西省计划生育条例》的决定修正；2008年11月28日山西省第十一届人民代表大会常务委员会第七次会议修订）

第一章 总　　则

第一条 为控制人口数量，提高人口素质，改善人口结构，促进人口与经济、社会、资源、环境协调和可持续发展，根据《中华人民共和国人口与计划生育法》等有关法律、行政法规，结合本省实际，制定本条例。

第二条 本条例适用于户籍在本省的公民。

本省行政区域内流动人口的计划生育服务和管理，执行国家和本省的有关规定。

第三条 实施计划生育基本国策是全社会的共同责任。

开展人口和计划生育工作，应当坚持人口与发展综合决策，坚持国家指导与群众自愿、宣传教育与利益导向、依法管理与优质服务相结合，实行综合治理。

第四条 公民有依法实行计划生育的义务。公民实行计划生育享有的合法权益受法律保护。

提倡晚婚、晚育、少生、优生、优育。

第五条 县级以上人民政府应当将人口发展规划纳入国民经济和社会发展规划，制定和完善有利于统筹解决人口数量、素质、结构等问题的政策，组织、协调有关部门共同做好人口和计划生育工作，保证人口控制在预定目标以内。

第六条 人口和计划生育工作实行目标管理责任制和一票否决制。

各级人民政府的主要负责人是本行政区域人口和计划生育工作的第一责任人。

人口和计划生育工作目标管理责任制的实施情况，应当作为考核各级人民政府及其主要负责人政绩的重要内容。

第七条 县级以上人民政府应当将人口和计划生育工作所需经费列入本级财政预算，并根据国民经济和社会发展状况逐年增加，保障人口和计划生育工作的正常开展。

机关、社会团体、企业事业单位和其他组织应当安排必要的人口和计划生育工作经费。

第八条 县级以上人民政府人口和计划生育行政部门主管本行政区域的人口和计划生育工作，负责人口和计划生育工作的指导、协调、监督和管理。

县级以上人民政府其他部门应当根据职责分工，做好有关的人口和计划生育工作。

工会、共青团、妇联和计划生育协会等社会团体、企业事业单位、其他组织以及公民，应当协助人口和计划生育行政部门开展工作。

广播、电视、报刊、网络等大众传播媒体应当开展人口和计划生育的宣传工作。

第二章 生育调节

第九条 男满25周岁、女满23周岁初婚为晚婚。已婚妇女满24周岁生育第一个子女为晚育。

提倡一对夫妻生育一个子女。夫妻要求再生育子女的，应当符合本条例规定。

第十条 收养子女应当遵守《中华人民共和国收养法》等法律、法规。

禁止借收养、代养名义违反本条例规定生育子女。

禁止以送养、寄养方式违反本条例规定再生育子女。

第十一条 符合下列情形之一的，经批准可以生育第二个子女：

（一）第一个子女经设区的市以上独生子女病残儿童医学鉴定机构鉴定，患有非遗传性残疾不能成长为正常劳动力的；

（二）夫妻双方均为独生子女的；

（三）夫妻双方均为少数民族或者归国华侨的。

夫妻一方经设区的市以上医疗机构或者计划生育技术服务机构鉴定患不育(孕)症，依法收养子女后怀孕的，经批准可以生育一个子女。

符合本条第一款第一项规定的情形要求生育的，由设区的市人民政府人口和计划生育行政部门批准。符合本条第一款第二项、第三项和第二款规定的情形要求生育，夫妻双方均为农业人口的，由县（市、区）人民政府人口和计划生育行政部门批准；夫妻一方或双方为非农业人口的，由设区的市人民政府人口和计划生育行政部门批准。

第十二条 夫妻双方均为农业人口，符合下列情形之一的，经县（市、区）人民政府人口和计划生育行政部门批准可以生育第二个子女：

（一）只有一个女孩的；

（二）在未列入移民规划并由省人民政府确定的山区贫困自然村居住7年以上，只有一个子女的；

（三）男到只有女孩的家庭落户并赡养扶助女方父母的；

（四）男方的同胞兄弟或者同胞兄弟的配偶，年龄超过30周岁，经县级以上医疗机构或者计划生育技术服务机构鉴定没有生育能力，且未收养子女的。

符合前款第三项、第四项规定，女方姐妹多人或者男方兄弟多人，二人以上要求生育第二个子女的，只批准其中一人。

第十三条 再婚夫妻符合下列情形之一的，经县（市、区）人民政府人口和计划生育行政部门批准可以再生育一个子女：

（一）一方生育过一个子女，另一方未生育的；

（二）一方丧偶且生育过两个子女，另一方未生育的；

（三）双方再婚前各生育过一个子女，子女均依法随原配偶生活的；

（四）一方丧偶且生育过一个子女，另一方生育过一个子女但子女依法随原配偶生活的。

第十四条 因计划生育政策试点、科学研究和其他特殊情况的需要，根据夫妻双方的意愿，省人民政府人口和计划生育行政部门可以批准其再生育一个子女。

第十五条 夫妻生育第一个子女的，应当在子女出生前到女方户籍所在地乡（镇）人民政府或者街道办事处办理生育登记；乡（镇）人民政府或者街道办事处应当同时免费发放《生育服务证》。

符合本条例规定申请再生育子女的，由女方户籍所在地乡（镇）人民政府或者街道办事处核实后，报具有管理权限的批准机关。批准机关应当严格按照本条例的规定进行审查，符合批准条件的，应当自受理申请之日起30日内予以批准并免费发放《再生育服务证》；不符合批准条件的，应当自受理申请之日起30日内以书面形式向申请人说明理由。需要进行独生子女病残儿童医学鉴定的，不得超过180日。

符合本条例第十一条第二款规定的情形生育子女的，视为再生育子女。

第十六条 夫妻申请再生育的，应当向批准机关提供真实、有效的证明材料。任何组织和个人不得为申请再生育子女的夫妻出具虚假证明。弄虚作假骗取计划生育批准文件的，批准机关应当收回批准文件或者宣告批准文件无效。

第三章 技术服务

第十七条 省、设区的市、县（市、区）、乡（镇）人民政府应当建立健全由计划生育技术服务机构和从事计划生育技术服务的医疗保健机构组成的计划生育技术服务网络，改善技术服务条件，为公民提供生育、节育、不育等计划生育服务和生殖保健服务。

鼓励计划生育新技术、新药具的研究、应用和推广。

第十八条 实行计划生育的育龄夫妻免费享受国家规定的基本项目的计划生育技术服务。

第十九条 计划生育技术服务机构依法取得执业许可证或者医疗保健机构的执业许可证登记计划生育服务诊疗科目的，方可从事计划生育技术服务。

各级计划生育技术服务机构是具有医疗保健性质、从事计划生育技术服务的非营利的公益性事业组织，其设置、执业许可、变更、注销，应当严格执行国家《计划生育技术服务管理条例》；其医疗技术人员应当取得执业资格和计划生育技术服务合格证。

各级各类医疗保健机构开展计划生育技术服务，应当接受人口和计划生育行政部门的监督和指导。

第二十条 计划生育技术服务机构和从事计划生育技术服务的医疗保健机构必须严格按照国家《节育手术常规》的规定施行计划生育手术，保障受术者的安全和健康。

禁止个体行医者和未取得执业资格的人

员施行计划生育手术。

第二十一条 各级人民政府应当建立健全婚前保健、孕产期保健和出生缺陷干预制度，组织开展优生筛查、优生检测等工作，提高妇女和出生婴儿的健康水平。

鼓励有条件的地方逐步推行免费婚前医学检查。

第二十二条 结婚和生育应当接受优生优育指导。

计划生育技术服务机构和从事计划生育技术服务的医疗保健机构应当普及避孕、节育、优生、优育和生殖保健知识，定期为已婚育龄妇女提供孕情检查、节育和生殖保健等方面的技术服务，育龄夫妻应当予以配合。

第二十三条 计划生育技术服务机构和从事计划生育技术服务的医疗保健机构及其技术服务人员，应当指导公民知情选择安全、有效、适宜的避孕、节育措施，预防和减少非意愿妊娠。

夫妻一方患有医学上认为不宜生育的遗传性疾病的，医师应当告知，并指导其采取安全、有效的避孕、节育措施；已经怀孕的，应当告知其终止妊娠。

对产前诊断其胎儿患有严重遗传性疾病或者严重缺陷的孕妇，医师应当提出终止妊娠的医学建议。

育龄夫妻应当接受计划生育技术服务指导，自觉落实避孕、节育措施。已有一个子女的，提倡一方采取长效节育措施；已有两个子女的，提倡一方采取绝育措施；不符合本条例规定怀孕的，应当采取补救措施。

第二十四条 夫妻一方接受绝育手术后，符合再生育条件要求生育的，由受术者提出申请，经县（市、区）人民政府人口和计划生育行政部门批准，可以施行复通手术，费用从计划生育手术费中支付。

第二十五条 经依法鉴定确因计划生育手术引起并发症的，给予免费治疗，治疗费用由人民政府承担，具体办法由省人民政府制定。经治疗不能从事重体力劳动的，所在单位或者乡（镇）人民政府、街道办事处应当在工作和生活上予以照顾；丧失劳动能力、生活确有困难的，民政部门应当给予社会救济。

第二十六条 禁止非医学需要的胎儿性别鉴定和选择性别的人工终止妊娠，具体办法按照国家和本省有关规定执行。

第二十七条 县级以上人民政府人口和计划生育行政部门负责避孕药具发放、供应的管理，并会同食品药品监督、物价等部门对避孕药具经营活动进行检查、监督。

第四章 优待和奖励

第二十八条 符合晚婚规定的，享受婚假1个月；一方晚婚的一方享受，双方晚婚的双方享受。符合晚育规定的，女方享受产假4个月，男方享受护理假15日；产假期间采取长效节育措施的，女方享受产假6个月。婚假、产假、护理假期间，享受与在岗人员同等的待遇。

对实行晚婚、晚育的农业人口，村民委员会可以给予一定的奖励。

第二十九条 夫妻自愿终身只生育或者依法只收养一个子女的，在育龄期内可以向乡（镇）人民政府或者街道办事处申请免费领取《独生子女父母光荣证》，但一胎生育两个以上子女的除外。

领取《独生子女父母光荣证》的，享受下列奖励和优待：

（一）农业人口从领取《独生子女父母光荣证》起到60周岁止，非农业人口从领取《独生子女父母光荣证》起到独生子女16周岁止，按月各给予夫妻双方不低于50元的独生子女父母奖励费；

（二）子女入园、接受教育、就医时，双方所在单位可以给予一定补贴；

（三）退休时所在单位可以按照其上年度职工平均工资收入的30%给予一次性奖励。

第三十条 夫妻一方或者双方为农业人口，领取《独生子女父母光荣证》的，除享受本条例第二十九条规定的奖励和优待外，还享受下列优待：

（一）优先列为脱贫或者致富对象，在项目、资金、技术等方面予以扶持；

（二）农业、林业、水利、科技、供销等部门在技术服务、提供信息、农业生产资料供应等方面予以优待；

（三）在劳务输出或者招工时，同等条件下优先安排其家庭劳动力；

（四）在实施新型农村合作医疗制度时，县（市、区）人民政府可以对独生子女家庭个人筹资部分给予资助；

（五）优先批给宅基地；

（六）集体收益以人均分配的，增加1人份的份额，以户计发的应当高出户均标准20%以上的额度；

（七）夫妻双方均为农业人口，其子女在接受义务教育期间寄宿的，由当地人民政府给予寄宿和生活补助；

（八）当地人民政府规定的其他优待。

第三十一条 夫妻符合本条例规定可以生育第二个子女，但自愿领取《独生子女父母光荣证》不再生育，且子女满10周岁的，由人民政府给予1000元至3000元的一次性奖励金；夫妻双方均为农业人口的，由人民政府给予不低于5000元的一次性奖励金。但符合本条例第十二条第一款第二项和第十四条规定的除外。

第三十二条 独生子女死亡或者被依法鉴定为二级以上残疾的，由人民政府按照不低于5000元的标准给予其父母一次性补助。独生子女死亡或者被依法鉴定为三级以上残疾，其父母不再生育和收养子女的，从女方满49周岁起，由人民政府给予每人每月不低于200元的特别扶助金。独生子女康复或者扶助对象再生育、收养子女的，终止发放特别扶助金。

夫妻双方均为农业人口，其独生子女死亡或者因伤（病）残丧失劳动能力的，可以优先享受农村五保供养待遇，并优先进入农村五保供养服务机构。

第三十三条 夫妻双方均为农业人口，符合计划生育法律、法规和政策规定生育，并符合下列情形之一的，从60周岁起由人民政府给予每人每月不低于50元的奖励扶助金：

（一）只有一个子女的；

（二）只有两个女孩的；

（三）国家和省规定的其他情形。

第三十四条 独生子女父母奖励费、一次性奖励金、特别扶助金以及奖励扶助金的具体发放办法由省人民政府制定。

第三十五条 夫妻领取《独生子女父母光荣证》，享受各项优待和奖励后生育或者收养第二个子女的，收回证件，并追回全部优待和奖励所得。

第三十六条 夫妻一方接受绝育手术的，术后享受休假2至3周；需要另一方护理的，经施术机构证明，给予护理假2周。休假和护理假期间，享受与在岗人员同等的待遇。

夫妻双方均为农业人口，已有两个女孩，一方接受绝育手术的，参照本条例第三十条的规定给予优待，并由人民政府给予一次性节育奖励，具体奖励标准和发放办法由设区的市人民政府制定。

第三十七条 对从事人口和计划生育工作的人员，当地人民政府或者所在单位可以给予一定的补助。

第三十八条 完成人口和计划生育工作目标管理责任指标的人民政府及其主要负责人，以及在人口和计划生育工作中做出显著成绩的单位和个人，由上级人民政府给予表彰和奖励。

第三十九条 对违法生育或者在人口和计划生育工作中弄虚作假、徇私舞弊等行为如实举报的，应当给予奖励。

第五章 综合管理

第四十条 县级以上人民政府应当根据人口发展规划和本条例规定，制定人口和计划生育实施方案并组织实施。

县级以上人民政府及其部门制定与人口有关的规范性文件时，应当统筹考虑人口和计划生育工作。

第四十一条 县级以上人民政府人口和计划生育行政部门主要履行下列职责：

（一）组织开展人口和计划生育宣传教育；

（二）研究人口发展战略，拟订人口发展规划和年度计划并组织实施；

（三）承办人口和计划生育工作目标管理责任制实施和考核的具体工作；

（四）负责育龄人群的生育服务和管理；

（五）协同有关部门做好提高出生人口素质、改善出生人口结构等工作；

（六）综合管理计划生育技术服务工作；

（七）法律、法规规定的其他职责。

第四十二条 建立人口信息资源共享制度。

县级以上人民政府人口和计划生育、公安、民政、卫生等部门应当互相通报人口出生、死亡、新生儿户籍登记、暂住人口登记、人口迁入迁出、婚姻登记、收养登记、出生证明办理和计划生育手术情况等方面的信息。

第四十三条 乡（镇）人民政府、街道办事处应当按照人口比例配备人口和计划生育工作专职人员，负责人口和计划生育的具体工作。

城市建立属地管理、单位负责、居民自治、社区服务的人口和计划生育服务和管理机制。

第四十四条 各级人民政府及其工作人员应当按照法律、法规规定的职责和程序开展人口和计划生育工作，不得侵犯公民的合法权益。

依法执行人口和计划生育公务受法律保护，任何组织和个人不得阻碍。

第四十五条 村（居）民委员会应当宣传人口和计划生育法律、法规，将人口和计划生育工作纳入村（居）民自治内容，教育和督促村（居）民履行计划生育义务，并按照人口比例确定人口和计划生育服务员，承办人口和计划生育的具体工作。

村民委员会人口和计划生育服务员的报酬应当不低于所在村民委员会的主要负责人报酬的80%。居民委员会人口和计划生育服务员应当享受国家和省规定的社会保障待遇，其报酬不得低于所在县（市、区）的最低工资标准。

村（居）民委员会和育龄人员在双方自愿的基础上，可以签订计划生育合同，明确各自的权利和义务，但不得违反有关法律、法规的规定。

第四十六条 机关、社会团体、企业事业单位和其他组织的人口和计划生育工作，由其法定代表人或者主要负责人负责。

机关、社会团体、企业事业单位和其他组织应当教育和督促本单位人员履行计划生育义务，执行本条例规定的优待、奖励或者限制措施，确定人口和计划生育工作机构和专（兼）职人员，承办人口和计划生育的具体工作。

第四十七条 失业人员的计划生育服务和管理由现居住地、户籍所在地乡（镇）人民政府或者街道办事处共同负责，以现居住地为主。

第四十八条 机关、社会团体、企业事业单位和其他组织以及村（居）民委员会应当定期公布《生育服务证》和《再生育服务证》发放、人口出生、社会抚养费征收、违法生育处理等情况，接受群众监督。

第四十九条 涉嫌违法生育的，人口和计划生育行政部门应当组织调查。调查时，当事人应当予以配合，必要时提供有关证明材料。

人口和计划生育行政部门调查涉嫌违法生育当事人的有关情况时，当事人所在单位和公安、税务、工商等有关部门应当予以协助和配合。

第五十条 婴儿死亡的，其亲属应当及时报告乡（镇）人民政府或者街道办事处，并提交医疗保健机构或者计划生育技术服务机构出具的证明；医疗保健机构或者计划生育技术服务机构不能出具证明的，由乡（镇）人民政府或者街道办事处核实。

第五十一条 人口和计划生育统计应当及时、准确。任何组织和个人不得虚报、瞒报、伪造、篡改人口和计划生育统计数据。

第六章 法律责任

第五十二条 违反本条例规定生育子女的，应当缴纳社会抚养费。社会抚养费由县（市、区）人民政府人口和计划生育行政部门或者其委托的乡（镇）人民政府、街道办事处征收，并专户储存，专款专用，接受财政、审计部门的监督。

第五十三条 不符合本条例第十一条至第十三条规定的情形和第十四条规定生育第二个子女的，按照夫妻双方上年总收入的20%，合计征收7年的社会抚养费，其总额不得低于7000元；生育第三个子女的，按照夫妻双方上年总收入的40%，合计征收14年的社会抚养费，其总额不得低于3万元；再多生育子女的，加重征收社会抚养费。

符合本条例第十一条至第十三条规定的情形，但未经批准生育的，征收500元至1000元的社会抚养费。

未办理结婚登记生育第一个子女的，征收1000元至3000元的社会抚养费；再生育子女的，按照本条第一款规定征收社会抚养费。有配偶的一方与他人非婚生育的，按照违法生育加重征收社会抚养费。

第五十四条 借收养、代养名义违反本条例规定生育子女的，按照违法生育加重征收社会抚养费。

违反本条例规定收养、送养、寄养子女的，按照违法生育征收社会抚养费。

第五十五条 违反本条例规定再生育子女的，除缴纳社会抚养费外，在限制期间还应当按照下列规定处理：

（一）国家工作人员不得晋职、晋级、评模、评奖，并给予降级或者撤职处分，情节严重的给予开除处分；

（二）不得录用、聘用为国家工作人员；

（三）在村民委员会任职的，依法予以罢免；

（四）农业人口不再增加宅基地使用面积；

（五）集体收益以人均分配的，减发违法生育户1人份的份额，以户计发的减发户均标准20%以上的额度。

违反本条例规定生育第二个子女的限制7年，生育第三个以上子女的限制14年，但国家另有规定的除外。限制期间从社会抚养费征收决定书送达之日起计算。

第五十六条 违反本条例规定，有下列行为之一的，由县级以上人民政府人口和计划生育行政部门或者卫生行政部门按照职责权限责令改正，给予警告，没收违法所得；违法所得1万元以上的，处违法所得2倍以上6倍以下的罚款；没有违法所得或者违法所得不足1万元的，处1万元以上3万元以下的罚款；情节严重的，由发证机关吊销执业证书；构成犯罪的，依法追究刑事责任：

（一）非法进行胎儿性别鉴定或者选择性别的人工终止妊娠的；

（二）做假节育手术、进行假医学鉴定、出具假计划生育证明的；

（三）非法施行计划生育手术的。

有前款所列行为之一的，由所在单位或者上级主管部门对直接负责的主管人员和其他直接责任人员给予记大过以上的处分。

第五十七条 伪造、变造、买卖计划生育证明的，由县级以上人民政府人口和计划生育行政部门没收违法所得，违法所得5000元以上的，处违法所得2倍以上10倍以下的罚款；没有违法所得或者违法所得不足5000元的，处5000元以上2万元以下的罚款；构成犯罪的，依法追究刑事责任。

第五十八条 对当事人的再生育申请和相关证明材料不予审查或者不严格审查，批准其生育的，依法给予直接负责的主管人员和其他直接责任人员处分。徇私舞弊批准他人生育的，给予直接负责的主管人员和其他直接责任人员降级以上直至开除的处分。

第五十九条 国家机关工作人员在人口和计划生育工作中有下列行为之一的，给予降级以上直至开除的处分；有违法所得的，没收违法所得；构成犯罪的，依法追究刑事责任：

（一）侵犯公民人身权、财产权和其他合法权益的；

（二）虚报、瞒报、拒报、伪造或者篡改人口和计划生育统计数据的；

（三）截留、克扣、挪用、贪污社会抚养费或者人口和计划生育经费的；

（四）索取、收受贿赂的；

（五）其他滥用职权、玩忽职守、徇私舞弊的。

第六十条 有下列行为之一的，对直接负责的主管人员和其他直接责任人员给予降级以下的处分；情节严重的，给予撤职的处分；构成犯罪的，依法追究刑事责任：

（一）对直接管辖范围内违反本条例规定的行为不制止、不查处或者隐瞒不报的；

（二）授意弄虚作假，造成人口和计划生育统计数据严重失实的；

（三）提拔任用违法生育限制期未满人员的；

（四）为申请再生育子女的夫妻提供虚假证明，或者在调查涉嫌违法生育行为时提供虚假证明的；

（五）在人口和计划生育工作中有其他失职、渎职行为的。

第六十一条 未完成人口和计划生育工作目标管理责任指标的机关、社会团体、企业事业单位和其他组织，不得评为先进单位和文明单位；对主要负责人依法给予处分或者通报批评。

未完成人口和计划生育工作目标管理责任指标的各级人民政府，当年不得评为先进，主要负责人不得晋职、晋级；连续两年没有完成上述指标的，对主要负责人依法给予处分。

第六十二条 违反本条例规定，不履行职责或者不履行协助人口和计划生育管理义务的部门、单位和个人，由县级以上人民政府责令改正，并给予通报批评；对直接负责的主管人员和其他直接责任人员依法给予处分。

第六十三条 有下列行为之一的，由公安机关依照《中华人民共和国治安管理处罚法》的有关规定处罚；构成犯罪的，依法追究刑事责任：

（一）阻碍人口和计划生育工作人员依法执行公务的；

（二）侮辱、伤害人口和计划生育工作人员或者故意损害其财物的。

第六十四条 对按照本条例规定作出的具体行政行为不服的，可以依法申请复议或者向人民法院起诉。

当事人对征收社会抚养费的决定或者处罚决定不申请复议、不起诉又不履行的，由作出征收或者处罚决定的机关申请人民法院强制执行。

第七章 附 则

第六十五条 本条例所称国家工作人员，是指在国家机关中从事公务的人员，国有公司、企业、事业单位和人民团体中从事公务的人员，国家机关和国有公司、企业、事业单位委派到非国有公司、企业、事业单位、社会团体从事公务的人员，以及其他依照法律从事公务的人员。

第六十六条 本条例自2009年6月1日起施行。

省政府的法制工作

【概述】 2008年，省人民政府法制机构坚持以科学发展观为指导，牢牢把握促进科学发展，维护公平正义这一政府法制建设的基本价值取向，切实当好参谋助手和法律顾问，积极履行行政执法监督职责，充分发挥统筹协调作用，大力提高干部队伍素质，加快法治政府建设进程。一年来，地方立法工作坚持以人为本，立法为民的理念，围绕中心，服务大局，立法审查力度进一步加强，地方立法质量明显提高，维护了法制的统一和尊严。在做好制度建设的同时，充分发挥层级监督职能，强化行政执法监督，规范行政执法行为，提高行政执法水平，加强行政复议工作，畅通行政复议渠道，坚持公正办案，坚决纠正违法和不当行政行为，维护了行政相对人的合法权益。为建立和完善科学、民主决策机制，省人民政府专门成立了省政府法律顾问委员会，为政府涉法事务提供法律意见和建议，为政府决策提供法律依据。一年来，政府法制理论研究工作和干部队伍建设也取得了显著成绩。（郭文强）

【地方立法】 2008年，地方立法工作重点是加强安全生产、治理超限超载、强化行政问责、保护弱势群体、调整产业结构、促进和谐发展。地方立法工作紧紧围绕省委、省政府的中心工作，服从服务于全省改革发展的大局，坚持以人为本理念，坚持科学立法、民主立法的原则，努力维护法制的统一和尊严，地方立法工作成效明显。按照国务院《全面推进依法行政实施纲要》要求，尝试开展了委托立法工作。《山西省实施〈中华人民共和国未成年人保护法〉办法》和《山西省煤炭职工行使安全生产权益》分别委托山西大学和山西中吕律师事务所起草，为增加地方立法的针对性和可操作性，参与立法审查工作的同志们不但广泛学习和借鉴兄弟省（区）市的立法经验和实践，还针对本省实际，深入厂矿企业和基层执法部门召开征求意见座谈会；他们还将所有法规、规章草案上网征求意见，利用现代媒体技术广泛征集社会各界意见。全年共召开征求意见座谈会、立法论证会40多次。征求意见方式更加灵活，渠道更加畅通。通过细致扎实的工作，地方立法质量有了明显提高。全年共向省人大常委会提交地方性法规议案9件，已有7件经第十一届省人大常委会审议通过；省人民政府全年共制定发布政府规章11件。（郭文强）

【规范性文件审查】 全年共审核、审查规范性文件294件。其中，省政府批转审核的规范性文件65件；省政府有关部门报送审查的规范性文件95件；设区的市级政府报送备案审查的规范性文件134件。对批转和送审的规范性文件，省政府法制机构规范性文件审查备案处的同志不惜加班加点，严格按照规定的时限提出审核意见，对审核、审查中发现的问题，及时向起草单位和发文单位进行反馈，与有关单位共同研究修改办法，维护了法制的统一和尊严，保证了有关政策措施的落实。（郭文强）

【行政执法责任制检查】 为在全省进一步推进和落实行政执法责任制，省政府办公厅下发了《关于对推行行政执法责任制工作情况进行检查的通知》。省人民政府组织有关部门对7个设区的市人民政府和17个省直部门推行行政执法责任制情况进行了为期一个月的检查。从检查情况来看，近年来，各级人民政府及其部门在建立领导机构、加强执法培训，提高人员素质、规范执法行为，梳理执法依据、分解执法责任方面做了大量工作，取得了明显成效。但也有一些市县和部门对推行行政执法责任制认识不到位，重视不够；推行行政执法责任制工作力度至上而下呈逐级递减趋势，工作进展不平衡；有的地区和部门对执法依据、执法职责的梳理和执法责任的分解没有实行动态管理，配套制度不够完善，执法责任追究落实不到位。今后的工作重点是：各地各部门要将推行行政执法责任制列入本地区本部门重要议事日程，年初要有计划，年中要有督促，年底要有考核和评议；执法依据、执法职责和执法责任分解要努力实行动态管理；要进一步健全、完善配套制度，加强组织领导，健全工作机构，为全面推进依法行政，建设法治政府发挥重要作用。（郭文强）

【行政复议】 2008年省政府法制机构共收到行政复议申请77件，涉案人数600

余人。依法出具不予受理决定书5件，驳回行政复议申请1件，受理行政复议申请23件，其余不属于行政复议事项的均予以口头告知或者转送处理。对受理的23件行政复议案件，依法审结22件，在已结案的22件案件中，维持具体行政行为9件，撤销2件，调整结案1件，和解结案2件，责令履行2件，中止1件，终止5件。本年度行政复议案件，呈现以下几个特点：一是行政复议申请范围、类型进一步扩大。从政府、公安、交通、国土、劳动和社会保障及工商行政管理等相对集中的领域扩展到了城建（规划）、环保、卫生在内的行政管理各个领域。案件类型包含了行政处罚、行政许可、行政强制、行政确认、行政给付、行政不作为等多种具体行政行为。二是案情复杂，群体性、专业性案件呈多发、上升态势，涉案人数激增，处理难度加大。三是行政复议调解、和解结案占到一定比例，通过应用行政复议和解调解的结案方式，有利于彻底化解行政争议，促进社会和谐，真正做到案结事了。

经审理，作出维持决定的行政复议案件9件：①晋中市公民李变凤不服晋中市（国土登字〔2007〕1号）注销土地证的决定，申请行政复议案；②运城市广播电视网络传输公司不服运城市人民政府作出的《关于对市政弱电管沟建设管理若干问题请示的批复》，申请行政复议案；③山西省物资储备管理局172处83户居民请求撤销晋中市（国用〔2006〕第2110132号）国有土地使用证和晋中市（国用〔2006〕2110484号）国有土地使用证，申请行政复议案；④榆次区公民陈玉梅请求将晋中市0135747号集体土地建设用地使用证发于本人，申请行政复议案；⑤晋中市公民柴铁锁请求撤销晋中市人民政府作出的市（国土集权字〔2007〕01号）土地所有权争议案件行政决定书，恢复到（〔2005〕03号）土地所有权争议案件行政决定书中确认的四至地界图，申请行政复议案；⑥运城市公民王改灯不服山西省国土资源厅风陵渡经济开发区分局作出的（晋国土资风罚（2008）年第011号）行政处罚决定书，申请行政复议案；⑦运城市公民王敬敏请求撤销运城市人民政府运城市（国土行决字第〔2008〕第3号）土地权属争议案决定书，申请行政复议案；⑧忻州市公民卢未芳请求撤销忻州市人民政府〔2006〕第010000038号国有土地使用证，申请行政复议案；⑨运城市公民王俊生不服运城市人民政府不予受理土地确权决定，申请行政复议案。

经审理，作出撤销决定的行政复议案2件：①导游人员徐莉媛不服山西省旅游局作出的2008年第2号《山西省旅游局公告》中吊销申请人导游证的行政处罚，申请行政复议案；②交口县公民马太强请求撤销交口县人民政府2006年10月下发的《关于确认煤矿采矿权协议出让受让人的函》（交政函〔2006〕12号）和2007年1月下发的《关于我县单独保留的“一证多坑”煤矿分立采矿权及明晰产权的意见》（交政发〔2007〕9号）中的第三条第（二）项，关于“二坑：采矿权山西鼎鑫煤业有限公司法定代表人、投资人为高虎权，投资比例为100%”的确认，申请行政复议案。

经审理，调解、和解结案3件：①洪洞县三阳化工厂请求撤销山西省环保局（晋环法罚字〔2008〕349号）行政处罚决定书，申请行政复议案；②忻州市忻府区长征街道办事处北南村村民李润民等人不服忻州市人民政府向忻州伟光的征地决定，申请行政复议案；③运城盐湖区孟姚办事处北南村村委会不服运城市（国土行决字第〔2007〕7号）土地确权决定，申请行政复议案。

经审理，作出责令履行决定2件：①晋城市华泽房地产开发有限公司认为晋城市人民政府及其国土资源行政主管部门未依法履行对晋城市（国用（2000）字第00121号）国有土地使用证的土地用途及名称进行更正及变更登记的相关职责，申请行政复议案；②太原市公民王杰请求撤销山西省民政厅不予许可成立山西省安置帮教协会的不作为行为，申请行政复议案。

经审理，中止复议的1件：太原市钢铁（集团）有限公司不服忻州市人民政府“关于对繁峙县山西宝山矿业有限公司‘5·18’溃坝事故调查处理意见的批复”，申请行政复议案。

经审理，终止行政复议5件：①临汾市尧都区河底乡丈瓦腰煤矿不服山西省人民政府安委会办公室2007.8.13关闭公告，申请行政复议案；②山西离柳焦煤集团公司不服省环保局（晋环处罚〔2007〕232号）行政处罚决定，申请行政复议案；③榆次区尧晨实业有限公司请求撤销晋中市人民政府作出的市（国土集权字〔2008〕02号）《关于注销原窑上村废品收购站集体土地建设用地使用证的决定》，申请行政复议案；④洪洞县同盛焦化有限公司请求撤销省环保局（晋环法罚字〔2008〕351号）行政处罚决定书，申请行政复议案；⑤太原市公民董春立不服山西省劳动厅不履行法定职责，申请行政复议案。 （郭文强）

【行政应诉案件】 全年共发生涉及省人民政府的行政应诉案件5件。分别是：①中国人民保险公司大同分公司诉省政府行政复议决定案；②吕梁市公民高虎全诉省政府行政复议决定案；③吕梁市公民刘云虎诉省政府颁发林权证案；④运城市盐湖区北城办事处东留村第一居民组部分居民诉省政府2006年行政复议告知书案；⑤运城市荣源林业有限公司诉省政府2006年行政复议告知书案。

上述第①、④、⑤三件案件一审法院判决省政府败诉，因不服判决，省政府已依法提起上诉。吕梁市公民高虎全诉省政府行政复议决定案，因原告撤回起诉，诉讼已终结。吕梁市公民刘云虎诉省政府颁发林权证案正在审理当中。 （郭文强）

【民事应诉案件】 针对山西省（晋商）大连商贸公司起诉山西省人民政府并山西省人民政府大连办事处的民事诉讼案，省政府法制机构充分发挥职能作用，积极应对，精心准备，认真调查案件事实，严密论证法律关系，充分寻求法律依据，确定了切实可行的应诉方案。针对当事人的诉求，对大连办事处有关人员提出适当建议，通过和对方当事人谈事实、讲道理、辩法理，使其在开庭前撤回起诉，纠纷最终以调解方式解决，达到了预期目的。

（郭文强）

【省人民政府成立法律顾问委员会】 为贯彻落实国务院《全面推进依法行政实施纲要》，建立和完善省人民政府科学民主决策机制，省政府法制办公室向省政府上报了《关于建议成立省人民政府法律顾问委员会的请示》，省政府有关领导进行了阅批。省政府法制办公室通过向山西大学、山西财经大学、省律师协会等单位发函，经有关单位推荐，法制办严格审查，省政府批准，聘请了马跃进、王继军、孙智、汪渊智、陈晋胜、张旭娟、周威敏、彭云业、薛荣等9名省内知名专家学者为第一届省人民政府法律委员会成员。7月中旬，省政府办公厅下发了《关于成立省人

民政府法律顾问委员会的通知》（晋政办函〔2008〕108号）。至此，省人民政府法律顾问委员会正式成立。（郭文强）

【省政府涉法事务】 2008年省人民政府法制机构积极探索办理涉法事务工作。全年共审核涉法事务12件。为省人民政府提供的大多数重大涉法事务审核意见，得到省政府有关领导的首肯，为省政府重大决策提供了可行的意见和建议，对促进和实现省人民政府科学决策、民主决策和依法决策发挥了重要作用。省政府法制机构对省交通厅《关于采用BOT方式建设经营高平至新乡高速公路高平至陵川段的请示》、省交通厅《关于忻阜高速公路有关事宜的请示》、《忻州市人民政府关于对山西同德化工股份有限公司及其前身有关改制及产权界定等事宜予以确认的请示》、《关于山西金通公司申请退出山西风险投资公司的请示》、《山西悦达集团退出大同至呼和浩特（山西段）高速公路项目建设的请示》、关于煤矿相关负责人违法后职业禁入规定的立法可行性问题、《关于高速公路通行费结余部分作为公路建设资本金的请示》等一批重大涉法事务，组织省政府法律顾问进行了研究论证或向他们进行了咨询。有关审核意见和建议被省政府采用，为省政府决策提供了参考。并组织省政府法律顾问参加了《宝山尾矿库塌方行政复议案件》、《山西省省级政府资金投入建设项目暂行规定》等有关问题的研究论证。（郭文强）

【全省第一次政府法制工作会议】 11月8～9日，省政府法制办公室在晋城市召开了全省第一次政府法制工作座谈会。省政府副秘书长、法制办主任崔国红、副主任刘钢柱、全省11个设区的市政府法制办主任及相关科室负责人、晋城市下属各市（县、区）政府法制办主任参加了会议。全省11个设区的市政府法制办主任汇报了贯彻落实年初全省推进市县政府依法行政暨政府法制工作会议和落实政府法制工作目标责任制情况，并结合当前正在进行的深入学习实践科学发展观活动大调研，各市法制办主任对政府法制工作提出了许多有益的意见和建议。与会同志还观看了晋城市政府法制办研发的行政复议网上办理程序流程演示。最后，省政府法制办公室主任崔国红作了讲话，讲话深入分析了当前全省政府法制工作面临的新形势，并对下一步工作进行了部署。会议议程紧凑，内容丰富，圆满完成了预定的任务。（郭文强）

·规章选登·

山西省人民政府令（第215号）

（经2008年1月8日省人民政府第118次常务会议通过，现予公布，自发布之日起施行）

山西省公路养路费征收管理规定

第一章 总 则

第一条 为加强公路养路费征收管理，维护缴费义务人的合法权益，促进公路建设事业的发展，根据国家有关规定和《山西省公路养路费征收管理条例》，结合本省实际，制定本规定。

第二条 本规定适用于本省行政区域内公路养路费（以下简称养路费）的缴纳、征收、稽查。

第三条 凡拥有和使用机动车的单位和个人应当依法缴纳养路费。拥有和使用机动车的单位和个人为缴费义务人。

未按照规定缴纳养路费的机动车，不得上路行驶。

第四条 省交通主管部门主管全省的养路费征收管理工作。

省交通主管部门所属的交通征费稽查机构负责各类汽车、挂车、汽车列车、轮式专用机械车和摩托车养路费的征收稽查工作；设区的市、县（市、区）交通主管部门所属的交通征费稽查机构负责三轮汽车、拖拉机运输机组及以皮带或者链条传输动力的低速货车养路费的征收、稽查工作。

第五条 交通征费稽查机构根据本规定履行下列职责：

（一）组织实施有关养路费征收管理的法规、规章；

（二）负责办理机动车养路费缴（免）费登记、停征登记；

（三）负责征收养路费，核准养路费的减征和免征；

（四）负责对机动车缴纳养路费情况进行检查；

（五）对违反养路费征收管理法规、规章的行为进行查处。

第六条 县级以上人民政府应当加强对养路费征收管理工作的领导，做好协调工作。

县级以上人民政府财政、公安、物价、农机等有关部门应当按照各自职责，配合交通主管部门及其所属的交通征费稽查机构做好养路费征收管理工作。

第二章 登 记

第七条 养路费征收管理实行缴（免）费、停征登记制度。缴费义务人办理缴（免）费登记，应当提供以下凭证和材料：

（一）取得机动车的（新购），需要提供机动车所有人的身份证明（属于流动人口的还需提供暂住证明（下同））、机动车登记证书和行驶证、购车发票及合格证、机动车技术参数的复印件、机动车照片等证明材料。

申请办理减征、免征养路费登记的，还应当提供机动车的编制、经费来源、所属机构性质的凭证和材料以及其他减征、免征的证明材料；

（二）机动车过户的，需要提供机动车所有人的身份证明、机动车登记证书、行驶证等证明材料；

（三）机动车车籍转出省外的，需要提供原机动车所有人的身份证明、交易费发票原件及其复印件等证明材料；省外转入的，需要提供落籍后的机动车登记证书、行驶证、现机动车所有人的身份证明及复印件、转出地交通征费稽查机构养路费缴费证明材料等；

（四）省内跨市、跨县区转籍的，应当持机动车交易证明，先在原车籍地交通征费稽查机构办理转出登记。机动车在公安车管部门落籍后，持机动车登记证书、行驶证及复印件、机动车所有人的身份证明和交通征费稽查机构转籍证明（缴免费档案）到现在籍地交通征费稽查机构申请办理转入登记；

（五）机动车依法改型的，需要提供机动车登记证书、行驶证和车辆改型的相关证明材料；

（六）机动车报废的，需要提供机动车注销或者报废的相关证明材料；

（七）缴费义务人单位名称变更，机动车更换发动机、车驾、变更吨位的，需要提供行驶证和变更的相关证明材料办理变更登记；

（八）使用临时通行牌证的，提供机动车合格证、说明书等相关材料。

第八条 本省籍机动车调驻外省3个自然月以上的，缴费义务人应当在调驻前，持书面申请和驻地交通征费稽查机构出具的调驻函，到本省车籍地交通征费稽查机构申请办理调驻登记，从第3个自然月起，凭本省交通征费稽查机构的调驻证明，到驻地交通征费稽查机构办理相关手续。

第九条 外省籍机动车调驻本省3个自

然月以上的，凭车籍地交通征费稽查机构开具的调驻通知书和养路费缴（免）费凭证，在载明缴（免）费截止之日起10个工作日内，在驻地交通征费稽查机构申请办理调入缴（免）费登记。

外省籍机动车在本省施工作业或者运营、留驻超过3个自然月的，因故未及时办理调驻登记的，驻地交通征费稽查机构在核实并报经上级交通征费稽查机构同意后，应当按照规定时间主动为其办理调驻登记，并将有关情况同时通报车籍地交通征费稽查机构核实。

第十条 需要停缴养路费的，缴费义务人应当在本月底前申请办理以后月份的养路费停征登记，将行驶证交存车籍地交通征费稽查机构。交通征费稽查机构应当及时告知发证机关，且不得影响该机动车的安全检验、交易等有关事宜。

机动车的停放地点由缴费义务人在车籍地范围内确定，并书面告知交通征费稽查机构。有特殊原因，机动车无法在车籍地范围内停放的，缴费义务人应当向交通征费稽查机构提供相关证明材料，经交通征费稽查机构核准后，办理停征登记。核准减征养路费的机动车不得申请办理停征登记。

停征机动车因办理安全检查或者交易需上路行驶的，正常启停后发还行驶证；不需上路行驶的，由缴费义务人提供相关证明材料和书面申请，经车籍地交通征费稽查机构核准后发还行驶证，并于7个工作日内交回。

交通征费稽查机构应当加强对停征养路费机动车的监督。

第十一条 机动车采取包缴方式缴费的，年度内不得办理停征登记。但确实无法上路行驶的，经省交通征费稽查机构核准后，可以办理停征登记。

2吨（含2吨）以下需要停征的，应当在年度开始前办理次年的停征登记。

第三章 征 收

第十二条 下列机动车应当依法缴纳养路费：

（一）国家机关、企事业单位、社会团体和公民个人拥有的机动车；

（二）驻本省国际组织和外国办事机构的机动车；

（三）临时入境的外籍机动车。

第十三条 养路费按费额征收。

养路费应征费额＝征收吨位（辆）×征收标准×缴费月（日）数×征收比例。

养路费费额不足一元的部分不计。

第十四条 养路费按照国家统一规定的吨位计征，征收吨位或者折合吨位按照下列标准核实：

（一）货车按出厂标定的载质吨位计征，载质吨位与实际载质量明显不符的，由省交通征费稽查机构按照国家规定核定；

（二）大客车按照国家有关规定和标准核定；

（三）小客车（含小轿车、吉普车、旅行车、面包车）按照同类型货车底盘标定的载质吨位计征。无标定载质吨位的，核定座位5座以下的按照0.5吨计征；6座至10座的按照1吨计征；11座至15座的按照1.5吨计征；16座至20座的按照2吨计征；

（四）同时载客载货设有两排或者多排座位的客货车和厢式货车，除扣除前排座位以外，其余的座位按照每座折合0.1吨与核定载质吨位合并计征；

（五）大型平板车核定载质吨位20吨以下的按照全额计征；20吨（不含20吨）以上的超过部分按照50%计征；

（六）不能载客载货的专用汽车和专用机械车辆，按其自质（包括固定装置的质量）吨位的50%计征；

（七）汽车拖带的挂车按照核定吨位的70%计征；

（八）二轮、侧三轮摩托车按辆征收。后三轮摩托车和三轮机动车按照核定载质吨位计征；

（九）拖拉机和胶轮机械车按照核定载质吨位计征；无核定载质吨位的按照发动机马力每20马力折合1吨计征，不足10马力的按照0.5吨计征，10马力以上不足20马力的按照1吨计征。

前款按照核定吨位或者折合吨位计征的机动车，不足0.5吨的按照0.5吨计征；超过0.5吨不足1吨的按照1吨计征，依次类推。

第十五条 养路费按照月份征收。缴费征起日至当月底不足一个自然月的，按日征收。

第十六条 缴费义务人可以办理养路费年度包缴。

申请年度包缴的，按照下列规定计征养路费：

（一）2吨（不含2吨）以上的机动车，可以实行年度包缴，包缴费款可以一次缴清，也可以按照半年和季度分两次和四次缴清。按照季度四次缴清的费额不得低于应征费额的90%，按照半年两次缴清的费额不得低于应征费额的85%，全年一次缴清的费额不得低于应征费额的80%。新增或者转入的机动车，在上半年办理缴费的，可以按照不得低于应征费额的85%一次缴清，下半年办理缴费的，可以按照不得低于应征费额的90%一次缴清；

（二）2吨及2吨以下的机动车实行年度包缴，可以一次或者分两次缴清。一次缴清的费额不得低于应征费额的90%，两次缴清的费额不得低于应征费额的95%。新增或者转入的机动车，在上半年办理缴费的，按照不得低于应征费额的95%一次缴清，下半年办理缴费的，按照应征费额一次缴清；

（三）摩托车实行全年包缴一次缴清，不得低于10个月的应征费额；三轮汽车全年包缴一次缴清的，不得低于9个月的应征费额，两次缴清的，不得低于10个月的应征费额。

第十七条 缴费义务人应当按照下列起始日期缴纳或者停缴养路费：

（一）已领取牌证上路行驶的，自领取之日起缴纳；

（二）未领取牌证上路行驶的，自购车之日起缴纳；

（三）在车籍地交通征费稽查机构办理机动车注销或者报废登记的，自注销或者报废登记之日起停缴；

（四）已办理机动车停征登记的，自停征登记的次月起停缴；

（五）本省籍机动车调驻外省3个自然月以上的，自第3个自然月起停缴；外省籍机动车调驻本省3个自然月以上的，自第3个自然月起缴纳；

（六）能够提供机动车停驶有效证明材料的，自停驶之日起停缴。

第十八条 缴费义务人应当按照下列规定期限缴纳养路费。

（一）按月缴费的，应当于每月10日前缴纳；

（二）按照年度包缴四次缴清的，应当于本季度首月10日前缴纳；

（三）按照年度包缴两次缴清的，应当于本年度元月20日前和7月10日前缴纳；

（四）按照年度包缴一次缴清的，应当于本年度元月20日前缴纳；

（五）新增和转入的机动车应当在办理机动车登记的同时缴纳。

第十九条 缴费义务人不按照规定日期缴费的，交通征费稽查机构除补征养路费外，可以按日加收应缴费额5‰的滞纳金。

应征滞纳金计算公式为：应征滞纳金＝偷、漏养路费平均费额×5‰×滞纳天数。其中滞纳天数按偷、漏首月的第11日至计算当日的实际天数计算。偷、漏一个月的，偷、漏养路费平均费额按当月应缴养路费费额计算；偷、漏两个月以上（含两个月）的，偷、漏养路费平均费额按开始偷、漏月份到计算当月的偷、漏养路费总额的1/2计算。

滞纳金计入养路费收入。

第二十条 缴费义务人不能证明偷、漏养路费起始日期的，交通征费稽查机构可以按照下列期限确认：

（一）无缴（免）费凭证或者使用顶替、涂改缴（免）费凭证的，以当年1月1日为偷、漏之日；

（二）停缴期间上路行驶的，以停缴第1日为偷、漏之日；

（三）使用伪造缴（免）费凭证的，以应领

取牌证之日为偷、漏之日。

第二十一条 外国籍和台、港、澳地区的机动车，按照省级以上人民政府认定的协议征收，没有协议的按照国家有关规定征收。

第二十二条 下列机动车经省交通征费稽查机构核准可以减征养路费：

（一）县（处）级以上（含县级）的国家机关、人民团体和学校（不含校办工厂和单位自办学校），按照国家和省正式定编标准配备的，并由国家和省预算内全额行政或者教育经费直接开支的自用货车（含客货两用车）和5人座（不含5人座）以上的客车可以按照应征费额的50%征收；

（二）有自建、自养单线里程在20公里以上，符合国家公路技术标准的专用公路（不包括生产作业道路或者收取通行费的公路）的农场、林场，其机动车仍需行驶国家公路单程10公里以内的，按照应征费额的50%征收；单程行驶国家公路10公里至20公里的按照应征费额的60%征收；单程行驶国家公路20公里以上的全额征收养路费。专用公路单线里程在20公里以下的应当全额征收养路费；

（三）在城市道路固定线路上行驶的，承担社会公益性服务或者执行政府指令性任务的公用事业单位的城市公共汽车、电车（不包括旅游包车和出租车），跨行公路10公里以下的，按照应征费额的1/3计征；跨行公路10公里以上20公里以下的，按照应征费额的1/2计征，跨行公路20公里以上的按照全额征收；

（四）经省交通征费稽查机构核准减征的其他机动车。

从事营业性运输的拖拉机运输机组由车籍地交通征费稽查机构核准，按照应征费额的60%计征养路费。

第二十三条 下列机动车经省交通征费稽查机构核准可以免征养路费：

（一）符合本规定第二十二条第（一）项规定的5人座以下的小客车、小轿车和吉普车；

（二）外国使（领）馆驻本省的机构悬挂使（领）馆专用牌照的机动车；

（三）检察、审判机关和公安、安全、司法部门的警车、消防车和设有囚箱的囚车；

（四）从事田间作业和非营业性运输的三轮汽车和拖拉机运输机组、联合收割机；

（五）防汛部门的专用防汛指挥车和铁路、交通、邮电部门的战备专用微波通讯车，实施人工影响天气的施工作业车和指挥车，环境保护机构的专用环境监测车；

（六）按照国家和省正式定编标准配备，享受国家财政补贴的医疗机构所属的专用救护车和采血车，防疫机构的防疫车；

（七）公路和城市道路养护机构的道路养护专用车（不含通用型货车和公路、城市道路管理机关及所属工程单位的机动车），在城建部门修建和养护管理的市区道路上行驶的城市环卫机构的洒水车及专用清洁车；

（八）在城市道路固定线路上行驶的，承担社会公益性服务或者执行政府指令性任务的公用事业单位的城市公共汽车、电车（不包括旅游包车和出租车）；

（九）不行驶公路的矿山采矿自卸车和林场积材车；

（十）交通征费稽查机构配备的征稽专用车；

（十一）经省交通征费稽查机构核准免征的其他机动车。

第二十四条 减免征养路费按照以下程序办理：

缴费义务人应当在本年度元月20日前，持减免征养路费审批表和相关证明材料，向车籍地交通征费稽查机构提出申请，经车籍地交通征费稽查机构初步审核后，由上级交通征费稽查机构和车属单位相关行业主管部门签注具体意见，报省交通征费稽机构批准后，办理减征或者免征；

本年度内新增并且符合减免征条件的或者未按照规定期限办理减免征的，缴费义务人可以从下一季度起申请办理减征和免征。

第二十五条 减征、免征养路费的机动车，拆卸固定装置、改变使用性质、超出使用范围、变更使用单位、参加营业性运输的，应当按照应征费额缴纳养路费。

第二十六条 缴费义务人因有特殊困难不能按期缴纳养路费的，可以向车籍地交通征费稽查机构提出缓缴申请，并提供相关证明材料，经省交通征费稽查机构核准，可以缓缴，但缓缴期限不得超过3个月，缓缴费款当年必须缴清。

缴费义务人不能按照前款规定期限缴清缓缴费款的，交通征费稽查机构除依法清缴费款外，三年内不予受理其缓缴申请。

第二十七条 已缴纳当月及以后月份养路费的机动车，有下列情形之一的，缴费义务人可以持相关证明材料到车籍地交通征费稽查机构申请办理退费；

（一）车辆注销或者报废的；

（二）车辆因被盗抢、扣押、发生重大交通事故等原因不能正常行驶的；

（三）征收吨位经核定需要向下调整的；

（四）转出省外的；

（五）其他应当办理退费的。

缴费义务人申请办理退费的，应当向车籍地交通征费稽查机构提出申请，经上级交通征费稽查机构核准后予以退费。前款事由发生之日起30个工作日提出申请的，退还事由发生之日以后的费款；逾期申请的，从申请之日起，办理以后月份的退费。

第二十八条 征收的养路费应当在省交通征费稽查机构指定的银行专户储存，利息一并计入养路费收入。

第二十九条 交通征费稽查机构应当与公安交通管理部门建立机动车登记信息共享机制。公安交通管理部门在办理机动车注销、过户、安全检验等环节时，发现有偷、漏养路费行为的，应当及时移交交通征费稽查机构查处；交通征费稽查机构在征收养路费时，发现有套用、伪造机动车牌照、行驶证等行为的，应当及时移交公安交通管理部门查处。

第三十条 养路费和滞纳金收据由省财政部门印制和监管。

养路费缴（免）费凭证，由省交通主管部门印制和监管。凭证应当标明征收标准、征收吨位、征收比例、征收金额和缴（免）费起止日期。

养路费缴（免）费凭证应当随车携带；严重破损的，经交通征费稽查机构核实后，可以换发。

按照规定过户、本省转籍的机动车，可以在过户、转籍地交通征费稽查机构换发养路费缴讫凭证。

第四章　稽　　查

第三十一条 交通征费稽查机构应当公开征收标准、执法依据和办事程序。

交通征费稽查人员执行公务时，应当统一着装、佩戴标志、持证上岗、亮证执法。交通征费稽查专用车辆，应当设置统一的标志和示警灯。

第三十二条 交通征费稽查人员在不影响交通安全、畅通的情况下，可以在道路（高速公路除外）和车辆集中场所对机动车缴纳养路费情况实施检查。

跨区域征费稽查的，由上一级交通征费稽查机构组织。

第三十三条 未按照本规定缴纳养路费上路行驶的机动车，交通征费稽查机构应当责令其自偷、漏之日起补缴，并依法处罚后及时放行；当场不能补缴、拒绝接受处罚的，可以暂扣该机动车，当场签发暂扣决定书，并告知当事人在7个工作日内到交通征费稽查机构接受处理。

交通征费稽查机构应当妥善保管被暂扣的机动车及车载物品，不得使用或者损毁；造成损坏的，依法承担赔偿责任。

第三十四条 交通征费稽查机构发现机动车征收吨位不足的，应当补征不足部分的养路费。

第三十五条 已办理停征登记的机动车，经交通征费稽查机构查证属实，未在缴费义务人所告知的地点停放的，自停征之日起按偷、漏养路费处理。

第三十六条 交通征费稽查机构的办案经费应当列入当年财政经费预算。

第三十七条 交通征稽人员在稽查中，查获偷、漏养路费成绩突出的，按照补征费额予以适当奖励。

对协助交通征费稽查机构查处违反养路费征收管理相关规定行为的有关部门和人员，交通主管部门按照补征费额的5%予以奖励。

第五章　法律责任

第三十八条　违反本规定，未办理、变更缴（免）费登记或者已办理停征登记上路行驶的，由县级以上人民政府交通主管部门责令改正，并处200元以下罚款。

第三十九条　违反本规定，未缴纳养路费上路行驶的，由县级以上人民政府交通主管部门责令改正，并处以应缴养路费1倍以下罚款，情节轻微的，可以免予处罚。

违反本规定，偷、漏养路费的，由县级以上人民政府交通主管部门责令改正，并处以应缴养路费3倍以下罚款。

第四十条　违反本规定，使用伪造、顶替、涂改养路费缴（免）费凭证上路行驶的，由县级以上人民政府交通主管部门处以应缴养路费1倍以上3倍以下罚款，情节特别严重的，从重处罚。

违反本规定，非法印制、买卖养路费缴（免）费凭证和收据的由县级以上人民政府交通主管部门责令停止违法行为，没收违法所得，并处违法所得2倍以上3倍以下罚款；构成犯罪的，依法追究刑事责任。

第四十一条　县级以上人民政府交通主管部门和其所属的交通征费稽查机构及其工作人员有下列行为之一的，对直接负责的主管人员和其他直接责任人员依法给予行政处分；构成犯罪的，依法追究刑事责任：

（一）利用职权索取、收受贿赂，乱收费、乱罚款；

（二）瞒报、截留、坐支、平调、挪用、私分、贪污养路费的；

（三）擅自减征、免征养路费的；

（四）非法拦截和扣留机动车的；

（五）违反规定使用被暂扣机动车的；

（六）违反法律、法规的其他行为。

第六章　附　　则

第四十二条　本规定机动车分类与国家标准不一致的，按照国家标准执行。

第四十三条　从养路费中拨付公安交通管理机关的交通管理补助经费，由省交通征费稽查机构按照2.5%的比例拨付省公安交通管理机关。

交通管理补助经费的使用管理办法，由省公安交通管理机关制定。

第四十四条　公路货运附加费的征收管理参照本规定执行。

第四十五条　本规定自发布之日起施行。原《山西省公路养路费征收管理规定》（省人民政府令第52号、第121号）同时废止。

山西省人民政府令
（第216号）

（经2008年1月8日省人民政府第118次常务会议通过，现予公布，自2008年3月1日起施行）

山西省机构编制管理规定

第一章　总　　则

第一条　为了规范行政机构、事业单位机构编制管理，保障行政机构、事业单位合法权益，根据地方各级人民代表大会和地方各级人民政府组织法、地方各级人民政府机构设置和编制管理条例及有关法律、法规，结合本省实际，制定本规定。

第二条　行政机构、事业单位的机构设置，职责配置，编制、领导职数和编制结构核定以及对机构编制工作的监督管理，适用本规定。法律、法规和国家另有规定的，从其规定。

本规定所称行政机构，是指全省各级人民政府依法设立的工作部门及其派出机构等。

本规定所称事业单位，是指为了社会公益目的，由全省各级使用行政、事业编制的国家机关或者其他组织利用国有资产举办的，从事教育、科技、文化、卫生等活动的社会服务组织。

第三条　行政机构、事业单位的机构编制管理，应当按照经济社会全面协调可持续发展的要求，适应全面履行职责的需要，遵循精简、统一、效能的原则，科学配置职责，合理设置机构，优化编制结构，提高行政效能和公益服务水平。

第四条　各级机构编制委员会办公室是本级行政机构、事业单位的机构编制管理机关。

第五条　行政机构、事业单位的机构编制工作，实行统一领导、分级管理的体制。

第六条　机构编制管理机关应当按照管理权限履行管理职责，并对下级机构编制工作进行业务指导和监督。下级机构编制管理机关应当每年向上一级机构编制管理机关报告工作。

第七条　依照国家和省规定的程序设置的机构，核定的编制、领导职数和编制结构，是录用、聘用、调配人员，配备领导和核拨经费等的依据。

县级以上人民政府应当建立机构编制、人员工资与财政预算相互制约的机制，在设置机构、核定编制时，应当充分考虑财政的供养能力。机构实有人员不得突破核定的编制。禁止擅自设置机构和增加编制。对擅自设置的机构和增加的编制以及超编人员，不得核拨财政资金或者挪用其他资金安排其经费。

全省财政供养人员占总人口的比例、财政供养编制占总人口的比例原则上不得高于全国地方平均比例；各市、县财政供养人员占总人口的比例，财政供养编制占总人口的比例原则上不得高于全省市、县平均比例。已经高于的，应当采取内部调整、只减不增或者先减后增等措施逐步控制在规定比例内。

第八条　上级行政机构、事业单位不得干预下级行政机构、事业单位的机构编制事项，不得要求下级行政机构、事业单位设立与其业务对口的机构。各业务部门制定的行业编制标准，不得作为审批机构编制的依据。

除专项机构编制规章、规范性文件外，地方其它规章、规范性文件不得规定机构编制具体事项。机构编制具体事项，应当按照规定权限和程序由机构编制管理机关专项办理。

第二章　行政机构设置和职责管理

第九条　行政机构应当以职责的科学配置为基础，综合设置，做到职责明确、机构精简、权责一致、分工合理，决策、执行、监督相协调，建立权责一致、分工合理、决策科学、执行顺畅、监督有力的行政管理体制，并在国家和省规定的限额内进行。

行政机构应当根据履行职责的需要，适时调整。但是，在一届政府任期内，人民政府的工作部门应当保持相对稳定。

第十条　行政机构的设立、撤销、合并或者变更规格、名称，由本级人民政府提出方案，经上一级机构编制管理机关审核后，报上一级人民政府审批。其中，县级以上人民政府行政机构的设立、撤销或者合并，还应当依法报本级人民代表大会常务委员会备案。

第十一条　行政机构的职责配置应当遵循政企分开、政资分开、政事分开、政府与市场中介组织分开的原则，在机构设立时一并确定，并根据政府职责的转变，适时调整。

行政机构的职责配置应当符合法律、法规和国家规定。凡国务院已经取消和调整的行政审批事项，行政机构均应当相应取消和调整。

行政机构非行政许可审批事项的设定，应当符合其职责配置。

第十二条　行政机构职责相同或者相近的，原则上由一个机构承担；必须由两个或者两个以上机构承担的职责，应当划清职责分工，明确主要管理部门和协助管理部门。

行政机构之间对职责划分有异议的，应当主动协商解决。协商一致的，报本级机构编制管理机关备案；协商不一致的，应当提请本级机构编制管理机关提出协调意见，由机构编制管理机关报本级人民政府决定。

第十三条 县级以上人民政府设立工作部门。省级人民政府根据职责设立办公室、组成部门、直属特设机构、直属机构等，一般不设立部门管理机构；市级人民政府设立办公厅、工作部门等，一般不设立部门管理机构；县级人民政府设立办公室、工作部门，不设立部门管理机构。

乡（镇）人民政府可以设立综合性办事机构，或者根据工作实际只设立若干岗位。

街道办事处是市辖区、不设区的市人民政府的派出机关，可以设立综合性办事机构，或者根据工作实际只设立若干岗位。

第十四条 各级人民政府设立议事协调机构应当严格控制，不单独设立办事机构，具体工作由有关行政机构承担。可以交由现有机构承担职责的或者由现有机构进行协调可以解决问题的，不另设立议事协调机构。

为办理一定时期内某项特定工作设立的议事协调机构，应当明确规定其撤销的条件和期限。

第十五条 行政机构根据工作需要和精干的原则，设立必要的内设机构。设立内设机构应当在职责分解的基础上进行。县级以上人民政府行政机构内设机构的设立、撤销、合并或者变更规格、名称，由该行政机构报本级机构编制管理机关审批。

第十六条 行政机构一般应当按照下列层级设置：

（一）省级人民政府行政机构实行两级建制，即委员会、厅、局、办公室与处、室。少数业务繁重、人员编制较多的经批准可以在处、室以下设立科；

（二）市级人民政府行政机构实行两级建制，即委员会、局、办公室与科、室；

（三）县级人民政府行政机构实行一级建制，即委员会、局、办公室。

第十七条 行政机构的名称、规格应当规范、明确，并符合其机构的类型、职责和层级，一般应当按照下列规定确定：

（一）省级人民政府组成部门称委员会、厅，直属特设机构称委员会，直属机构、部门管理机构称局；市级人民政府工作部门称委员会、局，部门管理机构称局；县级人民政府工作部门称局。

县级以上人民政府工作部门等机构中，少数机构根据工作需要称办公室；

（二）省级人民政府办公厅、组成部门为正厅级，直属特设机构、直属机构、部门管理机构等可以根据工作需要确定为正厅级或者副厅级。其内设机构称处、室，均为正处级。个别部门因工作需要，经批准可以设立处级局，确有必要时，局以下可以设立科；

（三）市级人民政府办公厅、工作部门、部门管理机构等可以根据工作需要确定为正处级或者副处级。其内设机构称科、室，均为正科级；

（四）县级人民政府办公室、工作部门可以根据工作需要确定为正科级或者副科级；

（五）乡（镇）人民政府、街道办事处设置的综合性办事机构称办公室。

第十八条 行政机构及其内设机构的设立、撤销或者合并，应当制定方案。

设立行政机构的方案，应当包括下列事项：

（一）设立机构的必要性和可行性；

（二）机构的类型、名称、规格和职责；

（三）与业务相近的其他机构职责的划分；

（四）内设机构的数量、名称、规格和职责；

（五）编制、领导职数和编制结构。

撤销或者合并行政机构的方案，应当包括下列事项：

（一）撤销或者合并机构的依据或者理由；

（二）撤销或者合并机构后职责的消失、转移情况；

（三）撤销或者合并机构后编制的调整和人员分流情况。

设立、撤销或者合并行政机构内设机构的方案，参照本条规定制定。

第三章 事业单位设置和职责管理

第十九条 事业单位设置，应当以搞好公益服务为目标，做到基础优先、门类齐全、区域均衡、体现公平，建立公益目标明确、投入机制合理、监督制度完善、治理结构规范、微观运行高效的事业管理体制。

第二十条 省属纳入财政预算管理的事业单位的设立，由其举办主体提出方案，经省机构编制管理机关审核后，报省机构编制委员会审批；在编制总额内的合并、分设或者变更名称，由省机构编制管理机关审批。

市、县属纳入财政预算管理的事业单位的设立、撤销、合并或者变更规格、名称，由本级机构编制委员会提出方案，报上一级机构编制管理机关审批。其中，县属纳入财政预算管理的事业单位的设立、撤销、合并或者变更规格、名称，还应当报省机构编制管理机关备案。

市属正、副处级，县属正、副科级自收自支事业单位的设立、撤销、合并或者变更规格、名称，由本级机构编制委员会提出方案，报上一级机构编制管理机关审批。

其他自收自支事业单位的设立、撤销、合并或者变更规格、名称，由其举办主体提出方案，报本级机构编制管理机关审批。

第二十一条 事业单位的职责配置应当遵循政事分开、事企分开的原则，并在机构设立时一并确定。

第二十二条 非经法律、法规授权和国家规定，事业单位不得承担行政职责；非公益服务性职责的机构不得批准为事业单位。

第二十三条 事业单位的经费来源，应当根据其职责配置的不同情况，确定为财政拨款、财政补助或者自收自支。

第二十四条 设立事业单位应当具备下列条件：

（一）符合经济社会发展需要；

（二）有规范的机构名称；

（三）有明确的举办主体；

（四）有明确的职责；

（五）有合法、稳定的经费来源；

（六）有固定的工作场所和必需的设备设施；

（七）业务范围涉及国家实行资质认可管理或者执业许可管理的业务事项，应当具备相关业务归口主管部门的资质认可或者执业许可证明文件；

（八）法律、法规规定的其他条件。

第二十五条 事业单位根据工作需要和精干的原则，设立必要的内设机构。设立内设机构应当在职责分解的基础上进行。县属以上事业单位内设机构的设立、撤销、合并或者变更规格、名称，由其举办主体报本级机构编制管理机关审批。

第二十六条 事业单位的名称应当规范、准确，能够反映其机构的性质特征、举办主体、所在区域、主要职责、组织形式等内容，并与党政机关、企业、社会团体、市场中介组织的名称相区别。

事业单位的名称一般由三个部分组成：机构的地域位置或者举办主体；主要职责或者工作性质；机构组织形式的中心词。"中心词"一般称为院、所、校、社、馆、台、站、团、队、园、中心等。

省属及省以下事业单位的名称不得冠以"中国"、"全国"、"国家"、"中华"等字样。

第二十七条 事业单位的规格一般应当比其举办主体的规格低一格：举办主体为正、副厅级，正、副级处的，事业单位一般应当分别确定为正、副处级，正、副科级。但是，规范较小、任务较小的，可以再降低半格确定。事业单位内设机构的规格应当比事业单位低一格：事业单位为正、副厅级，正、副处级的，其内设机构应当分别确定为正、副处级，正、副科级。

学校、医院等事业单位的规格，国家和省另有规定的从其规定。

县级以上人民政府直属事业单位的规格比照本级行政机构的规格确定。

第二十八条 事业单位有下列情况之一

的，应当予以撤销：

（一）一年以上未履行职责的；

（二）承担的职责已经消失的；

（三）机构性质改变的；

（四）举办主体决定撤销的；

（五）其他法定事由需要撤销的。

第二十九条 事业单位及其内设机构的设立、撤销或者合并，应当制定方案。

设立事业单位的方案，应当包括下列事项：

（一）本规定第二十四条规定的条件；

（二）设立机构的必要性和可行性；

（三）机构的规格；

（四）内设机构的数量、名称、规格和职责；

（五）编制、领导职数和编制结构。

撤销或者合并事业单位的方案，应当包括下列事项：

（一）撤销或者合并机构的依据或者理由；

（二）撤销或者合并机构后其职责的消失、转移情况；

（三）撤销或者合并机构后编制的调整和人员分流情况；

（四）撤销或者合并机构后其资产的处置和债权债务的清算情况。

设立、撤销或者合并事业单位内设机构的方案，参照本条规定制定。

第四章 编制和领导职数管理

第三十条 行政机构、事业单位的编制，应当根据其职责配置、编制标准等条件，遵循精简的原则核定。

第三十一条 机构编制管理机关应当按照编制的不同类别和使用范围审批编制。行政机构使用行政编制，事业单位使用事业编制，不得混用、挤占、挪用或者自行设定其他类别的编制。

第三十二条 行政机构、纳入财政预算管理的事业单位的编制，应当实行总量控制、动态管理。

各级行政机构的行政编制总额，由省机构编制管理机关在国务院批准的行政编制总额内提出分配方案，报省机构编制委员会审批；各级纳入财政预算管理的事业编制的年度总额，由省机构编制管理机关提出方案，报省机构编制委员会审批。

省属事业单位核定纳入财政预算管理的事业编制，由其举办主体提出方案，经省机构编制管理机关审核后，报省机构编制委员会审批。

市、县属事业单位核定纳入财政预算管理的事业编制，由本级机构编制委员会提出方案，经上一级机构编制管理机关审核后，报上一级机构编制委员会审批，省、市级机构编制委员会可以授权本级机构编制管理机关审批适量编制。其中，县属事业单位核定纳入财政预算管理的事业编制，还应当报省机构编制管理机关备案。

事业单位核定自收自支事业编制，由其举办主体提出方案，报本级机构编制管理机关审批。

行政机构、纳入财政预算管理的事业单位核定编制时，不得突破国家和省批准的编制总额。

第三十三条 根据工作需要，经国务院批准，可以在全省行政编制总额内对特定的行政机构的行政编制实行专项管理。

专项管理的行政编制，应当用于公安、司法行政（含监狱管理）和国家安全等机关。

第三十四条 各级人民政府根据调整职责的需要，可以在行政编制总额内调整本级人民政府有关部门的行政编制。但是，在同一个行政区域不同层级之间调配使用行政编制的，由省机构编制管理机关报中央机构编制管理机关审批。

第三十五条 各级人民政府议事协调机构不单独核定编制，所需要的编制由承担具体工作的行政机构解决。

第三十六条 行政机构、事业单位的编制、领导职数和编制结构在机构设立时一并核实，并根据职责的变化，适时调整。

第三十七条 行政机构、事业单位的编制标准，可以由省机构编制管理机关依据国家有关规定，结合本省实际提出，报省机构编制委员会确定。

第三十八条 行政机构及其内设机构的领导职数，一般应当按照下列标准核定：

（一）省级人民政府行政机构的正、副职领导职数为二至四名。其内设机构的正、副职领导职数：编制三名以下为一名；四至七名为一至二名；八名以上为二至三名；二十名以上的，根据工作需要可以增加副职领导职数一名；

（二）市级人民政府行政机构的正、副职领导职数为二至四名。其内设机构的 正、副职领导职数：编制三名以下为一名；四至七名为一至二名；八名以上为二至三名；

（三）县级人民政府行政机构的正、副职领导职数为二至三名；

（四）县级以上人民政府综合部门根据工作需要可以增加副职领导职数一至二名；专业性强的部门根据工作需要可以设置一至二名行政技术领导职务（如总工程师、总经济师、总统计师等）。

第三十九条 事业单位及其内设机构的领导职数，一般应当按照下列标准核定：

（一）事业单位的正、副职领导职数：编制五名以下为一名；六至十五名为一至二名；十六至五十名为二至三名；五十一至一百名为三至四名；一百零一至五百名为四至五名；五百名以上为五至六名。其内设机构的领导职数，参照本级行政机构内设机构的领导职数标准核定；

（二）县级以上人民政府直属事业单位及其内设机构的正、副职领导职数，参照本级行政机构及其内设机构的领导职数标准核定；

（三）国家和省有关编制标准中有领导职数标准的事业单位及其内设机构的领导职数，按照标准核定。

第四十条 机构编制管理机关在核定编制时，行政机构的编制结构一般应当按照综合管理人员编制、专业技术人员编制和行政执法人员编制分类；事业单位的编制结构一般应当按照行政管理人员编制、专业技术人员编制、生产工人编制和后勤工作人员编制分类。

第五章 监督管理

第四十一条 机构编制管理机关应当按照管理权限，对机构编制管理的执行情况进行监督检查。必要时，可以会同监察机关和其他有关部门对机构编制管理的执行情况进行监督检查。有关组织和个人应当予以配合。

第四十二条 机构编制监督检查应当遵循实事求是、依法办事、注重实效的原则，坚持监督检查与加强管理相结合，预防、教育与惩处相结合。

第四十三条 机构编制管理机关实施监督检查时，应当严格执行规定的程序，发现违反机构编制管理规定的行为，应当向本级人民政府提出处理意见和建议。

第四十四条 机构编制管理机关应当实行行政机构、事业单位机构编制管理证制度，并配套实行控编审核制度。机构编制管理证是反映行政机构、事业单位的机构性质、名称、规格、职责、编制、领导职数、编制结构、经费来源、内设机构和实有人员、实有领导等内容的凭证。

行政机构、事业单位设立或者机构编制管理证内容变更，应当按照规定期限到机构编制管理机关办理机构编制管理证或者变更手续，并按照规定期限进行年度审核。

行政机构、事业单位人员增加时，应当到机构编制管理机关进行控编审核，领取控编通知单。

第四十五条 各级人民政府应当实行机构编制年度考核制度。各级机构编制管理的执行情况，应当列入本级人民政府年度考核内容。

第四十六条 各级人民政府应当实行行政领导机构编制离任审计制度。各级机构编制管理的执行情况，应当作为本级行政领导离任审计内容。

第四十七条 行政机构、事业单位对不涉及国家秘密的机构编制及其执行情况，应当通过有效形式向本单位工作人员或者社会公开，接受监督。

第四十八条 机构编制管理机关应当如实向上一级机构编制管理机关提交机构编制年度统计资料，不得虚报、瞒报、伪造。

第四十九条 机构编制管理机关应当定期评估机构编制管理的执行情况，并将评估结果作为调整机构编制的参考依据。

第五十条 行政机构受理非行政许可审批事项的，应当在规定期限内依法作出批准或者不批准的答复。不批准的，应当向申请人说明理由。审批条件和期限应当向申请人公开。

非行政许可审批事项的设定和实施，参照行政许可法行政许可的设定和实施的有关规定执行。

第五十一条 任何组织和个人对违反机构编制管理规定的行为，均有权向机构编制管理机关、监察机关等有关部门举报。受理机关对举报者的情况应当予以保密。

"12310"电话，是机构编制管理机关统一设置的举报电话，专门受理反映违反机构编制管理规定行为的举报。机构编制管理机关应当明确规定受理程序和纪律。

各级机构编制管理机关应当接受社会监督。

第六章 法律责任

第五十二条 有下列行为之一的，由机构编制管理机关给予通报批评，并责令限期改正；情节严重的，对直接负责的主管人员和其他直接责任人员，依法给予处分；构成犯罪的，依法追究刑事责任：

（一）擅自设立、撤销、合并行政机构、事业单位或者变更规格、名称的；

（二）擅自改变行政机构、事业单位职责的；

（三）擅自增加编制或者改变编制使用范围的；

（四）超出编制限额增加财政供养人员、为超编人员核拨财政资金或者挪用其他资金安排其经费、以虚报人员等方式占用编制并冒用财政资金的；

（五）擅自超职数、超规格配备领导的；

（六）违反规定干预下级行政机构、事业单位机构编制事项的；

（七）违反规定审批机构、编制、领导职数和编制结构的；

（八）不按照规定履行职责的；

（九）不按照规定办理机构编制管理证及其变更手续和年度审核的；

（十）不按照规定进行控编审核、领取控编通知单增加人员的；

（十一）违反机构编制管理规定的其他行为。

第五十三条 机构编制管理机关工作人员在机构编制工作中滥用职权、玩忽职守、徇私舞弊，依法给予处分；构成犯罪的，依法追究刑事责任。

第七章 附 则

第五十四条 全省各级使用行政、事业编制的其他组织的机构编制管理，参照本规定执行。法律、法规和国家另有规定的，从其规定。

第五十五条 本规定自2008年3月1日起施行。

山西省人民政府令
（第224号）

（经2008年5月26日省人民政府第10次常务会议通过，现予公布，自2008年7月1日起施行）

山西省治理车辆非法超限超载工作责任追究办法

第一条 为了切实加强治理车辆非法超限超载工作（以下简称治超工作），落实各级政府和有关部门在治超工作中的责任，依据《中华人民共和国行政监察法》、《行政机关公务员处分条例》等法律法规，制定本办法。

第二条 在本省行政区域内治超工作责任追究，适用本办法。

第三条 本办法所称责任追究，是指通过对车辆非法超限超载行为涉及的治超站点、流动稽查队、装载货物源头、车辆生产和改装及维修场所等的过错责任进行倒查，追究其主管和监管部门、责任人不履行或者不正确履行治超工作职责的责任。

第四条 本办法中责任追究的对象包括：

（一）各级人民政府及其负责人；

（二）有关部门及其负责人；

（三）受行政机关委托履行管理职责的管理机构及其负责人。

责任倒查中涉及的直接责任人，由行政监察机关监督其主管部门按规定追究责任。

第五条 治超工作责任追究，坚持实事求是、有责必究、分级负责和教育与惩处相结合的原则。

第六条 治超工作坚持政府统一领导，相关部门各负其责的工作机制。各级行政监察机关负责依法进行责任追究的具体实施。

第七条 各级人民政府有关部门、企事业单位及其工作人员应当配合治超工作的责任追究。

第八条 承担治超职责的部门和单位，对查获的非法超限超载车辆，应当倒查其所属单位或者自然人、途经站点、装载货物源头或者非法改装车辆的场所等涉及单位的过错责任，提取相关证据，形成初步核实报告。

责任倒查初步核实工作，应当在7个工作日内完成，案情复杂的，经上级主管部门批准可延长5个工作日。

第九条 车辆非法超限超载行为查证属实的，由行政监察机关依法对涉及单位的主管和监管部门、责任人的过错责任进行调查、认定，做出监察决定或者提出监察建议。

第十条 交通部门、公安机关交通管理部门未按照规定为治超站点指派执法人员且经督促教育仍不纠正的，或者所指派执法人员不作为的，根据情节轻重，追究部门分管负责人、主要负责人的责任，情节较轻的，进行训诫或者通报批评；情节较重的，给予警告或者记过处分；情节严重的，给予记大过或者降级处分。

第十一条 治超执法人员在接到查处非法超限超载车辆通知后不能及时到位履行职责，致使已查获的非法超限超载车辆逃逸、调查取证工作无法进行的，根据情节轻重，追究部门分管负责人、主要负责人的责任，情节较轻的，给予警告处分；情节较重的，给予记过或者记大过处分；情节严重的，给予降级或者撤职处分。

第十二条 治超站点、流动稽查队、高速公路出、入口违规放行非法超限超载车辆的，根据情节轻重，追究主要负责人、上级主管单位或者主管部门分管负责人、主要负责人的责任，情节较轻的，给予记过处分；情节较重的，给予记大过或者降级处分；情节严重的，给予撤职处分。

第十三条 计重收费站、煤焦出省口管理站、煤焦营业站、煤焦集运站和焦炭营业站、焦炭稽查站对经称重确认车辆非法超限超载未报告的，或者报告后擅自放行的，根据情节轻重，追究主要负责人、上级主管单位或者主管部门分管负责人、主要负责人的责任，情节较轻的，进行训诫或者通报批评；情节较重的，给予警告或者记过处分；情节严重的，给予记大过或者降级处分。

第十四条 交通部门运管机构以及装载货物源头单位的主管或者监管部门未对政府公示的装载货物源头单位的装载行为，或者未对车辆维修企业的改装行为进行有效监管，致使非法超限超载车辆、非法改装货运车辆驶入公路的；交通部门运管机构对发现的货运源头单位超限超载行为应当移送主管或者监管部门查处，而未移送有关部门的，根据情节轻重，追究运管所主要负责人、县交通部门分管负责人、主要负责人（未设运管所的县区，追究市运管机构分管负责人、主要负责人）、企业主管或者监管部门分管负责人、主要负责人的责任，情节较轻的，进行训诫或者通报批评；情节较重的，给予警告或者记过处分；情节严重的，给予记大过或者降级处分。

第十五条 公安机关交通管理部门未按照有关规定，对未列入国家公告管理的货运车辆发放登记证书、号牌、行驶证和检验合格标志的，根据情节轻重，追究车管所主要负责人、市交警支队分管负责人、主要负责人的责任，情节较轻的，进行训诫或者通报批评；情节较重的，给予警告或者记过处分；情节严重的，给予记大过或者降级处分。

公安机关交通管理部门未按照规定履行职责，对辖区内行驶的非法改、拼装货运车辆不进行有效查处，对查获的非法改装货运车辆不依法强制恢复原状，对查获的拼装货运车辆不予收缴的，根据情节轻重，追究管辖区域的交警大队分管负责人、主要负责人的责任，情节较轻的，进行训诫或者通报批评；情节较重的，给予警告或者记过处分；情节严重的，给予记大过或者降级处分。

第十六条 公安机关对拒检、闯卡、阻挠治超工作和殴打治超工作人员的行为接报警后无故不出警或者出警不及时的，根据情节轻重，追究公安机关出警单位主要负责人、上级主管部门分管负责人和主要负责人的责任，情节较轻的，进行训诫或者通报批评；情节较重的，给予警告或者记过处分；情节严重的，给予记大过或者降级处分。

第十七条 安监部门未对危险化学品生产经营单位未按行驶证核定载质量进行装载的行为进行有效监管，致使超载车辆驶入公路的，根据情节轻重，追究县安监部门分管负责人、主要负责人的责任，情节较轻的，进行训诫或者通报批评；情节较重的，给予警告或者记过处分；情节严重的，给予记大过或者降级处分。

安监部门对交通部门运管机构在实施货运源头治超执法时移送的危险化学品生产经营单位未按行驶证核定载质量进行装载的案件，未按规定及时查处的，根据情节轻重，追究县安监部门分管负责人、主要负责人的责任，情节较轻的，进行训诫或者通报批评；情节较重的，给予警告或者记过处分；情节严重的，给予记大过或者降级处分。

第十八条 煤炭部门和经政府授权的承担各级煤炭、焦炭运输任务的组织，未对源头企业执行“单票限开、单车限装”制度实施有效监管，致使非法超限超载车辆驶入公路的，根据情节轻重，追究主要负责人、上级主管单位或者主管部门分管负责人、主要负责人的责任，情节较轻的，进行训诫或者通报批评；情节较重的，给予警告或者记过处分；情节严重的，给予记大过或者降级处分。

煤炭部门对交通部门运管机构在实施货运源头治超执法时移送的无煤炭销售票、不按规定出具煤炭销售票的案件，未按规定及时查处的，根据情节轻重，追究主要负责人、上级主管单位或者主管部门分管负责人、主要负责人的责任，情节较轻的，进行训诫或者通报批评；情节较重的，给予警告或者记过处分；情节严重的，给予记大过或者降级处分。

第十九条 工业经济、质监部门未对车辆生产企业生产和改装车辆的行为进行有效监管，致使非法改装货运车辆出厂上路的，根据情节轻重，追究县工业经济、市质监部门分管负责人、主要负责人的责任，情节较轻的，进行训诫或者通报批评；情节较重的，给予警告或者记过处分；情节严重的，给予记大过或者降级处分。

第二十条 质监部门未对机动车安全技术检验机构进行有效监管，致使机动车安全技术检验机构未按国家标准检验货运车辆的，根据情节轻重，追究机动车安全技术检验机构所在地质监部门分管负责人、主要负责人的责任，情节较轻的，进行训诫或者通报批评；情节较重的，给予警告或者记过处分；情节严重的，给予记大过或者降级处分。

第二十一条 工商登记前置许可审批部门以及工商部门未依法处理无证照经营的装载货物源头、车辆改装、汽车维修场所的，根据情节轻重，追究工商登记前置许可审批部门分管负责人和主要负责人、工商所主要负责人、县工商部门分管负责人和主要负责人的责任，情节较轻的，进行训诫或者通报批评；情节较重的，给予警告或者记过处分；情节严重的，给予记大过或者降级处分。

第二十二条 国土资源部门未对属于非法占地的装载货物源头依法处理的，根据情节轻重，追究国土资源所主要负责人、县国土资源部门分管负责人、主要负责人的责任，情节较轻的，进行训诫或者通报批评；情节较重的，给予警告或者记过处分；情节严重的，给予记大过或者降级处分。

第二十三条 省人民政府有关部门、单位及其直属市级机构，市人民政府有关部门、单位，有下列情形之一的，根据情节轻重，追究部门、单位主要负责人、分管负责人的责任，情节较轻的，进行训诫或者通报批评；情节较重的，给予警告、记过或者记大过处分；情节严重的，给予降级或者撤职处分：

（一）未健全治超工作机构、未配足配齐工作人员的；

（二）治超工作经费未列入本部门、单位支出范围，或者将上级治超补助经费挪作他用的；

（三）对查获的非法超限超载车辆不按本办法进行责任追究的；

（四）对下级部门、单位报告的治超事项未采取有效措施，或者对主办、协办的治超事项消极应付的；

（五）不履行或不正确履行职责的，导致本部门、本行业车辆非法超限超载行为严重，或者发生重大案情、影响恶劣的。

第二十四条 市、县人民政府有下列情形之一的，根据情节轻重，追究市长、分管副市长、县长、分管副县长的责任，情节较轻的，进行训诫或者通报批评；情节较重的，给予警告、记过或者记大过处分；情节严重的，给予降级或者撤职处分：

（一）未健全治超工作机构、未配足配齐工作人员的；

（二）治超工作经费未列入本级财政预算支出范围，或者将上级治超补助经费挪作他用的；

（三）对查获的非法超限超载车辆未按本办法规定进行责任追究的；

（四）对交通、公安、国土资源、工业经济、工商、质监、安监、煤炭等承担治超职责的部门报告的事项未采取有效措施的；

（五）不履行或者不正确履行职责，导致车辆非法超限超载行为严重，或者发生重大案情、影响恶劣的。

第二十五条 具有下列情形之一的，从轻或减轻处分：

（一）积极配合调查工作的；

（二）有立功表现的；

（三）主动纠正错误，及时采取补救措施，有效阻止损害后果扩大的；

（四）其他应当从轻或者减轻的情形。

第二十六条 具有下列情形之一的，从重或加重处分：

（一）干扰、妨碍调查工作的；

（二）指使或者暗示治超执法人员违反治超规定，放行超限超载车辆的；

（三）利用职权保护非法超限超载运输的；

（四）以权谋私，索贿受贿，徇私舞弊，影响治超工作的；

（五）其他应当从重或者加重的情形。

第二十七条 各级人民政府、有关部门、企事业单位及其工作人员拒不配合调查取证工作的，根据情节轻重，追究主要负责人的责任，情节较轻的，进行训诫或者通报批评；情节较重的，给予警告或者记过处分；情节严重的，给予记大过或者降级处分。

第二十八条 治超工作人员在治超工作中滥用职权、玩忽职守、徇私舞弊的，给予行政处分。

第二十九条 对治超工作责任追究中需追究党纪责任的，交由纪律检查机关处理；触犯刑律的，移送司法机关依法追究刑事责任。

第三十条 本办法的实施细则，由省监察厅负责制定。

第三十一条 本办法自2008年7月1日起施行。

山西省人民政府令
（第 225 号）

（经 2008 年 7 月 11 日省人民政府第 14 次常务会议通过，现予公布，自 2008 年 8 月 1 日起施行）

山西省竞技体育人才培养和退役安置办法

第一章 总 则

第一条 为加强竞技体育人才培养，规范运动员的招聘与退役安置，保障体育事业的持续发展，根据《中华人民共和国体育法》和其他有关法律、法规，结合本省实际，制定本办法。

第二条 本办法所称竞技体育人才包括体育后备人才和运动员。

体育后备人才是指具有一定体育潜质，通过选拔进入体育运动学校、少年儿童体育学校、体育传统项目学校和符合条件的青少年体育俱乐部、社会力量举办的其他培训机构（以下简称体育后备人才培训机构），参加体育训练的青少年、儿童。

运动员是指由省人民政府体育行政部门所属的体育运动训练单位（以下简称训练单位）招聘、专业从事某项体育运动训练和参加比赛，享受试训体育津贴或者体育津贴的人员。运动员包括试训运动员和优秀运动员。

第三条 本省行政区域内体育后备人才培养及优秀运动员的培养和退役安置，适用本办法。

第四条 县级以上人民政府应当加强对竞技体育人才培养与退役安置工作的领导。

县级以上人民政府体育、教育、财政、公安、人事、劳动保障、机构编制等部门应当按照各自职责做好相关管理工作。

第五条 鼓励组织和个人举办、资助体育后备人才培训机构。鼓励组织和个人支持、资助运动员的培养。

第二章 体育后备人才的培养

第六条 体育后备人才培养实行政府主导和社会参与相结合的原则。

第七条 县级以上人民政府体育行政部门（以下简称体育行政部门）负责本行政区域内体育后备人才体育训练和竞赛的监督管理；县级以上人民政府教育行政部门（以下简称教育行政部门）负责本行政区域内体育后备人才文化教育的监督管理，保障体育后备人才接受并完成义务教育。

第八条 体育后备人才培训机构应当根据本地区的体育传统和运动项目布局设置开展训练的体育项目。

县（区）少年儿童体育学校应当从实际出发，采取独立办校、依附体育场馆、与普通中小学校联办等形式，开展体育后备人才培训工作。没有成立少年儿童体育学校的县（区）应当依托体育传统项目学校、青少年体育俱乐部或者社会力量举办的其他培训机构开展体育后备人才培养工作。

设区的市体育运动学校，应当做好体育后备人才的培训工作，保证体育后备人才的输送质量。

第九条 纳入国家教育序列的少年儿童体育学校、体育运动学校，与同级别的普通学校享有同等权利。

第十条 中小学校应当为开展体育后备人才培养工作创造条件。

体育、教育行政部门应当按照国家有关规定，将开展学生体育活动形成传统并在体育运动项目技能上具有特色的中小学校确定为体育传统项目学校。

体育行政部门可以根据培养规划将符合条件的体育后备人才培养机构确定为体育后备人才基地。

第十一条 体育后备人才培养机构应当根据体育项目选材标准选拔体育后备人才；可以根据国家有关规定跨行政区域选拔体育后备人才。

鼓励中小学校和其他组织、个人向体育后备人才培养机构推荐、输送具有一定体育潜质的青少年和儿童。

第十二条 体育后备人才培养机构应当与体育后备人才或者其法定监护人签订协议，明确双方在体育训练、文化教育、费用、待遇等方面的权利和义务。

第十三条 体育后备人才培养机构应当按照有关规定和培养协议做好体育后备人才的文化教育工作；应当遵循运动训练规律和青少年、儿童生长发育规律，按照国家青少年儿童教学训练大纲开展体育训练工作。

第十四条 县级以上人民政府应当每年举办青少年儿童体育竞赛活动，促进体育后备人才培训。

第十五条 体育后备人才应当注册登记。设区的市、县单项体育协会或者其业务主管部门应当对体育后备人才每年进行一次注册登记，由设区的市单项体育协会或者其业务主管部门向全省性单项体育协会备案。

第十六条 体育后备人才培养机构必须按照设区的市体育运动学校或者训练单位的需要输送体育后备人才；必须在满足设区的市体育运动学校和训练单位需要的前提下，按照有关规定开展人才交流活动。

体育后备人才培训机构向训练单位输送人才，可以向训练单位收取培训费。

第三章 优秀运动员的招聘与培养

第十七条 优秀运动员的招聘应当在编制内进行，遵循公开、平等、择优、科学、规范的原则，按照事业单位公开招聘人员的有关规定进行。

第十八条 优秀运动员的招聘每年进行一次，由训练单位提出招聘计划，经省体育行政部门同意后报省人事行政部门核准。

第十九条 省体育行政部门在公开招聘优秀运动员前，可以组织一定规模人员进行试训。

试训运动员人数由省体育行政部门报省机构编制、财政等部门根据具体情况和项目特点确定。

第二十条 试训运动员通过定向选拔、推荐或者面向社会公开招聘等方式产生。原则上从完成九年制义务教育的人员中招聘，个别项目根据项目特点可适当放宽。

试训标准由省体育行政部门制定。

第二十一条 训练单位应当与试训运动员或者其监护人签订试训合同。

试训时间原则上不超过一年。

第二十二条 优秀运动员的招聘，由训练单位根据聘用标准及要求采取考试、考核的方法进行。

省体育行政部门和省人事行政部门对优秀运动员招聘工作进行指导、监督和管理。

优秀运动员聘用标准由省体育行政部门制定。

第二十三条 符合聘用标准并通过考试、考核的拟聘用人员，应当进行公示。公示结束后，训练单位按照干部人事管理权限规定报批，经批准后，与被聘用的人员签订优秀运动员聘用合同。

聘用未满 16 周岁的优秀运动员，需经其监护人同意，并按规定报经省劳动行政部门批准。

第二十四条 试训运动员聘用为优秀运动员的，其最后一次在本训练单位试训时间可计算为连续工龄；未聘用的，回原输送单位或居住所在地。

第二十五条 跨地区或者从农村聘用优秀运动员的，公安部门根据政府有关部门出具的调函或者批件，办理有关人员落户手续。

第二十六条 教育行政部门应当配合体育行政部门做好运动员的文化教育工作。

聘用的未完成义务教育的优秀运动员，训练单位应当保证其继续接受义务教育；已完成义务教育的优秀运动员，训练单位应当提供必要条件，组织或支持其参加学历教育或者职业技能培训。

优秀运动员申请到高等院校学习的，有关部门和高等院校应当给予优待。

第二十七条 训练单位应当完善运动训练条件，加强体育训练中的医务监督，为运动员训练提供必要的安全和防护措施。

训练单位应当采取措施提高教练员的业务素质和运用科学方法指导运动训练的能力，提高运动训练科学化水平，保证运动员的训练质量。

第二十八条 训练单位应当为优秀运动员建立运动技术、健康体检、社会保险和文化学习学籍等档案。

第四章 优秀运动员的退役安置

第二十九条 优秀运动员由于身体、年龄、伤病、训练水平等原因不适宜继续从事竞技体育训练的，经省体育行政部门批准后停止训练。

第三十条 优秀运动员停止训练后，给予不超过一年的职业转换过渡期。具体期限由训练单位和运动员根据入队时间、运动成绩、停训原因等因素协商确定。

职业转换过渡期包括在聘用合同期限内，但不计算运龄。

职业转换过渡期内，体育行政部门负责做好运动员的技能培训、就业辅导等工作。

第三十一条 优秀运动员的退役安置实行自主择业、上学深造、政府指导性安置和政府指令性安置等方式。

鼓励和支持优秀运动员退役后自主择业或者通过进入高等院校学习毕业后就业。

优秀运动员退役后，省体育行政部门按规定发给退役费。

第三十二条 退役运动员选择自主择业的，省体育行政部门应当依照有关规定发给自主择业经济补偿金。

自主择业经济补偿金的标准根据国家有关规定，结合我省实际确定。

退役运动员领取自主择业补偿金后，即解除与训练单位的聘用合同，其户口、档案和社会保险关系等转入相关业务部门后需要缴纳代理费的，省体育行政部门负责缴纳一年的代理费，一年后代理费由退役运动员本人缴纳。

第三十三条 退役运动员选择上学深造并被中等专业学校、普通高等院校录取的，其人事关系和户口转入该院校；未被录取的，按照自主择业方式安置。

退役运动员被中等专业学校、普通高等院校录取，除由省体育行政部门按规定发给自主择业经济补偿金外，还可根据国家有关规定申请助学金。

第三十四条 退役运动员选择政府指导性方式安置的，由原输送单位所在地或异地安置地的设区的市人民政府人事、劳动行政部门推荐就业，相关管理按转入地有关规定执行。

第三十五条 获得全国运动会、亚洲运动会、世界体育比赛冠军和奥运会前三名的退役运动员，应当采取指令性方式安置，由省体育行政部门会同省人事行政部门安排就业。退役运动员也可选择本办法规定的其他方式安置。

获得全国运动会、亚洲运动会、世界体育比赛前三名和奥运会前八名的退役运动员，回原输送地安置工作的，由设区的市人民政府安排就业。

第三十六条 运动员退役时不满16周岁，未进入中等专业学校或者高等院校学习的，由其监护人监护；未完成九年制义务教育的，在监护人的监护下由训练单位安排文化学习，期间不停止体育津贴的发放。满16周岁后依照本办法的规定安置。

第五章 保障措施

第三十七条 县级以上人民政府应当将其举办的少年儿童体育学校、体育运动学校所需经费和体育后备人才培训、扶持资金纳入同级财政预算；应当在体育彩票公益金中安排一定比例用于体育后备人才培训。

县级以上人民政府应当对登记注册并参加体育训练的体育后备人才按高于当地城镇居民最低生活保障金50%的标准给予训练补贴。

第三十八条 教育、体育行政部门应当协调配合，解决好体育后备人才就读的实际困难；中小学校应当为体育后备人才就读提供方便，为户籍在外地的体育后备人才平等接受义务教育提供条件。

第三十九条 体育后备人才在升高中时实行文化成绩和体育专项成绩综合评分录取，具体办法由设区的市人民政府教育行政部门规定。

参加省级以上体育比赛取得优异成绩的体育后备人才，在升大学时给予优待。具体办法由省教育行政部门、省体育行政部门共同制定，报省人民政府批准。

第四十条 体育后备人才培训机构应当配备合格的教练员，并保障教练员享受与其工作特点有关的待遇；应当按规定为体育后备人才办理人身意外伤害保险。

第四十一条 公共体育设施管理单位应当为体育后备人才培训机构的训练或者比赛提供便利和优惠。

第四十二条 试训运动员在试训期内享受国家规定的试训体育津贴，达到领取成绩津贴条件的，可领取相应的成绩津贴；试训期间按国家和省的有关规定参加社会保险，享受相应的社会保险待遇，接受相应的文化教育。

第四十三条 优秀运动员享受国家规定的工资、住房等待遇，按规定参加社会保险、人身意外伤害保险和优秀运动员伤残互助保险，并享受相应的保险待遇。优秀运动员退役后，其社会保险关系按规定转移、接续。

优秀运动员在职业转换过渡期间内，不停发体育津贴。

获得全国体育比赛前三名、亚洲体育比赛前六名、世界体育比赛前八名和获得球类集体项目运动健将、武术项目武英级和其他项目国际级运动健将称号的退役运动员可以免试录取到高等院校学习。

第四十四条 因工致残且被鉴定为伤残等级的优秀运动员待遇，按照工伤保险有关规定执行。

第四十五条 训练单位向体育后备人才培训机构支付的培训费和输送奖励资金、运动员试训期间所需经费、运动员退役费、运动员自主择业经济补偿金等，应当纳入同级财政年度预算；职业转换过渡期间体育行政部门和训练单位组织开展技能培训、就业辅导等相关工作所需经费，以财政投入为主，不足部分用体育部门使用的彩票公益金、社会捐助资金等补充。

第四十六条 县级以上人民政府应当对退役运动员创建体育经营实体或者从事个体经营给予扶持。

各类体育事业单位招聘体育工作人员的，对取得优异成绩的退役运动员，可以采取直接考核的方式招聘；对其他退役运动员，应在同等条件下优先聘用。

体育服务业、体育运动学校、用体育彩票公益金资助或政府投资建设的体育场所新增就业岗位，要优先安排退役运动员就业。

第四十七条 各类教育事业单位招聘体育教师、体育教练员等体育类专业技术人员的，对取得优异成绩且具有教师资格的退役运动员，可以采取直接考核的方式招聘；对其他具有教师资格的退役运动员，应在同等条件下优先聘用。

各级体育、教育行政部门要为退役后有意从事体育教师工作的退役运动员获得教师资格创造条件。

第六章 奖励与处罚

第四十八条 县级以上人民政府可以对有下列情形之一的体育后备人才培养机构及其教练员给予奖励：

（一）向设区的市体育运动学校或者体育训练单位输送体育后备人才的；

（二）输送的体育后备人才参加全国运动会、亚洲运动会、奥运会等重大比赛取得优异成绩的；

（三）体育后备人才培养有其他突出贡献的。

对在竞技体育人才培养工作中有突出贡

献的教练员，除给予奖励外，在职称评定时按国家或省有关规定给予优待。

第四十九条 省人民政府及有关部门应当对在全国运动会、亚洲运动会、奥运会等重大比赛中取得优异成绩的训练单位、教练员、运动员给予奖励。

第五十条 体育后备人才培养机构没有和体育后备人才或者其法定监护人签订协议的，由体育行政部门给予警告或者500元以上1000元以下的罚款。

第五十一条 优秀运动员违反聘用合同，致使聘用合同解除或者终止的，不作退役安置。

第五十二条 在优秀运动员招聘和退役安置工作中，滥用职权、徇私舞弊、收受贿赂的，依法给予行政处分；构成犯罪的，依法追究刑事责任。

第七章 附 则

第五十三条 本办法中下列用语的含义为：

全国体育比赛，指全国运动会、全国锦标赛、全国冠军赛；

亚洲体育比赛，指亚洲运动会、亚洲锦标赛、亚洲杯赛；

世界体育比赛，指奥运会、世界锦标赛、世界杯赛。

第五十四条 设区的市体育行政部门所属训练单位优秀运动员的培养和退役安置可参照本办法执行。

第五十五条 本办法自2008年8月1日起施行。

法院工作

【概述】 2008年，全省法院全年共受理各类案件173983件，办结153887件，审限内结案率为99.6%，收结案数分别比上年上升10.18%和9.91%，其中，省法院审执结各类重大案件2115件，同比上升33.5%。全省法院服从服务于改革开放大局，为本省转型发展、安全发展、和谐发展提供更加公正、高效、权威的司法保障。

1. 刑事审判工作。全省法院紧紧围绕平安三晋、和谐山西建设，密切关注社会治安形势，牢牢把握刑事审判工作的主动权，严厉打击各类犯罪活动。全年共审结一审刑事案件20093件，判处罪犯21697人，其中判处5年以上有期徒刑、无期徒刑直至死刑的罪犯占判处案犯总数的17.45%。审结二审刑事案件3382件。其中依法审结杀人、抢劫、强奸、绑架、涉黑、重大盗窃等严重危害社会治安稳定、影响人民群众安全感的严重暴力犯罪和多发性侵财犯罪案件6540件，判处罪犯11145人，有力地维护了社会治安秩序的稳定。依法审结非法采矿、重大责任事故、重大劳动安全责任事故和涉枪涉爆案件941件，判处罪犯1774人，有效地促进了全省矿业安全生产秩序整顿工作。依法审结金融诈骗、合同诈骗、虚开增值税专用发票、非法集资、商业贿赂等各类破坏社会主义市场经济秩序犯罪案件415件，判处罪犯664人，进一步促进了市场经济秩序的规范和完善。依法判处贪污、贿赂等职务犯罪和滥用职权、徇私舞弊等渎职犯罪案件1096件，判处罪犯1344人，有力推动了反腐败斗争深入开展。与此同时，全省法院坚决贯彻执行“该宽则宽、当严则严、宽严相济、罚当其罪”的刑事政策，确保无罪者不受刑事追究，不断增强社会和谐因素，最大限度地教育感化挽救犯罪分子，经开庭审理依法对不构成犯罪的110名刑事案件被告人宣告无罪，依法从轻、减轻或免除处罚未成年犯1074人，注重延伸审判职能，积极开展回访帮教工作，积极参与社会治安综合治理等均取得了明显成效。

2. 民商事审判工作。全省法院认真贯彻落实省委、省政府转型、跨越、崛起的战略部署，始终坚持服务大局、司法为民的工作原则，积极稳妥地审理各类民商事案件，全年共受理一审民商事案件86179件，审结80389件，标的金额达68.69亿元，同比分别上升7.00%、6.67%和下降7.06%；审结二审民商事案件9292件，同比上升15.29%。围绕经济结构调整，依法审理企业改制改组，以及与资本、产权、技术、土地和劳动力等要素市场发展密切相关的各类案件4212件，其中依法审慎稳妥处理企业破产案件80件，清理资产总额达17.89亿元，推动了产业结构优化升级；围绕推进科技创新和知识产权保护，审理专利、商标、著作权、不正当竞争等知识产权案件214年，有效制裁假冒注册商标、侵犯商业秘密等各种侵权违法行为，促进了创新型社会建设；围绕国家宏观调控和应对金融危机，依法审理借贷、票据、期货和因金融危机引发的纠纷案件18055件，标的金额26.85亿元，最大限度地保护国有金融债权，确保了全省金融安全；围绕社会主义新农村建设，依法审理农村土地承包、土地征用等涉农案件759件，坚决惩治非法占用耕地、损害农民利益的行为，促进了农村稳定和农业经济发展。同时，全省法院坚持以人为本、司法为民，把解决人民群众最关心、最直接、最现实的利益问题，作为审判工作的着力点与切入点。全年共审结婚姻家庭、相邻关系、民间借贷等传统民事案件38169件，并注重对老人、妇女、儿童、残疾人、军人家属等特殊群体合法权益的保障。审结劳动合同、劳动保护、劳动争议、最低生活保障等民事案件2906件，强化了对农村进城务工人员的司法保护，保障了劳动者的正当权益。审结人身伤害、医疗纠纷、交通事故等民事损害赔偿案件7319件，确保人民群众合法诉求的实现，共同维护和谐稳定大局，共同分享改革发展成果，促进了本省“五大惠民工程”的实施。

3. 行政审判和国家赔偿工作。全省法院坚持以监督和支持依法行政为核心，以维护和保障人民群众合法权益为归宿，大力开展行政审判和国家赔偿工作，受理一审行政案件1318件，审结1156件，同比分别下降17.52%、24.30%，审结二审行政案件472件，同比下降2.28%。有效化解“官”、“民”矛盾，促进社会和谐。对于因城市拆迁、土地征用、企业改制和社会保障等热点问题引发的群体性行政诉讼，全省法院坚持“诉讼前沟通、诉讼中协调、诉讼外交流”的原则，努力促成行政争议的和解，全力防范矛盾激化。坚持依法支持各级政府和相关行政部门开展的打击制裁违法用地、破坏自然资源和生态环境、损害农民工合法权益等专项执法活动，受理审查非诉行政执行案件4437件，裁定准予执行3687件。同时，审结国家赔偿案件30件，判决赔偿15件，赔偿金额35.07万元。备受媒体关注的“郝金安申请国家赔偿案”等一批影响重大的国家赔偿案件得到妥善解决。

4. 执行工作。全省各级法院加强改进执行工作，着力解决“执行难”问题，充分发挥执行工作统一管理、统一协调的机制优势，灵活运用提级执行、指定执行、交叉执行等有效方法，对“执行难”实行综合治理。在党委领导和人大监督下，动员并联合各有关部门，采取责任查究、网上公示、限制出境、限制信贷等一系列联动执行措施，以集中清理执行积案活动为突破口，打响了解决“执行难”的攻坚战。全省法院全年共执结各类案件28022件，标的金额77.54亿元，执行率75.42%。

5. 信访工作。民事诉讼法的修改，使信访案件的级别管辖发生了根本性的改变，信访工作面临空前压力。自新的民诉法实施以来，省法院共立案受理申请再审案件1247件，比上年同期增长2.18倍。奥运期间，在当地党委、政府、法院支持配合下，各级法院主要领导切实担负起第一责任人的责任，坚持“人要回去，事要解决，案结事了，息诉罢访”的工作原则，在规定的时间内认真办结了中央交办的一大批重点信访案件。全省法院重信重访案件的息诉罢访率达到97.5%，实现了省委和最高法院的目标要求。为保障困难群众诉讼权利，全省法院依法对诉讼费实行减、缓、免，涉及1921案1658.72万元。

6. 审判监督管理工作。省法院和各中级法院认真履行审判监督职责，通过对二审案件的精心审理，加强对下级法院审判工作的监督。2007年以来，高、中级法院共审结刑事、民事、行政二审案件13146件，其中二审改判的2154件，占全部一审案件的2.12%。各级法院还依照新的民诉法要求，积极推进再审制度的改革，确保了有正当申诉理由的案件都能够纳入再审范围，并坚持依法纠错的原则，对确有错误的267案作出改判。省法院根据审判、执行工作中出现的新情况，组织各级法院就有关法律适用问题深入开展调研活动，对一些带有普遍性的问题及时出台指导意见，发布典型案例，进行专项检查，努力保证裁判标准的统一，力争使矛盾解决在一审，解决在基层。去年，全省法院一审案件的服判息诉率为86.56%，同比上升0.73个百分点。

（朱永贵）

【省法院确定十项司法改革任务】 年初，省法院出台《关于进一步推进司法改革工作的意见》，确定了2008年十项司法改革的基本任务，对再审制度、执行制度、法官制度、人民法庭工作机制、公开审判制度、审判委员会制度、司法管理制度、未成年人审判制度、案件管辖制度、审判质量和效率评估制度进行改革和完善。

（朱永贵）

【省人大代表对法院工作予以充分肯定】 2008年1月19日，左世忠院长向山西省第十一届人民代表大会第一次会议作了《山西省高级人民法院工作报告》，全面报告了五年来全省法院审判工作、司法改革和队伍建设取得的成果。一是以服务大局为使命，全面加强各项审判工作；二是以司法为民为宗旨，努力维护人民群众的合法权益；三是以司法公正为目标，不断推进审判管理规范化；四是以队伍建设为根本，不断提升各级法院的司法能力。在人大代表审议法院工作报告期间，省法院派出50余名庭（处）以上干部到会听取意见和建议。代表们对法院工作报告给予了充分肯定，认为法院工作报告贯穿了党的十七大和省第九次党代会精神，体现了为构建社会主义和谐社会，全面建设小康社会提供司法保障的根本要求，内容翔实，思路清晰，重点突出，是一个好报告。

（朱永贵）

【全省中级法院院长会议】 2008年1月28日，全省中级法院院长会议在太原召开。省法院领导班子成员、全省各中院院长、省法院机关各部门、事业单位主要负责人、业务庭专职书记参加了会议。左世忠院长针对当前法院工作面临的主要任务，结合贯彻落实最高法院“两个会议”精神，进行了工作部署并提出了要求。一是认真学习贯彻党的十七大精神，坚定正确的政治方向。二是服务大局、关注民生，进一步加强和改进审判工作。三是按照严格、公正、文明司法的要求，采取有效措施切实加强法院队伍建设。四是科学谋划，统筹兼顾，积极稳妥地推进法院各项改革。五是齐抓共管，恪尽职守，努力做好涉诉信访工作。六是加强管理，明确责任，切实做好司法安全工作。七是崇尚文明俭朴，过一个廉洁祥和的春节。八是结合实际，科学谋利，进一步理清工作思路。

（朱永贵）

【全省法院纪检监察工作会议】 2月29日，全省法院纪检监察工作会议在太原召开。省法院全体党组成员、副厅级领导干部、院机关全体干警；各中院纪检组组长、监察室主任；太原中院、太铁中院部分干警，共500余人参加了会议。赵有珍组长在工作报告中全面总结了2007年全省法院党风廉政建设和反腐败工作取得的成绩，指出了工作中存在的主要问题，安排部署了2008年全省法院反腐倡廉工作的主要任务。左世忠院长就进一步加强法院反腐倡廉建设强调指出：要进一步认识加强反腐倡廉建设的重要性，旗帜鲜明地反对各种腐败；要进一步完善惩治和预防腐败体系，不断推动全省法院反腐倡廉建设深入开展；要进一步加强和改善领导，确保全省法院反腐倡廉建设取得新成效。

（朱永贵）

【全省排查化解重信重访工作“百日攻坚”活动】 为贯彻落实中央政法委、省委政法委深入开展排查化解重信重访工作的部署要求，省法院下发通知决定在全省法院集中时间、集中力量开展一次以重点处理中央交办案件为内容的“百日攻坚”活动。活动以奥运会结束前100余天时间为期限；以准备发动、攻坚克难、息诉稳控、全面巩固四个阶段为步骤；以确保北京奥运会成功举办为主题；以“人要回去、事要解决、案结事了、息诉罢访”为标准；以解决实际问题，加强思想教育，依法打击处理违法上访行为相结合为主要手段；以在7月底前对中央交办的重信重访案件全部实现息诉罢访，对不能息诉罢访的其他案件，要确保全部稳控在当地，做到保证不发生进京非正常访案件，保证不发生极端涉法事件，保证不发生影响奥运会成功举办的案件为总体目标。通知要求加强组织领导，抓住工作重点，注重综合治理，坚持奖惩严明，及时反馈信息，确保全省社会大局稳定，确保北京奥运会安全顺利举办。

（朱永贵）

【山西省法官协会、山西省女法官协会举行第二次会员代表大会】 7月17日，山西省法官协会、山西省女法官协会第二次会员代表大会在太原召开。会议审议通过了有关议程后分别选举产生了新一届山西省法官协会、山西省女法官协会理事会理事、常务理事、会长、副会长、名誉会长、秘书长，并分别批准任命了两协会副秘书长；中国法官协会秘书长姜联润应邀出席大会并讲话；新当选的山西省法官协会会长、省高级人民法院院长左世忠作了讲话，对两协会今后的工作提出四点意见：一是要坚持正确的方向，紧紧围绕全省法院的重大工作部署开展活动。二是要摆正协会的位置，正确处理好协会的工作与审判工作的关系。三是要积极发挥法官协会的优势，不断增强法官两协会的凝聚力和吸引力。四是要进一步开展对外交流活动，开创全省法院工作的新局面。

（朱永贵）

【乌克兰法院访华代表团对山西省进行友好访问】 应最高人民法院院长王胜俊的邀请，以乌克兰共和国最高法院院长奥诺边科·瓦西里为团长的乌克兰法院访华代表团一行7人，于9月1～2日在最高法院外事局局长刘合华的陪同下，对山西省进行了友好访问。此次到访是本省接待规格最高的一次法官代表团。受张宝顺书记委托，省委常委、政法委书记杜玉林代表省委、省政府在晋祠国宾馆亲切会见并宴请代表团一行。杜玉林书记在向客人介绍了山西经济社会发展和民主法制建设情况后说，中乌两国于1992年1月4日建交以来，双方关系健康平稳发展，两国司法界交往深入，希望代表团通过在山西的访问，进一步推动两国在司法领域的交流与合作。左世忠院长在晋祠国宾馆会见并宴请了代表团，双方并就各自法院的基本情况及刑事、民商事审判状况进行了深层次的探讨与交流。（朱永贵）

检察工作

【概述】 2008年，全省检察机关认真学习贯彻党的十七大精神，以科学发展观为统领，落实“五抓”（抓方向、抓业务、抓队伍、抓改革、抓基础）工作思路，强化法律监督职能，各项检察工作取得了新的成绩，为维护全省社会和谐稳定，促进经济社会又好又快发展做出了贡献。

1. 以奥运安保为重点，全力维护社会和谐稳定。①严厉打击严重危害社会治安的刑事犯罪。2008年，全省检察机关共批准逮捕各类刑事犯罪嫌疑人25356人，提起公诉31295人。突出打击涉枪涉爆犯罪；严厉打击黑恶势力犯罪、严重暴力犯罪和“两抢一盗”等多发性侵财犯罪；继续深化“打黑除恶”专项斗争，深挖黑恶势力“保护伞”，共批准逮捕以上重点犯罪案件嫌疑人14595人，提起公诉16936人。②依法打击破坏社会主义市场经济秩序犯罪。2008年，全省检察机关共批准逮捕破坏社会主义市场经济秩序犯罪嫌疑人671人，提起公诉766人。③认真贯彻宽严相济的刑事政策。在依法严厉打击严重刑事犯罪，努力遏制刑事案件高发势头的同时，进一步改进审查逮捕和审查起诉方式，健全完善快速办理轻微刑事案件机制和办理未成年人刑事案件工作机制，积极探索当事人达成和解的刑事案件办理机制。对初犯、偶犯、未成年犯、过失犯以及轻微刑事犯罪依法适用轻缓的刑事政策，最大限度地增加和谐因素，最大限度地减少不和谐因素。全年共对3045人作出了不批准逮捕决定，对1060人作出了不起诉决定。④依法妥善处理涉检信访问题。2008年，全省检察机关共受理群众来信5515件，接待群众来访2910人次；受理刑事申诉案件250件，决定立案复查142件；办理国家赔偿案件23件，支付赔偿金33.5万元，返还扣押财产223.4万元，共办理涉检重信重访重点案件11件，已息诉10件；省检察院领导包案处理重信重访案件17件，已息诉13件；对14件涉检信访案件进行了责任倒查，其中有1人被追究刑事责任。北京奥运会期间，全省未发生非正常涉检信访案件。

2. 以推进反腐倡廉建设为目标，依法查办和预防职务犯罪。①查办职务犯罪大要案工作实现新突破。全省检察机关共查办职务犯罪大案854件，占立案总数的63.3%，同比增加3.7个百分点；查办县处级以上干部职务犯罪要案87人，同比上升50%，其中厅级干部5人。临汾市原副市长苗元礼、省国防科工办原副主任王少雄、省水利厅副厅长孙廷容、省安全生产监督管理局副局长苏保生、省国土资源厅总工程师刘书勇因涉嫌职务犯罪被省检察院依法查办。②查办群众反映强烈的职务犯罪取得新进展。2008年，全省检察机关共查办煤焦领域职务犯罪案件199件220人，共查办发生在新农村建设领域的职务犯罪案件195件215人。积极开展查办危害能源资源和生态环境渎职犯罪专项工作，共查办此类犯罪案件193件202人。继续推进治理商业贿赂专项工作，共查办教育、医疗卫生、社会保障、房地产等领域的商业贿赂案件122件129人。严肃惩治司法腐败，共查办司法人员职务犯罪208人。③查办重大安全生产事故中的职务犯罪取得新成效。2008年，共查办滥用职权、玩忽职守等职务犯罪195件203人，同比分别上升22.6%和25.3%。襄汾县“9·8”尾矿库特大溃坝事故、娄烦县尖山铁矿“8·1”特大排土场垮塌事故、孝义市安信煤业有限公司“6·13”特大炸药爆炸事故等涉及的一批国家机关工作人员涉嫌渎职犯罪案件被依法查处。在襄汾县“9·8”尾矿库特大溃坝事故中，共查办国家机关工作人员涉嫌渎职犯罪案件33件34人，其中处级以上干部12人。④执法水平和办案质量有了新提高。全年共决定起诉各类职务犯罪案件1097件1325人，起诉率为89.9%；法院已作出有罪判决1100人，有罪判决率为98.9%。全年未发生办案安全责任事故。⑤职务犯罪预防工作取得新进步。立足检察职能，积极开展职务犯罪预防工作，共开展法制教育、警示教育133次；向案件多发行业和系统提出检察建议185件；对155个重点工程项目的招标投标、材料采购、施工验收等重要环节进行了全程监督；受理行贿犯罪档案查询514件。《山西省预防职务犯罪工作条例》的出台将预防工作推上法制化轨道。

3. 以促进司法公正为目的，加大诉讼监督工作力度。①加强对刑事诉讼活动的监督。在刑事立案和侦查活动监督中，共监督纠正侦查机关应当立案而不立案的案件1234件，不应当立案而立案的案件195件；对侦查活动中的违法行为提出书面纠正意见和检察建议4234件；对应当逮捕而未提请逮捕的，依法纠正漏捕625人；对应当起诉而未移送起诉的，依法决定追诉895人。在刑事审判监督中，共对219件认为确有错误的刑事判决、裁定提出了抗诉。加强对死刑二审案件的法律监督，提高办案质量，促进了死刑的依法正确适用。②加强对民事审判和行政诉讼活动的监督。2008年，对认为确有错误的民事行政判决、裁定提出抗诉310件，提出再审检察建议117件。③加强对刑罚执行和监管活动的监督。对刑罚执行和监管活动中的各类违法行为提出监督纠正意见983人次，已纠正957人次；依法监督纠正违法减刑、假释、保外就医23人；依法监督纠正监外执行罪犯脱管、漏管339人；依法监督纠正超期羁押6人；查办刑罚执行和监管活动中的职务犯罪29件30人，办理劳教人员犯罪及服刑人员又犯罪案件63件73人。

4. 以严格、公正、文明执法为方向，全面加强检察队伍建设。①大力加强思想政治建设。全省检察机关通过开展“大学习、大讨论”（即学习党的十七大精神和胡锦涛总书记在全国政法工作会议代表和全国大法官、大检察官座谈会上的重要讲话）和省院机关参加的第一批深入实践科学发展观等教育活动，进一步强化“立检为公，执法为民”的观念，为服务经济社会科学发展和实现检察工作科学发展奠定了坚实的思想基础。②大力加强领导班子建设。省检察院配合党委组织部门对5个市级院的检察长进行了调整、交流；派员参加下级院民主生活会15次；组织了对市、分院检察长及领导班子的述职述廉和测评考核。省院对3个市级院进行了巡视，对巡视中发现的问题提出了整改意见。③大力加强队伍专业化建设。2008年，全省检察机关共有1121人取得本科学历，95人取得研究生学历；有290人通过国家司法考试，通过率为40%，比上年增加135人；共组织各类业务竞赛和业务培训班213期，7640余人次接受了培训。④大力加强纪律作风建设。扎实推进全省检察机关惩治和预防腐败体系建设，制定了2008～2012年惩治和预防腐败工作实施方案；严格检察人员的行为规范，制定实施了《山西省检察机关工作纪律十条规定》；加强廉洁从检教育，推行了廉政提醒谈话制度，把监督的关口前移，由事后追究向事前防范转变；积极开展检务督察工作，对12个市级院和47个县（区）院的执法办案和遵章守纪情况进行了集中督察；严明检察纪律，共查处检察人员违法违纪案件15件15人。

5. 自觉接受各级人大及其常委会的监督，不断加强和改进检察工作。2008年，全省检察机关共向各级人大常委会报告工作280余次，召开人大代表座谈会210余次，邀请人大代表视察工作130余次。对各级人大及其常委会转交办的530件案件，全部列为督办案件，严格落实承办部门和责任人，及时反馈办理结果，现已全部办结。（尹桂珍）

【反渎职侵权检察】 2008年，全省检察机关全年共侦查终结渎职侵权案件494件560人，移送审查起诉517人，移送审查起诉率为92.3%；移送审查不起诉17人，称送不诉率为3.0%；撤案26人，撤案率为2.9%；共决定起诉渎职侵权犯罪嫌疑人372人，决定不诉88人。法院作出生效有罪判决319人。查办案件工作主要呈现以下特点：①办案规模进一步扩大，办案质量进一步提高。全年共立查渎职侵权犯罪案件486件552人，比上年分别上升8%和10%，不仅完成了年初制定的全省反渎干警工作目标，而且提高了反渎干警的办案水平。全省共起诉渎职侵权犯罪嫌疑人372人，与2007年持平。其中重特大案件起诉人数同比上升16%。法院作出生效有罪判决319人，同比上升18.1%。其中大要案有罪判决人数同比增长92.3%。本省有1起渎职案件被高检院评为全国精品案件，4起渎职案件被评为全国优质案件。入选案件数量居全国之首。②查办大案要案成效明显，查办要案创历史新高。全省检察机关共立查渎职侵权重特大案件190件，同比上升1.6%。重特大案件占立案总数的34.4%。查办要案20人，是去年的2.5倍。其中厅级2人，处级18人。③专项工作成效显著，六类重点案件被依法查办。全省检察机关在专项工作中立查危害能源资源和生态环境渎职犯罪案件193件202人，分别占全省立案总数的39.7%和36.6%。其中立查行政执法机关工作人员182人，共立查发生在新农村建设领域的涉农渎职案件71件71人。④查办安全责任事故力度加大，群众满意度提高。全年全省反渎部门共介入重大安全责任事故调查90起，其中煤矿事故64起，非煤事故26起。共立查渎职犯罪案件195件203人，同比分别上升22.6%和25.3%。襄汾"9·8"特大尾矿库溃坝事故、娄烦"8·1"特大排土场垮塌事故、孝义"6·13"煤矿特大炸药爆炸事故、沁水"4·24"重大瞒报事故等一批涉嫌渎职犯罪的国家机关工作人员被依法查办。特别是襄汾"9·8"事故调查中，三级检察机关共立查渎职犯罪案件31件34人，为277名遇难者申了冤，为广大群众平了怨，多次受到国务院调查组领导的表扬。⑤下大力气惩治司法腐败，维护司法公正。全省共立查公安、司法人员渎职犯罪113起140人，其中公安人员98件125人，法院和监管人员14件15人。⑥严肃查办一批在全省有影响有震动的案件。太原市杏花岭区院立查了山西省无线电管理委员会原总工程师尉德英（副处级）滥用职权造成国家经济损失289万余元特大案件；晋中灵石县院立查县环保局监察队四中队队长王金平、指导员王利和监管不到位，使工业固体废物乱排乱倒造成防护林被严重毁坏的环境监管失职案；忻州市两级检察院以开展专项工作为契机，立查六类重点案件15件20人，其中包括5个县的土地局长、县级职能部门的3个副局长和1个乡长，用专项工作的威力推进了该市的反渎职侵权工作。省院反渎局在办理一起渎职案件过程中，惩防并举，服务大局，为山西省煤炭进出口公司挽回经济损失1050万元，取得很好的法律效果和社会效果。（尹桂珍）

公安工作

【概述】 2008年，全省公安机关在山西省委、省政府和公安部的正确领导下，认真学习贯彻党的十七大精神，认真贯彻落实科学发展观和促进社会和谐稳定的要求，按照厅党委年初确定的总体工作思路，紧紧围绕奥运安保这个中心任务，深化"三基"工程建设，充分发挥职能作用，强力推进各项公安工作，有力地维护了全省社会治安大局的持续稳定。

1."平安奥运"目标圆满实现。全省公安机关紧紧围绕"平安奥运"目标，牢固树立"全国一盘棋"的思想，严格按照厅党委提出的"确保不出大事，力争少出小事，坚决不出丑事，有事妥善处置"的要求，加强领导，精心组织，周密部署，狠抓落实，全警动员，全力以赴，圆满完成奥运火炬传递安全保卫工作，圆满完成各项奥运安保任务，做到了"五个没有发生"，即：没有发生严重暴力恐怖事件，没有发生危害国家安全和社会稳定的政治事件，没有发生大规模群体性事件，没有发生重特大恶性刑事案件，没有发生影响奥运的群死群伤治安灾害事故，实现了奥运会与残奥会"同样精彩、同样平安"的目标。国务委员、公安部部长孟建柱同志作出批示：山西公安在省委、省政府的领导下，恪尽职守，勤奋工作，不畏艰难，连续作战，为北京"护城河"工程的实施，为实现"平安奥运"的目标作出了重要贡献。省委书记张宝顺、代省长王君对奥运安保工作给予了充分肯定。工作中，省级公安机关始终坚持以面保点、严字当头、从严从紧的策略，把奥运安保工作作为头等大事，狠抓各项措施的落实，切实做到了"八个强化"：一是强化反恐工作，狠抓情报信息研判；二是强化矛盾纠纷排查化解工作，依法妥善处置群体性事件，消除了一批不稳定因素；三是强化对涉电、涉水、涉油、涉气、涉线等重要基础设施的巡护守卫，落实责任，及时发现和整改各类安全隐患，增加力量，死看死守，确保万无一失；四是强化重点人管控，做到了"底数清、情况明、管得住"；五是强化"护城河"作用，加强对出省进京的交通工具及人员、物品的检查、盘查，严把出省进京关，不让一个重点人、一枚雷管、一管炸药、一支枪支流入北京；六是强化厅局长大接访制度，集中排查化解重信重访案件。七是强化旅游景区安保工作，确保国内外游客人身、财产的安全，严防发生各类涉外案事件；八是强化背景审查，按时保质保量圆满完成11525名奥运会京外人员背景审查和身份核对工作。

2. 严打整治斗争战果明显。各级公安机关以“打黑除恶”、“命案侦破”、“四打四整治”、“打盗抢、追逃犯”、打击“两抢一盗”为重点，始终保持对严重刑事犯罪活动的高压态势，有力地维护了全省社会治安大局的持续稳定。2008年，全省共破获各类刑事案件51199起，同比上升8.3%，抓获各类刑事犯罪嫌疑人33292人，查处犯罪集团1029个。严厉打击各类经济犯罪活动，共破获各类经济犯罪案件1808起，为国家、集体和人民群众挽回直接经济损失2.4亿元。深入开展禁毒人民战争，共破获毒品违法犯罪案件1489起，缴获了大量的毒品及制贩毒工具。积极开展监管场所深挖犯罪专项行动，共获取违法犯罪线索12237条，从中破获各类刑事案件7187起。全省公安机关共查处各类治安案件253380起，同比上升35.1%，查处治安违法人员277838人。组织开展了民爆物品、枪支弹药管制刀具剧毒等危险物品专项整治工作，取得了显著成效。2008年，全省共破获涉爆案件1200余起、涉枪案件54起，抓获违法犯罪人员2016人；收缴非法炸药379吨，各类枪支2507支、子弹6.6万发，摧毁非法生产窝点78个。特别是在省厅的直接指挥下，太原等地公安机关侦办了“2.20”特大非法制造买卖运输储存爆炸物品系列案件，共抓获犯罪嫌疑人55名、捣毁非法制造、储存炸药、雷管的黑窝点9个、缴获非法制造的炸药813箱（总量约19吨），雷管34万余枚，以及部分制造爆炸物的原料和工具。

3. 社会管理能力明显提升。部署开展了为期5个月的加强流动人口出租房屋治安管理专项行动，取得明显成效。认真做好换发第二代身份证工作，已制证2250万余件。全面实行按需申领护照，共批准公民因私出境15万余人次。开通了山西省公安厅政府网站，进一步推进了警务公开。深入开展火灾隐患专项整治和安全大检查，有效遏制了重特大火灾尤其是群死群伤火灾事故的发生。2008年，全省共发生火灾3726起，死41人，伤11人，直接财产损失1573万元。紧紧围绕“一降两保”目标，深入落实“五整顿、三加强”措施，深入开展治理超载超限工作，不断加强道路交通秩序整治。2008年，全省共发生道路交通事故6759起，死亡2566人、受伤7819人、直接财产损失3110万元，同比分别下降19.5%、6.6%、20.6%和14.5%。狠抓公安机关行政效能建设，省公安厅向社会作出了六项郑重承诺。各级公安机关认真落实公安部和省厅制定的便民利民措施，简化办事程序和时限，尽心竭力地为人民群众提供优质高效的服务，社会效果更加突出。

4. “三基”工程建设扎实推进。省委、省政府办公厅、各市市委、市政府办公厅相继制定下发了加强公安基层基础建设的意见，为公安基层基础建设提供了有力保障。省委常委、政法委书记、公安厅长杜玉林与各市公安局局长签订了2008年全省“三基”工程建设重点工作目标任务责任书，有效推动了全省“三基”工程建设的深入开展。在“硬件”建设上，各市公安机关进一步争取党委、政府的支持，狠抓无房派出所建设的扫尾工作。加快监管场所和责任区刑警中队、交警中队等基础设施建设，向基层一线配发了大量的装备器材。在“软件”建设上，依托山西公安警务综合应用平台和相关业务信息系统，全力推进网上办公、网上办案、网上研判、网上考核，使信息化应用逐步融入到执法办案、行政管理、队伍建设的全过程。狠抓执法规范化建设，切实提高了广大民警的执法能力。

5. 公安队伍建设进一步加强。省厅机关深入开展了学习实践科学发展观活动。各级公安机关开展了丰富多彩、形式多样的大学习大讨论活动。大力加强领导班子建设，全省除太原市公安局长由副厅长兼任外，其余10个市公安局长全部按副厅级干部配备到位，对7个市公安局长进行了交流任职，6个市公安局长进各市政府领导班子，省厅国保、治安、刑侦总队长高配到位，3名副巡视员也一并配备，各级领导班子的凝聚力、战斗力进一步增强。99个县级公安机关完成了机构设置工作，占全省的82.5%。切实加强教育培训工作，严格落实“三个必训”（民警初任必训，晋升必训，基层一线民警每年15天的实战必训），组织开展“轮值轮训”和岗位练兵活动，省厅组织开展了奥运安保送教上门活动，广大民警的综合素质和业务能力明显提高。对2007年市级公安机关年度工作进行了客观公正的考评，并出台了《山西省市级公安机关2008年度重点工作目标综合考评评分标准》。省厅被省政府评为2007年度目标任务完成优秀单位。坚持正面宣传和舆论引导，把握和引导涉警舆情的能力逐步提高。对各市、县公安局和基层单位开展现场督察、专项督察和暗访，促进了各项工作的落实。此外，狠抓党风廉政建设和反腐败工作，使队伍纪律作风进一步好转，队伍形象不断改善，取得了明显成效。

（杨志文　王瑞成）

山西公安边防总队

【概述】 2008年，山西公安边防总队在公安部边防局和省公安厅党委的正确领导下，深入落实全国边检工作会议精神，切实提高边检服务水平，倾全总队之力，厉兵秣马、备战奥运、迎战奥运。总队党委与全体官兵高标准、严要求、同甘苦、共进退，实现了边检服务水平大幅提高，奥运安保任务万无一失的工作目标

2008年，山西边防总队共检查出入境人员24814人次（入境人员11536人次，出境人员13278人次），比2007年增加17.88%；检查出入境飞机260架次（入境飞机133架次，出境飞机127架次），比2007年增加12.07%。

1. 以奥运安保为重点，全力保障北京奥运会顺利举办。山西边防总队（太原边防检查站）承担着奥运会备降航班的检查任务，对此，总队高度重视，认真谋划，及早准备，与北京边检总站签署了协作协议和补充协议，所有检查员分批外出培训，跟班学习，组织进行了奥运边检业务专项培训和考试。年初即制定了《太原边检站奥运备降航班检查方案》，并不断完善。向部局申请选调了12名业务骨干帮助工作，调整机关人员充实一线执勤，成立了应急小分队，确保人员保障到位。多次组织进行实战演练，提高实战能力。奥运前后，以热情周到的服务完成了2008国际自盟小轮车世锦赛、奥运备降航班、2008国际青少年乒乓球公开赛和中国太原煤炭国际博览会等出入境人员的边防检查任务，受到了各方赞誉，总队被省政府口岸办和民航安监办授予“北京奥运会残奥会国际备降保障突出贡献集体”称号。

2. 进一步精细服务，强力提高边检服务水平。2008年是公安部开展提高边检服务水平工作的第二年。山西边防总队以“服务更加亲切、管控更加严密”为总要求，广泛征求意见，主动了解旅客需求，积极推出各项便民利民措施，重点在强化“养成”和“定式”上求突破，制定了适应太原口岸特点和勤务岗位的16个操作流程图，明确各个执勤岗位的职责、任务和工作流程，对照执行。制定了检查员上勤前“五查”，下勤后“五省”，勤务准备“三字歌”，既便于记忆，又便于操作，执勤更加规范。坚持录像倒查制度，狠抓执勤人员仪表、言谈、举止、礼仪的日常养成，按照《服务规范》，认真查找不足，推动日常“养成”向服务“定式”转化。通过外访和内训相结合，确保口岸和谐稳定。在公安部边防管理局组织的达标验收中，山西边防总队取得了优异成绩，太原边防检查站被公安部评为提高边检服务水平“成绩突出单位”。

3. 大力提升执勤执法能力，坚持打造人性化通关环境。山西边防总队不断提高执勤执法水平，层层落实责任制，严格履行把关职能，查获网上在逃人员1名，办理行政案件2起，处理违法违规事件20余起，所办案件做到了事实清楚，定性准确，且程序合法，法律手续齐全，未发生行政复议、诉讼等情况。总队执勤业务科被部局评为“执法示范单位”，3名同志被部局评为“执法标兵”。同时利用太原机场启用新候机楼之契机，抓住时机，及早动手，密切关注工程进展，在设计、施工、装修、启用的各个时期，加紧与相关单位协调联系，通过艰苦细致的努力，大幅增加了边检执勤区域和旅客候检面积，出入境边检通道由10个增加到16个，安装了纯数字监控系统和全通道电子显示屏，进行了执勤设施改造和建设，为出入境旅客提供了更加安全有序、舒适美观的通关环境。

4. 积极推进信息化建设，全面提升科技强警水平。信息化建设是新时期公安工作“三项建设”之首，边检工作只有向科技要警力，向科技要战斗力，才能适应快速发展的形势需要。山西边防总队，制定了信息化建设三年规划，抓紧进行指挥中心等信息化工程建设。按照《公安边防部队指挥中心建设指导意见》的要求，组织人员进行了方案设计。各部门协调一致，严格、快速按照程序采购设备，进行工程议标。工程建设中，坚持跟班作业，现场督导，确保工程高标准，高质量，高效率。一个多月时间，将执勤现场和候机楼所有图像传输至办公楼，安装了无线通讯网和营区监控系统。同年，指挥中心、电教室、档案室全部建设完工，投入试用，大大提高了运用高科技手段指挥执勤的能力，为完成各项执勤任务提供了有力保障，信息化建设迈出了坚实步伐。

司法行政工作

【概述】 2008年全省各级司法行政机关确立了“围绕中心、服务大局，履行职责、发挥优势，坚守法治、维护公正，推进和谐、促进发展”的全省司法行政工作指导思想，提出了领导班子建设要实现“四新”目标，即新班子要有新思路、新举措、新气象、新业绩；整体工作要体现“四再”要求，即思想认识再上新水平，工作目标再上新台阶，工作措施再上新举措，工作业绩再创新辉煌。深入贯彻落实科学发展观，坚持全面履行职责，努力充分发挥作用，司法行政各项工作创造了新的业绩，做出了新的贡献。

1. 紧紧围绕落实维护稳定的首要政治任务，全力狠抓监狱劳教监管安全工作。一是思想上高度重视。厅党委认真执行上级一系列维稳要求，果断制订了“五个确保”的工作目标，及时提出了“五个一定要”、“五个毫不”、“三不”、“三再三更”的工作要求。二是行动上坚强有力。加强组织领导，采取超常举措，狠抓关键环节，提高应急能力，开展隐患排查，组织安全检查，健全长效机制，强化责任追究，推动了工作的全面落实。三是效果上成绩突出。全省监狱劳教场所实现了全年“四无”目标，监狱劳教各项工作有序进行。

2. 紧紧围绕推进依法治省进程，扎实开展普法依法治理工作。切实加强了宪法和重点法律法规的宣传。成功开展了“12·4”全国法制宣传日系列活动，省委书记、省人大常委会主任张宝顺在《山西日报》发表了署名文章。普法依法治理工作有序推进。召开了山西省贯彻《国务院关于加强市县政府依法行政的决定》太原座谈会。制订了依法治省工作考评办法。提请省委召开依法治省领导组会议，提出了法治山西建设的重大战略。召开了全省司法行政宣传工作会议。

3. 紧紧围绕服务经济社会发展，深入进行法律服务工作。自觉围绕本省经济社会发展的主要任务，为推进“四大攻坚”、“四大支撑”、“五大惠民工程”、“三个发展”和第八届村民委员会换届选举、中国(太原)煤炭与能源新产业博览会、全省集中开展煤焦领域反腐败专项斗争等工作提供了优质高效的法律服务。

4. 紧紧围绕提高履行职责能力，不断加强基层基础工作。司法所规范化建设逐步强化。前4批司法所建成率达到83%。产生了首批规范化司法所。累计接收社区服刑人员1366名。召开全省社区矫正工作会议。与省高院、省检察院、省公安厅联合下发文件，进一步拓展了人民调解的工作范围。山西省医疗纠纷人民调解委员会的工作，受到有关方面的肯定。帮教安置工作机制进一步建立。

5. 紧紧围绕保障和改善民生，积极开展法律援助工作。推进法律援助网络建设，降低法律援助门槛，采取便民利民措施，开展法律援助宣传，法律援助业务全面开展，全省共办理法律援助案件15100余件，177700余名弱势群众受到法律援助。

6. 紧紧围绕促进公平正义，扎实推动司法鉴定工作。强化司法鉴定制度化规范化建设，开展优秀司法鉴定文书和业务档案评选，组织参加能力验证，加大投诉查处力度，开展继续教育培训，促进了司法鉴定质量的提高。全年新核准设立司法鉴定机构17家，司法鉴定人410名。

7. 紧紧围绕选拔高素质法律职业人才，顺利完成司法考试工作。坚持司法考试工作为建设社会主义法治国家服务，为建设高素质政法队伍服务，完成了司法考试各项工作任务。2008年全省1454人达到合格分数线，通过率为18%，创历史新高。

8. 紧紧围绕培养法律专门人才，深入开展法学教育工作。政法管理干部学院、警官职业学院、司法学校，围绕特色、特点、特长的“三特”办学思路，结合自身实际，稳定招生规模，提高教学质量，构建文明校园，法学教育工作取得可喜成绩。

9. 紧紧围绕严格公正文明执法，切实加强队伍建设。深入开展“大学习、大讨论”活动，扎实开展学习实践活动，取得了阶段性成效。加大警务督察和警务管理工作力度，人民警察队伍建设得到加强。召开律师行业党的建设工作会议，推进了律师党建工作。制订实施《建立健全惩治和预防腐败体系2008～2012年实施办法》，全面推进领导干部廉洁自律等各项工作。召开全省司法行政系统政风行风评议工作晋城现场会，全面部署改进政风行风评议工作。（王　佳）

【省委书记张宝顺对司法行政工作进行调研】 2008年7月31日，省委书记、省人大常委会主任张宝顺到省司法厅进行调研。省委常委、政法委书记杜玉林，副省长张建民、省委副秘书长吴保安、省政府副秘书长罗清宇等陪同调研。张宝顺书记一行在省司法厅机关、太原第一监狱、省女子劳教所进行了调研，认真听取了王水成厅长关于全省司法行政工作情况汇报，并结合调研情况做了重要讲话。张宝顺书记要求全省司法行政系统要把加强政治理论学习作为根本任务，要把促进全省科学发展、社会和谐作为重要职责，大力弘扬法治精神，切实维护社会公平正义，促进社会和谐稳定，加快推进依法治省进程。要把奥运安保工作摆上突出位置，全力以赴抓好各种安保措施的落实。要把班子和队伍建设作为推进司法工作上新台阶的根本保证，打造一支政治坚定、业务精通、作风优良、执法公正的高素质队伍。（王　佳）

【山西省制定出台《司法鉴定重大事项报告制度》】 为进一步规范全省司法鉴定执业行为，增强鉴定机构执业风险意识和服务大局意识，省司法厅制定出台了《司法鉴定重大事项报告制度》，明确了司法鉴定报告制度的概念、重大事项报告的范围、情形、方式；规定了省、市、县司法行政机关受理重大事项报告后的处置程序和落实司法鉴定重大事项报告制度的措施。司法鉴定重大事项报告制度是司法行政机关实施行政许可后续监管的重要措施之一，它的制定出台进一步强化了行政许可的事后监督效果，同时也从制度层面上为保障鉴定当事人、司法鉴定机构和司法鉴定人的合法权益提供了支持。（王　佳）

【山西平阳司法鉴定中心等三家省内鉴定机构荣获全国首届“鼎永杯”优秀司法鉴定文书评选活动优秀奖】 2008年4月，司法部司法鉴定管理局下发了《关于举办首届“鼎永杯”优秀司法鉴定文书评选活动的通知》，决定由中国政法大学证据科学研究院主办，在全国范围内组织开展首届“鼎永杯”优秀司法鉴定文书评选活动。省司法厅司法鉴定管理局对全省鉴定机构参加全国评选的工作进行了安排部署，积极组织推动、指导和监督鉴定机构的参评工作。经省厅审查推荐，向全国优秀司法鉴定文书评选委员会报送了13家司法鉴定机构的13份参评鉴定文书。10月，评选结果揭晓。本省山西平阳司法鉴定中心、山西省晋城市人民医院人身伤害司法鉴定中心、山西荣康精神疾病司法鉴定中心等3家司法鉴定机构的参评鉴定文书荣获全国首届“鼎永杯”优秀司法鉴定文书评选活动优秀奖。（王　佳）

【省法律援助中心与省电台联合开办《法律援助热线》节目】 为进一步加大法律援助的宣传力度，不断提高法律援助社会知晓率，今年省法律援助中心和太原、晋城、朔州等市法律援助中心与山西新闻综合广播在省电台联合开办了为期一年的《法律援助热线》节目。《法律援助热线》是一档法律服务和法律咨询节目，宗旨就是“为需要法律帮助的人提供必要的法律援助”。为了进一步体现《法律援助热线》节目的鲜明特点，省法律援助中心专门邀请律师事务所律师共同参与《法律援助热线》节目，以现场直播的形式，就法律援助的对象、范围、形式和经济困难标准以及相关法律问题向听众进行耐心、细致的解答，得到了听众和社会群众的欢迎和好评。（王　佳）

典型案例

【雷光贤故意杀人案】 雷光贤，男，贵州省晴隆县人，1973年4月生，小学文化，农民。2005年5月份左右，其同乡甘新昌因盗窃案发躲藏在其家中。不久，雷光贤产生了杀害甘新昌骗取钱财的想法。随后，雷光贤与周政云、刘永祥密谋，欲骗甘新昌外出打工，将其杀死后通过伪造煤矿事故骗取矿主钱财。同年9月底，三人将甘新昌化名为雷光平，骗至山西省交城县，到交城县马庄沟煤矿打工。并于10月5日19时许，趁井下无人之机将甘新昌杀害。后3人向煤矿报告甘系冒顶事故被砸死，雷光贤谎称是雷光平（即甘新昌）之兄，向矿主索要赔偿金26万元私了此事，因被识破未得逞。2002～2003年间，雷光贤还伙同他人在贵州省兴仁县抢劫他人财物一次，盗窃两次。

吕梁中院经审理认为，被告人雷光贤的行为已构成故意杀人罪、盗窃罪和抢劫罪，以故意杀人罪判处其死刑，剥夺政治权利终身，与盗窃罪、抢劫罪的刑罚并罚，决定执行死刑，剥夺政治权利终身。同案犯周政云、刘永祥分别被判处死刑，缓期二年执行。

雷光贤不服，提起上诉后，山西省高级人民法院经审理依法驳回其上诉，维持原判。最高人民法院依法裁定核准其死刑。（马云跃）

【郭建伟抢劫、故意杀人案】 郭建伟，男，山西省忻州市人，初中文化，出租车司机。2006年12月，郭建伟为偿还赌债，向彭寅和、张乐平提议到文水县实施抢劫，2人表示同意。12月21日，3人驾车到文水县寻找抢劫目标。23日发现章玉芝驾驶一辆白色现代轿车在县农业银行营业厅办理业务，遂对章进行跟踪。30日晚19时30分许，章玉芝停车后徒步回家时，被早已等候的郭建伟、张乐平用事先准备的胶带纸将其双手捆住，劫得三星E568手机一部、英华ETX31小灵通一部、红宝石戒指一枚、白金项链两条（总价值27800余元）、银行存折、信用卡数张及8000元现金。之后，郭建伟、张乐平先后用橡胶锤击打章的头部，逼问存折、信用卡密码。为灭口，在郭建伟的指挥下，3人共同将章玉芝掐死。

吕梁市中级人民法院经审理认为，被告人郭建伟伙同他人采用暴力手段，劫取他人财物数额巨大构成抢劫罪，判处其无期徒刑，剥夺其政治权利终身，并处罚金20万元；为灭口又将被害人杀死，构成故意杀人罪，判处其死刑，剥夺政治权利终身，决定合并执行死刑，并处罚金20万元。同案犯彭寅和、张乐平也分别被判处死刑，缓期二年执行，并处罚金20万元。

被告人郭建伟不服，提起上诉后，山西省高级人民法院经审理依法驳回其上诉，维持原判。最高人民法院依法裁定核准其死刑。（马云跃）

【崔保红贪污、受贿、挪用公款案】 崔保红原系祁县人民政府县长，曾任和顺县人民政府县长。在其担任和顺县人民政府县长期间，经原和顺县劳动和社会保障局局长杨彦荣提议，崔保红同意并决定由杨彦荣和本县三个企业的负责人具体操作，以虚列经济补偿对象名单的方法先后两次从晋中市劳动和社会保障局套取社保金429万余元，后又授意他人数次从该县财政局社保金专户下拨至三个企业的社保金中提出现金共256万元，除用11万元在套取社保金过程中送礼外，剩余的245万元被崔、杨二人非法占有。2001～2005年间，崔保红为请托人在财政资金拨付、工作安排、职务提升等方面给予照顾，共收受贿赂33起，总金额为300.4万元。2004年4月，崔保红受他人请托与和顺县信用联社主任商议后，利用职务便利指使本县两个公司的董事长以两公司名义分别从和顺县信用社贷款人民币195万元，并将该款共计390万元借给他人，供其个人进行经营使用超过3个月。

大同市中级人民法院经审理认为，崔保红利用职务上的便利，采取欺骗手段非法占有公共财产的行为构成贪污罪；非法收受他人财物，为他人谋取利益的行为构成受贿罪；指使他人挪用公款供个人进行营利活动，超过3个月未还的行为构成挪用公款罪。据此，以受贿罪判处其有期徒刑15年；以贪污罪，判处其有期徒刑15年；以挪用公款罪，判处其有期徒刑6年，决定合并执行有期徒刑20年，并处没收其赃款184万余元及现代牌越野车一辆。

崔保红不服，提起上诉后，山西省高级人民法院经审理，判决驳回上诉，维持原判。（马云跃）

【王月喜受贿、贪污案】 王月喜原系临汾市委常委、宣传部长。在其于2001～2006年担任霍州市委书记、临汾市委常委、宣传部长期间，利用职务之便，非法收受他人为获得提拔、调整职务、免受处分及安排子女就业等原因所送的贿赂款共计226万元；在担任霍州市委书记期间，从市委机关财务处提取20万元人民币据为已有；在担任霍州市委书记、临汾市委常委、宣传部长期间，以支付会议材料印刷费等名义安排他人虚开发票，在所属部门及下属单位报销印刷本人和亲友所著书籍的费用，合计人民币395309元。

阳泉市中级人民法院受理此案后经审理认为，被告人王月喜身为国家工作人员，利用职务之便，非法收受他人钱款226万元人民币，其行为已构成受贿罪；利用职务之便骗取公款395309元，构成贪污罪。鉴于王月喜在省纪委对其立案调查并采取“双规”措施后，主动交代了用公款为个人印刷书籍的违法问题和司法机关尚未掌握的受贿犯罪事实，并积极退还赃款；其检举他人的重大职务犯罪问题，经查证亦属实，应属自首和有重大立功表现，可依法酌情减轻处罚。据此，以受贿罪判处被告人王月喜有期徒刑9年；以贪污罪判处有期徒刑6年；数罪并罚，决定对其执行有期徒刑12年；受贿所得赃款226万元、贪污所得赃款395309元予以没收，上缴国库。（马云跃）

【高崇荣贪污、挪用公款案】 高崇荣原系山西省统配煤炭高新技术产业总公司总经理，在其任职期间，利用职务便利，多次采用虚开发票冲抵备用金、补交购房款、作呆死账等方式，从高新公司下属子公司秦皇岛晋通煤炭有限公司侵吞、骗取、贪污公款182.72万元；利用其担任高新公司下属的国有子公司——长治港深能源公司、长治晋通路桥公司、上海浦沃贸易公司、秦皇岛晋通公司、山西大同马武山煤炭集运站、高新公司和上海沃得公司等7家公司法人代表的职务便利，截至2008年4月，通过汇款、转账等方式无偿使用上述7家公司公款1614万元，用于个人所有的长治晋通太行湿地公司经营活动，减去已归还部分，实际挪用公款874.37万元。

高崇荣贪污、挪用公款一案，是由中纪委交办、省纪委全程督办的重点案件，是山西省煤焦领域反腐败以来移送司法机关的第一大案。岢岚县人民法院受理此案后，经审理认为：被告人高崇荣身为国家工作人员，利用其担任高新公司总经理和子公司法人代表的职务便利，采取侵吞、骗取等手段，非法占有所在公司公款182.72万元，其行为构成贪污罪。同时，被告人高崇荣将国有资产874.37万元通过汇款、转账等方式，挪用于其私营企业进行营利活动，其行为构成挪用公款罪，且数额巨大，至今未还。据此以贪污罪判处其有期徒刑14年，并处没收个人全部财产100万元；以挪用公款罪，判处其有期徒刑13年，数罪并罚，决定执行有期徒刑19年，并处没收个人财产100万元；其违法所得1057万余元予以追缴。

（马云跃）

【宋建平侵吞巨额公款案】 宋建平原系山西省技术进出口公司经理、山西大典商贸有限公司经理。在2002年至2005年期间，利用职务之便，通过焦炭出口贸易先后侵吞公款743.98万余元，并将大典公司与瑞士冶金国际资源有限公司焦炭出口业务结汇款1798.92万美元隐匿国外据为己有。2005年底至2006年间，宋建平利用担任技术公司经理的职务之便，在技术公司改制的过程中，将国有资产2.53亿元隐匿，意欲侵吞，该资产在上报山西省财政厅审核时案发。

太原市中级人民法院受理此案后，经审理认为：被告人宋建平身为国家工作人员，利用职务之便，侵吞公款人民币743.98万余元，美元1798.92万余元，并利用国有企业改制侵吞国有资产人民币2.53亿余元（未遂），其行为已构成贪污罪；挪用公款人民币500万元为他人用于注册公司使用，进行营利活动，其行为已构成挪用公款罪；在申请公司登记时，采用欺诈手段虚报注册资本，欺骗公司登记主管部门，取得公司登记，且虚报注册资本数额巨大，其行为已构成虚报注册资本罪；其控制的天鸿公司违反国家规定，非法买卖进出口许可证，获利472.90万余元，扰乱市场秩序，情节特别严重，同时还采用虚假账簿申报纳税的手段，偷税数额占应纳税额的30%以上，且偷税数额在10万元以上，严重危害税收征管制度。被告人宋建平作为天鸿公司的直接负责人，应对公司的上述犯罪行为承担法律责任，构成非法经营罪和偷税罪。据此太原市中级人民法院判处其无期徒刑，剥夺政治权利终身，并处没收个人全部财产。

宋建平不服，提起上诉后，山西省高级人民法院经审理认为，宋建平犯贪污、挪用公款、虚报注册资本、非法经营、偷税罪事实清楚，罪证确凿，一审适用法律正确，量刑恰当，故依法驳回上诉，维持原判。（马云跃）

【单利亚、霍玉萍夫妇受贿、巨额财产来源不明案】 单利亚原系山西北方晋东化工有限公司总经理兼山西北方晋东科贸有限公司董事长。其妻霍玉萍，系山西北方晋东化工有限公司科研开发部职工。被告人单利亚夫妇在晋东化工出让土地进行房产开发过程中，收受某房地产公司总经理何某人民币200万元；被告人单利亚单独收受何某人民币50万元，美元2万元，港币3万元；收受邱某等6名建筑业主人民币49.5万元；收受下属张某所送人民币 50495 元。共计人民币 1045495 元、美元 2 万元、港币 3 万元。同时被告人单利亚另有财产人民币 1850298.18 元、美元 11290.9 元不能说明合法来源。

阳泉市中级人民法院受理此案后，经审理认为：被告人单利亚身为国家工作人员，利用职务上的便利，伙同被告人霍玉萍非法收受他人财物，为他人谋取利益，数额巨大，其行为已构成受贿罪；其财产和支出明显超过合法收入，且差额巨大，不能说明合法来源，其行为构成巨额财产来源不明罪。被告人单利亚夫妇归案后，能主动坦白犯罪事实，并退还全部赃款，同时单利亚揭发盗窃犯罪一起，有立功行为，霍玉萍有自首情节，可酌情从轻处罚。据此，以受贿罪、巨额财产来源不明罪判处被告人单利亚有期徒刑 15 年；以受贿罪判处被告人霍玉萍有期徒刑 3 年，缓期 4 年；受贿所得人民币 2995000 元、港币 3 万元、美元 2 万元，非法所得人民币 1850298.18 元、美元 11290.9 元予以没收、上缴国库。（马云跃）

【山西众奥公司非法集资案】 陈斌为山西众奥电子商务有限公司法定代表人、总经理。2006 年 3、4 月间，陈斌与张建怀（另案处理）等人共同商议，于 2006 年 5 月开始利用虚构的上海市众奥电子商务有限公司在太原市开展所谓的电子商务业务，在工商部门注册成立了山西众奥电子商务有限公司，向社会上不特定公众作虚假的投资宣传。同年 11 月陈斌等人在太原市 7 个区县分别组建了 7 个特许加盟配送站，会员达 5300 余人。另外众奥公司还在忻州、吕梁、晋中等地市及辽宁、河北等省市分别设立了特许加盟站。到案发时被告人陈斌等人以众奥公司的名义共非法集资 3.95 亿元。2006 年 12 月被告人陈斌与张建怀等人在众奥公司没有新的投资而无法返还到期的利息和本金的情况下，将众奥公司控制的 500 余万元分赃后潜逃。经查，直接向众奥总公司投单的会员 415 人，投单总额为 347.42 万余元，实际造成会员经济损失 220.53 万余元；向众奥公司忻州服务中心投单的会员 171 人，投单总额为 541.28 万余元，实际造成会员经济损失 224.86 万余元。

太原市中级人民法院受理此案后，经审理认为，被告人陈斌伙同他人以非法占有为目的，采用虚构事实、隐瞒真相的诈骗方法，以高额利息为诱饵，非法集资，数额特别巨大，其行为已构成集资诈骗罪，据此判决被告人陈斌犯集资诈骗罪，判处其无期徒刑，剥夺政治权利终身，并处罚金 10 万元。（马云跃）

【史志红组织领导黑社会性质组织案】 史志红，男，1973 年 4 月生，阳泉市郊区荫营镇桥上村人，小学文化。2005 年以来，其以违规设立的公司为基础，网罗史卫红、王培、王洁、石智伟、张小刚、付艳军、郑虎军及部分在逃人员，通过私挖滥采、挂假牌照非法贩运煤炭等方式获取暴利，并吸收多名打手在家居住，有组织地进行违法犯罪活动，称霸一方。2005 年间，该团伙先后 5 次携带凶器，在阳泉郊区端丰小区、燕龛村煤矿、郊区公安分局门前等地寻衅滋事，故意伤害他人身体，造成孙某等 10 余人不同程度重伤和轻伤害，在社会上造成极坏影响。

阳泉市中级人民法院受理此案后，经审理认为史志红等 12 名被告人的行为已构成黑社会性质组织犯罪。首犯史志红以组织领导黑社会性质组织罪、故意伤害罪、寻衅滋事罪，数罪并罚被判处无期徒刑，剥夺政治权利终身。其余 11 名被告人分别被判处 1 年至 17 年不等有期徒刑。（马云跃）

【曹松等贩卖毒品案】 曹松，男，1986 年 3 月生，重庆市北碚区澄江镇五一村人，无业。2007 年 5、6 月间，曹松纠集张学焘、伍照川等 9 人在太原市、临汾市大肆进行贩毒活动，共贩卖麻古 4309 粒（344.7 克）、摇头丸 70 粒（23.45 克）、K 粉 115.5 克、冰毒 8 克。

太原市中级人民法院受理此案后，经审理认为，被告人曹松等人违反国家对毒品的管制法规，其贩卖、运输毒品的行为构成贩卖、运输毒品罪，据此判处其无期徒刑，剥夺政治权利终身，并处没收个人全部财产。其他同案被告人也分别被判刑。

被告人曹松不服提起上诉后，山西省高级人民法院经审理判决驳回上诉、抗诉，维持原判。（马云跃）

【省检察院建议再审的郝金安错判一案被依法宣判无罪】 1998 年 1 月 22 日，山西省乡宁县公安局接到报案称，乡宁县台头镇裴家河煤矿工人刘茵河被杀，该局即通过知情人张某的陈述，把与刘茵河有来往的郝金安作为重点嫌疑人对其进行调查，发现郝金安所穿皮鞋与案发现场留下鞋印花纹特征相符，郝金安住处发现的一件白衬衣上有与死者血型相同的血迹（O）型。1 月 24 日，郝金安供认自己为图财将刘茵河杀死，乡宁县公安局遂于当日将郝金安刑事拘留。但郝金安在此后的供述及庭审中均多次提到刘茵河不是他所杀，他没有抢劫，是牛金贺和杨小国（真名蔡德明，又名蔡小国）干的，鞋和衬衣是杨小国放在他那儿的。临汾地区检察分院和中级法院也曾要求公安机关继续侦查牛金贺和杨小国的情况，但侦查机关终未查实。临汾市中级人民法院以抢劫罪判处郝金安死刑缓期二年执行。

2007 年 3 月 29 日，山西省人民检察院控申处在汾阳监狱执行公务时，汾阳监狱和吕梁市检察院驻监狱检察室反映，郝金安入狱后不停申诉，并听说真凶已被抓获。山西省人民检察院控申处遂立案复查，发现牛金贺在河南宜阳因涉嫌犯盗窃罪被当地公安机关抓获后主动交代了其伙同张广荣、蔡德明、张保欣在山西乡宁抢劫并将刘茵河杀死的经过。后河南省公安机关又将张广荣抓获，张广荣也证实郝金安未参与作案。2007 年 4 月 30 日，山西省人民检察院控申处将本案移送本院公诉二处审查，公诉二处复核有关证据材料后，认为本案确系一起错案。2007 年 5 月 14 日，经山西省人民检察院第十届第六十一次检察委员会研究决定，向山西省高院发出了对该案的再审建议，并建议省公安厅尽快通缉抓捕犯罪嫌疑人蔡德明。2007 年 12 月中旬蔡德明被抓捕归案。对伙同牛金贺等人抢劫并致死刘茵河的犯罪事实供认不讳。至此，郝金安错判一案终于真相大白。

2008 年 1 月 25 日，由山西省人民检察院发现并建议山西省高级人民法院再审的备受社会各界高度关注的郝金安抢劫错判一案，经山西省高级人民法院公开开庭审理后，当庭依法对郝金安作出无罪判决。（尹桂珍）

监　　督

法纪监督

【对刑罚执行和监管活动监督】 2008年，全省检察监所部门对各类违法情况提出纠正意见983件，同比上升31.9%，已纠正957件，纠正率为97.4%。

省、市两级人民检察院监所检察部门共审查两级法院死缓、无期及有期徒刑罪犯的减刑、假释裁定7730份，同比上升6.4%，其中山西省人民检察院监所处审查省高级法院死缓、无期罪犯减刑裁定523份，审查省监狱管理局减刑决定82份。通过审查共向执行机关和法院提出纠正意见417件，同比上升31.5%，已纠正409件，纠正率为98.1%，为保障刑罚的统一正确执行和监管活动的规范有序进行发挥了积极的作用。

2008年山西省人民检察院监所处根据中央综治委、高检院的要求，继续协调省综治办、高级法院、公安厅、司法厅等职能部门，在对全省监外执行罪犯交付、监管工作建立长效机制的基础上组织了3次全省性专项检查，共纠正脱管人员112名，漏管人员227名，进一步规范了全省监外执行罪犯交付管理工作，为确保2008年北京奥运会的成功举办创造了良好的社会治安环境。本省的专项行动受到了中央综治委、最高人民法院、最高人民检察院、公安部、司法部的联合表彰，中央综治办授予省院监所检察处全国专项行动"组织奖"、晋中市院监所检察处全国专项行动先进集体，省综治委授予省院监所检察处及各市16个监所检察处(科)为专项行动先进集体。　　（尹桂珍）

【查办职务犯罪案件和办理又犯罪工作】 2008年，全省监所检察部门共初查发生在刑罚执行和监管活动中的职务犯罪案件156件，同比上升23.8%。立案侦查29案30人，同比上升45%和43%，查办副监狱长、看守所长、看守所教导员等要案7案7人，同比上升75%。其中由省院监所处参办2案2人，督办1案1人。省院监所检察处直接立案侦查了汾阳监狱副监狱长武建东徇私舞弊减刑一案。根据高检院通报，本省立查职务犯罪工作继续在全国保持领先地位。

在全省监所检察部门立案侦查的29案中，涉及看守所20案，监狱系统3案，劳教系统3案，其他3案；涉及的罪名有：玩忽职守12案，贪污1案，受贿5案，帮助犯罪分子逃避处罚4案，失职致使在押人员脱逃2案，虐待被监管人1案，其他4案；2008年全省监所检察部门继续加大对劳教人员犯罪和服刑人员又犯罪的打击力度，全年共批准逮捕49案63人，审查起诉165案167人，同比上升4.8%。

（尹桂珍）

【监所检察规范化建设工作】 为了进一步规范全省罪犯减刑、假释工作，在5次与省法院、省公安厅、省监狱管理局召开联席会议的基础上，于2008年7月份由省院监所检察处牵头召开了12个市(分)院监所处长、12个中级法院审监庭庭长、21个监狱监狱长及省法院、公安厅、监狱局负责同志参加的全省罪犯减刑、假释工作会议。　　（尹桂珍）

国家审计监督

【审计成果】 2008年，太原办共实施审计项目14个，其中10个审计项目已按审计署规定时间完成并上报了审计报告，其余4个跨年度审计项目正在按计划组织实施。全年查出违规违纪金额43.2亿元，管理不规范金额466.5亿元，损失浪费3.5亿元，侵害人民群众利益金额1177万元，损益不实2449万元。查办有较大影响的金融案件两件，涉案金额2.2亿元，批捕3人。移送其他部门处理的违规违纪案件34件，追究相关责任人员90多人，涉及金额13.5亿元。通过审计直接促进国家财政增收节支43.3亿元，为国家和人民群众挽回损失2448万元。

（冯　晓）

【金融审计】 在中信集团公司2007年度资产负债损益审计中，发现某银行向淘汰关闭企业发放贷款问题和大型企业集团违规使用银行信贷资金用于买卖股票、基金和申购新股，扰乱了证券市场的问题，被审计署以《重要审计情况》反映后，中办国办采用，温家宝总理批示银监会负责核实处理。

在中信集团公司2007年度资产负债损益审计中，发现某公司在未招标情况下，与广告公司签订合同，支付巨额广告费，使得该广告公司由此获取暴利，并涉嫌偷逃巨额国家税款的问题，被审计署以《审计要情》反映后，国办采用，温家宝总理批示中纪委牵头立案处理。另外，发现某国有控股公司法人代表李某采取虚假手段增资扩股，将公司收到的投资款及贷款转入其个人控制的私营企业，造成逾亿元国有资产损失的问题，被审计署以《审计要情》反映后，温家宝总理批示中纪委牵头立案查处。以上两个案件有力地打击了经济领域的违法犯罪活动，为国家挽回了巨额损失。　　（冯　晓）

【财政审计】 在山西省财政支农资金审计调查项目中，发现了山西省大中型水库移民后期扶持资金兑付率低，资金大量滞留，严重影响了移民安置区经济社会发展并损害移民利益的问题，被审计署以《重要信息要目》反映后，被中办、国办采用，温家宝总理、李克强副总理、回良玉副总理先后做出重要批示，要求有关部门采取有效措施，加快资金落实到位，提高资金使用效益。国家发改委、财政部、水利部和审计署联合组成督导组进行督导检查，山西省政府责成有关地市制定资金落实计划，限期拨付资金。　　（冯　晓）

【行政事业审计】 在太原市城市基础教育经费审计调查中，发现国家实行全面免除城市义务教育阶段学生学杂费政策后，有关部门落实政策不及时，补助资金未落实到位，造成部分学校经费紧张的问题，被审计署以《重要信息要目》反映后，国办采用，温家宝总理、刘延东国务委员做出重要批示，教育部要求认真整改。

（冯　晓）

【外资审计】　在“三河三湖”水污染防治效益专项审计调查项目中，发现由于《海河流域水污染防治“十五”计划》编制滞后，治污资金缺口大，城市污水处理厂的建设不能满足需要等原因，造成对海河流域污染物总量控制任务不能按时完成的问题，被审计署以《重要信息要目》反映后，中办国办采用，温家宝总理批示要求有关部门认真研究完善，制定切实可行的防污治污规划。（冯　晓）

【固定资产投资审计】　在山西省国家物资储备综合仓库改扩建项目投资及预算执行情况审计调查中，发现投入巨额资金建设的一些物资储备库，由于仓库附属设施不完善，造成利用率低下的问题，被审计署以《重要信息要目》反映后，中办、国办采用，温家宝总理和李克强副总理先后批示，并引起被审计单位高度重视，立即采取有效措施积极整改。

在福建省电力建设情况审计调查中，发现由于国家有关部委对电力资产转让收入是否纳税尚未达成一致意见，2.06亿元电力资产闲置不能发挥效益，造成损失浪费的问题，被审计署以《重要信息要目》反映后，国办采用，温家宝总理做出批示，财政部和国家税务总局已经联合制定了解决办法。（冯　晓）

【企业审计】　在中国网络通信集团公司审计调查中，发现由于尚未建立通信网络冗余资源的开放制度，中国网通集团在南方市场重复投入275.56亿元巨资兴建的通信基础设施，用户规模小，造成网络资产利用率低、企业巨额亏损的问题，被审计署以《重要信息要目》反映后，国办采用，温家宝总理批示原信息产业部研究并加以解决。并且在刘家义审计长向全国人大常委会所作的审计工作报告中予以反映。

在部分中央企业2005～2007年度节能减排情况专项审计调查中，发现由于环保部门对排污费采取计划管理方式，核定的排污费征收计划与企业实际应该缴纳的排污费有一定差距，造成节能减排资金投入不足的问题，被审计署以《重要信息要目》反映后，中办、国办采用，国务院领导做出批示，要求国家有关部门解决。（冯　晓）

地方审计监督

【概述】　2008年，全省各级审计机关坚持“审计为发展服务”的方向，不断深化审计组织方式和方法创新，努力提高审计质量和工作水平，各项工作取得明显成效。共审计和审计调查6384个单位，查出违法违规问题金额136.58亿元，损失浪费金额1.05亿元，损益不实金额22.9亿元，为各级财政增加收入18.49亿元，促使被审计单位健全规章制度46项，发现各种违纪违法案件线索，移交司法、纪检监察机关及主管部门查处295件，涉及163人，涉及金额1.13亿元。

省本级预算执行和其他财政收支审计结果得到省政府、省人大的高度重视。全省各级审计机关依法履行审计监督职责，着力从规范预算管理、深化财政体制改革、提高财政绩效水平入手，进一步深化预算执行审计工作。主要有以下特点：①审计重点更加突出，审计内容不断深化。针对审计发现的问题，从严格财政预算管理，完善政府投资计划管理、提高执行效率，加强煤炭可持续发展基金管理等6个方面向省人民政府提出审计建议，得到省人民政府采纳。②审计结果得到省人大、省政府高度重视和社会各界的普遍关注。省政府常务会议听取了省审计厅关于审计结果的汇报。省政府领导同志认为，审计工作认真负责，反映的问题客观、准确，要求各部门对审计查出的问题要高度重视，认真抓好整改，并向省人民政府写出整改报告。省十一届人大常委会第4次会议听取了省审计厅厅长郝志远受省人民政府委托所作的关于2007年省本级预算执行和其他财政收支情况审计工作报告，对审计工作报告所反映的问题和提出的意见给予高度评价，对整改工作提出具体要求。③审计发现问题的整改工作取得良好效果。针对省本级预算执行审计、全省专项资金审计和审计调查发现的主要问题，省直各有关部门、单位，有关市县在纠正具体问题的同时，从治本的目标出发，完善体制和机制，深化财政改革，规范预算管理，积极采取整改措施。省政府及各有关部门单位制定了32项相关的管理制度和办法，审计整改工作取得了良好的效果。副省长李小鹏代表省人民政府向省十一届人大常委会第七次会议做了2007年省本级预算执行审计查出问题的整改工作报告。

财政决算审计重点关注国家财政法规制度执行情况，财政体制改革措施落实情况，按照“两年审一次，一次审两年”的工作方法，省厅直接审计了6个市的财政决算，各市审计局审计了50个县区的财政决算。就深化政府采购、国库集中支付改革，加强和改进对国土收益、煤炭可持续发展资金、探矿权采矿权收入等专项资金管理向省人民政府反映情况，提出建议，为规范财政收支行为，严格财经法纪，维护国家政令统一发挥了积极作用。

关注民生，促进发展，持续推进专项资金审计和审计调查。突出把人民群众关注的、在国民经济全局中具有重要影响、与广大人民群众切身利益密切相关的专项资金作为审计的重点。结合预算执行审计，开展了对省级煤炭可持续发展基金、技改资金、国土资源、社保、环保、农业综合开发、造林绿化、水利、民营及非国有控股企业税收征管情况、汶川地震救灾资金等11类专项资金审计和审计调查。查出违法违规金额10.64亿元，移送纪检监察和有关部门查处案件线索65件，涉及58人。就提高煤炭可持续发展基金、农业综合开发项目资金使用效益、完善税收征管机制、加强排污费征管、加强社保资金征收筹集等问题提出了审计建议。有关部门和单位积极采纳审计建议。

围绕国家重大政策措施和民生问题，组织了廉租住房建设管理和分配使用情况审计调查，发现城镇廉租住房保障工作进展缓慢、保障比例偏低，至2007年底有73个县尚未开展此项工作，全省已实施保障的家庭户数仅为应保障户数的5.55%。实物廉租住房严重短缺，可供分配的实物廉租住房仅能解决0.3%的住房困难家庭。针对审计调查发现的问题，向省人民政府提出了建立健全廉租住房保障制度，以财政预算安排为主、多渠道筹措建设资金，加快解决城市低收入家庭住房困难的建议。

汶川特大地震发生后，省、市、县三级审计机关共抽调审计人员500多名，对救灾款物进行了全过程跟踪审计，分阶段发布了审计结果公告，促进了救灾款物筹集、拨付、管理、分配、使用的安全完整、规范有效，公开透明。

金融、企业、政府投资、外资审计取得了较好的成绩。金融审计开展了对549户农村信用社2006、2007年度资产负债损益情况审计，针对审计发现的问题，就加强管理，深化改革，提高信贷资产质量，防范风险向省人民政府提出了建议，得到省人民政府采纳。

企业和政府投资审计开展了对山西地方铁路集团有限公司2007年度资产负债损益情况审计、太原至长治高速公路、太原东山过境高速公路改造工程、晋城无烟煤集团公司赵庄煤矿竣工决算审计、运城南环高速公路、大同绕城西北环高速公路在建审计，核减结算投资额（工程款）1.99亿元。针对审计发现的问题，就进一步深化政府投资体制改革，规范政府投资行为，加强招投标和工程建设管理等问题提出了建议。

外资审计开展了对13个国外贷援款项目审计，审计和审计调查单位88个，涉及资金59.36亿元。审计结果表明，本省利用外资的管理水平进一步提高，违法违规问题逐年减少，资金安全得到有效保障，资金使用效率明显提高。

经济责任审计稳步推进。按照“积极稳妥，量力而行，提高质量，防范风险”的原则，不断推进经济责任审计工作，着力加强对权力运行的监督和制约，提高审计成果利用的层次和水平，为各级领导机关科学决策提供了重要参考，为加强对干部的管理和监督提供了重要依据。省审计厅开展了对23名领导干部的任期经济责任审计，其中市长5名、厅局长6名、企事业单位领导人员12名。全省各级审计机关共对686名领导干部和676个单位进行了经济责任审计。在对领导干部履行经济责任情况做出客观评价的同时，针对发现的问题向有关领导机关提出了审计建议，向有关部门移送案件13起。

强化审计管理，不断加强审计机关自身建设。一是认真贯彻落实《建立健全教育、制度、监督并重的惩治和预防腐败体系实施纲要》和《审计组廉政建设若干规定》，强化对审计项目的全过程监督，对发现的问题依法依纪进行处理。2008年下半年，省厅在审计工作中推行审计纪律，实行审计外勤经费自理，保障了审计执法过程的独立、客观和公正，规范了审计执法行为，加强了审计机关廉政建设。二是强化审计质量检查和政务督查工作。省厅对太原、晋中、忻州、运城等市55个项目的审计质量进行了检查。制定了《山西省审计厅督查工作暂行办法》，加强对制度执行和各项工作落实情况的监督检查，加强行政效能建设和廉政建设。三是加强审计干部培训。以提高审计人员依法审计能力和审计工作水平为核心，开展多种形式的业务培训。四是大力推进干部人事制度改革。在干部任用中实行差额考察、差额票决制。面向社会公开招聘事业单位工作人员。为推进干部人事制度改革作了积极的探索。五是大力推进审计信息化建设，继续推进“金审”工程建设，推广运用审计现场实施软件（AO）和审计管理软件（OA），积极探索联网审计，全省各级审计机关审计管理系统的互联互通、资源共享取得重要进展。（宁红伟）

国家财政监督

【概述】 2008年，财政部驻山西专员办结合山西经济发展的特点，深入开展学习实践科学发展观活动，全面推进政务公开和信息化建设，立足机制建设，不断完善各项规章，紧紧围绕财政中心工作，团结奋进，开拓创新，全面完成了各项工作任务。

1. 收入监管上台阶。对山西省排污费收缴使用管理情况的检查和调研；对山西省环境保护局及下属市县环保局、相关企业进行了检查，发现征收和使用中存在欠缴排污费、滞留排污费、漏征排污费、排污费入库级次错误等问题24082.93万元。

对山西省国税系统2007年度“三代”手续费申报情况进行了审核。2007年山西省国税系统共申报“三代”手续费111户资金3450万元，核定上报3450万元。

一般增值税退税审核审批工作。全年共受理宣传文化等9个行业110户次单位退税申请，申报额45610万元，核准退税43984万元，剔除金额1626万元。

积极开展非税收入征缴工作。完善各项非税收入档案库，加强监管，保证中央非税性收入及时准确入库。2008年就地征收非税收入累计入库310464万元。

2. 支出监管抓成效。积极开展破产费用预案审核。共受理2户企业破产费用预案审核，申报金额38007.06万元，核准金额25650.47万元。山西原平化学工业集团有限责任公司、长治八一水泥厂（原中国人民解放军第七〇一六工厂）两户破产企业共计申报破产费用预案人员6034人，专员办审核人数6021人；申报金额38007万元，核定金额25650万元，核减12357万元。

对山西省财政厅、林业厅2006～2008年石油价格改革财政补贴资金收入、分配、拨付、使用情况进行了检查，并对阳泉市进行了重点抽查，上缴中央金库55.75万元。

国库集中支付审核工作。审核金额60446万元，剔除金额19444万元，剔除率32.17%。

博物馆和纪念馆免费开放经费测算审核工作。对6个单位免费开放补助资金进行了审核，申报金额2852.03万元，核定报部金额1476万元，核减1376.03万元，核减率48%。

对中央中联煤层气有限责任公司和山西省晋城、阳泉市等单位煤层气开发和利用项目补助资金进行了审核27户次，申报资金9829万元，审核剔除971万元，上报8858万元。

对山西省中央政法专款使用情况检查。发现虚报中央政法补助维修专款、财政部门中央专款预算指标下达和资金拨付不及时等六个方面的问题。

完成其他审核审查工作。中央管理企业2006年度特定政策补助资金清算审核、国家储备物资财政补贴审查审核、中央廉租住房保障专项补助资金审查审核、2007年度新型农村合作医疗资金筹集使用情况核查、基本建设贷款中央财政贴息资金审核。

3. 会计监督成果显著。对太原重工股份有限公司2007年度会计信息质量进行了就地检查，并对中和正信会计师事务所有限公司进行了延伸核查，查出违规金额37887.74万元，其中核算不实34751.46万元；补缴各项税款134.60万元；其他违规问题金额3001.68万元。对中国铝业股份公司山西分公司、山西铝厂2007年度的会计信息质量进行了就地检查，并延伸对普华永道会计师事务所、中磊会计师事务所进行了检查，查出违规金额178864.13万元，其中核算不实91713.23万元；补缴各项税款14184.53万元；信息披露不实72966.37万元。

4. 金额监管层次提高。完成财政部布置的绩效评价工作。对山西省西龙池抽水蓄能电站有限责任公司日元贷款项目进行了专项检查，对项目所涉及到的部门进行了检查，项目绩效评价等级为良。对审计署太原特派办关于外国政府贷款山西王曲火电厂建设项目效益审计调查的报告中反映问题的整改情况进行了调查，并按时上报了调研报告。

认真做好对“三会”和中国人民银行太原分行及出入境检验检疫局、海关等部门预算审核工作，并对“三会”决算进行审查上报。

尽职尽责，做好金融资产管理公司打包处置审核工作。对1户金融资产公司上报的打包处置方案进行了审核。共申报处置金额51940万元，经审核后实际数为51940万元。 （阎济海　宋　莉）

国有资产监督

【概述】 2008年山西省国资系统深入贯彻落实科学发展观，在省委、省政府的坚强领导下，克服一系列重大的困难和考验，各项工作都取得了新的进步。截至2008年底，监管企业资产总额达到5951.3亿元，同比增长26.3%；所有者权益（净资产）达到1906.0亿元，同比增长21.9%；累计实现营业收入5154.4亿元，同比增长42.7%；累计实现利税628.0亿元，同比增长32.3%；累计实现利润229.1亿元，同比增长17.7%。根据国务院国资委地方监管企业的统计资料，2008年山西省监管企业资产总额、所有者权益在全国各省区排名第四，销售收入、利润总额排名第二。

监管企业全面落实“十一五”规划，认真做好重点项目的跟踪、服务工作和动态管理，保持了又好又快的发展态势，在全省经济发展中凸显了重要骨干作用。全年累计完成投资340亿元，占年计划的63.2%。山西焦化焦炉扩建二期工程、同煤集团塔山矿井、潞安集团屯留矿井、晋煤集团煤层气电厂、阳煤集团开元煤矿技改工程等一批重点项目建成投产。太钢集团自备电厂、焦煤集团斜沟、庞塔煤矿和古交电厂二期、同煤集团同忻矿井、塔山电厂、潞安集团高河矿井、高纯度多晶硅项目、国际能源兆光电厂二期、平朔煤矸石电厂等一大批带动和示范作用的重点项目全面实施。太化集团、太原煤气化积极准备搬迁工作，筹建具有国际先进水平的新煤化工基地。

省属企业积极开展招商引资工作，在第二届煤博会上发挥了主力军作用，签约项目55个，投资和贸易总额113.44亿美元，引资额24.36亿美元。其中，投资合作类项目28个，投资总额110.51亿美元，贸易类项目27个，交易金额12.93亿美元。省属企业积极实施“走出去”战略，大力拓展资源项目、合作经营等业务领域。太重集团签订了首钢迁安铸造起重机等一批具有影响力、超亿元的重大项目，国外订货量达16亿元，全年销售收入突破百亿元。建工集团在境外承接了斯里兰卡纪念班达拉奈克国际会议中心等重大建设项目。潞矿集团在新疆完成了三个矿井的技术改造，产能提升为1040万吨/年，在内蒙古购买了88亿吨煤炭资源，300万吨/年的赛罕煤矿开工建设。太钢集团的缅甸镍矿、土耳其铬矿、澳大利亚铁矿等海外资源投资项目已签署了股东合作协议。焦煤集团实施煤网、煤电、煤港联盟战略，与首钢合作签约曹妃甸1000万吨钢铁基地420万吨焦炉项目。

省属企业认真履行社会责任，在特大自然灾害之时，为全国能源供应和经济社会发展做出重大贡献。雨雪冰冻灾害期间，省属煤炭企业坚决按照胡锦涛总书记的指示，舍弃自身利益，加紧产煤运煤。一季度完成原煤生产8566.67万吨，同比增长10.18%，为抗灾斗争的全面胜利起了极为重要的作用。8、9月份期间，按照李克强副总理在山西考察时的指示精神，增加煤炭产量1000多万吨，缓解了全国“煤电油运”紧张局面，保证了电力的“迎峰度夏”和“北京奥运会”的顺利召开。汶川地震后，积极向灾区捐款捐物，累计达2.1亿元。省属煤炭企业还派出矿山救护队，汽运集团组织车队运送四川民工返回家乡，医药集团向灾区捐赠了药品，省建工集团派出11支施工队承担灾区过渡安置房的建设任务等，为灾区抗灾做出了突出贡献。 （刘忠兵）

【全省国有企业营运情况】 2008年纳入统计范围的国有企业（含国有控股参股）4243户，资产总额达到7999.23亿元，销售收入达到6180亿元，利润总额达到360亿元。截至2008年12月31日，山西省国有资产总量达到1880亿元，比2007年增加275亿元，增长率为17.13%。国有资产主要集中在省属企业，2008年省属企业国有资产总量占总国有资产的比重达到84.09%。从经营规模来看，国有资产主要集中在大型企业，2008年占到67.96%。国有企业的资产分布呈稳健态势，流动资产占总资产的44.53%，固定资产占总资产的47.31%。无形资产的比重稳步提高，同比增长率38.28%，但占总资产的比重依然很低，这与本省属于能源、重工业基地，大多国有企业无形资产基数较低有关。资产营运保持较高的效率，2008年国有企业固定资产投资占主营业务收入的10.51%，国有企业总资产周转次数为0.83次，流动资产周转次数为1.89次，存货周转次数为7.26次。2008年全省国有企业科技支出为65.86亿元，是上年的1.61倍。国有企业总体的短期偿债能力较好，现金流量充足，现金流动负债比率明显降低。营业收入、营业利润和利润总额大幅增加，营业收入超过10亿元的单户企业107户，利润总额超过亿元的单户企业85户，获利能力指标明显提高，利润增长率达到39.99%。净资产收益率（不含少数股东权益）为8.87%。成本费用利润率6.19%，成本费用总额占主营业务收入的比重94.12%。全省国有企业实现国有资产的保值增值，保值增值的原因主要来源于国有企业经营增值，国有企业权益资本的稳定增加，保证了国有企业较高应付风险的能力和较强的持续发展能力。 （刘忠兵）

【国有资产监管工作】 法规体系建设方面，省国资委加强对全省国资监管和国企改革发展的法规制度研究，起草了《关于支持五户省属国有重点煤炭企业发展的政策建议》，对《国资法（草案）》、《山西省煤炭条例（修改草案）》等政策法规提出修改意见。加强省属企业总法律顾问建设，加强与省高院、财政、信托等协调工作，妥善解决企业债权债务纠纷。晋中等市国资委制订了《市属企业国有产权转让实施办法》等一系列地方性规范文件，促进了国资监管法规体系的建设。财务监管和统计评价方面，省国资委出台《山西省省属企业财务预算管理办法》，完成2007年省属企业财务决算审核批复和国有资产统计工作。加大省属企业财务动态监测，重点加强对效益下滑幅度较大企业的协调督促。积极推进省属企业执行新的《企业会计准则》，建立了执行新准则重要财务事项审批备案管理制度。做好省属企业全面风险管理工作的前期准备工作，提出了省国有资产运行风险管理体系制度框架构想。加强企业改革、改制的清产核资工作，完成了总额近40亿元资产的清产核资。监事会监管方面，完成了部分企业监事会换届改派、人员调整等工作。强化了当期监督，完成了对10户企业的监督检查报告和11户企业主要领导的经济责任审计。对监督检查报告中提出的企业存在的问题进行整改落实情况，对企业投资、担保中需整改的问题进行了跟踪检查。（刘忠兵）

质量技术监督

【以质取胜工作】 充分发挥山西省质量立省领导组和名牌战略领导组办公室的组织协调作用，认真贯彻落实山西省政府《关于贯彻落实科学发展观大力实施质量立省的意见》精神，在广泛调查研究的基础上，制定了《山西省质量立省实施方案》，并由省政府印发全省实施。各地认真落实《方案》，不断加大质量振兴力度，太原、晋城等地出台了《质量立市实施方案（意见）》，吕梁、阳泉等地开展了"质量兴乡镇"、"质量兴园区"活动，晋中市由政府牵头对全市质量兴市工作进行考核，朔州市人大专门听取了市政府贯彻执行《产品质量法》、推动质量振兴的报告，满意度测评达到100%；各地还以普查质量状况、建立质量档案为基础，积极开展企业质量信誉等级评定，深入推进"质量兴企"活动，有效促进了区域经济发展和质量振兴进程。国家质检总局对山西省开展质量立省的做法给予了高度评价，向全国质检系统转发推广了山西省的《质量立省实施方案》。根据近年来实施名牌战略积累的经验和存在的问题，积极研究名牌战略在促进产业结构调整、服务经济社会又好又快发展方面的新思路和新途径，不断加大对重点企业和产品的扶持培育力度，并实现了名牌战略由工业向农业和服务业的延伸，名牌产品由传统产业向自主创新、安全生产、节能减排、循环经济等领域的拓展，名牌战略在促进经济结构调整和产业素质提升等方面的带动作用日益明显。（崔星梅）

【处置问题奶粉事件】 "三鹿"牌婴幼儿奶粉事件发生后，按照省委、省政府和国家质检总局的部署和要求，全省质监系统立即启动Ⅰ级应急反应预案，迅速开展乳制品专项检查，对问题奶粉监督企业进行销毁。对全省72家乳制品生产企业实施驻厂监管，实行出厂批批检验，确保了9月14日以后山西生产的液态奶和奶粉全部合格；为防止三聚氰胺流入其他食品生产企业，对山西省境内的7家三聚氰胺、32家尿素生产企业和5家使用三聚氰胺的企业进行了拉网式检查。积极为企业提供仪器检定校准和人员培训服务，帮助企业迅速恢复生产；积极争取政府支持，大力加强质监系统自身检测能力建设，省市两级政府共投资3000余万元为质监系统配备了检验检测设备，为保障食品质量安全奠定了基础。（崔星梅）

【专项整治工作】 按照国家质检总局的统一部署，在全省范围内组织开展了家具、玩具、服装、油漆涂料和仿真饰品等五类重点产品专项整治，共出动执法人员9688人（次），检查生产单位1380个，查处案件17起；全省166家五类产品生产企业建档率、3C认证企业持证率、标准复审率、抽查新获证产品覆盖率全部达到100%，圆满完成国家总局确定的4个100%目标。（崔星梅）

【打假治劣】 组织开展了对食品、农资、建材、成品油等打假活动，全省质监系统共出动执法人员14.45万人（次），查处各类制假售假违法案件6890余起，查获假劣产品货值7500余万元，捣毁制假售假窝点980个。特别是通过深入开展食品质量安全专项整治"百千万工程"、农资打假"进千村、入千户、抽千样"活动和实施建材专项整治"黑名单"制度，有效遏制了食品、农资、建材三个重点领域的制假售假违法行为。（崔星梅）

【监督检查】 按照突出重点、分级管理和"五定"原则，统筹开展定期监督检查，规范检验行为。全年共对8789个生产流通企业的11572个批次产（商）品进行了定期监督检查，合格率为92.3%；紧紧围绕食品安全、人身财产和公共安全等重点产品，对18类430个批次产品进行了监督抽查，合格率为90.7%。（崔星梅）

【计量工作】 量传体系建设不断推进，新建和改造了115项符合山西省经济社会发展特点的社会公用计量标准，总数达到1409项，在中西部处于领先水平。认真贯彻落实《节约能源法》，大力加强能源计量工作，有力推进了重点耗能企业能源计量管理。加强民生计量工作，完成了10种定量包装商品国家专项抽查，组织开展集贸市场、加油站计量专项检查，严肃查处计量违法行为；深入开展以"六进、六查、六规范"为主要内容的"关注民生、计量惠民"专项行动，集贸市场、医疗卫生单位和眼镜店的在用强检计量器具受检率达到100%。严格规范大衡器检定工作，走在了全国前列；积极参与治理超限超载工作，对全省45个超限检测固定检查点和95个治超临时卸载点所用的计量器具依法实施了计量检定；进一步加强对供电、电建和电力生产企业等垄断行业的计量监管，在规范垄断行业的计量器具检定和量值传递方面积累了经验；大力加强煤矿安全计量工作，煤矿计量器具检定率明显提高。狠抓计量工作年度考核和证后监督，促进了计量工作有效性的提高。（崔星梅）

【认证认可工作】 完善了3C产品企业档案，推动了区域监管责任制落实；以强化认证行政监管为主线，以3C产品和实验室监管为重点，深入开展了认证全过程监管试点，建立3C产品获证企业巡查制度，进一步加强了对3C产品出厂、销售和经营活动的监督管理；深入开展国家质检总局确定的5类强制性认证重点产品专项监督检查，共检查7000余家经销企业和285家生产企业；积极探索在流通领域建立3C产品质量档案和可追溯体系、责任追究体系的新途径和新方法，严肃查处3C产品认证违法行为。实验室资质认定工作持续推进，积极开展各类能力验证和数据比对活动，促进了获证机构规范运转，提高了检测工作质量。进一步加强质量、环境等管理体系认证，积极推动循环经济认证，得到国家认监委的充分肯定，已批复在全省开展试点。（崔星梅）

食品药品监督管理

【概述】 2008年，山西省食品药品监督管理局按照省委、省政府的安排和部署，积极构建食品药品监管长效机制，扎实推进兴奋剂生产经营专项治理，组织协调奶粉污染事件处置，认真解决影响食品药品安全的突出问题，全力保障人民群众饮食用药安全，各项工作取得了新突破。

一、食品安全综合监督

1．圆满完成了三鹿奶粉污染事件处置。三聚氰胺污染奶粉事件发生后，山西省政府立即启动了重大食品安全事故应急一级响应机制。山西省食品药品监督管理局作为省政府处置工作领导组办公室，督促市县政府，组织有关部门，协调开展工作，承担了会务、文件起草、日报、简报、案件调查、督办等八项工作，先后上报日报53期，编写简报47期，整理会议纪要14份，撰写新闻稿件53期，督办督察21人次，确保了三鹿奶粉事件处置工作有序、有力、有效进行。

2．有效保障供奥蔬菜的安全。为保障全省人民饮食安全和供奥蔬菜安全，组织有关部门开展了为期40天的“拉网式”专项检查行动，组织农业、质监、工商、卫生等部门组成联合检查组，对山西省食品放心工程实施情况和北京奥运会期间食品安全保障工作开展了食品安全综合评价。先后多次组织专项巡查组，对省内3个奥运专供蔬菜种植基地进行了现场督查，有效保障了山西省供奥食品安全，得到了奥组委的肯定。

3．有力推进食品安全示范县创建工作。2008年，山西省在高平市、新绛县两个国家级食品安全示范县挂牌的基础上，顺利完成第二批国家级食品安全示范县(广灵县、寿阳县、临猗县)的验收并挂牌，山西省运城市成为全国唯一一个拥有两个国家级食品安全示范县的地级市。同时，山西省食品药品监督管理局继续推进示范县创建工作，圆满完成了首批10个省级食品安全示范县（太原市阳曲县、阳泉市盂县、长治市屯留县、忻州市宁武县、吕梁市文水县、临汾市侯马市、运城市盐湖区、临猗县和晋中市寿阳县）的申报和验收。

二、药品安全监管

1．突出重点环节，实施对药品全过程监管。在研制环节，对全省7164个药品批准文号进行认真清理、筛查、对比，其中6101个药品批准文号通过国家局验收。对657个医疗机构制剂品种开展了工艺、原材料购进和非法添加化学药制剂专项检查。重点加强了1384个含兴奋剂类药品标签、说明书管理和审查，有效防范了安全风险。为加强药品审评工作，成立了药品审评委员会，建立了药品审评专家库，进一步完善了药品技术审查、专业咨询职能，规范了药品审评程序，确保了药品审评工作科学规范、公平公正。

在生产环节上，强化了对药品生产企业动态监管，尤其对高风险药品生产企业进行了多次全面检查，严格督促企业按照GMP组织生产。严格派驻监督员制度，扩大派驻监督工作面，先后向37家重点企业派驻了监督员。深入开展了注射剂类药品生产工艺和处方核查工作，对全省25家药品生产企业的761个品种进行了多次工艺和处方核查。以高风险药品和蛋白同化制剂、肽类激素类药品作为重点，加大了飞行检查和巡查力度，对存在严重缺陷的1家企业收回其GMP证书，全年跟踪检查生产企业30家，从源头上保证了药品安全。

在经营环节上，在全国率先完成全系统180名药品监管人员和全省421家药品批发企业、零售连锁企业811人的电子监管培训工作，全面启动“四大类”药品电子监管工作，提高了打击药品违法行为的及时性和针对性。强化企业资质和人员资质的监管，对不具备经营条件的8家批发企业收回证书，强制歇业。加强跟踪检查力度，对违法违规经营者采取强制措施直至吊销许可证件。在太原、晋中市试行药品销售人员备案制和公示制，对药品销售人员身体证明、培训情况以及所在企业资质等实行备案和网上公示，收到了良好效果。加强药品广告监管，对严重欺骗和误导消费者的12个违法药品广告实施了行政强制措施，暂停其在全省范围内销售。太原等6个市对近50个严重违法广告药品在辖区内暂停销售，有效地规范了药品广告行为。全年共发布违法药品、保健食品广告公告15期1476件，向工商部门移送违法广告1649件。

在使用环节上，强化医疗机构监管，全面开展规范化药房建设。结合新农合、新农村建设继续推进“规范化药房”建设，积极开展“规范化药房”达标工作。目前，全省市级以上医疗机构达标率为80%，县级医疗机构达标率为70%，乡镇医疗机械达标率为68%，村级医疗机构达标率为43%，有力地规范了医疗机构药房管理。

2．深入开展兴奋剂生产经营专项治理，确保奥运会顺利举办。为保障奥运会顺利召开，强化兴奋剂治理，组织召开了全省兴奋剂生产经营专项治理工作会议，对全省专项治理工作进行了动员和安排，明确了各部门职责，建立了联席会议制度，与109家有关企业签订了承诺书。山西省食品药品监督管理局坚持“七个到位”，即：领导重视、部署到位；健全机构、责任到位；营造氛围、宣传到位；全面检查、治理到位；狠抓落实、督查到位；部门配合、协调到位；强化责任、追究到位，实现了监管地域无盲区、监管环节无断层、监管单位无盲点、监管品种无遗漏。局领导分片包干，连续三次开展督查，确保了工作的落实。全省共出动监管人员29705人次，对所有药品生产、批发、零售企业进行了全面检查，实现了企业自查率100%，监管部门检查率100%。全省未出现一例药源性兴奋剂问题，受到国家专项治理督查组的高度评价。

3．加大药品不良反应监测力度，妥善处理茵栀黄注射剂事件。山西太行药业股份有限公司生产的茵栀黄注射剂发生疑似药品不良反应后，山西省食品药品监督管理局立即成立应急处置工作领导组和检查组，对该公司茵栀黄注射剂生产过程进行全面检查，对样品进行抽样复检，责成企业召回茵桅黄注射剂6487支，及时向国家局汇报和沟通，准确发布信息，使这一事件得到妥善处置。

4．强化高风险医疗器械监管。为保障医疗器械质量安全，对全省19家高风险医疗器械生产企业组织进行了突击检查，对存在问题的16家企业责令停产，其中对8家企业暂时收回生产许可证。对骨科植入物、人工心肺设备等高风险植入医疗器械开展了使用情况监督检查，督促医疗机构建立了购进和使用记录，增强了使用高风险医疗器械安全的可追溯性，为患者用械安全提供保障。

5．扩大抽验覆盖，严厉打击制售假劣药品违法犯罪行为。充分发挥药品检测车、快检箱的筛查功能，加大药品抽验力度，提高不合格药品的检出率，增强打击假劣药品的靶向性。全年完成药品抽验9077批次，检出不合格药品2689批次，总不合格率为29.6%，药品监督抽验覆盖面由原来的30%提高到50%。完成医疗器械抽验340批次，国家抽样任务22批次，检出不合格医疗器械50批次。发布药品质量公告4期，医疗器械质量公告1

期，有力地震慑了违法行为。药品监管始终保持高压态势，组织开展了中成药非法添加化学药品、人体注射用狂犬病疫苗、非药品冒充药品等专项监督检查，巩固了药品专项整治成果。全年共受理举报投诉844件，办理各类药品、医疗器械违法违规案件7388起，罚没款1718.1万元。违法违规行为分别受到警告、限期整改、责令停产停业、吊销许可证照、取缔等处罚，有效规范了药品市场秩序，保障了药品安全。（高　翔）

农民负担监督

【以防止农民负担反弹为重点，加强农民负担监督管理】 一是加大农民负担监督检查力度，推动减轻农民负担各项政策的落实。为促进各项减轻农民负担和支农惠农政策制度的落实，省减负办发了《关于组织开展农民负担情况大检查的通知》（晋农负担办〔2008〕1号），各市都认真组织了检查，共检查出向农民乱收费148万元、乱集资64万元，克扣挪用对农民的各种补贴21万元，克扣挪用村级转移支付资金49万元，向村级组织乱收费17万元，行政处分3人，追回违法违纪资金16.4万元。二是规范管理村民一事一议筹资筹劳。各地在贯彻执行一事一议筹资酬劳制度的过程中，基本上都能严把筹资筹劳的范围、标准和议事程序。据统计，全省有5695个村开展了一事一议，共筹资729.5万元、筹劳76.6万个工，仅有7.89万元的筹资没有按规定程序进行，占筹集资金的1.1%。（白　剑）

证券期货监督管理

【概述】 2008年，山西证监局在山西省政府和中国证监会的领导与支持下，围绕证券期货监管这一中心工作，依法行政，有效监管，认真落实辖区监管工作责任制，积极开展推动优质企业上市融资和已上市公司进行再融资和并购重组，上市公司规范运作，证券公司账户规范和合规经营，期货经营机构落实开户实名制等专项工作，大力支持和推动上市公司、证券公司、期货公司做优做强，有效防范和化解市场风险，切实保护投资者合法权益，促进了辖区资本市场稳定健康发展。

截至2008年底，全省境内上市公司共27家，占沪、深两市总数1625家的1.66%；累计从资本市场筹集资金487.08亿元，占全国总筹资量22817.35亿元的2.13%，筹资量在华北地区排第二位、中部六省居中。其中首发融资290.97亿元，再融资196.11亿元。27家上市公司总股本334.36亿股；无限售流通股154.51亿股；总市值达2387.37亿元，占全省GDP的34.41%。

截至2008年底，辖区共有证券公司2家，证券营业部34家，证券服务部48家，营业网点覆盖了辖区各地级市及主要发达县市地区。2008年末全省证券投资者资金开户数108.98万户，比上年增加14.68万户，增长15.6%；年证券交易量6478.90亿元，占全国交易总量的0.95%。辖区2家证券公司总资产97.36亿元，比上年减少41.58亿元，下降29.9%；净资产27.74亿元，比上年增加2.35亿元，增长9.3%；全年实现净利润3.8亿元，比上年减少6.53亿元，下降63.2%。

截至2008年底，山西辖区共有5家期货公司，10家营业部，公司资产总额达到83863.97万元，较上年同期增加24730.15万元，增长41.82%；净资产总额达到25829.38万元，较上年同期增加9596.59万元，增长59.12%；客户保证金余额为54424.26万元，较上年增加13684.47万元，增长33.59%；投资者开户数为17359户，较上年增加5502户，增长46.4%。2008年全年代理交易量为6357.19万手，较上年增加2868.97万手，增长82.25%，占全国的市场份额为4.66%；代理交易额为2.93万亿元，较上年增加1.34万亿元，增长84.28%，在全国市场占比份额为4.07%；利润总额为615.31万元，较上年增加186.56万元，增长43.51%。（靳莉莉）

【上市公司规范运作】 在上市公司规范运作专项检查中，本局把防止控股股东占用上市公司资金当作检查的重点任务，结合实际逐家分析，从"动机"、"压力"和"机会"三个角度来考虑存在控股股东占用上市公司资金的概率大小、占用动机以及占用方式，明确现场检查的重点环节和所采取的主要检查方式；在现场检查过程中，检查小组逐家询问公司人员、检查公司内部文件、追踪付款过程等方式对公司资金流出的内部流程和决策机制进行重点检查，严格把好内控制度关；检查过程中，每一位检查小组成员均能够对发现的疑点问题保持合理怀疑态度，只要控股股东存在可能占用上市公司资金的"蛛丝马迹"，绝不姑息手软，一直追查到底，保证了检查的效果；在本次检查中，对辖区一些上市公司的重要异地子公司开展延伸现场检查，力争不留下任何监管薄弱地带，杜绝控股股东占用上市公司资金行为发生。此次检查也为下一步对辖区上市公司的规范运作监督检查积累了宝贵经验。（靳莉莉）

【优化证券营业网点布局】 2008年以来，根据证监会机构部有关精神，结合辖区实际情况，研究制定了《山西辖区证券营业网点总体规划》，将营业部新增批设、异地迁入及服务部规范综合考虑，统筹安排。一是"适度竞争，稳步放开，逐年增加"的原则，引进中信证券等优质券商在辖区内新设证券营业部，不断调整辖区证券营业网点区域布局。二是加大清理不规范网点的力度，整顿关停银河证券晋中工商服务部、临汾大东关服务部等历史遗留的非法网点，积极维护市场秩序，保护投资者合法权益。三是以规范证券服务部为契机，制订方案，设立标准，积极引导省内证券服务部加大投入，改造升级，扩大规模，提高服务质量。四是积极鼓励、帮助辖区两家证券公司到外省市拓展设置新网点，提高经纪业务市场占有率，提升公司盈利能力。通过营业网点迁址、增设和规范、清理，逐步形成适度有序的良性竞争态势，不断提高辖区证券服务业水平，为广大投资者提供便利的财富管理平台。（靳莉莉）

【期货经营机构监管】 一是强化现场检查，深入落实辖区监管责任制，切实提高监管工作效率。二是发挥"电子眼"功能，切实做好期货保证金安全存管工作。三是督促辖区期货经营机构切实落实开户实名制工作，加强市场基础制度建设。四是主动做好会计与评估机构期货相关业务的监管工作，进一步发挥中介机构的作用。五是发挥期货联席会作用，强化自律监管。截至2008年底，有2家公司进行了增资扩股，1家公司进行了股权变更。（靳莉莉）

经济管理

宏观管理

【概述】 2008年，全省上下深入学习实践科学发展观，坚持走出“四条路子”、实现“三个跨越”发展战略，积极推进转型发展、安全发展、和谐发展，全省经济社会总体上呈现出平稳较快发展、健康协调推进的良好局面。

全省地区生产总值6938.7亿元，增长8.3%；全社会固定资产投资3635.1亿元，增长24.2%；社会消费品零售总额2356.5亿元，增长23.1%；进出口总额143.9亿美元，增长24.4%；财政总收入1518亿元，增长26.5%，其中，一般预算收入747.9亿元，增长25.1%；城镇居民人均可支配收入13119.1元，增长13.4%，农民人均纯收入4097.2元，增长11.8%；二氧化硫、化学需氧量排放量分别削减7.83万吨和1.54万吨；预计万元GDP综合能耗下降5.6%。

1. “三农”工作扎实推进

加大投资力度，重点支持旱作农业示范基地、畜牧养殖、水源建设、病险水库除险加固、大中型灌区节水改造、水土保持以及林业生态工程建设；继续实施2000万亩耕地综合生产能力建设工程，推进优势农产品示范基地建设；扶持龙头企业发展壮大，带动农民增收；加强良种繁育、动物防疫体系建设。全省农作物播种面积比2007年增加110万亩，全年粮食总产量达到102.8亿公斤，为山西省历史上第6个超过百亿公斤的年份。引黄北干工程批复立项，张峰水库、横泉水库枢纽工程均已完工，应急水源工程已有22个项目批复立项和开工建设。京津风沙源治理、交通沿线荒山绿化等生态工程建设进展顺利。2000个新农村建设重点推进村全面实施，支持了一批新农村建设试点村、重点村生态综合项目和一村一品工程建设；推进农村沼气、农村饮水安全、农村道路等民生工程建设取得重要进展；创新扶贫思路和模式，落实各项扶贫措施，推进扶贫开发取得明显成效，20万农村贫困人口实现脱贫。

2. 结构调整步伐明显加快

在改造提升传统产业方面，研究了《规范煤炭焦炭冶金电力行业有序发展的意见》，提出了控制总量、提高门槛、整合资源的建议，对新上项目进行更加严格的审查，要求新上项目与淘汰落后挂钩；加快推进经济发展方式转变，严格控制“两高一资”行业盲目发展和低水平重复建设；引导企业提高产业集中度和产业水平。在培育壮大新兴产业方面，采取有效措施，引导和扶持装备制造、煤化工、新材料等新兴支柱产业做大做强，推进一批骨干企业自主创新、产业升级项目陆续建成投产。在发展服务业方面，出台了《山西省人民政府关于加快服务业发展的实施意见》，相继出台一系列加快服务业发展的重大措施，包括设立服务业发展引导资金，重点支持一批带动力强的服务业项目。围绕18个领域确定了一批服务业“1+10”重点项目（“1”指各领域的“旗舰项目”，“10”指各领域的“示范带动项目”，其中旅游和现代物流两个重点领域选20个示范带动项目，共计218个项目），给予重点支持。服务业增加值全年增长10.6%，增速近7年来首次超过第二产业。

3. 改革开放不断取得新进展

煤炭工业可持续发展政策措施试点工作扎实推进，试点政策不断完善，政策效应进一步显现。出台了《山西省2008～2010年深化经济体制改革的指导意见》。国企改革继续推进，落实“三个一批”取得重要进展。侯马市作为全省统筹城乡一体化综合配套改革试验区试点，总体方案已经过专家论证评审。《山西省固定资产投资管理流程图》正式实施，各级各部门在投资管理中的职能权限、政府各类建设资金投资安排进一步规范。加强了对资本市场发展工作的领导，理顺了工作机构，加大了资本市场融资工作力度，着力解决上市公司和拟上市公司的各种困难和问题，在宏观经济形势不利、股市低迷的情况下，全年直接融资209.48亿元，并引导带动银行贷款400亿元。

推进对外经贸合作交流，进一步加强了山西省与德国北威州等友好省州（县）的互利合作。煤博会期间，与河北、山东、湖北、湖南等省及华能公司、国家开发投资公司等企业集团签署了经济战略合作框架协议。利用外资质量进一步提高，外资投向资源综合利用、煤化工、装备制造、新型服务业等领域的项目增多。

4. 改善民生力度加大

扎实推进教育科技、医疗卫生、住房安居等民生社会事业领域的惠民工程建设。农村义务教育实行了“两免一补”，城市义务教育学生免除了学杂费。500所城镇以上中小学校建设工程和农村初中校舍改造工程进展顺利，基础教育办学条件有所改善。支持山西大学、太原理工大学和其他有实力、潜力的高等院校改善办学条件，打造重点学科。扩大高职教育资源，成立了山西老区职业技术学院、山西经贸职业学院等高职院校。加强中职教育基础能力建设，中职招生规模继续扩大。县乡村三级医疗卫生机构基础设施达标率继续提高。115个涉农县（市、区）新型农村合作医疗制度全部覆盖，城市社区卫生机构逐步扩展。劳动就业社会保障继续加强。全年城镇新增就业46.1万人，城镇登记失业率为3.2%。城镇基本养老、失业、工伤、生育保险参保人数，农民工医疗、工伤保险参保人数均完成全年目标任务。继续加快经济适用房、廉租住房建设以及国有重点煤矿和城市居民棚户区改造，共开工建设900万平方米。3000户农村困难群众住房试点任务全面完成。解决了200万农村人口饮水安全问题。灾害救助、社会救助、残疾人事业继续得到加强，文物保护、非物质文化遗产保护、计划生育、文化、体育、广播影视、新闻出版、气象、地震等各项社会事业全面发展，和谐社会建设继续取得新进展。对口支援四川茂县地震灾后恢复重建工作进展顺利，通乡公路、农民住房、教育卫生、广播电视等一批对口援建项目顺利实施。

5. 资源节约环境保护进一步加强

严格淘汰钢铁、焦炭、水泥等落后产能，深入开展工业污染源集中整治行动，全省环境质量继续得到改善。11个重点城市空气质量二级以上天数总计达到3679天，增长9.4%；11个重点城市中，8个城市环境空气质量达到国家二级标准。制定了《山西省加快推进社会领域节能工作实施方案》,下发了《关于深入开展全民节能行动的通知》,启动了“发展循环经济推进节能减排全民行动”，加快推进实施农业和农村节能、建筑及建筑业节能、绿色照明推广等社会领域重点节能工程建设，社会领域能耗增速明显减缓；加强工业节能工作，七大重点耗能行业的万元增加值能耗均呈现下降趋势。编制完成《山西省循环经济总体规划》,国家发改委已组织权威专家论证，将作为全国循环经济试点示范规划上报国家审批；积极探索多行业、多领域和不同区域发展循环经济的有效模式。山西焦煤、山西焦化、太钢、潞安、丰喜、安泰等国家试点企业和68家省级试点单位试点工作总体进展顺利。风力发电实现零的突破，全年投产机组达10.95万千瓦，风力、水利、煤层气发电机组规模达到110万千瓦。汾河流域生态环境治理修复与保护工程5月23日全面启动实施，污染企业关停、污染源治理、干流河道整治、林草植被建设等重点工作有序推进，工程建设初见成效；启动了太原西山地区综合整治工程，开展了11个市的生态环境综合治理重点工程前期工作。

6. 投资结构明显优化、重点工程进展顺利

全社会固定资产投资完成3635.1亿元，同比增长24.2%，其中：城镇固定资产投资完成3298.5亿元，增长23.7%；农村投资完成336.6亿元，增长28.8%。在全社会固定资产投资中，房地产开发投资完成326.7亿元，增长26.2%。投资运行的主要特点：一是农业、服务业投资增速加快。农业、服务业投资增幅分别达到33.1%和34.3%，其中服务业占全省全社会固定资产投资比重达到45.3%，较上年同期上升3.4个百分点。尤其是现代服务业投资增速明显提高，现代服务业占服务业投资比重由67.5%上升为69%，产业投资结构继续优化。二是高耗能行业投资增幅明显减小。炼焦、化工、建材、钢铁、有色、电力等六大高耗能行业共完成投资1020.7亿元，增幅14.9%，比上年同期上升0.3个百分点；占工业投资的比重为54.9%，比上年同期下降0.4个百分点。三是内涵投资继续稳步走高。以改建和技术改造项目为主的内涵效益型投资增幅为30.9%，占全省全社会固定资产投资总量的比重同比上升1.3个百分点。

2008年全省共安排重点工程63项，在建重点工程累计完成投资377.47亿元，占投资计划的97.1%，同比提高近4个百分点；累计到位资金367.85亿元，占计划的94.7%，同比提高1.5个百分点。太原机场改扩建项目建成投入使用，山西漳山发电公司和同煤塔山发电公司等发电企业新建电力项目已有604万千瓦机组投入生产，山西电网500千伏改造项目部分发电机组和电网达到投运条件，潞安煤基合成油示范项目试车出油，晋煤集团煤基合成油示范项目初步具备试生产条件，肯瓦铁路竣工，晋济高速公路和运城南环高速公路全线贯通，大同采煤沉陷区和棚户区改造二期工程基本完成，山西地质博物馆、五台山旅游服务基地、吕梁学院扩建、运城学院扩建和大同大学、太原科技大学晋城校区等项目按计划推进。

在取得重要发展成就的同时，也出现了不少新的困难和问题。①经济增长明显放缓，工业经济急剧下滑。2008年三季度开始，煤炭、焦炭、冶金、电力等传统支柱产业发展陷入困境，价格直线下跌，销售大幅回落，亏损大幅增加，焦炭、冶金、电力全行业亏损，相当一批企业停产或半停产，为多年来罕见。2008年生产总值增幅比上年回落6.1个百分点。规模以上工业增加值增长6.5%，增幅同比回落14.5个百分点。12月煤炭、焦炭、生铁、粗钢和钢材产量明显下降；煤、焦、冶、电四大产业增加值下降20.5%。②投资增速回落。2008年9月份之后，全省投资增速持续回落，全年城镇固定资产投资同比增长23.7%，比前三季度回落4个百分点。新开工项目计划总投资同比下降19.3%。新增外商直接投资企业数下降幅度逐月加大，全年累计下降49.3%；外商直接投资（商务部口径）同比前三季度增长52.4%，全年下降23.8%。③企业生产经营困难加剧了就业矛盾。受国际金融危机的冲击，2008年9月份开始，山西省大量企业生产经营陷入困境，中小企业困难更为突出。约10%左右的中小企业停产或倒闭，超过1/3的规模以上工业企业停产和半停产，导致大量工人下岗，原本劳动力供大于求的矛盾更为突出，就业压力骤然加剧。④居民消费价格上涨幅度大。2008年全省居民消费价格总水平涨幅经历了先快速攀高后缓慢回落的过程。全年居民消费价格总水平上涨7.2%，比全国平均水平高1.3个百分点，比上年高2.6个百分点。尤其是食品价格上涨较快，对群众生活特别是低收入居民生活产生了较大影响。（冯翠竹）

国土资源管理

【土地资源】 山西省行政辖区面积15.68万平方公里，山地、高原、丘陵占到全省土地总面积的72%以上。全省现有农用地1014.34万公顷，占总面积的64.7%；建设用地86.94万公顷，占总面积的5.5%；未利用地465.83万公顷，占土地总面积的29.8%。

在农用地中，耕地405.58万公顷、园地29.47万公顷、林地441.98万公顷、牧草地65.78万公顷，其他农用地71.51万公顷，分别占农用地总面积的39.98%、2.91%、43.57%、6.49%、7.05%。在建设用地中，居民点及独立工矿用地77.32万公顷，交通运输用地6.28万公顷、水利设施用地3.34万公顷，分别占建设用地总量的88.94%、7.22%、3.84%。在未利用地中，未利用土地439.3万公顷、其他土地26.53万公顷，分别占未利用地总量的94.30%、5.70%。与去年同期相比，一级地类中，农用地和建设用地有所增加，未利用地有所减少；二级地类中，耕地、居民点及独立工矿用地、交通运输用地有所增加，其他地类有所减少。

（宋　涛）

【矿产资源】 山西省分布有丰富的矿产资源，是资源开发利用大省，在全国矿业经济中占有重要的地位。全省已发现矿种118种（金属矿产29种，非金属矿产82种，能源矿产4种，水气矿产3种），其中有探明资源储量的矿产63种，矿产资源储量潜在价值13.6万亿元，居全国第三位。与全国同类矿产相比，资源储量居全国第一位的矿产有煤层气、铝土矿、耐火粘土、铁矾土、含钾岩石等5种。保有资源储量居全国前10位的矿产有34种。主要矿产为煤、煤层气、铝土矿、铁矿、铜矿等。煤炭资源得天独厚，资源储量丰富，分布广泛，煤质优良，保有资源储量2688.16亿吨，占全国保有储量的

26.0%；煤层气资源十分丰富，沁水、西山、河东煤田为煤气高产富集区，保有资源储量946亿立方米，全国首屈一指，具有良好的发展前景；铝土矿资源广泛分布于34个县（市），保有资源储量9.90亿吨（矿石量），占全国保有资源储量的38%；铁矿类型多，资源储量丰富，分布广泛，保有资源储量37.78亿吨，居全国第五位；铜矿集中分布于本省中条山区，保有资源储量291万吨（金属量），居全国第八位；金红石379.8万吨，居全国第二位。煤、铝土矿等沉积矿产分布广泛，铁矿、铜矿等重要矿产分布相对集中，但是重要金属矿产贫矿多、富矿少，共伴生矿多、单一矿少。（宋　涛）

【概述】 2008年，按照国土资源部和省委、省政府的要求部署，深入学习和实践科学发展观，着力改善宏观调控，切实提高保障能力，依法强化日常监管，全面加强队伍建设，探索构建保障和促进科学发展的新机制，圆满完成了年度工作任务。

1. 着力改善土地和矿产资源宏观调控，促进全省结构调整和经济发展。①实行最严格的耕地保护制度，加强基本农田保护。为实现全省耕地保有量保持在6080万亩、基本农田保护面积保持在5166万亩的目标，继续提请省政府将严格保护耕地列入省政府目标责任制，在全省国土资源工作暨党风廉政建设会议上，省政府与各市政府签订了耕地保护目标责任书。省以下逐级落实、签订了耕地保护目标责任书，分解细化了耕地保护责任。认真落实国家基本农田“五不准”制度，明确除国家重点工程以外，其他非农建设严禁占用基本农田，尽量少占或不占耕地，特别是优质耕地。对经批准占用耕地搞非农建设的单位，坚持先补后占、边补边占和不补不占的原则，严格考核“占一补一”要求。全省耕地保有量达到6083.8万亩，基本农田面积为5166万亩，超额完成年初省政府确定的耕地保护目标。②区别对待、有保有压，优先保障重点项目建设用地和民生用地。2008年，国家给本省下达了11.6万亩用地计划，其中农用地7.5万亩（含耕地5.9万亩）、未利用地4.1万亩。12月份，国家综合本省土地执法百日行动成果、经济社会发展实际和计划执行情况，给本省奖励和调剂了部分指标。全年新增建设用地计划共12.36万亩，其中农用地9.39万亩（含耕地7.19万亩）、未利用地2.97万亩。11月份，对执行年度计划不到90%的市和开发区，收回其剩余指标，重新调整安排给高速公路等占地量大的重点建设项目。省厅除年初审查上报国土资源部下达的2007年度调剂计划的48宗、1.2万亩（含耕地8020亩）外，共审查报批各类建设用地273宗、14.4万亩，其中：农用地9.45万亩（含耕地7.39万亩）、建设用地2.56万亩、未利用地2.39万亩。全年共执行土地利用年度计划11.5万亩，其中：农用地9.21万亩（含耕地7.19万亩）、未利用地2.32万亩，分别占年度计划总数、农用地、耕地和未利用地的93.3%、98.1%、100%、78%。③实施以铁矿为主的非煤矿产资源整合和有偿使用工作，促进全省矿产资源规模开发。3月10日，省政府召开了电视电话会议对这项工作进行了专门部署。目前，11个市全部确定了具体的保留和关闭矿名单，省非煤整合领导组办公室已全部核准各市报送的资源整合方案。各市资源整合工作正按照核准的整合方案转入具体实施阶段，对于核准为关闭淘汰的矿山企业，已有相关部门注销有关证照，要求县政府实施关闭或关停；核准为整合保留的矿山企业，已全面停产整合，资源储量核查及明晰产权工作已全面展开。全省参与资源整合和有偿使用的非煤矿山企业共4257座，整合后拟保留3078座，压减比例达27.7%；其中，13个重点矿区矿山数量将由整合前的999座减少为644座，压减比例达到35.5%，压减指标严格控制在了省政府确定的各市非煤矿山数量压减不低于25%、重点矿区压减不低于30%的目标之内。

2. 继续实施造地找矿治灾三大工程，努力增强对经济社会发展的保障能力。①坚持“以建设促保护”，大力加强土地开发整理工作。认真落实省政府大同现场会精神，坚持数量与质量并重、项目建设与后续管护并重，切实提高新造耕地质量和综合利用效益。在项目实施中，严格执行项目法人制、招投标制、合同管理制、工程建立制，进一步发挥基层政府的主体性和调动当地群众的参与热情。2008年，共安排土地开发整理项目39个，项目总规模达23.1万亩，可新增耕地4.8万亩、土地整理15.5万亩；安排中低产田改造项目及淤地坝治理项目47个，可新增耕地3059亩、改造中低产田10.8万亩；安排补助项目20个，可新增耕地1000余亩；验收国家投资项目17个，可新增耕地3.99万亩、土地整理6.79万亩；验收省级项目38个，可新增耕地1.98万亩、土地整理3.37万亩。全年实现新增耕地34.68万亩、改造中低产田36.46万亩，超额完成省政府下达的新增耕地30万亩、改造中低产田30万亩的任务。②加大地质勘查力度，切实增加资源储备。一是推进2007年启动的地质找矿项目顺利开展。累计拨付项目施工单位4.3亿元勘察资金，委托5家监理单位进行监理，有效保障了项目的顺利实施。二是安排部署2008年度矿业权价款地质找矿项目申报工作。坚持立大项、找大矿的原则，把煤炭摆在首要位置，突出加强能源矿产勘查，并以金、银、铝、铁、铜、铅、锌和冶镁白云岩为重点，攻深找盲，加强国家紧缺性、战略性矿产的勘查。对有关单位申报的190余个项目进行了矿业权核查，最终确定了100个项目，拟安排勘查资金5亿元。三是危机矿山接替资源找矿项目取得可喜成绩。对4个项目进行了野外验收，对7个项目进行了现场监审，预计项目完成后可提交铅＋锌资源量50万吨、银2000吨、铜4万吨、金4000公斤、石膏4000万吨、铝土矿1400万吨。特别是“灵丘县支家地铅锌银矿接替资源勘查”项目，发现铅锌富矿厚度达18.90米，最高品位银163克/吨、铅12.48%、锌16.66%，实现了多金属矿深部找矿的重大突破。③集中治理100个地质灾害严重村，解决1.6万户、6万农民的住房安全和严重饮水困难。2008年，省政府确定集中治理100个地质灾害严重村，解决1.6万户、6万群众的住房安全和饮水困难问题，并作为为群众兴办的“十件实事”之一。10月份，省政府组织有关部门组成督查组对各市工作进展情况进行了专项督查。各项治理工程任务进展情况良好，已按要求实际完成治理村庄105个，1.64万户、6.1万人的住房安全和严重饮水困难问题得到有效解决。

3. 健全完善日常监管体系，切实提高查处违法行为和地质灾害防治能力。①始终将严厉打击无证采矿行为放在执法监察的突出位置，坚持打击无证采矿，整治超层越界，全面叫停变相开采浅层煤、浅层矿。一是开展整顿和规范矿产资源开发秩序“回头看”行动。共清查出各类矿产违法行为为656起，已有627起依法查处到位，共计没收违法设备1245台（件），没收违法采出的矿产品 8746.7 吨，罚没款 2314.95 万元，党纪政纪处分 54 人，刑事处罚 46 人。二是加强对私挖滥采行为的打击和监管。对重点矿区、矿点实行 24 小时重点监控，对汾西、代县等 22 个县进行重点检查，全面加强对关闭和取缔小矿的监管，实行分片包干制度，层层分解监管责任，将责任落实到人，确保不留死角。三是紧急叫停另立名目非法开采浅层煤、浅层矿行为。通过采取零报告、月通报、定期检查和飞机空中监测等措施加大监督力度，119 个此类项目已停止了涉矿涉煤活动，逐一清理上报工作也已基本完成。省、市、县、乡四级分别按照半个月、每周、每 5 天、每 3 天检查一次的频率实施监管，坚决制止以各种名义非法开采浅层煤浅层矿行为。四是加大对超层越界采矿的核查和打击力度。实行有奖举报制度，省、市、县三级政府每季度对持证矿山组织一次抽查，并要求各地借鉴长治委托驻矿安监员报告和晋城委派专人驻矿的做法，建立报告员制度，做到第一时间发现、第一时间制止、第一时间查处。五是认真做好煤矿“十关闭”工作。对省政府办公厅 60 号文件涉及的煤矿，全面停止办理延期、变更等所有采矿登记手续。出台了《山西省打击无证非法采矿厅际五部门联席会议制度》和《山西省打击无证非法采矿行为五部门联合执法制度》，进一步畅通与监察、公安、检察院和法院等相关部门的信息沟通、交流、通报、共享渠道，及时发现违法违规线索，落实部门联动、协同执法，依法查处违法行为，切实加大执法监察的力度。②加强检查，依法查处土地违法违规案件。进一步明确日常巡查、定期检查、突击抽查职责，划定检查范围，确定检查频率，建立检查台账，提高了对违法行为的发现率、制止率、查处率。一是开展“土地执法百日行动”的案件后续处理工作。申请法院强制执行的 172 件，收回土地 246 亩，罚没款 5854.7 万元；拆除建筑物或构筑物 33.6 万平方米；党纪政纪处分 255 人。二是清理规范实心黏土砖企业工作成效明显。对全省砖瓦窑保留、取缔情况进行了全面检查，进一步要求各地规范手续、严格落实取缔标准。截至目前，全省 4759 座砖窑中列入取缔范围的 2281 座，现已取缔 2155 座，占应取缔数的 94.5%，有力促进了全省砖瓦窑市场的明显好转。三是土地违法案件查处力度加大。2008 年，全省共发现土地违法案件 2161 件、涉及土地面积 3.03 万亩（耕地 1.72 万亩）。本年立案 1738 件、涉及土地面积 2.57 万亩（耕地 1.35 万亩），本年结案 1560 件、涉及土地面积 2.27 万亩（耕地 1.22 万亩）。共拆除构建物 54.9 万平方米，没收构建物 14.1 万平方米，收回土地 620 亩（耕地 457 亩），收缴罚没款 5711.08 万元；行政处分建议 5 人、行政处分 10 人，党纪处分建议 49 人、党纪处分 19 人，刑事案件移送 120 人、刑事处罚 14 人。③加强汛期地质灾害防治工作，有效保护人民群众生命财产安全。2008 年是省政府确定的灾害隐患排查年，全省共出动了 7084 人次，对 116 个县、848 个乡镇、8505 个地质灾害隐患点进行了排查，其中新发现地质灾害隐患点 254 个。县、乡、村建立了地质灾害群测群防监测网络点 7625 个，明确群测群防监测人 26210 人，发放“地质灾害防灾工作明白卡” 14500 份，发放“地质灾害防灾避险明白卡” 37309 份，坚决避免地质灾害群死群伤的事件发生。在排查过程中，地质灾害群测群防发挥了显著的作用，成功预报了一起地质灾害。2008 年 4 月 15 日，排查人员在对太原市阳曲县水泉崖地质灾害隐患排查时发现了变形加剧的迹象，阳曲县国土资源局接到报告后在当日下午 7 时 30 分滑塌发生前，及时组织人员撤离，避免了 15 人伤亡事故的发生。

4. 充分依托市场机制和信息技术，有效提升政务公开和公共服务水平。①土地供应市场逐步规范，市场化率稳步提高。进一步深化土地有偿使用制度，严格限制划拨用地范围，经营性用地、工业用地通过招拍挂方式进行公开出让。全省共供应土地宗数 1121 宗、5.14 万亩，完成国土收益 115.67 亿元。②加快基础数据数字化，支撑政务公开。数字国土工程各项目建设取得了明显进展，所有硬件项目部分和 80%以上的软件项目都已完成。自主研发了省政府常务会议审批建议用地系统、开发区土地分局电子政务系统、县级基本农田管理系统和土地执法应用系统等业务软件，特别是土地执法应用系统得到国土资源部的推广，国土资源信息化建设水平不断提高。③积极探索新的网络管理手段、方法和运行机制，健全管理制度，及时向社会公开土地和矿产资源行政审批程序及结果，告知社会依法批准的土地和矿产资源规划和计划，明确土地和矿产资源依法收费项目及标准，公开土地和矿产资源违法典型案件及处理结果，公告矿业权设置及延续、变更、保留等信息，报道国土资源相关新闻。切实增强网站的办事功能，积极推进网上申报，对能通过门户网站办理的项目，逐步实现网上受理、在线办理。

5. 全面加强测绘工作，扎实推进专项规划调查评价。①完成国家级“省重要地理信息数据统计分析试点项目”和“数字太原”地理空间框架建设。实施了长城资源调查与测绘项目，启动了山西省 GPS 连续运行参考站建设项目，开展了第二次土地资源调查测绘工作。建成“1：1 万和 1：5 万基础地理信息数据库”。利用现代测绘技术为环境保护、灾害防治、水资源保护、高速公路建设等方面提供了大量服务。完成测绘产值 7900 余万元，同比增长 66%。②新一轮土地利用总体规划修编工作扎实推进。在对上一轮土地利用总体规划实施评价和“四查清、四对照”的基础上，完成《山西省土地利用战略研究》、《山西省耕地和基本农田保护研究》等 8 个专题研究。国家对本省报送的土地利用总体规划修编前期工作成果进行了审查，并原则通过。目前，省级土地利用总体规划大纲基本编制完成，待省政府常务会议审查后，即可上报国土资源部审批。各市均成立了领导组和专家组，有 4 个市落实了规划编制单位，6 个市落实编制经费 2400 万元，5 个市基本编制完成了专题研究报告。③第二次土地调查进展较为顺利。落实了 3.02 亿专项经费，开展了形式多样的宣传活动，组织培训了业务人员，层层分解工作目标，接到调查底图的 4 个市基本完成了农村外业调查，截至 2009 年 3 月，有 5 个市可望完成内业建库，其余市受调查底图到位晚的影响，内业建库完成时间会相应推后。12 月 29 日，省政府与各市政府签订了第二次土地调查目标任务责任书，督促指导各市按时保质完成这项工作。④全面开展全省矿产资源储量利用现状调查。编制了实施方案，落实调查经费 7960 万元，确定了 12 家甲级资质地勘单位作为项目实施单位，对全省煤、铁、铜、铝土矿、金红石、冶镁用白云岩等 19 种矿种、1163 个矿区、4446 个矿山、499 个探矿权进行核查，全面摸清矿产资源储量家底，进一步加强矿业权管理。目前，全省所有矿种的资源利用现状调查全面展开，全省核查已完成初稿 80 份，占总数的 8%；正在核查矿区 185 个，完成和已进行的核查矿区占到全部矿区的26%。⑤扎实开展矿产资源补偿费和采矿权价款征收工作。全省共征收矿产资源补偿费和采矿权价款101.48亿元，其中，矿产资源补偿费13.5亿元，采矿权价款87.98亿元，矿产资源规费征收工作成绩突出，既维护了矿产资源国家权益，又有力地支持了各级政府集中财力为民办实事、办大事。（宋　涛）

出入境检验检疫工作

【检验检疫业务统计】　2008年，全局共检验检疫出入境货物2.27万批，货值38.22亿美元，同比分别增长2%和18.4%。检验检疫出不合格货物97批次、货值1697万美元，同比也分别增长2.1%和128.1%。签发普惠制产地证书1.02万份，签证金额16.17亿美元；签发一般原产地证书2141份，签证金额1.58亿美元。检验检疫的出境货物主要包括煤炭、苹果汁、法兰、芦笋罐头、钢坯、细纱机、硅锰铁、锰铁、移动电话、沥青等；进境货物主要为矿山机械、发电机组、车床等机电产品。（张建龙）

【口岸卫生检疫监督】　全年共检疫查验出入境人员24814人次，健康体检4618人次，预防接种5423人次，检出艾滋病病毒感染者1例，乙肝、梅毒等传染病149例。在太原机场加强对航食生产企业的日常卫生监督管理，狠抓口岸食品生产企业的源头监管，确保口岸公共卫生安全。全年共查验出入境飞机260架次，截获禁止进境物75批次，截获有害生物2种。特别是在对来自俄罗斯的33名脑瘫患儿及众多患儿家属和工作人员的专机检疫工作中，工作人员秉着热情周到、人性化服务的理念，坚持原则，依法对患者随机携带的生鲜食品和蔬菜等进行严格检疫，妥善处理违规物品，受到中俄双方的好评。（张建龙）

【奥运服务和安全保障】　太原武宿国际机场是奥运主备降机场，保障奥运安全责任重大，任务艰巨。按照本局制定的《总体方案》，成立了领导组，明确了工作任务、职责和要求，进行了全方位、多层面的准备。先后完善了6个工作预案、4个工作方案和3个工作制度，协调了候机楼改扩建后检验检疫用房及监控设备配置等基础设施，明确了口岸卫生监督区域的划分，购置了快速精确的出入境人员体温智能化视频监控仪，配备了防辐射、防生化防护服，加强与首都机场检验检疫机构的联络和沟通，强化了与口岸联检单位的协调和配合，建立了与省反恐办、省国家安全领导组等反恐防恐部门的工作联系制度，实行了反恐防恐零报告制度。从省局抽调62名人员充实口岸一线力量，开展了多次培训和演练。奥运期间，局领导亲临口岸一线靠前指挥，坚持24小时值班制度；派遣6名人员到首都机场口岸参加服务和保障奥运安全工作，得到国家质检总局和北京检验检疫局的一致好评，奥运安全保障工作圆满完成。（张建龙）

【疫情疫病防控】　完成了太原动物园从美国引进的8匹斑马的隔离检疫任务；在出口肉类中对检疫不合格的2批牛肉、1批兔肉进行了无害化处理。在出口水果、桃仁等农产品大幅增长的情况下，大力加强对有害生物的检疫；在全省11个地市设置480个实蝇监测诱捕点，全面完成了本局2008年检疫性实蝇以及其他外来有害生物监测工作。（张建龙）

【检验监管】　全年审核食品标签35份，有效防止了出口产品因标签标志不符合进口国要求而被扣留或退货；及时制止了一批聚乙烯包装瓶盖脱色试验呈阳性的老陈醋对日本国的出口。狠抓出口煤炭生产、收购、筛选、仓储、装车等环节，采取驻矿监管、分级管理、视频监管和现场

2008年检验检疫业务统计

表2　　单位：万美元

项目	1～12月概况		
	合计	出境	入境
检验检疫总批次	22687	20183	2504
检验检疫总货值	382236	315035	67201
检验检疫不合格批次	97	33	64
检验检疫不合格货值	1697	422	1275
一般原产地证书份数		2141	
普惠制产地证书份数		10244	
普惠制产地证书金额		161688	
区域性产地证书份数		1539	
区域性产地证书金额		19489	
检验鉴定包装批次		5564	
检验鉴定木质包装批次	3339	2123	1216
检验鉴定木质包装件数	306924	276619	30305
检疫查验集装箱（标箱数）	4786	1287	3499
检疫查验交通工具（飞机架次）	260	127	133
出入境人员查验（人次）	24814	13278	11536
检疫查验出入境行李	54994	28319	26675
健康检查（人次）	4618		
艾滋病监测数	4618		
发放国际旅行健康证份数	4238		
预防接种（人次）	5423		
发现病例（不包括非传染病人次）	149		

检（抽）查等多种方式加强对出口煤炭的产地监管。全年共监管出口煤炭3555余批、2112.8万吨，清除雷管7502枚，检出外来杂质113.6吨，木屑142吨，确保了出口煤炭质量。努力提高对成套设备、旧机电等重点进口商品的问题检出率，对出现残损、数量与规格不符、品质缺陷的64批、货值1275万美元的货物及时出具了对外索赔证书。“日本水饺中毒”事件发生后，全局迅速行动，组织开展了出口食品、农产品企业大排查，召开了全省出口食品农产品安全工作会议，及时将总局的要求落实到企业，有效发挥了检验检疫把关职责。重点开展了对太钢集团350万吨特种钢项目和晋北铝业有限公司100万吨氧化铝二期项目进口设备的检验监管；积极为富士康（太原）科技园区等重点招商引资项目提供便捷、高效的服务，该公司共出口手机372万部、价值1.65亿美元。针对山西晋城地区进口成套设备增幅较大的局面，开通了驻晋城工作组的企业自助报检业务系统，极大方便了企业。顺利完成了晋城至济源高速公路建设工程的重点项目——仙神河大桥进口设备检验工作；在对晋煤集团煤层气发电项目从美国卡特比勒公司引进的21台内燃发电机组设备进行检验时，及时向该集团提出合理化建议，使该企业避免了900万美元的经济损失，确保了项目的顺利进行。

（张建龙）

无线电管理

【概述】 1.2008年，全省无线电管理机构紧紧围绕完成北京奥运会、残奥会和奥运火炬接力传递活动的无线电安全保障任务开展各项工作，通过全省各级无线电管理机构的共同努力，较好地完成了全年各项工作任务。截至2008年10月底，全省各类无线电设备总数为1450.5万部，其中：广播电视台261个，短波电台192部，超短波电台7641部，航空器电台68部，集群通信基站5个，移动台364部，蜂窝通信基站14054个，移动电话用户1358.5万，无线市话基站13217个，无线市话用户87.7万，卫星地球站186个，微波站485个。

2.积极开展深入学习实践科学发展观活动，推进无线电管理工作。提出了“以科学发展观为指导，转变管理观念，创新管理模式，充分发挥综合管理手段作用，管好无线电频谱资源，规范台站设置使用，维护空中电波秩序，保障重要无线电业务通信畅通和国家信息安全，促进山西经济社会的又好又快发展”的实践载体。明确工作任务，落实工作目标责任制。与各市管理处、省无线电监测站签订了2008年度工作目标责任书。通过实行工作目标责任制，全省无线电管理机关工作人员的整体素质得到提高，为转变机关工作作风，构建和谐机关奠定了良好的基础。通过无线电技术演练活动，全省监检测技术队伍的素质得到进一步提升，极大地提高了监检测设备利用率，为及时排查各种无线电干扰、维护好空中电波秩序、保障各类无线电业务的正常工作发挥了积极的作用，全面推动了无线电管理工作。晋中市、吕梁市管理处分别被上级党组织命名为“先进基层党组织”和“先进党组织”称号；晋城市管理处副处长李振文同志被评为“先进党员”和“晋城市人民政府法制工作先进个人”。加强宣传，促进无线电管理工作。全省各级无线电管理机构在做好各项工作的同时，把宣传无线电管理工作作为进一步做好管理工作的一种手段，在《中华人民共和国无线电管理条例》颁布15周年之际，各市管理处开展了形式多样的宣传活动。一是利用广播、电视、报刊等媒体；二是在广场街道搭彩门、挂横幅、设立宣传咨询台；三是邀请政府分管领导和设台单位代表召开座谈会；四是编写简报，宣传国家和省无线电管理的政策和规定，宣传无线电管理工作开展情况，交流经验。2008年，全省各级无线电管理机构共编写简报93期，在《中国无线电管理》、《中国电子报》、《山西日报》上共刊登32篇报道，在外网网站上发布各类稿件30余篇。通过各类宣传使社会各界对无线电频率资源和无线电管理工作有了更深的认识，有力地促进了无线电管理工作法制化、规范化管理，使无线电管理工作进一步得到了全社会的认可，无线电管理的知名度得到很大提高。

3.按照全省无线电频率台站数据清理登记工作的总体要求，在2007年无线电频率台站数据清理登记工作的基础上，为把无线电频率台站数据清理登记工作做得更细、更扎实，省无委办公室提出了在“完整”上动脑子，在“准确”上下功夫，在“实时”上做文章的要求。进一步保障了无线电频率台站数据清理登记工作质量。全省共清理登记各类无线电台站37528个，换发执照4838个，报停报废无线电台2484部，收回频率81个，新办理台站手续431个，查处违规违章台站417个，按照国家要求时限完成了无线电频率台站数据清理登记工作，达到了预期的效果和目的。规范频率台站管理，促进健康发展。为进一步规范频率台站管理，全省各级无线电管理机构，加强了无线电频率台站的日常管理工作。按照行政效能建设和公开承诺的要求，严格规范台站审批程序，认真做好无线电台站审批、办照、报停和频率台站技术资料整理更新工作，深入设台单位，了解频率和设备使用情况，核对台站资料和技术参数，发现问题及时纠正。2008年，全省新增无线电设备357部，换发电台执照3089个，收回频率19个，报停无线电设备239部。强化监督检查工作，坚持依法行政。2008年，全省共查处违章设台12起，查封设备48部。为保障奥运火炬接力传递活动顺利进行和公众移动网的正常工作，全省各级无线电管理机构加强了对移动电话干扰器和卫星电视无线电干扰器的查处工作。各市管理处根据省无委办公室的安排部署，联合公安、工商、质检、广电、省委610办公室等有关部门，对辖区内的销售市场进行了全面检查，消除干扰隐患。全省共检查销售商店201个，查封移动电话干扰器1472部。

4.圆满完成北京奥运会、残奥会的无线电安全保障任务。省无委办公室在圆满完成2007年“好运北京”系列测试赛保障任务的基础上，围绕奥运会保障工作的实际情况，进行了英语强化培训，从强化责任入手，进一步修订完善了《场馆无线电管理工作预案》、《日常无线电保障工作制度》和《赛时无线电干扰应急排查预案》，严格按照北京奥运会无线电管理联席会议办公室的部署，统一思想认识、明确工作目标，就全面完成奥运会无线电安全保障任务，制定了详细的工作方案。按照国家无线电管理机构的统一安排部署，山西省无委办公室承担了北京奥运会公路自行车和铁人三项以及残奥会公路自行车比赛的无线电安全保障任务。奥运会公路自行车比赛，主转播商BOB在赛道沿线设置了20个固定转播点，并动用直升机、转播车、摩托车对赛事进行全程立体转播，需使用大量的移动微波设备和微波频率，对无线电安全保障工作提出了很高的要求。为了确保任务的圆满完成，奥运无线电安全保障团队以确保奥运无线电安全为己任，在天气炎热、道路不熟、台站资料不足、保障区域点多线长、赛事使用频率多、频段宽的困难情况下，发扬艰苦奋斗、无私奉献、连续作战精神，先后出动移动监测车3辆，累计行程15000余公里，分别对2个比赛项目的20多个电视直播传输点、1000多个频率进行了600多个小时的电磁环境测试和保护性监测；对赛道周边上百家设台单位进行了检查，清理登记和检测各类无线电台站500多部；排查各类无线电干扰信号12起，消除可能对赛事使用频率造成干扰隐患多起。保障团队以认真负责的工作态度、扎实苦干的工作作风和精湛娴熟的业务技能，圆满完成了北京奥运会比赛项目中“比赛路线最长、保障范围最广、电磁环境最复杂”的公路自行车和铁人三项比赛的无线电安全保障任务，实现了赛时无线电干扰“零投诉”的最高目标，为举办一届“高水平、有特色”的奥运会做出了贡献，以一流的工作成绩赢得了主要用户BOB、北京奥运会无线电管理联席会议办公室和有关方面的好评，聂宏斌等6位同志被联席会议办公室授予“奥运工作先进个人”光荣称号。

5. 加强无线电监测工作，为无线电管理提供有力和可靠的技术支撑。全省各级无线电管理机构把提高频谱监测月报质量，促进监测工作的规范化、科学化建设作为全年的一项主要工作来抓，省无线电监测站多次召开专题会议分析研究频率监测月报工作中存在的问题和解决办法，明确由一名站领导主抓频率监测月报工作，指导各市管理处的无线电频谱监测统计报告工作，对各市管理处的无线电频谱监测统计报告实行月点评。2008年，在国家对月报的点评中，本省12期月报都被评为“较好完成”的最高等级。认真开展无线电发射设备检测和电磁环境测试工作，加大无线电干扰排查工作力度，维护空中电波秩序。为了及时掌握在用无线电设备的工作情况，全省各级管理机构对部分设台单位的无线电设备进行了检测，全年共检测各类无线电发射设备4285部。应省军区请求，省无线电监测站和7个市管理处，在7个市开展了电磁环境测试调研，撰写了分析报告，为作战需要提供了电磁频谱依据。2008年，全省共受理各类无线电干扰44起，查处44起。干扰排查率为100%。另外，2008年，在省、市政府及有关部门和省无委办公室的组织下，全省各级无线电管理机构分别参加了全国研究生统一招生考试、高考、司法考试、卫生考试、公务员招考、成人高考和自学考试中无线电监管工作，有效地防范和打击了考试中利用无线电手段作弊的行为。在行动中，全省共查获各类作弊案件36起，移送公安机关各类作弊人员60余人，没收无线电发射设备70余部，没收电脑18台，并协助公安机关破获了一个有组织的集团作弊团伙。以实际行动保障了考试的公正、公平和有序进行，受到广大群众及教育、公安部门的一致好评，在社会上引起了强烈的反响。积极推进全省B级无线电监测站建设工作，为无线电管理提供有力的技术支撑。省无委办公室加快了全省B级站建设速度，2008年初全面启动，由省无线电监测站组织实施。各市管理处按照要求展开了B级站建设的前期工作。根据工作安排和进度，省无线电监测站下发《B级站机房装修标准》，确定了各市B级站设备安装时间表，于10月份在朔州市举办了全省B级站操作使用培训班。全省B级站的建设工程于12月份全面完成。全省B级站建设工作的顺利推进，将极大地加强本省无线电管理技术手段，为无线电管理工作提供更加有力的技术支撑和物质保证。（马庆彪）

太原海关

【概述】 2008年，太原海关认真贯彻落实海关总署的工作部署，在山西省委、省政府的大力支持下，工作取得了较大的成绩。全年税收入库23.16亿元，比上年多收8.68亿元，同比增长60%，创太原海关建关以来最高；全年实际减免税10.8亿元，加工贸易纸质合同备案6785万美元，监管进出口货物量532万吨，同比增长28.8%；监管进出境飞机260架次，监管出入境人员24814人次；监管虚拟航班240架次；查获违禁书刊10起34本，超量携带现金案件4起，案值35.7万元。

1. 坚决落实中央决策部署，创优地方外贸发展环境。按照中央“保增长、扩内需、调结构”的总体部署和海关总署出台的支持扩大内需，促进经济平稳较快发展的十项措施，想方设法帮助企业应对金融危机。深入企业和地市开展调查研究，制定出台了《支持山西省扩大内需促进经济增长十二项措施》，受到企业的广泛赞誉和省领导的充分肯定。积极支持侯马设立山西方略物流保税中心，实现了山西特殊监管区域零的突破。根据地方政府的要求，在长治、朔州分别设立了海关监管组，为当地进出口企业提供“门对门”的通关便利。省委书记张宝顺、省长王君、副省长李小鹏对太原海关的工作给予了高度评价。

2. 积极做好奥运安保工作。坚持奥运优先的原则，在人员、物资、措施等方面予以保证，举全关之力加强奥运安保工作。建立了领导指挥、部门管理、现场执行的三级领导体系。制定了工作方案和应急预案，建立领导带班、值班制度，组建应急机动队，严格落实各项监管措施，及时报送各类情况动态，共与140家企业签订了奥运安保合作备忘录。相关部门对121家进口有毒化学品和“七类重点商品”企业进行专项稽查。机场海关监管涉奥航班1架，旅客163人，查获低空慢速飞行器3起3件。太原海关奥运安保工作得到了海关总署领导和地方政府的充分肯定。

3. 继续保持打击走私高压态势。太原海关反走私总体形势保持稳定，缉私部门始终坚持宽严相济的执法理念，组织开展打击粮食等5种应税商品出口走私专项行动，立案侦查刑事案件1起，案值159.6万元，偷逃税款52.68万元，对两名犯罪嫌疑人采取强制措施。立案调查行政违法案件26起，案值2.46亿元，偷逃税款4318.65万元。办结行政违法案件23起，全年实际罚没入库24.23万元。

4. 深入开展学习实践科学发展观活动。按照海关总署学习实践活动的要求，围绕防范执法风险和廉政风险，重点查摆存在的深层次问题，积极举办培训班，开展主题研讨，召开民主生活会。确定影响科学发展的总课题，进行调研走访，制定切实可行的发展目标和整改措施，学习实践活动已取得阶段性的成效。

5. 狠抓党风廉政建设和队伍建设。建立党风廉政建设工作例会制度，定期进行廉政形势分析，把握海关廉政动态。组织关、处、科签订党风廉政建设责任书，开展领导干部任前廉政谈话。加大明查暗访力度，督促检查廉政规定的落实。组织开展廉政主题教育活动，提高关警员遵纪守法意识。队伍建设稳步推进，不断优化处科级领导班子结构。思想政治工作、党建工作得到加强，全关向汶川地震灾区捐款、缴纳特殊党费达13万元。此外，信息宣传、政策研究，科技投入、后勤保障工作得到全面加强。（宋　雷）

口岸管理

【概述】 2008年山西口岸工作按照国家口岸管理办公室的统一部署，在山西省委、省政府的正确领导及相关部门积极配合下，各项工作扎实开展，太原航空口岸新航站楼顺利搬迁启用，圆满完成2008年北京奥运会、残奥会航班备降保障工作，电子口岸建设稳步推进，口岸管理与协调服务有序有效。

一、航空口岸

1. 做好新航站楼国际联检区域的进驻工作

为保障2008年北京奥运会、残奥会备降航班能安全使用新航站楼国际联检厅，山西省口岸办组织口岸查验单位连夜加班加点，克服新航站楼国际联检区域部分建设工程尚未完善带来的不便，在未停飞的情况下仅用两天半的时间顺利完成了紧张的转场搬迁、调试设备等工作，确保了2008年北京奥运会、残奥会期间国际备降航班查验通关、安全保障等工作。

2. 做好北京奥运会、残奥会期间备降国际航班查验服务保障工作

太原武宿国际机场作为首都国际机场主备降机场之一，做好北京奥运会、残奥会期间备降国际航班查验服务保障工作是2008年工作的重中之重，既要把好国门，又要提供人性化优质服务。山西省口岸办组织口岸联检单位研究出台了《太原航空口岸反恐怖工作实施方案》，制定了《太原航空口岸保障2008年奥运会、残奥会国际航班备降查验流程工作方案》。从奥运会开幕前20天开始实行24小时值班制度，建立信息互通制度，以及定期、不定期联席会议制度，做好相互配合工作。驻机场等有关部门联合开展了多次各种形式的备降国际航班实战演练。通过一系列措施，圆满完成2008年北京奥运会、残奥会国际航班备降保障工作。

3. 太原航空口岸运营情况

2008年太原航空口岸共出入境飞机260架次，出入境人员24814人次。其中：太原—香港航线共飞行226架次，临时客机共飞行29架次，共出入境旅客22516人次，出入境员工2239人次；海南航空公司引进飞机5架次，出入境员工59人次。

二、电子口岸建设

1. 山西电子口岸一期建设项目通过评审经费到位

《山西电子口岸建设项目可行性研究报告》(一期)通过技术评审后，山西省口岸办即报送山西省政府，相关省领导批示送省财政厅做经费研审。为使相关部门加深对电子口岸的认识，尽快推进山西电子口岸建设进度，山西省口岸办与省财政厅经济建设处负责人分别赴太原海关和兄弟省市电子口岸进行了调研，使财政部门充分了解地方电子口岸建设的必要性。2008年7月，省财政厅批准山西电子口岸一期建设项目经费并拨付到位。

2. 完成《山西电子口岸建设发展规划》

按照山西电子口岸建设《总体方案》的要求，根据国务院、山西省政府的文件精神，结合电子口岸建设工作小组对兄弟省市电子口岸的考察调研，在专家的科学指导和各部门的支持下，组织专家和相关人员展开了《山西电子口岸建设发展规划》的草拟工作。《山西电子口岸建设发展规划》是结合山西省实际情况进行编制的，规划对山西电子口岸平台整体框架进行了描述，提出了山西电子口岸建设规划总体思路、总体目标及阶段目标，并制定了组织资金、人才与技术等保障措施，有较强的科学性和可操作性。2008年12月，召开山西电子口岸建设工作小组第五次全体会议，专家组对《山西电子口岸建设发展规划》进行了评审并一致通过。

三、“无水港”建设

1. 基础平台设施建设情况

山西省“无水港”建设坚持政府推动、部门支持、企业运作的发展思路，按照山西省口岸“十五”计划和“十一五”发展规划确定的“以太原为中心，大同、侯马为两翼”的发展格局，顺应形势发展需要，不断推动。①确立“无水港”发展思路。为发挥口岸物流业对内陆工业的带动作用，积极为企业拓展发展空间，承接沿海产业梯度转移，山西省确立了太原“无水港”建设“1+1”的思路和发展模式，即：一个“无水港”由两个分区—“公路区”和“铁路区”共同组成。铁路与公路分工合作、优势互补，在统筹规划、统一设计、共同建设的基础上，利用山西电子口岸进行统一监管。

山西省口岸办充分考虑天津港口作业能力和山西省运输实际及运营单位现有设施和业务量，同时借鉴其他省市与天津共建“无水港”的经验，同时征求太原海关和山西出入境检验检疫局意见，拟将太原“无水港”铁路区选址定在山西太铁联合物流榆北物流中心内。为提高选址的科学性，山西省口岸办经与天津口岸方面多次实地调研、探讨，天津口岸办委托中交天津港湾工程设计院到山西省专项调研讨论“无水港”项目，在对太原市目前有意向建设“无水港”的三个单位进行了系统调研、分析，提出选址意见。8月，天津市政府为落实天津与中西部十二省区跨区域口岸合作协议及《北方地区口岸大通关协作备忘录》，加快推进内陆“无水港”建设，天津市口岸办副主任带队来晋进行调研考察，双方就推动山西“无水港”建设进行了座谈。山西省口岸办陪同天津市口岸办一行对拟选定的太原“无水港”铁路区—太铁联合物流榆北物流中心进行了实地考察并听取了汇报，一致认为选择太铁榆北物流中心建设“无水港”，无论从场地及设施设备都是具备条件的，希望能够尽快抓紧建设，早日开港，早见成效。

②大同、侯马两地政府充分利用当地大型铁路、公路货运中转站，进行“无水港”平台建设。2007年大同市推动新的“无水港”建设，当地政府和载体企业积极行动，作出了场站和设施建设进度安排。侯马市政府也积极推动当地“无水港”建设，山西方略保税物流中心，已经国家海关总署等六部门批准设立并运营。山西方略保税物流中心位于侯马，是国家海关总署等六部门批准、在中部内陆省份设立的唯一一家政府支持建设的海关保税物流中心试点，同时也是山西省“十一五”发展规划重点建设项目。

山西方略保税物流中心具有国际中转功能，国际配送功能，国际采购功能，转口贸易功能和出口退税功能，它的批准设立和运行，结束了山西没有海关特殊监管区域的历史，使山西在外向型经济、国际贸易和现代物流等方面具备更优厚的政策优势，对培育山西省发展对外贸易优势、增强对外开放竞争力、促进外向型经济的发展将发挥重要作用。（宋晓徽）

工　　业

综　述

【全省工业经济概述】 2008年，全省工业经济经受了严峻的考验，特别是下半年以来，受国际金融危机及国内经济形势变化影响，全省工业经济受到极大冲击，主要产品市场需求急转直下，价格大幅回落，工业增速持续大幅加速下滑，主要产品产量明显下降，经济效益迅速下滑，亏损大幅增加，全省工业经济形势面临十分困难的局面。

一、全省工业经济运行情况

1. 工业增长持续大幅下滑。2008年上半年，全省工业经济受宏观调控和市场因素影响，增速逐月回落，且始终低于去年同期水平。从下半年开始，随着国际、国内经济形势的急剧变化，工业经济增速加速下滑，特别是从四季度开始，10月（－9.9%）、11月（－24.5%）、12月（－19.2%）连续三个月出现负增长。2008年全省规模以上工业累计完成工业增加值3509.6亿元，同比增长6.5%，增幅排名从上半年的全国第16位下滑为倒数第3位，仅高于海南（6%）和北京（2%）。

2. 各区域、各类型、各层次工业经济增长均出现较大幅度的回落。从区域看，12月除太原（1.5%），外，其余10个市当月均出现负增长。1～12月份，全省11个市中，朔州（15.7%）、吕梁（14.3%）、晋城（14.3）、长治（13%）、晋中（12.6%）、忻州（10.8%）、阳泉（10%）7市增速高于全省水平，运城（5.2%）、临汾（3.1%）、太原（2.7%）、大同（0.6%）4市增速低于全省水平。

从轻重工业看，12月份，重工业下降20%，轻工业下降7.2%，1～12月份，重工业完成增加值3353.5亿元，增长6.7%；轻工业完成增加值156.1亿元，增长3.3%。

从企业类型看，12月份，国有企业（－6.3%）、集体企业（－29.6%）、股份制企业（－20.9%）、股份合作制企业（－51%）、外商及港澳台企业（－11.9%）均出现负增长。1～12月份，国有企业增长10.1%；集体企业增长1.6%；股份制企业增长5.7%；外商及港澳台投资企业增长10.5%。

12月份，中央企业下降17.9%、地方企业下降19.4%，1～12月份，中央企业同比增长3.5%，地方企业同比增长7%。

3. 企业生产萎缩，主要产品产量下降。12月份，全省规模以上原煤（－11.4%）、焦炭（－51%）、粗钢（－23.1%）、钢材（－17%）、生铁（－26.9%）、电解铝（－20.9%）、氧化铝（－23.9%）、水泥（－25%）等主要产品均出现下降。

1～12月份，全省规模以上原煤完成产量6.09亿吨，增长5.2%，氧化铝完成产量340.9万吨，增长11.6%，化肥完成产量412.8万吨，增长7.1%，粗钢完成产量2345万吨，下降6.8%，钢材完成产量1976.5万吨，下降5.2%，焦炭完成产量8235.9万吨，下降13.2%；生铁完成产量2781.7万吨，下降10.8%，电解铝完成产量97.3万吨，下降8.2%，水泥完成产量2075万吨，下降10.4%。

4. 产销率回落，出口大幅下降。1～12月份累计，全省完成工业销售产值9598.3亿元，同比增长26.3%，产销率为97.35%，同比下降0.5个百分点，1～12月份，全省完成出口交货值416.9亿元，下降1%，增幅较去年同期回落49个百分点。

5. 发、用电量明显下降，电力负荷、铁路运力全面宽松。12月份全省发电量完成148.6亿千瓦时，同比下降33.3%，用电量为104.8亿千瓦时，下降33.4%，其中工业用电量为86.9亿千瓦时，下降36.1%。1～12月份，全省发电量为1796.8亿千瓦时，增长1.6%，增幅较去年同期回落13.7个百分点，比上月回落4.9个百分点。1～12月份全省用电量为1314.3亿千瓦时，下降2.6%；工业用电量为1102.8亿千瓦时，下降4.6%，其中轻工业用电量下降4%，重工业用电量下降4.6%，煤炭用电量增长1%，黑色冶金用电量下降10.1%，有色金属用电量下降11.1%，化工用电量下降6%。

1～12月份，全省完成铁路货运量52375.2万吨，比上年同期少运120.9万吨，同比下降0.2%，增速比上年同期回落11.1个百分点，比上月回落2.7个百分点。煤炭运量为43965.2万吨，比上年同期多运457.6万吨，同比增长1.05%；其他货物运量为8410万吨，比上年同期少运618万吨，同比下降6.4%。

6. 经济效益随生产下滑，出现全面回落，亏损大幅增加，停产、半停产企业面积较大。

1～11月份，全省规模以上工业销售收入、实现利润、实现利税分别为9197.5亿元、641.01亿元和1374.08亿元，同比分别增长34.6%、38.4%和40.6%，其中实现利润和实现利税增幅较前三季度分别回落33.4和21.9个百分点，11月当月，全省规模以上工业企业实现利润盈亏相抵净亏损11.65亿元。1～11月份，全省工业亏损企业亏损额已达到121.21亿元，同比增亏2.41倍。

二、主要行业及重点企业运行情况

煤炭行业　市场需求急剧变化，价格回落。由于年初南方的冰雪灾害煤炭需求旺盛，2008年上半年煤炭供求状况总体偏紧，市场价格持续攀升，煤炭企业效益成倍增长。8月份以后，随着需求减速，煤炭供求形势趋于宽松，煤炭市场需求出现下滑，在国际原油价格暴跌的同时，市场价格持续回落，到四季度，随着经济形势的变化，同煤集团5500大卡动力煤价格跌至530元/吨的年内最低价，主焦煤价格也跌至900元/吨，分别较今年最高价下降52%和57%，港口和电力企业存煤增加。秦皇岛港口库存一度达到830万吨以上的高点。受需求下降影响，省内煤炭企业普遍实行以销定产，限产保价的政策，全省规模以上煤炭产量连续三个月出现下降。1～11月份，全省煤炭行业实现销售收入3178.6亿元，增长66.2%，实现利润522.9亿元，增长2.09倍，实现利税881亿元，增长1.34倍，亏损企业亏损额为3.8亿元，同比减亏58%。尽管全年累计，煤炭行业重点企业均实现了生产和效益的增长，但从月度增长情况看，11月、12月两月，山西焦煤集团当月分别亏损13.7亿元和17.9亿元；阳煤集团亏损2.5亿元和3.7亿元；12月份，同煤集团实现利润也净亏损0.7亿元，从目前形势分析，在煤炭企业普遍限产的情况下，港口存煤和主要电厂存煤有所下降，煤炭价格趋稳回升，供求有所趋紧。

焦炭行业　大起大落，暴涨暴跌。2008年前半年，受市场需求拉动，焦炭市场整体需求旺盛，价格走高，效益剧增。下半年，受国家提高焦炭出口关税、国内钢材市场需求下降及成本上升等因素影响，焦炭市场发生逆转，价格快速回落，从最高的3000元/吨，回落到1300元/吨的低点，焦化企业吨焦亏损200元～300元，结焦时间普遍在50小时以上，个别企业达到70小时以上。从10月份开始，全行业企业均亏损经营，部分焦化企业被迫停产。虽然在全行业连续三个月限产60%以上后，从2008年底开始，焦化企业库存有所减少，价格缓慢回升，截至今年1月份已达到1700元/吨，但价格的暂时回升并没有根本改变整个企业困难的运行局面。从11月份全省焦炭行业效益情况看，实现利润盈亏相抵净亏损13.32亿元；1～11月份，全行业亏损企业亏损额为13.4亿元，增亏2.51倍，增亏幅度较上月提高170个百分点。2008年全省焦化重点企业中，山西焦化实现利润盈亏相抵为净亏损2.8亿元，阳光焦化实现利润同比下降83%。

冶金行业　钢材价格先涨后降。2008年，国内市场钢材价格综合指数年初开始不断上涨，7月上旬达到162.26点，为历史最高水平，比年初上涨29.7%；之后冶金市场行情急转直下，钢材价格大幅度下跌，电解铝、电解铜市场价格已低于成本。11月末，国内市场钢材价格综合指数降至102.3点，比最高点下降37%。冶金企业前期高价购入的铁矿石、焦炭等原料需要进一步消化，多数处于亏损经营状态。各钢厂纷纷采取提前检修设备、延缓新装备投运等减产措施，省内多数中小钢铁企业普遍处于停产、半停产状态，11月、12月连续两个月全省规模以上粗钢和钢材产量出现大幅下降。在停产、半停产企业增多，产能没有有效释放的情况下，国家拉动内需的一系列政策的落实使钢材市场需求有所增加，12月末，钢材价格止跌企稳，钢材价格综合指数为103.3点，比11月末回升1点，比上年末低21.82点，建筑钢材价格也从每吨3300元的低点回升到3600元左右。1～11月份，全省冶金行业实现销售收入2242.8亿元，同比增长10.9%，实现利润41.6亿元，同比下降70.6%，实现利税139.6亿元，同比下降40.2%，亏损企业亏损额为30.1亿元，增亏幅度高达6.3倍。从冶金行业重点企业看，2008年，太钢集团完成工业总产值816.4亿元，同比增长1%，实现销售收入1009.3亿元，增长1%，实现利润10.2亿元，下降幅度高达84%，其中11、12月份连续两个月盈亏相抵净亏损5.05亿元和8.9亿元；长钢集团、中阳钢铁、海鑫钢铁实现利润分别下降5.2倍、19%和10%。

电力行业　供电形势“前紧后松”，全行业亏损。2008年，由于电煤供应偏紧、电网建设滞后因素影响，迎峰度夏期间全省电力供应一度紧张，最大电力缺口达到270万千瓦以上。9月份以后，随着需求持续回落，供电状况整体较为宽松，发电量增速不断下滑，10月份开始连续3个月负增长。2008年以来，由于煤炭价格的提高，而电力价格没有得到及时调整，发电企业成本倒挂严重，始终处于亏损经营情况。1～11月份，全省电力行业亏损企业增亏幅度高达21.4倍，是今年全省主要工业行业中增亏幅度最大的。由于亏损严重，火电发电企业面临资金链断裂的困难局面。进入四季度，在煤炭价格回落的同时，电力需求明显下降，全省产、销、用等主要电力指标均出现负增长，12月份，全省火电平均利用小时为438小时，同比下降155小时，1～12月份，全省火电平均利用小时为6434小时，同比下降343小时，全省电力供应总体上呈现供大于求的局面。

化工行业　价格下跌，限产、停产企业增多。2008年下半年，受国际市场原油价格持续大幅度下跌和市场需求下降影响，本省以煤为原料的煤化工行业受到较大冲击，增速明显放缓，价格急剧回落，效益呈现下滑，经营发生困难。聚氯乙烯、甲醇、电石等产品由于成本过高，价格下跌，多数企业处于限产状态，但从12月底开始，化肥价格出现了比较明显的回升。1～11月份，全省化工行业实现销售收入467.1亿元，同比增长19.5%，实现利润17.5亿元，下降14.1%，实现利税32.5亿元，同比下降7%，亏损企业亏损额为3.7亿元，同比增亏64.1%。1～12月份，全省化工行业重点企业中，丰喜集团、天脊集团实现利润分别下降8%和24%。

机电行业　需求下降，订货减少。上半年受钢铁等原材料价格大幅上涨，机电产品成本大幅度回落，但在钢铁、煤炭等行业景气下降的同时，国内外机电设备市场需求也出现较明显的回落，进入四季度机电产品订货信息有所减少，订单出现下降的趋势。从趋势分析，国家加大重点基础设施建设力度，机电产品需求有望得到明显回升。1～11月份，全省机电行业实现销售收入605.3亿元，同比增长18.9%，实现利润17.7亿元，同比增长3.1%，实现利税34.5亿元，增长3.8%，亏损企业亏损额为6.2亿元，同比减亏0.5%。2008年机电行业重点企业中，太重集团实现利润4.9亿元，同比增长15%，榆液集团实现利润下降10%。

三、当前工业经济形势分析

从2008年经济形势分析，由于需求剧烈变动，主要工业产品价格跌宕起伏，行业发展态势变化明显。前8个月，各行业普遍呈快速增长之势。9月份开始，国际金融危机迅速从中小企业蔓延到大中型企业，从出口部门扩散蔓延到其他部门，从东部沿海地区蔓延到内陆地区，导致原料产品需求迅速萎缩，生产增势明显放缓，部分产品产量同比下降，主要产品价格大幅回落，企业产成品库存增加，效益明显恶化。部分企业采取停产、半停产或推迟新建产能投产等措施应对市场变化。目前国际金融危机仍在加深和蔓延，对国内经济的冲击仍在继续。

就本省而言，作为基础原材料工业比重较大的省份，全省经济发展直接受全国经济发展拉动，受国家宏观调控政策的影响比较明显，在全国经济增长明显放缓的形势下，煤、焦、钢等资源性产品需求减少，价格回落，对全省工业领域的冲击尤为明显，主要表现在：一是工业增长明显放缓，下行压力加大。2008年，一、二、三、四季度全省工业经济增速分别为18.2%、17.8%、15.8%和6.5%，连续出现回落趋势，分别低于上年同期6.8个、2.9个、5个和14.5个百分点，且从下半年开始，工业增长加速下滑，第四季度三个月均出现负增长。二是主要原料产品市场价格大幅下降。受国际市场初级产品价格大跌影响，目前国内主要钢材品种市场价格比今年最高时下降40%左右，铜、铝、铅、锌、镍价格近两个月下降20%～46%，化工产品价格下降40%～70%。三是主要行业产品产量下降、出现亏损。全省煤炭、焦炭、粗钢、钢材、电解铝、水泥等主要产品产量均出现明显下降，发、用电量双双回落，冶金、焦炭等行业受到当前产品出厂价大幅下跌和前期高价原材料库存的双重压力，月度出现全面亏损。四是企业困难程度加深。四季度以来，企业产品销售明显减少，库存大幅增加，资金严重短缺，限产、半停产、停产企业增多。一大批中小企业陷入困境，一些大企业遭受重创。五是投资增速下滑，投资后劲不足。1～11月份全省城镇投资完成2505.21亿元，增长25.7%，低于全国平均水平1.1个百分点，投资总量和增幅在中部六省中均排名最后。同时，新开工项目减少，新增产能未能有效释放，今年前三季度全省新开工项目2927个，项目投资完成1367.2亿元，同比下降23.8%。

目前这场金融危机尚未见底，尽管焦炭、钢材、电解铝、电解铜等主要原材料价格在低位趋稳，并有所回升，但这是在企业产能没有充分释放的前提下出现的情况，产品价格继续回升的压力较大。2009年经济发展的外部环境将更加严峻，上半年将是本省工业经济近几年最困难的时期，经济增速下滑已经成为当前和今后一个时期经济运行中的主要矛盾。

面对当前严峻的经济形势，全省工业经济系统要加大综合协调服务力度，加强对全省工业经济的宏观指导，分析研究工业经济运行中的新情况新问题。加强对经济环境变化特别是潜在风险因素的分析监测，进一步完善经济运行日报、旬报制度，抓好重点行业、骨干企业、重要生产要素和重要工业品的运行监控，切实把握主要行业市场变化和主要产品价格变化趋势，切实提高经济运行工作的监测和预测水平，增强工业经济运行工作的时效性和前瞻性。（李凯军）

煤炭工业

【概述】 2008年，全省煤炭行业广大干部职工在省委、省政府领导下，深入贯彻落实科学发展观，团结依靠全省煤矿广大职工，以昂扬的斗志、奋发有为的精神状态，在南方雨雪冰冻灾害、汶川大地震、电力迎峰度夏、奥运保安和国际金融危机等历史性重大事件面前，经受了考验，圆满完成了党中央、国务院和省委、省政府安排的一系列重大任务。一年来，全行业紧紧围绕转型、安全、和谐三大发展主题，全面推进“十一五”规划的实施，狠抓煤矿企业兼并重组，结构调整，产销调控、矿井机械化提升改造，着力推进发展循环经济建设，全省煤炭行业继续发生深刻变化，煤炭产业集中度和发展水平也呈现不断提高和可持续发展能力不断增强的良好局面，全省煤炭经济总量和效益创历史最好水平，综合经济实力大幅跃升，对全省经济社会发展的支援带动作用、对全国能源供给的保障作用继续增强。

1．全省煤炭经济总量和效益显著提高

煤炭产、销量和销售收入持续同步增长。全省完成煤炭产量6.56亿吨，同比增加2556万吨，增幅为4.06%；完成出省煤炭销量5.33亿吨，同比增加543万吨，增幅为1.03%。全行业实现销售收入3500亿元，超过“十一五”末规划目标500亿元，同比增加1100亿元，增幅为45.8%，其中省属五大煤炭集团实现销售收入2171亿元，同比增加800亿元，增幅为58.41%。

另外，全省煤炭经济效益大幅提高。全省煤炭行业实现利润320亿元，同比增加69.4亿元，增幅为27.69%。其中省属五大煤炭企业实现利润124.62亿元，同比增加64.89亿元，增幅为108.62%；上缴税收415亿元，同比增长107.34亿元，增幅为34.9%，占规模以上工业企业上缴税收总额的52.8%；上缴可持续发展基金145亿元，同比增长41.3亿元，增幅39.83%。

2．全省煤炭工业发展水平加快提升

煤炭企业兼并重组整合扎实推进。认真落实省政府下发的《加快煤矿企业兼并重组的实施意见》、《关于煤矿企业兼并重组所涉及资源采矿权价款处置办法的通知》和《山西省煤矿企业兼并重组流程图》等一系列推进煤矿企业兼并重组的相关规定，编制了《山西省煤矿企业兼并重组规划》，并与各市进行了对接；对省属煤炭企业及各市骨干煤炭企业进行摸底调查，提出了兼并重组主体企业资格确定标准和意见。截至2008年底，全省国有煤炭企业集团已收购兼并186座地方煤矿，一些企业和地方已进入方案形成阶段。同煤集团成片整合重组大同市南郊区煤矿（将由106座矿井整合为65座）；同煤、省煤运和山西煤炭进出口三个集团分三片兼并重组左云的72座煤矿；潞安矿业集团整合重组宁武县南部矿区（由23座煤矿整合为8座煤矿）；山西焦煤集团整合重组古交市、万柏林中小煤矿（其目标是：到2010年，两市（区）煤矿由目前的111座压减到60座以内）；临汾市煤炭资源二次整合方案（其目标是：到2010年，全市煤矿由目前的447座压减40%以上）。现正在商谈之中的有：平朔煤炭公司兼并重组平鲁区的部分煤矿；潞安矿业集团兼并重组静乐县地方煤矿；阳煤集团兼并重组清徐县所属煤矿。另外，全省煤矿整合改造、升级改造等在建矿井954座，建设规模4.6亿吨，其中2008年建成投产矿井61座，形成生产能力3870万吨。全省实现机械化开采的矿井占全部生产矿井产能的比重达到58.8%。其中，省属国有重点煤矿达到99.94%；潞安王庄矿建成了全国第一个数字化掘进工作面。全省地方煤矿建成综采矿井118座，轻型综采矿井97座，产能占到地方煤矿总量的1/3。各类煤矿单井平均规模达到36万吨/年，比上年提高3.8万吨/年。煤炭洗选能力继续提升，原煤入洗（选）率达到59%，同比提高1个百分点；全省喷吹煤产能突破1600万吨/年。大同煤业、阳泉煤业、晋城煤业三大集团入选“2008影响世界的中国力量品牌500强”。同煤塔山等一批大型现代化矿井建成投产。

3．产业结构加快优化

以煤炭为基础的循环经济加快推进。编制实施了《山西省煤炭工业循环经济推进计划（2008—2012）》，进一步完善了14个循环经济园区建设规划，完成投资近700亿元，同煤塔山、焦煤古交、阳煤贵石沟、潞安屯留、晋煤寺河等5个煤炭循环经济园区初具规模。已建成煤矸石、中煤和煤层气（瓦斯）电厂52座，总装机容量超过3300兆瓦，年发电量190亿千瓦时，年消耗煤矸石等低热值燃料3500万吨，利用瓦斯近6亿立方米；已建成煤矸石砖厂21座，生产能力约16亿块/年，年消耗煤矸石和粉煤灰1000万吨。另外，全省煤炭行业非煤产业形成较大规模，销售收入突破1000亿元大关，达到1012亿元，提前两年实现“十一五”末规划目标。

其中国有重点煤炭企业实现非煤销售收入994亿元，同比增加275亿元，增长38.3%，占总销售收入的43.4%；晋城和阳煤集团非煤产品销售收入分别占到总销售收入的64.52%和52.27%。全行业独资、控股和参股的焦炭产能突破2300万吨/年，合成氨和尿素、甲醇、二甲醚产能突破1500万吨/年；煤炭液化示范项目取得突破，潞安16万吨/年煤基合成油示范厂产出了第一桶煤基合成油。

4.全省煤矿安全生产形势稳定好转

2008年是山西煤矿的安全“隐患治理年”。全行业全面贯彻落实“安全第一，预防为主，综合治理”的方针，强化安全整治和监管，成效显著。一是科技保安措施不断完善。全省合法煤矿全部建成了瓦斯监测监控、产量监控和井下人员考勤定位三大系统。省市两级煤炭部门设置了专门机构，加强了技术管理人员的培训和轮训，进一步提高了的管护能力。二是制度保安措施不断强化。全面推行“五长”(煤矿矿长、生产副矿长、机电副矿长、安全副矿长及总工程师等)跟班作业、煤矿A、B、C分类和煤矿安全技能账户等管理制度，全省煤矿安全主体意识、个人自主保安意识以及基础安全管理工作不断增强。三是落实省政府关闭、整顿措施取得阶段性成效。在全省组织开展了安全生产百日督查专项行动和为期一年的煤矿安全生产省级督查活动，进一步加大了重大隐患的排查治理力度，关闭发生了3人以上死亡事故的30万吨以上煤矿和不具备安全生产煤矿133座，煤矿安全基础进一步巩固提升。四是职工队伍素质工程建设加快推进。推广了长治县改革煤矿劳动用工的管理经验，全省煤矿劳动用工管理和职工培训工作进一步加强。据不完全统计，省、市、县三级煤炭部门共培训各类人员10.6万人次，进一步提高了行政管理效能和职工队伍的安全素质。五是煤矿安全投入不断加大。全省煤矿投入安全资金120多亿元，矿井安全装备水平进一步提高；六是狠抓安全监管，扎实开展了煤矿安全隐患治理年、百日督查和为期一年的专项督查等活动。2008年10月份以来，各级煤炭部门组织力量，对全省煤矿进行了不间断、全覆盖的安全专项督查。省级督查组累计检查各类煤矿1486座次；其中，对210座煤矿做出限期整改处罚，对174座煤矿做出停产整顿处罚。经过全省煤炭行业上下齐心协力抓落实，促进了全省煤矿安全生产形势的稳定好转。2008年事故起数、死亡人数、百万吨死亡率同步下降。全省煤矿共发生事故117起，同比减少9起，减少7.14%；死亡275人，同比减少141人，减少33.89%；百万吨死亡率首次降到0.5以下，为0.42，比上年下降42%，比全国同期的1.182低0.762。

5.全省煤炭行业科技教育事业继续发展

省属五大煤炭企业取得省部级获奖科技成果51项。同煤集团煤炭自燃理论及其防治技术研究、潞安集团和太原理工大学合作完成的矿井局部通风群控制系统及配套设备开发等成果，获国家科技进步二等奖；同煤集团完成的坚硬顶板与煤岩层动力灾害条件下安全开采技术、潞安集团完成的大采高自动化综放工作面安全高效综合配套技术研究、煤矿井下地应力及多参数测量与围岩稳定性研究、晋煤集团寺河矿千万吨矿井建设研究等项目，获中国煤炭工业科技进步一等奖。全年组织培训煤矿主要负责人和安全生产管理人员3609人，发放资格证书2798人，淘汰率达22.5%；组织培训煤矿特种作业人员73241人，发放证书67064人，淘汰率为8.4%。与省教育厅联合组织6679人参加煤炭相关专业职业中专班学习，组织3154人参加煤炭主体专业大专函授教育，650名“三校生”和煤炭企业优秀青年通过对口单招到煤炭高校学习深造。24328名煤炭企业职工参加了职业技能鉴定岗前培训学习，18524名职工获得相应等级的国家《职业资格证书》。潞安集团获“国家技能人才培育突出贡献奖”，首席技师王岐林荣膺“全国技术能手”称号。

6.和谐矿区建设扎实推进

全省各级煤炭部门坚持以“矿工为本、安康和谐、关爱民生”的执政兴煤理念，加快推进和谐矿区建设取得了新进展。一是矿工生活质量继续提高，生产条件继续改善。省属国有重点煤炭企业在岗职工年人均收入43988元，同比增加7451元，增幅为20.39%。全省国有重点煤矿棚户区改造工程实施3年多来，共新建住房约700多万平方米、近10万矿工喜迁新居；煤矿井下职工的班中餐、澡堂、宿舍、工作服管理步入了制度化，煤矿综合防尘措施进一步落实，井下职工尘肺病危害程度逐步降低。二是煤炭行业社会保障体系进一步完善。全省11户国有重点煤炭企业参加工伤保险职工达51.2万人，比上年末新增参保职工1万人，参保率100%，使享受工伤保险的27544人按时领取了各项待遇；煤矿井下意外伤害险参保职工达30.5805万人；进一步完善伤残和工亡职工子女助学工作，筹集资金百万元，共资助考入本科、大专和中专的煤矿伤残职工子女200多名；建成了大同、山西焦煤、晋城、阳泉四个尘肺病治疗中心，已对200余名患者进行了临床灌洗治疗，对国有重点煤矿井下采掘一线的12.7万名职工进行了尘肺病普查；中煤财产保险申办程序全部完成，即将挂牌运行。三是严格执行环保工程与主体工程“三同时”(同时设计、同时施工、同时投产使用)制度。全省新建、改扩建和资源整合矿井达产时均能达到清洁生产要求。国有重点煤矿已全部完成露天储煤场设施改造，地方煤矿已完成474座，超过目标任务101座；矿井水净化利用率已达到45%以上，废水基本做到了达标排放；全省瓦斯抽采量达到24.6亿立方米，利用量达到7.4亿立方米，超额完成国家下达任务。煤炭系统造林绿化“六大工程”全面实施，截至2008年，已累计完成植树造林任务240万亩，其中2008年造林24.8万亩，超过年度目标任务4.8万亩；完成矸石山治理1万亩以上；近百个单位绿化达标，同煤集团被评为“全国绿化模范单位”。四是行业精神文明建设水平继续提升。2008年共有4个双十佳煤矿、4个双十佳矿长和23个优秀矿长受到中国煤炭工业协会表彰，占全国受表彰单位和个人的21%；潞安集团司马煤业被世界卫生组织命名为全国第一个企业主导型国际安全社区。

7.抗灾救急贡献突出

2008年2月，在全国上下抗击冰雪灾害期间，全省煤炭系统扎实开展了“保生产、保发运、保安全”活动，及时补充电煤计划900多万吨，通过铁路外运煤炭3693万吨(其中电煤2583万吨)；国有重点煤炭企业牺牲洗精煤、喷吹煤等高效益煤种价格收入18亿元，为暖解灾区电煤供应紧张局面作出了重大贡献，52家灾区企业来电来函表示感谢。另外，汶川大地震发生后，全省煤炭系统及时捐款3.15亿元，缴纳特殊党费5815万元，捐赠物资折合人民币1133万元，及时组织6支矿山救护队184名救护队员赶赴灾区抢险救灾。在灾后恢复重建中，对口支援了6家煤矿，捐赠了近1000万元的物资和现金，同时派出50名工程技术人员前往灾区支援恢复重建工作。

在电力迎峰度夏和奥运会期间，本省调整月度煤炭发运计划、开辟公路煤炭运输“绿色通道”，保证了电煤供应持续增加。8～9两月，全省共完成电煤增产任务1276.53万吨，超过预定增产目标（1080万吨）196.53万吨，得到国家的充分肯定。在市场煤价大幅上涨和成本明显增加的情况下，全省重点煤炭企业始终严格执行年初签订的重点电煤合同价，承担了国有企业应承担的社会责任，做出了应有的贡献。 （王崇林）

电力工业

【概述】 山西省电力公司（简称省公司）是国家电网公司全资子公司，属国有特大型企业。省公司主要经营电力及电力设备生产、供应，电力工程基本建设、勘察设计，施工安装、调试。省公司管辖的供电营业区覆盖太原、大同等11个地（市）104个县（区）。2008年底，省公司资产总额443亿元；职工总数43958人；省公司拥有110千伏及以上变电站441座，变电容量6748万千伏安，线路24049千米；全省发电装机容量3635万千瓦，统调机组容量2477万千瓦。

2008年，省公司广大干部员工发扬“努力超越、追求卓越”的企业精神，支援抗冰抢险和抗震救灾，保证奥运供电，实现特高压工程投运，超额完成输变电“双千”工程目标，投产110千伏及以上变电容量1605万千伏安、线路2480.71千米。全年固定资产投资79.24亿元；完成售电量1075亿千瓦时，同比增长3.86%；全省全口径发电量1797亿千瓦时，统调机组发电量1226亿千瓦时；全员劳动生产率24.67万元/（人・年），同比增长7.12%；电费回收实现历史性的“双结零”（当年电费和陈欠电费结零）。截至2008年底，山西省累计外送电量达485.64亿千瓦时，其中省公司118.22亿千瓦时。

2008年，山西电网已形成纵贯南北的500千伏东西双通道和中南部双环网，以及220千伏分区供电就地平衡的格局。11个地（市）实现500千伏“一市一站”；220千伏及以上变电站全部为双主变双电源。省公司承担的山西电网接入1000千伏电网的配套工程如期完成，以1000千伏特高压试验示范工程成功投运为标志，山西电网发展跨入新时代。

（高一萍　宁　军　卢晓山）

【电网建设与发展】 电网建设前期工作加大对电铁项目、风电项目等国家基础性项目的核准。2009年开工的220千伏项目40项、110千伏项目58项的可行性研究全部完成。

山西电网接入特高压电网的配套工程，即500千伏晋城2个变电站至1000千伏长治变电站的5条500千伏线路建设，500千伏侯村、运城2个变电站4台主变改造工程按期竣工。承担的1000千伏长治变电站、线路Ⅱ、Ⅲ标段工程优良率达100%，1000千伏长治变电站主设备全程监造及其18项特殊试验，山西境内1000千伏线路116.17千米的竣工验收和生产准备等工作圆满完成。

电网建设实施再“双千”工程，110千伏及以上输变电工程投产规模名列国家电网公司第一名，其中投产500千伏主变容量775万千伏安，线路323.8千米；220千伏变电容量591万千伏安、线路1197.17千米。全省11个地（市）实现500千伏“一市一站”。完成西龙池水电站及兆光、塔山发电厂等5个水、火电厂480万千瓦发电机组电网配套工程建设。500千伏晋城变电站荣获国家优质工程“银质奖”；4项500千伏输变电工程及7项220千伏变电站工程荣获国家电网公司优质工程奖。（高一萍、宁　军　卢晓山）

【经营管理】 深入开展同业对标活动，省公司对标学习江苏省电力公司省、市、县三级先进经验，改进短板项目103个。营销自动化、办公室标准化进入国家电网公司标准化建设先进行列，供电服务品质评价系统入选国家电网公司创一流同业对标典型经验库。推行标准的供用电合同和法律建议书，加强对诉讼案件的指导。配合审计署电力建设专项审计；推广应用“单位负责人经济责任审计评价”和“财务负责人经济责任审计”2项审计成果。省公司“四规范一加强”（规范工作流程、规范规章制度、规范基础资料、规范员工行为，加强标准化建设）管理成果荣获全国电力企业管理创新一等奖。

集约化经营进一步加强。千方百计增供扩销、降本增效。强化综合计划和预算管理，实现了业务流、资金流和信息流的有效整合。清理银行账户131个，通过综合平衡提高资金使用效益，降低了融资成本。加大资产清理处置力度，对18项投资进行清理；启动了和信公司股权及资产整合，清理债权债务取得成效。充分利用国家对中部6省增值税抵扣政策，获得增量抵扣退税4亿元。强化物资集中管理，扩大集中招标范围，节约资金2.47亿元。改造高损线路和台区促进节能降耗，综合线损率下降0.2个百分点。

山西电力营销运行监控中心、省级95598客户投诉举报中心投入运行，实现了对71种营销业务和47个服务环节的全面监控。开发建设供电服务品质自动化评价系统，建成全省统一平台、统一业务方式的收费系统，推广应用20多种收费方式，大用户营业管理实现全过程无人工干预管理。2008年，省公司及11个供电分公司实现当年电费全部回收，陈欠电费全部结零，彻底解决了长达10余年的历史难题。

坚持扶持与管理并重，大力帮助基建施工企业开拓市场，出台加强基建施工单位管理指导意见。省送变电公司和省供电承装公司成功中标±800千伏向家坝—上海、锦屏—苏南直流线路工程、±500千伏德阳换流站电气安装工程和呼伦贝尔—辽宁直流线路工程，4个火电施工企业承揽了一批常规火电机组和电网建设项目。施工企业实现产值51.89亿元，同比增长7.46%。完成领导干部在“有关多经企业”的股权清退，主多分开取得阶段性成果。退出了本部、供电单位领导干部和有关员工持有的发电企业股权。推进省公司层面多经企业处置工作。协调解决厂网分开遗留问题取得新进展。

（高一萍　宁　军　卢晓山）

【安全生产】 坚持“安全第一、预防为主、综合治理”方针，严格安全生产履职考核，完善“三个工作体系”（安全生产应急管理、风险管理和事故调查），促进了安全责任制的落实。开展安全风险管理，“风险防范执行卡”在输电、变电检修、继电保护等专业试行。深化安全性评价工作，12个分公司纠正问题2009项。研究制订省、市、县三级电网生命通道工程建设方案，在太原、忻州、阳泉作试点工作，以提高山西电网抵御自然灾害能力。组建“山西省电力公司应急指挥中心”，完成基建、修造、学校及县支公司等单位应急预案、现场处置方案的修订审核。

建成"全网调度员培训暨联合反事故演习系统"（NDTS），省调中心站与地调分站实现联网运行，开展"迎奥运、保供电"联合反事故演练，应急处置能力进一步提升。奥运保电实行各级干部分片包点责任制，组织1.44万名人员参与奥运保电的蹲守、巡视、抢修等各项工作，成功处置8月9日太原一电厂机组全停事故，省公司及所属超（特）高压、忻州、太原分公司受到国家电网公司表彰。编制特高压调度管理细则、特高压调试和运行期间电网调度执行方案等，适应国调、网调、省调多级联合调度。

2008年，对23条500千伏线路、65条220千伏线路开展防雷、防风偏、防鸟害、防污闪、防外力等综合治理，主网线路跳闸率同比下降14%。推进输变电设备状态检修，忻州供电分公司定为首批试点单位。开展标准化建设，220千伏及以上31座变电站、53条线路和35千伏农网51座变电站、86条线路步入红旗站、线行列。山西电网综合电压合格率完成99.34%，供电可靠率RS－3（剔除限电因素）完成99.82%，均高于国家电网公司考核指标。连续两年，集中治理农网线路2822条，35千伏、10千伏线路掉闸率分别降低29%、22%。晋中榆次、祁县2个供电支公司被国家电网公司命名为"一流县供电企业"，753个供电所达到规范化管理标准。

积极应对电煤短缺，保证电网安全迎峰度夏和电力有序供应。开展"百问百查"、"隐患治理年"、"反违章管理年"和"三电"（电力、电信、广播电视）专项斗争等活动，治理隐患9704项，查处违章2068人次，破获盗窃破坏电力设施案件194起。持续开展高危及重要客户供电隐患排查治理。连续10年实现基建安全"四个零"（无人身死亡事故、无重大机械设备损坏事故、无重大火灾事故、无重大交通责任事故）目标，全年未发生重伤及以上人身事故、重大及以上电网、设备、火灾和交通事故，省公司荣获"国家电网公司2008年度基建安全管理优秀单位"。

（高一萍、宁　军　卢晓山）

【科技与信息化】　坚持科技兴企，2008年科研投入同比增长28.54%，完成科技项目242项，3项成果获得国家电网公司及以上科技进步奖。重点进行1000千伏特高压输电运行配套设备、山西电网灾害防治、ERP（企业资源计划）系统、信息网安全体系等电网运行管理控制技术的研究应用。山西电网接入特高压电网的运行协调及控制策略研究、1000千伏交流特高压线路及变电站用安全工器具研制等成果达到国际先进水平。首创了特高压线路无跨越架不停电跨越500千伏线路施工方式，编制的工艺导则成为国家电网公司企业标准。覆冰、盐密和微气象区在线监测、视频集中监控、调度可视化系统等新技术得到应用。投资3.6亿元完成农电通信网建设。直升机巡检500千伏线路2700千米。完成编制电网运行、技术改造、城乡电网建设等企业技术标准。37项专利申请受理，获得5项实用新型专利授权。

推进信息化"SG186"工程建设（一体化企业级信息集成平台、8大业务应用系统、6个体系），数据中心与企业门户实现了与国家电网公司的纵向贯通。涵盖省公司财务、物资、人力资源、项目管理等核心业务的ERP系统试点启动，营销自动化与相关信息系统融合应用，电力交易、招投标等信息系统上线运行。推进常态计划网上共享、行政事务上网审批和数字化档案等协同办公系统建设。本部及12个单位信息外网建成投运。省公司初步形成以"三大系统"（生产管理、营销自动化、综合办公）及ERP系统为主干，招投标、远程培训、安全监督、审计等一批松耦合系统为补充的应用体系。

（高一萍、宁　军　卢晓山）

【企业社会责任】　2008年，省公司系统调集1927名突击队员、1200余万元物资、127辆抢修车辆、10台应急发电车支援南方电网抗冰抢险；42539名干部员工向灾区共捐款755万元。捐助55台应急发电机、捐款1208万元、交纳536万元"特殊党费"支援四川抗震救灾。积极参与襄汾尾矿库溃坝等事故抢险，得到省委、省政府和有关方面的广泛好评。

积极服务经济结构调整，配合政府部门对517家淘汰关停企业实施停电措施，关停小火电120万千瓦，促成发电权交易电量25.82亿千瓦时，年节约标煤31万吨，减少二氧化硫排放6500吨。出台新农村建设指导意见，新增了4个电气化县、39个电气化乡和500个电气化村，完成了1816个村的主干道路路灯亮化和342个村的饮水解困供电配套工程。

全力保障电力供应，回购华北电网电量21.52亿千瓦时，缓解了供需矛盾。开展"金牌服务迎奥运"活动，先后出台扩大内需项目供电保障实施意见和服务中小企业发展十项措施，应用20多种收费方式，开展第三方评价，促进供电服务水平明显提升。设立600万元"国家电网爱心基金"，新建7所"希望小学"，向社会弱势群体捐资265万元，省公司荣获山西省爱心捐助功勋奖。率先在中央驻晋企业发布社会责任报告。行风评议连续5年保持全省"政风行风评议先进行业"称号。

（高一萍、宁　军　卢晓山）

化学工业

【概述】　2008年全省化工行业按照省委、省政府关于建设新型能源和工业基地的战略部署，在科学发展观的引领下，紧密围绕山西省化学工业"十一五"发展规划，切实转变经济增长方式，大力发展循环经济，拓展煤化工产业链，努力实现转型发展、安全发展、和谐发展。由于今年全省化工行业主要原料——煤的价格大幅上涨，加上第四季度金融危机的冲击，化工行业实际经济运行状况与预期存在一定差距。2008年全省化工行业各项主要经济指标低于预期。2008年全省化学工业规模以上企业295户，工业总产值478亿元，同比增长11%；销售收入507亿元，同比增长15%；利税30.5亿元，同比下降30%；利润14.7亿元，同比下降44%；全行业亏损额4.8亿元，同比增长227%。

（王乐意）

2008年全省化工行业经济目标完成情况

年度 / 项目指标	单位	2007年	2008年	增幅（%）
工业总产值	亿元	429	478	11
利税总额	亿元	44.8	30.5	－29.8
利润总额	亿元	27.2	14.7	－44.4

【主要产品产量】　2008年本省主要大宗化工产品——化肥产量较去年略有增长，而甲醇、聚氯乙烯等产品产量不升反降。

2008年本省化肥（折纯）产量为413万吨，同比增长7.1%；尿素（实物量）产量为670万吨，同比增长9.6%；精甲醇产量为70万吨，同比下降2.6%；聚氯乙烯产量为44.6万吨，同比下降18.9%。

（王乐意）

【重点项目建设推进顺利】 2008年竣工投产的主要项目有：天脊集团40.60项目、晋丰公司30.52（二期）、丰喜集团闻喜复肥公司40万吨/年复合肥工程、天泽集团20.40.20项目、山西焦化集团有限公司20万吨/年甲醇项目、丰喜集团临猗分公司40万吨/年甲醇二期工程、阳煤集团20万吨聚氯乙烯20万吨烧碱项目二期工程、长治市霍家工业有限公司16万吨PVC项目、太化集团12万吨/年粗苯加氢精制工程、山西大土河焦化有限公司30万吨煤焦油加工项目一期15万吨项目、山西兰花清洁能源有限公司20万吨甲醇10万吨二甲醚项目等。

四季度以来，煤化工两大主力品种——甲醇和二甲醚出现价格暴跌，跌幅分别超过25%和22%。而自从去年金融危机以来，山西化工企业新开工的恰恰是跌幅较大的焦化和甲醇项目。有山西省焦炭集团公司8月在介休焦化示范工业园区投资5.7亿元开工建设的益达化工30万吨/年甲醇和20万吨/年二甲醚项目的第一期工程；山西焦化10月1日150万吨/年焦炉扩建项目二期工程，以及该公司目前正在进行融资建设的焦化项目，其中包括20万吨/年醋酸项目、10万吨/年粗苯加氢项目及18万吨/年合成氨和30万吨/年尿素易地改造项目；中煤集团12月5日在山西省晋中市灵石县炭子堡镇开工建设的30万吨/年甲醇项目和银亿宏峰10万吨/年甲醇项目等10多个煤化工项目。正在积极建设的重点项目有盂县化工36万吨合成氨、52万吨尿素项目、静乐煤焦化有限公司18万吨合成氨、30万吨尿素项目、山西潞宝集团10万吨甲醇项目、壶关神农化工有限公司16万吨烧碱和20万吨聚氯乙烯项目、山西焦化集团10万吨/年粗苯精制项目、山西侨友化工有限公司16万吨粗苯和10万吨顺酐工程等。此外，潞安煤业集团煤制合成油项目的示范装置顺利出油，为100万吨级生产装置的建设取得了煤制油工程经验。

（王乐意）

【煤炭企业转产发展煤化工成效显著】 本省煤炭产业在发挥资源优势的同时，也开始注重发展接替产业。为了贯彻落实《国务院关于在山西省开展煤炭工业可持续发展政策措施试点的意见》，山西省政府出台《山西省煤炭企业转产煤炭城市转型政策试点实施方案》，对全省依赖煤炭资源比重大的大同、朔州、阳泉、长治、晋城、临汾、吕梁7个城市进行转型试点。其中有5个城市把发展煤化工作为破解“煤炭依赖症”的良方之一。

大同市重点培育电力、煤化工、机械等支柱产业的发展，非煤产业工业增加值比重提高到60%以上；长治市重点培育冶金、煤化工、机械、医药等支柱产业的发展，非煤产业工业增加值比重提高到70%以上；晋城市重点培育电力、煤化工、建材、轻工等支柱产业的发展，非煤产业工业增加值比重提高到60%以上；临汾市重点培育煤化工、冶金、铸造等支柱产业的发展，非煤产业工业增加值比重提高到70%以上；吕梁市重点培育煤化工、冶金、建材等支柱产业的发展，非煤产业工业增加值比重提高到70%以上；朔州市重点培育电力、建材、轻工等支柱产业的发展，非煤产业工业增加值比重提高到60%以上；阳泉市重点培育铝工业、建材、新材料（耐火材料、磁材、新型建材等）等支柱产业的发展，非煤产业工业增加值比重提高到70%以上。2008年全省煤炭行业非煤产业销售收入突破1000亿元大关，达1012亿元，提前两年实现“十一五”末规划目标。其中，国有重点煤炭企业实现非煤销售收入994亿元，同比增加275亿元，增长38．3%。全行业独资、控股和参股的焦炭产能突破2300万吨/年，合成氨和尿素、甲醇、二甲醚产能突破1500万吨/年；煤炭液化示范项目取得突破，潞安16万吨/年煤基合成油示范厂产出了第一桶煤基合成油。

此外，全省煤炭企业已建成煤矸石、中煤和煤层气（瓦斯）电厂52座，年发电量190亿千瓦时；已建成煤矸石砖厂21座，生产能力约16亿块/年。

（王乐意）

【晋城煤业集团煤化工发展强劲】 晋城煤业集团是我国优质无烟煤重要的生产基地，从最初单一的煤炭行业发展为煤、气、电、化综合发展的格局，现有44个子公司、12个分公司。近年来，按照“煤、气、电、化综合发展，建设环保型绿色矿山”的中长期发展战略，依托优质无烟煤和煤层气两种得天独厚的自然资源优势，企业在非煤产业方面基本形成了煤层气、煤化工、电力及其它非煤产业共同发展的新局面。2007年4月成立煤化工产业发展局之后，到2008年底，晋煤集团旗下各化工公司完成销售收入189.64亿元，实现利润18.45亿元。集团共完成总氨产量546.26万吨，约占全国总氨产量的8.83%；尿素产量496万吨，约占全国尿素总产量的8.81%；甲醇产量147万吨，约占全国甲醇总产量的13.05%。目前，煤化工产业已经成为该集团的第一大经济支柱和第二大主导产业。按照目前的发展势头，到“十一五”期末，山西煤炭行业非煤产业销售收入将实现1000亿元的目标。

2008年企业实现非煤生产经营总额为287.43亿元，占全部生产经营总额的64.52%。其中：化工实现生产经营总额189.64亿元；煤层气实现12.82亿元；电力实现2.82亿元；港口、运输、建筑安装、房地产、煤机制造、建材等其他非煤产业实现82.15亿元。非煤生产所占比重比2006年提高8.65个百分点，成为集团公司的比较优势。

（王乐意）

【阳煤集团组建化工产业管理局】 阳煤集团为实行专业化管理，发挥产业集群效应，于2008年7月组建了化工产业管理局。在成立化工产业管理局之后，该集团发挥化工产业管理局的作用，统筹好化工产业集约化发展与生态环境保护，统筹好产业布局调整与产品结构调整，统筹好点上突破与面上发展，统筹好煤炭与化工协调互动发展，统筹好政府主导与市场运行，统筹利用好国家政策，尽快编制了煤化工产业发展规划，切实抓好项目策划和储备，为产业布局调整奠定基础。2008年阳煤集团主要化工产品实物产量达到325.9万吨；化工产品销售规模达到109.7亿元，同比增长270%。集团初步形成了基础化工、精细化工、乙炔化工协调发展的格局。化工业务成为集团仅次于煤炭主业的最具增长潜力的第二大产业，为阳煤集团加快调整产业结构、提前实现“十年三百亿元”的战略目标作出了重要贡献。

（王乐意）

【兰花集团成立化肥事业部】 2008年兰花集团对公司管理体制进行了一次重大改革——成立了化肥事业部。近年来，一直依靠传统挖煤业务的山西兰花集团，由单一的煤炭企业发展为以煤炭和尿素为主导、以开发新型煤化工产业为方向的大型煤与煤化工企业集团。该集团围绕煤化工产业发展战略，建成了一批高浓度氮肥项目，化肥总产能由年产4万吨合成氨和16万吨碳酸氢铵发展到年产70万吨合成氨和120万吨尿素，产能居全国尿素行业第四，占到晋城这个国家级煤化工基地总产能的1/3强。（王乐意）

【二代循环流化床锅炉凸显节能优势】 循环流化床是一种新型的高效、低污染清洁燃煤技术，经过20余年的发展，循环流化床燃烧技术已经在商业化过程中显示出优良的环境排放特性和宽广的煤种适应性。但循环流化床锅炉与煤粉炉相比，仍存在辅机电耗高及燃用高灰煤种磨损突出等问题，这两个问题一直困扰着循环流化燃烧理论和产品开发的进一步发展，能否在这两个方面有重大突破是国际循环流化燃烧领域的重大课题。为了适应循环流化床的发展要求，太原锅炉集团公司依托清华大学先进的新一代节能型循环流化床理论，应用了多项专利技术和专有技术，采用了最新的研究成果，在对现有产品进行重大改进的基础上，开发制造出世界首台150吨/小时节能型循环流化床锅炉，形成了具有完整知识产权的重要技术，在降低用电量和减少受热面磨损等方面处于国际领先水平。

第二代循环流化床锅炉每台每年可节煤7500吨，节电700万千瓦时，节省设备检修费用10%以上，一举克服了第一代循环流化床锅炉用电量大、磨损严重等问题，通过了国家级鉴定。该锅炉可燃烧煤矸石、洗中煤、垃圾等劣质燃料，节煤6%，节电30%，备受化工和电力企业青睐。截至目前，第二代循环流化床锅炉已经在河南心连心化肥有限公司等化工企业应用了5台，还有两台220吨锅炉在内蒙古东海拉尔发电厂安装并投入运行。此外，太原锅炉集团还陆续接到国内外10余台每小时150吨热量的大型节能型环保循环流化床锅炉的制造合同和意向书。该项技术如能在全国推广，按照循环流化床锅炉发电能力，每年至少可以节电25亿千瓦时，节约标准煤约700万吨，减少二氧化碳排放约3000万吨，对国家节能降耗有着重要意义。（王乐意）

【技术、装备水平提高成果显著】 2008年全省化工技术、装备水平进步显著。丰喜华瑞公司建成了全国规模最大的以焦炉煤气为主要原料的30万吨尿素装置；山西焦化引进国外先进技术设备建成全国单套规模最大、加工产品最多的煤焦油加工装置；山西宏特自主研发建成具有国际先进水平的针状焦加工装置；山西三维已建成单套年产20万吨粗苯加氢装置，炔醛法规模已达7.5万吨，1，4—丁二醇总产能将达15万吨，成为技术水平国际先进、生产规模国内最大的1，4—丁二醇装置；先进的水煤浆造气技术已在丰喜临猗分公司实施，国内自主研发的灰熔聚加压气化装置也在丰喜临猗分公司建成试车；太原重工煤化工公司和丰喜化工设备公司已具备了大型煤化工设备的制造能力。

省化工行业技术中心“欧盟REACH法规应对措施研究”、天脊煤化工集团“合成氨含硫CO2尾气超重力DDS脱硫”、山西焦化“焦炭环保生产及焦炉煤气综合利用成套技术及装备”等技术创新项目顺利通过验收。本省化工企业技术中心建设也取得新进展，太原煤炭气化（集团）有限责任公司、山西五台山化工有限公司、山西壶关化工集团有限公司三户企业技术中心被确立为省级企业技术中心。

（王乐意）

【煤化工脱硫用上国产化装备】 目前，在煤化工脱硫领域中，我国先后全套或部分引进了国外先进脱硫技术，但这些引进技术在实际应用中有的硫转化率低，有的消耗高，有的耗资大，还有的尾气中二氧化硫浓度不能全面达标。针对这些不足，丰喜临猗分公司与山东淄博海川精细化工有限公司共同研发出被称为“丰喜海川催化氧化法”的低温、低浓度选择性催化氧化制硫工艺。该工艺的首次工业应用成功，标志着我国在煤化工领域脱硫并回收硫磺有了自主技术，改变了过去引进技术的垄断局面，具有良好的实际应用和发展远景。与现有工艺相比，该工艺在工艺流程、环保、投资及效益等方面具有综合优势。该工艺装置目前已经全部实现国产化；尾气中H_2S、SO_2全部达到国家环保排放标准；运行费用低、装置能耗少，特别是在大型硫回收装置中这一优势更加明显。此外，该尾气处理工艺还具有显著的经济、环境与社会效益。（王乐意）

【中国造出亚洲最大加压气化炉】 2008年1月2日，山西太原重型机械集团公司为我国“煤变油”重大科技工程生产的关键设备——首批两台特大型碎煤加压气化炉制造完成，这是目前国内乃至亚洲最大的固定床加压气化炉。

太重公司此次制造的两台碎煤加压气化炉是国家“863”高新技术项目——山西潞安煤基合成油有限公司年产16万吨煤基合成油示范项目的关键设备，具有产品结构合理、技术先进可靠、气化效率高、气化强度大等优点，主要为合成油装置提供原料气。这次生产的碎煤加压气化炉每天处理煤量接近500吨，每小时煤气产量达3.5万～5.5万立方米，实现了内件、润滑、自控系统、传动系统的成套化。由此，太重成为国内惟一能成套生产碎煤加压气化炉的企业。太重集团此次成功生产的这两台关键设备，为实现“煤变油”提供了有力保证。（王乐意）

冶金工业

【概述】 2008年，全省有规模以上冶金企业534个，其中钢铁企业409个，有色企业125个；冶金企业从业人员28.49万人，其中钢铁企业19.94万人，有色企业8.55万人。有生铁产能5400万吨、粗钢产能4000万吨，氧化铝、电解铝、金属镁产能分别为410万吨、120万吨、70万吨。

1. 主要产品产量

2008年，全省粗钢完成2345.03万吨，同比降低6.8%；生铁完成2781.71万吨，同比降低10.8%；钢材完成1976.45万吨，同比降低5.2%；焦炭完成8235.94万吨，同比降低13.2%；铁合金完成94.44万吨，同比降低7.9%。十种有色金属完成140.83万吨，同比降低9.7%，其中：铜完成91245吨，同比降低10.8%；铝完成97.29万吨，同比降低8.2%；镁完成32.58万吨，同比降低15.1%；氧化铝完成340.90万吨，同比增加11.6%。

2. 主要经济指标

2008年，受全球金融危机的影响，本省冶金工业经济运行情况和全国一样，呈现出“上半年一路走高，下半年高台跳水”的局面，产品价格大起大落。一些企业为了自保，纷纷限产、减薪、裁员甚至停产，出现了“产一吨赔一吨”的窘境，全行业经济效益大幅下滑。2008年，全省规模以上冶金企业主营业务收入2385.40亿元，占全省工业经济主营业务收入的23.92%；实现利税127.66亿元，占全省工业经济实现利税的9.37%；实现利润24.56亿元，占全省工业经济实现利润的4.25%。

3.以项目为主导，推进产业结构优化升级

2008年，全省钢铁行业重点推进的太钢不锈钢工程配套改造、海鑫高炉和板材生产线升级改造等28个项目竣工投产。开工建设了太钢不锈钢无缝管、海鑫中厚板等一批重大项目。太钢吕梁袁家村铁矿于2008年7月开工建设，项目完成后每年为太钢提供750万吨的铁精矿，同时对带动老区脱贫致富具有重要意义。长治钢铁（集团）有限公司筹资7亿元用于技改工程，7号转炉一次热负荷试车成功，5号烧结机完成对接；9号高炉基本建成，各项配套工程正在紧张施工。文水海威钢铁公司通过产能置换建设6座450立米高炉；中阳钢铁公司两座1080立米高炉和两座75吨转炉建成。

铝镁行业重点推进武圣、肥美各30万吨氧化铝项目投产运行；中铝山西分公司兴县80万吨氧化铝项目开工建设；同德铝业100万吨氧化铝项目已完成前期工作；鲁能晋北铝业二期工程进展顺利。山西闻喜银光镁业（集团）有限公司通过产学研合作，与清华大学合作开发出高速列车动车组专用镁合金行李架型材关键技术，已和北京铁路工业总公司签订了镁合金材料铁路应用专供协议，正在建设年产1万吨高速列车用镁合金挤压型材项目，该项目填补了国内镁合金材料制造客车部件的空白。

太原不锈钢园区内开工建设的不锈钢无缝钢管项目。据项目负责人介绍：这是世界上最大口径的不锈钢无缝钢管，项目总投资15亿元，设计产能5万吨；精密带钢以高强度、高附加值等特点，被广泛应用于通讯电子及航空航天等高精尖领域。太钢投入10余亿元，从德国引进了世界上最先进的轧制精密带钢设备，果敢进军行业制高点。

天津是太钢出口产品运输最近的出海口，2007年底，太钢与天津钢管集团合资组建的天津太钢不锈钢天管不锈钢有限公司在滨海新区保税区成立。合资公司注册资本16.6亿元，新建不锈钢薄板生产基地。太钢还新成立了投资公司、能源公司、焦化技术工程公司、信息与自动化技术公司和房地产开发公司，大力推进资源、能源、金融和现代服务业发展。目前，太钢已收购土耳其铬矿企业股权，组建合资公司，成为第一大股东，涉足土耳其铬矿资源；与合作方缅甸、菲律宾、印度尼西亚和澳大利亚就镍矿项目进行了深度洽谈，签订了合作协议；与省内大型煤炭企业联合组建合资公司，推进临县焦煤资源的开发，全面参与山西煤炭资源的整合。

4.淘汰落后产能取得成效

2008年全省淘汰落后炼铁产能1298万吨、铁合金产能8.86万吨。同时，制定了产业政策，提高了企业准入门槛，进一步优化了冶金工业的装备基础，有效提升了冶金工业的产业水平，为行业今后发展奠定了较好的基础。

5.节能减排完成年度计划任务

全省冶金工业能源消耗同比下降4.6%。据统计，太钢8年累计投入48亿元，实施了92个节能减排项目，源头削减、过程控制，年增加产值20.1亿元，增加效益6.9亿元。采用先进技术和装备的粉煤灰蒸压标准砖项目试产成功，加上已投产的钢渣处理线，以及正在建设的年产40万吨高炉渣超细粉生产线，太钢将实现固体废弃物"零排放"；选用世界先进工艺建成的焦炉煤气脱硫制酸项目在国内大型钢厂尚属首创，在减少二氧化硫排放的同时，可年产浓硫酸1.88万吨。

6.科技创新

2008年，全省冶金企业加大科技开发和技术创新力度，与有关科研院所合作开发新产品，全年完成科技创新和技术进步成果28项，其中7项获省部级科技进步成果奖。

太钢面向铁路、核电、能源、石油石化、水利、城乡建设等领域，建立用户应用技术研究中心，组建客户服务中心；进一步优化原料结构和工艺流程，降低成本、缩短生产周期、提高质量，向市场提供独有和差异化优势的产品。据海关统计，2008年太钢全年出口不锈钢占到全国出口不锈钢总量的41.2%。

太钢集世界同行优点，实施了一大批技术改造和改扩建工程项目，建成了世界上规模最大、最先进的不锈钢生产线，高端产品不断问世。2008年，就开发出铁道货车用不锈钢T4003、特高强度汽车用钢等市场急需产品，有效替代进口。X80管线钢是目前世界上碳钢生产领域技术含量和等级最高的一个钢种，由于它解决了油气管道在压力、腐蚀等方面的技术难题，在国家重点工程——西气东输二线，太钢累计供应X80管线钢热轧卷板30万吨，居同行业前茅。临钢公司碳素结构钢和低合金结构钢热轧厚钢板产品实物质量认定达到国际同类产品实物水平，被中国钢铁工业协会授予2008年度冶金产品实物质量"金杯奖"。长钢提升品牌效益，实施技术创新，热轧带肋钢筋通过国家免检产品审核；成功试轧低磁螺纹钢6个规格、无缝钢管4个规格产品；开发H型钢18个规格产品。关铝集团与河南郑州轻金属研究所合作，开发出铝棒、铝带箔等新产品。（张春亮　康建基）

机械电子工业

【概述】 1.机电工业基本情况。2008年末，全省机电工业全行业共有规模以上企业605家，占全省工业的13.4%；资产总计924亿元，占全省工业的7.0%；从业人员261266人，占全省工业的12.2%。全行业拥有5个国家级技术中心，31个省级企业技术中心，5个行业技术中心；拥有3个中国名牌产品（TZ牌油膜轴承、TZ牌桥门式起重机、TZ牌减速机）；拥有3个中国驰名商标（TZ牌、津成牌、双嶷山）。2.主要指标完成情况。2008年，全省机电工业实现产品销售收入680.5亿元，同比增长16.9%；完成工业增加值186亿元，同比增长11.8%；实现利税39.6亿元，同比下降7.7%；实现利润20.4亿元，同比下降11.1%；实现机电产品出口13.8亿美元，同比增长29.8%。3.机电工业经济运行主要特点：(1)经济规模不断扩大。工业增加值、产品销售收入继续保持快速增长的态势，特别是机械工业，两项指标增幅均超过全国机械工业同期发展水平。(2)经济效益持续提高。利税总额、利润总额持续同步增长，机械工业两项指标增幅均超过全国机械工业同期发展水平。(3)机电产品出口保持较快增长，成为拉动本省外贸发展新的增长点。全年实现机电产品出口13.8亿美元，比上年增长29.8%。其中：出口火车轮8703万美元，比上年增长82.08%；出口火车轴1985万美元，比上年增长208.58%；出口石油及天燃气钻机零件5158万美元，比上年增长62.78%；出口高架移动式起重机1553万美元，比上年增长43.86%；出口柴油机零件1223万美元，比上年增长76.15%；出口机动车辆制动器及零件1071万美元，比上年增长19.88%。全年实现贸易顺差5.39亿美元，出口产品的结构进一步优化。(4)重点企业发展良好。2008年，全省重点监控的12个机电工业企业，共实现利税总额17.46亿元，比上年增长25.97%，占全行业同期值45.46%，比上年提高了1.8个百分点；实现利润总额10.42亿元，比上年增长41.00%，占全行业同期值的54.55%，比上年提高11.05个百分点，继续引领全行业发展。(5)亏损企业亏损额下降。2008年全行业亏损企业亏损额3.96亿元，比上年下降0.5%。4. 机电工业经济运行中存在的主要问题：(1)产成品存货居高不下。产成品存货比上年增长22.77%，企业部分流动资金呆滞。(2)应收帐款净额增长过快。应收账款净额比上年增长23.20%，企业资金回流不畅。(3)固定资产投资回落。固定资产投资比上年下降了8.25个百分点，回落速度过快，对产业发展拉动作用明显减弱。(4)中小企业经营困难。由于受世界金融危机等多种因素的影响，2008年10月份以后，中小企业陷入了产品销量骤减、产品价格暴跌、货款回收困难、订单急剧减少的经营困境，部分企业被迫停产、半停产。

（姚文举）

【科技成果及新产品】 2008年1月26日，国内首台、世界最大的斗容达55立方米的WK－55大型矿用挖掘机在太原重型机械集团有限公司下线。该机是我国重大技术装备国产化的重要成果，有完全自主知识产权，可满足世界上所有露天矿采掘条件，打破了国外公司在大型矿用挖掘机领域的长期垄断，使太原重型机械集团有限公司成为全球第三个有能力自主研制大型矿用挖掘机的企业。KW－55矿用挖掘机高22米，自重1500吨，标准斗容55立方米，提升速度0.76～1.58米/秒，推压速度0.67～0.75米/秒，行走速度0.80～1.60千米/小时，最大提升力2890KN，最大推压力1127KN，最大爬坡角度13度，提升电机额定功率2×1000千瓦，最大挖掘半径23.85米，最大挖掘高度18.10米，最大卸载半径20.40米，最大卸载高度10.06米，工作重量1460吨/1480吨，挖掘深度1.93米。它汇集了太原重型机械集团有限公司多年生产矿用挖掘机的成功经验，同时采用了多项国内外新技术、新工艺，可适用3000万吨级的大型露天矿、铁矿、有色金属矿的剥离和采装作业。该机的成功开发，在国内引起极大轰动。在2008年度中国工业十大新闻中，该机诞生的消息位列榜首。

2008年4月2日，国内最大的45MN冲孔水压机在太原重型机械集团有限公司轧锻设备分公司正式制造完成。该机由45MN冲孔水压机本体、移动工作台、水控制系统、水泵站、自动检测及控制装置和电气控制系统等组成。该机不仅在工艺路线和本体结构上与传统压机有着根本区别，而且在技术上具有压力穿孔、拔伸变形、斜轧延伸结合等最新工艺特点，同时应用了卧式锥型穿孔机孔型调整等关键新技术，不仅在技术上填补了国际上的空白，而且在设计和制造上达到了世界一流水平。该机的研制成功，将极大地满足目前国内市场高压锅炉、电站、化肥设备等领域对高压无缝钢管的需求，也可为石油和煤层开采提供大量大规格的无缝钢管。

2008年5月，永济新时速电机电器有限责任公司研制成功2兆瓦双馈异步风力发电机，这是目前国内功率最大、拥有自主知识产权的风力发电机。永济新时速电机电器有限责任公司是我国风力发电机的领军企业。早在2001年，该公司就闻“风”而动，瞄准了国内风电这一朝阳产业，依托其在机车电传动领域40年的核心技术优势，瞄准国外风力发电机主流方向，不断打破国外技术壁垒，始终坚持自主创新，使风力发电机贴上了“中国制造”的自主知识产权标签。短短的8年间，永济新时速电机电器有限责任公司先后自主研发出了600千瓦、660千瓦、750千瓦、800千瓦、1000千瓦笼型风力发电机，1.5兆瓦双馈水冷发电机，空气冷却双馈风力发电机，以及国内功率最大、可实现变速恒频的绕线式2兆瓦双馈异步风力发电机。这些风力发电机陆续在我国新疆达坂城、阿拉山口等戈壁滩、大草原、沿海地42个风电场成功投运，以多样化的产品支持和促进着我国风能资源的开发利用，不断向各地输送着“绿色能源”。

2008年7月8日，太原矿山机器集团有限公司研制的1800千瓦电牵引采煤机被国家科学技术部、商务部、质量监督检验检疫总局、国家环境保护总局等联合评为国家重点新产品奖。这是太原矿山机器集团有限公司继930千瓦电牵引采煤机2006年捧回“中国机械工业科学技术奖”后，又一次赢得大奖，进一步显示了太原矿山机器集团有限公司在我国采煤机研制领域的不凡实力。该机针对目前国内外采煤机的技术现状，采用现代设计方法和机电一体化技术，具有装机功率大、结构设计合理、智能化程度高、运行可靠等特点，在大采高综采工作面具有广阔的推广应用前景。该机自2006年问世以来，一直有着不俗的表现。2006年6月，在中煤集团平朔安家岭井工矿，创日产原煤3.8万吨、月产原煤90万吨好成绩，刷新电牵引采煤机单产全国最高纪录。2008年度，在中国神化能源股份有限公司金烽煤炭分公司昌汉沟煤矿，太原矿山机器集团公司研制的1800千瓦电牵引采煤机一次采全高，年产原煤1015万吨，最高日产原煤46168吨、最高月产原煤108万吨，实现了用国产化装备一矿一井一面年产1000万吨原煤历史性突破。这一成绩，不仅创造了用国产化设备采煤的最高纪录，而且达到了世界先进水平。

2008年8月，太原重型机械集团有限公司生产的升降舞台和上空设备为北京奥运会开、闭幕式提供了良好的保障与支持。开幕式上，高10米、重10吨的庞然大物LED屏幕自如打开和升降，并且成功保护了后半段表演的道具——地球。闭幕式上，中心舞台长45米，宽30米，重65吨，由10个升降台、4个活动梯、4个圆柱升降台和53块草坪支撑等部件组成。在太原重型机械集团有限公司技术人员和现场工作人员紧密配合下，开幕式升降舞台和闭幕式中心舞台为奥运会开闭幕式提供了良好的保障与支持。

2008年9月6日晚，北京残奥会的圣火照亮鸟巢上空，开幕式舞台“白玉盘”以规模宏大的气势、新颖奇特的造型和瑰丽无比的神奇变换，征服了世界。同时，也让舞台的制造单位——太原重型机械集团有限公司充分展现了其非凡的制造能力。为了保密，“白玉盘”舞台在太原重型机械集团有限公司简称“CK”项目，寓意残奥会开幕式。“白玉盘”舞台总重900余吨，每个单元1.5米宽，1.2米高，单元内部包含极其复杂的齿轮、齿条、钢丝绳、剪刀绳、插销装置、液压系统及控制系统等舞美机械传动装置。通过这些复杂的装置，实现了神奇的“翻书”技术，呈现了变幻莫测的四季转换等魔幻效果，真正将机械舞台和舞美装置融为一体，创造了人类的舞台制造史上又一奇迹。正如北京残奥会总导演张继刚所说：太原重型机械集团有限公司也将和北京奥运会一道，永远铭记在中华民族的史册上。

2008年9月25日，山西制造助力“神七”问天。“神七”载人飞船发射塔架由太原重型机械集团有限公司制造。“神七”发射塔架为钢结构固定塔，是发射区的核心建筑，总高度为105米，高11层固定平台。工作平台由回转工作平台、升降台、摆杆装置、紧急撤离通道等部分组成。全塔总重约2500吨。“神七”发射塔架被名为“921塔架”建造项目，连接螺丝用量3万多个，制造全过程历时一年。

“神七”载人飞船使用的超大型、可回转、自行式活动发射平台由长治清华机械厂研制生产，中国的三大卫星发射中心太原、酒泉、西昌全部使用清华机械厂制造的发射平台。中国历次的火箭发射都是使用长治清华机械厂研制的发射平台，长治清华机械厂为我国的航天事业作出了巨大贡献。

从为“神五”配套坐舱仪表到为”神六“舱内宇航服配套，再到为”神七“舱外宇航服生命保障系统配套，从产品的立项到设计论证，再到工艺加工装配、试验测试，在时间紧、任务重、难度大，程序复杂的情况下，太原航空仪表有限公司发扬航空人勇于创新的精神，以高度的责任感和使用感，发挥自己的核心技术优势，按节点、按计划圆满完成交付任务。我国航天事业的发展见证太原航空仪表有限公司科研能力不断提升。

2008年12月10日，2008年度中国机械工业科学技术奖揭晓，太原重型机械集团有限公司申报的“WK－20”型矿用机械正铲式挖掘机和重大技术装备模块化、参数化、智能化协同设计系统”荣获二等奖，标志着太原重型机械集团有限公司在挖掘机和重大技术装备自主创新设计方面又取得了显著成绩。

2008年12月23日，全球最大的油膜轴承产品在太原重工股份有限公司诞生，其锥套直径1600毫米，衬套1800毫米，首批生产的8个产品将用于重庆钢铁公司国内最大的4.1米轧机上，这标志着我国油膜轴承制造水平又达到一个新高度。

2008年12月28日，我国首台由太原重工股份有限公司研制具有自主知识产权的80MN双柱式全液压快速锻造压机热负荷试车仪式，在中钢集团邢台机械轧辊有限公司举行。该设备的成功研制使太原重工股份有限公司正式跨入了世界制造先进锻造压机企业的行列。80MN双柱式全液压快锻压机装备了世界上最先进的机电液压控制系统，拥有移动工作台、快速换砧装置和砧库，总重量约2300吨，通过24个平面导向系统实现油液压直接传动，采用自动化控制方法与大型全液压轨道式锻造操作机联动，实现自由锻生产精密化和快速化。我国首台具有自主知识产权的80MN双柱式全液压快锻压机的试车成功，标志着我国大型锻造企业的锻造装备实现了现代化，锻造设备的操作和控制实现机械化和自动化。标志着我国特大型快速锻造压机真正达到了世界领先技术水平。（姚文举）

【技术改造】 2008年2月20日，太原重工股份有限公司与天津滨海新区临港产业区在天津举行了合作签约仪式，太原重工股份有限公司临港重型装备制造基地项目随即启动。按照协议，太原重工股份有限公司将在天津滨海新区临港产业区建设一个重型装备研制、总装和出口基地，一期投资20亿元，重点发展大型港口起重运输设备、大功率风力发电设备、大型锻压设备等具有广阔市场前景的产品，同时在滨海新区建设一所高水平的研发中心。该项目预计2012年初具规模。

2008年9月17日，太原矿山机器集团有限公司举行了“退城入园，整体搬迁”庆典，此举标志着山西省最大的“退城入园”技改工程——太原矿山机器集团有限公司整体搬迁首期工程顺利完成。公司从市中心原址整体搬迁至太原市经济技术开发区太重煤机工业园，从而建立山西省最大的煤机成套装备制造基地。太重煤机工业园建设项目是山西省“十一五”重大技改项目，是山西省重点支持的大型建设工程。基地围绕打造采掘、冶金洗选、润液、电气四大产品加工制造平台进行厂房建设与工艺设备配套，同时根据产品的工艺要求，配套建设金属结构加工装配车间、热处理工艺车间和相应的公用设施建设。园区于2007年3月10日正式破土动工，前后历经一年半时间，一期投资就达8.5亿元，园区内生产区域建筑面积达到11.25万平方米，搬迁的工艺设备达400多台（套），新增世界先进的工艺设备117台（套）。太原矿山机器集团有限公司“退城入园，整体搬迁”目标顺利实现，标志着山西建设煤机强省的步伐进一步加快。

2008年4月9日，潞安集团高纯度多晶硅项目破土动工。该项目为山西潞安集团与德国森特塞姆公司合资合作项目，设计产能规模为5000吨/年，其中电子级多晶硅2500吨/年，光伏级多晶硅2500吨/年。同时开工建设工业硅项目和太阳能电池生产线项目，打造从工业硅、多晶硅到太阳能电池的完整硅生产链。预计投资为60亿元人民币。项目分两期进行，第一期2500吨/年光伏级多晶硅、万吨级工业硅和2×30MW太阳能电池生产线项目于2008年开始建设，计划两年内投产。多晶硅项目一期工程计划投资27.87亿元人民币，建成投产后，年销售收入可达20亿元人民币，年利税总额达8亿元人民币。该项目的实施，将极大地改善我国多晶硅特别是高纯度电子级多晶硅长期依赖进口的局面，并对山西省能源结构调整起到极大的推动作用。潞安集团也将随之成为亚洲第一家、世界第八家生产纯度在9个9以上的多晶硅企业。利润在10倍以上，生产多晶硅犹如直接生产美元。

（姚文举）

【对外合作】 2008年12月15日，中国北车集团大同电力机车有限责任公司HXD20180号机车一次落车成功。这是该公司总计180台和谐2型电力机车的最后一台，此台机车落车成功，宣告和谐2型电力机车生产制造工作接近尾声，该机车经过调试、验收、签字后，将按期交付用户。和谐2型大功率电力机车生产合同是2005年2月中国北车集团大同电力机车有限责任公司联合法国阿尔斯通公司在北京与铁道部签订的，共计180台，由中国北车集团大同电力机车有限责任公司消化吸收法国阿尔斯通公司相关技术，实现国产化制造。2008年年底，180台机车按照合同要求全部交付大秦铁路公司，用于大秦铁路煤炭运输，此举将进一步增强大秦铁路晋煤外运的能力。

（姚文举）

【企业结构调整】 2008年11月18日，中国重型汽车集团有限公司重组大同齿轮集团有限公司暨股权划转协议签字仪式在太原举行，中国重型汽车集团有限公司将大同齿轮集团有限公司及其优异的变速箱技术纳入旗下，进一步完善了自身的重型卡车产业链。在山西省委、省政府和省国资委、大同市委、市政府及有关部门的大力支持协助下，经过近4个月深入细致的前期准备工作，中国重型汽车集团有限公司与大同齿轮集团有限公司最终达成了战略重组协议。协议生效后，大同齿轮集团有限公司正式更名为中国重汽集团大同齿轮有限公司，成为中国重型汽车集团有限公司的全资子公司。太原重工股份有限公司将持有的原大同齿轮集团有限公司82.92%的股份全部划归中国重型汽车集团有限公司所有。中国重汽集团大同齿轮有限公司将成为中国重型汽车集团的零部件基地，在未来5年内，为中国重型汽车集团有限公司提供15万台重卡变速箱等产品。此举不但解决了大同齿轮集团有限公司赖以长久生存的基础市场问题，而且也将带动大同地区一大批装备制造企业的迅速发展。（姚文举）

国防科技工业

【概述】 2008年，全省国防科技工业经济继续保持了平稳增长的势头，全年完成工业总产值179.59亿元，同比增长3.71%；完成工业增加值36.68亿元，同比增长4.11%；完成销售收入190.3亿元，同比增长6.77%，实现利润、实现利税分别为4.3亿元和7.86亿元，同比分别下降21.26%和6.37%。全系统从业人员共有73479人，同比下降1.99%，减少1489人，累计工资总额17.55亿元，同比增长13.62%，职工年人均工资23880元，同比增长15.92%。

1. 军品科研生产任务全面完成。2008年，全省军工完成军品同比下降18.08%。承担高新技术武器装备研制生产任务的单位和项目，均高质量按节点顺利进行，全行业未发生重大质量问题。大力推进科技进步，企业自主创新力不断增强。全年有4项武器装备科研新成果获国家科学技术奖国防专项奖，22项荣获年度国防科学技术奖。贯彻军民结合、寓军于民方针，全省民口单位积极参加军品科研生产，民口配套单位发展到31个，成为山西军工崛起的又一支充满活力和希望的生力军。全省军工完成了“神舟七号”配套研制任务，为国家航天事业作出了积极贡献。

2. 军工民品继续保持高速增长。2008年全省军工民品产值同比增长26.91%，其中，新民品产值完成22.87亿元，同比增长23.73%，民品产值所占全部产值比重提高到60%，比上年提高11个百分点；民品实现销售收入116.24亿元，同比增长32.48%，民品产销双双突破百亿，实现了历史性的跨越。全系统11个行业，除中信、部队企业、普天集团出现负增长外，其余8个行业民品产值实现增长，其中，兵器工业（38.02%）、船舶（33.22%）、航天（27.57%）、兵器装备、核工业企业等五个行业增速高于全系统水平，科研院所（17.8%）、航空（8.81%）、直属企业三行业低于全系统水平。除中信机电制造公司4个企业、解放军3606厂、侯马普天通信电缆有限公司等6个单位民品产值负增长外，其余单位均有不同程度的增长。其中，民品产值达20亿元的有晋西机器工业集团有限责任公司（20.25亿元），10亿元～20亿元的有山西北方风雷工业集团有限公司、中信机电制造公司等企业，5亿元～10亿元的有山西春雷铜材有限责任公司、山西平阳重工机械有限公司等，成为推进全行业经济发展的主要力量。

3. 主要行业继续保持稳步发展。2008年，全省军工主要行业继续保持了平稳发展态势，兵器工业、船舶、航天、兵器装备、部队企业、科研院所等六个行业的增加值都有不同程度的增长，科研院所（19.22%）、船舶（18.24%）、部队企业（13.4%）、航天（8.86%）、兵器工业（5.72%）等五个行业增速高于全系统平均水平。有23个单位增速高于平均水平，有力地促进了全省国防科技工业的发展。

4. 质量安全生产保持了平稳态势。坚持军工产品质量第一，强化计量考核认证，加强质量监督检查，广泛开展质量月活动，促进了企业质量管理规范化、法制化，全行业未发生重大质量问题。坚持以科学发展观为指导，坚持“安全第一、预防为主、综合治理”的方针，坚持以安全生产目标责任制为重点，建立和完善完全生产责任考核管理体系；为确保北京成功举办奥运会，根据省委、省政府的要求，针对军工和民爆高危行业的特点，以“防生产事故、防盗窃诈骗、防敌对势力破坏”为重点，狠抓安全生产目标责任制的落实，狠抓安全生产专项整治，对排查出的安全隐患实行“定人员、定标准、定时间”整治，排查不留死角，治理不留后患。分片包干督查，严格责任，严格制度，严格人防物防技防措施，加大安全生产投入，加强安全教育，严肃责任追究，全系统本质安全度有了显著提高。2008年，共发生重伤事故3起，重伤5人；发生死亡事故2起，死亡2人，高标准完成了省政府下达的安全生产责任目标。

5. 存在问题。①军工单位技术创新能力薄弱，产品更新换代速度缓慢，技术含量和产品附加值低，在军品订货数量明显减少的情况下，军民品研制能力不足的缺陷突显，军民品科研生产面临着很大挑战，企业经营压力越来越大，严重影响本省国防科技工业经济持续快速发展。②民品发展不均，规模不大，亮点不多，水平不高，增速趋缓。全系统各单位之间民品产值同比增长相差数倍甚至数十倍，一些骨干企业民品增长速度明显放缓，个别企业民品发展的局面尚未打开。相对军品下滑形势，民品增长的贡献率严重不足。③民品技术创新、管理创新基础薄弱，投入不足仍然严重制约民品发展。具有自主知识产权和核心竞争力的产品不多，还没有从根本上摆脱仿研为主的局面，技术、工艺改进缓慢，民品研发、生产、营销管理落后并留有较浓的军品管理痕迹，在培养民品发展复合型人才队伍方面办法不多、力度不大。“重军轻民”的惯性依然较大，军品科研生产任务相对饱满时，主要精力投入军品，忽视民品工作的倾向有增无减。发展民品项目缺乏发展军品项目的执着精神，在争取政策、资金上的主动性、持久性不够。不善于市场运作、不善于资本运作、不善于打破封闭搞联合，融资渠道单一和手段缺乏的状况没有根本性扭转，民品发展难以有大的作为。（赵登斌）

【大力度推动军工民品跨越发展】 全年完成民品产值106.43亿元，同比增长26.91%。民品生产和销售双双突破百亿大关，实现了历史性跨越。全系统生产的主要民品共124种，较2007年同期减少16种。石油钻具、矿用机械、铁路产品、汽车零部件、新型环保产品等主要民品收入47亿元，同比增长25.6%。在推进民品跨越发展“31522”工程中，大力推动重点项目的建设，通过项目带动企业，把做大做强民品项目作为山西军工开放战略的新突破。山西汾西重工有限责任公司的

1.5MW 双馈异步风力发电系列化研制、山西柴油机有限责任公司的396系列燃气发动机研制和太原航空仪表有限公司的民用压力传感器等三个项目被推荐为国防科工局2009年军转民技术开发专项。山西北方风雷工业集团有限公司的石油钻铤摩擦焊接加重钻杆、山西平阳重工机械有限责任公司的高端液压支架、中国电子科技集团二所的太阳能电池多晶硅片及成套设备、山西春雷铜材有限责任公司的射频电缆、铜包铝带和散热器带等民品的研制开发，为军工民品的发展注入了活力，成为全系统经济增长的新亮点。

（赵登斌）

【军工企业民品发展取得显著成效】 晋西机器工业集团有限公司2008年实现销售收入41.1亿元，连续四年经济总量保持在40亿元以上，实现利润1.7亿元，同比增长11%。民品销售收入首次突破20亿元，铁路车轴产销量突破10万根，铁路车辆产销量突破2000辆，轮对产品突破2万套，石油钻杆接头突破20万件，自营外贸出口交货值突破6000万美元，企业主导民品进入一个全新的发展时期；公司与内蒙二机的铁路产品收购重组工作已全面完成，股票二次增发进入操作实施阶段。企业正向建设国际一流铁路车辆及零部件生产基地的目标迈进。山西北方风雷工业集团有限公司实现销售收入14亿元，同比增长23%，实现利润1.4亿元，同比增长13%，员工人均收入3.45万元，石油机具产品主营业务经营规模跃上了10亿元的发展平台。公司的石油钻具通过联合重组和扩能改造，目前已成为国内最大的石油钻具制造企业，成功兼并秦皇岛石油钻铤日资企业后，生产规模跃居世界前列。2008年，山西汾西重工有限责任公司累计完成工业总产值7.02亿元，同比增长20.9%，完成销售收入7.23亿元，承接合同6.8亿元，现实利润总额2297万元。公司自主设计的850千瓦同步风力发电机完成了样机试制和小批量生产，1.5兆瓦双馈异步风力发电机完成总装进入实验阶段；兆瓦级风力发电机项目获得山西省发改委煤炭可持续发展基金支持；矿用隔爆型动态无功补偿装置项目，被列入2008年山西省科技创新计划。长治清华机械厂2008年实现民品产值10.3亿元，比上年增长27.57%；实现利润总额9028万元，比上年增长12.98%。山西平阳重工机械有限责任公司2008年完成工业总产值12.1亿元，同比增长20.87%，实现民品产值9.57亿元。

（赵登斌）

【全省民爆生产经营稳步增长】 2008年，全省民爆物品生产企业实现产值168738万元，同比增长6.6%，实现销售总值134076万元，同比增长1.7%。其中自用总值32264万元，同比增长21.5%。库存总值10309万元，同比升高42.1%。民爆物品经营企业实现购进总值125515万元，同比增长3%，实现销售总值146494万元，同比增长6%。库存总值3112万元，同比升高27.4%。工业炸药总产量294120吨，比去年同期下降0.4%。工业雷管生产22631万发，同比下降11.1%。继续保持全国领先，工业炸药销售291733吨（含自用），与2007年同期基本持平。工业雷管销售20630万发，同比下降22%。工业炸药购进总量144142吨，同比下降0.1%。工业雷管购进20357万发，同比下降16.4%。（赵登斌）

建材工业

【概述】 2008年由于受国际金融危机和国内经济形势变化的影响，全省工业经济受到较大影响，建材工业也受到一定的冲击。

全省建材行业（规模以上）实现工业总产值1641456万元；销售产值1568584万元；主营业务收入1515357万元；利润－11749万元；利税总额80366万元；亏损额47978万元。建材主要产品产量商品混凝土、砖、花岗石板材、石膏板、平板玻璃、钢化玻璃、夹层玻璃均比去年同期有不同程度的增长。水泥、卫生陶瓷等呈较大下降趋势。

1. 经济效益下降及成因。2008年全省建材工业产品销售率完成95.56%，比上年同期的95.98%下降0.42个百分点；建材产品出口交货值完成8.29亿元，同比下降14.58%。不少企业生产成本与市场售价出现成本倒挂，全行业规模以上企业亏损户达139户，同比增加29户，增长26.36%，亏损企业亏损面为35.19%。亏损企业亏损额为4.8亿元，同比增长32.39%，全行业盈亏相抵后实现利润总额为－1.17亿元，而上年为赢利0.79亿元，降幅达249%。利税总额完成也比上年下降了10.2%，呈行业性亏损的局面。造成经济效益出现下滑的主要是水泥制造业和玻璃制造业。水泥制造业全行业亏损企业面达到39.7%，企业亏损总额达3.19亿元，占全省建材行业亏损总额的66.5%，利税下降幅度达35.1%。主要原因：一是原燃材料价格上涨；二是受奥运及非煤矿山的停产整顿限制，企业开工不足，产量下降。平板玻璃制造业，虽产量增幅较大，但严重供大于求，再加上原燃材料价格上涨，产品售价大幅下降，导致企业亏损0.31亿元，利税降幅达267.75%。其他呈行业性亏损的还有建筑陶瓷制品制造业、石灰和石膏制造业、技术玻璃制品制造业、玻璃纤维及制品制造业、石墨及其他非金属矿物制品制造业、建筑用石加工等行业。利税出现大幅下降的行业还有非金属矿采选业、卫生陶瓷制品制造业、石棉制品制造业等。

2. 推进结构调整，实现可持续发展。认真组织贯彻实施国家及本省围绕水泥、平板玻璃、墙体材料等产业结构调整和优化升级出台的一系列宏观调控政策措施，加大政策引导和监管工作力度。

水泥工业大力发展新型干法水泥，联合重组，扶优扶强，提高水泥生产集中度。积极开展招商引资，当年新建和技改新增投产新型干法水泥生产线3条，新增水泥产能290万吨，使新型干法水泥总产能达到1900万吨，新型干法水泥产量占规模以上企业总产量的比重由上年的48.4%上升到51.4%。

玻璃工业发展重点是扩大规模并提高其附加值。本省在黎城县拟投资7亿元建设4条日熔化600吨浮法玻璃生产线，目前在建2条线。

墙材工业发展重点是新型墙材。省政府下达扶持墙材企业发展资金600万元。全年新型墙材项目完成投资7亿元，新增产能10亿块。新型墙材生产企业达到392家，总产能达到95亿块，占墙材总量的38%。

建筑陶瓷工业发展重点是大规模高档次。全年完成投资近1亿元，新增陶瓷生产能力850万平方米，全省建筑陶瓷生产能力达到6900万平方米。而产能排名前10位的建筑陶瓷企业总产能就达到5500万平方米，生产集中度达到80%。

铸石与耐火材料工业发展重点是采用新工艺、新能源加快技术改造，加快重组，上规模上档次。以阳泉市为核心的耐

2008 年山西省建材工业主要产品产量表

产品名称	计量单位	本年实际
水泥	万吨	2074.98
水泥排水管	千米	17.84
水泥压力管	千米	0
水泥电杆	万根	0.35
商品混凝土	万立方米	285.88
砖（折标准砖）	万块	123670.15
瓦	万片	0
花岗石板材	万平方米	336.43
石膏板	万平方米	1215
平板玻璃	万重量箱	1324.02
钢化玻璃	万平方米	55.98
夹层玻璃	万平方米	39.58
瓷质砖	万平方米	1945.47
卫生陶瓷	万件	8
日用陶瓷	万件	45881
耐火材料制品	万吨	94.32
石墨及碳素制品	万吨	52.07
玻璃纤维纱	吨	0.08

火材料生产基地成为四大生产基地之一，年产量达到 120 万立方米，占全省总产能的 75%。以大同为龙头的新型铸石生产，产量达 3.5 万吨，占全国总产量一半以上。

3. 加大落后工艺产能淘汰力度，积极推进节能降耗。根据《山西省水泥行业淘汰落后实施方案》和国家及本省对“十一五”期间淘汰落后工作的总体规划，严格执行政策规定，认真落实目标任务，严格考核奖惩，限期淘汰。同时发挥部门联动机制，密切配合，落实差别电价及停电、停水、停汽、停运、停贷等行政措施，协调落实淘汰落后补偿资金及时到位，综合运用经济、法律、行政等多种手段，积极推进淘汰落后工作。全年共淘汰落后水泥工艺设备 70 台套，淘汰落后水泥产能 400 万吨。按照省政府《关于清理规范实心粘土砖生产企业的实施意见》，根据国家和本省有关政策制定了《山西省墙体材料革新工作考核办法》，加大考核力度，积极推动“禁实”工作的稳步发展，确保按期完成国家第二批“禁实”任务目标。全省实心黏土砖厂由原来的 4300 余家下降到 2300 家，黏土实心砖产量比上年下降了 8%。

推进节能降耗，提高资源的综合利用，重点抓了宣传推广节能新技术、新设备的运用和省政府奖励政策的落实工作，同时还不断强化节能评价考核体系的建设，建立固定资产投资项目节能评估和审查制度。全省建材行业规模以上企业万元工业增加值综合能耗 7.4 吨标准煤/万元，比上年下降 5.2%，消纳利用固体废弃物 1250 吨。 （王 洋）

【加强行业管理，提高产品质量】 认真组织实施国家新标准。对《通用硅酸盐水泥》、《水泥单位产品能源消耗限额》、《硅酸盐水泥熟料》、《用于水泥和混凝土中的粒化高炉矿渣粉》等国家新标准进行了贯彻落实。组织对新建的 15 户水泥企业化验室进行了现场评审考核，对符合条件的化验室颁发了《水泥企业化验室合格证》。对 266 户水泥企业化验室进行了年度监督检查，241 户企业年度检查合格，19 户企业基本合格，6 户企业不合格。对已经关闭、长期停产和列入全省 2008 年淘汰落后水泥企业名单的 19 户企业注销其化验室合格证和检验报告专用章。并不断强化对化验室的规范化管理。全省水泥企业化验室检验人员持证上岗率达到 95%，化验室主任持证率也达 85%。另外，对全省 129 户水泥企业开展定期监督抽查，抽查批次合格率 96.9%；对陶瓷砖产品市场抽查，采取突击抽查的方式，对 20 个批次的陶瓷砖产品抽查批次合格率 100%；对 40 户新型墙材企业的 40 个产品进行了质量抽查，抽查合格率 95%。

（王 洋）

【存在的问题】 1. 行业整体实力仍不够强。①建材企业规模普遍偏小，技术装备水平不高，大企业、大集团数量较少，主导产品新型干法水泥、新型墙材比重仍低于全国平均水平；②产品结构不合理。一方面是传统建材产品在整个建材业中所占比重过大，新型建材产品、科技含量高、附加值高、非金属深加工及新材料产品较少。另一方面是低档次产品占较大比重，中高档产品发展速度滞缓。2. 贯彻国家产业政策力度不够大。全省目前仍有近百家水泥企业在无生产许可证的情况下生产、销售水泥，对这种严重违背国家政策的非法行为，查处力度不够。3. 节能减排形势依然严峻。山西水泥工业落后工艺产能仍占较大比重，水泥、平板玻璃、建筑陶瓷等行业单位产品能耗指标明显高于全国平均水平，因而节能降耗任务艰巨。4. 原燃材料价格高，供应紧张，使企业经营困难。石灰石、矿渣等主要原材料供应困难，煤电原燃材料价格不断上涨，引发生产、运输、人力成本上升，造成本省建材企业普遍资金短缺，企业亏损严重。

（王　洋）

城镇集体工业

【概述】 2008年是山西省城镇集体工业联合社落实山西省政府“十一五”规划的第三年。省城联社在抓好自身建设，创收增收的同时，深入直属单位和基层城联社，认真调研并帮助解决影响企业改革发展的困难和问题，积极推进各市、县（市、区）城联社及城镇集体企业改革向纵深发展，努力实现集体资产和效益稳步增长，各项工作取得了较好成绩。2008年全系统提前两年完成“十一五”规划的主要经济指标，并连续6年创历史新高。

1．截至2008年底，全省城镇集体工业联合社系统成员企业有1021户，职工人数139895人。工业总产值完成104.86亿元，比上年同期增长33.29%；销售产值完成101.72亿元，比上年同期增长37.45%；工业增加值45.49亿元，比上年同期增长51.85%。利税完成32.55亿元，比上年同期增长117.94%；其中利润19.73亿元，比上年同期增长208.2%；集体资产总额157.44亿元，比上年同期增长13.33%；负债总额98.73亿元，比上年同期增长1.22%；出口交货值3.08亿元，比上年同期增长－43.70%。全系统规模以上企业有137户；职工人数52633人，同比减少10.64%。完成工业总产值96.68亿元，同比增长32.74%；完成销售产值95.55亿元，同比增长38.68%；工业增加值43.46亿元，同比增长52.96%；出口交货值3.02亿元，同比增长－44.4%；利税完成32.92亿元，同比增长132.98%，其中利润20.46亿元，同比增长221.45%；资产总额124.41亿元，同比增长14.49%；负债总额67.72亿元，同比增长－2.59%。

2．省城联社和省工艺美术协会的地位和作用明显增强。2008年3月11日省财政厅、省城联社、省工艺美术协会联合发文《关于申报2008年山西省传统工艺美术保护发展项目的通知》，首次在全省范围内进行传统工艺美术保护项目的评审。截至9月底，总计申报139个项目，申请补助资金2.45亿元，项目内容涵盖工艺美术11大品类中10大品类。最终确定重点扶持项目39个，其中：省直项目4个，大师项目11个。4个省直项目“省工艺美术馆建设”、“山西省工艺美术行业普查”、“展会”及“以奖代补”项目已全部完成，做到了当年立项、当年投资、当年见效。

2008年10月，由省财政厅、省城联社、省工艺美术协会联合制定了《山西省传统工艺美术保护发展资金管理办法》。这一政策出台后，产生强烈反响，大大激发了工艺美术企业和美术工作者的创作热情，调动了整个行业的积极性，在美术业内掀起了创业、创意、创造的高潮。为贯彻国家《传统工艺美术保护条例》，促进山西省传统工艺美术技艺和人才的保护，推动传统工艺美术事业的繁荣和发展，科学、规范、有效地使用山西省传统工艺美术保护发展资金奠定了良好的基础。

2008年5月，由省委常委、宣传部部长高建民任团长，省城联社、省工艺美术协会做为副团长单位，参与组织并参加了由中宣部、广东省政府、深圳市政府主办的“第四届中国（深圳）国际文化产业交易博览会”。9月22～25日，由胡苏平副省长任团长、省城联社为副团长单位之一，参加了第五届中国国际中小企业博览会暨中韩中小企业博览会。11月3～20日在杭州召开的“2008世界手工艺大会”、“第九届中国工艺美术大师作品暨国际艺术精品博览会”，本省由省工艺美术协会名誉理事长纪馨芳带队组团，有10人参加了手工艺大会，71家工艺美术企业近150人参加博览会。此次博览会是山西省工美代表团有史以来参展企业最多、规模最大、获奖最多的一次盛会。12月18～21日，由张平副省长为团长，省城联社、省工艺美术协会为副团长单位之一，在省文化厅的领导下参与组织并参加了由文化部和北京市政府主办的中国北京（国际）第三届文化创意产业博览会，山西工艺美术给观众留下了深刻的印象。全国人大、全国政协、国家文化部等部委的领导到馆参观。

3．省城联社直属单位改革取得了明显进展。①2008年山西省广告装潢公司改革取得成效，离退休职工、内退职工、在职职工均得到妥善安置。②太行锯条厂按照省政府明确的在破产重组过程中享受省属国有企业相关优惠政策的精神，改革工作取得了突破性进展，破产预案已报省属国有企业改革领导组办公室，并成立了由省城联社控股的山西太行海鸥锯业有限公司，为破产重组奠定了基础。③原山西省五金家电日用机械公司、山西省二轻劳动服务公司等职工的社保等遗留问题经过艰苦努力，得到妥善解决。④山西省皮革工业公司、山西省皮革试验工厂按照省属国有企业改革领导组办公室批复的破产要求，各项准备工作基本完成就绪。⑤山西宏艺首饰股份公司从2005年股权结构调整后，连续4年实现每年销售收入增长1个亿的良好业绩，由原来的销售收入徘徊在4000万元左右，2008年销售收入突破4个亿，联社分红年均27%。⑥山西省二轻外贸公司改制以来，一改原来销售额在180万元徘徊的局面，连续两年突破5000万元，比改制前翻了27倍。⑦临汾会校2008年各类在校生突破2000人，年收入达到522万元。⑧山西省职工工艺美术学院、山西省工业产品造型技工学校通过联合办学，2008年成人大专和技工学校在校生达2000人，年收入近百万元。⑨省城联物流公司与青岛啤酒、招商局物流集团北京有限公司合作，发挥仓储辐射和铁路专用线的作用，年发运车皮720节，发运仓储量6.5万吨，年收入48万元。⑩省城联社直属事业单位清理整顿工作已启动，改革方案已报省编办。

4．存在的困难和问题：一是国家和省关于城镇集体经济改革和发展的具体法规、政策、意见尚未明确或修定，集体（合作）经济理论体系还未建立、完善；二是各级城联社在新一轮政治体制、经济体制改革的过程中，既面临着机遇，更面临着挑战；三是城镇集体企业职工的基本权益保障体系还未能有效建立健全；四是城镇集体资产的产权界定、资产评估、清产核资工作的监管、认定、审批、备案等制度还未有效建立；五是直属企事业单位的改革、改制、重组、关闭的步伐亟需加快，力度亟待加大。

（冯晓东）

【山西省工艺美术协会工作取得历史性突破】 为加大全省工艺美术产业化、规模化发展的平台建设，2008年一年搭建了三个平台。一是省级平台：建立完成了山西省工艺美术馆，为全省工艺美术企业和艺人搭建起集中收藏、展示、交易、服务的平台。二是国内交流交易的平台。争取财政支持，参加了杭州第九届中国工艺美术大师作品暨国际艺术精品博览会，争取到24个摊位，本省代表团共有127件作

山西省电力公司运城供电分公司

运城供电分公司成立于1970年，隶属山西省电力公司，为国有特大型企业，担负着全市电网建设和123万客户的供电任务。所辖35千伏及以上变电站156座/9000万千伏安，输电线路258条/3431公里，基本形成了以500千伏、220千伏双环网为主干，以110千伏、35千伏为辐射状的坚强电网。2008年全市最大负荷达到295万千瓦，全社会用电量完成239.8亿千瓦时，企业售电量完成173.12亿千瓦时，均居山西省首位。全年上缴国家税收3.92亿元，在全市行业中继续保持前列。

运城供电分公司十二届三次职代会暨2009年工作会议

电网建设。坚持把发展电网作为第一要务。全年投产110千伏及以上变电容量213万千伏安，输电线路71.5公里。运城第二座500千伏变电站，稷山输变电工程开工建设，计划2009年底投产，将形成山西电力北电南送第二主通道，大幅提高运城电网供电能力。积极克服施工时间紧、电力供应紧张等困难，顺利完成了特高压配套工程500千伏运城站两台主变改造任务。220千伏万荣、110千伏空港、吴村输变电工程顺利投运。9项主变增容、15座老旧变电站改造工程按期完成。农网完成35千伏增容改造工程12项、综自改造工程18项，新建10千伏线路45条，负荷承载能力有效提高。中心城市新增开闭所2个，新建改造10千伏线路9条、台区25个。按照适度超前的原则，编制运城电网和盐湖、河津城网“十二五”建设规划，立项工程16项，促进各级电网协调发展，全力打造坚强运城电网。

运城供电分公司2009年“聚合力、抓落实、保增长、促发展”系列活动现场

安全生产。坚持“安全第一、预防为主、综合治理”的方针，严格落实安全生产责任制，建立了安全履职考评机制，制定了生命通道工程建设方案，安全性评价受到省电力公司好评。深入开展反违章管理年、百日安全督查、隐患排查治理活动，查处违章100起，治理隐患1058项。开展联合反事故演习，应急处置能力进一步提升。组织1994名人员投入奥运保电的蹲守、巡视、抢修等工作，夺取了历时最长、规模最大、范围最广的奥运保电全面胜利。加大技术改造力度，设备健康水平明显提高。强化带电作业技能训练，获得省电力公司竞赛集体项目第一名。深入开展高危客户供电隐患排查治理，保证了安全可靠供电。成立电力警务室，与市公安局密切配合，治安线保工作得到有力保障。全面强化基建、多经、信息、交通和消防安全，整体安全生产态势保持平稳，安全长周期实现2576天，被省电力公司授予2008年度安全生产优胜单位。

内部管理。以提高营销队伍素质、营销管理水平、营销技术装备为目标，深入开展营销管理年活动。举办营销培训10期、知识调考4次，培训人员2200余人次；规范营销标准10种，优化流程10类，统一台账10种，规范客户用电1572户、供用电合同3万份。新建6个营业网点，创新5种收费方式。安装付费售电装置403套、营业视频监控装置137个、IC卡表16000块。电能量采集终端安装率100%、上线率91.54%。改造20%以上高损线路2条、台区23个。以提高规范化管理水平为目标，深入开展同业对标。两次与江苏常州供电公司开展全方位同业对标，汲取经验，找准差距，整改提升，各专业均衡发展，4专业位居标杆，综合排名全省第二。加强输变电设备综合治理，7座变电站、19条线路被命名为省公司红旗站线。

整合共享，发挥科技人才作用。坚持科技兴企，全年实施科技项目18项，应用新技术35项，提高了设备的科技含量。SVC静止无功补偿、输电线路危险点远程图像监控系统等新技术应用效果良好；完成内外网分离工程，进一步提高了信息安全水平。坚持人才强企，加强领导班子建设，加大教育培训力度，培训干部89名、职工11070人次、农电工1179人次；覆盖公司系统的远程在线培训网络投入运行，办公礼仪、工程硕士学习班效果良好；深化细化绩效考核，激励引导作用进一步发挥；优化人力资源配置，101名新进人员充实到生产一线；实施专业技术技能资格考核聘任，新增中级以上任职资格人员44名，人才数量密度同比提高2.35%。

山西宏盛能源开发投资集团有限公司

山西宏盛能源开发投资集团有限公司是2005年创立和发展的一家涉及煤炭开采、原煤洗选、物流、房地产业等诸多领域的综合性民营企业集团。

集团公司所属煤矿和洗煤厂位于柳林县境内的屈家沟东煤炭专用线附近。公司拥有河东煤田离柳矿区二叠系下统山西组和石碳系上统太原组的近15平方公里的煤田。公司所属煤矿年生产能力为270万吨，主要生产4#——9#主焦煤，主焦煤指标为0.98%的水分，13% 的全灰分，25.1%的挥发分，0.45%的含硫量，粘结指数 90.3%。各矿使用机械化综采设备生产，通过实施“煤炭生产规模化、技术装备现代化、队伍专业化和管理手段信息化”四化工程，不断提升煤矿管理水平。公司拥用设计能力 240 万吨的坑口洗煤厂，采用重介工艺精煤生产线，主要生产一、二级洗精煤，洗精煤含量指标为 0.49% 的水分，5.8%的全灰分，23.7%的挥发分，0.42%的含硫量，粘结指数90.3%，产品主要销往等省内外大型钢铁公司客户。

公司秉承“想干事就有机会、能干事就有舞台、干成事就有地位的”用人理念，广泛招贤纳士。公司现有员工已达1500多人，企管高层均由本科以上学历、综合素质高的精英担任，主要技术负责人都由从事技术岗位五年以上的、拥有丰富管理和专业技术经验的人员担任。公司把企业的发展和提高员工福利待遇放到同等重要的位置，实行免费食宿，改造和扩大矿工的生活福利设施，绿化、美化矿区，使公司的每位员工感受到了企业的温暖。在2008年四川汶川大地震的抗震救灾活动中，公司上下积极响应政府号召，先后向灾区捐款达 200 万元，体现出企业应具备的社会责任感。

在矿区的开发建设过程中，公司确立了环境建设战略，站在人与自然协调发展的高度，“系统思考，科学发展”，积极推进绿色转变，以“产环保煤炭，建绿色矿区”的环保理念和“节约就是创造”的节约理念，不断改善原生环境，减少开采造成再污染，根本改善了作业环境。集团公司先后投资3000余万元用于修建学校等社会福利性事业，投资600余万元解决农村居民生活用水问题；投资700余万元对矿区的荒山和经过矿区的高速公路进行绿化建设。

集团公司的快速发展，得益于国家煤炭产业结构调整和煤炭资源整合的有利政策，得益于集成和借鉴国内外同行业的先进经验，也得益于着力打造先进的特色企业文化和董事长的真知灼见和审时度势。

公司继续秉持安全生产、绿色创新的科学理念，坚持规范、科学、现代的管理，发扬“做好企业靠大家，企业做好为大家”的企业文化，致力于煤炭—化工—电力产业循环经济产业链条的形成，致力于体制、机制和发展模式的不断创新，不断地提升企业的核心竞争力，着力打造安全型、环保型、效益型、科技型、可持续发展的现代产业集团。

公司多年来，被省、市、县政府授予“优秀民营企业”、“先进企业”、“模范企业”、“纳税大户”等荣誉。公司董事长经过多年的艰苦努力并取得了社会的认同，在2008年被山西省煤炭协会聘为常务理事，被山西省企业家协会聘为常务理事，同年荣获“山西优秀企业家”称号，并当选吕梁市人大代表。

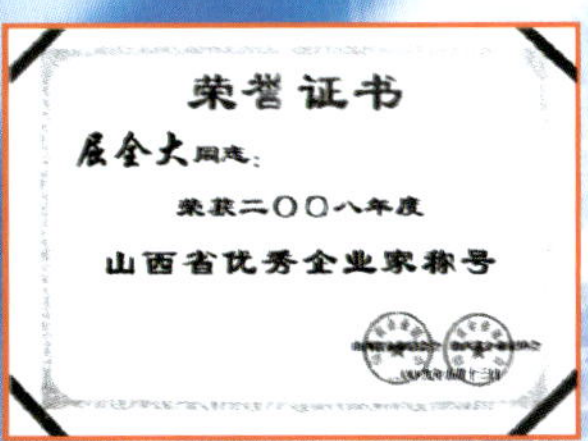
荣誉证书

展全大同志：

荣获二〇〇八年度

山西省优秀企业家称号

阳泉煤业集团天安能源投资有限责任公司

——记董事长李彦璧先进事迹

李彦璧，男，汉族，57岁，中共党员，研究生学历、工商管理硕士，高级政工师，2000年被山西省委授予“优秀党务工作者”，2007年、2008年连续两年被省企业家协会授予“山西省优秀企业家”称号。历任阳泉矿务局党委办公室主任、四矿党委书记、开元矿业公司董事长，现任阳煤集团党委副书记、纪委书记、阳泉煤业集团天安能源投资有限责任公司董事长。

李彦璧参加工作几十年，勤奋学习，刻苦钻研，无论是从事党务工作，还是从事企业管理工作，他都以务实的作风、扎实的精神不断研究和解决企业在发展中遇到的一些新问题，工作中取得了显著的成绩。

董事长:李彦璧

1999年，时任四矿党委书记的李彦璧面对四矿煤炭资源枯竭，企业面临破产关井、职工失业的境地，他解放思想、敢为人先，果断提出“二次创业”的思路并在全矿广泛开展了二次创业大讨论，领导广大职工解放思想、主动出击，寻找新的生存和发展的空间。与此同时他带领采掘队伍远赴柳林沙曲矿实行技术和劳务输出，为阳煤人走出阳泉开了先河，此举取得成功后，他又带领四矿的领导班子组织研究兼并寿阳黄丹沟煤矿的工作，并于2000年3月18日，组建了阳煤集团开元矿业有限责任公司。成功兼并寿阳黄丹沟煤矿，为阳煤集团兼并地方煤矿，异地办企业走出了一条新的路子，积累了很好的经验。该矿通过三年的技术改造，把一个当初濒临倒闭的地方小矿建设成为年产300余万吨的现代化矿井。

2006年，开元公司被阳煤集团命名为联营兼并的示范矿井，被中煤政研会授予“全国文明煤矿”称号。开元的收购、发展、壮大，彰显了李彦璧作为一个优秀企业家的胆识和气魄。

2007年，阳煤集团根据省委省政府煤炭资源整合、煤矿兼并重组的战略部署，展开了大规模的联营兼并工作。李彦璧出任新组建的阳煤天安能源投资有限责任公司董事长。天安公司作为阳煤集团的全资子公司，主要任务是负责对外联营兼并地方煤炭企业、整合煤炭资源、进行能源投资开发，受托提供煤炭企业管理等业务。李彦璧作为董事长带领天安投资公司全体员工每天奔波于临汾、太原、吕梁、忻州、朔州、晋中等地，对煤矿进行调研洽谈，重组了山西世德孙家沟煤矿、平朔泰安煤矿、清徐县南岭、桑树洼煤矿、和顺新大地煤业公司、右玉元堡煤矿，以及临汾、阳泉等70余座煤矿整合为30余座大矿。通过整合煤矿，为企业新增煤炭储量25亿吨，新增产能3000万吨，为阳煤构建千万吨集团奠定了坚实的基础。

李彦璧在阳煤集团工作36年以来，始终以一个共产党员的标准严格要求自己，勤业敬业，忘我工作，积极筹谋。多年的工作实践证明，他既是一名忠诚的企业党务工作者，又是一名优秀的企业家。

阳煤集团三矿

——记矿长余北建

阳煤集团三矿，位于山西省阳泉市以西七公里处，西邻太（原）旧（关）高速公路西出入口，石（家庄）太（原）铁路和307国道横穿矿区，有着极为便利的交通条件。

矿长：余北建

阳煤三矿始建于1950年5月，是一个国有大型煤矿，现有两对生产井口，拥有员工及家属5万余人，其中原煤生产人员5615人。矿井井田面积39.94平方公里，地质储量2.0056亿吨，可采储量1.2亿吨。矿井采用综合开拓方式开采，主要开采3#、15#煤层，生产含碳量较高的优质无烟煤，主要有12级洗中块、小块、15-18级选末煤等产品，其中15、16级末煤连续二十多年被评为省优产品，并远销日本、韩国、巴西等国家。建矿60年来，一代又一代英雄的三矿人，发扬特别能战斗的优良传统和“从严、务实、进取、奉献、求知、创新、严谨、忠诚”的阳煤企业精神，累计生产煤炭1.93亿吨，为国家建设和经济发展做出了积极的贡献。

余北建自1988年8月参加工作以来，先后担任采煤队技术员、采煤队队长、工区区长、主任工程师、主任、安监处长、副矿长、筹建处处长、矿长等职务。2006年11月至2009年4月担任阳煤集团三矿矿长，兼任山西省昔阳县坪上煤业有限责任公司董事长，2009年5月任阳煤集团副总经理、安监局局长。

多年来，他认真贯彻执行党和国家的安全生产方针，坚持以科学发展观推动企业可持续发展，积极实施科技兴矿和人才兴矿战略，致力于深化企业内部改革，积极推行现代企业管理制度，在体制创新、技术创新、管理创新方面取得了显著成效。他注重调动广大干部职工的主观积极性，以特有的领导才能，激发出了方方面面的积极因素，培养和造就了一大批优秀管理人才和技术人才，使煤炭资源枯竭的老企业步入了又好又快可持续发展的轨道，并取得了显著的经营业绩。

一是坚持以人才引领企业发展、以制度规范企业管理的思路，努力建设本质安全型矿井。他坚持深入基层、深入生产一线调查研究，并与管理层干部共同研究完善了职工个人安全技能账户、安全生产责任追究、安全效能监察等一系列安全生产管理制度。他坚持狠抓全员安全培训教育，实行了定单培训、委托培训、考教分离等培训制度，职工的安全技能和防范能力有了明显提升。大力推行“手指口述”工作，使职工操作领域的违章事故率大幅下降，2008年全矿杜绝了重伤及以上事故，实现了建矿59年来第一个真正意义上的安全生产年。目前，全矿呈现出了平稳发展、和谐发展、健康发展的良好态势。

二是坚持以科学发展观为指导，以可持续发展为目标，确立了全矿的人才培养战略目标。在余北建的倡导和精心组织下，各级管理干部坚持以“按需施教”为方针，创建“学习型”组织活动在全矿蔚然成风。2006年以来，在三矿涌现出了全国“五一劳动奖章”、

“全国技术能手”获得者综采一队青年职工蔡廷军，全煤工业劳动模范获得者通风工区职工王三泉，“全煤行业技术能手”获得者掘开工区职工李建民，全煤行业矿灯工技术比武冠、亚军机电工区职工张会芳、王红芬，有108名职工获集团公司技术能手称号，56名职工夺得技术大赛单项桂冠，并连续获矿团体第一的好成绩。技术革新活动方兴未艾，工程技术人员撰写论文105篇，完成科技项目186项，创造经济价值约1.163亿元。在他和矿党委书记及矿党政一班人的密切配合下，涌现出了大批优秀的管理人才和技术人才，有效地推动了矿井高产高效建设，2006年综采五队原煤产量首次突破400万吨，刷新了集团公司综采新纪录。

三是积极进行资源扩张，坚持依靠科技进步，开展技改挖潜，矿井生产能力明显提升。余北建按照集团公司“西扩南进”战略要求，于2007年3月兼并了昔阳县坪上煤矿，截至目前，坪上公司已完成技改投资1.683亿元，首采工作面在今年元月份正式生产，预计达到年产90万吨设计能力。2009年5月份成功兼并了右玉县元堡煤矿，同年11月，整合接管了平定县泰昌等4个矿堡11个小煤矿，现在各项工作及技改工程进展顺利。煤炭资源的迅速扩张，生产规模的进一步扩大，必将成为三矿经济增长的又一个新亮点。他认真组织全矿工程技术人员，通过合理采区衔接部署，积极实施通风系统、运输系统、机电系统、洗选加工系统等环节技术改造，矿井集约化生产程度显著提高，矿井资源得到有效利用，生产能力得到进一步提升，2007年实产原煤627万吨，2008年实产商品煤501万吨，2009年实产商品煤512万吨，职工人均工资由2006年的35066元提高到2009年的53738元，年增幅达17.8%，各项经营指标均创建矿以来最好水平，全矿干部职工在企业发展的同时得到了更多更大的实惠。

四是坚持以人为本，大力关注民生，努力建设和谐矿山。他坚持以企业文化建设为引领，促使全矿员工的行为更加文明规范。坚持扎实推进信息化建设，使全矿的管理更加科学化、程序化、规范化、高效化。大力改善职工的生产和生活条件，创造性地实施了职工澡堂改造、工作服公管，职工穿上了干净整洁的工作服，洗上了淋浴、药浴、桑拿浴，班中餐由“温饱型”向“营养型”转变。职工生活后勤服务工作质量的提高，矿山文化品位的提升，使全矿的后勤福利事业得到了进一步发展，矿容矿貌明显改观，一个有着近60年建矿史的老矿又焕发出了可持续发展的强劲势头。

矿长余北建深入基层调研

矿长余北建深入生产一线调研

矿区新貌

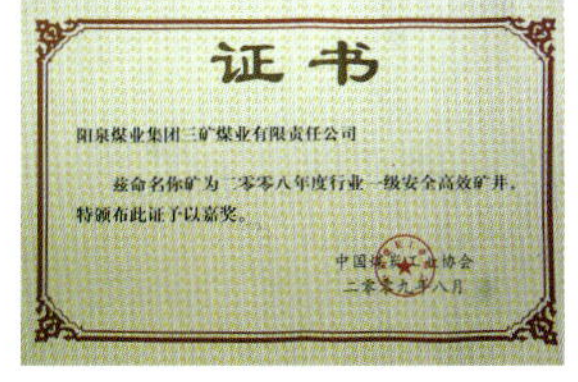

证书

阳泉煤业集团三矿煤业有限责任公司

兹命名你矿为二零零八年度行业一级安全高效矿井，特颁布此证予以嘉奖。

中国煤炭工业协会
二零零九年八月

山西省二OO五年度金牛奖

先进集体一等奖

山西省科学技术协会
二OO六年四月

情系煤海谱华章

——记襄垣县七一煤矿党委书记、矿长陈雪山

坐落于太行山西麓，凝聚着深厚历史沉淀的千年古县——襄垣县，一座始建于上世纪七十年代的小型国有煤矿，地处丘陵环抱的善福乡七里脚村，因竣工投产之时恰逢党的生日，故命名为“七一煤矿”。该矿现有职工1050人，建筑面积1.7万平方米，固定资产总额达到11.6亿元。2006～2009年累计向地方政府上缴税金7.86亿元，实现利润9.62亿元，特别是2009年，上缴税金首次突破2亿元大关，成为推动县域经济发展的排头兵。企业先后被县委、县政府授予优秀企业、红旗单位、纳税明星、城建靓县功勋单位。被长治市政府评为技术改造先进企业、明星企业、质量标准化建设先进单位、长治市优秀企业、推进工业新型化60强企业。被省委、省政府评为山西省模范单位、模范劳动关系和谐企业，2009年被评为山西省科技创新优秀单位，2009年8月，被中国煤炭工业协会命名为煤炭工业安全高效矿井。

矿领导班子齐心协力谋发展

艰苦创业，在坎坷逆境中崛起

1996年，在企业面临生死存亡的关键时期，临危受命的陈雪山，看到的是一个年产10万吨左右，地质状况复杂，瓦斯含量极高，采掘比例失调，生产持续紧张，经营举步维艰，遗留问题成堆，职工情绪低落的烂摊子。

面对矿井现状，多方征求意见，深入基层调研，聘请专家会诊，仔细查找症结，及时开出了起死回生，综合治理的第一条“处方”，靠思路找出路，靠技改求生存，靠管理增效益，靠标准化保安全，靠调产添后劲”的“五靠”方略全面实施。

办公大楼

从2000年开始，先后投入资金上亿元，实施了三次大规模的技术改造，使该矿生产原煤从1997年的15万吨，逐步提升到30万吨、60万吨、90万吨，2005年全面完成技改任务，具备了年产150万吨的生产能力和条件，采煤方式升级为综采放顶煤，采掘机械化程度达到100%，回采率达到73%，符合了一矿、一井、一面的基本要求，被山西省评为一级质量标准化矿井。

2009年在饱受金融危机的冲击下，主要经济指标仍然做到了产销平衡、稳中有升，全年生产原煤145万吨，完成销售收入74433万元，实现利润22129万元，上缴税金20106万元。

矿领导深入井下检查安全工作

单位荣获市“先进基层党组织”

监控中心

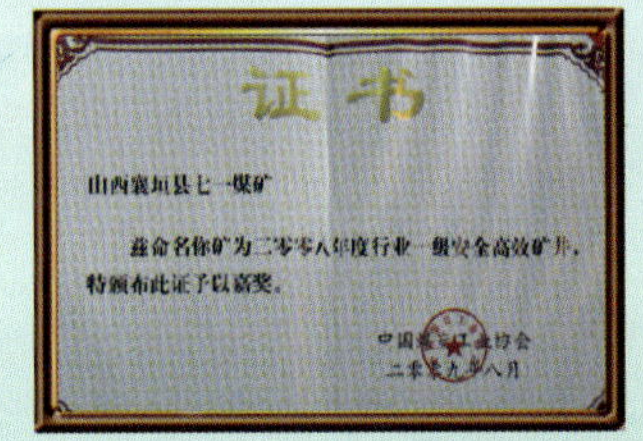

精细管理，在经营机制上创新

陈雪山深谋远虑、勤于学习，善于用科学发展观指导实践，他把广阔的视野、超前的思维，先进的理念，优良的传统，有机地融入了企业的经营管理。“七一是我家，经营靠大家，人人当家理财，事事精细管理”道出了七一人的经营理念。

安全是煤矿企业永恒的主题，最大的效益、最大的政治，这是他一生以煤为伴的深刻体会。“以人为本、安全为天、预防为全、综合治理”的安全理念植根于每个矿工的心田，以安全培训为基础，以岗位目标责任制为抓手，以隐患排查为重点，以安全投入为保障，以规章制度为核心，着眼于构建安全生产的长效机制，重点加强了法律责任、装备保障能力、全员培训、安全监管四大机制建设。井下技术装备投入，年均高达5000万元以上，职工培训率、合格率、持证上岗率达到100%，出台完善了技术、通风、运输、机电、采掘等各项管理制度、质量标准、操作规程365项，实行了“红线”管理，基本形成了逐级负责、逐级落实、逐级监管、逐级交账的安全生产管理机制，近年来，一般性工伤起数年均降低10%，故障影响作业时间年均降低12 %，连续三年实现了安全生产零事故。

构建和谐，在关爱职工上体现

关注民生、厚爱员工，“职工是企业的主人，员工是企业的财富”，这是陈雪山常挂在心上的一句话，也是他建设和谐“七一”、文明“七一”、绿色“七一”的初衷。在县城投资3200万元，建设了面积达 36000 平方米的牡丹园职工住宅小区，解决了 282 户职工的住房困难，按时足额上交职工“五项保险”，建起了矿荣誉室、职工书屋，渴求知识、学习科技、丰富自我、提升素质在该矿蔚然成风。每逢重大节日，知识竞赛、文艺晚会、歌咏比赛、论坛演讲等丰富多彩的活动，职工们广泛参与、登台亮相，充分展示了“七一”儿女勇于争先、奋发向上的精神风貌。

建设生态矿山，园林矿区是陈雪山实施低碳发展的崭新理念。在环保治理上，投资27万元编制了“生态环境保护与治理方案”，投资360万元，新建了两个污水处理站、一个纯净水厂，达到了污水零排放、粉尘零污染、循环利用率达到100%。工人们高兴地喝上了“七一”制造的纯净水。在生态绿化上，重点实施了矿内园林绿化、后山生态景观绿化、环矿周边道路绿化三大工程，新栽片林7处，精品绿化景观 8 处，栽植各类风景花卉、树木25800株，增加绿地面积 163 亩，初步呈现出树木葱葱、花草飘香、错落有序、构思独特的绿色生态景观。

山西三元煤业股份有限公司

山西三元煤业股份有限公司位于山西省长治市郊区堠北庄镇堠西庄村南，组建于1984年，1997年投产。2002年由山西煤炭运销集团有限公司控股，注册资本 2.1 亿元。下辖三元煤矿、三元福达煤业有限公司、三元王庄煤业有限公司、三元中能煤业有限公司、中盈煤矿管理有限公司，2009年托管长治市煤气化总公司，兼并重组长治市郊区、潞城市、襄垣县、长治县、壶关县所辖16座煤矿，形成了20矿 2 公司的经营格局。公司自投产以来，始终坚持“安全第一、预防为主、综合治理”的安全生产方针，树立“安全为天”的思想，紧紧围绕制定的发展目标，正确处理安全与生产、安全与效益、安全与发展的关系，努力建设制度规范、管理科学、技术先进的本质安全型矿井，安全生产状况保持了稳定态势，连续十二年百万吨死亡率为零。企业连续六年进入了全国煤炭工业企业百强，连续六年被评为全国安全高效矿井、特级安全高效矿井。当前，公司在“三化”战略和“三新”目标的指导下，正朝着23年内实现年产能2000万吨的目标迈进。

2009年11月26日，国家安监总局副局长、总工程师王树鹤一行莅临公司调研,图为在培训中心展览室参观

技术先进的安全指挥中心

现代化的综采工作面

职工住宅小区

总经理 孔祥惠

孔祥惠，男，汉族，中共党员，山东曲阜人，山东矿院大学学历、工学学士学位、教授级工程师。1989年6月从煤炭部十处调入山西三元煤业股份有限公司工作，历任副总工程师兼施工科科长、基建科科长、总工程师、副矿长、副总经理，现为山西三元煤业股份有限公司副董事长、总经理、党委副书记。2003年被山西省社会主义劳动竞赛委员会授予“在社会主义现代化建设中成绩显著二等功”；2005年被授予“山西省煤炭工业优秀科技工作者”；2005年、2009年被山西省劳动竞赛委员会分别授予“五一劳动奖章”；2006年、2009年荣获“山西省优秀企业家”称号；2007年被山西省安委会授予“安全工作先进个人”，同年被授予“山西省标准化矿井建设先进个人”；2009年被中国煤炭工业协会评为“全国优秀矿长”，同年被山西省总工会评为“山西省全心全意依靠职工办企业优秀企业家”。

多年以来，三元煤业在总经理孔祥惠的带领下，通过公司技术人员的不断努力，在对新技术新装备消化吸收的基础上，对设施、设备、技术进行改进、革新，先后取得50余项技术成果，12项科技成果获得了长治市科技成果奖励，其中获得应用二等奖6项，应用三等奖6项，极大地提高了企业安全保障能力和生产水平。经过十多年的不懈努力，三元煤业矿井由最初的年产60万吨，提升到现在的年产能达240万吨规模，企业也从一矿增加到了20矿，成长为年产能达2000万吨的大型煤炭企业，突出的业绩，正是在总经理孔祥惠的带领下，坚持科技兴安、科技兴企取得的成效。

总经理孔祥惠陪同集团公司领导在井下调研

公司向长安慈善学校捐赠大米15万公斤

春节慰问退休干部职工

总经理孔祥惠陪同集团公司领导在井下参观

山西省煤炭工业局

2008年，全省煤炭行业广大干部职工在省委、省政府的坚强领导下，认真贯彻落实党的十七大和十七届三中全会以及全省经济工作会议精神，深入贯彻落实科学发展观，团结依靠全省煤矿广大职工，以昂扬的斗志、奋发有为的精神状态，在南方雨雪冰冻灾害、汶川大地震、电力迎峰度夏、奥运保安和国际金融危机等历史性重大事件面前，经受了考验，完成了党中央、国务院和省委、省政府安排的一系列重大任务。在过去的一年中，全行业紧紧围绕转型、安全、和谐三大发展主题，全面推进“十一五”规划的实施，狠抓煤矿企业兼并重组，结构调整，产销调控、矿井机械化提升改造，着力推进发展循环经济建设，全省煤炭行业继续发生深刻变化，煤炭产业集中度和发展水平也呈现出不断提高和可持续发展能力不断增强的良好局面，全省煤炭经济总量和效益创历史最好水平，综合经济实力大幅跃升，对全省经济社会发展的支撑带动作用、对全国能源供给的保障作用继续增强。

煤炭产、销量和销售收入持续同步增长。全省完成煤炭产量6.56亿吨，同比增加2556万吨，增幅为4.06%；完成出省煤炭销量5.33亿吨，同比增加543万吨，增幅为1.03%。全行业实现销售收入3500亿元，超过“十一五”末规划目标500亿元，同比增加1100亿元，增幅为45.83%，其中省属五大煤炭集团实现销售收入2171亿元，同比增加800亿元，增幅为58.41%。

全省煤炭经济效益提高。全省煤炭行业实现利润320亿元，同比增加69.4亿元，增幅为27.69%，其中省属五大煤炭企业实现利润124.62亿元同比增加64.89亿元，增幅为108.62%；上缴税收415亿元，同比增长107.34亿元，增幅为34.9%，占规模以上工业企业上缴税收总额的52.8%；上缴可持续发展基金145亿元，同比增长41.3亿元，增幅39.83%。

煤炭企业兼并重组整合扎实推进。认真落实省政府下发的《加快煤矿企业兼并重组的实施意见》、《关于煤矿企业兼并重组所涉及资源采矿权价款处置办法的通知》和《山西省煤矿企业兼并重组流程图》等一系列推进煤矿企业兼并重组的相关规定，编制了《山西省煤矿企业兼并重组规划》，并与各市进行了对接；对省属煤炭企业及各市骨干煤炭企业进行了摸底调查，提出了兼并重组主体企业资格确定标准和意见。截至2008年底，全省国有煤炭企业集团已收购兼并186座地方煤矿，一些企业和地方已进入方案形成阶段。同煤集团成片整合重组大同市南郊区煤矿（将由106座矿井整合为65座）；同煤、省煤运和山西煤炭进出口三个集团分三片兼并重组左云县的72座煤矿；潞安矿业集团整合重组宁武县南部矿区（由23座煤矿整合为8座煤矿）；山西焦煤集团整合重组古交市、万柏林中小煤矿（其目标是：到2010年，两市（区）煤矿由目前的111座压减到60座以内）；临汾市煤炭资源二次整合方案（其目标是：到2010年，全市煤矿由目前的447座压减40%以上）。现正在商谈之中的有：平朔煤炭公司兼并重组平鲁区的部分煤矿；潞安矿业集团兼并重组静乐县地方煤矿；阳煤集团兼并重组清徐县所属煤矿。

矿井开采技术水平继续提高。全省煤矿整合改造、升级改造等在建矿井954座，建设规模4.6亿吨，其中2008年建成投产矿井61座，形成生产能力3870万吨。全省实现机械化开采的矿井占全部生产矿井产能的比重达到58.8%，其中，省属国有重点煤矿达到99.94%；潞安王庄矿建成了全国第一个数字化掘进工作面。全省地方煤矿建成综采矿井118座，轻型综采矿井97座，产能占到地方煤矿总量的1/3。各类煤矿单井平均规模达到36万吨/年，比上年提高3.8万吨/年。煤炭洗选能力继续提升，原煤入洗（选）率达到59%，同比提高1个百分点；全省喷吹煤产能突破1600万吨/年。大同煤业、阳泉煤业、晋城煤业三大集团入选“2008影响世界的中国力量品牌500强”。同煤塔山等一批大型现代化矿井建成投产。

煤炭循环经济加快推进。编制实施了《山西省煤炭工业循环经济推进计划（2008-2012）》，进一步完善了14个循环经济园区建设规划，完成投资近七百亿元，同煤塔山、焦煤古交、阳煤贵石沟、潞安屯留、晋煤寺河等5个煤炭循环经济园区初具规模。已建成煤矸石、中煤和煤层气（瓦斯）电厂52座，总装机容量超过3300MW，年发电量190亿千瓦时，年消耗煤矸石等低热值燃料3500万吨，利用瓦斯近6亿立方米；已建成煤矸石砖厂21座，生产能力约16亿块/年，年消耗煤矸石和粉煤灰1000万吨。

煤炭加工转化能力明显增强。全省煤炭行业非煤产业形成较大规模，销售收入突破1000亿元大关，达到1012亿元，提前两年实现"十一五"末规划目标，其中国有重点煤炭企业实现非煤销售收入994亿元，同比增加275亿元，增长38.3%，占总销售收入的43.4%；晋城和阳煤集团非煤产品销售收入分别占到总销售收入的64.52%和52.27%。全行业独资、控股和参股的焦炭产能突破2300万吨/年，合成氨和尿素、甲醇、二甲醚产能突破1500万吨/年；煤炭液化示范项目取得突破，潞安16万吨/年煤基合成油示范厂产出了第一桶煤基合成油。

全省煤矿安全生产形势稳定好转。2008年是山西煤矿的安全"隐患治理年"。全行业全面贯彻落实"安全第一，预防为主，综合治理"的方针，强化安全整治和监管，成效显著。

1. 科技保安措施不断完善。全省合法煤矿全部建成了瓦斯监测监控、产量监控和井下人员考勤定位三大系统。省市两级煤炭部门设置了专门机构，加强了"三大系统"技术管理人员的培训和轮训，进一步提高了"三大系统"的管护能力。

2. 制度保安措施不断强化。全面推行"五长"跟班作业、煤矿A、B、C分类和煤矿安全技能账户等管理制度全省煤矿安全主体意识、个人自主保安意识以及基础安全管理工作不断增强。

3. 落实省政府"十关闭"、"十整顿"措施取得阶段性成效。在全省组织开展了安全生产百日督查专项行动和为期一年的煤矿安全生产省级督查活动，进一步加大了重大隐患的排查治理力度，关闭了发生了3人以上死亡事故的30万吨以下煤矿和不具备安全生产煤矿133座，煤矿安全基础进一步巩固提升。

矿工生活质量继续提高，生产条件继续改善。省属国有重点煤炭企业在岗职工年人均收入43988元，同比增加7451元，增幅为20.39%。省国有重点煤矿棚户区改造工程实施3年多来，共新建住房约700多万平方米、近10万矿工喜迁新居；煤矿井下职工的班中餐、澡堂、宿舍、工作服管理步入了制度化，煤矿综合防尘措施进一步落实，井下职工尘肺病危害程度逐步降低。

煤炭行业社会保障体系进一步完善。全省11户国有重点煤炭企业参加工伤保险职工达51.2万人，比上年末新增参保职工1万人，参保率100%，使享受工伤保险的27544人按时领取了各项待遇；煤矿井下意外伤害险参保职工达30.5805万人；进一步完善伤残和工亡职工子女助学工作，筹集资金百余万，共资助考入本科、大专和中专的煤矿伤残职工子女200多名；建成了大同、山西焦煤、晋城、阳泉四个尘肺病治疗中心，已对200余名患者进行了临床灌洗治疗，对国有重点煤矿井下采掘一线的12.7万名职工进行了尘肺病普查；中煤财产保险申办程序全部完成，即将挂牌运行。

行业精神文明建设水平继续提升。2008年共有4个双十佳煤矿、4个双十佳矿长和23个优秀矿长受到中国煤炭工业协会表彰，占全国受表彰单位和个人的21%；潞安集团司马煤业被世界卫生组织命名为全国第一个企业主导型国际安全社区。

长治市明华煤业有限公司

长治市明华煤业有限公司经理 桑长柱

桑长柱，男，汉族，1960年2月出生，山西省长子县人，本科学历。1986年1月参加工作，1997年7月加入中国共产党，现任山西煤销集团长治有限公司经理助理、长治市明华煤业有限公司经理。政协第十一届长治委员会委员。

于1986年至2004年连续多年被长治煤运分公司授予“劳动模范”称号；2006年被表彰为“中国十大创新人物”；2007年至2009年连续三年荣膺“山西省优秀企业家”、“长治市优秀企业家”称号；2006年至2008年连续3年被长治煤运分公司授予“货源基地建设标兵”；2008年被山西煤销集团公司授予“保电煤先进个人”；2009年7月被山西省国资委授予“先进共产党员”，被长治煤运分公司党委授予“优秀党务工作者”。

长治市明华煤业有限公司组建于2002年元月，是山西煤销集团长治有限公司控股的股份制企业。注册资本1845万元。主营业务：铁路、公路煤炭、焦炭运销。

2004年公司新一届领导班子组建以来，在山西煤销集团和长治有限公司的正确领导下，公司领导狠抓货源基地建设，狠抓煤炭需求大用户的巩固和发展，狠抓铁路、公路煤炭市场化经营，各项工作任务指标全部圆满完成。公司先后获得“山西省集体二等功”、“长治市集体二等功”、“环境保护优秀企业”、“山西省优秀企业”“长治市优秀企业”、“2009年山西省百强企业”、“2009年省属企业文明单位”、“山西省青年文明号”、“长治市推进工业新型化60强企业”、“长治市先进基层党组织”、山西省煤炭运销集团有限公司和长治有限公司“文明和谐标兵单位”、“货源基地建设标兵单位”、“先进基层党组织”等称号。

一、坚持市场化经营，推进企业发展

2009年，在面对国际金融危机，电厂发电量下降，煤炭需求大幅度减少的情况下，公司坚持市场化经营，稳步推进企业发展，依托自身为铁路局战略装车点、铁道部重点大客户的优势，想方设法组织煤源，保证铁路、公路煤炭发运。全年公司共发运煤炭366.21万吨。其中，铁路发运 225.84万吨，公路发运140.37万吨，实现销售收入 15.8亿元，上缴税金2552 万元,实现利润 4510万元，全面完成长治有限公司下达的各项任务指标。

二、做实货源，增强发展实力

明华公司坚持把“掌控资源”作为企业的生命工程来抓，长期包销了长治县王庄煤矿、红山煤矿、东掌煤矿、李坊煤矿、冯坡煤矿、南仙泉煤矿共6座煤矿。同时，还与长治县、长子县、壶关县、高平、晋城的十余家地方煤矿签定了长期供煤合同。使得公司年掌控煤源达500万吨以上，为做实煤炭销售提供了可靠的货源支撑。

明华公司领导班子研究工作

三、做实运输，保证物畅其流

公司经铁道部批准，铁路局支持，先后与铁路局联营专用调车机一台，购置了两列自备车，改扩建了王庄集运站。2007年，王庄集运站建设成为郑州铁路局战略装车点，该站占地面积100亩，有效货位70个，并相应配备了电子计量、煤炭装载、装车监控等设备，可一次装卸5500吨大型列车，年发运能力达到500万吨，整列专车时间1小时。同时，公司还购置了一批先进的煤质检测化验设备，成立了中心化验室，保证了公司发运煤炭符合用户要求。2008年3月17日，王庄集运站又被铁道部正式批准为铁路货运重点大客户，从而使铁路计划实现了随报随批，计划不限量，车皮下达也得到了铁道部和铁路局优先保障和安排，为公司的发展奠定了扎实的基础。

明华公司铁路货运重点大客户正式开通

2009年8月，公司以向电厂煤炭运输及上站煤运输为主营业务，成立了明华物流有限公司。物流公司共拥有运输车辆120辆，下设第一运输车队和第二、第三运输车队。物流公司的组建，使公司减少了中间环节，降低了运输费用，统一调配了运力，方便了管理，增加了效益，提高了公司煤炭发运量。

四、做实市场，巩固发展用户

目前，公司与河南、山东以及湖南、湖北的40多家电厂建立了较为稳定的长期供货关系。尽管由于受国际金融危机的影响，煤炭销售由“卖方市场”向“买方市场”转变，仍有40余家用户与公司签定了供煤合同，合同量达400万吨。

五、规范管理，促进企业发展

公司制定和完善了《规范管理制度》和各科室岗位职责、科室负责人岗位职责，实行刚性制度约束和柔性管理约束并重的原则，要求广大干部职工既要遵规，又要守则，规范工作。公司内部实行了严格的绩效考评，实行民主决策、民主管理和民主监督；全面强化上站煤收煤装车发运的管理。适应市场变化，把好价格关、数量关、品种关、质量关、装车关、发运关，从而确保从各个环节保障企业经营利润。

明华公司专用调车机和自备列车

明华公司铁路发运战略装车点

阳泉市商业银行

阳泉市商业银行的前身——阳泉市城市信用社，最早诞生于1985年。1989年4月组建成立了“阳泉市城市信用合作中心社”。1991年12月城市信用社整体脱离阳泉市工商银行的组织系统，由阳泉市人民银行直接管理。1993年10月根据中国人民银行山西省分行晋银发字〔1993〕第65号关于下发《山西省城市信用社与组建单位脱钩方案》的通知，城市信用社与市人民银行正式脱钩。1997年12月根据中国人民银行山西省分行晋银发〔1997〕第188号文件《关于设在县（市）的城市信用社归口农村信用社管理的通知》精神，平定、盂县城市信用社分别归到所在地的农村信用社。2002年1月，阳泉市城市信用社由四家法人社合并重组完成单一法人社的改制，原4家城市信用社法人资格被取消，成立单一法人体系，股份制经济性质的城市信用社，下设12个营业部。2007年1月26日，经中国银行业监督管理委员会批准筹建阳泉市商业银行，并于2007年6月29日，召开了阳泉市商业银行创立大会暨第一届股东大会第一次会议，注册资本33397万元，共设14个支行，设置18个内部管理委、部、室。

团结奋进的领导班子

商行战略：从严治行、科技立行、文化兴行、服务致胜

商行品牌：阳泉市商业银行 阳泉人自己的银行

企业宗旨：诚信经营 构建和谐再辉煌
创新品牌 稳健求胜促发展

团队精神：三套班子一套车，五位一体聚合力，
全体员工一股劲，实干巧干一件事，
一心一意谋发展，发展壮大不松劲。

员工精神：齐心协力 尽心尽责 公心为民 雄心向上

经营理念：客户满意 员工乐意 服务满意 经营得意

商行行风：诚信亲和 严谨规范 求真务实 拼搏进取

阳泉市商业银行作为阳泉人自己的银行，多年来，把支持地方经济发展作为义不容辞的责任，由于不懈的努力，获得了社会各界的普遍赞誉，四家支行被共青团市委授予“市级青年文明号”单位，一家支行被共青团省委授予“省级青年文明号”单位，华盛街支行被山西省银行业协会评为省级文明规范服务示范单位，复寿街支行被银行业协会评为国家级文明规范服务示范单位。2007年获得“山西省诚信示范店”；2008年被市政府评为“重合同守信用单位”，被省劳动竞赛委员会荣记集体二等功，被省百强企业排序专家委员会授予“山西省服务业60强企业”；2009年被省企业家联合会、企业家协会授予“山西省功勋企业”，被市政府授予金融支持地方经济发展工作“先进集体”。

品参加行业最高奖“百花杯”中国工艺美术精品奖评选活动，获得6金、6银、9铜、25个优秀奖的好成绩，这是本省历届参评获奖最多的一次。山西省在前八届中只获得过2枚金奖。这届获奖作品的作者按“以奖代评”的办法，将得到金奖5万元、银奖2万元、铜奖1万元的奖励。三是国际宣传和交易平台。经向省商务厅争取，从2008年广州秋交会开始，每年给本社外贸公司两个工艺美术品摊位，这也是历史性突破，山西工美有了国际舞台。

（冯晓东）

【山西省工美协会组团参加2008年第十四届世界手工艺大会】 2008年11月3～20日，“2008年第十四届世界手工艺大会”在浙江省杭州市召开。山西省代表团由省工艺美术协会名誉理事长纪馨芳带队，有10人参加了四年一度的世界手工艺大会；71家工艺美术企业近150人参加了“第九届中国工艺美术大师作品暨国际艺术精品博览会”。

“第九届中国工艺美术大师作品暨国际艺术精品博览会”，是一年一度的中国工艺美术行业规模最大的展会。这次山西省工艺美术协会代表团以有史以来参展企业最多（71家）、规模最大（24个摊位）、最具代表性的阵容参加了展会。展会上，山西代表团近300平米的展位，统一设计成颇具山西大院特色的风格，向全国和世界的观众传达了一个响亮的声音：山西不仅有煤！晋艺来了！引起了轰动，受到了好评。 （冯晓东）

【省工美协会组团参加第四届中国（深圳）国际文化产业交易博览会】 第四届中国（深圳）国际文化产业交易博览会于2008年5月16日开幕。本省共有30家参展商和50余种具有山西特色文化产品参与展示、交易。这次交易会，本省参展商实现现场销售额达14.5万元左右，初步达成各类合作意向60余个。另外，宇达集团、长治长亩手工绣品、绛州澄泥砚等数家工美企业与客商签订了经销或合作合同。

这届文博会本省代表团在充分展示文化产业发展成就的同时，积极汲取外省成功经验，使办展规模、参展质量都有了进一步的提升，标志着山西省文化产业发展、展示、交流、推广、交易“走出去”战略迈上了新的台阶。 （冯晓东）

【山西省职工工艺美术学院、山西省工业造型设计技工学校揭牌】 2008年9月18日，山西省职工工艺美术学院、山西省工业造型设计技工学校举行了揭牌庆典仪式。山西省职工工艺美术学院的前身是山西省二轻工业职工学院，为抢抓本省实施旅游强省、文化强省战略的机遇，推动全省手工艺品、旅游纪念品的规模化、产业化快速发展，培养造就适应型各类人才，经省政府批准，教育部备案，省城联社成功将省职工二轻学院转型为省内惟一一所独立建制、具有工艺美术特色的成人高校。之后经省劳动保障厅批准，又将原山西省二轻技工学校转型为山西省工业造型设计技工学校，成为本省独具特色的姊妹院校。该校现设有计算机、机电一体化、电子电工、模具造型设计、包装装潢艺术、酒店管理等专业，致力于培养工艺美术类职业技能型、应用型人才。目前这两所院校各类在校生达到近千人。

（冯晓东）

纺织工业

【生产经营】 2008年，全省纺织工业的发展遇到了前所未有的困难，先是奥运会召开前，为了保护环境不受污染，化纤行业效益最好的大同星宇人纤有限公司按大同市政府要求而停产；后是进入夏季受电力不足影响，多数企业的生产受到严重影响；再是银行收紧信贷，多数企业资金紧张，新绛纺织有限责任公司等一批企业因资金链断裂陷入困境，企业被迫限产或停产；最后在第三季度受国际金融危机的影响，纺织服装产品出口大幅下降，国内市场竞争呈现白热化状态，全行业经济运行情况迅速恶化，亏损面大幅增加，多数企业无法维持生产，被迫停产。

全行业近80户纺织企业，仍维持正常生产的多数是民营企业、私营企业，或是改制后的股份制企业，国有或国有控股企业绝大多数已停产或正在实施破产，其中：大同、长治、阳泉、临汾、朔州、吕梁、运城市的国有纺织企业已全部停产或破产，太原、忻州、晋中、晋城市的多数国有纺织企业也停产或破产。

（孙宝民）

【职业技能大赛】 为配合中国纺织工业协会举办的“全国棉纺织行业细纱职业技能大赛”，7月6～10日，山西省纺织工业行业管理办公室与山西省财贸轻纺烟草工会委员会、山西省总工会女工部、山西省纺织行业特有工种职业技能鉴定站联合组织了“2008年山西省棉纺织行业细纱操作工职业技能大赛”，共有6个企业组队参加。通过大赛，不仅选出了代表山西省参加全国比赛的选手，而且对提高职工的操作水平起到了积极的推动作用。9月，太谷纺织有限责任公司细纱操作工罗静代表山西省参加了全国纺织行业“经纬一常山杯”细纱操作工技能大赛，在全国18个省、市、自治区的48名参赛选手中，罗静取得第18名的好成绩，山西省纺织工业行业管理办公室荣获优秀组织奖。

9月17日，山西省纺织工业行业管理办公室联合山西省服装行业协会、山西省财贸轻纺烟草工会委员会，在闻喜际华3534制衣有限公司举办了“山西省首届服装制作工（打板）职业技能大赛暨全国选拔赛”，这是本省第一次举办全省范围内服装企业职工竞技活动。全省有5家服装企业的16名选手参加决赛。11月，全国纺织行业职业技能竞赛“红豆杯”服装制作工（制板）职业技能决赛在江苏无锡举行，来自全国20多个省市的86名选手同台竞技。代表山西省参加决赛的闻喜县际华3534制衣有限公司职工王文浩、刘盼盼分别位居第25名和第63名，被全国纺织行业职业竞赛组委会授予“全国服装行业服装制板能手”和“全国纺织行业职业技能竞赛‘红豆杯’服装制作工（制板）优秀奖”。按省份排名，山西省名列第八，山西省服装行业协会荣获组织奖。10月，山西省劳动竞赛委员会为王文浩颁发山西省五一劳动奖章，为刘盼盼、周素霞各记个人一等功一次，为牛勇、慎凯玲、张晓霞、李锋、韦明海各记个人二等功一次。

（孙宝民）

【国有企业改革】 2008年，山西纺织系统的国有企业改革取得了突破性进展。一是晋华纺织一厂、山西锦纶有限责任公司、临汾纺织厂、襄汾纺织厂、永济纺织厂、山西针织厂、太原第一毛纺织厂等一批重点企业的破产工作已经全面启动；二是各级政府对国有企业的破产工作比较重视，晋城市、大同市政府紧紧抓住补偿资金和职工安置这两个关键，加大工作力度，补偿资金全部到位，职工安置工作基本完成；三是太原新凯纺织印染有限公司进行了改制重组。该公司的改制采取了有附加条件的国有资本转让方式。资产收购方在整体接受原企业资产后，需新建一座10万纱锭、200台无梭织机的现代化纺织厂，并提供1000～1500个就业岗位，优先安排原企业职工。雅世（置业）集团公司、北京中瑞国信投资公司通过市场公开竞价联合收购了新凯的资产后，于6月19日在太原市经济技术开发区举行了新建纺织企业的开工奠基仪式。

但是，省属企业的改革和勘察设计单位的转企工作进展缓慢。省纺织供销总公司的清产核资、离任审计、财务审计和资产评估工作于2007年年底基本完成。2008年主要工作重点和难点在太原市国土资源局的土地评估初审，至年底，中间环节和相关程序的工作基本完成。省纺织研究所由于受科研中心办公大楼资产迟迟不能分割的影响，改制工作没有进展。已于2002年改制的山西桃园纺织大厦有限责任公司仍没有解决部分职工身份未置换和土地使用手续未办理两个遗留问题。山西中方森特建筑工程设计研究院根据省政府办公厅〔2007〕38次会议纪要精神转企的工作，因职工大会未通过转企方案而搁浅。　（孙宝民）

乡镇企业

【概述】　2008年，全省乡镇企业在调整提高中保持了平稳增长。从统计的八项主要指标看，2008年全省乡镇企业完成增加值1960.9亿元，同比增长16.45%。其中一产完成16亿元，占全省0.8%，二产完成1644.7亿元，占全省83.9%，比上年下降2个百分点，其中工业1575.5亿元，同比增长14.39%，占全省80.35%，比上年下降1个百分点；规模以上工业完成1148.9亿元，同比增长28.15，占全部工业的72.92%，比上年增加7个百分点；三产完成300.2亿元，同比增长18.11，占全省15.31%，比上年增加2个百分点；全省7.2万户乡镇企业，工业、批发零售、交通运输业最为集中，分别为3.3万户、1.2万户、1万户，占全省百分百为45.8%、16.7%、13.9%；完成营业收入6025亿元，同比增长16.38%。其中工业4843.4亿元，同比增长15.24%，占全省80.4%，比上年下降1个百分点；完成总产值6416.7亿元，同比增长16.22%，其中工业5223.7亿元，同比增长15.05%，占全省81.4%，比上年下降1个百分点；实现利润总额562.2亿元，同比增长10.26%，其中工业446.2亿元，同比增长7.3%，占全省79.4%，比上年下降2个百分点；上交税金412.6亿元，同比增长40.44%，其中工业358.6亿元，同比增长38.3%，占全省86.9%，比上年下降1.5个百分点。　（原晋军）

【现行政策】　为加快全省中小企业、乡镇企业发展，山西省积极创新创优发展环境。2008年，山西省人民政府办公厅转发了《关于进一步支持促进中小企业发展的若干意见》和《山西银行业小企业金融服务工作指引》。可以说，目前以中小企业、乡镇企业为主体的非公有制经济发展方面，已经形成一个国家、省、市、县四级，法律与政府相互衔接配套的政策、法律支持体系。并且无论是中小企业《实施办法》，还是两大政策性规定，都具有相当的含金量，对小企业而言主要体现在财政扶持、税费减免、土地政策、户籍政策、金融支持、信用担保、人才培训、公共服务体系建设等方面，具有较强的延展性与约束性。以中小企业财政扶持和服务体系建设为例，“省非公经济30条”中规定，从2005年起省财政已列入预算科目2000万元；省县域经济20条中规定，允许县市整合各类支农资金，提高资金使用效率；对36个国定贫困县和欠发达县，进行了“省直管县”财政管理改革试点，增值税、营业税、企业所得和个人所得税，“四税”新增部分省市分成全部留县；每年安排1000万元专款用于贫困县农业产业化项目贷款贴息；围绕发展现代农业，大力扶持具有山西特色的农副产品加工业，将乡镇企业发展资金和乡镇企业财政贴息资金的60%以上用来扶持农副产品加工业；与国家开发银行山西省分行签订了20亿元的中小企业、县域经济贷款协议，将对中小企业、县域经济择优进行扶持。同时，以省乡镇企业管理局为主，积极推进乡镇企业信用担保、信息网络、人才培训、创业辅导、法律援助、行业协会、市场开拓、管理咨询、技术创新等社会化服务体系建设，依托国家发改委的“银河培训”与农业部的“蓝色证书培训”，累计培训乡镇企业员工、农村剩余劳动力、中小企业主、中小企业管理系统工作人员等累计近百万人次；组织开展了1万多人的创业辅导培训活动；评选表彰了全省“以企带村”先进乡镇企业和“以企带村”优秀企业家。以政府“政策推动”和“市场拉动”相互促进，使得全省乡镇企业呈现出良好的发展局面。　（原晋军）

【经营管理】　2008年上半年，随着全省环境治理力度不断加大和行业清理整顿，全省乡镇企业的落后产能逐步淘汰，产业结构不断优化升级，煤、焦、铁等主导的产品市场继续增长，市场价格普遍上扬，企业盈利大增；三季度开始国际、国内环境发生急剧变化，能源、原材料价格急速下跌，产品销售由旺转滞，在企业措手不及的情况下，造成了原材料或产品的严重积压、难以变现。主要行业企业运营困难，限产、减产现象普遍。至12月底省统计考核的44种主要产品中，只有12种产品继续保持了增长，增幅最大的依次为：服装增长92.10%、型煤增长36.83%、肉制品增长33.31%、啤酒增长25.47%、成品中药增长20%。有32种产品出现负增长，其中降幅最大的罐头食品和杂粮系列产品，分别同比下降99.31%和87.66%。传统产品中原煤产量达16700万吨；生铁产量达1614万吨；焦炭产量达8435万吨；成品钢材产量1163万吨，分别下降15.42%、43.15%、10.95%和5.98%。全省乡镇企业工业产销率为95.22%。主要工业产品价格经历了“过山车”走势：动力煤价格由6月份的620元回落到490元/吨左右；焦煤由1200元/吨回落到600元/吨；出口焦炭价格由最高的720美元/吨跌至500美元/吨；一级冶金焦由3200元/吨回落到1400元/吨；生铁由4600元/吨回落到3000元/吨；玛钢年初成品吨价格为10000元左右，最高涨至14000元左右，后降至8000元左右；铸件在9月前平均价格在7000元左右，现在下降到5000元左右。主要工业产品价格的大幅波动，使一批骨干企业受创，长平集团，潞宝集团等企业目前的开工率只有50%～70%，企业资金链趋于紧张。

（原晋军）

【产业结构】　2008年，全省乡镇企业总数达7.2万个，比上年减少6000个。其中年营业收入500万元以上的规模工业企业达3653个，比上年增加了180个；亿元企业达589个，比上年增加了41个；10亿元以上的企业达62个，比上年增加了16个；20亿元以上的企业达21个，比上年增加了3个，山西海鑫钢铁集团公司完成销售收入116.9亿元，是全省最大的乡镇企业。规模工业企业个数仅占全省乡镇企业总数的5%，但实现营业收入达3591亿元，占到乡镇企业总收入的59.60%，比上年增加5个百分点。全省乡镇企业纳税超亿元的企业53个，比上年增加20个；纳税额最大的企业是山西大土河焦化有限责任公司，纳税额为11.5亿元。在国家产业政策和环保政策的调控下，煤、焦、铁等传统优势产业企业数量虽然减少了，但产业素质得到提升，开始从资源型向资源深加工型转变。新兴产业方面：初步形成乳制品、食用醋、小杂粮、粮油、饮料、果蔬、畜禽、枣系列产品等八大农副产品加工企业集群；初步形成生物制药、粗细化工、磁性材料、新型建材、信息科技五大高新技术企业群体；初步形成餐饮服务、商贸流通、交通运输、文化娱乐、信息服务和旅游等六大第三产业发展重点，初步形成玻璃器皿、玛钢铸件、纺机制造、精密铸造、法兰盘、活性炭等一批具有县域特色的块状经济和产业集群。

（原晋军）

【科技教育】 近年来，山西省乡镇企业培训从资金扶持、培训规模、培训层次均取得明显成效。一是抓银河培训和蓝色证书培训。在银河培训中，把经营管理人才、企业家队伍作为重点培训对象，采取分期分批，集中封闭培训和举办高层论坛讲座等形式，邀请国内著名专家教授讲解现代企业管理知识和经营理念，先后邀请博鳌论坛秘书长龙永图、台湾著名培训大师余世维、清华大学教授韦杰、钟朋荣等进行演讲授课，近几年仅省乡镇企业局组织培训企业家就达2万多人。在蓝色证书培训中，针对培训人员多、行业复杂、分散面广的特点，编写教材，抓试点，抓重点行业的职业培训，重点开展了在岗职工的专业技能培训和专业技术人员专业技术知识培训，对试点县和重点县给予培训补助，总结经验，推广典型，引导企业开展自主培训，目前全省已培训职工300万人次。二是抓人才的评定及开发。开展了中小企业职业经理的培训与测评，有500多人取得国家有关部门颁发的职业经理资格证书。开展职业技能培训与鉴定，在食品加工、酒店管理、农产品经纪人、水泥化验等工种，有4000多人取得了国家劳动和社会保障部颁发的职业技能资格证书。开展了乡镇企业（非公有制经济组织）职称评定，有1.5万多人取得经济师、工程师等专业技术职称资格证书。三是抓人才的招聘引进，利用中国中小企业网、山西中小企业网、山西教育网、山西人才网，连续四年有网上为中小企业招聘大学生活动。配合省人事厅连续四年在北京、太原举办大型人才招聘会，为广大非公有制企业、中小企业招聘了一大批急需的经营管理人才和专业技术人才，使一大批大学生进入中小企业。很多上规模企业，不惜金重招聘人才，采取柔性办法，不求所有，但求所用，积极创造人才发展的良好工作环境，给予丰厚的回报，使一大批人才为中小企业服务，有效地提高了中小企业人才队伍素质。2008年，全省乡镇企业中大专以上文化程度职工190677人；具有中高级职称的人员达到12.4万人，比上年增加约2万人。人才总量的大幅增加，人才素质的迅速提升，有效推动了中小企业科技进步。（原晋军）

【外经外贸】 2008年，山西省积极组织乡镇企业招商引资，外经合作领域继续扩大，成效明显。全年组织或组团参加的大型招商洽谈活动共10余次。主要有：第五届APEC中小企业技术交流暨展览会、第五届中博会等大型经贸和招商引资活动。在第五届APEC中小企业技术交流暨展览会上，本省有164家成长性较好的企业参展（参会），申购展位32个，共有191种具有较高科技含量、市场看好的产品参展。集中展示了全省中小企业的行业特点和产品特色，代表性强，区域优势、地区特色明显。共筛选了15类100个符合产业结构的、具有一定代表性的招商引资项目作为此次会上的推荐项目，会展期间，共计达成合作项目37项，总投资200521万元，其中引进资金投资72746万元，签订销售合同、意向等共计55项，销售总金额达到31501万元，其中外汇收入1090.49万美元。第五届中博会，共组织141家企业参展，申购国际标准展位52个，包括煤及煤化工产品，焦化及焦化延伸产品、冶金、机械装备、电子设备、环保及环保设备、建筑材料、陶瓷及玻璃、医药、畜牧业、食品、饮料、农产品加工、旅游服务业等14大行业206种产品。会展期间，共签订项目92个，其中32个招商引资项目，主要集中在食品饮料、医药、电子信息、物流、环保、机械加工、旅游等行业，投资总额41.25亿元，引进资金28.30亿元；60个贸易项目，签约销售合同金额49839万元。

2008年，全省乡镇企业对外贸易增速回落，国际市场萎缩。国家通过调整关税税率，加大了限制高耗能、高污染、资源性“两高一资”商品出口的力度，因全省主要出口产品税收的大幅增长，对焦化、铸造、玛钢、玻璃器皿、法兰盘等企业出口影响较大。全年完成出口交货值253亿元，同比仅增加2.2%。1～12月份，忻州市主要出口产品法兰、锻件的出口量减少30%～40%，完成出口产品交货值12.7亿元，同比下降9.44%；主要农产品出口市运城出口交货值同比减少28%。（原晋军）

【资金投入】 2008年，全省乡镇企业固定资产投资增速下降，国家扶持资金大幅增加。全省全年完成投资总额853亿元，同比仅增长2.3%，其中新建完成428亿元，同比减少8.9%，占全部投资的50.18%，同比下降6个百分点；其中亿元以上项目、1000万至亿元新建和扩建项目分别完成投资365亿元、382亿元，占全部投资的42.84%、44.77%；在资金来源上，国家及有关部门扶持资金11.7亿元，同比增长69.56%，其中近70%用于新建项目；金融机构贷款108亿元，同比减少12.19%，其中工业项目贷款79.1亿元，占全部贷款总额的73.38%，比上年减少9个百分点。引进资金110亿元，同比减少39.89%；其中外资19.5亿元，占引进资金的17.73%，比上年增加7个百分点；其中亿元以上项目，五千万以上项目，一千万以上项目分别引进资金55.9亿元、72.6亿元、98.3亿元，占引进资金的50.76%、65.76%、89.04%。企业融资难的形势依然未能得到有效缓解，自有资金比重上升13个百分点。

（原晋军）

食品工业

【概述】 2008年，全省食品工业经受了严峻考验，受国际金融危机和企业原辅材料及生产成本上升、外需下降、内需不旺，特别是“三鹿奶粉事件”等不利因素影响，全省食品工业遭遇了改革开放以来最大的一次冲击。经济增幅由“十一五”前两年30%以上的增长速度迅速回落，

2008年山西省食品工业主要经济指标表

单位：亿元

指标＼行业	食品工业总计	农副产品加工业	食品制造业	饮料制造业	烟草制造业
企业数（个）	290	139	92	58	1
工业总产值	259.47	102.88	67.34	68.06	21.19
工业销售产值	239.89	99.38	57.67	61.66	21.19
资产总计	270.18	102.29	62.86	91.31	13.72
固定资产合计	118.29	45.80	28.72	35.72	8.06
主营业务收入	252.70	99.88	57.89	74.45	20.49
利润总额	13.83	3.62	2.90	5.31	2.00
利税总额	37.31	5.00	4.45	15.34	12.51
平均从业人员（人）	63025	22433	18742	20591	1259

2008年山西省食品工业固定资产投资表

主要行业	完成投资（万元）	占全省工业投资比重（以投资额总计为100%）
食品工业	575886	3.11%
农副食品加工业	287190	1.55%
食品制造业	154745	0.84%
饮料制造业	126161	0.68%
烟草制造业	7790	0.04%

2008年山西省食品行业主要产品产量表

产品名称	单位	产量
小麦粉	吨	180565
大米	吨	400
精制食用植物油	吨	82791
成品糖	吨	31450
鲜、冷藏肉	吨	47659
糕点	吨	6956
饼干	吨	7996
糖果	吨	1978
速冻米面食品	吨	1298
方便面	吨	7348
乳制品	吨	529773
1. 液体乳	吨	466337

经济效益下滑。在巨大的困难面前，全省食品工业战线职工顶住压力，努力创新产品、开拓市场，实现了食品工业总产值年均14.05%的增幅。

2008年山西省食品工业规模以上企业290个，其中农副产品加工业139个，食品制造业92个，饮料制造业58个，烟草制造业1个；完成食品工业总产值259.5亿元，比上年增长14.05%。食品工业主营业务收入252.7亿元，比上年增长16.43%，实现利税总额37.3亿元，比上年增长6.16%，饮料制造业和烟草制造业是食品工业的利税大户，共实现利税27.8亿元，占全省食品工业总额的74.5%（其中饮料制造业实现利税15.3亿元，占全省食品工业总额的41%，烟草制造业实现利税12.5亿元，占全省食品工业的33.5%）；实现利润13.8亿元，比上年降低4.85%，全行业职工人数达6万余人；全省食品工业资产总计270亿元；工业销售产值239.9亿元，固定资产合计118.3亿元。

在食品工业中，农副食品加工企业139个（其中，亏损企业31个，亏损面22.3%），完成工业总产值102.9亿元，工业销售产值99.4亿元，主营业务收入99.9亿元，实现利税5亿元，实现利润3.6亿元，分别占全省食品工业的39.65%、41.44%、39.53%、13.4%和26.09%。食品制造业企业92个，（其中，亏损企业17个，亏损面18.5%），完成工业总产值67.3亿元，工业销售产值57.7亿元，主营业务收入57.9亿元，实现利税4.5亿元，实现利润2.9亿元，分别占全省食品工业的25.93%、24.05%、22.91%、12.06%和21.01%。饮料制造业企业58个，（其中，亏损企业16个，亏损面27.6%），完成工业总产值68.1亿元，工业销售产值61.7元，主营业务收入74.4亿元，实现利税15.3亿元，实现利润5.3亿元，分别占全省食品工业的26.24%、25.72%、29.44%、41.02%和38.41%。烟草制造业企业1个，完成工业总产值21.2亿元，工业销售产值21.2亿元，主营业务收入20.1亿元，实现利税12.5亿元，实现利润2亿元，分别占全省食品工业的8.17%、8.84%、7.95%、33.51%和14.49%。

固定资产投资。2008年山西省食品工业固定资产投资57.59亿元，占全省工

续表

产品名称	单位	产量
2. 固体乳制品	吨	63436
罐头	吨	29043
酱油	吨	4501
发酵酒精（折96度，商品量）	千升	29575
饮料酒	千升	332540
其中：白酒（折65度，商品量）	千升	108778
啤酒	千升	219326
软饮料	吨	546110
其中：碳酸饮料类（汽水）	吨	152378
包装饮用水类	吨	135153
果汁和蔬菜汁饮料类	吨	244090
卷烟	万支	1450000

业总投资的3.11%。其中：农副食品加工业投资28.72亿元，食品制造业投资15.47亿元，饮料制造业投资12.62亿元，烟草制造业投资0.78亿元，分别占食品工业的49.9%、26.9%、21.9%和1.4%。

2008年规模以上食品工业企业中，主营业务收入超亿元的企业52个，共实现主营业务收入190.3亿元，占全省食品工业主营业务收入总额的75.3%。其中，杏花村汾酒集团有限责任公司产品主营业务收入33亿元，占全省食品工业主营业务收入的13.1%；山西昆明烟草有限责任公司主营业务收入20.5亿元，占全省食品工业主营业务收入的8.1%；长治市金泽生物工程有限公司主营业务收入14.4亿元，占全省食品工业主营业务收入的5.7%；山西粟海集团有限公司主营业务收入14.2亿元，占全省食品工业主营业务收入的5.6%。（高小荷）

【山西杏花村被授予"中华名酒第一村"品牌】 2008年4月19日，由中国品牌发展论坛组委会举办的中华名酒第一村论坛，经专家评审组评估认定：山西杏花村是中国白酒源头，具有丰厚的酒文化底蕴，授予山西杏花村"中华名酒第一村"品牌。杏花村内现尚存汾酒古作坊和太原符观两处国家级文物、汾阳王庙遗址、灵岩寺遗址、葫芦峪遗址、新石器遗址、原始水打磨遗址、狄青墓等众多文物古迹；汾酒博物馆收藏了商朝以来的1300余件酒器、酒具及相关文物，还有歌赋诗文3000余篇，书法墨宝2000余件。（高小荷）

【山西省2008年度荣获全国食品工业优秀龙头食品企业称号单位名单】

晋中市：
山西平遥牛肉集团有限公司
山西省平遥县龙海实业有限公司
山西新太食业有限责任公司
太原市：
太原市汉波食品工业有限公司
山西水塔老陈醋股份有限公司
山西恒丰实业有限公司
太原酒厂
山西老陈醋集团有限公司
长治市：
山西沁洲黄小米（集团）有限公司
山西世龙食品有限公司
晋城市：
山西夏普赛尔食品饮料股份有限公司
大同市：
大同市绿苑饮品有限责任公司
山西华晟果蔬饮品有限公司
临汾市：
山西隰州天天饮料有限公司
浮山县神山土特产品开发有限公司
山西太子湖食品有限公司

（高小荷）

农 林 水 利

种植业

【粮食生产连续三年超过千万吨，经济作物获得全面丰收】1. 耕地面积增加。2008年全省实际建设占用耕地2784.4公顷。因农业结构调整减少耕地26.9公顷。土地整理复垦开发补充耕地4489.4公顷。当年净增加耕地2098.3公顷。

2. 粮食作物面积扩大。2008年全省农作物播种面积3726.49千公顷，比2007年增长2.01%。由于继续加大对种粮农民的粮食直补、生产资料综合补贴及良种补贴力度，农民种粮积极性较高，粮食种植面积继续扩大。2008年全省粮食面积3111.33千公顷，比2007年增长2.74%。粮经种植比例由2007年的82.40：17.60调整为2008年的83.49：16.51。粮食面积的持续增长来自于玉米播种面积的大幅度增加。2008年全省玉米种植面积1378.55千公顷，比2007年增长8.5%，首次超过了2000万亩，玉米面积占粮食作物面积的比重达44.31%；小麦种植面积696.79千公顷，减少2.1%；谷子、豆类、薯类等杂粮经济效益较低，农民种植积极性不高，种植面积均下降，尤其是薯类面积减少较多。2008年全省薯类种植面积207.03千公顷，比2007年减少6.25%。

3. 粮食产量连续三年突破千万吨。2008年全省粮食总产1028.0万吨，实现了连续三年超过1000万吨，这在山西历史上是首次，也是山西历史上第六个超过千万吨的年份，标志着通过几年努力全省粮食综合生产能力得到显著提高，正逐步跨上一个稳定发展的新台阶。全省粮食平均单产3304公斤/公顷，比2007年减少177公斤/公顷。夏粮增产，秋粮由于北部地区遭受早霜冻灾害影响造成减产。全省夏粮总产量254.80万吨，比2007年增产17.17%，其中小麦总产253.0万吨，增产14.9%。秋粮总产量773.2万吨，减产11.11%。其中玉米总产682.8万吨，再创历史新高，比2007年增产6.6%。

4. 经济作物种植结构优化。经济作物中，由于食用油市场价格较高，油料种植效益提高，种植面积在连续5年减少后首次出现恢复性增长。2008年全省油料作物面积179.16千公顷，比2007年增长7.44%，其中蓖麻籽增长最快。蔬菜种植面积在连续四年递减后呈恢复性增长态势，2008年全省蔬菜面积240.99千公顷，比2007年增长0.36%。棉花由于价格下降，种植面积减少较多。2008年全省棉花面积89.07千公顷，比2007年下降14.35%，种植区域继续向永济、临猗、盐湖等优势产区集中。

5. 经济作物获得丰收。棉花生产稳定发展，单产创历史最高水平。2008年全省棉花总产量10.67万吨，比2007年下降7.30%；平均单产1198公斤/公顷，创历史最高水平，比2007年增加91公斤。油料生产扭转连续下滑的趋势，实现6年来首次增产。2008年全省油料总产量19.12万吨，比2007年增产42.16%。蔬菜生产稳步发展，总产量852.75万吨，比2007年增长3.80%；平均单产35385公斤/公顷，比2007年增加1175公斤。2008年全省无公害蔬菜认证面积达到18141千公顷，总产量569.94万吨。

6. 水果产量大幅度增加。全省果园面积达到277.20千公顷，比2007年增加3.17公顷。水果总产量339.85万吨，比2007年增长21.68%；平均单产12260公斤/公顷，比2007年增加2068公斤。其中，苹果种植面积148.21千公顷，总产量222.88万吨，分别占全省水果面积和产量的53.47%和65.58%，平均单产15038公斤/公顷。水果品种和品质结构调整继续加快，2008全省无公害水果（干果）产地认证面积达到206.51千公顷，总产量434.59万吨。（张软斌）

【大幅度增加投入，确保农业和粮食生产稳定发展】1. 加强对农业和粮食生产的组织指导。省委、省政府高度重视农业和粮食生产。2月27日，省政府办公厅以明传电报下发了《关于做好抗灾减灾和春耕生产的紧急通知》；3月5日，省政府又召开电视电话会议对抗灾减灾和春耕生产进行部署。3月29日，省政府在晋城召开全省农业和粮食生产工作会议，出台了一系列扶持农业和粮食生产的政策。省农业厅围绕农业和粮食生产，1月份下发了《关于稳定发展我省粮食生产的意见》，把粮食面积和产量任务指标分解到各市，责任落实到人；3月份，制定出台了《玉米丰产增粮计划实施意见》和《高效园艺建设计划实施意见》，提出了今后3—5年的发展目标、重点建设内容及具体措施；5月份在晋中召开高效园艺建设现场会、8月份在忻州召开玉米丰产方建设现场会议，对具体工作进行安排部署，有力地推动了各项工作的开展。围绕开展粮食高产创建年活动，1月份省农业厅制定了《山西省粮食高产创建年活动工作方案》，并

图为省农科院果树研究所新产品“丹霞苹果” 郭建平摄影

召开专题会议进行安排部署，确保创建活动开展扎实有效。根据农情的变化，及时下发抗旱、防风、防冻、“三夏”等管理意见，有针对性地指导农业和粮食生产。在农业生产的关键时期，组织广大农业干部和技术人员深入生产第一线，及时了解情况，帮助群众解决生产中遇到的实际困难和问题，确保农业生产顺利进行。

2. 加大对粮油生产大县的奖励力度。为调动地方政府抓粮食生产的积极性，2008年中央、省进一步加大对粮食、油料生产大县的奖励力度，奖励资金达到17369万元。其中，中央财政奖励襄垣、屯留、长子、泽州、高平、寿阳、临猗、忻府、原平、襄汾、洪洞、安泽、文水13个产粮大县资金9528万元；中央财政奖励泽州、高平、平遥、兴县、临县、文水、左云、平鲁、朔城、右玉、应县、偏关、静乐、神池、襄汾、曲沃、临猗、盐湖、芮城、永济、万荣21个产油大县资金2741万元，用于支持油料产业发展，重点用于贷款贴息、农业保险保费补助、流通设施改造、油脂精深加工与生产、油料安全等方面。省财政奖励阳高、朔城区、应县、阳城、榆次、平遥、祁县、太谷、汾阳、尧都、盐湖、芮城、闻喜、新绛、永济、稷山和夏县17个产粮大县资金5100万元，重点用于支持发展粮食生产、加工、流通等方面的贴息贷款及农业保险费补贴等。

3. 大幅度增加对种粮农民的补贴。2008年，中央、省对种粮农民的补贴力度是近年来最大的一年。一是稳定粮食直补资金。省财政继续安排粮食风险基金27600万元，与2007年持平，小麦每亩补贴10元，玉米、除薯类以外的杂粮每亩补贴5元。二是大幅度增加生产资料综合补贴资金。中央财政安排生产资料补贴资金172680万元，比2007年增加108769万元；补贴标准大幅度提高，小麦每亩补贴51元，比2007年提高31元，玉米、除薯类以外的杂粮每亩补贴35元，分别比2007年增加元21和25元。三是扩大良种补贴覆盖率。中央、省财政安排小麦、玉米和水稻良种补贴资金19033万元，比2007年增加15933万元，共实施玉米、小麦良种补贴及小麦良种繁殖基地补贴1868.9万亩，比2007年增加1542.3万亩。其中玉米良种补贴1100万亩，每亩10元；小麦良种补贴750万亩，每亩10元；水稻良种补贴2.2万亩。小麦、玉米、水稻三种作物良种补贴覆盖率分别达到70%、60%和100%。小麦良繁基地补贴16.6万亩，每亩30元。2008年全省农户每种植1亩小麦、玉米、水稻和杂粮（不包括薯类）获得的补贴分别达到71元、50元、55元和40元。四是稳定技术补贴资金。中央安排水果套袋补贴资金340万元，对平陆、万荣两个县1.7万亩苹果套袋技术进行补贴。

4. 省政府出台扶持农业和粮食生产的十条政策。①抓紧下达农资综合补贴资金。对已安排的粮食直补资金2.76亿元和农资综合补贴资金10.5亿元在3月31日前下达。对中央财政新增的农资综合补贴资金，到位后立即下达。②增加良种补贴资金。省财政新增加500万元，全省100万亩玉米良种补贴标准由上年的每亩5元提高到10元。③提高粮食最低收购价。参照国家对粮食主产省的粮食最低收购价格标准，近期公布我省小麦最低收购价格。④对高扬程泵站灌溉电价实行补贴。省财政新增加1500万元，对扬程超过100米的中小型泵站灌溉用电实行补贴，使水价控制在每立方米0.45元以下。⑤对产粮大县给予奖励。省财政新增加5100万元，对省定的30个产粮大县中没有享受到中央财政奖励的17个县每个县奖励300万元，重点支持发展粮食生产、加工、流通等方面的贷款贴息及农业保险费补贴等。⑥增加粮食和农资储备。省财政新增2500万元粮食储备补贴，在2008年新小麦上市时，采取直接收购的办法增加小麦储备1亿公斤；新增加化肥淡季储备5万吨。⑦开通季节性“农资运输绿色通道”。对在本省高速公路和普通公路上运输农资的车辆免收通行费。⑧增加粮食重点技术物化补贴和技术培训资金。省财政新增加500万元，用于粮食主推技术物化补贴和农民技术培训。⑨沟坝地建设和中低产田改造。省财政新增1亿元，用于新造耕地建设。L加强农业基础建设。省发改委调整基本建设投资，用于旱作示范基地和农作物种子工程建设。

5. 大力推进粮油高产创建活动。按照农业部的统一安排，2008年在全省16个县开展小麦、玉米、马铃薯和油料四种作物的高产创建活动，共建立万亩示范区12个、千亩示范区4个，取得明显成效，带动了粮油产量的提高。其中，朔城、原平、忻府、寿阳、屯留、安泽和长子7个县建立7个万亩玉米示范区，示范区面积70463万亩，平均亩产742公斤，比2007年增产80～100公斤。在洪洞、襄汾、曲沃、夏县、泽州5个县建立5个万亩小麦高产示范区，示范区面积56790万亩，平均亩产443公斤，比2007年增产30～50公斤。在阳高、岚县2个县建立4个500亩马铃薯示范区，其中，阳高县种植的克新一号，亩产分别达到2176公斤和2058公斤，比非示范区增产1152公斤；岚县以大西洋和夏波蒂为主推品种，2个500亩示范区亩产分别为2007公斤和1027公斤，均高于全县900公斤的平均水平。在神池、平鲁两个县分别建立1个千亩油葵示范区和1个千亩胡麻示范区，神池油葵示范区平均亩产160公斤，比全县平均水平高60公斤；平鲁区胡麻示范区亩产达到114公斤，比全县平均水平高出31公斤。

6. 推广优良品种和先进实用技术。2008年全省共引进335个新品种，比2007年增加15个。尤其是加大了高产耐密玉米品种的引进力度，共引进高产耐密玉米品种13个。全省组织安排了37种农作物746个试验点的国家级、省级区试、预试、生产、引种试验，种子品质、多样化水平进一步提高。建立了2个玉米新品种展示基地和1个玉米新品种高产示范方，真正起到了宣传、示范、引导的作用。围绕优势产业，全省重点推广了玉米“一增四改”、无公害标准化生产、旱地小麦沟播、小麦氮肥后移、秸秆覆盖、少耕穴灌、移动大棚、旱垣日光温室四位一体等技术。据统计，全省新技术试验、示范、推广面积达到1385.23万亩，占到农作物总面积的28%，有效提高了农业科技含量。各级农业部门组织农技人员大力开展农业技术培训，全年共计培训农民556万人次。病虫害综合防治取得明显成效。2008年，全省小地老虎、玉米红蜘蛛和草地螟等病虫害大发生，尤其是春季的小地老虎给玉米生产造成很大危害。各级农业部门及时做好预测预报，开展综合防治，取得明显成效。据统计，全省共防控病虫草鼠害1.52亿亩次，挽回粮食损失11.4亿公斤，为在大灾之年夺丰收作出了贡献。同时，围绕供奥农产品安全，与周边省市联防联动，开展助奥运、保安全、保质量系列活动，确保迁移性害虫不进京，确保供奥产品安全，受到了农业部及奥运会主办城市北京的赞扬。

组织实施提高耕地综合生产能力的重点工程。一是2000万亩耕地综合生产能力建设工程。这是省委、省政府确定的“十一五”期间农业重点工程。2008年，紧紧围绕玉米丰产方建设工程和高效园艺建设工程的实施，突出秸秆还田、少耕穴灌、水肥一体化、测土配方施肥、盐碱地综合治理五大技术，抓好高标准旱作工程田、节水灌溉高产高效农田、盐碱地综合治理工程田三大类型区域建设，项目区耕地水肥利用效率和生产能力明显提高。全省三大类型区域共建设万亩以上示范区78个、千亩以上示范区220个，共建设工程田339.45万亩，涉及53个县、468个乡镇、4248个行政村、71.17万农户。工程田总增收3.8亿元，项目区农民人均增收179元。二是玉米丰产方建设工程。利用中央财政扶持现代农业生产发展资金9000万元，在43个玉米优势基地县建设玉米丰产方300万亩，对提高耕地地力的玉米秸秆直接还田、机深耕（松）、增施有机肥三项技术进行补贴，每亩每项技术补贴30元。通过工程建设，项目区农田基础设施及土壤理化性状显著改善，土肥水资源利用率明显提高，增产增收效果显著。

8. *依法加大对农资市场的监管力度*。2008年全省继续加强农资市场监管，组织开展了6次农资打假活动，在抓好化肥、农药、种子登记发证等工作的同时，加大执法力度，加强市场检查，查处了一批有影响的案件，维护了农资市场秩序，保护了农民利益。2008年全省受理种子案件109个，查获涉案种子19万公斤，涉案金额132万元，没收种子2.7万公斤，罚款4.3万元，为农民群众挽回经济损失193万元。共检查肥料生产企业85个，经营网点2425个，发出责令改正通知书55份，查处外省肥料未经本省注册备案产品45个，查封伪劣肥料1757吨，为农民挽回损失123万元。从严监管测土配方施肥定点生产企业，对12个测土配方施肥定点企业的19个肥料产品和1个有机无机复混肥料产品进行了抽检，合格率达97%。对全省11家农药生产企业的21个产品和39个农药经营单位的66个产品进行了抽检，合格产品79个，合格率为89.9%。积极开展高毒农药专项清查工作，全省共收缴销毁2.36吨甲胺磷等5种高毒农药。 （张软斌）

【存在的主要问题】 *化肥等农资价格大幅上涨*。2008年3月份调查，受原料价格上涨的影响，化肥价格大幅上涨，多数品种涨幅在20%以上，个别品种超过50%以上。尿素（46%）2000元/吨，比上年同期上涨14.3%；硫酸钾（50%）4000元/吨，同比上涨60%；国产磷酸二铵、进口磷酸二铵分别为3600元/吨和4000元/吨，同比分别上涨44%和48%；国产复合肥（30%）2000元/吨，同比上涨37.9%。地膜12750元/吨，同比上涨7.6%。

农药大多数品种价格上涨15%左右，代森锰锌等个别品种达到30%。受商品粮价格上涨的影响，玉米种子价格较上年普遍上涨1.0元/公斤，大丰5号、晋单42号等玉米种子市场零售价格分别达到11.6元/公斤和10元/公斤，分别比上年上涨0.6元/公斤和1元/公斤。美国先锋公司玉米品种——先玉335，一亩种子（4000粒）价格更是高达40～42元。

农业科技不足支撑现代农业发展需要。突出的表现在：一是基层农技服务体系薄弱。在历次机构改革中，基层农业技术推广部门首当其冲，出现了“线断、网破、人散”的局面，不能给农民提供及时有效的服务。以病虫防治体系为例，30个病虫测报中心有17个没有办公用房和基本的仪器设备，测报人员工资没有保障；乡镇一级几乎没有植保人员，影响了病虫防治工作的开展。二是劳动力素质下降，农业科技创新不足。随着大批农村青壮年劳动力外出，从事粮食和农业生产的劳动力素质呈结构性下降，种粮者多为老人妇女。农业科技创新能力有待提高，缺乏抗旱、抗逆性强的高产优质品种和突破性的栽培技术。 （张软斌）

【自然灾害】 1月中下旬，中南部地区出现持续阴雪低温寡照天气，对大棚蔬菜生产造成较大影响。运城市累计降水量达到18毫米，最大的垣曲县达36.2毫米，局部地区积雪厚度达到20多厘米，平均气温在－4℃～－13℃之间。据统计，全省日光温室受灾面积18.4万亩，成灾12万亩，绝收面积4.23万亩，造成农业直接经济损失18.5亿元。

6月下旬以来发生严重旱灾，7月份全省平均降水量54.8毫米，较常年平均值偏少5～6成，突破有气象资料记录以来的历史最低值。全省有80个县（市）出现不同程度的干旱，其中43个县为重度干旱，农作物受旱面积3379万亩，其中严重受旱1650万亩，绝收101万亩。干旱持续时间之长、危害程度之重，为近十多年来所罕见。

农作物病虫偏重发生，发生面积1.72亿亩次，种类之多、虫量之大、密度之高、范围之广、为害之重为历史罕见。其中，小麦白粉病发生350万亩，是本世纪以来最重的一年；小地老虎发生428万亩，发生范围和危害程度为30年来最重的一年。恶性杂草危害持续上升，发生面积1605.21万亩次，特别是麦田禾本科恶性杂草发生危害较重。

·粮食作物·

【山西粮食产量连续三年突破百亿公斤】 2008年山西省遭受了严重的干旱、病虫、低温等自然灾害，但粮食生产仍获得较好收成，全省粮食总产量达到1028万吨，连续三年突破千万吨，这在山西省历史上是首次，也是第六个超千万吨的年份，标志着全省粮食综合生产能力上到了一个新的台阶。 （武少东）

【玉米种植面积连续8年扩增】 2008年全省玉米种植面积达到1378.55千公顷，比2007年增长8.5%，实现连续8年增加。增加的主要原因：一是种粮补贴增加。2008年全省农民种植1亩玉米可享受粮食直补、生产资料综合补贴40元，还有部分农户可享受每亩10元的良种补贴，调动了广大农民的积极性。二是玉米价格较高。玉米需求增长，拉动玉米市场价格上扬，2007年12月玉米价格达到峰值1.6元/公斤，激发了农民强烈的种植意愿，玉米面积随之大幅增加。 （武少东）

【冬小麦面积扭转连续两年减少局面】 2008年全省冬小麦播种面积达727.47千公顷，比2007年增加20.09千公顷，扭转了连续两年减少的局面。政策好、效益高是冬小麦播种面积增加的主要原因。2008年，全省农民种植1亩小麦可享受粮食直补、生产资料综合补贴61元，大部分农户还可享受每亩10元的良种补贴。小麦市场价格看好，预期收益稳定。2008年10月份小麦价格为1.72元/公斤，同比增加0.21元/公斤。小麦单产提高，农民收入增加。2008年全省小麦平均单产达到3627公斤/公顷，比2007年增长17.3%。由于种粮补贴增加、小麦亩产提高及小麦价格上涨，小麦每公顷现金收入

达到 6240 元，比 2007 年增加 1575 元。（武少东）

【农业部表彰粮食生产先进单位、先进工作者和种粮大户】 2008 年，忻府区、寿阳县、高平市、夏县 4 个粮食生产县区入围农业部评出的“全国 200 个粮食生产先进县”。山西省农业厅兰惊雷、长治市农业局段爱民、阳高县农业局杜恒悟、山西省农机具戴建功、襄汾县农机具张来顺等五人被评为“全国粮食生产先进工作者”，其中段爱民被评为“全国粮食生产先进工作者 17 名标兵”之一。清徐县徐沟镇西怀远村陈万荣、河津市阳村乡连柏村张和平、山阴县古城镇西盐池村朱来有、山阴县古城镇羊圈铺村王文义、繁峙县金山铺乡郝家湾村张海明、清徐县孟封镇孟封村赵礼、大同县党留庄乡邢庄村高利如、平遥县乡乐乡薛贤村薛守银、榆次区什贴镇王金堂等十人被评为“全国粮食生产大户”。（武少东）

【省农业厅表彰种粮大户和园艺生产大户】 2008 年，省农业厅对全省 10 个粮食生产大户和 10 个园艺生产大户进行了表彰奖励。10 个粮食生产大户分别是忻府区解原乡六石村沈玉卯，盐湖区大渠乡大渠村许永强，山阴县合盛堡乡万亩园区邵家金，阳曲县高村乡北社村张宝龙，襄垣县虒亭镇黄楼北村张华盛，孝义市中阳楼乡桥南村褚建生，安泽县川镇乡北崖底村杨瑞明，榆次区张庆乡张庆村许慧仙，广灵县加斗乡东石门村张友，阳城县芹池镇羊泉村朱正东。

10 个园艺生产大户中，5 个是水果生产大户，5 个是蔬菜生产大户。5 个水果生产大户分别是临猗县角杯乡上豆氏村吴忠定，平陆县圣人涧镇槐下村陈东镇，盐湖区上郭乡路家庄村李栓狮，吉县吉昌镇赵村刘德忠，祁县城赵镇修善村王沁杰；5 个蔬菜生产大户分别是新绛县三泉镇孝陵村刘新龙，怀仁县新家园镇路庄村李富，长子县丹朱镇大李村李生贵，应县杏寨村赤堡村郭玉武，清徐县徐沟镇西怀远村陈万荣。（武少东）

【全国粮食生产先进工作者标兵——段爱民】 段爱民现任长治市农业局局长，1974 年参加工作以来，即扎根农业战线。他曾经先后获得全省农林水气五一劳动奖章，全省防治非典工作二等功臣，全省经济结构调整先进个人等荣誉。他熟悉农村政策，坚持用真情实感落实党的政策，狠抓农业配套服务，坚持推广标准化生产，为长治市的粮食生产和“三农”工作做出了突出贡献。

他带领农业部门的干部和技术人员，狠抓惠农政策落实，技术服务，标准化生产等工作，促进全市粮食增产、农民增收。长治市的粮食直补工作连续五年全省排名第一。长治市建成了全国第一个农业标准化示范市。农业部和省政府先后在长治市召开了耕地综合生产能力建设工程现场会、全国农田节水经验交流现场会和无公害农产品生产技术现场会。（武少东）

【种粮大户——陈万荣】 陈万荣是徐沟镇西怀远村人，于 2000 年成立了广源种植场，当时只有 33.33 公顷土地，主要种植玉米、小麦，单产只有 6000 公斤/公顷。为了提高粮食生产水平，他积极争取资金，进行合理的土地流转，走规模生产、科技兴粮、示范带动之路；他还推广测土配方施肥技术，引进农大 84、先玉 335 等优良品种，提高粮食生产的科技含量，产生了良好的经济效益和社会效益。到 2008 年，广源农场种植面积已经扩大到 166.67 公顷，其中粮食作物 146.67 公顷，平均单产 7800 公斤/公顷，总产 1144 吨，出售给国家的商品粮占到粮食总产量的一半以上。（武少东）

· 经济作物 ·

【棉花单产再创历史新高】 2008 年，山西省进一步加大了对棉花生产的科技投入，各级农业部门大力推广优良品种和测土配方施肥、间作套种等一系列棉花生产适用技术，使运城、临汾等棉花主产区普遍种植了早熟棉花品种，有效避开了连绵秋雨，保证了棉花单产不断提高。2008 年全省棉花单产达到 1198 公斤/公顷，比 2007 年增长 8.22%，再创历史新高。（武少东）

【甜菜生产继续稳步发展】 自 2007 年甜菜生产走出低谷后，连续两年全省甜菜生产继续稳步发展。2008 年全省甜菜播种面积 6.4 千公顷，比 2007 年增长 11.11%；总产量 23.44 万吨，比 2007 年增长 11.14%；单产 36624 公斤/公顷，较上年略增。甜菜生产稳步发展主要是由于甜菜主产区糖厂经过改制后，生产能力大幅度提高，与乡村和农民签订种植收购合同，调动了农民种植甜菜的积极性。同时，甜菜主产区重点推广纸筒育苗移栽技术，有效解决了甜菜保苗难，产量低的问题。加之近年来，部分市、县积极进行技术革新，有效地解决了农民以往收获甜菜劳动强度大、用工投入多和作业条件艰苦等问题，对促进农业产业结构调整，扩大甜菜种植面积，产生了重要作用。（武少东）

【新绛县全面推广蔬菜标准化】 近年来，新绛县以创建“全国蔬菜标准化示范县”为切入点，全面推广农业标准化，发展现代农业。目前，全县蔬菜专业村发展到 143 个，通过有机认证的品种 21 项，加工企业 3 个，GAP 认证品种 7 项，有 6 个品种通过无公害农产品论证，农产品的质量水平和知名度大幅度提高，全县蔬菜总产值达到 7.5 亿元。新绛县因此被确定为北京市“场地挂钩”外埠蔬菜生产基地、中国绿色食品总公司蔬菜生产基地、中国果蔬 10 强县和国家级无公害农产品生产示范基地。（武少东）

【清徐县盐碱地上推广芦笋种植取得巨大成就】 经过 20 多年的努力，清徐县在盐碱地上推广芦笋种植取得了重大突破，建成了国内最大的温室生产基地，全县有 140 多个村 9000 多户农民种植芦笋，全县芦笋年总产达 20000 吨以上，农民收入近亿元，预计今后芦笋产量将有大的提高。（武少东）

【四种农产品获国家地理标志保护】 2008 年，“芮城花椒”、“红山荞麦”、“长子大青椒”和“孝义核桃”4 种产品通过农业部审查，成为国家地理标志保护产品。加上此前的“黎城核桃”和“交城骏枣”，目前全省已有 6 种产品成为国家地理标志保护产品。（武少东）

【“京晋合作”让阳泉蔬菜产业如虎添翼】 2008 年，阳泉市充分利用北京市的科技、信息、人才等方面的资源优势，积极开展京晋农业科技合作蔬菜项目，为发展势头强劲的蔬菜产业注入了新的活力。项目内容主要包括蔬菜品种更新换代工程、设施农业项目等。项目实施期间，北京市农林科学院将向全市推广新品种，并从茬口安排、种植模式、品种搭配、节水入手，探索符合阳泉市市山区特色的设施蔬菜现代化栽培技术模式。除投资 390 万元支持现代农业科技示范园建设外，阳泉市政府每年将投资30万元，用于蔬菜新品种引进、新技术推广、科技培训和聘请专家等方面。市农业部门积极向农民推广蔬菜新品种，不仅产量大幅度增加，效益也明显提高。许多农民积极要求加入到京晋农业科技合作蔬菜项目中，进行新品种和新技术试验。项目实施以来，阳泉市的蔬菜产业获得了新的发展，取得了良好的经济效益和社会效益。（武少东）

【山西寿阳蔬菜业成“大气候”，产品远销全国】 寿阳已成为全国重要的无公害蔬菜生产基地，产品销往全国19个省（区、市）800多个县，不仅在北京、上海等大都市的蔬菜市场占有一定份额，而且出口韩国、日本、俄罗斯、新加坡等地，蔬菜业不仅成了该县农民致富的主导产业，也成为带动县域经济的引擎。寿阳县从1999年开始种菜，目前蔬菜种植面积26千公顷左右，覆盖全县14个乡镇、5万多农户，有16个大类、120多个品种。全县蔬菜产量100万吨，总收入2亿元以上。蔬菜种类丰富，适宜的气候土壤，政府的高度重视，特别是蔬菜标准化生产，是其成功的重要原因。为了保证全县蔬菜品质，寿阳县政府制订了《加强蔬菜监测的管理办法》，全县设立9个监测点，在蔬菜重点产区建立农药残留速测机构，加强现场监测。同时政府部门通过常年开展技术培训服务，蔬菜生产基础设施建设服务，产业加工体系建设服务，以及蔬菜的宣传、销售服务，为全县蔬菜业发展提供了坚实基础。（武少东）

黄瓜　　郭建平摄影

豆角、茄子
郭建平摄影

·优质新品种·

【加大农作物新品种引进、试验和示范力度】 2008年全省共引进335个农作物新品种，比2007年增加15个。其中小麦20个、玉米100多个、向日葵20个、西瓜30个、大豆10个、马铃薯5个、其他作物150个。加大了高产耐密玉米品种的引进力度，共引进13个。在11个市80个县共组织安排预试、生产、引种试验，涉及37个作物746个试验点。农作物种子品质、多样化水平进一步提高。建立了2个玉米新品种展示基地和1个玉米新品种高产示范方，真正起到了宣传、示范、引导的作用。（武少东）

【全省审定82个新品种】 2008年山西省农作物品种审定委员会组织召开了五届三次、四次品种审定会议，审定通过了25种作物82个品种。其中玉米22个、棉花3个、大豆4个、马铃薯2个、向日葵2个、其他作物49个。修订了玉米等8种作物审定评价指标，提高了产量标准，细化了品种分类，增加了稀、特作物类型，并实行一票否决制，使通过审定的品种能更好地为农业生产服务，有效规避生产风险。（武少东）

【318个农作物品种退出市场】 为了净化种子市场，保证农业生产安全，2008年，省农业决定对全省历年审定通过但已不适合当前农业生产发展需要的小麦、玉米、大豆、棉花、向日葵、西瓜六种作物共318个品种实行退出，其中小麦126个、玉米88个、大豆28个、棉花42个、向日葵9个，西瓜25个。上述退出品种不得再进行种子生产，种子管理部门不再核发种子生产许可证。对此前已生产的种子，准许在两年内销售完毕。（武少东）

【国内最新品种高酸苹果落户芮城】 2008年，芮城县引进的由青岛农业大学培育的国内最新、最优高酸制汁专用型苹果新品种“鲁加1号”“鲁加5号”当年定植，当年挂果。这一系列品种是目前国内仅有的柱型高酸制汁专用型苹果，多项指标均填补了国内外空白。它的成功引进，无疑将成为当地农业增产、农民增收的又一亮点。柱型高酸制汁专用型苹果，树冠小、密植度高，结果早，自然坐果率高，无采前落果，早产、丰产、稳产。抗病性强，管理简便。树形可采用纺锤形、圆柱形或直立中央领导干形。常规生产管理条件下，栽植后第2年开始结果，第3年株产5公斤以上，第4年进入丰产期，盛果期每公顷可达7.5万公斤以上。（武少东）

·技术推广·

【全省测土配方施肥行动全面推进】 2008年，全省测土配方施肥工作再53个国家级项目县的带动下，围绕“测土、配方、配肥、供肥、施肥指导”五个重点环节，共推广测土配方施肥面积1618.67千公顷，总增产粮食80.4万吨，总节约肥料3.16万吨（纯养分），总增收节支14.4亿元。其中玉米测土配方施肥674.66千公顷，小麦测土配方施肥428.8千公顷。测土配方施肥行动开展以来，试验、示范工作不断加强。全省共建立万亩以上测土配方施肥示范区128个，示范面积166千公顷，起到了很好的示范带动作用。农民越

来越自觉应用测土配方施肥技术，施肥观念明显转变。（武少东）

【病虫无害化生态治理技术得到全面推广】 2008年，山西省突出绿色植保，以建设病虫无害化生态控制核心示范区为重点，进一步完善病虫无害化防治示范区技术的组装配套，全面推广农业、生物、物理等无害化防治措施，大量消减了化学农药使用量。2008年，全省主要推广了频振灯杀虫技术、温室大棚病虫防治技术、无公害农药替代高毒有机磷农药防治害虫技术、小麦恶性杂草化学防治技术等多项植保新技术。累计应用频振式杀虫灯7000余盏，性诱芯10万余枚，生物农药60多吨，病虫无害化生态控制核心示范区总面积达190千公顷以上，推广植保新技术1732.27千公顷次，总增经济效益5.98亿元。（武少东）

【全省高标准旱作农田建设效果明显】 2008年，通过大力推广少耕穴灌聚肥节水技术，加大山地丘陵区坡耕地综合治理力度，全省高标准旱作农田建设工作取得显著成效。全年共建设高标准旱作农田161.56千公顷，其中旱平地培肥104.97千公顷，坡耕地综合治理46.93，建设旱涝保收稳产高产沟坝地9.66千公顷。通过旱作农田建设，山地丘陵区耕地农业生产条件明显改善，抵御自然灾害能力大大增强，旱作农田水肥利用率和生产能力明显提高，取得良好的经济效益和社会效益。据测算，工程田增产粮食791公斤/公顷，增加纯收益1547元/公顷。

（武少东）

【对玉米丰产方重点技术进行补贴】 2008年，山西省利用中央财政安排的现代化农业生产发展资金12000万元，按照整乡整村推进，规模连片的原则，在43个玉米生产重点县建设集中连片的玉米丰产方300万亩。资金主要用于对玉米丰产方内推广的玉米秸秆直接还田、机深耕(松)、增施有机肥三项技术进行补贴，每亩补贴30元。通过技术补贴，扩大了技术的覆盖面，对提高土壤有机质含量、改善农田土壤结构、提高玉米米生产水平将起到重要作用，为确保全省安全奠定了坚实基础。（武少东）

【大力实施农业科技入户工程】 2008年，全省有28个县实施科技工程，其中农业部项目县9个，省级19个，国家、省财政共投入资金480万元，示范面积28万亩，新发展科技示范户1.85万户，辐射带动农户37万户，每人掌握2～3个农业新品种和新技术。为保证科技入户工程顺利实施，通过公开招标为每个县确定2－3个农业科技入户技术指导单位；为每个县公开招考25－50名技术指导员；通过农户自愿申报、村组推荐、村内公示，为每个县遴选500－1000个科技示范户。

（武少东）

・农民增收・

【山西省农民人均纯收入首次突破4000元】 2008年山西省农民人均纯收入达到4097.24元，首次突破4000元大关，比2007年增长11.77%。农民收入各部分在同向增长的基础上，内部构成发生变化：工资性收入持续增长；家庭经营收入稳步增加，但增幅减缓；财产性和转移性收入大幅增长。2008年，全省农民工资性收入占纯收入的比重为41.8%，比2007年增加0.3个百分点；家庭经营收入占纯收入的比重为48.5%，下降2.3个百分点；财产性和转移性收入占纯收入的比重为9.7%，增加2.0个百分点。（武少东）

【运城市农民纯收入和农村居民消费支出同步增长】 2008年，运城市委、市政府积极采取措施加快新农村建设，大力调整农业生产结构，有效推进农业产业优化升级，全年农业和农村经济快速发展，农民收入实现快速增长。2008年运城市农民人均纯收入为3800.1元，比2007年增长12.1%。同时，随着农村居民人均纯收入的增长，农民生活消费支出同步增长，农民的生活质量得到进一步的改善。全市全年农村居民人均总支出4253.7元，比2007年增长10.7%，其中人均生活消费支出2881.2元，增长12.6%。

（武少东）

【朔州农民人均纯收入创历史最高水平】 2008年，朔州市克服干旱等自然灾害给农业带来的不利影响，努力降低"三聚氰胺"事件给奶业造成的冲击，全面调整产业结构，增加农作物种植面积，加大和保护畜牧业的发展力度，充分利用农业科学技术，再加上高价位的农、畜产品价格，农民外出务工收入的增加，全年全市农民收入有较大幅度增长。2008年朔州市农村居民人均纯收入达4731.92元，比2007年增长14.1%，创历史最高水平。

（武少东）

【五大特色产业助推潞城农民致富增收】 近年来，潞城市结合当地实际，敲定了旱地西红柿、大葱、甜糯玉米、三樱椒、养殖五大农业特色产业的发展目标，为广大群众增收奠定基础。目前，全市特色种植面积已经占到全市经济类作物种植面积的80%以上，一村一品、一乡一业的产业化格局初步形成。潞城市的主要做法：一是扩大种植规模。全市特色种植突破3.33千公顷，比2007年增加0.93千公顷；二是壮大龙头。大力发展100个农民专业合作经济组织和100个农户公司；三是搞活流通。在巩固原有专业市场的基础上，不断壮大经营规模，完善服务体系，逐步形成种养加一条龙、产供销一体化的产业化格局；四是创立品牌。继续完善农产品质量标准化建设体系，大力发展绿色有机无公害农产品，新培育一批著名商标和驰名商标，促进全市农产品持续健康发展。（武少东）

【全省26万名新转移农村劳动力挣回20亿元】 2008年全省新转移农村劳动力26万人，新增务工收入约20亿元。同时，积极完善农村劳动力培训转移体系，在加大向外输出力度的同时，促进劳动力就地就近就业。积极开展定点订单培训，全省"阳光工程"定点培训学校达到553所，各学校都实行订单培训、定向输出，培训转移率达到80%以上。2008年4月份，山西省农业厅在苏州市举行了"山西与长三角劳务用工洽谈会"，输出2.3万人。2008年10月中旬同富士康集团公司开展专项劳务用工洽谈，仅一个月时间就输送1.45万人。同时，还努力开拓国际劳务市场，有3000多人到国外打工。山西省政府在北京、天津、上海、广州等地的办事处已建立劳务输出服务站，提供用工信息、组织输出、开展维权等方面的工作。山西省农业厅与山西省总工会共同组织在劳务输出重点县的乡镇设立农村劳动力转移服务站，在重点村设立劳务信息员，全省已建立220个服务站，发展了1.1万名劳务信息员。（武少东）

【侯马发展精品农业助农增收】 近年来，侯马市以建设精品农业示范中心为抓手，农业结构调整稳步推进，全市目前已建立特色种植业基地8个、规模养殖业园区3个、农副产品流通市场5个、农产品加工龙头企业21家、农民专业合作经济组织27个。全市农副产品商标注册率达到95%，15个获得农业部绿色食品认证，2个获得省著名商标，20个获得省、市名优产品；有12家企业通过国际质量管理体系认证，4家企业获得市场准入QS认证。侯马市发展精品农业有力地促进了农业的发展和农民的增收。（武少东）

·支农服务·

【大地保险六项保障助农民】 为支持新农村建设，减少自然灾害带来的损失，2008年，中国大地保险山西分公司继续在山西省深入开展农业保险业务，为农民提供强有力的保障。目前，大地保险公司主要推出了六大农业保险产品，即水稻种植保险、温室大棚保险、奶牛保险、林木火灾保险、种鸡养殖保险、淡水养鱼保险。（武少东）

【长治向农户发放支农惠农政策明白卡】 2008年，长治市60多万户农民都领到了一张“支农惠农政策明白卡”。这是长治市委为了维护农民权益推出的新举措。“明白卡”清晰地列出了2008年省市包括粮食直补、粮食作物综合直补、退耕还林、农村五保户、良种补贴和农机具购置补贴等在内的6项支农惠农政策和补助金额，各农户可依据自己不同的种植面积、养殖规模和拥有农机具情况对照核实应享受的政策和补贴。由于直接发卡到户，就从源头上防止了政策的梗阻和资金的流失，保证了支农惠农政策到户，切实维护了老百姓的权益。（武少东）

【太原实现政策性冬小麦种植区域性统保】 2008年，太原市小店区10920亩、清徐县21288亩、晋源区1079亩小麦由县（区）农业局组织在中国人保财险太原市分公司统保了种植保险。中国人保财险太原市分公司在2007年就以开办政策性能繁母猪保险为契机，与太原市财政局协作并与多方协商，积极推广农业保险，研究制定了《2007年太原市政策性农业保险（小麦）试点工作实施方案》：政府对参保农户实行50%的保费补贴，保险公司赔付2倍封顶；核定赔付额在当年该项险种全部保费2倍以上时，超过部分使用农业巨灾风险准备金赔付，此外不足部分由市、县财政按5∶5比例补齐。2008年，该公司根据太原市农业生产的实际情况，制定了政策性农业保险试行方案，在2007年农业保险有限覆盖的基础上加强和延伸与政府的互动，将符合条件的小麦、未承保的能繁母猪、符合承保条件的畜牧场及散养奶牛全部纳入承保范围，为广大农民提供更为广泛、更为全面的风险保障。（武少东）

【离石蔬菜种植大户有了补贴】 为了调动广大农民积极发展蔬菜生产的积极性，2008年离石区出台了《离石区蔬菜种植补贴的实施意见》，制定了具体的扶持政策。对集中连片达到100亩以上的山地大田菜每年每亩补200元；水地大田菜补300元；温室蔬菜补1000元；对现有的蔬菜大棚在种植户承诺五年内只种蔬菜的前提下，对大棚进行恢复生产整修，给予每棚一次性补助2000元；新建蔬菜大棚一次性补助3000元，以后每年补助1000元。为了让群众吃上“放心菜”，离石区按照无公害蔬菜生产的要求，建立了无公害蔬菜生产管理办法，要求蔬菜基地的种植户在使用化肥、农药时要按照无公害生产的要求进行生产，同时要求农户建立生产台账，在蔬菜上市前进行产品安检，打造自己蔬菜品牌。当地还要求城区的3个大型蔬菜批发市场、5个农贸市场、4个大型超市进行安全管理与监管，对所有蔬菜抽样进行农药残留监测并及时公开监测结果，确保市场蔬菜安全放心。（武少东）

【新绛着力加大春耕生产科技支农力度】 新绛县在2008年春耕生产中，着力加大科技支农力度：一是组织农技人员深入村组，结合各个村的产业特点，配制“科技套餐”，调剂技术服务内容，针对性地开展服务指导。春耕播种期间，科技服务小分队深入全县10个乡镇（区）的64个产业重点村，现场技术指导142场；二是加大蔬菜新品种推介力度。针对2007年冬部分菜农受冻灾影响，开展大棚间作的需求，县蔬菜中心和绛州绿机械化育苗中心培育出“卡依罗”西红柿、“美因长茄”等蔬菜新品种种苗40万株向菜农供应，确保菜农减产不减收；三是多渠道技术传授。除通过下乡科技服务人员发放果树春剪等技术资料6000多份外，还通过县电视台、绛州农讯网、政府网站等渠道加大技术服务力度。（武少东）

·其他·

【寿阳“寿绿”菜上奥运餐桌】 寿阳县的“寿绿”牌蔬菜被选定为“奥运蔬菜”，景尚、平头、黑水三个村种植的20公顷蔬菜喜上奥运餐桌。寿阳是全国唯一的旱地蔬菜基地。近年来，寿阳县把蔬菜生产列入乡镇经济工作责任制考核的主要内容，每年拿出100万元进行奖励兑现，并开展了“百村万人科技大培训”。此外，寿阳县还积极申请商标注册和绿色认证，制定《无公害蔬菜生产技术规程》，举办蔬菜节，建立农业信息网，每年还拿出400万元设立蔬菜产业基金，扶持蔬菜产业快速发展。一系列的措施收到了实实在在的效果。不仅寿阳农民种菜的热情空前高涨，“寿绿”蔬菜也迅速在全国打响。（武少东）

【2008年耕地保护责任目标完成】 2008年，全省共安排土地开发整理项目39个，项目总规模达23.1万亩，新增耕地4.8万亩。安排中低产田改造项目及淤地坝治理项目47个，新增耕地3059亩，改造中低产田10.8万亩。安排补助项目20个，新增耕地1000余亩。2008年度耕地保护责任目标已全面完成，实现了基本农田不减少，耕地保有量较2007年略有节余的目标。（武少东）

【山西省农民专业合作社数量蝉联全国第一】 截至2008年底，山西省农民专业合作社总数达12772个，占全国总数的11.5%，涉及种养、加工、运输、贮藏、销售、技术信息服务等农业生产的方方面面，发展数量已经连续两年全国第一。2008年全省畜禽出栏总数的56%由合作社创造，全省农作物种植面积的43.4%在通过合作社经营。2008年，全省专业合作社社员人均纯收入达到5175元，高于全省农民人均纯收入1078元。（武少东）

【“2000万亩工程”取得明显成效】 “2000万亩耕地综合生产能力建设工程”启动3年来，共投入资金21亿多元，建设工程田800多千公顷，涉及1484个乡镇、231.43万农户；项目区耕地土壤有机质增加0.03－0.05个百分点，土、肥、水资源利用率及土壤肥力得到明显提高；工程田3年总计增产粮食6亿多公斤。以规模化示范区建设带动，是全面推进工程建设的重要手段，2008年全省共建成万亩以上示范区78个，千亩以上核心示范区220个。整合资金，以资金撬动资金，建立政府、部门、社会、农民投入协调长效机制，为工程建设注入了新的活力，2008年工程共争取省级以上投资7.05亿元，各市、县地方政府投资1.01亿元，吸引社会各方资本2.14亿元。此外，结合社会主义新农村建设，2008年还在52个新农村建设推进村投资166万元，实施以秸秆还田、加厚耕作层及测土配方施肥为主要内容的耕地地力建设3.67千公顷，直接经济效益440万元。（武少东）

【山西省农业产业化龙头企业培育计划成效明显】 2008年，山西省大力实施龙头企业培育计划，重点建设龙头企业项目工程，有力地促进了农业产业化的快速发展。到2008年底，全省农业产业化龙头企业总数达3836个，比2007年增长4%；实现销售收入398亿元，增长11.2%，其中年销售额亿元以上的企业66个，增加13个。2008年全省新建设农副产品加工项目148个，新上国家级重点龙头企业9家。全省国家级龙头企业发展到32家、省级重点龙头企业120家。（武少东）

畜牧业

【概述】 ——畜牧业生产稳定增长。据业务部门统计，2008年全省肉类产量达到111万吨，比上年增长13%；禽蛋产量达到74万吨，增长16%。出栏生猪1001万头，增长14.5%；出栏家禽7531万只，增长1.6%；出栏肉牛84万头，增长5%；出栏肉羊739万只，增长27.9%。

——重大动物疫情得到有效控制。2008年我省没有发生高致病性禽流感、牲畜口蹄疫、高致病性猪蓝耳病等重大动物疫情，这是我省多年来没有过的。其他动物疫病也得到有效控制，疫情大幅度下降。

——畜禽标准化规模养殖小区建设速度加快。全省共新建各类畜禽标准化规模养殖小区500多个、规模养殖场80多个。畜牧业规模化养殖比重达到58%，比上年提高4个百分点。

——畜产品质量安全水平显著提高。饲料质量安全检验合格率达90%以上，违禁药物检出率在2%以下；兽药产品监督抽检合格率85.2%，其中山西兽药企业产品合格率达91%；畜禽产品兽药残留超标率低于2%。

——农民收入大幅提高。虽然2007年奶业生产受到较大冲击，但养殖总体效益较好。预计农民人均牧业纯收入达到468元，比上年增加126元。

（侯晋兰 谢 卓）

【吕梁市召开首届民营畜牧企业座谈会】 为了进一步激发广大民营畜牧企业的创业精神，2007年2月27日，吕梁市畜牧兽医局组织召开了吕梁市首届民营畜牧企业座谈会，各县（市、区）畜牧局长及全市20多家民营畜牧企业负责人50多人参加了会议，重点就畜牧企业的壮大、各级政府的扶持帮助、动物疫病的预防与控制等问题进行了座谈，明确了今后民营畜牧企业要坚持走合作经济的模式，实现人才、信息、技术等资源的共享，逐步向规模化过渡；不断延长循环经济产业链条，由单一的养殖向沼气建设、饲料加工、动物屠宰等多方向拓展，实现能源综合利用和经济效益最大化；高度重视疫病的防控工作，通过采取积极措施，推动畜牧业的健康发展。（侯晋兰 谢 卓）

【人用禽流感疫苗获生产批准】 国家食品药品监督管理局2008年4月2日正式批准北京科兴生物制品有限公司生产大流行流感疫苗，这标志着我国成为继美国之后第二个具备人用禽流感疫苗制备技术和生产能力的国家。为防范高致病性禽流感病毒（H5N1）的人际传播，经食品药品监管局批准，北京科兴生物制品有限公司和中国疾病预防控制中心联合研制大流行流感疫苗，2007年4月疫苗研制进入二期临床。今年3月28日，食品药品监管局对大流行流感疫苗启动特别审批程序，并于4月2日正式签发了大流行流感疫苗的药品批准证明文件和药品批准文号。这次是自2005年颁布实施《药品特别审批程序》以来首次启动特别审批程序。

（侯晋兰 谢 卓）

【省政府第十次常务会议讨论并通过《关于促进畜牧业持续健康发展的意见》】 5月26日，省政府召开第十次常务会议，讨论并通过了省政府《关于促进畜牧业持续健康发展的意见》，明确了我省今后一段时期畜牧业发展的指导思想和目标任务，就加快畜牧业的增长方式转变、加大体制机制和科技创新力度、加大资金投入和政策支持力度、加强服务体系建设等方面提出了指导意见和具体措施。

（侯晋兰 谢 卓）

【省草原防火办向震区紧急发送救灾物资】 5月18日，省草原防火办迅速将“草原防火物资储备”野外生存装备（睡袋）50套紧急捐赠四川地震灾区。19日上午9时，救灾物资顺利起运，下午安全到达，并很快发放到了灾民手中。

（侯晋兰 谢 卓）

【全省畜牧兽医系统情系灾区爱手相牵】 四川汶川发生的强烈地震牵动着全省畜牧兽医广大干部职工的心。各市县畜牧兽医局积极组织干部职工向地震灾区捐款献爱心，大家纷纷伸出援助之手，表达对灾区人民的关爱。5月15日，长治市畜牧兽医局举行了“情系灾区人民，奉献一片爱心”集中捐助活动，短短20分钟时间，共捐款15410元。5月16日，侯马市畜牧兽医局干部职工、屠宰加工企业老板、规模养殖户、兽药饲料经销户进行了集体募捐，筹集善款9170元。临汾市畜牧兽医局还积极组建动物防疫支队支援灾区，5月23日，第一批20人的支援灾区动物防疫支队奔赴抗震救灾第一线。

（侯晋兰 谢 卓）

【《乳制品工业产业政策》正式公布】 2008年6月4日，国家发展和改革委员会发布《乳制品工业产业政策》，对乳制品生产企业、奶源基地建设等进行了规范。政策提出，乳制品项目建设必须达到合理的起始规模，且由投资主管部门核准；进入乳制品工业的出资人必须具有稳定的奶源基地、经济实力和抗风险能力强，管理经验丰富，信誉好，社会责任感强。新建乳制品加工项目须严格执行国家及行业相关标准，并与周围已有乳制品加工企业保持合理距离。支持国内企业通过兼并、联合、重组等形式，形成一批年销售收入超过20亿元以上，具有先进水平、跨地区、具有国际竞争力的大型乳制品企业集团，在确保奶源全部消化的基础上淘汰规模小、技术落后、质量差、资源消耗高的乳制品生产企业，减少日加工原料乳能力在20吨以下液体乳及乳粉小企业数量。鼓励奶源生产基地优化奶牛养殖模式，发展奶牛适度规模养殖和标准化体系建设，提高奶牛养殖现代化水平，构建优质高效、布局合理、安全环保的奶源供应体系。（侯晋兰 谢 卓）

【神池舍饲养羊列入全国农业标准化示范项目】 经农业部批准，神池县舍饲养羊列入全国农业标准化首批示范项目。

神池县养羊历史悠久。近年来，神池县把舍饲养羊标准化列为助农增收的头号工程，因地制宜地推广标准化舍饲养羊方法，培训牧民上千人次，标准化舍饲养羊户达到560余户，种植优质牧草3万余亩，建成标准化青贮池400多个。目前，全县养羊总量突破50万只，养羊收入达到1.26亿元，占到农业总收入的20%。

（侯晋兰 谢 卓）

【汾河流域草地生态治理工程启动会议】 为全面贯彻落实省委、省政府关于实施汾河流域生态环境修复与保护工程的重大决策，7月15日，省农业厅组织召开汾河流域草地生态治理工程启动会议。

会议全面部署了汾河流域草地生态治理修复与保护工作，确定了工程的总体思路和目标任务，要求以恢复汾河流域草地植被为目标，着力发展生态畜牧后续产业，努力实现经济社会与自然环境的协调发展。力争到2020年，汾河流域80%的退化草地得到治理，60%的牛羊实现标准化小区养殖，50%的草地得到保护免受鼠虫害侵袭。会议提出要加快草地治理和保护步伐，尽快恢复草地生态功能；稳定畜牧业发展，巩固草地治理成果；强化科技支撑，提高工程建设质量；深化机制改革，增强发展后劲；搞好工程规划，确保科学有序实施。（侯晋兰 谢 卓）

【全省草地资源监测与保护现场会在沁水召开】 2008年全省草地资源监测与保护现场会在沁水县召开，农业部草原监理中心章力建巡视员、杨智处长应邀出席会议，省牧草站和各地市牧草站负责人共计50余人参加了此次现场会。会议参观了沁水县草地资源监测与保护的现场，传达了全国草地监测工作会议精神，安排部署了2008年草地监测任务，表彰了2007年全省草原资源与生态监测的23个先进单位和36个先进个人。

（侯晋兰 谢 卓）

【山西建立重大动物疫病防控“问责制”】 为防止重大动物疫情的发生，7月20日，省政府办公厅下发了《山西省人民政府办公厅关于建立重大动物疫病防控工作责任制度的通知》，标志着全省建立重大动物疫病防控工作责任制度全面建立。文件指出，地方各级政府对本行政区重大动物疫病防控工作负总责，各级政府行政首长是动物防疫工作第一责任人，有关部门（单位）的主要负责人为履行本部门（单位）职责的第一责任人。动物和动物产品饲养、加工、经营等场所的动物防疫监管责任人，为该场所动物防疫监管工作的直接责任人。任何人、任何单位如因工作失职、渎职而导致发生致病性禽流感、牲畜口蹄疫、高致病性猪蓝耳病、猪瘟等重大动物疫情，相关部门负责人、工作人员将被追究责任。（侯晋兰 谢 卓）

【华北五省区重大动物疫病联防会】 7月29日，华北重大动物疫病联防会在我省平遥县召开。北京、天津、河北、内蒙古和山西五省（市、区）畜牧兽医部门负责人参加了会议。会议听取了五省区上半年重大动物疫病防控工作的情况汇报，交流了在动物防疫方面的工作经验，并就近期“保质量、保安全、保奥运”三个重点工作进行了探讨，进一步明确了联合防控的思路。（侯晋兰 谢 卓）

【平遥冠云牛肉列入国家级非物质文化遗产名录】 在国务院公布的第二批国家级非物质文化遗产名录中，平遥牛肉集团的冠云平遥牛肉传统制作技艺位列其中。平遥牛肉源于西汉，立于唐宋，兴于明清，现有加工工艺继承了“相、屠、腌、卤、修”的传统加工技艺，以其色泽红润、肉质鲜嫩、软硬均匀、肥而不腻、瘦而不柴、清香醇厚、绵软可口、余味悠长的特点深受城乡市场青睐，史有“闻其香而提神，食其肉而解困”的佳话。

（侯晋兰 谢 卓）

【《山西省规模健康养殖计划实施意见》出台】 为贯彻落实国务院和省政府关于促进畜牧业持续健康发展的意见，积极推进山西省畜牧业生产方式转变，加快现代畜牧业建设，省农业厅于8月9日正式出台了《山西省规模健康养殖计划实施意见》。

《意见》指出，今后全省畜牧业将坚持重点发展，加快优势畜产品基地县建设，夯实畜牧业的发展基础；坚持全面协调发展，优化畜牧业产业结构，促进猪、鸡、牛、羊共同发展，提高畜牧业综合生产能力；坚持科技进步，推广先进适用技术，提高畜牧业生产的科技贡献率；坚持保护生态环境，推行清洁生产，促进畜牧业可持续发展；坚持政府扶持和社会参与的多元化投入机制，积极引导社会资本投入畜牧业生产。到2012年，畜牧业生产结构进一步优化，良种繁育、动物疫病防控、饲草饲料等保障体系体系进一步完善，规模化、标准化、产业化程度进一步提高，综合实力进一步增强，逐步实现畜牧业向技术集约型、资源高效利用型、环境友好型转变。

（侯晋兰 谢 卓）

【全省规模健康养殖现场会在朔州召开】 9月8日—9日，省政府在朔州召开全省规模健康养殖现场会议。会议总结学习了雁门关生态畜牧经济区建设标准化养殖小区的经验，全面启动实施了规模健康养殖计划，研究部署了今后一段时期全省规模健康养殖工作。副省长胡苏平、省农业厅厅长孙连珠、副厅长雷郭堂、省局局长李广等出席会议并作重要讲话。各市、县（市、区）分管农业的副市长、副县（市、区）长，各市、县（市、区）畜牧兽医局局长，各市基层防疫员、动检员、改良员十佳标兵代表等共500余人参加了会议。

会议现场参观学习了朔州市山阴县、应县、朔城区的先进典型，表彰了畜牧业生产、畜牧兽医服务体系、雁门关生态畜牧经济区建设的先进单位和基层畜牧兽医工作涌现出的先进个人，朔州市、吕梁市、高平市、娄烦县分别作了典型发言。

会议号召各地大力发展规模养殖场、养殖小区，扶持养殖大户，推广良种良法，提高规模化、标准化、产业化水平；坚持走“小规模、大群体”的道路，努力打造一批养殖专业村、专业乡和专业区域，力争到2012年，使全省畜牧业生产结构进一步优化，保障体系进一步完善，综合生产能力进一步增强，规模化、标准化、产业化程度进一步提高，畜牧业产值占农业总产值的比重达到35%以上，规模化饲养畜禽数量占到总饲养量的70%以上，农民人均牧业纯收入达到600元以上。

（侯晋兰 谢 卓）

【山西全力开展奶站专项整治活动】 为贯彻落实《国务院办公厅关于进一步做好婴幼儿奶粉事件处置工作的通知》精神，9月23日，省政府召开了“全省奶站专项整治行动电视电话会议”，部署开展奶站专项整治行动，胡苏平副省长出席会议并做重要讲话，省农业厅、财政厅、经委、公安、卫生、工商、质监等部门负责人在主会场参加会议，各市、县（市、区）分管农业的副市长、副县（市、区）长，相关部门负责人在分会场参加会议。

会议决定成立“山西省奶站专项整治行动领导小组”，组长由胡苏平副省长担任，省农业厅、省卫生厅、省工商局、省质监局、省公安厅、省经委、省畜牧兽医局为成员单位。各市政府成立相应领导机构。会议强调，各地要迅速行动起来，认真做好摸清底数，坚决查处违法行为，加强生鲜奶质量抽检，实施驻站监督，强化奶站市场主体责任，建立健全管理制度。

（侯晋兰　谢　卓）

【省政府召开奶业生产购销工作会议】 10月6日，省政府召开奶业生产、购销工作会议，对奶站专项整治工作做出进一步安排部署。副省长胡苏平出席并讲话。会议分析了奶业发展面临的形势，安排部署了下一步工作。

会议要求，各地要加强企业整改步伐，促进企业尽快恢复生产。各市政府要对本地奶企业进行整体排查，一一验收，争取所属企业在专项整顿和严格监管下，符合条件的尽快恢复生产。不达标的要帮助企业完善条件，争取早日复产。要规范鲜奶收购秩序，千方百计促进乳品销售。各市政府要积极协调外地合同企业在本地收购鲜奶和加工奶产品，特别是要主动协商蒙牛等大企业要按合同承诺履约收奶，以恢复我省鲜奶的正常流向。对各地多余的鲜奶，市政府要进行统筹协调、区域调配、部门合作，号召机关、学校、企业、宾馆、酒店等优先使用本地的鲜奶，想方设法使鲜奶尽可能有效利用。要加强奶站整治力度，努力保障牛奶质量安全。对牛奶和饲料违法添加三聚氰胺等有毒有害物质的企业和个人以及各种掺杂使假的违法行为坚决查处取缔，构成犯罪的移交司法部门追究责任。

（侯晋兰　谢　卓）

【华北最大生态肉鸭产业化项目在孝义投产】 11月4日，孝义市经济转型重点项目——山西铭信禽业公司1000万只生态肉鸭养殖及深加工项目正式竣工投产。

山西铭信禽业有限公司是一家以樱桃谷鸭养殖、加工为主，集种鸭繁育孵化、屠宰冷冻加工、饲料生产、羽绒加工等系列生产于一体的大型龙头企业，是孝义市产业结构调整的重点试点企业，也是吕梁市“双百双千”工程优先支持发展的农业产业化骨干企业。项目全部投产后，年可生产肉鸭1000万只，实现产值8.8亿元，实现利税3.6亿元，可直接安排农村劳动力2800余人，带动农民养殖户4000余户，带动玉米种植户3万余户。

（侯晋兰　谢　卓）

·农业机械化·

【概述】 一是全省农机装备总量快速增加，有效促进了农业综合生产能力的提高。截至2008年底，全省农业机械原值达到138.2亿元，比上年的128.7亿元净增9.5亿元，增长7.4%；农机总动力发展到2509.9万千瓦，比上年的2440.8万千瓦净增69.1万千瓦，增长2.8%；大中型拖拉机保有量达到51730台，比上年的41379台，增加10324台，增长24.9%，呈快速增长的趋势；联合收割机保有量达到8224台，比上年的7525台净增699台，增长9.3%，

二是全省农机化作业水平稳步提升，有效促进了农村劳动力转移。当年实际机耕地面积达到2179.9千公顷，比上年的2056.4千公顷增加123.5千公顷，增长6%，机耕面积占全省总耕地面积的比例为58.7%，；当年实际机械播种面积达到1765.2千公顷，比上年的1685.2千公顷增加80千公顷，增长4.7%，机械播种占全省总播种面积的比例为47.4%；当年实际机械收获面积达到746千公顷，比上年的687.9千公顷增加58.1千公顷，增长8.4%，机械收获占全省总收获面积的比例为20%。全省耕、种、收综合机械化水平达到43.7%。较上年增长2.7个百分点。

三是全省农机化效益显著提高，有效促进了农民增收。2008年农机经营总收入达到78.9亿元，比上年的72.7亿元增加了6.2亿元，增加8.6%，其中：农机作业收入达到68.1亿元，农机修理收入4.4亿元，其他收入6.4亿元。纯收入达到39.2亿元，比上年的36亿元增加3.2亿元，增长9%，其中农机户的纯收入达到37.2亿元，比上年的34.3亿元增加2.9亿元，同比增长8.5%。

四是农机安全生产形势向好，农机化发展环境得到有效改善。2008年，全省发生农机作业农机安全生产形势总体趋于稳定。

概括起来，2008年全省农机化发展和农机化工作主要呈现出以下七个特点：

（一）认真落实农机具购置补贴政策，全省农机装备水平得到有效提升。2008年，全省共落实农机购置补贴资金1.35亿元，其中中央财政补贴资金1亿元，省财政投入1500万元，市县财政配套2000多万元。农机具补贴范围扩大到了全省115个农业县，补贴种类扩大到了9大类1043个品种，对玉米收获机械、马铃薯种植及收获机械实行了15%累加补贴。全省累计补贴大中型拖拉机3406台，玉米收割机450台，薯类收获机械280台，其它各类机具2.3万余台，引导1.8万户农民投资近3亿元发展农业机械。省财政还首次配套了农机具购置补贴工作经费，开通启用了《山西省农机购置补贴网上审批及电子档案管理系统》。在补贴政策的拉动下，我省农机生产企业和农机销售企业快速发展，其中卓里、信联、飞象等4家农机工业企业年产值，省农机总公司、临猗、长治等4家农机供应企业销售值均达到亿元以上。

（二）机械化农业重点工程建设稳步推进，推动传统农业耕作制度向现代农业转变。2008年全省新增保护性耕作实施面积116万亩，累计实施面积达到50.6万公顷，实施范围覆盖了全省11个市、97

山西信联集团实业有限公司生产的玉米收获机　郭建平摄影

个县，受益农民870多万人。保护性耕作项目区土壤平均含水率比传统耕作提高了20%左右，增加粮食产量2.27亿公斤，农民减少作业支出1.63亿元，总节本增效5.61亿元。在实际工作中，全省各地普遍加大了建设资金投入，各级财政投入达到3293.3万元，其中利用农机具购置补贴资金1028.6万元。省农机局继续组织推进了“保护性耕作千名机手培训计划”，先后在定襄、应县和阳高县举办了全省一年一熟玉米产区保护性耕作技术和杂粮产区保护性耕作技术现场培训会。各地累计举办保护性耕作培训班364期，机具演示会160次，培训项目区农民5.1万人次、技术管理人员5350人次。同时，农机部门还狠抓了多用途少免耕播种机的改进试验，进一步完善了保护性耕作机具系统。不少市县以政府名义下发了保护性耕作实施方案，将保护性耕作纳入了各级政府工作考核内容。这些工作措施都为加快保护性耕作建设创造了良好的条件和环境。在机械化节本增效农业工程建设中，通过狠抓机械化精少量播种和机械化化肥深施两项技术的推广应用，完成实施面积4100余万亩次。

图为华跃牌农机具

郭建平摄影

（三）精心组织了农机跨区作业，为全省粮食丰产丰收作出了积极贡献。2008年全省农机部门在抓好春夏秋冬四季机械化农田常规作业的基础上，继续加大了对农机跨区作业的组织力度。针对柴油高位运行、供应紧张的实际情况，积极争取石油供应部门出台实施了农机作业用油优惠政策；与公安、交通、纠风等部门加强联合，加大了对恶意拦截机车、敲诈机手等打击力度，确保作业机车有序流动、安全转移。“三夏”期间，全省共成立了跨区机收服务队232支，接待服务站60余个，投入各类农业机械20万台件，共完成小麦机收面积860余万亩，玉米机播面积291万亩。春秋两季，组织了5000余台大中型拖拉机、200多台玉米收获机，以及1.5万台配套机具参加农机跨区作业，完成作业面积1000多万亩。

（四）加快构建新型农机社会化服务体系，农机社会化服务水平显著提高。各地普遍加大资金和政策扶持力度，积极培育和发展农机大户、农机合作经济组织和农机中介服务组织。全省各类农机大户已达到3500余户、农机专业户2万多户、农机专业合作社165个、农机协会65个。各地把建设农机大院作为扶持农机大户、推进农机合作组织发展的重要举措来抓，加快建设速度，提高建设质量，2008年共投入省级建设资金850万元，建成标准化农机大院148个。这些大院共拥有大中型拖拉机1186台，各类配套机具2706台件，累计完成作业面积215万亩，农机服务经营收入达到3341万元。按照农业部、国家工商总局57号令《农业机械维修管理规定》，进一步完善了农机维修企业办证审批程序，组织切实农机维修管理人员进行了培训，积极开展农机维修工技能培训和行业职业技能鉴定工作，全省共培训农机维修工2000多名，完成职业技能鉴定考核3210名。

（五）切实加大了农机化新技术新机具普及应用力度，农机化技术覆盖范围得到有效拓展。2008年，全省各级农机部门主要采取现场演示会、展示会等形式，加快推进农机化新技术、新机具的普及应用。省农机局3月组织了第三届北方现代农业装备推广展示会，4月举办了第二届全国（山西）农副产品加工机械展览会，8月召开了全省农业机械化综合示范县建设现场会，9月举办了全省棉花机械化收获现场演示会和全省秋季机械化收获技术现场演示会，12月举办了全省设施农业机械化配套技术现场观摩会，向广大农民群众示范和推荐了一大批农业生产适用的、急需的农业机械。初步统计，全省共举办各类现场演示会156次，新技术培训138次，参训人员达到1.5万人以上；全年新增各类新机具1.53万台（件），农机化新技术覆盖面积达到6400余万亩次。农产品加工机械的试验和推广也有了新的发展和突破。全省11个市、106个县成立了加工管理机构，从上到下形成了较为完善的农产品加工装备技术管理体系。从乌克兰引进的低温榨油机已投入小批量生产；组织了“全省乡村民生用磨面机、碾米机和榨油机等农机大普查”，形成了专题调研报告，并呈送有关部门。

山西襄垣县仁达机电设备有限公司生产的玉米收割机

郭建平摄影

（六）狠抓农机安全生产，农机化发展秩序得到有效规范。组织了农机安全隐患排查治理工作和农机安全生产百日督查专项行动；开展了“三夏”农机安全生产大检查；对全省83所农机培训学校进行了考核、整顿；深入进行了“平安农机”创建活动，共建成平安示范县15个，平安示范乡150个，平安示范村1500个，平安示范户15000个；祁县等四个县被评为全国“平安农机”示范县；投入100万元用于农机安全监理装备建设，全省共新增农机安全监理专用车30辆，检测设备4套。全省新上户各类机车2.5万台，新训、新考驾驶员1.6万人，检验拖拉机5.1万台。在农机产品市场监管方面，开通了山西农机质量信息网，组织了“3·15”农机维权大型宣传活动，累计散发宣传资料70余万份，接受群众咨询1.1万人次，现场受理农机质量投诉7起，查处劣质农机及其配件1500余台件；对2007年调查的5家拖拉机生产企业的整改落实情况进行了督查；出台实施了《山西省农业机械推广鉴定实施办法》、《山西省农业机械试产鉴定实施办法》和《山西省农业机械推广鉴定通则》。全年受理、移交农机质量投诉案件44起。

省农科院高粱研究所研制的晋杂23号 郭建平摄影

农业科技

【概述】 2008年，山西省农业科学院共开展科研课题992个，结转课题697个，新开课题295个。其中：国家自然基金项目2项，国家863课题7项，国家支撑计划课题69项，国家星火课题12项，国家农业转化基金课题21项，国家国际合作项目6项，国家基础平台课题4项，国家攻关课题1项，国家基地建设课题1项，国家资源保护课题19项，科技部公益类科研院所资助项目1项；国家区域试验项目1项；国家区划办项目1项，农业部公益专项20项，农业部948项目2项，农业部分中心建设课题1项，农业部综合开发课题2项，农业部农药检测项目5项，农业部航天育种课题1项，中国农科院蔬菜所课题1项，省科技攻关计划171项，省自然、青年基金课题29项，省平台课题13项，省留学生课题40项，省国际合作课题10项，省星火课题20项，省推广课题71项，省专利推广课题14项，省软科学课题13项，省实验室基金项目3项，省创新计划3项，省工业攻关1项，省火炬项目1项；院博士基金课题、院高新技术课题、院新产品研制课题、院青年基金课题、院攻关课题、院集成课题，院专利课题、院育种项目，厅局地市课题等科研项目426项。通过鉴定（评审、验收）的科研新成果20项，其中1项科研成果达到国际领先水平，8项科研成果达到国际先进水平。2008年1项科研成果获国家科技进步一等奖，20项科研成果获山西省科学技术奖，其中一等奖2项、二等奖8项、三等奖10项。2008年通过山西省农作物品种审定委员会审（认）定农作物新品种59个，其中国家审定的农作物新品种8个；山西省审定的农作物新品种51个。山西强盛种业有限公司培育的“强盛31号玉米”、“强盛12号玉米”获国家品种保护权。7项专利获国家授权。山西汇福科技有限公司“新威科”商标获山西省著名商标和山西省名牌产品。此外，本年度山西省农药重点实验室获国家农业部农药登记试验单位资质证书，农产品贮藏保鲜研究所龙田保鲜公司获山西省制冷空调行业协会制冷空调、安装、维修企业资质证书。2008年共发表省级以上科技论文413篇，其中在国家级刊物发表论文195篇，SCI收录8篇论文。山西省新农村建设农业科技推广示范工程成绩卓著，工程在全省52个县设立的100个新农村建设科技示范村，在充分发挥各自自然资源的基础上，培育当地优势的主导产业，这些主导产业的发展已成为当地粮食稳产高产、农民增收的助推器，带动了农村经济的快速发展，取得了显著的社会经济效益，起到了典型的示范效果。山西省农业科学院2008年共组织实施农村技术承包项目16项，其中果蔬6项，畜牧养殖2项，种植业8项。获山西省农村技术承包集体项目一等奖5项，二等奖5项，个人项目一等奖4项。旱地农业研究中心王娟玲获中华全国总工会授予“全国五一劳动奖章”荣誉称号。（梁海萍 王和平）

省农科院经济作物研究所研制的晋谷40号 郭建平摄影

·科研新成果·

【山西省鸡致病性大肠杆菌分离及综合防治技术研究】 山西省农业科学院畜牧兽医研究所完成的“山西省鸡致病性大肠杆菌分离及综合防治技术研究”成果，摸清了流行于山西省鸡致病性大肠杆菌的血清型特点、优势血清型菌株的分布状况，发现9种12株天然融合株，特别是首次发现的同时具有4个血清型（018、024、

025、068）的天然融合株，与矿物油佐剂形成“复合缓释免疫增强佐剂”，以优势菌株的碎片替代传统的全菌体作为抗原，经乳化而成“鸡大肠杆菌多价高效佐剂灭活苗”，该新型菌苗，产生的血清抗体时间早、血清循环抗体的滴度峰值高且维持时间长、免疫保护期长、免疫保护率80%～90%等特点。制定出“菌苗＋敏感药物＋环境消毒”防治办法，形成了综合防治技术体系，为有效防制该病提供了技术支撑。研究成果达到国际领先水平。

（梁海萍　王和平）

【谷子高异交结实不育系创制及抗除草剂杂交种长杂谷2号选育】 山西省农业科学院谷子研究所完成的“谷子高异交结实不育系创制及抗除草剂杂交种长杂谷2号选育”课题，研究发现了柱头外露的高异交结实谷子材料81－16，利用该材料对雄性高不育系进行改良，选育出农艺性状好、配合力高、异交结实率高的四个高度雄性不育系和三个农艺性状好，配合力高、抗除草剂的优良恢复系；育成山西有史以来第一个高产抗逆抗除草剂谷子杂交种长杂谷2号（高146×K103），并通过山西省农作物品种审定委员会审定。在山西省中晚熟区谷子杂交种区域试验中平均亩产308.55公斤，较对照晋谷34号增产16.5%；采用人工辅助授粉等技术，构建了高效不育系繁殖和杂交制种技术体系，使不育系繁殖达50kg/亩以上，长杂2号制种产量达120kg/亩以上，显著提高了不育系繁育和杂交制种产量。长杂谷2号的选育实现了我国中晚熟区谷子杂交种零的突破。该研究成果达到了同类研究的国际先进水平。（梁海萍　王和平）

【醋糟栽培双孢蘑菇的研究与开发】 山西省农业科学院高粱研究所完成的“醋糟栽培双孢蘑菇的研究与开发”成果，利用醋糟作为主要栽培料，通过对干牛马粪加入量、接种量、铺料厚度、覆土厚度等方面进行系统研究，研究出醋糟栽培双孢蘑菇的最佳栽培模式，栽培的双孢蘑菇含粗蛋白40.2%、粗纤维5.8%、脂肪3.4%、碳水化合物31.0%，均优于稻草栽培的双孢蘑菇，且生产成本较稻草栽培低30%。产量达到了利用秸秆商业栽培双孢蘑菇的水平。该研究成果省去了稻草栽培法繁杂的翻堆发酵工序，减轻了醋糟对环境的污染，开辟了综合利用醋糟的新途径，经济社会和生态效益显著，具有良好的推广应用前景。研究成果达到国际先进水平。（梁海萍　王和平）

【常夏石竹新品种——雪域西施选育】 山西省农业科学院经济作物研究所完成的“常夏石竹新品种—雪域西施选育”成果，以自己选育的雄性不育系塞外昭君为母本，选配强优势杂交组合，育成雪域西施新品种，并建立了保持杂交优良性状的无性繁殖技术。该品种具有叶色浓绿、花色鲜艳、花朵重瓣或半重瓣、花芳香、有较强的抗病性、绿草期长的特点，显著优于目前国内栽培使用的石竹品种。在育种的同时，还形成配套的苗木繁育与栽培技术体系。所育品种已经在山西及北京、山东、陕西等地栽培3.6万平方米，具有较好的推广应用前景。研究达到同类品种选育的国际先进水平。

（梁海萍　王和平）

【红枣增值增效关键技术研究】 山西省农业科学院综合利用研究所完成的“红枣增值增效关键技术研究”项目，首次对枣果环核苷酸和水溶多糖含量进行了全方位追踪分析和比较，明确了各自的变化规律和分布特点，揭示了不同枣品种的营养特点；采用了不同极性溶剂、超声波辅助低温浸提等技术加速了水溶多糖溶出；通过单因子比选、工艺参数优化、复合酶解技术路线，增加了枣多糖得率和纯度，显著提高了提取效果；利用水溶多糖、环磷酸腺苷在极性溶剂中溶解度差异性，实现了分离、富集问题。开发了功能叠加的枣果精华素胶囊和高环磷酸腺苷糖浆产品，具有创新性；采用枣渣干燥生产纤维粉，或替代枣泥，复配木糖醇，生产低糖果酱的工艺路线，解决了环境污染和资源再利用。整个工艺流程设计合理、操作简便、绿色环保，做到物尽其用，无废弃物综合利用的目的，对枣果增值增效和实现产业化具有理论指导性意义。研究成果具有一定的新颖性和实用性，整体水平达到国际先进水平。（梁海萍　王和平）

【优种羊胚胎移植技术研究】 山西省农业科学院畜牧兽医研究所完成的“优种羊胚胎移植技术研究”项目，突破了羊传统自然繁殖生产方式，应用胚胎发育学理论，通过借腹怀胎实现优种畜快速繁殖。通过同期发情、超数排卵和胚胎移植技术实现羊单胎生产到同期多胎生产，是羊繁殖技术革命。通过10项关键技术系统研究，优化了胚胎移植技术参数、确定了最佳技术方案，建立了羊胚胎移植集成技术体系；采用该技术，使同期发情率、超数排卵有效率、供体羊平均采取胚胎、多卵受精率、胚胎移植受胎率、优种羊重复利用率等各项技术指标均高于国内外研究报道。该项目已进行波尔山羊、辽宁绒山羊、进口肉用绵羊等5个品种羊胚胎移植4087例，新增经济效益735.6万元，年社会效益900万元。应用前景广泛，研究成果达到国际先进水平。

（梁海萍　王和平）

【沙棘果皮功效成分提取工艺研究】 山西省农业科学院农产品综合利用研究所完成的“沙棘果皮功效成分提取工艺研究”课题，以企业废弃的沙棘果渣为原料，通过对沙棘果皮的分离、净化工艺和沙棘果皮功效成分提取工艺研究，利用集成提取技术，确定了沙棘皮综合加工的工艺路线，有效降低了沙棘综合利用成本，开发出沙棘果皮粉、果皮黄酮、果皮油、膳食纤维产品。通过对沙棘果皮粉抗氧化特性的研究，结合沙棘膳食纤维，研发出沙棘果皮功能性食品原料，填补了国内现有沙棘产品的空白。在同类研究中达到国际先进水平。（梁海萍　王和平）

【肉鸡规模安全养殖综合技术研究】 山西省农业科学院畜牧兽医研究所完成的“肉鸡规模安全养殖综合技术研究”项目，通过研究发现了山西省CIAV和REV在肉鸡感染情况和感染规律。使用该技术方便实用，达到节能减排的良好效果。在50余万套肉种鸡、3000余万只肉仔鸡养殖生产中推广应用，极大的提高了肉鸡的生产性能和产品质量。肉种鸡育雏至育成阶段成活率、65周末存活率较推广应用前分别提高了8.8%和11%。入舍母鸡65周产蛋总数176.6枚，其中合格种蛋161.2枚，分别较应用前提高了20.6枚和了29.2枚，达到了品种标准——产蛋率97.6%。肉仔鸡试验群46日龄成活率98%，体重2.58公斤，料肉比1.86：1。共创经济效益达9000余万元。研究成果达到国际先进水平。

（梁海萍　王和平）

【雁门关生态畜牧经济区奶牛群体高产高效技术体系研究】 山西省农业科学院畜牧兽医研究所和大同市良种奶牛有限公司、朔州市奶牛医院合作完成的山西省重大发展计划项目——“雁门关生态畜牧经济区奶牛群体高产高效技术体系研究”，依据反刍动物的营养代谢机理以及当地草料资源，应用反刍动物营养学、生理学、繁殖学等基础理论，综合各项技术措施，组装集成高产高效技术体系。项目区泌乳期产奶量达到6000千克以上的奶牛头数已超过12000头，其中试验示范牛群泌乳期产奶量达到7000千克以上。中心试验区奶牛产犊间隔由17.0个月缩短到14.2个月，繁殖率由70%提高到84.5%，提高了20.7%，节本增效幅度显著，研究成果达到国际先进水平。

（梁海萍　王和平）

·获奖成果·

【2008年获国家科技进步一等奖】 山西省农业科学院小麦研究所和中国农业科学院作物科学研究所、首都师范大学共同完成的“中国小麦品种品质评价体系建立与分子改良技术研究”，采用了常规分析与生物技术相结合的方法，从分子标记－生化标记－籽粒和面粉性状－食品加工品质四个层次首次创立了符合国际标准的中国小麦品种品质评价体系，包括7类72个指标及其标准化的测试方法，其中24个指标（占33%）为国际最早报道；建立了中国面条的标准化实验室制作与评价方法，提出并验证面条小麦的选种指标和分子标记选择体系。研究创立了蛋白质鉴定2种新方法，首次将质谱技术用于小麦高、低分子量谷蛋白亚基鉴定，能精确快速确定分子量大小，准确度和灵敏度比SDS－PAGE高100倍。发现新基因和新标记26个：发掘并验证可用于育种的分子标记13个，占国际上已报道品质性状标记的60%，建立了多重PCR反应体系，效率比常用的分子检测方法提高2－3倍；在中国小麦中发现7个新的硬度等位基因，占普通小麦中已报道等位变异的46%，发现Pinb－D1b基因的出粉率比Pinb－D1a基因高5.4%；鉴定克隆出6个有重要利用价值的蛋白新亚基基因。

主持制定的全国小麦品质区划方案由农业部发布试行，已成为指导我国小麦生产和科研的重要文件。育成优质小麦新品种3个，累计推广1.83亿亩。

（梁海萍　王和平）

【2008年获山西省科技进步类一等奖农业科研成果】 1．瘦肉型母本系“晋阳白猪”的培育

山西省农业科学院畜牧兽医研究所经过18年的精心选育，培育出优良母本系“晋阳白猪”，本品系既保持了我国猪种高繁殖力、肉质好的优良特性，同时又具有外国良种生长速度快、饲料报酬高、高瘦肉率、胴体品质好的优良性能。项目实施期间共推广母本系猪10000余头，课题组获得直接经济效益270万元。种猪养殖户共向社会提供育肥猪72万头，为养殖户创造经济效益1.4亿元。经济、社会效益显著。

2．氨基酸螯合钙——硕红

山西省农业科学院棉花研究所研制成功的“氨基酸螯合钙　硕红”是一种新型中量元素水溶性肥料。具有高效补钙、补充氨基酸营养、防治植物缺钙生理病害、改善果蔬外观和内在品质等多重功效。在苹果蔬菜上应用，增产效果显著。三年在晋、陕、豫等省累计推广432万亩，新增产果蔬100491.5万公斤，实现直接经济效益829.44万元，新增社会经济效益75777万元。该产品的推广应用，改变了过去植物补钙使用氯化钙、硝酸钙等无机钙的单一局面，丰富了植物补钙产品新类型，提高了钙素利用率，改变了植物补钙产品市场结构；经济与社会效益显著。

（梁海萍　王和平）

【2008年获山西省科技进步类二等奖农业科研成果目录】 1．花卉营养特征研究与生长介质的研制

完成单位：山西省农业科学院现代农业研究中心

2．玉米新品种潞玉13选育与推广

完成单位：山西省农业科学院谷子研究所

3．山西省熊蜂种质资源的调查及其筛选利用

完成单位：山西省农业科学院园艺研究所

4．酿造专用高粱晋杂101选育与推广

完成单位：山西省农业科学院高粱研究所

5．早熟、优质、高产、耐密玉米杂交种忻黄单78的选育与推广

完成单位：山西省农业科学院玉米研究所

6．国审“同薯20号”马铃薯倍性选育技术与应用

完成单位：山西省农业科学院高寒区农作物研究所

7．反刍动物“NPN”补充料研究与应用

完成单位：山西省农业科学院现代农业研究中心

山西省农业科学院土壤肥料研究所

山西省农业科学院畜牧兽医研究所

8．国审高产优质多抗广适水稻新品种晋稻8号

完成单位：山西省农业科学院作物遗传研究所

（梁海萍　王和平）

【2008年获山西省科技进步类三等奖农业科研成果目录】 1．优种羊胚胎移植技术研究

完成单位：山西省农业科学院畜牧兽医研究所

2．转基因抗虫棉晋棉44的培育与应用

完成单位：山西省农业科学院棉花研究所等单位

3．高产优质玉米品种“临高油1号”选育与推广

完成单位：山西省农业科学院小麦研究所

4．小麦异源优异种质资源的创育、鉴定、分析与应用

完成单位：山西省农业科学院作物遗传研究所等单位

5．“晋扁2号”扁桃新品种的选育研究及示范推广

完成单位：山西省农业科学院果树研究所

6．旱作农业节水抗旱新技术推广

完成单位：山西省农业科学院旱地农业研究中心

7．山西省农田养分信息化管理研究及应用

完成单位：山西省农业科学院土壤肥料研究所

8．山西小麦重大病虫害可持续控制技术研究

完成单位：山西省农业科学院小麦研究所等单位

9．山西省涉农企业资源配置数据库开发研究

完成单位：山西省农业科学院农业资源综合考察研究所

山西龙田农业科技有限公司

10．抗虫和抗病基因在大白菜子叶和原生质体中遗传转化及植株再生

完成单位：山西省农业科学院蔬菜研究所　　（梁海萍　王和平）

·农作物新品种选育·

【饲草高粱新品种晋草4号】 选育单位：山西省农业科学院高粱研究所第一完成人：张福耀

该草是山西省农业科学院高粱研究所利用A3细胞质雄性不育系A3SX－1A为母本，以SCR2－2为父本，于2003年组配而成的高粱——苏丹草杂交种，生育期123天，株高250－300cm，幼苗为绿色，总叶片20片，根系发达，分蘖力强，茎秆多汁，茎秆含糖锤度16.4%，抗紫斑病、抗旱，刈割后植株再生力强，生长速度快，茎叶鲜嫩适口性好，是牛、羊、鱼等饲养的优势饲料。2006—2007年连续2年参加国家区域试验。平均亩产7298.3kg，比对照增产5.0%。示范结果表明水浇地亩产鲜草1万公斤以上，最高亩产1.5万公斤。适宜全国活动积温在2300℃以上的所有区域种植。2008年通过全国高粱品种鉴定委员会鉴定。

（梁海萍　王和平）

【饲草高粱新品种晋草5号】 选育单位：山西省农业科学院高粱研究所第一完成人：平俊爱

该草是山西省农业科学院高粱研究所利用A3SX－14A为母本，以SCR2－1为父本，于2003年组配而成的高粱——苏丹草杂交种，生育期126天，株高270－300cm，幼苗为绿色，芽鞘为紫色，叶片20—21片，根系发达，茎秆粗壮，蜡质叶脉，茎秆多汁，抗紫斑病、抗旱，刈割后植株再生力强，生长速度快，茎叶鲜嫩适口性好，是牛、羊、鱼等饲养的优势饲料。2006—2007年连续2年参加国家区域试验，两年平均亩产7621.9kg，比对照增产9.6%。适宜全国活动积温在2300℃以上的所有区域种植。2008年通过全国高粱品种鉴定委员会鉴定。

（梁海萍　王和平）

【大豆新品种汾豆72号】 选育单位：山西省农业科学院经济作物研究所第一完成人：刘学义

该品种以抗旱、高产、抗病大豆新品种晋豆23为母本，早熟、高产、抗旱、抗倒伏优质品系8272为父本配制杂交组合，通过抗旱育种程序，选育出的抗旱、高产、抗病、抗倒伏优质大豆新品种。该品种植株紧凑，整齐度好，花多荚多，丰产性好，产量表现3000公斤/公顷左右，适宜山西中部及黄土高原同类地区春播，晋南地区及黄淮海中部地区夏播。2008年通过国家审定。　（梁海萍　王和平）

强盛种苗公司配育的新品种玉米强盛51号　郭建平摄影

【大豆新品种晋遗31号】 选育单位：山西省农业科学院作物遗传研究所第一完成人：张海生

该品种具有高产、优质特点，平均生育期为134天，最高单产可达310多公斤，适宜在山西、河北、辽宁、甘肃等地种植。经农业部谷物品质监督检测中心检验，粗蛋白质含量达40%以上，粗脂肪含量达20%以上，两项指标都超过国家一级标准。2008年通过国家审定。

（梁海萍　王和平）

【小麦新品种运旱20410】 选育单位：山西省农业科学院棉花研究所第一完成人：李秀绒

该品种属冬性、中早熟、优质、抗旱、高产小麦品种。播期抗旱出苗率高，返青起身后，抗旱、生长势较强，抽穗后，叶功能期长，抗旱抗青干。株型紧凑，成穗较多，穗较大，亩穗数、穗粒数较对照增加。参加山西省南部旱地区试及生产示范试验，年型气候为平偏旱和严重干旱及倒春寒年型，分别比对照晋麦47增产7.0%和6.9%，居参试品种第一位。品质分析达强筋小麦品种标准。适宜我国黄淮旱薄地种植。2008年通过国家审定。

（梁海萍　王和平）

【谷子新品种晋谷42号】 选育单位：山西省农业科学院作物遗传研究所第一完成人：马建萍

该品种由中间材料960011作母本，优质品种晋谷21号作父本进行有性杂交，经多代连续定向选育而成的谷子新品种。抽穗整齐，后期不早衰，绿叶成熟。2005—2006年参加山西省中晚熟区区域性生产试验，二年14点平均亩产253.15kg，平均比对照晋谷34号增产10.6%。该品种品质优良，其小米米粒鲜黄，香味浓郁，营养品质超过国家二级优质米标准。经连续多年田间观察鉴定，该品种耐旱抗倒、不秃尖、茎秆粗壮，高抗红叶病、黑穗病、白发病。适合山西省无霜期150天以上的谷子中晚熟地区推广种植。2008年通过国家审定。

（梁海萍　王和平）

【大豆新品种汾豆56号】 选育单位：山西省农业科学院经济作物研究所第一完成人：刘学义

该品种2006年参加黄淮海中片夏大豆品种区域试验，亩产178.3千克，比对照齐黄28增产7.2%，极显著；2007年续试，亩产196.4千克，比对照增产7.7%，极显著。两年区域试验亩产187.3千克，比对照增产7.5%。2007年生产试验，亩产205.9千克，比对照增产10.24%。该品种籽粒椭圆形、黄色、微光、褐色脐。抗花叶病毒病SC3、SC7株系，高感大豆孢囊线虫病1号生理小种。适宜在山西南部、河南中部和北部、河北南部、山东中部和陕西关中地区夏播种植。

2008年通过国家审定。

（梁海萍　王和平）

【小麦新品种太10604】 选育单位：山西省农业科学院作物遗传研究所第一完成人：唐朝晖

该品种选用太原610为母本、太原851为父本进行杂交。属多穗型品种，所选品系，抗寒、抗旱、分蘖成穗率高、抗倒伏、落黄好、产量高、适应性广，同时品质优异。2007/2008年度抗旱性鉴定：抗旱性中等。2007/2008年度抗寒性鉴定：抗寒性较好。接种抗病性鉴定：中感条锈病和白粉病、高感叶锈病、黄矮病和秆锈病。2006—2007年度区域试验，平均亩产291.84kg，比对照长6878增产3.97%，居试验第1位。2007—2008年度区域试验，平均亩产314.4kg，比对照长6878减产2.0%，居试验第2位。2007—2008年度生产试验，平均亩产266.4kg，比对照种长6878减产0.8%，居试验第2位。适宜北部冬麦区的甘肃陇东地区、宁夏固原地区、山西中北部、陕西延安地区旱地种植。2008年通过国家审定。

（梁海萍　王和平）

山西省2008年通过审定的新品种目录表

品种名称	选育单位	第一完成人
并单4号玉米	作物所	段运平
晋单57号玉米	玉米所	王富荣
丰禾96玉米	丰禾种业	马俊华
汾单171玉米	经作所	李占林
长单48号玉米	谷子所	李洪
晋单62号玉米	作物所	张维锋
晋单63号玉米	小麦所	张虎
晋单64号玉米	棉花所	薛建兵
晋糯8号玉米	玉米所	陈永欣
忻糯301玉米	玉米所	贾志森
晋饲育1号玉米	品资所	张效梅
太270棉花	作物所	杨芬
晋棉50号棉花	棉花所	吴霞
长豆006大豆	谷子所	刘永忠
晋豆37号大豆	小麦所	周安定
晋豆（鲜食）38号大豆	玉米所	樊智祥
晋豆（鲜食）39号大豆	经作所	马俊奎
晋薯18号马铃薯	高寒所	王春珍
农丰4号西瓜	生物中心	王果萍
晋谷43号谷子	高寒所	朱　玉
晋谷44号谷子	经作所	赵海云
长杂2号谷子	谷子所	王玉文
晋杂22号高粱	高粱所	张福耀
晋杂23号高粱	高粱所	张福耀
晋杂24号高粱	高粱所	柳青山
晋甘薯7号	小麦所	朱秀珍
同引苜蓿1号	高寒所	李荫藩
同引苜蓿2号	高寒所	李荫藩
兴花一号花生	经作所	牛西午
晋番茄6号	蔬菜所	张剑国
艳红2号番茄	强盛种业	尚春树
盛椒11号辣椒	强盛种业	尚春树
品椒8号辣椒	品资所	刘金玉
东葫二号西葫芦	棉花所	雷逢进
东葫三号西葫芦	棉花所	雷逢进
欧美圣玉西葫芦	生物中心	王果萍
晋园六号西葫芦	园艺所	苗如意
晋韭1号韭菜	小麦所	陈永杰
新绿70白菜	蔬菜所	巫东堂
科萌78白菜	蔬菜所	董晓飞
新凉香苹果	果树所	牛自勉
早康宝葡萄	果树所	陈　俊
晋麦84号	小麦棉花所	谢三刚
舜麦612小麦	棉花所	潘幸来
晋麦85号小麦	小麦所	刘新月
晋太9923小麦	作物所	温辉芹
晋麦86号小麦	经作所	左联忠
太5902小麦	作物所	唐朝晖
长麦6135小麦	谷子所	常云龙
晋大麦［啤］1号	小杂粮	赵雪英
晋大麦［啤］2号	小麦所	董双全

【7项发明专利获国家授权】 （1）爽身保健茶

完成单位：山西省农业科学院高粱研究所

（2）一种人工配制的人乳及其制备方法

完成单位：山西省农业科学院经济作物研究所

（3）多功能轻便中耕保墒追肥机

完成单位：山西省农业科学院小麦研究所旱地农业研究中心

（4）谷子免间苗精播机

完成单位：山西省农业科学院谷子研究所

（5）作物光合生态检测仪

完成单位：山西省农业科学院棉花研究所

（6）果蔬保鲜库的智能通风降温系统

完成单位：山西省农业科学院农产品贮藏保鲜研究所

（7）一种蜂蜜产品的生产设备

完成单位：山西省农业科学院农产品综合利用研究所

【新农村建设农业科技推广示范工程及农村技术承包】 2008年工程在全省52个县设立的100个新农村建设科技示范村，在充分发挥各自自然资源的基础上，培育当地优势的主导产业，这些主导产业的发展已成为当地粮食稳产高产、农民增收的助推器，带动了农村经济的快速发展，取得了显著的社会经济效益，起到了典型的示范效果。2008年，城郊型、工矿型、示范村农民人均纯收入达到6850元，传统农区型的示范村农民人均纯收入达4763元，贫困地区示范村农民人均纯收入达到3530元。全年共推广主要农作物及果树、蔬菜、棉花、杂粮等新品种186个，组装配套新技术65项，推广进行适用新技术100项，新品种、新技术推广产生社会经济效益2.96亿元，示范村人均增收280元。2008年继续实施农村技术承包项目，围绕粮食增产，农民增收主题，全院共组织实施农村技术承包项目16项，其中果蔬6项，畜牧养殖2项，种植业8项。开展广泛的社会化服务活动，利用科技大篷车深入乡村开展巡回培训、举办专项技术讲座、组织科技志愿者服务团现场咨询服务、实施定点农民科技培训计划、印发技术手册、播放科技录像等多种形式，向农民传播农业科技知识。共组织科技下乡活动6次，提供良种5000余公斤，科技图书4000余册，发放各种科技资料2万余份，接受农民咨询千余次，培训农民2万余人次。 （梁海萍　王和平）

【2008年度山西省农村技术承包奖获奖成果集体项目一等奖目录】 （1）羊胚胎移植技术

完成单位：山西省农业科学院畜牧兽医研究所

（2）旱地粮菜高产高效综合配套种植技术

完成单位：山西省农业科学院旱地农业研究中心

（3）大白菜优质高产技术推广

完成单位：山西省农业科学院蔬菜研究所

（4）晋谷38号高产高效栽培技术

完成单位：山西省农业科学院高粱研究所

（5）北方地区西瓜规模化生产技术

完成单位：山西省农业科学院蔬菜研究所

【2008年度山西省农村技术承包奖获奖成果集体项目二等奖目录】 （1）辣椒高产优质栽培技术

完成单位：山西省农业科学院蔬菜研究所

（2）奶牛养殖园区标准化养殖技术

完成单位：山西省农业科学院畜牧兽医研究所

（3）国审优质高产系列谷子新品种推广

完成单位：山西省农业科学院作物遗传研究所

（4）保健苦荞醋及深加工生产技术

完成单位：山西省农业科学院综合利用研究所

（5）优质高产玉米新品种丰产栽培技术

完成单位：山西省农业科学院高寒区作物研究所

【2008年度山西省农村技术承包奖获奖成果个人项目一等奖目录】 （1）脱毒马铃薯优质高产高效栽培技术

完成单位：山西省农业科学院任永玲王生武景小兰

（2）先玉335高产综合栽培技术

完成单位：山西省农业科学院王创云董春林赵铁锁

（3）玉露香梨贮藏保鲜技术

完成单位：山西省农业科学院杨复康冯素香武正成

（4）高油玉米栽培技术

完成单位：山西省农业科学院李洪李育才张旭丽

论文摘要

【光敏谷子的遗传和影响】

刊物《遗传》2008，N145，N（AUG），147－153

作者：袁爱萍　侯爱斌　张福耀　郭仰东

作者单位：山西省农科院高粱所　第四位作者单位　中国农业大学

内容摘要：光敏雄性不育是谷子杂种优势利用的一个有用的工具，尤其是两系的种间杂交。在我们的杂交育种中发现了谷子光敏雄性不育系JG1S，它在长日照条件下（14.5hd－1）表现完全不育和短日照条件下（10hd－1）表现部分可育。光敏雄性不育系JG1S遗传基础的研究是用9个F1×F2和BCF1的后代群体，用JG1S作为母本和9个可育品种作为父本杂交。F1代表现和父本相似的完全可育，这表明光敏雄性不育是由细胞核隐性基因控制。F2和BCF1的杂交结果是有3个F1后代的比例分别是1∶3和1∶1，另外6个F1后代的比例分别是1∶15和1∶3。因此，我们认为在JG1S中有两对主要的隐性基因控制光敏雄性不育。哪一个发育期对光周期敏感和光积累如何影响植株可育性，我们设计了两个试验，在特定的发育阶段使用长日照（≥14hd－1）和短日照（10hd－1）的相互转换来评估影响光敏雄性不育的因素。我们在控制房使用了7个光周期的变化（9hd－1～15hd－1）来检测光周期对植株不育和可育的影响。植株从圆锥花序起始期到花期对光周期敏感，最敏感的时期是圆锥花序起始期到花原基起始阶段。植株的可育率随光周期持续时间的不同而有差异。植株不育与可育转换的临界光周期是13hd－1。植株保持完全的不育的光周期是14hd－1或更长，保持高频率可育的光周期是12hd－1或更短。 （梁海萍　王和平）

【高钾浓度供应加剧了水稻叶片缺镁诱导的氧化胁迫反应】 刊物【土壤圈】（Pedosphere）2008年18卷第3期316－327页，作者：丁玉川[1]，2，常春荣[1]，3，罗

伟[1]，吴延寿[1]，任小利[1]，王萍[1]，徐国华[1]

作者单位：1南京农业大学资源与环境科学学院，作物遗传与种质改良国家重点实验室；2山西省农业科学院土壤肥料研究所；3华南热带农业大学农学院

内容摘要：镁营养缺乏不仅影响植物正常的光合作用，而且影响植物的许多其他生理代谢过程。在温室条件下，采用溶液培养方法研究了水稻（武运粳7号）苗期叶片缺镁诱导的氧化胁迫以及随后发生的抗氧化反应。研究结果表明，高钾低镁浓度处理20日的水稻叶片出现严重缺镁症状，干物质积累明显下降。缺镁叶片的叶绿素含量、净光合速率、可溶性蛋白质含量下降，但可溶性糖含量、丙二醛（MDA）含量以及超氧化物歧化酶（SOD）、过氧化氢酶（CAT）、过氧化物酶（POD）的活性显著提高。相关分析表明，水稻叶片中的镁含量和地上部干物质重量与叶片中三个抗氧化酶活性和MDA含量呈负相关。试验结果也表明，镁、钾相互作用对水稻地上部生物产量、叶片叶绿素含量、光合速率以及SOD、CAT、POD活性和MDA含量均有明显的影响。本研究结果表明，营养液高钾浓度供应加剧了低镁诱导的水稻植株镁的缺乏以及活性氧氧化所造成的伤害。

（梁海萍　王和平）

【多菌灵对黄瓜抗氧化酶的影响】

刊物［农药生理生化］Pesticide-BiochemistryandPhysiology

2007，89：54－59

作者：张丽珍a，牛伟c，乔雄梧b*，马利平b

作者单位：a山西大学，b山西省农科院山西省农药重点实验室，c山西省农科院*为通讯作者

内容摘要：多菌灵对于黄瓜幼苗期叶中的SOD、CAT、Mg2＋－ATP酶活性具有明显的诱导作用，而对叶中GPX、Na＋－ATP的酶活性具有明显的抑制作用；多菌灵对于黄瓜幼苗期茎中的SOD、CAT、Mg2＋－ATP、Na＋－ATP酶活性具有明显的抑制作用，而对茎中GPX的酶活性具有明显的诱导作用。黄瓜幼苗叶中SOD、CAT的应激变化在中低浓度范围内趋于同步，这表明SOD清除O2.－后产生的H2O2能被CAT及时去除，从而彻底消除了其对黄瓜幼苗的胁迫作用。但在100mgkg－1的浓度下，CAT活性被抑制，SOD清除O2.－后产生的H2O2不能被CAT有效清除。黄瓜幼苗茎中SOD、CAT活性下降。多菌灵对不同器官产生的影响不同，且苗期茎比叶更易受到毒害，这表明两片子叶在抵抗多菌灵胁迫中发挥着极大的作用。在黄瓜开花期，SOD活性在根、茎、叶中均显著增加；CAT活性在根叶中显著增加，而在茎中则显著减少；而GPX活性在茎中则显著减少。这说明黄瓜经多菌灵长时间处理后，植物体内SOD酶受到活性氧自由基的诱导，活性上升，参与清除自由基，使黄瓜免受多菌灵的伤害。根叶中CAT活性增加，在根叶中主要由CAT来清除H2O2；茎中虽然CAT活性受到抑制，但GPX活性诱导，由GPX发挥清除H2O2的作用。不同的抗氧化酶在茎与叶片中发挥着不同的作用，这说明植物体内存在一个复杂的防御系统。

（梁海萍　王和平）

【合成的蝎毒毒素基因在转基因棉花中的表达及其对棉铃虫的抗性】

刊物［生物技术通报］2008，30卷3期547－554作者：吴家和[1]罗晓丽[1]王志安[1]田颖川[2]梁爱华[3]孙毅[3]

作者单位：1.山西省农业科学院棉花研究所

2.中国科学院微生物研究所国家植物基因组重点实验室

3.山西省农业科学院生物技术研究中心

内容摘要：克隆了由花椰菜花叶病毒35S启动子控制的蝎毒毒素基因，通过根癌农杆菌介导法转化了棉花。分子杂交（SouthernBlot）显示有1－3个目的基因拷贝整和在棉花基因组里。通过PCR和分子杂交（SouthernBlot）分析，得到7个纯和的单拷贝的转基因株系，Western-Blot显示可溶性蛋白的表达在0.02％～0.43％之间。这些纯和的转基因株系的抗虫性变化在44％～98％，这种蝎毒毒素基因可代替Bt毒素蛋白基因，有效的控制棉铃虫对棉花的危害。

（梁海萍　王和平）

【通过提高选择效率和及时继代优化农杆菌介导转化陆地棉胚性愈伤组织】

刊物［植物分子生物学报道］2008，26卷第3期174－185作者：吴慎杰　王海海　李飞飞　陈天子　张洁　蒋彦洁　丁业掌　郭旺真　张天真

作者单位：南京农业大学农学院　山西省农业科学院棉花研究所

内容摘要：通过优化胚性愈伤的繁殖、胚性愈伤的共转化、选择培养和分化成苗技术提高了农杆菌转化棉花胚性愈伤体系的转化效率。感染时受体愈伤状态、共培养的效率和选择培养基的选择效率对转化的效率至关重要。鲜黄的细颗粒状胚性愈伤共转化效率高；AS（乙酰丁香酮）50mg.L－1和共培养温度19℃转化效率最高，AS和培养温度存在显著的互作。胚性愈伤接种尽量分散降低了假阳性，提高了选择效率。该转化方法的周期为5～6个月，阳性率为55.7％，平均每个克隆可获得9.7株转基因植株。采用胚性愈伤的转化方法降低了工作量和成本，提高了转化效率，使规模转化棉花成为现实，为棉花的遗传改良和棉花重要基因的功能分析奠定了基础。

（梁海萍　王和平）

【连续覆膜旱作对水稻产量、水分利用效率和土壤特性的影响】

刊物［土壤与耕作研究］2007，93（2）：1370－378

作者：李永山　吴良欢　赵立梅　路兴花　范巧兰　张福锁

作者单位：1.浙江大学环境与资源学院

2.山西省农业科学院棉花研究所

3.中国农业大学资环学院

内容摘要：在浙江5个不同生态区研究了覆膜旱作对水稻产量.水分利用效率和土壤特性的影响。试验于2001年开始，2003年结束，单季稻。试验设有覆膜旱作、裸地旱作和常规水作3个处理。于试验的第3年水稻收获后取土样并进行土样理化性质分析。覆膜旱作提高了土壤温度，促进土壤有机碳分解和根系生长发育，土壤容重有降低趋势。覆膜旱作在2个试点水稻产量与常规水作相似，2个试点产量显著提高（5.8％和20.0％），另外一个试点雨养条件下，覆膜旱作显著减产34.3％。覆膜旱作水分利用效率提高了69.6％～106.0％，灌溉水利用率提高了273.7％～519.6％。与常规水作相比，覆膜旱作各试点土壤有机质降低了8.3％～24.5％、土壤全氮降低了5.2％～22.0％、速效钾降低9.6％～50.4％。覆膜旱作4个试点土壤速效氮降低8.5％～26.5％。土壤全磷，覆膜旱作3个试点降低13.5％～27.8％，2个试点增加6.6％～8.2％。但覆膜旱作各试点土壤有

效磷增加了20.9%～64.7%。系统聚类分析表明覆膜旱作明显区别于其它处理。这些结果建议覆膜旱作在适当的水分条件下可获得高产，而且可改变土壤养分循环。 （梁海萍　王和平）

【高分子量谷蛋白亚基Glu－B1x特异性分子标记的建立】

刊物［谷物科学］2008年47卷394，398作者：许琦、徐杰、刘春雷、常成、王彩平、尤明山、李保云、刘广田

作者单位：1、中国农业大学北京作物遗传改良重点实验室、农业部作物基因组学及遗传改良重点实验室、教育部作物杂种优势及利用重点实验室

2、山西省农科院棉花研究所

内容摘要：小麦是重要的粮食作物，其面筋弹性决定着面包品质的优劣，而高分子量谷蛋白亚基的组成是小麦面筋弹性的最重要影响因素。高分子量谷蛋白Glu－B1位点包含有很多等位基因，17＋18、14＋15无疑是Glu－B1位点的优质高分子量亚基，因此，必须提高鉴定17＋18、14＋15亚基的准确性和鉴定效率。本文检索了Glu－B1位点的基因序列(ReddyandAppels，1993；Genbankaccession：X13927；Genbankaccession：AY367771)，设计了17＋18、14＋15亚基的特异性分子标记，并以18份包含了Glu－B1x位点所有常见高分子量亚基的小麦材料进行了17＋18、14＋15特异性分子标记的验证。另外，用京711×Pm97034重组自交系进行了Glu－B1位点分子标记辅助选择的验证。

（梁海萍　王和平）

【拟南芥环核苷酸门控通道10影响了拟南芥的耐盐性】

刊物［植物生理学报］134：499－507.2008

作者：郭梅[a]bOlgaBabourina[a]，＊，DavidA.Christopher[c]，TamasBorsics[c]andZedRengel[a]

作者单位：a澳大利亚西澳大学，地质地球科学系　佩斯.西澳　6009，澳大利亚

b山西农科院旱地农业研究中心太原，山西030031，中国

C夏威夷大学，分子生物学及生物工程系，1955East－WestRoad，Agsciences218，Honolulu，HI96822，USA

内容摘要：植物细胞膜的上的环核苷酸门控通道(CNGCs)能够调节植物体中K＋和其他阳离子的运输，但迄今为止，它们在植物对盐胁迫适应机制中的作用还不甚清楚。本研究中我们以两个环核苷酸门控通道蛋白(AtCNGC10)反义转基因株系和野生型拟南芥为材料，对它们在盐分胁迫下植株生长，离子含量，盐分抗性以及根系离子流动进行了评估。结果表明，两个AtCNGC10反义转基因株系成熟植株中K＋和Na＋含量和对盐分的敏感性发生了显著变化。和野生型相比，两个AtCNGC10反义转基因植系地上部分Na＋和Na＋/K＋显著升高。而其根部K＋浓度显著增加和Na＋/K＋显著降低。在盐胁迫下，反义转基因株系的根系显著增长，并且保持较低的钠钾比率。瞬间盐胁迫能够促进反义转基因株系中Na＋向根外流动，但K＋向根外流动明显降低，表明AtCNGC10蛋白参与了Na＋的向内流入以及K＋的向外流出。由此推断，AtCNGC10蛋白参与根部Na＋，K＋的吸收及其在木质部和韧皮部内的长距离运输。和野生型相比，反义转基因株系在开花期表现出更高的盐敏感性主要是由于高盐胁迫对其光合系统造成更大的伤害所致。 （梁海萍　王和平）

林　业

【造林绿化】 2008年全省按照山上治本与身边增绿共同推进的发展思路，在扎实推进国家林业重点工程建设和通道绿化、交通沿线荒山绿化、村庄绿化、厂矿区绿化、环城绿化、城市绿化的同时，启动实施汾河流域生态修复保护与治理工程和石太高速铁路客运专线绿化工程。全年完成营造林30.09万公顷，占年计划29.87万公顷的100.7%；其中，人工造林19.14万公顷，飞播造林1.53万公顷，封山育林9.42万公顷；零星四旁植树9382万株，其中义务植树6033万株；完成育苗3.04万公顷，其中新育苗1.38万公顷。国家林业局贾治邦局长在山西调研时称赞“山西造林绿化成效十分显著、经验十分可贵”。

（谢英杰　贾向前）

【森林资源保护】 2008年，首次请派吉林森林武警部队150余人驻防山西；在省直国有林区、林业重点县组建61支森林消防专业队伍，加强实战演练，有效地提高了防扑火能力。全年发生一般森林火灾19起，及时得到扑救，没有造成大的森林损失。封山禁牧工作扎实推进，运城、临汾、长治、晋城、晋中、阳泉、吕梁、太原等8个市初步实现封山禁牧。组织开展了“春雷四号”、“抓逃犯破大案”、“飞鹰”等林业严打专项行动，查处破坏森林和野生动植物资源案件1117起。经省政府批准，出台了《山西省重大林业有害生物灾害应急预案》。林业有害生物发生29.26万公顷，防治面积14.79万公顷，防治率达50.5%，成灾率控制在4.9‰以下。全年审批征占用林地项目182项，征占用面积1620.65公顷。林木采伐消耗蓄积10.9万立方米，占年森林采伐限额70万立方米的15.6%。《山西省国有林场管理办法》、《山西省湿地保护管理办法》立法工作启动。 （谢英杰　贾向前）

【林业产业】 立足发挥资源优势，加大林业产业重点龙头企业、特色林业产业项目扶持力度。重点扶持了核桃、红枣、山楂叶深加工和林区林下资源开发等12个项目，完成投资600万元。积极开展速丰林大径材定向培育，投资120万元，在黑茶

梨花开满山坡

张明芳摄影

山国有林管理局实施速生丰产林工程大径级用材林定向培育，完成改培356公顷。按照“以龙头企业带动重点项目，以重点项目带动基地建设”的发展思路，积极鼓励人造板企业和个体营林大户营造速生用材林，新发展1.56万公顷。

（谢英杰　贾向前）

【林业对外开放】 日本政府援助造林项目圆满完成，六年共营造生态防护林0.49万公顷，为项目区培训技术员、农民5240人次。2008年6月4日，在吉县召开中日合作第二期黄河中游流域防护林建设项目竣工大会，建设成果受到国家商务部、国家林业局充分肯定。中日合作中国黄土高原造林技术普及培训项目加快实施，为日元贷款项目区培训林业技术员和造林大户222人。利用中日民间绿化交流基金实施的五台山绿化项目进展顺利，完成人工造林35公顷，修筑林道1000米，拉设围栏200米。（谢英杰　贾向前）

【林业科技】 林业科研攻关由抗旱造林技术向困难立地造林技术创新转移，开展了抗盐碱树种胡杨的引进和繁育示范、煤炭生产地质灾害区治理模式、太行山干石山区石漠化立地与吕梁山黄土丘陵严重侵蚀沟治理模式等研究。木本攀缘植物应用技术研究、山西省立地类型划分及造林模式研究、沙棘渣中油脂及花青素提取、油松良种选育与试验示范、四倍体刺槐饲料加工技术研究、白蚁综合防治技术研究和林业有害生物快速检疫熏蒸技术研究等7项科研成果通过省科技厅鉴定。其中白蚁综合防治技术研究成果达到国际领先水平，四倍体刺槐饲料加工利用技术研究等6项成果都达到国际先进水平。三色彩叶蜜槐繁育技术研究、四倍体刺槐高产及高营养栽培配套技术、四倍体刺槐饲料综合加工工艺与高效利用技术研究，油松优良选育与试验示范等4项成果被国家林业局认定为部级科技成果。启动实施了山西省乡土树种振兴计划，对全省只有自然散生分布、没有人工规模栽培的20个乡土阔叶优良用材树种，开展优树选择和繁殖技术研究。颁布了《山西省生态公益林抚育技术规程》、《山西省低效生态公益林改造技术规程》、《山西省低产商品林改造技术规程》、《山西省商品林抚育采伐技术规程》、《枣树品种选育规程》、《农村林业生态规划技术规程》等6个林业地方标准。（谢英杰　贾向前）

【林业投资】 全省林业投融资总量达到62.75亿元，比2007年增加了22.2%。其中，国家投资19.51亿元，省级投资10.38亿元，市县两级与社会投资32.86亿元。朔州市朔城区、平鲁、怀仁、清徐、孝义、柳林、离石、灵石、屯留、襄垣、高平、阳城、沁水、翼城、襄汾、洪洞、河津等17个县（市、区），林业投资达到5000万元以上。（谢英杰　贾向前）

【国家林业重点工程】 天然林资源保护工程　按照巩固、完善、提高的原则，以实施森林管护项目为依托，以落实管护责任制为核心，进一步完善国有林区管护体系，保护面积进一步扩大，达到287.58万公顷。完成封山育林任务4.52万公顷。

退耕还林工程　全年完成6.04万公顷，其中宜林荒山荒地造林4.04万公顷，封山育林2.0万公顷。编制完成了《山西省巩固退耕还林成果专项规划》，涉及基本口粮田建设、农村能源建设、生态移民、后续产业发展和退耕农民就业创业转移技能培训、补植补造等项目。这些项目的实施，将为巩固退耕还林成果奠定坚实的基础。

京津风沙源治理工程　项目区完成工程建设任务3.73万公顷，其中农田林网0.2万公顷，飞播造林1.53万公顷，封山育林2.0万公顷。经省人民政府同意，省林业厅印发了《山西省重大沙尘暴灾害应急预案》，成立应急领导小组，建立了信息采集网络，对沙尘暴灾害发生起到了很好的预警作用。省治沙办下发了《关于坚决制止破坏沙区林草植被行为的紧急通知》，严禁在林区和京津风沙源治理工程项目区毁林开荒、非法开矿、建贮煤厂，严禁乱砍滥挖灌木和其他固沙植物，加大项目区护林防火、病虫害防治力度，切实抓好封禁管护；出台了《关于征占国家防沙治沙重点工程区林地补偿问题的通知》，明确提出严厉打击非法侵占防沙治沙重点工程区林地行为，经审批征占用工程区林地的，必须给予经济补偿和生态补偿。

三北防护林和太行山绿化工程　坚持科学规划，合理布局，大力推广实用造林技术，普遍实行专业队栽植和管护，完成三北防护林工程建设任务4.43万公顷，太行山绿化1.56万公顷。在全国绿化委员会、国家林业局联合召开的纪念三北防护林体系建设30周年总结表彰会上，右玉县委书记陈小洪作了典型发言。吕梁市林业局、偏关县人民政府、蒲县人民政府、太原市林业工作站、隰县人民政府、永和县人民政府、右玉县人民政府、山西省造林局被授予“三北防护林体系建设突出贡献单位”，白新民、董顺兴、高亮则、高元官、郭建峰、梁有林、张兴亮、刘来旺、刘跃进、任连功、薛秀基、原加喜、张建秀、张旭晨被授予“三北防护林建设突出贡献者”。（谢英杰　贾向前）

【省级造林绿化工程】 全省新建和完善通道绿化5000千米，其中，高速公路254千米，一二级国省道和旅游路2558千米。交通沿线荒山绿化以高速公路、一二级国省道为重点，完成荒山绿化2.33万公顷。村庄绿化结合2000个新农村建设重点推进村，以干线公路两侧村庄绿化、环城周围的城中村、城边村以及靠近城市的村庄绿化为重点，集中连片实施了2237个。环城绿化以城市周边灭荒为重点，加快环城森林公园建设，营造环城林带和城市出入口绿地游园，完成1.47万公顷。厂矿区绿化以煤炭部门为重点，坚持生产区、生活区、办公区绿化与异地造林相结合，完成造林1.5万公顷；完成矿区自营公路、通道、街道绿化2335千米；矸石山治理绿化1089公顷；采空区复垦绿化850公顷。11个设区城市绿化覆盖率达到了35.27%。汾河流域重点实施护岸林带、荒山绿化、封山育林、经济林、林网（带）建设以及过境城市、村庄的绿化，完成造林绿化1.33万公顷。石太高速铁路客运专线绿化工程全面完成省级总体规划设计和招投标工作，部分县区开始实施，完成林带建设16.3千米，景点绿化23.3公顷，荒山绿化1099公顷。（谢英杰　贾向前）

【集体林权制度改革试点工作正式启动】 省委、省政府出台了《关于开展集体林权制度改革的意见》，按照“试点先行、稳步推进”的原则，2008年至2009年底，在晋城市和清徐、左云、平鲁、五寨、方山、祁县、灵石、沁源、隰县、垣曲等1市17县（市、区）开展林改试点工作；2010年，在全省全面推开集体林权制度改革。省政府成立了以胡苏平副省长为组长，省纪委、省委宣传部、监察、发改委、财政、司法、财政、国土、农业、林业、档案、银监、人民银行等单位为成员的山西省集体林权制度改革领导组，办公室设在省林业厅。8月6日，省政府召开了全省集体林权制度改革试点工作会议，标志着集体林权制度改革正式启动。

（谢英杰　贾向前）

【山西省造林绿化长治现场会议】　6月19日至20日，省政府在长治市召开了全省造林绿化现场会。省长孟学农、省人大常委会副主任郭海亮、省政协副主席李雁红、省军区副司令员何永才等出席会议，副省长胡苏平主持会议。国家林业局局长贾治邦应邀参加了会议。省直有关部门负责同志，各市分管林业的副市长、林业局局长、建设局长、煤炭局长，各县分管林业的副县长参加了会议。会议提出，全省造林绿化工作要以科学发展观为指导，深入推进造林绿化，扎实开展生态修复，启动实施汾河干流植被建设和湿地保护项目，继续实施国家和省级造林绿化重点工程，积极稳妥开展集体林权制度改革，切实加强生态建设成果保护与管理，每年完成造林400万亩以上，到2010年森林覆盖率达到18%以上。全省造林绿化和生态建设，一要实施好汾河流域生态环境治理、修复与保护各项工作；二要继续实施高标准通道绿化，启动石太高速铁路客运专线绿化工程，加快推进旅游公路和沿黄公路绿化工程，继续完善高速公路、国省道及其他通道绿化工程，同时抓好平原农田防护林网建设。三要以高速公路、一二级国省道、旅游公路和出省口为重点，加快推进交通沿线荒山和环城绿化；四要大力实施村镇绿化；五要进一步搞好厂矿企业和城市绿化。会议参观了长治市7个县（市、区）的造林绿化工程，对2007年以来涌现出来的先进县、先进单位、先进企业进行了表彰。　（谢英杰　贾向前）

【全省造林绿化先进集体名单】　6月18日，山西省人民政府办公厅发出《关于表彰全省造林绿化先进集体的通报》（晋政办函［2008］90号），对2007年以来在全省造林绿化工作中做出显著成绩的先进集体进行通报表彰。授予屯留县等40个县（市、区）为“全省造林绿化先进县”，各奖励5万元；授予省改革创新研究会等10个单位为“全省造林绿化先进单位”，各奖励3万元；授予山西沁新煤焦股份有限公司等10户企业为“全省造林绿化先进企业”，各奖励3万元。

全省造林绿化先进县：娄烦县、太原市小店区、太原市杏花岭区、大同县、浑源先、灵丘县、左云县、朔州市朔城区、山阴县、应县、偏关县、忻州市忻府区、神池县、五台县、孝义市、柳林县、中阳县、吕梁市离石区、介休市、寿阳县、祁县、昔阳县、平定县、屯留县、长子县、武乡县、平顺县、襄垣县、阳城县、高平市、泽州县、襄汾县、洪洞县、永和县、隰县、安泽县、永济市、夏县、河津市、运城市盐湖区。

全省造林绿化先进单位：山西省改革创新研究会、中国人民解放军山西省太原警备区、晋祠宾馆、太原卫星发射中心、山西省阳泉市中级人民法院、中国人民武装警察部队晋中支队、长治市城区华丰路小学校、晋城市城区北石店镇大张村、山西师范大学、运城中学。

全省造林绿化先进企业：山西沁新煤焦股份有限公司、太原铁路局侯马北工务段、晋西机器工业集团有限公司、山西省电力公司大同供电分公司、中煤平朔杨涧煤业有限公司、柳林县富安实业有限责任公司、阳泉市南庄煤炭集团有限责任公司、晋中市榆次北山煤化有限责任公司、太钢集团临汾钢铁有限公司、河津建康能源集团有限公司。（谢英杰　贾向前）

【山西省林业科技工作会议】　2008年12月12日—13日，山西省林业科技大会在太原召开。会议全面总结了山西林业科技的历史成就，分析了新形势下林业科技面临的新情况，对当前和今后一段时期的林业科技工作作了安排部署。会议指出，实现林业科学发展，必须进一步突出科技的地位和作用，在林业生态建设中赋予科技以基础地位，在林业产业建设中赋予科技首要地位，在林业可持续发展中赋予科技以重要地位。到“十二五”期末，林业科技综合发展水平进入全国先进行列，取得一批具有重大影响的科技成果，形成林业生产关键性技术的重大突破，先进适用技术和成果的推广应用率显著提高，生态工程造林良种使用率达到40%，经济林和丰产林良种使用率达到85%，成果转化率达到50%，科技贡献率达到40%，重点集体林区林农科技培训率达到50%，林业科技进步与创新基本满足林业发展需求，支撑和引领作用显著增强。当前和今后一个时期，林业科技工作的重点是攻克“十项关键技术”、推广“十大实用技术”、实施“五大科技工程”。

（谢英杰　贾向前）

【山西省林业厅实行干部下乡包县制度】　2008年，省林业厅党组决定在实施厅领导包市的基础上，实行干部下乡包县制度，由处级干部带队，抽调200多名干部和工程技术人员，组成74个工作组，深入全省115个农业县（市、区），采取“一包一年，年底交账”的方式，具体督导服务、搞好基层林业重点工作。一年来工作组平均下乡12次28天，最多的达80天左右。开展技术培训500余次，培训基层干部群众3万人次，发放各种技术资料8万余份，举办森林防火、封山禁牧、林权改革等宣传活动180多次，上报信息600多条。督导基层完成了林业重点工作任务，帮助基层解决了许多林业技术难题，提出合理化建议200多条，受到基层干部群众好评。加强调查研究，形成了132篇具有一定份量、指导价值较高的调研报告。

（谢英杰　贾向前）

水　利

【概述】　2008年是全面贯彻落实党的十七大精神的开局之年，是实施兴水战略的

滹沱河大桥

张明芳摄影

攻坚年，厅直各级党组织全面贯彻党的十七大精神，以科学发展观为统领，不断增强基层党组织的凝聚力和战斗力，充分发挥各级党组织推动发展、服务群众、凝聚人心、促进和谐的作用，为打好打胜兴水战略攻坚战提供坚强的组织保证和政治保证。

一、将科学发展观贯彻落实到兴水战略各项工程建设中

为了更加扎实有效地推进兴水战略，厅直系统把贯彻落实科学发展观与落实省委省政府关于实施兴水战略的重大部署有机结合，并进行监督检查，把各项工作落到了实处。3月上旬，省水利厅分成3个组分赴晋中、忻州、长治等7个市水利部门，对在建的双峰、坪上、张峰、千年、和川、五马、夹马口北扩等重点水利工程进行了督查。针对督查中发现的问题，提出要严格资金管理，严格执行建设程序及监理制，在保证工程质量的前提下加快工程进度。对个别工程因当地政府配合不力，占地补偿工作不到位，引发群众干扰施工的问题，水利厅督促当地政府与工程管理单位成立了联合工作组，很快解决了这一问题，使工程建设顺利进行。

二、教育培训和廉政宣传广泛深入

为广泛深入地开展反腐倡廉教育，全年有针对性地组织了三次培训：3月下旬，水利厅相关处室举办了全省重点水利工程项目法人培训班，来自全省各类工程的项目法人代表、技术负责人及质量、财务管理负责人共一百二十余人参加了培训。通过培训，学员们进一步提高了认识，增长了水利工程建设管理知识，增强了项目管理的责任感，收到了预期效果。5月底，水利厅举办了新任处级干部培训班，对厅直单位2004年以来提拔的80余名领导干部进行了培训，党组书记、厅长潘军峰同志亲自授课，并要求厅直领导干部要注重学习、讲团结、严自律、作表率。培训班上还就领导干部如何克服心理障碍，筑牢思想道德防线，真正做到廉洁自律和如何加强学习，创新方法，增进团结，增强班子的凝聚力和战斗力等内容进行了讲解。9月12日，召开学习贯彻中央《惩治和预防腐败体系2008—2012年工作规划》及省委《实施办法》动员大会，邀请省纪委副书记李正印同志出席，并就《规划》进行辅导。会上，印发了《山西省水利厅建立健全惩治和预防腐败体系2008—2012年实施办法》。

恒山水库 张明芳摄影

此外，开展了多种形式的廉政宣传教育活动。组织领导干部观看典型案件，起到警示作用。在厅机关大型电子屏上，每周出一期专栏，内容涉及党纪政纪规定、中央纪委及省纪委重要工作和有关要求、典型案例、图片等；在山西水利网上也开设专栏，宣传纪检监察重要工作和重要活动，营造了廉洁从政的良好氛围。

三、政风行风及干部作风明显改进

年初，水利厅召开干部大会，就严格遵守纪律，加强作风建设进行了专题部署，重申和强调了六个方面的纪律和规定：一是节假期间严禁赠送、接收现金、有价证券和支付凭证；二是机关干部要严格执行上下班制度和请销假制度；三是严禁机关干部在上班时间上网炒股、聊天、玩游戏；四是机关干部尤其是副处级以上干部要严格遵守工作纪律；五是各单位要严格执行公务接待制度；六是严格执行小汽车配备和使用的有关规定。这些规定的执行使各级干部遵守纪律的状况和工作作风有了明显改进。

为进一步搞好民主评议政风行风工作，省水利厅按照省评议办要求制订了实施方案，并于5月7日在临汾市召开了全省水利系统民主评议政风行风动员会。会后，水利厅把实施方案中的每一项工作都具体化、细化，有的还量化，提出了具体要求。全年先后四次参加山西广播电台《政风行风热线》直播节目，第一次热线节目结束后，立即派人冒雨前往群众反映问题所在地进行调查核实，现场解决问题，为此受益村派代表专程前来送锦旗致谢，水利厅以人为本，急群众所急，解群众所难的工作作风受到当地群众的拥护。夹马口、尊村、大禹渡等大型灌区，以低于国家规定价格向农民收取灌溉水费，让农民得到实惠。年终，省评议办对水利厅的政风行风建设给予较高评价。

四、党风廉政建设责任制进一步落实

水利厅对全年党风廉政建设责任制和反腐倡廉工作任务进行了责任分解，共7大项27个小项，明确分工，互相配合。每位厅领导按照分工明确了牵头单位和具体负责单位，做到了人人有责任，事事有着落。

五、规章制度进一步健全和完善

2008年的工作重点是建立健全并严格执行各项规章制度。全年共出台了《山西省水利厅立法工作管理规定》、《山西省水利专项资金非基建项目重点工程验收办法》、《关于加强厅直单位国有资产与重要经济活动管理的暂行规定》等17项规章制度和管理办法，还有一些制度正在修订完善，择机出台。其中《山西省水利厅建立健全惩治和预防腐败体系2008—2012年实施办法》是2008年省水利厅重点推出的一项制度，该《办法》是省水利厅按照省纪委要求，在认真学习中央建立健全惩防体系《工作规划》和省委《实施办法》的基础上，结合水利系统实际制订的。《实施办法》把构建惩防体系的任务分为6大项57个小项，分解到有关处室和职能部门，便于落实，也便于检查和考核。9月12日，省水利厅专门召开动员大会进行安排部署，收到了很好的效果。这些规章制度，在实际工作中得到较好的贯彻实施，在预防腐败中发挥了应有作用。

六、学习贯彻党的十七大精神，大力抓好理论武装工程

党的十七大召开后，厅直党委及时对学习贯彻党的十七大精神做出了安排部署，为党员干部定购了学习资料，制定了专题学习计划，把学习贯彻党的十七大精神作为理论武装工程的重要内容来抓。以各级领导干部中心组理论学习为龙头，下

大力加强理论武装工程。在常规学习的基础上，重点学习了党的十七大精神、科学发展观相关内容，共组织了9次党组中心组理论学习和2次十七大专题辅导。5月28日，举办了厅直系统党务干部培训班，厅直系统的70余名党务干部参加了培训。5月30日，组织了厅直系统处级干部参加的学习贯彻党的十七大精神培训班。

七、开展创先争优活动，全面推进基层党组织建设和党建工作

2008年是两年一度的创先争优表彰年，水利厅表彰了20个先进基层党组织、10名优秀党务工作者、144名优秀共产党员。“七一”前夕，组织厅机关所有党员到在建的坪上工程管理局开展了“服务基层、现场办公”为主题的党日活动，巩固了“作风建设年”的成果，促进了厅直机关的作风转变。厅直各级党组织根据机关党委的安排部署组织了不同形式的庆祝建党87周年活动。“七一”前夕，组织了“党员—光荣称号”主题演讲比赛。

八、积极开展文明和谐创建活动

年初南方发生特大雨雪灾害后，广大党员干部职工积极为灾区捐款十一万余元。特别是在四川“5·12”地震发生后，广大干部职工情系灾区，第一次为灾区捐款达四十七万余元。在中组部下发部分党员可以通过交纳特殊党费的形式支援四川灾区建设的通知后，广大党员干部充分发挥先锋模范作用，积极主动地交纳特殊党费，短短两天时间共交纳特殊党费一百四十余万元。

长治市水务局、省汾河二库管理局被水利部命名为“全国水利文明单位”。完成了省文明委对厅属文明和谐单位的检查验收，省水产所跨入省文明和谐单位行列。6月中旬，组织了“与奥运同行”体育运动会，通过比赛活动，强化了干部职工“迎奥运、树新风、强体魄、讲文明”的意识。

九、认真开展科学发展观学习实践活动，确保学习实践活动取得实效

学习实践科学发展观活动是2008年山西水利党建工作的重中之重。按照中央和省委的统一部署，省水利厅深入学习实践科学发展观活动从2008年10月18日开展以来，在省委第六指导检查组的有力指导下，在厅党组的正确领导下，在厅直各级党组织和广大党员干部的共同努力下，整个学习实践活动始终按照“党员干部受教育、科学发展上水平、人民群众得实惠”的总要求，紧紧围绕省委提出的“转型发展、安全发展、和谐发展”的主题和载体，紧密结合全省水利改革与发展的实际，抓住厅直各级领导班子和处级以上领导干部这个重点，认真学习，深入实践，积极进行探索创新，基本达到了统一认识、提高能力、解决问题、创新机制的预期目标，群众满意率100%。

第一，围绕学习实践活动主题，提高思想认识，加强组织领导，认认真真开展学习实践活动。

自2008年10月10日省委召开动员大会之后，省水利厅立即召开党组会，成立了学习实践活动领导组，设立了综合、资料、宣传、联络督察四个工作机构，明确职责，落实责任，研究制定了“牢牢把握可持续发展水利这条主线，始终坚持以人为本这个核心，坚定不移地推进兴水战略，努力实现供水安全、防洪安全、生态安全和粮食安全，为建设新基地新山西和服务全省‘三个发展’提供有力保障”的学习实践活动主题和载体。同时，在厅机关和厅直各单位进行广泛深入的宣传动员，并在最短的时间内落实了各级组织机构，充实了工作人员、补充了活动经费、配发了学习教材，建立了情况通达、运转自如、便于协调的学习实践活动组织领导格局，为顺利开展活动奠定了良好的基础。

第二，加强理论学习，注重示范引导，充分发挥各级领导干部的带动作用。

根据中央和省委的要求，这次学习实践活动的重点是各级领导班子和处级以上领导干部。因此，从学习实践活动一开始，厅党组始终把处级以上领导干部这个主体紧紧抓在手上，明确要求班子成员和处级干部充分发挥表率、示范和引导作用，全厅共组织了两期学习培训班，近400名在职处级干部、公务员和部分离退休老同志参加了理论学习培训班。同时，厅班子成员积极参加和组织召开各类座谈会征求意见，带头到市、县基层水利部门、应急水源工程一线、厅直单位开展调查研究，带头撰写专题调研报告，班子成员共撰写专题调研报告11篇。第三，实行分类指导，广泛交流经验，充分发挥联络督察组对活动全过程的监督推动作用。

为了增强学习实践活动的效果，厅领导组办公室针对机关、事业单位、企业单位、科研单位不同的工作特点，以及领导干部、普通党员、民主党派人士、离退休党员的不同情况加强了分类指导，采取了形式多样的学习实践活动。联络督察组及时到厅直各单位进行督察指导，对存在的个性问题及时纠正，存在的共性问题，以会议的形式认真加以解决。通过分类指导和强化督察，充分调动了每一个党员干部参加学习实践活动的积极性，有效避免了“上热下冷、被动应付”的现象。

第三，突出水利实践，明确整改措施，为确保学习实践活动取得实效奠定基础。

厅党组把加强实践、突出实践、尊重实践作为科学发展观实践活动的一个指导思想，不回避矛盾，不隐瞒问题，不惧怕困难，从实践中求实效。厅领导之间主动约访，认真开展了谈心谈话活动，面对面征求意见，互相查找不足，班子成员之间加强了沟通、增进了理解。民主生活会上，大家结合各自分管工作实际，深入剖析了在思想观念、作风建设、工程建设和资金管理使用、廉洁自律等方面存在的问题，认真开展了批评与自我批评，明确了改进方向，提出了解决存在问题、加强自身建设、进一步提高工作能力和促进山西水利事业又好又快发展的对策措施，为整改落实和完善体制机制，确保取得实效奠定了良好的基础。省水工局在学习实践活动中解决了部分离退休人员的统筹外补贴和医疗保险问题，省汾河灌溉管理局着力解决拖欠干部职工的工资问题，通过解决这些实际问题，让干部群众感受到了学习实践活动带来的新气象、新变化，突出了实践特色。

第四，尊重广大群众的参与权、知情权、监督权，发扬民主，把坚持走群众路线的要求落到实处。

按照这次活动的总体要求，厅党组高度重视发挥广大群众的积极性和主动性。为把影响和制约水利科学发展、领导班子自身建设存在的突出问题找准摸透，在每个阶段都主动接受干部职工的监督和评议，并从不同层面征求意见。厅领导班子分析检查报告征求意见稿形成后，共征集到不同群体、不同层次的意见和建议22条。随后，组织人大代表、政协委员、基层单位代表、服务对象参加了厅领导班子分析检查通报会，并进行了测评，满意率100%。整个学习实践活动通过征求意见、座谈走访、调查问卷、民主评议、扩大会议、简报信息等多种形式，充分保障了群众对学习实践活动安排和进展的知情权和参与权。

第五，加大宣传力度，营造良好氛围，

在全社会树立水利行业的新形象。

抓好舆论宣传对推动学习实践活动可以起到事半功倍的效果。活动期间，省内外主要媒体刊登报道我厅学习实践活动的新闻共计50余条，其中，山西电视台15次对我厅学习实践活动进行了宣传报道。省政府“中国山西”网站的“部门动态”栏目转发我厅相关信息60余条，水利部网站和中国水利网站转载20多条，山西水利网发布相关信息200余条、图片100余幅，网站访问量达到9万多人次，资料组编发简报50多期。通过深层次、全方位、多角度、高频度的宣传报道，水利厅的学习实践活动全过程受到广大群众和社会各界的广泛关注，在一定程度上也向社会宣传了全省实施兴水战略进展情况，最大程度让全社会了解、关心和支持水利事业。这一有效举措真正做到了两手抓、两不误、两促进，实现了学习实践活动取得明显实效和水利事业持续发展的双丰收。

2008年，省水利厅党建工作以改革创新的精神全面推进厅直机关党的思想、组织、作风、制度和反腐倡廉建设，有力地促进了兴水战略的全面建设，全省水利事业实现了跨越式发展。截至年底，全省累计建成大型水库7座，中型水库58座，现有大中型水库总库容为38.86亿立方米。2008年当年新增有效灌溉面积0.53万公顷，新增节水灌溉面积2.57万公顷，当年实际灌溉面积达到104.48万公顷。小型水利设施本年新增71处，累计达到14322处。水利工程总供水量42.83亿立方米，其中：农业供水30.98亿立方米，工业供水4.73亿立方米，城镇生活供水1.31亿立方米，为生态环境供水2.21亿立方米，水电供水35.42亿立方米。水土流失累计治理面积496.93万公顷，当年新增水土流失治理面积27.86万公顷。全省当年解决农村饮水安全人口204.33万人，农村人畜饮水工程年供水量3.81亿立方米，农村自来水供水人口1555.07万人。

（王秀芳）

贸　　易

国内贸易

·商　务·

【2008年山西商务发展综述】 2008年，国际金融危机不断加剧，国内外市场起伏动荡，全球经济增长明显放缓，国际经济环境中不确定不稳定因素明显增多。在省委、省政府的正确领导下，全省商务系统广大干部职工紧紧围绕“三个发展”，积极应对，扎实工作，努力克服各种不利因素的影响，全力推进各项商务工作，圆满完成了各项任务。

(一)加强市场体系建设和市场监测，确保省内市场繁荣稳定

市场调控和应对重大商务应急事件水平不断提高。关注民生，出台了《山西省畜禽屠宰管理条例》。进一步强化市场运行监测，直接监测单品240多个，数据报送率达98%以上。加强市场监管，成品油、酒类流通、汽车流通管理、典当、拍卖、直销等行业健康有序发展。吕梁市建立了食品安全示范街，构建了食品安全监管网络。重要生活必需品储备体系进一步完善，调剂食用油5254吨，落实省市级猪肉储备1.4万吨、国家级猪肉储备3000吨、食糖储备3000吨。出台了《山西省商务厅关于反恐怖生活必需品供应应急预案》，完善了覆盖各市的市场应急数据库，应急商品重点联系企业增至31家。特别是发生三鹿奶粉事件后，在第一时间启动应急监测机制，及时调控，确保了市场供应，制定了《山西省商务厅奶制品市场应急预案》，为省政府应对三鹿奶粉事件发挥了积极作用。

农村市场体系建设成效明显。扎实推进“万村千乡市场工程”，全省已建设与改造农家店13000多家，承办企业达到了101家，初步形成了辐射全省75%的乡镇和40%的行政村的农家店经营网络，带动社会对农家店和配送中心建设与改造投资5亿多元，吸纳农村富余劳动力约2.5万人，初步改善了1000万农民的消费环境，扩大农村消费25亿元。大力推进“双百市场工程”建设，3个农产品批发市场新增年交易额14亿元，2个农产品流通企业新增年销售额4000万元，带动增加就业人数近5.5万人，其检验检测系统、配送中心等基础设施项目已建成并投入使用。

流通业现代化水平进一步提高。制定了服务贸易、会展业、商贸流通业、餐饮业4个领域的实施细则，明确了发展思路和政策措施。继续推动物流企业建设，两家企业被评为4A级物流企业。长治市重点建设紫坊物流基地，实现传统物流向现代物流转变。继续推动连锁经营，涌现出美特好、华宇、华联、唐久便利、万民药店等一批发展较快的连锁企业。成功举办三次网上对接洽谈会，成交金额6.3亿元。大同县作为商务部新农村商务信息服务体系建设工程试点，提高了农民应用信息技术促进农产品流通的能力。全省11个市的商业网点规划编制工作已全部完成。阳泉市实施“12343”市场体系建设工程。晋城市建立了商务服务业项目库，制定了《关于加快商贸流通业发展的实施细则》等。继续开展国家级、省级商业示范社区创建活动，共建国家级示范社区7个、省级示范社区13个。

城市商贸服务业稳步推进。启动“放心早餐工程”，上报太原市为全国主食加工配送中心试点城市，六味斋好助妇公司、迎春楼广东酒家两家企业确定为主食加工配送中心试点企业。目前，六味斋、广东酒家、江南等早餐网点达350余家，一定程度上满足了人们的早餐需求。组织实施商务领域节能降耗工作，开展“节约型零售示范企业”创建活动。推动再生资源回收体系建设，商业零售场所的塑料购物袋实行有偿使用。

(二)加快转变增长方式，对外经贸健康发展

进出口商品结构不断优化。去年，全省机电产品进出口完成22.2亿美元，其中，出口13.8亿美元，增长29.7%。高新技术产品进出口为6.3亿美元，增长62.6%，其中出口3.6亿美元，增长87.7%。运城卓里集团低速车、南方重汽重卡、清华机械自卸车获得整车出口资质，并开始出口；忻州市逐渐成为我省重要的农副产品出口基地之一。

大宗进出口商品管理进一步加强。在煤炭方面，积极采取措施，确保煤炭出口稳定。在焦炭方面，积极配合全省焦化行业清理整顿工作，推动焦炭出口企业的联合、重组，具有出口资质的企业达21家，及时协调和解决焦炭生产、运输、出口供货等方面存在的问题，2007年焦炭出口32.5亿美元，增长83.3%。在铝矾土方面，上报19家企业进行出口配额招标，为我省铝矾土出口稳步发展奠定了基础。在铁矿石、钢材进口方面，及时与五矿商会沟通，山西10家企业获2008年度铁矿石进口经营资格。去年铁矿砂和铬矿砂进口

太原市苏宁电器正在搞促销活动

张明芳摄影

分别增长91.4%和57.8%。

扶持企业开拓国际市场效果良好。充分利用“广交会”、“华交会”、“东盟博览会”、“台交会”等多种平台，加大对企业开拓国际市场的支持力度。如晋中市参加第三届上海跨国采购大会，取得较好效果。其中寿阳晋荞基地米业公司被列为联合国世界粮食计划署供应商成员企业。加强与海关的沟通与合作，初步建立了大宗和重点出口商品反倾销预警制度，及时向企业提出反倾销案件建议，指导帮助企业妥善应对。

对外经济合作快速发展。对外承包工程从劳务密集型不断向高新技术密集型转变，大项目稳步增加，由原来的1000万美元上升到10亿美元，合作方式也由单独承包发展到联合承包。中铁十二局、中铁十七局分别承揽了阿尔及利亚10亿美元和5亿美元的高速公路项目，两局又联合承揽了土耳其上亿美元的铁路项目，中化二建承揽了坦桑尼亚、莫桑比克2.5亿美元的水泥厂项目。天利毛里求斯园区建设进展顺利，30家企业签订了入区意向书，其中14家在区内注册。境外投资快速增长，共批准境外投资项目15个，中方投资协议额1.1亿美元。

(三)服务经济结构调整，利用外资水平继续提升

外资投向结构更趋合理。加大外资投向引导力度，编制《山西省投资促进战略规划》，严格控制投向“两高一资”产业，围绕“再造、提升、加速”三个层面，鼓励外资进入新兴产业，在服务业、节能减排、循环经济、高新技术、农产品深加工等方面，取得了新突破。新批外资企业农业类项目占比由2007年的3.5%提高到去年的8.2%；商贸类项目占比由2007年的9.2%提高到去年的13.7%。如大同市首个现代服务业项目——中国北车集团投资公司，总投资11.01亿元，拟境外上市，是现代服务业金融类项目。

外资管理服务明显加强。探索改进项目审批办法，明确省、市两级审批权限，加快项目审批进度，推进签约项目的落实。先后深入11个市进行调研，积极与有关部门协调，帮助解决项目落实中遇到的困难和问题。大力开展招商引资工作，在第三届“中部博览会”上，签订利用外资合同12亿美元、省外资金合同438亿元人民币。在第二届煤炭博览会上，签订利用外资合同29亿美元、省外资金合同1028亿元人民币。朔州市签约项目数、总投资额在全省名列前茅。

太原市和信摩尔车展促销 张明芳摄影

服务开发区的水平不断提高。积极向有关部门反映，为开发区协调解决体制、道路和资金等问题。与省财政、金融等部门联合制定相关贴息办法，资金已全部拨付到位；会同省统计局制定了《山西省开发区统计信息综合系统》网上报送系统，建立了全省开发区信息网站，这是全国省级开发区管理部门建设的第一个网络化工作平台，也是全国首家以省为单位建立的开发区网站；与深圳贸促会、全国经理人联盟等单位密切合作，组织开发区参加各种专题招商会；与有关部门共同努力，侯马方略保税物流中心正式经国家批准设立并运行。

(四)努力打造对外开放平台，进一步展示山西对外开放形象

成功举办了第二届煤炭博览会。在组委会的正确领导下，在各承办单位的通力合作和各市商务局的大力支持下，我厅作为煤炭博览会的主要承办单位之一，圆满完成了组委会交给的各项工作。与鄂湘鲁冀四省人民政府签署了经济领域战略合作框架协议；与华能集团公司、国家开发投资公司签署了战略合作框架协议和投资合作协议。在326家参展企业中，有来自18个国家和地区的103家企业参展，国内24个省市区政府组团参会，扩大了对外开放，促进了经济技术合作。

联手推介山西品牌商品。与北京市商务局签署了《晋京商务部门合作框架协议》，并成功举行了以“京晋携手迎奥运，名优荟萃保供应”为主题的山西品牌商品北京推介会。我省66家企业与北京14家大型连锁企业集团等签订了12亿多元购销合同，100多种商品进入了北京4000多家连锁门店。运城市签订合同金额7.3亿元，居全省各市之首。

积极参加改革开放30周年纪念活动。为对全省走出“四条路子”、实现“三个跨越”提供理论研究和实践指导，在省商务发展中心、商务研究中心等单位的配合下，完成了由省委宣传部牵头组织编写的《科学发展观在山西》系列丛书之三——《走出内陆省份对外开放的路子》，该书已成为我省改革开放30周年谢礼工程和全省领导干部读本。组织参加了中国对外开放30年回顾展，并获得圆满成功。同时，参加了省里举办的一系列纪念改革开放30周年活动。

(五)按照商务事业科学发展的要求，不断加强商务队伍自身建设

学习实践活动扎实推进。按照中央部署和省委要求，商务厅以“贯彻落实科学发展观，努力实现‘三个发展’和商务事业科学发展”为主题，以应对全球金融危机为主线，认真开展学习实践活动。通过深入学习和调研，广泛征求意见，查找问题，集思广益，积极研究确保对外贸易、利用外资稳定和扩大省内消费的政策与措施，学习实践活动取得了阶段性成果。

干部队伍和党风廉政建设进一步加强。厅领导、市商务局领导、厅机关干部，按照要求积极参加了各类培训。认真贯彻落实省委有关党风廉政建设的各项部署，健全防治商业贿赂的长效机制，党风廉政建设进一步加强。深入推进依法行政和政风行风建设，工作效能进一步提高。汶川大地震发生后，厅直系统干部职工踊跃缴纳特殊党费和捐款，合计113万元。与茂县人民政府签订合作框架协议，积极帮助茂县建设商贸流通服务网点，投资发展蔬菜、水果等农副产品项目。工、青、妇、老干部工作都取得了新进展。投促局等厅属事业单位、院校、外经贸等协(学)会,在商务发展中的作用进一步发挥。

国企改革稳妥推进。在1997年省政府改革精神的基础上,按照2006年省政府33号文件提出的“三个一批”总体思路,根据省国资委批准的方案,稳步推进改革。通过多年来的改革发展,外贸流通企业得到了长足发展,仅去年,外贸进出口约20亿美元,上缴各种税收近10亿元,实现就业3500人。积极落实“减债脱困”相关政策,积极与省财政厅协调,落实与中央等比例配套资金1140万元,总计核减债务近12亿元(含太原市)。制定了《省属商贸流通企业及其关联企业自查自纠工作方案》,并请省纪检委审计中心对改制企业进行了专项审计,进一步规范了改制企业的经营管理,保证了国有资产不流失、骨干企业保值增值。

(张若阳)

【社会消费品零售总额】 2008年山西省社会消费品零售总额2356.50亿元,比上年的1914.06亿元增长23.12%。其中,城市消费品零售额1536.08亿元,县消费品零售额435.32亿元,县以下消费品零售额385.10亿元。分行业看,批发零售贸易业零售额1989.77亿元,住宿和餐饮业零售额300.15亿元,其他行业零售额66.58亿元。 (张若阳)

【市场物价】 商品零售价格指数为107.2(以上年价格为100),其中城市107.3,农村107.2;居民消费价格指数为107.2(以上年价格为100),其中城市107.0,农村107.7。 (张若阳)

【市场体系建设】 农村市场体系建设成效明显。积极推进“万村千乡市场工程”,2008年发展连锁农家店3000家,使全省农家店总数达到13000多家,初步形成了辐射全省75%的乡镇和40%的行政村的农家店经营网络,带动社会对农家店和配送中心建设与改造投资5亿多元,农家店营业面积达到55万平方米,吸纳农村富余劳动力约2.5万人,使全省1000万农民的消费环境得到一定程度的改善,扩大农村消费25亿元。“万村千乡市场工程”已经成为“政府得民心、企业得市场、农民得实惠”的民心工程,受到了普遍欢迎。大力推进“双百市场工程”建设。2008年,我们按照与农业产业结构调整相结合、有利于推进农业生产规模化以及方便农产品交易的原则,积极推进列入商务部“双百市场工程”的大型农产品批发市场和流通企业的项目建设与改造。目前,这些市场和企业的质量安全可追溯系统、检验检测系统、冷链系统等准公益性项目和交易大棚、配送中心、恒温库等基础设施项目已经建成并投入使用。通过实施“双百市场工程”,进一步拓宽了农产品的销售渠道,完善了我省农产品流通网络,有效提升了农产品流通现代化水平,促进了农民增收。城市市场体系建设规划力度逐步加强。11个地级城市的商业网点规划编制工作已全部完成,太原、忻州发布了《设立大型商业网点听证办法》。同时,启动了11个县级城市的商业网点规划编制工作,组织对全省各类大型商业设施的建设与规划情况进行了摸底,积极引导地级城市对大型商业设施建设进行合理规划,努力创建布局合理、业态丰富的购物和消费环境。市场秩序得到初步规范。结合《反垄断法》的颁布实施,重点在特殊行业、重要商品、关键领域深入开展打破地区封锁工作,建立长效工作机制,巩固成果,防止反弹。认真贯彻落实《零售商供应商公平交易管理办法》和《零售商促销行为管理办法》,积极开展规范零售商业企业促销行为工作,引导大型商业零售企业建立健全预警机制,及时发现和解决存在的问题。加强对全省自行车流通行业的监督管理,建立了自行车购销信息登记报备制度。重要商品流通和行业健康发展。在汽车流通管理方面,认真贯彻落实国家《汽车贸易政策》、《汽车品牌销售管理办法》、《二手车流通管理办法》、我省《关于进一步加强报废汽车回收拆解市场监管工作的通知》,进一步完善了汽车流通管理的政策规定,促进了汽车市场的规范发展。在典当、拍卖、直销等行业管理方面,认真贯彻《典当管理办法》、《拍卖管理办法》、《直销管理条例》及配套管理办法,依法加强典当、拍卖、直销等行业监管,全省特殊行业基本能够依法规范经营,未发生大的违法违规事件,对促进全省经济健康发展发挥了重要作用。 (张若阳)

【商业改革与发展】 推进商贸服务业工作。根据《山西省人民政府关于加快服务业发展的实施意见》,明确了商务服务业发展目标,确定重点抓好十个方面的实事。即积极组织我省名优产品开拓外埠市场、实施放心早餐工程、建设大众浴池、实施商务领域节能降耗工程、建立再生资源回收体系、大力发展家政服务业、加大生猪定点屠宰企业技术改造力度、建设农副产品批零市场、加快服务贸易发展、积极推广和发展新型电子商务模式等,并确定了一批龙头企业和重点建设项目,请省政府从煤炭可持续发展基金中切块予以支持。启动实施“放心早餐工程”。确定太原市为主食加工配送中心试点城市,太原六味斋好助妇有限公司、迎春楼广东酒家为主食加工配送中心试点企业,并给予积极扶持。据不完全统计,到目前为止,仅六味斋、广东酒家、早早便利、双合成、江南、颐寿华天等早餐网点就达350余家,一定程度上满足了人们吃早餐的需求。推进流通现代化发展。根据国务院颁布的《商业特许经营管理条例》和商务部颁发的《商业特许经营备案管理办法》、《商业特许经营信息披露办法》,积极做好特许经营企业的备案工作,到目前为止,我省已经备案的特许经营企业12家,其中在商务部备案的9家,在商务厅备案的3家。继续开展社区商业示范社区创建活动,全省共有国家级示范社区7个,省级示范社区13个。推动物流企业的规范化、标准化建设,物流配送中心信息化水平得到提高。推动连锁经营发展,涌现出华宇、美特好、山姆士、华联、太原双合成、唐久便利、金虎便利、万民药店等一批发展较快的连锁企业。截至2008年,全省各类连锁企业店铺数超过2500家。推进商务领域节能降耗工作。根据《商务部关于2008年商务系统节能减排工作安排的通知》(商综发〔2008〕352号),结合山西商务工作的实际,起草了《山西省商务系统节能减排工作方案》(讨论稿)。开展“零售业节能行动”,在超市、百货店、专业店等零售企业开展“节约型零售示范企业”创建活动。积极推动太原市再生资源回收体系建设工作,已建成60个回收亭、5个中转站、4个交易市场,再生资源加工处理中心建设也取得了较大进展,推动了一批节能降耗试点项目的实施。报废汽车氟利昂项目已正式投入运营,废旧塑料综合利用项目采取合作方式已初步运转。认真做好“限塑”工作,收到良好效果。加强成品油市场的管理。积极做好各市加油站行业发展规划的制定、论证工作,规范成品油经营资格审批程序,加强对成品油市场运行的监测分析,维护了成品油市场的良好秩序。开展酒家酒店等级评定和零售企业分等定级工作。2008年，评定国家特级酒店3家，使全省国家特级酒店数量达到10家。同时，3家零售企业被评为金鼎百货店。

整顿和规范市场经济秩序保护知识产权状况得到综合提升。立足省情，积极推动保知工作协调发展，使我省的知识产权创造、管理、保护与运用能力，有了明显的提高。举行了2008年"保护知识产权宣传周"活动，向省城及驻晋新闻媒体和社会介绍了我省去年保护知识产权方面的有关情况，通报了今年"保护知识产权宣传周"活动期间的有关活动安排。加强了商务诚信建设，经济领域诚信水平得到了提高。今年，我省深入开展了各种形式的诚信宣传教育，组织形式多样、贴近实际、惠及群众的诚信创建活动，大力倡导以诚实守信为荣、以见利忘义为耻的社会主义荣辱观。省整规办、省文明委、省商务厅、省商业协会等8家单位经过认真评选，推选表彰了"2007年山西省商业诚信优秀企业"61家。9月份，我们组织省宣传、商务、工商、物价等部门联合开展了"诚信兴商"宣传月活动。同时，我省还加快了诚信制度建设。开展了对商业欺诈、网上投诉服务工作，建立了"商务领域信用信息系统"。专项整治稳步推进，取得了较好的效果。按照全国的部署，整规工作纳入了日常工作，全省整规工作依然按部就班地开展。配合相关部门开展了食品安全专项整治，确保人民群众食品安全；开展了整顿和规范药品市场秩序行动；开展了打击商业欺诈，查禁传销活动；协调有关部门进一步加强了行政执法与刑事司法的衔接；加强商务诚信建设，提高经济领域诚信水平；开展了供奥食品保安全活动。开展了打击违法添加非食用物质和滥用食品添加剂专项行动，与省卫生厅、省公安厅等部门合作，结合行业特点，在肉类、酒类食品中开展打击工作，净化食品市场，确保人民生命健康，为实现安全发展做出贡献。进一步理顺了"中心"工作。省保护知识产权举报投诉服务中心自2006年挂牌运行以来，运转正常，收效良好，在知识产权举报、投诉、咨询服务等方面起到越来越重要的作用。4月份挂牌成立了太原经济技术开发区保知工作站为下一步延伸"中心"服务功能打下了良好的基础。畜禽屠宰管理工作迈上一个新的台阶。1. 开展了猪肉质量安全专项整治"回头看"活动。2. 贯彻执行国务院新修订的《生猪屠宰管理条例》。3. 做好《山西省畜禽屠宰管理条例》立法工作和出台后的贯彻准备工作。（张若阳）

【开发区】 国家级开发区2个。太原经济技术开发区，科工贸总收入203.54亿元，GDP53.25亿元，工业总产值152.76亿元，税收收入7.45亿元，进出口总额60029万美元，引进国内资金16.35亿元，实际使用外资12183万美元；太原高新技术产业开发区，科工贸总收入850亿元，GDP266亿元，工业总产值750亿元，税收收入7.97亿元，进出口总额26000万美元，引进国内资金15.97亿元，实际使用外资254万美元。（张若阳）

【保税区】 山西方略保税物流中心，分两期建设，总占地223万 ，投资19.2亿元。一期已于2008年初封关运营，年吞吐集装箱货物3万标箱。（张若阳）

粮食购销

【概述】 山西省属于典型的温带大陆性气候，干旱少雨，晋南和晋中盆地是重要的商品粮基地。2008年农作物种植面积有372.7万公顷。

2008年全省粮食总产1028万吨，比2007年增产2.1%，是山西历史上第6个突破百亿公斤的年份。其中，夏粮总产254.8万吨，增产14.6%；秋粮总产773.2万吨，减产1.5%。2008年国有粮食企业收购粮食300万吨，非国有粮食企业收购粮食240万吨。国有粮食企业销售粮食330万吨，非国有粮食企业销售粮食428.5万吨。工业用粮108万吨，种子用粮25万吨，饲料用粮350万吨，城镇用粮182万吨，农村口粮464万吨。截至2008年末，全省共有国有粮食企业1656个，在职职工38363人。其中购销企业820个，在职职工19221人。山西国有粮食企业总仓容852.5万吨。

2008年，山西省粮食局以构建现代粮食流通体系为主线，着力于粮食安全保障体系建设、国有粮食购销企业产权制度改革和现代粮食物流体系建设三大重点。年初召开的全省粮食工作会议，确定了粮食购销、粮食储备、扭亏增盈、企业改革、物流体系建设、市场监管体系建设、储粮管理、粮食产业化发展等八大工作目标。截至年底，圆满完成省政府确定的粮食工作责任目标和全省粮食工作会议上提出的各项工作任务。一些重要工作取得了新的突破："放心粮油"工程建设在全国率先整体推进；在全国率先由省级政府决定实施小麦最低收购价政策；地方储备粮进一步充实，管理水平进一步提升；粮食现代物流建设迈开新步伐；粮食市场监管和党建工作受到国家粮食局的表彰；"放心粮油"工程建设、粮食物流体系建设、推进粮食安全战略等工作列入全省重点工作。（祝志光）

【粮食供需平衡】 国有粮食部门继续发挥主渠道作用，改进服务方式，提高服务质量，加大收购工作力度，拓展粮食销售渠道，有效地保护了农民利益，确保了市场稳定。6月10日和10月22日，省粮食局分别召开全省小麦收购工作会议和秋粮收购工作会议，对收购工作进行周密细致的部署。主要采取了以下措施：一是根据粮食收购工作的实际，下发了一系列文件，指导各市粮食收购工作。二是省局领导按照责任制分工，带队到各市对收购工作进行检查指导。三是积极协调有关部门解决收购资金问题。全省粮食系统认真分析市场变化形势，及时调整应对措施，加大工作力度，既解决农民"卖难"，又解决市场短缺；既解决粮食购销企业"卖难"和"买难"，又解决资金缺、贷款难的问题。忻州市在全省率先启动了玉米临时收储政策，为农民直接增收近2000万元。2008年，全省共收购粮食540万吨，完成目标任务的144.1%。其中，国有粮食企业收购300万吨，占56%。收购新小麦40.4万吨，创了2004年全省粮食购销市场和收购价格全面放开以来的新高。全省共销售粮食758.5万吨，完成目标任务的202.3%。其中，国有粮食企业销售330万吨，占44%。忻州、太原、晋中三市超额完成购销任务。（祝志光）

【粮食产销衔接工作】 根据国家发改委、财政部、国家粮食局等5部委联合下发的《关于印发妥善解决黑龙江粳稻"卖粮难"问题的实施方案的通知》要求，省粮食局下发了《关于做好我省采购东北粳稻（大米）有关事宜的通知》，积极引导和组织粮食企业做好东北粳稻（大米）的产销衔接工作。共采购东北稻谷（大米）5974万公斤。同时，组织各市粮食局参加了第五届中国（长春）玉米产销衔接会和“2008黑龙江金秋粮食交易合作洽谈会”。为了发挥山西的小杂粮优势，拓宽企业经营渠道，忻州市粮食局根据当地主产区的资源优势，成功举办了“2008中国五台山杂粮豆产销衔接会”，从生产、加工、销售、贸易等多个方面推进小杂粮的产销衔接活动的开展，实现了产、供、需三方共赢。全省与黑龙江、吉林、河南、河北、山东等主产省签订购销合同近100万吨。全省实际调入小麦、大米104.5万吨，完成目标任务的110%。确保了全省粮食供应不脱销、不断档和粮食总量及结构平衡。其中，大同、运城、晋城、吕梁、临汾、阳泉6个市完成产销衔接任务突出。

（祝志光）

【粮油应急防范工作】 截至2008年底，全省共确定价格监测点104个，建立健全应急粮食供应网点393个、应急加工企业55个、粮食市场监测网点21个，完善了应急保障体系。在建立成品粮油储备方面做了大量工作，有9个市建立了成品粮油储备，比上年增加6个市。（祝志光）

【加快粮食现代物流体系建设】 2008年，省粮食局把粮食物流体系建设作为全年工作的一个重点，摆到重要位置，采取措施，狠抓工作落实。进一步完善了全省粮食现代物流“十一五”规划，粮食物流列入了省政府“1+10”服务业重点项目，大同节点项目已经启动实施。制定了《山西省粮食局关于推进粮食现代物流体系建设的意见》等一系列文件，加大了推进力度。完成了山西省粮食物流中心项目的国家申报，推进了项目用地选址和预评审，组建了物流中心的机构。积极争取国家和省对省粮食物流中心和物流节点的资金支持，省粮食物流中心项目获得了国家和省900万元的资金扶持。积极推进太原国家粮食交易中心的建设和运营。该中心2008年9月3日正式启动运营，11月12日，太原国家粮食交易中心在太原成功举办了山西历史上首次粮食网上竞价销售，省内外15家买方客商参加了粮食网上竞价销售交易会。（祝志光）

【推进粮食产业化经营】 2008年，省粮食局把促进粮食企业转型发展、科学发展作为工作的着眼点之一，全面推进山西粮食产业化经营，有力地促进了粮食产业链延伸。全年，在重点抓好太原良源集团、忻州天维尔、山西金绿禾、翼城江源生物工程公司等粮食产业化龙头企业的基础上，各市进一步确定了18个粮食产业化龙头项目，充分利用粮食企业现有设施和优势，更新经营理念，培育粮食购、销、调、存、加一体化龙头企业，提高附加值，创造新的发展增长点。同时，各市都培育了1个以上的非国有产业化龙头企业。

（祝志光）

【“放心粮油”工程建设】 2008年，省粮食部门把扎实推进全省“放心粮油”工程作为工作的重中之重，先后召开构建现代粮食流通业现场研讨会、全省粮食工作会议、全省“放心粮油”工程建设太原现场会，部署、推进工程建设。编制了省“放心粮油”工程建设三年发展建设规划，出台了“放心粮油”工程建设实施意见、实施办法等一系列文件，形成了较为完善的建设运营制度体系。积极探索发展模式，充分激发了工程建设活力。全年建成市级区域性“放心粮油”配送中心8个，县级配送中心40个，乡村和城市社区的“放心粮油”中心店、经销店6268个，各市都圆满完成年度建设目标。“放心粮油”覆盖面进一步扩大，全年共经销放心粮油29万吨，获得了1209万元的经济效益，创造就业岗位1236个。得到了政府、消费者和职工的认可。（祝志光）

【粮油仓储管理】 2008年，省粮食局认真组织开展了全省春秋两季储粮安全大检查，促进了粮油仓储管理水平提高。对省储备粮油轮换和省军粮供应中心成品粮储备进行了验收，确保了储备粮油数量真实、质量良好和储存安全。出台了《关于进一步加强全省粮食储备库现代化管理的实施意见》，制定了三年建设规划，推进了全省粮食储备库现代化建设。全省储备粮管理“一符六无”和“三专四落实”率达到100%，商品粮管理“一符六无”率达到97.6%，超额完成省政府下达的指标。省、市储备粮的质量合格率和宜存率均达到100%。各市完成现代化粮库建设15个，实现目标任务的136%。全省授予省级“示范站（库）”称号的企业达到360个。（祝志光）

【粮食购销企业产权制度改革】 2008年，省粮食局会同省财政厅等九部门出台了《关于进一步推进国有粮食企业产权制度改革的指导意见》，明确了改革的指导思想和目标任务，对购销企业产权制度改革的有关问题进行了规范，提出了要求，努力推进了全省国有粮食购销企业产权制度改革。截至年底，采取多种产权改革形式，减少国有和国有控股的企业数为255个。不断加强全省国有粮食购销企业分流人员再就业工作力度，全省国有粮食购销企业分流人员再就业达1.25万人，累计达到分流人员总数的44.19%，超额完成了全年目标。通过推进改革，进一步增强了活力，企业亏损大幅度减少。全年，在全球金融危机和粮食价格剧烈波动的影响下，全省国有粮食购销企业比2007年减亏8377万元，减幅38%。

（祝志光）

【粮食流通市场监管工作】 1. 健全粮食行政执法工作体系。

全省市级粮食市场监管内设机构和执法队伍基本实现编制、机构、人员和经费四落实。全省县级粮食局具备行政执法主体资格的达到98个，其中经编制部门批准成立的有86个，占总数的87.8%。全省粮食行政执法人员达到1226人。

2. 完善行政执法规章制度。

按照“依法管粮、规范执法”的要求，省粮食局配套制定了《山西省粮食行政执法监督制度》、《山西省粮食质量安全追溯制度》、《山西省粮食流通监督检查工作考评制度》和《成品粮油市场监管管理办法》，建立了信息通报制度。

3. 规范粮食收购市场行为。

为规范粮食市场收购秩序，省粮食局会同省工商局联合下发了《关于加强粮油市场管理维护粮油市场秩序的通知》，对粮食收购资格进行审核。截至年底，全省共发放粮食收购资格许可证2080个，其中国有企业987个，非国有企业1093个。

4. 监督检查。

粮食收购期间，省粮食局组织了全省粮食收购市场专项检查，督促收储库点严格执行粮食收购有关政策和新的小麦标准，确保国家各项惠农政策落实到位。为保障国庆期间山西成品粮油市场的质量卫生安全，各级粮食部门会同工商部门开展了成品粮油市场监督检查。全年全省粮食行政管理部门共开展各项监督检查2636次，出动监督检查人员12152余次，检查各类粮食经营企业13840家，办理粮食行政处罚案件594件。省储粮检测中心专项抽取了350多份样品，对成品粮质量专门进行了检测，延伸了对成品粮的市场监管，维护了成品粮油市场的稳定，为“放心粮油”工程建设提供了依据和质量保证。（祝志光）

石油购销

【概述】 中国石油化工股份有限公司山西石油分公司（简称山西石油分公司）本部位于山西省太原市万柏林区大王路8号，前身为成立于1951年的中国石油公司太原支公司，后几经变更，于1991年改为山西省石油总公司，1998年整体上划中国石化集团公司，2000年10月重组改制为中国石油化工股份有限公司山西石油分公司，现为中国石化在山西唯一的、也是全省最大的成品油销售企业，承担着成品油资源配置、供应主要任务，主营汽油、柴油、煤油、润滑油、燃料油。下辖11个市分公司、68个县（区、市）分公司，实行人、财、物统一管理。截至2008年末，共有正式职工3915人，资产总额44.96亿元，在用油库15座，总库容55.82万立方米，铁路专用线28千米，在营加油站1355座。

2008年，山西石油分公司经营总量达380.5万吨，同比增加20.4万吨；实现利税14.15亿元；企业资产状况进一步改善，全省系统油库、加油站实现安全经营无事故；继续弘扬中国石化“规范、严谨、诚信”的企业文化，坚持“扬中国石化品牌，树山西石油形象”经营理念，积极为三晋经济社会发展鼓劲加油，树立了良好的国企形象。（李志平）

【经营】 2008年上半年，山西石油分公司在紧抓外采力保市场的同时，积极提高配置资源比重，辅之以优化物流、平衡资源，零售保供、直销增效，保救灾、保三夏、保奥运重点用油等措施，在强势主导市场的同时，积极化解了成本高、调运难等困难，实现销量稳步增长。8月份之后，在国内需求下降、安全整顿、环保整治、城建改造等不利情况下，紧盯市场变化，降低库存，勤进快销，保量稳价，开展加油站管理服务年活动，彰显品牌，加大IC卡发行力度；贴近市场，量价互动，扩大直销，既确保了市场不丢，又给生产企业疏通了后路。与此同时，结合资源形势，在零售、直销环节推行轻润组合，联合攻关，彰显长城品牌，拓展润滑油市场，取得明显效果。年内，销售成品油351.49万吨，同比增加27.21万吨，增幅8.39%。其中零售263.77万吨，同比增加24.43万吨，增幅10.21%；直销86.45万吨，同比增加2.3万吨，增幅2.74%；销售润滑油5.39万吨；燃料油23.6万吨。三项合计经营总量达380.5万吨，同比增加20.4万吨，增幅5.65%，又创山西石油历史新高。（李志平）

【提高高标号汽油销售比重】 2008年，山西石油分公司发挥经营优势，进一步扩大高标号汽油进货比例，在销售中加强宣传，积极引导消费，并大幅增加高标号汽油销售比例较低的市分公司的经营任务，不断缩小各地差距，取得较好效果。年内，销售高标号汽油91.29万吨，占到汽油销售总量的77.4%，比2007年提高11.2个百分点。（李志平）

【支援抗震救灾】 2008年，南方冰雪和5·12汶川地震灾害相继发生后，山西石油分公司积极响应党中央、国务院及山西省、集团公司号召，从省公司机关到市分公司、片区、加油站，自上而下两次组织开展了“送温暖、献爱心”活动，广大员工大力发扬一方有难、八方支援的精神，在慷慨解囊捐款捐物的同时，在高速公路、国省道等交通要道加油站专门开设救灾车辆加油绿色通道，并免费送食物、送水，以实际行动支援了救灾抢险和恢复重建工作，受到社会各界一致好评。（李志平）

【服务奥运火炬传递】 2008年6月25日～27日，奥运祥云火炬在山西运城、平遥、太原、大同三市一县传递，作为奥运合作伙伴中国石化在山西唯一的成品油销售企业，山西石油分公司承担了为奥运火炬传递车队保管供应京标Ⅳ专用柴油和普通汽柴油以及在大运高速公路临汾、大营两大服务区提供过路就餐、加油、休息、车辆故障排除等任务。公司上下经过精心准备和共同努力，不仅以优质、高效的工作圆满完成了各项服务任务，受到火炬传递组委会和省、市政府的一致好评与称赞，而且借机在零售、直销、润滑油等各经营环节组织开展了奥运门票抽奖等形式多样的营销活动，尤其是在运城、太原、大同三市组织近千人方队与中国石化火炬手孙勇剑遥相呼应等品牌宣传活动，充分展示了企业形象，进一步扩大了品牌影响。（李志平）

【加油站开展非油品业务】 2008年，根据中国石化销售公司安排部署，山西石油分公司于7月15日，正式成立中国石油化工股份有限公司山西石油分公司非油品业务中心（石化股份晋人〔2008〕325号），负责全省系统非油品业务的发展规划、市场开发和经营管理。随后，各市分公司都组建相应机构，配备人员，明确职责，专抓非油品业务。年内，全省系统实现非油业务营业额720.45万元，完成总部下达计划的107%，累计开设便利店114座，超额成了年度目标任务。（李志平）

供销社

【概述】 2008年全系统购进总额完成129亿元，比2007年增长11.2%；销售总额完成142亿元，比2007年增长13.6%；汇总实现利润5005万元，比2007年增长25.98%；所有者权益达到15.3亿元，比2007年增长16.74%。（李　岩）

【学习实践科学发展观活动】 一是准确把握科学发展的途径和措施，把参与新农村建设的工作重点放在努力成为“五个力量”上。在学习实践科学发展观活动中，全系统进一步理顺了科学发展的思路，明确了参与新农村建设的工作重点，这就是：要以建设“新网工程”为主要抓手，通过发展农村现代流通体系，切实解决好农民买难卖难问题，使供销社努力成为农村现代流通的主导力量；要通过领办创办和大力发展农村合作经济组织，切实提高农民的组织化程度，使供销社努力成为农民经济合作的带动力量；要通过整合、利用各类传统服务资源，积极开展适合农民现代需求的综合社会服务，使供销社努力成为农业社会化服务的骨干力量；要通过为农民提供产前、产中和产后的有效服务，积极破解城乡二元结构，使供销社努力成为助农增收的促进力量；要通过大力发展农产品加工和农产品流通龙头企业，促进现代农业发展，提高农业产业化水平和综合生产能力，使供销社努力成为促进我省农业现代化的依靠力量。

二是突出科学发展的实践特色，不断增强了参与新农村建设的使命感、紧迫感和责任感。省社理事会认真贯彻落实党的十七届三中全会精神，先后通过会议指导、培训引导、调研督导等手段和方法，动员供销社系统更加深入广泛地参与到新农村建设中来。所召开的参与新农村建设工作会议主题突出、催人奋进，在进一步争取各级政府及相关部门的重视和支持、增强供销社系统凝聚力等方面收到了实效，产生了重大影响；所组织的全省市县级供销社主任整体赴京学习培训，在全国供销社系统尚属首例，推动了全省供销社领导干部的思想解放和观念更新；所进行的学习调研活动，即使全体理事和各级供销社领导干部进一步转变了作风，了解了社情，又使督导工作更具针对性。只有坚持围绕中心、服务大局、找准定位、明确重点，才能实现供销合作事业的科学发展、稳定发展、又好又快发展；只有坚持解放思想、更新观念、深化改革、大胆探索，才能实现快速发展、创新发展、联合发展；只有在新农村建设中坚持奋力作为、大有作为、以为争位，才能得到党委政府的重视支持、社会各界的理解配合、农民朋友的信任厚爱。（李　岩）

【“新网工程”建设取得进展】 2008年11月，省政府在长治市召开了全省“新网工程”建设第二次工作会议，总结推广了长治市“一店多能、四网并进、立体双向”经验，推动了全省“新网工程”建设上规模、上档次、上水平。

一是网络终端覆盖面不断扩大。各级社科学规划，分步实施，进一步加快了便民店建设的步伐。并按照“边发展边规范”的原则，严格实施规范化建设，切实加强商品质量管理，使网络终端建设呈现出高起点、高标准、高质量的工作态势。全系统新建便民店2080个，累计建设便民店7000余个。

二是县域配送中心建设取得突破。按照“县市省阶梯式”兴建配送中心的工作思路，省社重点选择了30个基础条件比较好的县级供销社进行物流配送中心建设试点，实现了率先发展的良好开局。其他有条件的县社不甘落后，加快建设步伐，全系统形成了你追我赶的新局面。目前，全省供销社共建设县级配送中心157个，农业生产资料配送中心配送覆盖面达到80%以上，日用消费品配送中心配送覆盖面达45%以上。晋中市社的“普家乐”、尖草坪区社的“百合盛”等都已成为规模化采购、一体化配送、网络化营销、品牌化经营的范例。

三是上行网络软肋正在攻克。在农副产品购销服务网络体系和再生资源回收利用服务体系建设中，全省供销社采取得力措施，重点加以推进，并在项目资金上予以倾斜，通过加大农副产品批发交易市场建设力度、建立外埠销售窗口、在便民店中增加农副产品购销业务以及规范合整废旧物资回收网络资源等，使“新网工程”两个上行网络的“软肋”问题开始得到解决。全系统已建和在建农副产品批发交易市场共104个，年帮助农民销售农副产品达16亿元；兴建再生资源回收利用集散市场44个，回收网点达2880个。在电子信息服务网络体系建设中，省社筹措资金100万元，成立了山西农信通信息技术股份有限公司，并与中国移动合作搭建“农信通”电子商务信息平台，组建了“山西供销网”，目前正在晋中、长治等市进行试点，同时省社的官方网站也建成运行，两个网站的正式开通，将为全省农民提供全天候多层次的信息服务。

四是强化下行网络功能。对建设速度较快、功能比较完善的农业生产资料和日用消费品两个网络体系，全系统重点加强标准化管理，扩大规模，提升档次，强化功能，科学发展。面对农资市场复杂多变的严峻形势，各级供销社农资企业尤其是省农资公司，充分利用网络优势，组织货源，加强协调运作，保障农资供应，经受了激烈市场竞争的洗礼，充分发挥了主渠道作用，年销售额25亿元，销售化肥182万吨，其中大化肥占全省供应总量的75%以上。日用消费品服务网络体系在金融危机的冲击下，不但没有遭受重创，反而通过贯彻落实国务院和省政府有关措施，进一步搞活了农村流通，激活了农民消费，提升了消费质量。全系统已建日用消费品配送中心92个，连锁企业107家，连销网点6189个，商品配送率达到30%。（李　岩）

【培育农民新型合作经济组织】 全省供销社坚持民主办社、联合办社和开放办社的原则，注重发挥利用人才、资产、设施、网络等资源，组织、联合、引导农民特别是农民经纪人、产销大户和社会力量积极组建农民专业合作社及各类新型农民合作经济组织；注重发展农户的联合与合作，加快农业统一经营方式的转变，实现规模化种植、集约化经营、标准化生产，进一步规范完善合作组济组织的发展；注重加强合作经济组织与“新网工程”的对接，充分发挥龙头企业对合作经济组织的带动作用，促进农产品加工转化增值，使农民在农产品生产、加工和销售中得到最大利益，增加农民收入。以供销社为依托领办、参办和创办各类专业合作社509个，累计达1322个；组织农民经纪人协会及各类专业协会65个，累计达147个，其中农民经纪人协会51人。沁县欣鑫草鸡养殖专业合作社、汾阳禾盛昌农科贸专业合作社、晋源区农民经纪人协会等都在当地为提高农民组织化程度和助农增收中发挥作用。（李　岩）

【社有企业在深化改革中发展】 全省供销社以建立“充满活力、富有效率”的体制机制入手，进一步解放思想，强化联合合作，深化社会改革，提高服务本领，积极采取改革、联合、兼并、资源整合和股份合作制等多种形式，大力推进以产权制度为重点的企业改革。通过近一年的调研，以省属企业为重点的改革方案已经形成，改革的任务和措施已经明确，需要的政策已经上报，引起了省委省政府的高度重视，重点企业的改革工作已经展开，各级社从实际出发，采取不同形式进行改革。全省县级以上1104个社有企业中，已有552个进行了不同形式的改革，占企业总数的50%。通过改革，集中优势资产，吸纳了社会资本，使骨干企业的规模与效益得到大幅提升。尤其是面对国际金融危机等各种不利因素，各企业审时度势，积极应对挑战，及时调整发展战略，切实加强经营管理，有力提高市场竞争力。省农资公司面对农资价格激烈动荡新形势，坚持规范经营，确保价格稳定，全年供应给农民的农资总额为14.2亿元，比2007年增长2%，为农民让利600余万元；省盐业公司科学预测市场需求，合理安排运销计划，确保市场供应不断档不脱销，全年各种盐销售完成30万吨，实现利润3300万元。省棉麻公司在学习实践科学发展观活动中，认真查找思想工作中的差距，克服等、靠、要、怨的思想，转变观念，振奋精神，及时开辟新的经济增长点，争取国储棉任务15万吨，极大缓解了收购资

金严重不足的压力，为特困企业走出困境找到了一条生路。（李　岩）

【改革发展外部环境】　全省供销社通过以为争位和积极沟通协调，进一步得到各级党委、政府及相关部门的重视与支持，使供销社在新农村建设中的工作更加顺畅，优势更加明显，地位更加突出。一是各级党政领导更加重视。省委书记张宝顺在下乡调研中多次视察供销社工作，省长王君一天之内对供销社工作作了两次批示，分管副省长多次听取供销社工作汇报，参加工作会议并作重要讲话。各市、县都把供销社作为“三农”工作的重要抓手，领导上加强，工作上加压，政策上扶持。二是政策支持更加到位。通过我们多方呼吁和提议，省政府把共销社特困企业纳入了《山西省省属国有企业关闭破产企业退休人员和国有特困企业职工参加城镇职工基本医疗保险的暂行办法》政策补助范围，并要求各市县政府按政策分级解决。省社向省政府起草的《关于进一步深化全省供销社系统企业改革的报告》，经王君省长批示，有关厅局正在进行广泛调研。2008 年秋季经省社反复争取，我省开展了全国第一家季节性化肥“绿色通道”，运输各种化肥 12.8 万吨，为农民让利销售 384 万元。还在积极争取土地出让金全额返还用于供销社改革的政策。三是资金支持更加有力。2008 年省财政厅共下达全省农村现代流通建设项目资金 1500 万元，其中供销社系统获得扶持资金 1242 万元，占到 83%。总社、财政部下达我省“新网工程”专项资金 1127 万元。省发改委下达新农村现代流通业建设投资计划项目 75 个，资金 3785 万元。据统计，全系统 2008 年共得到国家及省级财政支持 1.16 亿元，带动各级地方财政支持 6000 余万元。（李　岩）

对外及对港台地区贸易

【涉外活动】　2008 年山西省商务厅邀请了墨西哥、毛里求斯、瑞典、斯里兰卡、丹麦、也门、加拿大、南非、埃及、菲律宾、英国、匈牙利、韩国、巴基斯坦、俄罗斯、日本、特立尼达和多巴哥、德国、格鲁吉亚、澳大利亚、印度、美国、马来西亚、尼日利亚、巴西、土耳其、阿联酋、法国、意

山西省 2008 年出口额 500 万美元以上商品情况表

金额分类	商品名称	出口金额（万美元）	占出口总额比重（%）
1 亿美元以上（14 种）	焦炭及半焦炭，含镁量至少为 99.8% 的未锻轧镁，冷轧不锈钢板材（1 毫米＜厚＜3 毫米），其他合金钢热轧卷材，其他烟煤，炼焦煤，无烟煤，热轧不锈钢卷材，热轧不锈钢非卷材，冷轧不锈钢板材（0.5 毫米≤厚≤1 毫米），自动数据处理机器零件及附件，手持（包括车载）式无线电话机，其他钢铁制法兰，耐火黏土等	627109	67.83
1000 万～1 亿美元（68 种）	其他未锻轧镁，不锈钢平板轧材，铁道及电车道机车或车辆的轮及零件，普通钢铁卷材，不锈钢卷板，镁锉屑、车屑及颗粒、镁粉，6 氨基青霉烷酸（6APA），活性碳，其他无可锻性铸铁制品，手持式无线电话机用设备，体育用品及设备，其他碳电极，可锻性铸铁及铸钢管子附件，石油或天然气钻机的零件，其他铸铁管及空心异型材，硅铁，热轧不锈钢非卷材，未锻轧锰，玻璃器皿，钢铁制钉、平头钉、图钉、波纹钉、U 形钉等，锰铁，其他玻璃盥洗室、办公室、室内装饰等器皿，铁合金，其他芳香多胺及其衍生物以及它们的盐，柠檬酸，核桃仁，芦笋罐头，健身及康复器械，沥青，马来酐，其他纵向焊石油天然气管道管，硝酸盐，高架移动式起重机，有机化合物，硝酸铵，其他金属轧机零件，草酸，非电气的灯具及照明装置，7 氨基头孢烷酸、7 氨基脱乙酰氧基头孢烷酸，其他硅电钢平板轧材，用作荧光增白剂的有机合成产品，冷轧管机，五氧化二钒，其他半导体器件，热轧管机，药品，硫化黑（硫化氰）及以其为基本成分的制品等	213668	22.67
500 万～1000 万美元（52 种）	阀门零件，处理器及控制器，合金钢锻造条、杆，非电热的铸铁制集中供暖用散热器及其零件，干芸豆，金属酸盐及过金属酸盐，耐火砖、瓦，糠醇及四氢糠醇，光导纤维、光导纤维束或光缆用连接器，苹果汁，不锈钢制法兰，未锻轧锌，增炭剂，镁制品，车辆零件，非夹丝浮法玻璃板、片，碳化硅，铸铁管，玻璃陶瓷器皿，碳，硫酸二钠，鲜鸡蛋，直流电动机及直流发电机，滚动轴承的其他零件，棉细纱机，初级形状的聚乙烯醇，尿素，高岭土，动物饲料，电器，木制品，镀或涂锌的普通钢铁丝，炉用碳电极，变像管及图像增强管，自推进采油机械，印花平纹布，硝酸钙和硝酸铵的复盐及混合物，花岗岩制品，环已基氨基磺酸钠，起重机和移动式吊运架及跨运车，光缆，瓷餐具等	37204	4.02
合　计	134 种	877981	94.97

大利、哥斯达黎加、伊朗、孟加拉、乌克兰等33个国家和地区的客商296人来山西省进行经贸活动。2008年山西省商务厅派往美国、巴西、智利、秘鲁、阿根廷、加拿大、新西兰、澳大利亚、英国、法国、德国、土耳其、俄罗斯、西班牙、日本、韩国、印度、新加坡、泰国、马来西亚、毛里求斯、南非、阿联酋、利比亚、肯尼亚等26个国家和地区183人进行考察、推销和经贸洽谈。（张若阳）

【出口贸易概况】 进出口总额　进出口总额143.90亿美元，比上年的115.70亿美元增长24.37%。

出口总额　出口总额92.45亿美元，比上年的65.33亿美元增长41.51%，占全省GDP6938.7亿元（相当于1015.23亿美元）的9.11%；占全国出口额的0.65%。

出口商品品种　2008年山西省出口商品1434种，出口额在100万美元以上的商品270种，金额90.67亿美元，占出口总额的98.08%。其中出口额在500万美元以上的商品134种，金额87.80亿美元，占出口总额的94.97%。

出口额在300万～500万美元的商品有24种，主要是C＜0.25%的其他普通钢铁的半制成品，其他铁道及电车道机车零件，富铝红柱石，其他电气设备用石墨或碳精制品，其他耐火砖、块、瓦及类似耐火陶瓷建材制品，烟花、爆竹，柠檬酸盐及柠檬酸酯，凿井机械的零件，三磷酸钠（三聚磷酸钠），其他未列名无机酸，其他以石墨等碳为主的糊状，板块状制品，棉制女裤，未列名阀门，其他金属永磁铁及磁化后准备制永磁铁的物品，升降机，倒卸式起重机或自动梯的零件，已搪瓷铸铁制餐桌，厨房等家用器具及其零件，机械密封件，轧制凸凹变形及扭曲的普通钢铁的其他条、杆等。金额为9457万美元，占出口总额的1.02%。

出口额在100万～300万美元的商品有112种，主要有硅质化石粉等硅土砖、块、瓦及其他陶瓷制品，棉制其他男裤，化纤制刺绣的餐桌用织物制品，人造石墨，棉≥85%染色平纹布，二氧化硅，1—萘胺、2—萘胺及其衍生物以及它们的盐，其他内酯，液体泵零件，齿轮及其他变速，传动装置，滚珠螺杆传动轴，蛋白胨衍生物，未列名蛋白质及衍生物，皮粉，其他宽≥600毫米合金钢热轧非卷材，其他钢铁制对焊件，金属型材液压挤压机，其他棉制盥洗及厨房用织物制品，聚合物为主的初级形状离子交换剂，其他D≥406.4毫米石油或天然气管道管，其他矿产品，未列名纺织用植物纤维机织物，热轧、拉或挤压截面高≥80毫米普通钢铁角钢，按重量计含碳量在4%以上铬铁，活字、印版、滚筒等，印刷用的板、片、筒等，钙，化纤制其他非针织或钩编餐桌用织物制品，光敏半导体器件，发光二极管，焦炉零件，陶瓷制绝缘零件，电极用碳糊及炉衬用的类似糊，稀土永磁体，水泥、灰泥及混凝土用添加剂，正磷酸氢钙（磷酸二钙），未列名钢铁制品，硅酸复盐及硅酸络盐，核桃仁罐头，其他含有一个嘧啶环或哌嗪环的化合物，其他耐火陶瓷制品，经锻造或冲压的工业用钢铁制品，明胶制装药用胶囊，其他钢铁结构体，钢结构体用部件及加工钢材，其他硅，分指手套、连指手套及露指手套，其他工业用钢铁制品，未列名切成形的纸，纸板等纸及纸（浆）制品，板岩制，钠的其他硫化物，镁、钙或铬单项或合计＞50%的耐火砖、瓦等，棉≥85%、平米重≤200克染色三或四线斜纹布，未列名混合或非混合产品构成的药品，织物宽度超过30厘米的剑杆织机，其他棉制盥洗及厨房毛巾织物等毛圈织物制品，不包括兔头的冻兔肉，抛光机床，未列名贱金属雕塑像及其他装饰品，其他非工业用铝制品，龙头、旋塞及类似装置的零件，合纤非针织或钩编的窗帘、帐幔、帘帷及床帷，切成一定尺寸或形状的滤纸及纸板，其他棉制手帕，其他焊机，热喷金属或硬质合金的电气机器，聚酯短纤＜85%、平米重＞170克棉混印花平纹布，聚酯短纤＜85%、棉混漂白平纹布，煤砖、煤球及用煤制成的类似固体燃料，不论是否带有螺母或垫圈的其他螺钉及螺栓，其他无环多元羧酸及其酸酐等及其衍生物，750KVA＜P≤350KVA交流发电机，蒸汽及过热水锅炉零件，不论是否包面的海绵橡胶或泡沫塑料制褥垫，其他弯曲、折叠或矫平机床，铅板，其他电视摄像机的零件，冷冻未列名蔬菜，工业用未列名可锻性铸铁及铸钢制品，其他扬声器，棉≥85%、平米重＞200克染色平纹布，聚酯短纤＜85%、平米重≤170克棉混染色平纹布，碳酸钙，棉制针织或钩编的T恤衫、汗衫、背心，其他肥料，非肥料用硝酸钾，其他赤豆，擦地布、擦碗布、抹布及类似擦拭用布，其他钢铁制螺纹肘管、弯管及管套，750W＜P≤75KW多相交流电动机，未锻轧铋，废碎料，粉末，其他固体矿物质的破碎或磨粉机器，其他铝制餐桌、厨房或其他家用器具及其零件，钨丝，硫酸钡，炼焦炉，棉制女衬衫，其他转炉、浇包、锭模及铸造机的零件等，金额为19227万美元，占出口总额的2.08%。

出口额在100万美元以下的商品1164种，金额为17785万美元，占出口总额的1.92%。

出口商品市场　出口商品销往166个国家和地区。出口额在100万美元以上

山西省2008年主要出口市场情况表

国别（地区）	出口金额（万美元）	占出口总额比重（%）
美国	153870	16.64
日本	105723	11.44
巴西	100188	10.84
韩国	92081	9.96
印度	70995	7.68
荷兰	41855	4.53
意大利	36907	3.99
法国	27527	2.98
中国香港	27070	2.93
比利时	25065	2.71
合　计	681281	73.69

的国家和地区 90 个，出口金额 92.25 亿美元，占出口金额的 99.79%。其中，出口额在 2 亿美元以上的国家和地区有 12 个，出口金额 72.29 亿美元，占出口总额的 78.20%。出口额在 1 亿美元～2 亿美元的市场 4 个，主要有土耳其、俄罗斯、巴基斯坦、德国，出口金额为 67957 万美元，占出口总额的 7.35%。

出口额在 1000 万美元～1 亿美元的市场 30 个，主要有澳大利亚、英国、南非、伊朗、阿联酋、西班牙、越南、印度尼西亚、马来西亚、新加坡、泰国、墨西哥、埃及、沙特阿拉伯、爱沙尼亚、乌克兰、智利、阿根廷、叙利亚、波兰、孟加拉国、捷克共和国、爱尔兰、希腊、菲律宾、挪威、芬兰、新西兰、瑞典、坦桑尼亚，出口金额为 112874 万美元，占出口总额的 12.21%。

出口额在 500 万～1000 万美元的市场有 17 个，主要有巴林、约旦、以色列、土库曼斯坦、尼日利亚、丹麦、秘鲁、保加利亚、斯里兰卡、罗马尼亚、斯洛文尼亚、哥伦比亚、匈牙利、阿尔及利亚、津巴布韦、科威特、葡萄牙，出口金额 11407 万美元，占出口总额的 1.23%。

出口额在 100～500 万美元的市场有 27 个，主要有瑞士、利比亚、委内瑞拉、也门共和国、肯尼亚、奥地利、巴拿马、特立尼达和多巴哥、立陶宛、哈萨克斯坦、蒙古、摩洛哥、突尼斯、刚果、厄瓜多尔、乌拉圭、克罗地亚、斯洛伐克、毛里求斯、喀麦隆、危地马拉、哥斯达黎加、缅甸、贝宁、黎巴嫩、塞浦路斯、伊拉克，出口金额为 7320 万美元，占出口总额的 0.79%。（张若阳）

【进口贸易概况】 进口总额 进口总额 51.45 亿美元，比上年的 50.38 亿美元增长 2.14%。

进口商品品种 2008 年山西省进口商品 940 种，进口额在 100 万美元以上的商品 215 种，金额 50.28 亿美元，占进口总额的 97.72%。其中进口额在 500 万美元以上的商品 68 种，金额 47.05 亿美元，占进口总额的 91.45%。

进口额在 300 万～500 万美元的商品 32 种，主要有未列名利用温度变化处理材料的机器、装置及类似的实验室设备，其他扬声器，数控的用放电处理各种材料的加工机床，脱水机，未列名数控磨床，其他载体催化剂，不论是否粉化但未

山西省 2008 年进口额 500 万美元以上商品情况表

金额分类	商品名称	进口金额（万美元）	占进口总额比重（%）
1 亿美元以上（11 种）	平均粒度不小于 0.8 毫米但不大于 6.3 毫米的铁矿砂及其精矿，镍湿法冶炼中间品，未烧结的铁矿砂及其精矿，铬矿砂及其精矿，未锻轧非合金镍，铜矿砂及其精矿，铬铁，不锈钢废碎料，锰矿砂及其精矿，镍铁，平均粒度小于 0.8 毫米的铁矿砂及其精矿等	381729	74.19
1000 万～1 亿美元（26 种）	处理器及控制器，手持式无线电话机用设备，已烧结的铁矿砂及其精矿，乙酸乙烯酯，铜锍、沉积铜，镍矿砂及其精矿，其他煤，板材冷轧机，氧化铝，建筑业或工业搬运车辆及机器用辋圈尺寸超过 61 厘米，润滑油基础油，冶炼钢铁所产生的熔渣、浮渣、氧化皮等废料，存储器，金属轧机用轧辊，具有独立功能的机器及机械器具，硅，炉用碳电极，非电动的滑车及提升机，行星齿轮减速器，固体矿物质的分类、筛选、分离或洗涤机器，自动数据处理设备及其部件，齿辊式固体矿物质的破碎或磨粉机器，无线电广播、电视发送设备，宽度小于 300 毫米冷轧不锈钢带材，风机、风扇，其他未涂布牛皮纸等	68289	13.27
500 万～1000 万美元（31 种）	立式加工中心，处理金属的机械，冷室压铸机，其他铸造机，其他圆柱形滚子轴承，四层以上的印刷电路，已装配的压电晶体，链式连续运送货物或材料的升降机及输送机，人造石墨，钢铁链，石油焦，工业或实验室用感应或电介质炉及烘箱，采矿或钻探机械，非家用型气体的过滤、净化机器及装置，液体过滤、净化机器及装置，数控镗铣床，数控切齿机、齿轮磨床或齿轮精加工机床，机动钻探车，铁道及电车道机车或车辆的轮及上述货品零件，非自推进泥土、矿等运送、平整等机械，医疗、外科或兽医用 X 射线应用设备，其他四硼酸钠，汽油越野车（排量＞3000 毫升），多相交流电动机（P＞75 千瓦），齿轮及其他变速、传动装置、滚珠螺杆传动轴，精炼制铜管，油压传动阀，其他用途的干燥器，化学工业及其相关工业的化学产品及配制品，核磁共振成像装置，其他固体矿物质的破碎或磨粉机器等	20489	3.98
合　计	68 种	470507	91.44

制成型的褐煤，其他空气泵、气体压缩机、通风罩、循环气罩，矿用电铲用零件，其他黏聚磨料或陶瓷制砂轮及其零件，X射线断层检查仪，其他未列名离心机，包括离心干燥机，饮料及液体食品灌装设备，自动络筒机，铁道及电车道机车等车辆的轴，锥形滚子轴承，包括锥形滚子组件，四层及以下的印刷电路，片式多层瓷介电容器，其他焊接链，吹塑机，链（铰接链除外）的零件，回收（废碎）的未漂白牛皮纸或瓦楞纸及纸板，其他V>1000V的电力控制或分配盘、板、台等，未梳的棉花，使用光学射线的其他仪器及装置，其他数控车床，未列名阀门等，金额为1.27亿美元，占进口总额的2.46%。

进口额在100万—300万美元的商品115种，主要有化学木浆、溶解剂，肉类或家禽加工机器，未列名自推进泥土、矿物等运送、平整等机械，其他工业或实验室用电阻加热炉及烘箱，离合器及联轴器（包括万向节），未列名的反应引发剂、反应促进剂、催化剂，其他焊机，热喷金属或硬质合金的电气机器，2500ml<排量≤3000ml的汽油越野车，线型低密度聚乙烯（初级形状的），鼓形滚子轴承，多功能工业机器人，其他以合成聚合物或化学改性天然聚合物为基本成分的油漆及清漆，未列名液体或粉末的喷射、散布或喷雾机械，其他V>1000V的开关、保护或连接用电气装置，低剂量X射线安全检查设备，已炼制的牛、羊脂肪，其他大地及水道测量海洋气象地球物理用仪器，未列名数控铣床，金属切削加工过程中产生的钢铁废料，闪烁摄影装置，使用光学射线的分光仪、分光光度计及摄谱仪，半漂白或漂白的针叶木烧碱木浆或硫酸盐木浆，其他烟煤，初级形状的丙烯共聚物，以环氧树脂为基本成分的黏合剂，含石油或从沥青矿物提取油类的润滑油添加剂，其他无线电通讯专用的仪器及装置，金属研磨机床，其他自动调节或控制仪器及装置，以环氧树脂为基本成分油漆及清漆（包括磁漆及大漆），其他工业或实验室用炉及烘箱，1500ml<排量≤2500ml的汽油越野车，未列名连续运送货物的升降机及输送机，未列名钢铁废碎料，精炼铜非片状粉末，其他未列名测量或检验仪器、器具及机器，其他电感器，各种硫黄，但升华、沉淀及胶态硫黄除外，固体矿物质的其他混合或搅拌机器，数控外圆磨床，热交换装置，其他P≤37.5瓦电动机，750瓦<P≤75千瓦的多相交流电动机，其他螺钉及螺栓（不论是否带有螺母或垫圈），初级形状的聚碳酸酯，固液分离机，其他转炉、浇包、锭模及铸造机的零件，其他工业用钢铁制品，主要由机械浆制回收（废碎）纸或纸板，其他供矿物油等同样用途液体的配制添加剂，比重在0.94及以上初级形状的聚乙烯，未列名物镜，旋转式（包括旋转冲击式的）手提风动工具，非绝缘的钢铁绞股线、绳、缆，液压马达，未列名铣床，上部结构可旋转360度的履带式挖掘机，其他升降机及倒卸式起重机，塑料或橡胶用注模或压模，合金铝矩形厚板、片及带（厚度>0.35毫米），硼酸，电动轮非公路用货运自卸车，其他橡胶或塑料及其产品的加工机器，传声器（麦克风）及其座架，回收（废碎）的其他纸及纸板，其他未列名工业机器人，棉精梳机，数控板带横剪机床，其他传动轴及曲柄，其他铲运机，锌矿砂及其精矿，直线作用（液压缸）的液压动力装置，未列名液压压力机，缩微照相、电影摄影及投影用复式光学显微镜，显微镜（光学显微镜除外）；衍射设备，喷汽机、喷砂机及类似的喷射机器，轮胎式自推进起重机，光敏半导体器件；发光二极管，其他P>500KVA变压器，以镍及其化合物为活性物的载体催化剂，钢轨，未列名的有机复合溶剂及稀释剂；除漆剂，其他灌装机、包装机，其他酶；未列名的酶制品等，金额为1.96亿美元，占进口金额的3.81%。

进口商品市场　进口商品来自76个国家和地区，进口额在100万美元以上的国家和地区有54个，进口额51.39亿美元，占进口总额的99.89%，其中进口额在2亿美元以上的国家和地区有9个，进

山西省2008年主要进口市场情况表

国别（地区）	进口金额（万美元）	占进口总额比重（%）
澳大利亚	67123	13.05
印度	53858	10.47
古巴	52366	10.18
南非	37188	7.23
巴西	30528	5.93
加拿大	27079	5.26
哈萨克斯坦	21927	4.26
日本	21629	4.20
美国	21237	4.13
合　计	332935	64.71

山西省2008年利用外资情况表

利用外资方式	批准签订的合同			实际利用外资	
	项目数（个）	外资金额（万美元）	金额比上年增加（%）	金额（万美元）	金额比上年增加（%）
外商直接投资	77	107758	−56.40	102283	−23.83
合资企业	37	30175	72.28	51519	−54.59
合作企业	14	25658	19.26	2740	2024.03
外资企业	25	48949	−3.06	25416	22.76
股份有限公司	1	2976		22608	
合　计	77	107758	−56.40	102283	−23.83

口额33.29亿美元，占进口总额的64.71%。

进口额在1亿美元～2亿美元的市场有5个，主要有德国、韩国、印度尼西亚、中国台湾地区、以及国内市场，金额为7.68亿美元，占进口总额的14.92%。

进口额在1000万美元～1亿美元的市场有31个，主要有土耳其、哥伦比亚、秘鲁、菲律宾、意大利、智利、巴基斯坦、毛里塔尼亚、法国、瑞典、泰国、英国、赞比亚、伊朗、墨西哥、蒙古、荷兰、阿尔巴尼亚、刚果、阿曼、奥地利、新喀里多尼、扎伊尔、俄罗斯、瑞士、西班牙、乌克兰、马来西亚、委内瑞拉、加蓬、新加坡，金额为9.99亿美元，占进口总额的19.42%。

进口额在100万美元～1000万美元的市场有9个，主要有香港、卡塔尔、丹麦、捷克、波兰、芬兰、罗马尼亚、比利时、白俄罗斯，金额为4341万美元，占进口总额的0.84%。

技术进出口　技术进出口合同总额4953.48万美元，比上年的826.31万美元增长499.47%。签订引进技术和进口设备合同项目18个，比上年的17个增加1个；合同金额4953.48万美元，比上年的826.31万美元增长499.47%。

技术进口　引进项目中，制造业8项，金额4390.05万美元；其他行业10项，金额563.43万美元。　（张若阳）

【利用外资】　2008年全省共批准外商直接投资项目77个，比上年下降49.34%；项目总投资17.16亿美元，比上年下降79.43%。

外商直接投资行业　外商直接投资项目中生产型项目41个，占53.25%；非生产型项目36个，占46.75%。

山西省2008年外商直接投资行业情况表

行业	外商直接投资合计		
	项目数（个）	合同外资（万美元）	实际外资（万美元）
农、林、牧、渔业	7	7728	1048
采矿业	4	12167	30176
制造业	30	33518	21657
电力、燃气及水的生产和供应业	8	11934	27745
交通运输、仓储和邮政业	1	366	
批发和零售业	10	6378	3941
住宿和餐饮业	2	2338	114
房地产业	1	14763	779
租赁和商务服务业	4	725	3397
科学研究、技术服务和地质勘查业及其他服务业	8	16502	13427
水利、环境和公共设施管理业	1	695	
文化、体育和娱乐业	1	644	
合　计	77	107758	102283

外商直接投资来源　外商直接投资主要来自韩国、英属维尔京群岛、美国、日本、新加坡、英国、德国、澳大利亚等国家和地区。　（张若阳）

山西省2008年外商及港台地区直接投资来源情况表

国别（地区）	项目数（个）	合同外资（万美元）	实际外资（万美元）
中国香港	36	95037	22353
韩国	6	4855	24524
英属维尔京群岛	4	5275	32468
中国台湾省	3	1211	506
美国	3	3434	906
日本	3	27	141
新加坡	2	1197	262
英国	2	780	1466
德国	2	577	174
澳大利亚	1	119	151
合　计	62	112512	82952

【对外经济合作】　承包工程和劳务合作　对外承包工程和劳务合作合同项目73个，合同额70894万美元，比上年的28424万美元增长149.42%；完成营业额52592万美元，比上年的33462万美元增长57.17%；当年派出劳务人员2662人，年末在外人数5021人，派往的主要国家是日本、新加坡、俄罗斯、毛里求斯、阿尔及利亚、安哥拉、尼日利亚等国；承包工程的主要项目有：安哥拉送变电工程项目、阿尔及利亚东西高速公路项目、土耳其伊安铁路项目、坦桑尼亚林迪5000吨水泥生产线项目、安哥拉市政电力工程项目、阿尔及利亚沿海高速公路项目、以色列卡迈尔隧道项目、尼日利亚NKD公路项目、阿联酋迪拜酋长路升级项目。

对外经济技术援助　承担援外项目1个，受援国家为厄立特里亚，涉及的行业是房屋建筑；当年派出援外人员52人，年末人数48人。

接受经济援助　接受国际经济组织及双边援助的项目4个，其中，中德技术合作项目2个、日本利民工程援助项目2

个，合计金额587.44万美元。

对外投资 2008年共在海外投资举办企业11个，投资总额为44640万美元，中方现汇投资5114万美元、实物1095万美元。投资的国家是墨西哥、印度尼西亚、毛里求斯、美国、菲律宾、新加坡、比利时、越南等国。（张若阳）

·各类展洽会·

【概述】 第二届中国煤炭博览会成功举办

第二届中国（太原）国际煤炭与能源新产业博览会，于2008年9月16日至19日在太原成功举行。本次博览会在主办方、参展方的共同努力和有关各方的大力支持下，取得丰硕成果：共签约各类项目544个，其中，投资合作类项目344个，总投资228.3亿美元，拟引资154亿美元，比第一届煤炭博览会增长7%；贸易类签约项目71个，成交金额849.8亿元人民币，增长2.6倍；融资类项目129个，融资金额1478.2亿元人民币，增长1.9倍。全部签约项目涉及22个国家和地区及国内24个省（市、区）。

本届煤炭博览会共有包括美国、德国、日本等在内的19个国家和地区的876家企业参展参会。参展企业共计326家，其中，国内企业223家，如中石油、国家电网、华能、大唐、国电、华电、中电投、国开投等；国外企业103家，包括世界500强22家、行业领军企业69家，如美国GE、罗克佳华、3M，日本双日、日本小松，德国西门子，法国施耐德，瑞典ABB,英国BP、壳牌等。参会企业共计550家，其中国际企业127家，世界500强27家。主办单位商务部和科技部领导，12个国家部委支持单位、24个省（市、区）政府领导、17家中央企业以及国内外科研院所及有关方面负责人莅临盛会。国内外参展参会人员近3万人。

本届博览会按照突出主题、服务客商、注重实效的原则，确定了一系列重大活动。主要包括：参会煤电大企业座谈会及签约仪式、欢迎宴会、巡馆、开幕式、高峰论坛和煤炭新产业与资本化、洁净能源创新发展两个专题论坛、签署经济战略合作框架协议、领导参观专场、签约仪式暨成果发布会、富有山西特色的若干场文艺演出，等等。博览会期间共举办了16场专题推介会，其中，国外2场，兄弟省（市、区）4场，山西10场。

本届煤炭博览会，山西与鄂湘鲁冀四省签署的经济战略合作框架协议，内容涉及能源、煤化工、交通、水利、旅游、现代农业、文化体育、机电一体化、高新技术、产业与投资等领域，为山西与兄弟省优势互补、互惠互利、共同发展奠定了良好的基础。山西与华能集团公司、国家开发投资公司的协议中约定：山西省支持其推广应用先进的节能环保发电技术，发展循环经济，大幅度提高燃煤发电效率，减少二氧化碳排放，为山西经济结构调整、建设资源节约型和环境友好型社会做贡献。同时，两家企业将加大在山西的投资力度，支持参与山西中南部铁路出海大通道的规划和建设。举办煤电大企业座谈会，通过相互交流，煤电企业之间达成了更多的共识，增进了合作的意愿。与会的6家煤炭企业与7家电力企业签订了煤炭供需协议；3家煤炭企业与3家电力企业还签订了2个战略合作框架协议和2个投资合作协议。区域合作更加广泛，煤电合作更加紧密。山西与兄弟省市及中央大企业签署经济战略合作框架协议和举办参会煤电大企业座谈会及签约仪式，是本届煤炭博览会的最大亮点，特别是煤电大企业的紧密合作，得到了党中央、国务院领导的充分肯定。

参加第12届中国东西部合作与投资贸易洽谈会第十二届中国东西部合作与投资贸易洽谈会于2008年4月5日至9日在陕西省西安市曲江国际会展中心举行。

山西代表团由11个市的政府部门及百余个企业的400多人组成，巨宪华副秘书长、杨来栓副厅长率队参加了西洽会的商品贸易和投资洽谈活动。本届大会，山西代表团获得了组委会参加的最佳组织奖和最佳布展奖。共有15个项目签约，投资总额12.08亿元，合同金额5.15亿元，在签约项目中服务业项目成为我省最大亮点。商品贸易合同成交总额8312万元，涉及电子仪器、纺织品、食品、饮料、法兰制品、医药、陶瓷，化妆品等行业。

会议期间，山西把大力宣传中国（太原）国际煤炭与能源新产业博览会作为一个重要任务，通过多种形式进行广泛推介。

参加第103届中国出口商品交易会（春交会）第103届广交会于4月30日顺利结束，本届广交会山西共有展位数295个，比上届增加73个；参展企业124家；品牌展位、名优展位、特装展位数55个，占展位总数的18.6%，参展商品更新加快，新品辈出。布展水平整体大大提高，参展商品结构进一步优化，参展企业更新率达18%，商品成交价格大幅提高，成交成绩显著。本届广交会山西共有11家企业以进口采购商身份参加了广交会。

本届广交会山西交易团累计成交3.6亿美元，机电产品占成交总额的35.2%，五金机械、矿产化工类工业品占55.3%，玻璃器皿、日用陶瓷、体育器材及日用消费品类，占，44.6%。

成交主要特点为：出口品牌企业产品更新加快，纺织服装企业以提升品质应对成本上涨，拓宽非美元结算市场，机电产品成交大幅上升、以技术创新为新的增长点。品牌区、特装区企业成交好于普通区参展企业，创新、应变成为参展企业应对出口不利因素的利器。

山西省第六次农产品网上购销对接会：根据商务部办公厅关于“举办第二届夏季农产品网上购销对接会”的通知要求，新农村商网于2008年6月10日至7月10日举办了为期一个月的第六次农产品网上购销对接会，山西取得了全国排名第六的好成绩。

据统计，这次对接会共为山西农民交易玉米、绿豆、奶牛、杏子、葵花籽、苹果、桃子等农副产品19819.2万元，其中实际成交7709.2万元，意向成交12110万元。涉及商户1549个、产品10个、发布供应信息97条、求购信息2条。被商务部确定为全国农村商务信息服务体系建设试点单位的大同县，在这次对接会上发挥了积极作用，初显了试点效果。该县对接成交农产品3565万元，其中实际成交1065万元，意向成交2500万元，在全国试点县中排列第六名。

自2006年9月举办第一次秋季农产品网上购销对接会以来，截至2008年7月，厅新农村商网先后承办了6次网上对接会，真情实意地为农民兄弟办好事、办实事，为山西农民带来了实实在在的好处，并取得了可观的经济效益和社会效益，受到农民兄弟的欢迎。近两年来，经过厅新农村商网工作人员的努力，相继促成了本省多笔、大笔农副产品与外省市交易成功，使具有山西特色优势的农副产品走向全国，远销内蒙古、新疆、陕西、黑龙江、山东、河南、河北、安徽、湖南、湖北、江苏、浙江、广东、天津等省市，有的产品还跨出国门，为搞活农村商品流通，繁荣省际、区域乃至全国经济做出了贡献。据统计，在这个信息交汇平台上，总计交易奶牛、水果、蔬菜、玉米、小杂粮、棉花、枣树等大宗农副产品金额达到9.22亿元，其中实际成交2.52亿元，意向成交6.70亿元。

参加第19届中国哈尔滨国际经济贸易洽谈会 2008年6月15日～6月19日，第十九届中国哈尔滨国际经济贸易洽谈会在哈尔滨国际会展体育中心举行。

山西组成由省商务厅杨来栓副厅长带队，太原、长治、临汾、阳泉、运城等市的政府部门及10余个企业的90多人的代表团参加了洽谈会。

本届洽谈会，山西共有8个展位，参展产品包括医药、农副产品、健身器材、折叠桌椅、休闲帐篷、汽车零部件、阀门、仪表、速冻食品、银杏茶、刺绣品、鞋垫、防辐射系列产品、黑小麦产品、电石等40余种，涉及食品、纺织、医药、机械等行业。全省共有5个项目签约，总投资4.91亿元，引进省外资金2.36亿元人民币。

参加第3届宁洽会 2008年9月10日至13日，第三届中国（宁夏）国际清真食品穆斯林用品节暨宁夏投资贸易洽谈会在宁夏银川国际会展中心召开。本届大会以“开放友谊合作共赢”为主题，以打造中国清真食品和穆斯林用品产业聚集地，搭建国际清真食品、穆斯林用品交流合作平台为目标。

山西组成了以副厅长杨来栓为团长的代表团参加了此次洽谈会，共组织澳瑞特、临汾民间艺术刺绣、山西醋超市、山西长雷工艺绣品有限公司、太原市中科恒业数码有限公司、山西紫林食品有限公司、山西森泰牧业有限公司等一些富有地方特色和民间特色的7家企业参展。经过为期四天的展销、洽谈，山西企业均取得了较好的成效。山西紫林食品有限公司签订了销售合同170余万元，山西森泰牧业有限公司销售签订了销售合同180余万元，太原市中科恒业数码有限公司在签订了北京代理意向。

参加第4届中国吉林·东北亚投资贸易博览会 2008年9月2日至6日，山西组成以副省长李小鹏为团长的代表团参加了第四届中国吉林·东北亚投资贸易博览会。此次参展共组织汾酒、老陈醋、六味斋、怡园干红等名优商品和太行仪表、恒泰制动器、汤荣汽配等汽车零配件企业19家。博览会期间，举办了山西省名优商品吉林长春推介对接会，组织山西老陈醋集团有限公司、太原六味斋实业有限公司、山西广誉远国药有限公司、山西太谷荣欣堂食品有限公司、山西盛唐物流配送有限责任公司、山西云青牛肉有限公司等企业与吉林省威宝恒客隆百货超市有限公司、吉林亚泰集团超市公司、长春欧亚集团欧亚新发超市进行了对接；组织中航集团太原航空仪表有限公司、襄汾恒泰制动器有限公司、山西汤荣汽车配件制造集团有限公司、山西广灵精华化工集团、长治液压件有限公司、交城县至成铸造有限公司与吉林省一汽四方低速汽车公司、长林皮卡汽车有限公司进行了洽谈对接。

经过为期五天的展销、洽谈、对接，山西代表团取得了较好的成效。本省太航仪表厂、山西老陈醋集团有限公司、山西太谷荣欣堂食品有限公司、山西盛唐物流配送有限责任公司等企业与省外企业共签订5个合同，总金额910万元；太原六味斋实业有限公司、山西杏花村汾酒集团有限责任公司零售额9万余元。

参加第10届中国国际高新技术成果交易会 第十届中国国际高新技术成果交易会于10月12日～17日在深圳举行。山西组成以省委常委、副省长李小鹏为团长的代表团参加了本届高交会，经过六天的展示和洽谈，共成交项目15个，成交金额26.2亿元人民币。

此次山西代表团由省人民政府组织，采取条块结合方式，各市各部门组分团参加，全省7个市、2个省属部门、1个开发区、3个院校共100余家企业125个项目报名参加。这些项目涉及电子信息、生物制药、新材料新能源开发利用、光机电一体化、综合利用节能减排循环经济、产品深加工以及其他股权投资或合作开发类等九大领域，其中高新技术类项目约占60%。参展项目一定程度上反映了近年来我省产业结构逐步优化调整、企业科技创新和研发实力渐次提高、高新技术成果不断涌现的实际情况。

10月12日，山西在会展中心举行了高新技术成果及项目合作签约仪式，签约项目15个，签约金额26.2亿元。这些项目体现了重点产业、重点企业在开放合作中的窗口带动作用和载体辐射作用，体现了高新技术开发合作共享互利的特点，大都属于山西“十一五”期间的重点发展领域，也是山西围绕新型能源和工业基地推出的龙头项目或潜力项目，项目的实施必将对我省产业结构调整和经济社会发展产生积极影响。会后将狠抓这些签约项目的落实工作，加强对项目的指导、协调和跟踪服务，努力提高合同履约率、资金到位率和项目开工率，力争早日实现预期效益。

参加第104届中国出口商品交易会（秋交会） 第104届广交会于10月15日—11月6日在广州举行。大会分三期举办，一期以机电产品、化工等工业品为主，二期以日用消费品和礼品类为主，三期以纺织服装、办公文体类为主。总展览面积达111.5万平方米，展位总数约5.5万个，参展企业2.2万家。大会总成交额315.46亿美元，比上届下降17.5%。到会采购商17.5万人次，比上届下降9.1%，主要来自香港、非洲、美国、日本、韩国等国家和地区，中东、东盟等新兴市场到会采购商有所增长。本届广交会我省共有展位数410个，比上届增加109.5个，参展企业119家，新增企业25家。按企业类别分，生产企业51家，占42.8%，流通企业68家，占57.2%。品牌展位、特装展位数113个，占展位总数的27.6%，属历届之最。参展商品更新加快，新品迭出，共有新展品约50项，为历届最多。本届广交会我省共有进口采购商32名，分别来自上一年度进口额500万美元以上的11家进口企业。

第104届广交会山西交易团三期累计成交26390.49万美元，比上届下降26.71%。其中：第一期成交12992.92万美元，第二期成交10077.72万美元，第三期成交3319.85万美元，较上届有所下降，主要原因是：全球金融危机导致国际需求下降。从成交类别看，轻工产品成交10413.31万美元，占成交总额的39.46%；机电产品成交8627.06万美元，占成交总额的32.69%；建筑及装饰材料、卫浴设备、化工类产品共成交4318.63万美元，占成交总额的16.37%，其他成交3031.49万美元，占成交总额的11.48%。从企业性质看，国有企业成交6231.8万美元，民营、外资及其他企业成交20158.69万美元，所占比重分别是：23.61%、76.39%，民营企业成交主体地位进一步巩固。

业务成交特点：出口企业产品更新加

快；品牌展位成交活跃；新、特产品吸引客商，仍然能够取得较好的成交效果；欧美市场需求放缓，亚洲、中东、非洲、俄罗斯等新兴市场成为开拓重点；参展企业接单更加审慎，长单改为短单的增加；实力较弱企业的成交和采购商的购买力均明显下降；受全球经济危机影响，国际市场消费减弱，部分物美价廉的产品易被客商接受。

为促进出口成交，山西交易团采取了以下措施：着眼自主品牌建设，扩大品牌产品出口；着力支持地方特色产品，发挥地方优势；着意调整参展企业结构，大力培养中小企业和生产企业成为出口主体，真正实现外贸增长方式的转变；开展学习、落实科学发展观活动，深入调研听取企业呼声；鼓励参展企业面对严峻的国际经济形势，树立信心；积极向大会投稿，宣传我省参展企业。

韩国到晋采购洽谈活动成功举办

韩国来华采购团由国家商务部和韩国知识经济部共同主办，由韩国贸易协会和各省商务厅分别承办。根据国家商务部安排，2008 年韩国企业来华采购洽谈会分别在山东省和山西举行。韩国采购团 11 月 6 日抵晋，采购洽谈活动时间 2 天，在各方的共同努力下，取得了圆满成功。

11 月 7 日上午，省委常委、副省长李小鹏在太原会见了韩国来华采购团一行，双方就当前国际经济形势下，加强经贸往来和合作，进行了坦诚友好的交流。11 月 6 日，厅长王淑珍会见了韩国采购团团长朴英培本部长，并就进一步加强山西与韩国的经贸合作交换了意见。

这次韩国采购团所采购商品涉及钢铁和有色金属、化学用品、日常用品、工业制品、焦炭和金属镁、玻璃器皿、纺织品、农产品等 200 多个品种。山西组织了 120 多家相关企业进行洽谈。据统计，此次洽谈达成 4300 万美元的成交意向，在今年拟签约的项目约 800 万美元。此次采购洽谈活动，将对进一步加强山西与韩国的经贸往来及扩大山西对韩出口业务起到推动作用。 张若阳

新举措新成绩

【全省商务工作会议召开】 1 月 27 日，全省商务工作会议成功召开。副省长胡苏平、省人大财经委副主任赵建平、省政协、省商务厅机关及企事业单位负责人，各市分管副市长、商务局长和纪检组长，省级及省级以上开发区管委会负责人，重点企业代表，省直有关部门的负责人，有关学会、协会负责人等参加了会议。

省政府副秘书长韩和平主持会议。商务厅纪检组长李双才首先传达了全国商务工作会议精神。王淑珍厅长代表商务厅党组作了题为《搭平台促消费调结构上规模推进山西商务事业又好又快发展》的工作报告，对过去五年的商务工作作了简要回顾。对今后一段时期全省商务事业发展的总体思路和 2008 年工作进行了具体安排。

胡苏平副省长作了重要讲话。胡苏平首先对过去五年来的全省商务工作给予了充分肯定，要求全省商务部门准确把握当前商务工作面临的形势，各相关单位协调配合，认真学习贯彻十七大、全国商务工作会议和山西“两会”精神，围绕省委、省政府的战略部署，把今年以及今后的工作做好，做出成效。

最后，她提出几点要求和希望。第一，不断探索走出内陆省份对外开放的路子，努力提高全省开放型经济水平。第二，加大市场监管力度，确保市场供应。第三，着力办好第二届煤炭博览会。第四，在努力服务全省重点工作中，实现商务事业又好又快发展。第五，抓好商务队伍能力建设。希望全省商务工作者一要解放思想，提高创新意识；二要树立积极进取精神；三要增强团结协作精神；四要保持踏实、肯干的精神状态。以高度的责任心和优良的工作作风，狠抓各项工作任务的落实，为实现全省经济社会又好又快发展作出新的更大的贡献。 (张若阳)

【省商务厅出台《山西省出口企业环境监管工作方案》】 为贯彻落实国务院关于节能减排工作的要求，发挥各类出口企业在环境保护方面的带头作用，加快转变外贸发展方式，有效控制“两高一资”产品出口，促进贸易平衡，减少贸易摩擦，近日，省商务厅、环保局根据《商务部、环保总局关于加强出口企业环境监管的通知》要求，制定了《山西省出口企业环境监管工作方案》。

根据《方案》规定，省商务厅和省环保局通过建立出口企业联合监管工作小组、建立环境执法档案管理数据库、重点企业环境监督员制度、工作联席会议制度、联合执法和案件通报制度、信息报送制度、信息公开发布制度等措施，加强环保部门和商务部门协作，加大对出口企业的环境监管力度，加强出口管理环节企业环保达标审核，加强对出口企业环境保护法律法规和政策的宣传与培训。《方案》还对各市商务局和环保局在出口企业环境监管方面提出了要求。

《山西省出口企业环境监管工作方案》的出台，是通过加强出口管理环节企业环保达标审核加强企业环境保护行为的综合管理，是利用贸易手段加强环境保护的积极探索，是综合运用法律、经济、技术和必要的行政手段解决环境问题的有益尝试。对于提高企业环境违法代价，督促企业认真履行社会环境责任，推进污染减排目标的实现，加快转变外贸增长方式，促进贸易平衡具有重要意义。

(张若阳)

【全省商务系统信息化工作会议召开】 根据年度工作安排，2008 年 12 月 11、12 日，在太原华苑宾馆召开了由厅信息化处主持的全省商务系统信息化工作会议，来自全省各地级市、开发区、县级商务局的 5 名局长，9 名办公室主任、信息科长，24 名信息联络员计 38 人参加了会议。

会议的主要内容：一是对参会人员进行业务培训。由郭盾芝主讲了《商务网站建设中应把握的几个问题》1 课，重点从“地方商务之窗”建设要求、新农村商网解农产品卖难和如何搞好政府网站信息文稿采编工作等三个方面作了翔实讲授，王丽亚、郝新爱从技术操作层面作了现场演示性讲解；二是典型单位介绍经验。会议听取了忻州市、曲沃县、大同县商务局等 3 个单位就迎难而上建网站；信息发布更新快、原创内容多和下大力抓好“农村商务信息服务体系建设工程”试点工作的先进经验作了介绍；三是总结年度工作。信息化处负责人对 2008 年山西“地方商务之窗”、新农村商网对接工作进行了总结，并提出了 2009 年工作目标与任务。

这次会议，参会者普遍反应热烈。认为通过紧张的学习和专题培训，使大家及时了解了“地方商务之窗”栏目建设规范，新农村商网在解决农产品卖难中发挥的重要作用，充分把握了信息文稿采编的基本原则、要求和方法，对于政府网站建设将起到至关重要的指导作用。纷纷表示，回到工作岗位后要结合本市、本区、本县

实际，推进商务信息化建设更近一步，为全省商务发展大局服好务。

截至目前，山西商务系统共建有188个网站（点），其中开通103个，占总数的54.8％，太原等11个地级市、太原经济开发区等14个省级开发区开通了“地方商务之窗”栏目；全省119个县中有56个区、县消灭了空站空栏现象。建站并组织所属区、县开通运行工作搞得比较好的地市有阳泉、晋城、运城、临汾、忻州，开通率分别达到100％、85％、69％、65％、64％，其余在18～47％之间，以上市、区、县都能发布与商务工作紧密相关的各类信息，为当地商务改革建设事业提供了大量、有效的信息服务保障，其地位、作用越来越突出。据统计，山西省2007年全年、2008年1～11月共发布各类信息23919条，其中2007年点击量位居前列，全国排名第9，推进了山西商务事业的大发展，引起了社会的广泛关注。特别是我厅新农村商网以高度的责任心和工作紧迫感，在2006年9月至2008年10月的两年多时间里，先后组织了7次农产品购销对接会，相继促成了本省多笔、大笔农产品与外省市交易成功，使具有山西特色优势的农产品走向全国，远销内蒙古、新疆、陕西、黑龙江、山东、河南、河北、安徽、湖南、湖北、江苏、浙江、广东、天津等省区市，有的产品还跨出国门。总计为我省农民交易了奶牛、水果、蔬菜、玉米、小杂粮、棉花等大宗农产品，金额达到11.66亿元，其中实际成交3.62亿元，意向成交8.44亿元。不仅搞活了农村商品流通，缓解了农民迫切需要解决的农产品卖难及致富增收、改善生活问题，也为我省经济保持增长、拉动内需、扩大消费和市场供需平衡稳定做了实效工作。下一步，商务网站建设、管理、维护任务仍然很重，需要各级领导和主管部门不懈地努力工作。（张若阳）

财政·金融

财　政

【2008年财政收入与支出】　(1)财政收入。全省完成财政总收入1518.78亿元，为年度计划的120.13%，超收175.63亿元，与2007年决算收入相比，增长38.26%，增收290.05亿元。其中，一般预算收入完成748.00亿元，为年度预算的109.11%，超收62.47亿元，按自然口径计算比2007年增长25.11%，增收150.11亿元。

分预算级次收入完成情况是：省级一般预算收入完成197.62亿元，为年度预算的111.1%，超收19.75亿元，比2007年增长24.72%，增收39.17亿元；市级一般预算收入完成206.04亿元，为年度预算的102.04%，超收4.11亿元，比2007年增长21.29%，增收36.16亿元；县级一般预算收入完成344.34亿元，为年度预算的112.63%，超收38.61亿元，比2007年增长27.74%，增收74.78亿元。11个市全部超额完成全年财政收入任务。

(2)财政支出。2008年全省一般预算支出执行1315.02亿元，为年度预算的85.03%，与2007年决算数相比，增长25.25%，增支265.1亿元。主要支出项目的执行情况是：一般公共服务支出223.48亿元，为年度预算的83.80%，比2007年增加6.38%，增支13.40亿元；国防支出2.3亿元，为年度预算的98.29%，比2007年增长27.07%，增支0.49亿元；公共安全支出90.75亿元，为年度预算的94.90%，比2007年增长28.52%，增支20.14亿元；教育支出234.99亿元，为年度预算的86.02%，比上年增长29.67%，增支53.77亿元；科学技术支出17.64亿元，为年度预算的97.03%，比上年增长11.65%，增支1.84亿元；文化体育与传媒支出27.19亿元，为年度预算的92.89%，比上年增长1.42%，增支0.38亿元；社会保障和就业支出218.38亿元，为年度预算的92.00%，比上年增长19.45%，增支35.56亿元；医疗卫生支出71.50亿元，为年度预算的86.12%，比上年增长37.24%，增支19.40亿元；环境保护支出64.29亿元，为年度预算的70.36%，比上年增长48.20%，增支20.91亿元；城乡社区事务支出101.18亿元，为年度预算的94.04%，比上年增长161.71%，增支38.61亿元；农林水事务支出109.69亿元，为年度预算的89.54%，比上年增长29.75%，增支25.15亿元；交通运输支出33.60亿元，为年度预算的91.53%，比上年增长19.36%，增支5.45亿元；工业商业金融等事务支出90.15亿元，为年度预算的94.88%，比上年增长52.41%，增支31.00亿元；其他支出28.88亿元，为年度预算的33.30%，比上年减少6.54%，减支2.02亿元。

2008年，全省财政收入总计1580.50亿元(不含国债转贷资金)，全省财政支出总计1340.80亿元。收支相抵，全省财政年终滚存结余239.70亿元，剔除结转2009年支出228.68亿元，全省净结余11.02亿元。

全年共下达省对市级一般转移支付资金3.7亿元，比2007年增长37%，享受转移支付资金的市级有3个。全年共下达省对县级一般转移支付资金81.6亿元，比2007年增长36.2%，全省享受转移支付资金的县区98个，转移支付覆盖面达到82.4%。下达缓解县乡财政困难转移支付资金11.9亿元，增长76.4%。

(李晋中　姜　奕)

【支持国有企业改革和产业结构调整】　一是立足省情，优化资源配置。为积极支持大公司、大企业集团发展壮大，批复采矿权价款共计12.6亿元转增资本，用于支持本省国有重点煤炭企业的发展，推进煤炭行业兼并重组战略的实施；拨付电源基地建设基金4.24亿元和农网还贷基金3.6亿元，用于支持全省热电厂、风力发电、地方输变电工程项目及农村电网建设。二是支持企业转变经营机制，促进产业结构优化升级。参与审核了太钢、太重、潞安、同煤、国际电力公司等五个集团公司所属16户辅业企业改制，其中，12户改制为国有参股企业，6户改制为民营企业。分离职工1759人，涉及改制资产6.75亿元，移交改制企业负债5亿元，净资产1.75亿元；对太重集团所属太原矿山机器集团有限公司分离辅业中的公益性单位给予250万元的财政补助资金。下达资金8.2亿元，用于对省属国有重点煤炭企业移交地方的192个学校和8个公安机构的经费补助，涉及人员2.55万人。通过支持省属国有重点煤炭企业分离办社会职能机构，促进了国有企业改革的深化和企业现代管理制度的建设。三是大力支持节能减排和淘汰落后产能。筹集资金16.4亿元，通过以奖代补、拨款补助、财政贴息等方式，积极推动45项节能重点项目和重点工程建设，支持高效节能照明产品推广应用，支持涉及钢铁、焦炭、铁合金等8个行业的215户企业淘汰落后产能，对太钢等33户企业进行了节能奖励。下达资金10.4亿元支持15户省属国有企业关闭破产，促进了全省国有经济布局的调整优化。　(李晋中　姜　奕)

【扶持企业自主科技创新和提升技术水平】　2008年，省财政通过研发费补助和贷款贴息两种途径支持中小企业的科技创新活动。全年下达科技型中小企业技术创新基金、科技创新基金、发展专项基金4551万元。其中，下达中小企业科技创新项目资金3144万元，支持科技创新项目163个，下达科技型中小企业技术创新基金及包装行业高新技术研发资金907万元，支持项目19个，下达中小企业发展专项基金500万元，支持项目14个。通过对中小企业的支持，引导中小企业适应经济全球化环境下的国际、国内竞争要求，调整企业组织结构和产品结构，增强了企业综合竞争力。

为增强企业参与国际市场合作和竞争能力，鼓励、扶持和引导中小企业开拓国际市场，拨付2018.38万元对全省中小企业的800多个国际认证、会展、宣传等项目给予财政补助，提升了企业核心竞争力和国际竞争力。安排专项资金700万元，用于优化全省机电产品进出口结构，对“出口石油钻具生产线技术改造”等29个项目进行了补助，推动了全省出口产品质量和效益的提高，促进了外贸增长方式的转变。为贯彻区域协调发展的战略决策，扩大对外开放，下达外经贸区域协调发展促进资金7210万元，用于全省外经贸企业的技术研发、技改贴息、技术合作、服务及文化产业发展等方面支出，促进了全省进出口产品结构的优化和调整，加快了全省外经贸事业的发展。

为支持山西对外开放和经济健康发展，保证香港航线正常运营，制定了太原至香港航线的补贴标准和办法，对中国东方航空股份有限公司山西公司太原至香港航线专项补贴950万元，调动了航空企业的积极性，改善了山西省对外交往的环境，提升了山西对外形象。拨付品牌资金253万元，用于支持以“迎奥运，加强京晋两地经济合作”为主旨的山西品牌商品北京推介会，为山西品牌商品开拓北京市场搭建平台，丰富了北京奥运期间市场供应，加强了山西、北京两地经济合作与发展。 （李晋中　姜　奕）

【加大中小企业信用担保工作力度】 2008年，出台了《关于进一步做好中小企业贷款信用担保工作的意见》，在资金投入、风险补偿、税收减免等方面进一步明确了支持中小企业信用担保体系建设的优惠政策；增加省中小企业信用担保公司资本金1亿元，全省政策性担保机构达到61个，为企业提供贷款担保41亿元；积极推动省、市、县三级担保机构开展联保再担保，为中小企业融资提供了服务。

（李晋中　姜　奕）

【有效利用国际金融组织和外国政府贷款】 结合经济发展战略和参与国际合作的需要，山西省财政部门按照“十一五”规划的具体要求，积极申报利用国际金融组织贷款项目，抓住时机为企业搭建平台，促进山西经济发展。2008年在煤层气开发、城市交通、环境保护和基础设施建设等领域积极申报利用国际金融组织贷款项目，共利用外国政府贷赠款和世行、亚行等国际金融组织贷款8.1亿元。为配合山西建设新型能源和工业基地战略的实施，拓展引资渠道，弥补了经济发展资金的不足。

此外，为应对四季度以来国际金融危机不断蔓延对经济发展造成的不利影响，按照中央和省委、省政府的统一部署，认真贯彻落实积极财政政策的各项要求，及时调整完善财政支持经济发展的方式和手段，全力配合有关部门争取中央对山西省的项目和资金支持，制定出台了财政部门贯彻落实中央扩大内需十项措施的具体意见，向中央申请提高了山西省玻璃器皿产品出口退税率，积极引导和调动各方面力量加大对基础设施特别是民生领域重大建设项目投入力度，着力增加城乡居民收入，为全省进一步扩大内需、保持经济平稳较快增长奠定了良好基础。

为加强全省安全生产管理和推行全面质量管理，拨付安全生产考核奖励资金1157.8万元，用于奖励安全生产先进单位及获得国家表彰的优秀质量管理团队和组织者。鼓励企业安全生产，严格保证产品质量。 （李晋中　姜　奕）

【支持社会主义新农村建设】 为大力推进社会主义新农村建设，使公共财政的阳光照耀广大农村、惠及广大农民，山西省各级财政部门认真贯彻中央和省委、省政府各项强农惠农政策，加大财政支农投入，推进了农业和农村经济结构战略性调整的深化和提高。2008年，全省财政投入支农资金109.58亿元。

（李晋中　姜　奕）

【支持农业和粮食生产】 2008年，省本级在年初预算已足额安排相关支农支出的基础上又增加投入15.05亿元，全力支持农业和粮食生产。进一步加大了涉农补贴力度，拓宽了补贴范围，2008年下达良种补贴资金19033万元，其中，国家优质专业小麦良种补贴资金7500万元，补贴面积750万亩，补贴标准每亩10元；小麦良种繁育基地补贴500万元，每亩补贴30元，补贴面积16.67万亩；优质玉米良种补贴资金11000万元，补贴面积1100万亩，补贴标准每亩10元；新增国家优质水稻良种补贴资金33万元，补贴面积2.2万亩，补贴标准每亩15元。安排能繁母猪补贴资金4180万元，用于对全省55万头能繁母猪进行补贴。下达奶牛保险补贴、奶农临时救助补贴资金8557万元，对全省25.57万头奶牛进行补贴。其中，中央财政资金6000万元，对奶农倒奶严重的朔州市按每头284元补贴，其他市按每头200元补贴；省级安排2557万元，每头补贴100元。下达农机具购置补贴资金11500万元，用于对全省目录入选补贴产品11类33种1016个产品的补贴。

（李晋中　姜　奕）

【支持现代农业发展】 2008年，下达资金23.5亿元，支持全省43个县近300万亩玉米耕地能力建设，每亩补贴30元。投资3470万元，支持雁门关生态畜牧经济区项目建设，重点用于畜禽标准化养殖小区建设、畜禽品种培育及改良、畜牧兽医技术推广和培训等。对“两区”196个农业产业化项目实施财政补助，大力支持病险水库除险加固，支持改造中低产田和生态综合治理面积100万亩，选择25个县开展旱涝保收、高产稳产基本农田建设试点，支持推广农业科技项目95个，提升了现代农业发展水平。

（李晋中　姜　奕）

【支持改善农村生产生活条件】 拨付资金7.5亿元，支持全省2000个新农村建设重点推进村搞建设规划、街巷硬化、绿化建设及村干部培训，完成村村通水泥（油）路近2万公里，发展连锁农家店2000家，加快了社会主义新农村建设步伐。拨付资金1.4亿元，支持新农村沼气建设88100户，建设大中型沼气工程29座和高效低排户用生物质炉25处21500户，省柴节煤连炕试点11800铺，秸秆气化集中供气4000户，太阳能利用试点2500户，乡村服务站网点建设252个，并为全省沼气建设培训沼气技工3750人。

（李晋中　姜　奕）

【支持重点扶贫攻坚工作】 下达移民搬迁资金2.1亿元，确保5万人、12756户、764个村的移民搬迁顺利完成。下达整村推进资金2.5亿元，完成了818个村的推进任务。下达2000万元支持劳动力转移培训，完成了61700人的培训，实现转移就业53680人。全省44.6万农村库区移民生活困难问题得到妥善解决。安排资金6014万元，按每人310元标准给予补助。全省新转移农村劳动力32万人，其中完成农业部等6部门安排的农村劳动力转移培训阳光工程任务14万人。

（李晋中　姜　奕）

【支持农业重点工程建设】 一是继续支持农村饮水安全工程建设及小型农田水利设施建设工程。省财政下达农村饮水安全补助资金2.98亿元，解决各类饮水工程2023处，其中，提水工程1381处，引水工程405处，蓄水工程237处，解决11

个市的3011个自然村、120.7万人、14.5万头大牲畜的饮水安全问题。另加上中央国债资金1.51亿元，共解决了204万人的饮水安全问题。二是贯彻落实中央1号文件精神，整体推进农田水利工程建设。下达小型农田水利基础设施建设专项经费9800万元，扶持雨水集蓄利用项目5个，高效节水灌溉项目13个，灌区末级渠系改造项目4个，其他小型农田水利建设项目24个，大大改善了全省农田水利设施状况，为农业增产，农民增收奠定了基础。三是积极支持六大造林工程。安排资金1.5亿元，按照每村3万元的标准，下达6711万元，对2237个新农村示范村进行了植树造林。下达2430万元，对环城及重点区域造林48600亩。下达1126万元，对1329.4公里通道进行了绿化。下达1600万元，培育大苗11500亩。四是积极支持六大水利工程建设。为贯彻落实省委、省政府关于在"十一五"期间大力加强水利建设、实施以应急水源工程建设、农田水利灌溉、水土保持淤地坝、农村饮水安全、城乡节水和水源保护等六大水利工程为重点的兴水战略，安排专项经费9.49亿元，其中，新水源工程5.4亿元，农田水利灌溉工程0.58亿元，农村安全饮水工程2.98亿元，淤地坝工程0.23亿元，城乡节水工程0.5亿元，水源地保护0.05亿元。新开水源工程15个，新增灌溉面积19.6万亩，改善灌溉面积6.9万亩，新增节水面积14万亩，对57座淤地坝进行了治理。

此外，为进行生态环境综合治理，积极支持全省"蓝天碧水工程"建设，省财政投入资金7.8亿元，用于三河三湖水污染防治、城市集中供热、供气、饮用水源地污染防治、区域环境安全保障、废气废水污染治理、污染防治新技术新工艺应用推广等方面，带动社会投资72.4亿元投入环保领域，促进了全省环境状况的改善。 （李晋中　姜　奕）

【支持完善社会保障制度】 一是积极支持劳动保障部门完善全省城乡养老保险制度。全省有327.32万人参加了养老保险，征缴养老保险收入188.3亿元。各级财政共安排企业职工基本养老保险财政补助资金49.31亿元，确保了112.21万离退休人员养老金按时足额发放。根据劳动保障部、财政部的统一部署，从2008年1月1日起，按人均每月90元的标准提高了企业退休人员的待遇水平，并及时下拨养老金提标资金19.61亿元，保证了调标资金及时发放到了企业退休人员手中。二是开展新型农村养老保险试点，着手解决农民养老保障问题。根据十七大提出的"探索建立新型农村养老保险制度，建立覆盖城乡居民的社会保障体系"的要求，省财政厅积极配合省劳动厅确定了山西省的农村养老保险制度，以省政府名义下发了《关于开展新型农村社会养老保险试点工作的指导意见》，决定从当年第四季度率先在全省22个县进行新型农村社会养老保险试点工作。同时，省财政安排资金1320万元，对22个试点县11万名60岁以上老年人按每人每月30元给予补助。三是支持劳动者创业就业。各级财政部门认真贯彻落实《就业促进法》和《国务院关于做好促进就业工作的通知》，围绕省委、省政府的"五项惠民工程"，以创业带动就业，加大资金投入，落实各项扶持优惠政策，推动了全省就业工作的开展。全省新增就业岗位45.8万个，实现创业促就业10.4万人；会同省劳动保障厅制定了《关于做好就业困难人员就业援助工作的意见》，帮助16.8万下岗失业人员实现了就业再就业。

（李晋中　姜　奕）

【支持提升医疗卫生事业发展】 2008年，为解决破产关闭和特困企业退休人员和职工的医疗保障问题，省财政安排资金689.7万元，解决了38家省属国有特困企业9535名在职职工和15008名退休人员的医疗保障问题。下拨资金15860万元，帮助解决了97户地方政策性关闭破产国有企业64286名退休人员参加城镇职工基本医疗保险。城镇居民医疗保险又增加了大同、长治、朔州、忻州、晋中5个试点城市，参保人数达到96万人。为进一步完善城乡医疗救助体系，下拨医疗救助资金11648万元，使170万城乡贫困人口享受到医疗救助。新型农村合作医疗制度实现全覆盖，全省115个涉农县（市、区）全部开展了新型农村合作医疗制度，实现了100%全覆盖，参合农民达2090万人，与此同时，提高了财政补助标准，筹资标准由每人每年50元提高到100元。2008年共拨付财政补助资金12.29亿元，确保了全省新型农村合作医疗制度的顺利开展。为支持基层医疗卫生机构标准化建设，增强农村医疗卫生服务能力，省财政拨付专项资金3450万元，重点支持80所乡镇卫生院、1000所农村卫生室标准化建设，安排1600万元支持全省774所社区卫生服务机构开展公共卫生服务，拨付2600万元支持39所县级中医院能力建设。拨付5700万元专项资金，支持37所贫困地区医院，210所乡镇卫生院实施"万名医师支援农村卫生工程"，补助40个县建设43500座农村无害化卫生厕所，在56个县实施"降低孕产妇死亡率和消除新生儿破伤风"项目，并在项目县实行孕产妇住院分娩补助和困难救助政策，开展农村卫生服务专业人员技术培训，提高农村卫生人员服务技能。为支持全省实施扩大免疫规划工作，拨付中央专项资金8460万元，将15种传染病预防纳入国家免疫规划。为保障扩大免疫规划顺利实施，省财政拨付专项资金1900万元，将新建39座疫苗储藏冷库，装备11辆低温冷藏车、80辆疫苗运输车，900台疫苗储藏冰箱，全面提升全省疫苗冷链体系储藏运输能力。拨付专项资金6000万元，用于地方病、结核病等重点疾病的预防控制，支持开展"健康知识百家谈"电视栏目等群众健康教育活动，提高大众医疗健康知识普及率。 （李晋中　姜　奕）

【为城乡救助和应急救灾服务】 2008年，省财政为解决困难群众住房困难和住房安全问题，积极落实廉租住房政策，筹措住房租赁补贴资金1.5亿元，对13万廉租住户给予财政补贴。支持全省率先开展解决农村困难群众住房问题试点，按照每户补助1.1万元的标准，解决了3000户农村困难群众住房问题；支持完成2400户残疾人危房改造任务。下达资金16.8亿元，大力支持采煤沉陷区治理和煤矿棚户区、城市棚户区改造及农村地质灾害防治，缓解了相关群体住房困难和安全问题。为保障城乡困难群众的基本生活，提高城乡低保、"五保户"、优抚对象补助水平。随着经济发展和人民生活水平提高及物价变动，当年1月、7月和9月连续三次提高了城市低保对象的补助标准，月补差水平40元。当年1月和7月连续二次提高了农村低保对象的补助标准，月补差水平20元。提高集中供养五保对象的省级补助标准，由1200元提高到1500元。共下拨城市低保资金11.17亿元，农村低保资金3.63亿元，省级"五保户"补助资金1.69亿元，使90万城市低保对象、97万农村低保对象和13.8万

"五保户"对象生活得到了保障。从2008年10月1日起，调整了本省伤残军人、烈属、在乡退伍红军老战士、老复员军人等六类优抚对象的生活补助标准，下拨财政补助资金3002万元，使14万余名优抚对象得到了补助。六是推进现代农村流通网络建设，保障农产品流通安全和渠道畅通。积极支持"万村千乡"市场工程，对全省3500个农家店和2个配送中心进行严格验收，拨付中央清算资金2255万元，下达省级资金1500万元，用于省委、省政府确定的2000个农家店及配送中心进行补助，确保了全省"万村千乡"市场工程建设的顺利进行，满足和方便了农民的消费需求，促进了农村消费市场的快速增长。为加快"双百市场"工程建设，根据省委、省政府的部署，省财政厅会同省商务厅、省供销社下达2008年农村建设现代流通网络建设2000个重点推进村和改造便利店的计划，并拨付983万元专项建设资金，用于保障农产品质量，维护农产品流通及消费安全。根据省委、省政府关于加快服务业建设的要求，下达流通企业发展资金1000万元，重点用于扶持18个大众早餐工程和24个老字号企业，促进全省服务业的繁荣和发展。

此外，为应对"三鹿"奶粉事件影响，各级财政部门按照省委、省政府的部署和要求，积极落实免费救治政策，坚持"急事急办，特事特办"原则，省财政紧急印发《关于做好婴幼儿奶粉事件免费医疗救治工作有关问题的通知》，安排1900万专项资金，为省儿童医院等5所省级定点救治医院紧急采购了12台专用设备，大大提高了各医院的应急筛查能力。为支持四川灾区抗震救灾和灾后重建工作，各级财政落实抗震救灾资金5亿元，用于过渡安置房建设、救灾物资储备和运输、消防、红十字会等援川救灾装备和生活用品购置等。省级安排617万元专项经费，用于收治伤病员的医疗费、生活费和往返四川的交通费。拨付3.01亿捐助资金，用于茂县对口援建农房补助，农村公路、医院、学校、廉租房等项目建设经费。援助赴川医疗队800万元，在地震灾区开展医疗、防疫和救援活动，圆满完成198名灾区伤病人员救治任务。支援四川茂县捐赠资金5755万元，用于县医院、中医院和5所卫生院的灾后重建项目。为促进残疾人体育事业的发展，省财政安排专项经费438万元，奖励表彰了全国残疾人运动会和世界锦标赛上获奖运动员。为支持本省残疾人积极参加北京残奥会，安排144万元，保证了山西省残奥会开幕式演出任务的完成。安排奖励经费180万元，表彰了在残奥会上获奖的运动员和教练员。安排1060万元彩票公益金，对5500名贫困残疾人实施了康复救助，为200个社区配置了康复器材。安排2640万元资金对2400户农村贫困残疾人危房进行了年改造，改善了残疾人的服务设施和居住条件。安排资金5.6亿元，对城市公交、农村道路客运和城市出租车等实施了成品油调价财政补贴。　　(李晋中　姜　奕)

【全力保障教育优先发展】　2008年，省财政下达农村中小学公用经费11.4亿元，下达免费教科书经费5亿元，保证了全省中小学的正常运转，434余万农村中小学生受益。下达农村中小学家庭经济困难寄宿生生活补助经费1.2亿元，受助学生239236人。2008年，继续对普通本科高校、高等职业学校和中等职业学校家庭经济困难学生实施资助，下达助学金4.7亿元；国家励志奖学金7779.3万元，资助体系使全省50余万名大中专学生获得资助。为贯彻《国务院关于做好免除城市义务教育阶段学生学杂费工作的通知》，省财政下达专项资金1.16亿元，全省113万城市义务教育阶段学生受益，促进了义务教育均衡发展。为应对副食品价格上涨，按照中央有关精神及省委、省政府的部署，对大中专院校的学生伙食进行了一系列的补助措施，下达中央专项资金882万元，省级专项资金4007.6万元，对全省普通高校全日制在校本专科和研究生中的家庭经济困难学生进行伙食补贴，受助学生为611101人，有力地维护了大中专院校的稳定。根据中央部署和省教育厅、省财政厅、省农业厅《关于在全省开展新农村卫生新校园建设工程试点的实施方案》精神，下达专项资金3000万元，用于"新农村卫生新校园"工程的建设，有效解决了全省农村中小学在校园环境和生活条件方面普遍存在的卫生条件较差、相关生活设施不完备等问题，切实保障了中小学校师生身体健康和生命安全，为吸取汶川大地震中校舍垮塌造成师生伤亡的教训，山西省从2008年开始实施中小学校舍安全工程，用3年左右时间，对中小学校的危房和存在安全隐患的校舍进行全面彻底的维修改造，彻底消除校舍安全隐患，保障师生生命财产安全。为保证工程实施，决定从2008年起，三年内全省各级各部门用于中小学危房改造和建设的各类资金都要集中用于中小学校舍安全工程建设。省财政从当年起每年增加4亿元专项资金，加上原用于中小学危房改造和建设的资金，全省每年力争筹措15亿元资金，集中用于中小学校舍安全工程。

(李晋中　姜　奕)

【支持科技兴省战略的实施】　2008年共下达科技专项资金26682万元，扶持各类科研项目800个。为贯彻省政府"十一五"经济结构调整的战略部署，按照省委省政府关于实现自主创新、建设创新型省的工作要求，下达工业攻关计划资金2700万元，农业攻关计划资金2700万元，科技成果推广计划2100万元，科技成果转化资金2000万元，火炬计划资金1800万元，星火计划1600万元，科研中试基地建设资金1600万元，科技基础条件平台建设资金1100万元，科研实验室建设资金1000万元，基础研究计划资金1000万元，两区开发资金1000万元，稳定支持了科技专项计划的顺利实施。

(李晋中　姜　奕)

【支持打造文化强省】　2008年，全省用于文化事业的投入2.85亿元，有力地支持了全省的文化建设，推动了全省文化事业大发展，大繁荣。一是支持农村文化体育事业发展。为深入贯彻落实党中央、国务院关于促进中部地区崛起的重大决策，根据省委、省政府《关于加快晋西北太行山革命老区开发的决定》，2008年省财政安排支持农村文化体育建设专项资金5365万元，大力支持农民体育健身工程和农村文化站建设，其中，农村文化站建设资金2882万元，共建设乡文化站180个，为2165个村级文化活动室配备图书资料及设备；农民体育健身工程建设资金2483万元，对两区4966个村篮球场的建设给予了补助。二是支持实施农村电影放映工程。加大对农村电影放映工程的财政补贴力度，2008年加大了对农村电影放映工程的财政补贴力度，全省用于农村电影场次补贴资金达到2252.2万元，对全省26810个行政村实行补贴，共放映32万场，达到了每村一月一场的目标。推进了全省社会主义新农村建设。三是支持文化信息资源共享工程建设。2008年用于文化共享工程资金4513万元，主要用于34个县中心站建设和6800个村文化资源共享基层点建设。支持实施“送书下乡”工程，2008年下达补助资金731万元，购置图书17万余册，满足了人民群众对知识、信息的需求，提升了全省农村文化体育事业发展水平。安排维护费418万元，对全省完成“村村通”任务的6704个行政村，1786个50户以上已通电自然村给予了补助；下达资金500万元，对省级农村无线覆盖二期工程给予支持，保证了“村村通广播电视”和农村无线覆盖工程。四是支持打造文艺精品。为推动艺术团体改革和艺术精品创作，安排艺术创作经费940万元，新剧目《走西口》也入选国家舞台艺术精品工程。为支持发展全省音乐事业，追加经费500万元，支持省歌舞剧院交响乐团添置大、小提琴、贝司等40种120余件乐器，提高了交响乐团的乐器装备水平。五是以奥运为契机，扩大文化宣传。安排奥运火炬接力及电视直播工作经费500万元，保证了火炬接力的顺利进行。追加专项经费800万元支持文化部门赴京开展一系列文化宣传活动。统一搭建“祥云小屋”，向参加北京奥运会和残奥会的国际奥委会和残奥会官员、各国家（地区）运动员、注册媒体以及广大中外游客立体呈现展示山西省非物质文化遗产和传统民族、民俗、民间文化的历史、发展与延续。组织了5台精品剧（节）目的赴京演出，在支持北京奥运的同时，宣传了山西文化，展示了山西风采。六是争取中央财政补助资金1005万元，支持山西省博物院、太行八路军纪念馆、平型关战役遗址、山西国民师范旧址革命活动纪念馆、左权麻田八路军总部纪念馆和晋绥边区革命纪念馆等6家博物馆和纪念馆于3月28日正式向社会公众免费开放。其中，山西博物院、太行八路军纪念馆分别累计接待67.67万人、87万人。

（李晋中　姜　奕）

【支持全省人口和计划生育事业发展】 2008年，省财政下达计划生育家庭奖励补助资金5760万元，对全省农村领取独生子女光荣证的507032人、农村退二孩指标的7388户家庭、农村双女绝育的21972户家庭给予政策奖励，为全省实施计划生育奖励政策提供了保障。

（李晋中　姜　奕）

【深化财政体制改革】 2008年，山西省各级财政部门努力建立和完善与社会主义市场经济相适应的公共财政框架，继续积极稳妥地实施财政改革。

1．继续完善细化部门预算。在编制省级部门预算中，着重落实个人支出政策，调整提高了公用经费的支出标准，主要包括：落实了省级驻县级单位住宅冬季取暖补贴；新增了职工生育保险费；提高了独生子女父母奖励标准和专业运动员、教练员伙食费补助标准；规范和调整了人民警察值勤岗位津贴；适当提高了车辆燃修费定额标准等。贯彻厉行节约勤俭办事的原则，除法定支出、中央新出台的重大政策性支出、省委、省政府确定的重大项目支出外，各部门行政及一般事业单位的维持及发展专项支出扣除一次性因素后实行零增长；在部门预算细化到县级的基础上，将省旅游局、省科技厅、省环保局、省林业厅和省民政厅列为项目细化改革试点单位，要求将50%“待分配”项目细化为可执行预算；清理、整合项目支出，对一些安排多年，且已执行到期的项目要坚决取消，对一些没有实质意义的零散项目要整合归并；项目支出的安排要统筹兼顾、保证重点，不能以部门内设处室为单位安排项目资金，肢解部门项目预算。

2．继续深化国库集中支付改革。2008年6月1日起，又将省工商管理局和省地方税务局以及省地勘局、煤炭地质局等4个部门的国库集中支付改革进行了规范，并将改革级次延伸至了县级。省级117个部门及所属1369个基层预算单位实施了国库集中支付改革，至此，省级实施改革的预算单位基本实现了“纵向到底”。2008年加大了将改革的资金范围向预算外资金扩展的力度。于7月1日起将省财政厅、省农业厅等15个部门的90个执收单位的预算外资金实行了国库集中支付，改革的资金在“横向到边”方面取得了新进展。

3．继续扩大政府采购范围。研究通过了《2008年山西省省级政府集中采购目录及采购限额标准》。对全省今后政府采购的改革方向提出了具体要求。一是要扩大政府采购规模。二是要严格执行《政府采购法》。三是要建立完善监管机制。四是要充分发挥政府采购政策的导向作用和约束作用。为充分发挥政府采购的政策功能，制定出台了《关于政府优先及强制采购节能产品促进自主创新产品发展的实施意见》。在招标文件制作、评审、合同签订及履行等环节和方面制定了细致的照顾办法，以使优先采购政策落到实处。2008年省本级政府集中采购规模突破10亿元，达到24亿元，全省政府采购规模达到90亿元。　（李晋中　姜　奕）

【加强财政制度建设，有效实施财政监管】 2008年，山西省财政部门坚持与时俱进，在创新中强化财政基础工作，各项制度建设稳步推进，加强了财经运行管理和监督检查。

（一）加强制度建设，提升理财水平。省财政厅按照国务院《全面推进依法行政实施纲要》和财政部《财政部门全面推进依法行政依法理财实施意见》的要求，在规章制度的完备性、管理的规范性和监督的有效性上下工夫，积极提升财政管理法制化水平，进一步推进了依法理财进程，完善了财政法律法规规章制度体系，为企业稳健运营和各项事业规范发展奠定了良好的基础。

为杜绝铺张浪费行为，勤俭办事业，制定了《关于在省直机关开展厉行节约反对铺张浪费严格财政支出管理活动的意见》。为节能减排工作提供政策保障，与省经委联合制定了《山西省节能资金管理办法》和《山西省淘汰落后产能专项补偿资金管理办法》。为规范行政事业单位资产管理，制定出台了《省级行政事业单位国有资产处置管理暂行办法》。为完善农村义务教育经费保障机制改革，与省教育厅联合印发了《关于调整完善我省农村义务教育经费保障机制改革有关政策的通知》。与省地方税务局、煤炭工业局联合下发了《关于加强煤炭可持续发展基金矿井计征产量管理有关事项的通知》，对该项工作提出了指导性意见。为督促煤炭开采企业足额缴纳基金，印发了《关于对生产矿井煤炭可持续发展基金缴纳情况进行定期公布的通知》。为加强山西省国际金融组织贷款项目的管理，制定了《山西省国际金融组织贷款项目绩效评价管理暂行办法》。为支持现代农业生产发展，制定出台了《山西省发展现代农业项目资金管理办法》。为推动全省政府采购监督管理工作，制定出台了《山西省政府采购监督管理工作考核暂行办法》。为推行全省公务卡改革，建立健全财政国库管理制度，编印了《山西省预算单位公务卡使用手册》。为提高省级预算管理的科学化精细化水平，制定了《山西省财政厅省本级财政预算管理程序和办结时限的规定》。

（二）做好基础工作，服务山西财政。一是依法加强会计管理工作。为全面实施新的《企业会计准则》，规范企业会计核算行为和计量标准，根据财政部的安排部署，结合本省实际，山西省拟订了“从2008年1月1日起，省市两级国资委所属的国有大中型企业全部实施新企业会计准则，2009年1月1日起全部大中型企业推行新企业会计准则”的两步走战略。5月6日，省财政厅在太原举办了全省财政系统新《企业会计准则》培训，来自全省各市和部分县财政部门的62名负责会计管理和企业管理的人员参加了培训。5月14日举办了省属国有企业新《企业会计准则》培训，省国资委监管的36户集团公司所属企业的会计机构负责人、会计业务骨干及相关人员574人参加了培训。两次培训为新准则在全省国有企业的顺利实施奠定了基础。为全面了解全省国有企业执行新企业会计准则的情况，确保新准则实施到位，选择了6家国有企业，组织开展《中华人民共和国会计法》、《山西省会计管理条例》执法检查，促进了国有企业规范实施新企业会计准则的行为。二是加强会计人员队伍建设。当年全省共有47938人参加了会计人员从业资格考试，合格30630人。积极探索会计从业资格网上考试系统，建立会计从业资格考试题库，开展会计从业资格远程考试及成绩回收等工作的试点测试。为规范会计人员继续教育，提高会计队伍素质，制定了山西省2008年度会计人员继续教育培训计划，组织推荐教材，规范了用书市场，加强师资考核，更新了师资库。为完善会计专业技术评价体系，认真做好会计专业技术资格考试工作。2008年会计专业技术资格考试首次设立了省直考区，首次全面实行网上报名。全省共有30477人报名参加，综合出考率为53.28%。根据财政部的部署，认真做好会计领军人才的选拔推荐，全省共有10名企业高级会计人员和5名行政单位高级会计人员参加了笔试。有1人选入财政部高级会计人才培训班进行系统化培训。为进一步规范会计电算化管理，山西省于2008年6月10日起，全面实行会计电算化考试与培训相分离制度。三是启用新版罚没票据。为了加强对罚没票据的管理，满足行政执法机关工作需要，同时也有利于当事人维护自身权益和人民群众对执法人员的监督，对罚没票据的格式、内容作了修改完善，新版罚没票据从2008年1月1日开始启用，并实行“年票制”管理办法。

与此同时，按照财政部的统一部署，开展了会计与改革开放30周年纪念活动。组织撰写完成《山西会计30年》和《山西会计发展改革五年规划》。9月20日，举办了会计与改革开放30年“回顾与展望”高级论坛。来自全省部分企业的总会计师、财务总监等230余位代表以及山西日报、山西电视台、市场信息报、中国总会计师杂志社、会计之友杂志等新闻媒体参加了本次盛会。为弘扬中华优秀传统文化，山西省珠算协会举办了全省第2届职工珠算比赛暨第28届珠心算技术比赛，对传承中华文明、促进全省珠算事业的发展起到了积极的推动作用。

（三）开展财政调研，服务财政改革。为使财政决策和管理更加科学合理，组织科研人员针对山西经济建设和财政改革与发展中的热点难点问题，开展理论研究和改革探索，完成了《推进主体功能区建设的财政政策》研究课题。该课题就财政支持主体功能区建设的理论依据、现状及问题进行详细分析，并结合本省实际，提出了相应的政策建议。围绕省委、省政府提出的推进煤炭企业转产、资源型城市转型的战略决策，完成了《煤炭可持续发展财政政策建议》，该研究报告作为省财政厅参加财政部改革开放30年成就展专题理论文章获得财政部评比二等奖。针对全球金融危机的爆发，焦炭出口关税上调，省财政厅赴省焦化行业协会及部分焦炭企业就本省焦炭行业的经营现状及竞争力情况进行了调研，形成了《山西焦炭行业竞争力情况分析及焦炭出口关税政策调整建议报告》，提出了政策建议，并及时上报了财政部，供国家决策参考。为促进财政经济可持续发展，省财政厅以科学发展观为指导，围绕2008年财政工作重点，撰写了《山西省廉租房现状及财政支持政策研究》，为本省下一步出台财政支持廉租住房保障工作打下了理论基础；通过对当前以及未来煤炭价格的走势分析，撰写了《煤炭价格形势分析》，为准确预测全省的财政经济形势提供了有力依据。同时，完成了几个专题研究：《新企业所得税法实施对山西省经济税收影响分析》、《城乡一体化建设和财税政策研究》、《财政支农减贫研究》、《地方财政推进公共服务均等化研究》、《构建和谐社会的财政政策研究》等。这些研究报告，用翔实的数据、全面的分析、合理可行的建议为领导和决策部门提供了高质量的决策依据，对促进经济发展和构建和谐社会做了一些基础性工作。

（四）加强财政监督，规范财经秩序。为不断完善财政监督机制，山西省财政部门按照财政部的统一安排和部署，继续加大对教育、社保、三农等民生支出的监督检查和绩效考评力度，确保资金高效规范使用。充分发挥投资评审职能作用，全年评审项目344个，核减资金4.43亿元。强化会计中介服务监管，加大对会计造假等扰乱经济秩序行为的打击力度，对违法违规的会计师事务所和注册会计师依法进行处罚，维护和规范了财经秩序。

（李晋中　姜　奕）

金　融

·中国农业发展银行山西省分行·

【概述】 2008年，全行累计发放各类贷款113.53亿元，累计收回各类贷款80.30亿元。12月底，各项贷款余额259.59亿元，比年初增加33.23亿元，贷款旬平均余额247.75亿元，同比增加33.78亿元，增幅为15.79%。一是不良贷款实现“双降”，资产质量不断优化。12月底，全行不良贷款余额14.38亿元、比例5.54%，分别比年初下降1.37亿元和1.42个百分点。辖内11个二级分行，除1个行继续保持零不良贷款外，其余10个行不良贷款余额均实现了下降。二是经营效益明显提高，可持续发展能力进一步提升。实现账面利润4.30亿元，比2007年增加1.14亿元，人均利润24.09万元，同比增加3.94万元；资产利润率1.56%，比2007年提高0.09个百分点；收入成本率18.51%，同比降低2.02个百分点；人均存款477万元，比2007年增加51万元；人均中间业务收入0.32万元。

（办公室）

【信贷业务稳健增长】 1.支持市县粮食储备和择优支持粮棉收购。一是在确保中央、省政府粮食增储和轮入资金供应的基础上，针对粮企入市收购风险加大的实际，以重点支持市、县两级地方储备为突破口，破解粮食收购困局。到12月底，全行粮食储备贷款余额达70.26亿元，比年初增加11.33亿元。其中市、县两级粮油储备贷款余额38.45亿元，比年初增加10.83亿元，调控粮贷款比年初增加9.26亿元，两项合计占全部贷款增量的60.4%，成为信贷业务的主要“增长点”。寿阳县支行发放7500万元贷款增加县级储备的做法得到山西省委书记张宝顺的肯定。同时，还按照总行安排，完成了两批最低收购价粮食跨省移库贷款的划转任务。二是按照优先、从严的信贷标准，择优支持国有粮棉购销企业及其他各类粮棉企业入市收购，多渠道了解决农民“卖粮（棉）难”问题。特别是针对山西不在国家粮食最低收购价预案区的实际，在夏粮收购前，协调和建议省政府启动了小麦最低收购价预案，并与省粮食厅、财政厅联合下发文件，确定4个直属收储库点和114个委托收储库点，为夏粮收购的顺利开展提供了政策保障。全年，该行累计发放粮棉油收购、调销贷款55.32亿元，支持企业收购调入粮食37.96亿公斤、油脂1165万公斤、棉花17.3万担。三是协调各级政府及有关部门加快了粮棉企业的改革改制步伐，全省51个县的粮企产权改革正有序推进。

2. 拓宽信贷支农领域。一是坚持“审慎积极”的原则，以支持规模较大、产品附加值高、市场竞争能力强、带动范围广的农业产业化龙头企业为突破口，延长农业产业链条，支持县域经济发展。全年先后对粟海集团、纪元玉米产业公司分别追加1亿元和3800万元的固定资产贷款，12月底全行农业产业化龙头企业和加工企业贷款余额达36.91亿元。二是以探索对农业中小企业的支持方式为突破口，通过建立担保公司担保、有效资产抵（质）押、第三方监管保证、龙头企业为中小企业担保等多种贷款方式，解决涉农中小企业因“担保难”而造成的“难贷款”问题，带动农民就业增收，12月底支持的农业小企业达117户，贷款余额为2.49亿元，比年初增加3629万元。三是围绕山西新农村建设规划和区域经济发展优势，以中央和地方财政资金支农投入重点为导向，以支持农业基础设施建设和农业综合开发项目为突破口，重点支持了以五台山综合治理为主的农业生态建设、以太原市小店区道路改造为主的农村“路网”建设、以雁门关生态畜牧业综合开发为主的畜牧业建设，12月底，全行路网、水网、环境设施建设项目达23个，农村基础设施建设、农业综合开发贷款余额达27.80亿元，比年初增加107.2%。四是以地方政府调控需求为突破口，支持重要农产品储备和农资市场体系建设。12月底，全行各项商业储备贷款、农村流通体系建设贷款余额7.6亿元。年初，受南方雨雪冰冻灾害影响，太原市场曾出现物价上涨情况，省分行营业部本着特事特办的原则，及时发放贷款1.24亿元支持企业收购冻体猪肉、调入小麦、稻谷、鲜细蔬菜和瓜果，对保障“两节”期间农副产品供应和稳定市场价格价发挥了作用。

3. 提高营销服务水平。一是打造银政合作平台。结合山西新农村建设规划，制定出台了《客户贷款营销与管理指引》，建立起省分行营销省管大型项目、市县行营销地方优势项目的“区域化、分层次”营销责任制。全年共确定孝义、汾阳、高平、定襄、小店、清徐等15个市县区为新农村建设重点示范县。二是打造项目支持平台。把握中央和省市支农政策，对各行营销的贷款项目进行分类排队，结合区域产业优势，积极挖掘优质客户资源，进一步充实涉农项目储备库。全年共储备贷款项目276个，拟申请贷款69.19亿元，涉及食品、医药、农业科技、农村教育、农田水利等多个领域。三是推进金融产品和服务创新。全面为开户企业开办了牡丹金山卡和网银业务，实现了客户离柜结算，全年开户企业通过网银系统累计划出金额1.23亿元，累计划入金额1.17亿元。于10月16日正式开办国际业务后成功办理了第一笔美元结汇业务，涉及金额50000美元，实现汇差收入1000元。

（办公室）

【信贷防控监管措施】 1. 完善信贷退出机制，促进客户结构和资产结构“双优化”。按照“有进有退”的原则，在搞好贷款资格认定和信用等级评定的基础上，根据粮棉企业改革到位、经营和风险情况，对风险高、经营差、信誉低的企业实行了信贷退出，促进客户结构的优化。全年共对926户企业进行信用等级评定，其中A级以上企业763户，在此基础上，评定总行级黄金客户9户，省级黄金客户11户，省级优质客户25户。在该行支持的918户粮油贷款的企业中，中央及地方储备企业增加到63户，农业产业化龙头企业和其他粮食企业增加到177户。2008年，全行政策性贷款比年初增加19.97亿元，农业综合开发和农业基础设施贷款比年初增加14.33亿元，成为全行各项贷款增幅的主要带动力量。

2. 完善风险排查机制，强化存量贷款的防控力度。一是由省分行客户处、信贷管理处牵头，在全省范围内多次组织了信贷管理检查，先后两次开展全省范围内的粮食库存核查工作，共检查各类开户企业1561户，基本摸清了企业库存底数，并将核查结果以正式文件向省政府及时报告，为下一步开展库存差额清收奠定了基础。二是按照银监会和总行的要求，组织开展了贷款检查活动，使全辖县级机构的督导检查面达100%。对全省商业性贷款进行了全面检查和贷后评价，对粮棉购销企业从贷款发放、贷后管理、销售贷款归行、第二还款来源四个方面进行了风险排查。针对三鹿奶粉事件、全球性金融危机的情况，又先后四次对奶业类贷款企业、饲料、养殖企业和各行业重点企业进行了风险排查，使全行开户企业的风险排查面达100%。三是延伸风险排查范围，对财会、信息、安全等部门的操作风险、经营风险、道德风险进行了专项检查，并提出风险防控意见和改进措施，有效消除了各类风险隐患。

3. 完善不良贷款清收机制，强化促销收贷力度。一是于年初就明确了“指导性清收5.15亿元、保底清收2.8亿元、不良贷款率控制在5%以内”的全年“双降”目标，将清收任务及时分解量化到各二级分行，制定下发了《不良及风险贷款清收控制考核奖惩办法》，将不良贷款保底清收任务与二级分行全辖1%工资总额及二级分行行长、分管副行长各20%的全年月绩效奖金挂钩考核，挂钩金额达100多万元。二是强化促销收贷力度。各县支行、客户服务组参与企业销售计划的制订，协助企业进行量、本、利分析。截至12月底，全省2005、2006年度企业自主收购的小麦、玉米已全部销售完；累计销售2007年度企业自主收购的小麦3.67亿公斤、玉米21.64亿公斤，购销比分别为94%、70%。忻州市分行通过帮助企业拓销路、抓促销，从企业的销售利润中收回不良贷款159万元，收回企业改革挤占挪用贷款200万元。三是运用政府协调、查账扣还、停贷清收、依法诉讼等手段组织清收，全年通过现金清收的不良贷款为7869万元，吕梁孝义市支行通过依法诉讼清收回棉花不良贷款304万元。四是通过减免表外欠息、企业联营实施盘活清收。2008年，该行首次利用减免表外欠息政策促进不良贷款清收，共减免表外欠息85万元，清收不良贷款106万元。支持产业化龙头企业、加工企业与粮食购销企业联营，以增量盘活存量。运城市永济支行通过协调产业化龙头企业粟海集团与多家粮食购销企业建立稳定的供销关系，仅上半年就消化陈化粮1130万公斤，从中收回不良贷款140万元。同时加大对呆账核销申报工作的指导力度，截至12月底，共上报呆账核销项目24个，核销金额5803万元。

4. 完善监测预警机制，加大不良贷款责任追究力度。一是继续坚持“坚守风险底线，盯紧资金使用、库存物资、资金结算、资金归行”的“一守四盯”监管措施，全面落实《贷款企业销售款归行监督管理“双约定”意见》，对销售货款“双约定”的执行情况进行定期监测和考核。上半年，长治县客户服务组通过盯紧企业销售回笼资金从企业销售款中收回不良贷款226万元。二是加大风险监测、预警和提示力度。坚持风险监测中心月例会制度，对不良贷款实行专户管理和台账监测制度，对不良贷款余额较大的市分行和不良贷款余额前10名的县支行进行重点监测；对存量不良贷款1000万元以上的10个粮食企业和23个棉花企业不良贷款清收情况进行跟踪监测。在全省三季度业务经营分析会上，对5个二级分行24户企业22499万元商业性逾期贷款的形成原因、清收措施和责任认定进行了专题研究。制定了《山西省分行贷款风险预警与运行管理办法》，规范了贷款风险预警指标、风险分级、处理流程、报告制度和责任追究。全年省分行共向二级分行、县支行发布风险预警50次、风险提示45次。三是加大责任追究力度。年初，省分行依据《山西省分行违反规章制度行为处理实施细则》的有关条款，对全省2007年新增不良贷款较多的7个县支行行长给予了停职收贷、限期收回的处罚，下半年，根据不良贷款的收回情况，作出了处理。同时制定了《不良贷款问责制度(试行)》，细化了总行关于信贷业务责任追究的有关条款。（办公室）

【深化银行内部改革】 1. 内部改革。一是全面组织开展业务岗位公开竞聘上岗，共聘任业务正副经理（专员）173名，高级业务经理（专员）37名，资深二级业务经理（专员）2名。在全行建立了管理岗位、业务岗位双线运行的新的职位管理体系，拓宽了员工职业发展通道。同时，建立了各级行专业人才库，充分发挥了各类专业人才的作用。二是继续完善岗位绩效考核办法。制定了《省分行机关岗位绩效考核实施方案》，对辖内本年度绩效工资增加部分，按照不低于50%的比例，与员工职责履行挂钩考核；对二级分行正副行长、行级干部及高级业务岗位人员绩效工资增加部分的50%，按干部管理权限挂钩考核。三是继续推行县级支行等级行管理。依据《县级支行等级评定办法》，将辖内所有县级支行按五项业务经营指标和规范化管理监测指标划分为三个等级，与人员编制、财务费用、干部职数配置进行挂钩，实行动态管理，进一步优化了基层行资源配置。在试点的基础上全面推行了县级支行的经费开支报账制。四是修订完善了《业务经营与管理综合考评办法》，对业务经营与内部管理同步考核，合理调整了经营指标的考核分值，突出了风险防范和效益指标，充分发挥了绩效考评对拓业务、增效益的激励作用。

2. 基本制度、基础管理、基层行“三基”建设。一是完善和规范各项业务制度和流程。出台了《信贷户员制管理办法》、《商业性贷款业务操作流程》、《非经营性项目贷款调查指引》和《客户贷款营销及贷后尽职监管工作实施细则（试行）》，重新修定了《客户经理工作日志》，进一步规范了贷审会、财审会等工作程序。全年共制定、完善各类制度办法20多个，形成了符合我行实际的制度体系。二是强化基础管理。探索推行尽责管理与考核，确保各项制度和流程落到实处。进一步加强资金计划管理，推行了“总量控制，分类管理，优化配置，动态调节”的管理办法；加强信贷管理，进一步提高了办贷质量和效率；完善财会和成本控制管理，晋中市分行通过开展会计“三赛”活动夯实财会基础管理；加快信息化建设，及时对统计数据集中管理、大小额支付、综合业务等10个系统进行了升级，开通了网络视频会议系统，完成了省分行机房改造和全行CM2006征信接口系统上线的准备工作；加强机关办公、电子公文、文秘机要管理，开展了集中推进档案规范化管理和达标考评。三是加强基层行建设。对22个拟增设县级支行的客户服务组进行了经营情况调查和人员摸底，认真做好了已批复增设支行的筹备工作。组织了无自有办公场所分支机构基建项目的立项申报工作。吕梁市分行基建项目的申报已经完成并经总行批复，忻州、晋城两个二级分行基建项目已经上报总行等待批复。四是加强经营核算，狠抓了财政拨补资金协调到位和收息工作，全行各项贷款综合收息率77.5%，其中新业务贷款收息率达到97.67%；各项存款日均余额达78.26亿元，比年初增幅24.37%，由于存款增长节约资金成本4078万元，企事业单位当年新增存贷款比率22.72%；实现中间业务收入577万元，其中：代理保险手续费收入407万元。

3. 内控机制建设。一是严格落实了贷、审分离等各项监督制约制度，加强了重要岗位和敏感环节工作人员的轮岗、强制休假和代职管理，形成了各司其职、相互制约的机制。二是发挥各专业条线管理职能，先后组织开展了财补资金、现金、利率、财务会计、安全保卫等各项制度、工作任务落实情况的检查，突出检查深度和广度，促进各专业条线工作效能和执行力的提高。同时，发挥内审部门再监督的职能，完成了2007年度经营绩效考评指标真实性的审计任务，开展了总行CAA审计线索的核实等工作。三是开展了专项执法监察，根据省银监局的安排组织了案件防控“大教育、大讨论、大检测、大评估、大整改”五大系列活动，完善了《突发事件应急处置方案》。（办公室）

【加强队伍和企业文化建设】 1. 加强班子建设。一是加强省分行党委自身建设。分行党委始终围绕全行中心工作，把主要精力放在想全局、谋发展、抓落实上，通过坚持中心组学习，完善党委议事规则和决策程序，改进民主生活会形式，坚持求真务实工作作风，落实调查研究、行长接待日等制度，班子的整体功能得到增强。二是以创建“四好”（理论学习好、团结协作好、作风形象好、工作实绩好）班子为重点加强市、县行班子建设。对各市级分行领导班子和成员进行年度考评，并进行了表彰。根据工作需要，对大同、朔州等6家市分行的领导成员进行了调整充实、涉及干部14名。通过落实述职述廉、谈话谈心、定期考察等制度和深入参加民主生活会等形式，加强对各行班子和领导干部的日常监督与管理，并制定了竞聘选拔县支行行长、干部交流和借调等制度和办法。三是加强基层党组织建设。强化了对党员的政治理论教育，发挥各级党组织的战斗堡垒作用和党员的先锋模范作用。按照“坚持标准、保证质量、改善结构、慎重发展”的原则，发展新党员11名。组织开展了为四川汶川地震灾区的捐款活动，全行1873名员工共捐款29.07万元，全省系统1178名党员共交纳“特殊党费”122.02万元。在纪念建党87周年之际，表彰了14个先进基层党组织、24名优秀共产党员和12名优秀党务工作者。

2. 加强干部职工队伍建设。一是创新培训机制，拓宽培训渠道，大规模、全方位、多层次地开展员工培训，努力提高政治和业务素质。年初举办了全省系统79名处级以上干部参加的“学习贯彻十七大精神培训班”，并结合工作实际交流了各自的学习心得体会。先后举办了有关岗位员工参加的棉花及农资业务、CM2006人行征信接口操作、档案业务、客户服务组经理、法律事务、人力资源等专业知识培训班，参训人员达400多人次。二是坚持和完善持证上岗资格考试制度，组织了财会人员上岗资格考试，对30余名市场化用工人员进行了岗前培训。采取措施鼓励员工在岗自学，积极参加社会有关专业资格和学历考试，建立复合型人才队伍。三是对全体干部职工进行年度综合考评，将考评结果作为了评先、奖励的重要依据。

3. 扎实推进企业文化建设。一是扎实推进行为文化、制度文化和专业文化建设。下发了《中国农业发展银行山西省分行员工制服规范》、《员工行为守则》和《山西省分行领导干部行为准则》，总结推广了全省企业文化建设示范点晋中市分行的经验做法，对各部门形成的专业文化理念进行了提炼，组织40岁以下青年开展了企业文化核心理念的践行活动。二是制定了《山西省分行关于深入推进行务公开工作的实施意见》，对行务会、财审会、贷审会形成的意见或决议及时编发会议纪要，增加工作的透明度。完善了各级行的职工代表大会制度，推进民主管理。三是加强思想政治工作，帮助干部职工解决工作、生活方面的实际困难。于8月底召开了全省干部职工思想动态分析会，针对基层行反映的员工工资偏低的问题，向总行争取工资总额并全部用于基层。四是发挥各级工、青、妇组织的职能作用，多种形式地开展精神文明创建活动。举办了女职工演讲比赛、组队参加了华北五省区迎奥运乒乓球比赛等活动。逢重大节日，相应地召开女工、青年、军人和老干部等座谈会，增强队伍的凝聚力。全年共表彰15个省级文明和谐“先进单位”、11个“先进集体”和18名“先进工作者”，晋中市分行和4名同志分获总行“先进集体”、“先进工作者”称号，平遥支行获全国金融系统“模范职工之家”称号，1名同志获“全国金融青年服务明星”称号。

（办公室）

·中国建设银行山西省分行·

【主要业务指标完成良好】 截至2008年底，建行山西省分行全口径存款余额1422.4亿元，比年初新增330亿元，增幅30.22%。一般性存款余额1375.2亿元，新增315.8亿元，增幅29.81%。其中，个人存款余额749.4亿元，新增200亿元，增幅36.43%；企业存款余额625.8亿元，新增115.7亿元，增幅22.69%；同业存款余额47.3亿元，新增14.3亿元，增幅43.23%。

各项贷款余额619.9亿元，新增67.9亿元，增幅12.3%。

中间业务收入5.76亿元。

不良实现“双降”，比年初下降3.86亿元；不良率下降1.16个百分点。

（赵建伟）

【服务地方经济建设】 2008年，建行山西省分行冷静分析内外部形势，准确把握当前宏观政策变化，树立理性营销、科学营销观念，大力开拓目标市场，全力实现营销战略目标。一是加强高层营销，有力地提高了市场营销工作层次，在市场竞争中取得有利位置。二是重点倾斜，抓住重点客户，拓展优质客户，有效提升了资产业务规模。三是主动适应政策变化。充分发挥贴现业务“调节器”和“蓄水池”的作用，开展金融同业合作，举办融资租赁产品推介会，加大新产品拓展力度，多方面满足客户资金需求。建行山西省分行全年累计投放246亿元，累计回收172亿元，全力支持地方经济建设。

（赵建伟）

【传统业务发展】 针对余额不大，尤其是同业市场份额不高的局面，建行山西省分行把挖掘潜力、发挥主观能动性作为工作重点，明确了“超前态度、超常发展”的负债业务战略。一是坚定信心。2008年上半年，同业中工行、农行负债业务增长迅猛，在已经处于劣势下风的情况下，建行山西省分行咬定市场份额不放松，最大限度缩小与同业的差距。二是措施得力。在营销方式上，创新产品，扩大新业务推介；在资源配置上，强化激励考核，突出重点行、重点时段专项奖励；在服务手段上，加大中高端客户发展力度，丰富和延伸差别化服务。三是效果明显。2008年初全行企业存款下滑明显，从最低谷的一季度减少30亿到4月份开始扭转劣势，到12月底比年初新增116亿，四行新增占比21%，位居第二。个人存款余额同业占比上升到第三。

（赵建伟）

【改善收入结构】 为了提高资金运营效率，调整过分依赖存贷利差的盈利结构，建行山西省分行从大处着眼，努力推进中间业务多元化发展。2008年，全行中间业务收入比2007年增加5488万元，市场占比25.8%，比2007年提高0.98个百分点。同时，继续对电子银行、银行卡、国际业务、票据业务以及传统中间业务加大资源倾斜力度，在全行推行“买单制”激励考核办法，在激烈的市场竞争中保持了较好的发展态势。同时，投资银行业务、房改业务、机构业务、个贷业务、科技工作等，均实现稳步发展。个人住房贷款余额、新增，四行占比均居第一位。委托性存款余额占比69%，新增占比86%，均居同业第一。公积金个人贷款余额同业占比41%，居同业第一，新增同业占比32%，居同业第二。信用卡累计发卡量、新增发卡同业排名均居第二。电子银行业务同业排名第二。

（赵建伟）

【压缩不良贷款】 2008年，建行山西省分行不良贷款形势依然十分严峻，上半年一直处于双升状态，始终成为全行业务发展的“绊脚石”。为此，建行山西省分行将压缩不良贷款作为工作中的重中之重，积极研究部署，制订周密措施，保证将“攻坚战”落到实处，取得实效。针对建行山西省分行资产质量差的情况，建行山西省分行党委果断制定出台了相关办法和政策，通过行政问责和经济处罚，严肃不良贷款责任认定制度，解决控制不力、压缩不力等问题；方式多样，确定重点攻坚项目，分门别类细化攻坚措施，综合运用催收、诉讼、重组、委外等手段；联动协作，营销、审批、监控、保全各个业务关口，认真贯彻执行总分行党委和监管部门要求，准确领会国家宏观调控和产业政策，多管齐下，有效控制不良贷款上升趋势。2008年，建行山西省分行不良贷款额和不良贷款率实现“双降”，不良贷款率达到了1998年以来的最低点，信贷资产质量水平有了大幅度的改善。（赵建伟）

【提高风险防范能力】 建行山西省分行紧紧围绕“规范经营、健康发展”，“迎奥运、保安全”，全面加强基础管理，保障经营发展成果。开展形式多样、内容深刻的警示教育活动，深入开展法律宣讲活动，创建“平安建行”活动，强化全行规范意识、安全意识、风险意识和法律意识；从案件多发领域入手，从违规高发部位抓起，通过调研分析、检查督导、纠错整改等措施，坚持岗位分离、岗位轮换和岗位交流制度，加大风险点监控，防患于未然；针对案件防控，实行案件防控“三挂钩”制度，进一步健全操作风险问责制度；认真落实审计问题整改，在各个条线上加大基础管理整顿、检查力度，为经营发展查漏补缺。着眼于全局维护稳定，努力做好矛盾排查化解，加强信访管理。认真制定安防预案，全力做好系统安全维护，保证奥运期间安全无事故。全年没有发生案件，成功遏制住了案件频发势头，基础管理能力进一步增强。（赵建伟）

【提高为客户服务水平】 建行山西省分行注重把树立“以客户为中心”经营理念、不断提高客户满意度和员工满意度作为根本性的工作来抓。在外部服务方面，建行山西省分行把流程优化和标准化建设作为增强市场核心竞争力的关键举措和学习实践科学发展观的长期任务，以网点转型为契机，加强培训，细化考核，网点客户满意度和销售业绩明显提高，带动了全行网点服务水平的提升。据北京西点方略公司测评，建行山西省分行客户满意度在当地四行中，居于领先地位。在内部服务方面，不断强化“上级为下级服务、中后台为前台服务、全行为客户服务”理念，行领导带头深入基层开展调查研究，切实帮助基层解决实际问题，把为下级服务落到实处。同时，建行山西省分行顺利推进渠道建设。除传统的柜台渠道之外，采取措施进一步完善客户经理和网上银行服务渠道，使柜台、客户经理、网上银行三种服务渠道有机结合，形成对客户服务的多样化渠道，提高客户的满意度。

（赵建伟）

税　务

·国家税务·

【税收收入】 2008年，全省国税收入累计完成971.14亿元，比2007年增长30.33%，增收225.98亿元，完成年度国家计划的114.11%，完成年度省奋斗目标的111.03%。其中：与地方财力挂钩收入完成902.86亿元，比上年增长30.56%，增收211.32亿元。山西国税收入增幅居全国第二，规模居全国第九，在中部六省中规模和增幅均居第一位。

分税种看：增值税完成792.34亿元，比2007年增长34.82%，增收204.64亿元；消费税完成12.17亿元，比2007年增长20.09%，增收2.04亿元；企业所得税完成117.83亿元，比2007年增长11.85%，增收12.48亿元；居民储蓄存款利息个人所得税完成11.82亿元，比2007年下降24.19%，减收3.77亿元；车辆购置税完成36.98亿元，比2007年增长40.15%，增收10.59亿元。

分征收单位看，全省12个单位除运城其余的均完成年度计划。与2007年相比，所有征收单位全部保持增长，增幅超过全省平均水平的有6个市：吕梁市增长69.29%，晋中市增长48.05%，太原市增长41.23%，长治市增长37.24%，忻州市增长33.91%，大同市增长30.67%。

（董其文）

【税收特点】 2008年全省国税收入呈现6方面特点：

1. 收入规模再创新高。从2003年的235亿元发展到2008年的971亿元，五年间翻了两番多，年均增长32.81%，年均增收147.22亿元。

2. 全年走势月度间波动异常明显。收入规模最高的7月份达到117.5亿元，最低的12月份仅为29.22亿元，几乎相差4倍。纵观逐月走势，1、4、7月由于所得税季节预缴因素，形成了明显的峰值，收入均在100亿元以上。尽管10月份也属于所得税季度预缴月份，但由于经济形势逆转，税收滑坡严重，当月收入急转直下。12月收入形势更加恶化，收入规模下降到29亿元，创下全年收入的新低。从收入增幅来看，前三季度全省税收振荡上行，一季度增幅32.76%，二季度增幅39.66%，三季度增幅进一步加快，8月份当月增幅达到68.38%，创近年来新高。但从四季度起收入增幅快速回落，10月份跌至3.20%，到11月份出现了20.25%的负增长，12月份为-32.08%，创出近年来新低。从8月份到12月份，时隔4个月国税收入增幅就由峰值落到谷底，暴露了全省单一税源结构的脆弱性和风险性。

3. 因税源结构存在差异，各市间发展势头不尽相同。其中吕梁市煤焦优势异常突出，占全省的比重逐年提升。2008年收入规模突破了100亿元大关，达到118.58亿元，连续赶超了临汾和大同，跻身全省第二位。与此形成明显对比的是运城市，由于煤焦企业相对较少，而电力和有色金属行业走势低迷，导致该市收入增长乏力，全年累计入库68.93亿元，增幅仅为3.44%。规模全省排名由2006年的第4位下降到2008年的第8位，两年来分别被吕梁、长治、晋中、朔州超越。

4. 2008年，煤焦行业税收增势异常迅猛，主导了全省国税收入的快速增长。原煤洗煤、焦炭、煤炭运销三个行业累计入库增值税498.80亿元，占全省增值税的比重达到64%，比上年度的53%提高了11个百分点。这三个行业共增收187.70亿元，对全省增值税的增收贡献率达到91.73%。与煤焦迅猛的增长势头形成明显对比的是，电力行业和有色金属行业走势低迷，税收所占比重下降，其中电力行业占增值税比重也由2007年的11%下降到2008年的7%，有色金属行业占增值税比重由2007年的4%下降到2008年的2%。

5. 由于全省产业结构过分倚重煤焦高税负行业，导致宏观税负长期偏高，且呈现出逐年提升的发展走势。2008年全省宏观税负创下历史最高值，全省宏观税负达到14.0%，比2007年度再度提高了0.92个百分点。

6. 2008年全省国税系统坚持以服务山西为己任，积极主动落实各项税收政策，尤其注重用足用好各项关系民生、惠及山西长远发展的税收优惠政策，促进全省产业结构调整和经济社会科学发展、和谐发展。全年共为企业减免税金64.2亿元，出口退税18.2亿元（含免抵），先征后退5.6亿元，减免退税17.5亿元。

(董其文)

【国税收入增长经济原因分析】 一是宏观经济良性发展，促进国税收入稳健增长。2008年以来，国际国内能源价格在前三季度出现了一轮快速上涨行情，在这一轮上涨过程中，全省煤焦行业紧紧抓住发展机遇，牢牢把握定价话语权，快速扩大经营战果，工业经济实现了前所未有的迅猛增长。宏观经济的良好发展态势为全省税源提供了充足的增长空间。

二是新增重点项目为税收增长做出了较大贡献。2007年以来，全省焦炭、冶炼、电力等行业积极开展内部结构调整和新型化改造，一批重点调产项目陆续达产达效，这些企业不仅壮大了产业规模，而且形成了稳定的新增税源，促进了税收持续快速增长。如柳电二期——山西国际电力华光发电有限责任公司2×60万千瓦机组，2008年新增入库增值税13，224万元、企业所得税3，056万元；大唐阳城电厂2×60万千瓦机组，新增入库增值税10，887万元，企业所得税940万元；襄汾万鑫达三期90万吨机焦项目，新增增值税25，458万元。

三是主导产品价格上涨，拉动税收较快增长。从工业产品看，全省主要产品物价指数呈现持续上涨态势。2008年1—11月份工业品出厂价格指数（PPI）达到123.6，比年初提高了12.5，比上年12月提高了13.8。其中煤炭价格指数达到131.2，焦炭价格指数达到142.8，冶金产品价格指数达到127.4，均创下了历史新高。大幅攀升的价格有效拓宽了产品增值空间，成为2008年国税收入增长的主要动力。

——煤炭行业：2008年以来尽管占全省原煤销量三分之一的合同电煤受国家调控，价格变化不大，但市场煤价格却增长迅猛，涨幅创下了近年来的最高纪录。据调查，大同市9月份动力煤市场平均价达到660元/吨，同比上涨了90%。吕梁市优质主焦煤8月价格一度涨到1，850元/吨左右，比年初上涨了1倍。全省煤炭行业增值税实现了64.12%的迅猛增长，增收117.62亿元，据初步测算，价格增税因素占到60%以上。

——焦炭行业：受冶金、化工、机械等行业生产需求的强力拉动，以及受原煤、洗煤等初级产品价格迅猛上涨的推动，前三季度焦炭价格呈现出前所未有的上涨势头。太原市一级冶金焦不含税价格8月份最高达到了2，600元/吨，同比涨幅超过1倍。吕梁一级冶金焦的出厂价9月份达到2，900元/吨，同比上涨1.63倍。全省焦炭行业增值税实现了54.92%的强劲增长，增收45.38亿元，据初步测算，价格增税因素也达到60%以上。

——钢铁行业：受上游产品焦炭和铁矿石价格上涨的推动，价格涨幅也比较明显。如海鑫钢铁公司含税售价最高达到5，600元/吨，比上年同期上涨了2，539元/吨，涨幅达82.98%。太钢集团临钢公司前三季度中板平均价为5，065元/吨，比上年同期的3，257元/吨上涨了51%。全省钢铁行业增值税前三季度增幅曾达到39.08%，增收15亿元，其中价格因素占到50%以上。

四是经济运行质量和效益进一步提高，企业所得税较快增长。全省内资企业所得税增势较好，主要原因：一是全省工业企业生产经营效益明显，为国税部门所得税的快速增长提供了充分的源泉。1—11月份，全省规模以上工业实现利税总额达到1，338.22亿元，增长54.0%。工业利润集中在煤焦行业，带动了煤焦行业所得税的快速增长，2008年全省煤炭开采和洗选业所得税完成15.7亿元，增长1倍，增收7.8亿元；炼焦业所得税完成4.5亿元，增长2.2倍，增加3.1亿元，这两个行业所得税增收总额占全部所得税增收总额的87.3%。

五是汽车销售市场升温，车购税收入增长迅猛。一方面全省居民收入实现较快增长，推动了消费升级，汽车消费需求明显增多，同时汽车价格下降，促进了汽车销售市场的升温。另一方面省城太原大规模集中更换出租车，忻州市集中更换公交车，车购税征税车辆大幅增加。据统计，太原市全年报税车辆82，529台，同比增长33.29%，增加20，612台，其中更新出租车8，027台。第三，由于煤焦行业持续火爆，运输行业快速发展。如吕梁市仅2008年上半年就新购挂车579辆，同比增长127.95%。受以上因素影响，全省2008年度车辆购置税共完成369，812万元，同比增长40.15%，增收105，948万元。

(董其文)

【税收政策性增减因素分析】 2008年国家出台了一系列新的税收政策，对全省国税收入产生较为明显的影响。全年政策性因素共计减收国税收入49.54亿元：一是受增值税转型试点政策影响，2008年以来全省太原、大同、阳泉、长治四市的采掘、电力、冶金、装备制造等8大行业，购进固定资产的增值税进项税额准予抵扣，全年共减税18.4亿元。二是企业所得税两法合并减收29.8亿元。三是储蓄存款利息个人所得税降低税率直至免税减收3.77亿元。四是福利企业退税政策变动，由原福利企业先征后退政策调整为按实际安置残疾人数退税，退税额每人每年不超过3.5万元，增收3.4亿元。五是山西开征煤炭可持续发展基金，在税前扣除，影响企业所得税9，740万元。

(董其文)

【依法治税扎实推进】 2008年，省国税全面开展税收规范性文件第二轮清理工作，并积极探索建立清理税收规范性文件工作长效机制。制定了税收执法管理信息系统运行管理办法和申辩调整规程，实施过错追究2，562人（次），追究金额2.8万元。组织开展税收执法检查和执法监察，重点开展对6个单位税收执法权、行政管理权等3方面11项内容的检查，查出执法程序不规范、手续不齐全等21类问题，查补税款、滞纳金238万元。

(董其文)

【科技兴税取得新进展】 作为全国第三批税收收入电子缴库横向联网试点9个试点单位之一，省局按照国家税务总局和省横向联网领导组的要求，制定下发了国税系统联网实施方案和上线计划，认真做好应急预案，积极开展对基层单位和纳税户的宣传动员和培训工作，组织签订“三方协议”，顺利完成了CTAIS2.0和税库银前置系统的基础信息的录入维护、联调测试、模拟运行等各阶段的前期准备工作，12月5日成功举行了启动仪式，税库银横向联网试点单位正式运行。

(董其文)

【税务稽查】 2008年，集中力量开展了对平安保险、工商银行、房地产及建筑安装业、烟草行业、品牌营销的总代理商（总经销商）、以煤焦铁为主的商贸流通企业的税收专项检查工作，共检查纳税人4，193户，实现查补收入总额5.22亿元。在煤、焦、铁领域全面开展专项整治行动，共检查纳税人1，441户，实现查补收入总额1.13亿元。积极开展打击制售假发票和非法代开发票专项整治行动，捣毁1个特大制贩假发票、假印章、假证件窝点，打掉5个出售非法制造假发票犯罪团伙，缴获各种假发票6,812份，抓获犯罪嫌疑人24人，总涉案金额达8.09亿元。

（董其文）

保　险

·人寿保险·

【概述】 一是保费突破百亿大关。总保费以50%的速度增长，全年收入113.53亿元（含集团），排全国系统第10位，其中期交保费总量达到48.89亿元，提前两年实现“十一五”打造百亿公司的目标。二是效益业务强劲增长。个险首年10年期、银保首年期交和短期意外险3项强势的效益业务，分别实现了25%、170.75%和18.1%的大幅增长，均创公司股改上市以来新高，均高于全国系统平均水平。三是市场优势全面巩固。全省系统总体市场份额达57.58%，并且在全省的11个地市均占据市场第一的份额，其中6个地市的份额在60%以上，省会城市继续处于领军位置。四是“三农”保险开创新局。自去年9月份小额保险开办以来，惠及农民37.24万人次，实现保费600多万元，统保行政村185个，创造了县、乡、村三级统保的发展模式，催生了全国系统小额保险“第一单”和统保“第一村”，被中央电视台、人民日报、新华社、金融时报等媒体深度报道，总公司万峰总裁专门致电祝贺。五是经营绩效名列前茅。圆满完成总公司各阶段的经营类和管理类考核指标，2008上半年经营绩效综合得分排全国系统第1名，9月底排全国系统第6名，预计全年绩效分数可排全国系统前10名。

2008年，人寿保险公司主要在七个方面加大了工作力度：

1．坚定不移以思想解放推动发展。

2008年年初，确立了“发展速度不放慢，调整力度不放小，发展效益要更好，管理力度更强化，队伍建设上水平，服务水平上台阶”的指导思想。上半年，针对寿险业井喷式发展的形势，提出了“把加快发展作为第一要务，把市场份额作为第一标准，把经济效益作为第一追求”的新理念。进入四季度，面对国际金融危机影响和总公司销售战略转型，提出了“讲信心、讲精神、讲要求、讲落实；不讲客观、不讲困难、不讲条件、不讲过去”的“四个讲、四个不讲”的新要求。自觉把发展理念体现在发展目标上，尤其在二季度调整了2008年的总盘子，制订了108亿元的指令性新目标，极大地鼓舞了全员的斗志，增强了全员的信心，推进了实现百亿公司的进程。运城、晋中、临汾、吕梁、太原、长治6家市公司保费收入突破10亿大关，大同分公司突破9亿元，晋城、忻州分公司突破8亿元，阳泉分公司突破7亿元，营业部和朔州分公司突破5亿元。35家县支公司保费收入突破亿元大关，全部县(市)支公司保费收入超过千万元。

2．努力实现发展上的积极均衡。

一是坚持全年的发展战略。一季度，圆满实现首日首月首季三个开门红、规模和效益两个开门红和12个分公司满堂红。二季度，银保和团险“全年任务半年完”，个险期交全年任务进度超过75%，个险10年期、银保期交、短期险全年任务进度超过60%。四季度，总公司专项考核的3项效益业务指标完成进度处于全国系统前列，同时提前完成全年各项发展与经营目标。二是坚持分阶段企划实施各项业务推动。在每个关键的发展阶段，都科学制订企划方案，明确阶段发展目标，突出阶段发展重点，有力推动了各项业务的持续快速发展。个险首年期交收入10.5亿元，增长20%，其中10年期保费4.6亿元，增长25%。银保首年趸交保费收入53.53亿元，增长131%；首年期交保费收入1.45亿元，增长171%。团寿险保费收入5.54亿元。短期险保费收入3.12亿元，同比增长7.8%。三是坚持在均衡发展中解决不均衡。努力保持公司之间、渠道之间、业务之间、险种之间的均衡，在整体上实现了全年的均衡发展。从公司上看，10家分公司总保费增长在50%以上；12家分公司首年期交增长在20%以上；9家分公司短期险增长在10%以上。从渠道上看，个险、银保渠道分别增长16%和144%；团险渠道剔除大单因素增长70%。从业务上看，意外险“短板”有效解决，除小额保险异军突起外，学生险保费收入8678万元，增长10%以上；工伤补充保险收入1844万元，增长40%；卡折式业务收入1.23亿元，增长70%。另外，互动产险业务8865万元，完成全年任务的296%；代理企业年金1.66亿元。

3．大力统筹发展城乡市场。

一是率先发展省会城市。对省会城市分公司提出“又快又好、可以大起、不能大落”的高标准要求。省会公司在填平3.2亿元大单缺口的基础上，总保费实现了27.53%的较快增长。二是积极发展中心城市。着力加快城区收展制建设，制订了市区收展人力和10年期新单“双80”、县区“双20”的目标，实施了“决胜150”专项增员行动。12家市分公司收展部，全年共计收取新单10年期保费2059万元，成为拓展城区市场的生力军。三是开拓发展县域及两乡。制订实施了《县域公司2008－2010年发展纲要》，成功召开第四届县域及“三农”保险工作会议，扎实开展农村小额保险试点工作，启动了精耕细作城市的社区、学区、厂区的“三区”开发战略。县域总保费收入超过八千万元的公司由11家发展到25家；县域首年期交保费收入超过千万的公司由12家发展到21家。吕梁孝义、阳泉盂县、忻州原平支公司位列全省县域30强公司前3强。截至年底，农村营销服务部达598个，乡镇网点覆盖率达到50%。金银铜牌农村营销部分别达到32个、25个和132个。创建国寿保险村180个，聘任驻村服务员1752人。还成功打造了运城夏县水头国寿保险第一镇。

4．努力提升经营管理水平。

一是积极推进管理向精细化转型。构建了经营与管理纵横交错的业绩考核指标体系，强化“发展与经营31”指标体系的监测警示作用。制订出台了《费用佣金管控八项规定》，严格施行基层负责人离任审计制度，可用费用支出控制到98.8%、可用佣金支出控制到96.3%。二是严格管控健康险经营风险。年初修订了健康险经营与发展10项原则，年底又拿出了健康险发展与经营风险10道防火墙和30条实施细则。着力解决部分公司健康险经营成本太高的问题，尤其是通过省公司和太原分公司共同的艰苦努力，在社保的配合支持下，太原市大病救助成功实现提高起付线和经营机制的改革以及发展的科学战略。三是切实强化内控控制。各市分公司一把手对省公司党委作出了《内控合规八项承诺》。认真实施404条款遵循工作，积极推广内部控制标准，提升了内控管理水平。组织了规范经营行为专项核查工作，省公司直接核查基层单位30%以上，遏制了造假、文电多、检查评比多等问题的发生。积极稳妥推广非现金收付工作，城区新单业务非现金收付率达到82%。扎实开展机动审计、经济责任审计、后续审计等7项审计工作，审计分支机构88个，投入人力163人次，促进了依法合规经营。

5. 全面加强后援系统建设。

一是进一步完善省级集中。实现了长期寿险保单出单、7项重点客户回访项目的省级集中，录单时效由66.1小时降为32.9小时，电话回访成功率由69%提高到96%。二是加强信息技术应用。顺利完成监控平台部署，外呼系统上线和办公自动化系统架设工作，信息化安全水平和应用水平有了新的提高。三是加强客户服务管理考核。客户信息资料的完整率和准确率明显提高，收集和录入进度排全国系统前列，95519寿险服务指标在全国系统处于优良水平。四是强化后援服务。加大了对柜面人员的培训和考核力度，70%的柜员通过总公司持证上岗资格考试；组织开展了“争创星级柜面、争当星级柜员”活动；采用视频对话的方式，与基层零距离对接解决后台运营问题，切实提高了后援服务水平。

6. 积极提升公司品牌形象。

一是大力提升外部品牌形象。建成市县公司A、B类标准化柜面79个，建设标准化农村营销服务部101个，树起姚明代言的大型广告13个，刷新墙体广告4.5万平方米，真正实现了品牌视觉形象的高标准统一。二是努力加强诚信服务。开展了为期半年的“诚信我为先”主题教育活动，初步构建了公司、消费者和销售人员三位一体的诚信体系。圆满平和完成年初“两鸿”巨额满期给付，集中给付保单10余万件，给付保险金10多亿元。大力推广国寿1+N服务品牌，强化了“国寿特惠超值”等五项附加值服务，成功举办了第二届6·16客户服务节。建立了客户服务联席会议制度，促进了整体服务水平的提高。三是积极履行社会责任。在5·12汶川地震的抗震救灾斗争中，节余抗震救灾资金2000万元，向地震灾区捐款160多万元，向我省赴灾区救援人员捐赠6000余万元保额的保险；9·8襄汾塔山尾矿溃坝事故发生后，第一时间展开救灾理赔工作，受理伤亡给付案57件，给付保险金200多万元；在社会上树立了勇担责任的良好形象。

7. 大力推进班子队伍建设。

一是认真开展深入学习实践科学发展观活动。取得了重要的阶段性成果，党员干部科学发展的自觉性和坚定性明显增强。二是扎实推进反腐倡廉建设。对2家市分公司开展了巡视，对60个基层机构实施了效能监察，治本抓源头责任制有效落实，依法合规教育面达到93%，促进了廉洁从业和合规经营。三是强化领导班子建设。调优配强了8个市分公司一把手，调整了54名市级高管人员行政职务，起用了一批素质较高的优秀年轻干部。四是强化员工队伍建设。完成定向基层一线招聘全日制大学生任务，与4514名员工签订了劳动合同。省公司成立了教育培训部，成功组织了新员工培训班。五是强化省公司机关执行力建设。继续在省公司机关实施重点工作目标管理，16个部门的131重点工作目标基本落实。组织省公司机关开展短期险百日竞赛活动，收取短期险保费400多万元。六是大力推进销售队伍发展。办结了营销员养老保障、医疗保障等5件实事，推广了新版营销员基本法，完成营销员管理系统的省级集中，拿出了2000万元资金专项支持基层发展团险、银保、收展队伍。截止年底，团险队伍达到600多人，银保队伍达到1800多人，收展队伍达到1900多人，个险营销持证人力达到32000余人。此外，大力支持工、青、妇等群众组织工作，广泛开展争先创优活动，促进了公司的科学发展。

（刘建珍）

信用担保

【中小企业信用担保】 2008年是山西省中小企业信用担保有限公司（以下简称“公司”）实施《2008～2010年三年发展规划纲要》的第一年，也是成立八年来面临最为复杂的宏观经济形势的一年。经过三年初创探索、四年快速发展，公司在2008年继续实现了稳健成长。在省财政厅的大力支持和全体员工的共同努力下，公司以“壮大实力、拓展领域、创新担保”为主线，创新担保业务模式，完善风险防控机制，加强基础管理，保证了公司担保实力进一步增强、担保业务稳定增长和年度目标任务的全面超额完成。特别是下半年以来，面对宏观经济形势变化，公司深入学习实践科学发展观，在加强风险防范的同时，采取切实措施加大了对中小企业的支持力度，充分体现了自身作为省级政策性担保机构的高度社会责任感和大局意识，并为公司在2009年再上台阶奠定了良好的基础。2008年，公司被连续授予“省直文明单位标兵”、山西省“巾帼文明岗”称号、被省财政厅授予“中小企业信用担保业绩突出先进单位”、“先进基层工会组织”、“信息工作先进集体”、“交通安全先进单位”；曹晓尔董事长兼总经理被全国中小企业信用担保机构负责人联席会议评选为“中国中小企业信用担保机构领军人物”。

1. 担保业务稳定增长，目标任务超额完成

2008年，公司常规担保139951万元，下岗失业人员再就业担保6259.5万元，共完成担保146210.5万元，超额66.15%完成年度目标任务；公司常规担保代偿余额3045万元，代偿率为0.632%，小额担保贷款代偿余额585.38万元，小贷担保回收率为96.63%，实现了常规担保代偿率控制在5%以内，下岗失业人员小额担保贷款回收率达到90%以上的年度目标。在公司全部担保业务中，为劳动密集型企业担保88901万元，占到了60.55%，为科技型企业担保56348万元，占到了38.38%，为新型服务业担保45890万元，占到了31.25%，为“三农”企业担保40035万元，占到了27.26%，国家鼓励重点开展的800万元以下项目118024万元，占到了80.39%。与省财政厅签订的19项年度目标任务全面超额完成。

2. 综合实力继续增强，发展基础更加稳固

2008年，公司注册资本金由2亿元增加到3亿元，总资产由3.73亿元增加到5.18亿元，一般风险准备金由2595万元增加到3800万元，担保赔偿准备金由3006万元增加到4024万元；再就业小额贷款担保基金由2.87亿元增加到4.0901亿元。公司可调度资金增加到了8.84亿元。雄厚的资金实力，为公司拓展业务、抵御风险、保持持续稳健发展奠定了实质基础。

3. 担保业务风险加大，风险管理继续加强

2008年，公司常规担保发生代偿2600万元，为近年来最大额度的代偿。小额贷款担保出现3笔代偿，代偿金额294.45万元。公司在保客户中受经济低迷影响的共有8个行业63个企业，涉及担保金额4.62亿元，各占在保中小企业

和在保金额的40%；列入风险关注类的项目共有34户(其中，流动资金担保贷款企业16户，再就业担保贷款企业18户)，涉及担保贷款金额2.0442亿元（其中流动资金担保贷款额1.8780亿元，再就业担保贷款额1662.25万元)，分别占到10月末流动资金担保贷款责任余额的28.65%和再就业担保贷款责任余额的32.49%。在担保业务风险明显增大的形势下，公司及时向省财政厅上报了《关于担保业务追偿代偿情况的报告》，并有针对性地出台了《关于加强信用担保业务风险防范的意见》,《关于当前复杂经济形势对中小企业信用担保的负面影响与建议的报告》,提出了《担保业务技术规范指导意见》,修订了担保业务合同，建立完善了担保业务统计台账，坚持开展了业务统计分析，加大了代偿项目追偿力度。2008年，通过多方协调、司法追偿等多种手段，公司共收回代偿853万元，有效地控制了担保损失。

4.担保业务模式日趋成熟，业务创新持续推进

在近年来形成的“政策先导、信用为本、两密并举、三有一高、环保优先、禁介危区、合作发展”的担保业务评价模式的基础上，公司近年来一直倡导和探索的担保业务“行业化、链条化、模块化、区域化”的“四化”业务模式成效显著。区域化业务方面，通过合理划分部门业务区域，促进了担保业务的集约化、进一步扩大了担保业务覆盖面，新增万荣县、洪洞县、交城县、尧都区、偏关、汾阳、平遥、黎城等8个县区，累计覆盖全省48个县(市、区)，占到全省县区总数的40%；模块化业务方面，在原有模块化业务的基础上，开发或初步开发形成了银行信贷证明担保业务模块、炭黑行业担保业务模块；在业务链条化方面，利用现有客户，开发了履约担保业务和EMC业务。履约保函担保、工程投标担保、信用证担保、综合授信再担保等新的业务品种开始了初步尝试。公司“小贷引大贷、大贷促小贷”、大小贷协作开发、协调发展的模式已经完全成形，企业项目小贷担保业务占到小贷总额的99.71%以上，业务一部、业务二部完成的小贷业务占到全年小贷业务额的70.5%。公司与市县担保机构担保再担保合作进一步扩大，累计与全省11个市级担保机构、6个县级担保机构开展了担保业务合作。公司利用自身的资金、技术、管理优势与市县担保机构的地缘、信息优势，不断拓展担保业务、防范担保风险，已经成为其业务发展的一条成功经验。公司合作银行增加、合作领域扩大，与招商银行签订了合作协议，国家开发银行、兴业银行对公司与市县担保公司开展再担保业务已经完全认可。

5.基础管理继续加强，发展后劲得到充实

公司经营管理机制更加完善。2008年，公司汇集85项制度编印了新版《制度汇编》,新出台或修订了风险防控、财务管理、后勤管理等各类制度15项，组织开展了规章制度知识考试，加大了制度执行的监督考核力度。公司出台了《业务工作底稿》,改进了初审报告格式，完善了贷款卡审核要求，实行了A、B角共同面签担保合同、管理部主审责任制和业务部门评委互换、项目复审无记名表决制；公司调整了绩效工资分配办法，加大了对部门业绩的考核、强化了项目经理风险约束；公司设立后勤管理部，通过合理分工使综合管理和后勤管理两个部分都得到增强、内部机构设置和职能划分更加合理。在群众测评、民主推荐和公司近年来考核使用的基础上，公司办公室、业务一部、管理部、业务二部负责人由副职任命为正职，选聘了再就业担保部和后勤管理部负责人，充实了部门力量，加强了部门管理。公司综合考核由原来的主要考核目标任务完成情况和日常工作完成情况，进一步扩大和深入到各项工作任务的执行完成情况和工作质量完成情况，考核组织和考核流程更加科学有序，考核的工作导向功能得到更好体现，使公司的激励约束机制更好地体现了横向到边、纵向到底，较好地促进了各项工作的保质保量按时完成。

公司工作作风继续改进。2008年，公司坚持以信用担保为核心，把党风廉政建设、政风行风评议、员工队伍建设与公司业务工作同安排、同部署、同检查、同考核，把学习实践科学发展观与加大对中小企业支持力度、帮助中小企业渡过难关结合起来，先后组织开展了全员“振奋精神，解放思想，促进发展”大讨论、“学习实践科学发展观，支持中小企业健康发展”大讨论，召开了在保客户座谈会、协同组织并参与了信用担保体系业务联动推介洽谈会，先后下达了落实“大讨论”建议的通知等文件，根据员工在公司发展大讨论中提出的建议及财政厅下达的党风廉政建设的基本要求，实行了公司领导岗位轮换交流和项目经理业务调整，改进充实了担保业务风险控制，对于公司在复杂的经济形势下保持稳健发展起到了重要作用。特别是在实行公司领导岗位轮换后，各分管领导迅速适应工作变化，开阔思路、积极工作、严格要求，使各部门和公司整体工作出现了新的气象、新的生机和新的活力，充分证明岗位轮换是推动工作的好办法。

公司员工队伍素质进一步提高。公司在摸索完善的基础上，形成了一套相对完善的招聘标准、招聘程序、岗前培训课程、上岗管理机制，初步探索形成了培养提高机制和优胜劣汰机制，老项目经理“传帮带”、新项目经理全流程实习、项目角色渐进升级等有效做法，使新员工成长速度明显加快。2008年，公司着眼于未来发展，加强了人才储备，创新招聘方式，通过委托省人才市场推荐等方式，按照不同岗位的任职要求，先后招聘了10名新员工，为公司未来发展提供了队伍储备，也使员工队伍年龄、学历、专业、能力结构更趋合理。公司在继续坚持周一集中学习制度的基础上探索实行了部门专题学习，首次外派业务人员前往兄弟担保机构进行了学习考察，组织了员工计算机技能比赛和消防安全演习，积极参加了财政法规知识竞赛，多次邀请银行专家授课研讨，从而提升了学习培训质量。2008年，公司共有19名员工在《中国担保》、《中国担保论坛》、《山西财税》、《山西担保》等专业刊物发表论文约46篇，对信用担保的规律有了更深入的认识，有力地促进了实际工作。

公司办公环境和形象有了较大改善，员工福利体系进一步完善。2008年，公司根据厅里的要求，并从自身发展需要出发，顺利搬迁新址，办公面积由400平方米增加到1600平方米，办公设备全面更新，为员工提供了更加宽敞明亮、高效便捷的办公环境。社会养老保险、医疗保险、工伤保险、生育保险、失业保险、住房公积金、企业年金、带薪休假、日常福利、节日福利，构成了员工基本生活保障和长期生活保障的完整保障体系；公司物业管理、综合治理、资产管理、福利供应、车辆管理等后勤保障能力进一步提升，比较成本有所下降。公司按照国家有关法律法规和程序建立了企业年金机制，使公司利益与员工个人利益、短期利益与长远利益更紧密地结合起来，为公司未来发展提供

了有力保证。

6. 行业龙头作用更加明显，体系合作日益紧密

2008年以来，按照省财政厅的统一安排和财政厅分管领导的要求，公司牵头组织召开了省内政策性担保机构"再担保工作座谈会"、山西省推进中小企业信用担保体系建设暨山西信用与担保协会第三次会员代表大会、中小企业信用担保体系联动项目推介洽谈会，深入部分市县进行了体系建设调研，代省政府、省财政厅草拟了《关于进一步做好中小企业贷款信用担保工作的意见》、《关于积极推动中小企业信用担保业务联动合作的通知》，深入落实了《山西省人民政府办公厅关于加强中小企业信用担保体系建设的意见》；牵头中小企业信用担保机构开展了国家开发行软贷款及"助贷担保平台"建设，与国家开发银行山西省分行签订了"支持县域经济及中小企业发展合作协议"，与兴业银行太原分行就开展担保机构业务联动再担保达到了一致意见；编印了《山西担保》12期，印发了《山西省中小企业信用担保行业2006年度行业发展报告》、拟定了《2007年度行业发展报告》，编印了《2008担保投向指引》和《体系建设资料选编》；举办了4期中小企业信用担保机构培训班，并为阳泉方舟担保公司等担保机构组织专门培训，共培训学员100余人。承担了全国中小企业信用担保机构负责人联席会议"体系建设专业组"的牵头工作。与中国投资担保公司等担保机构共同主办主持了"2008中国担保论坛"。接待了江苏、新疆、湖南、云南、河北等12省（区、市）27家担保机构来访，累计与国内8个省市的担保协会或担保机构、与省内17个市、县担保机构签订了合作协议，并陆续开展了各种形式的担保合作；继续推进了"金信工程"，联网运作担保机构达到16户。继续加大了体系业务合作，完成体系联动业务99640万元，占公司业务量的67.86%。

到2008年底，全省中小企业信用担保体系共有政策性担保机构62户，注册资本金23.39亿元，完成担保额约50亿元。 （刘　锋　张　平）

建设·环保

城乡建设

【概述】 2008年，山西省建设系统按照省委、省政府的总体部署，提出了“紧紧围绕加快特色城镇化进程、住房保障体系建立，突出解决城市中低收入家庭、农村困难群众住房问题和‘县县有’工程建设，强化建筑市场、勘察设计市场、房地产市场和市政公用市场服务与监管，抓好城乡规划、宜居城市创建、六大工程实施和建筑节能工作”的总体工作思路，确定了“55621”工作任务（突出抓好五大重点工作、统筹做好五个方面的工作、强化六个方面的监管、完善政策法规和技术支撑体系、加强精神文明建设）。四川汶川发生大地震后，按照省委、省政府和住房城乡建设部的安排，牵头组织进行了援助四川灾区过渡安置房的建设。在工作推进过程中，我们一手抓抗震救灾，一手抓业务工作的落实，全面完成了各项工作任务。一是六项经济社会发展指标全面完成。二是保障性住房建设、房地产开发和住房公积金监管取得显著成绩。三是“县县有”工程建设和城镇污水处理厂COD减排工作扎实推进。四是城乡规划取得新成果。五是重点工程和省城十项重点建筑建设进展顺利。六是五台山申遗取得阶段性成果。七是建筑节能工作稳步推进。八是建筑业和勘察设计业健康发展。九是安全生产态势平稳。十是援助四川灾区过渡安置房建设任务圆满完成。

（路长青　张钢军）

【城乡规划】 积极推进特色城镇化战略的实施，进一步加强城乡规划特别是经济圈和城市群规划的编制工作及设区城市的控制性详细规划编制工作，完善城市总体规划，下发了《关于完善城市总体规划的通知》，完成了《太原经济圈规划》和《太原市总体规划》初步成果、介孝汾城镇组群规划的10个专题报告和纲要、长治上党1+5城镇群及生态环境保护规划纲要、孝义市总体规划成果。运城市、永济市的总体规划纲要已通过审查，进入成果编制阶段。启动吕梁离柳中方城镇群规划编制工作。各设区城市控制性详细规划覆盖率达到50%。完成《山西省实施〈城市规划法〉办法》和《山西省城市临时建设和临时用地规划管理办法》初稿修订工作，起草了《山西省户外广告设施设置技术规范》和《城镇控制性详细规划编制技术导则》，完成了11个设区城市2008年、2009年住房建设计划与2008－2012年住房建设规划。此外，为深入贯彻落实《中华人民共和国城乡规划法》，召开了新闻发布会，开展了以宣传落实规划法、查处随意改变规划和违法建设行为为重点的落实年活动，全省共发放知识竞赛题和宣传材料90多万份，对在建项目进行了拉网式排查，共拆除违法建设30多万平方米，使全省上下特别是各级领导干部进一步增强了规划意识和依法实施规划的自觉性。为加强规划监督工作，积极推行规划督察员制度，向省编办报送了《关于解决山西省城乡规划委员会办公室机构编制并加挂山西省城市规划督察员办公室牌子的请示》，正等待批复。同时将阳泉市确定为派驻规划督察员试点城市。

（路长青　张钢军）

【基础设施建设】 采取多种有力措施，深入推进各项基础设施建设。截至2008年底，全省11个设区城市绿化覆盖率达到35.27%，同比提高1.66个百分点。22个设市城市供水普及率达到93.05%，同比提高0.09个百分点；燃气普及率达到79.8%，同比提高0.3个百分点；城市集中供热普及率达到70.2%，同比提高5.1个百分点；城市污水处理率达到65.3%，生活垃圾无害化处理率达到45.2%，分别同比提高2个和9.9个百分点。以上指标均超额完成省政府下达的目标任务。新建成城镇污水处理厂27座，在建城镇污水处理厂43座。建成城镇生活垃圾无害化处理场14座，在建城镇生活垃圾无害化处理场21座。新建成生态文化公园16个，在建生态文化公园94个。全省共完成城市基础设施建设固定资产投资130亿元，同比增长8.3%。2008年，全省城镇污水处理厂新增生活COD减排量完成2.155万吨，超出省政府下达的1.8万吨目标任务0.36万吨。

（路长青　张钢军）

【城市绿化】 全省各市继续深入开展“创建园林城市”活动，城市绿地面积继续增加，绿化水平不断提高，城市生态和人居环境质量得到了明显改善，超额完成了省政府确定的全省经济和社会发展预期目标。全省11个设区城市新增绿化面积823.92万平方米，完成了全年任务的104.4%，建成区绿化覆盖率达到35.06%，同比提高了1.45个百分点；全省共完成道路两旁绿化投资96141.96万元，新增绿化面积383.57万平方米，占年度任务量的110.3%。壶关县创建成为我省首个“国家园林县城”；朔州市、屯留县被命名为“省级园林城市（县城）”；阳泉市、平顺县通过“省级园林城市（县城）”验收；介休市、左权县、长子县、襄垣县进行了创建“省级园林城市（县城）”验收初评；长治市、晋城市启动创建“国家生态园林城市”；太原市、朔州市启动创建“国家园林城市”。在深入开展园林城市创建活动的基础上，2008年，继续深入开展创建“宜居城市”活动，确定了创建“宜居城市”考评的总体框架和具体内容，制定下发了《山西省创建宜居城市考核评比标准（试行）》。 （路长青　张钢军）

【风景名胜区管理】 开展了风景名胜区综合整治工作，加强风景名胜区经营项目管理、监督检查和考核评估、资源有偿使用费管理等配套制度建设。同时严格执行风景名胜区建设“一书两证”制度，进一步规范风景名胜区建设行为。五台山申遗文本正式报送世界遗产中心并通过审查，按照申遗要求，完成了核心区拆迁整治、生态绿化、移民商住区一期工程建设、展示中心建设、游客接待中心建设、进山考察线路整治、台顶整治、采矿区生态景观修复等8项重点工程，彻底改善了景区的环境条件。2008年9月份，世界遗产组织委派的世界自然保护联盟（IUCN）和国际古迹遗址理事会（ICOMOS）专家对五台山进行了考察，五台山申遗结果将在2009年6、7月间提交第33届世界遗产大会进行表决。恒山联合四岳申遗文本已报送审核，壶口申报世界自然遗产工作正式启动。　　（路长青　张钢军）

【市政公用行业改革】　根据省政府对全省市政公用事业发展的要求，结合我省实际，起草了《关于推进市政与公共服务业发展的实施细则》。认真宣传贯彻《山西省市政公用事业特许经营管理条例》，加强市政公用事业的监管工作，制定完善相关政策，进一步规范了特许经营管理，提高了服务质量和水平。加强了引资项目和进入市政公用行业的民营企业依法进行特许经营工作，大同市引资进行生活垃圾处理项目建设，忻州市引进民营企业经营城市公交。初步完成供水、市容环卫两个信息系统平台的开发工作。编制了涉及道路、绿化、环卫等行业的12个地方性服务规范和标准，印发了《山西省市政公用事业特许经营政府监管标准体系》，进一步明确了全省市政公用行业的特许经营监管工作方向。　　（路长青　张钢军）

【城市公共交通管理】　按照国务院关于节能减排的要求，在全省公交行业积极推行“油改气”工作，截至2008年底，全省已有2000余辆公交车进行了改造。组织太原、大同、长治三个城市开展了“城市公共交通周及无车日”活动。配合省财政厅发放燃油补贴2.69亿，有效缓解了油价上涨带来的运营压力。对进一步做好出租汽车行业管理专项治理工作进行了再安排再部署，结合全省行业实际提出了具体要求。全省各市结合当地行业实际，继续发挥建设、公安、工商等部门联合执法队伍的作用，互相配合，统一行动，同时还利用新闻媒体广泛宣传非法营运的危害，教育广大乘客自觉抵制“黑车”，使非法营运车辆逐步失去市场。2008年，全省共打击非法营运车辆6800余台次。积极应对国家体制改革，认真贯彻执行国家有关政策，做好政策宣传解释工作，健全快速反应工作机制，畅通信息反映渠道，积极预防和妥善处理各种不稳定因素。截至年底，共接待处理群众集体上访10多起，约200人次，有力地维护了行业稳定。加强执法培训力度，全年对全省城市客运稽查管理人员分11批共1160人进行了统一培训，规范了执法人员的行为，提高了执法人员的业务水平和职业道德。继续开展换发出租汽车经营许可证工作，全年经审核，共换发出租汽车经营资格许可证21707个，出租汽车车辆运营证35904个，出租汽车驾驶员服务资格证50000个。在坚持公开、公正、透明原则的基础上，广泛征求了社会、出租车驾驶员、经营者意见，顺利完成太原市8292辆出租汽车的更新工作，为进一步优化城市发展环境，提升城市整体形象，发挥了积极作用。

（路长青　张钢军）

【村镇发展概况】　2008年底，全省共有乡镇1196个，其中建制镇563个，乡633个；村庄48322个，其中行政村28167个。全省村镇现状用地总面积44.45万公顷。其中一般建制镇（不含85个县级人民政府所在地镇）现状用地面积5.18万公顷，乡现状用地面积2.6万公顷，村庄现状用地面积36.4万公顷。全省村镇总人口2740.8万人，其中户籍人口2329.6万人，暂住人口141.2万人。

（路长青　张钢军）

【村镇住宅建设】　2008年，全省用于村镇住宅建设的投资达87亿元，新建村镇居民住宅建筑面积1490万平方米，共有7.2万户居民建了新房，喜迁新居。新建村镇居民住宅的楼房建筑面积达1828万平方米，占新建住宅建筑面积的90.2%。2008年，建制镇、乡集镇和村庄新建住宅建筑面积分别是265.1万平方米、140.6万平方米、1625.4万平方米，其中建制镇、乡集镇和村庄的居民楼房建筑面积分别是250.8万平方米、130.3万平方米、1446.9万平方米。全省年末实有村镇住宅建筑面积7.7亿平方米，人均住宅使用面积达26.13平方米，同比增长1.9%。村镇住宅建设已经从单纯追求数量增加逐步转变到注重质量水平的提高和功能的完善，并开始注意内外装修。村镇住宅建筑形式日渐丰富，有的地方逐步向多层公寓式住宅发展。一批规划布局合理、建筑形式新颖、设施配套齐全、环境整洁优雅的住宅小区相继建成，较好地改善了村镇居民的居住条件和居住环境。

（路长青　张钢军）

【村镇基础设施建设】　2008年全省村镇建设投资共计149亿元，其中用于生产性建筑的投资达16亿元，新建生产性建筑面积285.27万平方米，建成了一批农业和乡镇企业急需的生产性设施，为农业和乡镇企业的发展创造性了良好条件。用于村镇公共建筑投资达17亿元，新建公共建筑面积256万平方米，村镇公用基础设施逐步配套，生产生活环境进一步改善。用于道路和自来水建设的投资达16亿元，已有19910个村镇的居民用上了比较清洁的自来水，受益人口达1864万人，自来水普及率达75.5%，乡镇道路年末实有长度达到8220公里，均为宽度在3.5米以上的铺装道路。全省乡镇基本实现了通油路，行政村全部实现了通机动车。实有桥梁1822座，防洪堤长度达1991公里，全部建制镇、乡集镇和95%的村庄通了电，排水管道长度达3010公里，绿化覆盖面积达15656公顷，乡镇人均绿地面积达15.2平方米。日益加快的村镇基础设施建设，有力地支持了农村乡镇企业和全省农村经济的繁荣，为农村经济社会发展奠定了良好的基础。

（路长青　张钢军）

【村镇规划】　2008年共编制完成县域村镇体系规划20个、小城镇总体规划65个、新农村建设规划2000个、历史文化名镇名村保护规划10个。对县域经济和社会发展的空间安排，解决县域城镇布局、设施建设与资源开发的空间关系问题，合理确定县域城镇的等级规模、职能分工和空间布局，指导城镇科学发展，起到了积极促进作用，为科学配置县域资源、优化生产力布局、实现县域经济可持续发展奠定了坚实基础。　　（路长青　张钢军）

【小城镇建设】　开展了全省特色小城镇可持续发展的调查研究，对不同类型的小城镇，提出了可持续发展的政策建议。6个村镇通过申报成功进入“中国历史文化名镇名村”名录，27个村镇评为“山西省旅游名镇名村”，3个小城镇评为“省级园林小城镇”。利用1亿美元亚行贷款，依靠国内外专家的科研成果，加强了全省小城镇的基础设施建设。会同省财政厅下发绿化扶持资金1200万元，2008年底，建制镇绿化覆盖率达到20.44%。通过对各类特色小城镇加强政策引导、技术服务和资金支持，培育和扶持了一批布局合理、功能完善、特点鲜明、人居环境好、经济增长快的特色小城镇，对周边地区产生了较强的辐射带动作用。

（路长青　张钢军）

【农村住房解困】　2008年，省政府将“启动解决农村困难群体住房问题”列入承诺为人民群众办好的10件实事，并决定今年首先开展3000户试点。按照省政府工作部署，在全省选择了右玉、高平、左权、交城、永济、古县6个县(市)共3000户先行开展试点，通过全面调查摸底、及时出台政策、科学制定目标、严格划分责任、尽快落实资金等措施，截至年底，全省农村困难群众3000户解困试点工作已全面完成。农村住房解困工作的顺利启动，是村镇建设工作落实科学发展观的具体实践，大力推动了城乡一体化和和谐社会建设。（路长青　张钢军）

【**建筑业概述**】　2008年全省建筑行业坚持以邓小平理论和“三个代表”重要思想为指导，全面贯彻落实科学发展观，认真落实全省建设工作会议精神，强化工程建设市场、工程质量、安全生产三个监管控制体系的法规和制度建设，创新监管手段，提高服务水平，推进企业改革，促进行业发展，全省建筑业继续保持持续快速发展。2008年完成建筑业总产值1200亿元，同比增长13.2%；实现增加值333亿元，同比增长12.3%；具有资质等级的建筑业企业实现利润总额243亿元，上缴税金40.6亿元。全省建筑业从业人员80万人，人均建筑业产值15万元。工程质量综合监管成效显著，初步建立起建筑市场监管信息系统，实行了监理服务收费专户管理制度。开展了建筑业企业、招标代理机构动态考核。以市场现状及发展需求为导向，以资质审批为手段，扶强扶优、培育特色、协调发展各类建筑企业，初步形成了以施工总承包企业为主体，专业承包企业配套，劳务分包企业为基础，工程监理企业、招标代理机构为辅助的建筑业结构体系。（路长青　张钢军）

【**建筑市场管理**】　继续加强对市场行为主体的动态监管。开展了外省入晋建筑业企业、招标代理机构资质动态考核工作，按照资质标准要求，对企业注册资本、专业技术人员、技术装备、市场行为、工程业绩、管理制度等方面进行考核，不符合资质标准要求的企业要给予通报、停业整顿、降低资质等级、撤销资质证书等处罚，建立起企业优胜劣汰的动态管理制度和市场清出机制。动态考核结果记入企业诚信档案，向社会公示，有效地规范了企业的市场行为。完成了山西省建筑市场监管信息系统的建设和企业、人员、项目管理等板块的系统需求研究，对开发完成的有关内容进行了修改和完善。利用初步开发完成的系统对建筑业企业和在建工程项目等情况进行了基本信息采集。对企业上报中发现的问题及时进行改进和完善。通过企业动态考核，不断完善企业基本信息，建立企业数据库。同时，在网上开展了省级监理工程师初始注册和换发注册证书工作，基本建立起我省省级监理工程师数据库。继续推进勘察设计试点单位改制工作，强化勘察设计市场监管，完善施工图审查制度，建立健全了规范建筑市场秩序的长效机制。（路长青　张钢军）

【**建筑工程质量**】　质量监督机制和监督模式不断改革和创新，推行以工程实体重点部位、关键部位的重点检查和对结构安全性、使用功能的随机检查，以及对参与工程建设各方责任主体的质量行为的检查相结合的监督模式，使工程质量始终处于受控状态。同时加大了对工程质量的动态管理，行业诚信体系正在形成。出台了《山西省建设工程质量检测机构动态考核要求》，下发了《关于加强冬期施工管理的通知》、《关于进一步加强政府投资工程质量监督管理工作的通知》等一系列规章制度，使全省质量监督法规制度更加健全，地方标准建设继续完善，工程质量综合监管取得明显成效。认真抓好全省工程质量的监督管理，对省管工程项目严格按规范标准实施监督管理。全省城市行政区域内工程质量监督覆盖率100%，工程质量验收合格率100%。有19项工程申报省“汾水杯”称号，有79项工程申报省优良工程。全省工程质量验收合格率100%，工程优良率达33.7%，比2007年提高了0.9个百分点，工业项目一次试车成功，竣工验收备案率达90.5%，全省未发生重大质量事故，工程质量水平稳中有升。组织有关人员开发了工程质量监督和检测信息平台，通过这两个信息系统，将基本实现通知信息网上发布，工程项目网上申报，统计数据自动生成。

（路长青　张钢军）

【**建筑安全生产**】　按照国务院办公厅的总体部署，继续深入开展建筑行业安全隐患排查专项行动，结合建筑施工高处坠落和坍塌事故多发的特点，对施工现场进行全方位的隐患排查。制定了《山西省建筑施工安全生产隐患排查治理工作方案》，分三个重点时段认真组织实施。先后下发《关于开展建筑安全生产百日督查专项行动的通知》、《全省建筑安全隐患百日督查专项行动和隐患排查巡视检查的通知》，共检查建筑施工企业345个，在建工程1897项。排查出安全隐患2785个，完成整改2785个，整改率100%，确保了建设系统的安全生产。9.8襄汾溃坝特大事故发生后，及时制定了《建筑施工安全生产隐患排查专项方案》，召开安全生产会议进行了安排部署，制定、完善了15项安全管理制度，狠抓重点地区、重点企业和重点项目的隐患排查，真正把各项措施落到实处，切实消除安全生产隐患。认真开展施工图审查工作，纠正违反强制性条文32607条次、严重安全隐患1461处。2008年，全省房屋建筑和市政工程发生等级以上的安全事故7起，与2007年持平；死亡8人，同比减少3人，低于全国平均水平和省政府责任书确定的指标。

（路长青　张钢军）

【**解决拖欠工程款和农民工工资**】　进一步巩固清欠成果，完善并落实防欠长效机制，开展清欠“回头看”工作。下发了《关于进一步做好解决建设领域拖欠工程款“回头看”工作的通知》，对工程款支付监管、落实19项长效机制、完善举报投诉机制等作了明确要求。受理转办来信来访33件，其中拖欠农民工工资案件2起，反映拖欠工资57.61万元；拖欠工程款案件31起，反映拖欠工程款8794.74万元。经核查认定，调解督办，处理22起，其中农民工工资案件2起，解决拖欠57.61万元；工程款案件20起，解决拖欠4604.11万元。妥善解决集体上访围堵等突发事件10余起。对中铁十七局建筑公司、四川川北数码港建设公司、山西建筑总公司、深圳宝鹰建设公司、山西宏图公司等建筑企业拖欠农民工工资的行为进行了全省通报批评。（路长青　张钢军）

【**重点工程建设**】　2008年，全省共确定63项重点工程。年度投资总额为388.61亿元，约占全省全社会全年固定资产投资总额的12%。截至年底，全省累计完成重点工程建设投资377.47亿元，占投资计划的97.1%，同比提高4个百分点；累计到位资金367.85亿元，占计划的94.7%，同比提高1.5个百分点。年内有建成投产任务的10个项目全部完工；计划开工的19个项目有12个开工建设；在建36项工程进展顺利。“省城十大建筑”

中，太原国际机场新航站已于2008年7月中旬投入使用，山西省科技馆、山西省图书馆、山西省大剧院、太原美术馆和太原铁路南站已经开工建设。全省重点工程交竣工工程合格率始终保持100%，重点工程建设领域未发生重大安全质量事故，未发生拖欠农民工工资的举报。

（路长青　张钢军）

【工程招投标管理】　2008年全省应招标工程2160项，实际招标2160项，招标率100%；应公开招标工程2062项，实际公开招标2062项，公开招标率100%。对全省原有的评标专家库进行整合，成立了全省房屋建筑工程评标专家库。强化了房屋建筑工程招标评标专家管理，进一步实现资源共享。与省纪检委联合进行了工程建设招标投标调研，针对调研中发现的有形市场不规范、交易违规等问题，加大对招标代理机构动态监管力度，净化招标代理市场环境，促进招标代理中介服务机构健康发展。启动了《山西省房屋建筑和市政基础设施工程施工招标投标实施细则》的修订工作，修订后的《实施细则》将突出对政府投资工程的招标投标监管，同时对招标投标活动的全过程进行严格监管，重点遏制规避招标、擅自邀请招标、围标、串标等行为。（路长青　张钢军）

【工程建设标准和造价管理】　发布了《城市绿化常用苗木标准》等11项工程建设地方标准和《山西省市政公用事业特许经营政府监管标准体系》，组织审定了《园林绿化养护质量标准》等16项工程建设地方标准。编制完成了我省《工程建设建筑节能项目预算定额》。整理印发《无障碍建设文件汇编》，为我省的5个创建全国无障碍建设城市制定本市的无障碍建设管理规章提供了参考资料。组织专家对国家标准《屋面工程质量验收规范》(GB50207－2002）和《地下防水工程质量验收规范》（GB50208－2002）进行修订。完善《造价员信息管理系统》，对造价员变更和续期验证模块的功能也进一步做了改进。开展了2008度全省造价工程师继续教育工作，全省参加网络教育人数达1800余人，参加面授培训的人数达660多人。

（路长青　张钢军）

【建筑企业劳保费用统筹管理】　2008年全省共收缴建设工程养老保险费4.7亿元，同比增长18%；向施工企业拨付养老保险费3.44亿元，比上年同期多拨付4500万元；补贴特困企业及职工养老保险费6136万元，比上年同期多补贴2183万元。同时在全省范围内积极推行建设工程保证担保制度，有力地保障了建设工程各方主体的合法权益。截至年底，全省共在五个市开展了工程担保工作，培育工程担保机构29个，承接担保项目560项，担保总额达到6.1亿元。对规范建筑市场行为，防止工程款拖欠，保障建设工程各方主体的合法权益，促进全省建筑业健康快速发展起到了积极的作用。

（路长青　张钢军）

【建筑节能和建筑科技】　加大建筑节能推进力度，组织认定了3批、共计140余项建筑节能技术（产品）。可再生能源在新建建筑中应用项目24个、面积220万平方米，约占新建建筑的10%，运城丽锦·城西人家、山西实验中学新校区等7个项目列入国家示范工程。报请省政府下发《山西省人民政府关于实施＜山西省省级行政机关和全额事业单位办公建筑节能改造方案＞的通知》，编制《山西省省级行政机关和全额预算事业单位办公建筑节能改造方案》，启动既有建筑节能改造项目27个、53.58万平方米。启动省直机关办公楼节能改造项目9个、15.69万平方米，大型公共建筑节能改造项目10个、10.89万平方米。启动了机关办公建筑和大型公共建筑节能监管体系建设。颁布实施了《山西省民用建筑节能条例》，标志着我省的建筑节能工作走上了法制化轨道。逐步启动建筑能效测评工作，先后下发《关于在我省试行建筑能效测评标志制度的通知》、《关于加快开展建筑能效测评工作的通知》，推动能效测评工作在我省的开展。积极推进科技成果推广与转化，批准省级工法102项，其中33项推荐参加国家级工法评审。成功举办了“第二届山西绿色建设科技产品展览会”，极大地提高了全社会对建筑节能的认识。2008年，全省节能建筑面积达到7000万平方米，共节约采暖能耗105万吨标准煤，减少二氧化碳、二氧化硫等温室气体排放250万吨。确定省级建筑业十项新技术应用示范工程21项，建设科技工作取得了明显进展。（路长青　张钢军）

【房地产开发】　积极研究推动房地产业健康发展的政策措施。召集11家银行、20家房地产企业、11个设区城市房地产主管部门，分别召开了房地产银企座谈会和房地产主管部门座谈会，认真分析了房地产开发形势，查找产业发展过程中存在的突出问题，把满足居民合理改善居住条件的愿望与发挥房地产支柱作用结合起来，合理引导房地产投资，鼓励和培育住房消费，促进住宅与房地产业的健康发展。2008年，全省完成房地产开发投资326.7亿元，同比增长26.2%；城镇住宅投资441.6亿元，同比增长25.3%。商品住宅投资277.9亿元，同比增长19.8%。城镇人均住房建筑面积达到28平方米，比2007年增加1平方米。

（路长青　张钢军）

【房地产市场秩序】　按照全国房地产市场秩序专项整治工作领导组的部署安排，认真履行房地产市场秩序专项整治办公室的职能。对长治凯悦房地产开发有限公司违规开发的典型案件上报建设部，在全国范围进行了通报。进一步加大房地产市场的监管力度，下发了《关于切实做好新建住房项目审批和住房供应信息公开的通知》、《关于加强房地产市场监管规范市场秩序的通知》和《关于加强商品房销（预）售监管的通知》，与省监察厅、省政府行政效能建设领导组办公室联合下发了《关于开展住房建设、城乡规划和住房公积金管理专项效能监察工作的通知》，组织各市开展了住房建设专项效能监察自查自纠工作。2008年4月，全国房地产市场秩序专项整治检查组来我省检查并抽查了太原、运城两市的房地产市场秩序专项整治工作。2008年全省房地产市场秩序专项整治工作重点放在案件查处上，工作中通过投诉举报电话、网站专用信箱等工具，密切关注社会和媒体热点，努力扩大案件来源，共查处了涉及房地产违规开发、销售、拆迁等案件23件。

（路长青　张钢军）

【棚户区改造工作】　棚户区改造工作是省政府向全省人民承诺办好的“十件实事”。我省积极争取国家的资金补助，2008年争取国有重点煤矿棚户区改造配套补助资金11282万元。国有重点煤矿棚户区改造新建住房147.29万平方米，为目标任务的1.47倍；城市居民棚户区改造新建住房284.31万平方米，为目标任务的2.84倍；新建经济适用住房393.2万平方米，为目标任务的1.51倍；新建廉租住房77.4万平方米，为目标任务的1.94倍；货币补贴保障廉租住房保障对象5.11万户，为目标任务的1.34倍；归集

廉租住房保障资金6.68亿元，为目标任务的1.19倍。超额完成了省政府的十件实事。（路长青 张钢军）

【低收入家庭住房保障】 报请省政府下发了《关于健全和完善住房保障体系切实解决城市低收入家庭住房困难的通知》（晋政发［2008］2号）和《关于实施城市居民棚户区改造的指导意见（试行）》（晋政发［2008］3号）两个文件。抽调人员组成专题调研组，深入太原、大同、忻州、长治4个城市就政策性住房供应管理进行专题调研。在调查研究的基础上，代省政府起草了《关于规范和加强政策性住房供应管理的通知》。通过山西省人民政府网、人民代表网、山西政协网、山西省人民政府法制办公室网和山西省建设厅网5家门户网站和山西日报、山西经济日报、人民代表报、山西晚报、山西政协报、山西青年报、山西商报和太原晚报等8家主要新闻媒体全文发布公告，广泛向社会各界征求意见。共收到社会各界的建议和意见615条，接受来人、来信、来电咨询572人次。并邀请专家和部分人大代表、政协委员、政府监督员对文件征求意见稿进行了论证，进一步健全和完善了山西省的住房保障制度。（路长青 张钢军）

【城市房屋拆迁】 拆迁信访调处工作取得明显成效。对奥运期间的城市房屋拆迁工作进行了专门安排部署。下发了《关于切实做好城市房屋拆迁管理工作的通知》和《关于开展“以和谐拆迁，迎文明奥运”主题活动，扎实抓好城市房屋拆迁工作的通知》，开展了“以和谐拆迁，迎文明奥运”主题活动，实现了奥运期间城市房屋拆迁问题赴京零上访。认真落实城市房屋拆迁项目验收和信访接待登记、转办、督办制度，开展拆迁矛盾纠纷排查调处工作，上访量明显下降。2008年，接待城市房屋拆迁来信、来访案件共15批次、24人，同比下降25%和8%。

（路长青 张钢军）

【物业管理】 以培育新型产业为目标，以创建示范项目为动力，逐步扩大物业管理覆盖面。2008年，全省物业管理覆盖率达到44.1%，比2007年提高了1.1个百分点。太原丽华苑和大同金色水岸等4个项目被评为“全国物业管理示范住宅小区”，太原阳光地带等15个项目被评为“全省物业管理示范住宅小区”，中行太原中心支行办公楼等5个项目被评为“全省物业管理示范大厦”。逐步完善物业管理制度，起草了《物业管理条例》（修订稿）和《加强物业管理工作的通知》，不断提升物业管理的服务水平。（路长青 张钢军）

【住房制度改革和公积金管理】 进一步落实住房分配货币化政策，积极推进租金改革和公有住房出售工作。2008年，职工领取住房补贴人数新增加3640人，发放住房货币化补贴金额4062万元，位于全国中等水平。加强住房制度改革的政策指导和咨询服务，接待群众来访政策咨询20余人次。同时，继续加快公有住房出售，有效地推进了住房商品化、社会化的进程。2008年，全省新增住房公积金缴存职工人数14.31万人，总人数达到276.11万人，覆盖率达到70.96%；新增住房公积金归集额86.25亿元，同比增长10.87%，总额达到385.21亿元；全年共为2.01万户职工发放个人贷款17.20亿元，同比增长27.49%，累计发放70.12亿元；全年提取廉租住房补助资金2207.3万元，提取总额达到8483.72万元，已有4106.81万元用于廉租住房建设。积极开展住房公积金管理专项治理工作，清理回收历史遗留的住房公积金逾期项目贷款、挤占挪用资金5831.6万元，占应清收总额的47.73%。

（路长青 张钢军）

【勘察设计】 不断提高全省勘察设计行业管理的科学化和规范化，正式启用勘察设计信息管理系统，全年共有520余家勘察设计企业开通了信息管理平台并进行了首次数据库更新，为勘察设计行业信息化管理提供了技术保障。全省勘察设计行业自律工作全面推开，大同、长治、忻州等市的行业自律工作取得初步成效。不断强化勘察设计市场监管，加大施工图审查工作力度，通过质量检查，设计评优和注册培训，形成了一支结构合理、创新能力强的勘察设计队伍，全省勘察设计行业的市场竞争力不断增强，市场环境进一步好转。全年完成勘察设计总产值62.18亿元，同比提高14.3%；实现收入50.32亿元，同比提高13.7%。对在册勘察设计单位进行了集中清理整顿，取消13家、黄牌警告29家。制定出台了《山西省抗震设防超限高层建筑工程界定规定》。编制出台了节能降耗的农村“吊炕”标准设计图集。配合省教育厅开展了全省范围内的中小学校舍危房普查工作，启动了山西中小学校舍标准设计图集的编制工作，下发了《山西省抗震设防超限高层建筑工程界定规定》，组织了全省范围内的超限高层建筑抗震设防审查情况的大检查。

（路长青 张钢军）

【建设立法工作】 通过多方协调沟通和努力，《山西省建筑节能管理条例》于2008年9月25日在省人大常委会会议上正式通过，2008年12月1日起施行。对近80件国家、省、省直相关部门的法律、法规、规章及规范性文件草案来文征求意见依法进行了审查，提出修改意见228条。坚持重大事项科学决策、民主决策、依法决策，认真履行行政诉讼、行政复议的法定职责，制定了《省建设厅法律顾问工作规则》，进一步规范了依法行政行为，提高了行政水平和行政效率。

（路长青 张钢军）

【普法工作】 2008年是《城乡规划法》实施的第一年，召开了《城乡规划法》落实年活动新闻发布会，举办了《城乡规划法》培训班，全省建设系统400余人参加了学习，并填写了《〈城乡规划法〉实施调查问卷》，同时组织了《城乡规划法》知识竞赛，对《城乡规划法》进行了广泛宣传。接受省依法治理领导组的普法检查，获得了高度评价和充分肯定。

（路长青 张钢军）

【建设执法工作】 按照《2008年全省建设工作要点》要求，以规范建设市场、促进建设行业持续健康快速发展为落脚点，进一步加强专案稽查和专项检查工作，继续深入推进房地产市场秩序专项整治和治理商业贿赂工作，全面开展了《城乡规划法》落实年活动督导及检查、全省建筑节能检查等专项检查。受理各类投诉举报、上级部门转批案件34件，其中，涉及房地产23件、涉及工程招投标3件、涉及工程建设7件、涉及拖欠工程款1件，结案32件。成功组织了全省工程建设执法工作座谈会，为维护建设市场秩序，规范市场行为，确保建设行业持续、安全、和谐发展做出了积极贡献。在各类专项、专案检查中，共检查了在建项目151个，下发责令改正通知书28份，行政执法告知书41份，下达处罚决定书19份，罚款金额200余万元。通过与省政府法制办协调沟通，对本厅符合换发新版行政执法证件的承担行政执法职责的250多名行政执法人员进行了培训，并组织了考核。

（路长青　张钢军）

【建设教育】　推荐了8名同志参加我省建设系统专业技术人员赴德研修选拔工作，接收1名清华大学博士生到省建筑设计研究院开展服务工作，向省人事厅推荐了享受政府特殊津贴专家7人和“333”人才工程4人，向省人才工作领导组推荐了119名厅局联系的高级专家。在大同召开了全省建设行业职业技能培训鉴定工作会议，重新对17个职业技能培训机构进行了审核认定，选聘了培训教师，修订了职业技能鉴定工作程序和专业技能管理人员培训工作实施方案。截至2008年底，我省共创建农民工业余学校200所。同时积极与住房和城乡建设部协调，争取到中英艾滋病策略支持项目培训资金6.5万元，完成对2500名农民工的培训任务；完成了对我省建筑业工地预防艾滋病宣讲骨干及管理骨干培训工作。对23074名建筑业一线农民工进行了安全知识培训，对17997人生产作业人员进行了职业技能培训鉴定。　（路长青　张钢军）

【党风廉政建设和精神文明建设】　召开会议对2008年党风廉政建设和精神文明建设工作进行了安排部署，形成了“紧紧围绕一条主线（加强对落实科学发展观的监督检查）、突出两个建设（党风廉政建设、精神文明建设）、更加注重三个环节（教育、制度、监督）、积极参与四项治理（住房公积金专项督查、城乡规划效能监察、治理商业贿赂、房地产专项整治）”的总体工作思路。深入调查研究，制定了建设系统《2008～2012年惩防体系建设规划的实施办法》。下发了《中共山西省建设厅党组2008年党风廉政建设和反腐败工作主要任务分解意见》。《分解意见》对厅领导班子9名成员、18个处室、48项主要任务进行了分解落实（含省委、省政府分解给我厅的2项牵头、16项配合任务），形成了厅主要领导全面负责，重大问题亲自过问，班子成员抓职责范围内的党风廉政建设，带头履行好“一岗双责”，各处室积极承担，党员干部广泛参与的工作格局。根据厅主要领导工作变化的情况，及时调整了党风廉政建设和反腐败工作领导组及工作机构，进一步明确了领导机构及其工作职责。2008年，全省建设部门紧密结合业务工作，普遍开展了形式多样的“迎奥运、讲文明、树新风”活动，深入开展“创建文明机关，做人民满意公务员”活动。召开了“纪念七一暨抗震救灾表彰大会”，建设厅党组作出了“在全省建设系统开展向戎金亮同志学习活动的决定”，在忻州召开了全省建设系统向戎金亮同志学习动员大会。我省援助四川地震灾区过渡安置房建设任务提前超额完成，实现了省委提出的“全国争先”目标，全省建设系统有9个单位和19名个人受到住房和城乡建设部的表彰。

（路长青　张钢军）

【信息化建设】《中华人民共和国政府信息公开条例》颁布实施后，迅速成立了山西省建设厅政府信息公开工作组。按照《山西省贯彻落实〈中华人民共和国政府信息公开条例〉实施方案》，制定了《山西省建设厅贯彻落实〈中华人民共和国政府信息公开条例〉实施方案》。下发了《关于报送政府信息公开目录的通知》，编制了《山西省建设厅政府信息公开指南》、《山西省建设厅政府信息公开目录》。起草了《山西省建设厅政府信息发布保密审查制度》、《山西省建设厅依申请公开政府信息工作制度》，明确了申请受理、审查、处理、答复等各个环节的具体要求。在网站设置了省建设厅政府信息公开专栏，建立和畅通链接，并开设了“政府信息公开指南”“政府信息公开目录”“依申请公开”“政府信息公开年报”“政府信息公开规定”等五个栏目，进一步优化政府信息公开专栏页面功能设置。2008年，在我厅门户网站共主动公开政府信息近600条。受理信息公开申请2件，并已全部答复。网站共发布各类信息7438条，其中厅发文件384篇，公示公告389篇，法律法规284部，领导讲话156篇，建设动态新闻866篇，设置专题栏目18个，其他类信息5359篇，网站总访问量突破136万人次，真正成为“政务公开的平台、对外宣传的窗口、在线管理的平台和服务公众的桥梁”。加快推进电子政务信息化项目的开发建设，基本完成了山西省建筑市场监督管理信息系统、山西省房地产市场信息监管平台系统、山西省城市市政基础设施建设管理系统的开发建设，制定了山西省住房公积金监管系统总体建设方案，起草了山西省建设厅内部行政审批系统建设方案。进一步提高了全省建设行政主管部门的监督管理水平。　（路长青　张钢军）

【抗震救灾】　四川汶川发生大地震后，按照省委、省政府的安排，全省建设系统在各市政府、各有关部门的共同配合下，组织260多家企业、12000多名建设职工赴四川灾区进行过渡安置房建设。经过55天的奋战，累计安装完成37277套，提前25天超额完成了援建任务。在任务总量3万套以上的省区中，我省是最早完成全部任务的省区，受到国家有关部门、援建地政府和灾区人民群众的一致好评，涌现出了一大批先进集体和以优秀共产党员戎金亮为代表的先进个人。援川建房太原突击队被党中央、国务院和中央军委联合授予“全国抗震救灾英雄集体”，罗清宇被授予“全国抗震救灾模范”；太原、晋中、朔州市援建突击队分别被全国总工会授予“抗震救灾重建家园工人先锋号”称号；晋中市建设局等9个单位被建设部授予“全国住房城乡建设系统抗震救灾先进集体”，郝培亮等18人被授予“先进个人”；太原市建管委等44家单位被省人事厅、省建设厅联合授予“山西省建设系统抗震救灾先进集体”，孙荣琨等328人被授予“先进个人”。在接受对口支援四川茂县的灾后重建任务后，先后派出4个专家工作组，50多名专业技术人员，完成了10个乡镇的农房重建施工指导工作，22个乡镇的村镇规划调研和全县范围内的41万平方米危房鉴定工作。

（路长青　张钢军）

【山西建设大事记】

1. 省建设厅主要领导调整

2月2日，省建设厅召开全厅干部大会。省委组织部副部长张凯宣布了省委关于王国正同志任省建设厅党组书记的决定。副省长张建民出席会议并作重要讲话。

2. 五台山申遗工作取得阶段性成果

1月3日至4日，五台山申遗文本签字仪式及相关事项协调会在北京召开，建设部、教育部、国家文物总局、山西省建设厅有关负责人出席会议。

3月28日，五台山风景名胜区申遗领导组第三次全体会议在省政府召开，副省长张建民出席并部署工作。

5月14日至15日，张建民副省长一行对五台山申遗和文物保护工作进行调研。省建设厅、省财政厅、省国土厅、省监察厅、省文化厅、省林业厅、省文物局、省环保局和忻州市、五台县、风景名胜区等相关负责人陪同调研。调研结束后，张建民副省长主持召开了《五台山申遗和文物保护工作调研座谈会》，听取了省建设厅、省文物局和忻州市政府及五台山风景区政府的工作进展情况的汇报。省财政厅、省监察厅、省国土资源厅、省林业厅、省环保局、省文化厅等省直有关单位的负责人，按照职责分工，就有关工作作了发言。

7月16日，张建民副省长一行对五台山核心区环境整治和移民商住区工作进行了实地考察。

7月17日，省建设厅召开了五台山申遗工作汇报会，张建民副省长出席了会议。汇报会由省建设厅厅长王国正主持。忻州市政府、省建设厅、省文物局、省发改委、省财政厅、省国土厅、省林业厅、省文化厅、省监察厅等相关单位负责人参加了会议。

9月8日至13日，世界遗产专家对五台山进行了实地考察评估。五台山申遗工作正式进入世界遗产组织机构评审阶段。

3. 全省建设工作会议在太原召开

4月9日，全省建设工作会议在太原召开。会议以党的十七大、十一届全国人大一次会议、省十一届人大一次会议和全国建设工作会议精神为指导，回顾总结了2007年全省建设工作取得的成绩，深刻分析了当前面临的形势和任务，并对2008年工作进行了安排部署。省建设厅厅长王国正作了题为《深入贯彻落实党的十七大精神促进城乡建设又好又快发展》的工作报告。省人大常委会副主任谢克昌、副省长张建民、省政协副主席周然出席会议。

会上，省、市政府签订了2008年建设工作目标责任书，省建设厅还对全省建设系统党风廉政精神文明建设工作进行了安排部署。

4. 圆满完成援川建房工作任务

5月19日，省建设厅召开党组扩大会议，传达了住房和城乡建设部于5月18日召开的研究部署解决四川受灾群众过渡安置住房建设问题会议的精神。根据安排我省将向灾区援建4万套过渡安置房，分三期完成。会议成立了以郝培亮总工程师为主任的省建设厅支援四川灾区群众过渡安置住房建设领导组办公室，首期将建造7500套过渡房，并于6月25日前完成。王国正厅长主持会议并对援川建房工作提出了要求。

5月21日，山西省援助四川地震重灾区过渡安置房建设联席会在省政府召开。张建民副省长出席会议并做了重要讲话，会议由省政府副秘书长罗清宇主持。省建设厅、省发改委、省财政厅、省经委、省民政厅、省交通厅、省国资委、省交管局、省红十字会、省建工（集团）总公司、太原市铁路局的负责同志参加会议。

5月22日，张宝顺书记亲自深入到“山西衡达利彩钢压型板厂”和“中捷彩钢”两家生产企业进行调研，深入到生产车间，察看生产线，了解企业原材料储备、生产能力、质量等情况，鼓励企业在保证质量的前提下，开足马力生产、抢时间加紧生产。省委常委、太原市委书记申维辰，副省长张建民，以及省建设厅厅长王国正、太原市市长张兵生、省建设厅总工程师郝培亮和省直有关领导陪同调研。

5月23日，省建设厅总规划师李锦生带领由厅机关规划处、房地产处、村镇处、省规划院、省勘察院和太原、大同、阳泉、朔州、临汾、运城、晋城、长治、晋中、吕梁、忻州11个设区城市规划部门的领导和专家一行20余人组成的山西省援助四川灾区过渡安置房规划工作组飞抵四川，研究落实我省一期7500套过渡安置住房建设地点，制定规划设计方案。

5月27日，省委副书记、省长孟学农到相关生产企业实地察看过渡安置房生产准备情况，详细了解生产过程中存在的突出问题，随后在现场召开座谈会。张建民副省长、王清宪秘书长、罗清宇副秘书长，省建设厅、省经委、省财政厅、省交通厅、省民政厅等有关部门的负责同志，太原重型机械（集团）有限公司、太原钢铁（集团）有限公司主要领导，以及15家安置房生产企业负责人参加了会议。

5月30日，山西省援川建房前方指挥部在都江堰大观镇举行第一次全体会议。指挥部总指挥、省政府副秘书长罗清宇，省建设厅总规划师李锦生出席会议并讲话。指挥部所有援川队员和11个地市代表参加了会议。

6月20日，山西省委副书记薛延忠在省建设厅、省发改委、省财政厅、省民政厅等相关部门领导陪同下赶赴四川省都江堰市，看望战斗在一线的广大干部职工，对他们的辛勤工作表示慰问，为他们带来了省委、省政府和山西3400万人民的问候，并为他们送去了慰问品。

7月1日，省委书记、省人大常委会主任张宝顺专程来到忻州市忻府区南城办事处西街村，看望慰问在援川建房一线殉职的优秀共产党员戎金亮同志的家属。

7月12日，副省长张建民在援川建房前方指挥部、省建设厅、成都市政府相关领导的陪同下，冒雨来到四川省都江堰市玉堂镇、大观镇等安置点看望、慰问一线施工和管理人员并与他们亲切交谈。

7月12日，建设部陈大卫副部长来到我省援川建房前方指挥部，看望并慰问一线施工和管理人员，并会见了同期抵川的张建民副省长一行。

7月13日，援川建房前方指挥部在都江堰市玉堂镇蓝光过渡安置房施工现场，举行援川过渡安置房建设主体完工仪式。

7月21日，山西援川建房突击队员凯旋归来，省委副书记薛延忠、副省长张建民，以及省建设厅等有关部门的负责同志前往机场迎接。经过近万名建设者五十多天的艰苦奋战，山西援助四川地震灾区过渡安置房建设提前25天完成任务。共建成过渡安置房37308套、面积69.43万平方米，可解决11万受灾群众的住房问题。

9月12日，全国住房和城乡建设系统抗震救灾工作总结表彰电视电话会议在京召开，住房和城乡建设部副部长黄卫主持会议。会议总结了建设系统在抗震救灾中的整体情况，特别是在过渡安置房建设工作中表现突出的先进单位、集体和个人给予了表彰奖励。

5. 人事任免

7月28日，省建设厅召开厅党组扩大会议，会议由厅党组书记、厅长王国正主持，厅领导及厅机关各处室、厅直各单位的负责人出席会议。王国正厅长宣读了省委组织部及省政府对闫晨曦同志的任命决定。

8月26日，省建设厅召开干部大会，会议由厅党组书记、厅长王国正主持，省纪委常委、秘书长贾毓杰同志宣读了省纪检委和省委组织部对郝耀平同志任省纪检委驻建设厅纪检组组长和建设厅党组成员的决定。

6. 山西召开解决农村困难群众住房工作现场会

11月6日，省解决农村困难群众住房工作现场会在右玉召开。全省11个市及部分县（市、区）政府领导，省直有关部门负责同志参加了会议。省委常委、副省长李小鹏出席会议并做了重要讲话。

副省长李小鹏代表省政府与各市政

府签订了2009年农村住房解困工作目标责任书，并实地参观了右玉县农村住房解困工作开展情况，和已经住进解困房的困难群众亲切交谈，认真询问他们的生活、生产情况。（路长青　张钢军）

环境保护

【概述】 2008年，全省以污染减排为抓手，以重点区域集中整治为突破口，大力推进蓝天碧水工程，攻坚克难，锐意进取，环境保护工作呈现出“主要污染物排放量持续下降，大气环境质量明显改善，河流污染治理显现效果，环境状况恶化局面得到初步遏制”的新局面。环境状况出现了由量变到质变的拐点，实现了由点的治理到面的推进和突破。

2008年，全省11个省辖市二级以上天数累计达3679天，比2007年增加317天，增长9.40%，完成目标任务的120.8%，空气质量优良率达到90%以上，提前78天完成了11个省辖市环境空气二级以上天数3000天的考核目标，提前41天完成了省政府对各市环境空气质量二级以上天数的考核任务；所监测的11个省辖市及102个县（市）二氧化硫年均浓度为0.070毫克/立方米，比2007年0.124毫克/立方米下降43.5%。

全省主要河流断面水质进一步改善，所监测的103个河流断面中，符合水质优良（Ⅰ～Ⅲ）的断面16个，占监测断面总数15.5%；轻度污染（Ⅳ）的断面21个；占20.4%；中度污染（Ⅴ）的断面6个，占5.8%；重度污染（劣Ⅴ类）的断面60个，占58.3%。有4个断面水质显著好转，8个断面水质好转，其他断面水质基本保持稳定，地表水环境质量稳定中好转；城市声环境质量稳定；辐射环境保持天然本底水平；全省重点区域环境集中整治成效显著；奥运会、残奥会和煤博会空气质量得到有效保障；环境监管能力和环保执法力度得到进一步加强；环保投入显著增加，环保在经济发展中的调节作用进一步显现；环保问责实现了新的突破。全省环保工作正在步入科学发展、良性循环的轨道。（胡　早）

【污染减排】 2008年，全省将428个二氧化硫减排重点项目、227个化学需氧量重点减排项目分解落实到各市县和重点企业，依法对未完成烟气脱硫任务的20台燃煤机组实施了关停，促进70%以上的焦化企业完成了焦炉煤气全脱硫。对701家重点工业企业安装2470个自动监控装置。新建成27座污水城镇处理厂，全省建成污水处理厂达到61座，在建43座，11个重点城市市区均完成污水处理厂建设任务。全省共实施总量置换项目757个，置换二氧化硫4.9万吨、化学需氧量3103吨，共否决75个总量置换措施不落实的项目。完成国家与省政府签订的《“十一五”二氧化硫总量减排责任书》中的41台（1058万千瓦）重点燃煤机组烟气脱硫项目；全省现有3056万千瓦燃煤电厂全部完成烟气脱硫设施任务，在全国率先完成所有燃煤电厂烟气脱硫工程建设。关闭小火电机组58.8万千瓦，淘汰钢铁落后能力1298万吨、落后的焦化能力1539万吨、落后水泥产能1298万吨。

经环保部核定，全省2008年二氧化硫排放总量130.84万吨，比2007年净减排量7.83万吨，减排率5.65%，比2005年累计减排率13.69%；化学需氧量排放总量35.88万吨，较上年净减排量1.54万吨，减排率4.12%，较2005年累计减排率7.29%，各项数据均超额完成环保部下达的年度减排任务，为实现“十一五”的减排目标奠定了坚实的基础。（胡　早）

【蓝天碧水工程】 2008年，将城市环境综合整治定量考核指标列入各级政府的环保目标责任。一级抓一级，部门联动，严格执法，蓝天碧水工程范围内11个重点城市、32个县（市）城镇环境基础设施建设及管理取得长足进展，有10项指标提前完成“十一五”蓝天碧水工程建设目标。全省新增集中供热面积约4545.38万平米，平均集中供热率达到了63.17%，比2007年增加14.77个百分点；新增污水处理能力4753.68万吨，平均污水处理率达到了47.2%，比2007年增加13.7个百分点；新增垃圾无害化处理能力81.37万吨，平均垃圾无害化处理率达到了20.99%，比2007年增加12.22个百分点；平均气化率达到了76.87%，比2007年增加9.36个百分点；新增烟尘控制区面积124.9平方公里，平均烟控区覆盖率达到了87.6%，比2007年增加21.75个百分点；新增绿化覆盖面积135.9平方公里，平均绿化覆盖率达到了33.78%，比2007年增加3.95个百分点。

2008年，全省整体空气质量得到较大改善。11个省辖市全部完成了省政府对各市环境空气质量二级以上天数的考核任务。与国家考核的113个重点城市对比，全省有10个重点城市排名大幅前移，除大同外，全国倒数第35位以后已没有山西重点城市，实现我省历史性、突破性、里程碑式的跨越。除太原、大同、朔州外，其他8个省辖市环境空气质量达到国家二级标准，实现了全省重点城市环境空气质量无国家二级标准零的突破，结束了有统计以来我省11个重点城市没有二级空气质量的历史；有35个重点县（市）首次达到了环境空气质量二级标准，创历史最好水平。（胡　早）

【区域环境综合整治】 2008年，全面推进20个县市区域环境集中整治，重点区域环境质量得到明显改善。为促进经济和环境保护的协调发展，真正做到在发展中落实环境保护，在环境保护中促进发展，省环保局按照宝顺书记提出的“突出抓好重点行业、重点区域、重点环境问题的整治”要求，从3月至11月，对交城、灵石、清徐等20个重点县（市区）实施“重点区域整治”。5月30日，省政府召开了“加强环境保护促进科学发展部分市县主要负责同志座谈会”，全力推进6个重点区域20个重点县市环境集中整治。期间，共关闭企业1798户（不包括土小企业），关闭污染严重的设施2329台（套），停产整顿企业995户，限期整改企业925户，补办手续企业357户，停止建设违法项目88个，断水断电1723户，执行行政处罚814.17万元，多年积累的环境顽症和违法现象得以解决和扼制，20个重点县环境质量得到进一步改善，整治区域内环境空气质量二级以上天数比2007年增长49%，达到了预期整治目的。环保部周生贤部长为此做出出批示：“山西省委、省政府重视，决心大，部署认真，狠抓落实，初见成效，经验值得推广”。（胡　早）

【环保规划与投入】 2008年，积极推动“十一五”环保规划实施。按照省政府要求，省环保局组织有关部门和单位完成了《山西省环境保护“十一五”规划》和《国家环境保护“十一五”规划》（山西部分）中期评估工作，通过调研、数据收集、整理、汇总和分析和专家论证修订完善后，完成《中期评估报告》；编写了《汾河流域生态恢复环境污染防治方案》。

2008年全省环保投入大幅增加。“十一五”前三年即2006—2008年环保投入累计为523.5亿元，是“十五”同期环保投入的5.5倍，是“十五”期间环保投入2.3倍，已完成“十一五”规划投资的65%。其中：省级财政投入（包括煤炭可持续发展资金）17.3亿元，带动社会资金210亿，主要用于电力、焦化、冶金、化工等重点行业污染治理、汾河流域废水处理、城市环境综合整治和环保监管能力建设。（胡　早）

【环境影响评价】　2008年，省环保局认真贯彻落实《中华人民共和国环境影响评价法》、《建设项目环境保护管理条例》和《山西省重点工业污染监督条例》，对高污染高耗能项目实行严格的环境准入，对环境质量超标、无环境容量承载地区实施环境容量置换，严把项目审批关。全省环保部门共审批建设项目3178个，其中审批环境影响报告书574个，环境影响报告表1762个，环境影响登记表842个。共否决223个不符合环境要求的建设项目，涉及投资254.1亿元。其中涉及饮用水源保护区和泉域重点保护区的项目15个，当地环境质量超标，无环境容量承载和厂址敏感的项目68个，不符合国家产业政策、行业准入条件、高污染高耗能的83个，其他57个。认真落实《山西省人民政府关于大力推进战略环境影响评价的实施意见》，大力推进区域和规划环评，在规划环评和区域环评的审查过程中严格把关，完成临汾市全国规划环评度试点工作以及4个矿区的规划环评和9个省级开发区域环评工作。（胡　早）

【污染防治】　2008年，山西污染防治工作紧紧围绕污染减排、蓝天碧水工程中心工作，坚持全面推进重点突破，各项工作取得积极进展。8月1日至9月20日，全省开展了“环境集中整治百日行动”，完成40项奥运保障治理项目，实现了奥运期间预期目标，没有出现三级或劣于三级的天气，环境空气质量创历史最好水平，为北京兑现奥运会空气质量承诺提供了有力的支持和保障。把保障饮用水安全作为首要任务，完成了全省109个县205个饮用水水源地划定，地表水源地13个，地下水源地192个。稳步推进重点流域治理，水环境质量稳步改善，重度污染断面比例下降3.8%。全面贯彻《山西省重点污染源治理办法》、《山西省重点工业污染监督条例》，推进9208家重点工业污染源建成环保设施，对逾期未完成达标任务的476家企业实行了“零点关停行动”，省控1015家重点工业污染源实现全面达标。对324家企业实施环境污染末位淘汰。

2008年，全省用于工业固体废物治理投资27641.1万元，新增工业固体废物处理能力1.36万吨/日。全年工业固体废物产生量16213.32万吨，比2007年增加16.03%；工业固体物排放量为232.39万吨，比2007年减少43.09%。工业固体废物综合利用量为9213.91万吨，比2007年增加34%；综合利用率为56.83%，比2007年上升7.76个百分点；处理量为5918.46万吨，比2007年增加1.49%。

（胡　早）

【自然生态保护】　2008年，省政府批准实施了《山西省生态功能区划》（晋政发［2008］26号）；全省11个市、15个县编制完成了本区域的生态功能区划和生态经济区划，认真开展了全省土壤调查，完成了土壤采样、样品分析测试、审核分析数据等工作，建成了全省土壤样品库，土壤调查数据库正在建设。积极开展生态示范创建，左云、平鲁、沁源被环保部命名为国家级生态示范区，全省国家级生态示范区增加到14个；积极开展生态县创建活动，组织编制生态县建设规划，创建了54个省级环境优美乡镇，160个省级生态文明村。组织申报国家级及省级63个农村环境综合整治项目。大力推进煤炭工业可持续发展政策试点工作，积极开展矿山生态环境恢复治理，太原西山矿区已开展综合治理工作，汾河流域生态恢复治理工程开始实施，朔州矿区大规模的矿区生态恢复治理工作已取得成效。（胡　早）

【环境执法与排污收费】　2008年，全省环境监察工作以污染减排、重点县（市、区）环境整治、奥运环境质量保障和环境应急等工作为重点，认真组织开展各项环境执法活动，并取得实效。全年累计出动执法人员7万余人次，现场执法20.2万余次，检查企业2万多家（次），集中整改了2005年以来各级挂牌督办案件1871个，占整个挂牌督办案件的98.3%。开展了“百日安全督查和环境污染隐患排查”，共检查化工企业5296家（次），非煤矿山尾矿库2785座（次），城市污水处理厂423家（次），垃圾填埋场550家（次），整改企业429家。妥善处置了“3.30”壶流河跨省水污染事件、“6.19”北方兴安化工厂储酸罐爆炸混酸泄露事件等突发环境事件5起。共受理信访举报4846件，查处环境违法案件4323件，执行行政处罚8587万元。我省全年征收入库排污费25.03亿元，征收总额居全国第一，污染减排成效在排污收费工作中首次显现。

（胡　早）

【辐射与危险废物安全监管】　2008年，省环保局共出动核与辐射安全执法检查人员172余人次，对411家放射源利用单位进行了现场检查。开展了放射源排查和电磁辐射设备（设施）申报登记工作，对604家用源单位进行了清查，对23家用源单位进行了限期整改，核发和补办许可证113份，转让审查放射性同位素138家490枚，审核放射源异地使用单位22家37枚，对454枚放射源收贮入库，对14个国控点进行监测，对395枚废源进行收贮监测，对182家用源单位进行验收监测，对122个用源单位进行了监督性监测，仲裁监测36家。截至2008年12月31日，全省放射源使用单位604家，使用放射源数量达3211枚。

2008年，为强化危险废物的环境监管，开展了危险废物和医疗废物焚烧设施专项检查，完成了持久性有机污染物初步调查工作。（胡　早）

【污染源普查】　2008年，按照全国统一部署，在全省11个市、149个县区（包括开发区）成立了污染源普查机构，配备专职普查人员1158人，普查指导员954人，普查员6800人，录入员496人。落实资金10683万元，组织培训26000人次，在报刊杂志刊登普查宣传资料13333条，电视媒体8429条、专栏7483个、简报2146份、网站网页2960条、宣传标语及海报、宣传画256万份，制作环保购物袋50万个。省普查办和环保宣教中心在省城交通繁华地段两处设立公益广告，并组织了普查千里行活动，组织300余名骑游队员在全省119个县进行宣传，涉及企业3000余家，影响人群20万人。顺利完成了普查入户填报、数据录入、质量核查、上报汇总、审核整改等工作，普查工作已经取得重大成果。全省共清查污染源186069个，其中工业源24241个、生活源63767个，集中式治理设施159个，农业源97902个；确定普查污染源157592个。其中，工业源20219个，生活源38286个，集中式治理设施148个，农业源98939个。

（胡　早）

【环境宣传教育】　2008年，省环保局大胆创新环保宣传教育理念，在全国环保系统率先提出环保宣教五大理念：环保职能论、环保话语权论、环保宣传超前论、环保舆论监督论及环保宣传效应论。在全国第一家推出环保宣教工作目标化考核制度。全省环保系统共组织新闻发布会40多场，组织新闻记者集体采访活动30多次，省级以上主要媒体宣传山西环保新政的新闻报道达9000多篇（次），各大网站发布新闻信息300余万字。针对领导干部、环保执法人员、企业负责人、大中小学生等重点对象，开展了形式多样的环境教育培训活动，受教育人数达到上万人。

（胡　早）

【机构队伍建设】　增设山西省环境监控中心和山西省环境监测中心直属站两个处级事业机构。截止2008年底，全省县级以上共设置各类环保机构508个（省级15个，市级91个，县级402个）。全省环保系统人员编制总数7334人，其中行政编制1255人，其他编制103人，年末实有人数11050人。

（胡　早）

交通·邮电

铁　　路

【概述】　太原铁路局是全国铁路运输管理体制改革中新组建的铁路局，成立于2005年3月18日，共有职工11.5万人，管辖石太、京原、南北同浦、侯月、侯西、京包、太焦、大秦、迁曹10条干线和西山、太古岚、上兰村、忻河、介西、礼垣、云岗、宁岢、口泉、平朔10条支线。东起能源大港秦皇岛，西至黄河禹门口，北到煤都大同，南至古迹风陵渡，路网纵贯三晋南北，横跨晋冀京津两省两市，线路总延长7645.6公里，铁路营业里程2951公里，配属机车1287台、客车1656辆，下设34个运输生产站段。

太原铁路局是全路18个铁路局中货运量最大、运输收入最高、重载技术最先进的铁路局。主要担负着国家新型能源工业基地—山西省的客货运输任务，用户群辐射全国26个省市自治区、15个国家和地区。货物发送量占全路货运量的六分之一，煤炭发运量占全路运量的三分之一左右。管内旅游资源丰富，游客、学生、民工等形成的铁路客运量逐年增长，铁路局在山西综合交通运输体系中居骨干地位，为国民经济和社会发展发挥了重要作用。在2008年全国500强企业排序榜中，太原铁路局以第104名的成绩入围中国企业500强，以第41名的成绩入围中国服务企业500强。　（孙淑环）

【运输安全】　紧紧围绕客车、重载、施工、人身、路外等安全重点，积极研究新情况、探索新规律、完善新机制，安全关键得到有效控制。深刻汲取“4·28”和铁路局“7·4”、“7·9”事故教训，深入开展安全大反思、大检查和安全生产专项整治活动，解决了一大批影响运输安全的突出问题和隐患；全面强化技术创新，大秦线成功开展了2万吨重载组合列车安全验证试验和提速综合试验研究，“大秦铁路重载成套技术应用”荣获2008年度国家科技进步一等奖；不断加大安全投入，全年投入72.7亿元用于固定资产改造，投入16.9亿元对主要行车设备进行大修整治，投资2.1亿元对85处道口进行了平改立改造，投资1.52亿元对58个车站586.8单延公里进行了安全封闭。到2008年底，全局累计投资10.79亿元，新装护网1630公里，占全局营业里程的69.1%，是建局之初的5.2倍，全封闭站场159个，占全局站场总数的75%，是建局之初的7.6倍；大力加强专业管理，加大现场检查、过程控制和监督考核力度，安全基础得到进一步巩固和夯实。以安全年的实现为标志，全局运输安全重新步入了持续稳定发展的轨道，为其他各项工作有序推进奠定了坚实基础。　（孙淑环）

【运输生产】　上半年两大自然灾害发生后，全局货车去向受限，净入空敞车和接入管重受到直接影响；下半年奥运会和残奥会召开期间，管内煤矿大面积停产，市场价格出现倒挂导致阶段性货源紧张；特别是10月份以来，金融风暴席卷全球，山西省传统支柱产业受到严重冲击，煤、焦、铁等能源产品热销局面急转直下，全局有效货源跌至历史冰点。面对接踵而至的重重考验，全局上下沉着应对，迎难而上，迅速打响了“全员营销、全面挖潜，确保两线、争上总量”的增运补欠攻坚战，以“十补”为主要措施，有效扼制了货运量急剧下滑的局面，最大限度地减少了运输亏欠；客运方面，全局完成货物发送量4.68亿吨，同比少运322万吨，减少0.7%；大秦线完成运量3.4亿吨，同比增运3646万吨，增长12%；侯月线完成交口运量1.09亿吨，同比增运1080万吨，增长11%；完成旅客发送量4386.4万人，同比增加529万人，增长13.7%。

（孙淑环）

【经营管理】　在前三季度物价上涨过快，成本支出增加，四季度全国经济回落，货物发送量和运输收入下滑的情况下，太原铁路局积极推进集约经营，将全面预算管理贯穿于经营工作的全过程、全方位，在全力增运增收的同时，多渠道节支降耗，大力压缩非生产性支出，进一步降低物资采购成本。全年全局完成运输收入441.61亿元、同比增收11.92亿元、增长2.8%；运输利润预计完成部下达的1834万元；运输总支出预计完成106.5亿元，控制在部下达的有权支出额度之内；全年集中采购节约资金2480万元，维修料物资采购节支4.2亿元；全年多元经营预计完成收入151亿元，比铁道部奋斗指标增加45亿元；实现利润4亿元，比铁道部奋斗指标增加1亿元。　（孙淑环）

【工程建设】　2008年，完成工程建设投资任务60.66亿元，分别是2006年、2007年的近三倍；抓住国家以加强基础建设促进经济增长，铁路建设进入投资旺盛期的有利契机，及时向铁道部和山西省委、省政府汇报，大西客专、中南通道等十个新

朔州至黄骅港铁路专线　　张明芳摄影

建工程得以立项，石太客专、太中银等十个在建工程进程加快，促进山西省铁路建设进入了大规模发展阶段。（孙淑环）

【职工生活】 2008年初，为在岗职工月均增加岗位工资303元。7月1日起为职工建立了企业年金。职工人均年收入较2007年增长16.3%，较全路平均增幅15%高出1.3个百分点；持续加大经济适用房建设力度，全年续建19栋、2984户、34.99万平方米。新开工21栋、1915户、20.25万平方米；投资673.9万元对职工住宅楼进行专项整治，投资289.6万元对10个职工住宅小区实施完善配套建设，完成了2348户集中供热和1634户燃气入户安装改造；职工采暖补贴标准由每月18元提高到60元。铁路局确定的12件实事除京张线因扩能改造只进行"五小"建设外，其余全部高标准兑现；职工生产生活条件持续改善，住房、就医等突出困难得到有效缓解；全年支出"三不让"专项资金2236.3万元，帮扶困难职工家庭21100户次，救助患病职工1377人次，救助困难职工子女入学1017人，使更多的职工群众享受到了和谐路局发展成果。

（孙淑环）

【多元经营】 太原铁路局多经系统认真贯彻铁道部"长期共存、相辅相成、互为促进"战略定位和"规范管理、改善经营、拓展市场、扩大就业"总体要求，积极创新实践，主动应对挑战，实施转型发展，深化重组改革，加快战略装车点建设，经营规模再创历史新高，可持续发展能力不断提升。全局多元经营完成营业收入165.7亿元，较上年同期117.65亿元增收48.05亿元，增长40.8%，完成铁道部年度确保指标106亿元的156.3%；实现利润4.5亿元，较上年同期6.03亿元减少1.53亿元，下降25.4%，完成铁道部年度确保指标1.95亿元的230.77%；上缴各种税金53791万元。上缴路局投资回报4000万元，分流安置主业人员302人。

（孙淑环）

【精神文明建设】 2008年，太原铁路局各方面工作得到了党中央、国务院和部党组、山西省委、省政府以及社会各界的亲切关怀和高度关注。在2008年初，抗击雨雪冰冻灾害的关键时刻，胡锦涛总书记亲临大秦线视察指导，给路局以巨大的鼓舞和鞭策；铁道部倾全路之力给予支持和帮助，派出了阵容强大的技术专家工作组与全局一道攻克重载技术难关；北京、呼和浩特、郑州等兄弟局围绕大秦、侯月运输组织和集中修鼎力相助；山西省委、省政府领导现场办公，亲自抓铁路建设，形成了全省重视支持铁路建设的生动局面；北京、天津、湖北、山东等省市及电力、钢铁企业多次慰问访问太原铁路局，并邀请路局劳模观光旅游、参观学习，共商合作发展大计。所有这些，彰显了太原铁路局在国民经济、区域经济和全国路网中的重要战略地位，打造了全局干部职工顾全大局、勇挑重担、善于攻坚、无私奉献的良好形象，铺就了企业长远发展的美好前程。（孙淑环）

北同浦铁路线

张明芳摄影

【科技职教】 始终把科学发展观作为贯穿全年各项工作的一条主线，坚持用中国特色社会主义理论体系武装全体党员和干部职工，全年举办各类理论培训班83期，培训7100余人。特别是在学习实践科学发展观活动中，路局党委按照"党员干部受教育、科学发展上水平、人民群众得实惠"的总要求，以"建设和谐铁路、服务人民群众"为实践载体，以"双保双促"为主题实践活动，分阶段在路局机关、公检法部门以及2个试点站段深层展开，对229名副处级以上干部进行了集中培训。本着"量力而行、尽力而为"的原则，确定了"十大惠民工程"，并迅速加以实施推行，赢得全局干部职工和社会各界的赞誉，民主测评满意度达到100%，得到了部检查指导组的高度肯定。通过学习实践，全局进一步加深了对科学发展观精神实质的理解，为推进和谐路局建设奠定了坚实的思想基础。全局举办各类技术讲座310期，20373人次参加；组织劳动安全、防洪暑运、防寒春运、新技术新规章等各类考试319704人次；组织标准化作业和非正常行车应急处理技能演练268期，7676人次参加；职工培训工作在确保运输生产安全、基础设施改造、新技术设备推广应用、运输组织方式调整等各项重大任务中，较好地发挥了人才培养和岗位把关作用。（孙淑环）

【党群工作】 以汲取"4·28"事故教训为教材，大打了一场规范管理、强基固本的攻坚战。面对"4·28"事故教训，全局各级组织扎实开展安全大反思、大检查活动和安全警示月教育活动，以领导班子会、专题安委会、党员干部会等多种形式，自上而下，专题反思，编发安全法制宣传卡、张贴页9700余份，组成法制宣讲团，进行现场法制宣讲65场次；扎实推进了"五个一"现场安全宣传教育机制，在一线岗位深入开展了安全"十法"教育，制作下发"安全宣传页"8万多张，"安全提示卡、警示卡、出勤卡"50多万张；各级党组织层层开展反思剖析，56个党委共剖析党支部536个，剖析党小组1325个，解剖党员岗区2984个，查找解决各类问题862个；组织人事和纪检监察部门加强了对领导干部反思检查的督促指导，对34个生产站段领导班子反思记录进行集中调阅、分析，对6个单位领导班子安全履职能力进行了专题剖析，促进了反思检查的步步深化。2007年11月20日全局胜利实现了安全生产500天，年底夺取了新的安全年。（孙淑环）

公　路

【概述】 2008年，省交通厅新一届厅党组带领全省交通系统13万干部职工踏实苦干，抢抓机遇，勇于创新，积极应对挑战，交通各项事业实现新发展、新跨越，省政府提出的各项交通工作目标圆满完成，省厅承诺为民办的八件实事全部兑现，交通事业继续保持了持续、稳步、健康发展的势头。

1．公路建设。全省公路建设完成投资200.3亿元。其中，高速公路完成40.4亿元，干线公路完成68.9亿元，农村公路完成88.4亿元，运输站场完成2.46亿元。新增公路通车里程4904公里，高速公路72公里，一二级公路988公里；新增通水泥（油）路的建制村951个。制定并经省政府批准高速公路网调整规划，路网布局由“人字骨架、九横九环”调整为“三纵十一横十一环”，路网规模由4050公里调整为6300公里。完成旅游公路建设规划，开展干线公路网、公路运输枢纽、红色旅游公路建设、太原城市圈公路建设等规划的编制工作，开展交通与经济社会发展适应性等重大课题的研究。晋城～济源、运城南环两条高速公路胜利建成，阳城～翼城高速公路进展顺利。省政府提出的开工1000公里的目标基本实现，今后两年开工2000公里项目的前期工作也全部启动。启动108国道、307国道、309国道等48个2283公里交通量较大的经济干线、旅游干线和出省公路项目的建设改造，完成1498公里。沿黄干线除57公里因改线未完外，其余路段500余公里建成通车。全省完成县乡公路改造4678公里、通村水泥（油）路18291公里，全长1200公里的沿黄扶贫旅游公路基本贯通。建成一二级汽车站12个、乡镇汽车站90个。省厅调整汽车客运站建设补助奖励办法，安排专项资金500万元，支持农村物流配送网络和信息网络建设。开工建设315基地进出道路等国防交通基础设施项目，进一步完善了国防交通网络。

大运高速公路养护

张明芳摄影

截至2008年底，全省公路通车里程达到12.48万公里，公路密度达到79.62公里/百平方公里，分别比1978年增长4.6倍；高速公路从无到有，达到1965公里，特别是建成以仙神河桥、雁门关隧道为代表的一批在全国有影响的特大桥梁和隧道；农村公路总里程达11万公里，是1978年前的6.4倍，全省100%乡镇、88%建制村通水泥（油）路，具备条件的建制村通公路，100%乡镇、94%建制村通客车。

2．公路养管。全年用于公路养护的投入达32亿元，其中用于治超4.13亿元。一是在公路养护方面，高速公路养护投资7.85亿元，分批分期对“瓶颈”路段和拥堵站点进行拓宽改造，完成太原～旧关高速公路爬坡车道拓宽改造和所有三类以上桥梁的加固，完成收费站扩容改造27个、安全整治和预防性养护300公里，并在所有收费站和服务区经营网点建立非现金交易系统，实现刷卡交费、刷卡消费。国省干线公路完成危桥改造253座、安保工程886公里、公铁立交安全整治20座、综合治理2400公里、大中修710公里、GBM工程500公里，大大提高公路通行能力和服务品位。农村公路建立省、市、县“三级抬”的养护经费渠道和县、乡、村分级负责的管理体制，所有计入通车里程的农村公路都纳入养护里程。开展了农村公路危桥改造试点，完成71座。省厅出台《农村公路管理养护实施细则》，并按国务院规定标准提高了农村公路养护补助资金，补助总额比2007年提高3倍。二是在治理超限超载车辆方面，紧紧依靠各级政府，启动了新一轮“拉网式、无缝隙”集中治超行动。共查处非法超限超载车辆7万辆次，卸载11.3万吨。运管机构派出4000多名运管人员对政府公示的9000多个货运源头企业全部实施了现场监管，查处违法案件406起，罚款1602万元，有效控制超限超载车辆出场。全省2/3以上的高速公路出入口安装不停车检测系统，所有收费公路实行计重收费。省厅还拨出专项资金，支持临汾市开展流散物体密闭厢式化运输试点，全年该市改装和购置全密闭货车1700辆。严格落实省政府治超责任追究办法和考核奖惩办法，对上半年治超成绩显著的3个县（市、区）分别奖励1个环城公路项目，对3个优秀治超站点分别奖励10万元。同时对治超不力的3个县（市、区）实行交通项目限批。全省货运车辆超限超载率由8%～11%下降到0.2%，高速公路消除车货总重55吨以上的非法超限超载车辆，交通事故明显减少，公路和桥梁得到有效保护，通行效率明显提高。三是在依法治交方面，争取省政府出台源头治理、责任追究两部治超政府规章。建立法律顾问制度，依法处理一批多年沉积的公路建设债务纠纷案件。加强行政复议、行政诉讼工作，依法撤销3起违法或不当的具体行政行为，严肃查处一批不作为、乱作为的交通执法人

五台山旅游公路线路

张明芳摄影

员，出台统一交通执法服装的方案。建立公路养护、高速公路工程招标代理市场体系，调整了公路建设项目定额标准和概预算编制办法。开展公路勘察设计、施工、监理企业履约考核和运输、维修、驾培等企业信用考核，对履约和考核不合格的企业分别作了停业整顿、取消投标资格等处理。

3. 科技教育。全省全年交通系统用于科技教育3110万元。围绕交通科学发展急需的关键技术，先后组织开展“高等级路面大纵坡路段路面典型结构和材料研究”等40余项科技项目攻关，共获省科技进步奖8项，占全省同类奖项总数10%。粉煤灰、煤矸石筑路技术和废旧沥青再生利用、隧道照明节能技术在公路建养中得到推广应用。交通职业技术教育立足行业创特色、创优势，不断推进教育创新，毕业生就业率达到90%以上。

4. 规费征收。2008年，全省交通规费征收完成168.6亿元，比2007年增长18.5%。其中，汽车养路费及货附费44.5亿元，增长18.9%，在全国分别排第8位、第2位；拖拉机养路费及货附费2.46亿元，增长1.9%；运管费及客附费8.37亿元，增长38.8%；车辆通行费113.3亿元，增长17.4%。

5. 公路运输。2008年，全省公路运输完成客运量4.1亿人、旅客周转量213.2亿人公里，分别比2007年增长3.5%、3%；完成货运量8.64亿吨、货物周转量460.4亿吨公里，分别增长5.26%、7.71%。民用汽车拥有量是1978年的40倍，公路客运量、旅客周转量、货运量和货物周转量分别比1978年增长16倍、17倍、12倍和40倍。

6. 交通改革。新一届厅党组坚持用改革创新的办法化解交通发展中面临的难题，大力推进重点公路建设体制改革，积极探索省市共建共管建设模式，已在榆次—祁县、晋城环城两条高速公路和108国道介休—霍州段、临汾—大宁一二级公路、省道340等国省干线公路上试行。不断深化投融资体制改革，8个高速公路BOT项目建设全面启动。省厅与开发银行等五大银行签订总额1750亿元的战略合作框架协议，已有一批贷款到位。积极推进城乡交通管理制改革试点，省厅安排500万元，支持试点县（市）城市公共交通基础设施建设，全省已有晋城、阳泉2个省辖市和78个县（市）实现了城乡交通运输统一管理。认真落实国家实施成品油价格和税费改革的决策，提出了交通征稽与收费人员转岗安置意见和取消政府还贷二级公路初步方案。积极稳妥推进企事业单位改革，在确保稳定的前提下，组织制定了全省路桥企业三年发展规划和吕梁、中北、太行3个路桥公司破产方案，并报省国资委和省劳动厅审查。厅属事业单位改革完成了清理规范的调查摸底工作。

7. 安全生产。2008年，全省各级交通部门认真贯彻落实以人为本、安全发展的理念，建立和完善“一把手”负总责，分管领导具体负责，班子成员分工负责、“一岗双责”的安全生产责任制。组织制定安全生产管理八项制度和道路运输安全“三关一监督”源头管理“十项措施”，设立安全生产奖励资金。督察整改国务院和部省提出的20多项安全生产重大隐患，协调有关市政府健全水上交通安全监管机构。建成全省道路运输卫星定位应用系统，7634辆营运长途客车、旅游客车、危险化学品运输车辆全部安装了卫星定位终端，实现了实时监控。为绝大部分一二级汽车站配齐安检仪；为地方海事机构配备安全监督与搜救装备。认真落实鲜活农产品“绿色通道”政策，按照省政府要求开通季节性化肥运输“绿色通道”，全年共免收通行费2.5亿元。

8. 抗灾救灾。2008年，厅党组四次组织厅直单位干部职工共向灾区捐款440余万元、捐物9700余件，组织党员交纳特殊党费284.6万元，组织向南方雨雪冰冻灾区抢运电煤6.75万吨，向四川地震灾区运送救灾物资7.8万吨、过渡板房33448套、返乡民工9000余人。各公路收费站点及时开通抗灾救灾通道357条。高速公路免费放行救灾车辆3万辆次，免收通行费566万元。在抗震救灾的关键时刻，厅党组派出突击队火速入川参加公路抢通保通战斗，为灾区人民打通一条条震不塌、摧不垮、冲不毁的交通“生命线”，保证救灾物资和人员运输畅通，被中共中央、国务院、中央军委授予“全国抗震救灾英雄集体”光荣称号，被中华全国总工会授予“全国五一劳动奖状”和“工人先锋号”，一批干部职工受到交通运输部和四川省政府表彰。抗震救灾转入恢复重建后，省厅第一家向援建灾区茂县派出公路测设队，帮助茂县完成交通恢复重建规划编制和重点项目勘察设计工作；厅公路抢通保通突击队第一家转战茂县参加援建工作，首个援建项目黑虎羌寨旅游公路开工建设。

9. 奥运交通。2008年，全省交通系统把做好奥运交通保障作为提升交通公共服务能力、树立山西交通行业形象的巨大动力和契机，认真组织实施基础设施改善提升、进京货车绕行组织、进京客车尾气改造、公路标志标线完善配套、交通设施绿化清洁、“奥运快速通道”6项工程，圆满完成奥运火炬传递大运高速公路转场和奥运期间的交通保障任务，并派出奥运应急车队进京服务，安全准时运送奥运志愿者7.4万人，受到奥组委高度评价。为做好应急保障工作，省厅组织编制交通应急2个总体预案、6个专项预案、13个系统预案，涵盖高速公路、国省干线、道路运输、水上搜救、重点工程建设、安全生产、交通战备等各个方面。同时加强应急救援及保障队伍建设，经过整合、重组，建立12支战略物资运输应急保障车队、11支旅客运输应急保障车队、38支公路工程应急保障中队和覆盖全省的汽车维修救援网络，共有专业保障人员8000多人、保障车辆1400余辆、战备钢桥41座、冲锋舟4艘、浮箱128节、机械设备1600余台（件）。全年紧急运送物资21万吨、旅客8万余人，紧急救援车辆7万余辆次。参加山西省“联动—2008B”军警民联合演习。（师国梁）

【全省运管系统治超工作推进会召开】 2008年1月6日，全省运管系统治理非法超限超载搞好货运源头管理工作推进会在忻州顿村召开。副省长牛仁亮向大会致信祝贺。副厅长张志川出席并讲话。省运管局局长李华中，忻州市政府副秘书长、市政府治超办主任曹剑文，各市运管局、各县运管所负责人200余人参加。朔州市运管处、长治县、大同县、平顺县、广灵县、清徐县运管所分别作经验介绍。

（师国梁）

【阳泉至五台山高速公路阳泉至盂县段奠基仪式举行】 2008年1月11日，阳泉至五台山高速公路阳泉至盂县段奠基仪式在阳泉郊区杨家庄乡白家庄村举行。省人大常委会副主任薛军，省政协副主席韩儒英，中国建筑工程总公司党组书记郭涛、副总经理刘锦章，厅总工程师郜玉兰，阳泉市四大班子领导出席。市长白云主持。

项目全长182公里。采用BOT模式，

由中国建设工程总公司投资建设。阳泉至盂县段是阳五高速公路建设一期工程。起于平定县西郊村，与太旧高速公路相接，止于盂县元吉村，与石太高速公路阳泉北客运站连线相接。主线长41.2公里，一级公路连接线7.008公里，按双向四车道标准设计，时速80公里，路基宽24.5米，投资估算27.92亿元，建设工期3年，它的实施，将带动山西东纵干线快速发展，对完善山西高速公路和东纵主干线公路网起到积极促进作用，对全省经济发展具有十分重要意义。

银行系统，省交通厅有关处室，忻州市政府及五台县，阳泉市市直单位及郊区、盂县、平定县有关负责人、新闻媒体记者出席奠基仪式。 （师国梁）

【汾阳至邢台高速公路和顺至榆社至平遥段开工奠基】 2008年1月28日，汾阳至邢台高速公路和顺至榆社至平遥段开工奠基。省政府副秘书长李顺通、中国中铁股份有限公司副总裁白中仁、省交通厅厅长王晓林出席并讲话，厅总工程师邰玉兰主持，省直有关部门、金融部门领导，晋中市四大班子领导、长治市领导及两市市直有关部门领导，高速公路沿线各县市党政主要领导和群众代表参加。

项目起于平遥县，接在建的汾阳至平阳高速公路，由西向东穿越山西腹地太行侧，横跨晋中东部山岭重丘区，途经介休、祁县、武乡、榆社、和顺7个市县，止于和顺县康家楼（省界），与河北省高速公路相连，全长约172公里。为全省又一个BOT高速公路建设项目，2007年9月由中铁三局集团有限公司中标，负责建设运营和移交。全线采用双向四车道，时速100公里，山岭区时速80公里，建设工期3年。

中铁公司、长治市、晋中市有关领导作表态发言。 （师国梁）

【全省交通工作暨党风廉政建设会议召开】 2008年2月1日，全省交通工作暨党风廉政建设工作会议在太原召开，总结2007年交通工作以及近年来交通发展基本经验，安排部署2008年工作任务。省委常委、省纪检委书记金道铭，省人大常委会常务副主任杨安和，副省长牛仁亮，省纪委检查员、监察厅副厅长黄福莲，省总工会副主席郭争荣，省纪委监察厅纠风室主任潘少音等应邀出席会议并为受表彰的先进集体和个人颁奖。会议由副厅长张润、张志川分别主持。省公路局党委书记赵振田出席。

厅长王晓林在工作报告中总结回顾2007年工作，宣布2008年交通工作目标，部署十项重点工作，并向社会郑重承诺2008年交通部门为民办的八件实事。

2008年交通工作主要目标是：①交通固定资产投资完成220亿元，力争达到240亿元，增长22.5%。其中：高速公路108亿元，干线公路50亿元，农村公路60亿元，运输站场2亿元。②高速公路建成72公里，新开工1000公里；干线公路新改建1000公里，县乡公路新改建3000公里，村村通水泥（油）路完成10000公里。新增公路通车里程800公里，全省87%建制村通水泥（油）路，93%建制村通客车。③交通规费征收140亿元，力争达到145亿元。

重点做好10项工作。即抓好重点交通基础设施建设；抓好农村交通工作；抓好公路养护管理；抓好运输保障和产业结构调整；抓好治理车辆超限超载工作；抓好市场监管和安全生产工作；抓好交通科技创新和节能减排工作；抓好交通法制建设和体制改革；抓好交通反腐倡廉建设；抓好党的先进性建设和文明和谐行业建设。

2008年交通部门为民办好的八件实事是：①继续实施村村通水泥（油）路工程，完成村村通水泥（油）路1000公里，新增通水泥（油）路建制村1000个，全省87%建制村通水泥（油）路，让更多老百姓走上舒适、平坦的公路；②继续实施村村通客车工程，建设乡镇汽车站80个，安装农村客运候车亭1000个，招呼站牌1000个，全省93%建制村通客车，让老百姓一出门就能坐上客车；③继续加快推进交通信息化“1166”工程，在高速公路推行收费站刷卡交费和服务区刷卡消费，让老百姓快捷通行、方便消费；④建立和完善工程建设防欠机制，重点公路建设不拖欠农民工工资，让农民工按时足额拿到工资；⑤加固改造干线公路危桥150座，实施安全保障工程500公里，强化农村公路养护管理，让老百姓行车更安全、更舒适；⑥巩固治理超限超载车辆成果，强化源头治理，建立长效机制，让老百姓出行更便捷、更畅通；⑦强化道路运输安全管理，建立突发性公共事件应急机制，全省危险化学品运输车辆、长途客车全部安装GPS系统，让老百姓乘车更放心；⑧建立农村物流配送网络和信息服务网络，扶持农村物流企业发展，让老百姓的农产品能及时销售出去。 （师国梁）

高速公路铲雪车正在作业　　张明芳摄影

【全省农村公路新闻发布会召开】 2008年2月20日上午，省交通厅召开全省农村公路新闻发布会，副厅长张润向新闻媒体介绍全省农村公路发展情况，省公路局党委书记赵振田主持。

2002年以来，省交通厅创新农村公路发展、融资、管理思路，注重将农村公路建设与地方农村经济相结合，与扶贫开发相结合，与全省实际情况相结合，特别是在融资方面，省厅不断加大投入，实行“以奖代补”、“多干重奖”政策，大大激发广大人民群众参与交通建设的热情。6年间，全省新改建农村公路15.2万公里，其中改造县乡公路1.9万公里，新建通村公路4514公里、通村水泥（油）路12.8万公里。到2007年底，全省通油路乡镇由“九五”末的86.4%上升到100%，通水泥（油）路建制村由“九五”末的42.5%上升到84.6%，通公路建制村由“九五”末的94%上升到99.9%，通客运班车建制村由“九五”末58%上升到91%。

“十一五”期间，全省将新建和改造农村公路5万公里以上。到2010年，实现90%建制村通水泥（油）路，95%建制村通公交班车。从2008年起，省厅还将按照有路必养原则，加大农村公路养护投入，年度养护补助资金将达到3.17亿元。会议邀请18家中央驻晋新闻单位、省级各媒体参加。厅领导、厅机关有关处室和厅直属有关单位负责人还现场回答了记者提问。（师国梁）

高速公路清障车正在作业　张明芳摄影

【运城至稷山一级公路竣工通车】 2008年2月28日，运城至稷山一级公路全线通车。省交通厅厅长王晓林、省公路局党委书记赵振田及运城市四大班子领导出席通车仪式。

项目起点运城市盐湖区北端，与大运二级公路相接，途经盐湖、万荣、稷山3县（区）11个乡镇54个行政村，终点稷山县贾峪村，与侯禹高速公路连接线相接。全长74.141公里，路基宽25.5米，双向四车道，主线设计时速100公里。项目建成通车后，对于合理分配运城市不同等级公路之间的交通流量，提升路网等级标准和规模效益，直接拉动盐湖、万荣、稷山3县（区）经济发展，进一步推进运城市新型加工制造业基地、高效生态农业基地和黄河金三角地区工贸旅游中心城市建设，都具有重要的意义。（师国梁）

【祁临高速公路获詹天佑大奖】 2008年3月18日，第七届中国土木工程詹天佑奖颁奖典礼在北京举行。全长176公里的祁县至临汾高速公路获詹天佑大奖，是唯一一个工程全路段获奖项目。省人大常委会民族宗教侨务外事工作委员会副主任杨金泉，省土木工程学会副理事长兼秘书长史应标，省公路局党委书记赵振田在北京参加颁奖盛会。（师国梁）

【省交通厅主要领导干部调整】 2008年4月7日上午，省交通厅召开干部大会，宣布厅主要领导任免决定：段建国同志任省交通厅党组书记、厅长，王晓林同志任省人大常委会城乡建设环境保护工作委员会主任。副省长牛仁亮出席会议并作重要讲话。省委组织部常务副部长刘维佳宣布任免决定。大会由王晓林同志主持。厅领导、厅直各单位党政主要领导、厅机关全体公务员参加。（师国梁）

【省交通厅与忻州市召开高速公路协调座谈会】 2008年4月17日下午，省交通厅与忻州市委、市政府在顿村召开高速公路协调座谈会，共同解决当前影响忻阜、忻保高速公路开工建设的征地审批、拆迁等主要问题，合力推进忻州境内忻阜、忻保、太佳高速公路建设，并达成共识：省交通厅与忻州市政府各负其责，通力配合，共同努力，争分夺秒，倒排工期，争取7月中旬忻阜、忻保高速公路同时开工建设。厅领导段建国、郜玉兰、郭贵平及忻阜、忻保、太佳高速公路建设管理处、厅重点办及厅相关处室负责人参加。忻州市委书记张建欣、市长李平社代表忻州市委、市政府表示：将全力以赴，为忻州境内高速公路排除障碍，解决困难，并负责在7月10日前办妥土地征用手续，用早日开工建设来解决当前存在的个别矛盾和问题。（师国梁）

【得胜口至大同高速公路通过竣工验收】 2008年4月25日，得胜口至大同高速公路通过省交通厅组织的竣工验收。副厅长张润、省重点办副主任刘继承出席竣工验收会议。

路线全长47.368公里，2003年10月1日开工建设，2005年10月18日建成通车，概算投资17.65亿元，2005年11月试运营。验收委员会14位专家仔细听取得大高速公路公司总经理李应怀项目建设执行情况报告，以及设计、监理、质量监督工作汇报，按照国家有关规定对全线进行严格检查验收后，一致认为：得大高速公路工期短，投资省，质量好，管理好，综合管理评价91.4分，为优良工程。（师国梁）

【省交通厅与晋中市召开推进高速公路建设座谈会】 2008年5月6日上午，省交通厅与晋中市政府在榆次召开推进高速公路建设座谈会，研究解决当前影响晋中境内高速公路开工建设的有关问题，推进汾阳至邢台高速公路汾（阳）平（遥）、和（顺）榆（社）平（遥）段及北京至昆明高速公路榆次龙白至祁县块赵段两4个项目建设，双方达成共识。厅领导段建国、张润、郜玉兰、郭贵平，晋中市长张璞、副市长马彦平出席，张润主持。

4项目共长280余公里。双方达成如下共识：4项目所需土地指标、申报手续由晋中市政府负责完成，省交通厅、各项目部积极配合；凡开工高速公路项目征地拆迁工作由晋中市政府负责完成，省交通厅、各项目部积极配合；凡开工高速公路项目征地拆迁工作由晋中市政府以总承包形式包干，双方签订承包合同，按国家和省有关补偿标准，足额把补偿费用给农民支付到位；汾平段5月份开工，当年完成路基建设，2009年竣工；和榆平一期加快前期进度，8月队伍进场，制约性工程开工；龙城段四车道改六车道，5月报送工程可行性报告并跟踪落实审批，力争年内开工。双方在国省干线、县乡公路改造、超限超载治理等方面也达成一致意见，并决定联合向国土部门申请追加用地指标。（师国梁）

【省交通厅举行“迎奥运、讲文明、树新风”暨“全国交通文明行业”挂牌仪式】 2008年5月9日上午，省交通厅隆重举行“迎奥运、讲文明、树新风”暨“全国交通文明行业”挂牌仪式。厅长段建国，省直工委常务副书记、省直文明委常务副主任闫登山，省文明办创建处处长李永和出席并讲话。副厅长王志民主持，副厅长张志川宣读交通部表彰决定，总会计师张德仪、副巡视员郭贵平出席。

挂牌仪式结束后，山西交通职业技术

学院、运城高速公路公司、太原高速公路公司、省公路运输工会表演精彩文艺节目，以饱满热情迎接北京奥运会。

（师国梁）

【全省干线公路建设质量现场会召开】 2008年5月21日，全省干线公路建设质量现场会议在临汾市乡宁县召开。回顾总结前两年全省干线公路建设工作，分析当前面临的形势与挑战，安排部署下阶段主要任务和公路建设质量管理工作重点。会议强调，各级各部门与市县政府合力抓好干线公路的环境氛围，创新公路建设质量观念，落实质量责任，强化质量管理，提升质量品位，进一步掀起全省公路建设新高潮，圆满完成全年目标任务，推动干线公路建设又好又快发展。厅长段建国、副厅长张润，省公路局局长戴飞，省重点办副主任刘继承，临汾市委书记夏振贵，市长刘志杰、副市长成洪才等出席。

2006年和2007年，是实施全省干线公路建设"十一五"规划起步和打基础的两年。两年来，全省干线公路建设完成投资40亿元，建成通车902公里，如期建成以省重点工程省道孙吴线小站至孙启庄、307国道旧关至新店、207国道平定至昔阳等3条运煤通道为代表的一批新改建工程，建设规模627公里的沿黄干线公路、大运公路介休至霍州、307国道汾阳至离石、309国道临汾至吉县等重点项目开工建设。

会议期间，与会人员现场观摩沿黄干线公路临汾段第5、6、7、8合同段水稳基层铺筑、重锤夯实、路面材料拌和场、石拱涵及高填方路基施工、上挡墙施工、沥青混凝土面层施工，学习交流临汾市在拆迁工作、临汾公路分局在沿黄干线建设管理、吕梁市在创优建设环境、晋中公路分局在介霍一级公路建设管理方面的经验。

（师国梁）

【全省水上安全监管及搜救装备发放仪式举行】 2008年5月28日上午，全省水上安全监督及搜救装备发放仪式在太原市南宫广场举行，7市19县基层海事单位代表从厅长段建国手中拿到海事执法车钥匙，以及对讲机、救生圈、救生衣等水上监管及搜救装备。这是省海事局成立以来，资金投入最大、装备数量最多、涉及范围最广的一次装备配发，对于促进全省水上旅游事业健康发展，保障水上安全，具有十分重要意义。

这次共配发20部海事执法车、8艘监督搜救艇、45部对讲机、230个救生圈和230套救生衣等。省安监局、省交战办、厅机关有关处室负责人参加发放仪式。

（师国梁）

【省交通厅援川抢通保通突击队获"全国抗震救灾英雄集体"称号】 "5·12"汶川特大地震发生后，接到交通部对口支援任务，厅党组高度重视，立即启动应急预案，下发通知，组建由厅副巡视员郭贵平为总队长和117名突击队员组成的对口支援四川灾区公路抢通保通抢险突击队。5月23日，突击队携带33台大型机械和12台后勤保障车辆，购置800多万元抢险物资，星夜兼程1500公里火速抵达四川绵竹、什邡市开展公路抢险行动。经过58天艰苦奋战，完成了绵竹、什邡市广济至金华、金花至遵道、金花至红白、汉旺马尾桥至虹岩等5条公路抢通保通任务，累计抢通保通公路里程59.6公里，清理和填筑土石方55.04万立方米，及时排险除险296处。支援重庆交通公路抢险突击队抢通公路6.8公里。疏通铁路、公路路口2处。6月12日，绵竹市绵远河上最大的堰塞湖"小岗剑"堰塞湖突然溃坝。全体抢险队员不顾个人安危，奋力保护和抢救施工设备及抢险物资近2000多万元。其间，在驻地帮助当地群众拆房、建房12处，妥善安置受灾群众，并提供米、面、油、帐篷等部分生活用品，当地政府和人民群众称赞突击队是劈山斩石的"钢铁队伍"，是重建家园的"铺路石"。

2008年6月，突击队被中华全国总工会授予"抗震救灾重建家园工人先锋号"；7月，被省委、省政府授予"抗震救灾先进单位"称号，被交通运输部授予"全国交通运输行业抗震救灾先进集体"称号；10月8日，获中共中央、国务院、中央军委"全国抗震救灾英雄集体"称号；11月，被中华全国总工会授予"五一劳动奖状"。（师国梁）

高速公路大同收费站
张明芳摄影

【全省高速公路养护现场观摩暨经验交流会召开】 2008年6月3日，全省高速公路养护现场观摩经验交流会在运城召开。会议总结近年来全省高速公路养护管理的科学运行规律，对社会所关注的焦点、热点问题进行重点研究，动员全系统广大干部职工迅速行动起来，精心做好"迎奥运、保畅通"各项工作，全力构建更畅通、更安全、更和谐、更高效的高速公路通行环境。厅长段建国、厅总工程师部玉兰出席并讲话，运城市长王安庞、副市长柴林山出席。

会议认为，通过有效管理手段解决车流拥堵是当前最核心最重要的工作任务，坚持不懈加强公共服务能力建设始终是工作主题。要认真贯彻"统一规划、协调运转，把握规律、处治科学，反映快捷、行业规范，注重质量、保证畅通"的养护质量方针，以"六高"要求为目标，以畅通工程建设为平台，以制定标准、服务指导、监督保障、考核评价为手段，全面推进"迎奥运、保畅通"为重点的养护管理工作。

会议由省高管局党委书记李万定主持，副局长王联明进行安排部署，局长董新品就养护管理发展和当前运营管理工作重点提出要求。运城、太旧、长治公司作经验介绍。与会代表还赴运三路、侯运路现场观摩路面裂缝、坑槽处治、桥梁预防性养护和加固施工，路面微表处施工，赴运城公路机关参观养护管理内业资料。

（师国梁）

【全省新一轮"无缝隙、拉网式"治超总行动成效显著】 2008年6月15日，全省第一轮“无缝隙、拉网式”治超总行动自2007年12月19日启动以来，取得重大突破和进展。一是超限超载率大幅下降。2007年全省超限超载率为8%至13%（高速8%，干线13%）。至6月14日，全省公路超限超载率下降到0.2%。尤其是55吨以上车辆超限超载势头得到遏制，超限超载率不到0.2%，全省高速公路杜绝55吨以上非法超限超载车辆的行驶。二是交通事故明显减少。从2007年12月21日至2008年6月14日，全省涉及货运车辆交通事故比上年同期下降18%；伤亡人数比上年同期下降6%；直接财产损失比上年同期下降22%。三是运输环境明显改善。全省货车日通行量由2007年12月19日7.6万辆，增加到2008年6月14日21.5万辆，增长1.8倍。道路客车正点率达到91%，交通堵塞状况明显缓解。公路、桥梁也得到有效保护，治超6个月与上年同期相比，全省干线公路危桥减少146座，下降70%；路面损毁减少214公里，下降52%；两项合计减少经济损失4亿元。四是货运价格合理回升。以2007年12月19日运价为基准，截至2008年6月14日，全省9类主要公路货运价格，短途运价为1.21元/吨·公里，平均上涨32%；长途运价为0.68元/吨·公里，平均上涨26%。其中，煤炭及其制品短途运价上涨61%，长途运价上涨38%；金属矿石短途运价上涨35%，长途运价上涨26%；钢铁短途运价上涨56%，长途运价上涨11%。全省公路货运市场初步显现出有序、健康态势。

（师国梁）

【全省交通系统治理非法超限超载车辆工作会议召开】 2008年6月25日，全省交通系统治理非法超限超载车辆工作会议在太原召开。回顾全系统半年来治超工作，部署下一阶段任务，厅长段建国作《突出新重点，展开新攻势，以新一轮治超中继续当好主力军》的工作报告，副厅长张志川传达全省治超工作会议精神，总会计师张德仪主持。省治超领导组副组长、省治超办主任李顺通，省监察厅副厅长、省纠风办主任黄福莲出席并讲话。

离石市、宁武县、高平市3个源头治超示范县（市）代表，省公路局局长戴飞，省高管局局长董新品，省运管局局长李华中在会上作表态发言。（师国梁）

【省交通厅圆满完成奥运圣火传递交通保障任务】 2008年6月25日至27日，省交通厅圆满完成奥运圣火传递交通保障任务。根据省委、省政府和奥运会火炬接力山西组委会部署，省厅制订传递方案，专门成立由副厅长王志民挂帅的奥运火炬传递工作领导组，调动全厅力量，全力以赴做好奥运火炬传递道路交通保障工作。厅长段建国多次听取专题汇报，研究落实方案，实地检查各项准备工作。省高管局从路面改造、收费站扩容、人员培训、服务接待等各个方面做好充分准备。为了确保奥运火炬传递交通保障万无一失，6月中旬，副厅长王志民带领省高管局、省公路局和厅机关有关处室负责人实地检查大运高速公路及各个就餐、休息场所，并组织模拟演习，进一步发现问题，弥补不足。

此次火炬传递交通保障工作的圆满完成，得到2008年北京奥运会火炬接力境内传递活动山西省组委会总指挥、省委常委、政法委书记、公安厅厅长杜玉林和所有参与人员的高度好评及赞扬。

（师国梁）

【全省高速公路刷卡收费暨工商银行“牡丹晋通卡”首发仪式举行】 2008年6月30日上午，省交通厅、省高管局与工商银行山西分行联合举行山西省高速公路刷卡收费启动暨工商银行“牡丹晋通卡”首发仪式。厅长段建国、副行长林明为“牡丹晋通卡”揭牌，标志着山西成为全国第六家实现高速公路刷卡收费的省份。

厅总会计师张德仪主持，厅总工程师郜玉兰、副行长于晋萍分别介绍全省高速公路刷卡收费工程建设情况、特丹晋通卡功能特点和服务优势，省高管局、山西分行有关人员回答记者提问，并向首批特卡申请人代表配发“牡丹晋通卡”。省高管局局长董新品、党委书记李万定出席。从7月1日起，全省高速公路联网收费的130个收费站、588条车道（除晋焦路）全部实现刷卡收费。（师国梁）

【《山西省道路货物运输源头治理超限超载暂行办法》和《山西省治理车辆非法超限超载工作责任追究办法》正式实施】 2008年7月1日，《山西省道路货物运输源头治理超限超载暂行办法》和《山西省治理车辆非法超限超载工作责任追究办法》启动仪式在太原举行。省治超领导组组长、副省长牛仁亮宣布两个政府令正式实施。省治超领导组副组长、省治超办主任李顺通，厅长段建国，省监察厅副厅长、省纠风办主任黄福莲，省公安厅交管局副局长边智慧，省工商局副巡视员赵勇出席，交通、交警、工商、质检等执法代表和11个治超示范县交通局长参加。省政府副秘书长、省法制办主任崔国红主持。

段建国、黄福莲、边智慧、赵勇分别代表省交通厅、省监察厅、省公安厅交管局、省工商局作表态发言。

启动仪式上，副省长牛仁亮等向运管源头执法人员发放巡查车钥匙，60辆治超专用稽查车也于当日发放给运管执法人员，执法人员代表做了宣誓。为加强源头治理力度，建立长效治超机制，此次共向11个地市运管源头单位发放300余辆巡查车。（师国梁）

【全省干线公路预防性养护现场会召开】 2008年7月4日，全省干线公路预防性养护现场会在运城召开。省公路局将在全省干线公路上全面推行预防性养护，实现由改正性养护向预防性养护转变，由被动性养护向主动性养护转变，由传统养护向科学养护转变，从而达到延长公路使用寿命和减少公路周期养护费用目的。省公路局局长戴飞出席并讲话。局机关有关处室负责人，各分局分管副局长、养护科长、部分公路段段长共80余人参加。省公路局副局长王升云主持。

省公路局初步确定按照“两年打基础，三年上台阶，五年见成效”规划布局，到2010年，保证55%以上公路段全面推行预防性养护，到2012年，所有公路段全面推行预防性养护。

会议宣读并讲解《山西省干线公路预防性养护指导意见》；晋城、运城、晋中公路分局以及临猗公路段作预防性养护经验交流。与会人员还先后观摩晋城、运城公路分局沥青再生剂、密封胶灌缝、微表处施工作业等实施预防养护作业现场，并在运城公路分局机关会议室观看预防性养护专题汇报片。（师国梁）

【全省农村公路检查观摩总结会召开】 2008年7月17日，全省农村公路养护检查观摩总结会在大同召开，回顾总结近年来特别是2006年以来全省农村公路管理养护体制改革工作进程和宝贵经验，进一步动员全系统广大干部职工，继续解放思想，坚持改革创新，推动科学发展，全面推进全省农村公路管理养护体制改革工作再上新台阶。副厅长张润出席并讲话。

从7月2日开始，来自全省11个市交通局的分管副局长、公路处长历时半个月，行程5000公里，检查观摩了18个县区的养护情况。晋中市、大同市、长治市被评为全省农村公路管理养护体制改革先进市，清徐县、汾阳市、古县、河津市、陵川县、平顺县、昔阳县、平定县、忻府区、怀仁县、广灵县被评为农村公路管理养护先进县。 （师国梁）

【省交通厅与晋城市政府召开环城高速公路建设座谈会】 2008年7月18日上午，厅长段建国与晋城市长王茂设就建设晋城环城高速公路进行座谈。双方表示，要加大合作力度，加快工作步伐，早日建成晋城环城高速公路西北段。厅领导张润、张志川、部玉兰、张德仪及厅机关有关处室负责人参加座谈，并提出意见和建议。

项目自泽州县北义城镇张庄村起，与长晋高速公路相连，沿途经巴公镇、西上庄办事处、南村镇，至泽州县大箕镇冶头村止，与晋济高速公路相接，建设里程40.979公里，路基宽24.5米，双向四车道，其中一级公路10.984公里，估算投资19.2亿元。它的建设，将进一步完善晋城市高速公路网，对建设经济发达、人民富裕、生态良好、社会和谐的新型现代化城市，以及新型能源和煤化工基地提供更好的道路交通条件，提升晋城市的中心城市功能和城市品位。 （师国梁）

【省交通厅与大同市、朔州市召开高速公路建设推进会】 2008年7月28日下午，省交通厅与大同市、朔州市政府在大同召开两市境内高速公路建设推进会。副厅长张润与大同市副市长郝月生、朔州市副市长李发以及两市交通局、国土资源局和厅公路处、规划处、重点办等相关部门负责人参加。

大同、朔州境内拟开工建设的高速公路项目共4个，分别是荣城至乌海公路山西境灵丘至山阴段、大同至呼浩特公路山西境大同至右玉段、大同至浑源高速公路、山阴至平鲁高速公路，依次由大同市公路建管处、大呼高速公路建管处、大同市交通局和朔州高速公路建管处进行建设管理，总里程约250公里，占全年全省拟开工建设计划25%。会议就制约开工建设的土地征用批复、资金筹措、设计、环评、水保等关键问题进行深入细致研究和部署，并达成共识。即高速公路项目要路地共建，各项目要密切配合，建设程序要同步进行，齐心协力确保12月各建设项目开工建设。 （师国梁）

【省交通厅举行援川抗震救灾抢通保通先进事迹报告会】 2008年8月5日上午，省交通厅举行援川抗震救灾抢通保通先进事迹报告会。厅长段建国出席并讲话；副厅长张润主持，厅领导张志川、部玉兰、张德仪出席。

报告会上，郭贵平、杨海龙、任跃生、白爱梅先后作了《抢通保通抗震救灾的生命线》、《千里驰援，共赴国难》、《用生命抢通》、《无畏先锋张江志》的报告。他们用朴实语言，从不同层次和角度，饱含深情地讲述了在抗震救灾斗争中的亲身经历和真切感受，再现突击队舍生忘死、战天斗地、迎难而上、不屈不挠动人场面。 （师国梁）

【307国道汾阳至离石段改建工程竣工】 2008年8月6日上午，307国道汾阳至离石段改建工程通车仪式在汾阳市杏花村镇举行。吕梁市委书记聂春玉、市长董洪运，厅领导张润、赵振田及有关单位负责人出席。项目起点汾阳市与文水县交界处冀村镇北，沿307国道经杏花村镇、汾阳市、离石城区，终点南关村西，全长100.13公里，总投资3.39亿元。项目建成之后，对于缓解吕梁境内交通压力，提高国道通行能力，改善吕梁城市环境，促进煤炭资源发展和区域经济发展具有重要意义。 （师国梁）

【省交通厅援建茂县黑虎、渭永通乡公路测设评审会召开】 2008年8月15日，省交通厅援建四川茂县的黑虎、渭永通乡公路两项目测设评审会在茂县召开。四川省公路局、阿坝州茂县以及山西公路专家参加，副厅长张润出席。

黑虎通乡公路起于国道213线飞虹乡，止于黑虎乡羌寨，全长8.5公里，震后损失严重；渭永通乡公路起于国道213线渭门乡，止于永和乡政府，全长11.79公里，原路线为无标准乡路，勉强可通过一辆车，地震后交通基本中断。评审会上，专家们对设计方案给予充分肯定，同时也结合当地公路建设实际情况提出修改意见。

茂县是5·12地震阿坝州损失较严重的三县之一（汶川、理县、茂县），公路损毁十分严重。6月23日，根据省委、省政府安排部署，厅党组召开专题会议，研究对口支援茂县交通重建工作。6月25日，副厅长张润带领先遣工作队赴茂县展开调研规划工作，实地查看茂县境内213国道、302国道和22个乡镇通乡通村公路以及乡镇客运场站受损情况，并编制《关于茂县灾后公路重建规划建设方案》。7月7日，根据茂县对口援建工作重点，受茂县政府委托，厅立即介入黑虎路、渭永路两条通乡公路重建工作，并紧急抽调太原、晋中公路分局测设所40余人携带测设器材赶赴茂县测设。经过1个多月艰苦奋战，圆满完成测设任务。

10月17日，山西路桥集团第一工程公司以1515.6万元报价通过由茂县有关部门组织的施工单位比选，成为该项目的施工单位。10月21日进行项目施工合同签约仪式。

黑虎羌寨旅游公路正式开工建设。双向双车道四级公路标准，概算投资1695.6万元，建设工期1年。

（师国梁）

【忻州至阜平高速公路科技示范工程合同签订】 2008年8月15日，省交通厅召开忻州至阜平高速公路科技示范工程合同签字仪式，厅长段建国、厅总工程师部玉兰，交通部公路科学研究院院长周伟、副院长张劲泉等出席。

项目于2007年3月被交通部确定为全国四项科技示范工程之一。依托忻阜高速公路为建设载体，依靠交通部公路科学研究院为技术支持，联合省交通设计院、省交通科研院和中咨泰克公司等单位予以落实，重点围绕路侧安全防护技术、废旧橡胶粉路用技术、道路景观融合设计技术、隧道建设关键技术等开展安全快捷类、资源节约类以及环境友好类科技成果应用和开发创新。对增强公路运营服务能力，减少占用土地，降低隧道照明能耗，延长重载路面使用寿命，提高桥隧建设质量和工程管理水平，保护生态环境和培养工程技术人才等，具有重要意义。

（师国梁）

【省委书记张宝顺亲切慰问省交通厅援川抢通保通突击队全体队员】 2008年8月19日，省委书记、省人大常委会主任张宝顺在四川茂县考察期间，亲切慰问省交通厅援川抢通保通突击队全体队员。上午

10时，张宝顺书记在副省长张健民、四川省副省长张作哈等陪同下，从松潘乘车到达茂县。一下车，就在厅长段建国、副厅长张润陪同下，走进路桥一公司驻地，详细询问援建人员生活、工作情况后，亲自将慰问品发放到队员手中，并发表热情讲话。中午1时15分，张宝顺书记还集体会见了山西援建茂县的交通、公安、卫生等战线代表，发表热情洋溢讲话，并与大家合影留念。省直有关厅（局）主要负责人、四川阿坝州以及茂县主要负责人陪同慰问。（师国梁）

【全省农村公路建设现场会召开】 2008年9月3日至4日，全省农村公路建设现场会在吕梁市召开，动员全省交通系统广大干部职工大力弘扬吕梁精神，进一步加快以沿黄扶贫旅游公路为重点的农村公路建设，为提高交通“三个服务”能力，实现公共交通服务均等化做出新贡献。副厅长张润出席并讲话，吕梁市委常委、常务副市长丁雪峰出席。

会议期间，与会代表赴柳林、兴县实地参观吕梁市沿黄扶贫旅游公路建设；吕梁、临汾、运城3市交通局作经验介绍。（师国梁）

【全省重点公路工程建设工作汇报会召开】 2008年9月8日下午，全省重点公路工程建设工作汇报会召开。厅领导段建国、张润、张志川、郜玉兰、张德仪、赵振田、郭贵平出席并讲话。大呼、大同、朔州、忻阜、忻保、太佳高速太原段、太佳高速吕梁段、阳五、阳盂、长临、汾平、和榆、临吉、高陵、晋城、闻垣建设管理处（建设公司、服务监管处）及龙白至城赵、太原至古交高速公路项目分别汇报各自工作进展情况。

张润、张志川、郜玉兰、张德仪、赵振田、郭贵平分别对分片包干的项目提出要求，并表示在所包项目上要进一步改进工作方式，能同时进行的程序尽量同时推进，超常规工作，确保全年开工1000公里目标实现。（师国梁）

【《山西省高速公路网调整规划》评审会召开】 2008年9月25日，省交通厅召开《山西省高速公路网调整规划》评审会，广泛征求意见并通过评审。省委政研室、省政府经研中心、省发改委、省公路局、省高管局、省交通设计院及河北、河南、陕西省交通厅等专家参加。厅长段建国出席并讲话，副厅长王志民主持。

与会专家认真听取课题组汇报，经过广泛讨论后一致认为，《调整规划》在原规划基础上增加东西两纵和部分横线、环线，形成纵贯南北、承东启西、覆盖全省、通达四邻的高速公路网，提出的发展目标及规模科学合理，适应国家高速公路网布局要求和促进中部崛起战略需要，增强省份之间及省域内交通联系，进一步提高路网可靠性和应急保障能力，能够为新基地、新山西建设提供强有力交通支撑。（师国梁）

【全省普通公路计重收费启动仪式举行】 2008年11月1日上午，全省普通公路货车计重收费启动仪式在太原征稽分局小店收费站广场举行。经省政府批准，9时起，全省普通公路货车计重收费正式启动，涉及国省干线政府还贷性收费公路85条128个收费站。

省政府副秘书长崔国红、省纠风办主任潘少音、省物价局副局长张存登、省质量技术监督局总工程师张岐云、省公安厅副巡视员边智慧，厅领导段建国、张润、张德仪、赵振田和省公路局局长戴飞、省征稽局局长张晋鹏、省高管局局长董新品及厅机关相关处室负责人出席。仪式由省人大常委会内务司法工作委员会主任委员、省计重收费领导组副组长李顺通主持。（师国梁）

【全省公路交通信息资源整合与服务工程启动】 2008年11月11日，省公路交通信息资源整合与服务工程启动。副厅长张志川出席并讲话。

项目是交通运输部信息化示范工程“省级交通信息资源整合与服务工程”推广项目，也是全省交通信息化建设“1166”工程中的重要组成部分。主要建设内容为：山西省交通厅数据中心（信息资源整合）、GPS整合与行业运行分析系统、公众出行服务系统和应急指挥调度系统。目前，部补助资金和省厅配套资金2000多万元已全部到位，经过面向全国公开进行的建设、监理招投标工作也已完成。计划建设周期为18个月。

业主单位与项目承建单位、监理公司签订有关合同。（师国梁）

【208国道晋中交界至长治常金段路面改造工程竣工通车】 2008年11月19日，208国道晋中交界至长治常金段路面改造工程既夏店互通立交桥全线竣工通车。长治市副市长尚宪芳、省公路局局长戴飞等出席剪彩仪式。

208国道是纵贯长治市南北方向的政治、经济大动脉，1995年建成通车。由于交通流量增大，载重车辆增多，致使路面损坏严重，交通堵塞时有发生，2007年7月份被迫全线中断交通。2008年6月，长治段路面改造工程开工建设。北起晋中交界，南至长治常金，全长119.935公里，总投资5.3亿元。其中：路面改造投资3.94亿元；危桥改造35座，投资2303万元；新建襄垣夏店互通交桥，襄垣县政府（含征地拆迁1000万元）投资4000万元；潞矿过境段10公里二级路拓宽工程，潞矿投资6600万元，襄垣县政府用于征地拆迁部分投资1000万元。（师国梁）

【《山西省道路运输行业评价指标体系研究》通过评审】 2008年11月23日，省科技厅组织国内有关专家对省运管局、长安大学共同完成的《山西省道路运输行业评价指标体系研究》项目进行科技成果评审。副厅长王志民、省运管局局长李华中出席。

经质询讨论后，一致认为项目首次提出全面、系统的山西省道路运输行业评价指标体系，并对全省道路运输行业进行深刻分析评价；深入分析了山西省道路运输产业与国民经济的相互影响关系，建立定量测算模型，为全国省级道路运输管理机构开展行业评价工作提供科学方法，对提高道路运输行业管理水平具有重要促进作用。（师国梁）

【全省治超取得重大阶段性成果】 2008年12月19日，全省启动新一轮“无缝隙、拉网式”治超总行动一年来，在省委、省政府坚强领导下，各市、县政府和有关部门采取“控”、“拆”、“罚”、“记”、“赔”、“拘”等综合措施，通过艰苦努力，全省治超工作取得重大阶段性成果，严重超限超载局面得到有效控制和扭转。一是超限超载率大幅下降，大大低于国家要求。全省超限超载率由治超前8%至11%，下降到目前0.2%，全省杜绝车货总重55吨以上的非法超限超载车辆在高速公路上行驶，长途运输中的非法超限超载车辆已基本消除。二是交通事故数量大幅下降，伤亡人数明显减少。截至11月底，全省共发生道路交通事故6758起，与上年同期相比减少1635起，下降19.48%；死亡人数减少181人，同比下降6.59%；受伤人数减少2032人，同比下降20.63%；事故直接经济损失减少532万元，同比下降14.63%。三是道路畅通率明显提高，方便百姓出行。客车正点率由治超前60%上升到91%，车辆通行数量提高101%，长时间大面积堵车现象基本消除。四是公路、桥梁得到有效保护，好路率提升。全省公路国省干线平均好路率86.64%，同比提高0.96%，没有新增危桥。五是货运价格合理回升。以2007年12月29日治超前运价为基准，截至10月份，煤炭及制品短途运输运价上涨53.6%，长途运输运价上涨44%；金属矿石短途运输运价上涨51.4%，长途运输运价上涨22.1%。公路货物运价合理回升。六是煤炭外运增幅较大。2008年1月至4月，全省公路出省销售煤炭4274万吨，同比增加1337万吨，增幅45.51%。这期间正是南方雨雪冰冻天气，也是新一轮治超关键时刻，但是治超既没有影响电煤运输，又保证公路畅通。七是营运车辆总数和公路日通行量、货运周转量明显提高。截至12月18日，全省营运车辆数与上年相比净增加2.2万辆，货物周转量增长7.9%。全省高速公路货车通行量由治超日均5.1万辆增长为8.6万辆，增长40.7%，干线公路货车通行量由治超前日均2.2万辆增长为2.96万辆，增长34.5%。

（师国梁）

【山西省重要政务信息新闻发布会召开】 2008年12月25日，省委宣传部、省政府新闻办公室、省交通厅共同组织召开山西省重要政务信息新闻发布会。省政府常务会议已研究通过省交通厅提出的《山西省高速公路网调整规划》和今后两年全省公路建设计划，并纳入今后两年全省基础设施建设6500亿投资计划。规模调整后，全省高速公路网规模由4050公里调整到6160公里，增加2000余公里，路网布局相应调整为“人字骨架、两纵十一横十二环”。其中：国家高速公路网有一射、一纵、三横、一支线穿越全省，里程约2000公里，全省规划里程4000公里。今后两年，全省公路建设规模4.8万公里，项目总投资2435亿元。预计两年可竣工4.57万公里，完成投资1485亿元。这一规模，无论从建设里程看，还是从投资额度看，都将是全省历史上最大的一次。

中央驻晋新闻媒体、省城新闻媒体及境外媒体近50家媒体记者出席新闻发布会。

（师国梁）

【太原至古交、太原至佳县（东段）高速公路建设推进会召开】 2008年12月26日，太原至古交、太原至佳县（东段）高速公路建设推进大会召开。省委书记、省人大常委会主任张宝顺启动控制性工程开工按钮，省委副书记、代省长王君作重要讲话，省委常委、太原市委书记申维辰，省人大常委会常务副主任杨安和，副省长牛仁亮，省政协常务副主席郭良孝，原省人大常委会副主任杜五安，省政府秘书长王清宪，厅领导段建国、张润、韩日裕、张志川、郜玉兰、张德仪、赵振田及太原市、忻州市领导出席。厅副巡视员郭贵平介绍工程概况。

两个项目全长118.1公里，概算投资92.8亿元。其中，太古高速公路起于太原绕城高速公路东社枢纽，经万柏林区，终于古交市河口镇，全长23.5公里，按双向四车道标准设计，路基宽24.5米，时速80公里，概算投资28.4亿元。桥隧里程占到全线71.1%。最大制约工程西山隧道，全长13.63公里，是全国第二大公路隧道，仅次于陕西秦岭隧道。批准工期4年，2012年竣工通车。太佳高速公路东段起于太原西北环高速公路向阳店互通东，经尖草坪区、阳曲县、静乐县，终于娄烦县赤士华村，与太佳高速公路西段相接，全长94.6公里，按双向四车道标准设计，路基宽24.5米，时速80公里。概算投资64.4亿元，批准工期3年。

太原市长张兵生、忻州市长李平社以及太古、太佳（东段）建设管理处负责人作表态发言。

（师国梁）

【省交通厅与五大银行举行战略合作暨首批贷款签约仪式】 2008年12月27日，省交通厅与国家开发银行山西省分行、中国工商银行山西省分行、中国农业银行山西省分行、中国银行山西省分行、交通银行山西省分行举行战略合作暨首批贷款签约仪式。这次战略合作，是交通厅与金融机构共同贯彻中央扩大内需政策、推动金融创新的成果，是再掀公路建设新高潮的根本保证，更是山西长远发展的有力支撑。省委副书记、代省长王君，副省长牛仁亮出席签约仪式。省政府秘书长王清宪主持。厅领导段建国、王志民、张德仪以及省直有关部门负责人，中央驻晋新闻单位及省城媒体记者参加。

根据国家扩内需、保增长的宏观调控政策，省委、省政府做出了再掀公路建设新高潮的战略决策，全面启动历史上最大规模的新一轮公路建设高潮。今后两年共安排公路建设4.8万公里，总投资2500亿元。省交通厅通过争取国家支持、招商引资、资本运作等方式积极筹借资金，同时提到金融机构支持。这次框架协议总额为1750亿元，其中，国家开发银行500亿元，中国工商银行350亿元，中国农业银行300亿元，中国银行300亿元，交通银行300亿元。首批贷款合同136亿元，其中，国家开发银行110亿元，交通银行26亿元，这批贷款涉及高速公路和国省干线改造工程60多个项目。

（师国梁）

【五台山至保德高速公路建设推进会召开】 2008年12月29日，五台山至保德高速公路建设推进会在忻州市忻府区秦城乡秦城村隆重举行。原省人大常委会副主任杜五安出席并为控制性工程开工按下启动按钮，厅长段建国作重要讲话。省人大城乡建设与环境保护工作委员会主任王晓林，省直有关部门、金融部门领导，忻州市四大班子领导出席。副厅长张润主持，总工程郜玉兰介绍工程情况，厅领导张志川、张德仪、赵振田、郭贵平以及厅机关有关处室、厅直属有关单位领导参加。

项目全长316公里，概算165亿元。分为忻州至台山、忻州至保德两段实施。其中：忻州至五台山高速公路是发改委立项、交通运输部补助投资建设项目，被发改委确定为“重大建设项目动态监督与预警信息系统试点项目”，被交通运输部确定为“公路勘察设计典型示范工程”和“高速公路科技示范工程”。起于忻州市忻府区秦城乡部落村，以枢纽互通形式与大运高速公路相交，与忻州至保德高速公路相接，穿越忻府区、定襄县、五台县，终于晋冀交界五台山长城岭，出省后与在建的河北保定至阜平高速公路相接，全长124公里，双向四车道，概算投资60亿元。忻州至保德高速公路是交通运输部补助投资项目，与忻州至五台山高速公路相接，穿越忻府、静乐、宁武、岢岚、保德5县区，终于保德县杨家湾乡会村，跨黄河出省后与陕西神府公路相接，概算投资105亿元。目前，两个项目前期工作基本完成，施工队伍已进场，“三通一平”工作进展顺利。计划2010年平微区路段170

余公里建成通车，2011年全线建成通车。

忻州市长李平社，忻阜、忻保建管处负责人分别作表态发言。（师国梁）

【晋济高速公路竣工通车】 2008年12月30日，晋济高速公路竣工通车。与此同时，晋城西北环、高平至陵川高速公路开工建设。副省长张平，原省人大常委会副主任杜五安，省人大城乡建设环境保护工作委员会主任王晓林，省政府副秘书长崔国红，厅领导段建国、韩日裕、张志川、郜玉兰以及晋城市四大班子领导出席竣工通车仪式。

项目全长30.049公里，概算投资21.7亿元，平均每公里造价7221万元。全线共有特大桥、大桥4990米/13座，中桥142米/2座，隧道13213米/9座，桥隧合计18.3公里，占路线总长61.2%，后15公里更是桥隧相连，桥隧比例高达87.6%，是目前全省乃至全国地形复杂、桥隧比例高、施工难度大、技术含量高、公里造价高的高速公路建设项目之一。其中有华北最大的整幅式连续刚构桥南河特大桥，全省第二长高速公路隧道月湖泉隧道，亚洲最高、世界第二的矮塔斜拉桥仙神河大桥。全线有百米高桥5座，均是具有很高施工难度的技术挑战的工程项目。

晋城环城高速公路是全省规划的11个城市环城高速公路之一，起于泽州县北义城镇张庄村，向西跨太焦铁路，穿207国道，终于南村镇朗庄村，全长29.5公里，双向四车道，投资15亿元，计划2010年建成通车。高平至陵川高速公路，起于高平市河西镇长乐村，终于陵川县古郊乡营盘村，出省后与河南在建的新乡至晋城高速公路相接，全长62.9公里，概算投资37.1亿元，计划2010年平微区路段实现小循环，2011年全线建成通车。

通车仪式后，与会人员乘车参观晋济高速公路。（师国梁）

民用航空

【概述】 2008年，山西省民航机场集团公司（山西省民航机场管理局）以党的十七大、十七届三中全会精神为指导，全面贯彻落实科学发展观，坚持落实山西省经济工作会议和全国民航工作会议精神，坚持“安全第一，预防为主，综合治理”的方针，把航空安全放在各项工作的首位，严格各项规章制度，努力做到干部职工队伍团结、稳定、工作有序。有效确保了服务抗冰雪灾害、四川汶川抗震救灾、奥运会残奥会备降保障、新旧航站楼转场、服务第二届中国（太原）国际煤炭与能源新产业博览会等重大任务的完成，保证了全年飞行安全、空防安全和航空地面安全。

2008年，山西省民航机场集团公司各民用机场共引进航班38班，新增航线19条，加密太原—北京、太原—上海等重点城市的航线航班密度共9条。全年，太原武宿国际机场共完成运输起降4.59万架次，旅客吞吐量431.29万人次，货邮行吞吐量5.35万吨，同比分别增长13%、19.4%、25.2%；长治王村机场共完成运输起降3534架次，旅客吞吐量26.08万人次，货邮行吞吐量1093.9吨，同比分别增长38.8%、63.8%、70.5%；运城张孝机场共完成运输起降4718架次，旅客吞吐量30.35万人次，货邮行吞吐量1910.4吨，同比分别增长55%、45.4%、33.1%；大同倍加皂机场共完成运输起降1882架次，旅客吞吐量11.74万人次，货邮行吞吐量842.5吨，同比分别增长97.7%、59.9%、56.6%。其中，与各航空公司组织免费运输南方抗冰雪灾害物资1.5吨。配合各航空公司执行飞往四川汶川地震灾区救灾包机18架次，免费运送救援人员972人、物资96吨。干部职工自愿向四川汶川地震灾区捐款总计103万元，其中557名中共党员缴纳救灾“特殊党费”69.395万元。

2008年，山西省民航机场集团公司加强生产经营创新开发航空市场，实现总收入2.52亿元，同比增长27.39%。其中，航空性业务收入1.68亿元，同比增长32.21%；非航空性业务收入0.84亿元，同比增长18.75%。

2008年，山西民航机场集团公司组织机构设置有总经理办公室、规划发展统计部、教育培训部、财务部、人力资源部、企管审计督察部、机场安全标准监察部、航空市场开发部、信息网络部、党群工作部、纪委办、监察办、工会、团委。下设公安局、航空安全护卫中心、地勤保障服务公司、综合保障公司、客货旅游销售公司、公益事业管理公司、车辆保障中心、物业管理中心、传媒广告部、餐饮公司、太原机场分公司、长治机场分公司、运城机场运行基地。

2008年，山西民航机场集团公司在册职工数1302人，比2007年增加147人。在册职工中，航空机务人员20人，消防人员47人，航务人员4人，商务人员86人，计算机人员13人，财务人员20人，管理人员135人，后勤及其他人员706人。（靳国斌）

【航空安全】 2008年，山西省民航机场集团公司航空安全目标是：杜绝责任原因造成的一般运输飞行事故；杜绝责任原因造成的劫机、炸机、破坏飞机事件；杜绝责任原因造成的重大以上火灾事故和爆炸事故；杜绝责任原因造成的飞行区内的交通事故；杜绝责任原因造成的重大以上道路交通事故；杜绝责任原因造成直接经济损失在20万元以上的设备设施损坏和报废事件；杜绝责任原因造成的一般航空地面事故和一般航空器维修事故；应急救援率达到100%；专机保障率达到100%；网络信息安全保障率达到100%。

2008年，山西省民航机场集团公司始终坚持“安全第一，预防为主，综合治理”的工作方针，严格落实公司《安全生产目标责任书》内容，在保障奥运会残奥会等活动，机场航班量、旅客吞吐量大幅度增长之下，保持平稳安全形势。实现了本年度航空安全指标。主要工作：

1. 加强组织领导，严格安全管理。依照国际民用航空组织SMS《安全管理手册》规定和《山西省民航机场集团公司安全管理手册》要求，落实安全责任制。进一步完善和调整了航空安全委员会，选拔了一批年轻干部充实到安全管理岗位，强化了安全管理。将安全责任和安全业绩考核挂钩，层层签订《安全生产目标责任书》，使安全工作责任落实到班组每个岗位、每个员工。

2. 开展安全教育培训，强化全员安全意识。公司各级管理者每周召开安全讲评会，举办管理干部安全培训专题讲座和奥运会、残奥会航班保障安全生产实践培训，全方位开展了全员安全教育和机场运行安全管理手册培训，完成了1号、2号航站楼（新、旧候机楼）转场安全培训，完成了140名安检新员工300课时岗前安全教育培训。采取多种形式开展了“安全在我心中”、“立足本职、确保安全、服务奥运”等安全教育活动，牢固树立了安全思想。

3. 严格技术培训标准，提高员工安全操作素质，巩固安全生产运行专项整治成果。按照中国民用航空局涉奥安全措施、《关于彻查空防安全管理漏洞的通知》规定，加强安检信息系统和安保图像库的技术应用，开展人检、仪检、货物检技术操作演练和督察专项整顿治理活动，重点进行无漏洞监控抽查，有效保障了空防安全。规范飞行区车辆安全运行路线和技术监督监控，保证飞行区地面安全。按照中国民用航空局《民航机场冬季安全运行的指导意见》组织机务维修人员观看飞机除冰防冰教育片，进行除冰实际操作演练，为冬季航班飞机飞行安全奠定基础。加强货物和配载工作的监控检查，防止了货物隐载。进行危险品辨识培训，加强危险品运输操作的检查，健全危险品突发事件应急处置工作程序，完善危险品应急处置预案，提高了干部职工应急情况发生时的组织指挥和应变能力。

4. 加强安全监察，强化安全运行质量审计，提升安全运行管理水平。公司充分发挥安全监察专职部门职能，加强内部安全审计，逐月对各部门进行安全运行质量的跟踪检查，跟踪落实，形成闭环管理。对不符合安全运行标准或存在安全隐患的问题，下发限期整改通知单，对整改措施进行持续跟踪检查；对上级安全通告、安全指令中明确的突出问题，成立专项治理检查组或召开专门会议，明确整治责任，持续跟踪整改效果。结合保障奥运会残奥会等重大事件安全形势，全年开展了四次安全大整顿，重点对安全工作作风建设、安全意识、安全责任心、工作责任感和使命感进行检查教育。发现安全运行管理工作有疏漏、不到位者立即进行整顿，剖析问题原因，实施重点整改。

5. 加强奥运会、残奥会公安安保工作，严格实施地面护卫空防安保措施，创建了省城机场良好治安环境。从4月15日起公安局全体民警取消双休日、节假日，全部精力投入奥保工作。积极协调太原公安局特警、驻机场武警开展了武装巡逻，共计对涉奥人员背景调查审查4154人次。主要审查对象是奥运会残奥会期间直接参与在太原武宿国际机场航空保障人员；驾驶专用车辆进入机场控制区的人员；导航台、变电站、塔台、油库等重要部位人员和施工人员。杜绝了不符合条件人员参与奥运会残奥会航空服务保障，在审查核查中查获1名吸毒人员、2名网上在逃嫌疑人员，对不符合条件人员取消了奥运会残奥会航空服务保障工作资格。全省各机场背景审查后办理控制区证件451人，审验各种车辆驾驶员619人，检验进场车辆496台，审核发放车辆通行证件496个。进行内外部和机场软硬件安全风险评估后，市公安局参加山西省公安厅举办的“平安武宿”大型反劫机综合演练，锻炼了实战能力。全年航空安全护卫监护航班31214架次、备降航班132架次、公务机78架次、专机25架次、训练机15架次，旅客安检2193024人次，查出可疑证件360起，货物检查9743.7吨，邮件检查167677件，行李检查4487233件，共开箱检查2743845件。查处违禁物品734件，检查车辆241951辆次，查出无证车辆7辆。检查进入控制区道口人员635459人次，查出无证人员18人、打火机93797只。为奥运会残奥会顺利举办提供了安全保障。

注重安保信息化先进技术的应用，坚持信息技防和人防、物防相结合的防范体系。对机场飞行监控区安装视频监控系统；2号航站楼安装视频监控系统与电子门禁系统；对行李物品应用电子防爆探测系统；机场油罐区加装监控红外报警视频监控系统；航管指挥楼停车场和办公区加装电子门禁系统；公司航食配餐楼安装视频监控系统；重要道口安装了阻车器和车底检查仪电子信息技术查验设备。先进信息技术的应用强化了安保防范精确度和防范效能。公安局刑警大队获“第29届奥运会安保工作协调小组机场工作部安保先进集体”；太原武宿国际机场派出所获“山西省公安厅奥运会残奥会安保工作先进集体”。民警王强、贾景海获“第29届奥运会安保工作协调小组民航机场工作部奥运会安保先进个人”；民警刘嶂磊、马占杰、潘共文、王兵被山西省公安厅评为“全省公安系统奥运会安保工作先进个人”。太原武宿国际机场派出所民警王志清、航空安全护卫中心关韶波被评为华北地区民航奥运安保系统先进个人。

（新国斌）

【企业管理】 2008年，山西省民航机场集团公司从狠抓基础管理、强化培训工作和提高管理人员素质入手，加强企业管理、财务管理、行政管理和综合管理，促进了企业管理向程序化、规范化、标准化、制度化和科学化水平推进。进一步完善了固定资产管理、投资管理和费用预算，继续推行绩效考核制度，明晰资金管理和能耗监管，有效控制成本。公司在实际管理过程中严格兑现合同办理程序，细致落实投资项目管理。太原武宿国际机场改扩建工程历时两年的建设主要项目通过竣工验收和行业验收，其中新航站楼工程获建设部“鲁班奖”荣誉称号。长治王村机场航站配套业务用房改扩建工程及职工住宅工程高标准通过了安全审计。全年公司共投入4460万元加强对所属机场设施建设，投资资金运行良好。实现总收入同比增长。

财务管理。严格执行“收支两条线”管理规定，确保资金安全和良性循环；努力降低生产费用和运行成本；严把审批流程；在保障工作正常进行前提下严控预算额度，确保了资金管理。

人力资源管理。公司注重人力资源管理，选拔了一批有责任心的年轻干部充实到主要管理岗位。通过举办干部职工培训班，制定《山西省民航机场集团公司内部培训管理办法》，还实行聘用培训师制度提高全员素质，全年培训1500人次，根据太原武宿国际机场改扩建需求，经过考核，招聘新员工147名。

综合管理。公司坚持以制度规范人，以制度教育人，以制度管理人的管理方式，加强行政后勤保障和综合管理职能，为太原武宿国际机场抗震救灾，服务奥运会残奥会等重大活动的生产运行提供了高效服务。（新国斌、贾骁勇）

【服务工作】 2008年，山西省民航机场集团公司以旅客和客户需求为导向，以地面服务各航空公司正常飞行和做好不正常航班服务工作为重点，规范服务标准，创新服务理念，强化全员服务意识，延伸服务内涵，完善服务管理体系，全面统筹协调服务各航空公司。制订服务奥运会、残奥会和第二届中国（太原）国际煤炭与能源新产业博览会措施，不断提升山西航空港地面服务水平。主要工作：

1. 依照中国民用航空局《公共航空运输服务质量》和《公共航空运输服务质量评定》的标准对所属太原、长治民航机场服务设施、服务标准细作规范，制订公司内部各类服务保障、安保、应急预案共78项。其中《太原武宿国际机场奥运会、残奥会备降服务保障细则》被奥运组委会首都机场场馆运行团队推荐为备降机场示范本。制订公司《航空地面服务标准》、《山西省奥运会残奥会备降航班服务保障工作预案》、《员工仪容仪表标准》在服务工作中严格落实。应涉外服务需要，强化了《民航奥运机场服务英语》、《民航奥运运输服务英语》的培训考核，促进了规范化服务，有效保障了本年度的航空运输地面服务质量。公司获得华北地区航空运输服务专项整治“综合评价优胜奖”。

2. 加强奥运会残奥会贵宾和特殊旅客服务，强化不正常航班服务工作。按照公司贵宾服务、不正常航班服务要求，全员以积极、热情、周到的服务投入各项服务工作。全年贵宾接待和专机、包机、公务机等特殊接待保障服务2007次、20783人次，保障不正常航班和备降航班1780架次，旅客159568人次，提供无人陪伴服务1481人次，轮椅和特殊旅客服务885余人次。注重航班不正常时的服务技巧，做好旅客解释和安抚服务工作，重点把航班不正常旅客的抱怨情绪降到最低，化解旅客群体情绪，提高了旅客的满意度，未出现任何有效投诉。

3. 加强太原机场新、旧航站楼（候机楼）转场中边搬迁、边服务工作，提升服务质量。按照公司新旧候机楼转场工作方案，细心策划，周密实施，克服两个候机楼同时保障航班运行人手少的困难，加强现场值班管理和监察，确保搬迁保障工作，使信息顺畅，动作统一，到位及时，续接得当。做到了生产不断，工作不乱。有效提升了太原武宿国际机场应急服务形象和保障质量。（新国斌）

【党建工作】 2008年，山西省民航机场集团公司党委认真贯彻十七大、十七届三中全会精神，以学习实践科学发展观的求实精神投入前两个阶段的学习实践活动。自2008年10月20日开展第一阶段学习调研以来，至12月底已完成学习调研阶段、分析检查阶段共10个环节的内容。为达到“党员干部受教育、科学发展上水平、人民群众得实惠”科学安全生产服务目的打下了基础。公司紧密结合抗冰雪、抗震救灾，“迎奥运、讲文明、树新风”各项航空服务活动，实践科学发展观，使学习实践活动持续推进。干部职工紧紧围绕公司“安全、服务、保障、效益”的中心工作，开展了“安康杯”、“安全生产月”、“我为灾区人民献爱心”、“我为奥运作贡献”、“共产党员示范岗”、“青年文明号”活动，促进了员工“立足本职、岗位奉献”的积极性、主动性和科学性，为顺利完成奥运会等重大任务促进公司又好又快发展起到了积极作用。

公司党委进一步加强了党委中心组的学习、提高民主生活会质量、创新发挥党组织的核心堡垒作用和党员先进性作用，为攻坚克难完成奥运会等重大任务提供了有效保障。对拟任职提拔干部，严格推荐、考核、公示、任命和持续培训制度，不断提高了干部素质。坚持开展党风党纪和反腐倡廉教育，构建拒腐防变的思想道德防线，以《中国共产党党内监督条例》和《中国共产党纪律处分条例》强化党内纪律监督，把中央纪委对党员领导干部反腐倡廉的四大纪律（1. 政治纪律；2. 组织纪律；3. 经济工作纪律；4. 群众工作纪律。）八项要求（1. 要同党中央保持高度一致，不阳奉阴违、自行其是。2. 要遵守民主集中制，不独断专行，软弱放任。3. 要依法行使权利，不滥用职权、玩忽职守。4. 要廉洁奉公，不接受任何影响公正执行公务的利益。5. 要管好配偶、子女和身边工作人员，不允许他们利用本人的影响谋取私利。6. 要公道正派用人，不任人唯亲、营私舞弊。7. 要艰苦奋斗，不奢侈浪费、贪图享受。8. 要务实为民，不弄虚作假、与民争利。）三个不得（1. 不得在企业重组改制和破产、资本运营、产权交易过程中擅自决策或为个人和亲友谋取私利；2. 不得在招标采购中收受回扣；3. 不得在企业重组改制和破产中损害国家和职工的利益。）三重一大（重大决策、重要干部任免、重大项目安排和大额度资金的使用。）七个不准（1. 不准利用职务上的便利通过同业经营或关联交易为本人或特定关系人谋取利益；2. 不准互相为对方及其配偶、子女和其他特定关系人从事营利性经营活动提供便利条件；3. 不准在企业资产整合、引入战略投资过程中利用职务谋取私利；4. 不准擅自抵押、担保、委托代理；5. 不准利用企业上市或上市公司并购、重组、定向增发等过程中的内幕信息为本人或特定关系人谋取私利；6. 不准授意、指使、强令财会人员提供虚假财务报告；7. 不准违规自定薪酬、兼职取酬、滥发补贴奖金。）等重要制度和规定要求融入领导干部日常经济活动和重大决策中从严要求，全年未发生违纪案件。

围绕中心工作，有效发挥工会共青团作用。工会认真做好《三维权、五必访》工作，督促检查和支持一线生产单位的“帮弱扶危”困难员工工作，开展各类为员工着想“冬送温暖，夏送凉爽”替员工办实事的活动，积极开展适宜时节性职工文化体育娱乐活动，丰富员工业余文化生活。公司各级共青团组织开展“青年文明号”创建活动和“学习型团组织”、“学习型团员”活动，团员青年在抗震救灾服务、奥运会残奥会重大服务保障工作中发挥了生力军作用，2008年公司公安局指挥中心被评为山西省“青年文明号”班组先进集体。（新国斌）

【机构改革】 2008年1月30日，山西省民航机场集团公司成立物业管理中心。综合保障公司的物业管理部、代管理的停车场业务、房屋租赁业务、信息网络中心电话站划归物业管理中心。同日，撤销集团公司信息网络中心，其职能、资产和人员分别划归太原机场分公司、物业管理中心和太原民航广告有限公司。

2月14日，山西省民航机场集团公司车辆保障中心特种车辆保障队划归地勤服务保障公司管理，地勤服务保障公司地面服务部划归客货旅游销售公司管理。

3月17日，山西省民航机场集团公司将长治机场安全检查站业务划归集团公司航空安全护卫中心管理，其人员管理

太原武宿国际机场改扩建工程竣工仪式
张广法摄影

和行政关系仍隶属长治机场分公司。

3月18日，山西省民航机场集团公司航空安全护卫中心技术培训部更名为安全标准监察部。

10月15日，山西省民航机场集团公司成立信息网络部；将地勤服务保障公司特种车辆保障队划归车辆保障中心管理。

10月17日，山西省民航机场集团公司对物业管理中心机构设置，确定下辖机构为：综合办公室、综合业务部、停车场管理部、电话站四个部门。（新国斌）

【太原武宿国际机场改扩建工程举行隆重竣工典礼仪式】 2008年6月27日上午10时，太原，武宿国际机场改扩建工程竣工仪式在此隆重举行。山西省委常委、副省长李小鹏，中国民用航空局副局长杨国庆和民航华北局山西省民航系统各级领导出席竣工仪式。太原武宿国际机场改扩建工程属中国涉奥保障工程，亦为山西省重点工程，2006年3月26日正式开工建设，经两年三个月的紧张施工于2008年6月20日顺利通过了山西省人民政府和中国民用航空局组织的竣工验收，6月26日通过了中国民用航空局组织的行业验收。

太原武宿国际机场张广法　摄影

太原机场改扩建工程共投资15.25亿元，主要建设内容：一座5.5万平方米面积的航站楼；原跑道和滑行道延长至3600米；新建航站机坪面积21万平方米，增加机位18个（其中近机位12个，远机位6个）；飞行区等级由4D级升格为4E级，可满足目前最大机型A380飞机的备降需求，工程设计目标年为2015年，年设计旅客吞吐量600万人次、货邮吞吐量9.7万吨、飞机起降7.1万架次、高峰小时旅客吞吐量2301人次；拥有值机柜台36个、安检通道13条、行李处理系统3套。本期改扩建工程竣工，标志太原武宿国际机场基础建设迈上了新台阶，是山西省城机场保障能力的一次大飞跃，作为山西对外开放的重要航空口岸，将为山西的对外开放、经济发展提供高层次的空中交通基础设施支撑和航空服务保障。

（新国斌）

【新辟国内航线】 2008年1月20日，山西省民航机场集团公司引进深圳航空公司航班飞机，新辟南宁—太原—哈尔滨国内航线，由深圳航空公司B737机型飞机执飞，航线班期为每周二、四、六、日。

3月30日，山西省民航机场集团公司引进南方航空公司航班飞机，新辟太原—南昌—桂林国内航线，由该航空公司B737机型飞机执飞，航线班期为每周三、日。引进山东航空公司航班飞机，新辟太原—济南—厦门国内航线，由山东航空公司B737机型飞机执飞，航线班期为每周二、四、五、日。引进大新华航空公司航班飞机，新辟太原—运城—重庆国内航线，由大新华航空公司D328机型飞机执飞，航线班期为每周一、二、三、四、五、六、日。

4月1日，山西省民航机场集团公司引进东方航空公司航班飞机，新辟兰州—太原—青岛国内航线，由东航A320机型飞机执飞，航线班期为每周二、四、六。

5月1日，山西省民航机场集团公司引进山东航空公司航班飞机，新辟青岛—太原—银川国内航线，由山东航空公司CRJ2机型飞机执飞，航线班期为每周二、四、六。

7月4日，山西省民航机场集团公司引进南方航空公司航班飞机，新辟大连—太原—南昌国内航线，由南方航空公司A319机型飞机执飞，航线班期为每周一、五。

7月7日，山西省民航机场集团公司引进金鹿航空公司航班飞机，新辟哈尔滨—太原—乌鲁木齐国内航线，由金鹿航空公司A319机型飞机执飞，航线班期为每周一、五。引进山东航空公司航班飞机，新辟太原—济南国内航线，由山东航空公司CRJ2机型飞机执飞，航线班期为每周四、六。

7月9日，山西省民航机场集团公司引进海南航空公司航班飞机，新辟广州—太原—呼和浩特国内航线，由海南航空公司B737机型飞机执飞，航线班期为每周一、二、三、四、五、六、日。

10月1日，山西省民航机场集团公司引进大新华航空公司航班飞机，新辟天津—太原—武汉国内航线。由大新华航空公司ERJ190机型飞机执飞，航线班期为每周一、二、三、四、五、六、日。引进上海航空公司航班飞机，新辟太原—徐州—上海国内航线。由上海航空公司CRJ机型飞机执飞，航线班期为每周一、三、六。

10月26日，山西省民航机场集团公司引进中国联合航空公司航班飞机，新辟太原—南苑国内航线。由中国联合航空公司B737机型飞机执飞，航线班期为每周一、三、五、日。引进南方航空公司航班飞机，新辟广州—太原—鄂尔多斯国内航线，由南方航空公司B737机型飞机执飞，航线班期为每周一、二、三、四、五、六、日。引进南方航空公司航班飞机，新辟哈尔滨—太原—深圳国内航线，由南方航空公司MD90机型飞机执飞，航线班期为每周一、三、五、日。引进东方航空公司航班飞机，新辟太原—长沙—三亚国内航线，由东方航空公司B737机型飞机执飞，航线班期为每周一、二、三、四、五、六、日。

11月2日，山西省民航机场集团公司引进海南航空公司航班飞机，新辟太原—三亚国内航线，由海南航空公司B737机型飞机执飞，航线班期为每周三、日。

11月10日，山西省民航机场集团公司引进四川航空公司航班飞机，新辟重庆—太原—呼和浩特国内航线，由四川航空公司ERJ机型飞机执飞，航线班期为每周二、四、六。

12月4日，山西省民航机场集团公司引进山东航空公司航班飞机，新辟青岛—太原—兰州—嘉峪关国内航线，由山东航空公司CRJ机型飞机执飞，航线班期为每周一、四、六。（新国斌）

【山西省民航机场集团公司获奖情况】 先进集体奖：

山西省民航机场集团公司获中华全国总工会、国家安全生产监督管理总局联合评比的全国“安康杯”竞赛活动优胜企业荣誉称号。

中共山西省委、山西省人民政府授予山西省民航机场集团公司“保障北京奥运会残奥会先进单位”荣誉称号。

山西省国家安全工作领导小组授予山西省民航机场集团公司“2008年度山西省国家安全人民防线奥运安保工作先进单位”。

山西省民航机场集团公司被中国民用航空局评为奥运会安全正常优质服务年“航班延误处置先进单位”。

山西省民航机场集团公司获中国航空运输协会的迎奥运文明诚信航空运输销售代理“百佳企业”称号。

山西省民航机场集团公司太原机场分公司获中国民用航空局全国旅客话民航活动“用户满意优质奖”。

山西省人民政府政风行风评议领导

组授予山西省民航机场集团公司地勤服务保障公司“政风行风评议先进单位”。

山西省民航机场集团公司公安局被中国民用航空局评为“民航系统抗震救灾先进集体”。

先进个人奖：

山西省人民政府政风行风评议领导组授予山西省民航机场集团公司纪委办公室副主任燕振航“政风行风评议先进个人”荣誉称号。

山西省民航机场集团公司规划发展统计部主管邢丽被山西省人民政府办公厅评为“二00八年度山西省政府系统办理人大代表工作建设先进个人”。

山西省民航机场集团公司太原机场分公司党委书记白仁光被中国民用航空局评为“民航系统抗震救灾先进个人”。

山西省民航机场集团公司太原机场分公司朱丹阳、地勤服务保障公司柳俊、李丽，公安局交警支队副支队长潘共文被中国民用航空局评为“北京2008年奥运会残奥会航空运输保障工作先进个人”。

（靳国斌）

邮　政

【概述】 经营保持良好势头。2008年1～12月，全省邮政业务总收入完成21.88亿元，其中，邮政企业完成18.24亿元，完成集团公司年预算的104.76%，同比增长15.61%；邮储银行完成4.62亿元，完成集团公司年预算的109.74%。有6个市局超额完成了年度预算目标。全省邮政收支差额控制在集团公司预算目标以内。

邮务类业务平稳增长。全年完成收入4.54亿元，同比增长10.19%。其中，函件收入完成1.45亿元，同比增长18.51%；常年邮资封片发展取得新突破，实现收入3121万元。报刊收入完成1.46亿元，同比增长5.09%；报刊常年收订流转额完成3531万元，同比增长13.52%。集邮收入完成9100万元，同比增长9.48%。代理和信息业务收入完成3531万元，同比增长30.06%；短信业务快速发展，邮储短信新增在网用户39.7万户，累计达到155.5万户。包裹收入完成3127万元。

速递物流类业务较快增长。全年完成收入1.82亿元，同比增长20.72%。其中，速递收入完成1.37亿元，同比增长21.81%；速递省内异地、代收货款业务收入分别增长57.04%和41.36%。物流收入完成4554万元，同比增长17.55%；物流分销配送、中邮快货业务收入分别增长69.13%和31.02%。

金融类业务规模持续扩大。随着银行的组建成立，邮政金融业务范围不断扩大，先后开办了小额贷款、银团贷款、商易通、理财和对公等业务。至2008年12月底已发展“商易通”10844户。

重点营销项目成效明显。全年组织实施了52项省级重点营销项目，实现收入3.42亿元，占到邮政业务总收入的19.85%。其中，奥运集邮营销活动实现收入5707万元，占集邮全年收入的62.71%；奥运邮资封片实现收入1171万元；“思乡月”专项营销活动实现收入1020万元，同比增长50.21%；2009年报刊大收订流转额完成4.37亿元，完成集团公司计划的102.33%，同比增长12.79%；邮政贺卡截至2009年1月4日实现收入7757万元，完成集团公司力争计划的103.43%，同比增长41.07%；新邮预订实现收入3073万元，完成省公司计划的102.46%，同比增长4.23%。

邮储体制改革取得阶段性成果。完成了邮储银行市县分支机构的组建工作，建立起了全省邮储银行的经营管理体系；圆满完成了邮储银行资本金注资工作；实施了邮储分账核算和财务收支追溯调整；在省市两级成立邮政金融工作协调小组，协调落实邮银双方在业务发展、投资建设、人员管理、业务培训和资金安全等方面的工作任务，确保了全省邮政金融业务在新体制下持续快速发展。

薪酬制度改革稳步实施。省公司制定了《全省邮政企业薪酬改革实施细则》，从12月起在全省范围内分步实施。薪酬制度改革，改变了传统的工资分配办法，建立起以岗位管理为基础的宽带薪酬体系和员工工资的正常增长机制，打通员工晋升和发展通道，理顺了内部收入分配关系，增强了工资的保障作用，对推进现代企业制度建设、促进邮政又好又快发展有着十分重要的意义。此外，加强薪酬发放管理，从年初起实施了各市局领导班子薪酬的统一发放。

经营管理体制和机制进一步理顺。经营管理体制方面：及时调整了全省报刊零售经营体制；整合全省代理保险专业机构与代理金融业务管理机构，在省市两级成立了邮政金融业务局，并在省市两级人力资源部门增设了金融从业人员管理岗，强化了对代理金融业务发展及从业人员的管理；突出电子商务的战略地位，增加省市信息业务局的相应职能，统一更名为电子商务局；将全省包裹业务的管理职能统一调整到各级市场经营部门，加强了包裹业务的经营管理。经营激励机制方面：修订了业务发展奖励管理办法，构建起了以单项业务、营销项目和专项营销活动为主体的业务发展奖励政策体系。在年度邮政业务发展奖励办法中，加大了对增量部分的奖励力度，并向函件、速递、邮储和代理保险等重点专业及高效、长效业务倾斜，较好地发挥了激励政策对业务发展的促进作用。

终端能力建设取得新进展。全年改造营业网点83个，其中包括14个精品店、23个标准店和10个银行一类网点；在发展潜力大的城市重点区域和城市新区，安排购置了24处营业网点；新建电子化局所160个，总数占到了自办局所的85%；新建直复营销中心11处、EMS营业厅11处；安排配套资金对全省30个农村局所进行新、改、扩建；组织实施了第二批6个市和23个县级城市的建设达标工作；大同、忻州两市建设部门和邮政部门联合下发了贯彻《住宅信报箱建设标准》的文件；新上线ATM254台，在线运行总数达到653台；新增代理保险专柜150个；新增速递物流揽投车辆53辆、商函揽收用车5辆；为235个邮储网点安装了监控系统，为384个网点安装了联动安全门，为150个存放过夜现金的网点配备了移动金库，全省邮储网点监控系统和联动安全门的安装率均达到了100%；实现了省公司安全监控中心对各市县局固定金库的联网视频监控。

邮运网进一步优化。太原发往80个市、县的特快、手机物流、畅销报刊等邮件实现次日上午10时前到达，77个市、县寄往太原的邮件实现次日上午递。同时，有效提高了邮运车辆的综合利用率，省内干线车辆的满载率达到了90%以上。加强了对航空邮件发运计划的监控，确保紧密衔接有效航班和车次。调整普通邮件分拣封发关系，提高了分拣效率。

信息技术支撑进一步加强。完成了邮储处理中心主机更换、绿卡广域网和综合网省中心的扩容改造工程，有效提升了信息网的安全稳定性和运行速度。邮储固定电话支付系统、小额信贷系统、公司业务系统、信用卡系统、邮资封片业务系统、短信二期系统、客户营销管理系统、绿卡通系统等一大批全网重点项目顺利上线运行。消费积分系统新增功能、代收烟草款系统、速递代收货款系统等一批省内自主开发的项目投入运行。电话银行、综合信息管理系统二期工程、商函与名址系统等一批项目正在加紧实施。信息技术对业务发展的支撑作用越来越明显。

财务精细化管理水平不断提高。全面预算管理的主要流程逐步规范，预算的编制和分析水平有了进一步提高，通过优化成本费用结构，确保对重点业务和重点环节的投入，有效发挥了预算的控制作用和资源配置作用。损益核算和省内网间结算继续深化，各单位的成本效益意识不断增强。实行了以省对市收支两条线管理为主要内容的资金集中管理，加快了资金周转，节约了财务费用，较好地解决了企业内部资金拖欠问题，提高了资金使用效率。量收系统取代了手工报表，数据完整性和准确性基本达到100%。不断扩大集中采购的范围，对专用设备和各种车辆实行了集中采购，节约了采购成本。通过应用新的财务系统，保证了财务数据的真实、可靠和完整。

人力资源管理不断强化。积极推进编制定员工作，根据编制定员标准，对各市局从业人员总量和省公司7个直属单位内设机构、人员编制进行了核定。完善劳动用工制度，制定了劳动用工管理、劳动合同管理等实施细则，并统一劳动合同文本，进一步提高了企业依法用工管理水平。全省劳动合同签订率和劳务工劳务派遣率均达到100%，劳务工参加基本养老保险的比例达到89%。推进人力资源管理信息系统的应用工作，建立人力资源工作目标综合考评体系，促进了人力资源管理工作的规范化和精细化。

安全生产管理力度进一步加大。修订完善了企业治安综合治理、安全生产和安全保卫等管理制度。对全省1198个储汇网点的负责人进行了严格的审核排查，开展了邮储网点资金安全防范达标升级和案件风险排查等专项工作，建立起了一系列内控机制，全省资金风险的管控和防范能力不断提高。高度重视奥运邮政安全工作，层层落实责任，全面加强邮政生产各环节的安全防范工作，确保了奥运邮政安全的万无一失。

企业基础管理进一步加强。在继续抓好省市层面贯标工作的同时，启动了34个县局的贯标工作，促进了基层企业管理工作的科学化和规范化。统一电子化支局操作流程，两网互通运行质量有了较大改善。

邮政服务不断改善。集团公司公布的2008年第一次客户评价结果中，山西省客户综合满意度达到93.66分，排全国第3位。国家统计局山西调查总队开展的专项调查中，山西省社会公众对邮政服务给予了较高的评价。

队伍建设得到加强。加大领导干部的交流和对年轻干部的培养使用，对处级领导班子及时进行了补充调整，并进行了集中培训，进一步优化了领导班子的结构，提高了处级干部的领导能力和管理水平。加强支局长和财务会计人员的培训，支局长参加远程培训的参训率和通过率在全国名列前茅。开展新一轮职业技能鉴定工作，参鉴人数达3500多人。采取多种形式对一线员工进行了岗位培训，促进了职工队伍素质的提高。

和谐文明企业建设展现新面貌。从年初起对一线员工的月生产奖金基数进行了调整；制定了全省劳务工统一的岗位工资标准；组织3800多名先进劳模和一线员工进行了疗休养；保障了离退休人员的待遇；新建职工小家160个，总数达到300个，改善了一线员工的生产生活条件；加强和谐文明企业建设，一大批先进典型受到表彰，其中，省公司荣获全省职工职业道德建设“双十佳”单位、五一劳动奖状、模范劳动关系和谐企业和全国邮电行业模范劳动关系和谐企业等称号。特别是全省邮政积极支援抗震救灾，以实际行动赢得了社会的赞誉。

学习实践科学发展观活动深入开展。在学习实践活动中，省公司领导、省分行领导率先垂范，广大党员干部积极参与，开展了多种形式的宣传发动和学习培训；深入基层进行了广泛深入的调查研究；精心组织开展了继续解放思想大讨论。在充分征求意见、开展中心组学习的基础上，省公司党组认真召开专题民主生活会，积极查找存在问题，深入分析主客观原因，形成了质量较高的领导班子分析检查报告。与此同时，各单位各部门学习实践活动也取得了明显的成效。广大党员干部通过学习实践活动，一是加深了对科学发展观的理解和认识；二是提高了贯彻落实科学发展观的自觉性和坚定性；三是查找出了影响和制约全省邮政科学发展的突出问题；四是明确了全省邮政科学发展的总体思路、工作要求和工作措施。

（李　江）

【《纪念薄一波同志诞辰100周年》个性化邮票首发】 2008年2月23日，在薄一波同志的故乡定襄县蒋村，忻州市委、市政府和定襄县委、县政府及忻州市邮政局隆重聚会，纪念薄一波同志诞辰100周年。作为纪念活动的一项重要内容，《纪念薄一波同志诞辰100周年》个性化邮票首发仪式同日举行。原省人大常委会副主任杜五安，忻州市委书记张建欣，市委副书记、代市长李平社等省市县领导为《纪念薄一波同志诞辰100周年》个性化邮票首发式剪彩。《纪念薄一波同志诞辰100周年》个性化邮票从“青春岁月”、“峥嵘岁月”、“夕阳岁月”等几个历史时期将薄一波同志一生的丰功伟绩展现在方寸之间，得到了省市县领导、薄老子女及亲属和社会各界人士的充分肯定和赞扬。

（李　江）

【山西邮储正式开办小额贷款业务】 2008年3月9日，山西邮政储蓄小额贷款业务正式启动。这是继2007年2月26日推出定期存单小额质押贷款业务之后，山西邮政再次为广大小企业主和农户开辟的新的贷款渠道。省委常委、副省长梁滨，省政府副秘书长罗清宇，省公司总经理朱惠忠，邮储银行省分行行长孙明旺及相关单位领导出席了业务启动仪式。孙明旺行长在仪式上致辞。太谷局作为全省首家试点推出了这项新业务。仪式上，省委常委、副省长梁滨，省公司总经理朱惠忠为全省首家试点单位太谷局授牌。晋中市委书记李永宏和孙明旺行长为用户白永代、乔荣福发放了第一笔邮政储蓄小额贷款资金。

（李　江）

【张来平先生向省公司捐赠《太行邮报》】 2008年3月4日，解放战争时期太行区邮政管理局局长张予如之子—张来平先生向山西省邮政公司捐出了家藏近60年的《太行邮报》合订本。省公司副总经理沈润生代表省公司接受了捐赠，资深经理杨海峰主持了捐赠仪式。由解放战争时期太行区邮政管理局主办的《太行邮报》于1946年8月1日创刊，1949年停刊。该报较为详实地记录了太行区邮政部门战斗、工作的情况，是研究山西邮政史乃至中国邮政史的珍贵资料。据悉，《太行邮报》合订本在全国仅存有三套，一套保存于原邮电部邮电博物馆，另一套保存于原山西省邮电管理局，但这两套都有较多残缺，本套是迄今发行的最为完整的一套。张来平先生捐赠的这套合订本共109期，其中，早期报纸为手刻版，后期为铅印版。省公司副总经理沈润生代表省公司向张来平先生关心、支持山西邮政事业表示感谢，并为其颁发了捐赠荣誉证书，同时表示，省公司将认真妥善保存这份史料，充分发挥好《太行邮报》对研究山西邮政发展历史的作用，进一步推动山西邮政事业又好又快地发展。（李　江）

【《第29届奥林匹克运动会—火炬接力》邮票首发、山西奥运题材邮品发行暨“Beijing2008我的梦想”明信片邮寄活动仪式正式启动】 2008年3月24日上午，由省委宣传部、共青团山西省委、省体育局、省邮政公司主办，省集邮协会承办的《第29届奥林匹克运动会—火炬接力》邮票首发、山西奥运题材邮品发行暨“Beijing2008我的梦想”明信片邮寄活动启动仪式在省城湖滨广场举行。省委宣传部助理巡视员王拉英，省体育局副局长李振生，省公司副总经理黄康，省集邮协会副会长、公安厅集邮协会会长巩玉生共同为《第29届奥林匹克运动会—火炬接力》纪念邮票揭幕。活动当天，“Beijing2008我的梦想”明信片邮寄活动正式启动，省集邮公司还推出了《辉煌2008——中国体育邮票大全》珍藏册和《中国山西古代体育壁画》纪念画册两套奥运题材邮品，其中《辉煌2008——中国体育邮票大全》珍藏册是中国首部也是全国唯一一部汇集所有新中国体育邮票的全集。（李　江）

【山西邮政荣获“全国邮电行业模范劳动关系和谐企业”称号】 2008年4月，原信息产业部、中国国防邮电工会表彰了36家“全国邮电行业劳动关系和谐企业”，其中包括9家邮政企业，山西省邮政公司名列其中。这是省公司自2007年荣获“山西省模范劳动关系和谐企业”称号之后获得的又一荣誉。（李　江）

【山西邮政两个集体和八名同志获得“抗冰雪保畅通”先进称号】 2008年4月28日，中国邮政集团公司召开了全国邮政系统“抗冰雪保畅通”先进单位、先进集体、先进个人表彰电视电话会议。太原邮区中心局转运分局押运组、太原邮区中心局汽车运输分局获得“抗冰雪保畅通”先进集体称号，张智忠等8位同志获得“抗冰雪保畅通”先进个人称号。（李　江）

【山西邮政支援抗震救灾工作】 2008年5月12日，四川汶川发生8.0级强烈地震，省公司总经理朱惠忠于5月13日致电四川省邮政公司总经理阮大平，表达了对灾区邮政职工的慰问和关怀，并表示尽最大努力提供人力、物力和财力的支援。从5月13日—22日，全省邮政捐款总额达240.50448万元，省公司、邮储银行省分行、省公司直属各单位机关党员及省公司机关离退休788名党员现场交纳“特殊党费”28.6150万元。（李　江）

【省长孟学农一行莅临山西邮政调研】 2008年5月28日上午，省长孟学农，省委常委、太原市委书记申维辰，省政府副秘书长李建功，省商务厅厅长王淑珍，省发改委副主任王斌，太原市市委常委、秘书长张贵元，太原市市委常委、常务副市长李俊明等一行，莅临太原市邮政局直复营销中心进行了专题调研，对邮政积极开展现代服务给予了肯定，希望邮政要发挥自身优势，加快推进现代服务工作；要加快发展，在行业内争先。同时，省长孟学农要求政府相关部门要给予邮政关注与支持。（李　江）

【邮政服务小轮车世界锦标赛】 2008年5月28日—6月1日，2008年国际自行车联盟BMX（小轮车）世界锦标赛在太原举行，这是北京奥运会前中国举办的重要国际体育赛事，也是山西省和太原市有史以来举办的规格最高、影响最大、参赛人数最多的一个国际单项体育赛事。太原市邮政局精心研究策划，制定了《2008年国际自行车联盟BMX（小轮车）世界锦标赛邮政服务综合方案》，对相关邮政服务和邮品开发、销售工作进行了周密的部署，在比赛现场设立了临时邮局，并抽调业务骨干和精通外语的人员在小轮车世界锦标赛临时邮局工作，为来自世界各地的运动员、教练员和来宾提供邮政服务。比赛期间，邮局提供的特快专递、加盖纪念戳和邮品销售等服务受到了外国友人的欢迎，先期开发的多种“BMX世锦赛”主题邮品和精选出的奥运和体育等题材邮品也受到青睐。（李　江）

【邮储银行山西省分行正式开办公司业务】 2008年6月18日，中国邮政储蓄银行山西省分行直属支行开业暨公司业务开办典礼在支行门口举行。省公司总经理朱惠忠、书记张晓宪，邮储银行省分行行长孙明旺，省公司副总经理黄康共同为省分行直属分行开业揭牌。省公司资深经理张安乐、张建新、杨海峰，邮储银行省分行副行长李燕春、冯志怀、刘立新，总审计师付文兵参加了仪式。公司业务的开办是邮储银行向全功能商业银行转型的重要标志。（李　江）

【邮储银行省分行与工商银行山西省分行建立战略合作关系】 2008年9月5日，邮储银行省分行与工商银行省分行举行了战略合作协议签署仪式，邮储银行省分行行长孙明旺与工商银行省分行行长林明在仪式上共同签署了《战略合作框架协议》，标志着双方正式建立战略合作关系。双方将在坚持平等互利、长期合作的基础上，通过管理经验交流、技术平台互补、业务发展协同，实现共同发展。《战略合作框架协议》还明确了双方客户资源共享、技术平台互补、信息交流、业务培训等合作内容，同时还成立由双方高层领导和有关部门负责人组成的合作工作小组，对双方战略合作的发展给予指导、支持、监督，并进行具体工作的落实。（李　江）

【山西邮政与宁夏红集团公司确立战略合作伙伴关系】 2008年10月24日，省公司与宁夏红枸杞产业集团有限公司举行了战略合作伙伴签约仪式，宁夏红集团公司是经农业部、国家税务局等部委联合认定的农村产业化重点龙头产业，主要生产以枸杞为原材料的果酒产品。宁夏红入选中国最具影响力的酒类品牌20强，并先后荣获中国名牌、中国驰名商标。此次合作标志着省公司成为宁夏红系列产品在山西唯一指定代理商。（李　江）

【山西邮政总结表彰奥运邮政安全与营销服务工作】 2008年10月28日，省公司召开电视电话会议，对全省邮政奥运安全与营销服务工作进行了全面总结，对13个先进单位、34个先进集体和94名先进个人进行了表彰。（李　江）

【山西邮政举行《碛口古镇》特种邮资片首发仪式】 全国首套雕刻版特种邮资明信

片—《碛口古镇》小本片于2008年11月10日在吕梁面世，省公司、吕梁市委、市政府在离石汉画像石博物馆举办了隆重的首发仪式和“山西省纪念改革开放三十周年”邮展。为配合《碛口古镇》特种邮资明信片的发行，由省公司、吕梁市委市政府主办，省集邮协会、吕梁市委宣传部协办的“山西省纪念中国改革开放三十周年”集邮展览于11月10日—12日举办，共展出34部120框邮集。（李　江）

【中国邮政集团公司总经理刘安东莅临山西邮政调研指导工作】 2008年11月15日，中国邮政集团公司总经理刘安东莅临省公司、邮储银行省分行视察工作，深入基层对生产经营情况进行了调研，看望慰问了一线职工。刘安东总经理对山西邮政近年来的工作成果给予了充分肯定，要求省公司、邮储银行省分行要结合地域实际，抓住机遇，增强信心，坚定不移地加快发展。（李　江）

【中国邮政报山西记者站第四次荣获先进称号】 在2008年11月11日—14日召开的中国邮政报记者站会议上，山西记者站再次荣获先进记者站称号，这是该站自2005年以来连续四次获此荣誉。山西邮政新闻宣传中心同时荣获全国邮政新闻宣传创新奖提名，专职记者武亚亮获全国邮政新闻宣传先进个人称号。

（李　江）

【山西省集邮协会第七次代表大会召开】

2008年12月12日，山西省集邮协会第七次代表大会在太原召开。全国邮联理事、省改革创新研究会会长吕日周，省委统战部常务副部长王大高，省邮政管理局局长张勤学出席会议。会议简要回顾了省邮协“六大”以来的工作，并研究制订了“七大”的工作规划。会上讨论、修改了《山西省集邮协会章程》，通过了《山西省集邮协会会员分级管理试行办法》，表彰了20个集邮活动先进集体和66名先进个人，授予罗山荣等9人“山西省集邮协会荣誉会员”称号。（李　江）

电　信

【概述】 2008年，在集团公司的正确领导下，山西公司积极落实集团“聚焦客户的信息化创新战略”和“四不误”重要指示精神，一方面，积极接应企业未来发展，全力以赴做好重组收购和全业务经营准备工作；另一方面，围绕公司年初确定各项任务目标，奋发进取、开拓创新、知难而进，企业发展取得新的成效。

2008年，全省电信业务收入完成3.05亿元；宽带用户累计达到29.96万户；固定电话用户累计达到35.49万户。

重组收购工作稳步推进。根据国家深化电信体制改革的精神和集团公司总体安排，公司积极推进C网收购工作。先后完成了尽职调查和资产清查、网络和资产交割、业务和服务承接、人员划转和安排等工作，实现了重组收购工作按照预定时间和目标扎实推进的要求。网络平稳交接安全运行，渠道服务承接工作基本稳定，C网业务、服务运营无大的波动，为集团成功实施我国电信业史无前例的大规模用户跨经营主体的迁移做出了积极的贡献；通过重组，使公司成为全业务运营商，企业各类资源迅速增加。

移动业务准备工作扎实推进。在抓好C网收购的同时，公司扎实开展移动业务经营准备，从运营架构、网络、渠道、IT、终端和队伍融合等方面做了大量工作。完善运营组织架构，进行法人体制调整；完善前端部门营销架构和职责优化，成立政企、个客等客户群部门及移动终端管理中心，为聚焦客户的营销提供了组织保障。开展移动网络一期工程建设和C网基站的维护整治以及移动网络优化工作，提升了网络服务质量和用户感知度。加快渠道建设，网上营业厅、掌上营业厅功能不断完善，10000号以反拉终端形式实现移动业务客服热线接应；积极开展渠道整治工作，努力提升渠道形象、发展能力和服务支撑。开展支撑全业务的IT建设，先后完成BSS、经营分析系统、综合结算系统、UIM卡数据管理系统建设，为C网顺利割接及189的开通奠定了基础。完成C网IT系统割接，全省80万CDMA用户已平稳迁移至山西电信移动业务支撑系统中，实现对C网客户、业务及服务的独立承接。认真组织C网营销工作，189放号稳步推进。加强队伍融合，认真做好划转人员安排，开展多层次业务和技能培训，使之尽快熟悉和投入到新的工作岗位；采取多种方式加强中国电信企业文化融合交流，积极消除文化差异，缩短了磨合期，促进了统一整体的形成。

各项工作取得新进展。以宽带业务为第一抓手，电信“光纤宽带”发展卓有成效，月均发展达万户，收入结构日趋健康，非话音业务收入比例达到59%；大力推进光纤宽带产品差异化，避免与竞争对手进行简单的同质竞争；完善宽带营销体系建设，推行“网格化”营销管理模式；实施针对性营销，广泛开展光纤宽带业务楼层贴、单元帖的推广工作；与电脑销售厂家开展合作，从源头向用户推广电信宽带；服务与营销并举，积极打造“96100电脑专家”服务品牌。“我的e家”稳步推进。全年“我的e家”品牌用户渗透率达3.4%；“商务领航”品牌开始起步，针对客户需求，设计和完善了融入手机业务的商务领航三版套餐、手机版e6套餐；重点推广以宽带、语音产品为主的通信版应用，提升了客户对商务领航品牌的感知。固定电话坚持保存量，提升ARPU值。推行固网用户后转预工作，住宅用户预付费率超过90%，有效减少了公司管理成本。强化网络安全管理，圆满完成了年初“三会”保障和北京奥运会、残奥会等重要通信保障任务。完善10000号、CRM系统功能，缩短了客户服务保障工作响应时间，提高了及时率。精神文明建设再添新成果，全省已有太原、晋中、朔州、吕梁、临汾进入文明和谐单位行列。省公司连续两年获得省直“文明和谐标兵单位”荣誉称号。

（赵　苇）

【实施“人力投资”战略收到明显成效】 2006年以来，分公司提出将人工成本作为一种投资来使用，着力开发人力资源的升值增值，实现人力资源管理工作由被动管理型变为主动开发型的转变。公司中层管理者要成为人力资源管理者，率先树立“人力投资”观念。并由人力资源部提供相应的模板和辅助工具并进行培训，把“人力投资”的观念植入中层管理者脑中。同时，依据“人力投资”观念，推进公司人力资源管理工作做到动态管理、通盘考虑、整体谋划、全面安排，努力提升中层管理者能力，对员工起到“培训师”和“咨询者”的作用。经过两年实践运作，收到良好成效。

推进管理方式由“事本管理”向“人本管理”转变。结合公司发展战略、业务收入、投产比、EBITE率等因素，将人工成本切块到地市，打破以往按“人头”、按岗位考核发放绩效工资的方法，绩效工资完全按照组织（单位、部门）及个人的工作业绩发放。

组织的绩效总额与组织承担的KPI紧密挂钩，业绩越好，得到的人工投资越多；员工个人的绩效工资打破岗级界限，与承担的关键任务及关键能力KCI挂钩，业绩越好，个人绩效就越多。反之，则越少。实施以来，各市分公司向省公司申请“增员增效（绩效工资）”的现象得到有效缓解。

改革薪酬发放方式，完善绩效考核管理。一是打破岗位界限，深化绩效薪酬方式。改变以往主要以岗位为依据发放效绩工资的办法，代之以员工工作量、工作重要性、承担的绩效指标相关联的考核方式。投资内容包括岗位、绩效工资、基本工资福利薪酬三部分，把握“人力投资目的是收益；岗位升迁依靠工作结果决定；绩效工资凭业绩领取，没有绩效目标则没有绩效工资；基本工资福利薪酬是对员工历史和能力的肯定”等四个关键点来运作。在不增加绩效工资总额的基础上，低岗位员工绩效工资增幅达到17%，使高岗位员工薪酬风险意识增强，低岗位员工工作积极性高涨。二是强化目标管理，建立精确化考核体系。从省、市两个层面加强效绩目标管理，分层制定了效绩考核实施指导意见和模版，明确地市分公司工资额度以业务收入总量和增量为基础，分级明确工作目标到公司、部门和个人，使公司效绩考核做到了目标明确、突出重点、权重合理、指标简化，与精确化管理逐步合拍。晋城分公司推行“绩效合约”管理，根据职责分工与目标任务建立了关键业绩指标考核体系，突出工作重心、任务重点和指标权重差异化，改变了以往绩效考核的粗放式、填表式和个人目标不明确等问题。长治分公司坚持绩效工资倾斜一线，利用岗位预约制、工作业绩考评制和员工特殊贡献制做好企业绩效考核管理。

推行市场前端岗位预约管理。公司在前端岗位和营销一线的岗位以固定、浮动、竞赛制岗位档级预约三种方式开展岗位预约工作，向全体员工公布《岗位预约任务说明书》，以年为周期与员工签订《岗位预约责任书》，明确公司和岗位预约责任人双方的责权利、目标任务、薪酬分配、考核制度、奖惩措施。目标值的设定以经过努力能够完成并有一定超额量；年终考核兑现。截至2008年底，全省共有61名员工走上预约岗位，完成预约收入占公司两年收入的36.33%。44名完成目标任务的员工得到了岗位晋升；未完成预约目标的员工则进行了降岗、降档处置，较好地营造了鼓励、支撑人才干事业、干成事业的环境和氛围。

推行前后端岗级晋升管理。公司每年核定一定的岗级晋升数量交由各单位对员工岗位提升和降级调整进行自主考核、灵活应用。年度岗级晋升数量按照各单位实际人数的50%确定；并根据各市分公司年度业务收入增减情况进行调整。岗级运用坚持“工作业绩表现为主，岗位素质能力为辅”，不得用于普调；员工降岗级数可以填补到本单位年度岗级晋升数量中运用；工作业绩表现由部门和分公司考核，岗位素质能力由省公司考核，体现了公开、公平、公正。并结合网上大学学习和岗级晋升考试，将员工岗级晋升与自身综合及专业知识的提升有机结合起来。至2008年底，分公司除市场前端岗位预约员工外，还有117名工作业绩优秀的员工实现了岗级晋升，最高晋升岗级达到6档（1岗），使企业“岗位靠业绩、收入凭贡献”的考核机制得到进一步完善。

完善劳动制、劳务制员工双向进入通道。至2008年底，公司通过竞争上岗、公开招聘、笔试、面试、公示等程序使109名劳务制员工聘为劳动合同制员工（基本都是生产一线的班组长和骨干人员），有效激励了劳务派遣制员工，使公司劳务派遣制员工流失率较上年下降了6个百分点，有力地促进了员工队伍的稳定。同时，对工作业绩差的7名劳动制员工进行了辞退处理，实现了员工素质的稳步提升。

实施晋阶培训和素质工程。除日常岗位技能培训外，公司高层次的培训也向高绩效的组织和员工倾斜。两年来，全省50%以上的岗位技术能手因业绩突出参加了异地高层次培训，并奖励2名工作业绩优秀的劳务制员工参加了集团级培训。同时，开展员工素质提升工程。针对公司3、4岗以上人员，先后组织了《人力资源管理》、《执行力》、《领导力》、《非人力资源的人力资源管理》和《非财务人员的财务管理》等专题培训和考试；针对普通员工依托网上大学，鼓励员工根据自身情况选修课程，并将考试成绩纳入绩效管理，考试成绩合格才能得到岗级晋升。

（赵　苇）

【积极打造“96100电脑专家”差异化服务品牌】 2008年，分公司根据宽带业务发展迅速快带来用户投诉上升的实际情况，积极推进96100电脑专家服务体系的建立，塑造差异化服务品牌。通过有偿服务、会员服务等形式，形成一种新的利润增长点。主要采取了以下措施：一是复制试点单位运营模式。将省会太原分公司的运营模式迅速复制到全省各地市，在短期内形成96100电脑专家服务能力。二是完成编制核算、人员招聘、硬件配置工作。三是制定适当营销方案。四是组织多方位促销，促进业务发展。通过以上措施，收到了较好成果。一是扩大了96100电脑专家热线在全省用户中的知名度。2008年全省96100用户呼入量为11.83万次，各市分公司咨询工程师为用户提供了宽带障碍预处理、障碍受理、电脑故障指导等咨询服务。二是提高了全省宽带障碍拦截率。全省宽带障碍预处理拦截率达到71.2%，大大降低了上门服务工单量，减少了外线工作压力。三是初步实现了服务产品收入。服务收入达27.13万元。四是增强了用户黏合度和依赖感。目前已有会员1784户，全面实现预存服务费，并有部分会员用户在消费完成后实施了续费。五是开发了96100管理系统。实现了工单、费用信息、服务收入、服务监督等多种功能。同时，实现了会员资料管理，包含用户信息和电脑信息（如电脑机型、配置、使用年限等），为后续的派单式营销提供了信息基础。

（赵　苇）

【以创新举措完善预算管理体系】 结合“转型推进力度”考核指标，分解安排了《2008～2010年转型实施方案》（含《2008年转型关键任务》）和《2009年转型关键任务实施计划》的工作任务，制定印发了《山西电信“转型推进力度”考核办法及实施措施》。同时在6月份北方事业部撤销后，完成了2009年～2011年财务规划数据的初稿编报工作：逐步实现精确化成本管理，支撑公司决策；优化投资与成本结构；提升税务筹划能力；逐步建立以客户为导向的资源配置体系，优化资源配置；加强内控建设。2008年预算目标制定注意体现企业转型战略、落实三年滚动规划、承接北方事业部分配的预算目标，并重点在预算管理的方式方法进行创新。一是创新责任预算体系，制定预算预案。二是进行属地化管理，体现效益优先原则。三是预算管控纵向到县。四是调整分析方法，提高分析深度。五是衔接C网交易、体制变动，增加移动预算。六是推行客户群预算，体现聚焦客户的差异化战略。

（赵　苇）

科　学　技　术

科技工作

【概述】 2008年山西省科技发展和科技创新工作，紧紧围绕省委、省政府"走出四条路子，实现三个跨越"(走出能源基地和老工业基地创新发展的路子，走出资源型地区可持续发展的路子，走出欠发达地区构建社会主义和谐社会的路子，走出内陆省份对外开放的路子；实现由煤炭大省向新型能源和煤化工大省的跨越，实现由老工业基地向新型工业基地和精品原材料基地的跨越，实现由自然人文资源大省向经济强省和文化强省的跨越)的要求和重点工作任务分解的要求，认真贯彻落实科学发展观，按照"自主创新、重点跨越、支撑发展、引领未来"的科技方针，针对山西发展的实际和需求，立足发展，扎扎实实打基础，谋长远，着力突破事关全局的问题，取得了明显的成效，企业日益成为创新的主体，创新环境日益开放优化，科技创新成果显著，创新意识日益强化，产学研渐入高层次合作，高新技术企业快速平稳发展，重要行业的科技支撑充分显现，为应对全省安全形势提供了积极的科技支撑。 (陈红科)

【科技计划管理工作】 组织完成2008年省级科技计划项目的编制和下达工作，下达基础研究计划项目153项，科技创新计划项目29项，工业攻关计划项目123项，农业攻关计划项目119项，火炬计划项目69项，星火计划项目52项，科技成果推广计划项目160项，农村技术承包计划项目300项，国际科技合作计划项目47项，基础条件平台项目42项，软科学研究计划项目64项。创新型企业试点工作逐步开展，确定省内首批44家创新型企业试点，太原重型机械集团有限公司、太原风华信息装备股份有限公司名列国家首批"创新型企业"名单；完成2007年度科技统计和省政府社会经济目标考核指标调查工作；组织了山西省工业企业创新能力及发展现状分析调查，完成全省科技服务业发展规划及实施方案（初稿）的编制工作，完成《山西省技术转移促进行动实施方案（初稿）》。 (陈红科)

【基础研究工作】 2008年，为规范重点实验室运行和管理工作，建立重点实验室快报和年报制度，新建2个省级重点实验室；完善科技论文统计工作；全省获得国家自然科学基金支持项目连续第三年超100项，资助金额达到创纪录的3548万元；组织国家"973"计划前期研究专项申报，其中山西大学申报的"量子信息处理的单光子偏振态的制备和操控"、中北大学申报的"纳米晶体管嵌入式传感结构加工工艺及其性能研究"两个项目获得2008年度国家"973"计划前期研究专项资助。 (陈红科)

【农村科技工作】 2008年农业科技创新成果丰硕，6月11日，经省科技厅、省农业厅联合专家组验收，由省科技厅连续多年支持经省农科院谷子所历时10余年培育的旱作小麦新品种"长6878"亩产达到616.3公斤，创造山西旱地小麦产量的最高纪录；"山西省旱作节水高效农业综合配套技术研究与示范"项目在全省多生态区开展玉米抗旱高产技术试验，取得旱地大面积连片亩产超千斤的历史性突破；山西绒山羊选育工作基本完成；省农科院高粱所育成酿造新品种，出酒率提高3个百分点，被汾酒集团列为汾酒酿造专用高粱，共同开展了40万亩酿酒专用高粱基地建设。进一步加强农村科技服务体系建设，已支持建立国家级服务体系示范单位19个，省级53个，国家级农民培训星火学校15个，省级25个，从而使全省的服务体系和星火学校总数达到112个，对评选出的30个村进行新农村建设科技示范，目前示范村中总收入超过亿元的已有6个，有11个村总收入超过4000万元；大力推进农村信息化建设，在太原、大同、阳泉、长治、晋中等地开展了农村信息化建设科技示范基地，到目前全省共建设农村信息化基地10个，建设农业科技数据库205个，其中包括粮油、瓜果、蔬菜、畜禽、花卉、林木、食用菌、中草药、农资、加工贮运、农机、农村户用沼气等12个专业的内容20000余条信息。完成了科技部的"中医药现代化科技产业基地省"申报工作。 (陈红科)

【社会发展科技工作】 围绕省委、省政府提出的"努力建设山川秀美的新山西"的目标，启动实施"造林绿化工程"专项；省科技厅在组织实施国家科技支撑计划课题"农村医疗卫生适宜技术研究与应用"中，从全省科技成果中优化筛选出食道癌早诊早治、糖尿病预防治疗等适宜技术，已陆续组织医疗卫生知名专家为寿阳县等9个示范基地的近万名乡村医生进行推广培训，使示范基地农民广泛受益；会同公安厅，开展科技强警，经公安部、科技部联合考核，对全省科技强警工作给予了充分肯定；山西矿区土地沉陷防治、复垦与生态重建重大项目取得阶段性研究成果，1万余亩采煤塌陷地得到复垦，矿区植被覆盖度提高20%～40%，土地生产力提高30%～50%，研制开发出沉陷土地快速培肥微生物菌剂和生土熟化专用肥料，并获得国家发明专利；认定长治市成为省内第一个地级市可持续发展实验区，推荐右玉县和屯留县申报了国家级实验区，截至2008年底，全省共发展国家级实验区3个，省级实验区7个。 (陈红科)

【基础条件平台建设工作】 2008年，强化科技基础条件平台建设计划项目管理，按照"突出共享，制度先行；统筹规划，分步实施；综合集成，优化配置；政府主导，多方共建"的原则，经过科学论证、精心组织，陆续启动一批对推动科技创新具有重要意义，能够带动资源共享的试点、示范工程，科技文献、科技基础数据、自然科技资源、大型科学仪器共享平台已经取得实质性进展；对2005～2007年度平台计划项目执行情况以及所取得的阶段性成果进行了总结，并提交《山西省科技基础条件平台计划执行情况报告》和《阶段性研究成果报告》；组织专家对《山西省科技基础条件平台建设实施方案》进行修订。

继续对技术开发重点实验室、中试基地建设和大型仪器升级改造的支持，安排支持14个技术开发实验室建设项目。特别是进一步重点支持建设由山西省分析测试中心承担的大型科学仪器应用公共实验室；中试基地投入1600万元，重点支持了14项技术含量高、市场前景好、经济效益显著的中试开发项目；大型仪器升级改造投入266.96万元，支持近30种（台）大型科学仪器的购置、升级改造和协作共用。（陈红科）

【科普工作】 联合省委宣传部、省科协成功举行了2008年科技活动周，全省出动大批科技宣传车下乡宣传，展出宣传版面5000多块，组织动员上千名科普志愿者开展科普宣传活动；举办科技论坛、科技讲座和科技报告会30多次；科技下乡、举办各类科技培训等发放科学技术资料130多万份，赠发科技类书籍13万余册，发布科技成果、专利项目、接受咨询和参与群众达35万余人次。开放周活动期间，各重点实验室结合本实验室研究特色开展了形式多样的开放活动。举办学术讲座及报告会50场次，开展现场演示实验和互动式开放实验16次，组织集体性参观活动10次，接待来访师生及群众3000人以上；举办了粮食科技主题讲座。此外，省科技厅利用项目实施、科技下乡、农村技术承包、科技扶贫等工作的开展，把技术推广和传播先进科学理念紧密结合，把引导科学发展的新思路、新方法带到基层，让科学精神和文明、健康的生活方式深入到城镇乡村、工厂田间，有力地推动了全省的科学普及工作。（陈红科）

【知识产权管理工作】 2008年全省专利申请量达到5386件，同比增长61.6%，为近几年来增长最快的一年，在全国排名升至第20位。知识产权行政执法持续加强，联合省公安厅经侦总队制定了《山西省开展“雷雨”、“天网”知识产权执法专项行动方案》。知识产权百强企业培育工程9月启动实施，其目的是用3～5年时间，培育山西省重要支柱产业、技术优势产业及高技术产业等重点领域的100个左右规模以上企业。知识产权试点工作取得突破进展，上半年，长治市人民政府、阳泉市人民政府分别向国家知识产权局提出申报全国知识产权试点城市，国家知识产权局已初步同意2市申请。知识产权服务功能不断拓展，国家知识产权局批准太原同圆知识产权代理事务所正式设立，省内专利代理机构已增至5所。6月，国家知识产权局认定山西省技术产权交易所等14家单位为国家专利技术展示交易中心；知识产权三晋行活动形成品牌，连续第四年组织开展知识产权三晋行活动，被国家知识产权局列为全国保护知识产权宣传周品牌活动，取得了较好效果。

专利的实施应用，为产业和区域经济发展做出了积极的贡献。如由太原市侨友化工有限公司承担的“环保型焦化苯精制方法”和“焦化苯氧化生产顺酐的方法”项目，在投资5.5亿人民币的新厂中投入运用，预计新增产值20亿元。在焦化苯深加工领域，该公司将成为亚洲第一，世界第二的企业。（陈红科）

【科技成果与奖励】 经鉴定，全省2008年取得新成果300多项。2007年度全省共有187项科研成果获得年度山西省科学技术奖。2008年度由省内有关单位主持或参与完成的11项科技成果获国家科学技术奖励，在数量和层次上均取得优异成绩，其中主持完成的“煤的结构特征及其与反应性的关系和调变”荣获国家自然科学二等奖，“一种空间机构的钢板滚切剪技术与装备”项目荣获国家技术发明奖二等奖，太原铁路局牵头完成的“大秦铁路重载运输成套技术与应用”荣获国家科技进步一等奖，“矿井局部通风群控系统和安全供电关键技术研究及配套设备开发”项目荣获国家科技进步奖二等奖，创历史最高水平。（陈红科）

【山西省科技工作会议召开】 2008年1月29日，山西省科技工作会议召开。提高自主创新能力、促进企业自主创新能力、积极引进人才等问题成为年度科技工作的着力点。

2008年，全省将着力开展科技大项目、地区科技支撑、企业自主促进、新农村科技引领、科技招财引智、科技服务能力等6个工程的建设。在实施科技大项目工程方面，政府将作为出资、出题的主角，最大可能调动各方面资源，在相对较短的时间内完成项目设定目标；在实施地区科技支撑工程方面，将在装备制造业领域、高技术、高效益、低污染的现代煤化工领域，循环经济和节能减排降耗技术领域，新材料和信息产业等高新技术产业领域，组织一批前景看好的重大科技项目；在实施企业主体促进方面，将加快建立以企业为主体、市场为导向、产学研相结合的技术创新体系；在实施新农村科技引领工程方面，将针对不同群体开展适用技术培训，大力培养农村实用人才；在实施科技招财引智工程方面，努力吸引北京地区的技术转移产业，吸引更多的人才在晋创业；在实施科技服务能力提升工程方面，将积极落实2008年全社会研发投入占GDP比重达到1%的目标，努力引导和动员企业加大研发投入。（宋培贤）

【太重造出世界最大铝挤压机】 世界上最大的100MN双动卧式短行程前上料铝挤压机2月3日在太重集团公司制造完成。太重挤压机在国内的主导地位由此树立，并跻身于世界先进水平。

当今世界上最大的双动铝挤压机只有80MN。太重是20世纪90年代开始生产铝挤压机的，1999年研制成功75MN铝挤压机，2003年成功开发了75MN“短行程”单动卧式铝挤压机，随后，50MN、36MN、27.5MN单动卧式铝挤压机也相继问世。

此次在为青海国鑫铝合金管棒型材股份有限公司生产100MN双动铝挤压机时，太重第一次采用了世界上先进的“短行程”前上料技术，对传统挤压机进行了重大变革和创新。这台重磅铝挤压机主要适用于铝及铝合金管材、型材和棒材的正向挤压加工，其设备功能和特性不仅能满足挤压工艺的要求，缩短非挤压时间，提高生产效率，而且具备整机布局紧凑合理，造型新颖独特，设备运行可靠、稳定，维修简单、方便，使用维护成本低等优点。（宋培贤）

【山西省两项目获国家“973”计划前期研究专项课题立项资助】 山西大学肖连团教授申报的“用于量子信息处理的单光子偏振态的制备和操控”、中北大学薛晨阳教授申报的“纳米晶体管嵌入式传感结构加工工艺及其性能研究”两个项目均获2008年度国家“973”计划前期研究专项资助。“973”计划前期研究专项主要支持原始创新、孕育重大创新成果，以培养和发现优秀人才，培育创新研究群体为目标。重点支持具有区域优势与特色、体现

学科交叉综合的基础研究和依托省部共建国家重点实验室培育基地开展的基础研究。（宋培贤）

【省内又有2项科研项目被列入国际科技合作项目】 根据科技部政府间国际科技合作项目计划的申报要求，经积极组织推荐申报和两国政府间联合会议的审定，由山西省医药与生命科学研究院承担的“珍稀食药用菌的采集、加工、选种、栽培及其评估与利用”、“特殊真菌的收集整理与分离培养及评价利用”2个项目被列入中国与哈萨克斯坦政府间科技合作项目。至2008年，全省已有5项科研项目被科技部列入国际政府间科技合作计划。

（宋培贤）

【全省4项国际科技合作项目获2008年度科技部重点项目计划资助】 根据科技部关于2008年度国际科技合作重点项目计划的申报要求，经科技部严格评审和筛选，由中电二所、山西大学、农科院土肥所等单位分别与美国、澳大利亚、荷兰、白俄罗斯合作的涉及医药、农业、新材料等领域的4项国际科技合作项目被列入2008年度科技部国际科技合作重点项目计划，共获得资金支持756万元。

（宋培贤）

【“煤变油”一项关键设备——亚洲最大的加压气化炉在太重制成】 为国内“煤变油”重大科技工程生产配套的2台特大型碎煤加压气化炉，2月8日在山西太重集团制造完工，这是目前国内乃至亚洲最大的固定床加压气化炉。这2台加压气化炉是为国内煤基合成油示范项目——山西潞安16万吨/年煤基合成油项目配套的关键设备，主要为合成油装置提供原料气，每天煤炭处理量近500吨，具有气化率高、气化强度大等优点。碎煤加压气化技术是目前最成熟、工业使用最广的煤气化技术。（宋培贤）

【全国首个污染源自动监控中心在山西成立】 3月28日，全国第一个“监控合一”的省级污染源自动监控中心在山西建成并已投入使用，彻底改变了全省在线监控“只监不控”的尴尬局面。作为全国污染最严重的省份之一，30多年来，山西先后建设15万余台套治污设施，但是正常运转率不足一半，设施闲置、偷排暗排现象十分普遍。传统的在线监控系统即使发现超标排污行为，也难以及时采取应对措施。为此，省环保局于2007年通过政府招标、集中采购等方式启动污染源自动在线监控系统的建设。目前，全省已经投资8亿多元，在重点污染企业中安装烟气、废水在线设备475套，净化设施监测系统219套，控制系统233套。（宋培贤）

【山西省农村可再生能源建设取得7项突破】 3月9日，省农业厅发布农村可再生能源成果显示，全省农村可再生能源建设使用取得7项突破。

这7项突破为：全省新增农村沼气用户22.9万户，首次突破年完成20万户大关，圆满完成了建设任务；2007年全省建成大中型沼气工程38项，特别是高平市正易农牧科技发展有限公司大型沼气工程建设，除为200户农户供应燃气外，年发电7万度，填补省内沼气发电技术空白；秸秆气化健康发展，全省已发展秸秆气化站53座，供气户数15738户；开展技工培训鉴定，全省沼气生产工数量突破万人；引进高效低排户用生物质炉和开展省柴节煤炕连灶试点，不断拓展农村可再生能源利用新途径；在全省进行了348个乡村服务网点建设，并争取到国债资金217.5万元用于145个乡村服务网点的建设，迈出农村沼气服务网络建设的第一步；开展秸秆复合菌剂示范推广，不断增加农村户用沼气原料来源等。

（宋培贤）

【太原重工取得欧洲EC认证】 通过层层严格审核，3月6日上午，太原重工正式取得欧洲铁路车轮、车轴及轮对产品EC证书，成为欧洲地区之外第一家获得欧洲铁路产品EC认证的企业。至此，太原重工生产制造的铁路车轮、车轴及轮对产品已经具备了销往世界任何国家的资质。颁证仪式上，太原重工还与瑞士、罗马尼亚等国的铁路企业签署长期合作协议，标志着国内铁路轮轴产品开始全面进入欧洲市场。（宋培贤）

【中国（太原）镁及镁合金产业高端论坛开幕】 3月31日，商务部、中科院和省政府联合举办的“中国（太原）镁及镁合金产业高端论坛”，在晋祠宾馆国际会议中心隆重开幕。来自中国科学院、清华大学、中国有色金属协会等单位的院士、专家、学者，与来自国内镁产业企业的企业家、工程师们在此聚会，共同探讨加快镁及镁合金基地建设大计。

论坛上，院士、专家们就国内镁及镁合金产业发展的现状进行分析；探讨镁及镁合金产业发展前景和市场展望；研讨新技术推广和新产品研发，突破镁及镁合金产业发展的技术难题，提升产业层次和技术水平；讨论加快镁及镁合金产业发展的政策措施；促进镁及镁合金领域学术界和企业间的交流；探讨太原市建设镁合金加工制造基地，打造世界“镁业之都”的可行性。（宋培贤）

【太钢研发新产品填补国内空白】 太钢研发的超（超）临界电站锅炉用不锈钢管坯6月11日顺利通过专家鉴定，并在国内大型电站锅炉行业得到应用。

在锅炉的重要受压部件中，工作温度最高、工作环境最为恶劣的部件是过热器和再热器。目前国内该类材料全部从国外进口，且国际上此类材料缺口较大、进口价格昂贵、采购困难，严重影响了国内超（超）临界锅炉的生产与发展。太钢经过近3年的艰苦研制，开发出国内生产超（超）临界电站锅炉用无缝钢管坯，填补了国内空白，达到国际同类产品先进水平，可替代进口，具有良好的社会效益和经济效益，并将为中国电力工业的发展作出重要贡献。（宋培贤）

【矿用高强度圆环链制造公司落户太原】 7月15日，山西煤机制造公司、北京华海基业有限公司、德国KBP公司举行了合资合作签约仪式，在并共同组建矿用高强度圆环链制造公司。太原市副市长王建生参加签约仪式。

随着矿用运输设备的大型化和高可靠性要求的提高，国内对大规格圆环链的需求每年以40%～50%的速度增长，而目前国内可生产大规格圆环链的生产厂商不足3家，直径38毫米以上链条基本依靠进口。在太原市政府与欧盟合作项目领导组办公室的指导和协调下，山西煤机制造公司与德国KBP公司和北京华海基业有限公司经过近一年的协商、谈判及多次实地考察，决定在太原市建立大规格矿用圆环链生产基地，开发研制直径在38毫米以上的扁平链产品。（宋培贤）

【山西省高分子检测实验室通过国家实验室认可证书】 8月7日，依托于太原市塑料研究所的山西省高分子材料研究及检测重点实验室，顺利通过中国合格评定国家认可委员会（CNAS）组织的国家实验室认可专家现场评审，获得国家实验室认可证书，由此成为山西省唯一一家具备高分子材料检测能力的机构。该重点实验室可对高分子材料及制品、塑料管、工程材料3大类133种产品的331个检验项目进行检测并出具检测报告，可满足山西省乃至华北地区生产企业对产品的质量检验要求。此外，检测结果在参与国际实验室认可合作组织（ILAC）和亚太地区实验室认可合作组织（APLAC）的60多个国家中均被承认，实现"一次检测、全球承认"的目标。（宋培贤）

【第二届山西绿色建设科技产品展览会在省城举办】 第二届山西绿色建设科技产品展览会于9月26～28日在省城举办，共有来自国内外的200余家企业的技术和产品参加此次展览。展览会的主题是推广绿色建筑促进节能减排，展览会旨在搭建技术成果交流、沟通平台，推动山西建设领域科技创新和节能减排。参加展览的企业涉及建筑施工、房地产开发、市政公用、勘察设计、城乡建设、园林绿化、装饰装修等行业。此次展览共设立建筑节能新技术新产品展，新型墙体材料及生产设备展，绿色建筑装饰材料展，节能门窗幕墙玻璃及设备展，太阳能、地源热泵等可再生能源利用设备与建筑一体化展，供热计量与暖通设备展，建筑电气与数字化住宅展等7个展区。展览会期间，还有相关部门的领导和知名专家进行了演讲，并举办了建筑节能减排综合论坛等活动。

（宋培贤）

【山西5个高技能人才培养基地入围"国家级"】 10月17日，国家人力资源和社会保障部最新公布了国家高技能人才培养示范基地名单。其中，山西冶金高级技工学校、山西机械高级技工学校、太原钢铁（集团）有限公司、山西晋城无烟煤矿业集团有限责任公司、山西焦化集团有限公司等5个院校、企业被确定为国家高技能人才培养示范基地。基地有效期为3年，将统一悬挂标志牌。（宋培贤）

【中国科协青年科学家论坛在并举行】 中国科协青年科学家论坛活动第177次学术交流会议10月26日在并举行。中国科协青年科学家论坛创办于1995年，是中国科协重要学术交流项目之一。论坛旨在推动青年科技工作者了解世界科技发展动态，拓宽视野，增长知识和才干，营造良好的学术论坛环境和学术交流氛围，搭建高层次的学术交流平台，培养优秀的科技人才和各个学科的学术和技术带头人。本次中国科协青年科学家论坛由山西医科大学第一医院承办。论坛主题为"Smad7高表达与腹膜纤维化的关系"。参加交流会议的是目前在国内肾脏病研究领域颇有建树的45岁以下的青年医学专家，博士生、博士后导师。（宋培贤）

【国防科技工业精密塑性成型技术研究应用中心在中北大学成立】 10月29日，国防科技工业精密塑性成型技术研究应用中心在中北大学正式揭牌成立，标志着该校在这一领域的研究迈入新的发展阶段。

中北大学在精密塑性成型技术领域有着雄厚的科研实力，承担国家自然科学基金、国家"863"、国防"973"等重点科研项目60余项，曾获国家技术发明二等奖1项，国家发明专利12项。该中心是目前批准的20家国防科技工业先进技术研究应用中心之一。它的成立是国防科技创新和成果转化的一种新模式，将为相关企业提供技术咨询服务和培养技术人才，对提升国防科技工业基础研究能力，提高国防科技工业核心制造能力和自主创新能力，加快科技成果向现实生产力转化，实现社会效益最大化具有极为重要的意义。

（宋培贤）

【太钢试制成功904L锻材904L热轧卷板】 11月，太钢试制成功904L锻材、904L热轧卷板。由此，太钢成为国内首家批量生产超级奥氏体不锈钢904L中厚板的生产商。

奥氏体不锈钢具有无磁性、高韧性、高塑性。含碳量若低于0.03%或含钛、镍，就可显著提高其耐腐蚀性能。超级奥氏不锈钢904L产品耐腐蚀性强，特别在磷酸和硫酸环境下表现优良，广泛应用于污水处理、化工、造纸等制造行业。该钢种生产技术一直被国外垄断，国内制造商只能依赖高价进口。2008年4月，太钢成功研发出国内第一块904L中厚板，各项性能指标达到进口产品水平。

（宋培贤）

【太原市43项科技成果申报鉴定均达到国内先进水平以上】 2008年，太原市报省科技厅鉴定的43项科技成果均达到国内先进水平以上。其中，由山西科泰微技术有限公司承担的"消防数据保护器"项目达到国际领先水平；"复合溶菌酶对小儿白色念珠菌病临床研究"、"核电站190/20＋190t环形起重机研制"、"高速激光脉冲信号采集技术研究"、"非叠氮气体发生器中的非叠氮配方试验"、"母亲妊娠期高血压疾病对新生儿脑发育的影响"、"摩擦式物流输送系统"、"DR影像检测系统开发"、"乳腺癌淋巴结微转移基因检测的临床意义"、"矾土基低蠕变莫来石制品的开发"、"4YZ6型自走式玉米联合收获机开发"、"273mm新型Assel三辊轧管生产线成套设备研制"等11项科技成果达到国际先进水平。另外，"太原市2008年技术发展预测研究报告"等20项科技成果达到国内领先水平，"便携式智能煤矿瓦斯含量检测报警仪"等11项科技成果达到国内先进水平。（宋培贤）

【"数字太原"地理空间信息公共平台建成】 2008年11月11日，由国家测绘局、山西省测绘局和太原市政府共同建设的"数字太原"地理空间信息公共平台建成，并已在环保、城市管理等领域投入运用。该项目是太原市"十一五"信息化规划中的重点建设项目，总投资1000万元。经过1年多时间的实施，建设工作顺利完成。"数字太原"地理空间信息公共平台包括太原市7000平方公里1米分辨率、1600平方公里0.2米分辨率、800平方公里0.08米分辨率的正摄影像图，7000平方公里1∶10000数字高程模型，建成区400平方公里1∶500数字线划图等多种类型的地理空间数据成果。（宋培贤）

【山西首家机械高级技工学校挂牌】 4月28日上午，山西机械高级技工学校挂牌仪式在太重举行，该校成为山西省首家机械行业高技能人才培训基地。

山西机械高级技工学校前身是太重技校，创建于1951年，是一所全国建校最早的技工学校。近年来，该校把校企合作作为加快高技能人才培养的突破口，以机床切削加工、机电一体化、数控机床加工、焊接4个高级工特色专业为龙头，创新"一体化"教学模式，2007年通过了ISO9001国际质量认证；与韩国仁川技能大学合作，派送优秀毕业生赴韩国研修实习，同时引进德国"双元制"培训模式。已为社会培养2万名高素质技能人才。

（宋培贤）

【瓦斯代替一半柴油的清洁能源汽车试验成功】 山西阳煤集团交通运输分公司改装的电控双燃料（瓦斯、柴油）汽车试验成功。这次改装的电控双燃料汽车，是在原来以柴油为燃料的汽车基础上，通过在其底部携带6个容量分别为30立方米的瓦斯储气瓶，通过2套燃料供应系统按照瓦斯、柴油各自50%的配比向汽车气缸供给燃料，在缸内混合燃烧提供动力。

（宋培贤）

【山西建立全球综合气象观测体系】 2008年，山西省气象观测向遥感、遥测、连续、自动化的目标发展，建立全球综合气象观测体系，天气预报将更加准确。山西省目前已建起多普勒雷达4部，713雷达4部，自动气象站109个，新建成199个区域多要素气象站。全省已建成626个区域气象观测站，国家气候观象台5个，国家一级站22个，二级站82个，酸雨观测站5个，农业气象观测站31个，国家级14个，省级17个。全省在灾害性天气临近预报和短期气候预测业务系统建设等方面有长足发展：重大灾害性、关键性、转折性天气预报准确率稳步攀升；全省天气预报会商实现视频联网；气象综合观测能力、气象卫星数据接收处理和综合应用已在森林火险、地质灾害气象等级预报中发挥重要作用；雷电、沙尘暴、土壤墒情、酸雨、大气成分以及农业气象、交通气象、水文气象等专业气象观测网建设已初具规模。

（宋培贤）

【太重榆液集团8项创新产品获奖】 在2008年中国液压气动密封工业协会组织的液压、气动、密封件行业优秀产品的评选中，太重榆液集团8项产品荣获行业优秀新产品称号。液压密封元器件是为装备制造业提供基础支持的产业，不少产品属于重大技术装备领域的核心产品。此次太重榆液集团获奖的新产品都具有完全自主知识产权，大部分产品填补了国家空白，其中相当一部分技术性能指标已达到或接近国际先进水平，具有可观的市场前景。

（宋培贤）

【世界首座大断面富水黄土长隧道提前贯通】 2月24日上午，由中铁十二局集团承建的世界上第一座大断面富水黄土隧道——郑西铁路客运专线张茅隧道提前50天胜利贯通。中铁十二局集团在郑西铁路客运专线创造了特殊地质隧道快速施工的世界纪录。

全长8483米的张茅隧道，是目前世界第一座在湿陷性黄土上建设，设计时速350公里，最大开挖面积164平方米的特长富水铁路隧道。在国内隧道施工处于领先水平的中铁十二局集团，坚持把制定科技方案放在首位，进场之初就集中隧道专家到现场进行科学论证，同时调集优秀管理干部和技术人员，组成高效的项目指挥系统，超细配置机械设备，组成先进的机械化生产线。在施工中，注重优化技术方案，将原来制约进度的CD法、CRD法改为“三台阶七步作业法”，获得国家专利，并被铁道部列为施工技术指南。张茅隧道是国内最长的黄土隧道，不仅围岩无自稳性，而且含水量极大，在国内没有可借鉴的经验。中铁十二局集团项目指挥部自主创新，在实践中学习提高，解决了黄土隧道开挖、支护、防水等技术难题，使工程的安全、质量、进度一直处于有序可控状态，连续夺得铁道部质量信誉评价第一名的佳绩。

（宋培贤）

【太原市投资6.9亿元重点支持200项科技项目】 1月11日，太原市科技局推出了2008年的科学技术发展计划，计划体系包括技术创新计划、应用推广计划、平台建设计划、科技型中小企业发展专项、科技兴市专项“3+2”五大计划体系，涉及精细化工、装备制造、能源环保、电子信息等专业领域，共计200个项目，政府科技投入增长超过30%以上，计划补助经费达6.9亿元。技术创新计划，安排60项，重点安排由企业牵头，产学研联合开发的优质冶金及不锈钢深加工、装备制造及制造业信息化、在校大学生科技创新项目和毕业三年内大学生科技创业等项目。应用推广计划，安排57项，重点安排高校、科研院所具有自主知识产权的科技成果在太原市企业开展的中间试验和应用转化项目。平台建设计划，安排21项，重点支持市级工程技术中心系统升级和他们承担企业委托的行业共性技术、关键技术研发项目。科技型中小企业发展专项，安排31项，重点安排经认定的高新技术企业、民营科技企业以及科技企业孵化器入孵企业的高新技术产品研发项目。科技兴市专项，安排31项，重点安排文化旅游及现代服务业、公共事业与城市管理、公共卫生与食品安全科技项目。太原市科技局计划成果处负责人分析，项目将直接拉动社会投资28亿元，项目实施完成后，将产生成果65项、专利40项、新品种4项、新药6项；转化成果55项、专利36项；新增产值102亿元，新增利税20.3亿元。

（宋培贤）

【太原经济技术开发区率先通过“双认证”】 太原经济技术开发区贯标工作取得实质进展，2008年获得由方圆标志认证中心和环通认证中心授予的ISO 9001质量管理体系认证证书和ISO 14001环境管理体系认证证书，成为全省第一家获“双认证”的开发区。

为进一步提升管理水平和服务水平，实现建设中西部一流开发区的目标，太原经济技术开发区从提高软实力入手，率先将ISO 9001质量管理体系和ISO 14001环境管理体系引入管委会各项管理工作中，建立起有责、有序、有效、高效的系统管理平台，为建设和谐发展的生态工业化园区奠定了坚实基础。此次通过“双认证”，标志着其整套的管理和服务体系得到了国际认可，成为该区推动绿色转型和节能减排的操作规则，对打造与国际接轨的投资环境，实现又好又快发展起到极大的促进作用。

（宋培贤）

【千米石刻《三国演义》获基尼斯之最】 2008年2月13日，从上海大世界基尼斯总部传来消息：祁县民间石刻艺人袁晋生等4人刻制的千米石刻连环画——《三国演义》荣获上海大世界基尼斯之最，成为目前最多的石刻连环画。袁晋生等人从1999年开始酝酿这部旷世之作，2000年3月1日开工，2006年9月4日竣工，历时5年多。整部作品由1018块黑色花岗岩组成，每块花岗岩高82厘米，长100厘米，平均厚度2厘米，单块重量52公斤，总重量为52吨。采用由湖南少年儿童出版社出版的《三国演义》绘画本作为蓝本，雕刻技法以平面线雕和平面阴刻为主。作品共出现人物5000余人次，舟车马匹800余件，文字说明8万多字。

（宋培贤）

【太原重机3专利喜获“中国专利优秀奖”】 太原重型机械（集团）有限公司发明的“一种起重机的起升机构”、太原科技大学发明的“滚切式金属板剪切机”、发明人郭春平设计的“安全锁”3项专利被评为“第十届中国专利优秀奖”。市知识产权局荣获“全国专利系统先进集体”称号。在太原市这3项“中国专利优秀奖”中，“一种起重机的起升机构”对优化太重产品结构起到了直接促进作用。“滚切式金属板剪切机”有效解决了现有技术中存在的各种缺陷，对于延长机器本身的寿命和提高产品质量都具有重要作用。“安全锁”主要运用于煤矿井下的防爆开关，可以防止擅自操作电器元件和调整数值。

（宋培贤）

【第七届中国土木工程詹天佑奖山西祁临高速路获奖】 2008年3月18日在刚刚揭晓的第七届中国土木工程詹天佑奖中，祁县至临汾高速公路获奖。祁临高速公路全长176公里，沿途地质地形状况复杂，个别地段更是集中了山体滑坡、崩塌、膨胀土、古采空区等不良地质灾害，施工方科学施工，达到了建设速度快、工程质量优的目标。詹天佑大奖是中国土木工程建设的最高奖项，由中国土木工程学会组织评定。此前，永济鹳雀楼工程、新原高速公路雁门关隧道曾获该奖项。

（宋培贤）

【太重3项科研建设项目获得国家批准】 在中国机械工业联合会2008年下发的相关建设计划中，太重大型矿山采掘设备工程研究中心、太重桥门式起重机设备工程研究中心两大项目获得国家批准；同时，太重油膜轴承实验室作为重点实验室也获得批准。3个项目的建设期均为2年。这些项目的建设，对于提高太重挖掘机、起重机等产品的技术创新能力，促进行业技术进步，并在改善太重油膜轴承研究试验条件和装备水平等方面，都将发挥重大作用。（宋培贤）

【省公路构件厂利用循环经济模式改造传统产业】 省公路局构件厂按照循环经济发展模式，于2008年成功探索出粉煤灰用于水泥生产的工艺。按一定比例将发电产生的粉煤灰废渣添加到水泥生产原料中，每吨成品成本比以前下降了30元，年节约资金200万元，同时也克服了以往添加材料需要多次烘干、上磨的缺陷，扩大了水泥产量，促进了废弃物的资源化和再利用，收到良好的经济效益和生态效益。

（宋培贤）

【世界总装机容量最大煤层气发电厂山西并网】 2008年3月28日，世界上总装机容量最大的煤层气发电厂——晋城寺河瓦斯发电厂并网成功。该电厂总装机容量120兆瓦，通过2台容量75兆瓦升压变压器及220千伏寺芹线（211－282）由芹池220千伏母线并网，线路总长20.382千米。该电厂装机容量为60台单机1.8兆瓦的卡特彼勒内燃发电机组，共分4个单元，每个单元15台机组，每个单元配3台6吨/小时的余热锅炉和1台3兆瓦的汽轮发电机组，同时机组的缸套冷却水经热交换给寺河煤矿集中供热。

（宋培贤）

【太钢集团临钢公司轧制核电钢成功】 太钢集团临钢公司依托集团丰厚的技术优势成功组织了Z2CN18－10核电钢的轧制、酸洗环节的生产，此项技术填补了国内空白。Z2CN18－10核电钢属不锈钢高端产品，对采用产品的性能、无损探伤、水压、试验、喷字包装等方面均有严格而特殊的要求。近年来，太钢集团临钢公司不断优化产品结构，充分挖掘3300毫米中厚板生产线、热处理酸洗线先进装备潜能，进一步优化生产组织，加快开发、生产“双高”产品的步伐。此次核电钢生产，公司按照国际核电材料质量体系标准，制定了严密的生产组织方案，从轧制、热处理等生产工序，到成品检验、包装等工序进行了周密安排，并精细过程控制。经专家评定，该公司生产组织、检测试验过程完全符合法国核电钢检测要求。

（宋培贤）

【中国首台煤制油气化炉在山西研制成功并将投产】 经过中科院山西煤化所四代科研人员历时28年研发，具有中国自主知识产权和专利技术的首台煤制油新型气化炉研制成功，并于2008年7月左右投产使用。

中国煤气化工业此前主要依赖国外技术，不仅引进成本昂贵，而且使用煤种也有局限性，不能完全满足中国各种煤炭资源的气化需求。由中科院山西煤化所研发、中化二建集团设备厂制造的首台新型煤制油气化炉，经山西省质量技术监督局检验，达到设计指标。新型气化炉煤种适应性广，生产使用成本低，洁净无污染，且具有利用率高、能耗低、氧耗低等国外技术不可比的优点。第一台气化炉的顺利出厂，标志着该项科研成果已成功迈出了实现产业化的关键一步。

【第七届太原煤炭工业技术装备展开展】 第七届（2008）太原煤炭工业技术装备展览会4月22日在太原开幕。本届展会有400多家厂商参展，展览面积20000多平方米，展出各类煤炭技术装备、设备及配件2000多种（型），展示了煤炭工业技术装备的最新成果和最高水平，将为山西煤炭工业全面提升技术装备水平发挥积极的促进作用。

太原煤炭工业技术装备展览会已成功举办了6届，得到了国内外煤炭工业技术装备研制的供应厂商的信赖和赞誉，铸就了全国同类专业展览会的品牌。本届展览会，为煤炭行业积极引进高新技术，引进先进装备，提供了一个友好和谐、贸易交流的平台；为煤炭工业技术装备研制及供应厂商提供了拓展市场的商机；为煤炭工业企业寻求技术进步的创新点，开阔了视野和领域。（宋培贤）

【太化2项目获全国节能减排优秀合理化建议奖】 5月23日，太化集团有限公司“PSA技术在合成氨脱碳工艺中的应用”和“减压蒸馏技术在粗苯蒸馏中的应用”2项节能改造项目在中华全国总工会组织的“全国职工节能减排活动月”中荣获节能减排优秀合理化建议奖。

太化集团合成氨二氧化碳脱除工序原为水洗脱碳，水、电消耗高，吨氨耗水达10吨、耗电185千瓦时，是影响合成氨成本和能耗的主要原因之一。采用PSA脱碳工艺后，吨氨节电160千瓦时，提高水的循环利用率，无新鲜水消耗，每年可为企业增加经济效益75万元。

粗苯蒸馏原采用蒸汽常压蒸馏工艺，该工艺生产复杂，成本高、汽耗高，吨苯耗蒸汽达3吨，不仅蒸汽消耗量大，废水量多，冷却水用量也大。改为减压蒸馏后，每年可节约蒸汽12960吨，同时每小时减少污水量1.5吨，经济效益和社会效益非常可观。（宋培贤）

【山西省第二届职业院校技能大赛开幕】 5月14日上午，山西省第二届职业院校技能大赛在太铁机械学校拉开帷幕。副省长张平出席并宣布大赛开始。

比赛为期2天，130所学校共计845名选手参赛。大赛共分15个专业，分别在16个赛场同时进行。此次比赛是全省职业教育领域规模最大、参赛人数最多的一项赛事，其中的11项专业比赛同时也是2008年度全国职业院校技能大赛的选拔赛。比赛优秀选手符合条件的由省劳动和社会保障厅核发高级或中级职业资格证书，获一等奖选手的指导教师将由省劳动竞赛委员会给予记功表彰。（宋培贤）

大同煤矿集团有限责任公司煤气厂

同煤集团煤气厂厂长：石兴堂

石兴堂，男，1963年3月出生于山西省朔州市，原籍山西省朔州市应县。中共党员，高级工程师。1982年毕业于山西省大同煤炭工业学校，1989年毕业于原山西矿业学院，取得学士学位。2009年毕业于中共中央党校，研究生学历。历任原大同矿务局雁崖矿技术员、助理工程师、副科长等职，1990年11月调原大同矿务局煤气厂工作，历任运销科副科长、党支部书记、科长，1997年任原大同矿务局煤气厂副总，2002年起任大同煤矿集团有限责任公司煤气厂副厂长，2007年至今任大同煤矿集团有限责任公司煤气厂厂长。

大同煤矿集团有限责任公司煤气厂是特大型煤炭企业集团大同煤矿集团有限责任公司（同煤集团）所属二级企业，担负着同煤集团8.4万煤气用户的日常供气任务。全厂共有职工近1600人，各类专业技术管理人才405名。拥有一座40门连续直立炭化炉、4台直径3.3米水煤气两段炉、5台斯列普活化炉，一套甲醇生产设备，改造并建成了相对独立、配套齐全的供电、通讯、供水、供热、污水处理及排放等生产、生活设施。目前已形成了日产煤气40万m^3、年产煤气焦12万吨、煤焦油1万吨、活性炭0.5万吨、甲醇5万吨，固定资产近6亿元、年销售收入3.6亿元生产能力和经营规模的服务矿山、奉献社会、具有较强经济实力和较高文明程度的花园式综合煤化工企业。

近年来，煤气厂上下深入学习贯彻落实“科学发展观”和党的十七大精神，围绕“做强同煤、造福员工”的发展目标，内抓管理，外拓市场，有效化解金融危机带来的不利影响，圆满完成了各项生产经营任务。创造了较好的政治效益，社会效益和经济效益。

经过厂党政和全体职工的共同努力，该厂多次被集团公司评为“文明单位”、“先进单位”、“先进党委”，并曾荣获“全国煤炭系统综合利用与多种经营先进单位”、“山西省绿化先进单位”“山西省社会治安综合治理先进单位”、“大同市文明和谐单位”“同煤集团企业文化建设标兵单位”等荣誉称号。

同煤集团董事长吴永平来厂调研

同煤集团副总经理刘文彦来厂调研

丰富多彩的员工文化生活

山西宏艺首饰股份有限公司

Shanxi Hong Yi Jewelry Co., Ltd.

Company Profile >>>

山西省副省长陈川平莅临宏艺视察

山西宏艺首饰股份有限公司始创于1975年，是全国黄金饰品、旅游商品和少数民族用品定点生产企业，上海黄金交易所综合类会员单位。主要经营范围：生产、批发内

山西省委常委、常务副省长李小鹏，在第四届中博会上莅临宏艺展位

销黄金首饰。银、铂饰品，珠宝镶嵌饰品，旅游工艺品和少数民族用品的设计、生产、开发和销售。

公司下属4个分公司和2个子公司，以及分布山西各地的二十余家连锁加盟店。

公司长久以来坚持“诚信为本、一诺千金”的经营思想，“诚信创新、和谐共好”为企业精神，坚持诚信经营以顾客需求为关注焦点；坚持为顾客提供优质的产品和优质的服务；坚持以精湛的工艺、时尚的产品和贴心的服务为三晋消费者竭诚服务；在广大消费者心目中树立较高的知名度和美誉度，得到了广大三晋父老的支持和厚爱。

宏艺公司于1997年成为全国轻工系统首饰行业十大龙头企业。1999年通过 ISO9001：2000国际质量体系认证。多年来，“宏艺牌”注册商标连续五届被山西省工商局认定为“山西省著名商标”、宏艺牌系列首饰产品连续被中国中轻产品质量保证中心评为“中国著名品牌”，被山西省质量技术监督局评为“山西省名牌产品”、“优质产品”。宏艺公司也多次获得“山西省文明单位”、“山西省五一劳动奖状”和“太原市文明标兵单位”等光荣称号。2007 年被中国黄金协会评为“全国 AAA 一级信用企业”。连续被山西省质量技术监督局评为“山西省质量信誉 AAA 级企业”。2008年12月在新晋商形象塑造活动中被评为“新晋商诚信企业”。2009年12月被山西省民营企业协会评为“山西省百强民营企业”。2009年度社会扶贫先进单位。宏艺公司直营的宏艺珠宝楼、宏艺金店和宏艺钻饰城也多次被评为“消费者信得过单位”，并且均被中国宝玉石协会评为“优秀放心示范店”。

历经三十余年的发展，宏艺将继续努力，不断做大做强，以“树百年宏艺”为品牌战略，坚定不移地实施“品质化、品牌化”的发展道路，专注首饰专业化经营，大力拓展市场，保持长久、健康、快速、和谐发展，使“宏艺牌”首饰产品走出山西，走向世界，走向更加广阔的未来。

hongyi

诚信永恒 真爱无界

山西宏艺礼品公司

Company Profile >>>

山西宏艺礼品奖品贸易有限责任公司成立于1988年，是山西省内唯一的集研发、设计、生产和销售于一体的专业礼品公司。宏艺礼品公司具有雄厚的技术实力和制造能力，拥有先进的礼品加工设备和装配生产线，从设计、模具制作到表面处理都具有先进水平。尤其在山西特色礼品和贵金属奖章、纪念章等产品的设计和制造方面独具特色。近年来宏艺礼品公司迅猛发展，产品曾多次荣获大奖。其中“足银双塔花丝盘”产品为山西省特色产品，曾被太原市政府选中赠与澳门特区政府。

宏艺礼品

晋城市人民代表大会常务委员会

晋城市第一届人民代表大会常务委员会产生于1985年9月。晋城市第五届人民代表大会常务委员会产生于2006年5月，现共有常委会组成人员39名。市人大下设两个专门委员会：财政经济委员会和法制委员会。常委会下辖一个办事机构：办公厅；5个工作委员会:教育科学文化卫生工作委员会、农村工作委员会、城建环保工作委员会、人事代表工作委员会、民族宗教侨务外事工作委员会；两个室：研究室、信访接待室。

2009年，晋城市人大常委会坚持以邓小平理论和“三个代表”重要思想为指导，认真落实科学发展观，全面贯彻党的十七大和十七届三中、四中全会精神，紧紧围绕全市工作大局，忠实履行宪法和法律赋予的各项职权，为推动全市经济社会又好又快发展，发挥了地方国家权力机关的职能作用。

坚持围绕中心突出重点，监督工作取得明显成效。2009年，常委会紧紧围绕全市经济转型、煤炭资源整合、财政运行情况、计划执行情况、科技发展、城市园林绿化等全市经济和社会发展中的大事，听取和审议了市政府《关于2009年经济运行情况的报告》、市政府2008年市本级财政决算报告和审计工作报告、市政府关于煤炭资源整合工作情况的报告、市政府关于科技进步工作情况的报告、市政府关于城市园林绿化工作情况的报告、市政府关于公安工作情况的报告等专项工作报告，推动了全市的转型发展、安全发展与和谐发展。

在全市范围内组织开展了土地管理法实施情况的检查监督。执法检查与普法宣传教育相结合，自查和重点检查相结合，市、县两级人大上下联动，合力检查，摸清了情况，找准了问题。在执法检查组的报告中，针对当前用地矛盾和问题，提出了五个方面的意见和建议。常委会将继续跟踪监督执法检查意见的落实，确保“保增长、保红线”目标的实现。

对规范性文件进行备案审查，是监督法赋予人大常委会的一项法律监督职责。一年来，常委会依法依规对市政府制定的8个规范性文件进行了备案审查，并督促市政府进一步规范文件制定的程序和内容，严格依照相关规定出台规范性文件，保证了国家法制的统一。

晋城市人大常委会主任：孟福贵

坚持服从中心服务大局，依法决定重大事项发挥保障作用。2009年，常委会坚持服从中心工作，服务全市大局，抓重点、议大事、求实效，紧紧围绕全市经济社会发展的重大事项，认真行使决定职权，先后作出决议、决定11项，有力地保障和促进了全市经济社会的健康有序发展。

先后作出了关于批准城市污水深度处理等三个项目采用委托代建模式的决议、关于利用银行贷款加快城市建设的决议、关于利用银行贷款加快白马寺沉陷区综合整治的决议，解决了城市基础设施建设的资金问题，为加快城市建设、创优发展环境，发挥了地方国家权力机关的重要保障作用。

坚持尊重代表强化服务，代表作用得以有效发挥。代表建议办理工作取得明显成效。一是强化领办、督办机制。在集中交办的基础上，选择了10件事关全市经济发展、社会稳定、人民群众普遍关注的重点建议，交由副市长领

市人大常委会举行《坚持和完善人民代表大会制度》大型法制讲座

晋城市五届人大常委会第三十六次会议

晋城市五届人大常委会第三十六次会议召开

办，常委会副主任和对口各委员会跟踪督办。二是检查和审议相结合。常委会坚持邀请代表参与检查督办工作。同时，专题听取和审议市政府、市中级法院关于代表建议办理情况的报告，对代表不满意的6件建议提出了重新办理落实的意见，并进行了跟踪督促。三是充分发挥新闻媒体的监督作用。一年来，与市广播电视台联合制作了26期《代表之声》，跟踪报道了60名代表所提40余件建议的办理情况，增强了代表建议办理工作的透明度，促进了办理工作。通过有效办理代表建议，保护和促进了代表履职的积极性，代表作用得以有效发挥。

常委会领导深入对口帮扶村指导工作

坚持强化思想作风提高工作效能，自身建设迈上新台阶。人民代表大会制度宣传工作取得新成效。2009年是地方人大设立常委会30周年，常委会组织开展了系列纪念宣传活动。先后组织召开了全市人大工作理论研讨会和座谈会，组织了有奖征文、电视访谈、大型法制讲座、专题文艺晚会等一系列纪念活动，出版了《晋城市人大常委会30年》专辑。《代表之声》栏目被省人大评为“影响山西民主法制建设十项业绩”之一。机关建设有了新进展。2009年市人大机关被市委授予“和谐机关”称号，被市直机关工委授予“文明和谐单位”，树立了地方国家权力机关的良好形象。

2009年8月24日市人大常委会部分组成人员就前半年经济运行情况在国投热电调研

市人大常委会部分组成人员视察工会工作

中共和顺县委　和顺县人民政府

县委书记：侯文禄

县委副书记、县长：杨建平

和顺县地处山西省东陲、太行山腹地，东与河北省邢台相邻，西通省府太原，北连太旧高速，省道董榆线横穿东西，207国道和阳涉铁路纵贯南北。国土面积2250平方公里，为晋中市版图最大的一个县。现辖5镇5乡，294个行政村，总人口13.8万，其中农业人口10.8万，耕地面积30.86万亩，属国家扶贫开发重点县。

改革开放以来，特别是"十一五"以来，和顺县坚持以科学发展观统领经济社会发展全局，紧紧围绕"把和顺建设成为山西别具特色的新型能源工业强县、畜牧养殖加工大县和生态避暑旅游名县"的目标，抢抓机遇，发展成就引人注目，县域经济社会发展积累了宝贵的经验，对于加快推进全面建设更高水平小康社会进程，实现推动全省三个发展的目标，具有十分重要的意义。

一、和顺经济发展取得的成就

（一）综合实力显著提升

全县地区生产总值完成17.28亿元，年均递增14.1%；固定资产投资完成18.54亿元，年均增长31.29%；财政总收入完成5.0088亿元，年均增长30.9%；城镇居民人均可支配收入完成10442元，年均幅长15.1%；社会消费品零售总额完成6.32亿元，年均增长21.6%；农民人均纯收入完成2600元，年均增长8.4%，提前一年完成预期目标；万元GDP综合能耗实现了控制在2.45以下的目标，年均降幅5.6%；县城区空气质量二级以上天数达到300天以上；县城污水处理率达到80%；城乡低保基本实现了动态管理下的应保尽保。新型农村合作医疗参合率达到93.4%；全县基本养老保险参保人数达6103人，比"十五"末净增2989人，覆盖率达88%；城镇职工和城镇居民医疗保险覆盖率达90%，覆盖人数达3.37万人；累计完成造林15.8万亩，全县森林覆盖率达25.07%，林木绿化率达34.55%；全县公路通车总里程达1007.985公里，增加44.799公里。

（二）经济建设成绩斐然

1、新型能源强县建设跨上新台阶。煤炭经过五大集团兼并重组，全县矿井数量由61座减少到15座，产能由600万吨增加到1470万吨。总投资4.6亿元的镍热联产联供项目已完成投资1.2亿元，实现金属镍一期项目试生产；总投资1.04亿元的银圣化工硅钢镁项目第二条生产线建成试生产，并完成了高新技术企业认定。阳煤集团总投资20亿元的百万吨尿素项目已开工建设，新型工业化步伐日渐加快。

2、畜牧养殖加工大县建设迈出新步伐。以"十企百区千户"育肥牛致富工程为重点，新建改建千头育肥牛场6个、标准化养殖小区31个。引进了总投资1.18亿元的龙旺肉牛规模化育肥屠宰加工项目和总投资4200万元的德牧循环农业综合开发项目，养牛业繁育、育肥、深加工"一条链"延伸的现代养牛业发展模式前景广阔。

3、生态避暑旅游名县建设取得新突破。以获得"中国牛郎织女文化之乡"称号为标志，和顺被定为中国七夕文化活动基地，

发展以养牛为主的畜牧业

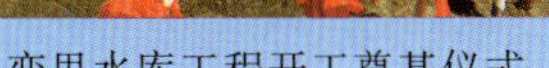
恋思水库工程开工奠基仪式

桔杆液化气站

硅钢镁生产场景

牛郎织女传说被列入国家第二批非物质文化遗产保护名录，风台小戏和和顺刺绣列入省级非物质文化遗产保护名录，共完成旅游项目投资2亿元，初步形成了以牛郎织女文化园为龙头，以太行山断裂带、阳曲山、合山、云龙山为支撑的“三山一带一文化”以及“农家乐”旅游产业发展新格局，形成“民俗文化”、“消夏避暑”、“生态观光”三大品牌，连续举办了三届中国（和顺）牛郎织女文化节和五届生态避暑旅游节，“中国牛郎织女文化”品牌在2009年度全国第二届节庆中华奖上获得了最佳文化传承奖。文化旅游业成为和顺今后最具发展潜力的产业。

井下综采工作面

二、推动和顺经济发展的实践经验

和顺在推动经济社会发展的实践经验是：以解放思想为先导，以科学理论为指导，以优势特色产业为主导，以资源、区位优势为依托，以制度创新为动力，以统筹城乡为途径，以改善民生为目的，政府强势推进，企业市场运作，要素聚集优化，不断朝着经济社会又好又快的科学发展方向前进。主要体现在以下几个方面：

（一）坚定目标，准确定位。全面审视自身，把全县的发展定位为：走“煤炭工业新型化、优势农业规模化、生态避暑旅游特色化”的发展之路。

（二）明确思路，一以贯之。围绕“把和顺建设成为山西别具特色的新型能源工业强县、畜牧养殖加工大县和生态避暑旅游名县”三县发展思路在保持具有连续性和稳定性的基础上，不断地对发展的具体实现形式进行创新和提升，做到了既继承前人，又大胆创新，坚持变与不变的辩证统一，经济发展之路得到不断拓展和延伸。

（三）城乡统筹，全面发展。不但重视经济发展，也重视社会发展；不但重视城镇建设，也重视农村建设，不断促进城乡、经济社会、人与自然统筹协调发展，是和顺近年来实现快速发展的又一个重要原因。坚持以工促农、以城带乡理念，以做大牛郎织女文化之乡、做强煤炭为突破口，主攻“煤炭产业、旅游产业、养牛产业”建设，突出城乡互补，带动全面发展，极大地加快了城乡统筹建设步伐，城乡一体化发展新格局初步显现。

今后，和顺将继续按照城乡经济社会发展一体化新格局的要求，把统筹城乡发展作为县域经济社会更好更快发展的基础，走新型工业化、特色城镇化、农业现代化“三化互动，三化互融”的发展道路，在确保国民经济较快发展、确保民生得到改善、确保和顺安全和谐的基础上，实现和顺县的“转型发展、安全发展、和谐发展”，从而把和顺县建设成为文明、秀丽、富裕的山西中部、太行山区的经济强县、能源大县和旅游名县。

山西潞安矿业（集团）有限责任公司

——记李晋平先进事迹

潞安集团董事、总经理、党委常委：李晋平

李晋平，男，汉族，1964年8月出生，山西灵石人，中共党员，工学博士，成绩优异的教授级高级工程师，省委联系的高级专家，享受省政府特殊津贴，中国矿业大学兼职教授、博士生导师。现任潞安集团总经理、董事、党委常委。

2009年，面对金融危机的挑战和复杂严峻的经济形势，在集团董事会的坚强领导下，李晋平带领广大干部员工，化“危”为“机”，以三个转型促发展，以和谐建设保发展，实现了潞安集团的新提升、新发展。企业各项经济指标逆市上扬，创造了历史最好水平，全年生产煤炭5509万吨，销售收入456亿元，实现利润35亿元，员工工资64500元，在中国企业500强中排名137位。

坚持科技领先，向集约高效、安全和谐、绿色新型的高标准现代化煤炭企业转型，打造实力潞安

安全生产持续稳定健康发展。2000以来，潞安煤炭百万吨死亡率保持在0.033；连续十年荣获全国“安康杯”竞赛“优胜企业”，被全国总工会特授予“全国五一劳动奖状”，成为全煤系统唯一获此殊荣的企业。今年，荣获山西省2009年度“安全生产工作模范企业”称号。

集约高效生产屡创佳绩。坚持科技领先战略，着力建设自动化矿井，打造数字化矿山，构建生态化矿区。先后建成了全国第一座数字化矿井、第一个大采高自动化综放工作面、第一个数字化掘进工作面、第一个280米超长工作面，创造了综采工作面日产3.3万吨，月产65万吨的全国新纪录。

煤炭产业发展后劲十足。2009年，潞安在临汾、晋中、忻州、吕梁、长治等地市整合矿井101座，整合资源30亿吨，整合产能3150万吨/年，形成了34座主体矿井。目前正围绕“集约化、规模化、机械化和信息化”全力推进整合矿井现代化改造建设工作。煤炭资源整合的重大成果为潞安建设亿吨级煤炭企业奠定了基础。

发展循环经济，由单一煤炭生产企业向煤、电、油、化、硅五大产业综合发展的新型能化集团转型，打造绿色潞安

硅产业链独具潞安特色。潞安依托长治周边地区丰富的石英砂资源，以及自身丰富的电量优势，相继开工建设了40万吨/年聚氯乙烯、2.52万吨工业硅项目、5000吨/年高纯度多晶硅项目和240MW/年太阳能垂直一体化项目一期工程。这条具有循环经济特色的工业硅聚氯乙烯高纯度多晶硅太阳能电池的硅产业链条，年内将全面建成投产，销售收入预计达160亿元。

煤基合成油取得重要成果。2008年12月22日，潞安16万吨煤基合成油示范项目产出国内第一桶钴基煤基合成油；2009年7月10日，铁基固定床正式出油。潞安不仅创造了国内同类煤化工项目建设的最快记录和最好水平，并且成为世界上唯一一个掌握两种催化剂进行煤制油的企业，产量规模达到21万吨/年油当量，确立了世界领先的技术优势。

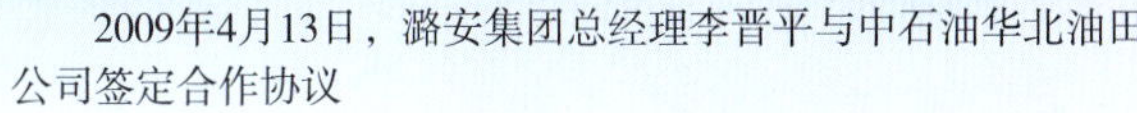

2009年4月13日，潞安集团总经理李晋平与中石油华北油田公司签定合作协议

潞安集团煤基合成油示范项目产出全国第一桶煤基合成油

潞安煤基合成油采用弃采的、劣质的高硫高灰下组煤为原料，为全省充分利用劣质煤种、推进煤化工产业发展探索出一条新路子；潞安发展煤基合成油，不只注重油品，更致力建设煤油循环园区，发展以低能耗、低污染、低排放为基础的低碳排放循环经济。中共中央政治局委员、国务委员刘延东在潞安考察时，评价“潞安煤基合成油项目通过自主创新，实现了产业的转型升级，同时发展了循环经济，基本上做到吃干榨尽，是高碳能源低碳使用的一个成功范例。”

潞安集团年产2500吨电子级多晶硅、年产2500吨光伏级多晶硅、60兆瓦太阳能电池生产线奠基仪式

坚持创新发展，由资源效益型企业向综合效益型企业转型，打造活力潞安

产品创新取得新成果。具有完全自主知识产权的“潞安贫煤、贫瘦煤高炉喷吹技术开发与应用”，荣获国家科技进步二等奖；中国冶金协会授予潞安“中国喷吹煤基地”称号。2009年，潞安喷吹煤总销量1350万吨，占全国市场份额的1/3。金融功能不断完善。形成了“六渠道一公司”的融资格局。潞安环能股票二级市场表现良好；组建并成功运行了全省第一家企业财务公司；秉承“与能人携手，和巨人同行”的理念，加快推进集团层面增资扩股引进战略投资人，以进一步创新体制机制，引进资金、人才，推动潞安大发展。

实施人才战略，构建了人才体系。“不求所有，但求所用”，聘请100多名国内外知名专家加盟潞安研究院，构建了潞安专家决策体系

有序引进煤炭、煤化工、金融、贸易等专业短缺人才及高学历人才3000多名，煤炭专业以外的专业技术人才已占到人才总量的41.2%；鼓励员工岗位成才，着力培养首席工程师、首席技师，高级技能人才达到11378人，占到生产技能岗位人员的一半，集团公司荣获国家技能人才培育突出贡献奖。

当前，李晋平总经理正团结带领潞安人面向一流的煤炭企业，面向煤炭行业发展的未来，全力实施2008-2012年建设既强又大国际化新潞安的发展规划。

潞安集团财务公司正式挂牌

潞安集团煤基油循环经济工业园区

运城市工商行政管理局

2009年，运城市工商行政管理局在省工商局和市委、市政府的领导下，以科学发展观为指导，围绕全市经济发展大局，创新思想观念、创新监管理念、创新工作作风，尽心尽力服务经济发展、尽职尽责强化市场监管、全心全意维护消费权益，不遗余力加强队伍建设，各项工作都取得了新的成绩。

一是以“六个第一”的理念实施科学监管，推进工商职能转型。全系统坚持把促进发展作为第一要务，把监管市场作为第一职能，把改革创新作为第一动力，把维护民生作为第一价值取向，把确保安全作为第一责任，把提升素质作为第一保障，扎实推进工商事业改革发展。

二是开展了“千名工商干部进万家企业调研帮扶活动”，帮助企业应对金融危机。出动人员3.2万人次，走访企业12802户，召开座谈会462次，为企业融资70亿元，为企业解决实际困难问题3631个，得到省局肯定和推广。

三是实施“五农工程”，服务新农村建设。认真开展“红盾护农、合同帮农、商标兴农、经纪人活农、经济组织强农”“五农工程”。“红盾护农”工作经验在全国交流，农民专业合作社总数跃居全省第三位。

四是加强专项执法行动，维护了市场秩序的安全稳定。牢固树立“睁着眼睛睡觉、枕着责任入眠”的安全责任意识，开展了食品安全监管、打击传销、治理商业贿赂、查处虚假广告、取缔“黑网吧”、净化社会环境等一系列专项执法行动，查处各类经济违法案件3431件。打击传销经验在全国工商系统推广，食品监管、治理商业贿赂、反不正当竞争等工作受到省局肯定。

五是强化消费者权益保护工作，维护了民生与和谐。开展了“12315进校园、进社区、进农村、进市场”活动，推行了消费维权行政指导建议书，受理消费者咨询11133人次，受理消费者投诉申诉2177件，受理举报443起，查处侵害消费者权益案件266件，为消费者挽回经济损失552万元。市局12315中心被国家总局确定为“全国工商系统12315工作联系点”。

运城市工商行政管理局党组书记、局长　武晓勤

4月21日，运城市工商行政管理局针对国际金融危机对企业的冲击和影响，开展了千名工商干部进万家企业调研帮扶活动，带着感情深入企业调研，带着责任解决企业困难。图为动员会会场

9月7日，运城市工商行政管理局在运城河东会堂举行庆祝新中国成立60周年“祖国颂·红盾情”歌咏比赛暨文艺汇演

省工商行政管理局局长王虎胜在运城工商局调研

10月29日，由运城市工商局、公安局联合拍摄的全国首部打击传销数字电影《黑梦》在运城南风广场开机。

六是加强队伍自身建设，努力打造“智慧运城工商”。设立了市场监管服务创新奖，积极建设学习创新型机关，营造浓厚的学习创新氛围；开展了形式多样的法制宣传活动，加强法制建设，提高了执法效能；开展以“忠、勇、仁、义、和、信”为主要内容的工商文化建设活动，积极打造“智慧运城工商”，在全系统形成了“上级机关服务下级机关、机关工作服务基层工作和执法一线、执法一线和窗口单位服务人民群众、全部工商工作服务运城经济社会又好又快发展”的良好风尚。

2009年，运城市工商行政管理局被国家工商总局评为“全国工商系统商标工作先进集体”；被省委、省政府评为“公正执法十佳单位”，“山西省模范单位”；被山西省文明委评为“2008-2009度文明和谐单位”；被运城市委、市政府评为“2009年度招商引资优质服务单位”。

文明和谐单位
(2008—2009)
山西省精神文明建设指导委员会
二〇一〇年一月

山西省模范单位
中共山西省委
山西省人民政府

公正执法
十佳单位
(1999-2009)
中共山西省委
山西省人民政府
二〇〇九年三月

阳泉市人民代表大会常务委员会

市人大常委会主任：孙水生

2007年6月换届以来，市十三届人大常委会坚持以邓小平理论和“三个代表”重要思想为指导，认真贯彻落实科学发展观，紧紧围绕经济建设中心、围绕全市工作大局、围绕人民根本利益，依法履行宪法和法律赋予的职权，不断取得新成绩。

加强和改进监督工作，促进“一府两院”依法行政和公正司法。听取和审议专项工作报告48项，对50部法律法规的实施情况开展了检查，对监督过程中发现的问题，提出了审议意见，责成人大专门机构督办，“一府两院”限期落实，有效地改进了地方国家机关的工作。

依法行使重大事项决定权，促进决策的民主化、科学化、法制化。修订了常委会议事规则、财政预算审查监督办法，对本行政区域内经济、政治、教育、文化、卫生、环境和资源保护等方面的重大事项，及时审议并作出相应的决议和决定20项，解决了一批人民群众普遍关心和要求解决的重大问题。

正确行使人事任免权，促进国家机关工作人员依法办事、廉洁高效地开展工作。坚持党管干部和人大依法任免相结合原则，修订了人事任免办法，重点把握任前法律考试和任职提请、供职发言、常委会表决等环节，任免人大、政府机关工作人员31名，任免市中级人民法院、市人民检察院工作人员35名，并加强对人大及其常委会选举任命的干部的任后监督，保障了地方国家机关正常运转。

积极推进代表工作，促进人大代表管理国家事务和社会事务等权利的实现。出台了加强代表工作的意见，制定和修订了相关工作制度，建立了代表活动小组，多形式开展代表培训，坚持邀请代表列席常委会

开拓进取的领导班子

省人大第二届法制工作研讨会在阳泉召开

会议，经常组织代表开展各项执法检查、视察和调查研究，参加各种听证会、座谈会或法院案件庭审，评议“一府两院”及人大常委会工作，保证了代表主体作用的发挥。

加强常委会及机关自身建设，促进人大工作水平不断提升。修订了常委会学习制度和组成人员守则，定期举办法律讲座，组织考察学习，制定了组成人员5年履职计划，建立了履职档案。坚持开展学习型机关建设，以勤政建设为抓手，建立了干部履职登记、工作考核制度，人人争当爱岗敬业、勤勉履职的模范，被评为市级精神文明单位。同时，召开了全市人大宣传工作会议，出台了加强人大宣传工作的意见，创办了《阳泉人大》双月刊，改版了阳泉人大网站，在全市主要媒体开办了专版、专栏和专题节目，开展了“人大代表风采”、“我的履职故事”和“人大文学”有奖征文等活动，为人大工作的开展和人大代表履行职责营造更好的舆论氛围。

展望未来，前程似锦。市人大常委会确立了“三坚持”、“三围绕”、“三注重”的工作思路，推动人大工作与时俱进，推动人民代表大会制度不断完善，推动社会主义民主政治深入发展，为把阳泉建设成为生态文明、平安和谐的宜居家园和具有较强竞争力的现代化区域中心城市，不断作出新贡献！

常委会组成人员向汶川地震灾区捐款

常委会组成人员视察娘子关泉域治理和水源保护工作

定期进行人大代表培训

常委会领导带领机关干部深入盂县调研

2009年5月15日，省政府与山西移动共同举办山西省第三代移动通信TD-SCDMA太原开通暨全省建设启动仪式，省委副书记、省长王君，省委常委、太原市委书记申维辰，省人大常委会副主任王雅安，省政协副主席令政策，省政府秘书长王清宪等领导出席仪式

2009年5月7日至8日，由省人大常委会常务副主任杨安和带队的省人大常委会视察组共11人，前往吕梁市视察省农村信息化建设情况

中国移动通信集团公司山西分公司

2009年4月29日，山西移动荣获全国五一劳动奖状

2009年，是山西移动发展历程中面临挑战最为严重的一年，也是全体员工在中国移动集团公司和省委省政府的正确领导下，深入学习实践科学发展观，齐心协力、迎难而上，成功应对国际金融危机影响和新竞争格局的挑战，各项工作取得重要进展的一年。

圆满完成各项经营指标。全年完成运营收入118.33亿元，同比增长11.7%；收入市场份额达到60.4%，较年初提升2.65%；完成增值业务收入29.7亿元，收入占比达到25.3%；净增移动客户271万户，客户规模达到1791万户。

宽带数据业务与信息化应用取得新突破。完成宽带数据业务收入6.4亿元，净增宽带用户47万户，达到102万户。信息化应用在林业、安监、交通、旅游等行业取得新突破。

网络质量保持领先。新增2G基站2018个，基站数量达到14225个。网络运维指标全部超过集团挑战目标。

TD建设运营开局良好。完成TD二期及三期共994个宏站、1805个室内覆盖的建设任务。TD主要网络指标在全集团名列前茅。发展G3用户5.1万户。

2009年，面对宏观经济严重下滑及竞争加剧的压力与挑战，山西移动主要采取以下几点措施，牢牢把握了市场竞争主动。

1、调整经营策略，激发经营活力，全力拓展新市场。

2、稳步推进渠道转型，电子渠道业务量快速提升。

3、大力推进宽带数据业务规模发展，信息化应用取得新突破。

2009年12月22日，山西省“省-市-县（监控点）”三级森林远程视频监控系统正式投入使用，实现了对全省70%以上森林资源面积进行24小时实施预警监控

4、多种形式加强品牌建设。

5、加强基础管理，推进服务提升。

在森林远程视频监控系统启用仪式上，省人大常委会常务副主任杨安和、副省长刘维佳、省政协副主席李雁红共同启动了该系统，标志着山西省森林防火工作实现信息化，走在全国前列

6、灵活实施网络建设维护，快速响应市场需求。

7、统筹规划，探索创新，TD建设运营快速推进。

2009年9月1日，山西移动迎来十年庆典。图为山西移动呼叫业务分公司表演的节目——《走进新时代》

8、以市场为导向，积极推进管理提升。

9、党建工作深入推进，学习实践科学发展观取得实效。

2009年9月19日，“2009平遥国际摄影大展暨第五届中国移动手机摄影节”开幕

山西省电力公司

山西省电力公司（简称省公司）是国家电网公司全资子公司，属国有特大型企业。省公司主要经营电力及电力设备生产、供应，电力工程基本建设、勘察设计，施工安装、调试。省公司管辖的供电营业区覆盖太原、大同等11个地（市）104个县（区）。2008年底，省公司资产总额 443 亿元；职工总数43958人；省公司拥有 110 千伏及以上变电站441座，变电容量6748万千伏安，线路24049千米；全省发电装机容量 3635万千瓦，统调机组容量 2477 万千瓦。

2008年，省公司广大干部员工发扬“努力超越、追求卓越”的企业精神，支援抗冰抢险和抗震救灾，保证奥运供电，实现特高压工程投运，超额完成输变电“双千”工程目标，投产110千伏及以上变电容量1605万千伏安、线路2480.71千米。全年固定资产投资 79.24 亿元；完成售电量 1075 亿千瓦时，同比增长3.86%；全省全口径发电量1797亿千瓦时，统调机组发电量 1226亿千瓦时；全员劳动生产率 24.67 万元/（人·年），同比增长 7.12%；电费回收实现历史性的“双结零”（当年电费和陈欠电费结零）。截至2008年底，山西省累计外送电量达485.64亿千瓦时，其中省公司118.22亿千瓦时。

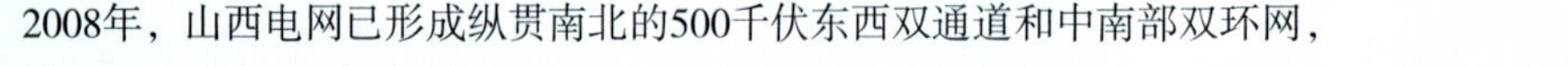

2008年，山西电网已形成纵贯南北的500千伏东西双通道和中南部双环网，以及220千伏分区供电就地平衡的格局。11 个地（市）实现500千伏“一市一站”；220 千伏及以上变电站全部为双主变双电源。省公司承担的山西电网接入1000千伏电网的配套工程如期完成，以1000千伏特高压试验示范工程成功投运为标志，山西电网发展跨入新时代。

电网建设前期工作加大对电铁项目、风电项目等国家基础性项目的核准。山西电网接入特高压电网的配套工程，即 500 千伏晋城2个变电站至1000千伏长治变电站的 5 条500千伏线路建设，500千伏侯村、运城 2 个变电站4台主变改造工程按期竣工。承担的 1000 千伏长治变电站、线路 Ⅱ 、Ⅲ 标段工程优良率达 100%，1000 千伏长治变电站主设备全程监造及其18项特殊试验，山西境内1000千伏线路116.17千米的竣工验收和生产准备等工作完成。

电网建设实施再“双千”工程，110 千伏及以上输变电工程投产规模名列国家电网公司第一名，其中投产 500千伏主变容量775万千伏安，线路323.8千米；220千伏变电容量591万千伏安、线路1197.17千米。全省11个地（市）实现500千伏“一市一站”。完成西龙池水电站及兆光、塔山发电厂等 5 个水、火电厂480万千瓦发电机组电网配套工程建设。500千伏晋城变电站荣获国家优质工程“银质奖”；4项500千伏输变电工程及7项220千伏变电站工程荣获国家电网公司优质工程奖。

【国家杂粮加工技术研发分中心在山西挂牌】 6月3日，国家杂粮加工技术研发分中心在省农科院综合利用研究所挂牌启动。组建国家杂粮加工技术研发分中心，将通过人才、机制、管理及科学研究手段等方面的全面提升和配套，建成山西与国际接轨的开放型专业研究创新基地。该中心将用3至5年时间，形成学科合理、协作广泛、高效实用、良性发展的技术研发基地和成果转化示范基地，推出一批科技含量高、社会效益好、市场前景广的新技术、新成果，为山西乃至全国杂粮产业的建设发展提供强有力的科技支撑。

（宋培贤）

【太矿集团采煤机荣获国家重点新产品奖】 2008年，太原矿山机器集团有限公司研制的1800千瓦电牵引采煤机被国家科技部、商务部、质量监督检验检疫总局、国家环境保护总局等部门联合评为国家重点新产品奖。太矿1800千瓦电牵引采煤机自2006年问世以来，一直独领风骚。当年6月，在中煤集团平朔安家岭井工矿就创出日产3.8万吨、月产90万吨的全国最高纪录；2008年3月，又在中国神华金烽煤炭分公司昌汉沟煤矿创造了最高日产4.37万吨、最高月产100.77万吨的全国纪录。

这是太矿集团继930千瓦电牵引采煤机2007年荣获“中国机械工业科学技术奖”二等奖后，捧回的又一项国家大奖。

（宋培贤）

【大同齿轮集团16档变速箱填补国内空白】 7月1日上午，中国机械行业500强之一的山西大同齿轮集团有限责任公司举行建企50周年庆祝大会暨新品16档变速箱投放市场启动仪式。这一填补国内空白的技术产品吸引着中外来宾的目光，它的上市将更符合国内重型汽车载重量、路况、行驶速度等使用情况，是大齿技术创新的又一成果。

新开发的16档变速箱是大齿集团与欧洲著名的设计公司合作，采用国际上先进的设计资源，联合设计研发的多档位、大扭矩重型汽车变速箱。为目前国内档位最多的变速箱，因其具有省油、省时、省力等特点，获得了科技部重大创新奖。

（宋培贤）

【冠云平遥牛肉传统制作技艺被列入国家级非物质文化遗产名录】 2008年，国务院公布第二批国家级非物质文化遗产名录，平遥牛肉集团的冠云牛肉传统制作技艺位列其中。平遥牛肉源于西汉，立于唐宋，兴于明清，以其“相、屠、腌、卤、修”的传统加工技艺，全面地传承了“老字号”的传统技术，以其色泽红润、肉质鲜嫩、软硬均匀、肥而不腻、瘦而不柴、清香醇厚、绵软可口、余味悠长的特点深受城乡市场青睐，史有“闻其香而提神，食其肉而解困”的佳话。（宋培贤）

【山西投资70亿元推进100项食品工业重点技改项目】 7月8日，山西省经委、太原市经委和食品工业等有关部门负责人在太原酒厂调研“傅山硒酒”重点技术推进项目，从而拉开“全省食品工业总投资达70余亿元、整体推进100项食品工业重点技改项目”的帷幕。

食品工业已经成为山西省的重要产业支柱，形成以乳品、白酒、食醋、畜禽、果蔬饮料、干果、杂粮、玉米淀粉和食用油脂等9大产业为支撑的食品工业体系。这些产业都具有浓厚的山西本土特色，但与全国周边省份相比，这些具有较强特色的品牌产品，依然存在政策导向欠缺、资金投入不足、发展速度相对较慢，食品企业市场销售及开拓能力薄弱等问题。百个项目主要包括，以果蔬、杂粮等农产品的资源优势为依托，提升酿酒、食醋、肉制品、饮料4大优势行业；整合乳品、淀粉、食用油脂3大优势产业集群；壮大小杂粮、干鲜蔬果、功能方便食品3大加工特色产品等。有关部门将为各项目的建设提供跟踪服务，帮助企业解决资金、配套设施等问题。100项技术改造项目预计将持续3年时间，投资将达到70亿元以上。项目技改完毕后，食品工业的销售收入将达到400亿元，比2007年增长近一倍。

（宋培贤）

【新节能袋式除尘器山西省投入运行】 2008年7月21日，国内电力行业装机最大的袋式除尘器，在山西漳山发电有限责任公司经过168小时满负荷试运行后，设备运行状况良好，正式投运。这是国内自主研发的一项节能减排新成果。

该项专利由山川秀美生态环境工程有限公司彭志民高级工程师自主研发，主要应用于电厂、钢铁企业等大型污染单位，对环保节能有突出效用。目前国内电力装机容量每年以6000万千瓦左右递增，应用袋式除尘器技术每年可节省钢材20万吨；节电45000万度，折合标煤达15万吨；尘减排量可达20万吨。在试运行中，经过环保部门测定，该除尘器出口尘排放浓度远小于国家排放标准，同时兼具15%左右的脱硫效率。（宋培贤）

【山西蔬菜新品种“并杂圆茄”走向全国】 山西蔬菜新品种杂交茄子“并杂圆茄”系列，2008年已先后被河北、山东、北京、天津、甘肃、浙江等地的农科部门引进种植。

“并杂圆茄”系列新品种主要由西红柿与茄子杂交而成，先后形成70多个新组合，最后被命名为“并杂圆茄”系列。“并杂圆茄”系列由于实现了优质、高产、无公害而蜚声三晋，特别是其抗病虫害的能力，本地菜农种植“并杂圆茄”系列，比种植普通茄子，可减少病害损失70%。研制成功并分步推广种植的“并杂圆茄1号”至“并杂圆茄5号”，先后通过了山西省农作物品种审定委员会专家的田间审定，其最新研制的“并杂圆茄4号”、“并杂圆茄5号”在2008年6月份湖北省武汉市举行的“中国园艺学会茄子学术研讨会”上，被中国农科院的专家向全国推广。

（宋培贤）

【山西省育出优质芝麻新品种已推广种植169万亩】 2008年7月，由山西省农科院经济作物研究所选育的山西省财政支持项目，优质三用型高产芝麻新品种——晋芝麻4号通过了省农作物品种审定委员会的审定。晋芝麻4号的粗脂肪高油、粗蛋白含量和亚油酸含量都达到了高标准，成为优质油用型、实用型和药用型三合一的品种，已在陕西、河北、山东、辽宁和山西省推广种植169万亩，获得经济效益13000万元。（宋培贤）

【太原矿山机器集团再次入选“中国机械500强”】 由中国机械工业企业管理协会主办的“中国机械500强”评选2008年7月18日在北京揭晓。太原矿山机器集团公司以排名第363名再次入选，比2007年年提升了66位。

此次评选，依然采用世界企业实验室（WCL）按国际惯例设计的企业竞争力评测模型（CVA），对企业的销售收入、利润总额、资产利润率、增长率等数据，结合行业差异、声望指数等因素进行综合分析研究。据主办方调查显示，2008年“中国机械500强”企业的产品销售收入总计30160.32亿元，比2007年增长了25.42%；整个机械行业稳步发展，经济效益明显提高，各项经济指标明显好于2007年。全国共有来自包括通用设备制造、交通运输设备制造、电气机械及器材制造、专用设备制造、仪器仪表及文化办公用机械制造、金属制品、综合类等7个行业的500家企业入选。（宋培贤）

【潞安“矿用救生舱”系统研制成功】 经中国矿山工程技术人员的辛勤实验，一种当矿山企业发生矿难时可为井下遇险矿工提供避难空间的“矿用救生舱”系统在潞安矿业集团研制成功。2008年，在潞安集团模拟巷道内完成了4人96小时的安全验证试验并取得成功，这次试验是国内外“矿用救生舱”首次完全模拟井下灾变条件下在舱内多人多天全密闭试验，对救援密闭舱、环控生保、实时环境监控等系统进行全面验证。“矿用救生舱”的科学性、系统性研究取得重大阶段性成果。

“可移动式矿用救生舱”项目是国家“十一五”期间重大科技支撑计划，为一项重点研究解决矿山重大灾害应急救援的关键技术。矿用救生舱的设计包括应急救援密闭舱、舱内环控生保系统、实时环境监控系统三大部分。其技术目标是“防爆、防火、防毒、防水、防震”，成为“被困人员生存基地、救援人员补给基地、井下施救的指挥基地、通信联络的中继基地”。新开发的矿用救生舱主要作用是矿井发生事故后为无法及时撤离的矿工提供一个安全的密闭空间，对外能够抵御爆炸的冲击、高温烟气，隔绝有毒有害气体、对内能为被困矿工提供氧气、食物、水，去除有害气体，为矿工赢得较长的生存时间，同时通过舱内通讯检测设备，引导外界救援。（宋培贤）

【全国最大煤基二甲醚项目在晋城投产】 晋城兰花清洁能源有限公司2008年8月20日生产出首批合格二甲醚后，经过12天的产品及系统跟踪检测，各项技术指标均达到设计要求。这意味着兰花科创股份公司投资建设的150万吨甲醇—100万吨二甲醚项目一期工程20万吨甲醇—10万吨二甲醚工程建成投产，进入稳定生产阶段。项目总投资6.5亿元，采用世界上最先进的两步法合成工艺，是国内目前建成投产的最大的煤基二甲醚项目。其产品二甲醚被誉为“21世纪的清洁能源”，无腐蚀、无毒性，可替代柴油、液化石油气、乙炔气和氟利昂等产品，环保、节能效应十分突出，市场前景十分广阔。该项目达产达效后，每年可实现销售收入6.49亿元，实现利税1.73亿元，实现利润1.28亿元。（宋培贤）

【太铁运用新技术为钢轨“减肥”】 太原铁路局工务处2008年通过运用新技术设备——液态二氧化碳钢轨快速降温器，在短短12分钟内，使钢轨温度速降47.7℃，防止钢轨膨胀。该技术设备进一步提升了钢轨防胀的应急处理能力，对于缩短钢轨故障处理时间，保证行车安全具有重要的意义。

该新技术由济南中铁公司研发，根据高压汽体热力学膨胀原理，以液态二氧化碳为工作介质，通过液态二氧化碳，由高压液态还原为常压气态过程中，所大量吸热形成的冷却气流，来达到快速降低钢轨温度的目的。（宋培贤）

【沁源县被命名为国家级生态示范区】 2008年，沁源县已通过国家环境保护审核，被命名为国家级生态示范区。

2002年6月，沁源县被国家环保总局批准为全国生态示范区建设试点县。6年来，该县按照生态示范区规划进行环境影响评价，做到经济社会发展与环境保护统筹规划；调整产业结构，发展生态产业；扎实推进节能减排。在抓预防的同时，按照全省关于工业污染源实现全面达标及“蓝天碧水”工程要求，开展了焦化、电力、冶炼等限期治理工作。目前，全县90%以上的煤炭企业通过省、市、县环保部门验收，工业污染源达标验收率达95%。国家级生态示范区创建工作带来的经济效益、环境效益、社会效益，在沁源县正日益显现。在2007年全省地区经济社会发展考核评价中，其经济社会发展水平居全省119个县（市、区）的第26位。财政收入由2000年的3000多万元飙升到2007年的9亿元，2008已超过10亿元，森林覆盖率和植被覆盖率分别由原来的51.7%、70%提高到62%、90%；工业污染达标排放率达到90%；县城空气质量二级以上天气超过300天；地表水环境质量稳定在3类水域，达标率100%；沁河径流量由2000年的0.3496亿立方米，提升到2007年的2.6亿立方米；万元地区生产总值综合耗能5年降低25%。市容市貌发生巨大变化，市民文明程度明显提高，全县人民越来越多地享受到了国家级生态示范区创建工作带来的巨大实惠。（宋培贤）

【侯氏风湿通统疗法入选科技成果推广项目】 2008年6月，国家中医药管理局科技交流中心的专家们为太原市类风湿病医院进行“侯氏风湿通统疗法”科技成果推广项目挂牌。这标志着山西省有了治疗类风湿病方面的国家临床、教学科研示范单位。

类风湿病极难治愈，病人痛苦大，素有“不死的癌症”之称。“侯氏风湿通统疗法”是太原市医院治疗类风湿病综合中医中药疗法中的一项。该项目经过国家医药管理局专家组一年跟踪被列为全国科技成果推广项目。（宋培贤）

【风电首现“煤都”山西每年可节约逾4万吨标准煤】 山西省首批风力发电机组2008年8月在晋北平鲁和右玉投产发电，这标志着山西省由此进入利用风能这一绿色可再生能源发电的新时期。

此次投运的风电项目，分别是平鲁区败虎堡风电场和右玉县小五台风电场，总装机7.5万千瓦，总投资约7.5亿元，由山西国际电力集团有限公司投资建设，是山西省“十一五”重点工程。两个场区共有60座风力发电机组，已有18座经调试具备发电条件。年内全部投产后，每年可提供1.34亿千瓦时的环保电能。按同等发电量计算，这两个项目每年可节约4.08万吨标准煤，减少向大气排放粉尘493吨、二氧化碳8.7万吨、二氧化硫390吨、氮氧化物1640吨，具有显著的节能、环保和经济、社会效益。（宋培贤）

【高品质特殊钢技术开发项目在并启动】 国家科技支撑计划“高品质特殊钢技术开发”项目8月18日在太钢集团公司启动。全国政协副主席、中国工程院院长徐匡迪莅会并作主题发言，中国金属学会会长翁宇庆、钢铁研究总院院长干勇，及科技部、中国钢铁工业协会等有关部门的领导、院士、专家和省政协副主席韩儒英出席会议。

此次启动的技术研发项目共有“LNG工程用低温钢板技术开发”“超超临界火电机组用关键锅炉管技术开发”和“高品质模具钢锻材关键技术开发”等9个子项目，分别由中国钢研科技集团公司、太钢集团公司、鞍山钢铁集团公司、上海大学等大型钢厂、科研院所承担。此次启动会是我国特殊钢行业吹响的一次国家级高科技集结号，产品技术含量高，主要用于汽车、铁路、船舶、航空等重大装备制造业，是国防建设所需的基础关键材料，可填补国内高品质特殊钢技术多项空白，有效解决该领域的进口制约、技术瓶颈等问题。高品质特殊钢技术开发项目已完成项目可行性论证、课题评审和预算评审等工作，科技部同意将其列入“十一五”国家科技支撑计划并组织实施。太钢集团公司独立承担其中一项子课题“LNG工程用低温钢板技术开发”，参与一项子课题“低镍铁素体不锈钢板带材关键技术开发”的研发。（宋培贤）

【全国首家盲人“有声杂志”在山西诞生】 由山西省图书馆和山西春秋电子音像出版社共同创办的有声杂志《声音里的世界》2008年11月正式向社会推出。这是中国首份基于网络平台开发供盲人免费下载的有声杂志。《声音里的世界》每月在山西省图书馆网站（http：//lib.sx.cn）上定期发布。该杂志以声音为媒介、互联网为载体，是一份被朗读出来的杂志，免费提供给盲人下载欣赏。杂志内容设置了“趣闻”“感悟”“人物”“幽默”“百科探秘”“娱乐”等栏目，汇聚国内许多优秀图书和期刊的精华，盲人既能在这些栏目中听到新闻和故事，同时还能享受到电影电视小品的录音剪辑；此外还设置了许多专门服务于盲人群体的栏目，如在“盲人学英语”“盲人电脑专家”等栏目中，盲人可以通过声音学习更多的实用知识。

（宋培贤）

【全国醇醚燃料标准化委员会在晋成立】 2008年9月23日，全国醇醚燃料标准化技术委员会成立大会在太原隆重举行。自此，国内醇醚燃料行业有了权威、统一、专业的标准制定机构，标志着醇醚燃料标准化工作进入了一个新的发展阶段。全国醇醚燃料标准化技术委员会是“国家标准化技术委员会”批准的国家一级标准化专业组织，标委会将在全国醇醚燃料领域内，负责醇醚燃料标准化工作的组织和归口工作。（宋培贤）

【太重山西煤机新产品填补省内空白】 2008年太重山西煤机成功研制出首批直径26×92扁平链，标志着该公司圆环链产品又跃上了新的高度，此项创新也填补了省内空白。

扁平链是近年来国际上推出的又一新型产品，它具有链环高度低、接触面积大、可有效减轻链环对中部槽磨损等优点，因而成为高档刮板输送机上的首选。由于该产品技术要求高、工艺复杂，目前国内仅有少数厂家可生产。为满足市场需要，山西煤机公司于2007年开始了该产品的试制工作。在试制过程中，设计与研制密切配合，采用了编单环、焊接冲压单环、接驳链条、一次拉伸、热处理及二次拉伸等新型工艺，不仅质量可靠，工效也大大提高。（宋培贤）

【山西省“煤巷掘进自动化核心技术”取得突破】 2008年10月中旬，由潞安集团王庄煤矿联合中国矿业大学等合作研究完成的“煤巷掘进自动化关键技术研究与实践”项目，顺利通过了由中国科学院院士宋振骐领衔的15名全国专家组成的鉴定委员会的鉴定。专家们一致认为，该项目在解决煤巷自动化掘进关键技术，包括相关装备及运行监控技术等方面，取得了系统的创新和突破，达到国际领先水平。标志着国内首个自动化掘进工作面在王庄煤矿建成。鉴定委员会专家认为，该项目成功实现了大断面煤巷安全高效快速掘进目标，煤巷掘进自动化试验期间，整个自动化掘进工作面最高日进尺达26米，平均掘进工效比原来提高了3倍，每年可多创造经济效益1300多万元。为煤巷安全高效自动化掘进的发展提供了示范，具有广阔的推广应用前景。工作面粉尘除尘率达到95%以上，井下工人的作业环境得到根本改善，作业安全系数大大提高。项目有五大创新点：一是研发了EBZ－150C悬臂式自动化掘进机，探索和应用了掘进机姿态检测与纠偏技术；二是研发了S4200掘进机机载锚杆钻臂，实现了临时支护、帮顶锚杆、锚索快速可靠支护，提高了支护效果；三是研发了离心湿式风幕除尘系统，除尘效率达95%以上；四是综合应用岩石力学与矿山压力等理论和方法，详细研究了掘进巷道与端面围岩稳定机理、控制方法与参数，为掘进机研制和煤巷施工提供了科学依据；五是利用自动化集成技术和数字化网络技术，实现了煤巷掘进图像监视、设备集中控制、掘进工况和巷道稳定状况的地面监控。（宋培贤）

【山医大二院填补省内血管外科空白】 9月中下旬，山西医科大学第二医院血管乳腺外科郝斌教授等，在院内多科室的密切配合下，成功为一名胸腹主动脉夹层动脉瘤患者实施了腔内血管隔绝术，填补了山西血管外科领域的又一项空白，标志着该院对血管外科疾病的治疗技术达到国内先进水平。（宋培贤）

【谢克昌院士获科学与技术进步奖】 2008年何梁何利基金在京举行的颁奖大会上，谢克昌院士荣膺“科学与技术进步奖”中的“化学工程技术奖”。这是山西本年度在该颁奖大会上取得的唯一奖项。

何梁何利基金是由香港爱国金融实业家何善衡慈善基金会有限公司，梁銶琚博士、何添博士、利国伟博士之伟伦基金有限公司于1994年捐款成立，2005年经香港高等法院批准设立的。其颁发的奖项是国内社会力量设立的规模最大、影响最大的科技奖励。基金设立以来，先后有804位杰出科技工作者获得何梁何利“科学与技术奖”的殊荣。

谢克昌院士长期从事煤化工研发工作，曾连续两次作为首席科学家承担国家关于煤热解、气化和多联产应用的“973”项目，提出气化煤气与热解煤气共制合成气多联产模式。（宋培贤）

【山西省超高产玉米育种取得重大突破】 2008年，经省科技厅组织国家玉米育种专业委员会有关专家，对中国农业大学主持的“十一五”国家科技支撑计划“高产多抗优质玉米育种方法及新品种培育”课题承担单位——山西大丰种业有限公司选育的玉米新品种“大丰26号”进行田间测产验收，该品种三地示范平均亩产1051.4公斤，最高1149.3公斤，创全省玉米种植单产新纪录。

山西大丰种业有限公司是省内一家专业从事玉米育、繁、销的科技型企业。“大丰26号”是该公司首席育种专家郭国亮潜心选育的一个玉米新品种，其显著特征是高产稳产、粒长轴细、出籽率高，抗旱抗倒、抗大小斑病，抗丝黑穗病、粗穗病和矮花叶病。9月11日，国内13位权威农业专家对该品种进行田间实地考察时，其紧凑的株型、较大的果穗、显著的抗性，引起专家们的浓厚兴趣。大家随即联名建议国家玉米育种专业委员会组织并进行田间产量验收，加快其审（认）定推广进程。验收最终选在玉米充分成熟的9月底进行。按国家规范测产流程，专家组协同公证人员分别在太原小店区刘家堡乡西草寨村、应县镇子梁乡南马庄村、文水县良种场的三块“大丰26号”种植示范田进行了两天的丈量、称重、仪器测定和精细计算，最终三块示范田分别折合亩产1149.3公斤、905.6公斤、1099.3公斤，平均亩产1051.4公斤。（宋培贤）

【国内首家焦化煤调湿项目在太钢投产】 由太钢自主研发、制造并建设的国内首家焦化煤调湿项目于2008年12月31日开始试生产。

焦化煤调湿项目是太钢近年来不断开展技术创新的又一新成果。该项目主体设备材料由太钢自行生产。其中，换热管用管材、蒸汽室用板材为太钢生产的双相不锈钢，干燥机外壳筒体用钢为太钢生产的复合板。在项目建设过程中，太钢对设备制造材料进行了反复试制，并克服了设备制造中诸多的工艺难点。煤调湿项目正式投产后，装炉煤水分可由10%降为6.5%，结焦时间缩短4%，酚氰污水排放减少3.5%以上，焦炉生产能力提高7%，每年可节约能量27.1万吉焦，相当于9226吨标准煤。通过增加焦炭和煤气产量，年可创收4591.4万元。（宋培贤）

【国内最大的井工矿井同煤集团塔山矿建成投产】 经过5年的建设，国内设计生产能力最大、年产1500万吨煤炭的特大型矿井大同煤矿集团公司塔山矿正式通过国家发改委的竣工验收。2008年12月18日上午，国家能源局组织有关部门在塔山矿举行投产验收庆典大会。

塔山矿作为国内设计生产能力最大的井工矿井，年产1500万吨，服务年限140年。其单井口产量、工作面单产、人均效率、资源回收率等各项指标都达到了国际一流水平。竣工投产的塔山矿，采用国内外先进的放顶煤开采技术，资源回收率高达85%以上；采煤设备是当今世界最先进的大功率采煤机，保证了设备运行的可靠性；配备了现代化的安全监测、监控系统，对井下、地面包括选煤厂在内的人员、环境和设备进行实时监测，实现了远程集中控制。由中国科学院、中国工程院院士组成的专家考察团，在对该矿考察后指出，“塔山煤矿代表着中国煤炭工业未来的发展方向”。（宋培贤）

【山西省自主研发大功率燃气发电机组通过鉴定】 一个可以最大限度地把煤层气转化为电能的燃气发电机组，在山西柴油机工业有限责任公司研制成功，并于2008年12月中旬通过相关部门认定，与国内同类产品相比，这个机组优势是：体积小、功率大、操作简单。

煤层气开发已成为一种新兴产业，纳入国家能源结构调整的长期规划。作为军工企业，山西柴油机工业有限责任公司把军工技术优势与地方经济特点相结合，于2007年5月开始研制可把煤层气燃气变为电能的发电机组，由于省内缺乏机械加工优势，他们自力更生，积极自主研发。公司技术人员在消化国外技术的同时，自主研制出自动检测燃气浓度技术，通过自动检测实现智能点火，既安全又便于操作。他们将7项燃气机专有技术集成创新，开发出1000千瓦功率的燃气发电机组。在2007年举行的煤博会上，这台机组引起许多国内外客商关注。2008年10月，该机组3000小时的工业性考核试验完成，供电稳定，运行状况良好。（宋培贤）

【太重集团55立方米挖掘机创世界纪录】 2008年中国企业新纪录在北京发布，其中重型机械行业共28项创新成果上榜，太重55立方米挖掘机创最大矿用挖掘机世界新纪录。

中国企业新纪录由中国企业联合会组织审定和发布，每年一次，已连续举办13年，是中国企业的“吉尼斯”。经过专家评审和网上公示，太重2008年1月26日生产制造的矿用挖掘机，自重1500吨、高22米，每铲挖掘量55立方米、100吨重，可露天年采原煤1500万吨，创最大矿用挖掘机世界新纪录。（宋培贤）

【山西科技工作者获11项国家科技大奖】 在2009年1月9日举行的国家科技大会上，山西省科技工作者斩获饕餮大餐，11次踏上象征荣誉与智慧的领奖台，在除国际合作奖之外的几乎所有奖种上都“出人头地”，获得11项大奖。其中，5项由山西省独立主持完成，6项参与完成；奖项分配是1项科技进步特等奖、2项科技进步一等奖，8项技术发明、自然科学和科技进步二等奖。省人大常委会副主任、太原理工大学校长谢克昌荣获自然科学二等奖。

11个奖项中，科技进步特等奖1项，是由中铁三局、十七局、十二局等单位参与完成的“青藏铁路工程”项目；科技进步一等奖2项，是由太原铁路局主持完成的“大秦铁路重载运输成套技术与应用”和省农科院小麦研究所参与完成的“中国小麦品种品质评价体系建立与分子改良技术研究”。

由太原理工大学谢克昌主持完成的“煤的结构特征及其与反应性的关系和调变”项目获自然科学奖二等奖；太原科技大学黄庆学主持完成的“一种空间机构的钢板滚切剪技术与装备”获技术发明二等奖；中北大学肖忠良主持的某国防项目也获技术发明二等奖。

这次奖励大会，是山西省近年来获奖最多的一次，也是山西省高校自主创新能力的一次集体亮相。4项独立主持的获奖项目由省内高校担当，其第一完成人均是校长级学术带头人。（宋培贤）

【国内首台80MN快锻压机在太原重工制造成功】 国内首台具有自主知识产权的80MN自由锻造液压机热负荷试车仪式，于2008年12月28日在中钢集团邢台机械轧辊有限公司举行。此次试车成功意味着太重正式跨入制造锻造压机企业的世界先进行列，也使中国特大型快速锻造压机的制造进入世界领先技术水平。

2006年12月，中钢邢机与太重达成2台80MN快锻压机和40吨操作机的研制生产决定，历经2年时间，太原重工的科技人员完成2台设备的设计开发、制造、装配、运输、安装及调试等工作。80MN快锻压机配置了世界上最先进的机电液压控制系统，装备有移动工作台、快速换砧装置和砧库，总重量约2300吨，是目前国内最大吨位的上传动、双立柱、预应力组合框架、具有24个平面导向系统、油液压直接传动、与大型全液压轨道式锻造操作机联机自动化控制，实现自由锻生产精密化和快速化的压力加工设备。（宋培贤）

【《山西省炼焦煤开发利用现状与保护研究》成果通过专家评审】 由山西省煤炭地质局研究所完成的《山西省炼焦煤开发利用现状与保护研究》成果2008年12月通过专家评审。这是山西省首次建立的炼焦煤开发信息系统，该项科研成果达到了同类研究的国际先进水平，为政府制定炼焦煤资源保护政策提供了科学依据。这一项目采用理论研究和实证分析的方法，从资源特点、开发现状及保护政策三个方面入手，对山西省炼焦煤资源开发与保护问题进行了系统性研究。科研成果，查明了山西省炼焦煤资源赋存状况，分析预测了炼焦煤供需状况，系统地提出了炼焦煤资源开发保护的政策建议，并建立了山西省炼焦煤资源开发利用信息系统。该成果的创新点在于，提出了炼焦煤资源保护区与储备区划分方案及战略储备补偿机制的新观点，开发了以地理信息系统为支撑的专用信息系统。（宋培贤）

气象

【大范围连续降雪】 年初全省出现大范围连续低温降雪冰冻天气，1、2月份主要有5次大范围降雪过程。其中尤以1月11～21日几乎每天均有降雪且强度较大，如此大范围连续降雪为山西省历史罕见。5次降雪分别为1月11～12日、1月16～20日、1月27日；2月17～18日和23～24日。以1月份的三次过程较强。

（李国英）

【寒潮、低温】 1月23～24日，山西出现入冬以来最寒冷天气。右玉23日的最高气温仅有－15.7℃，24日早晨最低气温达到－35.2℃。大同市48小时最低气温下降10℃以上，24日大同县、天镇县极端最低气温达－30.9℃，是有气象记录以来第二低值，其他各县极端最低气温是2003年之后最低值。进入2月份全省月平均气温较累年均值偏低2.3℃，较1971年以来历史最低值－7.0℃（1972年）偏高1.9℃，为1987年以来最低值。低温造成部分地区用电补充取暖，能源消耗加大，给供暖和电力部门造成一定的影响。

10月23日，运城市的临猗、闻喜、夏县、绛县和新绛出现寒潮，24小时日最低气温下降9.5～11.1℃。24日，运城市的临猗、万荣、稷山、闻喜、夏县、绛县和新绛48小时降温幅度在10.2～13.1℃之间。大同市大部分地区48小时最低气温下降8℃以上。其余市县气温都有明显下降。此外还有11月15～17日的大同，17～19日的太原，12月20～22日出现的强寒潮天气，最低气温下降15～17℃，最低气温降到入冬以来最低值，达到－16.9～－23.0℃。（李国英）

【大风】 12月21日凌晨1时48分，运城盐湖区遭受一次大风降温天气，尽管早在12月18日，区气象部门已发出大风降温预警，但由于今冬气候干燥，地面植被较少，树木已落叶，没有阻挡作用，致使21日1时48分到5时19分间断性地出现大风，持续时间达3小时31分，其中2时15分风力最大，达20.0米/秒，盐湖区大部分乡（镇）办的蔬菜大棚被损坏，多家房脊被刮塌，鸡、猪舍顶棚被刮掉，还有部分果库保温材料被刮掉和电杆被刮断，经济损失达1亿余元。受灾严重的村，群众的基本生活无法保障。（李国英）

【暴雨、冰雹】 春季的3月20日，全省出现降水天气过程，其中，五台山由雨夹雪转暴雪，太原市所有县区，吕梁市、运城市的大部，忻州市、临汾市、晋中市的部分，大同市、朔州市、长治市的局部共计57个县（市）降中雨，其余县（市）降小雨。

4月8日出现春季最大降水，全省24小时降水量介于5.8～51.4毫米之间，全省共有81个县（市）出现中到大雨。榆次8日降暴雨，为有气象记录以来的最早暴雨日；左云降水量是其有气象记录以来历史同期最大值。

进入汛期，5、6、7月全省降雨、冰雹较多。5月3日、7～10日、17日，山西北部部分和中南部大部产生降水，其中，阳泉市、寿阳等11个县（市）降了中雨，和顺、安泽降大雨。5月17日00：30左右，垣曲县降水引发山洪，一辆面包车被冲走，造成两人死亡。同日午后，运城市垣曲、夏县、万荣、平陆遭受大风、冰雹袭击，农作物受灾面积25366公顷，直接经济损失2.0143亿元。6月3日13时多，陵川县的崇文镇、礼义镇部分区域遭受冰雹袭击，冰雹路线沿东北——西南走向。测站冰雹出现在13：01～13：10，持续9分钟，最大冰雹直径4毫米。礼义镇出现在13：01～13：30左右，持续约30分钟左右，冰雹堆积厚度5～6厘米。冰雹大多状似雪团，主要为软冰雹。造成经济损失在1052万元以上。全年全省共有40余县（次）出现冰雹、大雨天气，主要出现在太原、运城、临汾、阳泉、晋中、忻州等市，经济损失达10亿元。

（李国英）

【连阴雨】 9月下旬，全省出现连阴雨天气，尤其是中部地区，20日至27日连续8天出现降雨天气。全省8天过程降雨量在28.0～107.9毫米之间；51个县市过程降雨量在50毫米以下，58个县市超过50毫米。此次降水过程山西省北部地区和吕梁市降水量较大，其中，岢岚、兴县、岚县过程雨量分别达100.0毫米、103.4毫米和107.9毫米。大同市9月21～25日，连续5天阴雨连绵，过程降水量全市平均达48.2毫米，较常年同期平均值偏多6.5倍，是1971年以来同期最高值。

（李国英）

【高温】 夏季，全省部分地区出现35℃以上的高温天气，尤以8月份出现范围最大。6月8日，平遥出现35.5℃高温天气、介休出现35.3℃高温天气。6月25、26日，晋中市平川部分县市出现35度以上的高温天气，其中太谷、平遥、介休最高气温分别为35.2℃、35.1℃、35.0℃，26日祁县、平遥最高气温分别为35.4℃、35.5℃。洪洞、襄汾、侯马出现37℃以上高温天气。7月3日晋中市各地出现35℃以上高温天气，同日，临汾市的尧都区、洪洞、襄汾、曲沃和侯马也出现了37℃以上的高温天气。7月12日，临汾市洪洞县出现了37℃高温天气。29日，尧都区、洪洞和襄汾出现了37℃高温天气。8月3～7日，山西省部分地区出现最高气温达到或超过35.0℃的高温天气。其中太原市8月上旬气温异常偏高，娄烦、尖草坪、小店旬平均气温均突破有历史纪录以来同期旬平均气温最高值；8月3日，全省共有26个县（市）的最高气温达到或超过35.0℃，其中河曲最高达37.3℃；4日，全省有22个县(市)的最高气温达到或超过35.0℃。（李国英）

【干旱】 7～8月上旬，山西省降水偏少，气温偏高，致使部分县（市）出现严重干旱。7月份全省平均降水量仅为53.5毫米，比常年同期偏少5成，是1971年以来的历史最低值。尤其是7月下旬大部分地区基本无有效降水，全省发生大范围中度干旱，局部地区发生重旱。28日测墒资料显示：全省大约70%的县（市）表层土壤相对湿度不足60，处于干旱状态，其中37%的县（市）表层土壤相对湿度不足40，处于严重干旱状态。

干旱造成部分地区作物受灾严重，其中：大同市的大同县和天镇7月份降水量是有气象记录以来最低值。天镇农作物受灾面积30614.76公顷，成灾面积

21814.96公顷，直接经济损失11040万元；灵丘农作物受灾面积159510公顷，成灾面积15723公顷，直接经济损失3902万元。

吕梁市7月份降水量偏少～特少，气温偏高，尤其是从7月18日进入头伏以后，连续无降水日数达十天，出现了伏旱。受灾面积34017公顷，成灾面积34017公顷，直接经济损失1000万元。晋城市、运城市7月下旬为重度干旱。据统计运城市除绛县和夏县外其余各地均受到干旱影响，受灾面积达15.8万公顷，经济损失约1.27亿元。临汾市永和县因干旱造成农作物受灾面积18000公顷，直接经济损失500万元。

忻州市保德县全县因旱受灾人口11.5万人，农作物受灾面积18466.7公顷，预估农业直接经济损失达4300万元；忻州受灾人口10万人，农作物受灾面积20000公顷，预估农业直接经济损失达6000万元。进入秋季，全省降水持续偏少，气温偏高，旱情持续发展。

（李国英）

【气候影响评价】 2008年山西省主要气象灾害及极端气候事件有干旱、暴雨洪涝、连阴雨雪、大风、冰雹、雷击和低温冻害等，其中干旱和暴雨、大风冰雹等对农业生产影响较为严重，全省粮食总产与前五年平均值相比为持平略增。冬小麦气候年景属好年型、玉米属正常年型。天气气候对水资源的影响，全省年平均降水量折合降水资源量为669.0亿立方米，较累年值偏少77.6亿立方米，较上年偏少156.0亿立方米。利用以上的降水资源及丰枯标准，2008年降水资源总量基本属正常年份。气候对林果业影响，5月份吕梁市出现3次强降温过程，岚县部分仁用杏幼果芽受冻。临县、柳林红枣区秋季红枣成熟期遇有四天的连阴雨天气，三分之一的红枣霉烂。 （李国英）

【公共气象服务】 圆满完成北京奥运“护城河”、奥运圣火三晋“和谐之旅”的气象保障，被省委省政府表彰为“保障北京奥运会残奥会先进单位”，“北京奥运会火炬接力山西省传递先进集体”。配合中国气象局完成“风云3号”气象卫星发射的天气保障。应对气候变化工作进展顺利。组建山西省气候变化中心，组织制定了应对气候变化实施方案。给省委省政府呈报《气候变暖对山西省农业生产的影响及应对粮食安全长期气候风险的建议》，省委张宝顺书记亲笔作了批示。上报山西省风能资源综合评估、数值模拟及数据库建设专项实施方案。完成胡锦涛总书记视察大同、全国抗击低温雨雪冰冻晋煤外运、晋电外输等能源安全气象保障。完成9座新建、扩建电厂大型空冷气象条件分析，完成4条输变电线路气象条件分析，完成50个大中型企业大气环境影响评价和应用气候分析。 （李国英）

【防灾减灾工作】 针对全年出现的49次常规性降水、2次暴雪、5次大雪、15次暴雨、17次冰雹、10次高温、2次沙尘暴、11次扬沙等有重大天气过程，各级气象部门及时发布各类气象预警信号996次（省台98次，市县898次），发送手机短信气象信息2403万人次。利用电视、广播、报纸、电话、手机短信、显示屏、互联网等多种媒体，发布灾害天气预警信息和科学防灾避险提示。气象应急体系建设工作突出。4月25日，省政府下发《山西省气象灾害应急预案》，标志着气象灾害应急部门预案提升为政府专项预案。针对“山西襄汾9.8特别重大溃坝事故”，以敢于履职、超前服务、保障决策为主旨，认真履行公共气象服务职能，为重大事故责任认定提供了最权威、最直接的科学数据和科学依据。襄汾9.8溃坝事故应急气象服务组荣获全国重大气象服务先进集体。

人工影响天气工作取得新成效。引进具有国际先进水平的DMT机载云物理探测系统投入人影科研和业务应用。太原、运城、大同3个飞机人影作业基地建设成效显著，全年实施飞机人工增雨、增雪作业95架次，作业影响面积近93万平方公里，总增雨量约14.3亿吨，有效缓解了2次重大干旱。

“三农”气象服务效果明显。通过卫星遥感共监测到各类热点517点次，向有关部门提供火情监测信息326期，为各级领导发送火情手机短信5016条，为减少森林火灾做出了重要贡献。发布卫星遥感监测土壤墒情、农作物长势等各类农业气象服务产品75期；冬小麦产量预报准确率达到99.3%；农业气象情报质量综合评分达9.27，创历史最高。“移动农信通”为40多万农民用户提供农业气象信息。针对夏季严重干旱，全省14个农业气象站加密土壤湿度观测共发墒情监测材料84份，为省政府及时了解全省旱情提供了可靠依据。

防雷安全得到进一步强化。与安监局、通信管理局等合作组织对煤炭、石油、电信等行业进行了7546次防雷安全检测。完成了1537个学校的防雷安全检查。深入煤炭行业，完成了427个单位的防雷安全图纸审核、275个单位防雷安全工程竣工验收。组织开展了“2008年度公众气象服务满意度”调查，气象服务公众满意度达90%。张宝顺、王君、胡苏平等省领导先后15次对决策气象服务作出重要批示给予表扬和鼓励，对公共气象服务给予高度评价和赞扬。 （李国英）

【现代气象业务体系建设】 省政府应急办公室2次组织“国家突发公共事件预警信息山西省分中心”的项目论证，省发改委提出将其列入2009年全省重点建设项目。实现了中国气象频道山西节目的本地化插播，太原市所有用户已免费收看数字付费气象频道的气象节目。与团省委（志愿者协会）联合开展了志愿者气象灾害义务信息员工作，并对第一批2263名志愿者气象灾害义务信息员进行了气象灾害预警知识培训。组织开展了1984～2007年气象灾情普查，完成灾情普查任务。

预报预测业务系统逐步完善。坚持把提高气象预报预测准确率和精细化水平放在突出位置，加强了短时临近预报预警业务系统建设，完成全国一流的省气象台预报会商室业务平面建设。加强乡镇天气预报业务的规范化和集约化，调整城镇天气预报业务流程。组织省市技术人员对Micaps3.0进行本地化开发、应用培训。制定常态化的气象业务技能质量竞赛办法，与省总工会联合开展了天气预报、测报、网络等多种业务技能竞赛。完善了国家级、省级优秀值班预报员奖励办法，优化了天气预报质量监控、评定管理制度。

着力加强综合观测业务系统建设。全省109个国家台站的自动气象站运行良好。626个区域气象站观测资料实现全省共享，其中412个实现全国共享。太原、临汾、大同3部多普勒雷达和运城、晋城、吕梁3部数字化天气雷达业务应用效果明显。风能资源8个测风塔建设任务顺利推进。与省测绘局合作启动了62个GPS水汽监测站建设。推进了省市SDH通讯线路、109个县VPN宽带网建设。浮点运算速度为2000亿次的高性能计算机投入业务化运行。 （李国英）

【气象科技体系建设】 全省科研业务开发经费达940万元。继续围绕业务应用实施重大科技创新计划，新设26个科研专项。有毒气体泄露气象应急响应预警系统等3个项目获省科技攻关计划支持。完成19项科研课题的鉴定验收，其中有3项经省科技厅组织验收达到国内领先或部分达到国际先进水平。气象科技工作者在国家核心期刊发表论文32篇，SCI收录6篇。 (李国英)

【人才队伍建设】 制定了加强业务科技领军人才新措施。给予业务科技领军人才每人每年10万元的业务科研专项经费，建立了领军人才定期疗养和两年一次出国学习培训制度。年内有两名专家新取得正研级高工任职资格。分别与南京信息工程大学、成都信息工程学院联合开办了大气科学和软件工程硕士研究生课程班，在读硕士74人。全年各级气象部门参加各类培训人数超过2000人次。(李国英)

【气象法制体系建设】 重视并依法强化气象部门的社会管理职能。《山西省气象灾害防御条例》已列入2009年省人大第1项立法计划。《山西省气象探测环境和设施保护办法》已报省政府常务会议审议。全省各级气象部门气象行政执法2881次，气象行政许可1319次。高度重视台站探测环境保护工作，太原、吕梁、晋中、临汾、朔州等市局探测环境保护成效明显。 (李国英)

【地方气象事业】《山西省扩展开发利用空中水资源工程》提前完成了全部投资计划，项目建设顺利推进；总投资8967万元的《山西省气象防灾减灾体系与应急服务系统》年度投资已全部到位，项目建设已正式启动。全省各级气象部门落实地方气象事业经费超过1.23亿元，年增长42%。 (李国英)

测绘工作

【2008年测绘工作综述】 2008年，山西省测绘工作坚持以邓小平理论和“三个代表”重要思想为指导，坚持把为经济社会发展服务作为工作的出发点和落脚点，认真贯彻落实党的十七大精神和《国务院关于加强测绘工作的意见》(以下简称《意见》)，按照“夯实基础、构建特色、打造精品、当好先行”的总体思路，扎实开展学习实践科学发展观活动和解放思想大讨论，全力实施“三五一”工程，完善体制机制、强化统一监管、着力自主创新、抓好项目建设、推进成果应用、提升服务水平，发展地理信息产业，实现山西测绘事业新发展。 (杜永刚)

【测绘系统主要工作会议】 1月份在北京举办山西省测绘系统干部培训班，邀请国家测绘局的领导和有关专家、院士针对山西实际讲学，为山西测绘事业的改革与发展把脉、建言、开方。3月18日召开全省测绘工作会议，传达贯彻全国测绘局长会议精神，总结回顾2007年的工作，按照十七大精神和国务院《意见》的要求，安排部署2008年工作任务与目标，省测绘局与各市签订《2008年测绘工作目标责任书》，与局直属事业单位签订《2008年“三五一”工程暨工作目标责任书》。6月份召开建言献策总结会，从省测绘局领导班子成员到局机关各处室和局属事业单位的负责人，紧紧围绕职能与职责，畅谈工作中存在的困难和问题、“十一五”后三年的工作思路、发展目标和应当采取的举措，进一步明确发展思路和赶超目标。11月28日省政府以晋政发〔2008〕33号文印发《山西省人民政府关于加强测绘工作的意见》，结合实际针对性地制定了一系列政策，确定了新时期全省测绘事业发展的总体任务与目标，提出明确具体要求。

(杜永刚)

【“三五一”工程顺利实现】 30个项目顺利实现提档升级，省测绘局直属单位完成150万元以上项目21个，100万至150万元项目3个，50万元至100万元项目13个，首次出现4个千万元以上的项目，测绘产值和服务值达到7900多万元，比2007年增长59.5%，创出历史新高。5大测绘成果得到较好推广，测绘服务领域不断延伸，基础地理信息共建共享工作扎实推进。2007年完成市级基础地理信息数据库建设的市，在不断完善数据库的同时，积极为当地经济社会发展服务；2008年又有太原、晋中、阳泉等市完成市级基础地理信息数据库建设，为推进数字城市建设奠定坚实的数据基础。 (杜永刚)

【重点项目扎实推进】 完成省重要地理信息统计分析系统试点工程项目和省国家安全地理信息系统、省地理空间信息基础平台、省国土资源厅基础地理信息数据库、沁河流域河道管理信息系统的软件开发。完成数字太原地理空间框架建设和省炼焦煤资源及开发利用管理系统研建。完成北武当、五老峰主峰的高程测量工作。省GPS连续运行参考站综合服务系统建设、第二次土地资源大调查和测绘成果档案存储和服务设施建设等项目稳步推进。长城资源调查测绘，已经完成外业阶段和内业长度量以及建库的试生产。开展了省测绘成果网络化分发服务系统建设。

(杜永刚)

【体制机制不断完善】 按照事业发展的需要，省测绘局完成机构调整工作。局机关增设离退休人员管理处，省遥感中心、综合地理信息中心、质量监督检验站、测绘后勤服务中心完成机构升格。将省测绘职工教育基地更名为省测绘宣传中心，切实加强测绘宣传工作。将省测绘后勤服务中心更名为省基础测绘设施保障中心，成立省测绘职业资格管理中心，初步完善测绘职业资格管理机制。各市按照省编委、编办文件要求，认真落实同级测绘行政管理与执法职能、行政编制和人员，保障统一监管职能的正常履行。阳泉市建成市、县、乡三级测绘管理网络，在国土资源执法队中明确了测绘执法分队和专门的执法人员。朔州市国土资源局全面落实市县级测绘管理机构与职能，成立执法监察支队和地理信息中心。大同市基本完善各县(区)测绘管理部门机构和执法队伍。

(杜永刚)

【法制建设成效明显】 3月30日召开的山西省政府常务会议上审议通过新修订的《山西省测绘成果管理办法》。新《办法》增加了基础测绘成果资料提供使用审批、地理信息资源共享、重要地理信息数据审核与公布等内容，对测绘成果管理体制和成果的汇交、保管、提供、利用、保密及质量管理等内容进行了修改、完善，强化了法律责任，加大了处罚力度。5月16日山西省人常务委员会审议通过新修订的《山西省测绘管理条例》。新《条例》突出体现5个特点：一是缩短了基础地理信息更新周期(省级5年，市、县级3年)；二是就矿山测量单位的资质、执行的技术标准、质量验收以及矿山测量图纸质量和审核结果的终身负责制作出明确规定；三是就测绘项目招投标管理、项目登记、合同管理等作了相应规定；四是针对新时期微波、雷达、电视发射塔等大功率设施可能对测量标志使用效能造成影响的实际，做了相应规定；五是强化法律责任。修订了《山西省测绘项目登记办法》，编印了《山西省测绘管理条例》单行本和新版《测绘法律法规及规范性文件汇编》。完成全省633人《测绘行政执法证》的配发工作。严格实行政务公开制度，对测绘法律、法规、规章及重要规范性文件和测绘资质申请、升级等关系群众切身利益的事项通过局网站向社会公开。组织了“8·29”《中华人民共和国测绘法》宣传日活动。“12·4”全国法制宣传日期间，在山西测绘局网站和山西地图网组织了“弘扬法制精神，服务科学发展”测绘法律法规知识有奖竞赛活动，面向社会宣传。

（杜永刚）

【统一监管力度加大】 省测绘局行政审批厅接收并受理各项行政许可申请639件。审批地图40项、测绘成果331项，会同省教育厅审定山西省、大同市、临汾市、运城市乡土教材地图。组织了全省测绘执法大检查，开展了涉军测绘的全面检查。坚持实施测绘资质审查和测绘作业证件制度。对25个申请《测绘资质证书》单位依法进行资质审查，准予行政许可25个；对申请领取《测绘作业证》的7个测绘单位进行审查，核发测绘作业证362本。完成2008年度测绘资质年度注册和《测绘作业证》注册工作。配合国家测绘局组织开展了测绘项目招投标监管的调查。组织了全省测量标志管理工作交叉检查，深入推广沁水经验，切实加强测量标志管理维护工作。组织了太原市测量标志警示牌设立工作，设置警示牌279块。继续开通房产测绘咨询热线，接待来访和来电咨询90余人次。根据国家测绘局的部署，组织了全省重点测绘工程成果质量监督检查工作。根据国家测绘局等八部委的部署，组织了由省委外宣办和省公安厅、工商行政管理局、新闻出版局、通信管理局、外事办公室、保密局、测绘局等部门参加的工作协调会，研究加强互联网地图和地理信息服务监管和专项治理工作。

各市测绘管理部门认真履行职责，不断加强测绘统一监管。晋城市开展地图市场检查，共检查102个商店、82个书店，检查地图产品4712件；完成测绘项目登记120项、测绘成果目录汇交206项。临汾市组织专业人员对全市52家测绘单位进行产品质量监督检查，开展矿山测量专项执法检查。吕梁市组织测量标志普查和房产测绘培训，制定了包括统计报表、委托保管、维护维修、查验、查处等9种测量标志管理制度，启动了煤矿测绘登记工作。朔州市建成县、乡、村三级测量标志管理网络，形成保护责任、动态巡查、动态管理和备案查询四大工作体系。阳泉市坚持实施“图纸管理法”，扎实推进矿山测量管理。太原市对山西鼎缘测绘有限公司涉嫌违法测绘进行了调查。（杜永刚）

【基础测绘稳步开展】 《山西省“十一五”基础测绘专项规划》所列项目的技术设计顺利通过专家评审，项目实施积极推进。在省财政厅的支持下，继续对贫困县基础测绘提供经费支持。完成长治测区148幅1：1万全要素外业调绘工作。完成阳泉测区2000幅1：2000基础测绘的外业调绘和1000幅内业测图。完成全省现势资料调绘与1：10万、1：20万地形图数字化172幅。完成临汾、太原测区700幅出图任务和全省GPSD级网的建设。

市县级基础测绘工作扎实开展。晋城市投资533万元，启动全市9490平方公里GPS基础控制网项目。晋中建成1：2000的地理信息数据库，完成1：500基本比例尺市级基础测绘工作，灵石县落实640万元基础测绘专项经费。临汾市城区基础地理信息数据库建设和测量标志维护经费列入市级财政预算，实施工作积极推进；翼城、乡宁、曲沃3县完成基础测绘更新，浮山、襄汾、洪洞等县的基础测绘更新工作正在进行。朔州市全面启动“十一五”基础测绘规划，其中280平方公里航空摄影、200平方公里大地水准面精化成果、35平方公里1：500地形图、200平方公里1：2000地形图、280平方公里基础测绘控制网已经通过验收，平鲁、山阴两县的基础测绘基本完成。阳泉市建成地籍管理、矿山管理、土地利用、测绘持证单位信息等多个数据库。大同市落实基础测绘经费300万元，已完成1：2000地形图577幅，航摄1300平方公里。

（杜永刚）

【科技创新成绩突出】 参加完成的《全国区域精密高程基准面建立的关键技术及推广应用》项目荣获国家科技进步二等奖，实现全省测绘科技成果在国家级奖项中零的突破。完成的《基于ADS40数字航空摄影测量生产体系研究》项目获2008年度中国测绘学会科技进步二等奖和省科技进步三等奖，《山西高精度三维大地基准的建立及似大地水准面的确定》项目获2008年度省科技进步二等奖。完成的《山西省环境保护地图集》获中国测绘学会2008年地图作品“裴秀奖”银奖。山西省工程测绘院获2008年度省科技奉献奖集体二等奖，胡文元、李晓红、陈弘奕获科技奉献奖个人二、三等奖。与徕卡公司联合建成全国首家“ADS航空摄影测量示范基地”。完成“对外提供资料档案信息客户服务系统”的软件开发。

（杜永刚）

【设施建设步伐加大】 起草《山西省测绘技术装备建设2008年至2010年发展规划》，加大投入更新设备，加快基础测绘技术装备和设施的升级换代，加强应急测绘装备建设，提高地理信息快速获取、处理和传输能力，促进地理信息获取实时化、处理自动化、服务网络化和应用社会化，推进信息化测绘体系建设。投资700万元购置“像素工厂”软件，完善了数字航空摄影测量数据快速处理系统，使ADS40航摄测量生产体系在为政府快速应急服务、地理信息需求和大规模影像及数字航空摄影测量中能够提供快速的综合处理平台。投资900多万元购置了GPS参考站的相关设备，即将建成投资400万元的测绘成果高清立体演示系统。省测绘局直属单位投入近千万元对原有设备进行技术改造。设备的大投入促进了服务保障能力的大提高。（杜永刚）

【服务保障扎实有效】 为汶川地震灾区制作专题地图，并派技术人员赴灾区提供技术服务。按照对口支援的要求，对茂县重建工作提供相关支持。特别是9月8日襄汾县发生尾矿库溃坝事故后，省测绘局立即派GPS基站组连夜赶赴灾区，经过24小时奋战，向应急指挥部提供了高分辨率的正射影像图；临汾市测绘管理处在第一时间赶赴现场，紧急测绘相关图纸，为抢险救灾和现场搜救赢得了宝贵时间。

2008年，省测绘资料档案部门为社会提供各种测绘成果资料8000余件次，接待单位800余个共1500人次。为各部门提供数字化测绘成果3万余幅，有效保障了经济社会发展的急需。特别是向省政府应急管理办公室和省水利厅及时提供建设应急平台、建设“省水资源管理和保护地理信息系统”和“决策系统”所需的地理信息数据，得到用户的充分肯定。省测绘局直属事业单位充分发挥测绘技术、人才和基础地理信息数据优势，积极向各级政府、有关部门服务，取得突出成绩。制作了新版《省领导工作用图》和《领导工作用图》。完成临汾至吉县高速公路工程地质遥感调查和高平至营盘段、晋城环城高速公路的测量工作。完成五台、保德、偏关、原平、宁武、定襄、岚县、忻州府、河曲、盂县、神池、繁寺等12个县（市）的土地利用现状、水土流失及植被类型分布的遥感调查评价工作。启动了全省坡度坡向数据库建设和调查底图的编制工作。完成《山西省资源与可持续发展地图集》的编绘工作，开展了《山西省近现代史地图集》的选题论证和《山西省国土资源地图集》的立项论证及专项调研。更新了省级系列交通、商贸、旅游等基础性专题地图。为省交通厅、省交通管理局、太原市武装部、太原市迎泽区教育局、晋中市交通局、中行山西分行、工行山西分行等部门制作交通系列、奥运系列、行政区划系列、学区区划、营业网点规划、生态功能区划、经济动员等多种类专题地图1000余幅。完成省电力图、省监狱分布图、太原市街巷地名图和行政区划图、长治市商贸交通旅游图和忻州、大同市商贸图等专题地图的编制工作。首次在山西地图网向社会公布26幅“山西省标准基础地理底图”，引导社会公众正确认识和使用地图。为奥运火炬在太原传递编制了多种专题地图。

晋城市为规划、环保、水利、林业、公安等部门以及张峰水库、晋济高速、阳翼高速、高陵高速线路规划等项目提供了基础地理服务；举办了测绘成果展，共展示版面52块，采取市局集中展示和各县巡回展示方式，收到很好的宣传效果。长治市为城市规划、环城水系规划和天然气管道铺设工程提供了测绘服务。临汾市为全市重点工程及“三城联创”工作提供各类地图200余幅。吕梁市为15个市以上工程项目提供了用地测绘成果。朔州市为西环路工程、二级路改造工程、七里河改造工程、城市地下管网普查、新农村建设等全市重点工程提供了测绘服务。阳泉市为阳泉—盂县高速公路勘测定界、西上庄煤矿用地和阳煤集团棚户区改造等市重点工程项目提供测绘服务。（杜永刚）

【事业单位改革和人才工作积极推进】 开展事业单位岗位设置调查工作，向省人事厅上报《山西省测绘局关于事业单位岗位设置管理的意见》。制定《山西省测绘局干部管理规定》，从干部管理权限、干部任职及聘任的条件和程序、竞争上岗、考核、教育培训、交流与回避、工作调动、工作交接、辞职辞退、退休等11个方面的管理工作制定了明确的规范，进一步完善了干部管理制度，全力推进干部管理的科学化、规范化、制度化。按照省政府办公厅《关于对省直事业单位机构编制进行清理规范的意见》要求，组织开展事业单位清理工作，积极推进人才工作和队伍建设。起草《山西省测绘局2009～2012年科技人才建设规划》，进一步明确科技人才队伍建设的目标、任务和保障措施。完成测绘行业3个工种4个等级270人进行的考工培训，及对左云县国土资源局基层管理人员进行的测绘培训。（杜永刚）

水文、水资源

【水情概述】 2008年汛前（1～5月），全省平均降水量104.0毫米，比历年同期多15.2毫米（增加17.1%），除大同市和运城市降水量偏少外，其余各市都偏多。汛期（6～9月），全省平均降水量299.6毫米，比历年同期少53.4毫米（减少15%），除忻州市和朔州市降水量偏多外，其余各市都偏少。与往年汛期不同的是全省6月、9月份降水量比历年同期偏多，主汛期7月、8月份降水量反而偏少；汛期降水量是自2002年以来6年中最少的一年。在1～9月全省干旱、暴雨、冰雹等灾害时有发生。

2008年汛期，受局部暴雨的影响，汾河、榆社河、松塔河、桃河和白沙河等河流发生了洪水，其中，白沙河大庙水文站最大洪峰流量每秒80立方米，为建站以来第二大洪水。汛期各主要河流控制站，流域总面积为96489平方千米，径流总量48875万立方米；其中，海河流域面积40443平方千米，占总控制面积的41.9%，汛期径流量25936万立方米，占汛期径流总量的53.1%；黄河流域面积56046平方千米，占总控制面积的58.1%，汛期径流量22940万立方米，占汛期径流总量的46.9%。汛期各河流来水量除6月份滹沱河较历年同期偏多外，其余各河流来水量基本上都比历年偏少，部分河道存在断流现象。（梁述杰）

【降水量】 2008年全省降水量710.3566亿立方米，平均雨深454.6毫米，相应频率71%，属偏枯水年。与2007年相比，偏少18.3%，与多年（1956～2000年，下同）平均值相比，偏枯10.7%。

1. 降水量时空分布。2008年全省年降水量地区分布总体走势由南向北递减。北部大部分地区在350毫米～400毫米之间，洋河区出现了小于300毫米的低值区；中部地区大多在450毫米～600毫米之间，岚漪河、汾河、阳武河等河流源头地区出现了大于700毫米的高值区；东南部的清漳河、浊漳河降水量较小，大多在350毫米～500毫米之间，而卫河、沁河、丹河降水量较大，降水量多在500毫米以上；南部的中条山一带降水量大多在500毫米以上，盆地区相对较小，在350毫米～500毫米之间。全省实测最大点雨量910.3毫米，出现在岢岚县黄土坡雨量站，实测最小点雨量238.3毫米，出现在天镇县将军庙雨量站。

全省年降水量丰枯等级差异较大，年降水量正负距平均有分布，距平值在－49.5%～＋57.3%之间，北部大部分地区为正距平，仅在南洋河及桑干河支流大峪河等地出现负距平；中部地区正负距平分布范围相当，其距平变幅介于－39.8～＋57.3%之间，滹沱河绝大部分地区及汾河上游区分布有正距平，汾河兰村水文站以下则以负距平为主；南部及东南部地区大多为负距平，其距平变幅在－10%～－50%之间。

2008年汛前枯季1～5月，全省平均降水量104.0毫米，比历年同期多15.2毫米，除大同市和运城市降水量偏少外，其余各市均比历年同期偏多；汛期（6～9月）全省平均降水量299.6毫米，比历年同期少53.4毫米，除忻州市和朔州市降水量偏多外，其余各市均偏少。与往年汛期不同的是全省6月、9月降水量比历年同期偏多，主汛期7月、8月降水量反而偏少，汛期降水量是自2002年以来6年中最少的一年。

2. 分区降水量。流域分区中，年平均降水量最大值出现在海河流域卫河分区，降水量为534.4毫米，最小为永定河分区的408.8毫米。各分区降水量与2007年比较，海河流域永定河、大清河两分区略有增加，增幅分别为3.7%、4.8%，其余分区均有所减少，减幅在7.4%～29.2%之间。与多年平均相比，海河流域永定河、大清河、滹沱河分区不同程度偏多，幅度在0.2～6.4%之间，其余各分区均有所偏少，幅度介于3.5～26.0%之间。各分区丰枯等级划分：永定河、大清河、滹沱河、河口—龙门分区为“平水年”，漳河分区为“枯水年”，其余分区为“偏枯水年”。从两大流域来看，海河流域为“平水年”，黄河流域为“偏枯水年”。行政分区中，全省11个市年降水量与2007年比较，除大同市、朔州市分别增加6.7%和4.9%外，其余各市都不同程度减少，减幅在4.2%～31.2%之间。与多年平均比较，除忻州市、朔州市分别偏多12.5%、5.2%外，其余各市都不同程度偏少，幅度介于1.5%～24.6%之间。分析各分区丰枯等级：忻州市为“偏丰水年”，太原市、大同市、阳泉市和朔州市为“平水年”，其他各市为“偏枯水年”。

3. 盆地平原区降水量。2008年1月1日至2009年1月1日，全省平原区年降水量393.8毫米，比上年同期减少59.1毫米，减少幅度15.0%；比多年同期平均值减少77.6毫米，减少幅度19.7%。

各盆地区降水量为：天（镇）阳（高）盆地降水量384.4毫米，与上年和多年期均值比较，分别增加20.6%和减少6.1%；大同盆地降水量398.8毫米，与上年和多年同期均值比较，分别增加2.8%和1.9%；忻（州）定（襄）盆地降水量478.5毫米，与上年和多年同期均值比较，分别减少2.3%和增加10.2%；太原盆地降水量325.3毫米，与上年和多年同期均值比较，分别减少51.9%和40.6%；临汾盆地降水量368.6毫米，与上年和多年同期均值比较，分别减少23.2%和40.1%；峨嵋台地降水量374.7毫米，比上年和多年同期均值分别减少15.3%和46.2%；运城盆地降水量420.9毫米，比上年和多年同期均值分别减少23.4%和28.8%；长治盆地降水量516.9毫米，比上年和多年同期均值分别减少2.6%和13.4%。

全省各行政分区平原区统计与上年同期比较结果为：大同市、朔州市分别增加5.4%和5.1%；太原市、长治市、晋中市、忻州市、吕梁市、临汾市、运城市分别减少43.1%、2.6%、67.0%、2.3%、40.0%、32.8%和17.2%；与多年同期平均降水量比较，除朔州市、忻州市分别增加了3.5%和10.2%外，其他市均有所减少，太原市、大同市、长治市、晋中市、吕梁市、临汾市、运城市分别减少14.9%、2.9%、13.4%、68.4%、27.3%、39.6%和37.2%。（梁述杰）

【河川径流量】 2008年全省天然年径流量（估算值，下同）46.6394亿立方米，平均径流深29.8毫米，相应频率95%，属于“枯水年”。与2007年比较，天然年径流量减少28.5%，与多年平均比较，相对偏少46.2%。

流域分区，海河流域天然年径流量为21.3773亿立方米，黄河流域为25.2621亿立方米。与2007年相比，大清河、永定河区分别增加18.0%、4.7%，其余各分区都不同程度减少，减幅在9.7%～44.8%之间。与多年平均比较，各分区都不同程度偏少，偏少幅度在35.1%～68.8%之间。各区丰枯等级划分，大清河、漳河、卫河及三门峡—沁河分区为“偏枯水年”，其余各分区均为“枯水年”。

行政分区，吕梁市天然年径流量最大，为5.9491亿立方米，太原市最小，为0.6377亿立方米。与2007年比较，除大同市增加14.2%外，其他分区都有不同程度减少，减幅在1.0%～56.0%之间，以晋城市减幅最大。与多年平均比较，各市都不同程度偏少，偏少幅度介于33.2%～66.4%之间。长治市、忻州市、吕梁市、晋中市为“偏枯水年”，其他各市均为“枯水年”。（梁述杰）

【水资源总量】 水资源总量的估算方法为地表水资源量与扣除重复后的降水入渗补给量之和。

2008年全省水资源总量为81.9669亿立方米，比2007年的103.3621亿立方米减少了21.3952亿立方米，其中地表水资源量46.6394亿立方米，比2007年减少了18.6062亿立方米，扣除重复后的降雨入渗补给量35.3275亿立方米，比2007年减少了2.789亿立方米；全省产水系数0.12，产水模数每平方千米5.25万立方米。

流域分区，海河流域和黄河流域水资源总量分别为34.91亿立方米和47.0569亿立方米，产水系数分别是0.13和0.11，产水模数分别为每平方千米5.90万立方米和每平方千米4.84万立方米；各分区产水系数介于0.07～0.21之间，产水模数介于每平方千米3.25～11.2万立方米之间。

行政分区，忻州市水资源总量最多，为16.2667亿立方米，占全省总量的19.8%；吕梁市次之，为9.3262亿立方米，占全省总量的11.4%；阳泉市水资源总量最少，为2.9510亿立方米，占全省总量的3.6%。产水系数以长治市最大，为0.14，阳泉市产水模数最大，为每平方千米6.53万立方米，临汾市产水系数最小为0.09，产水模数也最小，为每平方千米4.02万立方米。（梁述杰）

【水库蓄水情况】 2008年，全省统计8座大型水库和51座中型水库，年末总蓄水量6.9123亿立方米。8座大型水库年末蓄水量4.6034亿立方米，较2007年末减少0.6141亿立方米，其中除汾河水库和册田水库分别增加0.3713亿立方米和0.0498亿立方米外，其他水库年末蓄水变量均有所减少；51座中型水库年末蓄水量2.3089亿立方米，较2007年末减少0.8475亿立方米，除吕梁市水库蓄水量较上年末有所增加外，其余各市水库蓄水量均有不同程度减少。全省汛期（6～9月）各大中型水库净蓄水量减少408.7万立方米，其中，大型水库8座净蓄水量3750.3万立方米，其余中型水库净蓄水量减少4159万立方米。

6月份全省各大中型水库净蓄水量减少924.9万立方米；大型水库蓄水量共增加1638.1万立方米，中型水库蓄水量共减少2563万立方米。

7月份全省各大中型水库净蓄水量减少4469.4万立方米；大型水库蓄水量共减少2170.2万立方米，中型水库蓄水量共减少2299.2万立方米。

8月份全省各大中型水库净蓄水量减少375.2万立方米；大型水库蓄水量共增加689.1万立方米，中型水库蓄水量共减少1064.3万立方米。

9月份全省各大中型水库净蓄水量5360.8万立方米；大型水库蓄水量共增加3593.3万立方米，中型水库蓄水量共增加1767.5万立方米。

汛期净蓄水量较多的水库是：汾河水库4850万立方米，文峪河水库264万立方米，张峰水库694.3万立方米。

2008年全省7座大型水库汛期蓄水量与2007年同期蓄水量相比减少10398万立方米。其中：汾河水库少蓄4150万立方米，汾河二库多蓄117万立方米，文峪河水库少蓄1857万立方米，册田水库多蓄117万立方米，漳泽水库少蓄2245万立方米，关河水库少蓄1017万立方米，后湾水库少蓄667万立方米，关河水库少蓄1017万立方米。

张峰水库建成以来，2008年汛期蓄水量增加694.3万立方米。

10月1日全省8座大型水库蓄水量分别为：汾河水库16030万立方米，汾河二库3520万立方米，文峪河水库3094万立方米，册田水库3598万立方米，漳泽水库9174万立方米，后湾水库3673万立方米，关河水库1095万立方米，张峰水库4859.3万立方米。（梁述杰）

【2008年灾情】 汛期，山西全省共有5个市（大同、阳泉、忻州、晋中、运城）、21个县、78个乡镇、30万人受灾，死亡1人，死亡牲畜1386头（只），损坏房屋668间，倒塌房屋163间。直接经济损失3.2亿元。

汛期发生的几次较大洪灾过程：6月9日21时，五台县部分乡镇遭受暴雨袭击，受灾最严重的有3个乡，其中茹村乡受灾最为严重。茹村乡27个村普遍受灾，其中4个村庄有157户480间房屋和1所中学的10间房屋地面下沉，墙体倒塌，造成房屋裂缝进水的户达810户。3个乡镇农田受灾面积40712亩，其中35463亩减产80%以上，毁坏7916亩耕地。因灾死亡猪20头，羊50只，家禽300只，损毁道路24.5千米，造成直接经济损失约4246万元。

6月12日下午5时20分，稷山县境内遭受狂风暴雨冰雹袭击，暴雨时间长达60分钟，冰雹时间长达38分钟，风力达8级以上，降雨量达50毫米，瓜、果、梨、桃、柿子等果树及果实严重受损，棉花、玉米株体被毁，路旁个别树木、电杆被连根拔起，县城部分住户、商店、企业进水严重。经核查，此次灾害共造成化峪、清河等7个乡镇的123个村、23253户、93246人生产、生活面临困难，88073亩农作物受灾，直接经济损失达1.2亿元，其中农业直接经济损失达1.17亿元。

6月28日下午，昔阳县赵壁乡40个行政村普降大雨，其中，楼坪等17个村遭受暴雨冰雹灾害袭击，并伴有大风，降雨量在57毫米以上，楼坪村降雨量高达116.7毫米。由于暴雨冰雹灾害持续时间长，造成大面积洪水下泄，对耕地、道路、拦洪大坝、房屋、牲畜等都带来了不同程度的破坏。全乡农作物受灾面积11916.55亩，其中绝收1029亩。道路损坏1000米，损坏拦洪坝长1404米，冲毁地椿11819米。房屋损坏42间。冰雹打死绵羊110只。经济损失412万元。

6月28日19：10分左右，五寨县梁家坪等6个乡镇、36个村不同程度遭受了强降雨并伴随冰雹袭击，强降雨持续时间约30分钟，造成农作物受灾严重，部分农舍、院落受到损坏。受灾面积61440亩，成灾面积39584亩，其中绝收面积22040亩；受灾人口18911人，因灾死亡和失踪羊76只，损坏民房100间。造成直接经济损失约2029.7万元，其中农业损失1979.7万元。

6月28日14：00～17：00时，原平市楼板寨、闫庄、段家堡3个乡镇、27个村不同程度遭受强降雨和短时冰雹袭击，据统计，农作物受灾面积58481亩，成灾面积6531亩，其中经济作物1200亩；洪水冲毁村庄桥1座，损坏浆砌护村坝10米、护村沙坝3处约650米，造成直接经济损失约1740万元。

7月4日，浑源县黄花滩乡掾厂、王家堡、陡嘴3村遭受暴雨袭击，上游的王家堡、掾厂河道的洪峰流量达每秒70立方米，陡嘴段河道达每秒90立方米，石咀、黄花滩段河道达每秒92立方米，因学大寨时期河滩造地泄洪河道预留窄小，致使全乡5个村严重受灾，2975人受灾，农作物受灾面积2604亩，毁坏农田1944.1亩，形成危房176间，冲毁护村护地坝1000米，冲毁道路1500米，冲走羊95只，直接经济损失400万元。

7月4日，夏县降暴雨，降雨量118毫米，夏县白沙河最大入库流量每秒97立方米，此次降雨给夏县6个乡镇群众造成了一定的损失。据统计，倒塌房屋81间，毁坏菜棚25座，淹没鸡舍35间，房屋裂缝49间，淹没农田458亩，胡张至大里公路被冲断1处，200米村级道路被冲毁，直接经济损失达235万元。

7月4日下午16时20分左右，繁峙县集义庄乡北部山区遭受强降雨袭击，时间持续约1小时，致使集义庄乡常胜、西沟和双井河洪水暴发。常胜村农民胡明生在常胜西沟锄田，在沟底崖头下避雨时被洪水冲走淹死。双井河洪水顺灌溉渠沿下双井、常胜、上永兴、下永兴村边漫过，造成部分农田和房屋、墙体、机井受损。具体灾情为：死亡1人，房屋倒塌20余间，冲倒院墙（4户）91米，受灾农田（217户）746亩，淤毁机井3眼，冲走奶牛场青贮饲料20余吨。直接经济损失约200万元。

农林牧渔业损失：农作物受灾面积74万亩，成灾面积52万亩，绝收面积25万亩，减产粮食7.2万吨。冲毁耕地451亩，农林牧渔业直接经济损失2.8亿元。

工业交通运输业损失：全省因灾停产工矿企业1座，公路中断3次，毁坏路基6千米，损坏输电线路0.15千米，损坏通讯线路0.9千米，冲毁乡村道路18千米，工业交通运输业直接经济损失0.09亿元。

水利设施损失：冲毁堤坝0.3千米，洪水漫桥3座，损坏堤防53处、2.7千米，损坏堤防55处、2.7千米，损坏护岸10处，冲毁地坝、护村坝1.34千米，损坏护岸10处，损坏拦洪坝1.4千米。水利设施直接经济损失0.02亿元。

（梁述杰）

【地下水蓄变量】 全省2009年1月1日与上年同期相比，地下水蓄变量减少20592万立方米。

按行政分区统计，太原市、大同市、长治市、朔州市、晋中市、忻州市、吕梁市、临汾市、运城市分别为2215万立方米、－4737万立方米、－5272万立方米、399万立方米、－4427万立方米、5628万立方米、472万立方米、－1994万立方米和－12876万立方米。按盆地统计，天阳盆地、大同盆地、忻定盆地、太原盆地、临汾盆地、峨嵋台地、运城盆地、长治盆地分别为－989万立方米、－3349万立方米、5628万立方米、－1740万立方米、－4795万立方米、－2208万立方米、－7867万立方米和－5272万立方米。

（梁述杰）

【盆地平原区地下水动态特征】 根据地下水位上升或下降幅度大小，划分为地下水位上升区（地下水位上升幅度大于0.5米）、地下水位下降区（地下水位下降幅度大于0.5米）和地下水位相对稳定区（地下水位变幅小于0.5米）。

2009年1月1日与上年同期比较，全省平原区地下水位总体呈下降趋势，统计面积25823平方千米，地下水位平均下降0.18米。其中地下水位上升区面积2213.7平方千米，占统计面积的8.6%，水位平均上升1.35米；地下水位下降区面积6236.1平方千米，占统计面积的24.1%，水位平均下降1.17米；地下水位相对稳定区面积17373.2平方千米，占统计面积的67.3%。

（1）各行政分区（盆地部分）地下水位动态特征。按行政分区（市）统计，除太原市、朔州市、忻州市、吕梁市地下水位分别上升0.34米、0.02米、0.31米和0.06米外，其他各市地下水位均有所下降，大同市、长治市、晋中市、临汾市、运城市地下水位分别平均下降0.27米、1.10米、0.35米、0.13米和0.39米。

（2）各盆地区地下水位动态特征。2009年1月1日与上年同期进行比较，天阳、大同、忻定、太原、临汾、峨嵋台地、运城、长治盆地浅层地下水水位动态如下。

天阳盆地：天镇县城区一带地下水位上升幅度较大，下降区和相对稳定区面积分别占盆地面积的5.7%和94.3%，盆地地下水位平均下降0.16米。

大同盆地：除怀仁县西南部和大同县西部等局部地区地下水位下降幅度较大外，大部分地区水位稳定，下降区和相对稳定区面积分别占盆地面积的10.0%、和83.0%，盆地地下水位平均下降0.10米。

忻定盆地：繁峙、代县、原平、忻府区局部地区地下水位上升幅度较大，大部分地区水位稳定，上升区和相对稳定区面积分别占盆地面积的26.0%和67.9%，盆地地下水位平均上升0.31米。

太原盆地：清徐县、交城县、太谷县、祁县、平遥县局部地区地下水位下降幅度较大，汾阳县至平遥县局部地区地下水位上升幅度较大，绝大部分地区呈稳定趋势，盆地地下水位平均下降0.06米。

临汾盆地：除洪洞县、翼城县、曲沃县、侯马市、新绛县局部地区地下水位下降外，大部分地区地下水位比较稳定，下降区和相对稳定区面积分别占盆地面积的24.2%和67.7%，盆地地下水位平均下降0.20米。

峨嵋台地：除台地西南部地卜水位降幅较大外，大部分地区地下水位比较稳定，台地地下水位平均下降0.23米。

运城盆地：地下水位降幅较大的区域位于中条山前一带，下降区和相对稳定区面积分别占盆地面积的43.0%和57.0%，盆地地下水位平均下降0.53米。

长治盆地：大部分地区地下水位下降，下降区和相对稳定区面积分别占盆地面积的88.7%和11.3%，盆地地下水位平均下降1.10米。（梁述杰）

【供用水量】 1．供水量。2008年全省实际供水量65.8494亿立方米，较2007年增加2.6292亿立方米，其中地表水源供水量24.5803亿立方米，较2007年增加1.8214亿立方米，占总供水量的37.3%，地下水开采量37.0412亿立方米，占总供水量的56.3%，中水供水量为4.2279亿立方米，占总供水量的6.4%。

流域分区，海河流域永定河和黄河流域河口—龙门、汾河区均以地下水源供水为主，占各自供水总量的接近六成；海河流域卫河、黄河流域三门峡—沁河区以地表水源供水为主，占到各自供水总量的六成以上，其他分区两种水源供水比例基本持平。中水供水量以汾河区2.029亿立方米为最大，占全区总供水量的6.8%。

行政分区，大同、忻州、吕梁、晋中、运城5市以地下水源供水为主，占各自供水总量的六成以上，阳泉市以地表水供水为主，占供水总量的52%，其他5市两种水源供水量基本相近。中水供水量以太原市1.6266亿立方米为最大，占全市总供水量的18.4%。

2．用水量。用水量指分配给用户的包括输水损失在内的毛用水量，在数量上与供水量相一致，由于供水量中包括了册田水库向北京的供水量，因此全省用水量比供水量少了0.25亿立方米（向北京供水量）。

2008年全省总用水量61.3715亿立方米（新鲜水），其中居民生活用水量6.2402亿立方米，占总用水量的10.2%；一产用水量37.1421亿立方米，占总用水量的60.5%；二产用水量15.4649亿立方米，占总用水量的25.2%；三产用水量与城市环境用水量共2.5243亿立方米，占总用水量的4.1%。全省中水利用量4.2279亿立方米，总用水量（含中水利用量）65.5994亿立方米。

流域分区中，海河流域总用水量19.4736亿立方米，其中永定河、滹沱河区用水量最大，为8.9783亿立方米和5.2942亿立方米，分别占海河流域总用水量的46.1%和27.2%；黄河流域总用水量41.8979亿立方米，其中汾河区用水量27.9220亿立方米，为全省最大，占黄河流域用水总量的66.6%，占全省用水总量的45.5%。

行政分区，由于各市自然地理条件和经济发展水平以及产业结构的差异，其用水结构亦不尽相同。朔州、忻州、吕梁、晋中、临汾、运城以一产用水为主，一产用水占到各自用水量的60%以上。阳泉市和晋城市以二产用水为主，二产用水量占本市用水量的54%，其余各市用水量各有侧重，太原市生活用水量最大，占到全省生活用水量的18.0%。（梁述杰）

【废污水排放量】 2008年全省废污水排放量7.8900亿吨，其中城镇生活污水1.9423亿吨，第二产业污水4.7111亿吨，第三产业污水1.2366亿吨。全省废污水排放量比2007年增加0.7466亿吨。

流域分区，由于海河流域的卫河区水资源开发利用程度较低，基本无废污水排放，其他分区均以第二产业废污水排放为主，汾河区废污水排放量高达3.2179亿吨，占全省废污水排放总量的40.8%，位于全省各区之首；次之为永定河区，年排污量1.0952亿吨。

行政分区，太原市废污水排放量最多，为1.5111亿吨，占全省废污水排放总量的19.2%；次之为运城市，废污水排放量1.1436亿吨，占全省总排放量的14.5%。太原市为全省政治经济文化中心，以城镇生活废污水排放量为主，占全市废污水排放总量的46.2%；其他各市均以第二产业废污水排放为主，占各自废污水排放总量的一半以上。（梁述杰）

【水质状况】（一）河流水质　全省主要河流评价河段中，各河段均受到不同程度的污染，全省无Ⅰ类水，Ⅱ类水河长占评价河长的6.2%，无Ⅲ类水，93.8%的河段被污染，严重污染河段占77.1%，河流污染形势非常严峻。河流主要超标项目为氨氮、化学需氧量、溶解氧、五日生化需氧量等。

（二）水库水质　2008年全省共监测汾河、文峪河、册田、关河、后湾、漳泽6座大型水库水质，册田水库水质为劣Ⅴ类水，主要超标项目为化学需氧量、五日生化需氧量、总磷；其余5座水库水质较好，关河、漳泽水库为Ⅲ类水，汾河、文峪河、后湾水库为Ⅱ类水；与2007年相比，除册田水库水质有所恶化外，其余5座水库水质均维持上年水平。6座大型水库4～9月富营养化程度评价，文峪河、汾河两水库为中营养，后湾水库为轻度富营养，其余3座水库为中度富营养。

（梁述杰）

【机井普查工作】 2007年10月至2008年1月，山西省水利厅以省水文水资源勘测局为主，选派300余名工程技术人员，进行机井普查，以摸清地下水开采情况，倡导保护地下水资源。这次机井普查取得的主要成果如下：

1. 全省共有机井136334眼，年开采地下水366541万立方米；全省筒井183000眼，年开采地下水40000万立方米，总计全省共有各类水井319334眼。年开采地下水总量406541万立方米。

2. 普查对所有机井逐井建卡，获得了比较详细的信息。

3. 全省机井位置在七大盆地及黄河谷地的共有111038眼，占全省机井总数的81.4%，年开采地下水291443万立方米，占全省机井总开采量的79.5%。

4. 全省自来水系统共有机井862眼，年开采地下水37051万立方米，占全省机井地下水总开采量的10.1%。

5. 全省65个重点水源地共有机井3897眼，占全省机井总数的2.9%，年开采地下水59101万立方米，占全省机井地下水总开采量16.1%。

6. 全省21个地下水超采区共有机井41415眼，占全省机井总数的30.4%，年开采地下水150560万立方米，占全省机井地下水总开采量的41.1%，年超采量为48994万立方米，开采系数1.43。

7. 全省178个万亩以上灌区内共有机井47721眼，占全省机井总数的35.0%，年开采地下水112724万立方米，占全省机井地下水总开采量的30.8%。

8. 全省19个岩溶大泉泉域内共有机井2811眼，年开采岩溶水总量50989万立方米，占全省机井地下水总开采量的13.9%。9. 全省50个地下水开发利用管理重点县共有机井114305眼，占全省机井总数的83.8%，年开采地下水总量289647万立方米，占全省机井地下水总开采量的79.0%。

9. 汾河流经的27个县（市、区）共有机井60249眼，年开采地下水总量124676万立方米。

10. 全省机井城镇生活平均用水指标为108升/人·日，农村生活平均用水指标为58升/人·日，平均灌水量为212立方米/亩。

（梁述杰）

【水利部黄河水利委员会审核同意修建柏叶口水库】 2008年9月，水利部黄河水利委员会以（黄规计函〔2008〕44号）文出具《关于山西省柏叶口水库项目建议书审核意见的函》，审核意见从5个方面肯定了修建柏叶口水库的必要性和重要性。一是柏叶口水库的建设范围、目标和开发任务符合有关规划要求；二是基本同意总库容9734万立方米，增加城市及工业供水4400万立方米的工程建设规模与设计标准；三是基本同意用水需求分析及水资源配置方案；四是基本同意河道生态需水量不低于每秒0.51立方米的控制指标；五是水库建设保证了防洪的安全，可将文峪河水库校核洪水标准提高到2000年一遇。提出："鉴于吕梁地区经济和社会发展对水资源的需求，根据相关规划及水资源配置情况，基本同意修建柏叶口水库。"

按照吕梁市社会经济发展规划，到2010年全市缺水将达到2亿立方米，集中力量上马建设蓄水工程是有效缓减吕梁市水资源紧缺状况的不二选择。早在20世纪70年代柏叶口水库项目就列入流域规划，几代水利人为这项工程的前期论证技术准备付出了心血，吕梁几任领导班子为此项目的筹备上马做出了不懈努力。

柏叶口水库项目已列入《全国中型水库建设规划》、《山西省特大干旱应急水源规划》、《山西省水利发展"十一五"规划》和《吕梁市水资源综合规划》。水库建成后，与文峪河水库联合运用，在维持河道生态基流和文峪河灌区现有供水量的基础上，年可增加城市生活及工业供水量4400万立方米，能够有效缓解吕梁市平川4县（市）的水资源供需矛盾，解决当地城市生活及工业用水困难。

（梁述杰）

【省水文局所测地下水位变幅成为市、县两级经济社会发展考核评价指标】 2008年起，省水文水资源勘测局所测地下水位变幅纳入全省市、县两级经济社会发展考核评价指标体系。为贯彻落实科学发展观，省政府将地下水位变化情况作为地区经济社会发展39项考核指标之一。山西省水资源贫乏，供水结构不合理，地下水占总供水量的60%左右，由于过量开采，导致地下水位持续下降、地面沉降、泉水断流、机井报废等一系列环境生态问题。以地下水位作为考核评价市、县两级政府保护与合理开发利用地下水资源情况的指标，对开展全省地下水超采区治理行动、实现地下水采补平衡、涵养恢复水源，促进地下水止降回升，发挥考核体系的导向性，非常必要。经济社会发展考核评价指标地下水监测工作是省水文部门有史以来第一次承担的政府职能工作，是推动水文工作职能进一步转变的契机。接受任务后，省水文局多次召开专题会议研究落实，精心组织，周密布置。2008年8月下旬开始制订方案，9月11日通过山西省水利厅技术委员会审查，经修改确定后，即开始确认井孔，并于10月27日至10月31日，抽调300多名专业技术人员对全省11个市、119个县（市、区）的811处地下水监测站进行地下水位试测。总结经验，进一步调整后，于11月底进行实测，按时提交出地下水位考核成果。今后，该项工作将被作为常规工作，于每年12月中旬进行。

（梁述杰）

【汾河上游4县污水处理厂投入使用】 为保证引黄一期工程终端用户用水质量，2008年1月份，省引黄工程管理局会同省环保局有关领导及专业人员，对汾河上游宁武、岚县、静乐、娄烦4县污水处理状况，进行了细致的实地调研。调研发现，汾河上游4县污水处理厂已全部投入使用，处理后的水质基本能够达到GB18918—2002《城镇污水处理厂污染物排放标准》一级B标准，部分指标达到一级A标准，处理后的净化水经管道排入汾河支流，再汇入汾河水库。引黄工程，是关系人民生活用水的民生工程，水质的好坏直接关系到人民的生存和社会的稳定，随时掌握引黄沿线自然河道污水处理厂运行情况以及汾河水库水质状况，对于全面保障引黄水质、确保民生用水安全十分必要。

（梁述杰）

【吕梁引文入川南线供水工程顺利通水】 2008年1月5日上午10时，在孝义市苏家庄蓄水池现场，吕梁平川人民盼望已久的引文入川南线供水工程正式通水。省委常委、副省长梁滨出席通水仪式。

引文入川南线供水工程从文水县的文峪河水库引水，途经文水、汾阳、孝义，终点位于孝义市西北的苏家庄村，输水主管道长76千米，工程总投资约2.58亿元，建设期14个月。据了解，按万元产值耗水量80立方米计算，引文入川南线供水工程可使文水、汾阳、孝义3县市年增加产值25亿元，是一个供水企业与当地政府实现双赢的效益工程。同时，按照“政府出政策，引进区外资金投资建设、管理、运营”的模式实施，引进武汉凯迪公司参与，为吕梁水利建设利用外资加快民营水利发展走出先例，树立典范。

（梁述杰）

【山西省35项水源工程为三晋应急“储水”】 为保证全省的应急水源储备，2007年初山西省确定35项应急水源建设工程，到2008年，其中20项已开工建设，争取到2010年，应急水源工程全部建成并发挥效益。

由于降雨稀少且时空分布不均，再加上大规模的煤炭开采，使煤矿影响区域内的地下水系统遭到严重破坏。一方面是地表水、地下水和天上来水减少，另一方面是冬春降雨少、气温高，每年抗旱形势严峻。为此，省政府决定在“十一五”期间，建设以开发利用地表水为重点的应急水源工程。

为确保遇到特大干旱年时的基本用水，解决煤矿采空区百姓的生活和工业用水问题，2007年3月开工的榆社县双峰水库续建工程打响兴水战略的“第一枪”，随后，吕梁市千年水库工程、运城市夹马口灌区北扩工程、忻州市坪上应急引水工程等20项应急水源工程也陆续开工。

据悉，35项应急水源工程全部建成后，每年可增加地表水供给能力10亿至15亿立方米，相当于全省3000余万人口约两个月的用水量，加上同时补充的2亿至3亿立方米的地下水，使全省地表水供水能力达到35亿立方米，地下水开采量压缩到30亿至35亿立方米，加上引黄水，基本可以满足全省75亿立方米的年用水需求。（梁述杰）

【山西省将建设地下水监测网络，实行严格的禁采和限采措施】 2008年中，山西省正在加紧建立地下水监测网络，预计将对50个地下水超采比较严重的县市进行监控，并实行严格的禁采和限采措施。

2008年，将在2007年底水井普查的基础上，对全省所有地下水的水井进行水量分配，并通过IC卡进行控制。同时，在不同区域建设地下水监测网络，对地下水的升降情况进行严密监测，并对超采量进行准确测定，以作为地下水水权分配的依据。对地下水超采区和严重超采区，在地表水供给有了初步保证后，将实行最严格的禁采和限采措施，力争用3—5年的时间，实现地下水止降返升和采补平衡。

长期以来，由于地表水得不到有效利用，再加上地下水开采成本低，导致全省地下水的开采量不断增长。2007年，全省地下水的开采量为40亿立方米，累计超采量达到109亿立方米，深层地下水水位每年都下降2—30米，盆地区浅层地下水也已大部分疏干。全省19个岩溶大泉中，3个已完全断流，2个基本断流，12个流量也严重衰减。（梁述杰）

【张峰水库工程在晋城通过水利部蓄水验收】 2008年3月21日至22日，水利部在晋城市主持召开张峰水库工程蓄水验收会，会议成立了蓄水验收委员会，主任委员由水利部副总工程师庞进武担任，副主任委员由水利部建设与管理司司长孙继昌、中国水利工程协会会长俞衍升和山西省水利厅副厅长孙廷容担任，委员由水利部和山西省有关部门和单位的代表以及专家组成。验收委员会经过查看工程现场，查阅工程资料和听取有关工作报告，认为，张峰水库枢纽工程形象面貌满足初期蓄水条件，工程质量合格，库区747米高程以下库底清理及移民安置已通过水利部验收复核，同意通过蓄水验收，可适时下闸蓄水。

张峰水库工程通过蓄水验收，标志着工程建设取得了重要阶段性胜利，枢纽工程将从大规模建设阶段转入蓄水运行阶段，并开始发挥效益。之后，将按照验收委员会的要求，在做好水库蓄水前各项准备工作的同时，抓紧抓好枢纽工程扫尾工作，加快输水工程建设。（梁述杰）

【陵川县磨河供水扩建改造工程奠基开工】 2008年4月15日，陵川县磨河供水扩建改造工程奠基开工。省委常委、副省长梁滨出席奠基开工仪式并宣布工程开工。省发改委副巡视员董小恺，省水利厅副厅长孙廷容，晋城市委常委、副市长赵学梅，省政府研究室副主任王纯等领导出席了奠基仪式，省水利厅有关处室领导、晋城市直有关单位负责人及陵川县四大班子的部分领导、施工队伍等参加了奠基仪式。

磨河供水工程是陵川县解决人畜吃水最大的供水工程，承担着县城及沿线6个乡镇、70个行政村、10万人、150个企事业单位的生产、生活用水。磨河供水工程扩建改造项目于2007年9月30日正式批复立项，2008年初完成工程初步设计的批复。工程总投资9726万元，建设工期2年。主要项目包括：大磨河水源工程、小磨河泵站改造工程、40千米输水渠道改造工程、27千米35千伏输电线路更新工程、供水延伸工程。磨河供水工程扩建改造项目竣工后，年供水能力可达到1340万方，陵川县将有效摆脱工程性缺水的制约，稳定解决县城及8个乡镇15万人的饮水安全，并为工农业发展提供充足的水源保障，为实施“生态立县、工业强县、开放活县”的战略奠定坚实基础。

（梁述杰）

【山西省防汛抗旱数据库首批建设工作顺利完成】 山西省防汛抗旱专用数据库首批建设任务从4月20日开始在省水文局展开，经过承担人员近一周的辛勤工作，于2008年4月24日圆满完成各项工作。

防汛抗旱专用数据库是做好防汛抗旱水文情报预报服务的基础，是全国水文情报预报工作的重要组成部分。这次数据库建设工作是基于全国水情综合业务系统中的站网管理平台，完善水位(流量)年极大值系列、年极小值系列，资料截止年份为2006年。为圆满完成数据建设任务，各市水文分局水情科长星期天就来到省水文局开始工作，他们加班加点，按照水利部要求的内容、格式，认真地分析、核对、整理。期间，还修改完成各市水文站洪水频率分析报告。从内容到排版格式认真讨论、仔细修改，达到了刊印的要求。

4月22日上午，参加建库人员交流了水情信息查询服务系统的内容、操作与部署。各市水文分局水情科根据各自的特点，对软件的操作及所要求的内容提出了相应的修改意见。（梁述杰）

【榆社县双峰水库续建工程通过蓄水验收】 2008年5月29～30日，由省水利厅主持，省防汛抗旱指挥部办公室、省移民办、省水利工程质量监督站、晋中市水利局、榆社县人民政府、榆社县水利局、晋中市水利工程质量监督站等单位以及特邀专家组成验收委员会，对榆社县双峰水库续建工程进行了蓄水验收。验收委员会现场检查工程建设情况，听取参建单位工作报告，查阅了有关资料，经充分讨论，验收委员会认为：双峰水库续建工程形象面貌满足初期蓄水条件,工程质量符合设计要求,已完成蓄水安全鉴定,库底清理和移民安置已通过专项验收,未完工程不影响初期蓄水,并已有了明确的施工安排,验收委员会一致同意通过蓄水验收,可适时下闸蓄水。（梁述杰）

【晋中市松塔水电站奠基开工】 2008年7月10日上午11时,松塔水电站正式奠基开工。

松塔水电站建设工程是晋中人民盼望多年的一件大事,20世纪50年代就开始规划选点,做了大量前期工作,期间曾3次选址并准备动工建设,但由于种种历史原因,工程一直未能如期进行。近年来,在全省兴水战略的大好机遇下,经省水利厅专家多次论证,全力支持,省直有关部门通力合作,省发改委于2008年5月28日正式核准立项建设。

松塔水电站位于寿阳县潇河主流松塔河上,是以供水、发电为主,兼顾防洪、灌溉的综合性利用工程。潇河属汾河一级支流,也是晋中市境内最大的河流,流域总面积3720平方公里,多年平均年径流量0.9亿立方米。至2008年,潇河流域没有大的控制性水利枢纽工程,地表水的开发利用不足20%。因此,建设松塔水电枢纽工程非常必要。该工程控制流域面积1174平方千米,总库容9820万立米,装机容量2×500千瓦,总投资7.43亿元。水电站建成后,每年可发电349万千瓦时,向城市供水2200万立方米,改善灌溉面积18万亩,它的建设将极大地缓解晋中城区和寿阳县的水资源供需矛盾,也是提高水利设施供水保障能力的长远之计。

松塔水电站是山西省实施兴水战略中确定的35项应急水源工程之一,也是晋中市继双峰水库建设完工、石膏山水库开工建设后的又一项水源工程。

（梁述杰）

【2008～2009年度黄河防凌工作会议在太原召开】 2008年10月17日,2008～2009年度黄河防凌工作会议在太原召开。国家防总秘书长、水利部副部长鄂竟平出席会议并讲话。黄河防总常务副总指挥、水利部黄河水利委员会主任李国英做了《2008～2009年度防凌工作报告》。山西省副省长胡苏平出席会议。

鄂竟平指出,2008年春季黄河流域遭遇了40年来最为严重的凌汛,在国家防总和黄河防总的统一部署下,沿黄各省(区)以及有关军区和电力、水利等部门通力合作,确保了灾区群众的生命安全。在抢险救灾过程中也暴露出一些突出问题,如黄河防洪工程标准低,河道淤积严重,防凌调度和抢险难度大,凌情监测预报水平有待提高,防凌应急管理工作还不够规范等。他要求,高度重视黄河防凌面临的严峻局面,认识到工程防御能力偏低的问题,进一步调整防凌工作思路,要实现四方面转变:从传统防御向现代防御转变,被动防御向主动防御转变,除害与兴利结合转变,防御手段多措并举转变。

会议认真总结黄河防凌工作的经验教训,分析了2008年黄河防凌存在的突出问题和面临的严峻形势,进一步理清工作思路,研究探讨对策措施,以尽快提高黄河防凌工作水平。山西、宁夏、内蒙古3省(自治区)和西北电网、部队代表就防凌工作交流发言。参会人员围绕黄河防总编制的《黄河防凌工作意见》、《黄河防凌工作规程》、《黄河防凌预案》进行深入讨论。

国家防总办公室、黄河防总办公室,沿黄各省(区)防汛抗旱指挥部,兰州、北京和济南军区,电力调度和水库管理等单位的代表约50人参加了会议。

（梁述杰）

【襄汾县"9·8"事故灾区群众饮水工程建设任务全面完成】 "9·8"事故后,临汾市委、市政府全面组织恢复灾区生产生活。按照市委、市政府的安排,临汾市水利局党组认真研究解决灾区群众的生活饮水方案,积极筹措工程建设资金,市水利局多次派员到现场指导,会同襄汾县协调解决问题,蹲点指导施工,业务技术人员、施工人员一起加班加点、加紧施工,严格质量,历经20余天,到11月7日,灾区饮水工程建设任务全面完成。

这次工程实施中,共投资47.17万元,在灾区新建100立方米钢筋砼蓄水池1座,16平方米加压泵站管理房1座,5立方米、50立方米减压调蓄水池各1座,铺设钢管1070米,塑料管20.4公里,配套潜水泵、加压泵各1台。解决乱石滩71户382人、杨家庄112户417人,共计解决受灾区2个自然村183户799人的饮水问题,100%的安装了自来水,11月7日灾区群众全部饮用上安全、卫生的自来水。（梁述杰）

【晋城、侯马市被列为全国节水型社会建设试点】 为培育节水型社会建设试点,总结经验示范推广,加快推进全国节水型社会建设进程,水利部于2008年11月11日以(水资源〔2008〕477号)文公布第三批全国节水型社会建设试点,晋城市、侯马市位列其中。两市被确定为全国节水型社会建设试点,表明水利部对山西省水资源紧缺状况给予了充分关注,对于推动全省节水型社会建设将起到十分重要的作用。（梁述杰）

【省编办批准成立市县水资源征费稽查机构】 为加大全省水资源费征收和对水资源费违法行为的查处力度,确保水资源费全额征收,提升全省水资源管理工作水平,2008年10月16日,省编办以(晋编办字〔2008〕332号)文批准成立各市、县水资源征费稽查机构。

根据《水法》、《取水许可和水资源费征收管理条例》,结合山西水资源管理工作的实际,在2007年成立省级水资源征费稽查队后,2008年又与省编办成立联合调研组,深入到市、县、企业、乡镇,通过召开座谈会等形式对成立水资源征费机构进行调研,最后经省编办研究批准成立市、县水资源征费稽查队,分别与水资办实行"一套人马两块牌子",市级水资办(稽查队)为副处级规格,县级水资办(稽查队)为副科级规格。除阳泉、晋城、朔州3市的水资源征费稽查队各增加3名编制外,其他市各增加5名编制;县级增加2～4名编制,具体由各市编制部门根据县(市、区)的实际情况自行核定,新增加的仍为全额事业编制。（梁述杰）

【晋中市城区第二污水处理厂及再生水回用工程奠基】 2008年6月18日,由山西国际能源有限公司投资的晋中市城区第二污水处理厂及再生水回用工程在榆次区张庆乡东贾村内正式开工建设,该项目为晋中市2008年市政重点工程。晋中市城区第二污水处理厂及再生水回用工程,按照政府主导、企业参与、市场运作的原则,实行企业筹资、政府监管,是政府公益工程在投资模式上的改革与创新。该项目被列入山西省"蓝天碧水工程"和国家黄河流域治理规划。2006年,山西国际电力集团(后分立重组为山西国际能源有限公司)与晋中市签订合作建设管理晋中市城区污水项目协议,在政府《特许经营》授权的模式下,以BOT、自主经营、自负盈亏方式，承担晋中市城区第一污水处理厂运营和第二污水处理厂建设任务。其中第一污水处理厂是山西省汾河流域治理工程，主要负责处理晋中市中心城区的城市污水。此次开工建设的第二污水处理厂项目，建成后每年可向区域内3个热电厂及其他用户供应再生水2000多万吨，同时污染物减排2300多吨，从而基本实现晋中市城区污水资源化利用目标。

市城区第二污水处理厂及再生水回用工程设计规模为日处理城市污水10万吨及日回用再生水8万吨，工程概算为2.437亿元。工程分两期实施。一期工程建设日处理5万吨污水及日回用4万吨再生水设施。一期工程工期为270天，计划于2008年12月基本建成，2009年5月竣工验收。二期工程续建日处理5万吨污水及日回用4万吨再生水设施，计划于2010年至2011年开工。工程全部建成后，每年可处理市城区市政污水3650万吨，污水处理率达到95%以上。再生水可满足城市居民生活杂用，并向部分工业企业提供生产用水。（梁述杰）

【国家发改委批复山西省万家寨引黄北干可行性研究报告】 2008年9月23日，国家发展改革委员会《关于山西省万家寨引黄入晋工程北干线可行性研究报告的批复》下发，至此，引黄工程北干线立项审批工作圆满完成，可以进入开工建设阶段。9月25日，获悉引黄北干线通过国家审批的消息后，省委书记张宝顺立即批示："这对山西是一件关系长远发展和人民生活的大事。"

引黄工程线路全长446.72千米，设计年供水量为12亿立方米。一期工程于1993年开工，2003年开始向太原供水，先期具备3.2亿的供水能力。北干线为二期工程，主要负责向山西能源重化工基地——朔州市和大同市输水。

2002年，引黄一期（南干）工程建成通水。引黄北干线在1993年已经国务院批复，后因省城太原缺水更为突出，经国务院同意，将一期工程调整为建设南干线工程，北干线工程搁置下来。此后，按照国家发改委和水利部的要求，山西省重新报批北干线可行性研究报告。省引黄工程管理局组织设计单位于2002年9月编制完成《山西省万家寨引黄入晋工程北干线可行性研究报告》，并与大同、朔州2市签订北干线供用水协议，落实用水户。2004年5月，水利部规划总院受水利部委托对《山西省万家寨引黄入晋工程北干线可行性研究报告》进行审查，从技术、经济等方面提出多项补充意见，并按国家对大中型调水工程"三先三后"原则组织完成北干线节水规划、生态环境保护及治污规划、北干线水价分析等工作。2006年1月，财政部批复同意山西延长执行水资源补偿费政策，建设资金基本落实，北干线可研报告具备了审批条件。在《北干线可研补充报告》报批推进的同时，按照国家发改委要求，省引黄工程管理局与大同、朔州2市签订以"两部制"水价为内容的供水协议，与省委政研室一起编制《北干线运营体制机制研究》，组织受水区大同、朔州水务局开展水资源现状、用水户落实和关井压采方案研究。在北干线立项审批程序逐步推进的过程中，一期工程（南干）进入试运营阶段。在认真总结经验的基础上，2007年3月组织省内外科研设计单位和知名专家，就引黄北干线建设方案进行充分论证。2007年8月3日，山西省政府第108次常务会议议定：北干线在最终引水规模5.6亿立方米不变的前提下，工程分两期实施。近期年引水规模为3亿立方米，其中向大同供水区供水1.6亿立方米，向朔州供水区供水1.4亿立方米。（梁述杰）

【汾河流域生态环境治理、修复与保护工程启动】 省委、省政府从历史和全局的高度出发，按照落实科学发展观和国家煤炭工业可持续发展政策试点要求，全面启动汾河流域生态环境治理、修复与保护工程。省委书记、省人大常委会主任张宝顺曾多次视察汾河，并两次做出批示。他指出，汾河是山西的母亲河，治理汾河事关山西发展大局和沿河人民的切身利益，要在科学发展观的指导下，以生态建设为重点，努力完成流域内经济社会协调发展、人与自然和谐相处，为建设新基地新山西创造良好的生态环境。省委副书记、省长孟学农在2008年省人代会的《政府工作报告》中提出，要重点推进母亲河的治理、修复与保护工作，重现"汾河流水哗啦啦"的秀丽景色。为落实好这一重大决策，省政府2008年1月11日召开会议进行工作部署，责成省发改委牵头，组织水利、环保、林业、国土、煤炭、引黄、扶贫及经委、财政、决策咨询委员会办公室等部门，共同编制《汾河流域生态环境治理修复与保护工程方案》。5月23日省政府召开了动员会，汾河流域生态环境治理修复与保护工程全面启动。

工程建设的总体目标是，通过对汾河流域生态环境治理修复与保护和对各种水资源的合理调度，确保汾河干流716千米河道恢复自然流水；通过河道复流入渗，逐年补给地下水，确保地下水位止降复升；通过河道疏浚和整治，提高河道行洪能力，改善沿河生态环境；通过污水处理和对煤矿等严重污染企业的关停搬迁，使水资源和水生态得到有效保护；通过植被修复，涵养水源，形成自然生态的良好循环。

工程按照流域生态功能与水功能区划要求，上游侧重水源涵养及保护，上中游侧重水土保持和水资源合理利用，中下游侧重开发利用与有效保护相结合，进行整体规划、突出重点、逐级推进、分期实施。根据省政府《汾河流域生态环境治理修复与保护工程方案》，工程分近期（2年）、中期（5年）和远期（10年）3个阶段。近期将围绕"十大建设工程"和"四项整治重点"进行。为保证近期工程顺利进行，《方案》还提出了十大政策措施。

根据汾河流域生态环境现状成因的多样性，工程资金的筹措将采取多元化、多渠道的方式，由政府、企业和社会等各个方面共同承担，分类区别对待：对因企业污染造成的治理项目投资，按照"谁污染、谁治理"的原则，由企业自筹解决；对其他有经营收入，可以通过市场融资的项目，政府帮助创造条件，并实行补助或贴息等优惠政策，积极推动市场运作；对可列入中央投资范围的项目，各级政府部门各负其责，密切配合，积极争取申请国家投资，省、市、县和项目单位按国家要求落实配套资金；对跨市区域实施的重要公益性基础工程，工程投资主要由省级政府安排，市、县级政府予以配套；对市、县属区域内实施的一般公益性基础工程，工程投资主要由市、县级政府安排，省级政府给予适当补助；对无法划定市、县区域的重要公益性、体系服务性项目和骨干项目的投资，全部由省级政府安排；对原有的重点工程项目，应由各类专项基金安排的项目，以及财政给予补贴投资的项目，仍按原投资渠道和管理办法落实项目资金。（梁述杰）

【山西又建成6个水利风景区】 9月26

日至27日，全国水利风景区建设与管理工作会在吉林省延吉市召开。朔州市桑干河湿地水利风景区、盂县藏山水利风景区、晋城山里泉水利风景区、平顺县太行水乡水利风景区、阳泉市翠枫山水利风景区、柳林县昌盛水利风景区被命名为国家水利风景区。至此，山西省国家水利风景区增至9个。（梁述杰）

【太钢吨钢耗新水量全国最低】 2008年11月18日，太原钢铁集团有限公司向北涧河、北沙河的取水工程开工建设，建成后的日取水量将达3万吨。废污水经处理后将被太钢循环利用，正是把污水视为宝贵的再生资源，太钢走出了一条不寻常的节水之路。2000年，太钢集团吨钢的耗新水量21吨。2007年，这一数字下降为4.5吨。2008年10月，这一数字又被刷新为2.54吨，吨钢耗新水量创全国最低。

在严重缺水的省城太原，太钢是用水大户，约占全市生活用水的1/4。自2000年以来，太钢累计投资44.54亿元，全线实施节水工艺及技术改造，大力推进污水资源化利用。除生活污水处理工程的建设外，还先后实施轧区废水和冶炼废水处理、反渗透膜处理、中水膜处理、焦炉废水处理等新型污水处理工程。2000年至2007年，太钢钢产量增加218.9%，新水用量却由2000年的5114万吨降至2007年的3141万吨，吨钢耗新水量降低80.3%。

全国钢厂水处理普遍采用的还是传统技术，般只要达标就排放了，造成水资源的浪费和企业成本的居高不下。有些企业采用一些简单的办法进行回用，但最多也只用在农灌、景观用水或者消防用水等。太钢则通过技术改造，采用当今世界上最先进的反渗透膜处理技术，以处理后的工业废水作为水源，对处理过的中水进行再处理，最终处理过的水达到了除盐水的标准，这些水再被作为新水使用。2008年底，工业水重复利用率达到97.6%以上。

近年来太钢从源头上节水，持续加大淘汰落后产能力度。先后淘汰冶炼能力80万吨/年、轧钢能力100万吨/年等高耗能、高污染的设备，为节约用水创造了良好条件。在大大减轻太原市城市极度缺水和水域污染局面的同时，太钢创造了可观的经济效益。太钢尖草坪生活污水处理厂1吨生活污水的处理成本只有2.6元，大大低于太钢目前3.4元的工业用水价格。通过节水，太钢每年可以省出水费1022万元。（梁述杰）

【太原市全面启动关闭城市自备水井工作】 2008年6月14日上午，太原市政府召开太原市城市自备水井关闭工作动员大会，对太原市即将展开的城市自备水井关闭工作进行了全面部署。省委常委、太原市委书记申维辰，市委副书记、市长张兵生，副市长张春根、吉久昌等出席会议。

会议指出，太原市城市自备水井关闭工作，由市水务局负责统一指挥，协调关闭自备水源井，对封井情况依法实施监督管理和检查验收。此项工作分三个阶段进行，到2010年12月30日以前，城市供水规划管网覆盖范围内的自备水井将全部予以关闭，代之以引黄供水，实现置换水量22.26万立方米/日。第一阶段2008年7月以前，关闭工作取得实质性进展；年底关闭83个单位的130眼自备井，实现置换引黄水9.53万立方米/日。第二阶段2009年12月底以前关闭22个单位218眼自备井，置换引黄水10.05万立方米/日，累计达到19.58万立方米/日。第三阶段2010年12月30日前关闭60个单位的87眼自备井，置换引黄水2.68万立方米/日，实现置换水量22.26万立方米/日的总体目标。

此次实施关闭城市自备水井、扩大引黄供水量的重大举措，可有效保护和涵养太原市城市地下水资源，恢复水生态环境，对进一步实现太原市水资源优化配置和可持续利用，促进全市经济社会可持续发展起到积极有益的作用。（梁述杰）

【太原市自来水管网漏水严重】 太原市自来水公司2008年8月29日公布的统计数据显示，2007年，太原市自来水管网漏掉约2200万吨水，存在的管网老化等问题亟待解决。

2007年，太原市自来水公司共向用户供水1.7亿多吨，其中地下水1.04亿吨、引黄水7000多万吨，整体损耗率为13%，约有2200万吨自来水“消失”在了管网系统中。而太原市实际平均日用自来水量为48.7万吨，加上自备井及其他水源，太原日用水量在70万吨左右。这样计算下来，漏掉的水量够太原城区用一个月。据分析，跑冒滴漏造成的损耗、施工“爆管”带来的损失、人为盗用自来水造成的水量流失以及管网老化都是漏水的原因。据统计，2007年，施工“爆管”跑水事故达882起，查处人为盗取自来水的案件为50多起。太原不少地下水管网为“超龄服役”，急需大规模改造。全市13%的管网损耗率已比2006年下降了2%，但因管网规模庞大，要解决这一问题，需多部门共同努力。（梁述杰）

【太原市污水处理改扩建工程全面启动】 7月30日上午，太原市河西北中部污水处理厂改扩建项目开工仪式在省城河西北中部污水处理厂厂区内举行。太原市委副书记、市长张兵生发表讲话并宣布改扩建项目开工。出席开工仪式的有省发改委、省环保局、省建设厅等省直部门领导，太原市发改委、市财政局、市环保局等市直部门负责人，还有太原市排水管理处、北京朗新明环保科技有限公司、太原朗新明污水处理有限公司、施工单位的负责人及工程建设者。

该项目的建成将缓解省城用水紧张，特别是改善太原市河西地区的水环境及该地区市民的人居环境。2008年将实施的改扩建工程预计投资2.34亿元，建成后该厂的设计规模将达到16万立方米/日，采用A－A－O（厌氧－缺氧－好氧活性污泥工艺）处理工艺，出水质量将达到《城镇污水处理厂污染物牌坊标准》（GB18918－2002）一级A标准。这将会逐步完善省城的市政基础设施，确保汾河流域水质安全，满足居民生活污水净化处理的需求及绿色生态宜居城市建设的要求，对促进城市可持续发展、提高人民群众的生活质量具有重要的现实意义。

太原河西北中部污水处理厂位于晋祠路以东、九院沙河南岸，服务区域包括柴村镇、西山地区以及河西北中部九院沙河以北地区在内的47.8平方公里，服务人口75万。一期工程于1999年9月1日开工建设，并已于2002年5月投入使用，处理规模达7.5万立方米/日，现出水水质为《城镇污水处理厂污染物排放标准》（GB18918－2002）二级标准。

（梁述杰）

【山西省发生10年来最严重地下虫害】 2008年10月份以来，全省降水异常偏少，较常年同期少七成，加之气温偏高，由此引发大面积干旱，造成地下害虫增多，虫害严重程度为10年来最重，监测森林火灾热点频繁出现，为前5年的4倍。

11月份，旱情继续发展，全省平均降水量为4.2毫米，月平均气温为3.0℃，较常年同期偏高0.8℃。11月上旬，全省旬平均降水量为0.23毫米，比常年平均值偏少9.7成，致使旱情持续发展，干旱面积进一步扩大。11月中旬，全省除运城、大同、忻州、晋中、吕梁市等局部地区出现零星降水外，大部分地区出现轻度和中度干旱。11月下旬，气温仍然偏高，降水偏少，全省旬平均降水量比常年平均值偏少7成，大部分地区的旱情仍然持续和发展，中度及以上干旱面积增加且主要出现在中部和北部地区。

干旱少雨的天气造成了空气干燥，使得森林火险等级趋高。11月以来，卫星遥感森林草原火险监测到省内热点频繁出现，热点统计显示，2008年11月份监测到的热点数为前5年的4倍。

（梁述杰）

【省最大的人工湿地处理工程开工】 2008年8月7日，全省最大的人工湿地工程——晋城市丹河人工湿地处理工程奠基仪式举行，该工程总投资8000万元，建成后，将使晋城市的母亲河丹河的水质和生态环境得到有效的改善，水质标准将由2008年的劣五类达到四类乃至三类标准。

该工程是山西省“兴水战略”的重点工程，总规划用地1339亩，一期用地710亩，其中70%为河道滩涂地，主要建设内容为防洪工程、污水处理工程，工程将利用天然河道作为处理场地，采用人工湿地处理方法，以脱氮和去除有机物为主要目的，日处理污水将达到8万立方米。同时工程还将配备拦污配水坝渠系统、人工湿地填料床和集水排水系统，完成后将实现无能耗自然运行。（梁述杰）

【山西省进一步调整水资源费征收标准】 根据省人民政府有关会议要求，2008年12月30日，山西省物价局、财政厅、水利厅联合以（晋价商字［2008］406号）文印发了《关于促进节约用水调整我省水资源费征收标准的通知》，决定于2009年1月1日起进一步提高全省的水资源费征收标准。

《通知》根据《水法》、国务院《取水许可和水资源费征收管理条例》、《山西省水资源管理条例》以及财政部、国家发改委、水利部《水资源费征收使用管理办法》等有关规定，在维持现行水资源费征收范围不变的基础上，结合山西省实际，提高水资源费征收标准。地表水和地下水分别由原来的每立方米0.5元和1元提高到1元和2元（地下水超采区由1.2元提高到3元）；城镇公共供水和水利工程供水供工业、商业、经营服务业，地表水、地下水分别由原来的每立方米0.25和0.5元提高到0.50元和1元（地下水超采区由0.6元提高到1.5元）；大幅度提高了采矿排水水资源费征收标准，规定排水量每立方米征收1.2元的水资源费，对没有安装排水计量设施的采矿企业，按照开采吨矿石或原煤3.00元计征水资源费。

《通知》针对城镇公共供水和水利工程供水水资源费不易操作的问题，规定在最终供水环节采用价外附加的方式征收水资源费。为严格控制地下水开采，《通知》将超采区和非超采区水资源费标准差别幅度由原来的20%提高到50%。《通知》还对高耗水、高污染行业差别水资源费征收对象和标准作了明确规定。

9月1日，太原市宣布将对自来水价格作出调整。在居民生活用水方面，已经实施“一户一表、水表出户”改造，且具备实行“阶梯式计量水价”条件的城市居民用户将实行“阶梯式水价”。收费标准分“三级”：每人每月3立方米及以下为一级水量，每立方米销售价格为2.30元；每人每月3立方米以上至4.50立方米为二级水量，每立方米销售价格为4.60元；每人每月4.50立方米以上为三级水量，每立方米销售价格为6.90元。除了推出“阶梯式水价”外，还要推行“差别水价”。即对限制类、淘汰类的工业企业，或工业企业中属于限制类、淘汰类的生产能力、工艺技术、装备部分以及高污染企业用水将实行“差别水价”。（梁述杰）

科协工作

【基层科协重点工作年】 按照山西省科协“三三三”（选择三个重点，分三个阶段，上三个新台阶）发展战略的部署，2008年是新一轮基层科协重点工作年。3月，省科协召开山西省基层科协重点工作年会议，确立了重点工作年的总体目标和主要任务，对重点年工作进行了安排部署。通过主抓基层科协工作，大力加强科普能力建设，全力打造全省性工作品牌，使全省科协系统形成合力，建立科普工作的长效机制和有效平台。（王继龙）

【科普惠农计划】 1月，省科普惠农计划领导小组会议在太原召开，省委常委、统战部长、领导组组长李政文同志到会作了重要指示。会后印发《关于深入实施科普惠农计划的决定》，就引深科普惠农计划，建立科普惠农长效机制提出了要求。继续加强“一站一栏一员”建设，在全省农村累计建立配套的“一站一栏一员”15000多个，覆盖率超过全省行政村的50%，共印发科普惠农挂图20期，计220万张。深入开展了3期“基层科协工作与科普惠农计划业务培训班”，对来自全省各市县的400多名基层科协干部、农村科普带头人进行了培训。由省科协联合省移动公司、省妇联共同实施的“山西百万农民电脑科普培训活动”，于2008年1月被评为第六届“中国十大科普事件”。山西“农科110”服务体系建设取得一定成效，累计建成省、市、县、乡、村五级“农科110”服务站点1000多个，电话或远程解答农民疑难问题10.3万人次。省科技传播中心和省农业科技信息中心组织农业专家深入各市县农村，会同当地邮政部门，开展科普惠农会员日等活动30多次，免费解答农民咨询5万人次，发放科普图书20多万份。省农函大全力构建农民实用技术普及培训平台，通过多种形式拓展培训覆盖面，把学校办到农民家门口，全年培训农民8万余人，招收实用技术函授学员5740余人，省农函大及朔州、临汾、晋城等18个市县分校荣获“中国农函大先进分校”称号。中央电视台对荣获“全国科普惠农兴村先进单位”的朔州奶牛医院进行专访，制作了科普惠农专题片，并进行了播出。特别是在2008年春耕备耕以前，农民通过“农科110”反映各地化肥供应偏紧且化肥价格上涨幅度很大的情况，省科普惠农领导组办公室积极协调有关化肥生产企业，为科普惠农绿色通道工程的农民会员提供平价化肥1.5万吨，向农民让利1000多万元。虽然这1.5万吨化肥在全省的化肥供应量中占很小比重，但它对化肥市场价格的平抑作用却是明显的。

（王继龙）

【企业科协建设】 企业科协工作是基层科协重点工作年的主要内容之一。2008

年全省新增企业科协近100个，特别是在新兴行业如移动公司、网通公司和非国有企业领域有新发展。省科协深入推进以技术创新为主旨的“讲理想、比贡献”竞赛活动，联合省经委、省国资委等单位对全省竞赛活动中涌现出的先进集体和个人进行了表彰。省科协联合省经委、省人事厅等单位共同启动“节能减排从我做起绿色行动”，通过开展“节能减排竞赛活动”、“院士专家技术服务”、“科技成果转化——金桥工程”、“企业科技创新论坛”等系列活动，已确定“金桥工程”立项项目55个，确定太重集团、同煤集团、晋机集团等5个企业的技术需求30项，确定企业学术报告需求10项，院士专家的对接工作正在顺利进行，有力地推动了企业自主创新能力的提升。省科技咨询服务中心全年认定登记各类技术合同154份，技术合同交易额达1亿余元。太原市科协通过开展“企业科协创新年”，大力推进十项重点任务，把企业科协工作推上一个新的高度。在全国企业科协组织建设工作研讨会上，太原高新区科协进行了经验交流。阳泉市各级企事业科协在“讲理想、比贡献”活动中共提出合理化建议2075个，开展学术交流300多次，组织科技培训100余次，完成科研项目426个，实现经济效益上亿元。（王继龙）

【科普资源建设】 省科协联合有关单位共同举办了2008年山西省“全国科普日”暨第五届“科普三晋”系列活动、山西省科技活动周、山西省科普摄影比赛、“十名科技专家讲科普”等一系列丰富多彩的科普活动，推动“节约能源资源、保护生态环境、保障安全健康”的活动主题深入人心。省科协联合有关单位举办省青少年科技创新大赛和青少年机器人竞赛，参赛规模与优秀参赛作品再创新高。此外还深入开展青少年科学工作室建设、“节粮在我身边”科学调查体验等活动。特别是在2008年的全国青少年科技创新大赛上，取得了历年来的最好成绩，一等奖总数与上海、福建并列全国第三，包括其他全国性青少年竞赛，全省共荣获一等奖7项、二等奖15项、三等奖18项，省实验中学廉骉同学荣获国际奥林匹克物理竞赛金奖。在第八届全国科技辅导员科教创新竞赛中，全省荣获一等奖3项、二等奖1项、三等奖6项的优异成绩，一等奖总数名列全国第三。在刚刚结束的第六届宋庆龄少年儿童发明奖颁奖会上，首次参赛就获得1金1银2铜的优异成绩。阳高县、高平市、长治城区等11个县（市、区）被中国科协命名为“全国科普示范县（市、区）”，使山西省的全国科普示范县（市、区）数量达到19个。太原市科协大力推进社区科普工作，在7个区（市）开办有社区科普大学，深受街办、社区和广大市民的欢迎。晋中市科协联合市文化局、农业局等单位启动农村科普电影放映工作，全市84支电影放映队，共为农民放映科普电影3500余场次；还联合市煤炭局深入开展以“关爱生命、关注安全”为主题的煤矿安全生产科普宣传活动。（王继龙）

【省科技馆建设】 7月2日，省科技馆新馆作为省城十大建筑项目率先开工。省科技馆新馆的开工建设，是山西社会各界盼望已久的一件大事，标志着新馆建设正式步入实施阶段。同时省科协组织召开了4次大型新馆建设内容研讨会，不断对《新馆建设大纲》进行修订和完善。省科技馆在省发改委、省体育局等单位的支持下，先后举办“山西省第三届动漫艺术节”、“山西省节能减排成果展示”、“科技圆梦想、和谐迎奥运——奥运科普互动体验展”等12项专题活动和展览，组织流动科技馆进行科普巡展25次，共接待观众33万余人次；自编科普剧荣获“首届全国科普场馆科普互动剧大赛”二等奖；“星期日知识讲座”不断被赋予新内涵，吸纳人才库备案专家余位，举办讲座36场，接待观众5400余人次。（王继龙）

【科技传媒建设】 科技报刊总社发挥传媒优势，积极开展救灾科普宣传。在年初南方冰雪灾害和5.12汶川地震发生后，《科学导报》开设专栏和特刊，《山西科技报》加大救灾宣传力度，科学之友杂志社、省科技传播中心先后编印《抗击冰冻雪灾科普挂图》、《震后心理干预及疾病防治手册》、《地震与防震科普知识挂图》等，“山西科普网”第一时间在网上发出救灾倡议，并开设抗震科普专题。在省移动公司支持下，科技报刊总社开办16份手机报，内容涉及科技、三农、健康等，在全国科技类媒体中尚属首家。全省80%的县（市、区）开通《科普大篷车》电视节目，其中忻州、吕梁等市的所有县级电视台全部开通。（王继龙）

【学术交流工作】 1. *学术活动* 为纪念改革开放30周年和中国科协成立50周年，2008年10月，由省科协和中国科协发展研究中心主办，晋城市科协承办的“首届基层科协工作晋城论坛”隆重举行，来自全国有关省市的基层科协干部和科技人员100多人参会，围绕“基层科协学会的发展与责任”主题，总结基层成功经验，广泛开展学术研讨，为全国基层科协搭建了一个加强学习交流、增进资源共享、共谋科学发展的新平台。省科协还与中国科协有关部门共同组织召开“科协系统继续教育工作座谈会”、“中国科协区域论坛管理办法研讨会”等活动，汇集专家研究成果，提出可行性意见和建议。大同市科协组织召开“大同市经济社会发展课题研讨座谈会”，邀请专家学者遴选经济社会发展中的热点难点问题，积极建言献策。省科协积极推动学会服务平台建设工作，省青少年科技教育协会举办的“山西省中小学科学教育论坛”，省土木建筑学会特邀中国工程院院士举办的“2008奥运会大跨度场馆等热点工程学术报告会”，省煤炭学会举办“全国煤炭综合利用学术研讨会”，省机械工程学会承办“十三省（区、市）机械工程学会学术年会”，省气象学会承办的院士报告会和“山西省气象学术交流年会”，省有色金属学会承办“中西部十二省（区、市）有色金属工业发展论坛”、阳泉市煤炭学会承办“全国矿井通风学术研讨会”等活动，对促进学科发展，培育创新人才，服务经济社会发展发挥了积极作用。

2. *国际和港澳台地区民间科技交流* 省科协大力拓展国际和港澳台地区民间科技交流渠道，先后派出赴美国巴西农业科普交流团、赴港澳企业科协交流团等团组，接待来访的日本北海道国际农业交流协会，完成派遣赴日研修生8人。国际和港澳台地区民间学术活动异彩纷呈，省针刀医学会承办“第四届国际针刀医学学术交流大会”，省工业技术图学学会联合太原理工大学承办“2008年中国（国际）光整加工技术及表面工程学术会议暨中国光整加工技术产学研协调发展论坛”，省超声影像医学工程学会承办“海峡两岸妇产超声新进展研讨会”；省科协还启动“海外智力行动计划”项目，与旅日电气工程专家就煤矿安全监控技术进行交流合作，上报的“多功能无线视频矿山应急救援系统”已通过中国科协专家论证，填补了国

内空白。（王继龙）

【学会组织管理】 省科协通过谈话、走访、行文等措施，与省动物学会、省抗癌协会等7家学会进行沟通，了解学会的现状及存在问题，尽最大可能帮助学会解决困难，提出整改和限期换届要求。全年共有98个省级学会进行了年检，约占学会总数的69%；省计量协会、省土壤肥料学会、省护理学会等6家学会顺利完成换届工作；新成立省城市规划学会、省科技评估学会2个学会，还接纳了省连锁经营协会入会。省地震学会启动实施"月报告会制度"，大力推动提升科技人员的业务素质和能力。运城市科协深化学会改革，强化学会发展能力，新成立学会4家，脱离行政依附转为自主经营的学会占到全市学会总数的一半，设置专职秘书长的学会占全市学会总数的62%。（王继龙）

【建设"科技工作者之家"工作】 1. 构建服务科技工作者的畅通渠道 2008年12月29日，省科协邀请省政协的科协科技界和教科文卫体委员会委员、省人大代表与部分科技专家举行"学习胡锦涛总书记在纪念中国科协成立50周年大会上的重要讲话暨纪念全国科技大会召开30周年"座谈会，畅谈心得感受，共谋和谐发展。省科协定期组织召开"山西省优秀科技工作者座谈会"，倾听科技工作者的意见、建议和呼声；举办一年一度的山西省"科技工作者之家"新春音乐会，300多名科技工作者代表欢聚一堂，共贺新春；把常委会议开到基层，组织常委调研，并及时做好科协委员、常委的变更增补工作，对常委、委员和科技工作者进行走访慰问等。省科协全年接待有关科技团体及科技工作者法律咨询服务30多次，对维护科技团体和科技工作者的合法权益发挥了积极作用；加强对省农科院、中北大学、太重集团等8个科技工作者状况调查站点的建设，完成对基层科技工作者状况的信息采集工作，为有关部门了解科技工作者现状和制定科技政策提供基础数据。太原、忻州、阳泉等市科协加强民主办会和依法办会，相继召开代表大会，增强了"科技工作者之家"的凝聚力、向心力和影响力。大同市科协面向全市广大科技工作者开展"转型发展、绿色崛起"建言献策征集活动，组织科协常委、委员参加科技界干部高级理论研讨班。运城市科协将科技工作者新春茶话会放到"盐湖"疗养地举行，组织科技人员听取健康养生报告，进行健康疗养，还为学会骨干进行免费体检，协调帮助解决他们在职务、职称、待遇上的问题，使他们切实感受到科协组织的温暖。

2. 加强优秀科技人才培养工作 省科协认真开展"中国科协高层次人才库"省内专家的推荐工作，经中国科协审核，全省已有110多名专家入选。省科协深入开展第三届"山西省十佳中青年优秀科技工作者"评选表彰工作，对"十佳"各奖励1万元，同时通过各种社会传媒宣传优秀科技工作者的先进业绩。经省科协积极争取，省劳动竞赛委员会对第一至三届荣获"十佳"称号的30名优秀科技工作者，全部授予"山西省五一劳动奖章"。省科协还联合省人事厅、财政厅和国资委，开展第二届山西省"科技奉献奖"评选表彰工作，评出先进集体128个，先进个人367人，极大地调动了科技工作者的积极性、主动性和创造性。（王继龙）

【自身建设工作】 1. 加强党和政府对科协工作的领导与支持 4月22日，省委常委会听取省科协党组的工作汇报，并对科协工作进行了专题研究。省委对科协工作予以高度肯定，认为近年来省科协紧紧围绕山西省全面实施"十一五"规划和走出"四条路子"、实现"三个跨越"的重大决策部署，在整合社会资源、组织科技工作者服务经济社会发展、实施《全民科学素质纲要》、搭建学术交流平台、建设"科技工作者之家"、促进科技界和谐以及加强自身建设等方面，开展了大量卓有成效的工作，走出了一条具有科技团体特色的发展路子。为进一步加大对科协工作的支持力度，省委决定，将省科协列为省新农村建设领导组的成员单位，并将"科普惠农计划"列入新农村建设的重点项目；适当增加"科普惠农计划"和学术交流活动经费；积极整合社会资源，发展科协事业，要鼓励和引导民营企业家参与科协事业发展，可给予其一定的荣誉职务。

2. 科协团体发展实力增强 为深入贯彻落实中国科协搭建平台、资源共享的工作思路和大联合、大协作的工作方式，省科协于年初下发《关于努力争取社会各类资源，促进科协事业又好又快发展的意见》（晋科协发〔2008〕1号文件），经过机关各部室、直属各单位的积极努力，此项工作取得了显著成效。为进一步加快科协系统信息化建设步伐，经省编办批准，省科协机关增设信息处。省科技进修学院从扩大办学规模、提高办学质量、拓展学历专业渠道等入手，在与中北大学、太原科技大学等多所高校合作的基础上，又新增山西农业大学成人本、专科学历教育，并就硕士研究生学历教育达成合作意向，使学院工作向更高层次迈进。省科技咨询服务中心成功创建为首批"国家技术转移示范机构"，成为省内唯一入选单位；还申办成立"山西科新环保清洁生产咨询中心"，大大增强了其核心竞争力。省软件评测服务中心争取到省发改委等部门支持，建成具有一流技术水平的重点实验室，并积极开展软件测试评估工作，为全省软件产业发展提供有力的技术支持。运城市科协精心编纂了《运城市科协志》，全面系统回顾科协组织发展历程。

3. 学习型团体建设取得显著成效 2008年2月，省科协被省精神文明建设领导组评为"山西省文明和谐单位"，提前3年实现"十一五"期间精神文明建设上新台阶的目标。

省科协深入推进学习型团体建设，坚持星期五学习日活动，完善学习制度，丰富学习内容，领导干部带头主讲，极大地调动了干部职工的学习热情，提升了干部职工的整体素质。省科协还建立健全五一和七一表彰制度，对涌现出的先进集体和个人进行表彰奖励。特别是在南方冰雪灾害和"5·12"汶川地震发生后，科协系统广大干部职工踊跃向灾区捐款18.3万余元，表现出"一方有难、八方支援"的高尚情怀。省青少年科技活动中心荣获"全国三八红旗集体"，山西科技报刊总社荣获"山西省五一劳动奖状"。（王继龙）

地　震

【概述】 山西地区2008年地震活动频度有以下特点：一是1级小震活动频度增加；二是3级以上地震活动频度较低；三是整体地震活动强度偏低。震情形势复杂严峻。2008年，山西省地震局以学习实践科学发展观活动为载体，加强地震监测预报、震灾防御、紧急救援和科技创新"3+1"体系建设。创新管理，狠抓地震观测质量，强化震情监视和跟踪，加密震情会商，努力提高分析预报水平；努力营造科研氛围，夯实科研工作基础，推进重点项目实施，圆满完成年度监测预报工作。强化抗震设防监管，开展震害防御基础工作，推进农村民居地震安全工程，开展防震减灾知识宣传，建设防震减灾科普示范学校和防震减灾科普教育基地，使社会防御地震灾害的能力逐步提高。以贯彻落实《中华人民共和国突发事件应对法》和山西省政府关于做好防震减灾工作的文件精神为工作重点，颁布实施《山西省地震应急救援规定》，进一步完善防震减灾法规体系，加强地震应急救援体系建设，强化地震应急演练，努力提高全社会地震综合防御能力。积极应对汶川地震，开展汶川地震总结和反思，拓宽防震减灾社会服务领域。全省各级领导及民众的防震减灾意识得到提高，防震减灾法规体系逐步完善，防震减灾工作基础逐步夯实，全社会共同防御地震灾害的局面已现雏形。

（赵晋红）

【震情监视和会商】 汶川地震之后，山西省出现了大量的宏观和微观的异常，为应对复杂的震情形势，山西省地震局制定和印发了《山西省地震震情会商制度》、《山西省地震前兆异常落实工作制度》和《关于加强宏观异常收集报送和核实工作的紧急通知》，同时要求各单位对本地区的情况实行异常零报告制度。在汶川地震后和北京奥运会、残奥会期间，加强震情监视，加密会商，期间共派专家组落实宏观异常40余项，召开周、月会商会议45次，临时会商会67次，紧急会商会3次，震情研讨会1次。在2009年地震趋势会商会上，参会代表认真总结了汶川地震的经验、教训，结合2008年度全省震情监视工作，对未来一年的地震趋势进行了充分讨论和判定，认为2009年山西省及周边地区地震活动可能增强。

（庞云峰　赵晋红）

【加强地震监测管理】 2008年山西数字地震观测网络项目开始正式运行，模拟台网和数字台网并行观测。为保证台网正常运行，印发《山西测震台网运行实施细则(试行)》、《山西地震前兆台网运行实施细则(试行)》,《山西省地震速报技术管理实施细则(2008年修订)》《山西省地震信息网络运行管理细则》等一系列工作制度。在地震观测中，强调对观测结果的对比分析，保证观测质量稳步提高。通过不断加强观测质量管理，山西省地震局在2007年全国观测质量评比中有5项获全国前三名，创历年来最好成绩。通过开展业务培训，提高地震监测预水平。2008年组织参加中国地震局培训42人次；自办班3次培训99人次。派出访问学者8人，访问学者数量达全国地震系统第二。

（庞云峰　赵晋红）

【努力营造科研氛围】 2008年，山西省地震局与山西省科技厅共同印发《关于进一步加强我省地震科技工作的意见》。《意见》明确提出山西省地震科技发展的指导思想、发展目标、4个重点领域和17个优先主题，以及4项保障措施，较好地推动了全局的科研工作。同时加大与中国地震局京、津地区直属7个下属研究所（中心)、省科技厅、北京大学、太原理工大学、省气象局等单位交流合作力度，采取走出去、请进来、项目合作、资料共享等项措施，积极拓宽科研渠道，科技工作取得了多项实质性进展。2008年全局获批项目13项，其中参与中国地震局及直属研究所等单位的科研合作项目10项，获准中国地震局“三结合”项目2项，中国地震局地震科学基金项目1项。申报地震行业科研专项共5项。与北京大学、地质所、地壳所联系，联合申报3项。评选防震减灾优秀成果奖获奖项目4项，并推荐2008年度中国地震局防震减灾优秀成果奖项目2项和山西省科技进步奖项目1项。

（庞云峰　赵晋红）

【地震观测环境保护】 2008年6月，静乐天柱山化工有限公司在静乐井附近进行钻井施工，可能对该井观测环境造成破坏，山西省地震局对此情况进行了认真调查，并采取积极措施保护观测环境。2008年初，按照太原市规划局规划，太原滨河西路南延工程将从太原武家寨地震台附近通过，由于武家寨磁电台距汾河不足500米，该路的修建必将对台站观测环境造成严重干扰。为妥善解决此事，山西省地震局积极采取措施，致函太原市规划局，并与有关单位进行协商，原则上同意该路的修建，但是建设单位必须采取措施，建设抗干扰设施，保证台站观测环境。

（庞云峰　赵晋红）

【推进重点项目实施】 2008年重点项目有：陆态网络项目、台站优化改造项目、离石台搬迁重建、五台山新建和中国地震局极低频探地工程项目。山西省地震局陆态网络项目主要建设灵丘、长治、临汾和夏县4个陆态网络基准站。到2008年底，灵丘站土建基本完成，其他3个台站正在建设中。台站优化改造项目完成了夏县中心地震台优化改造工程，启动了昔阳地震台优化改造工作，申报太原武家寨地震台台站优化改造项目。配合中国地震局完成极低频探地工程项目大同中心地震台、临汾中心地震台、代县中心地震台等备选台站基本情况调查。实施离石地震台和五台山地震台的建设工作。

（庞云峰　赵晋红）

【太原大陆裂谷动力学国家野外科学观测研究站建设】 太原大陆裂谷动力学国家野外科学观测研究站是国家野外科学观测研究站体系的重要组成部分。2006年山西省地震局与中国地震局地质研究所合作，向科技部提交首批国家野外站的申报材料，2006年12月通过科技部专家组的评审，2007年4月被科技部批准成为首批全国14家地球物理领域的国家野外科学观测研究站之一。同时也是山西省首个国家野外科学观测研究站。2008年10月25日，“太原大陆裂谷动力学国家野外科学观测研究站”正式挂牌。中国地震局监测预报司、中国地震局地壳运动监测工程研究中心、中国地震局地质研究所、山西省科技厅、山西省气象局、太原理工大学等单位的领导和专家出席揭牌仪式并开展学术讲座与交流。

（庞云峰　赵晋红）

【活断层探测工作】 2008年，对清徐县境内交城断裂带、地裂缝及地震活动性进行了探测评价。该项目于2008年3月正式启动，运用国内先进的高密度电法三维成像数字技术，经山西省地震工程勘察研究院有关专家半年多的实地勘察研究，查明清徐县13个村产生地裂缝的原因，确定了构造断裂的具体位置及避让范围，取得多项富有实际指导意义的科学成果，为清徐县的国土利用、规划建设提供了科学依据。（吴　东　赵晋红）

【抗震设防要求管理和地震安全性评价工作】 2008年，为规范山西省建设工程抗震设防要求的管理，加强防震减灾行政许可制度建设，制订《建设工程抗震设防要求重新确认处理程序》，进一步规范简化行政许可程序。完成地震安全性评价项目174项，省级行政审批173项，市级一般工程抗震设防管理审批918项。于2008年9月27日组织完成山西省第一次二级地震安全性评价工程师资格考试工作。

（吴　东　赵晋红）

【农村民居地震安全工程】　山西各市组织开展了灵活多样的农民抗震知识和建设安全民居宣传，并积极为农村建房提供地震基本烈度和抗震设防要求。大同市地震局与大同市建筑设计二院合作，根据晋北民居的类型和特点，并结合大同阳高地震时给房屋造成的震害情况，设计了《大同市农村民居防震设计图》，并以这套图纸为样板，在全市农村逐步推广。太原市组织有关专家深入清徐县194个村，对农村的住房现状和建房概况进行了调研与调查，发放调查表70900份，编写《农村建房抗震知识》小册子50000份发放到农民手中，同时编制新农村住宅设计图集，发放到每个村。2008年全省80个县设立示范点347个建成示范民居83372套。

（吴　东　赵晋红）

【防震减灾知识普及宣传】　以汶川地震为契机，广泛开展防震减灾科普知识集中宣传。山西省地震局先后在省法制办、团省委、省建校等机关事业单位进行防震减灾知识专题报告会，各市广泛开展“进农村、进社区、进学校和进企业”的防震减灾宣传行动。晋城市地震局组织编写《“画”说地震》大众科普图书10000册，下发到6县（市、区）机关、厂矿企业和学校。太原市地震局制作出版《防震减灾知识一节课》光盘，并与市教育局联合发文，将防震减灾知识引入课堂，编印《太原市民防震减灾知识手册》20000本发放到机关、学校和市民手中。临汾市在全市创建34所防震减灾宣传教育示范学校，34个科普示范村庄。截至2008年底，全省共建成防震减灾市级科普教育基地4所，县级科普教育基地51所，科普示范学校492所，进行社区宣传1131次，农村宣传1671次。　（吴　东　赵晋红）

【地震应急救援准备】　开展地震应急预案修订及培训工作。2008年，全省共举行各级各类修订预案培训班20余次，受训500余人次。《山西省地震应急预案》经过5次反复征求意见和讨论，已上报省政府待批。11个市政府、近80%的县级政府和70%的部门、65%的乡镇级政府修订了预案，新绛县、迎泽区等十几个县区的农村、社区也制订了预案。

继续推进救援队伍建设和应急演练。2008年，省委、省政府批准成立山西省地震灾害紧急救援二队，正处于筹备阶段。救援二队拟由省军区直属队两个连和地震、建筑、化工、医疗、通信技术等专家240人组成。全年组建长治、吕梁、朔州3支市级救援队。太原、大同、晋中、临汾、运城、晋城、阳泉、朔州、吕梁等9个市已建立市级地震综合救援队，由各专业抢险、抢修、矿山救护队等综合组建，震时由政府统一调度，总人数达3.5万余人。共有城市社区、乡村地震救援志愿者队伍1834支3万余人。举行了不同形式、不同规模地震应急救援演练40余次。太原市小店区，在“八一社区”举行社区地震应急救援演练，应急救援演练开始走进社区。

建设灾情速报网和紧急避难场所。已有10个市的农村灾情速报网建成，覆盖率达到60%。全省规划建设了紧急避难场所211处，但功能有待进一步完善。阳泉、太原等市将避难场所建设纳入城市建设规划与改造中。

2008年7月4日，参加了省委、省政府、省军区联合组织的“联动2008山西省应对多种安全威胁军地联合演习”。演习分为两部分：联动2008A党政军联合指挥、联动2008B军警民实兵演习。山西省地震局受省政府委托承担了实兵演习中“抢险救援单元”的组织、策划、现场布置、指挥、协调、训练和演练组织等任务。此次演练，山西省地震局和省救援队分别被省委、省政府、省军区授予“联动2008演练先进单位”。　（郝晓芸　赵晋红）

【《山西省地震应急救援规定》颁布实施】　2008年5月20日，省人民政府第9次常务会议审议通过《山西省地震应急救援规定》，并自发布之日起施行。该《规定》共分七章五十四条，分总则、组织机构、应急准备、预警与处置、应急响应与救援、法律责任和附则等，规范了各级政府及其有关部门、单位职责与义务。

（郝晓芸　赵晋红）

【应对汶川地震】　“5.12”汶川地震后，山西省地震局及时开展地震应急工作，收集震后全省的灾情和社会影响情况，上报省政府。地震现场灾害评估队和现场工作队集结待命，随时听从调动。通过省电视台、省移动和联通公司向社会发布《山西省地震局公告》，告知公众“汶川地震多数省份有感，不会有大的影响，应保持正常生产生活秩序”，及时稳定了全省群众的情绪。震后一段时间，向社会广泛开展地震科普知识宣传。在山西地震信息网上专门开辟汶川地震和地震科普专辑，给山西省图书馆提供地震科普知识宣传展板；向广播、电视、报纸等媒体提供《面对地震》、《唐山大地震》、《笨笨狗PK巨能霸》等光盘资料。

参与汶川“5·12”特大地震救援。“5·12”特大地震发生后，山西省地震灾害紧急救援队根据上级有关命令，组成总计214人的省地震救援队伍，于5月14日凌晨乘专机赶赴四川省安县灾区参与现场救援。山西省地震灾害紧急救援队是第一支到达茶坪镇的救援部队，共计营救出埋压在地震废墟下的幸存者47人，救助灾民500余人，疏散群众5000余人，抢挖粮食16500公斤，帮助红十字会从绵阳机场抢运物资100余吨，抢排险情23处，并在安县茶坪镇的崇山峻岭中开辟出一条“生命”通道，帮助邻近地区14个村庄的30000余人顺利通过。此外山西省地震局还派出工作组行程3000多公里，完成茂汶断裂和岷江断裂、虎牙断裂的勘察认定，绘制1：50000地形图，修正清华大学制定的茂县县城规划，解决了茂县的规划设计和灾民安置问题；对茂县6乡、31村进行地质危害危险性评估，鉴定危房329栋。　（郝晓芸　赵晋红）

【山西省防震减灾工作会议】　2008年4月14日，山西省人民政府组织召开全省防震减灾工作会议。深入贯彻落实国务院防震减灾工作联席会议和全国地震科技大会、全国地震局长会议精神，回顾总结2006年、2007年防震减灾工作，安排部署2008年、2009年防震减灾重点任务，推动全省防震减灾事业又好又快发展。

中国地震局修济刚副局长到会祝贺，并就贯彻落实国务院防震减灾联席会议和全国地震科技大会精神提出两点要求：一是提高认识，进一步认清防震减灾工作面临的新形势和新要求。坚持以科学发展观统领防震减灾各项工作，为经济社会发展做出新贡献。二是狠抓落实，做好2008年防震减灾各项工作。并希望山西继续创造新的经验，防震减灾工作取得新的更大的成绩。

山西省副省长、省防震减灾领导组组长张建民出席会议，指出推进防震减灾工作，是落实科学发展观、构建和谐社会的必然要求，是强化社会管理，建设服务政府、责任政府的基本要求，是应对防震减灾形势的客观要求。2008和2009年，全省的防震减灾工作要围绕2020年防震减灾工作奋斗目标，在全面提升“测、防、救”综合防御能力、目标实施的保障能力、防震减灾公共服务能力、依法行政能力和防震减灾工作合力上下工夫。他强调要落实责任，强化措施，确保防震减灾工作有序推进。

会上，山西省防震减灾领导组副组长、省地震局局长赵新平作了工作报告，中国科学院陈顒院士就加强地震重点监视防御区工作做了专题讲座。会议还表彰了在地震应急基础数据收集工作中成绩突出的市和省直有关单位。

各市人民政府分管领导，市地震局局长；省防震减灾领导组成员、各单位分管领导及联络员、省直有关部门分管领导等共150余人出席会议。 （赵晋红）

【山西地震活动】 2008年度山西地区发生ML≥1.0级地震649次，其中1.0～1.9级地震485次，2.0～2.9级地震152次，3.0～3.9级地震12次，未发生4.0级以上地震，最大地震是2008年9月2日应县大黄巍乡ML3.8级地震。其中3级以上地震大同盆地2次，忻定盆地2次，太原盆地1次，临汾盆地5次，运城盆地1次，东部山区1次（见表1.1）。主要活动特征表现为：

一、1级小震频度大幅增加

2008年5月份以来，山西省1级以上地震月频度大幅增加，还相继发生“榆次”、“山阴”、“娄烦”小震群，以1.0～1.9级的单台记录地震居多。分析认为5月以来记录ML＜2.5级小震活动频度的突然大幅增高的原因可以归结为监测能力的提高，并非实际地震活动水平的增强。

二、3级以上地震频度很低

2008年ML≥2.5级地震与多年水平相当，但ML≥3级地震频度连续两年偏低，2008年度仅有12次，低于多年平均水平18次。

三、强度偏低

2005年以来地震一直保持低水平活动，连续4年最大震级为3.6、3.9、3.9、3.8级，无4级以上地震发生，是自1970年有现代地震记录以来4级平静间隔时间相对较长的一次。

1999年11月1日大同5.6级地震以来，山西地区一直处于5级地震平静状态；根据5级地震丛集活动的特征推断，山西带已进入发生5级以上地震的有利时段。在5级平静的背景上，山西地区4级以上地震也很平静，为1970年以来平静时间最长的一次；根据山西地区4级以上地震活动特点和山西地区4级平静打破规律，山西地区至少积累了10次4级地震的能量，预示着山西地区可能进入发生4级以上地震的有利阶段。地震活动性多参数总体状态参量Rt显示山西带地震活动显著偏离正常活动水平。综上所述，山西地区2008年地震活动继续保持了近几年的弱活动水平状态，未来一段时间地震活动有增强的可能。

（宋美琴、赵晋红）

2008年度山西省ML≥3.0级地震目录表

序号	发震时间	纬度（°）	经度（°）	震级（ML）	发震地点
1	2008－01－03	35.53	111.13	3.3	新绛县万安乡
2	2008－02－26	35.25	111.00	3.5	运城市王范乡
3	2008－03－05	39.28	113.08	3.3	代县分水岭乡
4	2008－04－17	36.08	111.32	3.2	临汾市枕头乡
5	2008－04－23	35.80	111.23	3.3	襄汾县汾城镇
6	2008－04－28	39.25	114.40	3.1	灵丘县上寨镇
7	2008－05－16	38.63	112.78	3.1	原平市子干乡
8	2008－09－02	39.50	112.98	3.8	应县大黄巍乡
9	2008－09－15	35.75	110.82	3.0	乡宁县西交口乡
10	2008－10－16	37.65	112.45	3.0	太原市刘家堡乡
11	2008－12－03	35.15	111.62	3.4	垣曲县毛家湾镇
12	2008－12－19	38.75	112.72	3.0	原平市市区

社　会　科　学

社会科学研究

【关于十七大精神的学习研究】 2008年是学习贯彻落实党的十七大精神的重要一年。为此，山西报刊发表了一批相关的理论文章，代表性的有：李高山撰写的《选人用人公信度与干部公选量化指标论纲》（《理论探索》2008年第6期）和《建立选人用人量化指标提高选人用人公信度》（《前进》2008年第3期），后文认为，党的十七大对选人用人工作提出新的要求。如何准确把握和运用德才兼备、实绩突出、群众公认标准，如何遵循已有程序科学操作，如何做到人岗相宜、人尽其才、才尽其用，以及如何科学评估选拔任用等等，都不仅需要原则的、定型的认识与把握，更需要根据具体情况和工作实际进行深入的、定量的研究与探索。只有从质的规定性和量的准确性上拓展认识和实践，才能使选人用人的科学化水平进一步提升，推动选人用人的科学化、民主化、制度化。王李金撰写的《学习贯彻十七大精神努力办好人民满意的教育》（《前进》2008年第6期），高建民撰写的《认真贯彻落实十七大精神积极推动社会主义文化大发展大繁荣》和王清宪撰写的《打造精品把文化产业做大做强》与侯秀娟撰写的《弘扬中华优秀文化繁荣区域性特色文化》及王志超撰写的《“用社会主义荣辱观引领风尚”》以及刘霞、潘其胜撰写的《鼓舞人心凝聚民心的新篇章》（均载《学术论丛》2008年第1期），马友、孟艾芳撰写的《创新非公有制企业党建工作的实践与思考》（《学术论丛》2008年第3期），徐继开撰写的《以十七大精神为指导加强高校思政课队伍建设》（《山西高等学校社会科学学报》2008年第9期），任绍芳撰写的《让阳光照亮政权运行机制》（《山西高等学校社会科学学报》2008年第2期），陈剑峰撰写的《建设生态文明实现人和自然和谐发展》（《中共山西省委党校学报》2008年第1期），朱明撰写的《学习贯彻党的十七大精神开创人大工作新局面》（《前进》2008年第1期）等均为深入学习探索十七大报告的佳作。

（霍春英）

【关于中国特色社会主义理论体系的研究】 由李高山主编的《中国特色社会主义理论体系纲要》（国家行政学院出版社，2008年版）一书，系统阐述了中国特色社会主义理论的科学体系和主要内容，是同类著作中不可多得的好读本。姜艳生撰写的《用中国特色社会主义核心价值观引领多元化价值观》（《前进》2008年第3期），认为在中国特色社会主义建设新时期，共产党人在意识形态领域的一项重大任务，就是着力建设中国特色社会主义核心价值观，为发展中国特色社会主义伟大事业提供强大的精神支柱。其中，用中国特色社会主义核心价值观引领多样化的社会价值观，是建设社会主义核心价值观面临的重要课题。郝彭证、张翠莉撰写的《坚定不移地走中国特色社会主义道路》（《理论探索》2008年第3期）认为，坚定不移地走中国特色社会主义伟大道路，是全国人民的根本利益所在，是中国人民的正确选择。徐久刚撰写的《中国特色社会主义理论体系的几个问题》（《前进》2008年第2期），文章从为什么中国特色社会主义理论体系中没有包括毛泽东思想，中国特色社会主义道路是怎么走过来的，为什么邓小平理论、“三个代表”重要思想和科学发展观同属于中国特色社会主义理论体系等几个方面较深入地探讨了学习党的十七大中对中国特色社会主义理论体系有关问题的认识。齐峰撰写的《用社会主义核心价值观引领出版业科学发展》（《山西日报》2008年1月28日），由吴敏执笔、中共山西省委党校理论研究中心撰写的《深入理解中国特色社会主义理论体系》（《前进》2008年第4期）认为，中国特色社会主义理论体系既然是一个科学的理论体系，必然有着统一的主题、灵魂和内在结构。对此进行全面、系统地研究和探讨，有利于从整体上、宏观上深入理解和把握中国特色社会主义理论体系。李发荣、解慧娟撰写的《解放思想与中国特色社会主义》（《理论探索》2008年第3期），吴敏撰写的《什么是党的领导怎样坚持党的领导：中国特色社会主义理论体系的科学回答》（《理论探索》2008年第4期），我党自觉地认定自己“是人民群众在特定的历史时期为完成特定的历史任务的工具”，这决定了党的领导在社会主义条件下要以组织和支持人民当家做主作为本质内容。坚持党的领导，必须实行政治的方式、法治的方式和党政分开的方式。贾绘泽撰写的《中国特色社会主义理论体系：形成与发展机制》（《理论探索》2008年第6期），中共山西省委党校理论研究中心撰写的《深入理解中国特色社会主义理论体系》（《前进》2008年第4期），史彦虎撰写的《浅论中国特色社会主义与民主社会主义的本质区别》（《山西高等学校社会科学学报》2008年第1期），张惠选撰写的《社会主义核心价值体系与大学生价值构建》（《山西大学学报》2008年第3期），杨庆庚、门忠民撰写的《试论理性视野下社会主义核心价值体系的建立》和俞睿、张瑞芹撰写的《社会主义核心价值体系研究的几个问题》（均载《山西师大学报》2008年第2期），秦文学撰写的《社会主义核心价值体系是构建和谐社会的根本》和杨恩义撰写的《浅析社会主义核心价值体系建设途径》与王月红撰写的《用社会主义核心价值体系建设夯实中国软实力》（均载《沧桑》2008年第6期），张汉静、葛振国撰写的《社会主义核心价值体系的实现路径：基于价值认同的角度》（《山西大学学报》2008年第6期）指出：要实现社会主义核心价值体系的价值认同，真正把社会主义核心价值体系转化为“人民的自觉追求”，需要把握好“尊重多样差异，坚持一元导向”的价值引导、“坚持平等沟通，实现渐进渗透”的价值转化和“寻求社会共识，凝聚发展合力”的价值整合三个环节。

（霍春英）

【关于科学发展观的研究】 由高健民任主编、中共山西省委宣传部组织编写的

《科学发展观在山西的实践系列丛书》(山西人民出版社，2008年版)，该套丛书共由五本书组成，比较全面、系统地阐述了走出"四条路子"、实现"三个跨越"的内涵和意义、背景和依据、历史和现状、成就和经验、途径和措施、目标和前景，并附有中央和省委、省政府的有关重要文献。这套丛书具有理论性、实践性、指导性、针对性、工具性和可读性等显著特点。高健民撰写的《理论工作要把为推动科学发展观在山西实践提供理论支持作为第一要务》和高建生撰写的《抓住了"推动转化"这个关键》与张复明撰写的《有助于加速"科学发展"的认识》及范世康撰写的《推动领导干部执政理念的转变》以及曹煜撰写的《宣传理论工作着力点的重大突破》(均载《山西日报》2008年8月4日)，文章分别就《科学发展观在山西的实践系列丛书》编写、出版的意义和价值、作用、特点等进行了较深入的探讨。薛延忠撰写的《以科学发展观为指导推动山西又好又快发展》和中共山西省委党校理论研究中心撰写的《像右玉那样执著于科学发展》(载《理论探索》2008年第3、4期)，前文认为，以科学发展观为指导，推动山西又好又快发展，要认真贯彻省委省政府的发展思路，落实七个方面的着力点。后文指出，右玉的名字一次次被叫响，其根本之点就是执著于科学发展，右玉执著于科学发展的动力，来自干部群众的可贵的内在精神；右玉执著于科学发展的经验，带给我们各方面的思考及启示。董俊峰撰写的《总结历史经验实现科学发展》(同上，第6期)，由吴敏执笔、中共山西省委党校理论研究中心撰写的《领导干部实践科学发展观的方法论要求》(《山西日报》2008年11月10日)，高健生、崔建周撰写的《把科学发展观落实到促进山西发展的实践中》和王君撰写的《关于深入学习实践科学发展观若干问题的思考》(载《前进》2008年第6、11期)，安玉英撰写的《科学发展观：人的全面发展的根本途径》(《沧桑》2008年第3期)，刘宁撰写的《科学发展观：马克思主义理论视野的展示与启迪》(《中共山西省委党校学报》2008年第2期)，白益民撰写的《简论科学发展与科学规划的引导》(《学术论丛》2008年第3期)，柴晓霞撰写的《构建社会主义和谐社会必须落实科学发展观》(《山西财经大学学报》2008年第3期)认为，当前必须树立并贯彻落实科学发展观，使"人的尺度"与"物的尺度"协调统一起来，做到合规律性与合目的性的统一、社会选择与个人选择的统一、生态效益与生态公平的统一，从而真正促进人与自然、人与人的和谐发展，构建社会主义和谐社会。

【晋商研究】 由李留澜任主编，高春平、张建武任执行主编的《新晋商案例》(山西经济出版社，2008年版)一书，是编者在《晋商案例研究》的基础上推出的又一部研究晋商的力作。刘建生著的《晋商信用制度及其变迁研究》(山西人民出版社，2008年版)，为国家社科基金项目最终成果。陶宏伟撰写的《晋商文化·商业文化·经济发展》(《山西财经大学学报》2008年第2期)，文章从晋商商业文化的沿承入手，延伸至分析中国商业文化的发展，以说明商业文化对经济发展的重要作用。乔南撰写的《清代山西商人行商地域范围研究》(《晋阳学刊》2008年第2期)认为，清代山西商人的行商足迹遍及京津、鲁、豫、两湖、江淮、东北、西南、西北地区，并拓展了蒙古市场及俄罗斯贸易区。宋丽莉、张正明撰写的《浅谈明清潞商与区域环境的相互影响》(《山西大学学报》2008年第1期)认为，从考察潞商兴衰图景可以看出，是地区优势促成了潞商之兴，但地区优势并不是恒定的，随着社会环境变化，地区内部各种因素的叠加，会导致地区优势劣化，潞商之衰正源于此。冯昊撰写的《明清晋商巨贾的人格结构研究》和石涛、孔庆新撰写的《略论明清晋徽商人才选拔制度与绩效》(同上，第5期)，成艳萍撰写的《纸币防伪技术与山西票号业的发展》(《科学技术与辩证法》2008年第3期)为教育部人文社会科学研究项目成果。崔满红撰写的《票号研究的回顾与展望》(《山西财经大学学报》2008年第2期)认为，对山西票号的研究大体可分为三个阶段；20世纪60年代之前的研究是基础；第二阶段的研究长达40年之久，经历了从经院式的历史考证走向历史研究与社会服务并重的发展变化；21世纪以来的研究出现了显学化趋势。未来票号研究的领域将更加广泛。孔祥毅撰写的《汾酒商人转型研究》和王永亮撰写的《晋商创办票号的非生物环境简论》(同上，第3期)，刘合心撰写的《晋商源头探析》(《经济问题》2008年第2期)，丰若非、刘建生撰写的《晋商股份制中信用关系的经济学解析》和燕红忠撰写的《浅析我国典当业发展的对策：基于山西典商经验的思考》(同上，第6期)，均为教育部人文社会科学研究规划基金项目的成果。冀福俊撰写的《浅析晋商制度配置》和李存华、王智庆撰写的《明清晋东商人兴衰探缘》与张嫦艳、颜浩撰写的《清末民初晋商衰败的原因》(均载《沧桑》2008年第4期)，阮莉撰写的《明清时期运城盐商对当地社会的影响》和罗斌撰写的《略论近代商人教育观念的转型》(同上，第5期)，高小博撰写的《继承晋商文化推动山西经济发展》《中共山西省委党校学报》2008年第2期)，张舒撰写的《明清晋商与关公文化》(《学术论丛》2008年第3期)，李永福撰写的《晋商的社会责任》(《太原理工大学学报社会科学版》2008年第2期)，为山西省教育厅教改项目研究成果。李丽娜撰写的《晋商的兴起与山西城镇的变迁》和李少华撰写的《晋商的家庭教育》(同上，第4期)，李小娟撰写的《晋商人身股制度的现代经济学分析与启示》和张亚兰、李晓静撰写的《晋商连锁经营模式与启示》(均载《生产力研究》2008年第22期)，特别是杨怀恩、原梅生专著的《晋商研究当代文库》(经济管理出版社，2008年版)和孔祥毅专著的《晋商学》(经济科学出版社，2008年版)与张世满专著的《逝去的繁荣：晋蒙粮油古道研究》(山西人民出版社，2008年版)，三部专著均从晋商活动、发展的历史出发，对晋商文化的内涵作了深入挖掘和诠释。对山西经济发展、现代经济学具有重要的启迪意义。 (霍春英)

【文化创新：文化强省的建设和研究】 由中共山西省委宣传部组织编写的《2008山西文化产业发展报告》(山西人民出版社2008年版)一书是加强省文化建设的一个重要品牌。该书系统回顾了2007年以来山西文化产业发展的基本情况，围绕全省文化产业发展状况，理论研究及实践探索，分七个部分对山西适应国家文化发展战略调整，从文化迷失到文化自觉的发展历程进行了回顾，深度分析了我省发展文化产业的意义和比较优势。卢渝撰写的《建设文化强省的探索与思考》(《前进》2008年第7期)，文章从文化强省大势所趋、文化强省厚积薄发、文化强省重在建设、文化强省任重道远等四个方面进行了深入的探索。艾斐撰写的《在传承与创新中不断丰富和发展经典文化》和崔彤撰写的《提高文化产品竞争力的几点思考》(均载《山西日报》2008年4月29日)，前文对如何捍卫经典文化和应用经典文化给出了科学的答案；后文的刊发，旨在推动大家更好地贯彻中央部署，努力提高文化产品的竞争力，推动社会主义文化大发展大繁荣。赵云海撰写的《山西省文化产业发展的法律环境思考》(《学术论丛》2008年第4期)，山西省社科联课题组撰写的《山西技术创新体系建设研究》和《文化资源的价值转换研究》（均载《学术论丛》2008年第5期)，张体仁、王宏伟、马竣敏撰写的《关于建设特色文化名城实现途径的思考》（《前进》2008年第4期）认为，努力探索建设特色文化名城的实现途径，发挥文化对建设新太原的巨大驱动作用，成为值得认真思考的一个重要问题。冯子标、王建功撰写的《文化产品、文化产业与经济发展的关系》（《山西大学学报》2008年第2期)，文化产品的特征以及文化产业的经济功能是发挥文化产业经济影响力的基础，随着经济社会的进步，文化产业的不断发展会创造出更多的经济与社会价值。程建民撰写的《推动文化大发展大繁荣的几点思考》和李江利撰写的《提高自主创新能力加速建设新型山西》(均载《理论探索》2008年第1期)。杜学文撰写的《关于提升国家软实力的思考》和卢渝撰写的《“杨家将”历史文化资源亟待整合》(均载《山西日报》2008年2月19日)，前文从确立国家发展战略、塑造国家形象、优化国家发展环境、提高国家文化产品的竞争力等方面进行了翔实而中肯的论述，其中所涉及的一些观点和建议，值得思考；后文从发展文化产业的角度，就如何搞好杨家将历史文化的资源整合以及产业发展开发，提出了自己的见解。 (霍春英)

【旅游研究】 郅润明著的《山西旅游业发展研究》(山西人民出版社，2008年版)，全书从回顾山西旅游业产生、形成、发展、壮大的历程入手，系统地分析了山西旅游业在各时期的主要特征，重点分析了2000年以来山西旅游业的发展现状、发展促成就和存在的问题，发展前景，发展对策，提出了山西建设旅游强省的四大攻坚战略任务和旅游强省的三大主要发展战略，并对旅游业发展中的难点问题、创新问题进行了深入研究，提出了许多新的很有价值的理论观点和政策建议。冯卫红撰写的《旅游产业集群判定和识别探讨》（《经济问题》2008年第2期)，黄旭涛撰写的《民俗资源的旅游开发与区域文化产业的发展：以山西为个案》（《生产力研究》2008年第17期)，赵青霞、孔德安撰写的《历史上山西温泉的开发与利用》和刘改芳、张东燕撰写的《文化遗产类旅游景区解说系统评价：以平遥古城为例》(均载《山西大学学报》2008年第5期)，前文为山西省科技厅软科学基金项目研究成果；后者为山西省高校人文社科重点研究基地项目《旅游景区体系与评价方法研究》成果。孔祥智等撰写的《乡村旅游业对农户生计的影响分析》（《经济问题》2008年第1期）为教育部“新世纪优秀人才支持计划”资助项目初步研究成果。张红艳、高强撰写的《质量体系认证对我国旅游企业的适用性探讨》和杜秀芳、赵平花撰写的《对加快山西省大学生体育旅游消费的思考》(载《山西高等学校社会科学学报》2008年第2、4期)，前文为山西大学人文社会科学科研基金资助项目研究成果，后者为2006年山西省哲学社会科学规划课题“山西省大学生体育旅游消费状况调查研究”的结题论文。王武民、田珊撰写的《山西体育旅游业现状及可持续发展的对策》和武跃丽撰写的《晋中旅游景点区域合作的途径》(同上，第9期)，张雪梅撰写的《交通问题对山西旅游产业发展的制约》(同上，第10期)，为山西省社科联社会科学“十一五”规划2007至2008年度重点课题研究成果。赵华撰写的《大同城墙雁塔历史与旅游开发价值》(同上，第12期)，郭娟娟撰写的《浅议山西旅游纪念品的开发》和冀艳撰写的《汾酒集团酒文化游》(载《沧桑》2008年第2、6期)，郭筱翠、庞洁撰写的《对太原市旅游形象定位的思考》（《学术论丛》2008年第1期)，张红艳、高强撰写的《略论休假制度调整对城郊型乡村旅游的影响：以太原市为例》(《山西大学学报》2008年第5期）为山西大学人文社会科学基金资助项目。 (霍春英)

【构建和谐社会的研究】 马小芳撰写的《构建社会主义和谐社会关键在党》和杨永林、崔景俭撰写的《尽责：构建和谐社会的基点》(均载《中共山西省委党校学报》2008年第2期)，后文为山西省哲学社会科学“十一五”规划2007年度课题的阶段性成果。薛千山撰写的《稳定：社会和谐的基础》(同上，第5期)，李月玲、武步成撰写的《教育公平与构建和谐社会的逻辑联系》和武穆阳撰写的《和谐文化之可能及其限度》(均载《山西高等学校社会科学学报》2008年第5期)，前文为山西省社科联“十一五”规划2007至2008年度重点课题研究成果。由山西省社科联“和谐社会”课题组撰写的《论和谐社会的哲学理念与规律探索》和《论公民权利在公平分配与和谐社会中的地位》(载《学术论丛》2008年第1、2期)，李翔德撰写的《全球化视野中的和谐社会》和任永柱、赵云海撰写的《论社会主义和谐社会的特点和规律》(出处同上)，吴钧贵撰写的《和谐矛盾与非和谐矛盾的辩证思考》(《中共山西省委党校学报》2008年第6期)，王必胜撰写的《试论和谐社会所蕴涵的创新精神》和李卫朝撰写的《对“和谐社会”的哲学诠释》(均载《山西高等学校社会科学学报》2008年第1期)，范富撰写的《中国古代和谐社会思想简论》(《前进》2008年第5期)，张长青撰写的《社会主义和谐社会视野下的公共关系管理》和刘爱河撰写的《文化遗产保护：和谐文化与和谐社会》(均载《山西高等学校社会科学学报》2008年第2期)，马小芳撰写的《构建社会主义和谐社会领导干部必须提高“六种能力”》和杨宇杰撰写的《论和谐社会中的和谐交往》与牛蕾撰写的《筑牢社会主义和谐社会系统运行的动力系统》(同上，第4期)，杨晓文、王继明撰写的《构建社会主义和谐社会系统运行的调节机制》和李德芝、李鑫撰写的《社会主义荣辱观为构建和谐社会提供道德支撑》与张秀英撰写的《构建社会和谐的利益调整机制》(同上，第7期)，段志平撰写的《构建和谐社会的法学视野》和常春雨、王延波撰写的《伽达墨尔善的哲学理念对构建和谐社会的启示》(同上，第10期)，张彭松撰写的《生态伦理：人类社会和谐发展的哲学反思》(《山西师大学报》2008年第2期)，许蓉撰写的《和谐社会与小康社会的共同特质辨析》和安洪撰写的《对构建和谐劳动关系的三点思考》(载《理论探索》2008年第1.3期)，杨永林撰写的《责任意识与构建和谐社会的关系研究》和王小琴撰写的《儒家礼乐思想在构建和谐社会中的价值探讨》(载《山西高等学校社会科学学报》2008年第3、6期）前文为山西省高等学校人文社会科学研究项目“提高责任

意识与构建和谐社会的关系研究”阶段性成果，后者为2007年度中北大学哲学社会科学研究重点课题成果。（霍春英）

【社会主义新农村建设与“三农”问题研究】 孙续功、张玉丽撰写的《新农村建设中需要防止的几个问题》（《前进》208年第3期），主要从抓准要害，防止发展重心失落；全面推进，防止点面工作失衡；整合提高，防止建设主体缺失；强化监督，防止惠农资金流失等四方面进行了较深入的论述。穆月英、王艺璇撰写的《我国农业补贴政府实施效果的模拟分析》（《经济问题》2008年第11期），为教育部人文社会科学研究规划基金项目研究成果。武小惠、刘俊鹏撰写的《新农村建设中农村公共财政体制建设探讨》和王志刚、张宇清撰写的《南亚三国农村金融实践及其对我国的启示》（同上，第12期），均为山西省软科学研究基金项目成果。涂圣伟、原梅生、孔祥智撰写的《我国观光农业发展及其综合效应分析》（《山西财经大学学报》2008年第4期），薛慧锋、白雪枫撰写的《太行山区社会主义新农村建设与发展的新探索》（《山西高等学校社会科学学报》2008年第3期），为中北大学“哲学社会科学研究”经费资助的研究成果。陈家骥撰写的《山西农经学科学风建设的回顾》和杜学文撰写的《农会、农村经济与农会法》（载《经济问题》2008年第2、5期）前文认为，回顾山西农经学科的学风建设，坚持马克思主义基本原理为理论基础和指导思想，是学风建设的首要原则问题；理论与实际相结合为党和政府决策提供依据，是学风建设的根本宗旨问题；坚持以增加农民的福利为本，是学风建设的终极目标问题；坚持多学科兼容并包，坚持理论创新而拓宽视野，是学风建设的发展方向问题。韩身智撰写的《新形势下山西农业和农村经济发展的思考》和毋俊芝、安建平撰写的《组织创新与“三农问题”的突破》（同上，第7、8期），后文为山西省2006年回国留学人员基金项目“中日农村合作组织发展研究”成果。刘兆征撰写的《提高农民素质培育新型农民是新农村建设的关键》（《生产力研究》2008年第6期），张翠丽撰写的《统筹城乡发展与山西新农村建设》和赵德昌撰写的《新农村建设与人才强国战略》（载《学术论丛》2008年第1、2期），康桂珍撰写的《强力推进贫困县社会主义新农村建设》（同上，第5期），李小红撰写的《试论农民利益表达机制建设》（《山西高等学校社会科学学报》2008年第8期），为山西农业大学科技创新基金项目研究成果。韩秀兰、阚先学撰写的《山西省农村公共品投入不足的实证分析》和胡宝祥撰写的《浅论社会主义新农村建设的战略意义》（同上，第9期），张文丽撰写的《对农村集体经济支撑社会主义新农村建设的探讨》（《经济问题》2008年第8期），冯耀明撰写的《资源型地区“富人当政”问题的研究思路与调研设计》（《中共山西省委党校学报》2008年第1期）为国家社会科学基金项目阶段性成果。（霍春英）

【纪念“真理标准大讨论”30周年】 1978年5月11日，《光明日报》在第一版显著位置发表了题为《实践是检验真理的唯一标准》的“特约评论员”文章，迅速点燃了全国真理标准大讨论的熏熏烈火。由此，围绕着真理标准问题展开的全国性大讨论，历时两年之久。大讨论带来了“解放思想”“改革开放”，而引发大讨论的《实践是检验真理的唯一标准》一文，是当代中国第一份思想解放的宣言书。吴敏、席殿晋撰写的《继续解放思想要更好地坚持实践标准：写在“真理标准大讨论”三十周年之际》（《山西日报》2008年5月12日），回望三十年前关于真理标准问题的大讨论，我们感到，一个重要的启示就是：要坚定不移地继续解放思想，就必须更好地坚持实践标准。杨建梓撰写的《邓小平对实践标准的丰富和展开：纪念真理标准讨论30周年》和王建军撰写的《解放思想是发展中国特色社会主义的一大法宝》（均载《理论探索》2008年第5期）。（霍春英）

【哲学与思维科学方面的研究】 李逢春撰写的《哲学基本问题在现时代》和姚纪刚、董丽撰写的《试论马克思主义哲学中国化的机制》（载《山西高等学校社会科学学报》2008年第2、3期），乔瑞金、闫义撰写的《马克思资本主义社会矛盾思想的微观分析》（《山西师大学报》2008年第3期）指出，马克思以技术为基础对资本主义矛盾的微观分析，同样也是构成其内在矛盾的重要方面，甚至对于理解其内在矛盾的实质来说，具有更清晰、更具体的意义。

殷杰、尤洋洋撰写的《当代社会认识论研究及其意义（上、下）》（载《科学技术与辩证法》2008年第4—5期），文章系统阐述了当代社会认识论的兴起与繁盛，肯定了对知识社会维度的认识论研究，指出社会认识论在保留传统认识论的规范性特征基础上，表现出了完全不同于自然化认识论的研究方法。毕富生撰写的《论逻辑真理和事实真》（《山西大学学报》2008年第6期），权立枝撰写的《邓小平对矛盾分析法的应用与发展》（《理论探索》2008年第4期）指出，邓小平在分析和解决中国革命和建设一系列问题中，成功运用和发展了马克思主义哲学的矛盾分析法。王瑞娟、昝西娟撰写的《现阶段人民内部利益矛盾及其协调》和王喜平撰写的《人的发展：内在动因和社会条件》（同上，第6期），前文为国家社会科学基金项目成果。贺天平撰写的《理论物理学前沿中的哲学问题：从规范场论到弦论》（《科学技术与辩证法》2008年第1期），文章观点明确，思想深刻，提出了许多值得学术界思考的问题。全文被《人大复印资料全文转载》。牛俊美撰写的《科学精神与伦理精神的相分与相合》（《山西师大学报》2008年第5期），项晓敏撰写的《关于科学哲学研究领域的思考》（《中共山西省委党校学报》2008年第6期），郭贵春、赵斌撰写的《生物学解释的语境演变》（《山西大学学报》2008年第1期）为教育部哲学社会科学研究重大课题攻关项目研究成果。韩彩英撰写的《文化关系和文化过程：认识活动在语境中的语言—符号确定性》（《科学技术与辩证法》2008年第1期），郭贵春、王凯宁撰写的《量子力学中的隐喻思维》（同上，第3期），指出隐喻在量子理论发展过程中的启发性功能、理论解释功能及教学法功能，为科学隐喻的合法性地位提供了有力的证据。阎莉、康中和撰写的《隐喻发生的机制》（同上，第5期），文章选择意义解释途径与DTH模式解释分析了隐喻发生的机制，并对这两种解释作出了评价。常建勇、隋淑芬撰写的《创新思维的实践取向》（《山西师大学报》2008年第4期），徐宏伟撰写的《教学创造性思维过程的分析》（《学术论丛》2008年第1期），孔庆新、孔宪毅撰写的《试论创造性思维的定义、特点、分类、规律》（《科学技术与辩证法》2008年第2期），和赵慧、崔增磊撰写的《关于五台山三个问题的考辨》和周祝英撰写的《体验尼众的净土生活》（均载《五台山研究》2008年第1期），陈霞撰写的《石窟造像中文殊菩萨形象的演变》和文奎撰写的《文殊信仰的兴起和流布》(同上,第3、4期),肖雨撰写的《印度的文殊信仰》和《敦煌莫高窟第61窟中的〈五台山图研究〉》(同上,第1、4期),前文为教育部哲学社会科学研究重大课题攻关项目研究成果。 (霍春英)

【社会学方面的研究】 章立明撰写的《解读拐卖:家庭婚姻制度的社会性别分析》(《山西师大学报》2008年第6期),赵颖撰写的《浅析近代华北农村早婚现象普遍的原因》和陈小花撰写的《民国年间山西农村离婚问题初探》(载《沧桑》2008年第1、2期),张民省撰写的《老龄化趋势下中国养老模式的转变与创新》和王晓晨撰写的《山西老年人的养老保障与政府责任》(均载《山西大学学报》2008年第3期),李鹭、殷杰撰写的《生态女性主义的科学观》(《科学技术与辩证法》2008年第1期)为"教育部新世纪优秀人才支持计划"研究成果。杨小燕撰写的《农业女性化与性别歧视》(《山西高等学校社会科学学报》2008年第8期),为山西省科技厅软科学研究项目阶段性成果。秦志远撰写的《女性主义理论中的强奸问题》和王珺撰写的《认识论基础的女性主义批判》(均载《山西师大学报》2008年第1期),黄约撰写的《歧视性"性别刻板现象"的伦理探究及干预》(同上,第2期),李小江撰写的《从一个小山村看中国妇女世纪变迁和30年农村改革》和杜芳琴撰写的《三十年回眸:妇女/性别史研究和学科建设在中国内地的发展》及王金玲撰写的《2000—2007:妇女/性别社会学的西学东渐之路》以及王爱军撰写的《论1930年代小说乡村女性生存状态的叙事缘由》(同上,第6期),梁华林撰写的《农村女性流动:中国现代化的重要途径》(《中共山西省委党校学报》2008年第6期)和刘宁、冯锦彩撰写的《中西部地区农村女性人口流动的特点及趋势分析》(《沧桑》2008年第1期)均为国家社会科学基金项目的阶段性成果。后文在对中西部地区个别省份农村女性流动人口状况进行调研的基础上,提出在未来一段时期内中西部地区农村女性人口将会出现流动规模进一步扩大,以非正规渠道为主要就业模式,可持续生计能力进一步提高等趋势。张守夫撰写的《社会保障的政治哲学基础:正义诸原则》和刘晓红撰写的《统筹城乡发展与农村社会保障体系建设》(均载《山西大学学报》2008年第3期),谭克俭和丁润萍撰写的《农村养老保障现状及其支撑条件研究》(《南京人口管理干部学院学报》2008年第2期),徐晓兰撰写的《农民工权益保障:问题、原因与对策》(《理论探索》2008年第6期)提出,当前我国农民工问题的核心是权益保障问题。卫永红、史利娟撰写的《农民工权益法律保障存在的问题及成因探析》(《学术论丛》2008年第4期),冯锦彩撰写的《关于完善山西农村养老保障制度的思考》和白凤峥撰写的《山西省农村社会保障水平研究》(载《经济问题》2008年第1、2期),师振华撰写的《人口老龄化对我国养老保险制度的影响及对策》(同上,第7期),曹笑辉、孙淑云撰写的《实现"全国医保"的瓶颈与基础条件》(《中共山西省委党校学报》2008年第1期)和王士享撰写的《新型农村合作医疗筹资问题研究》(《生产力研究》2008年第11期)均为国家社会科学基金项目的阶段性研究成果。华芮、李健丁撰写的《完善农村新型合作医疗制度的深层思考》(《生产力研究》2008年第10期),为山西医科大学大学生创新基金项目。 (霍春英)

【政治学方面的研究】 崔建周撰写的《效能政府建设应强化公众参与》(《理论探索》2008年第3期),谭建立撰写的《试论政府职能运用的标准与方式选择》(《山西财经大学学报》2008年第3期),郝玉宾撰写的《大部门体制改革探析》和原淑玲撰写的《大部制改革与行政体制改革》(载《理论探索》2008年第2、4期),后文认为2008年大部制改革方案的出台,拉开了我国新一轮行政管理体制改革的帷幕。大部制改革是行政体制改革的必然要求,这一点不论从理论上还是从实践上来看都如此。搞好大部制改革,不能局限于大部制本身,而应该从更广的视野出发,在行政体制改革的整体框架下设定新思路,解决大部门的协调机制、行政区划层级及政府权力结构和运行机制等全局性问题。董江爱撰写的《实现村务公开民主管理的长效机制研究》(《山西大学学报》2008年第3期),在大量实证研究的基础上,提出了实现村务公开进行民主管理的有效途径。刘思超、张志敏撰写的《中国特色行政文化的特征与建构》(出处同上),王致荣撰写的《论我国当代行政改革的目标选择》和赵诚撰写的《中国各级行政区的功能、权力与现代化探讨》(同上,第5期),前文为山西省软科学基金"山西社会转型期事业单位转型研究"的成果。郑文靖撰写的《论党员权利保障制度建设》(《理论探索》2008年第3期)为国家社会科学基金项目"发展党内民主中的党员权利保障研究"成果。冯建平撰写的《把更多农村优秀人才吸收到党内来》(《前进》2008年第10期),程淑兰撰写的《论制度公正与社会价值信仰》(《沧桑》2008年第4期),徐艳霞撰写的《县级政府网站建设:问题与对策》(《理论探索》2008年第4期),丰存斌撰写的《民间组织在促进公民参与中的作用分析》(同上,第6期)为2008～2009年度全国党校系统重点课题研究成果。李路曲、魏娟玲撰写的《政治推销对欧洲政党党内民主的影响》(《山西大学学报》2008年第3期),主要以英国工党和保守党为个案探讨政治推销对欧洲主要政党党内民主的影响。李青撰写的《前苏联东欧应对西方文化输出战略的经验教训》和崔建周撰写的《国外政党党员权利保障的实践及启示》(载《理论探索》2008年第3、5期),均为国家社会科学基金项目研究成果。 (霍春英)

【法律方面的研究】 孙晓红专著的《法的溯及力问题研究》(中国法制出版社,2008年版),该书以法的时间效力的重要方面——法的溯及力为研究对象,揭示了法的溯及力问题的法治和宪政意义。赵肖筠专著的《市场经济运行中的法理问题研究》(中国检察出版社,2008年版),该书作为山西省法理学精品课程的研究教材和省内各高校硕士研究生的参考阅读书目,在全国法理界引起较大反响。陈晋胜撰写的《农民经济权力的宪法地位与行政法保护》(《生产力研究》2008年第10期)和《公共利益及其行政法规制》(《理论探索》2008年第1期),前文系中国法学会部级法学研究重点课题。周桂芳、谭恩惠撰写的《行政审判体制改革研究》(《山西高等学校社会科学学报》2008年第6期)为山西省哲学社会科学"十一五"规划课题的阶段性成果。汪渊智、曹克奇撰写的《物权法对农民土地权益之保护》(《山西大学学报》2008年第6期)为2007年司法部法治与法学理论研究项目研究成果。雷兰撰写的《浅议〈物权法〉在构建和谐社会中的作用》(《山西高等学校社会科学学报》2008年第8期）为山西省社科联社会科学“十一五”规划2007至2008年度重点课题研究项目的阶段性成果。毛瑞兆、王丽丽撰写的《论民法中的保护弱者理念》（《山西大学学报》2008年第2期）一文，从民法的视角论述了保护弱者理念的产生、法律价值，保护弱者理念的体现和实现等问题，并指出了保护弱者理念在我国的现实意义。王霄燕撰写的《西方国家依法推进城市化经验及借鉴》（同上，第3期）为山西省软科学研究项目。温万名撰写的《基于经济法视角对我国矿难问题的思考》（载《经济问题》2008年第7、9期），曹笑辉、孙淑云撰写的《农民工医疗保险的城乡协调法律机制研究》（《理论探索》2008年第3期），较深入地论述了解决农民工医疗保险问题的基本思路。孙淑云撰写的《医疗保障制度国际经验对新型合作医疗的启示》（《山西大学学报》2008年第6期）为国家社会科学基金项目研究成果。侯怀霞撰写的《关于私法环境权问题》（《理论探索》2008年第2期）认为，私法环境权是独立于人格权、相邻权、准物权等传统民事权利的一种新型民事权利。在法律上确立私法环境权的概念，不仅必要，而且可行。梁懿撰写的《山西农民工权益保障地方立法的法理意义》（《山西高等学校社会科学学报》2008年第12期）为山西省软科学项目成果之一。山西省社科联课题组撰写的《煤炭资源利用法律问题研究》（上、中、下）（载《学术论丛》2008年第4、5、6期）。特别是由郭燕平、贾桂梓主编的《张友渔法学思想与灵石县法制建设》（中国社会出版社，2008年版），全书分为上、下两编，上编从法学观、宪政思想、立法思想、民主法制思想、新闻法思想、政治思想等六个方面全面系统地总结了张友渔同志的法学思想，对于研究新中国法制建设具有重要的参考价值。下编则详细阐述了灵石县法制建设的实践，从理论的高度，充分体现了党中央依法治国思想在构建法制灵石过程中发挥的重要作用。（霍春英）

【经济学方面的研究】 喻卫斌、晓勇撰写的《现代不确定性理论的比较研究》（《经济问题》2008年第3期），杨金凤撰写的《人力资本对劳动力外出就业动机的影响》（《山西财经大学学报》2008年第10期），文章通过因子分析得出了劳动力外出就业动机的四个维度，即发展型动机、收入型动机、教育型动机和随大流动机，并就不同人力资本存量的劳动力的非农就业动机进行了独立样本T检验和方差分析。陈艺萍撰写的《企业家人力资本计量方法探析》（《山西大学学报》2008年第2期），薛永刚、曹艳铭撰写的《货币政府变量与股票价格的动态关联性研究》和赵俊康撰写的《我国社会保障基金供给能力区域比较分析》（《山西财经大学学报》2008年第3、12期），前文为国家统计局重点规划项目研究成果。尹优平专著的《中国区域金融协调发展研究》（中国金融出版社，2008年版），该书全方位、多角度地对区域金融协调发展问题进行了深入研究，得到了社会各界的普遍认可和高度关注。翟纯红、郝家龙撰写的《区域科技发展状况评价的计量模型研究》和张贡生撰写的《关于要继续实施区域发展总体战略的几个问题》（载《经济问题》2008年第1、3期），后文为国家哲学社会科学基金重大项目阶段性成果。李峰撰写的《物流业发展模式研究》和王斌、朱丽红撰写的《虚拟经济积极效应分析与建议》（载《生产力研究》2008年第16、20期），孔庆新、孔宪毅撰写的《论生产力系统观》（《经济问题》2008年第4期），高宏伟撰写的《论按劳分配制度的与时俱进》（同上，第5期）提出，确立劳动、资本、技术和管理等生产要素按贡献参与分配的原则，完善按劳分配为主体、多种分配方式并存的分配制度，这是我国在分配理论和分配方式上的新突破，是对按劳分配制度在认识上和行动上的深化和发展，是历史的进步。韩东娥撰写的《完善流域生态补偿机制与推进汾河流域绿色转型》（同上，第1期）认为，完善流域生态补偿机制的关键是：明确流域生态补偿的主体和对象，确定科学合理的补偿标准，开拓多渠道的补偿途径，制定生态补偿组织管理机制。张陆洋、范建年撰写的《略论我国科技企业创业成长边界》和曹海霞撰写的《略论中国产能过剩的应对机制与政策选择》（同上，第3、6期），均为国家社科基金重点课题研究成果。郭彤梅、刘兆征撰写的《我国产业链构建的思路探析》（同上，第5期），安培培、刘成虎撰写的《现代企业风险管理再探》（同上，第7期），张玉丽、杨国玉撰写的《对增加居民财产性收入的探讨》（同上，第12期）认为，创造条件让广大群众拥有财产性收入，是目前国内收入分配制度改革的一个重要方面，它的提出具有重要的理论和现实意义。我们既要看到财产性收入对提高居民收入的积极作用，也需防范其可能加剧贫富差距所产生的负面效应；既要充分发挥好政府“创造条件”的职能，也要认识到，财产性收入是一把“双刃剑”，只有采取相应措施加以适当调节，才能防止收入差距的进一步扩大，实现较为平均的财产性收入共享。申长平专著的《构建地方公共财政体系》（经济科学出版社，2008年版）一书出版后，翔实系统的资料和提出的改革建议受到相关部门和兄弟单位的高度评价，产生了良好的社会效益。

关于山西经济的研究　崔海燕撰写的《居民消费结构变化与产业结构调整研究：以山西省为例》（《山西大学学报》2008年第5期）为山西省社会、经济、统计科学研究资助项目。于晓媛撰写的《山西主动融入环渤海经济圈的思考》（《理论探索》2008年第5期），李英姿、胡玉姝撰写的《山西发展生态农业的模式与实践设计》（《中共山西省委党校学报》2008年第5期）为山西省哲学社会科学2007年课题研究成果。王清宪、张复明等撰写的《山西省区域经济合作选择方法研究：基于地缘经济关系的测度分析》（《生产力研究》2008年第23期）为2008年山西省人民政府决策咨询委员会课题研究成果。韩秀兰撰写的《关于山西区域经济发展的不平衡性分析》（《经济问题》2008年第2期）为山西省交通厅2006年科技项目的阶段性研究成果。张丹荣撰写的《推进山西县域经济发展思考》和卢建明、侯少林撰写的《山西县域经济增长实证分析》（同上，第3、5期），张克军撰写的《山西加快发展民营经济的对策研究》（《山西大学学报》2008年第2期），文章重点剖析了对我国欠发达地区有典型代表意义的山西省民营经济发展的实际状况，提出了山西加快发展民营经济的思路和对策。王香花撰写的《促进山西民营企业国际化经营》（《理论探索》2008年第4期）为山西省科技厅软科学项目成果。刘振喜撰写的《当好山西民生发展的融资主力军》和张晨强撰写的《加快山西民营经济发展的思考》（载《前进》2008年第5、7期），山西省社科联课题组撰写的《山西民营经济发展研究》（《学术论丛》2008年第5期），常江撰写的《山西创业金融体系存在的问题探析》（《前进》2008年第9期），王妍撰写的《浅议人力资本外流对山西经济的影响》(《山西高等学校社会科学学报》2008年第3期),张晓梅撰写的《发挥比较优势与优化山西产业结构的探讨》和张婷撰写的《发展山西现代农业的财政政策浅探》(载《经济问题》2008年第3、8期),薄生荣、董晓玲撰写的《加快转变山西经济发展方式拓宽山西经济社会发展起飞的跑道》(《学术论丛》2008年第4期),王成撰写的《山西省加大发展高附加值加工业的思考》和郭卫东撰写的《推动山西人力资本开发的对策探讨》(载《中共山西省委党校学报》2008年第4、5期),郭凌云撰写的《山西省上市公司盈利质量分析评价研究》(《山西高等学校社会科学学报》2008年第10期)为太原科技大学青年基金资助项目研究成果。王华丽撰写的《长期护理保险在山西的市场调查与发展对策研究》(《经济问题》2008年第27期),孟海贵撰写的《广义生产力论与山西服务业的发展》(《生产力研究》2008年第24期),刘德勇撰写的《试论特色园区建设路径选择》和郭海撰写的《略论高新区创新环境的创造与规划》(载《经济问题》2008年第6、8期),孟宪琢撰写的《太原建设现代宜居城市的主要对策》(《学术论丛》2008年第5期),王春芳撰写的《太原市城市风格定位的几点思考》(《山西高等学校社会科学学报》2008年第3期)为国家自然科学基金资助项目阶段性成果。由王华、董继斌任主编,张保华等任副主编的《2009:山西资本市场发展报告》(山西经济出版社,2008年版),是继"蓝皮书"之后,我省推出的资本市场"黄皮书"和之后介绍的煤炭"绿皮书",以上系列皮书均有综合性、前瞻性、权威性。

关于能源经济的研究　由张广慧任主编、董继斌等任副主编的《2008年:山西煤炭工业发展报告》由王昕任主编,董继斌等任副主编的《2009:山西煤炭工业发展报告》(均为山西经济出版社,2008年版),该书为分年度出版的山西煤炭"绿皮书"的第1—2本。该书是山西煤炭工业运行与发展的全面记录与深度解读,是了解与研究山西煤炭工业发展的基本读本,也是把握中国煤炭工业发展状况与趋势的必读本。由白原平主编的《资源型企业国际性战略以及:以山西焦煤集团为例》(山西经济出版社,2008年版),该书是一部全省煤炭大型企业集团加快"走出去"、实施跨国经营发展战略的实用性较强的著作。山西省社科院能源所课题组撰写的《走出能源基地和老工业基地创新发展的路子》为山西省哲学社会科学重点项目、山西省社科院重点课题"走出四条路子实现三个跨越"系列丛书之一,撰写的《山西可再生能源开发利用研究》和《山西工业循环经济研究》(已被收入《2008山西发展研究报告》山西人民出版社,2008年版)一书。高峰撰写的《关于我国煤炭管理体制改革的思考》(《经济问题》2008年第11期),马云峰、郭丕斌撰写的《应对煤炭资源危机促进中国经济可持续发展的策略》(《生产力研究》2008年第17期),曹海霞撰写的《煤炭价格市场化改革历程及发展趋势研究》(《经济问题》2008年第9期),周文娟、张建平撰写的《煤炭资源型城市产业转型研究》和芮雪琴、牛冲槐撰写的《我国能源产业技术安全分析与建议》(载《山西高等学校社会科学学报》2008年第4、7期),董全庚撰写的《山西新型能源基地的走势与发展模式》(《山西能源与节能》2008年第1期),分析了山西新型能源基地在全国的地位,基地的发展前景与走势,应当采取的发展模式,提出了在采掘方法、方式和能量转变和储能方面的一些个人观点。王建强撰写的《山西煤炭企业和谐发展的综合思考》(《经济问题》2008年第1期),周荣撰写的《山西节能减排:成效、任务与途径》(《中共山西省委党校学报》2008年第6期),梁小峰撰写的《焦炭出口的可持续发展分析》(《生产力研究》2008年第4期)刘晔撰写的《水资源承载力分析及可持续发展对策探析》和魏茹生、王宏英撰写的《关于水资源可持续开发利用的思考》(《经济问题》2008年第5、7期),后文根据当前和今后一段时期山西经济社会发展的趋势,从合理配置水资源,提高资源利用效率出发,提出水资源支撑山西经济社会发展的对策建议。赵际红撰写的《山西省"以煤补农"政策论证》(《理论探索》2008年第2期),高峰撰写的《加快服务业发展促进山西省节能目标实现》和曹海霞撰写的《山西要重视地方煤矿塌陷治理》与刘晔撰写的《山西煤炭开采外部成本核算》(均载《山西能源与节能》2008年第1期),吴达才撰写的《煤层气和焦炉煤气开发利用的战略思考》和董小恺撰写的《山西煤层气产业化的构想与建议》(同上,第2期),刘兆征撰写的《山西环境友好型社会建设思考》(《理论探索》2008年第4期)指出,山西环境友好型社会建设,首先要加强对资源的规划和保护;其次要环境友好的科学技术,开展煤炭资源的综合利用;而且要加快产业结构调整,构建生态型产业体系;同时,也要加快生态环境恢复治理。(霍春英)

【教育学方面的研究】 侯怀银专著的《中国教育学发展问题研究》(山西教育出版社,2008年版),该书的出版,为当前我国教育学的发展提供了历史借鉴。秦良玉撰写的《用社会主义核心价值体系引导教育青年学生》(《求是》2008年第6期),文章发表以后,受到社会的普遍关注,并被全国300多家网站或媒体引用,在学术界受到一致好评。鲍善冰、王晓菲拟定的《高校教育与时俱进研究》和黄晋太撰写的《论高等教育的未来发展取向》(载《山西高等学校社会科学学报》2008年第1、3期),前文为山西高校人文社会科学研究项目成果。任永健撰写的《我国高等教育制度创新不足的原因分析及对策》(《沧桑》2008年第6期),郭贵春撰写的《大学教师:大学文化的守护者》(《高等教育研究》2008年第9期),作者立足点高洞察力强,提出了我国高等教育发展的根本性问题,具有很强的决策参考价值。刘庆昌撰写的《教学文化的意义探寻》(《山西大学学报》2008年第2期)认为,作为亚文化,教学文化是以社会文化为土壤的,两者是相通且互相影响的。刘志旺撰写的《高等教育竞争力评价实证分析:以山西高等教育为例》(《生产力研究》2008年第6期)为教育部人文社会科学研究项目成果之一。王丽霞撰写的《〈法学方法论〉与法学方法教育》(《山西大学学报》2008年第4期)为山西省研究生教育改革资助项目成果。陈平水、温海燕撰写的《高等教育经济学逻辑起点探析》(同上,第2期),认为高等教育服务是高等教育经济学的逻辑起点。杨秋梅、林凯撰写的《试论历史教学与环境教育》(《山西师大学报》2008年第3期)提出,为了融环境教育与历史教学为一体,必须提高教师的环保意识和理论水平,在教材、课堂教学、实践活动等方面保证和渗透环境教育。常艳撰写的《"马克思主义基本原理概论"案例教学法探析》(同上,第5期)为教育部哲学社会科学研究重大课题攻关项目成果。赵凤香撰写的《高校人力资源管理部门的变革与创新》(《沧桑》2008年第6

期)，张德斌撰写的《素质教育之学习素质浅议》（《山西师大学报》2008年第4期)，提出学习素质是素质教育的重要组成部分，也是新世纪人才培养的发展目标。赵瑞民撰写的《对当前大学道德教育的思考》(《山西高等学校社会科学学报》2008年第6期)，权立枝撰写的《大学生认识图式的哲学本质与意义》(同上，第2期）为2005年山西省教改项目的阶段性成果。鲍善冰、丁月华撰写的《山西省研究生教育在中国六省中的状况》(同上，第4期）认为，山西省研究生教育主要存在着培养单位不多、规模不大、培养质量不高等差距。提升山西省研究生教育水平，应整合力量，合理定位，办出特色，强化管理，提高办学质量。（霍春英）

【语言学方面的研究】 陈志明撰写的《“语言学及应用语言学”专业的性质与培养目标》（《山西师大学报》2008年第3期)，于国栋、吴亚欣撰写的《语用学研究的心理视角》(《山西大学学报》2008年第6期）一文，提出语用学研究的社会心理基础，主旨在于为社会心理学和语用学之间的跨学科研究提供一个研究框架。白云撰写的《语言与隐喻思维》(载《科学技术与辩证法》2008年第4期）指出，隐喻思维对语言的起源、概念系统的形成和语言的发展产生了最直接和最重要的影响。施健、王华撰写的《轻动词假设及其应用价值》（《山西大学学报》2008年第3期)，李小平撰写的《〈现代汉语词典〉“词”“语”观献疑》(《山西师大学报》2008年第6期)，柳长江、王海静等撰写的《关于目前语文辞书市场情况的调查分析报告》(《辞书研究》2008年第6期)，孙玉卿撰写的《语音的发展变化与山西方言亲属称谓的关系》(《山西大学学报》2008年第3期）认为，探讨亲属称谓词中不同层面的语音形式，可以为解释语音的发展变化提供有价值的参考资料。由温端政主编的《新华歇后语词典》(商务印刷馆，2008年版）和《现代汉语小语典》(人民教育出版社，2008年版)，前书为新华系列辞书的一种。张光明撰写的《方言歇后语的语语套用结构及其功能》(《语文研究》2008年第2期)，文章分析了方言歇后语用成语、谚语、惯用语用“注”的各种情况及功能，揭示了方言歇后语结构上的相对固定性、灵活性和表意上的深刻性、主动性等特点。乔全生撰写的《也谈晋方言的归属》(《山西大学学报》2008年第1期）为国家社会科学基金项目。吴建生撰写的《万荣方言两字组连续变调和轻声》(《方言》2008年第4期)，李淑珍撰写的《从方言语词解读山西的“糕文化”》(《语文学刊》2008年第7期)，曹瑞芳撰写的《山西阳泉方言的“子尾”构词丰硕及相关问题》(《语言学研究》2008年第4期)，王利撰写的《晋东南晋语的入声舒化现象》(《语文研究》2008年第3期)，文章从古声母的清浊、古韵摄和入声舒化后的调类归属三个方面对晋东南晋语入声舒化的情况做了全面系统的描写和分析。马启红撰写的《太谷方言“圪”字研究》(同上，第4期)，文章考察了太谷方言“圪”字的使用情况。李小平撰写的《“语汇学”与相关问题》(《汉语学报》2008年第4期）认为，作为语言学术语，“语”应指称短语，“语汇”就是短语的总汇，“语汇学”应当是研究全部短语的语言学分支学科，它与“语汇学”相对应，共同构成了“语汇学”。张海涛撰写的《基于策略的翻译教学》(《山西大学学报》2008年第1期）一文，描述了基于策略的翻译教学的内容和实施，以及教师的职责，就“如何”教授译的问题提出了一些看法和建议。贾秀英、孟晓琦撰写的《汉语趋向补语与法语相应结构的对比》(同上，第5期）一文，首先着重对趋向补语所表示的趋向意义进行了对比；其次，对汉语趋向补语句式与法语相对应的结构形式进行了分析对比；最后，对汉语的重音位置不同所表示的意义不同与法语作了对比。（霍春英）

【文学方面的研究】 由张志江、张薇编者的《中华万家书：诗趣》和李浩、张志江编者的《中华万家书：小品》(均由中国社会出版社，2008年版)，均为首都师范大学国学传播中心推荐书目。陈坪撰写的《文学批评何以会“精神涣散”和“小圈子化”》(《晋阳学刊》2008年第2期)，侯文宜撰写的《“大哲学”困惑与文艺理论建构之本体探寻》(《山西大学学报》2008年第6期）一文，就人的文化存在、文化对审美艺术活动的本体意义与文艺理论的创新建构进行了探讨。蒋星煜撰写的《〈六十种曲评注〉之重大贡献》和元鹏飞撰写的《戏曲脚色名义辨析》(均载《山西师大学报》2008年第1期)，王志峰撰写的《戏曲与电视结缘的过渡性命运》(同上，第3期）一文，从剧场戏曲的角度探讨其与电视结缘的命运，当“文学、音乐、戏曲、曲艺在各种栏目和节目中成为点缀的元素”时，当我们还想保留纯艺术的戏曲时，应当更多考虑的是电视对于戏曲的功能性意义。张润平撰写的《灵感范畴在古代诗学中的嬗变》(《晋阳学刊》2008年第3期)、张志江专著的《关公》(中国社会出版社，2008年版）为“中国民俗文化丛书”之一种。徐伯鸿撰写的《谈柳宗元的拒为人师》(《山西师大学报》2008年第2期)，朱江勇撰写的《论元杂剧中的行旅风俗》(同上，第3期)，张进德撰写的《元杂剧“题目正名”考释》和马艳、田同旭撰写的《元曲家石君宝籍贯考论》(载《晋阳学刊》2008年第5、6期)，梁晓菲撰写的《山西元杂剧兴盛原因初探》(《沧桑》2008年第1期)，张斯直撰写的《从元代散曲看山西》和《试论山西元代杂剧在世界戏剧史上的地位和影响》(载《学术论丛》2008年第2、5期)，邓昭祺撰写的《元好问的词味说》(《山西大学学报》2008年第1期)，陆丽娟撰写的《将星煜先生与〈西厢记〉研究》(《山西师大学报》2008年第1期)，魏晓红撰写的《〈阅微草堂笔记〉研究的回顾》(《山西大学学报》2008年第4期)，谢丽撰写的《回到文学自身：中国现代作家论批评的新视角——以沈从文20世纪30年代的作家论为例》(同上，第6期)，田承顺撰写的《鲁迅小说中知识分子精神危机启示录》(同上，第3期）认为，鲁迅小说对知识分子精神危机深刻追寻给我们启示是：知识分子失去永远进取的精神力量，这是他们陷入精神危机的首要因素；知识分子应当永远与民众为一体，在与民众的亲近当中找到自己进取的精神力量；知识分子要永远站在历史的前沿思考问题，胸怀之间充满爱国的顽强斗志，才会真正避免成为历史的弃儿。姜辉、黎保荣撰写的《论周作人的诗歌理论》和张玲玲撰写的《论周作人民俗斯文的审美特征》(均载《山西师大学报》2008年第4期)。郭剑敏撰写的《共和国初期红色叙事的意义旨归》(《山西师大学报》2008年第2期）为国家社会科学基金项目研究成果。于祎撰写的《新时期女性散文中女性主题的存在形态考察》(《晋阳学刊》2008年第5期)，李有亮撰写的《情感消费的代价与启示：论1990年代后期的女性写作》(《山西师大学报》2008年第4期)，王春林撰写的《历史真相的文化想象与人性的深层透视》(《山西大学学报》2008年第2期）一文，主要对2007年度的若干重要历史长篇小说作了相对深入细致的探讨与分析。亢西民撰写的《欧洲小说源流刍论》和杨文华撰写的《布莱希特对中国戏曲的解读与借鉴》(均载《山西师大学报》2008年第4期），白利兵撰写的《柯勒律治的文学批评伦理观》(《山西师大学报》2008年第5期）。

赵树理研究　贾克勤撰写的《赵树理和文学原创精神》(《山西日报》2008年5月27日）指出，今天我们重提和探究赵树理的原创精神，不仅是对当下宝贵的文学原创力的全面提升，更是对文学文化生态存在畸形复制力的有力遏制和理性思考。白春香撰写的《对通俗的自觉追求与实践：赵树理小说叙事在中国现代小说史上的独特价值》和乔林晓撰写的《浅析赵树理小说写作策略的内在矛盾》(载《晋阳学刊》2008年第2、6期），前文为山西省社科联2007年研究项目“赵树理的通俗化创作与中国当代新农村文艺建设对策研究”的成果。汪纪明撰写的《赵树理小说的空间修辞》(《山西师大学报》2008年第6期）认为，《李有才板话》和《灵泉洞》两部长篇小说的空间修辞策略充分彰显出赵树理对时代意识形态的特殊象征意义，在一定程度上也显示出被称之为“问题小说”的赵树理创作的另一维度的追求。作为知识分子的赵树理本人对时代意识形态的反思均较为集中地在这种空间修辞中得到体现。　　(霍春英)

【历史学方面的研究】　刘毓庆专著的《上党神农氏传说与华夏文明起源》(人民出版社2008年版）一书，是迄今为止，较系统、全面地探讨太行太岳之野神农氏传说与华夏文明起源关系的著作之一。李玉明、杨子荣撰写的《关公封帝时间考证》(《学术论丛》2008年第1期），晁天义、周书灿撰写的《商代对晋南地区的经营》(《晋阳学刊》2008年第6期），马运瑞撰写的《试论晚清政府的禁赌主张与措施》(《山西大学学报》2008年第4期），高建民撰写的《深入研究和弘扬徐继畬开放思想和实践的当代价值》(《前进》2008年第11期），由孙丽萍、雒春普等专著的《1937－1945山西民众的生存状态》(山西人民出版社，2008年版），该书是对抗日战争时期山西民众生存状态的一个全方位、多层次的展现，旨在揭示中国人民的抗日战争之所以取得顺利的社会历史原因。由孙丽萍任主编、刘晓丽任副主编的《口述大寨史——150位大寨人说大寨》(南方日报出版社，2008年版），该书为研究当代史提供了更丰富的资料，为新农村建设提供了更多有益的借鉴。陈旭清、马文利撰写的《试论口述史研究的分类》(《晋阳学刊》2008年第2期）认为，对口述史的分类，直接关系到口述史的操作，影响着对口述史整体规划的把握。在探讨口述史分类过程中，划分标准的选择是一个至关重要的问题。以口述史所关心的中心内容为基础，以分析问题的角度为切入点，是一种可以借鉴的划分视角。梁桂萍撰写的《20世纪前期华北乡村民众的社会地位表达方式》和罗衍军撰写的《民国时期华北乡村土地占有关系刍论》(载《晋阳学刊》2008年第2、4期），刘峰博撰写的《阎锡山与一九二七年山西易帜考论》(《山西师大学报》2008年第2期），认为山西易帜在客观上孤立了武汉政府，打击了北京政府，对南京政府的“二次北伐”，及其此后的形式上的统一都产生了极为重要的影响。魏晓锴撰写的《阎锡山“六政三事”在晋中的实施》(《沧桑》2008年第3期），认为“六政三事”本身是破除陋习，发展生产，有利于国计民生的事情。尽管其实施效果没有完全达到预期的目标，但它在客观上促进了当地人民思想观念的转变和农村经济的发展。蔡志新撰写的《孔祥熙否认通货膨胀的思想动机》和吕志茹撰写的《无奈的选择：孔祥熙与抗战时期的增发货币政策》(均载《山西师大学报》2008年第1期），光梅红撰写的《华北抗日根据地的手工业研究》(《晋阳学刊》2008年第4期），白俊杰撰写的《试论山西抗日根据地乡村民主建设及其意义》和王静撰写的《略论山西成为华北抗日战争战略支点的原因》(载《沧桑》2008年第2、6期），张翠丽撰写的《减租减息政策下晋察冀抗日根据地地权及阶级结构的变动》(《中共山西省委党校学报》2008年第4期）为国家社会科学基金项目的阶段性研究成果。行龙撰写的《“水利社会史”探源》和《从社会史到区域社会史》(载《山西大学学报》2008年第1、4期），前文以山西为例，提出了水利社会史研究的内容和体系，后者回顾了二十多年来山西大学中国社会史研究中心从社会史到区域社会史，从中国近代人口史到集体化时代农村社会，从书斋和图书馆走向田野与社会的学术研究历程。　　(霍春英)

【其他方面的研究】　由李玉明任总主编的《山西历史文化丛书·分类卷》(山西春秋电子音像出版社，2008年版），丛书分为三大类32辑，320本，960余万字。诠释了上起芮城西侯度旧石器时代早期文化，下迄新中国成立180万年间，山西政治、经济、军事、思想、文化等方面的发展轨迹和所取得的辉煌成就。丛书被誉为了解山西历史文化知识的百科全书，总结山西历史经验的“资治通鉴”，是进行“爱国、爱党、爱山西”教育的极好教材。由李留澜任主编、潘云任副主编的《2009：山西经济社会形势分析与预测》(山西经济出版社，2008年版），为山西省社科院出版的第八部“蓝皮书”。该书全方位多角度地对我省2008年经济社会形势作出了深入的剖析和总结，并对2009年山西的发展情况进行了科学的预测。全书聚焦山西经济社会的热点，关注改革开放和社会主义现代化建设中的重大现实问题，为党和政府的科学决策出谋献策，同时也为广大群众了解认识山西社会经济发展状况提供了有益的帮助。由侯秀娟主编的《2008山西发展研究报告》(山西人民出版社，2008年版），全书40万字，共收入论文15篇。该书是省社科联按照抓研究、出精品、促繁荣的思路，从100余项课题研究成果中精挑细选出来的、与省委省政府决策相关的课题研究报告。这些成果都是对山西经济社会发展具有前瞻性、战略性的有益探索，具有较高的学术价值和应用价值，对省委、省政府及有关部门的科学决策具有重要的参考价值。柴泽俊专著的《山西古代彩塑》(文物出版社，2008年版），在同年7月4日举办的该书的出版座谈会上，与会领导、专家、学者，一致认为该书的出版，是一部传世之作，有很高的研究和收藏价值。一尔撰写的《观念：成功第一步》(中共中央党校出版社，2008年版）一书，被中共中央党校列为最新党政培训书目，标志着一尔的新观念著作走向更高的平台。由王岳红主编的《谱牒学论丛》(第三辑上下册）(三晋出版社，2008年版），上册系纪念中国谱牒学研究会成立20周年专集，下册为《谱牒学论著目录索引》(1978－2008)。米俊绒、殷杰撰写的《实证主义与社会科学》(《科学技术与辩证法》2008年第3期）为“全国优秀博士学位论文作者专项资金资助项目”成果，文章分析了实证主义科学观的形成过程和思想根源，阐释了其核心论题，在此基础上揭示了实证主义社会科学哲学的基本观念和本质特征。由冯建平主编的《世界共产党现状及发展趋势》（山西人民出版社，2008年版），是一部纪实性、史料性、传记性专著。该书描述了世界100多个国家共产党组织的特点概况，全面总结了世界共产党的经验教训，深刻揭示了世界共产党的发展规律和执政规律。李明温专著的《士林英华：浅谈我国历史上知识分子的社会地位与作用》（天马出版社，2008年版），该书是一部专门探讨中国历代知识分子社会地位和作用的可读性强的好书。殷杰撰写的《系谱学与社会科学》和王迴澜撰写的《社会科学研究的学术性与商业化之争》（载《山西大学学报》2008年第1、6期），前文为全国优秀博士学位论文作者专项资金资助项目。杨震、熊世春撰写的《社会科学研究成果综合评价指标体系研究》（《山西师大学报》2008年第3期）认为，社会科学成果评价一直是学者关注的焦点，也是科研管理长期存在的难点问题。从社会科学研究成果三种主要的表现形式——学术论文、学术著作、研究报告的评价指标体系出发，建立一系列相关指标来全面衡量社会科学研究成果水平，是我国当前科研管理者需要深入探讨的一个重要的理论和实践问题。柯妍撰写的《为建设新基地新山西发挥社会科学界的思想库作用》（《学术论丛》2008年第3期），李雪枫撰写的《山西革命根据地红色出版的历史价值》郭庆华撰写的《山西抗战期刊（1937—1945）拓展研究》（载《山西大学学报》2008年第1、第2期），均为全国哲学社会科学规划项目“山西出版史研究”成果。王醒撰写的《大寨新闻史略论》（《山西大学学报》2008年第2期）为国家社会科学基金研究项目“山西新闻史研究”成果。（霍春英）

社科活动

【纪念改革开放30周年】 今年是改革开放30周年。30年前召开的党的十一届三中全会，作出了实行改革开放的伟大历史决策，开辟了我国改革开放的历史新时期。纪念改革开放30周年，是今年的一件大事。为此，山西各界组织开展了丰富多彩的纪念活动，山西社科理论界积极探索，出版发表了一批较有分量的论著和纪念文章。代表性有：由李茂盛、卢海明主编的《山西改革发展30年》（中共党史出版社，2008年版），丛书共14册，全面、系统地记述了山西改革开放30年来波澜壮阔的奋斗历程和鼓舞人心的辉煌成就，概括总结了艰辛探索的宝贵经验，是一部全面系统叙述我省改革开放30年历史的百科全书，更是一部具体生动记录三晋大地30年发展腾飞轨迹的无韵史诗。《山西日报》编辑部撰写的《高擎解放思想的倚天剑：献给改革开放30年》（《山西日报》2008年12月18日），用较长的篇幅深入探索了改革开放30年，依靠解放思想这个法宝，使山西发生了历史性巨变的事实。韩振峰、纪淑云撰写的《改革开放与发展中国特色社会主义》和邵宪梅、栗守廉撰写的《新时期社会主义意识形态发展中的几个关系》（均载《山西大学学报》2008年第6期），冯进成撰写的《中国特色社会主义：中华民族伟大复兴的旗帜》和梁丽萍撰写的《多党合作创辉煌肝胆相照图伟业》（载《理论探索》2008年第4、6期），冯子标撰写的《农村是我国实现工业化的关键：为改革开放三十年而作》（《生产力研究》2008年第19期），王崇德撰写的《改革开放是山西社科事业繁荣发展的动力源泉》（《学术论丛》2008年第6期），认为社科事业的发展是社会建设的重要组成部分，在纪念改革开放30周年之际，回顾总结山西社科事业和省社科联的发展历程，对进一步贯彻落实党的十七大精神，全面贯彻落实科学发展观，提高全省社科学会和社科工作者工作热情，推动我省哲学社会科学事业繁荣发展，具有非常重要的现实意义。周新城撰写的《总结改革开放经验应在“结合上下工夫”》（《党史文汇》2008年第9期），程中原撰写的《在历史的转折关头1－4》（同上，第9－11期），曹永春撰写的《民主政治发展的历程及启示：纪念改革开放30周年》（《理论探索》2008年第6期），山西省编办撰写的《改革开放三十年行政管理体制改革实践经验总结及理论思考》和李晓波撰写的《改革开放是太钢跨越发展的强大动力》（均载《前进》2008年第8期），山西省史志研究院撰写的《山西改革开放30年大事记》（《党史文汇》2008年第12期），全面记述了山西改革开放和现代化建设的历史进程、伟大成就和成功经验，具有重要参考价值。柯汉民撰写的《更加自觉地把检察工作置于“大局”之下：写在检察机关恢复重建30周年之时》（《山西日报》2008年7月14日），张健撰写的《只有改革开放才能发展中国》（同上，7月28日），高建生撰写的《不断加强和改革党的建设是改革开放成功实践的关键》和张复明撰写的《抓住发展主线推进结构调整：改革开放以来山西经济结构调整述评》与刘广龙撰写的《对经济社会发展中若干问题的思考》（均载《前进》2008年第9期），林尚立撰写的《相互给予：政治学在中国发展中的作为》（《山西大学学报》2008年第3期）一文，通过对改革开放30年来中国政治学发展历程的全面反思，为中国政治学的健康、顺利发展指明了出路：回归自身、回归中国。庞

图为《山西改革发展30年》丛书　　郭建平摄影

丽峰撰写的《坚持解放思想推进改革开放》(《山西日报》2008年8月25日),赵丽华撰写的《坚持社会主义市场经济的改革目标》(同上,9月1日),籍振芳撰写的《在改革开放中前行的山西旅游业》和周洁撰写的《浓墨重彩写辉煌:改革开放以来山西煤炭工业发展回顾》与黄桦撰写的《历史性的变革跨时代的飞跃:改革开放30年山西农业发展回顾》(均载《前进》2008年第10期),《前进》杂志评论员撰写的《伟大的历程永远的纪念:纪念改革开放30周年》(同上,第12期)。

此外,由中共山西省委宣传部等七个单位联合主办的"山西省纪念改革开放30周年理论研讨会"评选出的77篇优秀论文,均为全省纪念改革开放30周年的佳作。 (霍春英)

【定期开展社科专业技术职务的评审】 2008年11月8日,经山西省社会科学研究系列高级职务评审委员会评审通过,报山西省人事厅批准,山西省社科研究系列又有王月玲、刘德勇、丁润萍、张文丽、连璞、王久瑾等6人取得研究员任职资格,霍喜福等22人取得副研究员任职资格。 (霍春英)

【山西省教育科学研究院挂牌】 2008年1月9日,山西省教育科学研究院、山西省基础教育教学研究室更名揭牌仪式隆重举行。国家教育部和省教育厅有关领导出席揭牌仪式。

山西省教育科学研究院、山西省基础教育教学研究室的前身分别为"山西省教育科学研究所""山西省教育委员会教学研究室"。"十五"以来,主要围绕素质教育的实施、新一轮基础教育课程改革以及教育改革中出现的热点难点问题开展课题研究,创造出大批有理论价值和应用价值的教育科研成果。更名后省教科院将承担全省教育科学研究的规划与管理以及各级各类教育教学研究,为山西教育事业的科学发展、和谐发展提供强有力的理论支撑。 (霍春英)

【山西省纪念薄一波同志诞辰100周年座谈会】 山西省纪念薄一波同志诞辰100周年座谈会于2008年1月30日在省城太原隆重举行。出席座谈会的有省委、省人大、省政府、省政协领导,太行、太岳、晋绥、晋豫等各根据地老同志代表,牺盟会、新军老同志代表,抗战时期群团代表,部队老同志代表以及薄一波同志亲属、生前好友和身边工作人员代表等共150余人。座谈会由省委副书记、省长孟学农主持,省委书记、省人大常委会主任张宝顺出席并讲话。座谈会上,四位与会代表先后发言,从不同方面回顾畅谈了薄一波同志的战斗历程和历史功绩。

张宝顺在讲话中高度评价了薄一波同志光辉战斗的一生。他说,薄一波同志的一生,是为党和人民的事业孜孜以求、不断探索的一生,是光辉的一生、战斗的一生。薄一波同志是中国共产党的优秀党员,是山西人民的骄傲,他所建立的历史功勋和对家乡的热情关怀与大力支持,山西人民永远铭记在心。 (霍春英)

【"薄一波生平业绩展"开展】 由中共太原市委宣传部、太原市文物局和山西国民师范旧址革命纪念馆联合举办的"薄一波生平业绩展"于2008年1月30日在山西国民师范旧址革命纪念馆开展,以此纪念薄一波同志诞辰100周年。省、市领导申维辰、张兵生等,以及薄一波的女儿薄小莹出席开展仪式。此次展出的图片和文字来源主要依据中共文献研究室、新华社编辑的《薄一波》画册和《人民日报》发表的《薄一波同志生平》,具有较强的客观真实性。整个展览分为"寒夜苦斗"、"建国兴邦"和"壮心不已"三个部分,展出了160余张珍贵历史图片和部分实物,形象生动地展现了薄一波同志为党和人民的事业不懈奋斗的光辉历程。 (霍春英)

【纪念文水县解放60周年】 由文水县史志办公室编撰的《文水解放纪事》(中国文联出版社,2008年版)和《文水解放60年志略》(山西人民出版社,2008年版),前书记述了1945年9月至1948年7月文水人民前仆后继、英勇奋斗,最终取得文水解放的光辉历史;后书共70万字,全面真实地记述了文水县1948年7月至2008年4月60年间政治、经济、文化、社会诸方面的发展变化。 (霍春英)

【我们的节日·中国传统节日(寒食清明节)论坛】 由中央文明办、中国文联和山西省人民政府主办,中共山西省委宣传部、中国民间文艺家协会、晋中市人民政府和介休市绵山风景区承办的"我们的节日·中国传统节日(寒食清明节)论坛"于2008年4月2日至3日在介休市绵山风景区举行。来自全国民俗界、历史界、文化界的40多位专家学者参加。副省长张平出席并致辞。在此次论坛上,专家学者围绕"我们的节日应该怎么过""中国传统节日的历史、现在与未来",特别是起源于山西绵山的寒食清明节的相关问题进行了深入探讨。 (霍春英)

【第17次山西经济高峰论坛】 由山西财经大学主办,省社科联、省政府经济研究中心、省财专等单位联办的山西经济高峰论坛第17次活动于2008年4月20日在太原召开。专家学者、企业界的代表及学生代表200余人参加了论坛。论坛围绕"晋商精神与商科人才培养"进行了研讨。原省政协副主席张正明,山西财经大学孔祥毅教授,太原师范学院院长王尚义教授,省财专校长申长平教授,全国政协委员、华杰集团董事长崔晋宏分别就明清晋商的人才理念与人才战略,晋商精神与高等商科教育,晋商商贸活动的地理区域划分及扩展机制,商科人才培养模式改革,晋商精神与与商业人才培养等方面的内容阐述了自己的观点,与会的专家学者、企业界的代表也围绕晋商精神与商科人才培养问题发表了自己的见解。本次高峰论坛为山西发扬晋商精神,培养高素质的商科人才发挥了积极的促进作用。 (霍春英)

【全国党校系统"纪念改革开放三十周年"党建理论研讨会】 由中央党校党建教研部和山西省委党校联合举办的全国党校系统"纪念改革开放三十周年"党建理论研讨会于在2008年4月27—29日在中共山西省委党校隆重召开。中央党校、各省市党校党建研究方面的专家学者100余人出席了会议。中央党校副校长李君如作主题报告,山西省委常委、组织部部长任泽民致欢迎辞,中央党校党建部主任王长江作总结,中央党校党建部副主任戴焰军、山西省委党校常务副校长李高山分别主持开幕式和闭幕式。大会共收到论文60余篇。此次会议主题是:总结改革开放30年来党的建设在各方面取得的新发展、新成就和新经验,研究分析党的建设在改革开放中发展的规律,探讨以改革创新精神推进党的建设新的伟大工程的新思路、新方法和新举措。

李高山在闭幕式讲话中指出:这次研讨会高潮迭起,亮点纷呈。大家围绕会议主题深入思考,认真研讨,畅所欲言,进行了广泛而深入的交流。大量思想和智慧的火花，在碰撞中得到升华，在交流中形成互补，使我们对改革开放30年来党的建设的实践发展和理论创新以及今后的发展有了总体上的新认识和新思考。研讨会对于我们进一步做好党建理论的研究和教学工作将会起到积极的促进作用。

（霍春英）

【“地方立法程序”理论研讨会】 由中共山西省委党校与中共中央党校亚太研究中心共同举办的“地方立法程序”理论研讨会于2008年6月23日至25日在太原召开。地方立法程序理论研究是中共中央党校亚太研究中心与美国路易威尔大学亚洲研究中心合作课题“中美两国政治运行体制比较研究”的子课题。围绕这一理论问题的研究，与会的专家学者从以下四个方面展开了热烈的讨论：一是加强地方立法程序研究对中美两国政治运行体制比较研究具有重要意义；二是加强地方立法程序研究要注意总结我国地方立法的历史经验；三是在地方立法程序中要正确看待我国政治体制的特点及其优势；四是提高地方立法质量，注重地方立法程序的规范化、制度化，是地方立法程序研究要关注和解决的突出问题。（霍春英）

【中外民间戏剧文化国际学术研讨会】 为庆祝山西师范大学建校50周年，推进民间戏剧文化研究深入开展，由山西师范大学戏曲文物研究所举办的“中外民间戏剧文化国际学术研讨会”于2008年9月15日至18日在山西临汾召开。来自美国、俄罗斯、日本、瑞典、伊朗、巴西等国家和中国香港、中国台北以及中国内地等地区的50多名学者和代表参加了会议。此次会议分两个阶段，第一阶段为大会发言讨论，第二阶段为实地观摩。与会代表紧紧围绕“民间戏剧文化”议题展开，既有高屋建瓴的理论探讨，又有具体而微的实际分析，还有丰富的文物、演出实证，始终在热烈的气氛中进行。（霍春英）

【全国第二届傅圣文化研讨会】 全国第二届傅圣文化研讨会于2008年9月26日至27日在山西平陆召开。来自全国20个省、市的70多名专家学者齐聚平陆，紧紧围绕傅说其人、《尚书·说命》、典章制度及平陆传统文化资源的开发利用等，进行了深入广泛的研讨和交流。研讨会共收到论文60篇，既有理论性，又有实践性，从而使傅圣文化的定性、定位更加准确，使傅圣文化的史实、史料更加丰满。就傅圣文化产生的背景、内涵及作用和目前傅圣文化研究的状况，家学者们在研讨会上各抒己见，通过对傅说其人其事多角度、全方位、深层次的挖掘，进一步明确和肯定了傅说在中华民族历史长河中的重要地位、作用和影响，进一步诠释和解读了各类史典中有关傅说、《说命》的记载及其思想内涵、施政理念和政治主张，进一步阐述和证明了“傅圣文化是中华民族上古文明时期最具代表性的文化”论断的正确。尤其中国先秦学会会长、国家夏商周断代工程专家组组长、首席科学家李学勤先生的论文，用珍藏于上海博物馆的《战国楚简》竹书上的记载，充分肯定了各类史书上有关傅说和《说命》的真实性及可靠性，也为傅圣文化的挖掘、整理和研究，奠定了最坚实的基础。研讨会上，专家学者们所递交的论文，已基本呈现出了傅说及其《说命》中的人才战略、和谐思想和创新文化的独特魅力，足以证明：傅圣文化是中华民族有文字记载以来的核心文化，具有鲜明的科学价值、理论价值、创造价值、军事价值、人文价值、道德价值、经济价值、人才启用价值等等。

（霍春英）

【“徐继畬及其开放思想与实践”学术研讨会综述】 在全国以各种形式对改革开放三十周年进行纪念的时候，由中共山西省委宣传部、中国社会科学院近代史研究所、山西省社会科学院和山西省社会科学界联合会联合主办的“徐继及其开放思想与实践”学术研讨会于2008年9月27日至28日在并隆重举行。来自北京、天津、上海、福建、广东、台湾以及我省科研院所的50余位专家学者出席了会议。研讨会上，对徐继的开放思想与中国近代化进程、徐继畬及其《瀛环志略》的研究取得了新的突破。省委常委、宣传部长高建民指出：召开这样的研讨会，“就是要从更深远的历史视角，为我们深入推动改革开放，积淀文化底蕴，充实精神财富，提供经验借鉴，塑造山西改革开放新形象，增强我们改革开放的自信心。”徐继畬救亡图存、强国富民的爱国情怀，以及与时俱变、敢为人先的创新思维，依然具有时代意义。（霍春英）

【“中国社会史研究的理论与方法暨纪念乔志强先生诞辰八十周年”国际学术研讨会】 由山西大学中国社会史研究中心和中国社会科学院近代史研究所联合举办的“中国社会史研究的理论与方法暨纪念乔志强先生诞辰八十周年”国际学术研讨会于2008年10月10日至13日在太原晋祠宾馆召开。来自中国、美国等地的二十多所高校及科研机构代表出席大会。此次会议旨在通过纪念中国社会史学科奠基人之一的乔志强先生，回顾近二十多年来中国社会史研究的既有理论成果和研究方法，反思现阶段中国社会史研究中存在的一些问题，并对学科未来的走向进行展望。（霍春英）

【山西省纪念改革开放30周年理论研讨会】 由省委宣传部、省委党校、省发改委、省教育厅、省史志院、省社科院、省社科联等单位共同举办的山西省纪念改革开放30周年理论研讨会于2008年12月17日在太原召开，会议回顾总结我省改革开放30年来的成就和经验，研究探索山西科学发展的新思路、新途径。省委常委、宣传部部长高建民出席会议，并对推进全省社科理论繁荣发展提出希望和要求。此次研讨会共评出山西省纪念改革开放30周年优秀论文77篇。研讨会上，省环保局局长刘向东、省委党校副校长高建生、山西焦煤集团董事长白培中、寿阳县委书记黄耀春、省社科院研究员陈家骥，分别就我省环保工作的探索与实践、县域经济发展、农村经济改革、改革与民意等方面进行了交流发言，回顾了山西省改革开放以来的伟大历程，总结了山西省经济社会各项事业取得的重要成就和成功经验，交流了研究改革开放理论和实践的新成果。

高建民对全省理论工作者提出四点要求：要始终把打牢全党全国人民团结奋斗的共同思想基础作为神圣使命，在研究宣传中国特色社会主义理论体系上取得新成效；始终把推动科学发展观向实践转化作为第一任务，在探索和揭示山西经济社会发展的客观规律上取得新突破；始终把坚持以人为本作为核心理念，在不断满足人民群众日益增长的理论需求上取得新成果；始终把改革创新作为强大动力，在推动哲学、社会科学的繁荣发展上取得新进展。（霍春英）

著作选介

【《山西改革发展30年》简介】 李茂盛、卢海明主编（中共党史出版社2008年版）丛书共14卷，分别为3册省卷、11册市卷，共计1200余万字，图片4000余幅，既有全省改革发展的概述，又有部门、领域改革发展的专述，还有各市改革发展的分述。叙述方式以概述和综述、文献资料、口述历史、大事记述、统计资料和典型介绍等互补印证，构架宏大、容量深厚、史料翔实，全面、系统地记述了山西改革开放30年来波澜壮阔的奋斗历程和鼓舞人心的辉煌成就，概括总结了艰辛探索的宝贵经验，是一部全面系统叙述山西改革开放30年历史的百科全书，更是一部具体生动记录三晋大地30年发展腾飞轨迹的无韵史诗。正如中共山西省委书记、省人大常委会主任张宝顺为丛书撰写的“总序”指出的那样：“这部大型丛书，全面回顾总结了山西改革开放的光辉历程和伟大成就，为纪念改革开放30周年献上了一份厚礼，对于激励广大党员和干部群众深入学习实践科学发展观，加快实现转型发展、安全发展、和谐发展，在建设新基地新山西的道路上阔步前进，创造三晋大地更加美好的未来，必将产生重要的历史借鉴和现实启迪作用。” （霍春英）

【《山西历史文化丛书·分类卷》简介】 李玉明任总主编（山西春秋电子音像出版社2008年版）丛书诠释了上起芮城西侯度旧石器时代早期文化，下迄新中国成立180万年间，山西政治、经济、军事、思想、文化等方面的发展轨迹和所取得的辉煌成就。丛书由三晋文化研究会用时9年编辑出版完成，共计32辑、320本，960万字左右。第一大类“史地类”，记述了山西历史上发生的重大事件，描绘了山西好山好水好风光；第二大类“文化类”，包括“山西古遗址”、“古墓葬与古建筑文化”、“晋商文化”、“宗教文化”、“戏曲文化”、“民俗文化”、“产业文化”等；第三大类“人物类”，包括“山西历代政治家”、“历代名臣”、“历代名相”、“历代名将”、“历代著名诗（词）人”、“历代文学巨匠”、“山药蛋文学流派”、“戏曲与书画大家”、“著名儒释道家”、“历代名士名家”等。2008年12月25日在并举办了《山西历史文化丛书分类卷》首发座谈会，省委副书记薛延忠、副省长张平出席会议并致辞，省委常委、宣传部长高建民发来贺信，原省级领导王庭栋、刘泽民、吴达才、李玉明、李玉臻、张正明、阎爱英等与省城各界专家学者共聚一堂，畅所欲言。丛书被誉为了解山西历史文化知识的百科全书，总结山西历史经验的“资治通鉴”，是进行“爱国、爱党、爱山西”教育的极好教材。 （霍春英）

【《科学发展观在山西的实践系列丛书》简介】 高健民任主编、中共山西省委宣传部组织编写（山西人民出版社2008年版）该套丛书由《走出能源和老工业基地创新发展的路子》、《走出资源型地区可持续发展的路子》、《走出内陆省份对外开放的路子》、《走出欠发达地区构建和谐社会的路子》、《在转型跨越中实现山西崛起》等五本书组成，比较全面、系统地阐述了走出“四条路子”、实现“三个跨越”的内涵和意义、背景和依据、历史和现状、成就和经验、途径和措施、目标和前景，并附有中央和省委、省政府的有关重要文献。丛书由省委办公厅、省政府办公厅、省委宣传部、省委政策研究室、省委党校、省商务厅、省政府经济发展研究中心、省社会科学院等有关单位的领导和专家学者参与了编写，中央党校副校长李君如作总序。2008年7月25日在太原举行首发仪式。

丛书紧扣“科学发展观在山西的实践”这一主题，注重总结我省干部群众的实践经验，力求在创新发展理念、完善发展思路、转变发展模式、探索发展规律上求突破。丛书资料翔实、特色鲜明、系统性强，突出了理论性、实践性、指导性与针对性、工具性，比较深刻地揭示了科学发展观在山西实践的特点和规律，是把握山西省情实际、了解中央和省委、省政府重大决策部署的重要窗口，是开阔视野、丰富思想、深入研究山西经济社会发展问题的重要参考，是提高认识、统一思想、扎实推动科学发展观向实践转化的重要辅助教材。它的出版发行，将为我省科学发展、和谐发展提供强有力的理论支持，对我省转型跨越崛起、实现新基地新山西的宏伟目标将发挥重要作用。

丛书对于分析、把握山西省情实际，宣传、落实中央和山西省委的重大决策部署，开阔视野、丰富思想、深入研究山西经济社会发展问题有极大的帮助。

（霍春英）

【《中国特色社会主义理论体系纲要》简介】 李高山主编、中共山西省委党校编写（国家行政学院出版社2008年版）全书分为三编、十八章，是我省第一本阐释中国特色社会主义理论体系的读本。

该书系统阐述了中国特色社会主义理论的科学体系和主要内容，阐述了高举中国特色社会主义伟大旗帜的历史必然性和重大意义，阐明了中国特色社会主义理论体系的形成、发展、内在结构及其重要地位，论述了中国特色社会主义理论的国情基础、精髓，以及发展中国特色社会主义的道路、奋斗目标和经济建设、政治建设、文化建设、社会建设、祖国统一、和平发展、执政党建设的纲领、任务等，阐述了用中国特色社会主义理论体系武装全党的根本要求、坚持在新的实践中推进中国特色社会主义理论体系新发展的思路。

该书的创新之处在于，突出党的十七大对中国特色社会主义理论体系的新概括、新论述、新贡献。既对邓小平理论、？“三个代表”重要思想进行了全面、系统的阐述，又侧重对十六大以来党的理论创新成果，特别是对科学发展观、构建社会主义和谐社会、社会主义新农村建设、全面建设小康社会的新要求等重大战略思想作了完整的概括，阐明了它们之间既一脉相承又与时俱进的关系；并注意广泛吸收国内专家学者的相关研究成果，紧密结合改革开放的伟大实践，深入分析现实问题，力求从理论与实践的结合上全面、准确、系统地阐述中国特色社会主义理论体系。

该书凝结了著者的丰厚理论积累和实践思考，是党员、干部深入学习中国特色社会主义理论体系的一本有益读物。出版后在理论界引起了较大的反响。

（霍春英）

【《资源性经济：理论解释、内在机制与应用研究》简介】 张复明著（中国社会科学出版社，2008年版）全书是作者在其博士论文的基础上撰写而成的。该书运用经济理论和战略管理学的分析工具，采用实证研究与规范研究、定量研究与定性研究、系统研究与区域研究相结合的分析方法，系统地研究了资源性经济的形成过程，剖析了资源性经济的依附性和边缘性的本质特征。有关评审专家认为，该项研究成果具有系统性、科学性、实用性和创新性的特点，在资源经济理论的内涵拓展与机制构建方面具有重要的理论价值，对山西省的经济转型实践有重要的指导意义。（霍春英）

【《山西解放战争图文史》简介】 李茂盛、牛崇辉主编，山西省史志研究院编写（中共党史出版社 2008 年版）全书共 34 万字，这是一部不可多得的好书，在纪念山西全境胜利解放 60 周年前夕正式出版，具有特殊的意义。该书是在山西省史志研究院 2004 年出版的《解放战争与山西》一书的基础上充实、补充、修改、编写完成的。该书具有以下四个鲜明的特点：一是气势恢弘。该书全景式地描绘了山西解放战争波澜壮阔的全过程，充分展示了中国人民解放军威武雄壮的英姿和战无不胜、攻无不克、所向披靡、摧枯拉朽的英雄气概，犹如一轴气吞山河的历史画卷，有强烈的感染力。二是生动有趣。该书注重可读性，讲述了不少历史故事，读来引人入胜，让人不忍释卷。三是新意迭出。该书撰写时吸取了不少学术界的最新研究成果和新鲜资料，读之让人感到新风扑面，收获良多。四是图文并茂。该书搜集了大量珍贵的历史图片，真实地再现了解放战争那一段令人难忘的岁月。（霍春英）

【《上党神农氏传说与华夏文明起源》简介】 刘毓庆著（人民出版社 2008 年版）是迄今为止，较系统、全面地探讨太行太岳之野神农氏传说与华夏文明起源关系的著作之一。

该书从古典文献、方志碑刻、民俗信仰、民间传说、考古发掘等各个方面的资料来进行分析研究，并证明了有关华夏文明起源的难题。具体如下：从文献学的角度来证明炎帝神农氏的活动范围，提出炎帝神农氏的起源是在以太行山为中心的新观点，颠覆了炎帝兴起于宝鸡这一史学界基本认定的事实，否定了人们常讲的“炎帝西来说”，是对炎帝研究课题的重新思考和重新定位。否定了黄帝源于河南说，提出黄帝是游牧族，炎帝是农耕族的新学说，炎黄之战其实就是游牧民族和农耕民族的一场战争，是对黄帝相关研究的重新思考和定位。明确论证了长期以来在史学上争论的一个重要问题，有关“五岳”形成的问题，提出了明确答案，并详细证明了“岳”与羊头山、炎帝的关系，是一例成功地运用文字学知识解决学术难题的案例。首次提出了太行、太岳之野“文明之巢”和“文化之湖”双重功能理论，这就是山西省国家级文物保护单位占到全国 70% 以上的原因，而 70% 中又有一半在太行、太岳之野。同时这一理论，在中国地理研究方面，具有创新意义。

该书出版后，引起了学术界的广泛关注，因为它对华夏文明起源的问题作出了全新的答案，该书为“五千年历史在山西”这一响亮的口号找到了理论根据，有十分重大的意义。（霍春英）

【《晋商学》简介】 孔祥毅著（经济科学出版社 2008 年版）晋商研究涉及商业、金融、历史、经济、管理、交通、地理、文化、艺术、建筑、民俗等很多方面的问题，范围广泛。为了进一步科学系统地深刻把握晋商和票号的内涵，作者在 1997 年 10 月山西财经学院晋商与票号研究中心承办的中国商业史学会明清史专业委员会成立及学术讨论会上提出了“晋商学”的概念。第一，第一次为“晋商学”做出了界定。“晋商学”是以明清到民国时期山西商人及其商品经营资本和货币经营资本的活动为研究对象，探讨山西商人资本发生发展的规律性，研究晋商企业的经营战略、管理艺术、企业文化，研究晋商与政府、与外商、与亚欧经济交往的关系，研究晋商精神、商业伦理、哲学思想，研究晋商教育、文化、戏剧、武术、建筑等各方面的创新与特点，是一门探讨中国商业文明与金融贸易活动规律性的多学科交叉的综合性的科学。第二，构建了晋商学的科学体系。本书从商人、商业切入晋商学研究，然后依次讨论了晋商在商业革命中崛起、晋商的商路与舞台、山西银行挈领中国金融革命、晋商的企业管理制度创新、晋商的财务会计探索、维系晋商和谐发展的行会、晋商的商业伦理与哲学、晋商对社会文化的贡献、晋商的兴衰与转型、晋商精神等问题。第三，对中国商业革命作出了概括与描述。认为在农业社会向工业社会转变的过程中，曾发生一场商业革命，即商业资本主义。第四，概括了晋商的企业制度与经营理念。本书从理论与实践结合的角度全面概括晋商的企业制度，并作了国际比较。第五，概括了晋商的伦理哲学与核心价值观。认为晋商的伦理哲学的核心是中和之道。第六，提出了市场经济需要重商思想。认为商可富民，商可强国，贱商、抑商是没有理论依据的，社会是循着商品化、货币化、市场化、工业化、城市化、国际化发展的。第七，提出了晋商精神是建设和谐社会的社会资本。（霍春英）

【《战争·革命与乡村社会——晋西北租佃制度与借贷关系之研究》简介】 张玮著（中国社会科学出版社 2008 年版）该书选择晋西北农村社会经济作为研究课题，20 世纪三十年代后期至整个四十年代乃是晋西北农村社会经历巨大变动的时期，日本入侵与中共革命几乎同时成为影响这一变革的两大新因素。在中共革命与日本入侵以及其他可供考量的因素中，中共所发动的革命应该是最有影响且须首要考虑的变量。革命为应对外族入侵，整合了乡村原有的资源配置，改变了乡村原有的社会结构，引起了农村社会经济与生产关系的巨大演变，其中租佃关系、借贷关系、雇佣关系以及与之相联系的土地制度等变化最为剧烈。该书选择“常态”下变化缓慢的农村社会的主要经济关系——租佃制度和借贷关系——作为研究视角，不仅考察了它们本身在革命与日本入侵场景下所发生的剧烈变动，而且通过这样的“窗口”观察了晋西北农村社会是如何在革命中向“现代”社会演变的，以及农村社会中地主和普通农民应对革命与战争的需要、愿望及其所作所为。

（霍春英）

【《口述大寨史——150 位大寨人说大寨》简介】 孙丽萍主编，刘晓丽副主编，山西省社科院历史研究所编（南方日报出版社，2008 年版）为山西省哲学社会科学“十一五”2007 年度规划课题。该书作者通过对 150 位大寨人进行面对面的采访，真实而生动地重现了一个中国乡村由普普通通变为尽人皆知，由寂静到辉煌又重归寂静的 60 年的沧桑变化，以及大寨人自强不息、战天斗地，改变自己贫穷落后的精神，一定程度上就是当代中国农民群体的缩影。该书的时间跨度从 1947 年大寨最早的互助组开始，一直到大寨 2007 年的春天；内容囊括了大寨村政、经济、文化发展以及村容村貌、乡风民俗的方方面面，从中能够看到一个中国乡村 60 年的变迁轮廓和发展轨迹。真实、立体、全面展示大寨的历史，并且通过书中一段段一篇篇有真情实感、有切身体会的访谈对话，通过对人物、事件更多的生动、鲜活、详细的描述，展现一个中国乡村 60 年的变迁历史，同时这项原创性的研究工作开辟了新的史源，为研究当代史提供了更丰富的资料，为新农村建设提供了更多有益的借鉴。该书在存史、证史等方面，具有很高的历史价值和学术价值。

（霍春英）

【《管理学通论》简介】 杨俊青主编（经济科技出版社 2008 年版）论述了管理学与经济学都建立在一个基本的前提假设——所有的资源都是稀缺的假设之上，不论是管理学还是经济学其实质与共同之处都是研究资源的有效配置问题。认为管理虽然纷繁复杂、抽象难懂，但管理的本质实际就是：计划、组织、领导、激励与控制。如何将发展中的纷繁复杂而又不十分成熟的管理学全部内容用一根红线贯穿与囊括，该书做了尝试性探讨，这根红线就是实际管理能够很好进行时所必须有的管理主体、管理组织、管理过程、管理对象、管理环节、管理方式、管理绩效、管理创新，该书的编写思路与从事实际管理工作的实践相吻合，实践性强。

（霍春英）

【《构建地方公共财政体系》简介】 申长平著（经济科学出版社 2008 年版）从构建地方公共财政体系、深化地方公共财政体制改革、优化地方公共财政收入体系、规范政府非税收管理等十五个方面分析探讨了我国当前构建地方公共财政体系的现实性问题，并在深入调研、认真思考、深度剖析的基础上结合山西省当前的具体情况对如何构建好便捷、有效、有力的地方财政体系提出了中肯的建议。该书出版后，翔实系统的资料和提出的改革建议受到相关部门和兄弟单位的高度评价，产生了良好的社会效益。 （霍春英）

【《纵论出版产业的科学发展》简介】 齐峰著（人民出版社和山西人民出版社 2008 年联合出版），该书以开阔的视野综观大局，以深刻的思辨把握趋势，以务实的态度分析现状，以进取的志向谋求对策，系统而全面地论述了出版产业发展的方向定位、途径选择、目标任务和创新要求，具有十分重要的理论价值和实践意义。该书坚持在中国特色社会主义理论和科学发展观指导下，运用新的文化发展观透视现象，揭示本质，并着重从改革与创新的层面，提出了一系列富含新意的观点、见解、策略和方法，既有立足于学科前沿的综合思维，又有致力于推动实践的应用研究，达到了国内同类著作的先进水平。综览全书，具有以下三方面的特点：一是理论与实践相结合，体现了深邃的思考和深厚的功力；二是宏观与微观相结合，体现了宽广的眼界和务实的作风；三是改革与创新相结合，体现了勇于开拓的精神和革故鼎新的谋略。该书是国内第一部系统探索出版产业科学发展的专著。

该书出版后，在出版界和学术界引起了较大反响。《人民日报》、《光明日报》、《中国新闻出版报》、《新华文摘》、《中国出版》、《编辑之友》、《山西日报》、《出版人》等报刊相继刊发书评给予高度评价。中央领导李长春同志看到《贯彻党的十七大精神实现出版业科学发展》一文后，亲笔批示：“建议光明日报刊发此文，以推动出版行业进一步解放思想，加快改革创新步伐，为兴起文化建设新高潮作出新贡献”。国家新闻出版总署署长柳斌杰同志为该书作序，认为该书“这些较为积极的学术观点，因为富于创建，发前人所未发，很多在发表之初就赢得了关注，得到了出版界乃至文化领域越来越广泛的认同”。

（霍春英）

【《往事回顾》简介】 李立功（中共党史出版社，2008 年版）全书共 38 万字，记录了李立功同志学习、战斗和工作的革命生涯，也从一个侧面印证了我们党在山西领导社会主义革命、建设和改革事业的伟大历程，并通过个人的亲身经历，总结出丰富的历史经验和深刻的人生感悟。使人读之情真意切，字里行间体现了李立功同志睿智的思想、博大的胸怀、人格的魅力、豁达的性格、敏锐的思考、忧民的情愫、赤子的忠诚、无私的勇气，还有对党的事业矢志不渝的精神。该书是一部眼界宽、思路新、起点高的有价值的山西党的口述历史，是一部生动可靠、真实可信、珍贵可存的回忆性著作。通览全书，具有以下三个方面的特点：一是翔实地自叙了个人一生的经历，再现了李立功的革命生涯和中国革命、建设、改革史上重要的历史片断；二是广集博采，搜罗宏富，取精用弘，求实存真，是该书收集和使用史料的突出优点和特点。二是结构严谨，脉络清晰，注重叙事。

总之，《往事回顾》是一部有突破性、有特色的口述历史著作。它的出版发行，为我们了解李立功同志的人生经历，感悟他的崇高品德，分享他的宝贵经验，学习他的革命精神，提供了翔实的资料；也为我们学习党的历史，继承党的优良传统，从而自觉践行党的宗旨、履行职责使命，提供了难得的教材。 （霍春英）

【《1937—1945 山西民众的生存状态》简介】 孙丽萍、雒春普等著（山西人民出版社，2008 年版）全书 43.6 万字。该书是山西省社会科学院历史研究所推出的学术研究成果与口述资料选编二者合一的学术性著作，也是《山西抗战口述史》课题的一项引申研究成果，是对抗日战争时期山西民众生存状态的一个全方位、多层次的展现。这种展现是在口述资料和文献资料的相互印证中实现的，具有学术性、史料性和生动性有机结合的特点。该项成果旨在揭示中国人民的抗日战争之所以取得胜利的社会历史原因。 （霍春英）

【《五千年文明河东人》简介】 黄有泉任编委会主任（中国社会出版社和山西春秋电子音像出版社 2008 年同步出版）这部大型系列丛书共 14 卷，历时 3 年，139 位各界专家学者参与编撰，按县分卷，分别为：《关圣故里盐湖人》、《舜都蒲坂永济人》《古耿龙门河津人》、《郇阳巨贾临猗人》、《汉武秋风万荣人》、《后稷稼穑稷山人》、《商埠名州新绛人》、《商汤居亳垣曲人》、《晋国故都绛县人》、《董父豢龙闻喜人》《禹都夏虚夏县人》、《古虞熏风平陆人》、《西侯圣火芮城人》、《华夏直根运城人》。丛书共 900 余万字、2 万余幅图片，收录河东大地古今人物 3 万余位，图文并茂地展示了 136 个省级以上文物保护单位，作为省委、省政府文化强省战略的重点精品工程之一，丛书部分卷次参加“三晋图书展”就受到好评，并被省、市宣传部门和出版系统推荐参加“五个一”文化工程奖评选。 （霍春英）

论文摘要

【晋商文化·商业文化·经济发展】 作者，陶宏伟，原载《山西财经大学学报》2008 年第 2 期。明清时期，晋商作为十大商帮之首，不仅创造了巨额物质财富，而且也留下了丰富的商业文化。晋商文化是由山西商人创造的精神财富，包括晋商的商业组织制度、商业技术、经营艺术、城乡建筑、庙宇奉祀、商业教育、社会习俗等整个商业文明体系。晋商文化的内涵十分丰富，其主要内容可以概括为：唐晋遗风的管理思想；崇拜公关的商业伦理；缘于地缘贸易的创业精神和乡土轴心的理财理念；人本思想的企业文化。晋商的理财理念与技术，发端于农业文明与传统的家规，从建构上说是以亲属和乡土关系为轴心，从内容上说还是治家要勤俭，对人要讲信用，讲厚道，反对私营巧取。晋商提倡商道、商德，先义后利，以义制利，童叟无欺，并有相应的管理制度与之配合。晋商文化的人本思想最突出的表现为人身股制度。明清晋商在五百多年的辉煌中，孕育出了大量优秀的精神财富。晋商正是将晋商文化转化为企业综合竞争能力，才能在几百年激励的市场竞争中立于不败之地。（霍春英摘）

【"文学思潮"的范畴指涉和存在样态】 作者：席扬，原载《文艺争鸣》2008年第9期。长期以来，文学思潮始终被两类基本的研究主体所关注——一类是文艺学学者，另一类为文学史家。那么，一、"文学思潮"是"文艺学"的对象还是"文学史"的现象？就以往大量有关"文学思潮"的研究成果来看，它的"特性"与"文艺学"并无多大关系。事实上"文学思潮"的"概念界说"也大多被文学史家所承当。但文学史家所面对文学研究对象的实践性特征和现象性特征，总使得其在对"文学思潮"概念进行定义时不能不频频回首于文学现象的"历史样态"，他在顾及"历史逻辑"的同时就不能不淡化"学理逻辑"所带来的制约与限定。这显然是一个悖论。同样，文艺学并非不屑于把"文学思潮"作为自己的研究对象，而是也同样有着上述悖论所带来的困惑。比如当我们预设"文学思潮"的研究重心应当是"观念"的运动过程，这一命题显然更多具有着"文艺学"学科属性，而抽象其具体存在的历史样态。因此，"文学思潮"应当是结合着"文艺学"和"文学史"才能有效展开研究。二、"文学思潮"是"宏观把握"还是"微观透视"？文学思潮的研究对象是一个相对独立时期的文学的整体存在，是历史存在的全部。因此对文学思潮整体的宏观的把握，不仅可以弥补文学史研究的某些不足，而且同时能够满足人们对文学史的深层期待。但是，"文学思潮"的"宏观性"有着不同的甚至多样的具体呈现方式。因此，更需关注"宏观性"的"文学思潮"在具体文学史中的别样的审美化的表达。三、"文学思潮"研究是一种结构程式还是一种方法？说"文学思潮"是一种结构程式，意指作为"观念史"研究，它的研究预设总是在观念运动的空间里确立自己的视野。视野的特定性不仅规限了叙述方式，也同时给定了具体内容的取舍标准。作为"方法"的"文学思潮"研究，应当是指它观察问题的独特视角和作为一种视野的基本原则及其策略选择。它关注的主要问题有：语境研究，语境与修辞的关系研究，作家独创性的问题和审美风格变迁研究。与作为"状态"的"文学思潮"相比，这种具有"方法论"意义的"文学思潮"的意义，更值得我们把握与研究。（霍春英摘）

【《海国图志》与《瀛寰志略》之比较】 作者：郑大华、喻春梅，原载《晋阳学刊》2008年第6期。在1840年到1861年之间中国人写成的22种有关介绍世界历史地理的书籍中，影响最大的是魏源的《海国图志》和徐继畬的《瀛寰志略》。就两书的比较而言，写作动机的不同决定了内容的不同取舍，而内容的不同取舍又决定了两书的不同特点，即《海国图志》以博见长，《瀛寰志略》以精取胜。但无论是《海国图志》的以博见长，还是《瀛寰志略》的以精取胜，实际上都有它们的合理性，也都实现了自己的写作宗旨和目的。我们很难笼统地在它们之间分出谁优谁劣。作为中国最早"睁眼看世界"的历史地理书，《海国图志》和《瀛寰志略》中对世界大势作了比较全面的介绍，它们的介绍具有较为全面，重点突出，新知识、旧观念这样三个特点。除它们所共同具有的这些特点外，在"睁眼看世界"方面，《瀛寰志略》有三点要优胜于《海国图志》：一是对传统的华夷观念的突破；二是对西方民主制度的介绍；三是对工商业在整个国民经济中重要地位的认识。如果说《瀛寰志略》之优长在"睁眼看世界"的话，那么，《海国图志》之优长则在提出了"师夷长技以制夷"的主张。所谓"师夷长技以制夷"，用今天的话说，就是学习西方列强的长处，用来抵御西方列强的侵略。鸦片战争后"师夷长技"亦即学习西方成了时代的主题或历史潮流，《瀛寰志略》通过对世界大势较为全面系统的介绍，使国人对西方有所了解和认识，从而为他们提供了产生向西方学习之要求的可能性，但《瀛寰志略》本身并没有包含向西方学习的内容；而《海国图志》提出的"师夷长技"的主张则开启了近代学习西方的新潮流。这一新潮流曾支配晚清社会和思想界达数十年之久。（霍春英摘）

【文学批评何以会"精神涣散"和"小圈子化"】 作者：陈坪，原载《晋阳学刊》2008年第2期。当前的文学批评缺乏思想资源和共同的目标、缺少献身事业的冲动和热忱，声势和影响力都大不如前。这种"精神涣散"致使批评的操作日益"小圈子化"。要理解这一现象，视野就要超出从文学批评内部和批评家个人道德操守上寻找原因的思维定势。印刷术的传播，激发了人类对思想阐释的热情和追求真理的兴趣，也使人类对自己的认识能力、自己主宰自身命运的能力及其无限的创造力充满了自信。而文学批评的魅力和热情，就来源于对人类必将获得自由和解放的坚定的理想信念、来源于对推动人类文明进步的梦想。自20世纪90年代始，随着肇始于启蒙的有关"远大前程"的乌托邦想象的逐渐幻灭和消费社会的崛起，文学也经历着由"重"而"轻"的变化，这使得一向借助于启蒙话语和大叙事理论的光源而熠熠生辉的文学批评必然无法摆脱萧条的命运。没有对时代困局的深刻体会和洞察，"精神涣散"和"小圈子化"倾向的讨论就会是一个永远难以谈清说透的伪问题。（霍春英摘）

【汾酒商人转型研究】 作者：孔祥毅，原载《山西财经大学学报》2008年第3期。通过对汾酒商人的历史进行研究，探讨了汾酒商人在近代中国商人资本受到世界资本主义经济势力影响后，如何由商人资本成功地实现了向现代工业资本的转变。汾阳商人由于多经商于天津与俄罗斯等地，受国外资本主义影响较深，因而能够大胆地引进西文企业先进的管理经验。家族企业是市场经济发展的必经之路，但是当其发展到一定阶段时，企业的决策者要抓住机遇，果断抉择。特别是在社会发生重大变革时，小的家族企业必须审时度势，学习别人的先进经验，改变自己不适应时代发展的落后的企业制度和管理办法，与时俱进。（霍春英摘）

【我国社会保障基金供给能力区域比较分析】 作者：赵俊康，原载《山西财经大学学报》2008年第12期。在提出社会保障基金供给能力概念的基础上，应用多元统计分析中的主成分分析方法，构造了社会保障基金供给能力指数，并运用该指数对全国各省（市、区）的社会保障基金供给能力进行了比较分析，认为我国的社会保障基金供给能力在不同的省(市、区)之间存在巨大差异，特别是少数省份的社会保障基金供给能力不仅水平低，而且发展速度慢。因此，应根据经济发展水平及社会保障基金供给能力的强弱和变化情况，妥善处理制度设计中涉及到的平等与效率的关系，尽早考虑建立国家社会保障调剂基金制度，以保证经济落后地区经济社会的协调发展。（霍春英摘）

【国外政党党员权利保障的实践及启示】 作者：崔建周，原载《理论探索》2008年第5期。国外一些政党在保障党员的知情权、参与权、选举权、监督权以及创新保障党员权利途径等方面进行了积极探索，体现在扩大党员对党内事务的了解，保障党员对党内情况的知情权；注重建设党员参与决策制度，保障党员参与决策权；改革完善选举制度，保障党员民主选举权；建立健全党内监督制度，保障党员民主监督权；积极利用现代信息技术，推行党务公开。国外政党的实践启示我们：必须更加注重党员民主权利的保障；必须深刻认识权利的历史性特征，与时俱进地扩大党员民主权利的内容；必须敏锐把握现代科学技术的新发展，积极探索和拓展保障党员民主权利的新途径、新形式；必须紧密结合党情、国情和世情，逐步推进党内民主。（霍春英摘）

【试论马克思主义哲学中国化的机制】 作者：姚纪刚、董丽，原载《山西高等学校社会科学学报》2008年第3期。在全球化的今天，实现马克思主义哲学中国化，是摆在中国共产党人面前的一项重大任务。而这一重大事业要想顺利开展，离不开对其运行机制的深入探讨。我们应从理论和实际、真理和价值、国际性和民族性、中西方哲学和马克思主义哲学、继承和创新、普遍性的理论学习和深入的专业研究相结合等方面，分析马克思主义哲学中国化这一复杂系统内各个要素的属性、特点及其内在联系，总结出其中的深层机制和规律，以推动理论创新，促进这一历史伟业朝着正确的方向发展。（霍春英摘）

【晋商发展模式的历史思考】 作者：宋丽莉，原载《沧桑》2008年第4期。明清时期是中国传统社会商品经济发展的高峰时期，也是各地商帮，尤其是晋商崛起、发展的重要时期。学界公认，晋商的发展有三个主要阶段：明初开中崛起阶段，明中后期“封贡互市”的壮大发展；清中后期执金融界之牛耳的票号鼎盛阶段。在三个不同发展阶段，晋商自身在不停地演绎着“你方唱罢我登场”的兴衰罔替、此起彼伏的故事，这不仅表现在某个个体身上，同样也表现在不同的区域商帮身上。以平阳商帮、泽潞商帮、晋中商帮三支不同时期的晋商主力为例，可以看出，不同区域商帮有着特色鲜明的地区发展模式。这不仅表现在各自经商地域选择上有趋同性，也表现在行业选择的地域性倾向及由此决定的商网分布的不同特点。总的说来，这种区域特点既与当时的政策环境密切相关，也与其商业优势发展方向有一定关系。地域性观念强化的同时，必然会带来两个结果，即：同心协力的“攘外”与各自较劲的“竞争”同时并存现象。晋商与其他省份商帮之间如此，在晋商各区域商帮内部也是如此。在不同的政策机遇挑战下，区域商帮所处的不同的地理环境和各自的商业基础决定着其各异的发展模式。在政策机遇的外因影响下，各区域商帮主营行业的兴衰并进而导致的相应商帮势力消长变迁的经历，从一定程度上说也是地域性发展模式的必然结果。

（霍春英摘）

【解放思想是发展中国特色社会主义的一大法宝】 作者：王建军，原载《理论探索》2008年第5期。中国特色社会主义的发展是以恢复党的思想路线，实现思想路线的拨乱反正为起点的。解放思想不仅是思想路线的一部分，而且是思想路线的重要部分，与实事求是是辩证统一的。中国特色社会主义的每一个重大实践活动都是由思想解放开始的，是中国特色社会主义实践的先导。解放思想推动了中国特色社会主义理论体系的创立，中国特色社会主义理论体系作为马克思主义中国化的最新成果，是我们党领导的改革开放和社会主义现代化建设伟大实践的重要理论结晶。（霍春英摘）

【多党合作创辉煌肝胆相照图伟业】 作者：梁丽萍，原载《理论探索》2008年第6期。我国政党制度随着革命和建设的进程而不断完善和发展，特别是改革开放30年来，中国共产党领导的多党合作和政治协商制度，作为一项基本的政治制度得到确立和加强。其取得的成就表现为：民主党派成员稳步增长，组织不断发展和完善；多党合作的内容和形式走向规范化、制度化，民主党派在政治生活中的影响和作用逐步扩大；多党合作制度有力地推进和保障了社会主义民主的实现。其经验在于：坚持党的领导和正确的政治方向是多党合作制度保持旺盛生命力的根本所在；和谐的党际关系是多党合作制度得以成功运作的关键所在。（霍春英摘）

【彰显中国力量扬励民族精神】 作者：艾斐，原载《山西日报》2008年6月24日，该文及其续篇《抗震救灾：诗歌在行动》是在汶川大地震发生后一个月之内连续发表的，主要内容是从文化的深层上解读和发掘中华民族的凝聚力、向心力和自尊心、自信心，着力表现了中华民族的自强精神、自觉意识、坚忍不拔的拼搏勇气和奋发向上的理想追求，全面展示了中华民族在中国共产党的领导、号召和组织之下所迸发出来的民族自豪感和无私的奉献精神，展示了中华民族和中国人民的创造力、进取力，以及对国家、时代和民族的崇高责任心与勇敢的担当精神。在抗震救灾中表现出来的团队精神与勇毅行为、奋发精神与果敢行动、救助精神与爱国热忱、奉献精神与“以人为本”。抗震救灾极大地考验、激发和提升了中华民族和中国人民的崇高情操与强大力量，同时也极大地改变和提升了中国的国际形象与文化软实力，抗震救灾就像一面凸透镜一样，让全世界都从这场严峻的应急而非凡的表现中得出结论：而今的中国，开明与文明已经成为它的主旋律，团结与奋斗已经成为它的最强音，和谐与发展已经成为它的大目标。该文发表后，社会效益和精神激励作用良好而突出。（霍春英摘）

【生态型政府构建与生态企业成长的互动作用】 作者：黄爱宝，原载《山西师大学报》2008年第1期。

“生态型政府”与“生态企业”内涵的界定主要取决于“生态”一词，但“生态”内涵比较丰富。在本文中，笔者将“生态”内涵作一种狭义的解释，即意指作为自然性的人类与自然环境的和谐，即包括人类在内的自然生态系统的平衡与稳定。只要适应于或致力于实现人类与自然环境的自然性和谐的任何其他关系或方面都可以称之为“生态”、“生态型”或“生态化”了的关系或方面。基于上述狭义的生态内涵，所谓生态型政府就是指能够将实现人与自然的自然性和谐作为其基本目标，将遵循自然生态规律和促进自然生态系统平衡作为其基本职能，并能够将这种目标与职能渗透与贯穿到政府制度、政府行为、政府能力和政府文化诸方面的政府。更具体地说，生态型政府就是追求实现对一个政府的目标、法律、政策、职能、体制、机构、能力、文化诸方面的生态化。其基本特征主要表现为：生态优先是其根本价值观；生态管理是其基本职能；可持续发展能力是其核心能力；综合协调性为政府生态管理体制的显著特征；生态科学家咨询为政府决策机制的广泛构成等。生态型政府也可称之为环保型政府或环境友好型政府等。倡导并构建生态型政府具有多方面的意义：它是现代政府应对自然生态危机的需要，是促进经济发展生态化的需要，是政府自身不断改革和创新的需要，也是政府管理理论创新发展的需要。

一般而言，政府与企业是具有不同目标和职责的两种不同组织。在市场经济条件下，二者既存在着显而易见的不同利益博弈关系，也存在着一损俱损、一荣俱荣的依存共生关系。就生态环境保护的共同目标与职责而言，生态型政府与生态企业更是存在着伙伴相依的良性互动关系：一方面，生态型政府是以生态环境保护为天然责任，生态管理为其核心职责或基本职能。而企业往往是生态环境最大的现实破坏者与可能破坏者，有效地促进生态企业的成长本身就是生态型政府的生态管理职能的内在要求，也是生态型政府构建及其建成的重要保证。另一方面，企业是追求经济利益最大化的赢利组织，当其经济利益与生态利益发生矛盾与冲突时，企业往往做出以经济利益优先于生态利益的选择。尤其是在社会生态环境保护意识还不够明显强烈的时空背景中，政府对企业的引导和支持、规制与监督往往起着主导性作用，生态型政府对生态企业的成长起着明显的促动作用。

虽然，生态企业的成长不能离开生态型政府的引导与促进，但并不能就此认为企业生态化仅仅是企业被动地、消极地适应政府及社会力量影响的过程。在全社会生态环境意识不断增强、生态产品市场逐步形成和绿色贸易壁垒越来越多的条件下，当企业充分认识到生态环境保护对于企业生存发展的重要意义时，企业也会主动地、自愿地履行生态环境保护与管理的职责。当今风行全球的自愿协议式生态环境管理方式就是强调由政府与企业自愿参与，在民主、自主、双赢的指导原则下就环境目标达成的一种合作协议，并利用合作协议来促使企业达到环境质量目标要求，是一种以污染预防为重点、把企业作为环境保护主体的新思路。而当企业作为生态环境管理主体时，资源、环境及企业产品的消费甚至政府，都是它的环境管理行为对象。故此，我们相信，具有较强的生态环境意识和作为自觉自愿的生态环境保护主体的生态企业成长，必然对于生态型政府构建具有能动的反作用。

（潘胡锁摘）

【《六十种曲评注》之重大贡献】 作者：蒋星煜，原载《山西师大学报》2008 年第 1 期。

山西师范大学数十年来的创业历程是辉煌的，也是艰辛的。但是，我也只知道一些基本情况。建立戏曲文物研究所，我很理解，也十分欣赏，因为学校所在地临汾，在主观条件上具备着特有的优势，那是元代杂剧演出的中心之一。全国仅存的唯一一幅取材杂剧演出的元代壁画《大行散乐忠都秀在此作场》就保存在临汾市的洪洞县。就山西全省而言，也是全国古代寺庙剧场迄今为止保存得最多的一个省市。当然，最初学校作出这样一个决定，学术界颇为震惊，因为山西师范大学在这一方面专家不多，老专家更少，正是由于这种情况，我们对学校领导以及具体操作、开创戏曲文物研究所的教授、学者们的雄心、决心钦佩之至。建所之后，进行了多方面的调查研究工作，并创办了以研讨戏曲文物为核心的刊物《中华戏曲》，在国内外都有深远的影响。

1991 年，学术界得知山西师范大学戏曲文物研究所在酝酿《六十种曲》时，又一次为之震惊，因为研究古典戏曲文本的专家、学者相对地集中在北京、上海、南京等城市，古典戏曲的明刊善本也主要收藏在北京、上海、南京等城市，地处临汾的山西师大戏曲文物研究所并不具备这方面的有利条件。在酝酿过程中，我得知《六十种曲评注》实际上工程浩大，所做的整理加工的工作，还有各剧的《总评》、《历代评论汇辑》、《版本序跋汇辑》等等，对于研究者与广大读者来说，当然很理想，但工作量之繁重，可想而知。

建国以后，对白文本的《六十种曲》予以注释一事，许多机构、个人都曾经准备进行，到后来则未能列入计划，因为工作量太大。而且大约半数以上的本子从未有过注释本，所以进行注释时，一无参照，完全要从零开始。其中《琵琶记》、《牡丹亭》（《还魂记》）、《西厢记》等固然已有了许多种注释本，现在新的注释本能否博采众长或另有特色？要做到这一步也不容易。至于评论，也存在同样的问题。再如《香囊记》等剧，从来论者基本上以观点腐朽、文词堆砌而否定之，究竟应如何评价，确实也难。所以我始终觉得事情很矛盾，这样一部《六十种曲评注》又正是古典戏曲界十分渴望的。我深信戏曲文物研究所诸位专家学者已经有了周密的考虑和设想，所以校方才给予充分的支持。然后，我也在一定程度上介入了这一工作。

山西师大最早决定创建戏曲文物研究所，后来又大力支持戏曲文物研究所主编《六十种曲评注》，都是不同凡响的有胆有识的大手笔。实践是检验真理的标准，辉煌的成果胜过任何雄辩也。

（潘胡锁摘）

【遗山碑志文史学价值刍议】 作者：乔芳，原载《山西师大学报》2008 年第 1 期。

金亡后，元好问不仕新朝，痛惜国史的散佚，慨然以史笔自任，致力于搜集史料、编撰历史。所编《壬辰杂编》、《南冠录》、《金源君臣言行录》尽皆散佚，现在留存下来保存有大量史料的著作除《中州集》外，还有一部分不容忽视的作品，即九十九篇碑志文。遗山先生的碑志文虽也“与史家异体”，但是他抱着“国亡史作”、“以史自任”的历史责任感和严肃认真的态度，借品题人物记述历史，意欲实现“以碑存史”的目的。在他的碑志文中，保存了金源一代诸多名卿巨公、贤臣良吏、僧道俗子、节妇孝女的行状事迹，真实记录了金朝历史上“系于兴废存亡”的许多历史事件。

一、“以史自任”的创作意识。作为金源一代著名的史学家，遗山保存金史和修史的意识不是一朝一夕形成的。通过考察元好问生平事迹，可以发现他“以史自任”意识的逐步形成，和晚年这一意识的渐趋强烈。

二、“以碑存史”的创作宗旨。碑志文

章是应酬之文，作者多是受死者家属之请，收了“润笔”，奉命为之，歌功颂德，以“谀墓中人”。遗山也一样，作为文章巨公，受死者家属之请而作墓铭，是不可推脱的交际应酬。《金史·文艺传》称：“兵后，故老皆尽，好问尉为一代宗工，四方碑板铭志尽趋其门。”文名盖世的元好问作碑铭成了众望所归。而对元好问来说，撰写碑志文正是他保存历史资料最好的方式和途径，他正可以借给传主写碑志的机会达到“以碑存史”的目的。

三、“秉笔直书”的创作态度。遗山是富有良史素质的一代史学家，他概括自己45岁以前的人生为“得名为多，而谤亦不少”（《南冠录引》卷第三十七）。在诸多诽谤与误解中，他顽强地活着，并倾心致力于搜集保存史料、撰述历史，具有了可与司马迁比肩的高超的史学素养，这是值得我们为之大书特书的。

元好问的碑志文本不是严格意义上的历史著作，但是他凭借“以史自任”的高度责任心，秉着“以碑存史”的创作宗旨，全面继承和发扬了史家“秉笔直书”、客观公正的记史传统，保存了金朝历史上大量重要的史料以及人物行事功绩，具有极高的史学价值。他的碑志文为《金史》人物传记提供了大量的史料，如张万公、王若虚、赵秉文、元德明、郝天挺、完颜彝、聂舜英等等。同时还为《元史》和《宋史》人物传记提供了宝贵的资料。更为重要的是，其碑志文中的史料在诸多细节与具体材料方面有补于金史。以上这些共同成就了元好问在蔡邕、韩愈之后我国历史上碑铭大家的不朽名声。（潘胡锁摘）

【中央苏区红军卫生防疫工作的经验】 作者：唐国平，原载《山西师大学报》2008年第1期。

中央苏区始创于1927年9月，失败于1934年10月，鼎盛时期曾经地跨赣南、闽西的60个行政县，总面积达804万平方公里，总人口453万，是第二次国内革命战争时期最大的革命根据地。但是，这些地区原本就经济文化落后，卫生条件极差，红军指战员和当地百姓的防病治病知识缺乏，加上国民党连年的“围剿”，战争极为惨烈，死伤人员不断增多，且伤员得不到及时医治，死尸得不到合理掩埋，所以经常造成疟疾、痢疾、下腿溃疡和疥疮等传染病的流行。《红色中华》1932年1月13日曾发表报道称：“闻最近富田一带，传染病非常厉害，甚至一天死六十人左右，受传染的人发热，抽筋，吐泻，不到一两天，厉害的不到几个钟点，就可把生命送掉，这种可怖的传染瘟疫非常危险。”1932年10月17日，湘赣省委给中央局的综合报告里提出“八军在后方烂脚士兵有七八百名，全省红军及地方武装中患烂脚病者有两千名以上”。“湘赣苏区今年的疾病也特别严重，主要是打摆子、烂脚、秋痢（痢疾）。萍乡死了2000人以上”。1932年12月20日，湘赣军区总指挥部报告“八军前方只有2100人，后方医院伤兵与烂脚病者有2100人，前后方数目几乎相等，部队减员惊人”。可见，各种传染病不仅威胁到苏区百姓生命安全，也直接威胁着红军战士的生命和战斗力，威胁到中央苏区的生存和发展。

在当时极端困难的条件下，工农红军一方面要和国民党反动派作斗争，打退其一次次的反革命“围剿”；另一方面又要同各种传染病作斗争，保障广大指战员和地方百姓的生命安全。红军在长达数年的同各种传染病的斗争中，取得了明显成就，也积累了许多宝贵的经验。第一，建立专门的组织机构，加强对红军卫生防疫工作的领导。第二，进行卫生防疫宣传，动员指战员积极参与防疫工作。

（潘胡锁摘）

【无奈的选择：孔祥熙与抗战时期的增发货币政策】 作者：吕志茹，原载《山西师大学报》2008年第1期。

抗战爆发后，国民政府的财政状况非常困难。首先，因支付巨额军费，财政支出骤增；其次，随着战事的扩大，东南沿海相继陷入敌手，一向占国民政府收入大宗的关、盐、统税收入锐减，与1936年相比约减少60%。一增一减，财政部长所面临的压力是非常大的。孔祥熙经过缜密分析，认为战时筹款的方法不外三种：“（一）加税或举办新税；（二）加发纸币；（三）募集内外债。”纵观孔祥熙战时筹划财政收入的措施，正是以这三种方法为核心而展开的。在这三种措施中，他对增税与募债较为注重，而认为“以加发纸币而言，适足以为膨胀通货之弊，紊乱金融莫此为甚”。可见，他对增发纸币的危害性有清醒的认识。在抗战前期，孔祥熙把主要精力放在了增税与募债方面。

考察抗战时期逐年法币发行额，国民政府无疑实施了以增加发行来弥补巨额财政赤字的政策。就当时的经济状况而言，该政策的实施也是不得已而为之。总的而言，抗战时期增发货币政策的出台有一个过程。初期，孔坚决反对增发货币，对货币发行采取了慎重态度；后来，财政危机愈发严重，孔的态度发生转变，货币发行速度加快；后期，货币增发速度越来越快，增发货币成为弥补财政赤字的最主要手段。

孔祥熙增发货币政策的实施开启了恶性通货膨胀的先河。自国民政府把增发货币列为筹款的主要方式，法币增发数量越来越大，以致酿成越来越严重的通货膨胀，对经济的发展、社会的稳定产生了非常不利的影响。作为财政部长，孔也因此受到强烈谴责，但通过以上分析能够看出，这一政策的实施并非孔的初衷，财政状况的好坏与一个国家的经济发展有着密切的关系。孔祥熙在抗战时期为增收“绞尽脑汁”、“多方调度”确为事实，他在抗战期间，调整了税收，推行了先进的直接税体系；成功举借多笔外债；并实行了田赋征实，专卖政策等，为支持抗战的确做出过一定贡献，这是值得肯定的。至于孔最终狼狈下台，与其家族聚敛财富、大发国难财而至声名狼藉有很大关系，对此不能一概而论。（潘胡锁摘）

【共和国初期红色叙事的意义旨归】 作者：郭剑敏，原载《山西师大学报》2008年第2期。

共和国初期所涌现的大批红色文艺作品讲述的是中国共产党领导下的革命斗争历史，述史的目的在于将这一历史进程进行具象化的呈现，这便使得这些红色文艺作品必然地具有一种意识形态功能。可以说，红色文艺作品是建国后国家意识形态生产的一个重要的组成部分。

就国家政治而言，建构意识形态有着十分重要的意义。对于刚刚成立的新中国而言，需要这样的一种叙事作为提供给广大民众理解过去、想象未来的依据，红色文艺作品在此时的兴起，也便在情理之中。红色文艺作品首先为新中国与历史生活之间建立了密切的联系。众多的红色文艺作品叙述革命历史的一个重要的思想诉求便是向民众传递“没有共产党的领导，就没有中国革命的胜利；没有共产党，就没有新中国”这样的历史认知理念。

叙述革命历史的一个重要的意识形态功能便是为历史塑形。历史本身是丰富复杂的，作为讲述历史生活的文学作品，它不仅是将历史生活进行形象化的呈现，而且也起着阐释历史的作用。史学家著述历史要对历史事件进行解释，作家描述历史生活内容同样包含着对历史的阐释。也就是说，形象再现的历史是一种经过过滤的历史，历史在被叙述的同时，也被附着上了意义，而这一意义是一种带有强烈的“本质化”色彩的认知理念，它渗透在作品的每一个细节描写之中。就共和国初期的红色文艺作品而言，其述史的“本质化”趋向与国家意识形态的要求是完全一致的，也正因此，许多红色文艺作品获得了党史教科书的称谓。

红色文艺作品大多具有一种史诗意味，很多作品力图展现出社会革命的宏大进程。这种文学生产，目的便在于通过叙事来组织历史。可以说，红色文艺作品述史的目的在于为这个新型的国家描绘自身的历史，这一历史对达成民众对这个新国家的认同感起着重要的作用。

就历史认知而言，红色文艺作品提供给我们的便是有关中国革命发展进程这一宏大的历史图画。红色文艺作品的史诗性特征正是其内在的意识形态诉求的一种表征，唯其如此，才能在叙事的层面上将历史的发展趋向及内在的因果关系展现出来。对于一个新国家、新政权而言，这种历史建构无疑是十分必要的。红色文艺作品的另一个重要的功能便在于打造“新人”。打造“新人”、改造国民性，这是近现代以来的中国在建立、建设一个现代民族国家的进程中一项十分重要的工程。借助文艺来达到改造国民性的目的，这在现代以来的具有启蒙思想意识的中国知识分子身上是一种共识。但就文艺作品本身所表现出的国人的精神面貌来看，在20世纪20年代的作品中，大多流露出的是一种孤独、苦闷的情绪，这在鲁迅、郁达夫、庐隐等作家的作品中可以得到反映，留下的是一代觉醒了的孤独者的身影。进入1930年代后，在一批左翼作家的作品中，“革命罗曼蒂克”成为作家赋予时代新人的一种特有的精神品性，蒋光赤、胡也频、丁玲等作家的作品记录下了这一时期与时代共振的青年知识分子寻求新民之路的足迹。

文艺作品一方面在记录着现代中国的新民之路，另一方面，它也以其巨大的精神影响力，在新人的培养和塑造方面发挥着无可取代的作用，这在20世纪50—70年代的国家意识形态建设中体现得最为突出。共和国初期的红色文艺作品注重宣扬集体主义、乐观主义、英雄主义的革命精神，高扬着革命的激情。对这种精神的宣传和培养，正是社会主义文艺的一个重要内容。可以看到，红色文艺作品十分注重对英雄形象的塑造，这些英雄人物成为“打造”社会主义“新人”最具范式意义的榜样和典型，他们的政治信仰、思维逻辑、行为准则、道德诉求、精神境界都具有着启迪与教育意义；他们身上的那种不怕牺牲、视死如归、公而忘私的道德品质，通过红色文艺作品的叙述，也具有了一种强大的道德感召力。

红色文艺作品一方面建构起新政权、新国家的光辉历史，有效地塑造着民众的历史认知理念；另一方面，从意识形态功能上来看，它同时为当代的社会生活提供了一整套的极具革命色彩的伦理观、价值观与道德观。红色文艺作品弘扬英雄主义、集体主义、革命乐观主义，这些精神诉求成为引导当代社会生活的一种具有普遍意义的道德准则，同时也成为民众建构自身主体意识的一种信仰体系。红色文艺作品以对中国共产党领导下的革命斗争历史的“本质化”叙述，成为当代中国人对自身历史的一种集体记忆，它也以无产阶级的革命理念以及革命伦理观塑造着当代中国人的精神品质。

（潘胡锁摘）

【阎锡山与一九二七年山西易帜考论——以中央与地方关系为透析点】 作者：刘峰搏，原载《山西师大学报》2008年第2期。

“山西易帜”系指1927年初夏，以阎锡山为首的晋系军事集团，公开宣布遵守三民主义，服从南京国民政府，并在山西降下原北京政府时代的五色国旗，改悬南京国民政府青天白日国旗的政治转向事件。长期以来，囿于阎锡山个人的传统评价，学界对山西易帜事件多语焉不详，对其认识也缺乏较客观而深入的讨论。

1927年的山西易帜有一个国内政局激变的深刻背景。1927年春是国民革命风雷激荡、历史发生重大转折的时期。在南方，旨在实现国家统一、民族独立的北伐战争正如火如荼地进行，因内有国共合作、外有苏联援助，故其进展十分迅猛。而在北方，各军阀势力虽经1926年底的天津会议，形成以奉系主控下的北京政府为中心的“联合”，但次年3月的奉吴河南战争却使这一联合迅即走向瓦解。河南战争后，奉军与北伐军之间的缓冲地带彻底消失，双方到了不得不兵戎相见的时刻。然而，在南方北伐进程深入的同时，国民革命阵营内的斗争也日趋激烈，4月蒋介石另立南京国民政府后，国内一时形成北京、南京、武汉三个中央政府鼎足而立的局面。

在国内政局激变的重要时刻，是继续固守中立、静观其变，还是应运而出，参与国内政局的重新整合？阎锡山虽未轻易表态，但其政治立场已对南北各方有了一定的亲疏之分。天津会议后，阎一方面继续表示服从北京中央政府，另一方面则暗中派代表南下广州，“与国民革命军有所接洽”。奉系以抗击北伐军为名，挑起兼并异己的河南战争后，基于对该战争性质的判断，阎锡山严令晋军坚守中立，客观上造成奉、吴、阎“三角讨赤联盟”的瓦解。不过，当时阎锡山对武汉政府的“赤色”亦心存疑虑，认为“赤党嚣张，争夺为心”。南京国民政府成立后，阎锡山十分高兴，认为这是一个反共的国民政府。

在国内政局的激变影响阎锡山政治立场的同时，客观上还提升了晋系军事集团的战略重要性。特别是当南北三个中央相互博弈处于势均力敌、旗鼓相当之时，晋系乃成为能够影响国内政局走向的重要地方势力之一。值得注意的是，除去拥有数量可观的军队这一因素外，山西的地理位置和地缘优势与晋系战略重要性的凸显也不无关系。山西地理地形极具特色：东有太行山，西有吕梁山，北有大漠，南有黄河，加之山西系典型高原地形，相较周边的河北、河南，海拔高度悬殊达一千公尺以上。这样一来，山西入则易守难攻，出则冀豫可取。而从地缘方面看，山西还有邻近北京的战略地缘优势，虽承平时或无所作为，而乱世时却大有可为。尤其是当奉军与北伐军对峙于河南前线时，这一优势愈加凸显。东面，山西紧邻石家庄，一旦出兵东进，可迅速截断京汉铁路，进逼北京，而北面，晋军可沿京绥线直下，威胁京津。这种状况一旦呈现，无疑会对南北军事产生重大影响。（潘胡锁摘）

【论马克思主义中国化中的思想路向】 作者：邵鹏、安启念，原载《山西师大学报》2008年第3期。

关于“马克思主义中国化”问题在理论和实践中“应用”与“选择”两种不同观点的争议，实际上体现了中国马克思主义者对马克思主义理论的截然不同的思想路向。

从"应用"的视角去理解马克思主义中国化，其中蕴含的实质是坚持马克思主义的基本理论和原则，"应用"它解决中国的具体问题，实际上是"从理论原则出发看实践"思想路向的具体体现。但是，马克思恩格斯的思想主要针对的是西欧社会无产阶级革命的历史任务和道路作出理论指导。而20世纪20年代以后的中国是一个半殖民地半封建社会，其社会历史文化传统、社会发展的程度、所要解决的问题等都与马恩时代有相当大的差距。在这个意义上，中共领导人和马克思主义者不能完全在实践中照搬马克思和恩格斯甚至是列宁、斯大林的设想和理论，否则，也就恰恰是犯了毛泽东所说的"教条主义"的错误。

如果从"选择"的角度去把握"马克思主义中国化"，则是体现了"从实践需要出发看理论"的思想路向。换言之，"马克思主义中国化"的目的并非是中国的马克思主义者在书斋里对马克思主义做纯粹的学理性研究和解读，而是要根据中国革命和建设实际的需要去理解马克思主义，选取能够作为实践中指导思想的那部分马克思主义理论。

"选择""从实践需要出发看理论"思想路向的集中体现，是实现马克思主义中国化的关键因素。马克思主义不是"万应灵丹"，不同的国家有不同的特点，马恩列斯等人的理论不可能对中国社会面临的问题提供现成的答案，答案只能由中国的马克思主义者自己去寻找。

（潘胡锁摘）

【"水利社会史"探源】 作者：行龙，原载《山西大学学报》2008年第1期。学界通常将魏夫特的"治水社会"理论和日本学界的"水利共同体"理论作为中国水利社会史的学术源头。但事实上，水利社会史的学术源流至少可以追溯到19世纪末20世纪初的法国人文地理学，随后兴起的法国年鉴学派也受其影响颇深。这一传统持续影响到近年来由蓝克利、魏丕信等法国学者对中国山陕民间水利问题的研究。文章以山西为例，提出了水利社会史研究的内容和体系。（魏晓虹摘）

【也谈晋方言的归属】 作者：乔全生，原载《山西大学学报》2008年第1期。李荣先生1985年首次将山西省及其毗连地区有入声的方言从官话中分出称作晋方言。丁邦新、王福堂等先生不同意将晋方言分立为与官话平行的十大方言之一，只同意作为官话区的一支次方言。文章认为，首先要限定"早期"的时代，用早期的标准就可以将晋方言从官话中分出。

（魏晓虹摘）

【中国近代留学活动的历史走向与化学留学生】 作者：张培富，原载《山西大学学报》2008年02期。近代中国社会现代与科学发展源自西方文明的冲击，其中近代留学生的归来扮演了重要的角色。在一百年来的不同时期，中国近代留学生运动表现出不同的历史特点，从宗教留学走向世俗留学；从科技救国到变革社会；从东洋留学到西洋留学。几代留学志士不屈不挠的奋斗和奉献，极大地推进了中国社会的现代化进程和包括化学在内的科学的发展。（魏晓虹摘）

【2008年，中国广告业的动力与动向】 作者：丁俊杰，原载《山西大学学报》2008年第3期。经济环境、媒介格局与消费特征分别在不同层面左右着中国广告业的增长潜力与前进方向，文章从上述三个视角出发，展开对2008年中国广告业发展趋势的探讨。首先，中国广告业的发展与中国经济的繁荣相辅相成。依托于庞大消费市场的中国经济仍然会在较长时期内保持高速稳定的发展，这是中国广告市场进一步拓展的基础。其次，广告必须以媒介为载体，媒介的新格局使得中国广告市场的竞争更为激烈，传统媒体在资源掌控与媒介品质方面狠下工夫，而新媒体则凭借自身特有的精准、互动、定向等优势，通过资本这一纽带，构建庞大的信息资讯平台与多元的信息发布产品提升竞争力。通过资本这一纽带，构建庞大的信息资讯平台与多元的信息发布产品提升竞争力。最后，"碎片化"的消者正在以不同于以往的分类标准重新聚合，无论企业、媒体还是广告公司，都必须综合运用各种营销方式去发现和捕捉消费者的需求。中国广告业的上述环境与趋势带给我们更多的是信心。（魏晓虹摘）

【略论明清晋徽商人才选拔制度与绩效】 作者：石涛孔、庆新，《山西大学学报》2008年第5期。晋徽商帮是中国明清时期驰骋商界的两大商业群体，它们的成功很大程度上与其人才选拔制度密切相关，同时，不同的人才选拔制度也是两大商帮走向不同发展道路的重要原因。文章运用人力资本的相关理论对明清时期晋徽商人才选拔制度与绩效进行比较研究，并分析二者不同制度选择的原因，及其对商帮发展的影响。（魏晓虹摘）

【黄帝族的起源迁徙及炎黄之战的研究】 作者：刘毓庆，原载《山西大学学报》2008年第5期。黄帝出自少典，少典即小狄，为北狄的一支。轩辕为"合汗""可汗"之异译．黄帝族团最早活动于大西北与大北方，甘肃、青海一带的昆仑山即其早期的中心。其东迁路线是沿黄河北上到内蒙境内，沿阴山之阳向东而至河北北部。因草原干旱而南下，与农耕民族炎帝神农氏在今之长城脚下的涿鹿相遇。炎、黄之战，是一场农耕民族抗击游牧民族的保卫战。战争之所以在北塞长城脚下发生，就是因为长城一线，是游牧民族与农耕民族的分界线。黄帝三战而胜炎帝，随后以涿鹿为根据地，越燕山而南下，开始活动于燕山之阳的河北平原。

（魏晓虹摘）

【医疗保障制度国际经验对新型合作医疗的启示】 作者：孙淑云，原载《山西大学学报》2008年第6期。在中国这样一个占世界人口最多的农业大国建设新型农村合作医疗制度，必须把中国国情和国际经验相结合。从借鉴医疗保障制度国际建设经验的宏观视角看，我国"转型"时期所建立的新型合作医疗制度，属国家和社会承担主要责任的社会保障范畴，其"初级"和"过渡"的状态，决定了保障的目标应定位在"大病"上，并与农村公共卫生制度以及其他医疗保障制度相对接，依法构建由多层次、多形式的医疗保障制度组成的农村医疗保障体系。

（魏晓虹摘）

社联活动

【概述】 2009年是极不平凡的一年，在党中央国务院和省委省政府正确领导下，积极应对金融危机、战胜困难，促进经济平稳较快发展的一年；也是社科界以科学发展观为指导，围绕中心服务大局，抓住经济社会发展中的重大现实问题，潜心研究，推出精品，为推动实现"三个发展"献计献策，做出重要贡献的一年。

一、深化学习实践科学发展观活动，推动我省社科工作科学发展

2009年，按照中央和省委的统一部署，省社科联在省委指导检查组的具体指导下，圆满完成了第一批学习实践活动的各项任务。2月20日，经过群众满意度测评，开展学习实践活动的满意率为100%。从9月份开始，我们按照中央及省委关于在新社会组织中开展好学习实践科学发展观活动的要求，认真指导所属132个学会、研究会参加了第三批学习实践科学发展观活动。召开了动员大会，进行了学习培训，进一步修订完善了制度，探索建立长效机制，并在调查研究的基础上，积极探索在新社会组织中建立党的基层组织。这项工作得到省学习实践活动领导组的肯定，省社科联在大会上交流了经验。针对学会、研究会的实际情况，我们在指导工作上除了要求其切实加强理论学习、不断提高思想认识外，采取了分类指导实施的方法。首先，对学会基础好、班子配备强的学会，要求尽快建立党组织；其次，对大多数学会要求在做好党员统计工作摸清底数的情况下，积极探索加强党建的途径；再次，对学会组织松散，机构不健全，到期不换届，既不开展活动，又不进行年检的学会，根据省民管局的要求进行清理整顿，使全省社科类社会组织在科学发展观的指导下，既积极工作又规范活动。

二、不断提升服务水平，学会工作健康发展

学会是社科联工作的重要基础。为此，我们从提升服务水平入手，努力加强对学会的业务指导和管理，积极为学会开展工作搭建学术研究和学术交流平台，既推动了学会的工作，又促进了科研的发展。

一是在学会工作中坚持了正确的政治方向。近年来，国内外形势复杂多变，各种思想文化相互激荡，意识形态领域的斗争异常尖锐。针对这种情况，我们根据中央和国务院有关文件精神，加强了对各学会、研究会举办形势报告会和学术报告会、研讨会、讲座的管理和监督。一年来，在学会、研究会举办的100余场讲座、报告会、研讨会中，严格执行了学术活动申报制度。省社科联认真审核，严格把关，各学会领导的政治意识、大局意识、责任意识进一步增强，使学会学术研讨等活动坚持了正确的政治方向，巩固了马克思主义在哲学社会科学中的指导地位，学会真正成了宣传马克思主义和党的方针政策，传播先进文化，弘扬社会正气的重要阵地。

二是积极为学会开展学术交流创造条件，推动学会工作创新发展。结合新社会组织开展深入学习实践科学发展观活动，我们于10月18日—20日在忻州奇村举办了学会工作经验交流会。会议邀请省民间组织管理局局长吴建强同志作了学会工作辅导报告，我代表党组作了题为《以科学发展观为指导，全面加强学会建设，努力发挥社科界的思想库作用》的报告，其他党组成员分别联系各自的业务，就学会管理、课题研究等做了专题辅导。会上，有15家学会报送了经验材料，其中8家学会进行了大会发言，各学会、研究会、各市社科联也分别交流了经验。这些学会多年来在实践中创造的各具特色的丰富经验，使与会同志深受启发、大开脑筋，对做好新形势下学会工作有极大的启示。

三是学会管理进一步规范，学会管理制度得到落实。每年一次的学会年检工作是社科联的主要任务之一，也是加强学会规范化管理的重要手段。从4月份开始，对全省学会组织建设、学术活动、课题研究、财务审计以及遵纪守法等方面的情况进行了严格审查。目前，全省132个社科类学会、研究会，90%通过了省民管局的年检，是全省年检通过率较好的单位之一，得到省民政厅的充分肯定。与此同时，我们狠抓了《学会管理办法》、《学会学术活动申报制度》、《学会联系人制度》、《学会工作绩效考核制度》、《新社会组织建立党组织工作程序》等规章制度的建立完善和落实。全年省社科联处级以上领导深入学会或参加学会的活动达100多人次。这样，不仅了解掌握了学会的动态，而且交流沟通了思想，推动了各项管理制度的贯彻落实，有力地促进了学会工作，提升了学会管理水平。

三、科学组织，公正评审，圆满完成了全省第六次社会科学研究优秀成果评奖工作

社科大评奖是省社科联受省委省政府委托开展的全省社科界的最高奖项，其规格高、影响大、涉及面广，政策性强。今年又是由四年改为两年一次的第一次评奖。这次评奖从2009年2月启动，2月12日山西省第六次社会科学研究优秀成果评审领导组召开第一次会议，省委常委、宣传部长、评奖领导组组长胡苏平同志主持了会议。会上通过了《实施意见》，并在会后由省委、省政府办公厅下发了文件。经过宣传动员、部署安排，网上申报、资格审查、资料整理，先后组织了120多名评审专家，进行了严格的三级评审，即初评、学科评审、评委会审定，经网上公示一个月后，今年1月19日召开了领导组会议最后确认。确定一等奖21项，二等奖64项，三等奖83项，优秀奖86项，荣誉奖2项，共计256项。这次评奖工作历时十个多月，由于制度规范合理，程序严谨科学，组织扎实有力，各级评审环环相扣，有条不紊，所以评审结果公平公道，社会反响良好。社科联的全体同志都参与了此项工作，做了大量的认真细致的工作，保证了评奖工作的顺利进行。对这次评奖各有关方面和专家学者给予高度评价，张宝顺书记在省委扩大会上的工作报告中还讲了这次评奖，并提高到增强马克思主义意识形态的吸引力和凝聚力的高度。

此外认真组织了每年一度的“百部(篇)工程”评奖工作。这是省社科联连续开展了15年的一项品牌性工作，也是近年“推出一批优秀社科研究成果”的主要内容之一。2009年度的“百部(篇)工程”，最终评出了139项获奖成果，其中荣誉奖1项、一等奖25项、二等奖48项、三等奖65项。这些研究成果，代表了各个研究领域的较高水平，均在业界产生了一定的影响。

四、围绕中心服务大局，社会科学理论研究工作创新发展

2009年，我们围绕省委省政府经济社会发展战略，以重大现实问题为主攻方向，引导组织社科工作者开展了一系列重点课题研究及学术研讨活动，不断推动理论创新。

一是社科联重点课题研究取得了重大突破。围绕我省“走出四条路子”，实现“三个跨越”，加快“三个发展”和推进“五大惠民工程”的总体目标和要求，组织开展了一系列重点课题的研究。年初，下达了省社科联重点课题指南，组织有关人员进行立项评审，《山西可再生能源发展研究》等135项研究课题被确立为重点课题。同时，还确定了关于《山西煤炭资源整合》、《资源性城市转型发展》、《加强新形势下党的建设》等九个重大课题，组织研究力量，整合学术资源，进行联合攻关，

先后完成了《全球背景下山西文化产业竞争力研究》、《山西提升文化软实力的对策研究》、《山西矿业安全发展的长效机制研究》、《山西煤炭资源整合研究》等课题的研究。组织完成了省委组织部、省委人才领导组下达，省委宣传部委托的2009——2020年人才发展规划课题“加强人才队伍社会环境建设研究”。该研究报告为我省人才发展规划的制定提供了重要的决策参考。该报告已被省委组织部编撰的《山西人才发展战略蓝皮书》全文收录并在主报告中部分引用，对于山西人才工作的发展具有重要作用。

与此同时，各学会、研究会也开展了200余项重点课题研究。特别需要指出的是，在我省煤炭整合和企业兼并重组这一战略任务实施进程中，我省社科专家积极开展了山西煤炭资源整合研究，从经济产业发展规律、世界煤炭产业发展历史等方面加以论证，以无可辩驳的理论权威，澄清了人们一些混乱的思想认识，为山西煤炭资源的整合排除干扰顺利进行发挥了十分重要的作用。

二是各学会、研究会学术研讨活动丰富多彩。一年来，学会、研究会围绕庆祝建国60周年这个主题，开展了层次各异、形式不同、内容丰富、各具特色的学术活动。如省政治学会举办学习六个“为什么”、学习贯彻十七届四中全会精神座谈会；省有中国特色社会主义理论研究会举办全球金融危机与山西经济发展学术研讨会、纪念新中国成立60周年理论研讨会；三晋文化研究会组织专家对长治、朔州、晋城三市历史文化进行考察，并向省政府“农家书屋工程”推荐书目120余种；省哲学学会举办2009年年会暨建国60周年哲学研讨会；省城市经济学会组织建国60周年“城市发展与城镇化六十年”征文活动，并召开山西城市发展研讨会；五台山研究会举办第一届“五台山论坛”佛教学术文化交流大会；省思想政治工作研究会举办“应对国际金融危机、推动企业科学发展”专题讲座；省《资本论》研究会召开了2009年年会暨建国60周年理论研讨会；省陶行知研究会陪同全国人大常委会副委员长严隽琪、全国政协副主席罗富和对忻州师范学院“扶贫顶岗实习支教”工作进行考察调研；省儒学会举办“纪念孔子诞辰2560周年”祭奠活动、庆祝第三届中华母亲节活动；省人大工作与理论研究会举办纪念地方人大设立常委会30周年理论研讨会；省党建研究会举办2009年课题调研工作会议；省高校档案学会举办“高校档案与高校发展”研讨会；省祁隽藻研究会举办成立十周年暨祁氏文化研讨会；省商业经济学会举办以城市建设促商贸流通业发展研讨会；省职教学会举办首届教学名师、杰出校长表彰会暨2009年年会；省老年学会举办2009“三晋健康老人欢乐行”、山西“十大寿星”、“十佳长寿之乡”推选活动；省近代矿史研究会组织开展了“近代矿史与山西发展研究”，推出了一批研究成果，有的正在筹拍电视片；省未来研究会、省金融学会、省农村财政研究会、省社会学学会、省供销合作经济学会、省社会心理学会、省语言学会、省散文学会等也都举办了学术年会。大同、晋中、忻州、朔州、晋城社科联紧紧围绕当地的中心工作，开展课题研究，举办学术研讨活动。一年来，各学会、研究会、各市社科联举办研讨会、报告会、座谈会等活动100余次。学会工作十分活跃，学术活动丰富多彩。

五、认真办好社科网站及报刊，社会科学普及工作扎实开展

《山西社科网》、《学术论丛》、《山西社科联》以及学会、研究会主办、联办、协办的43种报刊是山西社科界的窗口，是广大社科工作者沟通信息、学术交流、成果展示的重要平台。我们非常重视办好这些社科网站及社科报刊。在办刊办网过程中，坚持了正确的方向，坚持为广大社科工作者服务的宗旨。《山西社科网》作为现代媒体，在充分利用它宣传党的方针政策的同时，把办公链延伸，评奖工作的申报、课题的申报立项等，均可通过网上进行，极大地方便了工作。我省一位学者在国外，相隔万里，通过网络顺利地进行了大评奖的申报。一些地市的学者专家也不需要专程来并，在办公室、在家就能顺利地进行申报。目前，《山西社科网》已经真正成为我省社科界信息传播快捷、全面且权威的网络平台。《学术论丛》、《山西社科联》、《生产力研究》、《思想教育》、《资产与产权》、《山西国资》、《山西金融》等报刊，是山西广大社科工作者进行学术交流、展示科研成果的又一平台。今年，这些报刊紧密结合实际，特设立了学习十七大精神、纪念新中国成立60周年、新农村建设、“三个发展”与山西等专栏，编发了数百万字的论文，及时反映省内外社科界的动态和一些舆情信息，从选稿、改稿、编辑、校对、发行等各个环节严把质量关，使刊物的质量有了很大提高，受到了广大专家学者的好评，为有关部门及学会、研究会提供了有价值的参考。

与此同时，省社科联不断加强机关党的建设、干部队伍建设、文明和谐单位建设、基础设施建设，机关办公环境进一步改善，干部职工整体素质进一步提高，社会形象和地位进一步提升，省社科联逐步成为全省社科工作者的温馨之家，省社科联机关再次被评为省直文明和谐单位。

总之，2009年是社科联各项工作取得丰硕成果的一年。这些成果的取得，既是省委、省政府及省委宣传部正确领导的结果，也是省社科联与全省广大社会科学工作者团结一致共同努力的结果。

附：

山西省第六次社会科学研究优秀成果获奖名单

山西省第六次社会科学研究优秀成果评奖工作综述

2009年度“百部（篇）工程”获奖成果及先进组织单位

2009年度“百部（篇）工程”获奖成果综述

附：

山西省第六次社会科学研究优秀成果获奖名单

荣誉奖（2项）

证书号	成果名称	申报人	单位
06001	山西历史文化丛书·分类卷（编著）	李玉明	三晋文化研究会
06002	科学发展观在山西的实践系列丛书（编著）	高建民	中共山西省委

一等奖（21项）

证书号	成果名称	申报人	单位
06003	数学实在论的语义分析及其意义（论文）	康仕慧	山西大学
06004	构建地方公共财政体系（编著）	郑建国 申长平等	省财政厅 省财税专科学校
06005	跨国公司R&D国际化及在华R&D投资研究——跨国公司在华R&D投资研究（专著）	樊增强	山西师范大学
06006	煤炭资源开发与区域经济发展中的“福”与“祸”：基于山西的实证分析（论文）	景普秋等	山西财经大学
06007	山西典商研究（专著）	刘建生 燕红忠等	山西大学
06008	农村经济发展与经营管理丛书（编著）	崔富春等	山西农业大学
06009	建立干部公开选拔量化指标的探讨（论文）	李高山	省委党校
06010	Regulating-minelandreclamationindevelopingcountries：thecaseofChina（发展中国家矿地复垦的法律规制：以中国为例（论文）	曹　霞	山西财经大学
06011	中国近代大学创立和发展的路径——从山西大学堂到山西大学的考察（专著）	王李金	山西大学教育部省部共建工作研究中心
06012	理科教师教学行为发展研究（专著）	梁永平	山西师范大学
06013	元代辞赋研究（专著）	李新宇	山西师范大学
06014	当代文学观念与批评论（专著）	侯文宜	山西大学
06015	走向田野与社会（专著）	行　龙	山西大学
06016	战争·革命与乡村社会：晋西北租佃制度与借贷关系之研究（专著）	张　玮	山西师范大学
06017	在自主创新中建设和发展先进文化（论文）	艾　斐	省文化创新研究中心
06018	科技项目完成情况的模糊综合评价研究（论文）	梁吉业等	山西大学
06019	人才资源的经济学分析（专著）	李志江	吕梁市委组织部
06020	会计理论研究（专著）	李端生	山西财经大学
06021	纵论出版产业的科学发展（专著）	齐　峰	山西出版集团
06022	元杂剧通论（上下）（专著）	田同旭	山西大学
06023	晋方言语音史研究（专著）	乔全生	山西大学

二等奖（64项）

证书号	成果名称	申报人	单位
06024	论邓小平的政治监督思想（论文）	郭学旺	山西师范大学
06025	丹尼尔·丹尼特的意向战略及其理论意义（论文）	王姝彦	山西大学
06026	建设社会主义核心价值体系通论（编著）	师　谦 吴俊清等	中北大学 太原工业学院
06027	马克思主义中国化研究的三个维度（论文）	赵宇霞	山西大学
06028	关于现阶段我国非公有制企业劳动者地位的若干思考（论文）	邸敏学	山西大学
06029	典型悖论之统一消解原理：证伪预设——悖论研究的误区与爱因斯坦的启示（论文）	张铁声	省社科院
06030	矿产资源有偿取得法律问题研究——以山西煤炭资源有偿使用为例（论文）	王继军	山西大学
06031	我国社区矫正实施中的问题及对策（论文）	谭恩惠	省政法管理干部学院
06032	地理标志的法律保护研究（专著）	赵小平	山西大学
06033	分配·权利与和谐社会（编著）	王满春 原玉廷	省人民检察院 太原师范学院
06034	统筹城乡发展的税收法律制度研究（专著）	薛建兰	山西财经大学
06035	我国科技旅游的发展现状及对策研究（论文）	朱丽君	山西大学
06036	马克思主义利息理论与西方现代利息理论的比较：继承与借鉴（论文）	闫素仙	山西财经大学
06037	我国二元经济转化的理论与模式——一个有别于西方古典经济论的二元经济结构转化模型（论文）	杨俊青	山西财经大学
06038	从技术引进导向技术创新的一段跋涉——1960年代前半期中国在引进技术基础上的技术创新（论文）	林　柏	山西大学
06039	中国中小企业融资：理论·借鉴·融资体系的构建（专著）	武巧珍 刘扭霞	山西财经大学
06040	晋商研究当代文库（系列丛书）	崔满红	山西财经大学
06041	中国高校大学生医疗保险透视（论文）	张青枝	山西财经大学
06042	中国区域金融协调发展研究（专著）	尹优平	人行太原中心支行
06043	服务贸易自由化与竞争力（专著）	郭根龙	山西师范大学
06044	价格指数的理论与方法（专著）	高艳云	山西财经大学
06045	习惯形成下的缓冲储备行为（论文）	杭　斌	山西财经大学
06046	中国商业银行全面风险管理体系研究（论文）	沈沛龙	山西财经大学
06047	山西可再生能源开发利用研究（论文）	王宏英 苏星海 曹海霞 刘立新	省社科院 太原科技大学 省社科院 山西焦煤集团

续表

证书号	成果名称	申报人	单　位
06048	由我国个人所得税免征额调整引发的思考（论文）	彭月兰	山西财经大学
06049	山西装备制造业发展战略研究（论文）	李劲民	省政府发展研究中心
06050	资源型企业国际化战略研究（编著）	白原平	山西焦煤集团
06051	数学启发式教学研究（专著）	韩龙淑	太原师范学院
06052	生命哲学视野下的终身教育价值观（论文）	薛勇民	山西大学
06053	我国优势项目高水平运动员参赛风险的识别评估与应对（专著）	石　岩	山西大学
06054	语文课程标准“发展思维”目标与实施的科学性探讨（论文）	武永明	山西师范大学
06055	探索　创新　发展——科学教育专业建设与人才培养的研究与实践（编著）	王尚义 阎元红 张虎芳	太原师范学院
06056	明清晋商巨贾的人格结构研究（论文）	杨继平	山西大学
06057	黄河中下游家族村落民俗与社会现代化（专著）	段友文	山西大学
06058	清末民初汉译法国文学研究（1897－1916）（专著）	韩一宇	太原师范学院
06059	台阁体新论（论文）	郭万金	山西大学
06060	从“山药蛋派”到“晋军后”——山西三次小说创作高潮再审视（论文）	傅书华	太原师范学院
06061	挑战与应战冲突与融合——伊斯坦布尔城市现代化历程（论文）	车效梅	山西师范大学
06062	《白虎通义》思想的历史研究（专著）	向晋卫	山西大学
06063	山西洪洞大槐树移民问题研究的回顾与思考（论文）	乔新华	山西大学
06064	逝去的繁荣：晋蒙粮油故道研究（专著）	张世满	山西大学
06065	循环经济发展各阶段仿真研究（论文）	薛耀文	太原科技大学
06066	资源管理系统工程理论与实践（专著）	赵国浩	山西财经大学
06067	硅谷与中关村人才聚集效应及环境比较研究（论文）	牛冲槐	太原理工大学
06068	企业知识转移中的机制设计研究——以汾酒股份“细节管理”的推行为例（论文）	李景峰	山西大学
06069	基于共同治理的管理者财务激励模型研究（论文）	油晓峰	山西财经大学
06070	诺贝尔生理学或医学奖获得者学术研究环境分析（论文）	段志光	山西医科大学
06071	不动产静态与动态评估方法（专著）	张所地	山西财经大学
06072	煤矿安全心理测评技术与应用（专著）	栗继祖	太原理工大学
06073	论科技型中小企业实现自主创新的动因与有效组织（论文）	王文昌 秦作栋	山西农业大学 省科技厅

续表

证书号	成果名称	申报人	单　位
06074	符号运用策略对女性主义传播效应的影响（论文）	畅引婷	山西师范大学
06075	新型农村合作医疗理论与实践研究（专著）	谭克俭	省社科院
06076	大同历史文化名城保护与发展战略规划研究（专著）	曹昌智	省城市科学研究会
06077	我国农村剩余劳动力转移问题研究（论文）	王国霞	山西大学
06078	歌唱从心开始（专著）	王　珣	山西艺术职业学院
06079	繁峙岩山寺壁画中的建筑及其特征（论文）	徐岩红	山西财经大学
06080	汪立三钢琴音乐创作中的传统因素（论文）	张瑞蓉	山西大学
06081	实用普通话教程（专著）	邓　明	晋中学院
06082	万荣方言两字组连读变调和轻声——兼谈山西方言重轻式两字组轻声调值的类型（论文）	吴建生	省社科院
06083	晋源方言研究（专著）	王文卿	太原师范学院
06084	英国公司法精要（译著）	樊云慧	山西财经大学
06085	会话分析（编著）	于国栋	山西大学
06086	任务型英语课堂教学模式的探索（论文）	李广凤	山西大学
06087	艺术英语（专著）	郭燕玲	广播电影电视管理干部学院

三等奖（83项）

证书号	成果名称	申报人	单　位
06088	马克思主义经济学中国化研究（专著）	王文寅	中北大学
06089	科学认识当前我国社会的主要矛盾（论文）	昝剑森	山西大学
06090	量子场论的还原性问题（论文）	武　杰 程守华	太原科技大学
06091	对马克思人的本质理论的系统分析（论文）	毛建儒	太原科技大学
06092	增加财产性收入：基础、意义与问题（论文）	李恩平	太原理工大学
06093	当代哲学的主体论域（专著）	王喜平	山西大学
06094	产业聚集测度方法的演变和新发展（论文）	乔　彬	太原科技大学
06095	人民币有效汇率与出口关系的实证分析（论文）	齐利平	太原师范学院
06096	行业租金、行业协会与行业自我治理（论文）	王玉珍	山西财经大学
06097	中国境外投资与国家经济利益（专著）	肖黎明	山西师范大学
06098	国际经济一体化视角下的明清晋商（论文）	成艳萍	山西大学
06099	私营企业分配关系的实证分析与对策研究（论文）	李玲娥	山西财经大学
06100	中国国有商业银行制度创新研究（专著）	杨有振	山西财经大学

续表

证书号	成果名称	申报人	单位
06101	农业产业化与减缓农村贫困（专著）	郭建宇	山西财经大学
06102	唐宋之际城市工商业发展变迁研究（专著）	王涛	忻州师范学院
06103	山西省县域经济发展模式研究（专著）	梁四宝	山西大学
06104	当代山西经济史纲（专著）	李旺明	省委政策研究室
06105	关于我国个人所得税问题的思考（论文）	张爱龙	山西财经大学
06106	巴西农产品出口我国市场的影响因素分析（论文）	耿晔强	山西大学
06107	市场化转型中农民增收的影响效应分析（论文）	冯旭芳	太原师范学院
06108	完善公共财政制度推进公共服务均等化（论文）	武小惠	省社科院
06109	论民生问题与乡村工业化——兼论消除城乡二元结构的发展道路选择（论文）	黄晋太	太原理工大学
06110	中国环境治理失灵问题的思考（论文）	刘兆征	省委党校
06111	山西旅游业发展研究（专著）	郅润明	省社科院
06112	权威与民主关系视野下的村治模式探索（论文）	董江爱	山西大学
06113	政治协商制度与社会主义和谐社会的构建（论文）	梁丽萍	山西大学
06114	刑事诉讼中的人权保障制度研究（专著）	陈妮	太原师范学院
06115	社会公正的价值考量（专著）	张二芳	山西财经大学
06116	东亚国家（地区）的政府职能变革研究（论文）	杜创国	山西大学
06117	中国经济法学的发展历程与展望（论文）	董玉明	山西大学
06118	农村劳动力转移中的政府角色与职能——对新疆政府组织型劳务转移的调查与分析（论文）	刘宁	省委党校
06119	完善兴荣抑耻机制加强大学生思想道德教育（论文）	霍功	太原大学
06120	未成年学生及未成年犯思想道德教育调查与研究（论文）	吉星	山西未成年犯管教所
06121	大学生就业难现象解读（论文）	李山岗	晋中学院
06122	谢弗勒教育哲学思想的成长（论文）	韩吉珍	太原师范学院
06123	学校心理辅导：理论与实践（专著）	刘丽	山西大学
06124	现代教育技术应用（编著）	王云	山西师范大学
06125	省部共建高校教学科研单位绩效评价研究——以山西大学为例（研究报告）	省部共建办公室	山西大学 教育部省部共建工作研究中心
06126	中国古代诗歌艺术探索（专著）	张瑞君	太原师范学院
06127	梁武帝萧衍考略（专著）	柏俊才	山西师范大学
06128	论元初金莲川文人集团的文学创作（论文）	杜改俊	太原师范学院

续表

证书号	成果名称	申报人	单位
06129	文艺“民族形式”论争研究（专著）	石凤珍	大同大学
06130	赵树理小说叙事研究（专著）	白春香	晋中学院
06131	《现代汉语词典》“词”、“语”观献疑（论文）	李小平	省社科院
06132	《山西改革发展30年》丛书（编著）	李茂盛 卢海明	省史志研究院
06133	洪武七年官修《皇明宝训》史料价值初探（论文）	杨永康	山西大学
06134	流动的土地与固化的地权——清代至民国关中东部地册研究（论文）	胡英泽	山西大学
06135	长治五代建筑新考（专著）	贺大龙	省古建筑保护研究所
06136	阎锡山传（专著）	景占魁	省社科院
06137	乡村民众视野中的私塾与学堂——20世纪前期乡村教育现代化的历史阙失（论文）	渠桂萍	太原理工大学
06138	武则天与佛教净土信仰（论文）	贾发义	山西大学
06139	关于创新系统的比较研究（论文）	郭淑芬	山西财经大学
06140	旅游经济增长点分析——基于“黄金周”效应的实证（论文）	张信东	山西大学
06141	信息资源管理（专著）	裴成发	山西大学
06142	生态旅游与植被：芦芽山自然保护区（专著）	程占红	山西财经大学
06143	经济结构调整中的技术进步研究（专著）	苗敬毅	山西财经大学
06144	基于核心竞争力的企业战略管理（专著）	容和平	山西大学商务学院
06145	政府审计职责研究（专著）	吴秋生	山西财经大学
06146	企业核心能力的人力资本整合机制研究（专著）	张生太	山西师范大学
06147	基于法律框架网络本体的信息检索研究（论文）	贾君枝	山西大学
06148	基于生态位的区域旅游业稳定度研究（论文）	刘改芳	山西大学
06149	社会公共危机管理组织系统研究（专著）	闫绪娴	山西财经大学
06150	基于多agent交互的监督问题仿真研究（论文）	李常洪	山西大学
06151	做好进城务工人员的思想政治工作（论文）	吕世辰	山西师范大学
06152	“叙事治疗”在青少年社会工作中的应用（论文）	卫小将	太原科技大学
06153	欧盟监测低收入和社会排斥指标介评（论文）	苏江丽	山西大学
06154	论红色旅游目的地的开发与建设——以山西省左权县麻田抗战根据地为例（论文）	邵秀英	太原师范学院
06155	地方医学科技文献平台建设运行机制分析与研究（论文）	贺培凤	山西医科大学
06156	山西工矿商贸企业帮扶新农村建设之路（研究报告）	薛志省 张文英	省农业厅 省委政研室

续表

证书号	成果名称	申报人	单　位
06157	太原装备制造业考论（专著）	范　富	太原市委党校
06158	提高自主创新能力　加速建设创新型山西（论文）	李江利	省委党校
06159	播音主持艺术发声（编著）	胡黎娜	广播电影电视管理干部学院
06160	中国传统笙的十二律实践（论文）	景蔚岗	太原师范学院
06161	晋南传统音乐概论（专著）	杨永兵	运城学院
06162	中国扬琴流派问题的探究与反思（论文）	邱怀生	山西大学
06163	稼穑以画——浅析山西稷益庙壁画的民俗文化特征（论文）	史宏蕾	太原科技大学
06164	非线性音系学与《李氏音鉴》的反切原理（论文）	王为民	山西大学
06165	论常用动词虚化程度的等级性——以“吃”“打”“看”“听”“走”的虚化为例（论文）	白　云	山西大学
06166	太谷方言“圪”字研究（论文）	马启红	省社科院
06167	晋南解州片方言表趋向和事态意义的“去”（论文）	史秀菊	山西大学
06168	山西方言“洋”族词语文化信息解读（论文）	曹瑞芳	省社科院
06169	汉语趋向补语与法语相应结构的对比（论文）	贾秀英 孟晓琦	山西大学
06170	谈西方翻译理论的证伪与建构的逻辑结构——以《关联与翻译——认知与语境》为例（论文）	黄远鹏	中北大学

优秀奖（86项）

证书号	成果名称	申报人	单　位
06171	世界共产党现状及发展趋势（编著）	冯建平	晋城市委组织部
06172	从性别视角看战争伤害与和平的实现（论文）	胥　莉	太原师范学院
06173	伦理学初探（专著）	王引兰	忻州师范学院
06174	准确理解社会主义和谐社会的基本内涵（论文）	苏果云	山西医科大学
06175	创造性思维系统特征初探（论文）	柴建芳	太原电力高等专科学校
06176	马克思主义中国化过程是价值追求与科学追求的统一（论文）	刘潇滨	省财税专科学校
06177	见证1978—2008·晋城（编著）	郭治琛	晋城市统计局
06178	推进农村基础设施建设的思路探讨——以山西省为例（论文）	刘武华	省发展和改革委员会　宏观研究院

续表

证书号	成果名称	申报人	单　位
06179	职业经理人进入家族企业的障碍及对策（论文）	刘晓芸	晋中学院
06180	城乡统筹发展视角下的农村劳动力转移问题分析（论文）	王云珠	省社科院
06181	中国对外贸易发展战略研究（专著）	周新生	山西财经大学
06182	山西民营经济发展研究（专著）	王香花 姚　萱	中北大学
06183	树立和落实科学发展观努力提高税收职能服务能力（论文）	卢晓中	省地税局
06184	机遇与挑战——当前审计工作亟待解决的几个问题（论文）	郝志远	省审计厅
06185	从地方级收入比重下降看山西税收与税源背离（论文）	王久瑾	省地税局
06186	推进产业结构调整　抑制焦炭产能过剩（论文）	刘　晔	省社科院
06187	特困人口医疗救助供需分析（论文）	赵　怡	山西财经大学
06188	资源约束对我国焦炭总量规模的影响（论文）	陈新凤	省社科院
06189	国际贸易保护问题新探（论文）	郝美彦	省财税专科学校
06190	法的溯及力问题研究（专著）	孙晓红	山西财经大学
06191	市场经济运行中的法理问题研究（专著）	赵肖筠	山西大学
06192	山西文化产业发展的法律环境研究（论文）	赵云海	晋中学院
06193	从国际“防止利益冲突原则”看我国的煤矿安全监管体制改革（论文）	常　瑞	省社科院
06194	《法学方法论》与法学方法教育（论文）	王丽霞	山西医科大学
06195	教育法律问题研究（专著）	张　丽	太原师范学院
06196	行政复议和解制度探讨（论文）	赵银翠	山西大学
06197	规制与调控：五国经济法历史研究（专著）	王霄燕	山西大学
06198	明清晋商与传统法律文化（专著）	张　钧	山西大学
06199	试论我国行政复议制度的改革（论文）	王卫星	省政府法制办公室
06200	心理素质训练改善大学生情绪健康水平的近期效果评价（论文）	薛朝霞	山西医科大学
06201	中世纪大学对科学研究活动的贡献（论文）	郎永杰	山西大学
06202	阅读学习方法指导学（专著）	乔桂英	太原师范学院
06203	对全面恢复师范生免费教育制度的经济学思考——教师教育产品属性的视角（论文）	闫建璋	山西师范大学
06204	职业教育价值的本质问题初论（论文）	南　海	山西大学
06205	大学交互性教学理论与实践的研究（论文）	李长萍 张力跃 何云峰 郭晓丽 赵志红	山西农业大学

续表

证书号	成果名称	申报人	单　位
06206	公开课与教师专业发展关系的调查研究（论文）	朱晓民	山西师范大学
06207	大学道德教育“人本回归”的价值维度解读（论文）	李　进	吕梁高专离石师范分校
06208	传入与吸收：西方教育平等观念在中国（论文）	丰向日	山西师范大学
06209	调查作文的比较、分析与反思——小学语文教材的中日比较研究（论文）	张荣华	山西师范大学
06210	《阅微草堂笔记》中的复生故事分析（论文）	魏晓虹	山西大学
06211	山西戏曲剧种文化地理研究（专著）	柴国珍	太原师范学院
06212	图像时代文学经典的命运与美育意义（论文）	凌建英	大同大学
06213	乡土文学的现代性观照（专著）	宋　洁	运城学院
06214	山西革命根据地红色出版的历史价值（论文）	李雪枫	山西大学
06215	涵化与归化——论延安时期解放区的“民间文学”（专著）	毛巧晖	山西师范大学
06216	论沈从文的生活心态与创作心态（论文）	林　红	中北大学
06217	北朝散论（专著）	管芙蓉	大同煤炭职业技术学院
06218	前近代华北乡村社会水权的表达与实践——山西滦池的历史水权个案研究（论文）	张俊峰	山西大学
06219	试论1949—1959年中苏关系中的美国因素（论文）	宋晓芹	山西大学
06220	“丁戊奇荒”时期的山西粮价（论文）	郝　平	山西大学
06221	山西历史与文化（专著）	杨秋梅	山西师范大学
06222	神教，还是单一主神教？——也谈古代埃及阿吞崇拜的性质（论文）	李　模	山西大学
06223	上党文化研究（专著）	张　利	山西机电职业技术学院
06224	山西军事工业工人运动史通览（编著）《山西军事工业工人运动史通览》编撰委员会		山西省国防科技工业工会
06225	1912—1928山西乡村生活研究（专著）	赵新平	忻州师范学院
06226	密切党群干群关系的历史经验（论文）	李建权	太原科技大学
06227	医疗卫生系统核心员工管理策略研究（论文）	陈　红	中北大学
06228	关于建立农村高龄老人津贴制度的构想（论文）	王晓晨	山西大学
06229	企业知识创造能力理论与实证研究（专著）	吴翠花	太原科技大学
06230	公共关系理论与实务（编著）	王　玫	太原科技大学

续表

证书号	成果名称	申报人	单　位
06231	股份公司内部会计监管模式之国际比较及启示（论文）	茹家团	省财税专科学校
06232	山西土地节约集约利用潜力评价与对策（论文）	马巨革	省国土资源调查规划院
06233	会计综合实训教程（编著）	王剑英 许香兰 高慧芸	省财税专科学校
06234	大型施工企业的项目合股经营承包管理（论文）	刘建亭	中化二建集团有限公司
06235	从国际战略性大宗商品交易方式演变看中国石油市场改革（论文）	黄解宇	运城学院
06236	打造中国特色公共服务型政府的基本思路（论文）	张志芳	省委党校
06237	“四个支撑”：现代农业发展的助推动力（论文）	王玉琴	省农村经济研究所
06238	当前我国农村的贫困状况、成因及战略选择（论文）	赵俊超	省产业扶贫工作站
06239	绿色税收与山西生态文明建设（论文）	权立枝	太原理工大学
06240	《文件与档案概念范畴刍议》、《再论文件与档案的概念范畴》、《文件与档案的概念范畴》系列论文（论文）	张小慰	太原大学
06241	加强城市文明社区建设思考（论文）	林　洁	省委党校
06242	农业信息化:21世纪农业现代化的重要标志（论文）	晋鹏程	省农村调查办公室
06243	夫妻离婚时债权人利益的保护（论文）	张翼杰	山西大学商务学院
06244	加速发展山西省县域电子政务的思考（论文）	徐艳霞	省委党校
06245	对舞剧《一把酸枣》音乐的作曲技术分析及艺术风格探讨（论文）	王　晖	山西艺术职业学院
06246	“竹竿子”与“前行色”考论（论文）	霍建瑜	山西大学
06247	论音乐在美育中的特殊作用（论文）	郑　红	山西艺术职业学院
06248	论历史街区的动态保护（论文）	张惠新	山西大学
06249	浅析中国油画的东方意象（论文）	沈　康	运城学院
06250	山阴方言祈使词“好”的使用特点及其来源（论文）	温振兴	山西大学
06251	山西长治方言“来”字的句法、语义、语用分析（论文）	史素芬	长治学院
06252	山西方言四字格的语义特点及其认知研究（论文）	李淑珍	省社科院
06253	山西方言影疑母字的演变及分合（论文）	白静茹	山西大学
06254	元杂剧词汇方言证释（论文）	岳海燕	山西大学
06255	英语语言学概论（专著）	张晋林 樊俊艳	山西警官高等专科学校
06256	翻译主体性的界定问题研究（论文）	张艳丰	山西大学

组织奖（8个）

1. **山西大学**
2. **山西财经大学**
3. **山西师范大学**

4. 太原师范学院
5. 省委党校
6. 省社科院
7. 大同市社科联
8. 省城市科学研究会

附：

为科学发展提供有力的理论支持
——山西省第六次社会科学研究优秀成果评奖工作综述

山西省第六次社会科学研究优秀成果评奖工作，从2009年2月12日至2010年1月19日，历时11个月，经过广泛发动、作者网上申报、资格审查、初评推荐、学科评审、评委会审定、网上公示以及领导组确认八个阶段，终于圆满完成。共评出荣誉奖2项，一等奖21项，二等奖64项，三等奖83项，优秀奖86项，共计256项获奖成果。另评出8项组织奖。

这次评奖之所以进展顺利，评审结果令人信服，主要是得益于组织认真严密和建立起一套较为科学的评奖机制。一是评奖工作组织认真严密。这次评奖工作，是在省委、省政府及评审领导组的正确领导下，制订了科学严密的工作流程，从评奖方案的制订、领导小组会议的召开、“两办”文件的出台、评奖工作的动员、评委的遴选、评审工作的安排、颁奖大会的组织、获奖成果的宣传推广等，都制定了科学、严密、合理的时间表、路线图，拟订了工作预案和工作纪律。同时，对评委及工作人员进行了业务培训，使大家能够熟练掌握评奖规程，为评奖工作的顺利进行提供了组织基础和人员保证。二是评奖程序严谨规范。从申报、资格审查、三级评审、公示、领导组审定，都制定了严谨规范的评审流程和规则。三是科学的评审标准。为了保证评奖工作的公平、公正，制定了《评奖实施细则》《评奖指标体系》，并提出了“注重导向、严把政治关，注重实践、严把质量关，注重创新、严把学术关”的要求，坚持用一把尺子量到底。四是健全完善的监督检查制度。实行了所有申报成果的人员均不得担任各级评委及工作人员的回避制度，各级评委及工作人员在评审中具实签名的实名评审制，以及纪检委对评奖全过程实施监督等制度。并提出了“不准变通评审标准；不准徇私情；不准吃请；不准收受贿赂；不准泄露评委及其评审情况”等“五不准”评审纪律，以严格的制度和纪律保证了评审工作风清气正，评审结果公示后社会反映良好。

山西省社会科学研究优秀成果评奖工作，是我省社会科学领域最高规格的评奖，是省社科联受省委、省政府的委托，组织开展的一项政策性、权威性、理论性、学术性很强的重要评审活动，其规格高、影响大、参与面广，是展示我省社科研究水平、研究成果、研究力量的重要平台。这次评奖，从以往的四年举办一次改为两年一次，实行“二十二”办法，主要对我省2007年到2008年两年来的社会科学研究成果进行检阅和展示。本次获奖的256项优秀成果，无论是基础理论研究，还是应用理论研究，都有所突破、有所创新、有所发展，在传承三晋文明、创新基础理论、服务“三个发展”上成绩斐然。

（一）在推进马克思主义中国化研究方面取得良好成绩。近年来，我省社科理论界始终坚持中国特色社会主义理论体系，把用这一科学理论武装干部群众的头脑作为己任，能够把马克思主义基本原理同中国实际相结合，运用马克思主义的立场、观点和方法指导研究，从而产生了一大批具有创新价值的优秀理论成果。这些成果着眼于马克思主义的发展和运用，着眼于新的实践和新的发展，用马克思主义中国化最新成果引领社会思潮，为建设社会主义核心价值体系、增强社会主义意识形态的吸引力和凝聚力提供了强大的理论武器，把我省的马克思主义理论研究提高到一个新的水平。例如，山西大学赵宇霞的《马克思主义中国化研究的三个维度》一文，首次提出研究马克思主义中国化的三个维度——共时态、历时态、现实态的概念，以新颖的研究视角、宽广的学术视野、清晰的逻辑主线，阐述了马克思主义中国化理论的形成与发展、继承与创新、性质与形态、共性与个性的关系，为理论界的相关研究提供了启示借鉴，具有一定的学术价值和理论意义。山西大学邸敏学的《关于现阶段我国非公有制企业劳动者地位的若干思考》一文，从实证的角度比较全面地研究了非公有制企业劳动者的实际地位，具体分析了社会主义初级阶段劳动者主人翁地位面临的具体挑战，提出了提升非公有制企业劳动者地位的原则、途径，丰富和发展了马克思主义劳资关系理论，也为构建和谐劳动关系提供了政策依据和经验借鉴。再如，山西师范大学郭学旺的《论邓小平的政治监督思想》一文，比较全面、系统地论述了邓小平政治监督的重要意义、思想内涵、方法路径、体制机制及其主要特征，对进一步推进我国政治民主化进程，为新的历史条件下加强党的建设和先进性教育，深入开展学习实践科学发展观教育活动，都有着重要的意义和借鉴价值。此外，中北大学师谦等的《建设社会主义核心价值体系通论》，王满春、原玉廷的《分配·权利与和谐社会》等成果，注重理论与实践的结合，体现出鲜明的时代特点，探求着未来发展方向，深化和拓展了马克思主义研究，也为加强社会稳定、加快和谐社会建设提供了有益的探索。

（二）在理论联系实际、服务“三个发展”方面取得有益成果。山西是能源大省，如何合理科学地发挥我省资源优势，实现“三个发展”，是我省哲学社会科学工作者关注的重大课题。他们坚持以科学发展观为指导，围绕省委、省政府的战略决策和中心工作，联系实际、深入研究，形成了一批富有实践价值的研究成果。比如，山西财经大学景普秋等的《煤炭资源开发与区域经济发展中的福与祸：基于山西的实证分析》一文，从省、市、县三个层次，通过对丰富的煤炭资源与山西经济增长、结构演进、区域差异等方面的关系研究，论证了煤炭资源开发给山西经济发展带来的利与弊，为资源大省的资源过度开采敲响了警钟，对于推动资源型区域及早转型提供了思路，具有重要的应用研究价值。再如，省社科院王宏英等的《山西可再生能源开发利用研究》一文，在全面分析山西水能、风能、生物质能、太阳能与地热能等资源的总量、分布状况以及开发利用现状的基础上，提出了对不同资源的总体产能与重点项目进行合理规划与布局的对策建议，切合山西实际，分析透彻，数据翔实，具有可操作性，被有关部门采纳。还有山西财经大学赵国浩的《资源管理系统工程理论与实践》一书，通过对煤炭市场供需现状和煤炭资源优化配置的研究分析，对我国煤炭市场供需平衡及资源安全提出了具体的对策建议，对我省煤炭行业的可持续发展具有一定的指导意义。另外，省政府发展研究中心李劲民的《山西装备制造业发展战略研究》，郑建国、申长平的《构建地方公共财政体系》，樊增强的《跨国公司R&D国际化及在华R&D投资研究——跨国公司在华R&D投资研究》等，都针对我省转型跨越崛起、应对国际金融危机的重大问题进行了研究，为各级领导决策提供了重要的理论依据。

(三)在创新基础理论、推进学科体系建设方面有所突破。我省广大社科工作者凭着深厚的理论底蕴，以执著的探索勇气，在学科体系建设和学术理论创新上下苦功，在各个学科领域潜心研究、不断发掘，修正和完善了原有理论之不足，很多成果在一定程度上填补了学术空白，丰富和发展了基础理论，原创性和开拓性成果甚多，有的成果在全国居领先水平。

在哲学研究方面，山西大学康仕慧的《数学实在论的语义分析及其意义》一文，运用严密的逻辑分析和历史分析的方法，在历史的比较中自然得出哲学方法的变革及哲学的进步。特别是该文把弗雷格的数学实在论及论证策略的详细分析，作为一种科学哲学的典型案例，使人们意识到，只有多学科的合作与借鉴，才有望破解各自的哲学难题。该文研究方法有新意，理论上有创新，为数学哲学开辟了一个新的探讨空间，在学科建设上有开拓意义。此外，省社科院张铁声的《典型悖论之统一消解原理：证伪预设——悖论研究的误区与爱因斯坦的启示》、山西大学王姝彦的《丹尼尔·丹尼特的意向战略及其理论意义》等，也在理论上有所创新和探索。

在法学方面，山西财经大学曹霞的《RegulatingMineLandReclamationinDevelopingCountries：thecaseofChina（发展中国家矿地复垦的法律规制——以中国为例)》一文，以矿地复垦这一国际性难题为选题，以发展中国家矿地复垦的法律规制为切入点，以中国为个案研究，理论联系实际，针对性强、资料翔实、观点鲜明、论据充分、结论合理。该文提出的矿地复垦立法与监管制度的完善建议，不仅丰富了我国矿地复垦法律规制理论的内容，还为其他发展中国家进行矿地复垦立法与监管改革提供了值得借鉴的经验。此外，山西大学王继军的《矿产资源有偿取得法律问题研究——以山西煤炭资源有偿使用为例》、山西省政法管理干部学院谭恩惠的《我国社区矫正实施中的问题及对策》等，将基础理论探索与具体制度建设相结合，深入探讨了一些重大理论和实践问题，提出了一些颇具价值的理论观点。

在教育学研究方面，山西大学、教育部省部共建工作研究中心王李金的《中国近代大学创立和发展的路径——从山西大学堂到山西大学（1902－1937）的考察》一书，以中国近代大学教育为宏观背景，通过对1902年至1937年间从山西大学堂到山西大学校、进而到山西大学的产生、发展及其内部结构或要素构成纵横两个维度的考察，总结了中国近代大学教育发生、发展过程中的经验教训，为当代大学教育的发展和改革提供了可资借鉴的历史参照。

在管理学方面，省委党校李高山的《建立干部公开选拔量化指标探讨》一文，结合近年来贯彻《党政干部选拔任用条例》中出现的新情况新问题，进行了全面和深入的探讨，提出了一套比较成熟、科学和具有权威性的量化指标，对于提高干部选拔任用的科学化水平，推动干部选拔工作不断探索创新，具有重要的指导意义。山西大学梁吉业的《科技项目完成情况的模糊综合评价研究》、李志江的《人才资源的经济学分析》、太原理工大学栗继祖的《煤矿安全心理测评技术与应用》等，也得到了好评。

在语言文学方面，山西大学侯文宜的《当代文学观念与批评论》一书，在当前的文艺学理论研究中独辟蹊径，对理论界几乎从未作过辨析的“文学批评”与“文学研究”之差异详加考证和阐释，弥补了文学基础理论研究的一个空白。作者提倡的“学术融通”的理念，对有效解决文学与批评活动中的误区，具有重要的指导作用和参考价值。山西师范大学李新宇的《元代辞赋研究》一书，拓展了元代文学研究的空间与视野，在文学理论上确立了明清赋论的发展方向，在赋学批评史上具有承上启下之功。此外，山西大学乔全生的《晋方言语音史研究》、段友文的《黄河中下游家庭村落民俗与社会现代化》、郭万金的《台阁体新论》等，也都丰富和发展了本学科理论，推进了学科体系建设。

在史学研究方面，山西师范大学张玮的《战争·革命与乡村社会——晋西北租佃制度与借贷关系之研究》一书，选择“常态”下变化缓慢的农村社会的主要经济关系——租佃制度和借贷关系——作为研究视角，不仅考察了它们本身在革命与日本入侵场景下所发生的剧烈变动，而且通过这样的“窗口”观察了晋西北农村社会是如何在革命中向“现代”社会演变的，以及农村社会中地主和普通农民应对革命与战争的需要、愿望及其所作所为，对准确地把握华北农村的全貌有重要的学术参考价值。山西大学行龙的《走向田野与社会》一书，对区域社会史研究进行了创造性、前沿性的探索，提出了一些开创性的学术观点，集中体现了他十多年来对区域社会史研究探索的学术轨迹，全面反映了他“走向田野与社会”治学理念的实践历程，也是社会史研究“山西学派”渐露雏形的标志性成果，具有重要的理论指导意义和实际应用价值。

(四)在传承三晋文明、推动文化大发展大繁荣方面取得可喜成绩。近年来，我省社科工作者潜心研究、精心提炼，以鲜明的地方传统文化为研究对象，把学术研究与文化创新有机结合起来，在弘扬三晋传统文化、建设文化强省、发展文化产业方面，推出了一批优秀的研究成果。比如，省社科院艾斐的《在自主创新中建设和发展先进文化》一文，全面论述了在自主创新中建设和发展先进文化的价值、意义、途径、功能、效益及其在实现科学发展中的重要地位和突出作用，观点新颖，受到广泛关注。山西出版传媒集团齐峰的《纵论出版产业的科学发展》一书，是国内第一部系统论述出版产业科学发展的专著。它以科学发展观为理论指针，站在国际国内出版理论的前沿，结合山西出版实际，对我国出版产业发展的重大理论和实践问题进行了比较深入的研究，创造性地提出了大力推进“六个转变”，实现山西出版产业科学发展的新战略，探索了经济欠发达地区走出出版产业科学发展之路的新思路，体现出鲜明的时代特色和文化承担意识，出版界和学术界给予高度评价。

山西财经大学崔满红的《晋商研究当代文库》丛书，汇集了当代晋商研究的主要成果，以翔实的资料客观、全面、科学地分析了晋商的成长过程及其独特的商业文化，探讨了晋商文化的优秀成分及其历史局限性，对今天的社会经济发展具有重要的借鉴意义。山西大学刘建生等的《山西典商研究》一书，综合运用经济学、管理学、历史学、社会学等学科的研究方法，对清代、民国时期山西典商活动盛况、兴衰过程、原因特点、经营状况、内部组织、行会组织和历史地位等进行了分析，并对同一时期另外两个典商——徽商和粤商进行了比较分析。这一研究不仅填补了山西晋商研究中的空白，而且也为现代典当行业的发展提供了诸多有益的启迪和借鉴。

山西大学田同旭的《元杂剧通论》一书，是元杂剧研究史上的首部通论。它系统论证了元杂剧是民族文化冲突与融合之艺术结晶这一基本观点，对元杂剧的源流、兴衰、体裁、名家、风格、流派及影响，做了全方位、多视角、系统而细致的研究，融通史与通论为一体，重新审视既不同于唐宋文学，也不同于明清文学的元杂剧这一富有时代特色的戏曲艺术，为元杂剧研究提出了一个新的更加广阔的研究空间。

附3：2009年度“百部（篇）工程”获奖成果及先进组织单位

附：

2009年度“百部（篇）工程”获奖成果名录

荣誉奖（1项）

序号	题目	成果形式	作者	字数（千）	出版（发表）单位及时间
1	晋国和三晋国家改革的先进历史经验	论文	李玉明 杨子荣	12	《学术论丛》2009年03月

一等奖（25项）

序号	题目	成果形式	作者	字数（千）	出版（发表）单位及时间
1	我国居民财产性收入分析及增加对策	论文	刘兆征	17.5	《经济问题探索》
2	2009年7月2阳泉市推进城乡一体化实践研究	专著	山西省城市经济学会课题组	250	山西出版集团山西经济出版社2009年3月
3	“财产性收入”属性研究——基于“社会主义资本”理论的解释	论文	靳共元 丁丽芬	18	《华南理工大学学报》2009年10月
4	山西清洁发展机制项目实施现状分析	论文	刘晔	5	《中国能源》2009年7月
5	中国劳动力市场转型中的个人收入分配研究	专著	申丹虹	220	经济科学出版社2009年4月
6	2008年：山西经济金融运行分析与预测	编著	毛金明	620	山西经济出版社2009年5月
7	程昆仑先生诗文集	编著	李雪梅 李豫	450	三晋出版社2008年11月
8	汉语语汇研究史	专著	温朔彬 温端政	198	商务印书馆2009年10月
9	农村养老保障体系构建研究	专著	谭克俭	350	中国社会出版社2009年5月
10	我国警务模式选择与实现路径探讨	论文	张子荣	9.5	《中国行政管理》2009年3月
11	关于低收入群体稳定度的指标体系建构	论文	潘峰	14.5	《理论探索》2009年5月
12	政治社会学	专著	梁丽萍	340	中央编译出版社2009年7月
13	郭林宗传——汉末名士的历史世界	专著	范兆飞	200	山西人民出版社2009年8月
14	晋商学	专著	高春平	625	山西出版集团山西经济出版社2009年4月

续表

序号	题目	成果形式	作者	字数（千）	出版（发表）单位及时间
15	清代商人组织的概念分析	论文	陈亚平	12	《清史研究》2009年2月
16	“洞问题”与当代时空实在论	论文	程瑞	10	《科学技术与辩证法》2009年2期
17	感恩与责任：慈善事业的伦理困境解析	论文	刘美玲	6.641	《郑州大学学报》2009年5月
18	会计模型使用质量的实验比较研究	专著	孙凡	200	经济科学出版社2009年6月
19	产业集群协同演化模型及案例分析——以中山小榄镇五金集群为例	论文	芦彩梅 梁嘉骅	10	《中国软科学》2009年2月
20	沪、深股票市场与香港股票市场的溢出效应——基于发布“港股直通车”方案前后的比较分析	论文	张信东 赵芳	15.5	《南开管理评论》2009年8月
21	人力资源生态与人力资源投资风险规避	论文	吕书梅 王永芳	4.1	《理论探索》2009年7月
22	医疗器械管理手册	编著	张锦	344	人民卫生出版社2009年9月
23	山西省体育旅游资源分析及开发策略研究	论文	石晓峰 李建英 王　飞	11	《中国体育科技》2009年3期
24	课程改革的重要问题：关注人的整体性发展	论文	王爱玲	9	《教育研究》2009年7月
25	Catchword-sasMarkersofChangeinChina	论文	侯金香	4.0	EnglishToday2007年第3/4期

二等奖（48项）

序号	题　目	成果形式	作者	字数（千）	出版（发表）单位及时间
1	金融创新与山西经济发展研究	论文	课题组	33	《学术论丛》2009年3期
2	休闲农业产业化发展的组织创新研究	论文	弓志刚 原梅生	7	《财贸经济》2009年01月
3	利率平价关系不稳定条件下短期资本流动机制的运行	论文	李惠芬	12.5	《经济问题》2009年8月
4	中国经济发展中的超额货币：原因、度量与政策选择	专著	王书华	180	中国财政经济出版社2008年12月

续表

序号	题　目	成果形式	作者	字数（千）	出版（发表）单位及时间
5	推进国有林区步入现代林业建设快车道	论文	张文英 赵　富	3.8	《光明日报》2009年10月
6	贸易自由化对中国环境的影响分析	论文	孙秀玲	6千	《经济问题》2008年11月
7	应对金融危机的财政货币政策研究	论文	杜凤华	7.6	《财政研究》2009年7月
8	中国股票市场发展问题研究	专著	王劲松 闫果棠	317	山西经济出版社2009年7月
9	研习民艺家母为师	论文	张淮水	5.5	《装饰》2009年2期
10	林语堂论中西戏剧	论文	赵怀俊	13	《中华戏曲》第39辑2009年06月
11	山西地名中“家”的弱化音变	论文	王文卿	7.5	《方言》2009年5月
12	文水方言百年来的元音高化	论文	乔全生 余跃龙	4	《山西大学学报》2009年5月
13	山西方言语汇的特点	论文	吴建生	9	《山西师大学报》（社会科学版）2009年1期
14	晋中改革之声	编著	刘志宏	1113	山西出版集团三晋出版社2008年12月
15	山西建国60年若干重大的恒久与思考	专著	杨茂林 高春平	500	山西人民出版社2009年10月
16	中西部地区农村女性人口流动的进程、特征及发展趋势	论文	刘宁	7	《中共山西省委党校学报》2009年2期
17	新农村建设与村民自治制度	论文	董江爱	9.6	《政治学研究》2008年12月
18	新型农村合作医疗的规范化与立法研究	专著	孙淑云 柴志凯 等	430	法律出版社2009年9月
19	马克思的实践价值论与政治“普世价值”问题	论文	张守夫	9.5	《政治学研究》2009年6月
20	公共安全活动中的利益冲突及其控制	论文	苏玉娟 魏屹东	13	《山东大学学报》2009年09月
21	可持续发展视野下中国小矿的法律规制	专著	曹　霞	216	中国财政经济出版社2008年12月
22	抗战时期中共领导下的米脂地主经济	论文	岳谦厚 郝东升	18.5	《中共党史研究》2009年第6期
23	古代埃及神庙祭司考略	论文	李模	13	《世界宗教研究》2009年2期

续表

序号	题　目	成果形式	作者	字数（千）	出版（发表）单位及时间
24	五台山佛教壁画	论文	崔玉卿	14	《佛教文化》2009年1月
25	《光耀满乾坤·李峪青铜器解读》	专著	李跃山	170	山西出版集团·三晋出版社2009年7月
26	高等院校马克思主义理论教育原则研究	论文	柴晓霞 张二芳	7	《马克思主义研究》2009年6期
27	数学真理困境的自然主义实在论求解	论文	刘杰	10	《科学技术哲学研究》2009年8月
28	科学发展观的人学思想探析	论文	张莉	6.4	《新视野》2009年5月
29	柯亨平等观的实质及其对自由主义的批判	论文	李华荣 乔瑞金	10	《哲学研究》2008年11期
30	公司治理中经理管理防御及壁垒效应研究	专著	袁春生	180	中国财政经济出版社2008年12月
31	社会公共危机管理组织系统研究	专著	闫绪娴	190	中国财政经济出版社2008年12月
32	破解产业集群发展困局——来自洪合羊毛衫产业集群的启示	论文	赵建英	9	《山西大学学报》2009年7月
33	智力资本对战略联盟企业价值的影响分析	论文	李常洪 谢元元 李建邦 等	13	《AlfredUniversityPress》2009年5月
34	基于邻域粗糙集的企业财务危机预警指标选择	论文	宋鹏 梁吉业 曹付元	10	《经济管理》2009年8月
35	高校辅导员工作方法论	专著	冯瑞明	300	中国商业出版社2009年4月
36	音乐健身学	专著	焦春梅	230	中国社会出版社2009年5月
37	贫困大学生创业脱贫模式研究	论文	乔中国 张艳 张岩	9.5	《中国青年研究》2009年03月
38	山西高等教育改革与发展三十年回顾	研究报告	郎永杰 李培凤	38.8	山西出版集团山西教育出版社2009年2月
39	省部共建高校绩效评价方法探析	论文	贾锁堂 吴文清 郎永杰	6.8	《山西大学学报》（哲学社会科学版）2009年4期
40	球场观众不合理认知观念的理论研究	论文	石岩 胡丹婧	15	《体育科学》2009年7期
41	翻译协调理论研究	专著	张慧琴	32.0	山西人民出版社2009年4月

续表

序号	题　目	成果形式	作者	字数（千）	出版（发表）单位及时间
42	世界共产党现状及发展趋势	编著	冯建平	400	山西出版集团山西人民出版社2008年11月
43	关于加强领导干部学习的几个问题	论文	李高山	1.4	《理论探期索》2009年3
44	河东民间说唱研究	专著	卫凌	300	中国社会出版社2009年4月
45	《老一辈革命家诗词鉴赏辞典》	编著	秦建华	800	山西人民出版社2009年8月
46	人生镜子——读曾国藩文集感悟	专著	王振海	550	中国文化出版社2009年7月
47	九态三步——人生的自导成长	专著	李晓红	230	中国商业出版社2009年5月
48	逻辑与走向：当代教师教育道路的演变	论文	樊香兰 孟旭	7	《教育研究》2009年10月

三等奖（65项）

序号	题目	成果形式	作者	字数（千）	出版（发表）单位及时间
1	米道斯拼音方案对威妥玛拼音方案的影响	论文	王为民	9	《语言教学与研究》2009年2期
2	论汉语方言成语的性质	论文	李小平	18	《语文研究》2009年1期
3	安史之乱对唐代经济发展影响研究	专著	张晋光	199	中国财政经济出版社2008年12月
4	金融结构视角下的金融稳定研究	专著	张润林	180	中国财政经济出版社2008年12月
5	财政历史惊心动魄财政改革付出代价	论文	谭建立	13	《财政史研究》2009年6月
6	科学的煤炭资源价格机制：富煤省份发展循环经济的基本前提——以山西省为例	论文	王保忠 黄解宇 王保庆	17.486	《资源科学》2009年6月
7	中国农户谨慎性消费策略的形成机制	论文	郜秀军 李树苗 李聪 黎洁	10.5	《管理世界》2009年07月
8	山西消费需求分析与对策研究	论文	韩英 徐仲安	8	《经济师》2009年4月
9	新农村建设中农村公共财政体制建设探讨	论文	武小惠 刘俊鹏	7	《经济问题》2008年12期
10	解决环境污染和生态危机的深层次问题	论文	张秀冰 白桂梅	5.6	《中国城市经济》2009年5期

续表

序号	题目	成果形式	作者	字数（千）	出版（发表）单位及时间
11	焦化生态工业园区建设探索	论文	王建秀 容和平 李常红	6.7	《山西大学学报》2009年1月
12	PE对推动民间投资的战略意义	论文	杨郁	2.5	《中国经济时报》2009年6月
13	党员意愿表达问题探讨	论文	原方 崔建周	7.5	《理论探索》2009年6期
14	山西书院	专著	王欣欣	200	三晋出版社2009年10月
15	慈善事业面临的难题与出路——以山西为例	论文	丁润萍	12.1	《生产力研究》2009年3期
16	加快推进山西生态文明建设	论文	李江利	4.5	《前进》2009年5期
17	女性学	专著	刘翠兰 冯爱红 李凤华	280	中国妇女出版社2009年2月
18	山西青龙寺腰殿壁画的绘画语言特征	论文	伊宝 史宏蕾	3.390	《文艺研究》2008年11月
19	牧溪水墨画的东传对日本文化的影响	论文	史宏云	5	《文艺研究》2008年12月
20	中国重新崛起现象研究——兼谈“中国威胁论”	论文	张晓 药朝诚	8	《晋阳学刊》2009年1月
21	清代驳审制度考论——以《驳案新编》所载案例为中心的考察	论文	王志林	12.5	《政法论坛》2009年4期
22	山西票号习惯法初探	论文	周子良	20	《政法论坛》2009年第3期
23	宏观调控目标转变与企业所得税征收问题研究	论文	董玉明	10	台湾：月旦财经法杂志/元照出版有限公司2009年4月
24	社会主义经济条件下公共服务伦理规范与廉政建设问题研究	论文	尤晋鸣	30	《学术论丛》2009年5期
25	把密切党群关系作为党建的着力点	论文	李伟杰	6	《理论探索》2009年6期
26	我国主体性哲学的兴起及发展趋势	论文	毛建儒	12	《山西大学学报》2009年3月
27	深入探索实践科学发展观的具体途径——试论“三个发展”战略思路的实践意义	论文	杨企玉 崔建周	3.5	《山西日报》2009年6月
28	试析科学发展观的科学性	论文	樊爱霞	6	《山西高等学校社会科学学报》2009年5期
29	《似与不似——“三”的哲学智慧》	专著	田茂	250	中国社会出版社2009年7月
30	化学哲学研究的新走向	论文	邢如萍 桂起权	8.5	《哲学动态》2008年12期

续表

序号	题目	成果形式	作者	字数（千）	出版（发表）单位及时间
31	论谚语的语义特征	论文	寇福明	6.3	《内蒙古民族大学学报》2009年1月
32	山西民间歌舞小戏——左权小花戏研究	专著	樊淑敏	180	中国戏剧出版社 2009年4月
33	《世华文韵》	专著	周萍	172	中国文联出版社 2009年9月
34	欠发达地区创新系统研究	专著	郭淑芬	250	经济科学出版社 2009年6月
35	人力资本对非农就业及其收入的影响	专著	杨金风	228	中国财政经济出版社 2008年12月
36	本体评估指标体系的构建研究	论文	贾君枝 刘艳玲	7.445	《图书情报工作》2009年6月
37	企业内部控制探索	专著	杨瑞平	240	中国市场出版社 2009年4月
38	流程型组织的构建研究	专著	岳澎	250	北京大学出版社 2009年01月
39	基于专利现状的山西企业自主创新问题	论文	石薛桥	4.5	《中北大学学报》（社会科学版）2009年3期
40	山西省国内旅游客源市场分析	论文	张建忠 孙根年	7	《山西师范大学学报》2009年3月
41	《系统论视野下优秀教学团队建设的反思》	论文	尚连山	3	《教育视野》2008年11月
42	《炎帝汇典》	编著	马志生	1500	北京华艺出版社 2009年8月
43	沁水县志三种	编著	田同旭 马艳	1800	山西人民出版社 2009年1月
44	阎锡山“亚洲同盟与对日策略”思想研究	论文	课题组	5	《山西社科联》2009年3期
45	《朔州通史》	专著	总主编“王耀斌”	2080	山西出版集团·三晋出版社 2009年8月
46	中国传统文化之解读：特征与弊端的初析	论文	柴建芳	8.82	《山西高等学校社会科学学报》2009年1月
47	高校开展团体心理辅导的思考	论文	王卫平	8	《教育理论与实践》2009年6期
48	大学新生生活应激调查研究	论文	薛朝霞 卢莉 梁执群	8	《中国健康心理学杂志》2009年1期

续表

序号	题目	成果形式	作者	字数（千）	出版（发表）单位及时间
49	高校科研档案与大学生养成教育	论文	李莹	5.1	《思想教育研究》2009年4期
50	山西省中外合作办学可持续发展研究	编著	赵满华	120	山西出版集团 山西经济出版社 2009年3月
51	贫困山区教师教学行为调查与分析——以山西省忻州市为例	论文	张淑清	5.6	《中国教育学刊》2009年1月
52	试论思想政治理论课教育教学中的人文意蕴	论文	段晓红	4.6	《山西高等学校社会科学学报》2009年8月
53	论成人教育对职业教育的历史贡献	论文	桑宁霞	8	《山西大学学报》2009年10月
54	首要标准视野下教育改造工作思路的调整	论文	焦宁亚	6	《监狱矫正论坛》2009年10月
55	翻译与形而上学批判：在西方哲学的转折点上	论文	郝琳	1.0	《外国语》2009年3期
56	基于马克思生态环境理论对建设生态文明的思考——以山西为例	论文	张志芳	7.4	《经济问题》2009年5月
57	见证1978—2008晋城	编著	郭治琛	361	山西出版集团．山西经济出版社 2008年11月
58	中小企业分析与保护制度建设	论文	王新光	4	《经济师》2009年7月
59	对外贸易中“贫困化增长”问题及对策分析——基于贸易条件变动趋势的角度	论文	刘志永	8.037	《国际经济合作》2009年02月
60	存在与实践：马克思的本体论思想研究	专著	李鹏	218	中国社会科学出版社 2009年9月
61	国家公务员所需加强的现代意识	论文	秦志敏 何海明	3	《理论前沿》2008年12月
62	阎锡山与山西义务教育的兴办及其发展	论文	杨优帅 段彪瑞	4	《教育理论与实践》2009年8月
63	广告规制法律制度研究	专著	药恩情	193	中国广播电视出版社
64	低收入群体稳定问题的预警指标建构思路	论文	杨	5.5	《中共太原市委党校学报》2009年5期
65	太原旅游区旅游流空间结构研究	论文	韩一武	3.8	《太原城市职业技术学院学报》2009年4月

组织奖（8个）

1. 晋中市社会科学界联合会
2. 山西大学社会科学处
3. 山西财经大学科技处
4. 太原师范学院科研处
5. 中共山西省委党校科研处
6. 山西省社会科学院科研处
7. 运城学院科技产业处
8. 中北大学宣传部

附：

2009年度“百部（篇）工程”获奖成果综述

春的脚步临近，春天正大踏步向我们走来。岁末年尾，在举国上下深入贯彻落实党的十七大精神，迎来我省“两会”召开之际，作为山西社科界的精品“百部（篇）工程”优秀成果评审工作圆满落幕了。与之往年相比，凸显申报科学、学科齐全、评审严谨、质量升华四大特征。2009年度共计352项社科成果参与了评审，评出获奖成果139项。其中：荣誉奖1项，一等奖25项，二等奖48项，三等奖65项，同时评出组织奖8个。

古曰：“观一叶而知秋，窥一斑而知全貌”，2009年度获奖成果显现了全省社科界广大社科工作者在不同学科的辛勤探索、钻研刻苦、与时俱进、大胆创新的精神风貌；凝聚了全省广大社科工作者，坚持以马克思主义、毛泽东思想、邓小平理论、“三个代表”重要思想和科学发展观为指导，围绕山西实现“转型发展、安全发展、和谐发展”的目标，致力求真务实，为早日实现“充满活力、富裕文明、和谐稳定、山川秀美的新山西”解放思想、精心研究、开拓创新的智慧与光芒。

综览2009年度“百部（篇）工程”获奖成果，其内容涉及马克思主义理论、哲学、政治学、法学、文化历史学、经济学、语言学、管理学、艺术、外语及诸多交叉学科，覆盖面之广、涉及学科之多、成果质量之高，彰显出如下特点：

一、把握时代主题，站在学科前沿，以新的思维大胆探索研究社会科学不同领域的新问题，是2009年度“百部（篇）工程”的一大亮点

中国特色社会主义理论体系凝聚了中国共产党几代人的智慧与结晶。坚持和弘扬马克思主义、毛泽东思想、邓小平理论和“三个代表”重要思想，贯彻落实科学发展观是时代赋予我们的历史使命。2009年度“百部（篇）工程”累累硕果，尤其是在马克思主义理论、哲学、政治学、法学等基础理论研究方面有了新的突破。如：山西大学科学技术哲学研究中心程瑞撰写的《“洞问题”与当代时空实在论》就为我们填补了空白。文中写到：洞问题(Hole Agument)是爱因斯坦在1913年寻找广义协变的场方程时提出的，1987年被John Earman和John Notron用现代微分几何的语言重新解释，成为物理学时空哲学论战的一个重要转折点。洞问题产生的影响主要表现在它引起了关于广义相对论时空的本体论的争论：时空本质上到底是一种牛顿意义上的实体，还是莱布尼兹意义上的关系？洞问题表明，时空实体论的观点会导致一些“令人讨厌”的非决定论的结论，从而引起了时空实体论和关系论之间的又一轮论战。那么，实体论的看法是否会导致理论的非决定论？关系论又有什么样的优势？时空实在论的发展会受到什么样的影响？对洞问题的认识，是理解广义相对和量子引力理论语境中时空本体论讨论的关键之一，因此具有相当重要的理论和研究价值。此文分为三个部分：第一部分，洞问题的提出和概述。介绍了洞问题的三种表述形式：爱因斯坦的表述、Alan Macdonald的表述和Earman&Norton的表述，阐述了时空哲学中洞问题各种形式；第二部分，洞问题与实体论的非决定论困境。揭示了在实体论成为主流的时空本体论观念的情况下，洞问题以实体论会导致理论的非决定论为理由，再次掀起了一场关于时空的实在论和反实在论的争论；第三部分，洞问题的意义。阐明了洞问题的深刻哲学涵义：其一在于它促进了时空实在论的发展，其二在于它深刻地体现了时空实在论争论的特征。该文的创新点在于，指出了洞问题的提出不是偶然的，而是具有特定的规律性和必然性。这种规律性和必然性就是时空作为物理学的逻辑基础，人们对它的理解随着现代物理学的发展而变化。时空哲学不可能在广义相对论中达到终结，时空的本体论争论依然悬而未决。科学的发展是一个不断完善的多样化的过程，我们不能过早地从科学的某一结果推断一种唯一确定的形而上学的观点，而是要认识到语境变化的动态性特征。物理学在不断丰富和深化，新的语境的可能是无限的，而我们对时空本质的认识，终将是一个在语境的变换中不断地改变和深化的过程“洞问题”属于广义相对论哲学以及时空哲学研究中非常重要的一个基础理论课题，但是由于其中关涉到比较深奥的物理学知识，因此在国内鲜有学者涉足这一领域。该论文必将为国内的物理哲学和时空哲学提供一个重要的研究平台，因此受到了国内学者的广泛关注，在物理哲学研究领域中颇受好评；中国人民大学书报资料中心的人大复印资料《科学技术哲学》2009第6期对本文进行了全文转载。表明该论文具有重大的学术内涵和学术价值。

山西警官高等专科学校张子荣同志撰写的《我国警务模式选择与实现路径探讨》一文，发表在《中国行政管理》2009年第3期。该文通过对中外行政管理方式的演进和警务改革发展趋势的剖析，提出我国警务模式的选择应是构建一种建立在政治、行政和法律三重价值标准一致基础之上的新型警察公共服务模式，并认为实现这一模式的路径是多层次的：在宏观上既要遵循警务改革的发展趋势，又要关注我国发展的阶段性特征在公安工作中的具体表现；在中观上既要强调警察的国家职能，又要突出警察的公共服务职能；在微观上既要坚持法定的警察公共服务职责，又要重视职责范围之外的公共服务问题。

山西大学政治与公共管理学院梁丽萍撰写的《政治社会学》，由中央编译出版社2009年7月出版，是中央统战部华夏英才基金学术文库资助项目。此书在对政治社会学基本理论分析的基础上，对当代中国政治社会的现实问题予以关注，从理念和价值与组织和制度的交织互动中分析政治生活，探讨了当代政治社会变化与发展的规律。此著作从内容体系上分为八个部分：政治社会学概述、现代国家与社会、政治权力与政治权威、公民社会与政治发展、政党与政治社会团体、政治认同与政治参与、政治文化与政治社会化、民主理念与民主实践等。第一，作者在对国家与社会关系理论演变诠释的基础上，分析了我国国家与社会的关系模式，指出建国以后到改革开放前，我国国家与社会的关系属于“强国家－弱社会”模式；改革开放以后，我国国家与社会间的关系发生了根本性的变化，国家与社会的关系模式由二元对立转向相互增权。第二，作者在对政治权力与政治权威理论诠释的基础上，指出改革开放前，与计划经济相应，我国形成党、国家和社会“三位一体”政治权力

结构模式；改革开放后，政治权力逐步从中央向地方、从政治领域向社会领域流动。改革开放前，中国政治领域有两大政治权威，即领袖的个人超凡魅力型权威和政府的至高无上权威；改革开放后，法理型权威开始初步确定，但转型时期中国社会存在政治权威弱化与流失的现象。第三，作者在对公民社会理论诠释的基础上，分析了改革开放三十年，中国国家与社会的关系发生了根本性的变化，一个重要的标志就是公民社会的孕育和不断发展。第四，作者在对政党与政治社会团体理论诠释的基础上，分析了当代中国的政党制度及其制度价值，并对当代中国政治社会团体的发展状况与水平进行定性分析。第五，作者在对政治认同与政治参与理论诠释的基础上，分析了当代中国公民政治认同的状况，及伴随改革开放我国公民的政治参与模式逐渐由“革命型”和“动员型”向“建设性”和“自主型”转向。第六，作者在对政治文化与政治社会化理论诠释的基础上，分析了当代中国公民政治社会化的过程及特征，并对当代中国政治文化发展的取向与特征进行了定性的描述。第七，作者在对民主理念与民主实践理论诠释的基础上，系统分析了改革开放以来，我国民主政治建设的历程与成就。

山西大学政治与公共管理学院刘美玲老师撰写的《感恩与责任：慈善事业的伦理困境解析》一文，就时下阻碍中国慈善事业的伦理困境之一——“要不要感恩”，澄清了人们混淆的思想观念：外在的法律责任（义务）与内在的伦理责任（义务），批判了错误的权利观，提出：救助贫困者是政府的法定责任，作为个人的资助者对任何需要帮助者都没有法律责任（义务），只具有伦理责任（义务）。受助者不能以自己的权利的名义向个人资助者追索法律责任，他应该对完成伦理责任（义务）的个人表示感恩。该文观点明确，思想深刻，见解独到，从理论根源上澄清了近年来困扰中国慈善事业发展的观念问题，对于正在发展着的中国慈善事业具有即时的、现实的指导意义。该文得到了社会各界的普遍认可和高度关注，其主要观点被《新华文摘》（2009年16期）与《社会科学报》（2009.9.17）转载，社会反响良好。

二、关注民生，探究热点，抓住经济社会发展中的重大现实问题拓展研究，是2009年度“百部（篇）工程”的又一重点

党的十七大报告中明确指出：“社会建设与人民幸福安康息息相关。必须在经济发展的基础上，更加注重社会建设，着力保障和改善民生，推进社会体制改革、扩大公共服务、完善社会管理、促进社会公平正义，努力使全体人民学有所教、劳有所得、病有所医、老有所养、住有所居，推动建设和谐社会”。山西省社科院谭克俭研究员撰写的《农村养老体系构建研究》一书是在其主持的国家社科基金项目《全面建设小康社会中的农村养老保障体系构建研究》（03BRK002）的基础上修订出版的。全书共分三篇十三章，35万字。第一篇为综合研究与框架构建，第二篇为专题研究，第三篇为实证研究。此书认为，随着经济社会的发展和人口城镇化步伐的加快，农村老年人口比重上升速度将持续快于城镇，农村老年人的养老问题面临着巨大挑战。因此，尽快建立起比较完善的农村养老保障体系，不仅是全面建设小康社会的题中之义，也是应对21世纪人口老龄化迅猛发展的必要条件。该书通过四个方面的专题研究和对东、中、西部四个省的实证研究，对我国农村养老保障现状作出了基本判断。一是现阶段中国农村的养老保障仍以家庭养老为主，其他养老方式为辅，但家庭养老的基础正在发生着深刻的变化。家庭养老的支撑条件中，老年人自养成为主要形式，自养的经济来源主要是当前的劳动收入；二是除家庭养老保障外，农村现有的社会养老保障形式存在的根本问题是覆盖面和保障效果的问题；三是不同经济发展水平省区的农村养老保障状况既有共性，也有个性，但共性多于个性；四是农村中家庭子女数量的多少与养老效益的关系出现多重效应；五是由家庭养老的特殊地位和作用所决定，在一定时期内，即使建立起农村社会养老保障制度，农村家庭养老为主的格局仍不会彻底改变；六是一个地方的经济发展水平对老年人的经济支持力度有直接关系，但与经济支持的来源没有直接影响，与老年人养老经济支持来源关系最直接的是诸如政策、风习、道德等社会因素，而不是经济因素。此书提出构建我国农村养老保障体系的总体目标是，构建一个与全面小康、和谐社会相协调的、具有社会化特征的农村养老保障体系。基本思路是：多形式保障、低水平起步、全方位统筹、渐进式发展。在这个大思路下逐步建立起由社会养老保障机制、社区养老保障机制、家庭养老保障机制和个人养老保障机制组成的、相互协调的农村养老保障体系。社会养老保障机制是指国家和各级政府及其职能部门根据法律法规设置的各种养老保障形式，其运作特点是由国家财政承担部分或全部的资金投入，由政府组织实施，以保证老年人的晚年生活有基本的保障；社区养老保障机制是一个行政村所应具有的养老保障机制。作为农村社区的村庄是老年人在家庭之外最基本的生活环境，也最有条件和最方便为老年人创造有利的养老环境，并且对提高老年人的生命生活质量也最有效果。所以说，未来社区养老机制在农村养老保障体系中的地位将是十分重要的。社区养老保障机制至少包含四个方面的功能：一是为老年人提供部分经济支持；二是组织和帮助老年人探寻合适的养老方式；三是为老年人服务体系的建立和管理；四是对家庭养老的引导和督促；家庭养老保障机制是我国传统的养老方式，社会化养老保障机制短期内很难替代家庭养老保障机制而占据主导地位。研究认为，随着社会发展，家庭养老功能趋向弱化，但家庭养老却不会退出历史舞台，世界上至今没有一种形式可以完全替代家庭养老，大多数老年人仍愿意生活在家里。因此，政府在积极建立和完善农村社会养老保障的同时，应当关注和维护家庭养老的地位；个人养老保障机制是指社会成员在自身养老问题上所起的作用，主要内容包括三个方面：一是经济储备，二是健康储备，三是情感储备。三个储备的提出，就是旨在使老年人在养老中能够处于有利的主动地位。完善的农村养老保障体系是多种机制的优化组合，因而不应拘泥于某一种机制，而要全面考虑，充分利用和发挥每种机制的优势，一种机制的缺陷可以用另一种或几种机制的优势来弥补。通过这样的方法来解决农村养老保障机制存在的缺陷和问题，在大多数的农村是可行的。

山西社科院历史所高春平所著的《晋商学》是一部以唯物史观为指导，涉及经济、社会、文化、管理、市场、城镇、建筑诸多领域，运用历史学、经济学、金融学、社会学等学科的知识和方法，对晋商进行全方位研究的一部原创性力作。全书从中国古代河东盐的产销与晋商的起源、先秦到汉唐宋元的山西商业、山西古代的商品生产、开中法与晋帮商人的崛起与发展、晋商活跃的十大市场、十大集镇，票

号诞生的重大意义、票号的组织架构与业务运营模式、票号严明的制度及其用人之道、票号在竞争和风险中曲折发展、票号鼎盛的标志与衰落原因、明清晋帮商人的历史地位与影响诸方面翔实地论述了晋商的全貌。既突出了明清时期的晋商，又拓宽了晋商研究的视野和范畴。提出了晋商源于河东盐池，晋商乔家在包头的粮食期货交易是中国最早的粮食期货贸易，日本军国主义侵华是晋商衰亡的罪魁祸首等富有独到已见的观点，从而对传统的晋商票号亡于清末民初的观点提出不同看法。是作者20多年研究晋商的心血结晶。

中共山西省委党校刘兆征在2009年《经济问题探索》发表的《我国居民财产性收入分析及增加对策》一文，为我们开阔了新的思路，详解了问题所在。一、我国居民财产性收入特征分析。(一)特征。1.财产性收入增长迅速，比重不断提高。2.财产性收入来源多元化，结构有了较大变化。(二)原因。1.城乡居民收入增加，恩格尔系数下降，促进了居民积蓄增多、财产性收入的增加。2.相关政策和制度的出台，推动和保障了居民财产性收入的增加。3.房地产市场和股票市场等的快速发展，增加了居民投资渠道，带动了居民收入结构的变化。二、我国居民财产性收入问题分析。(一)问题。1.财产性收入规模有限，所占比重很低。2.财产性收入获得的途径比较狭窄。3.财产性收入分布不均，增长呈现出严重的不均衡态势。①从拥有财产收入的层次来看，财产性收入更多流向高收入群体。②从地域分布来看，居民的财产性收入主要集中在城镇居民家庭。③从地区分布来看，居民的财产性收入更多地集中在东部地区。(二)原因。1.居民收入水平比较低，消费余额少，造成财产性收入的规模有限，所占比重低。2.居民收入差距扩大，造成财产性收入获得机会的不均等。3.市场和相关制度的不完善，造成财产性收入获得渠道少。①市场体系不完善。债券、外汇市场等发展相对滞后；城乡金融市场发展不平衡；股票市场仍有诸多历史遗留问题和制度性缺陷。②相关制度不健全。农村土地、住房、社会保障制度不健全。③居民投资理念不强，理财知识技能缺乏，限制了广大群众获得财产性收入的机会。三、增加我国居民财产性收入的对策。(一)增加居民收入，夯实居民财产性收入的基础。1.通过促进经济发展、扶持全民创业来增加居民收入。2.通过调整分配关系来提高居民收入。(二)缩小收入差距，扩大财产性收入的群体。1.统筹城乡发展，努力增加农民收入。2.“调高”与“保低”并举，缩小居民之间收入差距。3.加强调控，有效控制地区收入差距。(三)发展完善市场，增加财产性收入的渠道。1.要大力发展债券市场。要建立以机构投资者为主导的多层次的企业债券市场。2.要积极发展外汇市场。要培育货币经纪公司，推进外汇衍生品市场发展。3.要加快农村金融市场建设。要拓展农村金融业务种类，增加专为农民的金融理财服务。4.要进一步加强股票市场监管。要健全国际通行的以风险防范为核心的审慎监管机制，拓展监管的广度与深度。(四)改革健全制度，创造财产性收入的条件。1.明晰农村土地产权，探索土地流转形式，加快土地流转进程。要明确界定国家作为土地终极所有者的权能；要探索土地流转形式，加快土地流转进程。2.完善保护农民住房权益。可向农民自有土地上建的自有房屋颁发国有房产证，农民自有房屋办理国有房产证后，可以向银行抵押贷款、进入市场交易。3.健全社会保障制度。要扩大社会保障的覆盖面，提高保障程度，为低收入阶层参与资本市场获取财产性收入提高风险承受能力。(五)强化投资理念，普及理财知识，提高增加财产性收入的水平。有关部门和新闻媒体应积极创造条件，增强服务意识，不断加大宣传和引导力度，组织经常性的居民投资理财知识培训宣传，更新居民投资理财观念，营造全社会重视理财的大环境。

山西财经大学经济研究所靳共元、丁丽芬撰写的《“财产性收入”属性研究——基于“社会主义资本”理论的解释》，就为我们回答了问题。党的十七大以来，“财产性收入”引起人们广泛关注。正确理解社会主义条件下“财产性收入”的属性，对维护社会正常秩序，调动一切积极因素参与经济建设有十分重大的意义。该文详细研究了经典作家关于“资本收入”的理论，提出了“广义财产性收入”的概念，并正面论述了“社会主义资本”范畴下的居民“财产性收入”的属性及其现实意义。此文入选全国高校社会主义经济理论与实践研讨会第23次年会(2009年，吉林，长春)，并被多家网站转载。

中北大学经济与管理学院申丹虹的《中国劳动力市场转型中的个人收入分配研究》从收入分配是劳动力市场运行以及劳动力市场制度的结果这个角度，来研究中国劳动力市场的转型对个人收入分配的影响。形成于20世纪50年代的中国的劳动制度是协调工业化和公平两个目标的结果，一方面，它实现了收入的均等化，避免了其他国家在工业化进程中遇到的严重城市化问题，但另一方面也存在着劳动力的不流动、负激励和微观无效率等问题。中国自从20世纪70年代末改革开放以来，劳动力市场发生了巨大变化，过去那种行政化的工资决定和劳动配置制度逐渐转变为更加灵活的劳动力市场，劳动力市场的变化在提高劳动力配置效率的同时，也对收入分配产生了直接影响。目前中国城市劳动力市场的分割表现在一级劳动力市场、二级劳动力市场和三级劳动力市场并存。一级劳动力市场以城市白领工人为主，其工资可以用内部劳动力市场的效率工资来解释。二级劳动力市场以城市蓝领工人为主，他们受到企业或城市政府一定程度的保护，企业盈亏直接影响职工工资收入。三级劳动力市场以农民工为主，其市场均衡工资低于生存工资。中国劳动力市场上由于受教育的不同而出现的收入差距在于人力资本投资的差别，这可以用收入是对人力资本投资的补偿原理来解释。劳动力市场的灵活性是指在没有工会和政府规制干预下，劳动力市场仅可能自由运行。研究表明，强有力的工会和政府的工资立法通过减少工资差距会缩小收入差距，相反，灵活的劳动力市场有可能使劳动者的收入和就业变得更不安全。在过去的将近30年的时间里，中国已采取一系列措施来增加劳动力市场的灵活性，劳动力市场的灵活性在提高配置效率的同时，也削弱了来自工会和政府对劳动者的保护，引起收入和就业的更不安全。中国和转型国家都经历了从计划经济到市场经济的转型，劳动力市场也发生了巨大变化，劳动力市场转型模式是不尽相同的，作为劳动力市场变化的结果，收入分配在各国表现各异。在中国劳动力市场转型中，为了实现帕累托改进，创造性地采取了双轨制的渐进转型方式，从而最大限度地维持了经济当事人的既得利益，减少了改革的震荡。所以，本文认为，中国劳动力市场的改革目标并不是建立一个如教科书中所描绘的完全竞争的劳动力市场，在真实的劳动力市场中存在市场失灵。仅仅局限于提高劳动力配置效率可能会产生一系列社会问题，为了解决市场失灵问题，需要政府通过劳动力市场制度来调控劳动力市场，以提高劳动者素质，降低收入不平等。从劳动力市场角度对收入分配进行研究，选题意义重大，研究中提出了重要的新观点、新结论，引用率高，对学科建设具有较大贡献，对促进社会主义经济建设有一定的社会影响。

中国人民银行太原中心支行毛金明撰写的《2008年：山西经济金融运行分析与预测》“蓝皮书”内容丰富，有广度，有深度，社会反响很好。《2008年：山西经济金融分析与预测》主要内容：一是要高度关注外部经济金融形势变化对全省经济的负面影响。在成本提高和销售价格下降的双重压力下，山西省一大批中小企业、民营企业倒闭。山西省涉外实体经济增势也随之减缓。二是关注扩大内需政策对金融机构带来的机遇和挑战。扩大内需在一定程度上能够拉动社会投资，从而为金融机构创造良好的金融生态环境，拓展金融机构信贷投放范围，创造新的利润增长点。但要看到扩大内需可能使高污染、高耗能等落后产业重新抬头，加上一些建设项目缺乏及时的通报制度，银企之间存在信息不对称现象，一旦商业银行对相关项目的前期调研不充分，其信贷资金将盲目投入限制类建设项目和企业，从而产生新的不良资产。三是要关注宏观经济下行金融机构经营压力增大的问题。随着宏观经济的进一步恶化，煤焦、电力行业下滑对银行信贷风险的影响也逐步显现。在这种情况下，金融机构在提高信贷资产质量和确保经营效益增长方面将面临较大的压力。四是关注“三农”经济、中小企业等经济薄弱环节金融支持力度不足的问题。对农村信贷资金的供给有限，难以满足新农村建设多元化的融资需求。中小企业担保机构规模小，风险保障机制不完善，担保体系尚未形成。五是提出了今后一段时期，山西省金融业的主要工作和推动经济增长的主要措施。该书在内容上基本准确预测长期经济发展趋势及对金融资源的需求；方法上使用定量的调查研究指标去收集数据，通过对样本数据的分析来得出相对独立的结论；该书的出版整合了人民银行内部各种资源，而且加强了与其他银行、证券、保险等金融机构的沟通、协调与联系。文章提出的对策措施也更具有可操作性，包含了许多切合实际的看法和见解。还有山西财经大学孙凡的《会计模型使用质量的实验比较研究》；山西大学管理学院芦彩梅、梁嘉华合写的《产业集群协同演化模型及案例分析——以中山小榄镇五金集群为例》；山西大学张信东、赵芳撰写的《沪、深股票市场与香港股票市场的溢出效应——基于发布“港股直通车”方案前后的比较分析》等成果均可堪称关注重点、热点的佳作。

三、联系现实，着眼未来，为“转型发展、安全发展、和谐发展”奉献智慧，是2009年度“百部（篇）工程”的鲜明特点

在过去的一年，全省广大社科工作者立足山西、联系现实、着眼未来，为尽早实现山西“三个发展”战略，提出了真知灼见，发挥了“思想库、智囊团”的功能。

山西社科院刘晔发表的《山西清洁发展机制项目实施现状分析》一文针对中国减缓气候变化所面临的挑战，以山西这样一个开展CDM具有较大潜力的省份为案例，客观分析山西CDM项目实施现状及特点，明确CDM项目发展方向和重点领域，并有针对性地提出推进CDM的措施和建议，为山西利用本地区资源优势和产业特色，开发CDM项目，加快全省可持续发展进程提供理论依据与决策参考，同时也为其他同类地区更大程度地参与CDM项目，实现可持续发展提供可供借鉴的发展思路和模式。一、山西CDM项目实施现状及特点。以CDM项目减排类型、减排数量、地域分布、申报进度为切入点，分析山西CDM项目实施现状，总结出山西CDM项目具有的特点：减排类型以节能和提高能效、甲烷回收利用类为主；甲烷回收利用类项目减排量最为突出；地域分布与当地资源与产业特征密切相关；近两年得到批准、注册成功项目日益增多。二、山西CDM实施中存在的问题。山西CDM项目的开发虽取得了一定成绩，但全省CDM项目的合作潜力并未得到充分挖掘，CDM项目的综合水平仍有待进一步提高。主要存在以下不足：项目数量有限、结构不尽合理；企业参与的积极性不够，CDM管理有待进一步完善；存在方法学缺陷和技术瓶颈，能力建设环节依然薄弱。三、山西CDM项目重点发展领域及对策。立足省情，顺应CDM市场发展趋势，提出全省未来CDM项目的重点发展模式：第一，在节能和提高能效类项目上狠下工夫；第二，大力发展新能源和可再生能源类项目；第三，优化项目类型，加快注册速度。积极开发区域供暖、沼气、地热、垃圾填埋气等新项目，进一步优化CDM项目构成。在尚未开发出方法学项目的焦化领域积极储备项目，在金属镁及镁合金领域重点攻克技术难关，力争在上述具有山西特色项目上取得突破。加快新能源和可再生能源、甲烷回收利用、燃料替代等项目注册成功的进度，早日注册成功，早日获得CDM收益，有效规避局势不明朗带来的风险。同时，针对山西执行CDM中存在的不足，建议应从制定发展规划，加强基础研究；实施能力建设，提高服务水平；强化管理、扶持力度，完善配套规则等三方面推动山西在参与CDM方面取得更多实质性的进展。该文立足山西实际，选定CDM的重点前沿问题进行研究，不仅在CDM理论观点、理论框架的引申和发展方面有所丰富和创新；而且对区域乃至企业具体参与、执行CDM项目提供了发展模式和路径支撑，拓展了CDM现有研究范围，弥补了当前CDM实证研究的空缺。通过深入研究山西参与清洁发展机制过程中遇到的各类重大问题，可更好地把握有限的清洁发展机制国际合作契机，这对推进山西节能减排目标实现，调整、优化能源结构，遏制生态恶化都将起到极大的促进作用；对山西加快建立资源节约、环境友好型社会和实现科学发展具有重大理论价值和现实意义。

山西省城市经济学会课题组的《阳泉市推进城乡一体化实践研究》共分三大部分：城乡发展理念与探索的回顾、阳泉市城乡一体化建设的战略与实践、进一步推进城乡一体化的对策和将阳泉市列为山西省及全国中部省分城乡一体化试点城市的建议。在阐述城乡发展理念和介绍我国一些地方特别是试点省市探索城乡发展一体化的实践历程的基础上，重点总结了阳泉市一体化的实践成就和经验，通过剖析进一步推进一体化面临的问题和困难，提出了保障措施和政策建议。课题通篇努力贯穿党的城乡一体化思想，力求以“城乡发展一体化”开篇，更以“城乡发展一体化”收笔，突出理论性和实践性，强化针对性和可操作性，着力通过推进阳泉市城乡发展一体化试点，在国内外产生重要影响，推进全省的城乡发展一体化进程。这正是课题组努力的动力和追求的方向。

山西经贸职业学院吕书梅、王永芳撰写的《人力资源生态与人力资源投资风险

规避》一文，就针对在人才资源日益重要的当今社会，越来越多的企业都把挖掘、利用人才作为投资战略的重要组成部分，然而，由于人力资源投资存在高风险，使人力资源投资决策成为企业面临的难题。人力资源生态环境的适宜性对于人力资源的吸引、培育、使用、管理和开发至关重要。营造符合人才偏好的内部环境，采取相应的激励政策；根据人力资源供求生态，确定人力资源投资方式和内容；优化企业内部生态，降低人力资源投资风险。文章分析了人力资源生态对人力资源投资的影响，并据此提出了规避人力资源投资风险的对策。该文对企业合理规避人力资源投资风险有一定的指导意义。

中共山西省委党校潘峰撰写的《关于低收入群体稳定度的指标体系建构》一文，是国家社科基金课题。文章认为在我国现阶段阶层分化、贫富差距持续拉大情况下，低收入群体稳定度究竟如何，突出的问题在哪里，变化趋势怎样，离警戒线有多远，应以何种力度来调控？这都不是靠模糊经验和理论论证所能认定和决策的，而必须寻求更加科学系统的指标来衡量与测定。为此，建构一个有关该群体稳定度的整体性指标体系就成为必要选择。一、建构该指标体系应充分体现的科学性要求。这主要有四点：1. 客观性与真实性。2. 系统性与重点性。3. 可行性与操作性。4. 实证性与调适性。二、建构该指标体系的总体框架设想。尝试提出“四级指标体系”。1. 自然背景指标。2. 经济生活指标。3. 政治心态指标。4. 行为状况指标。5. 社会背景指标。三、建构该指标体系须进一步处置的关系问题。这主要有四个：1. 内在指标与背景指标。2. 客观指标与主观指标。3. 正向指标与负向指标。4. 基础指标与选择指标。此外，社会学的“社会指标”与本指标体系特殊指标的关系也需要进一步处置。

山西大学体育学院石晓峰、李建英、王飞三位老师合作的《山西体育旅游资源分析及开发策略研究》认为随着社会经济和文化的不断发展，人民生活水平日益提高，人们对生活的期望值也越来越高，工作之余外出旅游也渐渐成为一种生活方式。旅游的内容和形式也不断发展和变化，人们开始追求更丰富多彩的旅游方式。静态的观光旅游正在向动态的、个性化的、参与性强的方式转变。体育旅游正是适应了这种变化和需要，它将传统旅游的被动和受约束性降低到最低点，使人们在强健身心、调节情绪、缓解压力的同时得到美好体验。体育旅游具有健身、观光、娱乐、度假、购物、商务活动等多重功能，具有广泛的社会经济价值和发展前景。加之山西省面临“中部崛起”这一历史机遇，研究山西省体育旅游资源的开发利用，对促进山西经济持续增长，加快发展山西体育旅游业，构建和谐稳定的社会具有十分重要的现实意义。山西省体育旅游市场的发展与其丰富的资源和区位优势很不相称，经济落后、收入偏低、认知不足、宣传不够，是制约山西省体育旅游市场发展的主要因素。通过对山西省体育旅游资源的构成及优势分析，结合体育旅游市场发展环境，提出了培育体育旅游精品，构建山西省体育旅游“三纵”，即沿黄线、大运线、太焦线；“三横”，即北线、中线、南线；“三圈”，即晋北、晋中、晋南体育旅游圈的开发格局，旨在加强区域合作，推动我国中部地区体育旅游的联动发展。

还有山西社科院温朔彬、温端政撰写的《汉语语汇研究史》一书，全面系统地考察了汉语语汇研究的历史，是论述语汇研究发展过程的一本专著。本书分八个部分。前言里，首先说明了本书撰写的背景：改革开放以来，以成语、谚语、歇后语、惯用语为收条对象的语汇类辞书不断涌现，逐渐形成了字典、词典、语典“三足鼎立”的局面。语典的兴起，大大促进了语汇研究。语汇学作为与词汇学相平行的学科已经成为我国语言学的一门新的分支学科。其次，论述了研究汉语语汇研究史的重要意义。第三，说明了本书的研究方法：根据汉语语汇研究的实际情况，没有采用“萌芽期”、“发展期”、“兴盛期”、“繁荣期”一类的分法，而是划分时间段进行叙述。古代部分，设立专章概述。现代部分分为新中国成立前、新中国成立初期（20世纪50～60年代中期）和改革开放以后的新时期三个阶段。前两个阶段各立专章，后一个阶段内容比较丰富，分为上、中、下三章。叙述内容以介绍论著为主，并加上评语；每个部分都有“小结”，总评研究成果，在肯定成绩的前提下，指出不足之处。第一章，评述了我国古代语汇研究概况。第二章，评述了20世纪初期至新中国成立前的语汇研究，分为谚语研究、歇后语研究、成语研究、俗语研究四节。第三章，评述了新中国成立初期（50－60年代）的语汇研究，分为谚语研究、歇后语研究、成语研究、惯用语研究、语的综合性研究（“熟语”研究）五节。第四章，评述了新时期（改革开放以后）的语汇研究（上），分为谚语研究、歇后语研究两节。第五章，评述了新时期（改革开放以后）的语汇研究（中），分为成语研究、惯用语研究两节。第六章，评述了新时期（改革开放以后）的语汇研究（下），分为俗语研究、语的综合性研究（上）（作为词汇组成部分的“熟语”研究）、语的综合性研究（下）（在“语词分立”基础上的语汇研究）三节。在后记里，简述了2007年7月28至29日在山西太原召开的“首届汉语语汇学学术研讨会”和2009年7月29至30日在浙江温州召开的“第二届汉语语汇学学术研讨会”的盛况，展现了语汇学的深厚基础和广阔领域以及辉煌的发展前景。

太原师范学院陈亚平的《清代商人组织的概念分析》，就商人组织进行了深入浅出的剖析。文章认为：“行会”（Guild）是一个西方历史学术概念，原本用于专指中世纪欧洲城市发展起来的具有封建性质的城市工商业组织。但是，在20世纪中国历史研究中，这一概念不仅对中国商人组织的历史研究具有长期的影响，也对中国城市社会研究造成巨大的概念限制。实际上，概念就是一扇打开思维的窗户，当我们用这一概念来分析中国历史上的商人组织的时候，必然出现用西方的标准和逻辑衡量中国历史现象的问题。因此，一个仅仅在历史学界流行的“习用名称”，不仅20世纪之后中国的工商业团体不用这个名称，历史上也不曾用过的称谓，在20世纪的中国史学研究上是一个具有核心意义的概念。该文认为，中国历史上的商人组织是中国社会与文化建构的产物，反映了中国社会演变的特殊过程，是中国历史社会结构变迁的重要组成部分。文章以清代巴县档案为中心，结合民国时期的社会调查资料，通过对清代重庆社会生活中出现的、在商人社会交往和经济交往中发挥世纪作用的各种社团：“行”、“会”、“帮”、“会馆”、“公所”以及“神会”等不同组织的概念和内涵的比较，分析了中国商人组织的特殊类型，提倡历史研究要在中国文化与社会环境基础上理解和解释中国商人组织的制度变迁，进一步对中国历史上的城市基层社会构成提出建立在实践资料上的新认识。该文曾经在2008年山西大学举办的社会史的理论与实践学术研讨会上进行交流，得到与会专家的关注，2009年2月经国家级专业研究刊物《清史研究》发表后，6月，中国人民大学书报资料中心主编的《明清史》第六期全文转载。

综上所述，2009年度“百部（篇）工程”累累硕果具有非常之年的非常之作，有着鲜明的时代意义和深远的历史意义。我们欣喜地看到全省社科界后继有人、枝繁叶茂。“欲穷千里目，更上一层楼”，相信社科事业的春天来年会更美好！

教　　育

综　述

【教育经费收入与支出】 2008年全省教育经费收入332.84亿元，较上年的264.99亿元增长25.60%。预算内教育经费拨款（不含教育费附加）229.94亿元，较上年的174.44亿元增长31.82%。各级政府征收用于教育的税费收入达25.57亿元，较上年的15.03亿元增长70.17%。企业办学教育经费1.32亿元，比上年的5.24亿元下降74.78%。校办产业和社会服务收入用于教育的经费0.02亿元，较上年的0.13亿元下降83.52%。民办学校中举办者投入经费2.52亿元，较上年的4.54亿元下降44.49%。社会捐集资办学经费0.79亿元，较上年的1.24亿元下降35.97%。事业收入69.70亿元，较上年的61.16亿元，增长了13.96%，其中：学杂费收入48.93亿元，较上年的45.89亿元增长6.62%。

2008年教育部门事业性经费总支出280.43亿元，比上年的217.25亿元增长29.08%。其中：个人部分支出177.94亿元，比上年的134.67亿元增长32.13%；公用部分支出102.49亿元，比上年的82.58亿元增长了24.11%。普通高校事业性支出45.86亿元，普通高中支出36.94亿元，普通初中支出61.56亿元，中等职业学校支出20.64亿元，小学支出94.48亿元。

2008年教育部门预算内事业性经费总支出197.46亿元，较上年的149.6亿元增长31.99%。其中个人部分支出151.33亿元，比上年的112.88亿元增长34.06%；公用部分支出46.13亿元，比上年的36.72亿元增长了25.63%。普通高校预算内事业性支出19.31亿元，普通高中支出20.06亿元，普通初中支出50.36亿元，中等职业学校支出12.96亿元，小学支出81.51亿元。

落实《中华人民共和国教育法》规定的“三个增长”情况

(1)全省各级人民政府预算内教育拨款增长速度与财政经常性收入的增长速度比较（由于2008年全省财政经常性收入数据尚未计算出来，所以此处采用一般预算收入计算。）

2008年全省各级人民政府预算内教育拨款（不包括城市教育费附加）为229.94亿元，比上年174.44亿元增长31.81%。同年全省财政一般预算收入为748亿元，比去年增长25.17%，全省预算内教育拨款增长速度高于财政一般预算收入的增长速度6.64个百分点。

(2)各类教育生均预算内教育事业费支出增长情况

2008年全省普通小学、普通初中、普通高中、职业高中、普通高等学校生均预算内教育事业费支出情况是：

全省普通小学生均预算内教育事业费支出2690.28元，较上年的2057.54元增长30.75%，其中：农村普通小学生均预算内教育事业费支出为2987.28元，比上年的2237.42元增长33.51%。

全省普通初中生均预算内教育事业费3225.25元，较上年的2345.91元增长37.48%，其中：农村普通初中生均预算内教育经费支出3496.16元，较上年的2416.58元增长44.67%。

全省普通高中生均预算内教育事业费支出3111.90元，较上年的2557.23元增长21.69%。

全省职业高中生均预算内教育事业费支出4017.06元，较上年的2463.72元增长63.05%。

全省普通高等学校生均预算内教育事业费支出5222.33元，较上年的4669.90元增长11.83%。

(3)各类教育生均预算内公用经费支出增长情况

2008年全省普通小学、普通初中、普通高中、职业高中、普通高等学校生均预算内公用经费增长情况是：

全省普通小学生均预算内公用经费支出567.56元，较上年的458.90增长23.68%，其中：农村小学生均预算内公用经费支出602.84元，比上年的503.45元增长19.74%。

全省普通初中生均预算内公用经费支出827.47元，比上年的629.64元增长31.42%。其中：农村普通初中生均预算内公用经费支出904.07元，比上年的686.34元增长31.72%。

全省普通高中生均预算内公用经费支出628.49元，较上年的553.03元增长13.64%。

全省职业高中生均预算内公用经费支出553.77元，较上年的430.75元增长28.56%。

全省普通高校生均预算内公用经费支出1411.67元，较上年的1388.36元增长1.68%。

（侯文一　张湘滔　李东福）

【深入学习实践科学发展观活动】 按照中央和省委的部署，在省深入学习实践科学发展观活动领导小组的正确领导和省委第六巡视组的指导下，省教育厅从2008年10月中旬到2009年2月底分三个阶段开展了深入学习实践科学发展观活动。全厅45个基层党组织698名党员参加了学习实践活动。其中，厅级干部12人，处级干部150人，普通党员536人。直属各单位党组织的学习实践活动与厅机关同步进行。厅党组坚持把这次学习实践活动作为一项重大政治任务，作为推动山西教育又好又快发展的一次重要契机，牢牢把握科学发展这个主题，紧紧围绕“党员干部受教育、科学发展上水平、人民群众得实惠”这一总要求，以“认真实施教育协调发展工程，努力办好人民满意的教育”为载体，周密细致组织安排，深入系统学习调研，全面深刻分析检查，扎实有效整改落实，顺利完成了学习实践活动的各项目标任务，取得明显成效，群众满意度达到98%以上。一是在推动全省教育事业发展上形成了共识，进一步增强了贯彻落实科学发展观的自觉性和坚定性。二是找准了影响和制约我省教育事业科学发展的突出问题，进一步明确了今后的发展思路。三是解决了一些突出问题，取得了一批制度创新成果。四是坚持“两不误、两促进”，推动全省教育事业取得新进展。在总结学习实践活动成果和经验的同时，厅党组还进一步明确了今后努力的方向：一是建立完善学习实践科学发展观的长效机制；二是继续抓好整改落实方案的实施；三是建立保障的促进科学发展新机制；四是进一步改进作风，提高全系统干部贯彻落实科学发展观的能力和水平。

（侯文一　张湘滔　李东福）

【全省高校党建工作会议】　2月23日，经省委批准，省委组织部、省委宣传部、省高校工委联合召开了全省高校党建工作会议。省委书记张宝顺、副书记金银焕出席会议并做了重要讲话，省委常委、组织部长任泽民主持会议。张宝顺书记指出，以改革创新精神做好高校党建工作，对坚持社会主义办学方向、加强和改进党对高等教育的领导，深入实施科教兴晋和人才强省战略，为新基地新山西建设提供人才保证和智力支持，具有十分重要的意义。他强调要站在全局和战略高度，进一步增强做好高校党建工作的责任感和紧迫感，全面加强高校党建工作，不断巩固党在高校的领导地位和执政基础。一是以武装头脑、指导实践、推动工作为目标，切实加强中国特色社会主义理论体系教育。二是提高办学治校能力为目标，切实加强高校领导班子和干部队伍建设。三是夯实执政基础为目标，切实加强高校基层党组织建设。四是以充分发挥先锋模范作用为目标，切实加强高校党员队伍建设。金银焕副书记强调指出面对新的形势和任务，各高校必须围绕“办什么样的大学、怎样办好大学”，“培养什么人、如何培养人”这两个重大问题，创造性地加强党的建设。山西大学、太原理工大学、中北大学和山西工程职业技术学院等四所学校党委进行了大会交流。

（侯文一　张湘滔　李东福）

【教育发展八项重点工程】　山西省政府办公厅转发的《山西省教育事业发展“十一五”规划》中明确提出，“十一五”期间，在全省实施教育发展“八项重点工程”，即义务教育水平提升工程、职业教育发展工程、高等教育强校工程、科教兴乡兴县工程、普通高中学校建设工程、德育工程、教育信息化工程和助困保学工程。这八项工程涵盖了今后一段时期山西教育发展改革的主要任务，也是省委、省政府确定的“教育协调发展工程”的主要内容。2008年，在充分调查研究、多方征求意见的基础上，省教育厅代拟了教育发展八项重点工程的实施意见，作为《山西省教育事业发展“十一五”规划》的配套文件，由省政府办公厅印发到各市、各部门和高等学校。（侯文一　张湘滔　李东福）

【教育系统抗震救灾工作】　四川汶川特大地震灾害发生后，山西省教育系统广大干部师生积极响应党中央、国务院号召，按照省委、省政府有关要求，大力发扬“一方有难，八方支援”优良传统，急灾区人民之所急，想灾区人民之所想，解灾区群众之所难，以实际行动全力支援抗震救灾，帮助灾区人民共度难关。一是对高校四川籍学生进行深入细致地安抚和帮扶。教育厅要求各高校全力做好川籍学生思想安抚和帮困助学工作，确保学生思想稳定。各高校都对这些学生的情况进行了详细了解，与他们进行了座谈，积极帮助他们与家人取得联系，对于受灾家庭学生给予关心和资助，使他们能够安心生活、学习。二是动员全省教育系统积极捐款捐物，向灾区人民伸出援助之手。灾情发生后，教育厅立即号召全省教育系统广大干部和师生发扬公益精神，向灾民伸出热情援助之手，与灾区同胞共度难关。各高校广大师生积极响应，组织开展了捐款、献血、发倡议书、签名祝愿、烛火祈福、默哀悼念等一系列活动，向灾区人民伸出援助之手，表达对遇难同胞的深切哀悼，表达强烈的爱国热情。据不完全统计，党关系隶属于高校工委的高校累计捐款1000余万元，交纳“特殊党费”约1225.64万元。教育厅机关及直属单位职工也积极向灾区捐款，党员干部积极交纳“特殊党费”。机关及厅直单位共捐款327462.3万元，交纳“特殊党费”约612865万元。三是深入开展了学校校舍安全隐患大排查。对各学校教学用房、学生宿舍、食堂、厕所、浴室等公共建筑设施逐一摸排，对排查出的问题逐校建立台帐，并立即采取措施予以消除。对存在重大安全隐患的校舍，立即停止使用。严把工程质量关，要求所有新建、改扩建学校要按当地抗震设防烈度提高1度进行抗震设防，对已有教学楼要按照此标准进行加固。要求新建学校选址要科学、合理，避开地震断裂带、低洼地、滑坡地、沟口等自然灾害频发地段。对地处易滑坡山体周边的山区学校，立即进行整治和整改。四是积极安置灾区学生到我省中小学就读。各级教育行政部门对这些孩子的安置非常重视，积极采取措施，安排好他们的学习和生活。这次地震发生后，教育系统各级党组织第一时间积极行动起来，开展抗震救灾工作，高校学生也有序开展了各种悼念和捐助活动，充分体现了基层党组织的战斗堡垒作用和深入开展大学生思想政治教育的扎实成效，体现了教育系统广大干部师生的爱国热情和凝聚力。

（侯文一　张湘滔　李东福）

【大学生思想政治教育工作】　全面完成全省高校思想政治理论课新课程方案实施过渡工作，对教师进行了第二轮全员培训，开展了全省高校思想政治理论课优秀教学案优秀教案、优秀课件的评选。4月，在晋城职业技术学院召开全省高校心理健康教育工作现场会，推广晋城职业技术学院加强心理健康教育的经验，切实加强大学生心理健康教育。5月，组织专家对新成立本科高校和独立学院实施新课程方案情况进行了督查指导。11月，召开了全省加强和改进高校思想政治理论课工作会议，出台了《关于进一步加强和改进高校思想政治理论课工作的若干意见》和《山西省思想政治理论课师资培训五年规划》。切实加强高校精神文明和校园文化建设，组织高校开展“3·14事件真相”和“抗震救灾”主题展览，启动了山西历史文化进校园百场讨论系列活动，激发大学生热爱家乡、建设祖国、传承和弘扬中华文化的热情。全面加强思想政治教育阵地建设，建成一批大学生心理健康教育咨询中心和思想政治教育主题网站。制定下发了《山西省高校思想政治教育督查指标体系》，开展了对全省高校思想政治工作的评估。（侯文一　张湘滔　李东福）

【未成年人思想道德建设】　继续推进德育示范学校建设，通过组织验收，80所省级德育示范学校获得了省政府表彰。5月，在大同市举办了全省德育示范校工作论坛。加强中小学班主任队伍建设，开展政工干部和班主任全省流动培训，并组织开展了第四届全省中小学班主任素质展示活动。开展弘扬和培育民族精神月活动，在全省中小学举办了“学习英雄少年，弘扬抗震救灾精神，做一个有道德的人”主题教育活动。下发了《关于加强中小学心理辅导室建设的通知》，做好中小学生心理健康教育工作。加强青少年校外教育项目的建设管理和督查，开展校外教育从业人员的培训，12月，在阳泉郊区召开全省青少年校外活动场所建设和管理工作现场会，总结交流了阳泉郊区等县(区)活动中心的经验，表彰了9个先进集体和25个先进工作者。

（侯文一　张湘滔　李东福）

【教师队伍建设】　认真学习贯彻新修订的《中小学教师职业道德规范》，坚持把师德建设摆在首位，切实加强教师队伍建设。开展教师队伍建设状况专题调研，会同省编办研究制定相关政策。认真解决高校编制不足和中小学有编不补等问题，去年中小学考试录用教师14000余人，高校教师选拔录用近2000人，有效地缓解了教师队伍数量不足的问题。积极做好农村中学教育硕士师资培养计划落实工作，10月，在山西师范大学举办了贫困县中学教育硕士师资双向选择签约会。该项工作实施五年来，签约到贫困县中学任教的教育硕士师资达到336名，为贫困县中学补充了一批具有研究生学历的教师。大力推进城镇教师支援农村教育工作，年初对阳泉、晋中、古交等地进行城镇教师支援农村教育工作调研，改进和完善了现行的支教办法。加强中小学校长培训，对全省中小学校长进行了一次全面普查，举办了全省中学校长岗位培训班和提高培训班。提高特殊群体和离岗退养民办教师的补贴标准，与省人事厅、财政厅联合下发了《关于调整全省农村老弱病残民办教师长期生活补助费的通知》和《关于解决全省托幼长期临时保教人员退养生活补助问题的通知》，对全省12万普通中小学、盲聋哑学校的班主任教师津贴标准提出新意见，调整了特级教师津补贴标准并全面落实到位。进一步加强高校人事人才工作。组织2008年“新世纪百千万人才工程”和“333人才工程”评选工作，分别推荐省级人选23人和19人。继续开展教师资格认定工作，新认定各类教师资格44470人，其中幼儿园4261人、小学11002人、初中11531人、高中15248人、中等职业学校927人、高等学校1501人。与教育工会联合组织高校进行了全国和全省的五一劳动奖章表彰工作，评选出全国五一劳动奖章1名，山西省五一劳动奖章2名，一等功7名。与山西省老促会联合评选出25个晋绥老区县的123名教师，授予晋绥儿女支持老区教育奖。

（侯文一　张湘滔　李东福）

【学校安全稳定工作】　2月，省教育厅与各市、各高校分别签订了安全工作责任书，层层分解安全责任，确保责任落实到位。研究制定了《关于做好2008年全省中小学（幼儿园）安全管理工作的意见》、《关于开展校车及校园周边道路交通安全集中整治工作的通知》、《关于认真做好学校校舍安全隐患大排查等工作的通知》、《关于进一步做好中小学、中等专业学校安全工作的通知》等一系列安全管理规范性文件。教育厅、省综治委、公安厅、安监局联合对34所高校、5所中专学校、57所中小学进行了学校安全隐患排查。进一步加强学校及周边环境综合治理工作，与省综治委联合召开了全省学校周边综合治理电视电话会议，安排部署对全省各类学校及周边治安进行专项整治工作，印发了《关于开展学校及周边治安整治工作的实施意见》。对全省各级各类学校校舍进行了抗震安全排查，排查学校24281所，校舍建筑85324栋，建筑面积4885.6万平方米。排查表明，经维修和加固可使用的校舍面积为1000万平方米，存在严重隐患拟拆除的面积为500万平方米。此外，积极稳妥做好处理学校突发事件、资助家庭经济困难学生、控制学生食堂饭菜价格上涨、排查和化解学校安全稳定隐患等工作，全省教育系统保持了安全稳定的局面。　（侯文一　张湘滔　李东福）

【建立完善贫困家庭学生政策资助体系】

在义务教育阶段积极落实农村义务教育经费保障机制，将免费提供教科书扩大到农村义务教育阶段所有学生，普遍提高了家庭经济困难寄宿学生生活补助标准和农村中小学校生均公用经费标准。秋季开学起，全面免除了城市义务教育阶段学生学杂费。在普通高校以国家助学贷款为主体，国家奖学金、助学金和勤工助学、特殊困难补助、学费减免相结合的高校家庭经济困难学生资助政策体系已经形成，确保了每一位考入公办高校的学生不因家庭经济困难而失去学习机会。在中等职业学校进一步健全贫困家庭学生资助政策体系，不断加大宣传力度，严格资金管理，全省共有62.3万名中职学生享受到国家助学金资助，资助面达到90%以上。

（侯文一　张湘滔　李东福）

【教育法制建设】　广泛开展法制教育宣传学习活动。与省税务局、共青团省委、省禁毒办等部门联合在全省大中小学校中开展了“税法宣传进校园”、禁毒知识预防教育活动，举办了禁毒主题宣传设计大赛。狠抓“依法治校示范校”的创建和规范工作，促进学校办学行为的规范性运作。6月命名了89所第三批省级“依法治校示范校”，使省级示范校达到217所。认真开展教育执法检查，4月，教育厅积极配合省人大对《国家通用语言文字法》及我省的实施办法进行了执法调研，了解了各市法规贯彻执行情况，并对全省二、三类城市语言文字评估工作起到了促进作用。　（侯文一　张湘滔　李东福）

【毕业生就业工作】　针对国际金融危机对大学生就业带来的不利影响，加大了毕业生就业服务和就业指导工作力度，积极引导毕业生面向基层、面向农村就业。配合省委组织部选派了万名大学生到乡村、社区任职，在扩大毕业生就业渠道的同时，有力地支持了社会主义新农村建设。

（侯文一　张湘滔　李东福）

【教育交流与合作】　加强国际合作与交流，2008年共邀请外国留学人员短期回国讲学和进行合作研究13人次。国家公费留学人员35人，公派留学人员回国126人，累计聘请、延聘外籍教师200余人次，接收长期留学生60名，落实外国专家专项经费100万元。6月，在美国举办了第12届中美教育交流会，也为山西持续开展了25年的中美教育学术交流画下了一个完美的句号。加强省筹资金留学回国人员科研资助管理工作，全年共落实资助项目96项，资金515万元。继续强化对自费出国留学中介服务机构和中外合作办学的管理，山西财经大学中德学院、太原师范学院外国语专科部中外合作办学机构获准延期并取得教育部备案编号。加大汉语国际推广力度，山西大学、太原理工大学分别与亚美尼亚布留索夫埃里温国立语言大学和阿富汗喀布尔大学合作开办了孔子学院。制定出台了《2008—2012年汉语国际推广中小学基地工作规划要点》，加强了山西大学附属中学和太原市外国语学校汉语国际推广中学实习基地建设。

（侯文一　张湘滔　李东福）

基础教育

【概述】 2008年，全省有小学17167所(其中单人校3282所)，比上年减少2360所；在校学生321.34万人，比上年减少12.09万人；招生47.48万人，比上年减少6.06万人；毕业生55.21万人，比上年减少2.75万人。其中：民办小学校数266所，在校生21.06万人，分别占小学校数和在校生数的1.55%和6.55%，均比上年有所增加。小学学龄儿童净入学率99.86%，比上年提高了0.32个百分点。小学毕业生升学率为99.67%。小学教职工和专任教师均比上年有所减少，专任教师学历合格率继续提高。全省小学教职工有210066人，比上年减少1164人，其中专任教师193378人，比上年减少了1196人；小学专任教师学历合格率为99.60%，比上年提高了0.15个百分点。全省小学校舍建筑面积1798.06万平方米，比上年增加5.2万平方米，生均校舍建筑面积5.60平方米，比上年增加0.22平方米。

初中阶段教育（包括普通初中、职业初中）共有学校2475所，比上年减少84所；在校生数179.37万人，比上年减少8.18万人；毕业生数61.91万人，比上年增加1.51万人。普通初中校数2427所(含九年一贯制学校)，比上年减少82所；在校生177.28万人，比上年减少7.87万人；普通初中毕业生61.04万人，比上年增加1.45万人；专任教师119673人，比上年减少951人；校舍建筑总面积1229.07万平方米，比上年增加59.27万平方米。职业初中校数48所，比上年减少2所；在校生20891人，比上年减少3138人；毕业生8662人，比上年增加615人；专任教师1371人，比上年减少51人；校舍建筑总面积为18.12万平方米。全省幼儿园4486所，比上年增加9所，学前三年毛入园率为49.4%。特殊教育学校43所，在校生7890人，比上年减少845人。

（侯文一 张湘滔 李东福）

【中小学校舍安全工程】 2008年省政府启动中小学校舍安全工程，决定用3年时间省市县三级筹资42亿元对全省中小学校舍进行维修加固改造，基本消除2008年底前存在的危房，彻底消除中小学校舍安全隐患；对2008年及以后新建和改扩建的中小学校舍严格按照国家制定的中小学校建设标准建设，确保校舍安全。通过努力，将中小学校建成最牢固、最安全、家长最放心的地方。这是新中国成立以来省里集中投入经费最多的教育建设项目，对于保障师生安全、提高教育水平、促进义务教育均衡发展具有重要意义。

（侯文一 张湘滔 李东福）

【农村义务教育经费保障机制】 积极落实农村义务教育经费保障机制，先后下发了《关于认真做好农村义务教育教科书免费提供和部分教科书循环使用工作的通知》等一系列文件，将免费提供教科书扩大到农村义务教育阶段所有学生，普遍提高了家庭经济困难寄宿学生生活补助标准和农村中小学校生均公用经费标准，解决了农村中小学冬季取暖经费问题。秋季开学起，全面免除了城市义务教育阶段学生学杂费，所需资金中央财政安排50%，地方应安排资金根据由省、市、县财政按5：2：3比例配套安排，免除杂费资金共计15433.193万元，惠及全省小学生682744人，初中生445089人，这是继农村免费义务教育全面实现之后又一个具有里程碑意义的历史性成就，

（侯文一 张湘滔 李东福）

【义务教育水平提升工程】 对义务教育标准化建设工作进行了评估验收，截止2008年底全省共有61个县区接受了评估验收，省政府表彰挂牌的达标县区达39个。大力加强农村寄宿制学校建设，10月在朔州召开了全省农村义务教育阶段寄宿制学校管理工作现场会，总结推广右玉县、平鲁县寄宿制学校建设和管理经验，并出台了《关于加强农村义务教育阶段寄宿制学校工作的指导意见》，对今后的工作提出明确要求，推动寄宿制学校建设管理上质量、上水平。努力改善办学条件，圆满完成了省政府承诺的在大中城市和县镇新建、改扩建500所中小学校任务，争取华能集团、国投公司、台塑集团等捐资近亿元用于校舍建设。加强了农村中小学现代远程教育工程资源建设和应用。

（侯文一 张湘滔 李东福）

【高中教育】 全省普通高中学校数(含初高中合设)559所，比上年减少10所；招生270394人，比上年增加9519人，增长3.65%；在校生782937人，比上年增加12125人，增长1.57%；毕业生258789人，比上年增加27041人，增长11.67%。其中：民办普通高中学校数189所，在校生158389人，分别占普通高中总校数和在校生数的33.81%和20.23%。普通高中专任教师49262人，比上年增加1636人；专任教师学历合格率89.18%，比上年提高2.7个百分点。普通高中校舍建筑总面积1231.22万平方米，比上年增加71.75万平方米。

普通高中学校建设工程顺利推进，示范高中建设基本完成，2008年有39所普通高中学校接受了省级评估验收，使接受评估验收的学校达到109所，经复评挂牌的省级示范高中学校达到46所。普通高中新课程实验工作启动，对省、市级普通高中新课程管理者和学科教师2.8万人进行了培训，并制订出台了一系列配套措施，确保全省普通新课程实验的全面实施。（侯文一 张湘滔 李东福）

五台山槐荫学校

张明芳摄影

【特殊教育和学前教育】 2008年全省幼儿园4486所，在园幼儿（包括学前班）60.22万人，学前三年毛入园率为49.4%。幼儿园园长和专任教师共28026人，幼儿园校舍建筑总面积288.34万平方米。2008年对6个县区进行了普及学

前三年教育评估验收，全省接受评估验收工作的县区达到76个。

2008年全省共有特殊教育学校43所，在校生7890人，专任教师1105人。启动实施了49个特殊教育学校建设项目，其中新建21所，改扩建28所。

职业教育

【概述】 2008年，全省共有中等职业教育(包括普通中等技术学校、职业高中、技工学校和成人中专)学校630所，比上年减少22所；在校学生637272人，比上年增加14487人；毕业生187287人，比上年增加21672人。普通中等技术学校有93所；比去年增加5所，其中民办学校15所；在校生221826人，比上年增加241人；教职工有11113人，其中专任教师6868人，比上年增加322人；师生比为1：32.29；学校占地面积510.96万平方米，比上年增加34.65万平方米；校舍建筑总面积为254.36万平方米，比上年增加15.9万平方米。职业高中有289所，比上年减少17所；招生98151人，比上年减少10700人，减少9.83%；在校生256518人，比上年增加16149人，增长6.72%；毕业生62819人，比上年增加10793人，增长20.75%；专任教师11848人，比上年减少279人；校舍建筑总面积为225.29万平方米，比上年增加0.96万平方米。成人中等专业学校有127所，比上年减少13所；招生10527人(全日制4664人，非全日制5863人)，比上年减少7779人；在校生27315人(全日制10434人，非全日制16881人)，比上年增加1285人；毕业生8957人，比上年增加2817人；教职工4477人，专任教师2977人。

(侯文一　张湘滔　李东福)

【中职招生工作】 4月份召开会议进行安排部署，将招生任务分解落实到各市、各校，并要求各市宏观调控当地普通高中和中等职业学校的招生规模；组织本省中等职业学校实行城乡联合招生合作办学。6月份在全省开展了招生宣传月活动，省教育厅和省考试管理中心印制《中考指南》60多万份，免费发放到每个考生手中，同时各地及各类中等职业学校利用各种媒体和各种形式开展了声势浩大的宣传活动。11月份，针对全省中等职业学校招生缺口较大的情况，省教育厅又召开专题部署会，就继续做好招生工作进行了部署。各级招生部门进一步完善招生录取办法，为学校服务，为学生服务，多次组织补录，基本上做到了绿灯长开。经过努力，全省中职学校2008年共招生25万人。

(侯文一　张湘滔　李东福)

【成立省级职业教育集团】 为推动中等职业教育人才培养模式的改革，为经济社会发展更多更好地培养技能型人才，根据我省产业布局和经济结构调整对技能型人才的需求，吸纳62所职业院校、168家企业、21个行业协会和16个科研院所，组建了煤炭、电力、建筑、冶金、旅游、金融、装备制造、材料与信息等8个行业性职业教育集团。3月25日，召开了山西省首批职业教育集团成立大会，省委副书记金银焕、副省长张平向首批成立的八大职业教育集团授牌。目前，各职教集团已经在校校合作、校企合作方面做了大量的工作，晋中市还组建了区域性的晋中职业教育集团。(侯文一　张湘滔　李东福)

【加强职业教育基础能力建设】 2008年建设县级职教中心和示范性学校32个，实习实训基地7个。会同省财政厅对全省职业院校国家级实训基地建设及资金使用情况进行了检查，会同省发改委对全省职业教育基础能力建设项目建设情况进行了检查。2008年有3所学校被教育部认定为国家级重点中等职业学校。

(侯文一　张湘滔　李东福)

【师资和管理队伍建设】 确定11个高等院校为首批省级中职学校师资培训基地，派出240名教师参加了国家级培训，组织600名教师参加了省级骨干教师培训，组织300名教师参加了教务管理和心理教育专项培训。开展第二届全省中职学校省级专业带头人、骨干教师评比工作，并且在评比中增加实践操作技能考核，共评选出学科带头人173名，骨干教师354名。加强职业教育管理队伍培训，邀请教育部职成教司同志和专家为中职校长做了专题讲座，举办了中等职业学校教学副校长、教务主任的业务培训班。组织了“全国中等职业学校学生信息管理系统”使用培训，对各市教育局、省直高职和中专学校负责学籍和资助管理的有关人员进行了培训，保证了学籍管理系统和助学金发放工作顺利进行。

(侯文一　张湘滔　李东福)

【职业院校学生技能大赛】 2008年5月，山西省教育厅、山西省劳动竞赛委员会、山西省劳动和社会保障厅共同举办了“山西省第二届职业院校技能大赛”，大赛共分电工电子、计算机、烹饪等15个专业，133个学校的845名选手参加了各专业技能比赛项目，共决出一等奖87个，二等奖163个，三等奖234个，优秀指导教师奖484个。比赛结束后取得优异成绩的选手代表山西参加了全国职业院校技能大赛，山西省56名中高职选手组成的参赛队伍，参加了全部10大项24小项的技能比赛，取得了全国37个代表团中总分第17的成绩。

(侯文一　张湘滔　李东福)

成人教育

【概述】 成人高等教育继续以学历教育为基础，重点放在岗位培训、技术教育、短期培训、专业证书教育和大学后的继续教育上。共有成人高等学校15所，比上年减少1所。成人高等学校有教职工3338人，

忻州职业技术学院
张明芳摄影

比上年减少899人，其中专任教师1966人，比上年减少433人。成人高等教育招生43994人（其中：本科22505人，专科21489人），在校生125917人（其中：本科58137人，专科67780人），毕业生42887人。2008年，成人高等教育非学历教育中资格证书培训8253人结业，岗位培训8085人结业，进修及培训结业31085人，在校生14328人。其中民办的其他高等教育机构38个，自考助学班招生6299人，在校生8406人，结业生1108人。成人技术培训学校8077所，其中职工技术培训学校177所（其中民办25所），农村成人文化技术培训学校7289所（其中民办24所），其他培训机构（含社会培训机构）611所（其中民办595所）。2008年共培训结业职工、农民200.41万人次，其中结业职工72.35万人次，农民107.74万人次。成人技术培训学校共有教职工23859人，专任教师10661人。成人初等学校3570所，2008年注册学生数14.55万人，结业生数11.49万人，其中扫盲班结业生数0.78万人。共有教职工3955人，专任教师1312人；其中扫盲班教职工938人，专任教师456人。成人初中232所，注册学生6623人次，结业生数23633人次。教职工316人，专任教师72人。　（侯文一　张湘滔　李东福）

山西财经大学外景

张明芳摄影

【农村教育改革】　5月，在晋中召开了教育为新农村建设服务暨扫盲工作现场会，研究部署了“十一五”期间推进科教兴乡兴县工程、深化全省农村教育综合改革工作，宣传全省39个科教兴县先进单位和20个农村教育综合改革示范点的典型经验，对扫盲管理人员和教师进行了业务培训，结合省内实际，就如何深入开展扫盲和扫盲后的继续教育工作提出了意见。

（侯文一　张湘滔　李东福）

【农村成人教育】　制定了“十一五”农村实用人才培训计划意见，提出了“十一五”期间农村实用人才培训的目标任务和政策措施。全年完成250余万人次职工岗位职业技能培训、330余万人次的农村实用技术培训和80余万人次的农村劳动力转移培训任务。摸清全省文盲底数，建立和完善文盲和脱盲人员档案，完成了2万人的扫盲任务。积极开展多种形式的农村劳动力实用技术培训工作，全省年培训率达到农村劳动力总数的35%以上。实施“一村一名大学生”计划，努力实现每家农户有一名劳动力掌握1－2项实用技术。进一步加强县、乡、村三级成人文化技术学校的组织领导、教师队伍、实习基地等方面的建设，完成每市10%的乡镇和一个县（市、区）分别达到科教兴乡和兴县标准的任务。

（侯文一　张湘滔　李东福）

【成人高等教育】　2月至5月，对普通高校在晋成人高等教育函授教育辅导站进行了年检，其中年检合格的函授站共164个，包括省内院校函授站80个，省院校函授站84个。对年检不合格的函授站取消了2008年招生资格。加强煤矿专业人才培养工作，与省煤炭工业局组织我省8所煤炭类专业院校，分阶段对全省煤矿主要安全生产管理人员集中开展煤炭主体专业大专学历提升教育，采取业余或函授教育的方式，开设了煤矿开采技术、煤矿通风与安全、煤矿机电三个专业，学制为2.5年，考生参加全国成人高校统一考试，实行单独划线，单独录取，单独开班。所有招生院校统一教学计划、统一教学大纲、统一教材。修完教学计划规定的全部课程，成绩合格者，颁发国家承认的成人高等教育专科毕业证书。共有4210人报名参加考试，达线人数为3155人。为了适应成人高等教育教学改革的要求，在广泛调研和征求意见的基础上，从2008年起，将全省成人高等教育专科理工类最短学习年限调整为脱产两年，函授、业余（夜大学）三年。

（侯文一　张湘滔　李东福）

【民办教育】　制订并请省政府下发了《关于进一步促进我省民办教育发展的意见》和《山西省民办学校办学保证金管理规定》，修订了山西省《民办高等教育机构招生简章和广告备案管理办法》、《民办非学历高等教育机构设置暂行规定》和《民办非学历教育机构退费办法》，为山西民办教育事业进一步发展营造良好的政策环境。进一步规范民办学校的招生行为，组织专家对民办院校进行了评估检查。

（侯文一　张湘滔　李东福）

山西财经大学体育馆

张明芳摄影

高等教育

【概述】　全省有普通高等学校61所，比上年增加2所。普通高等教育共招生184316人（其中：普通本科52803人、独立学院本科18317人、高职高专80151人、五年制高职转入33045人），比上年增加16765人，增长10.01%；在校生526756人（其中：普通本科189866人、独立学院本科61267人、高职高专211049人、五年制高职转入64574人），比上年的484490人增加42266人，增长8.72%。毕业生141214人，比上年的132101人增加9113人，增长6.9%，毕业生人数增长的比例连续六年呈递增态势。2008年，我省的高等教育毛入学率达到25%。普通高等学校校均规模有较大提高。2008年达到8635人，比上年增加423人；其中17所本科院校的校均规模达到16500人，比上年增加242人。普通高校有教职工55417人，比上年增加1667人，其中专任教师34885人，比上年增加1529人。普通高校占地面积2560.29万平方米（折合38408亩）。校舍建筑面积1429.14万平方米，生均校舍建筑面积27.13平方米，比上年减少3.76平方米。

（侯文一　张湘滔　李东福）

【高等教育强校工程】　启动实施新一轮高等教育强校工程。研究制定了山西省普通高校《教学名师评选实施办法》、《大学生创新性实验项目实施办法》、《人才培养模式创新实验区项目实施办法》、《优秀教学团队遴选和建设实施办法》、《优秀创新团队支持计划实施办法》、《中青年拔尖带头人支持计划实施办法》、《优秀青年学术带头人支持计划实施办法》，遴选出教学名师53名、省级优秀教学团队15个、省级人才培养模式创新实验区11个、省级精品课程59门、优秀创新团队3个、中青年拔尖创新人才12人、优秀青年学术带头人31人；评选建设高校基础课示范实验室16个、高职示范实训基地18个；评选并支持大学生创新性实验项目101个，受益学生达4000余人，极大地调动大学生创新实践的积极性。

（侯文一　张湘滔　李东福）

【高等教育教学工作】　高等教育质量保障体系进一步健全，山西财经大学、太原师范学院、忻州师范学院等3所本科高校通过教育部本科教学工作水平评估，山西综合职业技术学院等8所高职院校通过人才培养工作水平评估。制定出台了山西省高等职业院校《人才培养工作评估实施细则》和《人才培养工作评估操作规程》，选择山西电力职业技术学院和晋中职业技术学院进行试点评估，成为全国第4个通过教育部审核备案准予实施的省份。继续推动高等教育教学改革。组织开展2008年度高校教学成果评审奖励工作，共评选省级教学成果奖141项，其中一等奖27项，二等奖83项，三等奖31项。

（侯文一　张湘滔　李东福）

【学科学位建设】　继续加强山西大学省部共建和太原理工大学"211"工程三期建设。新增山西大学等12所学校的40个专业为学士学位授予专业。评估批准太原理工大学阳泉学院国际经济与贸易和太原师范学院吕梁高等专科学校办学点思想政治教育、生物科学3个专业新增为学士学位培养专业。新增山西医科大学法医学、劳动卫生与环境卫生、耳鼻咽喉学3个省重点学科，新增山西大同大学机械设计及理论、教育技术学2个重点扶持学科。　（侯文一　张湘滔　李东福）

【研究生教育】　全省共有培养研究生单位11个，其中：普通高校8个，科研机构3个。全省共计招生6919人（其中博士生402人、硕士生6517人），比上年6364人增加555人，增长8.72%；在学研究生18938人（其中博士生1520人、硕士生17418人），比上年的16604人增加2334人，增长14.06%；毕业生4728人（其中博士生205人、硕士生4523人），比上年的4075人增加653人，增长16.02%。

认真实施研究生创新计划。评选出研究生创新项目92项，其中优秀项目22项，投入80万元专项经费对创新项目进行扶持。评选出14篇优秀博士学位论文、26篇优秀硕士学位论文，其中太原理工大学赵阳生教授指导的博士研究生梁卫国撰写的《盐类矿床水压致裂水溶开采的多场耦合理论及应用》被评为全国优秀博士学位论文；山西大学彭堃墀教授指导的博士研究生荆杰泰撰写的《连续变量量子通讯的理论与实验研究》被评为全国优秀博士学位论文提名论文。为发挥导师和团队在研究生教育中的作用，评选出山西大学刘滇生等16名优秀导师和山西大学无机化学学科等3个优秀导师团队。对2007、2008年度评选出的优秀导师和团队给予经费支持和奖励。

（侯文一　张湘滔　李东福）

【高校科技创新】　山西大学"计算智能与中文信息处理"和太原理工大学"新材料界面科学与工程"两个实验室通过验收，成为教育部重点实验室；太原理工大学"煤科学与技术"教育部重点实验室通过了教育部评估。山西师范大学"结构无机与磁信息材料"实验室成为省部共建重点实验室。山西大学以张靖教授为带头人的科研团队入选国家自然科学基金委创新研究群体，实现了我省该创新研究群体零的突破。高校又有4项成果通过了2008年度国家科学技术奖评审，太原理工大学谢克昌教授主持的"煤的结构特征及其与反应性的关系和调变"获得国家自然科学二等奖，宋建成教授主持的"矿井局部通风群控系统和安全供电关键技术研究及配套设备开发"获得国家科学技术进步二等奖；太原科技大学黄庆学教授主持的"一种空间机构的钢板滚切剪技术与装备"、中北大学肖忠良教授主持的成果获得国家技术发明二等奖。2008年全省高校共承担国家自然科学基金项目86项，项目经费3204万元，其中杰出青年基金项目1项（项目经费200万元）、国际合作项目1项（项目经费120万元）；国家社科基金项目12项，占全省承担该项目总数的80%，项目经费114万元，占全省的81.4%，其中重点项目1项；教育部人文社科研究一般项目15项。

新闻·出版·文物

新　　闻

·广播　电视·

【概述】　2008年主要工作情况

2008年，全省广电系统在10个方面取得了新进展、新成效。

1. 新闻宣传经受了考验，舆论引导能力有新提高

推出了《科学发展、构建和谐》等30多个专栏和《高举旗帜，科学发展，关注民生》等20多个大型系列专题片，反映了全省建设新基地新山西的新战略、新举措和新成效；全国“两会”期间，省总台在中央三台发稿100余条，在央视《新闻联播》发稿34条，连续5年名列各省前茅；四川汶川发生地震后，省总台各频率、频道推出20多个专栏和特别节目共播发新闻1792条，在央视、央广、中新网发稿238条；奥运火炬在山西传递期间，直播1600分钟，播发新闻150多条；配合政府“改善民生”、“治超限超”、“节能环保”、“安全生产”、“政风行风评议”等重点工作，推出了大量的系列报道和深度宣传。

2. 对外传播不断拓展，外宣工作有新突破

“黄河国际电视孔子学院”已开始在美洲试播。SCOLA频道开发了《中国全日制义务教育小学语文课堂》、《绿洲》、《旅游发现》、《魅力山西》等一批汉语教学和文化推广节目。省台全年在央视上稿1030条，宣传了山西，提升了形象。

3. 节目创新力度加大，品牌打造有新进展

对《走进大戏台》、《影像世界》、《第一访谈》、《一方水土》、《黄河全记录》、《都市110》等一批老栏目进行了改版创新。推出了《蚂蚁斗大象》、《完美星世界》、《小郭跑腿》、《马后炮》、《直通现场》等20个新栏目。省台共获国家级、省级奖项44项。其中，1项“长江韬奋奖”，2项“中国新闻奖”，3项中国广播电视星光奖，6项中视协会奖，32项“山西新闻奖”。

4. 影视剧生产成效突出，各类获奖有新突破

全年完成电影7部，完成电视电影12部；完成电视连续剧7部330集。《黑金地的女人》作为国庆献礼片在央视一套黄金时段播出，《水落石出4》在央视8套播出。《西口长歌》、《在那遥远的地方》、《人到中年》等3部电视连续剧已与央视签订了播出协议。5部电影、电视剧获国际、国家级奖12项。山西电影制片厂荣膺全国“十佳电视剧制作单位”。

5. 大型活动丰富多彩，品牌形象有新提升

省台推出了“移动之夜春晚”、“山西记忆”“双十”评选、全国青年歌手电视大奖赛山西赛区比赛、中国舞蹈荷花奖校园舞蹈大赛等一批大型活动，提升了广播电视的影响力。组织开展了第三届百县千乡公益电影放映活动，为山区农民免费放映电影3万多场，受到群众欢迎和广电总局表扬。

6. 事业建设稳步推进，基础工作有新进展

制定了全省20户以上50户以下9193个村的村村通建设规划和投资计划；中央广播电视节目无线覆盖工程全面完工并通过了验收，更新改造了87个台站的181部调频、电视发射机及配套设施；落实了418万元村村通运行维护费和市、县配套经费。

卫视覆盖人口同比净增6000万，达到4亿人。按时完成了西藏卫视在全省11个市、104个县落地覆盖的政治任务。

7. 产业发展多元推进，综合实力有新提升

全省数字电视用户突破126万，有线网络用户达到366万户。山西视听网的点击率名列全国省级广电网站第一，连续两年获得全国广电视频联盟“杰出贡献奖”；省台新开办了一套数字购物频道；移动电视覆盖太原市内100多条线路和1940辆公交车，安装楼宇电视1000余台。

8. 各项改革不断深化，机制创新有新突破

省总台全面实行了“总监负责制”，调动了总监、制片人和干部职工的积极性，节目质量明显提升，广告创收大幅增长。

深化了人事、分配制度改革，确立了干部职务、收入同目标任务挂钩的新机制，形成了干部能上能下、工资能高能低的局面。

省总台少儿、彩民、公共频道实现了制播分离；《走进大戏台》、《中国风》两档栏目实行了制播分离，推行了独立制片人制。

9. 依法行政逐步规范，管理水平有新提高

完成了全省110家播出机构和58家企事业有线广播电视站的换证，新颁发了50个播出机构许可证、8家节目制作许可证和1家电视剧制作许可证；对全省视听节目服务网站的开办主体进行了调查摸底，建立了数据库；完善了全省境外卫星节目专项整治联席会议制度，共出动检查3721人次，车辆607台次，印发宣传单5万份，检查85家可接收境外电视的三星级以上宾馆饭店和76家安装单位，查处40家非法销售商店，查扣、拆除相关设备1599套（件）。

10. 自身建设不断强化，队伍素质有新提高

省总台与浙江传媒学院签约，建立了人才培养实习基地；全省807人参加了采编播资格考试、52人参加了公务员培训考试、580多人参加了机务员、线务员、统计等专业技术培训，提高了队伍素质。

（吕安生）

·报纸·

【概述】　山西日报报业集团现有11报3刊1网站（《山西日报》、《山西晚报》、《山西农民报》、《三晋都市报》、《生活文摘》、《发展导报》、《人民摄影报》、《良友周报》、《山西经济日报》、《山西法制报》、《山西市场导报》、先锋队、对联·民间对联故事、青少年日记、山西新闻网），在职职工

1788人，其中，专业技术人员占71%，中级职称以上者占专业技术人员的50%。2008年，集团报刊期刊发行总量为167万份，总资产为6.68亿元，总收入4.32亿元，利润总额460万元，自行消化了1100万元的纸张涨价和409万元的煤炭涨价费用，上缴税费2158万元。

2008年，党报集团坚持不懈地在四个方面下工夫，集团的实力明显增强，舆论引导能力也大幅提升。

一是在引导社会舆论上下工夫。围绕省委的中心工作，把握正确的舆论导向，不断提高舆论引导的水平和能力，满腔热情地宣传省委、省政府的重大决策，展示山西发展的巨大成就，讴歌人民群众的伟大创造，为山西走出"四条路子"，实现"三个跨越"，加快三个发展，建设新基地、新山西，营造了良好的舆论环境，提供了强有力的舆论支持。2008年突出抓住抗击冰雪灾害、抗震救灾、中央领导赴晋、北京奥运会、第二届煤博会、纪念改革开放30周年和学习实践科学发展观等一系列大事要事，开辟专版专栏，组织战役报道，先后在《山西日报》推出了《节能减排，身边小事潜力大》、平顺《山村支书》王海潮、《能源紧缺背景下的山西煤炭》、《晋川并肩大爱无疆》、《艰难执著的转身》等一系列报道，中宣部先后3次、省领导先后11次作出批示和表扬。

二是在增强党报集团经济实力上下工夫。面对新媒体的冲击和全国报业市场整体效益下滑的局面，集团积极应对市场竞争，坚持以报业发展为主，采取了采编、广告、发行、印务四轮驱动的经营方针，尝试多元化经营，积极探索公司化运作，努力培育新的经济增长点，充分利用和发挥自身优势，使党报集团的市场主体构架基本形成。

三是在体制和机制改革上下工夫。在发展战略上，集团积极探索党报管理体制和机制改革，放弃靠"子报养大报"的传统格局，选择了"做强大报、带动子报"的发展路子，党报的实力明显增强，子报成长态势良好。在人员管理上集团实行了公开招聘、竞争上岗、评聘分离等制度。在收入分配上，适当拉大分配差距，坚持重实绩、重贡献，向优秀人才、一线工作、关键岗位倾斜，极大地调动了员工的积极性，激发了党报的活力。

四是在加强和培养党报队伍上下工夫。2008年，报业集团根据新情况，不断引深"三项学习教育活动"。教育编辑记者坚持党性原则、坚持职业道德，坚持"三贴近"的办报原则，努力转变采访作风。2008年组织的百名记者深入基层采访宣传"三个发展"活动，在全省引起了很大反响，使省委提出的转型发展、安全发展、和谐发展进一步深入人心。同时，集团十分注意加强制度建设，靠制度实现规范管理。先后制定了"采编工作管理"、"新闻稿审签"、"突发事件报道"、"重大失误责任追究"、"接受社会监督"等六项制度，各子报子刊也建立和完善各项规章制度。

（赵　青）

【新闻宣传】　2008年，山西日报集团紧密配合省委、省政府的中心工作和全省的重要会议，重要活动，推出了一系列有声有色的重点报道。集团所属各子报子刊也根据各自特点，推出不少好的策划和报道。

7月9日，《山西日报》在一版头条位置推出典型报道《山村支书——追记平顺县西井山村党支部书记王海潮》。由于典型抓得准，报道生动感人，当日，省委书记张宝顺作出批示："王海潮同志的事迹十分感人，在他身上体现的践行科学发展观、一心为民、无私奉献、艰苦奋斗、自强不息的精神，是广大党员特别是农村基层干部学习的榜样。"

7月29日，《山西日报》在一版头条位置推出深度分析报道《能源紧缺背景下的山西煤炭——关于电煤形势的新闻观察》，当日，省委书记张宝顺看了报道后，予以高度评价："此稿写得非常好，全面、客观、实在地反映了山西保大局、保全国电煤供应方面的工作和努力。"

11月2日，《山西日报》头版刊发记者来信：《非煤矿山安全管理亟待重视》，王君省长看了报道后高度重视，并当即做出批示，要求有关负责同志"要下大工夫抓好非煤矿山安全管理工作"。

4月14日，中宣部新闻局第134期《新闻阅评》刊文《山西日报刊发署名文章指出应高度重视低俗娱乐新闻的负面影响》，对山西日报4月4日C4版刊发的《别让娱乐沉沦下去》给了充分肯定；7月17日，中宣部新闻局第364期《新闻阅评》刊文《晋报节能减排宣传注重从身边小事做起》，对6月26日山西日报刊发的《节能减排身边小事潜力大》给予充分肯定；12月5日，中宣部新闻局第630期《新闻阅评》刊文《紧贴实际突出重点多管齐下，山西日报强势经济报道增强信心》，对11月21日起山西日报推出的"强信心稳增长促转型保民生"专栏予以高度评价。

（赵　青）

【践行科学发展观活动】　2008年10月上旬，山西深入学习实践科学发展观活动正式启动，报业集团参加了第一批学习实践活动。围绕集团学习实践活动的主题和载体"以科学发展观统领报业工作，努力提高舆论引导能力，不断壮大集团实力，服务和推动全省的转型发展、安全发展、和谐发展"，组织广大党员特别是党员领导干部深入学习实践科学发展观，取得了学习实践活动的阶段性成果。期间，将规范新闻采访秩序"百日整治"活动纳入集团深入学习实践活动之中，作为突出实践特色，贯彻边学、边整、边改原则的一项重要内容。

在努力抓好自身学习实践活动的同时，集团各媒体大力做好全省开展学习实践活动的舆论宣传和引导工作，努力为活动的深入开展营造浓厚的舆论氛围。围绕学习实践活动主题，山西日报于11月25日启动了百名记者下基层深入采访"三个发展"大型宣传报道活动，并连续在《山西日报》推出专版，在全省上下引发热议。集团各子报子刊也都精心组织，周密策划，对学习实践活动进行了浓墨重彩、各具特色的宣传报道，充分发挥了党报新闻宣传的主渠道主阵地作用。（赵　青）

【全省及全国"两会"报道工作】　2008年，全省"两会"期间，山西日报集团充分发挥党报新闻宣传主力军作用，为全省贯彻"两会"精神提供了强大的舆论支持和思想保证，得到省委、省政府主要领导的充分肯定和省人大、省政协的认同。全国"两会"开幕后，山西日报抽调精兵强将赴京采访，精心策划，认真编排，及时准确地报道了代表、委员们参政议政的情况。从3月5日起，《山西日报》开设了多个专栏，全方位、多角度、及时、准确地将"两会"进程传递给全省人民。全国"两会"期间共发稿七十余篇。从3月25日起，A1版连续刊发了4篇贯彻全国"两会"精神，开创山西科学发展新局面的系列评论《以思想大解放促进事业大发展》、《以发展新兴产业为重点加快现代产业体系建设》、《以去污增绿为重点加快生态文明建设》、《以普惠民生为重点加快和谐山西建设》。3月18日，省委书记张宝顺在京看望了山西日报“两会”新闻报道人员，称赞山西日报的“两会”报道整体不错，值得肯定。他特别对“两会”摄影特刊给予肯定，他说，这次“两会”摄影特刊办得好，以新颖的报道形式宣传了我省代表委员参政议政的风采，这是一次创新。

（赵　青）

【抗震救灾报道工作】 2008年1月下旬，我国部分地区出现罕见雨雪冰冻天气，山西日报按照中央和省委部署，从1月底至2月底，对减灾抗灾、全力以赴打好保煤保电生产供应工作予以及时、充分的报道，收到良好效果。

5月12日，四川汶川发生特大地震。山西日报迅速行动，紧紧围绕中央和省委省政府的部署，以对党和人民高度负责的精神，对抗震救灾进行了全方位、多层次的报道，充分发挥了党报新闻宣传主力军作用。其中，刊发于6月2日《山西日报》的长篇综述《晋川并肩大爱无疆》，受到时任省委常委、宣传部长高建民同志的高度肯定，认为综述大气磅礴，全景式地展现了省委、省政府及全省人民支援灾区所做的巨大努力，也展现出我省新闻工作者的精神风貌。省新闻出版局《审读快报》第67期也专门对《山西晚报》提出表扬，认为《山西晚报》在抗震救灾报道中，从信息量、知识性、贴近性、实用性等多角度、多方位突出了强烈的社会责任感。大地震发生后，山西日报科教部、摄影部、工交部，以及山西晚报等单位、部门迅速派出12名记者奔赴灾区一线，用手中的笔和镜头记录下灾区和山西各种救援队的点滴细节。

在搞好新闻宣传的同时，报业集团党委还分别组织员工一次为南方雨雪冰冻受灾地区、三次为四川地震灾区捐款，并组织集团党员交纳“特殊党费”。集团员工向南方雨雪冰冻灾区捐款73315元，向四川汶川大地震灾区捐款24万余元，集团广大党员交纳“特殊党费”61万元，包括公益广告版面等累计捐款折合人民币两百余万元。（赵　青）

【奥运新闻报道工作】 2008年6月25日～27日，2008年北京奥运火炬在我省传递。报业集团周密部署，精心策划，由一名集团副总编负责总体报道，各子报子刊成立了专门的报道组。整个奥运火炬传递报道隆重热烈，平稳有序，主题突出，各具特色。

从8月7日起，《山西日报》推出奥运特刊，围绕“绿色奥运、科技奥运、人文奥运”理念，为读者献上一席精美的奥运新闻大餐。8月1日，山西晚报北京奥运会特刊《骄奥》出刊，6名一线记者赴京采访，组建了20多人的编辑团队，同时还邀请一批名人、明星撰写专栏和点评比赛。8月7日至25日，《三晋都市报》通过压缩相关版面，推出“奥运特刊”，对北京奥运会进行了详细全面的报道，该报8月9日的“奥韵特刊”一版上了新浪网当日的“媒体封面秀”，8月18日的《中国新闻出版报》也选用了该版面。集团其他媒体也结合各自特点，推出有声有色的奥运相关报道。（赵　青）

【纪念改革开放30年宣传报道】 为了对我国改革开放30年的光辉历程进行系统的回顾和经验总结，山西日报按照中央、省委和集团党委的部署，在充分征求各部门意见的基础上，制定了《纪念改革开放30周年报道方案》，除了刊发好新华社稿件、报道好中央和省委一系列纪念活动外，还推出专栏《纪念改革开放30周年——我的经历》和《“纪念改革开放30周年”特刊》，全面展示改革开放30年来，我省经济、政治、社会、文化等方面取得的巨大成就。其中，作为重点稿件刊发于12月18日《山西日报》的评论员文章《高擎解放思想的倚天剑——献给改革开放30年》，在社会上产生很大反响。

3月23日，《山西晚报》与全国最具影响力的14家都市类主流媒体结盟，联合推出大型系列策划“改革开放30年：那些人、那些事”。《发展导报》《山西经济日报》陆续推出“纪念山西改革开放30年”系列策划，较好地体现了“弘扬主旋律，小报办大事”的编辑意图，也为山西改革开放30年献上了一份厚礼。（赵　青）

【山西日报报业集团2008年所获奖项】 1月，集团被省社会捐助工作组办公室和省精神文明建设指导委员会办公室联合授予“社会捐助工作优秀单位”；集团广告总公司荣获“2006—2007年度全国广告行业文明单位”称号。

4月，集团晋万家发行总公司荣获全国报纸自办发行先进集体荣誉称号。

5月，苗文棣同志被山西省社会劳动竞赛委员会授予“山西省五一劳动奖章”，山西日报编辑中心、山西晚报、闻兴印务有限公司被授予省直机关“五一劳动奖状”，孟庆耀、侯忠泉、任灵杰、杨继军被授予省直机关“五一劳动奖章”；集团团委书记孙峰被团省委评为山西省优秀共青团干部，并授予“新长征突击手”荣誉称号。

6月，三晋都市报品牌栏目《新闻故事连载》荣获“中国传媒百强栏目创新贡献奖”；山西日报摄影部记者孙荣祥被授予“山西省抗震救灾优秀共产党员”荣誉称号。

7月，晋万家发行总公司荣获“全国省级党报发行先进集体”称号，公司总经理侯百管荣获“先进个人”称号；山西日报摄影部赴川特别报道组荣获山西青年抗震救灾“五四特别奖状”，山西晚报记者杨帆荣获山西青年抗震救灾“五四特别奖章”。

8月，山西日报社、山西晚报社和山西经济日报社获“抗震救灾特别支持奖”。

10月，集团被评为“保障北京奥运会残奥会先进单位”。

11月，集团被评为“北京奥运火炬传递先进集体”，山西日报文化部记者王玉宾被评为“北京奥运火炬传递先进个人”；《山西日报》、《山西晚报》、《山西经济日报》荣获“2008年度重点新闻宣传突出贡献奖”。

12月，集团广告经营进入全国30强，广告总公司总经理李伟荣获“中国报刊广告30年30人杰出贡献奖”；集团财务管理中心和山西日报摄影部图片社被认定为省级“青年文明号”。（赵　青）

【山西日报报业集团2件作品获中国新闻奖】 9月，第十八届中国新闻奖评选揭晓，2007年7月14日《山西日报》A4版获报纸版面二等奖，《山西晚报》的《出了矿井开着咱的车回家》获报纸通讯二等奖。（赵　青）

【山西日报报业集团69件作品获山西新闻奖】 4月23日，第十七届（2007年度）山西新闻奖评选揭晓，《山西日报》《山西晚报》《山西农民报》《三晋都市报》《山西经济日报》《发展导报》《山西法制报》《人民摄影报》《山西市场导报》、山西新闻网选送作品参评，69件作品获奖。

《山西日报》获奖作品24件：

特别奖（2件）：通讯《坚守本色——“作风建设年”再访申纪兰》（袁升德、韩书

贤、焦玉强）、《感动太原：省城交警增进警民和谐的实践与启示》（杨原蔚、左燕东）

一等奖（7件）：消息《“嫦娥”从我们的平台起飞》（尚慧辉、李爱珍）；通讯《明察暗访直戳“机关病”》（刘宇、李强）；系列评论《加强作风建设，狠抓工作落实》（兰炎平、胡羽、闫俊仙、王早霞、王秀娟、范林鹏、姚晋平、赵峻青）；通讯《新山西昂首走来》（杨珏）；散文《山西第一位竹笛硕士》（周同馨、李建莉）；版面《2007.10.3A1》（何小卫、杨勇、郭建军）；摄影《壮士断腕亮剑治污》（孙荣祥、高家荣）。

二等奖（7件）：消息《省城市民排队缴税》（李永平）；消息《吊炕：和顺百姓冬日里的暖阳》（白续宏、赵建军、穆晋春）；通讯《让“短板”长起来》（李志军）；通讯《以舍求得创新图变》（班彦钦、张美明）；报告文学《一把山西“酸枣”情动海峡两岸》（李晓芳）；版面《2007.7.14A4》（李婷婷、康石林）；摄影《爱，无止息》（史晓波）。

三等奖（8件）：消息《南开学子孙秀红返乡创业闯出一片天》（范非、侯耀强）；言论《打井挖出煤，是喜还是忧》（姚晋平）；通讯《国企改革新跨越》（桂小纯、杨珏、赵峻青、赵建军、张临山、辛义生）；消息《长治牢固确立教育优先发展理念》（杨天闻）；报告文学《从文博会看山西文化产业的发展》（孟苗）；漫画《奥运门票定价“老百姓能承受》（薛海鸥）；版面《2007.7.16B2版》（康石林、孙蕊）；摄影《孤寡老人享受足疗》（李联军）。

《山西晚报》获奖作品20件：

特别奖（1件）：通讯《谢延信：践行孝爱做好人》（郑书成）。

一等奖（4件）：通讯《出了矿井，开着咱的车回家》（郭斌）；通讯《一路绿灯“粮神”招摇五老峰》（郭风情）；漫画《同一首歌》（牛力）；消息《副县长写的保证没兑现》（胡增春）。

二等奖（8件）：通讯《守卫香港是我们的职责》（王兵、王燕妮）；通讯《沈吟泪眼婆娑别娑婆》（房华、赵清源、郭成强）；消息《双胞胎病危110开道抢回救命时间》（段树聪）；消息《“百姓菜园”拉低社区菜价》（吴学强）；消息《救山火老汉烧伤推责任干部冷脸》（张文举）；随笔《失去睡眠的熊》（乔宏阁）；版面《2007.10.1225—40》（刘欣宇、刘铁军、张红霞）；摄影《与世界对话》（李春泽）。

三等奖（7件）：消息《暴风雪中9小时大营救》（杨晶、靳子荣）；言论《让“大限”成为“涅槃”》（李晋豫）；评论《花里胡哨的评选后，能收获什么？》（陈志）；通讯《“母子”奇缘，超越亲情的爱》（赵晋燕、吴学强）；漫画《早做准备》（王峰）；版面《2007.8.232版》（王兵、侯锐、温丽芳）；摄影《轮椅上的婚礼》（马立明）。

《山西经济日报》获奖作品7件：

特别奖（1件）：通讯《为什么58年种树不止》（郑亦工、孙瑞生）。

一等奖（2件）：通讯《平陆国土资源局：半年做不出一份裁定》（郝大为欧志强）；言论《资源的价格》（张荣）。

二等奖（1件）：通讯《引黄入并后的“用水意识”》（刘成根）。

三等奖（3件）：通讯《公路煤炭订货交易会“变脸”》（屈建龙、巩国强）；消息《环保搞不好不能被提拔》（张剑雯）；通讯《山西交通：“硬着陆”后的“巧操作”》（齐泽萍）。

《三晋都市报》获奖作品6件：

一等奖（1件）：通讯《晋城：一张体育牌激活一座城》（李清伟）。

二等奖（2件）：通讯《灾害频发，气象应对经济呼之欲出》（张晓鹏）；漫画《高贵源于低贱》（马宏世）。

三等奖（3件）：消息《神伤，神伤，晋祠大米几近绝唱》（张晓华）；通讯《外国友人太原开店》（邢爱田）；杂文《法国总统离婚跟咱何干》（冯印谱）。

《发展导报》获奖作品3件：

特别奖（1件）：系列报道《相会三晋谋发展》（胡向泽、王胜管、尤佳、郑娜、裴云峰、张志刚）。

二等奖（1件）：言论《孤独的狄公不再孤独》（任啸）。

三等奖（1件）：消息《运城中院院长人代会糊弄代表》（张志刚车俊锋）。

《山西法制报》获奖作品3件：

二等奖（1件）：摄影《戒毒所亲人会面见真情》（邸旭明）。

三等奖（2件）：通讯《“汗水”浸染三尺岗台》（郝丽娟）；摄影《情到深处……》（邸旭明）。

《山西农民报》获奖作品2件：

一等奖（1件）：通讯《看企业如何参与新农村建设》（米厚民、白慧磊）。

二等奖（1件）：消息《广灵农民郭世德倾情拯救秧歌剧》（刘桂梅、王志峰）。

山西新闻网获奖作品2件：

二等奖（1件）：《感动山西2007年度人物网络评选》（陈豫、王冬梅、金环）。

三等奖（1件）：评论《我们是否忘记了什么是文化？》（陈豫）。

《人民摄影报》获奖作品1件：

三等奖（1件）：消息《2007年中国平遥国际摄影大展异彩纷呈》（梁丽娟）。

《山西市场导报》获奖作品1件：

三等奖（1件）：通讯《矿工一命价几何》（韩锡璋）。（赵　青）

出　版

【新闻出版“五大体系”工作思路】　“三分开”以后，山西省新闻出版局对于如何更好地定位和履行新闻出版行政部门职能做出了一些积极的探索，在全国率先提出了省级新闻出版部门“十大职能”定位，在全国全行业产生了一定的影响，但是对于履行职能的手段和载体，还需要做出进一步的探索和推进。在2008年3月召开的全省新闻出版局长会议上，省局李锐锋局长代表省局党组提出了以加强引导和完善制度为重点，着力构建新闻出版导向引领体系；以深化改革和优化结构为重点，着力构建新闻出版繁荣发展体系；以面向农村和面向青少年为重点，着力构建新闻出版公共服务体系；以创新手段、依法行政为重点，着力构建新闻出版执法监管体系；以党的建设和队伍建设为重点，着力构建新闻出版队伍保障体系等“五大体系”的工作思路，对于指导今后一段时期的新闻出版工作具有重要意义。回顾近几年来山西新闻出版工作会议主题，自“三分开”以来，2006年是适应改革形势，理清管理思路，明确管理重点；2007年是明确管理内容，提出“十大职能”定位，解决“干什么”的问题；2008年则提出了构建“五大体系”，明确管理手段，解决了“怎么干”的问题，明显呈现出一个对做好新形势下新闻出版工作的规律和特点认识不断深化，思路逐渐清晰的过程。

（郭跃鹏）

【新闻出版机构建设】　7月，新组建的山西省“扫黄打非”稽查队全面展开工作，省编办批准新设立的山西省出版物质量检测鉴定中心也配齐人员，启动运转；8月，晋中市榆次区在全省县级单位中率先加挂了新闻出版局、版权局和“扫黄打非”办公室三块牌子；9月，运城市所辖13个县(市、区)全部加挂了新闻出版局、版权局、“扫黄打非”办公室的牌子；11月22日，吕梁的文水县、交口县、孝义市、方山县举行了挂牌仪式；临汾的侯马市、尧都区、晋中的平遥县等已申请加挂牌子。全年划拨专项经费50万元用于支持基层单位加强执法力量和改善办公条件。新闻出版机构的逐步健全，为加强新闻出版工作，推动新闻出版业繁荣发展奠定了坚实的基础。

(郭跃鹏)

2008年1月9日北京书市上三晋出版社展台 郭建平摄影

【新闻出版领域纪念改革开放30周年系列纪念活动】 9月18日，召开了全省新闻出版界纪念改革开放30周年座谈会，深入探讨、系统总结了我省出版界改革发展的历史经验，将其归纳为“四个不动摇”，即坚持解放思想不动摇、坚持正确导向不动摇、坚持科学发展不动摇和坚持改革创新不动摇。10月28日，举办全省报刊改革发展30周年成就展，分设精品展示、风采展示、实物展示三个展区，全面展示了山西报刊业30年来取得的辉煌成就和山西报刊单位崭新的时代风貌。12月29日，召开了全省新闻出版界纪念改革开放30周年暨深化新闻出版体制改革推进大会，并同时举办全省新闻出版行业纪念改革开放30周年回顾展，采用图文并茂的形式集中展示全省新闻出版行业30年来的改革变迁。 (郭跃鹏)

【支援四川地震灾区抗震救灾】 “5·12”汶川特大地震发生后，省局代表全省新闻出版界第一时间向四川省局发出了慰问信，并会同省内七大新闻出版行业协会号召全省新闻出版界以实际行动积极参与抗震救灾。据不完全统计，在此期间，全省新闻出版行政部门共捐款169.48万元。山西出版集团捐款超过150万元，《英语周报》通过中国教育发展基金会捐款108万元(均不含“特殊党费”数额)。在抗震救灾安置受灾群众和恢复重建阶段，对有关灾后重建、卫生防疫等方面的出版物选题，开设出版审批“绿色通道”，快办快批，争取及早发送灾区；鼓励省内各大新闻出版机构积极进行有关抗震救灾和灾区重建的宣传报道，协调组织省内各出版单位策划、编写相关方面的图书音像制品，其中山西教育出版社策划出版的《晋人援蜀记》集中反映了山西人民抗震救灾的英雄事迹，获中华优秀图书奖特别奖，发挥了新闻出版行业的独特优势，积极支援了全国人民的抗震救灾。 (郭跃鹏)

【服务北京奥运会、残奥会】 按照上级统一部署，组织开展2008北京奥运会印刷复制产品质量监督检测活动、“迎奥运、维护出版物市场稳定”和“我为奥运做贡献，文明经营我争先”等专题活动，确保奥运产品印刷复制产品质量安全，严厉打击奥运相关出版物的盗版盗印行为，确保奥运出版市场安全，为奥运会的召开营造了良好氛围。6月份奥运圣火在山西传递期间，根据省委省政府统一安排，提前对奥运圣火传递所经过的县区进行出版物市场检查，确保奥运火炬在山西境内的顺利传递。 (郭跃鹏)

【图书管理】 导向管理。全年以奥运题材、抗震救灾题材和农家书屋备选书目为重点，审批图书选题2000余种，向上级报送山西“十一五”国家重点出版规划项目执行项目7种、增补项目16种。2008年3月和8月，两次召开全年重点选题和“农家书屋”备选书目选题论证会，确定2008年度全省重点图书选题78种(含今年新确定选题53种，2007年结转选题25种)，确定我省入选“农家书屋”备选目录书目450种，并积极向相关部门争取资金，对重点选题给予扶持出版。由于出版方向把握正确、审批办法执行严格、调审制度长效坚持，山西省没有任何一种图书因为把关不严出现问题。

内容管理。调整充实审读员队伍，完善图书审读各项管理制度，积极探索样书管理与书号分配、选题审批相联系的工作机制，样书登记效率和图书审读效率都有了大幅提升。8月，召开了全省报刊审读工作座谈会，全面加强报刊审读工作。全年重点审读报纸43种、期刊15种，编发《审读快报》38期。积极消化审读成果，发挥审读功能，根据审读员审读意见，就18家报刊社存在的22个问题提出了指导性建议，要求存在问题较为严重的《山西科技报》限期整改，直接促进了我省报刊出版规范健康运行。

质量管理。开展中小学教辅读物专项检查，共抽查教育社、希望社列入2007—2008年度“义务教育教材配套学习图书目录”的中小学教辅图书79种，发现不合格图书2种，确保了中小学教辅读物的质量；认真开展了第十三轮编校质量抽查活动，对山西出版集团所属7家图书出版单位的167种近2500余万字的图书一次性完成编校质量抽查；依据国家《期刊出版形式规范》，组织了期刊出版形式规范检查，进一步规范了山西期刊出版形式，建立了科学的期刊管理体系；完成了全省报纸、期刊质量评估的初评工作；以独立设置山西省出版物质量检测鉴定中心为契机，全面加强出版物印装质量，全年共检测出版物517种，并首次接受委托，对77种、1224期报纸进行了质量检测，拓宽服务领域。总之，努力通过在出版物生产流程中加强监控，提高质量，不断提高山西新闻出版出品的市场竞争力。

(郭跃鹏)

【顺利完成第二届“山西出版政府奖”评选表彰工作】 全省参评书目214种(次)，共有《中国古代工程技术史》、《财富故事会(5种)》、《傅山书法全集》、《讲给孩子的世界地理》、《传统武式太极拳丛书》、《侯马盟书》、《预防艾滋病动画片—八秒钟》等109种(次)图书和音像电子出版物分别获得了优秀图书、优秀美术读物、优秀装帧设计、优秀音像电子出版物等七个子项奖。同时，积极申报组织我省优秀出版物参加第二届“三个一百”原创出版工程评选，全省共有《农民进城就业与市民化的制度创新》、《丧家狗：我读〈论语〉》、《狂奔》、《元杂剧通论（2册）》、《讲给弦子的孩子的中国大自然》、《心理成长快车（12册）》6种图书分别入选。在新近公布的第二届中华优秀出版物评奖中，我省又有《傅山书法全集》和《中国散文史长编》两书获奖，《晋人援蜀记》获得特别奖。“六一”国际儿童节前夕，我省《小学生拼音报》、《童话大王》荣列新闻出版总署公布的向全国少年儿童推荐报刊目录。所有这些，都是山西新闻出版行业近年来坚持正确导向，不断推进事业健康繁荣发展的成果。（郭跃鹏）

【首届山西报刊发展高层论坛】 为了创新管理理念，不断探索新的新闻出版管理手段，为新闻出版定位搭建一个交流发展的平台，2008年10月，省局与相关部门联合主办了首届山西报刊发展高层论坛。论坛邀请了来自中央和兄弟省市传媒界的8位领导和专家学者进行演讲，参会人员近400人，是我省近年来举办的规模最大、层次最高的一次报刊专题论坛，就增强山西报刊的核心竞争力、推动全省报刊业大发展大繁荣形成了一系列共识，有效增强了我省报刊业的对外影响力，推动了山西报刊业实现新的的转型跨越。（郭跃鹏）

【晋版图书“走出去”】 组织山西出版社参加国际版权贸易研讨会、国家图书博览会、全国书市等展销推介活动，逐步做大山西版权贸易业，取得了良好的经济效益和社会效益。参加第十五届北京国际图书博览会，达成版贸协议142项，其中引进4项，输出138项，引进输出比达到1：34，在去年首次实现输出大于引进的基础上再次实现历史性突破，标志着山西实施“走出去”战略取得实质性进展。参加郑州全国书市，设置优秀图书展柜2个，展示山西重点、优秀图书50余种，充分展示了山西的文化特色、出版成果和发行力量，取得了良好效果，图书订货也取得较好成绩。（郭跃鹏）

【产业发展】 截至上年底，山西新闻出版行业共有单位5819个，年实现主营业务收入71.14亿元（其中报纸7.22亿元，期刊6306万元，图书出版4.5亿元，音像出版798万元，印刷25.82亿元，发行28.08亿元），实现利润总额3.7亿元，应缴税金2.7亿元，年末总人数65124人，资产总额89.65亿元。经过多年的发展，山西新闻出版业已基本形成了完整的产业体系，具备了较强的经济基础和发展后劲，逐步成长为山西实现社会主义文化大发展大繁荣的生力军。（郭跃鹏）

【稳步推进“农家书屋”工程建设】 根据规划，到“十一五”末2008年共计建设9702个农家书屋，2008年计划建设农家书屋2100个。为推进工作开展，一方面积极申请资金，另一方面，做了大量前期基础性工作，制订了2008年农家书屋计划申报原则，全面建立“农家书屋”建、管、护管理体制和工作机制，召开了农家书屋工作会议、选题论证会和专题电视电话会，并于10月基本完成了农家书屋出版物选目工作。经书目选定专家组审查推荐，共选择图书1650种，报刊30种，电子音像制品100种。11月，财政部、新闻出版总署下达了山西农家书屋建设工程专项资金2100万元。省财政配套资金957.4万元也已落实到位，各项工作正在有序推进。在推进农家书屋工程建设的过程中，在国家法规和政策允许范围内，尽可能地对山西出版单位给予了政策倾斜，优先选用山西出版单位的出版物，并借鉴外省模式，支持选用山西出版单位租型印制外省出版单位入选出版物，有效带动了山西出版系统编印发供各个环节，支持了山西出版集团的发展。在“农家书屋”建设的基础上，整合各方资源，推广和倡导建设“农民工书屋”、“社区书屋”等，积极倡导以城市为主体开展形式多样的全民阅读活动，培养和引导全民阅读兴趣和阅读习惯，营造浓厚的书香社会氛围。（郭跃鹏）

图为臣功印刷厂包装车间　郭建平摄影

【查处“封口费”事件】 10月27日，国内各大门户网站首页均在第一时间，转载了《中国青年报》“山西矿难发生之后真假记者排队领封口费”的报道，报道我省“霍宝干河煤矿瞒报一人死亡事故，向记者分发‘封口费’”的消息，当时恰逢第八个记者节来临之际，时机敏感，有媒体炒作称之为“中国新闻界最耻辱的一幕”，一时在全社会引起轩然大波。省局事先已经掌握到情况，在省委宣传部和总署、全国“扫黄”办的指导下，立即在第一时间启动应急反应机制，于10月25日和27日先后两次派出调查人员赶赴现场进行调查，并于10月29日向全社会召开新闻发布会就初步掌握的情况做了通报，向社会公布了两部专项举报电话。在省委宣传部的统一领导部署下，协调相关部门组成了联合调查组，根据举报线索和相关证据，进一步实施全面认真细致的查证落实，之后新闻出版总署又两次召开新闻发布会及时向外通报调查处理结果。据初步调查，山西霍宝干河煤矿“封口费”事件中有据可查的涉案人员60人（其中发“封口费”封锁消息、阻挠记者采访者2人，收受“封口费”的记者4名、媒体工作人员26人，假记者28人）已由有关行政部门、媒体主管部门、公安机关依法作了处理，涉案资金31.93万元绝大部分已经追回。由于反应迅速，及时启动突发事件应急机制，在第一时间主动调查，并向社会公开透明地通报调查处理情况，抢得了主动，占得了先机，有效地扭转了事件初期舆论被动的局面。在网络舆情环境下，在这起突发事件的应对处理上比较成功，为今后的工作积累了一些值得总结借鉴的经验。（郭跃鹏）

【依法加强行政监管，严格落实新闻出版“四大准入”制度】 依据“一法七条例”，认真落实“四大准人”(企业、市场、职业、岗位)制度，完成了77种报纸、199种期刊、490种连续性内部资料出版物、160家报刊社记者站(含中央媒体83家、省内媒体77家)、2282个出版物发行单位的年检换证工作；设立印刷企业45家，印刷企业变更122家，受理书刊委托备案2000余份；审核批准连续性内部资料出版物创办申请43种，注销内部资料性出版物27种，核准上报互联网站审批许可5家。提高新闻出版从业人员政治业务素质，开展新闻出版行业重要岗位培训，全年共举办各类培训班21期，参加培训人员达2000余人。并协调省人事厅、省劳动厅等相关部门，做好了出版专业职业资格考试工作和出版物发行员职业技能鉴定工作。

（郭跃鹏）

【“扫黄打非”工作】 重点开展了查堵政治性非法出版物、扫除淫秽色情等文化垃圾、打击侵权盗版行为、打击非法印刷复制活动和网上“扫黄打非”、打击“四假”(假报刊、假记者站、假记者、假新闻)等专项治理，集中力量开展了“扫黄打非”第一和第二阶段行动、“迎奥运、维稳定”、封堵查缴政治性非法出版物、印刷复制业专项检查、打击网络侵权盗版、出版物市场集中检查等专项行动，全省“扫黄打非”斗争形势良好，出版物市场得到有效净化。据不完全统计，全年共出动检查人员33610人次，收缴各类非法出版物1200926册(件)，处罚违规店摊940个，取缔非法摊点323个，刑事处罚案件14件，批捕25人。（郭跃鹏）

【版权管理】 以“保护知识产权、促进创新发展”为主题，开展“4·26知识产权宣传周”系列活动，通过街头咨询、主题演讲、电视讲话、专题报告和典型案例分析等多种形式，向群众宣传普及知识产权法律知识。先后开展“治理非法预装计算机软件专项行动”和“打击非法预装计算机软件回头看”行动，重点调查了关于三友电器、苏宁电器所销售电脑预装盗版软件的举报，严厉打击了计算机生产、销售等领域的未经授权预装盗版软件的非法行为。积极推进企业软件正版化工作，已完成自查自纠企业211家，列入首批推进企业使用正版软件企业共105家，完成检查验收的96家，上级部门及省局督查的企业32家，查处通报批评的企业6家。依法打击各类侵权盗版活动，积极推进网络侵权盗版专项治理工作，成功查处了“我的音乐网”、吕梁“根据地网吧”、“运城视频网”等网络侵权案件，取缔专业从事侵权盗版活动的非法网站2家，异地封存服务器8个，处以行政处罚网站40家。全省著作权保护环境进一步好转。

文　物

【概述】 2008年，全省文物系统广大干部职工，在省委、省政府的正确领导下，忠于职守，扎实工作，全省文化遗产保护事业继续保持了积极向上、蓬勃发展的好势头。全省县级文物行政机构——文物局或文物旅游局达到90个，占到119个县(市、区)的75.6%；省级以上文物保护单位的保护管理机构达到299个，占到应建总数505个的59.2%；各级各类博物馆、纪念馆达到147座；新建县级文物库房达到41个；省保以上保护单位的保护范围全部划定；全省文博单位的门票收入达到4.39亿元，文物事业的经济社会贡献率大幅度提升。一年中，继省局机关、八路军纪念馆、山西博物院、省考古所之后，省文物勘测中心又被授予文明和谐单位称号；我省的文物宣传、南部早期建筑保护工程、明长城资源调查、博物馆建设等项推动文化遗产保护工作的做法，都受到国家文物局的表扬和肯定，文化遗产日组织活动被国家文物局授予“优秀组织奖”；省局连续八年被省政府评为全省消防安全先进单位，省局离退休人员党支部连续八年被省委、省政府评为先进党支部，山西博物院公众服务部被评为“全省十佳文明窗口”。省局机关和各直属单位，团结稳定，积极向上，各项工作和谐发展。特别是深入学习实践科学发展观活动，为我省文化遗产事业的科学发展又注入了新的活力，增添了新的动力。

（程书林　谢宾顺）

·文物工作会议·

【全省文物局长会议在太原召开】 2月26日至27日，全省文物局长会议在太原西山大厦召开。来自全省各市、县的文物局局长和省局机关及直属单位领导班子成员等共220多人，同聚一堂，共商文博事业发展大计。省委常委、宣传部长高建民，副省长张建民出席会议并讲话，省文物局局长施联秀作工作报告。

施联秀局长在工作报告中首先对五年来的工作做了回顾。他说，过去的五年是我省文物工作大事不断、喜事连连的五年，是全省文物事业生机勃勃、快速发展的五年。地方文物保护法规体系基本形成，依法行政工作逐步规范，行政执法力度不断加大，文物工作走上法制化轨道。经济和社会发展计划、城乡建设规划中文物保护摆上了位置，市县级文物行政管理机构建设取得突破性进展，文物保护经费不断增长，文物保护“五纳入”取得实效。文物资源家底基本摸清，文物保护单位“四有”工作扎实推进，文物库房建设力度不断加大，文物科研和人才培养工作进展明显，文物保护基础工作得到加强，文物抢救保护成绩斐然，地上文物抢救维修扎实有效，地下文物保护成果显著，重点文物保护工程稳步推进。博物馆建设形势喜人，全省博物馆体系初具规模，博物馆社会功能明显发挥，对外合作交流不断扩大。文物安全形势逐步好转，打击文物犯罪力度加大，以文物安全为内容的“金铠甲”工程达标活动深入进行，安全消防和

大同善化寺

张明芳摄影

技防工作不断强化。文物保护宣传成效显著，文物事业经济社会贡献率日益提升。

高建民部长在讲话中要求，我省各级文物部门要在文化遗产的保护和管理上下工夫，要在文化公共服务上下工夫，要努力提升山西文化形象，扩大山西文化的影响力，要加快文化资源的转化，把文化资源与戏剧、影视、动漫与旅游等行业进行嫁接，形成新的产业和经济增长点，为建设文化强省做出更大贡献。

张建民副省长在讲话中要求，全省文博单位要以北京奥运会为契机，加强宣传展示工作；要以五台山申遗为抓手，提升文物管理水平；以南部工程为龙头，加强文物建筑保护工作；以文化遗产日为支点，推动文物普查工作；以执法大检查为动力，加强行政执法工作。

会议还表彰了2007年度全省文物保护工作先进单位，对全省文物安全金铠甲工程第四批达标单位作了通报。

（程书林　谢宾顺）

【山西云冈石窟窟檐设计研讨会在北京召开】 2008年1月中旬，云冈石窟窟檐设计研讨会在北京召开，罗哲文、杨弘、黄克忠等9位国内著名专家，以及国家文物局、山西省文物局、大同市文物局的相关负责人出席了会议。

云冈石窟开凿于公元五世纪中叶，是我国33处世界文化遗产之一，保存着大量精美的北魏石雕，是研究古代文化宗教艺术科学的珍贵实物资料。在历史的长河中，石窟经受了众多自然营力的损害，出现了岩石裂隙、石雕风化等问题。

省博物院展出的两周时期鸟尊 张明芳摄影

太原晋祠戏台

张明芳摄影

从2002年开始启动的云冈石窟防水保护工程，包括顶部防渗排水、凝结水研究与治理、建设保护性窟檐三个部分，分别针对顶部大气降水的入渗、洞窟表面凝结水和雨水对石窟外壁面雕刻的冲刷等问题。目前，石窟顶部地质勘察已经结束，在取得基础数据资料之后，经过大量的室内试验，提出了云冈石窟顶部防渗方案，该方案已经国家文物局多次组织专家论证原则通过。云冈石窟保护性窟檐的设计于2005年开始，经过了多次专家讨论，特别是在本次北京召开的专家讨论会上，确定了窟檐设计的原则和功能，并对窟檐设计的形式和所用材料等进行了深入的探讨，为今后的窟檐设计和建设打下了良好的基础。（程书林　谢宾顺）

【全省长城资源调查工作会议】 1月25日，山西省长城资源调查工作会议在太原召开。省文物局、省测绘局、省基础地理信息院、省财政厅等省长城资源调查工作领导小组成员单位的负责人和各调查队队长出席了会议。

会议听取了各调查队2007年明长城资源调查田野调查和测绘工作成果汇报。省文物局副局长高可全面总结了2007年全省明长城资源调查工作，并对2008年全省长城资源调查的主要工作进行了安排部署。省测绘局纪检组长王喜瑞到会并讲话。省文物局局长施联秀充分肯定了2007年全省长城资源调查工作成果，要求全体队员要切实把握长城资源调查这一难得的历史机遇，以高度的使命感，严格依据《长城资源调查工作手册》和《调查登记表》范本，高质量地完成好全省明长城资源调查资料整理工作。

初步统计，2007年，全省5个调查队累计徒步行程10余万公里，共调查长城墙体763.15公里、敌台547座、马面553座、烽火台1070座、马市3座、碑碣27块及其他相关遗存。还有30多公里墙体和5个县的烽火台尚未完成调查。通过调查对全省境内明长城墙体长度作了进一步确认，还有很多新的发现，弥补了文献资料记载上的不足或空缺。

（程书林　谢宾顺）

【召开明长城资源田野调查总结会议】 8月21日，山西省文物局与山西省测绘局在太原召开全省明长城资源田野调查总结会。省文物局和省测绘局领导、省长城资源调查工作领导组部分成员和领导组办公室成员、全体调查队员共80余人参加会议。国家文物局文物保护司世界遗产处刘华彬副处长率国家长城资源调查检查组一行参加会议并讲话。

会上，调查队队长分别汇报了本队明长城资源田野调查取得的主要成果；省文物局高可副局长、省测绘局王喜瑞副局长代表省长城资源调查工作领导组，分别对全省明长城资源田野调查、外业测绘工作作了总结；省文物局施联秀局长对下一阶段工作提出了具体要求。他强调，全体工作人员要进一步增强责任感和紧迫感，切实按照国家的要求，按时完成每一项工作；要客观准确记录调查对象的属性，翔实全面整理每一份田野调查资料；领导组办公室要精心组织好调查报告编制工作。刘华彬副处长通报了目前全国明长城资源调查总体工作形势，并对山西省明长城资源田野调查阶段的工作给予了充分肯定。（程书林　谢宾顺）

【全国文物艺术品展销会暨山西省文物总店30周年店庆活动】 2008年5月25日，全国文物艺术品展销会暨山西省文物总店30周年店庆活动在太原泛华盛世古玩城隆重举办，副省长张建民，原省领导赵劲夫、李玉臻等出席并为开幕式剪彩。来自全国各省、市、自治区70余家文物总店、文物经营单位共230余人参加了本次活动。美国山西同乡会、台湾玉器协会及国家博物馆、均窑博物院等百余家单位为活动发来贺信、贺电。

山西省文物总店成立于1978年。30年来，他们以保护国家珍贵文物为宗旨，积极发挥社会流散文物经营主渠道作用，为国家收购、保存并先后为各级博物馆和科研机构提供了元代《桃竹锦鸡图》、北宋“淳化金币”、春秋“虞候政壶”、“明天顺七年造大同马氏筒式三足炉”、清代龙床等数十万件珍贵文物，收购经销了各类民间流散文物20多万件，取得了良好的社会效益和经济效益，为弘扬中华民族优秀传统文化、活跃民间收藏做出了积极贡献。本次活动有数万件精美的文物艺术品亮相古城太原，进行交流展销。这是山西近年来规模最大的一次文物艺术品展销会，

·政策研究　法规建设·

【依法行政迈出新步伐】　2008年，省文物局认真贯彻依法治国的方略，建章立制，强化管理，依法行政进一步规范。完成了与国务院、省政府取消调整的行政审批项目清理对接工作，原由省局审批的23个项目调整为18个，5个项目下放市级文物行政部门审批，行政许可项目和审批权限进一步明确。完成了国家文物局国保单位设计方案审批权下放试点省的准备并开展了工作。制定下发了《山西省文物保护工程审批管理规定》、《山西省古建筑维修工程质量与监督验收规程》并在部分县市试行。制定了《山西省文物安全专项督察制度》、《山西省文物保护工程方案审批管理规定》、《山西省博物馆陈列设计方案审核暂行办法》。各市也出台了一批加强本行政区域内文物保护工作的规范性文件。这些规章制度的出台，保证了依法行政工作的顺利进行。

一年间，检查清理了2006年以来省局规范性文件的制定和履行审查情况，梳理了行政审批流程，行政管理更加规范。省、市、县三级文物行政部门依法查处了25件违法案件，不仅保护了文物，也使一些领导干部和违法当事人增强了文物保护的法律意识。

为了进一步推进政务公开，去年省局编制了《山西省文物局政府信息公开指南和目录》，在“山西省文物局网”开设了政务信息、政务大厅、局长信箱等专栏，省局的重大决策、重要事项、重点工程等都依托门户网站进行公开，实现了我省文物保护工作信息与省政府门户网站同步公开的目标。　（程书林　谢宾顺）

·文物抢救·

【不可移动文物保护取得新成绩】　在全省启动了第五批省级文物保护单位的申报和第七批全国重点文物保护单位的申报准备工作，完成并验收了152处第六批国保单位的“四有”档案，完成了全省元代以前早期建筑项目库的建设工作。“山西省古建筑信息数据采集软件”正式投入使用，“山西省文物保护单位信息管理系统软件”框架已经成型。文物保护基础工作更加扎实。

对全省文物勘探队伍进行了考核并完成了年检。强化了文物建筑维修的设计、施工、监理单位的资质管理。举办了文物保护工程项目经理和从业人员资格培训班。完成了我省首批文物保护工程勘察设计和施工资质的评审工作，批准13个单位具有不同等级的勘察设计资质，批准12个单位具有不同等级的维修施工资质。省古建所内设的省古建筑监理工程有限公司和太原市文物考古所获得了国家文物局颁发的文物保护工程甲级监理资质。省古建维修质量监督站正式启动了现场监督职能。文物保护行业管理明显规范。

一年来，组织了50处省保以上文物保护工程的实施，已完工14处。审批了61处省保以上单位的修缮设计方案，组织编制了29处国保单位的保护规划，验收了11处保护工程。全省各市县制定市县保维修项目设计方案18处，开工13处，已完工8处。地上文物抢救维修工作稳步推进。　（程书林　谢宾顺）

【重点文物保护工程进展良好】　五台山申报世界遗产项目中涉及的佛光寺等11处文物建筑的维修保护和周边环境整治工程，五台山档案馆建设建档和展示中心的陈列布展等涉及文化遗产方面的各项工作，全部按计划完成。联合国教科文组织的专家9月进行了考察，今年6月将在西班牙召开的世遗大会上进行表决。山西南部早期建筑保护工程105处国保项目中，已累计完成65处维修方案的设计和审批工作，编制40处保护规划。首批4处试点项目已正式开工。还有5处已完成招投标，今年开工。针对南部工程，省局制定了4个专项管理办法，成立了领导组和专家组。南部工程的管理经验在全国文物保护工程会议上做了重点介绍。长治、晋城、临汾、运城四市文物局和这些项目所在地的县区文物局都做了大量卓有成效的工作。应县木塔的保养维修工程和科学监测正顺利进行。及时对平遥古城部分墙体和部分国保单位进行了抢险修缮。云冈石窟防水保护工程完成了窟顶试验区和一区的考古调查、勘察、发掘，保护性窟檐设计方案正在完善。明长城资源调查的田野调查工作6月底全部结束，资料整理工作年底全部完成。调查资料和汇总数据顺利通过国家项目组验收，得到了国家文物局的充分肯定。　（程书林　谢宾顺）

【山西南部早期木结构建筑维修保护工程开工】　7月23日，国家文物事业“十一五”规划项目——山西南部早期木结构建筑维修保护工程开工仪式在长治市平顺县九天圣母庙举行。此项工程对促进我国早期建筑研究保护和管理水平的全面提升有重要意义。

山西的早期木结构建筑拥有量在全国占有较大比重，目前，全国保存有元以前木结构建筑的国宝单位共226处，其中，山西南部地区就有105处，是我国同一区域内现存木结构建筑数量最多、密度最大的地区。山西南部早期木结构古建筑的保护已纳入国家文物事业“十一五”发展规划，以及国家“十一五”抢救性文物保护设施建设专项规划。

（程书林　谢宾顺）

【蒙山大佛向世人展露真容】　10月7日，经过一年半的修复，晋源区蒙山大佛景区正式开门迎客。10时，在绿荫环抱的蒙山山门前，上千名群众聚集在开园仪式现场，共同见证这一时刻。

蒙山大佛景区位于太原市西南15公里处，蒙山主峰海拔1325米，主要景点有蒙山大佛、开化寺、连理塔、御驾桥等。大佛坐高40米，通高（大佛站立高度）66米，佛头高12米、直径8米，重约140吨。据记载，大佛建于北齐文宣帝天保二年

（公元551年），古称“晋阳西山大佛”。在饱受战火损毁和自然风霜的剥蚀后，元代之前，大佛头部就已崩落；元朝末年，阁倾像塌。自此，大佛的腹、手、腿、足以及基座和大阁遗基被掩埋于山石、泥沙中，直到公元1980年，全国地名普查时，大佛遗迹才被发现。

2006年起，蒙山进入修复准备阶段，其间，晋源区政府关闭了附近3座煤矿，取缔了十多个黑口子和采石场，并于2007年3月开始进行修复。目前，大佛景区的主要景观已恢复昔日的面貌。

·考古发掘研究·

【考古和学术研究取得新成果】 2008年，省、市、县三级文物部门依法对40项大型基本建设项目组织了开工前地下文物的调查、勘探和发掘工作，完成汾阳至邢台高速公路、北同蒲四线取直铁路等12个项目，抢救了一大批地下文物。一年来，考古工作者对陶寺遗址的考古调查，印证了陶寺文化时期社会生产力的发展水平；对翼城大河口西周墓地的考古发掘，获得了晋国始封“唐地”的又一批重要研究资料；对大同北魏三号遗址的发掘，进一步证实了北魏迁都前皇家的辉煌；对汾阳金墓的发掘，展现了宋金时期社会生活的情景；对太原龙泉寺唐代地宫的发掘，显示了太原唐时作为北都的重要地位。这些重要的考古发掘成果都引起了学术界和新闻界的高度关注，具有重大的学术价值。省考古研究所举办了“走进考古、步入宋金”大型公益考古活动，为实现考古学、考古学家、考古机构的社会价值，推动公益考古做了有益尝试。

1．襄汾陶寺遗址石制品调查

为了配合“中华文明探源工程Ⅱ”子课题“3500BC－1500BC中国文明起源与早期发展阶段的经济技术研究”的探索，初步了解陶寺遗址范围内石制品的分布情况以及陶寺文化时期石制品的生产情况，2008年3月，山西省考古研究所、澳大利亚拉楚布大学及中国社会科学院考古研究所山西队组成联合调查队，在陶寺遗址进行了为期近一个月的调查工作，获得了一批陶、石制品。

调查共新发现石器点38处。遗迹主要有房址、灰坑、陶窑、道路等。遗物主要是陶寺文化时期的陶、石、骨制品。在清理得四个剖面中共发现约12万片石片。调查所得在一定程度上反映了陶寺文化时期石器的生产、加工及使用情况。

2．垣曲皋落新石器遗址发掘

2008年10月，为配合闻垣高速路建设，省考古所组成考古队对垣曲皋落新石器时代遗址进行了考古发掘。该遗址位于亳清河东岸，皋落村东北台地上，台地平坦开阔，为一处复合性遗址，共揭露面积2000平方米，发现庙底沟文化灰坑40余座，战国墓葬近50座，目前发掘工作正在紧张进行。

3．汾阳金墓发掘

2008年6月至9月，省考古所主持了汾孝大道的考古发掘，在该路段发现并发掘古墓葬47座，其中在东龙观村北的两个家族墓地颇收获为丰富。东龙观段发现并发掘古墓葬27座，发掘面积1196平方米。其中砖室墓16座，土洞墓11座。

砖室墓分为八角形、六角形、四边形，彩绘砖雕甚为精彩。土洞墓分为大、中、小三型，在墓葬中发现数量较多的瓷器，并且排列、器物组合清晰，未被盗掘，对宋金社会生活，尤其丧葬制度等研究有很高价值。（程书林　谢宾顺）

【翼城大河口西周墓地获重要发现】 2007年9月至2008年6月，山西省考古工作者对翼城县大河口墓地进行了抢救性发掘，获得重要发现。大河口墓地位于翼城县隆化镇大河口村北台地上，西距翼城县城约6公里，墓地北高南低，北依二峰山，南邻浍河支流，西北临浍河干流，即坐落于两河交汇的三角地带。本次共发掘6座墓葬，均为东西向土坑竖穴墓，出土了大批青铜器、玉石器、漆木器和陶瓷器等，墓地时代自西周早期延续至两周之际。本次发掘的M1最为重要，从墓葬形制、随葬青铜鼎及其铭文分析，墓主可能为男性，属伯一级贵族，时代为西周中期。该墓出土了青铜器、原始瓷器、陶器和木器其中青铜器最多。墓内的大量遗物，对于研究西周时期的器用制度无疑是重要资料。其斜洞是继绛县横水墓地之后的第二次发现。在一座墓葬内发现如此之多的壁龛在西周考古上还是第一次，墓内随葬木俑可能是目前中原地区出土最早的实物资料。

从出土的青铜器铭文看，此墓地可能是新发现的一个西周封国墓地，它与绛县横水西周墓地存在诸多相似之处，这对于研究西周时期晋南地区的封国及其与晋国间的关系具有非常重要的价值。大河口墓地的发现进一步证明，文献记载的晋国初封以至整个西周时期的范围都不大，或即文献所载的汾浍之间。

（程书林　谢宾顺）

【大同惊现一批北魏墓葬壁画】 2008年6月至9月，省考古研究所对大同富乔垃圾焚烧发电厂建设工程工地北魏墓葬进行了抢救性考古发掘工作。其抢救挖掘的十座北魏墓葬，惊现了一批北魏时期的墓室壁画，壁画内容新颖，手法独特，用精美的艺术展示了北魏时期的民族风情和生活习俗，再现了墓主人生前的奢华生活场景。

这次共抢救发掘了十座北魏墓葬，其中土洞墓三座，砖室墓七座。这些墓室内的四壁上大部分有内凹的小龛，小龛上方的砖块上印有忍冬纹饰。另外，五号墓门外侧有用砖削砌的帘帐装饰，新颖别致。位于发掘区的东部七、八、九号墓呈并列南北向布局，都为单室穹隆顶砖室墓，有墓室、甬道、墓门、天井、过洞、墓道，结构较特殊。出土的随葬品有釉陶罐、釉陶细颈壶、铜提梁卣、银镯、铜棺环等。最为壮观的是在九号墓室内发现的壁画，壁画绘于墓室四壁和甬道两壁以及墓门上方的门楣处，高约1.2米，墓北、东、西三面壁画保存基本完整。东壁绘大型狩猎图；北壁正中绘墓主人宴饮图，东侧是杂耍乐舞图，西侧绘各种人物图像；西壁北侧绘牛耕等生活图像，南侧以车马毡帐图为主；甬道两侧绘青龙、白虎。甬道东壁有朱笔题记，记载墓主人为：“散骑常侍、选部□□、安乐子梁拔胡”葬于“和平二年”。依据墓葬形制和出土器型判断，这十座墓葬均为北魏太和以前墓葬，特别是九号墓发现和平二年（461年）下葬题记，为这批墓葬的时代提供了可靠的年代依据。是大同市发现第二座较完整的北魏壁画墓，具有较高的历史艺术价值。

（程书林　谢宾顺）

【大同操场平城遗址考古发掘又有重大发现】 2003年，在大同操场平城遗址上发现的北魏大型皇家建筑遗址引起了海内外考古界的关注。从2007年起，延续两年的大同操场平城遗址考古发掘工作又有重大发现。经省考古研究所研究员张庆捷等专家断定，这次在平城遗址上再次发现的两座高规格的北魏建筑遗址和北魏粮窖遗址，充分证明，这里就是北魏皇宫的所在地。

新发现的粮窖遗址位于北魏大型皇家建筑遗址东北150米处，夯土台基上分布有50多个柱础石和5个圆缸形粮窖遗迹。5座粮窖由西向东一线排列，粮窖平面圆形，口大底小，整体呈圆缸形，直径约10米，深度为4米左右。基址中的圆缸形粮窖数量较多，底部铺木板，木板上残存有谷物，初步判定为一处大型粮仓遗址。

据张庆捷介绍，关于北魏粮窖，《南齐书》卷五十七《魏虏传》记载："太官八十余窖，窖四千斛，半谷半米。"现在发掘出来的粮窖遗址，据其地点考察，当是该传记载的太官所辖粮食"八十余窖"中的一部分。

另外，在北魏大型皇家建筑遗址的10米处，还发现了一座残存的北魏夯土台基遗址，面积约80平方米。发现有汉代到明代的瓦、瓦当、砖、石柱础、土坯、屋顶装饰构件等许多建筑构件，出土遗物多为瓦当和文字瓦片。从汉代砖室与灰坑出土"平城"瓦当来看，这次新发现的粮窖遗址坐落在汉代遗址之上，与2003年发现的北魏平城遗址地层关系相同，可以断定这里就是汉代平城县所在之地。同时由灰坑中发现的数种战国瓦当联系一号遗址夯土下发现的战国铜印推测，此地早在战国时，可能已经是个较有规模的城市。

迄今为止，在大同操场平城遗址的城路东中部南北200米，东西100米范围内，已经相继发现北魏两座高规格的建筑遗址和一座粮窖遗址，充分证明，这里就是北魏皇宫的所在地。

（程书林　谢宾顺）

【山西太原唐佛塔地宫出土五重棺椁】 山西太原龙泉寺唐代佛塔基址地宫发掘出土了一套珍贵的五重棺椁。龙泉寺唐代佛塔基址位于太原晋阳古城西3公里处的太山山腰，塔基上部已毁。2008年5月7日，太山文物保管所在修建消防蓄水池时，发现石条、石门等遗物。经上级批准，山西省考古研究所、太原市文物考古研究所联合组成考古队对佛塔基址进行了考古发掘。考古队在塔基地宫发现了外表刻满供养人名字的石函，石函由函盖、函身扣合而成。函身为砂石雕凿，前宽47.2厘米，后宽46.4厘米，长57.5厘米，高31.2厘米。石函内套装鎏金铜饰木椁、木胎鎏金铜椁、木胎银椁、金棺。鎏金铜饰木椁、木胎鎏金铜椁、木胎银椁的装饰构件非常相似，只是型号尺寸依次增大。这三套椁由椁盖、椁身和椁座三部分组成。盖顶四角有四个铺首衔环；椁身前档装饰有门额、门框、门扇及铺首样式，顶部饰有朱雀。后档顶部饰有玄武、正中装饰佛足一对。四角有卷草纹护栏。左侧为仙人驭龙纹饰、右侧为仙人驭虎纹饰。鎏金铜饰木椁已残损，全部为成形的木板，四周装饰有鎏金铜饰件。最里面的金棺长9厘米，用丝带捆扎2周，上打蝴蝶结。金棺经X射线检测，内有聚成堆的颗粒状物体，据推测应为舍利。

经过近六个月的考古发掘，该塔基面貌已基本清晰，初步判定为唐代（武周时期）遗迹，是我国佛塔地宫瘗埋舍利的早期实例。塔基呈方形，面积近100平方米。出土五重棺椁的地宫为六角形，位于塔基中部，坐北向南，由石砌甬道、宫门、宫室三部分组成。石门两侧各发现力士像一身。塔基及周边地层还出土了建筑构件、陶罐、瓷片等遗物。

11月25日，国家文物局组织信立祥、徐光冀、李裕群、朱岩石等考古专家考察了龙泉寺塔基发掘现场，并对出土文物进行初步认定。专家认为此次考古发掘揭示的塔基年代比较清晰，具有较高的考古价值。从建筑构件及基址现状推断，此佛塔应为方形木结构塔。地宫出土的文物工艺精美、等级较高，为研究唐代佛教文化及工艺技术提供了不可多得的实物资料，对进一步揭示晋阳古城历史文化内涵具有较高的学术价值。

（程书林　谢宾顺）

·第三次文物普查工作·

【第三次全国文物普查取得新进展】 根据国务院和国家文物局关于第三次全国文物普查的总体部署，2008年，省政府召开了两次领导小组会议，省三普办召开了两次工作汇报会。全省各级政府都先后部署了文物普查工作，成立了领导机构，安排了专项经费，组织了普查队伍，进行了专业培训，配备了普查设备，明确了工作责任。省局组织了每个市由省局一名处长、两名专家分市包干的专家组和督察组。2008年8月以来，大规模的普查工作快速展开。全省各级财政落实三普经费共计2736.7万元，其中省财政600万元，各市财政864万元，各县财政1272.7万元。全省共组建普查队81个，普查队员550人。119个县（市、区）全部启动了实地调查。截至2008年年底，共调查登记不可移动文物12082处，其中复查5046处，新发现了7036处。（程书林　谢宾顺）

【山西省召开第三次文物普查领导小组第二次（扩大）会议】 2008年11月10日，山西省第三次文物普查领导小组第二次（扩大）会议在太原召开。会议由省政府副秘书长韩和平同志主持。省委常委、副省长李小鹏同志出席会议并作了重要讲话。省第三次全国文物普查领导小组全体成员，各市第三次全国文物普查领导小组组长、办公室主任参加了会议。

省第三次全国文物普查领导小组副组长、办公室主任、省文物局局长施联秀首先传达了国务院第三次全国文物普查领导小组第二次（扩大）会议精神，通报了全省文物普查进展情况，分析了文物普查工作中存在的困难和问题，并就下一步全省文物普查工作提出了具体的意见和建议：一是积极争取各级政府和领导支持，增加领导组成员单位，充分发挥作用；二是在确保质量的前提下完成今年启动80%的目标；三是加强专家指导和技术培训，关注新类型，提高新发现量；四是加强经费协调和落实，保障一线人员工作和生活；五是扩大宣传，争取各有关专业力量和全社会的支持；六是建立全省"三普"激励机制和奖惩制度；七是加强对普查新发现文物的保护，扩大"三普"成果。省第三次全国文物普查领导小组副组长、省财政厅副厅长石常明就落实本年度经费和下年度预算，以及普查经费管理、补助标准和交通工具解决办法等方面提出了具体意见。

副省长李小鹏作了重要讲话。他指出：普查工作进入第二阶段以来，经过全省普查队员的艰苦努力，截至9月30日，已调查各类文物点3608处，其中新发现1777处，取得了初步成果，积累了一定经验，为下一步普查工作的全面完成奠定了基础。但就目前情况看，山西的普查工作不容乐观，与先进省市相比还存在一定差距。必须保持清醒头脑，周密部署，确保如期完成本阶段工作任务。

会上，副省长李小鹏代表省人民政府与各市人民政府签订了《山西省第三次全国文物普查目标责任书》。

（程书林　谢宾顺）

·五台山申遗工作·

【联合国官员盛赞五台山“申遗”工作】 “我对你们所做的遗产保护工作与获得的成果表示敬仰。你们做了非常好的工作，把（五台山及周边）所有的社区都参与到这项保护工作当中，希望能够继续发扬光大！”8月13日下午，联合国教科文组织执行局主席亚伊先生在五台山考察“申遗”工作准备情况后，用英文感慨地写下了上面一段话。

8月11日至13日，亚伊先生在五台山考察了“申遗”工作情况。考察期间，忻州市市长李平社向客人介绍了五台山开展申报世界自然与文化遗产工作以来的进展。亚伊先生还到菩萨顶、显通寺、塔院寺等地进行了考察，对五台山为“申遗”所做的工作表示满意。

五台山自开展“申遗”工作以来，投资近10亿元实施兴建了“一心三区”（游客接待中心、旅游服务接待区、移民商住区和管理服务区）、“四位一体”的新旅游服务区的配套设施，完成了灵峰圣境核心景区的拆迁工程和原生态植被恢复工程，投资近亿元对佛光寺、显通寺、菩萨顶、万佛阁、南山寺等9个寺院及台顶进行了集中整治，从而使它们返璞归真。据了解，五台山寺院整治、生态恢复、新旅游服务区建设等各项工程均已进入扫尾阶段，申报世界自然与文化遗产工作基本准备就绪。

（程书林　谢宾顺）

【单霁翔在五台山考察指导申遗工作】 8月14日至15日，国家文物局局长单霁翔一行到五台山进行实地考察指导，副省长张建民陪同考察。

单霁翔一行先后深入到五台山新旅游服务区、展示中心、文物档案馆、灵峰圣境核心区生态恢复工程现场以及佛光寺、显通寺、菩萨顶、塔院寺等遗产申报点重点了解相关准备情况。随后，在组织召开的座谈会上听取了忻州市市长李平社代表五台山申遗工作组作的专题汇报。

单霁翔认真分析了当前申报世界遗产工作面临的形势，他指出，五台山在遗产申报准备工作方面付出了大量的劳动并取得了突飞猛进的进展。时至今日，五台山的申遗工作已到了关键时刻，要用国际的标准、世界的眼光来衡量比较，继续找出自身的不足和差距，做好并完善各项工作的细节，认真参考专家意见，要分清轻重缓急，多搞减法不搞加法，多自然化少人工化。五台山作为今年我国报联合国教科文世界遗产中心的唯一混合遗产项目，一定要突出五台山特有的自然与文化、物质与非物质相融合的特色，将五台山的自然与文化价值充分体现出来，同时让专家深入了解我们在环境保护及管理方面的科学有效措施。他表示，国家文物局将一如既往地全力支持五台山的申遗工作。

（程书林　谢宾顺）

【世遗专家对五台山申遗工作进行考察验收】 9月9日，受世界自然保护联盟（IUCN）和国际古迹遗址理事会（ICOMOS）的委派，加拿大籍专家桑赛尔（JimThorsel）、日本籍专家杉尾伸太郎先生，来五台山对申遗工作进行考察验收。

9月10日上午，桑赛尔（JimThorsel）先生考察了五台山展示中心，听取了北京大学著名教授李江海关于五台山自然遗产价值及保护工作的汇报。随后桑赛尔（JimThorsel）先生在梁永宁、李江海等教授的陪同下，考察了绿岩和岩墙带、绿岩和花岗岩界线、石海、石流坡以及古夷平面，从金阁岭南庄村、宽滩沟、黄土咀考察了泥岩、石英岩、交错层理、石英岩、火山岩、小断层、褶皱石英岩，在南台山麓考察了板岩、波痕板岩、火山岩和叠层石。期间，他还不时与当地官员、商户、居民、僧尼、消防人员和教师进行了关于保护遗产方面的交流与座谈，深入了解地方对遗产资源的保护与管理情况。

而负责考察文化遗产价值的杉尾伸太郎先生，在认真听取了吕舟教授关于五台山文化遗产价值及保护工作的汇报后，先后深入到金阁寺、龙泉寺、南台顶、碧山寺、塔院寺、显通寺、菩萨顶、殊像寺、南山寺、佛光寺等10个遗产申报点和文物管理档案室进行考察。每到一个寺庙，他都详细了解该寺的基本情况和管理保护情况，并跟寺内的僧人友好座谈，同时对沿途的乡村进行了社区调查。

12日上午，考察圆满结束。忻州市委、市政府举行了隆重的欢送仪式。

·博物馆建设·

【山西首批博物馆、纪念馆和爱国主义教育基地免费开放】 3月28日上午，山西省首批博物馆、纪念馆、爱国主义教育基地免费开放仪式在山西博物院东广场隆重举行。省委常委、宣传部长高建民，副省长张建民及省财政厅、省文化厅、省教育厅和省文物局的领导出席仪式。

山西博物院、八路军太行纪念馆、山西国民师范旧址革命活动纪念馆、晋绥边区革命纪念馆、麻田八路军总部纪念馆、平型关战役遗址（平型关大捷纪念馆）等6处作为第一批免费博物馆、纪念馆向社会开放。

（程书林　谢宾顺）

【晋国博物馆通过审批立项】 10月6日，在晋侯墓地基础了新建的总建筑面积11265平方米、工程计划总投资9967万元的晋国博物馆，相关可行性研究报告已经省发改委审批通过。

晋侯墓地位于临汾市曲沃县曲村镇曲村天马遗址内，是国家级重点文物保护单位。晋侯墓地共发现晋侯及夫人墓9组19座，迄今除附属车马坑和若干陪葬品尚未清理外，整个墓地已被完整揭露出来。晋侯墓地保留了丰富的信息，揭示了晋国早期的社会制度和政治结构。晋国墓群的发现被评为“全国十大考古新发现”“中华人民共和国重大考古发现”和“中国20世纪考古大发现”之一，已经成为国内外学术界关注的焦点。

·文博科技·

【太原晋国赵卿墓车马坑科技保护项目通过国家专家组验收】 5月9日，太原晋国赵卿墓车马坑科技保护项目通过国家专家组验收。太原晋国赵卿墓是1987年太原市第一热电厂在扩建厂房时被发现的，其规模之大，等级之高，遗物之丰富，在之前所发掘的晋国墓葬中无与伦比，是研究晋国历史的重要实物资料。车马坑位于该墓的东北侧，是赵卿墓的重要组成部分，因当时电厂扩建时限要求，车马坑的16辆战车和44匹战马遗骸经切割后装入木箱，异地保存。2002年6月，太原市博物馆在市政府和国家、省、市有关业务部门的大力支持下，开始对车马坑进行修复。历经申请经费、制定方案、国家立项、科技研究、技术修复、修复资料整理和保护修复报告的撰写几个阶段，最终使车马坑得以科学保护和修复。中国文物科技保护协会理事长李化元，国家文物局科技保护专家组成员徐毓明、系三彩、国家博物馆研究员铁付德，陕西省文物考古研究院研究员赵西晨，山西省考古研究所研究员陶正刚，以及中国辐射防护研究院、山西大学的专家等国内知名专家到会参加了验收。

该项目严格遵循了文物保护修复的理念和原则，保护修复方案科学合理，项目保护技术路线清晰，修复步骤细致认真。对车马坑的原生环境、马骨骨质成分的分析，以及轻质材料的运用具有创新性，是传统工艺与现代技术相结合，技术修复与科学研究相结合的一个好的范例，对其他类似项目的保护将具有重要借鉴意义。（程书林　谢宾顺）

【中宣部审查通过八路军太行纪念馆主题雕塑设计制作方案】 2008年7月6日上午，由中宣部组织的八路军太行纪念馆“八路军将领组雕”泥稿小样设计方案评审会议，在北京“中国职工之家”举行。会议由中宣部宣教局助理巡视员王开忠主持。中宣部宣教局副局长李小军、中央文献室科研部主任彭红；中央党史研究室宣教办主任黄如军；中央美院教授、全国城市雕塑艺委会主任曹春生；山西省委宣传部宣传处调研员李泽顺等领导和专家参加评审会议。

会上，八路军太行纪念馆馆长魏国英首先就“八路军将领组雕”项目背景和制作思路作了介绍。清华大学美术学院李象群教授对组雕的设计理念及表现手法等情况进行了汇报。与会领导、专家对组雕泥稿小样提出了很好的修改建议。大家一致认为：这组八路军将领组雕设计方案符合八路军抗战史实，所表现的人物界定准确。组雕设计布局合理，气势宏大，艺术表现手法得当，实现了艺术性、政治性、科学性的有机结合，充分展示了老一辈革命家的光辉形象。经过与会领导、专家讨论，取得共识，原则上通过了“八路军将领组雕”设计制作方案。

（程书林　谢宾顺）

【山西省文博系统“太行杯”讲解员大赛在八路军太行纪念馆举行】 11月17日至19日，由山西省文物局主办的山西省文博系统“太行杯”讲解员大赛在革命老区武乡八路军太行纪念馆隆重举行。全省各市12支代表队共60多人参加了比赛。

这次大赛包括讲解比赛和才艺比赛两个阶段。经过激烈的角逐，评比出团体金奖5个，银奖7个；个人一等奖10名，二等奖15名，三等奖23名。山西省文物局的领导亲自到会为获奖选手颁奖。大赛期间还进行了参赛讲解员培训点评和十佳讲解员汇报演出。

·文博宣传出版·

【文物保护宣传有了新举措】 2008年，全省各级文物行政部门和文博单位，在抓好日常文物保护宣传工作的同时，围绕中心任务，贴近工作实际，在宣传内容、方法、形式、手段等方面都有了进一步的创新和发展。

省局编印了《继往开来的基石》宣传册，这是我局第九年连续编印的文物工作宣传册。“5.18国际博物馆日”期间，围绕“博物馆：促进社会变化发展的力量”的主题，举办了《蓬勃发展的博物馆事业》主题展览，全省各市县也组织开展了丰富多彩的宣传活动，进一步扩大了博物馆的社会影响。

围绕第三次全国文物普查，省局在门户网站开辟了“山西省第三次全国文物普查”专题，开通了国家文物局三普网山西频道，设立了三普专用邮箱，利用网络全方位反映了山西三普情况。与省城各主要新闻媒体合作，设置专栏、专版，拍摄专题片，介绍了三普工作的内容、意义、方法和我省三普的新发现等。全省建立了以市为单元的三普专访刊发体系。各市也采取多种手段，利用各种途径，宣传本市的三普工作。有效扩大了三普工作影响力。

（程书林　谢宾顺）

【山西文化遗产日活动丰富多彩】 2008年6月14日是我国第三个“文化遗产日”。在此前后，山西省各地举行了丰富多彩、隆重热烈的系列活动，取得了广泛深入的社会效应。

2008年山西省文化遗产日活动的主题是“文物资源与国家软实力”。围绕这一主题，为大力促进全省第三次全国文物普查工作，山西省启动了“寻古集结号——山西文物新发现大搜索”活动，受到了社会的广泛关注，收到来自上海等地报送的近百条文物新发现线索。山西还在在全省文博系统组织了“薪火相传——山西省文博事业推新人”活动，得到了全省文博系统的积极响应。本次活动坚持德才兼备和民主、公开、择优的原则，共推出文博事业年轻优秀人才42名。6月9日，组织了“走进历史·感知文明——文物保护志愿者考古体验”活动，山西大学、太原理工大学、山西医科大学、山西财经大学等四所大学20名大学生文物保护志愿者，参观了晋阳古城遗址、太山古建筑遗址考古发掘工地，让青年志愿者近距离接触文物，揭开考古的神秘面纱，体验文物保护工作。从6月10日起，省市县分别组织各级人大代表、各级政协委员视察文化遗产。省人大常委会副主任安焕晓、省政协副主席刘滇生分别率领人大代表和政协委员视察了介休市、侯马市的文化遗产，并就文物保护工作发表了重要意见。6月12日上午，山西省文物局举行新闻发布会，通报了“功在千秋——山西省社会瞩目的文物保护十大工程”，中央驻晋和省城主要新闻媒体50余名记者参加了发布会。会后各主要新闻媒体以较大篇幅向社会通报了五台山申报世界遗产、平遥古城和云冈石窟等十项重大文物保护工程，从而给了民众以更多的文物事业知情权、参与权和受益权，让社会更进一步了解了文物保护重大工作以及文物工作在经济社会格局中的重要作用和意义。6月14日，文化遗产日活动形成高潮。结合今年文化遗产日活动主题，全省各市县（区）在当天同时启动了“共同的使命——山西省百城千乡领导干部文物保护大签名”活动，从市县四大班子领导到街道、乡（镇）村干部，都留下了自己履行文物保护法定职责的庄严签名。当日上午，省委常委、宣传部长高建民，省人大常委会副主任安焕晓在晋中市榆次区参加了签名活动。省文物局机关全体干部分赴全省11各市，参加了当地的文化遗产日活动，并对第三次全国文物普查进行了检查督促。

遗产日当天，各级文物部门组织在全省广大城镇和乡村组织张贴了第三次全国文物普查宣传挂图。各市、县都根据实际情况举办文物精品和其他多种展览。文物系统干部职工纷纷走进社区、工矿、学校和图书馆、文化站，开展了专家咨询、学术讲座、文物鉴赏、文艺演出等公益性活动，提供了文化遗产保护的社会化服务。具备开放条件的文化遗产地、文物保护单位、博物馆、纪念馆、考古发掘工地等，根据实际情况，在确保安全的前提下，对公众尤其是青少年，实行了免费或优惠开放。省、市两级中心城市悬挂标语、张贴挂图、散发宣传品、摆放宣传板面，进行了中国文化遗产日宣传造势。各地组织“文化遗产保护志愿者”，开展了文化遗产地环境优化活动。全省各级各类媒体，对文化遗产日活动进行了及时广泛的宣传报道，共计发稿1300余篇（件），取得了广泛深入的宣传效果。

·对外交流与合作·

【山西一批文物精品赴京赶盛会】 作为奥运会文化节活动之一，汇集国内文物精品、堪称空前规模的两个文物展览《中国记忆——5000年文明瑰宝展》、《奇迹天工——中国古代发明创造文物展》先后在首都亮相。省山西博物院等单位的24件文物赴京参展，其中有国家一级文物16件，该院镇院之宝“鸟尊”也在参展范围之列。

由国家文物局主办《奇迹天工——中国古代发明创造文物展》，于7月28日至9月20日在中国科学技术馆新馆展出，汇集了来自全国各省市的78家博物馆的经典馆藏，可谓是一场“空前绝后”的文物展览盛会，而山西选送的18件文物展品中，国家一级文物占到10件，包括镇院之宝“鸟尊”、“铜牺立人擎牌”等。山西送展的文物以青铜器居多，集中代表了青铜铸造业在山西春秋时期的鼎盛面貌。

7月29日～10月7日，《中国记忆——5000年文明瑰宝展》在首都博物馆拉开序幕，山西共有6件国家一级文物送展，有西周时期的“玉组佩”、“刖人守囿车”，以及商代的“龙形觥”等。其中，“玉组佩”出土自山西曲沃晋侯墓地这一晋国早期的“皇家陵园”，它由玉璜、玉珩、冲牙、玉管、料珠、玛瑙管等各种珍贵玉饰共204件串联而成，工艺精湛，庄重典雅，令人叹为观止，将中国历史上的多璜组玉佩的形制推向了极致，被考古界评为世界级珍宝。（程书林　谢宾顺）

【“晋国霸业——山西出土两周时期文物精华展”在深圳展出】 为庆祝深圳市改革开放30周年和深圳博物馆建馆20周年，由山西博物院、山西省考古研究所和深圳博物馆共同举办的《晋国霸业——山西出土两周时期文物精华展》于11月20日至2009年2月20日在深圳博物馆隆重开展。

此次展览集中展示了山西出土两周时期的珍贵文物119件(套)，以两周晋国青铜礼器和精美玉器为主，“镇院之宝”——晋侯昕壶也在展览中首次亮相。展览分为三个部分，第一单元为“河汾骄子”，主要展示的是山西省曲村－天马遗址中发掘的文物；第二单元为“春秋热土”，集中展示了春秋时期，晋国由盛转衰这段时代的青铜礼器以及玉器；第三单元为“青铜华彩”，主要介绍青铜器工艺，不仅展示了各种各样精美的青铜器，更有铸造青铜器的工具——陶范。此次展览是我省文物在省外交流展出中规模最大的一次。（程书林　谢宾顺）

【海峡两岸中国古兵器研讨展省城开展】 6月16日，海峡两岸民间中国古兵器文化研讨展在太原晋祠博物馆的傅山纪念馆举行剪彩典礼。这是新中国成立以来首次在国立博物馆举办的中国古兵器实物专题展，也是海峡两岸共同对祖国古兵器文化的首次研讨和展示。

此次海峡两岸民间中国古兵器文化研讨展，共展出从商代到明清以来的各类文化艺术古兵器近200件，有春秋吴越王式青铜剑、“汉代环首长刀”、“宋代铁芯积竹竿马枪”及“宣花板斧”“辽金瓜棱铜锤”“明崇祯皇家镔铁佩刀”“实战用青龙偃月刀”和明清镔铁花纹钢制造的宝刀宝剑。（程书林　谢宾顺）

【纪念贾兰坡先生百年诞辰会议在并举行】 9月22日，中国古脊椎动物学会第十一次学术年会、中国第四纪古人类——旧石器专业委员会第三次学术会议暨纪念贾兰坡先生百年诞辰会议在太原召开。省委常委、宣传部长高建民出席并讲话。

贾兰坡是我国著名的考古学家、古人类学家，中国科学院院士。他把毕生的精力和心血献给了科学事业，特别是为山西的史前考古工作倾注了大量心血，先后领导了丁村、西侯度、峙峪等重要遗址的发掘与研究，在黄河、汾河、滹沱河、桑干河等地都留下了他的足迹。贾兰坡一生为山西培养了大批优秀人才，一直关心、支持山西的考古工作。

（程书林　谢宾顺）

【“生命的印迹——中国古脊椎动物学新成果展”在山西博物院开展】 9月24日，由山西博物院和中国科学院古脊椎动物与古人类研究所古生物馆共同主办的《生命的印迹——中国古脊椎动物学新成果展》在山西博物院开展，为纪念贾兰坡先生百年诞辰写下了浓重的一笔。

本次展览展期为1个月。展览内容以“来自海洋”“称雄陆地”“史前苑囿”“哺乳新生”“灵长之灵”五个部分组成，共展出中国科学院古脊椎动物与古人类研究所近十年来新发现的各种精美古生物化石约150件，其中有距今4.05亿年的珍贵鱼类化石标本，有高达3.8米的大型铲齿象，还有著名的“热河生物群”中发现的大量恐龙、翼龙、鸟类、植物等化石。本次展览最大特点是采用了视频演示、触摸屏等多种展示形式，并以通俗易懂的展示语言，展示了脊椎动物数亿年的顽强演化历程和自然的伟大神奇。在展厅观众可以通过互动内容，动手触摸到部分化石标本，亲身感受跨越数亿年沧桑的生命骨骼。（程书林　谢宾顺）

【“分享光荣与梦想——北京奥运会大型新闻图片展”在省民俗博物馆展出】 9月25日，由新华通讯社山西分社、中国移动通讯集团山西有限公司联合主办的《分享光荣与梦想——北京奥运会大型新闻图片展》在山西省民俗博物馆展出。展览共展出照片200余幅，中共山西省委常委、山西省委宣传部部长高建明、山西省文物局局长施联秀、新华通讯社山西分社社长冯瑛冰、中国移动通讯集团山西有限公司总裁高步文、新华通讯社山西分社副社长张运、中国移动通讯集团山西有限公司副总裁郝耀玳和山西省体育局有关领导出席了展览开幕式并为展览剪彩，省城各界人士400余人参加了开展活动。

（程书林　谢宾顺）

【举行纪念孔子诞辰2559周年大会】 9月28日上午，纪念孔子诞辰2559周年大会暨弘扬中华文化、建设中华民族共有精

晋侯昕壶　　张明芳摄影

神家园活动在省民俗博物馆隆重举行。

孔子是中国古代伟大的哲学家、思想家、教育家，是中国传统文化最杰出的导师和代表。他所开创的儒家学说，对于人类文明的进步和发展作出了极其重大的贡献。

省城各界500余人参加了此次纪念活动。山西省政协主席金银焕出席并作重要讲话。（程书林 谢宾顺）

【第二届国际文物建筑消防安全论坛在山西召开】 2008年9月20日，“第二届国际文物建筑消防安全论坛”在山西省太原市隆重召开。本届论坛由山西省人民政府主办，中国建筑学会协办，山西省文物局、山西省公安厅和山西省公安消防总队共同承办。国家文物局、公安部消防局的领导，16个省消防总队的领导和专家，中国工程院、中国建筑科学研究院、中国建筑学会、中国文物保护基金会、公安部天津消防研究所等国内部分高等院校、科研机构，山西省公安厅、文物局、旅游局、宗教局等部门、单位、团体的专家、学者，以及来自韩国、美国、新西兰等国家的专家、学者共约160人参加了论坛开幕式。

在论坛开幕式上，山西省人民政府副省长张平致欢迎辞，国家文物局副局长童明康、公安部消防局副局长李世雄作重要讲话；并举行了“山西省文物建筑消防安全研究会”揭牌仪式、“文物建筑消防安全论文集”获奖论文颁奖仪式。与会领导为获奖的古建筑消防论文作者颁发了获奖证书。

在学术交流时，中国工程院院士刘耀作了题为“世界文物建筑消防安全保护”的主题讲座，韩国行政自治部消防防灾厅中央119救助队队长金永锡作了韩国“崇礼门”火灾研究的专题讲座，国家文物局、中国建筑科学研究院、武警学院、甘肃省公安消防总队等单位的专家进行了发言交流。9月21日，论坛代表集体赴佛教圣地五台山实地考察。代表们听取了寺庙开展消防安全工作的情况，观看了寺庙远程监控系统演示，观摩了僧侣义务消防队与忻州市公安消防支队联合举行的火灾扑救演练，探讨了寺庙火灾预防工作。实地考察结束后，“第二届国际文物建筑消防安全论坛”在五台山圆满闭幕。

（程书林 谢宾顺）

【山西省启动文物保护员聘用工作】 为了加强对我省文物保护单位的安全管理工作，山西省文物局启动了文物保护员聘用工作。

在山西省公布的271处国家级文物保护单位和428处省级文物保护单位中有130处国家级文物保护单位和279处省级文物保护单位未设立正式保护机构。经过摸底调查，省文物局决定对144处国家级文物保护单位、215处省级文物保护单位、历代长城聘用818名文物保护员。其中涉及古建筑257处，古遗址49处，古墓葬43处，近现代革命史迹10处，历代长城涉及31个县。在省长孟学农的高度关注下，山西省财政今年安排了300万元专项经费用于文物保护员看护补贴，全省818名新聘用的文物保护员可以实现每人每天补贴10元。启动文物保护员的聘用工作将在一定程度上缓解山西文物保护任务繁重的现状。

（程书林 谢宾顺）

【王继堂荣获中国文化遗产保护2007年度贡献奖】 6月12日，在北京召开的首届中国文化遗产保护年度杰出人物颁奖暨事迹报告会上，我省榆次区委副书记、区长王继堂荣获年度贡献奖。

“薪火相传——中国文化遗产保护2007年度杰出人物评选活动”由中国文物保护基金会发起，在全国范围内选举了30名在文化遗产保护方面事迹突出、成绩显著的先进工作者，其中评选出了中国文化遗产保护年度十佳杰出人物，包括王继堂同志在内的20位荣获年度贡献奖。在此次评选活动中，王继堂同志是山西省唯一候选人并当选。

（程书林 谢宾顺）

2008年4月3日清明节主题活动启动仪式 张明芳摄影

【山西省委书记张宝顺在太原调研文物工作】 2008年3月25日，山西省委书记、省人大常委会主任张宝顺深入太原市晋源区调研文物工作。省委常委、秘书长申联彬，太原市市长张兵生等参加调研。

太原市晋源区位于古晋阳城所在地，人文自然资源丰厚，发展潜力较大。近年来围绕建设“文化生态旅游区、高新技术产业集聚区、依山傍水亮丽新城区”的目标，扎实推进各项工作，呈现良好发展势头。张宝顺认真观看晋阳古城、古太原县城、明秀寺景区模型，实地察看了蒙山景区的蒙山大佛、开化寺连理塔和古太原县城等文化遗迹的保护和开发情况，了解晋祠景区的拆迁整治情况。他说，立足历史文化资源，加快发展旅游产业，把山西这个文物大省建设成为旅游大省，是深化经济结构调整、建设新基地新山西的重要途径。要抓住2008年奥运会“赛在北京、游在山西”的契机，坚持市场化、产业化、社会化方向，高起点规划、高标准建设、高水平管理，开发更多体现三晋文化特色的旅游项目和产品，让游客在良好环境中好好品味、多多消费，让祖先留下的宝贵文化资源转化为新的经济增长点，让人民群众得到实实在在的好处。要处理好文物保护和开发的关系，把保护放在首位，一方面运用科学方法加强文物保护，一方面积极开发文物资源的内在价值，不断赋予文物新的生命力，不断丰富旅游业的文化内涵。要统筹兼顾文物保护、旅游开发、城镇建设和改善民生，通过整合各类景观资源，增强太原城市圈的辐射力和带动力，全面提升太原乃至山西的整体形象。

（程书林 谢宾顺）

【孟学农省长会见国家文物局长单霁翔】 8月14日上午，省委副书记、省长孟学农在并会见了来晋考察的国家文物局局长单霁翔一行。副省长张建民参加会见。

孟学农首先对单霁翔一行来我省调研考察表示欢迎，并对国家文物局多年来给予山西文物事业发展的关心、支持表示感谢。他重点介绍了山西近年来经济社会发展概况及文物保护、五台山申报世界文化遗产和世界自然遗产等方面的进展情况。他说，山西是中华文明的重要发祥地之一，又是革命老区，历史文化遗存很多。文物是不可再生的珍贵资源，山西作为中西部内陆省份和欠发达地区，文物保护任务很重。目前，应县木塔、云冈石窟、山西南部木结构古建筑、五台山佛光寺等重点文物保护工作正在全面展开，第三次文物普查工作、古长城资源调查、五台山申遗工作正有序进行，希望国家文物局进一步加大指导和支持力度，共同把山西丰富的文物资源保护好，给子孙后代留下重要遗存，为山西经济社会又好又快发展做出贡献。

单霁翔介绍了当前文化遗产保护的发展趋势，他表示，山西省是文物大省，文物的地域文化、地域特色非常鲜明。国家文物局将倾力支持山西文化遗产事业全面发展，并积极推动山西可移动文物走向全国、走向世界，大力宣传山西、推介山西。（程书林　谢宾顺）

【山西省代省长王君视察八路军太行纪念馆】 11月30日下午，山西省代省长王君在副省长李小鹏、长治市委书记杜善学等省市领导陪同下，专程到八路军太行纪念馆视察工作。王省长一行首先向八路军烈士敬献了花篮，然后兴致勃勃地参观了大型主题展览《八路军抗战史陈列》。在“红军主力改编八路军”展板、平型关大捷景观、“八路军总部移动路线图”、八路军总部景观等重点参观部位，王省长边听讲解边和随行人员谈论着八路军抗战史实。在抗日名将左权将军汉白玉雕像前，王省长久久伫立仰视，表达对一代名将左权将军的无限怀念之情。

参观结束时，八路军纪念馆魏国英馆长向王省长汇报了纪念馆的基本情况和大型扩建改陈工程进度。王省长听后非常满意。当听到即将竣工的“百团大战半景画馆”时，王省长深有感触地说：“建设声光电历史景观，是再现当年战争场面的一个好手段。你们要去井冈山、延安等地多看看，吸取人家的先进经验，把半景画馆搞好！”临走前，王省长语重心长地勉励大家说：“我们的红色江山来之不易，是无数革命先烈用鲜血和生命换来的。我们要好好珍惜今天的幸福生活。要把八路军太行纪念馆建设好，维护好，把它真正建成对下一代进行革命传统教育的一流爱国主义教育场所，同时也要成为挖掘与弘扬伟大太行精神的重要阵地！”

（程书林　谢宾顺）

【省文物局干部职工以实际行动“送温暖、献爱心”支援抗震救灾】 灾难无情人有情，一方有难八方援。5月12日四川汶川等地发生强烈地震的消息传来之后，省文物局立即行动，5月14日上午，在局机关会议室举行了向四川灾区捐献仪式，局机关和部分直属单位全体干部职工向灾区同胞伸出友爱之手，向灾区人民捐献34130元。全局系统迅速掀起为灾区人民送温暖、献爱心的热潮。5月22日上午，由机关党委牵头组织，在机关各支部及15个直属单位中开展了“以交纳特殊党费形式支援灾区活动”。截至当天12时，省直文博系统236名党员共交纳特殊党费198700元。老共产党员、著名古文字学家和考古学家88岁高龄的张颔先生一次性缴纳6000元特殊党费，表达对灾区人民的关心与帮助，令人肃然起敬。局直属单位及各市县文博机构也以不同的形式向灾区表达了爱心。山西省考古研究所向省红十字会捐赠10万元人民币。山西省艺术博物馆决定将5月份全馆的门票收入捐赠灾区，并号召全馆职工踊跃捐款、献血。截至5月底，省文物局共捐献各类抗震救灾款35.9146万元。

卫生·体育·文化

卫 生

【抗震救灾获全国五一劳动奖状】 “5·12”汶川特大地震发生后，山西省在第一时间向灾区紧急调拨了血流和血浆，受到卫生部的表扬。先后派出66支1008人的医院防疫监督队，救治伤病员7659人次，山西省抗震救灾医院卫生总队荣获全国抗震救灾医药卫生先进集体和全国“五一”劳动奖状。省内7所医院收治灾区重症伤员198员，全部治愈出院，四川省委省政府致感谢。卫生防疫创造了“平武经验”，新华社、中央电视台等媒体都进行了报道，并受到中组部的表彰。

（郭跃铭）

【成功应对三鹿奶粉等突发事件】 三鹿奶粉事件发生后，山西省火速组织医务人员从52.4万婴幼儿中筛查出7152名患儿，经过精心治疗，无一患儿死亡。及时有效地防控了手足口病疫情，共治愈患者4300余名，维护了社会稳定。圆满完成了“9·8”襄汾溃坝事故的卫生救援任务，最大限度地减少了死亡和伤残，受到国务委员、国务院秘书长马凯的高度赞扬。

出色完成了北京奥运会和残奥会、奥运火炬山西传递、第二届中国（太原）煤博会的医疗卫生安全保障任务，形成了应对重大事件的工作机制，得到省委省政府的肯定。 （郭跃铭）

【公共卫生和重大疾病防控工作】 疾病预防控制机构能力建设全面提升，卫生应急管理体系和传染病联防联控机制基本建立。扩大了免费免疫接种。艾滋病、结核病、地方病等重大疾病防治力度进一步加大，免费治疗等惠民政策得到落实。全省孕产妇死亡率、婴儿死亡率进一步下降。特别是着力扭转重医轻防的倾向，积极实施健康教育和健康促进工程，在山西卫视公共频道开播了《健康讲坛》，启动了全民健康生活方式行动。在全省组织开展了规模空前的城乡环境卫生清洁工程，一些长期积累的脏、乱、差问题得到集中治理，一些长期难以突破的投入、队伍、制度等长效机制开始建立。平顺、武乡、古县被全国爱卫会授予国家卫生县城称号。

（郭跃铭）

【农村卫生和城市社区卫生取得新进展】 完成了108所县、乡医院卫生机构的改造和新建，为190个中心卫生院落实了急救车购置经费，为1200个乡镇卫生院和980个村卫生室（所）购置了基本设备。新型农村合作医疗实现了全省覆盖，各级财政对参合农民的补助翻了一番，全省991.6万人次农民享受到新农合补偿，支出资金16.6亿元。全省社区卫生服务机构发展到736个，覆盖城市人口800余万元。 （郭跃铭）

【医疗服务管理和卫生监督】 深入开展医院管理年活动和平安医院建设活动，加强医院评审评价工作，医疗服务质量不断提高。采取有效措施控制医疗费用，全省三级医院全中开展了医学检验“一单通”，314所医院开展了单病种费用控制，是县以上公立医院共设置济困病床3500多张，提供济困门诊72万余人次；332所医院实行了药品网上集中竞价采购，药价平均降幅达31.5%，让利患者19亿元；血液工作成绩突出，省和11个市分别被表彰为全国无偿献血先进省、市。全省县级以上卫生监督体制改革基本完成，乡镇卫生监督网络建设走在了全国前列；加强对餐饮、饮用水、公共场所、职业、学校卫生与血液安全等卫生监督工作，杜绝了重大安全事故的发生。 （郭跃铭）

【中医和对外交流工作】 积极推动中医药“三名三进”工程，共建设50个名（老）中医工作室、7个国家级、45个省级重点专科，10个中医重点学科（专科）成为省级中医药继续教育基地。圆满完成了第14批援非医疗队培训、中医针灸推拿技术国际培训等援外任务。 （郭跃铭）

【党风廉政建设和行风建设】 扎实开展深入学习实践科学发展观活动，提高了党员干部推动卫生事业科学发展的素质和能力。认真贯彻落实惩治和预防腐败体系建设《工作规划》，深入开展治理商业贿赂专项工作，着力推进长效机制建设，全省二级以上医疗机构开展了民主评议政风行风活动，26所医院启动了建立医德考评制度试点，促进了党风廉政建设和行风建设。 （郭跃铭）

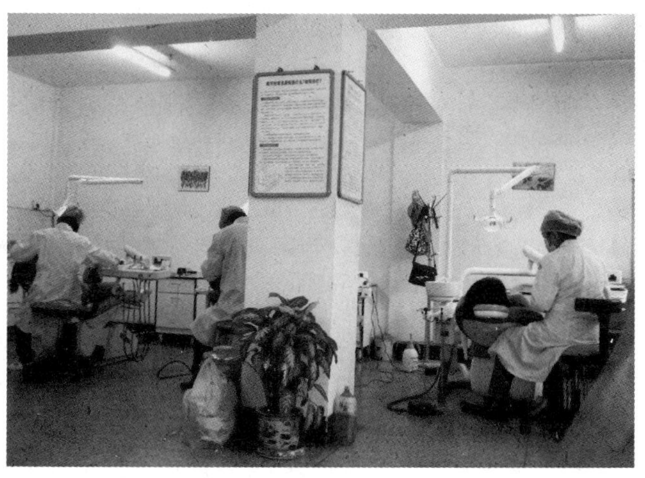

太原市西贝口腔医院医务人员正在诊疗中 张明芳摄影

体 育

【概述】 2008年是奥运年，是我国体育事业发展史上具有里程碑意义的一年，全省体育战线深入贯彻落实十七大精神，以科学发展观为统领，紧紧抓住北京奥运会历史机遇，“打好奥运、搞好活动、建好中心、创好和谐”，全力推进山西体育事业又好又快发展，取得可喜成绩。

一、2008年主要工作完成情况

（一）打好奥运

在举世瞩目的第29届北京奥运会上，山西省体育健儿顽强拼搏、不辱使命，9名队员在6个项目上与世界一流强手同场竞技，取得了古典式摔跤74公斤级银牌、蹦床男子网上个人铜牌、特设项目武术男子长拳金牌的历史最好成绩（其中摔跤项目银牌为我国男子摔跤项目参加奥运会最好成绩），圆满完成了“参赛人数最多、单项成绩最好”的既定任务目标，实现了山西省在奥运历史上单项成绩奖牌“零”的突破，为祖国争了光，为三晋添了彩，为全省人民赢得了荣誉，谱写了我省竞技体育发展的新篇章。在人民大会堂召开的2008年北京奥运会表彰大会上，省体育局荣获“2008年北京奥运会贡献奖”荣誉称号，省摔跤柔道运动管理中心荣获“2008年北京奥运会突出贡献集体”荣誉称号，8名同志荣获“2008年北京奥运会突出贡献个人”荣誉称号，并受到省委、省政府及省总工会、团省委、省妇联的表彰。

与此同时，精心办好国际比赛，今年上半年在山西省举办的女子摔跤世界杯和BMX小轮车世界锦标赛，是我省历史上举办的最高规格的国际性重要比赛，女子摔跤世界杯于今年1月在太原举行，我省运动员张兰作为国家队主力队员，为中国队夺取冠军做出了重要贡献，同时也为山西夺得了历史上第一个摔跤项目的世界冠军；BMX小轮车世界锦标赛于5月底在太原举行，有来自33个国家和地区的1200余名运动员、教练员、体育官员和随行外籍人员前来参赛，创造了我省举办国际单项赛事参赛人数最多的纪录，取得了圆满成功。

（二）搞好活动

紧紧抓住北京奥运会这一历史机遇，大力倡导全民健身与奥运同行，群众体育工作迈上新的台阶。以“全民健身与奥运同行”为主题，广泛开展“迎奥运、讲文明、树新风”活动，通过活动带动群众健身，通过健身使群众受益，真正使北京奥运会的举办成果惠及全省人民。重点开展了两方面的工作：一是精心组织、圆满完成了奥运火炬接力传递活动。在各有关部门的大力配合下，重点围绕传递路线、安全保卫、新闻宣传三大块，积极筹备，精心组织，深入细致地进行火炬手、护跑手选拔工作和火炬接力路线编制等各项工作，特别是在火炬传递时间提前、传递路线要求变化的情况下，紧张有序地开展了大量工作，于6月25日至27在运城、平遥、太原、大同四个城市圆满、顺畅地完成了奥运火炬接力传递活动，向全世界充分展示了山西改革开放的新形象，展示了山西灿烂悠久的历史文化和经济社会发展成就，极大地激发了全省人民的爱国热情和为构建和谐社会而努力奋斗的信心和决心。二是组织开展了大量丰富多彩的群众体育活动。充分利用全民健身周、火炬传递等重大时节点，组织群众开展全民健身活动，紧紧抓住奥运会的有利时机，提升全民体育健身意识，打造体育活动品牌，1至11月间，全省共开展群众性体育活动5000余次，参与健身人数达到1300万人次。同时积极开展了“奥运之光”大型灯会全国巡展、“迎奥运山西省书法名家作品义展”及“赛在北京，游在山西”等旨在宣传奥运、宣传山西的活动，努力促进我省体育及文化、旅游事业的发展，营造全社会关注奥运、企盼奥运、支持奥运、服务奥运、奉献奥运、享受奥运的良好氛围，使更多的群众分享到了即将举办的奥运会带来的快乐。三是进一步推进群众体育组织体系建设。一年来，创建国家级社区体育俱乐部1所、国家级青少年体育俱乐部7所、省级体育先进社区4所、体育传统校15所，新增民办非企业俱乐部2所，发展一级社会体育指导员114人，各类体育项目协会会员明显增加，群众体育骨干队伍进一步壮大。

为提高群众体育活动的影响力，调动群众参与全民健身活动的热情，积极主、承办了一系列大型群众体育赛事，如贺龙杯中国业余篮球公开赛、太谷国际形意拳交流大会搏击王争霸赛、榆社第二届休闲旅游垂钓节暨全国垂钓大赛、“城市之间”太原赛区全民健身展示活动、全国汽车短道拉力赛等，在国内产生了一定的影响。与省农业厅联合组团参加全国第六届农民运动会取得7金7银6铜的历史最好成绩。

（三）建好中心

全省体育场地设施建设步伐加快，建设标准逐步提高。省级山西体育中心筹建工程、太原航校迁建工程、山西省全民健身中心改建工程等三项工程均有所推进，山西体育中心土地问题已经基本落实，详细勘察、施工现场准备等工作已经启动，规划、人防、消防、环评等各项报批手续也在同步办理中，按照省领导要求和工务局工期安排，2009年1月即可开工；太原航空运动学校迁建工作现已完成新机场的勘察和前期土地规划设计、四至坐标勘测工作，并与当地政府共同召开了建设用地听证会，土地指标申报、可行研究报告以及环境、地质灾害、压覆矿床评估等工作正在进行中；山西省体育场改建为山西省全民健身活动中心项目经省政府批准，已着手开展前期准备工作。

以“新农村”、“两区”为重点，加快兴建农民体育健身工程，全年建成“两区”农民体育健身工程项目4966个、中央资助农民体育健身工程项目1800个，为农村开展体育健身活动提供了阵地，受到了农民群众的广泛欢迎。

下大力气狠抓体育彩票销售工作，截至2008年12月21日统计，全省体育彩票销售总额已达9.12亿元，较2007年全年销量增长4亿元，超额完成年初确定的6亿元的任务目标。航空体育积极为经济社会服务，全年完成火情探查、航空护林、航摄、人工增雨等飞行任务共计616小时。加快推进局属国有企业改制，完成了清产核资、财务审计、资产评估、离任审计等相关准备工作。

（四）创好和谐

在全系统深入开展学习实践科学发展观活动，积极用科学发展观武装体育战线，进一步深化对新形势下体育规律的认识和把握，深入研究体育在构建和谐社会中的地位和作用，努力促进事业发展。积极完善各项规章制度，努力建立规范、高效、科学的机关行政职权运行机制，大力推进政务公开，认真实施目标责任考核制度，进一步转变了机关作风，提高了工作效率，行政效能建设更加深入推进。汶川大地震发生后，积极组织全系统广大干部职工开展捐款捐物和对口支援工作，接纳了四川省小轮车队和古典式摔跤队、柔道男女队近70人来我省训练，提供了尽可能好的食宿条件和训练场地、器材，用实际行动支援了灾区人民。高度关注群众反映强烈的突出问题，特别是下定决心、想尽一切办法，彻底解决了事关民生、事关稳定的局系统十多年来积累的住房问题等，得到了广大干部职工热烈拥护。

体育教育、体育科技、体育宣传、运动员保障、老干部工作、后勤服务等各项工作都取得新的成绩。

（李俊温　王宏德）

【省城群众登高健身活动】 1月1日，由国家体育总局主办，国家体育总局登山运动管理中心、国家体育总局彩票管理中心、山西省体育局、太原市人民政府承办，山西省体育彩票管理中心、太原市体育局、中北大学、太原市尖草坪区政府共同协办的全民健身与奥运同行2008“中国体育彩票”全国新年群众登高健身暨山西省城群众登高健身活动山西分会场启动仪式在二龙山举行。省政协副主席周然，省政府副秘书长郭慧民，省体育局党组副书记、副局长苏亚君，副局长杨凤楼，副局长李振生等领导出席仪式。周然宣布活动启动，并与郭慧民、苏亚君等领导鸣枪发令。中北大学、山西财经大学、省城体育系统代表等数千名群众登山爱好者参加了活动，此次活动是国家体育总局为进一步唱响“全民健身与奥运同行”主题，提升“绿色奥运、科技奥运、人文奥运”理念，2008年元旦，在全国31个省（市、区）举行全民健身与奥运同行2008“中国体育彩票”全国新年群众登高健身活动，以北京八达岭长城作为主会场，山西省在省城太原设立分会场的同时，全省联动，举办以登高健身为主要内容的户外健身活动。二龙山是汾河的出口，保护母亲河是三晋儿女的责任，爱护环境，体现“绿色奥运”也是本次活动的主题。

（李俊温　王宏德）

【2008年女子摔跤世界杯比赛落户山西】 1月6日上午，2008年“全球通”女子摔跤世界杯新闻发布会在太原举行。省委常委、副省长梁滨，省政府副秘书长郭慧民，国家体育总局举摔柔中心副主任周进强，省体育局党组副书记、副局长苏亚君，副局长杨凤楼，中国移动通信公司山西有限公司总经理高步文等领导出席了发布会。新闻发布会由杨凤楼主持。苏亚君介绍了比赛相关情况。他表示，2008年“全球通”女子摔跤世界杯赛能在山西举办，充分表示了省委、省政府的支持和重视，表达了国家体育总局、举摔柔中心对我省的信任与关注。女子摔跤世界杯赛是山西历史上举办的规格最高的体育比赛，全世界女子摔跤项目整体实力最强的日本队、哈萨克斯坦队、乌克兰队、中国队、美国队和加拿大队等六支队伍前来参加。作为2008年北京奥运会女子摔跤比赛前最后一次重要的热身赛，具有搜集情报、了解对手、有针对性采取措施、扎实有效备战奥运会和积累2008年奥运会比赛经验的双重意义，作为东道主，省体育局有决心、有信心在省委、省政府和国家体育总局的正确领导和指导下，把各项筹备工作做好，办一届高水平、有特色的女子摔跤世界杯比赛。周进强详细介绍了本次比赛的相关情况。

梁滨代表省委、省政府向国家体育总局和中国摔跤协会对山西省体育事业的关心和支持表示衷心的感谢。他指出，此次比赛既是2008年奥运会前女子摔跤项目最为重要的一次热身赛，也是新中国成立以来山西省首次举办的世界大赛，能够把这样重要的大赛安排在山西省举行，既体现了国际摔联的信任，也体现了国家体育总局及中国摔跤协会的高度重视。山西一定珍惜这次难得的机会，全力把这一重要赛事办出特色，办出水平。

（李俊温　王宏德）

【山西六将荣获体育运动荣誉奖章】 1月7日在2008全国体育局长会议上，国务委员陈至立等为全国177名运动员和132名教练员颁发了“体育运动荣誉奖章”。山西运动员、举重世界冠军张国政，蹦床世界冠军董栋、涂潇，武术世界冠军袁晓超和蹦床教练员蔡光亮、武术教练员庞林太获得“体育运动荣誉奖章”。2007年9月19日，张国政在泰国清迈进行的2007世界举重锦标赛男子69公斤级比赛中以192公斤、347公斤夺得挺举、总成绩两枚金牌，并以155公斤获抓举银牌，为国家队赢得北京奥运会入场券。2007年12月27日，张国政被新华社体育部评为2007年度中国十佳运动员之一。2007年11月4日，第25届世界蹦床锦标赛在加拿大魁北克城落幕，中国队共获得男女网上团体和男子网上个人3枚金牌，山西运动员董栋、涂潇与国家队另外两名选手叶帅、陆春龙以122.90摘取男子网上团体桂冠；董栋在男子网上个人赛中，以40.70分获得银牌。在男子个人资格赛中，董栋以71.60分的成绩名列第一，为中国男队赢得奥运会参赛资格。2007年11月15日在“好运北京”第9届世界武术锦标赛上，袁晓超以9.91分夺得男子长拳第一名，创造了本届世锦赛所有项目的最高分。（李俊温　王宏德）

【山西二十六单位荣获全民健身与奥运同行活动先进】 1月7日，国家体育总局在2008年全国体育局长会议期间举行表彰大会，对全国299个“2007年度全民健身与奥运同行活动优秀组织奖”单位和636个“2007年度全民健身与奥运同行活动先进单位”进行表彰。山西省晋中市体育局、长治市郊区文化体育局等8个单位荣获“2007年度全民健身与奥运同行活动优秀组织奖”，太原市尖草坪区文化体育局、大同市矿区文化体育局等18个单位荣获“2007年度全民健身与奥运同行活动先进单位”。

2007年山西组织群众性体育活动5500余次，健身总人数达1320余万人次，占全省总人口40%以上。规模较大的全民健身周、体育三下乡、全民健身大拜年、农民篮球赛、迎奥运倒计时一周年等群众体育活动产生了积极的社会影响。以“新农村”、“两区”农民体育健身工程为重点，在7000个行政村兴建了体育活动场地，全省人均体育场地面积增长0.097平方米。主承办了全国煤矿第四届职工运动会、中国长治·壶关太行山大峡谷第二届国际攀岩精英赛、中日韩三国围棋名人赛、第四届中国·忻州摔跤节等一系列大型群众体育赛事。山西省第六届农民运动会取得圆满成功。组团参加了全国民运会、大运会、残运会等都取得历史最好成绩，并获“体育道德风尚奖”。全省以“全民健身与奥运同行”为主题，在广大群众中进一步掀起体育健身热潮，为北京奥运会的举办营造浓郁的全民健身氛围，极大地激发了人民群众参与健身、关注奥运的热情，体育健身观念更加深入人心，使广大百姓切身感受到在我国举办奥运会和大力开展全民健身活动带来的欢乐和进步。（李俊温　王宏德）

【首届中国·右玉冰雪旅游节开幕】 1月10日，首届中国·右玉冰雪旅游节在右玉县南山公园冰雪运动基地开幕。旅游节为期三天，主要活动有高山场地滑雪、户外滑冰、冰灯雪雕游园、冰雪风光摄影赛四项。右玉县继2007年成功举办中国·右玉汽车冰雪挑战赛，2008年随着右玉南山滑雪场运营，右玉县独特冰雪旅游资源得到进一步的开发，特种体育旅游产业进一步丰富。本届旅游节的举办拓展了特种体育旅游产业。

（李俊温　王宏德）

【全省体育信息工作会议在并召开】 1月16日上午，2008年山西省体育信息工作会议在太原召开。省体育局副局长杨凤楼、副巡视员李志秀等领导出席了会议。

会议贯彻了党的十七大胡锦涛总书记关于信息化建设和管理的重要讲话精神和全国体育信息工作会议精神，总结了2007年工作，表彰了2007年度全省体育信息工作先进集体和个人；分析探讨了当前我省体育信息工作面临的形势，安排部署了2008年工作。会议由李志秀主持。省局信息中心主任李俊温通报了2007年全省体育信息工作情况和2008年工作思路、主要工作目标。省体育局网站2007年共刊发信息2000多条，网站日点击率保持在2000次左右。省局信息中心编辑出刊《山西体育信息》52期、《山西体育文史》第37期，收集整理第二轮《山西省志·体育志》有关史料4万余字；选送我省体育集邮作品《亚洲运动会》、《赛跑》参加北京奥运会体育集邮选拔展览，全部获奖。记者站全年在中央电视台播出新闻30余条，在山西广播电视总台报道新闻超过100条。山西省史志院授予省局信息中心“2007年度全省地方志系统先进集体”荣誉称号。全省体育信息工作取得了明显成效，实现了省局网站、《山西体育信息》、体育文史工作资源共享，为体育事业又好又快发展创造了更有利的舆论环境。2008奥运年全省体育信息工作的思路和主要任务是：深入学习贯彻党的十七大会议精神、全国和全省体育信息工作会议精神，围绕备战、参与和支持北京奥运会，奥运火炬山西境内传递，各地人民喜迎奥运，各市重要工作情况、重大举措，全力以赴做好信息服务工作。

杨凤楼等与会领导为临汾市体育局、吕梁市体育局、长治市体育局，省体育局竞体处等十个2007年全省体育信息工作先进单位及临汾市体育局王元龙、吕梁市体育局温保翠等十名先进个人颁发了奖牌和证书。（李俊温　王宏德）

【2008年女子摔跤世界杯隆重开幕】 1月19日，2008年“全球通”女子摔跤世界杯比赛在太原滨河体育中心隆重开幕。国际摔跤联合会主席马丁内迪先生，副省长张少琴，国际摔跤联合会副主席马里奥先生，国家体育总局举重摔跤柔道运动管理中心主任马文广，国际摔跤联合会执委金义忠、金昌奎，省政府副秘书长郭慧民，省体育局党组副书记、副局长苏亚君，副局长杨凤楼、李世杰，中国移动通信公司山西有限公司总经理高步文等领导在主席台就座。出席开幕式并在主席台就座的还有国家体育总局举重摔跤柔道运动管理中心，省直各有关部门，太原市委、市政府及大会组委会有关领导。

开幕式由苏亚君主持。张少琴致欢迎词。马文广和高步文分别致贺词。马丁内迪先生致开幕词。张少琴代表省政府和三千万三晋人民向国际摔跤联合会、运动员、教练员及各位来宾表示欢迎，向国家体育总局举重摔跤柔道运动管理中心和长期对我省体育事业大力支持的各界人士表示感谢。他指出本次赛事能在太原举办既是对我省体育运动的促进，也是对山西省体育事业最大的支持。他希望本次女子摔跤世界杯的成功举办为世界摔跤运动发展和北京奥运会成功举办做出应有的贡献。马丁内迪先生在开幕词中表示：这是一场盛大的赛事，全世界前六强的女子摔跤队都集聚在一起。这项云集了几乎所有要参加2008奥运会的女子摔跤运动员。

太重锣鼓队敲起的《黄河船夫》拉开了开幕式表演活动序幕。吕梁艺术团、杏花岭区小伙伴艺术团分别表演了《团扇舞》、《桃花红杏花白》等文体节目。

本次比赛由国际摔联主办，中国摔跤协会和山西省体育局承办，是山西历史上举办的规格最高的体育赛事，得到国家体育总局和省委、省政府的高度支持和重视。本届世界杯仅设团体项目，共设48公斤级、51公斤级、55公斤级、59公斤级、63公斤级、69公斤级和72公斤级7个级别。日本、乌克兰、哈萨克、中国、美国和加拿大2007年世锦赛前六名代表队参赛。（李俊温　王宏德）

【山西首获摔跤世界杯桂冠】 1月20日下午，在太原滨河体育中心举行的2008年“全球通”女子摔跤世界杯决赛上，作为中国队主力队员参赛的山西选手张兰战胜美国运动员莉—杰恩斯，赢得宝贵的一分，为中国队夺得冠军立下汗马功劳。我省女子摔跤运动员张兰曾于2007年10月在六城会上获得自由式摔跤59公斤级金牌。（李俊温　王宏德）

【2008年女子摔跤世界杯落幕】 1月20日下午，六支世界女子摔跤强队经过两天七个级别的激烈较量，中国、美国、日本队分别获得前三名，哈萨克斯坦、乌克兰和加拿大队位居第四至六名。至此2008年“全球通”女子摔跤世界杯比赛在山西省太原滨河体育中心圆满落幕，并举行了隆重的颁奖仪式。国际摔跤联合会主席马丁内迪先生，山西省委常委、副省长梁滨，国际摔跤联合会副主席马里奥先生，国际摔跤联合会执委金义忠、金昌奎，山西省政府副秘书长郭慧民，山西省体育局党组副书记、副局长苏亚君，副局长杨凤楼，中国移动通信公司山西有限公司总经理高步文等领导观看了比赛并为获奖代表队颁奖。颁奖仪式上，国际摔跤联合会主席马丁内迪先生，山西省委常委、副省长梁滨，中国移动通信公司山西有限公司总经理高步文为获得第一名的中国队颁奖。国际摔跤联合会副主席马里奥先生，山西省政府副秘书长郭慧民，山西省体育局党组副书记、副局长苏亚君，国家体育总局举重摔跤柔道运动管理中心副主任周进强、薛炼、沈志刚为获得第二名的美国队颁奖。国际摔跤联合会执委金义忠、金昌奎，山西省体育局副局长杨凤楼，国家体育总局举重摔跤柔道运动管理中心摔跤部部长董生辉为获得第三名的日本队颁奖。国际摔跤联合会主席马丁内迪先生，山西省委常委、副省长梁滨等领导与获奖队员一一握手，并合影留念。

（李俊温　王宏德）

【全省体育局局长会议召开】 1月25日，2008年全省体育局长会议在太原召开。副省长张平，省政府副秘书长郭慧民，省体育局领导及相关部门负责人参加会议。本次会议的主题是：深入贯彻落实党的十七大精神，以科学发展观为统领，紧紧抓住2008年北京奥运会的历史机遇，“打好奥运、搞好活动、建好中心、创好和谐”，全力推进山西体育事业又好又快发展，为构建充满活力、富裕文明、和谐稳定、山川秀美的新山西做出新贡献。

会议强调：奥运之年，奋进之年，收获之年。机遇难得，任务艰巨。要以党的十七大精神为指导，深入贯彻落实科学发展观，在省委、省政府的正确领导下，紧紧抓住2008年北京奥运会的历史机遇，坚定信心，振奋精神，求真务实，锐意进取，以昂扬的斗志和良好的状态，为山西体育事业又好又快发展，为构建和谐山西做出新的更大的贡献。与会代表就领导讲话，围绕各地、各部门实际工作情况进行了分组讨论。副局长杨凤楼在总结发言中要求：一、进一步认识肩负的历史责任，要抓住北京奥运会这个最大的历史机遇，圆满完成“打好奥运、搞好活动、建好中心、创好和谐”四项重要任务。二、北京奥运会上为国争光、为省添彩是我们的最高目标，要把打好奥运作为第一要务，科学训练、做好保障、坚决反对使用兴奋剂，切实抓好奥运备战。三、进一步改进工作作风，发扬求真务实、脚踏实地、埋头苦干的工作作风，加强协调、密切配合、形成合力，推动全省体育事业健康、持续发展。会议结束之时就是新一轮战斗打响之时，要以只争朝夕、奋发有为的精神和昂扬的斗志为全面完成2008年工作目标不懈努力。 （李俊温　王宏德）

【副省长张平对体育工作作出重要指示】 1月25日，在2008年全省体育局局长会议上，副省长张平指出：近年来，我省体育工作取得了长足进步，群众体育蓬勃开展，竞技体育屡创佳绩，为构建和谐山西做出了重要贡献。他要求：一、充分认识体育工作的重要意义。要从贯彻落实科学发展观、全面建设小康社会、构建社会主义和谐社会的意义上进一步充分认识体育的社会作用，从促进社会主义经济建设、政治稳定、社会发展、文化繁荣的意义上积极研究和发挥好体育的独特功能。发展体育运动，增强人民体质，不断满足人民群众日益增长的体育需求，是构建和谐山西的重要方面，是关注民生、服务群众的具体体现。二、全力以赴打好北京奥运会。要把迎战2008年北京奥运会作为今年工作的重中之重，树立敢打必胜的信念，力争取得优异成绩，充分展现三晋儿女的精神风貌，努力实现为省争光、为国争光的目标。三、大力发展群众体育事业。以迎接北京奥运会为契机，围绕“全民健身与奥运同行”主题，深入开展“迎奥运、讲文明、树新风”活动，在全社会形成关心支持奥运、崇尚体育运动的风气，激发全社会参与奥运、参与体育运动的热情，掀起全民健身活动的新高潮。四、积极推动体育产业发展。鼓励发展健身服务、竞赛表演、体育用品等产业，鼓励社会兴办体育，鼓励推进体育竞赛商业化运作。全力以赴搞好山西体育中心工程建设，抓好体育彩票销售。五、做好宣传。进一步加大宣传力度，在全社会形成崇尚体育、尊重体育的风气，得到更多人士的支持。

（李俊温　王宏德）

【山西省2007年度体育十大新闻】 1月25日，在省体育局召开的2008年山西省体育记者协会年会评出2007年度山西省体育十大新闻。

1. 张国政在泰国清迈举行的2007世界举重锦标赛男子69公斤级比赛中以两金一银出色的战绩，为国家队赢得北京奥运会入场券，被新华社体育部评为2007年度中国十佳运动员之一。

2. 山西运动员董栋在三、四月举行的蹦床世界杯系列赛中，连获加拿大、中国昆山两站冠军，取得我国男子蹦床项目个人在世界大赛中的最好成绩。同时与队友涂潇在第25届世界蹦床锦标赛上为中国队夺得团体冠军立下战功。董栋在男子网上个人赛中，以40.70分获得银牌，在男子个人资格赛中，以71.60分的成绩名列第一，为中国男队赢得奥运会参赛资格。

3. 在2007年世界锦标赛、世界杯系列赛上，山西运动员全年共获6枚金牌、2枚银牌和2个录取名次，取得我省历史上在世界大赛上的年度最好成绩。

4. 北京奥运会火炬手选拔工作正式启动，山西省组委会通过组织系统推荐的方式向北京奥组委选拔推荐了以全国劳模郭凤莲为代表的377名山西省火炬手候选人和以举重世界冠军郭秋香为代表的58名中国奥委会火炬手候选人。

5. 全国第六届城市运动会在武汉举行。山西省太原、大同、阳泉三市代表团共获得9金11银7铜的优异成绩，全面超越前五届城运会。大同市运动员谢芳在田径女子5000米、10000米比赛中，两项成绩均达奥运会A标。

6. 山西省五大重点工程优秀设计方案向社会展示。11月1日，山西体育中心等省城重点工程奠基仪式在太原长风商务区举行。

7. 在“好运北京”第九届世界武术锦标赛上，袁晓超以9.91分夺得男子长拳第一名，创造了本届世锦赛所有项目的最高分。

8. 山西省出台《“全民健身与奥运同行”系列活动实施方案》。全民健身活动蓬勃发展，春节健身大拜年、健身大讲堂一社区行、体育三下乡、迎奥运倒计时一周年等活动产生明显社会影响。

9. 4月至6月，山西省人大常委会组织《山西省体育设施管理条例》执法调研，加大了全省体育设施的建设力度。

10. 山西30名运动员参加了在上海举行的第十二届世界夏季特殊奥林匹克运动会。在六个项目上获得17金、12银、20铜的好成绩。 （李俊温　王宏德）

【2007年度山西省体育好新闻揭晓】 1月25日，在省体育局召开的2008年山西省体育记者协会年会上2007年度山西省体育好新闻揭晓。山西日报李春耕的《体育跨越热点多——山西体育现状透视》等4篇新闻获文字类一等奖，山西日报王玉宾的《他的队员在亚运会夺金》等6篇新闻获文字类二等奖，省体育局信息中心侯卫中的《第八届全国民运会：山西代表团享誉羊城》等8篇新闻获文字类三等奖。山西日报刘通的《冲向胜利》等2幅作品获图片类一等奖，省体育局信息中心李俊温的《飞旋陀螺一线牵》等3幅作品获图片类二等奖，山西青年报左林佳的《齐心协力》等7幅作品获图片类三等奖。

（李俊温　王宏德）

【山西“奥运之光”灯会全国巡展在西安启动】 2月15日，由中国民间艺术家协会主办，我省承办的“奥运之光”灯会全国巡展在西安市奥运文化广场启动。山西省旅游局局长籍振芳、山西省体育局副局长李振生等领导与奥运冠军梁艳、李娜、顾俊出席启动仪式，并点燃“奥运之光”。“奥运之光”灯会是北京奥组委授权的极具民族传统特色的奥运文化活动之一，也是我省奥运旅游推广年系列活动的重要内容之一。本次灯会规模宏大，以彩灯和焰火为媒，汇聚全国各地工艺高超的36组彩灯，具有高、大、精、奇、巧、形、光、声、色、动等10大特点，最大面积900平方米和高达20米的单组彩灯均堪称中国彩灯之最。在以“奥运百年、龙腾盛世、凤舞千秋、祈福奥运”为主题的4大展区中，具有浓郁山西特色的“九曲黄河”“威风锣鼓”彩灯吸引了西安市民驻足留影。中国申奥功臣、国际奥委会原委员吕圣荣表示，“奥运之光”主题灯会是奥运会赛场的重要补充和延伸，欢乐祥和的彩灯展示了中华民族深厚的历史文化底蕴，体现出当代中国社会和谐、科学发展、经济腾飞盛况。“奥运之光”灯会西安站巡展将于3月10日结束，奥运会开幕前巡展至北京。

（李俊温　王宏德））

【长治市首次参加香港国际武术节竞技创佳绩】 2月15日至20日，由长治市太极拳协会主席刘志峰率领，10名队员参加第三届香港国际武术节竞技大赛，并一举夺得12枚金牌、5枚银牌和3枚铜牌。此次大赛由香港特别行政区政府、中国武术协会、中国健身气功协会和香港武术联合会共同举办。经国家体育总局武术协会管理中心批准，此次竞技大赛在国际比赛中首次用比赛成绩来认定武术段位。20多个国家和地区的168个代表团3000多人报名参赛。长治市代表队参赛项目为陈式太极拳、剑、推手、陈式集体套路、42式太极拳、剑等。于明、刘志峰、吴华伟、杨利伟、韩书平、张潜和李素芳分别获得上述项目的金牌，并夺得陈式太极拳团体竞赛第一名。（李俊温　王宏德）

【国际健身气功展示会大同喜夺七金二银】 2月15日至20日，在第三届香港国际武术比赛暨国际健身气功展示会上，大同市共夺两项团体冠军、四项个人分组比赛的五枚金牌和两枚银牌。大同市获得健身气功“五禽戏”和“六字诀”两项团体冠军；孙锦获得健身气功“五禽戏”FC5组单项比赛两枚金牌，张玉丽、张建中、高春梅分获健身气功“五禽戏”FC1组、MC2组和“六字诀”FC6组单项比赛金牌；李占魁获得健身气功“易筋经”MT2组和“八段锦”MD2组单项比赛两枚银牌。（李俊温　王宏德）

【山西群众体育现状调查正式启动】 2月18日，2008年山西省群众体育现状调查培训班在山西省体育科学研究所开班。培训班就工作方案、调查内容、方法、对象和抽样总体要求进行讲授。本次调查山西要完成太原、大同、运城三个国家抽样市的2940人的问卷和相应群众体育组织机构信息调查任务。同时为掌握我省群众体育组织机构信息，在国家抽样市、县（区）、街道（乡镇）调查基础上，在全省各市、县（区）和街道（乡镇）分别进行群众体育组织机构调查。参加全国抽样调查的太原、大同、运城三市分别抽取980个样本，涉及城市和乡村男女共28个年龄组，调查内容包括城乡居民个人体育锻炼参与者特征、体育消费特征、锻炼行为、锻炼效果、城乡居民参加体育活动障碍因素、群众体育组织现状与展望、城乡居民参加体育锻炼组织形式等十一项。城乡居民参加体育锻炼情况调查采用入户调查方式，群众体育组织机构信息调查表由街道（乡镇）以上单位填写。从2007年11月我省已采用分片培训的方法对全省11个市的调研队进行了分别培训，目前在太原、大同、运城三市相继举办了培训班，培训人员达到110人。为保证本次调查工作顺利进行，山西省组成了以省体育局副局长李振生为组长的领导组，由省国民体质监测中心组织调研组和调研队，各市分别按照国家体育总局的要求组建了调研队。为督促各市工作进度和按时完成调查任务，省国民体质监测中心专门设置了督导员分别对国家抽样市进行调查监督。本次调查是山西首次承担全国群众体育现状调查任务，也是我省首次大规模的对群众体育现状进行调查。本次调查任务重、时间紧，国家抽样三市要在3月25日前完成调查任务。（李俊温　王宏德）

【借力奥运六大工程打造文化山西】 2月23日，全省宣传思想工作会议在并召开。会议传达贯彻了全国宣传思想工作会议精神，总结工作，安排任务，着重部署了今年全省宣传思想工作的六大重点工程。省委书记、省人大常委会主任张宝顺出席并讲话。省委常委、宣传部长高建民主持会议。张宝顺强调，今年全省宣传思想工作，要紧紧围绕兴起学习宣传贯彻党的十七大精神热潮，推动文化大发展大繁荣这条主线，抓住纪念改革开放30周年、迎接奥运会召开两大契机，重点实施理论武装工程、社会主义核心价值体系建设工程、文明和谐创建工程、文化成果惠民工程、文化产业发展工程、山西形象提升工程等六项工程，为加快文化强省建设，积极推动自然人文资源大省向经济强省和文化强省跨越，为全省走出“四条路子”、实现“三个跨越”，在转型跨越崛起中建设新基地新山西提供强有力的思想保证、舆论支持、精神动力和文化条件。主要推动山西大剧院、省图书馆（新馆）等重点文化设施的建设，形成省、市、县三级标志性文化基础设施。以“奥运・大运”为主题，开展“建设新山西、展示新形象”对外宣传系列活动，实施山西形象提升工程。（李俊温　王宏德）

【全国速度轮滑场地公开赛山西夺三金】 2月26日—28日，在海南省海口市举行的2008年全国速度轮滑场地公开赛上，全国39支代表队的204名运动员参加了36个小项的角逐。山西首次组队参赛共获三枚金牌、六枚银牌和四枚铜牌，赵煊获成年男子组300米冠军，臧英路获成年女子组300米冠军，吕旭东获少年男子组300米冠军。（李俊温　王宏德）

【副省长张平看望备战奥运运动员】 3月6日上午，正在北京参加全国“两会”的副省长张平在会议间歇期专程来到国家体育总局训练局，代表省委省政府看望了在国家队封闭训练、备战北京奥运会的山西省举重选手张国政和蹦床选手董栋、涂潇等运动员和教练员蔡光亮。省体育局党组副书记、副局长苏亚君，副局长杨凤楼陪同看望。张平热情询问了他们近期的训练情况和身体状况，感谢他们为我国和我省赢得了荣誉，鼓励运动员和教练员要胸怀大志，再接再厉，刻苦训练，严格要求，进一步提高竞技水平，顽强拼搏，力争以最佳的竞技状态迎接即将来临的北京奥运会，用优异的成绩展示中国人、展示山西人的风采，为家乡、为祖国争得更大成绩，以优异成绩回报省委、省政府和省体育局及全省各界人士和家乡人民的关心与厚爱。（李俊温　王宏德）

【省直女干部健步走活动在并举行】 3月7日下午，“心系2008北京奥运会”庆“三八”省直单位女干部健步走活动在山西聚华体育场举行。省体育局副局长、省体育总会副主席李振生主持开幕式。省人大常委会副主任、省妇女体育协会名誉主席安焕晓，原省人大常委会副主任、省妇女体育协会主席王昕，原省人大常委会副主任、省妇女体育协会名誉主席曹馨仪，省人大常委会常委、省直工委书记刘巩，省体育总会主席王春元等领导出席了开幕式并与46个省直单位的1600余名妇女同志参加了活动。王昕宣布活动开始。刘巩，王春元鸣枪。本次活动由省体育局、省直工委、省妇联、省体育总会共同主办，省妇女体协、省直机关工会和妇工委联合承办，是历年来健步走活动规模最大的一次。活动旨在庆祝一年一度“三八”妇女节的到来，推动《全民健身计划纲要》的深入实施，增强妇女参与体育活动的意识，形成全民“迎奥运、讲文明、树新风”的良好社会风气，大力唱响“全民健身与奥运同行”主题，以实际行动迎接2008年北京奥运会的到来。通过举办本次活动掀起全省妇女喜迎奥运的热潮，对全省妇女体育工作的开展起到积极的促进作用。（李俊温　王宏德）

【赛在北京游在山西宣传活动方案出炉】 3月13日，“赛在北京、游在山西”北京2008奥运文化活动三大宣传活动具体方案出炉。2008年6月起，山西省举行“赛在北京、游在山西”北京2008奥运文化活动。“王府井大街山西文化旅游宣传展示周”、“地坛公园山西文化旅游宣传展示周”、“山西城市奥运文化广场活动”三大活动把强劲“晋风”吹进北京、吹进奥运之都。“王府井大街山西文化旅游宣传展示周”初定6月5日至15日举行，以山西特有民间艺术为主，包括舞蹈、鼓乐、器乐、民歌等，游行演出以高跷、背棍、踢鼓子秧歌等适合行进表演艺术形态为主。8月2日至24日举行的地坛公园山西文化旅游宣传展示周分为：方泽坛大型文艺演出，以山西民歌、民间舞蹈、民间鼓乐、器乐为主要内容；开展旅游资源展示、旅游宣传促销和相关项目服务；举办平遥国际摄影节精品汇集展、山西戏台、山西古长城专题展等；民间工艺品展销，主要有平遥推光漆、云雕制作、布老虎、交城琉璃咯嘣、平定刻花瓷、大同铜火锅以及夏县青铜工艺品等；民间艺术展示、展演，内容包括孝义木偶、浮山提线木偶、剪纸现场表演以及现场演示刺绣、木板画等项目；山西名优小吃展示、展销等。作为北京2008奥运文化活动之一的城市奥运文化广场活动地点为北京市东城区、怀柔区。山西省文艺演出的主题为“三晋风·黄河韵”，主要演出反映晋商文化和山西民俗风情的民间舞蹈、民歌、民间器乐、戏剧小品等。同时也将推出20组反映山西文化、民俗风情的灯展、民间工艺展示、民间技艺现场演示、旅游推介灯箱展示等。

（李俊温　王宏德）

【常永祥为中国军团夺得奥运门票】 3月18日至23日，2008摔跤亚洲锦标赛暨亚洲区奥运资格赛在韩国济州在韩国济州举行。22日～23日进行男子古典式摔跤7张奥运资格的角逐，小将常永祥为中国军团再夺一张74公斤级奥运门票。本届柔道亚锦赛作为北京奥运会第二轮选拔赛，同时也是亚洲区奥运资格赛，共吸引来自19个国家和地区的近300名选手参赛。根据国际摔联规定，本次比赛每个级别冠军选手方可拿到08北京奥运参赛资格。许莉、王赢为中国军团收获女子55公斤级和男子自由跤84公斤级奥运通行证。北京奥运男子自由式摔跤资格赛第一站、第二站于4月18日至20日和5月2日至4日分别在瑞士和波兰华沙举行；北京奥运男子古典式摔跤资格赛第一站、第二站于5月9日至11日和5月23日至25日分别在意大利罗马和塞尔维亚举行。

（李俊温　王宏德）

【梁磊斩获北京奥运会参赛资格】 5月3日凌晨2：00，山西摔跤运动员梁磊在波兰华沙举行的北京奥运会自由式摔跤第二站比赛中，战胜匈牙利选手，夺得120公斤级冠军，为北京奥运会中国代表团获一个自由式摔跤参赛资格。这是中国摔跤运动员获得的第8张北京奥运会入场券，也是山西省运动员为北京奥运会中国代表团获得的第2个北京奥运会男子自由式摔跤参赛资格。本次比赛于5月2日至4日在波兰华沙举行，是北京奥运会男子自由式摔跤最后一次资格赛。梁磊在120公斤级比赛中先后战胜希腊、巴西、格鲁吉亚选手，与匈牙利选手会师决赛。

（李俊温　王宏德）

【省体育局为向四川地震灾区捐款】 5月14日，局机关办公楼全体干部职工近百人纷纷聚集在楼前广场，慷慨解囊，短短五分钟就捐助赈灾款10760元。截止14日中午，省体育局系统1278名干部职工、离退休老同志及运动员、教练员共捐款70901元。5月12日的四川汶川地震震惊全国，省体育局广大干部职工得悉灾情严重性后，在向四川汶川的地震表示强烈关注的同时，紧急行动起来，表示要奉献自己的一片爱心用于抗震救灾一线的紧急救援。

（李俊温　王宏德）

【省人大常委会听取审议全省体育工作报告】 5月15日，省十一届人大常委会召开第二次会议。省委书记、省人大常委会主任张宝顺，省委副书记、省长孟学农，省人大常委会常务副主任杨安和，副主任靳善忠、安焕晓、郭海亮、王雅安，秘书长朱明等出席会议。会议听取了全省体育工作情况和《关于加强五台山风景名胜区保护的决定》、《关于加强汾河、沁河、桑干河源区保护的决定》、全省促进就业建设和谐劳动关系工作情况等报告。会上，省体育局局长苏亚君受省人民政府委托，做了《关于全省体育工作情况的报告》。当天下午，省十一届人大常委会第二次会议举行分组会议，就全省体育工作情况进行了审议。

多年来，山西体育工作以邓小平理论和“三个代表”重要思想为指导，以科学发展观为统领，以满足人民群众日益增长体育需求和提高全省人民健康素质为根本出发点，坚持体育为全面建设小康社会和构建社会主义和谐社会服务，广泛开展群众体育活动，努力提高竞技体育水平，积极推动体育产业发展，各方面工作取得明显成绩。苏亚君从全省体育基本情况、当前存在的主要问题、今后工作重点三个方面进行了汇报。在谈及全省体育基本情况时，苏亚君表示，近年来全民健身活动蓬勃开展、竞技体育水平不断提高、体育产业发展初显成效、体育法制建设得到加强；2008年全省体育工作要紧紧抓住北京奥运会历史机遇，以“打好奥运、搞好活动、建好中心”为重点，全力推进山西体育事业又好又快发展。全省体育工作始终把全民健身摆在突出位置，认真贯彻《山西省全民健身促进条例》，抓住经济社会发展和举办北京奥运会的历史机遇，坚持全民健身与奥运同行，构建多元化的体育服务体系。近年来，省、市、县、乡、村五级体育设施建设都呈现出良好的态势，人均体育场地面积到2006年底达到人均0.92平方米。2007年全省共开展群众性体育活动5500多次，参与健身活动的人员达1320万人次。全省体育人口已超过总人口数的1/3。（李俊温　王宏德）

【董栋勇夺蹦床世界杯法国站比赛冠军】 5月23日，2008年蹦床世界杯法国站比赛在埃维昂结束。代表中国参赛的山西蹦床运动员董栋以一套近乎完美的动作征服了裁判和观众，一举夺得男子网上个人冠军，其队友、涂潇也发挥出色，获得男子网上个人第四名。由于在法国的比赛与上一站日本站的间隔只有短短几天，所以中国队把一线队员一分为二，为我国夺得北京奥运会入场券的董栋、2007年世锦赛男子个人冠军叶帅和雅典奥运会女子个人铜牌得主黄珊汕等去法国参赛，世锦赛男团和女团冠军队成员陆春龙和何雯娜来日本。在5月18日结束的蹦床世界杯日本站比赛中。中国队不仅包揽了男、女网上单人和女子双人同步全部三个参赛项目的金牌，还获得了网上单人项目的两枚铜牌。

（李俊温　王宏德）

【小轮车世界锦标赛】 5月28日晚19：30，2008国际自行车联盟小轮车世锦赛在太原市青年宫演艺中心开幕。中国奥委会副主席李志坚，国际自行车联盟小轮车委员会主席爱博·施耐德，省委常委、太原市委书记申维辰，省人大常委会副主任安焕晓，副省长张平，省政协副主席郭良孝，省政府副秘书长郭慧民；省体育局局长苏亚君、副局长杨凤楼，副巡视员李志秀；国家体育总局自行车击剑中心主任、中国自行车运动协会主席蔡家东，中国自行车运动协会秘书长蒋国锋及太原市四大班子领导出席开幕式。张平宣布比赛开幕。大会组委会为中外来宾奉上了一台精彩的《唱享山西——经典民歌汇》大型文艺表演，从2万多首山西民歌中精心挑选出的左权民歌《一铺滩滩杨柳树》、《樱桃好吃树难栽》、《桃花红杏花白》，交城民歌《交城山交城水》，河曲民歌《绣荷包》等19首民歌为中外来宾展现出朴实自然、灵动深沉、简约大气的三晋悠久历史精粹和民间艺术。本届世锦赛是山西省举办的规格最高、影响最大、参赛人数最多的一次国际单项体育赛事。来自美国、俄罗斯、日本、新西兰和东道主中国等世界五大洲33个国家和地区的800多名运动员参加男女挑战赛、男女精英赛等12个项目44个组别的角逐。

5月31日，省委书记、省人大常委会主任张宝顺在太原小轮车赛车场基地观看了2008国际自行车联盟BMX（小轮车）世界锦标赛。他不断为运动员精彩车技鼓掌加油，并赞叹运动员不畏艰险，勇攀高峰的体育精神。省委常委、太原市委书记申维辰，副省长张平，山西省体育局局长苏亚君等领导一同观看比赛。期间张宝顺书记视察了小轮车赛场，并与国际自盟主席爱博·施耐德交谈。在当天的比赛中，共有来自世界各地186名的运动员参加了比赛，决出了4个组别的冠军。

6月1日晚8时，2008国际自行车联盟BMX（小轮车）世锦赛在太原闭幕。组委会名誉主席、省委常委、太原市委书记申维辰，组委会名誉主席、副省长张平，国际自盟代表、亚洲自行车联合会秘书长崔富雄，国际自盟小轮车委员会主席爱博·施耐德，组委会副主任、省政府副秘书长郭慧民，省体育局局长苏亚君等省市领导、国际自盟官员和中国自行车协会有关人员出席闭幕式。爱博·施耐德表示，在过去的四年中，小轮车运动在中国快速发展，本届世锦赛充分展示了中国有能力举办更多的小轮车国际比赛。通过国际自盟、中国自协、太原市政府各有关部门和运动员、裁判员、工作人员、新闻记者乃至志愿者的共同努力，在这个周末为大家奉献了一个精彩的世界锦标赛。组委会执行主任、太原市副市长张政代表世锦赛组委会将国际自行车联盟会旗交给下一届举办城市—澳大利亚阿德莱德市代表、澳大利亚小轮车委员会主席巴瑞·奈特手中。张平宣布：2008国际自行车联盟小轮车世界锦标赛闭幕。6月1日，2008国际自行车联盟BMX（小轮车）世锦赛决出最后18个组别的名次。法国选手独占7个组别的冠军。本届小轮车世锦赛欧美选手仍是主角，几乎包揽了所有的前三名，中国选手最好的成绩是岳丛在17岁以上年龄组挑战赛中取得的第四名。中国的小轮车运动虽然在亚洲处于中上水平，但与欧美国家之间的差距仍然很大，赛前中国自行车协会官员就表示，中国选手参赛的目的主要是“取经”。（李俊温　王宏德）

【山西省委研究部署北京奥运火炬接力山西境内传递】 6月18日，省委召开专题会议，听取有关部门和地区工作情况汇报，研究部署做好北京奥运火炬接力山西境内传递工作。省委书记、省人大常委会主任张宝顺主持会议，省委副书记、省长孟学农，省委副书记薛延忠和有关省领导申维辰、杜玉林、高建民、张建民、张平、姬亚夫、叶景亮等出席。会上，省体育局局长苏亚君就火炬传递路线等方面工作作了专题汇报。

会议指出，奥运火炬传递是奥运会的序曲，举国关注、举世瞩目，确保奥运火炬接力山西境内传递圆满成功是全省人民的热切期盼和共同心愿，也是事关山西乃至国家形象的重要活动。省委、省政府始终高度重视奥运火炬传递工作，多次进行研究部署，有关部门和地区按照北京奥组委的要求做了认真、细致、周密的工作，为完成奥运火炬传递任务打下了良好基础。要按照北京奥组委的要求，围绕“和谐之旅”的主题，严密组织领导、细化工作方案、完善活动程序、落实安保责任，精心做好各项工作，确保火炬传递安全顺畅、万无一失、圆满精彩，激发全省人民喜迎奥运、支持奥运、参与奥运的热情，展示三晋大地加快转型、跨越、崛起的精神风貌。

会议指出，奥运火炬即将在山西传递，时间紧迫，已进入临战状态，有关部门和地区要增强全局观念和责任意识，把保证火炬传递的绝对安全放在第一位，毫不放松、毫不懈怠、毫不含糊地抓好各项准备工作，严格按照奥组委规定的程序和我省活动方案进行传递；要强化组织领导、完善指挥体系、明确任务职责、严明活动纪律、加强工作衔接、保持通信畅通；要狠抓各项任务的落实，实行严格的责任制和问责制，把任务落实到基层、落实到每个环节、落实到责任人，使各项活动、各个环节有序衔接、顺利进行；要细化活动方案，特别是完善安保方案和工作预案，维护社会和谐稳定，强化薄弱环节，搞好各项保障，把问题考虑得细之又细、把工作做得实之又实；要搞好北京奥组委和火炬传递人员以及来晋记者的接待工作，为他们提供良好的工作和生活条件；要营造良好氛围，把现代奥运人文理念与山西深厚的历史文化底蕴结合起来，与山西独特的民俗风情结合起来，进一步美化城乡环境，体现山西人民与灾区人民心连心，弘扬奥林匹克精神，引深“迎奥运、讲文明、树新风”活动，展示三晋文化的魅力和三晋儿女的风采。（李俊温　王宏德）

【副省长张平为山西摔跤柔道冠军榜揭榜】 6月21日，在欢迎四川省柔道队来晋训练仪式后，副省长张平，省政府副秘书长郭慧民，省体育局局长苏亚君、副巡视员薄建伟等领导在省摔跤柔道运动管理中心综合楼大厅为山西摔跤柔道冠军榜揭榜。薄建伟代表上榜冠军发言。张平为摔跤、柔道冠军榜揭榜，郭慧民，苏亚君陪同揭榜。摔跤和柔道项目是山西的传统优势项目，为全省体育事业的发展作出过突出贡献。在历次国内外大赛中，山西省共取得摔跤和柔道世界冠军1个，世界A级赛冠军3个，亚洲冠军2个，全运会冠军16个，全国冠军80多个，其他各类比赛冠军300多个。2008年，省摔跤柔道运动管理中心取得世界冠军1个，世界A级赛冠军1个，亚洲冠军1个，全国冠军1个，两名运动员取得2008年北京奥运会参赛资格。山西共培养出国际式摔跤和柔道项目冠军运动员36人．其中摔跤4人，柔道12人。（李俊温　王宏德）

【北京奥运会火炬接力山西传递新闻发布会召开】 6月22日，北京2008奥林匹克火炬接力山西传递新闻发布会在太原举行。省委宣传部常务副部长杨波、省体育局副局长李振生及火炬传递途径四市、县领导出席发布会。杨波主持新闻发布会。李振生通报了火炬接力山西传递活动筹备工作情况。四市、县对奥运火炬传递进行了介绍。山西省火炬传递于6月25日在运城、平遥传递，6月26日在太原传递，6月27日在大同传递。火炬接力6月

25日上午8：00在运城南风广场举行起跑仪式。火炬传递沿河东东街、周西路、盐湖大道至运城市机动车检测中心结束。运城段传递路线长约9.8公里，由104名火炬手、27名护跑手进行传递，时间2小时。10：00从运城出发转场至平遥，下午15：00平遥段火炬接力开始，传递路线分为古城外传递、城墙上传递、迎薰门广场传递三部分，从平遥县行政审批大楼广场至平遥古城迎薰门广场结束。路线总长约5.5公里，由104名火炬手、27名护跑手进行传递，传递时间约2小时。太原段火炬接力于6月26日上午8：00在晋祠公园前广场举行起跑仪式。火炬传递沿古唐路、迎宾路、新晋祠路、滨河东路、胜利街、大同路至太钢集团厂区结束。11：40在太钢厂区广场举行火炬接力结束仪式。太原段火炬传递全程39公里，其中乘车转场两次计27公里，火炬传递路线12公里。由208名火炬手、54名护跑手进行传递。大同段火炬接力于6月27日上午8：00在同煤集团晋华宫矿广场举行起跑仪式。火炬传递沿同左路传递至云冈石窟广场结束。上午10：15在云冈石窟广场举行火炬接力结束式。大同段火炬传递全程约4公里，由208名火炬手、53名护跑手进行传递，传递时间约2小时。在山西参与火炬接力的火炬手共624名（其中山西选拔377人，中国奥委会58人，北京奥组委12人，赞助商177人），护跑手161名（其中山西选拔137人，赞助商24人），平均每天有208名火炬手、54名护跑手（大同段53名）参加传递活动。所有火炬手都是按照北京奥组委火炬接力组委会选拔火炬手的要求和标准，分别采取单位推荐、个人自由报名、组委会选拔审查等形式选定的。 （李俊温　王宏德）

【北京奥运圣火传三晋】 6月25日至6月27日，北京奥运火炬在山西省运城、平遥、太原、大同四地进行全程700公里、为期三天传递，省内转场3次，即运城—平遥—太原—大同，途径临汾、忻州、朔州三市。这是奥林匹克圣火首次来到山西。传递火炬手621名（山西377人、中国奥委会58人、北京奥委会2人、赞助商177人）、护跑手161名（山西137、赞助商24人）。平均每天208名火炬手、54名护跑手（大同市53名）参加接力传递。27日下午，火炬离开山西，前往东风航天城（中国酒泉卫星发射中心）继续传递。

（李俊温　王宏德）

【北京奥运圣火运城传递】 6月25日上午8时，北京2008年奥运火炬接力山西省运城市起跑仪式在南风广场正式开始，拉开三晋大地“和谐之旅”传递序幕。世界冠军、北京奥组委火炬接力中心特聘专家叶乔波，省委副书记薛延忠，山西省火炬传递组委会主任、副省长张平等出席起跑仪式。起跑仪式上，叶乔波点燃火炬交给薛延忠。薛延忠展示火炬后，交给第一棒火炬手、山西体育职业学院女子手球教练、1984年洛杉矶奥运会女子手球比赛团体铜牌得主张卫红。火炬手从南风广场出发，104名火炬手经过河东东街、周西路和盐湖大道，行程9.8公里，9时45分左右运城站最后一棒火炬手、雅典残奥会田径项目铜牌获得者张应斌高举火炬行至运城市盐湖大道，奥运圣火运城站传递结束。结束仪式上，叶乔波代表北京奥组委向运城市赠送了火炬、颁发了证书。仪式现场还表演了关帝雄风锣鼓、24式太极拳、中国必胜团体操、盛世秧歌、武苑雄风武术、“同一个世界、同一个梦想”大型团体操等精彩的文体节目。

（李俊温　王宏德）

【北京奥运圣火平遥传递】 6月25日15时许，北京奥运会火炬接力在晋商故里——山西平遥开始传递。省委常委、常务副省长申联彬，副省长张平，北京奥组委火炬接力中心常务副主任张敏等出席了起跑仪式。张明点燃火炬并交给申联彬。申联彬展示火炬后，将火炬交给了平遥站第一棒火炬手——前女子摔跤世界冠军王朝丽。王朝丽高擎火炬开始传递。平遥段奥运火炬传递路线分为古城外传递、城墙上传递、迎薰门广场传递三部分，路线总长5.5公里，由104名火炬手、27名护跑手进行传递。省人大常委会副主任安焕晓、全球遗产基金会首席执行官杰夫·摩根、驴驴队倪育生参加了平遥站传递。

（李俊温　王宏德）

【北京奥运圣火太原传递】 6月26日上午8时，北京2008年奥运火炬接力太原起跑仪式在晋祠公园举行。北京奥组委圣火使者、奥组委委员、交通运输部中国民用航空局副局长杨国庆，武警部队原副司令员朱曙光，北京奥运会火炬接力指挥部副总指挥、北京奥组委火炬接力中心主任柳纪纲，省委书记、省人大常委会主任张宝顺，省委常委、太原市委书记申维辰，副省长张平等出席起跑仪式。省委书记、省人大常委会主任张宝顺展示火炬后交给第一棒火炬手——总政歌舞团一级演员、全国人大代表、山西籍歌手谭晶。省委常委、宣传部长高建民，省体育局局长苏亚君及国家一级演员、文职将军阎维文，全国人大常委会委员郭凤莲，全国劳模申纪兰，原举重世界女子冠军郭秋香等208名火炬手参加了太原站传递。太原站传递路线全程39公里，从晋祠广场出发，经古唐路、迎宾路、新晋祠路、南环高速、滨河东路、胜利街、大同路至终点太钢二钢广场，包括火车传递600米。这是“祥云”火炬到目前为止第一次用火车传递。同时，太钢也成为北京奥运会火炬全球接力唯一进入企业传递、唯一火车特色传递、唯一在企业举办终点庆典仪式的企业。11时11分，全国劳模郭凤莲最后一棒火炬手将点燃圣火盆。11时11分许，北京2008年奥运会火炬接力山西省太原市结束仪式在太钢二钢广场举行。出席结束仪式的领导和嘉宾有北京奥组委圣火使者、北京奥组委委员、交通运输部中国民用航空局副局长杨国庆；武警部队原副司令员；北京奥运会火炬接力指挥部副总指挥、北京奥组委火炬接力中心主任柳纪纲；山西省委副书记、省长孟学农；太原市火炬传递组委会名誉主任、山西省委常委、太原市委书记申维辰；山西省火炬传递组委会主任、副省长张平；太原市火炬传递组委会名誉主任、太原市委副书记、市长张兵生。出席结束仪式的还有北京奥组委火炬接力中心山西省火炬传递组委会官员；太原市委、市人大、市政府、市政协领导；杨国庆代表北京奥组委向太原市颁发传递城市证书，向太原市赠送火炬。杨国庆与省委副书记、省长孟学农共同展示了圣火灯。（李俊温　王宏德）

【北京奥运圣火大同传递】 6月27日8时15分，北京奥运会火炬接力大同站传递活动起跑仪式在同煤集团晋华宫矿广场举行。北京奥组委火炬传递中心常务副主任张敏、省政协主席金银焕、副省长张平等出席仪式。张敏点燃第一支火炬交给金银焕，金银焕将火炬交给第一棒火炬手、大同煤矿集团公司总工程师、全国劳模、全国青年科技标兵田利军。奥运火炬从晋华宫矿出发沿同左路传递至云冈石窟广场结束。大同段火炬传递全程18.8公里，由208名火炬手、53名护跑手进行传递，传递时间约2小时。省政协副主席周然，省政府副秘书长郭慧民参加了大同站火炬传递活动。北京奥组委圣火使者、北京奥运会火炬接力境内传递运行保障指挥官员，副省长张平等出席了结束仪式。仪式上，北京奥组委圣火使者向大同市颁发了证书、赠送了火炬。至此，北京2008奥运会火炬传递山西站的传递活动全部圆满结束。　（李俊温　王宏德）

【省领导张宝顺等观摩火炬接力传递全程并讲话】　6月25日至27日，省委书记张宝顺、省长孟学农在北京奥运会火炬接力山西境内传递活动总指挥部观摩了火炬接力在我省境内传递的全过程，27日上午，圣火圆满完成在我省的传递任务后，张宝顺、孟学农在总指挥部讲话。

张宝顺指出，奥运火炬在山西的传递取得圆满成功，做到了安全顺利、热烈有序、特点突出、组织严密，圆满完成了党中央、国务院和北京奥组委交给山西的传递任务。

张宝顺指出，在四川汶川大地震之后，奥运火炬传递线路作了调整，山西提前进行，为了确保火炬顺利传递，总指挥部、组委会和运行团队、安全保卫、宣传文化等部门以及4个传递城市，围绕火炬传递安全顺利进行做了大量工作，这是大家共同努力的结果，我代表省委、省政府对大家的辛勤工作表示感谢。

张宝顺强调，这次火炬传递的安保工作任务十分繁重，公安机关、武警部队从线路确定、警力部署、现场安保到整个社会面的稳控都做了严谨细致的工作，大家克服困难、顾全大局，为火炬传递的顺利进行做出了贡献，也创造了一定的经验。现在距北京奥运会开幕只有40多天时间了，山西作为北京的“护城河”和“侧翼屏障”，维护稳定的任务十分艰巨，希望大家发扬不怕困难、连续作战的优良作风，根据新的任务转入常态，力争做到“四个确保”，即：确保不发生影响大的刑事案件、暴力恐怖事件；确保不发生炸药等危险物品流入首都案件；确保不发生影响大的安全生产事故，特别是煤矿安全生产事故；确保不发生大规模群体性事件。大家要继续努力、讲政治、顾大局、做贡献，圆满完成奥运安全保卫工作。

孟学农指出，这次火炬传递是一次真兵实战的演练，是我们宝贵的财富，要很好的总结这次火炬传递的经验，以利再战。在当前形势下，我们必须增强政治敏锐性、练好兵、带好队伍，做好处置各种突发性事件的应对准备工作，进一步完善我省的应急方案，把应急措施搞好，圆满完成省委、省政府交给的任务。

作为本次火炬接力、山西境内传递总指挥的省委常委、政法委书记、公安厅厅长杜玉林表示，火炬传递安保工作只是奥运会安保任务的一部分，下一步稍作休整就要转入整个奥运安保工作，要不怕疲劳、连续作战、全力以赴，做好整个奥运安全保卫工作，为山西争光添彩、为北京奥运会的成功举办做出贡献。

省委常委、宣传部长高建民，武警山西总队总队长叶景亮等一起观摩了火炬接力在山西省境内传递的全过程。

（李俊温　王宏德）

【北京奥组委感谢圣火传递圆满成功祝愿三晋腾飞】　6月27日，第29届奥林匹克运动会组织委员会致电省委书记张宝顺、省长孟学农，对北京奥运会火炬在我省传递圆满完成表示感谢，并祝山西经济社会发展，人民幸福安康。

感谢电全文如下：

中共山西省委，张宝顺书记，山西省人民政府，孟学农省长：

奥运圣火于6月25日正式开始在山西境内传递。在党中央、国务院的正确领导下，山西省委、省政府精心组织、周密安排，做了大量深入细致的工作，确保了抗震救灾期间火炬在山西省境内的顺利传递。从素有“华夏文明摇篮”美誉的运城、“晋商故里”之一的古城平遥到省会太原、“煤乡”大同，奥运圣火的三晋之旅，既是激情之旅，也是和谐之旅、爱心之旅。一支支高擎的奥运火炬，传递着三晋儿女对北京奥运的热烈期盼，凝聚着山西人民对灾区同胞的深切关爱。值此奥运火炬山西省传递圆满完成之际，谨向你们并通过你们向全省人民表示衷心的感谢并致以崇高的敬意！

奥运火炬将带着山西人民对奥运的期盼和对灾区人民的祝福继续传递下去。我们坚信，在党中央、国务院的正确领导下，在全国人民的共同努力下，我们一定能够夺取抗震救灾斗争的全面胜利，一定能够圆满完成奥运筹办的各项任务，办一届“有特色、高水平”的奥运会。

最后，祝山西省经济发展、社会进步、人民幸福！　（李俊温　王宏德）

【晋城篮球队参加第六届农运会】　6月23日，晋城市长王茂设、副市长李章宏前往市体育局训练馆看望代表山西省参加第六届全国农民运动会男、女篮球队员。王茂设要求，队员们要顽强拼搏，刻苦训练，不断提高竞技水平，在第六届全国农民运动会上，赛出水平，赛出风格，为山西农民增光，为晋城农民添彩。近年来，晋城市篮球运动遍布城乡，竞技水平稳步提升，今年10月份，农民男、女篮球队将代表山西省参加在福建省举行的第六届全国农民运动会。王茂设指出，第六届全国农民运动会是北京奥运会后的一次全国性体育盛会，晋城市篮球队代表山西省参加本届农运会，是全市体育事业发展和精神文明建设的一个亮点。一定要利用这次机会，进一步提高篮球竞技水平，展示农民精神风貌，展示晋城崭新面貌，提高晋城知名度。　（李俊温　王宏德）

【山西运动员刘青夺得奥运会入场券】　6月29日，2008年田径奥运达标赛在苏州体育中心结束，山西选手刘青在女子1500米决赛中以4分06秒14达到A标，获北京奥运会参赛资格。各省（区、市）、解放军、各行业体协的788名运动员参加了本次比赛。由于奥运会报名于7月16日截止，这次比赛也是我国选手最后一次奥运达标机会。

（李俊温　王宏德）

【全国体育摄影大奖赛山西两作品获奖】　7月4日，“亚博科技杯”全国体育摄影大奖赛颁奖典礼和开展仪式在北京举行。原全国政协副主席王忠禹、万国全和中国奥委会、中华全国体育总会领导出席典礼颁奖。省体育局李俊温拍摄的《演绎八卦》和《滚灯》分别获得铜奖和优秀奖。此次活动由中国奥委会新闻委员会、中国体育摄影学会主办，亚博科技控股有限责任公司协办，于2007年8月22日开始征稿。全国体育摄影大奖赛旨在弘扬奥林匹克精神，推动全民健身与奥运同行，迎接2008年北京奥运会，反映时代精神，展现1984年第23届奥运会以来我国竞技体育和全民健身运动取得的辉煌成就，并使体育摄影走近寻常百姓，成为人们日常文化生活的一个重要内容，促进和谐社会的发展。参赛作品分专业组和业余组，由专家评比和网民投票进行评选。摄影作品以国内外竞技体育和我国改革开放后全民健身活动为主。本次摄影大赛按专业组和

阳煤集团寿阳开元矿业公司

公司领导班子

景色宜人的办公场区

阳煤集团寿阳开元矿业有限责任公司是阳煤集团第一家异地兼并成立的煤炭企业。井田面积为27.5平方公里，煤炭储存量3.9亿吨，主要产品为贫瘦煤，其次为瘦煤、贫煤。其中3号、9号煤为中灰、低硫、低磷发电专用煤种。

开元公司自2000年3月18日成立以来，通过技术改造，提升煤炭产能，到2003年胜利实现了开元公司的规模生产。据统计，从2006年到2009年，原煤产量四年增加243万吨，平均年增60万吨。销售收入四年增加7.99亿元，平均年增近2亿元。2008年销售收入首次突破10亿元大关。2009年利润总额达到6160万元，上交税费2.7亿余元。先后获得全煤系统文明煤矿、文明单位、安全质量标准化国标一级矿井、全国企业信息化建设先进单位、山西省一级标准化矿井、省国资委先进基层党组织、省属企业文明单位等荣誉称号，被集团公司和省国资委命名为联营、兼并、技改的示范矿井，连续两年被晋中市评为“环保先进单位”。

为进一步扩大企业规模，开元公司按照国家、省、市有关政策，积极与县地方煤矿开展合作联营，于2006年10月成功兼并了寿阳罕山煤矿（后更名为景福公司），2008年5月组建了联营整合清徐县煤矿筹备处。继2009年4月成立了清徐南岭煤矿有限责任公司之后，2009年11月5日、9日又相继在清徐联营整合成立了碾沟公司和贯中公司。自此，公司形成以开元本部为大本营，对景福公司、南岭公司、碾沟公司和贯中公司实行矿管矿的“1＋4”管理模式。开元公司千万吨矿井架构圆满搭建。

董事长、总经理韩爱德在井下调研(左一)

现代化的安全生产指挥中心

环境幽雅的员工文化活动中心

宋月照主任陪同省委书记张宝顺在高红工业区调研

人大班子成员参加促增长保民生座谈会

柳林县人民代表大会常务委员会

人大概况

柳林县八届人大常委会于2007年5月选举产生，委员25人，常委会主任宋月照，副主任：刘保兰、程兴厚、高泽荣、刘志坚，内设办公室和政法、财经、农村、人事代表、科教文卫、城建环保六个工作委员会。

主要工作

柳林县八届人大常委会组建以来，就响亮的提出本届人大常委会工作的主题："抓住重点、议好大事、关注民生、构建和谐"。具体工作的方法：坚持党的领导，依靠和争取党委支持，抓住事关全县经济发展的重点和群众关心的热点，从人大监督的弱点、空档和县政府及其职能部门工作的难点入手，以点促面，全面开创人大监督工作新局面。

一、全面推行部门预算，加强对财政预算及其执行情况的监督

财政收入与合理分配是县域经济发展和民生改善的重要保障，财政预算的公开透明，是政府取信于民、真正落实科学发展观的关键所在，也是人大监督政府工作的重中之重。为了加强对财政预算及其执行的监督，人大常委会从以下几方面着手：一是将人代会时间确定在每年的三月份，扭转了以往财政运行大半年，部分预算已形成事实，才批准预算的局面；二是在多方征求意见的基础上，研究出台了《关于财政预决算审查监督暂行办法》；三是从人大代表中挑选熟悉业务的同志，组建了人大财经监督委员会，为强化财经监督工作奠定了坚实基础；四是提前介入预算编制工作，提出编制预算的指导意见，严格推行部门预算，使每年的预算编制更加科学合理，更能集中财力办大事；五是在充分调研的基础上，听取和审议县政府关于财政预算执行情况、审计工作情况的报告。

二、坚持党管干部原则，在干部任命中寻求监督的突破口

柳林县人大常委会抓住换届后任命干部的机会，大作文章，打开了监督的突破口，为监督工作的开展奠定了坚实基础。

1、强化任后监督，督促依法行政。柳林县人大常委会在任命政府部门负责人后，安排电视台每晚将供职和承诺情况及委员们的询问过程以"对人民负责、受人民监督"栏目原版播放，接受全县三十万人民监督。人大常委会还在全面督促检查的基础上，抽出公安、交通、城建、教育等七个热点部门进行了跟踪监督，常委会会议专门听取了七个部门落实承诺情况的

宋月照主任参加高红园区改河工程通水仪式

宋月照主任陪同省纪检委书记金道铭在工业园区调研

汇报。去年年底，人大常委会研究出台了《年度工作监督办法》，并召开常委会会议对26位政府部门负责人进行了年度工作述职测评。通过一系列的工作，使政府部门负责人彻底扭转了“一纸任命书、五年太平官”的错误认识，增强了依法行政理念，增进了工作的透明度，强化了自觉接受人大监督和为人民办好事、办实事的观念，加强了互相沟通、学习、监督、竞争的氛围，转变了作风，提高了工作效率。

2、加强对垂直管理部门的监督，填补监督工作的空档。垂直管理部门多年来一直由上级主管部门任命，工作监督成为盲点。年底，人大常委会进行跟踪监督，听取和审议了国土、国税、地税、工商、质监等部门整改情况的报告，通过强化监督，切实保障了宪法和法律的实施，进一步促进了依法行政，有力推动了部门工作。去年年初，人大常委会制定了《关于加强对垂直管理部门监督办法》，召开了全县垂直管理部门负责人会议，公布了该《办法》，要求各垂直管理部门要坚持“以人为本”思想，增强人民意识、人大意识，真正做到有权必有责，权力受监督，确保权力的正确行使，积极服务全县政治、经济、文化、社会各项事业的发展。去年 8 月，人大常委会组织部分常委会组成人员、县人大代表，利用半个月的时间，采取听汇报、看档案、查记录、实地视察、召开座谈会的形式，对工商局、电力公司、工行、移动公司等 8 个垂直管理部门进行了检查调研，检查组人员在充分肯定各部门为柳林经济发展作出巨大贡献的同时，指出了不少存在的问题和不足，提出了合理性意见、建议20余条，会后，人大常委会将内含22条建议长达1.2万字的审议意见上报县委，转交县政府研究落实，从而使一些问题得到及时解决。

三、加强对重点项目的监督，全力推进县域经济发展

为了督促政府及其职能部门应对国际金融危机的冲击的积极性，加大产业结构调整力度，延伸产业链条，培育县域经济发展新的增长点，今年10月，在各工委牵头深入有关职能部门、重点项目调研的基础上，柳林县人大常委会组织部分代表对全县重点项目、基础设施建设情况进行了为期两天的视察调研，并召开常委会会议，专门听取审议了发改局、经贸局、国资局、环保局、水利局、交通局等六个部门关于增强服务意识、创优发展投资环境、推动项目进度等情况的报告，为推动全县项目进展，创优发展环境，推进县域经济发展做出应有的贡献。

人大代表视察贾家垣乡小杂粮生产基地

人大代表视察企业生产经营情况

人大代表视察敬老院工作

中共襄垣县委 襄垣县人民政府

襄垣县位于山西省东南部、太行山西麓、上党盆地之北，现辖8镇3乡323个行政村，总面积1160平方千米，总人口26万。襄垣是千年古县。因春秋末期赵国开国之君赵襄子筑城而得名，西汉初期置县，至今已有2000多年历史。襄垣是文化名县。战国中期发行的襄垣“方足布”是当时流行的货币之一，主要历史名人东晋高僧法显是世界著名的旅行家、翻译家，比唐玄奘到印度取经早230年，比哥伦布到达美洲大陆早1080年。襄垣是资源大县，主要有煤、铁、铝、锰等30余种矿产，其中煤炭探明储量75.8亿吨，可开采22亿吨，是全国重点采煤县之一。太焦铁路、太长高速公路、国道208线和省道榆长线穿境而过。

中共襄垣县委书记：张红星

中共襄垣县委副书记、县长：冯俊义

2009年，襄垣县坚持以科学发展观为指导，按照省、市的部署要求，大力推进“强工富县、惠农稳县、城建靓县、开放活县、生态绿县、和谐兴县”六大战略，集中建设了投资77.44亿元的第二个“百项重点工程”，扎实开展了“创优环境，绿化、环保和城乡环境卫生大整治攻坚年”活动，促进了经济社会平稳较快发展。全县生产总值144.66亿元，同比增长8.1%；财政总收入26.63亿元，同比增长26.76%；城镇居民人均可支配收入15544元，同比增长19.38%；农民人均纯收入6148元，同比增长7.3%。在全省2009年地区经济社会发展考核评价中，发展水平和发展指数名列各县区之首。获得“全国文明县城”、“中国绿色名县”“全省文明和谐县城”等称号。

——**强工富县促转型。**积极推进煤炭企业兼并重组整合工作，组建了襄矿、七一、三元古韩三大集团。组织建设了石泉煤业150万吨矿井等14项煤矿扩能技改项目和襄矿60万吨聚氯乙烯一期20万吨等20多项转产项目，富阳循环经济工业园区初步形成了“采煤、选煤、冶炼、化工、镁合金、建材、发电、污水处理”等循环产业链条。

——**惠农稳县促增收。**规划建设了30个设施蔬菜和食用菌示范园区，总面积3000亩，年亩均收入可达1万元以上，安排农村剩余劳动力1500多人。扶持壮大了东宝薯业、宝达菇业、阁老醋业、广发禽业等10多个龙头企业，兴办了保护性耕作、土地开发整理等一批基础工程，促进了新农村建设全面推进。

漳河改造

古韩大道景观纟

襄矿集团生态园

——城建靓县增魅力。建成了古韩大道跨太焦铁路立交桥，开通了环湖路等6条主要街道，完善了“六纵六横”道路框架。完成了集中供热二期工程，建成122栋90多万平方米回迁住宅楼。建设了东湖炎帝农耕文化产业园区、五星级大酒店、体育馆、布鑫广场等精品工程，提升了县城品位和功能。

农村新貌

——开放活县树形象。打出了“法显故里”、“连氏根祖”等文化品牌，组织开展了“连战寻根祭祖”、全省“魅力襄垣”摄影比赛等10余次有影响的文化活动，有效提升了对外知名度。积极创新旅游开发机制，将仙堂山景区开发权整体移交金鑫集团，用35年时间着力打造国家5A级景区。

——生态绿县优环境。投资2.27亿元，新增绿化面积3.52万亩，新增林木绿化率1.1个百分点，其中县城绿地率达到41.6%。县城空气质量二级以上天数319天，比上年增加21天。

设施蔬菜园区

——和谐兴县惠民生。不断引深精神文明创建活动，统筹推进教育、卫生、文化、广电、体育等各项事业协调发展，兴办了安全饮水、村村通水泥（油）路、城乡低保全覆盖等一批实事、好事，广大人民群众充分享受到科学发展的最新成果。

城南笔塔森林公园

中共怀仁县委 怀仁县人民政府

县委书记：牛志忠

县长：王智杰

怀仁县地处大同盆地中部，土地总面积1232平方公里。全县辖10个乡镇、162个行政村，总人口30.26万人，其中非农业人口12.63万人。境内交通十分便利，等级公路里程1311公里，公路密度达107千米/百平方公里。2009年克服国际金融危机的严重冲击，圆满完成了“三保”任务，许多工作走在了全省前列。先后获得全国园林县城、全国文明县城、全国科技进步先进县、全省和谐社会建设先进县等15个省级以上荣誉称号。

经济指标稳中有升。实施调产项目34个，完成投资25.49亿元，铺开重点工程40项，完成投资31.86亿元。按要求完成了19个中央扩内需项目。全年完成地区生产总值92.77亿元，财政总收入13.04亿元，一般预算收入4.1亿元，城镇居民人均可支配收入15772元，农民人均纯收入6380元，社会消费品零售总额33.4亿元，全社会固定资产投资42.28亿元，农林牧渔业总产值9.18亿元，粮食总产量达到7500万公斤。

三农工作再续新篇。新建各类日光节能温室大棚1156个，人畜分离养殖小区7个。兑现各类政策性补贴3000多万元。大力开展“援助农民工共同约定行动”，返乡农民工当年全部实现了再就业。2009年农民人均纯收入高出全市平均水平1300多元。农村经济总收入达到了60亿元。同时加强20个重点推进村的建设，实施了4个村的地质灾害治理搬迁。

煤炭产业重振雄风。顺利完成煤矿兼并重组任务，14座煤矿整合成了7座年产90万吨以上的现代化矿井。产能上到了2000万吨，是过去的3倍多。装备水平、安全水平取得了历史性突破。规划建设了占地2000多亩的煤炭洗选配送园，从根本上改变了煤炭洗选小、散、乱、低的格局。

生态建设成效显著。新增造林面积3.5万亩，林木覆盖率达到了23%。加快了天然气普及和集中供热改造工作，完成了化学需氧量、二氧化硫排放量等减排任务。县城大气二级以上天数达到了338天，比2008年增加了14天。规划建设了西山坡12.6万亩生态园林区，有效地改善了怀仁的生态气候。

怀仁县世纪大道

城乡面貌发生巨变。融资4个亿，高标准完成了迎宾街、云州街、新建北路3条城市主干道的改造工程，并且高低压线路全部入地。规范了沿街门市广告牌匾，建设了沿街绿化带，改造了人民公园，修建了迎宾广场，亮化了云州街和高速路连接线，上马了一批重点城建工程。完成了迎宾高架立交桥牵引变电所迁建工程，生活垃圾处理厂进场道路、库区平整、场区导排工程，热源厂二期工程，北坛森林公园，惠民小区廉租住房工程。城市集中供热普及率达到了83%，城市建成区绿化覆盖率达到37.63%，城市污水处理率达到95%。

社会事业和谐发展。高标准完成了“五个全覆盖”任务。扎实推进了“五大惠民工程”。投资1500万元改造了1.7万平方米农村中小学校舍。就业再就业渠道不断拓宽，城镇登记失业率控制在1.8%以内。医疗卫生条件不断改善，改扩建了县人民医院工程，新建了103个村级卫生室，县乡村三级医疗卫生机构达标率达到76%。人口自然增长率控制在4.6‰以内。社会保障能力大幅度提升，各类保险覆盖面不断拓宽，社保基金滚存结余1.79亿元。安全形势持续向好，全年未发生重特大安全事故。

综采工作面

怀仁大力发展新型建材产业，不断优化产品结构和技术结构，开发环保节能型建材产品和新型干法水泥，促进建材行业又好又快发展

南小寨育肥羊养殖小区

怀仁启动建设现代农业园区综合区域示范工程

清凉山清凉寺魁星塔

和谐之春

人民公园

中共柳林县委 柳林县人民政府

近年来，柳林县坚持以科学发展观为指导，按照省委转型发展、安全发展、和谐发展的要求，以“大项目、大工程、大整治”为主抓手，以转方式、增总量、利民生、上水平为主攻方向，以营造风清气正、和谐稳定、进取创业的发展环境为保障，着力打造实力柳林、活力柳林、魅力柳林、合力柳林，全县经济和社会各项事业实现了跨越式发展，由贫困山区小县迅速发展成为三晋大地上充满生机与活力的经济大县、发展强县。

省委副书记、省政协主席薛延忠和省委常委、省委秘书长高建民在柳林县参加全省信访工作现场会

县域经济保持强劲增长。柳林县依托资源优势，不断加快结构调整和科技创新力度。2002年，柳林县率先推行“一退两置换”为核心的矿权制度改革，使柳林传统煤炭优势产业在困境中获得了重生。2009年，柳林县又强力推进煤炭产业兼并重组，原有61对矿井整合重组为8个主体、26对矿井，原煤产能由1840万吨提升到2610万吨。建材业正在成长为县域经济新的支柱，森泽煤铝5万吨阻燃新材料、润山蒸压免烧砖项目投产运营，福龙干法水泥生产线完成设备安装。电力能源大县的基础日益巩固，以柳电一期、二期为骨干的一批电力项目运行趋稳，柳电三期前期工作积极推进，格盟联盛煤矸石发电项目基本完成审批。在支柱产业的强力推动下，2009年全县完成地区生产总值130.1亿元；财政总收入44.8亿元，位列吕梁第一、全省第二；城镇居民人均可支配收入达到12663元；农民人均纯收入达到3630元。经济社会综合指数在全国中部百强县（市）名列第54位，连续三年入选全国最具投资潜力的100个中小城市。

县委书记张亥生、县长王宁陪同副省长刘维佳在联盛农业生态园区视察

城乡统筹发展加快推进。采用廉租房、经济适用房、商品房、农村住房解困工程四轮驱动的模式，加快城乡住房保障体系建设。268套廉租房建成入住，532套经济适用房分房到户，建成商品房3905套，建筑面积达50.77万平方米，农村住房解困工程完成150户。大力推进城区环境综合治理，日处理3万吨的污水处理厂完成设备安装，日处理300吨的城市生活垃圾处理场开工建设。加速推进道路交通建设，太中银铁路、孝柳铁路、离军高速公路、307国道纵贯全境，沿黄旅游公路、沿黄干线公路建成通车，全县完成村通水泥(油)路455公里，农村公路通畅率达到86%。307国道城区段一级路改线、中南部出海大通道铁路建设正在积极筹备之中，全县四通八达的交通格局初步形成，柳林正在发展成为一个重要的交通枢纽。在建设新农村的实践中，形成了以处理地质灾害、资源置换、回报社会、结对帮扶、项目推进方式建设新农村的有效模式，逐步探索出了一条资源富足但城乡发展不平衡的县

县城一角

设计新颖的柳林实验小学

福龙360万吨水泥厂

“以工补农、村企互动、村企双赢”建设新农村的新路子。全县企业累计投入建设新农村的资金达7.6亿元。已经建成和正在建设的新农村共有100个。农业示范园区和农业龙头企业蓬勃发展，联盛生态农业文化园区加快建设；华安母枣科技公司被列为山西省农产品加工“513”工程省级龙头企业；柳林红枣荣获中国（山西）特色农产品交易博览会金奖，“柳林红枣”品牌在国家农业部成功注册；昌盛农场2000万公斤小杂粮加工项目上马开工；柳林碗团、芝麻饼荣获山西省著名商标，列入山西省非物质文化遗产保护名录。在全省最早探索推广了“一矿一企开发治理一山一沟”的生态建设新机制，积极推进黄河中游沿岸生态大县建设，全县累计绿化面积达到72万亩，林草覆盖率由前几年的11.8%提高到现在的37%，被国家绿化委员会授予“绿化模范县”称号，中华联合环保会等八家全国性组织命名柳林为“全国绿色名县”。

各项社会事业全面进步。教育基础建设打开新局面，联盛、汇丰、鑫飞三大集团企业捐资建设的新高中、新职中、联盛教育园区开工建设，全县普及高中教育的目标即将变为现实。每年新建100所农村幼儿园建设项目稳步推进，力争三年实现普及学前教育。卫生事业有了新提升，县医院医疗卫生保障水平显著提高，乡镇卫生院全部达到省级验收标准，实现了村级卫生所全覆盖。以乡镇综合文化站和村级文化活动室为重点，文化基础设施建设得到加强。社会保障工作取得重大突破，被国家人力资源和社会保障部列为吕梁唯一的全国首批新型农村社会养老保险试点县，试点工作全面展开，2.8万名60周岁以上农民的基础养老金实现按月足额发放。城乡低保扩面提标，实现应保尽保。15所高标准乡镇敬老院全部建成投用。农村合作医疗参合率达94%，城镇居民医疗保险全面启动。稳定低生育水平，以创业带动就业取得新进展，城镇登记失业率控制在4%以内。

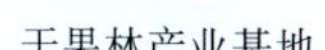

干果林产业基地

下眉芝新农村

在科学发展、加快发展的征程上，柳林县取得了前所未有的巨大成就。但发展的脚步不会就此停止，柳林县委、县政府立足新起点，谋求新跨越，明确提出今后用三年左右时间实现柳林整体跨入“三晋一流、全国百强”的奋斗目标。努力推进实力柳林建设，把柳林建成全国一流的煤系产业基地、全省一流的建材、新材料产业基地、全省一流的区域性服务中心、全省一流的特色干果林生产基地；努力推进活力柳林建设，促使柳林发展空间越来越大、发展环境越来越优、发展态势越来越好；努力推进魅力柳林建设，建成人居环境佳、人文环境好、群众满意度高、社会影响力大的新柳林；努力推进合力柳林建设，形成全县上下齐心协力谋发展的浓厚氛围。柳林人民将一如既往地深入贯彻落实科学发展观，以只争朝夕、奋发有为的精神，一往无前、攻坚克难的勇气，求真务实、拼搏奋斗的作风，再创又好又快发展的新业绩，谱写柳林振兴跨越的新篇章！

阳泉市城区人民政府

阳泉市城区区委副书记、区长曹凯民

2009年，阳泉市城区区委、区政府坚持以科学发展观为指导，紧紧围绕保增长、保民生、保稳定这一首要任务，解放思想，真抓实干，全区经济社会保持平稳较快发展的良好局面。在全省119个县（区）经济社会发展综合考核评价中，经济社会发展指数由2008年的第7位跃升至第2位，发展水平由第23位跃升至第9位，同时被民政部授予全国首批“和谐社区建设示范城区”称号。

经济保持较快发展，综合实力不断提升。2009年，全区生产总值78.1亿元，增长10.2%。社会消费品零售总额80.1亿元，增长22.7%。全社会固定资产投资48.9亿元，增长61.2%。财政总收入3.8亿元，增长7.8%；其中一般预算收入2亿元，增长17.6%。城镇居民人均可支配收入14972元，增长11.2%。

结构调整深入推进，转型升级步伐加快。立足城市中心区区位特点和比较优势，坚持以三产服务业为主攻方向，以重点项目建设为抓手，积极推动区域经济转型升级。2009年，全区三产服务业增加值实现61.9亿元，增长16.6%，占GDP的比重由2008年的74.2%提高到79.3%；纳税额实现30092万元，增长5.8%，占到区财政总收入的79.7%。

三产服务业迅猛发展

教育事业蒸蒸日上

群众文化丰富多采

消费品市场繁荣活跃

开放引进力度加大，发展活力持续增强。大力实施借力发展战略，积极组织有关企业和项目单位参加各类招商引资活动。2009年，引进外来直接投资9.53亿元。同时，坚持把吸引外资与激活内资相结合，大力发展非公有制经济。全区非公有制经济增加值完成36.8亿元，增长16.5%，占GDP的比重由2008年的46.1%提高到47.1%；纳税额实现31339万元，增长6.14%，占到区财政总收入的83%。

“三城同创”扎实推进，人居环境显著改善。以城市净化、美化、绿化、亮化、硬化为切入点，大力开展国家园林城市、国家卫生城市和国家环保模范城市创建工作。2009年，新增绿化面积6.3万平方米，全区绿化覆盖率30.7%，绿地率27.39%，人均公共绿地面积10平方米；深入开展环境卫生综合整治，着力构建环卫作业长效机制，初步实现环卫作业全覆盖；积极推进大气污染防治、环境噪声控制、扬尘污染整治、工业企业达标提档升级等工作，辖区空气质量整体达到国家二级标准。

民生事业协调发展，社会和谐程度稳步提高。坚持把保障和改善民生作为一切工作的出发点和落脚点，继续大幅度增加财政对民生领域的投入，着力解决人民群众最关心、最直接、最现实的利益问题。义务教育逐步向均衡化、优质化方向发展。22个社区卫生服务机构全部建成，市民看病就医更加便捷。养老、失业、医疗等城镇基本社会保障覆盖率 89.7%。城镇登记失业率3.6%。低收入家庭廉租住房保障政策全面落实，人民群众得到更多实惠。

招商引资硕果累累

煤电之乡——山阴县

西山缓坡丘陵区20万亩治沙工程一角

2009年，山阴县经济发展进入中部百强县行列，在全省经济社会发展考核评价中，名列受表彰的15个县第八名。全县畜牧业生产、循环经济发展、安全生产、环保工作、计生工作、生态建设、环保石灰生产、新型农合、新型农保、农村社区等工作走在了省市前列，受到省市级上级主管部门的表彰奖励，荣获全国牛奶生产强县、全国乳品示范基地县、全省特色行业先进县、增加农民收入先进县、动物防疫工作先进县、造林绿化先进县、人口计生目标责任制考核先进县等殊荣。

经济逆势上扬。全县构建了煤电、乳品、冶化、新型建材、农副产品加工、旅游多元支柱、多个版块，培育了中煤金海洋能源集团公司、古城集团、石星化工公司、晋能集团山阴冶金公司、天鹏肉制品公司等龙头企业。2009年，克服国际金融金融危机的不利影响，经济逆势上扬。全年实现生产总值99.4亿元，增长15.3%，高于全市4.7个百分点，超"十一五"规划目标近 20 个亿；一、二、三产业分别增长2.1%、24.7%和5.9%。规模以上工业增加值达41.36亿元，增长27.2%，高于全市9.2个百分点。财政总收入完成18.18亿元，增长0.45%，跃居全省第16位，连续三年保持全市第一，提前两年实现"十一五"目标；一般预算收入完成7.88亿元，增长42.3%，跃居全省第 9 位，保持全市第一。

中煤金海洋能源集团公司一角

雁门关劣质地10万亩治沙工程一角

山阴一中开工奠基仪式

石星化工公司厂景

古城集团千头现代化奶牛养殖场挤奶车间

奶牛养殖园区一角

社会事业大有进步。教育事业得到优先发展。8所寄宿制学校交付使用；山阴一中开工建设。医疗卫生工作得到加强。全县新农合参合率全市第一，当年基金使用率99.7%，累计基金使用率75.01%。全年共补偿4.4万人1379万元。社会保障事业长足发展。各项社会保障水平全面提升，灵活就业人员养老保险取得新突破，新农保列入省级、国家级试点。每年为2.6万名60周岁以上农民发放基础养老金1716万元，人均每月55元。各项社保基金累计滚存结余1.96亿元，增长41%。“五个全覆盖”任务全面完成。村通水泥路、村卫生室建设两年的任务一年完成，农村安全饮水、中小学校安全改造、村通广播电视当年的任务全部完成。

太原市邮政局

太原邮政走进由市行风办和电台联合举办的《行风热线》栏目，主动接受社会监督，为群众答疑解惑

4月10日，由山西省绿化委员会、太原市林业局、太原市邮政局主办，山西广播电视台经济资讯频道承办的“绿色邮政·绿色行动”2010年全民共植“碳汇林”公益活动启动仪式在山西广播电视厅门前举行

六一儿童节即将到来之际，在南宫广场举行的全国贫困地区及灾区学生“小包裹 大爱心 奉献一份关爱”爱心包裹捐助活动中，太原市邮政局局长罗留生为灾区捐款

太原市邮政局拥有资产总额1.9亿元，员工2809人，其中劳务工1793人。下辖4个县（市）局、12个市内分局，设有7个专业局（公司），9个支撑服务单位，10个机关部室。全局拥有邮政局所184处，台席数551个，ATM机115台，社区邮政服务点991处，投递道段161条，邮政信报箱群751处14.7万个。

2008年，国际金融危机的影响还在不断蔓延，邮政行业体制机制改革接踵而来，山西邮政自身结构不合理等问题逐步显现，这一年太原邮政的发展经受了独立运营以来考验最为严峻、发展最为困难的一段时期。作为省会龙头局的发展直接影响着全省邮政的发展，在这关键时刻，受省公司党组重托，6月份罗局长走马上任。任职以来，结合行业发展要求和地方经济发展形势，立足于省会局龙头地位和服务型公用企业两个定位，罗局长与班子成员一道，始终坚持实事求是，正视发展过程中遇到的困难和问题，积极研究对策措施，努力将不利影响降低到最小程度，确保了企业平稳健康发展，为地方经济建设做出了积极贡献。在他的决策和带领下，2008年企业收入累计完成3.83亿元，完成年计划101.5%;实现利润5356万元;职工人均收入2.65万元,同比增长11.81%。特别是2009年，以开展调整业务结构和降本增效“两大战役”为突破口,发展质量和效益进一步提升。全局业务收入累计完成4.44亿元，同比增长15.93%，在全省占比提高1.83个百分点；发展速度较上年前进2位。实现利润近亿元；业务结构进一步优化，低本高效业务和收益较大的业务比例得到有效提高，优质客户、大客户数量进一步攀升，客户用邮深度得到有效开发；职工收入增幅9.05%，上缴税金596.42万元。在企业改革发展进程中，罗局长始终坚持以人为本，将发展成果更多地惠及职工，深入开展为职工办实事、帮贫解困活动，努力改善职工生产生活条件，建设了一批职工小家，建成了职工活动中心和职工书屋，组建了企业职工合唱团，企业和谐发展氛围日益浓厚。

局长罗留生任职的两年来，始终坚持“为企业增效益、为职工谋福利”的信念，时时以江泽民同志的“三个为什么”来警醒自己：参加邮政工作是为什么？在现任领导岗

在太原邮政职工文化活动中心，“驿网情深”百人合唱团演唱歌曲

2009年初，太原市遭到罕见的大雪，邮政人克服重重困难，抗击冰雪保邮路畅通

2008年5月28日，太原市举办小轮车世锦赛，外国客人在开办的临时邮局选购各类邮品

太原市邮政局第二届职工运动会

位上应该做些什么？将来卸任后为太原邮政留些什么？正是有了这样的信念和追求，太原邮政各项工作受到了上级部门和领导的肯定。2008年以来，太原邮政先后获得“全国用户满意企业”、“全国模范职工之家”、“全国创建精神文明建设工作先进单位”等荣誉称号，连续两年获得山西邮政“经济效益杯”和“安全生产杯”，获得2008年度山西邮政“优质服务杯”；被地方授予“省安全生产工作先进单位”、“省平安建设标兵单位”等荣誉称号，2009年被省总工会授予山西省劳动竞赛委员会“集体一等功”。罗留生局长个人先后获得了“山西省五一表彰个人一等功”、“全心全意依靠职工办企业优秀企业家”和“山西省五一劳动奖章”等荣誉称号。

山西省交通科学研究院

省交通运输厅党组书记、厅长段建国等厅领导陪同省委常委、省纪委书记金道铭一行来交科院调研指导工作

省交通运输厅党组书记、厅长段建国、总工程师部玉兰等厅领导来交科产业园区调研指导工作

提高自主创新能力，重组全院资源成立了化工研究所

2009年，山西省交通科学研究院凭着拥有一批经过多年市场培育不断成熟的中层经营管理精英、一批敢为人先的技术创新人才队伍、一批市场中摸爬滚打的高素质员工队伍，以顽强的毅力、极大的付出和努力，以良好的市场信誉和社会认知度，抢占了一定的市场份额，坚持不懈走科技集团集约化管理的路子，全面提升企业的持续创新能力和综合竞争实力，使交科院成为全国交通系统重要的科技开发、勘察设计、成果推广和产业化基地。

2009年交科院共完成产值达到6.4 亿元，利润较2008年有了一定程度的提高，人均可支配收入有了较大幅度的增加，达到6.4万元，新增固定资产4352万元，是交科院发展历史上投入最多的一年。全年共开展科研项目33项，完成鉴定验收9项，其中有4个项目获2009年省科技进步二等奖，3个项目获2009年省科技进步三等奖，2个项目分获中国公路学会（原由交通部颁发）科技进步一、三等奖。原交科所老所长虞文景被中组部评为“全国离退休干部先进个人”，受到国家副主席习近平同志的亲切接见，交科院院长赵队家荣获“山西省10大科技贡献杰出人物”称号，1名科技人员获得“山西省青年科技奖”，1名科技人员荣获“2009年新世纪学术带头人333人才工程省级人选”，1名科技人员荣获全国交通运输系统先进工作者称号，为全院争得了荣誉。交科院荣获省交通运输厅2009年度完成工作目标责任制先进单位及全省交通运输安全生产先进单位称号，继续保持了省直“文明单位标兵”和省交通运输厅“先进基层党组织”等称号。

交科院科技产业园区

业余组分别设特别奖1名、一等奖1名、二等奖5名、三等奖10名和优秀奖50名。（李俊温　王宏德）

【传统杨氏太极拳赛开赛】 7月12日，山西第18届传统杨氏太极拳比赛在太原师范学院开幕。省政府副秘书长郭慧民宣布比赛开幕，省体育局副局长李振生致开幕词。本届赛事由山西省体育局、山西省体育总会主办，山西省杨氏太极拳协会承办；旨在迎接北京奥运会，大力唱响“全民健身与奥运同行”主题，促进三晋杨氏太极拳进一步发展。比赛设老年组和中青年组集体和个人项目传统杨氏太极拳49式、太极剑67式、太极刀13式。省直武专委代表队，临汾市、忻州市、朔州市、大同市、阳泉市、左云县、清徐县及太原铁路分局、临汾铁路分局、汾西重工、晋机、中北能源等全省38支代表队500多名运动员参赛。承办此次赛事的山西省杨氏太极拳协会成立于2002年7月，已先后举办了17届全省杨氏太极拳、剑观摩表演赛和3届国际邀请赛。本届赛事历时两天。（李俊温　王宏德）

【稷山花鼓赴京参加奥运会开幕式】 7月28日，来自稷山高台花鼓队的小演员们从运城出发奔赴北京，参加奥运会开幕式演出。这批来自运城稷山高台花鼓队的小演员共120名。（李俊温　王宏德）

【2008年全省青少年竞赛全部结束】 7月28日，2008年山西省青少年游泳比赛在太原结束，至此全省青少年15个比赛项目全部结束。2008年的青少年比赛是省第十三届运动会的阶段赛，从6月16日射击比赛在大同市开赛以来，全省11个城市3000多名青少年运动员分别在太原大同、长治等八个城市参加了比赛。各代表队所获成绩按照50%的比例计入2010年省第十三届运动会决赛。因此各市代表队对比赛都非常重视，尽遣好手参加比赛，创造出一系列好成绩。省体育局今年花大力气狠抓赛风赛纪管理，首次凭借二代身份证对参赛的运动员进行资格审查，使青少年运动员的资格管理更加严格规范。（李俊温　王宏德）

【《山西省竞技体育人才培养和退役安置办法》出台】 7月31日，省政府法制办和省体育局联合在省体育局八楼会议室召开《山西省竞技体育人才培养和退役安置办法》新闻发布会。省体育局局长苏亚君，省政府法制办副巡视员傅平，省体育局纪检组长于若洁、副局长李世杰、副巡视员李志秀，省人事厅副巡视员李学柱出席会议。会议由于若洁主持。苏亚君通报了制定《办法》的背景和意义，《办法》的基本原则和主要内容，如何贯彻落实好《办法》等相关情况。《办法》共七章55条，内容涵盖了从体育后备人才选拔培养到运动员试训、聘用、训练、退役安置全过程，涉及竞技体育人才的运动训练、文化学习、社会保障、收入分配、福利待遇、经费保障、升学和就业等方面。《办法》经省政府7月11日第14次常务会议审议通过，自2008年8月1日起施行。（李俊温　王宏德）

【北京奥运会残奥会选定山西百名志愿者】 7月，山西百名为北京奥运会、残奥会服务的志愿者确定，正式录用通知书已开始向志愿者本人发放，他们将于近期赴首都服务。根据北京奥组委统一安排，北京以外赛会志愿者主要服务于竞赛场馆和非竞赛场馆，工作岗位主要集中在观众服务、安保、交通、安检、技术等领域。“志愿者是奥林匹克运动的基石。”山西省社会各界人士踊跃报名，共有8696人接受了挑选。报名者中有公务员、机关干部、高校学生；其中主要以大学生为主，他们中90%英语已过六级，一些人还掌握法语、德语等小语种，并且多次参加大型赛事的志愿者服务。山西省报名者经过笔试、面试、政审等严格程序，最终有100人入选。（李俊温　王宏德）

【亚洲青少年乒乓球锦标赛山西获5枚奖牌】 8月6日，代表我国出战的山西省乒乓球女队凯旋省城。在新加坡举行的亚洲青少年乒乓球锦标赛上山西省乒乓球女队夺得3金1银1铜。此次赛事共有20多个国家100多名运动员参加。武扬和李晓丹作为主力队员拿到了团体冠军。单项比赛李晓丹成绩突出，夺得单打冠军。（李俊温　王宏德）

【北京奥运会常永祥夺银】 8月13日上午，2008年北京奥运会男子古典式摔跤74公斤级比赛在中国农业大学体育馆举行。山西古典式摔跤74公斤级选手常永祥一路过关斩将，连胜保加利亚、秘鲁和白俄罗斯选手，昂首挺进冠亚军决赛，改写了中国奥运会男子摔跤历史。第一局比赛，常永祥接连三次将保加利亚选手亚沃尔—亚娜基耶夫摔倒，首局得2分。第二局，亚沃尔—亚娜基耶夫加强进攻，常永祥全力防守。两人各得1分。常永祥总成绩战胜亚沃尔—亚娜基耶夫，挺进八强。常永祥1/4决赛的对手是秘鲁选手西斯托—巴雷拉。常永祥一上场打得积极主动。首局以2∶1获胜后，第二局的常永祥连续两个滚桥在加一个技术得分，以5∶0、总成绩2∶0将对手斩下马来，常永祥成功闯入1/2决赛。决赛中，常永祥对战白俄罗斯选手奥列格·米哈伊洛维奇。首局比赛常永祥被对手连续滚桥得分，以0∶6输掉第一局。常永祥在第二局以同样技术从对手身上得到4分，以4∶0取胜。在决胜局中，常永祥与对手进入了胶着战。奥列格·米哈伊洛维奇率先夺得一分，常永祥在现场观众加油声中连续从对手身上夺得两分，以小分2∶1赢得决胜局，并以2∶1的总比分获胜，历史性杀入冠亚军决赛。这是山西省选手自1984年参加奥运会以来首次获得的个人最好成绩，同时也是中国军团自参加奥运会以来男子摔跤项目上取得的历史性突破！8月13日19时18分，获悉山西省古典式摔跤选手常永祥在第29届奥运会男子74公斤级比赛夺得银牌后，中共山西省委、山西省人民政府第一时间向省体育局贺电，向山西省参加第29届奥运会的所有运动员、教练员表示亲切慰问。

全文如下：欣悉我省古典式摔跤选手常永祥在第29届奥运会男子74公斤级比赛中勇夺银牌，实现了我省运动员在奥运会上零的突破，谨表示热烈祝贺！向我省参加第29届奥运会的所有运动员、教练员表示亲切慰问！常永祥的出色表现展示了我省体育健儿拼搏进取、自强不息的精神风貌，为祖国争了光，为家乡人民赢得了荣誉。希望我省运动员继续弘扬“更高、更快、更强”的奥运精神，再接再励，奋勇争先，圆满完成各项参赛任务，为祖国和人民赢得更大荣誉。

（李俊温　王宏德）

【董栋北京奥运会男子蹦床决赛摘铜】 8月16日中午，北京奥运会男子蹦床资格赛的比赛在国家体育馆举行。江苏选手陆春龙和山西省选手董栋分别以预赛第一、二名成绩顺利晋级决赛。按照赛事规则，蹦床资格赛分成两套动作进行比赛，两套动作成绩的总和将作为最后的预赛成绩，16位选手中将有8名晋级决赛。董栋第4

个出场，在场技术裁判均给出了9.3以上的高分，再加上难度得分2.7分，董栋的第一套动作获得了31.00的高分。最终，董栋获得第二，成绩是71.70，晋级决赛。

19日20：20，北京奥运会男子蹦床项目的决赛在国家体育馆举行。江苏选手陆春龙以41.00分为中国蹦床队再添一枚金牌，加拿大的贾森·伯内特以40.70分获得银牌，山西选手董栋以40.60分获得铜牌，实现了山西省在该项目上的历史性突破！倒数第二个出场的董栋的难度分为16.2，获得40.60分。

这是山西选手在奥运会上获得的首枚蹦床奥运奖牌。比赛结束后，中共山西省委、山西省人民政府第一时间发来贺电，祝贺继常永祥夺得男子古典式摔跤74公斤级亚军后，山西运动员在北京奥运会上获得的又一枚奖牌。

贺电全文如下：欣悉我省选手董栋在第29届奥运会男子蹦床比赛中勇夺铜牌，谨表示热烈祝贺！向我省参加第29届奥运会的所有运动员、教练员表示亲切慰问！董栋的出色表现，展示了我省体育健儿拼搏进取、自强不息的精神风貌，为祖国争了光，为家乡人民赢得了荣誉。希望我省运动员继续弘扬“更高、更快、更强”的奥运精神，再接再励，奋勇争先，圆满完成各项参赛任务，为祖国和人民赢得更大荣誉。（李俊温　王宏德）

【袁晓超北京2008武术比赛夺冠】 8月22日，在奥体中心体育馆举行的北京2008武术比赛第二个比赛日。上午10时，代表中国参赛的山西选手袁晓超以9.83分的成绩夺得男子长拳金牌。男子长拳是8月22日北京2008武术比赛首个比赛项目。在全部10名中外选手中，袁晓超第九个出场，以一套行云流水、潇洒飘逸的长拳演绎了中华武术博大精深的精髓和内涵，博得全场观众的热烈掌声。最终，袁晓超获得9.83分的全场最高分，技压世界各路好手，勇夺金牌。国家体育总局局长刘鹏，国际奥委会副主席、国际武术联合会主席于再清为获奖运动员颁奖。比赛结束后，中共山西省委、山西省人民政府第一时间发来贺电。贺电全文如下：在刚刚结束的第29届奥运会特设项目北京2008武术比赛中，我省运动员袁晓超奋力拼搏，勇夺男子长拳冠军。这是继常永祥、董栋之后，我省体育健儿取得的又一佳绩，为我省赢得了荣誉。在此谨向我省体育代表团和全体运动员、教练员表示热烈祝贺和亲切慰问！目前，第29届奥运会各项比赛已到最后阶段，希望你们再接再厉，圆满完成各项参赛任务，充分展示山西人民的精神风貌，为我省体育事业的长足发展再立新功。

（李俊温　王宏德）

【山西祥云小屋摘回3项大奖】 8月25日，位于北京奥林匹克公园中国故事文化展示区的30个中国故事祥云小屋完美收官。山西祥云小屋被北京奥组委和文化部授予“最佳策划奖”、“最受欢迎奖”和“贡献奖”。北京奥组委和文化部在给山西祥云小屋颁发的证书中写道：“作为北京2008年奥运会参与者，你们的创意策划与周密组织，你们的辛勤努力和热情服务，使得‘中国故事’文化展示活动圆满成功，为中国文化与奥林匹克文化的融合弘扬做出了卓越贡献。”从8月9日开展至今，山西祥云小屋参观人数日均达3万余人，16天共接待近50万人次。从9时开门到20时闭馆，小屋门前等待参观的人们排成长队。在90平方米的有限空间，“小屋”用实物和艺术家现场表演，向参加北京奥运会的各国运动员、教练员和中外游客，生动讲述了美妙、经典的山西故事，彰显了晋商的辉煌与传奇。文化部部长蔡武、著名作家余秋雨、世界各国传媒总裁等中外嘉宾参观山西祥云小屋，纷纷留言赞誉山西祥云小屋特色鲜明、构思新颖、制作精美。（李俊温　王宏德）

【张应斌夺得残奥会标枪银牌】 9月9日晚，在国家体育场举行的男子标枪F55/56级项目比赛中，山西运动员张应斌以32.70米的成绩为中国队夺得一枚银牌，这也是山西省运动员在历届残奥会田径项目中获得的最好成绩。中共山西省委、山西省人民政府电贺张应斌、李小东勇夺残奥会奖牌。贺电全文如下：欣悉我省残疾人田径运动员张应斌、盲人柔道运动员李小东在“北京2008年残奥会”男子标枪F55/56级、盲人柔道60公斤以下级比赛中不畏强手，勇夺亚军、季军，为我省赢得了荣誉。在此谨向我省参加“北京2008年残奥会”的所有运动员、教练员表示热烈祝贺和亲切慰问！张应斌、李小东的出色表现，展示了我省残疾人运动员自强不息、顽强拼搏的精神风貌，为祖国争了光，为家乡人民赢得了荣誉。希望我省运动员继续弘扬“超越、融合、共享”的残奥精神，再接再励，奋勇争先，圆满完成各项参赛任务。（李俊温　王宏德）

【第六届全国农运会山西健身秧歌获一等奖】 9月9日，经过四天紧张激烈的比赛，第六届全国农运会健身秧歌结束。孝义秧歌代表队在青年组第二套秧歌比赛中以9.2分的成绩为山西省代表团拿下一等奖。在首先进行的中老年组第三套健身秧歌比赛中，福建与北京共获一等奖，天津、湖北、四川获得二等奖，上海、江西、江苏获三等奖；在青年组第二套健身秧歌比赛中，湖北、山西获一等奖，天津、福建、广东获二等奖，上海、北京、四川获三等奖。（李俊温　王宏德）

【国际青少年乒乓球公开赛太原开拍】 9月17日，2008太原国际青少年乒乓球公开赛在山西财经大学体育馆开幕。国际乒联竞赛经理金德拉克，国家体育总局乒羽管理中心副主任于斌，山西省体育局副局长杨凤楼，太原市副市长张政、市政协副主席张玉兰，市级老领导霍润德等出席了开幕仪式。张政致欢迎词，于斌开幕词，杨凤楼宣布比赛开幕。太原国际青少年乒乓球公开赛至今连续举办了七届，已成为国际乒联、亚乒联组织的一项重要的青少年乒乓球赛事。本届比赛共设8个年龄组别，来自世界12个国家和地区的130余名运动员参加比赛。21日比赛结束，大会组委会名誉主任、山西省体育局局长苏亚君，省体育局副局长杨凤楼，于斌及太原市委市政府领导范世康、张政等出席了闭幕式。中华台北选手ChenChien－An和中国香港选手LeeHoChing分获U－18组男女单打冠军；U－15组男女单打冠军分别被新加坡选手PANGXUEJIE和LISIYUNISABELLE夺得。中华台北1、2队包揽了U－18组男女团体桂冠；U－15组男女团体第一名被中国香港队和韩国1队获得。颁奖仪式结束后，苏亚君宣布公开赛闭幕。（李俊温　王宏德）

【北京奥运会大型新闻图片展太原开展】 9月18日，分享光荣与梦想——2008年北京奥运会大型新闻图片展在山西民俗博物馆（文庙）开展。省委常委、宣传部长高建民，省体育局副局长李振生及新华社山西分社、中国移动山西公司和省文物局领导出席开展仪式并为图片展剪彩。高建民宣布北京奥运会大型新闻图片展开幕。新华社山西分社、中国移动山西公司领导分别发言。高建民在省体育局、新华社山西分社、中国移动山西公司和省文物局领导的陪同下观看了图片展，并在留言簿上题词签名。图片展系从新华社记者所拍摄的数万张图片中精选而出，精心制作而成，9月9日，图片展在中国美术馆正式启动，之后将在全国各省区市，香港、澳门特别行政区陆续展出，并到100个国家和地区巡展。北京奥运会大型新闻图片展由新华社和中国移动公司联合举办，分为圣火点燃、精彩赛场、情满奥运、梦圆北京、分享空间五部分，共300余幅图片，记录了北京奥运会从圣火点燃、华丽开幕，到赛场拼搏、完美谢幕的整个过程。

（李俊温　王宏德）

【山西省“体育三下乡”活动启动】　9月25日，全民健身与奥运同行——2008年山西省“体育三下乡”桃林沟健身行系列活动在阳泉市郊区平坦镇桃林沟村启动。省体育局局长苏亚君，阳泉市市长白云，省体育局副局长李振生，省农业厅副厅长关建勋、省体育局副巡视员李志秀等出席仪式。苏亚君指出：体育是社会主义新农村建设的重要内容，“体育三下乡”是构建全民健身服务体系的重要举措，是体育、农业系统和各级农民体育协会落实建设社会主义新农村的具体行动。随着农村经济不断发展，广大农民参与体育健身活动的需求十分强烈。发展农村体育事业、广泛开展农村体育活动，不仅可以提高广大农民群众健康素质，改善生活质量，提高农村生产力水平，还可以繁荣先进文化，提升农村文明程度和农民文明素养，更可以通过开展经常性体育活动增强农村基层组织的凝聚力，促进农村稳定和谐，对推动社会主义新农村建设有着重要意义。在山西只有2300万农民的体育健身，才有真正意义的全民健身；只有2300万农民的小康，才有全省人民的小康。要不断努力，力争“体育三下乡”活动办出山西特色，办出时代特征，成为山西省农村体育响亮“品牌”。祝愿全省2300万农民朋友科学锻炼、体魄强健、邻里和谐、生活富裕！李振生和关建勋代表省体育和农业部门向桃林沟村捐赠了价值5万元的健身器材。“体育三下乡”活动在山西已连续进行了五年，本次活动由省体育局、省农业厅、省农民体协主办，阳泉市体育局、阳泉市郊区人民政府承办，阳泉市郊区文体局、郊区平坦镇政府、桃林沟村协办。参加活动人员参观了桃林沟新农村建设、农民体育健身工程和北山公园晨练活动，参加了翠枫山健步行活动。各市体育局有关人员还参加了农民体育健身工程建设和器材安装工作会议。

（李俊温　王宏德）

【董栋蹦床世界杯载誉归来】　9月25日，在2008年蹦床世界杯总决赛上夺冠归来的我省选手董栋及教练蔡光亮、队友涂潇返回太原，在太原国际机场受到热烈欢迎。省体育局局长苏亚君、副局长杨凤楼亲自到机场迎接。9月19日至20日，2008年蹦床世界杯总决赛在俄罗斯的托格里亚蒂举行。在首日的争夺中，中国选手董栋以一套总分40.90分的动作成功夺魁，摘取男子个人网上项目金牌。

（李俊温　王宏德）

【山西隆重表彰奥运会残奥会功臣】　10月19日，全省参加北京奥运会残奥会优秀个人和先进集体表彰大会在省委会议厅隆重召开。省委书记、省人大常委会主任张宝顺，省委副书记、代省长王君，省委副书记薛延忠，省委常委、政法委书记杜玉林，省委常委、宣传部长高建民，省人大常委会常务副主任杨安和，副省长张平，省政协常务副主席郭良孝等省领导出席会议，并为获奖集体和个人颁奖。

会前，省委书记、省人大常委会主任张宝顺，省委副书记、代省长王君等与会领导亲切接见了先进代表并与大家合影留念。张宝顺代表省四大班子祝贺我省在北京奥运会和残奥会上取得优异成绩。

表彰会由张平主持。高建民宣读了《中共山西省委、山西省人民政府关于表彰全省参加和保障北京奥运会残奥会优秀个人和先进集体的通报》。省总工会、团省委、省妇联分别宣读了表彰决定。省体育局局长苏亚君汇报了备战参加北京奥运会情况。省残联理事长郭贵仁汇报了残奥会参赛情况。获得北京奥运会男子摔跤银牌的常永祥、残奥会盲人柔道教练王存才先后代表发言。

8月8日至24日，山西9名运动员参加了在北京举行的第29届北京奥运会，勇夺1银、1铜和1枚特设项目武术金牌，圆满完成了参赛人数最多、单项成绩最好的奋斗目标。男子古典式摔跤运动员常永祥一路过关斩将，夺得74公斤级银牌，实现了在奥运项目上的历史性突破，同时也取得奥运会中国男子摔跤最好成绩。蹦床运动员董栋敢于向诸多奥运冠军、世界锦标赛冠军挑战，摘取男子蹦床铜牌。奥运特设项目武术运动员袁晓超技压群雄、一举斩获男子长拳金牌。田径运动员刘青、李祥宇，自由式摔跤运动员梁磊，游泳运动员薛瑞鹏，男子手球运动员崔磊、崔亮等也作为国内各项目的优秀运动员参加了北京奥运会。国家体育总局、中国奥委会授予山西省体育局贡献奖，山西省摔跤柔道运动管理中心突出贡献集体称号。夺得奥运银牌的常永祥及教练王建明、夺得铜牌的董栋及教练蔡光亮、夺得2008北京武术比赛金牌的袁晓超及教练庞林太、省体操击剑运动管理中心张品琴、省武术运动管理中心许华等我省8人获得突出贡献个人称号。

表彰会上，省委、省政府授予常永祥等14人“山西省先进工作者”称号，授予省体育局“参加北京奥运会突出贡献奖”，授予省残联“参加北京残奥会贡献奖”，授予省委办公厅等28个集体“保障北京奥运会残奥会先进单位”称号。省劳动竞赛委员会为常永祥等9名运动员、教练员记个人一等功一次，为梁磊等12名运动员、教练员、工作人员记个人二等功一次，为省摔跤队等3支运动队记集体一等功一次，为省田径运动管理中心等5个集体记集体二等功一次。团省委、省青年联合会授予省摔跤队3支运动队“山西省青年五四特别奖状”，常永祥等6名运动员和教练员“山西省青年五四特别奖章”，授予梁磊等7名运动员“新长征突击手”荣誉称号。省妇联授予徐华、张品琴和残奥健儿周倩“山西省三八红旗手”荣誉称号。

（李俊温　王宏德）

【张宝顺等省领导亲切接见奥运会残奥会功臣】　10月19日上午，省委书记、省人大常委会主任张宝顺，省委副书记、代省长王君，省委副书记薛延忠，省委常委、政法委书记杜玉林，省委常委、宣传部长高建民，省人大常委会常务副主任杨安和，副省长张平，省政协常务副主席郭良孝等省领导接见了我省参加北京奥运会残奥会优秀个人和先进集体表彰大会先进代表并与大家合影留念。张宝顺代表省四大班子祝贺我省在北京奥运会和残奥会上取得优异成绩，向参赛运动员、教练员、工作人员表示慰问和感谢。他指出：在北京奥运会上，山西体育健儿表现出更高、更强、更好的风采，体现了奥运会宗旨，为全省人民争了光。近几年，我们经济、社会事业发展很快，下一步，文化、体育、人民生活水平各个方面都要有相应提高，我们山西体育事业、全民健身活动都要在原有的水平上取得更大的成绩。需要全省体育战线的同志们、教练员、运动员，全省各方面同志们，大家共同努力，争取我省在全运会、在今后的体育赛事中、在全民的运动水平上都不断地有新的提高。

（李俊温　王宏德）

【记者站再获全省电视新闻先进集体称号】 11月4日—5日，2008全省电视新闻年会在太原召开，副省长张平出席会议并讲话。会议指出，2008年电视新闻宣传工作围绕中心、服务大局，广泛深入地开展了抗击冰雪、抗震救灾、奥运报道等主题宣传，制作出了一批在全国产生较大影响的新闻报道。张平要求全省新闻工作要把坚持正确的舆论导向放在工作的首位，以科学发展观统领新闻宣传工作，围绕省委、省政府的中心工作不断提升新闻报道的宣传推动力、影响力，提升新闻策划水平、应急报道水平，充分展示和发挥主流媒体的作用，全力营造健康和谐向上的舆论氛围。会议对荣获2007年电视新闻宣传先进集体和个人进行了表彰，山西广播电视台驻省体育局记者站以在《山西新闻联播》栏目中播出新闻91条、全省49家行业记者站排名第六的成绩荣获“2007年度全省电视新闻宣传先进集体”称号，侯卫中荣获“2007年度全省电视新闻宣传先进个人”称号。这已是山西广播电视台驻省体育局记者站连续第四次荣获此殊荣。

（李俊温　王宏德）

【省体育局表彰北京奥运会功臣】 11月11日，山西省体育局参加北京奥运会总结表彰暨2008年冬训动员大会在太原召开。副省长张平，省政府副秘书长郭慧民，省体育局局长苏亚君，副局长杨凤楼、李振生、郝晓峰、李世杰，纪检组长王荣，副巡视员李志秀、薄建伟等出席会议。会议由杨凤楼主持。李振生、郝晓峰、李世杰和纪检组长王荣分别宣读了表彰决定。

副省长张平等与会领导为获奖集体和个人颁发了奖牌、证书和奖金。张平指出：北京奥运会山西圆满实现了“参赛人数最多、单项成绩最好”的参赛任务，取得了单项成绩奖牌“零”的突破，在山西体育历史上有着划时代的意义。省体育局为备战、参赛北京奥运会做出了巨大贡献，赢得了大好局面和来之不易的成果。全省体育系统要以北京奥运会为契机、以科学发展观为统领，坚决贯彻胡锦涛总书记在北京奥运会残奥会表彰大会重要讲话精神，开拓创新，积极备战，在第十一届全运会上取得更好成绩，开创山西体育事业发展的新局面。2008年是中国体育事业突破之年，我国成功举办了一届高水平的奥运盛会，山西体育事业实现了历史性突破，为祖国争了光、为山西人民争得了荣誉，圆满完成了省委、省政府交付的奥运会参赛任务。为表彰先进，省体育局决定为山西体育中心等15个单位荣记集体一等功，为省体育馆辖区办公室等9个单位荣记集体二等功；为26名教练员等体育工作者荣记个人一等功，为16人荣记个人二等功；为45名技术官员和新闻记者荣记个人一等功；奖励山西省摔跤柔道运动管理中心等7个单位30万或10万。

（李俊温　王宏德）

【CBA职业篮球联赛太原赛区开战】 11月12日，2008—2009赛季CBA职业篮球联赛太原赛区新闻发布会在迎泽宾馆召开。省体育局局长苏亚君、副局长杨凤楼，太原市副市长张政出席发布会。杨凤楼主持发布会。山西中宇俱乐部介绍了球队情况，主教练鲍勃·维斯介绍了球队训练和准备情况，球员代表翟金帅发言。本赛季，山西中宇俱乐部在原班底张学文、孙春磊、翟金帅、于学林、宋国令等球员的基础上，进行了大规模的新旧更替动作。新签约主教练鲍勃·维斯曾先后执教圣安东尼奥马刺队、亚特兰大鹰队、洛杉矶快船队和西雅图超音速。夏鸿发任总教练，执行教练由我国著名篮球运动员、曾效力于新疆广汇男篮的助理教练刘铁担任。中宇俱乐部还引进了尼日利亚中锋奥德杰，美国锋卫摇摆人多塔·史密斯和哈萨克斯坦中锋罗斯兰三名外援。山西中宇俱乐部本赛季将主场设在了山西财经大学体育馆，这也成为CBA联赛中极少走入校园的球队。11月16日，球队在营口首战辽宁队，19日，山西中宇在主场迎战老牌冠军八一队。苏亚君强调：篮球运动是群众喜闻乐见的体育项目，在山西有着广泛的群众基础。中宇是山西三大球中唯一参加全国顶级赛事的球队，对推动山西体育的职业化进程有着积极影响。俱乐部将主场设在大学校园，有助于提升联赛品牌，扩大俱乐部影响力。

（李俊温　王宏德）

【山西召开北京奥运会火炬接力总结表彰大会】 11月19日，2008北京奥运会火炬接力山西省传递总结大会在太原召开。北京奥运会残奥会山西省协调工作领导组组长、省委常委、政法委书记、公安厅厅长杜玉林，协调工作领导组副组长、火炬接力山西省组委会主任、副省长张平，省军区参谋长姬亚夫等与会领导为受到表彰的50个先进集体和200名先进个人代表颁奖。郭慧民主持大会。苏亚君作总结报告。李振生宣读表彰决定。出席大会的还有省公安厅副厅长廉兴有，山西省武警总队副参谋长王树海等。北京奥运会圣火于6月25日至6月27日在运城、平遥、太原、大同四地进行了全程700余公里、为期三天的传递，621名火炬手、161名护跑手沿“经济走廊、绿色走廊、旅游走廊和体育走廊”的大运高速公路进行了传递。期间举行大型活动7次，转场3次，现场观众达到300余万。这是奥林匹克圣火首次在山西传递，充分展示了三晋大地悠久灿烂的历史文化、秀美山川和加快科学发展、促进社会和谐的崭新形象，抒发了全省人民期盼奥运、参与奥运、享受奥运的巨大热情。火炬接力是北京奥运会的序曲和重要组成部分。在党中央、国务院和省委、省政府的正确领导下，在北京奥组委有力指导下，在有关方面的大力支持下，我省成立了北京奥运会残奥会山西省协调工作领导组、火炬接力山西省组委会，制定了工作方案，采取了严密措施。省委、省政府召开专门会议研究部署传递活动。省委书记、省人大常委会主任张宝顺等省领导亲临指挥中心现场指导传递活动，圆满完成了党中央、国务院和北京奥组委交给山西的传递任务，为北京奥运会营造了良好的氛围。

（李俊温　王宏德）

【山西表彰第六届全国农运会有功人员】 12月17日下午，第六届全国农运会山西代表团表彰会暨全省第四批百万农民健身活动先进乡镇表彰会在太原召开。副省长胡苏平，省人大原副主任、省农民体协名誉主席范堆相，省政府副秘书长巨宪华，省农业厅厅长孙连珠，省体育局局长苏亚君，省农民体协主席杨文宪，省农机局局长王立伟，省体育局副局长李振生等领导出席了表彰会。全省各市农业局、体育局分管领导及农民体协负责人；第六届全国农运会山西代表团各项目领队、教练及获得前三名的运动员；全省四批“百万农民健身活动”先进乡镇主要负责人等参加了会议。出席表彰会的领导为参加第六届全国农运会获得奖牌的运动员颁奖；为荣获第四批“百万农民健身活动”先进乡镇荣誉称号的代表颁发牌匾。

会议总结了山西参加第六届全国农运会和全省四批“百万农民健身活动”先进乡镇评选情况。第六届全国农民运动会于10月26日至11月1日在福建省泉州市举行。山西代表团12支参赛队、155人参加了风筝、田径、篮球、中国式摔跤、象棋、武术、毽球花毽、钓鱼、健身秧歌、民兵军事三项等10个大项87个小项的角逐，共夺得金牌7枚，银牌7枚、铜牌6枚，获奖牌总数20枚，获前八名总数37名，总分245分，超额完成了金牌“保四争五冲六”的既定目标，金牌及奖牌总数全面超过上届，取得我省参加农运会历史最好成绩。此外，我省民兵军事三项代表队获得第六届全国农民运动会体育道德风尚奖，12名运动员获得个人体育道德风尚奖。我省代表团获得了本届农运会比赛成绩和精神文明双丰收。

山西“百万农民健身活动”始于2000年，使我省开展农民体育工作有了自己的手段，使农民健身活动有了自己的品牌。至今，我省共评选、表彰了8批69个全国“亿万农民健身活动”先进乡镇，3批103个全省“百万农民健身活动”先进乡镇。此次评选出的22个第四批“百万农民健身活动”先进乡镇表现出了领导重视、组织有力，组织建设加强、广泛开展群众喜闻乐见的活动和活动效果显著等特点，为农民带来了好处，提高了农民群众的生活质量，对农村精神文明建设起到了推动作用。（李俊温　王宏德）

【山西召开民运会表彰大会】 12月19日上午，第八届全国少数民族传统体育运动会山西省代表团表彰大会在太原召开。省政协副主席李潭生、省民委主任边根棠、省体育局副局长李振生、省民委副主任郝中树等领导出席了表彰会，并为获奖代表队和运动员颁奖。会议总结了全国第八届民运会我省代表团参赛情况，表彰奖励了参赛代表队。第八届全国少数民族传统体育运动会于2007年11月10日至18日在广州举行。由阳泉、晋中、临汾、吕梁、忻州5市组队参加了陀螺、蹴球、射弩、民族式摔跤、高脚竞速、武术、板鞋竞速、毽球8个竞赛项目和一个民族健身操表演项目，共摘取金牌2枚、银牌2枚和铜牌4枚，同时还获得“体育道德风尚奖”。获得奖牌的项目是女子B类武术金牌，陀螺男子银牌，毽球男女铜牌、民族式摔跤铜牌；表演项目金奖、银奖、铜奖各一。国家民族事务委员会和国家体育总局授予山西阳煤集团全国民族体育先进集体称号。运动会期间，省委常委、统战部长李政文代表省委、省政府亲切看望了民运会山西代表团全体成员。

李振生宣读了《山西省民族体育发展训练基地名单》。为进一步发展民族体育，我省命名中北大学、山西师大临汾学院、阳泉煤业集团有限责任公司、省武术院、山西冶金高级技术学校、忻州市体校、太原市杏花岭区军星技工学校、山西大学附属中学、柳林县黄河武术学校、晋中学院、翼城县北关村11个首批民族体育发展训练基地。（李俊温　王宏德）

【山西球类运动管理中心和体育宣传中心挂牌】 12月29日，山西省球类运动管理中心和山西省体育局宣传中心成立揭牌仪式在省体育局举行。省体育局局长苏亚君，副局长杨凤楼、李振生、郝晓峰、李世杰和纪检组长王荣，副巡视员李志秀、薄建伟出席仪式。各市体育局、局机关全体干部、局直属事业单位、局直属企业主要负责人，省城各大新闻媒体记者参加了仪式。仪式由杨凤楼主持。李世杰宣读了两中心成立文件和贺电。苏亚君为两中心揭牌并指出：近年随着山西经济快速发展，社会各项事业推进，省体育局决定恢复球类项目，特别是群众喜闻乐见的篮球、足球运动。省体育局的宣传工作位列全省各厅局前列，得到省领导的多次表扬和肯定，2008奥运年体育宣传更是为我省实现奥运目标、火炬传递接力活动和产业发展做出了功不可没的贡献。今后，两中心要履行好各自的工作职责，为全省体育中心工作服务，为新基地、新山西、和谐山西建设服务，为实现山西体育事业跨越式发展服务。仪式上，苏亚君启动了山西省体育局网站新版运行程序进行试运行。（李俊温　王宏德）

【山西72人晋级一级裁判】 12月31日，省体育局印发了《关于批准张海霞等72人为一级裁判员的通知》（晋体竞〔2008〕22号），根据《体育竞赛裁判员管理办法》（试行）有关规定，通过晋升培训考核，批准张海霞等72人为跆拳道、柔道、排球、武术、网球、乒乓球、篮球、田径、健美操、航空模型等12个项目的一级裁判员。（李俊温　王宏德）

2008年山西省运动员参加世界大赛录取名次表

比赛名称	姓名	性别	项　目	成　绩	名次	时　间	地　点
第29届奥运会摔跤比赛	常永祥	男	古典74公斤级		2	8.13	北京
第29届奥运会蹦床比赛	董　栋	男	网上个人		3	8.16—19	北京
2008年女子摔跤世界杯赛	张　兰	女	59公斤级		1	1.19—20	太原
蹦床世界杯总决赛	董　栋	男	网上个人		1	9月	俄罗斯
蹦床世界杯系列赛法国站	董　栋	男	网上个人		1		法国
第21届亚洲摔跤锦标赛	常永祥	男	74公斤级		1	3.18—23	韩国济州岛
奥运会男子自由式摔跤资格赛第二站	梁　磊	男	120公斤级		1	5.02—04	波兰华沙

续表

比赛名称	姓名	性别	项　目	成　绩	名次	时　间	地　点
世界军人跆拳道锦标赛	侣　慧	女	63 公斤级		1	5 月 29 日	韩国仁川
亚洲跳伞锦标赛	亢丽平	女	集体定点		1	11 月	阿联酋
第七届武术亚洲锦标赛	袁晓超	男	长拳		1	5 月	澳门
第七届武术亚洲锦标赛	吴丽涛	男	52 公斤级		1	5 月	澳门
亚洲举重俱乐部杯赛	伍　超	男	62 公斤级	总成绩 300 公斤	1	11.5	韩国高阳市
亚洲举重俱乐部杯赛	伍　超	男	62 公斤级	抓举 140 公斤	1	11.5	韩国高阳市
亚洲举重俱乐部杯赛	韦炳丘	男	69 公斤级	总成绩 313 公斤	1	11.5	韩国高阳市
亚洲举重俱乐部杯赛	韦炳丘	男	69 公斤级	抓举 145 公斤	1	11.5	韩国高阳市
好运北京 2008 年跆拳道国际邀请赛	侣　慧	女	67 公斤级		2	2 月 28 日	北京
亚洲空手道青年锦标赛	董明明	男	60 公斤级		2	8 月 25 日	马来西亚
亚洲空手道青年锦标赛	刘　哲	男	＋80 公斤级		2	8 月 25 日	马来西亚
世界特技定点跳伞锦标赛	亢丽平	女	集体定点		2	7 月	斯洛伐克
蹦床世界杯系列赛比利时站	涂　潇	男	网上个人		2		比利时
亚洲举重俱乐部杯赛	伍　超	男	62 公斤级	挺举 160 公斤	2	11.5	韩国高阳市
亚洲举重俱乐部杯赛	韦炳丘	男	69 公斤级	挺举 168 公斤	2	11.5	韩国高阳市
第 21 届亚洲摔跤锦标赛	梁　磊	男	120 公斤级		3	3.1—23	韩国济州岛
第 18 届亚洲跆拳道锦标赛	侣　慧	女	63 公斤级		3	4 月 28 日	洛阳
世界跆拳道青年锦标赛	管　镇	男	68 公斤级		3	5 月 11 日	伊斯米尔市
亚洲空手道青年锦标赛	朱刚勇	男	70 公斤级		3	8 月 25 日	马来西亚
世界特技定点跳伞锦标赛	亢丽平	女	女子团体		3	7 月	斯洛伐克
亚洲跳伞锦标赛	亢丽平	女	个人定点		4	11 月	阿联酋
蹦床世界杯系列赛法国站	涂　潇	男	网上个人		4		法国
上海国际田径黄金大奖赛	李翔宇	男	800 米	1:47.19	8	9.20	上海

2008 年山西运动员参加全国锦标赛和冠军赛录取名次表

比赛名称	姓名	性别	项　目	成　绩	名次	时　间	地　点
全国古典式摔跤锦标赛	闫鹏飞	男	66 公斤级		1	4.06—09	沈阳
全国女子自由跤冠军赛	张　兰	女	59 公斤级		1	9.09—12	乌鲁木齐
全国游泳冠军赛	薛瑞鹏	男	200 米蛙泳	2′15″56	1	3.30—4.5	绍兴
全国跳水冠军赛	王　亮 周　昕	男	双人 10 米台	449.9	1	3.19—24	合肥
全国射击系列赛第二、三站暨个人和团体锦标赛	刘　毅	男	10 米气手枪	688.3 环	1	10.19	河南

续表

比赛名称	姓名	性别	项　目	成　绩	名次	时　间	地　点
全国射击系列赛第二、三站暨个人和团体锦标赛	于　炜 刘　毅 王智伟	男	50米 手枪团体	1685环	1	10.19	河南
全国奥林匹克项目锦标赛	祝珊珊	女	反曲弓个人 排名赛	661环	1	10.6	江苏
全国沙滩排球冠军赛	王　露 李　颖	女	沙滩排球		1	6.19—22	山东日照
全国沙滩排球精英赛	王　露 李　颖	女	沙滩排球		1	10.2—5	云南禄丰
全国小轮车冠军赛第二站	赵志阳	男			1	11.12	江苏宿迁
全国跆拳道冠军赛	侣　慧	女	63公斤级		1	12月17日	广东中山
全国蹦床冠军赛	涂　潇 董　栋 刘　博 符　冰	男	网上团体		1	10.21—27	青岛
全国室内田径锦标赛	纪方仟	女	60米栏	8.41	1	2.27	北京
全国田径大奖赛系列赛	李翔宇	男	800米	1:49.01	1	4.11	杭州
好运北京中国田径公开赛	刘　青	女	1500米	4:11.85	1	5.22	北京
好运北京中国田径公开赛	李翔宇	男	800米	1:48.39	1	5.22	北京
奥运达标赛	刘　青	女	1500米	4:06.14	1	6.27	苏州
全国田径大奖赛系列赛	李翔宇	男	800米	1:50.61	1	9.12	漯河
全国田径锦标赛	李翔宇	男	800米	1:49.51	1	10.11	石家庄
全国田径锦标赛	刘　青	女	800米	2:04.42	1	10.11	石家庄
全国田径冠军赛	吴晓旭	男	800米	1:50.83	1	11.1	肇庆
全国空手道锦标赛	冯兰兰 王晓红 李津津 田梅花		女子团体		1	5.13—15	山东烟台
全国空手道锦标赛	冯兰兰	女	－60公斤级		1	5.13—15	山东烟台
全国空手道锦标赛	李　鹏	男	＋80公斤级		1	5.13—15	山东烟台
全国空手道锦标赛	董明明	男	－60公斤级		1	5.13—15	山东烟台
全国空手道冠军赛	朱刚勇	男	－70公斤级		1	12月12日	山东青岛
全国空手道冠军赛	冯兰兰	女	－60公斤级		1	12月12日	山东青岛
全国跳伞冠军赛	亢丽平	女	个人定点		1	11月	上街
全国无线电测向锦标赛	郭恩强 张家伟 王振国	男	成年男子组400米	团体	1	2008.9	山东潍坊

续表

比赛名称	姓名	性别	项目	成绩	名次	时间	地点
全国无线电测向锦标赛	刘丽红 郭文秀 赵转转	女	成年女子组400米	团体	1	2008.9	山东潍坊
全国无线电测向锦标赛	刘丽红	女	成年女子组	个人全能	1	2008.9	山东潍坊
全国女子武术套路锦标赛	赵　诗	女	长拳		1	5月	广东
全国冠军赛女子赛区	赵　诗	女	长拳		1	11.6—11	西安
好运北京中国田径公开赛	刘　青	女	1500米	4:11.85	1	5.22	北京
好运北京中国田径公开赛	李翔宇	男	800米	1:48.39	1	5.22	北京
全国男子自由式摔跤锦标赛	张小兵	男	60公斤级		2	4.01—04	太原
全国男子自由式摔跤锦标赛	陈占国	男	66公斤级		2	4.01—04	太原
全国女子柔道冠军赛	王丽静		57公斤级		2	11.21—23	广东肇庆
全国游泳锦标赛	薛瑞鹏	男	200米蛙	2′14″53	2	9.21—9.26	江苏
全国射击系列赛第二、三站暨个人和团体锦标赛	于　炜	男	男子50米手枪	664.9环	2	10.19	河南
全国射击系列赛第二、三站暨个人和团体锦标赛	李　超	男	10米移动靶混合速	387环	2	10.3	江苏
全国射击系列赛第二、三站暨个人和团体锦标赛	刘　毅 于　炜 王智伟	男	男子气手枪团体	1753环	2	10.19	河南
全国沙滩排球冠军赛	李　杨 胡安娜	女	沙滩排球		2	6.19—22	山东日照
全国沙滩排球巡回赛总决赛	王　露 李　颖	女	沙滩排球		2	11.20—23	广州
全国场地自行车冠军赛第一站	林　健 王重阳 闯振强	男	竞速赛	1′03″166	2	9.13—16	秦皇岛
全国场地自行车冠军赛第一站	任小佳 金　地 杨玉美	女	3千米团体追逐赛	4′04″932	2	9.13—16	秦皇岛
全国场地自行车冠军赛第二站	王重阳	男	1千米计时	1′03″895	2	10.1—10.4	北京
全国场地自行车冠军赛第三站	王重阳	男	1千米计时	1′03″507	2	10.10—13	北京
全国场地自行车冠军赛第三站	王重阳	男	凯林赛		2	10.10—13	北京
全国场地自行车锦标赛	王重阳	男	争先赛		2	10.21—25	洛阳
全国小轮车冠军赛第三站	韦江斌	男			2	11.19	洛阳
全国小轮车冠军赛第五站	赵志阳	男			2	11.27	广州
全国山地自行车冠军赛第三站	张淑峰	男	越野赛		2	4.14—15	贵阳
全国跆拳道锦标赛暨第29届奥运会选拔赛	郑　义	男	84公斤级		2	3.15—18	山东烟台
全国跆拳道冠军赛	郑　义	男	84公斤级		2	12月17日	广东中山

续表

比赛名称	姓名	性别	项　目	成　绩	名次	时　间	地　点
全国体操冠军赛	邓少婕	女	女子跳马		2	10.14—21	青岛
全国蹦床冠军赛	董　栋	男	个人网上		2	10.21—27	青岛
全国击剑冠军赛总决赛	贾亚洁 刘娜娜 郝佳露 于　单		重剑团体		2	10.23—31	辽宁
室内田径锦标赛	吴晓旭	男	800米	1:54.66	2	1.31	南京
全国室内田径锦标赛	丛琳琳	女	1500米	4:18.97	2	2.27	北京
全国田径大奖赛系列赛	于亮亮	男	200米	21.20	2	4.11	杭州
好运北京中国田径公开赛	刘　青	女	800米	2:06.81	2	5.22	北京
奥运达标赛	纪方仟	女	100米栏	13.40	2	6.27	苏州
全国田径冠军赛	刘　青	女	1500米	4:16.25	2	11.1	肇庆
全国田径冠军赛	李翔宇	男	400米	47.28	2	11.1	肇庆
全国田径冠军赛	于亮亮	男	200米	21.72	2	11.1	肇庆
全国拳击锦标赛华北赛区	周阿武	男	60公斤级		2	4.18	西安
全国拳击锦标赛华北赛区	董双斌	男	69公斤级		2	5.18	西安
全国空手道锦标赛	王晓红	女	—60公斤级		2	5.13—5	山东烟台
全国空手道锦标赛	李　超	男	—65公斤级		2	5.13—15	山东烟台
全国空手道锦标赛	王　巍	男	—75公斤级		2	5.13—15	山东烟台
全国空手道锦标赛	朱刚勇	男	—70公斤级		2	5.13—15	山东烟台
全国空手道锦标赛	刘　哲	男	+80公斤级		2	5.13—15	山东烟台
全国空手道冠军赛	李　鹏	男	+80公斤级		2	12月12日	山东青岛
全国空手道冠军赛	孙敬超	男	—55公斤级		2	12月12日	山东青岛
全国空手道冠军赛	陈绪龙	男	—75公斤级		2	12月12日	山东青岛
全国空手道冠军赛	李津津	女	+60公斤级		2	12月12日	山东青岛
全国跳伞冠军赛	亢丽平	女	个人全能		2	11月	上街
全国定向越野赛总决赛	王振国 宁江涛 程子浩 李　娟		团体		2	2008.11	安徽池州
全国全能定向越野赛	王振国 张建荣 郝宏伟 李　娟		团体		2	2008.5	桂林
全国无线电测向锦标赛	郭恩强 张家伟 王振国	男	成年男子 2米团体		2	2008.9	山东潍坊

续表

比赛名称	姓名	性别	项　目	成　绩	名次	时　间	地　点
全国无线电测向锦标赛	刘丽红 郭文秀 赵转转	女	成年女子组 80米团体		2	2008.9	山东潍坊
全国无线电测向锦标赛	王振国	男	成年男子组	个人全能	2	2008.9	山东潍坊
全国无线电测向锦标赛	王振国	男	成年400米	个人	2	2008.9	山东潍坊
好运北京中国田径公开赛	刘　青	女	800米	2:06.81	2	5.22	北京
全国女子武术套路锦标赛	赵　诗	女	枪术		2	5.29	广东
全国冠军赛女子赛区	赵　诗	女	枪		2	11.6	西安
全国武术散打冠军赛	周勇山	男	52公斤级		2	10.10	乌鲁木齐
全国古典式摔跤锦标赛	王玉龙	男	60公斤级		3	4.06—09	沈阳
全国女子自由式摔跤锦标赛	张　兰	女	55公级斤		3	4.12—15	淄博
全国女子自由跤冠军赛	霍　娟	女	67公斤级		3	9.09—12	乌鲁木齐
全国女子柔道锦标赛暨奥运会选拔赛	王丽静		57公斤级		3	3.27—29	江苏吴江
全国男子柔道锦标赛暨奥运会选拔赛	林　阳		66公斤级		3	4.04—06	海南
全国男子柔道冠军赛	林　阳		66公斤级		3	11.11—13	山东滨州
全国男子柔道冠军赛	李大伟		66公斤级		3	11.11—13	山东滨州
全国女子柔道冠军赛	薛　源		78公斤级		3	11.21—23	广东肇庆
全国游泳锦标赛	薛瑞鹏	男	100米蛙	1′02″90	3	9.21—9.26	江苏
全国跳水锦标赛	王　亮 周　昕	男	双人十米台	449.16	3	10.18—23	福建
全国跳水锦标赛	周　昕	男	三米板	429.9	3	10.18—23	福建
全国射击系列赛第二、三站暨个人和团体锦标赛	王智伟	男	男子10米气手枪	686环	3	10.19	河南
全国射击系列赛第二、三站暨个人和团体锦标赛	高小军	男	步枪60发卧射	700.5环	3	10.24	云南
全国射击系列赛第二、三站暨个人和团体锦标赛	张　康 廉芝斌 赵　君	男	10米移动靶 标准速团体	1720环	3	10.3	江苏
全国射箭冠军赛	祝珊珊	女	反曲弓个人淘汰赛	112环	3	9.29	江苏
全国沙滩排球锦标赛	李　杨 胡安娜	女	沙滩排球		3	4.17—20	福建厦门
全国场地自行车冠军赛第三站	林　健 王重阳 姚　康	男	竞速赛	47″494	3	10.10—13	北京
全国场地自行车冠军赛第三站	程长宇 茹　花 杨玉美	女	3千米团体追逐赛	3′54″062	3	10.10—13	北京
全国场地自行车锦标赛	王重阳	男	1千米计时	1′05″439	3	10.21—25	洛阳

续表

比赛名称	姓名	性别	项　目	成　绩	名次	时　间	地　点
全国小轮车冠军赛第一站	赵志阳	男			3	11.10	江苏宿迁
全国山地自行车冠军赛第二站	张淑峰	男	越野赛		3	3.29—30	云南大理
全国山地自行车锦标赛	张淑峰	男	计时赛		3	7.19—20	苏州
全国跆拳道锦标赛暨第29届奥运会选拔赛	张东岳	男	72公斤级		3	3.15—18	山东烟台
全国跆拳道冠军赛	张东岳	男	72公斤级		3	12月17日	广东中山
全国室内田径锦标赛	臧凤敏	女	1500米	4:28.82	3	1.27	上海
全国室内田径锦标赛	于亮亮	男	60米	6.77	3	1.31	南京
全国室内田径锦标赛	孙大伟	男	800米	1:55.33	3	1.31	南京
全国室内田径锦标赛	张　奇	男	铅球	17.75米	3	2.26	北京
全国田径大奖赛系列赛	吴晓旭	男	800米	1:51.39	3	4.11	杭州
奥运达标赛	于亮亮	男	200米	21.24	3	6.27	苏州
全国田径大奖赛系列赛	赵　岩	男	110米栏	13.91	3	9.12	漯河
全国田径大奖赛系列赛	臧凤敏	女	1500米	4:20.52	3	9.12	漯河
全国举重冠军赛	张盛国	男	94公斤级	挺举205公斤	3	11.27	顺义
全国举重冠军赛	伍　超	男	62公斤级	挺举170公斤	3	11.25	顺义
全国举重锦标赛	伍　超	男	62公斤级	挺举172公斤	3	4.20	泉州
全国举重锦标赛	韦炳丘	男	69公斤级	抓举158公斤	3	4.21	泉州
全国空手道锦标赛	李津津	女	+60公斤级		3	5.13—15	山东烟台
全国空手道锦标赛	孙敬超	男	—55公斤级		3	5.13—15	山东烟台
全国空手道锦标赛	刘　睿	男	—80公斤级		3	5.13—15	山东烟台
全国空手道锦标赛	师建玲	女	—48公斤级		3	5.13—15	山东烟台
全国空手道锦标赛	张　强	男	—80公斤级		3	5.13—15	山东烟台
全国空手道锦标赛	马井忠	男	—60公斤级		3	5.13—15	山东烟台
全国空手道冠军赛	王　辉	男	—70公斤级		3	12月12日	山东青岛
全国空手道冠军赛	王　巍	男	—75公斤级		3	12月12日	山东青岛
全国空手道冠军赛	赵鹏飞	男	—80公斤级		3	12月12日	山东青岛
全国空手道冠军赛	轩姝玉	女	—60公斤级		3	12月12日	山东青岛
全国空手道冠军赛	冯兰兰 王晓红 李津津 轩姝玉	女	女子团体		3	12月12日	山东青岛

续表

比赛名称	姓名	性别	项　目	成　绩	名次	时　间	地　点
全国空手道冠军赛	李　鹏 朱刚勇 王　巍 李　超 张　强 陈绪龙	男	男子团体		3	12月12日	山东青岛
全国无线电测向锦标赛	刘丽红 郭文秀 赵转转	女	成年女子组2米	团体	3	2008.9	山东潍坊
全国无线电测向锦标赛	郭文秀	女	成年女子组	个人全能	3	2008.9	山东潍坊
全国女子武术套路锦标赛	赵　诗	女	剑术		3	5.29—31	广东
全国冠军赛女子赛区	赵　诗	女	剑		3	11.6—11	西安
全国冠军赛女子赛区	杨　洪	女	长拳		3	11.6—11	西安
全国武术散打冠军赛	吕　宁	男	65公斤级		3	10.10—16	乌鲁木齐
全国武术散打冠军赛	袁保同	男	90公斤级		3	10.10—16	乌鲁木齐
全国武术套路冠军赛传统项目	袁晓超	男	查拳		3	11月	宜春
全国射击系列赛第二、三站暨个人和团体锦标赛	赵　君	男	10米移动靶标准速	581环	4	10.3	江苏
全国射击系列赛第二、三站暨个人和团体锦标赛	李晓华	女	10米移动靶标准速	383环	4	10.3	江苏
全国射击系列赛第二、三站暨个人和团体锦标赛	袁　兵	男	25米标准手枪	575环	4	10.19	河南
全国奥林匹克项目锦标赛	郭长乐	男	反曲弓个人淘汰赛	105环	4	10.6	江苏
全国场地自行车冠军赛第二站	程长宇 金　地 杨玉美	女	3公里团体追逐赛		4	10.1—10.4	北京
全国场地自行车冠军赛第二站	茹　花	男	记分赛	28	4	10.1—10.4	北京
全国场地自行车冠军赛第二站	郝慧敏 安　俊	男	麦迪逊	2分	4	10.1—10.4	北京
全国场地自行车冠军赛第三站	郝慧敏 安　俊	男	麦迪逊	1分	4	10.10—13	北京
全国场地自行车锦标赛	茹　花 任小佳 金　地	女	3公里团体追逐赛	3′57″607	4	10.21—25	洛阳
全国小轮车冠军赛第一站	任　超	男			4	11.10	江苏宿迁
全国小轮车冠军赛第三站	冯思哲	男			4	11.19	洛阳
全国蹦床冠军赛	涂　潇	男	个人网上		4	10.21—27	青岛
全国蹦床冠军赛	毛　宁	女	单跳团体		4	10.21—27	青岛
全国蹦床冠军赛	王　晓	女	单跳团体		4	10.21—27	青岛

续表

比赛名称	姓名	性别	项　目	成　绩	名次	时　间	地　点
全国击剑冠军赛系列赛第一站	郝佳露 刘娜娜 贾亚洁 郑克毅	女	重剑团体		4	2.28—3.7	云南大理
全国室内田径锦标赛	庾石锁	男	跳高	2.10米	4	2.27	北京
全国田径大奖赛系列赛	王双久	男	撑竿跳高	4.60米	4	4.11	杭州
好运北京中国田径公开赛	纪方仟	女	100米栏	13.49	4	5.22	北京
全国田径锦标赛	纪方仟	女	100米栏	13.73	4	10.11	石家庄
全国田径冠军赛	纪方仟	女	100米栏	13.82	4	11.1	肇庆
全国田径冠军赛	于　漫	女	1500米	4:17.14	4	11.1	肇庆
全国举重冠军赛	张盛国	男	94公斤级	总成绩368公斤	4	11.27	顺义
全国举重冠军赛	伍　超	男	62公斤级	总成绩310公斤	4	11.25	顺义
全国举重冠军赛	伍　超	男	62公斤级	抓举140公斤	4	11.25	顺义
全国举重冠军赛	欧　波	男	56公斤级	抓举125公斤	4	11.25	顺义
全国举重锦标赛	张国政	男	69公斤级	抓举158公斤	4	4.21	泉州
好运北京中国田径公开赛	纪方仟	女	100米栏	13.49	4	5.22	北京
全国武术套路冠军赛传统项目	何晓倩	女	形意拳		4	11月	宜春
全国女子自由跤冠军赛	史盛华	女	51公斤级		5	9.09—12	乌鲁木齐
全国男子柔道冠军赛	赵鑫贵		73公斤级		5	11.11—13	山东滨州
全国女子柔道冠军赛	刘美蟠		78公斤级		5	11.21—23	广东肇庆
全国游泳冠军赛	薛瑞鹏	男	100米蛙泳	1′03″23	5	3.30—4.5	绍兴
全国游泳冠军赛	赵　瑾	女	100米蛙泳	1′9″48	5	3.30—4.5	绍兴
全国室外锦标赛	祝珊珊 杨建平 范一帆 荣　荣	女	反曲弓 团体淘汰赛	209环	5	10.9	江苏
全国室外锦标赛	郭凯强	男	反曲弓 30米单轮	354环	5	10.9	江苏
全国沙滩排球巡回赛总决赛	李　杨 胡安娜	女	沙滩排球		5	11.20—23	广州
全国乒乓球锦标赛	李晓丹 杨飞飞	女	女双		5	11.17—24	江苏 张家港
全国场地自行车冠军赛第一站	任小佳	女	3km个人追逐赛	4′01″033	5	9.13—16	秦皇岛
全国场地自行车冠军赛第一站	王重阳	男	争先赛		5	9.13—16	秦皇岛
全国场地自行车冠军赛第一站	茹　花	男	记分赛	26	5	9.13—16	秦皇岛

续表

比赛名称	姓名	性别	项　目	成　绩	名次	时　间	地　点
全国场地自行车冠军赛第二站	林　健 王重阳 闯振强	男	竞速赛	46″780	5	10.1—10.4	北京
全国公路自行车冠军赛第二站	茹　花 任小佳 金　地 杨玉美	女	团体计时赛	1：08′43″081	5	9.22—25	河北沽源
全国小轮车冠军赛第三站	荆　静	女			5	11.19	洛阳
全国山地自行车冠军赛第一站	张淑峰	男	越野赛		5	3.22—23	云南大理
全国山地自行车冠军赛第三站	古晓颖	女	越野赛		5	4.14—15	贵阳
全国跆拳道锦标赛暨第29届奥运会选拔赛	李美荣	女	63公斤级		5	3.15—18	山东烟台
全国跆拳道锦标赛暨第29届奥运会选拔赛	张　娇	女	47公斤级		5	3.15—18	山东烟台
全国跆拳道冠军赛	李兆伟	男	54公斤级		5	12月17日	广东中山
全国跆拳道冠军赛	李美荣	女	63公斤级		5	12月17日	广东中山
全国蹦床冠军赛	刘　璐 高月西 张媛媛 郭　苒	女	女子网上团体		5	10.21—27	青岛
全国室内田径锦标赛	赵　岩	男	60米栏	7.86	5	1.27	上海
全国室内田径锦标赛	曹双月	男	跳高	2.05米	5	1.31	南京
全国室内田径锦标赛	曹双月	男	跳高	2.10米	5	2.26	北京
全国室内田径锦标赛	王双久	男	撑杆跳高	4.80米	5	2.27	北京
全国田径大奖赛系列赛	赵　岩	男	110米栏	14.16	5	4.11	杭州
全国田径大奖赛系列赛	刘　青	女	800米	2:07.93	5	4.11	杭州
全国田径大奖赛系列赛	纪方仟	女	100米栏	13.68	5	4.11	杭州
全国举重冠军赛	张盛国	男	94公斤级	抓举163公斤	5	11.27	顺义
全国拳击锦标赛	周阿武	男	60公斤级		5	10.29	青岛
全国空手道锦标赛	黄国权	男	—55公斤级		5	5.13—15	山东烟台
全国空手道锦标赛	赵鹏飞	男	＋80公斤级		5	5.13—15	山东烟台
全国空手道冠军赛	董鹏鹏	男	—75公斤级		5	12月12日	山东青岛
全国空手道冠军赛	张　强	男	—80公斤级		5	12月12日	山东青岛
全国空手道冠军赛	龙　鹏	男	＋80公斤级		5	12月12日	山东青岛
全国空手道冠军赛	王晓红	女	—60公斤级		5	12月12日	山东青岛
全国空手道冠军赛	田　芳	女	—48公斤级		5	12月12日	山东青岛
全国动力悬挂跳伞锦标赛	程　彬	女	个人定点		5	5月	上街

续表

比赛名称	姓名	性别	项目	成绩	名次	时间	地点
全国跳伞锦标赛	亢丽平	女	个人特技		5	9月	平泉
全国无线电测向锦标赛	赵转转	女	成年组	个人全能	5	2008.9	山东潍坊
全国女子武术套路锦标赛	杨　洪	女	长拳		5	5.29—31	广东
全国武术散打冠军赛	郭　辉	男	60公斤级		5	10.10—16	乌鲁木齐
全国武术散打冠军赛	常小军	男	56公斤级		5	10.10—16	乌鲁木齐
全国武术套路冠军赛传统项目	张武超	男	42式太极拳		5	11月	宜春
全国女子武术套路锦标赛	杨　洪	女	棍术		6	5.29—31	广东
全国游泳锦标赛	李丁杰	男	100碟	54″95	6	9.21—9.26	江苏
全国射箭冠军赛	祝珊珊 杨建平 荣　荣	女	反曲弓 团体淘汰赛	193环	6	9.29	江苏
全国场地自行车锦标赛	林　健	男	争先赛		6	10.21—25	洛阳
全国场地自行车锦标赛	郝慧敏 安　俊	男	麦迪逊	3分	6	10.21—25	洛阳
全国小轮车冠军赛第一站	曹鑫睿	男			6	11.10	江苏宿迁
全国小轮车冠军赛第二站	任　超	男			6	11.12	江苏宿迁
全国山地自行车冠军赛第二站	张淑峰	男	计时赛		6	3.29—30	云南大理
全国山地自行车冠军赛第三站	古晓颖	女	计时赛		6	4.14—15	贵阳
全国山地自行车冠军赛第三站	白　月	女	越野赛		6	4.14—15	贵阳
全国蹦床冠军赛	毛　宁	女	单跳个人		6	10.21—27	青岛
全国艺术体操锦标赛	杨　帆 李　越 刘安东琪 董　岩 杨慧雅		集体 全能5绳		6	9.1—8	上海
全国击剑冠军赛系列赛第一站	郝佳露	女	重剑个人		6	2.28—3.7	云南大理
全国田径大奖赛系列赛	于亮亮	男	100米	10.67	6	4.11	杭州
全国田径大奖赛系列赛	从琳琳	女	1500米	4:17.91	6	4.11	杭州
好运北京中国田径公开赛	于亮亮	男	200米	21.41	6	5.22	北京
奥运达标赛	赵　岩	男	110米栏	14.01	6	6.27	苏州
全国田径大奖赛系列赛	庚石锁	男	跳高	2.10米	6	9.12	漯河
全国田径大奖赛系列赛	孙长龙	男	标枪	71.16米	6	9.12	漯河
全国田径锦标赛	赵　岩	男	110米栏	14.10	6	10.11	石家庄
全国田径冠军赛	于亮亮 孙大伟 李春生 李翔宇	男	4×400 接力	3:14.25	6	11.1	肇庆

续表

比赛名称	姓名	性别	项　目	成　绩	名次	时　间	地　点
全国举重锦标赛	廖贤纪	男	62公斤级	总成绩298公斤	6	4.20	泉州
全国举重锦标赛	黄晓婕	女	63公斤级	抓举102公斤	6	4.16	合肥
全国跳伞冠军赛	亢丽平	女	个人特技		6	11月	上街
全国无线电测向锦标赛	王振国	男	成年80米	个人	6	2008.9	山东潍坊
好运北京中国田径公开赛	于亮亮	男	200米	21.41	6	5.22	北京

2008年山西运动员参加全国青少年协作区比赛前三名表

比赛名称	姓名	性别	项　目	成　绩	名次	时　间	地　点
第4届全国跆拳道大学生运动会	李美荣	女	63kg		1	6月4日	广州
全国跆拳道青年锦标赛	刘　佳	男	48kg		1	10月18日	山西吕梁
全国跆拳道青年锦标赛	董鹏鹏	男	73kg		1	10月18日	山西吕梁
全国青少年田径锦标赛	孙长龙	男	标枪	70.11米	1	10.3	江苏淮安
全国射击系列赛第一站暨华北区锦标赛	刘　毅	男	男子50米手枪	657.1	1	5.16	太原
全国射击系列赛第一站暨华北区锦标赛	于　炜	男	男子10米气手枪	685.5	1	5.15	太原
全国射击系列赛第一站暨华北区锦标赛	王　朝	男	男子10米移动靶	575	1	5.15	太原
全国射击系列赛第一站暨华北区锦标赛	沈　超	男	男子50米手枪	559	1	5.16	太原
全国射击系列赛第一站暨华北区锦标赛	张　鑫	男	男子10米气手枪	571	1	5.15	太原
全国射击系列赛第一站暨华北区锦标赛	李晓华	女	女子10米移动靶	383	1	5.16	太原
全国射击系列赛第一站暨华北区锦标赛	李晓华	女	10米移动靶混合速	388	1	5.17	太原
全国射击系列赛第一站暨华北区锦标赛	于　炜 王智伟 刘　毅	男	10米气手枪团体	1751	1	5.15	太原
全国射击系列赛第一站暨华北区锦标赛	张　康 李　超 赵　君	男	10米移动靶标准速团体	1686	1	5.15	太原
全国射击系列赛第一站暨华北区锦标赛	王智伟 刘　毅 于　炜	男	50米手枪团体	1675	1	5.16	太原
全国射击系列赛第一站暨华北区锦标赛	郭梦奇 袁　兵 王一夫	男	25米标准手枪团体	1668	1	5.17	太原
全国射击系列赛第一站暨华北区锦标赛	张泽刚 赵　君 张　康	男	10米移动靶混合速团体	1120	1	5.17	太原

续表

比赛名称	姓名	性别	项　目	成　绩	名次	时　间	地　点
全国射击系列赛第一站暨华北区锦标赛	李晓华 王　静 刘星宇	女	10米移动靶 混合速团体	1105	1	5.17	太原
全国山地自行车青年锦标赛	白　月	女	越野赛	1:20′46″510	1	7.19—20	苏州
全国山地自行车青年锦标赛	白　月	女	计时赛	27′14″230	1	7.19—20	苏州
第二届华北地区体育舞蹈公开赛	王鹏龙 刘勤勤		10岁A组		1	2008.1	河北
第二届华北地区体育舞蹈公开赛	王程龙 原智敏		10岁B组		1	2008.1	河北
第二届华北地区体育舞蹈公开赛	王鹏举 侯奉君		12岁A组		1	2008.1	河北
第二届华北地区体育舞蹈公开赛	张鹏华 李安娜		14岁B组		1	2008.1	河北
六省市场地自行车协作赛第一站	闫振强 林　健 王重阳	男	竞速赛	01:03.9	1	6月	秦皇岛
六省市场地自行车协作赛第二站	王重阳	男	200米进行赛	10.605	1	6月	秦皇岛
全国青年女子柔道锦标赛	刘晓庆	女	70公斤级		2	11.01—03	江西宜春
全国跆拳道青年锦标赛	闫　萍	女	+68公斤级		2	10月18日	山西吕梁
全国青少年田径锦标赛	于　漫	女	1500米	04:37.5	2	10.3	江苏淮安
全国射击系列赛第一站暨华北区锦标赛	袁　兵	男	25米标准手枪	563	2	5.17	太原
全国射击系列赛第一站暨华北区锦标赛	刘　毅	男	10米气手枪	682	2	5.15	太原
全国射击系列赛第一站暨华北区锦标赛	张泽刚	男	10米移动靶	574	2	5.15	太原
全国射击系列赛第一站暨华北区锦标赛	赵　君	男	10米移动靶 混合速	383	2	5.17	太原
全国射击系列赛第一站暨华北区锦标赛	沈　超	男	10米气手枪	569	2	5.15	太原
全国射击系列赛第一站暨华北区锦标赛	郭梦奇 袁　兵 王一夫	男	25米手枪 速射团体	1704环	2	5.15	太原
全国山地自行车青年锦标赛	常　智	男	越野赛	1:43′09″480	2	7.19—20	苏州
全国场地自行车青年锦标赛	王　磊	男	争先赛		2	10.21—25	洛阳
“旭华杯”中国乒乓球俱乐部 甲C比赛(第一站)	万　佳 崔晨雪 刘　颖 靳亚楠	女	女团		2	5.13—17	广东东莞
六省市场地自行车协作赛第一站	王重阳	男	1公里计时	01:09.2	2	6月	秦皇岛
六省市场地自行车协作赛第二站	王重阳	男	1公里个人计时	01:07.6	2	6月	秦皇岛
全国武术套路青少年锦标赛	任典帅	男	长拳		2	10月	重庆
全国武术套路青少年锦标赛	任典帅	男	剑术		2	10月	重庆

续表

比赛名称	姓名	性别	项　目	成　绩	名次	时　间	地　点
全国武术套路青少年锦标赛	杨　洪	女	长拳		2	10月	重庆
全国青年男子柔道锦标赛	马日旭	男	73公斤级		3	10.21—23	火车头
全国青年女子柔道锦标赛	赵莹莹	女	+78公斤级		3	11.01—03	江西宜春
全国青年女子柔道锦标赛	赵莹莹	女	无差级		3	11.01—03	江西宜春
全国青少年田径锦标赛	庾石锁	男	跳高	2.03米	3	10.3	江苏淮安
全国射击系列赛第一站暨华北区锦标赛	袁　兵	男	25米手枪速射	772.3	3	5.15	太原
全国射击系列赛第一站暨华北区锦标赛	王一夫	男	25米标准手枪	561	3	5.17	太原
全国射击系列赛第一站暨华北区锦标赛	于　炜	男	50米手枪	655.9	3	5.16	太原
全国射击系列赛第一站暨华北区锦标赛	王智伟	男	10米气手枪	682	3	5.15	太原
全国射击系列赛第一站暨华北区锦标赛	张　鑫	男	50米手枪	542	3	5.16	太原
全国射击系列赛第一站暨华北区锦标赛	胡　剑	男	10米气手枪	545	3	5.15	太原
全国射击系列赛第一站暨华北区锦标赛	王钦钦	女	10米气手枪	482.2	3	5.17	太原
全国山地自行车青年锦标赛	乔文娟	女	计时赛	41′24″800	3	7.19—20	苏州
全国少年女子自由式摔跤比赛	王俊莲	女	51公斤级		3		
全国少年女子自由式摔跤比赛	滕瑞菲	女	70公斤级		3		
全国青年男子古典跤锦标赛	王璐敏		60公斤级		3	10.11—14	潍坊
全国青年女子自由跤锦标赛	霍　娟		72公斤级		3	10.24—27	许昌
第二届华北地区体育舞蹈公开赛	王　涛 曹　颖		14岁A组		3	2008.1	河北
全国体育舞蹈锦标赛	王鹏龙 刘勤勤		少儿A组		3	2008.11	深圳
全国体育舞蹈锦标赛	王鹏举 侯奉君		少儿B组		3	2008.11	深圳
六省市场地自行车协作赛第一站	闯振强	男	200米行进赛	10.915	3	6月	秦皇岛
六省市场地自行车协作赛第一站	杜　勇	男	1公里计时	01:10.1	3	6月	秦皇岛
六省市场地自行车协作赛第一站	茹　花	女	3公里 个人追逐	04:12.1	3	6月	秦皇岛
六省市场地自行车协作赛第一站	林　健	男	争先赛		3	6月	秦皇岛
六省市场地自行车协作赛第一站	杜　勇 弓　强 安　俊 郝慧敏	男	4公里 团体追逐	04:33.7	3	6月	秦皇岛
六省市场地自行车协作赛第一站	茹　花 任小佳 金　地	女	3公里 团体追逐	03:50.0	3	6月	秦皇岛
六省市场地自行车协作赛第二站	闯振强 林　健 王重阳	男	竞速赛	01:03.8	3	6月	秦皇岛

续表

比赛名称	姓名	性别	项　目	成　绩	名次	时　间	地　点
六省市场地自行车协作赛第二站	杜　勇 弓　强 安　俊 郝慧敏	男	4公里 团体追逐	04:31.2	3	6月	秦皇岛
六省市场地自行车协作赛第二站	茹　花 任小佳 金　地	女	3公里 团体追逐	03:48.8	3	6月	秦皇岛
六省市场地自行车协作赛第二站	闯振强	男	争先赛		3	6月	秦皇岛
全国武术套路青少年锦标赛	杨　洪	女	刀术		3	10月	重庆
全国武术散打青少年锦标赛	杨　浩	男	75公斤级		3	5月	郑州

文　化

【概述】 2008年，全省文化工作战线紧紧围绕省委、省政府的工作中心，精心组织实施艺术精品生产、公共文化服务体系建设、文化产业发展、文化惠民、非物质文化遗产保护、山西形象提升和人才培养等文化建设“七大工程”，着力打好深化文化体制机制改革、文化创新能力整合、文化软实力提升“三个攻坚战”，努力实现精品创作生产、文化产业发展、文化人才培养、文化惠民“四个新突破”，解放思想、扎实工作，圆满完成了年度各项工作任务，为推动新基地、新山西的建设做出了积极的贡献。（杨　渊）

【迎奥运文化活动】 2008年北京奥运会、残奥会的成功举办，为展示山西文化独特魅力提供了历史机遇和世界平台。省文化厅先后组织29个表演团体、3600多人次围绕“好运北京、精彩山西”这一主题，在北京开展了一系列奥运文化和中华文化的展览、展示、展演活动，全方位地展示了山西改革开放的巨大成就和丰富多彩的地方文化，取得了显著成果。交响乐《黄河的记忆》、大型歌舞晚会《黄河情韵》、话剧《立秋》、舞剧《一把酸枣》、京剧《走西口》、山西非物质文化遗产保护成果——民间器乐专场演出、迎奥运——群星奖优秀节目展演，尤其是在天安门广场的山西文艺专场演出、在北京火炬传递现场的文艺表演和奥运会开幕式前文艺演出等活动，都得到了北京奥组委的充分肯定和广大群众的欢迎喝彩。在奥林匹克广场举办的“中国故事·祥云小屋”展示中，山西共接待观众100余万人次，并以独特的创意和周密的组织在30个省市中脱颖而出，获得最佳策划奖、最受欢迎奖和贡献奖三项大奖，受到奥组委和文化部表彰。省劳动竞赛委员专门为参加奥运文化活动的12个先进集体和43位先进个人记功授奖。（杨　渊）

【纪念改革开放30周年文艺活动】 以纪念改革开放30周年为契机，全省各级文化部门认真实施艺术精品生产工程，繁荣了全省文艺舞台，取得了优异成绩。舞剧《一把酸枣》获得文化部“2007—2008年度优秀出口文化产品和服务项目”评比一等奖，并获得首届中国新疆国际民族舞蹈节“艺术贡献奖”、“文化和谐奖”，男主角任中杰获得个人艺术贡献奖；在第十八届上海“白玉兰”戏剧表演奖评比中，山西谢涛、陈红荣获主角奖，王波、金小毅获得配角奖；在第二十九届哈尔滨之夏音乐会暨第八届全国声乐比赛中，运城文工团梁晓丽为山西市级院团首次夺取奖项；在全国第十二届少儿戏曲“小梅花”比赛中，山西有10名选手获得“小梅花”金奖；在第三届CCTV全国少儿曲艺大赛决赛中，山西选送的4个节目、12个小演员全部获奖，省曲艺团编创的小品《梦别》获得最佳作品奖，山西获得优秀组织奖；在第五届中国京剧艺术节上，山西省京剧院编排的《走西口》荣获新编历史剧一等奖，是山西连续五届参加中国京剧艺术节的最好成绩。以展示改革开放30周年为主题的大型文艺晚会《春潮颂》和全省现代戏新创剧目评比演出活动，通过经典歌舞、戏曲等形式集中反映了改革开放30年来我国城乡发生的深刻变化，表达了人民群众促改革、谋发展的高昂士气和火热激情，代表了2008年全省实施艺术精品生产工程的丰硕成果。（杨　渊）

【公共文化服务体系建设】 2008年，各级文化行政部门牢牢把握国家和省委、省政府以及各级党委政府高度重视公共文化服务体系建设与扩大内需的有利时机，顺势而上，借风加力，实施“竞争拉动、标准带动、考核推动”三项措施，把“公共文化服务体系建设达标率”纳入各级政府的工作考核指标体系，作为文化强县建设的重要依据，全省公共文化服务体系建设出现了新的局面。山西省图书馆新馆、山西大剧院相继开工。太原市、长治市、阳泉市、大同市、朔州市等一批市级重点文化设施相继建成。县级公共文化设施建设日臻完善。乡镇文化站建设稳步推进，“两区”乡村两级文化设施建设完工面积10.16万平方米。村级文化活动室建设进展顺利，为5500个村配送了书柜11000个、图书1650000册。全省各级文化部门积极开展文化惠民工程，完成公益电影放映244346场，基本实现每个行政村一个月放一场电影的目标。中央和省里共投入资金1632万元，加上市、县配套资金，共建成文化信息资源共享工程市、县支中心87个、基层服务点97个，村级服务点6766个。先后组织举办了山西省第三届“三晋之春”合唱音乐节、山西省非物质文化遗产项目专场音乐会、全省城镇广场电影公益放映、全国“四进社区”评选、山西省“走进读书日、亲近图书馆”等一大批群众性文化活动；举办了“快乐阳光”少儿卡拉OK选拔赛、“阳铝凤飞杯”业余歌手大赛、“京剧票友”选拔赛等具有广泛群众参与度的竞赛选拔活动。同时还组织了百台大戏进社区、万册图书送基层、千支映队大汇映等活动，累计向农村送图书2000余万册、送戏18余万场、送电影85余万场，极大地丰富了人民群众的精神文化生活。（杨　渊）

【文化产业发展】 2008年，厅党组提出了努力构建文化产业发展战略布局要求，确立了“培育三大支柱、构建八大方阵、打造三张名片”的文化产业发展思路。培育三大支柱：一是提升传统文化产业品质，培育以满足大众基本文化需求为主的基础文化产业支柱；二是推动动漫、网游等文化创意产业发展，培育新型文化产业支柱；三是做大做强战略性旗舰型文化产业项目，培育产业园区龙头文化产业支柱。构建八大产业方阵：一是整合全省演艺资源，繁荣创作，推出精品，形成能够满足多层次需求的新型文化演艺产业方阵；二是推进工艺美术大师工作室(基地)建设和山西民间工艺美术创新发展，带动优势传统工艺美术生产项目，组建新型民间工艺产业方阵；三是对城市歌厅、影院、卡拉OK等休闲娱乐行业实行战略改组，推动升级换代，打造新型都市娱乐产业方阵；四是对全省文化资源特别是非物质文化遗产进行主题公园式的文化设置，构建“5000年文明看山西”的新型文化旅游产业方阵；五是培育全省古玩书画等艺术品收藏交易市场，加强行业管理与市场规划，形成新型文博收藏产业方阵；六是发展以设计、策划、广告、节庆、会展等为主要内容的创意产业，实现文化创意与其他经济领域产业活动的联动发展，带动形成新型内容创意产业方阵；七是推动动漫、网络游戏等高新数字创意产业发展，引进战略投资伙伴，构建国际性数字化动漫网络游戏产业方阵；八是加强对全省艺术教育培训行业的规范管理和资源整合，引导其健康有序发展，推动形成新型艺术教育培训产业方阵。打造三张名片：一是打造具有诚实守信、义利并举的经营品格，博大宽厚的经营胸怀，兼容并蓄的经营气度，求同存异的经营策略，自强不息的经营精神的晋商文化名片；二是打造凝聚忠、义、信、智、仁、勇核心精神，超国籍、超信仰、超民族、超时空的关公文化名片；三是打造源远流长、内蕴深厚、影响巨大、特色鲜明的能够体现中国传统文化精华的五台山佛教文化名片。积极推进文化产业重点项目建设，获得初步进展。主要包括：与省发改委联合编制使用煤炭可持续发展基金发展文化产业项目规划，对接申报项目150个；确定了文化产业发展的“10＋1”项目，重点推进山西文化产业创意示范园项目、五台山旅游文化演艺中心等项目。组织参加和主办文化产业展会方面也取得了新突破。先后参加了第三届中国中部贸易投资博览会国际动漫展、第四届中国(深圳)国际文化产业博览会、第三届北京国际文化创意产业博览会，先后举办了山西省第三届动漫艺术节、山西动漫创意产业发展高层论坛、山西省动漫产业招商暨人才交流会。在这些展会期间，共组织开展了40余项专业活动，先后有100余万人参观，100余家企业参加展示交易；总计推荐项目360个，签约29个、签约金额24.9亿元人民币；发布了山西15种紧缺动漫人才需求信息，形成了一批合作意向。（杨　渊）

【开展抗震救灾和对口支援活动】 2008年春节期间，话剧《立秋》、舞剧《一把酸枣》为抗击南方雨雪冰冻灾害辛苦工作的太原铁路局等单位职工进行了五次慰问演出。省直五院团还组成慰问演出小分队，跟随省领导到西山煤电杜儿坪矿等地慰问抗雪救灾保障电煤供应连续工作的煤矿工人。全省各地艺术团体精心准备近百台优秀文艺节目，深入到山西焦煤、阳煤集团、同煤集团、潞安煤业、国电等生产一线，为辛勤工作的工人朋友们送去了节日的问候和崇高的敬意。面对突如其来的汶川大地震，全省文化系统积极开展了各项抗震救灾活动。“5·12”大地震后两小时，省厅就向四川省文化厅发了慰问电，并向全省文化系统发出倡议，号召广大文化工作者用实际行动和工作成果共克时艰、为国分忧。省直文化系统广大干部职工通过义演、交纳特殊党费等形式先后捐款78.79万元。省直院团创作了话剧《吉祥鸟》、歌舞《中华大爱》、朗诵诗《在地震面前》和《情满人间》抗震救灾专场曲艺晚会等一批反映抗震救灾活动和歌颂英雄人物的文艺节目，积极开展赈灾义演和慰问演出，有力推动了全省抗震救灾工作。对口支援四川茂县10部电影放映机和40部电影拷贝。专门为前来山西大众传媒学校就学的200多名四川灾区儿童举办了动漫讲座和动漫电影播映活动，并向孩子们捐赠了学习用具和生活用品。入冬之前，省直文化系统干部职工又捐献现金5.5万元和730余套棉被、衣服，通过民政部门送往了四川灾区。（杨　渊）

【开展学习实践科学发展观活动】 2008年，根据省委关于深入开展学习实践科学发展观活动的统一部署和要求，举办了160多人参加的厅直系统深入学习实践科学发展观活动党员领导干部专题培训班，进行了为期三天的集中学习。五个月来，通过思想发动、学习培训、专题调研、分析检查、群众评议、落实整改各个环节，学习实践活动取得了很大成效。党组多次召开专题会议，对照科学发展观要求深入分析了制约文化科学发展的突出问题，提出了一系列整改措施。在确定了学习实践活动的由办文化向管文化转变、实现山西文化发展“两大一新”实践载体后，通过解放思想大讨论，集中群众智慧，党组再次明确了新世纪、新阶段全省文化工作实施文化建设“七大工程”、打好“三个攻坚战”、实现“四个新突破”的工作思路和总体格局，并进一步提出了推进文化观念改革、文化体制改革、政府职能转变，创新公共文化服务体系、创新文化产业发展、创新文化发展环境、创新文化体制机制、创新人才支撑工程，实现由人文资源大省向文化强省跨越、注重提升山西文化影响力向提高山西文化软实力跨越、山西文化地方特色向中国气派国际水准跨越的“三大转变”、“五项创新”、“三个跨越”工作重点。省直文化系统党员干部通过对深入学习实践科学发展观活动的重要意义以及对科学发展观科学内涵、精神实质、根本要求的深刻理解和把握，达成了“按照全面协调可持续发展的基本要求，努力实现文化工作的转型发展、创新发展、跨越发展，掀起全省文化建设新高潮”的共识，意气风发、斗志昂扬，踏上了推动山西文化大发展大繁荣的新征程。

为了以科学发展观统领文化工作，推动文化建设实现新的跨越，党组在机关干部队伍建设和作风建设上提出了明确要求，采取了有力措施。按照《公务员法》和《党政领导干部选拔任用工作条例》等相关规定，经过业务知识和综合素质测试、述职竞职演说及答辩、民主测评和公示考察等公开透明程序，进行了一次规模较大的人事调整，优化了结构、增添了活力，体现了“组织关心干部，干部关心工作”的主旨。机关工作作风也有了明显好转。在2008年12月初进行的全省年度政风行风评议考核中，省厅第一次名列前茅获得了满分；厅机关首次获得了省直精神文明和谐单位荣誉称号。（杨　渊）

【山西省文学艺术界联合会2008年大事记】

1.“我们的节日”——清明节主题活动启动仪式暨首届全国清明节美术、书法、摄影、民间艺术作品展开幕式在太原举行

2008年4月3日，由中央文明办、中国文联、山西省人民政府联合主办，中共山西省委宣传部、中国民协、中国美协、中国书协、中国摄协、山西省文明办、山西省文联等承办的“我们的节日”——清明节主题活动启动仪式暨首届全国清明节美术、书法、摄影、民间艺术作品展开幕式在山西省博物院隆重举行。全国政协副主席、中国文联主席孙家正，中国文联党组书记、副主席胡振民，山西省委书记、省人大常委会主任张宝顺，山西省委副书记、省长孟学农，山西省委副书记、省政协主席金银焕，中国文联党组成员、书记处书记白庚胜，山西省委常委、秘书长申联彬，山西省委常委、太原市委书记申维辰，山西省人大常委会副主任杨安和，山西省副省长张平等出席了启动仪式。来自山西社会各界的1200多名人士汇聚一堂，共同迎接我国法定节假日规定调整后的第一个传统节日——清明。

孙家正宣布“我们的节日”——清明节主题活动正式启动。在开幕式上，中国文联党组书记、副主席胡振民发表重要讲话。他表示，举办这次清明节主题活动，旨在以清明节为载体，以倡导社会主义核心价值体系为主题，通过举办理论研讨、展览展示、文艺演出等丰富多彩、健康向上的系列文化活动，努力普及清明节文明礼仪知识，弘扬中华民族的传统美德，增进人们的情感交流，丰富人们的精神世界，满足人们的精神需求，增强人们的精神力量，让人民群众共享社会主义文化建设的丰硕成果。山西省副省长张平在会上致辞。他说，我们之所以要隆重纪念清明节这个悠久的传统节日，就是要通过各种形式的缅怀先烈、祭奠先祖活动，慎终追远，展望未来，大力弘扬忠贞爱国、孝老爱亲、诚实守信、友善和谐、勤廉节俭的良好道德风尚，为共建文明和谐社会、共创美好幸福未来提供强大的精神动力。

启动仪式由山西省委常委、宣传部部长高建民主持。

启动仪式后，与会领导和各界群众参观了在山西省博物院举办的首届全国清明节美术、书法、摄影、民间艺术作品展。本次展览经过精妙构思，以不同的艺术形式，从不同的侧面展示了中华民族传统节日的文化魅力，也是我国美术、书法、摄影、民间艺术成果的一次高水平展示。展厅一层大厅囊括了来自全国各地的著名书画家、摄影家的精品力作，其中书法作品近100幅，美术作品70多幅，摄影作品100多幅。摄影作品由“春回大地”“人民祭奠”“踏青欢歌”三个篇章组成，集中体现了清明节“亲近自然、亲近传统、亲近英贤、亲近家人”的主题。展厅一进门非常显眼的位置，一个“大家伙”——一件反映绵山文化的面塑作品格外吸引眼球。这件面塑作品是由20斤面粉做成的。撑着竹竿的老人、手捧鲜花的女子、荡秋千的年轻人、放风筝的孩童、在亭台楼阁休息的人群……一颦一笑、一举一动都被“刻画”得细致入微，生动地再现了当地的风土人情。此次展出的民间艺术精品共有200多件，除了面塑外，精细的石雕、布艺、纸雕、剪纸、铁艺等也十分抢眼。

2. 天寒地冻送温暖，欢歌笑语拜新年。

——山西省文联赴榆社县青峪村开展“送欢乐、下基层”活动

为贯彻落实党的十七大和中国文联八次文代会精神，响应中国文联的号召，山西省文联积极开展“送欢乐、下基层”活动。

2008年1月29日上午，在山西省文联党组书记、常务副主席宋新柱的带领下，由文联各协会艺术家和书法家组成的慰问团一行七十余人来到榆社县北寨乡青峪村进行慰问演出，为这里的乡亲们送上一份丰富的精神食粮。

在小学校的空地上，一块背景幕布和两块红地毯搭建了舞台，慰问团的艺术家们就在这个极为简陋的舞台上为村民们表演了精彩的文艺节目。山西著名歌手刘文涛刚刚从北京演出回来就马不停蹄地赶到这里为老百姓演出，她的一首甜美的《和谐中国》拉开了演出活动的序幕。来这里慰问演出的有省曲艺团的池银寿、付越午、蔡石基、刘培安，有省晋剧院的青年晋剧演员李明星、郭梅芸，有省歌舞剧院青年歌手陈友平等。声乐、快板、器乐、相声、二人台、戏曲名段、民乐演奏……艺术形式多种多样，精彩纷呈，多彩的节目让乡亲们看得甚是兴奋。演员们不惧寒冷，倾心演出，真诚奉献，给这里的乡亲们们带来了欢笑，带来了温暖。演员们不时赢得了现场群众的阵阵掌声和叫好声。省书法家协会的书法家们不顾天寒地冻，挥毫泼墨，现场为乡亲们书写着一幅幅春联，村民们用蜜水招待着专程来此的艺术家们。慰问现场欢声笑语，情谊浓浓。此外，在这次慰问活动中，省文联还为这里的特困户送来了米、面、油等生活用品。

3. 胸中有丘壑　笔下生云烟

——《李才旺书法集》首发式暨李才旺书画艺术研讨会在并举行

2008年8月18日上午，山西省文联在迎泽宾馆为著名诗书画家李才旺先生举办《李才旺书法集》首发式暨李才旺书画艺术研讨会。省城百余名书法家、画家和评论家出席研讨会。中共山西省委常委、宣传部长高建民出席并做重要讲话。山西省人大常委、省文联党组书记、常务副主席宋新柱主持了首发式和研讨会。

李才旺先生系中国文联委员、中国书法家协会理事、中国美术家协会会员、中国作家协会会员和中国曲艺家协会会员。现任山西省文联主席、山西省书法家协会主席。

李才旺先生曾出版诗书画集多部。此次由山西人民出版社出版的李才旺书画系列《李才旺书法集》系李才旺先生新近书写的《长恨歌》、《小石潭记》、《陋室铭》三篇古典名作。脍炙人口的文学作品与精美的书法艺术融为一体，互为辉映，让人的视觉与心灵得到酣畅淋漓的享受。

著名书法家沈鹏先生题写书名，林鹏先生为该书作序，更增添了本书的艺术品位。林鹏先生在序中称道李才旺先生“学识渊博，胸怀坦荡。在艺术上见识卓越，探

索弥深。”“笔墨灵动，原发自心灵；才思敏捷，生根于卓识，非强力所为也。古语曰：体泉无源，灵芝无根。而在艺术上奇葩异卉，则多是天才的产物，才旺先生可以当之。”

高建民部长在讲话中首先对《李才旺书法集》的出版表示祝贺。他说，“李才旺先生是一位长期从事党政工作的领导干部，他在工作之余，坚持诗书画创作并且取得了较高的艺术成就。”他说，“国家干部在业余时间有一项或几项艺术爱好，不仅对提高干部艺术修养大有裨益，而且有利于精神文明建设，李才旺先生在这方面带了一个好头”。他强调说，“省委省政府提出要把山西建设成文化强省，文联要承担起这个历史使命，全省广大文艺工作者要继承优秀文化传统，勇于开拓创新，为社会奉献更多更好的艺术作品，涌现一批德艺双馨的艺术大家”。

期间，山西省图书馆接受了李才旺先生赠送的十余种诗书画作品集。

4.《与奥运同行——山西当代书画名家作品邀请展》开展

北京奥运，百年梦想；体坛盛事，举国同庆。举世瞩目的第29届奥运会已于8月8日在北京拉开帷幕，为充分表达山西书画界对2008北京人文奥运的支持，庆祝奥运成功和胜利，体现广大书画艺术家创造先进文化，构建和谐社会的新风貌，展示艺术创作的新成果，由山西省委宣传部、省文联主办，省文联发展文化产业协会、省青云集团承办，省美术家协会、省书法家协会协办的《与奥运同行——山西当代书画名家作品邀请展》于8月16日在山西文艺大厦展厅开展。

书画展开幕式由山西省人大常委、省文联党组书记、常务副主席宋新柱主持，省文联主席、省书协主席李才旺在开幕式上致词。出席开幕式的领导有山西省委常委、宣传部长高建民，省人大常委会副主任安焕晓，山西省人民政府副省长张平，省政协常务副主席郭良孝以及省级老同志吴慧琴、赵凤翔等。

本次展览汇集了山西姚奠中、张颔、林鹏、赵望进、董其中、姚天沐、赵梅生、祝焘等200余位书画名家的作品。作品以“与奥运同行”为主题，以“弘扬书画艺术，促进艺术繁荣”为宗旨，是今年我省规模最大、层次最高、阵容最强、最具权威性的一次书画艺术展。应邀参展的200余件作品，都是山西当代书画艺术家精心创作的精品力作，作品格调高雅，呈现多种艺术风格，从整体上展示了我省当代书画艺术的创作风貌、艺术水准及发展态势，是新时期我省书画艺术实践成果的一次集中展示，也是为北京奥运倾情奉献的一份文化厚礼。

5.情系灾区　奉献爱心

——山西省文联举办百名书画名家赈灾笔会

5月21日，由山西省文联主办，山西省美术家协会、山西省书法家协会承办的“情系灾区奉献爱心——山西省文联百名书画名家赈灾笔会”在山西文艺大厦展厅举行。赈灾笔会由省人大常委、省文联党组书记、常务副主席宋新柱主持，省文联主席、省书协主席李才旺致辞。省内著名书画名家赵梅生、李才旺、赵望进、周命超、王学辉、田树苌等百余名书画名人齐聚一堂，挥毫泼墨，创作出一幅幅表达山西文艺工作者爱心的作品。通过这些作品，彰示人文情怀，献上颗颗爱心，寄托对死难者的哀思，对受灾者的关怀。笔会所作书画当场被襄赞义举的太原豪特贸易有限公司和山西沈泉消防工程有限公司以50万元的价格收购。山西省文联随即把这50万元善款捐赠给山西省红十字会，并由省红十字会转交四川灾区。山西省委常委、宣传部部长高建民出席赈灾笔会捐赠仪式并讲话。山西省红十字会会长王昕代表灾区接收了捐款。

6.“大爱中华”山西省抗震救灾主题雕塑绘画作品展在省城太原隆重举行

9月6日，在汶川大地震发生三个月之际，山西省抗震救灾主题雕塑绘画作品大型展览，作为2008中国太原文化艺术周的一项重要活动在山西省博物院隆重开幕。这次展览由山西省文联，中共太原市委、太原市委宣传部、山西省雕塑家协会、山西省美术家协会、山西大学美术学院共同承办。活动得到了省市党委、政府的高度重视与支持，并得到了山西省博物院、省市新闻媒体和社会各界的关心帮助。来自重灾区——四川省茂县洼底乡的210名在太原就读的学生也满怀深情地参加了此次活动。开幕式由山西省艺术研究创作中心主任、省美术家协会副主席、秘书长李明主持。省委宣传部、省文联、省民政厅、团省委和太原市有关部门的领导出席了开幕式并为活动剪彩。

（省文联组联部）

旅 游 业

【概述】 2008年，是山西旅游产业不平凡的一年。一方面，通过“赛在北京、游在山西”主题旅游活动的开展，大大地提高了全省“华夏古文明、山西好风光”旅游知名度，提升了人民群众的旅游意识，刺激了旅游消费活动，为全省旅游业今后的发展奠定了坚实基础；另一方面，全省跟全国一样也经历了国际金融危机的冲击，经受了自然灾害的挑战和考验，股市低迷又直接影响了游市不旺，但由于全省2008年市场促销力度空前，加之国际旅游收入在全省旅游总收入中所占比重较小，2008年全省旅游业仍保持了良好发展势头。国内旅游人数9383.79万人次，比2007年增长10.02%，国内旅游收入721.26亿元人民币，比2007年增长26.96%；入境过夜旅游人数939260人次，比2007年增长27.29%，实现旅游创汇30064.64万美元，比2007年增长35.61%；全省旅游总收入达739.32亿元人民币，比2007年增长27.12%，在全国排第13位，较2007年前进1位，在中部六省居第4位。 （郝秀峰）

【重大旅游决策】 主要完成了《山西省导游人员管理办法》、《关于旅游景区开发建设若干问题的意见》的代拟并进入省政府审核阶段；颁布出台了《山西省旅游新闻发布制度》和《山西省旅游景区景点保护开发管理办法》，分别对旅游新闻发布、采访、报道的程序、办法和旅游景区的统筹规划、开发建设、管理保护、污染防治等都作了明确规定。产业政策性文件正在拟定出台：拟定的《山西省人民政府关于发展旅游扩大消费的实施意见》（讨论稿），正在征求各部门意见中；编制出台了《山西省旅游商品开发建设方案》。技术标准规程正在拟定和完善：《山西旅游规划评估规程》和《关于规范全省旅游规划管理的实施意见》业已拟定并将出台实施，还拟定了《山西省旅游交通客运体系建设实施办法》。党风党性党纪教育奖惩制度体系逐步完善：修订实施了局党组中心组学习制度，制定实施了《山西省旅游局处以上领导干部述职述廉制度》，将进一步规范并认真开展处级党员领导干部的廉政承诺、廉政宣誓、廉政警示、廉政谈话活动。 （郝秀峰）

【重大旅游活动】 2008年3至5月份，根据省政府主要领导的安排部署，由省政府牵头，省直有关厅局的负责同志和省内旅游专家组成调研组，对全省旅游产业进行专题调研，在全省11个市现场考察，听取汇报，召开了黄河旅游、旅游目的地建设、旅行社、旅游商品、旅游餐饮住宿、旅游演艺、旅游交通等专题座谈会。省旅游局还会同相关部门、旅游专家学者深入到偏关老牛湾景区、黎城、壶关、平顺、长治市郊区和代县进行现场办公，共同研究旅游产业发展。从2008年7月份起，省旅游局邀请省“四大攻坚”服务团旅游产业组的高级专家们就旅游产业发展进行了研讨，研究报告已初具成果。2008年10月以来，省旅游局结合实践科学发展观活动，提出了事关加快山西旅游发展的26项调研题目，邀请全省各界人士为旅游产业发展献计献策。 （郝秀峰）

·国际旅游·

【入境旅游】 2008年，全省入境过夜旅游人数939260人次，比2007年同期增长27.29%，完成年度计划101.83%。提前完成了“十一五”规划中到2010年海外旅游接待达到87.75万人次的目标；实现旅游创汇30064.64万美元，比2007年同期增长35.61%，完成年度计划108.49%，完成“十一五”规划中到2010年海外旅游创汇达到3.28亿元的91.77%。 （郝秀峰）

【出境旅游】 2008年，全省出境人数达到70091人次，比2007年同期增长8.00%，增速较2007年11.84%有所放缓，实现了出境、入境市场的良性互动。 （郝秀峰）

·国内旅游·

【概述】 2008年，全省国内旅游继续保持了稳定增长，接待人数达9383.79万人次，比2007年同期增长10.02%，完成年计划的100.02%，完成“十一五”规划中到2010年国内旅游接待达到1.02亿人次的92.16%。 （郝秀峰）

【乡村旅游】 开展旅游名镇名村评选，通过在全省范围遴选旅游名镇名村这一活动，不仅有助于提高特色村镇的知名度，为全省开拓旅游资源、发展和完善村镇旅游功能做出贡献，更是一次大范围的民俗古建文化的教育普及行动，它将对提高民众对乡土文化的保护意识，促进村镇基础设施与古建民俗等资源的建设与保护起到重要的作用。最后审定太原市晋祠镇等“山西省旅游名镇名村”27个，其中名镇

原平市一年一度梨花节 张明芳摄影

17个，名村10个。（郝秀峰）

【假日旅游】 假日旅游经济是扩大内需，刺激消费，培育新的经济增长点的重要手段。2008年是我国休假制度改革的第一年，首次由春节、“五一”、“十一”三个黄金周变为春节、“十一”两个黄金周和“五一”小长假。全省各级积极应对假日制度改革的变化，加大宣传促销力度，使假日旅游经济得到了进一步的发展。据统计，2008年“春节”、“十一”两个黄金周和“五一”小长假全省共接待国内外游客1690.81万人次，占到全年接待总量的18.02%。实现旅游收入67.68亿元，占到全年旅游收入的9.15%。（郝秀峰）

【旅游节庆活动】 2008年，先后举办了晋商社火节、洪洞寻根祭祖节、运城关公旅游文化节、平顺太行水乡漂流等节庆活动。（郝秀峰）

五台山龙泉寺石雕桥　张明芳摄影

·旅游行业管理·

【旅游市场监督管理】 2008年度全省旅游行业开展了以治理整顿“零负团费”为重点，以质量提升为根本，以规范市场秩序，优化旅游环境，深化诚信体系建设为目标的旅游市场秩序整顿工作。主要从以下十个方面规范企业经营行为。1.坚持诚信原则，弘扬诚信理念，强化诚信教育，创造良好市场秩序；2.遵纪守法、规范经营，杜绝任何形式的“零负团费”等违规行为；3.认真签订旅游合同，严格按照合同约定行程及标准提供服务，杜绝违规购物、自费项目和收受回扣现象；4.不断完善服务体系，提高服务意识和水平，加强服务质量控制与监督，认真受理旅游者投诉，保障游客合法权益；5.规范广告宣传，正确引导市场，杜绝欺诈、虚假、超范围、诱导性违法违规广告；6.加强对门市部的管理，坚持“四统一”原则，杜绝门市部承包、挂靠、独立操作业务；7.大力开展“阳光价格”行动，做到明码标价，一次收费，全程旅游，透明服务；8.制订合理的导游报酬机制，保障导游人员合法权益，杜绝向导游人员收取“人头费”，让导游人员垫付团款；9.加强企业自律，履行承诺、信守合同，遵循公平、公正、公开的竞争原则，不以任何名目搞行业内不正当竞争，扰乱市场秩序；10.自觉接受社会舆论、消费者及行业的监督，共同创建诚信和谐旅游环境。在各市旅游局和旅行社企业的配合下，取得了阶段性成果，有效遏制了“零负团费”，进一步提高了旅游服务质量，树立了旅游行业的良好形象。（郝秀峰）

【旅游安全管理】 2008年，为保证旅游安全，省旅游局与各市旅游局及相关旅游企业签订了安全目标责任书，把旅游安全目标责任书层层分解，落实到企业领导与每个职工，形成了一级抓一级，层层抓落实的工作格局。按照国家旅游局和省政府的要求，在全行业开展了安全生产百日督查专项行动，本着“安全第一、预防为主、综合治理”的原则，结合全省旅游安全工作的特点和实际，进一步建立、健全旅游安全工作的各项规章制度和措施，认真落实安全责任制。强化了全行业的安全意识，完善了各类突发事件的应急预案，有效遏制了重特大事故的发生，为奥运旅游服务工作创造了良好的安全环境。2008年“十一”黄金周前，省政府专门召开了全省旅游安全电视电话会议，李小鹏副省长做了重要讲话，在节前和过节期间带队对国庆黄金周旅游安全情况进行了检查。全省各级旅游部门按照旅游安全应急预案，在黄金周前进行了演练和检查。（郝秀峰）

【旅游保险管理】 根据中国保险监督管理委员会与国家旅游局《关于进一步做好旅游保险工作的意见》，2008年7月省旅游局与省保监局及有关保险公司共同分析了现行旅行社责任保险存在的问题及原因，结合旅行社业务经营及安全风险的特殊性，参照其他省市旅行社责任保险统保的做法，设计制定了适用于全省各类旅行社的《旅行社责任综合保险方案》，并多次在行业内广泛征求意见，此方案将旅行社经营过程中的过错责任、非过错责任、紧急救援责任保险融为一体，基本上承担了旅游经营过程中的所有安全风险，能够有效减少旅行社与游客之间的事故索赔纠纷。在发生任何责任事故后，既能使游客得到及时有效的救治，同时也能大大减少旅行社在救援工作的人力、物力、财力投入。涉及第三方责任事故，由保险公司先行垫付，后行追偿，有利于事故及时快速的处理。此方案正在全省旅行社企业推行，新款责任险的实施能够真正起到转嫁旅行社安全风险的作用，为全省旅游业的健康发展保驾护航。（郝秀峰）

【旅行社管理】 随着全省旅游业的快速发展，旅行社数量增长迅速，2008年底全省各共有各类旅行社712家，其中国际旅行社52家，出境游组团社30家，国内旅行社660家。针对旅行社企业“小、散、弱、差”的状况，结合旅行社业务年检和日常管理，制订了《旅行社经营管理考核标准》，从营业场所、经营管理、业务操作、导游管理、教育培训、质量管理、安全管理六个方面进行百分制考核，在考核方式上采用听取汇报、查看资料、意见反馈、以检代培等形式，逐条逐项检查。反馈意见时，肯定成绩，提出问题，并有针对性地提出改进建议，同时把其他旅行社好的经验做法和典型事例进行推广，以便旅行社之间相互借鉴。这种做法受到了旅行社企业的普遍欢迎，收到了好的效果。（郝秀峰）

【导游员管理】 2008年初，对全省8778名导游人员进行了年审，对存在严重违规行为的230名导游不予通过年审，取消其

导游资格。（郝秀峰）

【旅游饭店管理】 2008年初，对全省236家星级饭店进行了复核。对经营管理规范、经营业绩突出的49家星级饭店授予“2007年度最佳星级饭店”的称号。对经营管理不规范和服务质量不达标的17家星级饭店暂缓通过年审，责令限期改正，对存在严重违规行为，服务质量严重不达标的15家星级饭店不予通过年审，取消其星级资格。（郝秀峰）

·旅游区（点）与基础设施建设·

【旅游规划】 以山西省“十一五”旅游规划为基础，注重谋划大旅游，使旅游规划从以生产为导向的旅游产品规划转向以市场为导向的旅游目的地规划，从旅游产业中某一要素的单项规划转向大旅游，涵盖八要素的综合规划。先规划后开发已成为各地的自觉行动。拟定了《山西省旅游局关于加强和规范规划编制工作的意见》。组织了对阳泉市旅游发展规划和对历山、阳城等景区规划的评审。编制完成了《山西省旅游商品开发建设方案》。拟定了《山西省旅游交通客运体系建设实施办法》，重点指导了皇城相府、平遥古城创建5A级景区工作。初步拟定，在2008年到2010年三年内，建设平遥古城、五台山两个世界级旅游目的地。同时，拟建设大同、北岳恒山、顿村温泉度假村、管涔山、右玉生态旅游区、历山、洪洞、壶口、运城关帝庙一死海、永济、皇城相府、陵川、长治、太原九龙国际文化生态园区等十四个国家级旅游目的地。（郝秀峰）

【旅游投资】 2008年7月份，与省银监局合作，举办了中国太原“中部崛起·旅游业先行”首届高层论坛暨旅游业振兴银企洽谈会，与山西银监局签订了推进旅游业发展合作框架协议，引导银行业金融机构以服务业为突破口，加大对旅游产业发展的支持力度，搭建银行业金融机构与旅游业的合作平台，增强银行业对全省旅游业的服务功能，实现银旅合作互利双赢。（郝秀峰）

【旅游招商引资】 组织赴武汉参加了“第三届中部六省投资贸易博览会”，参加了太原的“煤博会”，都取得了很好的效果。（郝秀峰）

·精神文明建设与教育培训·

【旅游行业精神文明建设】 2008年，省旅游局被国务院全国安全生产月活动组委会授予安全生产月活动优秀单位；被国家旅游局评为“中国国际、国内、北方、中部等旅游交易会最佳展台奖”和“优秀组织奖”；被省委省政府授予“保障北京奥运会残奥会先进单位”；被省政府授予“地震应急基础数据工作三等奖单位”；被省政府残委会、省文明办、省残疾人基金会授予“情暖三晋爱心助残募捐活动优秀组织奖”；被省全民健身委员会授予“迎奥运讲文明树新风优秀组织奖”。（郝秀峰）

【旅游行风建设】 省旅游局积极发挥纪检监察部门职能作用，全过程参与、全方位监督导游人员资格考试、导游人员等级考试、旅行社业务年检等重大业务活动，依据法律、法规和规章依法有序地开展效能监督，积极参加《政风行风热线》，通过媒体公开承诺，组织召开民主评议旅游政风行风听证对话会，及时研究解决群众反映强烈的热点难点问题。（郝秀峰）

【旅游教育培训】 2008年，按照全省旅游产业发展的整体部署，全省培训各类旅游从业人员31723人次（其中：行政部门874人次、旅游区（点）3990人次、旅行社14239人次、旅游星级饭店12247人次，其他373人次）。有8040人报名参加全国等级导游资格认证考试工作（其中报考中级导游员310人，考试合格129人，合格率41%；报考初级导游7730人，考试合格1766人，合格率22%）。在抓好资格认证考试的同时，举办了由省旅游局发证的各类培训班。（郝秀峰）

【旅游科研管理】 积极参与了国家旅游局及省科技厅课题的申报；并于5月上旬参加了省科技厅主办的“2008年科技活动周”，组织了有关单位参加，展示了全省旅游产业的科技成果。结合2008年以来全省旅游产业发展的经验，拟定了14个旅游新理论调研题目，其中3个题目是省政府加快服务业发展的省级议题。为了保证调研报告质量，组织各业务处室对应相关课题进行对接，组织了省内各大高校的旅游专家分组进行撰写，有关学者进行一对一的指导、把关，多次召开研讨会并深入景区和旅游企业进行实地调研，经过反复修改、研究，已进入成书阶段。（郝秀峰）

【旅游业大事记】 1月1日，由省旅游局、省城新闻协会主办，九龙国际滑雪场承办的——省旅游局省城新闻界迎奥运新年雪上旅游健身活动在九龙国际滑雪场举行。

1月16日，以“华夏古文明，山西好风光”为主题的15秒山西旅游主题形象宣传片，在CCTV1和CCTV新闻频道19：00新闻联播前进行为期一个月的广告宣传。

1月26日，由国家旅游局、北京市人民政府、北京奥林匹克运动会组织委员会和山西省人民政府指导，山西省旅游局、北京市旅游局、山西省体育局和晋中市、大同市、长治市、运城市人民政府共同主办，晋中市外事旅游局、平遥县人民政府和大同市旅游局、长治市文物旅游局、运城市旅游局承办的“赛在北京，游在山西”——山西各界迎奥运动员大会暨2008京晋旅游协作系列活动启动仪式在平遥、大同、长治、运城同时启动。

1月份，按照省政府编制《山西通志》的总体部署，启动了第二轮《旅游志》编撰工作，制定了基本提纲。定期召开编委会工作会议，进一步明确编撰任务、提高工作进度。严格按照工作方案的要求，突出以旅游产业为重心的新的修志原则。

2月15日～16日，省旅游局在西安举办了山西省大型旅游灯展，籍振芳局长作现场指导。

2月28日～29日，籍振芳局长陪同省委常委、梁滨副省长赴北京出席北京市政府组织召开的“9+10”区域旅游合作会议（“9+10”是指北京、天津、河北、辽宁、山东5个环渤海省市，内蒙古、山西、陕西、河南4个北京周边省区市以及上海、西安、杭州等10个旅游热点城市）。

3月10日，籍振芳局长、李太阳副局长在黄河京都大酒店出席太原至上海新航线开通新闻见面会。会上，春秋航空面向太原市场，推出了上海～太原199元低价飞机票价，并于3月30日起正式开通。

3月11日，籍振芳局长在山西大酒店会见韩国清州市企划行政局潘光禄局长一行，双方围绕旅游包机航线开通，以及通过旅游包机推进开通韩国清州市—太原市固定航线进行了友好深入的座谈，并签署了2008年7月～8月间双向160人旅游包机协议书。

3月11日，籍振芳局长在青龙大酒店会见台湾旅行业经理人协会白中仁理事长旅行社联盟考察团一行。

3月20日～21日，全省旅游市场工作会在绵山召开，会议主要议题是安排部署奥运旅游宣传工作；研究山西旅游营销线路联盟；研究主要客源地市场开拓工作。

3月22日，局纪检组长赵庆华组织召开全国纪检监察工作会旅游宣传及考察接待工作协调会。

3月30日，省旅游局和东航香港营业部共同组织邀请港台主做山西旅游业务的旅行社总经理一行36人，于2008年3月28—31日来我省考察踩线。省委常委、副省长梁滨在山西大酒店会见并宴请考察团一行。

4月1日～2日，籍振芳局长赴绵山出席了2008山西介休绵山中国清明（寒食）文化节。

4月3日～4日，郭征宇副巡视员赴洪洞出席第18届中国·洪洞大槐树寻根祭祖大典。

4月7日，籍振芳局长在迎泽宾馆晋泽轩出席“驻华使节山西行”座谈会，并发表演讲。

4月11日～13日，王炳武副局长率团赴郑州市参加2008中国国内旅游交易会。

4月17日，韩国全罗南道政府代表团与省经委、省农业厅、省外办、省招商局和旅游局的座谈会在省外办召开，就2008年6月或9月双方旅游合作事宜进行了洽谈，同时还通过全罗南道经济科学局尹仁杰课长一行向韩国奥运奖牌得主发出了免费山西游的邀请。

4月23日，由省建设厅、省旅游局主办，山西商报承办，以“完美中国、人文山西”为主题的全省旅游名镇名村公众评选活动新闻发布会召开。公众可通过填写载于山西商报的选票，或通过山西太原新闻网、山西建设网和山西省旅游网以及短信投票三种方式选出自己喜爱的旅游名镇名村。

4月24日～27日，由商务部、国家旅游局等国家部委和中部六省人民政府共同举办的第三届“中国中部贸易投资博览会”在湖北武汉国际会展中心隆重举行。同时，作为主题分会场的“第四届华中旅游博览会”也在武汉科技会展中心同期举办。山西省旅游宣传作为此次“中博会”的一大亮点，博得了公众和业界的“眼球”。

4月30日，省旅游局与省委宣传部、太原市政府共同主办“迎奥运倒计时100天竹叶青健康与你同行”省城万人长跑活动，王炳武副局长和局纪检组长赵庆华出席启动仪式。

5月1日，台湾旅行商考察踩线团来晋考察踩线，市场开发处在晋中颐景国际酒店与踩线团一行座谈。

5月3日，省局上海旅游推广联络处组织日本近畿国际旅行社（中国）有限公司等20余家主做中国业务的旅行社来晋考察踩线。

5月12日～7月22日，根据省政府《关于开展安全生产百日督查专项行动的通知》要求，省旅游局在全省范围内开展了旅游安全生产百日督查专项行动。

5月28日，籍振芳局长、王炳武副局长陪同省委常委、副省长梁滨赴北京市政府专题研讨“奥运之光大型灯会”北京展览事项。

3月～5月份，省政府组织省直有关部门和部分专家学者深入全省11个市，就旅游产业发展情况进行了专题调研。

6月3日，颁布出台了《山西省旅游局新闻发言人制度》、《山西省旅游新闻发布制度》。

6月5日～8日，省旅游局参加了由国家旅游局统一组织的2008韩国国际旅游展。

6月19日～21日，在北京展览馆举行的2008北京国际旅游博览会上，山西省获博览会组委会颁发的最佳组织奖，并获得唯一一个国内展台最佳创意奖。

6月23日，籍振芳局长陪同省委常委、副省长李小鹏在迎泽宾馆见日本众议院议员民主党本部国际局长岩国哲人、众议院议员市村浩一郎和名馆会考察团一行。

6月24日～25日，在壶关县桥上乡举办了为期三天的全省旅游系统行政执法培训班。

6月28日～29日，第十三届中国北方旅游交易会在延吉举行。山西省展区围绕“赛在北京，游在山西”旅游主题，以大规模的布展和丰富的旅游产品赢得了东北及东北亚旅游市场的青睐。

6月份，与省重大项目稽查办对2007年旅游产业专项资金项目的推进情况进行了联合检查。

7月9日，省政府组织召开“赛在北京，游在山西”专题汇报会。会议由省政府韩和平副秘书长主持，省委常委、副省长李小鹏出席会议并作重要讲话。

7月11日，王炳武副局长赴晋祠宾馆出席吕梁交城卦山文物保护旅游开发规划座谈会。

7月23日，郭征宇副巡视员出席香港、深圳旅游局在山西大酒店共同举办的港深旅游推介会并讲话。

7月25日，籍振芳局长、王炳武副局长在迎泽宾馆出席由省旅游局和贵州省旅游局共同主办的“原生态秘境·避暑胜地”多彩贵州旅游文化推介会，并签署晋黔两省旅游市场开发合作协议。

7月27日～29日，省旅游局举办了第2期全省导游人员资格考试口试考评员培训班，来自全省各市旅游局、旅游院校、旅行社的管理人员及培训教师共50余人参加了培训。

7月29日，由省旅游局与省委宣传部、省体育局共同主办，省广播电视总台、杏花村汾酒集团承办，好运达文化传媒公司协办的“迎奥运·竹叶青健康与你同行主题晚会”在山西电视台大演播厅举办，籍振芳局长出席并为获奖选手颁奖。

7月31日，由山西银监局、旅游局共同举办的“中部崛起·旅游业先行”首届山西（太原）高层论坛暨旅游业振兴银企洽谈会在太原召开。省委常委、副省长李小鹏，省政协副主席令政策出席并致辞。中信集团、国家银监会、中部六省银监局等单位共200余人参加了会议。会上，山西银监局和山西省旅游局共同签署《山西银监局与山西省旅游局推进旅游业发展合作框架协议》。该《框架协议》重点在开展调研、建立交流平台、引导产品投向、创新支持手段、加强监督约束等方面进行合作。此次洽谈会，全省确定涉及旅游业的贷款项目50个，金额204.54亿元。现场共签约项目32个，金额150.52亿元。其中，签约后立即实施的项目达17个，金额53.17亿元，达成合作意向的项目15个，金额97.35亿元。另外18个项目也已达成合作协议，金额54.02亿元。

8月2日，籍振芳局长参加中部六省旅游局和中部六省广播电视总台综合广播共同举办的《中部旅游之声》山西首播仪式，并就“赛在北京，游在山西”主题活动以现场直播形式向中部六省3.6亿听众进行介绍。

8月13日，王炳武副局长出席省政府组织召开的山西省参与2010年上海世博会工作对接会。

8月14日，王炳武副局长出席省政府组织召开的太原～台北旅游直航包机座谈会。

9月1日～31日，为切实做好2008年北京奥运会、残奥会期间涉及奥运会、残奥会航班备降太原武宿国际机场的服务保障工作，省旅游局根据“山西省北京奥运会、残奥会期间涉奥航班备降太原保障服务协调小组”制定的总体服务预案要求，成立了山西省旅游局涉奥航班备降太原旅游服务工作领导组，派出5名人员在太原武宿机场轮流值班，并确定了2家旅游景区、3家国际旅行社、9家旅游星级饭店为接待单位，组建了英语导游30名、小语种导游15名的涉奥服务导游队伍，圆满完成了涉奥航班备降太原旅游服务工作。被山西省北京奥运会、残奥会期间涉奥航班备降太原保障服务协调小组评为“优秀单位”。

9月9日，晋鄂两省在太原举行经济社会发展情况交流会，山西省委书记、省人大常委会主任张宝顺主持会议。会上，籍振芳局长和湖北省旅游局张达华局长分别代表双方签订了《湖北山西两省旅游合作协议》。

9月14日～22日，王炳武副局长率团出席2008印度PATA旅游展。

9月16日，籍振芳局长、王文保副局长在太原国贸大饭店出席陕西省旅游推介会。

9月23日～26日，副巡视员郭征宇率团赴俄罗斯参加了2008莫斯科休闲度假展。

10月4日～5日，在太原召开了2008年度山西省省级旅游产业发展专项资金安排方案及项目评审会。

10月5日，王文保副局长出席第四届中国·右玉生态健身旅游节暨2008右玉杯全国越野摩托车锦标赛、联合会杯全国汽车短道拉力赛开幕式。

10月11日，籍振芳局长出席中国万荣笑话博览园和李家大院开园剪彩仪式。

10月27日，王炳武副局长在山西大酒店出席日本名馆会东京PR中心2006～2008工作汇报座谈会。

11月10日，组织全局公务员及省旅游质量监督管理所全体执法人员参加了省政府法制办组织的新版执法证件换发培训及考试。

11月10日～13日，由局纪检组长赵庆华带队参加了“2008伦敦国际旅游展”。

11月24日～12月1日，应香港旅游发展局和澳门世界遗产委员会的邀请，省旅游局组织了平遥古城、云冈石窟、五台山等相关单位共9人赴香港、澳门进行为期8天的宣传促销。

12月6日～15日，山西省导游人员资格考试在太原进行。

12月10日，省旅游局籍振芳局长、王炳武副局长出席山西省旅游局新闻工作会并讲话。

12月份，完成《山西省旅游景区景点保护开发管理办法》的起草、《关于旅游景区开发建设若干问题的意见》的代拟并进入省政府审核阶段。 （郝秀峰）

社 会 生 活

民政工作

【概述】 一、民政事业费实现较快增长，"三个群体"保障水平大幅提高。

2008年，中央和省两级在城乡社会救助、救灾、优抚、安置、福利等方面的事业费投入达到33.5亿元(比2007年增长36.3%)，其中中央补助资金25.2亿元(比2007年增长43.6%)，省级财政投入8.3亿元(比2007年增长17.9%)。城乡社会救助资金增长幅度最大，由2007年的12.9亿元，增长到22.2亿元，增长率为72.1%。其他各项民政资金也都有不同程度的增长。民政事业经费投入的增长，为工作的有序推进提供了资金支撑，"三个群体"的保障标准和供养水平有了大幅度的提高。

一是提高了城乡低保对象的保障标准和补助水平。2008年，为缓解物价上涨对困难家庭带来的影响，先后四次提高城市低保补助水平，三次提高农村低保补助水平。截至12月底，全省城市低保人均月补助水平达到143元，农村低保人均月补助水平达到50元；全省有城市低保对象91.9万人，比2007年增加19490人；有农村低保对象102.3万人，比2007年增加17.8万人，覆盖率由2007年底的3.6%提高到4.4%。与此同时，积极推进城市低保分类救助，对80万余人次实施了重点救助。

二是提高了重点优抚对象抚恤补助标准、优抚事业单位集中供养人员生活费标准、1—4级伤残人员护理费及城乡老党员的生活补贴标准。2008年9月1日起，荣军医院、复退军人精神病院、光荣院集中供养人员生活费标准分别提高64.9%、62.1%、71.7%，达到每人每月940元、940元、910元。11月1日起，伤残人员抚恤金标准平均提高20%，烈士遗属(因公牺牲军人遗属、病故军人遗属)定期抚恤金、在乡退伍红军老战士(红军失散人员)生活补助标准提高15%，在乡老复员军人生活补助标准每人每年提高600元，带病回乡退伍军人生活补助标准每人每年提高480元，部分参战、参试退役人员生活补助标准每人每年提高360元。建国前加入中国共产党的农村老党员和未享受离退休待遇的城镇老党员生活补贴标准也翻了一番。从2009年1月1日起，提高1～4级分散安置的残疾军人护理费标准，其中因战、因公1～2级残疾的提高240元，因战、因公3～4级残疾的提高190元，因病1～4级残疾的提高140元，分别达到每人每月900元、530元、540元。这些提标政策的出台和全面落实，使全省14万多优抚对象和2万多农村老党员的生活有新的改善。

三是提高了农村五保集中供养对象省级补助标准和福利事业单位供养人员生活费标准。2008年9月1日起，省级财政对农村五保集中供养对象的补助标准由每人每年1200元提高至1500元，集中和分散供养的五保对象年人均供养标准分别达1940元和1475元。截至12月底，全省共有农村五保供养对象14万多人。2008年9月1日起，社会福利院供养的老人、婴幼儿、精神病院供养的精神病人的生活费标准统一提高到每人每月600元。分散寄养在家庭中的福利院孤残儿童，在新的供养标准的基础上，每人每月再增加家庭寄养服务费200元。这次提标，是2001年以来的唯一的一次。此外，还对60年代精减退职老弱病残职工40%的救济标准作了适当提高。

二、民政基础设施建设取得较大进展。

2008年建成社区服务中心27个、服务站115个，超额完成任务。全省救助管理站增加到49所，实现了30%以上县建立救助管理站的目标。依托救助管理站，集教育、培训、心理疏导为一体，救助功能更加完备的全省流浪未成年人救助保护中心网络正在逐步建立健全。晋中、晋城、大同、忻州四市的流浪未成年人保护中心列入国家"十一五"规划资助项目，民政部安排的1423万元公益金已于近日下拨。投入省级福利彩票公益金2200万元，资助完成了22个县(区)级社会福利服务中心建设项目，增加床位近2500张。进一步加快了救灾物资储备库建设步伐，全省共有1个省级、8个市级和91个县级救灾物资储备库。下拨敬老院建设资金602万元，资助全省"农村五保供养服务机构建设霞光计划"项目16个。2008年度"蓝天计划"项目——临汾市福利院、吕梁市福利院、阳泉市福利院建设进展顺利。省老年公寓二期工程建设、省特教中专迁址、省假肢中心优抚对象康复理疗基地建设、省军休管理服务机构办公及军休干部活动场所建设、省荣军精神康宁医院荣军康复楼建设、省荣军医院综合楼立项等一批厅直属事业单位重点项目基本完成。

三、社会捐助工作成效显著。

2008年，我国重大自然灾害频发，特别是年初的低温雨雪冰冻灾害和"5·12"汶川特大地震灾害造成了严重的经济损

2008年5月国有大中型企业向地震灾区踊跃捐赠　　王文广提供

失和人员伤亡。全省各级民政部门积极响应党中央号召，在省委、省政府的正确领导下，发挥“一方有难、八方支援”的优良传统，精心组织策划，广泛动员社会力量，深入开展社会捐助活动，全力以赴支援灾区。全年成功组织了三次大规模的社会捐助活动，接收捐赠款物超过12亿元。2008年是山西省开展社会捐助工作以来参与单位和人数最多的一年，也是接收捐助金额最多的一年。社会捐助款物根据中央安排和灾区需要，陆续转赠贵州、广西、湖南、江西、安徽雨雪冰冻灾区和四川、陕西、甘肃地震灾区。社会捐助工作的有效组织和开展，有力支援了灾区，同时也营造了良好的慈善氛围，弘扬了互帮互助的良好社会风尚。

赈灾晚会募捐现场

王文广提供

四、其他业务工作协调发展、快速推进。

2008年共下拨救灾资金1.64亿元，有效保障了灾民的基本生活，全面完成了2007年因灾倒房的恢复重建任务。深入开展基层低保规范化建设，继续推进城市低保分类救助工作。积极完善城乡医疗救助制度，惠及范围不断扩大，截至2008年底，城乡医疗累计救助76.6万人次。继续深化村务公开民主管理工作，全省村务公开比较规范的村达到95%以上，其中规范的村达到90%以上。全省第八届村委会换届选举工作于2008年第四季度展开，到2009年1月20日圆满完成，全省应换届的28193个村中，完成选举的村有28176个，占应换届村的99.94%，选民参选率达到90.7%。培训社区干部600余人，并在13个市辖区开展了社区志愿者注册登记试点工作。全面落实现行安置政策，积极推进城镇退役士兵自谋职业，完成城镇退役士兵安置任务，自谋职业率有新的提高。认真贯彻军休干部住房制度改革政策，全面落实军休干部政治生活待遇，不断提高军休管理服务水平。军供保障能力有新的提高。深入贯彻全国“6.21”会议精神，农村和城市无工作单位且生活困难的参战、参试退役人员待遇得到落实。国防教育深入开展，双拥工作不断创新。积极开展养老服务社会化示范活动，全省建成1个国家级、12个省级、56个市级示范单位。福利彩票发行取得较好成绩，全年共销售各类福利彩票12.58亿元，筹集公益金4.48亿元。积极培育发展社会组织，加强监督管理，积极开展了规范行业协会、市场中介组织服务和收费行为的专项治理工作。大力推进民间组织网上审批，简化程序，提高效能。21个市的地名规划编制和省地名网站建设任务初步完成，662个乡镇、11964个村委会驻地村完成了地名设标任务。边界线联检任务全面完成，平安边界创建活动深入开展。完成了地震伤病员返川护送以及襄汾“9·8”溃坝事故造成的孤老孤儿的安置和遇难人员遗体处理等工作任务。婚姻登记、收养登记、殡葬管理和老龄工作等也取得新的进展。

同时，民政法规政策建设有新的突破，《山西省农村五保供养办法》即将出台。省政府出台了《关于加强和改进社区服务工作的意见》，省民政厅先后制定了《应对自然灾害工作规程》、《关于做好村务公开目录编制工作的指导意见》、《山西省开展农村社区建设实验工作的实施意见》、《全省2009年和2010年社区服务设施建设项目规划》、《山西省推行志愿者注册登记工作制度，开展社区志愿服务的发展规划》等文件，为各项工作的规范开展提供了制度保障和政策支持。党风廉政建设不断加强，省民政厅制定了全省民政系统贯彻落实《建立健全惩治和预防腐败体系2008～2012年工作规划》的实施意见，从教育、制度、监督、改革、纠风、惩处等六个方面提出了今后五年反腐倡廉建设的目标要求和保障措施。组织完成了首次社会工作者职业水平考试。民政宣传、信息、信访、财务、干部培训、档案机要、后勤服务等工作都取得新的成绩。（王文广）

民营企业潞宝集团向灾区捐款仪式

王文广提供

【城乡社会救助工作】 1.城市低保工作。将符合条件的42.3万户、91.9万人低于当地城市居民最低生活保障标准的城市贫困群众全部纳入保障范围。继续执行2007年中央出台的三项临时补助政策（约每人每月30元）；2008年1月1日和7月1日，分两次按每人每月15元的标准提高城市低保对象补助水平；2008年9月1日和12月1日，将城市低保标准每人每月再次提高10元。截至2008年底，全省城市低保对象人均月补差水平达到143元，城市低保标准最高为282元/人·月，最低为180元/人·月。2008年，全省共下拨城市低保资金137384万元，其中，中央财政108104万元，较2007年提高75%，省级财政29280万元，较2007年提高28%。

2. 农村低保工作。全省先后三次提高农村低保对象的保障标准或补助水平，共计 30 元，农村低保标准在每人每年 720～1560 元之间，平均每人每年 933 元，人均月补差达到 50 元(全国人均月补差水平为 49 元)。截至 2008 年底，全省共有农村低保对象 64.2 万户、102.3 万人，农村低保覆盖率由 2007 年的 3.6%提高到 2008 年的 4.4%，全年累计发放低保资金 5.59 亿元。

3. 农村五保供养。启动了《山西省农村五保供养办法》立法程序，通过深入调研、广泛征求意见并反复修改完善后，11 月底，将草案报送省政府。2008 年 9 月 1 日起，省级财政对农村五保集中供养对象的补助标准提高至 1500 元/人/年。全年省级财政共下拨补助资金 1.66 亿元，比 2007 年增加 16.2%。截至 2008 年底，全省共有农村五保供养对象 13.2 万户、14.1 万人，集中供养 13720 户、15303 人，集中供养率达到 10.9%，比 2007 年增加 6 个百分点。

4. 城乡医疗救助。2008 年全省共筹集城乡医疗救助资金 42780.63 万元(中央补助城乡医疗救助资金 25234 万元，省级财政共投入城乡医疗救助资金 6428.63 万元，市、县累计投入 11118 万元)，累计救助 766435 人次(城市医疗救助 91457 人次，农村医疗救助 674978 人次)。 (王文广)

【社区建设】 1. 代省政府草拟了《关于加强和改进社区服务工作的意见》，经多次修改和充实，2008 年 8 月 5 日省政府颁布实施。

2. 根据民政部的安排，组织开展了社区志愿者注册试点工作。年初制定下发了《山西省推行社区志愿者注册制度，开展社区志愿服务的发展规划》，并在 11 个地级市选择 11 个区开展了社区志愿者注册试点工作。截至 2008 年底，全省试点区注册登记社区志愿者人数已达 193372 人，被评为全国社区志愿者注册工作先进单位。

3. 全年新建社区服务中心 27 个，社区服务站 115 个。超额完成社区服务中心 1 个，社区服务站 19 个。

4. 根据省纪检委、省委组织部、省委宣传部、省监察委员会《关于进一步加强党风廉政宣传教育工作，深入推进廉政文化建设的意见》的通知精神，结合实际，研究制定了在全省开展廉政文化进社区的活动方案，采取多种形式，广泛深入地开展了廉政文化活动。 (王文广)

【第八届村民委员会换届选举】 根据《村民委员会组织法》、《山西省村民委员会选举办法》和中组部、民政部《关于认真做好村党组织和村民委员会换届工作的通知》精神，全省第八届村民委员会换届选举工作从 2008 年 10 月下旬全面展开，于 2009 年 1 月 20 日圆满结束。全省共有 28200 个建制村，本次应换届村共 28193 个(7 个村因修建水库移民等原因无法进行选举)，完成换届选举的村 28176 个，占应换届村的 99.94%。截至 4 月底，除 4 个因特殊原因形成的选举“难点村”在继续做群众疏导工作，争取尽早完成换届选举外，28189 个村全部依法完成换届选举。其中，采用一次直选的村 17246 个，占已换届村数的 61.2%。共选出村委会主任 28147 名，副主任 22866 名，委员 45958 名。其中，大学生村干部当选的 2648 名，占参选大学生村干部总数的 39.5%。新一届村委班子中，党员 60668 名，占全体成员的 62.6%，比上届增加 5326 名；妇女 7386 名，占到 7.7%，比上届增加 2158 名；高中以上文化程度的 38563 名，占到 40%，比上届增加 10175 名；年龄在 50 岁以下的 76829 名，占 79.2%，比上届增加 5234 名；村委会主任党支部书记一肩挑的村 20263 个，占应换届村党组织数的 75.1%，比上届增加 3197 个村；支村两委交叉任职的 45760 名，比上届增加 1442 名；村委会主任连选连任的 15346 名，占 55%，比上届增加 2826 名。全省 16542194 个选民中，参加选举的有 15011858 人，选民的参选率达到了 90.7%，比上届提高了 2.7 个百分点。 (王文广)

劳动和社会保障

【概述】 2008 年，全省劳动保障部门按照山西省委、省政府和国家人力资源社会保障部的决策部署和工作安排，坚持以人为本，着眼改善民生，着力完善各项政策措施，全力实施惠民工程，突出重点，协调推进，各项工作取得明显成效，全省劳动保障事业迈入更加健康、稳定的发展轨道。

一、大力实施创业就业工程，千方百计扩大就业。

全省围绕城镇实现新增就业 45 万个，其中创业就业 10 万人，这一省政府为民办的“十件实事”之一的目标任务，确定了从培训入手提高能力，政策扶持、改善服务、优化环境，达到推动创业、扩大就业的工作思路。明确提出创业培训 3 万人，实现创业就业 10 万人的目标，加快建立政策扶持、创业培训、创业服务“三位一体”的工作机制。一是立足全省实际，制定出台了贯彻《国务院关于做好促进就业工作的通知》的实施意见，进一步完善了全省促进就业的政策体系。二是按照省委、省政府实施创业就业工程的决策部署，研究制定了《山西省实施创业就业工程的意见》，建立起创业培训、政策扶持、创业服务“三位一体”的工作机制，围绕大力发展服务业，在全省掀起了创业就业的热潮。三是从统筹城乡劳动者平等就业出发，研究拟订了《就业服务与就业管理规定》，不断从制度上完善覆盖城乡的就业服务规范。四是为使对困难群众就业援助机制的长效化，制定出台了《山西省就业困难群体就业援助工作的指导意见》，把就业困难对象由“4050”人员拓展到零就业家庭、长期失业者、失地农民。五是实施更加积极的就业政策，积极应对金融危机对全省就业局势的影响，及时制定出台了《关于应对当前经济形势确保我省就业局势稳定的紧急通知》，采取抓住重大投资项目拉动就业、鼓励支持企业吸纳就业、积极推动创业带动就业、重点扶持高校毕业生就业、促进农村劳动力多渠道和返乡创业、加强对就业困难人员的就业援助、实施特别职业培训计划促进就业、充分发挥社会保险稳定和促进就业功能等“八项”举措进一步稳定和扩大就业。

并坚持创业和就业互促共进，实现创业与就业良性发展。在全省范围确定了 70 多个社会培训机构承担创业培训任务，培养和组建了一支由优秀企业家、职业经理人、行业协会专家、高校专业讲师等 310 余人组成的创业培训导师团。针对下岗人员再就业、农村富余劳动力转移就业、大中专毕业生就业等，相继组织开展了“就业援助月”、“春风行动”以及“民营企业招聘周”和“高校毕业生就业服务月”等专项活动。全省实现城镇新增就业 46.1 万人，经过创业培训的有 3.25 万人，创业就业 11.8 万人，下岗失业人员实现再就业18.7万人，帮助5.2万名就业困难人员实现就业，转移农村劳动力30.9万人。全省城镇登记失业人员17.4万人，城镇登记失业率3.29%，低于4%的年度控制目标。下岗失业人员再就业培训14.9万人，新增技师和高级技师共6047人，职业技能鉴定22.98万人。

此外，积极做好对地震灾区实施就业援助，组织全省技工学校免费接收灾区195名技校学生，为茂县劳动保障局提供10万元工作经费，支援灾区公共就业服务机构重建工作。提供有效优质岗位信息3851个，帮助灾区劳动者在我省就业561人，通过我省在灾区的援建项目吸纳就业816人，指导茂县组织劳动者在四川省内实现就地就近就业7374人，均超额完成对口就业援助任务。

二、扎实推进社会保障工程，着力扩大覆盖范围。

全省各级劳动保障部门认真贯彻省委、省政府实施社会保障工程的决策部署，统筹兼顾、突出重点，不断完善各项社会保险政策，努力使更多的人享有社会保险。一是为加快建立覆盖城乡居民的社会保障体系，制定出台了《山西省劳动和社会保障厅关于实施社会保障工程的意见》，明确了未来三年全省社会保障体系建设的目标规划与发展蓝图。二是及时制定下发了2008年调整企业退休人员基本养老金水平文件，使全省企业退休人员基本养老金水平继续得到提高，月人均达到了1067元。三是针对城镇职工因改革、转制、下岗分流等原因，出现的单位未参保或个人没有续保、断保等情况，在大量调查研究的基础上，研究制定了养老保险的补缴接续办法，努力把有参保愿望、有缴费能力的人员全部纳入覆盖范围。四是针对国有困难企业退休人员和在岗职工基本医疗保障的实际问题，出台了《省属国有关闭破产企业退休人员和国有特困企业职工参加城镇职工基本医疗保险的暂行办法》，全省将解决近40万困难企业职工及退休人员的医疗保障问题。与此同时，在太原、阳泉两市城镇居民基本医疗保险试点的基础上，大同、朔州、忻州、晋中、长治5个市的城镇居民基本医疗保险试点启动，年底参保人数已达到152万人。五是为逐步稳妥地将“老工伤”人员纳入到统筹管理范围，按照省政府领导的指示要求，研究提出了《山西省煤矿企业老工伤人员和职工退休后诊断为尘肺等职业病人员工伤保险统筹管理暂行办法》。六是统筹城乡社会保障制度发展，制定出台了《关于开展新型农村社会养老保险试点的指导意见》，并选择有条件的22个县(市、区)先行试点。七是为破解社会保险扩面征缴的难题，制定出台了《关于推进非公有经济单位和灵活就业人员参社会保险工作的意见》，力争经过3年的努力，使全省规模以上非公有制经济单位全部参加社会保险。八是为保证失业人员正常的生活待遇水平，在连续2年提高失业保险金标准待遇的基础上，从2008年10月1日起，将现行的一类地区430元、二类400元、三类370元、四类340元，依次调整为一类地区510元、二类480元、三类450元、四类420元，平均提高幅度为18%。

全省城镇基本养老保险参保人数达到539.11万人(其中企业养老保险450.28万人，机关事业单位养老保险88.83万人)，基本医疗保险549.31万人，失业保险312.15万人，工伤保险260.99万人，生育保险135.49万人。基金征缴收入分别为养老保险216.14亿(其中企业养老保险184.53亿元，机关事业单位养老保险31.61亿元)；基本医疗保险56.75亿元，失业保险12.30亿元，工伤保险9.47亿元，生育保险1.2亿元。农村社会养老保险参保人数达到160.15万人，基金征缴收入3.16亿元。农民工参加医疗、工伤保险人数分别达到75.61万和93.71万人。同时，非公经济单位的参保扩面工作进展迅速，参加基本养老、基本医疗、失业、工伤保险的人数分别达到了67.37万人、49.46万人、31.51万人、64.97万人。各项社会保险的综合覆盖率由2007年底的78.1%提高到现在的81.2%。

三、加快劳动关系调处体系建设，维护社会和谐稳定。

2008年是《中华人民共和国劳动合同法》实施的第一年，也是国际金融危机影响实体经济，劳动关系经受严峻考验的一年。全省劳动保障系统以贯彻实施《劳动合同法》为契机，大力推进和谐劳动关系建设，维护并保障劳动者的合法权益。一是结合全省实际，修订公布了全日制工、非全日制工、劳务派遣、建筑业、住宿餐饮业、农村地区用工及农民工7种劳动合同示范文本，指导规范劳动关系。二是针对全省煤炭行业事故频发，劳动用工管理混乱的实际，研究拟制了《山西省煤矿企业劳动用工监督管理暂行规定》，明确监管的职责和界限。三是针对居民消费物价上涨影响，着眼提高劳动收入水平，制定出台了《关于加强企业工资宏观调控促进职工工资合理增长的意见》。四是结合经济社会发展、物价上涨、城镇居民消费水平等因素，连续第3年对全省最低工资标准进行全面上调。将现行月最低工资标准由一类610元、二类570元、三类530元、四类490元，依次调整为720元、670元、620元、570元，同时相应地提高小时最低工资标准。五是加强基层劳动监察和劳动争议仲裁机构队伍建设，督促全省各市充实落实劳动保障监察执法机构队伍，推进劳动争议仲裁机构实体化建设。目前，县级以上劳动保障部门全部组建了专门监察执法机构，长治、晋中、吕梁、忻州4个市51个县在乡镇、街道组建了劳动保障所，朔州、长治、晋城、临汾4个市已建立起劳动争议仲裁实体化机构。六是争取中央转移支付资金10亿元，全面完成清理企业工资历史拖欠36.64亿元。七是认真做好信访维稳和劳动仲裁工作，全省共接待受理上访32068件，接待上访人员84699人，仲裁立案8572件，结案8215件，结案率95.8%，并实现了奥运期间的进京零上访。八是连续不断地开展劳动保障监察执法专项行动，相继集中开展了农民工工资支付专项检查、清理整顿人力资源市场秩序大检查、劳动用工联合执法大检查、劳动用工百日专项行动等，广大劳动者的合法权益得到有效维护，劳动合同的签订率得到明显提高，全省集体合同签订率达到50%以上，劳动合同签订率达到97%。特别是在4、5月份，首次由山西省人民政府组织、省劳动保障部门牵头，会同公安、国土、煤炭、安监、煤监、卫生、建设、工商、民政、税务、工会等相关部门单位，在全省范围内开展了为期两个月的劳动用工联合执法大检查，重点对县及县以下各类小砖窑、小矿山、煤焦、化工、建筑、建材、餐饮等劳动密集型用人单位进行检查，共检查了各类用人单位14.28万户，涉及劳动者409万人，有力地维护并保障了广大劳动者的合法权益。

四、落实完善农民工各项政策，切实保障农民工劳动保障权益。

全省各级劳动保障部门继续围绕办好“十件实事”，深入开展“十佳百优”农民工评选活动，着力解决农民工面临的突出问题,切实维护农民工合法权益。一是针对农民工工资的拖欠现象,建立了由省劳动保障厅、财政厅、国资委等11个部门单位组成的厅际联席会议,加强了工作的统筹协调和指导,推行工资保证金制度,明确了我省推进企业解决工资拖欠问题的基本原则和目标任务。并就企业工资拖欠问题专题研究,建立健全了保障企业依法支付工资的长效机制。二是针对建筑业、住宿和餐饮业等行业职工流动性强、农民工比例大、劳动合同签订率较低的现状,集中开展了专项“签约行动”。规模以上企业农民工劳动合同签订率达到80%以上。三是在全省范围内以乡村小砖窑、小煤窑、小矿山、小作坊为重点,对无照经营、拐骗农民工、强迫劳动、使用童工等违法行为,联合工商、公安、国土等部门分别依法进行了查处,使我省农村地区劳动用工管理步入法制化、规范化轨道。四是加强对劳动力市场秩序的清理整顿,取缔了21家民办职业中介机构和23所鉴定所,农民工外出务工就业环境得到有效改善。五是针对农民工技能素质不高,劳动保障、教育、农业、建设、科技、扶贫、工会、共青团、妇联等部门继续组织实施了农村劳动力转移培训计划、技能就业计划、阳光工程、全国乡镇企业蓝色证书培训工程、星火计划、雨露计划、“千校百万”进城务工青年培训计划等农民工培训项目,促进了农民工职业技能水平的普遍提高和农村劳动力的转移就业。六是继续实施“平安计划”和农民工参加医疗保险专项扩面行动,农民工参加工伤和大病医疗保险人数快速增长。全省农民工参加医疗、工伤保险人数分别达到75.61万和93.71万人。

此外,为贯彻落实国务院《关于解决农民工问题的若干意见》(国发[2006]5号)中“对优秀农民工要给予表彰奖励”的精神,2008年首次对在我省经济和社会发展建设中做出突出贡献的农民工和理解、尊重、关爱农民工的模范单位进行评选表彰奖励,在11月20日举行的全国优秀农民工表彰大会上,黄长委等26名农民工获得“全国优秀农民工”荣誉称号,省劳动保障监察总队和省农民工法律援助工作站被评为全国农民工工作先进集体代表。12月1日,对全省“十佳百优”农民工和101家关爱农民工模范单位进行了表彰。受到表彰的优秀农民工,可自愿选择在就业地转为城镇户口。进一步营造全社会尊重和关爱农民工的良好氛围。

五、坚持业务工作与干部队伍建设“两手抓”,自身能力建设明显提高。

省劳动保障厅按照省委学习实践科学发展观活动的统一部署,认真组织开展学习实践活动,推动全省劳动保障事业科学发展,促进和谐山西建设,扎实推进政风行风评议工作和创建“三优”文明窗口活动,着力加强公务员队伍和经办机构工作人员管公共理和公共服务能力建设,省、市、县三级劳动保障部门窗口单位普遍实行了“一条龙”办公和柜台式服务,建立政务大厅100多个,有250个窗口单位达到“三优”文明窗口先进标准。同时,“金保工程”进展顺利,省本级养老、医疗保险管理信息系统完成本地化实施,数据中心建设稳步推进,12333电话咨询服务系统正式运营,核心应用软件覆盖范围进一步扩大,门户网站建设和政务信息公开工作成效显著。进一步发挥和整合宣传力量,与报刊、电视、电台等新闻媒体密切合作,紧扣民生主题,广泛开展形式多样的宣传活动,服从服务于非公有制经济组织社保扩面、地震灾区就业援助等重点工作,积极构建劳动保障宣传大格局。2008年,省劳动保障厅被评为“省级文明和谐单位标兵”,80%以上的市、县劳动保障局受到当地党委、政府的表彰。 (王俊杰)

人口和计划生育

【概述】 2008年,全省围绕稳定低生育水平、统筹解决人口问题、促进人的全面发展的中心任务,求真务实,创新发展,各项工作取得新成效。

夯实基础,整体工作水平有了新提高。召开全省人口和计划生育基层基础建设现场会,着力推进人口计生服务体系、信息化和队伍三项建设。2008年,全省新建、改(扩)建17个县级计生服务中心、87个乡级服务站,基础设施得到改善,服务能力和服务水平进一步提升。推进全员人口信息化建设,覆盖省、市、县、乡的信息网络运行良好,信息引导管理服务水平明显提高。全省基层人口计生机构和队伍保持稳定,按照“县聘、乡管、村用”的原则已建起一支33885人的村级计生服务员队伍和3685人的社区计生队伍。广泛开展岗位练兵、技术比武和培训教育,基层队伍的素质能力不断提高。

加大投入,人口计生利益导向开创新局面。各级按照普惠优先的原则,整合社会资源,加大资金投入,在奖励扶助、特别救助、升学加分、农村低保、合作医疗、林权改革等方面,落实对计划生育家庭的优先优惠政策。2008年,全省共投入奖励扶助资金1.65亿元,奖励计生家庭53.75万人(户)。全省有5000余名农村独生子女享受到中考加10分录取的优待政策。广泛开展“生育关怀行动”,省计生协发放救助金32.4万元,救助基层计生工作者257人;各级计生协共投入792万元,救助慰问计生贫困家庭3.9万人,并为1万余名计生工作者办理了人身保险。人口和计划生育利益导向机制逐步完善,群众实行计划生育的积极性明显提高,2008年全省新增独生子女领证家庭50401户。

以人为本,计划生育优质服务取得新进展。深入开展计划生育优质服务单位创建活动,2008年,全省新创建国家级优质服务先进单位4个、省级示范单位1个、省级先进单位5个。各地免费为育龄妇女开展生殖健康普查,累计达200余万人次。利用人口计生服务网络优势,开展出生缺陷一级预防工作。继续推进“健苗”(出生缺陷干预)工程,在中阳、交口试点县加大营养强化面粉干预出生缺陷的力度。开展接种风疹疫苗干预出生缺陷项目,受益育龄妇女达11万人。启动叶酸增补剂干预出生缺陷项目,免费发放“斯利安”,努力提高出生人口素质。深入开展关爱女孩行动,对全省出生性别比偏高的18个县进行重点治理。开展流动人口服务月活动,集中为流动人口“送温暖、送服务”。

宣传先行,人口文化建设取得新成效。深入开展婚育新风进万家活动,推进农村和社区人口文化建设。全省新建成一批集知识传播、政策咨询、宣传品发放、文化娱乐为一体的人口文化大院、人口文化活动室、群众性人口文化宣传队和农家书屋。更新计生宣传标语口号,建立宣传网站,利用各种传媒和载体,倡导婚育新风。开展“婚育新风、文化山西、关注人口、共创和谐”的人口文化主题宣传月活动,举办改革开放三十周年人口发展论坛和文艺汇演,营造浓厚氛围,山西选送的美术、摄影等作品有10项获得第十三届中国人口文化奖,《吕梁新喜》、《呼唤》获全国人口计生文艺调演金奖。组织“学习贯彻党的十七大精神、走中国特色统筹解决人口问题的道路"知识竞赛，参加人数达55万人。

转变作风，人口计生形象得到新改善。全省人口计生系统加强作风建设，优化政务环境，提高行政效能。各地坚持依法行政，推进政务公开，开展便民维权活动，市、县两级计生行政审批纳入政务大厅，实行"一站式办公"，方便群众。启动"阳光计生行动"，开通"12356"阳光计生服务热线，进一步畅通群众诉求渠道。开展"请农民兄弟姐妹评计生"、"政风行风下评上"活动，推动基层转变工作作风，改善服务态度，兑现服务承诺。2008年，山西省人口计生委被省政府评为全省政风行风建设先进部门，省人口计生委机关被评为省直文明和谐单位标兵，7个直属单位被评为文明和谐单位。

综合协调，统筹解决人口问题迈出新步伐。省委、省政府高度重视人口计生工作，连续六年在经济工作会议之后召开人口计生工作会议，真正做到了经济工作与人口计生工作同部署、同安排、同考核。进一步坚持和完善人口计生目标管理责任制考核制，实行党政线、计生线分线考核办法，科学设置考核指标，完善考核方式方法，做到公开、公平、公正，并严格兑现奖惩。及时调整了山西省人口计生领导小组，将省国资委和省中小企业局增加为成员单位，进一步强化对全省企业人口计生工作的管理。各级组织、人事部门在选拔任用干部，推选人大代表、政协委员时，严格计划生育情况审核；省委组织部在去年公选副厅级干部时，在报名条件和资格中明确规定，违反计划生育有关规定正在处罚期的不得报考。各级综治、公安、工商、劳动保障等部门，加强对流动人口计划生育的服务管理。省人口计生委与省林业厅等联合出台了《关于在集体林权制度改革中对计划生育家庭给予优惠的办法》，独生子女和双女计生家庭将增加1人份的林地承包面积等，开创了山西统筹解决人口问题的新局面。（王天定）

【兑现2008年度人口和计划生育目标管理责任制】 2008年，全省11个市均较好地完成了与省政府签订的人口和计划生育目标管理责任书。根据平时和年终考核结果，2008年12月18日，省政府决定，授予阳泉市、晋城市、晋中市、吕梁市、临汾市、朔州市2008年人口和计划生育目标责任制考核综合先进奖，授予长治市、太原市、运城市、忻州市、大同市2008年人口和计划生育目标责任制考核先进奖，授予太原市、大同市统筹解决人口问题创新奖；授予万柏林区落实计划生育国策示范区称号；授予大同市矿区、昔阳县、阳曲县、平鲁区、原平市全省计划生育优质服务先进单位；授予太原市尖草坪区、大同市城区、怀仁县、定襄县、榆次区、阳泉市郊区、中阳县、长治县、晋城市城区、侯马市、平陆县2008年人口和计划生育目标责任制考核先进县（市、区）。（王天定）

【表彰落实计划生育国策好书记好县长】 2008年12月15日，山西省人口与计划生育工作领导小组决定，授予：阳曲县委书记冯晋生、大同南郊区委书记张建平、灵丘县委书记张小立、平鲁区委书记郭健、灵石县委书记郭燕平、屯留县委书记王辅刚、沁水县委书记常国荣、霍州市委书记白建荣、河津市委书记崔克信落实计划生育国策好书记称号；授予：阳泉市城区区长曹凯民、忻府区区长霍富荣、孝义市市长张旭光、交口县县长王宁、蒲县县长王国平落实计划生育国策好区长、好市长、好县长称号。（王天定）

【修订《山西省人口和计划生育条例》】 2008年11月28日，山西省第十一届人民代表大会常务委员会召开第七次会议，修订了《山西省人口和计划生育条例》，将于2009年6月1日正式实施。此次修订保持了山西生育政策的稳定性和连续性，规定了相关部门在人口计生工作的职权和责任，增加了提高出生人口素质、解决出生人口性别比偏高问题等统筹解决人口问题的内容，取消了二孩生育间隔，加大了对计生家庭奖励、扶助和优待的力度，提高了违法生育的社会抚养费征收的最低标准等，为统筹解决山西的人口问题提供了重要的法制保障。（王天定）

【改革和完善人口计生目标管理责任制】 1、确立科学的指导思想。考核以求真务实为导向，以推进长效工作机制建设为目标，完善考核方式，突出重点内容，改进实施方法，力求考核的公开、公平、公正。2、建立科学的考核办法。一是实行党政线和计生线"双千分"考核评估办法。二是实行分县分类考核，省市联动、综合评估。三是平时督查与年终考核综合评价相结合。3、完善科学的组织实施。一是省级考核由省政府授权省人口与计划生育工作领导小组负责，成立联合考核组，抽调省委、省政府、纪检委、政法委等主要成员单位的处级干部、各市人口计生委领导和业务骨干参加全程考核。二是明确职责，严肃纪律，亮证调查，接受监督，并现场反馈调查情况。三是严格遵守廉政纪律、群众工作纪律和保密纪律，严禁接受礼金、礼品、土特产等。（王天定）

【太原市开展军民共建计生工作】 1.优质服务进军营。该市依托10个区、县计生服务中心，全部成立了"军人家庭生殖健康服务中心"，为官兵及军属提供优质服务。2008年，免费为2311名军嫂进行了体检，将上万册优生优育、生殖健康科普丛书和8000张婴幼儿早期教育光盘送到军营。2.爱心关怀进军营。开展出生缺陷干预服务，免费为全部待产军嫂发放了"斯利安"，为3171名待孕军属接种了"风疹疫苗"；开通生育绿色通道，34家定点医院为军属提供免费接送等服务。3.奖励优待进军营。制定了面向军人家庭的奖励扶助政策，如对军人子女入学入托、就医就业实行"同等优先"；有关部门在技术培训、公益岗位安置等方面，对军属实行优先优惠等。2008年，该市人口计生委拿出10万元，为驻太原部队随军未就业的计生家庭解决了每月50元的独生子女父母奖励金。（王天定）

【平鲁区大学生村官兼管村计生工作】 为加强人口计生基层基础建设，建立一支高素质的村级计生队伍，该区创新工作思路和工作方法，抓住大学生毕业后到村任职的有利时机，启用大学生村官全面兼管村级的计生工作。区政府要求大学生村官要抓住农村人口计生工作重点，把握农村流动人口计生工作的难点，充分发挥自身特长，增强工作主动性和积极性，切实做好农村的人口计生工作。对大学生村官每年要全面考核一次，具体由区委组织部、乡（镇）党委、区人口计生局组织实施，考核结果分为优秀、合格、基本合格、不合格四个等次，考核结果作为续聘、奖惩、解聘及调整工资待遇的依据，存入本人档案，对考核不合格的，按聘用合同和有关规定予以解聘。为保证此项工作取得实效，该区人口计生局与120名大学生村官签订了责任书，还组织业务骨干对大学生村官进行了人口计生专门业务培训。

(王天定)

民族宗教

【概述】 2008年,全省民族宗教工作以贯彻落实十七大精神为主线,以科学发展观为统领,紧紧围绕省委、省政府中心工作和具体部署,以人为本、突出重点、求实创新,忠实履行各项职责,全力维护社会稳定,扎实推进全省经济社会发展,民族宗教工作取得了显著成绩,圆满完成了各项工作任务。

深入开展学习实践科学发展观活动,民族宗教工作科学发展的自觉性和坚定性进一步增强。

在学习实践科学发展观活动中,高度重视,精心组织,坚持把学习党的十七大精神、深入学习实践科学发展观作为首要政治任务,组织广大民族宗教干部深入学习领会,专题培训研讨,进一步深化了对科学发展观理论体系、科学内涵和根本要求的认识和理解。在学习实践活动中,坚持突出实践特色和民主特色,牢固树立了用科学发展观统领民族宗教工作的理念,广大干部群众用科学发展观指导民族宗教工作的自觉性和坚定性进一步增强。召开局班子民主生活会,深入查找影响制约民族宗教工作科学发展的突出问题及原因,提出切实可行的措施,整改提高见到成效,服务发展意识和能力得到增强。这次活动,对于继续解放思想、牢固树立科学发展观,起到了重要作用,真正成为提高对新形势下民族宗教工作重要性认识的过程,真正成为提高依法管理民族宗教事务水平的过程,真正成为促进全省民族宗教工作科学发展的过程,在完善民族宗教工作体制和机制上取得了新突破、新成效。同时,以学习实践科学发展观活动为契机,全面落实党建责任制和党风廉政责任制,积极开展创建和谐文明单位活动。通过一系列举措,使创建工作进一步制度化、规范化,2008年省宗教局(省民委)再次荣获省直机关"文明和谐单位标兵"。

围绕民族工作"两个共同"的重要主题办实事解难题,社会进步和经济发展进一步推进。

在省委统战部的组织协调下,省委成立了省教育援藏及西藏班办学工作领导组,研究解决西藏班建设有关问题。这一举措得到了中央统战部、国家民委、国家宗教局的充分肯定。

为有效带动少数民族经济发展,有效使用好国家民委下拨的少数民族发展资金,采用上下联动方式,先后对全省30个重点少数民族经济项目给予扶持,为8家少数民族企业申请到国家财政部门划拨的"民族特需商品定点生产企业"的生产补助资金和技术改造贷款财政贴息资金212万元。并在运城市召开了全省第一次少数民族聚居村经济社会发展研讨会,介绍了运城市少数民族新农村建设的经验,进一步推进了全省少数民族聚居村新农村建设。精心组织6家企业参加了中国(青海)国际清真食品及用品展览会,宣传和扩大了山西省清真食品及少数民族用品企业的影响。同时,重视民族教育、文化、体育工作,贯彻落实中宣部、国家民委《关于加强党的民族政策宣传教育工作的通知》等文件精神。完成了第八届全国少数民族传统体育运动会表彰工作。

全面引深开展宗教"双五好"创建活动,积极引导宗教与社会主义社会相适应的前进步伐进一步加快。

开展"双五好"星级评比活动,是全省统一战线实施"凝聚力工程"的一项重要内容,也是全省深化"双五好"活动,积极引导宗教与社会主义社会相适应的一项独创性举措。活动开展以来,在全省宗教界的积极参与和共同努力下,全省呈现出宗教与社会主义社会和谐相处的良好局面。在南方冰冻雨雪灾害和汶川大地震发生后,全省宗教界人士充分发扬爱国爱教,服务社会的优良传统,踊跃向灾区群众伸援手、送温暖,捐款捐物达1500余万元。在局(委)举办的"纪念改革开放30周年征文及征集书画摄影作品"活动中,全省各民族宗教界人士积极响应,踊跃参加,共上报作品500余篇,在举办的"民族团结、宗教和睦——纪念改革开放30周年暨迎春书画展"活动中,引起社会的广泛好评。省委统战部、省宗教局召开了全省宗教"双五好"表彰暨宗教活动场所规范化管理会议,对开展"双五好"和宗教活动场所规范化管理工作做了全面的回顾和总结,对全省宗教界25个五星级、52个四星级"五好场所",44个"五好个人"进行了表彰,为全省宗教事务的科学管理起到了积极作用。

完成省伊斯兰教协会、省基督教"两会"和谐换届,政治交接和团体建设得到进一步加强。

加强宗教团体建设是一项重要工作,在加强思想建设的同时,集中精力进行组织建设,积极筹备省伊协、省基督教"两会"的换届工作。在省委、省政府的领导下,教育引导广大教职人员顾大局、守教规,实现省伊斯兰教协会和省基督教"两会"顺利换届,选举产生了新的一届领导机构。赵伟聘担任山西省伊斯兰教协会会长。武爱国担任山西省基督教"爱国会"主席,张恩来担任省基督教协会会长。

加强民族宗教工作"三支队伍"建设,培训教育工作力度进一步加大。

"三支队伍"建设是做好新形势下民族宗教工作的关键。为提高党政领导干部对民族宗教工作的认识,我们通过邀请有关领导参加组织培训,专题汇报民族宗教工作情况等方式,有效加强了各级领导干部对党的民族宗教政策法规的了解和认识。为加强宗教教职人员队伍建设,在组织宗教教职人员参加社会公共知识考试的基础上,对少数拒考人员进行了补考,加强了对宗教教职人员的管理力度;选拔9名天主教神甫参加了国家宗教局组织的专题培训;举办了全省佛道教中青年骨干人士培训班,一批35岁左右的爱国宗教人士得到培训提高。为加强民族宗教干部队伍建设,对全省各市县70余名未取得执法证件的民族宗教干部进行了行政执法培训;编印3000余册《山西省民族宗教行政执法手册》发到全省各级民族宗教工作机构和省直有关单位,使执法主体建设得到进一步加强;举办了民族宗教信息工作培训班,增强了民族宗教干部信息意识和对突发事件的快速处理能力。会同人事厅组织开展了评选全省民族宗教工作系统先进集体和先进工作者活动。有力地推进了民族、宗教工作部门建设,深得各级民族宗教工作干部的称赞。按照中央统战部和国家宗教局的统一部署,省市县三级共培训人员1000多人次,出色完成关于争取3年内对宗教工作干部轮训一遍的要求,得到中央统战部、国家宗教局的肯定。

(王泽武)

【积极捐款捐物支援南方抗灾救灾】 2008年1月,我国南方发生严重的冰雪灾害;5月12日,四川省汶川县发生强烈地震。灾害发生后,省民宗局广大党员干部和群众坚决响应党中央和省委的号召,发扬“一方有难、八方支援”的精神，积极投身支援抗灾救灾的伟大洪流中。局(委)党组及时传达中央和省委的精神，学习抗震救灾典型事迹精神，交流心得，树立信心，鼓舞干劲。机关党委认真组织了3次捐款捐物献爱心活动，特别是在交纳“特殊党费”的活动中，领导干部积极带头，全体党员迅速行动，46名党员共交纳“特殊党费”43700元，展现出高度的政治觉悟和高尚的道德情操。与此同时，山西省各宗教团体以及广大宗教界人士积极响应党和政府的号召以及各宗教团体的倡议，发扬宗教界服务社会的优良传统，通过举办“祈福消灾法会”、“祈祷”等宗教活动为灾区人民祈福，奉献爱心，并大力倡导信教群众踊跃向灾区民众捐款捐物，支援灾区群众共渡难关，重建家园。据不完全统计，全省宗教界共向灾区捐款捐物共计1300余万元。 (王泽武)

【召开2008年全省民族宗教工作会议】 2008年3月17日，全省民族宗教工作会议在太原召开。省委常委、副省长梁滨，省委常委、统战部长李政文出席会议并做重要讲话。省宗教局(省民委)局长(主任)边根棠作工作报告。全省各市分管民族宗教工作的副市长，各市以及县(市、区)级民族宗教局局长，省民委委员单位和部分高等院校、国有大型企业分管民族宗教工作的负责同志，省直有关部门的负责同志共200余人参加了会议。

会议传达了全国民委主任会议、全国宗教工作系统表彰大会暨2008年全国宗教工作会议和全省党风廉政建设干部大会精神，全面分析了当前民族工作和宗教工作的形势，总结了2007年工作，部署了2008年工作。 (王泽武)

【召开全省少数民族聚居村经济社会发展研讨会】 2008年6月11日至12日，全省少数民族聚居村经济社会发展研讨会在运城召开。这次研讨会是山西省针对少数民族聚居村经济社会发展召开的第一次会议。会议分析了当前全省少数民族聚居村经济社会发展的情况，提出了下一步的工作思路和具体任务。省民委主任边根棠在会上作了《认真贯彻落实科学发展观，努力促进全省少数民族聚居村经济社会全面发展》的讲话。他提出：一要深刻认识山西省少数民族聚居村经济社会发展态势及面临的机遇和挑战；二要因地制宜发展特色产业，不断推动少数民族聚居村经济社会的发展；三要充分认识少数民族聚居村经济社会发展的重要意义，扎扎实实推进社会主义新农村建设的步伐。会上，翼城县北关村、壶关县东黄野池村、盂县东白水村、平陆县上堡村分别介绍了经验，各市民族宗教局分管局长谈了工作体会和工作中存在的问题。 (王泽武)

【五台山第五届佛教文化节暨第十九届国际旅游月开幕】 8月16日，2008五台山第五届佛教文化节暨第十九届国际旅游月开幕。这次盛会以“展示佛教文化艺术，打造著名旅游品牌”为主题，按照“政府主导、社会参与、文化展示、市场运作”的指导思想，立足五台山佛教圣地的品牌优势和京津后花园的区位优势，以北京奥运会为契机，扩大对外影响，全力推进“申遗”，打造国际旅游品牌，带动忻州市乃至山西省旅游产业的又好又快发展。

本次盛会的主要活动共有五大板块展示五台山的佛教文化、古建艺术和自然风光。第一板块是参观佛教艺术长廊活动。主要在五台山知名寺院内开办展区，通过举办书画碑帖、摄影、历史图片、文献、佛教文物、佛教餐饮、释迦牟尼生平堆锦艺术大展等展览，全方位展示五台山近两千年来佛教文化艺术。第二板块是特色旅游活动。主要推出佛母重生体验游、地质公园科普游、革命战争追忆游、绿色氧吧生态游等。第三板块是五台山地质公园揭碑仪式和地质研讨会。并在9月份举行地质公园揭碑仪式，届时将邀请国内外知名地质专家来五台山召开地质研讨会议，讨论和研究五台山的地质资源价值。第四板块是华北酒店管理研讨会。举办旅游酒店文化论坛，主要研讨现代酒店的文化内涵和发展理念，以规范酒店管理，提升酒店运营效益。第五板块是9月16日组委会举行闭幕式，总结本次活动成果并推出秋冬旅游项目。 (王泽武)

【尼泊尔驻华大使向五台山塔院寺捐赠佛像】 11月8日，佛教圣地五台山举行了尼泊尔驻华大使坦卡·普拉萨德·卡尔基向塔院寺捐赠佛像仪式。省宗教事务局副局长郝中树和五台山佛教协会副会长、五台山塔院寺住持如空法师分别致辞，省外办副主任贾雪峰参加捐赠仪式，忻州市宗教局局长杜春林主持仪式。

郝中树副局长在致辞中说，中尼两国有着上千年的友好交往历史，特别是1955年建交以来，两国政府友好合作日益巩固，人民友好情意不断加深。今天尼泊尔驻华大使专程到佛教圣地五台山捐赠佛像，这是尼泊尔国和山西省友好交往的一个新起点，必将增进两国人民的友谊，促进两国佛教文化的交流和发展。

如空法师讲到，中尼两国佛教界的友好往来源远流长，尼泊尔佛教圣地在中国佛教信徒心目中有着崇高的地位，尼泊尔也有许多大德长老曾来五台山朝拜。这次卡尔基先生捐赠的佛像，将永久供奉在五台山塔院寺，接受广大佛教信徒的礼拜，成为中尼友好的永久象征。

卡尔基先生作了题为“佛教文化及中尼关系”的演讲，回顾了中尼两国上千年来关于佛教的价值观和观念的交流活动。他讲到，中尼两国文化精神联系与友好交往不局限于宗教领域，也通过其他方式进行着文化交流。中尼两国的关系建立在宽容与和谐为模本的共通的精神价值和文化基础之上，深深植根于两国的社会体系中，是两国间长久的相互信任的友谊的基础。现在国际上有一些人披着宗教外衣，试图满足他们的政治动机，应当受到谴

宗教界人士为灾区捐款 王文广提供

责。我们要保持和发扬中尼两国悠久的友谊,促进交流思想和合作活动的开展,进一步促进中尼两国文化联系,大力发展民间交往。

此次尼方捐赠的佛像为三尊,规格为6×6×9(英寸),分别为释迦牟尼佛像、文殊菩萨铜像和斯瓦彦布塔模型。捐赠仪式结合后,坦卡·普拉萨德·卡尔基及其夫人一行参观了五台山塔院寺和显通寺等寺庙。 (王泽武)

【建立健全工作机构依法管理宗教事务】

为进一步加强全省的宗教工作,经省委常委会议研究,2008年9月12日,成立了山西省宗教工作协调组。协调组组长由省委常委、统战部部长李政文担任,副组长由省政府副秘书长韩和平,省委统战部副部长、省宗教事务局局长边根棠担任。成员由省委宣传部、省委统战部、省宗教局、省信访局、省发改委等相关部门的负责人组成。协调组办公室设在省委统战部,办公室主任由边根棠兼任。

11月27日,省委对山西省天主教工作领导组成员进行了调整,领导组组长由省委常委、副省长李小鹏担任,副组长由省委常委、统战部部长李政文担任,成员由省委统战部、省财政厅、省宗教局等相关部门负责人组成,领导组办公室设在省委统战部,办公室主任由边根棠兼任。协调组和领导组的建立健全,是省委、省政府重视宗教工作、支持宗教工作的有力举措。

在山西省宗教工作协调组和山西省天主教工作领导组的正确领导下,在积极协助上海市妥善做好佘山朝圣工作的同时,还完成了阳曲县板寺山"三大瞻礼"活动管理工作任务,确保了北京奥运会期间山西省天主教宗教活动的正常、安全、有序进行。

继2007年霍成主教一行代表山西省天主教赴京完成中国天主教爱国会成立50周年庆祝活动后,2008年12月19日,李建唐主教一行代表山西省天主教又赴京参加了中国天主教一会一团组织的中国天主教自选自圣主教50周年座谈会,受到了教内外的好评。 (王泽武)

【评选全省民族宗教工作系统先进集体和先进工作者】 为了表彰先进、弘扬正气,充分调动各级民族宗教工作部门和广大民族宗教工作干部的积极性、创造性,扎实推进民族宗教工作部门建设,2008年,省民宗局(委)在全省民族宗教工作系统开展评选全省民族宗教工作系统先进集体和先进工作者活动。经过民主推选,专题研究,遵循公开、公平、公正的原则,对参加评选的18个集体和23名个人进行了认真筛选,决定授予太原市民族宗教事务局等10个民族宗教工作部门"全省民族宗教工作系统先进集体"荣誉称号,授予李晋生等15名同志"全省民族宗教工作系统先进工作者"荣誉称号。 (王泽武)

【召开山西省伊斯兰教第四次代表会议】

2008年12月11日至13日,山西省伊斯兰教第四次代表会议在太原召开,来自全省各地110余名伊斯兰教界人士和穆斯林出席了会议。中国伊斯兰教协会向会议发来贺信。省委常委、统战部部长李政文出席会议并讲话。会议期间,与会代表听取、审议并通过了省伊协第三届常委会工作报告;讨论、修改并通过了《山西省伊斯兰教协会章程》(修正案);在充分发扬民主的基础上,选举产生了由45人组成的省伊协第四届委员会和新的一届领导机构。赵伟聘同志当选为省伊斯兰教协会会长。会议还表决通过了山西省伊斯兰教第四次代表会议决议。 (王泽武)

【召开山西省基督教第六次代表会议】

2008年12月13日至15日,山西省基督教第六次代表会议在太原召开,来自全省各地的119名代表参加了大会。省委常委、统战部部长李政文出席了会议并讲话。

会议审议通过了《关于山西省基督教三自爱国运动委员会第五届、山西省基督教协会第三届常务委员会工作报告》;通过了《关于山西省基督教三自爱国运动委员会章程》修改的决议;通过了关于《山西省基督教协会章程》修改的决议;通过了《山西省基督教第六次代表会议决议》;选举产生了山西省基督教三自爱国运动委员会第六届、山西省基督教协会第四届委员会领导班子。武爱国当选为省基督教三自爱国运动委员会主席、张恩来当选为省基督教协会会长。 (王泽武)

【开展全省民族宗教情况调查研究工作】

按照全国民委主任会议和全国宗教局长会议的要求,结合全省民族宗教工作实际,为全面了解和掌握民族宗教方面基础性资料,增强对民族宗教问题分析判断的能力,为领导决策提供翔实的资料和决策依据,省局(委)开展了全省民族宗教情况调查研究工作。民族方面主要就少数民族人数情况、少数民族流动人口现状及在管理方面存在的问题、少数民族聚居村和聚居社区情况、少数民族聚居村的设施情况、少数民族企业家及企业情况等方面进行调研;宗教方面主要就信教群众、宗教教职人员和宗教界人士及爱国宗教团体情况、宗教活动场所情况、宗教落实情况、宗教界开展自养事业情况等进行调研。此次调研工作是在新时期、新形势下山西省民族宗教领域进行的规模最大、最细致、最全面的一次大调研。通过调研工作,掌握了全省民族宗教工作的基本情况,更新了山西省民族宗教数据库信息。 (王泽武)

老龄工作

【概述】 2008年,在省委省政府的正确领导下,在社会各界特别是25个成员单位的大力支持下,全省各级老龄组织和广大老龄工作者以邓小平理论和"三个代表"重要思想为指导,以迎接庆祝"奥运"和改革开放30周年为契机,以"以人为本,保障老年民生"为使命,以学习任建林同志事迹活动为载体,振奋精神,开拓创新,全力实施《山西省老龄事业发展"十一五"规划》,努力保障老年人合法权益,积极开展老年文化体育活动,不断深化基层老龄工作,充分发挥老年人作用,各项工作都有了新的发展和进步。

(一)因势利导,不断推动老龄事业发展"十一五"规划的实施。

2008年是贯彻实施《山西省老龄事业发展"十一五"规划》的第三年,是承上启下的关键一年。全省各级老龄组织积极努力,各有关部门齐心协力,有力地推动了老龄事业的健康发展。

老龄事业基础设施建设不断发展。在关注民生、保障民生政策的指引下,各地把老年福利基础设施建设列入当地政府为民办实事的民生工程,纳入城市建设和社会主义新农村建设规划之中,统筹安排、加大投入,使老年福利基础设施建设有了长足的发展。太原、长治分别投资6000万元和3100万元,新建、改扩建敬老院，使农村五保老人全部实行了集中供养。左权、寿阳等县乡乡有了敬老院。阳城、泽州、太谷、长治城区、古交、小店等县(市、区)加大了老年活动场所建设。清徐县投资500多万元建成建筑面积达3300平方米的县老年活动中心。据2008年底统计，全省已建敬老院1259所，老年活动中心(站、室)12200个，老年医院318所，老年病床6263张，老年大学(学校)1229所，与2008年同期相比都有了不同程度的增长。

同时，扎实推进"爱心护理工程"试点工作，认真指导试点单位实施科学管理，完善功能设施，规范服务内容，使全省"爱心护理工程"试点工作向规模化、规范化、标准化方向发展。2008年7月16日，省老龄办在长治召开了全省"爱心护理工程"推进会。长治市城区老年公寓爱心护理院、太原市杏花岭区爱心护理院等5家单位作了大会经验交流，推动了"爱心护理工程"的进一步深入开展。

老年社会保障制度不断完善。2008年，先后出台了《关于实施社会保障工程的意见》、《关于开展新型农村社会养老保险试点工作的指导意见》。截至2008年底，全省已有160万农民参加了农村社会养老保险，27个县(市、区)建立了财政补贴的新型农村社会养老保险制度。全省有136万城镇居民参加了基本医疗保险，新型农村合作医疗已覆盖115个涉农县，参合农民达2089万人。朔州市、太原市小店区、清徐县、晋城市泽州、阳城、翼城、浮山、安泽、保德、长治市城区、屯留、长子等县(市、区)为农村老年人发放金额不等的养老补助金，农民领上了"退休金"。大多数经济条件好的乡(镇)村也为农村老年人定期发放生活补助金。

建立了贫困老年人救助制度。按照《山西省实施〈中华人民共和国老年人权益保障法〉办法》(以下简称《实施办法》)关于县级以上人民政府老龄工作机构应当设立老年特困救助资金的规定，省老龄办、晋城、长治、晋中等市，泽州、阳城、晋城城区、陵川、沁水、清徐等市、县(区)已建立了老年特困救助资金，列入了财政预算，形成了贫困老年人救助机制。各市、县(市、区)还建立了春节、老年节慰问高龄老年人和救助贫困老年人制度。晋城市老龄办探索出"开发式"扶贫助老模式，把扶贫资金用于种植业和养殖业，变输血为造血，产生了很好的经济和社会效益。

(二)保障民生，切实维护老年人合法权益。

从改善民生、保障民生的要求出发，从加强老年人权益保障工作着手，不断健全老年维权工作机制，完善老年人来信来访制度，为社会稳定、构建和谐山西做出了积极努力。

一是不断完善老年维权工作机制。全省各级老龄工作机构大都内设了维权部(科)，形成了从上至下的维权工作网络。2008年，省老龄办、省直机关、太原、大同、忻州、阳泉、朔州等市都先后成立了老年法律援助工作站。大同市所辖11个县(市、区)大部分乡镇都成立了老年法律援助站(室)。工作站对符合法律援助的老年人提供法律咨询，代拟法律文书、进行非诉讼调解等。省老年法律援助工作站仅2008年6月成立到12月底不完全统计，共接受法律咨询227例，电话咨询110例，代写诉状19例，月均受理案件48例。长治、大同等市、县(市、区)法院还为涉老案件开通了优先立案、优先审理、优先结案的绿色通道。

二是不断健全老年人来信来访制度。省老龄办、晋中、忻州等市老龄办建立了老年人来信来访首问责任制。大同市老龄办制定了老年人来信来访限时答复办结制。全省各级老龄办以老年人事情无小事为理念，对来访老年人笑脸相迎，让老年人暖心，耐心解答让老年人放心，多方协调让老年人称心，认真解决让老年人开心。

三是不断提高老龄干部的维权能力。2008年5月中旬，省老龄办在忻州举办了全省老龄信访干部培训班，邀请了全国老龄办副主任阎青春、联络部副主任党俊武、省信访局接待处处长张全喜、省政法干部学院副教授任瑞英，对全省100多名老龄干部就《中华人民共和国老年人权益保障法》、有关老龄政策、法律法规以及处理信访案件的方式方法进行了系统的培训，提高了老龄干部维权工作业务能力，增强了处理上访案件的技能和水平。2008年8～9月，省老龄办组织各市老龄办负责人组成三个检查组深入全省11个市对老年维权工作进行执法调研，起到了了解情况、交流经验、发现典型、推动工作的效果。全省广大农村老龄协会，经常深入老年人家庭，进其门，明其心，解其难，排其忧，调解家庭矛盾，化解邻里纠纷，促进了社会和谐，维护了社会稳定。

四是不断推动老年优待政策的贯彻和落实。全省各级老龄组织和广大老龄干部积极为老年人办理老年优待证，仅2008年一年办理81万本。各级老龄办协调有关部门认真贯彻和落实老年优待政策。全省各旅游景点、医院、车站、图书馆、展览馆、博物馆等服务窗口明示老年人优待优先标志。70岁以上老年人免费乘坐市内公共汽车，免费参观旅游景点，看病免费挂号等优待政策全部得到落实。部分市、县(市、区)还扩大了老年优待范围，增加了优待内容。优待政策同时还惠及到外埠老年人，老年优待政策的落实不仅使老年人分享了改革发展的成果，体现了社会的文明与进步，而且也宣传了山西，优化了山西发展的环境。

(三)突出主题，老年文化教育活动丰富多彩。

省老龄办以迎接庆祝奥运和改革开放30周年为主题，以倡导社会主义先进文化为宗旨，以老年文体组织为载体，广泛开展适合老年人特点的文化体育健身活动。

适应老年人精神文化生活的需要，各种形式的老年文艺体育组织和队伍遍布城乡，各具特色的文化体育活动方兴未艾。2008年6月，省老龄办举办了中老年模特培训班，培训了来自省直、太原、临汾等地60多名老年文艺骨干。省老龄办积极组织参加首届中国老年文化艺术节活动，在全国老年风采大赛中，山西省有5个节目获优秀奖、1个节目获铜奖；在全国老年书画大赛中，有1幅获铜奖，3幅获优秀奖。各地广泛开展了"迎奥运盛会，与奥运同行，树文明新风，促社会和谐"老年文化体育活动。绛县等县(市、区)老龄办组织举办了解放思想大讨论，回顾改革开放30周年成果展览。

同时，老年大学逐渐向社区、乡镇、农村延伸，初步形成了多层次、多形式、多学制的老年教育体系。老年学学会、老龄人才协会、老年体协等老年群众组织也都取得了新的成绩。老年人以文体活动的方式装点生活，传递快乐，宣传奥运，歌颂改革开放，成为文化强省和宣传先进文化的一支重要力量。

(四)树"银龄行动"品牌，发挥老年人作用。

发挥老年人经验、技术优势，凝聚老年人智慧力量，为新基地新山西建设发挥作用，是各级老龄组织的一项重要任务。

2008年四川地震自然灾害发生后,省直和各级老龄办积极组织,广大老年人自觉行动,踊跃为四川地震灾区捐款捐物。

2008年省老龄办先后开展了三次规模较大的“银龄行动”活动。一是7月中旬组织医疗专家赴忻州市五寨县胡会乡包家湾村开展医疗服务活动。在三天时间里,义诊200余人,还慰问了10户困难老人。二是7月下旬组织经济林栽培、花卉培植和妇科专家赴临汾市古县石壁乡开展长期支农服务。三是11月份组织医疗专家赴安泽县进行医疗服务。四天时间共接诊300余人次,提供医疗咨询400余人次,并开展了养生保健知识讲座。

各地也组织开展了各种形式的“银龄行动”。晋中市和顺、左权、平遥、祁县、太原万柏林区等县(市、区)开展了畜牧、科技、医疗、法律等专家服务活动,组织老专家60余名,受援乡镇24个,受援村近百个,受援群众16000余人。

(五)重心向下,农村社区老龄工作不断深化。

农村、社区是老龄工作的重点。省老龄办坚持“抓基层、打基础、树品牌、创一流”的指导思想,深入农村、社区调查研究指导工作,使农村社区老龄工作不断深化。

各地采取措施,不断推广晋城、运城、太原农村老龄工作规范化建设的做法和经验,完善农村老龄工作规范化建设的标准和创建、检查、验收、挂牌、表彰等机制。省老龄办2008年8、9月份组织11个市老龄办负责人,先后对全省18个老龄工作示范县(市、区)和19个重点县(市、区)进行了全面的检查指导。12月省老龄办在太原召开了“学习实践科学发展观,加强基层老龄工作”研讨培训班和全省农村老龄工作座谈会,深入研究基层老龄工作情况,总结工作,交流经验,取得了明显的效果。

同时,各地积极探索,不断加大工作力度,使社区居家养老工作取得了初步成果。太原市老龄委组织人员赴外地参观学习,根据外地经验、结合太原实际,创新了居家养老模式。杏花岭区老龄办在13个社区、2个农村启动了有偿+低偿+无偿的居家养老服务工作;尖草坪区江阳社区成立了一个居家养老服务中心和5个为老服务站;小店区康宁社区、迎泽区青年路二社区建立了“社区养老护理站”,对社区老人提供日间照料、康复护理、精神慰藉等服务。大同县成立了希占敬老服务大队,为老年人特别是孤寡、空巢老人提供生活等方面帮助;盐湖区东城办社区成立社区卫生服务中心,为行动不便的老年人设立家庭病床,上门提供医疗服务;临猗县建立“志愿者家庭协会”,对老年户、老年人提供帮助和服务;万荣县皇甫乡党员开展一帮一活动,帮助鳏寡孤独和丧失劳动能力的老人定期打扫室内和庭院卫生。太原市杏花岭区爱心护理院以6家养老院、5个社区卫生站、92个社区卫生服务站为依托,把医疗服务延伸到各基层老年服务组织和老年人,形成了区中心医院、老年爱心护理院相互转诊,合理分流的卫生服务体系。

(六)以庆祝老年节活动为载体,努力为老年人办实事。

2008年老年节适逢迎接庆祝奥运和改革开放三十周年,各地把庆祝老年节和庆奥运、庆改革开放30周年相结合,开展了各种形式的庆祝活动,为老年人营造了浓郁温馨的节日氛围和尊老敬老的社会环境。

第一,隆重热烈,精彩纷呈。全省从城市到农村,从机关到学校都举办了丰富多彩的庆祝活动。省老龄办举办了庆祝老年节“金秋风韵”老年文艺晚会和全省老年书画展览。文艺演出荟萃了来自省直、太原、晋城、忻州等市的18个精彩文艺节目,展出了来自全省各地的102幅老年书法和绘画作品,为全省老年人献上了节日的珍贵礼物和诚挚祝福。忻州、阳泉、阳城等市县举办了老年文艺晚会。太原、大同举办了健康老人和金婚老人评选表彰活动,运城举办了新二十四孝表彰活动。各地还举办了老年运动会、书画展览、剪纸比赛等,营造了浓郁的节日气氛。

第二,以人为本,奉送关爱。各地以庆祝老年节活动为载体,纷纷为老年人办实事、做好事、解难事。各级党政领导带领老龄办和有关部门负责同志深入百岁老人、高龄老人和贫困老人家庭进行走访慰问,为他们送去慰问金、慰问品,带去党和政府关怀和温暖。有些市县老龄办组织青年志愿者、学生深入敬老院、养老院、老年人家庭表演文艺节目,洗衣做饭,打扫卫生。

第三,老年节、春节慰问百岁老人和高龄老人在全省已形成制度,而且,这种节日关怀正在变成经常性的关心。体现了党和政府的关爱,弘扬了尊老敬老的优良传统。

(七)提升素质,不断加强老龄干部队伍建设。

2008年,是省老龄办确定的“作风建设年”和“素质提高年”。形成以向任建林同志学习为抓手,不断推进这一活动的开展。省老龄委2008年初作出了在全省老龄系统中向任建林同志学习的决定,省老龄办和晋城市老龄办组织力量深入基层了解并撰写了任建林同志生平事迹——《大爱无声》。《山西老龄工作》以专刊的形式予以登载。《中国老年报》、《中国社会导刊》、《中国老龄》先后全文刊载。各级老龄组织和广大老龄干部以任建林同志为榜样,在工作实践中深入基层,调查研究。省老龄办在全省组织开展了一法一办法执法调研,农村贫困老年人状况调查,全国民办养老服务机构基本状况调查。太原市老龄办开展了农村老年人供养状况调查,高龄特困老人状况调查,大同、长治、运城等市老龄办都开展了相关调查,并写出了调研报告。芮城县县长在深入农村调研的基础上写出了“立足三点,突出六多,全力推进新时期农村老龄工作”的调研报告。

省老龄办、长治、大同、清徐、小店等制定了老龄工作考核目标,对老龄工作进行量化考核,增强了干部的责任感,推动了工作的深入开展。

(八)统筹兼顾,做好各项工作。

一、宣传工作进一步加强。各地报纸电视大都设有老龄专栏,各级老龄办都有工作通讯,省老龄办、太原、广灵等市、县(市、区)老龄办建立了老龄工作网站。各级老龄办也加大了老龄宣传工作力度。据统计仅2008年一年省老龄办在中央电视台、《中国老年报》、《中国社会导刊》、《中国老龄》、《老龄问题研究》和省电视台、报纸报道老龄工作达150多次。各市、县(市、区)老龄办在各级各类媒体累计报道老龄工作达500余次,比2007年增加了一倍。

二、组织参加了全国敬老爱老助老主题教育活动组委会开展的“全国孝亲敬老之星”、“敬老好文章”、“优秀组织者”的评选活动。闻喜县东镇川口村主任、民营企业家李春元获“中华孝亲敬老楷模”奖;夏县瑶峰镇郭道村村民秦永杰获“中华孝亲敬老楷模提名奖”;全省有123群众获“孝亲敬老之星”奖;运城市老龄办和高平市老龄委获“优秀组织奖”。

三、组织参加了全国第二届“银龄美”老年艺术风采展示活动、中国老年艺术团

《红叶风采》文艺晚会和《首届中国老年文化艺术节》活动，选送了节目，受到了好评。（省老龄委）

山西省残疾人联合会

【概述】 2008年，全省各级残联坚持以党的十七大、十七届三中全会精神为指导，以科学发展观为统领，认真贯彻中国残联第五次全国代表大会、第二十二次全国残联工作会议和省委九届三次会议精神，紧紧围绕残疾人基本生活总体初步达小康的目标，遵循“人道、廉洁、服务、奉献”的职业道德规范，积极履行“代表、服务、管理”职能，在“抓班子、带队伍、正风气、建制度”上下工夫，求真务实，开拓创新，力抓“四件大事”，实施“五有工程”，加强残联组织建设，营造良好社会氛围，维护残疾人合法权益，着力解决事关残疾人切身利益的康复、教育、就业、社会保障、扶贫开发等问题，努力为残疾人办实事、办好事、解难事，政策措施进一步完善，各项业务稳步推进、成效显著，全省残疾人事业保持了又好又快的发展势头。

（一）康复工作

社区康复示范区创建工作按照国家和省两级标准逐步实施，稳步推进。太原市小店区、杏花岭区、万柏林区积极探索农村残疾人社区康复示范培育工作，为全省农村残疾人社区康复培育工作打下良好基础。

通过实施富士康爱心助残工程康复项目、国家和省级彩票公益金残疾人康复项目、“彭年光明行动”项目、香港佛教慈善基金会项目、长江新里程康复救助项目、国家电网康复救助贫困肢体残疾者假肢装配项目、“视觉第一中国行动”项目等，对12621名残疾人实施了救助。晋中市采取“政府主导救助、残联组织落实、城乡医保保障”三方职责明确的救助模式，促成残疾儿童由一个训练疗程扩展至3个疗程，医保或新农合机构报销30%～60%，医疗机构减免25%，个人出资25%左右，训练效果明显，社会反应强烈。

全年完成白内障复明手术19000例、低视力配戴助视器1000名、盲人定向行走训练210名、新收训聋儿505名、智力残疾儿童训练480名、肢体残疾康复训练480名。在52个县开展了精神病防治康复工作，对近8万名精神病患者进行了监护，在太原市开展了孤独症儿童康复试点工作，完成辅助器具配发3.2万件。长治市参加新农合的贫困精神疾病患者，凭低保证或特困证明到长治市安神专科医院治疗的，可享受县级医疗机构70%的补偿，其余费用由市残联再资助30%，安神专科医院减免20%，并由安神医院提供出院后三个月的治疗药物。

“5·12”四川汶川特大地震发生后，为做好灾区伤员转院到山西省的康复服务工作，中国残联国家康复医疗队山西分队及时为地震伤残人员提供康复服务。6月19日至25日，对山西省接收汶川地震灾区伤员的7家医院198名伤员作了康复需求筛查和评估，对34名伤员的康复治疗进行了现场指导。在7家接收伤员医院向灾区伤员赠送轮椅17辆、助行器52件、拐杖33副。

（二）教育工作

富士康科技集团助学项目安排99万元对731名残疾学生及残疾人子女进行资助；彩票公益金助学项目安排55万元资助29所特殊教育学校（义务教育阶段）的774名寄宿生和331名走读生；省彩票公益金助学项目安排100万元对200名贫困残疾学生和贫困残疾人子女进行资助。向中国残联推荐3所特殊教育学校，接受“通向明天——交通银行残疾青少年助学计划”资助，首批安排晋中市聋人学校教学设备购置费30万元。

全省有243名残疾学生报名参加高考，其中127名上线的残疾考生全部被录取。

全省11个市的33名具有初中以上文化程度的聋哑人参加了首期聋人计算机培训班，取得劳动部门颁发的职业技术等级证书，接受富士康科技集团的用工挑选，各市残联积极协助推荐就业。

运城市特殊教育学校正在加紧建设，预计2009年8月正式交付使用。介休市、长治县、河津市、夏县已开展特教学校建设。新绛县、襄汾县、朔州市朔城区等12个县的特殊教育学校建设规划已上报。闻喜县残联残疾人职业技能培训中心，政府已划拨25亩用地，项目资金已到位300万元，预计2009年底竣工并投入使用。

（三）就业工作

通过推进按比例就业，集中就业安置和开发适合残疾人的就业岗位，全年新增就业13100名。吕梁市残联通过政企联盟等措施，在14家福利企业和6家非福利企业一年内先后集中安置463名残疾人就业。太原、阳泉通过举办残疾人就业招聘会，446名残疾人有了就业岗位。平遥县福利企业安置残疾人1073名。山西潞安矿业集团潞安益民福利厂安置239名残疾人就业。

通过广泛开展针对性强、适应市场需要的残疾人职业技能培训，使登记失业的残疾人普遍得到培训，为他们就业创造了条件。在培训的内容、项目和层次上，省、市、县合理分工，各有侧重，效果显著，有14500名残疾人参加了各种类型的职业技能培训。太原市在实施《长江高科技助残就业项目》中，推荐166名残疾人进入高科技领域就业。

（四）扶贫和社会保障工作

落实优惠政策，保障残疾人基本生活。一是积极争取覆盖城乡居民的社会保障体系进一步对残疾人给予重点保障和特殊扶助，完善针对残疾人特殊困难和需求的社会保障政策措施。晋中市在市、县两级党委、政府以及各有关部门开展了对残疾人“助行、助医、助学、助困、助业”五助活动，4900多名副科级以上干部直接与残疾人结了对子。二是协调有关部门切实将符合条件的残疾人纳入社会保障范围，使城镇符合最低生活保障条件的残疾人做到应保尽保，落实农村贫困残疾人的低保和社会救助。三是对“三无”重度残疾人优先予以供养、救济，对享受最低生活保障待遇的重度残疾人、一户多残、老残一体等特困残疾人，不断提高低保和救助水平，对12100多名特困残疾人进行了救助。四是积极推动残疾人参加养老、医疗、失业、工伤等社会保险，鼓励引导残疾人参加人身意外伤害保险。全年对10.8万名农村贫困残疾人进行了扶持。忻州市残联争取资金24万元，依托市精神病院对40名智力和精神残疾人进行托养试点。

结合往年的资金到位、使用情况和扶贫效果，确定太原市阳曲县等43个县的50个项目为2008年残疾人财政扶贫资金的投放对象。12月22日，省扶贫办已将200万元财政扶贫资金下达到项目县。

2008年，国家安排山西省康复扶贫贷款指标3500万元，其中项目贷款2187.5万元，到户贷款1312.5万元。在各市申报的基础上，经审核，安排了5个项目贷款和7个市、19个县（市、区）、32个能人大户、175户贫困残疾人的到户贷款，下达了131万元康复扶贫贷款贴息。

结合省扶贫开发规划，将残疾人扶贫纳入扶贫开发整村推进规划村。对20334名农村残疾人进行了生产实用技术培训。

(五)宣传文化体育工作

通过开展第十八次"全国助残日"活动、"情系残奥"暨山西省第三届残疾人书画摄影手工艺作品大赛及展览、"山西省聋人篮球锦标赛"、"山西省轮椅太极拳轮椅健身操展演赛"、组织观摩残奥会开、闭幕式和部分赛事等系列活动，广泛宣传了残疾人文化体育和残疾人事业。临汾市力推"十佳自强创业者"、"十佳助残公民"和"十佳助残企业"评选，塑造残疾人事业精品。

2008年，全省各类新闻媒体刊播残疾人事业消息3000余条(篇)。报送参加全国残疾人事业好新闻和广播电台残疾人专题节目优秀作品评选，获得一等奖4件、二等奖2件、三等奖4件的好成绩。

(六)维权工作

太原、大同、长治、晋城、运城等五市积极开展了"全国无障碍城市"的创建工作。重点做好了北京奥运会、残奥会民航备降机场太原武宿机场的无障碍服务等应急保障工作。太原市在全省率先开展了"无障碍进家庭"活动，为全市100余户重度肢体残疾人家庭免费安装了无障碍设施。长治市制定了《无障碍设施建设工作细则》，规范了各类无障碍的技术参数，并建立了无障碍设施监管维护体系。省、市、县三级残联共接待残疾人来信来访13229人(件)次。利用县委书记大接访等机会，对一些重点疑难、缠访闹访案件进行了处理。

(七)基金工作

"情暖三晋　爱心助残"募捐活动从2007年底开始启动。由于2008年初南方部分地区低温冰雪灾害和"512"汶川大地震，救灾社会募捐成为全国性重点工作，社会资源向救灾倾斜，募捐工作两次中断。通过积极协调、多方争取，全年共收到捐款210万元。郭台铭先生再次向我省残疾人事业捐资1000万元，定向用于太原市残疾人职业教育中心建设。世界轮椅基金会为山阴水站提供一年的运转费用，"净水清源，关爱无限"安全饮用水项目试点水站争取到了日常运转资金。"捐出一份压岁钱，帮助残疾小朋友，争做爱心小天使"活动社会反响良好。

(八)基础设施建设

2008年，国家发改委安排投资285万元，对山西省临汾市残疾人综合服务中心等6个残疾人基础设施建设项目进行了补贴；省发改委安排投资2610万元，对省残疾人综合康复就业中心、太原市残疾人康复中心等18个建设项目给予了补贴。

吕梁市政府把修建市残疾人康复中心列入市政府十件实事之一，总投资1700万元、占地5.58亩、建筑面积10266平方米、建筑高度15层的市康复中心大楼手续办完，奠基开工。高平市残疾人综合服务中心被市委、市政府列为2008年为民办的十一件实事之一，投资2321.51万元，项目用地14.2亩，设计建筑面积11390.62平方米。孝义市完成了市综合服务中心的立项、土地审批和招投标工作，占地16.5亩、面积11300平方米、总投资3000万元的综合服务设施正在建设。晋中市榆次区残疾人康复托养社会综合福利设施已经立项，总投资600万元，2009年开工建设。黎城县残疾人综合服务中心建设也列入了全县重点建设项目之一。

【全省残联换届任务全面完成】　按照省委、省政府办公厅文件要求和中国残联批准的换届方案，全省各级残联圆满完成换届任务，一批优秀残疾人干部和有着丰富工作经历、年富力强的干部走上残联领导岗位。

2008年4月28日，山西省残疾人联合会第五次代表大会在太原召开，来自全省各地的残联代表大会代表和特邀代表、省直相关单位负责人260多人参加了大会。

会议审议通过了山西省残联第四届主席团所作的工作报告，选举产生了山西省残联新一届领导机构，推举产生了中国残联第五届主席团山西地方委员人选，选举了出席中国残联第五次代表大会的代表。

山西省残疾人联合会
第五届主席团名誉主席、副主席名单

名 誉 主 席：李立功
名誉副主席：王雅安　周　然
　　　　　　谢玉久

山西省残疾人联合会
第五届主席团主席、副主席名单

主　席：薛延忠
副主席：李建功　郭贵仁
　　　　郭响亮(视力残疾)
　　　　王小毛(听力残疾)
　　　　张晏萍(女，肢体残疾)
　　　　郑富梅(女，智力残疾人亲友)
　　　　王　哲(精神残疾人亲友)

山西省残疾人联合会
第五届执行理事会理事长、
副理事长及理事名单

理 事 长：郭贵仁
副理事长：郝保平(肢体残疾)
　　　　　郭新志(女)　温万一
理　　事：王世平　侯　维
　　　　　王宝堂(智力残疾人亲友)
　　　　　郝兴平(女，视力残疾)
　　　　　王小毛(听力残疾)
　　　　　郑富梅(女，智力残疾人亲友)

山西省残疾人联合会
第五届各专门协会主席、副主席名单

山西省第五届盲人协会
主　席：郭响亮
副主席：郝兴平(女)　邓延满
山西省第五届聋人协会
主　席：王小毛
副主席：徐海杰　卫海明
山西省第五届肢残人协会
主　席：张晏萍(女)
副主席：赵鑫跃　李　方(女)
　　　　周润华　郝锦荣　张应斌
山西省第五届智力残疾人及亲友协会
主　席：郑富梅(女)
副主席：霍　娟(女)　温庆富
山西省第五届精神残疾人及亲友协会
主　席：王　哲
副主席：杨晋民　柴文平

(郝晓波)

【省政府残疾人工作委员会召开全体会议】　2008年11月6日，省人民政府残疾人工作委员会(以下简称省政府残工委)全体会议在省政府常务会议室召开。会议由省人民政府副秘书长、残工委副主任李建功主持，省委常委、常务副省长、省政府残工委主任申联彬出席会议并讲话。

会议传达了国务院残工委第三次全体会议精神，听取了省政府残工委近几年工作情况与近期工作安排和贯彻落实《中共中央国务院关于促进残疾人事业发展的意见》(以下简称中央七号文件)的汇报，听取了起草《中共山西省委、山西省人民政府贯彻落实〈中共中央国务院关于促进残疾人事业发展的意见〉的实施意见》的说明，通过了《山西省人民政府残疾人工作委员会工作规则》和《山西省人民政府残疾人工作委员会成员单位职责分工》。省发改委、教育厅、民政厅、财政厅、劳动和社会保障厅、卫生厅、建设厅负责同志就贯彻落实中央七号文件精神作了发言。

会议指出，残疾人工作是党和政府的一项重要工作，各级各有关部门一定要站在深入学习实践科学发展观的高度，站在坚持以人为本、推动科学发展、促进社会和谐的高度，深刻认识中央七号文件颁布实施的重大意义，切实增强做好残疾人工作的责任感和使命感，不断开创山西省残疾人工作新局面。

会议议定，推进山西省残疾人事业，当前要突出抓好六项工作：一要健全完善政策法规，构建完备的残疾人事业法规政策体系，切实把残疾人事业纳入制度化和法制化的轨道。二要实施医疗康复工程，提高残疾人的医疗健康水平。三要落实扶残助学制度，保障残疾人接受教育的权利。四要依法促进残疾人就业，不断提高残疾人就业率。五要完善社会保障体系，保证残疾人的基本生活。六要加强硬件设施建设，满足残疾人的特殊需求。

会议要求，各级党委、政府要把残疾人工作摆上重要议事日程，进一步完善党委领导、政府负责的领导体制，建立各部门密切配合、残疾人组织充分发挥作用的工作机制，为残疾人事业发展提供强有力的组织保证。各级残工委要进一步强化职责，理顺关系，形成联系顺畅、沟通有效、协调有力的工作格局，各成员单位要按照职责分工，充分发挥职能作用，共同做好残疾人工作，促进全省残疾人事业又好又快发展。 (郝晓波)

【残联承担的为残疾人办实事项目全面完成】 2008年，省政府将“对5500名贫困残疾人实施康复救助，为200个社区配备残疾人康复器材，解决2400户农村残疾人的住房困难”列为为民办的十件实事之一。各级残联高度重视，精心组织，按时保质保量完成了各项相关工作任务。

(一)康复项目如期实施

省财政安排1060万元，省康复办制订实施方案，组织召开项目会议，部署项目任务指标，建立项目数据库，并将其列入年度目标责任制考核，深入基层检查落实项目实施情况，全面完成了项目任务。2000名贫困精神病患者得到免费服药，500名贫困听力残疾人配置了助听器，1000名贫困肢体残疾人和1000名智力残疾儿童进行了康复训练，1000名贫困残疾人配发了辅助器具，为200个社区配置康复训练器材。晋中市将实事项目救助人员纳入城镇居民医疗保险和新型农村合作医疗救助范围，延长康复训练期，使救助儿童和家长得到实惠。太原市财政投入137万元为1620名贫困残疾人实施康复救助，为100个社区配备康复器材，扩大了康复救助覆盖面。阳泉市、晋城市、长治市在省政府实事基础上组织实施了当地政府为残疾人办实事项目，让更多有康复需求的贫困残疾人得到了党和政府的关怀。

(二)农村贫困残疾人危房改造任务完成

2008年，全省农村贫困残疾人危房改造任务2400户，实际完成2436户。各项目市、县残联把农村贫困残疾人危房改造工作作为2008年工作重点，认真组织实施。省残联采取有效措施扎实推进：一是加大考核力度，把危房改造作为2008年目标责任制考核的一项重要内容，明确要求，危房改造任务完不成的不能评为先进单位。二是提前安排部署。2007年底即对2008年的危房改造工作作了安排，2008年3月将任务分解下达到项目县。三是建立了每月报送危房改造工作进展情况制度。四是及时进行督查，指导危房改造各个阶段工作有序进行。

省委、省政府高度重视为残疾人办实事项目，省委常委、常务副省长申联彬同志亲自到残联调研、检查督促项目的落实情况，亲自批复残疾人的来信。省政府督查组年终进行了认真检查，有力地促进了这项工作的圆满完成。 (郝晓波)

【圆满完成北京残奥会相关任务】 一是协助完成了北京残奥会开幕式《星星你好》节目聋人演员和手语老师的选拔、培训工作；二是组织山西盲人鼓乐节目《沸腾的节日》参加残奥会暖场节目表演获得成功，圆满完成了奥组委交办的任务；三是选派残疾人参加了民间手工艺编制、剪纸等奥运主题艺术广场“山西小屋”的活动；四是组织15名轮椅太极拳演员赴京参加表演，在北京奥运会和残奥会期间展现了山西残疾人的才艺和风采。

山西运动员在北京残奥会上获得较好成绩。运动员张应斌获得田径男子F55/56级标枪银牌，李小东获得盲人柔道男子60公斤以下级铜牌，周倩获得盲人柔道女子63公斤以下级第五名。9月9日，省委、省政府向省残联发来贺电，祝贺参赛运动员取得佳绩。10月19日，省委、省政府隆重召开表彰大会，授予运动员、教练员“山西省先进工作者”称号，授予省残联“参加北京残奥会贡献奖”。

(郝晓波)

移民工作

【概述】 2008年是山西省水库移民工作取得重大进展的一年，全省大中型水库移民后期扶持资金缺口基本解决，移民后期扶持资金发放取得突破，张峰水库、双峰水库、西岁兴水库、龙华口水电站、东焦河水电站等新水源工程的移民搬迁安置工作进展顺利，古贤、龙口、引黄北干等国家和省级拟建、新建工程的移民前期工作全面启动，小浪底水利枢纽移民工作通过了国家终验前的技术总验收，三门峡、汾河水库移民的遗留问题处理成效显著，省劳动竞赛委员会对全省移民系统中涌现的先进集体和个人进行了记功表彰。

(李临杰)

【全省大中型水库移民后期扶持资金缺口基本解决】 2008年4月22日，省政府下发了《关于省市共同解决我省大中型水库移民后期扶持资金缺口的通知》(晋政办发电[2008]62号)，明确了缺口资金的解决方案，即：省直管扶贫开发重点县移民超出人口的资金全部由省财政全额负担，其他县(市、区)超出人口资金由省级财政和移民所在市各负担50%。山西省实际登记核定的移民总人口比国家核定数超出了6.783万人，每年的缺口资金为4069.8万元。按照省政府62号明电要求，省财政每年负担2250.57万元，各有关市每年应承担的资金总额分别为：临汾549.27万元、大同245.07万元、朔州

289.65 万元、晋中 249.51 万元、长治 407.22 万元、吕梁 78.51 万元。截至 2008 年底,省财政应承担的缺口资金已足额同步到位;应承担缺口资金的 6 个市的资金解决方案全部确定,长治、大同的缺口资金已经到位,临汾、晋中、朔州正在筹措当中。 (李临杰)

【大中型水库移民后期扶持资金发放工作取得突破】 截至 2008 年底,中央共拨付山西省后期扶持资金 45348 万元,省财政配套缺口资金 4501.14 万元,市财政到位缺口资金 402.09 万元,全省共发放资金 32459.512 万元,占到位资金 60.69%。领取后期扶持资金的移民人数 33.6669 万人,占全部移民人数的 75.53%。

(李临杰)

【《大中型水库库区和移民安置区基础设施建设和经济发展规划》编制基本完成】 2008 年 4 月 22 日,省政府正式向国务院上报了《山西省大中型水库库区和移民安置区基础设施建设和经济发展规划纲要》,2008 年 8 月 13 日国务院正式批复。按照批复精神,对全省 60 个县(市、区)的《大中型水库库区和移民安置区基础设施建设和经济发展规划》进行了完善,并由省发改委牵头,逐县进行审查。截至 2008 年底,已审查完成了忻州、吕梁、太原、阳泉、朔州、大同、长治、晋城等市 37 个县(市、区)的规划。 (李临杰)

【张峰水库移民搬迁安置工作】 2008 年,张峰水库移民工作主要包括三方面内容:一是完成了库区 747 米高程以下的库底清理和移民安置任务,并通过了水利部水库移民开发局组织的验收复核。二是开展了移民安置点建设,沁水县开工建设了河头、里必两个安置点,其中里必安置点移民建房工程基本完工;安泽县移民安置点的征地工作和三通一平工作基本完成,并进行了部分土方填挖工作。三是启动了征地及移民资金的调改工作,多次组织业主单位、设计单位以及当地政府有关部门召开协调会,有关各方基本达成了一致意见。截至 2008 年底,张峰水库移民共搬迁 3969 人,占总任务的近三分之二。

(李临杰)

【汾河水库库区贫困人口脱贫工程】 截至 2008 年底,娄烦县县城移民新区第一期工程规划建设住宅楼 36 栋,已全部完工,共安置移民 1824 户 7296 人。在县城移民新区工程建设的同时,按照县监管、乡镇组织、村规划、户实施的原则,以群众意向为前提,完成了杜交曲镇下石家庄大湾、小河沟、静游镇峰岭底、下静游、庙湾乡常家坡村娄不塔、娄烦镇向阳村、娄烦镇蒲峪村等移民安置点的建设任务,共安置移民 3558 户 14690 人。 (李临杰)

【新增大中型水库移民人数核实上报情况】 2008 年,对全省新开工建设的大中型水库水电工程移民进行了摸底、调查、核实,对照政策要求,结合全省实际,实事求是地向水利部移民局上报了山西省的双峰水库、西岁兴水库、龙华口水电站、东焦河水电站等四个新水源工程的移民搬迁情况。经水利部审查,除东焦河水电站的 130 人需要进一步补充相关资料外,其余 2563 人全部核定为新增大中型水库移民,同意纳入国家后期扶持范围。

(李临杰)

【移民干部培训】 7 月 22 日~24 日省移民办在太谷举办了全省水库移民系统财务管理培训。11 月 22 日~24 日水利部水库移民开发局在太原举办山西移民干部培训班,培训内容是移民工程管理;基本建设程序;编制库区和移民安置区基础设施建设和经济发展规划的有关规定;移民信访工作管理。全省各级移民机构主要负责人及业务骨干参加了培训。

(李临杰)

【国家督导组对山西省大中型水库移民后期扶持政策实施工作进行督导】 10 月 16 日~19 日,以水利部移民局局长刘伟平为组长的国务院移民后期扶持政策部际联席会议督导组对山西省的政策实施情况进行督导,督导组一行听取了情况汇报,并赴运城市永济市深入移民区,走村串户,对政策落实情况、移民群众受益情况以及政策实施中的有关问题进行了实地调研。省政府副秘书长崔国红,省发改委副主任段进存,省水利厅副厅长张健以及其他 19 个省直有关部门的领导参加了有关活动。 (李临杰)

【移民信访工作】 2008 年移民信访数量明显减少,全省库区和移民安置区整体稳定。省移民办公室全年累计接待来访群众余 100 人次,处理上级交办的信访事项 10 起,答复涉及移民的人大代表议案 3 件。在处理信访、答复议案方面,以政策为依据,以事实为依据,通过深入实地调查了解、耐心细致地宣传解释,广泛听取各方面意见,有效化解了基层矛盾,维护了移民区社会稳定。 (李临杰)

【表彰工作】 2008 年 11 月 22 日省劳动竞赛委员会对全省移民系统的 20 个先进集体和 77 名先进个人进行了记功表彰。为山西省移民办公室颁发“山西省五一劳动奖状”;为赵善清等 11 名同志颁发“山西省五一劳动奖章”;为娄烦县移民开发局、运城市垣曲黄河小浪底水库移民办公室等 3 个集体分别记一等功一次;为运城市人民政府移民办公室、吕梁市水库移民办公室等 6 个集体分别记二等功一次;为晋城市人民政府移民办公室、大同市水库移民办公室等 10 个集体分别记三等功一次;为崔际玲等 16 名同志分别记个人一等功一次;为梁景文等 19 名同志分别记个人二等功一次;为集耀光等 31 名同志分别记个人三等功一次。 (李临杰)

人　　物

李世温（1926—2008）　李世温先生是我国著名建筑抗震专家。1946年就读于山西大学工学院（1952年院校分离更名为太原工学院）1950年毕业留校任教直至退休；在校历任助教、讲师、副教授和教授。李世温先生将毕生精力贡献给我国的教育事业和科学研究事业；1991年获得山西省首批“优秀专家”称号，同年被国务院批准为享受政府特殊津贴专家；退休后仍继续从事科研和工程咨询工作，任国家山西应县木塔修缮保护工程管理委员会技术顾问。李世温先生曾任中国人民政治协商会议山西省第七届委员会常务委员会委员、九三学社山西省委员会副主任委员，太原理工大学建筑与环境科研所所长等职务。　　（刘中玉）

戎金亮　山西省忻州市忻府区南城西街村人。5月12日四川汶川大地震发生后，他是首批报名参加抗震救灾的志愿者，在援川建房中，因劳累过渡，于6月24日突发脑溢血，经抢救无效，牺牲在抗震救灾第一线，年仅四十五岁。他牺牲后，四川各媒体以“山西好人”为主题，连续报道，引起了强烈反响。在6月29日举行的遗体告别仪式上，从都江堰市崇义镇15个村自发赶到的数百名灾区群众挥泪送别戎金亮，并捐款十万元表达敬意。戎金亮的妻子徐美英含着热泪说：这钱不能收了，收了会伤金亮的心。她把这笔款子当场回赠灾区。6月30日戎金亮的骨灰被护送回故乡安放。党的生日“七一”前夕，中共忻州市委做出决定，授予戎金亮优秀共产党员称号。并以戎金亮的名字建立一个助学基金会，连续起晋川人民的爱心桥梁。

戎金亮原是忻府区造纸厂的职工，下岗后，回到农村，借钱买了一辆农用车，利用农闲跑运输。他的家境并不富裕，乡亲们说，“金亮一双肩膀扛着六张嘴，日子过得紧巴巴。他是一名普通的共产党员，为人忠厚老实，但有一副热心肠，乐于助人，在村里人气旺，名声好。孤独老人段二种着两亩谷子，金亮替他收割；村人周恒山盖房，他加人带车搭进去帮忙；邻里王建平收玉米，他放下自己的活儿摸黑拉运。而他自己家里，20多岁的大儿子没有工作，15岁的二儿子是脑残患者，11岁的女儿还在上学，生活的重担压在他一个身上。他没有一幢像样的房子，却为四川灾区人民建起一排排漂亮的板房。

“5·12”汶川大地震发生后，举国震惊。共产党员戎金亮着急得寝食难安。他在第一时间，为灾区捐出了身上仅有的一百元钱，以后又交纳“特殊党费”50元。他毅然参加了首批抗震救灾自愿者队伍，他找有关领导软磨硬泡，坚决要求挺进第一线，出一份力，尽一片心，登上了援川建房突击队的车。

戎金亮从6月8日端午节那天，千里驰援灾区，直到他6月25日心脏停止跳动，在十七个日日夜夜里，一身汗一身泥，奋战在建房工地上，以一个普通共产党员的言行、以一个普通劳动者的实际行动，诠释着生命的真谛，书写着“山西好人”的平凡而非凡的闪光形象。

“戎金亮有一颗金子般的心。”突击队员王培明说。一次，在房顶拧螺栓时，他发现一根地槽钢“长”出一寸多，平时和气的他，粗着嗓门大喊：这是谁做的营生？要拍拍良心，问问能不能对得起灾区百姓！在大伙儿累得东倒西歪时，他总是打来热水，泡好了热菜，捧给同志们。用共产党员的无言行动，感动着鼓励着弟兄们……

“他是累死的。”和戎金亮一起赴川的突击队员任文祥说。6月24日，在援建过渡房工地，从天一亮，戎金亮就独揽了七八个人才能干的封边和灰任务。中午12点多，别人都蹲在荫凉里吃饭，只有他还埋头在烈日下和灰。副队长赵荷春劝他吃了饭再干，他头也不抬地说：等我和好灰，大伙干活就不误事了。就这样，他一直不歇气地干到了晚上9点多。

戎金亮殉职后，中共山西省委组织部追授戎金亮同志为“山西抗震救灾优秀共产党员”。　　（烨　子）

白　剑　男，1956年生，中共党员。省农业厅经管局调研员，分管全省农村土地承包管理工作，并兼任厅信访领导组办公室副主任。多年来对工作认真负责，作风过硬，时刻不忘全心全意为人民服务的宗旨，在加强山西省农村土地承包管理，依法维护农民土地承包权益，保持山西省农村和谐稳定中作出了突出贡献。

他代省委、省人大、省政府起草了一系列政策法规。如《中共山西省委关于进一步稳定农村土地承包关系，做好农户承包地使用权流转工作的意见》（晋发〔2002〕20号）；《关于认真解决农村土地承包纠纷依法保障农民土地承包权益的意见》（晋政办发〔2004〕62号）；《山西省实施〈中华人民共和国农村土地承包法〉办法》、《山西省征收征用农民集体所有土地征地补偿费分配使用办法》（省人民政府182号令）等。他热情接待上访农民，认真处理农民上访案件。近年来，白剑同志接待上访农民500多人次，处理上访案件436起。其中接待处理中央、国务院、农业部、省委、省人大、省政府及各级领导批办批转的案件56起，做到了件件有着落，事事有回音。2004年9月，白剑同志被省直机关文明委评为省直机关公民道德建设“十佳文明公民”；在2005年开展的保持共产党员先进性教育活动中，农业厅党组号召全厅党员干部开展“外学李学花、内学白剑”的活动，省劳动竞争委员会授予白剑同志为山西省“五一劳动奖章”称号；2006年，白剑同志在维护农村妇女儿童土地承包合法权益中被省妇联授予“山西省十大维权卫士”荣誉称号；2005年、2006年连续两年被评为农村厅优秀共产党员和先进工作者标兵，2007年被中共山西省委、省人民政府授予“山西省劳动模范”光荣称号。

（烨　子）

张华滨　男，56岁，山西焦煤汾西矿业集团介休洗煤厂高级钳工技师。他是由一个只有初中文化程度的普通工人成长起来的“蓝领专家”，在钳工岗位了坚守了39年，加工制作的工件，件件都是精品，维护的车床合格率达98%以上，为企业创造价值4000多万元，是山西省的“钳工状元”。他先后获得全国“五一”劳动奖章、省“五一”劳动奖章，并荣膺“山西省职工技术创新能手”和“感动中国的百名矿工”的光荣称号。

2008年3月，汾西矿业集团正式命名了“张华滨钳工组”，从集团领导手中接过命名匾额，他觉得沉甸甸的，这是企业对他工作的又一次褒奖。

张华滨出生于干部家庭，父亲是副局级领导。他多次放弃调离工人岗位和提干机会，严守钳工岗位。1999年，特灵珠厂长有意让张华滨出任厂里的中层干部。张华滨都谢绝了，他说：我的爱好是干钳工，特长也是干钳工，在钳工岗位所能发挥更大作用，搞管理不是我的强项。张厂长既为企业有这样肯钻研技术的职工高兴，又为他的固执而生气。

一次，加工制作一批洗煤机链板，他根据质量标准和加工件数量、流程，先制作了七八套专用工具，然后对每道工序进行了工时测试，时间精确到秒，质量误差精确到微米，加工出的链板件件为“优质”。

“二十多年来，经他制作加工过的10多万件工件，件件称得上是精品”。车间领导这样评价他。

“当技术工人，就要为企业排解技术难题”。这是张华滨的口头禅。

张华滨的主要工作是负责该厂机修车间50多台机床和设备的维护检修以及加工件制作。这些机床和设备大多出厂于上世界六七十年代，超期服役，严重老化，维护难度相当大。工作中，他摸索出了一套“看运行情况，听机床声音，摸机就要温度”的故障判断法，往往是操作员还没有感觉设备有毛病，他就能提前发现。一次在检修中，凭着多年的经验，他感觉锯床运行声音异常，拆开一看，果然有毛病，避免了锯床大检修带来的损失。在这个洗煤厂，每减少一小时的检修时间，就能多洗煤400多吨，多创产值30多万元。26年来，经他维护的机床和设备至今完好率保持在98%以上。

1988年的一天，因一位工人操作失误，致使车间唯一一台冲床严重损坏，主传动部分断裂，床身也裂开了一条缝。大家认为坏成这样了，只能报废。可报废后不能及时补充，会给生产检修带来被动。张华滨说：“我看还能修复，交给我吧。”在周围人怀疑的眼光中，他一头扎进去研究起来。他根据冲床的特点和损害的严重程度，设计出修复方案。在抢修中，他攻克了钻超深孔、恢复床身强度等多项技术难题，仅用一周的时间，加固了床身，更换了所有损坏部件，恢复了冲床的精度和强度及全部功能。起死回生的这部冲床至今还在使用并保持完好状态。

前几年，选车间的5个大型储油罐需要配置自动液位计量装置，如果要买，需要资金4万多元。厂领导找到了张华滨，看能否自己解决。张华滨立刻把活接了下来。先搞设计，然后和老搭档老徐一起制作、安装调试，用了两周时间完成了任务，全部材料费不足1000元。

2005年7月间，洗煤车间的100吨液压机因使用时间长，严重漏洞。之前，厂多方联系修理单位，一家单位答应维修，修理费开价3万元。但这家单位派来的技术员现场勘测后，摇摇头走了。于是，厂里把活交给了张华滨，试一试能否修好。由於该设备没有任何文字说明和技术资料，他只好将液压机全部拆开，清洗、检查、测量，精细分析零部件的功能、使用要求和精度丧失程度。随后他制定出详尽的检修计划、配件计划、加工件图纸，与搭档们一起用了两个月的时间完成了该设备的修复，材料费只花了两千元。

当焕然一新的液压机满负荷试车成功，交付使用后，厂领导和职工都为他竖起了大姆指。

2007年4月，是令洗煤厂人最骄傲自豪的一天。这一天，张华滨入围“感动中国百名矿工”，光荣地站在了人民大会堂的领奖台上。 （烨　子）

刘玉萍　晋中市检察院监所检察处处长。多年来，她面对纷繁复杂的案件，铁面换私敢于碰硬；看到在押人员权益受损，她执着维权、热心诚恳。刚柔相济的性格，铸就了她平凡中所蕴涵的不平凡。当案件尘埃落定，犯罪分子被绳之以法的时候，人们看到的不是仇恨、对立，而是感激和感动……在检察机关工作22年，她把自己的青春年华献给了自己所钟爱的检察事业，被评为“山西省十大优秀政法干警”、“山西省十大杰出检察官”、“全国模范检察官”，2006年光荣地出席了山西省第九次党代表大会。

监所检察是检察院一项重要的法律监督职能，刘玉萍上任之初，就把重点放在了查办和预防监管场所的职务犯罪上。2002年，刘玉萍查办了晋中监所检察史上首例守所干警帮助犯罪分子逃避处罚案。

张某时任榆次区看守所副所长，因念战友之情，贪一己私利，他利用职务之便，多次为关押在看守所的犯罪嫌疑人郭某传递纸条、通风报信。孙某的行为使郭某向侦查机关提供了虚假供述，严重损害了侦查机关的诉讼活动。案件查办之初，张某觉得自己从事公安工作多年，是有一定的反侦查能力，拒不承认有罪。关键时刻，刘玉萍果断地对其采取刑事拘留措施，异地羁押于阳泉看守所。这时，张某仍心存侥幸，不肯交待犯罪事实。他认为自己不交待案件就难以侦破。刘玉萍从外围搜集、固定证据，刘玉萍带领破案人员加班加点，多次往返榆次阳泉之间，提审郭某的爱人，从阳泉市反贪局调取相关证据资料，并提审郭某同监室人员10余名，最终以确实充分的证据，证实张某利用职务之便为在押人员通风报信，串通案情，妨害诉讼活动的事实。最终，法院以“帮助犯罪分子逃避罚处罪”判处张某有期徒刑6个月，缓刑1年。

2005年8月，刘玉萍主办了一起戒毒所干警石某帮助犯罪分子逃避处罚案。

石某曾在晋中看守所工作多年，受朋友之托，他到该看守所向涉嫌抢劫的在押人员李某通风报信。通过编造虚假出生年月，最后造成李某被检察机关以年龄不详为由“不予批准逮捕”的严重后果。刘玉萍坚决地对李某的真实年龄进行查证。面对公安部作出的骨龄鉴定，李某的父母及相关人员不得不承认李某已年满16周岁，并供认了编造虚假出生年月作伪证的全过程，涉案干警石某被法院作出有罚判决。

刘玉萍常说，作为监所检察干警最重要的是维护法律的公正。2004年开展的减刑、假释、保外就医的专项检查中。她亲自组织对寿阳县3名暂予监外执行的职务犯罪罪犯进行异地秘密体检。当时说情的、打听鉴定医院者众多，甚至一些人通过亲友的引荐，请求“高抬贵手”，都被刘玉萍拒绝了。她严守纪律、顶住压力，采取有效策略，最终使鉴定医院对3名暂予监外执行的罪犯顺利进行了休检，鉴定结果是两名罪犯不符合保外救医的标准。在这项专项检查活动中，晋中共立案查处违法保外就医的职务犯罪案件3件，共收监执行10名不符合保外就医条件的罪犯，向公安、法院罪犯脱管失控、不在指定医院鉴定等问题提出检察建议40余份。这是刘玉萍点点滴滴汗水的结晶。这一年，她被最高人民检察院表彰为“减刑、假释、保外就医专项检查活动先进个人”。

铁骨之中有柔情。维护在押人员合法权益是监所检察工作的另一项重要职能。刘玉萍常说“监所检察是在押人员合法权益保护的最后防线”。

2005年11月刘玉萍收到太原铁路检察院发出的案件移送函。原来，在省女子监犹服刑的刘某在所犯罪行被侦查期间，曾检举本单位领导鲍某挪用公司资金的犯罪事实。经侦查，刘某举报属实，但鲍某被判决时刘某已被投送监狱，所以没有在刘某的判决中体现举报立功的兑现问题。这份移送函曾被女子监狱、太铁法院等方面退回，无奈中，太铁检察院便将有关材料转至晋中市人民检察院监所处。仔细审查转来的有关材料后，刘玉萍敏锐地感觉到这又是一起涉及在押人员合法权益能否得到保障的案件。职业的本能促使刘玉萍认真查阅了有关规定。这时周围有人劝她：“别人都不管，你还是别自找麻烦了，把有关材料退回去好了。”刘玉萍却认为，如果简单地将此案转回移送单位，刘某检举立功问题将会被推来推去，无法得到解决。刘玉萍决定克服困难，努力寻找解决问题的最佳方法。“精诚所至，金石为开”，在刘玉萍和监所处同事的努力下，省女子监狱最终采纳了他们的协商意见。2006年3月底，兑现了立功表现的刘某终于获得了假释。

2005年，刘玉萍带领监所处的干警连续查处两期监犯干警涉嫌虐待监管人员的案件。这在监狱系统及社会上引起较大反响。案件的侦查终结起诉到法院后，两名涉嫌狱均被作出有罪判决。这成为晋中监所检察办理的首例因监狱干警虐待被监管人被判有罪的案件。最可贵的是，凭着刘玉萍的耐心细致和周到的协调，无论是发案监狱、打人干警，还是受害者家属，都从这位刚柔相济的女检察官身上感受到了公平正义的分量。

面对荣誉，刘玉萍仍然从容淡定，她用自己的坚毅和信念，维护着世间的公平正义，守卫着法律监督的最后一道防线。

（摘自2008年1月《山西日报》）

蔡廷军　是山西阳煤集团三矿采煤工区综采一队分管机电的副队长，一个新型的、技术型工人。他在井下电气“迷宫”中一次次地刻苦攻坚，一次次地不懈探索，为企业为矿山创造着财富，也为自己的人生实现着价值。蔡廷军自2002年担任工长以来，积极提合理化建议，开展技术攻关，共完成工作面闭锁电缆保护、400型磁力起动器故障状态显示、生产溜自保线路改造、皮带堆煤保护装置、回风语音通话线路改造、风钻头改装、井下断螺丝套机处理等13项技术革新和技术改造，提合理化建设38条，为企业创造价值1340万余元。2008年5月，蔡廷军获得了中国工人最高荣誉——五一劳动奖章。

蔡廷军自幼就喜欢研究家里的收音机等小电器，参加工作后，更是如饥似渴地学习电气知识。为了掌握综采设备的性能，弄通电路原理，蔡廷军先后“吃”透了三十余种典型部件的说明书和十几本电工、电子、机械等业务技术书籍。他注重向老师傅和工友请教，抓住每一次维修机会认真实践，并拿旧设备来练兵，反复折卸安装，反复揣摩。蔡廷军身上总是挎着个帆布包，新换了什么设备，性能怎么样，工作中可能出现什么问题，随时记在本本上、画在纸上，装在挎包里。事后反复琢磨、细致分析。师傅王富年说：“无论是上理论课，还是实践操作，小蔡提的问题最多，也比较复杂，这样的执着精神，对现在的年轻人来说真是很难得，是一块干电工的好料。”求真务产的态度和坚韧不拔的毅力，让蔡廷年迅速从一名名不见经传的普通工人成长为一名无人不晓的综采设备维修专家。2005年9月26日，他代表阳谋集团参加“西山集电杯”全国煤炭行业职业技能大赛上，他获得了“全国煤炭行业优秀技术能手”称号。

蔡廷军说，“矿山造就了我，我要把自己学到的东西献给矿山，为企业创造财富。”

2005年12月20日，三矿决定对综一队K7212工作面使用的吉林辽源MG－575采煤机更换为MG－300700－WD3电牵引采煤机。这是蔡廷军从没有安装和使用过的新设备。他把这项任务当作对自己的考验，全力以赴投人工作中。他争分夺秒查资料、看说明书，专门卖下数码相机拍摄采煤机的接线端子排号，回家与说明书对照，不放过任何一个细节。还利用下班时间多次跑到机电工区厂房与MC－300700－WD3电牵引采煤机这台庞然大物“亲密接触”。12月28日，新机组安装战役正式打响。由于事先的深入钻研学习，接触揣摸，心中有数，蔡廷军带领工友提前完成了安装任务受，受到了矿上的表扬。

2006年4月的一天，蔡廷年刚下井，就接到调度通知，说K7212工作面采煤机又“瘫痪”了。他赶到现场，上一班的电工正束手无策站在机组前发呆。蔡廷军简单问了情况，观察了大约5分钟，就着手处理故障。只用了12分钟，就给采煤机“医”为了“病”。围绕的人纷纷向蔡廷军竖起了大姆指。

2007年5月30日，出於对劳模的关心，集团公司组织劳模到国外荣誉修养。蔡廷军接到电话通知后却犯了愁：眼下，正在安装K7209工作面，K7212过无炭柱，自己作为分管机电的工长，咋能走得开？他找到矿领导：“能不能帮忙求个情，我不想去。”在蔡廷年身上，类似的事情不胜枚举。

针对队里电工人员不足、素质不高的情况，蔡廷军积极做好传帮带，一个人带了7名徒弟，并利用班前班后会组织培训，手把手讲解电机知识和操作要领，并自己借来电气设备说明书和电路图给工友耐心讲解，使他们的业务技能突飞猛进，很快成为队里的技术骨干，其中一人还成为了电工组长。

蔡廷军眼里，自己能有今天的成绩，正是得益于企业创造这样一种良好的学习氛围。自己成长了，更有责任和义务，带动和引导更多的工友去学习，去锻炼，成为现代化机器的操纵者。

对予这一愿望，蔡廷军有自己的道理：“未来企业的竞争，是装备的竞争，技术的竞争，最根本的还是人才的竞争。必须有一个又一个新型的单位型、技能型工人涌现，才能有企业又好又快的发展。”

（摘自《山西日报》2008年7月）

白仲玉　男，1963年10月出生，汉族，山东省济宁市人，中共党员，工学硕士，高级工程师，国际注册高级地产运营师。历任中房集团太原公司（原太原市综合开发公司）三工区主任、工程承包公司经理、中房集团太原公司（原太原市综合开发公司）总经理。现任中国房地产开发集团太原公司即太原中和房地产开发有限公司董事长。

白仲玉董事长担任的社会公职有：中

国房地产业协会常务理事，中华全国工商业联合会房地产商会常务理事，中国企业信用建设促进联盟副主席，山西省改革创新研究会副会长，山西省房地产业协会副会长，山西省工商业联合会常委，太原市慈善总会副会长，太原市青年联合会副主席。

任职以来，特别是近年来，白仲玉董事长努力学习实践科学发展观，带领员工脱困境，战危机，抓机遇，谋发展。以倾情回报社会的责任感，主动适应时代要求，充分发挥主观能动性，积极承担社会责任。带领大家转型创新，着眼于企业的长远发展，致力于多种经营资源的开发与积累，收到了预期的显赫效果。在“2009新晋商形象展示与产业博览会”上，太原市政府与中国房地产开发集团合作的以“中和城”命名，首期开发100万平米，总投资30多亿元的老军营片区改造项目正式签约。企业形象逐步提升，为下一步企业的跨越飞跃和超常发展奠定了坚实基础，为建设和谐太原作出自己应有的贡献。

近年来，白仲玉同志先后荣获全国十大诚信企业家、山西省五一劳动奖章、太原市特级劳模。在2009年9月29日隆重召开的全国第五届民族团结进步表彰大会上，白仲玉荣获中华人民共和国国务院颁发的“全国民族团结进步模范个人”的荣誉称号，并受到胡锦涛等党和国家领导人的亲切接见。（王泽武）

市 县 简 介

太原市

【概述】 太原简称并，古称晋阳。是我国黄河流域文明古城。“古交旧石器文化遗址”证实，早在五十万年前人类就生息繁衍在太原；义井和东太堡“新石器文化遗址”亦说明，七、八千年前的母系氏族公社早期，太原先民曾创造了灿烂的文化；“许坦型文化”遗址展现了商代文化。殷商时，太原为唐国。西周时，因临晋水改称晋国，是晋国鼻祖唐叔虞受封之地。晋定公十五年（公元前497年）晋阳古城问世于晋水汾河之畔，距今已有2500余年历史，春秋之际兴建的晋阳城邑“版筑十尺、冶铜为柱、城高池深、宫苑壮丽”。战国初期，晋阳曾为赵国都城。秦代以晋阳为郡治，设太原郡，为全国三十六郡之一。西汉时，晋阳又称并州，为全国十三州刺史部治之一。亦是太原简称“并州”的渊源。三国时期，太原郡为太原国。西晋末年，前赵、后赵、前燕、前秦、后燕五国都曾以太原为国都。南北朝时，北魏、北齐的统治以太原为中心，史称“霸府”，开创了太原在军阀割据中的军事地位。隋朝时隋炀帝杨广即位前封晋王，驻守晋阳，视晋阳为“龙兴”之地，大兴扩建，当时太原与长安、洛阳并闻当世。唐王朝发祥于太原，李渊、李世民父子定都长安后，因晋阳古称唐国，遂定国号为唐。唐太宗之子李治以晋王之位承袭帝业，为唐高宗。唐朝先后封太原为“北都”、“北京”，与京都长安、东都洛阳并称“三都”、“三京”。唐朝大诗人李白于太原作序时曾记“天王三京、北都居其一。襟四塞之要冲，控一原之都邑。”太原籍诗人白居易曾赞“并州好马应无数，不怕旌旄试觅看”。五代十国时期的后唐、后晋、后汉、北汉等都以太原为开基发迹之地，封为国都或陪都，因此，太原素有“龙城”之称。在两千多年的历史中，太原一直是享誉华夏的军事、经济重镇和文化、商业都会。史载有“年谷独熟、人庶多资、经济富庶、人才辈出”的盛名。宋代升置并州为太原府，享有“锦绣太原城”之美誉的太原，有着“坚逾铁瓮”的城堡。清代太原为国都北京之右的军国要镇，长期驻扎“精骑兵”，时山西省建制确立，巡抚衙设太原。封建时代清朝末年，1905年，孙中山领导的中国同盟会在东京成立，太原相继组织分会，主办《晋阳公报》和《民报》，宣传资产阶级革命思想。民国时期，1921年开始太原即为省辖市。1920年，“太原社会主义青年团”宣告成立；1924年，“中国共产党太原支部”诞生；1936年，太原成立了由中国共产党直接领导的抗日民主统一战线组织——牺牲救国同盟会；1937年，太原市设立了八路军办事处，周恩来、朱德、彭德怀、薄一波等留下了宣传和组织抗日民主统一战线的足迹，1949年4月24日太原解放后，定为省会城市。

太原市位于东经111度30分至113度09分和北纬37度27分至38度25分之间，地处华北地区黄河流域中部，东、西山对峙，向北合拢环抱。北部山地古称“山西内险”，“石岭关”、“天门关”号称“北门锁钥”。因之，古称太原“控山带河，踞天下之肩脊”，现代诗人郭沫若曾有“远望太原气势雄”的诗句。由于东有太行山支脉系舟山阻隔，西有吕梁山东翼云中山屏障，黄河的重要支流汾河自北向南纵贯全市，坐落在两山间海拔800米的河谷平原上，虽属北温带大陆性气候，却具有区别于同纬度地区的气候特点，冬无严寒、夏无酷暑，夏秋多雨，日照充足，昼夜温差较大，无霜期较长。年平均气温8.3—11.6℃，年平均日照2122—2603小时，无霜期平均149—175天，年平均降雨量303—441毫米，年平均风速2.3米/秒，市区地震烈度8度。

太原市总面积6988平方公里，建成区面积198平方公里，全市南北宽约107公里，东西长约144公里。土石山地、黄土丘陵、平川面积分别为3631平方公里、2117平方公里、1240平方公里。其中，耕地占18.9%，林地占31.5%，牧草地占5.7%，园地占2.8%。全市矿藏资源丰富，有铁、锰、镁、铜、铅、铝等金属矿，又有煤、石膏、硫磺、硝石、石英、石灰石、白云石等非金属矿。全地区含煤炭面积1318平方公里，探明储量174亿吨。铁矿储量6.6亿吨。非金属矿中石膏矿质量全国盛名，探明储量6178万吨。水资源总量5.8亿立方米，地下水资源总量3.9亿立方米。

太原独特的地理位置，在中国经济格局中，具有连接南北、承东启西的区位优势，是中国北方联系西部地区和沿海发达地区商流、物流、人流、资讯的枢纽城市。自古以来，经济比较发达。冶炼、兵器、采炭、陶瓷、酿造等手工业享有盛名。太原出土的“春秋大墓”中晋国赵卿陪葬之庞大的车马坑，精美的金玉饰，特别是编钟、壶、尊、兵器等，以及青铜器中，精致、古朴的“牛镬”铜鼎，是迄今所知我国春秋时期最大的铜鼎。战国初的“晋阳”铜币，西汉时的铜镜，唐代货币铸造等，均表明太原冶炼锻造技术的精湛。唐朝大诗人杜甫就有“焉得并州快剪刀，剪取吴淞半江水”之名句。宋代采炭、冶铜、酿造、陶瓷产业兴盛。元代的太原，是全国制造兵器的中心，元代诗人小仓月曾赞太原“一城春色富河东，万古中州悉听从”。清代时，太原又是制铸“官钱”的基地，承接西北、华北金融流通的枢纽。其时，太原封建的同业公会已形成粮行、油面行、绸缎行等十大行帮。

太原在历史上有过“晋人善贾”的辉煌，以诚信为本的商业都会享誉海内外，早在西汉时期太原就与西域、中亚有密切的贸易往来，经过历代发展，太原的钱庄、票号明清之时已遍及华北和东南沿海，雄踞“十大商帮”之首。清代晋商号称“海内最富”，有“晋商执全国牛耳”之誉，太原则是晋商创业开埠的首选码头，曾有“蔽天光、发地脉”之赞。中华人民共和国建国以来，太原一直是山西省省会，内陆重要的政治中心、经济中心、消费中心和商品集

坐落在太原市双塔寺烈士陵园的高君宇纪念馆

张明芳摄影

散地。

太原市地处内陆，人杰地灵，民风朴实。《汉书》记载并州“本唐帝所居，其民淳厚俭而闲礼，乃有尧之遗风”。名胜古迹史载有：烈石寒泉，双塔凌霄，崛围红叶，汾河晚渡，天门积雪，西山迭翠，土堂神柏，巽水烟波等。市区有战国时期义士豫让复仇的赤桥，有春秋时期晋国赵简子家臣窦大夫祠，有明代所建双塔寺，有被桥梁学家称为中国历史上最古老的“水陆立交桥”——晋祠圣母殿鱼沼飞梁及宋塑侍女像，曾为北齐皇帝行宫的天龙山石窟有东魏及隋唐造像，为我国十大名窟之一。建于唐代元年的龙山道教师尊道场，为我国现存规模最大、唯一的纯道教石窟。隋末唐初创建的崇善寺明代藏经，道教古建筑群纯阳宫中关羽立马铜像，唐太宗李世民手撰“贞观宝翰”《晋祠铭并序》碑文等。战国名将廉颇，三国名将郭淮，唐代女皇武则天、宰相狄仁杰、文学家白行简和诗人白居易、王翰、王昌龄、王之焕，宋代名将呼延赞、杨业、杨延昭、书法家米芾、《三国演义》作者罗贯中等籍贯并州。太原还是王、张、郭等姓氏之地望，为海内外三姓所宗，一如唐朝诗仙李白吟咏“思归若汾水，无日不悠悠”。全市有国家级重点文物保护单位5处，省级15处，市级40处，旅游景点67处。其中晋祠博物馆为国家AAAA级，碑林公园为AA级旅游景区，煤炭博物馆、东湖醋园为全国工业旅游示范点，清徐葡峰山庄为全国农业旅游示范点。

太原市是全国特大城市、国家重要的能源重化工中心城市和内陆开放城市，也是新亚欧大陆桥（陇海兰新经济带）沿线重要城市。近年来，太原先后荣获“全国卫生城市”、“中国优秀旅游城市”、“全国环境综合整治先进城市”、“全国园林绿化先进城市”、“全国科教兴市先进城市”等称号，是联合国确立的清洁生产示范城市，荣获“中国人居环境范例奖”和“迪拜国际改善居住环境最佳范例称号奖”、“全省园林城市”、“全国创建文明城市工作先进单位”等。太原市市树为国槐，市花为菊花。地方标志性古建筑为“永祚寺双塔”。国际友好城市主要有英国纽卡斯尔、日本姬路市、俄罗斯瑟克特沃卡尔和萨拉托夫、澳大利亚朗塞斯顿、德国开姆尼茨、喀麦隆杜阿拉、美国拉博克市。

全市共有52个街道办事处，516个社区居民委员会，52个乡镇，962个村民委员会，1575个自然村。全市有汉满蒙回等46个民族，其中，汉族占99%以上。根据抽样调查，2008年末，全市总人口347.14万人，其中，城镇人口284.64万人。乡村人口62.50万人，城镇化率为82.0%，全市男女性别比为104.77：100。

国民经济 2008年，据太原市统计公报口径，全市实现地区生产总值（GDP）1468.09亿元，比上年增长8.1%（绝对值为现行价格，增长速度按可比价格计算），增长速度低于全国（9.0%）和全省（8.3%）增长水平。全年GDP中，第一产业增加值21.04亿元，比上年增长1.7%，增长速度低于全国（5.5%）和全省（2.5%）增长水平；第二产业增加值741.05亿元，比上年增长3.0%，增长速度低于全国（9.3%）和全省（7.4%）增长水平；第三产业增加值706.00亿元，比上年增长13.3%，增长速度高于全国（9.5%）和全省（10.6%）增长水平。全市一、二、三次产业比重为1.4%：50.5%：48.1%，人均生产总值42378元（以2008年平均汇率计算为6102美元），高于全国人均（22698元）和全省人均（20300元）平均水平。太原市GDP占山西省比重为21.2%。

在全国省会城市中，GDP绝对值（单位亿元）高于太原（1468.09）的中西部城市有：武汉（3960.08）、成都（3901.00）、郑州（3004.00）、长沙（3000.98）、哈尔滨（2868.10）、长春（2588.00）、西安（2190.04）、合肥（1664.84）、南昌（1660.08）、昆明（1605.39），低于太原的中西部城市有：呼和浩特（1316.37）、南宁（1316.21）、乌鲁木齐（1020.00）、兰州（846.28）、贵阳（811.05）、银川（514.11）、西宁（422.19）、拉萨（142.05）；在东部城市中，除海口（443.18）低于太原外，其余城市均高于太原，分别为：广州（8215.82）、杭州（4781.16）、沈阳（3860.47）、南京（3775.00）、济南（3017.42）、石家庄（2838.37）、福州（2284.16）。GDP比上年增长速度，太原（8.1%）处于末位，各城市为：合肥（17.2%）、长春（16.5%）、沈阳（16.3%）、西安（15.6%）、武汉（15.1%）、长沙（15.1%）、南昌（15.0%）、乌鲁木齐（15.0%）、西宁（14.7%）、南宁（14.5%）、呼和浩特（13.6%）、银川（13.3%）、哈尔滨（13.2%）、贵阳（13.1%）、福州（13.0%）、济南（13.0%）、广州（12.3%）、郑州（12.2%）、成都（12.1%）、南京（12.1%）、昆明（12.0%）、兰州（11.5%）、石家庄（11.0%）、杭州（11.0%）、海口（10.4%）、拉萨（10.1%）。

在全省11个城市中，太原市主要经济指标实现情况为：GDP1468.09亿元，为全省领先水平，增长速度（8.1%）高于忻州市（7.6%）、运城市（7.1%）、大同市（5.1%）、临汾市（3.9%），低于朔州市（11.5%）、吕梁市（10.9%）、长治市（10.2%）、晋城市（10.1%）、阳泉市（9.5%）、晋中市（9.3%）；工业增加值581.12亿元，为全省领先水平，增长速度（2.7%）高于大同市（0.6%），低于朔州市（15.7%）、晋城市（14.3%）、吕梁市（14.3%）、长治市（13.0%）、晋中市（12.6%）、忻州市（10.8%）、阳泉市（10.0%）、运城市（5.2%）、临汾市（3.1%）；城镇固定资产投资666.27亿元，为全省领先水平，增长速度（21.0）高于长治市（20.0%）、晋中市（16.3%）、晋城市（15.1%）、临汾市（13.9%），低于吕梁市（22.2%）、运城市（24.0%）、阳泉市（26.2%）、大同市（31.5%）、忻州市（43.7%）、朔州市（46.1%）；社会消费品零售总额619.95亿元，为全省领先水平，增长速度（20.2%）低于全省各市；进出口总额93.86亿美元，为全省领先水平，增长速度（15.8%）高于朔州市（－7.1%）、大同市（－11.8%），低于长治市（111.7%）、吕梁市（82.2%）、阳泉市（72.7%）、忻州市（55.5%）、晋中市（43.3%）、临汾市（41.3%）、晋城市（32.7%）、运城市（28.3%）；出口总额59.42亿美元，为全省领先水平，增长速度（35.3%）高于大同市（7.8%）、长治市（－5.0%）、朔州市（－28.6%），低于运城市（81.3%）、阳泉市（74.9%）、吕梁市（71.9%）、晋城市（59.7%）、忻州市（55.6%）、晋中市（42.6%）、临汾市（42.4%）；财政总收入306.88亿元，为全省领先水平，增长速度（27.7%）高于朔州市（27.5%）、长治市（27.4%）、阳泉市（19.5%）、晋城市（17.2%）、临汾市（14.1%）、运城市（7.1%），低于吕梁市（56.4%）、晋中市（32.2%）、大同市（31.4%）、忻州市（30.3%）；一般预算收入116.92亿元，为全省领先水平，增长速度（32.2%）低于吕梁市（43.8%），高于大同市（27.1%）、忻州市（27.1%）、长治

太原市清徐蔬菜种植园 张明芳摄影

市（25.9%）、朔州市（25.2%）、晋城市（22.8%）、阳泉市（21.0%）、临汾市（15.1%）、晋中市（14.9%）、运城市（12.5%）；城镇居民人均可支配收入15230元，为全省领先水平，增长速度（10.8%）低于全省各市；农民人均纯收入6355元，为全省领先水平，增长速度（14.3%）高于朔州市（14.1%）、晋中市（13.6%）、忻州市（12.5%）、运城市（12.1%）、长治市（12.0%）、大同市（10.6%）、晋城市（9.5%）、临汾市（8.1%），低于吕梁市（15.2%）、阳泉市（14.9%）；居民消费价格指数107.4%，居全省最高位。

农业　2008年，全市实现农林牧渔业总产值39.96亿元，其中，农业产值23.02亿元，林业产值1.66亿元，牧业产值13.62亿元，渔业产值0.30亿元，服务业产值1.36亿元。全年农村经济总收入实现551.65亿元，比上年增长10.7%。全年农作物播种面积11.57万公顷。粮食播种面积8.51万公顷，其中，夏粮播种面积0.29万公顷，秋粮播种面积8.22万公顷。蔬菜播种面积2.41万公顷。药材播种面积0.13万公顷。全年粮食总产量30.61万吨，比上年下降0.1%，其中，夏粮1.55万吨，比上年下降42.2%；秋粮29.05万吨，比上年增长4.0%。油料0.28万吨，比上年增长39.8%。棉花145吨，比上年下降56.9%。蔬菜131.33万吨，比上年下降2.3%。水果6.22万吨，比上年增长10.2%。全年肉类总产量4.38万吨，比上年增长12.9%；禽蛋产量3.83万吨，比上年增长1.6%；牛奶产量9.64万吨，比上年增长3.8%。全年造林合格面积1.52万公顷，全民义务植树538万株，零星植树671.1万株，新增育苗面积0.08万公顷，全年水产品养殖面积0.24万公顷，水产品产量2，413吨，比上年增长9.0%。年末全市拥有农业机械总动力116.18万千瓦；全年农用化肥折纯施用量2.66万吨；农村用电量4.66万千瓦时，新建户用沼气池1.2万座。

工业　2008年，全市全部工业增加值621.36亿元，比上年增长2.6%；增速低于全国（9.5%）和全省（8.3%）增长水平。全市年主营业务收入500万元及以上的全部法人工业企业（简称规模以上企业）实现工业增加值581.12亿元，比上年增长2.7%；增速低于全国（12.9%）和全省（6.5%）增长水平。其中，股份制企业增加值占86.2%，达到501.12亿元，比上年增长1.2%，增速低于全国（15.0%）和全省（5.7%）增长水平；外商和港澳台商投资企业增加值占7.8%，达到45.15亿元，比上年增长29.8%，增速高于全国（9.9%）和全省（10.5%）增长水平；集体企业增加值4.77亿元，比上年下降7.0%，增速低于全国增长（8.1%）和全省增长（1.6%）水平。在规模以上工业企业中，国有控股企业增加值占69.7%，达到404.94亿元，比上年下降0.2%；私营企业增加值167.80亿元，比上年增长12.2%。全年规模以上工业企业实现重工业增加值542.76亿元，比上年增长2.2%，增速低于全国（13.2%）和全省（6.7%）增长水平；实现轻工业增加值38.36亿元，比上年增长12.8%，增速高于全国（12.3%）和全省（3.3%）增长水平：从隶属关系看：中央企业增加值77.44亿元，增长3.0%；省属企业增加值314.65亿元，下降0.9%；市属企业增加值16.82亿元，下降1.1%；县属及以下企业增加值172.21亿元，增长11.1%。

在全国省会城市中，规模以上工业增加值（亿元）高于太原（581.12）的中西部城市有：武汉（1388.00）、成都（1277.90）、郑州（1223.70）、长沙（932.78）、长春（884.50）、合肥（606.29）、西安（602.09），低于太原的中西部城市有：南昌（543.40）、哈尔滨（513.50）、昆明（495，40）、呼和浩特（330.10）、乌鲁木齐（318.00）、兰州（296.59）、南宁（280.28）、贵阳（278，63）、银川（200.95）、西宁（187.26）、拉萨（29.77）；在东部城市中，除海口（75.43）低于太原外，其余城市均高于太原，分别是：广州（2693.10）、杭州（1743.21）、沈阳（1714.24）、南京（1322.03）、石家庄（1095.81）、济南（1095.00）、福州（805.18）。规模以上工业增加值比上年增长速度在中西部城市中，太原（2.7%）处于末位，其余城市为：合肥（26.3%）、成都（24.0%）、西宁（23.6%）、长沙（23.0%）、南昌（21.3%）、武汉（20.3%）、西安（19.5%）、南宁（18.9）、郑州（18.1%）、乌鲁木齐（18.0%）、银川（17.0%）、长春（15.7%）、哈尔滨（14.7%）、兰州（13.5%）、昆明（13.0%）、拉萨（12.9%）、呼和浩特（11.2%）、贵阳（6.6%）；在东部城市中，除海口（－0.9%）低于太原外，其余城市均高于太原，分别是：沈阳（23.5%）、福州（17.0%）、石家庄（13.2%）、广州（12.3%）、济南（12.0%）、南京（10.0%）、杭州（9.3%）。

全市统计的111种工业产品中，产量比上年增长的有49种，占44.1%；规模以上工业企业产量主要有：原煤4105.61万吨，增长3.7%；洗煤3699.54万吨，增长3.4%；发电量214.10亿千瓦小时，下降1.3%；食醋18.39万吨，下降0.5%；折65度白酒3744.00千升，下降9.0%；啤酒14900.09千升，下降54.2%；卷烟154亿支，增长3.6%；机制纸及纸板17.45万吨，增长15.0%；焦炭1343.84万吨，下降8.2%；硫酸（折100%）6.68万吨，下降22.0%；化肥（折纯）9.38万吨，增长14.7%；橡胶轮胎外胎102.16万条，增长3.8%；水泥312.00万吨，下降3.7%；平板玻璃459.63万重量箱，下降7.2%；生铁698.93万吨，增长2.2%；钢材830.17万吨，增长0.8%；不锈钢材169.00万吨，下降5.7%；原铝6.46万吨，下降19.2%；金属镁10.18万吨，下降10.8%；金属切削机床1515台，下降21.7%；起重设备8.17万吨，增长47.7%；采矿设备7.44万吨，增长25.4%；金属轧制设备6.70万吨，增长30.5%。在规模以上工业的34个行业大类中，增长的有22个，占64.7%。增幅较高的行业有：电气机械及器材制造业增长51.1%，印刷业和记录媒介的复制业增长41.9%，通信设备、计算机及其他电子设备制造业增长40.3%，纺织服装、鞋、帽制造业增长25.2%，饮料制造业增长22.3%，专用设备制造业增长20.8%，通用设备制造业增长20.4%，烟草制品业增长20.1%，家具制造业增长19.8%，交通运输设备制造业增长17.8%。全年工业产品销售率为97.7%，比上年下降0.7个百分点。其中：国有控股工业企业产品销售率为98.6%，非国有工业企业产品销售率为95.7%。规模以上工业主营业务收入1864.39亿元，比上年增长15.5%。其中：冶金、机械、煤炭、炼焦、化工、电力等传统支柱产业分别实现销售收入782.68亿元、320.93亿元、251.97亿元、258.64亿元、111.35亿元、36.39亿元。除冶金行业下降1.8%外，其余行业分别增长18.1%、47.3%、71.4%、9.6%、1.0%。电子信息、精细化工、新材料、不锈钢深加工、现代医药等新兴产业分别实现销售收入62.34亿元、46.02亿元、31.05亿元、7.31亿元、6.30亿元，分别增长21.7%、0.4%、10.3%、7.6%、6.4%。规模以上工业中，工业经济效益综合指数为194.56，比上年提高5.64点。利税总额187.82亿元，增长0.4%。利润总额67.66亿元，下降28.8%。亏损企业亏损额19.97亿元，增长378.3%。

建设投资　2008年，全市实现全社会固定资产投资702.64亿元，比上年增长21.8%，低于全国（25.5%）和全省（24.2%）增长水平。城镇固定资产投资666.27亿元，增长21.0%，低于全国（26.1%）和全省（23.7%）增长水平。农村固定资产投资36.37亿元，增长39.3%，高于全国（21.5%）和全省（28.8%）增长水平。在城镇投资中，第一产业投资2.49亿元，增长178.6%，高于全国（54.5%）和全省全社会投资（33.1%）增长水平；第二产业投资341.97亿元，增长8.5%，低于全国（28.0%）和全省全社会投资（16.0%）增长水平；第三产业投资321.81亿元，增长37.3%，高于全国（24.1%）和全省全社会投资（34.3%）增长水平。全年房地产开发投资121.60亿元，比上年增长28.2%，高于全国（20.9%）和全省（26.2%）增长水平。商品住宅投资73.89亿元，增长25.7%。高于全国（22.6%）和全省（19.8%）增长水平。在城镇固定资产投资中，中央项目固定资产投资74.41亿元，增长44.0%；省属项目固定资产投资165.92亿元，增长16.7%；市属项目固定资产投资425.94亿元，增长19.4%。国有投资347.81亿元，增长20.9%；非国有投资318.46亿元，增长21.3%。年内城镇新开工项目1149个，比上年增加324个。其中亿元以上项目207个，增加1个。城镇以上固定资产投资建成投产项目607个，项目建成投产率为38.8%；新增固定资产250.93亿元，固定资产交付使用率为46.1%。

在全国省会城市中，城镇固定资产投资（亿元）高于太原（666.27）的中西部城市有：成都（3012.90）、武汉（2202.45）、合肥（1760.97）、长沙（1712.24）、郑州（1523.20）、长春（1362.70）、哈尔滨（1341.30）、西安（1246.34）、南昌（1052.61）、昆明（1050.00），低于太原的有：南宁（650.02）、呼和浩特（640.46）、贵阳（539.27）、兰州（418.93）、银川（349.51）、乌鲁木齐（260.93）、西宁（203.07）、拉萨（109.00）；在东部城市中，除海口（215.75）低于太原外，其余城市均高于太原，分别为：沈阳（2842.37）、广州（2104.56）、杭州（1863.52）、南京（1736.48）、石家庄（1580.62）、福州（1163.67）、济南（994.10）。城镇固定资产投资比上年增长速度高于太原（21.0%）的中西部城市有：长春（42.4%）、合肥（42.2%）、南昌（36.0%）、郑州（34.1%）、西安（30.7%）、武汉（30.5%）、哈尔滨（30.2%）、长沙（29.1%）、昆明（28.4%）、成都（25.8%）、银川（25.6%）、南宁（25.5%）、拉萨（25.0%），低于太原的有：兰州（20.9%）、西宁（20.8%）、贵阳（19.2%）、乌鲁木齐（18.9%）、呼和浩特（10.0%）；在东部城市中，高于太原的城市有：沈阳（26.6%）、石家庄（25.0%）、福州（22.9%），低于太原的有：海口（20.6%）、南京（20.3%）、杭州（17.7%）、济南（14.4%）、广州（12.9%）。

全年固定资产投资新增主要生产能力和效益有：洗选煤1530万吨/年，热轧钢材23万吨/年，原煤开采436万吨/年，合成橡胶11000吨/年、钛合金22800折标吨/年，新建客货运站5个，扩建客运货站876平方米，11万伏及以上输电线路长度51.7公里。全年全市建筑业实现增加值119.69亿元，比上年增长5.0%。具有建筑业资质等级的总承包和专业承包建筑业企业完成总产值743.42亿元，增长28.7%；利税总额36.73亿元，增长72.6%；利润总额10.96亿元，增长215.9%；上缴税金25.77亿元，增长44.9%。全市房屋建筑施工面积3037.52万平方米，其中：实行招标投标承包工程施工面积2899.03万平方米。房屋建筑竣工面积452.00万平方米，房屋面积竣工率为14.9%。

国内贸易 2008年，全市实现社会消费品零售总额619.95亿元，比上年增长20.2%，低于全国（21.6%）和全省（23.1%）增长水平。

太原家庭装饰市场居然之家

张明芳摄影

其中，城市消费品零售总额594.99亿元，比上年增长20.2%，低于全国（22.1%）和全省（23.1%）增长水平。社会消费品零售总额中，批发业零售额65.18亿元，增长15.1%；零售业零售额495.45亿元，增长20.1%；住宿和餐饮业零售额57.01亿元，增长27.4%。全市限额以上贸易企业零售额233.60亿元，增长19.1%，在全市消费品零售总额中所占比重为37.7%。在限额以上批发零售业中，汽车类75.3874亿元，增长32.0%，高于全国（25.3%）增长水平；石油及制品类32.2606亿元，增长18.4%，低于全国（39.9%）增长水平；文化办公用品类1.1594亿元，增长30.9%，高于全国（17.9%）增长水平；通讯器材类6090万元，下降13.9%，低于全国（增长1.4%）水平；家用电器和音像器材类24.7898亿元，增长23.3%，高于全国（14.2%）增长水平；中西药品类10.9459亿元，增长13.8%，低于全国（14.8%）增长水平；建筑及装潢材料类3353万元，下降24.8%，高于全国（下降12.0%）水平；日用品类4.7079亿元，下降2.5%，低于全国（增长17.1%）水平；家具类646万元，增长18.8%，低于全国（22.6%）增长水平；服装类17.9666亿元，增长16.2%，低于全国（25.9%）增长水平；化妆品类2.5596亿元，增长12.7%，低于全国（22.1%）增长水平；金银珠宝类7.8250亿元，增长87.8%，高于全国（38.6%）增长水平。

在全国省会城市中，社会消费品零售总额（亿元），高于太原（619.95）的中西部城市有：武汉（1850.05）、成都（1621.85）、长沙（1273.87）、哈尔滨（1264.00）、郑州（1206.30）、西安（1154.30）、长春（945.70）、昆明（700.74）、南宁（631.68），低于太原的有：合肥（588.36）、呼和浩特（533.20）、南昌（528.89）、乌鲁木齐（418.64）、兰州（395.04）、贵阳（343.53）、西宁（169.99）、银川（155.77）、拉萨（63.00）；在东部城市中，除海口（234.75）低于太原外，其余城市均高于太原，分别是：广州（3140.13）、南京（1651.82）、杭州（1558.38）、沈阳（1505.54）、济南（1356.70）、福州（1134.37）、石家庄（1005.20）；社会消费品零售总额比上年增长速度高于太原（20.2%）的中西部城市有：乌鲁木齐（25.9%）、合肥（25.5%）、西安（25.3%）、南昌（24.0%）、呼和浩特（23.8%）、郑州（23.2%）、昆明（23.1%）、贵阳（23.0%）、长沙（22.8%）、南宁（22.5%）、西宁（22.3%）、哈尔滨（22.0%）、武汉（21.8%）、银川（21.6%）、长春（21.5%），低于太原的有：成都（19.5%）、兰州（17.0%）、拉萨（13.0%）；在东部城市中，高于太原的有：海口（24.0%）、济南（23.0%）、石家庄（22.4%）、沈阳（22.2%）、广州（21.0%）、福州（20.6%），杭州（20.2%）与太原持平，南京（19.7%）低于太原。

对外贸易 2008年，地区外贸进出口总额93.86亿美元，比上年增长15.8%，低于全国（17.8%）和全省海关进出口（24.4%）增长水平。其中，出口额59.42亿美元，增长35.3%，高于全国（17.2%）低于全省（41.5%）增长水平；进口额34.44亿美元，下降7.3%，低于全国增长（18.5%）和全省增长（2.1%）水平。

在出口产品中，煤炭6.98亿美元，焦炭16.32亿美元，金属镁4.30亿美元，煤、焦、镁出口额占出口总额的比重为46.4%；不锈钢材13.08亿美元，机电产品7.78亿美元，高新技术产品3.32亿美元，不锈钢材、机电产品、高新技术产品出口额占出口总额的比重为40.7%。全年有贸易往来的国家和地区达到153个，比上年减少11个。其中进出口在千万美元以上的国家和地区52个，比上年增加6个。全年新设立外商及港澳台商直接投资企业27家。外商及港澳台商直接投资新签合同（协议）55项，项目总投资8.39亿美元。合同外资额4.89亿美元，下降61.6%。直接到位外资3.12亿美元，增长31.0%。

在全国省会城市中，进出口总额（亿美元）高于太原（93.86）的中西部城市有：成都（154.11）、武汉（139.77），低于太原的有：长春（87.90）、合肥（77.08）、昆明（73.08）、西安（70.40）、长沙（61.68）、乌鲁木齐（52.28）、郑州（42.80）、哈尔滨（36.40）、南昌（34.00）、贵阳（25.37）、南宁（18.71）、银川（12.70）、呼和浩特（8.97）、兰州（7.15）、西宁（6.28）、拉萨（0.45）；在东部城市中，高于太原的有：广州（819.52）、杭州（480.65）、南京（405.92）、福州（203.47），低于太原的有：济南（80.27）、沈阳（71.29）、石家庄（69.90）、海口（36.14）。

交通邮电　2008年末，全市公路线路里程6013公里，其中高速公路165公里。公路密度86.05公里/百平方公里。全市各种运输方式完成货运量20960.1万吨，比上年增长4.2%，低于全国（9.4%）增长水平；其中，铁路货运量6171万吨，下降2.1%，低于全国（增长4.7%）水平；公路货运量14785.9万吨，增长7.0%，低于全国（10.9%）增长水平；航空货运量3.2万吨，增长14.3%，高于全国（1.4%）增长水平。完成货物周转量42691.1百万公里，比上年增长7.4%，高于全国（3.8%）增长水平；其中，铁路周转量36866.2百万吨公里，增长6.5%，高于全国（3.7%）增长水平；公路周转量5824.9百万吨公里，增长13.3%，低于全国（14.5%）增长水平。全年客运量4394.4万人次，增长10.0%，高于全国（7.8%）增长水平；其中，铁路客运量1533万人次，增长13.0%，高于全国（11.0%）增长水平；公路客运量2430.1万人次，增长6.8%，低于全国（7.6%）增长水平；航空客运量431.3万人次，增长19.4%，高于全国（3.6%）增长水平。完成旅客运输周转量5942.5百万人公里，增长7.8%，低于全国（8.2%）增长水平；其中，铁路周转量4362.5百万人公里，增长9.3%，高于全国（7.8%）增长水平；公路周转量1580.0百万人公里，增长3.82%，低于全国（9.8%）增长水平。年末民用汽车保有量42.60万辆（包括三轮汽车和低速货车9740辆），比上年增长19.5%，高于全国（13.5%）增长水平；其中，私人汽车29.47万辆，增长25.7%，高于全国（18.1%）增长水平；民用轿车19.58万辆，增长26.2%，高于全国（24.5%）增长水平；其中私人轿车15.65万辆，增长31.7%，高于全国（28.0%）增长水平。

2008年完成邮电业务总量104.45亿元，比上年增长25.0%，高于全国（20.7%）增长水平；其中邮政业务总量6.20亿元，增长15.8%，高于全国（15.5%）增长水平；电信业务总量98.25亿元，增长25.6%，高于全国（21.0%）增长水平；新增局用电话交换机9.49万门，总容量为165.87万门。年末市话到达167.73万户，其中：无线市话32.79万户，农话7.67万户。年末移动电话用户341.24万户，比上年增加29.18万户。全市固定及移动电话用户总数达到508.97万户。每百人拥有电话146部，比上年增加2部，其中：固定电话和移动电话普及率分别达到48部/百人和98部/百人。计算机互联网实际使用用户65.42万户，净增加10.88万户，其中：宽带网用户64.48万户，比上年增加11.66万户。

旅游　2008年全市共接待海内外游客1711.51万人次，比上年增长6.1%，高于全国（下降1.4%）水平。其中：国内游客1692.53万人次，增长5.9%；海外游客18.98万人次，增长26.8%。在海外游客中：外国人13.35万人次，香港同胞3.22万人次，澳门同胞0.42万人次，台湾同胞1.99万人次。全年旅游总收入165.71亿元，增长24.7%；国内旅游收入162.23亿元，增长26.9%；旅游外汇收入0.99亿美元，增长50.4%。

财政、金融和保险　2008年，全市财政总收入306.88亿元，比上年增长27.7%，全市一般预算收入116.92亿元，增长32.2%，高于全省（25.1%）增长水平。在一般预算收入中，税收收入97.56亿元，增长32.3%，增值税、营业税、资源税、企业所得税和个人所得税五大税种共计完成税收72.48亿元，分别增长32.4%、29.5%、159.2%、6.2%和16.7%。全年一般预算支出152.86亿元，比上年增长32.2%，农业、教育、科技等各项重点支出及事关民生的重大政策性支出，都得到较好的保障。

截至2008年末，全市金融机构本外币各项存款余额4524.35亿元，比年初增长24.6%；本外币各项贷款余额2981.52亿元，增长15.3%。人民币各项存款余额4480.77亿元，增长25.0%；人民币各项贷款余额2926.77亿元，增长17.2%。在人民币贷款中，中长期贷款余额1692.51亿元，增长23.4%；短期贷款余额973.77亿元，增长8.8%。全年金融机构现金收入5364.10亿元，比上年增长4.8%；现金支出5179.54亿元，增长4.8%；净回笼货币184.56亿元，增长7.1%。

全年保险金额及责任限额达到1.49万亿元，比上年增长67.6%。全年保费收入61.27亿元，增长52.9%。其中：寿险业务保费收入40.79亿元，增长70.0%；健康险保费收入4.53亿元，增长116.3%；意外伤害险业务保费收入0.94亿元，增长35.8%；财产险业务保费收入15.01亿元，增长13.0%。支付各类赔款及给付15.95亿元，增长51.8%。其中：寿险业务给付7.01亿元，增长74.7%；健康险业务赔款及给付1.48亿元，增长97.5%；意外伤害险业务赔款0.18亿元，下降5.5%；财产险业务赔款7.28亿元，增长31.1%。

在全国省会城市中，一般预算收入（亿元）高于太原（116.92）的中西部城市有：成都（354.58）、武汉（277.32）、郑州（260.40）、长沙（205.57）、昆明（174.99）、哈尔滨（164.00）、合肥（160.94）、西安（145.61）、长春（119.00），低于太原的有：南昌（102.15）、乌鲁木齐（100.98）、南宁（92.88）、贵阳（89.05）、呼和浩特（82.20）、兰州（50.86）、银川（35.82）、西宁（23.45）、拉萨（8.03）；在东部城市中，低于太原的有：石家庄（110.04）、海口（31.03），高于太原的有：广州（621.96）、杭州（455.35）、南京（386.56）、沈阳（290.90）、济南（186.02）、福州（168.86）。一般预算收入比上年增长速度，高于太原（32.2%）的中西部城市有：合肥（57.8%）、呼和浩特（54.2%）、拉萨（39.0%）、乌鲁木齐（37.5%）、南宁（32.4%），低于太原的有：昆明（31.5%）、银川（29.6%）、长春（27.6%）、西宁（27.3%）、兰州（25.4%）、武汉（25.1%）、哈尔滨（24.2%）、成都（19.1%）、郑州（18.6%）、长沙（17.8%）、贵阳（17.3%）、南昌（17.1%）、西安（7.0%）；东部城市全部低于太原，分别是：沈阳（26.0%）、海口（19.1%）、广州（18.7%）、济南（18.5%）、南京（17.1%）、杭州（16.3%）、福州（15.2%）、石家庄（14.8%）。

教育和科学技术　2008年末，全市共有高等院校35所（其中高职院校23所），中等专业学校31所，技工学校（包括技工部）54所，普通中学237所，职业中学21所，小学663所，幼儿园843所。全年各类学校学生数分别为：研究生招生5912人，在校生16150人，毕业生3966人；普通高等教育招生106917人，在校生315892人，毕业生87962人；中等职业教育招生54726人，在校生147742人，毕业生49410人；普通高中招生27566人，在校生78860人，毕业生27139人；初中招生56815人，在校生155956人，毕业生45505人；普通小学招生43629人，在校生297819人，毕业生58338人；特殊教育招生109人，在校生1032人，毕业生136人；学前教育招生37079人，在校生86242人，毕业生30554人。全市幼儿园入园率保持在92%以上，城区达到97%；小学学龄儿童入学率达100%，巩固率达103.1%；初中生入学率达97.5%，巩固率保持在94.4%；高中阶段毛入学率为94%。

2008年末全市共有独立科研机构109所，工作人员1.47万人。全年安排科技发展项目208项，技术市场共登记技术合同252项，成交金额20253.02万元。全年共取得550项科技成果，获得国家科技奖励9项。

文化、卫生和体育　2008年末，全市共有各类艺术表演团体15个，演职人员1597人。群艺文化馆12个，博物馆3个。公共图书馆馆藏图书367.3万册。国家综合档案馆11个，馆藏档案资料57.3万卷（册）。广播电视台2座，广播节目12套，中、短波广播发射台和转播台1座。电视节目19套，一千瓦以上电视发射和转播台10座。全市广播人口覆盖率为99.1%，电视人口覆盖率为99.4%。首届中国·太原晋商文化艺术周获“2008年度中国十佳文化节庆”

称号。山西星海合唱团获星海国际合唱节“星海杯”铜奖；二人台《今年又是三月三》获全国第五届曲艺“牡丹奖”优秀节目奖；市老年大学女子合唱团获第十届“永远的辉煌”中国老年合唱节“雄鹰奖”。完成了奥运火炬传递电视直播。非物质文化遗产有20项被确定为省级保护项目，13项列为国家级保护项目公示名单。继续实施农村电影放映工程，全年放映1.2万场。

2008年末全市共有卫生机构2265个（不含村卫生室）实有医疗床位数27505张。每千人拥有医疗床位7.92张。各类卫生技术人员34278人，其中：执业医师13390人，执业助理医师1109人，注册护士12871人。每千人拥有医生4.18人。社区卫生服务网络覆盖率达到96.4%。计划生育工作进一步加强，符合政策生育率达97.1%。县乡村三级医疗卫生机构达标率为78.4%，比上年提高11.7个百分点。新型农村合作医疗覆盖全市所有行政村，实际参加合作医疗的农民有93.2万人，参合率达到94.2%。汶川特大地震发生后，迅速组建了34支532人的应急专业队伍。派出卫生援救队12批次166人赴四川都江堰、茂县等地开展抗震救灾工作。医疗队累计救治伤病员939人，转运45批次128人，举行团体心理治疗30余场；卫生防疫队走访11个灾民临时安置点和464户灾民，建立健康电子档案1，915份，消杀面积达15.3万平方米；卫生监督队检查灾民就餐点795个，饮水点64个，圆满完成了各项救援任务。

在2008年度全国各项目锦标赛及冠军赛上，太原运动员共夺得4个冠军、3个亚军、4个第三名。成功承办2008国际自行车联盟小轮车世界锦标赛，来自世界33个国家和地区的817名运动员参加比赛。全市407名运动员参加省十三届运动会，获金牌156枚。北京奥运火炬在太原顺利传递，北京奥组委授予太原市“奥运火炬传递突出贡献奖”。全市人均公共体育场馆面积达到1.29平方米。“全民健身与奥运同行”等群众性体育活动蓬勃开展。

环境保护和安全生产 2008年，太原市共发布地方性绿色标准20个，基本上覆盖了全市经济社会各重点领域。山西省十一届人大常委会第七次会议正式通过了《太原市绿色转型促进条例》，成为全国第一个以地方立法形式推进绿色转型的城市。全市严格执行“绿色高压线”，全年审批各类建设项目893项，对76个达不到环境容量总量控制要求或选址不当的建设项目予以否决。共关停、取缔、淘汰小石灰窑、小炼铁、小机焦等污染企业及设施226个（座），关停重组了90座9万吨以下煤矿。新建9平方公里的高污染燃料禁燃区，全市高污染燃料禁燃区面积达到42.3平方公里。全年减排二氧化硫8000吨、化学需氧量1100吨。市区大气中可吸入颗粒物年日均值0.094毫克/立方米，比上年下降24.2%；二氧化硫浓度年日均值0.073毫克/立方米，比上年下降5.2%；二氧化氮浓度年日均值0.021毫克/立方米，比上年下降22.2%。空气污染综合指数为2.42，比上年下降0.44点。市区二级以上空气质量天数创历史新高，达到302天，比上年增加33天。其中一级天数达到51天，比上年增加32天。

2008年，太原市完善了2007—2020年城市总体规划，编制了龙城新区等重点片区规划。年内完成城建工程投资58亿元，实施各类城建重点工程76项。新建、改建道路78.14公里，启动桥梁工程9项。迎泽西大街改造、滨河西路快速化改造等主次干道改造项目竣工通车，完成柳巷南北路改造等一批小街巷改造项目；滨河西路南延工程、汾河美化南延工程等建设项目进展顺利；长风文化商务区、龙城新区等重点片区建设加快推进。完成天然气置换煤气23万户。集中供热扩网551万平方米，集中供热普及率达到83.1%，比上年提高1.4个百分点。城市污水处理率达到68.4%，比上年提高3.4个百分点。城市生活垃圾无害化处理率达到90%，比上年提高3个百分点。龙潭片区改造全面启动。城市居民棚户区改造新建开工106.9万平方米，经济适用住房新建开工68万平方米，廉租住房新建开工14.9万平方米，城中村改造和村镇建设建成村民安置住宅小区164万平方米。截至年末，公交运营线路网长635.25公里，年客运量33284万人次。全市共有公园35个，公园面积1887.71公顷。建成区绿化覆盖面积8849.75公顷，园林绿地面积7704.50公顷，公共绿地面积2233.74公顷。建城区绿化覆盖率34.6%，绿地率29.8%，人均公共绿地9.6平方米。全市耕地保有量为12.73万公顷。全年实施增雨防雹作业40次。地下水水位比上年上升3.3%。全年全社会用水量比上年下降3.9%。其中：生活用水增长2.6%，工业用水下降11.3%，农业用水下降2.0%。全年全市一次能源生产折标准煤2893.20万吨，比上年增长1.6%；二次能源生产折标准煤5095.38万吨，增长2.1%。全社会能源工业投资共完成132.07亿元，比上年增长24.1%。其中：煤炭工业投资49.36亿元，比上年增长12.9%；焦炭工业投资2.18亿元，比上年下降14.9%；电力工业投资65.62亿元，比上年增长126.3%。全年全社会用电量199.95亿千瓦时，比上年下降7.7%；其中，农业用电1.17亿千瓦时，比上年增长0.9%；工业用电量160.27亿千瓦时，比上年下降9.8%；建筑业用电1.15亿千瓦时，比上年增长24.7%；第三产业用电22.09亿千瓦时，比上年增长6.2%；城乡居民生活用电15.27亿千瓦时，比上年增长17.4%。城乡居民人均生活用电423.89千瓦时。万元GDP电耗1621.90千瓦时，比上年下降13.2%。2008年亿元GDP生产安全事故死亡率为0.20人，比上年下降13.0%；煤炭生产百万吨死亡率0.21人，比上年下降84.8%。全年共发生火灾2005起，道路交通事故1668起，比上年分别下降4.6%和8.4%。

人民生活和社会保障 2008年，城市居民人均可支配收入为15230元，比上年增长10.82；低于全国（14.5%）和全省（13.4%）增长水平。城市居民人均消费支出10799元，比上年下降1.3%。农村居民人均纯收入6355元，比上年增长14.3%；低于全国（15.0%）高于全省（11.8%）增长水平。农民人均生活费支出3608元，增长13.1%。城市居民与农村居民收入比为2.40∶1。城市居民家庭恩格尔系数（即居民家庭消费支出占家庭消费支出的比重）为34.7%，农村居民家庭恩格尔系数为35.5%。全市城镇单位（不含私营单位）在岗职工年平均工资为29589元。

在全国省会城市中，城镇居民人均可支配收入高于太原（15230元）的中西部城市有：呼和浩特（20267元）、长沙（18282元）、成都（16943元）、武汉（16712元）、郑州（16120元）、合肥（15591元），低于太原的有：西安（15207元）、南昌（15112元）、长春（15003元）、南宁（14994元）、哈尔滨（14589元）、昆明（14468元）、银川（14458元）、拉萨（13941元）、贵阳（13817元）、乌鲁木齐（12328元）、

太原市清徐醋园广场　张明芳摄影

西宁（11929元）、兰州（11677元）；在东部城市中，低于太原的有：石家庄（15062元）、海口（14150元），高于太原的有：广州（25317元）、杭州（24104元）、南京（23123元）、济南（20802元）、福州（19140元）、沈阳（17295元）。城镇居民人均可支配收入增长速度，在中西部城市中，低于太原（10.8%）的仅乌鲁木齐（8.4%）和贵阳（8.1%），其余城市均高于太原，分别是：昆明（20.4%）、西安（20.1%）、呼和浩特（19.8%）、南宁（19.0%）、银川（18.7%）、长春（17.1%）、武汉（16.4%）、合肥（16.1%）、南昌（15.6%）；郑州（14.5%）、哈尔滨（14.2%）、成都（14.1%）、兰州（13.7%）、长沙（13.2%）、拉萨（12.6%）、西宁（12.2%），东部城市全部高于太原，分别是：沈阳（18.4%）、福州（16.0%）、济南（15.5%）、海口（15.1%）、石家庄（14.1%）、南京（13.8%）、广州（12.7%）、杭州（11.1%）。农民人均纯收入高于太原（6355元）的有中西部城市有：长沙（8003元）、郑州（7548元）、呼和浩特（7051元）、成都（6481元），低于太原的有：武汉（6349元）、乌鲁木齐（6116元）、哈尔滨（5961元）、南昌（5774元）、合肥（5367元）、长春（5291元）、西安（5212元）、银川（4916元）、贵阳（4818元）、昆明（4610元）、南宁（4001元）、西宁（3944元）、拉萨（3732元）、兰州（3503元），农民人均纯收入增长速度高于太原（14.3%）的中西部城市有：长沙（21.0%）、合肥（19.7%）、西安（18.5%）、武汉（18.2%）、贵阳（17.8%）、哈尔滨（17.6%）、西宁（16.1%）、南宁（15.6%）、呼和浩特（15.2%）、成都（14.9%）、拉萨（14.8%）、南昌（14.7%）、郑州（14.6%），银川（14.3%）与太原持平，低于太原的有：兰州（12.9%）、长春（10.7%）、昆明（8.1%）、乌鲁木齐（8.0%）。在东部城市中，除沈阳（18.7%）高于太原外，其余城市均低于太原，分别是：广州（14.1%）、济南（14.0%）、海口（13.8%）、福州（13.6%）、杭州（12.0%）、南京（11.6%）、石家庄（10.4%）。

居民消费价格（CPI）比上年上涨7.4%，其中食品价格上涨19.6%，非食品价格上涨1.6%。服务项目价格上涨1.0%。商品零售价格上涨7.9%。工业品出厂价格（PPI）上涨19.5%。原材料、燃料、动力购进价格上涨27.4%。

城镇基本社会保障覆盖率达到87.0%，比上年提高1.1个百分点。全市企业职工参加养老保险的人数为69.31万人。参加基本医疗保险的人数为102.12万人。参加失业保险的人数为74.0万人。参加工伤保险的人数为46.43万人，其中参保农民工11.68万人。参加生育保险的职工人数为51.52万人。城市低保覆盖人口达到9.41万人；农村低保覆盖人口达到6.09万人。年末，全市城镇共有各种社区服务设施855个，社区服务中心33个。各种收养类单位41个，床位2831张，收养2903人。救济农村五保户3844户，农村临时救济人员25809人次。年末，全市从业人员170.54万人，比上年增长1.6%，其中：城镇从业人员121.76万人，农村从业人员48.78万人。城镇新增就业13.92万人。5.15万名下岗失业人员实现再就业，其中就业困难人员再就业1.12万人。年末城镇登记失业率为3.3%。

为支援南方冰冻灾害和四川汶川地震灾区，先后组织3次大型捐赠活动。组织“援川建房太原突击队”奔赴四川地震灾区建设过渡安置房7408套，提前两个月全面超额完成任务，被中共中央、国务院、中央军委授予“全国抗震救灾英雄集体”称号。

（太原年鉴编辑部）

中共市委书记 申维辰

副书记 张兵生 郭振中 李永林

市人大常委会主任 李荣怀

副主任 田玉宝 刘明珠 赵彩英（女） 傅建荣 张丁山 李毓玲（女） 郝小军

市　长 张兵生

副市长 耿彦波※ 李俊明 荣　彤 张春根 张　政 吉久昌 王建生

市政协主席 姬和平（女）

副主席 袁　实 赵关顺 王爱萍（女） 王志强 张玉兰（女） 张友君 陈远新 张文旺 薛维梁

大同市

【概述】 2008年，大同市紧紧围绕“转型发展，绿色崛起”的发展战略要求，继续加快资源性城市转型，统筹各项社会事业发展，突出改善民生，扎实推进各项作，保持国民经济平稳较快增长，圆满完成了各项社会经济发展的标。

综合　2008年全市实现地区生产总值（GDP）565.77亿元，比上年增长5.1%。其中，第一产业增加值27.04亿元，同比增长8.9%；第二产业增加值300.96亿元，同比增长1.4%；第三产业增加值237.77亿元，增长9.4%；第一、二、三产业对GDP增长的贡献率分别为8.3%、14.3%和77.4%。三次产业结构比为4.8∶53.2∶42.0。全年全市人均地区生产总值达到17852元，比上年增加2612元，增长4.4%。市场物价水平保持高位运行。全市居民消费价格总水平比上年上涨7.1%。全市商品零售价格总水平比上年上涨7.2%；工业品出厂价格总水平上涨22.14%；原材料、燃料、动力购进价格总水平上涨8.55%。年末全市社会从业人员141.21万人。其中，城镇从业人员73.09万人；农村从业人员68.12万人。全市公共职业机构达到14个，为求职登记人员提供职业介绍7.5万人次。全年全市新增城镇就业岗位5.8万个，下岗再就业人数2.54万人。其中就业困难对象再就业5677人。全市城镇登记失业率为3.5%。

农业　2008年农作物总播面积31.9万公顷，比上年增加1710公顷。其中，粮食作物面积26.823公顷；油料作种面积2.251万公顷；蔬菜面积1.701万公顷；饲草作物种植面积1840公顷。粮食总产量为69.72万吨，比上年增加41.62%。林业全市加大生态建设力度，全年共完成造林面积达25798公顷，年末实有封山（沙）育林面积131372公顷。畜牧业全年全市生猪出栏96.37万头，牛出栏4.52万头，羊出栏186.37万只，家禽出栏206.95万只，全市肉类总产量10.21万吨，比上年下降4.40%。年末大畜存栏32.59万头，比上年下降10.98%。猪羊年末存栏较上年都有增长。农业生产条件逐步改善。全年全市农业机械总动力144.82万千瓦，比上年增长1.1%。农村用电量2.49亿千瓦小时，比上年增长2.89%。化肥施用量27.09万吨。全市有效灌溉面积11.92万公顷，新增节水灌溉面积3360公顷。

工业　2008年全市完成全部工业增加值271.96亿元，比上年增长1.0%。产销衔接良好，全年规模以上工业企业产品实现销售产值606.30亿元，比上年增长19.7%；工业产品销售率为98.6%，比上年上升2.7个百分点。企业效益保持稳定。全市规模以上工业企业实现产品销售收入644.50亿元，比上年增长22.99%，实现利税66.70亿元，比上年同期增长4.00%。建筑业完成总产值69.9亿元，比上年增长26.6%。实现增加值29.0亿元。房屋建筑施工面积543.1万平方米，比上年增长23.1%；竣工面积335.3万平方米，比上年增长117.6%。

固定资产投资　投资规模进一步扩大，2008年全市全社会固定资产投资完成276.5亿元，比上年增长28.7%。房地产投资增速下降。全年房地产发投资完成27亿元，比上年下降23.6%。房地产业开发投资占固定资产投资的比重为9.8%。全市房地产开发施工面积227.7万平方米，竣工48.5万平方米，其中住宅面积44.1万平方米，商品房屋销售面积59.8万平方米。全市固定资产施工项目432个，其中新开工268个，全部建成投产项目326个，新增固定资产135.7亿元。新增主要生产能力有：原煤开采21万吨/年；洗煤710万吨/年；风力发电5万千瓦；铁矿石成品矿1.18万吨/年；钢材10万吨/年；城市污水处理6.4万吨/日；新建公路96.5公里，改建公路1220.9公里。

能源　2008年全市能源工业投资共完成118.4亿元，比上年增长39.8%。全年全市外销煤炭5747.97万吨，外运煤炭占原煤产量比重为81.5%。全年全市发电量为182.38亿千瓦时。全会用电量为84.16亿千瓦时。

国内贸易　城乡市场繁荣，2008年全市实现社会消费品零售总额232.63亿元，比上年增长24.03%。其中，城市零售总额增长27.02%；县及县以下消费品零售总额增长17.82%。按行业住宿和餐饮业实现零售总额27.79亿元，增长27.13%。消费结构日趋优化。服装鞋帽、针、纺织品类增长40.60%；石油及制品类增长71.07%；书报杂志类增长27.34%；汽车类增长26.66%。新型流通业发展较快。全市限额以上贸易餐饮业连锁门店达36个，营业面积3.25万平方米，销售总额实现7.14亿元，其中，超市零售额3.13亿元，专业专卖店零售额3.26亿元。

外贸和旅游　外贸出现下滑，2008年，全市进出口总额完成23681万美元，比上年下降11.8%，其中出口完成19592万美元，同比增长7.8%；进口完成4088万美元，同比下降52.9%。新增外资企业4家，追加注册资金3家。全年利用外资15494万美元，实际到位外资9201万美元。旅游事业较快发展，全年旅游业总收入78.78亿元，比上年增长24.6%，其中国内旅游业收入75.04亿元，增长25.0%；国际旅游创汇5520.15万美元，增长31.8%。全年共接待国内、外旅游者1013.79万人次，较上年增长10.3%，其中接待海外旅游者16.0万人次，较上年增长36.4%。全市有星级宾馆26家，旅行社49家。

交通邮电　全市铁路营业里程达到1163.4公里，公路通车里程达到11460.2公里，其中高速公路达到147.6公里。全市通油路的乡镇98个，通公路的行政村1948个，通油路的行政村1864个，本年新增48个。全市公路密度81.27公里/百平方公里。全年完成货物运输总量34045.7万吨，较上年增长0.23%。货物运输周转量2172.8亿吨公里，较上年增长10.06%。全年旅客运输总量3168.6万人，较上年增加3.78%。旅客运输周转量39.0亿人公里。年末全市民用车辆保有量达到33.47万辆，较上年增长11.23%。其中私人汽车27.97万辆，增长11.66%。年末轿车保有辆8.49万辆，其中私人轿车达6.68万辆，增长13.41%。全市完成邮电业务41.66亿元，较上年增长23.62%。至年底全市局用电话交换机总容量达到305.81万门，年末全市固定及移动电话用户总数达到243.54万户，全市电话普及率每百人达到77部。计算机互联网络用户达到17.17万户。全市拥有邮政局（所）126个；邮电邮路总长度4336公里；全年定销报纸4598万份、杂志148万份。收寄国内函件9.1万件。年末拥有邮政储蓄74家。

财政、金融和保险　2008年财政收入完成122.28亿元，比上年增长31.42%，增收29.23亿元。一般预算收入完成46.67亿元，比上年增长27.14%，增收9.96亿元。扣除资源探矿权、采矿权收入，全市财政总收入和一般预算收入分别完成122.01亿元和46.40亿元，同口径增长36.43%和40.21%。财政一般预算支出执行97.73亿元，比上年增长31.53%，其中农林水支出、科学技术支出、教育事业支出、社会保障和就业支出、医疗卫生等支出都有较大幅度增长。年末全市金融机构各项存款余额达到1292.58亿元，比年初增加242.23亿元，比上年同期增长23.06%。其中城乡居民储蓄存款余额783.50亿元，增长28.1%。年末全市金融机构各项贷款余额366.96亿元，全年全市金融机构累计现金收入2378.56亿元，累计现金支出2382.96亿元。全市注册保险机构22家。全年保费收入25.60亿元，比上年增长44.64%。全年累计支付保险赔款2.98亿元。

科学技术和教育　全年共有41个科技项目获得市科学技术奖。其中一等奖9项，二等奖13项，三等奖19项；共有17项农村技术承包项目获得市农村技术承包奖。有11项科技成果获得山西省科学技术奖。教育事业蓬勃发展，全年新建、改建52所学校，至年底，全市普及九年义务教育人口覆盖率达到100%。小学适龄儿童和初中入学率分别达100%和99.01%。2008年大同市有普通高校1所，在校学生33965人；中等专业学校23所，在校生17630人；普通中学268所，在校生226717人；职业中学36所，在校生27859人；普通小学1421所，在校学生303440人；特殊教育学校3所，在校生554人；学前教育109所，在园人数28652人。全市质检、标准化建设和天气预报服务逐步优化。全市气象台站8个，开展人工影响天气业务单位8个，防雹、增雨累计收益面积0.8万平方公里。

文化、卫生和体育　2008末全市共有艺术表演团体14个。文化馆12个。公共图书馆13个，藏书53.3万册，新建农村图书流动站5个。博物馆1座，档案馆13个。广播电台1座，广播发射台和转播台1座，电视台3座，一千瓦以上电视发射台和转播台8座。广播人口覆盖率93.2%，电视人口覆盖率96.92%。有线电视用户27.1万户，数字电视用户12万户。全年新编创舞蹈《天地祝福》、《大同新春》；歌曲《公路人之歌》；二人台《同走致富路》等。组织《正气颂》等文艺演出20多场。市歌舞剧院受英国华人社团邀请，赴曼彻斯特、贝利市进行访问演出，进行对外文化交流，得到英方赞誉。全市有2人入选全国非物质文化遗产传承人名录，有5人入选省级名录。并确定和公布了五类15项市级非物质文化遗产保护名录。全市公开发行报纸5种，3965万份；公开发行期刊5种，155万册。

医疗卫生　全市有卫生机构1122个，床位12289张。其中医院、卫生院249个，床位11557张；社区卫生服务机构26个；疾病预防控制中心19个；妇幼保健机构13个；专科疾病防治机构3个。年末卫生机构共有卫生技术人员16188人，其中执业医师和执业助理医师7411人，注册护士5212人；疾病预防中心卫生技术人员409人；妇幼保健卫生技术人员336人；农村乡镇卫生院卫生技术人员1681人。

体育　本市运动员在北京奥运会上获得银牌、铜牌各1枚。在省13届运动会上共获74枚金牌、76枚银牌、63枚铜牌，以总分2313分的好成绩，位列全省第二。2008年全市组织社会群众体育比赛活动160多项次，参与人数达18万人次。全市体育人口已达130万人，年末全市人均公共体育场地面积达0.98平方米。

环境保护　积极推进“蓝碧水工程”，不断改善生态环境、人居环境。全年市区Ⅱ级以上良好天气达307天，较上年增加14天。大气污染综合指数为2.72，比上年下降0.07。建成区环境空气质量稳定达到三级标准。全年完成20万户天然气置换煤气工程，城区气化率达到90%。主城区污水处理率达到69.3%，回用率达到10%。开工建设了生活垃圾焚烧发电厂。饮用水水源地水质达标率为100%。完成水土流失治理面积4994平方公里，累计治理率达到51%。创建环境优美乡镇3个，生态文明村

大同市街景

张明芳摄影

11个，生态示范矿井4个。全市新增绿化面积310.03万平方米，其中建成区新增绿化面积175.40万平方米，绿化覆盖率、绿地率、人均公共绿地面积分别达33.61%、26.82%和5.5平方米/人。年末全市林业生态建设完成2.07万公顷。其中京津风沙源治理工程1.29万公顷；退耕还林荒山造林1334公顷、太行山绿化1800.9公顷、平原绿化33.35公顷。完成环城高速路通道绿化31.5公里。村庄绿化145村。

人口和人民生活　据2008年人口抽样调查，年末全市总人口为317.86万人，人口出生率为12.03‰；人口死亡率为6.07‰；全年净增人口1.89万人，自然增长率为5.96‰。在总人口中，城镇人口162.54万人，比上年增长2.61%，城镇人口占全市总人口的比重由上年的50.1%，上升到51.1%；乡村人口155.32万人，比上年下降1.4%，乡村人口占全市总人口比重由上年的49.9%，下降到48.9%。总人口中，男性162.34万人，所占比重51.1%；女性155.52万人，所占比重为48.9%。城乡居民收入增长，生活质量改善。全年城镇居民人均可支配收入为13758元，较上年增长19.55%。城镇单位在岗职工平均工资24104元，比上年增长15.30%。城镇居民人均消费性支出9038元，比上年增长15.17%。全年农民纯收入3354元，比上年增长10.60%；农民人均生活消费支出2005元，增长16.80%。城乡居民居住条件改善。城镇居民人均住宅建筑面积达到24.67平方米，比上年增长0.81平方米；农村居民人均住房面积达到19.19平方米，较上年增加1.32平方米。社会保障体系不断完善。年末城镇拥有各种社区服务设施170处，社区服务中心9个，福利院床位数1020张，福利院收养人数1017人，国家抚恤、补助各类优抚对象6878人。全年筹集福利彩票公益金714.38万元，接受社会捐赠4354.5万元。全年城市共有17.54万人得到政府最低生活保障救济，发放低保资金30777.9万元；全年共有9.5万人，5.99万户得到农村最低生活保障救济，发放救济金4738.9万元。分散供养农村五保户1.72万人，发放资金2149.4万元。全市有45万职工参加失业保险，覆盖率达到97.0；有29万职工参加了养老保险，全年共发老金11.43亿元。参加基本医疗保险的职工人数达56万人，覆盖率达到92.0%。全市城镇基本社会保障覆盖率达到89.6%。新型农村合作医疗参加农民达150.2万人，参合率为90.46%。城市医疗和农村医疗救助县（区）覆盖率达100%。

（姚　斌）

大同市花园酒店　张明芳摄影

【胡锦涛总书记到大同考察】　2008年1月31日，中共中央总书记、国家主席、中央军委主席胡锦涛亲临大同，实地考察了大同煤矿集团大唐塔山煤矿有限公司、大秦铁路湖东站的煤炭生产运输一线的职工。

2008年春节前后，我国南方部分省份遭受历史罕见的雨雪冰冻等自然灾害的侵袭，持续的极端的天气给受灾地区群众生产生活带来严重影响，电煤供应形势严峻，临近春节之际，胡锦涛总书记冒着严寒亲临大同考察。在同煤集团大唐塔山煤矿有限公司，胡锦涛总书记来到400米深的矿井采掘区，与正在作业的矿工交谈，希望煤矿工人发扬特别能战斗的精神，在确保安全的前提下，开足马力，千方百计多出煤，多供煤，坚决打好这场保障电煤供应的硬仗。在大秦铁路湖东站，胡锦涛总书记走进行车监控室，向铁路职工了解电煤运输情况，勉励大家积极响应中央号召，发扬不怕疲劳，连续作战的精神，科学调度，挖掘潜力，增加运量，保证安全，打好电煤抢运攻坚战。在同期间还主持召开了座谈会，同省、市、同煤集团领导及铁路系统有关负责人共商电煤生产、运输大计。胡锦涛总书记的考察，给全省、全市煤炭战线职工和广大干部群众带来了极大鼓舞，各级部门认真贯彻胡锦涛总书记重要讲话精神，以高度的政治责任感、高昂的精神状态、高效的工作作风，投入到电煤保障供应大会战中，圆满地完成了总书记交给的任务。

（姚　斌）

【建设宜居魅力城市】　2008年，大同市委、市政府以建设易居魅力现代化区域中心城市为目标，按照“一轴两城，分开发展；古今兼顾，新旧两利；传承文脉，创造特色”的总体思路，大力推进城市规划管理和古城保护修复工作，城市面貌明显改观。按照“高起点，高标准、高品位”的原则，委托中国城市规划设计院等单位编制了《大同市城市空间发展战略规划》、《大同市历史文化名城保护规划》等10多项规划。并做出整体保护大同古城重大历史性的决策。为了从法律上保证决策的全面落实，市人大出台了《关于大同古城保护和修复的决定》。2008年全市扎实推进云冈石窟大景区整治和文物古迹修复保护工作，精心打造世界文化遗产旅游城市、国家历史文化名城、国家风景名胜区三大品牌。2008年，市政府实施了御河西路、西环路等6条全长30.9公里的城市道路建设改造工程。同时每条道路进行了街景立面整治，配套完善了道路绿化、路灯等设施建设。本着“拆迁谁、改变谁、造福谁”的宗旨，建设了惠民西城、北辰西苑等5个安置新区，共提供安置近123万平方米，至年底己安置住户1854户。2008年还启动了以整治市容市貌、环境卫生、交通秩序、环境卫生、环境污染、园林绿化、违章建筑为主要内容的综合整治工作，使市容市貌、城市环境得到明显改观。全年投资4300多万元，购买环卫清扫、冲洗车辆220余台，推进垃圾袋装化、收集容器化、清扫机械化、清运密闭化、管理现代化。适应城市

正在维修大同市高压线路　张明芳摄影

发展新要求，组建了城市综合执法队。

（姚 斌）

中共市委书记	丰立祥
副书记	耿彦波 梁凤书 马福山 高 璋 高 印
市人大常委会主任	梁凤书
副主任	董变英（女） 马维平 孙日兵 刘 美 董 斌 邵 奎 张志伟
市 长	耿彦波
副市长	李世杰（女） 冀明德 李武章 郝月生 马 斌 郜向华
市政协主席	马福山
副主席	田云生 白世镇 陈昌辉 韩美山 刘俊雍 武保州 程廷龙 许进娥（女） 郭俊岗

城 区

【简述】 2008年，大同市城区辖街道办事处14个，有东街街道办事处、西街街道办事处、南街街道办事处、北街街道办事处、南关街道办事处、北关街道办事处、新华街街道办事处、新建南路街道办事处、新建北路街道办事处、振华街道办事处、向阳里街道办事处、大庆路街道办事处、老平旺街道办事处、西花园街道办事处，街道办事处下设108个居民委员会。2008年末全区人口564315人，男性282171人，女性282144人，人口密度为每平方公里12391人。

1、坚持调整产业、优化结构，经济发展实现新升。

2008年全区实现生产总值74.1亿元。其他各项主要经济指标都有大幅度的增长。产业结构全面升级。二产、三产比重由25∶75调整为49∶51，构成二产三产齐头并进的发展格局。商贸、餐饮等优势产业稳步增长，服务业结构不断优化，酒店、物流、房地产等新业态逐步扩大，全区星级酒店已发展到8家。项目建设整体推进。年初确定的13个重点建设项目，总投资16.07亿元。其中，云冈建国宾馆、华林新天地等4个项目已经建成并投入使用；雁北宾馆二期工程等9个项目全部完成进度计划。

2、坚持创新体制、建管并重，环境面貌发生新变化。

城市管理水平稳步提升。围绕“城市管理年”活动，加强以环卫设备为主的硬件建设，总投资达8000万元。完成了4路拓宽改造与7处文物景点周边的拆迁任务。认真落实政策，严格依法办事，全年共完成拆除房屋面积32.9万平米，其中拆除楼房居民住户550户，平房住户1515户，实现了阳光拆迁、法制拆迁、和谐拆迁。

3、坚持统筹兼顾、协调发展，社会建设再上新水平。

社会保障覆盖不断扩大，教育质量稳步提高。投入1200万元，完成了32校、43校、45校扩建工程。顺利通过省级义务教育标准化建设验收。社区建设“双百工程”进展顺利。获“全国和谐社区建设自主创新先进城区”称号。群众文化活动丰富多彩。卫生、计生工作有序推进。获“省计生优质服务先进区”称号。

4、坚持打防结合、健全机制，平安创建取得新实效。

有效整合基层力量，深入开展社会治安综合治理，圆满完成奥运安保工作。进一步完善信访预防和化解机制，深入开展“打黑除恶”专项斗争，依法严厉打击各类违法活动，共侦破刑事案件1134起，打击各类违法犯罪分子2000余人。

5、坚持民主决策、依法行政，政府行政效能得到新提高。

深入开展学习实践科学发展观活动，扎实推进解放思想大讨论，干部队伍素质不断提高。深入贯彻《政府信息公开条例》，有序推进政务公开和政府信息公开。深入推进廉政建设，惩治和预防腐败机制进一步完善。充分发挥审计监督作用，加强对财政资金使用的监管，确保财政资金的规范使用，2008年财政预算实现了收支平衡，略有结余。财政收支预算执行情况较为合理，做到了保工资、保运转、保民生的要求，并加大对城市管理、社区服务、教育科技的投入力度，财政支出总量持续扩大，支出结构进一步优化，重点支出得到有效保障，经济社会持续发展。

此外，全力支持四川地震灾区抗震救灾、重建家园，全区累计捐款529万元，抽调优秀医务人员赴灾区一线参加抢险救灾工作。其他如统计、人武、人防、残疾人、宗教、档案等各项工作都取得了新成绩。

在政府工作中还存在着困难和不足，主要表现在：区域经济发展压力较大，自主创新能力、产业竞争力不强；城市管理任务艰巨，基础设施仍然薄弱。对此将予以高度重视，并采取有效措施，切实加以解决。（徐雅丽）

中共区委书记	雷学峰
区 长	祁学峰

矿 区

【简述】 行政区划 大同市矿区位于山西省北部，大同城西南，地理坐标为：北纬39°55′～40°08′，东经112°53′～113°12′。区境东大同市南郊区平旺乡相连，南与南郊区口泉乡相接，西至燕子山与左云县接壤，北与新荣区毗邻。截至2008年末，矿区政府下辖街道办事处26个，社区102个。

人口与计划生育 2008年末，常住城市居民户籍总户数158638户，总人口476439人。其中女性221746人，占全区总人口的46.54%。

2008年末，全区城市户籍常住居民人口机械变动为：全区迁入人口4424人，其中从省外迁入1707人；迁出人口4139人，其中迁往省外2042人。全年人口迁入数量比迁出数量多285人。年度内出生人口2208人，人口出生率4.62‰，符合政策生育率99.59%，人口自然增长率2.83‰，均低于全省平均水平。

国民经济 2008年，全区完成生产总值94311万元，完成年计划的105.1%，较2007年的79387万元增长（可比价）10.1%；规模以上工业增加值（现价）完成13369万元，完成年计划的101.4%，增长17.6%；社会消费品零售总额完成354818万元，完成年计划的115.6%，较2007年271615万元增长27.9%；财政总收入完成108735万元，完成年度预算的109.38%，同口径较2007年增长26.65%，绝对额净增收7102万元（不含二分局）。分部门完成情况为：国税系统完成66848万元，完成年度预算的113.07%，同口径较2007年增长24.67%，绝对额净增收3412万元；地税系统完成41075万元，完成年度预算的103.41%，同日经较2007年增长56.31%，净增收3346万元；财政系统完成812万元，完成年度预算的144.48%，同口径较2007年增长73.51%；净增收344万元。分级次完成情况为：中央财政收入完成63710万元，完成年度预算的106.32%；省级财政收入完成10440万元，完成年度预算的106.14%；市级财政收入完成27019万元，完成年度预算的116.17%；一般预算收入完成7566万元，完成年度预算的118.65%，较2007年增长37.56%，绝对额净增收2066万元。

结构调整 2008年，全年确定的7项推进项目、2项前期项目，5项为民办实事项目，累计完成投资17200万元，均完成了年度目标任务，项目带动战略初见成效。是年，投资3000万元，完成了区百货综合公司、食品厂二期商业开发项目；投资7700万元，完成了同乐园小区商业开发项目主体工程；引进资金1亿元，与同煤集团共建的和平商业步行街项目、名都广场商业建设项目，进展顺利。招商引资方面，是年在中博会和煤博会上，有两个项目签约，共引进资金1亿元。其中在武汉召开的中博会上，与上海江湾机电制造有限公司签约的煤矿专用设备项目，已全部竣工，并投入试生产阶段；与北京合创利达商贸有限公司签约的煤海花园建设项目，已完成投资2000万元。

安全生产 2008年，区委、区政府认真贯彻落实省、市煤炭产业政策，继续坚持“整顿、管理、安全、效益”八字方针，按照“整合资源、关小上大、能力置换、联合改造、淘汰落后”的产业发展政策，进一步深化煤矿质量标准化建设，突出抓了以“一通三防”为重点的技术改造工程和井下有毒气体、粉尘、水、火、冒顶片帮的防治工程。是年，总投资9850万元的安盛欣和后沟两座资源整合的煤矿，已完成投资6200万元，正进行设备调试和部分配套设施建设。按照省政府晋政办发（2008）60号文件有关煤矿"十关闭"要求，依法对11座规模小、资源接近枯竭的煤矿实施了关闭。同时，认真开展"查隐患、堵漏洞、保安全"煤矿隐患排查治理工作，强化现场管理，深化专项整治，突出抓了瓦斯防治、矿井通风、探放水管理等薄弱环节，共查出各类安全隐患1250条，取缔淘汰了涉及12座煤矿井下三轮运输车420辆。投资500万元，完成了3座矿井瓦斯监控系统升级改造工程。督促落实解决省、市安全专项检查问题218项，实现了全区安全生产"零"事故的目标。此外，努力通过多种方式，认真落实煤矿安全生产主体责任制，督促煤矿加大安全生产投人，改变落后传统的采掘工艺，进一步深化煤矿安全标准化建设工程。是年，全区生产矿井累计投入安全生产资金1325.8万元，确保了全年没发生过一起煤矿安全责任事故。

民营经济　2008年，制定出台了《关于进一步完善非公有制经济的若干意见》，从注册登记、税收征管等方面，制定了扶持民营经济发展的优惠政策，对新发展的个体工商户，给予减免注册登记费用的优惠。全年共减免注册登记费用8万余元。同时，积极引导鼓励民营企业发展，从立项、资金、技术服务等方面，给予优惠倾斜。为落实扶持激励政策，区委、区政府专门召开了全区非公有经济表彰大会，由区政府斥资150万余元，对为全区经济建设作出突出贡献的21家民营企业，进行了表彰、奖励。是年，全区新发展民营企业和个体商户758户，新增从业人员1548人，新增注册资金2059万元，民营经济上缴税金17774万元，占全区财政税收的65.2%。

民主法制建设　2008年，共办理区人大代表建议意见30件，区政协委员提案37件，办复率为100%。同时，深入推进"五五"普法教育，重点宣传了《物权法》、《劳动合同法》、《山西省农民工权益保护条例》、《环境保护法》、《预防未成年人犯罪法》等20多部法律法规。完成了第三届社区组织的换届选工作。全区102个社区共选举生产生出社区干部568名，平均年龄36.8岁。30名新选聘的大学生社区干部，当选为社区"两委"班子成员，基本上实现了社区干部的年轻化、知识化。

2008年，共破获各类刑事案件357起。其中破获八类案件92起、"两抢一盗"案件124起。共打击处理各类刑事作案人员281人，打掉各类犯罪团伙16个，抓捕各类逃犯113人；查处各类治案案件7766起，处理违法人员12024人。全区刑事案件立案比2007年下降44.6%，八类案件比2007年下降37.19%。区人民检察院受理公安机关和自侦提请的逮捕案件194件378人，经审查批捕183件356人；受理各类移送起诉案件202件335人，提起公诉179件307人。其中批捕重特大犯罪案件52件131人。立案侦查贪污贿赂案件12件19人，追缴赃款40万余元，为国家挽回经济损失100万余元。区人民法院全年共受理各类案件1464件，审结1379件，结案率为94.2%。其中受理各类刑事案件208件368人，审结201件349人，结案率为96.6%。一审生效判决各类罪犯319人。其中判处10年以上有期徒刑29人，判处10年以下，3年以上有期徒刑94人。

社会保障　2008年，全区共有27161户69264人享受城市居民最低生活保障待遇，共发放低保金10683万余元，基本上实现了动态管理下的应保尽保。全区累计发放低保对象大病医疗救助金116.5万元，特困家庭教育资助金60万元，拨付城市居民医疗保险基金713万元，使7万余名居民享受到医疗保险待遇。全年共拨付企业养老保险基金1445万元，确保了全区5102名企业离退休人员养老金的按时足额发放。拨付再就业资金318万元，累计安排下岗再就业"4050"人员657名。积极落实义务教育经费保障机制，秋季全区共减免义务教育阶段学杂费750万元。为全区事业单位工作人员参照市级标准，发放津贴补贴480万元，人均年增收3000多元。全年通过发展非公有经济和第三产业、实行跨地区劳务输出，以及由政府出资，购买公益性岗位，共帮助了21325人实现了再就业。落实国家《优待抚恤条例》，年内共发放各类抚恤事业费141.7万元，老党员生活补助金1.4万元，为老干部解决医疗费35万元。

环境建设　2008年，完成了大庆路绿化美化工程，共栽植大油松1027株，云杉542株，红叶小檗、小叶黄杨灌木带45万余株，各种草花8万余株，补植国槐88株，丁香286墩。年内共依法取缔燃煤锅炉13台，改用新型清洁燃料锅炉2台，取缔露天煤场3处，对5家石料厂、2家水泥厂实施断电强硬措施，责令其限期整改；平旺，口泉地区的洗浴行业，全部责令其使用外购热水。

科技　2008年，区科技费用支出179万元。其中科技三项费用投入110万元，比2007年增长11.18%。协助民营企业长日实业有限责任公司实施了"0.8mm超薄节能玻璃"项目，安泰科技有限责任公司实施了"矿井远距离快速填封堵材料技术"项目和区园林处"彩叶树种的引种开发与应用"项目。

教育　2008年1月和12月分别接收了驻区单位同煤集团公司所办的65所中小学校和大同水泥厂办的中小学校1所，共66所，在职的教职员工7793人，在校生58680名。是年，全区用于各项教育事业费投入资金25910万元，比2007年增长73.63%，是近年来增幅最大的一次。投资2550万元，为各学校排忧解难，整修危房，购置教学器具；投资1300万元，对煤峪口中学等5所中小学进行改扩建改造；投资510万元，对15所中小学进行了义务教育标准化建设。

卫生　2008年，投资200万元，完成了市政府规划的建设21个社区卫生服务中心、19个卫生服务站的任务，正式服务于当地群众。继续加大医疗卫生投入力度，是年，全区用于医疗卫生费用支出达1603万元，比2007年增长181.72%。　　（孟祖夷）

【矿区园林绿化整治初见成效】　2008年3月，矿区园林处认真贯彻落实市、区城市环境综合整治动员大会精神，在区属有关部门密切配合下，对辖区内的公园、景点、绿化带的环境卫生进行了彻底清理。共出动人员1600人次，车辆148台次，清理杂草、枯枝、垃圾630立方米，整理绿地40000平方米，清除广告106处，拆除绿化带违章广告牌21块，修剪树木1468株，置换死树16株，清理育苗地40亩，浇解冻水38车，草花入盆3万余株。同时，提前修整了大庆路心池2.7公里，为下一步路心池的绿化美化奠定了基础。　　（孟祖夷）

中共区委书记	郜向华※　门开发
区人大常委会主任	王宝林
区　长	门开发※　刘勇军
区政协主席	郭巨金

南郊区

【简述】　行政区划　南郊区下辖3个镇7个乡，即云冈、高山、古店3个镇，口泉、新旺、马军营、水泊寺、西韩岭、平旺、鸦儿崖7个乡，全区共190个行政村。

2008年底，全区共有人口284533人，其中男性143109人，女性141424人。农业人口254834人，非农业人口29699人。全区共出生2712人，出生率7.61‰；自然增长率为5.13‰；符合政策生育率92.04%，综合避孕率89.42%，出生性别比110。全年安排计划生育事业费476万元，较上年增加20%。

2008年，全区地区生产总值完成1047400万元。其中：第一产业完成46660万元；第二产业完成676289万元；第三产业完成324451万元。财政总收入完成494873万元，完成年计划的103%，同比增长38.9%。其中：区本级财政总收入完成217512万元，同比增长80.12%，净增96700万元；全区一般预算收入完成37070万元，同比增长39.07%；农民人均纯收入完成5569元，同比增长10.23%；农业总产值现价完成83110万元，同比增长15.4%；全社会固定资产投资额完成了935000万元，同比增长32%。

农业　2008年，全区共完成总播面积

2.47万公顷，占年度规划的93.8%；粮食面积完成1.67万公顷，占计划的108%，粮食总产量55755吨。

年底全区大牲畜存栏达3.4万头，其中奶牛存栏2.1万头，奶产量达5.8万吨，畜牧业总产值达到4.2亿元，占农业总产值的50.6%，同比增长37.7%。农民人均畜牧纯收入达1160元，同比增长8.1%。

2008年，全区蔬菜种植面积达7337公顷，设施蔬菜面积1000.5公顷，总产量达35万吨。特色农业产值达1亿元，占农业总产值15%。杨家窑特色农业园区、石家寨阳光特色采摘园、东王庄瓜果采摘园等一批特色园区已达产达效，带动农户3万户；加工型龙头企业建设步伐加快，夏进乳业、华晟浓缩果蔬汁加工项目，象丰10万只蛋鸡产业化项目，民丰花卉等一批农业龙头项目相继建成，全区农业龙头企业达到14家，年可实现销售收入3.32亿元。

2008年，全区共完成京津风沙源治理工程1133.9公顷，其中飞播造林333.5公顷，封山育林667公顷，新建农田林网133.4公顷，完成省级六大绿化工程绕城高速公路建设36.4公里，大塘公路林带绿化22公里，新建、补植国、省道和县乡公路林带绿化396公里。全区农业生产条件和生态环境全面提升。沼气建设步伐加快，是年，共完成农村沼气800户，完善了区级沼气服务中心和2个乡级沼气服务站，筹建中型沼气站1座；解决农村饮水不安全人口1.85万；培训新型农民3.59万人；转移农村剩余劳动力0.6万人。新农村建设稳步推进，各试点新农村建设总体规划编制工作全面完成，全区累计用于新农村建设资金达18.76亿元，其中2008年投资2.63亿元，共建设村民住宅楼25栋，建筑面积12.55万平方米。民营经济实力加强，全区非公有制企业发展到了9347户，产值亿元以上企业达4家，纳税7000万元以上的企业1家，1000万元以上的企业20家，并形成了一批税收超5000万元的民营群体。非公有制经济税收9.2亿元，同比增长67.27%，占到了本级财政总收入的42.30%。

能源基建　煤炭管理不断强化，全区努力克服“7.5”事故及全部煤矿长期停产带来的不利影响，全面实施资源整合战略，有47座符合整合技术条件的煤矿通过省专家组评审，整合兼并重组工作在艰难中推进；深入开展安全生产隐患排查治理及煤矿生产百日督查等专项活动，全区共出资500万元对历年来已取缔关闭煤矿进行逐一排查，对183座煤矿进行重新封堵。公路、电煤、铁路总运量完成1006万吨，上缴税收6.31亿元。

2008年，全区共新上和续建各类项目50项，项目投资139亿元，其中，投资额在亿元以上项目15项，总投资24亿元的国投公司年产240万吨煤矿配套洗煤厂建成投产，2×135兆瓦电厂项目已开工奠基；总投资1.4亿元的七峰山水泥有限责任公司200万吨干法水泥生产线项目已建成100万吨新型干法水泥生产线系统；总投资1.6亿元，年产5万吨的大同煤业金宇高岭土项目已完成项目土建设备安装招标；总投资20亿元的大唐热电公司2×30兆瓦热电联产项目已由国家发改委正式核准批复；总投资7000万元的宇大机械配件工程项目一期工程已经完工，全区多元化后续接替产业体系正在形成。

第三产业　全区立足区位优势，构建以“商贸旅游区”为目标，以商贸市场为依托的第三产业。全区各类大型市场54个，年交易额达30多亿元。同时，投资450万元，新建30个连锁农家店，1个配送中心，覆盖全区的乡村商贸服务网络初步形成，总投资1.7亿元的大同宾馆贵宾楼项目主体工程已经完成，《魅力南郊》和《生命的鼓声》旅游宣传片制作完成。

全区累计投入清运资金700万元，组建城中村、环城村清洁公司，负责17个城中村、34个环城村的垃圾清运任务。共出动人工2.5万人次，车辆机械6500余台次，清运垃圾6.75万吨。全区围绕市政府“提升老城基础设施建设水平，加大旧城改造力度”的指示，共完成拆迁面积4.2万平方米，清运垃圾61.2万立方米，城市道路拓宽改造工作加大了力度。

社会事业　全年投资2900万用于改善中小学办学条件，投资1470万元，新建4所学校。2008年被省人民政府授予“山西省义务教育标准化建设达标县（市区）”，被省教育厅授予“教育技术装备先进区”、被省教育厅、省妇联授予“家庭教育活动先进集体”；被山西省“中华魂”主体教育读书活动组织委员会授予“中华魂”主题教育读书活动“先进集体”；被大同市政府、省政府推荐为“全国农村成人教育先进单位”；被大同市青少年爱国主义教育读书活动组织委员会授予“迎奥运、促和谐”读书活动优秀组织奖；被大同市教育局授予“区教研先进县区”。

投资680万元的区少年活动中心，建筑面积3298平方米，已于2008年4月开工，主体工程已完工。

区乡音艺术团参加省、市、区专场演出50余场，获省、市优秀农民表演奖。

投资490万元，建成6个乡镇卫生院。社会保障体系不断完善，参保人数达到5.13万人，收缴各种保险金8337.78万元，各项保险发放率全部达到了100%。

社会治安　2008年，全区共立各类刑事案件1017起，侦破880起；八类案件立262起，破192起；命案立12起，破11起。抓获处理各类刑事作案成员247人，打掉各类犯罪团伙13个，查处各类治安行政案件12296起，打击处理违法人员17850人。

人民生活　2008年，全区农民人均纯收入达到5569元，区级扶持残困户1135户，送慰问款物163520元。区政府投资8.1万元，为贫困患者发放了“医疗救助卡”和“住院救助卡”。是年，上级下拨救灾款93万元，区配套20万元，使9087户灾民得到救助，为城市、农村低保人员放发低保金949万无，为低保户实施大病救助资金达108万元。

全区共投资8200万元用于污染治理，空气质量二级以上天气达到290天，公路建设及治理全面展开，投资2130万元，完成农村公路建设70.3公里，新建农村候车室30个。

（孔宪敏）

中共区委书记	张建平
区人大常委会主任	李明杰
区　长	赵志坚
区政协主席	陈凤兰

新荣区

【简述】　新荣区辖1镇6乡，有140个村民委员会，173个自然村，3个居民委员会。2008年末，全区总人口约11.3万人，常住总人口96975人，人口出生率5.53‰，死亡率4.57‰，自然增长率为0.96‰，符合政策生育率为90.96%；长效节育率达87.97%，低生育水平持续稳定。2008年，地区生产总值195636万元，比2007年增长9.3%；财政总收入56898万元，比2007年增长57.37%。一般预算收入20536万元，增长223.1%。

农业　年内投资2500万元，完成了佰草香精品肉业有限公司肉制品扩建项目，建成熟肉制品生产线一条，年加工能力达到1500吨；投资200万元，生产微型薯250万粒，实施了“百村千户一分地”试验种植20.01公顷获得成功；欣源草业投资100万元，建库房2000平方米；欣荣兔业投资730万元，建兔舍、库房及配套设施等，购优种獭兔2500只；得胜农业综合开发公司投资378万元，建喷灌圈种植马铃薯66.7公顷，产量达到1560吨，进一步推动了农业产业化经营和特色种植。全区农作物播种面积2.26万公顷，粮食产量3.4万吨。年末全区牛、猪、羊饲养量分别达2.5万头、5.3万头、17万只，畜牧业人均收入911元，比2007年增长10.8%。全区农林牧渔总产值达35320万元，比2007年增长10.1%；农业总产值35310万元，比2007年增长3.96%；农村经济总收入256492万元，比2007年增长10%；农民人均纯收入3838元，比2007年净增352元。

工业　2008年，全区生产原煤300.22万吨，煤矿、非煤矿山和其他地面企业均未发生死亡事故。全区规模以上工业总产值284984万元，比2007年增长23.9%；规模以上工业增加值118512万元，比2007年增长3.83%；工业企业实现利税59401.4万元，比2007年增长51.93%。民营经济上缴税金15614万元，比

2007年增长18.5%。万元GDP综合能耗下降7.4%，全区经济总量、质量和效益实现了同步提升。

交通和基础设施建设　一是基础设施建设步伐加快。投资600多万元，改造区址街巷12条3624米，硬化面积2.4万平方米，铺设污水管道3666米，安装路灯111盏，改造补修迎宾路、御河西街铺油面积1.1万平方米；投资3092万元，新建区国税局办公楼、区计生局办公楼等房地产工程7项。乡镇卫生院改造工程投资210多万元，改扩建堡子湾、新荣镇、郭家窑、西村、花园屯五个乡镇卫生院。沼气池建设投资250万元，建设户用沼气池500座，建成新荣、花园屯、西村3个乡镇沼气服务站。人畜饮水解困工程投资371万元，解决了18个村、1万人，2635头大牲畜的饮水安全问题。二是生态环境显著改善。城镇绿化工程投资70万元，在区址主干道补植油松6棵、云杉24棵、国槐234棵、新疆杨13棵，种花卉2000平方米、草坪3500平方米、丁香和玫瑰500丛，长城公园种植油松、樟子松等共计1.5万棵；全区通道绿化184公里，四旁植树24万株。城镇绿化覆盖率达24.6%。三是城市管理步入良性循环。工程招投标管理、工程质量管理、城镇监察管理、城镇市容管理均得到加强。四是小城镇建设迈出较大步伐。新农村建设累计投资达6198万元，完成街巷硬化"户户通"工程64.2公里，安装路灯348盏，主街道基本实现了硬化、亮化、净化，全区9个试点村和15个重点推进村基本达到省、市建设标准和要求。各乡（镇）试点村城镇建设因地制宜，各具特色，小城镇建设初具规模。五是城乡交通基础设施基本达到硬化。投资2268万元，完成17条75.6公里村村通水泥（油）路；投资1169万元，完成郭家窑—破鲁16.66公里县级公路建设；投资130万元，完成新同公路5公里山路加固建设。

商贸物流　投资392万元，新建区级物流配送中心1个，投资195万元，新建20个便民超市。粮食流通产销衔接，满足市场需求，年内粮食收购总量1740吨，其中国有粮食购销企业收购620吨。粮食销售总量完成7165吨，粮食购销企业完成利润3万元。全区社会消费品零售额36850万元，比2007年增长23.7%。政府加强社会管理和公共服务职能，对财务管理实行统一采购，统一结算，年内集中办理采购业务涉及64家，计划采购金额1190万元，实际采购1165.92万元，节约资金24.08万元。

教育事业　一是以学校建设标准化为目标，全区累计投资660万元，改造中小学危房31530平方米，彻底消灭了D级危房；投资1935万元，新建区一中图书实验楼、第二小学教学楼、花园屯寄宿制小学和花园屯中心教学楼；投资60万元，充实"三配套"及体、卫、艺、劳教学实施，创建区级标准化学校11所，撤并7人以下学校23所。二是强化办学条件，提高教学质量。以建设示范高中为目标，投资30多万元，新建一中新课程专业教室，并购置了图书资料和实验仪器；以加快信息教育现代化为目的，投资40万元，为新荣二中、三中各建了一个高标准网络教室。2008年，全区有1145名考生参加中考，有823名考生参加高考，高考达二本线以上94人。三是积极推进素质教育。学校始终把立德树人作为教育的根本，坚持育人为本，德育为先，充分发挥课堂教学主渠道、主阵地作用，加强德育渗透，教育学生严格自律，做诚实守信的人。"六一"，全区表彰品学兼优的"三好"学生85名，优秀学生干部32名。2008年，新荣中学、新荣二小成功申报了"大同市德育示范校"。四是深化职业教学改革，创新教学模式。新荣中学尝试创办综合高中，开设了计算机、美术班，共招收职高生262名；新荣高中和市会计学校联合办学，招收新生115名。同时，全区围绕新农村建设加强区、乡、村三级成人文化技术学校建设，开展农民实用技术培训，共培训农民1.62万人次，农村劳动力转移培训3280人次。组织脱盲人员学习达1450人次。五是认真贯彻落实家庭贫困学生资助政策，确保"两免一补"的公开透明，为城乡学生免教科书费155万元，免学杂费281.7万元，为家庭贫困的寄宿生补贴生活费28.3万元。

文体广电　全区文体事业坚持贯彻党的"二为"、"双百"方针政策，充分发挥文体工作在新农村建设中的重要作用，努力促进社会和谐发展。一是开展2008年春节期间群众文化活动。正月十三至十五，组织了大型的街头文艺表演活动，正月十五晚上，在区礼堂广场放置了环保、节能的新型电旺火，展出了由全区20多个单位制做的艺术花灯，施放了价值十五万元的焰火，观看群众达五万多人，给节日增添了喜庆色彩。二是整理挖掘碓臼沟秧歌剧本。对塞北碓臼沟秧歌代表剧目《翠屏山》、《打经堂》、《秦雪梅教子》、《姜郎休妻》等进行了挖掘整理。并申请省非遗中心拨付专款对塞北碓臼沟秧歌进行专项保护。三是组织中老年建身周活动。在新荣区设立了2个健身培训站，并由专人负责辅导，教中老年朋友打太级拳、手绢舞、健美操、交谊舞等健康活动。四是"两会"期间组织文艺调演。邀请市晋剧院、市歌舞剧院剧团前来进行文艺会演，活跃了广大群众的文化生活。五是落实农村电影放映"2131"工程。全年下乡放映电影1680场，针对新农村建设，把一些农村科技等优秀影片及时送到了农村，极大地丰富了农村的科技文化生活。六是整顿上网营业场所。营造良好的上网环境，以促进全区网络市场的健康发展。广电事业继续发展，先后投入30万元，购置摄像机一台、录像机一台、切换器一台、三角架三个、5千瓦柴油发电机一台，光发射机一台。有线网络覆盖了全区各乡镇和各大煤矿，用户达7000户，比2007年增长17%。广播电视台共播发《新荣新闻》节目132组、稿件670多件，专题节目18个，在市级以上新闻媒体发稿85件。

卫生　全年区医院接诊病人8349例，住院病人191例，抢救急、危、重病人73人，抢救成功率100%。新型农村合作医疗补偿患者90人4.6万元。全区孕产妇总数1244人，农村住院分娩率60%，年内无孕产妇死亡，婴儿死亡率2.6‰，五岁以下儿童死亡率0.5‰，出生缺陷发生率13.8/万，消毒接生率100%，纯母乳喂养率89%，孕产妇、儿童保健覆盖率达到90%。新生儿建卡率为100%，建证率达100%，五苗接种率分别为：麻疹99.78%，卡介苗99.79%，糖丸全程99.78%，百白破三联全程99.78%，乙肝全程99.79%，五苗全程合格率为98.8%。发展农村卫生事业投资160万元，改扩建堡子湾、新荣镇、西村、花园屯和郭家窑5所卫生院。全区参加农村合作医疗81645人，参合率为89.22%，合作医疗筹集基金总额为755.6万元，到年底共补偿参合农民20027人次，累计补偿金额492.15万元。

社会保障　2008年，为城市低保户1417户、3742人发放低保金730万元，大病救助11万元，教育救助3.5万元，副食补贴42.3万元；为农村低保户3219户、5183人发放低保金330万元，大病救助18万元，农村低保年人均救助标准从年初的374元，提高到了年底的612元；为农村五保户916户、1007人发放五保供养金111万元；为全区302户、304人重点优抚对象，发放抚恤补助金84万元，为119名现役军人家属发放优待金55万元，为65名建国前老党员生活补贴6.5万元，临时救助金18万元，面粉800袋，春节慰问款33.2万元、"八一"慰问款10万元；年内为800多户农村特困户发放临时救助金16万元，投资300万元，为上深涧、西村、郭家窑三乡100户贫困残疾人解决了住房问题。全区养老保险、医疗保险、失业保险、工伤保险等社会保障工作有序推进，共征收各类社会保障费2887.3万元，支出2241万元，使更多的劳动者享受到社会保障。（贺雨顺）

【开发旅游产业】 2008年，新荣区经济工作以"凝心聚力、转型创业"为目标，加速推进文物旅游事业的发展。一是积极开发旅游资源。两次邀请全国各地专家学者来区进行实地考察、论证旅游开发总体规划，相继完成了得胜长城古堡旅游区、方山风景名胜旅游度假区、采凉山风景名胜旅游景区、助马长城古堡旅游区和得胜农业旅游示范园区的项目申报工作。并制作了新荣旅游风光片，加以宣传。二是加强保护文物宣传力度。区政府根据《文物保护法》和《长城保护条例》出台了《长城保护办法》、《方山遗址突发事件应急预案》等方案，制定了文物保护员工作职责，专门设立长城保护人员10人，方山永固陵遗址看护人员2人。年内深入全区63个行政村，发放5种宣传资料4900余份，张贴宣传标语800多条。三是对古树名木挂牌保护。根据市古树专家的实地考察，确定了下甘沟村、安乐庄村、破鲁乡、破鲁村、火石沟村、宁静寺等村的小叶杨、白榆为一级保护树种，并对每棵古树名木挂牌照相，并安排专人保护。四是认真开展第三次全国文物普查工作。组织区第三次文物普查队员深入全区7个乡（镇）的173个自然村，进行拉网式实地普查，并对原有的50多个文物保护点进行了复查。到年底全区普查了国家级文物点1处，省级文物点2处，市级文物点17处，区级文物点33处；共梳理出建筑构件105件，生活用具119件，生产用具11件，婚嫁用品8件。

（贺雨顺）

中共区委书记	马　斌※　董志刚
区人大常委会主任	张　继※　王　勇
区　长	董志刚※　王东升（代）
区政协主席	李　成

广灵县

【简述】 广灵县远在石器时代，境内就有人类生息。春秋时为代国地。战国时名平舒邑，属赵国。秦时属代郡。西汉始置平舒县，北齐（公元550年）平舒县废。隋、唐为灵丘县地。辽统和十三年（公元995年）复置为广灵县，隶蔚州。明朝属山西布政使司大同府蔚州。清朝属大同府。中华民国元年属山西省。1949年10月1日中华人民共和国成立，属察哈尔省雁北专署。1952年12月，察哈尔省撤销，雁北专署划归山西省，辖广灵。1993年雁北行署与大同市合并，属大同市至今。

广灵县位于山西省东北部。地处塞外高原，属太行山系恒山山脉腹地尾部边缘区，介于北纬39°35′－39°55′、东经1130°51′－114°24′、之间。南、西、北三面环山，周边毗邻本省灵丘、浑源、阳高及河北蔚县，处于大秦和京原两条铁路之间，东距首都北京296公里，东北距张家口200公里，南距省会太原353公里。境内有山地、丘陵、盆地等地貌类型，黄土分布广泛，地势西高东低。桑干河支流壶流河横贯东西，属海河水系。全县东西长约45公里，南北宽约40公里，最高点六棱山海拔2375米，最低点壶流河出境处海拔930米。

广灵县属温带大陆性季风气候，光照充足，太阳辐射强，十年九旱，四季分明。春季干燥多风沙，温度回升。夏季温度高，雨量多而集中。秋季温度下降，前段雨量多，后段急骤减少，多晴朗凉爽天气。冬季寒冷干燥少雪。历年平均气温6.9℃、平均降雨量388毫米。

现辖2镇7乡、180个行政村。2镇分别为壶泉镇、南村镇，7乡分别为蕉山乡、斗泉乡、加斗乡、宜兴乡、作疃乡、梁庄乡、望狐乡。

全县国土总面积1283平方公里，其中耕地面积2.95万公顷、林地面积1.33万公顷，2008年全县总人口18.61万人，其中非农业人口2.71万人，农业人口15.9万人。

境内矿产资源主要有高钙石灰岩、白云岩、大理石、花岗岩等。特别是富镁白云岩，探明储量6.6亿吨，易开采，品质好，含镁量高。高钙石灰岩储量达5亿吨，氧化钙含量最高达58%。

农作物品种主要有玉米、谷子、黍子、马铃薯、葵花、筱麦、胡麻、黄花菜、豆类等，畜牧业以牛、驴、羊、猪、鸡为主。广灵“画眉驴”、“大尾羊”、“东方亮小米”、“五香瓜子”、“五香豆腐干”、黄花菜、白灵菇、黑木耳、广灵剪纸等名优特产享誉国内外，为“国际剪纸艺术之乡”。

旅游资源主要有赵长城和古冰川遗迹，水神堂、圣泉寺、圣佛寺、白羊峪等自然人文景观，全国重点文物保护单位水神堂风景区有“塞外江南”之美誉，壶泉为全国名泉之一。

综合经济　2008年，地区生产总值完成10.23亿元，同比增长18.3%；社会固定资产投资完成3.4亿元，同比增长6.7%；社会消费品零售总额完成3.9亿元，同比增长18.2%；工业增加值完成3.26亿元，同比下降13.2%；财政总收入完成8037.6万元；一般预算收入完成2789.3万元；城镇居民人均可支配收入为8524元，比增长14.5%；农村经济总收入完成8.41亿元，同比增长12%；农民人均纯收入为2667元，同比增长12.5%。

农业　2008年，全县粮食总产量7.91万吨，比2007年增长22.7%。绿色蔬菜、优质杂粮、食用菌、林畜产品四大产业较快发展。特色产业种植面积达1.49万公顷，建成食用菌大棚800栋，栽植露地黑木耳5.34公顷，大牲畜年末总头数2.79万头。全县特色产业产值达2.48亿元，当年带动农民人均增收1548元，占农民人均纯收入的58.1%。广灵县现拥有认证绿色食品4个，无公害农产品12个，有机食品1个，无公害绿色农产品生产基地认证面积达到23345公顷，被列为省级“无公害农产品认证整体推进县”，被省政府表彰为“食品安全工作先进县”。2008年4月，被国家食品药品监督管理局确定为“国家级食品安全示范县”。东方亮小米成为2008年北京奥运会专供米。扶持壮大新科农牧、广宽农产品等一批农产品加工企业，培育发展北野菌业、甸顶山农牧公司、东方物华等6家新兴企业，培育发展各类专业合作社163个。广灵县百姓乳业合作社被山西省农工委、省农业厅表彰为全省先进农民专业合作社，大同市发展农民专业合作社现场会在广灵县召开。

招商引资和项目建设　先后组团参加第三届“中博会”、第二届“煤博会”等大型招商会议，促成日产4000吨熟料新型干法水泥项目、年产20万吨型煤生产项目、年出栏5万头生猪养殖基地建设、星级酒店建设、黄花加工、珍稀动物养殖、苦荞加工等多个项目在广灵落地建设。继续完善项目库，项目总数达到120多个，投资114亿元。

环保工业　重点建设电力、化工、农副产品加工业，全年投入工业建设项目资金1.9亿元。电厂技改2×6兆瓦和新建2×12兆瓦生物质能热电机组项目和风力发电项目进展顺利。精华化工集团1.2万吨乳化炸药生产线技术改造项目6月24日一次性试产成功。山西诺邦聚氨酯有限公司聚氨酯合成项目完成投资4860万元。广灵县广龙化工有限公司糠醛生产线项目完成投资1515万元。精华化工集团30万只肉羊屠宰加工扩建项目完工。节能降耗工作进展顺利。全县完成综合能耗28.28万吨标煤，同比下降32%；完成万元GDP综合能耗4.7吨标煤，同比下降7%。

体制创新　引进民营资金，实施罗疃煤矿和板塔寺煤矿股份制经营改制工作。行政管理体制更加规范，政务公开逐步纳入法制化轨道。全年受理各类审批事项11149件，办结11110件，办结率达99.7%。积极推进预算改革，完善政府采购制度，规范集中核算，强化“收支两条线”管理，加强国有土地出让金征管，财政效益和预算透明度进一步提高。

基础设施建设　完成两个乡集镇规划编制、评审和两个乡集镇规划测量，完成8个新农村建设示范村规划编制评审及15个新农村建设重点推进村规划测量工作。完成新建街、工字路、商业路、人民广场、西出口公园、县城集中供热七期工程、县城新建街主管网改造及延陵路主管网铺设工程。完成181公里的村村通水泥路工程、14.3公里的板城线改造工程、全长17公里的南王线改造工程、全长13公里的香大线改造工程。部分完成上白羊～白羊峪旅游公路工程、木厂～老茬旅游公路工程、省道马走线改工程。全省农村公路养护观摩检查现场会在广灵县召开。治理非法超限超载车辆工作成效明显。以“三大工程十大项目”为重点的农建铺开工程298处，总投资8814万元。完成工程270处，完成投资6486.68万元。投资530多万元，涉及7乡镇14个行政村的农村人畜饮水安全工程全部完成，解决1.3万人和2434头大牲畜的饮水安全问题，使2803户村民用上干净卫生的自来水。扶贫移民搬迁工程完成移民住房216套648间4.67万平方米。

生态建设　排查整治企业排污，确保“两奥”环境质量安全。严格落实总量控制制度，减排工作取得预期效果。稳步推进饮用水源地保护和水污染防治工作，饮用水水源地一、二级保护区的水质达标率达到100%。县城生活污水处理厂正式启动运行。环境空气质量二级以上天数达到320天。开展重点行业和饮用水源地环境违法问题整治和尾矿库环境安全隐患排查。

社会事业　五所寄宿制学校除蕉山中学场内硬化工程外全部完成交付使用。出台《关于对就读中等职业学校学生提供生活补助的实施方案》，加大对升入中职学校学生的基本生活费用资助。高中教育成绩突出，全县高考达线总人数为261人。义务教育实施水平得到提升，“两免一补”及时发放到位。全县基础免疫“五苗”接种率为98.6%，麻疹疫苗强化免疫接种率为99.6%。食品和医药卫生安全进一步加强。新农合补偿参合农民4.5万人次，支出补偿款661.66万元。完成2009年农村个人筹资工作，参合人数达到13.63万人，参合率为90.7%。开展“三下乡”文化活动，丰富农民群众文化生活。九个乡镇文化站年底全部建成。完成“山西省农村流动书库”建设任务和“农家书屋”创建工程。广灵县剪纸文化产业园区被命名为第三批文化产业示范园区。“广灵秧歌”被列入大同市级非物质文化遗产保护名录；“广灵大号”被列入县级非物质文化遗产保护名录并申报市级非物质文化遗产保护名录。全县人口出生率13.2‰，人口自然增长率5.6‰；符合政策出生率88.4%，综合节育率90.2%，“四术”1319例，征收社会抚养费141.7万元。

社会保障　2008年新增就业岗位1031个，其中就业困难对象实现再就业108人。制订《广灵县城镇零就业家庭就业援助工作意见》，解决115户零就业家庭就业困难。免费培训下岗失业人员430人，农民工技能培训1200人，创业培训132人。低保资金、大病救助资金、救灾资金、教育救助金、各类优抚资金发放到位。慈善总会工作卓有成效，收到社会各界捐款52.34万元。成立乡、镇城乡社会救助站。全县道路交通发生事故23起，故5起，死亡人数占市政府下达各类事故控制指标20人的70%。其他工矿商贸企业未发生死亡事故。社会治安秩序持续平稳。全县立刑事案件89起，破获36起，破案率为40.4%，破案率上升2.3%。打掉非法制造爆炸物黑窝点一个。打掉各类犯罪团伙4个，抓获涉案成员16名，抓获网上逃犯56名。查处治安案件1033起，命案侦破率达到100%。

党建工作　加大干部培训力度，对副科级以上领导干部进行了集中培训，各基层党组织对全县党员干部进行普遍轮训，培训覆盖面达到90%以上，全年有10名县处级干部、6名县级后备干部、9名乡镇长参加上级部门组织的培训。

深入贯彻落实《干部任用工作条例》，不断深化干部人事制度改革，完成县公安局副科级干部的选拔。本着公开、平等、竞争、择优原则，选聘了56名优秀大学生村干部，充实到全县农村两委班子中。在村级组织换届选举中，107名大学生村官参与竞选两委班子成员，96人成功当选，占村官总数的89.7%，进一步促进农村两委干部队伍年青化、知识化。大力加强基层组织建设。进一步引深“三级联创”、“四争一树”活动，在全县形成“县乡村三级领导抓联创，村乡县三级组织上台阶”的联动格局。通过思想政治教育或派驻工作队集中抓整顿的方式方法，全县18个软弱涣散村支部转化率达到95%以上。大力推广村支书和村委主任“一肩挑”，“一肩挑”村达到135个，占全县行政村总数的75%，农村党组织的领导核心作用得到发挥。

加大违纪违法案件查处和纠风工作力度，从源头上预防和治理腐败，立查案件60件，党纪处分54人，政纪处分7人，其中乡科级9人。深入开展基层党风廉政建设工作，全县180个行政村全部建立三人监督小组，各村党支部都设立纪检委员，部分聘请党风廉政监督员、联络员，村级监督机制不断完善。农村会计委托代理制度工作深入实施，建立了县、乡、村三级村务公开台帐。（王爱党）

【政府为民办实事项目】　县十四届人大二次会议审议通过的2008年政府为民办实事项目涉及11个大项。经过一年努力，11件为民办实事项目顺利完成。一是投资200万元，在九个乡镇新建沼气池800个，产气率均在80%以上。还筹资6万元建成蕉山和梁庄两所沼气服务站，改善群众生产生活条件和居住环境。二是投资530万元，在张庄、沙岭、杨窑等14个村实施饮水安全工程，解决2803户、1.3万人、2500头大牲畜的饮水安全问题。三是投资1653.2万元，完成涉及3乡镇5村216户648人的移民搬迁主体工程，完成涉及7乡镇12村的整村推进扶贫工程。四是投资200万元，在南村镇赵家坪等7个村新建9处院落、70间住房和11间杂房，重点解决五保户、重点优抚对象和重灾户的住房困难。五是投资3200万元，实施全长6.91公里的省道马走线广灵县城东段改线工程。2008年完成投资1400万元，铺设道路路基，完成30多个涵洞；虹桥沟大桥以及路面铺设等工程2009年完成。六是投资315万元，新增东风起亚——锐欧出租车30辆，全部运营。七是投资401万元，在壶泉、南村、斗泉等九个乡镇新建“万村千乡工程”农家店30家，其中有2家是乡镇店，营业面积1630平方米，全部入运营，安置人员84人，实现销售额739万元。八是投资1400万元，开工新建2500平方米的一中多功能厅和5100平方米的五中综合教学楼，新建希望小学1所。一中多功能厅2008年投资260万元，完成主体工程；五中综合教学楼、加斗中学综合教学楼分别投资350万元，完成主体工程、安装窗户、内墙沙灰等工作。九是安排资金120万元，对考入中等职业学校的学生资助500～1500元的生活费。经过相关部门共同努力，2008年秋季考入中等职业学校的787名学生申领到生活费用38.5万元。十是投资450万元，开工建设县医院门诊楼和县妇幼保健站业务楼，修缮乡村卫生院（所）。县医院门诊楼2008年投资310万元，完成项目主体；县妇幼保健站业务楼项目2008年投资60万元完成项目主体；60所村级卫生院（所）配置设备项目2008年底30万元资金全部到位。十一是完成投资100万元，实施万山头中央广播电视无线覆盖工程，购置安装无线发射机及配套收转设备，通过省厅验收，全县大岭东部绝大部分地区、岭西部分地区群众可通过无线电视收看到质量较好的中央一套电视节目。（王爱党）

中共县委书记	邵　奎※　刘振国
县人大常委会主任	魏一德
县　长	刘振国※　郭占宝
县政协主席	李　满

灵丘县

【简述】　灵丘县位于山西省东北部、大同市东南端。位于北纬39°03′～39°38′、东经113°53′～114°32′之间。京原铁路、京原公路、大涞公路、天走公路穿境而过，荣成—乌海高速公路也从灵丘境内通过，交通十分便利。灵丘历史悠久，地势险要，资源丰富。境内山大沟深，土地贫瘠，耕地面积为34000公顷，素有“九分山水一分田”之说。全县南北长84公里，东西宽66公里，总面积2732平方公里，居全省第四、大同市第一。全县辖3个镇、9个乡，254个行政村，总人口236469人。

2008年，全县生产总值完成21.4亿元，同比增长16.4%，其中第一产业增加值完成1.5亿元，同比增长1.8%；第二产业增加值完成13.1亿元，同比增长13.7%；第三产业增加值完成6.8亿元，同比增长25.4%。人均国内生产总值完成9589元，同比增长24%。农林牧副渔总产值完成38579万元，同比增长3%。社会消费品零售总额完成104486万元，同比增长27.5%。城镇居民人均可支配收入达到9813元，同比增长21.1%。县域经济发展速度位居大同市前列。

农业　2008年，全力培植主导产业，夯实新农村建设的物质基础。积极实施基地建设工程，培育主导产业。一是抓好上寨、上关、张家湾、三楼等南部山区村为主的核桃、花椒等干果经济林基地建设，新发展核桃干果经济林基地400.2公顷。二是抓好上北泉、红石楞、下北泉等生态园林村建设，配套建设“农家乐”休闲旅游设施。三是抓好以乐陶山、韩坪等村为主的北部丘陵区仁用杏基地建设，新发展仁用杏干果经济林667公顷。积极上马仁用杏精、深加工企业，乐陶山仁用杏精、深加工项目已完成科研报告。四是抓好温北堡等北山片特色粮种植，赵北、龙王池的种薯产业，继续抓好1334公顷苦荞种植项目。五是抓好以大作、西关、清泥涧、燕家湾、固城、门头等平川区村为主的瓜菜产业，西起清泥清，东至大作200栋大棚的带状设施农业已启动，唐河流域1000.5公顷露地蔬菜长势喜人。2008年全县农作物播种面积3.18万公顷，粮食产量6044万公斤，同比增长67%。其中玉米4418.9万公斤，杂粮1625.1万公斤，油料114.1万公斤，蔬菜619.8万公斤。2008年农村经济总收入完成9.7亿元，同比增长11%，农民人均纯收入达到2801元，同比增长12%。

2008年，全县用于新农村建设的各项资金累计达到2亿多元，围绕“四化四改”和“五个一工程”，完成了19个村的规划编制工作，完成了16个村的街巷硬化、13个村的路灯安装、13个村的文化站建设、14个村的计生卫生所建设、12个村的健身场所建设、19个村的便民连锁超市建设和15个村的标准化小学建设，解决了15个村的饮水不安全问题。围绕村容整治，实施了西关、东关、王庄、城道坡等四个城中村的新农村住宅楼建设工程，总建筑面积17万平方米，已完成工程量的80%。此外，有30个民营企业和77个党政机关事业单位对46个新农村试点村和重点推进村进行了结对帮扶。南淤地村建成了桔秆气化炉供热工程，覆盖农户275户。全县新建成沼气池1038个，超任务38个，居大同市第一。

畜牧业　2008年，全县畜牧业收入达1.25亿元，农民人均牧业收入达到620元。大牲畜饲养量达到8.5万头，同比增长5.4%；猪、羊、鸡饲养量分别达9.85万头，45万只、62万只，同比分别增长35.9%，11.9%，0.1%；肉类、禽蛋、奶类总产量分别达0.82万吨、32万吨、15万吨，同比分别增长5.1%，13.5%，50%。畜牧养殖园区和标准化小区快速发展。全县规模在5头以上的养牛户发展到152户，50只以上养羊大户发展到1666户，100头以上养猪大户发展到87户，5000只以上的养鸡大户发展到20户。龙泉牧业有限公司投资800万元，建成鲜奶加工生产线一条和现代化挤奶厅一座。古之河奶牛养殖园区投资50万元，建成奶站一座。全县投资800多万元，建成畜禽标准化养殖小区10个，改良本地黄牛、奶牛1.8万余头，推广优良牧草2668公顷，完成秸杆青贮、微贮4.5万立方米。高致病性禽流感、牲畜口蹄疫、新城疫、猪瘟、蓝耳病等免疫密度均达到100%，春秋动物防疫工作位居大同市11个县区之首。

林业　2008年，全县实施并完成荒山绿化、通道绿化、村庄绿化、县级造林四项工程共计面积了3601.8公顷。完成包括108国道、3条旅游路、4条县乡路和14条乡村路（乡村路总里程500.7公里）在内的通道绿化196.6公里，超任务8.8公里，重点推进了40个村的绿化美化，超任务20个村；完成南山区5个乡镇的核桃栽植400.2公顷，北中部地区6个乡镇的仁用杏栽植1000.5公顷；完成杨柳压条200.1公顷；新建城道坡村北经济树采摘观光园66.7公顷。全省太行山荒山绿化现场会在灵丘县召开。

水利　2008年，全县农建工作围绕农建服务产业结构调整和改善人民环境两条主线，全县高起点规划并实施了五个重点工程，全部工程完工后新增水地533.6公顷，改善恢复灌溉面积933.8公顷，新增节水面积733.7公顷，解决饮水不安全1.3万人，完成生态造林面积2934.8公顷，改造中低产田533.6公顷，平田整地1334公顷，新增耕地133.4公顷，基本农田整理206.77公顷。

工业　2008年，依托锰、铁、铜等丰富的矿产资源，积极加快产业结构调整，规范项目建设，鼓励企业转产转型，延伸产业链，发展产品深加工，提高附加值，促进企业增产增效，有效地拉动县域经济发展。全县有富锰渣加工企业17家，有铁选厂开采加工企业200多家。建成铅锌选矿项目25个，铜加工项目8个，选钼项目2个，选金项目2个。这些项目中，宏伟公司年产1万吨镁合金生产线项目，拉动了县域非金属矿白云岩的开发利用步伐。继刁泉银铜矿后，豪洋铜业公司年产5万吨铜精粉项目开工建设。晋银公司白银湿法冶炼项目、银龙公司粗铅电解项目、隆源公司年产6万吨再生铅及配套生产线项目、金地公司铅精矿项目、金锵年加工10万吨铅精矿精选及分离生产线项目、金辰公司年产5.2万吨精铅项目的建成，加快了全县有色金属开发利用步伐，促进了县域经济快速发展。全县共有各类建材项目58个，这些项目主要以水泥生产、石材加工、砖瓦石料生产为主。豪洋、石工两大品牌水泥，成为全县建筑行业的支撑。2008年，工业经济受世界金融危机影响，全年完成规模以上工业总产值25.1亿元，同比增长24.91%；实现利税3.56亿元，同比增长3.64%。

财政　2008年，全县财政总收入突破4亿元，提前两个月完成全年收入任务，累计完成46414万元，完成年度奋斗目标43000万元的108%，比上年同期32018万元增长45%，增收14396万元。一般预算收入，累计完成14052万元，完成年度奋斗目标13100万元的107%，占财政总收入的30%，比上年同期9621万元增长46%，增收4431万元。全县财政总支出累计执行51876万元，年均递增22%，比2007年的38730万元增长45%，增加支出13141万元。其中：个人部分支出25786万元，占总支出的50%；公务费支出4219万元，占总支出的80%；专项支出21866万元，占总支出的42%。财政平衡状况进一步好转。2008年，财政部门合理调度财政资金，当年消化以前年度财政赤字78万元，年终净结余127万元。自1988年出现财政赤字二十年以来，首次实现了财政收支平衡略有结余。

城市建设　2008年，完成了新华街西出口道路拓宽改造工程，便民政务大厅和武装部训练基地建设基础工程，县中医院、妇幼保健院、档案馆和计生服务站主体工程。启动了迎宾北路和沙河南路两个棚户区改造工程。新华东街和振华东街道路改造工程基本完成。县医院门诊楼建成并投入使用。

交通　2008年，完成了7条共78.7公里县乡公路改造工程和平型关纪念馆～关口6.26公里的旅游公路建设工程。新建村村通水泥路223.1公里，新增通客运班车行政村13个，全县通水泥路的行政村达到235个，通班车行政村达到215个。

科技教育　申报省级科技项目1项，市级科技项目10项。灵丘一中新校及平型关实验学校投入使用，城镇小学、灵丘二中和城关中学顺利搬迁。投资1000万元对61所学校进行了维修改造，投资2380万元对25所学校进行了设备配置和标准化建设。全县高考本科达线282人，其中达一本线109人，综合评价位居大同市第二。

文化体育　建成了46块农民体育健身场地和8个乡镇文化站。完成了县影剧院改造工程，为100个行政村的每个文化室配置书柜2个和流动图书300册，为新农村建设试点村和重点推进村安装健身路径32条。并在新建成的县文体中心成功举办了“中源农业杯”全国传统武术邀请赛和2008年中国乒乓球超级联赛。

卫生　投资1200万元的县医院门诊大楼正式投入使用，县中医院建设已完成主体工程。公开招聘医务人员34名并充实到了基层卫生单位。全县参加新型农村合作医疗的农民达到18.46万人，参合率达到90.91%，全县有54400名农民享受了住院和门诊药费补偿，补偿金额达到830万元。对382家食品从业单位进行了卫生监督检查，没收销毁超期变质食品200多公斤。对全县60余家经营奶和奶制品单位进行了彻底检查，对发现的1000余公斤“问题奶粉”依法进行了登记封存。积极筛查救治食用“问题奶粉”的婴幼儿，县医院共筛查儿童4426人次，收治住院患儿6名，均已治愈出院。

人口和计生工作　全年出生人口1324人，出生率为5.71‰，人口自然增长率为1.29‰，符合政策生育率为88.67%。落实“四术”4809例，为育龄群众义务诊疗860余人次。完成了投资300余万元的县计生综合服务楼主体工程，有9个乡站达到国家乡级服务站标准，有254个行政村计生服务室得到巩固完善。落实计生奖扶对象1604人、退二孩指标28户、双女绝育家庭9户，奖励扶助金67.33万元。

社会保障　全县有2863户、4981人城市特困居民和11778名农村特困群众纳入了低保范围，基本上在全县12个乡镇建立了农村救助体系。启动了自收自支和差补事业单位职工参加养老保险和城镇居民医疗保险工作。新增城镇就业人数1900人，下岗失业人员再就业400多人。参加新型农村合作医疗农民达到18.44万人，参合率达到89.71%。

社会治安　开展了“云暴三号”、“云安一号”等四次专项行动，成功破获了“3.5”持刀伤人等4个重大案件，打掉两个未成年人盗窃团伙。2008年，全县共立刑事案件257起，同比减少80起，下降23.7%；破获122起，破案率为47.5%。受理治安案件651起，查处590起，查处率为89.1%。积极做好奥运期间进京治安检查工作，共设置治安检查站9个，共出动警力3280人次，检查人员187196人次，车辆44268辆次，为奥运会、残奥会的成功举办做出了应有的贡献。

安全生产　全年事故起数同比下降23.5%，死亡人数同比下降9%。认真吸取襄汾“9.8”尾矿库溃坝事故教训，积极开展以尾矿库为重点的安全隐患排查治理工作，共监督检查各类尾矿库企业137家，下达整改指令书58份，排查隐患174条，当场整改138条，限期整改36条，强制执行书16份，对14家存在较大隐患的选矿厂立即采取强制措施，对尾矿库下游的居住人员和房屋予以拆除，申请吊销安全生产许可证6个。切实加强安全培训，有40多名生产经营单位负责人参加了省、市两级举办的培训班，举办了多期非煤矿山特种作业和企业全员培训班，培训人员3400多名。

（高晓彬　刘甫花）

【红、古绿旅游体系】　2008年，随着旅游开发力度的加大，灵丘县以“红、古、绿”三色旅游体系建设正逐步推进。投资2700多万元完成了平型关红色旅游景区一期工程；引入社会资金2亿元开发桃花溶洞风景区项目，现项目总体概念性设计已完成；觉山寺景点投资开发也正在论证规划中。空中草原旅游公路动工修建。被称为“花果之乡”的北泉村被国家旅游局确定为全国农业旅游示范点，花塔生态民俗村、木佛台生态旅游度假区被省旅游局确定为省级农业旅游。平型关红色旅游景区正式免费对外开放，全年接待游客20多万人次。

（高晓彬　刘甫花）

中共县委书记	张小立
县人大常委会主任	张　枢
县　长	张小立※　赵亚雄
县政协主席	王寿山

浑源县

【简述】　2008年，全县地区生产总值完成18.6亿元，同比增长13.8%；财政总收入达到20760万元，同比增长46.9%；一般预算收入达到7574万元，同比增长52.61%；规模以上工业增加值完成62995万元，同比增长27.50%；社会消费品零售总额达到113724万元，同比增长21.4%；全社会固定资产投资完成64951万元：城镇居民人均可支配收入达到9250元，同比增长20.6%；农民人均纯收入达到2682元，同比增长11.6%；万元GDP综合能耗下降7.6%，二氧化硫排放量控制为3241吨，化学需氧量排放量控制为2076吨。

人口与计划生育　2008年，全县人口352488人，其中男性17.9万人，女性17.3万人。全年出生人口2343人，出生率为6.18‰；自然增长率为3.16‰。全县当年完成绝育手术431例，上环3076例，累计长效节育措施落实率达到了98.71%。

农业与农村经济　2008年，在遭受旱灾的情况下，全县粮食总产量达到8700万公斤，比上年增长14.5%，农村经济总收入达到17亿元。各项支农惠农政策全面落实，全年用于“三农”的投入达到1.2亿元，同比增长22%。农业综合生产能力不断提高，新增恢复改善水浇地2866.7公顷，改造中低产田666.7公顷，完成生态治理9200公顷。上规模的农产品加工龙头企业发展到10家，通过政府贴息贷款的办法帮助农民新建蔬菜大棚123栋，黄芪GAP基地顺利通过国家认证，农业产业化水平不断提高。完成荒山绿化200公顷。畜牧业持续健康发展，牛、羊、猪、鸡存栏分别达到5.2万头、33万只、12万头、51.3万只，同比分别增长3.4%，4.3%，7.4%，5.8%，畜产品总量达到3.85万吨，同比增长7.6%。农民增收渠道进一步拓宽，新增转移农村劳动力7400人，全年在外务工总人数达到54460人，劳务总收入达3.54亿元。

工业经济与项目建设　9座保留煤矿的引资改扩建工作有序推进，煤矿企业兼并重组工作进展顺利，即将组建形成年产600万吨的大型煤业集团，煤炭产业的整体水平和竞争力将全面提高。石材工业园区二期环境整治取得明显成效，园区的集聚效应和辐射作用进一步凸显，入园企业总数达到39家，花岗岩产业区向高度集中、深度发展、精度加工的方向发展。2008年在遭受金融危机影响、产品出口量下降、石材荒料同期减少4300立方米的不利情况下，完成税费4822万元。项目建设取得重大突破。纳入大同市战略层面的30个项目全部实现年度预期目标，共完成投资5.8亿元。荣乌、大浑、浑广三大高速公路项目将相续开工建设，大五线途经恒山景区段改线项目路基工程全面完工，热电联产项目投资主体基本确定，恒山水库除险加固项目如期开工，城市垃圾处理厂、四星级旅游宾馆建设等其他各类项目都取得了实质性进展。同时，积极争取到中央扩大内需项目18个，资金4138万元。2008年工业经济完成规模以上工业总产值14.2亿元，同比增长27.4%；规模以上工业企业实现利税7125万元，同比增长22.1%。

景区建设与旅游业　2008年聘请中国规划设计院、北京城市建筑设计院和香港易道等国内多家知名设计院，扭照“大景区、大旅游、大产业”的新理念，全方位铺开了恒山大景区、神溪湿地、旅游城市发展的总体规划、详细规划、控制性详规和修正规划的新一轮修编工作。同时，铺开了一系列旅游产业发展的基础工程：一是大力加强景区基础设施建设。围绕景区品味提升，实施了投资400万元的恒山后山白龙王堂文物古迹修复工程、投资3300万元的岳门湾游客集散中心土建工程（面积达6万平方米）、投资400万元的神溪律吕神祠和神溪村古民居大修工程；二是全面启动了永安寺历史文化街区改造工程。着手对麻家大院古民居开始修复，完成了县委政府机关大院从县衙原址搬迁工作，并启动了文庙修复的前期工作；三是全面提速北岳恒山申遗工程。完成了悬空寺景区违章建筑拆迁任务，拆迁面积达3000平方米。申遗文本正在加紧编制，申遗资金正在筹集；四是实施品牌塑造工程。组织开展了“赛在北京，游在恒山”的宣传促销活动。2008年景区共接待国内外游客65万人次，完成旅游直接收入2750万元，实现综合收入1.9

浑源特产凉粉

张明芳摄影

亿元。

新农村建设　2008年全县用于新农村建设资金总计达到1.19亿元。新增的18个重点推进村基本完成了街巷硬化、路灯亮化、村庄绿化、改水工程和学校标准化、村级卫生站、科技文化活动室、便民超市以及健身场所建设任务，新建沼气池300户和沼气网点7处。投资1765万元，建成村村通“水泥路135公里，新建农村客运站3个。投资5455万元，完成东大线、金砂线、郝罗线、养杨线、陈韩线五条县乡公路改造68公里。投资897万元，高标准、高质量完成了杨湾、刁王梁、打虎沟3个村的采煤沉陷区综合治理新村建设工程，农村生产生活条件发生了可喜变化。

市政建设　2008年浑源县城建设全面提速，累计投资2.3亿元。投资1404万元的恒山路南延、投资1167万元的恒山路北延，投资773万元的迎宾大街西延工程，实现了县城两大主干街道的十字贯通，拉大了城市框架，扩展了城市空间。实施了投资达1100万元的长青路、步云路拓宽改造工程。投资450万元，完成了天峰路、翠屏路和迎宾街人行道路硬化工程。投资280万元，完成了翠屏路、步云路、恒山路南北延伸段和迎宾街西延段的灯光亮化工程。投资3000万元，高质量完成了柳河综合治理二期工程，建成了北起神溪湿地、南至悬空寺景区、沿大五旅游专线长达7公里的绿色生态长廊。引资近1.5亿元，实施了岳麓家园、毓秀园、金鼎苑、师苑等一批居民小区新建工程。

改革开放与招商引资　粮食局所属企业成功改编，供销、二轻系统所属企业改制正在积极运作。招商引资成效显著，风力选煤厂，风力发电、油页岩开发利用等一批重点调产项目相继落户浑源。成功参加了中博会、煤博会等大型招商活动，新引进资金2.78亿元。对外开放局面进一步打开，全年实际利用外商直接投资5.27亿元，完成非公有制经济税收1.65亿元，同比增长61.3%。

人民生活与社会事业　2008年，城镇居民人均可支配收入达到9250元，同比增长20.6%；农民人均纯收入达到2682元，同比增长11.6%。城乡居民储蓄存款年末余额23.2亿元，比年初净增4.27亿元。全县新增就业岗位2816个，安置下岗失业人员再就业663人，安置零就业家庭人员188人。社会保障体系进一步健全，全年支付各种保险金13522.29万元，为22354名城乡困难群众发放低保金1351.7万元，为8.3万人次发放大病救助金1248.6万元。启动了城镇居民医疗保险制度和农村养老保险制度。此外兑现公职人员增资和公务员津补贴1.2亿元。教育事业健康发展。投资2000多万元，完成了浑源中学教学楼、公寓楼、餐饮楼新建工程。投资近3000万元，完成了张庄中学等6所农村中小学校的新改扩建省级项困工程。投资近2000万元，实施了28项农村中小学危旧校舍改造工程。全年中小学校舍改造面积达53246平方米，其中新建校舍面积达43940平方米，农村中小学办学条件得到明显改善。卫生事业扎实推进。2008年完成了14个乡镇卫生院设施配套工程，启动了县人民医院整体搬迁工程。新型农村合作医疗制度不断完善，参合农民突破27万，参合率达到94.09%。广播电视事业发展形势喜人。中央无线覆盖工程通过省级验收，数字广播惠及千家万户。社会治安综合治理进一步加强。2008年全县共接待上访群众256批1035人次，受理各类信访案件43件，合法诉求全部予以办结，其他诉求全部予以答复。年内共排查化解矛盾纠纷650余起，查处治安案件672起，破获刑事案件203件，社会治安明显好转。

（范颖莲）

中共县委书记	李根田
县人大常委会主任	滩润清
县　长	张秉善
县政协主席	陈新华（女）

左云县

【简述】　2008年，全县地区生产总值完成311547万元，同比增长10.66%；规模以上工业总产值完成311156万元，同比增长29.79%；规模以上工业增加值完成150471万元，同比增长8.87%；社会消费品零售总额完成87209万元，同比增长23.3%；固定资产投资完成155146万元，同比增长25.93%；财政总收入完成110090万元，同比增长27.57%；一般预算收入完成30913万元，同比增长19.86%；国税完成77423万元，同比增长40.29%；地税完成23420万元，同比增长10.38%；城镇居民人均可支配收入10585元，同比增长15.83%；农民人均纯收入达到4359元，同比增长12.06%。

农业　种植业生产条件进一步改善。2008年，全县拥有农业机械总动力8.9万千瓦，比上年增长7.2%。化肥使用量（折纯）2191吨，农药使用量21吨，有效灌溉面积1471公顷。农业生产状况良好，全县农作物总播种面积28410公顷，其中，粮食作物播种面积20910公顷，总产量为2850万公斤，比上年增长45.3%。油料作物播种面积6770公顷，总产量为376万公斤，比上年增长46.9%。

畜牧业有所下滑。2008年，全县牛的饲养量达到8219头，比上年下降73.1%，其中奶牛为2534头；羊的饲养量为145903只，比上年下降44.7%；猪的饲养量达到74762头，增长26.7%。全县肉类总产量4963吨，比上年下降18.1%，奶类产量3601吨。比上年增长10.3%。禽类产量1801吨，比上年增长12.3%。

林业生产稳步发展，完成了国家重点工程人工模拟飞播造林和对国、省道及县乡通道绿化带栽植、加宽、增色、上景点，以及荒山绿化工程，推进了以东山森林公园、十里河县城段绿化为重点的环城绿化工程。全年造林787公顷，年末实有封山育林面积11666公顷，四旁植树29万株，中幼林抚育233公顷，成林抚育2600公顷，新育苗120公顷，义务植树25.2万株。

农村乡镇企业向前发展，推动了全县农村经济增长和农民增收。2008年，全县乡镇企业实现总产值189988万元，增加值65496万元，营业收入168497万元，应交税金11956万元。农村经济持续发展。全县农林牧渔增加值达到23876万元(包括农业服务业)，与上年持平。农村经济总收入达到259451万元，同比增长14.0%。

工业、能源和建筑业　2008年，全县工业在经历煤矿停产整顿、金融危机等困难的情况下，仍保持了较大发展。全年规模以上工业企业86家，实现总产值311156万元，同比增长29.79%。其中，国有企业完成53115万元，集体企业完成197386万元，股份制及其他企业完成60645万元。工业增加值完成150471万元，增长8.87%。其中煤炭实现的总产值为258824万元，增加值为134588万元。规模以上工业经济效益明显提高，全年主营业务收入完成311067万元，增长20.55%，实现利税52012万元，增长30.66%。

全年统计的原煤产量完成558万吨，比上年下降21.96%，电瓷产量完成1217吨，比上年增长57.3%。

煤炭外销平稳。全县全年共销售煤炭558.07万吨，同比下降24.76%。其中，通过铁路外运煤炭249.81万吨，通过公路外运煤炭209.49万吨，本地销售98.77万吨。

建筑业稳定发展。全年全县建筑业完成增加值1398万元，比上年增长3.2%。

固定资产投资　固定资产投资规模进一步扩大。2008年全县固定资产投资达到155146万元，比上年增长25.93%。纳入统计的投资在50万元以上项目达67项，其中，国有投资58531万元，集体投资25800万元，其他投资70815万元。投资项目中，农业投资9880万元；工业投资78325万元；交通运输投资35368万元；公共设施投资15310万元；文教卫生等其他投资16263万元。全年房屋施工面积407446平方米，房屋竣工面积101746平方米。

全县全年施工项目67个。其中新开工项目32个，全部建成投产项目44个，新增固定资产81293万元。

交通和邮电　交通发展迅速，综合运输能力进一步加强。2008年，全县公路通车里程达到1261.4公里，铁路营运里程22公里。全年完成29.65公里县乡公路改造工程，136.3公里村通水泥路及油路返砂路、断头路工程，公路好路率均达90%以上。县城二级汽车站、店湾、马道头和三屯四级汽车站建成使用，新建张家场四级汽车站的主体工程，安装候车棚20个。年末民用汽车拥有量为1814辆，全年完成客运量99.4万人次，货运量达到158.6万吨；全年旅客周转量4777万人/公里，货物周转量31628万吨/公里。

邮电通信业继续快速发展。全县邮电通讯企业发展到3家，邮政业务总量1089万元，业务收入408万元，邮政储蓄、保险代理业务、集邮、速递业务开展良好。电信业务收入5200万元，全县电话交换机总容量达到2万门以上，固定电话达1.07万户，移动电话年末用户6.6万户，宽带业务发展到3100户。全县移动电话普及率达到每百人42部。

财政、金融和保险 2008年，全县财政总收入完成110090万元，为年度预算的106.31%，比上年增长27.57%。一般预算收入完成30913万元，为年度预算的98.25%，比上年增长19.86%。其中，税收收入完成21308万元，同比增长34.99%；专项收入完成3085万元，同比减少85.27%；行政性收费完成3680万元，同比减少27.29%；罚没收入完成1776万元，同比增长16.23%；另外，基金收入完成6656万元，同比增长9.49%。全县一般预算支出执行50896万元，同比增长13.99%。

金融工作着眼于化解风险和服务经济发展，提高了资金的有效利用率。年末全县金融机构各项存款余额达到791746万元，比上年增加240798万元，增长43.7%，其中企业存款余额54943万元，城乡储蓄存款余额592848万元。各项贷款年末余额91151万元，比年初减少17302万元。存贷比例为12%，全县金融机构现金累计投放1613483万元，现金回笼1613095万元。

保险事业健康发展。全县纳入统计单位的保费收入合计9279万元，比上年增长7.32%。支付各类赔款1969万元，增长8.63%。保险公司已发展到6家，险种有人身险、健康险、意外伤害险、财产险等130多种。

商业贸易 2008年，全县商品贸易繁荣稳定。全年共完成社会消费品零售总额87209万元，比上年增长23.3%，全年出口总额120万美元。

科教、文体和卫生 2008年，科技项目落实三项，涉农项目20个。全县三个科技示范区种植总面积达到333.5公顷，养羊5000只，牛200头。全县发展科技示范村20个，示范户700户，多次举办科技培训，受训人数累计达1万人次。

各级各类教育事业蓬勃发展。全县以办人民教育为宗旨，继续推进素质教育，加强教育投入，提高教育教学质量，城乡教育协调发展。全县共有各类学校110所，其中，普通中学15所，小学95所；公立学校94所，私立学校16所。全县专任教师2435人，班数811个，在校生30483人，小学适龄儿童入学率达到100%。

文化、体育事业蓬勃发展。全县各类文化活动层出不穷，广场消夏晚会、节假日歌舞、戏曲、秧歌、农村电影公益放映等文化活动丰富了全县人民的生活，为建设和谐左云提供了精神支持。全民健身运动取得实效，全县组织太极拳协会、夕阳红舞蹈队、网球协会举办各种比赛，全民健身运动蓬勃发展。全县有体育场馆11个，影剧院1个，公共图书馆藏书18万册。

农村卫生条件改善，疾病防控得到加强。各乡镇卫生院陆续配备了B超、心电图机、X光机、手术床等常用的医疗设备，购置了9辆急救车装备乡镇卫生院，建设高标准、示范性村卫生所4所。年末全县拥有医院、卫生院和社区卫生共13个，床位数495张，卫生技人员519人，其中医生243人。卫生防疫人数50人，5岁以下儿童死亡下降到3%。产妇住院分娩比例提高到92%，县乡村三级医疗卫生机构达标率达到76.6%。

人口、环境和人民生活 人口继续保持低增长。2008年，全县总人口为147572人，比上年增长0.7%。其中，女性人口为71887人，占总人口的比重为48.71%. 年末非农业人口38740人，占总人口比重为26.25%；农业人口108832人，占全县人口比重73.74%。据2008年地方点人口抽样调查显示：全县人口出生率为13.19‰，死亡率为6.72‰，人口自然增长率为6.47‰。

全县行政土地面积1314平方公里，建成区面积5.5平方公里，森林面积23133公顷，绿化覆盖率11.62%，年末耕地总资源37713公顷，全年工业二氧化硫排放量3452吨，化学需氧量排放量1175吨。

城乡居民收入增加，生活质量继续改善。2008年，全县职工平均工资达到20259元，比上年增长42.2%；城镇居民人均可支配收入10585元，比上年增长15.83%，农民人均纯收入4359元，比上年增长12.06%。城镇居民人均住宅建筑面积达到27.52平方米，农村居民人均住宅建筑面积达到28.08平方米以上。农村彩电普及率达到90%以上，电脑普及率达到1.3%。

社会保障和福利事业得到发展。全县企业养老保险参保115户，参保人数6541人；机关事业养老保险100户，参保人数617人；参加基本医疗保险179户，参保人数15896人；非公经济及个人参保人员1260人；工伤参保企业124户，参保人数20080人；失业保险参保单位119户，参保人数8248人；农村养老保险参保单位8户，参保人数808人。全县养老保险基金滚存结余5115万元，支付能力可达12个月。全县享受城市低保2537户，5764人；享受农村低保3938户，7392人，农村五保对象1239人。

（邵明仁）

中共县委书记 王伟国
县人大常委会主任 吕 祥
县 长 王凤瑞
县政协主席 阎 荣

大同县

【简述】 大同县位于山西省东北部，晋、冀、蒙三省（区）交界。东与阳高县，西与大同市开发区、朔州市怀仁县，南与浑源县，北与新荣区相邻。

全县交通便利，境内大秦（大同至秦皇岛）、京包（北京至包头）、大准（大同至准噶尔）3条铁路和京大（北京至大同高速）、得大（得胜口至大同高速）、大塘（大同至塘沽）、109国道、大张（大同至张家口）、大涞（大同至涞源）等6条公路以及位于倍加造的大同飞机场，构成全县铁路、公路、航空的立体交通网络。

全县土地广阔，全省第二大水库——册田水库位于大同县许堡乡。大秦铁路湖东编组站以及解庄，秦嘉等煤站都是煤炭物流、晋煤外运、煤电加工的重要基地。城郊型经济、特色种养、旅游观光农业以及林草茂密的遇驾山、落鹰山，构成了农业生态和雁门关生态畜牧经济区的独特风光。黄花、绿豆、哈密杏、槟果、南北山的“百草羊肉”为本县的著名特产。

全县旅游资源丰富，境内的大同火山群是我国内陆最典型的火山集中分布区，是东亚大陆稀有的自然遗迹。特别是建在火山口上的昊天寺、风光旖旎的册田湖、鬼斧神工的土林、李殿林旧居、吕家大院、南山睡佛、聚乐温泉、采凉积雪及“白登之战”遗址，形成了奇特的旅游资源，极具开发和观赏价值。

全县辖7个乡、3个镇、3个街道办事处、175个行政村。2008年，全县总人口为172701人，其中男性91548人，女性81153人；在总人口中，城镇人口38092人，农村人口134609人。

2008年末，全县社会从业人员59323人，其中城镇从业人员8986人，农村从业人员50337人，就业与再就业得到进一步重视和加强，全县新增就业岗位1050个。

农业 2008年，全县各种农作物播种面积有增有减。农作物总播种面积为41961公顷，比2007年增加30公顷，增长0.07%。其中粮食作物播种面积为37423.9公顷，比2007年减少685公顷，下降1.83%；油料作物播种面积为501公顷，比2007年增加289公顷，比2007年增长136.3%；黄花播种面积为997.2公顷；瓜类播种面积为1986.5公顷，比2007年增加

391.5公顷，增长24.8%；果园面积为735公顷。各种农作物产量分别为：粮食总产量65325吨，比2007年增加10116吨，增长18.3%；其中玉米总产量51050吨，比2007年增加3268吨，增长6.84%；谷子产量1435吨，比2007年增加298吨，增长26.2%；高粱产量95吨；其他谷物产量4585吨，比2007年增加1187吨，增长34.9%；豆类产量2635吨，比2007年增加1018吨，增长62.9%；薯类产量5440吨，是2007年的4.27倍；油料总产量485吨，是2007年的6.7倍；黄花总产量2080吨，比2007年增加139吨，增长7.16%；瓜类总产量33855吨，比2007年增加7473吨，增长28.3%；水果产量1078吨，比2007年减少91吨，下降7.78%。

林业　2008年，全县林业生产继续以生态建设为重点，不断加大林木管护力度。全县全年共完成造林面积1454公顷，比2007年减少13公顷，下降0.89%，其中人工造林787公顷，比2007年增加387公顷，增长96.75%；飞播造林334公顷，比2007年减少66公顷，下降16.5%；封山育林333公顷，比2007年减少334公顷，下降100%。育苗267公顷，四旁零星植树42.4万株，比2007年减少9.6万株，下降22.6%。

畜牧业　畜牧产业化力度不断加大，畜产品生产能力进一步提高。2008年，全县全年肉类总产量为11446吨，比2007年增加388吨，增长3.5%；奶类总产量为4325吨，比2007年增加172吨，增长4.1%；禽蛋产量5604吨，比2007年增加94吨，增长1.7%；绵羊毛产量158吨，比2007年增加4吨，增长2.6%。全县牛存栏21253头，比2007年减少4600头，下降21.6%；出栏13420头，比2007年增加81头，增长0.6%；奶牛存栏5906头，比2007年增加37头，增长0.63%；骡存栏2155头，出栏1287头；驴存栏6822头，出栏192头。猪存栏48012头，比2007年增加394头，增长0.827%，出栏91450头，比2007年增加2209头，增长2.47%；羊存栏147125只，比2007年增加266只，增长0.18%，出栏168545只，比2007年增加2149只，增长1.29%；家禽存栏498850只，比2007年增加7198只，增长1.46%，出栏392550只，比2007年增加3061只，增长0.79%。

2008年，全县实现农村经济总收入148051万元，比2007年增长8%；完成农林牧渔业总产值66731万元，比2007年增长4.3%。农业生产条件进一步改善，全县拥有水浇地面积11065公顷，与2007年持平；化肥施用量（折纯）7793吨，比2007年增长4.56%；农业机械总动力130千瓦，比2007年增长15%；农用地膜使用量471吨，比2007年增长19.84%；柴油使用量766吨，农药使用量44吨。

工业　2008年，全县规模以上工业企业完成产值118500万元，比2007年增长21.2%。规模以上工业企业实现增加值50796万元，比2007年增长27.2%。工业经济效益不断提高，全年规模以上工业企业完成销售收入105900万元，比2007年增长16.4%；实现利税12741万元，比2007年增长1.69%；实现利润4200万元，比2007年增长8.78%。能耗降低，万元GDP综合能耗同比下降9.7%。主要工业产品产量有升有降。原煤产量23万吨，比2007年增长19.1%；水泥产量7.6万吨，比2007年下降59.2%；砖产量为2.3亿块，比2007年下降47.7%；活性炭产量1.65万吨，比2007年下降16.9%。

固定资产投资　2008年，全县固定资产投资为27055万元，比2007年下降101.2%。

交通　2008年末，全县县级及乡村公路通车里程达1332.8公里，比2007年增加98.8公里，比2007年增长8%。其中县级公路279.2公里，乡级公路712.6公里，村村通公路341公里。交通运输生产有所下降，至年末公路客运量为153万人，比2007年下降19.3%；公路货运量141.5万吨，比2007年下降31.2%；旅客周转量5210万人公里，比2007年下降5.76%；货物周转量为35640万吨公里，比2007年下降49.97%。

邮电通信　2008年末，全县拥有固定电话用户13975户，比2007年下降23%。小灵通用户1064部。计算机互联网用户2379户，比2007年增长42%。拥有移动电话用户68882户，比2007年增长12.1%。

贸易　消费品市场购销两旺，2008年，全县全年完成消费品零售总额65225万元，比2007年增长3.2%。

财政　2008年，全县共完成财政总收入41998万元，比2007年增加13998万元，增长5%。国税系统完成34005万元，比2007年增加12005万元，增长54.57%。地税系统完成6469万元，比2007年增加1418万元，增长28%。其中工商税完成5933万元，比2007年增加996万元，增长20.17%。财政部门完成1524万元，比2007年增加575万元，增长60.59%。完成一般预算收入10158万元，比2007年增加3340万元，增长49%。全年财政支出累计执行39988万元，比2007年增支9430万元，增长30.86%。其中：个人部分支出为17795万元，比2007年增支5746万元；上级专项款12329万元，比2007年增支3251万元；公用支出9864万元，比2007年增支433万元。

金融　2008年末全县金融机构各项存款余额达186156万元，比2007年同期增加48355万元，增长35.09%。其中：企业存款16930万元，比2007年同期增加5927万元，增长53.8%。城乡居民储蓄存款116490万元，比2007年同期增加22653万元，增长24%。各项贷款余额44602万元，比2007年同期减少396万元，下降0.88%。其中：短期贷款39337万元，比2007年同期减少3013万元，下降7.66%；中长期贷款5265万元，比2007年同期增加736万元，增长16.25%。全年金融机构现金收入361904万元，比2007年增加48240万元，增长15.38%；现金支出363326万元，比2007年增加5806万元，增长1.9%；收支相抵，净投放货币1422万元。

保险　2008年，全县保费收入2947.5万元，比2007年增长79.18%。其中财产险保费收入14647.5万元，比2007年增长45.28%；寿险保费收入1300万元，比2007年增长154%。全年全县支付各类赔付款850.57万元，比2007年增长45%。其中财产险赔付820.57万元，比2007年增长68.8%；寿险赔（给）付30万元。

教育　2008年，全县共有普通中学19所，招生3856人，在校学生11862人。其中：高中2所，招生1195人，在校学生3286人；初中17所，招生2661人，在校学生8577人。小学154所，招生2612人，在校学生16516人。幼儿园18所，在园幼儿2050人。全县共有专任教师1956人，其中高中教师137名，初中教师606名，小学教师1135人，幼儿教师78人。小学入学率达100%，小学五年巩固率达99.02%，

大同县土特产

张明芳摄影

初中入学率达100%，初中三年巩固率98%。

医疗卫生　2008年，县、乡、村三级共设医疗网点186个，其中县级综合医院、中医院各一所，乡（镇）、街道卫生院12所，社区卫生服务站6所，各类形式的村级卫生所158个，社会办医3家，医疗网点覆盖率达100%。全县各级各类医疗机构共有300元以上的各种医疗器械166台（件），其中县级医疗卫生机构136台（件），乡级有30台（件）。各级医疗机构共有床位250张，其中县级医院130张，乡级120张。全县共有卫生技术人员792人，其中县级医疗卫生机构卫生技术人员270人，乡村两级卫生技术人员499人，其他社会医疗机构23人。

居民收入　2008年，全县城乡居民收入持续增加，全年全县城镇在岗职工平均工资22309元，比2007年增加8848元，增长65.7%。农民人均纯收入达3330元，比2007年增加195元，增长6.2%。

社会保障　2008年末，全县共有敬老院11所，光荣院1所，床位455张，供养人数156人。国家抚恤补助各类优抚对象597人。得到最低生活保障的城镇人口6470人，得到最低生活保障的农村人口7621人，政府全年共发放低保金1415万元。供养五保户1444人，政府全年为五保户发放救助救济资金达170万元。全县共有21760名企业职工参加了失业保险，有6939名企业职工参加了养老保险，参加农村养老保险的人数达41239名。全县全年共为2040名企业离退休人员和257名抚恤人员发放养老金18965320元。　（吉广仁）

【开展社会主义新农村建设，推进农村经济的全面发展】　2008年，大同县委、县政府坚持把三农工作摆在重中之重的位置，全面开展社会主义新农村建设，投资120万元完成了2个乡集镇、19个新农村推进村的总体规划编制。建成村级文化站18个，农村休闲健身场所13处，硬化街巷36.7公里，建成沼气池500户。新打机井48眼，新增水浇地533.6公顷。完成饮水安全工程7处，解决了8400人，2000头大牲畜的饮水安全问题。完成县道改造74.2公里，新修村通水泥路157.2公里，完成造林工程1487.41公顷，通道绿化、新农村绿化美化共栽植各类树木49.5万株。投资800万元建设3个标准化肉牛养殖小区和一个标准化肉羊养殖小区，投资400万元建设棚圈2万平方米。实施测土配方施肥面积40020公顷，玉米丰产方建设2001公顷，高标准旱作农田333.5公顷，完成农机化示范面积466.9公顷，幅射推广333.5公顷。整合资金1000多万元建设了党留庄万亩节水灌溉区。　（吉广仁）

【培育龙头建基地，推动农业产业化】　2008年，大同县按照“农户＋基地＋龙头企业＋合作经济组织＋经济人＋市场”的农业产业化建设要求，重点扶持永翔食品、黄花公司、海发天然色素、聚宾杏制品、三利农贸等龙头企业，培育了玉米、黄花、瓜类、小杂粮等10个种植基地，使玉米种植面积稳定在20010公顷，黄花新增种植面积30.82公顷，绿豆、鲜食杏、无公害蔬菜、万寿菊等的种植面积也稳中有升。积极为绿色食品办理“身份证”，绿色食品认证达5个。同时规范了26家农村专业合作经济组织，培育了900多名农村经纪人，连结起农户3万多，产业化链条初步形成。并积极建设农业产业化示范园区，吸引特色农产品加工龙头入驻；在有条件的乡镇建设集试验、示范、科研、教学、观光为一体的多功能种、养、加科技园区，十大种植基地每个基地建立一个示范点，推动了全县农业产业化的全面发展。

（吉广仁）

中共县委书记	刘俊雍※　杨仁毅
县人大常委会主任	武　明
县　长	孙永胜
县政协主席	薛守清

阳泉市

【概述】　阳泉市位于山西省东部，北、西、南三面分别与省内忻州市、太原市、晋中市接壤，东面与河北省石家庄市相邻，辖城、矿、郊三区和平定、盂县两县，面积4570平方公里，人口131.96万人，人口密度288.7人/平方公里。

国民经济平稳增长，综合实力继续增强。2008年，全市生产总值完成310.8亿元，按可比价格计算，比2007年增长9.5%；其中，第一产业实现增加值5.09亿元、增长20.0%，第二产业实现增加值183.93亿元、增长9.3%，第三产业实现增加值121.78亿元、增长9.3%，三次产业的比例为1.6∶59.2∶39.2。财政总收入68.1亿元，比上年增长19.5%；其中，一般预算收入26.2亿元、增长21%，全年一般预算支出40.6亿元、增长21.4%。全社会固定资产投资155.9亿元，比上年增长25.6%。社会消费品零售总额123.1亿元，比上年增长25.5%。海关进出口总额15456万美元，比上年增长72.7%。全年144项招商引资项目到位资金额达81.6亿元，比上年增长21.8%。

“百项工程”成效明显，经济结构逐渐改善。全市继续实施“百项工程”，围绕扩内需、调结构、保增长、促发展，以投资增量带动结构重组。年内“百项工程”155个项目，有138个开工建设，开工率为89%，累计完成投资126亿元。其中，阳五高速公路、龙华口水电站等一批基础设施工程全面开工；石太高速铁路、50万伏输变电等工程已经完工或投入运营；晋东物流中心、3652尿素等一批新型接替项目积极推进；沉陷区治理、棚户区改造、娘子关水源地保护等一批民生工程建设进度加快。大力实施借力发展战略，引进一批对全市产业升级、城市转型具有重大影响的战略投资。2008年全市合同协议利用外资214.9亿元，共有144个项目到位资金81.6亿元。投资增量的不断扩大有力地带动了存量调整，为优化全市经济结构、转变经济增长方式做出了积极贡献。通过几年来坚持不懈的结构调整，一批新的经济增长点已经或正在形成，发展后劲进一步增强，为全市经济又好又快发展注入了活力。

加快统筹城乡发展，“三农”工作得到加强。2008年，作为全省推进城乡一体化发展试点市，阳泉市积极开展统筹城乡发展试点工作，基本完成了城乡一体化建设总体规划和专项规划。全市积极落实“城市带动农村、工业反哺农业”政策，企业重点帮建新农村237个，帮扶资金达到3430万元。31个省级新农村示范村建设成效显著，71个重点推进村全部完成了“四化四改”和“五个一”工程。完成移民搬迁383户、1422人。“万村千乡”市场建设、“村通硬化路”和“村通客车”工程均走在全省前列。娘子关水源地保护工程全面启动，龙华口水电站建设全面开工，农村饮水安全工程顺利推进。“3＋2”富民工程成效明显。2008年全市粮食总产量22.04万吨、比上年下降3.0%；蔬菜产量8.85万吨、增长11.2%；油料产量540吨、增长31.4%；水果产量1.4万吨、增长29.6%；肉类总产量1.03万吨、增长2.1%。年末大牲畜存栏2.05万头、猪存栏10.08万头、羊存栏6.59万只。渔业总产值达973万元、增长19.6%；水产品产量622吨、增长19.6%。全市新建日光温室93.38公顷、蔬菜大棚24公顷，核桃种植总规模达到1.05万公顷，农民专业合作社累计发展到289个。2008年共完成造林面积6627公顷。全市乡镇企业实现总产值305.52亿元，按现价计算，比上年增长8.0%；实现增加值83.32亿元，增长13.7%；上交税金15.8亿元，增长26.1%，乡镇企业仍为全市经济发展的一大支柱。近年来，阳泉市积极落实中央各项惠民富民政策，多渠道促进农业增产、农民增收，农民收入增长幅度年内首次超过城镇居民。

工业生产平稳增长，能源工业发展迅速。2008年，全市年主营业务收入500万元以上的工业企业（以下简称为规模以上工业企业）完成工业增加值153.4亿元，比上年增长10%；其中，轻工业完成2.0亿元、下降28.5%，重工业完成151.4亿元、增长10.5%，国有及国有控股企业完成130.4亿元、增长11.8%，集体企业完成18.8亿元、增长8.3%，股份制企业完成113.3亿元、增长10.7%，外商及港澳台投资企业完成4.6亿元、增长32.0%，非公有制企业完成16.8亿元、增长4.7%。2008年全市规模以上工业企业实现利税 69.7 亿元，比上年增长 78.3%。全年全市用于能源工业的投资达 62.03 亿元，占全市固定资产投资的 39.8%，其中用于煤炭工业的投资 39.97 亿元、电力工业的投资 22.06 亿元；全年一次能源生产折标煤 4701.8 万吨，比上年增长 9.5%，二次能源折标煤 670.5 万吨、下降 2.2%。

交通运输缓慢上升，邮电通信平稳发展。2008 年全市货物运输总量 11913.7 万吨，比上年增长 4.0%，其中铁路 3785.2 万吨、增长 7.5%，公路 8128.5 万吨、增长 2.5%；货物运输周转量 187.4 亿吨公里，比上年增长 5.3%，其中铁路 148.9 亿吨公里、增长 5.7%，公路 38.5 亿吨公里、增长 3.8%；旅客运输总量 3417.7 万人次，比上年增长 1.5%，其中铁路 151.2 万人次、增长 1.8%，公路 3266.5 万人次、增长 1.5%；旅客运输周转量 19.0 亿人公里，比上年增长 2.2%，其中铁路 7.6 亿人公里、增长 2.7%，公路 11.4 亿人公里、增长 1.8%。全市 2008 年完成邮电业务总量 16.2 亿元、比上年增长 4.5%，全市邮路总长度达 1214 公里，新增移动电话用户 66467 户、比上年增长 9.1%，固定电话普及率达 26.91 部/百人，移动电话普及率达 60.32 部/百人，全市电话交换机总容量达 129.9 万门、比上年增长 8.3%，全市公用电话用户达 32214 户、比上年增长 4.9%。

国内市场持续升温，对外贸易快速增长。2008 年全市社会消费品零售额为 123.1 亿元，比上年增长 25.5%；其中，城市消费品零售额为 90.1 亿元、增长 24.8%，农村消费品零售额为 33 亿元、增长 27.5%。全年全市海关进出口总额达 15456 万美元，比上年增长 72.7%；其中，出口总额 12008 万美元、增长 74.9%，进口总额 3448 万美元、增长 65.3%。全年 144 项招商引资项目到位资金额达 81.6 亿元，比上年增长 21.8%，其中实际到位境外资金 4881 万美元。

金融作用有效发挥，保险事业发展迅速。年末全市金融机构人民币各项存款余额 553.4 亿元，比年初增加 128.5 亿元、增长 30.2%；其中城乡居民储蓄存款余额 345.2 亿元，比年初增加 78.2 亿元、增长 29.3%。人民币各项贷款余额 225.6 亿元，比年初增加 25.7 亿元、增长 12.8%；其中，短期贷款余额 128 亿元、增长 10.3%，中长期贷款余额 89.4 亿元、增长 12.8%。2008 年累计现金收入 948.8 亿元，比上年增长 9.3%；现金支出 955 亿元，增长 9.6%；收支相抵，净投放现金 6.2 亿元。2008 年全市保费收入达到 15.29 亿元，比上年增长 41.8%；其中，财产险保费收入 3.64 亿元、增长 36.8%，人身险保费收入 11.66 亿元、增长 43.8%。全年赔付金额 4.25 亿元，比上年增长 44.6%；其中，财产险赔付 1.76 亿元、增长 44.3%，人身险给付金额 2.49 亿元、增长 43.9%。

城市面貌不断改善，环境质量有所上升。2008 年城市基础设施建设投资完成 48583 万元（不含住宅）；新增煤气供气管道 22 公里，新增用户 7045 户，用气普及率达到 85.81%；新增集中供热面积 113.17 万平方米，集中供热热化率达 82%；城市排水管道长度达 212.42 公里；建成区绿化覆盖面积达到 1936 公顷，覆盖率达到 37.79%，人均公共绿地面积达到 8.79 平方米。年末全市城市道路长度累计达到 383.6 公里，城市道路面积累计达到 458.2 万平方米，城市化水平达到 58.48%。全市环境保护工作取得明显成效，环境空气质量明显改善，市区空气质量达到国家二级标准。2008 年市区空气质量Ⅱ级或优于Ⅱ级的天数达 345 天，其中Ⅰ级天数 68 天、Ⅱ级天数 277 天，Ⅱ级以上天数比上年增加了 26 天，在全省 11 个市Ⅱ级以上天气排名中居第五位。全年无轻度（Ⅲ2 级）、中度（Ⅳ1 级）、中度重（Ⅳ2 级）、重度（Ⅴ级）污染天气。市区空气综合污染指数为 2.02，在全省 11 个市环境空气综合污染指数排名中居第五位，前移了三位。市区环境空气中二氧化硫、可吸入颗粒物、二氧化氮的年平均浓度分别比上年下降了 37.1%、17.4%、26.8%。全年市域内地表水水质状况无明显变化，晓庄断面综合污染比上年上升 7.27%，白羊墅断面、娘子关断面综合污染指数分别比上年同期下降 2.28%、3.24%。

人民生活水平提高，各项事业健康发展。2008 年末，全市总人口（常住人口）为 131.96 万人，其中城镇人口 77.17 万人、乡村人口 54.79 万人。全市在岗职工年平均工资达到 31564 元，比上年增长 23.2%，但行业之间的差距明显。全年城镇居民人均可支配收入 13306 元，比上年增加 1630 元，增长 14.0%，扣除物价因素实际增长 7.9%；城镇居民人均消费性支出 8533 元，增长 12.5%。全年农民人均纯收入 5427 元，比上年增加 703 元，增长 14.9%；农民人均生活消费支出 3933 元，增长 4.8%。城乡居民家庭的恩格尔系数分别为 35.1%和 35.8%。城乡居民居住条件继续改善，全市城镇居民人均住宅建筑面积达到 24.7 平方米，比上年增加 3.2 平方米；农村居民人均住宅建筑面积达到 25.9 平方米，比上年增加 0.88 平方米。

科学研究和技术创新取得新进展。年内共评出市级科研成果 41 项。全年共投入 2232 万元用于市本级科技三项费用，对 175 个科技项目进行了扶持，促进了科技成果转化，取得了较好的经济和社会效益。科技创新步伐加快，年内争取到国家和省级科技项目 59 项，认定高新技术企业 1 家。全年专利申请量达 242 件，达到了每 10 万人申请专利 18 件。

教育事业全面发展。2008 年末，全市普通高等学校在校生 9050 人，普通中等专业学校在校生 4881 人，普通中学在校生 8.77 万人，职业中学在校生 9375 人，小学在校生 10.3 万人，全年在园幼儿 28130 人。

文化事业健康发展。全市共有艺术表演团体 5 个、年演出场次 1308 场，公共图书馆藏书 56.41 万册，广播综合人口覆盖率 100%，电视综合人口覆盖率 100%。《阳泉日报》全年发行量 1358.9 万份，现代化程度较高的阳泉广播电视总台大楼胜利竣工启用。

卫生条件继续改善。年末，全市乡镇以上各类卫生事业机构 109 个，床位 6082 张，其中医院 38 个、床位 4906 张。全市有专业卫生技术人员 7976 人，其中执业医师 2944 人、执业助理医师 479 人、注册护士 3056 人。全市每千人拥有床位 4.6 张，每千人拥有医生数为 2.8 人。全市农村常住人口参加新型农村合作医疗制度覆盖率达到 100%。

体育事业取得新成绩。年内，阳泉籍运动员代表国家、省参加全国以上比赛 3 项，获得金牌 3 枚、银牌 3 枚、铜牌 1 枚；在全省性竞技体育比赛中共获金牌 37 枚、银牌 32 枚、铜牌 27 枚。群众性体育活动蓬勃开展，全年承办省级以上体育比赛 5 次，全年举办各级各类群体竞赛活动 2200 项次，参加竞赛人数约 65 万人，其中市级比赛 42 次、参加竞赛人数约 6 万人。全市体育场地总数为 1210 块，人均公共体育场馆面积为 1.13 平方米。

旅游业迅速发展。“藏山、娘子关、百团大战”三大品牌龙头景区带动作用强劲，翠枫山、药岭寺、和谐生态园等景区建设开发力度进一步加大，全市国际、国内旅游市场快速发展。2008 年全市接待国内游客 586.7 万人次，比上年增长 10%；旅游收入 44.9 亿元，增长 36%；入境旅游者 9973 人次，比上年增长一倍；旅游创外汇收入 422.2 万美元，比上年翻了一番；各旅游景区接待 212 万人次、比上年增长 34.7%，门票收入 3321.5 万元、增长 50.8%。

社会福利及社会保险事业进一步发展。市福利院拥有床位 300 张，收养人数 169 人，国家抚恤、补助各类优抚对象 3408 人。全年社会销售福利彩票 5500 万元，筹集社会福利资金 1671 万元。全市城镇基本社会保险覆盖率达到 87.83%，比上年提高 2.36 个百分点。全年参加企业养老保险人数达到 13.37 万人，基金征缴 5.86 亿元；参加机关事业单位养老保险 1.82 万人，基金征缴 7060 万元；参加农村养老保险 6.49 万人，基金征缴 9649 万元；参加城镇职工基本医疗保险人数达到 28.18 万人，基金征缴 4.7 亿元；参加失业保险 19.47 万人，基金征缴 5047 万元；参加工伤保险 10.9 万人，基金征缴 3829 万元；参加生育保险 4.02 万人，基金征缴 728 万元。

阳泉市在国民经济和社会发展中存在的主要问题是：新兴支柱产业发展较慢，结构性矛盾依然突出；受全球金融危机影响，经济增速明显回落；停产和半停产企业增加，劳动就业压力增大，就业形势更加严峻等。

（任佟苏）

【阳泉成为全省第一家整体实现高标准“普九”达标地市】 从2004年至2008年12月底，阳泉市按照“统筹规划，整体推进，软件从严，硬件从实”的教育发展思路，加大对基础教育的投入，据不完全统计，各县（区）在创建义务教育标准化县（区）中，累计投入资金9100万元，其中郊区400万、平定800万、盂县1200万、城区3000万、矿区3500万、开发区200万。2008年11月，继郊区在2004年、平定在2006年、盂县在2007年相继通过省义务教育标准化验收之后，2008年，城区、矿区、开发区均通过省义务教育标准化建设初评，至此，全市所有县区全部通过“山西省实施义务教育标准化建设县”的初、复评验收，成为山西省第一家整体实现高标准“普九”达标的地市。

（魏兰花）

【娘子关水源保护工程】 娘子关水源保护工程是阳泉市水利部门牵头负责的全市2008年为民办的15件实事之一，也是市人大十三届一次会议唯一议案，更是全省兴水战略六大工程之一地下水控制及生态修复工程的重要部分。2007年底，成立了市长领办，水利部门牵头，发改委、环保局、林业、规划等多部门协同的娘子关水源地保护工作领导组。2008年3月，由平定县政府组建了平定县娘子关投资管理有限公司具体组织实施。2008年，工程取得了阶段性成效，“五大工程”（污水处理厂工程、垃圾填埋场工程、环境卫生整治工程、五龙泉泉口周边拆迁及旱厕治理工程、生态建设及河道治理工程）建设进展顺利，共完成投资4200万元。一是污水处理厂工程。土建及设备安装工程已完工，并进行了试运行。二是垃圾填埋场工程。9月开工建设以来，截至年底完成投资300万元，已完成库区清底和场地平整，开挖清运石方量7.5万立方米。三是环境卫生整治工程。组建了50人的环境卫生保洁队伍，配备10辆清洁车，实行定点清运，运行费用纳入了市级财政。同时，市环保局争取上级资金150万元，关停了钙粉厂等5家污染企业。四是五龙泉泉口周边拆迁及旱厕治理工程。一期工程涉及的19户已基本拆迁完毕，并投资100万元，封堵水上人家周边旱厕57个，设置环保厕所31个。五是生态建设及河道治理工程。实施了太行山绿化工程400公顷（6000亩），通道绿化5.7公里，水保治理1280公顷。特别是开展河道集中整治以来，共完成河道清淤清障4公里、5.4万立方米。

（董雪卉）

【阳泉至五台山高速公路阳泉至盂县段奠基】 2008年1月11日，阳泉至五台山高速公路阳泉至盂县段正式奠基开工。阳泉至五台山高速公路是山西省高速公路网的重要连接线，是山西省东纵干线公路的重要组成部分。此项目采用BOT模式，由中国建筑总公司投资建设。工程起点接太旧高速公路平定枢纽，终点与忻阜高速公路石盆口枢纽并网，全长182公里，其中阳泉境内150公里、忻州境内32公里，投资估算109.1亿元。阳泉至盂县高速公路是阳泉至五台山高速公路的一期工程，建设里程46.6公里，预计投资27.35亿元，建设工期为3年。公路按双向四车道标准设计，设计时速80公里，路基宽度24.5米。

（胡蓉）

【阳泉500千伏变电站建成投运】 2008年11月28日凌晨1点58分，阳泉500千伏变电站正式启动送电，标志着该变电站建设工程顺利完工。阳泉500千伏变电站采用了单组100万千伏安大型主变压器，这在已投用和在建的全国11座500千伏变电站中是第二次使用，工程的500KV配电装置采用了国内外先进、大遮断容量的复合式组合电器（HGIS），220KV配电装置采用户外全封闭组合电器（GIS），在山西省是第一次采用，全站的装备技术属于全省一流水平。随着阳泉500千伏变电站顺利并网送电，阳泉电网进入了一个新的阶段，形成了以一座500千伏变电站为中心，以500千伏站、阳光电厂和5座220千伏变电站组成两个220千伏双环网（500千伏站—连庄—红卫—长岭—500千伏站，500千伏站—温池—海落湾—阳光电厂—红卫长岭—500千伏站）的供电网架，全市又增加了2000兆瓦的500千伏变电容量，供电能力提高了大约3倍左右，基本能够满足2020年前地区经济发展和社会进步所产生的电力需求。

（张卫萍）

【打造民生财政】 2008年，阳泉市着力打造“民生财政”，让人民的钱更好地为人民谋利益。按照与省财政厅、市政府签订的目标责任制要求，市财政优先安排和拨付事关民生建设方面的支出，财政新增财力更多地向“三农”（农村、农业、农民）、社会保障、医疗卫生、再就业、教育等事关国计民生的领域倾斜，向城乡困难群体倾斜，着力解决群众看病难、上学难、就业难、住房难等问题，着力推进城乡一体化建设步伐。全年财政对科技、教育、农业投入分别较上年增长23.70%、20.46%、24.37%，较目标责任书签订的增长比例（15%、19%、20%）分别提高8.7、1.46、4.37个百分点。与上年比较，一般公共服务支出增长3.97%；文化体育与传媒支出增长1.50%；环境保护支出增长12.64%；社会保障和就业支出增长24.23%，其中财政对社会保障基金的补助支出增长32.17%、城市居民最低生活保障支出增长67.34%、自然灾害生活补助支出增长3.72倍、农村最低生活保障支出增长4.09倍；医疗卫生支出增长47.52%，其中医疗保障支出增长80.47%。

（王谦）

【藏山景区通过4A级旅游景区评审】 12月，藏山景区通过国家4A级景区评审。藏山景区位于山西省东部、太行山西麓，因春秋时藏匿晋国赵氏孤儿而闻名遐迩，拥有得天独厚的自然风光、历史悠久的古代建筑、独具特色的赵氏根祖文化、博大精深的名人游历文化、丰富多彩的民情风俗。藏山风景区不断加大投入，先后开发出育孤园、春秋藏孤胜地、三教文化圣地、仙人峰自然生态区4大板块、168个景点，游览面积10余平方公里。

（孟学武）

【阳泉商会越南、加拿大代表处设立】 2008年，市贸促会设立了中国国际商会阳泉商会越南代表处和加拿大代表处。代表处遵照驻在国法律法规，开展促进国际贸易活动，宣传推介阳泉的企业和产品，搜集国际市场供求信息，为阳泉企业的国际联络、产品推广、市场调研、信息交流提供帮助。越南代表处设立后先后就奥伦胶带、莹玉陶瓷等产品进行调研，并对消防车、消防装备、制氧机、电缆等产品与越南进行了广泛联络，为促进阳泉产品打开越南市场进行了有益尝试。

（霍冬梅）

【盂县发现西汉前期墓葬群】 2008年，市文物管理部门和盂县文物部门在盂县大吉村北羊圈坪勘探发现14座古代墓葬。通过分析、鉴定，这批墓葬分属西汉前期及清代墓葬，对研究盂县当时的社会经济和民情民俗有重要的学术价值。这14座古代墓葬，分布在南北长约120米的地带，其中有8座是早期墓葬，6座是清代墓葬。随葬品比较少，少则1件，多则10件，以陶器为主，有罐、壶、盆、灶等，2座墓发现有铜钱，1座墓有铜镜、铁刀。在墓葬的填土中有盖罐或对扣的陶盆，这是其他地方所未见的。综合墓葬形制和器物特征，特别是随葬的榆荚半两铜钱分析，这批早期墓葬应属西汉前期。

（魏兰花）

中共市委书记 谢海
副书记 白云（女） 郃爱国 林玉平※
市人大常委会主任 孙水生
副主任 张清 荆东生 吴学斌 段存寿 吴丽萍（女）
市长 白云（女）
常务副市长 王旭明
副市长 王敬瑞 李体柱 刘兆林 王洲
市政协主席 刘高官
副主席 李裕厚 马文建 王振国 许文珍 赵永红（女） 李天祥 任衍钢

城区

【简述】 阳泉市城区位于阳泉市区东南部，总面积为16.19平方公里，城区人民政府驻南大街300号，辖6个街道办事处、43个社区居民委员会。2008年末总人口为172113人，人口自然增长率为4.39‰（人口变动抽样调查数据）。

2008年，城区生产总值完成68.5亿元，比上年增长12.9%。人均生产总值40053元，比上年增长16.1%。全社会固定资产投资实现30.4亿元，比上年增长12.1%。财政总收入完成35045万元，比上年增长33.12%。一般预算收入完成17086万元，比上年增长36.17%。社会消费品零售总额实现66.9亿元，比上年增长25.2%。城镇居民人均可支配收入达13468元，比上年提高16.5%。居民消费价格总水平涨幅为5.5%。

第三产业占GDP比重达74.1%。2008年，三产增加值达到50.8亿元，比上年增长15.6%；纳税额达28451万元，比上年增长36.57%，占财政总收入的比重达81.18%。私营企业新增77户，达701户；个体工商户新增1816户，达5205户。非公有制经济实现增加值31.6亿元，比上年增长13%；纳税额达29527万元，比上年增长57%，占财政总收入的比重达84.25%。

进一步充实完善招商引资项目库，征集、策划、编制招商引资项目45个。成功举办了滨河世纪城新天地和晋东（金街）购物广场商业推介活动，中华小吃城、苏宁电器、赛格数码、恒美家私、万盛百货、沃尔玛等一批名牌商家纷纷入驻，带动了产业结构的优化升级。外来投资项目签约15项，资金到位10.072亿元，比上年增长25.56%。外贸进出口总额完成3303万美元，比上年增长55.4%。

重点工程建设项目开工10个，开工率为83.33%，实现投资95567万元，完成年计划的110.68%。其中滨河世纪城、美隆国际商贸城、晋东（金街）购物广场、天融中兴商业广场（原天桥商贸中心）、五星级大酒店五个项目列入全市“百项工程”。

辖区内实行环境监管的工业企业二氧化硫排放削减52.9吨，锅炉、茶浴炉的烟尘浓度及二氧化硫浓度排放达标率均达100%，烟尘控制区覆盖率达100%，高污染燃料禁烧区禁煤率稳定在95%以上。区域环境噪声平均值53.6分贝，噪声达标区覆盖率达100%。工业企业污染源全面达标率达100%。清理积存垃圾1000余吨，更换投放垃圾筒、果皮箱近2000个。

全区新增就业岗位5026个。70户新出现的“零就业”家庭得到妥善安置。区养老保险覆盖率达89%，区机关事业、企业养老保险参保职工达3100人，收缴养老保险费1473万元，为1586名企业离、退休人员发放养老金1617万元。城区职工基本医疗保险参保人数达4745人；失业保险由原来的每人每月430元调整为510元，医疗救助金由原来的每人每月43元调整为51元，全年共补发13200元；最低生活保障金提标到238元，累计发放1289万元。享受廉租住房补贴家庭198户，发放补贴金额16.58万元。首次实现了廉租住房实物配租，解决了8户特别困难的无房户家庭的住房问题。全年为符合条件的1110户独生子女家庭和5户独生子女意外伤残家庭发放奖励金或扶助金48万元。全面完成义务教育阶段学杂费免除工作，共计免除学杂费3084285元。从事文化产业的市场主体类别增至20余类。经营单位发展到300余家，从业人员达3000余人。城市广场被评为“山西省十佳文化广场”，推荐为“全国特色文化广场”；北岭社区获“全国文化先进社区”称号。　　（史俊花）

【园林城市创建活动】　年内，城区采取多项措施，扎实推进园林城市创建活动。（一）狠抓单位庭院和居住区绿化。全区有104家单位被市政府命名为园林达标单位，紫薇花园等85个小区被市政府命名为园林达标小区。（二）进一步抓好社区公共绿地建设。完成了官坊街、桃河沿线社区公共绿地，新增绿化面积1.7万平方米。（三）积极创建园林学校。十九中、新华小学等学校做到能绿则绿，新增绿化面积3300平方米。（四）进一步提升社区绿化档次。投资400余万元，完成了38个小区的绿化改造工程。新增绿化面积3.2万平方米。（五）搞好以公园、城市道路为重点的城市公共绿化。完成桃河二期蓄水工程、石太铁路阳泉市区段绿色通道综合治理工程，增加绿化、绿地面积29.4万平方米；完成南外环路、南大街两侧人行道绿化改造等一批园林绿化骨干工程，新增绿化面积28.4万平方米。至年末，全区绿化覆盖率达到了30.32%，绿地率达27.02%，人均公共绿地面积达10.1平方米。　　（史俊花）

中共区委书记	李春泽
区人大常委会主任	李忠祥
区　长	曹凯民
区政协主席	杨柱英

矿　区

【简述】　阳泉市矿区位于阳泉市区南部，总面积为19.15平方公里。矿区人民政府驻北大街386号，辖6个街道办事处、40个社区居民委员会。2008年年末总人口为228000人，人口自然增长率为4.46‰（人口变动抽样调查数据）。

2008年，矿区经济社会发展水平考核位列全省第35位，经济社会发展指数位列38位，综合考评全市第一。全区完成生产总值90.8亿元，比上年增长12.6%；工业总产值完成194.8亿元，比上年增长20.9%；工业增加值完成79亿元，比上年增长12.5%；财政总收入实现2.73亿元，比上年增长12%；社会消费品零售总额为10.5亿元，比上年增长28.3%；全社会固定资产投资完成42.4亿元，比上年增长16.6%；居民人均可支配收入达到13192元，比上年增长13.1%。

列入市百项工程的5个项目共计完成投资1.03亿元，完成年计划的137.3%。其中华鑫矿用变频电机车、稀土永磁电机项目正式投产，新鑫专利综合项目完成推广应用，信达煤镏刮板生产线项目投入试生产，佰益粮贸物流中心项目已办理土地等相关手续。120万吨洗煤项目、年产10万立方米煤矸石免烧砖项目等6个重点调产项目正式投产或开始试生产；四矿集贸市场综合楼工程、蔡洼北小区改造工程、日潭小区绿化综合改造工程等5个重点工程完成全年工程计划。全年共签订对外合作项目5项，合同利用外资2.82亿元，到位1.9亿元。全区新增规模以上企业2家。

矿区拥有省级高新技术企业3家，民营科技企业1家，新增千万元以上民营企业3户、个体工商户462户。民营经济增加值达到5.5亿元，比上年增长22.8%；上缴利税9981万元，比上年增长33%。

全年新增绿化面积58.5万平方米，更新绿化面积1.4万平方米，全区绿化覆盖率达到35.66%，建成区绿地率达到27.46%，人均公共绿地7.01平方米。四矿桥新建工程、赛鱼桥维修加固工程竣工通车；全长1.5公里、总投资1500万元的北大西街管网综合改造一期工程顺利完工。完成113.3公顷（1700亩）煤矸石山的治理工作；强制关停了2家污染企业，工业企业污染排放全面达标；全年二氧化硫、化学需氧量排放分别下降了8%和45%，单位生产总值综合能耗下降6.5%。

全年用于民生的财政投入近6400万元，科技、教育、医疗卫生、城市建设、社保就业等方面的投入大幅提高。免除义务教育阶段学杂费政策全面落实，高考达线率创历史新高。全年支持科技项目24个、配套科技研发资金200余万元。申请专利65件，签订京晋技术合作协议项目1项。区疾控计生综合服务楼建设完工，新建10个社区卫生服务站。人口自然增长率为2.32‰，计划生育目标责任综合考核再获全市第一。“春之声”合唱团获首届“中国民歌合唱大赛”铜奖；成功承办了第二届全市毽球大赛；平潭街西社区获“全国全民健身先进集体”称号。　　（王　泉　李荷花）

【阳煤大桥建成】　2008年5月22日，阳煤大桥竣工通车。工程是2007年6月28日开工的，工期近11个月。阳煤大桥建于四矿口大桥原址。原桥始建于20世纪50年代，为多孔小跨径双曲拱桥，桥面狭窄，荷载等级较低。经半个多世纪的使用，桥面和护栏多处损坏，被有关部门确定为危桥。为了改善桃河南北交通，市委、市政府决定对此桥进行改造。工程由阳煤集团宏厦三建第九项目部承建。施工期间，先后投入30多台套机械设备和近300名施工人员，动用土石方2.5万立方米，完成950万立方米混凝土浇注。桥宽28米，长170米，为山西省首座异型双曲拱桥。设计使用年限为100年，抗地震度7级，可通行120吨位以下车辆。（孙燕平）

中共区委书记	董仙桃（女）
区人大常委会主任	孙彦增
区　长	张清河
区政协主席	苏满晓

郊　区

【简述】 阳泉市郊区位于阳泉市中南部，总面积为625.62平方公里。郊区人民政府驻荫营镇，辖4乡4镇、184个村民委员和2个居民委员会。2008年总人口281072人，人口自然增长率为3.97‰（人口变动抽样调查数据）。

2008年，全区生产总值实现40.06亿元，比上年增长5.6%；财政总收入60603万元，比上年增长38.95%，其中一般预算收入23168万元，增长34.11%。固定资产投资28.36亿元，比上年增长21.7%；社会消费品零售总额76583万元，比上年增长21.7%；农民人均纯收入达到5645元，比上年增长13%。

传统产业升级加快。重点完成了通晨100万吨洗煤、冠顺60万吨洗煤、天泉100万吨配煤中心和华佳发煤站等项目，使产业链条不断延伸。华银耐火公司和丰泽耐火公司率先组建了紧密型的联合体企业，使本区耐火联合在触动产权上实现了质的突破。同时，国家硅铝质耐火质检中心奠基动工，21家耐火企业用上了洁净天然气。以煤炭和耐火为主导的传统产业继续发挥支柱作用，财政贡献率达到64%。

重点项目进展顺利。列入市"百项工程"的20个项目开工18项，完工5项，完成投资79541万元。68个调产项目开工62个，完工33个。

招商引资力度加强。全面加快以白泉工业区为重点的"一园三区"建设，成功举办首届中国（荫营）耐火产业创新发展论坛，组团参加了"中博会"、"煤博会"和"北京国际科技产业博览会"。年内引进百万元以上项目38项，到位资金89200万元，比上年增长27.1%。

城镇建设规模空前。以荫营城建设为核心，投资3亿元，启动了长6.9公里、宽40米的新北大街工程。与之相配套，温河引水、南区开发、东区建设、荫营河综合治理、荫营城区旧村改造以及阳五高速郊区段等一批工程相继开工。完成了10个省级试点村和20个重点推进村的总体规划。全区60%以上的村实现了"十个有"（有产业、有公园、有自来水、有洁净气、有硬化路、有亮化街、有幼儿园、有保健所、有农家店、有文化广场），30%以上的农户达到了"六个一"（一项稳定收入、一部电话、一台数字电视、一辆机动车、一份养老金、一套整洁房）。桃林沟村被授予"全国文明村"、全省"十大魅力新农村"称号，下千亩坪村被授予全省"十大特色产业村"称号。

高效农业强势推进。全区共投资1.2亿元，新增蔬菜种植200.1公顷（其中温室大棚66.7公顷），果品种植150.34公顷，核桃种植66.7公顷；开工建设高标准规模养殖小区33个，其中生猪小区17个，蛋鸡小区14个，奶牛小区2个，完工27个。同时，继续加大对三来食品等加工企业的扶持力度，组建了28个专业合作社，农业市场体系不断完善。

全面加快生态郊区建设步伐。2008年共完成植树造林553.61公顷，封山育林266.8公顷，栽树120余万株。227家重点企业污染源排放全面达标，荫营城区二级以上天气达到305天，比上年增加130天。空气综合污染指数由4.94下降到2.07，二氧化硫减排比上年下降8%。

城镇职工基本养老、医疗、失业保险覆盖率分别达到91.83%、86.82%和84.92%。城镇登记失业率控制在4%以内。教育济困助学体系基本形成。完成8所乡镇卫生院改扩建工程和60个村级卫生所改造任务，社区卫生服务中心启动运行。全面实施出生缺陷干预工程，进一步提高农村计划生育家庭奖励扶助标准。完成残疾人复明、助行、安居工程。新建2个乡镇文化站和30个村级文化活动室。新建"农家店"38个，累计建成"农家店"147个。完成广播电视"村村通"无线覆盖工程；完成35处饮水安全工程。（侯晋元）

【中国（荫营）耐火产业创新发展论坛】 2008年10月16日至18日，郊区人民政府在阳泉宾馆成功举办首届"中国（荫营）耐火产业创新发展论坛"。该论坛展示行业科研成果，研讨产业发展方向，沟通产品供销信息，得到国家有关部委和全国耐火行业协会的支持。全国政协副主席阿不来提·阿不都热西提向论坛发来贺信，140多位专家学者和中外客商出席了论坛。郊区43个耐火企业携1000个品种的耐火产品亮相展会，并成功签约13个项目，总价值78762万元。参与报道的有国内30多家媒体，包括《人民日报》、中央电视台（经济频道）、香港凤凰卫视、《中国经济时报》、《中国建材报》、《中国冶金报》、山西电视台、《山西画报》、中国耐火材料之窗网站、新阳泉网站等。山西卫视第一时间播发了专题新闻。（陈益廉）

中共区委书记	赵　峰
区人大常委会主任	王梦贺
区　长	杨　勇
区政协主席	要宜为

平定县

【简述】 平定县位于阳泉市南部，总面积为1395.10平方公里。县人民政府驻冠山镇，辖8镇、2乡、318个村民委员会、16个居民委员会。年末总人口334228人，人口自然增长率为4.74‰（人口变动抽样调查数据）。

2008年实现生产总值411642万元，比上年增长7.20%。规模以上工业增加值完成146126万元，比上年增长4.07%。财政总收入80088万元，比上年增长2.26%，其中一般预算收入完成26743万元，增长8.21%。进出口总额达3164万美元，比上年增长93.38%。农民人均纯收入达5128元，比上年提高13.15%。城镇居民人均可支配收入达11264元，比上年提高16.45%。社会消费品零售总额实现142503万元，比上年增长20.96%。全县金融机构年末存款余额达682652万元，比年初增长28.12%；贷款余额261131万元，比年初增长10.67%。

全年引进外来项目49个，其中亿元以上11个；协议利用外资145.8亿元，实际到位25.94亿元。重点项目建设成绩显著，阳泉世太建筑材料有限公司1万吨DSD酸废水开发碱水剂生产、平定长青石油支撑剂10万吨生产线扩建等项目竣工投产。山西汇能煤业有限公司90万吨煤矿扩建、泰昌煤业有限公司45万吨煤矿提升改造等项目进展顺利。全年完成规模工业总产值41.48亿元，比上年增长12.4%；实现销售收入41.16亿元，比上年增长13.4%，产销率达到99.22%。

实施"3+2"农业产业化工程。全年新发展商品菜133.4公顷（其中日光温室66.7公顷），优质核桃273.47公顷，优质小杂粮333.5公顷，梧桐树5万株。投资5000多万元，新建了西回、庙沟、下马郡头、冠庄等一批规模养殖场。宁艾千亩设施蔬菜种植园区、冠庄万头养殖园区成为全市农业产业化龙头示范基地。继续推进新村镇建设，认真贯彻落实强农惠农政策，千方百计增加农业投入，全年县财政共投入支农资金700万元，比上年增长25%。2008年，平定县获得了"全省粮食生产先进县"称号。

继续推进县城"东扩西进北连"战略，2008年完成开发建设面积11万平方米，在建面积51.3万平方米。小城镇建设完成开发面积5万平方米。全年改造县乡公路150公里，新增高级、次高级路面52.5公里；完成通达通畅工程96.4公里，村与村连接线179.48公里，水泥（油）路通村率达到99.06%。县城西外环公路建成通车，县城东大街改造升级工程启动，集中供热工程（一期）竣工运行。全年完成社会固定资产投资300180万元，比上年增长18.56%。

发展商贸物流和旅游等第三产业。森宇商贸物流中心和上海华联平定分店开张营业，晋东商贸物流园区开工建设。全县便民店、农家店乡（镇）、村覆盖率分别达到了100%和90%以上。不断加快娘子关和冠山等旅游景区开发建设步伐，《平定县娘子关历史文化名镇保护规划》已通过审定，开始实施。冠山文化旅游园区建设顺利推进。

推进“蓝天碧水”工程。年内关闭不达标企业51家，县城污水处理厂中水回用工程竣工，铬渣治理工程扎实推进，全县重点工业企业基本实现了污染物达标排放。县城建成区绿化覆盖率达到36.53%，全年完成造林5.8万亩。全年县城二级以上天气达到316天，比上年增加134天。大力实施水土保持工程，全国小流域治理现场工作会议和全省封山禁牧现场会相继在平定县召开。平定县先后获得了“全省造林绿化先进县”和“山西省城乡环境卫生清洁工程先进县城”等称号。

社会事业全面发展。全年实施省、市、县三级科技项目45项，申报国家专利25项。县志二轮修编工作全面启动。在连续多年获得省、市“平安先进县”的基础上，2008年平定县又被推荐为“全国平安先进县”。在奥运会和残奥会安保工作中，平定县两名干警被公安部表彰为先进个人，县公安局立集体二等功。汶川地震后，全县社会各界共计捐款5536229.56元，党员交纳特殊党费2257314.70元。完成了第八届村民委员会换届选举工作。民兵预备役工作和国防后备力量建设成效显著，县人武部被省政府和省军区命名为“全省人武工作全面建设先进单位”，荣记“集体三等功”。全年共投入最低生活保障和就业资金2159万元，比上年增长71%。认真贯彻落实退伍军人安置政策，全县城镇退伍军人全部得到妥善安置。城镇居民医疗保险实现了应保尽保。新型农村合作医疗参合率达到了98.5%。

（梁军保　洪晓琴）

中共县委书记	马　骥
县人大常委会主任	李建恩
县　长	王银旺
县政协主席	李维澜

盂　县

【简述】　盂县位于山西省东部，阳泉市北部，总面积2522.83平方公里。县政府驻秀水镇，辖8个镇、6个乡、453个村民委员会、12个社区居民委员会。2008年年末全县总户数112941户，总人口为304164人，人口自然增长率为4.52‰（人口变动抽样调查数据）。

2008年，全县生产总值完成59亿元，比上年增长17.1%。财政总收入完成13.28亿元，比上年增长29.6%；其中一般预算收入完成4.67亿元，增长24.7%。规模以上企业工业增加值完成28.9亿元，比上年增长47%。全社会固定资产投资完成27.3亿元，比上年增长29.8%。粮食总产量达1.07亿公斤。农民人均纯收入达5549元，比上年提高18.1%；城镇居民人均可支配收入达13265元，比上年增长17.2%；社会消费品零售总额完成18.8亿元，比上年增长33%。

年内，县财政支出4000万元用于农业农村发展，畜牧、干果、蔬菜、水产等特色农业和龙头企业建设取得新进展。年末肉奶牛存栏1.4万头，生猪存栏8.6万头，核桃树种植6536.6公顷，蔬菜种植1600.8公顷，水产养殖33.35公顷。新建高标准农民住房20万平米，完成农村安全饮水工程66处，建成园林村40个，移民搬迁4村547人。改造和新建县乡公路136公里、农村通畅公路81.6公里、村连村公路102公里。新增农村沼气和秸杆气化用户6094户。新增和改善节水面积7000亩。农民专业合作社和“农家店”分别发展到114个和303个。农业机械化示范基地“西烟南头农机大院”建成。转移培训农村富余劳力1.5万人。农村经济总收入达到68亿元。

经济转型发展有效实施，15项重点调产项目共完成投资5.2亿元。石太高速铁路货运站建成完工；中信60万吨焦化二期、南娄集团100万吨新型干法式水泥项目完成主体；“3652”尿素项目完成部分土建和厂区绿化；吉天利蓄电池扩建项目和废旧电池无害化处理再生项目完成前期工作；万汇钢铁异地改扩建项目完成征地、科研和环评；鲁中8万吨新型矩形耐火材料、西小坪园区天然气改造、西烟大型秸秆气化炉和坡头大型沼气项目建成投产；山西格盟国际能源2×100万千瓦电厂项目审批工作取得新进展。全年工业企业实现利税16.4亿元，比上年增长165%。煤炭行业完成瓦斯监控、产量监控、人员定位、视频监控四大系统建设，实现了对各煤矿全方位、信息化联网监管，煤炭百万吨死亡率控制在0.25人，创造了历史最好水平。天然气一期工程完成。凯通购物广场、盂东综合批发市场建成运营。第三产业增加值达全县生产总值的34.3%。

县城建设取得突破，15项重点工程共完成投资3.2亿元。水神山路4.3公里路基全部完工，沿线绿化16万平米；龙华口水电站大坝导流洞贯通，围堰基础形成；香河综合治理二期工程和阳盂高速公路盂县段征地拆迁基本完成；县城集中供热面积达到120万平米；运煤专线二期完成路基建设，省道绕城公路完成规划；金龙西街中心广场完成土建，人民广场改造和金龙西街、秀水西街改扩建全面完工；县人民医院门诊住院大楼开工建设；县文化中心建设基本完成前期工作；县城污水处理厂投入试运行。县城新增绿地45万平方米。新一轮县城总体规划、县域城镇体系规划修编完成，县城控制性详细规划和水神山路、站前广场、金龙大街、秀水西街等城市形象设计基本完成。

重点领域改革深度推进，对外开放进一步扩大。超常规对县水泥厂、热电厂、化肥厂三家国有企业依法进行了彻底改制，借资1.3亿元，对近3000名职工全部解除了劳动关系，并分批进行了再就业培训。煤炭集团筹建工作向前推进，成立了晋盂煤业投资管理有限公司。成立了全省首家村镇银行、全市首家贷款公司、中小企业信用担保公司和城市发展投资有限公司。先后参加了中部投资贸易洽谈会、煤博会等，开展了多种形式的招商引资活动，全年引进县外资金18.1亿元。

社会事业长足进步。“基本满足幼儿学前三年教育”和“义务教育标准化”工作分别通过省级评估验收和复查验收。出台了加快全县科技创新体系建设实施意见，征集科技发展计划项目181项。新型农村合作医疗参合率达到92.4%，县乡村三级医疗卫生机构达标率达到86.9%；新增城镇就业岗位4600人，城镇登记失业率控制在2.5%，城镇基本社会保障覆盖率达到95.3%；大气污染综合指数下降27.6%，二氧化硫、化学需氧量排放量分别下降28.6%和26.7%；全县绿化覆盖率达到27%。

（赵平枝）

【阳泉北综合货站建成】　2008年底，阳泉北综合货站建成并投入运营。该货站是全国铁路客运线上的唯一货运站，是阳泉市“百项工程”之一，也是盂县15项重点骨干调产项目之一，该项目的建设架起晋煤外运新通道，对地方经济的发展具有积极意义。阳泉北综合货站总计用地66公顷（990亩），用地涉及秀水镇、苌池镇的6个行政村，是经省发改委立项、省国土资源厅土地预审、省政府批准用地的项目，总投

西红柿　　郭建平摄影

资6亿元，建设单位为山西世德能源集团，由中铁十二局三公司承建。工程于2007年9月20日开工，工期历时15个月。该货站以发煤为主，兼运其他，双线引出，按每年发送煤炭500万吨～800万吨设计，预留1000万吨～1500万吨的运输能力，每年可给地方上缴税收2亿元～2.5亿元，用5到8年时间可收回全部投资。货站以铁路专用线与石太高速铁路客运专线相连。专用线全长6.8公里，有3座特大桥、4座大桥。全站4个站台、3条轨道，站台均长900米，可整列装车。货场铺轨长度1.2公里，可存货面积18万平方米。货站全部采用计算机控制，设计日进出货运列车66列。一列装载5000吨的列车周转一次只要4小时，列车从站台发车至石家庄仅需60多分钟。（张青斌）

中共县委书记	吕昌政
县人大常委会主任	张存福
县　长	刘德跃
县政协主席	史和斌

长治市

【概述】 长治市于1945年10月建市，地处北纬35°49′至37°08′，东经111°58′至112°44′，位于山西省东南部太行山西麓，东与河北、河南两省接壤，西与临汾市交界，南北与晋城、晋中两市为邻。2008年，长治市辖1市（潞城市），2区（城区、郊区），10县（长治县、襄垣县、屯留县、平顺县、黎城县、壶关县、长子县、武乡县、沁县、沁源县）和1个省级开发区；132个乡镇，15个街道（办事处），128个社区（居委会），3454个行政村，辖区总面积13896平方公里，占全省总面积的8.87%。市区面积334平方公里。2008年末全市耕地保有量34.64万公顷，造林面积1.84万公顷，其中退耕还林面积4000公顷。全市有自然保护区2个，面积4.42万公顷，占全市总面积的3.2%。2008年末全市总人口为3282878人，比上年增加13549人，其中男性1686481人，比上年增加22412人，女性1596397人，比上年减少8863人。男女性别比（女性为100）为105.64，比上年上升1.98个百分点。年末人口出生率10.80‰，死亡率6.66‰，人口自然增长率为4.14‰，比上年降低1.23个千分点。城镇人口132.79万人，城镇人口比重达到40.45%，比上年提高0.84个百分点。长治市全境东西最长处150公里，南北最宽处140公里，为太行山、太岳山所环绕，构成高原地形，通称“沁潞高原”，又称“上党盆地”。平川、丘陵、山地分别占总面积的15.9%、33.4%和50.7%。平均海拔高度为1000米，东部太行山黎城县的历峪山最高点为2012米，西部太岳山沁源石膏山最高点为2541米。长治市属温带大陆性季风气候，2008年平均气温8.6－10.4℃，无霜期平均为152－182天，年降雨量537.4－656.7毫米。长治市水资源丰富，2008年地面蓄水量24立方米，有11座大中型水库、78座小型水库，总容量10.3亿立方米；地下水开采量5亿立方米，人均占有水资源611立方米。2008年全市空气质量Ⅱ级以上天数达346天，比上年增加33天，占全年天数的94.5%。全市达Ⅲ类水质标准的断面比例13.04%。城市集中式饮用水源地辛安泉水质达标率达到100%。森林覆盖率为26.9%。长治市已探明矿种40余种，煤炭地质储量906亿吨，已探明储量242.14亿吨。铁矿石2.6亿吨、石灰石80亿吨、硫铁矿2亿吨、铝土矿1亿吨、耐火粘土3亿吨、大理石1亿立方米。

经济　2008年，全市生产总值682.13亿元，比上年增长10.2%。其中，第一产业增加值32.47亿元，增长4.0%；第二产业增加值432.92亿元，增长10.1%；第三产业增加值216.74亿元，增长11.5%。三次产业比例由上年的5.8∶59.6∶34.6调整为4.8∶63.4∶31.8。人均生产总值20821元（按年末美元汇率折算为3046美元），增长9.7%。

2008年居民消费价格比上年上涨6.3%，其中食品类价格上涨17.7%。工业品出厂价格上涨14.6%；原材料、燃料、动力购进价格上涨14.2%。

2008年长治市居民消费价格分类指数表

指　标	以上年价格100
居民消费价格总指数	106.3
食品	117.7
其中：粮食	107.8
肉禽及其制品	125.5
蛋	102.0
烟酒及用品	100.9
衣着	95.9
家庭用品及服务	101.8
医疗保健及个人用品	104.7
交通和通信	95.7
娱乐教育文化用品及服务	100.2
居住	106.5

财政收入　2008年，长治市实现财政总收入159.55亿元，比上年增长27.4%；其中一般预算收入62.63亿元，增长25.9%。扣除“两权”收入，全市财政总收入153.29亿元，一般预算收入56.36亿元，同口径分别增长31.2%和36.2%。全市一般预算支出97.16亿元，比上年增长23.2%，其中社会保障和就业支出增长34.8%，医疗卫生支出增长45.8%，科技、教育、农业支出比上年分别增长9.0%、22.6%、37.2%。

城市建设　2008年，长治市城市建成区面积4530万平方米。年末城市房屋建筑面积4693.9万平方米，比上年末增长13.6%，其中住宅建筑面积3327.1万平方米。年末建成区绿化覆盖率46.8%，比上年提高1个百分点。人均公共绿地面积11.74平方米。年末城市交通运营车辆514辆，出租汽车1800辆。市区有公园4座，总面积127公顷。

劳动就业　2008年，长治市全社会从业人员153.30万人，比上年增加2.26万人。其中第一产业从业人员65.60万人，增加1.01万人；第二产业从业人员41.24万人，减少0.56万人；第三产业从业人员46.46万人，增加1.81万人。全年新增城镇就业岗位3.9万个，年末城镇登记失业率为2.05%，比上年上升0.07个百分点。

人民生活　2008年，长治市农村居民人均纯收入4940.9元，比上年增长12.0%；城镇居民人均可支配收入14286.4元，比上年增长15.0%。全年全市在岗职工平均工资26523元，较上年增加4606元，增长21.02%。

年末全市城镇居民人均住宅建筑面积达到31.1平方米，农村居民人均住宅面积达到34.5平方米。

2004～2008年长治市城乡居民生活改善情况表

指　标	单位	2004	2005	2006	2007	2008
城镇居民人均可支配收入	元	8136	9127	10160	12419	14286.4
农村居民人均纯收入	元	3263	3573	3890	4410	4940.9
城镇居民家庭恩格尔系数	%	35.2	33.5	33.95	33.74	37.6
农村居民家庭恩格尔系数	%	42.6	43.3	39.97	39.96	41.37

社会保障　2008年，长治市城镇参加基本养老保险人数为31.30万人，比上年增加2.26万人。其中职工23.54万人，离退休人员7.75万人。参加基本医疗保险职工人数为40.31万人，比上年增加4.79万人。参加失业保险职工人数为26.77万人，全年领取失业保险金13684人。年末城镇基本社会保障覆盖率达到86.22%，比上年提高0.17个百分点。

全年共发放城镇居民最低生活保障金9903万元，享受最低生活保障5.6万人；发放农村最低生活保障金5496.8万元，农村低保对象9.2万人。

年末全市各类收养性社会福利单位146所，比上年增加38家；各类收养性社会福利单位床位5844张，收养各类人员276人。城镇建立各种社区服务设施272处。全年销售社会福利彩票9912.4万元，直接接收社会捐赠款8134.5万元。

农业生产　2008年，长治市粮食种植面积25.735万公顷，与上年基本持平；其中玉米种植面积18.863万公顷，增长3.59%；油料种植面积2810公顷，减少17.84%；蔬菜种植面积1.977万公顷，减少1.93%。

全年粮食产量142.5万吨，同比增长0.8%；其中夏粮9.4万吨，增长3.2%；秋粮133.1万吨，增长0.7%。油料产量0.5万吨，减产19.35%；蔬菜产量92.94万吨，增长1.8%。

全年肉类总产量7.81万吨，增长22.9%，其中猪牛羊肉7万吨，增长18.1%；禽蛋产量5.76万吨，增长121.4%，奶产量1.62万吨，下降16.1%。

全年农林牧渔业总产值62.99亿元，增长6.7%。其中，农业总产值39.86亿元，下降1.7%；林业总产值3.54亿元，增长3.2%；牧业总产值17.57亿元，增长32.4%；渔业总产值0.61亿元，增长59.5%。

工业经济　2008年规模以上工业增加值401.38亿元，增长13.02%；产品销售率97.1%，其中轻工业增加值增长9.9%，重工业增长14.8%。

2008年长治市规模以上工业增加值及其增长速度表

单位：亿元

指　　标	增加值	比上年增长（%）
规模以上工业	401.38	13.0
其中：国有及国有控股企业	165.46	18.7
其中：集体企业	23.1	10.6
股份制企业	310.84	14.0
外商及港澳台投资企业	16.41	4.7
其中：私营企业	53.9	13.6
其中：轻工业	12.65	9.9
重工业	388.73	14.8
其中：煤炭开采和洗选业	210	24.6
黑色金属冶炼及压延加工业	52.08	−1.8
炼焦业	54.27	21.1
电力生产业	28	−2.9
化学原料及化学制品制造业	15.19	1.3
通用设备制造业	0.9	28.3

全年规模以上工业中，高新技术产业增加值3.59亿元，比上年增长11.6%。

主要工业产品产量中，原煤比上年增长7.9%，发电量下降1.4%，钢材下降2.6%，焦炭下降12.9%，生铁下降28.3%。

2008年长治市主要工业产品产量及其增长速度表（规模以上）

产品名称	单位	产量	比上年增长%
原煤※	万吨	6687	7.9
洗精煤	万吨	1975.9	5.6
发电量※	亿千瓦时	281	−1.4
粗钢	万吨	335.74	−18.5
钢材	万吨	310.5	−2.6
金属镁	万吨	1.54	0.24
水泥	万吨	275.5	−6.8
化肥（折100%）	万吨	38.82	2.1
焦炭※	万吨	1084	−12.9
生铁	万吨	357.64	−28.3
交流电动机	万千瓦	6.57	2.0

注：标注※为全社会产量

2008年工业经济效益综合指数为204.69，比上年提高17.6个点。规模以上工业企业主营业务收入1080.32亿元，比上年增长35.2%。实现利税164.43亿元，增长27.1%，其中实现利润85.23亿元，增长27.5%，增幅分别比上年回落16.9和18.9个百分点。亏损企业亏损额37.42亿元，比上年增长6.7倍。

2008年长治市规模以上工业企业实现利润及其增长速度表

单位：亿元

指　　标	利润总额	比上年增长%
规模以上工业	85.23	27.5
其中：国有及国有控股企业	60.82	74.9
其中：集体企业	9.77	231.7
股份制企业	43.72	−14.5
外商及港澳台投资企业	4.38	51.4
其中：私营企业	1.63	−50.3

建筑业　2008年，长治市社会建筑业实现增加值28.60亿元，比上年增长4.0%。全市具有资质等级的总承包和专业承包建筑业企业实现利润0.59亿元，增长59%；上缴税金1.61亿元，增长36.4%。

固定资产投资　2008年全社会固定资产投资273.44亿元，比上年增长21.8%。其中，城镇投资255.25亿元，增长20.0%；农村投资18.18亿元，增长54.8%。

在城镇投资中，国有及国有控股单位投资168.19亿元，增长30.5%；民间投资117.52亿元，增长21.6%；港澳台投资1.04亿元，下降63.2%；外资投资1.83亿元，下降5.1%。第一产业投资7.23亿元，增长121.1%；第二产业投资168.54亿元，增长13.0%；第三产业投资97.67亿元，增长35.6%。

2008年长治市固定资产投资新增主要生产能力表

指　　标	单位	绝对数
发电机组容量	万千瓦	120
原煤开采	万吨/年	587
洗煤	万吨/年	1025
焦炭	万吨/年	355
水泥	万吨/年	125
新建公路	公里	89.6
改建公路	公里	2492

2008年房地产开发投资完成17.80亿元，比上年增长16.6%，其中住宅投资15.30亿元，增长22.1%。商品房销售额12.72亿元，下降23.8%；其中，住宅销售额为10.93亿元，下降17.4%。

能源　2008年，长治市城镇能源工业投资中，煤炭工业投资36.6亿元，增长23.3%；电力工业投资38.1亿元，下降22.7%。全年共向省外运输煤炭2939.47万吨，比上年增长10.77%；向省外运输焦炭768.41万吨，下降2.19%。全市采区煤炭资源回采率达到70.3%，比上年提高4.3个百分点。全年规模以上工业综合能源消费总量1392.32万吨标

上党堆景　郭建平摄影

准煤，比上年下降2.01%。

国内外贸易　2008年，长治市社会消费品零售总额201.1亿元，比上年增长24.0%，剔除物价因素实际增长16.7%。分城乡看，城市消费品零售额127.2亿元，增长24.5%；县及县以下消费品零售额73.9亿元，增长23.3%。分行业看，批发和零售业零售额172.5亿元，增长24.5%，其中限额以上批发和零售业零售额52.3亿元，增长23.0%；住宿和餐饮业零售额22.7亿元，增长22.6%；其他行业零售额5.9亿元，增长14.7%。

在限额以上批发和零售业零售额中，汽车类零售额比上年增长25.3%，石油及制品类增长23.9%，家用电器和音像器材类增长15.4%，家具类增长3.4%，食品、饮料、烟酒类增长26.9%，服装类增长29.9%。

2008年进出口总额31786万美元，比上年增长111.7%。其中，出口4936万美元，下降5%；进口26849万美元，增长173.4%。

2008年长治市进出口总额
及其增长速度表

单位：万美元

指标名称	本年	比上年增长%
海关进出口总额	31786	111.7
出口额	4936	－5
其中：一般贸易出口	4858	－5.4
加工贸易出口	52	－7.1
其中：机电产品出口	1896	－1.2
出口主要国家：美国	770	－28.1
香港	6	－95
日本	19	－51.2
欧盟	500.3	－13.8
东南亚国家联盟	1368.3	24.4
韩国	1140	160
俄罗斯	40	－65
拉丁美洲	13	－67
进口额	26849	173.4
其中：机电产品进口	2514	66

2008年新批外商直接投资企业7家，比上年增加2家；合同利用外商投资6362.74万美元，下降50%；实际利用外商直接投资39217.7万美元，增长1.5倍。

交通运输　2008年，长治市民航客运量25.96万人，比上年增长62.4%，旅客周转量23693万人公里；货邮运输量1090吨，货邮周转量99.87万吨公里，运输总周转量218.72万吨公里。公路客运量4646万人，比上年下降0.6%，旅客周转量28.7亿人公里；货运量7937.4万吨，比上年增长3.2%，货物周转量61.4亿吨公里。

2008年末全市民用汽车保有量达到19.12万辆（包括三轮汽车和低速货车4.41万辆），比上年末增长13.4%，其中年末私人汽车保有量13.97万辆，增长15.9%。民用轿车保有量5.95万辆，增长30.4%，其中私人轿车4.51万辆，增长40.3%。

邮电通讯　2008年，长治市完成邮电业务总量35.20亿元，比上年增长12.2%。其中，邮政业务总量18710万元，增长19.2%；电信业务总量33.3亿元，增长11.7%。全年局用交换机总容量达到35.5万门。年末固定电话用户达到63.33万户，比上年减少5.34万户。其中，城市电话用户38.68万户，农村电话用户24.64万户。新增移动电话用户60.93万户，年末达到143.58万户。年末全市固定电话、移动电话及小灵通用户总数达到213.24万户。电话普及率达到65.0部/百人。年末全市互联网用户累计达17.43万户，比上年增长10.0%。

旅游业　2008年，长治市共接待国内外游客690.2万人次，增长10.0%；国内旅游总收入61.33亿元，增长32.2%。全年入境人数6.26万人次，比上年增长30.2%。其中，外国人3.42万人次，增长34.2%；香港、澳门和台湾同胞2.84万人次，增长25.7%。在入境旅游者中，过夜人数5.6万人次，增长37.1%。旅游外汇收入1077.12万美元，增长49%。

金融　2008年，长治市金融机构本外币各项存款余额930亿元，比年初增长30%；其中居民储蓄存款551亿元，增长31%。全市金融机构本外币各项贷款余额398亿元，比年初增长16%；其中个人消费贷款8亿元。

2008年长治市金融机构本外币
存贷款及其增长速度表

单位：亿元

指　标	年末数	比年初增长%
各项存款余额	930	30
其中：企业存款	200	19
城乡居民储蓄存款	551	31
其中：人民币	929	30
各项贷款余额	398	16
其中：短期贷款	231	11
中长期贷款	131	21

2008年银行结汇收入7318万美元，较去年同期减少31%，银行售汇支出31017万美元，较去年同期增长66.16%，收支逆差23699万美元，同比增长194.25%。

保险　2008年，长治市共有保险公司14家。全年保险公司保费收入19.18亿元，其中寿险业务保费收入13.55亿元；健康险和意外伤害险业务保费收入0.87亿元；财产险业务保费收入4.74亿元。支付各类赔款及给付4.49亿元，其中寿险业务给付1.90亿元；财产险业务赔款2.57亿元。

教育事业　2008年，长治市有独立招生的高等院校4所，全年招收普通高等教育本、专科学生8076人，在校大学生2.53万人，毕业学生7879人。各类中等职业教育招生1.69万人，在校学生4.54万人，毕业学生1.13万人。全市普通高中学校10所，全年招生2.75万人，在校学生8.03万人，毕业学生2.58万人。全市普通初中学校163所，全年招生4.52万人，在校学生15.94万人，毕业学生6.08万人。普通小学学校1802所，比上年减少264所，全年招生4.01万人，在校学生27.38万人，毕业学生4.52万人。特殊教育在校学生827人。幼儿园在园幼儿6.19万人。全年成人技术学校培训学员3.05万人次。

科学技术　2008年，长治市共受理各项专利申请491件，比上年增长79.9%；授权专利144件，增长19.0%。全年全市科学技术成果119项，其中有35项技术获得省部级以上科学技术成果奖，比上年增加2项。全年签订技术合同121项，增长89.1%；成交金额15246万元，增长141.4%。

全市共有产品质量检验机构40家，全年对29户企业实施了产品认证，对3种产品进行了监督抽查。全市共有法定计量技术机构12个，全年强制检定计量器具4.5万台件。

文化体育　2008年，长治市共有艺术表演团体19个，文化馆14个，博物馆1个，公共图书馆13个，公共图书馆藏书量104万册。全市广播电台7座，电视台13座，广播、电视综合人口覆盖率分别达到93.98%和96.59%，年末全市有线电视用户达到30.05万户，其中接收数字信号用户22000户。第五届“牡丹奖”全国曲艺大赛在长治设立北方鼓曲唱曲赛区，长治市选送的潞安大鼓《古城赋》、襄垣鼓书《水》和武乡琴书《一碗榆钱》3个节目获“节目提名奖”。由中宣部、中央文明办、国家广电总局、中央电视台联合开办的《中国好人》系列专题节目首期《中国好人·长治篇》在央视三套《曲苑杂坛》栏目首播亮相。

全市运动员在各类体育比赛中获得世界冠军2个，获得全国冠军7个，全省冠军58个，创全省记录1项。

卫生事业　2008年，长治市共有医疗卫生机构4439个，其中医院、卫生院216个，妇幼保健机构14个，疾病预防控制中心（防疫站）14个。病床位9975张，其中医院、卫生院8447张。卫生技术人员16287人，其中执业医师和执业助理医师6100人，注册护士4244人，药剂人员914人。乡镇卫生院164个，床位2359张，卫生技术人员2141人。年末全市农村有医疗点的村占总村数的比重为100%，拥有乡村医生和卫生员4493人。

资源　2008年，长治市城市供水总量8470.25万吨，人均日生活用水量189.84升。全年液化气供气总量4161吨，天然气供应量49万立方米，煤气供气总量1.09亿立方米，其中生活用煤气4083.17万立方米。燃气普及率70.28%。市区集中供热面积由上年的874万平方米提高到1374万平方米，其中住宅供热面积1098万平方米，比上年增加398万平方米。市区污水处理能力14万吨/日，全年污水处理量4963万吨。生活垃圾年清运量24万吨，无害化处理率达到100%。

年末全市大中型水库蓄水总量2.51亿立方米，比上年下降3000万立方米。全年总用水量4亿立方米。其中生活用水增长5.2%，工业用水下降3.0%。全年曾有8.2万人、0.8万头大牲畜因干旱发生临时性饮水困难。

安全生产　2008年，长治市亿元GDP生产安全事故死亡人数为0.52人，比上年下降18.8%；煤矿百万吨死亡人数为0.51人，比上年下降28.2%。全年发生火灾事故124件，比上年下降50.6%，直接损失78.11万元，比上年下降54.94%。全年共发生道路交通事故613起，造成312人死亡、569人受伤，直接财产损失127.35万元。

注：1. 本数据为初步统计数。

2. 地区生产总值及各产业增加值、人均GDP绝对数均按当年价格计算，其增长率均按可比价格计算。（尚竹英）

【2008年长治市大事记】　2月4日，长治市召开领导干部大会，省委组织部常务副部长刘维佳宣布省委决定：杜善学任中共长治市委书记，张保任中共长治市委委员、常委、副书记。省委常委、秘书长申联彬作重要讲话，郭海亮主持会议并讲话。

2月5日，长治市第十二届人民代表大会常务委员会举行第六次会议，决定任命张保为长治市人民政府副市长、代理市长。

4月9日，潞安集团多晶硅项目在屯留县康庄高新工业园区开工奠基。省委书记、省人大主任张宝顺，省委常委、秘书长申联彬，副省长陈川平，国家科技部社会发展科技司副司长闫金，市四套班子领导杜善学、张保、王进卯、王云亭、潞安集团领导、德国森特塞姆公司总裁汉斯及省、市、县有关部门负责人出席了奠基仪式。

4月27日，第三届中国中部投资贸易博览会山西招商项目签约仪式暨成果发布会在武汉国际会展中心举行。长治市29个项目参加签约，项目总投资129249.84万美元，拟引资81094万美元。其中：工业类项目18个，总投资119341.34万美元，拟引资71715.5万美元；服务类项目8个，总投资3790万美元，拟引资3574万美元。此次签约项目中，服务类、农产品类项目占到40%。

5月12日，长治市市民在14时28分感受到的轻微震感，是由在四川汶川县发生的8级地震引起，持续时长大约5分钟左右，长治市大部分地区有震感。此次地震没有影响长治市居民的正常生活和生产。

5月20日，按照中组部的通知精神和山西省委组织部、长治市委的安排、长治市广大党员积极行动起来，掀起了交纳“特殊党费”的热潮，以交纳“特殊党费”这一方式，真切地表达对在“5·12”特大地震中受难的四川灾区人民的深情厚谊，支援灾区人民渡过难关，重建家园。长治市共有16万多名共产党员自愿交纳“特殊党费”，总数达到1.14亿元，人均交纳712.5元，占全国交纳总额的1.4%，在全国地级市中名列前茅；占全省的25.5%，在全省地市级中遥遥领先。

6月4日，长治市城镇居民基本医疗保险正式启动，全市42万名尚未享受到医疗保障的城镇小学生、少年儿童和其他非从业城镇居民逐步纳入医保范畴。

7月30日，全省第一部专业科技志《长治市科学技术志》（1986－2005）成书并出版发行，首发仪式在长治市科技局举行。山西省科技厅副厅长秦作栋，市领导师义昌、李国隆、杜保和等出席。

9月25日，“神舟七号”在酒泉卫生发射中心发射升空，准确进入预定轨道。在“神舟七号”飞船发射的同时刻，长治清华机械厂组织全厂中层以上领导干部、参与研制活动发射平台的部分工艺人员、生产工人以及2008年新入厂的大学生近200人观看了“神舟七号”发射直播。

10月8日，在人民大会堂召开的全国抗震救灾总结表彰大会上，第九届、十届、十一届全国人大代表，山西潞宝集团焦化有限公司董事长韩长安被授予“全国抗震救灾模范”光荣称号，受到党中央和国务院的表彰，受到胡锦涛等党和国家领导人的亲切接见。

10月14日，中央人民广播电台在新闻栏目《新闻和报纸摘要》中以《长治市注重发挥道德楷模的模范作用“好人好事”正在成为长治的名片》为题，对长治市创建全国文明城市的经验和特点进行了报道。

12月6日，长治市创建本质安全型城市试点工作在北京举行启动仪式，这标志着全国首家创建本质安全型城市工作正式拉开帷幕。

（尚竹英）

中共市委书记　郭海亮※　杜善学

副书记　杜善学※　张　保　曹燎原※　林玉平　席小军

市人大常委会主任　王进卯

副主任　申纪兰　王忠义　李国峰　师义昌　程计则　张振芳　李进军

市　长　杜善学※　张　保

副市长　董　岩　李国隆　曹惠斌　尚宪芳　许　霞

市政协主席　王云亭

副主席　秦跃晋　赵春英　杜保和　靳道远　马志旺　闫建国　魏　武

城　区

【简述】　自然条件　全区总面积55.6平方公里。2008年辖10个办事处28个行政村。土地面积5343.01公顷，耕地725公顷。矿藏1种。主要河流2条，其中，黑水河最大，境内全长4.3公里。旅游景点2个。年平均气温9.5℃，年降水量618.9毫米。

人口　2008年末全区总人口41.62万人，比上年增加10548人。男性人口21.1万人，女性人口20.52万人，男女性别比（男＝100）为100：97.24。全年人口出生率10.25‰，死亡率6.44‰；自然增长率3.18‰，人口密度每平方公里7486人。

经济概况　2008年全区实现生产总值94.6亿元，比上年增长10%。全年全区财政收入13.4亿元，比上年增长21.8%，增收2.4亿元，支出4.29亿元，比上年增长14.95%，增支0.56亿元。

农业　2008年全区农业总产值4650万元，比上年增长0.5%。农作物总面积830公顷。粮食作物面积440公顷，比上年减少20公顷，粮食总产量2535吨，比上年增加377吨。积蔬菜瓜类总产量34612吨。林业：2008年造林20公顷，增长53.85%。畜牧业：2008年牛出栏103头，猪出栏9208头，蛋类总产量889吨，牛奶总产量1588吨。

工业　2008年，全区规模以上工业企业完成总产量54.3亿元，比上年增长5.6%，其中国有企业完成19.5亿元，增长10%；集体企业完成697万，减少21%；外资及港澳台企业完成4亿元，增长11.9%；完成利税3.8亿元，实现利润24106万元。规模以上企业44个，职工24531人。

基础建设　2008年完成基本建设投资40.6亿元，比上年增长2.9%。全区资质上建筑企业107家，全年房屋施工面积201.7万平方米，比上年增长12.8%。

商业贸易　2008年全区社会消费品零售总额104.8亿元，比上年增长24.3%。居民消费总水平上升0.3%。2008年全区接待外商20人。

教育　2008年全区普通高中2所，高级职业学校1所，初中4所，小学30所，幼儿园1所。

文体卫生　2008年全区共有文化馆、博物馆、图书馆、剧团、剧院、体育场所共17处。老干部活动室12处。有医院4家，床位400张，医生254人。

社会生活　2008年城镇待业1465人，全年最低生活保障金发放人数10057人，全区有4847名职工参加失业保险。城镇居民人均可支配收入14286元。农民人均收入5668元。百户拥有电话 100 部、电视机 100 台。

（李书平）

【年内大事纪要】 1月9日，从国家科技部网站传来消息，经过科技部专家组的严格审核、考核及公示，城区顺利通过了 2005—2006 年度全国科技进步考核复查，并且位列全省受表彰的七个城区之首，这是城区自 1999 年获得全国科技进步先进区后，连续 4 次通过全国科技进步考核复查。

1月16日，城区正式被中国科协命名为全国科普示范区。

1月25日，应城区民营企业家邀请，由四名来自首都的策划、品牌专家组成的考察团深入城区考察，专家团包括《人民日报》捷传公差笄中心主任、中国智慧工程研究会副会长，我国资深策划人徐秀芝，中国企业家世纪论坛主席何才关，秘书长李小瑞，国际品牌联盟中国区首席品牌官梁中国，区委书记王进军陪同考察。

1月31日，在八一广场主席台前，市、区纪委，监察局组织举办了“迎新春写赠廉政春联”活动。

同日，德国玛尔凯碧公司经理科劳斯·科瓦尔斯基一行考察了城区成功淮海发动机有限公司。

2月17日，城区 50 万人民向南方遭受雪冻的人民捐款共计 11 万元。

2月25日，中共长治市城区委员会在政府四楼会议室举行八届六次全体（扩大）会议，会议的主要任务是全面贯彻落实党的十七大，中央和全省经济工作会议精神，省委九届三次，市委九届五次全委会精神，总结区委 2007 年的工作，研究部署 2008 年全区经济社会发展的各项任务。

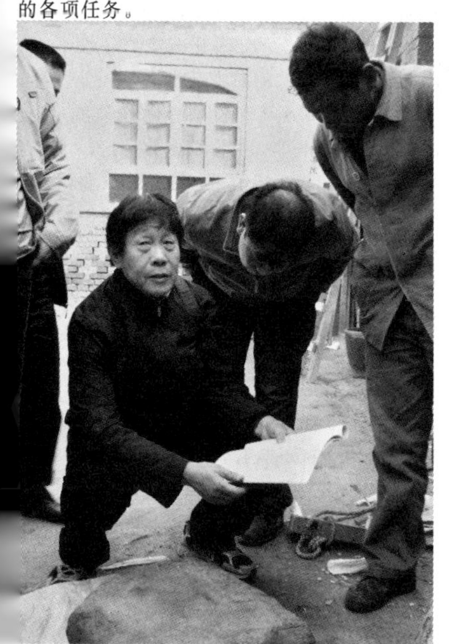

北京大学教授李零在武乡考察文物

张继红摄影

2月29日，城区在电力礼堂隆重召开建设“五区”劳模表彰大会，市委常委、市委统战部部长李东峰到会祝贺并作讲话，区委书记王进军作题为《强基固本创环境，率先发展争一流，坚定不移地把建设“五区”的实践推向深入》的报告，会议对 2007 年度先进集体和先进个人进行了表彰奖励。

3月11日，省绿化委员会副主任、林业厅副厅长霍转业，林业厅副厅长任建中一行深入城区就环城林带建设、绿化覆盖面积等进行检查。

3月12日，省妇联副主席张烈珍、省妇联儿童部部长王秀萍深入城区，就关爱流动儿童工作进行视察调研，并深入城区华丰路小学与广大师生亲切交谈。

3月19日，为将建设“五区”的工作纳入法制化、规范化、制度化轨道，进一步增强全区党政干部时不我待的紧迫感、率先发展的使命感，在全区各级各部门及党政干部中形成勤政、务实、高效的工作作风，区委出台了《长治市城区为建设“五区”创环境实施意见》、《长治市城区国家机关及其工作人员问责问效实施办法》及《长治市城区国家机关及其工作人员问责问效实施办法操作程序及实施细则》。

3月27日，在新修建的长治湿地公署环湖路两侧，市、区主要领导及市直、区直各单位 1000 余名干部职工一起植树劳动，在全市掀起了以保护湿地为主题的义务植树热潮。

4月12日，在人民大会堂北京厅召开的全国中小城市生态环境建设实验区第五次工作会议上，城区正式成为全国中小城市生态环境建设实验区。

4月23日，城区在政府四楼会议室召开创建全国文明城市动员大会，传达了 4 月 22 日召开的全市宣传思想工作暨创建全国文明城市动员大会精神，对城区创建工作进行了动员和安排部署。

4月25日～28日，为进一步拓宽思路，更新理念，更加有力地推动长治市全国文明城市及中国优秀旅游城市创建步伐，区委书记王进军、副区长王卫军带领区财政、旅游、农村部门，常青、五马两个办事处，沿山四个农村的负责人赴四川省会成都南部的双流县，考察双流县如何用现代经营形式推进农业，用现代发展理念引领农业，用培养新型农民发展农业的理念。

5月7日，省人大副主任安焕晓率省人大常委会视察组就城区全民健身活动开展情况和健身场馆设施的建设工作进行检查指导。

5月21日，原省政府副主席吕日周一行深入城区南石槽小学、华丰路小学、铜锅社区，蔡家巷社区就城区学校“个性化教育”、“特色社区建设”等工作进行调研指导。

5月23日，中国人民政治协商会议长治市城区第七届委员会第二次会议在区机关后六楼会议室召开。会议听取了区政协主席杨栖莺作的政协工作报告，区政协副主席、区委统战部部长焦双林作的政协长治市城区第七届委员会常务委员会关于七届一次会议以来提案工作情况的报告。

5月24日，长治市城区第十二届人民代表大会第二次会议在区机关六楼西会议室召开。会议听取了区委常委、常务副区长杨长义代表区人民政府向大会作的《政府工作报告》。

5月26日，中央文明办专职副主任王世明、未成年人工作组副组长吴向东一行工莅临长治市就文明创建工作进行指导，并对城区文明创建工作给予肯定。

5月29日，省委常委、组织部部长任泽民亲切看望了城区离休老党员马天成，对马天成等城区广大共产党员永葆共产党员先进性，奉献爱心支援四川地震灾区，踊跃交纳“特殊党费”的行为给予高度赞扬。

四川省汶川等地发生 8.0 级地震后，城区广大党员积极行动起来，以实际行动支援灾区。5月14日，在四套班子领导干部带动和感召下，向四川地震灾区捐款献爱心活动在全区有序开展。城区 3000 余名党员交纳“特殊党费”430 余万元，81 岁的退休老干部、老党员马天成向党组织交纳了 5000 元“特殊党费”。

8月11日城区按照市委、市政府有关奥运安保安排的部署，全面贯彻长治市稳定工作会议精神，统一思想，明确责任，多管齐下，多措并举，多面出击，务求实效，确保各项奥运安保工作的落实。

8月24日，中央信访督导组一行在副组长欧振平带领下，深入城区对奥运安保工作进行了检查。

8月30日，为充分发挥政协协调关系、建言建策、服务大局的重要作用，城区十个街道先后成立了政协基层联络组。政协工作联络组的主要职能是联系辖区各级政协委员，收集反映社情民意，对群众关心的热点、难点问题开展专题调研、专题视察，为党委、政府和相关部门开展工作提供参考意见。

9月3日，为加快实施人才强区战略，鼓励优秀高校毕业生到城区工作，为建设“五区”集聚人才，城区区委推出引进人才新措施：凡录用或分配到城区的全日制博士研究生，按正科对待；全日制硕士研究生（含高校毕业生村官），按副科对待。工作满一年后，经组织部门考察优秀者，博士研究生可破格安排到行政、事业单位正科岗位上，硕士研究生可破格安排到行政、事业单位副科级岗位上。

9月6日，受国家档案局委托，由省档案局副局长王保国及太原、晋城、临汾等市档案局专家组成的评审组莅临城区，对城区档案馆晋升国家二级档案馆工作进行了测评。评审组按照国家档案局颁布的《市、县级国家综合档案馆测评办法》，逐条逐项对区档案馆的各项工作进行了严格考核，最终一致认定，区档案馆晋升为国家二级档案馆。

10月30日，省委书记、省人大主任张宝顺深入城区太东街道社区卫生服务中心就科学发展、和谐发展中的社区卫生服务体系建设工作进行了调研。

11月7日，长治市首家五星级大酒店——东明国际大酒店全面试营业。

11月12日，英雄中路街道党工委书记、办事处主任吴志刚撰写的《推选全科责任田工作法，开启和谐社区建设之门》一文，被中国学术发展科学研究院、中国学术前沿杂志社与北京时代远望国际文化交流中心联合成立的“中国当代学术前沿精典文丛”评审委员会评选为一等奖，并被编入《中国当代学术前沿精典文丛》。

11月12日，城区召集第八届村民委员会换届选举工作领导组成员单位负责人着手进行第八届村民委员会换届选举工作，区委常委、组织部部长赵联芳，区委常委张波，副区长宋福庭，区政协副主席，区委统战部部长焦双林等具体负责此项工作。此项工作从10月20日开展，于12月20日结束，共分为三个阶段。

11月14日，城区建成10个高标准、高规范的社区卫生服务中心，在各个社区建成了社区卫生服务站，实现了中心站建立率100%的目标，编织起一张为市区近50万人提供社区医疗服务的完善网络。这标志着城区2008年十二件惠民实事之一的医疗健康工程的完成。

11月19日，由全国总工会研究室主任王科、中国财贸轻纺烟草工会副巡视员宋宪彬、全国总工会研究室调研一处处长金善文、全国总工会民主管理部综合处处长张时明等领导，组成的调研组一行深入城区西街街道办事处，就深入贯彻科学发展观，加强工会自身建设和创建劳动关系以及如何更好地服务科学发展，服务广大职工群众等问题进行调研。

11月27日，市政府关于省挂牌督办安全隐患工作会议在城区机关前三楼会议室召开。会议听取了相关县区对省挂牌督办安全工作的情况汇报，对存在问题进行了调研指导。

11月30日，省委副书记、代省长王君，省委常委、副省长李小鹏一行深入城区太西街道办事处和劳动保障事务所就创业就业、社会保障等民生事业进行了调研指导，对城区基层劳动保障平台建设和工作情况给予了充分肯定。

12月5日，城区台湾知识教育基地授牌仪式在城区一中举行。（李书平）

中共区委书记	王进军
区人大常委会主任	杨黎峰
区政协主席	杨栖莺

郊区

【简述】 自然条件　2008年辖5镇1乡、1个旅游开发区、2个街道办事处、122个行政村。全区总面积284.77平方公里。耕地面积10898.78公顷。主要矿藏5种。主要河流5条，其中浊漳河最大，境内全长30.5公里。主要旅游景点6个。

人口　2008年末全区总人口为30.14万人，比上年增加1146人。男性人口15.47万人，女性人口14.67万人，男女性别比为105.45。全年人口出生率10.60‰；死亡率6.79‰；自然增长率3.81‰；城镇人口比重82.94%。

经济概况　2008年，全区生产总值完成105.72亿元，比上年增长10.6%；财政总收入完成22.14亿元，比上年增长10.26%；支出5.84亿元，比上年增长30.96%。各项贷款余额40.09亿元。

农业　2008年，农林牧渔业总产值完成3.75亿元，比上年增长1.46%。粮食种植面积0.89万公顷，比上年减少11%。粮食总产量5.55万吨，比上年减少1.36%。蔬菜播种面积0.08万公顷，总产量5.89万吨，比上年减少12.22%。林业：2008年造林0.025万公顷。畜牧业：肉类总产量0.55万吨，禽蛋总产量0.60万吨，牛奶总产量0.40万吨。

工业　2008年，全区规模以上工业企业实现主营业务收入298.76亿元，比上年增长29.75%；实现利税0.50亿元，比上年下降98.09%；完成增加值76.00亿元，比上年增长12.6%。其中，国有企业增加值21.56亿元，增长20.9%；集体企业增加值0.88亿元，增长3.3%；股份制企业74.00亿元，增长12.8%。

建设环保　2008年完成固定资产投资31.23亿元，比上年增长27.70%。具有资质等级的建筑企业10家，完成建筑业总产值1.83亿元，房屋建筑施工总面积10.09万平方米。全年环境保护总投资0.40亿元，空气质量二级以上天数279天。

交通邮政　2008年全区交通运输、仓储和邮政业增加值7.56亿元，比上年增长8.2%。年末公路通车里程达到424公里。年货运量630万吨，客运量48万人。

商业旅游　2008年，全区社会消费零售总额17.16亿元，比上年增长22.60%。旅游业2008年接待旅游者35万人次，年收入1200万元。

外经外贸　全年进出口总额3.18亿美元，其中出口0.49亿美元，进口2.69亿美元。

科技教育　全年申报各类科技项目25项，其中国家级项目2项，市级项目13项。申报专利42件。全区有普通中学18所，职业高中3所，小学81所，幼儿园37所，在校学生分别为11229人、2920人、22449人、5815人。教职工3894人。义务教育阶段学校初中毛入学率100%，毕业率100%。

文体卫生　2008年，全区有博物馆1处，图书馆1处，档案馆1个，剧团1个，文化馆（站）10处，文化娱乐场所27个。卫生机构（不含诊所）30个，其中医院、卫生院26个，床位1302张。医师566人。县、乡、村三级医疗卫生机构达标率83%。

社会生活　全年最低生活保障金发放人数7068人。3348人参加基本养老保险，13708人参加基本医疗保险，2352人参加失业保险。城镇居民人均可支配收入为15135元，农民人均纯收入6386元。（刘慧敏）

中共区委书记	孙宏波
区人大常委会主任	陈世和
区政协主席	崔子庆

长治县

【简述】 自然条件　全县总面积483平方公里。2008年辖6个乡5个镇254行政村。土地面积2.88万公顷，耕地2.5万公顷。矿藏15种。主要河流2条，其中陶清河最大，境内全长27公里。旅游景点30个。年平均气温9.7℃，年降水量549.7毫米。

人口　2008年末全县总人口33.69万人，8.6万户。男性人口17.18万人，女性人口16.5万人，男女性别比（女=100）为104：100。全年人口出生率10.4‰，死亡率6.55‰；自然增长率3.86‰。人口密度每平方公里675人。

经济概况　2008年全县实现生产总值72.91亿元，比上年增12.5%。全年全县财政收入18.09亿元，比上年增长29%，增收4.09亿元；支出8.0351亿元，比上年增长32.21%。各项贷款余额79.8431亿元。

农业　2008年全县农业总产值6.44亿元，比上年增长3.7%。农作物总面积2.18万公顷。粮食作物面积1.98万公顷，粮食总产量1.4亿公斤，平均亩产471公斤。经济作物面积0.16万公顷。蔬菜瓜类总产量0.73亿公斤。果园面积1778公顷，总产量0.02亿公斤。林业：2008年造林200公顷。经济林66.7公顷。畜牧业：2008年牛出栏413头，猪出栏13.55万头，羊出栏1.5万只。肉类总产量1.1万吨，蛋类总产量0.79吨，牛奶总产量0.15万吨。

工业　2008年工业总产值完成79.78亿元，同比增长12.5%，其中规模以上工业企业完成总产值71.94亿元，比上年增长13%。全部工业增加值完成41.2989亿元，比上年增长13.4%。工业增加值占国内生产总值的比重56.7%。规模以上工业增加值完成36.545亿元，增长13%。

基础建设　2008年完成基本建设投资23.55亿元，比上年增长18.7%。全县资质以上建筑企业3家。

交通邮电　2008年全县公路通车总里程95.8公里。年货运量612万吨，客运量166万人。邮电：邮电业务总量0.297亿元。其中，邮政业务总量0.094亿元；电信业务总量0.203亿元。年末全县移动电话用户发展到12.9万户，新增用户6000户。

商业贸易　2008年全县社会消费品零售总额12.1亿元，比上年增长21%。

教育　2008年，全县有普通高中4所，初中17所，小学158所，幼儿园76所，在校学生分别为6253人、3996人、15216人、23906人。其中义务教育学段在校学生39122人。教职工4300名。适龄儿童入学率100%，高中入学率75%。

文体卫生　2008年，全县有文化馆、博物馆、图书馆、剧团、剧院、体育活动场所共8处。儿童乐园5处，老干部活动室6处。

社会生活　2008年城镇登记失业人员53人。城镇居民人均可支配收入11126元。农民人均收入5593元。百人拥有移动电话39.9部。

（付小波　武俊英）

【年内大事纪要】　3月，在全省农村基层党风廉政建设工作会议上，长治县获山西省"农村基层党风廉政建设工作先进集体"称号，成为长治市惟一一家荣获此项殊荣的县（市、区）。

5月6日，全省农村社区实验工作现场推进会在长治县召开。会议现场总结全省各市农村社区实验县工作，并号召全省各市县区学习长治县在农村社区建设实验工作中的经验。

5月，5月12日，四川汶川地震灾难发生后，长治县广大党员群众迅速行动起来，发扬"一方有难、八方支援"的民族精神，为灾区人民踊跃捐款。21日，县委组织部发出党员交纳"特殊党费"的号召，全县广大党员干部再次以共产党员的名义凝聚力量，延续爱心。全县16938名党员，主动交纳了"特殊党费"共1124万元，其中交纳1000元以上的党员达5271名。全县580名非党领导干部和入党积极分子捐款35.7万元。

6月19日，参加全省绿化造林现场会的与会代表到长治县观摩指导。

9月30日、10月29日，省委书记、省人大主任张宝顺先后两次莅临长治县视察工作。

10月25日，历时5年，总投资2000余万元、占地100多亩、勒立1000块石碑、被誉为"华北第一碑林"的炎帝碑林和炎帝书画院工程落成剪彩。

11月29日，省委副书记、代省长王君到长治县就民营企业发展、新农村建设、基层卫生院发展等工作进行调研。

12月，截至2008年12月底，全县财政总收入实现180900万元，同比增长28.87%，绝对额增收40525万元。其中国税收入完成任务85083万元，地税收入完成69959万元，财政收入完成25858万元，这是长治县财政总收入又创的一个新高。

截至2008年底，长治县254个行政村的"两委"换届选举工作圆满结束，实现了100%换届的工作目标。（付小波　武俊英）

中共县委书记　常光明
县人大常委会主任　任文琳
县政协主席　傅永祥

潞城市

【简述】　自然条件　全市总面积615平方公里。2008年辖3个乡4个镇2个办事处202个行政村。土地面积6.2万公顷，耕地3.2万公顷。矿藏14种。主要河流11条，其中浊漳河最大，境内全长20公里。旅游景点5个。年平均气温9.2℃，年降水量560毫米。

人口　2008年末全市总人口22.08万人，其中非农业人口4.53万人，男女性别比（女=100）为109.21。全市人口出生率11.2‰，死亡率7.16‰，自然增长率4.09‰，比上年降低1.32个千分点。人口密度每平方公里355人。少数民族7人，共110人。

经济概况　2008年全市实现生产总值62.06亿元，比上年增长5.5%，全年全市财政收入15亿元，比上年增长25%，增收3亿元；支出6.1897亿元，比上年增长24.3%。各项贷款余额34.3亿元。

农业　2008年全市农业总产值4.3354亿元，比上年增长9.4%。粮食作物面积1.834万公顷。粮食总产量97092吨，比上年减少5.2%。蔬菜瓜类总产量8.68万吨。林业：2008年共完成造林3001.5公顷，植树73.6万株，通道绿化62公里，村庄、企业绿化40个。畜牧业：2008年肉类总产量6676吨，蛋类总产量3832吨，牛奶总产量1552吨。

工业　2008年，全市规模以上工业企业完成总产值144.1亿元，比上年增长18.1%，实现工业增加值43.3亿元，比上年增长3.7%，工业产品产销率达100.1%。工业经济效益有所下滑，规模以上工业实现主营业务收入144.6亿元，比上年增长26.6%，利润总额0.62亿元，同比下降90.64%，利税总额0.62亿元，下降32.53%，工业经济效益综合指数达到70.13%，比上年下降10.04%。规模以上企业34个。

建设环保　2008年全市资质以上建筑企业4家，完成建筑业总产值4529万元，比上年增长2.1%。年末全市城市建成区面积11.2平方千米。绿化面积252.7万平方米，绿化覆盖率达到39.89%，人均公共绿化面积达到9.48平方米，环境保护取得新成效。全市空气质量Ⅱ级以上天数达290天，比上年增加108天。

交通邮电　2008年全市公路通车总里程627公里，年货运量633万吨，比上年增长5.1%；客运量129万人次，比上年增长0.8%。邮电：邮政业务总量7643万元，其中，邮政业务总量795万元，增长29.9%；电信业务总量2.0374亿元，增长75%。固定电话用户4.2万户，移动电话用户9.98万户，新增用户1.68万户。年末全市互联网用户1.33万户，比上年增长60.5%。

商业旅游　2008年全市社会消费品零售总额7.054亿元，比上年增长22.4%。旅游业2008年接待国内外客人0.9万人次。

科技教育　2008年全市专利申请40件。科技人员6318人。有各级各类学校110个，其中普通高中2所，高级职业学校1所，初中10所，小学73所，在校学生分别为3689人、1208人、9537人、19868人。各类专任教师数2863人，其中小学教师1483人，中学教师1019人。

文体卫生　2008年末全市有文化机构5个，公共图书馆藏书量3.23册。年末全市有线电视用户达到3.5万户。其中接收数字信号用户0.7万户。电视台、有线电视台各1座。医疗卫生机构271个，卫生技术人员974人，床位489张。全市人均公共体育场馆面积达1.55平方米。

社会生活　2008全年最低生活保障金发放人数1.1万人。全市有1.9万人参加失业保险，有2.9万职工参加基本医疗保险。2008年居民存款余额34.6亿元。城镇居民人均可支配收入12005元，农民人均收入5155元。年末全市城镇居民人均住宅建筑面积达到31.5平方米，农村居民人均住宅面积达到25平方米。

（申俊良）

【年内大事纪要】　1月1日，潞宝集团建成全国最大的毛主席纪念馆。

1月23日，山西省第十一届人大一次会议上潞城市代表韩长安再次当选为全国人大代表。

2月27日，潞宝集团与津西钢铁公司战略合作签字仪式在长治举行。

3月4日，长治市委副书记、代市长张保，长治市政协副主席秦跃晋率发改委、经委、财政局、农业局、环保局等相关部门负责人，先后深入潞城市圣合得啤酒公司、潞宝集团、天脊潞安、华宝、兴宝、王曲电厂以及史坊村、职业中学等地，就工业新型化、城镇特色化、农业产业化项目以及教育民生等工作进行深入调研。

4月2日，长治市委书记杜善学、市委副书记、代市长张保在长治市政协副主席、市政府秘书长秦跃晋的陪同下深入潞城市宣讲"两会"精神并就煤化工循环经济发展、植树造林等工作进行调研。

4月30日，207、309国道市区过境段改线工程开工。

5月7日，由省人大常委会副主任安焕晓

带队的省人大视察组一行16人莅临潞城市调研全民健身和体育工作。

5月29日，潞城市广大共产党员踊跃缴纳“特殊党费”为四川灾区献爱心。全市有6115名共产党员自愿交纳“特殊党费”5655911元。

6月28日，省经委主任洪发科在潞宝集团就发展循环经济、推动企业快速发展进行调研。

7月1日，朱德《伫太行》铜像揭幕仪式在店上镇北村举行。

8月12日，下午，由山西省全国人大代表组成的参观团莅临潞宝集团进行参观调研。

8月21日—24日，北京奥运会特设项目“北京2008武术比赛”在北京奥体中心体育馆举行。共有来自五大洲43个国家和地区的128名优秀选手参加了本次比赛，潞城市选手袁晓超凭借自己高超的技艺以9.83分的高分获得了男子长拳项目金牌。

9月2日，长治市优势农产品规模化发展促增收现场会在潞城市召开。长治市委副书记、市长张保出席会议并讲话，副市长许霞主持会议，潞城市委书记桂正平作经验介绍。

9月4日，正在长治市视察工作的省委书记张宝顺专程来到长安慈善学校看望慰问了在这里过渡复学的四川省汶川县映秀镇漩口中学的师长们，并亲手将象征阖家幸福、欢乐团圆的中秋月饼和苹果分送到学生们的手中，向他们致以中秋节最亲切的祝福。

9月22日，长治市委副书记、市长张保在潞城市就奶产品质量安全等相关问题进行深入调研。

10月28日，省委书记张宝顺深入潞宝集团进行调研。

11月4日，国务院安委办督查组莅临潞城市督查指导。

11月16日，山西省委组织部专题调研组莅潞城市调研指导。

11月25日，潞城市绿色照明推广工程正式启动。

12月15日，潞城市举行城建三项重点工程竣工剪彩仪式。

12月23日，山西副省长陈川平在天脊集团调研。

12月30日，潞城市财政收入突破15亿元。（申俊良）

中共市委书记	桂正平
市人大常委会主任	申靳红
市　长	张治云
市政协主席	张树平

襄垣县

【简述】 自然条件　全县总面积1160平方公里。2008年辖3个乡8个镇323个行政村，8个居委会。土地面积11.6万公顷，耕地3.86万公顷。矿藏30余种。主要河流4条，其中浊漳河最大，境内全长31.38公里。旅游景点3个。年平均气温10℃，年降水量550毫米。

人口　2008年末全县总人口26.0531万人，7.88万户。男性人口13.6060万人，女性人口12.4471万人，男女性别比（女=100）为109.31%。全年人口出生率8.39‰，下降0.9个千分点；死亡率5.73‰，下降0.06个千分点；自然增长率2.66‰，比上年下降0.84个千分点。人口密度每平方公里225人。少数民族15个，共294人。

经济概况　2008年全县地区生产总值完成126.452亿元，比上年增长13.5%。全年全县财政收入21.0069亿元，比上年增长23.96%，增收4.0602亿元；支出11.4073亿元，比上年增长32.46%，增支2.8亿元。各项贷款余额35.8971亿元。

农业　2008年全县农业总产值7.07亿元，比上年下降5.68%。农作物总面积3.6万公顷。粮食作物面积3.248万公顷，比上年增长2.3%，粮食总产量1.71618亿公斤，比上年下降0.4%，平均亩产352公斤。经济作物面积937.4公顷。蔬菜瓜类总产量1.6636亿公斤。果园面积688公顷，总产量136.9万公斤。林业：2008年造林1833公顷。经济林67公顷，畜牧业：2008年牛出栏3694头，猪出栏55704头，羊出栏22612只。肉类总产量5555吨，蛋类总产量3138吨，牛奶总产量1634吨。

工业　2008年，全县规模以上工业企业完成总产值208.7亿元，比上年增长52.1%。其中国有企业完成20.3亿元，增长53.3%；集体企业完成10.4亿元，增长14.3%；股份合作企业完成5.97亿元，增长100%；股份企业完成0.3亿元，增长60%，其他经济类型企业完成171.7亿元，增长49.9%。完成利税669624.8万元，实现利润417386.5万元。规模以上企业41个，全部从业人员年平均人数64720人。

建设环保　2008年完成基本建设投资43亿元，比上年下降17.28%。全县资质以上建筑企业4家，完成建筑业总产值1.044亿元，实现利税1044万元。全年房屋施工面积（不包括拆迁）90万平方米，比上年增加11万平方米。全年环境保护总投资13800万元，比上年增长186.9%。

交通邮电　2008年全县公路通车总里程1018公里，其中县乡公路866.7公里。年货运量803万吨，客运量295万人。邮电：邮电业务总量1.2157亿元，增长2.6%。其中，邮政业务总量0.1583亿元；电信业务总量1.0659亿元。年末全县移动电话用户发展到12.6641万户，新增用户1.5345万户。全县互联网用户10412户，其中网通用户7400户，移动用户3012户。

商业旅游　2008年，全县社会消费品零售总额11.25905亿元，比上年增长22.2%。居民消费总水平上升5.7%。旅游业2008年接待国内客人4.5万人次，国际客人25人，年收入1500万元。

科技教育　2008年，全县有科技人员4578人。普通高中1所，中等专业学校1所，初中13所，小学113所，幼儿园33所，在校学生分别为4281人、1173人、9449人、21131人、4596人。其中义务教育学段在校学生3.06万人。教职工3167名。适龄儿童入学率100%。

文体卫生　2008年，全县有文化馆、博物馆、图书馆、剧团、剧院所共6处，健身路径（器材）1185件，蓝球场所165个，乒乓球台150台，足球场所2个，体育训练场馆5个。儿童乐园3处，老干部活动室13处。有医院25家，床位435张，医生430人。

社会生活　2008年最低生活保障金发放人数9202人。全县有5314名职工参加失业保险，有1.425万职工参加基本医疗保险。2008年居民存款余额61.97亿元。全年支出救济金1354万元，其中，城市低保552万，农村低保404万，救灾70万，五保户198万，大病救助130万，总比上年增加962.1万元。实现社会商业保费收入10289万元，赔款支出2325万元。城镇居民人均可支配收入13020元。农民人均收入5730元。全县人均住房面积36.435平方米。百户拥有电视机119台。

（崔玉萍　万瑞星）

【年内大事纪要】 1月8日，襄垣县委书记张红星、县人大主任刘春雷、县人大副主任李树清、副县长杨树庄在长治市财苑宾馆与法国欧罗福国际集团上海欧罗福企业（集团）有限公司签订焦炉煤气全环保综合利用项目合作协议。煤气全环保综合利用项目合作协议。

1月12日，长治市委副书记、市长杜善学在县委书记张红星等陪同下对襄垣治理非法超限超载工作进行检查。

2月1日，襄垣召开春节团拜会，会上提出了2008年紧紧围绕建设小康襄垣、和谐襄垣这条主线，按照“创环境、促发展、上项目、促三化、变作风、促落实、抓党建、促和谐”的发展思路，大力实施“强工富县、惠农稳县、城建靓县、开放活县、生态绿县、和谐兴县”的六县发展战略，着力打造全国中部经济强县，全力建设全省生态大县，积极争创全国文明、卫生、环保、园林县城和争当全省小康、和谐社会建设先进县。

2月3日，潞安容海2×135NW煤矸石综合利用发电项目1号机组正式并网发电，潞安容海发电有限公司举行了剪彩仪式。

2月22日，襄垣县被山西省精神文明建设指导委员会命名为“山西省2006—2007年度文明和谐县城”。

2月27日—29日，山西省推进粮食企业的改革发展，构建现代粮食流通体系现场研讨会在襄垣召开。

3月3日，襄垣县三级干部暨劳模表彰大会在县城召开。会议对全县2007年度涌现出333个先进集体和364名模范个人进行了表彰奖励。

3月11日，中组部干部一局公务员处副处长张艾兵等在省委组织部和市委组织部相关领导陪同下，对襄垣基层一线培养选拔干部工作情况进行专题调研。

3月18日，迎宾街东延工程拆迁工程开工。

3月21日，山西省非物质文化遗产普查示范县动员会在襄垣召开，省非物质文化遗产保护中心主任赵中悦及各市县文化局有关负责人参加会议。

同日，省建设厅勘察设计院副院长李康带领的省政府"三个一"即污水处理工程、生活垃圾填埋厂工程、生态文化公园工程调研组在襄垣调研。

3月24日，副省长陈川平在副市长尚宪芳、潞安集团董事长任润厚随同下对襄垣煤炭资源整合及煤矿安全进行调研。

3月25日，省军区参谋长姬亚夫少将市委常委、长治军分区司令员张创虎检查襄垣武装工作。

3月29日，中组部干部教育局副局长曹毅在省委组织部副部长王树林、陈跃钢、市委常委、组织部长郭新民、市委党校常务副校长阎建书等陪同下对襄垣干部教育培训工作进行调研。

4月4日，省委常委秘书长申联彬就旅游开发工作在襄垣调研。

4月18日—19日，中央补助地方专项资金早诊早治项目2008年华北区、西北区子宫颈癌早诊早治培训班在襄垣举行。

4月20日，虒亭镇国焕文等7人组建的惠民太阳能移动沼气有限公司生产的太阳能移动沼气试产成功。

4月23日，山西瑞恒60万吨聚氯乙烯一期工程奠基，60万吨聚氯乙烯项目是襄垣2008年确定的百项重点工程之一，是继续延伸产业链条，发展循环经济的推进项目，也是省委省政府2008年确定省重点项目。该项目年设计能力为60万吨聚氯乙烯树脂和60万吨烧碱，总投资24.88亿元。一期工程总投资9.98亿元，预计2009年10月建成投产。

4月28日—30日，国际抗癌联盟培训项目中国子宫颈癌筛查方法以及阴道镜检查培训班在襄垣开课，国际肿瘤专家爱丝米、乔友林等从中国子宫颈癌的发展和病因研究以及最新的子宫颈癌筛查方法的应用等方面向来自全国各地80余名医生、护士进行培训和实践指导。

4月30日，山西省青少年科技创新大赛历时15天，襄垣选送的八个项目分别获得一、二、三等奖，在全省名列榜首。

5月5日，长治市委副书记、代市长张宝在襄垣就工业新型化、城镇特色化、农业产业化、旅游发展化进行调研。

5月12日，襄垣县公路段荣膺省级文明和谐单位荣誉称号。

5月24日，古韩大道跨太焦铁路立交桥下穿工程开工建设。

5月28日，长治市委书记杜善学在襄垣调研，县委书记张红星等领导陪同调研。

5月31日，原省政协副主席、省改革创新研究会会长吕日周就城市建设在襄垣调研。

6月3日，团省委书记刘润民在团市委书记光宇航陪同下在襄垣调研团建工作。

6月25日—28日，政协襄垣县第七届委员会第二次会议在县城召开，市政协副主席阎建书到会祝贺。168名委员参加了会议。会议听取、审议并通过了杨飞华同志代表政协襄垣县第七届委员会常务委员会作的工作报告、刘飞同志作的七届一次会议以来提案工作报告。全体委员视察了城建靓县工程。

6月26日—29日，襄垣县人民代表大会十四届二次会议在县城召开。市人大副主任师义昌到会祝贺，167名代表参加了会议。会议听取、审议并通过了刘春雷同志代表十四届委员会作的《人大工作报告》、王守国代表襄垣县人民政府作的《政府工作报告》，听取、审议并通过了《法院工作报告》、《检察院工作报告》、《襄垣县2007年国民经济和社会发展计划执行情况报告及2008年国民经济和社会发展计划报告》。全体代表视察了城建靓县工程。

6月29日，全国文化信息资源共享工程国家中心主任张彦博等对襄垣文化信息资源共享工程进行考察。

7月7日，省政府环境整治工作督察组对襄垣第一批洗煤行业关停、淘汰情况进行督查。

7月11日—12日，中央农村工作领导小组办公室一组副组长赵阳、农业部种植业管理司副司长胡元坤一行对本县的农业农村工作进行调研。

7月13日—14日，第一次全国污染源普查组在襄垣检查，主要目的是准确了解污染物的产生，排放和处理情况，掌握各列污染源的数量、行业和地区分布，建立健全污染源信息数据库和环境统计平台。

7月23日—25日，中国书法家协会会员，国家一级美术师、襄垣国税局退休干部郭海旺个人书画作品展在襄垣展出。

7月27日，第八届全国县城经济基本竞争力评价结果揭晓，襄垣再次迈进中部百强县行列，排名46位，比2007年前移了9位。

7月31日，省委"县委书记大接访活动"督察组对襄垣"县委书记大接访活动"进行检查指导。

8月4日，省卫生厅厅长高国顺在襄垣就医疗卫生工作进行调研。

9月13日，原国家农业部副部长、现中国种子协会理事长、大豆4—4课题组负责人王连铮带领的国家农科院中黄大豆专家组对本县京晋樱桃种植有限公司中黄19号大豆种种植基地进行观摩。

10月2日，国务院信息中心主任段国华、中央统战部办公厅副主任申占华、省政府驻天津办事处主任赵茂华等在京工作的襄垣籍人士应邀参观襄垣重点工程建设，并观看了《城建靓县进行曲》。

10月12—13日，创建省级园林专家评审组对襄垣创建工作进行评审。

10月17—20日，省政府义务教育标准化学校建设评估验收组对襄垣验收并顺利通过。

10月24日，山西和信电力发展有限公司董事长兼总经理徐志刚一行6人在襄垣就2×600MW发电项目合作双方进行座谈。

10月28日，省委书记、省人大主任张宝顺在市委书记杜善学、市长张保陪同下对襄垣循环经济发展和县城建设工作进行调研。

11月4日—9日，由中共襄垣县委宣传部、县文联、平遥县委宣传部、平遥县文联联合主办的"古韩韵·陶唐风"襄垣平遥书画精品联谊展在襄垣展出，共有160幅书画作品。

11月6日，襄垣县城集中供热正式投入运行，标致着县委、县政府向全县人民承诺的民心工程如期兑现。

11月7日，国土资源部、农业部、国家统计局联合检查组对襄垣2007年度省级政府耕地保护责任目标履行情况进行专项检查。

11月9日，襄垣煤矿集团有限责任公司正式成立并挂牌。

11月19日，208国道长治境内改造和夏店互通立交桥工程竣工通车。改造后的208国道夏店到侯堡段全长10公里，宽24米，总投资9900万元。夏店互通立交桥为苜蓿叶形全互通立交，主干道宽28米，匝道单项宽8米，工程总投资4450万元。

同日，联合国儿童基金会驻华办事处官员雷俊在新华社记者、省市爱卫办同志陪同下对襄垣古韩镇西垴头村省"农村环境卫生清洁行动示范点"工作情况进行调研。

11月27日，全国文化信息资源共享工程襄垣"村村通"全面启动，襄垣被国家文化部列为山西省"全国文化信息资源共享示范县"，省财政厅、文化厅投资170万元，为襄垣230个行政村配备了每套价值8000元的投影机、投影幕、音箱等器材，为广大群众提供农业科技、文化知识、致富信息、专家讲座、戏剧电影等文化科技信息。

11月30日，省委副书记、代省长王君在省委常委、副省长李小鹏、市领导杜善学、张宝、潞安懂事长任润厚等领导陪同下对襄垣的煤矿循环经济发展、煤矿安全及城市规划建设工作进行调研。

12月7日，中纪委驻司法部纪检组长韩亨林维组长的中央扩大内需促进经济增长政策落实检查组在襄垣县夏店镇和后湾水库开展监督检查工作。

12月15—16日，省人大副主任郭海亮带领省人大代表对襄垣城市建设、新农村建设、财政预算工作进行视察。

12月18日，长治市政协主席王云亭、山西日报社副总编杨小宁在襄垣参观城市建设。

12月，山西省第一批文化旅游名镇评选揭晓，襄垣下良镇、虒亭镇获殊荣。

（崔玉萍　万瑞星）

中共县委书记　张红星

县人大常委会主任　刘春雷

县政协主席　杨飞华

武乡县

【简述】 自然条件　全县总面积1610平方公里。2008年辖9个乡5个镇377个行政村。土地面积3.8万公顷，耕地3.16万公顷。矿藏7种。主要河流5条，其中浊漳河最大，境内全长32公里。旅游景点5个。年平均气温100℃，年降水量320毫米。

人口　2008年末全县总人口20.60万人，6.49万户。男性人口11万人，女性人口9.60万人，男女性别比（女＝100）为111.00：100.00。全年人口出生率8.63‰，下降0.73个千分点，人口死亡率5.26‰，下降0.05个千分点；人口自然增长率3.37‰，比上年下降0.68个千分点。人口密度每平方公里127人。少数民族2个，共14人。

经济概况　2008年全县实现生产总值29亿元，比上年增长14％，增收2亿元，支出6.25亿元，比上年增长28.4％，增支1亿元。各项贷款余额31.4亿元。

农业　2008年全县农业总产值31.12亿元，比上年增长1.1％，农作物总面积3万公顷。粮食作物面积2.8万公顷，比上年增长1％，粮食总产量0.8亿公斤，比上年减少8.5％，平均亩产98公斤。经济作物面积2600公顷。蔬菜瓜类意产量0.11亿公斤。果园面积0.1万公顷，总产量0.12亿公斤。林业：2008造林0.29万公顷，经济林0.67万顷。畜牧业：2008牛出栏3678头，猪出栏23267头，羊出栏33910只。肉类总产量3258吨，蛋类总产量3383吨，牛奶总产量1154吨。

工业　2008年，全县规模以上工业企业完成总产值42亿元，比上年增长36.7％。其中国有企业完成6亿元；集体企业完成6.35亿元；股份企业完成23.2亿元，其他企业完成6.61亿元。完成利税65928.8万元，实现利润26381.3万元。规模以上企业36个，职工8752人。

建设环保　2008年完成固定资产投资14亿元，比上年增长49％。重点建设项目有33个。全县资质以上建筑企业1家，完成建筑业总产值100万元。全年房屋施工面积25084万平方米。全年环境保护总投资14039万元。

交通邮电　2008年全县公路通车总里程1089.918公里，其中县乡公路511.571公里。年货运量216万吨，客运量200万人/次；客货运输总车辆621辆，客运线路51条。邮电：全年完成邮政业务总量998万。全县市话交换机总容量达0.75万门，减少2.67％，农话交换机总容量达2.1968万门，减少1.49％。本地电话用户2.4701万户，减少7.41％，其中，市话用户0.59万户；乡村电话用话1.8798万户，减少9.71％。年末全县移动公司电话用户发展到9847户，新增用户1315户。

商业旅游　2008年全县社会消费品零售总额4.2亿元，比上年增长12％。旅游业2008年接待国内客人71.32万人次，年收入632.62万元。

科技教育　2008年全县推广18项科技成果。有科技人员3786人。有普通高中1所，高级职业学校1所，中等专业学校1所，初中22所，小学220所，幼儿园24所，在校学生分别为2620人、1949人、300人、8676人、17745人、1909人。其中义务教育学段在校学生2.8万人。教职工1909人。适龄儿童入学率99.9％，高中入学率55.45％。

文体卫生　2008年，全县有文化馆、博物馆、剧团、剧院，体育活动场所98处，老干部活动室1处。有医院24家，床位302张，医生528人。

社会生活　2008年城镇待业982人，全年最低生活保障金发放人数7811人，比上年增加243％。全县有0.9万职工参加失业保险，有1.6万职工参加基本医疗保险。2008年居民存款余额17.8亿元。全年支出救济金20万元。城镇居民人均可支配收入9236元。农民人均收入2669元。（魏春洲）

【年内大事纪要】 1月1日，山西省委常委、组织部长任泽民在武乡县光荣院看望老八路军、老党员、老复员军人。

1月15日，武乡县蟠洪工业循环经济园区由省内煤炭、水利水电、化工、冶金等方面的12名知名专家对此规划进行论证。

1月16日，中共武乡县第十三届委员会第二次全体（扩大）会议在县城召开。县委书记、县长周涛向大会作了题为《把握新机遇、迎接新挑战，奋力开创武乡老区科学发展新局面》的工作报告，会议提出了“一三三”战略引领老区科学发展，“五大创建”全力构建和谐武乡的奋斗目标。

2月23日，彭德怀侄女原中国人民解放军总政治部纪检部部长、中共军委纪委副书记彭钢少将，为革命老区武乡县捐赠彭德怀总司令抗战时期在武乡用过的毛毯，参观了八路军太行纪念馆和八路军总部王家峪旧址、砖壁旧址。

3月11日—12日，省委常委、省纪委书记金道铭就党风廉政建设在武乡调研。

3月27日，山西省光彩事业“两区行”活动在八路军太行纪念馆举行帮扶捐赠仪式，省委常委、统战部部长李政文作重要讲话。

4月13日，中共中央书记处书记、中共纪委副书记何勇在武乡参观了八路军总部王家峪旧址和八路军太行纪念馆，并给王家峪村老八路代表赠送了慰问金。

4月26日，太行大酒店暨南泊湾商务大厦在县城浊漳河南岸奠基开工，酒店占地面积10.26万平方米，总建筑面积4.25万平方米，预计总投资4.2亿元。

5月13日，武乡县蟠洪循环经济工业园实施方案在太原通过专家组鉴定。该园区围绕“煤－焦－冶－建”和“煤－电－冶－建”两条生态产业链，合理安排煤炭、焦化、电力、冶金、建材项目，以金属镁和镁基合金系列产品为龙头，以稀土合金为辅助，做大做强镁基合金生产规模，园区从2008年到2015年分两期建设，预计投资约71.88亿元。

5月19日，14时28分，老区武乡县四套班子领导和县直机关干部职工以及县城群众在县城广城举行仪式，沉痛悼念“5·12”四川汶川地震遇难同胞。

5月22日，中共武乡县委书记，县长周涛在县宾馆四楼会议室带头交纳“特殊党费”10000元，用来支援四川抗震救灾，由此在全县迅速掀起“万众一心，众志成城，奉献爱心，合力抗震”的高潮，老区广大党员交纳“特殊党费”6531323元。

5月27日，新太行出租汽车公司在县城正式营运，首批购置投放30辆富康三厢环保型轿车，出租车起价4元/2公里。

6月1日，由县招聘领导组，严格按照国家招考工作人员的有关规定，通过报批、报名笔试、面试、政审、考察等严密程序，公开招聘的91名事业单位工作人员被充实到全县农村教育、卫生监督、合作医疗和农业技术服务岗位。

6月18日，武乡县职业中学43名学生赴北京参加“献爱心、护奥运”暑假勤工俭学活动，为期两个月，任务是协助警察做好奥运期间北京各大社区及机关、企事业单位和奥运场馆的安全保卫工作。

6月21日，中共长治市委任命闫新平同志担任中共武乡县委委员、常委、副书记，并提名为武乡县人民政府副县长人选。

6月21日，省委常委、副省长李小鹏在武乡调研。

6月24日，政协武乡县第七届第二次会议在县城举行。

6月25日，武乡县第十三届人民代表大会第二次会议在县城举行。

6月，武乡中学高考取得历史最好成绩，达线205人，王维超以621分摘取长治市文科状元桂冠。

8月12日，以中央维护稳定办公室调研室主任夏诚华为组长的中央信访工作督导组莅临武乡督导。

8月19日，省委常委、统战部部长李政文在武乡就非公有制企业参与“四大攻坚”情况进行视察指导。

8月30日，长治市慈善总会武乡分会成立。

9月25日，原解放军通讯指挥学院副院长季卜枚教授应邀在武乡县作了题为《强化忧患意识是国防后备力量建设的重要思想基础》的国防教育讲座。

10月18日，2008年中国乒乓球俱乐部超级联赛女子组赛事在武乡县体育馆举行。

11月，武乡县2008年参加新农村合作医疗人员达到10646人，参合率达到80%。

11月12日，中国扶贫开发协会副会长、北京六合兴济困助学中心董事长薄熙成前往武乡一中为200名品学兼优的贫困学生每人发放助学金2000元。

11月30日，中共山西省委副书记、代省长王君，省委常委，副省长李小鹏在武乡调研。

12月23日，武乡县农民专业合作社现场会在蟠龙镇召开。（魏春洲）

中共县委书记	周　涛
县人大常委会主任	袁俊山
县　长	周　涛
县政协主席	王建华

黎城县

【简述】 自然条件　全县总面积1101平方公里。2008年辖4个乡5个镇5个居委会，250个行政村。耕地1.92万公顷。矿藏22种。主要河流6条，其中浊漳河最大，境内全长39.6公里。旅游景点10个。年平均气温10.9℃，年降水量436.6毫米。

人口　2008年末全县总人口16.1967万人。男性人口8.3776万人，女性人口7.8191万人，男女性别比（女=100）为107.14。全年人口出生率10.66‰，上升0.05个千分点，死亡率7.34‰，上升2.15个千分点；人口自然增长率3.32‰，人口密度每平方公里147人。少数民族9个，共31人。

经济概况　2008年，全县实现生产总值18.9亿元，比上年增长3.9%。全年全县财政收入3.5亿元，比上年增长25%，增收0.7亿元；支出3.9亿元，比上年增长34.4%，增支1.0亿元。各项贷款余额7.3亿元。

农业　2008年全县农业总产值3.39亿元，比上年增长1.44%。农作物总面积2.01万公顷。粮食作物面积1.76万公顷，比上年降低3.10%；粮食总产量71651吨，比上年增长12.19%，平均亩产272公斤。经济作物面积2536公顷。蔬菜瓜类总产量15458吨。果园面积577公顷，总产量6850吨。林业：2008年造林1667公顷，下降36.30%。经济林1400公顷，增长130.42%。畜牧业：2008年牛出栏2050头，猪出栏32480头，羊出栏23836只。肉类总产量3189吨，蛋类总产量1607吨，牛奶总产量592吨。

工业　2008年，全县规模以上工业企业完成总产值26.6亿元，比上年增长2.4%，其中集体企业完成1.9亿元，增长49.1%；股份企业完成24.3亿元，减少0.7%，外资及港澳台企业完成0.3亿元，增长101.2%。完成利税26286.8万元，实现利润16224.7万元。规模以上企业11个，职工0.7万人。

建设环保　2008年完成基本建设投资6.854亿元，比上年增长2.4%。重点建设项目有9个。全县资质以上建筑企业1家，完成建筑业总产值0.5亿元，比上年增长9.86%。全年房屋施工面积8.26万平方米，比上年增加4.45万平方米。全年环境保护总投资1449万元，比上年增长8.5%，占同期全县生产总值的0.8%。

交通邮电　2008年全县公路通车总里程990公里，其中县乡公路361公里。年货运量312万吨，客运量132万人次；客运周转量5251万人公里，货运周转量2927万吨公里。客运线路18条。邮电：邮电业务总量0.19亿元，其中，邮政业务总量0.10亿元，增长11.4%；电信业务总量0.09亿元，下降1%；全县市话交换机总容量达0.8万门，下降0.8%，农话交换机总容量达1.5万门，下降0.8%。本地电话用户1.9万户，下降10%，其中，市话用户0.5万户，下降0.6%；乡村电话用户1.4万户，下降12%。年末全县移动电话用户发展到4.3万户，新增用户0.9万户，增长26.5%。

商业旅游　2008年全县社会消费品零售总额5.7亿元，比上年增长18.3%。市场面积58万平方米。商业从业人员1.3万人，完成销售收入8.6亿元。旅游业2008年接待国内客人39.25万人次，年收入679.58万元，下降424.36万元。

外经外贸　2008年全县进出口总额突破900万美元，协议利用外资额2.58亿美元，批准外商投资企业6个。派出国外考察6人，接待外商126人次。

科技教育　2008年全县获2项科技成果。有科技人员0.3万人。普通高中1所，高级职业学校1所，中等专业学校2所，初中13所，小学157所，幼儿园24所，在校学生分别为2636人、814人、230人、7603人、14590人、5094人，特殊教育学校1所，55人，民办高中1所，370人，民办幼儿园3所。其中义务教育学段在校学生22193人。教职工1582名。适龄儿童入学率100%，高中入学率70%。

文体卫生　2008年，全县有文化馆、博物馆、图书馆、剧团、剧院、体育活动场所共8处。儿童乐园3处，老干部活动室2处12室。有医院19家，床位413张，其中：县医院120张，中医院75张，妇幼保健院20张，乡镇卫生院198张；卫生技术人员891人，其中：执业医师169人，执业助理医师74人，注册护士105人，药剂师57人，检验人员49人，其他437人。

社会生活　2008年城镇最低生活保障金发放人数3144人，562万元，比上年增加2%。农村最低生活保障金发放人数5286人，323.5万元。全县有8931名职工参加失业保险，有11323职工参加基本医疗保险；全县有114725人参加合作医疗，参合率91.82%；企业养老保险参保人数4665名，机关养老保险参保人数1690名。2008年全县各项储蓄存款余额17.74亿元。实现社会商业保费收入1238万元，赔款支出719万元。城镇居民人均可支配收入8375元，增长17.1%。农民人均收入3978元，增长3%。全县人均住房面积32平方米。百户拥有电话85部、电视机95台。

（王利芳　杨淑丽）

【年内大事纪要】 1月2日，市政府督查组对本县2007年农村食品安全专项整治工作进行督促检查。

1月5日，下午，省委老干局领导一行10余人莅临本县，就本县老年大学省级示范校创建工作和老干部党建工作进行检查。

同日，本县在北京举办家乡发展座谈会，诚邀黎城籍在京人士和在黎城工作过的人士，共叙乡情、友情，共话发展。

1月8日，上午，省总工会纪检书记王珍一行在市总工会负责人，县委副书记崔彦忠等市、县领导的陪同下深入本县波涛泵业有限公司进行送温暖、献爱心慰问活动。

1月28日，县四套班子领导崔建泰、郜双庆、郭俊芳、路小玲在长治与在长治市工作的黎城籍干部及在黎城工作过的老干部共聚一堂，共话黎城发展，市人大主任王进卯等参加座谈会，县长郜双庆主持会议。

2月2日，县委书记崔建泰到县武警中队，慰问了“爱心助民”的武警好战士申忠广，并号召全县上下向他学习。

同日，组织国土资源、公安等部门联合行动，依法对黎侯镇、洪井乡等5处黑砖窑进行爆破拆除。

2月15日，长治市检察院检察长王建中来黎城调研，就检察院新办公楼的选址建设问题进行了实地考察。

2月22日，在县宾馆召开县委十三届二次全体（扩大）会议暨全县三级干部大会。

同日，日本甘利香辛食品株式会社斋藤贵哉一行3人在副县长郭联宾陪同下深入本县考察尖椒产业。

2月29日，全县召开文化项目推进会，各分包项目单位负责人对塔坡公园、女娲公园、千年文明古城等十个文化项目的进展情况进行了汇报，有关协调单位负责人做了表态发言。

3月10日，省委常委、省纪委书记金道铭在市委副书记、代市长张保、市委常委市纪检委书记曹燎原陪同下，在本县黄崖洞爱国主义教育基地进行调研。

3月14日，县政府召开全县第一次污染源普查工作会议，对全县开展污染源普查工作进行安排部署。

3月17日，中组部研究室柴平伍主任在省委组织部副部长王树林，市委常委、组织部长郭新民陪同下，就人事制度改革来本县调研。

3月26日，召开黎城县监察学会成立暨第一次会员大会，会议选举产生了本县监察学会第一届理事会理事、常务理事、会长，常务副会长及学会秘书长、副秘书长，县纪委副书记、监委主任韩学宾当选为学会第一届会长。同时，创办了《黎城监督时讯》报刊。

3月，黎城县被联合国地名专家组中国分部命名为“千年古县”。

4月2日，省政府护林防火督导组对全县护林防火工作进行督导。

4月3日，在文化广场举行“迎奥运、同享知识、共建和谐黎城”大型读书活动启动仪式。

4月8日，县委宣传部、县文联组织全县乡土作家、文学界名流在停河铺乡召开“尧帝故里”创作笔会，特邀著名艺术家李绍周为大家讲述黎城古老文化。

4月16日，全县2008年城建六大重点工程（东河综合改造工程、综合活动中心、县检察院办案技术楼、县医院综合门诊楼、农村客运中心、北坊小学教学楼）动工。

4月21日，本县顺利通过了中国科协对第三批全国科普示范县创建单位的检查验收，被评为全国科普示范县，同时还被评为山西省新农村致富技术培训“十强县”。

4月28日，中共长治市委副书记、代市长张保对本县部分工业、农业和城镇特色化项目进行了调研，并给予了充分肯定。

5月15日，县粉末冶金有限责任公司开展情系灾区赈灾捐款活动，董事长申金喜个人一次性捐款5万元，企业集体捐款15万元，公司近3000余名干部职工也纷纷捐款，累计达28万元。

5月20日，全县首个“农家书屋”在西仵乡西仵村挂牌启用。书展图书均由国家新闻出版总署提供，内容涉及农业、科技、卫生、文化等各个方面，总计1000余册，价值1万多元。

5月23日，本县广大党员积极交纳“特殊党费”支援灾区抗震救灾。截止7月底，全县各级党员共为灾区交纳特殊党费3530663.6元（含利息）。

5月24日，黎城粉末冶金有限责任公司二次向四川地震灾区献爱心捐款100万元。

6月9日，政协黎城县第七届委员会第二次会议在县宾馆召开。全县各届委员156人参加。

6月10日，黎城县第十四届人民代表大会第二次会议在县宾馆召开，全县各条战线151名人大代表参加会议。

6月14日，本县非物质文化遗产“黎侯虎”、“上党落子”在2006年被列入省级非物质文化遗产的基础上，经过县文化中心的积极申报，于2008年6月14日被国务院列入第二批国家非物质文化遗产。

6月24日，省、市安全生产百日督查专项行动督查组来县检查安全生产工作。

6月29日，省政府治超检查组一行7人深入停河铺超限超载检测站及太行钢厂就全县治理非法车辆超限超载工作进行检查。

6月30日，纪念中国共产党成立87周年暨表彰大会在县宾馆召开。

7月5日，中央文明委来县检查验收黎侯镇创建全国文明乡镇工作。

7月18日，享有中国第一虎美誉的本县民间手工艺品“黎侯虎”被正式确定为北京奥运会民间工艺参展品。奥运期间将在北京地坛公园向中外朋友进行为期15天的展示。

7月23日，三晋治超行大型采访团来本县进行采访，来自人民日报、中央电视台、山西日报等多家主流媒体的30余名记者深入本县部分治超站点对全县的治超工作进行了采访，对全县的治超工作给予了很好的评价。

7月29日，省、市督查组来本县调研奥运安保工作。

8月6日，长治市2008年疾控中心主任会议在本县召开。

8月18日，在县宾馆召开贯彻落实惩防体系《工作规划》暨开展煤炭领域反腐败专项斗争大会。

8月19日，省政协常务副主席李良孝来本县就政协委员队伍建设与管理情况进行调研。

8月21日，原省政协副主席吕日周来本县就全县的旅游开发及重点企业发展进行了调研。

8月30日，长治市委副书记、纪检委书记林玉平来本县对全县奥运安保工作进行调研，并对此工作给予了充分肯定。

9月1日，公安部十二局局长陈平带领督导组来本县调研奥运安保工作。

9月11日，长治市副市长尚宪芳就工业园区建设及矿山尾矿安全生产情况来本县调研，并对园区建设表示肯定。

9月21日，省安全督导组一行6人深入本县就非煤矿企业安全生产工作进行检查指导、并给予了充分肯定。

9月27日，韩国客商宋昌诛一行三人就职业高中生产基地合作事项来黎城实地考察，并签订合作协议。

10月2日—5日，“中国红石公园，太行风景道”大型摄影对抗赛在本县举行。共有来自北京、太原、长治三地的30多位摄影家参加了对抗赛，在最终参赛的几百幅精美彩照中，摄影家畅扬的《好人名山游》获得一等奖。

10月15日，马来西亚客商，廖兄弟制铝有限公司董事长廖忠华与县政府在县宾馆三楼会议室举行镁制品项目签约仪式，县领导崔建泰、郜双庆、郭强、李雪冰出席签约仪式。

10月16日，县政府组织部分单位负责人、乡镇书记、人大代表、政协委员在政府三楼会议室召开学习科学发展观座谈会。

10月24日，国家财政部经建司投资处副处长夏喜全、省财政厅经建处处长孟临娥来本县调研，并对本县的发展提出了意见和建议。

11月4日，省、市专家一行深入本县就污水处理厂工程进行达标验收，并顺利通过验收。

11月5日，国务院安全生产督查组、省安监局副局长刘晋英、市安监局副局长方晋斌在县委常委、常务副县长孙彩虹的陪同下，到黄崖洞接受爱国主义教育。

11月10日，县委书记崔建泰、县长郜双庆等县四套班子领导带领相关单位负责人和部分老干部观摩了本县重点项目和新农村建设。

11月12日，前国家主席刘少奇、老一辈无产阶级革命家薄一波的秘书李进夫妇深入本县调研，并到本县民俗文化村霞庄等村实地参观。

11月13日，省煤焦领域反腐败专项斗争检查组来本县调研。

11月14日，在宾馆召开第八届村民委员会换届选举工作会议，安排部署村委会换届选举工作。

11月26日，长治市基层调解工作“双十佳”报告团来本县作巡回报告。本县程家山乡调委会主任陈海瑞作为“十佳”之一在会上发言。

12月5日，县粮食局举行粮食流通管理稽查大队挂牌仪式。

12月8日，下午，长治市森林防火工作现场会在本县宾馆召开。

12月13日，上午，在宾馆召开机关干部包村动员大会，安排部署县直机关副科干部深入农村协调做好护林防火等农村重点工作。

12月20日，长治市委副书记、纪委书记林玉平深入本县太行钢铁有限公司、中科聚合铝有限公司、飞鹤三泰生物科技有限公司、橡塑磁粉有限公司等企业调研。

12月23日，举行上党战役指挥部纪念馆开馆仪式，省文物局文博馆管理处处长高小明，县委常委、宣传部长刘永清，县人大副主任崔喜龙，副县长张华兴，县政协副主席杨江贤等出席会议。

12月25日，县文联邀请部分文学界老前辈召开纪念改革开放30周年座谈会。

12月31日，在县委党校召开纪念改革开放30周年座谈会。（王利芳　杨淑丽）

中共县委书记　崔建泰

县人大常委会主任　郭俊芳

县　长　郜双庆

县政协主席　路小玲

平顺县

【简述】　自然条件　全县总面积1550平方公里。2008年辖7个乡5个镇262个行政村。土地面积15.5万公顷，耕地1.26万公顷。矿藏15种。主要河流5条，其中浊漳最大，境内全长53公里。旅游景点6个。年平均气温9.1℃，年降水量500.6毫米。

人口　2008年末全县总人口16.67万人，5.23万户。男性人口8.56万人，女性人口8.1万人，男女性别比（女=100）为105.67。全年人口出生率10.29‰，下降0.2个千分点，死亡率6.77‰，下降1.67个千分点；自然增长率3.52‰，比上年下降1.87个千分点。人口密度每平方公里107.53人。少数民族9个，共28人。

经济概况　2008年，全县实现生产总值10.61亿元，比上年增长10.1%。全年全县财政收入2.39亿元，比上年增长58.09%，增收0.88亿元；支出3.62亿元，比上年增长24.18%，增支0.71亿元。各项贷款余额5.29亿元。

农业　2008年全县农业总产值3.34亿元，比上年下降3.47%。农作物总面积1.2万公顷。粮食作物面积1.004万公顷，比上年下降2.69%，粮食总产量0.43亿公斤，比上年增长9.4%，平均亩产285.52公斤。蔬菜瓜类总产量0.433亿公斤。果园面积0.05万公顷，总产量0.04亿公斤。林业：2008年造林0.41万公顷，增长128%。畜牧业：2008年牛出栏0.09万头，猪出栏3.05万头，羊出栏1.09万只。肉类总产量0.28万吨，蛋类总产量0.15万吨。

工业　2008年，全县规模以上工业企业完成总产值15.29亿元，比上年增长86.7%，其中国有企业完成0.47亿元，下降16%；集体企业完成0.62亿元，增长0.16%；股份企业完成1.55亿元，下降13%，其他经济类型企业完成4.25亿元，增长51.8%。完成利税1.44亿元，实现利润0.67亿元。规模以上企业32个，职工4600人。

建设环保　2008年完成基本建设投资630万元，比上年下降97.49%。重点建设项目有68个。全县资质以上建筑企业1家，完成建筑业总产值0.12亿元，比上年下降50.00%。全年房屋施工面积0.58万平方米，比上年增加0.08万平方米。全年环境保护总投资1208万元，比上年增长34.82%，占同期全县生产总值的1.14%。

交通邮电　2008年全县公路通车总里程1234.01公里，其中县乡公路523.61公里。年货运量119.7万吨，客运量137万人；客货运输总车辆9461辆，客运线路36条。邮政业务总量0.07亿元，增长16.67%。全县市话交换机总容量达2.04万门，减少7.69%。本地电话用户1.9万户，减少7.32%，其中，市话用户0.59万户，增长47.50%；乡村电话用户1.31万户，减少7.09%。年末全县移动电话用户发展到3万户，新增用户0.27万户，增长9.89%。

商业旅游　2008年全县社会消费品零售总额3.13亿元，比上年增长27%。居民消费总水平增长3%。旅游业2008年接待国内客人50.6万人次，年收入5000万元。

科技教育　2008年全县获4项科技成果。有科技人员3200人。有普通高中1所，高级职业学校1所，初中13所，小学155所，幼儿园12所，在校学生分别为2697人、728人、8049人、10759人、2029人。其中义务教育学段在校学生7.89万人。教职工763名。适龄儿童入学率100%，高中入学率47.5%。

文体卫生　2008年，全县有文化馆、博物馆、图书馆、剧团、剧院、体育活动场所共14处。儿童乐园处，老干部活动室1处。有医院14家，床位405张，医生872人。

社会生活　2008年全年最低生活保障金发放人数2875人，比上年增加3.0%。全县有4365名职工参加失业保险，有0.75万名职工参加基本医疗保险。2008年居民存款余额10.37亿元。全年支出救济金586万元，比上年增加376万元。城镇居民人均可支配收入8969.14元。农民人均收入2591元。全县人均住房面积19平方米。百户拥有电话100部、电视机110台。（史翠英　郭华玲　杨乃霞）

【年内大事纪要】　1月1日，平县县委、县政府机关报《今日平顺》正式创刊，这不仅是17万平顺人民政治、经济、文化生活中的一件大喜事，更是平顺县新闻事业健康发展、日趋繁荣的一个重要标志。

4月14日，下午，中共中央书记处书记、中央纪委副书记何勇莅临平顺县视察指导，并专程到西沟亲切看望全国著名劳模、一至十一届全国人大代表申纪兰。

5月　5月12日，四川汶川8.0级特大地震发生后，13日，正在参加全县"两会"的人大代表、政协委员，纷纷为灾区捐款捐物，带着老区人民的一片深情厚意，第一批捐款在第一时间汇向灾区，向灾区献上一份爱心。5月22日，全县献爱心活动推向高潮，全县干部群众举行抗震救灾"特殊党费"缴纳仪式和"献爱心"捐助活动，参加人数达到1000余人，抗震救灾"特殊党费"缴纳人数达到7833人。据统计，全县干部群众共为汶川灾区捐款1172万元。

6月19日，在长治市召开的全省林业现场会上，平顺被山西省人民政府评为"全省造林绿化先进县"。

7月16日，中共山西省纪委检查委员会、中共山西省委组织部、中共山西省委宣传部作出《关于向王海潮同志学习活动的决定》。王海潮同志1961年4月出生于平顺县不兰岩乡西井山村，1995年2月加入中国共产党，1995的1月至今先后担任村委主任、党支部书记；历任平顺县第十二届党代表、第十二、十三届人大代表，曾多次被县委、县政府授予"优秀共产党员"、"标兵党支部书记"、"优秀村干部"、"新农村建设标兵"等荣誉称号，在他的带领，2007年西井山村党支部被县委表彰为"红旗党支部"。3月19日，王海潮在带领群众绿化荒山劳动中，不幸以身殉职。

8月8日，北京奥运会盛大开幕，受到了世界各地、社会各界的广泛关注。中宣部、中央文明办邀请全国53名道德模范和254名全国道德模范提名奖获得者观看北京奥运会、残奥会开、闭幕式盛况。平顺县申纪兰和龙晓霞被邀请观看北京奥运会开幕式。

9月21日，第二届全国新闻记者漂流邀请赛在太行水乡漂流景区开幕。

9月29日—10月5日，全县共举办群众文化成果展示12场，参与村庄达110多个，参演节目348个，参与人数近3000人。

10月，市政府公布了由长治市非物质文化遗产保护项目专家组评审委员会确定的第一批市级非物质文化遗产名录。平顺县的苗庄平腔、上党戏剧脸谱、四景车入选。此三项非物质文化遗产形成了于明清时期，兴盛于清中期。是平顺县最具民间特色的艺术形式。

12月4日，平顺县创建省级园林城工作顺利通过省专家检查组检查验收，达到省级园林城标准。

12月22日，历时40余天，全县顺利选举产生了新一届村民委员会。这次选举组织严密、程序严格、依法推进、民主理性、风清气正，新一居村委主任结构趋向年轻化、知识化、合理化。选举率100%，选举成功率100%，选举出的村委班子成员中，大专以上文化程度的65人，平均年龄44岁，大学生村官当选59名，切实彰显民主权利，依法选举产生了使组织放心，让群众满意的新一代村民委员会班子，夯实了基层党组织基础。

12月26日，在由国际旅游营销协会与联合国非政府组织世界和谐基金会、中国国际旅游网共同承办的“2008博鳌国际旅游论坛”上，平顺县被评为“中国最具影响力旅游名县”，县委书记陈鹏飞被授予“中国旅游发展突出贡献人物”奖。

同日，国家爱卫会正式命名平顺县为“国家级卫生县城”。

（史翠英　郭华玲　杨乃霞）

中共县委书记 陈鹏飞
县人大常委会主任 苏和平
县　长 唐立浩
县政协主席 杨显斌

壶关县

【简述】 自然条件　全县总面积1013平方公里。2008年辖7个乡，5个镇，2个办事处，390个行政村。主要河流5条，其中郊沟河最大，境内全长49公里。旅游景点44个。年平均气温10.6，年降水量500.1毫米。

人口　2008年末全县总人口29.6万人，9.1万户。男性人口14.81万人，女性人口14.79万人，男女别比（女=100）为100.13。全年人口出生率10.45‰，死亡率6.34‰；人口自然增长率4.11‰，比上年降低1.29个千分点。人口密度每平方公里284人。

经济概况　2008年全县实现生产总值25.8亿元，比上年增长0.2%。全年全县财政收入4.5亿元，比上年增长28.4%，各项贷款余额14.1亿元。

农业　2008年全县农业总产值3.5亿元，比上年增长22.18%。农作物总面积1.687万公顷。粮食作物面积1.621万公顷，比上年下降0.55%，粮食总产量84960吨，比上年增长0.05%；蔬菜瓜类总产量10692吨，果园面积2116公顷，总产量4421吨。2008年造林260.13公顷，退耕还林333.17公顷。2008年牛出栏551头，猪出栏87625头，羊出栏11862只。肉类总产量7542吨，蛋类总产量3251吨，牛奶总产量756吨。

工业　2008年，全县规模以上工业企业完成总产值50亿元，比上年增长4.57%。其中，集体企业完成7073万元；股份企业完成534.5万元。完成利税3057.4万元，实现利润5837.5万元。规模以上企业12个，职工9467人。

建设环保　2008年完成固定资产投资7.39亿元，比上年下降42.6%。完成建筑业总产值1200万元，比上年增长37.9%；全年房屋施工面积1.2万平方米，比上年增加2410平方米。全县共建成垃圾集中处理点680个，50%以上的村建起了垃圾填埋场，配备村级保洁员1774人，硬化街巷200余公里，安装路灯2000余盏，农村面貌得到改观。

交通邮电　交通运输基础设施有所改善。2008年全县公路通车总里程1023公里。县乡公路和农村公路建设取得新进展，完成了晋五、树掌南山、方流三条路改造任务。新修村村通水泥路45个村270公里。邮电通讯业保持平稳发展。全县电信业务总量完成1370万元，同比下降4.5%；邮政业务总量完成1064.73万元，同比增长25.8%。

商业旅游　2008年全县社会消费品零售总额7.46亿元，比上年增长23.3%。分城乡看，县级实现零售总额完5.27亿元，同比增长18.2%；县以下消费品零售总额完成2.18亿元，同比增长37.7%。分行业看，批发零售贸易业完成6.79亿元，同比增长23.6%；零售业完成6.51亿元，同比增长24.6%；住宿和餐饮业完成0.67亿元，同比增长20.4%。居民消费总水平上升4.8%。旅游产业加快发展。太行山大峡谷旅游循环公路完成立项等前期准备工作。国家地质公园博物馆续建工程，主体展馆已完工。配套完善了青龙峡、红豆峡、八泉峡、十八盘等景区的基础设施建设。桥上旅游小城镇建设初具规模。全年总接待游客58.2万人次，实现门票收入873万元，旅游社会总收入达到1亿元，有效地带动了全县第三产业发展。

科技教育　科技创新能力增强。全年申请专利12项，申报各级各类项目21项，立项18项。获市级奖3项，市级以上奖3项。

教育事业发展加快。县职教中心二期建设，桥上乡鹅屋乡寄宿制小学建设以及15所农村中小学校新改扩建等教育重点工程进展顺利。对实验中学、阳光小学、晋庄中学和东井岭中学进行了改扩建。全面推开“普九”化债工作，有效解决了基层学校的债务压力。

文体卫生　大力实施“文化低保”工程，新建乡镇综合文化站1所，村级文化活动室50个，积极推进调高频广播“村村通”工程，全县开通调频广播的行政村达到250个。新发展有线用户4548户，进一步丰富了乡村群众的文化生活。

卫生事业循序加强。完善配套了7所被列入国债建设的乡镇卫生院后续配套工程，并完成了60个村级卫生所的申报立项工作；加大了对农村卫生技术人员的培训力度，培训人员达到500余人次；加强卫生监督管理，对培训合格的2219名从业人员核发了健康培训合格证，发证率达到95%。

体育事业快速发展。积极推动体育事业发展，建设村级体育场所235个。

社会生活　社会保障体系稳步推进。认真落实再就业扶持政策，城镇新增就业岗位2000余个。积极扩大农村新型合作医疗覆盖面，加强劳动保障监察执法，督促用人单位与劳动者签订劳动合同4413份，进一步加强劳动保障体系建设，强化社保扩面征缴和清欠力度，全县企业养老、失业、医疗、工伤、生育、农保和机关事业单位养老保险等社会保障体系逐步完善，两个确保得到较好落实。

社会福利事业持续发展。逐步完善城市低保、农村低保、大病医疗救助、特困群众和灾民生活救助、贫困家庭子女上学资助等制度。共发放城市低保金571万元，农村低保金645万元，五保户供养金327万元，城市低保对象达到3305人，农村低保对象及五保户对象的低保率和五保率有所提高，逐步在实现动态管理下的应保尽保。

2008年居民存款余额22.85亿元，城镇居民人均可支配收入9156.83元。农民人均收入2296.8元。390个行政村电话普及率达到100%，每百人拥有电话15.29部。

（县志办）

【壶关县获“国家园林县城”称号】 10月28日在北京举行的全国城市园林绿化工作座谈会上，壶关县被中华人民共和国住房和城乡建设部正式授牌为“国家园林城”，成为山西省惟一获此殊荣的县。这也是壶关县继“国家卫生县城”、“国家级生态示范区”、“山西省园林县城”、“山西省文明县城”等荣誉之后，获得的又一项殊荣。

壶关县进行经济建设的同时，坚持把园林县城创建工作与优化发展环境、树立对外形象、培育县域软实力结合起来，通过拓城扩街，倾力建设，精细管护，三管齐下狠抓园林县城创建工作，着力打造长治市区“后花园”，先后投资4000万元，新建了龙丽河水上公园；投资1800余万元，在黄金地段建成了集绿地、娱乐、休闲为一体的绿苑广场；投资500余万元，建设了绕城带状公园。同时，全面实施绿化工程建设，新增绿地景点10处，新增绿地面积1.2公顷。全县涌现出了92个园林化单位，23个园林化庭院（居住小区），县城绿化覆盖率达42.69%，绿地率达到36.5%，人均公共绿地面积达到22.48平方米。（县志办）

【大峡谷旅游循环路正式立项】 2008年，太行山大峡谷旅游循环公路南线工程，完成了线路勘探、规划、选线、立项、环评、图纸设计评审等各项前期准备工作，为2009年开工建设奠定了良好的基础。该工程起点位于省道川荫线上的桥上乡丁家岩村，终点树掌镇树掌村接省道长平线，全长67公里，总投资近4亿元，占用土地3112.62亩，拆迁房屋5620平方米。标准为三级（局部四级）公路，路基宽度不低于7.5米，建设工期三年，这条旅游循环路建成后，将彻底改善大峡谷旅游道路不畅的问题，进一步促进旅游业的发展，将为壶关县经济发展增添新的活力。（县志办）

中共县委书记 关小平
县人大常委会主任 张占雄

县　长　马朝中
县政协主席　李彦忠

长子县

【简述】 自然条件　长子县位于山西省东南部，上党盆地西侧，北纬35°50′～36°16′，东径112°29′～113°。东望太行山与长治市郊区、长治县搭界，西枕太岳山与沁水县、安泽县为邻，南接高平市，北毗屯留县。东距长治市21公里，北离省城太原市258公里。

长子县属于暖温带大陆性气候，2008年平均气温10.1℃，最低气温－19℃（12月22日），最高气温34.6℃（6月25日）。年总降水量392.6毫米，无霜期为181天。

长子县总面积1029平方公里，东西长约65公里，南北宽约37.5公里，海拔在734米～1646米，地势西高东低，西、南部为山区，中部为丘陵地带，东、北部为平川。山区面积为260.8平方公里，占总面积的25.3%；丘陵面积为316.3平方公里，占总面积的30.2%；平川面积459.9平方公里，占总面积44.5%。2008年辖5个乡7个镇两个办事处399个行政村，全县土地面积约5.4万公顷，耕地面积4.1万公顷。域内主要矿藏12种。主要河流6条，其中浊漳河最大，境内全长42公里。旅游景点10个。

人口　2008年末全县总人口35.01万人，9.15万户。男性17.85万人，女性17.16万人，男女性别比（女=100）为104：100。全年出生4666人，人口出生率13.54‰，同比下降近0.4个千分点；死亡2209人，死亡率6.34‰，同比上升近2.4个千分点；人口自然增长率4‰，同比下降了1.5个千分点。人口密度每平方公里341人。少数民族6个，共259人。

经济概况　2008年全县实现生产总值30.26亿元，同比增长14.5%。人均GDP8583元，同比增长13.90%。全县财政收入7.02亿元，同比增长58.50%，增收2.59亿元。其中国税收入44529万元，同比增长97.72%；地税收入18000万元，同比增长25.14%；一般预算收入23241万元，同比增长41.53%。支出6.09亿元，同比增长30.43%，增支1.42亿元。各项贷款余额16.69亿元。

农业　2008年全县农业总产值12.75亿元，同比增长6.78%。农作物总面积3.63万公顷。粮食作物面积3.01万公顷，同比减少0.13%。粮食总产量2.32亿公斤，同比减少0.04%，平均亩产420公斤。经济作物面积7800公顷。蔬菜瓜类总产量3.21亿公斤。果园面积1000公顷，总产量0.04亿公斤。2008年，全县烤烟种植面积593.63公顷，烟叶收购量达2.18万担，烟农人均收入达4500元。林业：2008年，全县共栽植各类乔灌木100余种333.56万株，新增绿化面积1387.36公顷，完成太行山绿化工程733.7公顷，退耕还林、荒山造林333.5公顷，交通沿线、荒山绿化工程133.4公顷，完成新育苗120.06公顷，完成容器育苗10万袋。畜牧业：2008年牛存栏0.28万头、出栏0.16万头，猪存栏7.81万头、出栏13.84万头，羊存栏4.96万只、出栏2.94万只，家禽存栏303.78万只、出栏187.28万只。肉类总产量1.42万吨，蛋类总产量2.10万吨，牛奶总产量0.03万吨。2008年全县共投资9000多万元，规划建设了各类标准化养殖小区58个，其中10万只规模标准化养鸡小区12个，新（扩）建万头规模标准化养猪场3个，扩建千头养猪场10个，新建千头养猪场8个，500头养牛场2个，500只养羊场3个，万只标准化养兔场2个。农用化肥施用量（折纯）1.76万吨，地膜使用量631吨，农业机械总动力13.9万千瓦，配套农机具达到2091台（件）。全年农村用电量5511万千瓦时。农用柴油使用量1622吨，农药使用量297吨。

工业　2008年，全县工业总产值完成22.4亿元，同比增长54.28%，其中规模以上工业企业增加值实现10.97亿元，同比增长24.1%。规模以上企业29个，职工7100人。全年全县生产原煤758.89万吨，同比增长25.6%；生产化肥14.23万吨，同比增长238.80%。

建设环保　2008年，全县完成社会固定资产投资27.63亿元，同比增长573.2%。其中，农村投资完成1.50亿元。重点项目建设32个，其中新开工项目24个。全县资质以上建筑企业9家，完成建筑业总产值3.20亿元，同比增长24.1%，实现利税290万元，同比增长16%。全年房屋施工面积26.67万平方米，同比增长126.40%。2008年安装路灯3200余盏，完成硬化17万平方米，发展农村沼气1000户。全年环境保护总投资835万元，同比增长234%。

交通邮电　2008年全县公路通车总里程994公里，其中县乡公路588公里。全年全社会货运周转量27213万吨/公里，减少4.6%；客运周转量6409万人公里，增长14.45%；客货运输总车辆1350辆，客运线路25条。全县共征收拖拉机养路费322万元，完成运管费征收200万，客运附加费完成23.2万元。邮电：邮电业务总量18432.7万元，同比增长119.65%。其中邮政业务总量1225万元，同比增长26.81%；电信业务总量17207.7万元，同比增长130.73%。全县固定电话用户4.84万户，移动电话用户达到8.49万户，国际互联网用户达到0.6万户。全县全年用电总量74129万千瓦时，其中，工业用电量68618万千瓦时。

商业旅游　2008年全县社会消费品零售总额7.24亿元，同比增长24.5%。居民消费总水平上升23.9%。市场面积3.20万平方米。商业从业人员1.50万人，完成销售收入7.02亿元。旅游业全年接待国内外客人5.80万人次，年收入15.4万元。

科技教育　2008年全县获2项科技成果。有科技人员4900人。普通高中4所，高级职业学校1所，中等专业学校1所，初中28所，小学146所，幼儿园49所，在校学生分别为9288人、854人、28人、14303人、25284人、7200人。其中义务教育学段在校学生3.95万人。教职工3855名，适龄儿童入学率100%，高中入学率44%。

文体卫生　2008年，全县有文化馆、博物馆、图书馆、剧团、剧院、体育活动场所共35处。儿童乐园13处，老干部活动室7处。有医院26家，床位580张，医生655人。

社会生活　2008年城镇待业350人，全年最低生活保障金发放人数3757人。全县有0.81万职工参加失业保险，有2.07万职工参加基本医疗保险。2008年居民存款余额37.75亿元。新型农村合作医疗参合人数达到293349人，参合率达96%以上；参加农村养老保险人数为11272名。全县享受农村低保对象达到4100户7906人；城市低保2287户4550人。全年支出救济金6万元，同比增加1万元。实现社会商业保费收入5821万元，赔款支出850万元。城镇居民人均可支配收入11662元，同比增长16%。农民人均纯收入5133元，同比增长13.3%。全县人均住房面积27平方米。2008年，全县12个乡镇376个行政村架通了光缆主干网，用户终端814户。每百户拥有电话62部、电视机93台。（王卫星）

【年内大事纪要】 3月23日，山西省省长孟学农一行深入长子县瑞强禽业、惠民科技、生贵大棚等地进行调研。

3月25日，国家电网公司党组书记、总经理刘振亚莅临长子县，就1000千伏特高压变电站建设情况进行视察指导。

4月19日，全国畜牧总站站长谷继承、中国动物卫生与流行病学中心首席专家黄保绪一行，深入长子县就动物疫病防控工作进行调研。

5月27日，下午，山西省人大常委会副主任郭海亮带领全省各地市人大农工委主任一行100余人莅临长子县，就农业产业化和造林绿化工作深入北高庙水上生态公园、陶禹坛、双龙鸭厂、惠民科技园区和生贵大棚园区等地进行观摩学习。

5月31日，山西省政协原副主席、省改革创新研究会会长吕日周莅临长子县，先后深入城东绿地广场、水上公园、赵庄煤矿、石哲镇房头村灵湫庙等地进行视察。

6月12日，山西卫视《黄土地》栏目组就长子县石哲镇权家庄村权建武、高根兰夫妇收养弃婴小党花的感人事迹进行了为期一天的专题拍摄。

8月13日，中央信访督查组组长夏诚华一

行在中共长治市委统战部、长治市信访局等领导的陪同下，就2008年奥运期间的安全稳定工作莅临长子县进行督导检查。

8月27日，河北省唐山市市长陈国鹰带领唐山市各县区委书记、分管林业县长、市直单位各局局长共110余人莅临长子县，就长子县造林绿化工作进行观摩学习。

9月2日，山西省政协原副主席阎爱英、长治市政协主席王云亭等一行莅临长子县，就农业产业化和城市建设工作进行了视察。

9月7日，山西省原副省长薛军一行莅临长子县，在市政协副主席、市政府秘书长秦跃晋等市县领导陪同下，深入南陈乡树化石公园进行考察。

10月29日，省委书记、省人大常委会主任张宝顺在长治市委书记杜善学、市长张保、副市长尚宪芳等陪同下，莅临长子县就和谐发展工作进行了专题调研。

11月11日，上午，长子县城集中供热一期工程竣工剪彩仪式举行。

11月29日，长治市提前两年完成饮水安全任务暨长子县岚源集中供水工程完工剪彩仪式在长子县鲍家河水库库区举行。

（王卫星）

中共县委书记 张　圣
县人大常委会主任 花俊富
县　长 冯俊义
县政协主席 杨旭根

屯留县

【简述】 自然条件　全县总面积1142平方公里。2008年辖4个乡，7个镇，3个管委会295个行政村。土地面积11.9092万公顷，耕地4.6016万公顷。矿藏8种。主要河流3条，其中绛河最大，境内全长81.2公里。旅游景点8个。年平均气温10.4℃，年降水量364.9毫米。

人口　2008年末全县总人口261042人。男性人口136555人，女性人口124487人，男女性别比（女=100）为109.7：100。全年人口出生率10.84‰，下降0.67个千分点，死亡率6.03‰，上升0.04个千分点；自然增长率4.81‰，比上年下降0.71个千分点。人口密度每平方公里228人。少数民族16个，共72人。

经济概况　2008年全县实现生产总值48.61亿元，比上年增长14.2%。全年全县财政收入9.62亿元，比上年增长55%，增收3.42亿元。各项贷款余额8.62亿元。

农业　2008年全县农业总产值7.39亿元，比上年增长1.5%。农作物总面积37726公顷。粮食作物面积35551公顷，比上年增长0.16%，粮食总产量243022吨，比上年增长0.25%，平均亩产457公斤。蔬菜瓜类总产量105405吨。果园面积891公顷，总产量4030吨。林业：2008年造林0.32万公顷，增长14.2%。经济林0.053万公顷，增长10%。畜牧业：2008年牛出栏4957头，猪出栏13万头，羊出栏2.7万只。肉类总产量1.1410万吨，蛋类总产量3487吨，牛奶产量2449吨。

工业　2008年，全县规模以上工业企业完成工业总产值73.81亿元，比上年增长43.4%，其中国有企业完成17.62亿元，增长167.09%，集体企业完成2.025亿元，增长16.85%；股份合作企业完成48.76亿元，增长20.41%；其他经济类型企业完成5.18亿元，增长112.7%；完成利税99948.4万元，实现利润54278.9万元。规模以上企业35个。

建设环保　2008年完成基本建设投资29亿元，比上年增长202.3%。重点建设项目有6个。全县资质以上建筑企业2家。

交通邮电　2008年全县公路通车总里程663.628公里，其中县乡公路338.124公里。年货运量196万吨，客运量119万人次，客运线路9条。邮电：邮电业务总量7860万元，其中，邮政业务总量860万元，增长13%；电信业务总量7000万元。全县市话交换机总容量达8628门，减少0.13%。农话交换机总容量达31528门，减少0.014%。本地电话用户32936户，减少4.7%，其中，市话用户6639户，减少5.5%；乡村电话用户26297户，减少4.6%。年末全县移动用户电话发展到108725户，新增用户11278户，增长39%。

商业　2008年全县社会消费品零售总额7.2亿元，比上年增长24.8%。

外经外贸　2008年全县进出口总额突破100.2万美元。

科技教育　2008年全县获11项科技成果。普通高中1所，高级职业学校1所，初中13所，小学220所，幼儿园67所。在校学生分别为6300人、630人、15555人、22000人、6700人。其中义务教育学段在校学生37555人。教职工2400名。适龄儿童入学率100%，高中入学率76%。

文体卫生　2008年，全县有文化馆、博物馆、图书馆、剧团、剧院、体育活动场所共274处。儿童乐园12处，老干部活动室26处。有医院20家，床位577张，医生515人。

社会生活　2008年，全年最低生活保障金发放人数3952人，全县有6343名职工参加失业保险，有10556名职工参加基本医疗保险。全年支出救济金1563.2万元。城镇居民人均可支配收入11097元。农民人均收入5505元，全县人均住房面积41.67平方米。百户拥有电话72.5部，电视机116台。

（胡志荣　李筱琴　王满英）

【创建新型工业化格局】 2008年屯留县共铺开工业新型化项目24个，总投资340.28亿元，完成投资57.66亿元，已有谷氏食品、胖妞豆品、同利彩印、郭庄200万吨喷吹煤和1.1亿块研石砖厂等一批短平快项目相继投产，新增产值33亿元，新增税金3亿元。国家重点项目煤基合成油12月开始出油；祥瑞二期75万吨焦化如期点火；潞安1200万吨特大型煤矿、鑫宇化工二期10万吨电石、潞安30万吨大颗粒尿素、金泽5万吨葡萄糖、兴旺二期75万吨焦化和30万吨精苯加工等一批大项目也相继投产，形成了十大优势产业、100个骨干项目、五大经济板块、六大循环产业链条的新型工业化格局，促进了经济转型，优化了产业结构，实现了由单一重型结构向新型多元体系转变、由资源依赖型向创新驱动型转变。

（胡志荣　李筱琴　王满英）

中共县委书记 王辅刚
县人大常委会主任 王国志
县　长 孙刘琳（女）
县政协主席 倪建中

沁源县

【简述】 自然条件　全县总面积2554平方公里。2008年辖9个乡5个镇254个行政村。土地面积2.2484万公顷，耕地1500公顷。主要河流8条，其中沁河最大，境内全长328公里。旅游景点4个。年平均气温8.9℃，年降水量512.6毫米。

人口　2008年末全县总人16.1328万人，5.0542万户。男性人口8.49万人，女性人口7.6428万人，男女性别比（女=100）为111.08。全年人口出生率11.5‰，下降0.09个千分点，死亡率6.44‰，上升1.72个千分点；自然增长率5.06‰，比上年下降0.51个千分点。人口密度每平方公里63.2人。少数民族9个，共72人。

经济概况　2008年全县实现生产总值51.6079亿元，比上年增长18.9%，全年全县财政收入14.8594亿元，比上年增长63%，增收5.74亿元；一般预算支出7.6629亿元，比上年增长32%，增支1.8361亿元。各项贷款余额11.8908亿元。

农业　2008年全县农业总产值2.5482亿元，比上年增长10.9%。农作物总面积1.6679万公顷。粮食作物面积1.4897万公顷，比上年增长3.3%；粮食总产量0.66125亿公斤，比上年增长1.6%，平均亩产611公斤。经济作物面积0.105万公顷。蔬菜瓜类总产量0.064亿公斤。果园面积0.0038万公顷，总产量0.0062亿公斤。林业：2008年造林0.12万公顷，增长0.2%，经济林0.0067万公顷，增长1.5%。畜牧业：2008年牛出栏0.1893万头，猪出栏1.2382万头，羊出栏5.1654万只。肉类总产量0.2119万吨，蛋类总产量0.1284万吨，牛奶总产量0.0172万吨。

工业　2008年，全县规模以上工业企业完成总产值92.09亿元，比上年增长91.53%，其中，集体企业完成1.38亿元，增长70.37%；股份有限公司完成70.4亿元，增长163.08%；其他经济类型企业完成20.31亿元，增长88%。完成利税222478.6万元，实现利润15184万元。规模以上企业21个，职工1.63万人。

建设环保　2008年完成基本建设投资13.54亿元，比上年增长30.3%。重点建设项目有7个。全县资质以上建筑企业1家，完成建筑业总产值12.2亿元，比上年增长65%，实现利税11020万元，比上年增长17%。全年房屋施工面积127万平方米，比上年增加126万平方米。全年环境保护总投资3774万元，比上年增长46.5%，占同期全县生产总值的1.03%。

交通邮电　2008年全县公路通车总里程851公里，其中县乡公路611公里。年货运量1098万吨，客运量264万人，客货运输总车辆15826辆，客运线路20条。邮电：邮电业务总量0.35亿元，增长22%。其中，邮政业务总量0.15亿元，增长18%；电信业务总量0.2亿元，增长19%。全县市话机总容量达1.04万门，减少5.4%，农话交换机总容量达2.35万门，减少3.9%。本地电话用户2.84万户，减少6.4%，其中，市话用户0.87万户，减少7%；乡村电话用户1.97万户，减少6.1%。年末全县移动电话用户发展到8.4万户，新增用户0.9万户，增长1.6%。

商业旅游　2008年全县社会消费品零售总额8.2亿元，比上年增长22%。居民消费总水平下降8.2%。市场面积80000平方米。商业从业人员1.2万人，完成销售收入16亿元。旅游业2008年接待国内客人20万人次，国际客人21人，年收入100万元。

科技教育　2008年全县获2项科技成果。有科技人员1.15万人。普通高中1所，高级职业学校1所，初中15所，小学105所，幼儿园256所，在校学生分别为2654人、682人、8625人、12375人、4086人。其中义务教育学段在校学生2.1万人。教职工2188名。适龄儿童入学率100%，高中入学率75%。

文体卫生　2008年，全县有文化馆、博物馆、图书馆、剧团、剧院、体育活动场所共6处。儿童乐园4处，老干部活动室3处。有医院15家，床位216张，医生67人。

社会生活　2008年全年最低生活保障金发放人数3954人，比上年增加3%。全县有7420职工参加失业保险，有1.3万职工参加基本医疗保险。2008年居民存款余额13.5亿元。全年支出救济金628万元，比上年增加7万元。实现社会商业保费收入2500万元，赔款支出1000万元。城镇居民人均可支配收入13552元。农民人均收入4836元。全县人均住房面积26平方米。百户拥有电话92部、电视机90台。

（郭天红）

中共县委书记	王玉圣
县人大常委会主任	赵海军
县　长	杨红旗
县政协主席	杜天云

沁　县

【简述】　自然条件　全县总面积1297平方公里。2008年辖7乡6镇6个社区306个行政村。土地面积13万公顷，耕地3.4万公顷。矿藏1种。主要河流12条，其中漳河最大，境内全长38.9公里。旅游景点6个。年平均气温9.3℃，年降水量716.5毫米。

人口　2008年末全县总人口17.23万人，5.55万户。男性人口9.10万人，女性人口8.13万人，男女性别比（女＝100）为1.11：1。全年人口出生率7.49‰，上升0.67个千分点，死亡率5.71‰，下降0.05个千分点；自然增长率1.78‰，比上年提高0.72个千分点。人口密度每平方公里133人。少数民族5个，共108人。

经济概况　2008年全县实现生产总值8.22亿元，比上年增长4.2%。全年全县财政收入1.02亿元，比上年增长25.7%，增收0.21亿元；支出3.77亿元，比上年增长22.2%，增支0.6833亿元。各项贷款余额7.86亿元。

农业　2008年全县农业总产值4.02亿元，比上年增长3.5%.农作物总面积2.52万公顷。粮食作物面积2.43万公顷，粮食总产量1.32亿公斤，比上年增长0.7%，平均亩产360公斤。经济作物面积0.09万公顷。蔬菜瓜类总产量0.18亿公斤。经济作物面积0.09万公顷。蔬菜瓜类总产量0.18亿公斤。果园面积0.0519万公顷，总产量0.0668亿公斤。林业：2008年造林0.25万公顷；经济林0.333万公顷，增长2.5%。畜牧业：2008年牛出栏2.15万头，猪出栏1.44万头，羊出栏3.03万只。肉类总产量0.39万吨，蛋类总产量0.12万吨，牛奶总产量0.033万吨。

工业　2008年，全县规模以上工业企业完成总产值0.35亿元，比上年减少13.6%，股份企业完成1.34亿元，减少13.6%，规模以上企业5个，职工1100人。

建设环保　2008年完成基本建设投资8.1亿元，比上年增长105.93%。重点建设项目建设有52个。全县资质以上建筑企业1家，完成建筑业总产值1352万元，比上年增长11%，实现利税79.6万元，比上年增长7%。全年房屋施工面积1.75万平方米，比上年增加0.25万平方米。全年环境保护总投资510万元，比上年增长35%。

交通邮电　2008年全县公路通车总里程1006.7公里，其中县乡公路417公里。年货运量135.6万吨，客运量150万人，客货运输总车辆67辆，客运线路18条。邮电：邮电业务总量0.20亿元，增长10%。其中，邮政业务总量0.056亿元，增长0.7%。全县市话交换机总容量达2.9万门，下降0.7%，农话交换机总容量达1.97万门，下降1%。本地电话用户2.8万户，下降2.6%，其中，市话用户1.2万户，下降3.5%；乡村电话用户1.7万户，下降1.9%。年末全县移动电话用户发展到3.2万户，新增用户1.5万户。

商业旅游　2008年全县社会消费品零售总额4.14亿元，比上年增长31.7%。市场面积28万平方米。商业从业人员1.8万人，完成销售收入4.9亿元。旅游业2008年接待国内客人1.6万人次，国际客人8000人，年收入70万元。

科技教育　2008年全县获5项科技成果。有科技人员2500人。普通高中3所，高级职业学校1所，中等专业学校2所，初中13所，小学136所，幼儿园35所，在校学生分别为4070人、650人、200人、10201人、14929人、3800人。其中义务教育学段在校学生25130人。教职工2146名。适龄儿童入学率100%，高中入学率46.6%。

文体卫生　2008年，全县有文化馆、博物馆、图书馆、剧团、剧院、体育活动场所共16处。儿童乐园2处，老干部活动室3处。有医院16家，床位361张，医生117人。

社会生活　2008年城镇待业350人，全年最低生活保障金发放人数3676人，比上年增加4%。全县有0.51万职工参加失业保险，有0.79万职工参加基本医疗保险。2008年居民存款余额12.17亿元。全年支出救济金138万元。实现社会商业保费收入4009.5万元，赔款支出2133万元。城镇居民人均可支配收入7149元。农民人均收入2648元。全县人均住房面积23平方米。百户拥有电话95部、电视机96台。

（申文水　郝爱平）

【沁县公路改造工程漳石线、南寺线、故古线三线同时开工】　2008年4月23日上午，沁县2008年60项重点工程之一的公路改造分别在漳源、南仁、故县镇奠基。

漳石线起点为漳源镇交口村，终点接郭村镇石板上村，全长15.3公里，采用三级公路设计标准，路基宽度为7.5米，路面宽6.5米，预计项目总投资897万元，于本年十月底全面竣工。南寺线起点为故县镇南仁村，终点接册村镇寺庄，全长13.1公里。采用四级公路设计标准，路基宽度4.5米，路面宽4米，预计投资645.6万元，于本年10月1日全面竣工。故古线起点为故县镇，终点接栋村三线古城，全长7.8公里，路基宽为4.5米，路面宽4米，预计投资645.6万元，本年10月1日竣工。

（申文水　郝爱平）

中共县委书记	田志明
县人大常委会主任	杜汉如
县　长	裴少飞
县政协主席	王元英

晋城市

【概述】 综合 初步核算，2008年全市生产总值527.5亿元，比上年增长10.1%。分产业看，第一产业增加值20.0亿元，增长3.0%；第二产业增加值337.6亿元，增长8.7%；第三产业增加值169.9亿元，增长13.7%。第一产业增加值占全市生产总值的比重为3.8%，第二产业增加值比重为64.0%，第三产业增加值比重为32.2%。人均生产总值23679元，增长9.7%，按2008年平均汇率计算达到3401美元。

居民消费价格比上年上涨6.5%，其中食品价格上涨15.5%。商品零售价格上涨6.3%。工业品出厂价格上涨21.6%，其中生产资料价格上涨21.7%，生活资料价格上涨20.5%。原材料、燃料、动力购进价格上涨30.8%。

2007—2008年晋城市居民消费价格指数表

指标	2008年	2007年
居民消费价格总指数	106.5	104.2
食品	115.5	112.2
烟酒及用品	100.3	104.2
衣着	101.2	97.4
家庭设备用品及维修服务	102.1	100.9
医疗保健及个人用品	103.6	101.9
交通和通信	98.3	98.8
娱乐教育文化用品及服务	101.1	99.9
居住	107.6	103.1

2008年末全市从业人员123.6万人，比上年增加4.8万人。其中城镇从业人员40.3万人，农村从业人员83.3万人。年末城镇单位从业人员25.8万人，城镇新增就业岗位39986个，城镇登记失业率为2.5%。

2008年全市财政总收入113.2亿元，比上年增长17.2%。一般预算收入41.9亿元，增长22.9%，其中，增值税、营业税、资源税、企业所得税和个人所得税五大税种共计完成税收25.8亿元，占到税收收入的80.0%。

一般预算支出执行63.2亿元，比上年增长16.9%。其中农林水事务支出增长33.4%，教育支出增长22.1%，环境保护支出增长50.7%，科学技术支出增长25.4%，医疗卫生支出增长38.0%，文化体育与传媒支出增长47.8%。

农业 2008年，粮食种植面积20.395万公顷，比上年增加1860公顷；棉花种植面积450公顷，增加20公顷；油料种植面积4310公顷，减少560公顷；药材种植面积1180公顷，减少130公顷；蔬菜种植面积5540公顷，减少200公顷；果园面积3610公顷，减少240公顷。

2008年，粮食产量86.45万吨，比上年增加8.34万吨，增产10.7%；其中，夏粮产量24.20万吨，增产28.6%；秋粮产量62.26万吨，增产5.0%。

全年棉花产量406吨，比上年增加34吨，增产9.1%；油料产量7058吨，比上年减少756吨，减产9.7%；药材产量4945吨，比上年增加550吨，增产12.5%。

全年蔬菜产量26.58万吨，比上年减少1.07万吨，减产3.9%；全年水果产量5.54万吨，比上年减少0.17万吨，减产3.0%。

全年肉类总产量6.98万吨，比上年增长23.6%。其中，猪肉产量6.08万吨，增长21.0%；牛肉产量0.20万吨，增长15.5%；羊肉产量0.33万吨，增长23.0%。

全年奶类总产量5165吨，比上年增长1.4%；禽蛋总产量39234吨，增长32.4%；蚕茧总产量5272吨，增长9.3%。

全年水产品产量1178吨，下降12.9%。

全年木材产量5003立方米，下降52.9%。

工业和建筑业 2008年全部工业增加值311.3亿元，比上年增长9.3%。规模以上工业增加值292.3亿元，增长14.3%；其中国有控股企业增长11.3%，集体企业增长34.2%，股份制企业增长12.3%，外商及港澳台商投资企业增长16.4%；其他经济类型增长63.1%。分轻重工业看，轻工业下降8.5%，重工业增长14.6%。

2008年晋城市规模以上工业主要产品产量及其增长速度表

产品名称	单位	产量	比上年增长%
原煤	万吨	7444	10.3
洗煤	万吨	1831	10.8
焦炭	万吨	80	14.8
生铁	万吨	87	−2.8
粗钢	万吨	57	−12.4
钢材	万吨	42	−18.7
化肥	万吨	191	22.4
发电量	亿千瓦小时	194	33.8

全年规模以上工业企业累计实现销售收入685.0亿元，比上年增长44.9%；实现利税162.5亿元，比上年增长74.7%；实现利润110.9亿元，比上年增长95.5%。

2008年晋城市规模以上工业企业实现利润及其增长速度表

产品名称	单位	产量	比上年增长%
规模以上工业	万元	1108641	95.5
#国有控股企业	万元	620425	66.8
#集体企业	万元	81203	392.6
股份制企业	万元	774487	108.0
外商及港澳台投资企业	万元	171615	21.8
#私营企业	万元	219381	75.8

全年全社会建筑业实现增加值25.5亿元，比上年增长3.1%。具有资质等级的总承包和专业承包建筑业企业亏损4757万元，其中国有及国有控股企业亏损1.38亿元；上缴税金1031万元，增长71.8%，其中国有及国有控股企业上缴税金574万元，增长6.5%。

固定资产投资 2008年全社会固定资产投资267.5亿元，比上年增长24.2%。分城乡看，城镇以上投资239.3亿元，增长20.7%；农村投资28.3亿元，增长63.2%。

在全社会投资中，第一产业投资4.3亿元，比上年下降26.1%；第二产业投资173.8亿元，增长24.9%；第三产业投资89.5亿元，增长26.8%。

全年房地产开发投资14.8亿元，比上年增长82.3%。其中商品住宅投资11.2亿元，增长71.2%。

2008年晋城市房地产开发和销售主要指标完成情况表

指标	单位	绝对数	比上年增长%
房地产开发投资	万元	148040	82.3
#商品住宅投资	万元	112218	71.2
商品房竣工面积	平方米	261808	−3.4
商品房销售额	万元	107515	82.0
#期房销售额	万元	96020	125.6

国内贸易 2008年社会消费品零售总额150.1亿元，比上年增长24.5%。分地域看，城市消费品零售额102.3亿元，增长24.6%；县及县以下消费品零售额47.8亿元，增长24.3%。分行业看，批发和零售业零售额115.4亿元，增长21.1%；住宿和餐饮业零售额23.8亿元，增长33.5%；其他行业零售额10.9亿元，增长46.5%。

在限额以上批发和零售业零售额中，化妆品类零售额比上年增长201.1%，食品、饮料、烟酒类增长180.8%，金银珠宝类增长99.9%，服装鞋帽、针、纺织类增长81.8%，日用品类增长73.6%，汽车类增长62.1%，石油及制品类增长13.8%，家用电器和音像器材类增长12.5%，文化办公用品类下降53.8%，通讯器材类下降75.8%，家具类下降89.1%。

对外经济　2008年海关进出口总额20731万美元，比上年增长32.7%。其中，出口12872万美元，增长59.7%；进口7859万美元，增长4.0%。进出口差额（出口减进口）5013万美元，比上年增加4512万美元。

2008年，全市外来直接投资额52.6亿元，比上年下降12.7%。全年新批外商直接投资企业5家。外商直接投资合同额12881万美元，比上年增长17.7%；实际使用外商直接投资金额30498万美元，比上年下降5.5%。

2008年晋城市对主要国家和地区海关进出口额及其增长速度表

单位：万美元、%

指　标	进出口	比上年增　长	出口	比上年增　长	进口	比上年增　长
美国	2513	－41.5	1812	－34.5	701	－54.3
日本	1748	－20.9	747	2.2	1001	－32.3
中国台湾	2195	10.4	612	160.8	1584	－9.8
澳大利亚	611	－54.6	45	26.2	566	－56.8
香港	3303	169.2	2932	231.1	371	8.6
韩国	1207	40.8	1072	26.4	135	1470.8
意大利	1111	402.7	178	27.2	934	1049.6
德国	514	155.7	191	15.6	323	806.6
印度	223	71.8	92	765.2	133	10.3
比利时	307	139.8	307	2681.1		
英国	204	140.0	133	83.4	71	486.9
俄罗斯	32	－55.7	32	－55.7		
泰国	7	－88.5			7	－88.5
荷兰	912	8247.2	122	2546.5	790	12423.2

交通邮电　2008年交通运输、仓储和邮政业增加值39.3亿元，比上年增长12.0%。

2008年末全市民用汽车保有量达到14.3万辆（包括三轮汽车和低速货车），比上年末增长13.3%，其中私人汽车保有量10.6万辆，增长14.8%。民用轿车保有量5.3万辆，增长24.2%，其中私人轿车4.3万辆，增长28.1%。

全年全市完成邮电业务总量26.2亿元，比上年增长6.5%。其中，邮政业务总量1.8亿元，电信业务总量24.4亿元。局用交换机总容量达到31.2万门。固定电话用户年末达到53.02万户。其中，城市电话用户26.57万户，农村电话用户26.45万户。移动电话用户年末达到99.34万户。年末全市每百人电话（固定＋移动）拥有数达68.39部。全市因特网用户数达11.73万户。其中，宽带接入户达到11.72万户，增长19.7%。

旅游　2008年全市接待入境旅游者3.8万人次，比上年增长20.2%；接待国内旅游者776.9万人次，增长16.5%。实现旅游总收入56.7亿元，增长19.2%，其中，旅游外汇收入899.6万美元，增长13.5%；国内旅游收入56.1亿元，增长19.9%。

金融保险　2008年年末全市金融机构本外币各项存款余额959.7亿元，比年初增加238.4亿元，增长33.1%。其中，人民币各项存款余额958.0亿元，比年初增加238.4亿元，增长33.1%。各项贷款余额376.8亿元，比年初增加53.9亿元，增长16.1%。其中，人民币各项贷款余额376.8亿元，比年初增加54.1亿元，增长16.2%；全年累计现金收入1282.1亿元，累计现金支出1273.5亿元，货币净回笼8.6亿元，比上年少回笼6.1亿元。

2008年全市保费收入19.6亿元，比上年增长50.7%。其中，财产险保费收入5.1亿元，增长27.3%；人身险保费收入14.6亿元，增长61.1%。全年支付各类赔款及给付5.8亿元，增长50.8%。其中，人身险给付支出3.5亿元，增长62.2%；财产险赔款支出2.3亿元，增长36.6%。

截至2008年底，全市共有证券营业部3家，从业人员50人。年末客户开户数50049户，年末客户累计存入资金15.93亿元，比年初下降26.5%；全年营业收入7369万元，营业支出2549万元。

教育　2008年末全市共有各级各类学校1339所，比上年减少225所。在各类学校中，有高等学校2所，中专2所，普通中学173所，职业中学21所，小学1131所，聋哑学校4所，教师进修学校6所。年末全市共有幼儿园526所，在园人数49505人。年末全市共有各级各类在校学生人数39.6万人，比上年末减少5520人；全年各级各类学校招生数9.5万人，比上年增加1365人；毕业生数9.96万人，比上年增加6801人；年末全市教职工人数3.72万人，比上年末增加371人。

科技　全市科技三项经费支出6897.5万元，比上年增长32.0%。全年组织实施各类科技项目99项（其中国家级2项，省级25项，市级72项）。在国家级项目中，列入国家级火炬计划1项，星火计划1项；在省级项目中，列入省级火炬计划8项，科技发展计划2项，星火计划4项，农业攻关3项，成果推广8项。全年共受理各项专利申请224件，比上年增长55.6%。每10万人专利申请10.3件。

文化　2008年末全市共有艺术表演团体12个，本年上演剧目55个，其中，新创作首演剧目4个；演出场次2713场，演出收入657.1万元；全市共有艺术表演场馆5个，群众艺术馆、文化馆7个，公共图书馆6个，总藏量25.97万册。博物馆4个。广播电台1座，电视台2座。广播综合覆盖人口214.33万人，广播综合人口覆盖率96.4%，电视人口综合覆盖率达98.0%。全市广播电视传输网络干线总长21074公里。全市共有调频转播发射台6座12.4千瓦，电视转播发射台6座24.97千瓦。

卫生　2008年末全市共有卫生机构（含诊所）1947个，其中医院、卫生院182个，妇幼保健院（所、站）7个，专科疾病防治院（所、站）4个。医院和卫生院床位7870张，每千人拥有病床3.28张。卫生技术人员14338人，其中执业医师和执业助理医师6242人，注册护士3309人。疾病预防控制中心（防疫站）7个，卫生技术人员166人；卫生监督所7个，卫生技术人员98人；乡镇卫生院116个，床位2515张，卫生技术人员2746人。全市共有6个县（市、区）开展了新型农村合作医疗试点工作，新农村合作医疗覆盖率达到100%。

体育　2008年全市共举办各级各类运动会169次，参加运动会运动员人数62596人。运动员在省级以上重大比赛中获金、银、铜牌分别为32枚、52枚、6枚。全民健身活动更加形式多样，据不完全统计，全年全市体育锻炼标准达标人数达33.85万人，其中优秀级7800人。本年批准的等级运动员34人，批准的等级裁判员97人。

人口、人民生活　2008年末全市常住总人口为223.23万人。全年出生人口22672人，出生率为10.18‰；死亡人口13714人，死亡率为6.16‰；自然增长率为4.02‰。男女人口性别比为101.39。

2008年城镇居民人均可支配收入14146元，比上年增长14.0%；人均消费性支出9223元，增长20.8%。农村居民人均纯收入4856元，比上年增长9.5%；人均生活消费支出3383元，增长13.4%。城镇占调查总户数20%的低收入家庭人均可支配收入5957元，增长10.5%；农村占人口20%的低收入者收入2535元，增长10.4%。城镇居民家庭恩格尔系数（即居民家庭食品消费支出占家庭消费支出的比重）为29.53%，农村居民家庭恩格尔系数为38.07%。截至2008年末，全市农村贫困人口为5.8万人，减少2.1万人。城镇单位在岗职工平均工资30999元，增长17.5%。

社会保障　2008年末全市城镇基本社会保障覆盖率达89.87%，比上年提高4.57个百分点。其中：养老保险覆盖率达89.69%，比上年提高0.28个百分点；医疗保险覆盖率达90.78%，比上年提高10.04个百分点；失业保险覆盖率达89.15%，比上年提高6.61个百分点。

2008年共有33193个城镇居民得到政府最低生活保障，比上年增加1274人，保障户数15048户，比上年增加581户；有63920个农村居民得到政府最低生活保障，比上年增加7533人。

2008年末全市各类收养性社会福利单位46个，比上年增加2个，床位1589张，收养各类人员1140人。享受定期抚恤人数2359人，比上年减少69人；享受定期补助人数7434人，比上年减少1364人。伤残人数3691人，比上年减少111人。优待优抚对象户数3965户，优待总金额506.7万元。年末全市共有各类社会福利企业50个，比上年减少5个，共安置382个残疾人就业。全年直接接收捐赠款7481.5万元，捐赠衣被1.6万件，受益人数203167人。

资源、环境和安全生产

2008年末耕地保有量为192229.4万公顷，与上年持平。完成造林合格面积8137.4公顷，完成年度计划的100.5%。

全市共有国家、省级自然保护区4个，自然保护区面积127.71万公顷；年末全市有生态示范区2个，生态示范区面积达4430公顷。

年末城市污水处理率达到94.97%；城市生活垃圾无害化处理率达到94.07%；集中供热普及率达到79.0%，提高13个百分点；建成区绿化覆盖率达到45.8%。全年市区环境空气质量Ⅱ级以上天数达到347天，比上年增加27天。

全年生产安全事故死亡251人。煤矿百万吨死亡人数为0.5人。全年共发生道路交通事故780起，造成224人死亡、899人受伤，直接财产损失212.49万元。

注：1. 本公报中数据均为初步统计数。

2. 部分数据因四舍五入的原因，存在着与分项合计不等的情况。

3. 地区生产总值、各产业增加值绝对数按现价计算，增长速度按不变价计算。

4. 万元地区生产总值能源消耗、化学需氧量排放总量、二氧化硫排放总量将由进一步核实后于近期公布。 （秦海轩 周晋霞）

【年内大事纪要】 1月4日，在全国双拥工作领导组、民政部、解放军总政治部召开的表彰大会上，晋城市荣膺全国双拥模范城。

4月3日，晋城市从北京捧回“全国绿化模范城市”大奖，是山西省首家获此殊荣的地级市，填补了山西省无国家级绿化模范城市的空白。

6月，根据农业部门测产统计和汇总，2008年全市夏粮生产迎来了一个丰收之年，小麦总产达到2.575亿公斤，平均亩产258.5公斤。单产创历史新高。高平市南陈村种植户王文才还创造了单产618.4公斤的全省旱地小麦最高记录。

9月26日，由晋城市委、市政府主办的晋城市城市旅游推介与企业招商引资洽谈会在深圳举行。这次活动是晋城市扩大对外开放、推动科学发展的一项重大举措。来自美国、日本、台湾、香港等地客商以及深圳各大商会的代表600多人出席这次洽谈会，先后有67个项目签约，总投资额201.86亿元，拟引资额141.73亿元。

11月5日，新编修的《晋城市城市总体规划》经市城市规划委员会全体会议审议通过。规划将晋城市定位为山西省东南部重要的门户城市，服务于能源、煤化工基地和旅游的区域中心城市，具有太行山地特色的现代宜居城市。市域由原先“一城三区”更改为“两区四片”的空间布局，各片区之间以快速交通相联系、以生态绿地相隔离，逐步形成环绕白马寺山的“六位一体、联动发展”的城市空间格局。这个规划经省政府批准后，将成为未来我市城市建设、发展的法定依据。

11月27日，市区空气质量优于二级天数达到320天，较去年同期增加22天，提前34天完成全年目标任务。全年市区二级以上天数达到了347天，比上年增加27天。全年的一级好天气达到了76天，比2007年增加了55天。市区空气综合污染指数降到了2.01，同比下降19%，环境空气质量首次达到国家二级标准。

12月10日，张茂才、王茂设等市领导在物茂广场按下通气按钮，3万户市区居民率先用上了清洁、安全、环保、高热值的煤层气。

12月30日，晋城至济源高速公路正式竣工通车。总投资21.7亿元的晋城至济源高速公路晋城段，北起晋城市泽州互通，与长晋高速公路相接，终点位于省界，全长30.049公里。全线桥隧合计18.3公里，占路线总长的61.2%，平均每公里造价7221万元。晋济高速公路的建成通车，标志着二连浩特至广州高速公路在山西境内全线贯通，对完善国家高速公路网，促进沿线及周边地区经济发展具有十分重要的意义。 （秦海轩 周晋霞）

中共市委书记	李雁红※ 张茂才
副书记	王茂设 孟福贵 石正民
市人大常委会主任	马巧珍
副主任	鄢科武 段伟祥 秦红星 张满祥 廖军
市长	王茂设
副市长	郭长青 赵学梅（女） 李章宏 贾联亭 康吉仁※ 王树新
市政协主席	殷理田
副主席	申会 郭一峰 贺贵元 王陆升 金德祥 马德和 陈改玲（女）

城区

【简述】 2008年，全区生产总值完成312784万元，比上年增长7.9%，其中：第一产业增加值完成7602万元，比上年下降1.1%；第二产业增加值完成93116万元，比上年下降4.9%；第三产业增加值完成212066万元，比上年增长14.7%。人均生产总值完成19433元，比上年增长12.52%。财政总收入完成50312万元，比上年增长24.27%，其中：国税收入完成13630万元；地税收入完成34454万元，比上年增长46.42%。一般预算收入完成27636万元，比上年增长32%；全社会固定资产投资完成681031万元，比上年增长82.81%；社会消费品零售总额完成798340万元，比上年增长23.02%；农民人均纯收入达到5506元，比上年增长8.51%；城市居民人均可支配收入达到14146元，比上年增长14.04%。人口自然增长率控制在3.01‰以内；城市空气质量二级以上天数达到347天。

农业　2008年，区内实施发展观光农业、采摘农业和现代农业，以农业科技示范园区和农副产品加工为龙头，以蔬菜种植和多种养殖业为依托的城郊型农业效益得到显著提升。全区农村经济总收入完成223075万元，比上年增长3.09%；农业总产值完成13503万元，比上年增长3.73%；农业增加值完成7834万元，比上年增长6.04%。小麦总产量完成9729吨，比上年增长32.89%；蔬菜总产量达59258吨；生猪存栏达10862头，比上年增长2.82%；新开发香菇、双胞菇大棚40栋，基地规模达119栋，形成了年产720吨、销售额360万元的全市最大食用菌基地。全区粮经比例达到76:24。农民人均纯收入达5506元，同比增长8.51%。

2008年，区委、区政府围绕“四化、四服务”目标，向农村基础设施建设投资4110万元，开展硬化、净化、绿化和亮化工作，组织医疗服务、文化服务、便民服务和财会服务，年内95%以上的行政村主街道得到硬化，使清洁能源使用用户数达到1.04万户，近5000户农民喜迁新居，11个村的农民吃上干净放心水，7个会计服务中心挂牌开展工作，127个农村（社区）实行了财务委托代理，10个高标准新农村全面达标。

工业　2008年，区工业体系受全球金融危机和经济衰退等不利因素影响，新型工业逆势崛起，使工业经济平稳发展。截至2008年底，全区工业总产值完成175665.6万元，比上年增长2.14%；规模以上工业总产值完成48310.8，同比减少0.65%；规模以上工业增加值完成16443.3万元，同比减少0.39%；规模以上工业实现销售收入47273.5万元，实现利税金额4389.6万元，比上年增长20.52%，利润总额378.6万元，比上年增长103.66%。二轻企业实现利税3932万元，比上年增长56.84%；乡镇企业总产值完成834229万元，比上年增长19.8%；乡镇企业增加值完成219156万元，比上年增长19.62%；乡镇企业利税总额达76472万元，比上年增长34.19%。全区投资1.05亿元，完成了六大工业技改项目：东方玻璃制品有限公司煤层气代替燃煤坩埚炉项目、九州玻璃制品有限公司坩埚炉以气代煤综合利用项目、中晋药业有限公司好心情泡腾片项目、新华线缆有限公司35千伏高压交联电缆生产线项目和恒光热电有限公司五期热源新增2×29MW热水锅炉项目和市区北片供热项目。晋城市强民乳业有限公司生产的

"强民牌巴氏杀菌乳"获山西省民牌产品企业和山西省质量信誉AAA级企业；新华线缆、东方玻璃、九州玻璃等六家企业获山西省质量信誉AA级企业。长征水泥厂等12家企业获山西省质量信誉A级企业。

第三产业 2008年，全区第三产业营销总额实现47.29亿元，比上年同期净增4.79亿元；上交税金34570万元，比上年同期净增8970万元，占到税收总额的75%；三产行业拓展到42个领域，三产网点达到1.2万个，从业人员达到5.4万人，农村三产服务网点已达200余个，全区三次产业的比例达到2.2：33.1：64.7。

改革开放 2008年，区委、区政府组织资质企业参加了第三届"中国中部投资贸易博览会"、第二届"煤炭与能源新产业博览会"及"晋城市城市旅游推介与企业招商引资洽谈会"三个大型招商活动，共签约项目17个，合同引资31.29亿元，比上年递增24%。全年外贸进出口总额完成640万美元，实际利用外资2.9亿。民营经济发展强劲，增加值、营业收入增长均超过25%。民营企业总产值完成946054万元，比上年增长25.82%。民营企业增加值完成252880万元，比上年增长25.65%。民营企业营业收入完成748027万元，比上年增长26.51%。

社会保障 2008年，全区各项事业成效显著。全年新增城镇就业岗位1.35万个，下岗失业人员、困难人员实现再就业1015人。各项保险参保人数达到5.6万人，基金支出4576万元，城乡低保保障对象4697户共计1.34万人，累计发放低保金1925万元。8个镇（办）全部建立了卫生服务中心，25个社区和31个农村卫生所完成达标建设。新型合作医疗参保农民达到5.4万人，参保率达93%以上。组织全区干部群众向四川地震灾区捐款共计800多万元。 （周粉香）

【实施十大工程】

2008年，区委、区政府曾投资总额为9.6亿元，组织实施了十大重点工程建设。工程项目包括：前进路南段建设工程、喜临门家居博览中心建设工程、星河学校建设工程、凤鸣中学宿舍楼和塑胶跑道建设工程、凤鸣小学教学楼及配套设施建设工程、造林绿化、白马雕塑和平安钟楼建设工程、以连南路和小朝路为重点的乡村公路建设工程、西河景观建设工程、美特好购物广场建设工程和钟家庄社区综合服务楼建设工程。这十大工程，在区委、区政府的积极努力下，2008年9月23日全部顺利竣工。工程建设益于城区经济发展、城市建设、民生改善等诸多方面，带动区内全年新增营业面积12.5万平方米，新增就业岗位6800余个；新增和改扩建乡村道路35.17公里；新增城市景观面积6.7万平方米，新增城市绿化面积70万平方米，城市绿化覆盖率达到45.8%；新增学校教学面积4.85万平方米，新增学生宿舍面积5000余平方米，新增就学容量6800余人。

（周粉香）

中共区委书记	焦光善
区人大常委会主任	王新喜
区　长	张玉宏
区政协主席	张迎社

高平市

【简述】 2008年，各项工作都取得了新的进展，全市呈现出经济平稳较快发展、社会和谐稳定的良好局面，先后获"全国中小城市综合实力百强"、"全国计划生育优质服务先进市"、"全国科技进步先进市"、"全国粮食生产先进市"和山西省"义务教育标准化建设达标市"、"造林绿化先进市"等荣誉称号。

（一）综合实力继续大幅度提升。2008年，地区生产总值完成120.3亿元，比上年增长12.8%；财政总收入21.6亿元，增长29.1%；一般预算收入5.9亿元，增长24.8%，城镇居民人均可支配收入12556元，增长16%；农民人均现金收入5184元，增长10.6%。县域经济综合竞争力在全国中部百强县中位居第32位，在山西省年度经济社会综合评价考核中位列第3位，连续两年在晋城市综合考评中位居第一。

（二）新农村建设"八大工程"取得阶段性成效。市财政投入"八大工程"的资金达到2.46亿元，比上年净增5000余万元，广大农民群众享受到了越来越多的实惠。全年粮食总产量达2.1亿公斤，生猪出栏120万头。厦普赛尔3万吨果汁饮料技改、雨润集团200万头生猪屠宰加工、佶利迩100万套特色丝麻服饰扩改等项目进展顺利。丹河综合整治、病险水库除险加固、土地复垦等重点工程取得阶段性成效。完成造林1334公顷，绿化乡村公路260公里。市财政投资2000余万元，完成了北固线拓宽改造和釜山片基础设施建设，解决了沿线11个村群众出行难、上学难、就医难、吃水难等问题，为贫困山区的新农村建设创造了良好的条件。

（三）重点技改项目建设进展顺利。按照地下转地上、资源转资本"两个转移"战略的要求，狠抓了一批重点技改项目建设。晋丰煤化"3652"二期、三甲炼焦余热发电二期、丹阳橡胶2亿只安全套生产线等项目建成投产。长平煤业二期、丹峰化工甲醇扩能改造、兴高能源60万吨铸造焦技改等项目稳步实施。特别是针对全球金融危机的不利影响，市政府出台了八项应对措施，市财政拿出2300余万元，用于企业技术创新补助、节能减排奖励和流动资金贷款贴息，为企业度过难关、加快发展注入了"强心剂"。

（四）城市建设力度不断加大。持续开展城市建设管理年活动，组织实施了30余项城市建设重点工程。其中，市体育中心、神农路、北环路、长晋高速公路出口改建等10多项工程全面竣工，广大市民高度关注的丹河市区段综合整治和城市集中供暖、供气等工程启动实施。完成了世纪大道、友谊街和康乐街延伸段的高标准绿化，城市绿化覆盖率达35.6%，人均公共绿地面积达6平方米。

（五）改革开放取得新成果。完成了国有、集体企业的清产核资工作，制定出台了相关配套政策。推行了"级财县管乡用"财政体制改革，调动了乡镇上项目、办企业的积极性。组织有关人员到河南济源、北京大兴等地进行了学习考察，先后与西安交大、山西师大等院校建设了战略合作关系，组团参加了"中博会"、"煤博会"、"晋城深圳洽谈会"等大型招商引资活动，引资总额达15.5亿元。

（六）环境保护和节能降耗工作成效显著。积极开展环保专项行动，取缔"土小企业"50余家，淘汰了一批落后产能。完成了晋丰煤化余热回收、天脊中化电机节能等10个项目的节能改造。发展了环利达、晋丹建材等一批新型墙体材料厂。规模企业增加值能耗同比下降13.25个百分点。完成了城市生活污水处理厂一期工程并投入运转。深入推进"蓝天碧水"工程，市区空气质量二级以上天数达到308天，比上年增加40天。

（七）各项社会事业持续快速发展。启动实施了"科技富民强市行动计划"，建成了科普星火学校。瘦肉型猪标准养殖技术被评为国家级科技推广项目。免除义务教育阶段学杂费3900多万元，7万多名学生享受到了真正意义上的义务教育。高考本科达线人数达764人，5名学生被北大、清华录取。深入开展文明和谐创建活动，5个镇（村、社）被评为省级精神文明建设先进单位。建成了全省一流的体育中心，成功举办了高平市首届"迎奥运、促和谐"全民运动会。扎实开展奥运安保、市乡书记大接访、安全生产等专项活动，被省委、省政府评为"奥运安保工作先进市"。高度重视统战工作，积极引导非公经济人士投身光彩事业，荣获全省统战系统"凝聚力工程奖"。党管武装工作取得明显成效，市人武部被省军区授予全省唯一的"红旗"人武部，被北京军区荣记集体二等功。

（八）年初承诺的十一件实事基本兑现。一是教育投入达2.34亿元，完成了29所农村中小学标准化建设，建成了53所乡村幼儿园，招聘了100名教师充实到教育一线。二是新增城镇就业岗位5700个，对外输出与就地转移农村剩余劳动力2万余人。三是完成了65个甲级卫生所建设，公开招聘了67名医护人员充实到市乡两级医疗机构。全市参加新型农村合作医疗农民38.6万人，参合率95.24%。四是社会养老覆盖面进一步扩大，城乡低保应保尽保，下岗职工基本生活费和离退休人员养老金按时足额发放。启动实施了农村社会养老保险，城镇职工基本医疗保险覆盖面达到81%。五是按照“政府扶持、企业代建“的办法，落实经济适用住房306套和廉租房30套；六是开工建设大型沼气、秸秆气工程7处，累计有1.4万户用上清洁能源。七是残疾人康复中心和特殊教育学校即将开工建设，对2000余名残疾人实施了康复救助。八是建设饮水安全工程38处，解决了57个村、2.65万人的饮水安全问题。九是新建阳光浴室37个，全市阳光浴室总数达到166个。十是继续实施“万村千乡市场工程”，全年新发展农家连锁店51个。十一是建设了8个乡镇综合文化站和100个新农村文化建设示范达标村，在21个重点老区村和建国六十年来没有唱过戏的行政村开展了送戏下乡活动。

（九）党的执政能力和先进性建设不断加强。坚持用马克思主义中国化最新理论成果武装头脑、指导实践，累计培训党员干部3万余人次。按照“换强、换好、换优”的要求，圆满完了支村两委换届选举工作。对21个无阵地和58个办公条件简陋的村级组织活动场所进行了建设改造，实现了村级组织“村村有阵地”的目标。市财政拿出200余万元，对现任农村主干、建国前入党的农村老党员、长期在农村担任正职现已卸任的两委主干实行了定额补助。积极动员各级党组织和党员干部支援抗震救灾，2万余名党员共交纳“特殊党费”458万元，居晋城市第一。按照“群众推荐、党委考察、支部票决、全程公示”的要求，全年发展党员488名。狠抓农村党风廉政建设，农廉工作走在了全省前列，认真落实党风廉政建设责任制，集中查处一批严重违法乱纪案件，全市上下勤政廉政、干事干净的清新之风逐步形成。（文战胜　赵聪珍）

中共市委书记	王树新※　谢克敏
市人大常委会主任	李晚富
市　长	谢克敏
市政协主席	梁沁高

陵川县

【简述】 综合　据初步核算，2008年，全县实现地区生产总值19.6亿元，比上年增长8.3%。其中：第一产业实现增加值2.0亿元，比上年增长2.3%；第二产业实现增加值10.1亿元，比上年增长6.4%；第三产业实现增加值7.5亿元，比上年增长12.4%，三次产业比例由2007年的11.4∶51.5∶37.1调整为10.5∶51.5∶38。全县人均生产总值为7601元，比上年增加了894元，增长了8.4%。

农业　2008年全县粮食作物播种面积达到2.15万公顷，粮食作物和经济作物的比重在上年的93.9∶6.1的基础上，提高到94.3∶5.7。粮食总产量达11.59万吨，比上年增长19.7%。其中：夏粮1251吨，比上年增长20.6%，秋粮114643吨，比上年增长19.6%。

2008年肉类总产量3947吨，比上年增长24.98%；牛奶产量达385吨，比上年增长13.2%；禽蛋产量3065吨，比上年增长31.9%。大牲畜年底存栏3189头，比上年增长2.5%，生猪存栏33393头，比上年增长35.88%；羊存栏55449只，比上年增长30.36%。

2008年完成造林面积1510公顷，比上年下降15.64%。四旁植树89万株，比上年下降14.4%。育苗面积167公顷，与上年持平；水果产量3708吨，比上年下降9.9%。核桃产量达到1153吨，比上年增长43.2%。

2008年全县完成乡镇企业增加值8.04亿元，比上年增长19.3%；总产值25.85亿元，比上年增长19.7%；营业收入20.24亿元，比上年增长19.9%；

工业和建筑业　2008年，全县规模以上工业企业实现增加值3.3亿，按照价格缩减法计算，比上年增长1%；工业销售产值达到8.36亿元，产销率达95.83%；原煤产量173.92万吨，比上年增长53.59%，生铁产量2.42万吨，比上年下降39.6%；氰化钠产量5834吨，比上年下降33.09%；建筑业实现增加值1.72亿元，按可比价计算比上年增长6.6%。

固定资产投资　2008年，全社会固定资产投资达10.47亿元，比上年增长27.7%。投资的主要项目有苏村煤矿60万吨矿井改造、新沙河煤业30万吨矿井改造、天成化工等工业项目以及一中、三中、棋源中学教学楼和城镇集中供热、水利和水网改造项目、陵修公路改造等方面的基建工程。

贸易　2008年，全县社会消费品零售总额达到7.3亿元，比上年增长17.99%。其中：批零贸易业6.16亿元，比上年增长18.9%；住宿餐饮业7323万元，比上年增长10.15%；其他销售额4053万元，比上年增长19.45%。

财政　2008年，全县财政总收入2.31亿元，比上年增长13.3%；一般预算收入0.83亿元，比上年增长14.4%。地方财政支出4.87亿元，比上年增长23.06%。在财政总收入中，国税局收入10999万元，比上年增长19.1%，地税局收入9297万元，比上年增长8.62%。

交通邮电　交通运输邮电通讯业2008年实现增加值11540万元，比上年增长10.8%，邮电通讯业务总量9306万元，比上年增长6.29%其中：邮政业务总量2043万元，比上年增长36.2%，电信业务总量7263万元，比上年下降0.16%；固定电话用户4.89万户，普及率达63.5%；移动电话总数7.62万部，比上年增长23.5%，每百人拥有手机29.83部，比上年增加6部。

旅游　2008年，全县共接待游客41万人，比上年下降25.45%；旅游收入7000万元，比上年下降28.57%。

金融保险　2008年全县金融机构各项存款达359488万元，比上年增长30.74%。城乡居民储蓄存款与各项贷款大幅度增长，其中：城乡居民储蓄存款249019万元，比上年增长22.43%；各项贷款87609万元，比去年下降43.93%。各项保险费收入5015.3万元，比上年增长10.51%；保险理赔支出933.3万元，比上年增长10.3%。

教育　2008年末全县各类学校271所。其中：中学21所，比上年减少5所，小学202所，幼儿园和其他48所。全年高中招生1452人，比上年增长5.68%，高中毕业学生数1095人，比上年增长0.55%；初中招生数3301人，比上年下降13.83%，初中毕业3846人，比上年增长9.48%；职业高中招生409人，比上年增长1.49%，职业高中毕业400人，比上年增长56.86%，职业初中招生38人，比上年减少42.42%，职业初中毕业学生89人，比上年减少35.97%；小学招生2690人，比上年减少12.92%，小学毕业学生3319人，比上年减少15.16；专任教师2557人，比上年增长6.10%。

卫生　2008年，全县医疗卫生机构达356个，比上年增加10个，增长2.81%。卫生技术人员为662人，比上年下增长1.06%；医疗卫生机构病床为502张，比上年增长6.18%。

文化　2008年共组织各种文化活动35次，比上年增加5次；图书馆藏书31200册，文物馆馆藏文物3.2万件，经国家确认的国家级保护单位14处，名列全省第一，全国第二。

人口与人民生活　2008年末全县总人口为254963人，比上年下降0.24%；非农业人口为28630人，比上年增长2.47%。当年出生2741人，出生率为10.47‰，比上年下降2.18个千分点；死亡人口2615人，死亡率为10.24‰，比上年增长1.73个百分点；迁入人口1913人，比上年下降23.48%，迁出人口2513人，比上年下降13.08%；人口自然增长率为0.5‰，比上年下降3.64个千分点。

2008年职工平均工资为17241元，比上年增长8.11%；农民人均纯收入3378元，比上年增长6.79%，城镇居民人均可支配收入8722元，比上年增长13.56%；城乡居民人均储蓄存款9755元，比上年增长22.6%，城镇居民家庭恩格尔系数为40.03；农村居民家庭恩格尔系数为38.8，比上年下降1.09个百分点。

（县志办）

中共县委书记	马四清
县人大常委会主任	李晓玲
县　长	茹栋梅
县政协主席	常振华

阳城县

【简述】 2008年，阳城县辖10镇7乡1个办事处。年末全县耕地保有量36400公顷。年末全县常住总人口415539人，其中男性209835人，女性205704人，男女性别比为102.01（女性=100）。居住在城镇的人口149364人，居住在乡村的人口266175人，城镇人口比重35.94%。人口出生率为9.23‰，人口死亡率6.85‰，人口自然增长率2.38‰。公安部门户籍登记总户数149878户，总人口382667人，非农业人口67378人。

2008年全县实现生产总值101.8亿元，比上年增长13.2%。其中：第一产业实现增加值4.1亿元，对经济增长的贡献率为0.5%；第二产业实现增加值73.5亿元，对经济增长的贡献率为76.2%；第三产业实现增加值24.2亿元，对经济增长的贡献率为23.3%；三次产业比重为3.9∶72.3∶23.8。人均生产总值24529元，比上年增加3997元，按2008年平均汇率（6.8346）计算，达到3589美元。

农业　2008年实现农业增加值4.1亿元，比上年增长10.1%。全县完成农林牧渔业总产值7.6亿元，比上年增长22.1%。其中种植业产值3.5亿元，比上年增长15.5%。全年粮食播种面积41497公顷，比上年增加305公顷，增长0.7%。粮食总产量158947吨，比上年增加17596吨，增长12.5%。其中夏粮51576吨，比上年增加13106吨，增长34.1%；秋粮107371吨，比上年增加4490吨，增长率4.4%。油料总产量1138吨，比上年减少12.3%。蔬菜总产量40845吨，比上年增长11.2%。棉花总产量127吨，比上年增长9.7%。水果总产量4913吨，比上年增长6.0%。

全县林木绿化面积达到49.3%。全年共完成造林面积1580公顷。封山育林面积268公顷，四旁植树106万株，增长24.7%。核桃产量687吨，增长6.0%；花椒产量267吨，增长12.0%；山茱萸产量419吨，增长5.0%。

2008年完成畜牧业总产值3.6亿元，比上年增长29.4%。畜牧业总产值占农业总产值的比重为47.0%，比上年增加2个百分点。年末牛存栏13154头，比上末年增长27.4%；猪存栏100149头，比上年末增长43.9%；羊存栏48518只，比上年末增长36.0%；鸡存栏1642750只，比上年增长13.9%。全年肉类总产量9716吨，比上年增长32.9%。禽蛋产量14195吨，比上年增长34.8%。牛奶产量260吨，比上年减少2.6%，年末全县桑园面积5717公顷，比上年增长1.0%。全年蚕茧总产量3601吨，比上年增长5.5%。

年末全县有效灌溉面积8917公顷。全年化肥施用量（实物量）50757吨，比上年增长1.18%，农用薄膜使用量55吨，比上年减少2.0%。农业机械总动力35.2万千瓦。全年机耕地面积29615公顷。

工业　2008年完成工业增加值69.4亿元，比上年增长16.3%。全年规模以上工业企业实现销售收入1207629万元，比上年增长57.54%；利税总额262550万元，比上年增长32.78%；实现利润148612万元，比上年增长30.07%。工业经济效益综合指数为258.79%，同比提高33.16个百分点。企业总资产贡献率10.91%，同比提高2.77个百分点；资产负债率58.43%，同比下降3.61个百分；资本保值增值率111.66%，同比下降14.16个百分点；流动资产周转率2.49次，上升0.74次；成本费用利润率14.12%，同比下降3.75个百分点；全员劳动生产率220797元/人，同比提高58436元/人；产销率99.37%，提高2.05个百分点。

2008年，生产原煤1232.24万吨，比上年增长15.72%。其中县及县以下原煤产量886.03万吨，比上年增长8.0%。发电量1827973万千瓦时，比上年增长33.22%。生铁产量5.68万吨，比上年减67.4%。水泥产量90.46万吨，比上年增长8.02%。日用陶瓷12886万件，比上年增长5.71%。建筑陶瓷3924万平方米，比上年增长11.51%。铸铁件38603吨，比上年增长12.9%。铵锑炸药8175吨，比上年增长1.1%。全社会用电量229411万千瓦时，其中城乡居民生活供电6195万千瓦时。

全县乡镇企业完成增加值319655万元，比上年增长21%。实现营业收入805020万元，比上年增长15%；实际缴纳税金52401万元，比上年增长41.8%。乡镇企业总产值929096万元，比上年增长10.4%。

全年生产安全事故死亡41人。亿元生产总值生产安全事故死亡率0.42人，比上年下降0.06人。煤矿百万吨死亡人数0.32人。

建筑业　2008年，全社会建筑业完成增加值4.13亿元，比上年减19.7%。房地产开发企业全年建筑施工面积168159万平方米，竣工面积22418平方米。

固定资产投资　2008年社会资产投资总额448717万元，比上年减6.9%。其中城镇投资完成369465万元，农村投资完成68013万元，房地产开发投资完成11239万元。其中：第一产业投资7970万元，比上年减64.8%；第二产业投资250662万元，比上年减21%；第三产业投资190085万元，比上年增长33.8%。

贸易　2008年，批发零售贸易业实现增加值5.19亿元，比上年增长21.1%。住宿和餐饮业实现增加值1.48亿元，比上年增长20.5%。全县社会消费品零售总额166050万元，比上年增长30.1%。按地区划分，县的零额102542万元，比上年增长28.6%；县以下零售额63508万元，比上年增长32.4%。按行业划分，批发、零售贸易业零售额120867万元，比上年增长29.4%；餐饮业零售额25523万元，比上年增长15.8%；其他零售额19960万元，比上年增长60.8%。

交通和邮电　2008年，交通运输、仓储和邮政业实现增加值5.79亿元，比上年增长12.0%。年末全县公路密度94.84公里/百平方公里。全县行政村道路通畅率达到96%，通班车的村达到95%。年末全县公共汽车运营线路109条。境内铁路全长73公里，有货运专线6条，全年完成公路货运量1130万吨，比上年增长73.8%。公路货物周转量29210万吨公里，比上年增长41.1%。公路客运量647万人，比上年增长11.9%。公路旅客周转量19920万人公里，比上年增长38.7%。

2008年，完成邮政业务总量3016万元，比上年增长33.7%。订销报纸1410万份，订销杂志17.66万份，收寄特快专递3.74万件，发送信件12.93万件。

年末全县固定电话用户85573户，移动电话用户18万部。年末全县每百人电话（固定+移动）拥有数为63.9部。计算机互联网用户19100户。

旅游　2008年共接待游客90.1万人次，比上年略有增长，直接门票收入3455万元，比上年增长4.71%，实现旅游总收入16361万元，比上年增长2.03%。

财政　2008年完成财政总收入200199万元，比上年增长15.7%；完成地方财政一般预算收入49795万元，比上年增长22.8%；地方财政一般预算支出84535万元，比上年增长15.0%。财政对科技的支出达到748万元，比上年增长25.29%；对教育的支出达到20333万元，比上年增长23.8%；对农业的支出达到4886万元，比上年增长14.21%。

金融保险　2008年金融保险业实现增加值1.36亿元，比上年增长4.3%。年末全县金融机构各项人民币存款余额971367万元，比年初增加256815万元。其中企业存款余额283953万元，比年初增加77121万元；居民储蓄存款余额554541万元，比年初增加118746万元。金融机构各项贷款余额411214万元，比年初减少10655万元，其中短期贷款余额193771万元，比年初减少26094万元；中长期贷款余额217443万元，比年初增加16441万元。全年金融机构现金收入1660678万元，比上年增长16%；现金支出1779909万元，比上年增长18.7%。收支相抵现金绝对投放119231万元。

全年保费收入22745万元，其中财产保险费收入4989万元，人身险保费收入17756万元。全年支付各类赔款及给付7042万元，其中财产险赔款1973万元，人身险赔款及给付5069万元。

教育　年末全县普通中学30所，在校学

生 26133 人，教职工 2155 人；职业高级中学 5 所，在校学生 3330 人，教职工 200 人；小学校 151 所，在校学生 37671 人，教职工 2397 人；幼儿园 200 所，在园幼儿 9707 人，教职工 672 人；成人中等专业学校 1 所，教职工 14 人；成人技术培训学校 500 所，培训各类专业技术人员 101652 人次。6 至 11 周岁适龄儿童入学率、巩固率保持 100%；小学五年巩固率 99.73%；初中三年保留率 100.41%。中考总均分、优生率和高考达线人数继续保持晋城市同类学校领先地位。高考本科达线 1041 人，比上年增加 41 人。

科技　全年投入科学技术研究与开发专项资金 728 万元，拉动社会投资 1.8 亿元，新增产值 3 亿元。引进、转化新技术、新工艺 38 项。组织实施本级科技计划项目 23 项，请进中、短期专业技术人才 300 余名，引进应用实用技术、工艺 50 多项。培训各类技术人员累计 2 万人次。

文化　2008 年末全县共有文化馆 1 个，公共图书馆 1 个，文物博物馆 1 个，档案馆 1 个，广播电台 1 座，电视台 1 座，电视人口覆盖率达到 96.0%。县剧团全年演出 390 余场剧目。县电影公司全年共放映电影 5600 多场。组织了春节、元宵节等民间艺术比赛，举办了老年书画展和非物质文化遗产展览活动，活跃了农村文化市场。

卫生　年末县乡村共有三级医疗卫生机构 467 个，达标率 93.5%。共有医生 1752 人（其中乡村医生 957 人、医师 638 人、助理医师 157 人）。拥有病床位 1536 张，全县每千人拥有病床数 3.96 张，每千人拥有医生 4.52 人。年末新型农村合作医疗参合率 96.23%。

体育　组织举办了全县中小学生田径运动会、全县第四届武术比赛。组织篮球、围棋、乒乓球等项目参加晋城市的比赛，取得 2 项团体第一名、1 项第二名、1 项第三名的好成绩。充分利用第 29 届奥运会在北京举办的平台，圆满完成了“百舸争流迎奥运”节目，取得好成绩。年末全县人均公共体育场地面积 1 平方米。

人民生活和社会保障　2008 年末城镇单位从业人员 35752 人，比上年增长 7.2%。其中，在岗职工人数 34558 人，比上年增长 7.0%。年末城镇登记失业率控制在 1%的目标内。

2008 年全县城镇单位在岗职工年平均工资 26385 元，比上年增长 27.29%。农村居民人均纯收入 4859 元，比上年增长 10.7%。城镇居民人均可支配收入 11566 元，比上年增长 17.1%。农村居民人均生活消费支出 3574 元，比上年增长 15.6%。农村居民消费恩格尔系数 37.1%。全县 85%的农民吃上了干净的自来水，4 万多农民家庭用上新型清洁能源。

2008 年末城镇基本社会保障覆盖率为 85.4%，比上年提高 1.9 个百分点。其中，养老保险覆盖率 87.8%，比上年提高 2.5 个百分点。医疗保险覆盖率 81%，比上年提高 6 个百分点。失业保险覆盖 90%，比上年提高 1.9 个百分点。

环境保护　大气污染综合指数为 1.76%。2008 年，县城空气质量二级以上天数达到 304 天，比上年增加 34 天。城市建成区绿化覆盖率达到 39.8%，比上年增加 1.6 个百分点，人居环境更加优美。全年二氧化碳排放量 4.85 万吨，比上年下降了 4.7%。化学需氧量（COD）排放量 0.26 万吨，比上年下降 7.1%。沁河、芦苇河、获泽河等水质保持在国家三类水质标准。

（王家胜）

中共县委书记	刘爱军
县人大常委会主任	郑瑞俊
县　长	冯志亮
县政协主席	张星社

沁水县

【简述】　综合　2008 年，全县地区生产总值完成 73.8 亿元，比上年增长 8.5%；财政总收入 142540 万元，增长 25.9%，其中，一般预算收入 41000 万元，增长 25.3%；农民人均纯收入 3991 元，增长 10.9%；城镇居民人均可支配收入 10586 元，增长 13.4%；社会消费品零售总额 8.8 亿元，增长 20.8%；全社会固定资产投资总额 35.4 亿元，增长 22%。

新农村建设　认真落实各项强农惠农政策，“三农”投入达到 1.2 亿元。粮食生产再获丰收，总产量 12 万吨，比上年增长 15.4%。改良牧坡 433.55 公顷，出栏优质肉羊 12.5 万只。新建桑园 233.45 公顷，蚕茧产量突破 120 万公斤。无公害农产品和基地建设不断扩展，蔬菜总产量达到 5.2 万吨。植树 54 万株，造林 1667.5 公顷。实施国家级农业综合开发项目 360.18 公顷，改造中低产田 433.55 公顷，完成水保初治面积 2001 公顷。新建农村饮水安全工程 52 处、移民新村 6 个。积极实施区域连片建设，省级新农村建设重点推进村完成“四化”、“四改”和“五个一”工程，示范村和重点推进村达 43 个，生态绿化村 30 个，新农村建设呈现出由点到面、梯次推进的良好局面。

经济结构调整　端氏、曲堤、岳城煤矿顺利投产，平山、胡底、西城等基建矿井建设进展顺利，玉溪煤矿开工建设，东大煤矿前期筹备工作已经铺开。2008 年累计生产原煤 532 万吨，比上年增长 6.2%。中联、中石油、蓝焰煤层气开发项目全面推进，年产气 5 亿立方米；中联、蓝焰、华凯煤层气压缩项目投产达效，年压缩煤层气 3.5 亿立方米；港华一期、顺泰、新奥煤层气液化项目具备试产条件。旅游开发步伐加快，成功举办了首届中国沁水历山舜文化旅游节；舜王坪生态旅游区、柳宗元文化旅游区规划编制工作基本完成；湘峪三都古城、赵树理文化苑等景区建设加快推进。招商引资成效明显，先后参加了中博会、煤博会、深圳城市旅游与企业招商洽谈会等活动，签约项目 6 个，引资 11.9 亿元。非公有制经济快速发展，投资超 1000 万元和营业收入超 500 万元的民营企业突破 50 家，民营经济总产值达到 65 亿元，比上年增长 32%。

基础设施建设　全年安排各类固定资产投资项目 42 项，总投资 9.4 亿元。其中重点工程 10 项，总投资 6.5 亿元。赵树理图书馆、沁水县文化馆、新建路改扩建一期、梅杏大道续建、梅杏两河上游生态治理、杨河新桥主体、污水处理厂厂房及管网铺设、湾则水库大坝基础、城乡绿化等工程全面完成，滨河南路和育才园区开工建设，县城功能逐步健全，城市品位进一步提升。

环境保护　强力推进“蓝天碧水”工程，关闭取缔了一批小高炉、小砖厂、小煤厂，对重点饮用水源地落实了保护措施。积极开展国家级生态示范县创建活动，建成省级环境优美乡镇 2 个，生态文明村 8 个，生态规范化矿山 2 个。积极推进“五化”工程和煤层气综合利用工程，县城环境更加优美。万元地区生产总值综合能耗和工业增加值能耗全部控制在市控指标之内，二氧化硫排放量、化学需氧量排放量实现双下降。在全国首届生态文明建设大会上，沁水县荣膺“中国绿色名县”称号。

社会事业　精心实施民生“五大工程”，“五难”问题得到有效破解。义务教育经费保障机制全面落实，学校公用经费达 1300 万元，比上年增长 19.6%；投资 3038 万元，建成标准化学校 66 所。参加大病统筹职工 1.8 万人，全县医疗保险基本实现全覆盖；参加农村新型合作医疗 15.3 万人，参合率 92.9%；新建和改扩建了县医院、中医院门诊楼，完成了 7 所乡镇卫生院器械配套和 100 个村级卫生所建设。征缴各项社会保险费 1.4 亿元，发放 7229 万元，城乡低保实现应保尽保。完成创业培训、新型农民培训 4.5 万人次，落实城镇就业岗位 3600 个，创业就业和再就业 1300 余人，转移和消化农村富余劳动力 1 万余人。经济适用房和廉租房建设进展顺利。人事、计生、审计、统计、物价、广电、档案、史志、气象、老龄、宗教、侨务、妇女儿童、残疾人等各项社会事业都取得了新的进步。

（县志办）

中共县委书记	常国荣
县人大常委会主任	潘庆云
县　长	常广智
县政协主席	马刘勤

山西煤炭运销集团吕梁孝义有限公司

——记公司经理、党委书记李立鹏

经理李立鹏陪同省地市领导就资源整合事宜调研

李立鹏，男，38岁，山西省交口县人，中共党员，大学本科学历，会计师，现任吕梁孝义有限公司经理、党委书记。他从事煤炭运销工作二十余载，以不俗的能力创造了不俗的业绩。五年实现主营业务收入8.4993亿元，实现利润6893万元，上缴各项基金税费7607万元。公司先后获得山西省国资委“省属企业文明单位”、山西省总工会“学习型组织先进单位”、山西省煤销集团“文明和谐单位标兵”、吕梁市“五好企业”、吕梁市政府“行风政风先进单位”、孝义市“纳税大户”、“服务地方发展贡献奖”等。他个人先后被授予山西省总工会“优秀企业家”、“知识型职工先进个人”、吕梁市“五一劳动模范”孝义市“十大杰出青年”等称号，连续选任孝义市第四、第五届政协常委。

——创新内部机制，凝聚团队力量

公司经理李立鹏认为：一个企业的发展关键在人，“企”字无人则为“止”。为打造一支素质高、作风硬、效率优的班子队伍，公司着力抓了三方面工作。首先，抓队伍建设，树立团队精神是根本。其次，抓思想政治工作，坚持教育先行是基础。第三，抓作风建设，关键在落实。

——拓宽经营渠道，企业健康运行

随着全省转型发展步伐的加快，加之受矿难事故和全球金融危机影响，全市煤矿停产整顿、煤源严重短缺，公司面临着前所未有的困难和挑战。经理李立鹏审时度势，科学决策，多措并举，2009年实现铁路销售煤炭29.63万吨，完成分公司下达全年任务25万吨的118.52%；全年实现公路出省运量75.4万吨，省内运量231.33万吨，管理上站煤106.6万吨的较好成绩。与此同时，加快货源基地建设，筹资新建东张庄储煤厂建设项目，为公司步入洗、选、配一条龙，产、供、销一体化新格局打下了坚实基础。

——大搞资源整合，谋求全新发展

2009年，煤炭资源整合是全省的一项重要工作。经理李立鹏促成了集团公司与孝义市政府签订“煤炭资源整合、煤矿企业兼并重组合作框架协议”。在孝义境内整合煤矿3座、年产270万吨（榆树坪矿120万吨、利民矿90万吨、元金矿60万吨），整合总量占孝义地区整个煤矿资源整合的25%，极大地提升了企业核心竞争力。

——创新经营思路，增强发展后劲

孝义是产煤大县（市），资源充足，市场可观。经理李立鹏带领公司领导班子集体，因地制宜，科学筹划，开始筹建吕梁（万安）战略煤炭集运站，占地403亩，拟建三道三台，年集运能力300万吨。该站将全部按照高起点、标准化、现代化要求建设。届时现代化标准化的集运站将发挥重要的通道作用。另外，积极开展压缩天然气加气站筹建工作。前期已作了初步规划和立项请示，上级主管部门进行了实地考察，初步选定基本具备经营条件的辛壁、南姚、韩家滩、孝南四个站点，为公司开辟了新的创收渠道。

大力创建学习型企业

参加街头文艺展演

开展煤销领域公路站点专项整治“百日大会战”行动

新厂区生产线一角

产品外运

浊漳河畔唱大风

——记山西榆社化工股份有限公司董事长魏志生

党委书记、董事长 魏志生

山西榆社化工股份有限公司（以下简称榆化）前身为“七十年代”“五小”氮肥企业的榆社县化肥厂，在全国小氮肥企业频频关停并转的情况下，榆化迅速转型发展成为烧碱、聚氯乙烯的大型氯碱化工集团。在企业实施发展战略中，带领企业驶入快车道的就是榆化董事长魏志生。

魏志生，1973年加入榆化，从基层一名普通的操作工逐步成长为公司董事长，在他三十多年的摸爬滚打历程中，凭着执着的事业心，把自己的全部精力融入到管理的企业中去，完成了企业发展的“三步曲”。

一、技术改造，筑就企业的基石。从1988年起铺开上马3500吨/年烧碱技术改造项目，改变了单一化肥生产的经营格局，走上氯碱化工发展之路。在1998年到2008年间，先后完成了5万吨/年烧碱、6万吨/年聚氯乙烯、10万吨/年烧碱、8万吨/年聚氯乙烯、89MW发电机组、20万吨/年烧碱、20万吨/年聚氯乙烯扩产项目，把榆化建成了“40万吨/年”烧碱、聚氯乙烯产能大型化工企业。引进了日本、瑞士、德国先进的设备和工艺，在生产系统采用了信息化自控系统，配套上马了废水、废渣回用工程，实现了循环经济发展新格局。

团结奋进的领导班子

二、资本积累，开拓市场、注入企业活力。2001年5月，公司进行彻底的股份制改造，2005～2006年公司先后与省煤炭大型企业强强联手，合作共赢，完成了公司“二次革命”。同时公司拓展营销市场，在上海、广州成立销售子公司，占领长三角、珠三角市场。榆化产品聚氯乙烯被授予山西省名牌产品，烧碱被评为国家免检产品，“漳河”牌商标成为山西省著名商标，榆化产品畅销国内外，成为国内知名大企业的可靠供应商。短短几年时间，榆化已发展成为销售收入30亿元的煤电化大型企业集团。

三、构建和谐，激活企业动力。魏志生在企业管理中，培育以“诚信”为核心的企业文化，树立“守则奉献、艰苦创业、技术创新、追求卓越”的榆化精神，激活了企业内部活力。他先后建起一流的职工住宅，办公楼、职工文化体育活动中心。榆化被省命名为“花园式工厂”、“山西省模范企业”。他个人六年保持“山西省功勋企业家”称号，成为省人大代表，山西省劳动模范。

董事长、党委书记：王树琪

总经理：刘广耀

中条山集团精炼铜车间

中条山有色金属集团有限公司

中条山有色金属集团有限公司成立于1956年，是以铜为主，多业并举，集采选冶炼、加工贸易、发电运输、建筑建材、机械制造、科研设计为一体的大型企业集团，为我国重要产铜基地之一，是山西省人民政府授权资产经营企业。现有员工 11860 人，其中专业技术、管理人员及工人技师2681人，具有年产阴极铜10万吨、硫酸35万吨、水泥150万吨、耐磨材料1.5万吨、采矿520万吨、选矿580万吨的综合生产能力。

中条山集团深入践行科学发展观，深化改革，整合资源，调整结构，扩大规模，转型跨越发展成效显著。通过技术引进和自主创新，阴极铜产能增长 3.5 倍，产品质量获得“国家免检”和“山西省著名商标、名牌产品”称号，年回收处理稀贵金属900吨，生产金锭500公斤、银锭30吨。淘汰关闭立窑水泥、小火电等落后产能，新型干法水泥产能扩大 5 倍，耐磨产品走出国门，远销澳大利亚、赞比亚等国。大力发展循环经济，工业废水循环利用率达91%，余热发电3364万千瓦时/年，回收伴生钼精矿240吨/年，尾矿回收铁精矿9600吨/年。

中条山集团新型干法水泥厂

六年来，中条山集团销售收入增长 1.6 倍，资产总额增长1.12倍，资产负债率下降6个百分点，6项专利获得国家授权，《铜顶吹熔炼与吹炼新工艺》获得中国有色金属工业科学技术一等奖，企业综合实力和核心竞争力显著提升。2007年，中条山集团荣列中国最大1000家企业第625位，大企业竞争力 500 强第358位；2008年被山西省国资委、省科学技术厅、省总工会联合确定为首批创新型试点企业；2009年荣列全国有色行业50强第35位，被评为“全国有色金属行业先进集体”。

山西省煤炭地质局

局党委书记白秀平检查指导矿业权核查工作

山西省煤炭地质局成立于1954年10月，是从事煤炭资源及煤层气、地质灾害等产业勘查规划、科研、施工的专业局。

五十多年来，该局完成的煤田地质勘查覆盖面积为3.4万多平方公里，占全省煤炭已勘查面积的90%。钻探进尺700多万米，累计提交各类地质报告700余件；累计查明煤炭资源储量2500亿吨，占全省探明储量的86.5%，该局累计完成各类科研项目120个，40多项获省部级科技进步奖，奠定了山西各大矿务局建立的基础，为山西乃至全国煤炭工业发展做出了突出贡献。

山西省煤炭地质局在王家岭“3·28”事故抢险救援中，在省委、省政府的正确决策和坚强领导下，按照抢险救援指挥部科学部署，打通了接通巷道1号、2号两个垂直救援孔，成为“3·28”事故抢险救援的亮点，举世瞩目的焦点，2号垂直救援孔被省领导、中外媒体和社会各界誉为“信息通道、通风通道、生命通道”。

2009年该局与阿联酋东方地质工程技术公司通过合作，联合进入了阿联酋、也门地勘市场，实现了国际市场零的突破。

国际领先的车载顶驱式钻机工作现场

与也门驻华大使馆签定谅解备忘录

晋中市国土资源局

晋中市国土资源局成立于2001年9月，机关内设14个职能科室，下辖9个事业单位，在职干部职工183人。

近年来，晋中市国土资源局以严格保护国土资源为重点，以增强对地方经济发展的保障能力为目标，坚持积极主动服务、严格规范管理并举，为全市经济社会发展做出了突出贡献。2006年以来，两次被省文明委评为“省级文明单位”；连续四年被省国土资源厅评为综合工作和政风行风评议先进单位；连续四年被晋中市委、市政府评为综合工作先进单位。

国土资源部纪检组长王寿祥在灵石县视察椒仲村农灾移民新村

紧扣“一个中心”，全力为经济建设做好服务。2006年以来，紧紧围绕经济发展中心，为全市经济赶超发展提供全方位服务。累计征收国土收益106.8亿元；批准建设用地2646.41公顷。

盯住“两个市场”，全面整顿规范土地、矿产管理秩序。以国家土地督察北京局土地例行督察为契机，加大土地执法检查力度，初步建立了土地管理共同责任机制，完善了土地、矿产管理相关制度机制。近年来，共立案查处土地违法案件499件、矿产违法案件855件；罚款6330万元，对违法建筑没收172万平方米、拆除60万平方米。

山西省国土资源厅厅长李建功一行对晋中市煤矿企业兼并重组整合换发采矿许可证工作进行督导催办

狠抓“三项保护”，全面促进经济可持续发展和社会稳定。严格落实耕地保护责任制，2006年以来，共实施各类土地开发整理复垦项目582个，总规模20.31万亩，新增耕地12万亩，整理基本农田10.96万亩，争取投资26.3亿元；认真做好煤炭资源兼并重组和非煤矿山资源整合工作，全市煤矿由448个整合为122个；非煤矿山由232个整合为126个，有效促进了资源合理利用；积极开展地质灾害防治和测绘工作，共争取中央和省补助资金1.27亿元,开展地质灾害治理，约有3万余人受益。

推进“四项建设”，全面提升国土部门形象。注重围绕“三项工程”加强干部队伍能力素质建设，专业素质和敬业精神进一步提升；注重加强党风廉政建设和预防职务犯罪工作，以“警示教育馆”为载体的党风廉政建设和反腐败教育深入扎实；注重加强领导班子建设，班子凝聚力、战斗力、形象建设进一步增强；注重加强机关人员能力素质建设，全面开展文明单位创建活动，树立了良好的社会形象。

市委书记李永宏，市委副书记、市长张瑛指导全市公开出让工作

晋中市委常委、常务副市长刘志宏检查指导国土工作

晋中市国土资源局部分领导班子成员查看城区数字影像图

临汾市邮政局

2008年，临汾市邮政局坚持一个观念（科学发展观），强化两种意识（市场意识、发展意识），完善三大体系（营销体系、内部管控体系、支撑保障体系），解决四个制约发展瓶颈问题（动力问题、能力问题、策略问题、积累问题），实现五大目标（总收入规模确保全省第二位；各项业务新增部分的市场占有率要占主导地位；无量化指标的各项中心工作在全省之前列；企业现金流状况、资金回报率、经营性利润、劳动生产率等指标都有明显增长和改善；员工收入和福利待遇逐年有所提高）促进企业又好又快发展。全年业务收入累计完成19377万元，邮政业务总量累计完成35650万元，完成省公司计划的95.69%，比上年同期增长5.76%。收支差额控制在省公司预算目标之内。

局长：雷耀鸣

2008年，该局体制机制改革取得突破性进展，组建了邮储银行、6个一级支行、73个二级支行，完成邮储银行组建工作；加强了财务预算管理。先后制定完善了中层干部、管理人员、员工管理制度，解决了劳务工的社会保险问题。先后投资160余万元，增配了自动报警系统、网点监控等安防设施。在全市范围内开展了邮储网点资金安全达标升级活动，该局96个网点全部达标；综合能力建设进一步加强。全年改造营业网点9个，其中包括1个精品店、2个标准店。目前全市共有三等网点1个、二等网点5个、一等网点50个，达标网点34个。邮运网能力不断提高，特别是在雪灾天气能够确保邮件运输。信息技术支撑进一步加强，绿卡网、综合网趋于完善。小区信报箱建设列为工程验收中必备的便民设施，工作取得实质性进展；企业形象进一步提升，服务水平进一步提高。在3.15消费者权益日，对所有参与上年度投诉的顾客进行奖励，并在《临汾日报》上刊登有奖投诉评奖结果。开展了服务热点预报、“人性化服务30个细节”等活动，用户满意度达96.6分，全省排名第二。

霍州煤电集团公司

——记十佳会计师栗兴仁先进事迹

总会计师：栗兴仁

栗兴仁，1964年9月出生于山西省沁县，1990年10月加入中国共产党。高级会计师，国际财务管理师（IFM），国际注册管理咨询师（CMC），山西省总会计师协会副会长，中国总会计师杂志社专家指导委员会委员。1983年7月毕业于山西省大同煤校（财会专业）。2000年9月毕业于中央党校函授学院经济管理专业本科班，2004年7月中央广播电视大学（函授）会计学专业本科班毕业，现在中国矿业大学经济管理专业硕士研究生班学习。2002年12月任山西焦煤集团公司财务部副部长，2003年12月任山西焦煤集团公司审计部部长，2008年8月至今任霍州煤电集团公司董事、党委常委、总会计师。

栗兴仁在职工技能比武赛场巡视

栗兴仁同志自2008年担任山西焦煤霍州煤电集团公司总会计师以来，认真履行国企总会计师职责，恪尽职守，务实创新，勤奋敬业，廉洁自律，为促进企业长远发展贡献了力量，成绩显著。2005年8月，栗兴仁组织编撰了《山西焦煤集团公司内部审计规范》、《山西焦煤集团公司重点工程审计规定》。2008年8月，面对国际金融危机对国内煤炭市场的冲击，牵头制定了《霍州煤电集团公司“应对市场挑战、强化经营管理”十项措施》，提出了原煤成本同口径同比降低25元、其他可控费用同口径同比降低20%的总目标，从执行情况看，2009年企业实现营业收入102亿元，上缴税费22.31亿元，实现利润6.55亿元，职工年均收入5.35万元，可控成本费用同比下降6.25亿元，原煤成本保持了同行业最低水平。2009年制订了《霍州煤电集团公司物资供应系统经营联责考核办法》，从制度建设入手，完善管理机制，规范采购管理，打破沿用多年的物资统管、统供、下矿的分类方法，推行新的物资分类，大宗物资采购依托焦煤集中采购优势，坚持集中招标、比价采购，在焦煤招标价基础上实行二次比价，降低采购成本5643万元。2009年，组织起草了《霍州煤电集团公司内部市场化管理方案》、《霍州煤电集团公司经营业绩考核评价试行办法》。2009年，担任集团公司投融资委员会主任，组织参与对外兼并收购资源整合矿井工作，对已经获得上级机构批复的，加快证照和手续的办理，尽早实现整合矿井达产达效。同时，组织下发了《关于在资源整合中的资金管理规定》、《关于兼并重组地方煤矿财务核算的指导意见》、《兼并地方煤矿的方式及帐务处理》等一系列资金与核算管理办法。牵头组织曹村、白龙两矿政策性关井破产工作，目前临汾市中级人民法院已经裁定破产，组织召开了第一次管理人会议，申请中央财政补助资金的报告，省财政厅已上报财政部。

栗兴仁在施工现场调研

多年来，栗兴仁获得多项殊荣。1999年主持的“技术创新是企业动力”课题研究，被中国煤炭工业协会评为现代化部级优秀成果二等奖；2001年主持的“提高精煤回收率降低精煤成本”课题研究，被太原市总工会、太原市经委会、太原市劳动局评为一等奖；2002年获山西省科学技术学会“金牛奖”先进个人特别奖；2007年获山西省国资委“省属企业审计工作先进个人”；2008年获中国企业联合会入编2007具有影响力《中国管理咨询专家500名》；2008年获国家审计署2005–2007年度“全国内部审计先进工作者”；2009年获山西省审计厅“内部审计先进工作者”；2009年获中国总会计师协会和《中国总会计师》杂志社联合颁发的“2009中国总会计师年度人物”称号。

集团公司办公楼

山西繁峙农村合作银行

——记董事长梁松树

山西繁峙农村合作银行董事长梁松树，在参加信合工作三十多个年头，有着不平凡的工作业绩。在他的带领下，繁峙农合行连续十年被忻州市联社评为先进集体，连续三年被山西省联社、省直工委评为优秀基层党组织，连续两年被省、市联社评为“求树创”先进集体，连续两年被银监部门评为综合监管全省唯一的二级机构，在全省信合系统综合考核中名列前茅。他本人连续三年被省联社党委评为优秀共产党员、优秀党务工作者，忻州市第十届“杰出青年企业家”、忻州市青年突击手标兵、忻州市纪念改革开放30周年“时代英才”、荣获忻州市劳动模范等荣誉称号，并被忻州市委聘为市委联系的优秀专家。

党委书记、董事长：梁松树

理清思路运筹帷幄　着力推进跨越发展

2006年梁松树担任理事长后，带领新一届领导班子，使繁峙农合行各项工作取得了良好的社会效益和自身效益。在人事改革上，他以调整优化中层干部年龄和知识结构为着力点，在“三定”（定编、定岗、定责）的基础上，大胆推行劳动用工和薪酬改革制度，实行“调、派、聘”三结合，并出台了“岗效挂钩、百分考核、目标经营责任制”方案。繁峙联社经过了脱胎换骨的蜕变重生，各项业务工作走在了全省的前列。

截至2009年底，全县农村信用社存款余额突破190239万元；贷款余额达到111142万元；实现经营利润 8996 万元；人均创利43.25 万元。较2006年增长 16.86 万元，增幅达 63.89%，三年来各项业务指标同比均大幅增长，屡创历史新高，员工工资增幅一直在全市名列前茅，经营规模和效益稳居全县各金融机构之首。

董事长梁松树与果农倾心交谈

深化改革主动出击　着力解决突出问题

近年来，他主动带头搞好营销，开拓信贷市场，实现了良好的经营效益，三年实现经营利润21396万元，员工人均创利达120万元。在贷款管理方面，一是以各单位业务经营量和管理能力进行分别授权，合理确定，严格贷款操作程序；二是坚持负责人与信贷员相互制约制，确保贷款的合规合法和按期收回；三是坚持推行贷款的“明责自清”管理办法；四是设立专门的不良贷款管理机构，对全县的不良资产进行集中管理，形成了“领导带头、人人执行、责随人走、清收免责”的良好机制。三年清收不良贷款2766万元，不良贷款占比下降了11.56个百分点，全省不良贷款占比最低。

繁峙农合行庆祝信合通银联卡成功发行

服务三农创新理念　着力增强发展后劲

梁松树始终按照全心全意为“三农”服务、一心一意谋信合发展的总体要求，多年来坚持服务“三农”不动摇。一是简化办贷手续，推行“阳光作业”。二是调整信贷战略，重点扶持特色农业。三是开辟信贷“绿色通道”，全力帮扶中小企业发展。如今呈现出了农民增收、企业增效、信用社发展的“三赢”局面。

山西省灵石存山实业有限公司

——记李兰宏先进事迹

山西省灵石存山实业有限公司董事长兼总经理李兰宏，汉族，1958年12月生，山西省灵石人，1985年7月入党，1980年9月参加工作，清华大学工商管理专业毕业，在职研究生学历，高级经济师。1992年在教师岗位上工作了12个年头的他创建了山西省灵石存山实业有限公司，专业从事原煤洗选。通过不懈的奋力拼搏，他所领导的公司已经发展成为具有注册资金1亿元，总资产5.2亿元，员工362名（其中残疾职工101人），年入洗能力60万吨跳汰和年入洗能力120万吨重介洗煤厂两座，年具备生产销售运输优质精煤120万吨以上能力的中型企业。2007-2009年分别为国家纳税6300万元、1.36亿元和8200万元。

董事长兼总经理：李兰宏

在取得良好经济效益的同时，李兰宏勇于承担社会责任，近年来先后为县、乡、村、建校修路、解决人畜吃水、捐助灾区及孤寡残、困难大学生、重病患者等社会公益事业捐资1500万元，为促进当地社会和谐发展做出了贡献。

他所领导的公司先后获灵石县“纳税特别贡献奖”，国家级“守合同重信用单位”、“全国最具社会责任感企业”等荣誉称号，他也先后荣获“山西省青年实业家”、“山西省优秀企业家”、“山西省‘五一’劳动奖章”、“山西省劳动模范”等荣誉称号，并担选为山西省第十届政协委员。

为社会承担责任

发展中的存山实业有限公司

山西杏花村国际贸易公司

——记山西省十佳总会计师毕亚平

总览会计报表，了解财务状况

毕亚平，男，1963年8月出生，中共党员，在职研究生学历，山西省应县人，现任山西汾酒集团有限责任公司委派山西杏花村国际贸易公司财务总监，高级会计师，并于2006年9月取得中华人民共和国企业管理财务总监资格证书，于2008年取得中华人民共和国劳动和社会保障部联合英国剑桥大学国际测试中心授予的高级财务管理资格证书。

1983年9月由山西省机械工业学校（现山西机电职业技术学院）机制工艺专业毕业分配到雁北供销职工中专秘书科干事；1985年7月调山西省供销合作社联合社基层处，财务处，科员，副主任科员；期间1985年9月1988年7月在山西机械职工大学工业企业管理专业学习；1992年10月在天津金龙贸易公司并兼任天津商务学院驻晋办事处财务部主任，财务科长；1995年4月1998年7月山西省供销社财务处主任科员；1998年7月调山西杏花村汾酒大厦有限责任公司任总会计师；期间2000年9月2002年7月在山西财经大学统计学专业课程班学习结业；2002年5月汾酒集团有限责任公司委派山西杏花村国际贸易公司财务总监至今。

2008年11月被山西省国资委员会评选为“省国资委党委联系的高级专家”；2006年4月被山西省直机关劳动竞赛委员会授予“全面建设小康社会个人二等功”；1998年2月被山西省财政厅授予“一九九七年全省清产核资工作先进个人”；1995年被山西省经贸委、省财政厅、省国资委、省国地税局授予“全国对集体企业进行清产核资先进个人”；1991年10月被山西省人民政府授予“一九九零年税收财务大检查先进个人”。

从1983年参加工作以来一直从事财务会计管理工作，认真执行党的财经法规制度，坚持原则，按制度办事，加强学习党的方针政策特别是财经方面的法规等。在山西省供销社财务处工作时，主要从事全省供销社系统财经制度工作，当时供销社正处于改革时期，积极调研，认真执行政策，起草了一系列指导全省供销社财务管理的文件及调查报告，获得了好评，为全省供销社改革顺利进行做出了一定的贡献，并获商业部、全国供销合作总社的奖励；参与编写了《会计与控制》一书，作为供销社员工及学校的教材使用，为培训供销社的广大员工起到了很大作用。1990、1991年参与了全省财税物价大检查工作，工作认真负责，被山西省人民政府评为先进个人；1995年在全国对集体企业进行清产核资中，主抓此项工作，对全省供销社摸清了家底，由于工作突出，被山西省经贸委、省财政厅、省国资局、省国地税局评为先进个人，而省供销社清产核资工作被商业部评为先进集体。从1998年7月调到山西杏花村汾酒大厦有限责任公司任总会计师，由于当时汾酒大厦的财务工作管理比较混乱，制度不健全，我就认真研究，与同志们一起整章建制，规范管理，将三套总账合并为一本，从而使会计核算及财务管理工作逐步走上规范，虽然汾酒大厦效益不理想，但财务管理及核算工作等到进一步实质性的改善。2002年调入山西杏花村国际贸易公司，该公司是出口型企业，这就更要求自己努力工作，从制度及调剂资金入手，工作认真负责，逐步规范了资金运行程序，夯实了资金的基础管理，建立统一核算体系，明确资金支付方式，统一了会计科目、会计报表，全部实现了电算化，加大了财务工作人员的业务培训力度，提升基层人员的业务技能，改革财务管理机制加强二级单位财务管理，完善资金管理制度提高资金使用透明度，制定了《资金管理制度》等多项管理制度和规范性文件，强化监管手段，确保资金运行公开公正，在全公司的共同努力下，公司效益逐年增长，销售从2002年的2.3亿增长到09年的12亿之多。公司连续多年获得国家级、省级、省级直属五一劳动奖章等一些列荣誉称号。

山西省太原高速公路有限公司

——记山西省十佳总会计师姜中波

姜中波，男，中共党员，1962年8月生，吉林省舒兰县人，大学本科学历，在读硕士研究生，高级会计师，国家一级建造师，现任山西省太原高速公路有限公司总会计师，同时兼任山西省太古高速公路建设管理处、山西省太佳高速公路建设管理处总会计师。

做为一名从基层成长起来的企业总会计师，他始终对会计事业怀着深厚的感情，一向视职责为使命，勇于开拓，坚持创新，走出了一条精细化管理的科学理财之路。

他始终胸怀大局，淡泊名利、献身工作，不断增强自己解决实际问题的能力；他严格遵守交通部“政府投资、地方筹资、社会融资、利用外资”的投融资体制要求，不等不靠，努力挖掘筹资潜力，改善融资结构，拓宽融资渠道，积极培植财源，不断强化企业聚财能力，多渠道、多形式筹集交通发展资金，几年来，为我省高速公路筹（融）资近300亿元，极大地保证了公益性服务的高效运转。

他视理财管理为文化，并将其渗透于财务工作的常规管理基础之中，并把它不断引向深入，通过规范财务流程流程、规范工作运作、优化财务资源、量化财务责任、强化监督控制，实现财务经营活动的有序竞争，达到目标效益最佳化；他不断加强制度建设，强化企业资金监管基础，突出重点，加强资金使用监管，通过专项检查，规范企业财务管理行为，率先在高速公路领域实行会计报帐人员委派制度，实行了“节约留用，超支罚扣，资金集中，统一核算”的经费管理体制，他所起草与参与的多项管理制度填补了高速公路经营管理制度中许多空白，受到同行与上级领导的一致好评。

他不断加强建设项目管理，坚持运营成本标准化控制，合理降低运营成本；同时注重加强经营性服务管理，充分利用高速公路资产资源，不断提升经营性服务水平，确保资产的保值增值，加速建设投资的回收，使高速经营管理科学化步伐迈上了一个新的台阶。

他先后荣立社会主义劳动竞赛“个人一等功”一次、“个人二等功”一次、“个人三等功”一次，多次荣获省直工委“优秀共产党员”、“先进工作者”等称号。2010年荣获“山西省十佳总会计师”称号，并被山西省劳动竞赛委员会授予“山西省五一劳动奖章”

姜中波荣获“山西省十佳总会计师”和“山西省五一劳动奖章”

中铁十七局

——记许灿章主要事迹

集团公司副总会计师：许灿章

许灿章，男，高级会计师，1952年出生，中共党员，本科学历。历任局四处财务科长、五处总会计师、局财务处副处长、处长。企业改制后任集团公司副总会计师兼财会部部长，现任集团公司副总会计师。

许灿章在39年的企业财会生涯中，始终奉行“敬业、奉献、廉洁、诚信”的职业信条，廉洁奉公，淡泊名利，勤奋学习，锐意创新，精心为企业生财、聚财、理财，在提高企业效益，实现企业财务管理科学化、规范化、制度化方面做出了突出贡献。在他的主导和努力下，企业率先推行单项工程预算包干、百元产值工资含量包干、利润定包和项目施工承包责任制。设计和推行了资产经营责任制，适时提出了“财权集中，资金统管，合理配置，从严监管”的理财思路。企业模拟银行机制，组建了企业资金结算中心；按照“机构分设、核算分账，预算分割，资金分流，财务监督”的思路，实行了工程项目会计委派制和项目综合效益评估制度；按照“企业管利润、项目控成本”的管理思路，组织制定了工程项目“双目标”管理办法，建立了以“一个体系、两个挂钩、七项制度”为主要内容的项目成本管理运行机制。为适应上市公司发展要求，母子公司建立了“双论证”、“双监控”为主要内容的财务预警监控体系，企业财务管理风险得到有效规避。

许灿章在现场检查指导工作

许灿章非常注重企业财会理论研究。先后组织编写财会培训教材65万余字，撰写发表专业论文10多篇，获省部以上奖励 6 篇；组织制定的《企业资产经营责任制办法》和《企业内部财务管理办法》及24个配套制度被中国企协评为2000年、1999年“全国企业管理现代化成果”一等奖和二等奖。

在他担任财务机构负责人期间，中铁十七局财务管理多次获得国家级、省部级等重大奖项和荣誉，他本人多次被铁道部、中国铁建总公司和集团公司评为先进财会工作者。

许灿章作工作发言讲话

泽州县

【简述】 泽州县位于太行山南端、山西省东南部。史称“河东屏翰，冀南雄镇”。地理坐标为北纬 35°12′—35°42′，东经 112°31′—113°14′。地域分布在晋城市城区四周，东连陵川，西接阳城、沁水，北靠高平，南与河南省的辉县、修武、博爱、沁阳、济源等市、县毗邻。总面积 2023 平方公里，占晋城市总面积的 21.3%，占山西省总面积的 1.2%。

境内地貌以山地丘陵为主，山地、丘陵、平川面积之比为 6∶3∶1。最高点为西北部的武神山主峰，海拔 1346.6 米，最低点为东南丹河出口处的三姑泉，海拔 296 米。相对高差 1050.6 米。全县平均海拔 650—1000 米之间。境内主要河流有沁河、丹河，均属黄河水系。年平均气温 10℃左右，大陆性季风气候明显。无霜期 192.6 天。年降水量 618.3 毫米，但年际、月际间降水量的相对变率较大。日照时数为 2580 小时，日照率 67%。

境内自然资源丰富，尤以“煤铁”为最。全县煤炭地质储量为 44 亿吨，铁矿石储量 5 亿吨，硫铁矿、铝钒土、石灰石、大理石、银、铜、锰、石膏等储量也很丰富。全县水资源总量为 2.814 亿立方米，属相对富水区。全县现有耕地面积 37752.2 公顷，封山育林面积 5402.7 公顷。野生动植物不但种类繁多，而且较为珍贵，其中属国家二、三类保护的珍稀动物有猕猴、大壁虎；属国家保护的植物有青檀木等。丰富的自然资源为泽州县经济的发展提供了重要的物质基础和条件，使泽州县成为山西省能源重化工基地及全国无烟煤生产基地的重要组成部分。

全县辖 14 镇 3 乡，即下村、大东沟、周村、南村、北义城、大箕、柳树口、山河、犁川、晋庙铺、金村、高都、巴公、大阳镇，川底、李寨、南岭乡。全县共有 632 个行政村，1136 个自然村。2008 年底全县总人口为 533114 人，其中农业人口 349922 人，非农业人口 183192 人。人口以汉族为主，回族次之，另外还有蒙、满、朝鲜、布依、苗、白、土、壮等少数民族。

2008 年，全县主要经济指标实现“三超一高”，即生产总值超 100 亿大关，达到了 115.85 亿元，同比增长 10.1%，继续在全省名列前茅。财政总收入超 20 亿元大关，达到 20.76 亿元，同比增长 20.2%；农民人均纯收入超 5500 元大关，达到 5517 元，同比增长 9.03%；粮食生产喜获丰收，总产达 2.43 亿公斤。

基本竞争力名列全国第 273 位，进入中部地区 50 强，名列全省五甲。

农业 2008 年，全县农业总产值完成 94879 元，比上年增长 23.4%。其中：农业产值完成 60048 万元，比上年增长 5.5%；林业产值完成 1161 万元，比上年增长 1.2%；牧业产值完成 31500 万元，比上年增长 87%；渔业产值完成 340 万元，比上年增长 2.2%；农民人均纯收入达到 5517 元，比上年增长 9.03%。粮食总产达到 243206 吨，比上年增长 8.91%。其中：油料产量达到 2740 吨；蔬菜产量达到 64710 吨；棉花产量 39 吨，比上年增长 8.33%；水果产量达到 13696 吨，比上年增长 0.53%。农作物总播种面积 7.018 万公顷，比上年减少 0.28%。其中：粮食作物播种面积为 6.627 万公顷，比上年增长 0.12%；经济作物面积 2190 公顷，比上年减少 8.75%；蔬菜大棚面积 1720 公顷，比上年减少 3.91%。肉类总产 15074 吨，比上年增长 128.74%；禽蛋产量达到 10106 吨，比上年增长 27.23%；鲜奶产量达到 2159 吨；水产品产量达到 380 吨。年末大牲畜存栏 9233 头；牛存栏 9134 头，出栏 4661 头；猪存栏 155011 头，出栏 167903 头；羊存栏 80887 只，出栏 45764 只；家禽存栏 1137498 只，出栏 549583 只。

全县有效灌溉面积达到 10251 公顷。农业机械拥有量 6.52 万台件，农业机械总动力达到 63.9 万千瓦。

工业 2008 年，全县工业完成增加值 660989 万元，比上年增长 7.66%。主要产品产量：原煤完成 2158 万吨，比上年增长 5.89%；生铁完成 95.3 万吨；铸件完成 74.46 万吨；钢材完成 42.46 万吨%；水泥完成 16.16 万吨；铁矿石 1.13 万吨；发电量 1.021 亿千瓦小时。

产业结构调整 2008 年继续把调整优化产业结构作为经济工作的重中之重，大打资源整合、项目建设、全民创业三大硬仗，经济发展的质量和效益有了新的提高。农业结构调整力度进一步加大。全年投资 3500 万元，新上和引进农业龙头企业 5 家；新发展农村专业合作社 69 家。资源整合取得新突破。与晋煤集团联合组建了天安煤业公司，24 座骨干矿井累计完成投资 17 亿元，占总投资的 75%。项目建设再见新成效。路宝汽车轮毂、王坡煤业山楂等八大新建项目总投资 44.5 亿元，强有力地拉动了全县内需，刺激了经济发展；福盛三期、金工二期等八大续建项目完成投资 40.42 亿元；世纪球墨铸造、万鑫双惠洗煤等八大达产达效项目实现销售收入 5 亿元，实现利税 4370 万元。“一矿一业”转型发展成绩显著，《山西日报》头版头条作了经验报道。全县项目建设呈现出项目规模大、科技含量高、建设进度快、产业优势明显等四大特点，煤化工、制造业、钢铁等新经济增长点已经初步形成。创业导向、土地、融资、服务四个平台，成立了金诺担保公司和众鑫铸造担保商会，全年新发展创业企业 61 户，新增就业岗位 5500 余个，民营经济增加值完成 78.2 亿元，上缴税金 6.1 亿元。城镇集体企业改革全面铺开，林改试点工作稳步推进。成功举办了泽州县第二届冶铸加年会、2008 全国汽车场地越野锦标赛“珏山”杯晋城分站赛。先后组团参加了中博会、煤博会等展会，共签约项目 22 个，总投资 22.1 亿元，引资 15.6 亿元。万元 GDP 综合耗能同比下降 5.6%；空气污染指数低于控制指标近 2.9 个百分点。全年进出口总额完成近 3000 万美元，提前两年实现“十一五”规划目标。

此外，97%的行政村实现了主街巷硬化，31.5%的农户实现了新能源入户，79.2%的人口实现了安全饮水，互联网入村率达 91.2%。

财政 2008 年，全县财政总收入达到 207582 万元，比同期增长 20.20%。其中，一般预算收入完成 63557 万元，比同期增长 26.53%。全县全年国税收入完成 63035 万元，比上年增长 21.05%；地税收入完成 61586 万元，比上年增长 26.40%。

商业贸易 2008 年，全县社会消费品零售总额达到 150671.3 万元，比上年增长 23.5%。其中：县级消费品零售额 61270.3 万元；县以下消费品零售总额 89401 万元，比上年增长 52.29%。按行业划分，批发业零售额 13197 万元，比上年增长 93.15%；零售业零售额 96321.3 万元，比上年增长 8.05%；住宿和餐饮业零售额 31815 万元，比上年增长 72.36%；其他行业零售额 9338 万元，比上年增长 23.45%。

2008 年，全县进出口总额为 2929.38 万美元，比上年增长 388.57%。出口总额为 2453.72 万美元，其中：金工铸业有限公司完成 44.08 万美元；兰帝煤制品有限公司完成 69.76 万美元；春晨兴汇实业有限公司完成 2088.48 万美元；泽远煤制品公司完成 18.62 万美元；金秋铸造有限公司完成 49.13 万美元；兴达铸件有限公司完成 64.03 万美元；清慧汽车配件制造有限公司完成 8.04 万美元；巴公太行金属材料厂完成 95.58 万美元；晋城市亿达盛合金有限公司完成 16 万美元。

教育 2008 年底，全县有学校 376 处，其中，初中及初中以下 329 处，初中以上 47 处。在校生人数 78234 人，其中，初中及初中以下 44306 人（其中，初中 27665 人），高中 3272 人。在职教职工人数 7270 人，其中，教师 4932 人，职工 2338 人。

卫生 2008 年底，全县共有医疗机构 28 个，其中，县级医疗机构 2 个，乡村卫生所 26 个。县乡村三级医疗机构达标率完成 84%，比上年增长 4%；病床床位 1657 张，比上年增长 -5%；每千人拥有病床数达到 3.29 张；医疗职工人数 2400 人；每千人拥有医生数达到 4.47 人。新型农村合作医疗参合率达到 95%，比上年增长 2%。

旅游 2008 年底，全县旅游景点 53 处，共接待游客 58.3 万人次，比上年增长 2.1%；旅游业收入 3362 万元，比上年增长 0.51%；相关产业收入 14456.6 万元，比上年增长 0.51%。

社会保障 新型农村合作医疗参合率达

到95%，农村养老保险覆盖率达到66%。城乡低保、农村最低生活保障线、五保户供养标准进一步提高。年末全县参加基本养老保险人数8050人，养老基金收入3339万元；年末全县参加医疗保险人数17306人，保费收入2542万元。

（刘长红　张　静）

【泽州县铸件产品被评为2008中国优秀铸件金奖】 2008年6月3日—6日，在上海举办的第十一届中国国际冶金工业展览会、第九届中国国际铸造、锻压及工业炉展览会和2008中国国际铸件博览会上，本县冶铸加协会组织了春晨兴汇、东方实业、清慧配件、兴达铸件、世纪铸造、金秋铸造和金工铸业等7家企业参加中国国际铸造博览会。参展产品包括过滤器、轮毂、钢套等共计30余种，并制作了全县冶铸加产业DVD宣传片等。金工铸业有限公司生产的泵体和清慧汽车配件制造有限公司生产的过滤器，在28个国家和地区1100余家企业参展的近万种产品中脱颖而出，双双被中国铸造协会评选为“2008中国优秀铸件金奖”。

（刘长红　张　静）

【“珏山杯”全国汽车场地越野锦标赛在珏山举行】 2008年全国汽车场地越野锦标赛“珏山”杯晋城分站赛发车仪式11月10日在珏山隆重举行。来自全国12个省的78名赛车手驾驶72辆越野车将在本县金村镇水北赛场展开为期3天的激烈角逐。市长王茂设、副市长李章宏、中国汽车运动联合会副秘书长何建东、县领导刘予强、崔守安、陈晋勇、樊秋宝、酒国平、崔林成、王涛、李正根、王新彤、贺升红、郭荣林、李仲明出席了发车仪式。

（刘长红　张　静）

中共县委书记	刘予强
县人大常委会主任	王立宪
县　长	崔守安
县政协主席	樊秋宝

忻州市

【概述】 2008年，忻州市全年生产总值311.2亿元，比上年增长7.6%。其中，第一产业增加值29.5亿元，增长5.5%；第二产业增加值163.0亿元，增长8.8%；第三产业增加值118.7亿元，增长6.8%。人均生产总值10099元，比上年增长7.0%。

居民消费价格指数106.9，总水平比上年上涨6.9%。价格变动结构性特征明显，食品类和居住类价格上涨幅度较大，涨幅分别为13.4%和9.2%，是拉动居民消费价格上涨的主要因素。工业品出厂价格比上年上涨17.1%。原材料、燃料、动力购进价格上涨21.6%。

农业　2008年粮食播种面积40.71万公顷，比上年增长2.0%。粮食总产量117万吨，下降4.9%。其中，夏粮播种面积为7500公顷，夏粮产量为1583吨；秋粮播种面积为40.635万公顷，秋粮产量达116.8万吨，比上年减产6万吨。油料播种面积3.793万公顷，总产量4.3万吨，下降1.4%。蔬菜播种面积8180公顷，总产量20.2万吨，增长33.4%。

2008年全市肉类总产量7.29万吨，比上年增长21.5%。其中，猪肉增长2.5%，牛肉增长32.2%，羊肉增长78.9%。水产品产量1550吨，增长0.06%。

全年共完成营造林面积32956.47公顷，其中：人工造林面积22931.46公顷，飞播造林面积867.1公顷，封山育林面积9157.9公顷。全年通道绿化完成765.8公里，交通沿线荒山绿化完成1687.51公顷，环城绿化完成1734.2公顷，园林村绿化完成270个，厂矿区绿化420.21公顷，城市绿化植树113万株。

工业　2008年全部工业增加值148.2亿元，比上年增长9.1%。规模以上工业增加值为126.84亿元，比上年增长10.8%。其中国有企业增长10.2%，集体企业增长13.5%，股份合作企业下降3.6%，股份制企业增长12.0%，外商及港澳台投资企业下降23.0%，其他经济类型增长5.53%。

煤炭开采和洗选业、黑色金属矿采选业、有色金属冶炼及压延加工业、电力、热力的生产和供应业、通用设备制造业五大行业实现增加值109.15亿元，占规模以上工业的86.1%，拉动规模以上工业增长9.9个百分点。

2008年，全市规模以上工业企业实现主营业务收入274.4亿元，比上年增长25.9%；实现利税总额59.1亿元，增长4.9%；实现利润总额33.5亿元，下降2.1%。

固定资产投资　2008年全社会固定资产投资完成140.4亿元，比上年增长43.2%。按城乡分，城镇投资138.2亿元，增长43.7%；农村投资2.3亿元，增长21.4%。按产业分，第一产业投资1.1亿元，下降0.3%；第二产业投资84.5亿元，增长47.7%；第三产业投资52.6亿元，增长38.8%。

全市施工的计划总投资10亿元以上在建项目11个，完成投资44.4亿元。其中，鲁能晋北铝厂二期100万吨氧化铝完成14.2亿元；五台西龙池蓄能电站累计完成6.78亿元；黄河万家寨水利枢纽有限公司龙口工程完成5.5亿元；忻州中亚神力铸造有限公司完成2.4亿元；五台山风景区旅游基地工程项目完成2.1亿元；忻州禹王煤气化有限公司完成0.6亿元。

建筑业和房地产开发业　2008年建筑业增加值14.8亿元，比上年增长5%。

2008年105户具有建筑业资质等级的总承包和专业承包建筑企业，共签订工程合同额42.1亿元，比上年增长38.9%，实际施工的房屋建筑面积264.8万平方米，增长18.6%。

2008年注册的房地产开发企业由上年的96个增加到102个，房地产开发投资12.02亿元，比上年增长31.6%。全年商品房施工面积151.2万平方米，比上年增长21.9%；竣工面积76.9万平方米，增长47.9%；销售面积70.8万平方米，增长27.3%；销售额12.9亿元，增长54.7%。

国内贸易　2008年批发和零售业增加值16.0亿元，比上年增长0.6%；住宿和餐饮业增加值8.7亿元，比上年增长10.0%。

2008年限额以上批发零售贸易企业零售额40.2亿元，比上年增长50.6%。其中，石油及制品类增长39.9%；日用品类增长53.2%；文化办公用品类增长11.1%。

对外经济　2008年进出口总额15817万美元，比上年增长55.5%。其中，出口总额15604万美元，增长55.6%；进口总额213万美元，增长49.6%。出口大于进口15391万美元。在出口商品构成中，其中：贱金属及其制品出口13146万美元，占出口总额的84.25%，比上年增长56.8%；化学工业及其相关工业产品2027万美元，占出口总额的12.99%，比上年增长57.86%；植物产品272万美元，占出口总额的1.75%，比上年增长80.67%。

2008年境外直接投资379万美元，增长982.86%。

雁门关

郭建平摄影

交通运输业 2008年交通运输、仓储及邮政业增加值16.1亿元，比上年增长6.0%。

客货运输增长较快。全市公路通车里程15875.49公里，比上年增长0.4%。全年完成货物周转量42亿吨公里，比上年增长3.9%，货运量5932万吨，比上年增长3.8%。旅客周转量24亿人公里，比上年增长4.3%。客运量3175万人，比上年增长0.2%。

2008年末全市机动车保有量为19.80万辆，比上年增加1.7万辆，增长9.39%。其中，汽车（含三轮汽车和低速载货汽车）13.23万辆，比上年增加1.74万辆，增长15.14%。全市营运机动车保有量5.86辆，比上年增加6837辆，增长13.21%。其中，公路客运2048辆，公交客运568辆，出租客运2273辆，旅游客运92辆，货运53595辆，租赁20辆。

全市私人机动车保有量为15.83万辆，比上年增加9447辆，增长6.35%。私人汽车9.90万辆，占汽车保有量的74.83%。

邮电和旅游 年末邮政局（所）174处，邮政业务总量达2.19亿元，增长23.7%。年末固定电话用户达到45.6万户；移动电话用户数达132.7万户；宽带用户达11.7万户。

2008年接待国内外旅游者841.5万人次，比上年增长10.3%。其中，接待国内旅游830.8万人次，增长10.2%；接待海外旅游者10.7万人次，增长25.0%。全年国内旅游收入69.3亿元，增长30.1%；旅游外汇收入3504.4万美元，增长25.0%。

财政、金融和保险业 2008年财政总收入为71.87亿元，比上年增长30.3%。其中，一般预算收入29.45亿元，比上年增长27.1%；一般预算支出84.91亿元，比上年增长28.7%，其中，社会保障就业支出16.07亿元，比上年增长46.96%；教育支出16.12亿元，比上年增长20.7%；一般公共服务支出17.78亿元，比上年增长20.7%。

2008年末，全市金融机构人民币各项存款余额为684.1亿元，比年初增加144.3亿元；人民币各项贷款余额为238.5亿元，比年初增加4.2亿元。全年累计现金收入1430.04亿元，增长10.7%，累计现金支出1475.01亿元，增长10.8%。

财产险业务保费收入3.01亿元，人寿险业务保费收入8.19亿元，分别增长16.21%和73.28%。财产险业务赔款和给付支出1.65亿元，增长45.16%；人寿险业务赔款和给付支出1.60亿元，下降48.17%。

教育、科技和卫生 全市普通中学388所，招生6.56万人，在校生22.37万人，毕业生6.85万人。高中阶段毛入学率达74.17%，小学五年巩固率98.81%，初中三年保留率98.28%。

全年专利申请数189项，每10万人专利申请数达到6项。

县乡村三级医疗卫生机构达标率71.01%，比上年提高19.71个百分点；每千人拥有医生2.35人、每千人拥有病床2.11张；新型农村合作医疗参合率达到86.25%。

人口、人民生活 全市总人口达到309.03万人。全年出生人口3.8万人，出生率为12.34‰；死亡人口2.03万人，死亡率为6.59‰；净增人口1.77万人，自然增长率为5.74‰。

城镇居民人均可支配收入11194.44元，比上年增加1693.14元，增长17.8%。农民人均纯收入2830.41元，比上年增加314.36元，增长12.5%。在居民收入较快增长的同时，消费保持了同步增长。城镇居民人均消费支出8702.48元，增长24.8%，其中，食品类增长36.1%，衣着类增长14.8%，居住类增长31.7%，家庭设备用品及服务类增长98.2%，医疗卫生服务类增长21.4%，交通通讯类增长3.2%，教育文化娱乐服务类增长9.5%，杂项商品及服务类下降14.1%。农民人均生活消费支出2601.04元，增长12.7%，其中，食品类增长21.5%，衣着类增长7.3%，居住类增长26.1%，家庭设备用品及服务类增长3.9%，医疗卫生服务类持平，交通通讯类下降18.2%，教育文化娱乐服务类增长17.2%，其他商品及服务类下降13.6%。居民居住条件逐步改善。城镇居民人均住宅建筑面积26.4平方米，增长5.2%；农村居民人均住宅建筑面积22.4平方米，增长1.9%。

社会保障 全市城镇新增就业岗位37452个，帮助下岗失业人员再就业12260人，安置“4050”就业困难人员4755人，解决就业困难对象社保补贴公益性岗位人数15215人。企业职工参保人数140291人；机关事业养老保险参保人数103300人；失业保险参保人数184300人；医疗保险参保人数238200人。年末城镇登记失业率3%，控制在了3.5%的要求之内。全市城市低保10.5万人，人均月补差128元。农村低保13.3万人，人均月补差40元。

环境保护和安全生产 全市林木绿化率24.24%，年度造林合格面积率104%，建成区绿化覆盖率14.21%。城市污水处理率88%，城市集中供热普及率65%。

全市二级以上天数达4606天，同比增加1327天，其中五台山风景区、繁峙、岢岚、五寨、神池、河曲、宁武、保德等10个县（区）达到300天以上。忻州城区二级以上天数达到349天，同比增加31天。大气综合污染指数1.78%，二氧化硫排放量11.78万吨，化学需氧量排放量3.96万吨，工业固体废物综合利用率84%，工业用水重复利用率96%。

注：以上数据来源于忻州市统计公报。

（市志办）

【举行纪念薄一波同志诞辰100周年活动】 2008年2月23日，忻州市委、市政府，定襄县委、县政府隆重举行薄一波同志诞辰100周年纪念活动。定襄籍老领导、原省人大常委会副主任杜五安，某部队原副军长郭明高出席纪念活动，市委书记张建欣出席纪念活动并作重要讲话，市委副书记、代市长李平社主持座谈会并在薄老故居揭牌仪式上讲话，市人大常委会主任郭连山，市委常委、秘书长张明成，市委常委、副市长白培中，市委常委、军分区政委高山，市委常委、统战部长王士桦，市政协副主席李毅、薄宝明等领导出席纪念活动。薄熙成等薄老子女及亲属和社会各界人士参加纪念活动。

（市志办）

【忻州市第二实验小学校成立】 2008年8月，忻州市第二实验小学校成立，校址位于原忻州市农机校，是忻州市教育局直属六年制小学。学校占地面积2.8万平方米，建筑面积1.8万余平方米。拥有教学楼、艺术楼、科技楼、办公楼、图书楼，绿化面积7000余平方米。音乐教室、美术教室、劳动技术室、科学实验室、信息技术教室设备一流，舞蹈、器乐、美术、书法、棋类等活动室项目齐全。先进的校园数字平台，现代化的电子备课室，每班配备成套的多媒体教学设备，教师人手一台笔记本电脑，构成了覆盖全校的现代化教学网络。科学、音乐、美术、体育、劳技器材齐全，科学实验仪器先进。图书室现有藏书3.1万余册，总价值30余万元，学校还有忻州市唯一的塑胶操场。学校绿树成荫，鸟语花香，办学条件优良，教学设施先进，校园环境优雅，是一所起点高、标准高、质量高的一流小学。

（市志办）

【世界遗产专家在五台山考察】 受世界自然保护联盟（IUCN）和国际古迹遗址理事会（I-COMOS）的委派，加拿大籍专家桑赛尔（JimThorsell）先生和日本籍专家杉尾伸太郎（ShintaroSUGIO）先生，于2008年9月9日至12日正式对世界自然与文化遗产提名地五台山进行了实地考察。忻州市委书记张建欣、市长李平社向专家们介绍了五台山的保护历史和措施；建设部城建司司长王凤武、风景处左小平处长、国家文物局陆琼处长、中国联合国教科文组织全委会杜越、孔萍、著名文物专家吕舟、崔正森、著名自然专家梁永宁、李江海、田永清、杨锐等教授以及省建设厅副厅长任在刚、省文物局副局长高可等陪同考察。

9月10日上午，桑赛尔（JimThorsell）先生考察了五台山展示中心，听取了北京大学著名教授李江海关于五台山自然遗产价值及保护工作的汇报。随后，桑赛尔（JimThorsell）先生在梁永宁、李江海等教授的陪同下，从梵仙山东山脚到华北屋脊——北台顶，考察了绿岩和岩墙带、绿岩和花岗岩界线、石海、石流坡以及古夷平面，从金阁岭南庄村、宽滩沟、黄土咀考察了泥岩、交错层理、石英岩、火山岩、小断层、褶皱石英岩，在南台山麓考察了板岩、波痕板岩、火山岩和叠层石。期间，与当地官员、商户、居民、僧尼、消防人员和教师进行了关于保护遗产方面的交流与座谈，深入了解地方对遗产资源的保护与管理情况。

（市志办）

中共市委书记 张建欣
副书记 李平社 杨增武※ 郑连生 高 璋※ 席小军※ 辛旭光
市人大常委会主任 郭连山
副主任 郭秀莲（女） 智俊德 马林凤（女） 郑红光 徐生年 温建国
市 长 李平社
副市长 秦新年 白培中※ 王学英（女） 杨晋生 谌长瑞 武 德
市政协主席 李玉清
副主席 李 毅 樊惠杰（女） 王志勇 薄宝明 王月娥（女） 王庆荣

忻府区

【简述】 2008年，忻府区国民经济呈良好发展态势，主要领域保持平稳运行，经济运行总体质量进一步提高。初步测算忻府区生产总值完成494702万元，按可比价格计算比上年同期增长11%。其中第一产业实现增加值42918万元，同比增长5.9%；第二产业实现增加值209642万元，同比增长17.4%；第三产业实现增加值242142万元，同比增长8.5%。

农业　2008年共实现农村牧渔业总产值75816万元，增幅3.32%，增幅趋缓。据统计全年粮食总产值达到253599吨，比上年略有下降，农业产值完成42689万元，同比下降2.41%；畜牧业产业结构继续优化，畜产品产量稳步增高，大牲畜存栏头数以及猪、羊出栏数有较大幅度增长，其中羊出栏数58982只，同比增长125.2%；肉类总产量达到7562吨，同比增长9.03%；受三鹿奶粉事件的影响，奶产量为35906吨，较上年同期增长3.77%，增幅回落。

农业生产增幅趋缓，靠天吃饭的现象依然存在，农业形势不容乐观，应引起各方面的重视。一是要增加农业资金的投入，增强农业发展后劲，增强抵御自然灾害的能力；二是要加大农村产业结构调整，提高农产品质量；三是走农产品深加工之路，搞活流通；四是发挥政府部门的推动和引导作用，创造良好的外部环境。

工业　2008年，全区规模以上工业企业实现工业增产值98114万元，其中区属企业69203万元，同比增长19.87%，增长幅度位居全市第一。不容忽视的是受全球金融危机的影响一些企业生产经营困难较多，停产企业比例大，主要经济指标呈负增长趋势。

固定资产投资　2008年1—4季度，累计完成固定资产投资367057万元，同比增长35.9%，其中基本建设投资与上年同期基本持平。从这些投资项目来看，规模大、工期短、效益高，顺应地方经济的发展，是带动全区经济的龙头企业，但就环保和节约能源而言，前景不是很乐观的，是一个不容忽视的问题，在今后的投资中特别要注意环保问题，走可持续发展之路，避免形成先污染后治理的恶性循环，以利全区长期发展。

三产商业贸易　2008年，第三产业完成增产值242142万元，同比增长8.5%，增幅较快。全区批零贸易业市场稳定，产品丰富，销售旺盛，全年社会消费品零售额完成318168万元，同比增长27.5%，同时随着房地产的逐年升温有了较大幅度的提高，比上年同期增长12.6%。在社会消费品零售总额中，从规模上看，限额以上企业增长速度较快，而限额以下则与上年基本持平，增幅较慢，这说明在城乡贸易中，大中型企业增长占绝对优势，而小型企业和个体户虽没有较快的增长，但他们的销售额所占比例大，也不容忽视。

财政　2008年，全区财政收入继续大幅度增长，支出执行正常。全区财政总收入完成66046万元，比上年同期增长38.0%，再创历史新高。

2008年，城镇居民人均可支配收入11718元，比上年同期增长17.1%，人均消费性支出8702元，比上年同期增长24.8%，消费支出增幅大于收入增幅。农民人均纯收入3650元，同比增长16.9%，增幅较大。从现金的来源看，在粮食产量减少和价格走低的前提下，农民人均收入有了进一步的提高，说明农民的收入渠道进一步拓宽，不仅仅依靠种植业收入，工资性收入，家庭经营性收入，建筑业收入以及批零贸易、运输业等其他收入也有较大幅度提高。

2008年忻府区总的经济运行是良好的，但增幅有所减缓，随着全球金融危机的进一步加深，世界经济发展减缓趋势将更加明显，说明全球金融危机对全区经济的冲击比原先预计的要严重。主要表现在以下几个方面；

对生产的影响；工业生产下行压力增大。影响工业经济下滑的主要因素有以下几个方面：一是受经济波动周期的影响。改革开放三十年来，全区工业经济有了长远的发展，但由于受国内政策的调整以及国际大环境的影响，经济发展呈周期性的波动。如1998年亚洲金融危机都使忻府区工业生产增速回落，后来由于宏观政策的调整开始回升，本次全球性金融危机将使忻府区经济增长在短期内再次出现回落。二是受支柱产业单一的影响。忻府区工业企业的格局是重工业多，轻工业少；耗能企业多，节能企业少；传统产业多，高新技术产业，导致受全球金融危机冲击较大，将直接影响工业生产的增速。三是受新建企业难以达产达效的影响。由于全球金融危机，忻府区计划投资的一些企业由于受资金、市场和成本等因素的影响不能按计划投产达效。四是受中小企业竞争力不强的影响。虽然近期焦炭、钢铁、建材等在国家扩大投资规模影响下呈恢复性增长，但由于全区这些行业企业规模小，不能消除主导产业减产的影响。

对投资的影响；固定资产投资规模有望扩张。为积极应对金融危机对全国的影响；国家陆续出台了全方位的多项经济刺激方案，拉动忻府区经济增长投资点主要表现在一下几个方面：一是新一轮高水平基础设施投资。如忻保高速、忻台高速等一批新开工项目将带动基础设施投资新一轮的高增长。二是产业结构调整和扶持中小企业技术改造、节能减排投资。三是以新农村建设和改善民生为重点的农村中小型基础设施投资、城镇住宅投资等。

对消费的影响；消费增速回落难以避免。随着居民消费价格指数上涨幅度的进一步减缓，尽管随着中央扩大内需，搞活流通措施的出台和节日消费高峰的来临，消费市场保持稳定增长的实力依然存在，但受居民收入预期增长困难等因素制约，2008年消费增速回落成定局。受金融危机的影响，企业开工不足、盈利减少，将影响到从业人员收入的增加。从城乡居民耐用消费品拥有情况来看，全区传统耐用消费品普及率较高，城市居民彩电、冰箱、洗衣机、移动电话普及。高档、享受型耐用消费品受传统消费观念和收入小平预期不高的影响，低消费、高储蓄观念难以在短期有明显改变。

综上所述，2008年，作为以单一“资源型”产业结构支撑的忻府区经济，经济增速减缓不可避免，需要积极应对。尽管忻府区面临十分复杂、严峻的形势，但也要看到危机中蕴藏着的机遇，采取切实措施，充分运用机遇和有利条件，把危机对全区的影响降到最低程度，促进全区经济平稳较快发展。

（张先梅）

中共区委书记 王志刚
区人大常委会主任 高智峰
区 长 霍富荣
区政协主席 高计元

原平市

【简述】 原平市地处山西省北中部，位于北纬38°35′～39°09′，东经112°17′～113°05′之间。东临五台，西靠宁武，南与忻府区、定襄毗邻，北和代县、朔州接壤。境域东西长约62公里，南北宽约58公里，总面积2560平方公里。全市辖7个镇、11个乡、3个街道办事处，520个行政村。年末总人口49.0047万人，其中，男25.1809人、女23.8238人。

原平历史悠久，人杰地灵。从卫村、南寨、

原平农特产

郭建平摄影

呼家崖发掘的新石器时代遗址证明，早在五、六千年前的新石器时代，在这块土地上的仰韶文化已闪射出了人类文明的光彩。西汉元鼎三年（公元前114）始置原平县，后称崞县，1958年12月，经山西省人民委员会报请国务院批准改名为原平县，县级机关由崞阳迁址原平。1993年6月，国务院批准撤县设市。几千年来，随着人类社会发展的历史进程，原平这块热土上涌现出了一代又一代的杰出人物，不断地推动着原平文化的发展，书写着原平地域上人类进步的美好史页。我国宫词之祖、历史上十大女诗（词）人之一的班婕好，西晋咸宁间博士秦秀，东晋高僧、文学家慧远，杨家将后人、抗金英雄杨存中，清代廉吏武访畴，革命先驱续西峰，爱国将领续范亭，为我国航空、导弹事业作出重大贡献的郭固邦等等，都是原平的山水、原平的人民养育成就的精英。他们当中，有好多人已载入我国古今经典文献，成为原平世世代代的精神财富。

原平气候温和，地貌独特。属温带大陆性气候，多严寒而少酷暑，冬寒少雪，春干多风。全市可分为平川温和半干旱区、东部丘陵温暖干旱区、西山温凉干旱区三个气候区。地形呈西高东低状，地面向滹沱河及其支流倾斜。西部山区最高峰海拔2384米，最低点海拔950米；东部山区最高峰海拔2023米，最低点海拔760米；中部为带形平川，海拔在950米以下。全市山区面积1362平方公里，丘陵面积574平方公里，平原面积564平方公里。

原平资源富集，物产丰饶。素有“东山摇钱树、西山聚宝盆、中间米粮川”之称。“东山摇钱树”特指同川地区的林果业，早在唐代就开始在此栽植梨果树，驰名于宋代，明洪武年间同川被誉为梨果之乡。改革开放以来，随着市场经济的发展，以及勤劳俭朴的同川人民的努力，同川梨以其独特的香酥品味，行销全国20多个省市，远销国外。同川人不仅占据全国水果市场的主体地位，而且逐步形成集贩运、加工、销售于一体的水果营销产业，带动了同川地区的经济社会发展。“中间米粮川”是农业主产区，该地区地势平坦，村庄稠密，土质良好，是全市粮食生产的主要基地，粮食产量保持在2.5亿公斤左右。“西山聚宝盆”专指西部山区，矿藏丰富，已探明的矿产资源有：煤、铁、铝矾土、石灰石等，主要分布在长梁沟镇、轩岗镇、段家堡乡一带，其中煤储量在12.8亿吨以上；铝矾土储量在1亿吨以上；其它矿产资源还有银、铜、石灰石等。此外，原平水资源充足，是山西省少有的富水县市之一，正常年径流量近2亿立方米，年可采量约1.2亿立方米。北部大营温泉享有“华北第一泉”之称，水温高、水质优，富含矿物质，是疗养旅游的佳地。

原平区位重要，交通便利。自古以来就是交通枢纽，京原铁路与北同蒲铁路在此交汇，朔黄铁路穿境而过；108国道、208国道、原太高速公路和大运公路等在此交汇。境内乡乡通油路，村村通公路，形成了四通八达的交通网络。

综合经济　2008年，全市生产总值（GDP）完成50.5亿元，增长11.2%，经济总量居忻州市第一，人均GDP突破万元。财政总收入完成12亿元，增长29.4%，净增2.7亿元。其中，一般预算收入完成3.89亿元，增长29.5%。两项收入均居忻州市第一。城镇居民人均可支配收入完成11716元，增长22.1%。农民人均纯收入完成3615元，增长11%。

重点项目建设　铝基地项目成为原平市经济快速发展的重要支撑，2008年上缴税金4.6亿元，占到财政总收入的38.3%。二期项目建设进展顺利，预计今年可建成投产。轩岗电厂项目主厂房完工80%，预计2009年5月份第一台机组并网发电，9月份第二台机组具备发电条件。“两区”开发八大项目快速推进。盛源化工公司8万吨淀粉一期生产线已投入生产，特别是宝丰公司新型皮带机、泰宝公司密封件、高龙公司电力设备项目均已进入试生产阶段，盛大公司托辊生产线完成基础建设，兴胜公司智能系统项目正在积极推进，标志着原平市机械装备制造业进入新的发展阶段。全市13个“双百千亿”项目，总投资303.8亿元，累计完成投资94.7亿元，在忻州市项目建设观摩评比中排名第一，并在原平市召开了现场会。

环境保护　2008年是原平市节能减排投入资金最多、所花精力最大、取得成效最为明显的一年。市委市政府把区域限批的压力转化为综合整治的动力，大力实施“蓝天碧水”工程，组织开展“百日攻坚”、淘汰落后产能、大气环境治理、滹沱河流域综合治理、零点关停等行动，全市节能降耗指标均超额完成上级下达任务。2008年二级以上天数达到283天，比上年多100天，创近年来二级以上天数新高。

城市建设　重点实施了城市基础设施建设八大工程。对永康路、京原路、体育路、永兴北路等主干道进行了改造，完成了化二南路、金融路等7条街巷改造；集中供热面积扩大到200万平方米，天然气压缩工程基本完工；污水处理厂中水回用工程已经启动；垃圾无害化处理厂建设即将竣工；火车站站前广场工程已完成房屋拆迁、场地平整；政法大楼、社区基础设施建设等项目相继启动实施。同时，实施了绿化、亮化、美化工程，城市功能进一步完善，城市品位进一步提升。

全市投入6704万元，重点对市区、乡村以及城乡结合部进行集中整治，城乡面貌焕然一新，荣获省级卫生城市称号。同时，新原乡唐林岗村、王家庄乡东街村荣获省级卫生村称号，范亭中学荣获省级爱国卫生先进单位称号。

新农村建设　全面落实扶农惠农政策，共发放良种补贴、粮食直补、综合补贴3542万元，比上年多发放2056万元。粮食总产量达到2.775亿公斤，是原平市历史上第三个高产年。忻州市农业丰产田万亩方现场会在原平市召开。全市69个试点村和重点推进村实施了“四改四化”和“五个一”工程，新发展沼气用户1266户，新建服务网点5个，沼气用户达到3625户。以“申遗”通道绿化为重点的六大造林绿化工程全部完成，受到省、忻州市好评。

商业贸易　加强诚信体系建设，提升商业服务水平，东大、百盛、家家利等大型商场品牌效应日益显现。加大市场建设力度，阳光商厦（印刷厂大楼）、金三角农副产品市场主体工程基本完工，交电大楼正在建设，万通百货、新华林商厦、建材机电市场、轩岗商贸中心启动运营。“万村千乡”市场工程新建连锁便民店80个，累计发展到192个。此外，玉皇峁风景区进入实质性开发阶段，大营温泉度假村水上垂钓中心、汽车大观园建设取得积极进展。

安全生产　以煤矿、非煤矿山为重点的各类隐患排查整治取得实效，连续三年没有发生三人以上重特大事故。忻州市安全生产百日督查专项行动促进会在原平市召开。资源整合和关闭矿井取得突破性进展。打击私采滥挖工作

原平市土圣寺古塔　　郭建平摄影

出重拳、下猛药，效果显著。

2008年在基础设施、公共服务等方面投入5.2亿元，占到财政总支出的54.3%，使全市人民从改革发展中得到了更大更多的实惠。以劳动就业、养老保险、医疗保险、工伤保险、城乡低保等为内容的社保体系不断完善。饮水安全、沉陷区治理、地质灾害治理、棚户区改造、廉租房建设、帮助残疾人行动等省、忻州市和原平市分别承诺的“十件实事”、“九项惠民工程”全部完成，而且大多数超额完成。

社会事业　教育、科技、文化、体育、卫生、交通等发展进一步加强。中小学改扩建工程、乡镇文化站和村级文化大院建设、农村体育场建设、缓解群众看病难看病贵问题、通畅工程、危桥改造等各项任务圆满完成，被省政府授予“义务教育标准化建设达标市”、“科教兴县先进单位”，省农业厅、体育局授予“百万农民健身活动先进市”；抗震救灾、治超工作受到省、忻州市好评；应急管理体系进一步完善，没有发生新闻媒体炒作事件；人口计生工作被省政府授予“优质服务先进市”。广电、统计、宗教、档案、民兵预备役、党风廉政、民主法制、精神文明建设等各项工作也都有了较大进步。

存在的困难和问题　一是工业经济面临困境。受国际国内大环境和自身经济结构等因素影响，企业利润空间受到挤压，甚至出现亏损、停产，全市工业经济效益不增反降。二是财政收支矛盾突出。尽管市财政总收入已有较大幅度增长，但由于工业经济效益严重下滑，财政增收的难度加大，加之关注民生和社会事业的投入加大，导致可用财力严重不足。三是项目建设仍存在很多制约因素。主要是项目用地、环评手续办理难、周期长，企业融资难、可持续发展资金缺乏，严重影响了已报批项目的上马建设和新申报项目的落实。四是农民持续增收难度加大。尽管农民人均纯收入与上年相比有较大增长，粮食生产再获丰收，但粮食和农产品销售困难，面临着增产不增收的困境。五是发展潜力仍需进一步挖掘。经济发展方式还比较落后，节能减排任务依然艰巨，资源优势、区位优势还没有完全转化为经济优势和发展优势。（武会文）

中共市委书记　梁　杰
市人大常委会主任　阎前元
市　长　张志哲
市政协主席　王成利

定襄县

【简述】　定襄县位于山西省北中部忻定盆地的东南部，地理坐标为北纬38°19′——38°40′，东经112°39′——113°16′，地处五台山余脉和系舟山的夹角之处；北、东、南三面群山环绕，西面和中部平坦，北与原平市为界，东与五台县毗连，南与盂县、阳曲县为邻，西与忻州市接壤。全县东西长48公里，南北宽36公里，总面积865.02平方公里：其中平原412.62平方公里，丘陵181.65平方公里，山地270.75平方公里。东部为山地，西部为平川，中间为半坡丘陵。总地势东高西低。境内最高处海拔为2101.9米的柳林尖山峰，最低处为海拔在570米左右的南庄河谷地带，境内平均海拔为700米——800米。滹沱河——境内最大河流，自定襄县西北入境，经与云中河、牧马河和同河汇流后，由东北流入五台县，后又流经本县最东部向盂县流去。全县辖3镇6乡，155个行政村，人口21万余人。耕地面积2.6万公顷，是传统的农业大县，是全国的商品粮基地县和农业部小杂粮基地县，主要农作物有：高粱、玉米、小麦、谷子、豆类、薯类等，经济作物主要有向日葵、棉花、瓜菜等。定襄县工业经济以锻造业为主，主导产品法兰已成为国字号产品，并成为亚洲最大的锻造基地，1999年被国家命名为“中国锻造之乡”。定襄县历史悠久，人文荟萃，地势平坦，交通便利，朔黄铁路、忻河铁路、忻台公路贯穿全境，县乡公路纵横交错，初步形成了三干九支六循环的公路交通框架。改革开放以来，全县经济和社会各项事业都取得了较好的成绩，先后被国家和省授予党建工作先进县、农民增收先进县、科技工作先进县、文化工作先进县、发展民营经济先进县等荣誉称号。

“三农”工作　2008年，定襄县委、政府围绕“促进农业增效、农民增收、农村发展”的总体思路，“三农”工作取得突破性进展。一是粮食生产全面丰收。全年改造中低产田667公顷，改良土壤153.41公顷，全县农作物播种面积达27933.96公顷，粮食总产量达到1.625亿公斤，比历史最高年2007年1.59亿公斤增加350万公斤，被省委、省政府评为“粮食生产先进集体”，被市委、市政府评为“特色高效先进县”。二是农业科技促进增收。全县农作物亩均收入805.8元，亩均收入2000元以上的乡2个、村32个（其中3000元以上的村9个）转移农村劳动力3200人，农民工资性收入不断增加。被省委、省政府评为“增加农民收入先进集体”。三是新农村建设扎实推进。全县新农村试点村、推进村达到60个，占全县行政村总数的五分之二。全县有30个村新建了教学大楼，有40个村做了主街道亮化，有59个村完成主街道硬化，有109个村建起了便民店，有2915户农民用上了沼气，有100个村20.5万人吃上了安全水。全县“一村一品”村达到65个，有农业合作组织104个、专业协会8个、公司12个，农村经纪人近千人。

工业　一是重点项目进展顺利。全年共开工建设1000万以上投资的重点项目16个，完成投资2.52亿元。二是基地建设力度加大。芳兰工业基地110千伏变电站已建成运营，140米的深井也已打成验收。受禄农副产品加工基地完成硬化路10公里、完成输变电线路2.1公里，实现了路、水、电三通。两个基地已经初具招商条件。三是招商引资再结硕果。在太原第二届煤炭博览会上，有4个项目成功签约，分别是：(1) 晋昌镇与温州梧桐房地产开发公司签定合作开发解放西大街意向，总投资4545万美元，全部引资；(2) 爱国扁钢公司与上海欧浩实业有限公司签定新建精铸车间项目合同，总投资373万美元，引资267万美元；(3) 受禄乡政府与山西省恒盛实业有限公司签定新建年产5000吨糠醛生产加工项目合同，总投资285万美元，全部引资；(4) 旺盛锻压公司与韩国公司合资建设年产4000吨法兰盘生产线项目，总投资136万美元，外方投资40万美元。这些项目将陆续开工。大唐定襄电厂前期工作稳步推进，可研报告已编制完成，省内支持性文件已取得，已上报国家发改委，正在争取立项。

基础设施建设　一是十项重点工程稳步推进。二是政府资源得到整合。新建了综合办公楼一栋；把科技局、农机局等7个单位整合到政府大院；建成了全省一流的集办公、休闲、观赏功能为一体的机关大院。新建6个公安派出所办公楼。3个乡镇司法所的建设已达省级标准。通过整合政府资源，盘活政府资产，积累了建设资金2677万元，拉动了社会投资。三是交通网络日趋完善。县乡公路改造工程完成6项73.45公里，村连村工程完成15项55.3公里，村村通工程完成8个村26公里，村通水泥路率达到91.6%。治超工作组建了两个临时卸载点和四个流动稽查队，增加了检测频次，

定襄县特产长山药
郭建平摄影

有力地打击了“双超”行为。

社会事业　一是社保工作全面强化。全年共征缴企业基本养老保险金1234万元，机关养老保险金4153万元，征缴发放率均达100%。共征缴医疗保险基金531万元，工伤保险基金112万元。全年为896名五保户发放供养金107.5万元，为农村低保户4752户7052人发放保障金261.5万元，为城市低保户3415户7763人发放保障金725.8万元。城乡医疗救助扎实开展，为420人发放救助金79.3万元，救助城镇大病人员11人，发放救助金5.4万元。新型农村合作医疗覆盖率为100%，参合率达到90.52%，全年为41764人次补偿门诊和住院医药费1353万元。积极启动城镇居民医疗保险工作，对低保对象、重度残疾人和低收入家庭60周岁以上老人等困难人群采取零缴费政策，共征缴基金26.7万元，11939人参保，参保率达到79%。至此，全县22万人都享受到了医疗保障。新增城镇就业岗位2458个，扶持劳动者创业就业421人，安排“4050”人员115名。为公教人员和离退休人员按时足额发放了工资，为公务员和事业人员发放了津贴。

（薄振宇）

中共县委书记　邱维邦
县人大常委会主任　张德星
县　长　贾玉文
县政协主席　兰继升

五台县

【简述】　五台县全县南北长50公里，东西宽70公里，略呈长方形，总面积2865.8平方公里，是全省国土面积第三大县。辖一区（五台山风景名胜区）、6镇、13乡、573个行政村。2008年全年完成生产总值18.84亿元，比上年增长13.2%；规模以上工业增加值完成2.46亿元，比上年增长21.2%；社会消费品零售总额实现7.88亿元，比上年增长31%；财政总收入完成2.37亿元，比上年增长32.6%；一般预算收入完成1.14亿元，比上年增长28.1%；城镇居民人均可支配收入达到10108元，比上年增长24.7%；农民人均纯收入达到2408元，比上年增长14.8%。；固定资产投资总额14.16亿元，比上年增长11%；社会消费品零售总额7.88亿元，比上年增长31%。

农业　实施玉米丰产增粮计划，建设各类高效种植示范园49个，新发展优质白水杏1334公顷、核桃800.4公顷，粮食总产连续五年丰收，产量达到1.115亿公斤。东冶镇建成万亩无公害蔬菜节水园区，拥有标准化科技转化园圃3.335公顷，上百个日光节能温棚。成立了无公害蔬菜协会，培训菜农1.4万余人，发展标准化科技示范户1800余户，推广了18类88个无公害蔬菜新品种。全镇年产蔬菜约3800万公斤，列进了国家农业综合开发项目。五台山的台蘑、陈家庄乡的花椒和柿子被中国绿色食品发展中心审核认定为“国家绿色食品A级”，并颁发了证书。“五台山牌”花椒被评为山西省“著名商标”。畜牧上，积极应对“三鹿”奶粉事件冲击，继续实施规模健康养殖工程，新增标准化肉牛养殖小区5个，带动全县规模养殖小区达到27个，各类规模养殖户达到3860个，全县牛发展数达到46185头、存栏达到29935头，羊发展数达到214554只、存栏达到122624只，猪发展数达到64295头、存栏22937头。

工业　列入省“两区”开发和市“双百千亿”的13个项目，总投资达90亿元。云海镁业镁合金项目，总投资3.5亿元，现3000吨金属锶生产线竣工投产，5万吨镁合金土建工程基本完工，3万吨生产线安装完毕；国家重点工程西龙池抽水蓄能电站，一期工程总投资51亿元，现已累计完成投资35亿元，达产达效后，年产值可达到10.27亿元，上缴各类税费近2亿元；成功引进福建经纬集团3万吨镁合金和1万吨镁合金压铸件项目，签约西龙池、峨岭、驼梁、少军梁4个风力发电项目，总装机容量30万千瓦，与神华集团、同煤集团达成了新建2万吨列煤台建设意向。

三农工作　扎实推进新农村建设，组织机关企事业单位结对帮建18个重点推进村，“四化四改”和“五个一”工程加快推进。硬化街道162公里，安装路灯320盏，修建垃圾池56个，建设活动广场15035平方米、便民服务店8475平方米。新建了产气600平方米供400户居民用气的东冶大型沼气池；农村户用沼气工程完成887户，新建农村沼气服务站4个。投资1037万元完成了耿镇、建安节水灌溉工程和白家庄7村集中供水工程以及88个村、3万多人的人畜饮水安全工程。全面落实各项强农惠农政策，全年共投入农村基础设施和公共事业建设资金1.47亿元，下拨转移支付2904万元，为农民发放各类补贴6852万元，广大农民得到了较多的实惠。扶贫开发上，争取各类扶贫资金1253万元，完成了17村整村推进和800人的扶贫移民工程，全县贫困人口由6.95万人减少到6.55万人。

项目建设　大力实施开放引进、项目带动战略，一批重点工程和优势项目建设取得了明显成效。西龙池抽水蓄能电站第一台机组试运行并具备了发电能力。坪上应急引水工程加速推进。五台山旅游服务基地移民商住区一期工程基本结束，展示中心、游客中心、旅游市场、停车场四项工程主体建设全部完成。驼梁景区开发项目已签订开发协议，到位资金1500万元，完成了道路建设工程。云海镁业已形成年产3000吨金属锶、3万吨金属镁和5万吨镁合金的生产能力。投资2890万元的西村110千伏输变电工程全面完成，保证了云海镁业的用电需求。以铺上铁矿、麻黄沟铁矿、鑫大鑫铁矿为代表的铁选企业上交税费大幅增加。东冶现有煤台已经启用，2万吨列新煤台建设项目已纳入神华集团朔黄铁路3.5亿吨扩能改造规划。五台山奶牛、阳白肉牛、豆村万头猪场等农业产业化龙头项目不断发展壮大。忻阜高速、新城区开发、天然气引进等新上项目取得进展。抢抓国家投资1000亿元扩大内需的机遇，积极向上申报了投资总额44.9亿元的181个项目，已落实40个、资金总额2700万元。

申遗建设　举全县之力实施了一批申遗重点工程。以拆迁整治、植被恢复、通道绿化、环境整治、服务基地建设为重点，投资3.58亿元完成了核心景区综合整治，拆除搬迁25家单位、546户居民，完成了9个寺庙、4个台顶的保护性整治和20.7万平方米的景观恢复工程；旅游服务基地预算投资6.15亿元的16项工程，已完工5项、在建11项；投资1000多万元对五台山周边的2个矿区1200多亩植被进行了恢复；投资5370万元实施了190.6公里的旅游通道绿化工程；投资1000多万元进行了申遗线路城乡环境综合整治。9月份，顺利接受了2个世遗专家机构对五台山的实地考察评估，得到了国家三部委和世遗专家的认可和好评。五台山申遗必过的5关，已通过前3关。

五台山龙泉寺石雕牌楼　郭建平摄影

文化教育　投资1000余万元完成了20所标准化学校基础设施改造配套，新建、改扩建校舍面积16020平方米，其中，维修校舍面积2000余平方米。全县第一所高标准全托幼儿园——五台县实验幼儿园于8月1日正式投入运行。省级重点工程项目校豆村中学、沟南学校两项工程全部完工并投入使用。教育教学改革深入推进，高、中考成绩喜人。农村中小学现代远程教育工程全面启动。全县共投入资金1000.63万元，由同家、省、市和县共同投资，共装备模式一学校173所，模式二学校167所，模式三学校40所。努力加强教师队伍建设，全面提高教育教学质量。积极组织教师参加各类进修培训工作。大力实施名优教师工程。努力提高幼教、代教工资待遇。给全县41名老幼儿教师解决了工资待遇，代教工资由原来的每月200元增加到300元。

生态建设　以净化美化五台山旅游环境、打造碧水蓝天的人居环境为重点，组织实施了环保百日攻坚行动，重点整治了旅游沿线的污染源，普查污染源1407个，整治140个，关闭74个，停产88个；督促五台山化工有限公司和云海镁业进行了节能减排技术改造，完成了滹沱河专项治理，实施了县城集中供热一期工程，减少锅炉66台，全县二氧化硫和化学需氧量减排量均超额完成市定的约束性指标任务。实施造林绿化工程，完成退耕还林荒山绿化667公顷、太行山绿化333.5公顷、交通沿线荒山绿化907.12公顷、通道绿化447.49公顷、环城绿化200.1公顷，新增园林绿化村庄43个，城乡环境得到较大改善，县城空气质量二级以上天数达到303天，比上年净增104天。

文化卫生　投资180多万元新建文化站3座、标准体育场90个、农村流动书库60个，投资100多万元完成了城区有线电视数字化平移工程，县城居民可收看78套清晰的电视节目。投资285万元完成了乡镇卫生院医疗设备配套工程，70%的村卫生室达标。全年为全县参合农民报销医疗费1653万元，完成了2009年度新农合筹资任务，参合农民24.6万人，参合率达到92.41%，并出资将3347名农村五保对象纳入了新农合范围。启动了城镇居民医疗保险、生育保险、关闭破产企业退休人员和国有特困企业职工医疗保险工作。

人口计生　新改扩建计生服务所9个，计生奖扶政策有效落实，全县人口自然增长率控制为3.51‰。

劳动就业　新增城镇就业岗位2896个，扶持劳动者创业就业550人，帮助984名下岗失业人员实现了再就业，政府出资购买公益性岗位612个，培训新型农民8780人，转移农村劳动力5800人。安排师范类本科毕业生72名，招聘劳动监察员54名、卫生监督员48名、中小学幼儿教师122名，招考大学生村官155名，帮助53名残疾人实现了就业。

福利事业　农村低保达到1.3万人，城镇低保达到9026人，在提高低保标准的同时，实现了城乡困难人群应保尽保。对319名残疾人实施了康复救助。投资35万元完成了县城公墓道路建设，投资100万元完成了县城福利中心外部装修工程，投资343万元建成2个公寓化敬老院并投入使用。完成了水库休闲广场配套设施建设。新建商品房2.8万平方米、经济适用住房3.8万平方米，落实廉租房建设资金270万元，发放廉租房补贴50万元，补贴县城集中供暖费用1050万元。通过积极争取上级的财力支持，发放了公务员与工勤人员津补贴、事业人员半年临时性补贴和提高住房公积金标准后增加的补贴。

交通通讯　投资4873万元完成了37公里的县乡公路改造工程和187.7公里的农村道路通畅工程，完成农村道路通畅工程49条187.7公里，390个村通了水泥（油）路。朔黄铁路穿越县境35公里，8.89公里长的河东铁路已正式开通。全县通车里程1577公里，其中，省道278公里、县道156公里、乡道593公里、专用道34公里、村村通516公里。程控电话、移动联通网络覆盖率高达95%以上。

（裴志华）

中共县委书记	刘银和
县人大常委会主任	续向荣
县　长	任建华
县政协主席	郝玉林

繁峙县

【简述】　综合　繁峙县管辖3个镇、10个乡、401个行政村，总面积为2368平方公里。年末总人口26.5万人，人口自然增长率为4.85‰。2008年，全县GDP完成20亿元，同比增长29%；农民人均纯收入完成2527元，同比增长12.3%；财政收入完成3.6265亿元，同比增长28.43%；规模以上工业增加值完成10.3亿元，同比增长78%；固定资产投资完成5.85亿元，同比增长57.7%。全县经济呈现出更加强劲的发展势头。

招商引资　通过“外引内融”共协议引资、融资60多亿元，其中与甘肃建新集团签订的后峪铜钼矿开发项目总投资就达35亿元，创造了繁峙县招商引资历史之最。全县重点推进的大型项目共14个，总投资120多亿元，其中20亿元以上的项目4个，分别为总投资20亿元的20万千瓦风电项目，已具备开工条件；华茂集团总投资35亿元的60万吨精密铸件项目，已完成投资7.9亿元；中兴公司总投资2.9亿元的45万吨耐磨铸件项目，已投产；总投资35亿元的后峪钼矿项目，2008年将开工。1亿元以上的项目3个，分别为神邦恒盛公司130万吨球团项目，总投资1.1亿元；通达公司80万吨反浮选项目，总投资2.5亿元，北城20万吨直接还原铁项目总投资2亿元。另外，还有1亿元以下的项目7个总投资2.7亿元。全年共争取国家投资1.67亿元，带动社会投资6亿多元。

城乡建设　2008年共投入资金6000多万元，实施了滹沱河县城段的综合治理工程、碧秀公园续建工程、县城亮化工程、石龙街东段改造工程、自来水厂改扩建工程、农贸市场改造工程等市政工程。坚持建设与管理并重的原则，加强了城管队伍建设，健全了机构，增加了人员，明确了职责，出台完善了多项城市管理的规章制度，县城已呈现出街道整洁、秩序井然、绿树成荫、灯火辉煌的都市化景象，增强了繁峙的发展活力和对外吸引力。另外，结合全省开展的城乡环境卫生清洁工程，全县各级共投入近1000万元，扫街巷、铲垃圾、拆违章、整容貌，使城乡环境更加优美。繁峙县于去年12月被省委、省政府授予“山西省卫生县城”荣誉称号。此外，通过实施以“三河、两路、五矿区”为重点的环境综合整治和实施矿山生态植被恢复，全县自然生态环境也得到了初步改善。

产业结构调整　在支持一产发展方面出台了多项优惠政策，加大了财政的投入，4个奶牛养殖场、9个标准化养羊小区、4个万头猪场、2个特种养殖场都呈现出良好发展势头；17个农业科技示范园区、2个玉米高产片、3个反季节蔬菜生产园都得到长足发展；全县机械化综合水平达到42.64%，繁峙县被评为“全国农机科普标兵单位”。特别是积极引导二产向一三产转型的尝试取得了巨大成功，由二产转向一产的银河乳业被省、市领导喻为“奶牛住进了星级宾馆”，繁峙的白水杏、红富士苹果、驴肉、胡油、豆腐干、小杂粮、粉丝等农副产品已经成为市场上的抢手货。二产上以铁、金、钼为主的工矿业发展势头强劲，繁峙县已连续两年被市政府确定为全市的工矿冶金园区。由二产转投三产的龙泉、嘉盛伦、天上人间、五台山、金洋等大酒店已经成为拉动全县服务业发展的强势力量。1家驾驶员培训中心、2家汽车销售中心、3家物流配送中心的建成运行，进一步增强了全县新型服务业发展的后劲。

社会事业　续将教育作为优先发展的事业，为全县所有义务教育阶段的53303名中小学生免除了学杂费并免费提供教科书，为4565名义务教育阶段中小学贫困家庭寄宿生补助生活费，新建、改造了一大批校舍，有效改善了全县的办学条件。全年城镇新增就业岗位3024个，政府安置公益性岗位790个，就业困难人员就业率达100%。全年共发放城市低保金905万元，农村低保金409万元。全年发放企业养老金4686万元，按时足额发放率达到100%；农村养老保险共收缴48万元，完成全年任务的66.6%。104批次、793人次，解决案件61件，化解纠纷17起。狠抓社会治安综合治理，全年共破获各类刑事案件360起，抓获各类犯罪嫌疑人243人，打掉各类犯罪团伙31个，受理查处各类治安案件927起，打击处理各类违法人员1132人。进一步加大了安全生产监管力度，健全了县、乡、村、企四级安全生产l网络，提高了应急反应能力，加大了打击私挖滥采的力度，强化了各级监管责任，全年没有发生一起一次死亡3人以上的重特大安全生产事故。

党建工作　全县401个行政村全部按时完成了村委换届作。其中，实行“一肩挑”的396个，占换届村总数的98.8%。有48名大学生村干部当选为“两委”班子成员（其中，23人担任村委副主任，19人担任村委成员，6人担任村支部副书记）；有24名妇女当选为村“两委”班子成员。全年，新选拔任用乡镇、机关、政法部门等60名干部（其中，提拔41人）。面向社会和应往届高校毕业生招考录用大学生村干部103名，其中，大学本科及以上60人。全县753名离任村干部享受了相应生活补助，27名在任村支部书记挂任乡镇党委副书记或副乡镇长，5名村干部（其中大学生村干部3名）考录为乡镇公务员。全年培养入党积极分子765名，其中，大学生“村官”136名，社会工作人员260名，发展党员210名。四川汶川大地震，积极响应党的号召上缴“特殊党费”416614.21元。

人口计生　2008年，全县共出生2223人，人口出生率8.51‰，符合政策生育率86.28%，综合节育率84.48%，长效节育措施落实率81.21%。圆满完成了省、市下达的指标任务，并走在了省、市的前列。一年来，共为全县育龄妇女上普通环1767例，结扎23例，上新型节育环1332例，B超查孕查环12343例。全县累计发放各类奖扶金592630元，受益群众达1496人（户）。2008年共征收社会抚养费103.8万元。

反腐倡廉　2008年全县纪检监察系统共受理信访举报77（次），立案77件，结案77件，共处分党员干部77人，其中科级干部4人，一般干部2人，共有26人受到撤销党内职务以上重处分。查处涉路案5件，纠正不规范行为17起。

（冯占军）

【中乌合作生产榨油机项目试产成功】　3月9日上午，繁峙县农机修造厂与乌克兰埃克思特鲁杰尔公司合作生产的第一台植物油低温物理榨油机正式下线。乌方代表与国家农业部、省、市及繁峙县四大班子的领导共同出席了试产成功庆典仪式。中乌合作生产植物油低温物理榨油机项目，开创了繁峙县乃至忻州市中外技术合作的先河，在全市招商引资进程中具有里程碑式的重大意义。

（冯占军）

中共县委书记	武宪堂
县人大常委会主任	李慧英
县　长	武宪堂
县政协主席	赵　琦

宁武县

【简述】　2008年，全县上下团结进取，扎实苦干，实现了经济社会发展新跨越。全年地区生产总值完成17.3亿元，同比增长15.3%；财政总收入完成4.93亿元，同比增长29.7%；一般预算收入完成1.5亿元，同比增长23%；社会消费品零售总额达到3.4亿元，比上年净增7000万元；城镇居民人均可支配收入达到9500元，比上年净增2037元；固定资产投资总额完成3.5亿元，比上年净增1000万元；二氧化硫排放量和化学需氧量分别控制在6400吨和2200吨以内，同比分别下降0.78%和1.87%。在伏旱、秋涝等多种自然灾害的侵袭下，粮食和油料依然保持了较好收成，产量分别达到26234吨和3836吨，分别比上年增产4748吨和717吨；农民人均纯收入达到1800元，比2007年增收287元。

农业　畜牧养殖按照“乡建小区，村育大户”的发展思路，大力推广“基地+农户”模式。全县标准化养殖小区达到了15个，养殖大户达到126户，牛、羊、鸡、猪的存栏数分别达到1.2万头、20万只、16.1万只、1.6万头，优种率分别达到28%、21%、55%、80%。

特色种植围绕丰产增收，建设了优质玉米千亩旱地高产示范区和马铃薯千亩高产示范区，亩产分别达到了1000斤和1700公斤。试种成功了G5莜麦，亩产450斤左右。建设了450亩塑料大棚，其中100亩已见效，每个大棚年纯收入1万多元。全县粮食播种面积15007.5公顷，其中：优种面积7337公顷，新技术推广面积4002公顷，分别占到总播种面积的50%和27%。全年举办各类培训班60期，培训农民12000多人，劳务输出6000多人。发展农民专业合作社100个，全县农业规模龙头企业达到6个。

社会主义新农村建设扎实推进。县财政719.5万元用于社会主义新农村建设。整合农业、水利、林业等13个部门资金2.5亿元，捆绑用于6个试点村和26个推进村的“四化四改”和“五个一工程”建设，全年硬化街巷49公里，安装路灯294盏，19个村新建改建了卫生所，25个村建成了便民超市和文化活动室。

工业　煤矿核定能力由1242万吨增加到1542万吨，矿井数由63座压减到60座。宁煤地方集团公司获得省工商局注册。行业管理进一步加强，组建了超层越界监督检查、驻矿安监员、坑口检身员等十支队伍。推行了绩效管理、隐患问责、安全生产费用提取管理使用等十三项制度。8座煤矿完成了机械化升级改造。4个矿井申报省级二级标准化矿井，并通过了市级初验。两个煤电项目核准所必须提供的6个专题报告都已完成，银行贷款已经落实，正积极争取国家发改委立项。两个风电项目测风工作全部结束，盘道梁风电项目预可研已经评审，正在编制可研，东马坊风电项目可研已编制完成，报省发改委待核准。深入开展民爆物品专项整治和“千人百日”安全隐患排查专项整治，奥运安保成绩突出。严厉打击非法采矿，大面积反弹得到有效遏制，小面积反弹及时得到打击。2008年，全县各类事故起数比2007年减少131起，特别是全社会关注的煤炭高危行业，去年没有发生重特大事故，百万吨死亡率比上年有所下降。

旅游　旅游开发所必需的规划全部通过评审。投资7568万元进行了基础设施和景点建设。开展了“三乡十村百户”农家乐旅游示范接待点建设，20户已具备了接待条件。奥运会皮划艇卫冕冠军孟关良出任宁武山水形象代言人，摄制了20集《经典宁武》风光片，宁武山水的品牌效应进一步提升。2008年，一、二、三产比例由2007年的1∶18∶15调整为1∶15∶16，产业结构初显优化。

城乡建设　县城建设共投入资金1900多万元，改造硬化了8条小巷小巷和梧桐路，循环贯通了两条主街道，在恢河大桥新置了路灯，硬化体育场并安装了照明灯，完成了栖凤公园道路硬化、正门台阶、栏杆和浮雕建设，维修了古城墙，改建了城墙水塔，实施了两山公园增绿工程，购置了流动公厕5座、不锈钢果皮箱150个、广告牌50个、垃圾桶150个、垃圾清运车辆10部，种植了行道树和草坪，完成了体育馆和劳动保障大楼规划设计，开工建设了县城垃圾处理厂。投资995万元，进行了阳方口和东寨窗口集镇建设，组建了东寨和阳方口集镇建设管理大队。

环境保护　山上治本和身边增绿成效明显，全年完成补植补种5.3万亩、退耕还林5000亩、荒山造林5000亩、封山育林8000亩、通道绿化48公里、环城绿化2000亩、村矿绿化15个。确定了汾河流域生态环境治理修复与保护近期建设的八大工程，开工建设了张家山流域雨水集蓄利用工程和阳方流域淤地坝工程。对汾河流域3个洗煤厂采取了断电、停洗、停销措施，4家发煤站正在建设环保设施，28家污染企业新建了挡风抑尘墙。东寨污水处理厂运行正常，县城污水处理厂由试运行转入正常运行。完成了县城集中供热工程的立项、招标等前期工作。深入开展“环境综合整治百日攻坚”专项行动和城乡环境卫生清洁工程。全年县城二级以上天数达到304天，比上年260天增加44天，是开展大气质量监测以来二级以上天数最多的一年。

社会事业　城乡医疗卫生条件进一步改善。投资195万元，为14个乡镇卫生院装备了B超、X光机、心电图等设备。投资105万元，扩建了妇幼保健院业务楼。完善了农村新型合作医疗制度，参合率达到了85.3%。人口出生率和自然增长率稳控有力，人口和计生工作被评为市级先进县。

教育基础设施进一步改善。宁武高中图书综合楼建成并投入使用，新建了高中理化、生物、心理、体育等7个省内一流的现代化实验室。投资980万元，改扩建5所中小学校。投资310万元改造了中小学校危房，新建了标准化寄宿制学校。成功举办了忻州市第三届老年人体育运动展示会暨宁武县第二届老年人体育文化艺术节。收集整理了《宁武民歌》和《宁武石刻碑拓》。

社会保障　组建了9个乡镇（街道）劳动保障所，公开招聘了37名劳动保障监察员。全年共征缴五大类保险基金9311万元，为4999名机关企事业单位离退休人员按时足额发放基本养老金7189万元，支付医疗保险、失业保险、生育保险和工伤保险1408万元。县财政拨专款4000多万元，为67个倒闭、破产、改制企业的8000多名职工补缴了养老保险金。为卫生系统乡集体人员、文化员、电影放映员、历史遗留下来的民办教师和编制代教提高了工资待遇。为分配到煤控中心、焦控中心等13个单位的281名大中专毕业生解决了养老保险、医疗保险和住房公积金问题。为4704户5913名城市低保户和4880户6003名农村低保户发放保障金1084余万元。启动实施了城镇居民医疗保险，14074名城镇居民参保。启动实施了城镇特困企业和国有关闭破产企业职工医疗保险，参保人员达到1005人。全年新增就业岗位1600个，587名下岗失业人员和275名就业困难人员实现了再就业。择优录用了167名大中专毕业生，对104名城镇复转军人进行了妥善安置。

城乡居住条件进一步改善。完成了70户3500平方米廉租住房的初设、征地等前期工作。为893户城市住房困难户发放住房补贴65万元。8处农村地质灾害避让搬迁工程中，4处已经完工，有60余户已喜迁新居，4处主体工程基本完工。9处新水源地建设工程全部完工。

交通基建　投资1356万元，完成了29村113公里的通畅工程。投资1695万元，建成了10.6公里蒯中二级乡村公路，解决了沿线两乡8村2700多人的出行难问题，实现了全县人民多年来的愿望。公路治超成绩突出，取得全省第一的好成绩，并获得3000万元公路建设资金奖励。

投资500万元对“110”指挥中心进行了升级改造，建成了标准化治安视频监控平台；投资380万元对看守所进行了改扩建；投资537万元新建了专职消防队营房，配备了一流的设备和装备；投资800万元新建了检察院办公大楼；新建了6个乡镇派出所、两个乡镇司法所和两个基层法庭。

存在的问题和困难　一是工业经济持续回落。二是工业企业停产面积扩大。三是农业农村发展受到影响。部分农产品价格大幅度下降。外出务工农民出现回流，务工农民收入下降。　（白瑞萍）

【年内大事纪要】　4月8日，上午，全县第二轮修志编纂委员会成立会议在县宾馆三楼会议室召开。会议的有县委、政府、人大、政协领导，编纂委员会全体成员共80多人。

4月19日，上午，宁武中电投煤电项目揭牌仪式在县宾馆举行。县委书记李树东主持仪式。

5月26日，2008年北京奥运会双人皮划艇500米卫冕冠军孟关良先生与宁武县人民政府签约担任了宁武山水形象代言人，同时宁武的暖海、天池成为国家水上运动项目的训练基地。

6月5日，宁武冰洞国家地质公园博物馆暨旅游服务设施建设奠基仪式在汾河源头举行。

6月27日，保护母亲河——全省百万青年投身汾河生态修复工程动员大会在山西饭店举行。

7月8日，文物馆在文物保护工作调查全县古碑文时，在三马营村境内发现了全县最大的墓葬碑林。整个墓地座北向南，面积约3000平方米，共有碑座17通，上面详细记载了清代乾隆至咸丰年间三马营王家家族的发展史。这对研究宁武县三马营王家家史提供了历史文献资料。

7月25日，由河北省三市汇洁公司、北京半边天洗衣连锁有限公司、铝王矿业加工有限公司董事长王成鹏先生投资创办的大石湾生态养殖园区一期工程初步完成。

9月18日，上午，县工商、质监、卫生、农业等部门共对全县800余家食品经营单位进行检查，查扣2008年8月6日前生产的“三鹿”婴幼儿系列配方不合格奶粉183.20kg，下架就地封存含三聚氰胺的圣元营养食品有限公司生产的优聪婴幼儿配方奶粉6袋。检查奶牛养殖户40余户，未发现食品安全问题。

9月26日，薛家洼乡与鲁能晋北铝业公司合作护矿项目在宽草坪村正式启动。该项目针对宽草坪铝土矿资源保护和矿山开发问题，从规范矿山开采秩序、保证安全生产、推动当地经济发展、实现地企双赢的角度出发，经双方协定成立乡护矿队，为有效开发合理利用矿产资源发挥保驾护航作用。

10月21日下午，忻州市打通出境路暨旅游路竣工通车剪彩仪式分别在河曲、偏关、神池、宁武举行。　（白瑞萍）

宁武管涔山一角
郭建平摄影

中共县委书记　李树东
县人大常委会主任　陈润民
县　长　郭宝厚
县政协主席　李应成

静乐县

【简述】　2008年全县生产总值达到10.5亿元，同比增长25%，高于全省、全市平均水平15个百分点。工业增加值完成3.3亿元，同比增长38.9%，在经济形势严峻的情况下，仍然实现了高位增长。财政总收入达到17568万元，同比增长19.8%，剔除资源价款，比“十五”期末翻了一番。

全县固定资产投资完成6.7亿元，同比增长84.3%，当年投资额相当于前六年的投资总额，增速位居忻州市第二。

城镇居民人均可支配收入达到8411元，同比增长21.8%；达到全省、全市平均水平的65%、75%，与“十五”期末比，和全省、全市的相对差距分别缩小7个和4个百分点。农民人均纯收入达到2165元，同比增长23.4%，净增410元，增速排名全市第一。

全年发放种粮直补资金1288万元、农机具补贴23万元、退耕还林补助金1472万元，发放养老保险和再就业资金4650万元、低保金1170万元、计生奖扶金50万元，报销农村合作医疗费612万元，补贴采暖费1500万元，增发公教人员和离退休人员津贴5200万元。仅这几项就达1.6亿元，惠及范围和受益水平前所未有。

全县57%以上的村通了水泥路，90%的村通了客车，95%的村实现了通讯覆盖。县城集中供热面积达到80余万平方米，集中供气工程部分投入使用，二氧化硫排放量削减3%，化学需氧量排放量削减3%，城区空气质量二级以上天数达到289天，比2007年增加102天。

项目建设　2008年全县不断扩大招商引资，积极争取项目，签约了双路煤电工业园区项目、粉煤灰蒸压标砖项目。紧抓国家1000亿元拉动内需项目建设的机遇，新增建设项目36个、新增投资2448万元。目前，天柱山化工有限公司1830化工项目全面开工；山西大远煤业60万吨采煤工艺改造项目即将投产；霍州煤电整合、扩建的三座煤矿正在紧张施工；200万只蛋鸡项目，已经饲养蛋鸡30万只；40万千瓦风力发电项目，首批测风塔已经安装运行；2×30万千瓦煤矸石发电项目、2×60万千瓦电源项目，正在积极争取。

结构调整　不断壮大主导产业，继续培植支柱产业，积极发展新型产业，三大产业全面发展。

农业产业化稳步推进。围绕土地增值、农业增效、农民增收的目标，重点发展了以蔬菜大棚为主的设施农业，借鉴山东寿光经验，采取企业牵头、村企共建、财政扶持、示范引导的方式，新建和改造大棚108座，蔬菜大棚建设走在全市前列，得到了市委、市政府的高度认可。同时，特色种植、品牌加工和生态养殖稳步扩大。全年种植特色小杂粮12006公顷，成立专业经济合作组织32个，发展加工企业35家，完成有机认证6个、绿色认证12个，新建养殖小区4个，培训农民1.2万人，农民增收的渠道进一步拓宽。

工业经济上档升级。煤焦电化产业链逐步壮大，工业对财政收入增长的贡献率达到80%。煤炭资源整合稳步推进，“关小、扩中、建大”、建设“6+2”板块的决策抢先一步，与国家、省、市出台的煤炭产业政策相接轨，全县煤矿压减到18座。1830化工项目、煤矸石发电项目、粉煤灰建材项目等一批煤炭衍生项目逐步上马，支撑静乐经济快速发展的工业产业，正在强势崛起。

第三产业全面发展。全年新增住宅面积近4万平方米；宾馆、饭店发展到280余家；仓储物流批发市场开工建设；天柱山景区功能化建设初具规模，岑山生态园区建设完成投资近700万元，风神山景区及静乐新八景正在规划启动，房地产业、文化产业、物流配送、劳务输出、服务业、旅游业等六大产业逐步形成。

城乡建设　以新农村建设为切入点，大力推进农村基础设施建设。赤泥洼乡集中扶贫项目全面实施，先后投资近5000万元，从吃水、交通、教育、卫生、产业等方面集中扶持，为国家集中扶贫试点工作创造了新经验。去年实施的11个重点推进村规划编制已经完成，“四化四改”和“五个一”工程全面推进。全县累计实施的29个新农村建设村，基本完成了四化四改，全部建起了便民连锁店、文化科技室、标准化小学，发展了户用沼气，解决了吃水困难。同时，全县还有21个村完成了整村推进任务，3个村、150户、900人搬入了新居，32个村、1000户、9904人实现了饮水安全，全县农村户用沼气发展到了1566户，便民连锁店发展到了35家，农村面貌有了明显改观。

城市建设上，完成了汾河大街踏铺工程，实施了滨河东路延伸工程；改造小街小巷7条，更新自来水管线2.5公里，县城照明、环卫设施进一步完善，岑山景区二期开发积极实施。道路建设上，完成通畅工程67.6公里，改造县乡公路34.7公里，宁静铁路即将通车，太佳高速、忻保高速奠基开工。电力通讯建设上，220千伏变电站项目已经开工，杜家村110千伏线路投入使用，通讯信号覆盖率达到95%，“三网合一”工程积极推进。

积极实施城乡环境卫生清洁工程和“蓝天碧水”工程。铺设路肩4万平方米，粉刷墙面11万平方米，清运垃圾8万方，新增农村垃圾点1600余个，污水处理厂正常运行，营业性燃煤炉灶彻底取缔，汾河两侧工业企业全部达到了污水零排放，全县所有工业企业都新上了脱硫除尘设施。圆满完成了各项造林绿化工程和生态建设工程，启动了汾河流域生态环境治理修复与保护工程，全年造林3001.5公顷，种草7337公顷，治滩66.7公顷，疏浚河道28公里，完成流域治理200.1公顷，静乐的基础设施建设不断加强，人居条件和投资环境进一步优化。

安全生产　深刻吸取事故教训，狠抓煤矿安全生产，不断加大部门监管力度，严格落实企业主体责任，设立了乡镇安监站，配齐了驻矿安监员，四套班子领导带头，严格实行包乡、包矿责任制，深入开展安全隐患排查治理，认真对照省、市督查组提出的整改意见，定期不定期自查自纠，聘请专家进行会诊，全县煤矿安全生产形势持续好转，私采滥挖现象得到彻底控制，各个领域的安全工作都取得了明显成效。

以对党和人民高度负责的态度，按照“合情、合理、合法”的原则，积极开展大接访活动，化解了一批影响和谐稳定的群体性问题，缓解了一批历史遗留的社会矛盾，全县和谐稳定的局面进一步巩固。

综治工作效果明显。积极引深平安创建活动，大力整治民爆物品，重拳打击“两抢一盗”，严厉惩处毒品犯罪。全年共受理治安案件365起，立案345起，查处违法人员270人，有力地维护了全县的社会稳定。制定下发了《全县总体应急预案》和《突发公共事件处置工作流程》，开展了17个专项预案和52个部门预案的编制工作，建立了应急管理网络体系，在道路交通、护林防火、奥运安保、安全生产、气象灾害等突发事件的处置中发挥了积极的作用。

社会事业　养老金、再就业生活补助金按时足额发放，各项社会保险覆盖面继续扩大，就业再就业工作全面推进，救灾救济工作扎实开展。通过争取上级扶持，解决了干连沟煤矿、电石厂、二轻企业等700多名职工的养老统筹问题，解决了企业拖欠工资问题，为40户残疾人改造了危房，为2267名农村70岁以上老人发放了爱助金，为2万名农村困难户提供了救灾救济，全县城镇基本社会保障覆盖率达到了81%。

积极实施教育经费保障机制改革，不断整合教育资源、提高农村教师津贴、改善农村办学条件，继续实施“一颗鸡蛋工程”，全力推进了城乡教育协调发展。去年高考首批本科达线104人，继续稳定在了百人以上。赤泥洼希望小学全面竣工，中小学改扩建工程顺利实施，全县28所项目校全部维修，校舍安全隐患得到进一步整治。

新型农村合作医疗全面启动，政府出资为全县低保户、特困户缴纳了参合基金，全县农民参合率达到了95%，全年共为3.12万名农民报销了医疗费，为3500名农村大病患者提供了医疗救助。农村计生奖扶政策全面落实，人口信息化水平继续提高，“四术”任务全部完成，人口自增率控制在了3.49‰。

积极开展“文化下乡”活动，新建基层图书室100个，复刊了《鹅城》杂志，编印出版了《静乐改革开放三十年概览》。不断发展体育事业，建成了农村体育场地75个，新建了县城青少年校外活动中心。我们紧紧围绕全国、全省、全市大局，在抗冰灾、保奥运、捐助地震灾区等方面做了大量工作，群众关心的地质灾害治理积极实施，治理超限超载工作深入开展，人事、物价、档案、科技、老龄、县志、民族宗教、民兵武装等社会各项事业都协调推进。

认真落实“一岗双责”目标责任制，积极开展政风行风评议活动，继续引深行政审批制度改革，深入推进财政管理体制改革，政府执政能力进一步提高。大力推进政务公开，严肃政令政纪，强化督促落实，政府民主决策不断加强。认真执行县人大及其常委会的各项决议、决定，自觉接受人大的依法监督、政协的民主监督和社会各界的舆论监督，全年共办理人大代表议案53件、政协委员提案69件。不断加大审计监督力度，全年审计单位35个，涉及资金4.5亿元。我们全面开展煤焦领域反腐败专项斗争，对全县煤焦领域和非煤矿山领域开展清理整治，补缴税款1416万元，上交罚款5.1万元。

2008年，静乐的项目工作综合排名忻州市第七，城乡环境卫生清洁工程考核忻州市排名第二，静乐荣获省级文明卫生县城称号，被市委、市政府评为了政法工作先进县、安全工作生产标兵县、扶贫开发先进县、文化互动工程先进县、计生工作目标责任制考核先进县、信访工作制度建设先进县。

存在的困难和问题　一是经济结构不够合理，支柱产业较为单一，重点项目建设、产业结构调整短期内还难以见效，经济发展的任务还相当重。二是农业基础脆弱，农民人均纯收入尽管增速快，但同全省、全市平均水平相比，差距仍没有缩小，农民增收还任重道远。三是发展方式比较粗放，生态环保压力很大，地处汾河上游的特殊位置更加提高了项目准入门槛，一大批传统企业将列入关闭范围，转型发展、持续发展迫在眉睫。四是经济社会发展还存在不协调、不和谐的因素，保民生、保稳定工作需要进一步加强。　（李青春）

中共县委书记	王书东※　杨存虎
县人大常委会主任	李如意
县　长	张　春
县政协主席	李俊秀

神池县

【简述】　神池县位于覃西北黄土高原，踞管涔山北麓，地跨北纬38°56—39°24，东经111°—112°18，之间，全县平面轮廓呈东南斜向西北的长方形。全县总面积1472平方公里，南北长约53公里，东西约50公里。其地貌具有山地、丘陵、盆地等多种类型，丘陵面积广阔，约占全县总面积的88%以上，大部分地区海拔在1300米—1600米之间。全县大部分地区年平均气温界于3.8℃—5.8℃之间，大部分地区降水量界于410—450毫米之间，大部分地区平均无霜期界于90天—130天之间。

神池具有交通便利的区位优势。四条铁路宁岢线、神河线、朔黄线、神朔线，两条省道公路，横穿全县，是连接晋、陕、蒙的交通要道。

神池是国家贫困县。全县有10.1万人，其中农业人口8.2万，土地面积146740公顷，耕地面积62031公顷。

目前初步探明的主要有铝钒土、石灰石、煤、铁矿、铜矿等矿产资源。煤可开采量22000万吨，主要分布在龙泉镇和太平庄乡，铝矾土可开采量1020万吨，主要分布在龙泉、东湖、义井、八角等乡镇。石灰石遍布全县，储量大，品位高，易开采。铁矿分布分散，储量不大，品位差开采价值不大。

据水利部门提供的有关资料，全县地下水静储量6.16亿吨；动储量5.9万吨/昼夜，是严重的缺水地区。现开采利用量6000立方米/日，人均0.06立方米。自上世纪70年代后期，全县进入了一个较长的枯水期，降水量、河流径流量均比50—60年代明显减少。

境内主要有明长城、清代圆明馆、辘辘窑沟的悬空寺等古代建筑，革命圣地有毛主席路居纪念馆、烈士陵园，这些连同天然森林都是很好的旅游景点。

神池的主要粮食作物有山药、莜麦、莞豆、黑豆、谷子、黍子等。经济作物有葫麻、黄芥、葵花、西瓜、小瓜、南瓜、药材、蔬菜等。地方特色食品有葫油、南瓜、莜面、麻花、月饼、炖羊肉、沙棘饮料等。特别是羊肉、月饼已有了自己的品牌，已注册的商标有芦芽山牌炖羊肉、绿宇牌月饼。

经济发展　2008年，全县国内生产总值完成5.6亿元，比上年增长16.5%；工业增加值732万元，增长34.5%；固定资产投资18946万元，增长19.7%；社会消费品零售总额37078万元，增长30.9%；财政总收入1.32亿元，增长25.53%；一般预算收入5714万元，增长66.88%；城镇居民人均可支配收入8556元，增长21.9%；农民人均纯收入2403元，增长14.4%。

农业　全县农业总产值达到52925万元，粮食总产9371万公斤，油料总产750万公斤。马铃薯、小杂粮等六大特色种植基地和四大千亩科技园区示范引导带动作用明显。人工种草20010公顷，规模养殖户达到7000余户，羊发展到49万只，冲刺羔羊肉第一县的目标取得了实质性进展。农产品龙头加工企业经济社会效益明显，农业合作社组织、农民经济人队伍不断壮大。

重点项目　重点项目强势推进，发展活力加速显现。南装煤站、永红肉业、凯祥淀份、华珍食品4个项目建成投产，南装煤站全年发运煤炭91万吨，上交各项税费5110万元，位财政税收做出了巨大贡献；永红肉业签订引资合约4000万元，年屠宰加工羊肉15万只，有力地带动了全县羔羊产业的快速发展；凯祥淀份、华珍食品两大土豆加工企业的投产直接带动了全县及周边农民扩大土豆加工企业的积极性。投产大项运转正常，经济和社会效益凸显，拉动作用更加明显。绿宇肉羊、精炼亚麻油、干法水泥、斗沟煤矿该扩建、贺职货场等项目签订了风力发电开发协议，签约总投资65亿元，总装机69.6万千瓦，开发总面积涉及七个乡镇约250平方公里。其中坝堰梁风电场一期已完成投资1.78亿元，完成了升压站和3号、5号机组等基础工程建设。

生态旅游　绿化环城山600余公顷、绿化西海子森林公园73.37公顷；新建了太平庄—管涔山、万年冰洞11公里旅游公路，打通了西海子公园—小沟儿界环北山12公里旅游通道，位进一步开发旅游经济、促进产业结构优化升级奠定了基础。

“一区两带”建设　充分发挥“旱码头”区位优势，依托铁路高发运，借助公路建市场。以神骅和宁岢铁路沿线的庄儿上煤站、南装煤站、贺职或厂等煤炭运销企业位依托，初步构筑起了具有一定规模的煤炭集运经济带。以阳韩过境公路沿线新建的汽修市场、畜牧市场、食品加工市场等专业市场为依托，初步构筑其了公路商品流通经济带。通过发掘月饼文化，涌现出了300余户月饼规模加工企业，年产值达7400万元，利税2960万元，带动了5000余人就业。同时还规划了占地1.5万亩的循环经济工业园区，初步构建起“一区两带”的物流框架。

城乡建设　总投入6610余万元用于城乡环境改善，高标准美化了府东街，全面清理、整修了县城下水管网。完成了龙泉、北大渠路的空中线路入地，硬化小街小巷30条，体育馆建成使用，13000平方米的经济适用住房入住，持续开展了环境卫生清洁活动。启动了集中供热二期工程，新城区集中供热率达到40%，污水处理绿化、退耕还林、三北防护林等生态建设工程扎实推进。人畜安全饮水、农村“户户通电”、县乡油路改造、村村通水泥路等一批与群众生活生产息息相关的实事落到实处。

人民生活　富民效应加速显现。就业再就业工作进一步加强，新增就业岗位680个，下岗再就业204人。总投入2756万元用于改善办学条件，新建的塘涧寄宿制学校、一中综合教学楼、西口子明德小学启用，东关小学开工在建，维修了义井中学、烈堡学校、大严备学校校舍，教育设施不断完善，教学质量稳步提升，中考位次继续前移，高考达线53人。全县共有8739人纳入城乡低保，集中供养五保户100人，救助特困户119人。卫生事业稳步发展，疾病预防控制、公共卫生监督体系建设成效明显。全面启动农村新型合作医疗，参合覆盖率100%，参保资金860余万元，较好地解决了农民的就医问题。

群众性文明创建活动深入开展，全社会文明程度不断提高。开通了数字电视。预警、应急机制进一步完善，突发时间应急能力不断增强。效能监察、经济责任审计等工作落实有力。“五五”普法活动深入开展，民主法制进程全面加快。“平安神池”、“法制神池”建设扎实推进。大信访格局基本形成，信访总量明显下降，信访工作全市排名第一。持续开展安全生产工作，严厉打击私采滥挖违法犯罪行为，安全生产形式良好。　（县党史研究室）

中共县委书记	范波涛
县人大常委会主任	贺新平
县　长	刘婷芳
县政协主席	刘国强

五寨县

【简述】　2008年全县生产总值完成67698万元，比上年增长12%。工业总产值完成20925万元，比上年增长32%；财政总收入完成16040万元，比上年增长40.6%；其中一般预算收入完成5718万元，比上年增长25.2%。社会消费品零售总额完成35433万元，比上年增长34.6%。城镇居民人均可支配收入完成9575元，比上年增长19.2%。全社会固定资产投资总额完成33400万元，比上年增长45.3%。城乡居民储蓄存款余额达到154217万元，比上年增长45%。

抓结构调整，建设生态农业，农业生产取得了连年增产增效的好成绩。

1、种植业获得大丰收。全县粮食总产量达到1.1亿公斤，比上年增长31%。农民人均纯收入达到2200元，比上年增长11%。

（1）增加投入。全县36018公顷耕地总投入8500万元，除农民自筹资金外，县级财政投入补贴资金105万元，粮食直补和综合直补资金2084万元。购买地膜700吨，化肥3万吨，施用农家肥3000万担，投入比上年增长15%。

（2）推广科技。采用了地膜覆盖、平衡施肥、合理密植、轮作倒茬、适时灌溉、病虫害防治、增施有机肥、机械化生产、玉米种子包衣、萝卜起垄播种等一系列新技术。实施了玉米、小杂粮、马铃薯“三大丰产增粮工程”和甜糯玉米、小杂粮、脱毒种薯、中药材、蔬菜“五大高效园艺增收工程”，形成糯玉米、莜麦、红芸豆、马铃薯、食用葵、胡萝卜、南瓜、黄芪等不同品种的“一村一品”村20个。注重优秀农业人才的引进，聘请了8名国家级中医药专家作为政府中医药科技顾问。

（3）试验示范。开展了玉米、马铃薯、向日葵、胡麻、黍子、莜麦、红小豆、茴子白等11个传统品种的区域性生产试验，共134个品种。引进甜菊、辣根等新品种的种植。

（4）拓宽销售。成立了小杂粮、马铃薯、糯玉米等6个农业行业协会，23个涉农专业合作组织。新上了一批土豆、脱水蔬菜等农产品加工企业。

2、畜牧业持续健康发展。坚持以羊为主的生态畜牧业发展方向，2008年共种植当年生饲草6003公顷、多年生饲草667公顷。引进良种猪3000余头，羊5000余只，鸡30000余只。建成2座标准化肉羊养殖小区。新上绿野牧业公司万头生猪繁育基地建设项目，建成占地面积3.47公顷、建筑面积9000平方米的生猪繁育场一座，存栏种猪达到1600余头。成立了县疫病防治中心，为全县农村配备了169名动物检疫员，动物疫病防治工作得到加强，全县畜牧业健康发展，养殖数量不断增长，养殖效益持续提升。2008年底，存栏羊达到38万只，人均畜牧业收入占农民人均纯收入的47.3%。

抓项目建设，培育环保工业，工业经济在保护中得到发展。甜菊种植加工项目总投资11478万元，办公培训大楼和生产车间即将建成，明年将建成投产。中药材种植基地及产业链项目已完成公司注册，成立了五寨五洲绿源科技有限公司。同业公司15万吨煤焦油技改项目全部完成，进入试生产阶段。绿野牧业公司饲草饲料车间建成投产。雪龙公司新上年产3万吨玉米淀粉项目，总投资2000万元。“两区”项目完成启动资金、贴息共700万元，申报第二轮两区建设项目九个，总投资5.09亿元。

抓流通市场，扩张第三产业，煤炭运销和商贸流通业在规范改革中发展。

1、煤炭运销业在规范中发展。总投资1亿多元，年发运能力300万吨的胡会煤台项目已基本竣工。总投资8000万元，年发运能力100万吨的乡镇煤炭运销公司集运站项目，已完成工程总量的80%。全县形成了三岔、韩家楼、小河头、胡会、县城五大煤炭集运站，成为财政收入的重要来源。煤炭运销企业全年共发运煤炭712.7万吨，上缴税金近亿元，占财政总收入的61%。

2、商贸流通体制改革全面推进。商贸企业改制工作接近尾声，实现职工身份置换322名。粮食企业全面完成了17个企业的清产核资，拍卖了榨油厂、中所粮站、孙家坪粮站、韩家楼粮站、李家坪站、胡会站、小河头站、东秀庄站、饲料公司，共筹得改制资金1128万元。外贸公司改制工作正在广泛征求职工意见，完善破产方案。原种厂改革工作正在实施中。三岔粮站地下仓库恢复性维修工作全部竣工。组建了五寨县万民粮油配送中心，发展连锁中心店12个，经销店27个。农资配送中心、农资批发市场、烟花爆竹库全部建成并投入运营。中博会签约的徕海综合批发市场项目，总投资3000万元，已完成征地、立项和登记注册工作。金融体制改革迈出实质性步伐，成立小额贷款机构2家。

抓城乡统筹，夯实基础设施，新农村建设扎实推进。坚持统筹城乡发展，强化市政、交通、林业、水利和新农村建设，城乡居民生产生活条件不断改善。

1、改善环境大兴市政建设。在财政十分困难的情况下，政府补贴居民入网费和部分采暖费1400万元，供热公司投资4200万元，实施了县城集中供热工程二期工程，总供热面积达到70余万平方米，供热效果明显好于上年，城区空气质量大为改善。清荷公园景区工程全部竣工，政府投资2800万元。西城区开发顺利推进，佳泰花园小区5栋住宅楼已顺利封顶，其中建设廉租房60套，经济适用住房50套。投资200万元，实施了城区二期供水工程，铺设管道2000米，配套机井1眼，并完善了供电、供水等各类附属设施。总投资6000万元的天然气工程已开工。投资290万元的五阳线入口0—4公里处和运输路的排水工程全部完成。

2、拉大框架推进交通建设。积极争取并开工了总投资6834万元，全长15.3公里的国道209线、省道岢五线五寨过境公路改线工程，政府投资1700余万元，完成征地、拆迁工作，于7月10日开工，已完成工程量的50%。通畅工程17条61.2公里建设任务全部完成，完成投资950万元。实施了五寨至阳宅、芦芽山至荷叶坪、五寨至坡底共计44.4公里的旧路改造工程。神朔铁路下行线，五阳线入口两座公铁立交桥建成通车。投资180.5万元，完成了李家坪至河底、胡会至白家沟、209线至下白草沟、209线至崔家、五黄线至河湾、209线至闫家洼、五阳线至蔡家墕等路段农村公路大中修工程。

3、深化改革加大林业建设。以通道绿化、环城绿化、园林村绿化、景点景区绿化为重点，铺开国家重点、省级六大造林绿化12项工程，累计完成投资855万元。完成退耕荒山造林2001公顷，“三北”四期工程800.4公顷。完成通道绿化25.4公里，园林村绿化12个，环城荒山绿化133.4公顷，交通沿线荒山造林300.15公顷，义务植树30万株，新育苗47.36公顷。

全县林权制度改革全面展开，规划勘测等前期工作已经结束。

4、多方投入加强水利建设。实施了人畜饮水安全及饮水“三个特别”困难工程，解决了45个村、10856口人、5135头大畜的饮水困难；加强以淤地坝为重点的坝系工程建设，完成了上年实施的跨年度坝系工程骨干坝3座、中型坝4座的建设任务。完成当年实施的坝系工程骨干坝1座、中型坝4座的清基、削坡等前期工作。新建南峰灌区渠系配套工程干渠3300米、支渠11000米，恢复水地366.85公顷。投资97万元的韩家楼西沟流域综合治理项目、投资89万元的胡会乡以工代赈农田水利建设项目正在实施中。

5、重点推进加快新农村建设。建成文化活动室12个，卫生所11个，健身场所10个，便民店12个，中心村标准化小学10所。完成硬化街巷87.7公里，村庄绿化植树5.9万株，路灯安装17.4公里。继续实施户用沼气县级财政补贴制度，投资34万元，建成273个沼气池。建成18个连锁便民店、14个农村便民店。扶贫移民和整村推进工作扎实有效。投资68万元，协调宅基地30亩，新建移民平房50户。整村推进50个自然村，34个村的项目已经完成，其余16个村正在实施。

抓节能减排，加强环境卫生整治，人居环境进一步改善。

1、节能减排深入开展。投资485万元的西八县机动车尾气检测站建成运行。投资85万元的空气自动监测化验中心投入运行。总投资6250万元的污水处理厂及污水管网工程完成立项选址工作。建立了主要污染物总量减排调度台帐，依法关停了三家小炼铁厂、一家水泥厂；加强对煤台、储售煤场、洗煤厂的管理，安装防风抑尘网3.8万平方米。全面取缔了城区所有常压锅炉、小吃摊点燃煤设施，全县机关单位、学校、饭店、洗浴中心的饮用水茶炉及土炉灶，绝大多数改用油、电、气等清洁燃料和环保锅炉。

2、环境卫生整治成效明显。全民普遍参与清洁工程，出动机关工作人员6300多人次，农村人员3万人次，对县城主次干道、城乡结合部重点区域和国道沿线及旅游景区路段进行了集中大扫除，大清理。恢复花岗岩开采企业造成的生态破坏，建设了尾矿坝。

抓协调发展，着力改善民生，各项社会事业全面进步。

1、教育事业稳步发展。基础设施建设进一步加强。全年教育基础设施总投入439万元。新建农村寄宿制学校2所，维修改造学校15所。县财政配套146万元，全面实施了农村现代远程教育工程，为全县初中学校配备了计算机教室16座，兴建了乡镇中心校多媒体教室14座，为70所农村小学配备远程教育接收设备。五寨县科技图书大楼和职业中学实训楼正在建设中。少儿活动中心相关配套设施正在实施中。教育教学质量稳步攀升。中考继续保持全市名列前茅，职业教育继续保持了良好的发展态势，对口升学考试本专科第一批录取91人。高考再创佳绩，文理科第一次达线人数在去年突破百人大关的基础上，实现了历史性新跨越，达到132人。

2、卫生事业整体推进。启动实施了新型农村合作医疗项目，全县参合率达到99.49%，共有2万余人享受住院补偿，最高单次补偿26500元，共计补偿212.6万元。为县一院配备了“CT”、“CR”、“彩超”等大型医疗器械。投资205万元，为12所乡镇卫生院配备了医疗设备；投资36万元，为疾控中心装备了实验室。确定村级卫生室226所，县乡村三级医疗卫生机构基础设施建设达标率75.6%。调整和充实了医疗队伍，成立了乡镇卫生监督站，配备了乡镇卫生监督人员，妇幼工作稳步推进，公共卫生体系建设进一步加强。

3、社会保障进一步加强。高度关注低收入群体生活，企业退休人员养老金按时足额发放，共发放养老金1500万元。为3852户，4092名农村低保对象发放低保金203万元，为2383户，4383名城市低保障对象发放低保金461.1万元，为1320名五保对象发放五保金171.6万元，发放各种临时补助金156.9万元。城乡医疗救助共210人，支付医疗救助款58.5万元。民政福利中心大楼土建工程基本完成。城镇居民基本医疗保险工作全面启动。城镇新增就业1425人，下岗失业人员再就业418人，转移农村劳动力1100人，公益性岗位安置“4050”和就业困难对象418人。大力开展创业教育培训，650余人通过职介实现了就业。积极开展了支援汶川灾区的募捐活动，全县干部群众共捐款172.48万元。

4、计划生育取得新的成绩。全年共出生786人，出生率7.06‰，比任务指标低6.03‰；人口自然增长率2.80‰，比任务指标低3.2‰；符合政策生育率达87.66%，比任务指标高4.66%；二孩符合政策生育率57.34%，比任务指标低7.66%；多孩率为0.51%，比任务指标低0.49%；长效节育措施落实率88.38%，比任务指标高8.38%。各项指标均完成市控目标任务。其它各项社会事业同步发展，成功举办了忻州市职工乒乓球赛、庆“七一”大型歌咏比赛、第三届农民运动会，群众性文体活动蓬勃开展。民族宗教、妇女儿童、旅游、人事、审计、统计、金融、气象、地震、档案、老龄、残疾人、县志等其他各项工作取得了新的成绩。

*抓安全生产，加强隐患排查，安全状况持续好转。*与13个监管责任单位签订安全隐患整改责任书，对非煤矿山、危化品、烟花爆竹、道路交通、民爆器材等重点领域进行了专项检查，共检查督查企业150个，彻底取缔了城区内多年来存在的12座个体非法加油站，破获了“7·23”非法制造、运输爆炸物品特大案件。

制定了事故隐患排查责任追究制度和事故责任追究制度，在全县范围内开展了安全生产大检查，对涉及群众生产生活领域中的安全隐患进行了拉网式的排查，有效保障了群众生命财产的安全。

*抓综合治理，推进依法治县，社会大局保持稳定。*聘请了政府常年法律顾问，政府工作进一步规范化、法制化。以“保安全、保稳定、保奥运、保申遗”的奥运安保工作为契机，开展了信访稳定大排查和社会治安大整治。一方面着力抓好信访稳控工作。注重在畅通信访渠道、规范信访秩序上下功夫，积极妥善处理信访“热点”、“难点”问题，加大解决“重信重访”案件的力度，集中开展矛盾纠纷排查调处，认真解决群众合理诉求，越级上访得到有效遏制。开展了奥运背景审查和身份核对工作。特别是对在北京有亲戚关系且有违法犯罪前科的人员，做了详细审查并落实了管控措施。另一方面加强社会治安综合治理。以创建“平安五寨”为主线，把维护稳定工作放在突出的位置来抓，深入开展了“四打四整治”专项行动，加强对“两抢一盗”犯罪的侦破工作，全面推进禁吸戒毒和禁种铲毒工作，努力营造稳定的社会环境。全年共破获各类刑事案件96起、刑事拘留98人、批准逮捕96人、起诉86人。共查处治安案件226起，处罚435人，其中治安拘留101人。　　（县志办）

中共县委书记　刘祁杰
县人大常委会主任　张志军
县　长　郭泽兵
县政协主席　林步森

岢岚县

【简述】　2008年岢岚县生产总值完成68079万，按可比价计算较上年同期增长9.1%，较上年同期回落8.1个百分点，受国际金融危机影响，全县经济增长趋缓，第一产业完成18727万元，同比增长7.3%；第二产业完成14149万元，同比增长8.7%；第三产业完成35023万元，同比增长10.4%，三大产业比例分别为27.5%、20.8%、51.7%，第三产业发展明显快于其他两大产业。

农业　2008年，全县农林牧渔业产值完成31040万元，较上年同期增长20.5%，其中农业产值17095万元，较上年同期增长18.8%；林业产值2128万元，较上年下降0.8%；牧业产值11764万元，较上年同期增长32.7%。

2008年度粮食获得丰收，粮食产量36748吨，同时增长2%；油料产量6227吨，同比增长17.3%，拉动了第一产业的较快发展。牧业产品价格大幅下降，严重影响了农民收入。2008全县农民人均现金收入2713元，同比增长12.99%。

工业　2008年，全县规模以上工业实现增

加值4894万元，比上年同期现价增长33.8%，回落6.3个百分点，按可比价计算同比增长9.69%。完成工业总产值17774万元，现价同比增长29.6%，回落4.5个百分点。工业经济效益增速缓慢，产品销量收入完成14025万元，同比增长32.1%，比上年同期回落0.9个百分点；利润总额1000.1万元，同比增长26.6%，受金融危机影响，生产、速度，利润都较上年有回落，进入四季度，部分企业已停产。

固定资产投资　全县固定资产投资累计完成35307万元，同比增长35.43%。其中，基本建设投资完成9025万元，同比下降7.53%；更新改造完成投资2400万元，其中投资完成22355万元，同比增长123.98%。

商业贸易　城乡消费市场持续活跃，商贸流通健康发展，市场繁荣有序，居民消费水平继续提高，全年社会消费品零售总额32598万元，同比增长26.6%，增速比上年同期提高了3.7%。从销售单位所在地看，县的零售额23376.2万元，同比增长26.3%，县以下零售额9222万元，同比增长27.1%；从销售行业看，批发零售贸易业实现零售23010万元，增长30.7%，住宿和餐饮业实现零售额4762万元，同比增长28.7%；社会消费品零售总额增幅比住宿和餐饮业增幅突出2个百分点。

财政金融　财政收入首次突破亿元大关，实现了历史性的跨越，2008年完成财政收入11361万元，比上年同期增长93.7%。其中一般预算收入完成3091万元，同比增长38.9%，一般预算支出31039万元，同比增长2.49%。

金融机构存款一直保持增长，到年底，全县金融机构存款余额177979万元，比去年同期增长42.7%，其中城乡居民存款94697万元，同比增长29%，金融机构贷款余额32348万元，同比下降9%。　（县志办）

中共县委书记	陈义青
县人大常委会主任	任川中
县　长	薛根生
县政协主席	曾桂花

河曲县

【简述】　2008年，河曲县总面积1328平方公里。辖4个镇9个乡340个行政村，县城所在地文笔镇。年末，全县总户数58375户，总人口（公安年报）142741人，其中农业人口113534人。

2008年，全县地区生产总值完成34.7亿元，同比增长7.8%；财政总收入完成8.23亿元，同比增长16%；一般预算收入完成2.48亿元，同比增长4.2%；规模以上工业总产值完成39亿元，同比增长31.3%；规模以上工业增加值完成20亿元，同比增长28.23%；实现利税12.3亿元；固定资产投资总额完成10.2亿元；外贸进出口总额完成340万美元，同比增长223%。城乡居民收入消费水平随着全县经济的快速发展和综合实力的增强明显提高，城镇居民人均可支配收入10616元，同比增长14%，职工平均工资25237元；农民人均纯收入2406元，同比增长10%；社会消费品零售总额完成5.23亿元，同比增长16%。年末，城乡居民储蓄存款余额达到31.1亿元，同比增长35.7%。再次被评为全国最具投资潜力的百强中小城市。

农业　2008年，农业基础建设工程建成或加快推进步伐。总投资2亿元、灌溉面积6670公顷的引黄灌溉工程通过了核准立项；县川河流域二期淤地工程、总投资540万元的400.2公顷露地蔬菜滴灌工程完成进度任务。2008年全年实现农林牧渔业产值31199万元，同比增长7.4%，其中：农业产值17467万元，同比增长2.4%；林业产值1826万元，同比增长26.5%；牧业产值10749万元，同比增长11.8%。全年肉类总产量2973吨，同比增长4.1%。年末大牲畜存栏10332头，比上年减少74头；猪存栏25056头，比上年减少986头；羊存栏145486只，比上年减少2783只。到年底，各类规模养殖小区（场、户）890个，这些标准化小区的建设极大地带动了全县养殖业向集约化、规模化、效益化的发展。全年新建提水工程10处，蓄水工程29处，土沟乡集中供水工程1处，共解决了55个村，13825口人，1330头大畜的饮水安全问题。到年底全县已累计完成沼气建设2869户，完成任务的127.51%，涉及13个乡镇，179个行政，其中投入使用2639户，合格率达到100%，使用率达到92%，

工业　2008年，重点项目建设梯次推进，陆续有17个总投资210亿元的重点项目取得实质性进展，其中：投产6个（晋神沙坪煤矿、华鹿阳坡泉煤矿、振钢蓖麻油厂、3万吨水溶性氮肥和两个煤矸石砖厂）；在建4个（龙口水利枢纽2台发电机组安装、县城污水处理厂开工建设、120万吨晋神磁窑沟煤矿井下扩建施工、众鑫化工合成氨醇一期安装）；开工3个（鲁能电厂二期2×60万千瓦空冷机组破土动工、中天隆120万吨水泥项目五通一平、准朔铁路开工建设）；前期推进4个（总投资12亿元的世德铁路接轨项目、总投资30亿元的2×30万千瓦煤矸石发电项目正在报请国家核准、40万吨二甲醚项目由华鹿集团和中海化学集团签约合作、大河高速公路列入省规划）。

市政建设　2008年加大了市政建设力度，城市面貌大为改观。（1）由华鹿公司自筹资金完成县城集中供暖扩容工程。投资2380万元购置了1台40吨供暖锅炉，更换了圆通街至益民路口1280米的主管网，新建益民北路至中医院新址主管网800米，到年底管网主干线达15公里以上，供热面积80万平方米，供热管网覆盖率达90%。（2）投资85万元硬化了政府门前道路2717平方米，全县城区绿化覆盖率、小区绿地面积大幅增长，新增绿地2万平方米，完成白朴公园、黄河东大街的绿化任务，新栽、补植树木3万余株。（3）完成县城污水处理厂选址、规划工作，2008年，完成土建投资600万元。投资75万元完成800米污水处理厂配套管网二道街工程。全年完成住宅建设投资6500万元。

交通邮电　完成投资2250万元的巩磨线、刘马线、朱贾线、巡大线4条56公里腹部山区循环公路和涉及31个村的106公里通畅工程。到年底，全县公路通车总里程已达到1136公里，其中省道89公里，县道192公里，乡道402公里，村道453公里，公路密度达到每百平方公里85.48公里。完成公路养护里程100公里，年终好路率92%；完成大中修173万元，水毁工程59万元，同时完善了公路标志和安全防护工程，提高了公路安全通行能力。全县共完成运输管理费360万元，客运附加费60万元，分别占年度计划172.13%和107.19%，同时源头治超措施得力，在全省名列前茅。

2008年，全县邮政业务总量1339万元，同比增长24%；电信业务总量1446万元，已通电话的行政村340个，交换机容量23774门，同比减少7%。

教育文化　教育事业进一步发展。全县共有中小学校148个，其中，高中在校生3177人，初中在校生7304人，小学在校生14046人，幼儿在园人数2527人。中考成绩居全市第三名，高考达线全市名列前茅，二本达线167人，连同艺体达线31人，共达线198人，达线人数创历史新高。本年，抓住机遇积极争取上级和县里支持，共落实各项建设资金1502万元，其中校舍安全工程815万元，初中改造项目427万元，南元西校明德项目80万元，县城中小学改造项目130万元，还有零星投资50余万元。启动实施了中小学寄宿制住宿全免费制度。

2008年维修苗府大院大门。本年，河曲县被文化部命名为“中国民间文化艺术之乡”。河曲西口河灯会荣列国家级非物质文化遗产保护名录，辛礼生、吕桂英二人公布为国家级非物质文化遗产河曲民歌代表性传承人。

卫生　卫生条件进一步改善。全县卫生系统共有22所医疗卫生机构，其中县级7所，乡镇卫生院13所，皮肤病专科医院1所，新型农村合作医疗管理中心1所，大红鹰山区流动医院下设35所基层医疗站。全县有社会办医5所，个体诊所52所，村卫生所室139所，从根本上解决了多年来农村老百姓看病难的问题。全县共有卫生技术人员920人，其中在职710人，离（退）休210人，高级职称21人，中级职称218人。2008年，新型农村合作医疗县级配套标准翻番，进一步提高了报销比例。全县参加合作医疗农民104585人，参合率达到

94.3%，提高了农民住院医药费的补偿比例，降低了起付线，提高封顶线，乡镇卫生院由60%提高到75%，县级医院由50%提高到60%，市级医院提高到45%，省级医院提高到40%；起付线：乡镇级50元，县级200元，市级800元，省级1500元，补偿封顶线由1万元提高到3万元，真正让参合患者得到最大限度的实惠，到2008年全县累计补偿参合农民医药费用1566.49万元，其中门诊补偿347923人次，445.6万元；住院补偿8208人，1120.87万元。极大地减轻了农民就医经济负担；继续扩大参合农民补偿范围，参孕产妇的正常分娩给予定额补偿每例120元，对参合农民患有七种慢性病（糖尿病、精神病、乙肝、高血压Ⅲ期、冠心病、肾衰、脑栓塞）人分别给300元——800元/年的医药费补偿。对癌症门诊放疗、化疗等治疗项目增为住院补偿支付。

2008年9月县医院综合门诊楼开工建设。10月中医院整体搬迁全面投入运营。

疾病预防控制和卫生监督工作再上台阶。对全县从事食品生产、加工、经营、销售和餐饮业等单位加强了许可证的审核和发放，建立健全了台帐和索证制度，索证率达100%。并积极实行了食品卫生监督量化分级管理制度，实行百分制，量化率达到90%，加强了传染病网络直报工作，提高了网络直报质量。

人口与计划生育　强化基础设施建设，落实各项计生奖扶政策，稳定低生育水平，统筹解决人口问题，全面提高人口素质。全县人口出生率在6.97‰以内，符合政策生育率达到83.98%，政策外多孩控制在0.12%以内，二孩符合政策生育率58.59%，长效节育率91.56%。全县奖励计生家庭805人，奖扶资金30万元，全县独生子女领证家庭呈持续增长态势。本年，社会扶养费征收兑现率达69.1%。

广播电视　全县有线电视用户终端数8446个，覆盖面达到98.55%，广播通响率达到98.42%。

就业和社会保障　社会保障工作进一步加强。继续实施产业经济与“劳务经济”齐驱并进，采取切合实际、多管齐下的措施，多形式、多渠道引导和促进就业和再就业工作。新增城镇就业1260人，下岗失业、“4050”和“零就业家庭”人员实现再就业574人，城镇登记失业率控制在3.4%。社会保险各项指标都超额完成任务，启动了城镇居民医疗保险，实现了全民医保。农村五保供养提高了供养标准，集中供养对象由供养机构按标准提高服务；分散供养对象每人每年由原来的1200元提高到1300元。为全县7047名困难群众交付了2009年度农村合作医疗费用。到年底全县共有城市低保对象5070人，农村低保对象5162人，全年共发放城市低保金793万元，农村低保金167.4万元。

生态环保　生态环保和节能减排得到进一步加强，督促鲁能电厂、楼子营工业区企业共投入资金3亿元，新上脱硫除尘设施；采取强制措施，对全县10户污染和高耗能企业断电停产；取缔城区茶浴炉、自备锅炉77台，取缔非法储售煤场28个；淘汰落后产能4.6万吨，二氧化硫削减2万吨，二级以上天气天数达到302天，较上年增加133天。实施生态造林绿化，共计栽植苗木30万株，绿化总面积1334公顷；完成了韩河公路、河偏公路通道绿化97公里；同时，引导扶持本土民营企业转型，新上了3万吨水溶性氮肥、煤矸石、同利混凝土搅拌、金昌彩钢瓦、粉煤灰水泥等循环经济项目。

社会治安　治安综治方面，继续引深以“三打六整”为主的各项打击犯罪行为，城区主街道治安视频监控系统投入使用；信访方面，强化领导责任，畅通渠道，及时解决群众合理诉求，有效化解干群、村矿矛盾，集访的发生，营造了人际和谐、治安稳定、安居乐业的社会环境。（王巧英）

【年内大事纪要】

4月9日，河曲县乡镇机构改革全面铺开。

4月13日，河曲县公选乡镇卫生监督员。

5月30日，全市农村基层党风廉政建设工作现场会在河曲召开。

6月，河曲县公开选拔30岁以下副科级领导干部。

6月3日，忻州市各县人武部正规化建设现场会在河曲县召开。

6月29日，河曲1193名大专以上毕业生参加优秀大学生到村任职的村官笔试。9月5日，被录用的90名村官走上工作岗位。

9月26日，忻州市项目建设观摩会在河曲县召开。

10月7日，河曲县老干部活动中心落成启动。

11月7日，在新任河曲县委书记王书东的关怀下，旧县乡率先启动“一颗鸡蛋工程”。从这一天起，河曲县旧县中学和联校的寄宿学生每人每天可以吃到一颗由乡政府出资提供的鸡蛋。

12月19日，河曲县党建研究会成立暨第一次会员代表大会召开。

本年，全县第八届村委会换届选举圆满结束，大学生村官王志刚高票当选为沙坪乡麻地沟村村委会主任。

本年，免费为老年人办理老年优待证。

（王巧英）

中共县委书记	李永胜※　王书东
县人大常委会主任	李志伟
县　长	杜永进
县政协主席	李挨恒

保德县

【简述】　综合　保德县辖4镇9乡340个行政村，总面积997.5平方公里，总人口15.3万人，其中农业人口13.8万人。2008年共完成地区生产总值33.8亿元，同比增长12.5%，其中，第一产业完成增加值1.39亿元，同比增长7.3%；第二产业完成增加值24.21亿元，同比增长43.1%；第三产业完成增加值8.21亿元，同比减少7.7%；固定资产投资6.8亿元，增长20%；财政总收入9.2亿元（含“两权”收入8650万元），一般预算收入2.8亿元，分别增长20.9%和23.5%；全县人均GDP达到21335元，较上年同比增长29.6%。三大产业所占全县GDP的比重分别为：4.1%、71.6%和24.3%。在全市主要经济指标考核中，地区生产总值、工业增加值增幅排名第二、财政收入和一般预算收入排名第二、城镇居民人均可支配收入排名第三。2008年第三次跻身县域经济基本竞争力提升速度最快的全国百强县（市）行列。

农业　全县国土面积99740公顷，其中耕地面积36892公顷，林地13933.5公顷，草地5065公顷，宜林荒山16809公顷。2008年农业总投入1.25亿元，其中县财政投入6520万元。新增规模养殖户72户；新建日光节能温室大棚70多个；新建科技示范园11个；新增农村沼气用户385户，启动925户；组建农民专业合作社105个。2008年粮食总产量为34325吨，较上年的33911吨增长了1.2%；油料总产量为593吨，较上年的644吨下降了7.9%；水果产量4320吨；大畜存栏509头；猪存栏24675头；羊存栏61031只；全县农民人均纯收入达2403元，较上年的2128元增长了12.4%。林业上投资1380万元，重点实施了朱庙公路通道美化绿化工程，绿化通道28公里，绿化荒山667公顷，植树51万株。省级6大绿化工程完成投资1300万元，造林2334.5公顷，绿化通道10公里，交通沿线绿化266.8公顷，环城绿化333.5公顷，建设园林村8个，植树190万株，被评为全省、全市造林绿化先进县。

水利水保　积极实施应急水源建设、农田水利灌溉、农村饮水安全、水土保持淤地坝、城乡节水和水源保护6大工程，投资1698万元，新建集中供水工程4处、提水工程19处、蓄水工程15处、水窖（旱井）956眼，解决了58个村、2.8万人和2600头大畜的饮水问题；投资590万元，新建腰庄小流域水保淤地坝9座；组织实施了冯林韩万亩黄河滩涂土地开发整理，全面实施了投资1936万元造地333.5公顷的一期工程；完成投资5000万元的黄河堤防一期工程主体建设；投资1400万元的王家滩黄河防汛险险加固工程在汛期前完工；投资4000万元的黄河堤防二期工程开工建设；实施了吊桥沟、梅花沟等防汛排水工程14处。

工业　2008年，全县规模以上工业企业完成现价总产值465219万元，同比增长39.8%；完成增加值194131万元，同比增长22.8%；实现销售收入465321万元，同比减少2.03%；实现利税总额134739万元，同比减少34.5%；实现利润128370万元，同比增长18.4%。全县民营工业企业完成现价总产值185155万元，同比减少6.2%；完成增加值58328万元，同比减少1.6%。全县煤炭产量为1524.4万吨，同比增长11.6%，其中“神华煤矿”煤炭产量为1380.1万吨，其产量占到全县煤炭总产量的90.5%。全县工业企业产品销售率达99.8%，实现了产品产量与效益同步增长。

商业贸易　全县城乡市场呈现出了购销两旺、平稳发展的态势。全县实现社会商品零售总额64265.1万元，同比增长26.3%。其中，县的零售额完成39061.3万元，同比增长26.3%，县以下的零售额完成25203.8万元，同比增长26.2%。消费品需求稳步扩大，市场物价平稳而上扬，居民消费价格总水平比上年上涨5个百分点。现代流通业态加快发展，超市、连锁店等新兴流通业态发展强劲，消费市场的规模效应进一步显现。消费结构进一步升级，限额以上贸易企业销售继续增长，规模效应凸显。

财政金融　2008年，全县财政总收入完成90961万元，同比增长19.4%。其中，国税完成50438万元，同比增长29.1%；地税完成29038万元，同比增长3.0%；财政系统完成11485万元，同比增长29.0%。一般预算收入完成28306万元，同比增长23.5%。金融机构各项存款余额达到339447万元，同比增长33.5%。由于受全球“金融危机”的影响，各项贷款余额为47609万元，同比减少17.2%。

交通广播电视　全县实现乡乡镇镇通油路（水泥路），建制村通水泥（油）路率达到61%，通客车率达到94%。境内有省道40公里，县道6条146公里，乡道52条485公里，通村公路199条383公里，通车里程达1046公里，公路密度由“九五”末的16公里/百平方公里增长到“十五”末的67.4公里/百平方公里。中央广播电视无线覆盖工程已投入使用，有线电视“村村通”工程正加紧实施。全县通讯事业正在飞速发展。

教育、医疗、卫生　2008年底，全县共有小学324所，初级中学22所，高级中学1所，职业中学1所，在校学生总数35948名，教职工1962人。校舍设施继续改善，教师队伍不断强化。占地100亩的20轨制新保中主体工程基本完成；机关幼儿园整体搬迁；投资400万元的桥头明德小学和投资500万元的农村中小学现代远程教育工程投入使用；投资869万元改扩建6所初级中学、4所小学；投资65万元派出340名一线教师进修培训。在全社会的重视和支持下，办学条件极大改善，教学质量有所提高，中考排名全市第二。全县共有公立卫生机构29个，其中县级医疗机构4个，县直卫生事业机构5个，乡镇卫生院13个，社区卫生服务所7个；个体诊所30个；医疗床位750支，医护人员755人。看病难，看病贵的状况明显改善。新型农村合作医疗和城镇居民合作医疗稳步推进。全县参合农民达到12.5万人，参合率达91%，参加城镇居民合作医疗6498人。

环境保护　进一步加大节能减排与环保执法力度，大力开展了“环境综合整治百日攻坚行动”。筹资6000万元新建了县城集中供热二期工程，对城区58台锅炉茶炉进行拆除，对127家宾馆饭店和64家小吃摊点的营业性燃煤炉灶进行环保改造。城区空气质量明显改善，二级以上天数达到301天。对85家工业企业分类处置，达标治理，节能近30万吨标准煤。生活垃圾无害化处理厂、污水处理厂的设计论证、评审立项等前期工作已完成。投资500多万元重点对神保线、保禹线的脏乱差问题实施了环境综合整治。清理塌方16处、广告牌匾120个，新设风景池114处、垃圾点20个，粉刷墙面1.2万平方米、护墩400个，种植风景树4万株，拆除违法建筑60处。环卫工作成效明显，被评为省级卫生县城。

人口和计划生育　截至2008年末全县总人口达15.3万，其中农业人口13.8万。坚持计划生育基本国策，抓好流动人口管理，治理城镇违法生育，强化基层基础工作，稳定低生育水平，提高出生人口素质，人口自然增长率控制在5.58‰。

居民生活和社会劳动就业　据统计调查显示，2008年末全县城镇居民人均可支配收入达到11599.18元，同比增长11.0%。城镇居民家庭主要消费品情况：彩电117台/百户，电冰箱64台/百户，洗衣机105台/百户，电风扇91台/百户，饮水机51台/百户，成套家俱77套/百户，普通电话89部/百户，移动电话201部/百户，电脑27台/百户，摩托车22辆/百户。年末全县城镇单位从业人员达11556人，较上年同期增加396人，增长3.5%。年末全县社会从业人员达45188人，其中第一产业从业人员达23925人，第二产业从业人员达11955人，第三产业从业人员达9308人。

社会保障　在实现干部职工养老保险和城乡低保全覆盖的基础上，安排资金2100万元将5250名城市低保对象月补差提高50元，达到150元；1.15万农村低保对象月补差提高30元，达到65元；1313名五保对象补助标准在省定1200元的基础上又增加了100元。为农村4000多名70岁以上的老人按月发放了65元的敬老养老补助金，为长期关停无任何经济来源的国有工业企业（改制企业除外）和基本处于停业状态的企业化管理自收自支事业单位的职工，按月发放了生活补助金，这在全省是首例。投资130万元改造了东关敬老院、光荣院、老年福利院。投资230万元对320多人实施了大病救助；对60名贫困残疾人实施了康复救助，给2个社区配备了残疾人康复器材；多方投资640万元的残疾人康复中心投入使用。为切实解决好冬季采暖问题，财政拿出2000万元实施了采暖补贴，其中给农村70岁以上老人、城乡低保对象每人发放了200元；给城市集中供热居民免除了入网费并实施了差价补贴；给学校、医院等公共福利性单位统一调配了采暖用煤。

扶贫开发　在实施整村推进、移民搬迁、产业开发、扶贫培训及劳务输出4大工程的同时，重点抓了资金村庄双整合工作和“阳光工程”。结合采矿区搬迁、地质灾害治理、扶贫移民，涉及8个村934户3722人的移民搬迁工作全面铺开。投资1000万元新建的集培训、职介、劳保于一体的多功能服务中心，即将使用。加大农村劳动力培训转移力度，培训新型农民8150人，转移农村富余劳动力2980人；启动了以“培训一人、转移一人、脱贫一户”为目标的“温馨工程”，组织民营企业家捐款10万元，通过培训帮助225名农村零就业家庭子女实现就业。

重点项目建设　投资46亿元的同德百万吨氧化铝项目，国家发改委委托中国国际工程公司进行评估；投资63亿元的王家岭循环经济工业链项目，国家发改委书面认同开展前期工作；投资2亿元的王家寨600万吨煤炭集运站及万吨列车站项目，已开工建设；由福建吉港水泥集团和保德水泥有限公司投资4.7亿元的年产熟料150万吨及水泥200万吨生产线项目前期工作基本完成，已订购7000多万元的设备；由北京华朝国际有限公司意向投资建设的460万千瓦热电项目，有望列入省“十一五”电源点建设规划。

改造传统产业　经过多方努力争取，有3座地方小煤矿批准提升为90万吨、5座提升为30万吨，使全县20座地方煤矿总产能由2007年的423万吨提升到609万吨，有2座实现了机械化开采，有13座正进行机械化改造；积极引进阳煤集团兼并世德孙家沟煤矿，为推进全县煤矿兼并重组奠定了良好基础；投资近1000万元完成了20座地方煤矿“瓦斯监控、人员定位、产量监控”三大系统建设。在改造传统产业提质的同时，抓了落后产能的关闭淘汰和新材料新产业的开发。全县共关闭小水泥厂1家、电石厂3家、焦化厂2家；新建改扩建煤气石灰窑20座，有72个企业投资6414万元进行了节能降耗和环保改造。

民主法制建设　进一步完善基层民主制度，支持群团组织和社会组织开展工作。广泛征询各方面意见，努力做到民主科学决策。坚持依法行政，加强政府法制工作。深入开展“三建两评五提高”活动，不断提高行政效能。

全面落实党风廉政建设责任制，切实加强行政监察和审计工作，扎实开展政风行风评议活动，严肃查处各类违法违纪案件。深入开展“五五”普法教育，深化社会治安综合治理，大力实施“平安工程”，严厉打击各类刑事犯罪和经济犯罪，共破获刑事案件219起，查处治安案件408起。（武延飞）

中共县委书记 王继明
县人大常委会主任 张智林
县　长 曹爱民
县政协主席 高定存

偏关县

【简述】 偏关县位于山西省西北部，境内丘陵起伏，沟壑纵横。地势东高西低，平均海拔1377米，最高海拔1855.2米，为东部的青杨岭山；最低海拔875米，为西部寺沟村黄河畔。境内山地属管涔山脉，黄河从万家寨镇老牛湾村入境，亦为黄河入晋之始，流经县境30公里，隔河与内蒙古鄂尔多斯高原相望，构成山西与内蒙古的西界。百里关河横贯县境东西，流域面积1883平方公里，于关河口村注入黄河。境内四季分明，光线充足，年平均气温3—8℃，均降水量425.3毫米，主要集中在七、八、九三个月，约占全年降雨量的60%，无霜期为105—145天，无霜期短。

偏关古为林胡、楼烦地，五代北汉天会元年（957年）始筑兵寨，元朝大德三年（1209年）升为偏头关，与雁门关、宁武关合称长城“外三关”，为晋之屏藩、三关首镇。明成化三年（1466年），设偏头关守御千户所；清雍正三年（1725年），撤所建县至今。

偏关现辖4镇6乡，248个行政村，446个自然村，1个城区居委会。2008年底全县总户数41470户，总人口为109823人，其中男性57432人，占总人口52.29%；女性51937人，占总人口47.71%。农业人口87069人，占全县总人口79.23%；非农业人口22754人，占全县总人口20.72%。

综合经济 全县地区生产总值完成13.5亿元，同比增长17.4%，工业增加值完成1.27亿元，其中县以下工业增加值完成1.27亿元，与上年相比略增；全县粮食产量3.7万吨，基本与上年持平。全县财政收入完成2.66亿元，同比增长17.2%；其中一般预算收入7798万元，同比增长15.8%；城镇居民人均可支配收入9075元，同比增长21%；全县固定资产投资完成2.22亿元，同比增长27.6%。晋电化工有限公司2008年上缴利税1518万元，同比增长40%；成为县域经济发展的主导力量。社会消费品零售总额41582万元，增长25.6%。农民人均纯收入2400元，增长17.6%。其中GDP县以下工业增加值、城镇居民、全县农民人均纯收入四项指标，增幅超过全市平均数。

交通邮电 2008年，全县共有交通道路653里，其中209国道1条66公里，省道1条62公里，县道4条132公里，县道4条132公里，乡道393公里。其中二级公路4.5公里，三级公里142公里，四级公路454公里，等外路12公里。实施了17个村全长78.8公里的畅通工程，打通了本县连接河曲前川至神池长畛全长17公里的断头路，共有营运客车47辆，货车160辆，挂车48辆，营运小车65辆；营运公交车35辆；货运总量178万吨，货运周转量13600万吨/公里；客运量33万人/次，客运周转量3380万人/公里。与阳方口运输公司签定县城二级汽车站新建协议，已通过省交通厅批准立项。邮政收入95.5万元，2008年年末全县电话总用户10700户，共有电话42504部，百人拥有电话41部；其中公话280户，住宅电话10420户，移动电话用户7500户。电话通信基本履盖全县所有行政村。2008年，全县总发电量21251.32万千瓦时，其中万家寨水电站8919.32万千瓦时，其中晋电化工有限公司12332万千瓦时，宏源有限发电公司下马，全县总用电13154.93万千瓦时，其中工业用电11600万千瓦时，农村用电142.32万千瓦时，其它商业、居民等用电1412.61万千瓦时。完成一条低压电力线路改造；新增8个变台，受益用户420户。

农业 2008年对每座新建日光节能温室大棚以奖代补5000元、塑料大棚3000元，对舍饲养羊20只以上的规模户代补1000元；扶持6个商产示范园，实施5个“一村一品”特色村建设，新建日光节能温室和塑料大棚70座，引调谷子、土豆、玉米等优良品种30多个，完成绿色食品认证6个，发展舍饲养羊示范户300个，建成4个标准化养殖小区，完成人工种草667公顷；新建陈家营、黑豆埝两个1000头以上养猪场；新建淤地坝21座，完成节水灌溉100.5公顷，配套大棚滴灌100座；实施南堡子乡平整土地667公顷，新造地333.5公顷工程；重点新建鑫苑、岳家村两个移民新村，规划搬迁移民800人。

环境保护 生态文明建设水平提升2008年重点建成县城西山生态园一期工程、贾堡通道绿化工程、水泉出省口绿化工程以及方城苗圃四大样板工程；新完成人工造林2001公顷、园林村绿化15个，绿化覆盖率32.5%，被评为全省植树造林先进县。

对不符合国家环保政策的污染企业“零点关停”，取缔了一批小锅炉、小灶台；领导带头，革除陋习，清洁卫生，全年减排二氧化硫150吨、化学需氧量55吨，城区空气质量二级以上天数达到282天。

重点项目 2008年重点扶持实施年产5000吨菊粉及低聚果糖项目、万头生猪生态养殖示范园区项目、老牛湾景区开发一期项目、年产1000吨脱水薯丁生产线项目、祥农饲草饲料开发项目、“余三”谷子基地及小米营养粉加工项目，完成投资1.2亿元。

社会事业 2008年文化教育、医疗卫生、社会保障事业有了新的突破。2008年高考大学本科达线166人，此去年增加24人，创历史最高水平，达线增长数名列全忻州市第五名，西八县第二名。启动偏中科技大楼建设，完成水泉、南堡子两乡寄宿制学校改建；全面落实“两免一补”政策，并对陈家营、万家寨等四所寄宿制学校实施“一颗鸡蛋”工程。

在加强医疗健康保障方面，启动了新型农村合作医疗制度，农民参合率达到95.6%；启动了城镇居民医疗保险试点工作，覆盖率达到80%；启动了县医院医技大楼建设，实施了妇幼保健“降消”项目，健全了城乡大病救助制度。

在促进创业就业劳动保险诸方面，完成新型农民培训11423人次，转移农村富余劳动力2415人，新增城镇就业岗位1331人，其中政府出资购买公益性岗位345个，扶持以“零就业”家庭为主的劳动就业358人；为3700户城镇低保户、3200户农村低保户发放低保金766万元；及时足额兑现了公务员津贴；烤火费由发放每人90元大幅上调到700元，还为住宅小区每平方米补贴采暖费5元，城镇低保户每户补贴采暖费100元；投资480万元新开发油房头沟廉价住房5000平方米，解决63户低收入户住房；实施新城、黄牛沟三个新住宅小区的整合开发；实施了文化体育等工程项目的启动；解决了10个乡、55个自然村、9000口人，1400头大畜的饮水困难。

举办了第三届广场文化艺术节，启动了县教育图书综合大楼建设，新建5个文化大院、50个村科技文化活动室、80个农村体育场地，为农村送戏125场，送电影1132场，送图书5000余册。

2008年，全县人口出生率稳定在6.56‰，同此下降0.63‰；人口自然增长率控制在0.75‰，同此下降1.71‰；全县符合计划生育的比例提高到85.69%。

安全生产 2008年，全面关停取缔了非法违法生产的矿井，遏制了私采滥挖，全县未发生重特大死伤事故。二是基本完成了商、供、粮企业改制和发电厂、乳酸厂依法破产。解决了国有企业多年的老大难问题。三是严厉打击违法犯罪，全面实施社会综合治理，全县刑事案件破获率达78.6%，治安案件发案率下降61%；特别是投资100万元完成了电子“天眼”工程的监控。四是县委、政府及四大班子主要领导“大接访”，彻底解决了122起信访积案，有效地化解了社会矛盾。

党建工作 2008年，充分发挥各级党员的先锋模范作用，共吸收26.9万元“特殊党费”支援了四川抗震救灾；通过“公推直选”原则，

完成第八届村委会换届工作，支书、村长“一肩挑”比例达到99%。全年削减行政审批事项87个，组织政府集中采购1170多万元，追缴煤矿欠税费60余万元，查处各类违纪案件12件，处分党员干部29人。为123个行政村选聘123名大学生村官；启动了10个乡镇18个村的“党建长廊”示范点建设。与此同时，国防教育、国防后备力量和双拥工作进一步加强；民族、宗教、人防、气象、文物、档案工作不断发展；科技、法学、老龄、残疾人、社会救助、见义勇为等各项事业都取得了新的成绩。

（卢银柱）

中共县委书记 郝钧藩
县人大常委会主任 王文阁
县　长 任宁虎
县政协主席 郝　涌

晋中市

【概述】 2008年，晋中市总户数109.6户，总人口312.4万人。全年出生人口34722人，人口出生率为11.14‰；死亡人口19981人，死亡率为6.41‰；人口自然增长率为4.73‰。全年城镇居民人均可支配收入13036.8元，比上年增长20.0%，其中市区城镇居民人均可支配收入为14036.5元，增长16.2%。农村居民人均纯收入为4776.9元，增长13.6%。年末全市参加城镇基本养老保险人数为30.2万人，比上年末增加2万人。参加城镇居民基本医疗保险人数30.8万人，比上年末增加3.2万人。参加城镇失业保险人数为25万人，增加2.2万人。参加农村社会养老保险人数13.1万人，增加0.4万人。全市城镇居民享受最低生活保障的有6.24万，农村居民有9.28万，分别比上年增长3.5%和11.2%。

2008年，全市地区生产总值567.8亿元，按可比价格计算，比上年增长9.3%。其中，第一产业实现增加值41.1亿元，比上年同期增长1.0%；第二产业实现增加值325.3亿元，同比增长8.8%；第三产业实现增加值201.4亿元，同比增长11.9%。人均地区生产总值18219万元。

农业　2008年，全年全市耕地保有量364328.74公顷，比上年增加266.8公顷。农作物总播种面积为33.519万公顷，比上年减少5040公顷。其中粮食作物播种面积28.295万公顷；油料种植面积4920公顷；棉花种植470公顷，增加170公顷；蔬菜种植面积4.206万公顷。除棉花、蔬菜种植面积略有增加外，均比上年有所减少。全年粮食总产量133.41万吨，比上年减少9.34万吨，减产6.6%；肉类总产量8.13万吨，比上年增长13.1%。蔬菜生产、肉蛋奶综合产量分别比上年增长1.8%和31%，居全省第一，寿阳甘蓝、莱豆角、马铃薯被确定为北京奥运会专供蔬菜。农业基础设施不断改善。新建农业节水工程26处，新增和改善节水灌溉面积6736.7公顷；新发展沼气用户4万余户。全年检查验收合格造林面积2.94万公顷，增长2.8%。年末实有封山（沙）育林面积4.83万公顷，比上年增加4200公顷。农民收入稳步提高。全市农民人均纯收入4776.9元，比上年增加570.2元，增长13.6%，增加额为历史最高，增速连续5年超过10%，农民人均纯收入总量和增幅均处于全省第五位。全年新增国家级龙头企业3户，发展农民专业合作社1187个。年末全市绿化覆盖率34.18%，其中市区绿化覆盖率35.33%。全市农村自来水普及率达到78%。

工业　2008年，随着赶超战略的有力实施和“十一五”规划目标任务顺利进展，呈现出工业居经济主导地位、重化工快速发展的工业化中期阶段基本特征。工业经济发展速度加快、效益提高。全年规模以上工业企业（年产品销售收入在500万元以上的工业法人企业）完成工业增加值273.15亿元，比上年增长12.6%。其中，国有企业增长21.3%；集体企业减少6.4%；股份制企业增长19.6%；外商及港澳台商投资企业减少6.1%；其他经济类型企业增长0.4%。全部工业中，重工业完成增加值256.2亿元，增长15.8%，轻工业完成17.7亿元，减少2.5%。全市八大主导行业中，煤炭、焦炭、电力行业实现增长；纺织、化学、冶金、机械、建材行业均有下降。煤炭、焦化、冶金、化工、电力五大行业拉动工业增长14.6个百分点，贡献率98.5%。规模以上工业企业主营业务收入806.4亿元，比上年增长43.7%；实现利税90.8亿元，增长52.0%；实现利润22.4亿元，增长18.4%，其中股份制企业实现利润21.9亿元，占全部利润的97.8%，增长60.4%。民营经济发展活跃。规模以上工业企业中民营企业增加值占68.1%；民营经济占全市经济总量的66%，占财政总收入的55%，提供农民人均纯收入占40%。

固定资产投资　2008年全社会固定资产投资331.2亿元，比上年增长16.7%；其中，第一产业投资完成11亿元，比上年增长33.4%；第二产业投资完成190.8亿元，增长16%，占全部投资的比重为57.7%；第三产业投资完成129.46亿元，增长16.9%。全市固定资产投资建成投产项目387个，项目建成投产率为36.4%；其中，305个重点项目完成投资180.5亿元，占年计划的59.8%；新增固定资产133.2亿元，固定资产交付使用率为40.2%。

经济贸易　2008年全市把发展服务业作为调整经济结构的主攻方向，积极推进建设三晋国际商贸物流城、山西能源工业国际分销物流港、金利恒华北钢材物流中心。全年社会消费品零售总额204.63亿元，比上年增长26.2%。外贸进出口总额为72567万美元，比上年增长43.3%。其中，出口71176万美元，增长42.6%，进口1392万美元，增长93.3%。

交通　邮电　2008年全市公路通车里程为1.41万公里，比上年增加619公里，增长4.6%。改造县乡公路355公里，基本实现村村通油（水泥）路。全年公路客运量3058万人，旅客周转量16.27亿人公里，略少于上年；货运量0.81亿吨，货物周转量54.45亿吨公里，分别比上年增长13.2%和17%。2008年市区共有运营的公交汽车502辆，全市民用汽车保有量达到19.3万辆。其中，载客汽车11.4万辆，载货汽车4.1万辆。年末轿车保有量达到7.2万辆，其中私人轿车达到6.3万辆。2008年全市完成邮电业务总量41.0亿元．比上年增长33.6%。其中，邮政业务总量3.4亿元．增长12.4%；电信业务总量为37.6亿元，增长35.9%。固定电话用户年末达到86.54万户。移动电话用户达到147.6万户。固定电话和移动电话普及率分别达到27.7部/百人和47.2部/百人。全市国际互联网用户达到21.3万户。年末全市设有邮电局所147处，其中设在农村的局所有103处，邮路总条数44条，总长度（单程）3098公里，比上年增加56公里。邮政汽车173辆。

旅游　2008年全市新上旅游项目43项，建设五星酒店2家，星级饭店40家。年内成功举办了晋中社火节、平遥国际摄影大展等活动。全年共接待国内外游客999.6万人次，比上年增长11.7%。其中接待国外游客15.1万人次，国内游客984.4万人次，分别增长25.5%和11.5%。全市旅游总收入达到66.1亿元，增长24.5%，其中国内旅游收入63.48亿元，旅游外汇收入3719.3万美元，分别增长24.6%和28.6%，门票收入2.21亿元，增长4.0%。

财政金融和保险　2008年全年财政总收入116.1亿元，比上年增长32.2%；一般预算收入46.9亿元，比上年增长15.0%。一般预算支出执行85.6亿元，比上年增长20.1%。全年税收收入32.5亿元，非税收入14.4亿元。2008年全市积极建设金融生态环境，努力构建多元化金融服务体系，浦发、兴业两家股份制银行落户，农村信用社成功改制，发展商业性小额贷款公司27个。年末全市金融机构人民币各项存款余额883.7亿元，较上年增长30.5%。各项贷款余额为283.3亿元，较上年增加34.9亿元，增长14.1%。全年保险公司保费收入23.7亿元，比上年增长68.2%；支付各类赔款及给付5.7亿元，增长18.1%。

教育　科技　2008年全市社会事业发展较快。农村全部免除义务教育阶段学杂费，撤并中小学校133所，新增省义务教育标准化建设合格县3个。全市共有普通高等学校7所，在校学生51841人。普通中等专业学校7所，在校生21338人；普通中学262所，在校生203170人；小学1141所，在校生257104人。幼儿园560所，在园幼儿6.91万人。特殊教育学校1所，在校学生879人。全市小学五年巩固率99.85%；初中三年巩固率99.98%；高中毛入学率90.3%，提高9.8个百分点。全市高考二本以上达线人数、万人达线率均居全省第二；在山西省第二届职业院校学生技能大赛上，晋中12所职业高中获奖项60个，其中一等奖12项，居全省第一。2008年全市共受理各种专利358项，共有发明90项。

文化　卫生　体育　2008年末全市共有艺术表演团体15个，群众艺术馆、文化馆12个，公共图书馆11个，艺术表演场所6个，乡镇文化站118个。电视人口覆盖率97.6%，广播人口覆盖率91.9%，有线电视用户38.6万户。2008年成功举办第八届平遥国际摄影大展，并荣获“中国十大国际性节庆暨改革开放30年中国节庆杰出典型奖”，先后被评为“中国最具国际影响力十大节庆”、“中国十大最具潜力节庆”等称号。平遥中国年活动荣获“全国节庆活动百强暨2008年度中国十佳民俗节庆”殊荣。年末，全市共有卫生机构1015个，其中疾病预防控制中心（防疫站）14个，妇幼保健机构13个，社区卫生服务中心52个，卫生监督所12个。卫生机构拥有床位11371张；其中，医院和卫生院床位10361张。卫生技术人员14818人。全市新型农村合作医疗覆盖11个县（区市）和晋中开发区，覆盖率达100%，农民参合率为93.03%。城市社区卫生服务覆盖面达到80%。11个县（区市）通过省级卫生城市验收，晋中市进入卫生城市行列。全年举办县级以上综合运动会35次，单项比赛210次，举办全民健身活动160次，参加人数达到16.0万人次，其中千人以上健身活动70次。在全省桥牌锦标赛中，晋中市队获得亚军。

（刘改英　李新文　刘向东　赵保平）

【晋中工业园区建设】　2008年按照晋中市工业经济发展第十一个五年规划纲要所确立的战略目标，市委、市政府坚持产业集聚、行业集中、土地集约、管理集成原则，加快市级工业园区和县级特色园区的建设，工业园区成为实现新型工业化的重要途径，并成为晋中市优化工业布局、调整产业结构，加快工业集聚、促进工业升级、做大工业总量的主要抓手和战略之举。

晋中开发区医药工业园、民营科技园、机械工业园、纺机工业园、汽贸园五大园区中，共有工业项目63个，入驻建成企业31家，其中规模以上工业企业28家。开发区除外向型纺机工业园受国际市场影响较大，产值同比下降外，其他园区发展势头强劲。医药园区中的5户规模医药企业完成产值17113万元，同比增长31.97%。安特公司进军非处方药市场后，销量在全市医药行业中一路领先，接近2亿元的目标，成为全省同行业中的老大。专用车产业成为开发区机械工业园工业经济增长的亮点。开发区通用公司被南方重汽公司选定为山西省惟一的指定改装企业。

榆次工业园总体规划控制面积20平方公里，总投资130亿元。2008年，注册企业105户，协议总投资28亿元。园区初步形成了园林化、通讯网络化、道路城市化、设施现代化的现代工业园区格局，形成了以机械装备、电器设备、金属材料制品、食品工业和高新技术产业为主题的现代工业园区。1—9月份，实现工业总产值26.18亿元，同比增长39.2%；实现主营业务收入28.7亿元，同比增长25.3%；入库税金1.25亿元，同比增长5.5%；外来直接投资5.55亿元，同比增长25.7%。

安泰工业园突出环保产业链，发展循环经济，形成煤—焦—钢、焦—气—化、焦—气—电等循环产业链。园区规划建设面积6000亩，2008年已占地3000余亩，注册有安泰集团公司、安泰国际贸易公司等18户企业。园区投资总额40亿元，重点建设220万吨机焦、200万吨特钢及配套的2×2.5万千伏发电项目。

中煤九鑫工业园以中煤九鑫200万吨机焦项目为龙头，整合保利星辰、星海镁业等12户企业，形成300万吨焦炭、30万吨甲醇、20万吨焦油和3万吨金属镁的生产能力，实现集中洗煤、配煤，集中煤焦油加工和煤气综合利用。已具备年产200万吨焦炭、9.3万吨焦油、2.6万吨硫铵、2.8万吨粗苯、0.2万吨硫磺能力。

榆社化工园规划面积3000亩，实现了通电、通水、通路、通讯、平整土地“四通一平”，入园企业3户（榆社化工、广生包装公司、塑料编织制品厂）。

平遥工业新区规划面积6225亩（第一期3075亩），主要承接平遥古城内工业企业搬迁改造，有平遥牛肉集团、平遥减速器、平遥思瑞沃煤机等13户企业入园建设。注册资本5.3亿元，入园项目总投资13.6亿元，项目投资达效后年可新增销售收入5.8亿元。

（刘改英　李新文　刘向东　赵保平）

中共市委书记　李永宏
副书记　张　璞　张文科　张春生
市人大常委会主任　焦丙英（女）
副主任　张鼎仁※　季福星※　薛玉斌※　吴兴文※　刘宪奇※　牛承玉※　郝秀珍（女）　郭绍华※　史景怡※　王纪萍※
市　长　张　璞
副市长　杨随亭　马彦平　程锡景　郭勇飞　李年善　畅志仁　毕重谦※
市政协主席　李儒敏
副主席　胡俊来　申守中※　蒋德宁※　范宗梅（女）※　常学斌　卢润生　辛　琰※

榆次区

【简述】　综合经济　2008年，地区生产总值完成105.6亿元，增长6%；财政总收入完成15.5亿元，增长19.2%；其中一般预算收入完成6亿元，增长31.9%，占财政总收入的比重提高3.7个百分点。固定资产投资完成80亿元，增长36.9%，其中第二产业固定资产投资增长59.3%。社会消费品零售总额达到55亿元，增长24.1；城镇居民人均可支配收入达到14036元，增长16.2%；农民人均纯收入达到6106.4元，增长15%。

工业　新增区属规模企业18户，达到103户；新增亿元企业5户，达到17户；工业调产项目完成投资、产值分别增长23%和24.5%。园区集聚效应明显增强，新增入园企业18户，达到121户，园区规模企业新增13户，占到全区新增规模企业总量的73%，入园企业销售收入和税金分别占到规模企业总量的62%和65%。非公经济发展快速，新增民营企业146户、个体工商户1270户，纳税500万元以上的企业新增18户。国有集体企业改制扎实推进，7户企业完成改制，1262名职工身份、1.2亿元国有资产实现置换。

农业　2008年，粮食总产达到1.6亿公斤，连续两年创历史新高大棚133.4公顷，蔬菜总产实现全省十六连冠；畜牧集中饲养率提高2个百分点，达到81%；新增果品高标准管护667公顷，总量达到5336公顷；苗木花卉新增213.44公顷，突破460公顷；农副产品加工企业发展到136户，带动农户达到1.7万户；农业科技含量明显提高，新建科技示范基地10个，主要农作物良种普及率达到90%以上。农业基础条件明显改善，实施了10项水利工程、6项土地开发整理工程和2项农业综合开发项目，新增大中型农机3390马力；新增农民合作社155个，农业服务体系不断健全；全省耕地建设、农村可再生能源等现场会开在榆次区，被省委、省政府表彰为“新农村建设先进区”。服务业发展活力进一步迸发。积极落实加快服务业发展的政策措施，“万村千乡”市场工程扎实推进，新建高标准农家店50家、农产品交易市场5个，商贸流通网络不断健全。

第三产业　物流、信息软件、电子商务等新兴业态发展强劲；“中国晋商文化研究基地”和“中国晋商文化之乡”品牌效应不断放大；景区景点建设进一步完善，多年积极谋划的乌金山国家森林公园开发正式启动，完成投资8000万元；第三产业完成增加值增长14.7%，占GDP的比重提高2.1个百分点，实现税收占财政收入比重提高1.3个百分点。

2008年，完成进出口总额1.29亿美元，增长22%，其中出口完成1.16亿美元，增长23%。招商引资取得新成绩，签约项目7项，总投资69亿元，引资58亿元，3项已投产和开工；争取中央扩大内需项目8项，总投资4350万元，其中中央投资1163万元。

城乡建设　以“四城联创”和农村“创三优”为抓手，不断强化城乡建设管理，着力打造最宜人居环境，积极理顺城市管理体制，城乡管理质量和成效明显提高。深入开展“迎奥运、促减排”环保专项行动，城区二级天数达到339天，增加45天；城区污染指数下降26.7%，节能减排力度加大，万元GDP综合能耗、化学需氧量、二氧化硫排放量等约束性指标全部达标。开展城乡环境清洁工程，建队伍、立制度、增投入、强责任，城乡面貌和形象明显改观。加大造林绿化力度，造林2001公顷，植树350万株，建成高标准园林村63个，绿化覆盖率达35.3%，提高4.5个百分点，生态环境得到有效改善。继续完善城市功能，完成市区共建的汇通南路、北部新城道路建设项目，市第二污水厂建设加快推进。推动基础设施向农村延伸，实施城中村改造项目6项，新建镇区公共服务设施1.5万平米；新建沼气4251户，安装太阳能路灯、热水器等1580盏（件），完成安全饮水工程16处；新建乡村道路219公里；乡村基础设施功能明显提升。

人民生活　向全区人民承诺的十件实事圆满完成。始终把解决民生问题作为构建和谐社会的第一任务，高度关注，积极改善。劳动就业继续扩大，新增就业岗位8725个，安置下岗失业人员2686人，转移农村富余劳动力5800人，实现零就业家庭动态消零，城镇登记失业率控制在2.1%以内。社会保障能力不断增强，城镇基本社会保障覆盖率达到97%，城镇居民基本医疗保险制度全面启动，“新农合”参合率达到93.6%，受益率达到78.3%，农村五保户、城市低保应保尽保，农村低保覆盖面进一步扩大；城乡大病医疗救助制度更加完善。

民主法制和精神文明建设　坚持在人大、政协监督支持下开展工作，推进了政府决策的民主化和科学化。提高人大代表建议和政协委员提案办理水平，共办理建议和提案162件，办复率达100%。全面落实廉政建设责任制，强化行政监察和审计监督，树立了廉洁勤政的政府新形象。“五五”普法扎实推进，全民法制意识逐步增强。优化发展环境，加强机关效能建设，深入开展“民主评议政风行风活动”；新建了区政务大厅，乡镇（街道）、村（社区）便民服务站和便民服务中心实现全覆盖，促进了政府工作的提质、提速、提效。开展精神文明创建活动，共创建文明单位42个，东阳镇获得“全国创建文明村镇先进村镇”，南关村获得“全国文明村”荣誉称号。全力以赴支援南方抗击冰冻灾害，支持汶川地区抗震救灾，彰显了全区人民一方有难、八方支援、无私奉献的传统美德。

社会事业　城乡教育均衡发展，经纬中学通过省级示范校初评，全省义务教育标准化建设现场会开在榆次区，素质教育质量明显提升。新建文化大院80个，公共文化服务体系建设达标率居全省领先水平。卫生工作得到加强，公共卫生综合服务大楼主体完工，医疗和公共卫生服务水平得到提升。人口计生工作再创佳绩，被省政府表彰为“人口计生目标责任制考核先进区”，连续12年全市责任制考核第一。体育设施更加完善，新建标准化水泥篮球场100个。平安建设成效显著，新建了10个乡镇派出所，完善了社会治安网络；积极开展大接访活动，强化矛盾排查化解，保持了社会稳定；深化安全隐患排查治理，扎实开展煤焦领域反腐败专项斗争，加大力度治理超限超载，安全生产保持了平稳态势。街道办事处在城市管理和服务中的作用逐步增强。　（李　敏）

【榆次基础设施建设十大重点工程竣工】 2008年10月31日榆次区基础设施建设十大重点工程举行竣工剪彩仪式。十大重点工程总投资2.6亿元包括：高源线二级路改造工程、东清线二级线改造工程、榆次工业园区道路新建工程、乌金山国家森林公园旅游路建设工程、农村道路街道硬化及通达通畅工程、乡镇公安派出所建设工程、榆次区第一职业中专学校建设工程、社会主义新农村文化大院建设工程、榆次区政务大厅建设工程。　（李　敏）

中共区委书记	王建林
区人大常委会主任	梁五福
区　长	王继堂
区政协主席	宁山岗

介休市

【简述】 2008年，全市辖7镇3乡5个街道办事处15个社区231个行政村，总面积744平方公里，耕地面积22811.4公顷，总人口396679人，其中男203332，女193347人。

综合　全年完成生产总值120亿元，同比增长17%；规模以上工业增加值98亿元，同比增长19%；财政收入23.4亿元，名列全省第七，同比增长60.7%；一般预算收入6.58亿元，同比增长56.7%；固定资产投资56.3亿元；同比增长21.7%；社会消费品零售总额达到31.5亿元，同比增长25%；城镇居民人均可支配收入13690元，同比增长26.5%；农民人均纯收入5452元，同比增长14.4%。各项经济指标名列晋中之首，保持十强。在中西部可持续发展最具竞争力的城市排名中位列前30名。

工业　一批重大工业项目相继开工建设，全市投资在5000万元以上的工业重点项目达到60个，总投资183.7亿元，累计完成投资45.5亿元，其中安泰集团三期工程项目如期推进，三佳公司6万吨有机硅项目预计2009年3月份将全面投产，诚宏德一公司10万吨苯加氢项目试产，益达公司30万吨甲醇等项目已全面开工，茂盛公司60万吨醋酸已具备开工条件。

农业　财政投入“三农”资金达2亿元，通过实施“一企推一村，共建新农村”和市直单位推进强村、帮扶弱村新举措，落实扶持资金2.1亿元。新建成200个日光能温室和移动式大棚。连福镇核桃加工产业形成规模，行销全国10余个省、市，带动农户4000余户，实现销售收入近亿元。“十百千”生猪养殖工程快速推进，标准化万头猪场达到15个。投资650万元解决了23个村，1.8万人的饮水安全问题。创“三优”工作成效显著，植树总量突破400万株，汾河两岸造林面积达到2.4万亩，新完成规模造林1.4万亩，荣获“全省林业建设先进县”称号，农村环境整治深入推进，高标准建成60个生态示范村，新发展1万个户用沼气，总量位居全省之首。

文化　2008年，4月2日，介休市被中国民协授予“中国清明寒食文化之乡”，4月4日举办了首届中国寒食节系列文化活动，并取得圆满成功。在张壁古堡成功举办了全国十佳魅力名镇联谊活动。2008年，重点工程占地24.5万平方米，分为文化中心和体育中心。该文体中心建成后，为群众提供良好的文化体育休闲场所。4月8日晚，新编晋剧《介子推》在山西省演艺中心首场演出，获得巨大成功。

城市建设　2006年以来，全市投资15亿元实施的30项城建重点工程基本完工，“三年出形象”的目标全面实现。三贤大道等道路相继建成，新增城市道路30公里，贯穿城区南北的三贤大道不仅成为城市的景观大道，而且成为介孝汾城镇组群的骨干路。投资2.5亿元的新建介休一中主体工程基本完工。城市集中供热面积达到380万平方米，体制和管理逐步完善。投资5000万元，开工新建经济适用房3.7万平方米，廉租房1.2万平方米。房地产和商贸流通产业蓬勃发展，盛华丽园、福馨园等一批精品住宅小区相继入住，全市累计新增城市住房面积80万平方米，新建成长虹家具市场和一品天下、天一等大型商场。年发运300万吨的天泽发运站投入运行。同时金融保险、信息中介等新型服务业进一步拓展，新成立华泰、圣和等4家小额贷款公司。三产服务业提供税收达到2.3亿元，同比增长32%，占财政收入10%。新完成城内10条小街小巷改造，城区主干道路灯得到全面更新，街景亮化上档升级。投资6000万元实施了八大城市绿化工程，新增绿地103万平米，完成了迎宾广场、火车

介休特产　　　　郭建平摄影

站广场、汾秀公园、东城公园的建设改造。城市环境整治扎实开展，在晋中率先提出了“四城联创”的目标，城市规划面积达到150平方公里，城市建成区面积扩展到17.55平方公里，城市人口达到16万人，城区道路增加到110公里，城市绿地覆盖率达到39%，人均公共绿地面积达8.6平方米。并顺利通过了省级卫生城市验收和省级园林城市专家组考核。

环境保护　对焦化、洗煤、碳素、土小企业等进行了专项清理，涉煤企业高标准建成挡风抑尘网，开展了三次大规模“迎奥运、促减排”的环境集中整治。汾河流域治理动作快、见效大，煤矸石集中整治初战告捷，城市污水处理厂正式投入运行，全省县级城市中首个垃圾焚烧电厂并网发电。全市二氧化硫、COD分别净削减798吨、379吨，完成节能41.5万吨标煤，二级以上天数达到324天，其中一级天数达到31天，实现历史性突破。

社会事业　社会保障体系进一步完善，新型农村合作医疗受益人数达到5万人次，城镇居民基本医疗保险全面铺开，破产关闭企业和特困改制企业职工医保问题得到妥善解决，政府出资购买210个公益性岗位。投资2.6亿元，全面铺开农村“六路九桥”工程。义务教育标准化建设顺利通过省级初评验收，投资540万元扩建乡镇卫生院10所。晋中市下达的39项目标考核责任制考核评价指标圆满完成。

（赵俊萍）

【首届绵山中国清明（寒食）文化节】　2008年4月2日，中国传统节日论坛暨山西介休绵山首届中国清明（寒食）文化节开幕式在绵山水涛阁广场举行。中宣部原常务副部长徐惟诚，全国政协常委、中国民协主席冯骥才，山西省委常委、宣传部长高建民，副省长张平及晋中市领导、介休市领导出席开幕式并参加了各种活动，介休市长秦太明主持开幕式。介休市委书记杨建林在开幕式上致辞，晋中市市长张璞代表晋中市致辞。开幕式上，中国民协副秘书长赵铁信宣读了中国民协《关于授予介休中国寒食清明文化之乡和授予绵山中国寒食清明文化研究中心的决定》。冯骥才为“中国寒食清明文化之乡——介休”授匾；中国民协副主席罗杨为“中国寒食清明文化研究中心——绵山”授匾，山西省副省长张平宣布中国传统节日论坛暨山西介休绵山首届中国清明（寒食）文化节开幕；徐惟诚、冯骥才、仲呈祥（中国文联荣誉委员、研究员）、高建民、李永宏、杨建林、闫吉英等共同启动开幕按钮。开幕式结束后，与会嘉宾到绵山植树区栽植介公林，并观看了民俗表演，举行了朝拜介公大典和“迎奥运、挂祥铃”活动。并举行了山西介休绵山中国清明（寒食）文化节重要内容的论坛，来自全国民俗界、历史界、文化界的40余名专家学者出席了论坛。论坛发言中，众多专家学者围绕“我们的节日应该怎么过”、“中国四大传统节日定为国家法定节假日的意义”、“中国传统节日的历史、现在与未来”、“寒食、清明节研究”等论题，畅所欲言，各抒己见，进行了深入的分析和探讨。（赵俊萍）

中共市委书记	杨建林
市人大常委会主任	李怀珠
市　长	秦太明
市政协主席	吴定元

寿阳县

【简述】　2008年，地区生产总值完成45亿元，比上年增长25.1%；固定资产投资完成23.3亿元，与上年基本持平；规模以上工业增加值完成25.3亿元，比上年增长73.6%；财政总收完成90068万元，比上年增长49.8%；城镇居民人均可支配收入完成12910元，比上年增长27.6%；农民人均纯收完成4652元，比上年增长13.5%；社会消费品零售额完成10亿元，比上年增长29.8%；外贸进出口总额完成420万美元，比上年增长401%。

工业　经济加快煤炭产业规模化、集团化，一批现代化机械矿井建设顺利推进，累计投资12.6亿元，改扩建项目11个，麦捷90万吨、正泰45万吨、富东30万吨技改完成。充分发挥阳煤集团、北京鲁能、河北金能、山东新汶等大企业、大集团的资金、技术、人才、管理等优势，煤矿的技术装备水平和集约化、本质安全化程度达到国内先进水平，全年生产原煤1200万吨。新元、开元、段王、平舒煤业、富东5户企业增加值占到全县规模以上工业增加值的60%以上。坚持煤与非煤并举，加快合作项目建设，拉长产业链条，促进煤炭企业投资兴办地面工业，星光、博大两个焦化二期工程及余热发电、段王煤化瓦斯发电、世纪精细化工、立志礼花、马铃薯颗粒全粉、金能煤机等项目运营。继续通过财政贴息费用减免等优惠政策，扶持民营中小企业，围绕特色优势产业，依托现有项目，扩大豆腐干、小米、苦荞、蔬菜、肉羊加工等企业生产规模。

农业　经济围绕现代农业，夯实基础，实行土地开发整理，改造中低产田，推进测土配方施肥，加强水利基础设施建设。重视产品的标准化生产，加强农药市场监管和生产、销售环节的检疫检测，粮食总产达到2.5亿公斤，再次被推荐为全国粮食生产先进县，蔬菜种植面积达到26680公顷，建设奥运蔬菜专供基地17.34公顷，实现成功供奥并获得品牌奖励。畜牧业规模化、标准化势头良好，新发展规模养殖小区12个、养殖大户53户。林果业实现仁用杏、杨树“双十”万亩经济林工程，新增仁用杏1000.5公顷，杨树片林667公顷。扶持农民专业合作组织建设，总数达到502个，入股社员2562户，带动3.2万农户，使粮食、蔬菜、畜牧、林果等优势农产品区域布局深入实施。

市政建设　铺开城镇重点基础设施建设工程26项，总投资13.2亿元，完成了污水处理厂、澧河西路延伸段、消防大楼、药材公司回迁楼、交通大厦、高速收费广场硬化建设和东太国防公路、三团线松塔至郑家庄、苌小线独壁至苌榆河公路改扩建，继续建设行政中心、市民广场、南北外环线和白马河、东梁河、石门河等河道综合治理。加强县城小街小巷治理改造，完成街巷整治11条，面积3.3万平方米；完成东西牌楼的亮化、美化，安装路灯194盏，继续实施造林绿化八大工程，累计完成投资1.2亿元，造林面积4684.14公顷。整治与建设并举，生活环境改善，县城空气质量二级以上天数达到317天。

社会事业　教育：大力改善教育教学条件，撤并农村小学27所和上湖单轨制农村初中。投资3000万元，完成朝阳一中等4所初中改扩建，开工建设城西小学。文化：编制了《寿阳旅游产业发展总体规划》，建设祁氏故居、鹿泉山寿星文化休闲度假区，拍摄电视剧《天地民心》。卫生：建立健全城乡卫生体系，新型农村合作医疗、城镇居民医疗保险参合人数稳步提高。人民医院住院楼、乡镇卫生院改造和村级卫生室建设全面完成，三级医疗卫生机构基础设施达标率达到81.7%。医疗卫生基本实现全覆盖。社会保障：社会救助和就业保障体系更加完善，财政配套241万元，专项用于城市、农村低保和五保户扩面提标，为5730名低收入群众提供了基本保障。实施创业就业工程，完成创业、失业和技能培训2390人，全年新增就业岗位1980个，开发政府公益岗位87

个，就业难问题得到有效缓解。80周岁以上老年人优待金全部兑现。

在加快产业发展的同时，分层次推进农村“创三优”活动，整合资金1000多万元，扶持9个省试点村、22个整体推进村和公路沿线53个重点村进行示范建设。投资841.8万元，完成各类饮水安全工程74处，行政村基本实现了“村村通”自来水目标。采取政府补助、群众自筹、企业帮扶的办法，实施新型能源工程，投资733万元，新发展沼气3576户，吊炕250户，推广节能生物炉项目200户。继续推进农村道路建设，完成水泥路73.6公里，通畅工程70公里，硬化新农村街道2个村、187公里。继续实施“万村千乡市场工程”和“新网工程”，新发展各类农家店、便民店34家，商品配送率达到80%以上，农村现代流通网络体系初步形成。（武代玲）

【松塔水电站奠基】 松塔水电站是省级重点工程，也是晋中市“十一五”期间计划新上的6个应急水源工程之一，位于寿阳县潇河主流松塔河上，是以供水、发电为主，兼顾防洪、灌溉的综合性利用工程。该工程控制流域面积1174平方公里，占潇河流域面积的近1/3，总库容9820万立方米，装机容量2×500千瓦。建成后年可发电349万千瓦时，向城市供水2200万立方米，改善18万亩耕地灌溉条件。松塔水电站的建设，对实施潇河流域的整体开发，满足城乡用水，发展农田灌溉，提高防洪标准，改善生态环境，推进区域经济社会可持续发展，具有十分重要的意义。从上世纪50年代起，就开始规划选点，做了大量的前提工作。曾三度选址准备动工建设，但由于种种原因，工程一直未能开工。恰逢全省实施兴水战略的大好机遇，经专家科学论证，于2008年5月28日正式核准立项建设。（武代玲）

中共县委书记	史景怡※	黄耀春
县人大常委会主任		陈振明
县　　长	黄耀春※	郝鹏鸿
县政协主席		郭培纲

昔阳县

【简述】 昔阳县位于晋中市东部，太行山西麓。全县辖5镇7乡，335行政村。地域面积1954平方公里。2008年全县共有耕地面积29321.32公顷；总人口23.77万人，其中男性人口12.51万人，女性人口11.26万人。在总人口中非农业人口3.51万人。男女性别比为111.1。全县人口出生率为14.4‰，死亡率为6.02‰，自然增长率8.38‰，计划生育率为92%。

2008年，全县国内生产总值20.5亿元，同比增长16%。一般预算收入1.68亿元，同比增长58.5%。财政收入5.08亿元，同比增长67.6%。社会消费品零售总额9.8亿元，同比增长26.8%。城镇居民人均可支配收入10002.3元，同比增长23.3%；农民人均纯收入3390元，同比增长8.28%。

农业　2008年，围绕“四个昔阳”建设目标，发展主导产业，推动传统农业向现代农业加速转型。全县粮食产量达到了12.2万吨，新发展干鲜果经济林1334公顷。蔬菜、水果、肉蛋奶产量稳步增长。全年完成劳动力引导性培训11020人，劳务输出3.9万人，劳务总收入2.79亿元。全县规模养猪场185个，其中万头猪场15个，全年猪饲养量达到30.6万头，规模养猪占到生猪饲养量的70%以上。落实粮食自补、良种直补和农机具补贴1562万元，农民人均直接得到现金收入78元。发展了2户小额贷款公司，缓解了中小企业和广大农民发展生产资金短缺的制约。

工业　2008年以安坪川、巴洲川煤电化工业园区为依托，大力推进新型工业化，工业经济快速发展。全县规模以上工业增加值完成5.5亿元，同比增长33.8%。全县规模以上工业企业发展到28户，完成产值14.3亿元，同比增长74.8%。全年实施500万元以上工业项目22项，完成投资18亿元。阳煤寺家庄600万吨规模矿井建设工程以及白羊岭、运裕、坪上等16对煤矿技改扩规工程进展顺利。全县完成煤炭产量469万吨，煤炭行业实现税金3.1亿元。国投昔阳公司完成发电10.8亿度，产原煤92.32万吨，上缴税金7724.7万元，进入晋中市50强。天圆化工3万吨硝酸铵钙项目正式投产。全县500万元以上纳税大户达到19户，其中，2000万元以上纳税大户3户，1000万元以上2000万元以下纳税大户6户。培育壮大了大寨农牧、晋阳乳业、天凤薯业、大寨酒业等一批农业产业化龙头企业。全县农业产业化龙头企业达11家，资产总额达2.2亿元，实现销售收入12亿元。以“大寨”冠名的企业有20多家，以大寨品牌冠名的农副产品有10大类50多个品种。煤炭、化工、建材、电力、农副产品加工五大工业产业集群初具规模，成为县域经济发展的重要支柱。

基础设施建设　2008年，以“东山创一流、全市争上游”为目标，大力推进县城建设。松溪河治理一期工程、瓦斯利用二期工程、上城街改造、10条旧城区街巷改造、颐民公园续建、环城河道清淤、污水处理厂续建、县社网点改造二期、金博园住宅小区开发等重点工程顺利完工。农村以创“三优”为载体，以水、路、气、通讯为突破，继续完善基础设施。34项饮水安全工程全部完工，34个自然村、1.79万口人，1873头大牲畜的安全饮水问题有效解决。投资9600多万元，完成昔内线上秦山至河西桥段、昔广线安家庄至烈士陵园段、静阳大桥、孔氏1号桥等公路建设重点工程。投资1179万元，完成沼气建设5817户。通讯网络覆盖面进一步扩大，移动电话达到7.6万部，固定电话达到5.2万部，小灵通达到2425部。

植树造林　2008年，实施了十大类四十项重点绿化工程，总投资达6000万元（其中县财政投入2000万元），造林6670公顷，其中太行山绿化完成人工造林466.9公顷，封山育林266.8公顷，完成交通沿线荒山造林233.45公顷，退耕还林荒山造林667公顷，封山育林133.4公顷，厂矿区绿化完成533.6公顷，滩涂绿化完成166.75公顷，干果经济林完成1334公顷，建设园林村34个，义务植树41万株，县道绿化39公里。投资600万元高标准建设了207景观大道。县城新增绿化面积19万平方米，绿化覆盖率提高了4个百分点，人均公共绿地率增长了4个百分点。

环境保护　2008年，开展环保专项行动，先后对45个企业实施全面达标考核验收，对县130台锅炉实施污染治理。加快实施安平电厂热电联供工程，推进瓦斯利用工程，县城居民气化率达70%。对8户企业实施停产治理，关停取缔了72个企业的106座烟窑、竖窑等落后设备。县城空气环境质量二级的上优良天数达到317天，同比增加99天。环境空气质量均达到国家二级标准，环境综合污染指数为全市

昔阳特产　郭建平摄影

最低，受到省政府250万元的重奖，为晋中唯一受奖县份。

文化体育　2008年，文化事业健康发展。《昔阳迓鼓》《昔阳拉话》列入市级非物质文化遗产名录体系，申报了第二批省级非物质文化遗产名录。成功组织了“京剧进大寨，唱响虎头山”北京京剧院（大寨）慰问演出、“回望大寨，情系农村”知青上山下乡暨纪念改革开放30周年活动、全国油画协会大寨采风活动、中央电视台“激情广场大家唱”昔阳专场等大型对外宣传交流活动。精心编排了反映昔阳大寨艰苦奋斗精神的大型歌舞史诗《岁月如歌》，进一步提高了大寨旅游和大寨文化的知名度、影响力。

旅游开发　2008年，继续加大重点景区、重点资源的开发建设力度，初步形成了“名村、古寺、险垴、奇峡、秀水”为一体的旅游新格局。大寨旅游区投资40万元，完成了知青林的建设；投资200万元，整修狼窝掌道路；投资700多万元整修狼窝掌梯田。目前正在规划3000万元的大寨农业展览馆、大寨商务会展中心、狼窝掌游客体验区、生态停车场等基础设施的建设。石马寺景区投资100多万元重点进行了山坡荒地的绿化与上山步游路的建设。龙岩大峡谷投资50多万元改善景区的基础设施建设和规范农家乐宾馆。黄庵垴景区投资64万元完成景区通电工程和绿化工程。水磨头渔乡景区投资800万元，完成3.5公里的浅水漂流和5万平米的竹排戏水和虹鳟鱼养殖场改造工程。

教育事业　2008年，高考达线634人，达线率连续19年位居晋中市第一；教育累计完成投资5000余万元，实施了20项中小学校舍改造工程。投资80万元，建成了网络视频会议室和昔阳教育网络中心，先后举办了初中、小学远程教育应用现场会。全部免除了义务教育阶段学生学杂费和教科书费，为3505名贫困家庭寄宿生补助了生活费110.88万元。顺利通过省义务教育标准化验收。落实义务教育经费保障资金902万元，2.7万名学生得到实惠。实施阳光助学工程，救助困难学生1013名。投资300万元，建设职业中学机动车驾驶员培训基地，职业中学办学条件进一步改善。晋中市第二届普通高中校长例会和首届职业高中校长例会在昔阳召开。昔阳被市政府授予职业教育先进县称号，职业中学被授予职业教育先进学校荣誉称号。

医疗卫生　2008年，新型农村合作医疗工作全面启动，参合农民16.6万人，参合率达到82.1%，补偿21.7万人（次）、资金1484万元，新农合资金使用率达到88%；城镇居民医疗保险工作扎实开展，参保人数达到7500人；职工大病医疗互助活动全面推行。完成村级卫生所建设92所，医疗卫生机构基础设施达标率达到80.9%。人口计划生育工作迈上新的台阶，顺利通过了省级标准化验收，跨入全省计生优质服务先进县行列。

社会保障　2008年，社会保障体系进一步强化。共有8117人参加了企业养老保险，有12915人参加了失业保险，有17215人参加了医疗保险，有5050人参加了农村养老保险，有9298名职工参加了工伤保险。新增就业岗位1855个，创业就业人数390人，下岗失业人员再就业703人，开发公益性岗位60人。为2764名下岗失业人员发放了《再就业优惠证》，为890名下岗失业人员发放社会保险补贴164万元。城镇登记失业率控制在0.5%以内。全年发放救灾款、低保金、五保金等各类扶助款1381万元，惠及1.2万户2.3万人。全年新增经济适用房167套，面积10000平方米，建设廉租房首批80套4000平米，全县城市居民人均住房面积达27平方米。　（赵珍珠　任立斌）

【推进民生工程建设】　1、颐民公园建设工程。累计完成投资2500万元，总占地面积38.02公顷，广场硬化2.88万平方米，草坪绿化15万平方米，铺设园路6公里，栽植国槐、法桐、云杉、美人蕉、红叶李、日本樱花等乔木、花灌木和地被植物56种23.5万余株，七个景区（庙宇景区、草坪雕塑区、现代休闲广场、假山瀑布景区、百花园景区、生态森林景区、花果园景区）各具特色，已形成春有绿、夏有荫、秋有果、冬有青的特色景观。

2、松溪河综合治理一期工程。南起大寨桥以南1000米处，北至东风水泥厂附近，全长4.5公里，规划总面积约59.2公顷（其中：蓄水面积约35公顷，园林绿地面积约24.2公顷），规划有六个景区，即：水景区、文化休闲区、老人儿童活动区、湿地生态观光区、百花苑、百果园。一期工程于2007年10月动工。截止2008年底，已完成4座拦沙坝、1座橡胶坝、库区防渗硬化、草白玉栏杆安装、大寨桥改造、湿地景观公园建设及配套实施建设，累计完成投资4300余万元。

3、农村公路通畅工程。共28项88公里，主要工程项目有昔广线安家庄至庄窝、孟壁至东沟、北掌城至赵家庄、学堂沟至南郝峪、317省道至卧佛寺等。其中，孟壁至东沟段的建设标准为二级公路，路面结构为沥青混凝土；其余建设标准为重山丘四级公路，路面结构为水泥混凝土，总投资2565万元；静阳大桥建设投资750万元，全长186米，桥头引道614米。工程于2008年10月15日全部竣工。

4、巴洲工业园区二级路建设工程。总投资3700万元。全长12公里，起点位于上秦山，终点止于河西桥。本项目设计行车速度为60(40)公里/小时，路基宽为26米，路面宽20米，两侧各设3米的绿化带。工程于2008年10月20日全面完成路基工程。

5、中小学基础设施建设工程。总投资4190万元，主要有昔阳中学教学实验综合楼、劳技中心教学楼新建和塑胶操场建设、寄宿制学校暖气安装和乡镇学校校舍改造工程。昔阳中学新建的六层教学实验综合楼，建筑面积7554平方米，投资850万元；劳技中心教学楼，建筑面积2261平方米，投资240万元；塑胶操场改造工程，改造面积12290平方米，投资400万元。寄宿制学校暖气安装工程，投资100万元，为王寨小学、东冶头中学、沾尚小学、新世纪中学配置锅炉暖气。乡镇初中和小学校舍改造工程，总投资2600万元。

6、207国道万米景观绿园建设工程。北起李家庄渡槽，南至峰豪国际大酒店，全长14公里。总投资650万元，涉及拆迁17处，拆迁建筑面积2000平方米，新增绿化面积20000平方米，植树196289株。

7、农村户用沼气暨可再生能源多能互补建设工程。全县农村户用沼气暨可再生能源多能互补建设工程包括农村沼气建设5817户，太阳能热水器1000个，高效低排生物质能炉200个，省柴节煤炕连灶1200个，太阳能路灯100个，太阳能浴室1个，秸秆集中供气工程1处，建设沼气服务站16个。截止2008年底，已完成投资1179万元，建成沼气5817户，完成任务100%。全县沼气用户达10575户。

8、县城集中供气工程。投资1250万元，完成2万立方湿式气柜和附属设施建设。

9、县城供水管网改造工程。投资607万元，改造供水管网17.26公里。

（赵珍珠　任立斌）

中共县委书记	孟希雄
县人大常委会主任	郭爱生
县　长	李非忠
县政协主席	王录文

和顺县

【简述】　2008年，地区生产总值突破190200万元，同比增长18%；财政总收入完成40366万元，同比增长34.1%；工业增加值完成76000万元，同比增长39%；固定资产投资总额完成148600万元，同比增长50、3%；全县城镇居民人均可支配收入达到9080元，同比增长20%；农民人均纯收入达到2407元，同比增长10、8%；社会消费品零售总额完成5.13亿元，同比增长26、8%。

农业　2008年，全县农作物播种面积16008公顷，其中杂粮、蔬菜、中药材、酿酒高粱等特色种植占到总播种面积的45%以上，粮食总产量达到5982万公斤。累计发展温室大棚140座，单棚收入达到4万元以上。新发展专业合作社120个，带动农户5200余户，兴科养牛流通协会荣获山西省百强农村专业技术协会称号。全力实施以骨干育肥牛场建设、旧

和顺农展品　　郭建平摄影

有园区恢复改造利用和发展“五头母牛”繁育户为主的“十企百区千户”育肥牛致富工程。天和、顺畅、东泰3个育肥牛场已投入运行，新建改建养牛园区24个，发展五头母牛繁育户718户。一批猪、鸡养殖小区建成投产。累计投资1500万元，完成造林4.03万亩，村镇绿化22个，创建花园式单位1个，生态型企业1个，园林绿化示范村5个。发展“猪—沼—菜”三位一体建设196户，吊炕总量达到1.12万铺。完成街道硬化59.9公里，全省最大规模的青城镇国家级土地开发整理项目完成工程量的50%。全年减少未解决温饱人口3000人，减少低收入人口2600人。依托阳光工程培训农民4.1万人，输转劳务1.4万人次，创收1.3亿元。与此同时，全县建立了整合项目资金办大事、城乡结对帮带、以工补农等工作推进机制，继续落实各项支农惠农政策，财政对“三农”的投入达到2.4亿元，同比增长47%，县级财力投入同比增长79%。

工业　2008年，全县确定的83个重点项目，已开工建设73个，开工率87.95%，累计完成投资10.45亿元，占计划投资的67.8%。投资5200万元完成1个120万吨、4个90万吨、1个60万吨、4个30万吨骨干矿井机械化升级改造项目。开工建设30万吨尿素配套12万吨甲醇项目。竣工投产硅钢镁项目一期工程。全面开建镍热联产联供项目。原煤产量完成559万吨，同比增长16.4%。与此同时，对三利电石公司6300KVA电石炉进行拆除。银圣集团投资1700万元，将煤矿瓦斯气作为主燃料，年节能1万吨标煤。全县节能量达到4.5万吨标煤。二氧化硫和化学需氧量削减任务全部完成，县城空气质量二级以上天数达到308天，同比增加80天。

开放引进　2008年，义兴镇与浙江省乐清市乐成镇缔结为友好乡镇。浙江上峰水泥集团总投资5亿元的200万吨水泥项目与本县正式签约。福建华闽投资有限公司总投资10亿元的30万吨生物降解淀粉塑料项目取得省发改委备案证，正在进行开工前的准备。北京国能时代能源科技发展有限公司投资30000万元的煤炭瓦斯气分离液化项目正在进行立项、厂址选择等前期工作。中石化集团投资8亿元的煤层气勘探开发项目，已完成投资2000万元。与美国弗吉尼亚州固本集团和山西国际能源集团就煤层气、金属镁等一系列合作开发项目正在进一步洽谈中。

基础设施建设　2008年城建上，总投资1.5亿元，完成滨河路延伸、207国道过境段整治、南河防洪整治、云龙山主题公园、市民广场、背街小巷硬化亮化等城市基础设施重点建设工程；县城污水处理厂投入运营；建筑业完成总产值1.4亿元，完成房地产投资1.03亿元；投资4500万元，完成40万平方米的供热管网和4500米供气管网建设。交通上，总投资6500万元，大东线、西上线、松店线、寒后线铺油贯通，农村通达、通畅工程全部竣工。农村公路建设质量在全市名列前茅，荣获“山西省农村公路建设质量年活动优胜单位”和“优秀项目”称号。水利上，总投资3963万元，集中实施石勒沟水源开发工程、风台截流工程等十大水利重点工程，恋思水库项目建议书已通过国家海委审核，解决了0.9万口人的饮水安全问题。

旅游　2008年，以合山、阳曲山、云龙山、太行山断裂带、牛郎织女文化景区为主的“三山一带一文化”景区景点建设取得突破性进展，共完成投资12500万元。“农家乐”接待规模和经济效益进一步提高，户均增收1、5万元。着力打造文化旅游品牌，牛郎织女传说被列入国家第二批非物质文化遗产保护名录，凤台小戏和牵绣被列入市非物质文化遗产保护名录。

社会综合治理　2008年，全县深入开展“隐患治理年”活动，严格落实企业主体和政府监管两个责任，采取县四大班子成员包乡镇督查、聘请专家查隐患等超常措施，制定出台安全生产九项制度等一系列制度和办法。强化森林防火管理。开展大接访和实行重大信访案件领导包案制。全县未发生一起重特大事故，呈现出安全事故下降、形势总体平隐的良好态势，有力地维护了北京奥运会等重要节会、重大活动的安全稳定秩序。社会治安管理体系不断完善，“平安和顺”等创建活动深入开展。治超工作成效显著，获“山西省治理非法车辆超限超载工作先进县”称号。应急预案体系进一步健全。大力开展食品药品等专项整治，全力维护人民群众的切身利益。

精神文明建设　2008年，围绕“四城联创”目标，狠抓以城乡清洁工程为主的城乡环境卫生综合整治，提前两年完成省级文明县城创建任务。出台环境卫生、停车场设置等一系列管理办法，推进城市规范化管理。全年有28家单位被命名为市级文明和谐单位标兵、市级文明和谐单位、市级文明执法窗口、市级文明和谐村镇、市级文明和谐旅游景区，有2人被评为市级精神文明建设先进工作者。

社会事业　2008年，全县优先发展教育，相继完成新建二中、青城小学、青少年活动中心和兴才中学、北关小学改扩建工程。对29所寄宿制中小学校全部进行暖气改造。落实义务教育阶段510名班主任津贴13.7万元，为边远、贫困乡镇198名中小学教师发放津贴28.5万元。职业教育快速发展，县职中连获“晋中市五一集体三等功”、“晋中市第二届育人杯先进集体”、“山西省德育示范校”等荣誉称号，专业实训楼已完成主体工程建设。加快完善城乡公共卫生服务体系，县医院门诊楼、住院楼改扩建工程投入使用，启动县医院对口支援乡镇卫生院项目，完成135所村卫生室的达标建设。有7家企业被认定为山西省民营科技企业，荣获“山西省科普示范县”称号。计生服务体系进一步完善。防震减灾工作名列全市第一，荣获山西省防震减灾工作一等奖。文化、体育事业较快发展，对100个行政村文化室进行改扩建，建成综合健身馆。全国第二次经济普查工作取得阶段性成果。物价、审计、农经、广电、纠风、档案、老龄、史志、残联、老促会、老体协等各项工作也都取得长足发展。更加注重民生改善，县级财政用于教育、医疗、社会保障、公共安全、住房、集中供暖等社会事业、民生方面和解决人员历史遗留问题等的资金就达到1.36亿元，同比增长207%。社会保险各项待遇全部落实。启动城镇居民基本医疗保险，参保人数达到7583人。大力开发公益性岗位，安置困难群体就业，共安置46人。下岗失业人员再就业620人，其中“4050”人员179人，实现零就业家庭动态为零。新型农村合作医疗参合率达到93.55%。积极改善居民住房条件，经济适用房完成三层主体，廉租房主体已封顶。地质灾害治理项目完成既定任务目标。千方百计解决城乡居民冬季取暖用煤储备工作，积极协调平价供应城区集中供暖用煤2.5万吨、居民生活用煤7.8万吨、中小学校用煤1万余吨。

（县志办）

【纪念改革开放30周年暨45项重点项目竣工典礼】　2008年12月23日，全县纪念改革开放30周年暨45项重点项目竣工典礼举行。2008年全县坚持科学发展观，继续把项目建设作为推动县域经济跨越式发展的主攻重点，继2007年投资12亿元用于项目建设后，安排了城市建设、公路交通、文教卫生、工业经济、农业农村5大类、83个重点项目，其中政府投资项目46个，社会投资项目37个。83个项目中，投资额超千万项目51个，其中超5000万项目31个，超亿元项目16个。当年完成投资额15.4亿元，45个重点项目竣工投入使用。这些项目突出了传统产业提升、新型产业培育以及基础设施和民生民计改善，涵盖了经济社会各个方面。通过项目建设的大力实施，全县实现了产业级次的提升，扩充了经济总量，改善了基础条件，增强了发展后劲，形成了经济社会协调并进的良好势头，被国家权威部门评为“中国最快进步的100个县”之一。 （县志办）

中共县委书记 侯文禄
县人大常委会主任 白世培
县 长 杨建平
县政协主席 范乃文

左权县

【简述】 左权县位于山西省东部边缘，太行山主脉西侧。地域总面积2028.1平方公里。全县辖5镇、5乡，1个社区管理委员会，204个行政村，8个居民委员会。县域总人口160107人。

2008年，全县生产总值完成20.3亿元，比上年增长17.9%；规模以上工业企业增加值8.2亿元，比上年增长23%；财政总收入4.62亿元，比上年增长43.8%；一般预算收入1.36亿元，比上年增长36%；固定资产投资18亿元，比上年增长16.9%。

农业 2008年，财政投入农业产业开发专项扶持资金2100万元，新发展庄园经济76处，达118处；新发展经济林618.71公顷，至年底达到16008公顷；新发展用材林2534.6公顷，至年底达到66700公顷；新栽植核桃653.66公顷，核桃总产达600万公斤，产值9600万元；新增规模养殖大户67户，至年底达到499户；新发展农业龙头企业6户，至年底达36户，麻田顺康公司被列为国家级扶贫龙头企业；新认证无公害产品10个，达50个；“左权绵核桃”被认证为国家地理标志保护产品，“太行野神”沙棘饮料荣获山西省著名商标称号。是年，全县投入1000万元专项资金支持新农村建设，农业产业化在创新中不断壮大，全县全年实施基础设施工程158处，完成安全饮水工程26处，建设大型沼气、桔秆气化工程4处，移民搬迁3200人。全县9个省级新农村建设试点村和14个重点推进村实现主街道亮化、美化和净化，47个行政村达市级园林村标准；80%以上的农村人口吃上了自来水，8500多户农民用上了沼气、节能吊炕、生物质炉等新能源。

工业 2008年，在复杂多变的市场形势下，全县强化服务、优化环境，加强工业经济运行的监控分析和组织协调，使全县工业经济在经受多重考验的情况下，稳步前行。全年实现现价工业总产值29.6亿元，比上年增长37%；完成工业增加值8.3亿元，比上年增长41.8%。主导产品煤炭、焦炭、铁精粉、电石、水泥产量分别为350万吨、16.2万吨、34万吨、6.3万吨、14.7万吨；30户规模以上工业企业完成现价工业销售产值20亿元；25户重点监控工业企业实现销售收入19.4亿元，上缴税金3.18亿元，30户成长性企业完成现价总产值3.51亿元，上缴税金1811.4万元；上缴税金超千万元企业由2007年的4户增加到11户，实现了左权工业史上新的突破；全县全年实施煤矿技改项目8项，完成投资3.41亿元，增强了发展后劲。

第三产业 金融机构存贷款平稳增长。2008年，加大旅游产业开发力度，带动第三产业协调发展。是年投入财政资金1000万元、吸引社会资金2680万元用于旅游开发，完善了3个景点规划编制，确定了5大类、30项旅游开发项目，其中麻田红色旅游景区综合开发一期等10项工程竣工。游客接待量达9.5万人（次），旅游综合收入达3700万元，比上年增长10%。城乡市场繁荣稳定。是年新发展商贸流通企业34户，达214户；新发展各类便民店43个，达235个；服务业增加值7.4亿元，比上年增长13%，全年社会消费品零售总额5.1亿元，上年增长21.4%；城乡基础设施得到改善。全年投入3.1亿元用于城乡基础设施建设，城市功能日趋完善，盛世花苑一期等7项工程竣工；新城公路养护服务中心等18项工程开工建设；经新路等9条街巷改造完毕；集中供热面积新增22万平米，达103万平米；集中供气用户新增1000户，达2000余户。完成农村街道硬化73公里、通达通畅工程78.6公里，完成高黄线6公里、石阳线11公里、军泽线15公里，全县公路密度达63.2公里/百平方公里，比上年增长6.2%；通讯事业得到发展。新增有线电视用户946户、数字电视用户505户，固定电话新入户560户，新建移动基站23个，新发展城乡电脑网络用户1900余户。

招商引资和项目建设 2008年，全年共实施大、中、小型各类项目400多项，重点工程68项，其中工业项目17项、农业项目9项、基础设施项目40项、“三项创建（创建国家园林城市、国家卫生县城、全国文化先进县）”项目2项，开工55项，竣工20项，完成投资19.96亿元；县级签约招商项目25项，引资22.3亿元，其中到位16.6亿元；乡镇及县直单位落实招商项目39项，引资2.3亿元，其中到位5426万元。

环境保护 2008年，关闭、拆除小焦炉、小高炉、小电石炉、小电力机组9台（座）；列入市环保达标治理范围的35户企业，除华实热电正积极采取措施外，其余全部达标验收。规模以上企业万元工业增加值能耗下降到7.9吨标煤，下降幅度26.6%；主要污染物二氧化硫削减321吨，完成市任务的868%；COD削减467吨，完成市任务的180%。造林绿化3214.94公顷，绿化覆盖率38.7%，提高8.26个百分点。县城二级以上天数达318天，比上年增加85天；大气综合污染指数2.13；清漳河麻田出水口断面水质稳定在三类优质标准。

社会事业 2008年，教育上投资2820万元，实施二中、三中等学校改扩建工程9项，改造泽城中学、下庄中学等寄宿学校食堂20个，投入80余万元，为全县中小学寄宿生免费提供3个月粮食、每天免费提供一杯豆浆，增加投资107.6万元，免除了中小学生住宿费和作业本费，义务教育实现全免费。小学6年巩固率和初中三年保留率达到100%，高中教育普及率90.4%。。劳动就业方面，新增城镇就业岗位1387个；农村劳动力技能就业培训2228人，劳动力转移引导性培训8462人，劳动者创业就业186人，困难对象再就业109人，零就业家庭全部实现动态消零。城镇化率36.5%；城镇登记失业率控制在1.43%以内；城镇居民人均可支配收入10070元，上年增长20%；农民人均纯收入2275元，比上年增长4.8%。卫生方面，改扩建乡镇卫生院两所，新建农村卫生所40所，新建、改扩建社区卫生服务站6所，规范社区卫生服务中心1个，县乡村三级医疗

左权土特产品

郭建平摄影

机构达标率75%、100%、83.6%，新型农村合作医疗和城镇居民医疗保险参保率分别达85.85%、72.6%。社会保障方面，五项社会保险参保45894人（次），比上年增长10%；敬老院普及10个乡镇，农村五保户集中供养率达38%；发放救灾救济款190万元，救助灾民和困难群众1.8万人（次）；发放残疾人救助资金10万元，帮扶对象900余名；发放低保、五保金928万元，救助城乡低保户8908人（次）；956名农村五保户实现应保尽保。住房方面，完成1万平米经济适用房和4100平米廉租房建设，完成500户"解决农村困难户住房问题"试点任务，完成100户残疾人危房改造工程。文化体育事业。新建、改扩建9个乡镇文化站，新建80个中心村文化活动室和58个农民体育场，人均公共文化场地和体育场地分别达0.6平米和1.37平米。人口计生工作。投资462万元，完成了县计生指导站改扩建工程；出生率、符合政策生育率和长效措施落实率等主要指标圆满完成，人口和计划生育工作跃入全市先进行列。安全稳定工作。亿元地区生产总值安全事故死亡率比上年下降0.35个百分点。

（张俊平）

中共县委书记 孙光堂
县人大常委会主任 巨树民
县　长 王　兵
县政协主席 韩卫平

榆社县

【简述】 2008年全县总人口139921人，其中男74155人、非农业人口25868人。2008年全县地区生产总值完成18.6亿元，较上年下降9.9%；规模以上工业增加值完成11.8亿元，下降15.9%；社会固定资产投资完成4.7亿元，下降52.3%；财政总收入3.5亿元，下降21.5%，其中一般预算收入1.27亿元，下降2.3%。社会消费品零售总额完成4.6亿元，增长24.5%；城镇居民收入人均可支配收入9395元，增长15.7%；农民人均纯收入2203元，增长6.2%。

农业　全面落实支农惠农政策，充分发挥榆社独特生态，区位等优势，组团赴北京学习都市农业，建设都市人生态厨房，休闲乐园，进一步促进农业增效，农民增收。各项支农惠农政策全面落实，累计投入粮食直补资金983万元，农机县补贴63.5万元，建成双峰水库、建成10大水利工程、15处饮水工程，新造林3061.53公顷。全年新增笨鸡46万只，全县笨鸡存栏总量达到84万只，晋中市笨鸡养殖现场会在榆社召开。笨鸡蛋、河峪小米进入"山西省名牌农产品"行列，然晶蜂蜜，榆社核桃等，12种农产品，完成"三品"认证，北寨小麻油、河峪小米进入北京市场，山西省农民专业合作社工作会在榆社召开。"榆社经验"辐射三晋。农村的社会管理，"创三优"活动，环境卫生新农村建设取的的丰硕成果。

工业　工业经济在艰难中求发展，困境中求突破，工业损失减到最小，华能电厂累计损失3.85亿元，在艰难中顽强运行，榆化公司实施减负，减薪、压产等"瘦身"战略，广生公司改建4条植物胶囊生产线，填补了国内植物胶囊生产空白，进入国外销售市场，天生公司扭亏为盈，生产销售创历史最好水平，永泰福利，美岳塑料、箕城酿造等中小企业，加大技改力度，开拓市场，东莞宏群聚合氯化铝净水剂项目和奉联晋中农化9000吨腐植酸系列有机肥项目投产，全年争取工业项目资金3900余万元，占到全市资金争取量的一半以上，海金山粮食购销有限公司面粉加工项目建成投产。

社会事业　2008年，城市建设投资3.9亿元，铺开7大类14项重点工程，中间开花、龙头带动两翼推进，城建效果全面显现，文锋小区，府西新区，拆迁安置小区，东顺苑小区相继建设，法院、疾控中心、信用社办公楼等新建改建项目完工，12条小街小巷硬化，人居环境进一步改善。

佛爷岭至幸福桥，榆洪公路连接线至莲花池，省道太长线至双峰水库，道陆村至龙门等乡村公路建成通车。教育事业稳步发展，高考达线人数首次突破300人，万人达线率位居晋中市第三，中考成绩在全市也大幅前移，全市高中教育工作会议在榆社召开，同时投资8300万元，对榆社二中综合楼，榆社三中教学楼，12所寄宿制学校学生餐厅等新建工程投入使用，科技创新提高，申报专利24项，为市考核任务的160%，文化事业蓬勃发展，建成90个农村流动书库，和文化信心基层站点，博物馆革命文物展厅对外开放，被评为山西省两个县级、二级博物馆之一，霸王鞭、石勒传说、九曲黄河阵、土滩秧歌列入晋中市首批非物质文化遗产，成为全省首个"诗词大县"，卫生人事制度改革圆满完成，全县农民参合率达到93.6%，报销医药费809万元，3.1万名40岁以上农民进行免费体检，城镇居民、职工大病保险，全面启动，建成90所标准化村卫生室，6个社区卫生服务中心站，圆满完成计生任务，跨入全市计生工作先进县行列。发放低保资金822万元，5207户，12822人，8个企业1000余名改制职工退休养老得到妥善解决，积极开展向四川汶川地震区捐款，严格执行了信访接待日县领导包案制度，社会治安和谐稳定。完成云竹湖垂钓池、福祥寺旅游路，悟云山旅游路及线停车场设施，改建了榆社大酒店、榆社宾馆等4个重点宾馆、酒店打造推出了"榆社一日游"精品旅游线路和华北最大，山西首家露营主题公园；成功举办了第二届云竹湖休闲旅游垂钓节，暨全国大赛和云竹湖论坛，举办了太原市中、小学生"榆社风情夏令营"活动，开发了"农家乐"，"休闲乐园"，"生态厨房"新概念，完成了13个"新网工程"建设项目，城乡贸易、商品流通服务业发展步伐加快。（常彩萍）

【榆社县博物馆改造工程竣工对外开放】 2006年，多方筹资200多万元，于2008年9月完成了博物馆展厅装修工程，由原来1800余平方米，达到占地3200平方米，成为具有国内先进水平，全国唯一的县级化石博物馆，也是世界新第三纪地层哺乳动物化石研究基地，华北地区北齐隋唐佛教文化研究基地，现有馆藏文物1050件，各类化石1000余件，分别为5个展厅，一展厅为动物化石厅展示了700万年到100万年前的古生物化石，二展厅石刻造像陈列厅，展示了北魏隋唐佛教文化雕刻艺术，三展厅为历史文物陈列厅，展示了10万年以前，旧石器时代到清代的文化遗产，鸡鸣戈，三彩虎形枕等，具有较高历史价值，四号厅是地质遗迹厅，以图形、实物展示，地球地质演变，五号厅为革命文物厅展示了抗日战争，解放战争时期，榆社人民英雄故事。（常彩萍）

外国友人正在仔细观看榆社农特产

郭建平摄影

中共县委书记 曹　煜
县人大常委会主任 赵向平

县　长　　卫明喜
县政协主席　　王建华

太谷县

【简述】 太谷县位于山西省中部，地处晋中盆地，全县总面积1052.7平方公里，东北与榆次区相连，东南与榆社县交界，西南与祁县毗邻，西北与清徐县接壤。行政区划为3镇6乡，辖9个城市社区和2个农村社区、197个行政村。总人口29.7万。2008年，全县生产总值完成39.6亿元，同比增长5.6%；财政收入完成4.77亿元，同比增长33.2%；规模以上工业总产值30.7亿元，增长11.1%；社会消费品总额15.8亿元，增长26.2%；城镇居民人均可支配收入11991元，农民人均纯收入6392元，分别增长15.1%和12.2%。

农业　2008年，蔬菜、苗木花卉、养殖、红枣、水果五大产业规模继续扩大。粮食产量达到16.8万吨，再次被评为全省粮食生产先进县。蔬菜产业以绿色、有机为生产标准，设施蔬菜面积发展到2334.5公顷，产值4.8亿元，占到蔬菜总产值的63%。苗木花卉形成了4大品系100多个品种4669公顷种植规模，成为华北最大的苗木供应基地，销售收入1.9亿元。全县共建有规模养殖小区293个，其中养猪小区144个，养鸡小区133个，养牛小区11个，养羊小区5个，规模养殖户达4410户，生猪、鸡、牛饲养量分别达到69万头、728万只、1.5万头，畜产品综合产量达到9.2万吨，生猪饲养量居全省第二，人均禽蛋产量全省第一；红枣产业通过推广标准化生产技术，实施地理标志产品保护，品质和效益显著提高；水果产业新发展80公顷，总面积达到8204.1公顷。围绕五大主导产业，落实了各项支农惠农政策，发放支农补贴1979万元；完成了畜产品无公害认证65万头(只)，农产品无公害认证72个，形成了13个瓜菜畜产品批发市场、15个农业示范园区、230个合作经济组织，农业现代化进程全面加快。

工业　2008年，规模以上工业企业全年工业总产值完成31亿元，同比增长22.4%；工业增加值完成8.6亿元，同比增长2.9%；产品销售收入完成26亿元，同比增长8.13%；实现利税1.24亿元，同比增长15.7%。节能指标完成7.42万吨标煤，超额完成目标任务。新增规模以上企业12户，累计达到62户。实施37个重点项目，有31个开工，完成投资9.1亿元；累计实施招商项目32项，到位资金15.7亿元。其中俄铝集团、软磁氧体和红枣产业化项目的引进，开创了大项目、高科技无污染工业发展的先河，为太谷县赶超发展打下了坚实的基础。围绕传统产业升级改造，实施技改项目13项，其中：龙成玛钢汽配加工及维修服务中心等项目相继建成；中煤京达余热发电、山晋碳素阴极碳块等项目进入试产阶段；中远威药业溶栓片和新型眼药水、恒达煤气化余热发电、黄河中药脂脉康胶囊扩产等项目正在加紧建设。昌寿公司驴肉加工、新太食业蔬菜加工、荣欣堂太谷饼及杂粮加工、通宝醋业老陈醋4个项目，被列入省经委《山西省食品行业重点项目推进计划》。编制了《太谷县循环经济发展规划》、《太谷县生态功能区划》和《太谷县生态经济区划》，为实现区域经济、社会和环境的可持续发展提供了科学依据。日用制品厂、工程塑料厂、制鞋厂3户企业的改制基本完成，医药玻璃瓶厂、营养保健制品厂2户企业改制积极推进。

第三产业　2008年通过实施“万村千乡”和“新网”工程，日用品便民超市、农资连锁超市发展到125家，覆盖了全县60%以上的行政村。邮政储蓄银行、通汇和鑫通源两户小额贷款公司正式挂牌运营。家家利、安泰、美宝购物城等商业网点建成运营。安泰购物、逸园大酒店工程列入晋中市商贸物流重点支持项目。以梅苑山庄为代表的农业生态文化游，曹家大院为代表的晋商文化游和无边寺为代表的宗教文化游等旅游观光经济已初具规模。成功举办了“中远威杯”国际形意拳交流会暨搏击王争霸赛，进一步提高了太谷的知名度。积极发展现代物流企业，以巨鑫煤焦运输有限公司、安驰煤焦运输有限公司、恒达煤焦运输有限公司为龙头的物流企业，全年上缴税金4000余万元，成为县域经济又一新的支柱产业。

新农村建设　2008年新农村建设投资2500万元，完成街巷硬化102公里；投资4348万元完成畅通工程150公里，二级路改建37公里，全县村村通硬化率平川达到100%，户户通达到86.5%，村村通公交车率达97.8%。以“6个示范区、60个示范村、百村整治”活动为载体，实现了点上提高，面上连片发展。15个省级示范村实现了创建一个文化大院、完善一所标准化学校、开办一所逐渐普及学前三年教育的幼儿园、建设一所标准的卫生所、兴办一个便民店、建设一个标准化体育场所、开通农村信息网、组织一支农业科技推广应用队、掌握一项农业技术、建立一章全体村民共同遵守的村规民约的目标。49个推进村在街巷硬化、村庄绿化、环境净化、路灯亮化，改水、改厨、改圈、改厕及创建一个文化大院、完善一所标准化学校、建设一个标准化体育场所、兴办一个便民店、建设一所标准的卫生所方面取得明显成效。其中，北洸村投资300余万元建成了集村委会、敬老院、文化广场、北洸小学、汽车站等为一体的休闲广场，改善了村民生活条件，丰富了文化生活，成为一大亮点。全县通过开展农村“创三优”活动，环境卫生状况得到明显改观，优化了农村人居环境。胡村、小白2个乡村客运站投入运营，城乡路网体系更加健全。

城市建设　按照“拉大框架、完善功能、强化特色、提升品位”的思路，以打造省城太原后花园、晋中经济带的特色城市为目标，2008年继续推动城市建设，投资2.4亿元建设了20万平方米商品房、经济适用房和廉租房，其中经济适用房8500平方米，安排廉租房360户，改造残疾人危房85户，居民住房条件得到明显改善。投资5.8亿元启动了4大类11项市政建设工程，相继完成了太徐线、太纺路、开源路、西环路4条主干道路改造，22条旧城小街巷改造，5个临街商铺整修；实施了城区排水、照明、集中供热、市场建设四项工程；县级汽车站、出租汽车公司投入运营，城市功能得到全面强化。实施拆墙透绿、见缝插绿、断档补绿，完成城区绿化43万平方米，为创建省级园林城市奠定了坚实的基础。实施规范市场、加强保洁、完善交通标志等七项措施，城市面貌进一步改善，顺利通过了省级卫生城市验收。

社会事业　2008年全县继续落实“两免一补”政策，完成了“普九债务”锁定；成功引进了兴华职业学院，航空学校开始招生；十项教育重点工程，五中教学楼、北曲河小学教学楼、阳邑中学宿舍楼、小白小学等7项工程完工并投入使用，职业中学新校区、小白中学综合楼、二中实验楼进入扫尾阶段。新型农村合

太谷特产

郭建平摄影

作医疗实现了乡村全覆盖，40所村卫生室全部达标，3个社区卫生服务中心挂牌运营，建设了覆盖9个乡镇、118个行政村的医疗应急急救网络，城乡居民就医条件明显改善。新增城镇就业岗位2233个，城镇登记失业率控制在4%以内。养老、失业、医疗和工伤四大社会保险参保人数突破11万人，完成基金征收9252万元，按时足额发放各类社会保险基金1.4亿元，均创历史最高水平。启动了城镇居民医疗保险，完成了政府劳动力市场、乡镇劳动保障机构建设，社会保障网络趋于完善。城乡低保、贫困居民医疗救助、农村五保工作全面推进，为南方雪灾、汶川地震捐款、捐物1000余万元。形意拳、太谷饼被评为省级文化遗产保护项目；绞活龙、定坤丹评为市级非物质文化遗产保护项目。开通了太谷无线广播，组建了五支科技惠农服务队，送电影下乡1600场，成功举办了全省科技进村入户万人行动暨太谷县第八届农业科技节，建设了覆盖全部乡镇的科技信息网点，为农民获取科技文化信息提供了新的渠道，科技对经济增长的贡献率达到58%以上。

政务建设　2008年太谷县认真贯彻落实国务院《全面推进依法行政实施纲要》和《关于加强市县政府依法行政的决定》，严格实行重大事项集体决策、专家咨询、社会公示、听证制度。积极推行政务公开，县级政务大厅、乡村政务窗口运行日益规范。自觉接受人大的法律监督和政协的民主监督，51件人大议案和93件政协提案全部办结。认真开展“大接访”活动，加大矛盾纠纷排查调处力度，积极预防和妥善处置群体性事件。基层民主政治建设稳步推进，村委会换届选举基本完成。依法行政工作全面推进，“五五”普法教育有序开展。应急救援和减灾防灾体系逐步健全，信访、维护社会稳定工作进一步加强，安全生产、社会治安形势总体趋好。国防动员、民兵预备役和“双拥”工作得到加强。政风行风评议、文明执法教育等活动深入开展，行政效能不断提高。

（杨　扬　王少静）

【太谷秧歌龟龄集入围国家级“非物质文化遗产”推荐名录】　2008年2月，文化部正式向社会公布第二批国家级“非物质文化遗产”推荐入围名录，太谷县优秀的民间艺术——太谷秧歌和悠久的太谷龟龄集传统制作技艺榜上有名，这是太谷县民间珍贵的“非物质文化遗产”首次入围国家级“非物质文化遗产”行列。

太谷县是历史文化大县，民间文化艺术种类繁多，表现手法丰富多彩。但是，由于许多民间艺术后继乏人乏术，传统技艺面临失传或绝迹。为了进一步加强文化遗产保护，继承和弘扬民间优秀的传统文化，从2006年起，太谷县委、县政府投入了大量的人力、财力和物力，对散落民间的“非物质文化遗产”如太谷秧歌、太谷饼制作工艺、形意拳、太谷龟龄集传统制作技艺及民间社火等15个项目进行重点升级保护。经过近三年时间的不懈努力，获准市级保护的“非物质文化遗产”项目有5个，获准省级保护的“非物质文化遗产”项目有4个。

（杨　扬　王少静）

中共县委书记	王建忠
县人大常委会主任	武浩青
县　长	郝向明
县政协主席	李德仁

祁　县

【简述】　2008年，全县生产总值完成34.7亿元，同比增长3%；固定资产投资完成14.4亿元，同比下降8%；财政总收入完成3.54亿元，同比增长4.2%；社会消费品零售总额完成14.2亿元，同比增长25.3%；城镇居民人均可支配收入达到13089元，同比增长21.6%；农民人均纯收入达到5695元，同比增长16.7%。

工业　通过加快项目建设、调整产品结构、开拓新兴市场、争取政策支持等措施，最大限度克服了国内宏观调控、国际金融危机对工业发展的不利影响。全年确定工业重点项目27项，总投资27亿元，其中有17项开工建设，完成投资4.22亿元；签约项目5个，总投资2.97亿元，其中引资2.7亿元。抓住政策机遇，早动手、精选项，在国家1000亿新增投资中争取到2300多万元，名列全市前茅，全年共争取上级投资近1亿元。玻璃器皿业开发出艺术器皿等附加值高的产品，开拓了中东、拉美市场，“大华”牌玻璃器皿被认定为“中国驰名商标”，积极争取到国家有关部委的支持，出口退税率由5%提高到11%。碳素业开发出超高功率石墨电极，开拓了印度等新兴市场。机械制造业开发出大功率潜水泵，填补了国内空白。

农业　全面落实各项惠农政策，财政“三农”投入1.06亿元，同比增长33.3%。农业生产稳定增长，粮食总产1.65亿公斤，蔬菜总产突破4.7亿公斤，水果总产23.5万吨，肉蛋奶总产分别达到2.2万吨、2.6万吨、3.5万吨。农业产业化水平稳步提升，恒兴果汁成品生产线投入运营，华祁食品生产线等项目顺利实施，省、市农业产业化龙头企业达到20个；新增农业合作社94个，总数达到512个，辐射带动万余农户；“祁县酥梨”顺利获得国家地理标志产品保护，祁县荣获“全国水果建设百强示范县”称号，被省委、省政府授予“增加农民收入先进县”称号。农村“创三优”活动深入推进，实施土地整理、安全饮水等重点农业基础设施建设项目10项，完成投资3500余万元；投资5728万元完成了14公里杨祁线改造、67.5公里通达通畅工程和100公里新农村道路硬化工程；新发展沼气1910户、节能吊炕110户，农村的基础设施、村容村貌有了明显改善。

旅游商贸　乔家大院景区获“2008年度中国最具影响力旅游景区”称号，德兴堂复建工程主体完工，枣园生态停车场绿化工程全面完成，新增绿化面积1.5万平方米。首届“梨花节”成功举办。全年旅游业累计接待游客120万人次，门票收入达到2383万元。启动商业网点规划，大力实施“万村千乡市场工程”和“新网工程”，新完成30个农资农家店、25个便民店的改造，覆盖面达到70%以上。外贸进出口总额完成4915万美元，其中农副产品出口增长97%。

城乡建设　完成了县城公共交通、排水、消防等专项规划的编制，规划覆盖面不断扩大。规划实施的丹枫西路、污水处理厂、森林公园、会议中心、人民医院建设等12项重点工程有7项完工，完成投资1.9亿元。总投资650万元的红绿灯指示工程和电子警察抓拍系统投入使用，交通秩序明显好转。围绕“四城联创”目标，财政投入整治资金1000多万元，城乡环境面貌明显改观，通过了省级卫生城市验收。

生态建设　推进“蓝天碧水”工程和“迎奥运，促减排”环保专项行动，对碳素行业进行重点整治，1户企业实施末位淘汰，4户企业完成治理改造；对55户死灰复燃的土小企业进行了集中取缔、关停。污水处理厂投入运行。全县净减排二氧化硫131.84吨、化学需氧量207.84吨，分别下降5.5%和4.3%；县城区二级以上天数达到328天，其中一级天数达到39天。国家级生态示范区建设顺利通过考核验收，成为全市第2个国家级生态示范区。

造林绿化力度加大。启动了造林绿化三年行动计划，完成了108、208国道和大运高速路景观大道建设以及环城绿化等工程，投入造林绿化资金2400万元，完成植树150万株，林木覆盖率达到24%，提高2.2个百分点。全省集体林权制度改革试点工作顺利推进。

节能降耗有力推进。大力推广清洁能源，加快玻璃器皿、碳素等重点行业的生产工艺改造，24户企业引入天然气。努力降低能源消耗，万元地区生产总值综合能耗实现下降7.1%的目标，节能7.35万吨标煤。

教育　不断加大教育投入，义务教育阶段各项经费全部落实。投入1266万元加强学校标准化建设。投资653万元，新改扩建学校4所，维修改造学校3所。加强教师队伍建设，选拔100名大学毕业生充实农村教师队伍，选派34名教师到农村、山区支教，交流中小学校教师266名，促进了教育均衡发展。中高考质量稳中有升。义务教育标准化建设通过省政府初评。祁县中学通过省级示范高中初评。段家窑“村校合一”农村综合教育改革办学模式在全省推广。

社会保障　城镇新增就业岗位4159个、

实现创业就业730人，转移农村劳动力2781人。城市48735人次、农村53631人次享受低保，城市低保补助水平由每人每月76元提高到123元，农村低保补助水平由每人每月10元提高到46元，城乡低保实现应保尽保。职工养老、医疗、失业、工伤保险参保人数和基金征收继续增长，养老、失业保险金全部按时足额发放。累计对389户城乡特困户实施大病医疗救助，发放救助款160万元。提高了优抚补助标准，发放抚恤补助款398万元。提高了职工取暖补助标准，增发了补助款720余万元。全面实施了住房公积金制度。

卫生　强化卫生基础设施建设，新建昌源、麓台2所社区卫生服务中心，全县8个乡镇卫生院、160个卫生所全部达标，县乡村三级医疗机构达标率达到98.8%，提高了40个百分点。全面推行新型农村合作医疗，参合农民达到16.4万余人，参合农民受益面达80.21%。启动城镇居民医疗保险，参保人数16000多人，参保率达到50%。加强农村卫生队伍建设，选聘90名乡镇卫生防疫和妇幼保健员。加强人口计生工作，人口出生率控制在8.62‰以内，自然增长率为3.18‰。高度重视手足口病防控，有效遏制了疫情的蔓延。

社会管理　高度重视信访工作，受理信访案件240多件，信访突出问题得到有效解决。深入开展平安祁县建设，加强社会治安综合治理，严厉打击各类违法犯罪行为，社会秩序保持平稳。深入开展安全生产“隐患治理年”活动，认真落实安全生产责任制，生产安全事故起数和死亡人数分别下降25%和37%。加强应急管理体制建设，成立了机构，充实了人员，应急处置能力进一步提高。深入开展产品质量和食品安全专项整治，积极应对“三鹿奶粉”事件，为奶农发放121万元专项补贴，对服用问题奶粉的3周岁以下婴幼儿进行了免费检查，确保了人民群众的身体健康和生命安全。

民主法制　自觉接受人大法律监督和政协民主监督，严格执行县人大及其常委会的决议，按时办结人大代表建议72件和政协委员提案194件。积极开展“五五”普法宣传和法律援助，全社会的法制观念不断增强。强化审计监督和行政监察，完成各类审计项目38个。顺利完成第八届村民委员会换届工作。贯彻落实政府信息公开条例，深入推进政务公开、村务公开和电子政务建设，不断强化政务大厅职能，对重点投资项目和企业，实行专人负责，全程跟踪，无偿代办，阳光政务平台建设得到加强。文化、体育、广电事业加快发展。国防教育、预备役建设和双拥工作不断加强，被省委、省政府、省军区授予“民兵预备役部队参加新农村建设先进单位”。（董艳平）

【首届“中国·祁县梨花节”在祁县举行】 2008年4月14日，首届中国·祁县梨花节在祁县古县镇阎漫村开幕。祁县是国家优质酥梨生产基地，相继被国家相关部门授予“中国酥梨之乡”、“中国梨产业十强县”、“中华名果”等荣誉称号。2008年7月10日，祁县酥梨顺利获得“国家地理标志产品”。随着酥梨产业的迅速发展，全县梨树面积达10万亩，年产量13万吨。同时，带动了水果贮藏业，全县共有大小土窑洞、果窖2.3万余孔，大型恒温冷库100余座，水果贮藏能力达到20万吨，全县年贮藏增值5000万元。通过招商引资新建的恒兴果汁公司，年消耗水果加工原料20万吨。2008年，全县涌现出果业协会30个，果品经纪人2000多名，果业合作社26个。为了进一步做大做强酥梨产业，提升农业级次，推进农业产业化发展，祁县县委、政府定于2008年4月14日举办中国·祁县首届梨花节。

这次梨花节的活动以“赏花品果畅游晋商故里，吟诗作画体味黄土风情”为主题。内容包括：梨乡赏花、文艺表演、吟诗作画、摄影采风、剪纸、民歌对唱、果产业发展研讨、经贸洽谈、地方产品展示等。4月14日梨花节开幕当天，山东绿岛、陕西金农、深圳金天贸等知名果品公司现场签订了6万余吨酥梨购销合同，总金额达1.8亿元。本届梨花节依托祁县优美的生态环境和酥梨品牌效应，极大地增加了祁县果品的产销量，吸引了更多的投资者来祁县投资兴业，给百姓带来了实惠，促进商贸交流，带动了祁县县域经济进一步发展。

（董艳平）

中共县委书记	尚金华
县人大常委会主任	张俊慧
县　长	李丁夫
县政协主席	孔襄中

平遥县

【简述】 平遥县辖14个乡（镇），273个行政村，4个社区管理委员会。全县土地面积126303公顷，耕地面积5134公顷。总人口497653人，其中男性人口256972人，女性人口240681人，农业人口422631人。

2008年，全县生产总值完成55.47亿元，同比增长8.1%，人均生产总值11219元，增长7.5%，财政总收入7.7937亿元，增长48.32%，其中一般预算收入2.716亿元，增长43.74%；固定资产投资25.36亿元，增长30.22%；规模以上企业工业增加值17.23亿元，增长2.19%；外贸进出口总额6839万美元，增长52.25%；社会消费品零售总额25.63亿美元，增长29.6%；城镇居民人均可支配收入12455元，增长19.15%；农民人均纯收入4515元，增长12.07%；规模以上工业增加值17.23亿元，增长2.19%；全社会固定资产投资25.36亿元，增长30.22%；社会消费品的零售总额25.63亿元，增长29.6%；全县二氧化硫、化学需氧量的排放量降至8209吨和1946吨，万元生产总值综合能耗2.83吨标准煤；地区二级以上天数达到327天，比上年增加111天；第三产业增加值达到23.46亿元，增长15%，占GDP的比重过到42.3%，增长1.2个百分点，人均服务业增加值达到4744元。

农业　支农资金投入继续增加，各级财政投入资金达26413.7万元，同比增长25%。启动实施第二轮优势产品区域布局规划，大力推进标准化园区建设，龙头企业特色县建设和养殖大县建设。主要农副产品产量大幅增长。全县粮食总产20.1万吨，肉蛋奶总产8.8万吨，新发展温室和大棚8.67公顷。累计达到153.41公顷，干鲜果总产达到2.34亿公斤，各类规模养殖小区（场）发展到173个。12户农业龙头企业销售收入超过500万元，其中龙海公司牛肉集团五阳公司分别达到4.5亿元，2.2亿元和9500万元，五阳公司“健阳牌”面粉系列5个产品通过绿色认证，国青公司“同盈”牌无公害鸡蛋获准进入香港市场，无公害蛋鸡养殖园区的标准化养殖规程和科技化程度在全国领先。牛肉集团，龙海公司入选第四批国家级龙头企业，双双荣获“全国食品工业优秀龙头食品企业”称号。农村生产生活条件进一步改善，实施了57公里农村公路二级化改造，近100公里的通畅工程和37个试点村推进村的户户通工程，石宝水源地建设主体完工，源神庙水库除险加固开工建设，建成20处农村饮水安全工程，解决了4万人的饮水安全问题。总投资5076万元的部级佛殿沟矿山和省级青龙村，文祠神，普洞村地质灾害治理项目2个已基本完工，2个有序推进。继续以规划引领新农村建设，24个省级重点推进村全部完成规划编制，全县完成规划编制的村累计达到70个。

工业　工业在县城经济中的支柱地位继续巩固，新型工业强县持续推进。20个工业项目有6个投产或部分投产，11个开工建设，累计完成投资20亿元，其中当年完成投资15亿元，新增产值22.8亿元，利税7.55亿元。在后期市场严重不利的情况下，煤化公司和峰岩集团纳税达到2.12亿元和1.89亿元，创历史新高。全县工业完成税收5.5亿元，占到财政总收入的70%，规模以上工业总产值达到51.66亿元。增长近50%。国企改制工作稳步推进，泉永集团，水泥厂和产业用布厂3户企业实现破产终结，安置职工1504人，比例达到95%，一针二针火柴厂纺纱厂纺配厂5户企业有2905名职工办理了安置手续，比例达到87%，火柴厂改制稳步铺开，分年龄分层次安置选择538人，退休安置122人，4户企业完成或铺开了水电分离工作。

改革开放　对外合作交流继续加强，与云南巍山县正式缔结为友好城市，与丽江洪江凤凰3座古城签署了姊妹古城协议；争资争项和招商引资取得成果，争取到省煤炭可持续发展基金，中央预算内专项资金和国债投资1.7亿元，落实36个上级投资项目，参加第三届中博会，山西省第二届煤博会等各类招商引资活动，举办了2008年平遥古城招商洽谈会，当年引进项目17个，到位资金9.2亿元，比上年增长42.8%蔚联升小额贷款有限公司成立，全县小额贷款公司数量达到3家，居全国之首，累计发放贷款365亿元，运行质量和服务“三农”的能力进一步提高。

旅游　以旅游为龙头的现代服务业发展态势良好，尽管受南方冰雪灾害汶川地震全球性金融危机的影响，旅游业没有发生大的滑坡。全年接待游客91.87万人，门票收入7117万元，旅游综合收入6.58亿元，镇国寺，城隍庙，协同庆通过国家4A级景点评定，全县4A级景点达到7处，成为全国拥有4A级景点最多的县之一。平遥国际文化艺术中的完成主体工程，将成为区域性文艺展览展示创作中心。《一把酸枣》《晋商乡音》两大文化娱乐项目演艺水平进一步提升，新创作的《汇通天下》荣获省“五个一”工程奖，电视剧《日升昌》已完成剧本，准备拍摄，平遥牛肉传统加工列入国家第二批非物质文化遗产名录，平遥春节(元宵节)成为国家级传统节日保护示范地，平遥中国年荣获“2008年度中国十佳民俗节庆”称号，平遥国际摄影大展和平遥中国年入选“全国节庆活动百强”。

城乡建设　城市建设和管理继续加强，城乡面貌得到新改善，古城内47条中小街巷改造108国道城区段改造，上下西关大街改造全面完工，南门外迎熏门广场的风雨长廊，人工湖音乐喷泉成为古城景区的新亮点，集中供热面积新增50万平方米，供热普及率达到65%，天然气入户新增9000户，燃气普及率达75%，污水处理厂及时处理能力达到8700吨，城区污水处理率达80%；新增城区绿地104万平方米，建设和完善了17处服务半径千米左右的公共绿地游园，城区绿化率达到38.59%；全年完成造林2174.42公顷，新建和完善园林村129个，四旁植树144万株；投资1600多万元，完成333.5公顷年度汾河干流绿化工程。东昇拆迁安置小区，火柴厂棚户区改造顺利开工，对古城旅游通道，安全重点区域和所有景点、重要文保单位实施全天候监控，基本实现了城市智能化管理。

社会事业　教育办学条件进一步改善，落实义务教育公用经费和“两免一补”资金4649万元，完成6所中小学改扩建任务，完成10所农村学校危房改造工程撤并中小学校27所。医疗服务和计划生育设施建设加快，全县卫生医疗机构达标率为95.1%，计划生育率达89.92%，人口自然增长率5.08‰。社会保障覆盖面继续扩大，农村合作医疗参合率达到90.72%，为21.4万人（次）报销医药费3168万元，配备乡镇卫生院医疗设备158台（件），启动生育保险和自收自支，差额事业单位的工伤保险，城镇居民合作医疗实现向医疗保险过渡。城镇基本社会保障覆盖率达90%以上，城乡低保覆盖率达10%和4%，转移农村劳动力5006人，城镇新增就业，下岗人员再就业，残疾就业人员达5800余人。2676名农村五保户生活有了基本保障，410名城乡居民得到医疗救助，启动了城市居民基本医疗保险，1.8万居民参保，覆盖率达36%。建设经济适用住房348套，其中配建廉租住房160套，185户符合条件的居民享受到廉租房保障政策。慈善救助活动积极推进，在全市全省率先组建成立平遥慈善总会。

民主法制　深入开展“五五”普法教育，坚持依法行政，自觉接受人大政协监督，注重听取民主党派无党派人士和广大群众意见，共办理分理答复人大代表议案70件，政协委员提案143件。　（梁　晓）

【年内大事纪要】　1月9日，平遥县第一所希望小学——闫长头村国家电网爱心希望小学在杜家庄乡闫长头村落成。

1月24日，平遥县慈善总会成立并举行了首次捐款仪式，募集到首批善款250万元。

1月28日，山西省和榆平高速公路在平遥举行开工奠基仪式，山西省政府、中铁三局、晋中市、长治市领导、和榆平高速公路沿线各县、市党政领导以及县四套班子领导出席了奠基仪式。

2月19日，由县劳保局职业介绍服务中心、平遥县总工会和南城社区联合举办的“平遥县2008年待业青年下岗职工专项用工洽谈会”在秋雨新城召开，北京、江苏、山东、天津、太原、榆次等地和60余家用人单位、人专院校参加洽谈会。共达成用工意向3000余人，签订用工协议1000余人。

4月7日，中共中央政治局委员、国务院副总理回良玉莅临平遥县考察调研农业产业化龙头企业发展和农产品生产经营状况。期间，回良玉同志考察了平遥农民群众生产生活和新农村建设情况，深入冠云牛肉集团有限公司就农副产品加工进行了调研，参观了平遥古城。

5月1日，平遥县城区数字电视信号开始传送，运行13年的模拟电视信号停止传送，城区电视信号迈入数字化时代。

5月2日，平遥县兴才中学正式奠基开工建设。

5月4日，平遥举办纪念五四运动89周年暨第二届平遥县十大杰出青年颁奖晚会，张长江、赵秀山、张红亮、李河、冀盛凌、张改卿、李建政、王彪、王大茂和梁晓梅荣获平遥县“十大杰出青年”称号。

5月，5月14日，汶川地震发生后，平遥县县委政府和平遥人民心系灾区，县委召开常委扩大会议，积极安排部署捐助灾区工作，县四套班子领导带头为灾区捐款。5月21日，举行四套班子领导干部交纳“特殊党费”支援抗震救灾当场捐款仪式，县四套班子领导及离职县级领导共28人，再次向汶川地震灾区捐款4.3101万元。并号召全县党组织和广大党员向灾区伸出援手，踊跃捐款，向灾区献出平遥人民的一片爱心，平遥人民尽其所能，积极响应，在全县掀起了捐助灾区的高潮。据统计，民政局和慈善总会收到全县各机关、团体、企事业单位和各界群众为灾区捐款6009147.81元，红十字会收到捐款59万余元。

6月，国务院公布了我国第二批国家级非物质文化遗产名录，冠云平遥牛肉传统生产工艺名列其中，成为平遥继推光漆髹饰技艺之后第二个入选国家非物质文化遗产名录的传统生产工艺。

6月25日，下午，奥运火炬在平遥古城传递，并取得圆满成功。火炬传递总长约5.5公里，分为新城区传递、平遥古城墙上传递和古城迎薰门广场传递三部分，从行政审批大楼出发，途经柳根路、环城东路、太和门、东城墙、魁星楼、南城墙、迎薰门，最后到达迎薰门广场。火炬传递队伍由1名火炬手、2名圣火护卫人员、27名护跑手以及40名传递护卫队员组成，104名火炬手参加了平遥站的火炬传递活动。

6月26日，“平遥党建网”(www.pydj.gov.cn)正式建成并投入试运行。

7月30日，平遥县旅游行业联合工会成立。县旅游局局长李宏正当选第一届委员会主席。

8月21日，蔚联昇小额贷款公司挂牌成立。这是平遥县第三家小额信贷公司。

9月19日至25日，2008中国平遥国际摄影大展在世界文化遗产平遥古城举办，大展的主题为“奥运·大爱”。本届大展，共有42个国家和地区的2200余名摄影人参展，展出作品2.2万幅，共举办“奥运龙”大地艺术作品展、“水墨平遥”中国水墨画学术展等大小活动86项，接待中外来宾4000余人，参与媒体100家，记者400余名，参观展览人数达37万多人次，其中外宾达3000余人，实现门票收入270余万元。期间，于9月20日，举行世界摄影节高峰论坛，16个国家的28个摄影组织和国际摄影节的主席及策展人参加，“世界摄影节组织同盟”成立。连续举办八年的摄影大展，已成为全省“十大文化品牌”之一。

9月19日，由平遥古城晋剧艺术团发起排练的晋剧《汇通天下》在平遥影剧院进行了首场演出。该剧获得了山西省“五个一工程”奖。

9月20日，云南省巍山彝族回族自治县与平遥签订友好城市合作意向。

9月23日，晋中市水果生产流动现场会在平遥召开，全市各县、市、区的参会代表实地参观了襄垣乡龙浪果品公司和朱坑乡庄则村果园。

10月19日至22日第六届全国小学信息技术课程整合优质课大赛暨现代教育发展论坛在平遥举行，来自全国26个省、市、自治区的600余名教育界精英参加了会议。

11月17日，平遥煤化集团公司2.4亿标块煤矸石烧结砖项目举行竣工烘炉点火仪式，进入试生产阶段。

12月3日位于朱坑乡喜村的平遥县防震减灾宣传教育基地正式投入使用。

12月4日，平遥县召开全县城镇居民基本医疗保险启动工作会议，城镇居民医疗保险正式启动，1.8万居民参保。

12月5日至7日，平遥对32户非法实心粘土砖企业进行了依法取缔，摧毁轮窑34座，大口窑6个，晋中市国土资源局监察科进行了全程督导。

12月11日总投资657万元的源神庙水库除险加固工程开工建设。（梁　晓）

中共县委书记　李定武
县人大常委会主任　杨登文
县　长　王建忠※　李非忠
县政协主席　张文渊

灵石县

【简述】　灵石县位于山西省中部、晋中市最南端，地处汾河中游、太原盆地与临汾盆地之间。地理坐标北纬36°40′—37°，东经110°20′—112°，东西长54公里，南北宽39公里，总面积1206平方公里，占晋中市总面积的7.35%。境域东与沁源县毗邻，西和交口县接壤，南临汾西县、霍州市，北连孝义市、介休市，县城北距省城太原150公里，距首都北京725公里。行政区划为6镇6乡3社区，辖14个居委会和291个行政村、533个自然村，总人口24.98万人（抽样数据）。

2008年，灵石县生产总值完成91.1亿元，同比增长15.1%；财政总收入突破之20亿大关，完成25.79亿元，同比增长71.32%，总量位居全省第五、全市第一；一般预算收入完成7.44亿元，增长34.53%，总量位居全省第四；固定资产投资完成56.3亿元，增长35.9%；社会消费品零售总额完成27.58亿元，增长27.8%。三次产业全面发展。第一产业增加值1.49亿元，增长9%；第二产业增加值63.4亿元，增长14.9%，其中，规模以上工业增加值52.2亿元，增长20.14%；第三产业增加值26.2亿元，增长15.9%。人民生活水平不断提高。城镇居民人均可支配收入15517元，增长22%；农民人均纯收入6193元，增长19.7%，增幅居全市第一。社会事业全面进步。人口自然增长率5.36‰，城镇登记失业率控制在0.9%，城镇基本社会保障覆盖率达到92.7%，高中阶段普及率达到87%。财政收入、固定资产投资、工业增加值、污染物减排、社会保障等主要经济和社会指标均提前两年完成“十一五”规划目标。项目建设快速推进。全年共实施126项打基础、利长远、增后劲、促民和的项目，总投资84.7亿元，涵盖工业、农业、城建、交通、社会事业等各个方面，累计完成投资43.1亿元，52项重点项目竣工。银亿宏峰96万吨机焦、宇泰4万吨甲醇等项目建成投产，18项生产性项目当年新增产值18.5亿元，新增利税4.5亿元。大力开展招商引资，全年共签约项目10个，达成引资意向18亿元，实际到位资金2.44亿元。积极承接国家、省、市项目实施，共争取农林水、环保节能、社会事业等项目资金3.5亿元，其中争取到中央保增长、扩内需项目投资1446万元，是历年来争取上级资金最多的一年。

工业　灵石县自然资源非常丰富，矿藏资源得天独厚，号称红、黄、蓝、白、黑（铁矿石、硫磺、焦炭、石膏、煤炭）五色俱全，尤以煤炭为最，现已探明含煤面积为860平方公里，占全县总面积的71.3%，煤炭储量91亿吨，其中肥煤59亿吨，焦煤14亿吨，瘦煤13亿吨，气煤5亿吨。煤炭品类齐全，质量优良，尤以二号煤质量最优，其它有色金属和稀有矿藏亦有分布，现已探明的有铜、铝、钼、钨和水晶石、冰洲石、大理石等32种，现已开采的有煤、铁、石膏、硫铁矿、石灰石、铝磺土、耐火粘土等10余种。

2008年，灵石县工业主导产业壮大发展，市场竞争能力不断提升。全年主要工业产品产量原煤达到1075万吨，精煤达到691万吨，焦炭达到291万吨，发电达到43583万千瓦时。工业总产值达到126亿元，同比增长67.8%。传统工业通过基建技改得到巩固提升。煤矿累计投入技改资金23亿元，11座煤矿竣工投产；选煤行业投入技改资金1.1亿元，改扩建洗煤厂5个。资源节约利用和安全生产能力明显增强。新兴工业适应政策导向迅速崛起。聚义墙材、振寰建材等一批煤矸石、粉煤灰制砖项目建成投产，当年产量达到1.5亿块，实现收入6000万元，宇泰4万吨甲醇项目建设完工，聚源10万吨甲醇、中煤30万吨甲醇和银亿宏峰10万吨甲醇项目陆续开工建设，全县工业固废、气废的资源化利用和循环经济建设扎实起步。安全生产形势平稳好转，安全生产条件得到改善。不间断开展迎奥运安全生产百日大会战、安全生产百日督查、隐患集中排查治理和千人隐患大排查等安全生产专项行动，对各个安全生产领域进行拉网式、全覆盖、无缝隙、多批次的排查，并建立健全了安全隐患逐月排查治理等长效机制。重拳出击严厉打击私挖滥采，坚持动态巡查和露头就打，对非法生产行为予以严密监控，矿业秩序根本好转，全县亿元GDP安全事故死亡率0.38，在全市11个县（区、市）中最低，同比下降35%，第二个安全生产平稳年的目标顺利实现。

农业　灵石县属山岭重丘区，境内气候温和，主要种植有小麦、玉米、谷子、高粱、豆类及各种小杂粮等。2008年，灵石县农业基础地位巩固加强，多元化、产业化发展势头强劲。全年粮食种植面积达到14507.25公顷，粮食产量达5695万公斤；养殖业蛋鸡存栏38万只，牛存栏1044头，猪存栏2.4万头，羊存栏2.9万只，肉、蛋、奶总产量分别达到4265吨、2540吨和7650吨；干果经济林在稳定11339公顷的基础上，示范基地达到6000多公顷，核桃产量达350万公斤。以公司和合作社为经营模式的新型产业化组织增多，新发展各类专业合作社335个，总数达到368个，累计投资6200万元。为农民就业增收和农业发展增效提供了有力支撑。新农村建设不断加强。各项强农惠农政策全面落实，县财政“三农，投入8845万元，比上年增长46%。干果经济林示范基地达到9万亩，核桃产量达到350万公斤，强隆公司3000吨核桃深加工生产线投入运行；天和农牧10万头生猪、福苑10万只蛋鸡等特色养殖项目迅速做大，促进了农业向产业化迈进。石膏山水库建设有序实施；新建饮水安全工程之8处，解决了1万人的饮水安全问题；新建大中型沼气站1座，发展户用沼气2518户。农业综合开发实现重大突破，被确定为省级项目县。集体林权制度改革试点工作顺利推进，2个试点乡镇和82个试点村改革任务全面完成。农村“创三优”工作稳步实施，完成56个村、92.9公里的村庄街道硬化，33个村达到“十有十个一”标准；农村日常清扫保洁机制普遍建立，卫生环境得到有效改观。新发展各类专业合作社335个，总数达到368个。

城镇建设　2008年，灵石县城市功能日益完善，城区“两桥三路”和10条小街小巷改造工程竣工，“四纵七横”的交通循环路网基本形成，交通路网优化升级，永吉大道建成通车，里程14.2公里，总投资2.2亿元；108国道改造，路基完成64公里，路面完成26公里，完成投资6.3亿元；通达工程完成5条25公里，总投资250万元；通畅工程完成14条37.5公里，总投资1125万元；全县公路密度达到113.9公里/百平方公里，全省领先；完成356个村、92.9公里的农村街道硬化工程。静升河城区段综合治理和蓄水工程完工；骨干水源工程石膏山水库建设按进度实施；新建饮水安全工程之8处，解决了1.1万人的饮水安全问题。220千伏安顺变电站投用，电网保障能力增强；污水处理厂投入试运行；垃圾处理工程开工；调峰热源厂一期工程竣工，城区供热能力达到230万平方米，供气覆盖率达到89.2%；马和集中供热供气工程完成主管网铺设。政务环境不断优化，在高标准改造县政务大厅的同时，全县12个乡镇、3个城区管委会和203个行政村组建了便民服务中心及代理点；新建大中型沼气站1座，发展户用沼气2518户。推行“宁静生产日”制度，确保企业安心生产、专心经营。以“四城联创”为载体，扎实推进城市环境综合整治，城区新增绿地面积50.3万平方米，绿化覆盖率比上年提升10.4个百分点，顺利通过省级卫生县城验收

教育　2008年，灵石县高度重视教育，为优化干部年龄结构和知识结构，要求50岁以上股级干部自动离岗，参加校长选聘者必须在45岁以下，大学专科学历以上，使教育干部队伍注入了新鲜血液。加强了业务培训，对生活教师、后勤管理人员和服务人员做到先培训后上岗，不培训不上岗。教育以课堂教学改革为工作的重点。灵石二中“学案教学”经过几年实践，成为全省课改典型。4月11日，在灵石二中举办了规模大、档次高，影响广的全省课改观摩会。来自全省各地的专家、教师聆听了二中“学案式”经验介绍、参与了互动交流。7月16日～19日，在灵石一中承办了全市中学生田径运动会。10月份，本县8名教师参加了全国整合应用优质课评选，2人获一等奖，6人获二等奖。灵石一中于9月27日顺利通过示范高中初验，为把本县唯一的普高办成省级优质高中奠定了坚实基础。12月2日，晋中市示范初中校长协作会第十届年会在灵石三中召开，全市200多名教育专家、校长参加了本届年会。

2008年，灵石县投资2131万元高标准改扩建中小学4所，维修改造校舍10所。在全省率先实行高中教育“一免一补”政策，全年免补资金达300余万元，县财政投资10万多元，给每个寄宿制学校配备了冰箱、冷柜，全县152名生活教师和254名炊事员工资以及学生的住宿费全部纳入财政预算；投入40万元，对县教育网络中心、硬件和软件进行了更新换代，对网络内容进行了升级，从而使配置更趋于完善，极大地提高了现代教学资源的利用率，12所初中、2个中心校以及灵石二小学成功建成了高标准校园网站。南关初中利用网站做到了家校联系不出门，汲取资源不离校；六大校利用校园网站使校际教研周期由每学期两次缩短为每月一次，更重要的是校园网站为各校提供了享用不尽的教学资源，教师们利用网站搞资源下载整合，搞网上授课，很好地优化了课堂结构。全县各校整体性进行了“绿色学校”的建设。全年投入“创绿”资金达177万多元，全县校园绿化面积已增至11.8308万平方米，已有1所学校被评为省级“绿色学校”，2所学校被评为市级“绿色学校”，18所学校被评为县级“绿色学校”。

2008年，灵石县高考达线人数488人，比2007年净增57人，创历史新高。两位同学被清华大学录取，实现了灵石高中近年来名校录取零的突破。

社会事业　2008年，灵石县社会事业协调发展。全力实施“五大惠民工程”，民本民生事业投入资金达9616万元，比上年增长63%。完成3个社区服务中心、2个服务站和60个农村甲级卫生所建设，县乡村三级医疗机构的达标率达到87%。新型农村合作医疗参合率达到93.15%，有75%的城镇居民享受到基本医疗保险。建立新型农村养老保险制度，5.4万农民参加统筹，参保率达到71.3%。千方百计扩大就业，城镇新增就业岗位3000个，安置下岗失业人员再就业776人。城乡社会救助水平进一步提高，为15813名城乡困难群众发放低保金1659万元。积极推进经济适用房、廉租住房、采煤沉陷区改造和地质灾害村治理工程建设，2986户、10320；人住上新建或安全的住房。县财政补贴1856万元，保证了对城区居民的正常供热、供气。4个乡镇文化站基本建成，电影入村放映3530场，群众文化生活极大丰富。不断推进政府职能转变，自觉接受人大依法监督和政协民主监督，全年共办理人大代表意见和建议51件、政协提案67件，办复率100%。县政府在人代会上向全县人民承诺的十件实事得到全面落实。监察、审计、宗教、外事、史志、人防、气象、体育、地震、档案、老龄、残疾人、双拥、妇女儿童等各项事业都取得了新的进步。

环境保护　2008年，灵石县生态环境质量持续改善。深入推进“蓝天碧水”工程，168户重点工业企业全面达标，全县万元GDP二氧化硫和化学需氧量排放量分别下降12.4%和13.8%，县城区空气质量二级以上天数达到321天，比上年净增83天，一级天数实现零的突破，达到17天，进入全省32个重点县（市）前十名。在企业、机关、学校等各个领域全面推进节能降耗，万元GDP综合能耗下降11.35%，节约标煤36.9万吨。投入1.64亿元开展八大造林绿化工程，实现新造林7.43万亩，森林覆盖率提升4.1个百分点，达到34.8%。在全省率先启动了汾河流域生态环境治理修复与保护工程。

2008年，灵石县政务环境建设不断改善。投入1200万元高标准改造县政务大厅，44个单位、227项审批服务项目全部进入大厅。适度扩大窗口职权，行政审批进入科学化、规范化轨道。强化了首问负责、限期办结和过错追究制度。全县12个乡镇、3个城区管委会和203个村全部组建便民服务中心及代理点，3级便民服务网络基本形成。积极推进部门联合办公和现场办公制度，为项目建设提供了优质高效服务。

2008年，灵石县第三产业稳步发展，服务水平明显提高。全年商业、服务业实现增加值26.2亿元，占全县生产总值的28.7%。银行预存款余额达到105亿元。县农村信用联社作为独立法人企业挂牌运营，全年向社会发放贷款35亿元。人寿、财产保险公司投保人数大幅增加，保费收入达到1.8亿元。王家大院、资寿寺等重点景区管理进一步规范，全年接待游客55万人次，门票收入达到1645.2万元。宏源五星级国际饭店投入运营。晋港高速物流中心项目开工建设。石膏山、红崖沟旅游开发顺利推进。住宿、餐饮、商贸行业稳步发展，超级市场、休闲娱乐等新的服务方式迅猛崛起。第三产业成为拉动全县经济快速发展的重要力量。

（景茂礼）

中共县委书记	郭燕平
县人大常委会主任	王建国
县　长	杨　洪
县政协主席	蔺计爱（女）

吕梁市

【概述】　2008年，全市实现生产总值629.6亿元，增长10.9%，比全省水平快0.9个百分点，增速名列全省第二位，在全省比重由2007年的8.8%上升到9%，总量排名全省第五。其中第一产业实现产值26.5亿元，增长2.8%，第二产业实现产值445.9亿元，增长10.2%，第三产业实现产值157.2亿元，增长14.1%；人均生产总值为17553元，比2007年净增3525元。

全社会固定资产投资完成375.6亿元，增长24.7%，实现计划目标。全年财政总收入实现164.36亿元，增长56.4%，超计划34亿元，增速全省排名第一，总量跃居全省第二；一般预算收入55.1亿元，增长43.76%，增速再创新高，实现了高投入，高产出，高回报。消费市场持续旺盛，社会消费品零售总额完成160.9亿元，增长28.26%，居全省第一，高出计划16个百分点。外贸进出口总额完成12.32亿美元，增长82.5%，明显高于计划目标。

以“双百双千”为重点的项目建设扎实推进，取得明显成效，截至2008年底，已经有245个项目完成立项审批，占到“双百双千”项目总数的86.9%。经过近两年的努力，吕梁市历史上最大的铝工业项目——兴县80万吨氧化铝项目获得国家发改委核准。该项目建成投产后，对带动相关产业的发展，解决当地就业起到重要作用，对全市产业结构调整也将起到积极作用。

农业　支农惠农政策全面落实，现代农业园区建设稳定推进，产业化经营快速发展，新农村建设全面加强。农业抗灾害能力有增强的迹象，整体效益开始提升，农民种粮积极性空

前高涨，全市粮田面积稳定增加，农业生产呈现出十多年来最好的发展势头。农业在国民经济整体比重下降的趋势有所缓解，2008年粮食总产量达到近年来少有的81.9万吨，比2007年增长6%。

农业和农村工作力度加大。一是农业生态水利建设力度加大。完成水保初治面积16675公顷；农村饮水安全工程已批复项目实施方案到县，2187万元国债投资现已到县。二是加大“以工代赈”工作力度，加大资金和政策扶持力度，积极改善乡村道路、小流域治理和农田水利基础设施，促进当地农业结构调整和农民增收。三是水库移民规划完成编报和评审，这一项惠民工作涉及全市7个县1.9万移民。

结构调整　开展产业结构的调整。重点和中心是加快服务业发展推进力度。市委、市政府高度重视，成立机构、强化领导，深入调研、明确思路，召开会议、出台制度，抓住重点、落实项目，现场办公、解决问题，形成了加快服务业发展的良好氛围。完成了《关于促进吕梁市服务业加快发展的汇报》，明确了发展思路和发展目标。同时结合煤炭可持续发展基金的使用，对产业布局、资金投向进行了重新分配，使得产业结构调整有了资金上的导向。

编制了高新技术产业初步规划，明确了产业发展目标、空间布局、产业定位、基础设施建设等内容；组织部分高新技术产业化项目，积极申请省煤炭可持续发展基金的支持，共申报项目17个。

项目建设　重点交通项目推进顺利。吕梁机场建设方面，已经完成全部审批手续，现在已奠基开工建设。太中银铁路建设，加大了对沿线征地拆迁的督查力度，并对存在的问题与省有关部门和建设单位进行了多次汇报和协调，对征地拆迁补偿标准尽最大努力进行了争取，全力保障群众利益。现在沿线已全面开工，进展顺利。中南部出海通道项目是山西省“十一五”时期的重点工程，现在大通道规划比选方案前期研究工作全面展开，并对先期开工段兴县瓦塘至临县段的铁路走向，站位设置等方面进行了研究，确保山西中南部对外铁路大通道瓦塘至临县先期开工段的勘测设计工作顺利进行。岢瓦铁路一期工程11.76亿元。2005年12月20日正式开工至今，累计完成投资11.5亿，线下工程基本完工，铺轨已完成，工程质量一次验收合格率达到100%，均达到铁道部优良工程标准，预计2009年底全线建成通车。太佳高速公路吕梁段：2007年，省发改委对太原至佳县高速公路吕梁段可研报告进行了批复和补充批复，并批复初审设计。省国土厅批复了土地预审。水保、环保工作已完成评审。地质灾害、压覆矿产业已经完成评估。该项目已经开工建设。汾平高速：目前，环评、水保、地质灾害危险性和压覆矿产资源评估、可研、初步设计、土地预审的上报批复全部完成。一期路基桥涵招投标工作全部结束。整个沿线大部分开工。

以柏叶口水库为重点的水利基础设施顺利推进。该项目已经列入全国“十一五”中型水库规划，列入了《山西省应急水源工程规划》和《山西省特大干旱年及采煤影响区应急水源规划》。2008年省发改委批复了项目建议书。已经重新编制上报了可研报告，其环评、土地等相关手续也正在抓紧办理，2009年有望开工建设，并争取赶上国家2009年的新增投资计划。

对外开放　招商引资工作和利用外资水平进一步提高。吕梁——北京朝阳招商引资项目推介暨特色农产品展示会，全市共成功签约投资类项目27个，总投资2880813万元，拟引资2463853万元。在武汉召开的第三届中博会，吕梁市共成功签约7个项目，其中合同类项目6个，协议类项目1个，拟引进内资14909万美元，外资950万美元，涉及6个县（市、区）。第二届煤博会，吕梁市共成功签约34个项目，总投资168654.83万美元，拟引资135357.24万美元，其中投资类26个，总投资116362.13万美元，拟引资83073.57万美元；其中投资类26个，总投资116362.13万美元，拟引资83073.57万美元；贸易类8个，贸易额52283.7万美元。截至2008年年底，我市吸收外商直接投资16781.39万美元。

开展煤炭可持续发展政策措施试点工作。按照省的要求，成立了吕梁市煤炭工业可持续发展资金试点工作领导组以及办公室。同时编制了《吕梁市煤炭可持续发展基金试点工作实施方案》，目前已报市政府待批。

投资监管　一是调整投资规模。结合吕梁市“十一五”规划以及省煤炭可持续发展基金投资重点，重点向生态综合治理、产业转型、煤炭安全生产等方面倾斜。在此基础上，进行了“代建制”的调研，探索投资管理新方式。二是加强和规范招投标管理。起草上报了《吕梁市工程建设项目招标投标活动监督管理办法》（送审稿），对全市符合山西省政府评标专家库资格的专家进行培训、考核、入库工作，并开通吕梁抽取终端。在全市范围内加强了招投标方案核准工作。提高了招标公告和资格预审公告的审查力度。进一步加强了招投标执法检查，使全市招投标活动逐步走向规范化运行的轨道，从源头上一定程度地制止了工程建设领域腐败现象的发生。三是创新项目投资的稽察监管程序和方式方法，将项目的监管关口前移，使项目在规划、立项、建设、管理、竣工验收和后评估等环节，都能得到有效监管。全年共组织、参与项目稽察5次，涉及城建、污染减排、以工带赈、开发银行政府投资类项目以及企业技改项目48余项。四是加强了项目投资的审批窗口建设。建立联合审批“绿色通道”，提高了工作效率。

人民生活　市委、市政府高度重视改善民生工作，城乡经济得到了快速发展，城乡居民收入稳步增加，改革的成果让全市人民共享。2008年，城镇居民人均可支配收入达到12772.5元，增长18.91%，农村居民人均纯收入达到3200元，增长15%。取得了很好的成绩。

社会保障　一是加强了教育基础设施建设。加大了农村初中校舍建设工程力度和职业教育实训基地力度，新建改扩建农村初中33所，职业教育实训基地1个。二是实施了医疗服务中心建设工作。继续争取国家投资，用于支持全市各级医疗机构、医院的改扩建工程，大大提高了医疗卫生服务水平。三是安排经济房适用项目5个，总投资50363.58万元，总规模达52.5万平方米，若省全部批复，可望解决8750户城市低收入家庭的住房困难。同时中央预算内补助廉租住房项目7个1774万元，总建筑面积88744平方米/1782套，占到了省争取总数的三分之一以上。

采煤沉陷区治理工作步伐加快。2008年省批复新建住宅小区、市政基础设施配套工程总投资15975万元，其中省煤炭可持续发展资金补贴7987万元。汾西矿区采煤沉陷综合治理工程在孝义境内共涉及学校（含幼儿园）32所，

吕梁特产红枣

郭建平摄影

总投资2255.48万元，目前已完工30所学校；3所择址重建类医院，总投537.9万元，其中2所卫生院已完成重建任务。

环境保护　下达了省第一批、第二批汾河干流水利水保、植被草地建设项目投资规划。《方案》规划2009年启动的项目已经全部开工建设。三川河流域生态环境综合治理项目总方案的编报工作也已经展开。

积极主动地与上级部门做好衔接配合，在争取政策、项目和投资等上级支持方面取得丰硕成果。全年共争取各类资金100156.25万元，其中中央预算内资金30777.9万元；省级煤炭可持续发展资金25876.4万元。其中中央新增1000亿元投资吕梁市争取到18209.5万元。同时，成立了吕梁市扩大内需促进经济增长政策措施协调小组，上报了吕梁市一批扩大内需、促进投资的项目，共涉及项目194个，总投资达到1901.7亿元。　　（李保生）

【全国首家与国际接轨的节能减排项目交易服务中心成立】　7月19日，山西吕梁节能减排项目交易服务中心在北京挂牌成立并开始运营。这是我国第一家煤炭、钢铁、建材等行业交易中心。它的运营标志着我国环境保护项目跨入国际化市场，与国际碳交易市场接轨，也标志着我市在全国资源型地区率先举起了节能减排交易的旗帜。　　（李保生）

【农业项目招商引资】　4月5日至18日，吕梁市在北京朝阳区举办了山西吕梁（北京朝阳）招商引资项目推介暨特色农副产品展示会，28个项目与外地客商对接成功，协议引资34.7亿美元；10月14至19日，在第六届中国国际农产品交易会上，企业现场销售农产品126万元，签约招商引资项目3200万元；在11月20日至23日举行的第三届中国温州特色农业博览会上，市金绿禾公司的糖尿病专用燕麦合作开发项目与武汉福格森保健食品有限公司成功签约，引进资金1000万元。　　（李保生）

中共市委书记　聂春玉
副书记　董洪运　张九萍
市人大常委会主任　岳培民
副主任　王全海　赵　毅　张保福　董宗祥　梁瑞林　刘光彦　张翠兰
市　长　董洪运
副市长　丁雪峰　李秀峰　张中生　成锡锋　王盛章
市政协主席　薛万明
副主席　张根成　师百韧　王侯党　刘本旺　曹　牛　梁来茂　李俊平

中阳县

【简述】　中阳县位于山西省西部，吕梁山脉中段，介于北纬37°03′～37°27′，东经110°50′～111°29′之间，东西长45公里，南北宽47公里。县辖5镇2乡，100个村（居）委会。辖区总面积1441.4平方公里。2008年，全县耕地总面积14364公顷，农作物播种面积9336公顷，占耕地总面积的65%。

2008年底，全县总户数46450户，总人口数为143961人，其中男68556人，女75405人；农业人口总数为95356人，非农业人口48605人；年内人口出生数为1423人，出生率控制在9.95‰，死亡人数为650人，死亡率为4.55‰，人口自然增长率为5.4‰。人口密度为99.9人/平方公里。

中阳县属暖温带大陆性季风气候。2008年，日照总时数2436.4小时，年平均气温8.3℃。1月平均气温为－8.3℃，极端最低气温为－22℃；7月平均气温为22.1℃，极端最高气温为32.5℃，年总降水量为414.7毫米，大风（八级以上）天数28天，全年无霜期为191天。

2008年，全县地区生产总值完成39.96亿元，同比增长6.8%。规模以上工业企业总产值完成92.52亿元，同比增长27.3%。财政总收入完成9.03亿元，同比增长42.9%，一般预算收入2.7亿元，同比增长25.8%。上缴税费千万元以上的企业新增9户，总数达到26户。全社会固定资产投资完成24.07亿元，同比增长68.5%；城镇居民人均可支配收入9163元，同比增长17.2%；农民人均纯收入达3022元，同比增长18.5%；城乡居民储蓄存款余额达38.93亿元，同比增长48.1%；社会消费品零售总额5.58亿元，同比增长25%；进出口总额累计完成1.1亿美元，超计划完成9800万美元，综合实力显著提升。

农业　2008年，全县农业总产值完成15370万元，比2007年增长15.2%，农民人均纯收入达到3022元，比2007年增长18.5%，人均劳务收入达到了2200元，占到农民收入的85%；注册成立农民专业合作社43个，包括（种植业11个，养殖业30个，加工业1个，农机服务1个）；全年共组织培训220期，发放科技资料1.2万份，完成引导性培训8100人，新转移农村劳动力4100人，其中阳光工程培训600人，转移590人；完成消零工程培训就业1500户，全县累计转移劳动力3万人，超过劳动力总数的65%。

种植业结构继续调整。2008年，全县农作物总播种面积9110.95公顷，总产量达到了1725.2万公斤。其中，粮食作物播种面积为8139.07公顷，产量较上年增长222.04万公斤，玉米2373.32公顷，产量905.23万公斤，小杂粮4197.7公顷，产量517.93万公斤；油料面积为738.9公顷，总产量达到53.8万公斤，较上年增长9.64万公斤；其他农作物如蔬菜、西瓜等产量较上年都略有增长。

2008年，根据省、市相关部门文件精神，结合实际，制定了《全县粮食直补工作实施意见》，明确了补贴对象，范围及补贴标准，突出了"三早"、"一落实"：即早动员、早安排、早核实和尽快落实直补资金到农户手中。共核实粮食作物补贴面积6571.02公顷，较上年增长20.6公顷，其中谷子1147.6公顷，玉米2356.98公顷，杂粮3066.43公顷。圆满完成了直补粮食作物面积核实工作，确保了补贴资金及时到位。

2008年，认真贯彻落实《国务院关于开展第一次全国污染源普查的通知》和省、市有关文件精神，成立了以县农业局长任组长，各乡镇分管领导为成员的普查领导组，制定出台了《中阳县第一次农业污染源普查实施方案》，全力实施第一次农业污染源普查工作，普查内容涉及全县7个乡镇的种植业基本情况、271户典型地块和92户畜禽养殖专业户、2个畜禽养殖场，培训普查指导员2人，普查员16人，以会代训37人，并将普查数全部登记建档。

农村户沼气是一项生态富民工程，自2006年组织实施以来，采取了建网点，培训、帮扶等措施，加大了管理力度，提高了使用率及使用效益。截至2008年，共实施沼气工程1362户。2008年，在建设服务网点的基础上，增加投入，每个网点投入1000元，增加了服务设备、配件，统一提高了服务费标准，确保高效运转，同时，培训沼气使用户，提高其自我管理技能，全年培训5期，共800人次，帮扶特困户启动沼气池，全年投资1.5万元，帮扶20户，推动面上沼气工程的使用率，目前，全县沼气使用率达到了65%以上。

2008年，全县完成造林4762.38公顷，植树83万株，（其中义务植树40万株）育苗206.77公顷，其中新育苗133.4公顷。省级六大工程完成交通沿线荒山绿化933.8公顷，园林村17个，完成绿化面积66.7公顷，绿化里程50公里，共栽植花乔灌木20万株。新造林地抚育5336公顷，举行各类技术培训85期，受教育达2.8万人次。

2008年，全县实施"核桃富民"工程2067.7公顷，其中：新发展优质核桃1067.2公顷，核桃丰产管理667公顷，嫁接改造333.5公顷，种植面积达到7870.6公顷，产量达到360万斤，产值3600万元。生态林建设成效明显。投资3100万元，完成退耕还林补植补造、三北防护林、交通沿线荒山绿化等造林任务7.84万亩，被省政府授予"造林绿化先进县"。同时，加大了对新造林绿化工程管护力度，将全县造林绿化工程及林木林地划分给70名护林员分片负责，以岗定责严加看管，通道绿化、交通沿线荒山绿化区域，每10公里配备一名护林员，坚持每天沿路巡逻管护。

2008年末，全县饲养量：牛3.2万头，猪5.1万头，羊2.1万只，蛋鸡20.1万只，肉鸡10万只；肉蛋奶总产量为4568.91吨，其中肉类产量2749.60吨，蛋产量1528.13吨，奶产量为291.2吨，牧业总产值6521.84万元，占农业总产值的26%，人均牧业纯收入280元，畜牧业已成为农业农村经济的支柱产业和农民收入的重要来源。

全县饲养能繁母猪3头以上的场（户）406个，存栏优质生猪500头以上的养猪户4户，100－500头的20户；存栏优质肉牛100头以上有3户，50－100头以上的5户；存栏优质肉鸡10000只以上的1户；蛋鸡10000只以上的6户，5000－10000只以上的4户；存栏优质绒山羊50只以上的20户。新建投资在1000万元以上规模养殖企业6户。

全年共检疫鲜猪肉230吨，冷鲜肉158吨，鲜羊肉8.2吨，开展产地检疫生猪386头，牛59头，羊127只，检出病害畜禽2头，检出病害动物产品416公斤，对检出的病畜及病害产品均依法进行了无害化处理。全年共核发《动物防疫合格证》86个。加大畜禽品种改良力度。年内完成生猪杂交改良42430胎。进一步加大对牛冻精改良的宣传和推广力度，用冻精配种改良牛6931胎。

2008年，投资1461万元，新建淤地坝23座，兴建人畜安全饮水工程24处，其中提水工程10处，引水工程10处，蓄水工程4处，稳定解决了26个自然村、1.08万人、858头大畜的饮水安全问题，共完成投资581万元，其中国补资金345万元，乡村自筹236万元。并对工程全部进行了产权改制，实现了当年建设，当年见效，长期受益的目的。

2008年，全县共新增基本农田178.76公顷，其中完成机修梯田6.67公顷，完成坝滩地103.39公顷，完成水地建设任务26.68公顷。全县共完成水保初治面积6069.7公顷，完成农业节水面积133.4公顷。同时继续利用村通硬化道路搞旱井建设，在下枣林、暖泉两个乡镇、四个村委建设旱井940眼，发展补充灌溉面积116.73公顷，共完成国家投资300万元，为全县核桃富民战略的顺利实施提供了水源保障。

2008年，完成了南川河综合治理续建一期工程任务。工程全长2732.28米，总投资3442.39万元。建设工程包括东西两面排污暗涵4235.92米（其中西暗涵2732.28米，东暗涵1503.64米）排污支涵48处；景观平台6座，改河工程1处，安装阀门17座。

工业 2008年，全县经济工作运行良好，全县规模以上企业实现工业增加值283554.9万元，同比增长27.4%；工业总产值累计完成925207.6万元，同比增长27.3%；工业销售产值完成工业销售产值883699.9万元，同比增长25.8%；产销率为95.5%；完成销售收入948261万元，较上年同期增长35.36%；累计实现利润总额72584.8万元，较上年同期增长19.42%；实现利税总额129671.3万元，较上年同期增长26.67%。

吕梁特产汾州核桃

郭建平摄影

2008年，着眼于培养新的经济增长点，按照五条产业链的发展方向，强力推进以"双百双千"为重点的项目建设。23个"双百双千"项目建设成效显著，聚益120万吨洗煤、中钢80万吨高速线材、中钢240万吨炼钢，现已投产达效，慧仁核桃加工、腾飞机械、金泰不锈钢，三户企业一期已建成投产，正在二期建设。该6个项目总投资约11.67亿元，已成为本县新的经济增长点。中钢2×1080立方米炼铁高炉、2×135兆瓦煤矸石自备电厂、300万吨洗煤，三个项目累计总投资208274万元，已进入设备安装尾声阶段，有望近期投产；荣欣300万吨矿井和黎明60万吨矿井，分别累计完成投资3.5亿元和1.7亿元。益锦焦化300万吨/年洗煤，该项目一期150万吨洗煤已建成投产，二期工程正全面进展。腾阳煤化90万吨机焦及化产，已进入设备安装调试阶段。建滔腾阳煤化工产业园的450万吨洗煤、2×90万吨焦化、20万吨甲醇3个项目已累计完成投资6.81亿元。荣欣焦化公司20万吨甲醇项目正在进行"三通一平"建设，益锦焦化公司10万吨/年甲醇项目现已完成环评、土地、备案等手续，桃源2×300兆瓦煤矸石电厂完成投资1.1亿元，鑫隆煤源公司90万吨矿井累计投资3000万元，悦达军山煤业公司60万吨矿井主体工程已完成，吕梁冬义集团煤气化鑫岩煤矿90万吨矿井完成投资7100万元，在批项目取得了进展。2008年，全市项目建设年度考核，荣获全市一等奖。

招商引资 2008年，县政府积极组织参加山西吕梁（北京朝阳）招商引资活动和第二届煤炭博览会，共签约项目5个，其中签订协议项目3个，项目总投资总额9305万美元，其中，山西腾阳煤化有限责任公司与中国钢铁炉料公司签订的60万吨（一期30万吨）铸造焦贸易合作项目，该项目投资总额8300万美元，已开始运作。县城建局、中钢集团与河南城建安阳公司四处签订的城市污水处理工程项目总投资412万美元；益锦焦化公司与河北城建钢厂城市建设集中供热项目总投资593万美元。签订意向项目2个，即山西皓跃重型设备有限公司与金源通财投资有限公司签订的10万吨精密铸造合资合作项目，黎明煤业有限公司与中国神华签订的煤炭循环经济合资合作项目。东义煤气化公司与辽宁铁法煤业集团合作等，均迈出实质性步伐。截至11月底境外直接投资实际到位资金6970万美元，省外境内投资到位资金56000万元，中钢进口完成11000万美元。

商业贸易 2008年，全县社会消费品零售总额5.58亿元，比2007年增长25%。城镇居民人均可支配收入9163元，比2007年增长17.2%，高出市水平0.8个百分点；农民人均纯收入3022元，比2007年增长18.5%，高出市水平2个百分点；全年进出口总额累计完成1.1亿美元，超计划完成9800万美元。

邮政 2008年，邮政业务总收入完成770.8万元，以156.09分的效绩考核在吕梁市邮政局排名第一。邮务类业务平稳增长。2008年，完成收入197.4万元，同比增长10.19%。其中：函件收入完成61.1万元，同比增长93.67%；常年邮资封片发展取得新突破，实现收入35万元。报刊收入完成38.5万元，同比增长4.06%；报刊一次性大收订流转额完成179万元，同比增长12.6%。集邮收入完成31.3万元。代办业务收入完成25.5万元，同比增长20.16%。包裹收入完成60024元。速递物流类业务较快增长。完成收入23.9万元。其中：速递收入完成23.5万元，同比增长45.25%；物流收入完成4869元。

金融保险 金融类业务规模持续扩大。全年新增余额7939.2万元，再创历史新高，总余额达到2.9亿元。其中：新增余额中活期比例达到42.21%。代理保险继续保持了跨越式发展势头，全年代理保费达2300万元，实现收入65万元，较上年同期增长468.59%；汇兑收入完成36.6万元，同期增长29.82%。继续加大网点改造建设力度，全年装修改造了城关储蓄网点，新建了电子化局所4个，增加航空机票营业厅1个；是年还新上线ATM2台，成功实现了24小时全天候营业。

电信　固定数据业务市场实现新突破？2008年，中国移动中阳分公司截至10月底运营收入共完成4577万元，固定数据业务收入完成272万元，集团信息化收入完成86万元。净增通话用户数14912户，固定数据业务净增用户6075户。截至10月底全球通目标市场占有率完成45.76%，全球通纯度完成64.46%。截至12月1日低端手机销售完成3174部，彩铃下载用户数为135199户，电子渠道占比完成47%。离网率由年初的2.93%逐月稳步下降，10月底完成2.21%。

2008年10月，中阳联通和网通兼并重组，年底公司主营业收入累计完成1640万元，公司电话用户总数达到27426户。其中：固定电话19329户，无线市话用户8097户，移动用户4621户，宽带互联网用户4934户。地面基站17个。

交通运输　2008年，全县农村公路通畅工程计划22条74.6公里，完成32条91.6公里，完成续建工程23公里，村连村190公里。县乡公路改造开行贷款项目计划7条75.8公里，完成6条66.8公里。全县新建设农村公路5条，新增通车里程11.5公里，新增高级、次高级路面158公里，完成建设投资2亿余元。公路通车里程由873公里增加到了884.5公里。全年完成运输管理费3161305.5元，占计划任务的175.6%，完成客运附加费315880.4元，占计划任务的98.7%；完成货运量180万吨，货运周转量24430万吨公里，完成客运量76.4万人，客运周转量6116万人公里。

2008年，全县新增2个行政村通班车，新增客运班线两条，行政村通班车率达到96%。全力抓好农村客运站场网络建设，暖泉客运站建成并投入使用，新安装候车亭6个，招呼站牌4个，目前全县农村候车亭达到25个，招呼站牌达到30个，农村客运班线12条，有91个行政村通了客车，村通客车率达到了96.7%，基本上解决了农民“出行难”的问题。

财政监管　2008年，继续挖潜堵漏增收，严格执行政府采购、国库集中支付和投资评审制度，全县年可用财力达到3.7亿元，比上年净增5750万元；争取上级专项资金1.17亿元。坚持“两算两审”制度，对政府投资的项目组织中介机构严格预算、决算评审，9个项目节约资金2554万元。支出结构进一步优化，按照“三个确保”、“六个倾斜”的原则，足额兑现干部职工工资1.88亿元，比上年净增4163万元，居吕梁市前列；教育、卫生、文化等各项民生事业支出分别增长25%、39.8%、54.8%，财政运行质量大为提升。

文化　2008年，成功成功举办了古韵新彩——纪念改革开放30周年“中阳·全国剪纸大赛”，中阳剪纸走进人民大会堂、走进京城各大名校，本县被命名为“中国剪纸传承保护基地”；建成并开通了中阳人民广播电台，并在城区主要街道和各乡镇、村委的公共场所安装300台调频自动接收音箱，进一步丰富了群众精神文化生活；“文化信息共享工程”建设已全部完善，县图书馆新增图书3000余册，同时，开设了老干部阅览专区，投资40万余元为全县80%的行政村配置了共160支书柜，24000余册图书。投资740余万元对本县的旅游资源和附属设施进行了维护与修缮，并对旅游景点通过悬挂横幅、散发传单、刊登广告、发布信息等有效途径做了大量宣传。由县委、县政府组织，县史志办承编大型史料工具书《中阳年鉴》出版发行，县退休教师贺启亮编撰《中阳民间故事》一书正式出版。

2008年11月22日，由中国民间文艺家协会、山西省委宣传部主办，中阳县委、县政府，中阳文联、中阳剪纸协会承办的《古韵新彩——纪念改革开放30周年“中阳·全国剪纸艺术展”优秀作品集》首发式暨中国剪纸传承保护基地授牌仪式在人民大会堂举行。共征集到全国各地的剪纸作品1000余件，经过专家权威、公正的评选，共有160余件作品获奖。并编印了首部有正式刊号的获奖剪纸作品集《古韵新彩》。之后又以“民间艺术进校园”为主题在北京大学、人民大学、北京理工大学、山西大学等知名学府巡回展览10余场，参展人数达50000余人次。在浮山“北京迎奥运剪纸展”上，王计汝的参赛作品《举国迎奥运》荣获金奖，赵小云的作品《变迁》、武一牛的作品《和谐农家迎奥运》荣获银奖。在县举办“迎春展”、“三八妇女节剪纸展”和威海《东风破》剪纸展、甘肃定西《西风烈》剪纸展、宁夏第四届国际剪纸展、中阳·全国剪纸艺术展上，共获得90余枚奖牌。

2008年，全年共举办各类大型的文艺演出8场，组织老年秧歌队、艺术剧社、老年体协进行秧歌、集体舞、健身舞等演出活动500余场次，受益60万余人，县宁兴广场被文化厅命名为全省十大特色广场。

2008年，全县组建了3支数字放映队，圆满完成了国家广电总局、省文化厅安排的“国产新片进农村”的放映任务75场，农村电影“2131”工程放映1530余场，并在县城文化广场组织开展了“夏季广场电影放映月”活动，观众人数累计达到30万人次，有效解决了基层群众看电影难的问题。

2008年，对社会反映较强的网吧和音像市场开展了专项整治，年内共组织大规模检查行动4次，检查各类场所54家，处罚违规经营场所15次，停业整顿35次，下达整改通知书30次，暂扣电脑主机430台，取缔黑网吧7家，销毁各类非法音像制品600多张。同时，积极参加了“阳光快乐”第八届中国少年儿童卡拉OK电视大赛。

教育　2008年，全面落实“两免一补”政策，积极实施“营养工程”，按时足额落实“两免一补”、山区教师岗位津贴和寄宿生营养费，新增教师202名，主要充实到农村学校，并给农村教师提高了10%工资，进一步稳定了农村教师队伍。2008年中考继续位列全市三甲，高考达线创历年之最，顺利通过了省政府“义务教育标准化建设”初评验收。

2008年，县政府严格按照农村义务教育经费保障机制改革经费管理办法，全面推行“校财局管校用”的财务管理制度，截至11月底，全县共下拨义务教育经费包括公用经费资金932.6万元，生均公用经费全部达标，其中农村初中每生每年532元、农村小学每生每年354元、县城初中每生每年569元、县城小学每生每年384元；2008年，省级安排免费教科书金额共计330.42万元。全县所有义务教育阶段学校的26853名中小学生全部享受了免费提供教科书，同时，县财政还注入41.75万元的寄宿生生活补助，占到寄宿生总数的23%。

2008年，加强改善农村教育基础设施，累计投资4000余万元，完成了中阳一中、中阳职业中学、中阳三中、中阳四中、中阳六中、朱家店小学、枝柯小学等11所中小学幼儿园校舍的新建、改扩建以及维修工程。启动了教育重点项目城南中学新校的可研、选址、设计工作。

全面启动实施边远山区教师岗位津贴制度。为农村教师每人每月补助基本工资10%的岗位津贴，全县共有392名山区教师受益，补助资金共计40.64万元。

组织实施寄宿制学校学生营养工程，补助标准为每生每天一个鸡蛋、一袋牛奶。截止目前，全县拨付专项资金23.42万元，共有2342名寄宿生享受到了牛奶+鸡蛋的特殊待遇。

2008年，对全县中小学、幼儿园的校容校貌进行了彻底整治，争取政府资金400万元，配齐、配足各类专室。投资80余万元，为金罗小学、暖泉小学安装自然实验室，新补充图书24000册，仪器1599件，音乐器材50件，新增微机73台，实物投影仪61台，图书仪器柜400多支。

2008年，本县从师范类毕业生中择优招聘教师202名，11月份择优聘用127名。截至年底，全县高中教师中具有本科以上学历的比例达86%；初中教师中专科以上学历者达96.2%，其中：本科学历者达36.7%、；小学教师大专以上学历达75.1%，全县教师队伍的整体素质明显提升，学历层次明显提高。

2008年，中阳县共有省示范幼儿园1所，市示范幼儿园3所，5个乡镇建有中心幼儿园，共有单办幼儿园13所，在园幼儿4211人，学前三年幼儿入园率达到了97%。义务教育稳中有升。全县九年义务教育阶段小学入学率达到100%，初中入学率为99.6%，各类残疾儿童、少年入学率达到97%。高中段教育协调发展。2008年，继续充分发挥中阳一中省级示范高中和职业中学的就业导向作用，坚持校企合作实施普通高中免费教育工程，普通高中招收30个班，招生1647人，职业高中招生451人，全县高中阶段教育普及率达到86%上，普高毕业率达到100%，职高毕业和就业率均达到98%以上。

体育　2008年，全县共完成了43个行政村篮球场地器材的安装，投资近800余万元，完成旧体育场、田径场、篮球场的改造工程，同时为全县10个行政村安装10套健身路径，完成了“两区”农民体育健身工程建设，包括篮球场地建设35块、乡镇健身广场两个，充分发挥体育对建设新农村，促进和谐中阳建设的职能优势。是年，先后组团参加了吕梁市第二届运动会乒乓球比赛、象棋比赛、羽毛球比赛、跆拳道比赛6项比赛，并荣获了羽毛球、象棋、跆拳道三项团体亚军、篮球团体第七的殊荣；于6月26—29日成功承办办了市第二届运动会武术比赛，并荣获武术比赛青少年组团体冠军、成年组团体第三的好成绩。本县文昌武术学校组团16人参加了“迎奥运杯”第六届香港国际武术节比赛，共有10名同学荣获个人金牌7块、银牌5块、铜牌4块。

卫生　2008年，全县共有卫生机构15个，其中县级医疗卫生机构4个，乡镇卫生院7个，4个社区服务站，村卫生所70个。卫生和医疗机构规划床位492张，实际开放床位329张，卫生技术人员497人，其中，职业医师和职业助理医师286人，注册护士134人，卫生计生三级服务机构全部健全、基本达标。

强化计划免疫和预防接种工作，儿童计划免疫率稳步上升，两苗”进院（两所医疗单位）1——11月份住院分娩1122人，“两苗”首针接种1034人(除低体重死亡儿童88人外)全部接种，接种及时率达100%。大力开展结核病防治工作。全年共发现病人120例，其中涂阳病人59例，涂阴61例，所有病人实行全程督导治疗，规范服药率100%。加大碘盐监测力度，防止非碘盐流入病区，对县属7个乡镇和100个村委，300户居民的食用盐进行了监测，合格率100%。全县共设碘盐供应点67个，有力地保障碘盐供应。加大预防艾滋病宣传教育力度，有效普及防治知识，提高了大众预防意识。落实应急预案，提升应急能力。全县共发现手足口病患者49例，住院治疗24人，门诊治疗25人，均已治愈；三鹿奶粉事件应急处理共排查患儿1103名，筛查患儿507人，确诊患儿1人，已治愈出院。

2008年，全县农民参合率达到92.5%，比上年提高了3.5%，农村人均筹资水平由50元提高到90元（其中县政府补偿80元），补偿水平提高了75%。2008年1至10月，补偿11737人次，支付补偿金443万元。其中：门诊补偿5723人次，个人家庭账户支出19万元；住院补偿4584人次，住院分娩447人，统筹基金支付424万元。全县新农合补偿万元以上70余人次。

2008年，全县产妇总数为1816人，产活数为1820人，住院分娩数1772人，分娩率97.4%；建卡数1730人，建卡率95.3%；高危产妇数45人，高危住院分娩率100%；孕产妇死亡0人，死亡率0；出生缺陷人数15人，出生缺陷率84.7/万，其中神经管畸形数2例，发生率11.29/万；孕28周前畸形引产数9例，其中：神经管畸形数7例；新生儿破伤风发生数0。

2008年，全县共有食品从业单位672个，其中：生产加工业33个，批发零售业421个，餐饮服务业183个，学校食堂29个，职工食堂6个。新发卫生许可证131个。

2008年，全县有从业人员1220人，全部进行体检培训；全县共有公共场所从业单位70户，是年，新发卫生许可证33户，年监督2次/户，检查92户，书写文书184份，全年来未发生突发性公共卫生事故；全县专营化妆品经营户12户，监督覆盖率100%，年监督2次/户；共检查化妆品专营店6户，大型宾馆化妆品抽检4户，样品8份；加强饮用水卫生监督、监测。对县城集中供水单位进行监督、监测，共抽检水样12份，全项目分析4份，必检项目分析8份，水源水、末梢水除余氯一项超标外，其余项目均符合标准要求。

2008年，着力改善城乡卫生条件，市政处29台清运车，2台装载机，对城乡接合部，河道，桥梁周边的垃圾进行集中清理，全年共清理陈年垃圾1.4万方，整治乱堆乱放400余处，查处乱倾乱倒垃圾车辆45辆，乱倒垃圾200余方。并投资38万元新增两台雾化洒水作业车，对城区过境道路和各主次街道进行循环洒水，保证街道清洁湿润。同时，对全县131户食堂和县城以上餐饮经营单位，67户农村地区餐饮经营单位进行大排查，对无证经营的75户从业单位要求限期办证，10户责令停业整顿，对就餐不卫生、餐具不消毒、操作间卫生不达标的15家单位提出整改意见。对河道进行清淤疏通，是年共取缔采砂点7个，深坑回填4800立方，集中清理生活垃圾、建筑垃圾5900方，清理庄稼地4块。对城区小广告、牛皮癣进行了全面清除，共清除小广告300余条，查处乱张乱贴广告20余起，取缔破旧牌匾80余块。

法制建设　2008年，始终将安全工作置于各项工作的重中之重，深入开展煤矿安全隐患排查整治，加强与阳煤集团的技术合作，煤炭行业整体安全水平进一步提升；全面加强行业领域安全专项整治，大力开展成品油市场安全专项整治，列入关闭取缔的14个加油站的取缔工作全部结束，其中有12个均已拆除；2个加油站转为企业自备储油点。截至目前，全县实有加油站24个，其中证照齐全、营业的站11个；证照不全、停业、补办手续的站5个；纳入规划、无证、停业、申报办理的站8个；积极开展县委书记带头大接访活动，群众诉求渠道进一步畅通；严格落实包案包村责任、加大督察考核力度，重点案件基本案结事了；整合原执法大队、城区交警中队、防暴队、宁乡派出所等单位，组建了城市综合执法局，设立治安岗亭5个，实行全天候巡逻；先后投资200万元完善了“天眼工程”，完成了110、112、119三台合一；投资140万元建成了民用爆炸物品仓库本级视频监控平台；投资20万元开通了“暂住人口管理系统”，投资15万元开通了“旅店业治安管理信息系统”；投资23万元购买了129套单警装备，投资100万元购置了全自动指纹识别系统、数码照相摄像设备等勘验设备，极大地提高了科技强警水平和民警战斗力。安全生产连续两年没有发生一起3人以上事故。

2008年，深入开展严打专项整治行动，查处、破获一批治安刑事案件，共破获各类刑事案件88起，打掉犯罪团伙15个76人，刑事拘留犯罪嫌疑人168人，抓获逃犯76人，特别是“3.3”故意杀人案、“3.16”故意杀人案、“6.16”杀人案、“7.21”故意杀人（未遂）案等4起命案全部告破，公安部B级逃犯张六斤成功抓获；查处治安案件341起，行政拘留171人。检察院共批准逮捕78件199人，提起公诉95件179人，立案查处职务犯罪案件8件11人；法院共受理刑事案件102件182人，对暴力犯罪坚持依法从重、从快的审判方针，加大打击力度，全年共判处十年以上有期徒刑13人，三年以上十年以下有期徒刑65人，三年以下有期徒刑78人。

基础设施建设　2008年，坚持“建管并重、统筹发展”的思路，投资3.6亿元启动并完善了滨河小区、聚安小区、安置小区和老干活动中心等工程，城区面貌、人居条件进一步改善。同时，创新城区开发改造模式，顺利铺开了宋家沟、雷家沟综合整治开发工程。水电路等基础设施建设取得积极进展，投资6000多万元铺开了日处理能力1.5万吨的污水处理厂一期工程；投资3000多万元铺开了南川河综合治理续建工程。吕梁首座500千伏变电站竣工投运；武家庄110千伏变电站如期供电，全县基本形成了500千伏为中心、220千伏和110千伏为骨干、35千伏为辅助的电力保障体系。投资1.2亿元的西山循环路、除翟家岭隧道未贯通外，基本建成通车；投资1.6亿元建成朱苏、朱赵、乾河等县乡公路6条66.8公里；投资2500万元，完成村村通油（水泥）路32条91.6公里。

人民生活　2008年，坚持淘汰落后和实施城乡清洁工程同步推进，全年共计取缔改造城区燃煤锅炉、茶炉71台、营业性炉灶162台，取缔、停产、限期治理污染企业60户。用6个月的时间建成了集中供热工程，近万户居民享受到了集中供热的温暖。同时，加大城市环境整治力度，投资38万元新增2台雾化洒水车，投资114万元安装移动公测10座，免费开放；投资300万元新建了垃圾场；城区绿化覆盖率达到19.63%。

2008年，小城镇建设上，枝柯、金罗、暖泉、武家庄四镇，投资2700万元，完成了学校、街道、商住楼等一批重点工程；水利建设上，投资1500万元，建成千眼集雨旱井、24处饮水、23座淤地坝等工程，新解决了26个自然村、1.08万人、856头大畜的饮水安全问题，全县进入了村村通自来水时代；新村建设上，投资1.8亿元铺开和完善了弓家湾二期、太高三期6乡镇12处移民工程，行政村村通油（水泥）率91%，公路密度达到65公里/百平方公里；全县基本普及文化活动室、卫生计生所、便民连锁店和标准化学校，特别是政府仅投资50万元，争取省移动公司1200万元，实施了农村“三网合一”工程，偏远山村20000多农民在全省乃至全国率先享受到了电话、快速宽带和可视电话的数字时代；城区新增集中供热面积70万平方米、绿化面积3.2万平方米；城区二级以上天数达到了280天，同比增长82天，其中一级天数净增68天。

社会保障　2008年，全面落实“两免一补”政策，积极实施“营养工程”，按时足额落实“两免一补”、山区教师岗位津贴和寄宿生营养费，新型农村合作医疗参合率达到92.5%，受益农民累计1.4万人次；积极扩大就业面，全年新增就业岗位2400个，对零就业家庭、退伍军人等弱势群体进行了优先安置。进一步扩大养老、失业、医疗、工伤保险覆盖面，城市低保对象达到4935户7278人，人均保障金额每月100元，新增农村低保对象1408人，保障总数达到3300户3436人，人均保障金额每月60元，基本做到了应保尽保；同时，在大力推进就业创业的基础上，不折不扣落实上级关于公务员和事业人员的各项增资政策，干部群众收入水平又有新的提高。

党建工作　2008年，以纪念改革开放30周年为契机，扎实开展“解放思想、推进科学发展”大讨论活动，广大党员干部的思想得到新解放；以八届村委换届圆满成功、一人兼比例达到95%为标志，农村基层组织建设得到新加强；以汶川大地震我县交纳“特殊党费”比率全省第一为典型，党组织的战斗堡垒和党员先锋模范作用得到新彰显；以全委会讨论出台《中阳县干部选拔任用实施意见》为起点，领导班子干部队伍规范化建设水平也将得到新提升；以深入开展“135”工程和煤焦领域反腐败专项斗争为抓手，农村党风廉政建设取得新进展，被授予“全省农村党风廉政建设先进县”称号。

行政效能建设　2008年，充分发挥政府第一推动力作用，继续推行“二八工作法”、“三三制工作法”积极帮助企业跑项目、跑手续、跑资金，有力促进了项目建设。加强行政执法队伍建设，着力提高服务能力，组织500余名行政执法人员进行换证培训考试，进一步规范行政执法行为。深化行政许可审批制度改革，加强行政效能监察，大力查处“三乱”行为，全年未发生一起干扰企业生产现象，发展环境更加宽松。加强民主法制建设，自觉接受人大、政协监督，办理人大代表建议、意见51件，政协委员提案28件。引深政风行风评议，推进政务村务校务公开。继续推行信访接待制度，完善矛盾纠纷排查调处机制，群众反映的突出问题得到妥善解决。全面落实政府系统党风廉政建设目标责任制，深入开展煤焦领域反腐败专项斗争，惩治和预防腐败体系逐步完善。

（县史志办）

中共县委书记	成星明
县人大常委会主任	武中平
县　长	李志安
县政协主席	郭润保

兴　县

【简述】　兴县位于晋西北，吕梁山脉北端。地理座标在北纬38°05′40″至38°43′50″，东经110°33′至111°28′55″之间。县界东与岢岚、岚县相连；南与临县、方山毗连；北依保德为邻；西隔黄河与陕西神木相望。东西长90公里，南北宽80公里，总面积3165.3平方公里。人民政府驻城关，距首都北京678公里，距省城太原273公里，距吕梁市驻地离石139公里。

县城新僻南大街、北大街、中大街、文化街4条，其中南大街为新开过境公路两用路，全长3公里。

全县辖17个乡镇（7镇10乡），372个村民委员会，804个自然村。

截至2008年底，全县总人口319491人，其中农业人口285246人，非农业人口34245人。2008年，全县地区生产总值完成129亿元，同比增长6.7%，工业增加值完成4亿元，同比增长5.2%，财政总收入完成263131万元，为年任务的132.131%，同比增长63.37%；一般预算收入完成10743万元，为年任务的150.69%，同比增长86.28%。城镇居民人均可支配收入9700元，同比增长10%；农民人均纯收入1582元，同比增长35.4%；粮食总产量60574吨，同比增长17.2%；社会消费品零售总额达到3.2亿元，同比增长18.5%；居民消费价格总水平为109.3%。

项目建设　实施大项目，本县列入市“双百双千”开发项目15个，其中：省“两区”开发项目8个，市“十一五”重点产业开发项目7个。共完成投资28.4亿元，立项14个，土地办结10个，环评办结13个，开工13个，投产9个。重点项目进展情况：斜沟煤矿1500万吨矿井及配套选煤厂项目《矿区总体规划》已经国家发改委批复，《矿业权设置方案》已经国土资源部批复，环保报告已经国家环保总局批复。兴县电厂一期（2×600MW＋1×300MW）项目可研报告已通过中咨公司审查，前期准备工作已全部完成。山西省发改委以晋发改能源字［2008］142号文上报国家发改委，以争取补充纳入国家“十一五”电力发展规划；80万吨氧化铝项目历经艰辛，终于得到国家发改委核准。并于5月16日正式奠基开工。山西兴县180万吨煤制甲醇深加工和120万吨二甲醚项目也由省发改委备案，并取得配套的60平方公里煤矿探矿权，正在按照国家环保总局审核咨询意见，对环评大纲进行修改完善；岢瓦铁路一期工程全面竣工，工程质量一次性验收合格率达到100%，均达到铁道部优良工程标准，已通车运营；兴县“四·八”烈士纪念馆“红色旅游”景区建设项目已经省发改委立项，并完成“四通一平”等基础性工作，现正进行土建工程。《山西兴县资源环保型循环经济综合开发示范基地规划》于3月21日经省政府第三次常务会议研究批准，为兴县全县经济规模化、园区化、资源循环利用化发展迎来曙光，为全县转型发展、安全发展、和谐发展奠定了坚实的基础。

交通　2008年，完成了沿黄公路黑峪口到后北会段28公里的路基工程和李家湾至裴家川口28公里的铺油工程。境内全长93公里的沿黄旅游扶贫开发公路全线建成通车；全长28公里的县道枣蔡线路面改造工程已全部完成；完成了8公里的蔡开线路基改造和铺油工程；完成通达工程35公里，通畅工程150公里，村连村113.4公里，新增公路通车里程19公里。养护县道241.27公里，清理公路塌方30000余立方米，修补沥青路面20000平方米，修补桥涵40米，清理公路乱堆乱占32处，投入养护资金150万元；新建渡口2个。开建渡口1个，对2个渡口进行了测算。完成了太兴铁路的前期准备工作。

城乡建设　新区河北片2700米护城河坝和1#大桥顺利建成，2#大桥和小学、初中主体工程全部完成；长4.7公里、宽40米的连城大道路基工程基本完成；占地200余亩的友兰中学和600余套安置房完成“三通一平”工作；其他建设项目正在进行之中。

城市建设区绿化4万平方米。其中：南山公园、中心广场绿化1.2万平方米，道路绿化

1.2万平方米，居住区绿化0.8万平方米，单位及庭院绿化0.8万平方米，使县城绿化覆盖率达到8.48%，增加了一个百分点；建成1000立方米清水池1座，并已投入使用；完成9.4公里自来水管网改造和860余户水表出户改造，实现了改造地段全天候供水的目标；投资675万元，对县城北大街、南大街东段和新华街主街道进行了改造。

完成了蔡家崖历史文化名村保护规划评审工作，完成了蔡家崖乡和贺家会乡总体规划的评审和报批工作，完成了蔡家会镇和高家村镇总体规划编制工作。

教育 2008年，发展大教育，实现七目标：①"两免一补"政策全面落实兑现，提高了寄宿制贫困生的生活补助费标准和规范了发放程序；②大力推进包括友兰中学在内的6所中小学的新建、改（扩）建工程，完成了东会乡段家湾小学、瓦塘镇瓦塘小学的立项；③投资430万元，对155所农村中小学安装了远程教育设施；④引导民办学校的健康发展，坚持"积极鼓励、大力支持、正确引导、依法管理"的原则，制定出台了《关于依法管理民办学校的通告》和《兴县中小学规范化管理基本要求》，有效促进了民办学校的健康发展；⑤大力发展职业教育，是年，职业中学招收学员856人，职业技校招收753人，累计招生1609人，同时加大了教学设施的投入力度；⑥积极争取资金，消除校舍危房，共争取资金125万元，维修改造校舍12所，消除危房面积4000平方米；⑦启动校园网落建设工程，共投入1600余万元，包括兴县中学在内的38所项目学校实现了班班进多媒体。

政务建设 刹"四风"建"四型"，搞好机关作风整顿。是年，开展了以刹"四风"（作风飘浮风、赌博风、中餐喝酒风、会议散漫风）建"四型"（学习型、创新型、实干型、效率型）为主题的专项活动；对4个乡镇领导和2个县直机关负责人进行诫勉谈话，通报批评1人次，媒体曝光5人次；加大惩腐力度，共查各类违法违纪案件123件，处分党员干部135人，挽回经济损失140余万元，其中：党纪处分112人，政纪处分26人；规范公务用车管理，进一步完善了公务用车更换购买审批制度。

环境保护 推进环保攻坚、节能减排，采取三大措施。①开展社会宣传教育活动：全年大型宣传2次，散发传单8000余份，悬挂条幅6条，接受法律咨询15人次，并配有专车宣传。②开展城市环境综合整治攻坚活动，强制取缔饮食摊点燃煤炉灶117户，使163户固定饮食营业场所安装燃油炉灶，并配套相应的油烟净化装置；新购置垃圾筒100个，洒水车2辆；启动了集中供热试点小区，取缔了一批不达标的锅炉；对6户不符合"节能减排"要求的企业进行强行关停断电断水。③加强对忻黑线、岢大线和蔚汾河、岚漪河流域污染监管力度。对已取缔的非法经营煤厂、焦化厂、土焦炉、铝钒土导烟炉、石灰炉、铁厂等加强监管。

农业 1、推进基础建设。①大力实施"新型农民科技培训工程"。共集中办班812期，培训34916人，进村入户现场指导816次，35088人次；培养种植大户52户，编写培训教材2000套，印发实用资料6000份，推广新品种18个，新技术26项，完成农业科技和农民技术培训4.68万人；转移零就业家庭3520人。②全力实施畜牧养殖。全年，大牲畜存栏33972头，其中牛存栏30902头，出栏8940头；猪存栏33497头，出栏32178头；羊存栏301724只，出栏121853只；鸡存栏326128只，出栏253147只；肉类总产4215吨；禽蛋总产3710吨；奶类产量645吨；绒毛总产367吨；人工种草967.15公顷，牧坡改良3335公顷。③全面开展测土配方施肥项目，投资100万元，采集化验代表性土样3500个，布置玉米、马铃薯"3414"完全田间肥效试验小区20个，配方校正试验42个，建立测土配方施肥准确度评价调查100户，编制项目区耕地土壤养分图和作物测土配方施肥分区图各1套，设立农户施肥长期观察点50个，制定配方并发放施肥建议卡5万份，培训县、乡、村和示范农户5万人次。推广测土配方施肥面积20010公顷，总节本增效1497.5万元。

2、改善生产条件：全年共投入841万元解决21402口人，2000头大畜的安全饮水问题，共涉及39处工程，年底全部完工，并投入使用。共投入资金438.97万元，建成骨干坝3座；中型淤地坝4座；小型淤地坝10座；新增"四田"356.18公顷；新修河坝4500米，补修河坝1570米；秸杆还田386.86公顷，机械化保护360.18公顷；同时，启动了400余公顷土地改造项目和37.35公顷改河造地工程。天古崖水库除险加固项目年度工程建设完成土方29500立方米，石方9080立方米，完成投资820.35万元。

3、扶贫开发：上报批复移民村19个、涉及三个乡镇口人，国补资金450万元，共建房314套。上报批复整村推进村17个，涉及11镇、17个行政村的11924口人，规划投资1274万元，其中财政扶贫基金850万元。硬化道路1100米，改建公路5公里；栽植果树13.34公顷；新建猪舍1133平方米，养猪1479头，养牛650头。通过一系列工作，全县贫困人口由12.5万减至12.13万，年度实际解决贫困人口1.52万人，净减少贫困人口0.37万人。

4、新农村建设：是年，完成了22个重点推进村规划编制工作；"四改四化"任务圆满完成，硬化街巷26.3公里，绿化面积达到27640平方米，栽种优质树木16730株，垃圾无害化处理2642平方米，搭建蔬菜大棚400个，新建石料场7个；新发展农村沼气用户300户；培训新型农民24000人次。

5、改善生态环境：是年，补植完善了省道岢大、忻黑线68公里的绿化，共补植杨柳树2万条株；完成"四·八"烈士旅游路通道绿化工程12.6公里，栽植各种树木2.6万余株；完成蔡家崖胡家沟新区环城绿化工程133.4公顷；完成厂矿区绿化33.5公顷；对历年退耕还林进行全面补植补造；完成荒山造林733.7公顷，封山育林733.7公顷，三北防护林867.1公顷；建设干果经济林867.1公顷，其中：红枣333.5公顷，核桃333.5公顷，杏树200.1公顷。

社会事业 2008年，全面铺开了农村电影"2131"工程，完成4600余场的放映任务，观众累计达126万人次。兴县人民广播电台调频102MHZ开始试播，在县城各公共场所和交通要道共安装调频音箱和喇叭22对，配合市委宣传部、市电视台完成了改革开放三十年系列报道《吕梁巨变》兴县篇的拍摄工作，举办了纪念改革开放三十周年书画、摄影作品展览。县文化馆扩建工程项目被列入省投资计划，100万元资金全部到位。开展了农村流动图书下乡进村活动，为100个村发放图书3万册，发放书柜200个，培训图书管理人员100余名。

县医院门诊楼改扩建工程全部完成并投入使用；新型农村合作医疗正式启动，参合人数达到190307人，参合率达78.38%；四苗接种率达到93%以上，两苗进院率为100%；完成了11所乡镇卫生院和妇幼院改造工程，为16所乡镇卫生院配B超、心电图机等14种医疗设备230台件，全县达标村级卫生所发展到206个。

人口自然增长率控制在3.59‰以内；双女户节育达到64.16%，累计长效节育率达到83.5%；完成一孩上环2284例，占任务的118.7%；完成两孩结扎1025例，占任务的127.8%；征缴社会抚养费150.4万元，占任务的100.2%。

劳动和社会保障 全年城镇新增就业人数2222人，完成再就业培训人数620人，各类职业培训4118人。完成农业科技和农民技能培训4.68万人。城市低保标准由月人均65元提高到130元，增长100%；五保救助标准由每年1200元提高到1500元，增长25%；农村低保对象11214人，发放低保金473万元；救助患大病的低保对象80余名，发放救助金56万元；城镇职工医疗保险参保人数达到8999人，养老保险参保职工人数达到6400人，工伤保险参保人数达到1489人。新建经济适用住房15.5万平方米，解决了2580户城市低收入家庭的住房困难；新建廉租住房4万平方米，让800户保障对象住入新房。

政法建设 2008年，政法部门以奥运安保为抓手、以平安稳定为目标，以和谐建设为核心，始终坚持严打方针，深入开展各项整治活动，取得了显著成效，是年。共立刑事案件274

起，破获217起，刑拘181人，打掉各类犯罪团伙10个，抓获涉案成员31人；4起命案全部告破；抓捕各类网上逃犯94人；受理治安案件739起，查处739起，查处各类治安违法人员1217人。审判机关共受理刑事诉讼案件133见，审结132件，审结率为99%；受理民事案件247件，审结237件，结案率为96%。秋冬季严打以来，共抓获犯罪嫌疑人45名，打掉盗窃团伙2个8人，抢窃团伙6个21人。

党的建设　是年，在村级组织活动场所建设方面，在县级财政投入28万元的基础上又争取省财政投资10万元，确保了全县53个村级组织活动场所按期交付使用。全县439个村级组织中，288个达到“八有”标准，占比80%。全县被市委命名为五星级农村党支部33个，被县委命名为四星级农村党支部36个，被乡镇党委命名为三星级农村党支部127个。

是年，在昌盛镁业有限公司、三星油脂有限公司、清泉醋业有限公司、蔚汾建筑安装有限公司等4个非公有制企业建立了党支部。

自2006年以来，县委每年对全县317名建国入党的农民老党员给予生活补助。2008年，对全县199名离休老干部开展了生日送温馨的活动，使他们感受到党组织的温暖。并组织县工商界人士对全县农民老党员、老红军、老八路等“三老”人员及其子女进行帮扶，共安排120户，一帮三年，每户每年资助1200元。

是年，制定出台并开始实施大学生村官逐月考核和年度综合考核办法，为其工资晋升、评先评优提供了可靠依据。

10月16日，县委组织了2008年度科级干部理论素质任职资格考试，报名参加考试的576名干部中，未取得任职资格的108名，其中科级干部25名；连续两年未取得任职资格的科级干部12名。10月18日，经县委常委会议研究，对上述12名科级干部给予免职处理。

是年，对干部培训教育实行了三种模式：(1)以解决村矿矛盾为目的，由县四大班子领导带队，组成10个调研组，深入到村进行了深入细致的调研。(2)邀请专家学者作报告。11月17日，邀请了中央党校哲学部邱耕田教授作了“落实科学发展观与实施低代价发展”专题讲座；11月21日，邀请山西省委党校、省行政学院政治经济教研部主任宋建国教授做了“深刻理解、深入贯彻科学发展观”专题辅导，培训人员达1800余（人）次。(3)充分利用乡镇党校对349名农村干部进行了培训。

（贾佩珍）

中共县委书记　郭　颖
县人大常委会主任　史建春
县　长　孙善文
县政协主席　刘五娥（女）

临汾市

【概述】　综合经济　2008年，地区生产总值完成749.6亿元，增长3.9%；规模以上工业增加值完成443亿元，增长3.1%；财政总收入完成140.9亿元，增长14.1%；财政一般预算收入54.2亿元，增长15.1%；海关进出口总额5.6亿美元，增长41.3%；居民消费价格指数为104.9%；城镇居民人均可支配收入11203元，增长12.1%；农民人均纯收入4394元，增长8.1%。

“三农”工作　各项强农惠农政策全面落实。粮食产量稳步增长，总产达到17.07亿公斤。农业产业化规模不断壮大，龙头企业发展到348户，农业综合生产能力显著提高。新农村建设233个重点推进村和51个连片区有序推进。农村教育、卫生、交通、通讯有较大改善。和川引水、五马水库等重点水利工程进展顺利。新增农村沼气1.7万户。27万人告别饮水不安全历史。减少贫困人口1.78万人。加大强农惠农力度。扎实推进新农村建设，重点推进村面貌发生了明显变化，培育51个具有典型示范效应的连片区域。大力发展现代农业，推进农业产业化，农业产业化龙头企业达到326家，农民专业合作社达到1293家。有效拓宽农民增收渠道，实施“阳光”培训工程，提高农民专业技能，全市完成引导性培训12.1万人，新转移农村劳动力4.3万人。

结构调整　促进产业结构优化升级。全市确定重点监测项目171个，开工建设142个，已有58个竣工或完成年度建设任务。坚持淘汰落后，整合重组，延长产业链条，发展精深加工，提高产品附加值，煤焦铁等传统产业素质有所提高。大力发展以文化旅游业、物流业等为重点的现代服务业，尧陵景区一期工程建成并正式向游人开放，侯马北方轻工业城、方略物流保税中心全面投入运营。实施产业结构调整项目105个，完成投资104亿元。主营业务收入上亿元的工业企业增加42户。竣工投产的53个重点项目，新增销售收入107亿元。旅游开发步伐加快，尧陵景区和舜王坪景区正式对外开放。现代物流业快速发展，侯马方略保税物流中心跻身国家17个B型保税物流中心行列。房地产业蓬勃发展。第三产业增速高于经济增速8.6个百分点。国企改革稳步推进，困难企业职工生活得到妥善安置。

环境治理　淘汰落后设施和企业743户，安装环境在线监控设施183套，环保基础设施建设快速推进。城乡清洁工程和市区环境综合整治取得阶段性成效。市区综合污染指数下降到2.01，空气质量首次达到二级标准，在全国113个环境重点监测城市中排名由101位前移到49位。汾河出入境断面主要污染物指标明显下降。节能降耗初见成效，万元GDP综合能耗下降5.8%。造林绿化成效显著，得到省政府和省林业部门的肯定。

推动环境持续改善。继续加大环境污染治理力度，努力发展循环经济，做好节能减排工作，706户落后企业及设施彻底关闭，市区二级以上天数达到332天，比上年增加27天，其中一级天数92天，比上年增加62天。深入开展“三城联创”活动，大力整治城市环境，城市环境百日综合整治“六大行动”取得明显成效，拆除违法建筑面积48万多平米，垃圾清运25万多方，顺利通过省级卫生城市验收，提前一年实现创建目标，并获全省城乡环境清洁工程先进市称号。古县跻身国家级卫生县城行列，侯马成为省级环保模范城市，是全省唯一获此殊荣的县级城市。

基础设施建设　实施城市基础设施工程168项，临汾市区滨河西路北段及华州路、华康路、河汾路等10项重点工程全面完成，各县市集中供热、污水处理等工程顺利启动，城市功能明显提升，城镇化率提高1个百分点。新建改建沿黄干线、309临汾至吉县段公路320公里，完成沿黄扶贫旅游和农村公路811公里，新增村村通水泥（油）路2773公里，城乡交通基础设施得到改善。电网建设完成投资11.5亿元，输配电能力显著增强。

安全生产　深刻汲取“9·8”事故教训，全面开展隐患排查治理，共治理煤矿、非煤矿山、交通、消防等各类安全隐患5.5万余处，尾矿库安全隐患基本消除。加大安全生产督查力度，对141名人员进行事前问责。严厉打击非法开采行为，关闭超层越界煤矿4座，炸填非法坑口3681处，处理监管人员36人，抓捕涉案人员297人，判刑50人。受理举报案件778起，兑现奖金262万元。煤矿安全形势稳定好

临汾苹果　　郭建平摄影

转，百万吨死亡率下降到1.33。

全面开展隐患排查整治。对469座选矿厂全部进行停产整顿，取缔非法选矿厂353座；对455座尾矿库的安全隐患全部进行排查整治，彻底消除襄汾利明选矿厂尾矿库等一些重大安全隐患。开展煤矿安全生产专项整治行动，共查出各类隐患9704条，已整改7648条，其余正在积极整改之中。对全市道路交通、学校医院、危险化学品、食品卫生、易燃易爆物品、公共聚集场所等方面的安全隐患都进行彻底排查，重点行业全部制定安全生产应急预案。

严厉打击私挖滥采和超层越界开采。对发现的私采矿点依法炸毁填埋并追究责任，杜绝死灰复燃。聘请专业队伍，对煤矿进行实地勘测，严查超层越界开采行为。全市共排查非法采矿坑口6371处，炸填坑口4631处，抓捕非法涉矿人员262人，劳教3人，处理监管责任人员33人，追究刑事责任并判刑42人。

社会事业　义务教育经费保障机制得到落实，教育资源整合扎实推进，教学条件进一步改善。政府出资购买公益性岗位6787个，城镇登记失业率控制到2.5%。基层医疗卫生机构建设步伐加快，19.2万群众享受新农合住院补助。人口与计划生育工作受到省政府表彰，农村计划生育奖励扶助政策惠及6万家庭和个人。启动安居住房工程37万平方米，弱势群体住房条件得到改善。文化工作成绩显著，《尧颂》填补了音乐舞蹈史剧空白。村村通广播电视工作进展顺利。群众性体育活动广泛开展。文物普查顺利完成。经济普查和农业普查工作走在全国前列。圆满完成南方冰雪灾害和汶川特大地震对口援建任务。档案和方志编纂成效明显。老龄工作、社会救助、优待抚恤、慈善、红十字和残疾人事业取得新进展。市政府向全市人民承诺的10件实事完成8件，古城遗址公园因规划调整未启动，数字电视平台已建成，正在报批入户手续。

民主法制和精神文明建设　自觉接受人大法律监督和政协民主监督，代表议案和委员提案办复率达到100%。基层民主有序扩大，村民委员会换届选举顺利完成。政务公开和政风行风评议活动扎实开展，行政审批制度改革深入推进。监察、审计工作力度加大，政府法制和信访工作得到加强。廉政建设力度加大，政府系统党风廉政建设责任制全面落实，煤焦领域反腐败斗争成效明显。应急管理水平有所提高，处置突发事件能力不断增强。奥运安保和“平安临汾”创建成效显著。普法、双拥、国防动员和民兵预备役、民族宗教和妇女儿童等工作都取得新的成绩。

存在的矛盾和问题　经济发展遇到前所未有的困难。受煤矿安全事故影响，多数煤矿停产整顿，煤炭产量急剧下降；受“9·8”溃坝事故影响，非煤矿山企业全部停产整顿，影响到下游产业链正常运行；受国际金融危机的强烈冲击，主要工业品价格持续走低，产量急剧下降，企业经营困难，亏损企业和行业增加，生产总值骤然回落，财政收入大幅下滑，经济增速跌到17年来最低水平。产业结构调整步伐缓慢。一产不优，二产不强，三产发展不足，主导产业单一。产业发展缺乏规划引导，“关小”力度较大，“上大”相对滞后，关停淘汰减少的产能没有新项目及时弥补。煤炭产业集中度不高，焦化产业链条不长，冶金企业规模不大，电力装机容量偏小，新兴产业发展不足。农业产业化水平不高，龙头企业带动力不强。旅游业缺乏整体规划和有力推进机制，第三产业占经济总量的比重低于全国、全省平均水平。安全生产形势依然严峻。煤矿和非煤矿山多、小、散、乱，资源整合推进不快。监管人员作风不实，政府的监管责任和企业的主体责任没有很好落实。隐患整治力度不够，加上经营者层层转包，急功近利，掠夺式开采，安全投入不足，“三违”、“三超”问题比较突出，安全事故时有发生。特别是“9·8”事故，造成277人不幸遇难，4人失踪，损失惨重，影响恶劣。给省委、省政府添了乱，给山西抹了黑，给临汾丢了脸，造成了极大的负面影响。社会事业发展相对滞后。教育质量严重下滑，高考升学率全省倒数第一；医疗卫生基础薄弱，群众看病难、看病贵问题仍很突出，全市至今没有一所三甲医院；农村基础设施建设滞后，城市发展步伐缓慢；公路交通建设欠账较多，平川部分路段毁损严重，西山几县出行困难；就业压力进一步加大，社会保障水平亟待提高，少数弱势群体生活十分困难。行政管理还需加强。政府决策制度不健全，反馈纠偏机制和责任追究制度没有很好落实，行政决策力亟待提升；一些部门行政效率偏低，慢作为、不作为、乱作为的问题比较突出，行政执行力有待增强；一些干部宗旨意识不强，法制观念淡薄，对事业不负责任，工作作风不实，影响政府公信力的提高。这些问题阻碍和制约着转型发展、安全发展、和谐发展。对此，我们必须高度重视，采取有力措施，切实加以解决。　（李艳洁）

中共市委书记　王国正※　夏振贵
副书记　刘志杰※　罗清宇　张克强※　郭新民　张继庆※
市人大常委会主任　刘合心
副主任　张北管　郭文虎　谢碧玲※　梁天运　柴高潮　原胜利　仇振刚
市　长　夏振贵※　刘志杰※　罗清宇（代）
副市长　成洪才　周　杰※　黄翠莲※　谢碧玲　赵建民　丁文禄
市政协主席　常富顺
副主席　赵兰田　方　熔　成继东　杨玉龙　赵建国　杨益民　刘淑芳

尧都区

【简述】　临汾市尧都区位于山西省南部，地处临汾盆地中央。汾河由北向南穿境而过。南同蒲铁路、108国道、309国道、大运高速公路贯通南北，是临汾市政治、经济、文化中心。全区总面积1304平方公里。辖10镇6乡共372个村民委员会，10个城市街道办事处（其中，滨河路办事处共11个居民委员会，由临汾经济技术开发区代管），共54个居民委员会，总人口765240人。2008年辖区生产总值168.65亿元，按可比价格计算，比上年增长5.3%。其中，第一产业增加值3.9亿元，增长1.7%；第二产业增加值80.6亿元，增长0.5%；第三产业增加值84.1亿元，增长10.2%。第一、二、三产业增加值占地区生产总值比重分别比上年下降0.5个百分点、上升0.1个百分点、上升0.4个百分点。常住人口人均地区生产总值22102元，当年平均汇率计算达到3234美元（第四季度数据）。粮食总产量达到206299吨，比上年增加9682吨，增产4.95%。其中，小麦126884吨，增产23.78%；秋粮79415吨，减产15.61%。主要工业品产量：原煤232.65万吨，比上年上升84.58%；洗精煤86.95万吨，上升82.29%；焦炭231.72万吨，下降17.3%；发电量1.67亿千瓦小时，下降51.3%；规模以上工业企业生铁产量139.57万吨，比上年下降

尧都区华门
郭建平摄影

15.0%；粗钢147.94万吨，下降12.1%；钢材138.31万吨，上升12.0%。煤炭、炼焦、黑色金属冶炼及压延加工业三大行业分别实现销售收入1.69亿元、3.47亿元和170.09亿元，分别增长261.45%、45.42%和18.06%。社会固定资产投资完成57.9亿元，比上年增长27.4%。具有资质等级的房地产开发企业完成房地产开发投资12.3亿元，比上年增长49.5%；商品房竣工面积19.55万平方米，增长159%；销售面积36.3万平方米，增长24.7%，商品房销售额9.86亿元，增长22.4%。单位GDP能耗（等价值）为3.68吨标准煤/万元，比上年同期降低7.06%。社会消费品零售总额829764万元，比上年增长20.9%。海关进出口总额12043万美元，比上年增长31.1%，其中出口11941万美元，增长72.0%，进口1022万美元，下降54.4%。财政总收入22.97亿元，比上年增长4.06%。其中，一般预算收入完成7.12亿元，增长16.0%；一般预算支出执行12.03亿元，比上年增长24.4%。金融机构各项存款余额392.48亿元，比年初增长17.1%。各项贷款余额146.89亿元，比年初减少1.41亿元。全年累计现金收入781.1亿元，现金支出763.1亿元，货币净回笼17.97亿元，比上年少投放10.86亿元。

社会事业　全区有公办学校247所，其中小学206所，初级中学30所，完全中学5所，其他学校6所。中小学在校生总计103947人，其中，小学生57759人，初中生27557人，高中生9702人（含职中）。全部免除义务教育阶段学生学杂费、农村义务教育阶段学生教科书费。对农村义务教育阶段家庭经济困难寄宿学生生活费、取暖费分别给予补助。科技工作共申请专利85项，其中发明专利17项，实用新型专利37项，外观专利31项。城镇单位从业人员9.5万人，城镇单位从业人员劳动报酬218550万元，城镇单位在岗职工平均工资23228元。城镇下岗再就业3100人，新增就业10900人。城镇登记失业率3.5%，比上年下降0.3个百分点。城镇基本社会保障覆盖率77.7%，新型农村合作医疗参合率91.6%。完善低保审核制度，实行各级负责人实名签名制和分片包干制，城市低保初步建立起年度审核制度，对不符合低保条件的予以取消低保资格。城市低保户6533户，16175人，全年发放低保金32935654元。农村低保8387户，11198人，全年发放低保金4202580元。

农业产业化　以项目拉动、科技先行为突破点，扶持亿佳美芦笋加工、中科龙康食品加工、大阳福阳果库、尧丰蔬菜冷藏等一批龙头项目。到年底，全区农业产业化组织158家，规模以上农副产品加工、储藏企业43个，其中临汾市市级龙头企业29个，年加工转化农产品3亿公斤。

土地治理　国家级项目，总投资700万元，其中，中央、省、市、区财政分别投资350万元、140万元、11万元、24万元，群众自筹175万元，砌筑渠道14.25公里，疏通渠道24公里，完成渠系建筑物482件，改良土壤200公顷，新修机耕道路13.8公里，营造农田防护林6.667公顷，科技培训500余人次，推广临运3158优良品种200公顷。省级项目，投资260万元，其中省财政投资200万元，群众自筹60万元，新打机电井2眼，架设农电线路980米，敷设管道1000米，新砌渠道5230米，完成渠系建筑物242件，硬化机耕道路5.1公里，改良土壤274.67公顷，复垦土地17.2公顷。

水利建设　结合大阳万亩苹果基地建设，投资115.38万元，建集雨旱井210眼，灌溉面积93.33公顷。投资32万元，在土门镇亢村葡萄基地，铺设滴灌带7万米，增加滴灌面积33.33公顷。投资40万元，发展县底镇卧虎山、翟村、大阳镇大堡村节水面积46.67公顷。投资1122.7万元，完成卧虎山、大王——杨村、柏山——半山、西下庄、小苏、东里、王汾、老母、岳壁9项农村集中供水、联村供水、单村供水工程，解决26个自然村、2.65万人、745头大牲畜饮水困难、饮水不安全的问题。

环境保护　继2007年环境保护“一号行动”、“二号行动”，相继开展淘汰落后产能、限期治理排污企业“三号行动”、“四号行动”、“五号行动”，彻底摧毁枕头、河底、金殿等乡镇58处土小企业残留设施，对贾得等乡镇28家再生造纸企业进行强制关停，对10家未按期全面达标的企业实施“零点关停”，消减二氧化硫排放量4247.82吨，消减化学需氧量排放量181.91吨，全年大气环境质量好于二级以上天数335天，在全国113座重点城市中，环境质量考核排名第49，进入中上游水平。

（张洪亮）

【帝尧陵一期工程竣工】　由山西省古建筑研究所编制完成陵区修缮方案，中国城市建设研究院编制完成中国尧帝陵总体规划。2007年4月3日开工建设，12月19日竣工剪彩，投资6000万元。一期工程完成献殿、碑亭、戏台、配殿、碑廊、东西院等30余座古建筑的修缮和重建，以及环陵路、围墙、塑像、陵前广场等工程建设。陵区涝河护坡采用混凝土抛石表面砌石。陵前大桥两旁设有平台，北边平台建汉白玉墓表一对，南边平台建汉白玉牌坊一座。修建用于蓄清排洪的涝河溢水坝。赤龙琉璃影壁，长29.5米，高8米，是尧陵拜谒区一座标志性建筑。铺筑长4.2公里、宽12米沥青道路及长0.8公里、宽12米的青石路面神道。栽植绿化品种12个、5万株，完成花池绿篱2000平方米。

（张洪亮）

中共区委书记	乔成家※　薛愿兵
区人大常委会主任	任招振
区　长	陈怀生
区政协主席	李燕丰

侯马市

【简述】　侯马市位于山西省南部，临汾盆地南端，东与曲沃县毗连，西与新绛县接壤，南依紫金山与闻喜县、绛县为邻，北隔汾河与襄汾县、新绛县相望。东西长17.5公里，南北宽16.5公里，总面积220.1平方公里。2008年，建城区面积18.47平方公里，比上年增加0.42平方公里。全市有3个乡，5个街道办事处，77个村，27个社区居民委员会，总人口238525人。全市年生产总值完成538094万元，比上年增长4.8%。按可比价格计算，完成生产总值515925万元，比上年增长4.8%。三次产业比重分别为3.9%、48.4%和47.7%。人均生产总值22647元。实现财政总收入71066万元，比上年增加8600万元，增长16.4%；财政总支出55980万元，比上年增加9947万元，增长21.6%；城镇居民可支配收入12205.35元，比上年增加1107.35元，增长10.0%，城市居民恩格尔系数为34.5%，比上年下降3个百分点；农民人均纯收入6452.12元，比上年增加316.12元，增长5.15%，农村居民恩格尔系数为34.94%，比上年下降3个百分点。全年社会固定资产投资207328万元，比上年增长17.1%。其中，城镇投资150693万元，占全市投资比重72.68%，减少5%；房地产开发总投资完成52735万元，增长199%，农村非农户投资3900万元，增长100%。

农业　落实中央支农惠农政策，向种粮农民兑现小麦、玉米种植和良种等7项补贴。77个村全部实现“村村通”工程，新增农村综合服务中心45个，培训农民工13万余人次，53个新农村建设试点村和重点村完成“四化四改”，35个村完成“六个一”工程。全市农作物总播种面积16970公顷，比上年减少7346.67公顷，其中，小麦种植面积减少18.6%，玉米种植面积减少26.9%。全市粮食总产量57831吨，比上年增加3494吨，增长6.43%。其中，小麦28335吨，增加22.82%，玉米29496吨，减产5.66%。完成造林合格面积240公顷，森林覆盖率达到15.46%，比上年提高2.1个百分点。肉类总产量1981吨，比上年增长20.86%。

工业　工业生产较快增长，产销衔接良好，被评为全国最具投资潜力的中小城市百强。2008年完成全部工业增加值252108万元，比上年下降6.5%，其中，规模以上工业增加值202358万元，下降14.63%，产品销售率101.02%。规模以上工业销售收入910690万元，比上年增长2.17%；实现利税15664万元，下降63.72%；实现利润－11765万元，下降177.25%。建筑业实现总产值167884万元，比上年下降21.5%；实现利润987万元，上缴税金5164万元。

城市建设　财政投入6900万元带动近15亿元社会资金推进城市建设和综合整治，宜居城市建设步伐大大加快。先后完成城市垃圾处理厂、城市第二污水处理厂、紫金山浍河大桥、大南庄公铁立交桥、铁路西旧城改造、城市五路六街“五化一透”工程等基础设施建设。完成51万平方米商住开发，新建8万平方米市民公园，拆迁违章和不合规划建筑7万平方米。新增城区绿化面积92.5万平方米，绿化覆盖率达到40%，城镇化率、城市气化率、热化率分别达到53.55%、90%和65%。全年空气质量二级以上天数364天，一级天数152天，蝉联全省43个重点县市区空气质量考核第一。全市等级公路总里程328.96公里，其中，高速公路16公里，一级公路21公里，二级公路53.8公里，三级公路139.8公里，四级公路98.36公里。全市共有公交线路28条，公共汽车运营车辆176辆，客运出租劳动车辆435辆，人力三轮车运营车辆235辆。

社会事业　全市用于民生的资金占财政总支出的92.5%。先后投资1.5亿元，建成容纳4500名学生的新一中（一期）工程。建有艺术表演团体1个，文化馆1个，公共图书馆1个，博物馆1个，体育场所及设施202处，公共体育场馆面积达到33.39万平方米。有广播电视台1座，广播节目一套，有线电视节目48套，有线电视用户55000户，有线电视覆盖率和广播覆盖率均达到100%。市、乡、村三级疾病预防控制和医疗保健体系逐步完善，新型农村合作医疗全面启动，农民参合率达到92.13%，筹集基金1041.37万元，当年补偿金额达687.72万元。维护公共卫生安全，有效防控手足口病，完成问题奶粉事件中婴幼儿筛查等工作。社会保障和救助体系进一步完善。理顺干部职工工资套改，全部兑现国家规定的政策性增资。推进科技成果转化，全年申请专利59件，比上年增长168%，其中，获得专利22件。申报国家级科技项目1项，省级科技项目3项，上级市级科技项目6项，组织实施本市科技研发资金项目41项。建成5个农业科技示范基地，建立53个新农村科技综合服务中心，建立1个省级铸造行业技术中心，培育1个高新技术企业，2个制造业信息化企业。有7个产品获得山西省名牌产品称号，12家企业获得山西省A级以上质量信誉等级企业称号，7家企业获得3C强制认证，21家食品企业取得“QS”准入标志，28家企业通过ISO9000质量体系认证。

政府效能建设　实行行政审批大厅局长带班制度，政务大厅“窗口达标”、“青年文明号”受到上级市高度评价，政府机关推行岗位责任制、服务承诺制、首办负责制，机关作风进一步转变。办结人大44件提案和建议，办理政协99件提案，继续实行领导接访制度，完善三级信访网络，全市生产安全，信访稳定，发展环境优美。先后荣获全国政务公开示范点、全国最具投资潜力中小城市百强、全国物流重镇、全国双拥模范城、全国农村社区建设试验市、全国最具区域带动力中小城市百强、中国绿色名市、山西省环境保护模范市、山西省新农村建设先进县市区、山西省科教兴县先进单位、全省卫生城市第一名等表彰奖励。

（赵建国　邵子义　耿文静　赵香琴）

【侯马北方轻工城】　北方轻工城位于侯马市望桥北街、程王西路及其延伸段两侧，南与西客站毗邻，2007年4月由香港富郎国际集团、浙江天信集团、浙江东邦实业公司等6家轻工业集团公司共同出资建设，规划占地133.3公顷，其中中心商贸物流区用地66.67公顷，综合服务区配套26.67公顷，生产加工区40公顷。总投资15亿元人民币，分为超大市场群、加工配套区、仓储物流园区、生活区四大板块，工程分四期投资建设，一、二、三期是一个集市场、商贸、加工、物流、交通、办公、仓储等各大功能板块为一体的综合体，四期工程是以住宅小区为主体的生活配套建设，并根据规划要求适当配置商场、宾馆、办公楼、学校等一些配套公建。10月7日市场群建设基本完成并正式开业运营，可容纳商户4000家，经营品种有服装、鞋帽、内衣针织等，是山西省、临汾市招商引资的重点项目，也是侯马市确立的以大商贸、大物流、促进大发展的战略部署中的1号工程，规费征收享有优惠政策。

（赵建国　邵子义　耿文静　赵香琴）

中共市委书记	王醒安
市人大常委会主任	李平生
市　长	马　彪
市政协主席	陈毅林

霍州市

【简述】　霍州市位于山西省中南部，临汾盆地北端，东与沁源、古县毗邻，西与汾西接壤，北与灵石交界，南与洪洞相邻，总面积765平方公里，境内四周环山，总地势东高西低，属温带大陆性季风气候。市辖3乡、4镇、5个街道办事处，199个居民委员会，总人口302962人，其中男性158256人，女144706人，农村人口186748人，非农业人口116214人。2008年，财政总收入103774万元，比上年增长9.4%，其中一般预算收入完成34500万元，增长14.92%。地区生产总值完成495650万元，比上年增长8.4%，其中第一产业增加值完成17099万元，增加5.5%，第二产业增加值完成367116万元，增长7.2%，第三产业增加值完成111435万元，增长12.5%。城镇居民人均可支配收入12416元，比上年增长14.94%，城镇居民人均消费性支出9554元，增长12.69%；农村居民人均纯收入5345元，比上年增长10.21%，农民人均消费性支出2819元，增长12.71%。

农业　2008年全市农作物播种面积19953公顷，下降0.3%，其中粮食作物种植面积18801公顷，比上年减少29公顷，油料种植面积210公顷，增加5公顷，蔬菜种植面积827公顷，减少28公顷。在粮食种植面积中，小麦种植面积12497公顷，增加10公顷，玉米种植面积4092公顷，增加14公顷。全年粮食总产量74803吨，比上年增长10.5%，其中小麦45073吨，增产37.7%，玉米23734吨，减产32.1%，水果7774吨，增长12.5%。全年肉类总产量3639吨，比上年增长11.45%，其中猪肉产量3065吨，增长13.43%，牛肉产量78吨，增长18.18%，羊肉产量225吨，下降3.75%，蛋产量195吨，增长10.8%，牛奶产量501吨，增长14.65%。城乡造林绿化工程，总投资1.4亿元，通过“政府组织，林业规划，政企共建，乡村配合”的办法，栽植大规模油松、国槐、银杏等各种树木100多万株，通道绿化54公里，造林2万多亩，市区新增绿化面积28万平米，是霍州近几年来投资最多、力度最大、效果最好的一年。

工业与能源　2008年全部工业增加值完成339095万元，比上年增长4.6%，其中规模以上工业增加值328200万元，增长5.87%，产品产销率97.81%，下降2.41个百分点。规模以上工业企业原煤产量增长30.5%，洗煤产量增长2.3%，发电量下降36.6%，焦煤产量下降36.6%。全年一次能源生产折标准煤1677.19万吨，比上年增长15.12%，二次能源生产折标准煤98.92万吨，下降43.83%，全年共外运煤炭1409.41万吨，外运煤炭占原煤产量的比重为88.68%，其中，重点煤矿外销原煤331.77万吨，增长35.12%，外销焦煤43.89万吨，下降42.89%，外销焦炭占焦煤产量的比重为97.60%。

固定资产投资与城市建设　全年全市固定资产投资完成416892万元，比上年增长42.39%，其中：基本建设投资301534万元，增长133.53%，更新改造投资97468万元，下降41.94%，房地产开发投资15300万元，增长40.35倍，农村集体投资2570万元，下降2.65%。兆光发电二期工程，总投资52亿元，两台60万千瓦机组具备试运行条件，投产发电后，全市装机容量将超过180万千瓦，成为霍州跨入全省电力大市的电力支柱。天然气接入工程，总投资2亿元，13公里主管网和分输站已建成，城市管网铺设5000余米，入户安装1000多户。鼓楼东街二期开发工程，总投资1.6亿元，已建成商住楼13栋，完成路灯安装、管线配套、人行道铺设及绿化美化工作。鼓楼南街开发工程，总投资1.4亿元，11栋商住楼全部完工，成为全市规模最大的商住小区，是旧城开发的成功典范。东环路和北环路东段改造工程，投资2800余万元，东连高速引道，西接东环路，南至南庄桥，连接贯通北环路、南环路、东大街3条主干街道，为加快东扩步伐，打下坚实基础。旧城区街道改造工程，投资1700万元，完成鼓楼北街、体育街、观坡街及市区内10余条街巷，面积近2万平方米，环境质量和城市形象大大提升。108国道改张工程，总投资1.1亿元，本市配套3000万元，路基工程全线贯通，南环路拓宽改造工程，投资800万元，拓宽路面，安装路灯和景观灯，城市发展的空间得以拓展了。南涧河综合治理和南庄桥改建工程，总投资1780万元，建成人字闸19座，漫水桥4座，形成3.2公里长，60米宽的蓄水面，美化提升周边环境，为群众提供一个与自然和谐相处的平台。南庄桥改造，拆危桥，建新桥，消除交通瓶颈制约，大大提高本市公路网络的综合运输活力。城市美化亮化工程，总投资1000多万元，设计完成32块大型宣传版面，建成25架跨街广告牌，亮化沿街60余家大楼和商场，美化城市夜景，从而提升城市品位。矸石山治理工程，投资8000多万元，对辖区内霍煤集团7座矸石山落实综合治理，恢复地貌生态近千亩。污水处理厂建设工程，投资1亿余元，建成处理3万立方的污水处理厂，城市污水处理率可达100%，每年节约水资源876万立方。

交通邮电　2008年，全市公路通车里程922公里，比上年增加102公里，增长11.06%。全年公路完成货物运输量1601万元，增长10.19%，旅客周转量807万人/公里，增长3.73%。民用汽车保有量2199辆，比上年增长6.23%。邮政电信业务总量16517万元，增长21.65%，全市固定电话52179部，增加395部，增长0.8%；移动电话用户146731部，新增10681部，增长7.85%；已通电话的行政村185个，占全市行政村总数的92.96%，固定电话和移动电话普及率分别达到17.24部和48.43部。

金融　全市金融机构各项存款余额602813万元，比年初增加82173万元，增长15.78%，各项贷款余款270378万元，比年初增长2366万元，增长0.9%。全市累计现金收入1530990万元，现金支出1647931万元，货币投放116941万元，比上年少投放10779万元。

社会事业　全市中等专业学校2所，在校学生1810人，普通中学35所，比上年减少1所，在校学生22527人，比上年减少2111人，小学校145所，比上年减少1所，在校学生数32079人，增加426人。至秋季，全部免除义务教育阶段学生学杂费，免除农村义务教育阶段学生教科书费，对农村义务教育阶段家庭经济困难寄宿学生生活费，取暖费分别进行补助。全市共有文化馆1个，图书馆1个、剧场2个、公共图书馆收藏量67千册。全市有医疗卫生机构45个（不含诊所和村卫生室），妇幼保健站1个，疾病预防控制中心1个、卫生监督检验机构1个。全市医院、卫生院床位1450张，卫生技术人员2080人，其中执业医师和执业助理师1020人。参加农村合作医疗人数16.34万人。全市参加城镇基本单位养老保险人数19317人，比上年增长117人，参加城镇基本医疗保险人数18600人，增加700人，参加失业保险人数8250人。6428城镇居民5392农村居民得到政府最底生活保障。　（郭秀东）

中共市委书记	白建荣
市人大常委会主任	张建军
市　长	陈　纲
市政协主席	段新莲

曲沃县

【简述】　曲沃县位于山西省临汾盆地南端，地理坐标北纬35°33′～35°51°，东经111°24′～111°37′。北依塔儿山（崇山）、乔山、护顶山与襄汾县为界，南靠紫金山（绛山）同绛县为邻，东与翼城县接壤，西北隔汾河和襄汾县相望，西南与侯马市毗连。县境南北长29.5公里，东西宽15.4公里，境域面积437.3平方公里。县城北距临汾公路里程61公里，太原317公里，北京948公里。全县人口23.20万。在"全市争一流、全省创特色、全国树品牌的'争先创优'活动"中，全县有21个单位受到市级表彰，有10个单位受到省级部级表彰，荣获11项光荣称号。年初县委、县政府确定的40项重点工程项目和6项续建项目稳步推进，30项工程竣工剪彩，16项工程全部达到年初制定的目标进度，基本完成了各项目标任务。

全年生产总值完成46.7亿元，同比增长4.1%；财政总收入达到5.3亿元，同比增长4%；规模以上工业增加值完成28.7亿元，同比增长2%；农民人均纯收入达到5290元，同比增长8.2%；城镇居民人均可支配收入达到12089元，同比增长12.5%，县域经济综合实力得到进一步提升。

农业　财政投入1.8亿元用于农业发展和农村建设，落实兑现各项补贴2164万元。粮食总产量达到1.3亿公斤，创历史新高；新发展水果面积266.67公顷，总面积达到0.267万公顷，产值达到5000万元；新发展蔬菜面积466.67公顷，播种面积达到0.5万公顷，产值达到2.2亿元。磨盘岭国家农业综合开发区已成为全市、全省农业增产、农民增收、农村繁荣的典型，被省委书记张宝顺誉为"磨盘岭模式"，并要求在全省进行推广。规划发展养殖小区76个，其中建成和扩建并具备一定规模的48个，年经济效益达3亿元。农业专业合作社发展到124个，发展总数位居全市前列。全年转移农村劳动力3000人，劳务性收入占到农民纯收入的45%以上。投资1899万元的高显、滏河、天河、溢沟四座水库除险加固工程得到上级部门批复，其中高显水库除险加固已开工建设。投资1141万元解决35个村庄3万余人的饮水安全问题。发展节水面积266.67公顷，改善灌溉面积0.167万公顷。投资2000余万元开展植树造林活动，共栽植各种苗木231万株，投资400余万元对曲沃县与襄汾、翼城、侯马的三个交界处进行了高标准绿化美化。全县林木覆盖率达到20.8%。

工业　工业生产在矿山企业全面停产、部分规模以上企业亏损的巨大冲击下较好地实现平稳发展。项目建设实现新突破。全年共落实中宇年产100万吨高速线材生产线、4×450立方米炼铁高炉喷煤，通才年产75万吨新型建材生产线，立恒年产50万吨带钢生产线，闽光焦化污水处理改造等15个项目，完成投资15.1亿元。与此同时，亚华制盖、海达润滑油、长林环保等一批新型产业项目也正朝着转型发展、节能环保、科技创新、提高效益的方向逐步壮大。企业发展走出新路子。中宇公司和唐山国丰公司于10月27日完成企业重组，新的中宇公司正式挂牌，这标志着曲沃县工业园区建设又迈出新的步伐，也为全县工业企业进行资源整合、联合重组、项目对接、做大做强起到很好的示范作用。节能减排取得新成效。全县万元GDP能耗5.6吨标准煤，同比下降11.8%；规模以上工业万元增加值能耗8.2吨标准煤，同比下降22.3%；二氧化硫排放量3574吨，下降3.5%。全县二级以上天数达到353天。

城乡建设　用于城乡建设的资金累计达到2.1亿元。评审通过、修订编制完成涉及城镇建设、新农村建设的69项规划。投资1.7亿元高标准完成浍滨路、中心广场、东西兴隆街路面等的改造工程。对全县主要市政道路沿街70家单位73栋建筑实施楼体亮化，并对府东、府西街道路照明系统进行改造。新建2万立方米煤气储气柜一座，煤气用户增至1600余户。完善城市供水系统，县城日供水能力达到1万吨，保障未来20年城市建设扩张的供水需求。污水处理厂、垃圾处理厂相继奠基，争取国债资金近3000万元。城市二级汽车站全面竣工，结束县城多年没有汽车站的历史。新建北董、乐昌汽车站，在全市第一家实现城乡客运一体化。完成杨谈至高显、曲村至下裴、张范至东常、张范大棚区、汾河上坝路、"村连村"等公路建设共计143.1公里。投资1500万元完成全县14个省级新农村试点村"四化四改"和"六个一"工程建设，42个重点推进村实现"六通"。启动7个新农村连片建设示范区建设工程，高显镇段家、常家、西白集等村的连片建设，为全县乃至全市、全省的新农村连片建设起到示范和带动作用。投资2500余万元开展城乡环境卫生综合整治活动，高显、里村、曲村等乡镇在农村环境卫生整治工作中取得明显的成绩，初步建立农村环境卫生保洁长效机制。

社会事业　曲沃县被评为“全国科技进步考核先进县”；免除全县义务教育阶段学生的课本费和学杂费1551万元，为全县中小学生落实取暖补助、生活补助共计431.6万元；高考万人达线率和综合评估均居全市第一，二本达线人数首次突破500人，达到535人。文化旅游事业长足发展。县图书馆被国家文化部再次评定为“国家一级图书馆”，县文化馆被评为“国家二级文化馆”，本县被评为“全国资源共享工程示范县”，全县公共文化服务体系建设进一步加强。投资1个亿的晋国博物馆已经省发改委立项，2009年即将开工建设。社会公共服务体系逐步完善。县人民医院、县中医院改扩建工程进展顺利，县乡村三级卫生事业发展水平明显提高，全县医疗卫生机构达标率达到84.7%。新型农村合作医疗参合率达到92.5%，补偿金额达到872万元；全县城镇社会基本保障覆盖率达到96%，全年共开发就业岗位5200余个，安置一批下岗失业人员。养老保险、医疗保险、城市低保、农村低保等各类社会保障制度健康运行，范围不断扩大；安康居住工程已上报省发改委立项。“村村通”光缆有线电视网络升级改造工程全部完成，实现城乡同网一体化。安全稳定工作进一步加强。深刻汲取襄汾“9·8”事故教训，实施声势浩大的安全隐患排查行动，取缔112座选矿厂尾矿库，全县安全生产保持稳定。高度重视信访工作，有效解决多年积压的矛盾和问题。“平安曲沃”创建活动成效明显，社会治安综合治理创造成功经验，省综治委授予全省平安县奖牌。县看守所被公安部授予“全国标兵看守所”和“一级看守所”称号。县交警大队被临汾市劳动竞赛委员会荣记集体一等功，在全市交警系统综合评比中名列第一，被市交警支队授予优秀大队称号。计生、残联、宗教、审计、物价、治超、人民武装等各项工作均取得新的进展。

（张淑霞）

中共县委书记	薛愿兵※　杨治平
县人大常委会主任	李德斌
县　长	薛愿兵※　张三森
县政协主席	薛经纬

翼城县

【简述】　翼城县位于临汾市东南隅，东通沁水、晋城，西接曲沃、侯马，南与绛县、垣曲相连，北与浮山、襄汾毗邻。总面积1170平方公里，辖四乡六镇，总人口321220人，其中城镇人口81851人。2008年，全县生产总值完成53.7亿元，按可比价计算，比上年增长2.1%；财政总收入完成9.2亿元，增长9.1%；规模以上工业增加值完成29.9亿元，现价增长25.1%；工业总产值完成117.6亿元，增长26%；城镇居民人均可支配收入达到12025元，增长11.2%；农民人均纯收入达到4463元，增长8.4%。在复杂多变的形势下，主要经济指标均完成或超额完成年度目标。

“三农”建设　各项惠农、支农政策全面落实。粮食生产喜获丰收，总产达到1.6亿公斤，创历史最高年。农业产业化规模不断扩大，畜牧养殖进入全省20强，农业精品园区达到50个，翼众、尧森、江源、尧舜、生银等农产品龙头企业带动作用明显增强。农村饮水安全、农机具补贴、农业综合开发、土地整理等工作成效显著，农业综合生产能力显著提高。新农村建设扎实推进。2006年确定的15个新农村建设试点村提升标准，9个达到省政府新农村建设示范村命名标准；2007年确定的22个重点推进村查缺补漏，品位提升；2008年确定的24个重点推进村“四化四改六通六个一”硬件建设基本完成。

结构调整　抓住国家扩大内需、增加投资的政策机遇，积极争取国、省投资项目45个，共计4000余万元。首钢项目继续大力度向前推进。淘汰落后产能工作成效明显，先后关停取缔非法违规企业169家。传统产业改造步伐加快，冶炼业技术水平不断提升，铸造业规模逐步壮大，煤炭机械化改造整体推进，纺纱业实现了纺纱—织布—服装加工的跨越。全县规模以上工业企业万元产值能耗同比下降30.5%。旅游产业开发取得突破。投资近千万元，全面修通了历山景区道路，包装了主要景点，完善了配套设施，历山风景旅游区正式对外开放。积极利用社会资金对佛爷山、绵山进行开发建设。全县商贸流通、现代物流业健康发展。

城市建设　全面开展创建省级最佳宜居城市和最佳人居地活动，先后投入资金近亿元，启动11项市政重点工程。八一公园投入使用；唐尧大道、绛源路和翼中路拓宽改造工程竣工通车；生活垃圾处理中转站、解放西街集中供热工程全面完工；集中供气、污水管网工程建设完成年度目标；九龙公园即将竣工开园；生活污水处理厂工程进展顺利；城市绿化工程全面完成，新增绿化面积52.7万平方米。大打城乡环境百日综合整治攻坚战，全民参与、城市联动、完善机制，全县城乡面貌焕然一新。

生态建设　大力推进“蓝天碧水”工程，不断深化环境综合整治，2008年，城区空气质量二级以上天数达到345天，比上年增加73天。浍河翼城段水体污染得到有效控制，主要污染物排放浓度明显下降。县城饮用水源地水质达标率达到100%。继续大搞植树造林生态修复工程，投资5200多万元，重点实施了公路两旁、县城四周、乡村周围、机关学校、厂矿企业、房前屋后、旅游景点七大绿化工程，共完成“四旁”植树100万株，造林866.67公顷，通道绿化143公里，农田林网733.33公顷，全县森林覆盖率达到39.2%。

安全生产　深刻汲取各类事故惨痛教训，牢固树立“抓安全就是促发展”的理念，出台了一系列安全生产整治措施，在全县范围内深入开展了煤矿、非煤矿山、冶炼、铸造、纺纱、公众聚集场所、民爆物品、危险化学品等15个重点行业的安全隐患大排查大整治行动，实行了四级安全生产联包责任制，建立完善了各类突发事件应急预案，全县安全生产形势稳步好转。

社会事业　科教兴县战略扎实推进，翼城县被评为“全国科普示范县”。义务教育经费保障机制改革顺利推进。职业中学实习车间建设完成，桥上初中、南唐初中等4所农村中小学危房改造工程建成投用。投资1100万元的县影剧院投入运营。50个农村标准化篮球场全部完成。文化事业欣欣向荣，翼城花鼓被列入非物质文化遗产名录，翼城县被命名为“中国花鼓之乡”。广电事业再创佳绩，被授予省级文明和谐单位。新型农村合作医疗起付线和补偿比例进一步提高，覆盖范围进一步扩大，农民参合率稳步提升。城乡最低生活保障及时足额发放，“敬老养老”工程稳步开展。全县共有59253人纳入社保范畴，征缴各项保险金1.42亿元，社会保障覆盖面进一步扩大。防震减灾工作实现新突破，受到省、市表彰奖励。人事、编制、统计、史志、残联、气象、档案、民族宗教和工、青、妇、人民武装等工作，都出色完成了年度工作任务，取得了新的成绩。

民主法制建设　认真贯彻执行县人大及其常委会的各项决议和决定，自觉接受人民政协的民主监督，广泛听取人大代表、政协委员和社会各界人士的意见和建议，认真接待和处理群众来信来访，努力加强同人民群众的联系。办理人大代表议案、建议80件，政协委员提案216件。加强行政效能监察，开展行政复议和执法检查。加大审计监督力度，纠正和规范财政资金的管理和使用。政务、企务和村务公开全面推进。“五五”普法教育深入开展，翼城被省委、省政府授予“法制宣传教育十佳单位”荣誉称号。社会治安综合治理得到加强，治安形势明显好转，广大人民群众的安全感显著增强。

（张文会）

中共县委书记	原学义
县人大常委会主任	乔葆声
县　长	王天郎
县政协主席	刘国恒

襄汾县

【简述】　襄汾县地处临汾市南部，东临浮山、翼城，西傍乡宁，南接曲沃、侯马、新绛，北连尧都区。南北长39.3千米，东西宽26.5千米，总面积1034平方千米。最高海拔1495.4米，最低海拔391米，平地占总面积的70%以上，是临汾市的平川大县之一。辖13个乡镇、348个行政村，总人口497712人。县境东依塔儿山，西靠姑射山，汾河纵贯南北。属温带大陆性气候，年平均日照2337.2小时，平均气温12.4℃，降雨量546.6毫米，无霜期170～200天。境内矿产资源丰富，主要有煤、铁、石膏、金、银、白云岩、硫、磷等。

2008年，全县生产总产值完成83.81亿元，按可比价格计算，比上年下降2.6%。农民人均纯收入5338元，同比增长5.4%。城镇居民可支配收入12200元，同比增长7.9%。全县在岗职工年均工资22298元，比上年增长17.9%。财政收入达到168600万元，同比增长12.4%。

农业　按照以农户建基地、以基地促龙头、以龙头壮产业的思路，进一步深化农业结构调整，加快转变农业发展方式，大力发展特色优势农业，全县发展蔬菜0.533万公顷、红薯0.8万公顷、三樱椒0.667万公顷、中药材0.1万公顷，红枣保有量达到3500万株。以牛、猪、羊、鸡、兔为主的草食畜总量持续上升，养殖专业村达60个，畜牧业产值占到农业产值的30%以上。扶持发展一批农副产品加工龙头企业，使全县农产品加工企业达120家，产值超千万元的达8家，直接带动创业农户1万户。景毛拱棚黄瓜、襄陵温室西红柿、南贾荀董生地、赵康三樱椒等特色产业规模不断壮大。农民经纪人队伍不断发展，农民专业合作社累计达99个，农产品注册商标达36个。进一步巩固农业基础地位，实施粮食创高产增收工程，建成小麦万亩高产示范区3个、玉米高产示范基地4个。全县粮食播种面积7.51万公顷，总产达2.98亿公斤。投资900余万元，改造中低产田0.133万公顷。投资1880余万元，新建农村安全饮水工程23处，有效解决4.6万口人、5706头大牲畜的饮水安全问题；投资700余万元，实施6处节水改造工程，新增、改善节水面积0.133万公顷。按照"以县规划、连片建设、整体推进"的发展思路，以新农村建设试点村和重点推进村为中心，实施"一带二、一联一"活动，建设完成13个新农村建设循环区、4个较大的新农村建设连片区。投入4000余万元硬化农村道路，面积达180万平方米。全面实施"四化四改"、"六个一"工程，完成户用沼气池2800个、改厨6800户、改厕6200个。新建文体休闲广场82个，配套各种健身器材830余件。168个农村实现文化信息资源工程配套共享，惠及30万农民。

工业　按照"传统产业新型化"、"新兴产业规模化"的调产思路，变挑战为机遇，化被动为主动，加大对传统产业的改造升级力度，大力发展循环经济，不断增强传统产业的竞争优势；着力提高新兴产业中重点领域、重点项目、优势品牌发展水平。对全县工业进行科学规划、合理布局，修订完善焦化、冶金、建材、化工、选矿等重点行业的发展规划。强力推进节能降耗，普遍推广低压变频调速、高炉富氧喷煤等节能技术。确定重点工业调产项目13个，涉及钢铁、焦化、化工、建材、轻工、资源综合利用、交通运输等7个行业，总投资30亿元。建滔万鑫达20万吨甲醇一期工程、新金山特钢450立方2号炼铁高炉、众泰450立方炼铁高炉、星原150万吨特钢、九磐管桩300万米管桩项目第一生产线、恒源高岭土4万吨扩建项目、顺泰实业60万吨机焦二期等7个项目竣工投产，其余6个项目正在不同程度地加紧施工建设。全县焦炉、高炉煤气全部实现综合利用，煤焦油基本实现就地加工转化。钢铁废渣生产建材、生铁资源发展精密铸造取得明显成效。"煤—焦—化"、"铁—钢—材"、"铁—铸—加"等产业链条不断延伸，循环经济产业格局初步形成。

环境综合整治　认真贯彻省政府"加强环境保护、促进科学发展"座谈会精神，及省市开展违法建设和生产专项整治的要求，对存在违法建设、生产的21家企业31个项目全部实行分类处置，整改全部到位并通过环保部门验收；对限期治理达标的61家企业63个项目，列出治理内容和进度，已完善50个，关停4个，其余项目正在加紧治理。焦化业10个项目环评报告书通过审批，其余3个项目正在办理。3家炼钢企业全部办理环评审批手续。焦化企业全部完成装煤出焦除尘、废水处理、煤气湿法脱硫、防风抑尘等设施；380立方米以上冶炼高炉全部完善除尘设施。日处理2万吨的县城污水处理厂开始试运行。上年"流域限批"以来，全县用于工业企业污染防治的投入达10.5亿元，企业环保装备水平再上一个新的台阶。通过停水断电、拆除设施、炸毁烟囱、吊销执照等措施，淘汰落后产能，取缔土小企业，投资380余万元建成的县级污染源自动监控平台进入试运行，25家重点排污企业污染源自动在线监测和监控装置完成安装，实现全天候在线自动监控。

社会事业　开发旅游产品。汾城社稷庙、洪济桥修缮方案获国家文物局批准；赵曲文庙正在进行抢救性修缮，陶寺关帝楼修缮工程基本完成；陶寺文化和陶寺遗址保护规划工作全面启动。全市"三普"试点在县全面铺开。《赵氏孤儿》、仿古家具制作工艺、尉村鼓车等被列入市级非物质文化遗产保护名录，并上报省非物质文化遗产保护中心。开发唐人居家具、剪纸、版画、青铜器等具有浓郁地方特色的文化旅游产品。其中，唐人居家具被市委宣传部申报为全省优秀文化产业项目。组团参加第四届中国（深圳）国际文化产业博览会，第三届中国（北京）创意文化产业博览会，向世界推荐了襄汾的文化产品。剪纸作品《群星璀璨—中国奥运冠军漫画剪纸全图》，被首都博物馆收藏。30集电视连续剧《大能人》剧本创作基本完成。投资300余万元，完善丁村景区配套设施，对丁村遗址、丁村博物馆内部及周边环境进行清理整顿，完成旅游公路1.8公里的扩续建路基工程，启动实施旅游服务区及遗址区的征地工作。聘请深圳榜样旅游策划公司对汾城古建群进行考察，初步形成以开发书院、文庙、试院、学前塔、城隍庙等为核心的旅游带，策划工作正在进行。对塔儿山风景区保护项目进行合理规划。

社会保障　全年累计批拨农村新型合作医疗、城市居民合作医疗、城镇职工基本医疗、职工大病互助医疗基金2800余万元，惠及人民群众44万人次，10月被卫生部确定为全国八个农合、城合"两制衔接"试点县之一。以养老、医疗、失业、工伤和生育保险为主要内容的社会保险体系不断发展，参保人数达到8万余人，征缴社会保险基金1.2亿元。全年共为城市、农村低保对象、农村五保对象发放各类救助资金1800余万元。同时，在全国首家为75岁以上无退休金的老年人发放生活补助。以创业带动就业，培训各类人员12080人，新增就业岗位2250个，城镇新增就业人数4850人，下岗失业人员实现再就业650人。

基础设施建设　聘请山西省城乡规划设计院调整和完善县城建设总体规划与控制性详规。河东第二集中供热站开始供暖，滨河区征地拆迁补偿工程住宅楼主体工程完工，河西商贸城主体建筑及室外配套、绿化工程完工；生活垃圾无害化处理厂、丁陶大道南北段建设工程正在加紧筹备。县职教中心实训楼开工建设，第二小学建设工程奠基启动，扩建陶寺小学、永固小学等8所寄宿制学校，改造建设汾城、景毛等部分初中学校。县医院河西新院建设工程、县中医院扩建工程正式启动。完成县卫生培训中心立项设计工作，实施永固、西贾、南贾三个乡镇卫生院改扩建和30个农村甲级卫生所建设。振兴路、临夏线襄汾段43公里公路改造工程竣工通车。

精神文明建设　狠抓农村文化阵地建设，成立篮球、秧歌、剪纸等各种协会，开展丰富多彩的文体活动。成立未成年人思想道德建设领导小组，在全市第一家成立青少年法律服务中心。以讲文明、树新风、促和谐为主题开展文明和谐城市、单位、村镇创建活动，36个单位和个人受到省、市表彰。全市文化、科技、卫生"三下乡"活动暨农家书屋工程建设活动在全县启动。开展第二届文明和谐家庭和首届道德模范人物评选活动。组织"和谐之韵"春节系列文化活动和6场大型书法、绘画、摄影展览，为群众放映电影2600余场。小说《九凤》、戏剧剧本《红枣情深》、外宣品《襄汾窗花》获第二届全市"五个一"工程优秀作品奖。7月全市二轮修志现场会召开。实施有线电视“户户通”工程，全年新增27000户。综合门户信息网开通运行，搭建起对外宣传的综合网络平台。广泛开展支援地震灾区献爱心募捐活动，累计捐款1560余万元。（县志办）

【“9·8”溃坝事故】 2008年，9月8日，新塔矿业有限公司发生特大尾矿库溃坝事故，共造成277人死亡，4人失踪，33人受伤；损毁房屋326间计6520平方米，覆毁耕地40余公顷，损坏水泥道路4000余米、砂石路1000余米，直接经济损失达9616万元。9月13日市委常委、市委政法委书记徐树荣主持襄汾县委、县政府全面工作后，在国务院事故调查组和省、市的领导下，团结带领县四套班子和广大党员领导干部，认真开展事故现场搜救、善后处理、灾后重建、尾矿库专项整治和全县安全隐患大排查、大整治等工作。（县志办）

中共县委书记 陈玉士※ 亢海银※ 徐树荣
县人大常委会主任 张拽牛
县　长 张金凤※ 李学俊※
县政协主席 李顺有

洪洞县

【简述】 洪洞县地处山西省南部，临汾盆地北端，东西最宽处55公里，南北最长处47.5公里，总面积1493.8平方公里。县境东、西、北三面环山，南部低平，汾河由北而南从中部纵贯，形成东西高、中间低、北窄、南宽的河谷盆地，最高峰老爷顶海拔2343.8米，最低处位于县境南部的汾河滩，海拔430米，县域平均海拔530米左右。东西山区占县域总面积的20.4%，东西丘陵区占总面积的37.6%，中部平川区占总面积的42%。全县生产总值完成110亿元，同比增长8.5%；规模以上工业增加值完成76.8亿元，增长8.9%；财政收入完成19亿元，增长15.7%；城镇居民人均可支配收入达到12311元，增长11.2%；农民人均纯收入达到4953元，增长9.9%；社会消费品零售总额完成23亿元，增长20.3%；固定资产投资完成32亿元，增长31.4%。实施重点工业项目15项，其中山焦20万吨甲醇，三维5万吨EVA乳液、1.6万吨可再分散性乳胶粉，正和10万吨精密铸造机加工二期，双银电热能200万 电热膜一期，睿博5万套制衣等项目已投产达效；山焦10万吨粗苯加氢精制、150万吨焦炉二期扩建，三维7.5万吨1，4丁二醇，瑞德20万吨甲醇等项目完成年度计划；华翔35万吨精密铸造完成前期规划。加快工业园区建设，调整充实赵城精细煤焦化工业园区领导机构，启动城南工业园区和甘亭工业园区的规划编制。编制完成《洪洞县旅游业发展总体规划》、《洪洞县现代服务业发展规划》和10个重点旅游景区的修建性详细规划，启动广胜寺和玉皇庙两处国保单位的文物保护规划，实施历山、唐尧故园等7个旅游景区的开发建设工作。第十八届大槐树寻根祭祖节的成功举办，带动全县旅游业的蓬勃发展。天域锦城四星级酒店完成主体工程，温泉度假村、五星级酒店建设工程正在积极筹备。市场建设不断加快，城区建成4个专业市场，农村发展61家农资店和便民店。金融市场繁荣活跃，全县城乡居民储蓄存款余额达82亿元，贷款余额达57亿元。

新农村建设　全年落实各项支农惠农资金1.5亿元，投入新农村建设资金2.06亿元。完成主干道路与街巷硬化220公里，栽植绿化、美化苗木38万株，发展户用沼气池1023个，建成标准化学校、农民文化活动室、休闲广场等191个（座），涌现出大槐树镇湾里村、赵城镇古屯村、曲亭镇侯村、甘亭镇燕壁村、辛村乡白石村、万安镇西梁村等一批新农村建设典型。扎实开展农村环境卫生综合整治，设置垃圾倾倒点3100余个，粉刷墙面6万余平方米，拆除和修复残垣断壁1160余处，新建花池2000余个，有效解决农村脏、乱、差问题。主导产业规模化、集约化步伐不断加快，扶持发展旭元枣业、新博特饮业、鑫基商贸等一批农副产品加工企业和162个农民专业合作社。农业基地建设稳步推进，发展优质小麦2万公顷，芦笋0.173万公顷，韭菜0.14万公顷，中药材0.02万公顷。巩固发展秦壁蔬菜、辛村优质小麦等10个高效农业示范园区。培育壮大万安、龙马林下立体种植、特色养殖产业和乾欣园养鸡、大槐树生态养殖、中路禽业等无公害农产品基地。全县粮食总产达3.29亿公斤，其中小麦总产量达到2.145亿公斤，创历史新高。水利建设不断加强，解决45个村、5.6万人的饮水安全问题，完成洪安涧河北岸砌石筑坝600米，新增节水面积266.67公顷，改造中低产田1067公顷。

基础设施建设　以建设宜居城市、打造魅力洪洞为目标，完成滨河东路、玉峰大街、恒富东大街、恒富大桥建设工程和飞虹西街改造、城区25条小街小巷硬化等工程，实施涧河北生态绿地建设工程，进一步拉开城市框架，拓宽城市发展空间，提升城市品位，增强城市承载力。小城镇建设稳步推进，修订完成大槐树、赵城和广胜寺三个建制镇的详细规划。城乡交通网络不断完善，完成马双线、公景线、石三线、赵圣线4条县级道路翻修改造工程。建成曲亭客运站，完成212公里、54条“村连村”油路建设工程。电力事业稳步推进，完成南沟220千伏、刘家垣110千伏变电站升压工程。

环境保护　大力推进“蓝天行动”，实施城市集中供热、天然气和污水处理工程，城市集中供热面积达到150万平方米，供热覆盖率达到50%；燃气用户达到5000户，气化率达到40%。购置喷雾洒水车7辆，道路清扫车4辆，垃圾压缩车2辆，城区主要路段每天洒水抑尘16小时以上。坚决关闭取缔落后产能与设施，淘汰关闭污染企业270余家，大力整治城区煤烟污染，182家营业性饭店、61家单位大灶、52家浴园全部改用清洁燃料，全县共减排二氧化硫3502吨，减排COD2863吨，城区空气质量二级以上天数达到312天。汾河水质污染进一步减轻，霍泉饮用水源地水质达标率100%。

社会保障　大力推进“绿色行动”，植树580万株，造林1967公顷，完成20个园林村、3个小城镇、17家厂矿企业及259公里的通道、环城绿化，全县森林覆盖率达到23.5%。全年新增城市绿化面积113万平方米，其中公共绿地面积新增55.56万平方米，达到106.56万平方米，人均增加绿地面积4.19平方米，达到8.19平方米。大力推进“阳光行动”，为5236名80岁以上农村老人发放高龄补助；为1.8万名公教人员和1753名代教老师提高工资待遇；为800名村级卫生所医生提高补助；为5921名农村丧失劳动能力残疾人发放低保金；为1568户困难户发放医疗救助金；为190户住房特困家庭发放补贴；为3500人提供法律援助。深入开展“百家千户”帮扶活动，99个帮扶单位共帮扶贫困户1231户。对全县220名二本以上学校录取的低保家庭子女和困难家庭

洪洞大槐树寻根祭祖园　郭建平摄影

子女实行政府补贴。建立生活无着流浪人员救助机制，救助流浪乞讨人员635名。加强社会保障基础建设，建成全省一流的县级社会福利服务中心。积极发扬“一方有难，八方支援”的民族精神，为四川汶川灾区捐款850余万元。

安全生产　深入开展“隐患治理年”和专项整治活动，严格落实企业主体责任和政府监管责任，制定安全生产举报奖励制度，完善了四大班子成员包乡镇、包职能部门、联系企业制度以及职能部门和乡镇领导专人包村、包企业制度，形成安全生产工作的整体责任链条。严厉打击非法违法生产，对煤炭私开坑口全部炸毁填埋；彻底取缔全县非法腐竹作坊，关停全部无证加油站，取缔无证非煤矿山企业291家，对193座非法生产的砖厂予以停工停产。严厉整治民爆物品，达到非法炸药“不敢造、不敢用、不失控”的目标。对煤矿、非煤矿山、危险化学品、烟花爆竹、道路交通、食品卫生、公众聚集场所等重点领域和重点部位，开展四次隐患排查整治活动，排查整改隐患1541条。严格治理车辆超限超载行为，被评为“全省治超工作先进县”，荣获省政府1000万元奖励。妥善处理群众来信来访，及时化解各种社会矛盾。严厉打击各类违法犯罪活动，有力维护全县社会治安稳定。

社会事业　教育基础建设和体制改革稳步推进，撤并6所初中、26个小学及教学点，公开选拔、选配中心校和初中学校校长，招聘补充农村中小学教师166名。不断加强教育基础设施建设，完成堤村、刘家垣、龙马、师村四所初中的改扩建工程，实施玉峰街实验小学建设工程，完成50所中小学、2万平方米的危房改造。文化事业繁荣发展，建设16个乡镇文化站、100个农村文化大院，“洪洞走亲习俗”、“大槐树寻根文化”、“洪洞道情”被列为国家级非物质文化遗产。村村通广播电视工程覆盖面继续扩大，新增农村有线电视用户1万余户。医疗卫生设施逐步完善，完成9个乡镇卫生院、100所村级卫生所达标工程。不断加强改善人口和计划生育工作，稳定全县低生育水平。农村新型合作医疗参合率达到98.4%。扎实开展爱国卫生运动，被评为“省级卫生县城”。不断扩大社会保障覆盖面，企业养老参保人数达到1.2万人、医疗保险1.8万人、工伤保险1.5万人、失业保险1.7万人；不断拓宽就业渠道，培训各种职业技能人员3891名，城镇新增就业岗位3210个，其中公益性岗位350个；不断健全就业培训机制，完成农民技术技能培训7.3万人次，转移农村富余劳动力4.2万人，与省内外30余家企业达成用工协议。审计、人事、宗教、统计、气象、档案、地震、人防、史志研究等各项工作取得新的发展。

民主法制建设　认真贯彻县人大及其常委会通过的各项决议，广泛听取各民主党派、工商联和社会各界人士的意见和建议，自觉接受法律监督和民主监督。全年共办理人大代表议案和建议40件、政协委员提案210件，办结率达100%。基层民主有序扩大，村民委员会换届选举顺利完成。大力推进政务公开，开通政府门户网站。不断加强政风行风评议，政府各部门就工作职责、服务态度、办结时限、办事纪律、监督电话向全社会做出公开承诺。深入开展政风行风面对面暨现场征询群众意见活动，产生良好的社会效果。强化行政问责等相关制度培训，进一步提高全县公务人员的法律意识、责任意识、服务意识，规范行政行为，提高行政效能。普法、双拥、国防动员和民兵预备役等工作都取得新的成绩。全县上下形成党政团结、干群团结、政通人和、人心思进的良好局面。

（王俊平）

中共县委书记　陈玉士※　原胜利
县人大常委会主任　张国平
县　长　段　新
县政协主席　任保家

古　县

【简述】　古县位于临汾市东北部，东毗安泽，南邻尧都、浮山，西连洪洞，北接霍州、沁源。现辖4镇3乡111个行政村，国土面积1206平方公里，全县有9万余口人。

开展“和谐古县建设年”、“关注民生年”、“创卫达标年”和“隐患排查治理年”活动，集中实施“五个一”民生工程，在农业农村、工业提升、文化强县和社会事业等方面强化工作力度，全年经济社会各项事业实现跨越式发展。全年生产总值完成46.6亿元，同比增长0.9%；规模以上工业增加值完成39亿元，同比增长1.5%；财政收入完成9.6亿元，同比增长51.5%；城镇居民人均可支配收入完成12701元，同比增长12.6%；农民人均纯收入完成4051元，同比增长10.6%。人均生产总值达5.25万元，位居全省第4位；人均财政收入达1.08万元，位居全省第2位。

“三农”工作　粮食直补政策全面落实，1090万元直补资金全部兑现，粮食产量达到42199吨。农业产业化步伐加快，新栽核桃树35万株，新建双孢菇房30座，发展古县金米、中早熟马铃薯、中药材等高效作物0.32万公顷。发展专业合作社57个，以宏盛达生物工程有限公司和古岳食品有限公司为龙头的农副产品加工项目进展顺利。新农村建设稳步推进，9个重点推进村完成规划编制，24个重点推进村“四化四改”、“六通”、“六个一”工程成效显著。扶贫工作扎实开展，涉及30个自然村500口人的移民工程顺利实施，2.3万余农民接受不同形式的引导培训，2260个农村劳动力得到有序转移。畜牧兽医体制改革进一步深化，畜牧产业健康发展。

工业　玉生、千佛沟、五一、临古4座煤矿基本完成机械化改造。全县煤矿“瓦斯监测、产量监控、人员定位”三大系统全面升级，“井下通讯、地面压风、防尘供水”三条保障线初步建成。煤矿体制改革和资源整合工作进展顺利，实施《古县煤矿整合规划》已经上报。《古县洗（选）煤行业发展规划》更加完善，永航、华东、金翔龙等8家洗煤企业完成扩建。6家焦化企业煤气脱硫工程全部完成，在线监测系统投入运行。年产9000吨镁锭的金威镁业一期工程和年产300万吨砖的龙母沟煤矸石制砖厂竣工投产。鹏锐5万吨拟薄水铝石、平杰6万吨水泥速凝添加剂、利达10万吨甲醇3个项目完成立项、环评和科研审批，土地手续正在加紧办理。鑫秀煤矸石发电项目所有手续均已通过省级审批，上报国家有关部门。全年累计生产原煤434万吨，焦炭288万吨，焦油6.3万吨，粗苯1.9万吨，硫胺1万吨，煤气14亿方，累计发电8300万千瓦时。

城市建设　投资1.64亿元，完成十里长廊、生活垃圾场、涧河北路拓改、小河街拓改、72条街巷硬化、12座公厕建设、张家沟小河改造、南山龙柱、牡丹雕塑和污水处理厂一期工程，新增13.3万平方米绿地，铺设3000余米排水管网，安装370余盏路灯，配齐保洁人员和保洁设施。投资2100万元，实施煤气加压扩网和集中供热二期工程，新增了煤气用户500户，为52个单位26.8万平方米建筑集中供暖，城市气化率和集中供热率分别达到72%和44.7%。劳动保障大楼、法院审判大楼、检察院侦缉大楼、人才中心大楼投入使用，森润商住楼、广场购物中心、大都超市、电力大楼建设工程进展顺利。12月12日，全国爱卫会正式命名古县县城为“国家卫生县城”，古县创卫工作一举成功。

基础设施建设　投资1780万元，完成古北线蔡家庄至驼腰段13公里二级公路改造工程。投资323万元，完成北平镇贾会至交里、南垣乡刘垣至芦家山共计11公里的村村通水泥路工程，在全市山区县率先实现100行政村通水泥路，全省农村公路养护观摩现场会在古县召开。新建9座移动电话基站，全县移动通讯更加稳健快捷。农业基础设施建设富有成效，白素千亩滩涂开发工程进展顺利，惠及6500口人的19处饮水解困工程全面完成。

环境保护　完成“三水合一”水源地保护工程和全县污染源普查工作，淘汰机焦炉1座、洗煤企业2个、粘土砖厂6个，取缔城区土小锅炉1200余台，县城二级以上天数达到351天，空气污染指数达到1.31。城乡清洁工程深入推进，清理历史垃圾65万余方，完成农村改厕1615座，健全公路沿线51个行政村的保洁体系。绿化荒山13073.2万亩，绿化公路220公里，创建利达焦化有限公司等10个花园式企业。

社会事业　投资2800万元，改造24所农村中小学危房和36所寄宿制学校食堂；新建城镇幼儿园，启动城镇小学西教学楼改建工程，完成了古县一中和职业中学搬迁工作，扩建职业教育实训基地；招聘68名优秀教师；高考本科达线人数达到69人。石壁、旧县等5个乡镇卫生院门诊大楼建设进展顺利，19个行政村甲级卫生室全部建成，县、乡、村33个医疗机构的医疗设备进一步完善；新型农村合作医疗参合率达到87，9300余名群众得到330万元医疗补偿；13名医学本科毕业生录用充实到医疗岗位，15名乡镇卫生院监督员全部上岗，卫生人才队伍更加充实。举办各类文艺演出60余场，放映数字电影2000部，新增有线电视用户1200户；《古县志》续编进展顺利，《古县牡丹志》正式出版发行，电视剧《炎岭人家》完成拍摄。综合体育馆顺利竣工，行政事业单位临时工作人员统一工资标准，农村低保实现了全县覆盖，217名农村老干部、598名80岁以上老人、87名因公致残人员领到生活补助和健康津贴。建成1.1万平方米经济适用房和8400平方米廉租房，解决461户城乡低收入群众住房问题。

文物旅游　三合牡丹景区仙子像、牡丹壁、农家乐、商品一条街全面竣工，天宫花园规划设计基本完成，张家大院修复和温泉水疗馆建设工程进展顺利。首届“中国古县牡丹文化旅游节”圆满成功，共接待各地游客30万人次，带动相关产业实现收入800余万元。延庆观修复工程、蔺相如墓修复一期工程顺利完工，第三次文物普查工作扎实开展，全县文物旅游工作统筹推进。　　（县志办）

中共县委书记	李　菲
县人大常委会主任	辛普选
县　长	加天山
县政协主席	李朱锁

安泽县

【简述】　安泽县位于临汾市东部，太岳山东南麓，总面积1967.3平方公里，309国道横穿东西，全省第二条大河——沁河，贯穿南北109公里。全县辖4镇3乡，104个行政村，总人口8万。

境内山峦起伏，河流交错，森林覆盖率达67.2%，居全省第一，全年空气质量二级以上天数达到350天以上，是“国家级生态示范区”。全县耕地面积12788.9公顷，林地103400公顷，按2005年末人口计，乡（镇）人口人均占有耕地0.209公顷。有较大的河流23条，小泉小水145处，沁河由北而南贯穿全县天然径流量为3.17亿立方米/年，人均水资源占有量为4300立方米，是全省人均占有量的9倍，亩均占有量1876立方米，为全省亩均水资源的8倍。县境矿藏资源主要有煤、铁、铝土矿、石灰石、石膏、高岭石、方解石和煤层气等，其中煤炭贮藏面积达1944平方公里，总量达240亿吨。粮食作物以玉米为主，年产量稳定在1.4亿斤左右。杂粮有小麦、谷子、高粱、大豆和薯类，其中尤以谷子著名，是晋南名米之一。野生中药材和菌类品种繁多，有450余种，其中连翘面积达6.667余万公顷，年产量达4000吨，产量占全国总产量的四分之一。

2008年，全县生产总值完成24亿元，同比增长5.5%；财政总收入完成3.7亿元，同比增长54.6%；规模以上工业增加值达到17.8亿元，同比增长2.7%；固定资产投资总额达到11.1亿元，同比增长36.9%；社会消费品零售总额完成3.7亿元，同比增长20.8%；城镇居民可支配收入达到10578元，同比增长15.9%；农民人均纯收入达到3636元，同比增长10.5%；粮食总产量达到7.3万吨。特别是财政收入，提前130天完成全年任务，增幅位居全市第一。

重点项目建设　努力加快项目建设步伐，全部完成冀氏4×60万千瓦坑口煤电项目的省内审批部分；顺利完成200万吨二甲醚项目的厂址选择、资源上报、土地预审及环评等前期工作，并获省发改委备案；县城集中供气供热项目、30万吨甲醇20万吨二甲醚项目的立项、土地、环评、水资源审批工作已经完成；永鑫10万吨甲醇项目、太岳60万吨2号焦炉改造和连翘系列产品深加工项目、有机乳业综合开发项目、文冠果综合开发项目已正式投产。同时，按照省、市要求，大力优化产业结构，积极推进煤矿体制和采煤方法改革，2座煤矿签订托管协议，5座煤矿实现机采，全县原煤产量达到188万吨、焦炭产量达到86.9万吨，发电量达到10550万千瓦时，焦油产量17488吨，粗苯产量4437吨，初步形成“项目建设为主导、煤焦产业为主体、链条延伸为主线”的新型工业发展格局，县域经济的发展后劲明显增强。

农业　投入1000万元专项资金，强力推进有机蔬菜、优质核桃、高山绿茶、种桑养蚕、高效畜牧等五大农业科技调产项目，全县种植蔬菜0.153万公顷，奶牛存栏346头，新发展优质核桃66.67公顷、优质桑园20公顷、高山绿茶26.67公顷，初步形成山区现代特色农业新格局。切实增强农业综合生产能力，新发展节灌面积253.33公顷，改造中低产田455.56公顷，河滩造地146.67公顷，解决41个村9218口人，4549头大牲畜的饮水安全。启动总投资6700万元的沁河沿岸万亩自流灌溉暨农业科技调产示范区工程，农业生产条件明显改善。投资1500万元，高起点、高标准、高质量、高速度地完成30个新农村的集中连片建设，荣获市委、市政府环境卫生整治流动红旗，赢得了全市新农村建设现场会在本县召开，安泽的新农村建设典型经验在全市推广。

社会事业　进一步巩固教育基础地位，安泽一中新建主体工程顺利竣工，投资2000余万元，完成5500平方米的中小学危旧校舍改造，公开招聘80名乡村小学教师，继续引深“顶岗支教”活动，教学质量显著提高，中、高考成绩再创历史新高。进一步发展卫生计生事业，完成县医院附属工程、两个乡镇卫生院搬迁和11个村级卫生所建设，县、乡两级医疗机构达标率达100%和85.7%；新建计生服务中心大楼，计生工作继续保持全市领先。进一步健全社会保障体系，不断提高参保率，扩大覆盖面，新型农村合作医疗参合率达到87.2%。

在为全县干部职工增加工资最多的同时，为已卸任的农村任职十年以上的支部书记和村委主任、建国前的农村老党员和全县的长寿老人发放定额生活补助。进一步推进民主法制建设，积极支持人大、政协和群团组织履行职能继续开展“五五”普法，全面加强社会治安综合治理，纵深推进“平安安泽”创建活动，保持全县平安和谐的大好局面。进一步强化安全生产，认真开展安全隐患大排查，彻底整治各类安全隐患，煤矿生产实现零死亡。进一步加强信访稳定工作，深入开展“三级书记大接访，职能部门大办访”活动，筑牢和谐共处的根基，多次受到中央督导组和省委督导组的高度评价。

积极发展古色人文、绿色生态、红色革命教育、乡土特色山庄农家乐四大特色旅游，进一步加快旅游资源优势向旅游产业优势转化。大力弘扬荀子文化，完成荀子文化园五期工程，建成被誉为中国第十一大文化名楼的望岳楼，成功举办第三届中国（山西・安泽）荀子文化节，隆重举行祭荀大典、全国征联大赛、全国摄影大赛、百名优秀师生新农村实践安泽行和荀子文化高层论坛等各具特色的活动，全面提升安泽的知名度和开放度。尤其是百名书画名家义捐义卖活动的有益探索，使安泽有史以来第一次真正把文化做成了产业。

城镇建设　在城市建设上，投资1500余万元的神南沁河大桥主体工程、投资560万元的县城“四化”工程已全部完成，安泽迎宾馆主体工程二层已基本完工。总投资5563万元，拓宽改造东湾至麻家山矿区公路，完成唐城至沁源、高壁至交口河、和川至罗云三条公路的铺油工程，铺通红叶岭4.5公里的景区旅游公路。投资140余万元，33个村1387户群众看上42套清晰的电视节目，投资2390余万元，完成102.5公里的通村水泥（油）路，全县村村实现有候车亭、有招呼牌。投资2975万元，植树造林0.2万公顷，全年空气质量二级以上天数达到365天，其中一级天气达157天，位居全省第一。安泽县还被世界著名品牌组织授予了“中国特色魅力百强县”荣誉称号。

党建工作　坚持德才兼备、注重实绩、群众公认的原则，考察任用60名副科级干部，提拔调整33名正科级干部，公开选聘安泽一中、二中、进修校校长和副校长，使一批优秀的年轻干部走上领导岗位，各项工作呈现出新变化、新气象、新面貌。狠抓党风廉政建设和反腐败斗争，切实加大案件查办力度，共处分党员干部15人。深入推进“三级联创”、“两定一查三评”、党员承诺评议制度，圆满完成第八届村民委员会换届选举工作，村级班子的凝聚力、战斗力、号召力显著增强。（尚晓玲）

中共县委书记 梁若皓
县人大常委会主任 杨湘萍
县　长 张广勇
县政协主席 王孝恩

浮山县

【简述】 全县共辖2镇7乡9个乡镇，185个村民委员会、678个自然村和2个社区居民委员会，总人口129362人，国土面积938平方公里，人口自然增长率5.79‰。全县生产总值完成18.04亿元，三次产业比重由上年的8.7%、83.5%、17.8%调整为9.8%、67.3%和22.9%；固定资产投资完成7.7亿元，增长3.3%；社会消费品零售总额完成3.1亿元，增长20%；财政总收入完成4.01亿元，增长0.1%，其中一般预算收入完成1.4亿元，增长23.3%；城镇居民人均可支配收入12061元，增长16.4%；农民人均纯收入4020元，增长8.8%。积极参加各类招商引资活动，签约项目5个，落实县外资金23.3亿元。争取回“两区”项目启动资金1700万元和铁炉淘汰落后产能赔偿资金1400万元。继续推进产能置换，共关闭300立方米以下铁炉5座，关闭半山矿区9家铁矿企业。东诚380立方米锰铁合金高炉已进入试产阶段，兴鹏480立方米锰铁合金高炉正在紧张建设。非煤矿山企业整合方案已经审核批复，各项工作稳步推进。春山煤矿热电联产项目前期手续基本办结。一批科技含量高、环境污染小、有利于快速转型的项目顺利推进，全县经济结构调整和发展方式的转变快速发展。

农业　共投资500余万元，完成23个试点村和重点推进村“四化四改”、“六通六个一”新农村建设任务。涌现出以蛟头河、柳曲、梁家河、梁村、张庄、辛城、北王、桥北、崔村、谭村、牌子窑等为代表的新农村建设典型示范村。八大基地建设初具规模，基本建成1.4万公顷优质绿色小麦基地、2000公顷国家级标准化谷子示范基地、1330公顷元宝枫基地、年产1000只优种羊良种繁育基地、5000公顷优质核桃基地、1533公顷油料基地、1000公顷蔬菜基地和993公顷中药材基地。八大农业龙头企业发展良好，神山土特产品开发公司进行扩建改造，晋盛面粉获得“山西省名优产品”称号，自志农牧产业开发公司开机试产。新建的油脂、饲料、中药饮品等一批农副产品加工企业进展顺利。全县累计成立专业合作社77个，“公司+合作社+基地+农户”的现代农业发展模式逐步形成。全年共投入造林资金2356万元，栽植各类苗木865万株，全县森林覆盖率达到26.5%，生态环境进一步改善。

对选矿企业采取“一停二排三抽四整五联防”的强硬措施，取缔隐患选矿厂1座，关闭停用废弃的尾矿库12座。对46座尾矿库实施坝体稳定性分析和安全评价。抽调200多名机关干部，坚持两个多月实行县乡两级驻矿监管，共排查各类安全隐患1633处，全部整治达标。自觉接受人大法律监督和政协民主监督，代表意见、建议和委员提案办复率达到100%。基层民主有序扩大，第八届村委会换届选举顺利完成。政务公开和政风行风评议活动扎实开展，行政审批制度改革深入推进。监察、审计工作力度进一步加大，政府法制和信访工作得到加强。政府系统党风廉政建设责任制全面落实，煤铁领域反腐败斗争成效明显。

城乡建设　编制完成《浮山县县城总体规划》、《浮山县县域村镇体系规划》和县城七条主要街道的景观改造设计方案，为城镇建设提供科学依据。街道景观改造进展顺利。栖凤台、城西、科技园区转盘街心花园和文昌大街大坝护坡建设已经完工，尧山森林公园启动兴建。县城基础设施进一步完善，贯通硬化尧山路与城北路之间的四条干道，配套建设县城公厕、广告牌、路牌标识、候车亭、红绿灯。尧山路安装健身器材和桌椅板凳，为居民休闲健身提供便利条件。累计投入资金万元，开展环境综合整治百日大会战，城乡面貌焕然一新。预计投资400万元，于7月开工，在尧天街北端公园，雕刻历史人物霍光石像，聘请国家级著名的书法家题词，增加雕刻的艺术性。迎宾广场于7月开工建设，预计投资400万元。目前已完成租地6.2公顷，总面积为25000平方米。广场部分，内设高杆灯、景石、八角亭、园路、花岗岩铺装等工程，总面积为3600平方米。其硬化路面1540平方米。完成城西工业园区环岛工程绿化面积1600平方米，完成尧天街、城北路、城西街南段、城西街北段，以及城西街北段转盘、尧天街北端转盘的全部绿化。

确定“抓重点、求巩固、逐步完善、逐步规范”管理方针，把新风街、天坛路列为整治重点，对沿街的店外经营、占道经营和十字路口的摊点全部进行规范和重新安排。管理人员整天轮流巡查，以巩固整治成果。把西关菜市场和神山路作为完善和规范重点，对摊位乱摆乱放、越线摆放、阻碍交通的摊位予以重点治理，尤其是对农民拉运农副产品和蔬菜的车辆予以及时安排，维护好现有市场秩序，逐步使之规范。对人行道边的临时建筑、乱搭乱建，进行全面调查摸底。完成拆迁工作。

社会事业　政府出资1800万元收购原私立文昌小学，义务教育标准化学校建设和示范高中建设顺利通过评估验收。高考本科达线49人，名列全市山区县第一名，职业中学对口升学45人，职业教育取得显著进步。全县新型农村合作医疗参合率达到92.4%，公开招聘50名医护人员充实到县乡医疗队伍。全县8个乡镇文化站已建设完工，为50个行政村文化室分别配套图书500册，完成有线电视城网改造和102个村的网络铺设，建成全省山区县一流的演播大厅和多功能会议室。全年完成农村通达通畅工程120公里、村连村工程130公里，实现行政村全部通水泥（油）路的目标。建设山交至太皇峪、县城至尧山森林公园旅游公路、中村至南张、东张至翟底矿区公路、后交至四十岭等5条高标准公路，总投资3085万元，新增公路通车里程99公里。积极实施创业就业工程，新增就业人员850人，下岗失业人员再就业110人。农村低保人数达到5871人。对247人实施医疗救助，救助资金达106万元。新建五保院5所、乡镇敬老院2所。投入资金50余万元，完成50户残疾人的危房改造，实施残疾人复明手术96例。积极支援抗震救灾，累计捐款捐物达320余万元。

（李吉瑞　李彤新　卫　丽）

中共县委书记 亢海银※　毛克明
县人大常委会主任 王生荣
县　长 李朝旗
县政协主席 燕　玲

吉　县

【简述】 吉县位于黄河中游，山西吕梁山南麓，属黄土高原残垣沟壑区，东西长跨度62公里，南北宽48公里，总面积1777.26平方公里，占全市面积的8.8%。辖3镇，5乡75个村民委员会、567个自然村，总人口105266人，属国家扶贫开发重点县。全年全县地区生产总值达7.8亿元，财政收入达3700万元，工业总产值65254万元，全社会固产资产投资完成55283万元，社会消费品零售总额达27154万元，城镇居民人均可支配收入和农民人均纯收入分别达到8536元和1805元。

项目建设　新发展优质苹果2001公顷，全县苹果总面积达到17342公顷；全力推进苹果优势农产品基地县和全国农业标准化示范县项目建设，大力推行苹果标准化生产，建设50个标准化示范园；新建苹果冷藏库3个，储藏能力达到3万吨；全年苹果总产达8万吨，总产值达2.5亿元。明珠煤矿各项建设已全面完工，正在进行联合试运转；沙坪煤矿技术改造全面推进；桑娥煤田103平方公里煤炭资源的探矿权已达成协议。

生态建设　加大造林绿化力度，完成交通沿线两侧荒山绿化667公顷，环城绿化133.4

公顷。管头山——克难坡——壶口旅游路绿化30公里、壶口景区绿化133.4公顷、县城文化广场绿化22000平方米、新农村重点推进村村庄绿化9个、远山荒坡造林2201.1公顷；实施白河沟坝系建设工程、清水河文化广场段河道清理工程和文城乡岭上坡流域综合治理、东城乡沟南垣农田水利建设、屯里和车城基本农田建设等以工代赈建设工程。

社会事业　教育工作，努力改善办学条件，修建桑娥中学和中垛中学学生宿舍、餐厅，新建两所寄宿制小学教学楼，改扩建5所农村寄宿制学校，完成青少年活动中心装修工程；不断提升教育质量，高考中考成绩稳步增长，师资力量进一步加强。卫生工作，加强医疗基础设施建设，完成新建县医院的前期准备工作，新建妇幼保健院门诊楼，配备乡镇卫生院医疗设备。扎实推进新型农村合作医疗，全年共为22668名参合农民补偿住院、门诊费用700多万元。城建工作，建设县城至车城口长7.5公里，宽24米的吉州大道；建设十里河住宅小区，实施了县城长安沟防汛工程，硬化了县城5条，6700平方米主要沟巷；购置洒水车、垃圾清理车、路灯维修车、垃圾桶等县城环卫设施；建设县城蔬菜交易市场和煤炭交易市场，建设县城生猪定点屠宰场。组织开展市容市貌、环境污染、广告牌匾、违法建筑、交通秩序、集贸市场百日综合整治行动，县城脏、乱、差、堵的状况明显改善。建设了壶口景区十里龙槽生态游览步行道，总长73.3公里的沿黄扶贫旅游路完成路基65公里，修筑涵洞15道，垃圾处理场，二级汽车客运站等基础设施项目正在实施中。

新农村建设　新建标准化日光温室15座，塑料拱棚18座。连片发展东城垣、中垛垣“猪——沼——果”、“猪——沼——菜”、“三位一体”农业生态循环经济模式150户。发展农民专业合作社50个，培养农民经纪人500人。建设屯里川、中垛乡柳沟流域两个333.5公顷玉米丰产方，500个核心示范户，实施测土配方施肥项目，化验土样2000个，配方施肥面积10005公顷，增效750万元。坚持强基础，促条件改善，重点实施了2001公顷苹果栽植工程，9个重点推进村村庄绿化和街巷硬化以及休闲文化广场建设工程，完成150公里农村公路“村村通”工程、13处农村饮水解困和安全饮水工程、5所农村寄宿制学校建设工程、6个村的整村推进工程、1000个沼气池建设工程、50个农村便民连锁店建设工程、5个以工代赈建设工程。

公路建设　全力配合沿黄干线公里拓宽改造，协调征用土地62.43公顷、拆迁房屋620户，确保工程建设顺利进行，圆满完工。全力实施农村公路“村村通”工程，投资1972万元，完成村村通油路16条，152.2公里，解决22个村的“行路难”问题，率先在全市山区县实现所有行政村通油路的目标。全力做好高速公路开工建设的各项准备工作，进行详细的调查摸底，制定具体的规划，举行听证会，充分做好各项准备工作。

安全生产　建立县级领导包片包联责任制，健全重点行业和领域安全隐患排查治理机构，完善安全生产和安全管理工作方案，组织开展地毯式、拉网式的安全隐患排查整治工作，共排查治理隐患153处。对三轮车载人加强监管，对滑坡、坍塌等地质灾害进行排查，对存在重大危险的172户予以搬迁。全力抓好信访工作，深入开展三级书记大接访活动，共接待上访群众96批，180余人次，解决群众反映的问题96件。全力抓好社会治安综合治理，严格落实领导责任制、部门责任制，健全完善矛盾纠纷排查调处网络、社会治安防控体系，深入开展严厉打击各类违法犯罪活动，社会治安进一步好转。大力推进扶困救助，将农村低保补差标准由372元提高到612元，救助五保户、低保户、重点优抚对象6000余人。新型农村合作医疗，救助城乡重大病患者75人，12.8万元。为全县农村740名80岁以上老人每人每年发放360元敬老金。（张占利）

中共县委书记	乔建军※	张金凤
县人大常委会主任		孔繁新
县　长	杨安虎※	刘奎生
县政协主席		张锦中

乡宁县

【简述】　乡宁县位于黄河流域中游，山西省西南部吕梁山南端。东依姑射山与尧都区，襄汾县毗连，西隔黄河与陕西省韩城市宜川县相望，南跨马首山、云邱山、苛当山与运城市新绛县、稷山县、河津市相邻，北以高天山、云泰山、清川河为界与吉县接壤，全县辖5个镇，5个乡，1个经济开发区，186个村（居）民委员会，1113个自然村，1178个村（居）民小组，总人口23万人，其中城镇人口36000人。全县总面积20.29平方公里，是临汾市面积最大的县。2008年，全县生产总值完成448260万元，下降3.5%；财政总收入151787万元，增长24.39%；一般预算收入44992万元，增长22.34%；社会消费品零售总额75619万元，增长20.75%；城镇居民人均可支配收入11659元，增长12%；农民人均纯收入3763元，增长5.6%。

新农村建设　坚持县财政“两个一千万”扶持“三农”，大力开展“一矿帮一村、共建新农村”活动，8个省级试点村、21个省级重点推进村的“六通”目标全部实现，“四化”任务基本完成，新农村连片建设成效明显。琪尔康公司、戎子酒庄等龙头企业带动能力明显增强。被评为全国农田水利基本建设先进县，中央财政给予100万元奖励。

重点调产项目　台头煤矿胡村150万吨接替井工程即将竣工投产，申南凹焦煤有限公司宋家沟180万吨接替井改扩建工程、毛则渠煤炭有限公司与华晋焦煤公司合作的华宁300万吨矿井前期工作有序推进。永昌源戎子酒庄综合开发、盛宝王公司饲料生产及生猪屠宰加工、云邱山景区开发等项目进展顺利。煤炭产业与非煤产业齐头并进，发展方式有效转变。

安全生产监督　牢牢抓住煤矿安全生产这个重点，坚决攻克私挖滥采这个难点，决不放松大安全，建立落实四大班子领导包乡镇、县直部门包村包矿包区域责任制、责任追究制、有奖举报制和专家会诊制，隐患排查整治贯穿始终，常抓不懈，安全生产形势逐步好转。研究制定《突发公共事件总体应急预案》，妥善处理吉宁煤矿“10·29”透水事故，全年对77人进行了问责追究。

基础设施建设　完成迎旭东街路基排水、县城集中供暖供气二期、鄂河河道综合治理二期、鄂城西街街道硬化工程，开工建设北山公园登山甬道工程，启动实施县城污水处理厂、垃圾处理场和营里第二水厂工程。财政补贴3600万元，配合完成209、309国道乡宁段改扩建工程；投资2.75亿元，完成了10条173公里主干线公路和总长167公里39个村通油路工程，荣获全省农村公路建设质量年活动先进县称号。全面加强公路治超，被省政府表彰为治超先进县，奖金1000万元，县政府荣立集体三等功。

环境治理综合　集中开展“整治违法排污”专项行动，积极推进城乡环境卫生大整治，限期整改环保不达标企业66家，城区集中供热面积增加到50万平方米，煤气用户达到2000户。六大造林绿化工程扎实推进，完成三北防护林133.4公顷、两翼荒山绿化133.4公顷、通道绿化46公里，累计植树800余万株，城乡生态环境大为改善，城区空气质量二级以上天数达到306天。

社会事业　免除全县义务教育阶段学生的作业本费，公开择优招考200名教师，乡宁一中通过省级示范高中初审。新建、改扩建、维修学校22所，农村学校改造顺利推进。科技服务经济建设能力得到提升，被国家科技部确定为“科技富民强县计划试点县”。县医院住院大楼投入使用，新建77个村级标准化卫生室，公开招录41名医护人员，农民参合率达到89.75%。大病救助、农村“五保”、军人优抚等项工作范围扩大、标准提高。为农村居民每人免费供应原煤300公斤，对县城居民每人补贴60元，保障城乡群众冬季取暖用煤。

民主法制和精神文明建设　自觉接受人大的法律监督和政协的民主监督，主动征询人民群众和社会各界的意见，办理人大代表建议91件、政协委员提案77件。扎实推进“五五”

普法，深入开展“大接访”活动，全面加强社会治安综合治理，严厉打击各类违法犯罪，奥运安保和“平安乡宁”创建成效显著。文化科技中心投入使用，群众文体活动丰富多彩，“文明和谐”创建富有成效。积极倡导“一方有难、八方支援”的精神，先后捐赠2622万元，支援四川地震灾区建设。（白　斐）

【山西戎子酒庄】 山西戎子酒庄有限公司是山西永昌源集团的控股子公司，成立于2007年。该项目建设规模为10000亩酿酒葡萄基地、5000吨/年的中高档葡萄酒生产线及葡萄酒文化旅游观光配套设施，总投资规模21686万元，主要建设内容由三大部门构成。一是基地建设，包括200万立方米库容的小型水库一个，1500立方米的高原总灌站一处，10000亩葡萄园的整地栽植及节水滴灌网配套；二是生产建设，包括14268平方米的综合生产车间，5600平方米的地下酒窖，办公管理园区，职工生活园区；三是景观建设，包括1200×23米的戎子大道及旅游通道体系，4400平方米的戎子博物馆，22000平方米的戎子文化广场，原址重建的晋文公庙（118×40平方米），53000平方米的戎子生态公园，66700平方米的戎子精品荟萃园(鲜食葡萄)，6000平方米的戎子商务会馆（星级酒店），等等。

整个项目园区各大建筑采取基于宋代为主的中国古典建筑风格，将园林艺术与葡萄园、建筑物、水系、道路、门楼、雕塑、长廊、各式小品恰当融合，构成特色鲜明的大戎子风景区。

该项目建成达产以后，可形成农业增加值2000万元，工业增加值13333万元，企业年利润可达4589万元，实现利税8090万元，并推动商饮服务旅游等各方面发展，戎子酒庄将成为横跨一、二、三次产业的区域性龙头企业，可带动乡宁县中西部以至吉县部份地区的农业增产，农民增收，直接安排农村剩余劳动力116人。整体为社会增加1300个就业机会，亩均增加农民收入3600元。（白　斐）

中共县委书记	张效彪※　郑中夏
县人大常委会主任	左云峰
县　长	郭行杰※　杨安虎
县政协主席	孟天福※

大宁县

【简述】 大宁县位于临汾市西部，吕梁山南端，东与隰县、蒲县为邻，北与永和接壤，南同吉县毗连，西与陕西省延长县隔黄河相望，总面积967平方公里。现辖2个镇、4个乡，84个村委，309个自然村．总人口为67689人。其中男性35265人，女性32424人。全年生产总值完成2.5亿元，同比增长0.1%；财政总收入完成2649万元，同比增长21.2%；城镇居民人均可支配收入8119元，同比增长15.9%；农民人均纯收入1189元，同比减少0.08%；社会消费品零售总额完成1.19亿元，同比增长18.9%；固定资产投资完成1.5亿元，同比增长20%；粮食总产量达到2.65万吨，同比增长6%。

“三农”工作　认真落实党的强农惠农政策，全县用于“三农”的资金投入达到4200万元。新增经济林0.133万公顷，种草0.1413万公顷，新增羊存栏2.88万只。新建淤地坝25座，新增耕地15.2公顷。完成人工造林0.26万公顷，封山育林0.1万公顷，绿化公路37.2公里。配合省市实施沿黄干线公路和沿黄扶贫旅游公路建设工程，完成葛榆线公路改造工程14公里、村村通工程44.5公里、村连村工程147.5公里。新建沼气池1500个。建设人畜饮水工程13处，解决17个自然村4211口人及766头大牲畜的饮水安全问题。培训农村劳动力1500余人，新增转移1000人。新农村建设扎实推进，扶贫开发力度加大。

城镇建设　完成集中供热一期工程，供热面积达到10万平方米。党政机关办公大楼和二级客运站正式投入使用，极大地改善党政机关的办公条件和公路客运环境。完成环城绿化工程200公顷。青少年校外活动中心全面竣工，安民小区和县城第二小学主体完工，金殿广场、东关通道改造、滨河路、西外环路、翠微山休闲公园续建和城市供水改造等工程完成总工程量的80%，城市框架基本形成，功能得到完善。全面开展城乡环境卫生综合整治，使城乡环境面貌得到有效改观。

社会事业　新型农村合作医疗参合率达到94.98%，为农民报销药费120.4万元。全面落实计划生育奖励扶助政策，人口自然增长率控制在4.42‰。为城市和农村低保居民每人每月分别增加50元和30元补助，个人住房公积金财政补贴部分增加3个百分点。落实公职人员政策性增资，兑现种粮补贴、农机补贴740.8万元，发放低保和救灾、救助资金850余万元。撤并农村7人以下教学点43个，对11所农村小学维修改造；落实寄宿生生活补助资金40余万元，616名学生受益；公开招聘14名大学毕业生充实教师队伍，全县有16名学生达到国家二本以上录取分数线。投资200万元，新建1所农民培训学校。完成中央电视无线覆盖二期工程，全县80%以上的垣面村庄都能收看到中央电视台1套和7套电视节目。积极排查治理隐患，实现全县各类安全生产事故和死亡人数均为零的目标。就业再就业工作得到加强，社会保险覆盖面进一步扩大。全力开展“拉网式、无缝隙”治超行动，公路交通运输秩序明显好转。圆满完成了第一次农业普查，摸清“三农”家底。环境保护、文化体育、妇女儿童、档案史志、国防动员、民兵预备役建设、宗教、科技、人防、气象、地震、老龄、残疾人等各项工作都取得了新的成绩。

民主法制和精神文明建设　自觉接受人大法律监督和政协民主监督，代表议案和委员提案办复率达到100%。基层民主有序扩大，村民委员会换届选举顺利完成。政务公开和政风行风评议活动扎实开展，行政审批制度改革深入推进。社会治安综合治理工作不断加强，连续五年被评为全市“平安县”。依法治县进程加快，“五五”普法全面推进。监察、审计工作力度加大，政府系统党风廉政建设责任制全面落实。政府法制和信访工作得到加强，应急管理水平有所提高。精神文明创建活动丰富多彩，人民群众昂扬向上的精神风貌得到展现。

项目建设　全年共争取回村通水泥（油）路、沿黄扶贫旅游公路项目资金8000万元，县医院门诊大楼项目资金1200万元，中小学安全工程项目资金1086万元，连片扶贫开发项目资金1000万元，巩固退耕还林成果项目资金547万元，三北防护林、饮水安全、廉租住房、规模健康养殖示范小区、动物疫病防控体系建设等项目资金4367万元。城市集中供热、垃圾处理场、污水处理厂项目已通过省发改委立项，预计可到位资金2000万元。昕水河昕水镇段河道治理工程已通过省发改委和水利厅评审，并上报国家发改委，可下达资金计划3000万元。大宁至午城段被列入临大线公路改造计划，已开工建设。209国道大宁城区段改造工程已通过可研评审。马头关黄河大桥贷款、东关通道改造得到省交通厅资金补贴许可。同中石油煤层气有限责任公司达成勘探开发大宁煤层气的协议。这些项目和工作的实施，将为大宁长远发展提供强有力的政策、资金和信息支撑。（李宏伟）

中共县委书记	张越铁
县人大常委会主任	贺寅生

隰　县

【简述】 隰县地处临汾市西北部，东临汾西，西接永和，南与蒲县、大宁接壤，北与石楼、交口相邻，总面积1413.1平方公里，耕地面积20611.97公顷。全县共有8个乡镇，97个村民委员会，409个村民小组，351个自然村。总户数34370户，110702人，其中乡村17948户，80048人。新出生人口1372人，出生率13.45‰，人口自然增长率6.40‰。2008年，全县生产总值完成64448万元，比上年增长2.4%其中，第一产业增加值8567万元，下降20.2%；第二产业增加值23207万元，增长0.5%；第三产业增加值32674万元，增长13.3%。人均地区生产值5317元，按当年平均汇率计算为778美元。财政总收入完成4845万元，比上年下降0.57%，其中，一般预算收入完成2316万元，增长17.75%。全县城镇居民人均可支配收入9722元，比上年增长15.2%，城镇居民人均消费性支出6926元，增长25.9%。农村居民人均纯收入2288元，农村居民人均消费性支出2304元。

农业　随着国家各项强农惠农政策的全面落实，农村经济稳步发展，全县粮食作物种植面积20400公顷，比上年增加1590公顷；油料种植面积360公顷，减少530公顷；蔬菜种植面积270公顷，减少130公顷；在粮食种植面积中，玉米种植面积14520公顷，增长25.5%；其它谷物种植面积1800公顷，增长13.2%。全年粮食总产量达到41569吨，比上年减少17596吨，减产29.7%。年末，全县大牲畜存栏3225头，下降5.6%；生猪存栏12543头，增长9.7%；羊存栏44996只，增长1.1%。肉类总产量2348吨，比上年增长5.8%。其中，猪肉产量1631吨，增长7.4%，牛肉产量257吨，增长0.8%，羊肉产量358吨，增长7.5%，禽蛋产量1177吨，增长9.9%，奶类产量258吨，增长17.8%。农业生产条件进一步加强，全县农业机械总动力68826千瓦，比上年增长15.9%；化肥施用量（实物量）19593吨，增长4.5%；农村用电量579万千瓦时，增长1.2%。创建国家级优秀农村专业技术协会，黄土镇、陡坡乡被国家农业部认证为有机小杂粮生产基地。农业产业化格局初具雏形，天天饮料年产2.5万吨金梨汁扩建项目投入生产，西山果品交易中心3500吨恒温库试运行，亿昌马铃薯年产万吨淀粉项目通过试产验收，午城酿酒年产3000吨金玉屏营养酒改扩建项目完成。新农村建设扎实推进，试点村和重点推进村基础设施建设不断完善，7个试点村顺利通过省、市验收，新增农村沼气用户600户，完成1000座农村改厕任务，又有27个自然村，8139口人告别饮水难的历史。

工业　2008年，全部工业增加值完成19182万元，比上年下降5.1%。其中规模以上工业增加值18397万元，下降5.7%。产品销售率98.26%，上升2.5个百分点。规模以上企业原煤产量19.35万吨，发电量1561万千瓦时，软饮料产量1510吨，水泥产量2.96万吨，金属镁产量4562吨，铁合金19247吨。规模以上工业销售收入12197万元，比上年下降70.0%，主要业务收入下降70.0%，实现利税2583万元，比上年下降68.8%，实现利润895万元，比上年下降56.2%。规模以上工业亏损企业亏损97万元，全年全县建筑业实现增加值4025万元，比上年增长32.5%。

固定资产投资　2008年全县共有施工项目17个，其中500万元以上项目15个。当年投产项目11个。固定资产投资完成33829万元，比上年增长36.4%。其中，农林水利完成投资2191万元，制造业完成投资18000万元，交通运输，仓储和邮政业完成投资4688万元，房地产业完成投资6100万元，教育完成投资1880万元，文化、体育和娱乐业完成投资970万元。完成县城四条大街路灯更换和8条巷道绿化、硬化，安装50个垃圾房，500个果皮箱。

交通邮电和旅游　2008年，全县公路通车里程690公里，比上年增加13公里。其中，国道48公里，省道67公里，县道144公里，乡道266公里，村道205公里。全县公路完成货物运输周转量6150公里，增长11.0%；公路货物运输量73.7万吨，增长4.7%；完成旅客周转量3575万人/公里，下降0.5%，旅客运输量46.5万人次，下降3.1%。全县民用汽车保有量1576辆，增长1.8%。完成邮政电信业务量1170万元，增长6.6%。市内交换机总容量11808门，下降21.7%；固定电话11755部，减少5799部，下降33.0%；移动电话18425部，与上年持平；全县行政村实现村村通电话。全县固定电话和移动电话普及率每百人分别达到11.52部和18.06部。全年接待海内外旅游者3.76万人次，比上年略有增加，实现旅游收入27.03万元，下降3.46%。

财贸金融和保险　2008年，全县财政总收入完成4845万元，比上年下降0.57%。其中一般预算收入完成2316万元，增长13.75%。全县一般预算支出执行30856万元，比上年增长13.05万元。其中一般公共服务支出执行5329万元，增长1.35%；公共安全支出执行1619万元，增长36.97%；农村水务支出5472万元，增长29.39%；教育支出执行5246万元，增长2.94%；医疗卫生支出执行2142万元，增长31.73%；社会保障和就业支出执行5723万元，增长7.19%；科学技术支出261万元，增长38.83%。全县金融机构各项存款余额89864万元，比年初增加19018万元，增长26.84%。全县累计现金收入391524万元，现金支出382700万元。贸易全年社会消费品零售总额39357万元，比上年增长19.7%。批发和零售额35172万元，增长18.4%；住宿和餐饮业零售额2186万元。增长11.4%，其它行业零售额1999万元，增长65.9%，全年全县海关进出口总额1081万美元，比上年增长73.8%；全年实现合同利用省外资金4565万美元，年内完成投资1565万美元，增长63.1%。全县保险公司（财险）实现保费收入447.6万元，比上年增加109.4万元，增长21.6%，共支付各类赔款293.6万元，比上年增加91.3万元，结案率为88.2%。

社会事业　教育发展迈出新步。城南中学、午城小学、午城中学及古县小学教学工程进度加快，对危漏校舍投入335.5万元进行维修，消除安全隐患。新招录35名高校毕业生充实到教育第一线，进一步强化教师队伍。全县共有普通中学12所（农村5所），其中高级中学1所，初级中学11所，共有小学116所，幼儿园26所。全年普通中学共招生1960人，其中高中352人，在校中学生683人，其中高中1048人；毕业中学生2351人，其中高中326人。全县小学招生1555人，在校小学生11629人，毕业小学生1507人。科技工作成效明显。大力推广旱地果园新技术，共完成果树大改形0.133公顷，配方施肥0.133公顷；高接换优3.33公顷；果树套袋2亿个；铺反光膜66.67公顷，果面着色率提高30%，培训各类果农58场（次），受益果农万余人。医疗卫生事业稳步推进，新建和改建15个村级卫生所，8个乡镇卫生院配备价值120万元的医疗设备，县医院配套污水处理和消防设施，新招录15名医生，6名护士。在全县8个乡镇开展新型农村合作医疗试点工作，71973名农民加入新型农村合作医疗，参合率达到85.5%。就业再就业进一步扩大，城镇登记失业率控制在4%以下。社会保障体系和社会救助制度进一步完善，全县参加城镇基本养老保险人数6702人，比上年末增加112人；参加城镇基本医疗保险人数8025人，增加452人；参加失业保险人数3467人，减少216人；参加工伤保险人数1382人，增加10人，其中参保农民工1000余人。改造农村贫困残疾人危房50户，大病救助54人共计6万元，发放7万多元的救灾物资，为汶川地震灾区捐款34万元。《隰县志》一轮修志完成并出版，二轮修志资料收集工作结束，供电、信息网络和广播电视村村通建设得到加强。城乡环境卫生面貌大大改观。老龄工作、人事、审计、档案、气象、妇女儿童等社会事业取得新进展。精神文明建设和民主法制建设得到加强。本县荣获全国“三北”防护林体系建设突出贡献单位，全省造林绿化先进县，全市植树造林红旗县和全市林业工作先进县，水利工作先进县、市区，全市安全生产先进县等称号。

（县志办）

中共县委书记	郑中夏※	王天郎
县人大常委会主任		王兰生
县　长	李学俊※	加天山
县政协主席		张瑞燕

永和县

【简述】　永和县地处山西省吕梁山脉南端，晋陕大峡谷的黄河东岸，东邻隰县，南连大宁县，北与吕梁市石楼县接壤，西与陕西延川县隔河相望，距临汾180公里。东西宽41公里，南北长46公里，面积1212.89平方公里。全县辖5乡2镇，79个行政村，314个自然村，总人口64581人，其中农业人口51665人，是国家扶贫开发工作重点县。全年生产总值完成26013万元，同比增长8.5%；财政收入完成1421万元，同比增长21.97%；固定资产投资完成11586万元，同比增长30.8%；规模以上工业增加值完成1075.4万元，同比增长16.49%；社会消费品零售总额达到16317万元，同比增长

19.62%；城镇居民人均可支配收入达到8644元，同比增长19%；农民人均纯收入达到1350元，同比增长7.3%；居民消费价格总指数为104.9%，比上年增长4.9%。

产业发展　发展以红枣为主的经济林0.4万公顷50.5万株，对300万株盛果期红枣、核桃树进行重点管护。400吨红枣保鲜库已投入使用，扶持新建红枣烤房60个。412公顷有机红枣基地严格规范生产，0.333万公顷红枣基地获国家农业部无公害红枣基地认证，“永和牌”红枣被评为山西名牌产品。编制《黄河蛇曲国家地质公园建设总体规划》，完成红军东征纪念馆改扩建工程，启动文庙大成殿修复工程。完成62公里沿黄扶贫旅游公路建设和10公里红军路铺油工程。编撰完成反映红军东征、永和风情、历史文物的系列丛书，成功召开“红军东征在永和”专题论证会，开发纪念币、农家剪纸等旅游产品，丰富旅游文化内涵，扩大景区知名度。

基础设施建设　全年投资近3亿元，完成公路建设173公里，建设资金和总里程相当于过去十年的总和。全县以沿黄干线二级公路、328省道出境路、沿黄扶贫旅游路为骨架，以县乡公路为纽带，以乡村公路为辐射的交通网络格局初步建成。投资2000余万元，拆除违章建筑150余处改造县城。在城乡分别成立保洁员队伍，硬化、绿化巷道，建立健全环境卫生长效管理机制，城乡环境面貌大有改善。

生态治理　扎实推进造林绿化工程，完成环城造林面积400公顷，河道绿化45公里，县城至阁底通道荒山绿化0.126万公顷，完善328省道永和段通道荒山绿化工程。在成功打造二北防护林精品工程的基础上，再获殊荣，被评为全省造林绿化先进县，荣获全国“三北”防护林建设突出贡献奖，成功接待外国使节和国际组织的观摩考察。大力实施水保治理工程，实施岔口、川口、柏宝元三个小流域坝系工程，建成骨干坝4座、小型坝7座。特别是西峪沟坝滩联治工程，治理面积10.5平方公里，做到当年规划、施工、完成，成为集水土保持，环境美化、农民增收于一体的样板工程，成功召开全省水土保持坝滩联治现场会，治理模式在全省推广。

交通邮电　全县公路完成货物运输周转量2115万吨公里，同比增长22.3%；完成旅客周转量1570万人公里，同比增长19.4%；全县民用汽车拥有120辆，同比下降51.0%。全县完成邮政电信业务总量675万元，同比增长6.1%；固定电话交换机容量5940门，同比下降17.6%；年末全县固定电话2620部，移动电话1724部，同比减少38.5%；已通电话的行政村79个，占全县行政村的100%。

万元地区生产总值能耗降低5.6%，二氧化硫排放量、化学需氧量分别下降5.63%和4.41%，空气质量综合污染指数下降为1.01%，二级以上天数达到353天，城镇登记失业率控制在3.3%以内。人口自然增长率控制在3.82‰。

“三农”工作　产业发展步伐加快，完成经济林建设0.14万公顷，优质小杂粮0.4万公顷，新发展无公害蔬菜大棚5处，新建土罗村标准化秸秆养羊示范基地。农业基础得到改善，整理开发土地100公顷，新增沼气600户，解决3000农村人口的饮水安全问题。新农村建设扎实推进，编制5个重点推进村的整体规划，“四化四改”、“六通”、“六个一”工程基本结束。惠农政策得到落实，兑现粮食直补资金851.9万元，农机具购置补贴25万元，困难群众危房改造补助30万元。扶持4个行政村实施整村推进，6个自然村500余口人实施移民搬迁。

安全生产　坚持“县委督导、人大监督、政府主抓、政协参与”的工作机制，建立健全“两级机构、三级网络”的安全生产监管体系，在道路交通、非煤矿山、学校、食品卫生等重点行业和领域，扎实开展安全隐患排查专项整治行动，排查出各类隐患276条，整改271条。完善《永和县安全生产事故灾难应急救援预案》，储备应急救援物资，加强应急演练，应急救援能力得到提高。积极探索和建立安全监管执法监控、举报奖励、隐患排查整改、应急处理等长效机制，确保全县安全生产无事故。

社会事业　投资500万元，实施县城学校增容工程，新建城关一小综合实验楼，二中的宿舍楼、学生餐厅。制定出台《进一步加强教育工作的决定》，设立教育奖励基金120万元，实行校长选任制和任期制，清理在编不在岗的教师，新招聘教师30名，稳定和加强教师队伍。投资200万元，启动县医院门诊楼建设，制定出台《关于加快推进医疗卫生改革发展的实施意见》，整合乡镇卫生院，理顺农村卫生院管理体制，选聘13名医疗技术人员。狠抓医德医风整治，县、乡医疗服务水平得到全面提升，县级医院和乡镇卫生院步入健康发展的轨道。社会保障水平不断提高，1690口城市居民和3468口农村贫困人口享受到低保，共发放低保金240万元。新建社会福利中心，医疗、养老、失业保险体系逐步完善，农村合作医疗参合率达到95.98%，兑付资金185万元。自觉接受人大的法律监督和政协的民主监督，人大代表议案和政协委员提案办复率达100%。重大问题、深入开展“五五”普法，加强社会治安防控体系建设，严厉打击各类违法活动。深入开展大接访活动，维护群众合法权益，全年共处理来信来访86件299人次，10余起疑难案件得到有效化解。金融系统支持县域经济和主导产业发展的力度进一步加大。老龄工作和关心下一代工作得到进一步加强。妇女、儿童事业进一步发展。老年人、残疾人权益得到保护。民族宗教、防震减灾、国防教育得到加强。人防、档案、地方志等工作都取得新的成绩。

（县志办）

中共县委书记	郭行杰
县人大常委会主任	韩忠秀
县　长	赵雁峰
县政协主席	郭永平

蒲　县

【简述】　蒲县地处黄河流域中游，位于临汾盆地西部、吕梁山南麓。境内南北山环，东西川绕，峰峦重叠，梁峁起伏，沟壑纵横。县区东南西北依此与洪洞县、尧都区、吉县、大宁县、隰县、汾西县交界。县域总面积1510.6平方公里，辖4镇5乡99个行政村501个村民小组，总人口10.33万人，其中乡村人口6.79万人。全年国内生产总值完成22.45亿元，比上年增长12%；工业增加值完成15.8亿元，增长25.76%；固定资产投资完成4.75亿元，增长24.75%；财政总收入完成7.97亿元，增长29.15%；一般预算收入完成2.7亿元，增长28%。城镇居民人均可支配收入11173元，增长12%；农民人均纯收入3460元，同比增长8.5%。存款金额累计达29.3亿元，比年初净增5.36亿元。各项经济指标增速均为近年来最好。特色农业规模进一步扩大，全县土豆、烟叶、香紫苏、中药材种植达4600公顷，规模养殖户发展到160户，全县猪存栏达到3.6万头，鸡存栏10.5万只。培育发展专业合作社32个，累计达56个。煤焦产业升级换代步伐加快。煤炭行业通过资源整合、关小上大、推行质量标准化矿井建设，煤矿的规模档次、装备水平和本质安全水平得到全面提升。焦化行业的循环经济进一步引深，初步形成煤—焦—煤焦油、煤气—粗苯—发电产业链条。非煤产业开发取得新进展。易恒天酿酒一期工程完成，投产运营；龙翔干法水泥、发电公司生物质能发电、富民果汁饮料等项目启动实施。一批骨干企业和企业集团迅速成长，单个企业财税贡献额度大幅增加，上缴税金1000万元以上的企业达到14户，其中7000万元至1亿元的3户，超2亿元的1户。同时，对煤炭收费实行“核定能力、财政统收、乡镇催缴、政府统筹”的征收体制，将18个单位、26个收费项目打包捆绑，集中征收，征收总额创历史之最，为集中财力办大事提供强有力的资金支持。

新农村建设　全县启动新农村建设行政村达71个，占行政村的72%。51个县乡重点村完成“四四六六”刚性指标任务；20个村实施巷道硬化、村庄绿化、路灯亮化、环境净化，修建休闲健身场所。投资7300余万元全面完成9条36.2千米通村油路，通村率达75%，通客车率达96%。新发展有线电视2500户，累计达1.7万户，全县基本实现村村通有线电视。新发展沼气用户700户，累计达3170户；21处饮水安全工程，700个沼气用户全部完成，解决5千人饮水问题，全县通自来水率达到57%。建成8个乡镇所在地生态公园；完成4个移民新村主体工程。实施西后河坝系项目和昕水河二期综合治理工程，开发整理土地230公顷。大力实施环境卫生清洁整治工程，建设垃圾站点，整治乱堆乱放，清理卫生死角，建立长效机制，基本解决垃圾围村、围企、围校现象，城乡环境卫生明显改观，在全市农村环境卫生整治检查评比中连续两次荣获西山片流动红旗。

重点工程　启动实施投资近12亿元20余项重点工程。县城集中供热一期工程竣工投用，供热面积达25万平方米；集中供气主管网铺设完工；东大街标志性建筑工程、安隆建材市场、翠屏花苑、昕水嘉苑住宅小区开发工程竣工投用；6栋机关办公楼完成楼顶景观改造；新建县医院、汽车站、乔子滩敬老院主体完工；星级宾馆建设工程主楼10层封顶；蒲子文化宫建设和荆嘉路路街一体工程完成路基工程；信合大厦、农资大楼开工建设；县城河道治理、城关村超市、污水处理工程完成前期准备。电力建设，完成煤矿10KV双回路自建工程12条煤矿行业专线；太林110千伏输变电增容改造工程和克城西35千伏输变电工程竣工投用，后山工矿区供电质量明显提高。备受全县人民关注的临大路拓宽改造工程，县上已投入3000万元展开征地和拆迁工作，基本完成城区段拆迁任务。

生态建设　以环城、环企、环村、通道绿化“三环一线”和“一川三垣”核桃林建设为重点，大力推进“造林绿化”工程，县、乡、村、企业四级投资3200万元。造林4467公顷，植树50万株，栽植优质核桃1600公顷。垒石坑填土植树累计达59万株，主要河流（河谷地）、干线公路裸岩区绿化治理率达50%，全县森林覆盖率达42.5%。针对东川河污染严重问题，加大源头治污力度，制定《东川河流域环境综合整治方案》，对流域内煤矿、焦厂、洗煤企业进行综合治理，依法取缔小石灰窑、小水泥粉磨站等土小企业8家，关闭4家高耗能高污染焦化和冶炼企业。集中供热运行后，拆除机关单位、居民户取暖锅炉1200个，城乡环境质量得到改善，全年二氧化硫排放量削减2360吨，化学需氧量削减1085吨，城区二级以上天数达351天，比上年增加134天。

专项整治　按照市委、市政府安排部署，蒲县先后与霍州、汾西等县市10家集团公司对接洽谈，分别与蒲县47座煤矿签订托管、收购、控股、租赁协议，煤矿体制改革稳步推进。在稳步推进煤矿复工复产的同时，采取四大班子领导包矿、煤矿用电日报分析、聘请专家会诊等措施，切实加强对煤矿的安全监管。持续保持打击私开滥挖高压态势，对46名涉嫌非法开采犯罪人员公处，起到震慑作用。在全县重点行业和领域深入开展安全生产百日督查专项行动和安全生产隐患大排查大整治行动，及时消除非煤矿山、道路交通、民爆物品、烟花爆竹、食品卫生和公共聚集场所等行业领域存在的安全隐患，各行各业安全生产形势基本稳定。

社会事业　拿出5900余万元解决部分职工工资套改遗留问题，兑现公务员津贴，人均增资1000元。在认真落实义务教育阶段中小学生“五免一补”政策基础上，投资660万元，改造3所寄宿制学校；在教育系统内公开选拔高中、一中、职业中学校长，推行校长、教师聘任制和末位淘汰交流制；择优招聘69名师范类大学生充实教师队伍。投资260余万元，为县医院、乡镇卫生院和妇幼站购置脑电图机、动态心电图机、红外乳腺诊断仪等设备；完善新型农村合作医疗管理办法，实现新型农村合作医疗全覆盖，参合率提高到96.86%。深入开展计生双服务活动和城镇违法生育专项治理行动，计划生育率达91.8%，人口出生率控制在8.62‰以内。社会保障覆盖面不断扩大，新增参保人员6200人，全县累计参保人数达4.2万人，新增各类社会保险基金4593万元，累计滚存1.42亿元；新增城镇就业岗位3120人，失业率控制在4%以内；经过积极争取，被省政府确定为“新型农村养老保险”试点县。进一步规范城乡低保管理，重新核实低保对象，做到动态管理下的应保尽保。认真落实信访工作责任制，依法依规解决各种矛盾纠纷和信访问题84件。持续引深综合治理，严厉打击刑事犯罪，确保全县社会稳定。公路超限超载治理卓有成效，道路交通秩序明显改善。征兵工作实现39年无退兵。南方冰雪灾害和四川汶川特大地震发生后，全县上下奉献爱心，累计捐款400余万元，支援灾区重建。审计、统计、档案等各项事业都有新的发展和进步。精神文明创建活动广泛深入，新增国家级文明单位2个、省级文明单位2个、市级文明单位20个。开通蒲县人民广播电台，开展“庆祝改革开放30周年”系列活动和“昕水欢歌”广场消夏月活动，丰富群众精神文化生活。　（李　菁）

中共县委书记	乔建军
县人大常委会主任	王安保
县　长	王国平
县政协主席	殷仲玺

汾西县

【简述】　汾西县位于山西省中南部，北连交口、灵石县，南接洪洞县，西依姑射山与隰县、蒲县接壤，东毗邻汾河与霍州市相望，总面积870平方公里，全县辖5镇（永安、对竹、香、僧念、和平）3乡（佃坪、邢家要、团柏）1社区（社区管理委员会），共120个行政村6个居民委员会，484个自然村，耕地2.613万公顷，全县常住总人口142156，在总人口中，城镇人口47828人，乡村人口94328人。2008年，国内生产总值完成14.16亿元，比上年增长2.1%，其中：第一产业增加值完成10723万元，比上年增长54.5%；第二产业增加值完成80288万元，下降4.8%；第三产业增加值完成50650万元，增长9.1%。三大产业经济总量中所占份额分别为7.57、56.68和35.75。全年人均生产总值9991元，比上年增长1.5%。规模以上工业增加值生产6.34亿元，增长0.28%；财政总收入完成1.21亿元，增长16.5%；固定资产投入完成5.67亿元，比上年下降6.1%；社会消费品零售总额完成4.32亿元，增长19.4%；城镇居民人均可支配收入完成9998元，增长11.32%；农民人均纯收入完成1668元，增长3.28%；全年粮食总产量达50066吨，增长16.61%。

基础设施建设　继续开展“公路建设年”活动，投资8266万元，完成汾什线20公里、团邢线33公里、佃邢线15.2公里三条公路改造建设，使全县新建和改造公路总里程达到163.7公里。投资2200万元，完成通村水泥（油）路建设45公里、村连村工程73公里。投资1000余万元，完成县城、僧念、团柏主变增容工程，改造6个村的输电线路，实施4个村的路灯亮化和两个村的电气化试点村建设。投资500万元，完成城市新建住宅区居民宽带上网和新农村建设试点信息化建设。

新农村建设　采取“公司＋农户”订单农业发展的模式，带动1896家农户种植苦荞0.08万公顷；出台《核桃经济林管理暂行办法》，县财政拿出300万元扶持核桃栽植和管护，全县核桃经济林新建面积达0.1613万公顷。制定《畜牧产业发展的实施意见》，设立畜牧业发展基金，并发放直接补贴200万元，新发展千头规模养猪厂12个，50头以上规模养猪户85户，万只鸡厂11个，500～1000只特色养鸡户61户，5组以上规模养兔户134户。投资1760余万元，完成5处农业开发、农田水利和以工代赈建设项目，新增和改善基本农田640余公顷，治理流域面积45平方公里。积极实施15个试点村、重点推进村的“四化四改”、“六通六个一”工程，完成农村街巷硬化135600平方米，路灯亮化安装209盏，绿化植树81000株，完成四改户1781户，并全部实现“六通六个一”目标。

财政金融保险　2008年，财政总收入12088万元，比上年下降18.45%，一般预算收入6798元，比上年下降8.67%，一般预算支出35207万元，比上年增长12.2%。金融机构各项存款余额112664万元，比年初增加11345万元，增长11.2%。城乡居民储蓄存款余额81595万元，比年初减少1164万元，下降1.4%，年末，全县金融机构各项贷款余额2877万元，比年初减少3498万元，下降54.87%。全县累计现金收入150697万元，现金支出159757万元，货币净投放9060万元。保险公司实现保费收入2875.71万元，支付各类赔款215.85万元。其中：人寿保险公司实现保费收入2562.71万元，支付各类赔款38.25万元；财产保险公司实现保费收入295万元，支付各类赔款172万元；新华保险公司实现保费收入18万元，支付各类赔款5.6万元。

环境治理　积极推进“蓝天碧水”工程，加大对工业企业违法建设、违法生产、违法排污的整治力度，加强对关停企业的监管，对环保手续和污染防治设施齐全、设施运行不正常、超标排污的13座洗煤厂停产整顿；督促保留的4座冶炼企业和煤气化公司完善污染防治设施建设，确保实现达标排放。县城综合污染指数下降为1.06，二级以上天数达到360天，空气和环境质量明显提高。

人民生活　全县人口出生率12.6‰，死亡率6.31‰。全县常住总人口142156人，比上年净增732人。在总人口中，城镇人口47828人，乡村人口94328人，城镇化率为33.64%。全县在岗职工平均工资17665元，比上年增长13.65%。城镇居民人均生活消费性支出7309元，比上年增长19.1%，农村居民人均生活消费支出1427.18元，比上年增长4.33%。农村居民恩格尔系数为46.43%，城镇居民恩格尔系数为33.5%。农村居民人均住房面积21.73平方米，城镇居民人均住房面积20.69平方米。投资987万元，完成14个自然村1000贫困人口的移民搬迁和12个村5300人口整村推进扶贫项目。

城市建设　投资1500万元，完成西大街改造、东大街水毁修复、马沟河合流制排水渠项目；投资800余万元，完成交通指挥中心、煤气化职工活动中心建设工程；投资132万元，实施城市街巷硬化12500平方米；投资3957万元，基本完成污水处理厂建设工程。扎实开展城乡环境卫生整治，改革城市管理机制，建立村镇卫生管理制度，深入开展爱国卫生运动，县城连续七年获得省级卫生县城的荣誉。

民主法制和精神文明建设　深入推进行政审批制度改革，扎实开展政务公开和政风行风评议活动，全面落实政府系统党风廉政建设责任制。深入开展“五五”普法教育，加强社会治安综合治理，认真办理群众来信来访，着力提升应急管理水平，平安汾西建设迈出坚实步伐。开展精神文明创建活动，全县涌现出省级文明单位4个，市级文明单位13个。县政协主动向县人大及其常委会报告工作，自觉接受县人大的法律监督；认真听取人民政协及各民主党派、无党派人士和人民团体的意见和建议，自觉接受政协的民主监督，代表批评建设意见和委员提案办复率达到100%。

社会事业　投资2053万元，完成汾西二中学生公寓楼建设工程，实施和平小学等6所中小学危房改造工程，免除城乡义务教育阶段学杂费，发放贫困生生活补助，资助500名大中专特困生，更新中小学课桌凳，极大地改善全县中小学特别是农村中小学的办学条件。投资150万元，为8个乡镇文化站配备文体器材，新建35个乡镇文体广场和26个行政村标准化篮球场。投资491万元，开通118个行政村有线电视，农村用户达到7000余户。投资1662万元，实施8个乡镇卫生院基础设施和妇幼保健站大楼建设，为县医院配备医疗设备，完成150个村级卫生所升级达标建设，落实285名乡村医生补助。全面推进农村合作医疗，农民参合率达到85.07%，全县行政事业单位7000余名职工加入全省大病互助。开展形式多样的人口计生宣传教育，加大“四术”服务项目工作力度，使人口自然增长率控制在4.38‰以内。人武工作圆满完成民兵整组训练和征兵任务，保持连续39年无退兵的佳绩。农村特困人口大病医疗救助，农村低保全面启动，全年共发放城市低保739万元，农村低保438万元，为特困生提供入学救助资金47.61万元，发放社会救灾资金45万元。有4101名职工参加失业保险，4469名城镇企业职工参加养老保险，1259名离退休人员领取养老保险，参加基本医疗保险的职工人数7816人。统计、气象、价格、地震、档案、老龄、史志等各项社会事业都有长足发展。　　（牛记明　赵鸿虎）

中共县委书记	邓彩彪
县人大常委会主任	樊国俊
县　长	郭　宏
县政协主席	郭炎林

运城市

【概述】　位置　面积　运城市位于山西省西南部，处于华北平原的丘陵区，黄土高原东沿第一台阶，黄河中游地带．北界吕梁山与临汾市的乡宁、襄汾、曲沃、侯马、翼城等县市接壤。东连太行山与晋城市的沁水、阳城二县毗邻，西南两面濒临黄河，河干流形成了本市与陕西、河南两省的天然分界线。本市境域轮廓大致呈不规则三角形，地理坐标为北纬34°35′—35°50′，东经110°15′—112°04′，东西宽约201.87公里，南北长约127.47公里，总面积13968平方公里，约占山西总面积的9%。

气候　2008年本市年平均气温偏高，降水明显偏少，日照正常略少。其中春、秋季温度偏高，夏季基本正常，除冬季外年内降水明显不足，出现严重干旱。

1、温度：本年度全市平均温度为13.6℃，比往年平均值偏高0.5℃，比上年偏低0.7℃。1～2月和夏季季平均温度分别为－1.9℃和25.3℃，分别比历年同期平均值偏低1.9℃和0.1℃；春、秋季季和12月平均温度分别为16.2℃、13.6℃和0.6℃，分别比历年同期平均值偏高2.3℃、0.5℃和0.7℃，

2、降水：年内全市平均总降水量为419.9毫米，比往年的平均偏少95.8毫米，比上年偏少91.2毫米。春、夏、秋季季降水量和12月份降水量分别为101.1毫米、191.8毫米、102.7毫米和0.0毫米，分别比历年同期平均值偏少2.1毫米、65.7毫米、34.8毫米和5.1毫米，1～2月降水量为24.2毫米，比历年同期平均值偏多11.7毫米。

3、日照：年内全市平均总日照时数为2203.2小时，比往年平均值偏少23.3小时，其中1～2月、夏季和秋季季平均日照时数分别为298.0小时、665.9小时和504.8小时，分别比历年同期平均值偏少27.1小时、53.4小时和40.6小时，春季和12月份平均日照时数分别为594.8小时和191.9小时，分别比历年同期平均值偏多68.9和28.9小时。

地质　全年全市境内共发生地震36次，其中：3级以上地震3次。分别是1月3日发生在新绛县万安乡的3.3级地震，2月20日发生在盐湖区王范乡的3.5级地震，发生在12月3日发生在垣曲县毛家湾镇的3.4级地震。

行政区划　2008年，运城市辖13个县（市、区）。其中包括1区（盐湖区），2市（河津、永济），10县（临猗、万荣、稷山、新绛、夏县、闻喜、绛县、垣曲、平陆、芮城）。全市辖81镇54乡13个街道办事处。

人口　据市统计部门抽样调查统计，全市2008年末总人口为507.6万人，比上年年末增加3万人，增长5.9‰。其中：男性257.9万人，占50.8%；女性249.7万人，占49.2%。男女性别比为103.3（女性为100）。全市城镇人口178.8万人，乡村人口328.8万人，城镇化率达到35.2%，比上年提高1.3个百分点。

据抽样调查统计，2008年，全市人口出生率为11.5‰，比上年降低0.1个千分点。出生人口性别比为115.1。人口死亡率为5.6‰，比上年下降0.2个千分点。人口自然增长率为5.9‰，比上年上升0.1个千分点。

综合经济　据统计部门初步核算，2008年全年全市生产总值达到680.2亿元，按可比价格计算，比上年增长7.1%。其中，第一产业增加值78.1亿元，增长6.4%；第二产业增加值361.9亿元，增长5.0%；第三产业增加值240.2亿元，增长10.8%。三次产业占生产总值的比重分别为11.5%、53.2%和35.3%，对经济增长的贡献率分别为9.7%、39.8%、50.5%。在第三产业中，交通运输和仓储邮政业增加值为51.8亿元，增长11.3%；批发和零售业增加值40.9亿元，增长7.3%；房地产业增加值23.2亿元，增长12.8%。全市人均生产总值13441元，按年平均汇率折算1935美元。

三次产业比例由上年的11.4：54.9：33.7调整为11.5：53.2：35.3。与上年相比，第一产业比重上升0.1个百分点，第二产业比重下降1.7个百分点，第三产业比重提高了1.6个百分点，形成了“一产稳、二产强、三产快”的发展格局。

全市居民消费价格比上年上涨4.8%。商品零售价格上涨4.5%。工业品出厂价格上涨11.1%。原材料、燃料、动力购进价格上涨11.4%。

农业　2008年全市农作物总播种面积696414.7公顷，比上年增加14807.4公顷，增长2.2%。其中：粮食548474.1公顷，比上年增加20610.3公顷，增长3.9%。在粮食作物中，夏粮308687.6公顷，秋粮239786.5公顷。玉米播种面积达到188427.5公顷。在经济作物中，棉花81640.8公顷，下降9.0%；油料13673.5公顷，增长15.2%；蔬菜34750.7公顷，增长1.7%；瓜果4402.2公顷，下降6.0%。水果109988.3公顷，增长6.5%。由于种植结构的优化和农业投入的增加，全年农作物获得了大丰收。据抽样调查推算，全市粮食总产量达到20.9亿公斤，比上年增长16.1%，是“十五”时期以来最高年。其中，夏粮10.5亿公斤，增长43.8%；秋粮10.4亿公斤，减产2.8%。

全年全市肉类总产量11.3万吨，奶类产量3.9万吨，禽蛋产量10.5万吨。全年完成造林面积23011.5公顷，四旁植树1207万株。年末全市农业机械总动力533.1万千瓦，机耕面积559279.5公顷，机播面积418876公顷，机收面积341170.5公顷。

工业和建筑业　2008年，全市工业完成增加值328.6亿元，比上年增长5.0%。其中：规模以上工业完成增加值266.6亿元，比上年增长5.2%。产品销售率94.3%，比上年下降3.0个百分点。

在规模以上工业行业中，有色金属冶炼及压延加工业完成增加值66.9亿元，下降3.6%；黑色金属冶炼及压延加工业完成增加值59.5亿元，增长9.1%；炼焦加工业完成增加值55.4亿元，增长17.4%；化学原料及化学制品制造业完成增加值20.2亿元，增长6.8%；电力、热力的生产和供应业完成增加值11.7亿元，增长4.9%；农副食品加工业完成增加值5.8亿元，下降3.8%。全市大中型工业企业完成增加值224.2亿元，增长5.2%，占规模以上工业增加值的比重为84.1%。

全市重点监控的25种工业产品中10种呈增势。其中：钢增长22.8%，化肥增长10.0%，生铁增长5.3%，发电量增长3.8%。

全市规模以上工业主营业务收入918.4亿元，比上年增长10.3%；实现利税64.7亿元，下降44.8%；实现利润15.3亿元，下降78.1%。在全市30个工业行业中，盈利行业24个，其中有11个行业利润与上年相比呈增势。工业企业经济效益综合指数154.6%，比上年下降41.6个百分点。

2008年末，全市具有资质等级的建筑企业128个，其中：有工作量的建筑企业112个，完成总产值72.6亿元，增长23.1%。具有建筑资质等级的总承包和专业承包建筑企业实现利润1.9亿元，增长114.5%，上缴税金1.8亿元，增长20.0%。

固定资产投资　年全社会固定资产投资完成343.5亿元，比上年增长26.4%。其中，城镇投资318.2亿元，增长24.0%；农村投资25.3亿元，增长66.4%。

在城镇投资中，按产业分，第一产业投资8.3亿元，比上年增长308.6%。第二产业投资155.3亿元，下降1.1%。其中，工业155.2亿元，下降0.6%。第三产业投资154.6亿元，增长58.5%。按登记注册类型分，国有投资完成110.0亿元，增长70.9%，非国有投资208.2亿元，增长8.3%。

房地产开发投资35.0亿元，比上年增长32.9%。其中，商品住宅投资22.9亿元，增长10.4%。

城镇固定资产投资建成投产项目441个，项目建成投产率为60.6%；新增固定资产237.1亿元，固定资产交付使用率为68.9%。

国内贸易　全年全市社会消费品零售总额269.0亿元，增长25.6%。其中：市的消费品零售额157.9亿元，增长27.3%；县的消费品零售额63.3亿元，增长19.2%；县以下消费品零售额47.8亿元，增长28.8%。在零售总额中，批发业完成24.7亿元，增长42.4%；零售业完成190.6亿元，增长25.8%；住宿餐饮业完成34.9亿元，增长29.6%。

2008年全市限额以上贸易企业零售额57.6亿元，比上年增长22.8%。限额以上贸易企业零售额占全社会消费品零售总额比重为21.4%，比上年下降0.5个百分点。

对外经济贸易和旅游　2008年全市进出口总额为13.5亿美元，比上年增长28.3%，其中：出口5.4亿美元，增长81.3%；进口8.1亿美元，增长7.1%。贸易逆差2.7亿美元。

全市商品出口主要有五大类：矿产品21510万美元，增长76.8%；贱金属及其制品16483万美元，增长218.6%；化学工业及相关工业产品6268万美元，增长135.1%；食品等类2979万美元，增长0.3%；纺织原料及纺织制品2361万美元，下降36.0%。进口商品主要有3大类：矿产品70421万美元，增长24.1%；贱金属及其制品4830万美元，下降63.1%；化学工业及其相关工业产品2799万美元，下降16.5%。

全市进出口总额中，民营企业贸易额达49064万美元，同比增长85.4%，占贸易总额的36.3%；中外合资企业贸易额48986万美元，同比增长100.3%，占贸易总额的36.2%；国有企业贸易额35127万美元，同比下降32.1%，占贸易总额的26.0%。

全市协议利用外资14268万美元，增长78.0%；实际到位25297.2万美元，增长1122.0%。

全年全市共接待国内游客1149.3万人次，增长10.0%，实现国内旅游收入71.7亿元，增长28.1%；接待入境旅游者人数90446人次，同比增长31.1%，创汇1875.5万美元，增长32.4%。

能源、环境保护和安全生产　初步测算，2008年能源消费总量2007.7万吨标准煤，比上年下降2.8%。其中，电力消费255.4亿千瓦时，比上年下降1.7%。全市万元地区生产总值能耗3.23吨标准煤，比上年下降8.38%；万元地区生产总值电耗4112.08千瓦时，比上年下降7.42%；规模以上工业增加值能耗6.46吨标准煤/万元，比上年下降10.79%。

中心城市市区空气质量二级以上优良天数达到340天，比上年增加34天。大气综合污染指数由上年的2.94降低到1.98。汾河、涑水河化学需氧量（COD）年均浓度分别为94.3mg/L和139mg/L，分别比上年下降24.1%和17.1%。全市污染物二氧化硫、化学需氧量（COD）排放量分别为13.16万吨和7.86万吨，下降9.1%和4.3%。年末城市污水处理率75%，城市生活垃圾无害化处理率56%，集中供热普及率80%。

全年全市生产安全事故死亡276人，比上年下降13.2%。煤矿百万吨死亡率为零。全市发生道路交通事故847起，同比下降2.6%，造成262人死亡，964人受伤，直接经济损失124.3万元，比上年下降37.7%。

交通、邮政和电信业　截至2008年底，全市铁路营运里程309公里。公路线路里程14315公里（含村道）。其中：国道、省道1462公里（包括高速公路340公里），县道、乡道、村道及专用道12853公里。公路密度达到100.9公里/百平方公里。2008年，全市公路客运量5422.6万人，比上年增长1.4%；公路货运量3502.2万吨，增长4.9%。公路旅客周转量33.8亿人公里，比上年下降5.6%；公路货物周转量35.3亿吨公里，增长12.4%。年末全市民用车辆拥有量60.6万辆，增长9.8%。其中：汽车21.4万辆，摩托车31.3万辆，拖拉机7.3万辆。在民用车辆中，私人汽车16.3万辆，增长30.4%。年末轿车6.9万辆，其中：私人轿车5.8万辆，比上年增长28.9%。民用航空开通了北京、上海、广州、成都、深圳、太原、重庆、沈阳、昆明、武汉、三亚11条国内航线，全年发送旅客30.3万人次，完成货邮运量824吨。

2008年全市完成邮政业务总量29354万元，比上年增长13.6%；全年订销报纸5642.1万份，增长13.0%；订销杂志177.6万份，增长7.0%；收寄国内函件938.3万件，增长10.9%；收寄国内包件21.8万件，下降24.8%。

全年全市完成电信业务总量51.8亿元。年末固定电话用户92.9万户，比上年下降6.3%；移动电话拥有量为231.5万部，比上年增长21.3%。互联网用户达28.0万户，其中宽带接入用户27.7万户。固定电话普及率为每百人18.4部，下降7.1%，移动电话每百人45.7部，增长20.6%。

财政、金融、保险和证券业　2008年全市财政总收入完成92.5亿元，比上年增收6.1亿元，增长7.1%。财政总收入占全市生产总值的比重由上年的13.8%下降为13.6%。其中：一般预算收入32.6亿元，比上年增长12.5%。四大税种共完成税收78.4亿元，占到财政总收入的84.8%。其中：增值税完成59.0亿元，增长13.6%；营业税完成6.9亿元，增长31.0%；企业所得税完成8.8亿元，下降41.6%；个人所得税完成3.7亿元，增长37.2%。

2008年全市一般预算支出93.0亿元，比上年增长28.8%。其中：农林水事务支出增长25.9%，教育支出增长34.2%，科学技术支出增长10.5%，文化体育与传媒支出增长45.8%，社会保障和就业支出增长34.8%，医疗卫生支出增长46.8%，环境保护支出增长62.0%。

年末全市金融机构本外币存款余额718.4亿元，比年初增加128.8亿元。人民币各项存款余额716.4亿元，比年初增长21.8%，其中：企业存款79.5亿元，比年初增长7.0%；财政存款36.2亿元，比年初增长47.8%；城乡储蓄存款517.4亿元，比年初增长21.9%。年末金融机构本外币贷款余额469.4亿元，比年初增加4.7亿元。人民币各项贷款余额467.2亿元，比年初增长0.9%，其中：短期贷款278.6亿元，比年初下降3.0%；中长期贷款163.4亿元，比年初增长20.4%。在短期贷款中：工业贷款69.5亿元，比年初下降21.6%；农业贷款121.6亿元，比年初增长13.8%；商业贷款47.6亿元，比年初下降5.9%；乡镇企业贷款6.9亿元，比年初增长9.5%。个人消费贷款17.1亿元，比年初增长8.9%。全年累计现金收入1967.5亿元，累计现金支出1981.0亿元，货币净投放13.5亿元，比上年少投放11.7亿元，减少46.4%。

2008年末，全市拥有保险公司及分支机构13家，全年保费收入21.6亿元，比上年增长31.7%。其中：财险业务保费收入4.2亿元，增长13.5%；寿险业务保费收入17.4亿元，增长37.0%。全年支付各类赔款及给付2.3亿元，比上年下降14.8%。其中，财险业务赔款2.1亿元，增长40.0%；寿险业务给付0.2亿元，下降83.3%。

2008年末，证券机构开户数达41284户，其中，当年新开户7965户，全年交易量达到265.6亿元，比上年减少29.0%。

科技　2008年财政对科技方面的投入5755万元，比上年增长10.5%。全市共组织实施省级以上各类科技计划项目56项，争取资金2108万元。获得全省科学技术进步一等奖1项，三等奖3项；全省农村技术承包一等奖2项，二等奖4项，三等奖2项。全年申请专利379项，比上年增长36.3%。每10万人申请专利达到7.5项，比上年提高1.8项。

运城、绛县、风陵渡三个省级经济技术开发区全年实现科工贸总收入199.0亿元，比上年增长32.2%；实现财政收入4.1亿元，增长41.4%。

教育　全年全市普通高等学校在校学生15225人，专任教师946人。中等职业学校在校学生71849人，普通中学在校学生40.8万人，小学在校学生44.3万人。全市中小学专任教师达到5.7万人。高中阶段毛入学率达到87.1%，比上年提高7.0个百分点。

文化　年末全市共有各种艺术表演团体16个，文化馆14个，公共图书馆13个。稷山高台花鼓走进奥运会。农村电影免费放映率达到100%。本市被国家文化部授予“全国文化产业工作先进集体”荣誉称号，被中央“扫黄打非”领导组评为全国先进集体。全市拥有广播电台1座，中短波广播发射站和转播台1座，电视台12座，广播人口覆盖率94.1%，电视人口覆盖率95.1%，有线电视用户达到9.3万户，数字电视用户达到4.5万户。

全市年末共有博物馆19个，馆藏文物174485件。重点文物保护单位1549处，其中：国家重点文物保护单位44处，省级重点文物保护单位92处，市级重点文物保护单位37处，县级重点文物保护单位1376处。

卫生　全市年末共有医疗机构396个，其中，市级医疗卫生单位20个，县级医疗卫生单位70个，乡（镇、街道）卫生院135个，社区卫生服务中心（站）60个，民营医院88个，厂矿医院23个。村卫生所3292个。各类医疗卫生技术人员2.2万人，其中医生1.8万人，每千人拥有医生3.55人。病床床位数1.6万张，每千人拥有病床3.2张。县乡村三级医疗卫生机构达标率83.1%。新型农村合作医疗覆盖率100%，参合率为91.7%。

体育　在2008年北京残奥会比赛中，本市获男子标枪银牌一枚。在全国比赛中，获公路自行车冠军赛第一名、锦标赛第一名，获女子1500米田径大奖赛第一名。在全省第十三届运动会阶段赛上，获金牌20枚，银牌22枚，铜牌33枚，其中1人次打破1项全省最高纪录，10人10次打破10项市各组别最高纪录，1人达到国家健将运动员标准，10余人达到国家一级运动员标准。圆满完成北京奥运会火炬传递任务，受到北京奥组委和省委、省政府表彰。全市57.5%的行政村拥有体育场地设施，人均公共体育场地面积达到1.31平方米。完成了体育馆主体工程建设任务。

2008年末，全市共有市、县两级产品质量监督检验测试所15个，检验样品3590批（次），检定计量器具7万余台（件），新（换）办代码证书9548个。全市共有气象台站14个，自动站13个，区域加密自动雨量站85个，卫星云图接收站1个，天气预报警报短信服务网1个，小型卫星地球站1个，气象数据卫星接收站13个，“121”电话天气预报警报服务网13个。开展人工影响天气业务单位14个，共组织高炮防雹作业18次，增雨作业11次，累计增雨量3.2亿立方米。全市有地震监测站15个，宏观监测场116个，地震遥测台网1个，子台5个，全年全市境内共发生地震36次，其中：3级以上地震3次。

注：1、以上部分数据为市统计部门初步统计数。

2、全市生产总值、各产业增加值绝对数按现价计算，增长速度按可比价计算。

（石少青）

中共市委书记		张茂才※	高卫东
副书记		王安庞	尚平安
市人大常委会主任			黄有泉
副主任	刘振龙	柴瑞霭	刘冠生
	张道中	梁天管	荆青莲
市　长		高卫东※	王安庞
副市长		张建合	柴林山
	吴菊仙	张建喜	董一兵
市政协主席			安永全
副主席	李玉燕	王七庚	史海涌
	王正选	杨泽生	薛靛民
			潘和平

盐湖区

【简述】 综合经济　2008年，盐湖区全区生产总值完成83亿元，同比增长10%；区属规模以上工业总产值完成26.5亿元，规模以上工业增加值8亿元，同比增长10%；粮食总产量达到1.68亿公斤，比上年增加3484万公斤，同比增长26%；财政总收入完成10.5亿元，同比增长14%，其中一般预算收入完成2.5亿元，同比增长12%；社会消费品零售额完成86.6亿元，同比增长14%；城镇居民人均可支配收入达到12042元，同比增长9%；农民人均纯收入4120元，同比增长12%；人口自然增长率在4.15‰以下；城镇登记失业率在3%以内。

新农村建设　2008年全区农业生产总体情况好于上年，全区粮食喜获丰收。粮食种植面积40020公顷，总产1.68亿公斤，比上年增加3484万公斤；棉花收获面积24345.5公顷，总产2803万公斤，增产821万公斤；新发展果树面积2334.5公顷；畜牧业产业化经营进程进一步加快，全区共建成42个畜禽养殖小区；新发展节水灌溉面积100.05公顷，完成水土保持综合治理面积800.4公顷，中低产田8004公顷改造工程已经全面铺开。

区委、区政府在千方百计增加农民收入的基础上，把重点放在改善农村人民环境上，以农村绿化、净化作为突破口、低标准起步，全方位覆盖。同时，开展了“百局包百村”建设新农村活动和“万名干部职工下农户”活动。2008年，盐湖区314个行政村达到园林卫生村标准的有279个，全部农村达到卫生村标准；乡镇办所在地的“两化”整治成效显著，主要街道乱搭乱建得到彻底拆除，总体规划基本到位。为切实巩固提高全区园林卫生村建设成果，狠抓了村容管理、乡村道路管护和乡镇所在地的城建管护三支队伍建设。村容管理队的工资报酬按照农村人口每人每年10元的标准予以拨付；道路管护队按照区级道路每公里每年1500元，乡级道路每公里每年800元的标准予以拨付；城建管护队的工资报酬按照乡镇办主要街道每跑米每年10元的标准予以拨付。三支队伍正常运转，切实有效地维护了广大农村良好的人居环境。

招商引资　复旦大街东延长线建设工程完成征地拆迁。盐湖工业园区双回路供电系统正在建设即将形成，配套服务设施逐步到位；服务区、商业一条街正在加紧施工。园区入驻企业不断增多，年初签订的上海纺织园、恒磁材料等10个入园项目征地任务基本完成，前期工作正在加紧进行。园区二期工程已全面启动，累计完成总产值8.5亿元，实现利税4500万元。

商业贸易　加强酒类流通管理，加大制售假冒伪劣酒品打击力度；加大市场规划与建设力度，继续抓好“万村千乡”市场工程，完善农村新的商业网络工程建设；开展全区商贸流通企业百日安全生产经营专项行动，加大定点屠宰执法力度，确保盐湖区食品安全无事故。市场经营环境得到净化，经营秩序进一步规范。

旅游　对全区旅行社进行了行业年检，对星级酒店进行了复核，五家二星级酒店全部达标；舜帝陵景区推出了旅游年票，势头良好。组织讲解员、导游人员进行集中培训，旅游服务水平得到了很大提高。加大景区建设，打造旅游品牌，强化旅游推介，成功举办了世界舜裔联谊会第20届国际大会。以舜帝陵景区为龙头的景点建设不断加大力度，旅游收入有所增加，旅游业收入完成了1100万元。

城市建设　2008年入驻新区的建设项目共有运城大学、运城卫校、运城市残联、盐湖公安分局等五个项目，预算总投资12.55亿元，一期工程投资6.05亿元。运城大学项目占地200.1公顷，总投资9.6亿元，一期工程投资4亿元；运城卫校项目占地21.08公顷，总投资1.96亿元，一期工程投资1.2亿元；运城市残联项目占地8公顷，一期工程总投资4600余万元，勘控工作已启动。盐湖公安分局指挥中心项目占地2公顷，总投资1893万元；盐湖新居住宅小区项目已完成投资2000万元，10栋楼主体现已完工。

社会事业　积极开展科技下乡和科学宣传活动，大力实施科技项目工程，为全区经济发展提供有力支撑。继续深化新型农村合作医疗工作，扎实开展疫情防控工作，加大卫生监督执法和医疗服务市场规范整治力度，区、乡、村三级医疗卫生服务网络进一步完善；教育工程扎实推进，寄宿制学校建设及危房改造工作全面启动，课改工作不断深化，教学质量不断提高。不断强化文化市场管理，抓紧文化企业改革，加大农村文化事业发展力度，积极营造全区文化氛围。围绕奥运火炬传递和第二届市运会中心任务，开展了丰富多彩、健康向上的体育健身和体育竞赛活动，竞技体育和全民健身运动得到加强。以污染减排为中心，强化环境监测，深入推进“蓝天碧水”工程，开展“全面整治企业环境行为”和“清理整顿小选矿、保护南山生态环境”专项行动，全区第一次污染源普查工作进展顺利，全区大气环境质量显著改善，二级以上好天气同期净增37天。成立盐湖区安全生产协会，以“治理隐患，防范事故”为主题开展安全生产宣传活动，安全生产隐患排查治理和百日督查专项行动取得显著成效。就业和再就业继续扩大，社会保险覆盖范围进一步扩大，劳动保障社会化管理进程不断加快。积极开展“向四川地震灾区人民献爱心”社会捐助活动，全区共收到捐款660余万元，捐物2525件，有效地支援了灾区人民的抗震救灾斗争。继续引深“双拥”教育和国防教育，深入开展军民共建活动，全区“双拥”工作整体水平得到提高。审计、人事、人武、民族宗教、老龄、档案、区志等工作也都了得了新的成绩。（王英杰）

【世界舜裔宗亲联谊会第二十届国际大会在运城市盐湖区召开】　2008年9月24日至27日，世界舜裔宗亲联谊会第二十届国际大会在运城市盐湖区召开。有14个国家、地区和内地省的25个团体324人参加了会议。会议期间，举办了隆重的公祭舜祖大典、拜谒舜帝陵、瞻仰皇城、舜帝陵衍福堂奠基仪式和欢迎晚会、开幕典礼、舜裔代表大会、闭幕暨惜别大会等活动。宗亲们还参观了虞舜文化展览、《盐湖之光》——盐湖区历史文物展览、历代书画艺术展、盐湖籍名人李健吾纪念馆和丁绍光版画陈列馆，浏览了解州关帝庙、常平关帝家庙、中国死海、普救寺、鹳雀楼、黄河铁牛、蒲坂城遗址等名胜古迹。雄伟壮观的舜帝陵、盛大的公祭大典、精彩的告祭乐舞、灿若星辰的文物古迹和深厚的文化义蕴给海内外宗亲留下了极其深刻的印象。（王英杰）

中共区委书记	于　波
区人大常委会主任	杨慧芳※　李　治
区　长	邓雁平
区政协主席	柴存喜

河津市

【简述】　位置面积　河津市地处山西省西南部，运城市西北隅。南有台地与万荣毗连，北枕吕梁山与乡宁接壤，东连汾水与稷山毗邻，西隔黄河与陕西省韩城市相望。汾河横穿中部而过，形成平坦而肥沃的河谷盆地。地形自北向南呈两端高中向低的马鞍状。全市南北长35公里，东西宽27.5公里，总面积593平方公里。全市共辖2个街道办事处、2镇、5乡，148个行政村，总人口389352人。

综合经济　2008年共实现生产总值（GDP）201亿元，增长9%；完成工业增加值104亿元，增长4.9%；完成固定资产投资67亿元，增长20%。完成财政收入38.4亿元。城镇居民人均可支配收入达到13300元，增长10%；农民人均纯收入达到7356元，增长7%。

工业　2008年是全市经济经受严峻考验的一年，年初南方遭遇多年不遇的冰冻雪灾，煤电油运全面紧张；7、8两个月围绕奥运召开，安全环保从严监管；9月份之后全球金融危机暴发，企业经营受到较大冲击。对此，市委、市政府按照“扩张、集聚、提升”六字方针，巩固传统产业，加快结构调整，推进转型发展。煤电铝产业围绕铝的深加工，突出抓好铝基地建设，华泽10万吨棒材、杰奥10万吨棒材、博翔5.5万吨棒材、晋都5万吨铝型材、中达30万支陶瓷棒等项目建成投产，康庄15万吨铝轧板项目一期工程正在安装设备，龙门、建康等铝深加工项目开始建设，全市铝的深加工能力达到30万吨；煤焦化产业突出发展焦炉煤气综合利用和煤焦油深加工，太工天成年产1500吨液氢、6万吨合成氨和7000万立方米车载天然气项目进展顺利，太兴煤焦油二期、鑫升4万吨炭黑等项目顺利投产，全市煤焦油深加工达90%以上，焦炉煤气利用达95%以上；焦铁钢铸产业着力发展特钢和铸造，加快钢铁企业提升改造，宏达580立方米高炉技改项目已经完成，50万吨特钢深加工项目正在筹建，达康20万吨铁合金脱磷联铸项目一期建成投产。鼓励企业二次创业，大力发展新兴产业，凯特石油催化剂项目建成投产，虹磊废旧轮胎开发利用、鑫诚矿用液压支柱等项目进展顺利。远东特铝、津津化工等企业依托自主知识产权，最大限度化解经营风险。全市新建工业项目总投资达33亿元。工业转型发展和结构调整迈出实质性步伐。

新农村建设　围绕发展农业生产，加强农田水利基本建设，改造中低产田540.27公顷，改善灌溉面积1334公顷，建成节水达标面积133.4公顷，治理水土流失1334公顷，粮食总产1.4亿公斤，达到历史最高。围绕增加农民收入，按照“公司＋基地＋农户”模式，扶持隆兴、通和、和平农场等龙头企业，推进农业产业化进程。加大财政投入力度，大力发展设施农业，新建无公害蔬菜种植基地2个，全市蔬菜面积达到2267.8公顷。围绕改善农民生活，加强农村基础设施建设，完成沼气3000户，改厕1000户，绿化公路沿线村庄30个，新建通村公路15公里，巷道硬化55公里，饮水解困1.6万人。加大矿区地质灾害治理，投资1.5亿元，实施下化4个村避让搬迁。改善农村医疗条件，完成全市154个村级卫生室的标准化建设。关注农村老年人生活，为全市农村70岁以上老人按月发放生活补助。加强农村基层组织建设，圆满完成第八届村民委员会换届选举。市政府向人民群众承诺的十件实事全部兑现。

重点工程　2008年，总投资1.5亿元的第二高中，经过10个月紧张施工，9月1日顺利开学投入使用。总投资1.2亿元、日处理污水4万立方米的污水处理厂，一期工程基本建成。投资3500万元收购永民中学，职业一校、二校、技工学校三校合一，组建职业中学，第一年招生达到1100人，成为运城市规模最大的职业中学。投资8500万元新建第二热源厂，理顺城市集中供热体制，供热质量明显改善。投资2100万元、全长3.6公里的延平街打通工程；投资800万元、全长2.7公里的龙岗西路改造工程；投资350万元、全长1公里的振兴西路改造工程，全部提前完工，投资600万元的市直幼儿园新园建设，主体已经完成。投资1500万元、占地193亩的北城公园一期工程开工建设。还打通了泰兴东路、中兴东路，改造了泰兴西路、莲池西路、华兴东路，市区所有骨干街道全部重新铺油改造。加大城乡电力建设，实施清涧、樊村、城西等7大变电站建设和增容改造，完成1个电气化乡、3个电气化村、13个村路灯亮化工程，完成农村电表改造2000户。加强道路交通建设，全长7公里、投资1200万元的108国道清涧至城区段改造；全长12.5公里、投资1200万元的龙虎公路改造；全长3.5公里、投资700万元的鑫固公路建设，全部按期投入使用，全年新建改造道路26条，总里程56公里，总投资达4500万元。大抓造林绿化工作，完成100公里道路、7条城市街道、50个村庄、20个企业、10个矿区、2000亩环城绿化，总投资达2800万元。

财政　坚持把增加全市可用财力作为的核心，加强税收征管，优化收入结构，可用财力2006年6.18亿元，2007年8.36亿元，2008年增加到10.27亿元，实现了持续快速增长，真正体现河津人民利益最大化。严格实行政府投资工程低价中标和政府集中采购制度，全年共评审10万元以上工程121项，按国家标准预算共需资金36451万元，经财政低价评审，审定资金27324万元；政府集中采购预算资金9960万元，竞标后实际执行7371万元。与国家预算标准相比，两项合计节约资金11716万元。加大政府职能部门跑项目、争资金力度，全年到位资金1.2亿元，同比增长200%。

社会管理　高度重视安全生产，深入开展尾矿库、加油站、人员密集场所等各行各业安全隐患排查治理，全年没有发生重大安全事故。加强环境治理，推进节能减排，全市符合产业政策的企业全部完成达标治理，全年二级以上天气达到306天。坚持严格保护与合理开发并重，全年共审批用地指标333.5公顷，位居全省前列，加强土地执法监察，全年共补缴土地出让金3100万元，既规范了土地管理，又保障了发展需求。积极推进煤矿重组改革，22座煤矿与国有大矿签订协议，5座煤矿完成重组。加强矿产资源稽查监管，健全长效机制，加大打击力度，彻底杜绝了煤炭资源私挖乱采现象。加大计生工作力度，改变多年落后局面，受到省市表彰奖励。强化社会治安治理，深入开展严打整治，社会治安状况明显改善。加强信访稳定工作，畅通群众诉求渠道，加强矛盾排查处理。

社会事业　全面加强农村教育，完成城区办、僧楼镇撤校并点试点工作，义务教育标准化建设通过省政府验收，河津中学通过省级示范高中验收。狠抓教学质量，全市高考二本以上达线586人。加大医疗卫生投入，全市参合农民达到27.9万人，参合率达99.1%，位居全运城13个县（市）第一。完善社会保障体系，健全社会救助机制，发放城乡低保资金1438万元，实现应保尽保。加大财政补贴力度，解决城乡群众冬季取暖用煤。积极拓宽就业渠道，提供就业岗位2000个，安置下岗失业人员1424人。

（魏玫玲）

中共市委书记	崔克信
市人大常委会主任	崔会民
市　长	杨勤荣
市政协主席	王锡义

永济市

【简述】　2008年，永济市辖7镇3个街道办事处，262个村民委员会，402个自然村。国土总面积1218.06平方公里，总人口445293人，比上年增加2168人。在总人口中男性221036人，女性224257人，女性与男性的比例为98.56：100。城镇人口255185人，乡村人口190108人，城镇化率为57.3%，人口自然增长率为5.38‰。年末在岗职工26308人，职工年平均工资20378元，比上年增长17.94%。

气候　温偏高，日照偏多，降水偏少，干旱严重。年平均气温14.9℃，较历年平均值偏高0.8℃，年极端最高气温38.6℃（6月28日），年极端最低气温－11.5℃（12月22日）；终霜日为3月24日，初霜日为1月1日，无霜期231天。年降水量为425.6毫米，比历年平均值偏少79.1毫米，最长连续无降水日数46天（11月16日～12月31日）。年日照时数为2329.4小时，比常年偏多65.7小时。大风天气7天，极大风速22.5米/秒，出现在5月3日。6月2日下午18点57分，本市出现罕见烈风，风力九级，大风使农作物受灾面积达266.95公顷，受灾人口20.5万人，直接经济损失1500余万元。

综合经济　2008年，全市生产总值完成59.95亿元，同比增长2.9%；财政收入完成6.0066亿元，比上年下降5.3%；规模以上工业增加值完成29.42亿元，同比减少53%；固定资产投资完成13.5亿元，同比增长25.6%；城镇居民人均可支配收入完成11753元，同比增长14.05%；农民人均纯收入完成4393元，同比增长8.3%；金融机构各项存款余额44.47亿元，同比增长2.3%；各项贷款余额51.44亿元，同比增长10.7%；社会消费品零售总额完成21.5亿元，同比增长21.6%。

工业　2008年，新时速电机电器、丰喜化工、中农化工等一批骨干企业的产值效益大幅增长，华圣铝业、蒲州发电、永济热电在逆境中迎难而上，全市规模以上工业总产值达到118亿元。全年共实施工业项目12个，其中7个项目已建成投产，5个项目正在实施。

新农村建设　2008年，全市粮食播种面积37818.9公顷，粮食面积、单产、总产均创十年来最好水平。棉花、芦笋、澳州青苹、大棚蔬菜、双孢菇等特色农业和养殖业发展势头良好。农业产业化进程进一步加快，科技支撑进一步加强，全市农业产业化企业达到178个，农民专业合作经济组织达到161个。农业基础设施建设全面实施，沿黄公路建成通车，新增通车里程25公里，完成通村和连村公路176公里。农田水利工程、测土配方施肥、机械化保护性耕作、农业综合开发工程进展顺利。造林绿化工程取得突破性进展，林木覆盖率增加两个百分点，达到29.7%，再次获得全省绿化造林先进县市。全年新农村建设完成投资1.3亿元，实施农民健身工程80个，“新网工程”建成村级便民店60家，代农储备粮油工程开始实施，“放心粮油进万家”工程顺利推进。全市年末牛存栏3881头，出栏肉牛1105头；生猪存栏39170头，出栏肉猪51679头；羊存栏25043只，出栏肉羊18392只；鸡存栏56.89万只，出栏肉鸡251.4万只；肉类总产量775.6万公斤，鸡蛋总产量161.2万公斤，奶类总产量569.6万公斤。

城市建设　利用沿黄干线公路建设契机，完成了黄河大道、振兴街和电机大道西段路面硬化工程；舜都大道南延硬化工程基本完工；对舜都大道中段、市府街中段、银杏街中段和迎新街进行了路面改造和配套设施建设；以火车站、汽车站、樱花园为重点的城市质量提升工程成效明显；城市绿化投资800余万元，城市绿化覆盖率达到36.5%；启动了城市廉租住房和经济适用住房建设工程；完成了城市集中供热一期工程建设；城区天然气项目主管道设计和前期工作基本结束；公园天下、城市经典、御园三期、南山华庭等住宅小区建设快速推进；涑水河城区段一期治理工程一、二标段河整治进展顺利。

旅游　2008年，铁牛景区扩建工程取得突破性进展，浮桥再现景观已对游人开放。鹳雀楼旅游路提升改造工程进展顺利，西厢村拆迁基本完成，街道改造已动工建设。总投资3亿元的舜都市场已完成投资2.2亿元，建筑面积达17万平方米；四星级海纳温泉国际大酒店、三星级华鑫商务酒店已正式对外营业；总投资1.21亿元、建筑面积4.8万平方米的永济鑫大国际购物广场已奠基开工。

招商引资　2008年，市委、市政府切实加大招商引资力度，对外宣传推介，对内强化服务。四大班子领导主动出击，与中汽集团、阳煤集团、太钢集团等一批企业集团进行了广泛接触洽谈；各部门多措并举、积极组织，争取了一批国家、省、市的项目和资金支持；各企业捕捉商机，果断行动，促成了一批合作合资项目的实施。热电厂新的2×30万千瓦机组、丰喜化机扩建、广亚铝业和粟海集团合作项目相继确定或付诸实施，先后有48家客商来永济考察，与一批企业形成了合作意向。全年共实施招商引资项目56个，到位资金14.89亿元。

人民生活　2008年，惠民政策全面落实，发放小麦补贴1413万元，玉米补贴1169万元，奶牛和能繁母猪补贴138万元，杂粮补贴66万元，农机具购置补贴78万元。全市新增就业3838人，创业就业850人，下岗失业人员再就业892人。城镇登记失业率控制在3%以内。社会保险覆盖面进一步扩大，社会保障覆盖率达到87%，五大社会保险征缴基金1.35亿元，发放支付1.43亿元。为企业军转干部和困难企业转业志愿兵发放生活补贴和困难补助150万元，为部分困难企业解决养老保险补贴247万元，为604名农民工追讨工资210万元。"新农合"运行良好，参合率达96.25%，全年发放补偿款1837万元，直接受益达17万人次。完成饮水安全工程17处，解决了3.22万人的饮水安全问题。农村住房解困工程进展顺利，100户特困群众入住新居，并对100户残疾人危房进行了改造。城乡低保应保尽保，共发放保障金2024万元。预算安排优先向民生倾斜，全年用于干部职工个人部分的支出达2.6682亿元，比上年增加4230万元。

社会事业　2008年，全市深入开展了解放思想大讨论活动，干部素质明显提高，工作作风得到强化，责任意识显著增强。教育事业健康发展，办学条件进一步优化，教育教学质量不断提高，素质教育全面实施，高考各类考生达二本线726人，达重点线258人。低生育水平保持稳定，人口增长得到有效控制，为农村独生子女户奖扶对象发放奖扶资金244万元，同比增长170%。二氧化硫和化学需氧量排放量分别消减14%和13%，全年二级以上天数达320天，超计划100天。市镇村三级医疗卫生机构达标率达到95%，城市社区卫生服务机构建设全面启动，服务覆盖率达90%以上。切实加强安全生产工作，在全市范围内开展了拉网式、全方位、不间断的安全生产隐患大排查、大整改，全年没有发生一起重大安全生产责任事故。深入学习贯彻《国务院关于加强市县政府依法行政的决定》、行政机关工作人员依法行政的意识和能力明显提高。推进社会治安综合治理，狠抓信访维稳工作，确保了全市社会大局稳定。公路"治超"工作取得显著成效，全市公路交通环境明显好转。深化村务公开，加强民主管理，农村财务管理规范运行，全省农廉工作及农村财务管理现场会在永济召开。第八届村民委员会换届选举工作圆满完成，为新农村建设奠定了扎实的基础。文体事业蓬勃开展，硬化体育场地5万平方米，精神文明建设进一步加强。第二次全国经济普查工作顺利推进。市场经济秩序治理整顿成效显著。广播电视数字化覆盖率进一步扩大，通信和信息产业长足发展。国防教育、文物保护、防震减灾、黄河防讯、民族宗教工作不断加强。财税、统计、档案、气象、人防、老龄、残疾人事业都取得了新的成效。　（薛越茜）

【永济芦笋获地理标志产品保护】　2008年2月18日，根据《地理标志产品保护规定》，国家质检总局组织了对永济芦笋地理标志产品保护申请的审查。经审查合格，批准自即日起对永济芦笋实施地理标志产品保护。到2008年，永济芦笋累计总产量60万吨，出口近40万吨。出口量占全国出口量的50%以上，占世界市场份额的1/3强。

永济芦笋地理标志产品保护范围为永济市现辖行政区域，包括蒲州镇、韩阳镇、栲栳镇、张营镇、开张镇、卿头镇、虞乡镇7个镇和城东街道、城西街道、城北街道3个街道。保护的芦笋品种为阿特拉期、改良帝王和硕丰。　（薛越茜）

中共市委书记　武宏文
市人大常委会主任　杨文宁
市　长　冯方汇
市政协主席　刘临生

夏　县

【简述】　夏县位于运城市东陲，南接平陆县，北邻闻喜、垣曲两县，东隔黄河与河南省渑池县相望。地理坐标为北纬34°55′～35°19′，东经110°02′～111°41′，东西长，南北窄，地形概貌为"七山二川一丘陵"，总面积1352.6平方公里，耕地59万亩。辖6镇5乡，257个行政村、864个自然村36万人（其中农业人口32万人），是一个传统的农业县，也是一个省定扶贫开发重点县。夏县历史悠久，人文荟萃，生态良好，山川秀美。这里不仅孕育了植桑养蚕的黄帝元妃嫘祖、晋国忠臣介子推、东晋"书圣"王羲之的老师卫夫人及北宋名相、著名的政治家、史学家司马光等历史名人，而且50年代就以四旁绿化闻名全国，特别是近年来通过持续不断地实施"绿色战略"，林木覆盖率达53.16%，2006年被评为"全国绿化模范县"，近两年连续被评为"全省造林绿化优秀县"。

综合经济　2008年，全县完成地区生产总值15.2亿元，比上年增长11.3%；全社会固定资产投资总额9.5亿元，比上年增长76.6%；财政收入1.25亿元，比上年增长36.9%，首次突破亿元大关；社会消费品零售总额8.9亿元，比上年增长27.7%；城镇居民实现可支配收入9239元，比上年增长18.09%；农民人均纯收入2714元，比上年增长11%。

新农村建设　按照中央提出的新农村建设20字方针，坚持政府主导、农民主体、分类指导、整体推进，取得了阶段性成效。2008年全县粮食总产21.4万吨，被农业部评为"全国粮食生产先进县"。在稳定粮食生产的基础上，又围绕"一乡一业、一村一品"的调产思路，在全县重点培植了"蔬菜、水果、畜牧养殖"三大主导产业，并按照"公司带基地、基地连农户"的发展模式，形成了以"木业、蔬菜、水果、畜牧养殖"为主的十大农副产品加工龙头企业，使产业链条不断延伸。全县蔬菜面积已达11872.6公顷，其中日光温室4669公顷，优质水果10138.4公顷；已建成蔬菜专业村95个，优质水果专业村56个；畜牧养殖、药材种植、木材加工、运输专业村41个，全县80%的村已呈现出"村有特色产业、户有致富项目"的块状经济发展格局。特别是在全县持续不断地狠抓了道路硬化、村庄绿化、环境净化、路灯亮化和改水、改厕、改厨、改圈以及村村建立标准化小学、计生卫生室、便民连锁店、科技文化活动室、休闲健身场所的"四化四改"和"五个一"工程。目前全县90%的村实现了大街小巷全硬化，山下所有村基本上都建成了生态文明园林村；50%的村建起了文体活动广场、实现了路灯亮化，2/3的村建立了科技图书室，全县已发展沼气8000余户。2007年，被省委、省政府评为“全省新农村建设先进县”。

工业　2008年，引进各类工业项目16个，其中新上项目8个，续建项目8个，协议引资16.6亿元，到位资金2.8亿元，已培育了金星镁业、宇达工艺、骏达木业、鸿鹄镁业、中森木业、田源果汁、泰顺食品等一批大的潜力骨干企业，初步形成了加工制造、医药化工、农副产品加工、金属冶炼四大支柱产业，规模以上企业已由2005年的10个增加到了22个，工业和民营企业在县域经济中的主导地位更加突出。

城市建设　按照“打造适宜创业、适宜人居的卫生城市、山水园林城市”和运城市“后花园”的发展定位，不断加快老城改造和新城开发，新建了禹泽苑住宅小区、钟鼓楼商场、莲湖公园、新兴大厦、桥头公园等一批城市标志性建筑，改造了温泉大道、禹王大道、滨河路及县城主干路，实施了县城通天然气工程，并持续不断地狠抓绿化、净化、亮化、美化，完善各项设施，使城市面貌焕然一新，2008年被评为“省级卫生县城”，建成区面积由1978年的2.8平方公里发展为目前的5平方公里，常住人口达3.3万人。

文化旅游　围绕打造“人文夏县、古都夏县、绿色夏县”的旅游品牌，大力开发旅游资源，不断培育旅游产业，先后投资8000余万元，铺开并完成了泗交生态景区开发、司马温公祠广场修建、堆云洞修复、瑶台山景区开发以及温泉三星级宾馆改造等重点工程，初步形成了以司马温公祠、堆云洞、宇达工艺园、瑶台山为主的人文旅游线和以泗交、温泉为主的生态旅游线，使夏县的旅游发展融入了运城市的旅游圈，进一步提升了人气。同时，坚持把打造文化软实力作为硬任务来抓，先后投资1个多亿，实施了文化中心、文化馆、图书馆、夏县二中、体育场、莲湖广场等一批文化建设工程，并不断加大乡镇文化站和农村文化活动室建设力度，初步形成了覆盖城乡、惠及全民的公共文化体系。

社会事业　始终坚持“财政支出向民生倾斜，工作重点向民生转移”的原则，以更多的精力关注民生，更大的财力投向民生，更实的举措保障民生，通过持续不断地狠抓中小学危房改造、加快寄宿制学校建设、改善山区办学条件、提高山区教师待遇、实施两免一补，加强师资队伍建设，较好地实现了教育的均衡发展。全县拥有高中3所，职中5所，初中27所，小学155所，教学点23个，幼儿园78所，教师进修学校1所。全县共有在职在岗教职工3487人，在校生59800人，在园幼儿5746人。小学普及率达到100%，初中升学率100%，高考上线人数连年攀升，2008年全县六大类共达线289人，其中达一本线人数88人，达线率11.27%，初步形成了公办教育、民办教育一起上，普教、职教、成教、幼教、特教五教一体，各具规模，颇具特色的夏县教育新格局；狠抓道路建设，改善交通条件。全县公路总里程已达2215公里，拥有国道1条13公里，省道3条57公里，县道6条171公里，乡道35条391公里，村通和巷道硬化1583公里，在全县初步构建起以“三纵六横”干线公路为骨架，以通村公路和巷道硬化为补充，乡乡循环、村村互通的公路交通发展新格局；医疗卫生条件得到较大改善，卫生事业进一步发展。全县拥有各类卫生机构550个，标准化卫生室170个，病床950张，卫生技术人员717人，县乡村三级卫生机构达标率达87%。全县31.4万农民建立了体检档案，全国农民体检健康档案工作现场会将夏县作为唯一的参观点。2004年，夏县全面启动了新型农村合作医疗制度，乡村两级覆盖率达到了100%，2008年农民参合人数289752人，参合率达到90.25%，初步形成比较健全的医疗保健网；狠抓创业就业工程，社会就业更加充分。2007年，夏县培训农民工5970人，2008年，新增就业岗位3300个，培训农民工5000人，并加大劳务输出，使全县在外务工人员达到4.8万人；社会保障体系建设进一步加强，贫困人口基本生活得到保障。2008年农村低保对象达5274户9124人，占农村人口的2.84%，农村“五保”对象585人，城市低保2719户4279人，占城市总人口的13.5%。新增就业岗位2678个，转移农村劳动力22600人。

（县志办）

中共县委书记	苏安乐
县人大常委会主任	黄保龙
县　长	李晋学
县政协主席	刘永录

闻喜县

【简述】　2008年，全县地区生产总值完成72.52亿元，同比增长4.3%；规模以上工业增加值完成41.19亿元，增长4%；固定资产投资完成52亿元，增长28.7%；社会消费品零售总额完成15.22亿元，增长25.6%；财政总收入完成10.33亿元，增长24.5%；一般预算收入完成2.53亿元，增长19.8%；城镇居民人均可支配收入完成10509元，增长13.3%；农民人均纯收入完成3548元，增长14.5%。同时，本县农田水利基本建设被评为全省“禹王杯”先进县，并跨入全国“百强县”行列；被命名为全国首家“中国报告文学之乡”；“闻喜花馍”入选《第二批国家级非物质文化遗产名录》；东镇西街村被表彰为第二批“全国文明村”。

项目建设　2008年，全年共确定招商引资项目35个，完成引资13亿元。先后实施完成银光、宏富等金属镁企业节能技改项目、丰喜“双百工程”一期工程、玻璃行业新建一座日产24吨玻璃池炉及两条自动机制玻璃生产线等重点项目。正在实施的重点项目有海鑫公司年产220万吨热轧板卷生产线、冀东海天水泥公司日产4500吨水泥熟料生产线以及森特集团洁净煤和大型煤化工装备生产基地技改等，全县经济发展后劲进一步增强。

基础设施建设　城市建设上，福利中心主体工程、西湖路南延桥梁主体工程、太风街排水改造、道北社区道路改造及兴闻街、城东路、牌楼街绿化改造等重点工程先后完成。公路建设上，实施完成了闻夏线6.7公里公路改造和闻苍线8.1公里公路改造工程。电力建设上，完成东镇110千伏变电站增容改造和西官庄110千伏变电站改造工程。水利建设上，正式启动石门引水工程，如期完成南垣集中供水工程，全县6.5万人口的饮水安全问题得到解决。

“三农”工作　2008年，全县小麦种植面积达42888.1公顷，总产1.37亿公斤，比上年增长103%，创历史最高水平。蔬菜、中药材等经济作物种植面积发展到14607.3公顷，无公害农产品标准化生产基地达到25879.6公顷，农副产品加工企业发展到129家，农民专业合作社发展到101家。完成农村综合服务楼、标准化卫生室等各类工程128个，13个乡镇和60个新农村建设重点村全部配发垃圾清运车，村容村貌明显改善。

安全生产　以尾矿库、食品卫生、危险化学品、学校、道路交通等行业和领域为重点，深入开展安全隐患大排查和安全专项整治行动。特别是尾矿库治理严格实行一库一策，领导包库，全力消除安全隐患。同时，建立健全安全生产委员会会议、隐患排查治理等十项制度，企业安全生产主体责任和政府安全监管主体责任得到强化，全县安全生产形势明显好转。

环境保护　大力推进节能技改，全县实现节能45万吨标煤，万元GDP能耗同比下降1.6%，特别是金属镁行业吨镁的煤耗由10吨降到4.72吨，吨镁烟尘排放量由0.02吨降到0.012吨，仅此一项，全县就实现节能33.5万吨标煤，减少烟尘排放520吨。同时，大力推进园林城镇建设，完成峨嵋岭10000亩城北防护林带建设工程，建成园林单位50个、园林学校50个、园林村39个、园林厂矿10个。城乡环境质量明显改善，县城二级以上天数达到303天，超出全年任务63天，一级天达到45天，填补了有监测记录以来的历史空白。

社会事业　新建成农村标准化寄宿制学校4所，公开选招50名大学毕业生到高中任教，闻喜中学通过省示范中学初验。新型农村合作医疗参合率达到95.8%，县中医院主体工程竣工，县、乡、村三级医疗卫生机构综合达标率达85.5%。城市低保纳保3776户9495人，农村低保纳保5991户10157人，城乡低保应保尽保。对20户特困大专以上毕业生采用公开考评的办法安排就业。城镇登记失业率控制在3%以内。完成移民搬迁1100人、农村沼气建设2113座，新转移农村劳动力11790人。建成经济适用房2.26万平方米、廉租住房40套。同时，城建、交通、粮食部门和县招待所自收自支人员及县医院、中医院、卫生院、大集体退休人员被纳入财政供养范围；原乡镇站所“三定”人员和兽医院、兽医站、马站人员共181人全部纳入养老保险，生活待遇问题彻底解决；287名军队退役人员被妥善安置就业。

（县志办）

【“闻喜花馍”入选第二批国家级非物质文化遗产名录】 2008年，国务院公布第二批国家级非物质文化遗产名录，此次公布的目录共分十大类、510项，本县“闻喜花馍”入选第七类——传统美术（民间美术）第829项、Ⅶ—53面花。这是本县唯一入选国家级非物质文化遗产名录的传统工艺。（县志办）

【发现两处“龙山时期”文化遗址】 第三次文物普查闻喜普查队在本县神柏乡发现史家坡、下庄两处龙山时期文化遗址。史家坡遗址位于神柏乡史家坡老村的多级台地上，南北长约600米，东西宽约150米，文化层厚0.5米—2米，台地断崖发现有灰坑、陶窑和白灰面房基等遗迹，白灰面房基长约3.4米，有四层白灰皮。采集到的陶片均为泥质和夹沙灰陶，纹饰有篮纹、绳纹、附加堆纹和磨光，器形有鬲、大口罐、豆盘、深腹篮纹罐等。下庄遗址位于神柏乡下庄村东的多级台地上，东西长约540米，南北宽约400米，文化层厚0.5米—2米，断崖发现有灰坑白灰面房基，还有10处陶窑暴露在外。在采集到的遗物中，除了陶片、纹饰、鬲、瓮、缸、三足盘等外，还有一件新石器时代的石斧。（县志办）

中共县委书记	裴良杰
县人大常委会主任	张英生
县　长	李尧林
县政协主席	王延平

绛　县

【简述】 绛县位于山西省南部，运城地区东北端。县境东部和南部由中条山环抱，高峻而挺拔，西部和北部由平川和盆地构成，低凹而平坦。东部与翼城县毗连，西部和闻喜县接壤，南跨中条山与垣曲县相邻，北部自东而西由翼城、曲沃两县和侯马市环绕。地处北纬35°20′—35°38′，东经110°24′—110°48′。东西长49.1公里，南北宽3504公里，总面积993.49平方公里。

气候水文　2008年，气候条件一般，气温略高，降水偏少，光照不足。本年总降水量537.9毫米，比历年均值偏少31.7毫米，属降水偏少年份，年平均气温12.0℃，比历年均值偏高0.3℃，属气温偏高年份，总日照时数2145.6小时，比历年均值偏少135.5小时。

（一）大雪。1月出现了三次明显的降雪过程，尤其以11～13日的降雪为严重，仅12日一天就降雪9.2毫米，达到了大到暴雪标准。积雪对小麦安全越冬极为有利，同时能抑制病虫害和菌类的繁殖，为下年小麦的丰收打下了基础。

（二）暴雨。5月7日17时30分开始，至8日15时38分，本县遭到暴雨——大暴雨的袭击。各站点降水量分别为：测站99.3毫米、卫庄55.2毫米、冷口57.2毫米、横水92.9毫米、南樊54.9毫米、安裕42.5毫米、陈村42.8毫米。其中降水量最大的是测站7日18时——19时1小时出现了57.3mm的降水极大值，在春季出现这种大强度的暴雨天气，在绛县历史上是少见的。

（三）人工增雨作业。8月20日16时，实施人工增雨作业，持续35分钟，发射炮弹70枚。此次人工增雨效果明显，大大换届了当前旱情，有利于秋作物的生长及空气质量的改善。

综合经济　2008年全县生产总值完成30.2亿元，增长7.1%；规模以上工业增加值11.6亿元，增长4.1%；全社会固定资产投资14.9亿元，增长61.1；社会消费品零售总额7.75亿元，增长26.2%；外贸进出口总额2933万美元，增长51.7%；财政总收入2.34亿元，增长12.7%；一般预算收入5951万元，增长14.3%；城镇居民人均可支配收入9159元，增长14.1%；农民人均纯收入3520元，增长13.8%。

工业　积极调整经济结构，推进工业协调发展。按照国家产业政策，环保政策和安全生产要求，关停“十二小”企业238家，停产整顿企业130家，选矿和烟花爆竹生产企业实现了全行业退出；积极鼓励和扶持高科技、高技术、环保型企业发展壮大。中科晶电的砷化镓生产规模进一步扩大，8月份投入生产，截止年底总产值达1600万元；亚新科的精密铸造发展迅速，截止3季度，销售收入达4.4亿元，上交税收1731万元，成为全县纳税最多的企业；江河生物质发点项目完成设备安装调试；下年可投入生产；鑫江河工业硅生产线1号炉完成调试，2号炉正在安装。大力支持传统企业投资扩建；扩大生产规模，志信公司的3万吨和远征公司的3万吨湿法炭黑生产线投入使用；明迈特公司的4×2500千伏安矿热炉项目，一期已经投产，二期建设正在施工；三和镁业，恒天镁业改扩建金属镁深加工，项目正在建设；五四一电厂的60万千瓦发点项目正在积极运作。同时，申报工业项目20多个。

农业　不断加强粮食生产的基础地位，通过大力推广新技术、新良种，使全年粮食生产达1.45亿公斤，同比增长3.6%。其中，小麦总产7778.5万公斤，创历史最高。三大特色农业的规模进一步扩大，效益保持稳定，林果业中的大樱桃种植总面积达10500亩，平均亩收入达1万元以上，亩均收入超过2万元的有49户，超过3万元的有57户；山楂种植总面积达5万亩，平均亩收入2500余元，总产值1.2亿元；畜牧业总产值4.3亿元，农民人均畜牧收入570元，同比增长2.5%；特色种植业中，药材种植面积稳定在2万亩，平均亩收入2000余元。

第三产业　对全县第三产业发展状况进行了全面调查，出台了加快服务业发展指导意见，取消了工商管理费，规范了网吧经营，开展了电影下乡活动，改造修缮了文庙、太阴寺等重要文物资源，理顺了东华山森林公园管理体制，房地产、物流、商贸等服务业平稳发展，全县第三产业增加值预计可达8.2亿元，在三产中的比例达到27.8%，同比增长10%。

基础设施建设　绛县在公路和城市建设上，实现了大力度、大手笔、大提高，使全县的整体环境、整体形象有了一个明显改观。公路建设上完成投资近5亿元。一年来，开工建设闻（喜）垣（曲）高速公路，绛县段全长23公里，总投资17亿元，本年完成投资3亿元；建成全长22公里的二里半至横水一级公路，新建了里册河、磨里河大桥，基本恢复了2007年主要干线公路的水毁工程，改造了张村至续鲁、卫庄至冷口等一批县、乡、村道路。城市建设上，总投资超过1亿元，对涑水大街的绿化、照明全部配套，成为绛县最亮丽的一道风景线，完成了中条山路中段和紫金山中段的改建任务，在县城主要十字路口安装了交通信号灯，城市交通秩序大为好转。

民生工程　一是注重发展教育事业。2008年，绛县共免除学杂费及教科书费599.5万元，惠及学生3.6万人，对2800余名贫困寄宿生补助生活费44万元。实施了南樊中学搬迁、青少年活动中心建设和职业中学改造工程，完成了县直初中、实验一小和3所农村寄宿制小学的暖气安装，公开招聘中小学教师100名，接受了中信机电公司5所学校，高考达线人数首次突破百人大关，二本以上达线120人，三本以上达线200余人。二是不断加大农村医疗文化事业投入。提高新型农村合作医疗补助标准和报销比例，各级财政补助翻了一番，每人提高40元，报销比例最高达75%，比上年提高30个百分点。2008年，全县参合人数203161人，参合率为88.8%，比上年增长了6个百分点；截止10月底，共为51848位参合住院患者补偿1178余万元。在连续三年进行乡镇卫生院基础设施建设的基础上，本年投资300万元修缮了乡镇卫生院业务用房，更新了医疗设备，年底，全县共有8个卫生院达标，达标率为80%。“三路奶粉”事件后，免费对6518名婴幼儿进行筛查，筛查出的90名结石患者均已治疗痊愈。建设农村文化室170个，为农村文化发展提供了良好载体。建设农村文化室170个，为农村文化发展提供了良好载体。三是社会保障体系更加健全。养老、医疗、失业、工伤等社会保险覆盖面进一步扩大，企业养老保险参保职工达18000人，农村养老保险新增参保农民130人，累计达到3757人，医疗保险参保职工达23140人，工伤保险参保职工达11933人；解决了10户零就业家庭人员的再就业。城乡低保、农村五保做到应保尽保，2008年全县农村低保覆盖2733户、8316人，上半年补差标准达到了552元，下半年补差标准达到了672元，全年发放低保金509万元。同时，积极推进收入分配制度改革，提高了机关工作人员的工资待遇，津贴、补贴全部按时发放。全面启动了住房公积金，全县共配套资金150万元。四是农村基础设施不断完善。槐泉灌区改造完成了总工程量的70%；陈村峪水库出现加固工程，于10月份开工建设；完成沼气建设1032户；南樊6800亩中低产田改造项目顺利完成；横水7500亩土地治理项目，9月份开工建设；国家级农业综合开发县申报工作进展顺利；2006年确定的9个新农村建设试点村通过了省、市验收，2007年确定的16个新农村重点推进村，基本完成“四化、四改和五个一”工程进展顺利。

财政金融　2008年，财政收入稳定增长，收入结构进一步优化。本年1—10月份，全县财政总收入完成20727万元。为年初预算的85.7%。同比增长17.4%。增收3068万元，全县财政一般预算支出27211万元，同比增长27.8%，增支5920万元。

2008年全县信用社各项存款余额达9亿元，比年初净增1.6万元，完成全年计划14500万元的110.34%，存款净增额占全县金融机构存款净额度占全县金融机构存款净额度的48%，市场占有份额达38%。全县信用社各项贷款余额6亿元，当年累放各项贷款2.8亿元，纯投放6300万元，存贷比例66.67%，达到市联社规定标准。2008年累计发放贷款2.5亿元；当年创建省级标准信用村14个；支持农副产品加工转化及能带动农民增收企业11个；培育和创建信用市场6个；支持农民专业合作社14个；先后为47632户农户提供了信贷服务。

招商引资　2008年全县招商引资已达到3862.6万元，其中农村户用沼气建设项目643.2万元；粮食补贴资金2930.4万元，粮食良种补贴330万元，坡耕地综合治理项目450万元；中低产田改造项目180万元，旱薄地土壤配肥项目14万元等等，以上项目的实施，节约了能源，改善了农产品质量，大大提高了本县农业经济效益、社会效益和生态效益。

（县志办）

中共县委书记	张　冠
县人大常委会主任	韩廷海
县　长	梁潞阳
县政协主席	李服役

垣曲县

【简述】　位置面积　垣曲县地处北纬34°59′～35°26′，东经111°30′～112°05′之间，位于黄河北岸，中条山北部，山西省南端，运城市东北隅。东接河南省济源市，东北与阳城、沁水县毗连，北、西北与翼城、绛县接壤，正西方衔闻喜，西南方连夏县，南隔黄河与河南省新安、渑池县相望。极点直线距离东西65公里，南北48公里，总面积1620平方公里。县治位于县境西北的新城镇，距运城市115公里，省城太原440公里，首都北京910公里。县城平均海拔550米。

气候水文　本年度平均气温13.2℃，较历年同期均值偏低0.1℃，年极端最高气温36.8℃，出现在6月25日。年极端最低气温－14.2℃，出现在1月14日。其中1、2、6、7、9月平均气温较历年同期均值偏低。其它各月平均气温较历年同期均值偏高。年总降水量为576.0毫米，比历年均值偏少20.8毫米。其中1、4、5、9月降水量比历年同期均值偏多，其它各月降水量较历年同期值偏低。年日照时数为2097.8小时，较历年均值偏多9.8小时，其中1、6、8、9、11月日照时数比历年同期均值偏少，2、3、5、7、12月日照时数比历年同期均值偏多，其它各月正常。年平均风速为2.1米/秒，较历年同期均值偏小0.7米/秒，年内大风日数为8天。2008年1月出现了两次较大的降雪过程，10日至22日两次降雪总降水量达33.1毫米，雪深达18厘米（局部地区雪深可达22厘米以上），最大雪压达2.2克/平方厘米，这次降雪过程为近20年来罕见；5月7日至9日出现了一次大的降水，其中7日18：30分至22：30分4小时降水70毫米左右，16日夜间至17日又一次强降水，并伴有短时间冰雹，冰雹大约持续15分钟，受冰雹袭击的村有15个。

生物资源　本县植物有木材植物、药材植物、淀粉及糖类植物、油脂类植物、芳香油类植物、纤维植物、观赏植物、食用菌类植物等。动物有鸟类、兽类、爬行类、鱼类、昆虫类等。

矿产资源　迄今探明矿藏46种，金属矿产有铜、铁、金等。铜储量270余万吨，多分布于胡家峪、老宝滩、桐木沟、篦子沟、铜矿峪、洛家河等地。铁储量为1800万吨，多分布在毛家湾、皋落、长直、解峪、窑头、同善等地。金矿多分布于望仙河、淘金河、文堂、沙金河、胡家峪等。非金属矿产有煤、石灰石、白云岩、重晶石、方解石、磷矿、大理石、铝土矿等。

行政区划　2008年，垣曲县有5镇6乡，辖188个行政村。其中新城镇辖15个行政村；毛家湾镇辖10个行政村；王茅镇辖13个行政村；古城镇辖26个行政村；历山镇辖22个行政村；皋落乡辖15个行政村；长直乡辖17个行政村；华峰乡辖24个行政村；英言乡辖21个行政村；蒲掌乡辖15个行政村；解峪乡辖10个行政村。

综合经济　2008年，全县共完成国内生产总值186580万元，按可比价同比增长5.7%。其中，第一产业完成增加值21722万元，同比增长15.3%；第二产业完成增加值109680万元，同比增长0.2%，其中工业完成增加值92280万元，同比下降7.3%；第三产业完成增加55178万元，同比增长14.9%。三次产业结构比例为11.6：58.8：29.6。人均国内生产总值完成8138元，比上年增长5.16%。

农业　农村经济稳定发展。2008年，全县共完成农林牧渔产值38387万元，同比增长25.77%。其中，农业产值完成19298万元，同比增长41.47%；林业产值完成783万元，同比下降1.04%；牧业产值完成14839万元，同比增长22.17%；渔业产值完成1267万元，同比下降39.48%；农林牧渔服务业完成产值2200万元，同比增长10.0%。

2008年，全县农作物总播种面积28984公顷，折43.48万亩，同比增长5.4%，其中粮食作物面积26277公顷，折39.42万亩，同比增长5.5%；在粮食作物种植面积中，小麦种植面积14514公顷，折21.77万亩，同比增长4.13%，秋粮播种面积11763公顷，折17.64亩，同比增长7.26%。高产作物玉米的种植面积达到9508公顷，折14.26万亩，同比增长6.98%。全年全县粮食总量51502吨，比上年增长8.57%。其中夏粮产量26012吨，同比增长38.16%，秋粮产量25490吨，同比下降10.9%。各种农产品产量与上年相比有升有降。其中，小麦产量26012吨，同比增长38.16%，玉米产量21623吨，同比下降12.68%；油料产量614吨，同比增长42.79%；棉花产量428吨，同比下降9.89%；烟叶产量1056吨，同比增长13.9%；蔬菜产量16598吨，同比增长73.1%，水果产量6044吨，同比增长1.07%。

全县全年共完成造林面积1693公顷，折2.54万亩，同比下降48.18%。其中，人工造林面积786公顷，折1.18万亩，同比下降59.36%，封山育林907公顷，折1.36万亩，同比下降31.96%。

全县全年肉类总产量7499吨，同比下降19.59%。其中：猪肉产量5182吨，同比下降15.9%；奶类产量380吨，同比持平；禽蛋产量2620吨，同比增长0.38%。年末大牲畜存栏15118头，猪存栏45014头，羊存栏81819只，家禽存栏509415只。

2008年，全县水产品产量795吨，同比下降39.5%。其中养殖产品175吨，同比下降33.2%，捕捞产品620吨，同比下降41.1%。

农业生产条件进一步改善。全县农用化肥施用量（折纯）5863吨，同比增长2.05%；农村用电量2974万千瓦时，同比增长3.88%；农机总动力248576千瓦，同比增长1.59%。

工业和建筑业　工业经济发展下滑，增速趋缓。2008年规模以上工业企业共完成工业总产值324577万元，同比下降14.36%；完成工业增加值84629万元，同比下降9.02%，实现销售产值301428万元，同比下降19.67%。工业产品销售率92.87%。

全县规模以上工业企业实现销售收入350539万元，同比减少16.4%，实现利润50452万元，同比减少3.26%，实现利税74372万元，同比增长16.12%。

规模以下工业企业完成总产值19129万元，同比增长8.0%。其中农村个体企业完成总产值7595万元，同比增长15%，其它工业企业完成总产值11534万元，同比增长3.84%。

主要工业产品产量有增有减。焦炭产量36278吨，同比下降54.28%；丝产量63.7吨，同比增长4.77%；电解铜43224吨，同比下降8.45%；发电量19358万千瓦时，同比下降31.01%；硫酸（折纯）80398吨，同比下降17.1%，水泥249634吨，同比增长1.25%。

建筑业快速发展。全县具有资质等级的建筑企业完成总产值14624万元，同比增长65.5%。其中，建筑工程产值12458万元，安装工程产值2166万元。施工面积131171平方米，比上年增长41.39%，房屋竣工面积49171平方米，同比下降26.36%，竣工产值4631万元，同比下降36.52%，实现利润总额753万元，同比增长154.39%。

固定资产投资　2008年，全县固定资产投资共计完成70888万元（不含高速路58181万元），同比增长5.67%。其中，国有单位投资39513万元，同比下降17.76%，施工项目个数60个，同比增长20%，本年施工房屋面积123640平方米，同比下降50.56%。

批零贸易和市场物价　消费品市场保持快速增长势头。2008年，全县社会消费品零售额完成84805万元，同比增长21.19%。其中，县的零售额完成52245万元，增长18.98%；县以下零售额完成32560万元，同比增长24.91%。分行业看，批发零售贸易业零售额70934万元，同比增长19.21%；住宿和餐饮业零售额10582万元，同比增长29.38%，其他行业零售额3289万元，同比增长43.44%。

市场物价总水平保持平稳。居民消费价格总指数为103.9（以上年同期为100）。其中，食品类105.0，烟酒及用品类103.4，衣着类103.9，家庭设备用品及维修服务103.4，医疗保健和个人用品103.2，交通和通讯102.7，娱乐教育文化用品及服务100.8，居住108.5。

商品零售价格总指数为105.2（以上年同期为100），其中食品类105.3，饮料、烟酒类110.0，服装、鞋帽类103.5，纺织品类99.7，家用电器及音像器材103.2，中西药品及保健品105.9，燃料类122.4，文化办公用品100.1，体育娱乐用品100.0，交通、通信用品91.0，化妆品类98.8，建筑材料及五金电料类120.1。

农业生产资料价格指数为113.2，其中农用手工工具90.5，饲料类147.5，机械化农具99.7，化学肥料116.5。

交通邮电　全县各种运输方式完成客运量290.1万人，同比增长25.15%，货运量176.7万吨，同比增长17.49%。全社会旅客周转量11300万人公里，同比增长5.7%，货物周转量17054万吨公里，同比增长5.7%。截止2008年底，全县公路通车里程881公里，同比增长0.74%。公路密度54.4公里/百平方公里。

全年全县邮电业务总量完成3792万元，同比下降6.55%。其中，邮政业务总量1505万元，同比下降8.1%；电信业务总量2287万元，同比下降5.5%。年末全县交换机总容量达到46928门，同比下降15.4%。固定电话用户46479户，同比增长2.7%。年末住宅电话用户37369户，同比下降6.4%。移动电话用户达10.485万户，同比基本持平。固定电话普及率为20.28部/百人，移动电话拥有量达45.75部/百人。通电话村数189个。互联网用户达7734户，同比增长24.16%。

财政金融和保险　2008年，全县财政总收入完成39309万元，同比增长38.17%，一般预算收入9604万元，同比增长43.51%。其中：增值税完成4159万元，同比增长31.32%；营业税完成1305万元，同比增长183.08%；资源税344万元，同比增长63.03%；城市维护建设税1046万元，同比增长101.54%；罚没收入165万元，同比增长5.1%；专项收入993万元，同比增长39.66%。

财政一般预算支出44898万元，同比增长24.88%。其中，农林水事务支出7548万元，同比增长86.97%；文化体育与传媒支出500万元，同比增长26.9%；教育支出9946万元，同比增长33.83%；科学技术203万元，同比增长26.09%；医疗卫生费3064万元，同比增长53.66%；社会保障和就业支出8871万元，同比增长18.26%；一般公共服务7074万元，同比增长7.23%；公共安全支出2410万元，同比增长42.6%；城乡社区事务支出1867万元，同比下降15.9%；其它支出1009万元，同比下降47.37%。

年末，全县金融机构各项存款余额达到了333562万元，同比增加47936万元，增长16.78%。其中，企业存款29105万元，同比下降8.58%；城乡居民储蓄存款262886万元，增长23.76%；农业存款23550万元，同比增长146.16%。各项贷款余额87185万元，同比下降35.64%。其中：短期贷款83563万元，同比下降24.71%。短期贷款中，工业贷款11600万元，同比下降68.7%，商业贷款8603万元，同比下降47.97%；农业贷款53094万元，同比增长29.48%；乡镇企业贷款6654万元，同比下降45.15%。中长期贷款3622万元，同比下降59.17%。票据融资为零，同比减少15526万元。全年全县金融机构现金收入725239万元，比上年同期增长2.38%，现金支出775730万元，同比增长4.45%，收支相抵净投放现金50491万元，同比增长47.12%。

保险事业发展稳定。全年全县保费收入8292.7万元，同比增长23.4%。其中，财产险保费收入1464万元，同比下降2.84%，人寿险保费收入6828.7万元，同比增长30.98%。支付各类赔款及给付3812.3万元，同比下降18.4%，其中，财产险赔款1220万元，同比下降45.0%，人寿险赔款及给付2592.3万元，同比增长6.19%。

教育卫生和旅游　2008年，各级各类学校共169所，比上年减少0.59%，小学130所，初级中学19所，完全中学3所，九年一贯制学校4所，高级中学1所。各级学校中，在校学生数41272人，同比下降12.36%，毕业生数11084人，同比下降5.37%，教师数3179人，同比增长2.95%，普通中学中，在校学生数16562人，同比减少14.3%，毕业生数7591人，同比增长7.38%，教师数1312人，同比下降4.79%，小学学校130所，同比下降1.52%，在校学生数22700人，同比下降14.2%，毕业生数2652人，同比下降32.59%。

卫生条件进一步改善。年末全县共有卫生机构（含诊所）26个，每千人拥有医生2.98人，同比增长91.0%，每千人拥有床位4.69张，同比增长75.66%。新型农村合作医疗参合率87.5%，同比下降4.89%。

2008年，全县旅游景区、景点共接待外地游客7.5万人次，同比下降11.76%，直接收入200万元，相关产业收入800万元。

人口和人民生活　人口继续低速增长。年末，据人口抽样调查推算，全县总人口229974人，其中男性117191人，女性112783人，性别比1：104；城镇人口79557人，乡村人口150417人，城镇化率34.59%；人口出生率11.74‰，人口自然增长率为5.59‰。

城乡居民收入稳步增长。2008年，全县城镇居民人均可支配收入9607元，同比增长20.35%，城镇居民人均消费支出5628元，同比增长10.55%，全县农民人均纯收入1362元，比上年增长10.0%。

在岗职工人数减少，职工平均工资增幅较大。年末全县在岗职工人数19549人，比上年减少0.7%，在岗职工年平均工资19755元，比上年增长17.74%。其中，机关单位在岗职工年平均工资17156元，同比增长14.54%，企业单位年平均工资18715元，同比增长4.4%，事业单位职工年平均工资18091元，同比增长25.02%。

城镇基本社会保障覆盖率达74%，同比增长13.85%，城镇登记失业率2.5%，同比下降32.43%。

居民储蓄存款持续增长。年末全县城乡居民储蓄存款余额262886万元，同比增长23.76%。

城乡居民居住条件改善。年末城镇居民人均建筑面积（城建局提供）24.88平方米，同比增长4.63%；农村居民人均居住面积24.2平方米，同比持平。 （王建民）

【希望小学师生代表参加全国希望小学快乐体育运动会】 2008年7月22日，垣曲县30名希望小学师生赴哈尔滨，代表山西省参加“加油2008—全国希望小学快乐体育运动会”。这是垣曲县第三次代表山西省组队参加全国希望小学运动会。运动员们经过奋力拼搏，分别取得了奥运加油操一等奖；2分钟集体跳长绳第四名；男教师背学生过河第四名；男生1分钟俯卧撑第8名；女生1分钟仰卧起坐第8名的优异成绩。 （王建民）

中共县委书记 高　峰※
县人大常委会主任
县　长 侯伟建
县政协主席

平陆县

【简述】 平陆县位于山西省最南端，北纬34°41′20″—35°00′59″，东经110°52′47″—111°37′42″之间。北依中条山，南临黄河，西邻芮城，北面和东北面隔山与盐湖区和夏县接壤，南面和东南面隔河与河南省灵宝、陕县、渑池三县相望。县境周长216公里，东西直线长67.5公里，南北直线宽34.5公里，总面积1173.5平方公里。共辖6镇4乡1开发区，228个村（居）民委员会，1154个自然村。2008年，全县总人口为255982人，其中城镇59499人、乡村196483人；男性129529人、女性126453人。

综合经济　2008年，全县共完成生产总值151296万元，按可比价格计算，比上年增长5.5%。分产业看，第一产业增加值19995万元，增长7.8%；第二产业增加值79626万元，增长1.6%；第三产业增加值51675万元，增长10.4%。

农业　2008年，全县粮食作物播种面积31960公顷，比上年增加798公顷；粮食总产85035吨，比上年增加21.4%。其中，夏粮播种面积18730公顷，增加333公顷；小麦生产51242吨，增长86.9%；秋粮播种面积12960公顷，增加196公顷，产量33793吨，减少20.8%；棉花种植面积240公顷，增加41公顷，产量163吨，增长25.4%；蔬菜种植面积740公顷，减少8公顷，产量24541吨，减少16.5%。全年共完成造林面积893公顷。干果产量81吨。

2008年，全县肉类总产量4501吨，比上年增长3.5%。其中，猪、牛、羊肉产量4178吨，增长2.3%；牛、羊奶产量680吨，增长19.3%；禽蛋产量2100吨，下降7.9%。年末大牲畜存栏7402头，下降21.9%；羊存栏30908只，增长2.2%；猪存栏50414头，增长64.9%；家禽存栏30.4万只，增长3.1%。

工业和建筑业　2008年，全部工业增加值64052万元，按可比价格计算，比上年增长8.4%。全县国有企业和年产品销售收入500万元及以上非国有工业企业共完成工业增加值56922万元，比上年增长9.9%。其中，国有及国有控股企业下降1.7%，集体企业下降27.8%，股份制企业下降11.3%，外商及港澳台商投资企业增长349.5%。按轻重工业分，轻工业增长5.9%；重工业增长10.2%。销售收入完成197283万元，比上年增长27.5%。主要产品产量：全年全县化肥产量（合成氨）5.35万吨，比上年增长5.3%；发电量1793万千瓦时，比上年下降22.9%；水泥产量7.44万吨，比上年下降4.5%；铁合金产量59751吨，增长22.9%；铝产量16988吨，比上年下降3.0%。

2008年，全县建筑企业完成增加值15574万元，按可比价格计算，比上年下降16.7%。全县具有资质等级的总承包和专业承包建筑业实现利润18.7万元，增长19%。全年房屋施工面积46435平方米，比上年下降23.7%。

固定资产投资　2008年，全县共完成固定资产投资119801万元，比上年增长17.3%。其中，城镇固定资产投资107222万元，增长15.7%；农村非农户投资12579万元，增长33%。在城镇投资中，第一产业投资4261万元，比上年增长363.2%；第二产业投资49563万元，下降5.8%；第三产业投资53398万元，增长36.5%。

商贸　2008年，全县消费品零售总额74125万元，比上年增长26.2%。其中，城市消费品零售额30089万元，增长26.1%；县以下的消费品零售额44036万元，增长26.4%。居民生活消费价格指数103.9，商品零售物价指数104.6，农业生产资料价格指数103.8。

交通邮电　2008年底，完成公路客运量174万人，比上年增长33.8%，旅客周转量11680万人公里，增长46.9%，完成公路货运量170万吨，增长32.8%，货物周转量11530万吨公里，增长25.3%。

全县完成邮电业务总量10747万元，其中电信业务总量8598万元，邮政业务总量2149万元。全县固定电话用户达到35244户，小灵通用户8012户，移动电话用户93300户，计算机互联网络用户8687户。已通电话的村数达224个，占全县行政村总数的100%。全县电话、手机普及率每百人达53.3部。

财政金融和保险　2008年，全县财政收入完成19915万元，比上年增长24.6%；一般预算收入完成5591万元，比上年增长17.1%；一般预算支出执行47284万元，比上年增长23.6%。社会保障和就业支出343万元，科学技术支出69万元，农林水事务支出8241万元，教育文化卫生支出16936万元（其中教育事业费支出12908万元），一般公共服务支出7069万元。年末，全县金融机构各项存款余额266516万元，比年初增加50364万元，增长23.3%。其中，企业存款余额29597万元，增长8.8%；城乡居民储蓄存款余额205197万元，比年初增加41374万元，增长25.2%。金融机构各项贷款余额68097万元，比年初减少8231万元，下降10.8%。其中，短期贷款余额61696万元，增长1.6%；中长期贷款余额6401万元，下降58.9%。全年全县金融机构现金收入606943万元，现金支出592774万元，收支相抵净回笼现金14169万元。

全年全县保险费收入9787万元，比上年增长34.0%。其中，财产保险费收入1010万元，增长23.9%；人身保险费收入8777万元，增长28.1%。全年全县支付各类赔款及给付款987万元，比上年下降39.0%。其中，财产险赔款688万元，增长76.0%，人身险赔款及给付299万元，下降63.4%。

教育文化和卫生　2008年，全县拥有普通中学19所、职中1所、小学181所，在校学生41187人。年末，全县教师总量达到3304人，其中中学教职工1495人、小学教职工1620人。适龄儿童入学率达到100%，小学毕业升学率达到99.7%。

2008年末，全县有文化馆1个、图书馆1个、剧团1个、博物馆1个、文化站11个、电影公司1个、黄河书画馆1个、档案馆1个、电视台1座、有限电视用户16300户，电视节目套数达到30套，电视人口覆盖率98%。

全县拥有卫生机构18个，其中医院、卫生院16个。拥有病床床位966张。卫生技术人员871人，其中医生667人，护师、护士204人。年末，拥有疾病控制中心1个、卫生监督机构1个、妇幼保健机构1个。

环境保护和安全生产　2008年，全县环境保护系统共有55人，环境监测数据452个，环境监测专业人员18人。全县工业废气处理率达到91%，工业用水重复利用率达到68.12%，工业固体废物综合利用率达到74.49%。全县完成环境污染限期治理项目16家，总投资3603万元。

全年全县生产安全事故死亡人数5人，比

上年下降64.3%。亿元地区生产总值生产安全事故死亡率0.37人，下降39.3%。煤炭百万吨死亡人数为0。

人民生活和社会保障　据人口抽样调查资料推算，2008年末，全县总人口为255982人。人口自然增长率为6.17‰。

全年全县城镇居民人均可支配收入8386元，比上年增长22.2%；城镇单位在岗职工平均工资15102元，比上年增长19.3%。城镇居民人均消费性支出5391元，比上年增长13.3%。全年农村居民人均纯收入2777元，比上年增长9.03%。

2008年末，全县有17436人领取最低生活保障救济金1720万元。其中，城镇低保6553人，有10378名职工参加失业保险，297人领取失业保险金138.5万元。企业和机关事业单位有12824人参加养老保险，离退休人员2408人领取养老保险金2972.66万元；有14771名职工参加基本医疗保险，收缴医疗保险基金708.9万元。新型农村合作医疗参保率95%，新型农村合作医疗基金累计支出总额为1645.8万元，累计受益10.38万人次。

2008年末，全县在岗职工15323人，下岗失业人员再就业人数达725人，其中安置困难职工262人、小额贷款扶持下岗失业人员54人。年末，城镇登记失业率2.1%。

（杨卯翠）

【平陆窑洞营造技术入选国家级非物质文化遗产名录】　2008年，第二批国家级非物质文化遗产推荐名录公布，平陆县窑洞营造技术入选传统技艺类。平陆窑洞，俗称“地窨院”，又称“地坑院”、“天井窑院”、“下沉式窑院”，是人类早期“穴居”发展、演变的实物遗存，居民建筑发展演变的实物见证。它利用自然地形向下挖掘而成，冬暖夏凉，四季温差小。民谣“见树不见村，见村不见房，窑洞土中生，院落地下藏，平地起炊烟，忽闻鸡犬声，绿树簇拥处，农家乐融融”，描写的就是具有浓郁地域特色的平陆地窨院。这种在建筑史上十分独特的民居，倍受国内外民俗学、人类学专家的关注和重视，先后吸引美、英、法、日等国的民居专家和学者前来观光考察。（杨卯翠）

中共县委书记	姚十保
县人大常委会主任	王再刚
县　长	任秀红
县政协主席	赵旭光

芮城县

【简述】　综合经济　2008年，全县县内生产总值完成38.02亿元，同比增长18.3%，财政总收入完成2.95亿元，同比增长68.1%。一般预算收入达到8190万元，同比增长82.1%。固定资产投资完成11.57亿元，占年度目标10.5亿元的110.2%。全县规范以上企业完成增加值9.68亿元，同比增加28.7%。全县二氧化硫削减302.02吨，化学需氧量削减491.45吨，均提前完成“十一五”减排任务。空气质量二级以上天数达到310天，比上年增加68天，超全年任务80天。6个乡镇被评为省级生态文明乡镇，生态创建工作全省领先。

工业　大唐电厂虽受各种不利因素影响，全年仍完成销售收入10.8亿元，上交税金1.1亿元。亚宝集团全年完成销售收入12.6亿元，其中，芮城本部完成5.1亿元，上交税金8000万元。国投中鲁、蓝星化工、万士达等规模企业稳步运行。大唐电厂、海泰电子、洞宾酒业、圣奥化工、嘉生制药、新泰纳米等6家企业进入规模企业行列，全县规模企业数量达到28家。

“三农”工作　（1）粮食大幅增产。2008年总产达到2.1亿公斤。其中，夏粮总产量达到1.3亿公斤，单产达到309公斤，同比分别增长达76%和81.8%。（2）主导产业不断壮大。苹果、芦笋、红枣、花椒等主导产业发展较快，全县已基本形成三条经济作物带、三大观光农业循环圈、四大特色产业齐头并进的“334”农业产业发展新格局。（3）畜牧业发展迅猛。全县生猪存栏18万头，出栏26万头，分别增长12%和16%。（4）劳务输出力度加大。全年共向外输出农村剩余劳动力10000人次。（5）新农村建设步伐加快。涌现出了一批各具特色的先进典型。六是农业投入增加。全年“三农”投入近亿元，其中投入2000余万元，实施了耕地综合生产能力建设、无公害农产品检测及认证等18个农业科技项目。

旅游　通过召开动员大会，组织县、乡、村干部赴栾川学习考察，开展“学栾川，找差距”大讨论活动，形成了规划先行、交通为重、文化为魂、宣传造势、规范管理的旅游强县思路，确立了“万里黄河第一游——中国·芮城”旅游主题。编制完成了全县旅游产业总体规划和洞宾文化园、百梯山、圣天湖、凤凰咀、城隍庙、洞宾故宅、清凉寺、五龙庙等8处景区规划。大禹渡、百梯山两条旅游公路建成通车；圣天湖环湖路和气垫船码头建成投入使用；芮城大酒店投入运营。成功举办了中国·芮城首届永乐宫国际书画艺术节。

交通　运灵双洞高速项目通过省发改委正式立项，全部移交运城高速公路总公司实施，总投资24亿元，总里程31公里，并纳入全省高速公路“西纵”线重要组成部分；完成了风平线县城至陌南二级公路改造、沿黄干线风陵渡中基村至永乐段改造、阳城至沿黄干线道路改造、县城至大禹渡二级公路建设、东沿山公路清凉寺至古魏镇王窑段建设、大王镇至百梯山二级旅游公路建设等六大公路工程，新修、改造公路总里程85.5公里；完成乡村连接线、乡道改造及油路翻新116公里。“四横二十纵”交通格局全面形成，全县人民出行状况大为改善。

城市建设　2008年，完成了体育场、城隍庙及西矿路三大拆迁工程，共涉及拆迁户189户，拆迁面积39230平方米。完成了占地78亩的人民体育场建设工程，新建了田径场、篮球场、绿化广场、音乐喷泉、大小看台等，并通过国家体育总局验收，为市民提供了一个运动健身、体育竞赛的场所，提高了城市品位。完成了永乐路改造、西矿南路拓宽改造、舍利街道路硬化等三项城市道路工程，改造、拓宽、硬化街道6873米。编制完成了城市总体规划，并经县人大常委会十四届九次会议审议通过。城市管理力度进一步加强，市容秩序明显好转。农村环境卫生“四个一”工程积极推进，城乡面貌得到较大改观。

造林绿化　2008年春秋两季共完成通道绿化近180公里，荒山造林573.62公顷，封山育林333.5公顷，环城林带工程66.7公顷，圣天湖荒坡及环湖造林工程120.06公顷，片林建设20余公顷，新建园林村19个，园林单位30个。全年共植树500余万株，比上年增长6.5%。林木覆盖率在上年基础上又提高近3个百分点，达到35.1%。同时，县城完成了东花园、大禹东街、黄河东街等道路绿化工程，县城新增绿化面积5万余平方米，绿化覆盖率增加了1个百分点，达到28.5%。

人民生活　（1）县财政为每位参合农民增加5元配套资金，共计增加163.3万元，把全县新型农村合作医疗统筹标准从每人50元提高到100元，农民住院报销补偿比例也相应得到了提高。投资623万元，建设氟水改造集中供水工程1处、缺水区集中供水工程1处、单村工程9处，解决了陌南、西陌、南卫、古魏、学张、大王、永乐7个乡镇25个自然村15800人吃水安全问题。拨付专项资金实施冬季取暖保障工程，为农村困难群众提供了取暖救助。

（2）关注学生。县财政配套资金249万余元，在免除义务教育阶段学生学杂费的基础上，又免费提供教科书10.9万套。为全县100所农村中小学配备体育器材，实施了阳光体育工程。投资1514万元，实施了华育、新兴、南曹等4所中小学新建和改扩建工程，新建校舍13237平方米，消灭危房13786平方米。

（3）县财政出资近50万元，对全县1.6万70岁以上老年人进行了免费体检，体检率达98%以上。县财政出资继续为全县老年人订阅报刊、杂志，丰富老年人文化生活。为老年群众办理老年优待证37000余本，并落实了有关老年人各项优待政策。

（4）县财政增加医保资金，把财政供养人员医保报销标准提高了10个百分点。公职人员津贴补贴上半年增加到200元，比上年翻一番，下半年增加到400元，比上半年再翻一番，取暖费由300元提高到600元，也翻了一番。执行了带薪年休假制度，保障了干部职工的基本休息权益。

(5) 扩大农村低保覆盖面，农村低保对象达到 9264 人，比上年净增 3564 人，低保覆盖率达到农业人口 2.9%。开展扶残助残活动，投资 84.3 万元，对 72 户贫困残疾家庭进行了危房改造补贴，对 100 户残疾果农进行了科技培训，对 110 名精神病残疾患者住院治疗和服药进行了救助补贴。出资 32 万元，为 164 名新考入大学的贫困生提供了资助，同时为部分贫困残疾人子女及残疾学生发放了助学金。扩大劳动就业，全县新增就业岗位 2854 个，安置"4050"人员、零就业家庭成员等就业困难人员再就业 227 人，落实下岗失业人员小额贷款 62 人。

(6) 财政出资 277 万元，组建芮城蒲剧团，并开展送戏进村活动，从 7 月 1 日开始，利用 6 个月时间，深入全县 8 个乡镇 21 个建制村演出 178 场次，同时为老弱病残等特殊困难群体组织小分队送戏进农家 30 余场次。财政出钱，百姓看戏，极大地丰富了城乡群众的精神文化生活。

(7) 坚持"发展是硬道路，没有安全保障的发展就是没道理"的为政理念，认真落实领导、督查、整改、责任追究、应急值班"五个到位"，努力确保人民生命财产安全。

(8) 关注群众呼声，注重化解矛盾，着力解决诉求，严厉打击违法犯罪，有效维护了社会和谐稳定。

(卫亚敏)

中共县委书记 王正风
县人大常委会主任 周敬安
县　长 陈　杰
县政协主席 李万廷

临猗县

【简述】 *位置面积* 临猗县，位于山西省西南部，地处北纬 34°58′52.9″—35°18′47.6″，东经 110°37′30.7″—110°54′38.9″之间，东西阔 55 公里，南北长 33 公里，国土面积 1339.3 平方公里。东南与盐湖区接壤，西南与永济市毗邻，西濒黄河与陕西省合阳县相望，北面与万荣县相连。现辖猗氏镇、牛杜镇、楚侯乡、嵋阳镇、庙上乡、临晋镇、东张镇、七级镇、角杯乡、孙吉镇、北辛乡、耽子镇、北景乡、三管镇、卓里工贸区、闫家庄工贸区，下辖 375 个村民委员会、550 个自然村。年末，全县总人口为 566261 人，其中：男性人口 286986 人，女性人口 279275 人，城镇化率达到 24.69%。人口出生率 11.5‰，人口死亡率为 5.96‰，人口自然增长率为 5.56‰。

综合经济 据初步测算，2008 年，全县生产总值可完成 578271 万元，按可比价计算同比增长 8.8%，增幅同比下降了 5.7 个百分点。其中，第一产业完成增加值 201600 万元，按可比价计算同比增长 3.8%，拉动 GDP 增长 1.4 个百分点；第二产业完成增加值 170874 万元，按可比价计算同比增长 8.7%，增幅同比下降了 2.1 个百分点，拉动 GDP 增长 2.4 个百分点，其中工业增加值完成 144924 万元，同比增长 6.2%，拉动 GDP 增长 1.5 个百分点；第三产业完成增加值 205797 万元，按可比价计算同比增长了 14.0%，拉动 GDP 增长 5.0 个百分点。

农业 2008 年，全县粮食种植面积 45082.53 公顷，比上年减少 206.77 公顷；棉花种植面积 21010.5 公顷，比上年减少 2601.3 公顷；油料种植面积 634.98 公顷，比上年减少 52.03 公顷；水果种植面积 43621.8 公顷，比上年增加 1960.98 公顷；蔬菜种植面积 1000.5 公顷，比上年减少 313.49 公顷。粮食总产量 212056 吨，其中夏粮 91962 吨，秋粮 120094 吨，年产油料 1349 吨，棉花 28935 吨，水果 1231441 吨，蔬菜 42459 吨。

全年肉类总产量 8067 吨，奶类总产量 2332 吨，禽蛋总产量 8823 吨。2008 年，全县农业机械总动力 77.4 万千瓦。农用运输车 65901 辆，其中农用三轮运输车 65363 辆，农用四轮运输车 538 辆。农用化肥施用量 140700 吨，农村用电量 21593 万千瓦时。

2008 年，全县农林牧渔业总产值完成 353700 万元，同比增长 17.7%。其中农、林、牧、渔及农林牧渔服务业分别完成 320912 万元、2093 万元、22997 万元、18 万元、7680 万元，分别比上年增长 14.0%、49.1%、90.6%、-45.5%、36.4%。

2008 年，临猗县委、县政府重视农业基础设施建设，夹马口北扩、沼气池建设、土地整理等农业重点工程进展顺利。大力扶持农业产业化龙头企业发展，扎实推进"万村千乡"市场工程建设，农民收入稳步增加。全年农民人均纯收入 4758 元，比上年增长 13.6%。

工业和建筑业 2008 年，规模以上工业（年主营业务收入 500 万元及以上的工业法人企业）完成现价工业总产值 45.5 亿元，同比增长 10.9%；完成工业增加值 9.2 亿元，同比增长 6.4%。全县规模以上工业企业累计完成销售产值 42.9 亿元，同比增长 16.8%，高于工业总产值增速 5.9 个百分点。工业品销售率为 94.3%，比上年提高 4.7 个百分点，增幅同比上升 0.4 个百分点。主要工业产品产量：纱 5640 吨；布 2256 万米；人造板 9204 立方米；合成氨 360730 吨；水泥 128520 吨；变压器 1122880 千伏安；农业运输机械 12767 辆；精甲醇 203002 吨；尿素 283686 吨；粉末冶金制品 7945 吨。

2008 年，全县规模以上工业企业累计实现利税 35619.5 万元，同比增长 26.6%。2008 年，县委、县政府重视环境保护与节能减排工作，强力推进"蓝天碧水"工程，关闭、拆除了 13 家造纸厂、铸造厂，总结推广丰喜、华晋节能经验，大力发展循环经济，全县万元 GDP 能耗下降 6%，二级以上天气数达到 315 天，被运城市政府授予"节能工作先进县"称号。

2008 年，全县具有资质等级的建筑企业有 11 家，全年全县建筑业实现增加值 25950 万元，比上年增长 25%，实现利润 2773 万元，同比增长 150%，上缴税金 1091.8 万元，同比增长 57.7%。

固定资产投资 2008 年，全县固定资产投资完成 173642 万元，同比增长 24.0%，增幅比上年同期增长 5.5 个百分点，为临猗经济增长提供了有力保障。其中，城镇和农村完成固定资产投资 150364 万元，同比增长 8.7%；房地产投资完成 17585 万元，同比增长 24.0%。

批零贸易 2008 年，全年全县社会消费品零售总额 184665.5 万元，同比增长 42.0%。临猗县属于农业大县，随着新农村建设的扎实推进，临猗县农村居民收入稳步提高，农村消费环境不断改善，农村消费品市场发展迅速。2008 年，全县农村消费品市场累计实现零售总额 97269.5 万元，增长 55.5%。按行业分，零售业实现社会消费品零售额 140743.5 万元，同比增长 54.8%；住宿餐饮业实现社会消费品零售额 23282 万元，同比增长 12.2%；其它行业零售额完成 20640 万元，同比增长 12.2%。

受国际国内因素影响，对外贸易与上年基本持平，全年实现进出口总额 10051.25 万美元，同比增长 1.2%。其中，直接出口额 4602.49 万美元，同比增长 0.1%。

交通邮电 2008 年，全县公路客运量 642.2 万人；公路货运量 229.8 万吨。旅客周转量 29041 万人公里；货物周转量 37382 万吨公里。2008 年投资 1.3 亿元，完成万临路、三赵路等道路的改扩建工程，与陕西网建公司联营建成了横跨秦晋两省的吴王黄河浮桥。年末，全县拥有机动车 61501 辆，其中汽车 8617 辆，摩托车 45380 辆，拖拉机 7354 车。

全年完成邮电业务总量 7211.4 万元，其中邮政业务总量完成 2861.8 万元；电信业务总量完成 4349.6 万元。年末固定电话用户达 59174 户；移动电话拥有量为 150000 部，国际互联网用户达到 15931 户。

财政　金融　保险 2008 年，全县财政总收入 26671 万元，其中一般预算收入完成 9487 万元。

年末，全县金融机构各项存款余额 442355 万元，其中城乡居民储蓄存款 364713 万元，企业存款 44755 万元。金融机构各项贷款余额 288109 万元，其中短期贷款 258140 万元，中长期贷款 29969 万元。

保险事业稳步发展。2008 年，全县人寿保费收入完成 9200 万元，全县财产保费收入完成7064.8万元。

科技 教育 2008年末，全县拥有各类专业技术人员8294人。其中高级职称274人，中级职称2636人，初级职称3714人。

2008年，全县各类学校337所，其中民办学校86所。在校学生达到97248人，其中小学生43371人，初中生21235人，高中生16596人，职中学生2955人，幼儿园在园儿童13091人。全县公办教职员工5511人。高考文理两大类考生达线820人。全年完成了7所农村寄宿制学校建设，10万余各学生享受到“两免一补”政策优惠。

卫生 体育 2008年末，全县拥有各级医疗卫生机构523个。其中，国家办医25个，社会办医5个，村卫生所414个，个体行医79个。卫生技术人员中拥有高级职称50人，中级职称280人，初级职称814人。全县拥有病床位数1787张，门诊人数39.8万人次。新型合作医疗制度的逐步完善，21.96万人次农民获得补偿，补偿总额3606万元。

全年共举办县级运动会3次，参赛运动员580人次，向省市输送各类体育人才2人。在各项体育比赛中，取得省市团体名次6次，取得省市个人名次58人次。

人民生活 2008年，城镇居民人均可支配收入10494万元，工薪收入仍是临猗县城镇居民家庭总收入的主体。在收入增加的同时，消费性支出保持了快速增长。1—12月，城镇居民人均消费性支出7013元。城镇居民家庭恩格尔系数（即居民家庭食品消费支出占家庭消费总支出的比重）为22.7%，农村居民家庭恩格尔系数为36.5%。

2008年，临猗县城面貌发生较大变化。相继完成了县城府东街、府西街、双塔南路、双塔北路等7条主街道改扩建、排水入涑等工程；丰喜奥运小区、书香华庭、郇都花园、东方明珠、合欢花园等住宅小区相继投入使用；峨嵋大道、北区生态公园等先后动工修建。处于县城中心区位的郇阳人民广场的投入使用，为市民提供了集休闲、健身、娱乐的好去处，成为县城人气最旺的地方，县委综合办公大楼（13层）的投入使用，极大地改善了党政机关的办公条件；总投资6000万元建成了面积达2.6万平方米的全市规模最大的临猗百大购物广场。新农村建设扎实推进，15个试点村主导产业基本形成，村容村貌有效改观。农村人居环境和生活质量不断改善，城乡差距进一步缩小。 （程明清）

中共县委书记	刘建政
县人大常委会主任	路香芳
县　长	胡　宝
县政协主席	孙正来

万荣县

【简述】 综合经济 2008年，全县国民生产总值26.89亿元，同比增长6.7%；财政收入2.0099亿元，同比增长55.5%；城镇居民人均可支配收入9023元，同比增长15.2%；农民人均纯收入3099元，同比增长10.2%；全社会固定资产投资完成10.5亿元，同比增长72.5%；社会消费品零售总额11.07亿元，同比增长25.5%；规模以上工业总产值完成18.6亿元，同比增长8.1%；工业增加值完成5.52亿元，比上年略有增长。

重点工程 2008年初确定的20项县级重点工程实事，总投资约5亿元，其中工业类4项，农业类8项，基础设施类5项，其它类3项。华康自动化生产线建设工程和中医院基建项目，由于资金不到位等原因工程延期，其余18项工程实事全面完成。县直单位和各乡镇确定的400项工程实事也基本完工。

农业和农村工作 2008全年对“三农”的投入达到6685万元，比上年增长31%。粮食总产量达到1.2亿公斤，肉、蛋、奶产量分别达到2230吨、1800吨、500吨。24个新农村建设重点推进村，启动工程实事81项，已完工68项，其中新建文化广场10个，绿化达标18个村，硬化巷道10.5公里，新建村委办公楼2个，整改线路2个村。全县苹果总产量5亿公斤，比2007年增长43%，苹果套袋12亿枚，生产优质苹果1.5亿公斤，苹果总产值7.95亿元，果业人均纯收入1550元；荣河镇中低产田改造项目面积760.38公顷，涉及荣河、光华2个乡镇5个村；农村饮水安全工程完成23处，解决了2.63万人的饮水问题；沼气池完成建设1600个；对西村乡庄里村、桥南村、汉薛镇南文村整体推进扶贫，栽种高酸苹果100余公顷，铺设沙石路2公里，培训农民工2200人，实现人均增收320元；绿化23条道路总长139公里，在汾河流域完成荒沟造林400.2公顷，建成汾河流域绿化林带133.4公顷。在县城主要街道栽植7200多株树木，新建绿化隔离带17000平方米。

工业 2008年，恒磁科技、黄腾化工两家企业产值突破3亿元，上缴税金超千万元；全县产值超千万元企业达到21家，占到全县规模企业总数的80%。中电镁业、亚都镁业、黄河镁业完成了利用天然气为主的生产工业革新，为进一步提升市场竞争力奠定了基础。

基础设施建设 2008年，投资500万元，占地40亩的休闲笑话广场建成使用。投资3500余万元，建成易家生活购物广场和KTV娱乐城。新开了张义东街，完成了恒磁北路机动车道建设，翻新铺装了华康大道。国土培训中心、公路段办公大楼建成使用。对飞云南路、新建南路拓宽改造，铺设里望乡西张村至汾河排水管道6.8公里，根本上解决了县城排水安全问题。投资5600万元，完成了沿黄干线公路、贾村至光华、运稷路汉薛引线等十项道路建设工程，新修、翻修道路72公里。全县公路总里程达到1025公里。总投资1亿元的22万伏变电站建成投入运行，结束了本县没有22万伏电源点的历史。 （卢广勤 张东宏）

【五大惠民工程】 (1)教育工程完成投资3054万元，新建、改扩建农村中小学32所，安装多媒体教学设备419套，各类体育器材457件，配备图书18万册，装备81个实验室，新录用中小学教师167名。(2)就业工程完成投资205万元，免费培训新增劳动力和下岗人员3964人，全年转移农村富余劳动力12683人。(3)健康工程完成投资220万元，给14个乡镇卫生院更新配置了医疗器械，使全县乡镇卫生院标准化建设率达到90%以上。(4)社保工程投入加大，农村五保户供养补贴标准由每人每年1000元提高到1200元。失业保险金由每人每月330元提高到462元。企业离退休人员冬季取暖补贴由每人每年80元提高到700元。县财政首次对新农村建设试点村和重点推进村适龄农民参加农村养老保险给予补贴，新增参保农民14434人。(5)安居工程完成县城住宅建设及廉租住房、经济实用房建设规划，给106个城镇困难家庭每户发放了廉租住房补贴800元。

（卢广勤 张东宏）

中共县委书记	卫孺牛
县人大常委会主任	王崇智
县　长	张汪尤
县政协主席	高彩青

新绛县

【简述】 综合经济 国民经济总体运行状况良好，经济和社会发展的目标顺利实现。初步核算，2008年全年全县共完成生产总值332693万元，比上年增长8.6%。分产业看，第一产业增加值57275万元，增长6.4%；第二产业增加值163951万元，增长6.3%；第三产业增加值111467万元，增长13.2%。三次产业的结构比重为17.2:49.3:33.5，与2007年相比，第一产业下降1.3个百分点，第二产业上升1.2个百分点，第三产业上升0.1个百分点。

国民经济和社会发展中存在的主要问题是：一是经济总量不大，产业结构不合理，三产比重偏低；二是农业产业化、市场化度不高，提高农业综合生产能力，促进农业增效、农民增收的务还很艰巨；三是经济运行质量不高，财政收入占GDP的比不高，仅为9.1%，比全省、全市分别低12.8、4.5个百分点。

农业 种植业结构调整优化。全县粮食播种面积比上年增长1.970公顷。其中：小麦播种面积减少10公顷，棉花面积比上年减少260公顷，油料面积增加470公顷。

粮食产量基本平稳。2008年粮食产量169763吨，比上年略减0.1%，其中小麦产量91058吨，增长32.3%；秋粮产量78705吨，减少22.1%。

油料、药材产量快速增长，棉花产量小幅下降。2008年棉花产量1428吨，比上年减少4.3%；药材产量18091吨，比上年增长51.4%；油料产量2374吨，上年增长52.0%。蔬菜产量增长明显。通过保费补贴、品种优化、技术提升、单配送等措，加快蔬菜产业发展；通过加快土地流转，畅通绿色通道，蔬菜种植规模进一步扩大。2008年全县蔬菜产量达到310634吨，比上年增长7.8%。

2008年新绛县

主要农作物产量表

指标	2008年（单位：吨）	2007年（单位：吨）
粮食	169763	169928
小麦	91058	68885
棉花	1428	2208
药材	18091	17206
油料	2374	1463
蔬菜	310634	288055

畜牧业平稳发展。截至2008年年末，全县大牲畜存栏4.0万头，比上年减少25.9%；羊存栏4.13万只，比上年减少2.1%。全年全县肉类产量为13140吨，比上年增长19.5%；禽蛋产量为18363吨，比上年增长74.8%。

林业生产快步推进。全年全县新增造林面积1527公顷，林业保护、管理工作进一步加强，全县绿化面积进一步扩大。

工业和建筑业　2008年，全县规模以上工业企业完成产值282015万元，其中，县及县以下完成271666万元。全县规模以上工业企业完成销售产值258139万元，其中，县及县以下完成247541万元。全县规模以上工业企业全年实现利税21155万元。

2008年，全县主要工业产品产量波幅较大，合成氨、水泥产量大幅增长，焦炭产量大幅减少。

2008年新绛县

主要工业产品产量

项目	单位	产量	比上年增减%
焦炭	万吨	70	－34.2
水泥	万吨	58.4	19.3
塑料制品	吨	1229	－9.0
棉布	万米	1711	－43.4
纱	吨	5059	－52.9
合成氨	吨	244158	48.3
尿素	吨	163840	—

2008年，全县规模以上工业企业综合能源消费量为62.7万吨标准煤，比2007年增长21.5%；规模以上工业企业万元GDP能耗为7.1吨标准煤，比2007年降低1.8%。

建筑业生产增速较快，经济效益进一步好转。2008年全县建筑业完成增加值17210万元，比上年增加15.9%。

固定资产投资　截至2008年底，全县全社会固定资产投资累计完成188355万元，比上年增加45307万元，增长32.0%。其中，国有经济单位完成投资27282万元，其他股份有限责任公司完成投资99780万元，私营经济完成投资6800万元。在投资力度、投资额度和投资效益上都有新的加强和改善。

交通邮电　交通运输业蓬勃发展。2008年全社会客运量为80.9万人，比上年增长17.9%，客运周转量为3517万人公里，比上年增长13.8%；货运量为101.9万吨，比上年增长13.5%，货运周转量为4907万吨公里，比上年增长2.8%。

邮电通讯事业依然保持了快速增长势头。全年全县完成业务总量9795万元，比上年增长15.1%。其中，邮政业务总量为1402万元，比上年增长5.7%；移动公司新绛营业部业务量达到了6144万元，比上年增长41.9%；铁通业务总量达30万，比上年减少53.8%；联通公司业务总量达2219万元，比上年减少26.5%。截止2008年末，全县电话机拥有量为151429部，比上年增长10.9%。其中，移动电话拥有量为114626部，比上年增长26.2%；固定电话、小灵通合计拥有量36803部，比上年减少19.4%。

商业和市场物价　2008年，随着国民经济的稳定增长和消费者信心的进一步增强，全县消费品市场稳定增长。全年社会消费品零售总额达145089万元，同比增长18.2%。其中，县的零售额79185万元，比上年增长24.1%；县以下的零售额为65304万元，比上年增长11.0%。

2008年，全年全县物价指数稳中有降，全年平均居民消费价各指数为104.6%；商品零售价格指数为104.9%。

财政金融　2008年，由县上组织的财政收入完成30363万元，占年初预算的101.21%，比上年同期增长32.26%。其中，一般预算收入完成8967万元，占年初预算的102.2%；比上年增长18.39%；上划中央收入17353万元，占预算的99.19%；上划省收入2695万元，占预算的108.36%；上划市收入1348万元，占预算的108.36%。

2008年全县财政总支出执行37009万元，为预算的123.08%，较上年同期增长26.74%。其中，教育支出11760万元，占年预算的122.56%；农林水事务支出3190万元，占年初预算的121.20%；科学技术支出440万元，为预算的122.91%；环境保护支出1762万元，占年初预算的122.87%；医疗卫生支出2026万元，占年初预算的119.95%；社会保障和就业支出5700万元，占预算的113.19%。

金融业保持了稳定增长态势。截止2008年底，全县金融机构各项存款余额为304998万元，比年初增加60426万元，增长24.6%。其中，企业存款余额为17417万元，比年初增加2453万元，全县金融机构各项贷款余额为189279万元，比年初增减少1455万元，减少0.8%。其中，工业贷款19415万元，比年初增加3301万元；农业贷款89141万元，比年初增加13696万元。

2008年，全县金融机构现金收入累计完成970462万元，累计比上年同期增加87924万元，增长10.0%；金融机构现金支出累计为915345万元，比上年同期增加66403万元，增长7.8%。收支相抵，货币回笼55117万元。

保险　保险事业在市场经济中快速壮大，为全县经济发展起到了“助推器”的作用。全年全县财险、人寿险两大公司保费收入为7890万元，比上年增长18.9%。其中，财产险保费收入为1090万元，比上年增加8.5%；人寿险保费收入为6800万元，比上年增长20.8%；支付赔款金额中，财产险共赔付836万元，人寿险赔付243万元。

科教文卫　科技队伍稳定发展，群众科技意识进一步增强，质量标准化、计量建设和天气预报等项服务进一步加强。

2008年，全县各类教育工作取得了较大发展。高中教育质量大幅提升，全年全县高考六大类达线人数1038人，比2007年增加了200多人，连续4年在全市各县（市、区）中名列榜首；教育投入不断增加，2008年县财政投资1300万元新建了10所标准化寄宿制学校，从根本上解决了75个行政村4800名学生上学、2800名学生寄宿的问题；素质教育、义务教育和扫盲教育稳步推进；学前教育继续加强，各级各类职业技术教育发展良好；社会力量办学继续发展。

群众性文化体育生活日益活跃。全县组织了象棋、围棋、戏曲、卡拉OK比赛以及篮球、乒乓球比赛等，极大地丰富了广大群众的文化娱乐生活。全县220个行政村中有175个村兴建了文化广场和群众文化活动室，农村文化体育事业得到长足发展。广播电视事业进一步发展，有线电视网络建设步伐加快，数字电视起步良好。历史文化名城建设取得新成就，旅游事业发展迅速。

医疗卫生条件不断改善，2008年末，全县共有医院、卫生院（包括个体医疗诊所）470所，床位899张，医院、卫生院技术人员835人，县乡村三级医疗服务机构达标率达100%，新型农村合作医疗覆盖率达90%，全社会医疗水平进一步提高。

人口和人民生活　人口自然增长率保持在较低水平。年末全县总人口为324514人。其中，男性人口为165172人，女性为159342人。全县非农人口为41295人，乡村人口为288319人。全年全县出生人口4092人，出生率为12.72‰；死亡人口1999人，死亡率为5.48‰。

城乡居民收入稳定增长，生活水平继续提高。2008年全县职工工资总额达19782万元，职工平均工资15590元，比上年增长30.7%；城镇居民人均可支配收入达10167.5元，比上年增长18.2%；农民人均纯收入为4030.7元，比上年增长16.2%。

城乡居民储蓄存款继续增长。截至2008年底，城乡居民储蓄存款余额为241081万元，比上年增加40275万元，增长20.0%。

（许　隽）

中共县委书记　李景发
县人大常委会主任　平兴旺
县　长　王志峰
县政协主席　马怀茂

稷山县

【简述】　气候　2008年，全县年平均气温14.0℃，年极端最高气温38.7℃（6月28日），年极端最低气温－15.6℃（12月22日）。年日照时数2328.0小时。年总降雨量349.5毫米。初霜日11月2日，终霜日3月24日，年无霜期213天。初雪日12月24日，终雪日2月5日，最大积雪深度14厘米。最深冻土层25厘米。

人口　2008年年末全县常住人口342032人。其中，城镇人口85756人，农业人口256456人；男性176440人，女性165592人；城镇化率25.02%。人口自然增长率5.94‰，人口出生率12.02‰，人口死亡率6.08‰。人口性别比106.55（以女性为100，男性与女性的比例）。

综合经济　2008年全县实现地区生产总值352961万元（按可比价计算）同比增长9.4%。其中，第一产业实现增加值46762万元，同比增长20.0%；第二产业实现增加值203028万元，同比增长3.8%；第三产业实现增加值103171万元，同比增长15.0%。生产总值增速平稳，一季度增长8.7%，二季度增长5.1%，三季度增长6.0%，四季度增长9.4%。2008年人均GDP总值达到10318元，首次突破万元大关。

经济结构继续改善。2008年三次产业结构比例由上年的13.2：56.3：30.5调整为13.2：57.5：29.3。三次产业对经济增长的贡献率由上年的15.7%、51.9%、32.4%改变为28.6%、22.6%、48.8%。依次拉动经济增长点数分别为由上年的2.0、6.5、4.0调整为2008年的2.7、2.1、4.6个百分点。第三产业对经济的贡献和拉动作用逐步显现。

农　业　2008年全县粮食种植面积43172.24公顷，同比增长1.8%。其中：小麦25686.57公顷，减少1.6%；玉米15146.24公顷，增长9.0%；油料921.06公顷，减少23.7%；蔬菜801.2公顷，减少20.2%；棉花745.24公顷，减少21.8%；药材483.17公顷，增长36.8%。当年全县葡萄种植面积803.40公顷，同比增长3.7%；红枣面积3258.03公顷，同比增长2.2%。全年粮食总产量160003吨，比上年增长7.6%。其中，小麦产量89010吨，比上年增长17.4%；玉米产量70993吨，比上年下降2.6%。

农业结构变化明显。2008年全县完成农林牧渔业总产值101727万元，畜牧业完成38184万元，同比增长90.5%，占总产值的比重为37.5%，比上年提高了10.8个百分点。其中，家禽产值为28143万元，比重为18.3%同比提高9.4个百分点；生猪产值为8656万元，比重为8.5%同比提高4个百分点。

畜牧发展势头强劲。2008年肉类总产8807吨，同比增长27.9%；鸡存栏639万只，同比增长29.3%，禽蛋产量38500吨，同比增长55.8%；猪存栏76188头，同比增长5.9%，猪出栏74092头，同比增长60.3%。

农业综合不断增强。2008年加固汾河北坝18.61公里，抢修病险水库2座，修建引黄支斗渠1.1万米，兴修水利设施38个，治理土地620.31公顷，新增有效灌溉面积13公顷，全县水利投资达751万元；新建沼气池3500个；年末农业机械总动力4388840千瓦。

工　业　2008年全县完成工业总产值529299万元。实现增加值189920万元。30家规模以上工业企业实现产值437299万元，同比增长18.9%；实现工业增加值157720万元，增长20.6%。其中，重工业增加值145276万元，同比增长25.5%，轻工业增加值12444万元，同比下降17.4%。

工业经济效益较为乐观。2008年规模以上工业实现销售收入338108万元，同比增长15.8%；实现销售产值421442万元，同比增长16.3%；实现利税37087万元，同比增长69.7%。其中，利润总额12657万元，同比增长159.7%；上缴税金24430万元，同比增长43.8%；全年扭亏金额99.4万元，同比减少73.5%。工业产品产销率为96.4%，下降2.1个百分点。

支柱产业继续保持强势。2008年五大支柱产业总产值为433390万元，占规模以上工业总产值的99.1%。镁铁冶炼、焦化产业、医药化工、农副产品加工、造纸包装业产值分别为：203580万元、104913万元、73576万元、37821万元、13500万元，占总产值的比重分别为46.5%、24%、16.8%、8.6%、3.1%。

亿元企业支撑作用明显。2008年东方铁合金、永恒工贸、丰喜纯碱、秦晋焦化、永东化工、希尧煤焦、华宇实业、晋华焦化、晋龙饲料、恒利煤焦实现产值分别为136765万元、49761万元、43267万元、30480万元、28231万元、17911万元、14360万元、12577万元、12372万元、11540万元，同比分别增长34.6%、0.6%、18.7%、7.1%、141%、77.3%、－41.1%、117.6%、2.3%、7.9%，占到全县工业总产值的65.7%。

工业增加值速度跌宕起伏。2008年全县规模以上工业增加值为157720万元，可比价增速为6.41%（剔除价格因素影响）。1—12月份规模以上工业增加值增速逐月呈现出－1.44%、－9.66%、－9.27%、－6.27%、－3.48%、0.74%、0.46%、2.02%、0.84%、－3.95%、－7.06%、6.41%的不定性。

主要产品产量大幅下降。2008年除铁合金93147吨，增长0.9%外，其余十种产品均在下降，金属镁14442吨，下降51.9%；生铁70669吨，下降47.3%；机制纸27072吨，下降31.7%；纱4839吨，下降26%；饲料114272吨，下降21%；中成药1001吨，下降19.4%；纯碱158693吨，下降11.3%；水泥246907吨，下降9.4%；焦炭801707吨，下降5%；布1118吨，下降0.6%。

固定资产投资　2008年全社会固定资产投资延续近年来的高增长，完成总投资162965万元，同比增长76.4%。其中，城镇以上的固定资产投资160230万，增长80.9%，房地产投资完成1390万元，下降12.2%。全年新建扩建投资101085万元，比上年增长21.3%。

施工项目大幅增加。2008年全县施工项目95个，比上年增加43个，同比增长82.6%，已建成90个。房屋施工面积313309平方米，竣工房屋面积278909平方米，房屋竣工率达89%。其中，住宅施工面积83870平方米，住宅竣工面积50570平方米，住宅竣工率为60.3%。

竣工主要项目有：投资1850万元育英街

和568万元建设路建设工程；永恒工贸年产15000吨铸件精密铸造工程；人民医院门诊、外科住院楼；永东化工20万吨煤焦油及5万吨炭黑联产；思科肥业5万吨复合肥及2万吨BB肥；源清污水处理厂新建污水处理工程。

在建主要项目：华南纺织1.5万枚精密纺及48台喷气织机；天然气利用扩面工程；恒泰焦铁的60万吨焦炉；鑫华建材的年产6000万块免烧砖。

零售物价与进出口贸易　2008年全县实现社会消费品零售总额91802万元，同比增长27%，增幅创十年来新高。分销售区域看：县级社会消费品零售总额57796万元，同比增长22%；乡镇消费品零售总额34006万元，增长36.6%。分行业看，批发零售贸易业零售总额77206万元，增长28%，其中限额以上企业16196万元，同比增长20.1%；限额以下企业及个体户61011万元，同比增长30.3%；住宿餐饮业零售额8456万元，增长29.7%，其中星级企业494万元，因装修下降21.9%，星级以外企业及个体户5888万元；其他行业零售额6139万元，增长12.8%。全年全县外贸进出口总额7796万美元，比上年增长136.5%。

居民消费价格平稳回落。2008年全县城镇居民消费价格总水平（GPI）为104.7%。1—12月份居民消费价格指数逐月呈下降趋势，表现为107.6%、107.1%、108.0%、106.3%、106.1%、106.3%、105.6%、103.6%、103.2%、102.3%、100.6%，100.2%。2008年商品零售价格指数上涨5.0%，服务项目价格指数上涨2.5%，工业品价格上涨2.4%。

交通电信　2008年新增公路通车里程24公里，累计达到750.8公里。其中：高速33公里，一、二级公路102公里，县道615.8公里。年末村级路面硬化为217公里，巷道硬化1215公里。全年各种运输方式完成货物运输周转量17260万吨公里，比上年增长29.1%。旅客运输周转量9460万人公里，同比增长27%。年末全县民用车辆达23061辆。

2008年末全县固定电话达45626部，小灵通用户达7523部，手机用户达139826部，宽带用户达9800户，同比增长70%。

财政金融　2008年全年财政总收入46521万元，比上年增长42.2%。其中，国税完成34182万元，同比增长39.8%；地税完成6980万元，同比增长38.2%；财政完成5359万元，同比增长65.8%。当年一般预算收入完成14332万元，同比增长41.4%，占财政总收入的30.8%。其中增值税4545万元、增长42.9%，营业税2224万元、增长45.6%，企业所得税330万元，增长71%，个人所得税193万元，与上年持平。2008年一般预算支出55085万元，比上年增长49.1%。其中教育、科技、农业、城乡维护、社会保障分别为12467万元、458万元、4628万元、1620万元、9708万元。

金融保障能力保持稳定。2008年金融机构存款余额305564万元，比年初增长20.1%。其中，城乡居民储蓄存款余额262536万元，比年初增长11.8%。金融机构贷款余额150052万元，比年初减少16.4%。全年累计现金总收入1186084万元，累计现金总支出1188509万元，累计货币净投放2425万元。

教育科技　2008年全县教学用计算机3095台，图书91万册。年末全县拥有各类学校160所，其中，高中5所，初中30所，小学125所，在校学生69194人；其中，初中生19211人，高中生7630人，小学生32864人，在园幼儿9489人。在职教师4288人，其中，小学专职教师1944人，初中专职教师1474人，高中专职教师560人。全县小学五年巩固率达99.3%；初中三年保留率达94.9%；高中阶段毛入学率达74.6%。2008年文理两大类达线208人。

科技事业不断加强。年末全县拥有各类技术人员4995人，其中高级职称95人，中级职称1403人，初级职称3497人。全年向国家争取科学资金99万元，向国家省市申报科技项目9项。其中，有4项专利已在企业中得到有效应用。

文化卫生　2008年以仿古工艺、灯笼加工、印刷包装、文艺演出为主的文化产业集群已经形成。仿古工艺远销欧美、东南亚多国，灯笼加工稳占河东市场，纸箱印刷华北最大，文艺演出进军北京、上海、杭州及全国各地。当年仿古工艺参加了中国深圳文化产业博览会；《稷山高台花鼓》参加奥运会开幕和春晚演出再现后稷文化风采。新编古装戏《后稷》辗转临汾、洪洞、汾西、安泽等地，受到良好的社会和经济效益。

合作医疗卫生全面推进。2008年县乡村二级医疗卫生机构达标率85%，新型农村合作覆盖面进一步扩大，全县参加新型农村合作医疗农民286381人，参合率95.04%，全县累计核拨补偿金1868万元。2008年全县共对482个餐饮业单位，146个食品销售单位，86个食品加工单位，58个公共场所从业单位进行全面监督，对1956名从业人员进行健康体检和卫生知识培训，发放审核贴花《卫生许可证》512个。

人民生活和社会保障　社会保障全力推进。2008年全县企业参保人数7760人，企业发放养老保险金3023万元，征缴基金2877万元。退休领取养老金资格认定微机建档2790人；全年医疗保险征缴基金672万元，基金支付504万元。工伤保险征缴基金112万元，基金支付130万元。生育保险征缴基金2.4万元；全年征缴失业保险费175万元，新增就业岗位3659个，下岗人员再就业920人，安置“4050”人员256名。

2008年全县城镇单位职工平均工资为16912元，较上年有大幅的提高。当年全县城镇居民可支配收入9610元，同比增长16.5%。其中，转移性收入826元，同比增长44.3%；工资性收入7052元，同比增长29.8%。城镇居民人均消费性支出6247元，同比增长10.5%。其中，交通通讯支出765元，同比增长58.4%；教育娱乐支出860元，同比增长31.7%；食品支出1818元，增长27.9%。当年城镇居民人均住房建筑面积28平方米。2008年农民人均纯收入3886元，同比增长13.5%。人均消费支出2731元，增长17.1%。农村人均住房建筑面积29平方米。

2008年全县审定城市低保对象2949户5897名，占非农业人口的17.1%，全年发放城市低保金990万元；审定农村低保3429户8895名，占农业人口的2.89%，发放农村低保金600余万元。为缓解物价上涨给低保家庭生活带来的影响，及时提高低保对象的各项补助资金标准。同时全力解决弱势群体看病难的问题，全年为1868名重点优抚对象发放门诊救助券27.36万元，为各类弱势群体发放救助款62.5万元，并启动贫困前列腺和白内障专项救助工作。

城市建设　2008年根据城市规划的总体要求，本县排除各种困难，一次性开工和拆迁投资3800余万元，完成功能齐全的育英街拓通工程和建设路铺建工程，完善城市道路功能，提升城市品味。为创建“双宜城市”，本县对城市夜景进行现代化改造，对108国道、民乐园、县城各街道及游乐园进行高标准、高水平绿化。城东稷王中学的建成已成为城市建设一道靓丽的风景线。城西民乐园的再度绿化、亮化、美化已成为人们文化、娱乐、健身综合性公园。

环境保护　蓝天碧水和污染治理成效显现。为推进蓝天碧水工程，改善城市空气质量，缓解城市污染压力，2008年本县投资9500万元建成城市生活污水处理厂；投资1200万元，栽植乔木和灌木；投资超亿元建设天然气入户和扩面工程。当年建成绿化区覆盖率达27%，比上年提高了9个百分点；全县二级以上的良好天气达到307天，比上年增加126天，污染综合指数平均为2.97%，同比下降44%。全年狠抓污染治理，主要对焦化行业、金属镁行业和沿河企业废水进行深度处理，环保投入累计达12500万元。实现重点工业污染源全部达标，县城恶臭污染基本杜绝。　（程明云）

中共县委书记　李润山
县人大常委会主任　郭崇学
县　长　乔登州
县政协主席　马卯录

附　　　　录

山西省2008年国民经济和社会发展统计公报

（2009年3月25日）

2008年，是山西发展进程中极不寻常的一年。面对复杂多变的经济形势和国际金融危机的冲击，全省上下深入贯彻科学发展观，认真落实中央一系列宏观调控政策，针对山西实际，采取有效举措积极应对和破解发展难题，着力推进转型发展、安全发展、和谐发展，加快新基地、新山西建设，全省国民经济保持了平稳较快发展，各项社会事业取得新的进步。

一、综合

经济增长：初步核算，全年全省地区生产总值6938.73亿元，比上年增长8.3%。其中，第一产业增加值302.48亿元，增长2.5%；第二产业增加值4265.77亿元，增长7.4%；第三产业增加值2370.48亿元，增长10.6%。第三产业中，金融保险业增加值189.76亿元，增长7.2%；交通运输、仓储和邮政业增加值476.52亿元，增长4.4%；批发和零售业增加值421.82亿元，增长12.9%；房地产业增加值168.99亿元，增长6.0%。

人均地区生产总值首次突破两万元，达到20398元，按2008年平均汇率计算达到2937美元。

第一、第二和第三产业增加值占全省生产总值的比重分别为4.3%、61.5%和34.2%。

图1　2004-2008年全省地区生产总值及其增长速度

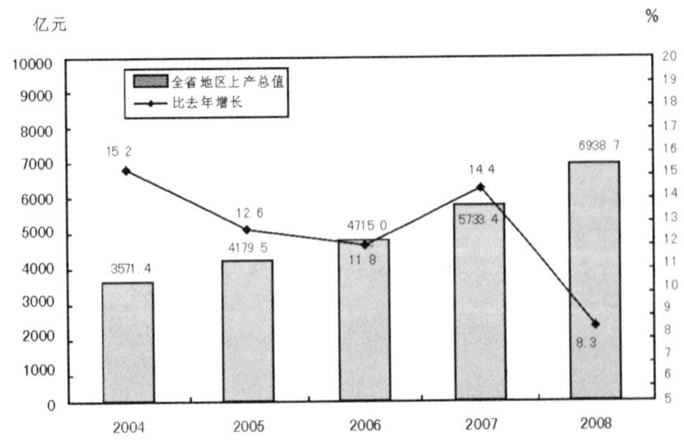

价格：居民消费价格比上年上涨7.2%，其中食品价格上涨17.9%。商品零售价格上涨7.2%。固定资产投资价格上涨13.3%。工业品出厂价格上涨22.4%，其中生产资料价格上涨23.0%，生活资料价格上涨8.3%。原材料、燃料、动力购进价格上涨18.3%。农产品生产价格上涨9.1%。农业生产资料价格上涨18.7%。房屋销售价格上涨4.6%，其中新建商品住宅价格上涨5.0%，二手住宅价格上涨5.8%，房屋租赁价格上涨1.4%。

2004～2008年主要价格指数

表1　　　　上年＝100

价格种类	2004	2005	2006	2007	2008
居民消费价格	104.1	102.3	102.0	104.6	107.2
工业品出厂价格	116.1	110.2	101.0	107.4	122.4
农产品生产价格	103.9	103.5	100.2	113.0	109.1
原材料、燃料、动力购进价格	114.5	108.2	102.6	105.3	118.3

就业：年末全省就业人员1614.1万人，其中城镇就业人员539.2万人。城镇新增就业人员46.13万人，完成全年目标（45万人）的102.5%。下岗再就业人数达到18.73万人，其中就业困难对象再就业人数5.23万人。年末城镇登记失业率3.29%，控制在了4.5%的目标范围之内。

二、农业

种植面积：全年全省农作物种植面积372.65万公顷，比上年增长2.0%。其中粮食种植面积311.13万公顷，增长2.7%；油料种植面积17.92万公顷，增长7.4%；棉花种植面积8.91万公顷，减少14.4%。在粮食种植面积中，玉米种植面积137.86万公顷，增长8.5%；小麦种植面积69.74万公顷，减少2.1%。

粮食产量：全年粮食总产量1028.0万吨，比上年增长

2.1%，是历史上第6个突破百亿公斤的年份。其中，玉米682.8万吨，增产6.6%；小麦253.0万吨，增产14.9%。

2008年主要农产品产量及其增长速度

表2　　单位：万吨

产品名称	产量	比上年增长%
粮食	1028.0	2.1
其中：夏粮	254.8	14.6
秋粮	773.2	-1.5
油料	19.1	42.1
棉花	10.7	-7.3
甜菜	23.4	11.1
蔬菜	852.8	3.8
园林水果	339.9	21.7

畜禽及水产品产量：全年全省猪牛羊肉总产量54.7万吨，比上年增长2.8%。其中，猪肉产量45.4万吨，增长2.9%；牛肉产量4.2万吨，增长10.4%；羊肉产量5.1万吨，下降2.1%。牛奶产量68.2万吨，下降16.0%。禽蛋产量61.6万吨，增长30.2%。水产品产量3.1万吨，增长3.8%。

林业生产：全年木材产量7.4万立方米，比上年减少17.4%。完成造林合格面积30.1万公顷，比上年增长3.1%。

农业机械：年末全省农业机械总动力2509.9万千瓦，比上年末增长2.8%。机械耕地面积218.0万公顷，机械播种面积176.5万公顷，机械收获面积74.6万公顷，分别比上年增长6.0%、4.7%和8.4%。全省农机化经营总收入达到78.9亿元，同比增长8.6%。

三、工业和建筑业

工业：全年全部工业增加值3919.8亿元，比上年增长8.3%。

2008年规模以上工业增加值及其增长速度

表3　　单位：亿元

指标	增加值	比上年增长%
规模以上工业	3509.6	6.5
其中：轻工业	156.1	3.3
重工业	3353.5	6.7
其中：国有及国有控股企业	1778.2	4.1
其中：集体企业	142.3	1.6
股份制企业	2564.9	5.7
外商及港澳台投资企业	212.7	10.5
其中：私营企业	588.6	9.0

全社会原煤产量6.56亿吨，比上年增长4.1%，其中，规模以上工业企业原煤产量6.09亿吨，增长5.2%。

图2　2004-2008年工业增加值及其增长速度

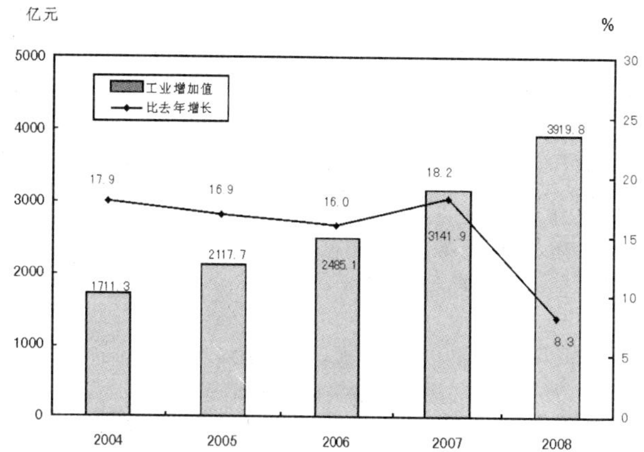

2008年规模以上工业主要工业产品产量及其增长速度

表4

产品名称	单　位	产　量	比上年增长%
原煤	万吨	60947	5.2
洗煤	万吨	29153	-2.2
白酒	千升	102057	12.7
软饮料	万吨	39.2	-6.2
液体乳	万吨	39.5	-38.8
纱	万吨	5.1	-34.5
布	万米	8325	-46.2
丝	吨	64	4.8
机制纸及纸板	万吨	26.7	-0.8
焦炭	万吨	8236	-13.2
其中：机焦	万吨	8085	-13.0
硫酸（折100%）	万吨	54.6	-2.5
化肥（折100%）	万吨	413	7.1
合成洗涤剂	万吨	10.8	-30.0
化学纤维	吨	30169	-30.7
水泥	万吨	2075	-10.4
平板玻璃	万重量箱	1324	36.2
生铁	万吨	2782	-10.8
粗钢	万吨	2345	-6.8
钢材	万吨	1976	-5.2
原铝	万吨	97.3	-8.2
氧化铝	万吨	341	11.6
卷烟	亿支	145	3.6
发电量	亿千瓦小时	1789	3.6

规模以上工业销售收入9971.8亿元，比上年增长29.5%。其中，四大传统支柱产业实现销售收入8249.0亿元，增长33.2%，煤炭、焦炭、冶金和电力工业分别实现销售收入3492.3亿元、1566.8亿元、2385.4亿元和804.5亿元，分别增长61.7%、53.1%、5.6%和6.9%；新兴产业中，装备制造业和医药工业分别实现销售收入680.5亿元和65.0亿元，分别增长16.9%和18.9%。

规模以上工业实现利税1362.7亿元，比上年增长21.8%；实现利润577.4亿元，增长8.0%。

2008年规模以上工业企业
实现利润及其增长速度

表5　　单位：亿元

指标	利润总额	比上年增长%
规模以上工业	577.4	8.0
其中：国有及国有控股企业	290.2	－7.4
其中：集体企业	49.8	192.2
股份制企业	357.3	－4.2
外商及港澳台投资企业	50.6	10.6
其中：私营企业	79.4	30.9

建筑业：全年全省建筑业实现增加值346.0亿元，比上年增长16.6%（现价）。具有建筑业资质等级的总承包和专业承包建筑业企业实现利润总额24.3亿元，增长25.0%；上缴税金40.6亿元，增长14.9%。

图3　2004-2008年建筑业现价增加值及其增长速度

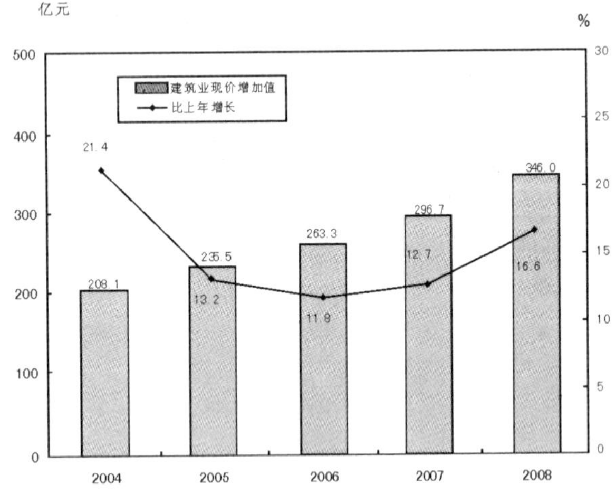

四、固定资产投资

固定资产投资：全年全社会固定资产投资3635.1亿元，比上年增长24.2%。其中：按城乡分，城镇投资3298.5亿元，增长23.7%；农村投资336.6亿元，增长28.8%。按产业分，第一产业投资111.7亿元，增长33.1%；第二产业投资1876.5亿元，增长16.0%；第三产业投资1646.9亿元，增长34.3%。按登记注册类型分，国有投资1645.3亿元，增长32.6%；非国有投资1989.7亿元，增长18.0%。

图4　2004-2008年全社会固定资产投资及其增长速度

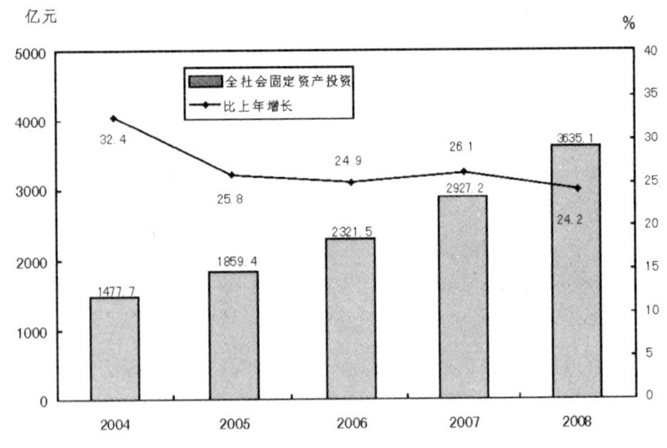

2008年分行业城镇固定
资产投资及其增长速度

表6　　单位：亿元

行业	投资额	比上年增长%
总计	3298.5	23.7
农、林、牧、渔业	66.9	37.6
采矿业	479.6	26.5
制造业	796.8	8.1
电力、燃气及水的生产和供应业	476.8	13.8
建筑业	17.1	79.8
交通运输、仓储和邮政业	374.1	28.7
信息传输、计算机服务和软件业	67.2	41.4
批发和零售业	50.3	13.3
住宿和餐饮业	24.9	28.1
金融业	0.9	181.7
房地产业	509.4	36.3
租赁和商务服务业	4.4	173.0
科学研究、技术服务和地质勘查业	4.5	93.3
水利、环境和公共设施管理业	289.9	58.0
居民服务和其他服务业	2.0	－28.6
教育	54.2	21.7
卫生、社会保障和社会福利业	18.5	94.8
文化、体育和娱乐业	19.0	20.7
公共管理和社会组织	42.1	14.4

城镇固定资产投资建成投产项目3474个，项目建成投产率为51.2%；新增固定资产1597.3亿元，固定资产交付使用率为48.4%。

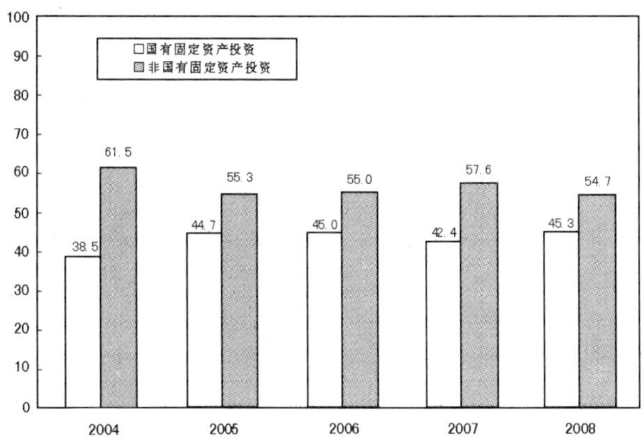

房地产开发：全年房地产开发投资326.7亿元，比上年增长26.2%。按工程用途分，商品住宅投资227.9亿元，增长19.8%；办公楼投资8.2亿元，增长58.2%；商业营业用房投资38亿元，增长54.8%。经济适用房、廉租房、国有重点煤矿和城市居民棚户区改造共开工建设900万平方米，100个地质灾害村治理、3000户农村困难群众住房试点、2400户残疾人危房改造任务全面完成。

2008年全省房地产开发和销售主要指标完成情况

表7

指标	单位	绝对数	比上年增长%
投资完成额	亿元	326.7	26.2
其中：住宅	亿元	227.9	19.8
房屋施工面积	万平方米	3891.0	15.0
其中：住宅	万平方米	3282.7	15.3
房屋新开工面积	万平方米	1418.5	15.5
其中：住宅	万平方米	1253.8	14.1
房屋竣工面积	万平方米	882.8	10.8
其中：住宅	万平方米	747.6	8.9
商品房销售面积	万平方米	904.4	−1.0
其中：住宅	万平方米	804.2	−5.0

五、能源

能源生产：全年全省一次能源生产折标准煤5.59亿吨，比上年增长4.1%；二次能源生产折标准煤2.80亿吨，下降8.3%。

能源外调：全年全省向省外运输煤炭5.33亿吨，比上年下降0.6%，外运煤炭占原煤产量的比重为81.3%；输送电力485.64亿千瓦小时，增长5.0%，外输电量占发电量的比重为27.0%；向省外运输焦炭6422.19万吨，下降8.0%，外运焦炭占焦炭产量的比重为76.7%。

在支援南方抗击雨雪冰冻灾害期间（2月1日至2月25日），全省铁路运煤日均装车达到21707车，比日装18000车的目标超装3707车，比上年同期日均增加1411车，增长6.95%。通过铁路外运煤炭3140.28万吨，同比增加229.83万吨，增幅7.9%，合同兑现率为122%。其中，电煤外运2177万吨，同比增加631万吨，增长40.8%，合同兑现率117%。

能源投资：城镇投资中，能源工业投资完成1032.4亿元，比上年增长19.7%。其中煤炭工业投资466.5亿元，增长28.2%，一批高产、高效矿井建成投产；焦炭工业投资107.1亿元，增长16.0%，一批具有先进生产水平的焦化企业的化产回收能力得到提升；电力工业投资386.1亿元，增长8.5%，一批符合节约资源和循环经济要求的电厂新建完成，建设完成了全国第一条特高压输电线路，形成了我省电力外送的“高速通道”。

六、国内贸易

消费品零售：全年全省社会消费品零售总额2356.5亿元，比上年增长23.1%。其中，城市消费品零售额1536.1亿元，增长23.1%；县消费品零售额435.3亿元，增长23.7%；县以下消费品零售额385.1亿元，增长22.7%。

2008年社会消费品零售总额及其增长速度

表8　　单位：亿元

指　标	绝对数	比上年增长%
社会消费零售总额	2356.5	23.1
分地域：市	1536.1	23.1
县	435.3	23.7
县以下	385.1	22.7
分行业：批发业	272.1	21.5
零售业	1717.6	22.9
住宿和餐饮业	300.2	28.9
其他	66.6	12.4

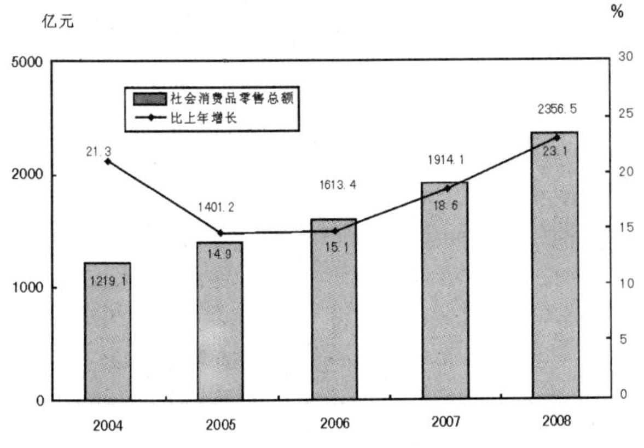

2008 年限额以上批发零售业

零售额及其增长速度

表 9　　单位：亿元

指　　标	绝对数	比上年增长％
汽车类	155.4	29.6
石油及制品类	235.5	28.8
文化办公用品类	2.9	37.5
家用电器和音像器材类	38.9	21.7
中西药品类	14.9	19.8
日用品类	10.0	23.5
食品、饮料、烟酒类	56.6	26.2
服装类	50.5	22.6
化妆品类	5.2	18.4
金银珠宝类	15.7	11.3

七、对外经济

进出口贸易：全年全省海关进出口总额 143.9 亿美元，比上年增长 24.4％。其中，出口增长 41.5％，进口增长 2.1％。

2008 年海关进出口

总额及其增长速度

表 10　　单位：亿美元

指　　标	绝对数	比上年增长％
进出口总额	143.9	24.4
出口额	92.4	41.5
其中：一般贸易	74.7	59.9
加工贸易	17.4	－23.3
其中：机电产品	13.8	29.7
高新技术产品	3.6	87.7
其中：国有企业	46.4	30.2
外商投资企业	12.8	41.9
进口额	51.4	2.1
其中：一般贸易	37.8	17.8
加工贸易	12.5	－23.3
其中：机电产品	8.4	－13.2
高新技术产品	2.7	37.6
其中：国有企业	33.7	－11.7
外商投资企业	9.4	61.2
贸易顺差	40.9	－－

图7　2004-2008年海关进出口总额及其增长速度

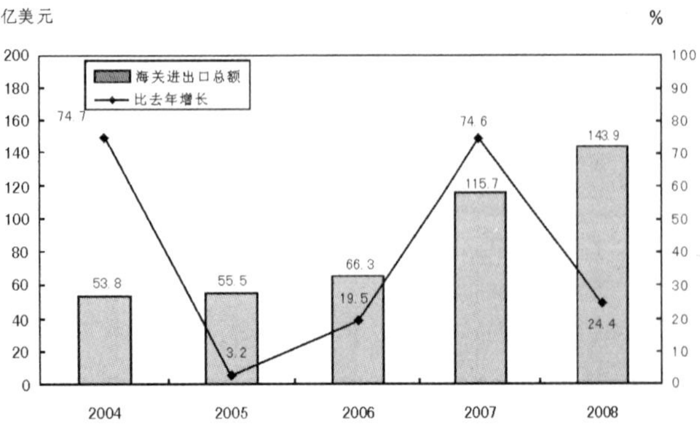

全年出口煤炭 427.6 万吨，比上年下降 15.4％，出口金额 6.98 亿美元，增长 84.4％；出口焦炭 678.3 万吨，下降 22.3％，出口金额 32.5 亿美元，增长 83.3％；出口金属镁 16.6 万吨，下降 4.9％，出口金额 6.7 亿美元，增长 56.8％；出口机电产品 13.8 亿美元，增长 29.7％；出口高新技术产品 3.6 亿美元，增长 87.7％。

全年进口铁矿砂及其精矿 1181.7 万吨，比上年增长 32.4％，进口金额 15.6 亿美元，增长 91.4％；进口机电产品 8.4 亿美元，下降 13.2％；进口高新技术产品 2.7 亿美元，增长 37.6％。

年末与我省有贸易往来的

主要国家和地区进出口情况

表 11　　单位：万美元

国家和地区	出口额	比上年增长％	进口额	比上年增长％
美国	153870	42.62	21237	－24.94
日本	105723	11.60	21629	－30.10
印度	70995	63.89	53858	44.49
韩国	92081	35.78	17229	58.68
澳大利亚	9904	25.73	67123	23.10
荷兰	41855	66.10	2695	－23.43
意大利	36907	－3.25	4734	15.65
中国台湾	21042	－10.07	13565	8.11
德国	14623	－21.38	19085	－45.59
中国香港	27070	38.35	765	－47.23
比利时	25065	－15.56	248	－56.68
印度尼西亚	6517	49.28	13737	57.32
俄罗斯	18335	39.75	1657	－14.25
英国	7722	－7.23	3185	7.15
泰国	5129	22.37	3219	43.14
智利	2227	170.67	4717	129.70

招商引资：全年全省新设立外商直接投资企业77家；实际使用外商直接投资金额27.3亿美元，比上年增长21.0%；其中纳入商务部口径统计的为10.2亿美元，下降23.8%。

全年全省对外经济合作新签合同额7.1亿美元，比上年增长149.4%；完成营业额5.3亿美元，增长57.2%。

八、交通、邮电和旅游

交通运输：全年全省交通运输、仓储和邮政业增加值467.52亿元，比上年增长4.4%。公路线路年末里程12.5万公里，其中高速公路1965.2公里。

表12　　2008年客货运输量及其增长速度

指标	单位	绝对数	比上年增长%
旅客运输量	万人	46233.6	4.4
其中：铁路	万人	4738.0	13.3
公路	万人	40959.1	3.3
旅客运输周转量	亿人公里	417.8	11.7
其中：铁路	亿人公里	134.3	9.6
公路	亿人公里	212.2	2.5
货物运输量	万吨	146154.4	3.1
其中：铁路	万吨	60304.6	1.2
公路	万吨	85827.6	4.6
货物运输周转量	亿吨公里	1685.8	4.5
其中：铁路	亿吨公里	1226.9	3.5
公路	亿吨公里	458.3	7.2

年末全省民用汽车保有量达到203.7万辆（包括三轮汽车和低速货车29.5万辆），比上年末增长17.5%，其中私人汽车147.1万辆，增长21.2%。年末轿车保有量77.1万辆，比上年末增长28.1%，其中私人轿车61.0万辆，增长33.0%。

邮电：全年全省完成邮电业务总量561.98亿元，比上年增长27.5%。其中，邮政业务总量31.34亿元，增长15.1%；电信业务总量530.6亿元，增长28.4%。局用交换机总容量为580.4万门。固定电话用户年末达到803.0万户。其中，城市电话用户522.4万户，农村电话用户280.6万户。新增移动电话用户278.0万户，年末达到1698.5万户。年末全省固定及移动电话用户总数达到2501.5万户，比上年末增加222.0万户。电话普及率达到73.3部/百人，其中固定电话和移动电话普及率分别达到23.5部/百人和49.8部/百人。全省宽带接入用户达到214.5万户，增长29.0%。

旅游：全年全省接待海外旅游者93.9万人次，接待国内旅游者9383.8万人次，分别增长27.3%和10.0%；旅游外汇收入3亿美元，国内旅游收入721.3亿元，旅游总收入739.3亿元，分别增长35.6%、27.0%和27.1%。

九、财政、金融、证券和保险

财政：全年全省财政总收入1518.02亿元，比上年增长26.5%。一般预算收入747.88亿元，增长25.1%。其中，税收收入566.43亿元，增长31.7%，国内增值税、营业税、企业所得税、个人所得税、资源税和城建税共计完成税收514.45亿元，分别增长34.9%、36.5%、3.7%、23.7%、22.6%和44.0%。

一般预算支出执行1313.08亿元，比上年增长26.0%。其中农林水事务支出增长30.3%，教育支出增长30.7%，科学技术支出增长11.6%，社会保障和就业支出增长19.3%，医疗卫生支出增长37.3%，环境保护支出增长46.4%，文化体育与传媒支出增长11.8%，城乡社区事务支出增长59.2%，公共安全支出增长28.2%。

金融：年末全省金融机构本外币各项存款余额12827.6亿元，比年初增长26.9%。各项贷款余额6041.89亿元，增长13.9%。人民币消费贷款167.58亿元，增长6.8%，其中个人住房贷款123.94亿元，增长9.5%。全年累计现金收入22443.87亿元，累计现金支出22706.13亿元，货币净投放262.26亿元。

年末全省农村金融合作机构（农村信用社、农村合作银行、农村商业银行）人民币贷款余额1243.63亿元，增长13.2%。

图8　2004-2008年全省年末固定、移动电话用户

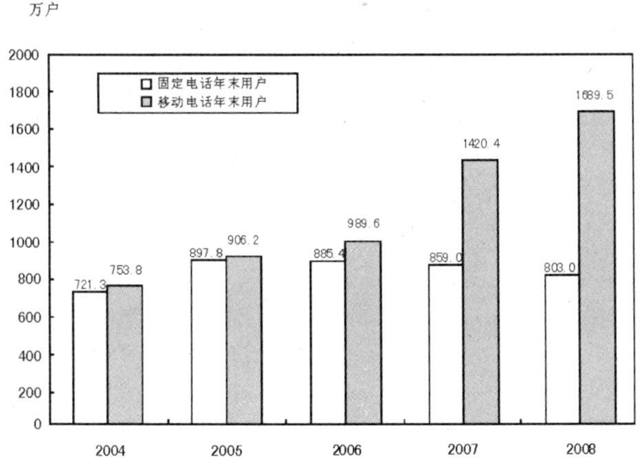

图9　2004-2008年财政总收入及其增长速度

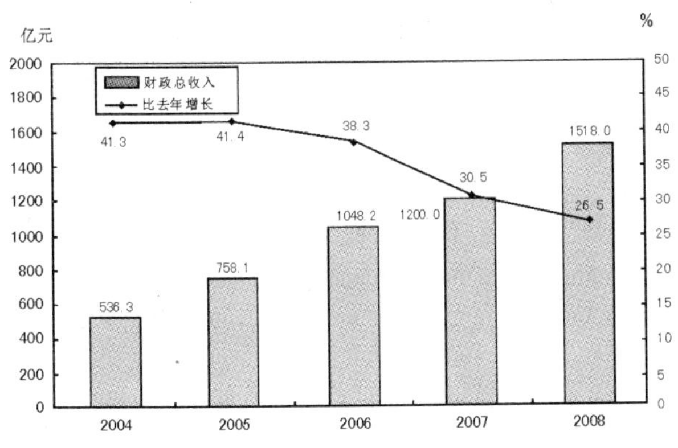

图10 2004-2008年城乡居民人民币储蓄存款余额及其增长速度

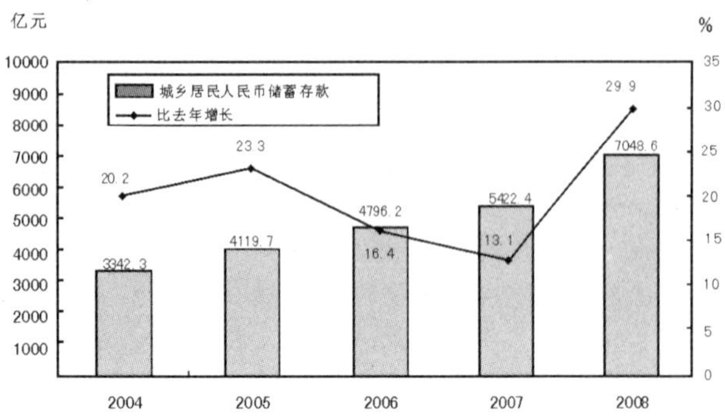

2008 年金融机构本外币存贷款及其增长速度

表 13　　单位：亿元

指标	年末数	比上年末增长%
各项存款余额	12827.60	26.9
其中：企事业单位存款	3294.15	22.8
城乡居民储蓄存款	7086.67	29.7
其中：人民币	7048.61	29.9
各项贷款余额	6041.89	13.9
其中：短期贷款	2795.01	10.4
中长期贷款	2763.57	21.5

证券：全年山西辖区证券市场各类证券成交额 6380 亿元，比上年下降 36.5%。其中股票成交额 5410 亿元，下降 38.2%；基金成交额 65.28 亿元，下降 46.5%；债券成交额 7.76 亿元，增长 179%。年末股票市场累计开户数 108.98 万户，比上年末增长 15.6%。

保险：全年全省保费收入 260.89 亿元，比上年增长 44.7%。其中，寿险业务保费收入 187.12 亿元，增长 54.7%；健康险和意外伤害险业务保费收入 13.68 亿元，增长 42.5%；财产险业务保费收入 60.09 亿元，增长 20.7%。支付各类赔款及给付 73.58 亿元，增长 40.1%。其中，寿险业务给付 38.79 亿元，增长 47.8%；健康险和意外伤害险业务赔款及给付 4.24 亿元，增长 44.7%；财产险业务赔款 30.55 亿元，增长 30.8%。

十、教育和科学技术

教育：年末全省高等院校达到 76 所。全省高等教育毛入学率达到 25%，高中阶段毛入学率达到 82.92%。全省独立设置的成人高等学校在校学生 1.58 万人，成人中等专业学校在校学生 2.73 万人，成人技术培训学校培训结业的职工和农民分别为 72.35 万人次和 107.74 万人次。全年扫盲班结业 0.78 万人。

2008 年各类教育发展情况

表 14　　单位：万人

指标	招生	在校生	毕业生
研究生	0.69	1.89	0.47
普通高等教育	18.43	52.68	14.12
中等职业教育	24.01	63.73	18.73
普通高中	27.04	78.29	25.88
初中	55.03	179.37	61.90
普通小学	47.48	321.34	55.21
特殊教育	0.10	0.79	0.07
学前教育	34.99	60.21	24.08

科学技术：全年全省共受理各项专利申请 5386 件，比上年增长 61.60%。全省技术市场共签订技术合同 831 份，成交金额 12.84 亿元。全年有 234 个项目列入国家各类科技计划，获得国家资助 1.1 亿元。

全年共取得 357 项科技成果，获得国家科技奖励 11 项。其中国家科技进步特等奖 1 项，一等奖 2 项，二等奖 5 项；国家技术发明二等奖 2 项；国家自然科学二等奖 1 项。认定国家级企业（集团）技术中心 17 家。

全年全省 20 个省级以上经济技术开发区和高新技术开发区科工贸总收入 1984.3 亿元，比上年增长 23.6%；区内生产总值 635.5 亿元，增长 42.9%；税收收入 69.86 亿元，增长 67.7%；进出口总额 14.3 亿美元，增长 39.8%；入区企业数 1080 个，增长 7.1%；引进国内资金 192.95 亿元，增长 13.6%。

年末全省共有省、市、县产品质量监督检验所 91 个，国家检测中心 2 个，省授权行业建立的检验所（站）36 个，监督抽查了 816 家企业 18 类 765 种产品和商品。全省共有法定计量技术机构 107 个，全年完成强制检定计量器具 33 万台件。

全省有气象台站 121 个。全省开展 121 电话天气自动答询的台站共计 121 个。全省气象系统开展人工影响天气业务的单位 97 个，防雹、增雨受益覆盖面积 12 万平方公里。全省有天气预报服务网站 30 个，卫星云图接收站 13 个。

全省有专业综合地震台站 10 个，省级地震台网中心 1 个，数字测震地震台网 5 个，数字测震子台 46 个，流动地震台网 1 个。全年小震活动 154 次，最大震级 3.8 级。

全年全省编制专题地图 58 种。

十一、文化、卫生和体育

文化：年末全省共有艺术表演团体 164 个，群众艺术馆 12 个，文化馆 119 个，博物馆 85 个。广播电台 8 座，电视台 10 座，广播电视台 106 座。有线电视用户 369.58 万户。广播人口覆盖率 92.36%，电视人口覆盖率 96.64%。全省共有公共图书馆 122 个，馆藏图书 8706.8 千册。年末全省共有档案馆 131 个。全省报纸出版 21.42 亿份，各类杂志出版 199 种、3712 万册，各类图书出版 2715 种、12263 万册。山西电影制片厂全年完成电影8部，数字电影12部，电视剧2部，电视动画片1部。电视剧《喜耕田的故事》获得第24届中国电视金鹰奖优秀长篇电视剧奖，电影《江北好人》、《夜袭》分别获得北京大学电影节组委会大奖和军事题材创作奖。

卫生：年末全省共有卫生机构（含诊所）9533个，其中妇幼保健院（所、站）133个。全省卫生机构（含诊所）共有床位12.95万张；其中，医院和卫生院床位11.95万张。卫生技术人员16.15万人。全省共有115个县（市、区）开展了新型农村合作医疗试点工作，2090万农民参加了合作医疗，参合率90.42%。

体育：全年我省运动员在国内重大比赛中获金牌17枚、银牌24枚、铜牌29枚（包括非奥运项目比赛）。全年全省销售中国体育彩票9.23亿元，比上年增长81.69%。

十二、人口、人民生活和社会保障

人口：据2008年人口抽样调查，年末全省常住人口为3410.64万人，比上年末增加18.06万人。全年全省出生人口38.51万人，人口出生率为11.32‰；死亡人口20.44万人，死亡率为6.01‰；自然增长率为5.31‰。出生人口性别比为118.81。

2008年人口数及其构成

表15　　　　单位：万人

指　标	年末数	比重（%）
全省常住人口	3410.64	100.00
其中：城镇	1538.58	45.11
乡村	1872.06	54.89
其中：男性	1750.20	51.32
女性	1660.44	48.68
其中：0—14岁	625.85	18.35
15—59岁	2382.33	69.85
60岁及以上	402.46	11.8
其中：65岁及以上	269.44	7.9

人民生活：全年城镇居民人均可支配收入为13119.05元，比上年增长13.4%；城镇居民人均消费性支出8806.55元，增长8.7%。农村居民人均纯收入4097.24元，增长11.8%；农村居民人均生活消费支出3097.75元，增长15.5%。城镇占调查总户数20%的低收入家庭人均可支配收入5762.28元，增长15.3%；农村占人口20%的低收入者收入1492.90元，增长11.6%。城镇居民家庭恩格尔系数（即居民家庭食品消费支出占家庭消费支出的比重）33.8%，农村居民家庭恩格尔系数39.0%。

图11　2004-2008年城乡居民人均可支配收入及其增长速度

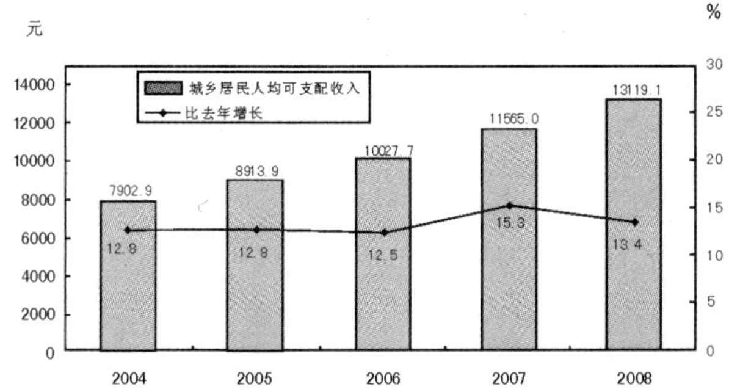

图12　2004-2008年农村居民人均纯收入及其增长速度

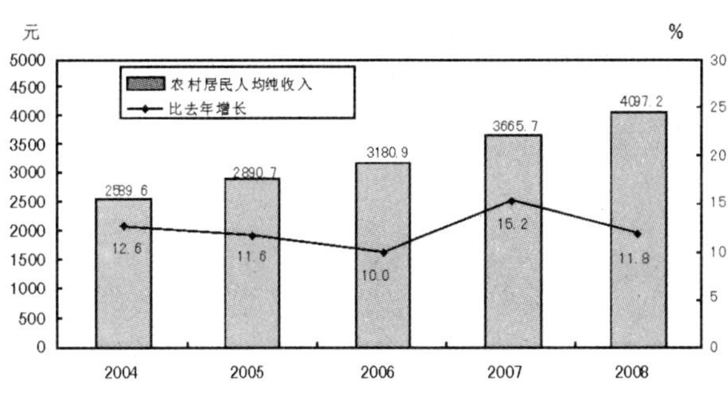

社会保障：年末参加城镇基本养老保险人数为539.1万人；参加城镇基本医疗保险的人数为593.8万人；参加失业保险的人数为312.2万人；参加工伤保险的人数为261.0万人，其中参保农民工93.7万人；参加生育保险的人数为148.3万人。

全年全省纳入城市最低生活保障的居民91.9万人，比上年增加2.0万人，发放城市低保资金15.71亿元，比上年增加5.51亿元；纳入农村最低生活保障的居民102.32万人，比上年增加17.81万人，发放农村低保资金5.59亿元，比上年增加2.58亿元。全年全省共发放低保资金21.30亿元，比上年增加8.09亿元。

年末全省各类福利院床位数3.56万张，收养各类人员2.47万人。城镇建立各种社区服务设施1913个，其中综合性社区服务中心227个。全年销售社会福利彩票12.59亿元，筹集社会福利资金4.29亿元，直接接收社会捐赠款9.19亿元。

十三、资源、环境和安全生产

资源：全年全省实际建设占用耕地2484.4公顷。因农业结构调整减少耕地26.9公顷。土地整理复垦开发补充耕地4489.4公顷。当年净增加耕地2098.3公顷。

全年全省水资源总量82.0亿立方米，比上年减少20.7%。全年平均降水量454.6毫米，比上年减少18.3%。年末全省7座大型水库蓄水总量4.5亿立方米，比上年末减少0.9亿立方米。年末全省农村饮水安全未达标人口851.35万人，当年解决农村饮水安全人口204万人。

全省自然保护区总数为46个，其中国家级5个，自然保护区面积达到114万公顷，占全省国土面积的7.3%；新增国家级生态示范区3个，总数达到14个。

环境：全年全省11个重点城市环境空气质量Ⅱ级以上天数总计达到3679天，比上年增加317天，增长9.4%。11个重点城市中，8个城市环境空气质量达到国家二级标准。

启动了汾河流域生态治理修复保护工程和太原西山综合

治理工程。黄河、海河两流域山西段监测的103个断面的地表水环境，符合Ⅰ－Ⅲ类水质标准的断面占15.5%；符合Ⅳ－Ⅴ类水质标准的断面占26.2%；劣于Ⅴ类水质标准的断面占58.3%。

年末全省城市污水处理率达到65.3%，提高2个百分点；城市生活垃圾无害化处理率达到45.2%，提高9.9个百分点；集中供热面积22186.5万平方米，增长27.9%，集中供热普及率达到72.2%，提高5.1个百分点。

全年全省各类自然灾害造成直接经济损失98.57亿元，比上年下降33.9%。全年农作物受灾面积276.5万公顷，上升4%。其中，绝收61万公顷，下降13%。全年发生森林火灾19起，因森林火灾造成受害森林面积279.82公顷，下降69%。

安全生产：全年全省生产安全事故死亡3692人，比上年下降0.27%；建立健全了安全生产10项制度，为11个市和87个重点产煤县和非煤矿山重点县，选配了98名专家型市（县）长助理。全年全省煤矿百万吨死亡人数为0.462人，下降36.45%。

治理车辆非法超限超载：2007年12月19日新一轮治理车辆非法超限超载总行动以来，全省共检查货运车辆6020.0万台次，查处非法超限、超载车辆6.97万台次，其中55吨以上车辆815台次，共卸载货物11.5万吨，拆解车辆937台，没收拼装车辆108台，取缔非法储（售）煤场和非法改装厂2057处，超限、超载率由治超前的8%－11%下降为0.2%。

2008年全省国省干线公路好路率达到86.64%，比上年提高0.96%；县乡公路好路率为82.8%，比上年提高7.5%。客车正点率达到91%，比上年提高31%。全年全省无道路、桥梁坍塌事故发生，公路养护投资比上年减少9.7亿元。

全年全省发生道路交通事故7868起，同比下降13.36%，造成2910人死亡、8938人受伤，直接经济损失3431.77万元，比上年下降11.11%。

注：

1. 本公报部分数据为初步统计数据，最终数据请以公开出版的《山西统计年鉴—2009》为准。

2. 地区生产总值、各产业增加值绝对数按现价计算，增长速度按可比价计算。

3. 规模以上工业企业是指年主营业务收入500万元及以上的全部法人工业企业；限额以上批发零售企业是指年销售额2000万元及以上批发企业和年销售额500万元及以上零售企业。

4. 耕地资源相关数据由国土资源厅提供，为2008年1月1日至12月31日累计数。

5. 水资源相关数据由水利厅提供。其中，“水资源总量”、“全年平均降雨量”为估算值，“7座大型水库蓄水总量”、“农村饮水安全未达标人数”、“当年解决农村饮水安全人口”等相关数据尚未最后审定。

索 引

说 明

1. 本索引采取主题分析索引方法，按汉语拼音字母（同音字按声调）顺序排列。
2. 栏目和专文标题用黑体字；条目和表格用宋体字（地名除外）；表格名称后另注有“表”字样。法规、条例内容，大事记和附录、彩图等不作索引。
3. 主题词名称后的数字表示内容所在的页码，数字后的字母（a、b、c）表示该页自左至右的栏别。
4. “附见”放在类目或条目下面；索引条目后自第二个页码起，作为“参见”。
5. 为便于读者检索，名称有简繁之分或内容有交叉的条目，在本索引中将重复出现。有的并注有“见×××”字样。
6. 为便于排序，主题词以数字开头的排在索引后。

E

G

J

R

S

X